中国 X 射线光谱分析文献索引

邓赛文 主编

科学出版社

北京

内 容 简 介

本书收集了中国期刊网上检索的 1960—2015 年发表的 X 射线光谱分析期刊文献 8535 篇，补充英文文献 145 篇，文集文献 49 篇，专（译）著 26 部，共计 8755 条。上述文献编排成 6 个索引：期刊文献年代索引、补充英文文献索引、文集文献索引、专（译）著索引、期刊文献专题索引和作者索引。期刊文献专题索引分为 7 个技术方法专题和 6 个应用领域专题。并且，对这些文献的年度分布、专题分布和作者分布进行了计量统计。此外，还收集了国家标准文件清单，放在附录中。

本书可供化学化工、地质矿产、冶金、建材、有色、石化、考古、环境等领域从事分析，特别是仪器分析的科研技术人员，以及高等院校及中等专业技术学校相关专业的学生和研究生阅读参考。

图书在版编目（CIP）数据

中国 X 射线光谱分析文献索引/邓赛文主编. —北京：科学出版社，2019.11
 ISBN 978-7-03-062608-0

Ⅰ.①中… Ⅱ.①邓… Ⅲ.①X 射线荧光光谱法-荧光分析-文献-索引-中国 Ⅳ.①Z89：O657.34

中国版本图书馆 CIP 数据核字（2019）第 220162 号

责任编辑：周巧龙／责任校对：杜子昂
责任印制：吴兆东／封面设计：蓝正设计

科 学 出 版 社 出版
北京东黄城根北街 16 号
邮政编码：100717
http://www.sciencep.com

北京建宏印刷有限公司 印刷
科学出版社发行 各地新华书店经销

*

2019 年 11 月第 一 版　开本：889×1194　1/16
2020 年 1 月第二次印刷　印张：71 1/4
字数：2 207 000

定价：398.00 元
（如有印装质量问题，我社负责调换）

中国X射线光谱分析文献索引
编委会

主　　　编：邓赛文

执行主编：王毅民　王祎亚

执行副主编：梁国立　张　中　高新华　黄宇萱　卓尚军
　　　　　　李晓林　江　林　李国会　詹秀春　吉　昂

编　　　委：（按姓氏拼音排序）

安庆骧	白金峰	程业勋	陈永君	曹亚萍
邓赛文	樊兴涛	高新华	郭冬发	甘　露
黄宇萱	黄俊杰	吉　昂	江　林	罗立强
李安模	李晓林	李国会	李迎春	李　松
李　禾	梁国立	刘玉兵	刘成海	刘晓瑜
刘　阳	马　岩	马振珠	麻　硕	齐亚彬
邱忠义	屈文俊	孙天希	孙冬阳	孙晓飞
盛　成	陶　迪	王毅民	王祎亚	王　健
王晓春	吴淑琪	吴晓军	杨　彬	殷绍泉
袁良经	于兆水	应志春	殷　靓	庄育勋
张　中	卓尚军	詹秀春	周四春	张立新
赵财胜	周　超	周　伟		

序

中国的 X 射线光谱分析已经历了 60 年的发展！

本书与将要出版的《中国 X 射线光谱分析的历史发展》一道，不仅对回顾、总结过去，而且对中国 X 射线光谱技术的未来发展都是一件十分有意义的大事。可喜、可贺！

科技文献是科技工作成果最基本的表达形式，也是科技评价工作最基础的资料。随着现代科技的快速发展，科技文献量也在迅速增长。收集、整理科技文献，进行统计计量研究不仅是科技情报工作者的任务，也是了解、总结和科学评价科技工作阶段发展必不可少的重要基础工作。

这些文献既承载了几代 X 射线光谱分析工作者的研究成果和丰富经验，又客观、真实地记录了过去 50 多年的技术发展轨迹。

本书不仅对 X 射线光谱分析工作者，而且对于从事其他技术的分析化学工作者都是一部极具学术和应用价值的优秀著作。

承接先辈成果，开创更辉煌的未来！

2018 年 10 月于北京

前　言

20世纪50年代末、60年代初，中国以派人赴前苏联学习X射线光谱、引进X射线光谱仪器、开办全国性X射线光谱培训班为标志，开启了中国X射线光谱技术应用与研究的历史与发展进程。

在近60年的历史发展中，中国的X射线光谱技术已从解决稀土元素分析的一把利剑，迅速成为无机分析中主、次、痕量元素分析的主导技术与方法，从而使无机分析实验室的技术构成和人员结构也随之发生了重大变化。到80年代中期，X射线光谱作为一种整体分析（bulk analysis）技术在迅速向各行业、部门、领域扩展应用的同时，还发展出了以全反射X射线荧光（TXRF）、同步辐射X射线荧光（SRXRF）、扫描质子探针[SPM，或扫描核探针（SNM）]和微束X射线荧光（M-XRF）分析等为主的多种新技术分支，开辟了纳-微米到厘米级尺度物质主、次、痕量元素原位分析和元素微区分布分析的新领域，并成为材料分析和物质成分表征的强有力技术手段。

到目前为止，中国拥有X射线光谱仪器的种类和数量，特别是从业人员规模很可能是别国少见的；而其应用领域之广泛和为科技、经济和社会发展（特别是冶金、建材和地质等行业）提供的数据量之大在国际X射线光谱界也是少有的。

作为一项分析技术，能在近60年的时间内经久不衰，应用领域不断扩大，新技术分支相继产生，这在分析化学领域各技术方法中也是比较独特的。为了全面记载中国X射线光谱分析技术的应用发展历程和主要成果，推动这一事业的发展，我们在国家重大科学仪器设备开发专项"波谱-能谱复合型X射线荧光光谱仪的研发与产业化（2012YQ050076）"的支持下，编写了《中国X射线光谱分析文献索引》和《中国X射线光谱分析的历史发展》两书（将相继由科学出版社出版）。在编写过程中，国家地质实验测试中心给予了大力支持。

科技文献是科技发展历史最直接、最真实的记载形式。这些资料承载了我国几代X射线光谱工作者丰富的工作成果和对我国X射线光谱事业发展的历史性贡献。这对了解我国X射线光谱分析的历史发展、应用及研究领域的历史变迁、各时期的重要成果和对我国科学、经济和社会事业的贡献是十分有益的。

本书援引了相关论著的宝贵数据，在此对相关作者表示谢意。

鉴于21世纪以来，特别是近十多年来，应用领域的迅速扩展、学科交叉和新技术的应用，不少研究论文的专题类型不易准确划分，致使文献专题索引的编排会有不当之处。加之编者水平有限，错误遗漏之处在所难免，希望广大读者和同行不吝指出，以利改正。

编　者
2019年5月

编 写 说 明

编制一本汇集相关研究单位、时间跨度达 55 年的专业文献索引是一种尝试。文献收集、表述、索引格式、编排既要符合本专业的实际和习惯，又要遵循索引工作的一般准则。为了方便读者更好地阅读和使用本书，以下对文献的收集、索引的编排和文献统计内容作出说明。

1. 文献收集

 1.1 文献范围

  本书所收集文献的范围包括：1960—2015 年以 X 射线荧光光谱为主要内容的期刊、文集、国家标准、专（译）著等。

 1.2 文献主要来源

  （1）中国期刊全文数据库。

  （2）相关研究院所提供的外文文献和中文文献。

  （3）其他方式检索的相关文献。

2. 索引编排

  本书的文献被编排成 6 个索引：按年代编排的期刊文献年代索引、补充英文文献索引、文集文献索引、专（译）著索引、期刊文献专题索引和作者索引。前五个索引都属于年代索引。其中，年代索引是按文献发表的年代顺序编排的索引方式，是本部索引的基础。

 2.1 期刊文献年代索引

  （1）按照文献发表的年代（1960—2015 年）顺序，依次编排。

  （2）同年文献按第一作者姓和名的汉语拼音或英文字母顺序编排（俄文按俄文字母发音对应的英文字母排序）；第一作者姓的汉语拼音相同时，按中文姓氏笔画排序；第一作者姓和名的汉语拼音都相同时，按第二作者姓名的汉语拼音顺序排列，依此类推；作者姓名完全相同时，则以文章标题的汉语拼音或英文字母排序。

  （3）索引格式：

   索引号 全部作者姓名. 文献题名. 期刊名称，年，卷（期）：起止页码.

   索引号由两部分组成：××××（年份）-×××（顺序号）。例如索引号"2001-028" 表示 2001 年的期刊文献，028 表示该文献在 2001 年期刊文献中的顺序号。

 2.2 补充英文文献索引

  （1）指我国作者于 1960~2015 年期间发表在外文期刊或中刊英文版上的文献。其专业性较强，年代跨度较大，以各单位提供的英文文献为主，单独成一节按照年代进行编辑，不再进行专题和应用分类。此外，此节中因为文献数量不多，同一年份的文献不再按作者姓氏或出版时间等标准排序。

  （2）索引格式：

   索引号 全部作者姓名. 文献题名. 期刊名称，年，卷（期）：起止页码.

   索引号由三部分组成：××××（年份）-×××（顺序号）+文献类型标识字母 F（F 表示补充英文文献）。如索引号"2009-008F"表示 2009 年的补充英文文献，008F 为该文献在 2009 年补充英文文献的顺序号。

(3) 作者姓名：为遵照原始文献，既有全拼，也有姓全拼、名缩写的形式，本书未作形式上的统一。

2.3 文集文献

（1）文集文献单独成一节按照年代进行编辑，不再进行专题和应用分类。

（2）索引格式：

索引号 全部作者姓名. 文献题名. 文集题名，作者姓名或单位名称. 出版地：出版者，出版年份：起止页码.

索引号由三部分组成：××××（年份）-×××（顺序号）+文献类型标识字母 P（P 表示文集文献）。如索引号"1964-001P"表示 1964 年出版的文集文献，001P 为该文献在 1964 年文集文献的顺序号。

2.4 专（译）著

（1）专（译）著单独成一节按照年代进行编辑，不再进行专题和应用分类

（2）专著索引格式：

索引号 著者姓名.专著名称. 出版地：出版者，出版年份：起止页码.

索引号由三部分组成：××××（年份）-×××（顺序号）+文献类型标识字母 W（W 表示专著）。如索引号"1996-006W"表示 1996 年出版的专著，006W 为该文献在专著中的顺序号。

（3）译著索引格式：

索引号 原著者姓名. 原著译名. 译者译. 译著出版地：出版者，出版年份：起止页码.

索引号由三部分组成：××××（年份）-×××（顺序号）+文献类型标识字母 S（S 表示译著）。如索引号"1996-006S"表示 1996 年出版的译著，006S 为该文献在译著中的顺序号。

2.5 专题索引

专题索引的编制是为了方便读者从不同专业角度查阅。将专题索引分为评述论文、仪器设备、分析方法、小型仪器、微束 XRF 与全反射 XRF、质子探针和质子激发的 X 射线分析、同步辐射 XRF 和 XRF 技术在各领域中的应用，还包括讲座、知识介绍、信息报道等。

（1）技术方法文献是样品分析的基础性文献。对专题索引中的仪器设备、分析方法及非常规的 XRF 技术方法划分说明如下：

① 与 X 射线荧光光谱相关的仪器设备、仪器部件以及仪器维修直接列入仪器设备专题，不再收入 XRF 专题中。

② 样品制备、校正方法、数据处理与软件以及不确定度的评估内容直接列入分析方法专题中。

③ 小型仪器专题包括便携式和同位素激发两个内容，以及与其相关的应用直接列入小型仪器专题中，不再收入 XRF 技术在各领域中的应用专题中。微束 XRF 与全反射 XRF 合为一个专题，与该两类仪器相关的应用技术也列入该专题，不再收入 XRF 技术在各领域中的应用专题中。质子探针和质子激发的 X 射线分析技术合为一个专题，与该两类仪器相关的应用技术也列入该专题，不再收入 XRF 技术在各领域中的应用专题中。同步辐射 XRF 技术也作为一个专题，与该仪器相关的应用技术也列入该专题，不再收入 XRF 技术在各领域中的应用专题中。

④ XRF 技术在各领域中的应用包括冶金、有色金属、地质、建材、核材料、煤炭、环境（水土气）、健康、食品、医药、临床、服装、人文科技、考古与文物、珠宝、刑侦、石油化工、催化剂、材料、分子筛。并将接近的合为一类。比如冶金和有色金属分到一个小专题中。

⑤ 所有与 X 射线荧光光谱相关的评述性文章都列入评述论文专题中。

（2）专题索引格式：沿用年代索引的格式（包括索引号）。

（3）专题索引中文献的编排顺序：各技术专题按照年代索引编号排序。

2.6 作者索引

作者索引是按作者查找文献的索引方式。由五部分组成：作者姓名、文献索引号和作者的文献总数、英文文献数、通讯作者文献数。为方便作者查找，作者索引以表格的形式表达。

（1）文献范围：包括 1960－2015 年发表的期刊文献、补充英文文献、文集文献、专（译）著等。

（2）作者索引的编排顺序：

① 按姓氏汉语拼音或英文字母顺序混合编排（俄文按俄文字母发音对应的英文字母排序）。汉字姓名，姓氏的汉语拼音相同时，按姓氏的笔画排序；同姓者，则依此类推。

② 当汉字作者的拼音与拼音字母表示的作者完全相同时，汉字作者排在前面。例如"周浩"排在"Zhou Hao"的前面。

③ 以拼音字母表示的作者，当姓氏拼音对应的汉字在本书中唯一时，则按拼音字母顺序排在该汉字姓氏的作者序列中；当姓氏拼音对应的汉字在本书中不唯一时，则排在顺序最大的姓氏最后一个作者之后(少数编者能确定的例外)。如"Zhou Mingze"，姓氏拼音"Zhou"对应的汉字姓氏在本书中只有"周"，所以按拼音顺序排在"周铭"和"周萘"之间；而"Gao Kun"，姓氏拼英"Gao"对应的汉字姓氏在本书中有"高"和"郜"，则排在郜姓作者的最后一个"郜永祺"后面。

（3）格式及符号说明：文献索引编号黑体者表示第一作者的文献；索引编号左上角加星号者表示通讯作者的文献；索引编号中的（E）表示英文文献；索引编号中的∴表示摘录、翻译或改编的文献。

（4）本书中可能存在文献作者同名现象，在统计时以名字为准，如有同名不同人的情况，敬请谅解。

3. 文献统计

对全书收集的文献分别按照文献的年代分布、专题分布、作者的文献统计、文献的期刊分布进行了统计，并将专（译）著的出版者分布进行列表。

（1）文献的年代分布：按照年度和年代（每 5 年进行累加）对作者发表的中英文文献总数进行统计。

（2）文献的专题分布：按 16 个专题，统计各专题的文献总数，给出了各专题的年代分布和各年代的专题分布。

（3）作者的文献统计：统计作者文献量的总体分布，在此基础上统计 1960—1989 年、1960—1999 年、1960—2015 年三个阶段文献量较多的作者的年度分布和作者文献大于 40 篇的专题分布。

（4）文献的期刊分布：统计文献来源期刊的总体数量，统计文献较多期刊的总体分布。

目 录

序
前言
编写说明

1 期刊文献年代索引 ·· 1
   1.1　1960－1969 ·· 1
   1.2　1970－1979 ·· 1
   1.3　1980－1989 ·· 4
   1.4　1990－1999 ··· 39
   1.5　2000－2009 ··· 99
   1.6　2010－2015 ··· 205
2 部分外刊及中刊外文版文献索引 ··· 347
3 文集文献索引 ·· 359
4 专（译）著文献索引 ·· 362
   4.1　专著 ·· 362
   4.2　译著 ·· 362
5 期刊文献专题索引 ·· 363
   5.1　评述论文 ·· 363
      5.1.1　综合性评述 ·· 363
      5.1.2　年度评述 ··· 363
      5.1.3　专题评述 ··· 364
   5.2　仪器设备 ·· 365
   5.3　分析方法 ·· 382
   5.4　小型仪器 ·· 413
   5.5　微 XRF, 全反射 XRF ·· 422
   5.6　质子探针和质子激发的 X 射线分析 (SPM, PIXE) ······················ 426
   5.7　同步辐射 XRF (SRXRF) ··· 438
   5.8　XRF 技术在各领域中的应用 ·· 446
      5.8.1　冶金、有色金属 ·· 446
      5.8.2　地质、建材、核材料 ··· 479
      5.8.3　环境（水土气）与健康 ·· 534
      5.8.4　人文科技 ··· 578
      5.8.5　石油化工 ··· 606
      5.8.6　材料（包括分子筛） ··· 626
   5.9　讲座、知识介绍、信息报道 ·· 703
6 作者索引（按姓名的拼音编排） ··· 708
7 文献分布的计量统计 ··· 1115
   7.1　文献的年度分布 ·· 1115
   7.2　文献的专题及其年代分布 ·· 1116

7.3 文献的作者统计……………………………………………………………1116
7.4 文献的期刊分布……………………………………………………………1122
7.5 专（译）著的出版者分布…………………………………………………1123
附录 国家标准文件……………………………………………………………1125

1 期刊文献年代索引

1.1 1960—1969

1960 年 (1960)

1960-001 Вайштейн Э. Е., 沈联芳, 李安模. X 线谱分析的现状. 化学通报, 1960, (4): 10-16.

1963 年 (1963)

1963-001 陈篯, 李华林, 丁家言. 论元素互致 X 射线荧光辐射强度. 物理学报, 1963, 19(11): 727-734.

1963-002 刘汉范. 荧光 X 射线光谱分析法简介. 化学通报, 1963, (2): 1-8.

1964 年 (1964)

1964-001 魏光普. X 射线连续分析. 化学世界, 1964, (2): 77-80.

1965 年 (1965)

1965-001 蒲生达一, 石井五郎, 铃木真夫, 宋凯铭. 日本田老选矿厂浮选作业试样的萤光 X 射线分析. 国外金属矿选矿, 1965, (4): 41-43.

1965-002 魏光普. X 射线吸收分析法简介. 化学通报, 1965, (4): 36-42.

1965-003 谢忠信, 丰梁垣, 鲍惠兰. 混合锆、铪氧化物及锆英石中锆、铪的荧光 X 射线光谱定量测定. 原子能科学技术, 1965, (5): 468-475.

1.2 1970—1979

1973 年 (1973)

1973-001 北京矿冶研究院自动化研究室. 国外放射性同位素 X 射线荧光分析仪及其应用. 有色金属 (冶炼部分), 1973, (7): 16-20.

1973-002 郗秀荣, 高新华, 帅仁杰, 张信钰. X 射线荧光分析用全聚焦分光晶体的磨制. 物理, 1973, 2(3): 152-154.

1973-003 朱天舒. 多道全聚焦弯晶 X 射线荧光分析仪试制成功. 分析仪器, 1973, (2): 62-63.

1973-004 作译者未知. X 射线荧光分析法测定花岗岩中的钍和铀. 国外放射性地质, 1973, (2): 25-29.

1974 年 (1974)

1974-001 刘冬生. 用质子诱导 X 线发射光谱法测定单根头发各段微量金属浓度的差异. 国外医学参考资料 (卫生学分册), 1974, (1): 44.

1974-002 杨乐山, 吴传智. μ 因子法荧光 X 射线光谱定量分析. 分析化学, 1974, 2(4): 265-271.

1974-003 邹恩滕摘译, 谢树英校. 放射性同位素 X 射线荧光分析在金属矿山勘探和开采中的应用. 有色金属 (采矿部分), 1974, (6): 15-17.

1974-004 作译者未知. 地质样品中铀、钍、镭的分析方法 (国外文献综述). 国外放射性地质, 1974, (5): 55-77.

1975 年 (1975)

1975-001 北京矿冶研究院放射性同位素 X 射线荧光分析专题组. 实验室台式放射性同位素 X 射线荧光分析仪的研制. 有色金属 (冶炼部分), 1975, (7): 10-16, 41.

1975-002 ^{238}Pu 源制备小组. ^{238}Pu 低能 γ 源. 原子能科学技术, 1975, (3): 269-270.

1975-003 第二研究室, 第五研究室. 溶液中钇铽镱镥的 X 射线荧光光谱测定——相干散射线作内标的应用. 有机化学, 1975, (1): 11-22.

1975-004 斯奈曼, 顾明杰. 铀溶液和料浆流线分析的核技术. 核原料, 1975, (3): 10-17, 29.

1975-005 同道新. 钼中钨的萤光 X 射线光谱法测定. 稀有金属合金加工, 1975, (Z1): 117-122.

1975-006 杨乐山, 吴传智, 杜崇良. 峰背比法的实验探讨. 分析化学, 1975, 3(1): 13-17.

1975-007 冶金部矿冶研究所分析室 X 光组. 铌

精矿中铌、钽的 X 射线荧光光谱分析. 湖南冶金, 1975, (3): 127-129.

1976 年 (1976)

1976-001 阿尔弗雷德森, 杨君豪. 分析铀溶液用的放射性同位素仪器. 国外放射性地质, 1976, (4): 62-69.

1976-002 北京矿冶研究院. 矿浆流程 X 射线荧光分析仪试制完成. 有色金属 (冶炼部分), 1976, (Z1): 68.

1976-003 丁民德. 核探测技术在监测环境 (非放射性) 污染方面的应用. 核防护, 1976, (1): 86.

1976-004 钢铁研究院. 铌合金中 Mo、Ti、Zr 的萤光 X 光谱分析——熔融制样法. 稀有金属合金加工, 1976, (1): 78-85.

1976-005 吉林大学物理系原子核物理教研室. 采用正比计数管作探测器的放射性同位素 X 射线荧光分析在铁矿石分析中的应用. 吉林大学学报 (自然科学版), 1976, (1): 67-71.

1976-006 路励真. 检出限和测定限还是有区别的. 分析化学, 1976, 4(5): 404.

1976-007 钱皮恩, 杨君豪. 用 X 射线荧光法测定矿石中的铀. 国外放射性地质, 1976, (2): 77-80, 85.

1977 年 (1977)

1977-001 包钢冶金研究所分析室六组. 炉渣和铌铁合金中氧化铌的萤光 X 射线光谱测定. 稀土与铌, 1977, (1): 51-55.

1977-002 包钢冶金研究所分析室六组. 镨-钐-钴稀土磁性材料的萤光 X 射线光谱定量测定. 稀土与铌, 1977, (1): 56-60.

1977-003 丹东仪器厂. G6-1 型多道 X 射线荧光光谱仪. 仪器制造, 1977, (3): 25.

1977-004 Gravitis Vilis L 等, 邹恩腾译. 采用固体探测器和放射性同位素 X 射线源的矿物样品 X 射线荧光分析. 国外金属矿选矿, 1977, (4): 15-18.

1977-005 河北铜矿化验室, 国营二六一厂三室, 北京矿冶研究院自动化室. 台式放射性同位素 X 射线荧光分析仪的实验. 有色金属 (冶炼部分), 1977, (4): 11-16, 19.

1977-006 河北铜矿龙潭分矿, 国营二六一厂三室, 北京矿冶研究院自动化室. 放射性同位素 X 射线荧光分析仪的现场实验. 有色金属 (采矿部分), 1977, (3): 9-15.

1977-007 吉林大学物理系原子核物理教研室. XY-1 型便携式放射性同位素 X 射线荧光分析仪. 吉林大学学报 (自然科学版), 1977, (3): 43-48.

1977-008 上海市原子核研究所活化分析组. 质子激发 X 射线分析. 物理, 1977, 6(4): 216-223.

1977-009 太原化工厂, 山西日化所, 冶金工业部有色金属研究院. 非钌金属阳极 Pd-Ti-Sn-Sb 涂层中 Pd、Sn、Sb 的 X 射线荧光定量测定. 氯碱工业, 1977, (4): 56-61.

1978 年 (1978)

1978-001 迪克西特, 郭浩, 甘漩矶. 用 X 射线荧光法直接测定氧化钍中的锌、锆和铀. 国外放射性地质, 1978, (1): 49-50.

1978-002 董焕志. 放射性同位素 X 射线荧光分析法测定铁精矿中铁. 分析化学, 1978, 6(5): 369-371.

1978-003 弗洛伦斯, 郭浩译. 矿石中铀的测定方法比较评价. 国外放射性地质, 1978, (1): 58-64.

1978-004 凤凰山铁矿地测科. YF——X 荧光分析仪的应用. 江苏冶金科技情报, 1978, (1): 65-67.

1978-005 凤凰山铁矿地测科. YF-I 型便携式 X 荧光分析仪简介. 江苏冶金科技情报, 1978, (1): 71-72.

1978-006 复旦大学静电加速器实验室. 用背散射分析物质表面. 自然杂志, 1978, (8): 502.

1978-007 河北铜矿化验室. 用源靶组合体法测定铜精矿中的铁. 有色金属 (冶炼部分), 1978, (3): 16-19.

1978-008 吉林大学原子核物理教研室探测器组. 放射性同位素荧光分析用正比计数管. 吉林大学学报 (自然科学版), 1978, (3): 73.

1978-009 卡尔图嫩, 杨君豪译. 用手提式非色散 X 射线谱仪测定矿石和溶液中的铀. 国外放射性地质, 1978, (1): 42-48.

1978-010 李民乾, 陈志祥, 盛康龙, 秦俊法, 金柏康, 荣廷文, 汪学朋, 宗普和, 易惟熙. 吉林陨石的质子激发 X 射线分析. 科学通报, 1978, (9): 547-549.

1978-011 Molinarl Adrian, 邹恩滕译. 矿浆流程分析用的放射性同位素探头. 国外金属矿选矿, 1978, (5): 26-32.

1978-012 上海新跃仪表厂. X 射线分析仪器介绍. 分析仪器, 1978, (3): 26-29.

1978-013 王祖陶. X 射线研究的现代发展. 无机盐工业, 1978, (S1): 84-92.

1978-014 魏明秀. CFX-Ⅰ型弯晶 X 射线光谱仪. 地质与勘探, 1978, (4): 35-39.

1978-015 谢侃, 郑德娟. X 射线荧光分析二元合金薄膜的成份. 物理, 1978, 7(5): 296-299.

1978-016 徐君权, 江立人, 乐安全, 朱节清, 张达明. 放射性同位素 X 射线荧光分析仪在工业上的若干应用. 核技术, 1978, (1): 57-63, 47.

1978-017 詹姆斯, 郭浩, 张岫. 用 X 射线光谱法测定地质样品中 ppm 数量级的铀和钍. 国外放射性地质, 1978, (2): 69-71, 31.

1978-018 朱舜奇. 流程用 X 射线荧光分析仪研究. 有色金属 (冶炼部分), 1978, (5): 24-31.

1979 年 (1979)

1979-001 陈远盘. X 射线荧光光谱分析综述. 分析化学, 1979, 7(4): 304-312.

1979-002 陈志祥, 秦俊法, 盛康龙, 李民乾, 金柏康, 荣廷文, 汪学朋. 淤泥的同位素源激发 X 射线分析. 核技术, 1979, (1): 46-52.

1979-003 成都地质学院核子地球物理研究室. X 射线荧光测井仪研制初步成果. 物探与化探, 1979, (6): 45-49.

1979-004 成都地质学院核子地球物理研究室. X 射线荧光方法的现场测量. 物探与化探, 1979, (2): 59-65.

1979-005 成都地质学院核子地球物理研究室. X 射线荧光室内样品测定. 物探与化探, 1979, (1): 50-55.

1979-006 承焕生, 汤家镛, 徐志伟, 杨福家, 赵国庆, 周筑颖. 用背散射进行物质表面分析. 原子能科学技术, 1979, (5): 563-571.

1979-007 承焕生, 汤家镛, 徐志伟, 杨福家, 赵国庆, 周筑颖. 用背散射进行物质分析. 复旦学报 (自然科学版), 1979, (2): 17-26.

1979-008 复旦大学静电加速器实验室, 中国科学院上海原子核研究所活化分析组, 湘京钢铁学院《中国冶金史》编写组. 越王剑的质子 X 荧光非真空分析. 复旦学报 (自然科学版), 1979, (1): 73-81.

1979-009 昊则嘉. 质子激发 X 射线分析法. 机械工程材料, 1979, (4): 95.

1979-010 何丕荣. 放射性同位素 X 射线荧光分析仪对铜精矿中铜的测定. 云南冶金, 1979, (5): 61-64.

1979-011 李民乾, 陈志祥, 盛康龙, 秦俊法, 荣廷文, 汪学朋, 金柏康. 质子激发 X 射线分析及其应用. 核技术, 1979, (2): 1-12.

1979-012 李民乾, 盛康龙, 秦俊法, 陈志祥, 金柏康, 荣廷文, 汪学朋. 质子激发 X 射线分析测定环境样品中的痕量元素. 科学通报, 1979, (1): 19-21.

1979-013 李彦成, 李乃珍. 水泥、生料、熟料和窑灰的 X 射线荧光分析方法研究. 水泥, 1979, (2): 13-18, 6.

1979-014 李彦成, 李乃珍. 水泥、生料、熟料和窑灰的 X 射线荧光分析方法研究 (续). 水泥, 1979, (3): 17-19.

1979-015 李彦成, 李乃珍. 水泥、生料、熟料和窑灰的 X 射线荧光分析方法研究 (续). 水泥, 1979, (4): 47-52.

1979-016 李忠义. 选矿厂矿浆品位自动分析——载流 X 荧光分析仪. 有色金属 (选矿部分), 1979, (1): 55-61.

1979-017 梁国立. 用携带式放射性同位素 X 射线荧光分析仪在野外快速测铁. 物探与化探, 1979, (3): 55-58.

1979-018 梁生柱, 秦大方, 贾淑媛, 张玉珍, 报淑华, 梁素荣. 用吸收限滤光气体的光电子排除自身荧光对所测信息的干扰提高"特散比"的方法. 原子能科学技术, 1979, (1): 76-79.

1979-019 卢云锦. 荧光 X 射线谱分析 (上). 江苏化工, 1979, (3): 82-91.

1979-020 卢云锦. 荧光 X 射线谱分析 (下). 江苏化工, 1979, (4): 61-70.

1979-021 马幼骐. 葡萄酒中亚砷酸盐和砷酸盐水平. 国外医学参考资料 (卫生学分册), 1979, (2): 122.

1979-022 乔树谭. 在荧光分析中克服基体效应的一种有效方法. 有色金属 (选矿部分), 1979, (2): 42-44.

1979-023 苏荆衡. 电子数字计算机在流程用多道 X 射线荧光分析仪中的应用. 有色金属 (选矿部分), 1979, (1): 50-54, 43.

1979-024 王淑珍. 新型的金属定量仪. 石油炼制与化工, 1979, (10): 72.

1979-025 王志麟, 向尔军, 刘汉民. 同位素源 X 荧光法测定铀. 核技术, 1979, (4): 31-35, 54.

1979-026 谢德民, 仲崇祺, 阮乃埃, 孙玉芳, 肖淑秀, 欧阳均. 戊二烯-1, 3 在稀土催化体系中聚合的初步研究. 高分子通讯, 1979, (4): 233-239.

1979-027 解学文. X 射线荧光分析仪用的氟化锂弯晶的研磨和成型. 光学仪器, 1979, (3): 68-72.

1979-028 杨乐山, 吴傅智. 荧光 X 光谱测定镀层厚度. 机械, 1979, (11): 26-27, 81.

1979-029 冶金部洛阳耐火材料研究所物化室 X 荧光组. 粘土、高铝质耐火材料中 SiO_2、Al_2O_3、Fe_2O_3、TiO_2、CaO、K_2O 的 X 射线荧光光谱定量分析. 分析化学, 1979, 7(2): 90-96.

1979-030 游文银, 方明渭. 多道全聚焦 X 射线荧光分析仪. 有色金属 (选矿部分), 1979, (3): 37-39, 36.

1979-031 赵启仁. 质子激发 X 射线分析. 国外医学 (放射医学分册), 1979, (4): 224-230.

1979-032 中国科学院土壤背景值协作组. 北京、南京地区土壤中若干元素的自然背景值. 土壤学报, 1979, 16(4): 319-328.

1979-033 周家泉, 欧通桃, 王文爽, 李建华. X 射线荧光光谱法无损连续测定超导带表面薄层中 Nb-Sn 原子个数之比. 稀有金属, 1979, (3): 60-70, 72.

1979-034 祝甫生, 罗津新. 15 个稀土 (及钍) 元素的化学——X 射线荧光光谱测定法. 理化检验-化学分册, 1979, 6(6): 25-28.

1979-035 邹恩滕. 工作面上金的快速分析. 有色金属 (矿山部分), 1979, (4): 56-57.

1.3　1980－1989

1980 年 (1980)

1980-001 白友兆. 同位素钙铁分析仪在水泥生料配料中的应用. 硅酸盐学报, 1980, 8(2): 171-179.

1980-002 陈远盘. X 射线荧光光谱分析动态. 上海有色金属, 1980, (S1): 56-61.

1980-003 陈远盘. 微量矿物的 X 射线荧光光谱分析——绝对量薄样法. 分析化学, 1980, 8(5): 455-457.

1980-004 陈志祥. 放射性同位素源激发能量色散 X 射线分析及其应用. 核技术, 1980, (4): 58-61.

1980-005 陈志祥, 李民乾, 汪学朋, 盛康龙, 宗普和. 月岩 (70017-291) 的质子激发 X 射线分析. 地球化学, 1980, (4): 414-418.

1980-006 承焕生, 汤家铺, 徐志伟, 杨福家, 赵国庆, 周筑颖. 背散射技术用于表面微分析. 物理, 1980, 9(3): 220-225.

1980-007 高恩德. 变形铝合金主成分的偏析及荧光分析取样模的研究. 轻金属, 1980, (4): 19-23, 31.

1980-008 郝贡章, 卜赛斌. 非钌金属阳极涂层组分的 X 射线荧光光谱法快速定量测定. 上海有色金属, 1980, (S1): 73-76.

1980-009 黄仁兴. DXY-3 型 X 射线光谱分析仪电子计算机联用数据处理原理. 分析仪器, 1980, (S1): 58-67.

1980-010 Ji A., Yuan N., Tao G. Y.. Application of Rasberry-Heinrich equation for correction of inter-element effects—analysis of cerium doped strontium barium niobate

1980-011 姜殿斌. 新型 X 射线荧光光谱仪. 仪器仪表学报, 1980, 1(4): 121-123.

1980-012 金淮, 陆爱娜, 吕海鹰. YF-1 型 X 荧光分析仪在我矿的应用. 金属矿山, 1980, (4): 52-55.

1980-013 库勒鲁德 G., 彭文世. 质子诱发 X 射线发射谱 (PIXE——简称质子激发法)——地球化学的一种新工具. 地质地球化学, 1980, (4): 74-80.

1980-014 李竟慈. 用化学 X 射线荧光光谱分析铸铁、碳素钢、低合金钢中稀土分量: 镧、铈、镨、钕. 理化检验-化学分册, 1980, 16(5): 35-40.

1980-015 李丽洁, 徐岳. 荧光分析中的微分道校正法. 有色金属, 1980, 32(4): 46-52.

1980-016 李民乾, 陈志祥. 非破坏质子激发 X 射线分析法测定固体材料成分. 上海有色金属, 1980, (S1): 70-72.

1980-017 李民乾, 秦俊法. 人体穴位组织中微量元素的初步探索. 江苏中医杂志, 1980, (2): 37-39.

1980-018 李彦成, 李乃珍. 利用影响系数校正法进行粘土的 X 射线荧光分析. 分析化学, 1980, 8(6): 543-545, 550.

1980-019 李忠义. X 荧光分析仪数学模型的研究. 有色金属, 1980, 32(2): 45-52.

1980-020 吕银忠, 梁凤娴, 白韵兰. 三氧化二硼-碳酸锂熔样硅酸盐岩石快速分析. 地球化学, 1980, (3): 282-288.

1980-021 Pulsipher H. G., 张德雄. 用 X 射线荧光分析法予测航天飞机固体火箭发动机性能. 国外固体火箭技术, 1980, (1): 72-77.

1980-022 瑞安, 罗秉钧. 用 γ 射线激发的 X 射线荧光法分析低浓度天然铀溶液. 铀矿选冶, 1980, (5): 37-48.

1980-023 寿汉章, 黄林根, 王子祥, 黄湘泰, 毛顺娟. 用放射性同位素源 X 射线荧光法测定磺酸钙添加剂中的钙含量. 润滑与密封, 1980, (3): 13-20.

1980-024 Vogg H, Brau H, Lubecki A, 朱铁民. 放射性同位素技术在普查、勘探与选矿中的应用. 国外地质勘探技术, 1980, (4): 47-52.

1980-025 王僎. 冠心病和胃癌病人血液、头发中的微量元素 PIXE 分析. 江苏医药, 1980, (4): 27-28.

1980-026 王锡銮. X 射线荧光分析中"背景峰值法"的研究 (摘要). 铀矿选冶, 1980, (3): 29-32.

1980-027 王樨德, 任炽刚, 汤国魂, 陈建新, 姚惠英, 马鑫培, 汪芳林, 鲍秀敏, 郑德清. 外束 PIXE 检测头发中砷的含量. 复旦学报 (自然科学版), 1980, 19(3): 351-355.

1980-028 汪芳林, 马鑫培, 刘承斌, 赵启仁, 叶章程. 质子激发 X 射线分析测定患白血病小白鼠脏器中痕量元素. 核化学与放射化学, 1980, (3): 190-193.

1980-029 汪学朋, 陈志祥, 金柏康. 同位素源激发 X 射线分析法测定头发中微量元素. 核技术, 1980, (5): 58.

1980-030 谢荣厚. 菲利浦公司 X 射线光谱仪的特点. 上海有色金属, 1980, (S1): 62-64, 61.

1980-031 徐君铎, 方明渭, 董克家. 铅锌矿中铅、锌、铁、铜溶液法 X 荧光连测. 上海有色金属, 1980, (S1): 77-80.

1980-032 杨德才. 应用放射性同位素 X 荧光法测定矿石中的铜和铁. 上海有色金属, 1980, (S1): 81-84.

1980-033 杨福家, 承焕生. 离子束分析——介绍第四届国际离子束分析会议. 物理, 1980, 9(2): 184-185.

1980-034 杨先华. 荧光 X 射线基本参数法测定钛膜厚度. 压电与声光, 1980, (3): 95-102.

1980-035 杨先华. 荧光 X 射线实验系数法测定 ZnO 压电薄膜厚度. 压电与声光, 1980, (6): 55-59, 25.

1980-036 俞洁莲. 氧化锆中锆、铪的 X 射线荧光光谱化学法. 新型无机材料, 1980, (3): 95-96.

1980-037 俞嗣皎, 张文成, 聂汉卿, 蒋瑞娟, 郭昭乔, 李月宣, 卢殿通. 硅 (锂) X 射线探测器. 原子能科学技术, 1980, (2):

140-145.

1980-038 曾宪舜, 陈志. 新的制样技术及其在耐火材料中 X 射线荧光分析上的应用. 上海有色金属, 1980, (S1): 65-69.

1980-039 张鸿文. X 荧光法测定矿石中铀的灵敏度和检出限. 放射性地质, 1980, (5): 474-477, 402.

1980-040 张鸿文. 地质样品中低量铀的 X 射线荧光光谱法测定. 放射性地质, 1980, (1): 81-84.

1980-041 赵廷才. 流程 X 射线荧光分析的矿浆系统. 有色金属 (选矿部分), 1980, (1): 46-47.

1980-042 赵新那. X 射线荧光分析. 上海有色金属, 1980, (S1): 101-109.

1980-043 朱节清, 乐安全. 同位素源X 射线荧光分析仪在水泥工业中的应用. 核技术, 1980, (3): 21-26.

1980-044 邹恩滕. 吸收限型复合滤光片. 有色金属, 1980, 32(2): 40-44.

1981 年 (1981)

1981-001 Biste M., Schneider H. J., 朱铁民. 便携式同位素 X 射线荧光分析仪在矿业实践中的应用. 国外地质勘探技术, 1981, (4): 27-32.

1981-002 陈和乐, 何伯延, 胡其锋. 电子计算机与 X 射线荧光分析仪联机自动分析重晶石选矿产品中的钡. 原子光谱分析, 1981, (3): 29-32.

1981-003 陈茂祺, 卫保全. X 射线荧光光谱法直接测定矿石中微量钼. 冶金分析, 1981, (0): 37-40.

1981-004 陈远盘. 矿石矿物中稀土 (钍) 元素的 X 射线荧光光谱测定——比例常数法. 分析化学, 1981, 9(1): 61-64.

1981-005 陈志, 曾宪舜. 玻璃体自动剥离熔融技术在荧光 X 射线分析中的应用. 分析化学, 1981, 9(6): 714-716.

1981-006 陈志祥, 汪学朋, 徐耀良, 夏蕊娟, 史紫璇, 吴建平. 上海市人发中多元素同位素源激发 X 射线分析. 环境科学, 1981, 2(5): 21-23.

1981-007 陈致芬. 半导体探测器金分析仪. 有色金属 (矿山部分), 1981, (3): 66.

1981-008 晨供. 意大利希德钢铁厂分析控制仪器的配置. 冶金分析, 1981, (0): 61.

1981-009 程建邦, 张文龙, 郝贡章, 欧通桃. 用 X 射线荧光光谱薄试样法测定磁泡薄膜的原子比值. 物理, 1981, 10(4): 229-231.

1981-010 高树桢, 高新华, 朱一钧, 孙淑敏. 钛渣中镁铝硅钙钛钒锰铁的 X 射线荧光光谱测定. 原子光谱分析, 1981, (3): 25-28.

1981-011 高文照, 江全奇, 刘秀兰. 用陶瓷真空电容降低 D 电路共振频率. 核技术, 1981, (6): 42-43.

1981-012 郭常霖, 吉昂, 陶光仪. 原级 X 射线谱强度分布的定量测定. 物理学报, 1981, 30(10): 1351-1360.

1981-013 何伯延, 周拒非. Nb-Ge 超导带表面薄层铌锗原子比的 X 射线荧光光谱测定. 矿冶工程, 1981, (1): 61-66.

1981-014 侯定远. 国外近年水质分析新方法述评. 水文地质工程地质, 1981, (2): 40-43.

1981-015 黄梅芬, 吴万春, 赵昌裕. 同位素源 X 射线荧光分析方法在线测定感光胶片含银量. 核技术, 1981, (3): 19-26.

1981-016 黄衍初, 马慈光, 姜兆春, 王庆广, 戴昭华, 刘全友. 土壤中铁、钛、钙的 X 射线荧光分析. 环境科学丛刊, 1981, (2): 16-19.

1981-017 吉昂, 俞洁莲. X 射线荧光光谱法测定显像管玻璃中硅、铝、钾、钙、钡、砷、铅等元素. 理化检验-化学分册, 1981, 17(3): 25-29.

1981-018 吉昂, 袁宁儿, 陶光仪. 用 Rasberry-Heinrich 方程进行元素间相互影响的校正——掺铈铌酸锶钡单晶的 X 射线荧光光谱测定. 分析化学, 1981, 9(5): 580-582.

1981-019 焦继岳, 胡其锋, 周拒非. X 荧光分析镍尾矿中镍铜的数据处理程序. 矿冶工程, 1981, (2): 71-72.

1981-020 金淮, 陆爱娜. 关于 YF-1 型 X 荧光分析仪使用中的几个问题. 金属矿山,

1981-021 科研所. Z-405 催化剂粉末压片 X 射线荧光分析. 齐鲁石油化工, 1981, (5): 36-37.

1981-022 库姆普莱能, 俞誉福. 用 KX 射线分析地质样品中的铀. 放射性地质, 1981, (4): 367-369.

1981-023 李军. 大气污染物质分析方法的进展. 铁道劳动卫生通讯, 1981, (2): 92.

1981-024 李宁先. X 射线分析化学及其在环保中的应用. 湖北环境保护, 1981, (1): 20-26.

1981-025 廖乾初. 近代物理分析技术——国内的应用概况和近年进展 (续). 稀有金属合金加工, 1981, (6): 26-33.

1981-026 刘凤翘, 李忠义. 矿浆载流 X 荧光分析仪的标定技术. 有色金属 (选矿部分), 1981, (2): 14-21.

1981-027 罗重庆, 康叔常, 赵新那. X 射线荧光光谱测定钨基合金粉中 Cu、Ni、W、Fe——经验系数法. 中南矿冶学院学报, 1981, (1): 22-31.

1981-028 罗津新. 砷共沉淀 X 射线荧光光谱法测定硒和碲. 理化检验-化学分册, 1981, 17(5): 20-23.

1981-029 马清福. 放射性检测和控制仪表的安全管理. 冶金劳动卫生, 1981, (6): 380.

1981-030 马鑫培. 质子激发 X 射线分析——生物医学中痕量元素分析的新技术. 原子能科学技术, 1981, (2): 246-257.

1981-031 齐鲁石化总公司科研所二室物化组. Z-405 催化剂粉末压片 X 荧光光谱分析. 齐鲁石油化工, 1981, (4): 24-32.

1981-032 唐光华, 于思俭, 曾光国, 王存珍. 锰-锌铁氧体的 X 射线荧光光谱分析法. 磁性材料及器件, 1981, (4): 53-56.

1981-033 唐光华, 于思俭, 曾光国, 王存珍. 锰-锌铁氧体的 X 射线荧光光谱分析法. 分析化学, 1981, 9(6): 694-696.

1981-034 陶光仪, 吉昂. X 射线荧光分析中的经验系数法. 无机材料学报, 1981, 9(3-4): 91-96.

1981-035 铁道部科学研究院金化所. 化学 X 荧光光谱法分析铝合金中的铈. 原子光谱分析, 1981, (5): 70-71.

1981-036 王明星, 吕位秀, 任丽新, Winchester J. W.. 大气气溶胶采样和化学分析技术. 环境科学丛刊, 1981, (2): 1-10.

1981-037 王明星, 吕位秀, 任丽新, 温切斯特 J. W. 华北山区大气气溶胶的化学成份. 大气科学, 1981, 5(2): 136-144.

1981-038 王毅民, 梁国立. X 射线荧光光谱直接测定岩石中低含量稀土元素的条件选择. 原子光谱分析, 1981, (5): 10-19.

1981-039 王又兰. 职业性铅接触后活体骨骼中铅的测定. 国外医学 (卫生学分册), 1981, (6): 357-358.

1981-040 王桢枢, 蒋重熙, 张其勋, 陈敬虔. 一种硼砂熔融铸块技术及其在铌合金 X 射线荧光光谱分析中的应用. 分析化学, 1981, 9(1): 46-48.

1981-041 汪安璞, 黄衍初, 马慈光, 王庆广, 杨淑兰, 刘怀全, 李民, 刘静宜. 北京地区大气飘尘的化学特性. 环境科学学报, 1981, 1(3): 220-233.

1981-042 汪芳林, 马鑫培, 刘承斌, 赵启仁, 叶章程. 应用质子激发 X 射线分析 L615 白血病小鼠的血、肝和脾中的某些微量元素. 原子能科学技术, 1981, (2): 135-141.

1981-043 汪永忠. X 射线荧光光谱分析经验系数法的理论分析. 物理学报, 1981, 30(11): 1520-1527.

1981-044 杨先华. 现代 X 射线荧光分析. 压电与声光, 1981, (5): 71-79.

1981-045 袁汉章, 吴长存, 卜赛斌, 张虎云, 许佩珍, 武清富. 铜矿选矿流程中铜、铁、硫、硅、铝、钼和钛的 X 射线荧光光谱直接测定. 分析化学, 1981, 9(2): 146-152.

1981-046 翟秋福, 张元福. S 散射因数法 X 荧光光谱快速测定地质样品中微量锶. 分析化学, 1981, 9(3): 342-345.

1981-047 张万有. X 射线荧光光谱分析永磁锶铁氧体材料. 磁性材料及器件, 1981, (3): 54-59.

1981-048 章晔. 放射性同位素 X 射线荧光技术在地质勘探中的应用. 核技术, 1981,

(3): 13-18.

1981-049 章晔. 国外 X 射线荧光测井在金属矿上的应用. 国外地质勘探技术, 1981, (1): 8-15.

1981-050 赵启仁. 粒子激发X射线 (PIXE) 分析生物物质的精密度、准确度和在肿瘤组织中的应用. 国外医学 (放射医学分册), 1981, (3): 153-155.

1981-051 周树轩. 现场分析金矿的可携式 X 荧光仪. 核技术, 1981, (1): 55.

1981-052 朱玟, 李伟毅, 邝安堃, 谈明光, 秦俊法, 盛康龙, 陈志祥, 李民乾. 阴虚、阳虚病人血清中某些微量元素变化的初步观察——质子激发 X 射线分析法的应用. 中医杂志, 1981, (8): 26-30.

1981-053 朱舜奇. BYT-1 型在线多道X荧光分析仪研制小结. 分析仪器, 1981, (4): 41-44.

1981-054 邹恩滕. 吸收限型复合元素滤光片——用于 XRF 浸入式探头. 核技术, 1981, (2): 14-18.

1982 年 (1982)

1982-001 鲍锦荣, 荣廷文, 林森浩, 章家鼎, 华芝芬, 邱瑞球, 高培明, 韩俊龙. 同位素激发 X 荧光分析测定铜保持器的磨损. 核技术, 1982, (4): 112-113.

1982-002 Цамерян О. П., 叶传贤. 金伯利岩化学组成的 X 射线荧光光谱测定. 地质地球化学, 1982, (1): 52-55.

1982-003 陈和乐, 何伯延, 周拒非, 莫善湘, 杨森. 锡石细泥中锡的 X 荧光光谱分析——粉末内标法. 矿冶工程, 1982, (2): 49-51.

1982-004 陈维杰, 刘道杰. 头发含锌量的测定. 北京师范大学学报 (自然科学版), 1982, (2): 37-42.

1982-005 陈远盘, 刁桂年. X 射线荧光光谱分析 L-T 方程中 D、E 值的求法. 光谱学与光谱分析, 1982, 2(1-2): 14-20.

1982-006 陈志祥. 古青铜器成分的能量色散 X 射线分析. 核技术, 1982, (4): 110-111.

1982-007 陈志祥. 能量色散 X 射线分析中基本参数法的应用. 核技术, 1982, (1): 20-25.

1982-008 陈志祥, 汪学朋, 金柏康, 夏蕊娟, 史紫璇, 吴建平. 同位素源激发 X 射线分析法测定空气中锰、锌和铅. 冶金劳动卫生, 1982, (1): 8-11.

1982-009 陈致芬. 反射型平衡辐射体装置的研制. 核技术, 1982, (3): 12-16.

1982-010 程建邦, 郑德娟, 欧通桃, 郝贡章. X 射线荧光光谱法非破坏测定二元合金薄膜的成分. 物理, 1982, 11(1): 47-49.

1982-011 刁桂年, 陈远盘. X 射线荧光光谱分析 L-T 方程中 α 系数的求法. 光谱学与光谱分析, 1982, 2(3-4): 190-195.

1982-012 丰梁垣, 李若龄, 张亚文, 王一先, 钱志鑫, 赵振华. 离子交换薄膜-X 射线荧光法测定地质样品中的微量稀土元素. 地球化学, 1982, (1): 35-47.

1982-013 冯子道, 秦俊法, 李民乾, 荣延文, 庄宗杰. 胃癌病人恶性组织和非病灶组织中的微量元素对比研究. 环境化学, 1982, 1(4): 262-266.

1982-014 高新华, 高树桢, 朱一钧, 孙淑敏, 黄曼云. 铁矿 X 射线荧光光谱分析基体影响的经验系数校正. 冶金分析, 1982, (2): 20-23, 38.

1982-015 何去奢, 刘彬, 马跃贤, 刘重业. 土壤中痕量 Zn、Cu、Ni、Cr、Pb 的 X 射线荧光光谱测定. 新疆环境保护, 1982, (1): 58-63.

1982-016 胡其锋, 陈和乐, 何伯延, 莫善湘, 焦继岳, 黄际商. 应用于 X 射线荧光分析的内标——线性插值法数据处理程序. 矿冶工程, 1982, (1): 54-58, 15.

1982-017 Huang T. C., 杨先华. 用 LAMA-2 进行薄膜的定量 X 射线荧光分析. 压电与声光, 1982, (4): 70-72.

1982-018 黄衍初, 刘全友, 王庆广. 土壤中砷的氢化法分离富集——X 射线荧光法测定. 光谱学与光谱分析, 1982, 2(1-2): 27-30.

1982-019 佳丽新, 温彻斯特 J. W., 吕位秀, 王明星. 北京冬春季节大气气溶胶化学成份的研究. 大气科学, 1982, 6(1): 11-17.

1982-020 蒋敬侃, 王桃珍, 王厚光, 吴坤堂. X射线荧光光谱强度校正经验系数法测定轻混合稀土氧化物. 分析试验室, 1982, (1): 23-26.

1982-021 Landstrom O., 古端龙. 在钻孔中利用天然产生的X射线荧光辐射的元素分析. 地质科技情报, 1982, (2): 94-96.

1982-022 乐安全, 朱节清, 徐君权. 基本参数法X射线荧光测厚. 核技术, 1982, (4): 1-6.

1982-023 李和平. 用X射线光谱法检测贻贝中的痕量元素. 海洋科学, 1982, (6): 62-63.

1982-024 李纪民, 郭魁生, 李桂榛, 林国栋. 同位素源能量色散X荧光法测定工业排放废水中铬(VI)、汞、铅、砷和镉. 核技术, 1982, (4): 107-108.

1982-025 李宁先. X射线分析化学发展概况. 分析仪器, 1982, (4): 1-7.

1982-026 刘亚文, 范钦敏, 马淑兰, 李道伦, 韩俊英, 颜蓓华. X射线荧光分析中基本参数法的应用. 核技术, 1982, (4): 113-114.

1982-027 Лобанов Ф. И., 刘纪琳. 化学-X射线荧光分析. 分析试验室, 1982, (3): 24-31.

1982-028 陆少兰, 郝贡章, 卜赛斌, 程建邦, 李世珍, 李建华. X射线荧光光谱经验系数法分析十五个稀土混合氧化物. 稀有金属, 1982, (6): 45-49.

1982-029 罗秉钧, 岑运骅, 顾明杰, 唐桐永, 赵佩珩. 应用非色散X射线荧光法流线监测贫有机相中的铀浓度. 铀矿冶, 1982, 1(4): 43-49.

1982-030 罗津新. 碲共沉淀-X射线荧光光谱法测定矿石中的银. 理化检验-化学分册, 1982, 18(4): 17.

1982-031 马光祖, 赵宗玲, 梁国立. 我国X荧光光谱分析现状. 光谱学与光谱分析, 1982, 2(3-4): 281-287.

1982-032 马淑兰, 刘亚文, 李道伦. X荧光分析废渣样品. 光谱学与光谱分析, 1982, 2(3-4): 295-297.

1982-033 毛孝田, 车建美, 冯忠秋, 姚惠英, 曾宪周, 汤国魂, 陈建新, 任炽刚, 忻旭峰. PIXE初步分析拉萨地区大气飘尘的元素成份. 核技术, 1982, (4): 102-103.

1982-034 毛一仙, 白光, 刘瑞芳, 张凤阁, 臧秀荣, 马鑫培, 徐永昌, 黄兆坚. 人血清和尿中锶及有关痕量元素的质子激发X射线分析. 核技术, 1982, (4): 103-104.

1982-035 毛一仙, 马鑫培, 汪芳林, 白光, 黄兆坚, 张凤阁, 徐永昌. 质子激发X射线分析人血清和尿中的锶. 原子能科学技术, 1982, (1): 24-26.

1982-036 莫善湘, 周拒非, 陈和乐, 何伯延, 胡其锋. 铅锌矿及其选矿产品中铅锌的X射线荧光测定. 冶金分析, 1982, (4): 30-32.

1982-037 南京医学院附一院中医科, 上海原子核研究所, 江苏省卫生防疫站. 支气管哮喘与正常人头发中微量元素的同位素源激发X射线分析. 江苏医药, 1982, (1): 22.

1982-038 秦俊法, 荣延文, 张厚绍, 顾慧健, 龚克慧, 焦东海, 刘训初. 中药大黄的多元素X射线分析. 中药通报, 1982, (3): 28-30.

1982-039 Raschka H., Lodziak J., 李国会, 梁定安, 张博仪. 硅酸盐中铁、锰、钛、钙、钾、硫、磷、硅、铝、镁和钠的X射线荧光光谱测定. 分析化学, 1982, 10(10): 609-611.

1982-040 Robert F. Hill, 梁致荣. 现场测定金的携带式X射线分析仪. 国外地质勘探技术, 1982, (2): 27-31.

1982-041 苏荆衡, 董天沛. BYF-1在线X荧光分析仪数据处理系统. 分析仪器, 1982, (1): 73.

1982-042 孙大泽, 徐适生, 陈振捷, 徐力平, 张绍先, 金兰振. 人发的同位素源激发X射线荧光分析. 核技术, 1982, (4): 108-110.

1982-043 孙显升, 王忠庶. 能量色散X射线荧光分析测定硅酸盐矿中的Sr、Rb. 核技术, 1982, (4): 116-117.

1982-044 陶光仪, 吉昂. X 射线荧光分析中用于校正元素间吸收-增强效应的一个新经验校正方程. 化学学报, 1982, 40(2): 141-149.

1982-045 陶光仪, 沈美芬. X 射线荧光分析锆钛酸铅压电陶瓷——用 Delta 系数法校正元素间吸收-增强效应. 化学学报, 1982, 40(1): 41-48.

1982-046 王桢枢, 张其勋. 瘤粉和镧镍合金中稀土元素的 X 射线荧光光谱分析——滤纸片法. 理化检验-化学分册, 1982, 18(3): 17-20.

1982-047 汪学朋, 陈志祥. 天然水中铁、镍、铜、锌、铅和锰的 X 射线荧光分析. 核技术, 1982, (4): 105-106.

1982-048 汪学朋, 陈志祥, 徐耀良, 于薇, 许国祺, 郝以明, 曹宏康. 口腔粘膜病人头发、血清和组织样品中微量元素的能量色散 X 射线分析. 核技术, 1982, (4): 106-107.

1982-049 温良弼, 张大忠, 黄艳文, 谢必正, 陈素清, 王能明, 陈剑瑄. 用 PIXE 方法测定四川名酒的微量元素. 核技术, 1982, (4): 104-105.

1982-050 Ward F. N., 靳香林. 对铀矿勘探中所用分析方法的评价. 放射性地质, 1982, (4): 380-384, 307.

1982-051 谢荣厚. 多道 X 射线荧光光谱仪及其在钢铁分析中的应用. 冶金分析, 1982, (6): 60.

1982-052 许德金, 贝叔英, 陆肇权, 孙玉华, 方正源, 许爱兰, 许丽清, 陈志祥, 汪学朋, 于薇. 南京部分居民头发微量元素正常值 (同位素源激发 X 射线分析法). 南京医学院学报, 1982, (2): 41.

1982-053 易惟熙, 张在权, 余松华, 王长生, 杨受业, 宗普和, 周小霞. 地质样品微量稀土元素的同位素源激发 X 射线分析. 核技术, 1982, (4): 111-112.

1982-054 袁汉章, 闻萱梅, 张虎云, 王文爽, 王少林, 李明洁. X 射线荧光光谱分析中经验系数的求取及其在镍矿贫矿分析中的应用. 分析化学, 1982, 10(12): 705-710.

1982-055 臧秀荣, 马鑫培, 毛一仙, 徐永昌. 用 PIXE 方法研究凤眼莲对水中微量元素的吸收作用. 核技术, 1982, (4): 101-102.

1982-056 张勤龙. 用散射线校正 X 荧光分析误差的研究. 金属矿山, 1982, (3): 37-41.

1982-057 张秀莲, 何丽娟. X 射线荧光能谱在海洋沉积物测定中的应用. 海洋科学, 1982, (4): 53-55, 35.

1982-058 张允成, 谢荣厚, 邓瑞钦, 李传芳. 镍基合金中铝、硅、钛、铬、钴、铌、钼、钨等十四个元素的 X 光荧光光谱分析. 冶金分析, 1982, (3): 14-17.

1982-059 章晔, 谢庭周, 梁致荣, 黄国强, 于建. 核物探 X 射线荧光法在我国锡矿地质中的应用. 地质与勘探, 1982, (10): 42-47.

1982-060 章晔, 谢庭周, 梁致荣, 于建, 黄国强. X 射线荧光测井仪的研制及其在金属矿上的应用. 成都地质学院学报, 1982, (2): 77-84.

1982-061 赵所琛, 沈福元, 韩其勇, 邵光璐. 含稀土钢水口结瘤机理的探讨. 钢铁, 1982, 17(5): 24-31, 23.

1982-062 赵廷才. BYF-1 型在线 X 射线荧光分析的矿浆系统. 分析仪器, 1982, (1): 73.

1982-063 周锦帆. 螯合纤维素滤膜. 化学世界, 1982, (1): 27-28.

1982-064 周拒非, 何伯延, 陈和乐, 莫善湘. 用 VRA-2 全自动 X 射线荧光分析仪测定镍矿尾矿中的镍和铜. 湖南冶金, 1982, (3): 51-54.

1982-065 周蓉生, 刘磊. 放射源 X 荧光测量技术测定矿样中的钛. 成都地质学院学报, 1982, (1): 103-107.

1982-066 朱舜奇. 在线 X 荧光分析仪研究. 分析仪器, 1982, (1): 73.

1983 年 (1983)

1983-001 卜赛斌, 崔凤辉, 王少林. 钛白中铝、硅的 X 射线荧光光谱测定. 稀有金属, 1983, (5): 48-51.

1983-002 卜赛斌, 冯福兴, 崔凤辉, 吴长存, 王少林, 王文爽. 钒基多元超导合金的 X

射线荧光光谱分析. 分析试验室, 1983, (3): 42-44.

1983-003 陈和乐, 莫善湘. X 射线荧光光谱法连续测定矿石中锡、铁、铅. 分析试验室, 1983, (3): 51-53.

1983-004 陈和乐, 莫善湘, 胡其锋. 锡矿中锡的 X 荧光光谱测定——散射线作内标法. 矿冶工程, 1983, 8(4): 51-53.

1983-005 陈库强. X 射线荧光分析在日本水泥工业中的应用. 水泥, 1983, (5): 8-9.

1983-006 陈茂祺. X 射线荧光光谱法测定铅锑合金中的铅锑铁. 理化检验-化学分册, 1983, 19(5): 28-29, 22.

1983-007 陈荣先, 张鸿文, 甘璇玑. 矿石中金的 X 射线荧光光谱测定. 稀有金属, 1983, (5): 52-54.

1983-008 陈识杰, 何介薇, 莫素珍, 姜雅梅, 盛康龙, 秦俊法, 谈明光. X 射线工作者血清中某些微量元素的含量. 辐射防护, 1983, 8(5): 381-383.

1983-009 陈远盘. X 射线荧光光谱仪的进展. 分析试验室, 1983, (3): 17-21.

1983-010 陈远盘. X 射线萤光光谱法测定铁矿石和岩石中的低、微量元素时基体成分影响的研究. 矿产与地质, 1983, (2): 66-80.

1983-011 陈远盘. 扩大 X 射线荧光光谱分析范围的新途径. 分析化学, 1983, 11(9): 707-713.

1983-012 陈振捷, 徐适生, 孙大泽, 徐力平, 张绍先, 王吉科, 赵玉芝, 阎学欣, 孙兆美. 二硫化碳作业工人头发的微量元素分析. 核技术, 1983, (6): 31-34, 73.

1983-013 程建邦, 程万荣, 王喜红, 郝贡章, 吴长存. 用 X 射线荧光光谱法非破坏测定多元合金薄膜的组分和厚度. 物理学报, 1983, 32(2): 251-255.

1983-014 崔凤辉, 王少林, 卜赛斌, 汪安璞, 黄衍初. 大气飘尘的 X 射线荧光光谱分析. 环境化学, 1983, 2(3): 52-58.

1983-015 戴朱恒. 土壤农化测试设备与技术的进展. 上海农业科技, 1983, (6): 18-19.

1983-016 刁桂年, 陈丕通, 李锦勋, 孙乃茹. X 射线荧光光谱测定中理论 α 系数的计算及其在硅酸盐类岩石分析中的应用. 分析化学, 1983, 11(1): 45-48.

1983-017 刁桂年, 陈丕通, 李锦勋, 孙乃茹, 张秀羽. X 射线荧光光谱法测定微克量稀土分量. 冶金分析与测试 (冶金分析分册), 1983, (4): 224-226.

1983-018 丁善宝, 李献忠. 混合稀土氧化物的 X 射线荧光光谱分析. 分析试验室, 1983, (3): 54-56.

1983-019 董克家, 方明渭, 杜书田. 铜钼矿中铜钼铁的 X 荧光光谱连测. 分析试验室, 1983, (5): 31-32.

1983-020 分析化学编委会. X 射线荧光光谱分析常用名词、符号和单位的建议. 分析化学, 1983, 11(9): 718-720.

1983-021 复旦大学静电加速器实验室, 西藏自治区卫生防疫站. PIXE 法分析拉萨地区大气飘尘中元素成分. 环境科学, 1983, 4(5): 45-48.

1983-022 高发奎, 郝敬丹, 胡之德. PAN-DDTC 试剂滤纸富集环境样品中微量元素的 X 射线荧光分析. 环境科学, 1983, (5): 53-55.

1983-023 高秀娟, 羊铁铮, 周桂芝. TI-58C 和 TI-59 型可编程序计算器在 X 射线荧光分析中的应用. 分析试验室, 1983, (1): 31-34.

1983-024 高养馨, 沈中和, 质子 X 萤光分析小组. PIXE法分析共聚物中痕量氯. 有机化学, 1983, (4): 273-276.

1983-025 韩汝玢, 马肇曾, 王曾隽, 柯俊. 秦始皇陶俑坑出土的铜镞表面氧化层的研究. 自然科学史研究, 1983, 2(4): 295-302.

1983-026 何伯延, 周拒非, 郭竟南. X 射线荧光溶液法测定矿石中的钨. 矿冶工程, 1983, 3(3): 44-47.

1983-027 胡双成. 磷酸盐玻璃中铝、硼配位状态的研究. 武汉建材学院学报, 1983, (1): 43-55.

1983-028 黄可权. 以连续 X 射线分析仪为基础的电子计算机控制生料回路的操作经验. 水泥, 1983, (11): 38-42.

1983-029 黄梅芬. 低能 X 射线在磁带磁层中的

散射和吸收校正. 核技术, 1983, (6): 35-38, 16-73.

1983-030 黄衍初, 王庆广. 大气飘尘中若干元素的 X 射线荧光分析. 环境科学丛刊, 1983, (1): 38-40.

1983-031 黄自如. 单通道 X 射线荧光光谱仪 2θ 角联锁电路 (ALC) 的原理和调试. 武钢技术, 1983, (1): 43-50, 70.

1983-032 Jablonskl B. B., Leyden O. E., 姜桂兰. 微计算机与早期型号波长色散 X 射线荧光谱仪联用作为控制和数据获得系统. 世界地质, 1983, (2): 200-204.

1983-033 吉昂, 陶光仪. X 射线荧光光谱分析中的基本参数法. 分析化学, 1983, 11(3): 213-215.

1983-034 吉昂, 陶光仪, 沈美芬, 袁宁儿. 基本参数法和经验系数法相结合的一种新尝试. 光谱学与光谱分析, 1983, 3(1): 38-42, 19.

1983-035 蒋敬侃, 黄开. 钐钴合金中钐、钴、铁、铜和锆的 X 射线荧光光谱测定. 分析测试通报, 1983, (S1): 24-27.

1983-036 焦继岳, 陈和乐. 铌铜合金的 X 荧光光谱分析——二元比例外标法. 分析试验室, 1983, (1): 11-13.

1983-037 金涧波. 用透射校正法测定铁矿粉末样品的探讨. 核电子学与探测技术, 1983, 3(6): 26-28.

1983-038 李春远. 弯晶的聚焦几何与可变曲率聚焦的 X 射线谱仪. 分析仪器, 1983, (1): 29-35.

1983-039 李杜若, 谢桂荣. 保护渣中 SiO_2、Al_2O_3、CaO、MgO、TFe 的 X 荧光光谱分析. 化工冶金, 1983, (2): 93-99.

1983-040 李国会, 梁国立, 陈勇军. 经验系数法 X 射线荧光光谱测定硅酸盐中微量元素. 分析试验室, 1983, (3): 36-38, 29.

1983-041 李记欣. 离子交换树脂中铁钼铀硫磷硅的 X 射线荧光光谱法分析. 理化检验-化学分册, 1983, 19(6): 27-29.

1983-042 李明. 地球化学勘查中的分析方法. 地质地球化学, 1983, (2): 64.

1983-043 刘健, 何伯延. 有机相中铁的 X 射线荧光光谱分析. 光谱学与光谱分析, 1983, 3(2): 120-122.

1983-044 刘亚文, 范钦敏, 马淑兰. 环境样品能量色散 X 射线荧光分析中基本参数法的应用. 环境科学, 1983, 4(2): 79-80.

1983-045 罗津新, 袁锡英. 742 树脂粉静态吸附 X 射线荧光光谱法测定矿石及选冶样品中的铀. 岩石矿物及测试, 1983, 2(3): 213-214.

1983-046 马光祖, 李国会. α 系数法在 X 射线荧光光谱分析中的应用. 理化检验-化学分册, 1983, 19(4): 18-24.

1983-047 马淑兰, 刘亚文. 水样的预富集-X 射线荧光光谱分析. 分析试验室, 1983, (3): 57-58.

1983-048 Nazer K. I., 杨新兴. 溴代甲烷熏蒸后土壤及农作物果实中的溴残留. 原子能农业译丛, 1983, (3): 37-38.

1983-049 秦大方, 贾淑媛. 能量色散 X 射线荧光直接测定含钚工艺溶液中的铀. 核化学与放射化学, 1983, 5(3): 243-249.

1983-050 裘乙琦, 顾若晶. 实用 NRLXRF 程序在石油炼制催化剂分析中的应用. 石油炼制与化工, 1983, (6): 46-49.

1983-051 舒守荣. 感光胶片中银含量和卤素比的 X 射线荧光光谱分析. 分析化学, 1983, 11(7): 538-541.

1983-052 孙国匡, 赵宇平. $CaO-SiO_2-Al_2O_3-H_2O$ 系统中和压蒸制品有关的水化产物的研究. 硅酸盐学报, 1983, 11(2): 149-158, 258-259.

1983-053 孙连化. X 射线荧光光谱在岩矿测试分析中的作用和地位. 西北地质, 1983, (1): 56-60.

1983-054 孙显升, 王忠庶. 能量色散 X 射线荧光分析的应用——内标法分析硅酸盐中 Sr、Rb. 岩石矿物及测试, 1983, 2(1): 76-78.

1983-055 汤福山, 刘松林, 许伟. 无标样薄膜法 X 射线荧光定量分析. 齐鲁石油化工, 1983, (6): 8-15.

1983-056 滕树昆, 徐岩. X 射线荧光分析中校正基体效应的 α 系数 (一). 国外地质勘探技术, 1983, (7): 18-26.

1983-057 滕树昆, 徐岩. X 射线荧光分析中校正

基体效应的 α 系数（二）. 国外地质勘探技术, 1983, (8): 18-24.

1983-058 田中武, 王龙安. 用 X 射线荧光法定量分析矿石中 ppm 级的铀. 放射性地质, 1983, (6): 78-84.

1983-059 王大海, 严泉才. 经验系数法在赤泥 X 射线荧光光谱分析中的应用. 分析试验室, 1983, (3): 39-41.

1983-060 王淑丽, 崔宝瑞, 潘长群. 用 X 射线荧光分析方法测定 Pd/Al_2O_3 型催化剂中的 Pd 含量. 石油化工, 1983, 12(10): 620-622.

1983-061 王锡銮. X 射线荧光分析中背景-峰值法的研究. 核科学与工程, 1983, 3(2): 184-188.

1983-062 王效瑞, 沈礼轩, 汪厚基. X 射线荧光分析单标样基本参数法的应用及其探讨. 分析化学, 1983, 11(3): 176-180.

1983-063 汪安璞, 黄衍初, 马慈光, 杨淑兰, 李民. 北京大气颗粒物与地面土中元素的污染及来源初探. 环境化学, 1983, 2(6): 25-31.

1983-064 韦永德, 刘志如, 王春义, 范爱龄, 程建民. 用化学法对 20 钢、纯 Fe 表面扩渗稀土元素的研究. 金属学报, 1983, 19(5): 121-124.

1983-065 魏明秀. CFX-I 型全聚焦直进式 X 射线谱仪的研制. 电子显微学报, 1983, (2): 54-60.

1983-066 魏明秀. 聚焦式 X 射线谱仪研究. 矿产与地质, 1983, (2): 45-54.

1983-067 吴明清. 我国台湾浅滩海底沉积物稀土元素地球化学. 地球化学, 1983, (3): 303-313.

1983-068 吴长存, 郝贡章, 李铭健, 李明洁. X 射线荧光光谱滤纸片法在合金分析中的应用——Nb-Ti 和 Ni-Re-Ta 等合金成份的测定. 分析试验室, 1983, (5): 28-30.

1983-069 吴长存, 郝贡章, 许佩珍, 李明洁. Nb_3Ge 超导薄膜化学组份的 X 射线荧光光谱法非破坏快速测定. 稀有金属, 1983, (4): 55-59.

1983-070 肖德明, 甘璇玑, 张鸿文. X 射线荧光光谱法测定地质样品中的铀和钍. 分析化学, 1983, 11(10): 750-753.

1983-071 谢桂荣, 李杜若. 钒钛渣中 CaO、TFe、V_2O_5、MnO、TiO_2、SiO_2、MgO 和 Al_2O_3 的 X 射线荧光光谱分析. 化工冶金, 1983, (1): 85-89.

1983-072 谢桂荣, 李显军. 稀土富集渣中 La_2O_3、CeO_2、Pr_6O_{11}、Nd_2O_3 和 Sm_2O_3 的 X 射线荧光光谱分析. 化工冶金, 1983, (4): 52-54.

1983-073 谢荣厚, 高树桢, 朱一钧. X 射线荧光光谱分析的进展. 光谱学与光谱分析, 1983, 3(3): 13-20.

1983-074 谢荣厚, 李传芳. 钼合金中钛、锆、镧、铈的 X 光荧光光谱分析. 分析测试通报, 1983, 2(3): 33-36.

1983-075 谢荣厚, 李传芳, 张允成, 邓瑞钦. 不锈耐酸钢的 X 射线荧光光谱分析. 冶金分析与测试 (冶金分析分册), 1983, (5): 264-267, 280.

1983-076 徐信慧. 一种新型的 X 射线厚度测试仪. 上海金属 (有色分册), 1983, (3): 73.

1983-077 徐英. 放射性同位素在钢铁研究中的应用. 国外核新闻, 1983, (7): 22-23.

1983-078 徐永昌. 质子微探针. 物理, 1983, (9): 559-562.

1983-079 杨福家. 离子束分析进展——介绍第六届国际离子束分析会议. 核技术, 1983, (6): 69-70.

1983-080 杨西平. 光谱化学分析的术语、符号、单位及其用法 I . 一般原子发射光谱法. 分析试验室, 1983, (3): 61-72.

1983-081 杨先华. 自动 X 射线荧光定性分析. 压电与声光, 1983, (5): 44-50.

1983-082 余家宜. 电位测定和 X 线荧光法研究电离子导入的机理. 国外医学 (物理医学与运动医学分册), 1983, (1): 4.

1983-083 袁朝良, 许冀泉. 盐渍土中盐分的 X 射线分析. 土壤学报, 1983, 20(1): 97-100.

1983-084 袁汉章. 国外 X 射线光谱分析近况. 分析试验室, 1983, (3): 22-25.

1983-085 张宝良, 李桂芳, 赵守库. X 射线透射光谱定量分析. 分析化学, 1983, 11(2): 132-134.

1983-086 张秀莲, 何丽娟, 刘亚文, 马淑兰, 韩俊英. 应用能量色散 X 射线荧光光谱法测定海洋沉积物 Rb、Sr 元素的方法研究. 海洋科学, 1983, (1): 9-13.

1983-087 张元勋, 陈志祥. 在能量色散 X 射线荧光分析中用基本参数法计算合金成份. 分析试验室, 1983, (3): 33-36.

1983-088 张祖暄. 神经系统中钙的测定方法. 生理科学进展, 1983, 14(4): 348-351.

1983-089 章晔. 放射性同位素 X 射线荧光技术在矿产资源中的应用. 核电子学与探测技术, 1983, 3(4): 64-65, 63.

1983-090 章晔, 梁致荣, 谢庭周. 核物探 X 射线荧光法在锡、锑、锶、钨、金、铜、铁、钼等矿产勘查中的应用. 成都地质学院学报, 1983, (2): 72-81.

1983-091 章晔, 梁致荣, 谢庭周, 黄国强, 周四春, 王宏, 于建. 核物探 X 射线荧光法在锡矿地质中的应用 (续). 地质与勘探, 1983, (10): 39-42.

1983-092 赵启仁. 评价在低温灰化血清样品的 PIXE 分析中痕量元素的灵敏度. 国外医学 (放射医学分册), 1983, (1): 30-31.

1983-093 周锦帆. 水中痕量铀的分析. 环境科学丛刊, 1983, (2): 33-38.

1983-094 周蓉生, 刘磊, 程业勋. "双源散射法" 校正 X 射线荧光分析中的基体效应. 成都地质学院学报, 1983, (4): 109-116.

1983-095 周蓉生, 刘磊, 程业勋. 康普顿散射强度与质量吸收系数关系的研究. 成都地质学院学报, 1983, (1): 94-102.

1983-096 周叔良. 悬浮粒子检测器. 云南冶金, 1983, (5): 60.

1983-097 周四春, 章晔. 用于轻便 X 荧光分析仪的等效模型校正法. 核技术, 1983, (6): 39-43, 74.

1983-098 朱成新. 平板玻璃成分的 X 射线荧光光谱快速定量分析. 玻璃, 1983, (5): 34-40.

1983-099 朱玟, 李伟毅, 邝安堃, 谈明光, 秦俊法, 盛康龙, 陈志祥, 李民乾. A preliminary study on serum trace elements in "yin-deficiency" and "yang-deficiency" patients application of the PIXE analysis in medical science. Journal of Traditional Chinese Medicine, 1983, (2): 145-150.

1983-100 邹金生. 微量稀土铌钽酸盐矿物全分析方法的研究. 矿物学报, 1983, 3(2): 139-142.

1984 年 (1984)

1984-001 安庆骧. 离子交换纸富集、X 荧光光谱测定岩石中痕量稀土元素及钪. 岩石矿物及测试, 1984, 3(2): 162-165.

1984-002 安庆骧. 离子交换纸简介. 岩石矿物及测试, 1984, 3(1): 56-58, 96.

1984-003 白友兆, 福岛整, 合志阳一. 利用 Al Kα 谱线分析 Al 的配位状态. 武汉建材学院学报, 1984, (2): 121-132.

1984-004 Blank, 周卫健. 电子探针和质子探针在矿物学中的应用. 地质地球化学, 1984, (7): 55-57, 66.

1984-005 才书林, 陈虹, 李洁, 李明淑, 文波. 水系沉积物中主元素和微量元素的 X 射线荧光光谱测定. 辽宁地质, 1984, (3): 300-320.

1984-006 陈建新, 吴庆荣, 胡明, 周建锋, 车建美. 用质子 X 荧光分析法测定上海冶炼厂炼铜车间飘尘中的元素成分. 环境保护科学, 1984, (4): 10-14.

1984-007 陈茂祺, 符斌. X 射线荧光光谱法测定矿石中钨和钼. 分析化学, 1984, 12(5): 384-386.

1984-008 陈生茂. 能量色散 X 射线分析法测定环境样品中微量元素. 环境污染与防治, 1984, (4): 43-46.

1984-009 陈文河. 实验校正法测定矿石中的锡. 理化检验-化学分册, 1984, 20(3): 33-34.

1984-010 陈远盘. X 射线荧光光谱法测定铁矿石和岩石中的低微量元素时基体成分影响的研究. 光谱学与光谱分析, 1984, 4(1): 28-41.

1984-011 陈致芬, 邹恩滕. 概谈 XRF 核子技术在黄金矿山中的应用. 黄金, 1984, (2): 16-19.

1984-012 陈致芬, 邹恩滕. 特散平衡滤光片在多金属共生矿测锡中的应用. 核技术,

1984, (1): 19-22, 73.

1984-013 程业勋, 刘磊. 放射性同位素 XRF 技术中一种与"特散比"法等效的新方法. 核技术, 1984, (6): 11-14, 77-64.

1984-014 程一兵, 许超, 潘素瑛, 夏元复, 刘荣川, 王述新. Fe^{3+}在钠硅酸盐玻璃中结构效应的研究. 硅酸盐学报, 1984, 12(4): 396-403.

1984-015 初洪超, 倪佳珍. 硫酸联苯胺沉淀分离富集 X 射线荧光光谱法测定矿石中的微量锶钡. 理化检验-化学分册, 1984, 20(3): 20-21, 24.

1984-016 崔凤辉, 卜赛斌, 王少林. 大气降尘的 X 射线荧光光谱分析. 环境科学研究, 1984, (8): 22-27.

1984-017 戴昭华, 黄衍初. 天津地区土壤中若干金属元素间的相关性. 土壤学报, 1984, 21(3): 314-319.

1984-018 戴昭华, 黄衍初, 王庆广, 刘全友, 姜兆春. 土壤污染指标元素钛、锆、钇在吐鲁番地区土壤中的分布及应用. 环境科学学报, 1984, 4(2): 124-131.

1984-019 邓新鉴. 钢铁分析发展的近况和趋势. 机械, 1984, (8): 17-20.

1984-020 方以规. 冶金地质和化探找矿测试工作与国外概况的对比及发展对策浅议. 地质与勘探, 1984, (6): 51-52.

1984-021 丰梁垣. 美国 X 射线光谱分析的现状和发展——访美工作见闻之二. 地质地球化学, 1984, (7): 58-62, 46.

1984-022 丰梁垣. 美国 X 射线光谱分析的现状和发展——访美工作见闻之一. 地质地球化学, 1984, (6): 54-59.

1984-023 Galson D. A., Atkin B. P., Harvey P. K., 张鸿文. 低含量铀、钍和钾的 X 射线荧光光谱法测定. 国外铀矿地质, 1984, (2): 97-101.

1984-024 高发奎, 郝敬丹, 韩建伟, 胡之德. 化学法富集水中微量元素的 X 射线荧光分析. 分析测试通报, 1984, 3(3): 45-48.

1984-025 高发奎, 郝敬丹, 胡之德. 头发、茶叶、土壤中微量重金属元素的 X 射线荧光分析. 环境研究, 1984, (2): 18-21.

1984-026 高树桢, 朱一钧, 高新华, 孙淑敏. 复合渣的 X 射线荧光光谱分析. 光谱学与光谱分析, 1984, 4(3): 35-38.

1984-027 葛敦世, 韩芷英, 严玉霞, 陈汉仪, 楼宗汉, 徐先宇, 韩韧, 杨利群. $CaO-Al_2O_3-SiO_2$ 系玻璃的耐碱性研究. 硅酸盐学报, 1984, 12(4): 411-418.

1984-028 韩书梅. X 光荧光镀层测厚技术——根据美国 UPA 公司技术座谈资料整理. 电子工艺技术, 1984, (9): 40-44.

1984-029 何去奢. X 荧光光谱分析中的薄样背比法. 物理, 1984, 13(11): 661-663.

1984-030 华佑南. X 射线荧光光谱分析中的 Alpha 系数转换. 分析化学, 1984, 12(4): 258-265.

1984-031 华佑南. 再论 X 射线荧光光谱分析中的理论 Alpha 系数的转换. 中国地质科学院南京地质矿产研究所所刊, 1984, 5(3): 83-98.

1984-032 黄敬豪, 冯小平. 河流沉积物标准参考物质的制备. 环境化学, 1984, 3(3): 38-45.

1984-033 黄培云, 赵新那. 处理 XRF 的 R/X 比为表观活度系数由二元系数据计算三元系参数. 光谱学与光谱分析, 1984, 4(5): 21-29.

1984-034 黄秀榕, 祁明信. 人体微量元素研究进展. 宁夏医学院学报, 1984, (2-3): 228-238.

1984-035 姜兆春, 王庆广, 黄衍初. X 射线荧光光谱法测定河流沉积物中镍、锌、锶、铁的含量. 环境科学丛刊, 1984, 5(3): 60-64.

1984-036 金嘉陵. X 射线能谱分析. 上海钢研, 1984, (3): 23-25.

1984-037 金涧波, 吴万侯, 王宝林. GD-1 型能量色散 X 射线荧光谱仪系统研制报告. 矿产与地质, 1984, (2): 77-88.

1984-038 李国会. 理论 α 系数的计算及其应用. 光谱学与光谱分析, 1984, 4(5): 40-41.

1984-039 李虎侯, 李道伦, 韩俊英. X 射线荧光分析古铜镜的表面组份. 核化学与放射化学, 1984, (1): 45-46.

1984-040 李记欣. X 射线荧光光谱法测定铀矿石中的铁、钛、钙、硫、磷、硅、铝和铀——两步校正程序初探. 分析化学, 1984, 12(3): 194-197.

1984-041 梁国立, 王毅民. X 射线荧光痕量分析中的背景问题. 岩石矿物及测试, 1984, 3(3): 262-265.

1984-042 梁钰. X 射线荧光光谱分析. 上海钢研, 1984, (6): 35-40.

1984-043 梁钰, 潘根生. 不锈钢等铁基合金的 X 射线荧光光谱分析. 上海钢研, 1984, (4): 37-44.

1984-044 林进钦. 精钒中微量铁的 X 射线荧光分析. 钢铁钒钛, 1984, (3): 100-101, 107.

1984-045 玲. 铅锌矿硫铁化物中的铊、镍、钴及其他痕量元素. 地质与勘探, 1984, (5): 29.

1984-046 刘彬. 国外环境样品的 X 射线荧光分析近况. 环境科学丛刊, 1984, 5(7): 16-20.

1984-047 刘磊, 程业勋. 放射性同位素 XRF 技术中用特吸比法改善基体效应影响的探讨. 成都地质学院学报, 1984, (2): 73-79.

1984-048 刘松林, 程玉勇, 许伟. 催化剂中铂和铁的 X 射线荧光光谱测定法. 齐鲁石油化工, 1984, (4): 1-7.

1984-049 刘亚文, 范钦敏, 李道伦, 韩俊英. 古代铜器 X 射线荧光分析中基本参数法及蒙特卡罗法的应用. 分析测试通报, 1984, 3(4): 59-63.

1984-050 刘亚文, 韩俊英, 马淑兰, 李道伦, 张秀莲, 何丽娟. 东海海洋沉积物中微量元素的能量色散 X 荧光光谱分析. 海洋通报, 1984, 3(2): 20-26.

1984-051 陆少兰, 王振莹, 李世珍, 李建华, 李青. 离子交换纸搜集-X 射线荧光光谱法测定高纯氧化铕中的轻稀土元素. 分析试验室, 1984, (5): 49-51.

1984-052 陆少兰, 许佩珍, 李世珍, 李建华. X 荧光 α 系数法测定稀土氧化物中 15 个稀土元素. 中国稀土学报, 1984, 2(1): 88-93.

1984-053 罗津新. 阳离子交换树脂填充纸吸附、X 射线荧光光谱法测定矿石及选冶样品中的钍. 岩石矿物及测试, 1984, 3(3): 270-272.

1984-054 罗津新. 水杨基萤光酮沉淀活性炭吸附 X 射线荧光光谱法测定矿石中的铌钽. 理化检验-化学分册, 1984, 20(2): 37-38.

1984-055 牛芳, 王中央, 范我, 徐炳臣, 张维成. 无载体放射性同位素 ^{109}Cd 的制备. 核技术, 1984, (1): 59-56, 77.

1984-056 Packer T. W., 段忆翔. 用高分辨能量色散 X 射线荧光分析器测定土壤和河流沉积物样品中的铀含量. 国外铀矿地质, 1984, (4): 71-79.

1984-057 齐鲁石油化工研究院. 无标样薄膜法 X 射线荧光元素定量分析. 齐鲁石油化工, 1984, (2): 33.

1984-058 青木谦一郎, 白桦. 火山岩的化学成分与成因的研究. 地质科技情报, 1984, (1): 64-68, 63.

1984-059 任炽刚, 姚惠英, 汤国魂, 陈建新, 车建美, 冯忠秋, 汤家镛, 王樾德, 孙爱贞, 郭瑞新, 王慧芳. 用质子激发 X 荧光分析法测定肝硬化病人血清的微量元素含量——探讨中医治疗疗效. 核技术, 1984, (6): 15-16, 46-64.

1984-060 任光辉. 轻便放射性同位素 X 射线荧光分析仪在岔河锡矿区测锡的应用. 地质地球化学, 1984, (12): 54-55.

1984-061 山崎慎一, 张素居. X 射线荧光法及其在土壤、植物分析中的应用. 土壤学进展, 1984, (4): 51-58.

1984-062 Sivalingam P. M.. 用 TRXRF 分析法测试马来西亚微咸水中双壳类软体动物 Geloina ceylonica (Lamarck) 中的重金属. 海洋科学, 1984, (2): 37-40.

1984-063 孙则, 王淑荣, 李秀云. 用 X 射线荧光光谱法测定碲镉汞晶体的 X 值. 激光与红外, 1984, (1): 51-52, 75.

1984-064 田宇纮. 核技术在海洋环境、地质中的应用. 核物理动态, 1984, (2): 31-34.

1984-065 Varier K. M., Nayak A. K., Mehta G. K., 马成俊. 人的毛发样品的质子激发 X 线 (PIXE) 分析. 核物理动态, 1984, (2): 42-45.

1984-066 王魁元. 微型机 EG-3003 在 X 射线荧光光谱测试化探样品中的应用——八个元素测定的数据处理. 吉林地质, 1984, (4): 86-89.

1984-067 王淑丽, 潘长群, 崔宝瑞. 用 X 光荧光测聚烯烃树脂中的氯. 石油化工, 1984, (7): 471-473.

1984-068 王树镛. 声控 X 射线荧光光谱仪. 分析试验室, 1984, (6): 16.

1984-069 王毅民, 梁国立. X 荧光测定岩石中痕量元素的基体校正方法. 岩石矿物及测试, 1984, 3(4): 354-359.

1984-070 王毅民, 梁国立. 岩石中低量稀土和其他痕量元素的 X 荧光光谱测定. 岩石矿物及测试, 1984, 3(1): 58-63.

1984-071 王忠庶, 孙显升, 姜开侠. 能量色散 X 射线荧光分析测定地质试样中的 Zr、Sr、Rb. 核技术, 1984, (3): 47-48.

1984-072 王子尧, 林景祥, 贺春福, 李莹. X 射线荧光光谱滤纸片法测定钇、铒、铥、镱、镥的组分. 分析化学, 1984, 12(8): 749-751.

1984-073 吴友忠, 刘惠英. X 射线平衡滤光片. 核电子学与探测技术, 1984, (5): 306-308.

1984-074 吴长存, 郝贡章, 李明洁. 钛钼合金的 X 射线荧光光谱分析 (溶液-滤纸法). 稀有金属材料与工程, 1984, (4): 32-35.

1984-075 肖伦. 核技术在中医中药中的作用. 核技术, 1984, (2): 1-3.

1984-076 谢荣厚, 李传芳, 张允成, 邓瑞钦. 不锈钢的 X 射线荧光光谱分析. 钢铁研究总院学报, 1984, 4(3): 353-358.

1984-077 徐元剑, 缪延杰. 微量元素和肾脏疾病. 国外医学 (泌尿系统分册), 1984, (3): 104-108.

1984-078 杨福家, 曾宪周. 离子束分析进展. 自然杂志, 1984, 7(2): 100-106, 160.

1984-079 杨京春, 李有义. 钨精矿中钨和锡的 X 射线荧光光谱测定. 云南冶金, 1984, (2): 48-51.

1984-080 杨先华. 出射角 Φ_2 的测定. 理化检验-化学分册, 1984, 20(2): 52.

1984-081 袁宁儿, 陶光仪, 吉昂. X 射线荧光光谱分析基本参数法测定薄膜的组分和厚度的程序. 分析测试通报, 1984, 3(2): 53-56.

1984-082 袁锡英. 743 树脂静态吸附 X 射线荧光光谱法测试矿石及选冶样品中的钍. 理化检验-化学分册, 1984, 20(5): 21-22.

1984-083 曾宪周, 陈建新, 任炽刚, 汤国魂, 王樨德. 一个采用外束的扫描质子探针. 复旦学报 (自然科学版), 1984, 23(4): 385-396.

1984-084 张安平. 放射性同位素 X 射线荧光分析仪在有色矿山的应用. 有色矿山, 1984, (10): 24-25, 21.

1984-085 张鸿文, 华佑南. "转换 α 系数"在 X 射线荧光光谱硅酸盐类岩石全分析中的应用. 冶金分析与测试 (冶金分析分册), 1984, (1): 27-29.

1984-086 张家琳. X 射线荧光光谱法测定汞矿石粉样中的汞. 云南冶金, 1984, (5): 54-56.

1984-087 张佩桦. 质子探针——新技术介绍. 岩石矿物及测试, 1984, 3(2): 182-183.

1984-088 张维成, 秦淑光. 加速器离子束分析简介. 分析化学, 1984, 12(10): 950-955.

1984-089 张文明. Au 基合金中 Ni、Cr、Fe 的 X 射线荧光光谱分析. 贵金属, 1984, 5(1): 31-34.

1984-090 张秀莲, 何丽娟. 海洋沉积物中 Cu、Zn、Pb、Ba 的能量色散 X 射线荧光光谱测定. 海洋科学, 1984, (4): 12-15.

1984-091 张元勋, 陈志祥, 汪学朋, 毛孝田, 徐江云, 余宝根. 杭州市区夏季大气飘尘中元素成分的测定. 核技术, 1984, (3): 7-8.

1984-092 章晔, 谢庭周, 梁致荣, 黄国强, 周四春. 同位素源 X 射线荧光技术在重晶石矿地质勘探中的应用. 非金属矿, 1984, (3): 1-4, 15.

1984-093 章晔, 谢庭周, 周四春, 黄国强. 携带式 X 射线荧光仪测金试验. 成都地质学院学报, 1984, (1): 93-98.

1984-094 赵眉, 高建华, 周本富. 炮眼式 X 荧光分析仪用的正比计数管. 核电子学与探测技术, 1984, (2): 102-104.

1984-095 周顺庆. X射线荧光光谱分析高温耐热特种钢时铝硅的污染问题. 理化检验-化学分册, 1984, 20(6): 49-50.

1984-096 周智桂. 在线分析矿浆金属品位的配套设备. 有色金属(选矿部分), 1984, (1): 15-19.

1984-097 朱锐, 梁桂金, 庄展郎, 刘文. 分光晶体RAP的研制及其性能. 电子显微学报, 1984, (4): 157.

1984-098 邹恩滕, 陈致芬. XRF核子快速分析技术在多金属共生矿均匀介质中的应用研究. 核电子学与探测技术, 1984, (2): 116-120.

1985年 (1985)

1985-001 毕木天, 陈坚, 姚荣奎, 丁富荣, 王美蓉, 唐孝炎, 栗欣, Winchester J. W., Kaufmann H. C., 钟溟, 刘平生, 沙因, 冯锡璋. 北京市冬季气溶胶化学成份的质子荧光分析. 分析试验室, 1985, 4(12): 9-13.

1985-002 蔡怀福. 镍基及铁基合金真空钎焊时氧化膜去除及钎料铺展. 焊接学报, 1985, 6(1): 43-50, 65-66.

1985-003 车建美, 胡明, 吴庆荣, 周建锋, 陈建新. 用质子X荧光分析法测定上海冶炼厂炼铜车间气溶胶中的微量元素成分. 核技术, 1985, (6): 27-28.

1985-004 陈国柱, 马呈德, 张秀凤, 张毓敏, 王楠, 张维, 俞嗣皎. 高分辨Si(Li)探测器系统. 原子能科学技术, 1985, (5): 641.

1985-005 陈梅玲. 荧光X光谱技术在矿石分析中的应用. 研究与探索, 1985, (2): 57-60.

1985-006 陈丕通. X射线荧光光谱法测定钨单矿物及钨矿中的钨、锰、铁和铌. 分析化学, 1985, 13(7): 542-544.

1985-007 陈永君. 岩石中多元素的X射线荧光光谱测定——经验系数法. 岩石矿物及测试, 1985, 4(4): 342-346.

1985-008 陈远盘, 孙平蕙. 用X射线荧光光谱仪以比例常数法测定地质样品中稀土元素的研究. 光谱学与光谱分析, 1985, (6): 68-69.

1985-009 陈远盘, 孙平蕙, 吴志鸿. X射线荧光光谱测定铁矿石和岩石中的低微量元素时几种制样方法的比较. 矿产与地质, 1985, (3): 108-112.

1985-010 陈中泽. 充分发挥大型精密仪器的作用. 中国地质, 1985, (1): 17-18.

1985-011 程建邦, 李传芳, 谢荣厚. 用能量色散X射线荧光光谱仪非破坏测定钐钴合金薄膜的组份. 光谱学与光谱分析, 1985, (6): 74.

1985-012 崔万秋, 黄学辉, 朱小英. B_2O_3-Li_2O-LiCl-Al_2O_3系统非晶态快离子导体. 武汉建材学院学报, 1985, (2): 125-132.

1985-013 戴昭华, 王庆广, 黄衍初. 质量吸收系数修正基体效应X射线荧光法测定沉积物中重金属含量. 理化检验-化学分册, 1985, 21(2): 85-86.

1985-014 董高翔. 锆英石单矿物的X射线荧光光谱分析. 光谱学与光谱分析, 1985, (6): 73.

1985-015 董高翔, 王鹤岭. 3080型X射线荧光光谱仪数据处理程序的开发与应用. 地质实验室, 1985, 1(2): 162-163.

1985-016 董高翔, 汪康康, 熊采华. 岩石化探样品中二十一个痕量元素的X射线荧光分析. 地质实验室, 1985, 1(1): 42-47.

1985-017 董群满. X光荧光微区膜厚计. 上海金属(有色分册), 1985, (5): 56.

1985-018 Dypvik H., 汤道清. 英国约克郡上侏罗统和下白垩统粘土的地球化学组成和沉积条件. 地质地球化学, 1985, (9): 54.

1985-019 范公桥, 陆朴敏. YF-P型铜版纸涂布量在线测定仪的应用效果. 核技术, 1985, (5): 63-61.

1985-020 范钦敏, 刘亚文, 李道伦, 韩俊英. 蒙特卡罗方法在X射线荧光分析中的一些应用. 核技术, 1985, (3): 15-19, 71-72.

1985-021 丰梁垣. PIXE、次级靶和放射性同位素源能量色散X射线光谱技术在微量元素分析方面的比较研究. 光谱学与光谱分析, 1985, (6): 69-70.

1985-022 甘璇玑,省德明. 薄膜法在X射线荧光光谱分析中的应用——痕量稀土分量测定. 光谱学与光谱分析, 1985, (6): 77.

1985-023 甘璇玑,吴莹莹,肖德明. X射线荧光测定低量铷、锶及其应用. 地球化学, 1985, (3): 283-292.

1985-024 甘璇玑,张鸿文,陈大刚. X射线荧光光谱法测定黄渤海某些比目鱼骨骼中无机成分的初步研究. 海洋通报, 1985, 4(3): 35-39.

1985-025 高发奎,郝敬丹. Gu/SiO_2型催化剂中Cu的X射线荧光法测定. 环境研究, 1985, (2): 39-41.

1985-026 高发奎,郝敬丹. 环境生态学的X射线荧光分析. 环境研究, 1985, (4): 55-61.

1985-027 高发奎,郝敬丹,胡之德. 化学富集-X射线荧光光谱法分析环境试样中的微量元素. 分析试验室, 1985, 4(4): 21-23.

1985-028 高新华,谢荣厚. X射线荧光散射内标法测定难熔合金中的锆、铪和钛. 光谱学与光谱分析, 1985, (6): 78.

1985-029 郭常霖,吴毓琴. 特征X射线强度与入射电子能量的经验关系. 科学通报, 1985, (11): 837-840.

1985-030 郝贡章,欧通桃,程建邦,黄毅英. "中厚"磁泡薄膜多元组份原子比的X荧光光谱非破坏测定. 光谱学与光谱分析, 1985, 5(4): 55-61.

1985-031 郝贡章,吴长存,李明洁. X射线荧光光谱法测定磁泡薄膜中Y、Bi、Ca、Fe、Ge、Si. 分析化学, 1985, 13(10): 778-782.

1985-032 何国柱,蔡戴熙,李麓维,成桂萍,毛一仙,郑胜男,臧秀荣,徐永昌,杨崇礼,严文伟,喻娴武,刘文会,张金秀,舒麟苏,王景明. 白血病与血液中元素含量相关性初探. 核技术, 1985, (6): 1-2.

1985-033 何去奢,马跃贤,贺晓华. 土壤中痕量元素Rb、Y的X射线荧光光谱分析. 光谱学与光谱分析, 1985, 5(2): 66-68.

1985-034 Henderson P., Pankhurst R. J., 钱志鑫. X射线荧光光谱测定稀土元素. 地质地球化学, 1985, (S1): 87-88.

1985-035 洪静芬,杨永顺,闵乃本. 生长界面的调制电流对$LiNbO_3$晶体中溶质分凝的影响. 人工晶体, 1985, (Z1): 72.

1985-036 华佑南. X射线荧光光谱分析中选择等效波长的一种方法和几点讨论. 中国地质科学院南京地质矿产研究所所刊, 1985, 6(1): 85-96.

1985-037 黄培云,赵新那,陈亮,罗重庆,钱崇梁. 热力学方法在处理XRF数据中的应用. 光谱学与光谱分析, 1985, (6): 67-68.

1985-038 Hubert A. E., 段忆翔. 经溶剂萃取及滤纸沉积之后用X射线荧光谱仪测定地质物料中的砷. 地质地球化学, 1985, (5): 66-67.

1985-039 吉昂,佘卫龙. X射线荧光光谱定量测定磷酸盐玻璃中铝的配位数. 分析化学, 1985, 13(10): 749-753.

1985-040 吉昂,陶光仪. X射线荧光分析中的基本参数法——基本参数对分析结果的影响. 光谱学与光谱分析, 1985, 5(1): 49-55.

1985-041 蒋宏振. X射线荧光钙铁分析仪在吴淞水泥厂的应用. 核技术, 1985, (3): 79.

1985-042 焦继岳,何伯延,朱红盛. X荧光光谱法连测铅锌铜铁. 矿冶工程, 1985, 5(4): 54-57.

1985-043 Kikkert J. N., 易阳. 八十年代的X射线光谱分析. 分析试验室, 1985, 4(6): 41-46.

1985-044 Klusmann W., Broll N., Mueller L.. 高性能的X射线分析方法、仪器和分析结果. 光谱学与光谱分析, 1985, (6): 68.

1985-045 李国会. 理论α系数的计算及其在X射线荧光分析中的应用. 光谱学与光谱分析, 1985, (6): 71.

1985-046 李国会. 理论α系数计算公式的推导及其应用. 地质实验室, 1985, 1(2): 102-107.

1985-047 李记民,张桂琴,舒培桂. X射线荧光分析中基本参数法的应用. 核技术, 1985, (6): 41-42.

1985-048 李小定, 石列中, 李晓明. 利用 X 射线荧光光谱法研究 Na_2O-ZnO-B_2O_3 玻璃中 Zn 的配位状态. 湖北化工, 1985, (2): 42-46.

1985-049 李振伍. 高频重熔制样法在钢铁样品 X 荧光光谱分析中的应用. 冶金分析与测试 (冶金分析分册), 1985, (5): 39-42.

1985-050 李卓美, 张雪馨, 吕泓. 高分子泥浆处理剂耐盐性的研究 (Ⅱ) 盐对处理剂在粘土上吸附性能的影响. 油田化学, 1985, (3): 177-182.

1985-051 林景臻, 关铁堂, 张贞柯, 林树坤, 陈金长, 黄依森. 对接籽晶法生长邻苯二甲酸氢铊单晶体. 人工晶体, 1985, (Z1): 129.

1985-052 林森浩. X 射线荧光分析的 α 系数法校正. 核技术, 1985, (6): 30-31.

1985-053 刘彬. X 射线荧光光谱法测定土壤中微量钒时钛干扰的校正. 光谱学与光谱分析, 1985, 5(2): 60-62.

1985-054 刘彬, 阿里木江, 贺晓华. 桃叶标样 (82-301) 的 X 射线荧光光谱分析. 环境化学, 1985, 4(2): 37-41.

1985-055 刘彬, 阿里木江, 贺晓华, 赵成林, 马炊贤. 植物样品中某些金属元素的 X 射线荧光光谱测定. 光谱学与光谱分析, 1985, (6): 72-73.

1985-056 刘承斌, 赵启仁, 叶章程, 汪芳林, 马鑫培. PIXE 法分析棉酚对大鼠血清中微量元素的影响. 核化学与放射化学, 1985, (2): 126-129.

1985-057 刘达根. 应用质子微探头对人耳迷路微量元素的分析. 国外医学 (耳鼻咽喉科学分册), 1985, (6): 353-354.

1985-058 刘凤翘, 李忠义. 关于矿浆载流 X 荧光分析仪的物理模型. 金属矿山, 1985, (9): 30-33, 53.

1985-059 刘丕旺. 经验基体校正方程系数选择的理论判据及其在赤泥分析中的应用. 分析试验室, 1985, 4(3): 33-37.

1985-060 刘全友, 黄衍初. 南迦巴瓦峰地区环境背景值. 山地研究, 1985, 3(4): 266-275.

1985-061 刘煜凯. 食品工业中氯化物的使用 (二). 食品研究与开发, 1985, (4): 9-13.

1985-062 卢敬智. X 射线荧光光谱测定硅酸盐中的主微量元素. 光谱学与光谱分析, 1985, (6): 75.

1985-063 罗津新, 祝甫生. 化学富集 X 射线荧光光谱法测定微量元素的方法研究. 光谱学与光谱分析, 1985, (6): 77.

1985-064 吕英, 殷爱华, 周瑞英. 急性白血病血液中微量元素的 PIXE 分析. 核技术, 1985, (6): 19-20.

1985-065 马光祖, 姚惠英. 中国 X 射线荧光光谱分析的进展. 光谱学与光谱分析, 1985, (6): 66.

1985-066 马笑山, 王四亭, 金宗儒, 沈雅芳, 朱汝德. 紫翠宝石 ($BeAl_2O_4$: Cr^{3+}) 晶体生长与质量. 人工晶体, 1985, (Z1): 200.

1985-067 马鑫培, Lee Grodzins, 毛一仙, 臧秀荣, 徐永昌. 应用质子激发 X 射线分析 (PIXE) 测定啤酒中的微量元素. 原子能科学技术, 1985, (3): 363-365.

1985-068 Naef U., Stern W. B., 刘鸿光. 关于白云母中多硅白云母和钠云母组份之 X 射线分析的一些评述. 世界地质, 1985, (Z1): 248-256.

1985-069 Nieuwerhuizen C., 谢荣厚. 地球化学分析用铬-金双阳极靶 X 射线管. 光谱学与光谱分析, 1985, (6): 79.

1985-070 Pella Peter A., 谢荣厚. 英国国家标准局的 X 射线荧光光谱分析. 光谱学与光谱分析, 1985, (6): 66.

1985-071 Rhodes J. R., Rautala P., 陈致芬. 以微处理机为基础的手提式 XRF 分析仪在矿物分析中的应用. 国外金属矿选矿, 1985, (2): 29-40.

1985-072 沈景兰. 同位素源磁带涂层在线 X 射线荧光测厚仪. 核技术, 1985, (5): 29-61.

1985-073 Spěvačková V., John J., Prazskă M., 俞誉福. 用有机沉淀剂预浓集-XRF 分析法测定铀. 国外铀矿地质, 1985, (1): 76-78.

1985-074 孙保安, 张勤龙. 同位素 X 荧光分析仪测锰的研究. 中国锰业, 1985, (2): 49-53, 25.

1985-075 孙平蕙, 陈远盘. PC-1500 袖珍计算机在 X 射线荧光光谱分析上的应用——比例常数法测定稀土元素程序. 矿产与地质, 1985, (2): 142-147.

1985-076 孙平蕙, 陈远盘. 岩石和矿石中微量稀土分量 X 射线荧光光谱测定法的研究. 光谱学与光谱分析, 1985, 5(4): 49-54.

1985-077 孙平蕙, 陈远盘. 岩石和矿石中微量稀土分量 X 射线荧光光谱测定法的研究. 矿产与地质, 1985, (1): 74-80.

1985-078 孙雪瑜. 用半导体探测器测量 1.5-60keV 的 X 射线. 核电子学与探测技术, 1985, 5(4): 222-227, 231.

1985-079 孙用均, 马鑫培, 赵砚卿, 高淑玲, 臧秀荣. 铍中主要杂质元素的 INAA 和 PIXE 测定. 核技术, 1985, (6): 6-7.

1985-080 Sven A. E. Johansson, 尹仲礼. 第三次 PIXE 国际会议总结. 核物理动态, 1985, (2): 41-43.

1985-081 谈耀麟. X 射线荧光能谱仪. 国外地质勘探技术, 1985, (5): 42.

1985-082 陶甄. 蒙特利尔市降雪的总硫浓度. 环境保护科学, 1985, (3): 74-75.

1985-083 滕树昆, 徐玉茹. 能量色散 X 射线荧光多元素分析装置. 国外地质勘探技术, 1985, (2): 13-21.

1985-084 田淑贵, 张世君. 岩石中锆 (铪) 的离子交换分离及其在离子交换薄膜上的富集. 地球化学, 1985, (4): 374-380.

1985-085 王毅民. X 射线荧光分析中吸收和增强效应的理论校正. 光谱学与光谱分析, 1985, (6): 79-80.

1985-086 王中刚. 我国稀土元素地球化学研究工作的进展. 稀土, 1985, (4): 61-64, 60.

1985-087 王子尧, 贺春福, 林景祥, 李培欣. 用 X 射线荧光光谱法中的滤纸片法测定混合稀土中十五个稀土元素. 分析化学, 1985, 13(2): 105-108.

1985-088 汪学朋, 陈志祥, 孟承伟, 潘建烨. 胆石中某些微量元素的初步测定. 核技术, 1985, (6): 30.

1985-089 汪学朋, 张元勋, 林森浩, 徐翟良, 成源棣, 梁国荣, 沈昌南, 黄铭新, 黄定九, 胡炳熊, 许以平, 沈其呢. 冠心病与人发中元素浓度关系的初步研究. 微量元素, 1985, (3): 16-20, 63.

1985-090 汪永忠, 华佑南. 只用一个参比标样的 X 射线荧光光谱分析的经验系数法. 光谱学与光谱分析, 1985, (6): 74.

1985-091 吴长存, 郝贡章, 李铭键, 许佩珍, 李明洁. 多元合金组份测定的一种新方法——X 射线荧光光谱比值计算法. 冶金分析与测试 (冶金分析分册), 1985, (1): 36-39.

1985-092 夏迪祥. 动态 X 荧光分析系统软件与应用——凤凰山选厂 X 荧光分析软件剖析. 中南矿冶学院学报, 1985, (1): 85-93.

1985-093 夏国中, 曹华德, 丁虹, 殷正芳. 铬电镀工头发中重金属元素含量的测定和分析. 核技术, 1985, (7): 32-33, 62-15.

1985-094 夏国中, 曹华德, 徐仁奎, 殷政芬, 王秋生. 冠心病患者头发中微量元素含量的探讨. 江苏医药, 1985, (8): 40.

1985-095 夏国中, 孙钧敏, 曹华德, 翟青波, 丁虹. 某电镀厂电镀工的头发铬含量测定. 铁道劳动卫生通讯, 1985, (1): 66, 82.

1985-096 肖德明, 张鸿文, 甘璇玑, 魏国有. 化学-X 射线荧光法测定地质试样中 15 个痕量稀土元素. 分析试验室, 1985, 4(2): 1-6.

1985-097 谢荣厚, Nieuweahwiger C.. 镍铬钢 X 射线荧光光谱大范围校准中基体校正的一种实用方法. 光谱学与光谱分析, 1985, (6): 75.

1985-098 徐信棠, 骆桂菱. 硅酸盐材料中氧化硅、氧化铁、氧化铝、氧化钙、氧化镁、氧化钛的 X 荧光光谱分析. 光谱学与光谱分析, 1985, 5(2): 54-56.

1985-099 许佩珍, 华佑南. NRLXRF 程序: 在 X 射线荧光光谱分析中计算理论 α 系数的应用. 光谱学与光谱分析, 1985, (6): 72.

1985-100 杨福家, 曾宪周. 离子束分析进展. 核技术, 1985, (6): 54.

1985-101 杨乐山, 陈玉生, 杜新岳, 朱文翅, 严志远. 硅酸盐岩石中主要元素的 X 荧光光谱分析——粉末压片经验系数法. 光谱学与光谱分析, 1985, (6): 73.

1985-102 杨乐山, 陈玉生, 杜新岳, 朱文翅, 严志远. 地质化探样品主要和痕量元素荧光 X 射线光谱分析. 地质实验室, 1985, 1(1): 36-42.

1985-103 姚惠英, 陈建新, 曾宪周, 章净霞, 王德全. 大骨节病与人发中的微量元素. 地方病通讯, 1985, (3): 11-14.

1985-104 袁汉章. 铅锌矿的 X 射线荧光光谱测定. 理化检验-化学分册, 1985, 21(1): 16-22.

1985-105 袁汉章, 吴长存, 卜赛斌, 闻萱梅, 张虎云, 许佩珍, 王文爽. 镍、铜、铅锌矿选矿流程中 X 射线荧光光谱分析. 光谱学与光谱分析, 1985, (6): 71.

1985-106 乐安全, 韩发生, 徐君权, 朱节清, 谷英梅. 金镀层测厚仪. 核技术, 1985, (9): 1-4, 51.

1985-107 张贵山, 李纪民, 金立云. Zr-Nb 合金的基本参数法 X 射线荧光分析. 金属学报, 1985, 21(3): 137-144.

1985-108 张鸿文, 甘璇玑. 铀 M 系 X 射线的分析应用. 铀矿地质, 1985, 1(2): 43-49.

1985-109 张美云, 张万宝, 唐福军. X 射线荧光光谱法测定分子筛中 SiO_2、Al_2O_3 和 Na_2O 的研究. 天然气化工 (C1 化学与化工), 1985, (2): 12-20.

1985-110 张铭诚. X 射线能谱法与 X 射线光谱法最小浓度检测极限的对比. 分析仪器, 1985, (1): 54-61.

1985-111 张勤龙. 用 ^{238}Pu 源散射法分析矿物铁含量. 核电子学与探测技术, 1985, (1): 38-43.

1985-112 张振馨, 冯应琨, 刘国栋, 孙贵勤, 王世真, 沙因, 刘平生, 张润华. 用质子激发 X 射线分析法研究肝豆状核变性患者头发元素的含量. 中国医学科学院学报, 1985, 7(4): 260-265.

1985-113 章晔, 谢庭周, 梁致荣, 黄国强, 周四春. 放射性同位素 X 射线荧光测井技术在锡矿、锑矿和重晶石矿的应用. 核技术, 1985, (9): 9-12, 51-52.

1985-114 章晔, 谢庭周, 周四春. X 射线荧光技术在锑矿上的应用. 地质与勘探, 1985, 21(5): 44-48.

1985-115 章晔, 谢庭周, 周四春, 张斌康, 李道伦, 陈天文, 张婷. 微电脑轻便型 X 射线荧光仪的研制. 成都地质学院学报, 1985, (4): 91-98.

1985-116 郑厚琳, 靳新娣. 硅酸盐类地质试样中少量、微量元素的 X 射线荧光光谱测定. 分析试验室, 1985, 4(5): 35-37.

1985-117 钟红海, 胡国辉, 许汉卿, 胡朝晖, 钟溟. 广州大气飘尘 PIXE 初步研究. 核技术, 1985, (6): 36-37.

1985-118 周锦帆. 水中痕量钍分析的进展. 环境科学与技术, 1985, (2): 22-23, 25.

1985-119 周顺钧, 葛宜运. X 荧光仪在快速分析中的应用. 钢铁研究, 1985, (2): 75-80, 74.

1985-120 周四春, 章晔. 轻便 X 荧光仪上应用特/散法的探讨. 核电子学与探测技术, 1985, 5(5): 289-293, 284.

1985-121 朱成新. 黑白显像管玻璃成分的 X 射线荧光光谱法快速定量分析. 理化检验-化学分册, 1985, 21(6): 339-340, 333.

1985-122 朱光华. PIXE 分析中推广的内标法原理及其应用. 核技术, 1985, (6): 53.

1985-123 朱锐, 梁桂金, 庄展郎, 刘文, 王丽青, 杨鲁闽. 邻苯二甲酸氢铷 (RAP) 单晶的研制. 人工晶体, 1985, (Z1): 122.

1986 年 (1986)

1986-001 Appleyard S. J., 于伟. 澳大利亚西部瓦鲁附近地下水中铀的分布及其与矿化的关系. 国外地质勘探技术, 1986, (7): 45.

1986-002 伴丰, 古谷圭一, 菊地正, 汪安璞, 黄衍初, 马慈光, 吴锦. 北京地区大气飘尘中的硫的状态分析. 环境科学丛刊, 1986, 7(5): 1-9.

1986-003 毕军. X 射线荧光光谱法测定硅锰合金中的铬硅、锰、磷元素. 铁合金, 1986, (4): 28-32.

1986-004 才书林, 李洁, 逯义, 郭玉林, 周国兴. X 射线荧光光谱法在区域化探中的应用. 分析试验室, 1986, 5(12): 5-13.

1986-005 蔡来舟. 急性白血病患者血液中钾、钙、铁、铜、锌等元素含量的研究. 山东医药, 1986, (9): 6.

1986-006 陈和乐. 矿石中锑锡的 X 射线荧光光谱分析. 矿冶工程, 1986, 6(1): 40-43.

1986-007 陈建新, 车建美, 曹悦卿. PIXE 法测定微量气溶胶组分. 上海环境科学, 1986, (6): 29-31, 36.

1986-008 陈建新, 车建美, 冯忠秋, 姚惠英, 尹在继. 用质子 X 荧光法分析茶叶中的元素. 中国茶叶, 1986, (4): 29-30.

1986-009 陈亮, 赵新那, 罗重庆. X 射线荧光光谱分析中粉末制样误差的 Monte Carlo 研究. 分析化学, 1986, 14(9): 697-700.

1986-010 陈亮, 赵新那, 罗重庆, 钱崇梁. 热力学方法处理 XRF 数据的可行性研究. 中南矿冶学院学报, 1986, (1): 94-100.

1986-011 陈素清, 张大忠, 陈剑瑄, 王能明. 用 PIXE 方法分析红外材料 $Hg_{1-x}Cd_xTe$. 原子与分子物理学报, 1986, 3(2): 139-144.

1986-012 陈武. 岩石矿物中低含量铷锶锆铌钼的 X 射线荧光光谱测定. 理化检验-化学分册, 1986, 22(4): 234-236.

1986-013 陈永君, 赵宗铃, 万俊生. 锆石单矿物 XRF 法分析. 岩矿测试, 1986, 5(4): 304-308.

1986-014 陈远盘. X 射线荧光光谱分析中薄样法的进展. 矿产与地质, 1986, (1): 70-80.

1986-015 陈远盘. X 射线荧光光谱分析中的薄样法. 分析试验室, 1986, 5(3): 36-42.

1986-016 陈振捷, 徐适生, 孙大泽, 张绍先, 徐力平, 杨葆真, 王之珍, 王珊. 天津市学龄前儿童头发微量元素正常值探讨. 天津医药, 1986, (7): 417-418.

1986-017 程业勋, 刘磊. 用于便携式 X 射线荧光仪的基体效应散射校正模型. 核技术, 1986, (11): 1-6, 57.

1986-018 戴昭华, 黄衍初. 海南岛土壤中若干元素的因子分析. 土壤学报, 1986, 23(4): 382-387.

1986-019 邓中林, 韩炎坤, 邓雪明. 应用同位素放射性 X 射线荧光分析法测锡效果的试验. 湖南地质, 1986, 5(2): 71-80, 48.

1986-020 丁志俊. 全自动荧光 X 射线分析装置. 国外地质勘探技术, 1986, (6): 46-47.

1986-021 范钦敏. Si(Li) 探测器对体状 X 射线源的探测效率. 核电子学与探测技术, 1986, 6(2): 76-79.

1986-022 丰梁垣. 地质样品中微量元素的质子激发 X 射线发射分析. 地球化学, 1986, (3): 251-258.

1986-023 丰梁垣. X 射线荧光分析中基本参数法和经验系数法的联合运用——NRLXRF/FULL OPTION 和 ROUSSEAU 程序的剖析. 光谱学与光谱分析, 1986, 6(5): 40-43, 79.

1986-024 丰梁垣. 现代大型仪器分析第二讲——X 射线荧光分析 (XRF). 地质地球化学, 1986, (3): 60-66.

1986-025 甘璇玑, 肖德明. 薄膜萃取法在 X 射线荧光光谱分析中的应用——地质样品中痕量稀土分量测定. 光谱学与光谱分析, 1986, (6): 72-74.

1986-026 高新华. X 射线荧光散射内标法测定铌合金中的锆. 冶金分析, 1986, 6(2): 46-49.

1986-027 顾公望. 癌症病人细胞和血浆锌、铜、铁水平与转移的关系. 国外医学 (肿瘤学分册), 1986, (3): 177-178.

1986-028 郭华聪. 奇异原子 X 射线分析. 自然杂志, 1986, 9(10): 10-11, 68.

1986-029 郭金良, 曹新娣. 粉煤灰中硅、铁、铝、钙、镁五元素快速分析方法. 硅酸盐建筑制品, 1986, (2): 36-39.

1986-030 何维中. 用 XRF 法从矿浆中测铅的尝试与实践. 金属矿山, 1986, (12): 34-37, 28.

1986-031 胡树植. X 荧光测厚仪. 电镀与精饰, 1986, (1): 25-29.

1986-032 华佑南. 硅酸盐和碳酸盐类岩石中十一项主次元素的 X 射线荧光光谱测定——理论 α 系数转换表的应用. 中国地质科学院南京地质矿产研究所所刊, 1986, 7(1): 77-104.

1986-033 黄衍初, 戴昭华, 王庆广. X 射线荧光光谱分析法在土壤背景调查中的应用. 环境科学丛刊, 1986, 7(4): 18-24.

1986-034 黄衍初, 马慈光. X 射线荧光法在化学状态分析方面的应用. 环境化学, 1986, 5(5): 75-80.

1986-035 吉昂, 谢荣厚. 数学校正在 X 射线荧光光谱分析钢铁样中的应用. 分析测试通报, 1986, 5(4): 31-35.

1986-036 贾惟义. 美国 ARL 公司 8400 和 8600 系列 X 射线荧光谱仪. 国外科学仪器, 1986, (1): 19-22, 34.

1986-037 Katherine T Alben, 陈仁辉译. 粒状活性炭微量元素的分布. 新型碳材料, 1986, (2): 33.

1986-038 李国会, 刘德慧, 苏幼銮. 硅酸盐中铁、锰、钛、钙、钾、磷、硅、铝、镁、钠、锶、铷、钡的 X 射线荧光光谱定量测定. 物探与化探, 1986, 10(1): 60-65.

1986-039 李虎侯, 李道伦, 韩俊英, 刘亚文, 范钦敏, 魏成连. 铜镜的 X 射线荧光分析. 核电子学与探测技术, 1986, 6(4): 203-206, 202.

1986-040 李记欣. X 射线荧光光谱法在铀矿冶分析中的应用. 铀矿冶, 1986, 5(2): 25-29.

1986-041 林金锌, 王裕政, 江立人, 顾连学, 乐安全. XFT-84 基于微机 X 荧光涂层测厚仪. 核技术, 1986, (7): 15-19, 60.

1986-042 刘彬, 贺小华. X 射线荧光光谱法分析土壤中的金属元素. 分析测试通报, 1986, 5(4): 38-40.

1986-043 刘德信, 何建勇, 王果庭, 王爱春, 潘景之, 唐晓明. X 射线荧光光谱法测定狗肺中的钽. 分析试验室, 1986, 5(1): 57.

1986-044 刘恒元. 测定砂轮堵塞的新技术. 磨料磨具与磨削, 1986, 1(31): 7-10, 49.

1986-045 罗津新, 祝甫生, 马光祖. 化学富集 X 射线荧光光谱法测定微量元素. 光谱学与光谱分析, 1986, 6(5): 74-75.

1986-046 罗倩. 第三讲 选矿流程中颗粒成分的检测（下）. 金属矿山, 1986, (9): 54-60, 16.

1986-047 马场佑治, 武藤博, 王龙安. 用能量色散 X 射线荧光分析法定量分析溶液中的铀和钚. 国外铀矿地质, 1986, (2): 63-66.

1986-048 马洁梅, 佟淑媛. 煤灰主次量元素的 X 射线荧光分析. 理化检验-化学分册, 1986, 22(1): 19-22.

1986-049 马洁梅, 佟淑媛. X 射线荧光光谱法分析煤灰中的痕量元素. 电力环境保护, 1986, (3): 33-35, 10.

1986-050 马礼敦. 几种 X 射线衍射仪及 X 射线荧光光谱仪. 分析测试通报, 1986, 5(3): 29-34.

1986-051 马鑫培. 质子激发X射线分析——生物医学中痕量元素分析的新技术. 中国核科技报告, 1986, (0): 46-60.

1986-052 满瑞林, 赵新那, 罗重庆, 钱崇梁. 改良单纯形最优化方法在多响应体系中的应用. 理化检验-化学分册, 1986, 22(4): 209-210, 215.

1986-053 茅祖兴. 半微量硅酸盐地质样品的 X 射线荧光光谱分析. 岩石学报, 1986, 2(1): 91-95.

1986-054 茅祖兴. 高稀释比分析少量硅酸盐岩石和矿物样品. 光谱学与光谱分析, 1986, 6(2): 56-58, 47.

1986-055 茅祖兴. X 射线荧光光谱测定 USGS-III 岩石标准样品中的铷和锶. 岩石学报, 1986, 2(2): 70-73.

1986-056 茅祖兴, 叶珍久. 硅酸盐岩石和矿物 X 射线荧光光谱分析中的熔融制样技术. 分析试验室, 1986, 5(12): 14-17.

1986-057 齐文启. 高分辨率 X 射线荧光法在状态分析中的应用. 化工新型材料, 1986, (12): 17-22.

1986-058 齐文启, 古谷圭一, 合志阳一. 用高分辨双晶 X 光荧光法研究含硫化合物的 S K α 光谱及人发中硫的状态分析. 光谱学与光谱分析, 1986, 6(2): 53-55.

1986-059 裘乙琦, 顾若晶, 冯景琨. 电子计算机在炼油催化剂的 X 射线荧光光谱分析中的应用. 石油学报（石油加工）, 1986, 2(1): 91-99.

1986-060 沙因. 多功能 X 射线谱分析程序 PAXMF 简介. 分析试验室, 1986, 5(11): 49-51.

1986-061 沙因, 刘平生, 张润华, 张振馨, 冯应琨, 刘国栋, 孙贵勤, 王世真. 用质子激发 X 射线分析方法进行人发微量元素的分析研究. 核技术, 1986, (3): 35-38, 58-59.

1986-062 苏循荣, 李樱樱, 李小波. 镀液中金的测定. 贵金属, 1986, (1): 34-39.

1986-063 孙淑敏. X 射线荧光分析仪. 冶金分析, 1986, 6(3): 68-69.

1986-064 汤家镛, 孙昌年. 我国离子束分析的现状——第一次全国离子束分析会议简介. 核物理动态, 1986, (2): 44-45, 16.

1986-065 陶光仪, 吉昂, 张中义. 用 NBSGSC 计算机程序和单标样的理论 α 系数法分析结果. 光谱学与光谱分析, 1986, 6(1): 56-60.

1986-066 王军梅, 曹昭风, 顾慕英, 王慧萍, 金启祥, 张新, 曹华德, 沈亚瑛, 孙钧敏, 殷政芳, 王隽, 翟清波. 白癜风患者与微量元素关系的研究. 铁道医学, 1986, 14(2): 65-67, 130.

1986-067 王僡, 孙钧敏, 翟青波, 张新, 曹华德, 殷政芳, 沈亚瑛, 薛美娜. 同位素源激发 X 荧光分析微量元素的实验研究. 核技术, 1986, (7): 20-24, 60.

1986-068 王明星, 任丽新, 吕位秀, 陈建新, 曾宪周, 车建美. 北京一月大气气溶胶的化学成分及其谱分布. 大气科学, 1986, 10(1): 46-54.

1986-069 王明星, 任丽新, 吕位秀, 陈建新, 曾宪周, 车建美. Elemental concentrations and their size distributions of Beijing aerosol in January. Advances in Atmospheric Sciences, 1986, 3(2): 199-207.

1986-070 王能明, 陈素清, 陈剑瑄, 张大忠, 冯文和. 大熊猫体内微量元素的 PIXE 分析——Ⅰ. 毛发和肝脏的微量元素. 兽类学报, 1986, 6(2): 81-87.

1986-071 王夕, 董永先, 韩德久. X 射线荧光分析仪在东鞍山铁选厂的应用. 金属矿山, 1986, (5): 31-36.

1986-072 王毅民. X 射线光谱分析中理论 α 系数法的几个实际问题的讨论. 光谱学与光谱分析, 1986, 6(1): 66-70.

1986-073 王毅民. X 荧光分析中吸收和增强效应的理论估量. 岩矿测试, 1986, 5(2): 139-143.

1986-074 王裕政, 林金锌, 江立人, 顾连学. 用能量色散 X 荧光法测定磁盘磁层厚度. 核技术, 1986, (9): 1-4, 56.

1986-075 王征, 刘道杰. 恶性肿瘤病人指甲中微量元素的测定与分析. 微量元素, 1986, (3): 38-41.

1986-076 魏启宗. VF310 X 射线荧光光谱仪维修的点滴经验. 分析测试通报, 1986, 5(4): 60-62.

1986-077 文国良. X 萤光分析法测定石英砂岩中低含量铁的试验. 建材地质, 1986, (1): 55-63.

1986-078 吴守国, 訾言勤. 同步辐射 X 射线荧光分析法简介. 淮北煤师院学报 (自然科学版), 1986, (2): 81-85.

1986-079 吴小候, 何梓铭. 微量元素与男性生殖功能. 国外医学 (泌尿系统分册), 1986, (6): 11-14.

1986-080 肖德明, 甘璇玑, 卜正才. 硅酸盐类样品中硅、铁、铝、钛、锰、钙、镁、钾、钠和磷的 X 射线荧光光谱测定. 铀矿地质, 1986, 2(4): 236-241.

1986-081 谢荣厚. 数学校正法在高合金钢 X 射线荧光光谱分析中的应用. 光谱学与光谱分析, 1986, 6(4): 52-55.

1986-082 谢荣厚, 新屋. 镍铬钢 X 射线荧光光谱大范围校准中基体校正的一种实用方法. 钢铁研究总院学报, 1986, 6(2): 85-87.

1986-083 徐积荣, 吴志鸿, 乐群, 李其晃. 熔融法 X 射线荧光光谱测定硅酸岩中 30 个主、痕量元素. 岩矿测试, 1986, 5(3): 201-206.

1986-084 徐君权, 乐安全, 韩发生, 朱节清, 谷英梅. X 射线荧光钛涂层厚度测量仪. 核电子学与探测技术, 1986, 6(1): 5-7, 4.

1986-085 许佩珍, 袁汉章, 郝贡章, 崔凤辉, 陆少兰, 卜赛斌, 吴长存. 基本参数法和经验系数法相结合的软件开发及其应用. 分析试验室, 1986, 5(1): 46-50.

1986-086 袁汉章. X 射线光谱学与化学键. 光谱

学与光谱分析, 1986, 6(3): 72-78.

1986-087 袁汉章, 吴自德, 丁颂亚, 侍启禹, 殷国华. 水泥生料的 X 射线荧光光谱分析. 分析化学, 1986, 14(1): 40-43.

1986-088 乐安全, 江立人, 顾连学, 徐君权, 韩发生, 谷英梅, 林金锌. 手表零件镀层测厚仪. 核技术, 1986, (12): 34-37, 157.

1986-089 曾宪周. 离子束分析的新进展——介绍第七届国际离子束分析会议. 核物理动态, 1986, (1): 27-29.

1986-090 曾宪周, 姚惠英, 袁爱娜, 赵惠扬. 用质子激发 X 荧光方法分析孕妇头发中的微量元素. 核科学与工程, 1986, 6(3): 257-262, 8.

1986-091 张光华, 赖章生, 常立志. 放射性同位素 X 射线荧光分析仪在中条山铜矿的应用. 核技术, 1986, (6): 35-37, 60.

1986-092 张鸿文, 甘璇玑, 肖德明. 低含量铀, 钍的 X 射线荧光光谱法测定. 分析测试通报, 1986, 5(5): 19-23.

1986-093 张教晤. X 射线荧光光谱法测定锰铁矿中稀土氧化物. 冶金分析, 1986, 6(5): 65-66.

1986-094 张石新, 齐文启. 应用 X 光荧光法检测硫的化学位移和研究病毒感染植物中硫状态的改变. 病毒学报, 1986, 2(2): 187-189.

1986-095 张卫民. 机械立窑水泥厂的自动化. 水泥技术, 1986, (1): 34-37.

1986-096 张元勋, 汪学朋, 泰俊法, 汪勇先, 吴士明. 能量色散 X 射线分析中对中厚靶的吸收校正. 核技术, 1986, (12): 6-10, 54.

1986-097 张泽湘. 一种性能优良的能量色散 X 射线荧光光谱仪和微量分析用多功能数字成像及处理系统. 国外科学仪器, 1986, (1): 14-15.

1986-098 张长庚. 轻稀土元素的 X 荧光测定及其 TL-59 计算程序. 湖南有色金属, 1986, (1): 51-53.

1986-099 张振馨, 冯应琨, 沙因, 刘平生, 张润华, 刘国栋, 孙贵勤, 何毅, 任玉赉, 王世真. 苯丙酮尿症患者头发微量元素锌、铅初步分析. 中国医学科学院学报, 1986, (3): 222.

1986-100 章晔, 谢庭周, 周四春, 葛良全. 用 X 射线荧光法找金矿实例. 物化探计算技术, 1986, 8(4): 342-345.

1986-101 赵孝壁, 马翠萍. 同位素放射源 X 射线荧光分析仪在铁合金炉渣分析中的应用. 冶金分析, 1986, 6(4): 57-61.

1986-102 钟琅乐, 王淑慧, 刘秀之. X 射线荧光光谱法同时测定铜烟灰中铜铅锌铁硫砷. 分析试验室, 1986, 5(6): 54-56.

1986-103 周克华. X 射线选矿法研究及应用进展. 江西冶金, 1986, 6(1): 19-23.

1986-104 周述权. 国产电子计算机在 X 射线荧光光谱仪上的初步应用. 地质实验室, 1986, 2(3): 230-234.

1986-105 周顺钧, 葛宜运. X 荧光仪在快速分析室中的应用. 冶金分析, 1986, 6(6): 36-39.

1986-106 朱节清, 乐安全, 谷英梅, 韩发生. 用计算机程序来计算复合镀层厚度. 核技术, 1986, (1): 41-43, 57-62.

1986-107 朱一钧, 高树桢, 高新华, 孙淑敏. 铌渣的 X 荧光光谱分析. 冶金分析, 1986, 6(5): 40-43.

1986-108 邹恩滕. 矿用手提式多元素同时分析仪在矿山品位速报中首次应用. 有色金属 (矿山部分), 1986, (4): 48-50.

1987 年 (1987)

1987-001 Bower, Nathan W., 姜桂兰译. X 射线荧光分析硅酸盐岩石的最佳精确度和准确度. 世界地质, 1987, 6(2): 205-215.

1987-002 曹利国. X 射线荧光分析中的综合灵敏度因子 KI_0 和准绝对测量. 核技术, 1987, (7): 15-21, 61.

1987-003 曹利国, 陈岩, 敖奇, 李惠娟. 饱和曲线法的初步探讨. 核技术, 1987, (3): 7-12, 31-59.

1987-004 陈锁志. X 射线荧光光谱分析数学模型的选取及在分子筛分析中的应用. 光谱学与光谱分析, 1987, 6(1): 75-78.

1987-005 陈锁志, 贺桂芬. 氧化铝中钛镍钼磷钨铝的 X 射线荧光光谱测定. 分析试验室, 1987, 6(8): 12-14.

1987-006 陈维岳. 大洋锰结核调查船上金属品位速测方法的研究——Ⅰ. 锰、铁、铜的 X 射线荧光光谱测定法. 东海海洋, 1987, 5(3): 78-82.

1987-007 陈永君, 梁国立, 宋尔良. 地质试样中多种痕量元素的 X 射线荧光光谱分析. 分析试验室, 1987, 6(2): 12-16.

1987-008 程建邦, 李传芳, 谢荣厚. 用能量色散 X 射线荧光光谱法测定合金钢中 Mo、Cr、Ni、Si、P、S. 冶金分析, 1987, 7(5): 47-50.

1987-009 程建邦, 李传芳, 谢荣厚. 用能量色散 X 射线荧光光谱法非破坏测定合金薄膜的组份. 光谱学与光谱分析, 1987, 7(2): 63-65.

1987-010 程万荣. X 荧光光谱分析中衬底对薄膜的二次荧光效应. 光谱学与光谱分析, 1987, 7(1): 72-75.

1987-011 Corps N., 滕树昆. 地质物料的能量色散 X 射线荧光分析. 国外地质勘探技术, 1987, (10): 27-31.

1987-012 董高翔, 朱永清, 范英敏. 化探样品 ICP-AES 和 XRF 快速定量分析的数据处理与校正. 地质实验室, 1987, 3(3): 227-232.

1987-013 范钦敏, 李道伦. 用 X 射线的散射强度确定样品的等效原子序数. 分析测试通报, 1987, 6(1): 25-27.

1987-014 范钦敏, 李道伦, 刘亚文. 多元合金的无标样能量色散 X 射线荧光分析. 光谱学与光谱分析, 1987, 7(3): 67-69.

1987-015 冯德友. 硅酸盐耐火材料中 P_2O_5 和 MnO 的 X 射线荧光分析方法. 理化检验-化学分册, 1987, 23(4): 225-226.

1987-016 甘激. 高分辨率 X 射线微探针. 稀有金属, 1987, (3): 208.

1987-017 甘璇玑, 肖德明, 刘中会, 王树筠. 纤维素酯微孔萃取膜的研制及其在分析上的应用. 中国核科技报告, 1987, (0): 924-932.

1987-018 高发奎, 郝敬丹, 杨晓辉. X 射线荧光法直接测定环境土壤中的金属含量. 环境研究, 1987, (3): 63-67.

1987-019 高全鑫. X 萤光光谱分析仪计算机软件再设计——MABC 程序. 上海钢研, 1987, (2): 34-37.

1987-020 郝贡章, 吴长存, 许佩珍, 王文爽. X 荧光"NRLXRF"程序在薄膜分析中的应用. 分析试验室, 1987, 6(9): 10-14.

1987-021 Harris D. C., 王岷. 运用电子探针和质子探针分析确定 Izok 湖块状硫化物矿床中含银黄铜矿为银的主要来源. 西北地质, 1987, (2): 68-72.

1987-022 何去奢. 薄样峰背比法. 光谱学与光谱分析, 1987, 6(3): 77-80.

1987-023 贺春福, 刘学东, 任红星. X 射线荧光滤纸片法分析稀土样品谱线间干扰系数的求得和应用. 分析化学, 1987, 15(10): 931-933.

1987-024 贺晓华, 阿里木江. X 荧光光谱法测土壤参考样中的钛和铬. 新疆环境保护, 1987, (1): 18-19, 6.

1987-025 Hisao Watanabe, 刘国岐. X 射线对水稻叶片中元素转移的影响. 核农学通报, 1987, (4): 19-20.

1987-026 胡盛文. X 射线荧光光谱法测定铂、铑、金合金中的铑和金. 冶金分析, 1987, 7(5): 45-47.

1987-027 胡世如. 同步辐射光源及其有关化学方面的一些应用. 化学通报, 1987, (3): 26-32.

1987-028 华佑南. X 射线荧光光谱分析 JN 方程中 α 系数的计算、转换和应用. 分析试验室, 1987, 6(4): 14-21.

1987-029 黄衍初, 姜兆春. 环境样品的 X 射线荧光分析. 环境化学, 1987, 6(4): 59-70.

1987-030 吉昂, 倪德顺. 波长色散 X 射线荧光光谱仪的最新发展. 光谱实验室, 1987, 4(1): 1-7.

1987-031 吉昂, 陶光仪, 袁宁儿, 张中义, 沈美芬. X 射线荧光光谱在硅酸盐全分析中的应用. 上海硅酸盐, 1987, (3): 53-59.

1987-032 吉昂, 徐晓杰, 石琼, 汪玉琴. 氧化物和氧氮化物硅酸盐玻璃中铝配位数的测定. 无机材料学报, 1987, 2(4): 308-314.

1987-033 李道伦, 马淑兰, 刘亚文, 范钦敏. X 射线荧光分析废渣中的铜、锌、铅和砷.

分析测试通报, 1987, 6(2): 30-33.

1987-034 李杜若, 胡洁雪, 黄鑫泉. 双晶 X 射线荧光光谱分析. 化工冶金, 1987, 8(4): 76-79.

1987-035 李国会, 许力, 张运国, 仲平. 水系沉积物中 25 个主元素和微量元素的 X 射线荧光光谱测定. 岩矿测试, 1987, (1): 15-23.

1987-036 李纪民, 孙秀峰. 同位素源 X 射线荧光法分析溶液中微量金. 中国核科技报告, 1987, (0): 514-521.

1987-037 李正辉, 曾家玉, 朱世富. 碘化汞 (HgI_2) 半导体探测器 X 射线能谱仪. 半导体技术, 1987, (5): 56-59.

1987-038 李忠义, 陈祖安, 李国球. 库里厄 30 在凡口铅锌矿的初步应用. 有色金属 (选矿部分), 1987, (5): 48-53, 44.

1987-039 李孜, 曾宪周, 华天卫. "野人"毛发中微量元素的质子 X 荧光分析. 自然杂志, 1987, 10(7): 488-493, 560.

1987-040 林金锌, 王裕政, 江立人, 顾连学, 乐安全. 基于微机的磁盘磁层测厚仪. 核电子学与探测技术, 1987, (2): 111-113.

1987-041 刘彬, 阿里木江. X 射线荧光光谱分析中的基体稀释法及其在植物样品分析中的应用. 分析化学, 1987, 15(9): 797-800.

1987-042 刘彬, 马跃贤, 赵成林, 贺晓华, 阿里木江. 粉末直接压片 X 射线荧光光谱快速测定土壤样品中 17 种元素. 新疆环境保护, 1987, (1): 7-12.

1987-043 刘磊. 便携式荧光仪快速测量多金属矿床中的镍铜品位. 成都地质学院学报, 1987, 14(4): 101-108.

1987-044 刘松林, 孙树立, 程玉勇. X 射线荧光散射背景法测定催化裂化催化剂中稀土含量. 齐鲁石油化工, 1987, (2): 20-25, 6.

1987-045 刘亚文. 能量色散 X 射线光谱分析. 分析试验室, 1987, 6(4): 39-43.

1987-046 刘亚文. 全反射 X 射线分析法. 光谱学与光谱分析, 1987, 7(4): 69-73.

1987-047 罗重庆. 钨的 X 荧光光谱分析. 湖南有色金属, 1987, (6): 39-42.

1987-048 马光祖, 陈远盘, 杨乐山. 关于地球化学样品中微量元素 XRFA 的检出限. 光谱学与光谱分析, 1987, (3): 71.

1987-049 马光祖, 袁汉章. X 射线荧光光谱分析的进展. 分析试验室, 1987, 6(5-6): 131-136.

1987-050 马鑫培. 质子激发 X 射线分析——生物医学中痕量元素分析的新技术. 中国核科技报告, 1987, (S1): 20-21.

1987-051 满瑞林, 赵新那, 罗重庆, 钱崇梁. 氢化物分离-X 射线荧光光谱同时测定痕量砷、铋、锑、锡. 分析化学, 1987, 15(4): 350-353.

1987-052 毛振伟. X 射线荧光滤纸片法同时分析七种单一稀土元素. 稀土, 1987, (1): 55-56.

1987-053 毛振伟. X 荧光粉末压片散射背景内标法测定土壤中的钾和磷. 土壤通报, 1987, (6): 286-287.

1987-054 毛振伟, 陈树榆, 林淑钦. X 荧光光谱点滴滤纸法测定土壤中的速效钾. 土壤肥料, 1987, (4): 47-48.

1987-055 倪德顺, 吉昂. 波长色散荧光 X 射线谱仪最新进展之二——高压发生器、测角仪、X 光管的进展. 光谱实验室, 1987, 4(2): 51-54.

1987-056 Norrish K., Glen Osmend. X 射线荧光谱分析. 光谱学与光谱分析, 1987, (5): 69-81.

1987-057 齐文启, 古谷圭一, 合志阳一. 双晶 X 射线荧光法测定植物样品中硫的化学状态. 分析化学, 1987, 15(8): 679-682.

1987-058 齐文启, 合志阳一. 双晶 X 光荧光在环境分析中的应用. 环境化学, 1987, 6(2): 81-83.

1987-059 秦俊法, 汪勇先, 徐耀良, 李民乾, 吴士明, 颜烈宝, 陆蓓莲, 郑志学, 曹余德. 上海市长寿老人的头发微量元素谱特征. 核技术, 1987, (3): 50-52, 64.

1987-060 邱建荣. Al Kα 谱线确定玻璃中 Al^{3+} 离子配位状态的探讨. 玻璃与搪瓷, 1987, 15(4): 1-4, 9.

1987-061 邱建荣. X 射线荧光分析测定玻璃中 Al^{3+}、Mg^{2+} 离子配位状态的探讨. 硅酸盐通报, 1987, (1): 20-25.

1987-062 仇振强, 田辉银, 孟明礼. 基于微机的 X 射线分析自动测量系统. 核技术, 1987, (8): 25-28, 61.

1987-063 沙因, 刘平生, 徐适生, 孙大泽, 陈振捷, 张绍先, 徐力平, 王保国. 用源激发 X 荧光法测定平顶山市人发中的微量元素. 核技术, 1987, (5): 42-43, 58-63.

1987-064 佘利民, 胡昌恒, 罗祖明, 张大忠, 王能明, 陈素清, 陈剑瑄. 急性脑血管病患者发铬含量的初步观察. 华西医科大学学报, 1987, 18(2): 160-162.

1987-065 施逢年, 张建军. X 射线荧光法拣选锰矿石的静态研究. 金属矿山, 1987, (12): 47-50.

1987-066 施逢年, 张建军. 用 XRF 技术分析块状含锰矿石. 南方冶金学院学报, 1987, 8(3): 15-23.

1987-067 施志欧. 元素优先 X 荧光光谱分析数据处理程序系统的编制. 宝钢技术, 1987, (1): 39-43, 14.

1987-068 石列中, 李小定. 利用 Al Kα 谱线位移研究磷酸盐玻璃中 Al 的配位状态. 无机化学学报, 1987, 3(1): 92-94.

1987-069 苏全. QCS 系列计算机配料自动控制系统. 中国建材, 1987, (7): 27.

1987-070 孙大泽, 徐适生, 陈振捷, 张绍先, 徐力平. 天津市区健康人头发中微量元素分析. 核化学与放射化学, 1987, 9(3): 180-184.

1987-071 孙家美, 毛振伟. X 射线荧光光谱对天然彩色珍珠层的元素分析. 动物学杂志, 1987, 22(4): 11-12.

1987-072 谭秉和, 崔新发. 用微小变动量法计算 X 射线荧光分析中的理论基体修正. 北京钢铁学院学报, 1987, 9(3): 93-100.

1987-073 王偻, 曹华德, 翟青波, 薛美娜. XRF 方法分析微量元素的关键技术——相对灵敏度标准曲线. 核技术, 1987, (5): 14-16, 22-60.

1987-074 王其武, 胡昌媛. 同步辐射光源用于 X 光荧光痕量元素分析. 分析测试通报, 1987, 6(1): 56-58.

1987-075 王毅民. 化探样品分析中的 X 荧光光谱法. 岩矿测试, 1987, 6(1): 64-67.

1987-076 王子箴. 稀土元素和钽铌的 X 射线荧光光谱分析. 江西有色金属, 1987, (3): 55.

1987-077 汪永忠. X 射线荧光光谱分析中的经验系数理论表达式. 中国科学 (A 辑: 数学 物理学 天文学 技术科学), 1987, (7): 759-770.

1987-078 闻荻江, 孙立霞. 微量钛酸酯在复合材料界面上的作用. 武汉工业大学学报, 1987, (3): 339-346.

1987-079 吴明嘉, 纪杉. X 光荧光光谱中影响系数的自洽校正法测定及应用. 分析化学, 1987, 15(12): 1123-1126.

1987-080 肖德明, 刘飞跃. 岩石样品中某些微量元素的 X 射线荧光光谱测定. 铀矿地质, 1987, 3(3): 170-174, 169.

1987-081 肖德明, 邹百魁. X 射线荧光光谱法测定化探样品中主量和痕量元素. 光谱实验室, 1987, 4(3): 67-71.

1987-082 谢秉慧, 陈文为. 用 NAA 与 XRF 测定清宫寿桃丸中微量元素的含量. 北京师范大学学报 (自然科学版), 1987, (1): 40-42.

1987-083 谢荣厚. 第 35 届 X 射线会议. 光谱学与光谱分析, 1987, (1): 23.

1987-084 严伯初. X 萤光光谱法测定正常和硬化肝组织中微量元素. 国外医学 (消化系疾病分册), 1987, (3): 185.

1987-085 严泉才, 杜旭东, 尹中林, 邓平, 刘荡. 成形滤纸片薄样 X 射线荧光光谱法测定铝合金中镧铈镨钕钐. 分析试验室, 1987, 6(1): 15-17.

1987-086 彦卿. 萤光 X 射线法测定薄膜厚度的新方法. 钢铁研究总院学报, 1987, (3): 58.

1987-087 阎广文, 刘学公, 阎淑珍, 何瑞启, 徐克尊, 王基镕, 武淑兰, 张芳. 人发微量元素测定及正常值研究. 环境与健康杂志, 1987, (2): 5-7.

1987-088 杨绍晋, 杨亦男, 钱琴芳, 陈冰如, 钟溟, 胡朝晖, 沙因, 刘平生, 袁纪文. 京津地区大气颗粒物的表征及来源鉴别. 环境科学学报, 1987, 7(4): 411-423.

1987-089 俞淑莺. X 荧光分析仪在水泥生料质量控制中的应用. 水泥, 1987, (10): 13-16.

1987-090 翟秋福. X 射线荧光光谱分析地质化探样中主要和痕量元素. 岩矿测试, 1987, 6(2): 113-116.

1987-091 张光华. 荧光分析代替刻槽取样及其在矿山中的应用试验. 有色矿山, 1987, (10): 1-6.

1987-092 张光明. 碘化汞探测器的稳定性. 核技术, 1987, (3): 39-40, 62.

1987-093 张新, 翟清波, 薛美娜, 曹华德, 王儁. 同位素源激发 X 射线荧光分析法测定硒酵母中的硒含量. 分析测试通报, 1987, 6(4): 35-37.

1987-094 张秀莲, 何丽娟. 能量色散 X 射线荧光光谱测定海洋沉积物中微量元素 V, Cr, Y, Zr 和 Nb. 海洋科学, 1987, (3): 25-28.

1987-095 张元勋, 汪学朋, 支敏, 印建华, 钱银娥, 成源棣. 质子激发 X 射线荧光分析法测定头发、肾和肝中的微量元素. 核技术, 1987, (12): 19-23, 28-59.

1987-096 张长庚. X 荧光分析中线性方程与 BASIC 计算程序. 湖南有色金属, 1987, (3): 48-51.

1987-097 章晔, 谢庭周, 周四春, 黄国强. 现场 X 射线测量勘查金矿. 地质与勘探, 1987, (8): 48-52.

1987-098 赵成林, 马跃贤, 刘彬. 薄膜富集-X 射线荧光光谱测定植物中的 Cu、Co、Ni. 新疆环境保护, 1987, (1): 13-17.

1987-099 赵贵文, 唐予奇, 毛振伟. 用 X 射线荧光滤纸片法同时分析七种单一稀土元素. 中国科学技术大学学报, 1987, 17(3): 133-137.

1987-100 郑厚琳, 刘鹤武, 靳新娣. X 射线荧光光谱分析岩石土壤中十五个稀土分量的试验研究. 岩矿测试, 1987, 6(4): 245-250.

1987-101 钟红海, 胡国辉, 胡朝晖, 钟溟. 广州大气飘尘的 PIXE 分析初步研究. 分析测试通报, 1987, 6(3): 24-26.

1987-102 周迪平, 陈锁泉, 胡海敏. X 射线荧光光谱法在有色冶金分析中的应用. 稀有金属, 1987, (4): 288-291, 302.

1987-103 周庆来, 石松连. 计算机在区域化探分析方法中的应用. 物化探计算技术, 1987, 9(2): 166-170.

1987-104 朱光华. 时间顺序采样器及其应用. 中国环境监测, 1987, 3(2): 56-59.

1987-105 Ma GuangZu. Advances in X-ray fluorescence spectrometry in China. X-ray Spectrometry, 1987, 16(3): 109-112.

1988 年 (1988)

1988-001 阿力木江, 朱建新, 贾宪, 刘彬, 潘丽英. 植物样品的 X 射线荧光光谱分析. 新疆环境保护, 1988, (4): 45-47, 50.

1988-002 安庆骧. 纤维素酯微孔萃取膜预富集 XRF 测定钴镍锌. 岩矿测试, 1988, 7(3): 248-249.

1988-003 安庆骧, 巢志瑜. 同步辐射 X 射线荧光光谱及应用. 岩矿测试, 1988, 7(1): 70-74.

1988-004 拜里斯 A. M. I., 魏澎. 应用放射性同位素 X 荧光光谱快速测定活性炭上的金. 光谱实验室, 1988, (1): 21-25, 11.

1988-005 包生祥. XRF 法直接测定原煤中 23 种元素. 岩矿测试, 1988, 7(3): 202-207.

1988-006 Баранчк Л. П., Баршай В. М., 刘绍. X 射线荧光法在大块矿石预选中的应用. 矿产保护与利用, 1988, (4): 37-39.

1988-007 Brown J., 张锦耘. 芒特•艾萨矿业公司炼铅厂空气中悬浮微粒的联机分析. 有色冶炼, 1988, (10): 39-43.

1988-008 陈俊. NF9101A X 荧光分析仪在铁矿山的应用. 冶金自动化, 1988, (2): 47-50.

1988-009 陈谭明, 雪微, 牟书勇. 地球化学样品中 24 个元素的 X 射线荧光光谱测定. 干旱区研究, 1988, (1): 49-56.

1988-010 陈亚男. 标准物质甘蓝的研制和技术特性. 食品科学, 1988, (2): 12-15.

1988-011 陈永君, 许力, 华佑南. 标准化测量方法在 XRF 分析中的作用和意义. 岩矿测试, 1988, 7(4): 327-331.

1988-012 陈远盘. 光谱分析中微痕量元素的预

富集技术. 光谱学与光谱分析, 1988, 8(5): 68-74.

1988-013 程介克, 刘锦春, 江祖成. 稀土元素分析. 分析试验室, 1988, 7(5-7): 54-94.

1988-014 邓世瑶. 日本理学 3530 型多道 X 射线荧光光谱仪简介. 建材地质, 1988, (2): 50.

1988-015 邓中林. X 射线荧光法在火山岩区多金属矿床上勘查金矿的研究. 黄金, 1988, 9(6): 31-34.

1988-016 刁桂年. 单层颗粒样品荧光强度的计算. 光谱学与光谱分析, 1988, 8(1): 63-66.

1988-017 董高翔. 锆英石微量单矿物分析. 光谱学与光谱分析, 1988, 8(4): 59-62.

1988-018 范钦敏, 钟溟. 无标样厚靶 PIXE 分析中数值方法的应用. 高能物理与核物理, 1988, 12(1): 6-11.

1988-019 冯德友. 含水和无水四硼酸锂的研制及其在 X 射线荧光分析中的应用. 化学试剂, 1988, 10(6): 371-372, 324.

1988-020 符森林, 陈继勤, 丁祖昌. Nd:YAG 单晶光纤生长前后性能研究. 人工晶体, 1988, (Z1): 369.

1988-021 甘璇玑, 肖德明. 纤维素酯微孔萃取的研制及其在分析上的应用. 中国核科技报告, 1988, (S2): 30-31.

1988-022 高发奎, 杨晓辉, 郝敬丹. X 射线荧光法测定黄河水悬浮泥沙中的金属含量. 环境研究与监测, 1988, (4): 26-29.

1988-023 高晓梅. 胺碘哒隆引起甲状腺机能障碍. 国外医学 (心血管疾病分册), 1988, (2): 122.

1988-024 高新华, 朱一钧. 硅酸盐材料的主成分 X 荧光光谱分析中烧失量影响的校正. 冶金分析, 1988, 8(5): 24-27.

1988-025 高长宁, 陈远盘, 赵新那. 用高斯和洛伦兹函数解析 XRF 重迭谱的研究. 光谱学与光谱分析, 1988, 8(6): 59-63.

1988-026 郭雅先, 张艳秋, 邹明强, 魏庆珣. 离子交换纸富集-X 线荧光光度法测定水样中微量银. 吉林大学自然科学学报, 1988, (1): 98-102.

1988-027 韩应建, 赵德山, 汤大纲, 姜振远, 周舟. 太原市冬季大气气溶胶的源识别. 环境科学研究, 1988, 1(1): 25-30.

1988-028 何琍, 胡昌恒. 微量元素与脑动脉硬化. 华西医讯, 1988, 3(1): 35-37.

1988-029 何延才, 胡幼华, 陈家光. 多层多元组份薄膜样品中 X 射线荧光强度计算公式. 科学通报, 1988, (9): 711-714.

1988-030 胡洁雪, 黄鑫泉, 李杜若. 电解液中锌、锰、锡、锑、铱的 X 射线荧光光谱分析. 化工冶金, 1988, 9(4): 44-48.

1988-031 胡树植. 管激发能散 X 射线荧光分析仪的探测系统. 分析试验室, 1988, 7(9): 40-43.

1988-032 华佑南. X 射线荧光分析中烧失量项的数学处理及其应用. 地质实验室, 1988, 4(3): 179-183.

1988-033 华佑南. X 射线荧光光谱测定地质岩石样品中的痕量元素铷、锶和锆——二次基体校正法和两步背景校正法的应用. 光谱学与光谱分析, 1988, 8(2): 75-80, 41.

1988-034 华佑南, 陈维范, 赵寿驹, 许佩珍. 岩矿样品 X 射线荧光分析中多元素体系理论 α 系数的计算和应用. 中国地质科学院南京地质矿产研究所所刊, 1988, 9(3): 103-114.

1988-035 黄伟林. 八十年代流体包裹体成分与同位素分析方法的某些新进展. 地质科技情报, 1988, 7(4): 105-110.

1988-036 黄衍初, 王庆广. X 射线荧光光谱测定土壤和水系沉积物中的主元素和痕量元素. 环境化学, 1988, 7(4): 34-38.

1988-037 加贝. 河水中微量磷的 X 射线荧光分析. 国外医学 (卫生学分册), 1988, (1): 50-51.

1988-038 荆照政, 吴珑. X 射线荧光光谱测定人发中的锶硒锌铜镍铁锰铬. 理化检验-化学分册, 1988, 24(6): 366-367.

1988-039 荆照政, 张博仪. X 射线荧光光谱法鉴定涂料. 理化检验-化学分册, 1988, 24(4): 233, 240.

1988-040 景俊海, 孙建诚. 汞敏化光 CVD-SiO_2 薄膜汞含量的 X 射线荧光分析. 微电子学与计算机, 1988, (2): 13-14.

1988-041 李传珠. X 射线荧光光谱法分析土样和沙样中元素方法的讨论. 中国沙漠, 1988, 8(4): 74-82.

1988-042 李道伦, 韩俊英, 范钦敏, 刘亚文, 李虎侯. X 射线荧光分析古钱. 分析测试通报, 1988, 7(1): 54-56.

1988-043 李翰芳, 张建国, 包兆宜, 宋知行, 胡文蓉, 张永. 儿童多动综合症患者头发微量元素分析. 核技术, 1988, 11(7): 63-65.

1988-044 李虎侯, 魏成连, 李道伦, 范钦敏, 刘亚雯. 几种古代银器的 X 射线荧光分析. 考古, 1988, (1): 85-88.

1988-045 李纪民, 孙秀峰. 同位素源 X 射线荧光法分析溶液中微量金. 中国核科技报告, 1988, (S2): 20-21.

1988-046 李燕. 耐热钛合金中的钼、铌、锆、镓的 X 射线荧光光谱法测定. 稀有金属材料与工程, 1988, (1): 45-48.

1988-047 梁兴中. 用 X 射线荧光技术普查和评价金属矿床的方法. 国外地质勘探技术, 1988, (5): 29-33.

1988-048 刘德慧, 安庆骧. XRF 法测定岩石、土壤中微量溴. 岩矿测试, 1988, 7(4): 271-274.

1988-049 刘德坤. X 射线荧光光谱粉末稀释法混样稀释比和混样均匀度. 有色矿冶, 1988, (1): 57-58, 56.

1988-050 刘恩美, 张仕定. 区域化探样品中 25 个元素的 X 射线荧光光谱分析. 光谱实验室, 1988, 5(1): 26-32.

1988-051 刘留春. 用 X 射线荧光探矿法在文裕金矿找金的研究. 核技术, 1988, (2): 13-16, 60.

1988-052 刘丕旺. X 射线荧光分析中一种直接测量并扣除灼失量的熔融制片方法. 光谱实验室, 1988, 5(1): 1-6.

1988-053 刘亚文. X 射线荧光分析中的几项新技术. 稀有金属, 1988, 8(4): 298-305.

1988-054 刘云, 高新华, 谢荣厚. X 射线荧光光谱分析中基体效应的理论系数校正. 钢铁研究总院学报, 1988, (S1): 153-160.

1988-055 卢景提, 王维钦, 胡雅超, 刘亚南, 孔繁荣. 佝偻病小儿发中微量元素能量色散 X 射线荧光光谱分析. 环境化学, 1988, 7(2): 73-75.

1988-056 陆少兰, 许佩珍, 李世珍, 李建华. 不同数学模型在氧化钕、氧化钐的 X 射线荧光光谱分析中的应用. 理化检验-化学分册, 1988, 24(5): 258-259, 289.

1988-057 马尔科维奇 A. A., 范格里肯 R. E., 毛振伟, 周凯. X 射线光谱法. 光谱实验室, 1988, 5(2): 39-63, 38.

1988-058 马淑杰, 陆玉芹, 聂国光. SAPO-5 分子筛生成过程的研究. 催化学报, 1988, 9(4): 389-395.

1988-059 茅祖兴. 磷矿石的 X 射线荧光光谱分析. 分析化学, 1988, 16(10): 909-911.

1988-060 Nagj M., Makjanić J., Orlić I., Tomić S., Valković V., 肖德明. X 射线荧光光谱法测定海水中铀. 国外铀金地质, 1988, (2): 79-82.

1988-061 彭国靖, 许厚国. X 荧光分析技术在保护渣中的应用. 钢铁研究, 1988, (2): 56-61.

1988-062 齐文启, 福岛整, 合志阳一, 古谷圭一. 用高分辨率双晶 X 射线荧光法测定头发中硫的状态. 中国科学技术大学学报, 1988, 18(1): 89-96.

1988-063 齐文启, 宋子台, 郭范. 同步辐射光源在 X 射线荧光分析中的应用. 化工新型材料, 1988, (1): 15-17.

1988-064 秦俊法, 李民乾, 徐耀良, 华芝芬, 刘民壮. "野人"毛发的微量元素谱研究. 核技术, 1988, 11(5): 52-56.

1988-065 邱建荣. X 射线荧光分析在玻璃结构研究中的应用. 玻璃与搪瓷, 1988, 16(4): 46-51.

1988-066 沙因, 刘平生, 张润华. 用 PIXE 方法分析人发中微量元素时数据质量问题剖析. 原子能科学技术, 1988, 22(3): 361-365.

1988-067 施逢年, 孙业长. 含锑矿石预选特征的研究. 有色金属 (选矿部分), 1988, (6): 11-16.

1988-068 苏幼鋆, 王毅民. 多种类型地质样品中主要和次要元素的 X 射线荧光光谱测定. 岩矿测试, 1988, 7(2): 112-115.

1988-069 孙大泽, 徐适生, 陈振捷, 张绍先, 徐力平. XRF 法分析人发时基体影响的校正. 原子能科学技术, 1988, 22(2): 180-184.

1988-070 孙宏. 乙胺碘呋酮引起甲状腺功能障碍. 国外医学 (药学分册), 1988, (5): 314.

1988-071 孙忠, 张月芬, 李冶, 赵辑佩. 人发中铜锌铁钙锶磷的 X 射线荧光光谱法测定. 地质实验室, 1988, 4(6): 353-356.

1988-072 谭秉和, 崔新发. 钢铁的 X 射线荧光分析中三个修正模式的关系. 北京钢铁学院学报, 1988, 10(4): 481-486.

1988-073 天水. 无标样 X 射线荧光光谱分析法. 上海金属 (有色分册), 1988, 9(1): 51-52.

1988-074 田桢. 国产多道荧光分析仪-微机在线综合控制系统. 水泥, 1988, (8): 16-20, 3.

1988-075 王安莲. 职业性接触停止后人体内骨骼铅浓度的下降. 劳动医学, 1988, (1): 69-70.

1988-076 王鸿道, 赵平亚, 姜炳南, 刘伟成. 用发射光谱、XPS 和 AES 能谱、X 光衍射、X 光萤光及电镜考察物质表面的结构及形貌. 大连铁道学院学报, 1988, (2): 19-23.

1988-077 王军梅. 白癜风患者与微量元素关系的研究. 南京铁道医学院学报, 1988, (2): 6.

1988-078 王莉莉, 耿玉良, 王松青. 铁矿石的 X 射线荧光光谱分析. 分析试验室, 1988, 7(8): 16-18.

1988-079 王毅民. X 荧光分析地质样品时的制样方法. 岩矿测试, 1988, 7(1): 77-80.

1988-080 王智兴, 张沪生, 叶衍庆, 曾宪周, 姚惠英. 用 PIXE 方法分析骨恶性肿瘤患者头发的微量元素. 肿瘤, 1988, 8(5): 271-272.

1988-081 闻荻江, 周福龙. 玻璃表面对偶联剂的吸附及偶联剂活性基团在粘结界面上的作用. 材料科学进展, 1988, 2(2): 36-42.

1988-082 吴诚, 颜菊英. 重金属元素的分析. 分析试验室, 1988, 7(5-7): 1-37.

1988-083 吴富贤. 煤中硫的化学分析、状态分析及形态分析方法的比较. 煤炭分析及利用, 1988, (1): 53-58.

1988-084 吴建平. X 射线荧光分析中基体效应的数学校正一例. 物探化探计算技术, 1988, 10(3): 246-249.

1988-085 肖木. 高分辨双晶 X 射线荧光仪. 上海金属 (有色分册), 1988, 9(1): 52.

1988-086 谢荣厚, 高树桢, 朱一钧. X 射线荧光光谱分析的新进展. 分析化学, 1988, 16(3): 279-285.

1988-087 徐洪杰, 任炽刚. 质子激发 K 壳层电离截面的测定. 复旦学报 (自然科学版), 1988, 27(1): 77-84.

1988-088 徐克尊, 张芳, 刘冠华, 武淑兰, 刘学公, 阎广文, 何瑞启. XRF 法分析人发微量元素精度的改善. 核技术, 1988, (2): 45-48, 64.

1988-089 许春才. X 射线荧光光谱法在稀土分析中的应用和进展. 江西有色金属, 1988, (4): 54-59.

1988-090 许力. X 射线荧光光谱分析中流气正比计数器能量分布漂移的机理探讨. 地质实验室, 1988, 4(1): 57-59.

1988-091 颜茂弘, 鲍琪儿, 王祖荫, 应志春, 梁国立, 罗代洪. 岩石标准物质均匀性的 XRF 检查法. 岩矿测试, 1988, 6(1): 61-65.

1988-092 杨乡珍. 铀和钍的连续测定. 国外铀金地质, 1988, (4): 70-75.

1988-093 杨宜珍, 钟洪海, 蒋礼晋. 同位素源激发 X 射线荧光分析法测定血清微量元素的探讨. 广州医药, 1988, (2): 47-48.

1988-094 姚宁, 李小定, 宋晓岚. 利用 X 射线荧光光谱法研究 $BaO-TiO_2-B_2O_3-SiO_2$ 玻璃体系中 Ti 的配位数. 光谱学与光谱分析, 1988, 8(5): 34-37.

1988-095 耶伯 C. T., 许杰. 一种鉴别现代伪瓷的非损伤性技术. 景德镇陶瓷, 1988, (1): 20-22.

1988-096 叶传贤. X 荧光分析基本参数法 FLY-FPM 软件系统投入使用. 矿物岩

石地球化学通讯, 1988, (3): 189.

1988-097 袁汉章, 宫清. 关于 X 射线荧光光谱中 Mn Kβ1, 3 谱线位移的探讨. 光谱学与光谱分析, 1988, 8(6): 64-66, 57.

1988-098 袁宁儿, 吉昂. 光电导材料硒、砷、碲的 X 射线荧光光谱测定. 分析试验室, 1988, 7(8): 59.

1988-099 曾宪周, 刘桂林, 朱光华. PIXE 研究的进展. 核技术, 1988, 11(5): 1-5.

1988-100 曾宪周, 赵国庆, 杨福家. 核分析技术及医学显像核技术的新进展. 核技术, 1988, 11(10): 1-8.

1988-101 张大忠, 王能明, 陈素清, 陈剑瑄, 邱明松, 胡昌恒, 罗祖民, 何俐, 刘开凤, 汪秉康. PIXE 应用于研究脑血管病人组织中的微量元素. 四川大学学报 (自然科学版), 1988, 23(4): 468-476.

1988-102 张建国, 李翰芳, 王琼, 范鸿生, 庄以亮. 微量元素与妊娠关系的研究. 微量元素, 1988, (2): 31-33.

1988-103 张美云, 樊蕴, 张万宝, 黄兴云. X射线荧光光谱透明胶纸薄样法测定催化剂中的铜和锌. 分析化学, 1988, 16(7): 660-663.

1988-104 张美云, 张万宝, 李宏愿. X 射线荧光光谱法测定 Sapo-n 型分子筛中主成分 SiO_2、Al_2O_3 和 P_2O_5 的研究. 大连铁道学院学报, 1988, (2): 81-86.

1988-105 张万宝, 张美云, 黄兴云. VRA-20 型 X 射线荧光光谱仪的故障及其处理. 国外科学仪器, 1988, (2): 37-41.

1988-106 张喜成. 涂层厚度的无损测量. 兵器材料科学与工程, 1988, (12): 36-46.

1988-107 张钰蓉, 吴小凤, 张阿根, 张龙兴. 麦饭石水中微量元素含量的测定. 自然杂志, 1988, 11(5): 387-389.

1988-108 张元勋. 基本参数法在能量色散 X 射线荧光分析金属样品中的应用. 分析测试通报, 1988, 7(3): 43-45.

1988-109 张元勋, 汪学朋, 谈明光. 质子激发 X 荧光分析法测定比对粉末发样中的微量元素. 微量元素, 1988, (1): 69-72.

1988-110 张长庚. 回归方程计算机求解在 X 荧光分析中的应用. 湖南冶金, 1988, (2): 56-58.

1988-111 张长庚. 氧化锆中氧化钇的 X 荧光增量法测定. 湖南有色金属, 1988, 4(4): 61, 38.

1988-112 张振儒, 朱恩静, 陈伟. 谱学找金矿的新方法. 地质找矿论丛, 1988, 3(2): 59-67.

1988-113 张中义, 陶光仪, 吉昂. X 射线荧光光谱中理论 α 系数在硅酸盐全分析中的应用. 理化检验-化学分册, 1988, 24(2): 76-79.

1988-114 章晔, 谢庭周, 周四春, 葛良全. 勘查金矿的现场 X 射线荧光法. 铀矿地质, 1988, 4(1): 31-35.

1988-115 章晔, 周四春, 谢庭周, 葛良全, 李任寅, 滕绍珠, 李健勇, 苏亚汝. 应用轻便型 X 射线荧光仪在原生产状下测定锡品位——代替刻槽取样. 矿产与地质, 1988, 2(4): 80-83.

1988-116 章正. 用 X 射线荧光光谱法同时测定膜厚/组成比. 上海金属 (有色分册), 1988, (2): 55.

1988-117 赵敦初. 微量铅的分析方法. 衡阳医学院学报, 1988, 16(2): 138-142.

1988-118 赵景德, 杨思学, 张振儒. 用同步加速器辐射确定未氧化的卡林型矿石样品中金的赋存状态. 地质地球化学, 1988, (10): 70-75.

1988-119 钟道国, 许春才, 王子箴. 黑钨精矿中二氧化硅的 X 射线荧光光谱分析. 岩矿测试, 1988, 7(2): 148-149.

1988-120 钟永安. 生命元素——锌的研究进展. 国外畜牧科技, 1988, 15(1): 35-41.

1988-121 朱永清, 董高翔. X 荧光光谱仪通用数据处理系统. 分析仪器, 1988, (4): 21-22.

1988-122 作者不详. 用还原捕集荧光 X 射线法分析微量贵金属. 中国环境监测, 1988, 4(6): 51-53.

1989 年 (1989)

1989-001 Ашиток В. И., Суварцко С. М., 沈天竹, 汤瑞琼. 野外条件下水地球化学试样的快速分析. 国外地质勘探技术,

1989-002 包生祥. 3080 系统中计算程序应用改进. 光谱实验室, 1989, (5): 219.

1989-003 包生祥. 石墨样品中杂质元素的 X 射线荧光光谱法直接测定. 分析测试通报, 1989, 8(3): 72-75.

1989-004 包生祥. 锑矿石中 14 种主量和痕量元素的 XRF 法分析. 岩矿测试, 1989, 8(3): 199-201.

1989-005 曹金平, 张文. 废催化剂中铂的 X 荧光分析. 光谱实验室, 1989, 6(4): 195-197.

1989-006 曹利国, 丁益民, 敖奇. X 射线荧光吸收法测量薄层厚度的尝试 (英文). 核技术, 1989, 12(10): 580-586.

1989-007 陈法荣. X 射线荧光光谱分析铜精矿中的铜和铁. 岩矿测试, 1989, 8(2): 145-146.

1989-008 陈锁志, 刘云岚. X 射线荧光光谱测定氧化铝催化剂中共存元素含量. 光谱实验室, 1989, (4): 197-200.

1989-009 陈锁志, 刘云岚. 薄样 X 射线荧光光谱法测定润滑油中锌磷硫含量. 分析试验室, 1989, 8(5): 40-41.

1989-010 陈永君, 苏晓鸣. 粉末样品中主、次量元素的 XRF 法分析——理论 α 系数与内标校正法. 岩矿测试, 1989, 8(3): 195-198.

1989-011 陈远盘. 37 届丹佛 X 射线分析应用会议简介. 分析试验室, 1989, (4): 137.

1989-012 川仁. 水泥生料在线自动检测与配料系统通过鉴定. 中国建材, 1989, (11): 27.

1989-013 崔凤文, 李为明, 崔守信, 杨颖. 川产油菜花粉的氨基酸和矿物质分析. 第三军医大学学报, 1989, (6): 480.

1989-014 邓世瑶, 葛正杰, 杨晓慧. 多道 X 射线荧光光谱仪在建材非金属矿产地质样品分析中的应用. 建材地质, 1989, (2): 34-38.

1989-015 丁海林. 弹性合金及不锈钢丝中 Ni Cr Ti Mn 的 X 荧光光谱分析——滤纸片法. 理化检验-化学分册, 1989, 25(2): 80.

1989-016 丁雪心. XRF 直接测定选钨流程中钨钼. 矿冶工程, 1989, 9(1): 63-66.

1989-017 段承蕴, 杨秀珍, 刘远兴, 徐克尊, 杨雨忻, 张芳, 承芦华. 合肥市 353 名健康儿童头发微量元素的调查. 安徽医科大学学报, 1989, 24(2): 97-100.

1989-018 丰梁垣. 关于 X 荧光分析中氧化物和熔片体系 Lachance 理论 α 系数计算方法的探讨. 光谱学与光谱分析, 1989, (2): 73-75.

1989-019 丰梁垣, 鲍惠兰, 李若龄, 张亚文. 扩展康普顿散射校正法 X 射线荧光测定地质样品中 17 个微量元素. 地球化学, 1989, 9(1): 27-35.

1989-020 甘璇玑, 朱宁. PMBP 混合纤维素酯微孔萃取膜在痕量稀土 X 射线荧光光谱分析中的应用. 光谱实验室, 1989, (4): 178-180.

1989-021 高发奎, 郝敬丹, 杨晓辉. X 射线荧光分析中有效背景选择与元素含量的关系. 环境研究与监测, 1989, (2): 1-3.

1989-022 高平良. 以压片法用 X 荧光仪测定 SO_3. 水泥, 1989, (6): 31-35.

1989-023 高长明, 陈全德. 冀东、宁国水泥厂生料均化系统的反求. 水泥, 1989, (2): 14-18, 33.

1989-024 葛良全, 章晔. 同位素源 X 射线荧光仪在某铅锌矿巷壁 X 取样中的应用. 核技术, 1989, 12(1): 24-31.

1989-025 葛正杰. X 射线荧光分析在红柱石选矿中的应用. 建材地质, 1989, (3): 47-48.

1989-026 Gorshkov A. I., 孙宝岐. 长石选矿方法. 国外金属矿选矿, 1989, (10): 22-26, 21.

1989-027 郝贡章, 陆少兰, 刘洋, 许佩珍. Dy-Ho-Er-Y-Tm 稀土分离流程液的 X 荧光光谱点滴滤纸片薄样测定. 稀有金属, 1989, (5): 384-390.

1989-028 何瑞启, 刘学公, 阎广文, 徐克尊, 张芳, 承芦华. 20 例慢性肝病患者头发微量元素测定. 安徽医科大学学报, 1989, (4): 292.

1989-029 何延才, 胡幼华, 陈家光, 王心磊. Monte Carlo 方法计算多层薄膜中 X 射线发射强度. 中国科学 (A 辑: 数学

物理学 天文学 技术科学), 1989, (3): 307-312.

1989-030 贺春福, 刘学东, 任红星. 微型机在 X 射线荧光谱法分析稀土试样数据处理上的应用. 计算机应用与软件, 1989, (4): 8-11.

1989-031 洪汇孝, 忻新泉. X 射线荧光谱仪模拟系统. 南京大学学报（自然科学版), 1989, 25(1): 68-73.

1989-032 胡世林. 中药光谱鉴定进展. 中国医药学报, 1989, 4(2): 56-62.

1989-033 华佑南, 陈维范, 赵寿驹. 地质样品中 27 项元素的粉末压片法 X 射线荧光光谱测定. 中国地质科学院南京地质矿产研究所所刊, 1989, 10(4): 95-108.

1989-034 华佑南, 许力. X 射线荧光光谱分析熔融样片的制备. 地质实验室, 1989, 5(5): 318-322.

1989-035 黄菁. 硅钢片涂层液的 XRF 分析法. 钢铁研究, 1989, (2): 73-76.

1989-036 黄湘泰. 同位素源 X 射线荧光分析及其在无损检测上的应用. 机械制造, 1989, (8): 32-33.

1989-037 黄鑫泉, 胡洁雪, 李杜若. 高纯氧化铝中杂质铁、钠、钾的 X 射线荧光法测定. 光谱实验室, 1989, 6(5): 239-242.

1989-038 Huang Yanchu, Liu Quangyou, Ma Ciguang, Shan Xiaoquan. A study on the environmental background values in the Mt. Namjagbarwa region, Tibet. Journal of Environmental Sciences, 1989, 1(1): 39-45.

1989-039 吉昂, 陶光仪, 汪玉琴, 王慧娟, 裴立文, 刘恩美, 张仕定. 理论 α 系数在 X 射线荧光光谱分析化探样品主量元素中的应用. 光谱学与光谱分析, 1989, 9(6): 40-44.

1989-040 季尚行, 王谢, 祁守仁. 急烧水泥熟料高温熔体中 Al^{3+}、Fe^{3+} 配位态的研究. 武汉工业大学学报, 1989, (4): 407-413.

1989-041 贾乐庚, 崔凤辉, 于敬贤, 韩玉章. 镁砂中多元素的 X 射线荧光光谱分析. 分析试验室, 1989, 8(6): 30-31.

1989-042 金海泉. X 射线衍射仪的微机数据处理系统. 分析仪器, 1989, (1): 12-16, 69.

1989-043 荆照政, 张博仪. X 射线荧光光谱法测定稀土分量. 理化检验-化学分册, 1989, 25(6): 355.

1989-044 李国会. 熔片法 X 射线荧光光谱测定多种类型地质样品中 14 个主次要元素. 光谱学与光谱分析, 1989, 9(1): 66-71.

1989-045 李华, 贺春福, 袁秀顺. X 射线荧光光谱分析中谱线重迭干扰的校正方法——线性规划法. 分析化学, 1989, 17(12): 1150-1153.

1989-046 李华, 贺春福, 袁秀顺. X 射线荧光光谱滤纸片法分析痕量稀土. 稀土, 1989, (1): 14-17.

1989-047 李纪民, 李桂榛, 林国栋, 刘丽娟. 用 X 射线法快速测量煤灰量. 核技术, 1989, 12(12): 703-706.

1989-048 李纪民, 张桂芹, 舒培桂. X 射线荧光分析中基本参数法的应用. 原子能科学技术, 1989, 23(1): 15-19.

1989-049 李锦昕, 许力. X 射线荧光光谱分析中散射背景与靶的非相干散射的线性关系的理论与应用. 地质实验室, 1989, 5(1): 1-4.

1989-050 李立. 合金钢冶炼过程的 X 射线荧光光谱快速控制分析. 理化检验-化学分册, 1989, 25(2): 18-20.

1989-051 李民乾. 核分析技术在生命科学中的应用. 核物理动态, 1989, (2): 31-34.

1989-052 李小定, 石列中, 李晓明. 用 X 射线荧光光谱测定硼酸盐玻璃中 Zn^{2+} 的配位状态. 玻璃与搪瓷, 1989, 17(2): 11-14, 10.

1989-053 李燕. 钛合金中稀土元素钆、铒的 X 射线荧光光谱法分析. 稀有金属材料与工程, 1989, (2): 36-38.

1989-054 梁钰. 钢中碳含量对发射光谱和 X 射线荧光光谱分析的影响. 理化检验-化学分册, 1989, 25(1): 60-62.

1989-055 梁钰. 含锡铜基钎焊材料中铟的纸上薄样 X 射线荧光光谱测定. 稀有金属材料与工程, 1989, (2): 39-41.

1989-056 梁钰, 何芸华. 估算二元曲线法在高合金 X 射线荧光分析中的应用. 冶金分

析, 1989, 9(5): 35-38.

1989-057 林似兰. 中药微量元素研究概述（Ⅱ）. 西北药学杂志, 1989, 4(3): 40-43.

1989-058 刘昶时, 李民乾, 徐耀良, 刘慧英. 白癜风患者人发的源激发 X 荧光分析. 新疆大学学报（自然科学版）, 1989, 6(1): 73-75.

1989-059 刘亚文. 同步辐射 X 射线荧光分析. 分析化学, 1989, 17(9): 858-862.

1989-060 刘玉兵. 水泥及原材料中主要成份的 X 射线荧光光谱分析. 分析试验室, 1989, 8(1): 21-24.

1989-061 卢景提, 王维钦, 胡雅超, 刘亚南, 孔繁荣. 佝偻病儿发中微量元素的研究分析. 光谱实验室, 1989, 6(5): 224-226.

1989-062 陆少兰, 王振莹, 李世珍, 李建华, 伍星. 高纯 Eu_2O_3 中稀土杂质的化学-X 射线荧光光谱法测定. 中国稀土学报, 1989, 7(1): 68-70.

1989-063 Ma Ciguang, Li Min, Zhang Yongping, Li Hongzhen, Zhu Peiran, Liu Jiarui. On the study of aerosol composition at the Great Wall Station, South Pole. Journal of Environmental Sciences, 1989, 1(1): 47-54.

1989-064 马尔科维奇 A. A., 范格里肯 R. E., 毛振伟. X 射线光谱法. 光谱实验室, 1989, 6(5): 266-288.

1989-065 马光祖, 罗立强. 辉钼矿中钼, 硫, 铜, 钛, 硅等元素的 X 射线荧光分析. 岩矿测试, 1989, 8(2): 95-98.

1989-066 马光祖, 袁汉章. X 射线荧光光谱分析. 分析试验室, 1989, 8(4): 62-74.

1989-067 毛振伟. X 射线荧光光谱单标样无损法测定古钱主要成分. 中国钱币, 1989, (4): 32-36, 70.

1989-068 毛振伟. X 射线荧光光谱模拟标样法测定古代青铜钱币中的铅铜锡. 中国科学技术大学学报, 1989, 19(3): 399-404.

1989-069 毛振伟, 华佑南. 模拟标样在古青铜镜主要成分 X 射线荧光光谱分析中的应用. 理化检验-化学分册, 1989, 25(5): 313-314.

1989-070 茅祖兴, 鲁豪东. X 射线荧光光谱测定燃料油中的硫. 理化检验-化学分册, 1989, 25(2): 66.

1989-071 McMillan J. W., 周岳. 核微探针在材料科学中的应用. 核物理动态, 1989, (1): 48-51.

1989-072 Olson Ken R., Beavers A. H., 樊振国. 估计土壤流失量的方法. 水土保持科技情报, 1989, (2): 34-40.

1989-073 齐文启, 毛振伟. X 射线荧光法在状态分析中的应用. 稀有金属, 1989, (1): 80-84.

1989-074 齐文启, 宋子台, 合志阳一. 用高分辨率双晶 X 射线荧光法进行材料的状态研究. 光谱学与光谱分析, 1989, 9(2): 76-80.

1989-075 沈新尹, 朱光华, 汪新福. 大气气溶胶组分及其粒度分布研究——分级采样和质子激发 X 荧光技术结合分析大气气溶胶一例. 中国环境监测, 1989, 5(1): 9-13.

1989-076 孙昌年, 陈建新, 曾宪周, 车建美, 汤国魂, 黄发渌, 王樨德, 王明星, 吕位秀, 任丽新. 利用 PIXE 技术进行大气气溶胶的元素成分分析. 核技术, 1989, 12(11): 673-678.

1989-077 孙传琛, 卢成荣, 费志宇, 袁道生, 杨福家. 复旦大学的 3MV 串列静电加速器（英文）. 核技术, 1989, 12(7): 391-399.

1989-078 孙平蕙, 武小玲. X 射线荧光光谱测定微克量稀土元素的化学富集. 矿产与地质, 1989, 3(1): 76-79.

1989-079 孙忠, 张月芬, 李治, 赵辑佩. 三辛基氧膦萃取成形滤纸片薄样 X 射线荧光光谱法测定化探样品中的微量铀. 地质实验室, 1989, 5(4): 185-187.

1989-080 王德全, 章净霞, 姚惠英. 大骨节病病区水、粮实验对动物的骨和软骨中化学元素组成的影响. 中国地方病学杂志, 1989, 8(3): 18-22, 57.

1989-081 王凤琴. 采用聚苯乙烯-偶氮-噻嗪-二砜-[2, 4]X 射线荧光测定矿物中的金银. 有色矿冶, 1989, 5(2): 57-59.

1989-082 王光中, 郭业勤, 朱永清. X 射线荧光分析中饱和厚度与取样量的理论计算. 地质实验室, 1989, 5(4): 228-230.

1989-083 王桂志, 才书林. 麦饭石中主元素和微量元素的 X 射线荧光光谱测定. 沈阳建筑工程学院学报, 1989, 5(2): 86-90.

1989-084 王辉, 吴建平. X 射线荧光技术用于包古图金矿区共生元素研究及其地质效果. 成都地质学院学报, 1989, 16(3): 115-121.

1989-085 王开泰, 胡秀芸, 陈勃. 平炉钢渣的 X 射线荧光光谱定量分析. 冶金分析, 1989, 9(2): 49-51.

1989-086 王明贵, 高奎珍, 赵金铎. 铸工尘肺 16 例病理分析. 中国工业医学杂志, 1989, 2(2): 9-10, 64.

1989-087 王潜智, 杨之昌. 气体激光管内沉积物的成份分析. 应用激光, 1989, 9(1): 33-35.

1989-088 王樨德, 潘正瑛, 黄发泱, 夏荣. 用蒙特-卡罗方法模拟质子 X 荧光分析中的荧光增强因子. 物理学报, 1989, 38(5): 776-783.

1989-089 王毅民. X 射线荧光分析中吸收和增强效应的理论校正. 分析试验室, 1989, 8(5): 35-39.

1989-090 王毅民, 贺中央. 磷矿石中主要和次要组分的 X 射线荧光光谱分析. 分析化学, 1989, 17(1): 87-90.

1989-091 汪月生, 徐建, 张意颖. 有机及高分子化合物中镧、磷、硅的 XRF 法测定. 分析化学, 1989, (6): 577.

1989-092 汪月生, 张意颖, 单军, 徐建, 崔景荣. X 荧光光谱法在测定有机物或高分子中金属及若干种非金属元素含量中的应用. 分析测试通报, 1989, 8(4): 32-35.

1989-093 魏庆珣, 郭雅先, 牛凤兰, 翟庆洲. 泡沫浮选-X 线荧光光度法测定水中微量银的研究. 黄金, 1989, 10(5): 49-53.

1989-094 闻荻江, 单松高. GF/UP 体系界面上偶联剂结构层与体系微观流变学的研究. 武汉工业大学学报, 1989, (2): 123-129.

1989-095 吴荣庆. 新型便携式 X 射线分析仪. 国外地质勘探技术, 1989, 12(2): 22.

1989-096 吴小凤, 张钰蓉, 张龙兴, 张阿根. 长寿老人、高血压患者及健康学生头发中微量元素的分析. 核技术, 1989, 12(4): 243-245.

1989-097 冼鼎昌, 唐鄂生. 我国第一个同步辐射光源出光. 自然杂志, 1989, 12(11): 815-817, 880.

1989-098 肖木. X 射线荧光光谱用的玻璃薄膜标准物. 上海金属 (有色分册), 1989, 10(2): 58.

1989-099 肖绪瑞, 张志伟, 朱延宁. $CdSe_xTe_{1-x}$ 薄膜的光电化学研究. 感光科学与光化学, 1989, (4): 43-49.

1989-100 肖志宏. 永平铜矿降低贫化损失的实践. 有色金属 (矿山部分), 1989, (3): 27-29, 17.

1989-101 谢荣厚, 刘云, 陆金生. 工具钢的 X 射线荧光光谱分析. 冶金分析, 1989, 9(3): 23-25.

1989-102 徐相成. X 射线荧光法勘查金矿的效果. 地质与勘探, 1989, (9): 42-45.

1989-103 许力, 李锦昕, 张运国. X 射线荧光光谱测定人发中微量元素锌、铜、铁、钙、钛、锰和锶. 环境化学, 1989, 8(6): 69-72.

1989-104 许天宏, 王静宜, 裴斌, 武军, 孙胜利, 秦俊法, 李民乾, 徐耀良, 鲍锦荣, 章家鼎. 精神分裂症患者头发中锌、铜、铅、铁含量的初步研究. 中国神经精神疾病杂志, 1989, (2): 113.

1989-105 杨福家. 第九次国际离子束分析会议简介. 核技术, 1989, 12(12): 760-761.

1989-106 尹健生, 子彦. 世界首台金矿自动分析仪. 世界采矿快报, 1989, (31): 29-30.

1989-107 袁汉章, 宫清. X 射线荧光光谱法测定锰结核中锰的价态. 分析化学, 1989, 17(8): 710-712.

1989-108 袁汉章, 刘洋, 贾乐庚. 化探样品中二十五个主要、次要和微量元素的 X 射线荧光光谱测定. 分析化学, 1989, 7(7): 652-655.

1989-109 袁宁儿, 吉昂, 徐宝玲, 曹如晟. 高温超导材料钇钡铜氧原子比的测定. 理化检验-化学分册, 1989, 25(3): 153-154.

1989-110 曾宪周, 邬显慷, 邵其鋆, 姚惠英, 钟银兰, 韦德昌. 一个改进的按需束系统及其在古画分析中的应用. 核科学与工程, 1989, 9(2): 170-177, 7.

1989-111 翟秋福. 8680——X 荧光光谱仪使用简介. 岩矿测试, 1989, 8(2): 154-155.

1989-112 张进棠. 湖底沉积物中硅铝等元素的 X 荧光光谱测定. 武汉化工学院学报, 1989, (2): 47-52.

1989-113 张万有. 锰锌铁氧体的 X 射线荧光测量. 电子工艺技术, 1989, (5): 16-20.

1989-114 Zhang Yuanxun, Wang Xuepeng, Ying Jianhua, Qian Yine, Cheng Yuandi. Preliminary study of the correlation between trace elements in human hair, liver and kidney by proton induced X-ray emission analysis. Journal of Environmental Sciences, 1989, 1(1): 91-97.

1989-115 张运国, 许力. XRF 法测定地球化学样品中微量元素的背景校正. 岩矿测试, 1989, 8(1): 46-49.

1989-116 张泽夏, 娄慧玲, 胡为, 侯可人. 能量色散 X 荧光钢丝镀层测厚仪. 金属制品, 1989, 15(6): 39-42.

1989-117 章晔, 谢庭周, 周四春, 葛良全. 核地球物理学的 X 射线荧光技术在我国固体矿产资源中的研究与应用. 地球物理学报, 1989, 32(4): 441-449.

1989-118 章晔, 谢庭周, 周四春, 葛良全. 用高灵敏度 X 射线荧光仪现场勘查金矿. 物理, 1989, 18(10): 604.

1989-119 郑厚琳. PMBP 萃取 XRF 测定岩样中稀土分量时 Mn 的影响及消除. 理化检验-化学分册, 1989, 25(5): 303-304.

1989-120 支霞臣. 汉诺坝含超镁铁质岩包体的碱性玄武岩微量元素地球化学. 地球化学, 1989, (2): 149-157.

1989-121 周继明, 游志朴, 李定武, 阳军. Ni 在 Si 中的分布和沉积. 四川大学学报 (自然科学版), 1989, 26(3): 305-308.

1989-122 周学军, 王庆广, 庄亚辉. X 射线荧光法测定模拟固硫剂及煤灰中的硫含量. 环境化学, 1989, 8(6): 41-45.

1989-123 朱光华, 沈新尹, 汪新福, 谢秉慧, 吴瑜光. 北京大气气溶胶元素组分及粒度分布的研究. 中国环境监测, 1989, 5(5): 10-13.

1989-124 Эолотов Ю. А., 王素文, 余宝元. 苏联分析方法研究简况. 有色矿冶, 1989, (4): 47-49.

1.4 1990—1999

1990 年 (1990)

1990-001 安庆骧, 马光祖, 巢志瑜, 吴应荣, 赵盛红. 微 X 射线束荧光扫描成分分布分析的研究. 光谱学与光谱分析, 1990, 10(5): 46-49.

1990-002 敖奇. X 射线荧光分析层模型. 光谱学与光谱分析, 1990, 10(4): 35-41.

1990-003 敖奇, 曹利国, 丁益民. 用 Rayleigh-Compton 背散射比法测定锡矿样中的锡. 核技术, 1990, 13(9): 552-557.

1990-004 Bakhru H., Morris W. G., Haberl A.. Materials characterization using the microbeam at Suny/Albany. Nuclear Science and Techniques, 1990, 1(1-2): 70-75.

1990-005 包伯荣, 陈洛娜, 李燕飞, 夏源贤. 从二氧化锰载体和辐照二氧化钍中制取纯 ^{233}U. 核技术, 1990, 13(12): 749-751.

1990-006 蔡载熙, 国毅, 郁伟峰, 周维仁, 李博, 唐时荣, 王泉生, 贾素珍. 非神经系统疾病及婴儿瘫后遗症手术患者脑脊液多元素分析研究. 核技术, 1990, 13(11): 684-688.

1990-007 曹金平, 张文泽, 张东瑞. Sm-Fe-Co-Cu-Zr 合金的 X 射线荧光光谱分析. 稀有金属, 1990, (2): 148-150.

1990-008 曹利国, 田洪均. 微量元素 X 射线荧光分析方法及其在碳酸盐岩成岩作用研究中的应用. 成都地质学院学报, 1990, 17(1): 94-101.

1990-009 巢志瑜, 吴应荣, 刘功谆, 詹秀春, 李国田. 微 X 射线束荧光扫描成份分析研究——元素二维分布图. 岩矿测试, 1990, 9(3): 161-164.

1990-010 陈建新. 质子显微镜及其应用. 现代物理知识, 1990, (3): 24-25.

1990-011 陈如松, 孟宪钰, 贺立绩, 李全胜, 徐辉碧. 计算机模式识别法研究人发微量元素谱与食管癌的关系. 微量元素, 1990, (2): 19-22.

1990-012 陈锁泉. 同步加速器激发 X 射线测定痕量元素. 上海金属 (有色分册), 1990, 11(4): 4.

1990-013 陈远盘. 同步辐射在分析化学中的应用. 分析化学, 1990, 18(10): 974-981.

1990-014 程介克, 刘锦春, 江祖成. 稀土元素分析. 分析试验室, 1990, 9(4): 54-82.

1990-015 崔凤辉, 贾乐庚, 于敬贤, 韩玉章. 烧结焊剂的 X 射线荧光光谱分析. 分析试验室, 1990, 9(5): 50-53.

1990-016 崔源声. 多元素水泥生料自动检测与配料系统. 中国建材, 1990, (3): 40-41.

1990-017 范钦敏, 刘亚雯, 李道伦, 魏成连, 胡金生. 纳克级全反射 X 射线荧光分析. 光谱学与光谱分析, 1990, 10(6): 64-67, 58.

1990-018 丰梁垣. X 荧光分析中基本参数法和理论 α 系数法的结合——一种可行的实践方法. 光谱学与光谱分析, 1990, 10(2): 36-40.

1990-019 丰梁垣, 鲍惠兰, 李若龄, 张亚文. XRF determination of 17 trace elements in geological samples using an extended compton scattering correction procedure. Chinese Journal of Geochemistry (English Language Edition), 1990, 9(1): 77-85.

1990-020 高长宁, 陈远盘. X 射线荧光光谱分析中重迭谱的解析方法. 矿产与地质, 1990, 4(2): 92-97.

1990-021 葛良全, 章晔. 一种校正基体效应的方法. 成都地质学院学报, 1990, 17(4): 118-125.

1990-022 葛正杰. 理论 α 系数在非金属样品 X 射线荧光光谱分析中的应用. 地质实验室, 1990, 6(1): 30-32.

1990-023 谷英梅, 朱节清, 乐安全. 用于放射性应用仪表的低能小功率 X 射线源. 核技术, 1990, 13(8): 478-480.

1990-024 顾连学, 乐安全, 谷英梅, 林金锌. X 射线荧光分析仪测量精确度和工作条件及其谱形关系. 核技术, 1990, 13(4): 220-223.

1990-025 韩淑芸, 周誓红, 阚秋斌, 吴志芸, 魏诠. 磷酸锡铝分子筛 (SnAPO-5) 的合成及性能研究. 高等学校化学学报, 1990, 11(2): 188-192.

1990-026 韩宗珠, 盛兴士, 赵广涛, 王文正. 青岛 C 类榴辉岩的岩石学矿物学及其地质意义. 海洋湖沼通报, 1990, (4): 23-30.

1990-027 何琍, 胡昌恒, 罗祖明, 张大忠, 王能明, 陈素清, 陈剑瑄. 微量元素和脑动脉硬化症相互关系的初步探讨. 中风与神经疾病杂志, 1990, 7(1): 7-8, 4.

1990-028 何瑞启, 刘学公, 阎广文, 程永福, 唐鸿珊, 徐克尊, 张芳, 承芦华. 人头发锌测定的临床意义. 安徽医学, 1990, 11(5): 23-24.

1990-029 贺晓华. X 射线荧光光谱法测定土壤中微量元素铌. 新疆环境保护, 1990, 12(2): 52-55.

1990-030 侯治国, 庄思永, 陶淳, 任新民. 核壳乳剂的制备及其性质. 感光科学与光化学, 1990, (2): 88-97.

1990-031 胡正芝. 食品分析. 分析试验室, 1990, 9(4): 27-53.

1990-032 华佑南. 铁帽样品中砷、锑和铋的 X 射线荧光光谱法的快速测定. 地质实验室, 1990, 6(1): 27-30.

1990-033 华佑南, 葛正杰, 邓世瑶, 杨晓慧. RIGAKU 理论基体校正系数的修正计算及其在建材非金属矿产地质样品 X 射线荧光光谱分析中的应用. 分析化学, 1990, 18(12): 1115-1119.

1990-034 黄梅芬. 荧光 X 射线法测定纸张灰分. 核技术, 1990, 13(4): 216-219.

1990-035 黄文熙, 叶巧明, 何卓然, 廖其龙, 陈新树, 杨乐山. 快速煅烧水泥熟料中液相的研究. 四川建材学院学报, 1990, 5(3): 1-9.

1990-036 黄衍初, 王庆广, 曲长菱, 张琴. 土壤中 14 个元素的 X 射线荧光分析. 中国环境监测, 1990, 6(1): 50-53.

1990-037 吉昂, 袁宁儿. 基本参数法在 X 射线荧光光谱分析地质样品中的应用. 分析化学, 1990, 18(11): 1025-1028.

1990-038 江冬青. 单纯形调优技术在 XRFA 法中的应用. 岩矿测试, 1990, 9(2): 124-128.

1990-039 姜兴周, 尹仲礼, 张树民, 王树金, 马成俊, 梁强, 李振坤. 用 PIXE 方法分析三苯基膦羰基铑催化剂中磷和铑的百分含量. 核技术, 1990, 13(8): 501-504.

1990-040 荆照政, 张博仪, 刘雪珍. 滤纸薄样片-X 射线荧光光谱法测定钨和锡. 岩矿测试, 1990, 9(4): 272-273.

1990-041 乐安全. 小面积 X 射线荧光涂层测厚仪. 同位素, 1990, (3): 175-177.

1990-042 乐安全, 谷英梅, 顾连学. 黄铜镀层成份分析仪. 核技术, 1990, 13(5): 289-292.

1990-043 李德华, 程业勋. X 射线荧光分析中蒙特卡罗方法的应用. 核技术, 1990, 13(3): 139-147.

1990-044 李国会, 凡守忠. 3080X 射线荧光光谱仪热交换器常见故障检修. 岩矿测试, 1990, 9(1): 70-71.

1990-045 李国会, 李琴. X 射线荧光光谱快速测定土壤和水系沉积物中的溴、钼、砷、镓. 地质实验室, 1990, 6(6): 338-340.

1990-046 李华, 贺春福, 袁秀顺. 土壤中常量元素的 X 射线荧光光谱测定. 分析化学, 1990, 18(6): 549-552.

1990-047 李华, 贺春福, 袁秀顺. 土壤中铜、锌、铷、钇的 X 射线荧光光谱分析. 分析试验室, 1990, 9(1): 37-38.

1990-048 李华, 贺春福, 袁秀顺. X 射线荧光光谱测定土壤中痕量铬钒时谱线干扰的校正方法. 光谱学与光谱分析, 1990, 10(1): 31-34.

1990-049 李连生, 葛颖, 刘晓扬, 张艳秋, 徐如人. SiO_2 交联 α-$Zr(HPO_4)_2 \cdot H_2O$ 的研究——新型类沸石材料的合成（Ⅰ）. 吉林大学自然科学学报, 1990, (2): 102-106.

1990-050 李习安, 王信虎. X 射线荧光仪使用方法的研究和在金矿床上的应用. 黄金地质科技, 1990, (2): 43-46.

1990-051 李小定, 李耀会. 测定轻元素配位状态的 X 射线荧光光谱法及其应用. 物理测试, 1990, (1): 26-29, 43.

1990-052 李小定, 李耀会, 吕晓琬. 利用普通单晶 X 射线荧光光谱仪测定玻璃中金属元素的配位数. 分析仪器, 1990, (4): 43-45.

1990-053 李永强. 放射性同位素低能光子源的制备. 同位素, 1990, (1): 67-68.

1990-054 梁国荣, 黄铭新, 黄定九, 沈吕南, 陈淑菁, 沈其昀, 许以平, 张君丽, 汪学朋, 陈志祥, 张元勋. 老年人头发中微量元素含量与遗传、环境因素的初步观察. 老年学杂志, 1990, (3): 165-168.

1990-055 梁钰. 点滴纸上薄样 X 射线荧光光谱法制样条件研究. 分析化学, 1990, 18(11): 1060-1063.

1990-056 梁钰. 钕铁硼永磁材料的 X 射线荧光光谱分析. 理化检验-化学分册, 1990, 26(3): 157-161.

1990-057 刘德慧. 汞型活性炭纸富集-XRF 法测定地质试样中痕量碘. 岩矿测试, 1990, 9(3): 175-178.

1990-058 刘恩美, 张仕定, 吉昂, 陶光仪, 裴立文. 理论 α 系数-X 射线荧光光谱法分析水系沉积物中主次量元素. 分析化学, 1990, 18(2): 121-125.

1990-059 刘国栋, 赵启仁, 刘秀明, 苏龙能, 林汉. 生物样品微量元素的 NAA 和 PIXE 分析法及其在生物医学中的应用. 医学研究通讯, 1990, 19(1): 22-23.

1990-060 刘惠珍, 盛康龙, 朱德彰, 杨国华, 朱福英, 曹建清, 唐立军. The damage measurement of ion-implanted compound semiconductor GaAs by PIXE- channeling technique. Nuclear Science and Techniques, 1990, 1(3): 156-160.

1990-061 刘袭君, 张益珍, 张书琴, 赵庆昌, 张一云, 吴丽萍, 蒋锦江. 用 XIXA 法对大鼠糖尿病性白内障锌含量改变的研究. 华西医科大学学报, 1990, (2): 134-136.

1990-062 刘新生, 徐如人, 丁红, 张艳秋, 刘子阳. 沸石分子筛的骨架同晶置换（Ⅰ）——NH_4BF_4 溶液中沸石分子筛的脱铝补硅. 高等学校化学学报, 1990, 11(11): 1180-1185.

1990-063 刘训健, 王小平, 薛晨芳, 邹品德, 虞虹, 叶秋红, 马以瑾, 陆文娟. 十种茶叶中镁含量及浸出率的测定. 茶业通报, 1990, (3): 44-45, 27.

1990-064 刘洋, 袁汉章, 秦颖. X 射线荧光滤纸片法分析 Y-Ba-Cu-O 体系超导薄膜中 Y/Cu、Ba/Cu 的原子比. 分析试验室, 1990, 9(3): 34-35, 45.

1990-065 刘召贵, 王经瑾, 胡树植. 能量色散 X 荧光分析系统软件设计. 核电子学与探测技术, 1990, 10(3): 135-140.

1990-066 卢景提, 王维钦, 胡雅超, 刘亚南, 孔繁荣. 小儿发样测定及佝偻病统计判别. 环境化学, 1990, 9(1): 73-77.

1990-067 骆强. 水泥生料成份分配比自动控制系统. 同位素, 1990, (1): 21-22.

1990-068 马慈光, 李民, 张永萍, 李洪珍, 朱沛然, 任孟眉. 南极长城站大气气溶胶组成研究. 南极研究, 1990, (2): 36-43.

1990-069 马鑫培, Palmer G. R., MacArthur J. D.. 祖母绿宝石微量元素指纹的 PIXE 和 PIGE 研究. 核化学与放射化学, 1990, 12(4): 225-229.

1990-070 毛振伟. X 射线荧光光谱法测定岩石中的 Zr、Y、Sr、Rb、Zn. 分析试验室, 1990, 9(1): 35-36.

1990-071 毛振伟, 李凡庆, 王小兵. X 射线荧光光谱滤纸片法测定食油中的磷. 分析化学, 1990, 18(12): 1155-1157.

1990-072 茅祖兴, 鲁豪东. X 射线荧光分析中熔融制样条件的研究. 分析测试通报, 1990, 9(2): 60-62.

1990-073 闵锐, 陈杞, 刘本俶. 应用 PIXE 技术分析白血病患者白细胞及头发中的微量元素. 第二军医大学学报, 1990, 11(2): 163-166.

1990-074 穆宝芬, 薛召南, 李麓维, 何国柱. 用 PIXE 法分析较厚样品时元素含量的计算. 核电子学与探测技术, 1990, 10(4): 247-251.

1990-075 Никулин В. А., 周延坤. 整块岩芯快速物理分析方法. 国外地质勘探技术, 1990, (3): 23-24, 31.

1990-076 欧阳广瑛. 敦煌补益方中十味药物微量元素含量分析. 甘肃中医学院学报, 1990, 7(4): 24-26.

1990-077 彭国靖, 陈桂芝, 许厚国. X 荧光分析和计算机数据处理在一级标准物质研制中的应用. 武钢技术, 1990, (1): 57-62.

1990-078 彭周人, 李一志, 王流芳. RE(Ⅲ)-ADP、RE(Ⅲ)-AMP 配合物的合成及物性研究. 高等学校化学学报, 1990, 11(8): 805-808.

1990-079 Potts Philip J., 滕树昆, 徐玉茹. 用钴阳极 X 射线管能量色散 X 射线荧光对硅酸岩进行分析 第二部分: 铬、钒和钡测定的实际应用及常规特性. 国外地质勘探技术, 1990, (3): 38-44, 37.

1990-080 Potts Philip J., Webb Peter C., Watson John S., 滕树昆. 用钴阳极 X 射线管能量色散 X 射线荧光对硅酸岩进行分析 第一部分: 铬、钒、钡和常量元素最佳激发条件. 国外地质勘探技术, 1990, (1): 41-47.

1990-081 秦广雍, 高正耀, 潘贤家, 姚志亭. 骊山粘土热变化的穆斯堡尔谱研究. 核技术, 1990, 13(9): 530-533.

1990-082 秦俊法, 李民乾, 华芝芬, 芮静宜, 徐耀良. 人发中微量元素含量可作为儿童生长发育的指示器. 微量元素, 1990, (2): 32-35, 37.

1990-083 秦俊法, 汪勇先, 华芝芬, 陆蓓莲. 上海市 80 岁以上老人发中微量元素谱研究. 核技术, 1990, 13(6): 377-380.

1990-084 裘元勋, 周筑颖, 赵国庆, 顾锡良, 潘礼庆, 杨家镛, 杨福家. The use of MeV proton non-rutherford elastic backs-catte-ring for the analysis of low Z elements. Nuclear Science and Techniques, 1990, 1(4): 211-216.

1990-085 Rhodes J. R., Rautala P., 葛良全. 微处理器轻便型 X 射线荧光分析仪在矿产分析中的应用. 国外铀金地质, 1990, (2): 43-48.

1990-086 沙因, 刘平生, 刘国栋, 林汉, 兰文正,纪根媛, 温孝恒, 马树生. 用 PIXE 方法研究骨折家兔血液微量元素的代谢过程. 核技术, 1990, 13(5): 309-311.

1990-087 沈新尹, 汪新福, 朱光华. 地下水中微量元素的质子激发 X 荧光分析. 中国环境监测, 1990, 6(5): 14-15.

1990-088 税国洪. 痕量钍分析进展近况. 铀矿地质, 1990, 6(4): 251-255, 231.

1990-089 宋云阔, 于清池, 韩明华. 富含有机质的化探样品中多元素的 X 射线荧光光谱法测定. 地质实验室, 1990, 6(2): 81-85.

1990-090 孙家美, 毛振伟. 11 种药用贝壳珍珠层无机元素测定. 中药材, 1990, 13(7): 15-16.

1990-091 孙平蕙, 陈远盘, 李声辉. X 射线荧光光谱法快速半定量分析岩石土壤中的稀土总量. 光谱学与光谱分析, 1990, 10(3): 32-35.

1990-092 孙永年, 曾宪周, 汪训明, 黄祖恩, 邬显慷, 杨福家, 谈家祯. A PIXE method to study biology at the DNA level. Nuclear Science and Techniques, 1990, 1(4): 198-202.

1990-093 孙忠, 张月芬, 李治, 赵辑佩. 薄样 X 射线荧光光谱法直接测定人体全血中十一种元素. 分析化学, 1990, 28(1): 84-86.

1990-094 唐鄂生, 崔明启, 刘丽冰, 徐文轩, 巢志瑜, 吴应荣, 王春喜, 冼鼎昌. Wiggler 束线 4W1A 同步光的初步观测. 高能物理与核物理, 1990, 14(6): 481-485.

1990-095 Tang S. M., 毛水和. 用质子探针 (PIXE) 研究天然和合成红宝石. 地质科技情报, 1990, 9(3): 77-81.

1990-096 铁步荣, 乔旺忠, 云秦川. 市售中药石膏、珍珠母煎液、残渣中化学成分的含量测定. 中药材, 1990, 13(4): 30-33.

1990-097 王基镕, 程伟基. 三次荧光强度公式及其数值计算. 光谱学与光谱分析, 1990, 10(2): 54-60, 48.

1990-098 王素华. 天然水中重金属的预浓集和测定的新方法. 四川造纸, 1990, (3): 213-218, 220.

1990-099 王毅民, 朱节清, 谷英梅, 吴思本. 扫描质子探针及其在地学研究中的应用. 岩矿测试, 1990, 9(3): 222-227.

1990-100 汪新福, 朱光华, 吴瑜光, 沈新尹. 北京城区北部冬、夏季大气颗粒物化学成分和粒度分布. 大气科学, 1990, 14(2): 199-206.

1990-101 未寿康, 章伯垠. 中国有色金属史 (十) 表面处理技术. 有色金属, 1990, 42(2): 72-75, 78.

1990-102 魏启宗. 阳离子交换树脂膜吸附-X 荧光光谱法测定矿石中的钍. 分析测试通报, 1990, 9(1): 43-47.

1990-103 闻荻江, 单松高. A study of the structural layers of coupling agents and the microscopic rheology in the interfaces of Gf/Up systems. Journal of Wuhan University of Technology-Materials Science, 1990, (2): 29-37.

1990-104 邬显慷, 曾宪周, 孙永年, 杨福家. A new EXX system and its applications. Nuclear Science and Techniques, 1990, 1(1, 2): 76-81.

1990-105 吴慕媛, 魏月娟, 黄次沛. 化学定性分析聚酯中催化剂和添加剂的组分. 化学世界, 1990, (3): 116-120.

1990-106 吴士明, 李民乾, 盛康龙, 刘昶时, 张家骅. 用 PIXE-PIGE 方法作多元素同时分析. 核技术, 1990, 13(Z1): 607-611.

1990-107 肖德明, 武朝晖. 地质样品中砷、镓、钴、镍、溴、氯、硫和氟的 X 射线荧光光谱法测定. 铀矿地质, 1990, (5): 312-317.

1990-108 谢东, 严振庄. 同位素光子源激发 X 荧光能谱元素微量分析灵敏度的计算. 河北师范大学学报, 1990, (4): 77-82.

1990-109 谢克勤, 蔡章金, 周克昌, 童振. 二苯氨基脲测定头发中铬含量. 职业医学, 1990, 17(2): 105-106.

1990-110 徐甲强, 沈渝生. TiO_2 掺杂 α-Fe_2O_3 薄膜的制备与气敏性能. 传感器技术, 1990, (6): 26-30.

1990-111 徐君权. 锆 L1-L2, 3M4, 5 Coster-Kronig 跃迁产额. 原子与分子物理学报, 1990, (S1): 129.

1990-112 徐君权, 李星月. 重元素 L1 次壳层的 X 射线荧光产额. 原子与分子物理学报, 1990, (S1): 128.

1990-113 许佩珍, 华佑南. X 射线荧光光谱分析中的理论 α 系数的快速计算. 计算机与应用化学, 1990, 10(2): 158.

1990-114 许佩珍, 华佑南. X 射线荧光光谱分析中理论 α 系数的快速计算. 光谱学与光谱分析, 1990, 10(5): 56-59, 55-62.

1990-115 许琪, 韩德馨, 金奎励, 任德贻, 郑雨寿. 煤中 49 种元素含量与煤岩组分和煤化程度的相关规律. 中国矿业大学学报, 1990, 19(3): 51-60.

1990-116 徐相成. X 射线荧光技术用于西秦岭地区金矿勘查. 铀矿地质, 1990, (5): 303-307.

1990-117 杨炳忻, 徐克尊, 张芳, 赵岩, 承芦华, 刘学公, 阎广文, 何瑞启. 人发微量元素相关关系和判别疾病的初步研究. 核技术, 1990, 13(9): 540-544.

1990-118 杨福家, 汤家镛. Progress in ion beam analysis at Fudan University. Nuclear Science and Techniques, 1990, 1(Z1): 1-9.

1990-119 杨学东. 8680 X 荧光光谱仪与长城 0520-CH 计算机的数据通信. 岩矿测试, 1990, 9(2): 145-147.

1990-120 姚林杰, 胡勇平, 雷达, 马维新, 谢鉴标. 3080E3 型 X 荧光光谱仪分析数据近程通讯系统研究. 地质实验室, 1990, 6(4): 251-253.

1990-121 姚中栋. X 射线分析法在法化学中的应用. 法医学杂志, 1990, (3): 32-35, 39.

1990-122 姚中栋, 奚建华. 窗玻璃鉴定——X 射线荧光分析法. 法医学杂志, 1990, (1): 21-24.

1990-123 袁汉章, 刘洋, 秦颖. 铝土矿和赤泥的 X 射线荧光光谱测定. 分析化学, 1990, 18(5): 451-453.

1990-124 袁汉章, 刘洋, 秦颖, 郭盛昉, 张芳莉, 宁爱萍. 理论 α 系数在铝硅耐火材料 X 射线荧光光谱分析中的应用——理学基本参数法程序的应用之一. 光谱学与光谱分析, 1990, 10(4): 42-45.

1990-125 袁祥林, 李志勇, 洪秀瑟. 硅 (锂) X 射线探测器. 中国核科技报告, 1990, (0): 297-302.

1990-126 张大忠, 邰明松, 陈素清, 王能明, 陈剑瑄, 何琍, 胡昌恒, 罗祖明, 曾虹, 汪秉康, 余利民. 微量元素与脑血管疾病相互关系的研究. 四川大学学报 (自然科学版), 1990, 27(4): 457-462.

1990-127 张日清, 丁元华, 王曼霖, 赵淑云. 可用于骨铅活体 (In Vivo) 研究的极化 X 荧光分析. 生物物理学报, 1990, 6(4): 480-484.

1990-128 张玉清, 张长明. X 射线荧光光谱测定矿样中主元素及微量元素. 矿产与地质, 1990, 4(3): 93-96.

1990-129 章晔, 谢庭周, 周四春, 葛良全, 赖万昌. X 射线荧光技术在胶东地区现场勘查金矿的研究. 物探与化探, 1990, 14(1): 69-72.

1990-130 章晔, 谢庭周, 周四春, 葛良全, 赖万昌, 陈天友, 范正国. 高灵敏度 X 射线荧光法现场勘查金矿. 核技术, 1990, 13(6): 371-376.

1990-131 赵莹, 宁德亮. X 射线荧光光谱法测定 Nd-Fe-B 永磁合金中 Ca 和 Dy. 电工合金文集, 1990, (3): 27-28, 41.

1990-132 赵宇平, 孙国匡. 用硫铁尾矿生产水泥的研究. 中国建筑材料科学研究院学报, 1990, 2(3): 46-54.

1990-133 周四春, 章晔, 谢庭周, 葛良全. X 取样方法的研究和应用 (一)——测量几何条件的最佳化. 核电子学与探测技术, 1990, 10(1): 12-18.

1990-134 周四春, 章晔, 谢庭周, 葛良全. X 取样方法的研究和应用 (二)——一种适合于 X 取样的新散射校正方法. 核电子学与探测技术, 1990, 10(4): 228-232.

1990-135 朱碧如, 沈文馨. 稀土精矿中硅和铝的 X 射线荧光光谱法测定. 分析试验室, 1990, 9(1): 29-24.

1990-136 朱光华, 汪新福, 沈新尹. PIXE 分析技术在大气气溶胶研究中的应用. 核技术, 1990, 13(8): 469-473.

1990-137 朱光华, 汪新福, 沈新尹, 吴瑜光, 赵俊琳, 任燕, 王丽平, 刘培桐, 李果. 南极长城站地区1987年夏季大气气溶胶研究. 南极研究, 1990, 2(2): 44-50.

1990-138 朱节清, 李民乾, 毛羽, 陈汉民, 谷英梅, 杨长义, 盛康龙. The scanning nuclear microprobe at Sinr. Nuclear Science and Techniques, 1990, 1(4): 203-210.

1990-139 朱荣保. 核安全保障非破坏性分析研究与发展（Ⅰ）. 核化学与放射化学, 1990, 12(2): 72-84.

1990-140 邹恩滕, 陈致芬. 直接测定牙轮钻钻屑中钼含量的X荧光研究. 核技术, 1990, 13(5): 293-295.

1991年 (1991)

1991-001 安庆骧, 詹秀春, 巢志瑜, 吴应荣. 同步辐射X射线荧光微探针测定岩石中的元素分布. 岩矿测试, 1991, 10(2): 84-88.

1991-002 包生祥. X射线荧光光谱背景和基体效应综合校正公式. 分析化学, 1991, 19(6): 690-693.

1991-003 包生祥. 在现代X射线荧光光谱仪中用公共背景法校正背景和基体效应. 分析化学, 1991, 19(8): 942-944.

1991-004 才书林, 李洁, 郭玉林. 大洋底多金属结核样品中主、次、微量元素的X射线荧光光谱测定. 分析试验室, 1991, 10(5): 11-14.

1991-005 蔡兆勋. 全自动荧光X射线多波道多元素同时分析装置. 上海金属 (有色分册), 1991, 12(4): 62.

1991-006 蔡兆勋. X射线荧光表面测量系统. 上海金属 (有色分册), 1991, 12(1): 56.

1991-007 陈锁志, 曾妩. X射线荧光光谱法同时测定润滑油中多种元素. 分析化学, 1991, 19(7): 857.

1991-008 陈永君. 标准化测量方法在XRF分析中的作用和意义——Ⅱ. 在不同制样条件中的应用. 岩矿测试, 1991, 10(3): 232-235.

1991-009 陈永君, 刘以建. 铌钽与稀土类单矿物的X射线荧光光谱分析研究. 分析化学, 1991, 19(5): 560-563.

1991-010 承焕生, 杨福家, 李向阳. 重离子背散射——测量表面与近表面痕量元素的一种新方法. 物理学报, 1991, 40(4): 522-526.

1991-011 程永铭, 米戎. F-PC芯线断裂的诊断及焊接——X射线荧光光谱仪常见故障维修经验介绍. 光谱实验室, 1991, 8(6): 57-59.

1991-012 程永铭, 米戎. X射线荧光光谱中理论 α 系数的应用. 地质实验室, 1991, 7(6): 271-274.

1991-013 程志煜, 闻荻江, 黄昌万. 双官能团钛酸酯在复合材料界面上的作用. 武汉工业大学学报, 1991, (1): 34-38.

1991-014 池元斌, 王立中, 徐洪山, 李明辉, 陈立学, 李树青, 陈宇飞. 纤锌矿型氮化硼及其应用的研究（Ⅰ）——纤锌矿型氮化硼的冲击波合成. 高压物理学报, 1991, 5(4): 275-285.

1991-015 符基萌, 曾宪英, 温玉璞, 苏维瀚. 西太平洋气溶胶微量元素的初步研究. 气象学报, 1991, 49(1): 54-63.

1991-016 高发奎, 郝敬丹, 杨晓辉. X射线荧光法测定土壤中的金属含量. 光谱实验室, 1991, 8(1-2): 65-68.

1991-017 高发奎, 杨晓辉, 郝敬丹. 黄河水悬浮泥沙中金属含量的X射线荧光法测定. 光谱实验室, 1991, 8(1-2): 18-21.

1991-018 宫清, 满瑞林, 赵新那. 偏最小二乘校正用于X射线荧光光谱法同时测定不同价态的硫. 光谱学与光谱分析, 1991, 11(4): 55-57, 70.

1991-019 贺慧明, 陈远盘, 张玉清. XRF-薄样-比例常数法分析闪锌矿、黄铜矿单矿物的研究. 光谱学与光谱分析, 1991, 11(2): 54-60.

1991-020 贺士瑜, 于方俊, 沈静, 靳小玉. 放射性核素激发X射线荧光法 (XRF) 直接测量人体甲状腺碘. 核技术, 1991, 14(11): 659-664.

1991-021 侯浩波, 高琼英. Fe^{3+}、Al^{3+}在非典型玻璃中的配位状态. 硅酸盐通报, 1991, (5): 17-21.

1991-022 华佑南. X射线荧光分析中理论α系数经验修正方法研究. 岩矿测试, 1991, 10(2): 117-119.

1991-023 华佑南. X射线荧光光谱分析粉末压片法中"非在线荧光分析物质"项的研究和应用. 地质实验室, 1991, 7(6): 333-337.

1991-024 黄慎文, 庾先国. XRF方法在白合金成分分析中的应用. 核技术, 1991, 14(3): 172-175.

1991-025 黄士斌, Nilsson Ulf, Mattsson Sören. Non-destructive measurements of lead and barium in archaeological bone samples using XRF. Nuclear Science and Techniques, 1991, 2(1): 48-52.

1991-026 吉昂. X射线荧光光谱分析. 分析试验室, 1991, 10(4): 133-142.

1991-027 吉昂, 吴梅梅, 石琼, 陶光仪. 普通X射线荧光光谱仪在化学态分析中的应用. 分析化学, 1991, 19(9): 1002-1006.

1991-028 江海涛, 高祥琪. X荧光光谱法在进口铁矿全分析中的应用. 分析试验室, 1991, 10(5): 39-41.

1991-029 蒋重熙. 稀土金属中微量钽的X射线荧光光谱分析. 分析试验室, 1991, 10(6): 42-44.

1991-030 金建南. 镉109溶液和镉109低能光子源. 科学, 1991, 43(4): 316.

1991-031 靳新娣. 快速富里叶变换退卷积法分解重迭谱线. 分析化学, 1991, 19(10): 1110-1114.

1991-032 荆照政. X射线荧光光谱分析中样品盒顺序的调整. 岩矿测试, 1991, 10(1): 16.

1991-033 荆照政. X射线荧光光谱滤纸薄样法测定铌钽. 理化检验-化学分册, 1991, 27(3): 158-158.

1991-034 兰德伯格 S., 莱康特 R., 帕拉迪斯 P., 张甲生. 人参中微量元素的质子诱导X射线发射分析. 人参研究, 1991, (4): 42-44.

1991-035 乐安全. YH-84X荧光涂层测厚仪——涂层厚度的无损检测仪器. 现代科学仪器, 1991, (3): 44.

1991-036 乐安全, 林金锌, 朱节清, 谷英梅, 顾连学, 韩发生, 徐君权, 王裕政, 王志芳. XYH-86小面积X荧光涂层测厚仪. 核技术, 1991, 14(9): 513-519.

1991-037 李彬, 田一光, 张乔. 无机材料合成用试剂的提纯制备和X射线荧光分析. 功能材料, 1991, 22(5): 305-309, 319.

1991-038 李国会. 不同数学模式计算理论α系数在硅酸盐X射线荧光光谱分析中校正基体效应的对比研究. 地质实验室, 1991, 7(5): 266-271.

1991-039 李国会, 卜维, 凡守忠. X射线荧光光谱法直接测定动物肝中多种元素. 光谱学与光谱分析, 1991, 11(6): 49-50.

1991-040 李国会, 凡守忠. X射线荧光光谱法测定煤灰中18个痕量元素. 光谱实验室, 1991, 8(1-2): 117-120.

1991-041 李国树, 郭海燕, 王榕海. 用质子X荧光法对广州市气溶胶中无机元素的分析. 环境科学研究, 1991, 4(3): 42-45.

1991-042 李国树, 殷惠民, 贾红, 董树屏. 用质子激发X荧光(PIXE)法对金矿区工业废水和地表水中无机元素的分析. 中国环境监测, 1991, 7(5): 21-24.

1991-043 李会宁, 刘梅玲, 刘国杰. 涂料用稀土催干剂系列研究（Ⅰ）——代钴稀土催干剂合成过程中络合萃取的研究. 涂料工业, 1991, (1): 7-10, 3.

1991-044 李立. 轴承钢GCr15中痕量钛锡锑铅砷的X射线荧光光谱快速测定. 理化检验-化学分册, 1991, 27(3): 145-146.

1991-045 李燕. 钛合金的X射线荧光光谱分析. 稀有金属材料与工程, 1991, (3): 65-69.

1991-046 李运兴. 洛阳新发现的西汉金五铢初探. 中国钱币, 1991, (4): 58-59, 83.

1991-047 李增强, 吴文琪. 同位素X荧光谱线解析法获取单一稀土元素含量的研究. 稀土, 1991, 12(5): 43-48.

1991-048 梁国立. X射线荧光光谱仪的性能检验. 岩矿测试, 1991, 10(2): 150-153.

1991-049 刘昶时, 李民乾, 徐耀良. 新疆地区三种牧草的 PIXE 分析. 核技术, 1991, 14(3): 179-182.

1991-050 刘年庆, 纪云晶, 王敏, 张晓峰, 焉伶娜, 栗建林, 金枫, 冯松林, 钟溟. The metabolism of titanium and other elements in Wister Rats. Nuclear Science and Techniques, 1991, 2(3): 178-183.

1991-051 刘树文, 宋锡周. 用 X 荧光光谱法分析润滑油添加剂中的磷. 石油大学学报(自然科学版), 1991, 15(2): 139-143.

1991-052 Liu Xinsheng, Yu Jihong, Kan Qubin, Ding Hong. Synthesis, characterization and catalytic properties of zeolite [B, Al, Ga, Fe]-ZSM-5. Chemical Research in Chinese Universities, 1991, 7(3): 135-142.

1991-053 刘雪珍, 荆照政. X 射线荧光光谱溶液滤纸薄样法测定矿物样品中钼. 理化检验-化学分册, 1991, 27(4): 240-240.

1991-054 陆丹. 氢氟酸工人发氟及其它元素测定. 地方病译丛, 1991, 12(4): 58-59.

1991-055 罗立强, 应志春. 国外 XRFA 中计算机软件和数据处理方法的研究. 岩矿测试, 1991, 10(2): 136-141.

1991-056 罗祖明, 余利民, 何琍, 张大忠, 王能明, 陈素清, 陈剑瑄. 老年脑血管病患者头发微量元素测定. 华西医学, 1991, 6(1): 36-37.

1991-057 马鑫培, Palmer G. R., MacArthur J. D.. 质子微束对磷灰石中稀土元素的研究. 核化学与放射化学, 1991, 13(3): 183-188.

1991-058 满瑞林, 赵新那, 吉昂. 偏最小二乘(PLS) 在同位素 X 射线荧光多组分同时分析中的应用. 光谱学与光谱分析, 1991, 11(4): 50-54.

1991-059 毛振伟. X 射线荧光光谱分析在考古中的应用. 光谱实验室, 1991, 8(Z1): 114-117.

1991-060 茅祖兴, 鲁豪东. X 射线荧光光谱法检验标准物质的均匀性. 光谱学与光谱分析, 1991, 11(3): 62-65, 39.

1991-061 孟胤宗, 缪一飞. X 射线荧光光谱-互标法测定 Ba-Ti-Sr-Y-Si-Mn 体系中各成分含量. 光谱实验室, 1991, 8(6): 12-15.

1991-062 木村龙男, 朱春笙. 用 X 射线荧光分析法测定煤中硫——硫酸盐硫和黄铁矿硫. 煤炭分析及利用, 1991, (3): 46-50, 42.

1991-063 穆宝芬, 何国柱. 用 PIXE 方法测定出口蜡笔中的有害元素. 核电子学与探测技术, 1991, 11(5): 320-321.

1991-064 宁德亮, 赵莹. AgCd 合金中 Cd 的快速 X 荧光定量分析. 电工合金文集, 1991, (1): 20-21, 31.

1991-065 裴立文, 陶光仪, 吉昂. 大洋锰结核中主、次及痕量元素的 X 射线荧光光谱分析. 分析化学, 1991, 19(9): 1057-1059.

1991-066 彭国靖. 薄板镀锡层及清洗剂渍层量的 X 荧光测定. 钢铁研究, 1991, (1): 39-41.

1991-067 齐文启, 曹杰山, 戴文红. 用不同酸溶方法对三类土壤中 Pb、Cr、Ni、Cd、Mn、Cu、Zn 的溶出比较. 中国环境监测, 1991, 7(3): 47-50.

1991-068 祁兰英, 张文海, 李三伟, 沈华忠. 质子激发 X 光源及其应用. 强激光与粒子束, 1991, 3(4): 505-511.

1991-069 钱琴芳, 巢志瑜, 吴应荣, 田继兵. 用同步辐射 X 射线荧光法研究运动员头发中的微量元素. 核技术, 1991, 14(8): 493-496.

1991-070 邱林友. 银型活性炭纸富集-XRFA 法测定工业废水中的痕量 As(Ⅲ) 和 As(Ⅴ). 重庆环境科学, 1991, 13(4): 57-58.

1991-071 任炽刚, 周世俊, 车建美, 胡毓德, 陈建新, 方渡飞, 杨福家. A microbeam system of high energy ions at Fudan University. Nuclear Science and Techniques, 1991, 2(1): 13-18.

1991-072 任炽刚, 周世俊, 胡卫明, 黄发泱, 汤家镛, 杨福家, 王奎仁, 周有勤. 微米 PIXE 对含金矿样的分析. 科学通报, 1991, (16): 1215-1217.

1991-073 任红星, 贺春福, 张启超. 基本参数法 X 射线荧光分析土壤样品中主量元素.

1991-074 施文潮. 真空隔膜窗口的自制方法. 光谱实验室, 1991, 8(6): 60.

1991-075 施志欧, 陆晓明. X 荧光自动分组定量分析系统. 宝钢技术, 1991, (3): 52-55.

1991-076 Su Weihan, Ma Ciguang, Song Wenzhi, Li Min, Li Wei. Study of aerosol composition in some clean areas of China. Journal of Environmental Sciences, 1991, 3(1): 71-78.

1991-077 孙爱贞, 郭瑞新, 王惠芳, 高述祥, 王运调, 叶福媛, 李麓维. 铅在组织内的分布和排出. 劳动医学, 1991, 8(2): 25.

1991-078 孙家美, 毛振伟. 贝壳珍珠层元素的 X 射线荧光光谱分析. 湛江水产学院学报, 1991, 11(2): 25-30.

1991-079 孙家美, 毛振伟. X 射线荧光光谱法对穿山甲鳞片的分析. 中国中药杂志, 1991, 16(4): 234-235.

1991-080 孙平蕙, 肖山. 一种值得推荐的黄金首饰质量鉴定方法——X 射线荧光光谱法. 珠宝, 1991, (2): 52-53.

1991-081 谭亚军, 李纪民. 稀土元素X射线快速自动分析系统. 原子能科学技术, 1991, 25(4): 18-22.

1991-082 陶光仪. 中国古代陶瓷的 X 射线荧光非破坏分析. 中国陶瓷, 1991, (5): 58-62.

1991-083 田宇纮. 全反射 X 荧光分析技术 (TXRF)——一种新的高灵敏度元素分析技术. 核物理动态, 1991, (2): 41-44.

1991-084 王承遇, 陶瑛, 王秋. 显像管玻璃中 H_2O、CO_2 和 SO_2 含量的测定. 玻璃与搪瓷, 1991, 19(4): 22-25, 16.

1991-085 王光中. 碳酸盐样品中主成分和微量元素的 X 射线荧光光谱分析. 地质实验室, 1991, 7(2): 88-90.

1991-086 王光中, 汪康康. X 射线荧光光谱的理论 α-系数法在岩石主、次量元素分析中的应用. 湖北地质, 1991, 5(1): 100-110.

1991-087 王基镕. 关于 T. Shiraiwa 与 N. Fujino 的荧光 X 射线强度公式的研究. 光谱学与光谱分析, 1991, 11(5): 73-76.

1991-088 王奎仁, 周有勤. 微束分析对微细粒金赋存状态的研究. 矿物岩石地球化学通讯, 1991, (4): 251-253.

1991-089 王玟珉, 王秋玉. Mn depletion in the surface layer of stainless steel 304 LN at the temperature 1200 K. Nuclear Science and Techniques, 1991, 2(1): 1-6.

1991-090 王琴, 阎萍, 何秀坤, 李光平, 汝琼娜, 李晓波. 掺杂GaAs中杂质缺陷的研究. 稀有金属, 1991, (1): 34-37, 21.

1991-091 王庆广, 谢光国, 黄衍初. X 射线荧光光谱测定贻贝 (86-701) 中某些元素. 光谱学与光谱分析, 1991, 11(6): 45-48.

1991-092 王醒谦, 相坤山, 冯嘉帧. 果品中微量元素的含量. 食品科学, 1991, (11): 45-47.

1991-093 王修德, 黄衍初, 庞叔薇. X 射线荧光法测定土壤中可提取态硫酸盐. 环境化学, 1991, 10(5): 51-55.

1991-094 王毅民. 扫描核探针及其地学应用简介. 地质科技管理, 1991, (1): 51-54.

1991-095 王毅民, 梁国立, 滕云业. 大洋锰结核中主要金属元素的 X 荧光光谱船上现场分析. 海洋学报 (中文版), 1991, 13(1): 121-124.

1991-096 汪寅人. 加强煤质基础研究提高煤炭转化技术. 煤化工, 1991, (3): 1-4.

1991-097 吴建平, 方同秀. 便携式同位素源X射线荧光仪在合金分类中的应用. 成都地质学院学报, 1991, 13(3): 126-130.

1991-098 吴庆昌, 时军波. 肾结石碎石机电极头材质成分剖析. 山东科学, 1991, 4(1): 5-13.

1991-099 吴水清. 铼及其合金的电镀方法. 电镀与精饰, 1991, 13(4): 22-24, 49.

1991-100 谢安惠, 游传挺, 毕财章, 胡延秀, 裘乙琦. 不同硅铝比的丝光沸石及其脱铝物的物化特性. 催化学报, 1991, 12(5): 353-360.

1991-101 徐贞元. 质子 X 荧光法研究气溶胶的特性. 分析测试通报, 1991, 10(6): 29.

1991-102 徐贞元, 叶汝求. 质子激发X射线谱的解析——分析软件和数据库 (一). 分析测试通报, 1991, 10(3): 1-8.

1991-103 阎军, 何丽娟, 薛胜吉. 西太平洋边缘海区元素地层学研究及其古海洋学意义. 海洋地质与第四纪地质, 1991, 11(2): 57-67.

1991-104 颜一鸣. X光学的重要突破——谈X光透镜. 现代物理知识, 1991, (5): 19-21, 33.

1991-105 杨坤山, 刘正民, 马树勋, 刘兆远. 用PIXE分析人脑脊液中的微量元素. 核技术, 1991, 14(12): 762-764.

1991-106 杨坤山, 王醒谦, 冯嘉祯, 马树勋, 李兰亭. 用PIXE方法测定化石中的微量元素. 科学通报, 1991, (24): 1856-1857.

1991-107 杨学东. 8680X射线荧光仪常见故障的分析及处理. 岩矿测试, 1991, 10(2): 154-155.

1991-108 杨玉华, 曹杰. 高铝岩矿样品的X射线荧光光谱分析. 岩石学报, 1991, (1): 83-85.

1991-109 姚惠英, 任炽刚, 周世俊, 胡卫明, 陈建新, 黄发泱, 汤家镛, 杨福家. 复旦大学质子显微镜用于单细胞分析. 核技术, 1991, 14(3): 168-171.

1991-110 姚中栋, 奚建华. X线荧光分析法鉴别器皿玻璃的研究. 法医学杂志, 1991, (3): 19-22, 36.

1991-111 叶珍久, 卢敬智. 人工合成青刚玉的化学分析方法. 岩石学报, 1991, (1): 87-88.

1991-112 喻德科. 西沙群岛贝壳中化学元素的X射线荧光光谱测定. 分析测试通报, 1991, 10(2): 33.

1991-113 喻德科. 西沙群岛石珊瑚中钙、铝、硅、磷、铁和锶的X射线荧光光谱测定. 分析化学, 1991, 19(1): 126.

1991-114 乐群. X荧光光谱法测定混合稀土氧化物中十五个稀土元素含量. 理化检验-化学分册, 1991, 27(4): 207-208, 240.

1991-115 张大忠, 陈素清, 陈剑瑄, 王能明, 邵明松, 何光昕, 冯文和. 大熊猫体毛微量元素含量与疾病的关系. 动物学研究, 1991, 12(1): 73-78.

1991-116 张启超, 王子尧, 贺春福, 任红星. X射线荧光光谱法分析面粉、大米中的微量元素. 分析化学, 1991, 19(9): 1072-1074.

1991-117 张启超, 王子尧, 任红星, 贺春福. XRF聚酯薄膜-薄纸片法测定微量稀土元素. 光谱学与光谱分析, 1991, 11(3): 66-68, 14.

1991-118 张乔, 于泉根. 铸造用粘土的X射线荧光光谱分析. 铸造, 1991, (5): 40-42.

1991-119 张汝源, 李麓维, 薛召南. 90°散射角下源激发X射线荧光测量的最佳入射角及源-靶-探测器结构的改进. 核技术, 1991, 14(4): 241-244.

1991-120 张仕定, 刘文长. 土壤环境背景值调查样品中主次量元素的快速X射线荧光光谱法测定. 光谱实验室, 1991, 8(Z1): 163-166.

1991-121 张小曳, 安芷生, 刘东生, 陈拓, 张光宇, Richard Arimoto, 朱光华, 汪新福. 中国北部及西北部三次尘暴的研究——矿物气溶胶中微量元素源区特征及在大气搬运过程中的变化. 科学通报, 1991, (19): 1487-1490.

1991-122 张长庚. 纯氧化铈和氧化钕中稀土元素的X荧光分析. 湖南冶金, 1991, (4): 47-48.

1991-123 张长庚. 光谱诱导含量法在X荧光分析中的应用. 湖南有色金属, 1991, 7(4): 254-255.

1991-124 章净霞, 戴维丽, 曾宪周, 姚惠英. 用扫描质子微探针分析肝细胞的元素组成. 生物化学与生物物理进展, 1991, 18(6): 453-454.

1991-125 中国分析测试协会咨询委员会分析技术及仪器评委会. 能量色散X射线荧光光谱评议报告. 分析测试通报, 1991, 10(1): 77-82.

1991-126 周四春. X取样方法的研究与应用(四)——X取样方法在锡矿上的应用. 核电子学与探测技术, 1991, 11(2): 91-96.

1991-127 周四春, 谢庭周, 葛良全. 普查铜矿的新方法——X荧光方法研究. 物探与化探, 1991, 15(4): 284-289.

1991-128 周四春, 章晔, 谢庭周, 葛良全. X取样方法的研究与应用(三)——克服矿化不均匀效应的方法研究. 核电子学与探测技术, 1991, 11(1): 42-46.

1991-129 朱光华, 沈新尹, 汪新福, 王皖虹. 大气气溶胶粒径分布的数值拟合. 北京师范大学学报（自然科学版）, 1991, 27(3): 309-314.

1991-130 朱洪滨, 潘佩聪, 颜声辉, 侯印春, 王四亭, 柴耀, 卢志英, 吉昂. 引上法生长 Mg_2SiO_4: Cr 单晶中铬的分凝系数. 人工晶体学报, 1991, 20(2): 175-178.

1991-131 朱节清, 李民乾, 毛羽, 陈汉民, 谷英梅, 杨长义, 盛康龙. 一台新建成的长焦距扫描质子微探针. 核技术, 1991, 14(9): 525-531.

1991-132 朱节清, 王毅民. 矿物微区元素分布分析研究——核探针的地学应用初探. 岩矿测试, 1991, 10(4): 262.

1991-133 朱元昌, 吴志勤, 李翰芳. 肿节风中微量元素在治疗中的作用. 中成药, 1991, 13(12): 47.

1991-134 庄思永, 傅延勋, 谢波平. 双结构卤化银核壳颗粒中的碘离子分布. 化学物理学报, 1991, 4(1): 54-58.

1992 年 (1992)

1992-001 艾登 G., 埃萨克斯 D., 李景春, 李瑞峰, 康来鹏. 展现轻元素世界的 X 射线探测器窗口 (新开发的探测器窗口材料可透过来自碳、氮、氧和氟的软 X 射线). 光谱实验室, 1992, 9(1-2): 85-88.

1992-002 安庆骧, 詹秀春, 巢志瑜, 吴应荣. 同步辐射 X 射线荧光微探针技术中地质标样的研究. 岩矿测试, 1992, 11(3): 252-255, 259.

1992-003 包生祥. X 射线荧光光谱分析检出限计算公式. 光谱学与光谱分析, 1992, 12(4): 93-96.

1992-004 包生祥, 沈平. X 射线荧光光谱测定钙质贝壳中 17 种元素. 分析化学, 1992, 20(6): 688-691.

1992-005 才书林, 郭玉林, 王颜红. X 射线荧光光谱法在有色金属矿石标准物质定值分析中的应用. 岩矿测试, 1992, 11(3): 260-264.

1992-006 蔡载熙, 国毅. Multielement analysis in ginseng and its soil. Nuclear Science and Techniques, 1992, 3(1): 19-24.

1992-007 蔡兆勋. 便携式定量分析器. 上海金属 (有色分册), 1992, 13(5): 57-58.

1992-008 蔡兆勋. X 线光谱分析现代化. 上海金属 (有色分册), 1992, 13(6): 54.

1992-009 曹利国, 丁益民, 敖奇. 用 X 射线荧光方法测定薄层样品、镀层和涂层的厚度. 成都地质学院学报, 1992, 19(1): 109-117.

1992-010 曹志成, 石春山. 钐的氟化物体系中钐离子价态及其转换. 中国科学 (B 辑: 化学 生命科学 地学), 1992, (9): 904-910.

1992-011 柴之芳. 同步辐射 X 荧光分析法. 分析试验室, 1992, 11(6): 39-44.

1992-012 陈伯蠡, 王莲芳, 金希龙. Cr 与 Mo 对堆焊金属耐磨料磨损性能的影响. 焊接学报, 1992, 13(4): 218-224.

1992-013 陈道公, O'Reilly S. Y., Griffin W. L.. 幔源橄榄岩包体中单斜辉石的微量元素组成. 科学通报, 1992, (24): 2255-2258.

1992-014 陈道公, O'Reilly S. Y., Griffin W. L.. 质子微探针测定橄榄石中钙及其意义. 科学通报, 1992, (16): 1492-1494.

1992-015 陈锋. 头发中氟和其他微量元素的 X 线荧光分析结果. 地方病译丛, 1992, 13(6): 61.

1992-016 陈锁志, 杨俊睿. X 射线荧光光谱测定润滑油中铜. 光谱实验室, 1992, 9(3): 25-26.

1992-017 陈新华. 能量色散 X 射线荧光光谱法测定初步预浓缩的饮水中微克/升水平碘化物的简单方法. 地方病译丛, 1992, 13(1): 94-95.

1992-018 陈永君, 安庆骧. 动植物样品中 22 种元素的 X 射线荧光光谱分析. 中国环境监测, 1992, 8(5): 7-8.

1992-019 丁雪心. X 射线荧光光谱粉末法监控蓝晶石生产流程. 分析测试通报, 1992, 11(2): 60-63.

1992-020 Dmitriev S. N., Shishkina T. V., Zhuravleva E. L., 李迹. TBP 萃取-X 荧光光谱法测定地质样品中的金. 国外铀金地质, 1992, (3): 82-86.

1992-021 范健, 罗重庆. 非金属元素及无机阴离子分析. 分析试验室, 1992, 11(2): 80-96.

1992-022 冯松林, 钟溟, 刘年庆, 任闽秦, 王禹. PIXE 分析技术在球墨铸铁元素微分析中的应用. 冶金分析, 1992, 12(3): 10-12.

1992-023 高志强, 陈坚. 同位素源激发 X 射线荧光分析合金样品的吸收-增强效应的数学校正——基本参数法. 分析化学, 1992, 20(4): 410-412.

1992-024 Gore Randy R., Witska Rich, Kirby J. Ray, Chao Jamesl, 张万胜. 电触头的气体腐蚀环境试验. 电工合金, 1992, (3): 24-29.

1992-025 谷英梅, 朱节清. 用于扫描质子微探针的数字扫描图像监示仪. 核技术, 1992, 15(2): 102-108.

1992-026 光谱学与光谱分析编辑部. 马光祖. 光谱学与光谱分析, 1992, 12(2): 98.

1992-027 Guenther K., 何金明. 蔬菜食品中元素的结合态分析. 江西工业大学学报, 1992, 14(3): 27-29.

1992-028 韩宗珠, 武心尧, 杨作升, 盛兴土, 章跟宁. 南极中山站外普里兹湾底泥的矿物组成及其硅藻类. 海洋科学, 1992, (4): 69.

1992-029 何新荣, 赖万昌. 轻便 XRF 分析仪快速测定铜镍铁含量. 新疆有色金属, 1992, (2): 38-42.

1992-030 胡朝晖, 钟溟, 张家萍, 刘世蓉, 张昌颖. Trace elemental analysis of rat cataractous lenses by PIXE. Nuclear Science and Techniques, 1992, 3(1): 51-54.

1992-031 胡国兴. 钯/炭催化剂的 X 射线荧光光谱分析研究. 化学世界, 1992, (10): 464-467.

1992-032 胡金生, 李道伦, 刘亚文, 范钦敏, 郑民. 稀土生产在线监测系统的初步实验研究. 稀有金属, 1992, (4): 260-262.

1992-033 胡黎明, 李春忠, 姚光辉, 陈敏恒. 钛酸丁酯高温裂解合成 TiO_2 超细粒子粉末. 无机材料学报, 1992, 7(4): 448-454.

1992-034 胡正芝. 食品分析. 分析试验室, 1992, 11(5): 83-110.

1992-035 黄锦扬, 王业华. 机立窑综合节能技术新进展. 水泥, 1992, (7): 27-31.

1992-036 黄士斌, 王世真. X 荧光分析法体内测量微量元素的进展. 国外医学 (放射医学核医学分册), 1992, 16(4): 175-178.

1992-037 黄炎. 大熊猫体内微量元素含量的研究. 中国兽医杂志, 1992, 18(1): 3-5.

1992-038 吉昂, 石琼, 陶光仪, 李宗杰, 吴梅梅. SZ-1 同位素 X 射线荧光光谱仪及其应用. 上海硅酸盐, 1992, (2): 132-135.

1992-039 李凡庆, 毛振伟, 朱育新, 霍登伟, 赵化章, 尹香莲, 赵贵文. 铁芒萁植物体中稀土元素含量分布的研究. 稀土, 1992, 13(5): 16-19.

1992-040 李国会. 理学 3080 型 X 荧光光谱仪几种故障的检修. 地质实验室, 1992, 8(6): 379-380.

1992-041 李国会. 全反射 X 射线荧光光谱分析——一种分析痕量元素的技术. 物探化探译丛, 1992, (3): 37-41.

1992-042 李国树, 王榕海, 郭海燕. 我院 PIXE 分析装置在城市大气气溶胶研究中的应用. 中国环境监测, 1992, 8(1): 48-51.

1992-043 李华, 贺春福, 袁秀顺. X 射线荧光光谱经验系数法分析土壤中痕量元素. 分析试验室, 1992, 11(4): 53-56.

1992-044 李纪民, 孙秀峰. 同位素源 X 射线荧光法对高放废液中铀的分析. 原子能科学技术, 1992, 26(5): 41-43.

1992-045 李建华, 慎伟琦, 刘锦湘, 郑家琪. 掺 Ag 的 YBaCuO 高 T_c 超导体的研制. 原子能科学技术, 1992, 26(1): 94-96.

1992-046 李林. 用 X 射线荧光法分析钛精矿样品的含钛量. 金属矿山, 1992, (4): 57.

1992-047 李敏, 陈远盘, 苏惠娴. 萃取法富集 XRF 光谱测定岩石、土壤中的痕量元素. 光谱学与光谱分析, 1992, 12(3): 111-116.

1992-048 李世珍,陆少兰,李建华. X 射线荧光光谱滤纸片法测定混合稀土溶液中 15 种稀土元素. 分析试验室, 1992, 11(3): 47-50.

1992-049 李树义,王彦峰,武盈玉,赵素,郝明革,江泽菲,李助萱. 21-三体综合征患者铜、锌水平的变化. 中国医科大学学报, 1992, 21(2): 148-151.

1992-050 李文明,喜春凯,志敏. X 射线荧光分析法测量高血压和糖尿病患者头发中的微量元素. 微量元素与健康研究, 1992, (3): 54-55.

1992-051 李小定,陈劲松. Co-Mo/Al_2O_3 耐硫变换催化剂吸附杂质的研究. 天然气化工 (C1 化学与化工), 1992, 17(1): 23-26.

1992-052 李小定,陈劲松,孔渝华. Co-Mo/Al_2O_3 催化剂的微结构. 应用化学, 1992, 9(4): 95-97.

1992-053 李小定,李燿会,孔渝华,吕小琬,陈劲松. Cl^-对 Co-Mo 系耐硫变换催化剂失活过程的影响. 化肥与催化, 1992, (3): 23-26, 42.

1992-054 李学军,柴之芳,刘永忠,巢志瑜,肖延安,毛雪瑛. 南丹铁陨石微量元素的微区分布特征. 空间科学学报, 1992, 12(3): 214-221.

1992-055 李学军,巢志瑜,肖延安,刘永忠,柴之芳. 南丹铁陨石样品的 X 射线荧光微区扫描研究. 核技术, 1992, 15(8): 485-490.

1992-056 梁钰. X 射线荧光光谱法在非晶镀层组分分析中的应用. 上海金属, 1992, 14(5): 47-51.

1992-057 刘建华,高正耀,潘贤家,陈松华. 古钧瓷和仿古钧瓷的电镜和能量色散 X 射线分析. 郑州大学学报 (自然科学版), 1992, 24(2): 23-27.

1992-058 刘年庆,焉伶娜,张晓峰,赵舜英,冯松林,钟溟,吴卫芳,郑民,朱莲珍,朴建华,程云鸳. 克山病病区儿童红细胞中铷含量研究. 中国地方病学杂志, 1992, 17(1): 50-51.

1992-059 刘年庆,焉伶娜,张晓峰,赵舜英,冯松林,钟溟,朱莲珍,朴建华,陈云鸳. 用 PIXE 分析方法研究克山病区儿童红血球中铷的含量. 核技术, 1992, 15(12): 753-756.

1992-060 刘年庆,张晓峰,焉伶娜,冯松林,钟溟,纪云晶,王敏,栗建林,金枫. 用 PIXE 分析法研究抗坏血酸钛染毒后大鼠体内的钛和其它元素的浓度变化. 核技术, 1992, 15(4): 251-256.

1992-061 刘树文,单玲,张谊理. X 射线荧光光谱法测定水中痕量金属. 石油大学学报 (自然科学版), 1992, 16(4): 91-95.

1992-062 刘文彬. 煤中氧化物比值的古气候意义. 天然气地球科学, 1992, (6): 18.

1992-063 刘文华,王长庆,曹相九. 稀土元素分析. 分析试验室, 1992, 11(6): 51-83.

1992-064 刘亚雯,李道伦,范钦敏,魏成连. 油中金属元素的能量色散 X 射线荧光分析——II.油分析中水标样的应用. 光谱学与光谱分析, 1992, 12(6): 91-92, 112.

1992-065 刘亚雯,李道伦,胡金生,范钦敏,魏成连. 油中金属元素的能量色散 X 射线荧光分析——I.氧化镁吸收油热分解制样法. 光谱学与光谱分析, 1992, 12(4): 83-88.

1992-066 刘亚雯,吴强,胡金生,魏成连,袁汉章,朱腾,闻莺. 用同步辐射 XRF 研究单晶硅中掺杂元素 As 的分布. 科学通报, 1992, (21): 1949-1951.

1992-067 罗澜,李家治,吉昂,吴梅梅. CaO-MgO-Al_2O_3-SiO_2-P_2O_5-F 玻璃中 Si-O 键性研究. 上海建材学院学报, 1992, 5(4): 280-285.

1992-068 罗立强,马光祖,吉昂. X 射线荧光光谱分析中偏最小二乘回归技术与基本参数法的研究. 分析化学, 1992, 20(9): 1074-1077.

1992-069 罗运柏,何志. X 射线荧光光谱法分析燃油锅炉受热面的灰渣成分. 分析化学, 1992, 20(6): 718-720.

1992-070 马慈光,李民,赵国镇,朱沛然,任孟眉. 质子激发 X 射线荧光法测定高纯空气中痕量金属杂质 Cr、Cu、Fe、Zn. 分析测试通报, 1992, 11(5): 91-93.

1992-071 马光祖,梁国立. 地质样品的 X 射线荧光光谱分析. 岩矿测试, 1992, 11(1-2): 37-43.

1992-072 满瑞林, 赵新那, 徐金华. X 射线荧光光谱分析技术在过程分析中的应用. 岩矿测试, 1992, 11(3): 273-275, 280.

1992-073 毛振伟, 林淑钦, 陈树榆, 陈顺喜. X 射线荧光基本参数法测定焊锡中的锡和铅. 光谱学与光谱分析, 1992, 12(2): 117-118.

1992-074 穆宝芬, 薛召南, 李麓维, 成桂平, 何国柱, 赵英环. 用放射源激发 X 射线荧光法测定两不同地热区人发中微量元素. 核电子学与探测技术, 1992, 12(4): 249-252.

1992-075 宁德亮, 赵莹. 真空触头合金中铜、碲 X 荧光定量分析方法研究. 电工合金, 1992, (3): 43-47.

1992-076 彭聂, 戴晓兰. 同位素激发 X 射线荧光分析方法的改进和应用. 华东地质学院学报, 1992, 15(2): 154-159.

1992-077 彭同江. 新疆尉犁蛭石矿蛭石的化学成分研究. 四川建材学院学报, 1992, 7(3): 24-30.

1992-078 邱林友. 汞型活性炭纸富集-XRFA 法测定水样中的痕量 SCN^-. 地质实验室, 1992, 8(5): 267-268.

1992-079 邱林友, 赵尔燕. 汞型活性炭纸富集-XRF 测定仲钨酸铵中的氯. 中国钨业, 1992, (12): 30-32.

1992-080 邱林友, 赵尔燕. 离子交换反应富集-XRF 测定地质样中痕量砷. 矿物岩石, 1992, 12(4): 109-110.

1992-081 邱林友, 赵尔燕. 氢化物发生-XRFA 法测定高纯锌中痕量锑. 仪器仪表与分析监测, 1992, (3): 32, 39.

1992-082 任炽刚, 周世俊, 胡卫明, 黄发凇, 汤家镛, 杨福家, 王奎仁, 周友勤. Microbeam PIXE analysis of gold-bearing mineral samples. Chinese Science Bulletin, 1992, 37(5): 375-378.

1992-083 芮静宜, 张勇平, 黄永彭. 大气气溶胶污染物的 PIXE 技术测定. 上海环境科学, 1992, (7): 30.

1992-084 Sen N., 许孙曲. 用溶剂萃取和 X 射线荧光光谱法 (XRF) 测定岩石与矿物中的微量钼与钨. 中国钼业, 1992, (4): 31-33.

1992-085 沈致隆. 合成 α-FeOOH 形态及表面特征的研究. 北京轻工业学院学报, 1992, 10(1): 78-84.

1992-086 施特丁克 K., 伯纳 E., 温纳克 H., 田传明. 借助炮孔探测仪的准确回采. 国外金属矿山, 1992, (3): 40-43.

1992-087 时庆云, 孙仲田, 戴耀东, 沈枝岭, 丁学新. 金矿的 ^{57}Fe 穆斯堡尔谱研究. 信阳师范学院学报 (自然科学版), 1992, 5(1): 54-60.

1992-088 素琳. 利用炮孔探测仪进行精确采矿. 云南冶金, 1992, (3): 59.

1992-089 孙建一. X 射线荧光光谱分析中确定基体元素参加校正顺序的判断. 地质实验室, 1992, 8(4): 197-199.

1992-090 孙平, 张甲生, 徐景达, 陆丹, 苏克, 邹海峰. 西洋参茎叶总皂甙品质评价 (二)——无机元素含量的测定. 人参研究, 1992, (3): 31-34.

1992-091 孙平蕙, 陈远盘, 杨仲平, 郭腊梅. 锰结核中硅、铝、铁、镁、磷、钾、锰、钛的 XRFA. 光谱学与光谱分析, 1992, 12(1): 95-97.

1992-092 孙世清. 碳钢合金钢及炉渣的 X 荧光光谱现场分析. 理化检验-化学分册, 1992, 28(5): 300-301, 317.

1992-093 邵明松, 张大忠, 李建胜, 陈波. PIXE 应用于分析 Si 基片热扩 Ni 的深度分布. 原子与分子物理学报, 1992, 9(1): 2183-2191.

1992-094 陶光仪, Norrish K., Fazey P.. 定量 X 射线荧光光谱分析中用于计算理论 α 系数的计算机程序 DRALPHA. 分析化学, 1992, 20(1): 94-96.

1992-095 陶光仪, 裴立文, 吉昂. PW1400、PW1404、PW1600 和 PW1606 X 射线荧光光谱仪数据文件的读写软件. 光谱学与光谱分析, 1992, 12(3): 121-124.

1992-096 童纯菌. 核技术在地质勘查中的应用及其前景. 原子核物理评论, 1992, 9(4): 22-26.

1992-097 涂象融. X 射线荧光光谱仪信号检测系统概述. 上海建材学院学报, 1992, 5(3): 252-259.

1992-098 王大椿, 杨华, 罗平安. 3.3keV-29.1keV 能区 Sn 的 X 射线衰减系数和光电截面（英文）. 原子与分子物理学报, 1992, 9(1): 2101-2109.

1992-099 王晖, 张蕴惠, 马文革, 张晋英. 牙周病牙骨质微量元素分析. 华西口腔医学杂志, 1992, (2): 93-95.

1992-100 王晖, 张蕴惠, 马文革, 张晋英, 陈素清, 张大仲, 陈剑瑄, 邰明松. 牙周病的牙骨质微量元素研究. 微量元素与健康研究, 1992, (3): 21-23.

1992-101 王奎仁, 周有勤, 李凡庆, 孙立广, 王俊新, 任炽刚, 周世俊, 汤家镛, 杨福家. 广西金牙金矿微细粒金赋存状态的质子探针和扫描电镜研究. 科学通报, 1992, (9): 832-835.

1992-102 王奎仁, 周有勤, 李凡庆, 孙立广, 王俊新, 任炽刚, 周世俊, 汤家镛, 杨福家. SPM and SEM study on the occurrence of micrograined gold in the Jinya Gold Deposit, Guangxi. Chinese Science Bulletin, 1992, 37(22): 1906-1910.

1992-103 王庆广, 戴昭华, 黄衍初, 张琴. 高分辨双晶 X 射线荧光光谱测定某些环境样品中硫的化学状态. 环境化学, 1992, 11(3): 55-59.

1992-104 王五一. 镁铝榴石的形成温度及其结构水成因探讨. 岩石矿物学杂志, 1992, 11(4): 366-374.

1992-105 王新平. 使用 X 线荧光分析法测定稳定碘含量诊断甲状腺疾病. 地方病译丛, 1992, (4): 61.

1992-106 王修德, 黄衍初, 庞叔薇. X 射线荧光法测定土壤总硫量. 光谱学与光谱分析, 1992, 12(2): 119-121.

1992-107 王毅民. 同步辐射及其在地学研究中的应用. 地质科技管理, 1992, (1): 55-58.

1992-108 王毅民. 岩石矿物元素的整体分析、显微分析与分布分析. 分析化学, 1992, 20(7): 850-856.

1992-109 王玉香, 王赫男. 铁矿石的 X 射线荧光光谱分析. 鞍山钢铁学院学报, 1992, 15(4): 19-23.

1992-110 王志兰, 顾伯美, 贾美香, 孙用均, 赵砚卿, 马鑫培. 精神发育迟滞儿童发中微量元素测定. 原子能科学技术, 1992, 26(3): 69-71.

1992-111 汪隆六. 黔西南地区微细粒型金矿床砷的 X 射线荧光异常. 贵州地质, 1992, 9(2): 161-166.

1992-112 魏成连, 李道伦, 胡金生, 范钦敏, 刘亚文. 黄金首饰 K 值的 XRF 测定. 核技术, 1992, 15(9): 531-535.

1992-113 吴诚, 马冲先. 轻、重金属元素的分析. 分析试验室, 1992, 11(1): 69-110.

1992-114 吴梅梅, 吉昂. 无碱多元系统磷酸盐玻璃中 Si K α、Si K β 谱分析. 光谱学与光谱分析, 1992, 12(3): 117-120.

1992-115 吴应荣, 巢志瑜, 洪蓉, 肖延安, 黄衍信, 何聿忠, 罗平, 罗建慧, 李启金. 怀孕期头发中一些元素含量的变化趋势. 光谱学与光谱分析, 1992, 12(6): 99-102, 108.

1992-116 武秉哲. X 荧光分析仪简介. 煤炭加工与综合利用, 1992, (5): 50.

1992-117 郗庚民, 高嵩. 钢铁中 Si、Mn、Cr、Ni、Mo、W、V、Ti 和 Co 的 X 射线荧光光谱分析. 光谱实验室, 1992, 9(6): 40-43.

1992-118 夏琮璜, 沈定予, 李硕中, 刘士杰, 王江, 胡朝晖. Application of combined α-RBS and PIXE analysis technology. Rare Metals, 1992, 11(2): 98-101.

1992-119 肖德明. 用滤膜法进行稀土氧化物原料组分的 X 射线荧光光谱分析. 铀矿地质, 1992, (4): 242-247.

1992-120 肖德明, 李广明. X 射线荧光滤纸片法测定纯氧化铥中主量氧化铥及相邻稀土氧化物杂质. 铀矿地质, 1992, (5): 306-313.

1992-121 肖延安, 李学军. 同步辐射 X 射线荧光分析. 现代物理知识, 1992, (4): 26-27.

1992-122 谢东, 侯登录, 宋东光. X 射线荧光分析法直接测定胆结石中金属元素. 核电子学与探测技术, 1992, 12(2): 86-91.

1992-123 谢东, 严振庄. GMX 型同轴高纯锗探测器用于 X 射线荧光分析之性能评述. 核电子学与探测技术, 1992, 12(1): 35-40.

1992-124 熊光平, 陈文华. 溶剂浸渍滤纸的制备及其在 XRF 分析中的应用研究——Ⅰ. 几种溶剂浸渍滤纸的制备及吸附性能研究. 离子交换与吸附, 1992, 8(5): 451-454.

1992-125 徐大华, 陈文彬. 慢性肺心病肺癌病人头发微量元素的测定. 华西医学, 1992, 7(2): 128-130.

1992-126 徐晓斌, 杨东贞, 温玉璞, 苏维瀚. 北京地区夏季背景气溶胶的特征. 气象学报, 1992, 50(3): 310-319.

1992-127 许益民, 陈建伟, 毛惠新, 刘笛. 中药胡芦巴磷脂成分的 X 射线荧光光谱法直接测定. 分析化学, 1992, 20(2): 219-222.

1992-128 严彪. X 射线荧光测量的找金效果. 云南地质, 1992, 11(1): 104-107.

1992-129 杨发景, 李张胜. X 荧光分析技术在磷矿分析中的应用. 云南化工, 1992, (2): 34-35.

1992-130 杨福家. 中国科学院核分析技术开放研究实验室. 核物理动态, 1992, 9(3): 64-10.

1992-131 杨坤山, 冯嘉祯, 王醒谦, 马树勋, 陈子纯. 用 PIXE 方法测定茶叶中的微量元素. 茶业通报, 1992, (3): 12-14.

1992-132 杨坤山, 王醒谦, 冯嘉桢, 马树勋, 李兰亭. Measurement of trace elements in fossil by PIXE analysis. Chinese Science Bulletin, 1992, 37(22): 1865-1867.

1992-133 伊丽莹. 地质样品中稀土元素分析进展. 岩矿测试, 1992, 11(1-2): 173-178.

1992-134 虞杏英, 顾兰芬, 庄向平, 寿红霞, 方涌强. 浙江不同地区银杏叶中微量元素的研究. 分析测试通报, 1992, 11(6): 69-71.

1992-135 喻德科. 冰洲石中多元素的 X 射线荧光光谱测定. 分析试验室, 1992, 11(1): 54-55.

1992-136 喻德科. X 射线荧光光谱法直接测定油页岩中微量元素. 光谱学与光谱分析, 1992, 12(5): 111-114.

1992-137 喻德科. X 射线荧光光谱铝环-双层压片法测定少量土壤中的化学元素. 分析化学, 1992, 20(2): 176-179.

1992-138 喻德科. X 射线荧光光谱铝环-双层压片法测定土壤中常量和微量元素. 分析测试通报, 1992, 11(5): 84-87.

1992-139 袁汉章, 刘洋, 秦颖. X 射线荧光光谱法测定硫化物矿中的主元素. 分析试验室, 1992, 11(2): 52-54.

1992-140 袁宁儿, 吉昂, 曹如晟, 徐宝玲. 钇、钡、铜超导薄膜的非破坏测定. 光谱学与光谱分析, 1992, 12(4): 89-92, 88.

1992-141 曾令民. 氮化钛薄膜的 X 射线分析. 广西大学学报 (自然科学版), 1992, 17(3): 37-40.

1992-142 战学仕. X 射线荧光分析仪用于钼精矿品位分析的试验. 有色矿冶, 1992, (2): 51-54.

1992-143 张春启. X 射线荧光光谱法测定润滑油中铁的含量. 光谱实验室, 1992, 3(3): 38-39.

1992-144 张矾, 方明渭, 岳永平. XRF 基本参数法在锌精矿分析中的应用. 光谱实验室, 1992, 9(6): 34-35, 33.

1992-145 张家伦. 同位素 X 荧光能谱在线分析仪用于稀土分离生产线. 稀土信息, 1992, (1): 8.

1992-146 张启超, 贺春福, 任红星. X 射线荧光光谱透明胶带薄样法测定土壤中的主量元素. 光谱实验室, 1992, 9(1-2): 89-91.

1992-147 张启超, 贺春福, 任红星. 稀土元素的 X 射线荧光光谱分析. 光谱学与光谱分析, 1992, 12(1): 89-94.

1992-148 张仕定, 梁术廷, 聂全新, 刘敏. XRFA 法快速测定地质样品中的稀土总量. 地质实验室, 1992, 8(6): 335-336.

1992-149 张寿庭, 丁益民, 朱创业, 杨耕东. X 射线荧光方法在成矿规律研究中的应用. 成都地质学院学报, 1992, 19(2): 107-113.

1992-150 张树蔚, 杨晓辉, 高发奎, 郝敬丹, 薛军. X 射线荧光法测定铬渣中的铬. 甘肃环境研究与监测, 1992, 5(4): 14-16.

1992-151 张小平, 张卫国, 李立. 合金钢的 X 射线荧光光谱分析. 冶金分析, 1992, 12(3): 25-29.

1992-152 张新民, 马笑山, 徐军, 沈雅芳, 吴光照. $LaMgAl_{11}O_{19}$：Nd^{3+} 晶体组分和晶体生长. 人工晶体学报, 1992, 21(4): 353-357.

1992-153 张长庚. 纯氧化钪中稀土杂质的 X 荧光分析. 湖南有色金属, 1992, (6): 383, 357.

1992-154 章晔. X 射线荧光技术现场原位测铜量上的应用. 矿产与地质, 1992, 6(3): 238-241.

1992-155 赵尔燕, 邱林友. 直接粉末压片 XRFA 法测定锌灰中的多组份. 江西冶金, 1992, 12(3): 41-42.

1992-156 郑厚琳, 秦星临. 微孔滤膜制片 X 射线荧光光谱法测定矿石中银. 岩矿测试, 1992, 11(3): 217-220.

1992-157 郑金山, 刘杰, 银跃德. 用穆斯堡尔效应研究和分析地下钢管腐蚀产物. 核技术, 1992, 15(12): 725-727.

1992-158 钟溟, 冯松林, 王禹, 任闽秦, 刘年庆, 张晓峰, 焉伶娜, 韩其勇. PIXE analysis of graphite phase in nodular cast iron. Nuclear Science and Techniques, 1992, 3(3): 210-215.

1992-159 周四春, 谢庭周, 葛良全. A total content X-ray fluorescence method for copper prospecting. Nuclear Science and Techniques, 1992, 3(3): 191-195.

1992-160 周四春, 谢庭周, 葛良全. 用总量 X 荧光法勘查铜矿. 核技术, 1992, 15(3): 181-186.

1992-161 周永益. 铜电解精炼过程中金和银状况. 有色矿冶, 1992, (3): 64.

1992-162 朱春笙. FJ-2810 X 荧光分析仪简介. 煤炭分析及利用, 1992, (1): 47-48.

1992-163 朱见英. 单背景扣除法测定钢中痕量钴. 冶金分析, 1992, 12(5): 49-50.

1992-164 朱节清. 核探针技术及其应用. 核物理动态, 1992, 9(1): 50-53.

1993 年 (1993)

1993-001 安庆骧, 詹秀春, 巢志瑜, 吴应荣. 同步辐射 X 射线微探针研究石榴石中元素分布. 分析测试学报, 1993, 12(4): 6-9.

1993-002 安庆骧, 詹秀春, 巢志瑜, 吴应荣, 肖延安. 同步辐射 X 射线荧光分析牛肝. 分析化学, 1993, 21(5): 601-604.

1993-003 鲍根德, 李全兴. 南海铁锰结核（壳）的稀土元素地球化学. 海洋与湖沼, 1993, 24(3): 304-313.

1993-004 蔡佩亮. 使用含聚四氟乙烯的镀镍及镀铬模具污染情况的评价. 橡胶译丛, 1993, (5): 58-63.

1993-005 曹祥兴, 何锡仁. 轴承钢中痕量元素 As、Sn、Sb、Ph、Ti 的 XRF 法测定. 冶金分析, 1993, 13(4): 52-53.

1993-006 陈道公, O'Reilly S. Y., Griffin W L. Determination of calcium in olivine by proton microprobe and its implication. Chinese Science Bulletin, 1993, 38(5): 396-399.

1993-007 陈名浩, 沈汝美. 超细氮化硅粉的组成分析和评估. 钢铁研究学报, 1993, 5(1): 77-82.

1993-008 陈奇, 程继健. 新型凝胶涂层提高玻璃的耐碱性. 无机材料学报, 1993, 8(1): 31-36.

1993-009 陈如松, 孟宪钰, 贺立绩, 李全胜, 徐辉碧, 杨祥良. 人发微量元素谱与食管癌. 辐射防护通讯, 1993, (1): 44-50, 28.

1993-010 陈西贵, 江德华. 环境污染和慢性砷中毒. 国外医学（卫生学分册）, 1993, (5): 317.

1993-011 陈永君. 稀土分量的 XRF 法分析-熔珠粉末压薄片法. 光谱学与光谱分析, 1993, 13(1): 151-154.

1993-012 陈远盘, 杨仲平. XRF 分析黄金首饰中的主、次元素——修正比例常数法. 光谱学与光谱分析, 1993, 13(6): 93-98.

1993-013 成桂萍, 李麓维, 薛召南, 王春明, 钱庭宝. APDC 浸渍树脂及其在分析上的应用. 化学试剂, 1993, 15(6): 371-373.

1993-014 成桂萍, 薛召南, 李麓维, 王春明, 钱庭宝. 吸附树脂富集、PIXE 法测定天然水中微量金属元素. 水处理技术, 1993, 19(2): 59-62.

1993-015 承焕生. 第 11 次国际离子束分析会议介绍. 核技术, 1993, 16(12): 767.

1993-016 丛宁, 曹惠山, 李恕, 凌爱珍. 我国淡水育珠蚌类和珍珠研究的若干进展. 内陆水产, 1993, 19(12): 8-11.

1993-017 崔乃俊. 全反射荧光 X 射线分析法. 现代科学仪器, 1993, (2): 13-15.

1993-018 戴小春, 谭铁铮. 氯化稀土和钐铕钆富集物中单一稀土元素的 X 射线荧光光谱分析. 包钢科技, 1993, (3): 51-58, 16.

1993-019 戴中宁, 任炽刚, 刘年庆. A program for quantitative PIXE analysis of thick sample. Nuclear Science and Techniques, 1993, 4(4): 209-212.

1993-020 丁奎首, 应育浦, 徐青, 邵涵如, 巢志瑜. 同步辐射 X 射线荧光法在新疆哈图金矿研究中的应用. 科学通报, 1993, 38(4): 349-351.

1993-021 丁矢勇. X 射线荧光仪查证化探异常应用效果. 云南地质, 1993, 12(4): 433-436, 432.

1993-022 丁雪心. 锥玻璃 XRF 全分析研究. 地质实验室, 1993, 9(2): 95-97.

1993-023 董洪涛. ARL 公司的水泥全面分析新技术. 建材工业信息, 1993, (19): 4.

1993-024 董洪涛. 两种新型 X 射线分析仪. 建材工业信息, 1993, (15): 4.

1993-025 方明渭, 张矾. XRFA 直接测定高冰镍中镍、铜、钴、铁和硫. 北京矿冶研究总院学报, 1993, 2(2): 77-80.

1993-026 冯松林, 钟溟, 任闽秦, 刘年庆, 焉伶娜, 高之伟, 王禹, 韩其勇, 朱节清, 谷英梅, 陆荣荣, 杨长义. 球铁中微量元素 Cu、Cr、Bi 分布的 SPM 分析. 核技术, 1993, 16(7): 416-419.

1993-027 冯松林, 钟溟, 任闽秦, 刘年庆, 朱节清, 杨长义, Larsson P., Malmqvist K., 王禹, 韩其勇. A study of antinodularizing properties of Pb, Bi, Al and Ti in nodular cast iron by SPM. Nuclear Science and Techniques, 1993, 4(4): 193-198.

1993-028 高柯. 4408 型涂布量在线直接检测器. 山东造纸, 1993, (2): 47-48.

1993-029 高祥琪, 江海涛. 用 X 射线荧光光谱法测定钢材中成份. 光谱实验室, 1993, 10(4): 24-26.

1993-030 葛力明, 肖惠祥. 碘的分析现状. 岩矿测试, 1993, 12(3): 217-227.

1993-031 Green Trevor H., Adam John, 贺云龙. 高压下微量元素的分配及对俯冲带火山作用的意义. 世界地质, 1993, (1): 39-40.

1993-032 顾兰芬, 戴纬. 高度近视与发锌含量关系的研究. 科技通报, 1993, 9(6): 420-422.

1993-033 管沛林. X 射线荧光光谱法快速测定稀土萃取生产的中控样品. 分析试验室, 1993, 12(6): 75-78.

1993-034 郭寿兴, 吴玉庆. X 射线荧光光谱法测定叶腊石中的铝铁钾钠. 岩矿测试, 1993, 12(4): 290-292.

1993-035 韩宗珠, 付强. 青岛和诸城深源脉岩及包体的成因与构造背景. 海洋湖沼通报, 1993, (2): 50-58.

1993-036 韩宗珠, 武心尧, 张继武. 胶莱盆地火山岩系的地球化学特征. 青岛海洋大学学报, 1993, 23(4): 98-108.

1993-037 何红运, 庞文琴, 孟宪平. (Ga, Fe, B)-β 沸石的水热合成及其结构研究. 高等学校化学学报, 1993, 14(2): 159-163.

1993-038 何瑞启, 刘学公, 阎广文, 程永福, 刘永孝, 王为太, 徐克尊, 张芳, 承芦华. 地方性甲状腺肿流行区 82 份人发微量元素分析. 安徽医学, 1993, 14(5): 16-17.

1993-039 何延才, 杨进, 陈家光. Monte Carlo 方法计算晶体析出相的 X 射线发射强度. 中国科学 (A 辑: 数学 物理学 天文学 技术科学), 1993, 23(11): 1226-1232.

1993-040 贺春福, 任红星. X 射线荧光分析中薄膜试样的面积和厚度对分析结果的影响. 分析化学, 1993, 21(4): 458-460.

1993-041 贺春福,任红星. 微量样品制样时不灼烧、不称重量、不固定体积对 XRF 分析结果的影响. 光谱学与光谱分析, 1993, 13(4): 113-116.

1993-042 洪德乐,魏文芹,王可勇. X 射线荧光技术及其在江西金山地质找矿上的应用效果. 地质科技情报, 1993, 12(3): 89-92, 97.

1993-043 洪蓉,吴应荣,巢志瑜,肖延安,李学军. 北京正负电子对撞机(BEPC) 4W1A 光束线光束中心监测与 X 光激发荧光信噪比的观测. 高能物理与核物理, 1993, 17(5): 403-406.

1993-044 胡金生,李道伦,魏成连,刘亚文,范饮敏,李虎侯. 青铜器的 X 荧光不破坏分析方法研究. 文物保护与考古科学, 1993, 5(2): 13-17.

1993-045 胡铁锋. X 射线荧光测量技术在我队金矿找矿中的应用及效果. 物探与化探, 1993, 17(3): 193-200.

1993-046 黄琰,管沛林. PC-1500A 型计算机在 XRFA 中的应用. 计算机与应用化学, 1993, 10(2): 159-160.

1993-047 吉昂. X 射线荧光光谱分析. 分析试验室, 1993, 12(3): 70-79, 109.

1993-048 江泓,郭文学. 微型工控计算机在 X 荧光光谱分析中的应用. 稀有金属与硬质合金, 1993, (S1): 333-336.

1993-049 姜兴周,尹仲礼,马成俊,张树民,郝冀芳. 用 PIXE 方法分析沙棘中微量元素. 微量元素与健康研究, 1993, 10(4): 56.

1993-050 金桂林,金晓英,潘孝仁,金乾元,徐华胜. TEA CO_2 激光制备碳化硅超细粉末. 激光杂志, 1993, 14(5): 245-249.

1993-051 金立云. 全反射 X 射线荧光分析(TXRF)——介绍一种新的高灵敏分析方法. 冶金分析, 1993, 13(6): 31-34.

1993-052 景洪岗. 黄磷电炉用硅石的 X 荧光光谱快速分析. 光谱实验室, 1993, 10(4): 15-16.

1993-053 孔令洪. 纤维素压片法在 X 荧光分析中的应用. 水泥技术, 1993, (2): 30-32.

1993-054 李桂芳,魏松全,过韫辉,张国福,张大忠,王能明,陈素清,陈剑瑄. Graves 病患者头发微量元素测定的临床意义. 华西医学, 1993, 8(2): 177-178.

1993-055 李国会,卜维,樊守忠. 熔融片 X 射线荧光光谱法测定碳酸盐中主次量元素. 地质实验室, 1993, 9(4): 195-199.

1993-056 李晃,李莉. 能量色散 X 荧光分析法测定炼铅鼓风炉渣中 10 元素. 湖南有色金属, 1993, 9(5): 304-308, 317.

1993-057 李景春. 塑料中金属氧化物的 XRF 分析. 光谱实验室, 1993, 10(4): 21-23.

1993-058 李立. X 射线荧光测量中死时间的双误差回归法计算. 矿物岩石地球化学通讯, 1993, (3): 144-146.

1993-059 李连发,范健. 同位素 X 射线荧光分析仪的研制与应用. 湖南有色金属, 1993, 9(3): 174-177.

1993-060 李民乾,张勇平,童永彭,徐耀良,盛康龙,芮静宜. Application of nuclear analysis techniques in study of environmental pollution in the vicinity of Shanghai. Nuclear Science and Techniques, 1993, 4(2): 91-94.

1993-061 李明慧. 水汽处理对 H-ZSM-5 沸石的甲苯与甲醇烷基化性能的影响. 大连轻工业学院学报, 1993, 12(Z1): 91-96.

1993-062 李乃珍,辛烘彬. TXD90-01 多元素分析仪在水泥工业分析中的应用. 中国建材科技, 1993, 2(4): 29-34.

1993-063 李乃珍,辛宏彬,薄玉林,孙国勇. 硅酸盐水泥的同位素荧光 X 射线分析. 水泥, 1993, (2): 20-23.

1993-064 李学军,巢志瑜,冼鼎昌. 同步辐射 X 射线荧光分析. 物理, 1993, 22(9): 553-558.

1993-065 李冶,程泽. X 射线荧光光谱公共背景法在测定化探样品中的应用. 地质实验室, 1993, 9(1): 39-41.

1993-066 李冶,程泽. X 射线荧光光谱滤纸片法测定人体体液中多种微量元素. 理化检验-化学分册, 1993, 29(5): 297-298.

1993-067 李振元,谢淑娴. 质子激发 X 射线荧光分析在物证技术学中的应用. 核科学与工程, 1993, 13(4): 361-366, 8.

1993-068 李忠义. 矿浆载流 X 荧光分析仪理论模型探讨. 北京矿冶研究总院学报, 1993, 2(3): 45-50.

1993-069 梁国立, 罗立强. 交互有效-基本参数法软件应用（Ⅱ）——X 射线荧光光谱分析超基性岩中的主次量元素. 岩矿测试, 1993, 12(1): 35-37.

1993-070 梁兴中, 李士. 核分析技术在地质学中的最新应用. 物理, 1993, 22(7): 443-448.

1993-071 梁钰, 马惠卿. 透射强度比 X 射线荧光光谱法测定金属镀层组分. 光谱学与光谱分析, 1993, 13(2): 91-96, 38.

1993-072 廖赤武, 于双弟. X 线分析仪的防护性能与评价. 职业医学, 1993, (2): 124.

1993-073 林谦, 陈伯显, 陈恭印, 黑东炜. 用镜像变换法计算 X 荧光分析的基体效应修正系数. 核电子学与探测技术, 1993, 13(5): 278-282.

1993-074 刘敏. 石煤中镓的 X 荧光光谱分析. 化学世界, 1993, (7): 33-35.

1993-075 刘天平, 蒋敬侃. 富钇氧化物中钇的 X 射线荧光光谱法测定. 光电子技术, 1993, 3(1): 77-80.

1993-076 刘亚雯. 掠入射、全反射及其在 X 射线荧光分析中的应用. 物理, 1993, 22(10): 614-618.

1993-077 刘亚雯, 范钦敏, 李道伦, 魏成连. 全反射 X 射线荧光分析法测定微量硒. 光谱学与光谱分析, 1993, 13(3): 71-74, 70.

1993-078 陆荣荣, 王玟珉, 朱节清, 乐安全. 微束背散射分析元素微区分布的研究. 核技术, 1993, 16(10): 597-601.

1993-079 陆荣荣, 朱节清, 陈福林. 一个有活力的研究机构——墨尔本大学微分析研究中心. 世界科学, 1993, 14(3): 54.

1993-080 陆文栋, 何广仁, 张桂如, 陈志纯, 秦俊法. 白血病患者头发中钙及微量元素的初步研究. 核技术, 1993, 16(2): 123-126.

1993-081 栾兆华, 张盈珍, 盛世善, 陈恒荣, 郑禄彬. 不同方法脱铝八面沸石性质研究——Ⅰ. 骨架结构与 Si、Al 分布. 石油学报（石油加工）, 1993, 9(4): 35-42.

1993-082 罗立强, 安庆骧, 宋尔良. 黄金标准样品的 X 射线荧光光谱定量分析. 岩矿测试, 1993, 12(3): 234-237.

1993-083 罗立强, 梁国立, 马光祖. 在 XRF 多变元体系因素分析中应用交互有效法选择体系的主组份. 光谱学与光谱分析, 1993, 13(5): 113-118, 26.

1993-084 马鑫培, MacArthur J. D., Anderson A. J.. 克洛斯湖地区花岗伟晶岩脉中磷灰石的 PIXE 分析. 原子能科学技术, 1993, 27(3): 248-255.

1993-085 毛羽, 朱卫华, 王志山, 陈汉民, 徐建波. 扫描质子微探针的安装调试及像差控制. 核技术, 1993, 16(9): 526-530.

1993-086 毛振伟, 张邦祥. X 射线荧光光谱滤纸片法测定离子吸附型稀土矿中单一稀土元素. 理化检验-化学分册, 1993, 29(4): 239-241.

1993-087 O'Reilly S. Y., Grirrin W. L., Ryan C. G., 黄智龙. 交代尖晶石二辉橄榄岩捕房体微量元素"住留": 质子探针研究. 国外火山地质, 1993, (3): 26-35.

1993-088 乔延江, 姜桂兰, 苏克, 邹海峰, 陆丹. 补偿校正系数 XRFS 法七个主量元素测定的探讨. 长春地质学院学报, 1993, 23(1): 108-111, 116.

1993-089 秦俊法, 李德义, 陆伟红, 陆阳, 陆文栋, 何广仁. 钙、微量元素与妊娠关系的初步研究. 核技术, 1993, 16(2): 83-87.

1993-090 秦俊法, 李德义, 陆伟红, 陆阳, 汪勇先, 陆文栋, 何广仁. 头发中钙及微量元素含量的性别差异研究. 核技术, 1993, 16(7): 432-437.

1993-091 邱林友, 赵尔燕. 废水中痕量汞的巯基纸富集-XRF 法测定. 上海环境科学, 1993, (11): 22-23.

1993-092 邱林友, 赵尔燕. 离子交换反应富集-XRF 测定氧化锌中砷. 湖南冶金, 1993, (2): 49-50.

1993-093 邱林友, 赵尔燕. 巯基纸富集 XRF 测定痕量的砷和锑. 矿冶工程, 1993,

13(4): 67-69.

1993-094 曲良龙, 孙明永, 戴立顺. RN-1 催化剂再生性能的研究. 石油炼制与化工, 1993, (4): 29-34.

1993-095 任炽刚, 黄发洪, 胡卫明, 傅耀宗, 周世俊, 王樨德, 汤家铺. 微米束核探针及其应用. 冶金分析, 1993, 13(4): 39-42.

1993-096 任炽刚, 周世俊, 王奎仁, 周有勤. 用扫描质子微探针研究包裹金和微细粒金的赋存状态. 核技术, 1993, 16(8): 479-482.

1993-097 沙因, 刘平生, 刘国栋, 林汉, 杨兵, 钱林生. 急性白血病全血样品的质子激发 X 荧光分析方法学研究. 分析试验室, 1993, 12(3): 7-12.

1993-098 沙因, 刘平生, 章佩群, 董玉兰, 杨振军, 吴越, 李景修, 刘德祥, 王聿锟, 张德康. 食管癌与微量元素相关性研究. 科学通报, 1993, 38(17): 1617-1619.

1993-099 盛建新, 王存. 电熔铸锆刚玉砖玻璃相中铁钛铝硼的物理状态研究. 硅酸盐学报, 1993, 21(3): 256-260, 271.

1993-100 施剑林, 林祖纕, 阮美玲, 严东生. 纳米级 ZrO_2 粉料的表征. 硅酸盐学报, 1993, 21(3): 221-228.

1993-101 Shigeki Abe, Akihiro Kamo, Kan Hasegawa, Masatoshi Endo, 王帼雄. 环境水中重金属离子总浓度简易分析方法. 环境监测管理与技术, 1993, 5(3): 63-65.

1993-102 孙景信, 王玉琦, 朱惠民. 离子吸附型稀土矿床中土壤元素地球化学找矿标志. 中国稀土学报, 1993, 11(1): 73-77.

1993-103 孙明星, 邵光钧, 卢敬智. 钒钛矿和渣的 X 射线荧光光谱分析. 分析试验室, 1993, 12(5): 64-66, 69.

1993-104 孙平慧, 许文渊, 曾骥良, 张昌龙. X 射线荧光在宝石优化中的应用研究（Ⅰ）. 珠宝科技, 1993, (4): 44-46, 64-65.

1993-105 孙芝地. 矿浆载流 X 荧光分析的取样装置. 有色金属（选矿部分）, 1993, (3): 38-41, 14.

1993-106 陶若愚, 杨静娴, 李玉珍, 董晓玲, 腾惠洁. 太原地区微量元素与妊娠合并症关系探讨. 中国优生与遗传杂志, 1993, 1(3): 135-137, 134.

1993-107 童永彭, 张勇平, 徐耀良, 盛康龙, 芮静宜, 李民乾, 丁训诚. 应用 PIXE 分析胎儿肝、脑、肾、肺组织及其亚细胞组分中的元素分布. 核技术, 1993, 16(7): 445-448.

1993-108 Uhlig S., Peter W. M., 王莉莉, 高新华. 现代 X 射线荧光分析艺术. 分析试验室, 1993, 12(3): 65-67, 69.

1993-109 王进玉, 李军, 唐静娟, 许志正. 青海瞿昙寺壁画颜料的研究. 文物保护与考古科学, 1993, 5(2): 23-35.

1993-110 王仁芳, 赵新那. 锌精矿中主要元素的 X 射线荧光光谱分析——PLS 法在 XRFA 中的应用. 冶金分析, 1993, 13(6): 15-18.

1993-111 王松青. 锰矿的 X 射线荧光光谱分析. 光谱实验室, 1993, 10(6): 9-10.

1993-112 王雪梅, 陈洪渊, 李生勇, 王俊德. 表面表征仪器分析方法的新进展. 分析化学, 1993, 21(12): 1455-1465.

1993-113 王益民, 李桂兰, 白友兆, 李江. 水泥生产自动控制及能量色散 X 射线荧光分析技术. 中国建材科技, 1993, (4): 25-28.

1993-114 汪人瑾, 张亚文, 吴波, 李立, 陈光谦. 用国产联想 LX-286 微机控制岛津 VF-320 型 X 射线荧光光谱仪. 分析仪器, 1993, (1): 21-24, 80-81.

1993-115 魏元柏, 陈武, 周建平, 朱节清, 谷英梅, 陆荣荣. 扫描质子探针在微量金赋存状态研究中的应用. 科学通报, 1993, 38(18): 1689-1690.

1993-116 吴庆昌, 亓萍, 时军波. 波长色散 X 射线荧光无标样分析法 1——原理和迭代方程的推导. 山东科学, 1993, 6(3): 14-20.

1993-117 肖延安, 巢志瑜, 吴应荣. 汽车尾气催化处理器的中毒状况分析. 光谱学与光谱分析, 1993, 13(3): 75-80.

1993-118 许春林. X 射线荧光探矿技术在福建紫金山铜矿区的应用效果. 物探与化探,

1993, 17(2): 116-119.

1993-119 岩田嘉一, 张淑兰. X 射线荧光法定量钛合金中的铁、铜、镍. 有色矿冶, 1993, (2): 56-59.

1993-120 杨福家. 核技术发展五十年. 自然杂志, 1993, (6): 6-9, 2.

1993-121 杨福家, 汤家镛. 离子束分析在考古学中的应用. 科学, 1993, 45(5): 19-22, 31, 3.

1993-122 杨青云. PIXE 的自动分析方法. 计算机自动测量与控制, 1993, (3): 7-13.

1993-123 杨晓辉, 张树蔚, 高发奎, 郝敬丹, 薛军. 铬渣中铬、镍、锌、锰和铁的 X 射线荧光法测定. 光谱学与光谱分析, 1993, 13(1): 139-144.

1993-124 姚惠英, 陈暨跃, 陈文, 曾宪周. 用 PIXE 和自身对照方式研究肿瘤中痕量元素的变化. 核技术, 1993, 16(2): 103-106.

1993-125 尹仲礼, 姜兴周, 马成俊, 郝冀方. PIXE analysis of trace elements in genus *Hippophae* L. Nuclear Science and Techniques, 1993, 4(3): 164-167.

1993-126 应育浦, 丁奎首, 邵涵如, 徐青, 巢志瑜. 用同步辐射 X 射线荧光分析法研究石英脉中金的化学态及元素相关性. 地质找矿论丛, 1993, 8(2): 61-66.

1993-127 喻德科. 透明胶纸制样法 X 射线荧光光谱测定蒙脱石中的化学元素. 分析化学, 1993, 21(6): 704-706.

1993-128 喻德科. X 射线荧光光谱成型滤纸片法测定原油中的钒、镍、锰和铜. 分析化学, 1993, 21(2): 190-192.

1993-129 喻德科. X 射线荧光光谱法测定贵金属精矿中钌和铱. 冶金分析, 1993, 13(5): 61-62.

1993-130 乐安全, 朱节清, 谷英梅. 微束 X 射线荧光分析. 光谱学与光谱分析, 1993, 13(3): 81-84, 94.

1993-131 曾力, 陈远盘. 萃取离子交换法富集-XRF 法测定岩石土壤中的微量元素. 光谱学与光谱分析, 1993, 13(1): 131-136, 126.

1993-132 詹叶花. X 射线荧光光谱法在硅酸盐陶瓷工业上的应用. 中国陶瓷, 1993, (6): 30-40.

1993-133 张存旺, 李成岳. 在 Lurgi 型甲醇合成反应器中铜基催化剂的失活特性. 天然气化工 (C1 化学与化工), 1993, 18(5): 15-19.

1993-134 张建军, 马光祖, 周世俊, 任炽刚. 扫描质子探针研究磁铁矿中的元素分布. 岩矿测试, 1993, 12(1): 24-27.

1993-135 张建军, 马光祖, 周世俊, 任炽刚, 芮宗瑶. 质子探针在流体包裹体分析中的应用. 光谱学与光谱分析, 1993, 13(1): 145-150, 159.

1993-136 张美云, 张万宝. X 射线荧光光谱法 (XRF) 测定催化剂中的铜和钌. 大连铁道学院学报, 1993, 14(1): 86-88.

1993-137 张圈世, 常永福. 一种校正 XRF 光谱基体吸收效应的新方法. 光谱实验室, 1993, 10(4): 17-21.

1993-138 张仕定, 王学松. AAG50B 型熔样机的改造及其在 XRFA 测定硅酸盐样品中的应用. 分析仪器, 1993, (1): 63-67.

1993-139 张松. 用 X 射线测定涂层厚度. 铁道机车车辆工人, 1993, (3): 29.

1993-140 张天舒, 沈瑜生. 锌、锡复合氧化物的制备、相组成与气敏性能的关系. 功能材料, 1993, 24(5): 416-419.

1993-141 张元勋, Gialanella G., Moro R.. 海生鱼机体中硒毒性水平的 PIXE 研究. 核技术, 1993, 16(12): 715-719.

1993-142 张元勋, 汪学朋, 秦俊法, 汪勇先, 吴士明. Matrix absorption correction of medium thick targets in XRF. Nuclear Science and Techniques, 1993, 4(2): 120-124.

1993-143 章晔, 侯胜利, 程业勋, 葛良全, 李甫安, 黄德保, 李光猛, 黄镇豪. 桂西地区核地球物理学 α 卡法、γ 能谱法、X 射线荧光法现场勘查金矿研究. 地质与勘探, 1993, 29(11): 45-51.

1993-144 章晔, 侯胜利, 伍岳, 陈友红. 核地球物理学原位测品位计算线储量. 物探与化探, 1993, 17(1): 42-50.

1993-145 赵呈裕, 杨金巧, 李小玉, 陈素清, 陈剑瑄. 乳腺癌、乳腺增生及健康妇女头发中 10 种微量元素含量变化的分析. 华西医科大学学报, 1993, 24(4): 402-404.

1993-146 赵尔燕, 邱林友. XRF 法测定矿石及二次阳极泥中金. 湖南冶金, 1993, (5): 53-54.

1993-147 赵尔燕, 邱林友. 标准加入—XRFA 法测定黑钨矿中微量钪. 中国钨业, 1993, (11): 20, 16.

1993-148 赵尔燕, 邱林友. 催化-XRFA 测定高纯碳酸锶中痕量铊. 稀有金属与硬质合金, 1993, (3): 31-34.

1993-149 赵尔燕, 邱林友. 催化-XRF 测定高纯碳酸锂中痕量银. 上海金属 (有色分册), 1993, 14(5): 34-36.

1993-150 赵尔燕, 邱林友. 催化动力学反应——XRF 测定高纯碳酸锂中的痕量银. 稀有金属, 1993, 17(6): 473-475.

1993-151 赵尔燕, 邱林友. 萃取 XRFA 法测定钒钛矿中的钪. 钢铁钒钛, 1993, 14(2): 55-56.

1993-152 赵尔燕, 邱林友. 巯基纸分离和富集-XRF 法测定水中微量金. 黄金, 1993, 14(12): 47-49.

1993-153 赵尔燕, 邱林友. 诱导动力学 XRF 测定氧化锌中的铁. 河南化工, 1993, (8): 21-22.

1993-154 赵尔燕, 邱林友. 诱导反应富集-XRFA 测定钨酸钠中的铅. 中国钨业, 1993, (5): 27-29.

1993-155 赵建军. 荧光光度法测定混合稀土氧化物中常量钐. 分析试验室, 1993, 12(4): 84.

1993-156 赵景武, 瞿吉祥. 预分解窑入窑生料质量评价方法和指标的探讨. 水泥技术, 1993, (5): 9-14.

1993-157 赵克夫, 杨宝泉. 合金铸铁中 Si、Mn、P、S、Ni、Cr、Mo 的 X 射线荧光分析. 冶金分析, 1993, 13(4): 53-55.

1993-158 郑思瑞, 王洪升, 李桃生, 崔安熙. 国内 35 个单位外照射个人剂量计比对. 辐射防护, 1993, 13(5): 353-357.

1993-159 周元, 戴开美, 刘荣川, 夏元复, 蒋赞初. 西汉古陶的穆斯堡尔研究. 核技术, 1993, 16(3): 141-145.

1993-160 朱光华, 汪新福, 沈新尹. 两次 PIXE 国际横向比对分析结果. 核技术, 1993, 16(10): 610-614.

1993-161 朱见英, 沈炜, 陈国兴. 钢中残量元素 As、Sn、Sb 的 X 射线荧光光谱分析. 光谱实验室, 1993, 10(5): 50-51, 28.

1993-162 朱节清, 乐安全, 陆荣荣, 谷英梅, 杨长义, 李民乾. 核探针技术的初步应用. 核技术, 1993, 16(7): 385-392.

1993-163 朱节清, 毛羽, 李民乾, 谷英梅, 乐安全, 陆荣荣. 一台新建的核探针及其应用. 电子显微学报, 1993, (3): 291-295.

1993-164 朱节清, 王毅民. 锰结核微区元素分布及生长速率变化研究. 中国科学 (B 辑: 化学 生命科学 地学), 1993, 23(4): 417-422.

1994 年 (1994)

1994-001 安庆骧. 同步辐射 X 荧光分析进展. 岩矿测试, 1994, 13(4): 280-292.

1994-002 包生祥. X 射线荧光分析散射幂函数法原理的提出和应用——Ⅰ. Rh Kα 相干散射平方法. 分析测试技术与仪器, 1994, (4): 26-30.

1994-003 蔡鲲. 光谱分析软件的开发与应用. 机车车辆工艺, 1994, (6): 15-17.

1994-004 蔡鲲, 韩煜华. 应用 EDXRF 光谱分析和粉末压片新方法测定硅铁中的硅. 机车车辆工艺, 1994, (5): 6-8.

1994-005 蔡鲲, 韩煜华. 用 EDXRF 法测定 K13 钢中的镍铬钨钛铝. 机车车辆工艺, 1994, (1): 11-14.

1994-006 曹书义. 硅铁中 Si、Al、Ca、Mn、Cr、P 和 S 元素的 X 射线荧光光谱分析. 光谱实验室, 1994, 11(3): 16-18.

1994-007 陈道公, 李彬贤, 文霞臣. 江苏盘石山幔源橄榄岩包体成因的地球化学. 地球化学, 1994, 23(1): 13-24.

1994-008 陈建章, 郭洪涛, 李承光, 夏国中, 高士廷. 同位素源激发 X 线荧光法分析食管鳞癌微量元素含量. 中华核医学杂志, 1994, 14(3): 178-179.

1994-009 陈锁志, 纪建芬, 李建栋. 用 X 射线荧光光谱法测定硅铝催化剂中 6 种金属含量. 黑龙江石油化工, 1994, (4): 34-38.

1994-010 陈文华, 熊光平. 溶剂浸渍滤纸的制备及其在 XRFA 中的应用研究（二）——XRFA 中溶剂浸渍滤纸制样法研究. 光谱学与光谱分析, 1994, 14(4): 107-112.

1994-011 陈武, 周建平, 魏元柏, 肖万生, 朱节清. 安徽铜陵老鸦岭铜矿床中伴生金的赋存状态及选矿工艺. 地质找矿论丛, 1994, 9(3): 73-82.

1994-012 陈永君, 邓赛文, 梁国立. 金银铂及首饰物的无损检测. 岩矿测试, 1994, 13(2): 145-149.

1994-013 陈永君, 詹秀春, 郑妙子. X 射线荧光光谱-点滴麦勒膜制片法测定金标准样品中金银铜锌. 岩矿测试, 1994, 13(3): 211-213.

1994-014 陈远盘. 光谱痕量分析的检出限问题. 光谱学与光谱分析, 1994, 14(5): 105-110.

1994-015 陈远盘. 全反射 X 射线荧光光谱的原理和应用. 分析化学, 1994, 22(4): 406-412, 414.

1994-016 陈宗良, 葛苏, 张晶. 北京大气气溶胶小颗粒的测量与解析. 环境科学研究, 1994, 7(3): 1-9.

1994-017 崔万福, 陈桂煜. 汉字环境下开发全自动 X 射线荧光光谱仪 RDX 1800 软件系统. 分析测试仪器通讯, 1994, 4(4): 29-31.

1994-018 戴昭华, 王庆广, 吉昂, 马光祖. 矿山酸性水中硫的化学态分析. 分析测试技术与仪器, 1994, (3): 29-33.

1994-019 丁雪心. XRF 测定铅锌矿选矿流程中铅、锌、铜. 光谱学与光谱分析, 1994, 14(1): 111-114, 104.

1994-020 杜恒清, 杨培纲. 铁矿石——硅、钙、锰、铝、钛、镁、磷、硫和钾的测定——波长色散 X 射线荧光光谱法. 标准化报道, 1994, 15(6): 48-56.

1994-021 范崇正, 铃木稔, 井上嘉, 安部忠广. 青铜生锈过程中铜元素的扩散——CuCl 的作用. 高等学校化学学报, 1994, 15(12): 1737-1741.

1994-022 伏纬华, 吴凤梧, 戚宝凤, 邱毅华, 夏元初. 地瓜的研究——Ⅱ 海地瓜与黄玉海参营养成分的比较. 中国海洋药物, 1994, (3): 28-30.

1994-023 傅勇, 林国珍, 庄亚辉. 型煤燃烧固硫的钠离子效应. 环境化学, 1994, 13(6): 492-497.

1994-024 高宏, 金立云, 黄清良, 李云. 两次全反射 X 荧光分析仪的研制及初步实验工作. 云南大学学报（自然科学版）, 1994, 16(S2): 138-139.

1994-025 高濂, 乔海潮. 乳浊液法制备超细氧化锆粉体. 无机材料学报, 1994, 9(2): 217-220.

1994-026 高新华, 殷凤艳. 用 XRF 二元比例法测定钨铼合金中的钨和铼. 冶金分析, 1994, 14(6): 28-31.

1994-027 高野伊知郎. 牛黄清心丸中 Hg 及 As 的分析. 国外医学（中医中药分册）, 1994, (2): 34.

1994-028 葛良全, 章晔, 谢庭周, 周四春, 曹志敏. 核物探 X 射线荧光技术在 Pb、Zn 矿勘查中的研究与应用. 现代地质, 1994, 8(3): 335-341.

1994-029 关铁权. 标准物质均匀性可靠性的探讨. 计量与测试技术, 1994, (6): 23-26.

1994-030 胡国兴. 废 Pd/C 催化剂中的物相定量分析. 金山油化纤, 1994, (2): 14-16, 22.

1994-031 华彬, 李春忠, 韩今依, 胡黎明, 石庆红. 流态化 CVD 技术制备超细 Al_2O_3-SnO_2 复合粒子的过程机理. 化工学报, 1994, (6): 723-728.

1994-032 黄福旺, 王庆, 湛贤星. 顺昌水泥厂生料均化系统操作分析. 水泥·石灰, 1994, (3): 25-27.

1994-033 吉昂, 刘红超, 石琼, 陶光仪. 普通 X 射线荧光光谱仪分辨率的改善. 分析化学, 1994, 22(6): 636-640.

1994-034 姜桂兰, 曹淑琴, 王多禧, 邹海峰, 乔延江. 化学-X 射线荧光光谱法测定地质样品中的痕量稀土元素. 分析化学, 1994, 22(1): 47-50.

1994-035 姜桂兰, 刘树田, 季桂娟, 苏克, 李莹, 肖国拾. 地质物料中铷铯铀钍锆铪等元素的直接测定方法. 长春地质学院学报, 1994, (4): 473-477.

1994-036 金立云, 黄清良, 李云, 袁慧, 高宏. 纳克级全反射 X 射线荧光分析装置研制. 中国原子能科学研究院年报, 1994, (0): 183-184.

1994-037 赖万昌. EDXRF 法直接测定铁氧体中 MnO、ZnO 和 Fe_2O_3 的含量. 核技术, 1994, 17(9): 531-534.

1994-038 李春忠, 韩今依, 华彬, 胡黎明. 流态化 CVD 制备 TiO_2-Al_2O_3 复合粒子. 无机材料学报, 1994, (4): 404-410.

1994-039 李光文. 脱除痕量硫化氢气体的化学反应过滤器试验. 低温与特气, 1994, (4): 51-56.

1994-040 李国会, 卜维, 樊守忠. X 射线荧光光谱法测定硅酸盐中硫等 20 个主、次、痕量元素. 光谱学与光谱分析, 1994, 14(1): 105-110, 104.

1994-041 李国会, 马光祖, 罗立强, 吉昂, 王庆广. X 射线荧光光谱分析中不同价态硫对测定硫的影响及地质试样中全硫的测定. 岩矿测试, 1994, 13(4): 264-268.

1994-042 李晃, 李莉. EDXRF 测定铅烧结块的粒度效应. 湖南有色金属, 1994, 10(3): 190.

1994-043 李晃, 张文美. EDXRF 测定 SKS 炉渣及其标样制备. 湖南有色金属, 1994, 10(1): 42-45.

1994-044 李泂, 胡国瑛, 杨广夫, 王莉君, 王安生. 免疫 X 射线荧光分析方法的可行性研究. 西安交通大学学报 (医学版), 1994, (4): 317.

1994-045 李凯夫. 木材表面的改性 (续). 家具, 1994, (6): 8.

1994-046 李葵发, 方孝林, 柳常青, 牛玉华, 张家铨, 肖延安. 用同步辐射 X 射线荧光分析技术测定石油地质样品中的微量元素. 江汉石油学院学报, 1994, (1): 23-28.

1994-047 李立. X 射线荧光光谱法中校准曲线漂移的校正. 分析测试仪器通讯, 1994, 4(3): 32-34.

1994-048 李露明, 邢玉富. 波长色散 X 射线荧光光谱法测定黄金饰品含金量. 光谱实验室, 1994, 11(3): 59.

1994-049 李绍玲, 周波. X 射线荧光光谱应用于磨料及原材料的分析——采用理论 X 系数及 Lachace-Traill 方程进行元素间相互影响校正. 磨料磨具与磨削, 1994, (5): 35-37.

1994-050 Li Xiaoding, Chen Jingshong, Li Yaohui, Lu Xiaowan, Kong Yuhua. Study on deactivation of potassium-promoted cobalt-molybdenum /alumina water-gas shift catalyst. Journal of Natural Gas Chemistry, 1994, (3): 295-305.

1994-051 李振坤, 张聿照, 郝冀方, 李文弟. X 射线发射光谱测定法的发展趋势简介. 核物理动态, 1994, 11(3): 58-61.

1994-052 梁钰. 钢中酸溶和酸不溶铝的发射光谱和 X 射线荧光光谱测定. 理化检验-化学分册, 1994, 30(1): 52-54.

1994-053 梁钰. 仪器分析与材料的发展. 上海钢研, 1994, (1): 53-58.

1994-054 林国珍, 肖佩林, 王庆广, 谢光国. 型煤高温固硫终产物 Ca-Fe-S-Si-O 体系的表征. 环境科学, 1994, 15(3): 15-17, 91.

1994-055 林珊. 标准样品细致分类在 X 射线能谱荧光分析中的重要意义. 佛山陶瓷, 1994, (3): 41-44.

1994-056 刘必荣. Nb / AlO_x / Nb 约瑟夫森结阳极氧化的实验研究. 安徽大学学报 (自然科学版), 1994, (2): 19-33, 48.

1994-057 刘昶时, 李民乾. 经辐照致色玛瑙的 PIXE 分析. 新疆大学学报 (自然科学版), 1994, (1): 60-62.

1994-058 刘国栋, 林汉, 杨兵, 钱林生, 沙因, 刘平生. 用质子激发 X 射线荧光分析法研究急性白血病患者血液中多种元素浓度. 微量元素与健康研究, 1994, (4): 13-15.

1994-059 刘国栋, 钱林生, 林汉, 沙因, 刘平生, 杨兵. Investigation of blood trace elements in acute leukemia patients by

PIXE. Chinese Medical Sciences Journal, 1994, (2): 136.

1994-060 刘翰晟. 锆与锆合金中铪的分析进展. 上海有色金属, 1994, (6): 356-362.

1994-061 刘惠珍, 朱福英, 朱德彰, 曹德新, 沈浩元, 浦世节. 超薄窗 Si(Li) 探测器在实验中的应用. 核技术, 1994, (4): 242-245.

1994-062 刘平生, 胡朝晖, 刘世杰, 姚瑛, 冯国华. 近海海洋大气颗粒物中元素浓度及粒径分布研究. 环境化学, 1994, 13(6): 498-503.

1994-063 刘松林, 何建久. XRF 分析仪器的新改进. 齐鲁石油化工, 1994, (2): 165-166.

1994-064 刘正士, 唐述培, 刘玉, 陈晓东. 一种精密可调镗杆动态特性的实验研究. 合肥工业大学学报（自然科学版）, 1994, (4): 78-83.

1994-065 刘忠华, 全跃龙, 许平芳, 丁锋. 青少年近视患者发样 15 种元素分析. 中国学校卫生, 1994, (6): 453-454.

1994-066 陆晓华, 徐涛, 刘汉珍, 曾汉才. 因子分析法在煤中痕量元素分布特征研究中的应用. 燃料化学学报, 1994, (4): 444-448.

1994-067 罗重庆, 唐维学. PAN膜富集XRF测定微量锌、镉、镍及铜——交互校验可变内标法的应用. 光谱实验室, 1994, 11(6): 43-48.

1994-068 马光祖, 吉昂. X 射线荧光光谱仪的发展——Ⅰ. 顺序式波长X射线荧光光谱仪. 分析测试仪器通讯, 1994, 4(4): 20-22.

1994-069 毛本将, 周蓉生, 贾文懿, 苗放, 唐红. CD-4 微机化 X 射线荧光仪研制. 核电子学与探测技术, 1994, 14(6): 337-343, 348.

1994-070 毛振伟, 陈顺喜. 汉砖的 X 射线荧光光谱定量分析. 考古与文物, 1994, (2): 110-112.

1994-071 茅祖兴. XRF 检验标准物质中痕量元素的匀性. 分析测试学报, 1994, 13(3): 19-23.

1994-072 孟宪平, 周凤歧, 庞文琴, 何红运. 超微粉 Ga-BETA 沸石的水热合成及其结构研究. 化学学报, 1994, (4): 380-385.

1994-073 秦俊法, 李德义, 陆伟红, 陆阳, 陆文栋, 何广仁, 郑志学. 儿童和老年人头发中的 Pb 和 Fe 含量. 核技术, 1994, 17(7): 433-436.

1994-074 沙因, 刘平生, 董玉兰, 章佩群, 杨振军, 吴越, 李景修, 刘德祥, 王聿锟, 张德康. Study on correlation of trace elements with esophageal cancer. chinese science bulletin, 1994, (3): 245-247.

1994-075 沙因, 刘平生, 章佩群, 董玉兰, 杨振军, 吴越, 李景修, 刘德祥, 王聿锟, 张德康. 用计算机模式识别法和 PIXE 法研究人发中元素在食管癌诊断中的作用. 核技术, 1994, 17(3): 164-167.

1994-076 沙因, 刘平生, 章佩群, 刘国栋, 林汉, 兰文正, 温孝恒. 骨折愈合过程中金属元素含量的变化. 微量元素与健康研究, 1994, (1): 1-3.

1994-077 申兆铭, 韩龙, 陈鼎玖, 王耀. 便携式X荧光分析仪的解谱与校正技术. 北京矿冶研究总院学报, 1994, (1): 73-78.

1994-078 孙平蕙. X 射线荧光光谱分析痕量稀土元素检出限的研究. 光谱学与光谱分析, 1994, 14(2): 121-124.

1994-079 孙世清, 黄永文. 彩玻管十二种元素的 XRF 分析. 分析试验室, 1994, 13(1): 78-80.

1994-080 谭秉和, 张香荣, 姚迪民, 许春晖. 用 X 射线光谱法测定锰的 X 射线发射谱的细结构及锰的价态分析. 岩矿测试, 1994, 13(3): 169-174.

1994-081 唐小平. 3080 E3 型 X 射线荧光光谱仪电路故障的诊断及处理. 分析测试仪器通讯, 1994, 4(3): 35-36.

1994-082 陶光仪. X 射线荧光光谱分析中计算机软件的新进展. 冶金分析, 1994, 14(2): 31-34.

1994-083 陶光仪, 张中义, 吉昂. 熔铸锆刚玉耐火材料的 X 射线荧光光谱分析. 光谱学与光谱分析, 1994, 14(6): 113-116, 94.

1994-084 Tian Yuhong, Xiu Decheng, Tan Jilian,

Wang Zhiguo, Fu Keming. Analysis of S element content in five kinds of oil by TXRF. 1994 Annual Report of Institute of Modern Physics, the Chinese Academy of Sciences & National Laboratory of Heavy Ion Accelerator, LanZhou, 1994, (0): 187-188.

1994-085 童永彭, 张勇平, 徐耀良, 秦俊法, 芮静宜, 李民乾, 丁训诚. 中国五个城市的中期胎儿组织中几种元素含量的PIXE分析. 核技术, 1994, 17(2): 106-110.

1994-086 Vrebas B. A. R., 徐建荣. X射线荧光定量分析技术的发展趋势. 国外建材科技, 1994, 15(4): 30-33.

1994-087 王德福, 罗秉儒, 肖培林, 刘凤琴. BF-II型轴瓦白合金成分快速分析仪. 铁道车辆, 1994, (3): 48-51.

1994-088 王广甫. GIC 4117型离子束分析装置真空系统的维修. 分析测试仪器通讯, 1994, 4(4): 37-38.

1994-089 王晖, 张蕴惠, 杨明仲. 牙周病患牙牙龈微量元素的测定研究. 华西口腔医学杂志, 1994, (2): 120-122.

1994-090 王惠芬. 铅中毒性肾病与痛风及高血压. 国外医学 (医学地理分册), 1994, (4): 154-157.

1994-091 王静, 胡上序, 陶光仪, 卓尚军. X射线荧光光谱定性解释专家系统. 分析化学, 1994, 22(3): 281-285.

1994-092 王俊新, 李平, 张巽, 彭子成, 陈树瑜, 黄允兰, 蒋廷瑜, 邱钟仑. 广西合浦堂排西汉古玻璃的铅同位素示踪研究. 核技术, 1994, 17(8): 499-502.

1994-093 王昆润. 牙周病患者混合唾液无机元素的含量. 国外医学 (口腔医学分册), 1994, (6): 356.

1994-094 王旺章, 张筑凤, 江云亮, 孙书勤. 用地球化学特征判别川北含铀砂岩. 成都理工学院学报, 1994, 21(2): 29-35.

1994-095 王晓慧, 赵纯, 王子忱, 吴凤清, 赵慕愚. $BaTiO_3$纳米晶的合成与表征. 高等学校化学学报, 1994, 15(2): 159-162.

1994-096 王毅民, 朱节清, 杨长义, 李佩贤. 恐龙蛋壳化石的痕量元素分布特征. 科学通报, 1994, (21): 2014.

1994-097 汪人瑾, 丰梁垣. X射线荧光光谱分析基本参数法程序在微型计算机上的移植和应用. 分析化学, 1994, 22(10): 1037-1040.

1994-098 韦孟伏, 徐新冕. X射线荧光分析法测定碳酸锂中稀土氧化物. 中国核科技报告, 1994, (0): 662-672.

1994-099 魏保范. 头发中微量元素的初步研究. 天津师大学报 (自然科学版), 1994, 14(1): 23-27.

1994-100 魏元柏, 陈武, 周建平, 朱节清, 谷英梅, 陆荣荣. The application of scanning proton microprobe (SPMP) in study of trace gold distribution. Chinese Science Bulletin, 1994, 39(2): 146-148.

1994-101 闻莺, 袁汉章, 朱腾, 刘亚雯. 半导体硅材料中掺杂元素锗的SRXRF微区分析研究. 分析试验室, 1994, 13(3): 77-79.

1994-102 邬显慷, 曾先周, 杨福家. PIXE and IXX analysis of museum paperlike object. Nuclear Science and Techniques, 1994, 5(1): 15-23.

1994-103 吴强, 刘亚雯, 魏成连, 袁汉章, 朱腾, 闻莺. 用同步辐射X射线荧光微区分析技术测定单晶硅中的掺杂元素As. 核技术, 1994, 17(8): 476-480.

1994-104 吴应荣, 巢志瑜, 洪蓉, 肖延安, 潘巨祥, 黄衍信, 何聿忠, 罗平, 罗建慧, 李启金. 头发的同步辐射XRF实验. 核技术, 1994, 17(4): 226-232.

1994-105 武朝晖, 肖德明. 复杂地质样品中铀钍等成分X射线荧光光谱分析. 中国核科技报告, 1994, (0): 1098-1106.

1994-106 解韫青, 连业良. 高反差彩色相纸乳剂的检测研究. 精细化工, 1994, (4): 28-32.

1994-107 邢玉富. ARL8420$^+$X射线荧光光谱仪真空泵故障维修. 分析测试仪器通讯, 1994, 4(3): 37.

1994-108 邢玉富. X射线荧光光谱法测定硅藻土中的主元素. 化学世界, 1994, (11):

597-599.

1994-109 徐洪杰, 朱德彰, 盛康龙, 张桂林. 核分析技术与材料科学. 核物理动态, 1994, 11(4): 21-24.

1994-110 许文, 范举利, 张得明, 赵莉. ARL 8680X射线荧光光谱仪故障分析与维修. 分析测试仪器通讯, 1994, 4(1): 25-28.

1994-111 严寿民, 刘洪臣. X射线荧光法在华北地区金矿勘探中的应用. 黄金科学技术, 1994, 2(3): 43-47.

1994-112 颜一鸣, 丁训良. 使用X光聚束系统的X射线荧光分析研究. 核技术, 1994, 17(6): 340-342.

1994-113 杨炳忻, 卢钦棠. 光子、质子X荧光谱的微机数据分析系统. 中国科学技术大学学报, 1994, 24(4): 500-503.

1994-114 杨炳忻, 卢钦棠, 林馨思, 虞孝麒, 徐克尊, 项志遴. 用微机化的PIXE方法测量薄样和厚样样品的元素含量. 核技术, 1994, 17(9): 513-516.

1994-115 杨明太, 陈锦华, 高戈, 齐红莲. 能量色散X荧光法测定茶叶中的微量元素. 核电子学与探测技术, 1994, 14(4): 230-233.

1994-116 杨明太, 陈锦华, 齐红莲, 高戈. EDXRF法测定人发中Ca、Fe、Cu和Zn的含量. 核电子学与探测技术, 1994, 14(6): 344-348.

1994-117 杨瑞瑛. 现代核分析技术在地学中的应用. 矿物岩石地球化学通讯, 1994, (4): 218-220.

1994-118 杨瑞瑛, 冯松林. 现代核分析技术在生命科学中的应用. 内蒙古地方病防治研究, 1994, 19(4): 184-187.

1994-119 叶先贤, 万光权, 孙振亚, 刘永康, 周玲棣, 刘世荣, 薛德钧, Rivers L., Jones K. W.. 黔西南卡林型金矿中超微金的微束分析研究. 中国科学(B辑: 化学 生命科学 地学), 1994, 24(8): 883-889, 898.

1994-120 于宸. 高效高分辨X射线正比管研制. 中国原子能科学研究院年报, 1994, (0): 102.

1994-121 余泽宇. 现代仪器分析在煤炭测试中的应用及进展. 煤炭分析及利用, 1994, (2): 30-34.

1994-122 喻德科. X射线荧光光谱成型滤纸片法测定生油岩抽提物中的钒和镍. 光谱学与光谱分析, 1994, 14(5): 91-93.

1994-123 曾昭发, 林源. X射线荧光分析方法在金矿勘查中的应用. 黄金, 1994, 15(8): 1-5.

1994-124 张蓓菁. Rigaku3530型X射线荧光光谱仪的维修与改造. 建材地质, 1994, (5): 38-40.

1994-125 张补厚. 荧光X射线法检测污秽绝缘子附盐密度. 无损探伤, 1994, (2): 38-37.

1994-126 张建军, 马光祖. 有机共沉淀富集铌钽锆铪X射线荧光光谱法测定痕量铌钽. 分析试验室, 1994, 13(2): 77-78.

1994-127 张丽华, 刘卫东. 新生儿及胚胎期股骨头骨骺及骺板中钙、铁、锌、锰、铜含量的研究. 中国医科大学学报, 1994, 23(4): 349-351.

1994-128 张美云. 发射光谱法测定羰基催化剂中铑的含量. 大连铁道学院学报, 1994, 15(4): 98-99.

1994-129 张乔, 赵书林, 胡阳, 郭建雄. 用X射线荧光光谱法测定硅铁及硅镁铁合金中的主次量元素. 铸造, 1994, (11): 40-43, 39.

1994-130 张勇平, 童永彭, 徐耀良, 芮静宜, 李民乾, 江悦琴. 癌和正常组织细胞中钾元素的PIXE测定. 核技术, 1994, 17(1): 59-60.

1994-131 张玉盈, 韩志远. 金属阳极涂层中Ru、Sn、Ir、Pt、Pd的X光荧光快速定量测定. 氯碱工业, 1994, (8): 37-40.

1994-132 章净霞, 黄萍, 吴本玠, 于桂芬, 田红, 章茜, 徐世文, 安丽芝, 姚惠英, 肖延安, 潘巨祥, 巢志瑜, 朱节清, 邬显慷. 核分析技术在基础医学研究中的若干应用. 核技术, 1994, 17(3): 158-163.

1994-133 章净霞, 黄萍, 徐世文, 安丽芝, 姚惠英, 肖延安, 潘巨祥, 巢志瑜, 朱节清, 邬显慷. Zn对细胞保护作用机理的研究. 生物化学与生物物理进展, 1994, 21(2): 147-150, 188.

1994-134 赵尔燕, 邱林友. 催化动力学—XRF测定海洋沉积物中的痕量汞. 分析仪器, 1994, (1): 45-46.

1994-135 赵尔燕, 邱林友. 催化反应—XRF测定痕量碘的研究. 环境保护科学, 1994, 20(2): 58-59, 70.

1994-136 赵尔燕, 邱林友. 巯基纸分离富集-XRFA法测定水中As(III) As(V). 理化检验-化学分册, 1994, 30(2): 106-109.

1994-137 赵尔燕, 邱林友. 巯基纸富集-X射线荧光光谱测定氧化锌中的砷. 化工冶金, 1994, 15(1): 73-76.

1994-138 赵天宝, 姚金萍. X荧光光谱仪水冷却外循环系统的设计与制作. 光谱实验室, 1994, 11(3): 13-15.

1994-139 郑厚琳, 吴名剑. X射线荧光光谱薄膜法测定多金属矿样中常量Pb、Zn、Cu、Fe、Mn. 分析试验室, 1994, 13(1): 74-77.

1994-140 郑荣华, 杨德辉, 李叶农, 张文芳, 黄近丹. 表面形状对黄金饰品测定影响的研究. 黄金, 1994, 15(10): 58-61.

1994-141 郑树, 陈丽荣, 蔡心涵, 巢志瑜, 肖延安, 吴应荣. 同步辐射对直肠癌组织微量元素测定的意义探讨. 科技通报, 1994, 10(1): 1-5.

1994-142 周继红, 李兵. X射线荧光光谱法同时测定岩矿中的钽、铌. 云南大学学报(自然科学版), 1994, 16(S2): 133-135.

1994-143 周丽华. 再生金属原料的X射线拣选技术和设备. 国外选矿快报, 1994, (13): 12-17.

1994-144 周玉泉, 甄建平. 同位素X荧光多元素分析仪的调试. 水泥, 1994, (2): 24-26.

1994-145 朱光华, 吕位秀, 张小曳. PIXE分析与受体模型应用于大气气溶胶源解析. 北京师范大学学报(自然科学版), 1994, 30(4): 473-478.

1994-146 朱光华, 张小曳, 吕位秀, 陈思龙. PIXE分析与统计处理相结合研究大气污染. 中国核科技报告, 1994, (0): 633-642.

1994-147 朱见英. 3530型X射线荧光光谱仪主机背景扣除方法. 分析测试仪器通讯, 1994, 4(3): 30-31.

1994-148 朱节清. 核子微探针技术的发展及其应用研究. 核物理动态, 1994, 11(4): 29-31, 2.

1994-149 邹恩滕, 陈致芬, 龙居富, 林星明. 铝土矿X荧光分析应用软件研究及其工业应用. 矿冶, 1994, (2): 70-75.

1995年 (1995)

1995-001 安福林. 用X射线荧光分析法测量铁板镀锌厚度. 核电子学与探测技术, 1995, 15(4): 224-227.

1995-002 安庆骧, 沈其韩, 尚如湘, 李兆乃. 同步辐射在地球科学中的应用. 物理, 1995, 24(12): 753-755.

1995-003 包生祥. X射线荧光分析散射幂函数法原理及其应用 I. RhKα相干散射平方法. 分析化学, 1995, 23(6): 626-629.

1995-004 包生祥. X射线荧光光谱测定甜饮料中微量元素. 分析化学, 1995, 23(5): 522-524.

1995-005 包生祥. X射线荧光直接测定吸附在泡沫塑料上的金. 分析化学, 1995, 23(4): 410-412.

1995-006 常建平, 杨淑珍, 铁丽云. X射线荧光光谱滤纸片法分析稀土元素Dy、Tb及Fe. 武汉工业大学学报, 1995, 17(3): 33-35.

1995-007 陈茂祺, 刘峰. X射线荧光光谱法测定矿石中砷的研究. 矿冶, 1995, 4(2): 101-105, 114.

1995-008 陈丕通. 密度法无损测定黄金饰品中金量的原理及影响因素讨论. 地质找矿论丛, 1995, 10(3): 80-87.

1995-009 陈树榆, 林淑钦, 彭子成, 刘方新, 张敬国. 苏皖地区新石器时代陶器的稀土元素特征的初步探讨. 中国科学技术大学学报, 1995, 25(1): 59-64.

1995-010 陈显求, 黄瑞福, 周学林, 孙建兴, 栗金旺. 大型御用建盏. 景德镇陶瓷学院学报, 1995, 16(1): 35-47.

1995-011 陈燕萍, 孙平, 刘伟, 张甲生. 人参西洋参茎叶总皂甙中的多元素 X 射线荧光光谱法测定. 特产研究, 1995, (3): 59-60.

1995-012 陈远盘. XRFS 分析中修正比例常数法的原理和分析方法. 矿产与地质, 1995, 9(S1): 404-409.

1995-013 陈远盘. X 射线荧光光谱分析的现状和进展. 光谱学与光谱分析, 1995, 15(2): 103-111.

1995-014 陈致芬, 邹恩滕, 林星明, 李运良. 铝土矿轻元素 X 射线荧光分析方法研究. 核技术, 1995, 18(4): 216-219.

1995-015 崔学正. 用于萤光 X 射线分析的耐火材料鉴别标准物质系列的调制. 国外耐火材料, 1995, (3): 30-39.

1995-016 崔子文, 车翠萍, 黄萍. X 射线荧光光谱法分析麦饭石及其浸出物成分. 华北工学院学报, 1995, 16(3): 250-254.

1995-017 戴中宁, 任炽刚. 厚靶的 PIXE 定量分析. 核物理动态, 1995, 12(1): 47-54.

1995-018 德喜. X 荧光光谱法分析包头铁精矿. 包钢科技, 1995, (4): 86-90, 69.

1995-019 丁雪心. XRF 粉末法测定硅线石选矿试样中 Al、Fe、Ti、K、Na. 地质实验室, 1995, 11(1): 12-15.

1995-020 Dmitriev S. N., 吴绍云. TBP 萃取-X 射线荧光谱仪测定地质样品中的金 (Au). 新疆有色金属, 1995, (1): 59-63.

1995-021 杜崇明, 唐晓慧. 仪器维修经验介绍. 地质实验室, 1995, 11(4): 245-247.

1995-022 杜恒清, 杨培纲. 铁矿石——硅、钙、锰、铝、钛、镁、磷、硫和钾的测定——波长色散 X 射线荧光光谱法 ISO9516: 1992(E). 标准化报道, 1995, 16(1): 48-56.

1995-023 樊余富, 田桂芬, 曹秀, 董宝兴. 对 211 例类风湿关节炎患者微量元素的测定. 广东微量元素科学, 1995, 2(1): 22-26.

1995-024 方原柏. 载流 X 荧光分析仪的采样测量技术. 冶金自动化, 1995, (1): 35-38.

1995-025 高德忠, 王玉. 使用 X 射线荧光分析仪的体会. 水泥, 1995, (7): 38-42.

1995-026 高新华, 王毅民, 茅祖兴. 波长色散 X 射线荧光仪器进展. 光谱学与光谱分析, 1995, 15(3): 107-112.

1995-027 葛良全, 谢庭周, 周四春, 赵友清, 梁锦华, 门春茂, 索忠恕, 陈国勤. X 射线荧光法在燕山地区金矿勘查中的研究与应用. 有色金属矿产与勘查, 1995, 4(1): 43-47.

1995-028 葛良全, 赵友清, 梁锦华, 门春茂, 索忠恕, 陈国勤. 核技术在东坪金矿勘查中的应用与研究. 铀矿地质, 1995, 11(6): 357-361.

1995-029 顾若晶, 裘乙琦. 能量色散 X 射线荧光光谱法测定石油产品中的硫含量. 石油炼制与化工, 1995, 26(6): 64-67.

1995-030 郭寿兴, 林文, 吴玉庆. X 射线荧光光谱法测定人体全血九个元素. 福建分析测试, 1995, 4(1): 224-227.

1995-031 郭涛, 史国兵, 马燕. 益康口服液的研制及临床观察. 药学实践杂志, 1995, 13(2): 100-102.

1995-032 河野久征, 小林宽. 用 X 射线晶片分析器同时测定硅片上薄膜的厚度及组成. 分析测试仪器通讯, 1995, 5(2): 79-92.

1995-033 胡春, 李海军, 刘振芳, 李景春. 饰品检验中的样品底托探讨. 光谱实验室, 1995, 12(5): 73-74.

1995-034 胡舜媛. 全反射 X 射线荧光分析法. 国外核新闻, 1995, (10): 20.

1995-035 黄近丹, 郑荣华, 张文芳, 李叶农. 头发样的 X 射线荧光光谱的测定. 福建分析测试, 1995, 4(3): 330-331.

1995-036 吉昂, 刘红超, 陶光仪, 王庆广, 马光祖. 硫化合物中硫 K-Beta 谱研究. 分析化学, 1995, 23(10): 1113-1116.

1995-037 贾艳, 张宪辉. IED400 型 X 射线荧光分析仪在选矿生产中的应用. 包钢科技, 1995, (2): 88-91.

1995-038 金立云, 黄清良, 李云, 袁慧, 高宏. 两次全反射 X 射线荧光能谱分析仪的研制. 原子能科学技术, 1995, 29(5): 401-408.

1995-039 金立云, 黄清良, 李云, 袁慧, 祝亮. 全反射 X 射线荧光光谱 (TXRF) 测定核动力堆乏燃料元件不溶残渣化学成分. 中国原子能科学研究院年报, 1995, (0): 154.

1995-040 金立云, 李云, 高月英. X 射线荧光光谱法测定模拟高放废液玻璃固化体中 14 种主、次量元素. 原子能科学技术, 1995, 29(2): 154-159.

1995-041 金立云, 李云, 高月英, 孙秀峰, 高宏. X 射线荧光光谱法测定模拟高放废液玻璃固化体中 26 种主、次及微量元素. 原子能科学技术, 1995, 29(6): 539-544.

1995-042 金毓华. 微量元素与小儿上呼吸道感染关系（附 500 例分析）. 实用医学杂志, 1995, 11(9): 601-602.

1995-043 赖万昌. 能量色散 X 射线荧光法快速测定高冰镍中铁的含量. 分析试验室, 1995, 14(5): 11-14.

1995-044 赖万昌, 葛良全, 赵友清, 吴建平. 铁矿石 XRF 现场取样技术的研究与应用. 核技术, 1995, 18(12): 744-749.

1995-045 黎荫铭, 王亚龙, 张圈世. 熔岩样品中重稀土放射性核素的分析. 核化学与放射化学, 1995, 17(3): 142-146.

1995-046 李国会. 3080E2 型 X 荧光光谱仪真空度下降原因及修理. 地质实验室, 1995, 11(5): 316-317.

1995-047 李国会, 樊守忠. X 射线荧光 (XRF) 光谱法在标准物质均匀性检验中的应用. 地质实验室, 1995, 11(1): 40-43.

1995-048 李国会, 樊守忠, 朱永奉, 张天佑. 全反射 X 射线荧光光谱仪的研制. 分析测试仪器通讯, 1995, 5(3): 129-132.

1995-049 李记欣. X 射线光谱法测定离子交换树脂中的 Au、Ag、Zn、Cu、Ni、Co 和 Fe. 铀矿冶, 1995, 14(1): 37-42.

1995-050 李葵发, 方孝林, 牛玉华, 矣应荣. 同步辐射 X 射线荧光分析技术在石油勘探中的应用. 物理, 1995, (12): 755-758.

1995-051 李晓林, 朱节清, 谷英梅, 邹显慷, 童纯菌, 汪云亮, 帅德权, 张成江. Study on occurrence form of platinum in Xinjie Cu-Pt deposit by NAA and scanning proton microprobe. Nuclear Science and Techniques, 1995, 6(4): 212-216.

1995-052 李晓林, 朱节清, 邹显慷, 张成江, 童纯菌, 汪云亮. 扫描质子探针与中子活化分析在低品位铂矿赋存状态研究中的应用. 科学通报, 1995, 40(24): 2227-2229.

1995-053 李延冬, 王江. QX 小型 X 荧光光谱仪的应用. 水泥技术, 1995, (2): 25-26.

1995-054 李振坤. 能散 XRF 能谱解析和基体修正方法的研究. 核技术, 1995, 18(1): 32-36.

1995-055 梁国立, 邓赛文, 刘以建. X 射线荧光分析中熔融制样的稀释率和烧失量校正. 岩矿测试, 1995, 14(3): 189-192.

1995-056 梁国立, 罗立强. X 荧光交互有效一基本参数法及其在铝土矿和粘土分析中的应用. 地质实验室, 1995, 11(3): 153-156.

1995-057 梁钰, 余群英. 高合金 X 射线荧光光谱分析中的理论 α 系数法. 上海钢研, 1995, (1): 25-30.

1995-058 梁钰, 余群英. X 射线荧光光谱分析中理论 α 系数法与经验系数法的比较研究. 上海钢研, 1995, (2): 37-43.

1995-059 林清, 刘德汉. 黔西南金矿有机质地球化学研究. 地球化学, 1995, 24(4): 402-408.

1995-060 刘笛. MnZn 铁氧体磁性材料的 X 射线光谱熔融片法分析测定. 磁性材料及器件, 1995, 26(3): 52-54.

1995-061 刘笛. VF-320 型 X 射线荧光光谱仪水冷系统的维修与改造. 分析测试仪器通讯, 1995, 5(4): 240-241, 243.

1995-062 刘国栋, 李锐, 温孝恒, 兰文正, 沙因, 刘平生. 复方微量元素对骨折家兔脏器元素含量的影响. 微量元素与健康研究, 1995, 12(4): 1-2.

1995-063 刘翰晟. 锆和锆合金中锡的分析方法评述. 上海有色金属, 1995, 16(3): 167-172.

1995-064 刘磊, 陆坤. 精矿品位在线自动检测系统的研制及应用. 成都理工学院学报, 1995, 22(2): 109-113.

1995-065 刘年庆, 李学军, 巢志瑜, 周传农, 周世俊, 任炽刚. 用核微束技术对顺铂处理后的正常小鼠肝脏中微量元素分布的初步观察. 核技术, 1995, 18(6): 381-384.

1995-066　刘平生, 胡朝晖, 刘世杰, 姚瑛, 冯国华. 质子激发 X 荧光法测定西太平洋海域雨水的微量元素组成. 核技术, 1995, 18(9): 551-556.

1995-067　刘平生, 沙因, 董玉兰, 章佩群, 杨振军, 吴越, 李景修, 刘德祥, 王聿锟, 张德康. 177 例食管上表皮重度增生患者发中微量元素的测定. 微量元素与健康研究, 1995, 12(4): 27-28.

1995-068　刘庆惠, 陈远盘. 化学富集 XRFA 法测定岩石、土壤中稀有和稀土元素. 光谱学与光谱分析, 1995, 15(6): 99-105.

1995-069　刘松林, 何建久, 王立. XRF 分析碳元素的研究. 齐鲁石油化工, 1995, (4): 305-307.

1995-070　陆少兰, 李世珍, 郝贡章, 许佩珍, 李建华, 刘洋. X 射线荧光光谱法在稀土元素分析中的应用. 分析试验室, 1995, 14(1): 66-70.

1995-071　陆晓明, 金德龙. X 荧光光谱分析铸铁中影响因素的研究. 宝钢技术, 1995, (3): 36-40.

1995-072　罗重庆, 刘千钧, 李兵, 周继红. XRF 谱仪新软件的研究与应用. 中南工业大学学报, 1995, 26(6): 817-820.

1995-073　罗重庆, 夏红卫, 范健. XRF 分析铁矿粉的标准选择判据研究和应用. 分析试验室, 1995, 14(5): 75-79.

1995-074　马光祖, 梁国立. X 射线荧光光谱仪的进展 Ⅱ. 同时式波长色散 X 射线荧光光谱仪. 分析测试仪器通讯, 1995, 5(4): 199-202.

1995-075　满瑞林, 章执中, 刘富顺, 严纪良, 向德磊. 偏最小二乘校正多道 X 射线荧光光谱法在多元素快速分析中的应用. 冶金分析, 1995, 15(3): 50-52.

1995-076　毛本将, 周蓉生, 贾文懿. 便携式 X 射线荧光仪稳谱技术. 核技术, 1995, 18(6): 364-367.

1995-077　茅祖兴. X 射线荧光光谱分析用的玻璃熔片与保存时间. 岩矿测试, 1995, 14(1): 66-68.

1995-078　苗建民, 余君岳. EDXRF 方法对景德镇明代官窑青花瓷器的无损分析研究. 考古, 1995, (12): 1131-1135, 1114.

1995-079　宁德亮, 赵莹. Ag 基合金中 Cd、Sn、In X 荧光快速定量分析方法研究. 电工合金, 1995, (3): 43-48.

1995-080　宁德亮, 赵莹. 真空触头合金中铜碲 X 荧光定量分析方法研究. 理化检验-化学分册, 1995, 31(5): 287-288, 290.

1995-081　潘巨祥, 吴应荣, 肖延安. 北京同步辐射光源的微区 X 射线荧光分析. 物理, 1995, 24(11): 691-693.

1995-082　彭惠清. MOD300 集散系统 X 荧光分析仪及通讯接口软件的开发. 有色金属(冶炼部分), 1995, (2): 32-35.

1995-083　秦俊法. 儿童的铅中毒问题——Ⅱ. 彩色油墨中铅的测定. 广东微量元素科学, 1995, 2(7): 7-10.

1995-084　邱林友. X 射线荧光测定钨精矿中多组分. 中国钨业, 1995, (10): 17-18.

1995-085　邱林友. X 射线荧光光谱测定超细活性锌粉中的 ZnO. 有色矿冶, 1995, (1): 50-51.

1995-086　邱林友. X 射线荧光光谱测定工业废水中的痕量苯酚. 重庆环境科学, 1995, 17(3): 57-58.

1995-087　沙因, 石践, 章佩群, 谷英梅, 朱节清, 汪安璞, 杨淑兰. 用核子微探针进行单个大气颗粒物的分析. 环境化学, 1995, 14(6): 518-523.

1995-088　沈晓明. 儿童铅中毒研究进展. 国外医学 (儿科学分册), 1995, 22(2): 57-60.

1995-089　睢松山, 魏军. Al / Si_3N_4 / TbFeCo / Si_3N_4 磁光盘厚度定量计算方法. 中国激光, 1995, (6): 442-448.

1995-090　睢松山, 魏军. XRF 法定量分析合金薄膜材料的厚度及组成. 分析科学学报, 1995, 11(4): 44-46.

1995-091　睢松山, 魏军. 用 XRF 基本参数法定量计算多层薄膜的厚度. 电子科技大学学报, 1995, (1): 67-72.

1995-092　孙明星, 邵光, 谭秉和. XRF 数学校正模式中几种修正系数计算方法的研究及应用. 光谱学与光谱分析, 1995,

15(5): 67-74, 90.

1995-093 谭秉和. 理学/多元素同时分析型 X 射线荧光分析仪——New SIMULTIX 10 SIMULTIX 11. 分析测试仪器通讯, 1995, 5(1): 20-24.

1995-094 谭业武, 梁竹健, 丁训良, 颜一鸣. X光直单管传输特性的实验研究. 北京师范大学学报(自然科学版), 1995, 31(1): 71-74.

1995-095 陶光仪. X 射线荧光光谱分析. 分析试验室, 1995, 14(3): 92-100.

1995-096 田宝珍, 汤鸿霄. 锰砂催化氧化 Fe(Ⅱ) 为 Fe(Ⅲ) 的研究. 环境科学, 1995, 16(5): 10-13, 91.

1995-097 田宇纮, 谭继廉, 郑素华, 王瑞光, 刘恺, 潘晓文. 全反射X荧光分析技术研究. 核电子学与探测技术, 1995, 15(5): 265-269.

1995-098 田宇纮, 王瑞光, 谭继廉. 全反射 X 荧光分析及其应用. 核物理动态, 1995, 12(3): 34-39.

1995-099 王晖, 张蕴惠, 杨明仲. 牙龈微量元素的测定研究. 微量元素与健康研究, 1995, 12(4): 17-18.

1995-100 王进玉. 古代青金石颜料的质子激发X荧光分析. 核技术, 1995, 18(3): 183-187.

1995-101 王里玉. X 射线谱数据处理软件 SPAN/XRF 的开发和应用. 原子能科学技术, 1995, 29(5): 409-416.

1995-102 王敏伏·伊万年柯, 吴峰, 吴国良, 肖度元, 阿·梅杰列夫. 海洋铁锰结核矿的多元素能量色散 X 射线荧光分析. 同位素, 1995, 8(3): 133-137.

1995-103 王庆. 水泥工业应用 X 射线荧光分析的未来趋向. 福建建材, 1995, (2): 45-48.

1995-104 王庆广, 戴昭华, 谢光国, 吉昂, 马光祖. 高分辨双晶 XRF 测定硫的化学价态. 环境科学, 1995, 16(5): 48-50, 66, 94.

1995-105 王淑秋. 便携式 X 荧光分析仪在选矿快速分析中的应用. 矿冶, 1995, 4(2): 106-110.

1995-106 王天雕. 新疆电气石 $^{60}Co\gamma$ 辐照变色研究. 辐射研究与辐射工艺学报, 1995, 13(2): 102-104.

1995-107 王旺章, 张筑凤, 汪云亮, 孙书勤. Geochemical characteristics of the sandstone type uranium deposits in northern Sichuan province. Chinese Journal of Geochemistry, 1995, 14(2): 152-159.

1995-108 王湘云, 章邦桐, 王建, 王长华, 阎石. 相山铀矿床多期石英的天然热释光及 EPR 特征. 岩石矿物学杂志, 1995, 14(3): 236-241.

1995-109 王毅民, 高新华, 茅祖兴. 波长色散 X 射线荧光仪器进展. 现代科学仪器, 1995, 15(2): 28-30, 38.

1995-110 王再田. DJ 和 PH 模型在仿金(银)铜合金 XRF 分析中的应用. 兵器材料科学与工程, 1995, 18(4): 62-68.

1995-111 王重华, 张海燕, 邱林友. XRF 测定钛铁矿中的主量和次量元素. 稀有金属与硬质合金, 1995, (4): 40-42.

1995-112 王祝文, 程业勋, 章晔. XRF 现场测量中的影响系数法强度校正模型. 核技术, 1995, 18(10): 625-629.

1995-113 韦孟伏, 徐新冕. 轻基体中稀土氧化物的 X 射线荧光分析——非相干散射应用研究. 光谱实验室, 1995, 12(1): 44-49.

1995-114 吴建平, 赖万昌, 李志扬, 董煊, 郭海吉, 王斌. 喀拉通克铜镍矿井下应用 X 射线荧光技术研究. 成都理工学院学报, 1995, 22(2): 101-108.

1995-115 吴金仙, 郭寿兴. XRFA 法测定植物中的 18 个元素. 福建分析测试, 1995, 4(3): 310-316.

1995-116 吴强, 刘亚雯, 魏成连. 用同步辐射 XRF 和基本参数法分析. 核技术, 1995, 18(4): 224-226.

1995-117 吴强, 刘亚雯, 魏成连, 袁汉章. 用 XRF 微探针研究掺杂元素锗在单晶硅中的分布. 光谱学与光谱分析, 1995, 15(2): 99-102.

1995-118 武朝晖, 王鹤, 朱宁, 康椰熙. 复杂地质样品中铀、钍等成分 X 射线荧光光谱分析. 铀矿地质, 1995, 11(3): 177-184.

1995-119 闲岁浩平, 户田胜久, 河野久征, 新井智也, 詹秀春. 理学 SIMULTIX 10/11 型多道 X 射线荧光光谱仪的背景测定装置与应用. 分析测试仪器通讯, 1995, 5(4): 191-198.

1995-120 谢东, 孟丽云, 刘鸣. 金属镀层镀布量的 X 射线荧光测定. 核电子学与探测技术, 1995, 15(5): 311-314, 325.

1995-121 熊辅臣. 全黑生料配料控制系统. 广东建材, 1995, (4): 15-19.

1995-122 熊光平, 陈文华. 溶剂浸渍滤纸的制备及其在 X 射线荧光光谱分析中的应用研究之三——地质样品中微量锆铪的测定. 岩矿测试, 1995, 14(1): 1-6, 14.

1995-123 阎军, 公锡泰. 能量色散 X 荧光法快速测定装置在稀土分析中的应用. 稀土, 1995, 16(2): 70-76.

1995-124 杨德辉, 郑荣华, 李叶农, 黄近丹, 张文芳, 秦大方. 黄金饰品中金含量的 X 荧光能谱分析. 分析测试学报, 1995, 14(5): 1-9.

1995-125 杨国周. 19 例情感性障碍患者头发中六种微量元素测定结果分析. 四川精神卫生, 1995, 8(1): 47-48.

1995-126 杨红曦, 肖联新, 董建红, 陈真. X 射线荧光钙铁煤分析仪的标定与使用. 水泥, 1995, (4): 27-30.

1995-127 杨森林. X 射线荧光分析钼原矿技术在钼矿山投入应用. 地质与勘探, 1995, (5): 47.

1995-128 应志春, 邓赛文, 甘露, 吴晓军, 梁国立, 罗立强. X 射线荧光光谱集成分析系统. 岩矿测试, 1995, 14(1): 61-65.

1995-129 袁慧, 金立云, 李云, 祝亮. 核动力压水堆 (PWR) 燃料元件溶解液及碱吸收液中微量碘的 TXRF 测定. 中国原子能科学研究院年报, 1995, (0): 156.

1995-130 曾建极, 戚迅, 陈明贵. X 荧光测量技术在嘎拉金矿的应用. 四川地质学报, 1995, 15(4): 319-323.

1995-131 曾泽新. 使用沉淀法白炭黑改进农业轮胎胎面. 轮胎工业, 1995, 15(3): 158-165.

1995-132 张华, 关铁权. X 射线荧光法分析中低合金钢. 计量与测试技术, 1995, (5): 26-28.

1995-133 张训彪. 奇妙的密度测金法. 上海计量测试, 1995, (6): 40-42.

1995-134 张业惠, 吴万侯. JY-32 型精密压样机的研制. 矿产与地质, 1995, 9(1): 66-68.

1995-135 张元勋, 张勇平, 童永彭, 裘世静, 吴小涛, 戴克戎. 股骨头松质骨中无机元素的 PIXE 分析. 核技术, 1995, 18(7): 419-424.

1995-136 赵长河. 放射性同位素 X 射线荧光在医学上应用的研究. 核电子学与探测技术, 1995, 15(4): 260-261.

1995-137 赵尔燕, 邱林友. 催化动力学射线荧光测定高纯碳酸锂中银. 四川有色金属, 1995, (2): 46-48.

1995-138 赵尔燕, 邱林友. 催化 X 射线荧光测定水中痕量铬 (VI). 环境保护, 1995, (9): 29, 35.

1995-139 郑荣华. XRF 靶线标准法测定金首饰中的银. 福建分析测试, 1995, 4(3): 322-325.

1995-140 支霞臣, 李彬贤, 陈道公. 盘石山幔源透辉石微量元素地球化学. 地质科学, 1995, 30(4): 384-392.

1995-141 周继红, 罗重庆. XRF 滤纸薄样法测定钛铁尾矿冶炼中的微量钪. 中南工业大学学报, 1995, 26(5): 684-687.

1995-142 周军, 吉争鸣, 杨森祖, 吴培亨, 张世远, 许自然, 张鸿才, 刘笛. 熔融法制备 $Ba_{1-x}K_xBiO_3$(BKBO) 氧化物超导体. 低温物理学报, 1995, 17(4): 295-299.

1995-143 周青山. 轮胎用橡胶的元素分析——X 射线荧光分析法. 轮胎工业, 1995, 15(1): 36-41.

1995-144 周淑琴, 余建二, 金祥凤, 王庆广. 高分辨双晶 XRF 研究酞菁化合物中硫杂质的化学态. 物理化学学报, 1995, 11(5): 447-449.

1996 年 (1996)

1996-001 安庆骧, 曹亚文, 潘巨祥, 吴应荣, 巢志瑜. 同步辐射 X 射线微探针研究宝石矿物成色与某些微量元素的关系. 岩矿测试, 1996, 15(1)31-34.

1996-002 安庆骥, 王锐兵, 邓赛文, 潘巨祥, 吴应荣, 吴澄宇. Scanning analysis of REE in bastnaesite with synchrotron radiation X-ray fluorescence microprobe. Journal of Rare Earths, 1996, 14(4): 308-311.

1996-003 安庆骥, 王锐兵, 邓赛文, 潘巨祥, 吴应荣, 吴澄宇. 同步辐射 X 荧光微探针扫描分析氟碳铈矿物中的稀土元素. 中国稀土学报, 1996, 14(3): 280-283.

1996-004 敖奇, 曹利国, 丁益民. 用 X 射线荧光方法测定薄层、镀层和涂层厚度. 物探化探计算技术, 1996, 18(S1): 35-38.

1996-005 包生祥. 高岭土精矿的 X 射线荧光分析. 分析化学, 1996, 24(5): 619.

1996-006 Boulis S. N., 吕海燕, 饶瑞. 埃及某些产地白垩纪含碳高岭土的矿物及其化学成分的研究. 地质科学译丛, 1996, (4): 60.

1996-007 卜赛斌. 钐-钴磁粉中钐、钴含量的 X 射线荧光光谱分析. 分析化学, 1996, 24(7): 841-843.

1996-008 蔡鲲, 李桂英, 徐铭玉, 薛柏生. 应用多种检测方法提高定性分析水平. 光谱学与光谱分析, 1996, 24(6): 113-116.

1996-009 曹利国, 丁益民. X 射线荧光分析中的准绝对测量方法. 物探化探计算技术, 1996, 18(S1): 54-58.

1996-010 曹亚文, 安庆骥, 李兵. 宝石级刚玉的颜色与微量元素的关系. 矿床地质, 1996, 15(S1): 49-50.

1996-011 柴之芳. 现代核分析技术研究及其在若干环境问题中的应用研究. 中国科学基金, 1996, (4): 12-16.

1996-012 陈和乐, 何伯延, 周拒非. 超导材料薄层中 YBaCu 原子比值的 X 射线荧光光谱分析. 矿冶工程, 1996, 16(1): 58-59.

1996-013 陈和乐, 何伯延, 周拒非. 铁矿选矿产品中低微量钍的 X 射线荧光光谱分析. 光谱实验室, 1996, 13(4): 67-69.

1996-014 陈江涛, 董萍. X 射线荧光分析中的误差来源. 水泥, 1996, (4): 31-32.

1996-015 陈骏, 仇纲, 季峻峰, 鹿化煜. 最近 130ka 黄土高原夏季风变迁的 Rb 和 Sr 地球化学证据. 科学通报, 1996, 41(21): 1963-1966.

1996-016 陈清华. QCX 质量控制系统的操作体会. 水泥工程, 1996, (5): 50-51.

1996-017 陈显求, 陈士萍, 周学林, 郭荣发, 孙洪巍. 金、元时期旬邑窑茶叶末瓷的研究. 陶瓷学报, 1996, 17(3): 15-24.

1996-018 陈显求, 李家治, 陈士萍, 周学林, 承焕生. 厄瓜多尔 Valdivia 古陶的研究. 陶瓷学报, 1996, 17(2): 34-41.

1996-019 陈友红, 邬显慷, 朱节清, 谷英梅, 李晓林, 陆荣荣, 张旗, 徐平, 李秀云, 黄忠祥. 尖晶石-石榴石相转变过程中矿物的微量元素组成与分布特征. 核技术, 1996, 19(4): 219-223.

1996-020 陈友红, 朱节清, 邬显慷, 谷英梅, 张旗, 徐平, 李秀云. Mantle metasomatism for metaperidotite from Shuanggou ophiolite of Yunnan province by proton microprobe. Nuclear Science and Techniques, 1996, 7(2): 99-102.

1996-021 陈友红, 朱节清, 邬显慷, 谷英梅, 张旗, 徐平, 李秀云. Micro-PIXE analysis of trace element composition and their distribution in minerals of mantle peridotite. Nuclear Science and Techniques, 1996, 7(1): 28-31.

1996-022 陈友红, 朱节清, 邬显慷, 张旗, 徐平, 李秀云. 双沟蛇绿岩中地幔交代作用的质子微探针研究. 岩矿测试, 1996, 15(3): 13-17.

1996-023 陈远盘. X 射线荧光分析中的修正比例常数法. 光谱学与光谱分析, 1996, 16(2): 73-84.

1996-024 承焕生, 丁艳芳, 何文权, 杨福家, 汤家铺, 杨植震, 陈刚. 初版与再版邮票的质子激发 X 荧光鉴别法. 文物保护与考古科学, 1996, 8(2): 33-36.

1996-025 承焕生, 丁艳芳, 何文权, 杨福家, 杨植震, 陈刚, 文博学院. 初版与再版邮票的 X 荧光鉴别法. 复旦学报（自然科学版), 1996, 35(4): 474-478.

1996-026 程蓓蓓, 胡纫兰, 江辅华. 水泥生料成分配料自动控制一机多磨系统. 四川水泥, 1996, (2): 51-52.

1996-027 戴中宁, 任炽刚, 杨福家. 多层不均匀厚靶 μ-PIXE 谱的计算机模拟. 计算物理, 1996, 13(3): 35-40.

1996-028 丁库克, 邹恩滕, 陈致芬, 孙忠铭, 余斌. XRF 法快速测定铝土矿火车样. 矿冶, 1996, 5(2): 82-86.

1996-029 丁雪心. X 射线荧光光谱法测定锂铌钽矿选矿试样中 Nb_2O_5 和 Ta_2O_5. 地质实验室, 1996, 12(1): 17-18.

1996-030 丁训良, 梁炜, 颜一鸣. 使用 X 光透镜的 XRF 谱仪的研究进展. 核技术, 1996, 19(3): 164-169.

1996-031 丁益民, 曹利国. X 射线荧光方法与矿产资源快速评价. 物探化探计算技术, 1996, 18(S1): 23-26.

1996-032 樊娟, 贺林. 彬县大佛寺石窟彩绘保护研究. 敦煌研究, 1996, (1): 140-153, 188.

1996-033 方同秀, 周道玉. 狮子山铜矿岩壁 X 取样研究与应用. 物探化探计算技术, 1996, 18(S1): 118-121.

1996-034 傅锦华, 顾明通, 常桂文. 钢铁及其合金和铁矿石中稀土分析方法进展. 理化检验-化学分册, 1996, 32(5): 301-303.

1996-035 高登义, 吕位秀, 邰永祺. Impacts of the Kuwait oil fires on the Mount Qomolangma region. Advances in Atmospheric Sciences, 1996, 13(2): 196-202.

1996-036 Gao Shan, Zhang Benren, Zhao Zhidan. Radioactivity and thermal state of the lithosphere in the Qinling orogenic belt and adjacent margins of North China and Yangtze cratons: Constraints on interpretations of geophysical profilings. Continental Dynamics, 1996, 1(1): 56, 56-63.

1996-037 高新华, 程坚平, 陈金木, 徐家珍. PW1606 多道 X 射线光谱仪在高炉生铁快速分析中的应用. 冶金分析, 1996, 16(3): 20-24.

1996-038 高新华, 赵向荣, 江海涛. PC1600 X 射线荧光光谱仪自动化分析系统的研究与应用. 光谱学与光谱分析, 1996, 16(4): 86-93.

1996-039 葛良全, 周四春, 谢庭周, 章晔, 程业勋, 侯胜利. X 射线荧光测井井液的影响与校正. 物探化探计算技术, 1996, 18(S1): 39-41.

1996-040 顾达, 顾燕芳, 郑柏存, 胡黎明. 高纯超细 $BaTiO_3$ 的合成及其应用性能. 华东理工大学学报, 1996, 22(5): 536-540.

1996-041 郭成才, 陈艳. 稀土精矿中镧、铈、镨、钕、钐、钆、钇 X 荧光光谱的直接测定. 稀土, 1996, 17(3): 70-71.

1996-042 国际原子能机构. 用核及相关技术测定的气载颗粒物质中的典型元素. 国际原子能机构通报, 1996, (2): 17.

1996-043 韩建成, 李莉, 陈启明, 吴欣然, 陈邦林, 韩庆平. 长江口沉积物中常量元素及有关形态物相定量分析研究. 海洋学报 (中文版), 1996, 18(4): 49-55.

1996-044 何桂英. X 射线荧光光谱法测定石油产品中的硫含量. 宁波化工, 1996, (4): 16-18, 33.

1996-045 何知礼, 杜加锋. 流体包裹体研究的某些进展与发展趋势. 地学前缘, 1996, 3(4): 147-153.

1996-046 黄达峰, 王新跃, 黄飞雪. 石油污染土壤中铅的测定. 污染防治技术, 1996, 9(4): 255-256, 261.

1996-047 金德龙, 陆晓明, 吉昂. 用理学 3064X 荧光仪分析碳. 分析测试技术与仪器, 1996, 2(3): 39-40, 43-44.

1996-048 金立云, 黄清良, 李云, 袁慧, 高宏. 亚纳克级全反射 X 射线荧光分析装置研制. 核化学与放射化学, 1996, 18(3): 152-157.

1996-049 金立云, 黄清良, 袁慧, 李云, 祝亮. 全反射 X 射线荧光光谱测定乏燃料不溶残渣化学成分. 中国核科技报告, 1996, (0): 935-945.

1996-050 金卓仁, 李彩亚, 陈永明. DM1010 型钙铁煤荧光分析仪的原理与调试应用.

1996-051 李达圣, Cutress T. W., 李晓松, Coote G. E.. 砷对大鼠氟牙症影响的实验研究. 中华预防医学杂志, 1996, 30(6): 36-38.

江苏建材, 1996, (2): 35-38.

1996-052 李达圣, Cutress T W, Pearce E I F, Coote G. E.. 砷、氟对大鼠骨组织联合作用的实验研究. 中国地方病防治杂志, 1996, 11(3): 134-136, 191.

1996-053 李凤业, 史玉兰, 申顺喜, 何丽娟. 同位素记录南黄海现代沉积环境. 海洋与湖沼, 1996, 27(6): 584-589.

1996-054 李国会. 均匀性检验中用 X 射线计数与含量计算 F 值的比较. 地质实验室, 1996, 12(4): 249-252.

1996-055 李洞, 胡国瑛, 杨广福, 王莉君, 王安生. 免疫 X 荧光分析方法的可行性. 核电子学与探测技术, 1996, 16(1): 63-66.

1996-056 李林, 王龙, 钟长江. 攀枝花铁矿钻孔岩芯 XRF 值与其物理力学性关系的研究. 攀枝花科技, 1996, (2): 24-26, 38.

1996-057 李泰华, 李新, 胡纫兰, 李文学. 正比计数管用于 X 射线荧光分析的研究. 四川大学学报（自然科学版）, 1996, 33(3): 262-265.

1996-058 李晓林, 朱节清. 扫描透射离子显微术 (STIM) 研究的现状和进展. 核物理动态, 1996, 13(3): 43-45.

1996-059 李晓林, 朱节清, 谷英梅, 陈友红. 扫描质子探针元素分布图本底剔除的一种简便方法. 科学通报, 1996, 41(3): 212-214.

1996-060 李晓林, 朱节清, 邬显慷, 陈友红. 地质样品扫描质子探针元素分布图的本底值剔除研究. 岩矿测试, 1996, 15(1): 17-21.

1996-061 李晓林, 朱节清, 邬显慷, 谷英梅, 张成江, 童纯菡, 帅德全, 江云亮. 用扫描质子探针与中子活化分析方法研究微量铂赋存状态. 核技术, 1996, 19(1): 9-12.

1996-062 李叶农. 黄金饰品中金含量 X 射线能量色散光谱分析. 测试技术学报, 1996, 10(2): 550-553.

1996-063 李叶农. X 荧光能谱法测定合金结构钢标样中五个元素. 福建分析测试, 1996, 5(3): 518-520.

1996-064 李叶农, 黄近丹, 张文芳, 郑荣华. X 荧光能谱法测定磷青铜、青铜标样中的铜与锡. 福建分析测试, 1996, 5(2): 466-467, 470.

1996-065 李叶农, 郑荣华, 卢卫. X 荧光能谱法测定土壤标样中的钙和钾. 福建分析测试, 1996, 5(1): 421-424.

1996-066 李翼. X 射线荧光光谱仪光量计控制器适配电路故障检修两例. 分析测试仪器通讯, 1996, 6(3): 53-55.

1996-067 李雨平. 荷兰红芹中微量元素的 X 射线荧光光谱测定法. 北京联合大学学报, 1996, 10(2): 23-27.

1996-068 梁述廷. 无标样 XRFA 法在黄金饰品检测中的应用. 黄金, 1996, 17(5): 44-47.

1996-069 刘笛. MnZn 铁氧体磁性材料的 X 射线光谱粉末压片直接测定. 磁性材料及器件, 1996, 27(2): 56-60.

1996-070 刘飞鸣, 高福家, 高新华. 钢中化学元素的 X 射线荧光光谱分析. 光谱学与光谱分析, 1996, 16(6): 107-112.

1996-071 刘凤英, 郭光焕, 樊守忠, 李国会. X 射线荧光光谱法测定空气总悬浮微粒中的 21 个元素. 地质实验室, 1996, 12(1): 13-16.

1996-072 刘红超, 吉昂, 陶光仪, 马光祖, 王庆广. 含硫化合物的 S K α X 射线荧光光谱的研究. 化学学报, 1996, (9): 912-916.

1996-073 刘磊, 周道玉, 陆坤, 奚大顺. 高精度钛铁含量分析仪及其应用. 物探化探计算技术, 1996, 18(S5): 99-102.

1996-074 刘鹏, 徐清, 吴应荣, 武家杨, 郑文莉, 李士, 邵涵如. 位置灵敏正比计数器性能研究及其对同步辐射光光强分布的测量. 核电子学与探测技术, 1996, 16(4): 290-294.

1996-075 刘树文, 严方. 用 X 射线荧光光谱法测定钻井泥浆中的总铬. 分析试验室, 1996, 15(6): 18-21.

1996-076 刘廷良, 高松武次郎, 佐濑裕之. 日本城市土壤的重金属污染研究. 环境科学研究, 1996, 9(2): 47-51.

1996-077 刘希举, 刘清前, 程杰, 薛召南, 成桂萍, 穆宝芬. 山东省胃癌高低发病区人发中的微量元素分析. 山东大学学报(自然科学版), 1996, 31(1): 55-59.

1996-078 刘希举, 刘清前, 程杰, 张连平, 薛召南, 成桂萍, 穆宝芬. 山东省胃癌高低发区饮食中微量元素的比较. 微量元素与健康研究, 1996, 13(4): 43-46.

1996-079 刘希举, 刘清前, 张连平, 程杰, 成桂萍, 穆宝芬, 薛召南. 用 PIXE 技术分析山东省胃癌高、低发区饮水中的微量元素. 核技术, 1996, 19(9): 559-563.

1996-080 刘亚琪, 王殿华. 用均匀试验与正交试验选择 X 射线荧光光谱分析钼铁合金的最佳条件. 铁合金, 1996, (1): 45-47.

1996-081 刘永明, 高祥琪, 董淑珍, 高建文. 理论 α 系数在 X 射线荧光光谱法分析钢铁成分中的应用. 光谱实验室, 1996, 13(3): 8-12.

1996-082 刘志杰, 赵斌, 张宗涛, 胡黎明. 超细核壳铜-银双金属粉的制备. 无机化学学报, 1996, 12(1): 30-34.

1996-083 龙姝军, 田凡. 碳素铬铁合金的 X 射线荧光光谱分析. 冶金分析, 1996, 16(3): 50-51.

1996-084 卢飞麟, 周效信, 董晨钟. Ba XLIV～XLVI 离子的 3d-2p 跃迁产生的 X 射线光谱结构的理论研究. 量子电子学, 1996, 13(3): 212-215.

1996-085 陆坤, 方同秀, 刘磊, 庹先国, 奚大顺, 周道玉. 钙铁煤分析仪在水泥工业中的应用. 物探化探计算技术, 1996, 18(S1): 78-81.

1996-086 罗桂诚. X 荧光分析仪在永平铜矿的应用. 江西铜业工程, 1996, (2): 26-27.

1996-087 罗立强, 梁国立, 马光祖, 吉昂, 郭常霖. 地质样品中岩性自动分类 X 射线荧光光谱分析研究. 分析科学学报, 1996, 12(3): 189-193.

1996-088 Luo Liqing, Ma Guangzu, Liang Guoli, Guo Chonglin, Ji Ang. Application of X-ray fluorescence analysis and chemometrics to geology. Acta Geoscienta Sinica, 1996: 254-260.

1996-089 马静宜. X 荧光光谱法测定不锈钢的研究. 宝钢技术, 1996, (3): 55-60.

1996-090 毛振伟, 张巽, 彭子成. 古代青铜兵器中主要元素的 X 射线荧光光谱分析. 光谱实验室, 1996, 13(5): 17-20.

1996-091 苗建民, 余君岳. 景德镇青花瓷器无损分析研究. 故宫博物院院刊, 1996, (2): 86-91.

1996-092 潘巨祥, 吴应荣, 肖延安, 巢志瑜, 洪蓉, 刘亚雯, 吴强. 同步辐射单色光全反射 XRF 实验. 光谱学与光谱分析, 1996, 16(4): 75-79.

1996-093 彭子成, 黄允兰, 孙卫东, 铃木稔, 河西学, 蒋廷瑜, 陈文. 广西古代陶器组成的研究. 硅酸盐学报, 1996, 24(3): 291-296.

1996-094 钱琴芳, 孙建国, 丰伟悦, 章佩群, 柴之芳, 潘巨祥, 吴应荣, 巢志瑜, 陈吉棣, 郑书勤, 刘晓鹏. 用核分析技术研究儿童运动员补充强化铁剂食品的效果. 核技术, 1996, 19(4): 215-218.

1996-095 乔延江, 王松君, 苏克. 不同种属黄芩中微量元素的 X 荧光光谱测定. 光谱学与光谱分析, 1996, 16(5): 108-111.

1996-096 秦俊法. 水浸泡对海带中碘含量的影响. 广东微量元素科学, 1996, 3(3): 52-54.

1996-097 秦俊法, 李德义, 陆伟红, 胡世林, 杨连菊. 12 种道地中药中无机元素的含量测定. 广东微量元素科学, 1996, 3(4): 40-47.

1996-098 秦俊法, 李德义, 陆伟红, 陆文栋, 何广仁. 儿童的铅中毒问题——Ⅰ. 上海和苏州地区儿童发铅水平研究. 广东微量元素科学, 1996, 3(1): 11-15.

1996-099 邱林友. 超高灵敏 XRF 测定岩矿中的痕量砷. 上海有色金属, 1996, 17(1): 33-35.

1996-100 邱林友. X 射线荧光测定人血中的 Ca、Mg、Fe 和 Zn. 仪器仪表与分析监测, 1996, (1): 45-46.

1996-101 邱林友, 王重华. X 射线荧光光谱-单标法测定铸铁中硅、锰、磷和硫. 昆明理工大学学报, 1996, 21(1): 107-110.

1996-102 沙因, 刘柱华, 王观明, 章晓剑, 王昕, 罗博, 张彩霞, 杨振军, 龚建华. 外束离子感生发光法及其应用研究初探. 岩矿测试, 1996, 15(4): 38-42.

1996-103 沙因, 石践, 章佩群, 谷英梅, 朱节清, 李晓林, 汪安璞, 杨淑兰. 单个气溶胶粒子的SPM分析. 核技术, 1996, 19(4): 229-232.

1996-104 山田康治郎, 河野久征, 村田守. 岩石中主成分和微量成分 X 射线荧光分析的低稀释比玻璃融珠方法. 分析测试仪器通讯, 1996, 6(2): 22-29.

1996-105 沈文馨, 熊朝东, 刘燕, 朱碧如, 杨素琴. XRF 测定富铕混合稀土氧化物中铁、硅、铝、镁、钙、氯的含量. 江西科学, 1996, 14(4): 248-251.

1996-106 石可明. 白金制品的 X 射线荧光检验. 光谱实验室, 1996, 13(5): 35-38.

1996-107 石琼, 陶光仪, 吉昂, 范存昌, 李卫民. PW1410 X 射线荧光光谱仪的改造与应用. 分析测试仪器通讯, 1996, 6(2): 45-47.

1996-108 孙丽虹, 张启海. 半导体化合物 $Hg_{1-x}Cd_xTe$ 中 x 值的测定. 稀有金属, 1996, 20(2): 149-152.

1996-109 孙明星, 谭秉和, 邵光钧. X 射线荧光光谱分析不锈钢时的数学校正方法. 分析化学, 1996, 24(1): 80-83.

1996-110 孙元洪, 刘景心, 刘英平, 宋向宏, 左慧英. 稀土氨基酸混配型配合物的合成与表征. 应用化学, 1996, 13(1): 50-53.

1996-111 孙志国, 姚德, 许东禹. 多金属结核瞬时生长速率及其意义. 海洋湖沼通报, 1996, (1): 31-37.

1996-112 田宇纮, 王瑞光, 刘恺, 郑素华, 王景云. 一台小型全反射 X 荧光分析装置的研制. 烟台大学学报 (自然科学与工程版), 1996, (2): 32-36, 50.

1996-113 田宇纮, 王瑞光, 王志国, 刘恺, 郑素华. 小型高灵敏全反射 X 荧光分析仪的研制. 核化学与放射化学, 1996, 18(3): 158-163.

1996-114 庹先国. X 射线荧光技术在萨尔布拉克金矿区的综合应用. 物探化探计算技术, 1996, 18(S1): 42-46.

1996-115 王能明, 陈素清, 陈剑瑄. 用 X 射线荧光分析圆珠笔签字中的微量元素. 核物理动态, 1996, 13(1): 50-51.

1996-116 王松青, 应晓浒. 铁基合金锡、锌镀层厚度的 X 射线荧光光谱快速测定. 光谱实验室, 1996, 13(5): 11-16.

1996-117 王文潜. 品位在线分析仪及其应用新进展. 国外金属矿选矿, 1996, (5): 44-49.

1996-118 Wang Yimin, Wang Xiaohong. Scanning nuclear microprobe techniquein modern geoanalysis. 岩矿测试, 1996, 15(4): 251-262.

1996-119 汪新福, 朱光华, 沈新尹. 发电厂附近大气气溶胶元素浓度的监测. 环境化学, 1996, 15(6): 505-509.

1996-120 魏保范, 郭希铭, 孙景瑞. 人发中 Ca 和 Zn 元素的测试分析. 天津师大学报 (自然科学版), 1996, 16(2): 22-25.

1996-121 温良弼, 黄艳文, 张孝征, 杨吉富, 何育民, 李志勇. 便携式 Si(Li) X 射线探测器的研制. 四川大学学报 (自然科学版), 1996, 33(5): 67-70.

1996-122 文仲强, 郑允弘, 何晓微. 香港弱智儿童头发中的微量元素分析. 微量元素与健康研究, 1996, 13(3): 22-23.

1996-123 吴勃然. XRF法在聚乙烯微量金属分析中的应用. 合成树脂及塑料, 1996, 13(3): 32-34.

1996-124 吴澄宇, 袁忠信, 白鸽, 安庆骧, 王锐兵, 邓赛文. 四川冕宁氟碳铈矿晶体的成分变化及其意义. 中国稀土学报, 1996, 14(1): 1-5.

1996-125 吴海林. X 射线荧光光谱仪在冶金矿山的推广应用. 冶金矿山设计与建设, 1996, (4): 57-60.

1996-126 吴建平, 赖万昌. X 射线荧光分析技术在喀拉通克铜镍矿井下现场品位测定. 物探化探计算技术, 1996, 18(S1):

110-113.

1996-127 吴晓军, 应志春, 邓赛文. 窗口环境中运行的质量管理系统. 岩矿测试, 1996, 15(2): 154-156.

1996-128 吴应荣, 潘巨祥, 肖延安, 巢志瑜, 洪蓉, 刘亚雯, 吴强. 同步辐射白光全反射 XRF 在痕量元素检测的初步应用研究. 分析测试学报, 1996, 15(1): 6-11.

1996-129 伍岳, 林玉飞, 白云生, 常桂兰. X 射线荧光测井的井液效应及其校正. 铀矿地质, 1996, 12(1): 41-47.

1996-130 伍岳, 章晔, 程业勋. X 射线荧光技术在银矿上的应用研究. 物探与化探, 1996, 20(2): 149-151.

1996-131 夏长泰, 施尔畏, 仲维卓, 郭景坤. 水热条件下四方相 $BaTiO_3$ 的合成. 科学通报, 1996, 41(21): 1996-1999.

1996-132 谢荣厚, 高新华. 新的一代顺序式 X 射线荧光光谱仪——飞利浦 PW2400 型 X 射线荧光光谱仪. 现代仪器使用与维修, 1996, (6): 36-41.

1996-133 解韫青, 连业良. 印刷片乳剂中卤素比的测定. 分析测试技术与仪器, 1996, 2(1): 37-39.

1996-134 徐平, 陈友红, 张旗, 邬显康, 朱节清, 谷英梅. 山东梭罗树地幔橄榄岩微量元素的质子探针研究. 岩石学报, 1996, 12(1): 163-168.

1996-135 徐清, 邵涵如, 钱琴芳, 刘鹏. 生物样品的同步辐射定量分析. 核技术, 1996, 19(3): 133-136.

1996-136 鄢明才, 迟清华, 顾铁新, 王春书. 中国火成岩化学元素的丰度与分布. 地球化学, 1996, 25(5): 409-424.

1996-137 严纯华, 贾江涛, 廖春生, 王明文, 李标国, 徐光宪. ^{241}Am 激发的 EDXRF 在稀土溶剂萃取分离检测中的应用. 稀土, 1996, 17(6): 10-15.

1996-138 杨爱明, 古昆, 张红, 阚家德. 聚氯乙烯薄膜生产中粘辊成分的研究. 光谱学与光谱分析, 1996, 16(1): 61-65.

1996-139 杨德辉, 郑荣华, 黄近丹, 张文芳, 李叶农. 不锈钢中 15 个元素的 ED-XRF 分析. 福建分析测试, 1996, 5(1): 392-396, 391.

1996-140 杨化中, 宋世战. 动物化石中的元素分析与研究. 核技术, 1996, 19(3): 186-189.

1996-141 杨钟堂, 李月琴, 王志海, 徐培苍. 古代耀州青瓷和黑瓷釉玻璃相的分子网络结构特征研究. 西北地质, 1996, 17(2): 49-55.

1996-142 叶春葆. 能量散布 X 线荧光测定硬度. 橡胶技术与装备, 1996, (3): 57.

1996-143 叶克江. 一种简单的背散射处理方法. 核物理动态, 1996, 13(1): 28-31.

1996-144 殷秀文, 郝贡章. X 荧光滤纸片薄样法测定铅锌矿选矿流程样中 Pb、Zn、Cu、Fe. 分析试验室, 1996, 15(1): 80-83.

1996-145 应志春, 邓赛文, 甘露, 吴晓军, 梁国立, 罗立强. 3080 X 射线荧光光谱仪实时数据处理系统. 分析测试仪器通讯, 1996, 6(2): 43-44.

1996-146 余金保, 李硕, 李锋. 谈 X 射线光谱分析对粘土质量控制作用. 陶瓷研究, 1996, 11(4): 33-36.

1996-147 余美祥, 金立云. 萃取色谱/XRF 法测定高纯 Y_2O_3 中 14 个稀土杂质元素. 原子能科学技术, 1996, 30(3): 243-248.

1996-148 张崇海, 林灿生, 王效英, 杨恩波. 锆与 H_2MBP 生成萃取界面污物的行为研究. 核化学与放射化学, 1996, 18(2): 84-88.

1996-149 张凯, 孙其志, 王岚, 向运荣. 锇铱矿的分解及锇的分离提取. 长春地质学院学报, 1996, 26(4): 115-116.

1996-150 章净霞, 黄萍, 吴本介, 于桂芬, 安丽芝, 姚惠英, 肖延安, 潘巨祥. 细胞水平元素的同步辐射 X 荧光定量分析. 中华核医学杂志, 1996, 16(3): 149-151.

1996-151 Zhang Yuanxun. Toxic effects of selenium on marine fish. Journal of Environmental Sciences, 1996, 8(2): 151-156.

1996-152 赵尔燕, 邱林友. 巯基泡塑富集-XRF 测定矿石中的金. 分析测试学报, 1996, 15(3): 53-55.

1996-153 郑荣华. X 射线荧光靶线内标法测定金

首饰中的银. 岩矿测试, 1996, 15(3): 74-76.

1996-154 郑祥身. 西南极乔治王岛北海岸第三纪火山岩的岩石化学和地球化学研究. 南极研究, 1996, 8(2): 4-8, 10-18.

1996-155 支霞臣, 李彬贤, 杨晶, 陈道公. 扬子地块东段若干橄榄岩包体的温度-压力计算. 岩石学报, 1996, 12(3): 446-454.

1996-156 周继红, 黄栋生. 理论 α 系数在钡玻璃 X 射线荧光光谱中的应用. 中国有色金属学报, 1996, 6(3): 63-65.

1996-157 周四春, 谢庭周, 葛良全, 赖万昌, 赵友清, 章晔. X 荧光勘查金矿技术的应用与进展. 物探化探计算技术, 1996, 18(S1): 66-69.

1996-158 朱光华. 用核分析技术研究土法炼锌排入大气的颗粒物. 中国核科技报告, 1996, (0): 533-540.

1996-159 朱节清. 核子微探针技术的新进展. 核物理动态, 1996, 13(4): 22-24, 34.

1997 年 (1997)

1997-001 安福林. 镀锌测厚仪. 核电子学与探测技术, 1997, 17(4): 49-52.

1997-002 白尔隽. 低能 γ 源 X 荧光光谱分析法测定黄金饰品中的含金量. 吉林大学自然科学学报, 1997, (3): 70-72.

1997-003 蔡鲲. X 荧光分析卢卡斯-图思基体校正多功能软件的编制和应用. 光谱实验室, 1997, 14(5): 53-56.

1997-004 蔡鲲, 韩煜华. X 荧光光谱法测定 K13 钢中镍铬钨钛铝. 冶金分析, 1997, 17(5): 53-54.

1997-005 曹利国, 丁益民, 刘亚平. 合金分析的归一化方法及镀层识别. 核技术, 1997, 20(1): 44-48.

1997-006 常青, 宋玉刚. 新一代 X 射线荧光光谱仪. 中国建材, 1997, (8): 44.

1997-007 陈奇, 宋鹏, 程继健. 新型 $BaO-TiO_2-SiO_2$ 耐碱涂层在波特兰水泥中的稳定性. 无机材料学报, 1997, 12(4): 536-540.

1997-008 陈晓秦. 研究水成铀矿床的地球物理及核物理方法. 国外铀金地质, 1997, 14(4): 361-366.

1997-009 陈友红, 朱节清, 王晓红, 王毅民. 恐龙蛋壳化石微区的元素组成与分布的质子探针研究. 核技术, 1997, 20(3): 31-36.

1997-010 承焕生, 何文权, 姚惠英, 汤家镛, 杨福家, 马承源, 单国霖, 钟银兰, 王维达. 中国古墨与现代墨元素成分研究. 文物保护与考古科学, 1997, 9(1): 16-19.

1997-011 程波, 王振华. X 射线荧光能谱稀土在线分析技术基础研究 (Ⅰ)——元素间效应和校正用数学模型. 稀土, 1997, 18(5): 29-39.

1997-012 程波, 吴克平, 王振华. X 射线荧光能谱稀土在线分析技术基础研究 (Ⅱ)——标样体系和校正方法与在线分析的准确度、精密度. 稀土, 1997, 18(6): 13-23.

1997-013 戴国瑞, 管玉国, 赵军, 南金. InP 表面等离子体 CVD 淀积 SiO_2 膜的界面结构及 C-V 特性. 半导体光电, 1997, 18(2): 134-137.

1997-014 邓赛文, 梁国立. 理学 3080 型 X 射线荧光光谱仪故障检修几例. 分析测试仪器通讯, 1997, 7(4): 54-55.

1997-015 邓艳丽, 刘宝生, 李卫华, 刘际时. 用 X 射线荧光分析技术甄别金制品和镀、包金赝品. 原子能科学技术, 1997, 31(2): 23-28.

1997-016 丁训良, 赫业军, 颜一鸣. X 光透镜在 μ-XRF 分析中的应用. 原子核物理评论, 1997, 14(3): 24-26, 45.

1997-017 丁元明, 张学东, 张宏勋, 王雪. X 射线过程分析仪器及其应用. 分析测试仪器通讯, 1997, 7(2): 16-20.

1997-018 董国明, 张汉明. 不同产地仙茅药材微量元素含量分析. 微量元素与健康研究, 1997, 14(4): 33-34.

1997-019 董洪涛. X 射线分析技术最新发展. 四川水泥, 1997, (1): 39-40.

1997-020 杜恒清, 李雯虹, 刘国华. X 射线荧光薄样标准加入法测定硫化物精矿中的砷. 现代商检科技, 1997, 5(3): 37-38.

1997-021 范玉龙, 王永青. 理学 3080E 型 X 射线

荧光光谱仪高压插头修复方法. 现代科学仪器, 1997, (4): 42.

1997-022 傅小林, 薛重生. 火星与地球岩石化学成分对比. 地质科技情报, 1997, (S1): 29, 35.

1997-023 高君. X荧光管油的替换及应注意的问题. 水泥, 1997, (10): 32-33.

1997-024 高秋华, 黄开勋, 范华汉, 何佳文, 周井炎. 肺癌病人头发中微量元素的分析及其意义. 癌症, 1997, 16(4): 26-27.

1997-025 高志祥, 殷秀文. FAAS法测定高温超导材料中钇. 冶金分析, 1997, 17(1): 52-54.

1997-026 葛良全, 曹志敏, 孙传敏, 李巨初, 李佑国. 西藏地区联合应用X荧光法和快金分析法快速追踪和评价金异常源. 地质与勘探, 1997, 33(5): 41-45.

1997-027 葛良全, 章晔, 程业勋, 周四春, 谢庭周, 侯胜利. 放射性同位素X荧光测井技术的研究. 核技术, 1997, 20(1): 19-24.

1997-028 葛良全, 周四春, 谢庭周, 赖万昌, 章晔, 程业勋, 侯胜利. 井孔原位快速测定元素含量的井中X辐射取样技术. 有色金属(矿山部分), 1997, (1): 1-5.

1997-029 葛良全, 周四春, 谢庭周, 章晔, 程业勋, 侯胜利, 雷启福, 姚安兵, 王启国. 新型X射线荧光测井仪的研制与初步应用. 成都理工学院学报, 1997, 24(1): 107-111.

1997-030 管玉国, 戴国瑞, 贾道勇, 南金. 用PECVD技术淀积$PbTiO_3$薄膜. 功能材料, 1997, 28(1): 59-61.

1997-031 郭伸, 李国会. X射线荧光光谱法在水泥生产质量监控中的应用. 分析测试仪器通讯, 1997, 7(4): 44-46.

1997-032 郭燕春. XRF定量分析中样品制备对PW1660荧光仪分析结果的影响. 水泥, 1997, (9): 28-29.

1997-033 韩龙, 申兆铭, 游文银, 陈鼎玖, 赵秀慧. 同位素型载流XRF分析仪能谱漂移自校正技术. 有色金属(选矿部分), 1997, (4): 37-40.

1997-034 郝丽萍, 杨桂莲, 邓虹, 牛素琴, 王再田. 炮钢中砷、锡、铅、锑和铋有害元素XRF光谱分析. 冶金分析, 1997, 17(4): 43-45.

1997-035 郝士琢, 田辉银, 邱明松, 刘世萍. 一种新型多元素X射线荧光分析仪的研制. 原子与分子物理学报, 1997, 14(4): 138-143.

1997-036 何文权, 承焕生, 陈刚, 杨福家. "野人"与动物毛发样品微量元素的PIXE研究. 核技术, 1997, 20(12): 41-44.

1997-037 何晓微, 郑允弘. 中子活化分析与X-ray荧光谱分析比对鉴定Cr-12钢. 深圳大学学报, 1997, 14(Z1): 88-91.

1997-038 侯胜利, 葛良全, 程业勋, 章晔, 王祝文. 新型X射线荧光测井仪及其应用. 地质与勘探, 1997, 33(5): 30-34.

1997-039 黄河清, 张凤章, 林庆梅, 孙耀东, 曾润颖, 曾定. 棕色固氮菌固氮酶钼铁蛋白M(H)中心的酸不稳定硫及高柠檬酸盐含量分析. 福建分析测试, 1997, 6(4): 747-751.

1997-040 黄河清, 张凤章, 邱雪慧, 林庆梅. 固氮酶单、双钼铁钼辅基的制备和特性. 应用与环境生物学报, 1997, 3(3): 258-262.

1997-041 黄近丹, 郑荣华, 张文芳, 李叶农. ED-XRF法对镀金饰品的测定. 福建分析测试, 1997, 6(4): 774-776.

1997-042 黄新民, 孟继德. PIXE方法对汉中240例少儿头发中微量元素的检测. 汉中师范学院学报(自然科学), 1997, 15(6): 26-28.

1997-043 黄允兰, 彭子成, 杨肇清. 新石器时期西山遗址古陶器表面陶彩的分析及其与烧结温度的关系. 光谱学与光谱分析, 1997, 17(6): 90-93.

1997-044 贾江涛, 马小桃, 严纯华, 廖春生, 李标国. ^{241}Am激发的能量色散X荧光在重稀土分离检测中的应用. 中国稀土学报, 1997, 15(4): 93-96.

1997-045 贾江涛, 马小桃, 严纯华, 廖春生, 李标国. Application of ^{241}Am EDXRF to determine heavy rare earths in RE separation processes by solvent

1997-046 姜睿. 镀层测厚仪在宝钢热镀锌生产线上的应用. 中国仪器仪表, 1997, (4): 27-30.

1997-047 李兵, 罗重庆, 刘千钧. X射线荧光光谱灰化薄样法测定铥镱镥富集物中九个重稀土元素. 光谱学与光谱分析, 1997, 17(2): 115-119.

1997-048 李国会. X射线荧光光谱法测定橄榄岩主次痕量元素. 光谱实验室, 1997, 14(6): 32-36.

1997-049 李国会. X射线荧光光谱法测定海洋沉积物中35种元素. 地质实验室, 1997, 13(4): 225-229.

1997-050 李国会, 樊守忠, 曹群仙, 潘晏山. X射线荧光光谱法直接测定碳酸盐岩石中主次痕量元素. 岩矿测试, 1997, 16(1): 48-53.

1997-051 李林, 王龙, 钟长江. 攀枝花铁矿钻孔岩芯XRF值与其物理力学性质关系的研究. 金属矿山, 1997, (4): 42-43.

1997-052 李天杰, 曹俊忠, 李金香. 太平洋西部、南大洋及东南极陆缘大气气溶胶来源及其物理化学特征. 极地研究, 1997, 9(4): 5-11, 13-15.

1997-053 李先春, 王敦清, 曾思襄, 熊小青. 草珊瑚中微量元素含量的测定及其在生理化学中的作用探讨. 环境与开发, 1997, 12(4): 7-9.

1997-054 李叶农. X荧光能谱法测定合金结构钢标样中五个元素. 光谱实验室, 1997, 14(2): 25-27.

1997-055 李叶农. X荧光能谱法测定锡基合金标样中三个元素. 福建分析测试, 1997, 6(1): 636-637, 635.

1997-056 李叶农, 卢卫, 张秋芳. X荧光能谱法测定土壤标样中钙和钾研究初报. 福建省农科院学报, 1997, 12(4): 53-55.

1997-057 李叶农, 曲秀文. X荧光能谱法测定黄铜中的铜. 福建分析测试, 1997, 6(2): 667-669.

1997-058 李叶农, 郑荣华, 黄近丹, 张文芳. X荧光能谱法测定磷青铜、青铜标样中铜与锡. 光谱实验室, 1997, 14(1): 55-57.

1997-059 李勇, 冯景苏. 矿浆品位、浓度分析仪在选矿中的应用. 电脑与信息技术, 1997, (1): 32-34.

1997-060 李振坤, 郝冀方. 能散X射线能谱数据分析中的基体修正系数最佳化. 核技术, 1997, 20(10): 16-19.

1997-061 梁朝朝, 王克孝, 毛振伟, 胡克良. 包皮垢的成分分析及其生物学作用. 华中医学杂志, 1997, 21(4): 162-163.

1997-062 梁述廷. 地质样品中稀土总量的X射线荧光分析法测定. 矿物岩石, 1997, 17(1): 118-121.

1997-063 刘笛, 李俊踽, 陈晓林, 毛惠新. 锶钡永磁铁氧体磁性材料原子配比的X射线光谱直接测定及理论 α 系数干扰法校正计算. 磁性材料及器件, 1997, 28(2): 49-53.

1997-064 刘笛, 周军, 毛慧新. X射线荧光光谱熔融片法测定超导材料原子数配比. 岩矿测试, 1997, 16(2): 77-80.

1997-065 刘亨远, 严振庄, 谢东. X射线荧光法精确测定金属镀层的镀布量. 分析仪器, 1997, (1): 44-45.

1997-066 刘恺, 郑素华, 王瑞光, 张郁辉. 全反射X荧光分析技术的应用. 核技术, 1997, 20(1): 2-6.

1997-067 刘年庆, 赵舜英, 钱琴芳, 朱莲珍, 朴建华. 不同硒水平地区儿童红血球、大米和土壤中的铷含量测定. 核技术, 1997, 20(7): 48-51.

1997-068 刘千钧, 李兵, 罗重庆. 自编数据处理程序与PW1404型X荧光光谱仪的接口软件（LLLZ）的研究与应用（Ⅰ）. 光谱学与光谱分析, 1997, 17(5): 112-115.

1997-069 刘树田, 季桂娟. 粉末压样法X射线荧光光谱硅酸盐分析. 吉林地质, 1997, 16(4): 71-73.

1997-070 刘向阳. 钢渣中TFe、SiO_2、CaO等的X射线荧光分析. 柳钢科技, 1997, (1): 45-46.

1997-071 刘亚雯, 范钦敏, 吴应荣, 魏成连, 肖辉. 硅中掺杂元素砷的三维微分析. 光谱学与光谱分析, 1997, 14(4): 97-100.

1997-072 刘宇. 抚顺地区大气总悬浮微粒的元素富集特征及污染来源研究. 辽宁城乡环境科技, 1997, 17(2): 36-38.

1997-073 刘宇, 褚庆辉, 马波. 抚顺地区大气总悬浮微粒元素浓度季节变化的研究. 光谱实验室, 1997, 14(1): 41-43.

1997-074 刘志杰, 赵斌, 张宗涛, 胡黎明. 超细核壳铜-银双金属粉末的抗氧化性能研究. 无机化学学报, 1997, 13(1): 36-41.

1997-075 楼启正. 金华铁店类钧瓷的呈色问题. 浙江师大学报（自然科学版）, 1997, 20(3): 72-73.

1997-076 陆文栋, 何广仁, 徐庆丰, 秦俊法. 乳腺癌和乳腺增生症患者头发中钙及其他微量元素的初步研究. 核技术, 1997, 20(1): 54-56.

1997-077 陆晓明, 吉昂, 陶光仪. X射线荧光光谱法测定萤石中的氟、钙及二氧化硅. 分析化学, 1997, 25(2): 178-180.

1997-078 路贵民, 邱竹贤, 铁军. 氟化物熔体中镁在钨丝电极上的沉积. 轻金属, 1997, (12): 38-40.

1997-079 罗立强, 郭常霖, 吉昂, 马光祖. 化学计量学与X射线荧光光谱分析. 岩矿测试, 1997, 16(2): 50-59.

1997-080 罗立强, 郭常霖, 吉昂, 马光祖. 人工神经网络与分析测试技术的研究与发展. 岩矿测试, 1997, 16(4): 28-37.

1997-081 马东星, 赵金垣, 王超, 陈寿芳, 刘年庆, 邵涵茹, 刘宏, 张亨山. 新型络合剂对肾镉促排作用及对微量元素影响的观察. 中国工业医学杂志, 1997, 10(4): 17, 19-20, 18.

1997-082 满瑞林, 赵新那. 论偏最小二乘校正方法的稳定性. 中南工业大学学报, 1997, 28(6): 88-91.

1997-083 毛振伟, 池锦祺. VF-320型X射线荧光光谱仪器件的国产化. 分析测试仪器通讯, 1997, 7(1): 44-45, 48.

1997-084 毛振伟, 彭骏, 张巽, 彭子成. 用X射线荧光光谱滤纸片法测定古代青铜器中的Cu、Pb、Sn、Fe和Zn. 光谱学与光谱分析, 1997, 17(6): 81-85.

1997-085 毛振伟, 张巽, 李凡庆, 彭子成. X射线荧光光谱滤纸片法测定矿石中的铜. 分析试验室, 1997, 16(2): 50-52.

1997-086 苗建民, 余君岳, 李德卉. EDXRF无损检测青花瓷器的研究. 核技术, 1997, 20(9): 27-31.

1997-087 苗建民, 余君岳, 李德卉. 青花瓷器产地判别研究. 文物保护与考古科学, 1997, 9(1): 10-15.

1997-088 宁德亮, 赵莹. AgZn合金中Zn、Cu X荧光快速定量分析方法研究. 电工合金, 1997, (3): 43-48.

1997-089 彭子成, 梁宝鎏, 刘诗中, 吴水存. 用EDXRF方法研究临江诸窑场古瓷胎的化学组成分区特征. 南方文物, 1997, (4): 111-116.

1997-090 邱林友. 高灵敏XRF测定废水中痕量砷. 中国环境监测, 1997, 13(2): 39-41.

1997-091 邱林友. 巯基纸富集-XRF测定水中Sb(III)和Sb(V). 云南环境科学, 1997, 16(3): 62-64.

1997-092 邱林友. Rigaku 3530型X射线荧光光谱仪故障分析与处理几例. 分析测试仪器通讯, 1997, 7(4): 57-58.

1997-093 邱林友. XRF测定氧化钴中微量元素. 稀有金属与硬质合金, 1997, (4): 32-34.

1997-094 邱林友. X射线荧光测定饮料中的Ca、Mg、Fe和Zn. 计量技术, 1997, (7): 25-26.

1997-095 邱林友. 载炭泡塑富集-XRF测定痕量金. 黄金, 1997, 18(6): 54-55.

1997-096 全跃龙, 刘忠华, 许平芳. 智力超常儿童发样微量元素研究. 广东微量元素科学, 1997, 4(1): 33-36.

1997-097 沙因, 章佩群, 王昕, 王观明, 章晓剑, 刘国栋, 林汉, 兰文正, 温孝恒. 骨骼样品PIXE分析测定方法研究. 原子能科学技术, 1997, 31(4): 68-72.

1997-098 沈勇, 张宗涛, 赵斌, 胡黎明, 朱裕贞. 明胶保护溶液还原法制备超细镍粉. 华东理工大学学报, 1997, 23(4): 74-78.

1997-099 史玉芳, 姜燕冬, 黄慧萍. X射线荧光光谱分析用于欧泊宝石的鉴定. 地质实验室, 1997, 13(3): 200-202.

1997-100 眭松山, 魏军, 史青. XRF 基本参数法测量和计算电子材料的组成. 光谱学与光谱分析, 1997, 17(3): 100-105.

1997-101 孙成文. 渗铬钢的物理方法检测. 理化检验-物理分册, 1997, 33(3): 27-30.

1997-102 孙家美, 毛振伟. 短跗星花金龟体表元素的 X 射线荧光光谱检测. 科技通报, 1997, 13(6): 59-61, 67.

1997-103 覃丹柳, 熊志英. X 射线荧光光谱法测定烧结矿中 Fe、Ca、Mg 等元素. 光谱仪器与分析, 1997, (2): 34.

1997-104 谭德睿, 吴来明, 唐静娟, 苏立民. 古铜镜"水银沁"表面形成机理的研究. 文物保护与考古科学, 1997, 9(1): 1-9.

1997-105 陶光仪. X 射线荧光光谱分析. 分析试验室, 1997, 16(3): 97-103.

1997-106 滕朴仁. 应用一台仪器同时进行元素和相的测试——ARL 8600S XRF-XRD 结合型光谱仪. 现代仪器使用与维修, 1997, (5): 35-37.

1997-107 铁生年. 钼铁中 Mo、Si、Cu 的 X 射线荧光光谱分析. 现代仪器使用与维修, 1997, (5): 51-52.

1997-108 铁生年, 张志刚, 陆建民, 齐进华. 硅铁中 Si、Al、P、Mn、Ca 各元素 X 荧光光谱的测定及研究. 现代仪器使用与维修, 1997, (5): 33-35.

1997-109 王进玉. X 荧光与文物考古研究. 光谱实验室, 1997, 14(4): 78-79.

1997-110 王丽娜, 张秉旺. 用 X 射线荧光光谱仪监控原料中引入玻璃的铁. 玻璃与搪瓷, 1997, 25(5): 27-28.

1997-111 王仁芳, 赵新那. 铅精矿中主要元素的 X 射线荧光光谱分析——PLS 法在 XRFA 中的应用. 江西有色金属, 1997, 11(2): 42-45.

1997-112 王晓红, 王毅民. 扫描核探针技术与应用进展. 分析化学, 1997, 25(11): 1341-1347.

1997-113 王修德, 王德锋. 环境样品中硫及其形态的 X 射线荧光分析. 预防医学文献信息, 1997, 3(1): 45-46.

1997-114 王学钊. VF-320 型 X 荧光光谱仪的维修. 南方钢铁, 1997, (4): 43-44, 23.

1997-115 吴澄宇, 袁忠信, 白鸽, 安庆骥, 王锐兵, 邓赛文. Compositional variations and its implications of a bastnaesite crystal, Mianning County, Sichuan Province. Journal of Rare Earths, 1997, 15(1): 2-6.

1997-116 吴晶玲, 陈麦秀, 陈祯, 刘祖林, 李立. X 射线荧光法对合金钢中微(痕)量元素的快速测定. 武汉汽车工业大学学报, 1997, 19(4): 66-69.

1997-117 吴应荣, 巢志瑜, 洪蓉, 肖延安, 潘巨祥, 黄衍信, 何聿忠, 罗平, 罗建慧, 李启金. 怀孕期头发中微量元素含量的变化. 光谱学与光谱分析, 1997, 17(1): 98-102.

1997-118 吴应荣, 巢志瑜, 潘巨祥, 洪蓉, 肖延安, 李光诚, 黄宇营, 赵利敏. 同步辐射微束 X 射线荧光分析实验站. 高能物理与核物理, 1997, 21(5): 475-480.

1997-119 吴应荣, 潘巨祥, 李光城, 赵利敏, 黄宇营, 袁丽珍, 陈家佩. 同步辐射 TXRF 用于细胞元素谱的初步研究. 核技术, 1997, 20(3): 37-41.

1997-120 谢琼心. X 射线荧光光谱分析法测定多金属矿中的铅锌铜. 分析试验室, 1997, 16(5): 76-78.

1997-121 谢荣厚, 高新华. 新一代顺序式 X 射线荧光光谱仪——飞利浦 PW2400 型 X 射线荧光光谱仪. 分析测试仪器通讯, 1997, 7(1): 14-18.

1997-122 谢荣厚, 高新华, 邬时海. X 射线荧光光谱分析进展. 冶金分析, 1997, 17(2): 34-38.

1997-123 熊朝东, 沈文馨, 刘燕, 朱碧如, 杨素琴. XRF 滤纸片法测定铁基样品中十种元素的方法研究. 江西科学, 1997, 15(3): 189-192.

1997-124 鄢明才, 迟清华, 顾铁新, 王春书. 中国东部地壳元素丰度与岩石平均化学组成研究. 物探与化探, 1997, 21(6): 451-459.

1997-125 严纯华, 贾江涛, 廖春生, 王明文, 马小桃, 李标国. 稀土串级萃取分离过程的自动控制系统. 稀土, 1997, 18(2): 39-44, 38.

1997-126 严振庄, 谢东, 刘亨远. X 射线荧光法检测金属镀层厚度. 河北师范大学学报, 1997, 21(2): 44-46.

1997-127 杨德辉. X 荧光能谱仪 (EDXRF)——一种快速、方便、无损的多元素同时测定仪器. 光谱仪器与分析, 1997, (1): 30-31.

1997-128 杨建成, 刘金祥. 生铁中有害杂质元素 As 的 X 射线荧光光谱分析. 冶金分析, 1997, 17(6): 46-47.

1997-129 杨晓杰, 刘钦甫, 陈开惠. 东胜高岭石的铁占位. 科学通报, 1997, 42(9): 950-953.

1997-130 叶水驰, 蓝慕杰, 鲍海飞, 于杰, 周士仁. 外加横向磁场生长优质 HgCdTe 晶体. 人工晶体学报, 1997, (Z1): 326.

1997-131 应志春, 邓赛文, 甘露, 吴晓军, 梁国立, 罗立强. 3080 X 射线荧光光谱仪的微机改造. 现代科学仪器, 1997, (3): 26-27.

1997-132 袁红. X 射线荧光分析数据处理软件的研究和应用. 光谱实验室, 1997, 14(3): 90-95.

1997-133 张家铨, 牛玉华, 肖延安, 李葵发, 方孝林, 柳常青. 用内标法测量石油地质样品中的微量元素. 核电子学与探测技术, 1997, 17(1): 33-37, 6.

1997-134 张旗, 徐平, 陈雨, 李秀云, 陈友红, 邬显慷, 朱节清, 谷英梅. 地幔交代作用的微区微量元素证据——云南双沟蛇绿岩的质子探针研究. 地质科学, 1997, 32(1): 88-95.

1997-135 张元勋, 谷英梅, 朱节清, 朱新芳. 扫描质子微探针对 IAEA 城市飞灰参考物质的微区均匀性研究. 核技术, 1997, 20(2): 24-27.

1997-136 张元勋, 张勇平, 童永彰, 戴克戎, 吴小涛, 裘世静. 老年与青年股骨头松质骨元素的比较. 上海医学, 1997, 20(4): 201-203.

1997-137 章晔. 核地球物理勘查技术发展概况. 物探与化探, 1997, 21(5): 321-330.

1997-138 赵国华, 王勇德. X 射线在食品质量控制中的应用. 肉类工业, 1997, (4): 40-42.

1997-139 赵利敏, 冼鼎昌. 全反射 X 射线荧光分析. 物理, 1997, (11): 23-27.

1997-140 赵秀慧, 韩龙, 陶锡珍. TXF-901 X 荧光分析仪硬件电路的研制. 矿冶, 1997, 6(4): 79-83, 57.

1997-141 郑厚琳. X 射线荧光光谱法在岩矿分析中的应用及有关技术要点. 有色金属矿产与勘查, 1997, 6(S1): 67-70, 85.

1997-142 郑荣华, 黄近丹, 张文芳, 李叶农. EDXRF 发射比值法识别镀金层及镀金层厚度的测定. 福建分析测试, 1997, 6(2): 652-656.

1997-143 郑荣华, 黄近丹, 张文芳, 李叶农. 选择激发基本参数法识别镀金层以及测定其厚度. 福建分析测试, 1997, 6(3): 710-715.

1997-144 周四春, 孙传敏, 何政伟, 吴德超. 新疆北山地区金矿的 X 射线荧光找矿标志. 成都理工学院学报, 1997, 24(3): 28-32.

1997-145 朱碧如, 熊朝东, 杨戈, 沈文馨. PW-1404 X 射线荧光光谱仪测定 15 个稀土元素. 环境与开发, 1997, 12(4): 45-46, 17.

1997-146 朱光华, 汪新福, 王广甫. PIXE 分析技术在大气环境研究中的应用. 原子核物理评论, 1997, 14(3): 27-29.

1997-147 朱节清. 核探针技术的现状和发展. 核技术, 1997, 20(10): 61-65.

1997-148 卓尚军, 陶光仪, 吉昂. X 射线荧光光谱分析氟化铈晶体中的掺杂元素钕. 光谱实验室, 1997, 14(3): 15-18.

1997-149 邹世荣, 李兴森. 快速准确的金饰品检测方法——DB52/T412-413-97 简介. 贵州地质, 1997, 14(2): 199-200.

1998 年 (1998)

1998-001 白尔隽. 放射性同位素源 X 射线荧光法测量碘盐中碘含量. 分析测试学报, 1998, 17(1): 85-87.

1998-002 包生祥, 王志红, 荣丽梅. 催化剂原料高岭土的 XRF 分析. 光谱学与光谱分析, 1998, 18(6): 100-102.

1998-003 卜赛斌，郝贡章. 顺序式X射线荧光光谱仪调研综述. 光谱实验室，1998，15(6): 17-22.

1998-004 才德慧，李海军. GZT吸附剂的X射线荧光光谱分析. 光谱实验室，1998，15(4): 72-74.

1998-005 蔡鲲. EDXFS快速半定量分析的几种实用方法. 光谱实验室，1998，15(5): 42-44.

1998-006 曹利国，丁益民，王剑. X射线荧光方法进行野外找矿及成矿规律研究的现状和前景. 地球物理学进展，1998，13(4): 110-121.

1998-007 常玉文，关玉芬. 选矿流程样品中铌和钍的X射线荧光光谱法测定. 分析测试学报，1998，17(5): 77-79.

1998-008 陈尔瑜，沈雪勇，党瑞山，承焕生，蔡德亨，何文权，费伦. 胆经颈以下穴位与结缔组织结构和钙元素富集的关系. 上海针灸杂志，1998，17(2): 38-39.

1998-009 陈乐明. 贫血患者头发与末稍血中铁、铜含量对比研究. 广东微量元素科学，1998，5(12): 4-6.

1998-010 陈锁志，纪桂芬. X射线荧光光谱法测定润滑油和添加剂中Ba Ca P S和Zn含量. 黑龙江石油化工，1998，9(1): 43-45.

1998-011 陈万春，麦振洪，马文漪，谢安云，刘道丹，吴兰生. α-碘酸锂晶体的空间生长. 物理，1998，27(7): 4-9.

1998-012 陈永君，邓赛文，马天芳，任家富. 工业镀层及涂层厚度分析——同位素X射线荧光光谱法. 分析测试学报，1998，17(3): 63-64.

1998-013 承焕生，何文权，陈刚，杨福家，苗培贵，丁桂珍. 真、假钞的X荧光鉴别法. 复旦学报（自然科学版），1998，37(1): 112-116.

1998-014 程雪刚，吴扬，何学忠，庄学甫，包敏，许涛. X荧光光谱法测定磷矿石中化学成分的研究. 现代商检科技，1998，8(2): 28-30.

1998-015 迟清华，鄢明才. 华北地台岩石放射性元素与现代大陆岩石圈热结构和温度分布. 地球物理学报，1998，41(1): 38-48.

1998-016 Claudio Giardino, Giovanni E. Gigante, Giuseppe Giuda, Rocco Mazzeo，詹长法，杨军昌，张虎勤. 金属文物的能量色散X射线荧光和金相结构的实地分析. 文物保护与考古科学，1998，10(1): 58-64.

1998-017 邓艳丽，李卫华，刘宝生，刘际时. 用X射线荧光分析技术测定镀、包金层的厚度. 原子能科学技术，1998，32(1): 50-54.

1998-018 董国明，张汉明. 仙茅属植物根茎微量元素含量分析. 微量元素与健康研究，1998，15(3): 59-60.

1998-019 董慧茹，董吉源. X射线荧光光谱仪的进展. 分析仪器，1998，(2): 6-14.

1998-020 董金泉，杨绍晋. 华北清洁地区气溶胶特征及其来源研究. 环境化学，1998，17(1): 38-44.

1998-021 董丽敏，刘安春，陈改明，刘京训. X荧光分析仪晶体表面处理实践. 冶金标准化与质量，1998，(5): 19-20, 44.

1998-022 范健，罗重庆，黄文艺，章执中，严纪良，向德磊，毛先军，文颉. XRF法用合金标样的研制及应用研究Ⅰ. 热镀锌合金分析. 分析试验室，1998，17(1): 3-6.

1998-023 范举利，张德明，赵莉，闫福栓. ARL8680 X射线荧光光谱仪计算机硬件故障维修. 地质实验室，1998，14(4): 285-286.

1998-024 范义春，金晓贤. 密度法测定首饰金含量的常见问题的讨论. 珠宝科技，1998，(2): 20-22.

1998-025 方勤学，徐安武. 核技术与考古学. 中国科学基金，1998，(3): 19-23.

1998-026 方原柏. 选矿厂载流分析仪综述. 有色金属设计，1998，25(3): 30-33.

1998-027 高军，刘迪. 3080E3型X射线荧光光谱仪维修实例三则. 有色矿冶，1998，(3): 48-49.

1998-028 高军，张焱，刘迪. X射线荧光光谱法在炉渣分析中的应用. 冶金分析，1998，

18(4): 49-51.

1998-029 龚武, 谭秉和. 用普通 X 射线荧光光谱仪进行铁价态的定量分析. 光谱学与光谱分析, 1998, 18(6): 95-99.

1998-030 谷金平. 3080E3 全自动 X 荧光仪晶体转换及低压报警系统的故障维修实例. 光谱实验室, 1998, 15(1): 91-94.

1998-031 郭宏, 李最雄, 裘元勋, 许志正, 汤家镛, 杨福家. 敦煌莫高窟壁画酥碱病害的机理研究之二. 敦煌研究, 1998, (4): 159-172, 184.

1998-032 韩乐静. 二十一世纪的水泥分析技术——XRF-XRD 光谱仪. 建材工业信息, 1998, (8): 36-37.

1998-033 韩占生, 潘卫, 潘伟雄, 赵炀, 李晋鲁, 朱起明, 田金忠, 黄宁表. 共沉淀法制备甲烷部分氧化制甲醇用多元复合氧化物催化剂. 催化学报, 1998, 19(5): 23-27.

1998-034 郝士琢, 田辉银, 刘世萍. 用 X 射线荧光分析仪进行水泥率值配料的研究. 原子与分子物理学报, 1998, 15(1): 80-85.

1998-035 何稼敏, 沈晓明, 颜崇淮, 敖黎明, 吴圣楣, 郭迪. 上海市油漆中铅含量的研究. 中华预防医学杂志, 1998, 32(3): 66.

1998-036 何稼敏, 沈晓明, 颜崇淮, 敖黎明, 吴圣楣, 郭迪. 用 X 线荧光衍射法和原子吸收光谱法测定油漆中的铅含量. 广东微量元素科学, 1998, 5(6): 26-29.

1998-037 何文权, 承焕生, 杨福家. PIXE 厚靶分析程序 PKG. 复旦学报 (自然科学版), 1998, 37(1): 19-24.

1998-038 侯文华, 王南平, 郭灿雄, 马军, 颜其洁, 傅献彩, 陈静. 氧化硅柱层状铁钛酸盐的合成和表征. 化学学报, 1998, (2): 160-165.

1998-039 胡纫兰, 江辅华, 李泰华, 唐代全, 王鹏, 李文学. 自联想神经网络算法在 X 射线复合谱分析中的应用. 核电子学与探测技术, 1998, 18(2): 49-52.

1998-040 胡纫兰, 唐代全, 陶世光, 张骏, 钟官寿, 李新. 湿法水泥生料浆自动配库控制系统的研制. 四川大学学报 (自然科学版), 1998, 35(3): 52-55.

1998-041 黄继忠, 史变青, 解廷藩, 张莉, 唐静娟, 许志正. 云冈石窟大气粉尘中金属离子的分析. 雁北师院学报, 1998, 14(2): 21-24.

1998-042 黄近丹, 郑荣华, 张文芳, 李叶农. ED-XRF 法对镀金饰品的测定. 测试技术学报, 1998, 12(3): 467-471.

1998-043 黄士斌, 傅华. 体内测量骨铅浓度的 X 荧光分析技术. 中华物理医学杂志, 1998, 20(2): 55-56.

1998-044 黄文辉, 刘文中, Bausch W. M.. 锶与碳酸盐岩中不溶残余物关系的探讨. 中国矿业大学学报, 1998, 27(4): 103-106.

1998-045 黄新民, 陈德胜, 孟继德, 牛江平, 傅西汉, 杨军. PIXE 方法对胆结石成分的研究. 汉中师范学院学报 (自然科学), 1998, 16(3): 28-30.

1998-046 嵇世山, 翁端, 谭瑞琴, 张志强, 曹立礼. La-Ce-Cu 系列催化剂 SO_2 中毒机理研究. 物理化学学报, 1998, 14(6): 527-533.

1998-047 戢朝玉, 李剑昌, 吴列平. 1:20 万岩石化探测量碳酸盐岩分析方法研究——等离子体质谱为主的配套分析方法. 岩矿测试, 1998, 17(2): 22-29.

1998-048 纪桂芬. 氧化锌脱硫剂中硫含量的测定. 黑龙江石油化工, 1998, (4): 42-44.

1998-049 金惠民, 朱荣保, 谭亚军, 吕钊, 李纪民, 徐明, 陈晓俊, 辛标, 程炳皓, 张文良. 混合式 K 边界技术及其应用的实验室研究 (Ⅰ). 原子能科学技术, 1998, 32(3): 2-9.

1998-050 金立云, 黄清良, 袁慧, 李云, 祝亮, 王里玉, 丁锡祥, 刘聪. 乏燃料后处理溶液中 U、Pu 的 ^{57}Co 源激发 K-XRF 分析. 核化学与放射化学, 1998, 20(3): 11-18.

1998-051 金明坤. X 射线荧光分析在测定浮法玻璃表面渗锡量中的应用. 玻璃, 1998, (6): 11-15, 20.

1998-052 阚斌, 赵惠君, 李良骅. 铝、硅质耐火材料的 X 射线荧光光谱分析. 冶金分析,

1998, 18(5): 35-38.

1998-053 李兵, 罗重庆. 钛酸钡瓷粉样品中多元素的 X 射线荧光光谱分析. 光谱实验室, 1998, 15(2): 23-26.

1998-054 李国栋, 贾文懿, 周蓉生. 适用于轻便型 X 荧光仪的微型低功率 X 光管激发源. 核电子学与探测技术, 1998, 18(2): 66-70.

1998-055 李国栋, 贾文懿, 周蓉生, 唐红, 方方, 马英杰. 野外高灵敏度 X 射线荧光测量系统研究. 成都理工学院学报, 1998, 25(1): 15-22.

1998-056 李国会, 黄新跃, 殷萍君, 樊守忠, 张天佑, 朱永奉. 全反射 X 射线荧光光谱法同时测定地气样品中锰、镍、铜、锌、铅、铷和锶. 分析化学, 1998, 26(1): 21-24.

1998-057 李国会, 王晓红, 王毅民. X 射线荧光光谱法测定大洋多金属结核中多种元素. 岩矿测试, 1998, 17(3): 39-44.

1998-058 李国会, 张天佑, 黄新跃, 殷萍君, 樊守忠. 全反射 X 射线荧光光谱法同时测定天然水中多种元素. 岩矿测试, 1998, 17(2): 46-49.

1998-059 李海, 陈顺喜, 陈昆松, 贾云波, 解廷凡, 黄继忠. 云冈石窟彩绘颜料初步分析. 文物, 1998, (6): 87-89.

1998-060 李晴宇, 李燕. X 射线荧光光谱加入法测定钛合金中的钕. 中国有色金属学报, 1998, 8(S2): 217-218.

1998-061 李树杰, 李雨平, Khosrovabadi P. B., Kolster B. H.. 制取带中间层的 Al_2O_3+Ni 复合材料的工艺研究. 复合材料学报, 1998, 15(1): 40-46.

1998-062 李伟枢, 佘小芳. 铁矿石中锡的 X 荧光光谱测定. 冶金丛刊, 1998, (1): 23-25.

1998-063 李晓林, 柴之芳, 毛雪瑛. 铂族元素地球化学示踪研究——四川新街层状侵入岩体铂族元素地球化学特征. 地球物理学报, 1998, 41(S1): 162-168.

1998-064 李志刚, 游文银, 陶锡珍, 陈鼎玖, 申兆铭, 赵秀慧. 多道智能控制器及大屏幕显示器的研制. 有色金属 (选矿部分), 1998, (6): 37-39, 43.

1998-065 李忠山. X 射线荧光光谱法快速测定多金属矿中的砷. 分析试验室, 1998, 17(4): 75-77.

1998-066 李仲轩, 赵天宝. XRF 测定硅铁的制样方法研究. 光谱实验室, 1998, 15(2): 84-87.

1998-067 梁国立, 马光祖, 罗立强. 理学 3080E 型 X 射线荧光光谱仪分辨率的改善. 岩矿测试, 1998, 17(1): 77-80.

1998-068 梁述廷. X 射线荧光光谱分析互标法无损检测黄金饰品. 地质实验室, 1998, 14(2): 101-103.

1998-069 梁钰, 余群英, 杨东明. 一种新的基体校正方法在 Mn 基合金 XRF 定量分析中的应用. 上海钢研, 1998, 4(1): 27-31.

1998-070 廖祝华. 童发中 Ca, Fe, Cu, Zn 的测定及其与儿童健康的关系. 桂林工学院学报, 1998, 18(2): 87-90.

1998-071 林国珍, 吕欣, 肖佩林. 型煤燃烧固硫中的温度效应. 环境科学, 1998, 19(1): 35-37.

1998-072 林文, 芦红, 祁智, 李桂兰. 同位素 X 荧光多元素分析仪在水泥工业中的应用前景. 中国建材科技, 1998, 7(2): 26-27.

1998-073 刘笛, 龚则明. MgZn 铁氧体 (偏转) 磁性材料的 X 射线光谱测定与研究. 磁性材料及器件, 1998, 29(1): 16-20.

1998-074 刘恺, 邬旭然, 郑素华, 田宇纮. 用全反射 X 荧光技术分析釉药粉末. 分析化学, 1998, 26(3): 370.

1998-075 刘恺, 郑素华, 邬旭然, 田宇纮. 用 TXRF 技术分析镍基溶液中的痕量元素. 测试技术学报, 1998, 12(3): 313-318.

1998-076 刘年庆, 刘鹏, 徐清, 邵涵如, 刘平生, 吴应荣, 马东星, 赵金坦. 用多元统计方法和微束扫描技术分析急性镉中毒的鼠肾中微量元素的分布. 核技术, 1998, 21(7): 415-419.

1998-077 刘千钧, 李兵, 罗重庆. 自编数据处理程序与 PW1404 型 X 荧光光谱仪的接口软件 LLLZ 的研究与应用 (II). 光谱学与光谱分析, 1998, 17(2): 103-106.

1998-078 刘尚华, 陶光仪, 吉昂. X 射线荧光光谱分析中的粉末压片制样法. 光谱实验室, 1998, 15(6): 10-16.

1998-079 刘世杰, 胡朝晖, 姚英, 王德武. 单色光激发的轻元素 X 射线分析. 高能物理与核物理, 1998, 22(4): 378-382.

1998-080 刘树文, 严方. X 射线荧光分析法测定生物样品中的硒. 分析化学, 1998, 26(2): 239.

1998-081 刘思林, 陈趣山, 腾荣厚, 刘时杰, 冯志杰, 张关录. 羰基精炼镍和贵金属的富集与提取. 贵金属, 1998, 19(3): 23-28.

1998-082 刘希举, 刘清前, 张连平, 程杰, 穆宝芬, 薛召南. 山东省栖霞、苍山两地区膳食中微量元素含量. 营养学报, 1998, 20(1): 90-94.

1998-083 刘小珍. 红色花岗石的光谱分析. 分析测试学报, 1998, 17(2): 79-81.

1998-084 刘小珍. 石棉红花岗石与芝麻白花岗石的光谱的研究. 光谱学与光谱分析, 1998, 18(5): 103-105.

1998-085 刘小珍. 印度红花岗石与芝麻白花岗石的光谱的研究. 光谱实验室, 1998, 15(3): 98-100.

1998-086 刘亚雯, 肖辉. 掠射技术与 X 射线荧光分析. 光谱学与光谱分析, 1998, 18(5): 98-102.

1998-087 罗丽, 包生祥. 石样品中主次微量元素的 X 射线荧光光谱测定. 分析化学, 1998, 26(9): 1125-1128.

1998-088 罗立强, 梁国立, 马光祖, 吉昂, 郭常霖. 用新的解谱软件及 X 射线荧光光谱法分析硫的化学态. 岩矿测试, 1998, 17(2): 4-10.

1998-089 罗立强, 马光祖, 吉昂, 郭常霖, 詹秀春, 梁国立. 神经群结构、算法与 X 射线荧光光谱分析研究. 分析科学学报, 1998, 14(3): 2-7.

1998-090 罗秋红, 占小龙. 载流荧光分析仪在选矿生产中应用效果分析. 有色金属, 1998, 50(S1): 90-93.

1998-091 毛振伟, 陈树榆, 石磊, 周贵恩. X 射线荧光基本参数法测定 $Y_{1-x}Ce_xBa_2Cu_3O_y$ 中的钇铈钡铜. 光谱学与光谱分析, 1998, 18(4): 120-123.

1998-092 梅今, 林菊香. 帕金森病头发微量元素的研究. 临床医学, 1998, 18(10): 24-25.

1998-093 穆宝芬, 薛昭南, 周启明, 刘希举, 刘清前, 程杰, 白小鸥. 质子激发 X 射线荧光法测定胃癌高发环境区白菜中的微量元素. 环境与开发, 1998, 13(4): 40, 47.

1998-094 穆宝芬, 周启明, 薛昭南. 用 PIXE 方法测定出口橡皮泥中有害元素 As Sb Ba Cd Cr Pb Hg 的含量. 微量元素与健康研究, 1998, 15(4): 63-64.

1998-095 裴大荣, 方锡华. 含 Sn 高磁感 (Hi-B) 取向硅钢脱碳退火板面氧化层研究. 武钢技术, 1998, 36(1): 17-20.

1998-096 彭良强, 魏成连, 刘亚雯, 张天保, 吴强. Si(Li) 谱仪测量 X 射线荧光谱中 Cr K β 谱线化学位移的探索. 光谱学与光谱分析, 1998, 18(1): 99-101.

1998-097 邱林友. X 射线荧光光谱分析动力学法的原理. 昆明理工大学学报, 1998, 23(2): 109-114.

1998-098 Ravi Yellepeddi. ARL XRF-XRD 结合型光谱仪在钢铁工业的应用. 钢铁, 1998, 33(8): 63-65.

1998-099 任天令, 朱嘉麟, 熊家炯, 王晓慧, 李龙土. 纳米 $BaTiO_3$ 及其陶瓷材料的特殊物性的研究. 功能材料, 1998, 29(1): 68-71.

1998-100 沙因, 章佩群, 王昕, 刘国栋, 林汉, 蓝文正, 温孝恒. 用 PIXE 方法研究骨折家兔骨骼微量元素的变化. 核技术, 1998, 21(6): 349-353.

1998-101 折书群. 密度校正法测定金饰品中的金. 有色金属矿产与勘查, 1998, 7(3): 55-58.

1998-102 申兆铭, 胡继友, 徐引行, 游文银, 陈鼎玖, 孙德权. X 荧光分析仪在线检测钼精矿产品质量的应用研究. 有色金属 (选矿部分), 1998, (1): 33-36.

1998-103 沈文馨, 潜学基. 理论 α 系数法在 X 射线荧光光谱分析 Pr_6O_{11} 富集物样品中的应用. 江西科学, 1998, 16(2): 46-49.

1998-104 沈雪勇, 党瑞山, 陈尔瑜, 承焕生, 何文权, 蔡德亨, 丁光宏, 费伦. 胃经腧穴与结缔组织结构和钙元素富集的关系. 中国针灸, 1998, (10): 19-21, 4.

1998-105 时军波. X 射线荧光光谱法测定稀土氧化物及其伴生稀土元素. 山东科学, 1998, 11(4): 20-23.

1998-106 宋苏环, 黄衍信, 谢涛, 张兰. 波长色散型 X 射线荧光光谱仪与能量色散型 X 射线荧光光谱仪的比较. 现代仪器使用与维修, 1998, (4): 26-27.

1998-107 宋永清, 陆少兰, 卜赛斌, 刘颂禹, 闵剑梅, 刘洋, 郝贡章, 徐邦运, 张泉. 饰品标准样品的研制. 分析试验室, 1998, 17(4): 55-59.

1998-108 苏伯民, 汪万福, 朽津信明. 日本 Fugoppe 洞窟病害分析和成因探讨. 敦煌研究, 1998, (4): 173-179, 185.

1998-109 孙淑媛, 孙龄高. 岩石矿物分析. 分析试验室, 1998, 17(4): 99-111.

1998-110 孙伟莹, 谭秉和. 钒的 Kβ 谱带精细结构的测定及钒的价态分析. 岩矿测试, 1998, 17(2): 30-34.

1998-111 孙伟莹, 谭秉和. X 射线荧光光谱法测定钒的原子价平均值. 岩矿测试, 1998, 17(3): 35-38.

1998-112 覃丹柳, 熊志英. X 射法荧光光谱法测定烧结矿中 Fe、Ca、Mg 等元素. 光谱仪器与分析, 1998, (1): 38-43, 33.

1998-113 谭秉和, 龚武, 孙伟莹. X 射线荧光光谱分析中基体效应的数学校正方法新探. 光谱学与光谱分析, 1998, 18(3): 111-116.

1998-114 陶光仪, 卓尚军, 吉昂. 提高 X 射线荧光理论计算相对强度准确度的研究. 分析化学, 1998, 26(11): 1350-1354.

1998-115 陶光仪, 卓尚军, 吉昂. X 射线荧光光谱中影响理论计算相对强度的主要因素. 化学学报, 1998, (9): 873-879.

1998-116 铁生年, 白志刚, 赵桂兰. 日本岛津 (VXQ-150A) X 荧光光谱仪的维护. 现代仪器使用与维修, 1998, (1): 36-37.

1998-117 铁生年, 俞径保, 麻鑫, 韦成贵, 郭占红. X 荧光光谱法测铬铁矿中 Cr、Fe、Si、Mg、Al、Ca 的含量. 冶金标准化与质量, 1998, (12): 16.

1998-118 童纯菡, 吴香尧, 葛良全. 现代分析技术在环境研究中的应用. 成都理工学院学报, 1998, 25(1): 3-9.

1998-119 庹先国, 梁兴中, 郑建安. EDXRF 中复杂基体效应的一种校正方法研究. 核技术, 1998, 21(8): 482-486.

1998-120 庹先国, 刘磊, 唐建武. 适用于构造物理化学研究的新型多道 X 射线分析仪的研制. 地球学报, 1998, 3(19): 113.

1998-121 王大椿, 颜一鸣, 赫业军, 丁训良, 陈宝振, 魏富忠, 刘安东, 罗萍, 陈俊, 李玉德, 潘世友, 施修龄. X 光透镜及其应用. 大学物理, 1998, 17(10): 2-6, 10.

1998-122 王赫男. 保护渣的 X 射线荧光光谱分析. 鞍钢技术, 1998, (7): 3-5.

1998-123 王继光, 刘永忠, 葛良全, 赖万昌. 便携式 X 射线荧光仪用于铁矿石品位快速测定. 金属矿山, 1998, (6): 27-29.

1998-124 王莉娟. 流体包裹体成分分析研究. 地质论评, 1998, 44(5): 496-501.

1998-125 王图强. 振动磨研磨盒余样清除方法. 水泥, 1998, (11): 51.

1998-126 王学钊. XRF 测定不同热处理状态下的 $Cr_{12}MoV$ 钢的化学成分. 南方钢铁, 1998, (5): 14-15, 6.

1998-127 王学钊. X 射线荧光光谱法测定高温合金钢化学成分. 南方钢铁, 1998, (1): 26-27.

1998-128 王亚军, 索全伶, 刘前, 郭峰. 氟化镨的制备条件及组成研究. 内蒙古石油化工, 1998, 24(2): 12-15.

1998-129 王亚军, 王红宇, 索全伶, 郭锋, 刘前. 氟化稀土的制备及组成研究. 内蒙古大学学报 (自然科学版), 1998, 29(5): 86-90.

1998-130 王亚军, 王红宇, 索全伶, 刘前, 郭峰, 牛志刚. 氟化钕的制备条件及组成研究. 内蒙古工业大学学报 (自然科学版), 1998, 17(4): 47-52.

1998-131 王毅民, 李家熙, 高玉淑, 宋浩威, 罗代洪, 王晓红, 陈维岳, 滕云业, 周世光. 太平洋多金属结核及沉积物标准物质研制. 地球学报, 1998, 19(3):

75-84.

1998-132 王再田, 赵耀, 郝丽萍. 光卤石和钡熔剂X射线荧光光谱分析方法. 无机盐工业, 1998, 30(5): 44-46, 4.

1998-133 汪新福. 北京市中心和远郊农村冬天大气气溶胶的研究. 北京师范大学学报(自然科学版), 1998, 34(3): 360-364.

1998-134 魏元柏, 周世俊, 陈武, 任炽刚. 核微探针在包裹体成分分析中的应用. 自然科学进展, 1998, 8(2): 94-97.

1998-135 吴晓军, 罗立强, 甘露, 詹秀春, 梁国立, 马光祖. 聚类分析法在地质样品分类中的应用研究. 岩矿测试, 1998, 17(3): 14-18.

1998-136 吴应荣, 巢志瑜, 潘巨祥. 同步辐射微探针荧光分析. 光谱实验室, 1998, 15(1): 14-20.

1998-137 吴应荣, 潘巨祥. 同步辐射微束X射线荧光分析及其在生物医学中的应用. 广东微量元素科学, 1998, 5(10): 1-5.

1998-138 吴应荣, 潘巨祥, 赵利敏, 李光城, 黄宇营. 同步辐射全反射XRF实验. 光谱实验室, 1998, 15(3): 13-16.

1998-139 郗庚民. 铌铪合金中钨钽铪钛锆的X射线荧光光谱分析. 理化检验-化学分册, 1998, 34(12): 561-562.

1998-140 胥成民, 刘邦杰. X射线荧光光谱粉末直接压片法测定哈默斯雷铁矿中的主次元素含量. 光谱实验室, 1998, 15(2): 80-83.

1998-141 胥成民, 任丽萍, 蒋海宁, 吴非, 王芳. X射线荧光光谱粉末压片法测定进口铁矿中的主次元素含量. 检验检疫科学, 1998, 8(6): 12-14.

1998-142 顼兆钧. AOS2000分析仪专家系统的研究与应用. 矿冶, 1998, 7(2): 74-79.

1998-143 徐海. SRS300 X射线荧光光谱仪故障分析及修理. 地质实验室, 1998, 14(3): 214-215.

1998-144 徐金瑞. X荧光光谱法测定沉积在镍基合金带上Nb_3Sn成分比. 光谱实验室, 1998, 15(5): 69-72.

1998-145 徐向东, 付绍军. X射线微束化技术. 科学, 1998, 50(4): 24-27.

1998-146 许锦康. X射线荧光探头中几个主要部件相对位置的探讨. 云南冶金, 1998, 27(S1): 91-94.

1998-147 杨成选. 合金铸铁的X射线荧光光谱分析. 光谱实验室, 1998, 15(3): 71-75.

1998-148 杨德辉. X荧光能谱技术的新进展. 光谱仪器与分析, 1998, (2): 34-35.

1998-149 杨鸿昌, 晁春军. ZTLY-1型智能同位素硫份仪的研制. 煤矿自动化, 1998, (S1): 147-149.

1998-150 杨森林. X射线荧光分析技术在钼矿山的应用. 中国钼业, 1998, 22(2): 46-48.

1998-151 杨卫, 宋卫良. 波长色散X射线荧光光谱法测定转炉渣的研究. 钢铁研究, 1998, (1): 40-43.

1998-152 杨晓勇, 王奎仁, 戴小平, 杨学明, 孙立广. 质子探针分析方法研究矿石中微细粒金的赋存状态——以皖中沙溪斑岩铜(金)矿床为例. 高校地质学报, 1998, 4(1): 44-49.

1998-153 杨兴繁, 贾文懿, 周蓉生. 轻便型X荧光仪多道脉冲幅度分析器的研制. 核电子学与探测技术, 1998, 18(4): 29-32.

1998-154 杨仲平. X射线荧光光谱快速分析地质物料主、次元素. 光谱实验室, 1998, 15(4): 102-105.

1998-155 姚向东, 常建平, 李银祥. X射线荧光光谱仪故障分析与维修. 现代仪器使用与维修, 1998, (3): 39-40.

1998-156 尤利格S., 许孙曲. 用新式X射线荧光(XRF)分析法进行过程控制. 国外选矿快报, 1998, (23): 17-19.

1998-157 余群英, 李新荣. 用Simultix10 X射线荧光光谱仪分析高合金钢. 上海钢研, 1998, (6): 44-47.

1998-158 张崇海, 刘大鸣, 李泽, 李纪民, 董明理, 曹斌. 核材料快速检测技术开发. 原子能科学技术, 1998, 32(3): 72-77.

1998-159 张德明, 范举利, 赵莉, 闫福栓. ARL8680 X射线荧光光谱仪故障分析与维修. 地质实验室, 1998, 14(2): 139-141.

1998-160 张鸿, 梁伟德, 白尔隽. 海洛因依赖者头发中的微量元素含量分析. 微量元

1998-161 张龙生. 能量色散 X 荧光谱仪测定黄金饰品. 上海计量测试, 1998, (2): 33.

1998-162 张寿庭, 丁益民, 朱创业, 沈军辉. X 射线荧光分析技术在四川龙塘铅锌矿成矿规律研究与资源评价中的应用. 物探与化探, 1998, 22(2): 116-121, 133.

1998-163 张天佑, 李国会, 朱永奉, 黄新跃, 殷萍君, 樊守忠, 吕金卯. 高灵敏度的全反射 X 射线荧光光谱仪的研制. 岩矿测试, 1998, 17(1): 70-76.

1998-164 张香荣, 谭秉和. 用通用 X 射线荧光光谱仪进行铬的形态分析. 光谱学与光谱分析, 1998, 18(1): 102-106.

1998-165 赵利敏, 吴应荣, 黄宇营, 李光城, 贾全杰, 袁丽珍, 陈家佩. 全反射 X 射线荧光分析在生物医学中的应用. 高能物理与核物理, 1998, 22(2): 186-191.

1998-166 赵利敏, 吴应荣, 黄宇营, 李光诚, 袁丽珍, 陈家佩. 全反射 X 射线荧光分析测量小白鼠小肠细胞的初步研究. 核技术, 1998, 21(8): 478-481.

1998-167 赵秀慧. TXF-901 型 X 荧光分析仪用于钼选厂生产矿样快速分析的应用研究. 有色金属 (选矿部分), 1998, (5): 41-45.

1998-168 郑建安, 庚先国. X 射线荧光快速分析多类型铜精矿品位. 分析试验室, 1998, 17(3): 86-88.

1998-169 郑荣华, 黄近丹, 张文芳, 李叶农. XRF 靶线内标法测定金覆盖层的厚度. 福建分析测试, 1998, 7(1): 801-804.

1998-170 郑荣华, 张文芳, 李叶农, 黄近丹, 杨德辉. EDXRF 外推回归法测定白色 K 金饰品中 Ni 和 Pd 的含量. 光谱学与光谱分析, 1998, 18(1): 111-116.

1998-171 周四春, 赵琦, 陈慈德. 多参数 X 荧光测量现场地球化学勘查金矿技术研究与应用. 矿物岩石, 1998, 18(4): 99-103.

1998-172 周晓钢, 关泽红, 常芳. 内蒙古牧区老年冠心病患者血清 Zn、Cu、Ca、Mg 的测定及临床意义. 广东微量元素科学, 1998, 5(9): 30-33.

1998-173 朱光华. 质子 X 荧光分析在大气气溶胶研究中的应用. 中国核科技报告, 1998, (S6): 15-16.

1998-174 朱光华. 质子 X 荧光分析在大气气溶胶研究中的应用 (英文). 中国核科技报告, 1998, (0): 1012-1026.

1998-175 朱立, 赵志英, 王正华, 李彦芬, 刘年庆, 刘平生, 徐青, 刘鹏, 钱琴芳. 红细胞中微量元素含量与甲状腺功能的关系. 同位素, 1998, 11(4): 19-23.

1998-176 朱满康. $BaO-ZnO-La_2O_3-B_2O_3$ 系统玻璃结构的研究. 中国建材科技, 1998, 7(1): 12-16, 44.

1998-177 Zhuang Hanping, Lu Jialan, Fu Jiamo, Liu Jinzhong. Organic/inorganic occurrence of metallic elements of the black shale-hosted Baiguoyuan silvervanadium deposit in Xingshan, Hubei. Acta Geologica Sinica (English Edition), 1998, 72(3): 299-307.

1998-178 庄汉平, 卢家烂, 付家谟, 刘金钟, 任炽刚, 邹德刚. Germanium occurrence in Lincang superlarge deposit in Yunnan, China. Science in China (Series D: Earth Sciences), 1998, 41(S1): 21-27.

1998-179 庄汉平, 卢家烂, 傅家谟, 刘金钟, 任炽刚, 邹德刚. 湖北兴山白果园黑色页岩型银钒矿床改造成矿作用的证据. 科学通报, 1998, 43(12): 1328-1332.

1998-180 庄汉平, 卢家烂, 傅家谟, 刘金钟, 任炽刚, 邹德刚. 临沧超大型锗矿床锗赋存状态研究. 中国科学 (D 辑: 地球科学), 1998, 28(S2): 37-42.

1998-181 庄汉平, 卢家烂, 傅家谟, 刘金钟, 邹德刚, 任炽刚, 田伟之. 湖北兴山白果园黑色页岩型银钒矿床金属元素的有机/无机结合状态. 地质学报, 1998, 72(3): 287.

1998-182 庄汉平, 卢家烂, 傅家谟, 任炽刚, 邹德刚. 原油作为金运移的载体: 可能的岩石学和地球化学证据. 中国科学 (D 辑: 地球科学), 1998, 28(6): 552-558.

1998-183 邹海峰, 苏克, 姜桂兰, 肖国拾. 大气颗粒物样品中主量和痕量元素的直接测定. 环境化学, 1998, 17(5): 494-499.

1998-184 邹海峰, 苏克, 姜桂兰, 肖国拾, 季桂娟. X 射线荧光光谱法直接测定地质样品中多种痕量元素. 岩矿测试, 1998, 17(3): 49-52.

1999 年 (1999)

1999-001 艾伦 J. L., 马玉聪. 阳光 (Sunshine) 选矿厂的流程改进. 国外选矿快报, 1999, (2): 12-15, 19.

1999-002 包生祥. X 射线荧光分析散射幂函数法的原理及其应用 II. 非相干散射. 光谱学与光谱分析, 1999, 19(1): 91-93.

1999-003 包生祥, 王志红. X 射线荧光光谱测定甜瓜中矿质元素. 分析化学, 1999, 27(5): 558-561.

1999-004 包生祥, 王志红, 荣丽梅. X 射线荧光分析散射函数法的原理及其应用 III. 连续背景幂函数法. 光谱学与光谱分析, 1999, 19(2): 94-97.

1999-005 卜赛斌, 张淑英, 李明洁. 稀土磁致伸缩材料的 X 射线荧光光谱分析. 稀有金属, 1999, 23(6): 454-457.

1999-006 蔡鲲, 李昌华, 刘章大, 李桂英. 用能量色散型 X 荧光法测定超高磷铸铁中的磷. 光谱学与光谱分析, 1999, 19(3): 186-188.

1999-007 柴之芳. 环境科学研究中的现代核分析技术. 中国科学基金, 1999, (3): 28-31.

1999-008 承焕生, 陈刚, 朱海信, 杨福家. 用质子激发 X 荧光分析技术鉴别玉器种类. 核技术, 1999, 22(4): 233-236.

1999-009 承焕生, 何文权, 陈尔瑜, 党瑞山, 蔡德亨, 沈彐勇, 杨福家, 费伦. 用 PIXE 研究经络穴位元素浓度的异常分布. 核技术, 1999, 22(8): 494-499.

1999-010 承焕生, 何文权, 杨福家, 周分廷. 宋代汝瓷研究. 文物保护与考古科学, 1999, 11(2): 19-26.

1999-011 程驿, 李友, 李荣昌, 王夔, 姚惠英. $CeCl_3$ 灌胃时大鼠红细胞对 Ce 的摄入和红细胞膜通透性的改变. 自然科学进展, 1999, 9(6): 34-40.

1999-012 程驿, 李友, 李荣昌, 王夔, 姚惠英. The uptake of cerium by erythrocytes and the changes of membrane permeability in $CeCl_3$ feeding rats. Progress in Natural Science, 1999, 9(8): 51-57.

1999-013 程驿, 李友, 姚惠英, 李荣昌, 王夔. Gd 络阴离子进入人红细胞并影响 Cl^- 内流的机制. 中国稀土学报, 1999, 17(1): 54-58.

1999-014 戴万钧. 小剂量接触电离辐射受照者健康水平分析. 石油化工安全技术, 1999, 15(6): 32-33.

1999-015 戴万钧. 小剂量接触电离辐射受照者健康影响分析. 化工劳动保护, 1999, 20(6): 21-23.

1999-016 党俊芳. 快速矿物分析软件程序. 河南石油, 1999, (4): 27.

1999-017 德喜, 王世武. X 射线荧光光谱法测定稀土精矿各组份. 冶金分析, 1999, 19(1): 26-28.

1999-018 董发勤, 万朴, 彭同江, 吴逢春, 庄稼, 冯启明, 宋功保, 李国武, 邓建军, 赵世泉. 矿物纤维粉尘表面及体内外安全性评估研究. 矿物岩石地球化学通报, 1999, 18(4): 352-357.

1999-019 董亦斌, 邱林友. 二苯基硫脲-甲基异丁酮泡沫塑料富集-XRF 测定痕量金. 云南冶金, 1999, 28(3): 48-50.

1999-020 范健, 罗重庆, 黄文艺, 余会成, 章执中, 邹辉, 向德磊, 毛先军, 文颜, 严纪良. XRF 分析用合金标样的研制及在锌饼合金中的应用. 理化检验-化学分册, 1999, 35(10): 451-454.

1999-021 方方, 贾文懿, 周蓉生, 马英杰, 周建斌. 地学应用中的便携式微机多道能谱仪. 核电子学与探测技术, 1999, 19(4): 44-47.

1999-022 方名成, 傅友俊, 吴奕阳. 铂制品中铂含量的无损方法——能量色散 X 射线荧光光谱法. 上海计量测试, 1999, (5): 43-45.

1999-023 方原柏. 载流射线分析仪的现状与发展. 冶金自动化, 1999, (2): 5-7, 11.

1999-024 冯钦忠, 陈改明. 粉末压片法-能量色散 X 荧光光谱快速测定高炉渣. 冶金分析, 1999, 19(3): 51-52.

1999-025 冯田均，冯亚非．X射线荧光光谱仪在农业中的应用．光谱仪器与分析，1999，(3)：5-7．

1999-026 甘露，罗立强，吴晓军．主成分分析在地质样品分类与浓度预测中的应用研究．岩矿测试，1999，18(2)：19-22．

1999-027 高伟．XRF-5300H测厚仪测量系统能力分析．电镀与精饰，1999，21(4)：40-42．

1999-028 谷金平．3080E3全自动X荧光光谱仪控制电路故障的特殊处理．光谱实验室，1999，16(5)：518-520．

1999-029 郭芳，李小杰，陈智勇．X射线荧光法分析低合金钢中碳．光谱学与光谱分析，1999，19(3)：182-185．

1999-030 郭景康，承焕生，陈显求，黄瑞福，郭贤性．用PIXE技术测定古代建窑"供御"和"进盏"瓷片的主量、痕量化学组成．中国陶瓷，1999，35(3)：1-4．

1999-031 郭景康，承焕生，陈显求，黄瑞福，郭贤性．元代丽水保定窑青瓷化学组成的研究．中国陶瓷工业，1999，6(2)：36-39．

1999-032 郭景康，承焕生，陈显求，朱海信，黄瑞福，郭贤性．从化学组成上区分宋代汝瓷与民窑钧瓷．陶瓷学报，1999，20(3)：153-157．

1999-033 郭景康，朱海信，承焕生，陈显求，黄瑞福，郭贤性．景德镇明代仿天目瓷初考．陶瓷学报，1999，20(1)：27-31．

1999-034 郭盘林，王基庆，乐安全，朱节清．人工神经网络和最小二乘回归在XRF定量分析中的应用比较．核技术，1999，22(12)：725-729．

1999-035 Guo Panlin, Wang Jiqing, Li Xiaolin, Le Anquan, Zhu Jieqing. Micro-beam XRF localization by a laser beam. Nuclear Science and Techniques, 1999, 4(4): 225-229.

1999-036 郭盘林，王基庆，朱节清，乐安全．用XRMF分段多项式回归法定量分析铂钯合金．光谱学与光谱分析，1999，19(6)：871-874．

1999-037 郝贡章，卜赛斌，高新华，谢荣厚．X射线荧光光谱法直接测定电工硅钢钢屑中的微量元素．分析试验室，1999，18(6)：59-62．

1999-038 何锦锋．X荧光光谱法测量贵金属含量的常见问题的讨论．标准计量与质量，1999，(2)：33-34．

1999-039 何文权，承焕生，丁艳芳，杨福家．用X射线荧光分析法对珍贵邮票进行快速鉴定的技术．核技术，1999，22(1)：53-59．

1999-040 洪法水，魏正贵，陶冶，宛寿康，杨跃涛，曹心德，赵贵文．天然植物铁芒萁体内稀土元素的分布及其叶绿素镧的结构表征．植物学报，1999，41(8)：851-854．

1999-041 侯胜利，章晔．核地球物理X辐射取样中克服基体效应的研究．现代地质，1999，13(1)：117-120．

1999-042 胡坚．新型X射线荧光光谱仪在浇注料抗侵蚀研究中的应用．耐火材料，1999，(4)：221-223，246．

1999-043 胡世林，秦俊法，杨连菊，徐植灵，李德义．中药道地药材的研究．医学研究通讯，1999，28(5)：13．

1999-044 华兰．XRF法在锌合金标准物质均匀性检验中的应用．化学分析计量，1999，8(3)：8-9．

1999-045 黄河清．固氮酶钼铁蛋白单钼铁硫簇(Mo_9Fe_6S)的理化特性研究．福建分析测试，1999，8(3)：1081-1084．

1999-046 黄继忠，史变青，解廷藩．云冈石窟大气总悬浮微粒金属元素富集特征及污染源初探．东南文化，1999，(2)：117-120．

1999-047 黄近丹．X射线能谱法测定土壤中7种主次量元素．岩矿测试，1999，18(4)：308-310．

1999-048 黄玉龙，吴健玲，余敏．重晶石中$BaSO_4$、$SrSO_4$的分析方法．广西化工，1999，28(3)：38-41．

1999-049 嵇世山，李增喜，谭瑞琴，曹立礼．La-Ce-Cu复合金属氧化物的结构表征及催化性能．稀土，1999，20(1)：57-61．

1999-050 吉昂，卓尚军，陶光仪．Minimate

EDXRF 谱仪在水泥工业分析中的应用. 理化检验-化学分册, 1999, 35(11): 483-485.

1999-051 金进照, 应林初. 能量色散 X 射线荧光光谱测定延迟焦化石油焦中的硫. 光谱实验室, 1999, 16(4): 10-13.

1999-052 李兵, 罗重庆. X 射线荧光光谱法测定铝硅酸铅铋玻璃中多元组分. 冶金分析, 1999, 19(6): 56-57, 40.

1999-053 李丹农. 鉴定合成碳化硅新方法——X 射线荧光能谱法. 珠宝科技, 1999, (2): 40.

1999-054 李德金, 蒋忠义, 沙因, 黄宇营, 邵涵如. 元大都出土青花瓷器的无损分析. 考古, 1999, (11): 86-89, 104.

1999-055 李国栋, 贾文懿, 周蓉生, 唐红. 便携式 X 荧光仪关键技术研究. 原子能科学技术, 1999, 33(1): 62-66.

1999-056 李国会. X 射线荧光光谱法测定铬铁矿中主次量组分. 岩矿测试, 1999, 18(2): 53-56.

1999-057 李升, 李锦光. X 射线荧光光谱-玻璃熔融制样法分析铁矿中主成分和微量成分. 光谱实验室, 1999, 16(3): 122-124.

1999-058 李淑玲. 流体包裹体气液成分原位测定的新进展. 岩矿测试, 1999, 18(1): 74-78.

1999-059 李跃萍. 铝电解质中二氧化锡的光谱测定. 光谱实验室, 1999, 16(5): 521-523.

1999-060 林惠芳, 苏晓鸣. X 射线荧光光谱法测定硅酸盐岩石中 25 个元素. 地质实验室, 1999, 15(2): 110-113.

1999-061 林丽华. 多元素 X 荧光分析仪在水泥分析中的应用. 福建建材, 1999, (3): 47-49.

1999-062 林玉斌, 李建义, 桑杰, 时军波, 王磊. X 射线荧光光谱法测定底质中的几种重金属. 山东科学, 1999, 12(2): 22-24.

1999-063 刘恺, 邬旭然, 郑素华. 基于全反射原理的 X 荧光分析技术及其应用研究. 光谱学与光谱分析, 1999, 19(3): 175-178.

1999-064 刘力, 张立群, 冯予星, 田明, 张智, 杨云和. 改性粉煤灰 XRF 的应用. 橡胶工业, 1999, 46(5): 28-30.

1999-065 刘年庆, 刘平生, 徐青, 刘鹏, 钱琴芳, 朱立, 赵志英, 王正华, 李彦芬, 丰伟静. 不同甲状腺激素水平病人红细胞中的微量元素. 核技术, 1999, 22(2): 119-122.

1999-066 刘尚华, 陶光仪, 吉昂. 纳米粉末 ZrO_2-CeO_2-La_2O_3 的 XRF 分析研究. 无机材料学报, 1999, 14(6): 1005-1010.

1999-067 刘希举, 刘清前, 程杰, 张连平, 穆宝芬, 薛召南, 成桂萍. 山东省胃癌高低发地区主要食物中微量元素的 PIXE 分析. 核技术, 1999, 22(4): 228-232.

1999-068 刘小珍. 中国红花岗石与芝麻白花岗石的光谱研究. 赣南师范学院学报, 1999, (6): 74-76.

1999-069 刘洋. 流气正比探测器窗口的研制. 现代仪器, 1999, (5): 42-43.

1999-070 刘玉兵, 赵鹰立, 黄小楼. X 射线荧光光谱仪用水泥生料标准样品的研制. 水泥, 1999, (11): 35-40.

1999-071 卢家烺, 庄汉平, 傅家谟, 刘金钟. 湖北兴山白果园黑色页岩型银钒矿床中银钒赋存状态研究. 地球化学, 1999, 28(3): 222-230.

1999-072 芦红, 林文, 李桂兰. 小型多道 X 荧光波谱仪在水泥工业中的应用. 中国建材科技, 1999, (1): 42-44.

1999-073 鲁红斌. 冶炼工厂计算机管理控制信息集成. 计算机应用与软件, 1999, (4): 59-65.

1999-074 陆巍, 侯凤岭. 500kV 避雷器缺陷的在线检测. 华东电力, 1999, (10): 36-39.

1999-075 罗立强, 郭常霖, 马光祖, 吉昂. X 射线光谱与神经网络中单组分型神经群结构研究. 光谱学与光谱分析, 1999, 19(3): 171-174.

1999-076 罗立强, 马光祖. X 射线荧光与粒子激发 X 射线光谱分析. 分析试验室, 1999, 18(4): 104-111.

1999-077 马清林, 苏伯民, 胡之德, 李最雄, 陈庚龄. 春秋时期镀锡青铜器镀层结构和耐腐蚀机理研究. 兰州大学学报, 1999, 35(4): 67-72.

1999-078 毛振伟. X射线荧光光谱理论α系数法测定古青铜钱币中的铅铜锡. 光谱学与光谱分析, 1999, 19(5): 738-741.

1999-079 茅祖兴. 从47届丹佛X射线会议看X射线荧光分析的发展. 岩矿测试, 1999, 18(2): 146-149, 156.

1999-080 苗建民, 王莉英. EDXRF对宣德官窑青花瓷器色料的无损分析研究. 故宫博物院院刊, 1999, (1): 86-91, 95.

1999-081 穆宝芬, 周启明, 王春明, 薛召南, 白小鸥, 刘希举, 刘清前, 程杰. 山东省胃癌高低发区健康人发中微量元素的PIXE分析. 核电子学与探测技术, 1999, 19(4): 79-81.

1999-082 穆宝芬, 周启明, 薛召南, 刘希举, 刘清前, 白小鸥, 程杰. 山东省胃癌高发区食物中微量元素的研究. 环境与健康杂志, 1999, 16(2): 31-32.

1999-083 宁志超. 介绍一对青花云龙纹象耳瓶. 文物, 1999, (6): 86-93, 101.

1999-084 牛素琴, 杨桂莲. X射线荧光光谱法测定工具钢中各成份. 冶金分析, 1999, 19(1): 56-57.

1999-085 欧样宝. X射线荧光分析中对熔融制样法的探索. 福建建材, 1999, (4): 33-35.

1999-086 秦俊法. 核子微探针在医学和生物学中的应用. 广东微量元素科学, 1999, 6(5): 5-14.

1999-087 权养科. X射线荧光光谱法检测玻璃中的常量和微量元素. 刑事技术, 1999, (5): 6-8.

1999-088 沙因. "现代科技考古研讨会"纪要. 文物, 1999, (5): 94-96.

1999-089 沈文馨, 杨戈, 刘燕, 朱碧如, 熊朝东, 潜学基. X射线荧光光谱法测定钐铕钆富集物中十种稀土元素. 江西科学, 1999, 17(2): 50-52.

1999-090 石毓霞, 李韶梅, 王国增. 钛矿的X射线荧光光谱分析. 河北冶金, 1999, (3): 16-17, 25.

1999-091 宋苏环, 黄衍信, 谢涛, 张兰. 波长色散型X射线荧光光谱仪与能量色散型X射线荧光光谱仪的比较. 现代仪器, 1999, (6): 47-48.

1999-092 宋永清, 陆少兰. X射线荧光光谱法测定Dy_2O_3及其杂质Eu_2O_3, Gd_2O_3, Tb_4O_7, Ho_2O_3, Er_2O_3和Y_2O_3. 冶金分析, 1999, 19(4): 47-49.

1999-093 孙振亚, 赵文俞. 纳米矿物学在某些低级变质地体研究中的应用. 地学前缘, 1999, 6(1): 71.

1999-094 唐菊兴, 唐进, 高德荣, 林文第, 慕纪录. X射线荧光分析方法在毒重石-钡解石-钡白云石型钡矿评价中的应用. 成都理工学院学报, 1999, 26(1): 41-44.

1999-095 陶光仪, 吉昂, 卓尚军. 计算多层膜组分和厚度的软件FPMULTI及其应用. 光谱学与光谱分析, 1999, 19(2): 88-91.

1999-096 滕恩江, 胡伟, 吴国平, 魏复盛. 中国四城市空气中粗细颗粒物元素组成特征. 中国环境科学, 1999, 19(3): 238-242.

1999-097 田秀玲, 涂学忠. X射线光谱散射成像在橡胶复合材料中的应用. 橡胶工业, 1999, 46(6): 53-55.

1999-098 田永康, 曾宪修. X荧光分析仪在韶冶原料品位快速检测中的应用. 有色金属(冶炼部分), 1999, (3): 43-46.

1999-099 田宇纮, 刘恺, 邬旭然, 郑素华, 王景云, 马国立. 低含量多元素物质的快速全反射X荧光分析. 光谱实验室, 1999, 16(3): 20-23.

1999-100 铁生年, 苗瑞雪. 钼铁中Mo, Si, Cu的X射线荧光光谱分析. 冶金分析, 1999, 19(5): 53-54.

1999-101 铁生年, 严文福, 麻鑫, 李富忠. 岛津VXQ-150A型X荧光光谱仪的改造及维修. 分析仪器, 1999, (1): 57-58.

1999-102 铁生年, 云彦青, 严文福, 苗瑞雪. 日本岛津X荧光谱仪(VXQ-150A)的改造及维护. 光谱仪器与分析, 1999, (1): 40-42.

1999-103 王彬. PW1400 X射线荧光光谱仪高压发生器中脉冲变压器的设计和制作. 地质实验室, 1999, 15(2): 138-139, 141.

1999-104 王春梅, 褚连青, 张淑珍, 吴琼, 王金钢. 金属钕及镨中钕、镨和铈的ICP测定. 稀有金属, 1999, 23(2): 159-160,

1999-105 王海涛,肖天存,苏继新,鹿玉理,张孔远,郑绍宽. 含磷阻垢剂对重油加氢催化剂失活的影响. 催化学报, 1999, 20(6): 639-644.

1999-106 王基庆,郭盘林,李铭尧,裘惠源,朱节清. 用于核子微探针的多站多参量数据系统. 核电子学与探测技术, 1999, 19(6): 433-436.

1999-107 王可明,杜吉波,韩大川. 硅锰合金中主要元素的能量色散 X 荧光光谱法测定. 现代商检科技, 1999, 9(3): 62-64.

1999-108 王莉娟,石山大三,佐藤比奈子,世良耕一郎,王玉往. 满洲里-新巴尔虎右旗斑岩系列矿床石英流体包裹体液相组分的 PIXE 分析和地质应用. 地球化学, 1999, 28(2): 145-154.

1999-109 王少林,崔凤辉,李明洁,冯福兴. 镍钛记忆合金的 X 射线荧光光谱法分析. 分析试验室, 1999, 18(1): 98-99.

1999-110 王斯晗,包世星,李文杰. X 射线荧光光谱测定裂化平衡催化剂中污染金属含量. 黑龙江石油化工, 1999, 10(2): 39-41.

1999-111 王亚军,索全伶,刘前,郭峰. 氟化镝的制备及组成研究. 稀土, 1999, 20(1): 23-27.

1999-112 王再田,牛素琴,邓虹. XRF 光谱测定钨精矿 WO_3(%) 简便方法. 光谱学与光谱分析, 1999, 19(1): 94-95.

1999-113 汪建清,金立云,黄清良,祝亮,袁慧. 国内两种多道分析器与 QXAS 分析软件的接口及应用. 原子能科学技术, 1999, 33(3): 84-89.

1999-114 尉军. 选矿物料中镍铜硫及氧化镁的 X 荧光快速分析方法研究. 有色冶炼, 1999, 28(S1): 68-70, 124.

1999-115 闻春国. PdCo 合金——一种优良的接触件表面涂覆材料. 机电元件, 1999, 19(3): 13-17.

1999-116 闻莺. 硅单晶中掺杂元素砷的 SRXRF 微区分析研究. 矿冶, 1999, 8(3): 101-104.

1999-117 乌利希 S., 李金标. 现代 X 射线荧光分析在过程控制中的应用. 国外金属矿选矿, 1999, (5): 40-42, 46.

1999-118 吴舜田. 台湾蓝玉髓的另类模仿品. 宝石和宝石学杂志, 1999, 1(4): 11-12, 15.

1999-119 吴应荣. 硬 X 射线微探针及其应用. 核技术, 1999, 22(2): 123-128.

1999-120 滕彦国,倪师军,张成江,赵友清. 阿西金矿床流体成矿的元素地球化学界面及 X 荧光测量识别试验. 矿产与地质, 1999, 13(5): 299-302.

1999-121 夏湘. X 射线荧光光谱法测定高炉渣中的 SiO_2、CaO. 海南矿冶, 1999, (3): 12-14.

1999-122 谢晋东,丁训良,赫业军,潘秋丽,魏富忠,颜一鸣. 整体 X 光会聚透镜及其在微束 X 射线荧光分析中的应用. 北京师范大学学报 (自然科学版), 1999, 35(1): 46-49.

1999-123 谢荣厚,高新华,盛伟志,丁志强. 现代 X 射线荧光光谱仪的进展. 冶金分析, 1999, 19(1): 32-36.

1999-124 熊国林. X 荧光分析仪在永平铜矿浮选工艺中的应用实践. 江西有色金属, 1999, 13(1): 26-28.

1999-125 熊国林,孙芝地. 选矿自动化中荧光分析仪的应用. 矿冶, 1999, 8(3): 84-87.

1999-126 胥成民,刘邦杰. 铁矿的 X 射线荧光光谱分析. 理化检验-化学分册, 1999, 35(2): 61-62.

1999-127 徐安武,杨小勇,孙在泾,王昌燧,柴中庆,何文权,承焕生. 河南南阳独山玉的 PIXE 研究. 核技术, 1999, 22(9): 533-538.

1999-128 徐应明,王榕树. 介孔钛硅分子筛表面功能膜的制备及对水体中铅的去除作用. 高等学校化学学报, 1999, 20(7): 11-15.

1999-129 薛秦芳. 天然欧泊、合成欧泊、塑料欧泊的鉴别研究. 宝石和宝石学杂志, 1999, 1(2): 49-52.

1999-130 严振庄,谢东. 双源两次 X 射线荧光测量法鉴定金饰品质量. 核电子学与探测技术, 1999, 19(4): 75-76.

1999-131 杨学明,杨晓勇,王奎仁,林秀清,王贤觉, 张玉良. 安庆月山铜钼矿床金的赋存状态与分布规律研究. 高校地质学报, 1999, 5(1): 34-44.

1999-132 杨仲平, 陈远盘. XRF 分析中修正比例常数法的计算与程序. 光谱学与光谱分析, 1999, 19(2): 92-93.

1999-133 姚丽珠, 吕振波, 陈若梅. 吸光光度法测定催化剂中磷含量. 理化检验-化学分册, 1999, 35(5): 220-222.

1999-134 叶斌. X 射线荧光分析仪在诺兰达生产中的故障判断及处理. 有色冶炼, 1999, 28(5): 56-57.

1999-135 于玲, 胡晓静, 常丽, 林淑芝, 王明伟. 矾土的两种快速熔样方法. 大连轻工业学院学报, 1999, 18(2): 65-68.

1999-136 袁慧, 金立云, 张怀礼, 朱林霞. X 射线荧光光谱分析法测定 ^{235}U 冶金炉渣中微量 U. 原子能科学技术, 1999, 33(3): 62-65.

1999-137 袁慧, 杨志红. ScI_3-NaI-ThI_4 中 Sc 和 Th 的测定方法. 原子能科学技术, 1999, 33(1): 19-24.

1999-138 袁瑾, 钟惠民, 杨靖华, 汪云松. Co^{2+}-L-赖氨酸的合成及其 X 射线光谱研究. 光谱实验室, 1999, 16(5): 558-560.

1999-139 袁欣艺, 谌观秀. X 射线荧光光谱法测定长石的化学成分. 岩矿测试, 1999, 18(3): 74-76.

1999-140 詹秀春, 邓赛文, 马光祖, 朱沛然, 翟永亮, 葛培文. 单向聚束质子激发 X 射线研究超导材料合成中的重力效应. 岩矿测试, 1999, 18(1): 13-16.

1999-141 詹秀春, 梁国立, 陈永君. 基本参数 X 射线荧光光谱法分析贵金属合金样品. 现代仪器, 1999, (5): 16-18, 24.

1999-142 张蓓莉, 高岩, 奥岩. 缅甸单斜辉石玉品种无损鉴定方法的初步研究. 宝石和宝石学杂志, 1999, 1(4): 1-6.

1999-143 张建军, 马光祖, 周世俊, 戴中宁, 李九龄. 含金矿物中金及微量元素的质子探针分析. 岩矿测试, 1999, 18(4): 284-287.

1999-144 张伟超. X 射线荧光光谱仪测定低合金钢中 Pb、Zn、Sn、As 等元素. 冶金丛刊, 1999, (1): 35-21.

1999-145 张伟超. X 荧光光谱仪测定炼钢用铝条试样中的 8 个元素. 光谱实验室, 1999, 16(2): 80-82.

1999-146 张学华, 吉昂, 卓尚军, 陶光仪. SZ-1 型同位素 X 射线荧光分析仪分析多金属结核中锰铁钴镍铜. 岩矿测试, 1999, 18(2): 46-49, 52.

1999-147 张永青. LP 数学校正模型在陶瓷原料常规元素 EDXRF 分析中的应用. 佛山陶瓷, 1999, (3): 7-9.

1999-148 张元彬, 任登义. 9Cr_2Mo 轧辊冷焊焊缝组织分析. 山东建材学院学报, 1999, 13(2): 125-127.

1999-149 章海军, 黄峰. 亚微米级毛细管微探针的制作及其应用. 现代科学仪器, 1999, (3): 24-26.

1999-150 章明奎, 何振立, 黄昌勇, Wilson M. J.. 浙江省三种红、紫色砂页岩发育土壤的矿物学研究. 土壤学报, 1999, 36(3): 308-317.

1999-151 赵耀, 王再田. XRF 熔融制样法测定铜精矿中的 Cu、Fe、S、Pb、Zn、As、Bi、Mo. 分析试验室, 1999, 18(1): 21-24.

1999-152 郑海飞, 黄宇营, 马配学, 巨新. 同步辐射 X 射线荧光分析的晶态物质衍射影响——以晶质与非晶质单斜辉石为例. 科学通报, 1999, 44(8): 878-880.

1999-153 郑学斌, 黄民辉, 黄静琪, 张叶方, 丁传贤. 喷涂距离和喷涂功率对羟基磷灰石涂层的影响. 无机材料学报, 1999, 14(5): 783-788.

1999-154 周广林, 房德仁, 程玉春, 杨玉兰. 铜基甲醇合成催化剂失活原因的探讨. 工业催化, 1999, (4): 56-60.

1999-155 周世俊. 微束核反应及其对流体包裹体的应用. 光谱学与光谱分析, 1999, 19(3): 23-26.

1999-156 周四春, 张志全, 徐兴国. 锶矿 X 荧光勘查技术研究与应用. 地质与勘探, 1999, 35(4): 36-38.

1999-157 周四春, 赵琦, 陈慈德. 现场多元素 X

荧光测量技术勘查金矿研究. 核技术, 1999, 22(9): 539-544.

1999-158 朱宗元, 刘华珍. 镍基合金叶片的热腐蚀与防护. 腐蚀与防护, 1999, 20(5): 226-230.

1999-159 Zhuang Hanping, Lu Jialan, Fu Jiamo, Liu Jinzhong, Ren Chigang, Zou Degang. Evidence for transforming mineralization of Baiguoyuan silver-vanadium deposit hosted in black shale in Hubei, China. Chinese Science Bulletin, 1999, (3): 263-267.

1999-160 庄汉平, 卢家烂, 傅家谟, 任炽刚, 邹德刚. Crude oil as carrier of gold: Petrological and geochemical evidence from Lannigou gold deposit in Southwestern Guizhou, China. Science in China (Series D: Earth Sciences), 1999, 42(2): 216-224.

1999-161 卓尚军, 陶光仪, 殷之文, 吉昂. 铌酸钾锂的 X 射线荧光光谱分析. 理化检验-化学分册, 1999, 35(10): 435-436.

1999-162 卓尚军, 陶光仪, 殷之文, 吉昂. X射线荧光光谱定量分析中超轻元素的处理方法. 化学学报, 1999, (12): 1348-1351.

1999-163 祖秀兰, 周蓉生. 一种改进的 X 荧光分析基体效应校正方法及软件实现. 物探化探计算技术, 1999, 21(3): 227-230, 237.

1.5 2000－2009

2000 年 (2000)

2000-001 白友兆, 刘小东, 王亚林, 王健. 国产 CX2000 小型多道 X 荧光光谱仪. 中国建材科技, 2000, (1): 5-9.

2000-002 包生祥, 王志红, 荣丽梅, 刘敬松, 郭俊. X 射线荧光光谱测定氧化铍中杂质元素. 分析化学, 2000, 28(6): 756-758.

2000-003 毕树平, 陈刚, 刘剑, 邹公伟, 干宁. 邻苯二酚紫修饰电极示差脉冲伏安法测定水中铝. 化学学报, 2000, 58(5): 494-499.

2000-004 蔡鲲, 薛柏生. 能量色散 X 荧光光谱法测定碳钢表面的镀铬层厚度. 理化检验-化学分册, 2000, 36(11): 500-501.

2000-005 常建平, 李银祥, 姚向东. 日本理学 3063PXRF 维修后的检定工作. 国外建材科技, 2000, 21(1): 62-64.

2000-006 常建平, 孙育斌, 蒋荣. X 射线荧光光谱法测定陶瓷材料. 陶瓷, 2000, (3): 35-37.

2000-007 陈春英, 章佩群, 柴之芳, 李光城, 黄宇营. In situ analysis of trace elements in metalloproteins of human liver by synchrotron radiation X-ray fluorescence. Science in China (Series A), 2000, 43(1): 88-92.

2000-008 陈春英, 章佩群, 柴之芳, 李光城, 黄宇营. 同步辐射 X 荧光分析法原位测定人肝金属蛋白中的微量元素. 中国科学 (A 辑: 数字), 2000, 30(2): 182-186.

2000-009 陈尔瑜, 党瑞山, 承焕生, 刘芳. 穴位结构研究的小结和设想. 现代康复, 2000, 4(10): 1528-1529.

2000-010 陈尔瑜, 党瑞山, 承焕生, 沈雪勇, 刘芳, 龚杰. 外丘穴的血管及钙分布. 上海针灸杂志, 2000, 19(1): 34-36.

2000-011 陈晓峰, 马清林, 赵广田, 胡之德, 李最雄. 半山、马厂类型黑、红复彩陶器复合颜料研究. 兰州大学学报, 2000, 36(5): 71-76.

2000-012 陈新, 胡晓静, 欧阳昌俊, 林淑芝. X 射线荧光法对镁铬砂成分的定量测定. 光谱实验室, 2000, 17(4): 431-434.

2000-013 范义春, 金晓贤. 在 Excel 97 下编制密度法测定贵金属首饰的计算程序. 珠宝科技, 2000, (1): 59-60.

2000-014 甘露, 罗立强, 吴晓军. 因子分析在 X 射线荧光光谱重叠谱峰识别中的应用. 光谱学与光谱分析, 2000, 20(1): 91-94.

2000-015 高炳亮, 杨振海, 邱竹贤. 铝电解质的酸度问题. 轻金属, 2000, (1): 47-49.

2000-016 高军, 万桂馥. XRF 流动进样直接测定电镀液中镍铁的方法研究. 光谱学与光谱分析, 2000, 20(4): 550-552.

2000-017 高军, 王家瑜, 黄春燕, 万桂馥. 流动进样 XRF 法测定溶液中金. 冶金分析,

2000, 20(6): 52-54.

2000-018 高文红, 王文生, 陈学琴, 张桂华. X荧光玻璃熔片法测定铁矿石. 山东冶金, 2000, 22(2): 48-49.

2000-019 高岩, 杨德辉, 杨军涛. X荧光能谱技术应用于珠宝首饰检测的原理和方法. 宝石和宝石学杂志, 2000, 2(3): 8-12.

2000-020 高振敏, 陶琰, 罗泰义, 杨竹森, 胡广耀, 顾俊生, 李立本. X荧光测量在云南潞西金矿找矿中的应用. 矿物岩石地球化学通报, 2000, 19(4): 378-380.

2000-021 葛宜运, 曾尊五, 周德云, 沈克, 刘翔, 王新海, 张征. 用XRF-XRD结合型光谱仪分析烧结矿中的氧化亚铁. 武钢技术, 2000, 38(1): 25-27.

2000-022 龚昌合. 提高X荧光分析准确度促进闪速炉生产的稳定. 光谱仪器与分析, 2000, (1): 14-18.

2000-023 顾兆炎, Lal D., 郭正堂, 刘东生, Southon J., Caffee M. W.. 黄土高原黄土和红粘土 ^{10}Be 地球化学特征. 第四纪研究, 2000, 20(5): 409-422.

2000-024 郭伸. 荧光分析仪的应用. 水泥技术, 2000, (4): 50-52.

2000-025 韩尧, 史榜春, 胡少勤, 张凤鸣, 盛敏华. $Bi_{12}GeO_{20}$ 单晶色带的成因与消除. 人工晶体学报, 2000, 29(S1): 244.

2000-026 郝贡章, 刘洋, 卜赛斌, 陆少兰, 宋永清, 姜维军. 白银制品中银含量的能量色散X射线荧光光谱无损检测. 分析测试学报, 2000, 19(1): 30-33.

2000-027 郝建民. GaAs抛光片腐蚀过程初步研究. 半导体杂志, 2000, 25(2): 17-22.

2000-028 何文权. 杭州万松岭老虎洞窑青瓷的胎釉成分分析. 文物保护与考古科学, 2000, 12(1): 27-33.

2000-029 何文权, 熊樱菲. 博物馆藏古陶瓷元素成份的无损分析. 上海博物馆集刊, 2000, (0): 672-676.

2000-030 胡吉明, 吴继勋, 孟惠民, 张抒洁, 杨德钧. Ti基$IrO_2+Ta_2O_5$涂层中氧化物附着量的XRF分析. 材料保护, 2000, 33(4): 43-44, 61.

2000-031 Hu Zhaohui, Liu Pingsheng, Feng Guohua, Han Yong. High-energy resolution μ-XRF analysis by position sensitive spectrometer. Chinese Science Bulletin, 2000, 45(21): 1934-1938.

2000-032 胡朝晖, 刘世杰, 刘平生, 冯国华, 韩勇. 高能量分辨率的μ-XRF实验分析. 科学通报, 2000, 45(10): 1025-1029.

2000-033 华兰, 蒋文钧, 郭向勇. 无标样X荧光分析软件UNIQUANT在标准物质定值和未知样品鉴定中的应用. 化学分析计量, 2000, 9(4): 4-5.

2000-034 黄传勇, 唐子龙, 张中太. Y和YF_3掺杂钛酸钡系PTCR材料的结构及性能. 无机材料学报, 2000, 15(4): 691-696.

2000-035 黄传勇, 唐子龙, 张中太, 金苗, 陈清明. 氧化锆超细粉的绿色合成及粉末性能表征. 材料工程, 2000, (8): 21-24.

2000-036 黄传勇, 唐子龙, 张中太, 张枫, 林元华, 朱鹏翔. YF_3掺杂钛酸钡半导体材料特性研究. 功能材料, 2000, (6): 615-616.

2000-037 黄近丹. X射线荧光法测量金薄膜和镀层的厚度. 福建分析测试, 2000, 9(2): 1231-1233.

2000-038 黄宇营, 冼鼎昌, 李光城, 吴应荣. 古陶瓷的同步辐射X射线荧光分析研究. 文物, 2000, (12): 81-83.

2000-039 季桂娟, 刘婕. X射线荧光光谱法直接测定茶叶中22种元素. 冶金分析, 2000, 20(2): 60-61.

2000-040 李德尧, 梁竹健, 丁训良, 颜一鸣. X光导管传输性能实验研究. 光学学报, 2000, 20(6): 735-738.

2000-041 李光城, 吴应荣, 黄宇营, 赵立敏, 李景福, 张同存, 曹恩华. 肺癌、宫颈癌细胞凋亡前后微量元素的变化. 光谱学与光谱分析, 2000, 20(2): 240-242.

2000-042 李海军. 矿石中多元素的XRF分析. 光谱实验室, 2000, 17(2): 235-237.

2000-043 李三庆, 刘召贵. 最优化理论解浓度校正方程. 西安工业学院学报, 2000, 20(1): 73-77.

2000-044 李燕红, 杨旗风, 张芬楼, 杜米芳, 代丽萍. 应用小型X射线荧光光谱仪快

2000-045 李玉芬, 苗云海, 闫旭, 徐丽云, 罗云. 反复呼吸道感染病儿头发微量元素含量的变化. 齐鲁医学杂志, 2000, 15(4): 251-252.

2000-046 励义俊, 陈刚, 顾亚雄, 江文勉, 张安中. PIXE分析稻谷中微量元素. 原子能科学技术, 2000, 34(S1): 65-67.

2000-047 梁鹏山, 田敏. 铁矿中分析元素的X射线荧光光谱测定. 浙江冶金, 2000, (4): 26-29.

2000-048 梁钰, 余群英. 钢及合金中碳的X射线荧光光谱分析讨论. 冶金分析, 2000, 20(2): 25-27, 30.

2000-049 刘彻, 邓良平. X射线荧光光谱法在密闭鼓风炉炉渣分析中的应用. 冶金分析, 2000, 20(3): 55-57.

2000-050 刘芳, 陈尔瑜, 党瑞山, 承焕生. 胆经小腿7寸以下穴区地部血管分布与钙元素的关系. 中国针灸, 2000, (7): 35-37.

2000-051 刘芳, 陈尔瑜, 党瑞山, 承焕生. 胃经沿线小腿骨间膜的血管及钙的分布. 第二军医大学学报, 2000, 21(8): 759-760.

2000-052 刘怀梅. 用多孔聚钨磷酸盐X荧光法测定磷酸中铀. 国外铀金地质, 2000, 17(3): 274-277.

2000-053 刘吉波, 尹周澜, 刘武平, 张平民, 陈启元. 由粗$Zr(OH)_4$生产四水硫酸锆的实验研究. 中南工业大学学报 (自然科学版), 2000, 31(1): 44-46.

2000-054 刘静波, 王智民, 郑春萍, 谷林夫, 李文超. 铈、镧掺杂$BaTiO_3$基纳米晶的合成与表征. 功能材料, 2000, 31(1): 69-71, 76.

2000-055 刘煜, 原思训, 张晓梅. 天马—曲村周代晋国墓地出土青铜器锈蚀研究. 文物保护与考古科学, 2000, 12(2): 9-18.

2000-056 路福秀. X荧光光谱法测定废铑催化剂中铑含量. 炼油与化工, 2000, 11(3): 40-41, 46.

2000-057 骆兆军, 钱鑫, 王文潜. 磁罩盖过程的仪器测试研究. 云南冶金, 2000, 29(3): 13-16.

2000-058 苗国玉, 董中华, 胡树戈. 硅铝铁合金粉末直接压片法X荧光分析研究. 理化检验-化学分册, 2000, 36(10): 447-449.

2000-059 彭兵, 张传福, 彭及, Lobel J., Kozinski J. A.. 电弧炉粉尘直接还原炉渣氧化和脱硫能力计算热力学. 中南工业大学学报 (自然科学版), 2000, 31(6): 497-501.

2000-060 乔梁, 周和平, 刘耀诚, 汪雨荻. AlN陶瓷低温烧结中的液相迁移. 材料工程, 2000, (10): 7-10.

2000-061 裘乙琦, 顾若晶. 催化裂化催化剂上污染重金属含量测定的XRF光谱分析方法的研究. 光散射学报, 2000, 12(4): 228-232.

2000-062 沙因, 章佩群, 王昕, 刘键, 黄宇营, 李光城. IAEA微量生物标准参考物均匀性的SRXRF分析. 原子能科学技术, 2000, 34(S1): 18-21.

2000-063 尚凤军, 王海霞, 周蓉生. X荧光谱分析中寻峰算法的探讨及实践. 物探化探计算技术, 2000, 22(4): 364-368.

2000-064 时军波. X射线荧光光谱法测定钨铁合金 (粉末) 中的钨、铁、硅、锰、铜. 化学分析计量, 2000, 9(4): 20-21.

2000-065 宋晓岚. X-ray fluorescence spectra analysis on the structure around Ti^{4+} of $BaO-SiO_2-B_2O_3-TiO_2$ system glasses. Journal of Wuhan University of Technology-Materials Science, 2000, 15(4): 43-47.

2000-066 孙青, 曾贻善. 单个流体包裹体成分无损分析进展. 地球科学进展, 2000, 15(6): 673-678.

2000-067 孙燕翔, 周万里, 王旭, 马志荣. X射线荧光光谱分析棕刚玉标准曲线的校正. 金刚石与磨料磨具工程, 2000, (4): 45-46.

2000-068 谭秉和, 孙伟莹. X射线荧光光谱法对钒氧化物中不同价态钒的定量分析. 岩矿测试, 2000, 19(4): 245-248.

2000-069 谭秉和, 王桂华. X 射线荧光分析中谢尔曼方程逆问题的求解 (理论影响系数法和基本参数法). 光谱学与光谱分析, 2000, 20(3): 399-401.

2000-070 谭日鑫, 金艳明, 孙云. X 荧光仪国产化过程中的经验及体会——光闸板、样品盖限位微动开关接点方式的设计. 现代科学仪器, 2000, (4): 49-51.

2000-071 汤光中, 杨发景. X 射线荧光光谱法测定水泥生料中的 CaO、SiO_2、Fe_2O_3、Al_2O_3、MgO、K_2O、P_2O_5 含量. 广西化工, 2000, (S1): 157-160.

2000-072 汤志勇, 杨祥, 金泽祥. 岩石矿物分析. 分析试验室, 2000, 19(4): 100-108.

2000-073 陶光仪, 吉昂. 第21届 Durham X 射线分析会议简介. 分析试验室, 2000, 19(4): 97-99.

2000-074 滕彦国, 倪师军, 张成江, 童纯菡, 赵友清. 川西北巴西金矿田流体成矿地球化学界面及核技术识别研究. 地质与勘探, 2000, 36(1): 59-61.

2000-075 童运福, 庹先国, 周建斌, 刘磊, 成毅, 邵书钧, 孙连有, 姜宝禄, 张庆丰, 张爱民. 多种矿石多元素 X 荧光分析技术. 核技术, 2000, 23(9): 608-613.

2000-076 庹先国, 周建斌, 成毅, 童运福, 孟长春, 陈树民, 周友斌, 刘胜华, 谢泽君. 钛精矿品位在线检测系统的开发. 金属矿山, 2000, (10): 27-29.

2000-077 庹先国, 周建斌, 童运福, 李家春, 贾安才. 特征参数分类法在 XRF 基体效应校正中的应用. 金属矿山, 2000, (12): 40-41, 50.

2000-078 王宝峰, 汪绪刚. 砂岩基质酸化酸岩反应及二次伤害机理试验研究的新方法. 钻井液与完井液, 2000, 17(3): 35-40.

2000-079 王广甫. PIXE 分析技术及其应用. 现代仪器, 2000, (2): 6-9.

2000-080 王红斌, 陈杰, 刘鹤, 张小曳, 史宝忠. 西安市夏季空气颗粒物污染特征及来源分析. 气候与环境研究, 2000, 5(1): 51-57.

2000-081 王基庆, 郭盘林, 李晓林, 裘惠源, 朱节清. 核子微探针多站多参量数据系统用于单颗粒大气飞灰的研究. 核技术, 2000, 23(12): 833-837.

2000-082 王坚, 庹先国, 成毅, 李亿红. X 射线荧光分析在铅锌精矿检验中的应用. 金属矿山, 2000, (8): 28-29.

2000-083 王进玉. 敦煌石窟合成群青颜料的研究. 敦煌研究, 2000, (1): 76-81.

2000-084 王丽琴, 郑利平, 党高潮. 汉阳陵陶俑彩绘的光谱分析. 光谱学与光谱分析, 2000, 20(3): 406-408.

2000-085 王晓红, 卜赛斌, 高新华, 郝贡章, 张淑英, 王毅民. 大洋多金属结核中 27 个元素的快速分析. 分析测试学报, 2000, 19(5): 1-4.

2000-086 王晓红, 滕云业, 潘家华, 王毅民. 约翰斯顿岛附近海山富钴锰结壳的元素组成及地球化学特征. 地球学报-中国地质科学院院报, 2000, 21(3): 282-286.

2000-087 王亚军, 刘前, 索全伶, 郝东升, 郭锋. 稀土氟化物的沉淀方法及组成研究. 稀土, 2000, 21(1): 16-20.

2000-088 王毅民, 王晓红. 我国地质分析中 X 射线光谱技术的回顾与展望. 岩矿测试, 2000, 19(4): 275-285.

2000-089 韦孟伏, 鲜晓斌, 刘继东. EDXRF 法测定铀上铝镀层厚度. 原子能科学技术, 2000, 34(S1): 53-56.

2000-090 吴红旗. 理学 3070E 型 X 射线荧光光谱仪故障排除方法几例. 中国仪器仪表, 2000, (5): 43-44.

2000-091 吴小涛, 戴克戎, 裘世静, 张元勋, 张勇平. 老年与青年骨内无机及微量元素分布比较. 江苏医药, 2000, 26(2): 105-107.

2000-092 吴辛友, 童坚. 我国钨工业化学分析进展. 稀有金属, 2000, 24(6): 427-433.

2000-093 吴奕阳, 叶晓珉, 袁国英, 谢启耀. X 射线荧光光谱法在 PET 塑封金制品金层厚度测试中的应用. 理化检验-物理分册, 2000, 36(4): 162-163.

2000-094 谢明勇, 曹春阳, 温辉梁, von Bohlen A., Guenther K.. 恩施地区硒茶的元素及元素结合态分析. 营养学报, 2000, 22(3): 278-281.

2000-095 谢明勇,温辉梁. 用全反射X射线萤光法及氢化物发生原子吸收对福建乌龙茶进行元素分析. 食品科学, 2000, 21(1): 51-54.

2000-096 谢明勇,温辉梁,von Bohlen A., Guenther K.. 全反射X射线荧光法分析茶叶中的矿质元素. 茶叶科学, 2000, 20(1): 51-54.

2000-097 辛岗,梁国立,罗立强,齐惠敏,李惊子. 血清中碘海醇的X射线荧光光谱测定法. 分析科学学报, 2000, 16(2): 131-133.

2000-098 颜一鸣,赫业军,丁训良,陈俊,李玉德,魏富忠,谢晋东,潘秋丽,王大椿. X射线光学的新成就——X光透镜及其应用. 自然科学进展, 2000, 10(11): 37-42.

2000-099 杨东明. 基本参数法分析钴基合金. 上海钢研, 2000, (4): 28-32.

2000-100 杨发景,汤光中,段棋仁,徐路芸,李光正. X射线荧光光谱标准添加法测定磷矿、磷肥中Mn、Cu、Zn、Mo、Pb等微量元素. 广西化工, 2000, (S1): 161-164.

2000-101 杨明太,高戈,齐红莲. EDXRF法无损测定Ni-Mn-Co触媒合金组份. 原子能科学技术, 2000, 34(S1): 49-52.

2000-102 Yang Shaojin, Dong Jinquan, Cheng Bingru. Characteristics of air particulate matter and their sources in urban and rural area of Beijing, China. Journal of Environmental Sciences, 2000, 12(4): 402-409.

2000-103 杨亚新,戴晓兰,吴雅梅,彭聂. X射线荧光法在茅排金矿床的应用. 华东地质学院学报, 2000, 23(3): 193-197.

2000-104 杨岳衡,刘铁兵,李厚民. 多元素X射线荧光分析方法在山东郭城金矿成矿预测中的应用. 黄金科学技术, 2000, 8(5): 13-19.

2000-105 要华,承焕生. 用质子激发X荧光技术鉴别清代仿明成化青花瓷. 核技术, 2000, 23(6): 418-422.

2000-106 姚胜兴. X射线荧光分析在水泥质量自控系统中的应用. 云南建材, 2000, (1): 13-15.

2000-107 伊志宏,于想琼. X射线荧光光谱法测定高炉渣和电炉渣中8种常见元素. 华东地质学院学报, 2000, 23(4): 349-350.

2000-108 应晓浒,林振兴. X射线荧光光谱法测定氟石中的氟化钙和杂质的含量. 光谱实验室, 2000, 17(1): 78-81.

2000-109 应晓浒,应林初. X射线荧光光谱测定灯用煤油中的微量硫. 石油与天然气化工, 2000, 29(2): 94-95, 52.

2000-110 应晓浒,张卫星,陈晓东. 波长色散X射线荧光光谱仪的性能测试方法介绍. 光谱实验室, 2000, 17(3): 281-285.

2000-111 余慧. 金矿找矿中的核技术及其应用. 物探与化探, 2000, 24(4): 263-267, 277.

2000-112 袁梅,吕俊芳,陈行禄. 航空发动机磨损在线监测的能谱数据处理方法研究. 仪器仪表学报, 2000, 21(2): 173-176, 193.

2000-113 袁梅,吕俊芳,陈行禄,张江平. IXRF法用于航空发动机磨损在线监测的研究. 北京航空航天大学学报, 2000, 26(2): 153-155.

2000-114 袁学东,吴丽萍,龙先灌,周厚全. 最优线性联想记忆网络方法在人发X射线荧光分析中的应用研究. 四川大学学报(自然科学版), 2000, 37(4): 558-562.

2000-115 袁蕴璞,胡立设,汪松柏,卢宏. X射线荧光光谱粉末压片法分析富镝混合稀土. 江西冶金, 2000, 20(6): 39-40, 46.

2000-116 詹秀春,马光祖,安庆骧,黄宇营,吴应荣,李光成. 同步辐射X荧光法分析矿物流体包裹体若干问题的探讨. 光谱学与光谱分析, 2000, 20(3): 395-398.

2000-117 张彪. 用野外便携式X射线荧光仪分析土壤和沉积物中的金属污染物. 国外铀金地质, 2000, 17(2): 180-185.

2000-118 张汉明,许铁峰,秦路平,郭澄. 中药鉴别研究的发展和现代鉴别技术介绍. 中成药, 2000, 22(1): 103-112.

2000-119 张继荣,鲍卫民,宋崇立. 水热法合成钛硅酸盐新型无机离子交换剂. 离子交换与吸附, 2000, 16(4): 318-323.

2000-120 张璐, 龚宜勇. 熔融法在X荧光分析硅锰合金中的应用. 天津冶金, 2000, (5): 25-26.

2000-121 张平建. 石灰石、石灰中多元素的X射线荧光光谱法测定. 山东冶金, 2000, 22(2): 52-53.

2000-122 张圈世, 包敏. X射线荧光 (XRF) 在线检测系统判断限的研究. 核电子学与探测技术, 2000, 20(4): 249-252.

2000-123 张圈世, 常永福. 用XRF分析稀土元素时同位素激发源的选择. 核电子学与探测技术, 2000, 20(2): 92-95.

2000-124 张圈世, 师全林, 包敏. 提高高压X光机激发的XRF谱测量灵敏度的一种方法. 光谱实验室, 2000, 17(2): 157-159.

2000-125 张仁健, 王明星, 张文, 王跃思, 李爱国, 朱光华. 北京冬春季气溶胶化学成分及其谱分布研究. 气候与环境研究, 2000, 5(1): 6-12.

2000-126 张淑英, 卜赛斌, 崔凤辉, 高新华. XRF光谱法测定混合稀土中15个稀土分量. 冶金分析, 2000, 20(5): 22-25.

2000-127 张攸沙, 陈兴, 周俊. X射线荧光光谱法测定煤中全硫. 水泥, 2000, (2): 41-43.

2000-128 张元勋, 李德义, 庄圭荪, 张桂林, 王智兴, 夏筠. 家兔骼骨中无机元素浓度和血清生化参量的测定. 核技术, 2000, 23(1): 39-42.

2000-129 章明奎. 杭州市之江组网纹红土的矿物学特性. 浙江大学学报 (农业与生命科学版), 2000, 26(1): 24-26.

2000-130 赵北君, 朱世富, 李其峰, 于丰亮, 李正辉, 朱兴华, 邵双运, 吴国立, 陈松林. $Cd_{1-x}Zn_xTe$ 单晶体的生长研究. 人工晶体学报, 2000, 29(S1): 86.

2000-131 赵桂萍, 刘树文, 崔文元, 黄宇营. 同步辐射X射线荧光分析在矿物微量元素研究中的应用. 地学前缘, 2000, 7(2): 440.

2000-132 赵琦. X荧光测量在区域化探异常检查中的应用. 四川地质学报, 2000, 20(2): 158-160.

2000-133 周怀阳, 郑丽波, 王怀照, 陈建芳, 潘建明. 花鸟山外海域几种形态磷在柱状沉积物中的分布及环境意义. 东海海洋, 2000, 18(4): 9-15.

2000-134 Zhou Jihong, Chen Qiyuan, Zhang Pingmin, Yin Zhoulan. Separation and determination of sulfur with different valance in polysulfide mixture. Journal of Central South University of Technology (English Edition), 2000, 7(3): 149-151.

2000-135 周四春, 陈慈德, 张志全, 赵琦, 黄明湘. 现场多参数X荧光测量在川西金三角地区快速追踪金异常源确定找矿靶位. 地质与勘探, 2000, 36(3): 53-55.

2000-136 周四春, 赵友清, 张玉环. 克服矿化不均匀效应的X荧光取样最佳测网. 核技术, 2000, 23(9): 632-636.

2000-137 朱创业, 丁益民, 熊晓春, 何政伟. 多道X射线荧光方法在现代地层学研究中的初步应用. 中国区域地质, 2000, 19(2): 205-209, 221.

2000-138 朱光华, 王广甫. PIXE分析技术的国际横向比对结果. 气候与环境研究, 2000, 5(1): 80-84.

2000-139 邹为雷, 李光明, 杨金中. 山东西院下金矿地质特征及其外围找矿预测. 黄金地质, 2000, 6(1): 54-59.

2001年 (2001)

2001-001 蔡鲲. X荧光光谱分析软件的开发与应用. 光谱学与光谱分析, 2001, 21(5): 673-675.

2001-002 蔡鲲. X荧光能谱分析中谱峰的正确识别. 冶金分析, 2001, 21(1): 49-51.

2001-003 常玉文, 李永忠, 汪鄂东. X射线荧光光谱法测定石灰石中 CaO、MgO 和 SiO_2. 冶金分析, 2001, 21(2): 43-44.

2001-004 车会生. 室外元素分析用的荧光X射线分析装置. 激光与光电子学进展, 2001, (11): 63-64.

2001-005 陈春泉, 邓良平. XRF法在密闭鼓风炉粗锌分析中的应用. 光谱学与光谱分析, 2001, 21(5): 670-672.

2001-006 陈际达, 王远亮, 蔡绍皙, 曹颖. 仿真骨科材料制备的新方法. 高技术通讯, 2001, (8): 22-25.

2001-007 陈建林, 张富生, 林承毅, 史君贤, 沈华悌, 王基庆, 马维林. 太平洋中国开辟区锰结核生物成因研究. 地质学报, 2001, 75(2): 228-233, 293-294.

2001-008 陈剑瑄, 刘仲阳, 张大忠, 孙官清, 罗伯诚. 动态催化聚合 C_3N_4 膜的研究. 四川大学学报（自然科学版）, 2001, 38(1): 118-121.

2001-009 陈永君, 邓赛文, 马天芳, 李蓉华, 梁国立, 詹秀春. 便携式X射线荧光分析仪的研制与应用. 岩矿测试, 2001, 20(2): 136-141.

2001-010 陈宇晓. 二氧化硫贮罐不锈钢密封螺栓断裂原因分析及对策. 腐蚀与防护, 2001, 22(7): 318-320.

2001-011 承焕生, 张正权, 要华. 应用 PIXE 和多元统计方法鉴别成化青花瓷. 复旦学报（自然科学版）, 2001, 40(1): 95-98.

2001-012 程建光, 周广柱, 房建国, 潘哲. 氯化钙在型煤燃烧过程中固硫作用的研究. 煤矿环境保护, 2001, 15(4): 25-27.

2001-013 邓良平. XRF 法测定铅锌混合矿中银. 冶金分析, 2001, 21(4): 61-62.

2001-014 邓赛文, 梁国立, 方明渭, 田寅贞, 强小平, 王有增. X射线荧光光谱快速分析铝土矿的方法研究. 岩矿测试, 2001, 20(4): 305-308.

2001-015 邓赛文, 梁国立, 刘钢, 严志远, 刘怀祁, 仇青. 日本理学 3080 系列 X 荧光光谱仪故障维修实例. 岩矿测试, 2001, 20(3): 237-240.

2001-016 邓赛文, 吴晓军, 詹秀春, 甘露, 片冈由行, 松尾尚. 理学ZSX系列X荧光光谱仪中文软件开发. 岩矿测试, 2001, 20(3): 226-233.

2001-017 邓祥义, 杨柳. 碳酸铵共沉淀法制备纳米活性 NiO 的研究. 湖北化工, 2001, (5): 21-22.

2001-018 杜米芳, 张芬楼, 杨旗风, 李燕红, 代丽萍. 白云石的 X 射线荧光快速分析. 光谱实验室, 2001, 18(5): 662-664.

2001-019 方建锋, 张晋远, 金成海, 柳春兰, 朱瑞珍. 人造金刚石中包裹体含量的测定. 金刚石与磨料磨具工程, 2001, (1): 13-16, 3.

2001-020 凤志慧, 王玺, 张孙曦, 安丽芝, 章净霞, 姚惠英. 稀土元素 La、Gd 和 Ce 对培养大鼠细胞生物学效应的研究. 中华核医学杂志, 2001, 21(2): 111-114.

2001-021 高红亮. 校正曲线组在 X 射线荧光分析中的应用. 水泥, 2001, (2): 49-50.

2001-022 高新华, 丁志强. X 射线荧光分析技术在冶金分析中的应用. 钢铁, 2001, 36(3): 64-68.

2001-023 葛良全, 赖万昌, 周四春, 任家富, 林玲, 林延畅. 海底X射线荧光探测系统的研制. 成都理工学院学报, 2001, 28(1): 80-85.

2001-024 古关华. 腐蚀防护中两种镀层厚度测量方法的优劣探讨. 电子产品可靠性与环境试验, 2001, (5): 27-30.

2001-025 谷松海, 李旭辉. X 射线荧光光谱法测定工业硅中铁、铝、钙. 光谱学与光谱分析, 2001, 21(4): 569-571.

2001-026 谷松海, 宋义, 李旭辉. X 射线荧光光谱法测定溶样后熔融制样金属硅中铁、铝、钙、钛、磷、铜. 光谱学与光谱分析, 2001, 21(3): 400-403.

2001-027 郭新闻, 刘民, 王祥生, 李钢, 陈永英, 刘松. 预处理方法对钛硅沸石催化性能的影响. 催化学报, 2001, 22(4): 370-372.

2001-028 郭新闻, 刘毅慧, 王祥生, 陈永英, 张维萍, 韩秀文, 包信和, 林励吾. 超细 ZSM-11 分子筛低温合成及表征. 大连理工大学学报, 2001, 41(4): 426-430.

2001-029 韩宇冰. 联机应用系统热备份的研究与实现. 金融电子化, 2001, (5): 75-78.

2001-030 郝贡章, 卜赛斌, 高新华, 谢荣厚. 不锈钢的 X 射线荧光光谱分析. 分析测试学报, 2001, 20(2): 66-69.

2001-031 何立群, 张长明, 马济佩, 徐华伟, 宓泳, 沈皓, 姚惠英. 不同加工方法对中药微量元素变化的研究. 微量元素与健康研究, 2001, 18(1): 43-44.

2001-032 胡朝晖,刘世杰,刘平生,黄宇营,刘鹏,冯国华.用同步光微束作激发源的PSS 性能研究.核技术, 2001, 24(8): 691-695.

2001-033 胡受权,郭文平,邵荣松.南襄盆地泌阳断陷第三纪湖泊演化探讨.石油学报, 2001, 22(5): 23-28, 5.

2001-034 胡正阳,邢华宝,浦红,程坚平.XRF熔融法测定钒渣中钒.冶金分析, 2001, 21(6): 46-47.

2001-035 黄金昌.W-Ta 合金单晶在生长方位的各种结晶学取向时的亚组织与浓度的关系.稀有金属快报, 2001, (11): 27-28.

2001-036 黄近丹.X 射线荧光外标实验校正法测定铂材料中 4 种主要元素.冶金分析, 2001, 21(6): 44-45.

2001-037 黄士斌, Chettle D. R., McNeill F. E.. 骨铅体内测量系统最佳测量位置的选择.广东微量元素科学, 2001, 8(9): 63-66.

2001-038 黄文辉,杨起,彭苏萍,唐修义,赵志根.淮南二叠纪煤及其燃烧产物地球化学特征.地球科学, 2001, 26(5): 501-507.

2001-039 吉昂,卓尚军.X 射线荧光光谱分析.分析试验室, 2001, 20(4): 103-108.

2001-040 吉昂,卓尚军,陶光仪.能量色散X射线荧光光谱在钢铁工业中的应用.钢铁, 2001, 36(10): 64-68.

2001-041 江伟辉,周健儿,胡行方,吴国庭.玻璃纤维增强酚醛型烧蚀材料的显微结构及其烧蚀过程研究.中国陶瓷工业, 2001, 8(4): 7-10.

2001-042 教滨,那欣.活性石灰的X射线荧光光谱分析.鞍钢技术, 2001, (4): 54-56.

2001-043 阚斌,邹美娟,宋祖峰.保护渣的X射线荧光光谱分析.安徽冶金, 2001, (2): 44-47, 31.

2001-044 康士秀,沈显生,姚焜,孙霞,巨新,黄宇营,冼鼎昌,孙立广,吴自勤.同步辐射 X 射线荧光分析在植物微量元素分析中的应用.自然科学进展, 2001, 11(10): 1050-1054.

2001-045 李爱国,童永彭,倪新伯,王基庆,郭盘林,张桂林.空气中含铁悬浮颗粒的穆斯堡尔研究.中国环境科学, 2001, 21(3): 7-11.

2001-046 李桂影.用 PIXE 技术检测慢性肾衰患者血清中的微量元素.国外医学(医学地理分册), 2001, 22(2): 89.

2001-047 李国会.X 射线荧光光谱法测定土壤和水系沉积物中的痕量铅和锆.岩矿测试, 2001, 20(3): 217-219.

2001-048 李国会,陈永君,樊守忠,潘晏山.便携式波长色散 X 射线荧光光谱仪及初步应用.岩矿测试, 2001, 20(4): 301-304.

2001-049 李立武,魏宝文,王先彬,曾文炳.氩离子注入模拟太阳风对月岩的作用.核技术, 2001, 24(4): 317-320.

2001-050 李韶梅,候艳冰.X 射线荧光光谱法测定硅钙合金中的硅和钙.河北冶金, 2001, (3): 23-24.

2001-051 李万国.长钢高炉渣的 X 射线荧光光谱分析.山西冶金, 2001, (4): 62-63.

2001-052 李振坤,王志国,郝冀方.镍电解液痕量元素的全反射 X 射线荧光分析.核技术, 2001, 24(3): 199-204.

2001-053 梁宝鎏,王建平,权奎山,陈铁梅.慈溪越窑和洪州窑瓷片的 X 荧光分析研究.文物保护与考古科学, 2001, 13(2): 8-14.

2001-054 梁宗存,沈辉,李戩洪.辐射致冷用氮化硅薄膜的微观结构和光学性质.太阳能学报, 2001, 22(3): 302-305.

2001-055 林玲,葛良全.海底X射线荧光探测系统的软件研制.物探化探计算技术, 2001, 23(4): 338-343.

2001-056 刘凯,德喜,王世武.X 射线荧光光谱法分析保护渣中元素.理化检验-化学分册, 2001, 37(2): 90, 93.

2001-057 刘力,张立群.粉煤灰(FA)在橡胶加工领域应用进展.弹性体, 2001, 11(6): 58-61.

2001-058 Liu Nianqing, Li Yonggui, Zhu Junbiao, Zhang Liwen, Wang Mingkai, Wu Gang, Yang Xueping, Li Guangcheng, Huang Yuying, Dong Yanmei, Gao Xuejun. Compositional change in human enamel irradiated with MIR free electron laser. Chinese Science Bulletin, 2001, 46(23): 2016-2018.

2001-059 刘年庆, 李永贵, 朱俊彪, 张黎文, 王明凯, 吴钢, 杨学平, 李光城, 黄宇营, 董艳梅, 高学军. 中红外自由电子激光辐照后牙釉质上的元素分布的变化. 科学通报, 2001, 46(17): 1481-1483.

2001-060 刘年庆, 刘平生, 朱立, 赵志英, 王正华, 李彦芬. 补碘和硒对克汀鼠红血球中的微量元素的影响. 核技术, 2001, 24(3): 189-193.

2001-061 刘铁兵, 沈远超, 曾庆栋, 李光明. X射线荧光分析法在隐伏金矿体定位预测中的应用. 地质与勘探, 2001, 37(1): 82-85, 90.

2001-062 刘营, 龙志奇, 黄文梅, 张国成, 黄小卫. 从含氟硫酸稀土溶液中萃取铈过程产生第三相的原因. 中国稀土学报, 2001, 19(4): 320-323.

2001-063 刘云派, 刘小珍, 吴莉宇. 革质红菇营养成分分析. 光谱实验室, 2001, 18(5): 637-639.

2001-064 罗集鹏, 吴忠. 不同产地广藿香宏量与微量元素分析. 中药材, 2001, (12): 869-870.

2001-065 罗立强, 甘露, 吴晓军, 吉昂, 梁国立. 神经网络基本参数算法校正非线性基体效应. 分析试验室, 2001, 20(1): 1-4.

2001-066 罗立强, 马光祖. 基于知识的X射线荧光光谱研究进展. 光谱学与光谱分析, 2001, 21(6): 871-875.

2001-067 罗明荣, 陈铭舫. SXF-1200BF型XRF光谱仪真空系统故障分析及排除. 理化检验-化学分册, 2001, 37(7): 330-333.

2001-068 罗萍, 周宏, 肖伟. X射线荧光光谱仪在精对苯二甲酸生产过程中的应用. 山东化工, 2001, 30(1): 35-36.

2001-069 Luo yan, Liu yongsheng, Hu shenghong, Gao shan. Trace elements analysis of geological samples by laser ablation inductively coupled plasma mass spectrometry. Journal of China University of Geosciences, 2001, 12(3): 236-239.

2001-070 马济佩, 张长明, 何立群, 宓泳, 沈皓, 姚惠英. 不同处理方法对中药微量元素含量影响研究. 时珍国医国药, 2001, 12(3): 196-197.

2001-071 Makeev A. B., Bryanchaninova N. I.. 俄罗斯地台北缘和东北缘的曲面金刚石(英文). 现代地质, 2001, 15(2): 124-130.

2001-072 毛振伟, 石磊, 陈树榆, 周贵恩. X射线荧光光谱基本参数法测定高温超导体的组分（英文）. 中国科学技术大学学报, 2001, 31(2): 223-228.

2001-073 苗国玉, 董中华, 王学云. 氟石粉末直接压片法X荧光分析研究. 河南冶金, 2001, (1): 22-23.

2001-074 苗国玉, 杜建民, 董中华. 镁砂的粉末直接压片法X荧光光谱分析. 冶金分析, 2001, 21(1): 53-55.

2001-075 木士春, 马红艳. 养殖珍珠微量元素特征及其对珍珠生长环境的指示意义. 矿物学报, 2001, 21(3): 551-553.

2001-076 牛凤兰, 董威严, 李晨旭. 涂渍硅胶富集-X射线荧光光谱法测定中药材中微量汞. 白求恩医科大学学报, 2001, 27(1): 91-92.

2001-077 欧阳应根, 李卫民, 郑维明, 袁慧. 乏燃料后处理模拟工艺料液中锆的分析. 原子能科学技术, 2001, 35(S1): 41-45.

2001-078 Peng Bing, Peng Ji, Zhang Chuanfu, Jonathan Lobel, Janusz A. Kozinski. Thermodynamics calculation on the oxidation and sulfur removal abilities of slag in EAF dust pellet reduction process. Journal of Central South University of Technology (English Edition), 2001, 8(1): 64-68.

2001-079 彭宇. 数理统计方法在仪器运行检查中的应用. 光谱实验室, 2001, 18(4): 532-535.

2001-080 仇志军, 郭盘林, 王基庆, 陆荣荣, 裘惠源, 李晓林, 朱节清. 基于质子微探针研究的大气气溶胶单颗粒源解析. 环境科学, 2001, 22(2): 51-54.

2001-081 仇志军, 姜达, 陆荣荣, 裘惠源, 李铭尧, 李晓林. 基于核探针研究的大气气溶胶单颗粒指纹数据库的研制. 环境科学学报, 2001, 21(6): 660-663.

2001-082 Qiu Zhijun, Lu Rongrong, Guo Panlin, Wang Jiqing, Qiu Huiyuan, Li Xiaolin, Zhu Jieqing. Source apportionment of single aerosol particles in the atmosphere of Shanghai city. Nuclear Science and Techniques, 2001, 12(3): 215-223.

2001-083 仇志军, 王基庆, 郭盘林, 李晓林, 裘惠源, 陆荣荣, 朱节清. 上海市钢铁工业尘单颗粒分析. 核技术, 2001, 24(6): 461-467.

2001-084 任国浩, 沈定中, 王绍华, 刘光煜, 倪海洪, 殷之文. PbF_2: Gd 晶体的发光强度与发光均匀性研究. 无机材料学报, 2001, 16(1): 49-55.

2001-085 尚凤军, 王海霞, 周蓉生. 管激发 X 射线荧光仪在金矿勘察中的应用. 成都理工学院学报, 2001, 28(2): 217-220.

2001-086 邵济馨, 詹秀春, 陈幼平, 王毅民. 英国 Philip J Potts 博士来华学术交流. 岩矿测试, 2001, 20(1): 48-54.

2001-087 折书群. XRF-密度校正法测定金饰品中金、银、铜. 黄金, 2001, 22(2): 52-54.

2001-088 沈显生, 孙立广, 尹雪斌, 张莉, 康士秀, 吴自勤, 黄宇营, 巨新. 南极乔治王岛六种苔藓植物的 X 荧光分析. 极地研究, 2001, 13(1): 50-56.

2001-089 沈显生, 孙立广, 张莉, 尹雪斌, 康士秀, 吴自勤, 巨新, 黄宇营. 南极菲尔德斯半岛六种藻类和地衣植物的 X 荧光分析. 极地研究, 2001, 13(3): 187-194.

2001-090 石贤峰, 沈皓, 刘波, 孙民德, 姚惠英, 周世俊, 宓泳. 核分析技术在环境和医学研究中的应用. 核技术, 2001, 24(9): 734-741.

2001-091 石贤峰, 姚惠英, 刘波, 孙民德, 徐华伟, 宓泳, 沈皓. PIXE 技术在分析汽车尾气颗粒物中的应用. 复旦学报 (自然科学版), 2001, 40(4): 442-445, 450.

2001-092 史德嘉. 水泥生料在线自动检测与配料系统. 电气传动自动化, 2001, 23(4): 54-57.

2001-093 舒钧, 陈君, 罗喜清. 铁合金的 X 射线荧光光谱分析. 江苏冶金, 2001, (4): 50-51.

2001-094 苏锵. 20 世纪稀土科技发展的回顾与前瞻. 稀土信息, 2001, (2): 5-9.

2001-095 孙民德, 刘波, 石贤峰, 沈皓, 宓泳. 基于复旦新 SPM 的 STIM 的模型设计. 复旦学报 (自然科学版), 2001, 40(4): 436-441.

2001-096 孙颖, 杨展澜, 申国荣, 周勇, 吴瑾光, 徐光宪, 周孝思. 胆结石组成和形成机理的研究进展. 中国科学 (B 辑: 化学), 2001, 31(5): 385-393.

2001-097 唐力君, 罗立强, 江葛. 低稀释比制样技术与多类型地质样品 X 射线荧光分析方法研究. 岩矿测试, 2001, 20(4): 253-256, 262.

2001-098 滕彦国, 倪师军, 张成江, 庹先国, 童纯菡. 应用地气、X 荧光、氡气测量方法识别金矿含矿及无矿构造——以川西北阿西金矿和石棉田湾金矿为例. 地球科学, 2001, 26(6): 627-630.

2001-099 田松柏. 能量色散-X 射线荧光光谱测定硫含量. 石油化工腐蚀与防护, 2001, 18(6): 57-60.

2001-100 田宇纮, 马国立, 王国栋, 郑素华, 刘恺, 付克明. 全反射 X 荧光分析及其应用. 现代科学仪器, 2001, (6): 14-16.

2001-101 铁生年, 胡艳妮, 侯春生, 祁旭丞. X 射线荧光光谱仪测定铝合金中 Si, Mn, Fe, Cr, Ni, Ti, Cu. 冶金分析, 2001, 21(1): 55-56.

2001-102 童永彭, 倪新伯, 张元勋, 程峰, 仇志军, 屠铁城, 姚思德, 张桂林, 叶舜华. 气溶胶自由基毒理学机制的研究. 环境科学学报, 2001, 21(6): 654-659.

2001-103 王东辉, 杨鹢. 首饰含金量检验: X 荧光光谱法的应用. 监督与选择, 2001, (5): 38-39.

2001-104 王劼, 陈树榆, 余华明, 孙梅. 一种定量分析金属镀层中特定元素含量的简单方法. 分析试验室, 2001, 20(3): 91-92.

2001-105 王仁波. 野外 X 荧光分析仪的开关电源设计. 现代科学仪器, 2001, (6): 54-56.

2001-106 王亚军, 陈宝芬, 索全伶, 樊宏伟. 氧化镧氟化过程物料与废液的快速分离研究. 化学研究与应用, 2001, 13(3): 311-314.

2001-107 王志强. 用 X 射线荧光法测定聚酯切片中的锑钛含量. 合成纤维工业, 2001, 24(5): 65-66.

2001-108 汪新福, 朱光华. 颗粒物标准样品分析的 PIXE 方法. 北京师范大学学报 (自然科学版), 2001, 37(2): 213-216.

2001-109 韦孟伏, 鲜晓斌, 刘继东. 无损测定铀材料上铝镀层厚度的研究. 核技术, 2001, 24(8): 655-662.

2001-110 魏存弟, 李益, 侯玉树, 钱湘兰. 新型钻石仿制品——合成碳化硅. 世界地质, 2001, 20(2): 167-170.

2001-111 魏复盛, 滕恩江, 吴国平, 胡伟, Wilson W. E., Chapman R. S., Pau J. C., Zhang J.. 我国4个大城市空气 $PM_{2.5}$、PM_{10} 污染及其化学组成. 中国环境监测, 2001, 17(7): 1-6.

2001-112 魏迎旭, 王公慰, 刘中民, 孙承林, 许磊, 董振武. 磷铝系列分子筛催化剂的制备、表征及催化丁烷转化反应的性能. 催化学报, 2001, 22(1): 15-17.

2001-113 魏迎旭, 王公慰, 刘中民, 许磊, 谢鹏. SAPO 分子筛的酸性及孔道分布对丁烷异构脱氢反应的影响. 催化学报, 2001, 22(6): 537-540.

2001-114 温玉璞, 徐晓斌, 汤洁, 张晓春, 赵玉成. 青海瓦里关大气气溶胶元素富集特征及其来源. 应用气象学报, 2001, 12(4): 400-408.

2001-115 文同丰. XRF 在水泥工业中的应用及前景. 中国建材, 2001, (9): 36-37.

2001-116 乌如恭桑, 郭丽, 田华阳. 电荷积分基线补偿谱仪放大器. 原子能科学技术, 2001, 35(3): 250-253.

2001-117 吴国平, 胡伟. 四城市空气粗、细颗粒物元素质量谱及富集特征. 中国环境监测, 2001, 17(7): 7-10.

2001-118 吴建平. 同位素 X 射线荧光分析技术在汞锑矿的应用研究. 四川有色金属, 2001, (3): 56-58.

2001-119 吴晓丹. X 射线荧光分析方法在矿产品检测中的应用. 金属矿山, 2001, (6): 52-53.

2001-120 吴允平. X 荧光水泥组分在线分析仪的设计. 福建师范大学学报 (自然科学版), 2001, 17(4): 44-47.

2001-121 吴允平, 贾文懿, 周蓉生, 方方, 乐仁昌. 便携式能量色散 X 荧光分析仪的研制. 仪器仪表学报, 2001, 22(3): 325-327, 330.

2001-122 向浩, 李国会, 王永青, 张天佑. WINDOWS98 下 XRF 联机软件分析系统 (X 荧光光谱仪改造升级技术). 现代科学仪器, 2001, (1): 24-27.

2001-123 肖洪训, 杜登福. 应用钴内标法 XRF 测定铁矿石中全铁. 冶金分析, 2001, 21(5): 21-23.

2001-124 谢骅, 王庚辰, 任丽新, 魏超. 北京市大气细粒态气溶胶的化学成分研究. 中国环境科学, 2001, 21(5): 49-52.

2001-125 胥涛, 李春来. 月球表面元素含量的定量分析方法. 空间科学学报, 2001, 21(4): 332-340.

2001-126 徐华蕊, 高濂, 郭景坤. 水热合成高纯四方相钛酸钡纳米粉末研究. 功能材料, 2001, 32(5): 558-560.

2001-127 许利军, 王晓书, 季伟捷, 颜其洁, 陈懿. 添加 Zr、Mo、Zn 组份对 VPO 催化剂性能的影响. 南京大学学报 (自然科学版), 2001, 37(5): 637-642.

2001-128 薛正旸. 用 X 射线荧光法测定镀金层厚度. 上海计量测试, 2001, (1): 28-29.

2001-129 闫福栓, 曾扬, 郑浩. ARL8680 型 X 荧光光谱仪的非自动高压校正. 岩矿测试, 2001, 20(1): 74-76.

2001-130 杨丽荣, 李秋菊, 曲月华. 铝硅质耐火材料的 XRF 分析法. 鞍钢技术, 2001, (2): 31-32.

2001-131 杨明太. X 射线荧光分析技术在物证材料检验中的应用. 公安大学学报 (自然科学版), 2001, (5): 9-11.

2001-132 杨明太, 陈锦华, 齐红莲. 能量色散 X 射线荧光法测定涂钯硅藻土中的钯含量. 核电子学与探测技术, 2001, 21(2): 139-141, 138.

2001-133 杨瑞瑛. 现代核分析技术在生命科学中的应用. 现代仪器, 2001, (3): 7-10.

2001-134 杨岳衡, 刘铁兵, 沈远超, 张连昌. X 荧光法和伽玛能谱法在胶东郭城金矿找矿预测中的应用. 地质与勘探, 2001, 37(4): 49-52.

2001-135 伊志宏, 于想琼. 硅锰合金的 X 射线荧光分析. 华东地质学院学报, 2001, 24(2): 157-159.

2001-136 应晓浒, 林振兴. X 射线荧光光谱无标样分析软件在金属材料分析中的应用. 冶金分析, 2001, 21(6): 41-43.

2001-137 游华, 刘梅山, 徐文荣. X 射线荧光光谱法测定硅锰合金. 福建分析测试, 2001, 10(1): 1363-1365.

2001-138 游俊富, 张龙生, 王虎, 赵海山. 一种全新的超高灵敏度 X 射线荧光光谱仪. 现代科学仪器, 2001, (1): 52-55.

2001-139 余宏明, 严春杰, 王环玲. 岘山垭公路路堑滑坡膨胀土特性及机制探讨. 地球科学, 2001, 26(4): 429-432.

2001-140 袁慧, 张丽华, 金立云. X 射线荧光光谱法测定土壤中 26 种主次元素和微量元素. 核化学与放射化学, 2001, 23(3): 172-177.

2001-141 张宝林, 韩金良, 高浩中, 蔡新平, 丁汝福, 宋保昌, 王杰. 山西堡子湾金矿区成矿流体场特征与隐伏矿床定位预测. 地质地球化学, 2001, 29(3): 179-184.

2001-142 张桂林. 用核分析技术研究上海市空气和水环境污染. 核技术, 2001, 24(9): 727-733.

2001-143 张开春, 吴丽萍, 周厚全, 李志勇. 对 Si(Li) 探测器测谱中产生伪峰现象的分析. 四川大学学报 (自然科学版), 2001, 38(1): 115-117.

2001-144 张丽萍, 朱大奎, 杨达源. 长江三峡坝区花岗岩风化壳化学元素迁移特征. 地理学报, 2001, 56(5): 514-521.

2001-145 张玲, 刘信文, 崔素君. 结合式 XRF-XRD 光谱仪测定烧结矿中 Fe(Ⅱ). 冶金分析, 2001, 21(2): 55-56.

2001-146 张平建, 王德全. X 射线荧光光谱法在高炉生铁快速分析中的应用. 山东冶金, 2001, 23(5): 54-55.

2001-147 张仁健, 邹捍, 王明星, 周立波, 朱光华. 珠穆朗玛峰地区大气气溶胶元素成分的监测及分析. 高原气象, 2001, 20(3): 234-238.

2001-148 张万平, 李张胜, 席涛. 压片法 X 射线荧光光谱测定磷铁. 云南化工, 2001, 28(2): 30-32.

2001-149 张为, 任维萍, 戴学谦. X 射线荧光光谱仪恒温装置改造. 光谱实验室, 2001, 18(3): 345-346.

2001-150 Zhang Yuanxun, Cheng Feng, Li Deyi, Wang Yinsong, Zhang Guilin, Xu Hongjie, Liao Wensheng, Tang Tingling, Huang Yuying, He Wei. Synchrotron radiation XRF microprobe investigation of elemental distribution in femoral head slice with osteoporosis. Chinese Science Bulletin, 2001, 46(13): 1138-1141.

2001-151 张元勋, 程峰, 李德义, 王荫淞, 张桂林, 徐洪杰, 廖文胜, 汤亭亭, 黄宇营, 何伟. 同步辐射 X 射线荧光微探针用于骨质疏松股骨头切片元素分布的研究. 科学通报, 2001, 46(1): 35-39.

2001-152 张月平. 添加剂和润滑油中硫磷氯钙钡锌元素的测定. 石油炼制与化工, 2001, 32(7): 57-60.

2001-153 赵爱华, 华兰, 迟令生. 橡胶材料的 X 射线荧光多元素分析. 化学分析计量, 2001, 10(5): 23-24.

2001-154 赵宏樵, 吴建之, 曾江宁. 富钴结壳分析方法评述和结果对比. 仪器仪表学报, 2001, 22(S2): 413-414, 423.

2001-155 赵耀. XRF 法分析硫化物矿的试样制备. 冶金分析, 2001, 21(5): 67-68.

2001-156 周桂荣. 影响 X 荧光分析仪测试锌精矿准确度的因素分析. 湖南有色金属, 2001, 17(4): 46-47.

2001-157 周蓉生, 马英杰, 方方, 侯新生. 小型化管激发 X 荧光仪的研制及初步应用. 中国地质, 2001, 28(5): 39-45.

2001-158 周四春. 携带式 X 荧光仪监控金铜矿石选矿应用研究. 核技术, 2001, 24(6): 515-520.

2001-159 周四春, 王德明, 侯克功, 赵友清. X 荧光取样技术在铜矿山的应用研究. 有色矿山, 2001, 30(2): 4-7, 11.

2001-160 周素莲, 蔡永海, 黄肇敏. 合金工具钢的 X 射线荧光光谱分析. 光谱学与光谱分析, 2001, 21(4): 572-574.

2001-161 朱光华, 卢殿通, 汪新福, 周宏余. 用质子激发 X 射线发射分析技术测量晶片表面的污染物. 北京师范大学学报(自然科学版), 2001, 37(5): 612-614.

2001-162 朱光华, 周宏余, 汪新福, 王超, 王广甫, 周云龙, 陈如意, 温琛林, 陆挺. PIXE、SEM 与切片技术相结合研究低能离子注入种子的浓度-深度分布. 核技术, 2001, 24(6): 456-460.

2001-163 朱海信, 承焕生, 杨福家, 黄宣佩, 熊樱菲. 福泉山良渚文化玉器的 PIXE 分析. 核技术, 2001, 24(2): 149-153.

2001-164 卓尚军, 陶光仪, 殷之文, 吉昂. X 射线荧光光谱理论强度计算中激发因子的选择. 化学学报, 2001, 59(1): 129-132.

2001-165 邹辉. XRF 光谱法在铅精矿分析中的应用. 湖南有色金属, 2001, 17(S1): 62-63.

2002 年 (2002)

2002-001 安国玉. 波长色散 X 射线荧光分析的新发展. 现代仪器, 2002, (4): 40-43.

2002-002 曹春娥, 沈华荣, 曹建文, 熊春华, 郑乃章. 明代早期祭红釉显微结构与工艺的研究. 中国陶瓷工业, 2002, 9(6): 4-8.

2002-003 陈会颖, 包世星, 李文杰. X 荧光光谱法测定临氢催化剂中钯、锡和钠的含量. 黑龙江石油化工, 2002, 13(1): 41-43.

2002-004 陈丽荣, 郑树, 陈于法, 张苏展, 黄宇营. 紫杉醇诱导的凋亡细胞微量元素含量改变的同步辐射研究. 浙江大学学报(医学版), 2002, 31(4): 41-44, 48.

2002-005 陈卫东. X 射线荧光光谱仪测定阳极铜的成分. 安徽冶金, 2002, (1): 42-45.

2002-006 崔邑诚, 韩东成, 傅乐峰, 张爱民, 须沁华, 董家骝. 导向剂法合成低硅 X 型沸石 (LSX). 高等学校化学学报, 2002, 23(12): 2226-2229.

2002-007 邓祥义, 吴高安. 氨水沉淀法制备纳米 NiO. 化学研究与应用, 2002, 14(5): 577-579.

2002-008 邓勇军, 张一云, 吴丽萍, 梁勇飞. 用 X 荧光分析方法对大米加工过程中微量元素流失规律的研究. 四川大学学报(自然科学版), 2002, 39(6): 1065-1069.

2002-009 董发勤, 李国武, 邓建军, 万朴, 迟燕华. 矿物纤维粉尘的环境健康效应研究. 重庆环境科学, 2002, 24(1): 32-35.

2002-010 杜登福, 肖洪训, 刘青桥. 生石灰的 X 荧光光谱分析. 冶金分析, 2002, 22(3): 64-66.

2002-011 杜米芳. 利用小型 X 荧光仪快速测定玻璃中的铬. 玻璃, 2002, (6): 44-45.

2002-012 杜米芳, 谢军, 张乃明. 玻璃中着色元素铜的 X 荧光快速测定. 现代科学仪器, 2002, (4): 53-54.

2002-013 杜永娟, 李萍, 胡丽华, 吴文艳, 俞浩. 低膨胀率堇青石陶瓷的研究. 耐火材料, 2002, 36(1): 27-30.

2002-014 范东宇, 冯松林, 冯向前, 雷勇, 徐清, 张颖, 黄宇营, 何伟, 权奎山, 沈岳明. 寺龙口青瓷的 SRXRF 研究与统计分析. 核技术, 2002, 25(10): 833-836.

2002-015 方必军, 徐海清, 罗豪甦. $Pb[(Zn_{1/3}Nb_{2/3})_{0.91}Ti_{0.09}]O_3$ 压电单晶的弛豫反常. 材料研究学报, 2002, 16(6): 609-614.

2002-016 冯向前, 冯松林, 徐清, 张颖, 雷勇, 范东宇, 程琳, 黄宇营, 何伟, 孟繁峰, 王会民, 刘世枢. 河北三大白瓷名窑精细白瓷的 SRXRF 无损分析及界定标准的初步研究. 核技术, 2002, 25(10): 827-832.

2002-017 符斌, 方明渭, 周杰, 岳永平, 李华昌, 王红霞. 用于 X 射线荧光光谱分析的凝胶制样法. 冶金分析, 2002, 22(5):

2002-018 高萍, 顾若晶. X射线荧光光谱法测定重整催化剂中铂、铼、铈. 分析试验室, 2002, 21(6): 80-82.

2002-019 高文红, 陈学琴, 张桂华, 王文生. X荧光玻璃熔片法分析铁矿石. 理化检验-化学分册, 2002, 38(2): 72-73, 75.

2002-020 戈润滔. 钽矿中钽的分析方法实用性研究. 云南冶金, 2002, 31(3): 165-172.

2002-021 葛良全, 赖万昌, 周四春, 林延畅. 海底X射线荧光探测技术及其应用研究. 物探与化探, 2002, 26(4): 283-286.

2002-022 巩岩, 陈波, 尼启良, 曹建林, 王兆岚. 掠出射X射线荧光分析. 物理, 2002, 31(3): 167-170.

2002-023 巩岩, 尼启良, 陈波, 曹健林. 掠出射X射线荧光光谱仪研制. 光学精密工程, 2002, 10(6): 597-601.

2002-024 郭冬发, 范光, 欧光习, 武朝晖, 崔建勇, 黄秋红. 与地浸砂岩型铀矿有关的分析测试技术发展趋势. 国外铀金地质, 2002, 19(3): 174-181.

2002-025 郭茂生. 铂饰品中铂的无损检测. 黄金, 2002, 23(3): 47-48.

2002-026 郭向勇, 罗萍, 尹斫, 唐好, 叶谦辉. 原子吸收法测定循环醋酸中钴锰含量. 聚酯工业, 2002, 15(2): 35-36.

2002-027 郭新闻, 王祥生, 李钢, 刘民, 修景海. 廉价原料合成的钛硅分子筛的热稳定性能的研究. 石油学报（石油加工）, 2002, 18(2): 34-40.

2002-028 郭正府, 刘嘉麒. 火山气体的成分和总量研究. 地学前缘, 2002, 9(2): 359-364.

2002-029 韩龙. 载流X荧光分析仪扩容研究项目简介. 矿冶, 2002, (3): 34.

2002-030 郝丽萍, 王再田. 熔融制样法对硫铁矿、铜精矿和方铅矿主量元素的XRF光谱测定. 兵器材料科学与工程, 2002, 25(5): 58-59, 72.

2002-031 何文权, 熊樱菲. 表面弯曲的古陶瓷样品X射线荧光无损定量分析. 核技术, 2002, 25(7): 581-586.

2002-032 何文权, 熊樱菲. 古陶瓷完整器元素成分无损分析的实现（二）——设备改建和定量分析方法. 文物保护与考古科学, 2002, 14(S1): 284-297.

2002-033 何文权, 熊樱菲. 古陶瓷完整器元素成分无损分析的实现（一）——方法确认和总体设计. 文物保护与考古科学, 2002, 14(S1): 272-283.

2002-034 何文权, 熊樱菲. 塘郁遗址出土瓷器X荧光分析结果. 考古, 2002, (10): 75-77.

2002-035 何文权, 叶伯明. 能量色散X射线荧光光谱分析大气颗粒中多种元素. 岩矿测试, 2002, 21(4): 301-303.

2002-036 何晓梅, 王卫杰. 俄罗斯陶瓷及其金属化技术的研究. 真空电子技术, 2002, (3): 39-42.

2002-037 胡坚, 郭红丽, 杜军卫, 宋霞. 锆英石质耐火材料的X射线荧光光谱分析法. 耐火材料, 2002, 36(1): 46-47, 50.

2002-038 黄德志, 戴塔根, 胡斌, 邱瑞龙, 王奎仁, 徐祥, 周世俊. 张八岭构造带两种类型金矿次显微金赋存状态的质子探针分析. 地质地球化学, 2002, 30(3): 19-26.

2002-039 黄金凤, 李占贤, 刘学东. 总线控制系统水泥成份X射线荧光自动分析仪. 自动化与仪表, 2002, (2): 7-9.

2002-040 黄宁, 张俊, 唐代全, 范轶翔, 胡纫兰. BP网络和OLAM网络在X荧光谱分析中的应用比较. 核电子学与探测技术, 2002, 22(3): 247-250.

2002-041 Ji Xinming, Zhu Jieqing, Xu Hongjie. Semi-empirical schemes for the X-ray mass absorption coefficients used in XRF analysis. Nuclear Science and Techniques, 2002, 13(1): 42-49.

2002-042 纪新明, 朱节清, 徐洪杰. 用XRF技术测量聚氯乙烯塑料制品中铅的含量. 核技术, 2002, 25(6): 447-450.

2002-043 江冶, 侯鹏飞, 黄健. MagiX PRO X射线荧光光谱仪在多目标地球化学调查中的应用. 江苏地质, 2002, 26(3): 157-160.

2002-044 姜永基, 董松林, 王亚红. X射线荧光法测定裂化催化剂中MgO含量. 石化技术与应用, 2002, 20(5): 349-350, 292.

2002-045 蒋育澄, 岳涛, 高世扬, 夏树屏. 重稀碱金属铷和铯的分离分析方法进展. 稀有金属, 2002, 26(4): 299-303.

2002-046 Jin Liyun, Huang Qingliang, Zheng Weiming, Song You, Liu Guijiao. Development of pre-diffraction of pyro-graphite crystals-EDXRF analysis system. Annual Report for China Institute of Atomic Energy, 2002, (0): 80.

2002-047 金立云, 黄清良, 郑维明, 宋游, 刘桂娇. 石墨晶体预衍射 EDXRF 仪研制. 中国原子能科学研究院年报, 2002, (0): 105.

2002-048 Junko Shida, 陈钟惠. 马达加斯加刚玉宝石. 宝石和宝石学杂志, 2002, (1): 15.

2002-049 阚斌, 邹美娟, 宋祖峰. 保护渣的 X 射线荧光光谱分析. 马钢职工大学学报, 2002, 12(2): 4-7.

2002-050 康志军, 刘喜会. X 荧光分析仪的应用. 水泥技术, 2002, (3): 99-100.

2002-051 孔卡斯 M., 汪镜亮, 林森. 用 X 射线分析仪控制选矿厂工艺过程. 国外金属矿选矿, 2002, (1): 35-38.

2002-052 赖万昌, 葛良全, 周四春, 林延畅, 肖刚毅, 吴永鹏. 新一代高灵敏度手提式 X 荧光仪的研制. 物探与化探, 2002, 26(4): 321-324.

2002-053 雷勇, 冯松林, 徐清, 冯向前, 范东宇, 张颖, 沙因, 程琳, 黄宇营, 何伟, 禚振西, 张松林, 廖永民. 不同产地唐三彩的 SRXRF 无损分析研究. 核技术, 2002, 25(10): 822-826.

2002-054 冷晓梅. X 荧光光谱仪在膨胀合金成分测定中的应用. 物理测试, 2002, (2): 39-41.

2002-055 李兵, 罗重庆. X 射线荧光光谱灰化薄样法测定锌合金中 Al, Cu, Sn, Fe, Pb 和 Cd. 冶金分析, 2002, 22(1): 14-16, 8.

2002-056 李而淮. X 射线荧光光谱法测定感光材料中的含银量. 影像技术, 2002, (1): 12-13.

2002-057 李健晖, 陈之荣, 柯子厚, 李浩宏. [Ni(bipy)$_3$][(μ-oxo)Fe$_2$Cl$_6$] 化合物的制备与研究. 福州大学学报 (自然科学版), 2002, 30(5): 618-619, 631.

2002-058 李健晖, 陈之荣, 罗钦, 许建富. ZnS$_4$(2, 9-dimephen) 配合物合成与性能研究. 福州大学学报 (自然科学版), 2002, 30(6): 880-882.

2002-059 李萍. 采用粉末压片法提高混合稀土分析的准确度. 中国稀土学报, 2002, 20(S1): 199-202.

2002-060 李俏梅. X 荧光光谱仪对焦炭成分的分析. 现代仪器, 2002, (4): 27-28.

2002-061 李晓薇, 盛毅, 马晓东, 李重九, 杜中, 黄宇营. 用同步辐射 X 射线荧光分析法研究感病烟草单细胞内微量元素变化. 中国农业大学学报, 2002, 7(3): 79-83.

2002-062 李艳红, 李建利, 洪元佳, 张亮, 孙晶, 刘景和, 洪广言. Nd：KGW 多波长激光晶体生长与光谱特性. 中国激光, 2002, 29(5): 444-446.

2002-063 李中玺, 周丽萍, 冯玉怀. 现代分析仪器在贵金属分析中的应用及进展. 黄金科学技术, 2002, 10(3): 1-6.

2002-064 廉海萍, 谭德睿. 东周青铜复合剑制作技术研究. 文物保护与考古科学, 2002, 14(S1): 319-334.

2002-065 梁伟德, 张鸿. 海洛因依赖者头发中铅、锌含量的分析. 中国临床康复, 2002, 6(19): 2947.

2002-066 林婉珍, 李忠水, 张晓勤, 郑思宁. Dy-MCM-41 介孔分子筛的合成与表征. 福建化工, 2002, (3): 1-3.

2002-067 林延畅, 葛良全, 赖万昌. 新一代手提式多元素 X 荧光仪在地质普查中的应用. 物探与化探, 2002, 26(4): 325-328.

2002-068 林延畅, 葛良全, 赖万昌, 周四春. 图形点阵 LCD 在手提式多元素 X 荧光仪中的应用. 核电子学与探测技术, 2002, 22(4): 341-343, 340.

2002-069 林忠, 蒋晓光, 李卫刚. 用波长色散 X 射线荧光光谱法测定锰矿石中的锰、铁、硅、铝、钛、钙、镁和磷等元素. 中国锰业, 2002, 20(2): 1-3.

2002-070 刘波, 贺勉鸿, 孙民德, 石贤峰, 孙传琛，沈皓，宓泳. 复旦大学新核微探针——系统建设与束流光学计算. 复旦学报（自然科学版），2002, 41(2): 129-133.

2002-071 刘江斌. 3080E3 型 X 射线荧光光谱仪故障排除方法. 分析测试技术与仪器，2002, 8(2): 122-123.

2002-072 刘江斌，黄兴华，马旻. 标准化 α 系数在 X 荧光光谱分析中的应用. 分析测试技术与仪器，2002, 8(2): 116-118.

2002-073 刘静波，王智民，韩基新. 掺镧改性钛酸钡湿敏陶瓷元件. 无机材料学报，2002, 17(6): 1187-1193.

2002-074 刘文华，刘鹏宇. 稀土元素分析. 分析试验室，2002, 21(3): 89-108.

2002-075 刘显凡，孙传敏，何政伟，陶专，吴山，丁益民，王晓地，刘兴德. 化探结合 X 射线荧光测量在西天山确定异常元素赋存矿物形式的实践. 成都理工学院学报，2002, 29(3): 263-267.

2002-076 刘学武，王祥生，刘海鸥，刘毅慧，庄建勤，包信和. 不同介质中热处理 TS-1 的表征及催化性能. 催化学报，2002, 23(6): 493-497.

2002-077 刘志新. 高含量铷化探样品中镍的 XRF 法测定. 光谱实验室，2002, 19(1): 89-91.

2002-078 楼蔓藤. X 射线荧光光谱分析方法标准化的进展. 岩矿测试，2002, 21(1): 42-48.

2002-079 楼蔓藤，张济南，刘军，熊英健. X 射线荧光光谱法测定洗衣粉中硅、铝、磷、硫的初步研究. 广东微量元素科学，2002, 9(8): 62-64.

2002-080 马清林，康明大，卢燕玲，胡之德，李最雄. 甘肃新石器时代与青铜代陶器研究的内容和科学意义. 文物保护与考古科学，2002, 14(2): 44-51.

2002-081 马维林，金翔龙，陈建林，苏新，章伟艳. 中太平洋海山区富钴结壳地质特征. 东海海洋，2002, 20(3): 11-23.

2002-082 马宪民，呙铭黎. 多元素拟合算法在 EDXRF 技术中的应用. 西安科技学院学报，2002, 22(1): 43-45.

2002-083 毛庆云，杨迎花，柳明春. 地质样品中 23 个常量元素和微量元素的 X 射线荧光光谱仪测定. 齐齐哈尔大学学报，2002, 18(3): 30-32.

2002-084 齐郁，李小杰，崔隽，沈克，葛宜运. X 射线荧光法分析钢中的稀土总量. 冶金分析，2002, 22(6): 20-23.

2002-085 钱让清，杨晓勇，黄德志，周文雅. 微细粒型金矿床金的赋存状态研究——以皖西南枞阳井边金矿为例. 中南工业大学学报（自然科学版），2002, 33(3): 225-229.

2002-086 钱让清，杨晓勇，周文雅，高大旗. 质子探针研究微细粒金的赋存状态及黄铁矿标型特征——以皖南地区金矿成矿带为例. 中国科学技术大学学报，2002, 32(4): 481-492.

2002-087 覃操，王亭杰，金涌. 液相沉积法制备 TiO_2 颗粒表面包覆 SiO_2 纳米膜. 物理化学学报，2002, 18(10): 884-889.

2002-088 仇志军，王基庆，郭盘林，李晓林，朱节清，陆荣荣. 鸡胚细胞内微量元素分析. 核技术，2002, 25(4): 299-304.

2002-089 沈显生，康士秀，巨新，黄宇营，吴自勤. 青岛 3 种海藻元素变迁的同步辐射 X 射线荧光研究. 武汉植物学研究，2002, 20(1): 33-37.

2002-090 沈显生，康士秀，孙立广，尹雪斌，吴自勤，何伟. SR-XRF analysis of polytrichum in the Fildes Peninsula, Antarctica. Chinese Journal of Polar Science, 2002, 13(2): 111-116.

2002-091 沈显生，孙灏，康士秀，吴自勤，黄宇营. 安徽钟山铁矿植物重元素 X 射线荧光研究及环境指示意义. 核技术，2002, 25(10): 779-782.

2002-092 沈显生，孙立广，尹雪斌，康士秀，吴自勤，何伟. 菲尔德斯半岛 3 种金发藓植株的同步辐射 X 射线荧光分析. 极地研究，2002, 14(2): 105-112.

2002-093 盛向军，曹冬梅，陈新. X 射线荧光光谱法测定高纯石墨中的硫. 光谱实验室，2002, 19(2): 250-252.

2002-094 宋游，郑维明，刘桂娇. 二元比例法分析 UO_2-CeO_2 混合粉末. 中国原子能科学研究院年报, 2002, (0): 104.

2002-095 童晓民, 张乔, 车沃恒, 臧树良. X射线荧光光谱测定钛合金样品中多元素. 岩矿测试, 2002, 21(3): 215-218.

2002-096 童永彭, 姜达, 倪新伯, 陆荣荣, 张桂林, 陆亚松. PM_{10}颗粒物致大鼠肺炎过程中肺组织元素变化的研究. 核技术, 2002, 25(12): 997-1002.

2002-097 庹先国, 程渤, 王颖, 张洪, 黄教勇, 谷俊, 胡太吉. 钙、铁、硅(碱度)X荧光分析仪在攀钢炼铁厂的应用. 分析试验室, 2002, 21(3): 40-42.

2002-098 庹先国, 郭向利, 周建斌, 徐争启, 施刚, 王和飞, 卢斌, 程林, 李彬, 孟长春. 基于EDXRF精矿品位及水分在线分析系统. 矿冶工程, 2002, 22(4): 41-43.

2002-099 庹先国, 任家富, 周建斌, 郭向利, 陶永莉, 王和飞, 卢斌, 曹顺根, 程林, 李彬. 皮带式铁精矿含量、水分测量系统. 成都理工学院学报, 2002, 29(6): 660-664.

2002-100 庹先国, 滕彦国, 程渤, 倪师军, 张成江, 童纯菡. 地学核技术识别成矿流体地球化学界面的试验. 物探化探计算技术, 2002, 24(1): 12-15.

2002-101 庹先国, 徐争启, 郭向利, 王和飞, 卢斌, 程琳, 李彬. 基于EDXRF的铁精矿品位、水分在线分析系统的应用. 分析试验室, 2002, 21(5): 90-92.

2002-102 万尤宝, 吴宇容, 陈静, 褚君浩, 郭少龄, 李晶. 铌酸钾锂晶体的生长和缺陷. 人工晶体学报, 2002, 31(1): 5-9.

2002-103 王朝斗, 郭福林. 能散X荧光分析仪分析烧结矿. 理化检验-化学分册, 2002, 38(1): 27-28.

2002-104 王成云, 张伟亚, 李英, 杨左军, 廖文忠, 魏东. 丁基橡胶母炼胶的成分分析. 光谱实验室, 2002, 19(2): 157-161.

2002-105 王福明, 项长祥, 陈冬, 鲁聚林, 秦国斌, 刘克明. 热镀锌锅过早开裂失效的原因诊断. 金属制品, 2002, 28(1): 33-36, 38.

2002-106 王桂华, 谭秉和. 理论强度公式在X射线荧光光谱分析中的应用. 光谱学与光谱分析, 2002, 22(2): 328-330.

2002-107 王国栋, 谭继廉, 付克明, 田宇纮. 全反射X荧光分析技术及其应用. 核电子学与探测技术, 2002, 22(3): 268-271.

2002-108 王焕冰, 李春忠, 姜海波. 亚微米级无机抗菌剂的有机湿法改性. 华东理工大学学报, 2002, 28(6): 614-617.

2002-109 王荔, 杨雁泽, 林守麟, 胡圣虹. 土壤、沉积物系列标准物质中38种元素的ICP-MS定值. 分析测试学报, 2002, 21(5): 9-12.

2002-110 王娜, 田一光, 封禄田, 张明学, 陈千贵. 尼龙6/蒙脱土纳米复合材料的制备和性能研究. 沈阳化工学院学报, 2002, 16(2): 99-103.

2002-111 王鹏, 李泰华. 利用MAX551实现程控谱仪放大器. 电子工程师, 2002, 28(3): 3-4, 19.

2002-112 王仁波, 周蓉生. 便携式野外X荧光分析仪的PWM电源设计. 核电子学与探测技术, 2002, 22(2): 117-120.

2002-113 王仁波, 周蓉生, 马英杰, 方方, 乐仁昌. 高灵敏度野外X荧光分析系统及其在铜矿勘探中的应用. 核技术, 2002, 25(3): 211-217.

2002-114 王小琴, 周蓉生, 贾文懿, 方方. 一种新型水泥样品X荧光分析仪的研制. 核电子学与探测技术, 2002, 22(2): 146-148.

2002-115 韦国顺, 单枢正. 无磷粉的灰分沉积. 日用化学工业, 2002, 32(3): 29-30.

2002-116 韦日生, 安丽芝, 张京, 张凤云, 凤志慧, 张孙曦, 黄宇营, 何伟. 用同步辐射X射线荧光微探针技术研究硝酸镧对单个平滑肌细胞内重要元素分布的影响. 核技术, 2002, 25(10): 845-852.

2002-117 魏培德. 公共背景法在X射线荧光光谱分析化探样品中的应用. 岩矿测试, 2002, 21(2): 147-149.

2002-118 邬春学, 黄宇营, 杨春, 李劲, 何伟, 余镇危, 林克湘, 李葵发. 基于SRXRF的单个流体包裹体无损分析及其在石油地质中的应用. 核技术, 2002,

25(10): 793-798.

2002-119 吴小勇, 陈永君, 王毅民. Si-PIN 探测器便携式 X 荧光分析仪在海洋多金属结核结壳分析中的应用. 岩矿测试, 2002, 21(1): 33-36.

2002-120 吴晓军, 罗立强, 甘露, 梁国立, 马光祖. 用系统聚类分析法与 ALKNN 法进行地质、合金样品分类研究. 分析科学学报, 2002, 18(3): 203-206.

2002-121 吴秀珍, 佟瑶彩, 周树侠, 王秀萍. X 射线荧光光谱法测定催化剂中硫含量. 化工科技, 2002, 10(3): 35-37.

2002-122 仵春祺, 陈伟华, 程清. X 射线荧光光谱法在聚乙烯生产中的应用. 现代科学仪器, 2002, (2): 50-51.

2002-123 肖刚毅, 赖万昌, 葛良全. 应用 XRF 分析仪快速分析铁精矿中的 Si、S、K 和 TFe 含量. 物探与化探, 2002, 26(4): 312-314.

2002-124 肖洪训, 杜登福. XRF 应用钴内标法测定铁矿石中的全铁. 湖南冶金, 2002, (1): 39-42.

2002-125 谢桂龙, 项志清, 宋兆华. XRF 光谱法测定铁矿石中的 Al_2O_3. 南方金属, 2002, (1): 6-8.

2002-126 谢荣厚, 詹秀春. 水泥生料的偏振化能量色散 X 射线荧光光谱分析. 中国建材科技, 2002, (6): 45-47.

2002-127 谢意红. 合成彩色立方氧化锆的宝石学特征. 宝石和宝石学杂志, 2002, 4(4): 28-31.

2002-128 熊樱菲, 解玉林. 周一汉毛织品的染色工艺探讨. 文物保护与考古科学, 2002, 14(1): 34-37.

2002-129 徐文荣. 粉末压片 XRFS 法快速测定硅铁合金中主要元素. 福建分析测试, 2002, 11(3): 1624-1625.

2002-130 闫军, 崔海萍, 王俊英, 张爱平, 刘晶芝. 铝及铝合金基体化学镀黑色硫化钼、硫化镍新工艺. 新技术新工艺, 2002, (12): 45-46.

2002-131 闫晓辉. X 射线荧光光谱法分析精对苯二甲酸装置钴、锰催化剂混合液中的钴和锰. 河南化工, 2002, (5): 35-36.

2002-132 严春杰, 唐辉明, 陈洁渝, 孙云志. 三峡库区典型滑坡滑带土微结构和物质组分研究. 岩土力学, 2002, 23(S1): 23-26.

2002-133 杨爱明, 付廷惠, 袁波, 郑智英, 林理忠. 塑料片材的组成、结构与其裂纹问题分析. 光谱学与光谱分析, 2002, 22(3): 409-411.

2002-134 杨春, 黄宇营, 何伟, 邬春学, 李葵发. 同步辐射 X 射线荧光研究单个流体包裹体的进展. 核技术, 2002, 25(10): 864-868.

2002-135 杨峰. 新型在线品位分析仪 Courier 3SL 在选矿中的应用. 铜业工程, 2002, (1): 39-41, 47.

2002-136 杨烽, 汪敦喜, 徐筱芸, 梁恩刚. 轴承钢痕量 Ti, Sn, Sb, Pb, As 的 X 射线荧光光谱分析. 特殊钢, 2002, 23(1): 55-56.

2002-137 杨丽萍, 陈发虎, 张成君. 兰州市大气降尘的化学特性. 兰州大学学报, 2002, 38(5): 115-120.

2002-138 杨明太, 张连平. 全反射 X 射线荧光分析. 核电子学与探测技术, 2002, 22(6): 572-575.

2002-139 姚焜, 康士秀, 孙霞, 吴自勤, 黄宇营, 巨新, 冼鼎昌. 同步辐射讲座 第二讲 同步辐射 X 射线荧光及其在植物微量元素分析中的应用. 物理, 2002, 31(2): 105-112.

2002-140 姚艳红, 阚玉和, 王思宏, 尹起范. 探讨硅铁中硅的测定方法. 延边大学学报 (自然科学版), 2002, 28(3): 185-188.

2002-141 应海松, 王松青, 孙锡丽, 应晓浒. 进口铁矿中锰含量测定方法的改进. 检验检疫科学, 2002, 12(6): 37-38, 25.

2002-142 应晓浒, 陈晓东, 张卫星. 顺序式 X 射线荧光光谱仪常见故障的诊断方法. 光谱实验室, 2002, 19(5): 650-653.

2002-143 于卓, Saiga Suguru. 小麦族 10 种禾草叶片可消化性及矿物质含量的差异. 草地学报, 2002, 10(1): 1-6.

2002-144 余群英, 梁钰. 软磁铁氧体用氧化铁中主量及微量元素测定. 上海钢研, 2002, (1): 27-30.

2002-145 袁瑾. X 射线光谱法研究 Cd^{2+}-氨基酸配合物. 光谱实验室, 2002, 12(3): 393-394.

2002-146 袁瑾, 于永良, 张玉冰, 孙桂春, 钟惠民. Cu^{2+}-ASP 配合物的合成及分析. 氨基酸和生物资源, 2002, 24(4): 51-52.

2002-147 翟华嶂, 李建保, 张淑霞, 张波, 黎义. 原位选择性氮化法制备 t-ZrO_2-TiN 复合粉料. 材料工程, 2002, (1): 32-35.

2002-148 翟永功, 次向明, 邹星, 郭丽丽. 药用蒙脱石粘土的矿物组成与化学成分分析. 中草药, 2002, 33(4): 5-7.

2002-149 詹秀春, 陈永君, 郑妙子, 王健, 李迎春, 李冰, 张勤. 地质样品中痕量氯溴和硫的 X 射线荧光光谱法测定. 岩矿测试, 2002, 21(1): 12-18.

2002-150 詹秀春, 谢荣厚. 水泥生料的偏振化能量色散 X 射线荧光光谱分析. 中国建材科技, 2002, (5): 46-48.

2002-151 张乔, 童晓民. 铬铁矿砂中主要成分的 X 射线荧光光谱法测定. 铸造, 2002, 51(7): 442-445.

2002-152 张仁健, 王明星, 胡非, 徐永福. 采暖期前和采暖期北京大气颗粒物的化学成分研究. 中国科学院研究生院学报, 2002, 19(1): 75-81.

2002-153 Zhang Renjian, Wang Mingxing, Xia Xiangao. Chemical composition of aerosols in winter/spring in Beijing. Journal of Environmental Sciences, 2002, 14(1): 7-11.

2002-154 张香荣. 炉渣和原材料的 X 射线荧光光谱快速分析. 冶金分析, 2002, 22(1): 11-13.

2002-155 张昕, 廖晶莹, 谢建军, 沈炳孚, 邵培发, 倪海洪, 李长泉, 殷之文. 熔体组成与 $PbWO_4$: Y^{3+}晶体闪烁性能稳定性的关系. 无机材料学报, 2002, 17(6): 1117-1123.

2002-156 张彦芳. X 射线荧光光谱法测定聚苯乙烯颗粒中的硬脂酸锌. 黑龙江石油化工, 2002, 13(1): 44-45.

2002-157 张彦伟, 李荣军, 张军利. X 荧光分析仪调试时应注意的几个问题. 水泥, 2002, (8): 52-53.

2002-158 张月平. 薄膜制样用于 X 射线荧光法直接测定润滑油类样品中的金属钠. 分析仪器, 2002, (3): 28-31.

2002-159 张中, 李增宽, 宋欣, 韩颖, 马振珠. 小型多道波散型 X 射线荧光光谱仪的研制. 现代科学仪器, 2002, (5): 3-6.

2002-160 赵宝山. X 射线荧光光谱仪在铝土矿分析中的应用. 有色矿山, 2002, 31(2): 12-13, 20.

2002-161 赵飞, 张文芳. 一种假味精的化学成分鉴定. 福建分析测试, 2002, 11(1): 1524-1525.

2002-162 赵淑权, 李福生, 陈英民, 庞德聪, 刘世明, 胡和平. 离子吸附型稀土富集物的放射性分析. 中国辐射卫生, 2002, 11(1): 1-3.

2002-163 赵一阳, 鄢明才, 李安春, 高抒, 贾建军. 中国近海沿岸泥的地球化学特征及其指示意义. 中国地质, 2002, 29(2): 181-185.

2002-164 郑荣华, 张文芳, 黄近丹, 李叶农. XRF 测定铂制品中 Pt、Au、Pd、Ag、Cu、Ni 等 6 种元素含量. 福建分析测试, 2002, 11(1): 1505-1508.

2002-165 郑荣华, 张文芳, 黄近丹, 李叶农. XRF 法测定铂制品中的 Pt、Au、Pd、Ag、Cu 和 Ni. 光谱实验室, 2002, 19(4): 493-497.

2002-166 郑瑛, 邱健斌, 陈前火, 项生昌. Pr-MCM-41 介孔分子筛合成与表征. 中国稀土学报, 2002, 20(S2): 129-131.

2002-167 郑瑛, 邱玮玮, 张晓勤, 邱健斌. (Dy, Mn) MCM-41 介孔分子筛的合成与表征. 中国稀土学报, 2002, 20(S1): 16-18.

2002-168 周科, 王新亮. X 射线荧光分析仪在铝土矿石分析中的应用. 轻金属, 2002, (2): 26-28.

2002-169 周中平, 王桂华, 陆永琪. 宣化城区大气 TSP 浓度特征及来源分析. 环境科学研究, 2002, 15(4): 13-15, 30.

2002-170 朱丹, 林灿生. 硝酸溶液中钼锆沉淀溶度积的研究. 核化学与放射化学, 2002, 24(2): 77-83.

2002-171 朱剑, 毛振伟, 杨益民, 冯敏, 王昌燧, 孙新民, 郭木森, 黄宇营, 何伟. 汝瓷成分的线扫描分析. 核技术, 2002, 25(10): 853-858.

2003 年 (2003)

2003-001 安国玉. X 射线荧光光谱仪 XRF-1800 介绍. 现代科学仪器, 2003, (3): 78-79.

2003-002 北京岛津科学仪器中心. 波长色散 X 射线荧光分析的新发展. 岩矿测试, 2003, 22(4): 311-314.

2003-003 蔡政, 卢文庆, 焦程敏. 钛酸钡纳米晶中钡钛比的测定方法. 吉首大学学报(自然科学版), 2003, 24(4): 58-60.

2003-004 常春, 候金红, 高良豪, 徐增芹, 李萍. ARL 9800XP 型 X 射线荧光光谱仪的故障及维修. 光谱实验室, 2003, 20(6): 916-918.

2003-005 常玉文. X 射线荧光光谱法测定铁矿石中的锡. 金属矿山, 2003, (5): 39-40.

2003-006 陈春英, 章佩群, 高愈希, 柴之芳, 黄宇营. 用同步辐射 X 荧光分析法研究兔肝金属硫蛋白中的微量元素. 核技术, 2003, 26(1): 17-20.

2003-007 陈汉城, 任振科, 田寅贞. 3070 型 XRF 仪快速分析铝土矿的方法研究及应用. 轻金属, 2003, (2): 9-17.

2003-008 陈红霞, 王培铭, 赵红. 溶胶-凝胶法制备的铝酸三钙早期水化特性. 建筑材料学报, 2003, 6(3): 227-230.

2003-009 陈天虎, 朱光, 徐惠芳, 王道轩, 岳书仓, 刘国生. 安山质熔结凝灰岩中凹凸棒石断层岩的矿物学特征. 岩石学报, 2003, 19(4): 767-774.

2003-010 陈铁梅, 王建平. 古陶瓷的成分测定, 数据处理和考古解释. 文物保护与考古科学, 2003, 15(4): 50-56.

2003-011 Chen Tongbin, Huang Zechun, Huang Yuying, Xie Hua, Liao Xiaoyong. Cellular distribution of arsenic and other elements in hyperaccumulator *Pteris nervosa* and their relations to arsenic accumulation. Chinese Science Bulletin, 2003, 48(15): 1586-1591.

2003-012 陈同斌, 黄泽春, 黄宇营, 谢华, 廖晓勇. 砷超富集植物中元素的微区分布及其与砷富集的关系. 科学通报, 2003, 48(11): 1163-1168.

2003-013 崔素君, 刘信文. X 荧光光谱法测定硅铝钡合金中硅铝钡. 理化检验-化学分册, 2003, 39(7): 422-423.

2003-014 邓赛文. GGB-1 X 荧光分析高频感应型熔样机研制成功. 岩矿测试, 2003, (1): 81.

2003-015 邓勇军, 张一云, 吴丽萍, 梁勇飞. 复发性口腔溃疡与头发中的微量元素的关系. 成都中医药大学学报, 2003, 26(1): 50-51.

2003-016 刁桂年. X射线荧光光谱分析的新进展. 现代仪器, 2003, (3): 1-5.

2003-017 丁仕兵, 刘稚, 刘淑珍. X 射线荧光光谱法测定矾土中硅、铁、钾、钙、钛、锰、铝、镁、磷等氧化物含量. 冶金分析, 2003, 23(4): 21-23.

2003-018 窦和瑞, 朱静东, 陈拥军, 吴鸣, 孙承林. 催化湿式氧化中铜基催化剂的流失与控制. 催化学报, 2003, 24(5): 328-332.

2003-019 杜晓丽, 钱天伟, 武贵斌, 蔺旭红. 燃烧型煤排放可吸入尘中的成分分析. 环境工程, 2003, 21(5): 57-58, 5.

2003-020 方爱民, 李继亮, 刘小汉, 侯泉林, Lee Ik Jong, 肖文交, 俞良军, 周辉. 新疆西昆仑库地混杂带中基性火山岩构造环境分析. 岩石学报, 2003, 19(3): 409-417.

2003-021 傅俊卫, 夏珍珠. 光谱法测定贵金属湿法冶炼物料中的金. 冶金分析, 2003, 23(3): 48-50.

2003-022 干福熹, 李青会, 顾冬红, 张平, 承焕生, 张斌, 马波. 新疆拜城和塔城出土的早期玻璃珠的研究. 硅酸盐学报, 2003, 31(7): 663-668.

2003-023 高发奎, 张树蔚, 杨晓辉, 高贵华. X射线荧光法分析甘草提取物中的微量元素. 甘肃环境研究与监测, 2003, 16(2): 99-100, 113.

2003-024 高萍, 顾若晶. 加氢催化剂中稀土及钼、钴含量的 X 射线荧光光谱测定方法的研究. 光谱学与光谱分析, 2003, 23(3): 579-582.

2003-025 高文德, 王文星. 丰山铜矿自然崩落法的试验研究. 矿业研究与开发, 2003, 23(1): 9-11.

2003-026 高愈希, 陈春英, 赵九江, 章佩群, 柴之芳, 何伟, 黄宇营. 一种改进的同步辐射 X 射线荧光原位分析人肝细胞胞质溶胶内金属蛋白分布的方法. 分析化学, 2003, 31(4): 395-398.

2003-027 巩岩, 陈波, 尼启良, 赵红颖, 曹健林. 薄膜特性的掠发射 X 射线荧光分析. 光谱学与光谱分析, 2003, 23(6): 1199-1202.

2003-028 郭洪臣, 刘娜, 周军成, 郭明星, 王祥生, 陈黎行, 邹龙江. 大晶粒钛硅沸石 TS-1 晶貌的离子蚀刻改性. 高等学校化学学报, 2003, 24(6): 977-979.

2003-029 郭庆斌. 能量色散-X 荧光能谱法同时测定工业硅中铝钙铁硅. 理化检验-化学分册, 2003, 39(11): 665-666, 688.

2003-030 韩凤兰, 陈宇红, 张惠秦. 用 X 射线荧光法测定黄芪中的多种矿质元素. 宁夏大学学报 (自然科学版), 2003, 24(4): 381-383.

2003-031 韩松, 贾秀琴, 董金泉. 现代核分析技术在资源环境研究中的应用. 地质力学学报, 2003, 9(1): 85-90.

2003-032 何报寅, 张穗, 蔡述明. 近 2600 年神农架大九湖泥炭的气候变化记录. 海洋地质与第四纪地质, 2003, 23(2): 109-115.

2003-033 何文权, 熊樱菲. 古陶瓷元素成分分析技术定量方法的探讨. 文物保护与考古科学, 2003, 15(3): 13-20.

2003-034 何湘柱, 曾振欧, 彭荣华, 胡耀红, 袁国伟. 三价铬电沉积非晶态 Fe-Ni-Cr 合金的研究. 华南理工大学学报 (自然科学版), 2003, 31(3): 15-20.

2003-035 洪丽雁, 王桂英, 刘峰阳, 欧丽珍. 石油产品硫含量分析方法适应性研究. 河南石油, 2003, 17(6): 53-55, 10.

2003-036 侯金红, 高良豪, 刘磊. X 荧光光谱法测定烧结矿中 SiO_2 等 7 个成分的含量. 光谱实验室, 2003, 20(4): 601-604.

2003-037 侯金红, 刘磊. X 射线荧光光谱法测定球团矿的成分. 山东冶金, 2003, 25(2): 56-58.

2003-038 胡晓. 理学 3370E X 荧光光谱分析仪的故障分析及处理. 现代仪器, 2003, (2): 51-52.

2003-039 胡晓. 理学公司 ZSX100e 型 X 射线荧光光谱仪自动进样器故障分析. 分析测试技术与仪器, 2003, 9(1): 59-61.

2003-040 胡晓波, 陈志源. 高效减水剂在水泥颗粒表面的吸附. 硅酸盐学报, 2003, 31(8): 784-789.

2003-041 胡朝晖, 刘平生, 冯国华, 黄宇营. PSS 用作高能量分辨率微量元素分析的可行性研究. 高能物理与核物理, 2003, 27(3): 273-276.

2003-042 胡正阳, 邢华宝, 华静, 史厚义. X 射线荧光光谱法测定复合碳硅锰中的硅、锰、磷. 冶金分析, 2003, 23(3): 51-52.

2003-043 华金铭, 郑起, 林性贻, 魏可镁. 金负载量对低温水煤气变换 $Au/\alpha\text{-}Fe_2O_3$ 催化剂结构和性能的影响. 燃料化学学报, 2003, 31(6): 558-563.

2003-044 华金铭, 郑起, 林性贻, 魏可镁. 制备参数对 Au/Fe_2O_3 催化剂水煤气变换性能的影响. 催化学报, 2003, 24(12): 957-963.

2003-045 黄黑成, 尹平. X 荧光光谱技术在油品硫分析中的应用. 分析测试技术与仪器, 2003, 9(4): 199-203.

2003-046 黄厚今, 沈皓, 宓泳, 金泰廙, 姚惠英, 徐华伟. 环境镉接触区居民尿液宏量元素的改变. 中国公共卫生, 2003, 19(1): 25-26.

2003-047 黄金凤, 李占贤. 基于 89C51 的多道脉冲幅度分析器及接口电路. 自动化与仪表, 2003, (3): 59-61.

2003-048 黄润生, 唐涛, 高学奎, 吴卫国, 沙振舜, 潘元胜. X 荧光分析系列实验. 物理实验, 2003, 23(5): 3-7.

2003-049 Huang Shibin, McNeill F. E., Chettle D. R.. Optimization of measurement

	distance of ^{109}Cd K XRF system for obese subjects. Nuclear Science and Techniques, 2003, 14(1): 86-88.
2003-050	黄亚继, 金保升, 仲兆平, 孔火良. 煤粉炉中痕量元素迁移影响因素的研究. 热能动力工程, 2003, 18(1): 30-34, 106.
2003-051	黄亚继, 金保升, 仲兆平, 周宏仓. 煤燃烧过程中痕量元素的分类研究. 东南大学学报（自然科学版）, 2003, 332(2): 148-152.
2003-052	贾瑞洪, 陈运杰, 王念俊. 理学 SMX-10/11 型 X 荧光光谱仪的改进. 山东冶金, 2003, 25(4): 55-57.
2003-053	蒋胜军, 顾敏. X 射线荧光光谱仪测定烧结矿中 FeO. 浙江冶金, 2003, (2): 45-46.
2003-054	阚斌, 程坚平, 宋祖峰. X 荧光光谱法分析 LF-VD 精炼炉炉渣. 安徽冶金, 2003, (1): 44-47.
2003-055	康士秀, 蒋作宏, 沈显生, 黄宇营. 安徽沼虾和米虾的同步辐射 X 射线荧光分析及对水环境污染的监测作用. 光谱实验室, 2003, 20(4): 517-521.
2003-056	康士秀, 沈显生, 黄宇营, 巨新, 吴自勤. 青岛海藻重元素富集特性的 SR-XRF 分析及对海洋环境监测的应用. 光谱学与光谱分析, 2003, 23(1): 94-97.
2003-057	康士秀, 沈显生, 吴自勤, 周忠泽, 巨新, 黄宇营. 金鱼藻微量元素 SR-XRF 分析用于淮河中部重金属污染监测. 核技术, 2003, 26(2): 109-113.
2003-058	赖万昌, 葛良全, 吴永鹏, 林延畅, 肖刚毅. 新型高灵敏度 XRF 分析仪的研制与应用. 核技术, 2003, 26(11): 891-895.
2003-059	赖万昌, 葛良全, 吴永鹏, 肖刚毅, 林延畅, 贾艳. 轻型 XRF 分析仪在铁精矿品质快速检测中的应用. 金属矿山, 2003, (7): 48-49, 52.
2003-060	Leung P. L., 毛振伟, Mike Li, 朱剑, 冯敏, 杨益民, 孙新民, 郭木森, 王昌燧. Line scanning analysis of the component of Ru porcelain by micro energy disperse X-ray fluorescence probe. Science in China (Series B), 2003, 46(5): 465-472.
2003-061	李宝科, 刘娟, 赵艳秋, 许宗宪. 辽东植被覆盖区分散流异常查证方法探讨. 地质找矿论丛, 2003, 18(S1): 211-213.
2003-062	李德军, 董宏海, 陆丽光, 王国军. XRF 法检验出口硅铁产品中元素硅和铝的含量. 化学工程师, 2003, (4): 29-30.
2003-063	李国会, 攀守忠, 潘晏山. SPECT-ROSCAN-U 型便携式波长色散 X 射线荧光光谱仪现场测定铜矿区的 15 种元素. 光谱实验室, 2003, 20(2): 250-253.
2003-064	李国会, 徐国令, 李晓莉. X 射线荧光光谱法在耐火材料成分分析中的应用. 岩矿测试, 2003, 22(3): 217-220, 224.
2003-065	李华斌. X 射线荧光光谱法测定转炉渣中 CaO, MgO, SiO_2. 冶金分析, 2003, 23(6): 58-59.
2003-066	李慧兰. 利用 X 射线荧光分析仪测碱含量. 水泥工程, 2003, (5): 67.
2003-067	李锦, 郑毓峰, 戴康, 徐金宝, 陈树义. 近距离升华制备 CdTe 掺 Te 薄膜的结构与电性能研究. 无机材料学报, 2003, 18(1): 195-199.
2003-068	李留忠, 于元章, 李永华, 王敏, 严婕, 张廷山. 废腈纶水解物的制备与表征. 高分子材料科学与工程, 2003, 19(4): 169-172.
2003-069	李俏梅, 王启民, 王顺生. X 射线荧光光谱分析硅铁成分样品制备对分析准确性的影响. 现代仪器, 2003, (6): 22-23.
2003-070	李青会, 顾冬红, 干福熹, 张斌, 马波, 承焕生. 扬州西汉墓出土古玻璃的质子激发 X 荧光分析. 核技术, 2003, 26(12): 922-925.
2003-071	李青会, 张斌, 承焕生, 干福熹. 质子激发 X 荧光技术在中国古玻璃成分分析中的应用. 硅酸盐学报, 2003, 31(10): 950-954.
2003-072	李叶农. 表面镀铑对 X 射线荧光能谱测定白色 K 金首饰成分含量影响的研

究. 福建分析测试, 2003, 12(3): 1824-1825.

2003-073 李幼荣, 陆磊, 张明, 陈海燕, 邱关明, 井上真一. 稀土对硅铝氧烷凝胶电流变性能的改性及其表征. 中国稀土学报, 2003, 21(2): 200-204.

2003-074 黎学明, 刘飞, 曾祥政, 杜军, 杨广全, 张胜涛. 镀锡方法对无汞碱锰电池用铜钉的性能影响. 电池, 2003, 33(3): 148-149.

2003-075 梁宝鎏, 毛振伟, 李德卉, 朱剑, 冯敏, 杨益民, 孙新民, 郭木森, 王昌燧. 能量色散 X 射线探针技术对汝瓷成分的线扫描分析. 中国科学 (B 辑: 化学), 2003, 33(4): 340-346.

2003-076 梁宝鎏, 孙大泽. 在厚靶分析中外标法的表面形状校正. 岩矿测试, 2003, 22(1): 10-14.

2003-077 梁国立, 邓赛文, 吴晓军, 甘露. X 射线荧光光谱分析检出限问题的探讨与建议. 岩矿测试, 2003, 22(4): 291-296.

2003-078 梁国立, 邓赛文, 吴晓军, 甘露. X 射线荧光痕量元素分析的测定限问题. 物理测试, 2003, (6): 4-7, 10.

2003-079 梁少华, 李君, 邬春学, 李葵发. SRXRF 实验及分析信息管理系统的开发. 江汉石油学院学报, 2003, 25(2): 41-42, 7.

2003-080 廖春霞. 平果铝土矿样品加工粒度的研究. 矿产与地质, 2003, 17(4): 566-570.

2003-081 廖建国. 耐火材料的 X 射线荧光光谱分析. 国外耐火材料, 2003, 28(1): 27-34.

2003-082 林忠, 蒋晓光, 李卫刚, 郑江, 胥建民, 刘邦杰. 波长色散 X 射线荧光光谱法测定铁矿石中铁硅钙铝磷镁锰钛. 理化检验-化学分册, 2003, 39(4): 207-208, 211.

2003-083 刘钢. 大型分析仪器几例故障分析及维修. 分析测试技术与仪器, 2003, 9(1): 50-52.

2003-084 刘凯, 王明慧, 马巧玉. X 射线荧光光谱法分析石灰石、白云石类原料中成分. 冶金分析, 2003, 23(6): 56-57, 59.

2003-085 刘娜, 郭洪臣, 王祥生, 陈黎行, 陈永英. 钛硅沸石 TS-1 在丙烯环氧化反应环境中的水热稳定性. 催化学报, 2003, 24(6): 437-440.

2003-086 刘娜, 郭洪臣, 王祥生, 陈黎行, 陈永英. 钛硅沸石 TS-1 在环己酮氨氧化反应环境中的水热稳定性. 催化学报, 2003, 24(6): 441-446.

2003-087 刘年庆, 刘平生, 黄宇营, 何伟, 陈德福, 赵金垣. 用同步辐射 X 荧光分析血浆蛋白质的微量元素. 核技术, 2003, 26(5): 329-332.

2003-088 刘树文, 文玲, 严方. X 荧光光谱法测定催化剂中的镍和钼. 分析科学学报, 2003, 19(5): 466-467.

2003-089 刘小波. X 射线荧光-铁品位在流分析仪的原理与应用. 金属矿山, 2003, (3): 43-44, 55.

2003-090 刘新斌, 赵攀峰, 贺治中, 陈晓霞. SMX-12 X 射线荧光光谱仪在长钢技术中心的应用. 山西冶金, 2003, (4): 63-65.

2003-091 刘燕, 熊朝东, 苏亚勤. 黄金饰品质量的 X 射线荧光光谱无损测定. 江西冶金, 2003, 23(6): 171-172.

2003-092 刘勇胜, 胡圣虹, 柳小明, 高山. 高级变质岩中 Zr、Hf、Nb、Ta 的 ICP-MS 准确分析. 地球科学, 2003, 28(2): 151-156.

2003-093 卢艳军. 原材料碳酸锶作为标样在 X 荧光测试中的应用. 玻璃与搪瓷, 2003, 31(4): 29-31.

2003-094 卢艳军, 陈爱芹, 卢忠新. X 荧光法测定玻璃原材料硅砂. 玻璃与搪瓷, 2003, 31(2): 38-40.

2003-095 陆晓明, 金德龙, 张志颖, 陈英颖. ARL9800 X 射线光谱仪测定烧结矿中氧化亚铁. 理化检验-化学分册, 2003, 39(2): 110-111.

2003-096 罗建林. 能量色散 X 射线荧光光谱法在测定油品硫含量中的应用. 分析仪器, 2003, (3): 31-34.

2003-097 罗湘宁, 李友元, 吴志华. X 射线荧光光谱法测定氧化铝中杂质含量. 冶金分析, 2003, 23(5): 43-46.

2003-098 罗湘宁, 刘勇, 杨韵屏. X射线荧光光谱法快速测定电解质的 BR、CaF_2、MgF_2、KF 及 Al_2O_3 含量. 轻金属, 2003, (9): 21-24.

2003-099 马鹏, 谷雪辉. X射线荧光光谱仪所用电解质标样的研制. 有色冶金节能, 2003, 20(1): 18-21.

2003-100 马清林, 梁宝鎏, 阎爱侠, 胡之德. 能量色散X荧光光谱和人工神经网络在甘肃新石器时代陶片分类研究中的应用 (英文). 兰州大学学报, 2003, 39(1): 47-53.

2003-101 缪长喜, 宋磊. 低温型乙苯脱氢催化剂的制备及性能. 精细化工, 2003, 20(5): 281-284.

2003-102 牛素琴, 耿东方, 李岩, 刘子瑜. 稀土-铝-硅复合脱氧剂主量元素的XRF光谱分析. 兵器材料科学与工程, 2003, 26(5): 54-56.

2003-103 牛素琴, 李岩, 刘子瑜. 白铜合金中主量元素之间基体效应与XRF光谱分析方法的研究. 兵器材料科学与工程, 2003, 26(4): 44-46.

2003-104 彭兵, 彭及. 不锈钢电弧炉粉尘的物理化学特性及形成机理探讨. 北方工业大学学报, 2003, 15(1): 34-40.

2003-105 彭建玲, 王国增, 赵伟, 侯艳冰, 李韶梅, 殷雪霞. X射线荧光光谱法测定白灰中氧化钙和硫. 冶金分析, 2003, 23(4): 63-64.

2003-106 彭晓彤, 翁焕新, 周怀阳, 潘建明, 扈传昱. 珠江口沉积柱中重金属 V, Ni 和 Co 的分布特征、迁移机制和污染评价. 浙江大学学报 (理学版), 2003, 30(1): 103-108.

2003-107 彭晓彤, 周怀阳, 翁焕新, 潘建明, 陈光谦. 珠江口沉积物主元素的组成分布特征及其地化意义. 浙江大学学报 (理学版), 2003, 30(6): 697-702.

2003-108 钱俊龙. 一种减少样品量分析古玻璃的 XRF 方法. 文物保护与考古科学, 2003, 15(3): 8.

2003-109 曲月华. X射线荧光光谱法快速分析高炉渣中 TiO_2. 冶金分析, 2003, 23(5): 40-42.

2003-110 屈国普, 郭兰英, 徐少一. 一种适合于教学的 X 射线荧光钙铁分析仪. 核技术, 2003, 26(8): 645-648.

2003-111 尚凤军, 文凤, 王海霞, 周蓉生. 基于嵌入式微机的 X 荧光仪的研制. 仪器仪表学报, 2003, 24(S1): 28-30.

2003-112 宋武元, 高新华, 俞冰, 郑建国. X射线荧光光谱测定纯铜样品中的痕量杂质元素. 科学技术与工程, 2003, 3(6): 528-532.

2003-113 宋武元, 钟沛余, 梁静, 郑建国. X射线荧光光谱测定纯铜样品中微量和痕量杂质元素. 检验检疫科学, 2003, 13(5): 19-22.

2003-114 苏芳, 盖国胜, 魏启荣. 二氧化硅/硅灰石复合颗粒的制备研究. 中国粉体技术, 2003, (5): 18-20.

2003-115 苏军. VB6.0环境下实现PC机与X荧光分析仪的串行通信. 矿冶, 2003, 12(3): 73-75, 88.

2003-116 宿艳芳. FCC 催化剂生产过程中化学组分的快速监控法. 石油炼制与化工, 2003, 34(5): 63-66.

2003-117 谭强强, 唐子龙, 张中太, 尧巍华, 方克明. 纳米四方多晶氧化锆粉末的超强碱共沉淀法制备及性能表征. 稀有金属材料与工程, 2003, 32(12): 1025-1028.

2003-118 谭强强, 张中太, 唐子龙, 罗绍华, 方克明. 有机添加剂-超强碱共沉淀法制备纳米氧化锆粉体的研究. 功能材料, 2003, 34(3): 323-324, 327.

2003-119 唐晓红. 荧光光谱在 FCC 催化剂分析中的开发应用. 齐鲁石油化工, 2003, 31(4): 347-350.

2003-120 滕彦国, 庹先国, 倪师军, 张成江, 程渤. EDXRF 方法在土壤重金属污染评价中的应用. 核技术, 2003, 26(6): 440-443.

2003-121 田琳, 黄士斌. 应用X荧光分析法测定体内骨铅含量方法初探. 中国职业医学, 2003, 30(5): 53-54.

2003-122 田莳, 孙玉静, 李小兵, 冯骏. 反铁电陶瓷 PLZST 纳米粉的制备研究. 航空材料学报, 2003, 23(S1): 162-166.

2003-123 铁生年, 康桃英, 金虹, 陈列, 张志刚. X 射线荧光光谱法测定精炼渣成份. 青海大学学报 (自然科学版), 2003, 21(5): 38-39, 43.

2003-124 铁生年, 康桃英, 张志刚. X 荧光光谱法测定硅铝钡合金中硅、铝、钡. 青海科技, 2003, (1): 49-50.

2003-125 童晓民, 韩菲, 朱智, 金小成, 薛孝民. 铸造铝合金样品的 X 射线荧光光谱分析. 岩矿测试, 2003, 22(4): 303-306.

2003-126 庹先国, 任家富, 郭海, 吴彦峰, 赵高举, 韩繁国, 查寿才, 张德. X 荧光现场取样技术在大红山铜矿的应用. 金属矿山, 2003, (10): 43-45.

2003-127 庹先国, 滕彦国, 徐争启, 倪师军, 张成江. X 射线荧光方法在矿区环境地球化学研究中的应用. 地球科学, 2003, 28(6): 702-706.

2003-128 庹先国, 滕彦国, 徐争启, 倪师军, 张成江. 用 X 射线荧光法评价攀枝花矿区重金属污染. 金属矿山, 2003, (12): 50-52.

2003-129 万尤宝, 赵强, 郭旭光, 陈静, 褚君浩, Sang Im Yoo. 铁电晶体铌酸钾锂的拉曼和 FT-IR 光谱. 红外与毫米波学报, 2003, 22(5): 361-364.

2003-130 王成, 邵红梅, 洪淑新. 徐深 1 井火山岩、砾岩储层特征研究. 大庆石油地质与开发, 2003, 22(5): 1-4, 74.

2003-131 王大椿, 颜一鸣, 赫业军, 丁训良, 罗萍, 李玉德. X 光透镜及其应用的开发研究. 三明高等专科学校学报, 2003, 20(2): 11-16.

2003-132 王德全, 张平建. X 射线荧光光谱法测定烧结矿中 Fe, Al, Ca, Mg, Si, S, Mn, P. 冶金分析, 2003, 23(1): 66-67.

2003-133 王殿中, 舒兴田, 何鸣元. MMM 分子筛的制备与表征. 催化学报, 2003, 24(3): 208-212.

2003-134 王刚. XRF 法测定高岭土中的主次量元素. 石化技术与应用, 2003, 21(6): 441-443, 390.

2003-135 王璟, 陈细龙. PW1404 型 X 射线荧光光谱仪气力正比探测器的气路故障分析及排除. 江西化工, 2003, (4): 155-156.

2003-136 王联强. 美国 ASOMA 仪器公司台式 X 射线荧光分析仪介绍. 检验检疫科学, 2003, 13(3): 63.

2003-137 王宁芳, 铁生年. 电炉渣的 X 射线荧光光谱分析. 青海师范大学学报 (自然科学版), 2003, (1): 39-40.

2003-138 王铁山, 王贤义, 肖国青, Dieter Grambole, Folker Herrmann. 离子束微探针及其扫描断层分析应用研究. 原子核物理评论, 2003, 20(4): 284-289.

2003-139 王卫杰, 何晓梅. X 射线荧光光谱仪在真空开关管中的应用. 真空电子技术, 2003, (4): 23-26.

2003-140 王小琴, 贾文懿, 马英杰, 吴允平. MODBUS 通信协议在现场水泥成分 X 荧光分析仪中的应用. 核电子学与探测技术, 2003, 23(6): 538-540.

2003-141 王晓冬, 徐自力, 谢忠雷, 杨秋景. 无铅汽油使用后长春市区环境空气 TSP 中 Pb 含量的变化. 吉林大学学报 (理学版), 2003, 41(4): 548-550.

2003-142 王晓红, 王毅民. 扫描核探针技术及其地学应用进展. 地学前缘, 2003, 10(2): 395-402.

2003-143 王新萍, 胡瑞霞. X 射线荧光分析法在石灰分析中的应用. 新疆钢铁, 2003, (3): 48-49, 52.

2003-144 王烨, 颜芝. 我国贵金属饰品成色检验进展. 岩矿测试, 2003, 22(4): 284-290.

2003-145 王毅民, 王晓红, 高玉淑. 地球科学中的现代分析技术. 地球科学进展, 2003, 18(3): 476-482.

2003-146 王颖, 邢云秋. X 射线荧光光谱法无损检测金标样制备. 黄金, 2003, 24(8): 48-50.

2003-147 王瑜, 刘金祥, 王庆光. 生铁的 X 荧光光谱法快速分析. 大型铸锻件, 2003, (4): 44-50.

2003-148 吴红旗. ARL 9400型X荧光光谱仪探测器高压部分故障分析与维修. 岩矿测试, 2003, 22(4): 307-309.

2003-149 吴会军, 向兰, 朱冬生. 高纯微细氢氧化镁的水热法制备. 华南理工大学学报 (自然科学版), 2003, 31(6): 88-90.

2003-150 吴岩青. X射线荧光光谱法测定管线钢中Si, Mn, P, Nb, V和Ti. 冶金分析, 2003, 23(6): 54-55.

2003-151 吴奕阳, 叶晓珉, 方名戌. 波长色散X射线荧光光谱法测定纯金中金. 理化检验-化学分册, 2003, 39(11): 639-640.

2003-152 吴永鹏, 赖万昌, 葛良全. 新一代多道X射线荧光分析仪的研制. 分析测试技术与仪器, 2003, 9(1): 5-9.

2003-153 肖蕴英. 新莽钱币金属含量. 西安金融, 2003, (3): 60-61.

2003-154 徐静. 微量元素和癌症: 成神经细胞瘤一例. 国外医学 (医学地理分册), 2003, 24(4): 163-164.

2003-155 徐静. 质子激发X线发射法分析精神异常儿童血液中的微量元素. 国外医学 (医学地理分册), 2003, 24(2): 74-75.

2003-156 徐明冬, 曾浩峰. 载流荧光分析仪系统的完善和开发应用. 湖南有色金属, 2003, 19(5): 47-49.

2003-157 徐善法, 陈建平, 安国英, 张汉诚, 叶树民. X荧光测量在高寒荒漠区异常查证中的应用一例. 物探与化探, 2003, 27(5): 350-353, 361.

2003-158 徐曙光, 何立端. 用能量色散X射线荧光光谱仪测定胆结石中的钙和碘. 国外医学 (医学地理分册), 2003, 24(4): 179-180.

2003-159 徐晓辉, 袁东, 叶舜华. 无铅汽油车排出颗粒物组分分析. 中国卫生工程学, 2003, 2(1): 5-7.

2003-160 薛月霞, 陈家桢, 马志方. PTA生产过程循环母液中钴、锰含量的测定办法. 合成技术及应用, 2003, 18(4): 53-54.

2003-161 闫军, 崔海萍, 刘晶芝. 铝及铝合金表面化学镀硫化钼润滑层的工艺研究. 润滑与密封, 2003, (6): 24-25.

2003-162 闫玉梅, 丁训良, 潘秋丽. 整体X光透镜对点源、面源、线源的传输效率的计算. 北京师范大学学报 (自然科学版), 2003, 39(2): 178-183.

2003-163 严好. 铂首饰镍含量的X荧光法无损检测. 上海计量测试, 2003, 30(5): 15-16.

2003-164 颜桂炀, 郑柳萍, 王金堆. 锂辉石添加剂对耐热煲热稳定性的影响. 福建师范大学学报 (自然科学版), 2003, 19(1): 59-63.

2003-165 颜一鸣, 丁训良. 导管波导系统的新应用. 北京师范大学学报 (自然科学版), 2003, 39(3): 345-352.

2003-166 杨红, 王新海, 周德云, 赵蕴智. X射线荧光光谱法测定铁矿石中As含量. 冶金分析, 2003, 23(5): 62-64.

2003-167 杨华. 铂里挑铱. 中国黄金珠宝, 2003, (4): 69-70.

2003-168 杨民, 孙颖, 王全义, 何雨, 杜鸿章, 孙承林. Ru/TiO_2 催化剂上的催化湿式氧化处理H-酸废水反应性能研究. 复旦学报 (自然科学版), 2003, 42(3): 339-342.

2003-169 杨明太, 高戈, 陈锦华, 齐红莲. EDXRF法直接测定氧化物陶瓷材料组分. 稀有金属材料与工程, 2003, 32(4): 317-320.

2003-170 杨旗风, 白晓华. 小型X射线荧光光谱仪快速分析萤石的成分. 光谱实验室, 2003, 20(3): 344-346.

2003-171 杨清花. BFM-100型载流X射线荧光分析仪在选矿厂中的应用. 甘肃冶金, 2003, 25(1): 33-35.

2003-172 杨晓勇, 李勋贵, 黄德志, 王奎仁. Study on shaxi porphyry copper-gold deposit in Anhui: Gold mineralization and occurrence determination by PIXE. Journal of Central South University of Technology (English Edition), 2003, 10(4): 352-358.

2003-173 杨益民, 毛振伟, 朱铁权, 冯敏, 梁宝鎏, 王昌燧, 孙新民, 郭木森, 范新生. EDXRF探针分析古瓷产地的尝试. 文物保护与考古科学, 2003, 15(3): 1-8.

2003-174 杨左军, 王成云, 张伟亚, 廖文忠, 李心恬, 周昱. 一种手机涂料的成分解析. 光谱实验室, 2003, 20(6): 903-907.

2003-175 应海松, 王松青, 陈晓东, 应晓浒. 西门子 SRS300 型 X 荧光光谱仪故障解析. 光谱学与光谱分析, 2003, 23(4): 808-810.

2003-176 应晓浒, 曹国洲. 熔融制样 X 射线荧光光谱法测定钠长石钾长石中多元素. 岩矿测试, 2003, 22(3): 221-224.

2003-177 应晓浒, 林力, 朱丽辉, 陈建国, 陈少鸿. X 射线荧光光谱法测定水样中的痕量元素. 广东微量元素科学, 2003, 10(2): 51-54.

2003-178 于波, 陈靖, 宋崇立. 新型除铯环境材料硅钛酸钠孔道结构化合物 ($Na_4Ti_4Si_3O_{10}$) 合成及结构表征. 无机化学学报, 2003, (2): 119-124.

2003-179 于晓林. 岛津μEDX型微区能量色散型 X 射线荧光光谱分析仪. 现代仪器, 2003, (5): 40-41.

2003-180 余学功, 杨德仁, 马向阳, 杨建松, 阙端麟. 重掺直拉硅对重金属 Cr 的内吸杂能力. 半导体学报, 2003, 24(6): 598-601.

2003-181 俞蕙, 杨植震. 高山族腰刀的材质分析与修复. 东南文化, 2003, (7): 94-96.

2003-182 郁亚娟, 黄宏, 王晓栋, 刘笛, 王连生. 淮河沉积物中重金属的测定和污染评价. 环境科学研究, 2003, 16(6): 26-28.

2003-183 袁家义, 张文玲, 白雪冰, 钱惠芬. 灰岩和白云岩的 X 射线荧光光谱分析. 山东国土资源, 2003, (5): 43-45, 51.

2003-184 岳伟生, 李晓林, 李燕, 王永其, 张桂林. 用质子微探针研究上海吴淞空气含铅颗粒物来源. 中国环境科学, 2003, 23(6): 55-58.

2003-185 曾荣杰. 库里厄系列载流 X 荧光分析仪的综述. 有色冶金设计与研究, 2003, 24(S1): 77-80.

2003-186 詹秀春, 陈永君, 郑妙子, 周伟, 李迎春, 李冰. 地质样品 X 射线荧光分析中的背景相关曲线及其应用. 岩矿测试, 2003, 22(3): 161-164.

2003-187 詹秀春, 罗立强. 偏振激发-能量色散 X 射线荧光光谱法快速分析地质样品中 34 种元素. 光谱学与光谱分析, 2003, 23(4): 804-807.

2003-188 张飙飞. X 射线荧光光谱法测定铁矿石中各组分. 冶金分析, 2003, 23(3): 53-54, 50.

2003-189 张春勇, 刘靖, 王祥生, 郭新闻, 赵文江, 卞俊杰. 柠檬酸处理对 β 沸石结构、酸性和催化性能的影响. 辽宁化工, 2003, 32(11): 461-463, 468.

2003-190 张东红. 放宽荧光分析粉样粒度条件的实验. 矿产与地质, 2003, 17(4): 563-565.

2003-191 张钧, 易晓明, 刘志新. X 射线荧光光谱定量分析矿物岩石中低量钙镁铝. 精细化工中间体, 2003, 33(5): 55-56, 59.

2003-192 张蕾, 严川伟, 逯义. 金伯利岩中微量元素的 X 射线荧光光谱测试方法研究. 光谱学与光谱分析, 2003, 23(2): 396-399.

2003-193 张丽萍. 三峡坝区花岗岩风化分带的化学风化特征指标研究. 浙江大学学报 (理学版), 2003, 30(4): 471-476.

2003-194 张培青, 王祥生, 郭洪臣, 徐舟波, 赵乐平, 胡永康. 水热处理对纳米 HZSM-5 沸石酸性质及其降低汽油烯烃性能的影响. 催化学报, 2003, 24(12): 900-904.

2003-195 张培青, 王祥生, 郭洪臣, 朱文良, 赵乐平, 胡永康. 改性纳米 ZSM-5 催化剂脱除汽油中烯烃的性能. 催化学报, 2003, 24(8): 585-589.

2003-196 Zhang Renjian, Xu Yongfu, Han Zhiwei. Inorganic chemical composition and source signature of $PM_{2.5}$ in Beijing during ACE-Asia period. Chinese Science Bulletin, 2003, 48(10): 1002-1005.

2003-197 张淑华, 张建. 岩石稀土元素 X 荧光光谱分析技术及应用. 大庆石油地质与开发, 2003, 22(3): 22-25, 90-91.

2003-198 张淑英, 卜赛斌. X 射线荧光光谱无标半定量分析稀土元素方法的改进. 岩矿测试, 2003, 22(1): 37-39, 43.

2003-199 张伟亚, 王成云. 涂料用新型增滑剂的成分分析. 涂料工业, 2003, 33(1): 48-51, 54.

2003-200 张文芳, 林宜超. 运动鞋大底喷霜的能量色散X射线荧光分析. 分析测试学报, 2003, 22(1): 84-86.

2003-201 张晓楠, 徐秉玖. 仪器分析与药学和临床医学——2. 质谱和光学分析技术部分. 生命科学仪器, 2003, (Z1): 3-11.

2003-202 张元勋, 李德义, 王荫淞, 沈卫国, 支敏, 张桂林, 李燕, 林尔康, 余岳仲, 王建万. 河水和底泥样品的PIXE及放射性监测. 矿物岩石地球化学通报, 2003, 22(2): 133-136.

2003-203 张月平. 用X射线荧光光谱法测定催化剂中轻稀土氧化物的含量. 石油化工, 2003, 32(2): 156-160.

2003-204 张月平, 王贵云. 有机硅化合物中的硅定量分析. 河南石油, 2003, 17(6): 56-57, 10.

2003-205 张运波, 刘慧兰, 秦玲玲. X射线荧光光谱法在线分析硅石中8种元素的含量. 化学分析计量, 2003, 12(6): 33-34.

2003-206 赵丹, 刘长厚, 王立秋, 张守臣. 含钴铜镍类水滑石焙烧产物催化分解N_2O的研究. 催化学报, 2003, 24(8): 595-599.

2003-207 赵红, 陈红霞, 杨玉颖. 测定C_3A水化液相离子浓度的XRF滤纸片法. 建筑材料学报, 2003, 6(2): 212-215.

2003-208 郑丽波, 叶瑛, 周怀阳, 王怀照. 东海特定海区表层沉积物中磷的形态、分布及其环境意义. 海洋与湖沼, 2003, 34(3): 274-282.

2003-209 郑丽波, 周怀阳, 叶瑛. 东海特定海区柱状沉积物中磷的存在形态及其环境指示意义. 上海环境科学, 2003, 22(6): 414-417, 429, 447.

2003-210 只秉文. X射线荧光光谱法快速测定电池填料中硫酸钡. 理化检验-化学分册, 2003, 39(6): 355.

2003-211 周伟强, 杨军昌. 现代科技与文物艺术品鉴定(之四)——便携式X射线荧光分析. 收藏界, 2003, (7): 70-71.

2003-212 朱建锋, 王芬. 高档卫生洁具用乳浊釉面的细化研究. 中国陶瓷工业, 2003, 10(4): 10-13.

2003-213 朱剑, 梁宝鎏, Mike Li, 毛振伟, 王昌燧, 樊昌生, 周广明. 商周原始瓷的EDXRF无损分析. 光谱实验室, 2003, 20(5): 671-675.

2003-214 朱明亮, 金旭荷. 能量色散型X荧光分析仪测定生铁样品. 理化检验-化学分册, 2003, 39(4): 241-242.

2003-215 祝俐, 秦连杰, 孟宪林, 杜晨林, 刘均海, 徐炳超, 邵宗书. 新型高效激光物质——$Nd:YGdVO_4$混晶. 人工晶体学报, 2003, 32(2): 148-151.

2003-216 卓尚军, 吉昂. X射线荧光光谱分析. 分析试验室, 2003, 22(3): 102-108.

2003-217 卓尚军, 陶光仪, 吉昂, 盛成, 申如香. X射线荧光光谱在晶体材料组成分析中的应用. 无机材料学报, 2003, 18(1): 19-26.

2003-218 宗国宪, 黄正吉. 莺歌海盆地原油中微量元素分布特征及其地质意义. 海洋石油, 2003, 23(4): 27-29.

2003-219 詹秀春. X射线荧光光谱分析新进展与应用//周金生. 地质实验工作50周年文集. 北京: 地质出版社, 2003, 318-335.

2004年 (2004)

2004-001 陈珊. X射线荧光能谱法测定贵金属含量的测量不确定度分析. 光谱实验室, 2004, 21(5): 985-988.

2004-002 陈涛. 浙江青田石几个新品种的矿物学特征初步研究. 岩石矿物学杂志, 2004, 23(2): 186-192.

2004-003 陈同斌, 黄泽春, 黄宇营, 雷梅. 蜈蚣草羽叶中砷及植物必需营养元素的分布特点. 中国科学(C辑: 生命科学), 2004, 34(4): 304-309.

2004-004 陈雪亮, 巩岩, 陈波. 掠出射X射线荧光分析技术与掠入射X射线荧光分析技术. 光学精密工程, 2004, 12(2): 174-178.

2004-005 陈雪亮, 巩岩, 陈波. 掠发射 X 射线荧光强度的实验研究. 光谱实验室, 2004, 21(1): 42-45.

2004-006 陈宇红, 韩凤兰. X 射线荧光法测定枸杞中多种矿质元素. 福建分析测试, 2004, 13(3-4): 2018-2019.

2004-007 Cheng Huansheng, Zhang Zhengquan, Lin Erkang, Huang Yunpeng. PIXE study on Chinese underglaze-red porcelain made in Yuan Dynasty. Nuclear Science and Techniques, 2004, 15(1): 30-34.

2004-008 程琳, 冯松林, 樊昌生, 张文江, 承焕生, 沙因, Jaksic M.. 江西湖田窑明代青花瓷的 PIXE 研究. 原子能科学技术, 2004, 38(S1): 111-113, 124.

2004-009 程琳, 冯松林, 徐清, 黄宇营, 何伟, 吕智荣. 古琉璃着色元素的同步辐射 X 荧光分析. 岩矿测试, 2004, 23(2): 113-116, 120.

2004-010 德国利恒公司上海代表处. X 射线荧光分析铁合金试样的制备方法. 冶金标准化与质量, 2004, 42(6): 13-14.

2004-011 丁卫撑, 周蓉生, 马英杰. USB 总线技术在现场 X 荧光分析仪中的应用. 核电子学与探测技术, 2004, 24(5): 502-505.

2004-012 丁训良, 刘志国, 潘秋丽, 颜一鸣. 一种新型的微束 XRF 谱仪. 核技术, 2004, 21(10): 778-782.

2004-013 丁训良, 潘秋丽, 刘志国, 孙天希, 颜一鸣. 使用 X 光透镜和位置灵敏正比计数器的高能量分辨微束 XRF 谱仪. 北京师范大学学报（自然科学版）, 2004, 40(5): 634-640.

2004-014 董宏海. XRF 法测定硅铁中硅和铝的含量. 检验检疫科学, 2004, 14(2): 32-33.

2004-015 董林, 李井会, 朱晓明, 高礼让, 朱秀慧, 宋立伟. 人工神经网络 X 射线荧光光谱法测定钢中酸溶铝. 理化检验-化学分册, 2004, 40(10): 603-604, 607.

2004-016 樊兴涛, 詹秀春, 巩爱华. 能量色散 X 射线荧光光谱法测定卤水中痕量溴铷砷. 岩矿测试, 2004, 23(1): 15-18.

2004-017 冯松林, 程琳, 雷勇, 冯向前, 范东宇, 徐清, 沙因, 黄宇营, 何伟. 关于研制 X 射线荧光微分析标准物质的探讨. 岩矿测试, 2004, 23(3): 179-182.

2004-018 高家诚, 李龙川, 王勇. 镁表面改性及其在仿生体液中的耐蚀行为. 中国有色金属学报, 2004, 14(9): 1508-1513.

2004-019 高萍, 顾若晶. X 射线荧光光谱法测定加氢催化剂中钼和钴. 理化检验-化学分册, 2004, 40(2): 86-88.

2004-020 高嵩, 庹先国, 任家富. 高稳定度的低能 X 射线管高压发生器的研制. 物探化探计算技术, 2004, 26(1): 61-65.

2004-021 高扬建. X 荧光分析仪数据采集—传送接口的设计和开发. 宝钢技术, 2004, (1): 43-46.

2004-022 高愈希, 陈春英, 李柏, 黄宇营, 何伟, 邓贵龙, 刘颖斌, 柴之芳. 人肝癌及癌旁组织细胞胞质溶胶中金属蛋白分布的同步辐射 X 荧光分析研究. 核技术, 2004, 27(12): 963-967.

2004-023 高愈希, 丰伟悦, 李柏, 章佩群, 何伟, 黄宇营, 柴之芳. 同步辐射 X 荧光法测定电泳分离后蛋白条带内的锌. 核技术, 2004, 27(3): 165-168.

2004-024 高振敏, 陶琰, 罗泰义, 胡广耀, 顾俊生, 普传杰. 地球化学勘查综合方法在潞西金矿找矿中的应用. 地质与勘探, 2004, 40(2): 55-58.

2004-025 葛良全, 赖万昌, 林玲, 林延畅. 水底沉积物原位 X 射线荧光测量中水分的影响与校正. 核技术, 2004, 27(4): 273-276.

2004-026 海平. 锌含量和 PSA 水平有助于前列腺癌的诊断. 国外医学情报, 2004, 25(5): 39.

2004-027 韩素芬, 瞿晚星. 铜催化剂中杂质元素测定方法的建立. 有机硅材料, 2004, 18(5): 26-29, 50.

2004-028 韩文. 非炭黑（或白炭黑）类新型橡胶补强剂的开发. 精细化工原料及中间体, 2004, (8): 17-18.

2004-029 何奕工, 满征. 固体酸催化烷基化反应中微量氟化氢反应助剂的作用Ⅱ. 助剂与催化剂的相互作用. 催化学报, 2004, 25(5): 353-356.

2004-030 侯静, 高德玉, 李红, 赵丽. 人发样品中微量元素的 XRF 分析. 同位素, 2004, 17(3): 135-138.

2004-031 侯新生, 方方, 马英杰, 周蓉生. 一种新型半导体探测器的应用. 核电子学与探测技术, 2004, 24(1): 44-46.

2004-032 胡伟, 魏复盛. 成人呼吸健康与空气颗粒物中元素浓度的关系. 环境与健康杂志, 2004, 21(4): 195-198.

2004-033 胡晓君, 李荣斌, 沈荷生, 戴永兵, 何贤昶. 低电阻率硼硫共掺杂金刚石薄膜的制备. 半导体学报, 2004, 25(8): 976-980.

2004-034 华巍, 黄宇营, 何伟, 吴自玉. 同步辐射高分辨 X 射线荧光谱仪及其应用进展. 核技术, 2004, 27(10): 740-743.

2004-035 黄士斌, 田琳, 承焕生, 裴鹏. ^{109}Cd 源激发的 X 射线荧光法无创伤测定人体骨铅含量. 光谱学与光谱分析, 2004, 24(11): 1470-1472.

2004-036 黄晓梅, 李宁, 黎德育. 高硅铝铸件镀前浸锌液的研究. 电镀与环保, 2004, 24(5): 27-30.

2004-037 矫海洋, 黄小红, 许小明. 台架实验样品分析中混合式 K 边界/X 荧光分析仪的应用. 中国原子能科学研究院年报, 2004, (0): 120.

2004-038 阚斌, 程坚平, 宋祖峰. X 荧光光谱法分析 LF-VD 精炼炉炉渣. 光谱学与光谱分析, 2004, 24(10): 1273-1275.

2004-039 康士秀, 胡传胜, 康怀志, 黄宇营. 同步辐射 X 射线荧光分析中和峰的测量与计算. 光谱实验室, 2004, 21(3): 423-426.

2004-040 赖万昌, 葛良全, 吴永鹏, 林延畅, 肖刚毅. 现场高灵敏度 X 射线荧光探矿技术的研究. 地质与勘探, 2004, 40(1): 60-63.

2004-041 李德文, 王朋岭, 俞锦标. 浙江新昌丹霞岩壁风化特征的微观研究. 自然科学进展, 2004, 14(1): 77-82.

2004-042 李海, 石云龙, 杨成全, 黄继忠. 云冈石窟石雕表面降尘中金属元素分析. 雁北师范学院学报, 2004, 20(5): 57-59.

2004-043 李华斌. X 射线荧光光谱法测定球团矿中各组分. 冶金分析, 2004, 24(3): 81-82.

2004-044 李继开. X 射线荧光测定石油产品中硫的研究. 河北化工, 2004, (1): 60-62.

2004-045 李静莉. 铁锌与新近形成动脉粥样硬化损伤程度的关系. 国外医学 (医学地理分册), 2004, 25(1): 17-18.

2004-046 李爽, 周四春, 段新国, 刘峰, 汪云亮, 谭蕾. 现场 X 射线荧光技术在大比例尺地质填图中的应用研究. 成都理工大学学报 (自然科学版), 2004, 31(3): 311-315.

2004-047 李伟东, 李家治, 邓泽群, 吴隽, 郭景坤. 杭州凤凰山麓老虎洞窑出土瓷片的显微结构. 建筑材料学报, 2004, 7(3): 245-251.

2004-048 李卫敏, 胡晓丹, 李明, 张瑞娟. 脑的微量元素与衰老. 国外医学 (医学地理分册), 2004, 25(2): 85-86.

2004-049 李向春. MDX1060 X 荧光分析仪的应用. 水泥技术, 2004, (2): 83-86, 8.

2004-050 李向春. MDX1060 型 X 荧光分析仪的应用与实践. 水泥工程, 2004, (2): 58-61.

2004-051 李小兵, 田莳, 孙玉静. 钛酸钡纳米粉的低温合成研究. 稀有金属材料与工程, 2004, 33(1): 79-82.

2004-052 李晓林, 朱节清, 郭盘林, 王基庆, 陆荣荣, 裘惠源, 李铭尧, 姜达, 王永其, 周涛, 李燕, 张桂林. 基于扫描核探针技术的大气气溶胶单颗粒物源识别与解析方法研究与应用. 核技术, 2004, 27(1): 27-34.

2004-053 李雪冬, 陈延昌, 安青, 吴晓辉. X 射线荧光法测定氧化铁皮中硅锰磷. 理化检验-化学分册, 2004, 40(6): 351.

2004-054 梁述廷, 刘玉纯, 胡浩. X 射线荧光光谱法同时测定土壤样品中碳氮等多元素. 岩矿测试, 2004, 23(2): 102-108.

2004-055 林海, 王先龙, 毕树平, 孙成, 杨立, 刘剑. 电感耦合等离子体质谱、中子活化分析及其它谱学方法测定环境、生物样品中铝形态和含量研究进展. 分析科学学报, 2004, 20(6): 652-656.

2004-056 刘斌, 吴奕阳, 陈丁滢. 波长色散X射线荧光光谱法对纯银中银含量的测试. 上海计量测试, 2004, (3): 23-24.

2004-057 刘民, 郭新闻, 王祥生. 气固相法制备的Ti-ZSM-5的表征及其催化氧化性能——母体性质的影响. 石油学报 (石油加工), 2004, 20(6): 32-39.

2004-058 刘民, 郭新闻, 王祥生, 梁长海, 李灿. 用B-ZSM-5沸石母体合成Ti-ZSM-5沸石用于丙烯环氧化. 石油学报 (石油加工), 2004, 20(4): 20-25.

2004-059 刘树文. X射线荧光光谱法测定催化剂中的铁、镍、铜、钒. 化学分析计量, 2004, 13(2): 31-33.

2004-060 刘学武, 王祥生, 郭新闻, 李钢. TS-1循环使用催化丙烯环氧化反应研究. 大连理工大学学报, 2004, 44(3): 356-361.

2004-061 刘玉兵, 赵鹰立, 游良俭. X射线荧光分析技术及相关标准介绍. 水泥, 2004, (12): 43-46.

2004-062 刘月, 藤井弘之. 口腔内金属修复物的成分分析. 上海口腔医学, 2004, 13(3): 189-192.

2004-063 刘震, 关文涛, 张桂芬. 使用压片法利用X荧光分析仪分析熟料成分. 水泥技术, 2004, (5): 96-99.

2004-064 刘志芳, 冷光荣, 吴太白, 傅伟东, 王国文. 利用硅灰石制备超细白炭黑工艺实践. 中国非金属矿工业导刊, 2004, (6): 25-26, 29.

2004-065 鲁锦富. X射线荧光光谱仪在PTA生产中的应用. 光谱实验室, 2004, 21(3): 592-594.

2004-066 栾友顺, 徐恒泳, 侯守福, 唐春华, 于春英, 李文钊. 合成气低温合成二甲醚催化剂的研究. 天然气化工, 2004, 29(3): 1-5.

2004-067 罗立强. 2004欧洲X射线光谱分析会议. 岩矿测试, 2004, 23(4): 285-286.

2004-068 罗湘宁, 周开雄, 吴志华. 直接压片X射线荧光光谱法在赤泥分析中的应用. 分析试验室, 2004, 23(4): 60-63.

2004-069 马清林, Scott David A. 两件西汉时期鎏金与鎏银青铜器镀层中的金属化合物. 文物保护与考古科学, 2004, 16(2): 21-26, 65.

2004-070 马英杰, 周蓉生, 方方. 基于掌上型电脑的便携式X荧光测量系统. 核电子学与探测技术, 2004, 24(6): 626-629.

2004-071 马英杰, 周蓉生, 方方. 小型化管激发X射线荧光仪的研制. 成都理工大学学报 (自然科学版), 2004, 31(1): 103-107.

2004-072 马忠林, 赵天波, 宗保宁. ZSM-5/丝光沸石混晶分子筛的合成、表征及性能研究. 石油学报 (石油加工), 2004, 20(2): 21-27.

2004-073 潘晓通. 运用同步辐射X荧光近缘吸收光谱分析陶瓷烧造技术. 文物保护与考古科学, 2004, (4): 57.

2004-074 彭国瑞, 鞠赞辉. 记忆合金材料的X荧光快速分析方法的建立. 冶金标准化与质量, 2004, 42(6): 9-10, 12.

2004-075 彭文明, 边立槐, 钟静. 高炉炉渣X射线荧光光谱分析方法研究. 天津冶金, 2004, (3): 39-40, 50.

2004-076 Peng Z. C., Leung P. L., Cheng P. K., Li M.. Measurement of transient thickness between the body and graze layers of ancient porcelains using microprobe EDXRF technique. Nuclear Science and Techniques, 2004, 15(6): 348-351.

2004-077 齐文启, 汪志国. X射线荧光分析法及其在环境监测中的应用. 环境监测管理与技术, 2004, 16(4): 42990.

2004-078 戚庆学, 杨利红, 刘世强, 宋传伟. 临沂膨胀土的工程特征分析. 山东建筑工程学院学报, 2004, 19(1): 21-26.

2004-079 钱彦虎, 李春明, 邢建良. 采用能量色散X荧光仪同时测定Co, Mn, Br元素. 石油化工, 2004, 33(7): 673-676.

2004-080 秦玲玲, 魏海玉, 陶蕊. Quant A S分析在炼铁生产中的应用. 河北冶金, 2004, (5): 49-50.

2004-081 秦书乐, 罗惠, 冯大山, 李卫. 充填钻石检测的实验基础. 上海计量测试, 2004, (3): 19-22.

2004-082 邱羽, 高濂. NH_4Cl/KCl 添加剂对铝粉氮化反应的影响. 无机材料学报, 2004, 19(1): 69-74.

2004-083 尚凤军. 自适应小波在 X 荧光谱分析中的应用. 仪器仪表学报, 2004, 25(S1): 99-100.

2004-084 尚国栋, 秦曾严. X 荧光分析仪在无煤生料浆自动测量中的应用. 工业计量, 2004, (S1): 220-222.

2004-085 施积炎, 陈英旭, 袁小凤, 武贝, 黄宇营, 何伟. 同步辐射 X 荧光分析海州香薷根中铜结合蛋白的微量元素. 核技术, 2004, 27(10): 736-739.

2004-086 石兵. X 射线荧光光谱法测定生铁中的次量元素. 四川冶金, 2004, (4): 38-40.

2004-087 司玉锋, 陈子勇, 孔凡涛, 赵良久, 陈玉勇. Ti-22Al-25Nb 合金 ISM 熔炼过程中的成分控制. 铸造技术, 2004, 25(11): 834-836.

2004-088 宋永清, 卜赛斌, 陆少兰, 刘洋, 黄永忠. 多元体系铂饰品校正样品的研制及在 X 射线荧光无损检测中应用. 冶金分析, 2004, 24(2): 60-62.

2004-089 宋兆华, 武映梅, 谢桂龙. X 射线荧光光谱法测定高炉渣中的 Al_2O_3. 南方金属, 2004, (2): 9-11.

2004-090 宋兆华, 武映梅, 谢桂龙. X 射线荧光光谱法测定转炉渣主要成份. 科学技术与工程, 2004, 4(7): 535-541.

2004-091 苏晓鸣, 詹秀春, 李思源. 偏振激发能量色散 X 荧光法在地球化学分析中应用及其与波长色散 X 荧光法的比较. 上海地质, 2004, (3): 31-37.

2004-092 孙灏, 李树美, 康士秀, 黄宇营, 沈显生. 安徽琅琊山铜矿植物和土壤重元素同步辐射 X 射线荧光分析. 光谱实验室, 2004, 21(2): 224-228.

2004-093 孙天希, 刘志国, 丁训良. 整体平行束 X 光透镜在实验室 EXAFS 谱仪中的应用研究. 北京师范大学学报 (自然科学版), 2004, 40(6): 769-773.

2004-094 谭强强. 有机物对低温超强碱法制备纳米四方多晶氧化锆粉体性能的影响. 耐火材料, 2004, 38(2): 76-78.

2004-095 谭强强, 唐子龙, 张中太. 纳米四方多晶氧化锆粉体的低温制备及反应机理研究. 材料工程, 2004, (11): 57-60.

2004-096 谭强强, 张中太. 低温超强碱法制备引入有机添加剂的纳米四方多晶氧化锆粉体及其性能. 硅酸盐学报, 2004, 32(1): 19-23.

2004-097 汤淑芳, 符斌, 李华昌. 矿物分析技术及进展. 分析试验室, 2004, 23(3): 82-92.

2004-098 田玉仙, 吴丽萍, 王刚. 蒙特卡罗方法在 X 荧光无损分析中的应用. 核技术, 2004, 27(1): 48-52.

2004-099 童晓民, 赵宏凤, 张焱. X 射线荧光分析钒钛铁矿中主次量元素. 光谱实验室, 2004, 21(6): 1081-1084.

2004-100 王朝斗, 张作政, 万爱伏, 郭晓明. 能散 X 射线荧光光谱法测定烧结预配料中铁硅钙. 理化检验-化学分册, 2004, 40(12): 729-730.

2004-101 王成英, 梁倩. S4 EXPLORER X 射线荧光光谱仪常见故障与诊断方法. 现代仪器, 2004, (5): 58-59.

2004-102 王广甫, 张荟星. 用质子激发 X 射线能谱分析技术测量 FVAPD 装置合成薄膜均匀性. 北京师范大学学报 (自然科学版), 2004, 40(6): 765-768.

2004-103 王红霞, 谭大力, 徐奕德, 包信和. 硅烷化处理对 Mo/HZSM-5 催化剂上甲烷脱氢芳构化活性的影响. 催化学报, 2004, 25(6): 445-449.

2004-104 王家亮, 龚宜勇, 张璐. 精炼渣 X 射线荧光快速分析. 天津冶金, 2004, (2): 8-9, 49.

2004-105 王建平, 陈铁梅, 程玉冰. 广东博罗先秦硬陶的 XRF 和 INAA 研究. 文物保护与考古科学, 2004, 16(4): 43-49.

2004-106 王江雪, 郭兰英, 金立云, 曹雷. 大气颗粒物的 TXRF 分析技术研究. 南华大学学报 (理工版), 2004, 18(1): 63-66.

2004-107 王丽琴, 党高潮, 王晓琪, 席周宽, 梁国正. Analysis and protection of one thousand hand buddha in Dazu Stone sculptures. Chinese Journal of Chemistry, 2004, 22(2): 172-176.

2004-108 王瑞珺. XRF法测定工业循环水中硫和氯. 光谱实验室, 2004, 21(3): 613-614.

2004-109 王卫杰, 何晓梅. Ag-Cu-Ni焊料在真空开关管中的应用研究. 真空电子技术, 2004, (4): 45-48.

2004-110 王晓雯. X射线荧光光谱法测定石灰石中SiO_2、CaO、MgO的含量. 分析仪器, 2004, (4): 29-31.

2004-111 王雪飞, 张杰, 张智勇, 刘年庆, 赵保路, 柴之芳. 铅对大鼠体内锌、铜、铁和锰含量的影响. 核化学与放射化学, 2004, 26(4): 215-219.

2004-112 王荫淞, 李爱国, 魏仑, 张元勋, 李德义, 裘惠源, 李燕, 张桂林, 谢亚宁, 张静, 张元茂, 山祖慈. 用X射线吸收近边结构谱研究大气颗粒物中元素的种态. 核技术, 2004, 27(11): 810-813.

2004-113 王英伟, 程灏波, 刘景和, 李艳红, 洪元佳. 熔盐法生长Nd: KGW多波长激光晶体结构及光谱性能的研究. 光学技术, 2004, 30(6): 717-719, 723.

2004-114 王颖. 能量色散X荧光分析仪分析钒钛烧结矿中SiO_2、CaO和TFe. 理化检验-化学分册, 2004, 40(8): 477-478.

2004-115 韦日生, 安丽芝, 黄宇营, 韩红梅, 凤志慧, 张孙曦, 何伟. 用同步辐射X射线荧光分析研究硝酸镧对单个平滑肌细胞内重要元素的影响. 核技术, 2004, 27(12): 958-962.

2004-116 邬蓓蕾, 应林初, 应晓浒. 直接进样X射线荧光光谱法测定汽油中痕量锰和铁. 理化检验-化学分册, 2004, 40(11): 652-653.

2004-117 吴桂彬. X射线荧光光谱法测定生石灰中钙、镁、硅、硫. 冶金分析, 2004, 24(6): 39-41.

2004-118 吴菊萍. 7200 X荧光分析仪在对苯二甲酸装置中的应用. 石油化工自动化, 2004, (4): 69-72.

2004-119 Wu juan, Li jiazhi, Deng zequn, Wang changsui. Chinese Jingdezhen blue and white imperial porcelain. Science in China (Series E: Technological Sciences), 2004, 47(3): 366-375.

2004-120 吴隽, 李家治, 邓泽群, 王昌燧. 中国景德镇历代官窑青花瓷的断代研究. 中国科学 (E辑: 技术科学), 2004, 34(5): 516-524.

2004-121 吴秀兰, 朱明达, 张志峰, 王伊琴. 高倍稀释熔融制样X射线荧光光谱测定钨砂和铬铁矿中主含量. 岩矿测试, 2004, 23(1): 73-74.

2004-122 夏寅, 周铁, 张志军. 偏光显微粉末法在秦俑、汉阳陵颜料鉴定中的应用. 文物保护与考古科学, 2004, 16(4): 32-35, 70.

2004-123 谢华林. X射线荧光光谱法测定芝麻白成份的研究. 石材, 2004, (1): 32-34.

2004-124 谢荣厚, 詹秀春. 高炉渣的偏振化能量色散X射线荧光光谱分析. 冶金分析, 2004, 24(2): 37-39.

2004-125 谢意红. 蓝宝石的紫外-可见光谱及其致色机理分析. 宝石和宝石学杂志, 2004, 6(1): 9-12.

2004-126 谢治, 谢亚宁, 刘涛, 胡天斗, 闫文盛, 韦世强. 掠入射荧光XAFS研究Pt超薄膜的局域结构. 核技术, 2004, 27(2): 87-90.

2004-127 谢周清, 孙立广, 程邦波, 张莉, 黄宇营. 同步辐射加速器X荧光分析技术在极地环境研究中的应用. 极地研究, 2004, 16(2): 99-105.

2004-128 熊樱菲, 何文权, 李戈扬, 杨冠富, 吴秋华. 历代龙泉青瓷釉的初步研究. 文物保护与考古科学, 2004, 16(2): 45-50.

2004-129 徐大刚, 华兰, 王曙光. ARL9400型X射线荧光光谱仪场效应管损坏故障排除. 化学分析计量, 2004, 13(3): 46-47.

2004-130 徐海, 李宝军. X射线荧光光谱测定荧光粉中硅铁锌钴. 岩矿测试, 2004, 23(4): 317-318.

2004-131 许小明, 张文良, 唐培家. K边界技术在Purex流程中的应用. 原子能科学技术, 2004, 38(4): 350-353.

2004-132 颜桂炀, 王绪绪, 付贤智. ZSM-5分子筛光催化活性的初步研究. 高等学校化学学报, 2004, 25(5): 942-944.

2004-133 杨淮强. XRE-201 数字式电动机保护控制装置及其使用. 电世界, 2004, (3): 14.

2004-134 杨林, 尹淼. X 荧光能谱法同时测定工业硅中铁铝钙. 冶金标准化与质量, 2004, 42(4): 26-28.

2004-135 杨益民, 冯敏, 朱剑, 毛振伟, 王昌燧, 黄宇营, 何伟. 宣德官窑青花瓷的面扫描分析. 光谱学与光谱分析, 2004, 24(8): 902-906.

2004-136 尹庆顺, 高玉芳. 龋病患儿头发中微量元素含量分析. 临沂医学专科学校学报, 2004, 26(6): 435-437.

2004-137 应晓浒, 林振兴, 曹国洲. 金相组织变化对 X 射线荧光光谱法测定黄铜中铜铅铁的影响及校正. 分析化学, 2004, 32(10): 1385-1388.

2004-138 应晓浒, 王谦, 曹国洲, 郁明芳. 变化的理论 α 影响系数在校正 Cr-Fe-Ni 不锈钢基体效应中的应用. 光谱学与光谱分析, 2004, 24(12): 1681-1683.

2004-139 于福生, 袁万明, 韩松, 靳克, 黄宇营, 何伟, 董金泉, 贾秀琴, 曹杰, 王红月. 同步辐射 X 射线荧光微探针技术测定熔融包裹体中的微量元素. 高能物理与核物理, 2004, 28(6): 675-678.

2004-140 余小芳, 陈旭辉, 彭少梅. X 射线荧光光谱法测定焦炭中硫及灰分中 SiO_2 和 Al_2O_3 含量. 冶金丛刊, 2004, (4): 12-13.

2004-141 袁家义, 白雪冰, 王卿, 周长祥. X 射线荧光光谱法测定地质样品中的氯和硫. 岩矿测试, 2004, 23(3): 225-227.

2004-142 岳伟生, 李晓林, 李燕, 王永其, 张桂林. 一种用于 SPM 分析的大气气溶胶单颗粒样品的制备方法. 核技术, 2004, 27(3): 185-187.

2004-143 岳伟生, 李晓林, 余笑寒, 邓彪, 刘江峰, 万天敏, 张桂林, 李燕, 黄宇营, 何伟, 华巍. 单颗粒大气气溶胶的同步辐射微束 X 射线研究. 核技术, 2004, 27(11): 801-805.

2004-144 越智宽友, 渡边信次. 使用散射 X 射线的理论强度进行土壤、岩石中的微量重元素的 X 射线荧光分析. 冶金标准化与质量, 2004, 42(5): 18-19.

2004-145 曾国强, 林延畅, 葛良全. 可视化 XRF 软件数据采集系统的开发. 物探化探计算技术, 2004, 26(3): 274-277.

2004-146 Zeng Xiuqiong, Liu Weiping. Preparation and characterization of mixed hydroxy-Fe-Al pillared montmorillonite with large basal spacing. Journal of Environmental Sciences, 2004, 16(1): 117-119.

2004-147 詹秀春, 陈永君, 杨啸涛, 樊兴涛. 电热型 X 荧光分析熔样机的研制及性能测试. 岩矿测试, 2004, 23(3): 221-224.

2004-148 张海生, 赵鹏大, 胡光道. 中太平洋多金属结壳的地球化学特征. 地球科学, 2004, 29(3): 340-346.

2004-149 张洪志, 蒋薇. X 射线荧光光谱法测定萤石中 CaF_2、SiO_2、P 和 S. 山东冶金, 2004, 26(5): 61-63.

2004-150 张静. 利用荧光 X 射线分析仪实现 PTA 装置催化剂质量浓度自动控制. 石油化工自动化, 2004, (6): 78-79, 95.

2004-151 张静, 谢亚宁, 侯凯, 胡天斗, 刘涛. X 射线吸收光谱技术中的滤光片研制. 核技术, 2004, 27(7): 497-500.

2004-152 张梅, 侯鹏飞, 汪建明. 黑色翡翠的宝石学及矿物学特征. 江苏地质, 2004, 28(2): 100-102.

2004-153 张勤, 樊守忠, 潘晏山, 李国会. X 射线荧光光谱法测定多目标地球化学调查样品中主次痕量组分. 岩矿测试, 2004, 23(1): 19-24.

2004-154 张仁健, 徐永福, 韩志伟. A comparison analysis of chemical composition of aerosols in the dust and non-dust periods in Beijing. Advances in Atmospheric Sciences, 2004, 21(2): 300-305.

2004-155 张仕定, 朱剑, 毛振伟, 吴隽, 汪邓民, 王昌燧. 陶瓷检测参考样应用于古陶瓷 XRF 分析中的探讨. 陶瓷学报, 2004, 25(4): 221-225.

2004-156 张树朝. 国内外铝电解用氟化盐标准

现状及修订思路. 轻金属, 2004, (12): 51-55.

2004-157 Zhang Xuejun, Zhang Zhihua. Development of hydrocracking catalyst to produce high quality clean middle distillates. China Petroleum Processing and Petrochemical Technology, 2004, (4): 19-23.

2004-158 张佑全, 王学涛. X荧光法用于煤灰成分测定的尝试. 煤质技术, 2004, (2): 67-69.

2004-159 张元勋, 王荫淞, 李德禄, 李爱国, 张桂林, 龙建纲, 王福俤, 沈慧, 秦海宏, 黄宇营, 何伟. 同步辐射X荧光方法用于鼠脑锌元素分布的研究. 核技术, 2004, 27(9): 655-659.

2004-160 赵权宇, 邓麦村, 曲传宇, 虞星炬, 金美芳, 张卫. 两种黄海潮间带海绵的元素与氨基酸成分分析. 海洋科学, 2004, 28(3): 27-31.

2004-161 赵守仁, 张怀金, 胡小波, 孔海宽, 刘均海, 徐现刚, 王继扬, 蒋民华. Nd:LuVO$_4$晶体的生长及其性能研究. 人工晶体学报, 2004, 33(3): 363-366.

2004-162 Zhao Weijuan, Li Guoxia, Xie Jianzhong, Guo Min, Lu Xiaoke, Gao Zhengyao, Chen Huansheng, Zhang Bin, Sun Xinmin, Guo Musen, Jin Wenqing. Analysis on the source of raw material of the celadon bodies from Zhanggongxiang Kiln and Qingliangsi Kiln by PIXE. Chinese Science Bulletin, 2004, 49(18): 1986-1990.

2004-163 赵维娟, 李国霞, 谢建忠, 郭敏, 鲁晓珂, 高正耀, 承焕生, 张斌, 孙新民, 郭木森, 靳雯清. 用PIXE方法分析汝州张公巷窑与清凉寺窑青瓷胎的原料来源. 科学通报, 2004, 49(19): 2020-2023.

2004-164 赵小明, 杜佩轩, 沈远超, 胡波. γ能谱法和X荧光法在新疆阔尔真阔腊金矿预测中的应用. 陕西地质, 2004, 22(2): 62-69.

2004-165 赵艳娟, 张运波, 齐兵. X射线荧光光谱法测定电转炉渣中8种元素. 河北冶金, 2004, (6): 47-48, 52.

2004-166 Zheng Libo, Ye Ying, Zhou Huaiyang. Phosphorus forms in sediments of the East China Sea and its environmental significance. Journal of Geographical Sciences, 2004, 14(1): 115-122.

2004-167 郑维明, 刘桂娇, 刘峻岭, 吴继宗, 王辉. 石墨晶体预衍射X射线荧光法测定高放废液中的铀. 中国原子能科学研究院年报, 2004, (0): 130.

2004-168 周红军, 赵修波, 蒋新. 糠醛液相加氢生产糠醇催化剂的失活研究. 工业催化, 2004, 12(10): 18-21.

2004-169 周怀阳, 彭晓彤, 潘建明. Geochemical characteristics and sources of some chemical components in sediments of Zhujiang (Pearl) River Estuary. Chinese Journal of Oceanology and Limnology, 2004, 22(1): 34-43.

2004-170 朱纪夏, 李庆美. X射线荧光光谱法测定烧结矿中硅钙镁锰硫铁铝. 冶金分析, 2004, 24(1): 73.

2004-171 朱纪夏, 李庆美. X射线荧光光谱法快速测定生铁中硅锰硫磷钛. 理化检验-化学分册, 2004, 40(4): 233-234, 236.

2004-172 朱纪夏, 刘洪涛. X射线荧光光谱仪漂移的校正方法. 冶金分析, 2004, 24(5): 76-77.

2004-173 朱节清等. 微区X射线荧光黄金首饰分析装置. 黄金科学技术, 2004, 12(6): 26.

2004-174 朱守梅, 毛振伟, 冯敏, 朱剑, 凌雪, 沈岳明, 黄宇营, 何伟. 南宋低岭头越瓷的同步辐射X荧光线扫描分析. 核技术, 2004, 27(12): 953-957.

2004-175 诸立新, 孙灏, 康士秀, 黄宇营, 沈显生, 王静. 安徽沼虾重元素X荧光分析及其对水环境污染的指示意义. 激光生物学报, 2004, 13(3): 228-231.

2004-176 邹建, 高家诚, 王勇, 李易东, 文敏. 纳米TiO$_2$表面包覆致密SiO$_2$膜的试验研究. 材料科学与工程学报, 2004, 22(1): 71-73.

2005 年 (2005)

2005-001 白进伟, 迟燕华, 庄稼, 董发勤. 溶菌酶与硅灰石类粉尘中活性物质的反应行为研究（Ⅰ）——样品中活性 SiO_3^{2-} 与溶菌酶的作用机理. 岩石矿物学杂志, 2005, 24(2): 151-154.

2005-002 包生祥, 王守绪, 马丽丽, 赵登华, 范荣奎, 李键. 行波管用钨铼合金中高含量铼的 X 射线荧光光谱测定. 光谱学与光谱分析, 2005, 25(3): 460-462.

2005-003 陈健, 程坚平. XRF 法测定镀锌钢板钝化层重量的研究. 安徽冶金, 2005, (4): 15-16.

2005-004 陈宁, 张建华, 宋庆芳, 张凌云. 用 X 射线荧光光谱法鉴别抽页变造合同的纸张. 广东公安科技, 2005, (1): 20-21.

2005-005 陈少鸿, 陈建国, 应晓浒, 王谦. 铜精矿样品的氧化条件及其机理探讨. 岩矿测试, 2005, 24(1): 47-50, 58.

2005-006 Chen Tongbin, Huang Zechun, Huang Yuying, Lei Mei. Distributions of arsenic and essential elements in pinna of arsenic hyperaccumulator *Pteris vittata* L. Science in China (Series C: Life Sciences), 2005, 48(1): 18-24.

2005-007 陈晓文. EX-6000 X 荧光能谱仪电路结构及典型故障. 分析测试技术与仪器, 2005, 11(2): 137-142.

2005-008 陈杨英, 韩秀文, 包信和. W-SBA-15 介孔分子筛的直接合成及其对环己烯环氧化反应的催化性能. 催化学报, 2005, 26(5): 412-416.

2005-009 陈永君, 邓赛文, 董德凡, 郑妙子. 钒钛磁铁矿样品主、次元素的快速分析方法研究. 光谱学与光谱分析, 2005, 25(12): 2085-2087.

2005-010 程邦波, 谢周清, 王新明, 黄宇营, 何伟, 徐思琦, 孙立广. 同步辐射加速器 X 荧光分析技术在北极气溶胶研究中的应用. 极地研究, 2005, 17(4): 264-271.

2005-011 程清, 陈伟华, 仵春祺. PW1660 与 MagiX 型 X 射线荧光光谱仪测定聚乙烯产品中铅、钛、铬的应用. 光谱仪器与分析, 2005, (3): 25-29.

2005-012 程泽, 刘晓光, 谭玉娟, 陈彦斌, 李向彬. X 射线荧光光谱法测定矿物中轻重稀土. 岩矿测试, 2005, 24(1): 79-80.

2005-013 代世峰, 任德贻, 赵蕾, 李大华. 贵州织金煤矿区晚二叠世煤地球化学性质变异的硅质低温热液流体效应. 矿物岩石地球化学通报, 2005, 24(1): 39-49.

2005-014 代伟伟, 刘义新. 安徽明光凹凸棒土盐酸改性前后的矿物学特征及其孔结构. 矿物学报, 2005, 25(4): 393-398.

2005-015 代伟伟, 刘义新. 改性坡缕石粘土的全孔分布研究. 岩石矿物学杂志, 2005, 24(6): 526-530.

2005-016 戴春燕, 杜锋. 浅谈古陶瓷的鉴定方法. 佛山陶瓷, 2005, 15(1): 33-36.

2005-017 戴春燕, 杜锋. 浅谈古陶瓷的鉴定方法. 陶瓷, 2005, (6): 49-51.

2005-018 董彦辉, 李光平, 郑庆瑜. X 射线荧光法快速测定硅铝合金中的硅含量. 现代仪器, 2005, (6): 25-26.

2005-019 樊曙先, 樊建凌, 郑有飞, 王正梅. 南京市区与郊区大气 $PM_{2.5}$ 中元素含量的对比分析. 中国环境科学, 2005, 25(2): 146-150.

2005-020 樊曙先, 徐建强, 郑有飞, 谢学俭. 南京市气溶胶 $PM_{2.5}$ 一次来源解析. 气象科学, 2005, 25(6): 587-593.

2005-021 范建东, 张怀金, 王正平, 葛文伟, 王继扬. $SrWO_4$ 多晶料的合成及其单晶的生长. 山东大学学报（理学版）, 2005, 40(4): 102-104, 109.

2005-022 范真, 谢亚宁, 张珂, 张静, 胡天斗. 一种新型荧光 XAFS 探测器的研究. 核技术, 2005, 28(1): 16-20.

2005-023 冯静. 稀土矿石成分分析标准物质的研制. 化学分析计量, 2005, 14(4): 1-3, 27.

2005-024 冯流星, 肖海清, 何潇, 张智勇, 刘年庆, 赵宇亮, 黄宇营. 同步辐射 X 荧光测量大鼠脑中微量元素的分布（英文）. 高能物理与核物理, 2005, 29(10): 1012-1016.

2005-025 冯晓东,徐莉. 改进 XRF 控制系统保证配料率值稳定性. 水泥, 2005, (1): 59-60.

2005-026 付晓茹,翟建平,黎飞虎,盛广宏. 金陵热电厂脱硫灰的理化性能研究. 粉煤灰综合利用, 2005, (2): 14-16.

2005-027 干宁. 乙酰半胱氨铜自组装修饰金电极作为生物传感器测定一氧化氮. 分析测试学报, 2005, 24(6): 10-15.

2005-028 Geng Quanru, Pan Guitang, Jin Zhenmin, Wang Liquan, Liao Zhongli. Geochemistry and petrogenesis of volcanic rocks in the Yeba formation on the Gangdise Magmatic Arc, Tibet. Journal of China University of Geosciences, 2005, 16(4): 283-296.

2005-029 巩岩,陈波,尼启良,崔明启,赵屹东,吴忠华. 同步辐射掠出射 X 射线荧光分析薄膜膜厚. 高能物理与核物理, 2005, 29(11): 82-84.

2005-030 郭莉霞,王远亮,辛娟. 痕量砷测定方法的研究进展. 重庆大学学报(自然科学版), 2005, 28(9): 128-132.

2005-031 韩凤海. 荧光光谱仪在分析高含量石英砂中的应用. 玻璃纤维, 2005, (6): 16-18.

2005-032 韩晓光,刘震,杨学东. 浅谈 MDX1000 型荧光分析仪的安全连锁. 新世纪水泥导报, 2005, (5): 8-10.

2005-033 韩宗珠,吕海燕,庄振业,刘东生. 山东莱州仓上泻湖沉积地球化学特征与沉积相判别. 海洋湖沼通报, 2005, (1): 11-19.

2005-034 韩宗珠,袁红明,庄振业,吕海燕. 山东莱州仓上泻湖 Y86 孔微量元素地球化学特征及沉积相判别. 海洋湖沼通报, 2005, (2): 13-21.

2005-035 何蔓,胡斌,江祖成. 单一稀土元素检测方法的新近进展. 分析科学学报, 2005, 21(5): 569-576.

2005-036 何文权,熊樱菲. 古陶瓷瓷釉元素成分数据库建立的基础研究. 文物保护与考古科学, 2005, 17(3): 1-6.

2005-037 衡磊,丁永生. 应用 PIXE 技术对书写字迹的分析. 光谱实验室, 2005, 22(5): 928-932.

2005-038 洪江星,陈天文. 定性半定量分析软件 IQ 在 X 射线荧光光谱方法中的应用研究. 福建分析测试, 2005, 14(2): 2155-2157, 2161.

2005-039 洪丽雁,王桂英,吕大伟. X 射线荧光光谱法测定油中硫含量——非金属元素的影响. 石油化工腐蚀与防护, 2005, 22(1): 46-49.

2005-040 胡会利,李宁,程瑾宁. 镀锌植酸钝化膜耐蚀性的研究. 电镀与环保, 2005, 25(6): 23-27.

2005-041 胡岚,卫新年,张皋,梁亿. X 射线荧光光谱法测定推进剂中的金属成分. 火炸药学报, 2005, 28(2): 80-82.

2005-042 胡素敏,毛雪瑛,柴之芳,高学敏,张建军,欧阳宏,王洪飞,黄宇营. 用核分析技术研究骨质疏松大鼠骨中无机元素的丢失与恢复. 中国中西医结合杂志, 2005, 25(S1): 129-132.

2005-043 胡正阳,邢华宝,史厚义,孙雪松. X 射线荧光光谱法测定烧结矿中 TFe 的不确定度评定. 冶金分析, 2005, 25(1): 82-84.

2005-044 Huang Xianhuai, Tang Yuchao, Hu Chun, Yu Hanqing, Chen Chusheng. Preparation and characterization of visible-light-active nitrogen-doped TiO_2 photocatalyst. Journal of Environmental Sciences, 2005, 17(4): 562-565.

2005-045 黄晓梅,李宁,蒋丽敏,黎德育. 浸锌合金过程参数测定. 表面技术, 2005, 34(3): 20-24.

2005-046 黄兆龙,洪盟峰. 台湾石门水库淤泥烧制轻骨料的可行性研究. 建筑材料学报, 2005, 8(5): 467-473.

2005-047 黄宗平,董清木. X 射线荧光光谱法同时测定渣油中的硫、钒和镍. 光谱实验室, 2005, 22(4): 788-790.

2005-048 汲长松. 我国非动力核技术工业应用仪器的发展过程与趋势. 同位素, 2005, 18(1-2): 123-125.

2005-049 贾春明,马玉芹,朱显梅,孙敬亮. 长春市总悬浮颗粒物元素组分及时空分布规律. 长春理工大学学报, 2005, 28(4): 116-119.

2005-050 姜永海, 席北斗, 李秀金, 王琪, 张晓萱. 垃圾焚烧飞灰熔融固化处理过程特性分析. 环境科学, 2005, 26(3): 176-179.

2005-051 蒋丽敏, 李宁, 黄晓梅, 黎德育. 高硅铝合金无氰浸锌及镀层性能的测试. 电镀与环保, 2005, 25(4): 9-11.

2005-052 蒋薇. X射线荧光光谱法测定钒钛磁铁矿成分. 光谱实验室, 2005, 22(5): 940-942.

2005-053 蒋薇. X射线荧光光谱法测定冶金熔剂的方法研究. 光谱实验室, 2005, 22(3): 496-498.

2005-054 金长子, 李钢, 王祥生, 王云, 马书启. Ti-HMS 分子筛的合成、表征及催化性能研究. 石油学报 (石油加工), 2005, 21(6): 51-56.

2005-055 金德龙, 王承忠, 陆晓明, 朱莉. X射线荧光光谱法测定高铝耐火材料中氧化铝的测量不确定度评定. 冶金分析, 2005, 25(3): 88-92.

2005-056 金忠秀, 童红武, 雍国平, 盛良全, 刘清亮, 刘少民. Ce-MCM-48 介孔分子筛的合成、表征和催化性能. 化学物理学报, 2005, 18(6): 1057-1061.

2005-057 亢宇, 马鸿文, 杨静. 利用钾长石合成介孔分子筛 AlMCM-41. 非金属矿, 2005, 28(4): 12-14.

2005-058 康智忠, 张海军, 崔国勤, 梁宪军. X射线荧光及光谱分析仪放射卫生防护评价. 中国辐射卫生, 2005, 14(4): 289.

2005-059 劳建新, 刘雄光, 王彦丽. ARL8680型 X射线荧光光谱仪故障维修几例. 岩矿测试, 2005, 24(3): 239-240.

2005-060 李爱国, 张桂林, 童永彭, 李晓林, 陆荣荣, 朱节清, 张元勋, 李燕. 上海市大气气溶胶中铁的来源和化学种态研究. 环境科学学报, 2005, 25(2): 148-154.

2005-061 李超. XRF法测定铁矿石中 TFe、SiO_2 和 P. 光谱实验室, 2005, 22(2): 360-361.

2005-062 李大华, 唐跃刚. 黔西晴隆矿区晚二叠世煤地球化学变异的地质成因. 地质论评, 2005, 51(2): 163-168.

2005-063 李德禄, 张元勋, 李爱国, 王荫淞, 张桂林, 李燕. 冬季上海吴淞地区大气颗粒物 PM_{10} 的元素主成分分析. 核技术, 2005, 28(2): 109-112.

2005-064 李德仁, 丁原石. 电子电器产品中禁用物质检测方法 (之一) ——无机重金属管制物分析方法. 电子质量, 2005, (12): 65-68.

2005-065 李飞, 李青会, 干福熹, 张斌, 承焕生. 一批中国古玻璃化学成分的质子激发 X 射线荧光分析. 硅酸盐学报, 2005, 33(5): 581-586.

2005-066 李国会, 吉昂, 张华. XRFS 测定生物样品中有害元素. 理化检验-化学分册, 2005, 41(S): 5-9.

2005-067 李军, 张凤美, 李黎声, 舒兴田. 双模板剂法 SAPO-34 分子筛的合成及其性能. 石油炼制与化工, 2005, 36(6): 49-52.

2005-068 李乃胜, 何努, 毛振伟, 冯敏, 王昌燧. 陶寺、尉迟寺白灰面的测试研究. 分析测试学报, 2005, 24(5): 10-14.

2005-069 李青会, 周虹志, 黄教珍, 干福熹, 张平. 一批中国古代镶嵌玻璃珠化学成分的检测报告. 江汉考古, 2005, (4): 79-86, 93.

2005-070 李莎莎, 陈卫东. X 射线荧光光谱法测定阳极铜各成分. 冶金分析, 2005, 25(2): 47-50.

2005-071 李树华, 张庆波, 白爽, 刘丽. 不锈钢的 X 射线荧光光谱分析及其牌号的自动模糊识别研究. 冶金分析, 2005, 25(5): 23-28.

2005-072 李小明, 赵会芹, 刘兰英, 丁红梅. X射线荧光光谱法测定稳定氧化锆中主、次量元素. 山东冶金, 2005, 27(3): 48-49.

2005-073 李雪贞, 周四春, 肖才锦. 关于核仪器刻度中的若干问题探讨. 核电子学与探测技术, 2005, 25(5): 567-569, 558.

2005-074 李彦锋, 潘晓兵, 刘刚, 门学虎, 张树江，王晓龙. 高岭土凝胶及氧化硅的制备与光谱性质研究. 光谱学与光谱分析，2005, 25(10): 202-204.

2005-075 李艳，王玉和，徐柏庆. CO_2 重整甲烷反应高效稳定 Ni/ZrO_2 催化剂的纳米结构特点. 高等学校化学学报，2005, 26(7): 1325-1329.

2005-076 李永昕，张艳华，马清祥. KNO_3/MCM-48 催化酯交换法合成碳酸二丙酯. 催化学报，2005, 26(11): 35-40.

2005-077 李哲男，董星龙，王威娜. 铜系导电涂料中纳米铜粉抗氧化问题的研究. 四川大学学报（自然科学版），2005, 42(S2): 226-230.

2005-078 黎飞虎，翟建平，付晓茹，盛广宏. 长兴电厂粉煤灰的微量元素含量及其安全性评价——长兴电厂粉煤灰综合利用对策研究之二. 粉煤灰综合利用，2005, (4): 6-9.

2005-079 廖翠萍，吴创之，颜涌捷. 生物质气化发电厂灰渣中微量元素的分布与富集规律. 燃料化学学报，2005, 33(4): 456-459.

2005-080 林振兴，刘峰，应晓浒. 熔融制样 X 射线荧光光谱法测定水泥及水泥熟料中成分. 理化检验-化学分册，2005, 41(11): 45-47.

2005-081 凌雪，毛振伟，冯敏，胡耀武，王昌燧，刘洪淼. 巩窑唐代早期白瓷的 EDXRF 线扫描分析. 光谱学与光谱分析，2005, 25(7): 1145-1150.

2005-082 刘波，毕建聪，徐玉恒. $Mg:Er:LiNbO_3$ 晶体的生长和抗光损伤性能. 硅酸盐学报，2005, 33(3): 354-357.

2005-083 刘建国，张华. 一种新型含硫分析仪在原油贸易中的应用. 计量与测试技术，2005, 32(9): 31-32, 35.

2005-084 刘俊，齐郁，陈印，王宁. XRF 法分析萤石中 CaF_2、P、S 和 SiO_2. 武汉工程职业技术学院学报，2005, 17(1): 22-24.

2005-085 刘民，郭新闻，高健，王祥生，刘秀梅，韩秀文，包信和. 低温晶化对 B-ZSM-5 和 Ti-ZSM-5 物化性能的影响. 催化学报，2005, 26(8): 660-664.

2005-086 刘圣迁，刘晓敏，张志谦，刘巧明，夏传义. 微电子封装化学镀镍工艺研究及应用. 电镀与涂饰，2005, 24(1): 40-43.

2005-087 刘世民，许哲峰，秦国强，李东春. 二氧化硫气体在浮法线中的应用研究. 硅酸盐通报，2005, (4): 110-113.

2005-088 刘向阳. X 射线荧光光谱法在测定生铁中 Si、Mn、P、S、As 中的应用. 柳钢科技，2005, (4): 43-46.

2005-089 刘小伟，徐明厚，于敦喜，俞云，隋建才. 燃煤过程中矿物质变化与颗粒物生成的研究. 中国电机工程学报，2005, 25(22): 107-111.

2005-090 刘新斌，申琴芳，尚青龙，陈晓霞. X 射线荧光光谱法测定炉渣中的主要成分. 光谱实验室，2005, 22(1): 58-61.

2005-091 刘勇胜，张泽明，Lee Cin Ty，高山，宗克清. CCSD 主孔高 Ti 榴辉岩非耦合的高 Ti、低 Nb(Zr) 特征：对玄武质岩浆房中磁铁矿分离结晶作用的指示. 岩石学报，2005, 21(2): 339-346.

2005-092 刘玉兵，赵鹰立，申红桃，孙平顺. X 荧光水泥 SO_3 分析仪的研制及其应用. 水泥，2005, (8): 55-57.

2005-093 刘煜，赵志军，白云翔，张光明. 山东临淄齐国故城汉代镜范的科学分析. 考古，2005, (12): 84-89.

2005-094 陆挺，周宏余，丁晓纪，汪新福，朱光华. 低能离子注入植物种子的深度分布及生物效应机理研究. 物理学报，2005, 54(10): 4822-4826.

2005-095 陆晓明，金德龙，林国强，孙福民. 离心浇铸制样 X 射线荧光光谱测定铬铁中铬、硅、磷. 冶金分析，2005, 25(1): 45-48.

2005-096 罗红宇，彭明生，廖尚宜，高利生. 金绿宝石和变石的呈色机理. 现代地质，2005, 19(3): 355-360.

2005-097 罗立强. X 射线光谱分析在激发、探测和应用领域的研究进展. 分析科学学报，2005, 21(3): 322-326.

2005-098 罗清泉，鲜学福，陈刚才，杨清玲. Special and seasonal variations of trace metals in PM$_{10}$ in Chongqing. Chinese Journal of Geochemistry, 2005, 24(3): 262-264.

2005-099 骆重梅, 陈晓慧, 宋丹. X 荧光光谱技术在石油产品硫分析中的应用. 石化技术, 2005, 12(2): 11-13, 28.

2005-100 吕鹏飞. X 射线荧光光谱分析仪生料工作曲线的标样配制. 水泥技术, 2005, (6): 75-76.

2005-101 马国立, 李宇杰, 田宇纮, 毕朝晖. 基于 Windows 操作系统的 X 荧光光谱分析软件. 核技术, 2005, 28(1): 73-77.

2005-102 毛振伟, 冯敏, 张仕定, 张居中, 王昌燧. 贾湖遗址出土绿松石的无损检测及矿物来源初探. 华夏考古, 2005, (1): 55-61.

2005-103 蒙宇飞, 彭明生, 苑执中. 变色金刚石的谱学研究. 矿物学报, 2005, 25(1): 65-68.

2005-104 苗国玉. 硅铝铁合金粉末直接压片法荧光分析研究. 冶金标准化与质量, 2005, 43(4): 17-18.

2005-105 倪红军, 黄明宇, 朱昱, 孙宝德. 稀土熔剂对铝熔体的覆盖保护作用. 上海交通大学学报, 2005, 39(1): 23-26.

2005-106 欧阳伦熬. X 射线荧光光谱法测定多种铁矿和硅酸盐中主次量组分. 岩矿测试, 2005, 24(4): 67-70.

2005-107 彭程, 何宝林, 王然, 哈耀. 电致发光粉 ZnS: Cu 的透明防潮包覆. 中南民族大学学报 (自然科学版), 2005, 24(2): 9-12.

2005-108 彭国瑞. GH4169 合金的 X 射线荧光光谱分析. 冶金标准化与质量, 2005, 43(5): 3-4.

2005-109 彭文明, 边立槐, 钟静. X 射线荧光光谱法对硅锰合金中多元素的同时分析. 天津冶金, 2005, (4): 39-40, 46.

2005-110 彭秀红, 倪师军, 张成江, 刘璐, 李光滔, 薛燕妮. 成都市环境污染源初探. 地球与环境, 2005, 33(S1): 617-619.

2005-111 齐郁, 马广平, 李莹. X 射线荧光光谱法分析 CaO 基脱硫剂中总钙、氟化钙、氧化钙、二氧化硅和硫. 冶金分析, 2005, 25(3): 70-72.

2005-112 秦俭, 张学军. 改性 Y 沸石和 ASA 载体负载 Ni-W 金属组分催化剂的重油加氢性能研究. 化工科技市场, 2005, (9): 31-35.

2005-113 覃红丽, 李湘祁, 曾国坪, 陈彗巧, 林辉, 汤德平. Y-MCM-41 介孔分子筛的微波合成与表征. 福州大学学报 (自然科学版), 2005, 33(2): 273-277.

2005-114 桑林, 彭文明. X 射线荧光光谱法测定焦炭、焦粉灰分中 T. Fe、SiO$_2$、Al$_2$O$_3$、CaO、MgO、K$_2$O 和 Na$_2$O 的含量. 天津冶金, 2005, (3): 36-37, 59.

2005-115 尚彦军, 岳中琦, 王思敬, 涂新斌. 全风化花岗岩化学及矿物成份在全土和粘粒中的不同表征. 地质科学, 2005, 40(1): 95-104.

2005-116 申如香, 盛成, 卓尚军. X 射线荧光光谱法测定有机钯. 理化检验-化学分册, 2005, 41(S): 68.

2005-117 沈浩, 董吉胜, 于庆同. 绢云母粉的 SEM 和 EDS 研究. 中国涂料, 2005, (3): 32-34, 42, 4.

2005-118 沈文馨, 苏亚勤, 刘永林, 李翔. XRF/EDTA 滴定法测定钐铕钆富集物样品稀土总量. 分析科学学报, 2005, 21(3): 343-344.

2005-119 盛成, 卓尚军, 申如香. 锗酸铋中氧化锗和氧化铋的 X 射线荧光光谱分析. 理化检验-化学分册, 2005, 41(S): 81.

2005-120 史长义, 鄢明才, 刘崇民, 迟清华, 胡树起, 顾铁新, 卜维, 鄢卫东. 中国花岗岩类化学元素丰度及特征. 地球化学, 2005, 34(5): 470-482.

2005-121 Soltan M. E., Rageh H. M., Rageh N. M., Ahmed M. E.. Experimental approaches and analytical technique for determining heavy metals in fallen dust at ferrosilicon production factory in Edfu, Aswan, Egypt. Journal of Zhejiang University Science, 2005, 6B(8): 708-718.

2005-122 宋功保, 彭同江, 刘福生, 牟江, 万朴. 我国主要白云母的矿物学特征研究.

矿物学报, 2005, 25(2): 123-130.

2005-123 宋武元, 郑建国, 肖前. X 射线荧光光谱法定性和定量筛选电子电气产品中铅、汞、铬、镉和溴. 检验检疫科学, 2005, 15(S1): 26-28.

2005-124 宋义, 郭芬, 谷松海. SRS 系列 X 射线荧光光谱仪使用注意事项及常见故障排除. 化学分析计量, 2005, 14(6): 43-44.

2005-125 宋游, 郑维明, 刘桂娇, 金立云. 二元比例-X 射线荧光光谱法测定模拟 MOX 燃料中 U 和 Ce 含量. 核化学与放射化学, 2005, 27(1): 7-10.

2005-126 宋云京, 石文华. 电厂冷油器铜管腐蚀失效分析. 金属热处理, 2005, 30(1): 86-89.

2005-127 宋祖峰, 阚斌, 陈健. 镁铝铬质耐火材料的 X 射线荧光光谱分析. 理化检验-化学分册, 2005, 41(9): 648-650, 653.

2005-128 苏德法, 张运波, 刘喜秀. X 射线荧光光谱法分析锰矿中的锰及其他元素. 河北工业科技, 2005, 22(5): 302-304.

2005-129 苏亚勤, 熊朝东, 刘燕. X 射线荧光光谱法测定锆钇粉体中的 Y_2O_3. 分析科学学报, 2005, 21(3): 347-348.

2005-130 苏玉萍, 郑达贤, 林婉珍, 薛丽群. 福建省富营养化水库沉积物磷形态及对水体的贡献. 湖泊科学, 2005, 17(4): 311-316.

2005-131 苏玉萍, 郑达贤, 林婉珍, 薛丽群. 福建省山仔水库表层沉积物磷形态特征研究. 福建师范大学学报 (自然科学版), 2005, 21(2): 62-66.

2005-132 苏峥. X 射线荧光光谱法在铁矿石分析中的应用. 河北冶金, 2005, (3): 44-45, 43.

2005-133 孙建民, 崔萌, 高峥. 痕量磷测定方法的研究及新进展. 微量元素与健康研究, 2005, 22(2): 55-58.

2005-134 孙天希, 丁训良, 刘志国, 潘秋丽, 汪燕, 李颖, 王治红. 整体 X 光透镜性能实验研究. 光学学报, 2005, 25(10): 142-146.

2005-135 孙天希, 丁训良, 刘志国, 王大椿. 测量整体 X 光透镜性能的一种新方法. 高能物理与核物理, 2005, 29(10): 1017-1022.

2005-136 孙新君, 王正国, 朱佩芳, 张猛, 张宇, 周继红. 脱细胞骨基质材料的特性及生物安全性观察. 中华创伤杂志, 2005, 21(11): 38-42.

2005-137 谈成龙. 欧洲 26 国地调局联袂实施全欧大地铀填图. 世界核地质科学, 2005, (1): 23.

2005-138 汤云晖, 韩春明, 保增宽, 黄宇营, 何伟, 华巍. 磷灰石及其流体包体的 SRXRF 分析. 核技术, 2005, 28(8): 580-582.

2005-139 唐红. X 射线荧光光谱法快速分析烧结块中硫含量. 湖南有色金属, 2005, 21(6): 34-35.

2005-140 唐晓慧. 理学 3080E3 型 X 射线荧光光谱仪维修实例. 岩矿测试, 2005, 24(3): 237-238.

2005-141 唐晓恋, 肖秀峰, 刘榕芳. 含硅羟基磷灰石的水热合成与结构表征. 无机化学学报, 2005, 21(10): 1500-1504, 1437.

2005-142 Tang Yunhui, Yuan Wanming, Wang Lihua, Han Chunming, Huang Yuying, He Wei. Synchrotron radiation X-ray fluorescence analysis on altered mineral muscovite in gold deposit. Nuclear Science and Techniques, 2005, 16(1): 1-5.

2005-143 陶光仪. X 射线荧光光谱分析中的基本参数法. 理化检验-化学分册, 2005, 41(S): 1-2.

2005-144 田雨. X 荧光光谱仪分析测试技术. 油气田地面工程, 2005, 24(10): 49.

2005-145 田雨, 毛庆云. 浅析 X 荧光光谱仪分析测试技术在地质学上的应用. 中国职工教育, 2005, (2): 44.

2005-146 童晓民, 赵宏风, 黄春燕, 赵一波. X 射线荧光光谱法测定炉渣中 13 种组分. 冶金分析, 2005, 25(6): 12-16.

2005-147 万天敏, 李晓林, 岳伟生, 李燕, 张桂林. 基于 Micro-PIXE 能谱的大气单颗粒物污染源模式识别研究. 核技术,

2005, 28(12): 904-908.

2005-148 王爱玲. 润滑油中硫含量测定方法的研究. 润滑油, 2005, 20(6): 54-57.

2005-149 王晖, 贺德华, 董国利. Cu/ZrO$_2$催化剂上乙醇水蒸气重整反应的研究 I 催化剂性能及其制备参数的影响. 燃料化学学报, 2005, 33(3): 344-350.

2005-150 王洁, 杨磊, 王敬群, 赵永儒. 抗生素生产工业废渣中锌镉元素的分析测定. 南方冶金学院学报, 2005, 26(1): 52-55.

2005-151 王礼君, 高枫, 李国兴. X荧光能谱仪在火力发电厂检测中的应用. 黑龙江电力, 2005, 27(1): 63-65, 69.

2005-152 王勤燕, 陈能松, 刘嵘. U-Th-Pb 副矿物的原地原位测年微束分析方法比较与微区晶体化学研究. 地质科技情报, 2005, 24(1): 7-13.

2005-153 王庆路, 张茜, 姜银铃. SLFA-20型X荧光含硫分析仪在原油含硫量监测中的应用. 工业计量, 2005, (S1): 85-88.

2005-154 王清海, 许文良, 王冬艳, 林景仟, 高山. 榴辉岩类捕虏体的地球化学特征及其构造意义——来自徐淮地区中生代侵入杂岩中的信息. 地球科学, 2005, 30(4): 413-420.

2005-155 王榕, 魏可镁, 林建新, 俞秀金, 毛树禄. 以RuCl$_3$为前驱体的无氯Ru/Al$_2$O$_3$氨合成催化剂的制备. 工业催化, 2005, 13(4): 31-35.

2005-156 王晓红, 詹秀春, 黄宇营, 何伟, 刘淑琴, 樊兴涛, 唐力军, 王毅民. SR-XRMP研究海山富钴结壳微构造的元素分布特征. 核技术, 2005, 28(11): 4-9.

2005-157 王学涛, 金保升, 仲兆平, 党小剑. 城市生活垃圾焚烧底灰熔融处理实验研究. 东南大学学报（自然科学版）, 2005, 35(1): 111-115.

2005-158 王友法. Study on the variation of calcium and phosphorus in nano hydroxyapatie treated cancer cells through synchrotron radiation XRF. Journal of Wuhan University of Technology-Materials Science, 2005, 20(S1): 184-186.

2005-159 汪燕, 丁训良, 潘秋丽, 孙天希. 用散射法测量整体X光透镜性能. 北京师范大学学报（自然科学版）, 2005, 41(1): 29-31.

2005-160 魏海玉, 秦玲玲, 陶蕊. X射线荧光光谱仪分析颗粒灰中的SiO$_2$, CaO和MgO. 理化检验-物理分册, 2005, 41(4): 188-190.

2005-161 魏增福, 周永言, 张万友. 能量色散X射线荧光分析法在垢和腐蚀产物分析中的应用. 广东电力, 2005, 18(7): 50-54.

2005-162 翁秀兰, 颜桂炀, 刘汉甫. 金属掺杂磷铝分子筛的制备及其光催化性能研究. 分子催化, 2005, 19(6): 477-480.

2005-163 邬鹏举, 李玉德, 林晓燕, 刘安东, 孙天希. X射线在毛细导管中传输的模拟计算. 物理学报, 2005, 54(10): 4478-4482.

2005-164 吴继宗, 郑维明, 金立云, 黄清良, 宋游, 刘桂娇, 张丽华, 范德军. 石墨晶体预衍射-X射线荧光分析系统的研制与应用. 中国原子能科学研究院年报, 2005, (0): 192.

2005-165 Wu Jizong, Zheng Weiming, Jin Liyun, Huang Qingliang, Song You, Liu Guijiao, Zhang Lihua, Fan Dejun. Study and installation of graphite crystal pre-diffraction energy dispersion X-ray fluorometry and application in anglicizing HLLW sample. Annual Report for China Institute of Atomic Energy, 2005, (0): 167.

2005-166 吴建平, 吴春蓉, 吴军龙. 同位素源X射线荧光分析仪的自稳电路设计与改进. 核电子学与探测技术, 2005, 25(6): 64-67.

2005-167 吴建平, 徐相成, 王翌冬. X荧光分析方法在地球化学勘查中的应用——四川理塘铜、锡、铅、银异常查证. 物探化探计算技术, 2005, (4): 313-316, 275.

2005-168 吴茂华, 胡广峰, 王念俊. X射线荧光法测定高碳铬铁中的Cr、Si、P. 山东冶金, 2005, 27(4): 58-59.

2005-169 吴松平, 孟淑媛, 庄志强, 刘会冲. 超细银包覆 BaTiO$_3$ 粉体的制备. 稀有金属材料与工程, 2005, 34(2): 321-324.

2005-170 吴文琪, 王强, 赵增祺, 许延辉, 武国琴. 能谱解析法稀土萃取过程在线分析的研究. 稀土, 2005, 26(1): 1-4.

2005-171 吴延萍, 钟铃, 沈皓, 宓泳. 复旦大学核微探针系统. 原子核物理评论, 2005, 22(1): 88-90.

2005-172 吴岩青, 徐海. X 射线荧光光谱法测定超硬铝合金中成分. 理化检验-化学分册, 2005, 41(1): 28-29.

2005-173 武华东, 张志伟, 尹应锋. X 射线荧光分析法控制出磨水泥的 SO_3 和混合材掺加量. 水泥, 2005, (4): 53-55.

2005-174 武映梅, 宋兆华, 萧民强. X 射线荧光光谱法测定低合金钢中的 12 个元素. 南方金属, 2005, (1): 27-29, 31.

2005-175 萧民强, 宋兆华, 马秀艳. X 射线荧光仪 FP 法测定生铁中多元素. 现代仪器, 2005, (2): 16-18.

2005-176 谢拥群, Feng Martin, Deng James. MDF 纤维中脲醛胶含量的定量分析. 福建林学院学报, 2005, 25(4): 289-293.

2005-177 谢周清, 程邦波, 孙立广, 黄宇营, 何伟. Preliminary investigation of mercury in bone tissues of skua and penguin in Antarctica using AFS and synchrotron radiation X-ray fluorescence (SR-XRF). Chinese Journal of Polar Science, 2005, 16(1): 33-40.

2005-178 熊樱菲, 何文权. 清代红釉（彩）瓷的呈色元素分析. 文物保护与考古科学, 2005, 17(4): 23-27, 68-69.

2005-179 徐宝强, 戴永年, 杨斌. 苦卤水制备纳米氢氧化镁的研究. 云南化工, 2005, 32(4): 7-9.

2005-180 徐会有. 测定黑液硫含量的新方法. 中国造纸, 2005, 24(11): 13-15.

2005-181 徐善法. 高寒荒漠区异常查证技术方法——以青海龙尾沟铜、金矿床为例. 地球学报, 2005, 26(5): 91-98.

2005-182 许云波, 延卫, 樊娜, 王彬, 张耀君, 郭烈锦. Cu, In-ZnSeS 催化剂的制备及其光解水制氢性能的研究. 西安交通大学学报, 2005, 39(9): 971-973, 988.

2005-183 杨建业, 任德贻, 赵蕾. 低熟煤中的孢粉与常量元素和微量元素的相关性初探. 煤田地质与勘探, 2005, 33(4): 17-20.

2005-184 杨李锋. BX 系列波长色散 X 荧光分析仪介绍. 建材发展导向, 2005, (6): 76-78.

2005-185 杨婉, 王少君, 祝威, 孙玲. 杂多金属盐制备相转移催化氧化剂的活性及其优化反应条件. 大连轻工业学院学报, 2005, 24(2): 88-92.

2005-186 杨卫英, 伍智, 邹桂娟, 曾敏. 电真空器件用陶瓷二次金属化镀镍层起泡现象的研究. 真空, 2005, 42(1): 50-52.

2005-187 尹显东. 土耳其烧结铝矾土生产的高铝耐火材料. 国外耐火材料, 2005, 30(1): 13-18.

2005-188 应晓浒, 陈少鸿. 普通 X 射线荧光光谱仪分析铜精矿样品在储存过程中化学态的变化. 光谱学与光谱分析, 2005, 25(6): 952-954.

2005-189 Yu Fusheng, Han Song, Huang Yuying, He Wei, Cao Jie, Wang Hongyue. Application of nuclear analytical techniques to trace elements in Cenozoic basalt and their mantle xenoliths from Aershan area in Inner Mongolia, China. Nuclear Science and Techniques, 2005, 16(2): 108-113.

2005-190 袁丽凤, 俞雄飞, 王谦. 红外光谱结合 X 射线荧光光谱分析鉴定合成橡胶粒子. 光谱实验室, 2005, 22(4): 704-706.

2005-191 越智宽友. 使用瑞利散射的理论强度进行异常形状修正的薄膜样品 X 射线荧光分析. 冶金标准化与质量, 2005, 43(1): 19-20.

2005-192 臧慕文, 刘英, 王爱慈, 张丽. 铂饰品中 Pt, Pd, Au, Ag, Cu, Ni, Zn, Fe 的测定. 稀有金属, 2005, 29(4): 397-402.

2005-193 翟丕沐, 王立秋, 刘长厚, 张守臣. Coking and deactivation of catalyst inhibited by silanization modification in oxidation of benzene to phenol with nitrous oxide. Chinese Journal of Chemical Engineering, 2005, 13(1): 43-48.

2005-194 翟丕沐, 王立秋, 刘长厚, 张元礼. 苯制苯酚催化剂制备和反应特性研究. 大连理工大学学报, 2005, 45(6): 802-807.

2005-195 张爱芬. X 射线荧光光谱在铝矿石赤泥组分分析中的应用. 轻金属, 2005, (10): 30-33.

2005-196 张爱芬, 马慧侠, 李国会. X 射线荧光光谱法测定铝矿石中主次痕量组分. 岩矿测试, 2005, 24(4): 71-74.

2005-197 张爱华, 周航慈, 詹捷, 江姗姗. 基于 μC/OS-II 的便携式 X 荧光仪的数据采集. 科技广场, 2005, (10): 97-98.

2005-198 张超, 马昌前, 佘振兵, 殷坤龙. 四川万州中侏罗统上沙溪庙组粘土岩中火山灰的岩矿和地球化学证据. 高校地质学报, 2005, 11(3): 415-424.

2005-199 张殿英, 李超, 辛学武. 利用 X 射线荧光光谱法测定转炉渣中 SiO_2 等 8 种成分的研究. 冶金标准化与质量, 2005, 43(2): 9-12.

2005-200 Zhang Guiying, Ni Bangfa, Tian Weizhi, David D. Cohen, Eduard Stelcer, Olga Hawas, Wang Pingsheng, Huang Donghui, Liu Cunxiong, Li Dehong. Study on sources of $PM_{2.5}$ inhalable air particles from Liangxiang by PIXE. Annual Report for China Institute of Atomic Energy, 2005, (0): 131-133.

2005-201 张贵英, 倪邦发, 田伟之, David D. Cohen, Eduard Stelcer, Olga Hawas, 王平生, 刘存兄, 黄东辉, 李德红. 粒子激发 X 荧光分析研究良乡大气可吸入颗粒物 $PM_{2.5}$ 的来源. 中国原子能科学研究院年报, 2005, (0): 143-145.

2005-202 张国宇, 王鹏, 石岩, 马慧俊, 洪光. 微波诱导 Fe_2O_3/Al_2O_3 催化剂催化氧化处理水中苯酚. 催化学报, 2005, 26(7): 597-601.

2005-203 张健, 王云霞, 庞玲, 戴建国. X 荧光光谱法分析铝土矿中的氧化铁、氧化硅、氧化铝. 冶金标准化与质量, 2005, 43(6): 9-10, 22.

2005-204 张瑾, 马磊. X 射线荧光法测试镀银铜线镀层厚度. 现代科学仪器, 2005, (3): 60-62.

2005-205 张培青, 王祥生, 郭洪臣. 组合改性对纳米 HZSM-5 催化剂降低汽油烯烃性能的影响. 催化学报, 2005, 26(10): 911-916.

2005-206 张培青, 徐金光, 王祥生, 郭洪臣. 纳米 HZSM-5 催化剂催化 C8 直链烃转化的性能. 催化学报, 2005, 26(3): 216-222.

2005-207 张勤. 多目标地球化学填图中的 54 种指标配套分析方案和分析质量监控系统. 第四纪研究, 2005, 25(3): 292-297.

2005-208 张勤, 樊守忠, 潘晏山, 李国会. X 射线荧光光谱法测定化探样品中主、次和痕量组分. 理化检验-化学分册, 2005, 41(8): 547-552.

2005-209 张蓉, 陈映宏. X 射线荧光光谱仪对中低合金钢中元素的测定. 特钢技术, 2005, (2): 24-26.

2005-210 张香荣, 陈洁, 张立新. 铝质、硅质和镁质耐火材料的 X 射线荧光光谱快速分析. 冶金分析, 2005, 25(1): 15-18.

2005-211 张鑫, 徐柏庆. Au/ZrO_2 催化 CO 氧化反应中 ZrO_2 纳米粒子的尺寸效应. 化学学报, 2005, 63(1): 86-90, 95.

2005-212 张鑫, 徐柏庆. Au/ZrO_2 催化剂中 ZrO_2 的尺寸效应: 1, 3-丁二烯加氢反应. 高等学校化学学报, 2005, 26(1): 106-110.

2005-213 张绪玉, 罗永春, 王大辉, 闫汝煦, 章应, 康龙. $La_{0.67}Mg_{0.33}Ni_{3.0-x}Al_x$ ($x=0\sim0.3$) 贮氢合金的相结构及电化学性能的研究. 功能材料, 2005, 36(7): 66-69, 72.

2005-214 张钰, 徐绍平, 赵飞, 韩壮, 郭树才, 罗长齐. 正丁烷水蒸气重整反应 NiO/Si-Al 催化剂制备. 大连理工大学学报, 2005, 45(3): 330-334.

2005-215 张元茂, 张元勋, 韩婷, 郑叶飞, 山祖慈, 裘惠源, 李德禄, 张桂林, 李燕, 丁文斌. 上海市吴淞工业区 PM_{10} 和 18

种无机元素污染状况调查. 环境与职业医学, 2005, 22(1): 46-49.

2005-216 张元勋, 李德禄, 李爱国, 陆文忠, 王荫淞, 李燕, 张桂林, 张元茂, 郑叶飞, 山祖慈, 韩婷, 丁文斌. ACCU 采样和 PIXE 技术用于 PM_{10} 污染溯源的研究. 环境科学学报, 2005, 25(2): 155-159.

2005-217 张元勋, 王荫淞, 李德禄, 李燕, 张桂林, 张元茂, 郑叶飞, 山祖慈. 上海冬季大气可吸入颗粒物的 PIXE 研究. 中国环境科学, 2005, 25(S1): 1-5.

2005-218 张月平. X 射线荧光光谱法快速半定量分析催化剂中的稀土总量. 分析仪器, 2005, (1): 33-35.

2005-219 张运波, 齐兵, 刘喜秀, 陶蕊. X 射线荧光光谱法测定钢中的有害元素. 化学分析计量, 2005, 14(2): 56-57.

2005-220 张昭林, 李忠盛, 何庆兵, 易同斌. 化学气相沉积钨涂层及抗烧蚀性能研究. 表面技术, 2005, 34(4): 43-44.

2005-221 张众, 王占山, 吴文娟, 王洪昌, 王凤丽, 顾春时, 秦树基, 陈玲燕, 华巍, 黄宇营. 用于同步辐射单色器多层膜的研究. 核技术, 2005, 28(12): 900-903.

2005-222 赵斌, 陈建中, 庄乃锋, 郭飞云. YIG 和 YAlIG 单晶的助熔剂提拉法生长和表征. 人工晶体学报, 2005, 34(1): 98-101.

2005-223 赵东军, 鲁安怀, 王丽娟, 郑喜坤, 刘瑞, 郭延军. 广西下雷锰矿床中锰钾矿的矿物学特征. 北京大学学报 (自然科学版), 2005, 41(6): 859-868.

2005-224 赵贵喜, 张翠兰, 薛慧峰, 贠海洲. 石油化工产品中痕量硫含量测定方法. 甘肃科技, 2005, 21(12): 105-106.

2005-225 赵宏樵, 曾江宁, 俞元挺, 姚龙奎. 富钴结壳主要成分的 X 荧光快速测定. 海洋学研究, 2005, 23(2): 17-23.

2005-226 赵维娟, 鲁晓珂, 李国霞, 郭敏, 谢建忠, 高正耀, 孙新民, 郭木森, 承焕生, 张斌. 清凉寺窑与张公巷窑青瓷釉料的主量化学组成. 中国科学 (G 辑: 物理学 力学 天文学), 2005, 35(2): 167-175.

2005-227 赵新华, 马伟芳, 孙井梅, 谭浩. 植物修复重金属-有机物复合污染河道疏浚底泥的研究. 天津大学学报, 2005, 38(11): 1011-1016.

2005-228 赵志强, 杜晓冉, 李铭, 胡呈祥. X 荧光分析仪在地质工作中运用实例. 化工矿产地质, 2005, 27(1): 47-49.

2005-229 甄洪香, 徐增芹, 葛镧. X 射线荧光光谱法测定生铁中硅和磷. 冶金分析, 2005, 25(4): 41-42.

2005-230 Zheng Weiming, Song You, Liu Guijiao. Determination of U and Zr in special organic radioactive sample by graphite crystal pre-diffraction-EDXRF analysis. Annual Report for China Institute of Atomic Energy, 2005, (0): 169.

2005-231 郑维明, 宋游, 刘桂娇. X 射线荧光能谱法直接测定特殊有机相样品中的 U、Zr. 中国原子能科学研究院年报, 2005, (0): 193-194.

2005-232 支俊秉, 张旭. X 荧光分析仪的使用体会. 水泥, 2005, (9): 44-45.

2005-233 钟伟, 吴细平, 谢超辉, 卢宏. X 射线荧光光谱法快速测定生铁中硅、锰、磷、硫、砷. 江西冶金, 2005, 25(3): 29-30.

2005-234 钟鹰, 程晓维, 汪靖, 黄强, 龙英才. CXN 天然沸石的研究 VI. 耐酸性及不同阳离子型沸石结构的热稳定性. 化学学报, 2005, 63(11): 955-960, 5.

2005-235 周斌, 徐国跃. 稀土氯化物溶液掺杂 $BaTiO_3$ 基 PTC 陶瓷性能研究. 电子元件与材料, 2005, 24(1): 10-12, 15.

2005-236 周丽, Terry Ann E., 黄郁芳, 邵正中, 陈新. 桑蚕丝腺体和丝纤维中金属离子的含量. 化学学报, 2005, 63(15): 8-11, 4.

2005-237 周林, 李颖, 马红安, 李彦涛, 臧传义, 任国仲, 贾晓鹏. 含硫金刚石的合成及杂质分析. 金刚石与磨料磨具工程, 2005, (4): 14-16, 19.

2005-238 周南. X 射线荧光分析技术的研发动态. 理化检验-化学分册, 2005, 41(7): 539-540.

2005-239 周庆伟. X 射线荧光分析中熔片法制样

条件的选择. 水泥, 2005, 12(12): 43-45.

2005-240 周玉松, 任福民, 夏四清, 许兆义. 城市污泥重金属监测控制. 环境卫生工程, 2005, 13(6): 9-11.

2005-241 朱弟成, 潘桂棠, 莫宣学, 廖忠礼, 江新胜, 王立全, 赵志丹. 特提斯喜马拉雅带中段桑秀组玄武岩的地球化学和岩石成因. 地球化学, 2005, 34(1): 7-19.

2005-242 朱光华, 王广甫, 张仁健. 多种离子束分析技术在大气气溶胶研究中的应用. 核技术, 2005, 28(12): 922-924.

2005-243 朱继平, 王青, 燕生东, 秦颖, 常叙政, 佟佩华, 王昌燧. 鲁北地区商周时期的海盐业. 中国科学技术大学学报, 2005, 35(1): 142-145.

2005-244 朱新宝, 朱凯, 郭登峰, 陈桂桂. 合成丙二醇甲醚丙酸酯用固体超强酸催化剂的研究. 化学反应工程与工艺, 2005, 21(5): 422-426.

2005-245 卓尚军, 韩小元, 申如香, 盛成. 散射效应对理论计算 X 射线荧光强度的影响. 理化检验-化学分册, 2005, 41(S): 16-17.

2005-246 邹昶, 陈超. X 射线荧光仪真空和进样机械手结构与维修. 现代科学仪器, 2005, (2): 78-81.

2005-247 邹隽, 王华昌, 熊传辉, 叶建红, 王剑阳. Cr12MoV 钢盐浴渗钒的组织与性能. 热加工工艺, 2005, (4): 36-37, 39.

2006 年 (2006)

2006-001 安国玉. 波长色散 X 射线荧光分析的新发展. 现代科学仪器, 2006, (5): 28-30.

2006-002 Andrey V. Daryin, Ivan A. Kalugin, Lubov G. Smolyaninova, Konstantin V. Zolotarev, Elena G. Vologina, Aleksey B. Ptitsyn, Andrey A. Andreev, Narantsetseg Tserendash. Geochemical records seasonal climate variability from varved lake sediments of the Central Asia as chronologic evidence of environmental change over the Late Holocene. Chinese Journal of Geochemistry, 2006, 25(S): 6-7.

2006-003 Andrey V. Daryin, Konstantin V. Zolotarev. Achievements in XRF element analysis with synchrotron radiation (SR XRF) in environmental geochemistry. Chinese Journal of Geochemistry, 2006, 25(S): 194.

2006-004 宾伟深. 压片 X 荧光分析法测定水泥中的 SO_3 和 MgO 含量. 水泥工程, 2006, (5): 71-72.

2006-005 宾伟深. 压片 X 荧光分析法及其在水泥质量控制中的应用. 新世纪水泥导报, 2006, (1): 34-37, 13.

2006-006 蔡军, 范旭红, 薛莹. X 射线荧光光谱法测定电熔镁砂的主次成分. 江苏冶金, 2006, 34(3): 45-47.

2006-007 曹建国. 二醋酸纤维素片丙酮浆液中 TiO_2 的 X 射线荧光光谱分析. 烟草科技, 2006, (9): 31-33, 45.

2006-008 曹立新, 韩清瑕, 李宁, 黄兴桥. 三乙四胺六乙酸消除高速镀锡液中铁杂质影响的研究. 材料保护, 2006, 39(6): 62-65, 83-84.

2006-009 柴凤梅, 张招崇, 毛景文, 帕拉提·阿布都卡迪尔, 汪立今, 董连慧, 叶会寿, 陈莉, 郑蓉芬. Lamprophyre or lamproite dyke in the SW Tarim Block? —Discussion on the petrogenesis of these rocks and their source region. Journal of China University of Geosciences, 2006, 17(1): 13-24.

2006-010 常建平, 谢毅, 陶光仪. 用 X 射线荧光光谱法测定玻璃基材上 $C+TiO_2$ 薄膜的组分和厚度. 科学技术与工程, 2006, 6(18): 2978-2980.

2006-011 常毓巍, 杨敬军, 薛月霞. X 荧光光谱仪测定溶液中总溴浓度. 兰州大学学报, 2006, 42(1): 127-128.

2006-012 陈爱平, 王烨, 王苏明. X 射线荧光光谱法测定土壤样品中氯的不确定度评定. 岩矿测试, 2006, 25(3): 270-275.

2006-013 陈海, 潘丽梅. X 射线荧光光谱仪在烧结矿分析中的应用. 柳钢科技, 2006, (4): 27-32.

2006-014 陈家桢. PTA 装置催化剂回收浆料中钴、锰含量快速测定法. 聚酯工业, 2006, 19(5): 25-26, 29.

2006-015 陈建军, 罗贤清, 韩鹤友, 易伟松, 王海婴. 国外用体内 X 射线荧光技术对人体骨铅含量研究的概况. 微量元素与健康研究, 2006, 23(3): 43-45.

2006-016 陈健, 程坚平. XRF 法测定镀锌钢板钝化层重量. 福建分析测试, 2006, 15(2): 31-32.

2006-017 陈颂学. 海南蓬莱锆石的宝石学特征研究. 宝石和宝石学杂志, 2006, 8(4): 6-9, 2.

2006-018 陈素兰, 胡冠九, 周春宏, 陈波, 章勇, 范迪富, 廖启林. X 射线荧光光谱法测定土壤及底泥中多种元素. 环境监测管理与技术, 2006, 18(4): 15-18.

2006-019 陈永君, 王亚平, 许春雪, 王苏明, 樊兴涛. 少量树木年轮样品的 X 射线荧光光谱分析. 岩矿测试, 2006, 25(4): 315-318.

2006-020 程洁, 向维华, 李小杰, 肖俊勇, 刘俊. ARL-9800XP X 射线荧光光谱仪故障分析. 冶金自动化, 2006, (4): 40-42.

2006-021 程硕, 王伟, 谈明光, 陈建敏, 张桂林, 李燕. 上海市吴淞工业区大气 $PM_{2.5}$ 水溶成分的元素分析及细胞毒性研究. 核技术, 2006, 29(3): 182-188.

2006-022 程晓维, 汪靖, 张枚, 钟鹰, 黄强, 龙英才. CXN 天然沸石的研究 VII. 骨架高硅超稳化改性. 化学学报, 2006, 64(1): 1-8.

2006-023 程泽, 谭玉娟, 刘晓光, 张芳蓉, 张艳春, 阿拉木斯. XRF 法测定高异常化探样品中的铜、铅、锌、镍. 分析仪器, 2006, (1): 29-31.

2006-024 池济宏, 李寒辉. XRF 系统灵敏度曲线的标定. 河北北方学院学报（自然科学版）, 2006, 22(1): 24-27.

2006-025 池济宏, 李寒辉, 赵素英. 薄膜样品的制作与均匀度测定. 河北北方学院学报（自然科学版）, 2006, 22(3): 21-24.

2006-026 褚小立, 袁洪福, 陆婉珍. 用于石化工业的光谱和波谱类过程分析技术. 现代科学仪器, 2006, (3): 8-13.

2006-027 Comini E., Alessandri I., Faglia G., Bontempi E., Depero L. E., Sberveglieri G.. Effects of V and Cr addition on the structural and sensing properties of titania. 稀有金属材料与工程, 2006, 35(S3): 113-115.

2006-028 丛兴顺, 王力, 张明伟. Fe/Cr 柱撑蒙脱石的水热法制备与表征. 工业催化, 2006, 14(5): 61-64.

2006-029 代世峰, 任德贻, 李丹, 雒昆利. 贵州大方煤田主采煤层的矿物学异常及其对元素地球化学的影响. 地质学报, 2006, 80(4): 589-597, 617.

2006-030 代世峰, 任德贻, 李生盛. 内蒙古准格尔超大型镓矿床的发现. 科学通报, 2006, 51(2): 177-185.

2006-031 戴琳, 田英良, 万红. XRF 无标样定量法在玻璃材料测定中的应用. 科学技术与工程, 2006, 6(18): 2958-2960.

2006-032 邓彪, 余笑寒, 徐洪杰. 同步辐射微束荧光 CT 及其应用新进展. 物理, 2006, 35(12): 1055-1059.

2006-033 邓新荣, 胡国荣, 彭忠东, 曹雁冰. 喷雾热解法合成高性能球形钴蓝的研究. 无机盐工业, 2006, 38(8): 32-34, 50.

2006-034 丁仕兵, 曲晓霞, 岳春雷. X 射线荧光光谱法测定铁矿石中全铁. 冶金分析, 2006, 26(3): 96-97.

2006-035 董元兴, 高愈希, 陈春英, 李柏, 孙瑾, 何伟, 黄宇营, 柴之芳. 同步辐射 X 荧光研究肝细胞癌组织和癌旁组织微粒体内的金属蛋白分布. 核技术, 2006, 29(9): 641-645.

2006-036 董元兴, 高愈希, 陈春英, 李柏, 邢丽, 喻宏伟, 何伟, 黄宇营, 柴之芳. 用同步辐射 X 荧光定量测定电泳分离后蛋白条带内的微量元素. 分析化学, 2006, 34(4): 443-446.

2006-037 杜燕, 阚斌. 玻璃熔融 X 射线荧光光谱法测定萤石中各组分. 科学技术与工程, 2006, 6(18): 2938-2939, 2975.

2006-038 樊守忠, 张勤, 李国会, 吉昂. 偏振能量色散 X 射线荧光光谱法测定水系沉积物和土壤样品中多种组分. 冶金分析, 2006, 26(6): 27-31.

2006-039 范建良, 郭守国, 刘学良, 王以群. 云南红宝石暗色条带改善研究. 宝石和宝石学杂志, 2006, 8(2): 38-40, 51.

2006-040 范圣平, 周永言. X荧光法快速测定重油中硫含量的应用研究. 热力发电, 2006, (11): 61-62, 77.

2006-041 伏修锋, 干福熹. 基于多元统计分析方法对一批中国南方和西南地区的古玻璃成分的研究. 文物保护与考古科学, 2006, 18(4): 6-13.

2006-042 伏修锋, 干福熹. 中国古代釉砂和玻砂. 硅酸盐学报, 2006, 34(4): 427-431.

2006-043 伏修锋, 干福熹, 马波, 顾冬红. 青金石产地探源. 自然科学史研究, 2006, 25(3): 246-254.

2006-044 付刚, 孔德铭, 王新华, 马秀荣, 颜丽梅. 石油产品中硫含量测定方法评价. 炼油与化工, 2006, 17(3): 39-41, 63-64.

2006-045 Gan Fuxi, Cheng Huansheng, Li Qinghui. Origin of Chinese ancient glasses——study on the earliest Chinese ancient glasses. Science in China (Series E: Technological Sciences), 2006, 49(6): 701-713.

2006-046 干慧菁, 高鸿奕, 朱化凤, 陈建文, 朱佩平, 冼鼎昌. X射线荧光层析. 激光与光电子学进展, 2006, 43(3): 56-64.

2006-047 高放, 程晓维, 汪靖, 郭娟, 周伟正, 龙英才. 催化量OP乳化剂促进THF-FER沸石晶化作用的研究. 化学学报, 2006, 64(14): 1423-1428.

2006-048 高家诚, 邹健, 谭小伟, 王勇. Characteristics and properties of surface coated nano-TiO_2. Transactions of Nonferrous Metals Society of China, 2006, (6): 1252-1258.

2006-049 葛良全, 赖万昌, 林延畅. 现场X射线荧光检测技术研究. 四川地质学报, 2006, 26(2): 117-120.

2006-050 关颖, 丁喜峰, 王文静, 邱立杰, 王晓云. 金莲花的X射线荧光分析及X射线衍射技术研究. 药物分析杂志, 2006, 26(11): 1623-1625.

2006-051 郭弘艺, 唐文乔. 巨型抹香鲸齿质层元素分析. 上海水产大学学报, 2006, 15(1): 100-104.

2006-052 郭庆斌. 能量色散-X射线荧光法测定铝锭中11种杂质元素的研究. 湖南冶金, 2006, 34(1): 39-42.

2006-053 郭新闻, 刘民, 高健, 王祥生. 气固相反应温度对Ti-ZSM-5物化性能的影响. 分子催化, 2006, 20(5): 455-457.

2006-054 韩杰, 叶瑛, 张孟群, 刘笛, 张维睿, 蒋蓉, 邬黛黛. X射线荧光光谱在Fe、Mn化学态分析中的应用. 分析化学, 2006, 34(12): 1771-1775.

2006-055 韩小元, 卓尚军, 王佩玲. X射线荧光光谱法表征薄膜进展. 光谱学与光谱分析, 2006, 26(1): 159-165.

2006-056 韩小元, 卓尚军, 王佩玲. X射线荧光光谱检测多层薄膜样品的增强效应研究. 光谱学与光谱分析, 2006, 26(2): 353-357.

2006-057 韩小元, 卓尚军, 王佩玲, 陶光仪. X射线荧光光谱法测定Zn镀层质量厚度及计算谱线选择问题研究. 分析试验室, 2006, 25(1): 5-8.

2006-058 何正华, 田雪北. XRF粉末压片法测定艾萨冰铜中的Cu、Fe、S、SiO_2等元素. 科学技术与工程, 2006, 6(18): 2940-2941.

2006-059 何忠, 黄春长, 庞奖励, 王利军, 李新艳. 淮河上游全新世黄土——土壤剖面重金属元素分布与环境变化. 环境科学, 2006, 27(7): 1323-1328.

2006-060 衡磊, 丁永生. PIXE技术在物证鉴定中的应用前景分析. 刑事技术, 2006, (4): 27-29.

2006-061 洪江星, 陈天文. X射线荧光光谱仪用于检测作为中密度纤维板中胶料标记的$CuSO_4$的定量分析方法. 科学技术与工程, 2006, 6(18): 2983-2985.

2006-062 侯金红. X射线荧光光谱法测定球团矿二氧化钛的含量. 光谱实验室, 2006, 23(1): 136-137.

2006-063 侯磊, 侯育冬, 宋雪梅, 朱满康, 汪浩,严辉. 水热法合成 $K_{0.5}Bi_{0.5}TiO_3$ 纳米陶瓷粉体. 无机化学学报, 2006, 22(3): 563-566.

2006-064 胡恩萍, 郭灵虹, 李晖. 新疆尉犁蛭石矿中金云母/蛭石混层结构研究. 矿产综合利用, 2006, (3): 27-32.

2006-065 花永涛, 程锋, 赖万昌, 杨强. X 荧光分析仪在新疆某地的应用. 物探与化探, 2006, 30(4): 370-373.

2006-066 花永涛, 赖万昌, 杨强. X 射线荧光技术在新疆某航磁异常地面勘察的应用. 核电子学与探测技术, 2006, 26(5): 660-662, 690.

2006-067 华金铭, 郑起, 魏可镁, 林性贻. 沉淀剂种类对水煤气变换 Au/Fe_2O_3 催化剂结构和催化性能的影响. 催化学报, 2006, 27(11): 1012-1018.

2006-068 Huang Fenghua, Peng Yiru, Lin Chengfang. Synthesis and characterization of ZnS: Ag nanocrystals surface-capped with thiourea. Chemical Research in Chinese Universities, 2006, 22(6): 675-678.

2006-069 黄辉军, 刘红年, 蒋维楣, 黄世鸿, 张予燕. 南京市 $PM_{2.5}$ 物理化学特性及来源解析. 气候与环境研究, 2006, 11(6): 713-722.

2006-070 黄林燕, 朱诚, 孔庆友. 张家界岩性特征对峰林地貌形成的影响研究. 安徽师范大学学报（自然科学版), 2006, 29(5): 484-489.

2006-071 黄郁芳, 黄曜, 邵正中, 陈新. 原子吸收光谱法测定桑蚕丝腺体中钙的含量. 生物学杂志, 2006, 23(5): 20-22.

2006-072 黄增保, 金霞. 甘肃北山红石山蛇绿混杂岩带中基性火山岩构造环境分析. 中国地质, 2006, 33(5): 1030-1037.

2006-073 纪新明, 王建业, 贾文红, 朱节清, 黄宜平. X 射线荧光分析中 X 射线管原级能谱分布的测定. 光学学报, 2006, 26(4): 634-638.

2006-074 简虎, 吴松坪, 姚高尚, 熊腊森. 能量色散 X 射线荧光光谱分析及其应用. 电子质量, 2006, (1): 13-15.

2006-075 姜海青, 姚熹, 车俊, 汪敏强. $ZnSe/SiO_2$ 复合薄膜光学常数与荧光光谱的研究. 物理学报, 2006, (4): 2084-2091.

2006-076 蒋薇, 刘伟. X 射线荧光光谱法测定锰矿石成分. 冶金标准化与质量, 2006, 44(5): 10-12.

2006-077 金婵, 张桂林, 李爱国, 彭岚, 陆文忠, 李燕, 张元茂, 山祖慈. 上海地区 PM_{10} 和 $PM_{2.5}$ 中铁元素的种态研究. 核技术, 2006, 29(6): 410-415.

2006-078 金忠秀, 雍国平, 盛良全, 童红武, 苏庆德, 刘少民. Ce-MCM-48 立方介孔分子筛结构的光谱表征. 光谱学与光谱分析, 2006, 26(3): 484-487.

2006-079 景晓燕, 邹朋辉, 葛强, 张密林, 王君. Al-Zn 柱撑膨润土的制备与表征. 化学与黏合, 2006, 28(4): 233-235.

2006-080 柯明, 朱坤磊, 宋昭峥, 刘成翠, 蒋庆哲. ZSM-5 沸石和 L 沸石对 FCC 汽油芳构化降烯烃性能比较. 石油化工高等学校学报, 2006, 19(1): 53-57.

2006-081 蓝延, 赵曼曲, 陈春. 掺铱黄金饰品的特征及检测方法. 宝石和宝石学杂志, 2006, 8(1): 13-14.

2006-082 雷强华, 罗德礼, 熊义富, 石岩. 载钯硅藻土制备及吸/放氢性能分析. 稀有金属, 2006, 30(6): 746-750.

2006-083 李超. XRF 熔融法测定石灰石、白云石中 SiO_2、CaO、MgO、Al_2O_3、Fe_2O_3、P_2O_5. 山东冶金, 2006, 28(6): 77-78.

2006-084 李大华, 唐跃刚, 陈坤, 邓涛, 程方平, 刘东. 贵州晴隆矿区 K6 煤层的元素地球化学特征. 地球学报, 2006, 27(2): 135-140.

2006-085 Li Guoxia, Zhao Weijuan, Li Rongwu, Sun Hongwei, Guo Min, Wang Yanfang, Liu Hui, Zhao Qingyun, Sun Xinmin, Zhao Wenjun, Cheng Huansheng. Proton induced X-ray emission (PIXE) analysis of sources of porcelain body of Ru Guan and Jun Guan porcelains. Science in China (Series G: Physics, Mechanics & Astronomy), 2006, 49(4): 411-420.

2006-086 李国霞, 赵维娟, 李融武, 孙洪巍, 郭敏, 王彦芳, 刘慧, 赵青云, 孙新民, 赵文军, 承焕生. 汝官瓷和钧官瓷胎料来源的质子激发 X 射线荧光分析. 中国科学 G 辑: 物理学、力学、天文学, 2006, 36(3): 239-247.

2006-087 李海波. 荧光 X 射线分析中的样品制备. 大众标准化, 2006, (S1): 60-62.

2006-088 李海波, 刘国红. X 射线荧光光谱仪在水泥检测中的应用. 山西科技, 2006, (6): 119-120.

2006-089 李海清, 牛玉梅, 线恒泽. 氯化钠溶液对牙本质再矿化作用的影响. 口腔医学研究, 2006, 22(2): 152-154.

2006-090 李海涛, 赵小平. 在线硫含量分析仪开发可行性调研. 甘肃科技, 2006, 22(5): 121-122, 22.

2006-091 李寒旭, Yoshihiko. Ninomiya, 董众兵, 张明旭. Study on the characteristics of mineral matter in Huainan coals by computer controlled scanning electron microscope (CCSEM). Journal of Coal Science & Engineering (China), 2006, 12(1): 86-90.

2006-092 Li Hanxu, Yoshihiko Ninomiya, Dong Zhongbing, Zhang Mingxu. The mineral transformation of Huainan coal ashes in reducing atmospheres. Journal of China University of Mining & Technology (English Edition), 2006, 16(2): 162-166.

2006-093 李辉. X 射线荧光光谱基本参数法测定钢铁的组分. 科学技术与工程, 2006, 6(18): 2942-2944.

2006-094 李建英, 余荣台, 余祖发. X 射线荧光光谱法测定釉料中主次痕量组份. 中国陶瓷, 2006, 42(11): 43-44.

2006-095 李进平, 侯浩波, 甘金华, 周旻, 朱书景. 烧结法提取沸腾炉渣中的铝和铁. 安全与环境学报, 2006, 6(5): 75-78.

2006-096 李明洁, 王少林, 崔风辉. 钕-铁系稀土永磁合金的 X 射线荧光光谱分析. 分析试验室, 2006, 25(12): 81-83.

2006-097 李青会, 黄教珍, 李飞, 干福熹. 中国出土的一批战国古玻璃样品化学成分的检测. 文物保护与考古科学, 2006, 18(2): 8-13.

2006-098 李青元, 孙沛林. 大型分析仪器的故障分析及维修. 齐鲁石油化工, 2006, 34(4): 452-453.

2006-099 李融武, 赵维娟, 赵文军, 李国霞, 孙新民, 赵青云, 承焕生. 三种典型釉色汝官瓷和钧官瓷原料产地的 PIXE 分析. 北京师范大学学报 (自然科学版), 2006, 42(2): 144-149.

2006-100 李涛, 毛振伟, 金普军. 西藏铜币的 XRF 分析及其来源初探. 西藏研究, 2006, (1): 83-89.

2006-101 李伟, 张枝焕, 杨永才, 孟凡巍, 黄宇营, 秦黎明. 流体包裹体在准噶尔盆地油气成藏研究中的应用. 新疆石油地质, 2006, 27(5): 600-603.

2006-102 李仙粉, 周玉松, 任福民, 吕志敏. 上海城市污泥成分特性及分析方法研究. 中国环境监测, 2006, 22(6): 48-50.

2006-103 李小明, 曹代勇, 占文峰. 北淮阳地区不同变形-变质煤的元素分布及其影响因素. 煤田地质与勘探, 2006, 34(6): 1-3.

2006-104 李晓林, 岳伟生, 刘江峰, 万天敏, 张桂林, 李燕, 黄宇营, 何伟, 华巍. 应用同步辐射微束 X 射线荧光光谱法研究单个大气 $PM_{2.5}$ 颗粒物的源特征. 岩矿测试, 2006, 25(3): 206-210.

2006-105 李昕, 高玉枝, 郭元茹, 赵毛毛. 钕对 $(NH_4)_6[CrMo_5LaO_{24}H_6]\cdot 16H_2O$ 的气相渗制备 MoN 及电性能. 稀土, 2006, 27(4): 1-4.

2006-106 李新家. 粒度效应对 X 射线荧光光谱分析烧结矿的影响. 冶金分析, 2006, 26(3): 92-93.

2006-107 李秀婷, 柳丽芬, 杨凤林, 张兴文, John Barford. Pt/TiO_2 光催化氧化还原耦合反应脱除水中无机氮. 无机化学学报, 2006, 22(7): 1180-1186.

2006-108 李岩, 董秀文, 陈新, 于志伟. 高杂质钼铁中Mo等元素的能量色散X射线分析. 分析科学学报, 2006, 22(5): 547-550.

2006-109 李艳芳, 蔡厚安, 梁汉东, 张俊, 梅亚青, 张宏刚. 西峡晚白垩世恐龙蛋化石宏观矿物组成研究及意义. 吉林大学学报（地球科学版）, 2006, 36(2): 158-163, 168.

2006-110 李艳秋, 薛秋红, 程刚, 蔡发, 马昕. 电子电器产品塑料部件中限用有害重金属元素的 X 射线荧光定性筛选和 ICP-AES 定量检测. 光谱实验室, 2006, 23(4): 680-683.

2006-111 李咏霞. X 射线荧光经验系数法测定神东煤灰成分. 煤质技术, 2006, (3): 36-38.

2006-112 李张胜. X 射线荧光光谱法定量测定湿法磷酸中主次成分. 云南化工, 2006, 33(5): 71-73.

2006-113 梁慧荣, 张耀君, 郭烈锦. N 掺杂 Ta_2O_5 的制备及其光催化分解水制氢性能研究. 太阳能学报, 2006, 27(10): 1032-1036.

2006-114 廖丽平, 项秀智, 徐文松. X 荧光仪在炼钢炉前全自动分析的一种应用. 科学技术与工程, 2006, 6(18): 2945-2948, 2957.

2006-115 林延畅, 姜海静, 葛良全, 赖万昌, 曾兵, 程锋. 用于电致冷 Si-PIN 探测器的掌上型电源系统的研制. 核电子学与探测技术, 2006, 26(1): 22-24, 35.

2006-116 林彦杰. X 射线荧光光谱法测定碳化硅和复合硅中磷含量. 本钢技术, 2006, (3): 35-37.

2006-117 凌雪, 冯敏, 毛振伟, 胡耀武, 王昌燧, 梁宝鎏, 刘洪淼. 我国北方古白瓷釉化学组成的能量色散 X 荧光光谱分析. 理化检验-化学分册, 2006, 42(9): 746-750.

2006-118 刘丹, 王静, 刘俊龙. 废旧塑料回收再利用研究进展. 橡塑技术与装备, 2006, 32(7): 15-22.

2006-119 刘笛, 吴锁贞. 粉煤灰中硫形态的 X 射线荧光光谱法初探. 常熟理工学院学报, 2006, 20(2): 94-96, 101.

2006-120 刘芳芳, 何青, 李凤岩, 周志强, 孙云. X 射线荧光光谱法用于 CIGS 薄膜太阳电池中吸收层的定量分析. 科学技术与工程, 2006, 6(18): 2949-2951, 2957.

2006-121 刘海萍, 李宁, 毕四富, 黎德育, 郑剑, 李康. Study of immersion gold plating process on Ni-P substrates. Journal of Rare Earths, 2006, 24(S2): 175-179.

2006-122 刘汉桥, 蔡九菊, 齐鹏飞, 田冬青. 两种医疗垃圾焚烧炉的灰渣特性研究. 环境科学学报, 2006, 26(12): 2026-2032.

2006-123 刘家祥, 李敏, 甘勇, 王海宁. 纳米级氧化铟锡复合粉体的制备及其性能. 稀有金属材料与工程, 2006, 35(4): 662-664.

2006-124 刘金河, 胡荣祖, 高仁孝, 孙在春. 粉状硝铵炸药示踪检测研究. 理化检验-化学分册, 2006, 42(2): 120-121, 124.

2006-125 刘景林. AlN-ZrB_2 系及 AlN-SiC-ZrB_2 系复合型陶瓷材料的高温氧化. 国外耐火材料, 2006, 31(1): 40-44.

2006-126 刘景林. 耐酸材料中玻璃相的研究. 国外耐火材料, 2006, 31(1): 37-39.

2006-127 刘静远, 张振忠, 华旸, 马立群, 沈晓冬. 快速凝固 Mg-Zn-Y 合金薄带的制备及凝固组织特征. 铸造技术, 2006, 27(3): 258-262.

2006-128 刘睦清, 高忆慈. 稀土配合物 $[REL_3(4\text{-}picNO)H_2O]$ 的合成与表征. 稀土, 2006, 27(5): 15-19.

2006-129 刘树文, 张成伟. X 射线荧光光谱法测定东营地区卤水中的氯溴碘. 中国测试技术, 2006, 32(5): 133-135.

2006-130 刘晓琳, 王雪梅, 张仁健, 张怀德, 胡良温, 朱凌云, 石磊. 太原市冬季气溶胶污染特征及来源分析. 中国科学院研究生院学报, 2006, 23(4): 494-499.

2006-131 刘欣, 梁淑萍. 铕测定方法的近期进展. 理化检验-化学分册, 2006, 42(3): 221-226.

2006-132 刘欣欣. X 射线荧光分析仪在玻璃工业中的应用. 广东化工, 2006, 33(12): 96-97, 100.

2006-133 刘琰, 孙德智. Ce 改性 $Fe_2O_3/\gamma\text{-}Al_2O_3$ 催化剂的表征及催化活性研究. 功能材

2006-134 刘琰, 孙德智. 用于染料废水 CWPO 处理的 Fe_2O_3-CeO_2/γ-Al_2O_3 催化剂的制备及活性. 化工学报, 2006, 57(10): 2303-2308.

2006-135 Liu Yan, Sun Dezhi, Cheng Lin, Li Yanping. Preparation and Characterization of Fe_2O_3-CeO_2-TiO_2/γ-Al_2O_3 catalyst for degradation dye wastewater. Journal of Environmental Sciences, 2006, 18(6): 1189-1192.

2006-136 刘杨军, 王玉琴, 程新兰, 崔步光, 关宇, 李福华, 高新华. 铝电解用预焙阳极中杂质元素的 X 射线荧光光谱法测定. 科学技术与工程, 2006, 6(18): 2976-2977, 2990.

2006-137 刘义新, 代伟伟, 王婷, 陶涌. Superficial performance and pore structure of palygorskite treated by hydrochloric acid. Journal of Central South University of Technology (English Edition), 2006, 13(4): 451-455.

2006-138 刘谊, 刘永胜, 张立同, 成来飞, 徐永东. CVI 制备 Si_3N_{4p}/Si_3N_4 透波材料表征与性能. 无机材料学报, 2006, 21(4): 979-985.

2006-139 刘战存, 苑红霞. 布拉格父子对 X 射线晶体衍射的研究及其启示. 首都师范大学学报 (自然科学版), 2006, 27(1): 32-36.

2006-140 刘长华, 曾志刚, 殷学博, 陈镇东. 台湾岛东北部龟山岛附近海域自然硫烟囱体的基本特征研究. 台湾海峡, 2006, 25(3): 309-317.

2006-141 柳丽芬, 李秀婷, 杨凤林, 余济美. Ag/TiO_2 光催化氧化还原反应脱除水体中无机氮. 感光科学与光化学, 2006, 24(4): 291-300.

2006-142 鲁永芳, 王广甫. 北京师范大学外束 PIXE 分析装置的建立. 北京师范大学学报 (自然科学版), 2006, 42(6): 588-591.

2006-143 陆晓明, 邰力, 金德龙. X 射线荧光光谱法分析镁铬耐火材料. 耐火材料, 2006, 40(3): 231-233.

2006-144 栾天, 毛振伟, 王昌燧. 邛崃窑彩绘瓷彩绘工艺的 SRXRF 研究. 光谱学与光谱分析, 2006, 26(8): 1560-1563.

2006-145 罗红宇, 彭明生, 黄宇营, 何伟, 高利生. 金绿宝石和变石中的微量元素研究. 矿物学报, 2006, 26(1): 77-83.

2006-146 罗立强. X 射线光谱分析的现状与趋势——参加国际 NAMALS8、IRRMA6、TXRF2005 会议有感. 光谱学与光谱分析, 2006, 26(1): 189-191.

2006-147 罗立强, Marija Popovic. 非常规 X 射线能量探测技术. 岩矿测试, 2006, 25(1): 49-54.

2006-148 罗武干, 秦颖, 黄凤春, 龚明, 王昌燧. 湖北荆门左塚楚墓群出土金属器研究. 江汉考古, 2006, (4): 73-81.

2006-149 罗曦芸, 吴来明. 陈列银币变色原因初步分析. 文物保护与考古科学, 2006, 18(2): 14-19.

2006-150 罗贤清, 魏武, 陈建军, 易伟松, 王海婴. 体内 X 射线荧光技术测量人体骨铅研究进展. 武汉大学学报 (医学版), 2006, 27(4): 549-552.

2006-151 吕鹏飞. X 射线荧光光谱分析仪在水泥生产控制中的应用要点. 新世纪水泥导报, 2006, (4): 34-36.

2006-152 吕森林, 邵龙义, 吴明红, 焦正, 陈小慧. 北京 PM_{10} 中化学元素组成特征及来源分析. 中国矿业大学学报, 2006, 35(5): 684-688.

2006-153 吕彦凤, 郭洪涛, 赵显武. 能量色散 X 荧光法快速测定高炉渣中硅钙镁. 中国冶金, 2006, 16(11): 33-36.

2006-154 马冲先, 吴诚. 金属材料分析. 分析试验室, 2006, 30(12): 103-122.

2006-155 马红艳, 崔大安, 秦作路, 何植, 木士春. 广西岛坪磷氯铅矿的谱学特征. 矿物学报, 2006, 26(2): 165-168.

2006-156 马慧侠, 张爱芬. X 射线荧光光谱法测定氧化铝中杂质元素. 理化检验-化学分册, 2006, 42(12): 980-983, 990.

2006-157 马永红, 葛良全, 赖万昌. X 射线荧光分析仪用靶自动控制系统的设计. 物探化探计算技术, 2006, 28(1): 33-35, 3.

2006-158 梅冰, 乔学亮, 王洪水, 陈建国, 邱小林. 微米级铜粉化学镀银及抗氧化性分析. 材料保护, 2006, 39(9): 28-30, 72.

2006-159 苗国玉. 硅铝铁合金粉末直接压片法荧光分析研究. 冶金标准化与质量, 2006, 44(5): 8-9.

2006-160 牛璋彬, 王洋, 张晓健, 何文杰, 韩宏大, 阴沛军. 给水管网中管内壁腐蚀管垢特征分析. 环境科学, 2006, 27(6): 1150-1154.

2006-161 欧阳健明. X射线衍射法在泌尿系结石研究中的应用. 光谱学与光谱分析, 2006, 26(1): 170-174.

2006-162 欧阳健明. 现代仪器在泌尿系结石元素分析中的运用. 光谱学与光谱分析, 2006, 26(2): 365-371.

2006-163 潘郁生, 黄槐武. 广西博物馆汉代铁器修复保护研究. 文物保护与考古科学, 2006, 18(3): 5-10, 67-70.

2006-164 彭秀红, 倪师军, 方敏. 城市工业区土壤重金属元素影响评价. 广东微量元素科学, 2006, 13(11): 44-47.

2006-165 Peng Zicheng, Leung Po Lau, Yu Peter, Cheng Peikai, Li Mai. Chemical composition of ancient celadon material (1127-1279 A.D.) from Zhejiang, China and its implication. Acta Geologica Sinica (English Edition), 2006, 80(5): 759-762.

2006-166 彭子成, 梁宝鎏, 余君岳, 郑培凯, 李德卉. 浙江古代青瓷 (1127~1279 年) 的化学组成及其意义. 地质学报, 2006, (10): 1362.

2006-167 浦一芬, 吴瑞霞. 2004 年北京秋季大气颗粒物的化学组分和来源特征. 气候与环境研究, 2006, 11(6): 739-744.

2006-168 亓利剑, 黄艺兰, 殷科. 俄罗斯人工欧泊的特征及其变彩效应. 宝石和宝石学杂志, 2006, 8(3): 10-15.

2006-169 齐济, 古丽斯坦, 王承遇, 宁桂玲. 硅酸盐玻璃表面析碱的研究. 玻璃与搪瓷, 2006, 34(3): 9-13.

2006-170 齐文启, 孙宗光, 汪志国. 环境监测仪器和技术的新进展. 现代科学仪器, 2006, (4): 20-25.

2006-171 钱达兴, 刘学理. 温度对铬砖耐玻璃液侵蚀性的影响. 建筑材料学报, 2006, (6): 749-753.

2006-172 邱霞, 赵维娟, 李国霞, 郭敏, 谢建忠, 孙洪巍, 承焕生, 孙新民, 赵青云, 赵文军, 鲁晓珂. 用主量化学组成研究汝官瓷和钧官瓷的原料来源. 原子核物理评论, 2006, 23(3): 304-309.

2006-173 邱忠文, 黄代会. XRF 在外壳镀层厚度测试中的正确应用. 微电子学, 2006, 36(4): 526-528.

2006-174 曲月华, 王翠艳. X 射线荧光光谱法测定铝质耐火材料中主次成分. 冶金分析, 2006, 26(4): 36-39.

2006-175 任家富, 周建斌, 庹先国, 林娟, 穆克亮. EDXRF-1024 便携式高精度 X 荧光分析仪. 核技术, 2006, 29(9): 698-700.

2006-176 任校丹, 刘磊. X 射线荧光熔片法测定人造富矿中主要成分的新方法. 科学技术与工程, 2006, 6(18): 2964-2966.

2006-177 Sanina N. B., Aisueva T. S., Chuparina E. V.. Toxic and radioactive elements in soils and vegetation of natural and technogenic geosystems of Pribaikalye (Lake Baikal region). Chinese Journal of Geochemistry, 2006, 25(S): 192.

2006-178 Sanina N. B., Aisueva T. S., Chuparina E. V., Lankin U. K.. Toxic and radioactive elements in soils and vegetation of natural and technogenic geosystems of Pribaikalye (Lake Baikal region). Chinese Journal of Geochemistry, 2006, 25(S): 245.

2006-179 邵红, 孙伶. 铁钛改性膨润土对铬的吸附性能研究. 环境科学与技术, 2006, 29(7): 12-13, 30, 115.

2006-180 邵龙义, 鲁静, Tim Jones, Rod Gayer, 尚潞君, 深志军, 张鹏飞. 桂中晚二叠世碳酸盐岩型煤系高有机硫煤的矿物学和地球化学研究. 煤炭学报, 2006, 31(6): 770-775.

2006-181 沈立, 周四春, 杨伟涛. 虚拟技术在 X

荧光测量系统中的应用. 计算机测量与控制, 2006, 14(7): 874-875, 892.

2006-182 沈永淼, 王炳祥, 冯玉英, 沈珠英, 沈健, 李邺, 胡宏纹. 氨基苯基类中氮茚化合物的合成及作为质子探针的研究. 高等学校化学学报, 2006, 27(4): 651-653.

2006-183 Shen Zhenxing, Cao Junji, Li Xuxiang, Wang Yaqiang, Jie Dongmei, Zhang Xiaoye. Chemical characteristics of aerosol particles ($PM_{2.5}$) at a site of Horqin Sand-land in Northeast China. Journal of Environmental Sciences, 2006, 18(4): 701-707.

2006-184 师世龙. XRF法测定锌合金中的铝. 光谱实验室, 2006, 23(1): 156-158.

2006-185 石亮政. 电子电器产品有害物质的快速定性筛分法. 电子质量, 2006, (9): 67-68.

2006-186 司玉锋, 陈玉勇, 孔凡涛, 陈子勇. 稀土Y对Ti-23Al-25Nb合金显微组织的影响. 航空材料学报, 2006, 26(1): 6-10.

2006-187 宋焕玲, 吴亲娟, 张兵. 分析有机物中钾的IQ^+无标样定量分析软件. 科学技术与工程, 2006, 6(18): 2981-2982.

2006-188 宋武元, 郑建国, 肖前, 周明辉, 刘志红, 刘丽. X射线荧光光谱法同时测定电子电气产品中限制使用物质铅、汞、铬、镉和溴. 光谱学与光谱分析, 2006, 26(12): 2350-2353.

2006-189 宋霞, 王静. 锆刚玉质耐火材料的X射线荧光光谱分析法. 光谱实验室, 2006, 23(6): 1314-1317.

2006-190 宋秀铎, 赵凤起, 张蕊娥, 高红旭, 郝海霞, 李上文. 柠檬酸铋的制备、结构表征及其在固体推进剂中的催化作用. 兵工学报, 2006, 27(4): 643-647.

2006-191 宋义, 郭芬, 谷松海. X射线荧光光谱法同时测定煤中砷硫磷氯. 岩矿测试, 2006, 25(3): 285-287.

2006-192 宋游, 郑维明, 刘桂娇. 3070E-X荧光光谱仪改造升级. 中国原子能科学研究院年报, 2006, (0): 251.

2006-193 苏达根, 袁秀霞, 陈康, 郭星华. 脱硫灰中硫含量测定方法的研究. 水泥, 2006, (11): 58-61.

2006-194 孙红福, 赵峰华, 丛志远, 岳梅, 任德贻. 在我国发现的Schwertmannite矿物及其特征. 矿物学报, 2006, 26(1): 38-42.

2006-195 孙会彦, 孔安华, 魏海玉, 秦玲玲, 刘研, 葛晶晶. 冶金原材料中有害元素磷的在线快速分析. 河北化工, 2006, 29(4): 47, 64.

2006-196 孙丽, 李德才. X荧光光谱分析法测定高炉炉渣. 冶金动力, 2006, (6): 79-80.

2006-197 孙天希, 刘志国, 汪燕, 丁训良. 利用背散射方法测量整体X光透镜的性能. 核技术, 2006, 29(5): 339-343.

2006-198 孙雪琴. X射线荧光光谱分析中熔融片制样法的准确性. 新世纪水泥导报, 2006, (3): 14-15.

2006-199 谭小宁, 严志远, 贺继春. X射线荧光光谱仪熔片法测定硅酸盐中主量元素. 福建分析测试, 2006, 15(3): 23-25.

2006-200 汤凌志, 何为民. 独立工作模式下的ADS774在X荧光分析仪上的应用. 科技广场, 2006, (11): 107-108.

2006-201 汤志勇, 邱海鸥, 郑洪涛. 岩石矿物分析. 分析试验室, 2006, 25(9): 112-122.

2006-202 唐章奎, 胡孟春, 周殿忠, 牟维兵, 郑晓东, 周永安, 曲雁. Fe、Co、V和Ti材料的X荧光效率测量. 核电子学与探测技术, 2006, 26(6): 751-752, 775.

2006-203 陶蕊, 张运波, 刘喜秀. X射线荧光光谱法分析铁水中5种杂质元素. 冶金分析, 2006, 26(1): 88-89.

2006-204 庹先国, 成毅, 穆克亮, 任家富, 何伶俐, 李向阳, 曾嫡, 曹顺根, 卢斌. 攀矿铁精矿矿浆品位的原位EDXRF分析试验. 分析试验室, 2006, 25(3): 12-16.

2006-205 庹先国, 程渤, 徐争启, 穆克亮, 胡灿, 闫玉生. X射线荧光自动分类分析技术在矿产资源环境评价中的应用. 成都理工大学学报 (自然科学版), 2006, 33(6): 603-610.

2006-206 庹先国, 穆克亮, 成毅, 任家富, 何伶俐, 李向阳, 曾嫡, 曹顺根, 卢斌.

EDXRF 法矿浆品位在线分析系统的探讨. 金属矿山, 2006, (5): 59-62.

2006-207 万尤宝, 刘青松, 吴宇容, 朱海滨, 童佳, 杨辉. Li 离子浓度对铌酸钾锂晶体 $[NbO_6]^{7-}$ 八面体畸变的影响. 人工晶体学报, 2006, 35(5): 1066-1070.

2006-208 王必山, 孙雪松, 郭峰. X 射线荧光光谱法测定铁矿石中的含铁量. 安徽冶金, 2006, (1): 47-48.

2006-209 王朝斗, 万爱福, 王卫强. X 射线荧光光谱法分析炼钢污泥中化学成分. 光谱实验室, 2006, 23(4): 866-868.

2006-210 王朝斗, 万爱福, 张传正, 焦京州. 国产能谱仪快速分析球团矿. 光谱实验室, 2006, 23(3): 472-474.

2006-211 王朝斗, 魏晓卿, 王卫强. 用国产熔融炉熔片 X 射线荧光光谱法分析铁精矿. 光谱实验室, 2006, 23(1): 129-131.

2006-212 王朝辉, 康永林, 赵鸿金, 徐跃. Grain refinement of Mg-Al magnesium alloys by carbon inoculation. Transactions of Nonferrous Metals Society of China, 2006, (S3): 1851-1854.

2006-213 王朝辉, 康永林, 赵鸿金, 徐跃. 晶粒细化工艺对 AM60 镁合金组织性能的影响. 特种铸造及有色合金, 2006, 26(4): 199-201, 189.

2006-214 王传耀, 杨文斌, 陈刚. 杉木间伐材 ACQ 防腐与综合强化复合改性研究. 林业科学, 2006, 42(12): 101-107.

2006-215 王德全, 张平建, 葛海英, 张寒, 李凌云. XRF 玻璃融片法测定铁精粉中主次量元素. 科学技术与工程, 2006, 6(18): 2955-2957.

2006-216 王广甫, 鲁永芳, 朱光华. PESA 测量中单个标准样品刻度方法适用范围研究. 现代仪器, 2006, (1): 19-21.

2006-217 王广甫, 鲁永芳, 朱光华. 质子弹性散射分析方法测量 mylar 膜上气溶胶样品的氢含量. 北京师范大学学报 (自然科学版), 2006, 42(2): 154-156.

2006-218 王桂香, 李宁, 李娟, 黎德育. 以次亚磷酸钠为还原剂的塑料直接镀铜. 精细化工, 2006, 23(1): 70-73, 93.

2006-219 王家君, 张德林, 朱清玮, 王世荣, 吴燕婕, 熊柏青, 崔舜, 林晨光. 凹印铜金粉表面理化特性的研究. 稀有金属, 2006, 30(6): 846-849.

2006-220 王建梅, 王榕, 林建新, 俞秀金, 谢峰, 魏可镁. 载体的酸处理条件对整体式钌—堇青石催化剂性能的影响. 福州大学学报 (自然科学版), 2006, 34(6): 898-902.

2006-221 王开燕, 张仁健, 王雪梅, 石磊, 刘阳. 北京市冬季气溶胶的污染特征及来源分析. 环境化学, 2006, 25(6): 776-780.

2006-222 王玲玲, 高勇, 刘晃清, 彭智伟, 邹炳锁. $Ce_{1-x}Nd_xO_{2-x/2}(0 \leq x \leq 0.6)$ 纳米粉体的低温燃烧合成. 金属学报, 2006, 42(5): 511-514.

2006-223 王宁伟, 朱登峻, 朱金连, 柳天舒, 李丙祥, 徐亮. X 射线荧光光谱法测定磷矿中五氧化二磷、氧化钙、三氧化二铁、氧化铝、氧化镁和二氧化硅. 冶金分析, 2006, 26(6): 65-67.

2006-224 王平. 高负荷率运行下的 X 荧光光谱仪点检维护浅析. 科学技术与工程, 2006, 6(18): 3001-3004.

2006-225 王平, 邬莉萍. X 荧光光谱仪高压发生器的改进. 现代仪器, 2006, (3): 50-51.

2006-226 王青, 朱继平, 史本恒. 山东北部全新世的人地关系演变: 以海岸变迁和海盐生产为例. 第四纪研究, 2006, 26(4): 589-596.

2006-227 王泉海, 邱建荣, 温存, 孔凡海, 熊全军, 吴辉, 张小平, 刘豪. 氧燃烧方式下痕量元素形态转化的试验和模拟研究. 工程热物理学报, 2006, 27(S2): 199-202.

2006-228 王淑峰, 刘立强, 姚树玉. 连续莫来石陶瓷纤维的制备研究. 硅酸盐通报, 2006, 25(3): 15-19.

2006-229 王小武, 梁艳容. X 荧光光谱法测定硅锰合金中主元素 Mn 含量的研究. 冶金丛刊, 2006, (5): 34-36.

2006-230 王晓红, 高玉淑, 王毅民. 超细地质标准物质及其应用. 自然科学进展, 2006, 16(3): 309-315.

2006-231 王笑笑, 郑存江. 螺栓用圆钢截面的元素分布分析. 理化检验-物理分册, 2006, 42(5): 245-247.

2006-232 王雪静, 周继红, 方克明. 茂名高岭土在不同温度煅烧时对产物结构的影响. 矿产综合利用, 2006, (2): 26-29.

2006-233 王雪静, 周继红, 黄浪, 方克明. 不同产地高岭土的组成和结构研究. 中国非金属矿工业导刊, 2006, (1): 27-29.

2006-234 王雪静, 周继红, 黄浪, 方克明. 苏州高岭土在不同温度煅烧时的产物. 北京科技大学学报, 2006, 28(1): 59-62.

2006-235 王延昭, 李孟良. 汽车催化器失效的特征研究. 北京汽车, 2006, (5): 25-28.

2006-236 Wang Yinsong, Li Aiguo, Zhang Yuanxun, Xie Yaning, Li Delu, Li Yan, Zhang Guilin. Speciation of iron in atmospheric particulate matter by EXAFS. Chinese Science Bulletin, 2006, 51(18): 2275-2280.

2006-237 王荫淞, 李爱国, 张元勋, 谢亚宁, 李德禄, 李燕, 张桂林. 用扩展X射线吸收精细结构谱研究大气颗粒物中铁的种态. 科学通报, 2006, 51(12): 1474-1478.

2006-238 王永强, 于秀娟, 杨红芬, 明琪, 孙德智. 可见光催化剂 S/TiO$_2$ 的制备与表征. 无机化学学报, 2006, 22(4): 771-774.

2006-239 王云芳, 王汝敏, 郭增昌. 化学复合镀梯度镀层工艺研究. 材料科学与工艺, 2006, 14(5): 499-502.

2006-240 王云霞, 张健, 庞玲, 戴建国. X射线荧光光谱法测定铝土矿中的主成分. 理化检验-化学分册, 2006, 42(7): 542-543.

2006-241 王志刚, 李凤全. X射线荧光无标半定量分析奶粉微量元素. 广东微量元素科学, 2006, 13(11): 64-67.

2006-242 王志刚, 李凤全, 陈勇提. X射线荧光结合分子式模拟分析圆白菜主、次量元素. 光谱实验室, 2006, 23(3): 626-628.

2006-243 韦志仁, 刘超, 李军, 葛世艳, 张华伟, 林琳, 郑一博, 窦军红. 水热法合成 $Zn_{1-x}Mn_xO$ 稀磁半导体 (英文). 人工晶体学报, 2006, 35(1): 95-98, 103.

2006-244 魏海玉, 秦玲玲, 陶蕊. X射线荧光光谱法测定颗粒灰中二氧化硅、氧化钙、氧化镁. 冶金分析, 2006, 26(6): 82-83.

2006-245 魏庆玲, 申东明, 谭涓, 刘靖. Ti-MCM-41分子筛的合成、表征及其催化作用. 石油化工, 2006, 35(8): 725-729.

2006-246 魏向军, 徐清. 掠出射X射线荧光谱仪性能评测. 光学学报, 2006, 26(9): 1435-1438.

2006-247 吴允平, 周蓉生, 方方, 乐仁昌, 马英杰, 贾文懿. 便携式现场X荧光仪的几个关键问题探讨. 核电子学与探测技术, 2006, 26(6): 769-772.

2006-248 夏晨光, 武朝辉, 刘牧. X射线荧光光谱法测定海底钴结壳的方法研究. 科学技术与工程, 2006, 6(18): 2967-2971.

2006-249 夏一恺, 王苏勤, 叶国英. 人工神经网络在环境监测中的应用近况. 理化检验-化学分册, 2006, 42(9): 780-782.

2006-250 向清德, 邹华盈, 郭晓明, 袁琳. X射线荧光法测定高岭土中各元素的含量. 陶瓷科学与艺术, 2006, (5-6): 24-27.

2006-251 谢晓峰, 贾桂玲, 张剑平, 方建慧, 施利毅. 纳米 $SiO_2 / TiO_{2-x}N_x$ 复合粒子的制备与表征. 太阳能学报, 2006, 27(1): 14-18.

2006-252 谢学锦, 刘大文. 地球化学填图与地球化学勘查. 地质论评, 2006, 52(6): 721-732, 865-868.

2006-253 谢周清, 程帮波, 孙立广, 黄玉营, 何伟, 赵三平. Preliminary determination of calcium, phosphorus, and the calcium/phosphorus ratio in cortical bone of chinstrap penguin using synchrotron X-ray fluorescence analysis. Chinese Journal of Polar Science, 2006, 17(1): 48-54.

2006-254 熊敏. X射线荧光光谱法快速分析苹果酸·柠檬酸钙中的总钙. 光谱学与光谱分析, 2006, 26(11): 2157-2158.

2006-255 熊焰, 傅正义, 王皓. 晶界相对半透明氮化铝陶瓷透过率的影响. 硅酸盐学报, 2006, 34(1): 1-4.

2006-256 熊樱菲, 何文权, 金延龄. 清代官窑瓷器的透明釉成分分析研究. 文物保护与考古科学, 2006, 18(4): 14-17.

2006-257 熊志方, 龚一鸣. 北戴河红色风化壳地球化学特征及气候环境意义. 地学前缘, 2006, 13(6): 177-186.

2006-258 徐鸿志, 王英, 王永在, 牛金叶. X射线荧光光谱法分析玻璃纤维中主、次量元素成分. 理化检验-化学分册, 2006, 42(11): 918-920.

2006-259 徐慧超, 张金洲, 沈浩元. 用于X荧光分析的半导体探测器. 常熟理工学院学报, 2006, 20(2): 91-93.

2006-260 徐克耀, 刘战存, 苑红霞. 西格班对X射线光谱学发展的贡献. 首都师范大学学报(自然科学版), 2006, 27(2): 35-38.

2006-261 徐应军, 陈文川. BYF100-III型载流X射线荧光分析仪在厂坝铅锌矿的应用. 甘肃冶金, 2006, 28(3): 137-138.

2006-262 徐永辉, 杨达源, 陈可锋, 周彬, 任雪梅. 长江三峡库区紫色土的元素迁移特征. 南京大学学报(自然科学版), 2006, 42(3): 316-323.

2006-263 徐兆凯, 李安春, 蒋富清, 李铁刚. Paleoenvironments recorded in a new-type ferromanganese crust from the East Philippine Sea. Journal of China University of Geosciences, 2006, 17(1): 34-42.

2006-264 徐兆凯, 李安春, 蒋富清, 孟庆勇, 刘建国. 东菲律宾海深水区新型铁锰结壳的特征和成因. 海洋地质与第四纪地质, 2006, 26(4): 91-98.

2006-265 Xu Xianghua, Shi Jiyan, Chen Yingxu, Xue Shengguo, Wu Bei, Huang Yuying. An investigation of cellular distribution of manganese in hyperaccumlator plant *Phytolacca acinosa* Roxb. using SRXRF analysis. Journal of Environmental Sciences, 2006, 18(4): 746-751.

2006-266 闫永萍. 酸在碳酸岩储层不规则的反应速率. 内蒙古石油化工, 2006, (9): 95-97.

2006-267 杨登峰, 张晓蒲, 田文辉. 能量色散X射线荧光光谱法测定钼精矿中钼、铁、铅、铜、二氧化硅、氧化钙. 冶金分析, 2006, 26(6): 48-50.

2006-268 杨建生. 使用荧光光谱分析法(XRF)进行RoHS验证. 今日电子, 2006, (3): 41-43.

2006-269 杨建业. 贵州普安矿区晚二叠世煤中微量元素的质量分数和赋存状态. 燃料化学学报, 2006, 34(2): 129-135.

2006-270 杨军, 王进. 热老化橡胶中助剂与老化时间的PIXE、micro-PIXE和RBS分析. 橡胶参考资料, 2006, 36(2): 26-29.

2006-271 杨柳, 张凤美, 李中柱. MCM-22、MCM-49和MCM-56分子筛的表征. 工业催化, 2006, 14(3): 63-67.

2006-272 杨明太. X射线荧光光谱仪的现状. 核电子学与探测技术, 2006, 26(6): 1025-1029.

2006-273 杨世芳, 杨杰, 龙盛如. 聚喹啉硫醚的合成及表征. 高分子材料科学与工程, 2006, 26(6): 59-62.

2006-274 杨晓杰, 刘冬明, 褚立孔, 陈开惠. 煤系高岭岩成矿机理. 煤炭学报, 2006, 31(1): 85-89.

2006-275 杨晓梅, 徐竹生, 马怀军, 徐云鹏, 田志坚, 林励吾. MgAPO-11分子筛的合成及Pt/MgAPO-11在正十二烷临氢异构化反应中的催化性能. 催化学报, 2006, 27(11): 1039-1044.

2006-276 杨仲平, 靳晓珠, 黄华鸾. X射线荧光光谱法测定化探样品中的主次痕量元素. 广西科学院学报, 2006, 22(S): 430-434.

2006-277 杨宗强, 梁文. 岛津多道X射线荧光光谱仪测定高炉渣中硅钙镁铝钛. 冶金标准化与质量, 2006, 44(4): 15-16, 19.

2006-278 叶青, 王瑞璞, 徐柏庆. 柠檬酸溶胶-凝胶法制备的$Ce_{1-x}Zr_xO_2$: 结构及其氧移动性. 物理化学学报, 2006, 22(1): 33-37.

2006-279 易伟松, 罗贤清, 陈建军, 王海婴, 王芳. 骨铅含量应作为人体铅中毒新的生物标记. 广东微量元素科学, 2006, 13(4): 1-6.

2006-280 应晓浒, 曹国洲, 王谦, 孙立群. X射线荧光光谱法测定黄铜中铜、铅、铁、铋、锑、磷、砷. 分析科学学报, 2006, 22(5): 519-522.

2006-281 于波, 严志远, 杨乐山, 王瑞敏, 李小莉. X射线荧光光谱法测定土壤和水系沉积物中碳和氮等36个主次痕量元素. 岩矿测试, 2006, 25(1): 74-78.

2006-282 于福生, 丛立民. 内蒙古阿尔山地区新生代玄武岩及其幔源包体微量元素组成特征. 矿物岩石, 2006, 26(1): 29-34.

2006-283 于万里, 罗永安, 范春丽. 秦皇岛青龙蛇纹石化大理岩的特征. 宝石和宝石学杂志, 2006, 8(3): 29-31.

2006-284 余荣台, 余祖发. 浅述X射线荧光光谱仪的应用. 佛山陶瓷, 2006, (9): 33-35.

2006-285 袁家义, 白雪冰. X射线荧光光谱分析中熔融制样法的改进与应用. 山东国土资源, 2006, 22(9): 51-54.

2006-286 苑执中, 彭明生, 蒙宇飞. 不同类型彩色金刚石的谱学研究及其意义. 矿物学报, 2006, 26(1): 73-76.

2006-287 曾敏, 伍智, 金大志, 杨卫英, 李蓉. 陶瓷二次金属化镀镍层厚度的无损检测. 真空, 2006, 43(5): 47-49.

2006-288 曾敏, 伍智, 金大志, 杨卫英, 邹桂娟. 应用XRF法对陶瓷金属化厚度的检测. 真空电子技术, 2006, (2): 40-42.

2006-289 Zhan Z. L., He Y. D., Gao W.. Oxidation resistance of nanocrystal ODS aluminide coatings produced by pack alumnizing process assisted by ball peening. Acta Metallurgica Sinica (English Letters), 2006, 19(3): 215-222.

2006-290 张爱芬. X射线荧光分析技术在铝工业分析中的应用. 科学技术与工程, 2006, 6(18): 2972-2975.

2006-291 张春勇, 郑纯智. 铵离子交换对β沸石酸性的影响. 江苏技术师范学院学报, 2006, 12(2): 10-12, 16.

2006-292 张丹, 张卫东, 蒋昌潭, 赵琦, 叶堤. 重庆市春季可吸入颗粒物中元素组成特征. 环境科学与管理, 2006, 31(8): 82-84.

2006-293 张桂林, 谈明光, 李晓林, 张元勋, 岳伟生, 陈建敏, 王荫淞, 李爱国, 李燕, 张元茂, 山祖慈. 上海市大气气溶胶中铅污染的综合研究. 环境科学, 2006, 27(5): 831-836.

2006-294 张洪建, 赵跃民, 张华, 刘昆仑. 水介质变径分选床富集废弃线路板中金属的研究. 有色金属（选矿部分）, 2006, (3): 34-36, 33.

2006-295 张金平, 王福江, 赵四海, 马永旭, 凌烈祥. 车用汽油中硫含量测试方法的适用性. 石化技术, 2006, 13(1): 36-39.

2006-296 张静, 张旭, 李广贺, 张鸿涛. 潜流湿地中填料的理化作用及对植物生长的影响. 环境科学, 2006, 27(5): 874-879.

2006-297 张俊婧, 郭洪玲, 燕卫田, 权养科. 波长色散X射线荧光光谱法检验纸张中的常量和微量元素. 刑事技术, 2006, (3): 3-7.

2006-298 张开春, 吴丽萍, 姚军, 祝大军. X荧光谱与人工神经网络相结合对陶片产地识别的研究. 核技术, 2006, 29(11): 854-858.

2006-299 张蕾, 李小红, 陈超英, 舒朝滨. X射线荧光法在地质样品分析测试中的应用. 资源环境与工程, 2006, 20(4): 455-458.

2006-300 张力, 孙云, 何青, 徐传明, 肖建平, 薛玉明, 李长健. Cu(In,Ga)Se$_2$集成电池吸收层的三步共蒸工艺. 太阳能学报, 2006, 27(9): 895-899.

2006-301 张培青, 郭洪臣, 王祥生, 郭新闻. 改性纳米ZSM-5催化剂上正辛烷转化反应的研究. 高等学校化学学报, 2006, 27(5): 929-934.

2006-302 张培青, 郭洪臣, 祝洪杰, 王祥生, 姜雪梅, 王萍. 纳米HZSM-5催化剂催化烃类转化反应. 高等学校化学学报, 2006, 27(12): 2366-2371.

2006-303 张平, 张赤斌, 张蕾, 蒋维. X射线荧光法测定海南多目标地调样品中多种元素. 科学技术与工程, 2006, 6(18): 2961-2963, 2966.

2006-304 张乔, 田一光, 童晓民. X 射线荧光光谱法测定平炉渣中主成分. 理化检验-化学分册, 2006, 42(9): 756-758, 761.

2006-305 张茕莺, 郑兴平. X 射线荧光分析仪对不同矿点石灰石的测定. 四川水泥, 2006, (5): 51-52.

2006-306 张蓉, 陈映宏, 吴兰. X 荧光光谱仪对生铁中五害元素分析的探讨. 特钢技术, 2006, (2): 32-35.

2006-307 张淑英, 刘英. 溶液-粉末压片法 XRF 分析 NdFeB 磁性材料的成分. 分析测试学报, 2006, 25(1): 130-132.

2006-308 张元勋, 李德禄, 陆文忠, 王荫淞, 李燕, 张桂林, 韩婷, 徐明高. 上海吴淞地区气溶胶粒径分布和元素浓度研究. 过程工程学报, 2006, 6(S2): 95-99.

2006-309 张元勋, 李德禄, 陆文忠, 杨传俊, 李燕, 张桂林, 魏海萍, 张元茂, 郑叶飞. 大气颗粒物 PM_{10} 污染监测和源解析新技术. 过程工程学报, 2006, 6(S2): 60-64.

2006-310 张元勋, 龙建纲, 王荫淞, 李德禄, 王福俤, 沈慧, 李爱国, 张桂林, 黄宇营, 何伟. 小鼠脑中 Zn 元素和 ZnT3 mRNA 表达的研究. 中国病理生理杂志, 2006, 22(9): 1784-1787.

2006-311 赵合琴, 郑先君, 魏丽芳, 魏明宝. X 射线荧光光谱分析中样品制备方法评述. 河南化工, 2006, 23(10): 8-11.

2006-312 赵厚银, 邵龙义, 姚强. 北京市冬季部分住宅室内 PM_{10} 中化学元素研究. 环境与健康杂志, 2006, 23(1): 14-17.

2006-313 赵维娟, 郭敏, 谢建忠, 李国霞, 高正耀, 承焕生, 张斌, 孙新民, 郭木森, 靳雯清. 从化学组成研究张公巷窑与清凉寺窑青瓷胎的原料产地. 原子能科学技术, 2006, 40(1): 106-110.

2006-314 Zhao Weijuan, Lu Xiaoke, Li Guoxia, Guo Min, Xie Jianzhong, Gao Zhengyao, Sun Xinmin, Guo Musen, Cheng Huansheng, Zhang Bin. Main chemical ingredients of the celadon glaze from Qingliangsi kiln and Zhanggongxiang kiln. Science in China (Series G: Physics, Mechanics & Astronomy), 2006, 49(4): 487-495.

2006-315 郑柳萍, 陈文韬. 常温环保型硫化橡胶再生剂的成分分析与应用. 福建师范大学学报 (自然科学版), 2006, 22(2): 68-71.

2006-316 钟玉芳, 马昌前. 含 U 副矿物的地质年代学研究综述. 地球科学进展, 2006, 21(4): 372-382.

2006-317 钟玉芳, 马昌前, 佘振兵. 锆石地球化学特征及地质应用研究综述. 地质科技情报, 2006, 25(1): 27-34, 40.

2006-318 周树侠, 王秀萍, 黄明丽. X 射线荧光光谱法定性定量分析方法探讨. 光谱实验室, 2006, 23(1): 122-125.

2006-319 周正林. XRF 法测定 SBS 中 TNPP. 广州化工, 2006, 34(3): 61-63.

2006-320 周志军, 赖开忠, 周俊虎, 刘建忠, 岑可法. 浙江某制药厂有机热载体燃油锅炉积灰原因探讨. 锅炉技术, 2006, 37(1): 50-54.

2006-321 朱光华. 大气颗粒物采样膜本底值的研究. 过程工程学报, 2006, 6(S2): 25-27.

2006-322 朱剑, 毛振伟, 张仕定. X 射线荧光光谱分析在考古中应用现状和展望. 光谱学与光谱分析, 2006, 26(12): 2341-2345.

2006-323 朱剑, 毛振伟, 张仕定, 樊昌生, 周广明, 王昌燧. 古陶瓷的 XRF 熔融玻璃片法测定. 中国科学技术大学学报, 2006, 36(10): 1101-1105.

2006-324 朱铁权, 王昌燧, 毛振伟, 刘洪淼, 马宜洛, 孙新民. 我国北方唐宋时期白瓷化妆土 EDXRF 成分分析. 中国陶瓷, 2006, 42(3): 44-46, 38.

2006-325 卓尚军, 吉昂. X 射线荧光光谱分析. 分析试验室, 2006, 25(5): 113-122.

2007 年 (2007)

2007-001 白图雅, 周梅, 魏江生. 寒温带兴安落叶松林冻土 Cu、Pb 元素分布特征的研究. 内蒙古林业调查设计, 2007, 30(4): 51-53.

2007-002 白雪, 李慧, 杨本勇. X 射线荧光光谱法测定氧化铝中 PdO 和 La_2O_3 的含量. 中原工学院学报, 2007, 18(1): 59-60, 64.

2007-003 包志伟. 成矿金属元素的气相运移研究进展. 大地构造与成矿学, 2007, 31(1): 83-91.

2007-004 毕四富, 李宁, 屠振密, 王亚伟. 镀锌层三价铬黑色钝化工艺的研究. 电镀与环保, 2007, 27(4): 17-20.

2007-005 边立槐, 田桂英, 杨觊. 元素钡对 X 射线荧光光谱法测定铁矿中全铁的修正作用. 光谱实验室, 2007, 25(5): 784-786.

2007-006 蔡攸敏, 姚洪, 刘小伟, 徐明厚. 不同密度煤粉的矿物质分布与燃烧特性研究. 热能动力工程, 2007, 22(6): 651-655, 690.

2007-007 曹顿华, 赵广军, 宗艳花, 徐军. 不同掺杂浓度 Ce:YAP 闪烁晶体的性能研究. 中国稀土学报, 2007, 25(4): 509-512.

2007-008 曹立新, 于元春, 江杉, 张景双. 铸钢件黑色磷化工艺的研究. 电镀与环保, 2007, 27(1): 23-26.

2007-009 曹为民, 石新红, 印仁和, 朱律均, 胡滢. 流动槽滴入法电结晶制备铜钴纳米多层膜. 功能材料与器件学报, 2007, 13(4): 399-402.

2007-010 曹艳丽, 周萦. 玻璃熔窑池壁侵蚀机理的研究（一）. 玻璃, 2007, (1): 11-13, 20.

2007-011 陈灿, 张波萍, 焦力实, 张海龙, 张芸. 纳米金属颗粒分散氧化物 Ag/NiO 薄膜的制备与光吸收特性. 稀有金属材料与工程, 2007, 36(S1): 885-888.

2007-012 陈翠华, 倪师军, 何彬彬, 张成江. 江西德兴矿集区土壤重金属污染分析. 地球与环境, 2007, 35(2): 134-141.

2007-013 陈丁滢. 运用 X 射线荧光光谱法对石榴石分类鉴定. 上海计量测试, 2007, (6): 11-13.

2007-014 陈兰武, 李金瑞. X 荧光检验技术在浮法玻璃混合料质量控制中的应用. 玻璃, 2007, (4): 23-25.

2007-015 陈林, 贺与平. X 射线荧光光谱法测定冶炼锡烟尘中 10 个组分. 冶金分析, 2007, 2(5): 59-61.

2007-016 陈启航, 高向阳, 宋莲军. 农产品中微量元素锗的分析方法研究. 安徽农业科学, 2007, 35(14): 4093-4096.

2007-017 陈珊, 张向军, 杨燕. 贵金属含量的测量不确定度的来源分析. 宝石和宝石学杂志, 2007, 9(1): 19-21.

2007-018 陈素兰, 陈波, 章勇. X 荧光光谱法在土壤调查中的应用. 中国环境监测, 2007, 23(1): 19-22.

2007-019 陈天文. 铝合金建材的 X 射线荧光分析. 分析测试技术与仪器, 2007, 13(2): 88-92.

2007-020 陈养国, 吴任平, 古应运, 谢文清, 郑新烟. 双旗山金矿尾砂的性能分析与应用探讨. 中国陶瓷, 2007, 43(1): 42-44.

2007-021 陈一胜, 魏梅红, 段鹏征, 刘萍. 不同微合金元素对 Cu-Cr-Zr 组织与性能的影响. 特种铸造及有色合金, 2007, 27(5): 404-406, 328.

2007-022 陈震宇, 郭烈锦. Ni 掺杂 ZnS-ZnO 复合光催化剂及光解水产氢性能. 太阳能学报, 2007, 28(3): 314-319.

2007-023 程琳, 丁训良, 刘志国, 潘秋丽, 初学莲, 冯松林. 一种新型的微束 X 射线荧光谱仪及其在考古学中的应用. 物理学报, 2007, 56(12): 6894-6898.

2007-024 程清. MagiX 型 X 射线荧光光谱仪故障排除方法. 分析仪器, 2007, (1): 64-66.

2007-025 初学莲, 林晓燕, 程琳, 潘秋丽, 杨君, 丁训良. 微束 X 射线荧光分析谱仪及其对松针中元素的分布分析. 北京师范大学学报（自然科学版）, 2007, 43(5): 530-532.

2007-026 丛兴顺, 王力. 蒙脱石预处理对制备柱撑蒙脱石的促进作用研究. 工业催化, 2007, 15(10): 60-63.

2007-027 崔毅, 张鹏程, 唐荻, 黄国建. Nb、V、Ti 在微合金钢中回溶规律的研究. 钢铁钒钛, 2007, 28(2): 33-36, 42.

2007-028 代世峰, 周义平, 任德贻, 王西勃, 李丹, 赵蕾. 重庆松藻矿区晚二叠世煤的地球化学和矿物学特征及其成因. 中国科学 (D 辑: 地球科学), 2007, 37(3): 353-362.

2007-029 Dai Shifeng, Zhou Yiping, Ren Deyi, Wang Xibo, Li Dan, Zhao Lei. Geochemistry and mineralogy of the late permian coals from the Songzao Coalfield, Chongqing, Southwestern China. Science in China (Series D: Earth Sciences), 2007, 50(5): 678-688.

2007-030 戴振麟, 葛良全, 邹德慧, 赵丹. 几大物理学原理在几类仪器中的应用. 安徽师范大学学报 (自然科学版), 2007, 30(4): 467-470.

2007-031 邓彪, 余笑寒, 徐洪杰. 采样间隔和投影数对 SR-XFMT 重构质量的影响 (英文). 高能物理与核物理, 2007, 31(4): 409-413.

2007-032 邓彪, 余笑寒, 徐洪杰. 若干因素对同步辐射微束 X 射线荧光 CT 图像质量的影响研究. 核电子学与探测技术, 2007, 27(2): 260-264, 307.

2007-033 邓彪, 余笑寒, 徐洪杰. 同步辐射微束 X 射线荧光 CT 的计算机模拟. 核技术, 2007, 30(1): 5-11.

2007-034 邓赛文, 刘洋, 应志春, 甘露, 吴晓军. 单道扫描型 X 射线荧光应用分析系统. 现代仪器, 2007, (5): 35-38, 45.

2007-035 邓赛文, 吴晓军, 甘露, 应志春, 梁国立, 崔长安, 朱纪夏. 多通道波长色散 X 射线荧光光谱仪的升级改造. 岩矿测试, 2007, 26(6): 481-484.

2007-036 邓赛文, 应志春, 甘露, 吴晓军, 梁国立. X 射线荧光光谱仪软件系统的升级改造. 现代科学仪器, 2007, (5): 51-53.

2007-037 董俊卿, 冯敏, 王昌燧, 王洪敏, 阚绪杭. 双墩彩陶颜料来源的测试研究. 岩矿测试, 2007, 26(1): 13-16.

2007-038 董俊卿, 杨益民, 冯恩学, 毛振伟, 王昌燧. 雷家坪遗址出土六朝玻璃珠的相关研究. 江汉考古, 2007, (3): 79-86.

2007-039 窦硕增. 鱼类的耳石信息分析及生活史重建——理论、方法与应用. 海洋科学集刊, 2007, (0): 93-113.

2007-040 端木合顺, 魏立勇. 西安市降尘中粉煤灰的岩石地球化学特征. 桂林工学院学报, 2007, 27(4): 496-500.

2007-041 樊兴涛, 詹秀春, 巩爱华. 偏振激发-能量色散 X 射线荧光光谱法测定卤水中主量元素硫氯钾钙. 岩矿测试, 2007, 26(2): 109-112, 116.

2007-042 范建良, 郭守国, 史凌云, 刘学良. 合成镁橄榄石的矿物学研究. 人工晶体学报, 2007, 36(6): 1431-1434.

2007-043 范旭红. 用 X 射线荧光光谱仪测定铁矿石及烧结矿成分. 中国冶金, 2007, 17(10): 23-25.

2007-044 冯立明, 王玥, 李成美. α-Al_2O_3 含量对 Ni-P 复合化学镀层结构及性能的影响. 材料保护, 2007, 40(1): 13-15, 73.

2007-045 冯其明, 杨艳霞, 刘琨, 肖愉, 张国范. 采用纤蛇纹石制备纳米纤维状多孔氧化硅. 中南大学学报 (自然科学版), 2007, 38(6): 1088-1093.

2007-046 冯松林. 核分析技术在古陶瓷研究和鉴定中大有可为. 现代物理知识, 2007, 19(4): 34-36.

2007-047 冯向前, 冯松林, 栗建安, 李德金. 建窑古瓷胎的产地和年代特征的 NAA 和 WDXRF 分析研究. 核技术, 2007, 30(6): 548-552.

2007-048 伏修锋, 干福熹, 马波, 顾冬红. 几种不同产地软玉的岩相结构和无破损成分分析. 岩石学报, 2007, 23(5): 1197-1202.

2007-049 干福熹, 承焕生, 李青会. 中国古代玻璃的起源——中国最早的古代玻璃研究. 中国科学 (E 辑: 技术科学), 2007, 37(3): 382-391.

2007-050 甘新式, 杨家敏, 易荣清, 张继彦, 赵屹东, 赵阳, 崔明启, 邓爱红. 邻苯二钾酸氢铊晶体积分衍射效率的标定. 强激光与粒子束, 2007, 19(11): 1827-1831.

2007-051 高全, 张军营, 丘纪华, 赵永椿. 燃煤电站锅炉高温腐蚀特征的研究. 热能动力工程, 2007, 22(3): 292-296, 346.

2007-052 高卫红. X射线荧光分析法测定金属阳极中钌含量. 氯碱工业, 2007, (1): 38-39.

2007-053 高新华, 舒军, 张鹏. 铝电解质分子比的X射线荧光光谱法测定. 冶金分析, 2007, 27(2): 24-28.

2007-054 葛镧, 甄洪香, 徐增芹. 偏振式能量色散X射线荧光光谱仪分析高炉渣. 理化检验-化学分册, 2007, 43(6): 450-451.

2007-055 关颖, 赵海英, 丁喜峰, 朱艳英. 不同产地的螺旋藻粉中元素含量分析. 光谱学与光谱分析, 2007, 27(5): 1029-1031.

2007-056 郭生良, 葛良全, 赖万昌, 程锋. XRF法快速测定铁钛精矿中的Fe、Ti品位. 物探化探计算技术, 2007, 29(5): 436-438, 370-371.

2007-057 郭伟, 赖万昌, 程锋. X射线荧光法检测纸张厚度. 纸和造纸, 2007, 26(6): 77-79.

2007-058 郭伟, 赖万昌, 郭生良, 程峰. XRF方法在测量纸张厚度中的应用. 核电子学与探测技术, 2007, 27(5): 958-961.

2007-059 国际原子能机构. X射线荧光法背后的科学. 国际原子能机构通报, 2007, (1): 43.

2007-060 韩爱荣. X射线荧光测定石油产品中硫的探讨. 化工文摘, 2007, (4): 56-58, 60.

2007-061 韩杰, 叶瑛, 张孟群, 刘笛, 张维睿, 邬黛黛. 普通X射线荧光光谱法用于中太平洋富钴结壳中锰价态的定量分析. 岩矿测试, 2007, 26(2): 97-100, 104.

2007-062 韩小元, 卓尚军, 申如香, 王佩玲. XRF中激发电位和靶材对散射效应增强荧光强度的影响研究. 光谱学与光谱分析, 2007, 27(1): 194-197.

2007-063 韩小元, 卓尚军, 申如香, 王佩玲. X射线荧光光谱中散射效应对荧光强度的贡献研究. 光谱学与光谱分析, 2007, 27(2): 391-394.

2007-064 Hansen Kirstie, Lodding Linda. 艺术家的工具. 国际原子能机构通报, 2007, (1): 41-42.

2007-065 郝春来, 刘丽华, 宁维坤, 苏克, 李宪洲. 不同成因药用浮石的表征. 微量元素与健康研究, 2007, 24(1): 36-38.

2007-066 郝国栋, 姜兆华, 姚忠平, 吴晓宏, 线恒泽. 焙烧气氛对Ti-6Al-4V合金微弧氧化陶瓷膜相组成影响. 稀有金属材料与工程, 2007, 34(S2): 693-695.

2007-067 何美清, 黄新民, 刘岩. 稀土催渗对耐蚀氮化的影响. 稀有金属快报, 2007, 26(3): 26-31.

2007-068 何堂坤, 黄宇营. 银白色花纹钢剑及其同步辐射X射线荧光分析. 自然科学史研究, 2007, 26(3): 407-417.

2007-069 贺秋芳, 李为, 朱敏, 余龙江, 朱晓燕, 袁道先. 细菌在洞穴含铁沉积物形成过程中的作用. 矿物岩石地球化学通报, 2007, 26(2): 197-202.

2007-070 洪江星. X射线荧光光谱法在中、低合金钢类钢筋建材检测中的应用. 福建分析测试, 2007, 16(2): 31-35.

2007-071 胡健, 王建伟, 张昕, 田松柏. 不同硅铝比的SAPO-41分子筛物化性质及催化性能研究. 燃料化学学报, 2007, 35(2): 253-256.

2007-072 胡林彦, 谢素娟, 王清遐, 刘盛林, 徐龙伢. 无导向剂直接水热合成小粒径的NaY分子筛. 催化学报, 2007, 28(9): 761-765.

2007-073 胡正龙, 顾豪爽, 胡永明, 郑凯泓, 袁颖, 尤晶, 邹卫东. $Bi_4Ti_3O_{12}$纳米片的低温合成与光致发光特性研究. 湖北大学学报 (自然科学版), 2007, 29(2): 156-159.

2007-074 华旻, 马立群, 丁毅, 张振忠. 快速凝固法制备Mg-Al-Ca合金薄带. 特种铸造及有色合金, 2007, 27(8): 619-622, 572.

2007-075 黄皓芳, 王玉梅. 废旧塑料鉴别方法. 塑料制造, 2007, (6): 72-74, 76.

2007-076 Huang Hong, Lee Shuncheng, Cao Junji, Zou Changwei, Chen Xingeng, Fan Shaojia. Characteristics of indoor/outdoor $PM_{2.5}$ and elemental components in generic urban, roadside and industrial plant areas of Guangzhou City, China. Journal of Environmental Sciences, 2007, 19(1): 35-43.

2007-077 黄辉军, 刘红年, 蒋维楣, 黄世鸿, 张予燕. 南京市主城区大气颗粒物来源探讨. 气象科学, 2007, 27(2): 162-168.

2007-078 黄建林. 浅谈能量色散 X 射线荧光光谱仪 (EDXRF) 的应用. 计量与测试技术, 2007, (10): 49, 51.

2007-079 黄朋, 付永涛, 李安春, 肖尚斌. 山东蓬莱大黑山岛碱性火山岩地球化学特征. 海洋与湖沼, 2007, 38(1): 91-96.

2007-080 黄瑞, 陈晓晖, 魏可镁. 醋酸甲酯在 $Cs_{1.5}PW/SiO_2$ 催化剂上的水解反应. 石油化工, 2007, 36(12): 1271-1276.

2007-081 黄肇敏, 周素莲. X 射线荧光光谱法测定混合稀土氧化物中稀土分量. 光谱学与光谱分析, 2007, 27(9): 1873-1877.

2007-082 黄肇敏, 周素莲. X 射线荧光光谱法测定锑矿中锑铅铁铜锌砷. 南方国土资源, 2007, (9): 44-46.

2007-083 降幡顺子, 巽淳一郎, 陈枫. 非损伤分析法测试黄冶唐三彩之特性. 华夏考古, 2007, (2): 142-151, 160, 152.

2007-084 Jiang Jianguo, Xu Xin, Wang Jun, Yang Shijian, Zhang Yan. Investigation of basic properties of fly ash from urban waste incinerators in China. Journal of Environmental Sciences, 2007, 19(4): 458-463.

2007-085 金凌云, 鲁继青, 罗孟飞, 谢冠群, 何迈. $CeO_2-Y_2O_3$ 涂层和负载型 Pd 催化剂催化燃烧 VOCs(英文). 物理化学学报, 2007, 23(11): 1691-1695.

2007-086 金普军, 陆文举, 王昌燧. 合肥北门大房郢水库汉代墓葬出土红色颜料研究. 东南文化, 2007, (3): 58-61.

2007-087 金普军, 秦颖, 龚明, 李涛, 朱铁权, 胡雅丽, 王昌燧. 九连墩楚墓青铜器铅锡焊料的耐腐蚀机理. 中国腐蚀与防护学报, 2007, 27(3): 162-166.

2007-088 金普军, 秦颖, 胡雅丽, 王昌燧. 湖北九连墩楚墓出土青铜器钎焊材料的分析. 焊接学报, 2007, 28(11): 37-40, 115.

2007-089 金巧平. DM1250 型 X 荧光测硫仪在水泥厂的使用. 水泥工程, 2007, (5): 61-62.

2007-090 Joshi P. N., Niphadkar P. S., Desai P. A., Patil R., Bokade V. V.. Toluene alkylation to selective formation of *p*-xylene over co-crystalline ZSM-12/ZSM-5 catalyst. Journal of Natural Gas Chemistry, 2007, 16(1): 37-41.

2007-091 康学丽. X 射线荧光光谱法分析萤石中的 CaF_2. 河北冶金, 2007, (3): 54-55.

2007-092 康学丽, 张运波. X 射线荧光光谱法测定钒钛矿中的钒钛锰. 河北冶金, 2007, (4): 76-77.

2007-093 孔火良, 吴慧芳. 电厂燃煤灰渣中微量元素富集规律的试验研究. 青岛理工大学学报, 2007, 28(4): 65-68.

2007-094 李飞, 李青会, 干福熹, 张斌, 承焕生, 申世放. 四川地区出土古玻璃的质子激发 X 荧光分析. 核技术, 2007, 30(2): 119-124.

2007-095 李国霞, 孙洪巍, 赵维娟, 高正耀, 李融武, 谢建忠, 郭敏, 赵文军, 孙新民, 赵青云, 承焕生. 多种釉色钧官瓷胎原料来源的质子激发 X 射线荧光分析. 原子能科学技术, 2007, 41(2): 243-247.

2007-096 李国霞, 赵维娟, 李融武, 孙洪巍, 谢建忠, 郭敏, 赵青云, 孙新民, 赵文军, 承焕生, 王升, 王彦芳. 汝官瓷和钧官瓷的主成分鉴别 (英文). 硅酸盐学报, 2007, 35(8): 998-1006.

2007-097 李海清, 牛玉梅. 氯化钠溶液对再矿化牙本质中氟含量的影响. 中国伤残医学, 2007, 15(3): 29-30.

2007-098 李华飞, 张喜生. 电沉积制备 Fe-Cr-Ni 泡沫合金工艺研究. 材料保护, 2007, 40(11): 24-26, 85.

2007-099 李金辉, 杜朝军. 稀土对电沉积 Ni-Fe-P-RE 合金镀层的影响. 电镀与环保, 2007, 27(4): 12-13.

2007-100 李进平, 侯浩波, 甘金华. 从沸腾炉渣中浸取有价金属 (英文). 中山大学学报 (自然科学版), 2007, 46(S): 270-271.

2007-101 Li Jinping, Hou Haobo, Gan Jinhua, Zhu

Shujing, Xie Yongjie. Extraction of aluminum and iron from boiler slag by sulfuric acid. Wuhan University Journal of Natural Sciences, 2007, 12(3): 541-547.

2007-102 李铭红, 李侠, 薄芳芳, 赵瑛瑛. 海涂湿地生态系统中重金属元素的富集特征. 浙江师范大学学报 (自然科学版), 2007, 30(2): 140-145.

2007-103 李青会, 干福熹, 顾冬红. 关于中国古代玻璃研究的几个问题. 自然科学史研究, 2007, 26(2): 234-247.

2007-104 李宪洲, 郝春来, 刘丽华, 宁维坤, 杨贺亭, 郑燕玲. 长白山药用浮石开发可行性评价. 吉林大学学报 (地球科学版), 2007, 37(S): 239-242.

2007-105 李小莉. 熔融制片-X 射线荧光光谱法测定锰矿样品中主次量元素. 岩矿测试, 2007, 26(3): 238-240.

2007-106 李小平, 黄春长. XRF 光谱法研究城市工业区的土壤环境污染. 土壤, 2007, 39(4): 567-572.

2007-107 李晓林, 包良满, 刘江峰, 岳伟生, 李燕, 张桂林. 上海 2004 年冬季城市大气气溶胶含 Pb 单颗粒物的来源查证. 中国科学院研究生院学报, 2007, 24(5): 688-691.

2007-108 李昕, 谢呈德, 刘冰, 刘朋, 郭元茹. 稀土钨青铜 $K_{0.71}Nd_{0.028}WO_3$ 的制备及其电性能. 无机化学学报, 2007, 23(4): 664-668.

2007-109 李新艳, 黄春长, 庞奖励, 王利军, 何忠. 淮河上游全新世风成黄土与成壤环境变化研究. 干旱区地理, 2007, 30(3): 392-399.

2007-110 李新艳, 黄春长, 庞奖励, 王利军, 何忠. 淮河上游全新世黄土——古土壤序列元素地球化学特性研究. 土壤学报, 2007, 44(2): 189-196.

2007-111 李岩, 董秀文, 于志伟. EDX 法分析钼铁中 Mo 等成分的研究. 光谱学与光谱分析, 2007, 27(7): 1444-1447.

2007-112 李艳萍, 余荣台, 余祖发. 利用荧光光谱法进行高岭土的差异分析. 景德镇高专学报, 2007, 22(2): 50-51, 53.

2007-113 李艳萍, 赵家英. 甘肃礼县秦陵墓地出土秦公簋的科学分析与修复. 中国文物科学研究, 2007, (3): 69-71.

2007-114 李勇, 薛向欣, 冯宗玉, 姜涛. 用油页岩渣制备白炭黑的工艺. 过程工程学报, 2007, 7(4): 751-754.

2007-115 李玉武, 马莉. 大气颗粒物样品波长色散 X 射线荧光光谱法无机元素测量结果不确定度评估. 岩矿测试, 2007, 26(3): 219-224.

2007-116 梁成浩, 郭承忠. 无氰电镀 22K 金工艺研究. 材料保护, 2007, 40(10): 23-25, 94.

2007-117 梁红艳, 于浩海, 张怀金, 王继扬, 于永贵, 王正平. $GdVO_4$ 晶体的生长及其性能研究. 人工晶体学报, 2007, 36(1): 47-51.

2007-118 梁景程, 周永利, 郭鑫, 包世星. 有机填料灰渣中二氧化硅影响因素的分析. 炼油与化工, 2007, 18(1): 44-46, 61.

2007-119 Lin Jiawei, Cheng Huansheng, Zhang Zhengquan, Zhang Bin, Feng Songlin, Song Jian, Gao Menghe, Zhu Dan. PIXE and INAA studies on ancient potteries from Guangfulin relics in Shanghai. Progress in Natural Science, 2007, 17(11): 1348-1356.

2007-120 林木松, 张宏亮, 钟丁平, 陈刚. EDXRF 法快速测定煤灰中各种元素的含量. 电站系统工程, 2007, 23(3): 53-54.

2007-121 林延畅, 葛良全, 姜海静, 赖万昌, 张庆贤, 曾兵, 程锋, 王广西. 铜钴矿样品 X 荧光快速测定技术的初步研究. 物探化探计算技术, 2007, 29(3): 256-259, 181.

2007-122 凌雪. 一件西周青铜壶的科学分析与保护修复. 宝鸡文理学院学报 (自然科学版), 2007, 27(4): 303-307.

2007-123 刘成林, 闫晓辉, 张新夷, 杨文涛, 施达仁, 黄宇营, 何伟. 乳腺肿瘤组织中的微量元素分析. 核技术, 2007, 30(3): 174-176.

2007-124 刘春华, 岑况. 北京市街道灰尘的化学成分及其可能来源. 环境科学学报, 2007, 27(7): 1181-1188.

2007-125 刘汉桥, 蔡九菊, 齐鹏飞, 田冬青. 医疗垃圾焚烧灰特性实验研究. 东北大学学报（自然科学版）, 2007, 28(4): 533-536.

2007-126 刘红妮, 陈曼. 绿色分析化学技术进展. 分析测试技术与仪器, 2007, 13(1): 44-49.

2007-127 刘洪涛, 李秀英. X射线荧光分析用高炉生铁控样的制备和应用. 科技信息(科学教研), 2007, (24): 39.

2007-128 刘辉敏, 郭献军. 烟气脱硫灰用作水泥矿化剂的研究. 兰州工业高等专科学校学报, 2007, 14(4): 43-45.

2007-129 刘慧卓, 唐跃刚. 河北近北庄磁铁矿的矿物学和地球化学组成及其药用意义. 山西大学学报（自然科学版）, 2007, 30(3): 385-389.

2007-130 刘慧卓, 唐跃刚, 赵峰华. 近北庄磁铁矿的矿物特征. 有色金属, 2007, 59(1): 98-102.

2007-131 刘建华, 张瑞军, 杨景茹, 孙奇娜. CuNiCrAl 合金在 H_2SO_4 溶液中的腐蚀行为. 稀有金属材料与工程, 2007, 36(S3): 295-298.

2007-132 刘建华, 张瑞军, 杨景茹, 孙奇娜. 试样状态对铜合金脱铬腐蚀的影响. 稀有金属材料与工程, 2007, 36(S3): 299-303.

2007-133 刘江峰, 岳伟生, 万天敏, 程硕, 李晓林, 张桂林, 李燕. 扫描质子微探针扫描系统优化与分辨率测量. 核技术, 2007, 30(1): 21-26.

2007-134 刘静远, 张振忠, 沈晓冬. 急冷 $Mg_{81.53}Zn_{18.19}Y_{0.28}$ 合金薄带的制备及凝固组织. 有色金属（冶炼部分）, 2007, (1): 27-30.

2007-135 刘琨, 冯其明, 杨艳霞, 张国范. 纤蛇纹石制备氧化硅纳米线. 硅酸盐学报, 2007, 35(2): 164-169.

2007-136 刘乃涛, 凡小盼. 延庆辽代墓葬壁画制作工艺及其颜料的物相鉴定. 文物保护与考古科学, 2007, 19(2): 47-50.

2007-137 刘琪, 冒国兵, 敖建平. Cu(In, Ga)Se_2 太阳电池缓冲层 ZnS 薄膜性质及应用. 半导体学报, 2007, 28(5): 726-730.

2007-138 刘琪, 冒国兵, 敖建平. 化学水浴沉积时间对 CdS 薄膜性质的影响. 功能材料, 2007, 38(6): 968-971.

2007-139 刘琪, 冒国兵, 敖建平, 孙云, 孙国忠, 刘芳芳, 何青, 李凤岩, 周志强, 李长健. 化学水浴沉积 CIGS 太阳电池缓冲层 ZnS 薄膜的研究. 太阳能学报, 2007, 28(2): 155-159.

2007-140 刘芹芹, 杨娟, 孙秀娟, 程晓农. 不同形貌 $ZrWMoO_8$ 粉体的制备、表征及其负热膨胀特性. 高等学校化学学报, 2007, 28(3): 397-401.

2007-141 刘仁平, 金保升, 仲兆平. 循环流化床燃烧生物质的结渣问题研究. 锅炉技术, 2007, 38(5): 73-78.

2007-142 刘仁平, 金保升, 仲兆平, 孙志翱, 张勇. 循环流化床燃烧棉秆两种床料的特性. 东南大学学报（自然科学版）, 2007, 37(3): 441-445.

2007-143 刘守平, 徐安莲, 田中青, 田卫国. 贮氢合金 $V_3TiNi_{0.56}Cr_x$ 的充放电性能和吸放氢性能研究. 功能材料, 2007, 38(2): 286-288.

2007-144 刘琰, 孙德智, 李磊. $Fe_2O_3/\gamma-Al_2O_3$ 催化剂的制备表征及其催化活性的研究. 材料工程, 2007, (5): 19-23.

2007-145 刘晔, 柳小明, 胡兆初, 第五春荣, 袁洪林, 高山. ICP-MS 测定地质样品中 37 个元素的准确度和长期稳定性分析. 岩石学报, 2007, 23(5): 1203-1210.

2007-146 卢红霞, 李利剑, 关绍康. 安钢高炉渣的性能及利用研究. 河南冶金, 2007, 15(2): 15-17.

2007-147 卢红霞, 张伟, 李利剑, 关绍康, 张锐. 利用冶金高炉渣制备微晶玻璃的研究. 郑州大学学报（工学版）, 2007, 28(3): 98-100.

2007-148 鲁彬, 李平, 李征, 魏雨. 沸腾回流法制备 Al 元素掺杂 ZnO 及表征. 河北师范大学学报（自然科学版）, 2007, 31(2):

11-14.

2007-149 鲁永芳, 王广甫. 外束 PIXE 分析装置及其初步应用. 现代仪器, 2007, (1): 47-49.

2007-150 伦云霞, 周明凯, 陈美祝, 蔡肖. 钢渣砂特性与稳定性研究. 武汉理工大学学报, 2007, 29(10): 43053.

2007-151 罗明荣. 硅灰石的 X 射线荧光光谱分析. 岩矿测试, 2007, 26(3): 245-247.

2007-152 罗武干, 秦颍, 院文清, 董亚巍, 王昌燧. 通过某些实例探讨由分析测试结果区分冶铸遗址的性质. 有色金属, 2007, 59(4): 180-185.

2007-153 吕森林, 陈小慧, 吴明红, 焦正, 文铁桥, 毕新慧, 盛国英, 傅家谟. 上海市 $PM_{2.5}$ 的物理化学特征及其生物活性研究. 环境科学, 2007, 28(3): 472-477.

2007-154 马艳萍, 刘池洋, 张复新, 赵俊峰, 喻林, 黄雷. 鄂尔多斯盆地东胜砂岩型高岭土矿特征及成因机制. 吉林大学学报 (地球科学版), 2007, 37(5): 929-936.

2007-155 马永红, 赖万昌, 葛良全. 步进电动机在 X 射线荧光分析仪中的应用. 微特电机, 2007, (4): 52-53.

2007-156 孟彬, 孙跃, 赫晓东, 李明伟. EB-PVD 制备 YSZ 涂层的氧空位和晶体学织构表征. 材料科学与工艺, 2007, 15(6): 770-773.

2007-157 孟凡巍, 袁训来, 周传明, 李葵发, 黄宇营, 何伟. 同步辐射 X 射线荧光微探针技术测定太古宙条带状硅铁建造中硅质条带及包裹体的微量元素. 岩石学报, 2007, 23(9): 2079-2084.

2007-158 牟明仁, 赵景红, 白翎, 郑江, 赵雪蓉, 贺新安, 李莉. 石油及石油产品温度对能量色散 X 射线荧光光谱法测定硫含量结果影响的研究. 光谱实验室, 2007, 24(5): 848-851.

2007-159 潘飞飞, 张元茂, 张元勋, 韩婷, 郑叶飞, 张桂林, 李燕. 上海市吴淞地区大气不同粒径颗粒物无机态元素浓度分布. 环境与职业医学, 2007, 24(1): 64-68.

2007-160 潘志云, 孙治湖, 谢治, 闫文盛, 韦世强. $Si/Ge_n/Si(001)$ 异质结薄膜的掠入射荧光 X 射线吸收精细结构研究. 物理学报, 2007, 56(6): 3344-3349.

2007-161 潘志云, 王科范, 刘金锋, 徐彭寿, 孙治湖, 闫文盛, 韦世强. 自组装 Ge 量子点热扩散效应的 XAFS 研究. 中国科学技术大学学报, 2007, 37(4-5): 549-553.

2007-162 Park Heung Jai, Jeong Seong Wook, Yang Jae Kyu, Kim Boo Gil, Lee Seung Mok. Removal of heavy metals using waste eggshell. Journal of Environmental Sciences, 2007, 19(12): 1436-1441.

2007-163 彭秀红, 倪师军, 张成江, 王全涛, 方敏. 城市工业用煤 X 荧光分析及重金属元素污染研究. 生态环境, 2007, 16(3): 883-886.

2007-164 彭子成, 梁宝鎏, 余君岳, 李果, 李德卉, 周静. 微探针型能量色散 X 荧光光谱技术测定香港古瓷的化学组成及其意义. 文物保护与考古科学, 2007, 19(1): 1-7.

2007-165 朴英华. X 射线荧光光谱法测定中低合金钢中的各元素. 化学分析计量, 2007, 16(5): 35-38.

2007-166 钱图利亚 V. A., 牛芳银, 张覃, 李长根. 含金刚石的金伯利岩的加工. 国外金属矿选矿, 2007, (3): 12-15.

2007-167 乔玉梅, 谢甫绨, 刘永志, Saiga Suguru. 意大利黑麦草和高羊茅不同品种的矿物质含量差异. 华北农学报, 2007, 22(3): 172-177.

2007-168 秦霏, 刘迎新, 鲁安怀, 吴新胜, 王立春. 北京市中关村地区大气降尘的来源与垂向分布特征. 岩石矿物学杂志, 2007, 26(6): 591-596.

2007-169 秦浩杰, 李朝昕, 钟艳, 邹旭彪. 全白土型催化裂化催化剂滤饼化学组成分析. 工业催化, 2007, 15(10): 67-69.

2007-170 邱艳丽, 杨振国. 磷酸铵溶液中闸阀泄漏问题的研究. 阀门, 2007, (4): 19-21.

2007-171 邱艳丽, 张宏鹤, 杨振国. 磷酸铵溶液中不锈钢闸阀的失效分析. 金属热处理, 2007, 32(S): 174-176.

2007-172 任家富, 庹先国, 陈永君, 邓赛文, 郑妙子, 詹秀春. 便携式X荧光仪在土壤和水系沉积物样品中的应用研究. 物探化探计算技术, 2007, 29(4): 346-348, 279.

2007-173 任家富, 庹先国, 林娟, 穆克亮, 陶永莉. 在线工业镀层及涂层厚度分析仪. 中国测试技术, 2007, 33(3): 10-12.

2007-174 任家富, 庹先国, 穆克亮, 林娟. XRF技术在无铅化工艺产品分析中的应用. 分析试验室, 2007, 26(8): 98-101.

2007-175 单佳慧, 刘晓勤, 岳军, 姚虎卿. 汽油中硫含量的分析方法进展. 南京工业大学学报(自然科学版), 2007, 29(5): 106-110.

2007-176 申坦. 嫦娥-1携带的8种科学仪器. 国际太空, 2007, (12): 22-27.

2007-177 师进文, 郭烈锦. Cr或V掺杂的HMS在甲酸溶液中的光催化产氢性能研究. 化学学报, 2007, 65(4): 323-328.

2007-178 施成营, 何青, 张力, 肖建平, 敖建平, 杨成晓, 李微, 李凤岩, 孙云. 柔性不锈钢衬底CIGS薄膜太阳电池. 太阳能学报, 2007, 28(9): 947-950.

2007-179 施继龙, 李修松. 关子钞版的金属成分分析. 北京印刷学院学报, 2007, 15(2): 32-34.

2007-180 施剑秋, 顾广新, 游波, 周树学. 钨掺杂二氧化钒粉体的制备和热致变色性能. 复旦学报(自然科学版), 2007, 46(3): 360-365.

2007-181 宋海农, 王双飞, 唐先陆, 刘善桂, 李振友, 黄义寿, 周茂贤. 桉木硫酸盐浆生产过程中树脂障碍的分析与控制. 中华纸业, 2007, 28(5): 38-40.

2007-182 宋洪霞. X射线荧光光谱法测定镁质耐火材料中的主要元素. 福建分析测试, 2007, 16(4): 65-67.

2007-183 宋欣, 韩颖. X射线荧光光谱仪分光技术简析. 水泥, 2007, (3): 47-49.

2007-184 宋秀锋, 赵凤起, 王江宁, 郑伟, 田军. 5-(2,4-二硝基苯胺基)-水杨酸铅的合成及其对双基推进剂的催化作用. 含能材料, 2007, 15(4): 310-312.

2007-185 宋义, 郭芬, 谷松海. 硝化后熔融制样法-X射线荧光光谱同时测定锰矿中主、次元素. 光谱学与光谱分析, 2007, 27(2): 404-407.

2007-186 Song You, Zheng Weiming, Liu Guijiao, Wu Jizong. Matrix's influence by HOPG pre-diffraction EDXRF. Annual Report of China Institute of Atomic Energy, 2007, (0): 198-199.

2007-187 宋游, 郑维明, 刘桂娇, 吴继宗. 石墨晶体预衍射X射线荧光分析中的基体影响. 中国原子能科学研究院年报, 2007, (0): 273-274.

2007-188 Stiel H., Legall H., Schnürer M.. 用热解石墨晶体作色散和聚焦光学元件的激光等离子体源的超快X射线光谱仪(英文). 光学精密工程, 2007, 15(12): 1908-1914.

2007-189 苏德法. X射线荧光光谱法测定硅铝质耐火材料中的主次成分. 河北化工, 2007, 30(2): 53-54.

2007-190 苏辉. 对常用燃料油中硫含量通用测定方法的研究. 中国质量技术监督, 2007, (3): 44-45.

2007-191 苏惠超, 薛建国, 王光朋, 郑坚敏, 黄贞益, 刘广华, 尹桂全. 高合金钢管穿孔顶头的失效分析. 钢管, 2007, 36(2): 39-43.

2007-192 孙海健, 刘惠玲. 铈掺杂TiO_2/Ti光电极制备及可见光下光电催化性能的研究. 无机材料学报, 2007, 22(6): 1065-1069.

2007-193 孙红福, 赵峰华, 李文生, 李荣杰, 葛祥坤. 煤矿酸性矿井水及其沉积物的地球化学性质. 中国矿业大学学报, 2007, 36(2): 221-226.

2007-194 孙琳, 叶娜, 王祥生, 郭洪臣. 晶粒度对ZSM-5沸石上C_4液化气低温芳构化反应的影响. 化学通报, 2007, (8): 633-636.

2007-195 孙书红, 丁伟, 李朝昕, 王莉, 庞新梅, 高雄厚. 以水玻璃为硅源合成ZSM-5沸石分子筛. 石化技术与应用, 2007, 25(6): 509-511, 519.

2007-196 孙天希, 丁训良, 刘志国, 贺博, 韦世强, 谢亚宁, 刘涛, Rentzepis Peter M.. 整体多毛细管X光透镜在扩展X射线吸收精细结构分析技术中的应用 (英文). 光学精密工程, 2007, 15(12): 1809-1815.

2007-197 孙天希, 刘志国, 韦世强, 贺博, 韦正, 杨君, 曾毅, 林晓燕, 初学莲, 丁训良. 整体毛细管X射线半会聚透镜在微区EXAFS分析技术中的应用. 高能物理与核物理, 2007, 31(10): 967-971.

2007-198 孙伟, 朱永国, 范君玉. 石脑油储罐导静电铜丝带腐蚀失效分析. 腐蚀与防护, 2007, 28(3): 151-152, 155.

2007-199 谭瑞淀, 王同华, 檀素霞, 贺新展, 吴涛. 微波辐照热解废印刷电路板产物的分析研究. 环境污染与防治, 2007, 29(8): 599-601.

2007-200 汤毅珊, 王宁生. 雄黄及含雄黄复方中砷含量、形态和晶形分析. 现代食品与药品杂志, 2007, 17(2): 30-34.

2007-201 汤云晖, 韩春明, 保增宽, 黄宇营, 何伟. 磷灰石单晶体同步辐射X射线荧光探针成分分析. 岩矿测试, 2007, 26(5): 367-371.

2007-202 陶倩. X射线荧光光谱分析烧结焊剂. 理化检验-化学分册, 2007, 43(8): 684-685.

2007-203 陶文晶, 于岳志, 赵胤, 赵国新, 闫肃, 阮书生, 焦凤茹, 焦立平. QZ-2000催化剂的工业再生及应用. 化工科技, 2007, 15(1): 25-27.

2007-204 田上正敏, 反町正美, 早川光太郎, 孙自伟. 应对RoHS指令的材料 (电线). 家电科技, 2007, (7): 59-62.

2007-205 田书磊, 王琪, 汪群慧, 金晶. 焚烧飞灰热处理过程中重金属挥发特性研究. 华中科技大学学报 (自然科学版), 2007, 35(9): 53-55.

2007-206 童晓民, 赵宏风, 张伟民. 熔片X射线荧光光谱法测定矿物中钨和钼. 冶金分析, 2007, 27(5): 25-29.

2007-207 Tong Yongpeng, Li Changming, John H. T. Luong. Probing calcium and sulfur distribution and pattern in hairs using micro-proton induced X-ray emission (MPIXE). Chinese Science Bulletin, 2007, 52(21): 2909-2912.

2007-208 童永彭, Li Changming, John H. T. Luong. 应用微束质子激发X荧光分析研究Ca和S在头发中的分布模式. 科学通报, 2007, 52(9): 1003-1006.

2007-209 Tusset Victor, Lemaire Olivier, Zeimetz Eva, Dupont Alain. 便携式微型发射光谱仪在金属工业中的应用 (英文). 冶金分析, 2007, 27(5): 8-13.

2007-210 王蓓, 陆丁荣, 王笑笑, 吴国坚. 运用X射线荧光光谱仪检测铂首饰的纯度. 宝石和宝石学杂志, 2007, 9(3): 11-14.

2007-211 王成云, 刘彩明, 李丽霞, 褚乃清, 钟声扬, 唐莉纯. 麻纤维的定性鉴别. 中国纤检, 2007, (8): 38-41.

2007-212 王广甫, 鲁永芳. 陶瓷样品外束质子荧光定量分析中样品定位精度的研究. 核技术, 2007, 30(5): 432-437.

2007-213 王广甫, 鲁永芳, 朱光华. 北师大串列加速器在气溶胶离子束分析上的新进展. 核技术, 2007, 30(12): 1023-1027.

2007-214 王广甫, 鲁永芳, 朱光华. 质子非卢瑟福背散射测量气溶胶样品中氢、碳、氮和氧的含量. 原子能科学技术, 2007, 41(5): 628-632.

2007-215 王国庆, 石学法, 刘焱光, 窦衍光. 长江口南支沉积物元素地球化学分区与环境指示意义. 海洋科学进展, 2007, 25(4): 408-418.

2007-216 王焕香, 解光武. X射线荧光光谱分析法在环境分析中的应用. 化工文摘, 2007, (4): 59-60.

2007-217 王嘉勇, 万莹, 杨清花, 陈文川, 樊哲. 线性化校正方法试验研究. 甘肃冶金, 2007, 29(4): 72-74.

2007-218 王娟, 李树新, 郭文莉. 溴化丁基橡胶溴含量的测定. 合成橡胶工业, 2007, 30(6): 423-426.

2007-219 王立武, 李宗木, 张文华, 徐法强, 王劼, 闫文盛. Co-Ni合金薄膜的电化学外延及同步辐射XMCD研究. 物理化学学报, 2007, 23(8): 1163-1167.

2007-220 王琳, 沈立, 邓黎黎. 基于 Labview 和 USB 接口技术的 X 荧光仪的研制. 核电子学与探测技术, 2007, 27(3): 588-591.

2007-221 王淼, 黄庆利, 陈学太. Eu^{3+} 或 Tb^{3+} 掺杂的 KY_2F_7 纳米球的制备与表征(英文). 无机化学学报, 2007, 23(9): 1550-1554.

2007-222 王巧玲. X 射线荧光光谱法快速检验进口氯化钾. 现代测量与实验室管理, 2007, (5): 20-22.

2007-223 王荣, 冯敏, 金普军, 俞斐, 王昌燧. 镶嵌玉受沁机理与镶嵌工艺的初步探讨. 岩矿测试, 2007, 26(2): 133-137, 140.

2007-224 王升, 李国霞, 孙洪巍, 赵维娟, 李融武, 赵青云, 孙新民, 赵文军, 承焕生. 应用 PIXE 技术无损鉴别天青色古钧瓷和古汝瓷. 河南师范大学学报(自然科学版), 2007, 35(1): 71-74.

2007-225 王升, 李国霞, 赵维娟, 孙洪巍, 李融武, 谢建忠, 郭敏, 赵青云, 孙新民, 赵文军, 承焕生. 汝官瓷和钧官瓷主量化学组成的多元统计分析. 文物保护与考古科学, 2007, 19(3): 1-5.

2007-226 王文静, 关颖, 朱艳英. 阿胶真伪品的 X 射线荧光光谱的鉴别研究. 光谱学与光谱分析, 2007, 27(9): 1866-1868.

2007-227 王文静, 张红梅, 李兴元. 不同产地金莲花中微量元素的测定. 广东微量元素科学, 2007, 14(7): 36-37.

2007-228 王雪静, 张甲敏, 李晓波, 方克明. 高岭土和煅烧高岭土的微观结构研究. 中国非金属矿工业导刊, 2007, (5): 18-20.

2007-229 王毅民, 高玉淑, 王晓红, 沈恒培, 王振宇. 中国陆架沉积物标准物质研制. 分析测试学报, 2007, 26(1): 1-7.

2007-230 王毅民, 高玉淑, 王晓红, 张学华, 赵宏樵, 刘淑琴, Andreev S. I.. 海山富钴结壳标准物质研制. 海洋学报(中文版), 2007, 29(2): 82-91.

2007-231 王英, 梁治国. X 射线荧光分析仪压片法测定水泥中氯离子的含量. 水泥, 2007, (6): 52-54.

2007-232 王正东, 毛振伟, 陈国庆, 张全超. 上机房营子遗址出土陶器的 XRF 分析研究. 光谱实验室, 2007, 24(4): 725-728.

2007-233 王志刚, 李凤全. 城市灰尘中 Pb 的 X 射线荧光光谱半定量分析. 光谱实验室, 2007, 24(4): 652-655.

2007-234 韦平. 水泥窑灰矿渣型生态水泥水化过程的研究. 四川水泥, 2007, (6): 13-16.

2007-235 韦平. 应用 XRD 分析水泥窑灰矿渣型生态水泥水化过程的研究. 水泥, 2007, (7): 18-21.

2007-236 韦志仁, 李哲, 胡志鹏, 罗小平, 高平, 王伟伟, 董国义. Mn、Cu 共掺 ZnO 磁性的研究(英文). 人工晶体学报, 2007, 36(5): 1155-1159, 1165.

2007-237 韦志仁, 王伟伟, 蔡淑珍, 付三玲, 李军, 刘超, 董国义. Sn 掺杂对 ZnO 晶体形貌和磁性的影响. 人工晶体学报, 2007, 36(1): 81-84, 75.

2007-238 卫巍, 程国营. X 射线荧光测量技术在冷轧镀锌处理线的应用. 宝钢技术, 2007, (1): 54-57.

2007-239 魏国锋, 毛振伟, 秦颖, 王昌燧, 龚明. 金沙遗址出土铜片的加工工艺研究. 有色金属, 2007, 59(1): 117-120.

2007-240 邬黛黛, 韩杰, 叶瑛, 张维睿. X 射线荧光光谱法定量分析海山富钴结壳中 MnO_2 与 MnO 的含量之比值. 海洋学报(中文版), 2007, 29(3): 84-89.

2007-241 吴春蓉, 吴建平, 邹永祥. 便携式 X 荧光分析仪前置放大器的设计. 核电子学与探测技术, 2007, 27(2): 402-404, 417.

2007-242 吴敬兵, 叶涛. 卡车地板纵梁无损检测及 SEM 分析. 重庆工学院学报(自然科学版), 2007, 21(4): 37-39.

2007-243 吴隽, 罗宏杰, 李家治, 王海圣, 鲁晓珂, 吴军明. 中国古陶瓷的断源断代. 硅酸盐学报, 2007, 35(S1): 39-43.

2007-244 吴伦强, 张连平, 杨光文, 刘勇, 李英秋, 张宁, 杨明太. XRF 法无标分析人造金刚石原料锭中 Fe、Ni、Cr、Co 组分及其分布. 核电子学与探测技术, 2007, 27(6): 1227-1230, 1238.

2007-245 吴伟, 孙可一. 酸脱铝改性的 HZSM-12 分子筛催化合成 2,6-二甲基萘的研究. 现代化工, 2007, 27(S2): 182-187.

2007-246 吴伟东, 周松, 毛志凌, 徐平. 含铅焊锡样品的制作及检测. 电子测试, 2007, (8): 52-53.

2007-247 Wu Chunxue, Huang Yuying, Li Hongkui, Chen Chuanren, He Wei, Li Kuifa. SRXRF experiments and analytical methods of mineral individual fluid inclusions. Petroleum Science, 2007, 4(3): 63-67.

2007-248 肖凤娟, 常虹, 韩玉芳, 庞敏. 含硅羟基磷灰石生物陶瓷的湿法合成及结构特征(英文). 硅酸盐学报, 2007, 35(9): 1194-1199.

2007-249 肖凤娟, 常虹, 韩玉芳, 任瑞合, 任淑霞. 含硅羟基磷灰石粉体的合成及其与蛋白质的相互作用研究. 功能材料, 2007, 38(12): 2059-2063.

2007-250 肖正刚, 应三九, 徐复铭, 侯保国. 等离子体点火中止后回收发射药的 X 射线荧光光谱分析. 含能材料, 2007, 15(5): 530-533.

2007-251 谢国喜, 冯松林, 冯向前, 汪燕青, 朱继浩, 李永强, 韩鸿业. 北京毛家湾出土古瓷产地的 XRF 分析研究. 核技术, 2007, 30(4): 241-245.

2007-252 邢娜, 黄奕普. 质子激发 X 射线荧光分析及其在海洋科学中的应用. 台湾海峡, 2007, 26(3): 443-452.

2007-253 胥会祥, 赵凤起, 李晓宇. 无定形硼粉的溶剂法提纯. 火炸药学报, 2007, 30(2): 8-12.

2007-254 徐安莲, 刘守平, 田卫国, 田中青. $V_3TiNi_{0.56}Al_x$ 贮氢合金充放电性能和吸放氢性能研究. 材料导报, 2007, 21(S1): 278-280.

2007-255 徐海, 刘琦, 王龙山. X 射线荧光光谱法测定土壤样品中碳氮硫氯等 31 种组分. 岩矿测试, 2007, 26(6): 490-492.

2007-256 徐俊杰, 牛玉梅, 刘会梅, 李海清. 氟离子对牙本质羟基磷灰石晶体构象的影响. 牙体牙髓牙周病学杂志, 2007, 17(1): 13-16.

2007-257 徐思琦, 王静, 程邦波, 黄宇营, 何伟, 谢周清. 南极典型鸟类骨骼中的 Ca、P、Sr 的含量及 Ca/P 和 Ca/Sr 特征. 中国科学技术大学学报, 2007, 37(8): 995-1002.

2007-258 徐婷婷, 张波, 张红, 任宏波. X 射线荧光光谱法同曲线测定海洋沉积物和陆地地化样品中的 29 个主次痕量元素. 海洋地质动态, 2007, 23(2): 31-36.

2007-259 徐争启, 庹先国, 倪师军, 张成江. 攀枝花矿区水系沉积物的组成及其环境效应. 金属矿山, 2007, (6): 75-79.

2007-260 许国仁, 邹金龙, 孙丽欣. 污泥作为添加剂制备轻质陶粒的试验研究. 哈尔滨工业大学学报, 2007, 39(4): 557-560.

2007-261 许厚国. X 荧光压片法在硅铁多元素分析中的应用. 武钢技术, 2007, 45(6): 21-23.

2007-262 许骅, 卫碧文, 缪俊文, 郑翊, 方能虎. ABS 塑料中含溴阻燃剂前处理方法的探讨. 检验检疫科学, 2007, 17(1-2): 86-89.

2007-263 许强, 石四箴, 汪饶饶, 宫沢裕夫. 乳牙釉质 13 种化学元素的微量分析. 上海医学, 2007, 30(10): 757-760.

2007-264 薛冰, 朱铁权, 潘伟斌. 河南安阳灵芝窑出土瓷器的分析研究. 中原文物, 2007, (3): 100-105.

2007-265 闫军琴, 陈江涛, 孙广文. X 荧光光谱法在竖罐炼锌进炉锌精矿中的应用. 四川有色金属, 2007, (3): 39-40, 42.

2007-266 闫玉生, 庹先国, 杨雪梅, 穆克亮, 李哲. RBF 网络在地质样品元素含量预测中的应用. 金属矿山, 2007, (10): 110-112.

2007-267 阎立峰. 藏药佐太的微结构与成分分析. 中国藏学, 2007, (3): 150-152, 174.

2007-268 杨凤华. 锡及其化合物分析方法的研究进展. 理化检验-化学分册, 2007,

43(8): 698-700.

2007-269 杨浩, 刘靖, 谭涓, 汪波, 赵胤, 赵国兴. 合成异丙苯催化剂的失活与再生. 石油化工, 2007, 36(9): 891-895.

2007-270 杨红梅, 王向东, 陈小平, 袁波, 吴兴惠. 稀土提高碳钢耐蚀性的行为研究. 中国稀土学报, 2007, 25(3): 381-384.

2007-271 杨虎. X射线荧光光谱法测定氧化铁红中的氯根的含量. 本钢技术, 2007, (1): 24-25.

2007-272 杨建虹, 费聿荣, 曹毅, 王瑞林, 黄宇营, 何伟, 刘兢. 鹿茸血处理前后去势大鼠股骨的SRXRF分析. 核技术, 2007, 30(5): 407-410.

2007-273 杨建业, 李璐. 低熟煤中常量、微量元素与煤生烃潜力参数的相关性研究. 燃料化学学报, 2007, 35(1): 10-15.

2007-274 杨锦发. 多目标生态地球化学土壤样品高精度测试与质量监控. 岩矿测试, 2007, 26(1): 36-39.

2007-275 杨明太, 戴长松. EDXRF法检测爆炸现场焊锡残留物. 中国人民公安大学学报(自然科学版), 2007, (4): 15-16.

2007-276 杨明太, 高戈, 齐红莲. EDXRF法测定W-Mo-Ni-Fe合金组分. 稀有金属材料与工程, 2007, 36(11): 2065-2068.

2007-277 杨明太, 杨光文, 高戈, 齐红莲. EDXRF法直接测定W-Fe-Ni-Co合金混合料组分. 核电子学与探测技术, 2007, 27(5): 924-926, 932.

2007-278 杨清花. 一种简易的温度控制设计与应用. 甘肃冶金, 2007, 29(4): 82-83.

2007-279 杨瑞瑛, 张智勇, 王庆基, 朱节清. 用扫描质子微探针研究地砷病区人发中微量元素的分布. 中国地方病防治杂志, 2007, 22(6): 407-409.

2007-280 杨社锋, 方维萱, 胡瑞忠, 王思德, 魏宁. 老挝Boloven高原玄武岩风化壳中稀土元素富集与主量元素关系. 中国稀土学报, 2007, 25(4): 461-469.

2007-281 杨文锋, 刘颖, 杨林, 李德安, 高升吉, 涂铭旌. 等离子喷涂Fe-Ni-B屏蔽涂层的结构与性能研究. 核动力工程, 2007, 28(4): 72-75.

2007-282 杨雪梅, 庹先国, 任家富, 陶永莉, 曾旖, 穆克亮. 用于在线X荧光分析的自动制样送测系统的研制. 冶金自动化, 2007, (3): 44-47.

2007-283 杨艳, 李洁, 张穗忠. X射线荧光光谱法测定煤灰成分. 武钢技术, 2007, 45(6): 32-34.

2007-284 杨艳霞, 冯其明, 刘琨, 王丽. 纤蛇纹石在盐酸浸出过程中结构变化的研究. 中国矿业大学学报, 2007, 36(4): 559-564.

2007-285 杨永兴, 李晓林, 李玉兰, 谈明光, 毛雪英, 陆文忠, 张桂林, 李燕. 上海市大气气溶胶中铂元素污染状况调查. 环境科学学报, 2007, 27(5): 810-816.

2007-286 姚淑华, 王继扬, 刘宏, 胡小波, 张怀金, 吴剑波, 秦晓勇. 掺镁近化学计量比铌酸锂晶体的生长(英文). 硅酸盐学报, 2007, 35(3): 281-284.

2007-287 叶斌, 刘琰, 桂雷鸣, 李永武. 德国PFAFF公司自动压片机在制备钢渣样片中的应用. 安徽冶金, 2007, (3): 40-42.

2007-288 叶盛英, 岑超平, 唐志雄, 宋贤良. 烟气尿素湿法同时脱硫脱氮的吸收液蒸发浓缩研究. 农业工程学报, 2007, 23(4): 217-221.

2007-289 叶小娟, 赵锁奇, 刘庆廉, 吴宝杰. 基础油组成对润滑脂抗磨性能的影响. 润滑与密封, 2007, 32(9): 122-124.

2007-290 殷宏, 王金美. 利用二级筛分控制烧结矿粒度效应对X荧光压片分析法的影响. 天津冶金, 2007, (4): 41-43, 80.

2007-291 余丹凤. 几种贵州食用菌矿质成分分析. 贵州大学学报(自然科学版), 2007, 24(4): 429-430, 440.

2007-292 袁传勋, 徐靖, 朔知. 安徽霍山县戴家院遗址木器表面富集物研究. 文物保护与考古科学, 2007, 19(2): 38-40.

2007-293 袁家义. X射线荧光光谱法测定萤石中氟化钙. 岩矿测试, 2007, 26(5): 419-420.

2007-294 袁家义, 吕振生, 姜云. X射线荧光光谱熔融制样法测定钛铁矿中主次量组分. 岩矿测试, 2007, 26(2): 158-159, 162.

2007-295 原怀保, 李月红. 发射光谱分析法测量不确定度的评定与应用. 光谱实验室, 2007, 24(3): 396-399.

2007-296 张佰峰, 于万里, 罗永安. 便携式荧光仪在珠宝玉石检测中的应用. 宝石和宝石学杂志, 2007, 9(4): 28-32.

2007-297 张丹, 张卫东, 蒋昌潭, 赵琦, 叶堤. 重庆市春季大气中PM_{10}元素污染特征. 环境科学与技术, 2007, 30(5): 38-40, 117.

2007-298 张凤利, 郑起, 林性贻, 张汉辉, 李锦卫, 张卿. ZrO_2, Nb_2O_5助剂改性$Au/\alpha\text{-}Fe_2O_3$催化剂的光谱研究. 光谱学与光谱分析, 2007, 27(4): 781-784.

2007-299 张慧颖, 张云淑, 彭玉林, 付黎涅. 昆明红粘土的基本特征及工程效应影响机理的探讨. 云南农业大学学报, 2007, 22(4): 615-617, 622.

2007-300 张巨生, 掌继锋, 刘志刚, 高雪田, 黄青娜, 徐广辉, 潘晓娟, 陆明. 应用高能球磨法制备纳米钛改性聚合物的研究. 稀有金属材料与工程, 2007, 36(12): 2204-2207.

2007-301 张磊, 王益民, 刘明博, 刘小东. X射线荧光光谱基本参数法测定水泥生料组分. 中国建材科技, 2007, (4): 12-16.

2007-302 张茂林, 王昌燧, 朱铁权, 毛振伟, 黄宇营, 何伟, 后德俊, 蔡路武. SRXRF无损鉴定古青白瓷的初步尝试. 江汉考古, 2007, (4): 72-75.

2007-303 张明皓, 陈超, 兰瑞平, 陈欢欢. 月球表面多种金属元素的分布特征初探. 地学前缘, 2007, 14(5): 277-284.

2007-304 张鹏程, 武会宾, 唐荻, 王路兵, 崔毅. 低碳微合金钢中Nb、V、Ti碳氮化物的回溶研究. 金属热处理, 2007, 32(6): 41-44.

2007-305 张勤, 樊守忠, 潘晏山, 李国会, 李小莉. Minipal4便携式能量色散X射线荧光光谱仪在勘查地球化学中的应用. 岩矿测试, 2007, 26(5): 377-380.

2007-306 张新, 邹苗章. 能量色散X射线荧光光谱法测定聚合物中的镉、铅、汞、铬、溴. 现代测量与实验室管理, 2007, (5): 17-19.

2007-307 张燕. 连铸机浸入式水口内侵蚀与水口壁中Al、Si和Ca含量的关系. 耐火与石灰, 2007, 32(5): 57-60.

2007-308 张有智, 王煊军, 李正莉, 刘祥萱. 草酸偏二甲肼洗涤PUREX流程污溶剂中的Zr和HDBP. 核化学与放射化学, 2007, 29(3): 161-165.

2007-309 张元勋, 曹同, Iida A., 杨传俊, 王敏, 曹清晨, 张桂林, 李燕. 同步辐射X荧光分析用于苔藓植物监视大气污染的初步研究. 核技术, 2007, 30(9): 730-734.

2007-310 张元勋, 王荫淞, 杨传俊, 陆文忠, 张桂林, 李燕. 核分析相关技术用于上海市大气污染特征研究. 核技术, 2007, 30(4): 366-369.

2007-311 张振忠, 赵芳霞, 杨江海, 刘静远, 沈晓冬. 快速凝固Mg-Zn-Y合金薄带组织和性能研究. 新技术新工艺, 2007, (9): 75-78, 4.

2007-312 张志峰, 刘子瑜, 牛素琴, 王蓍茜, 温铁丽. 烧失量严重(15%~25%)弥散型天然高岭土的X射线荧光光谱分析. 兵器材料科学与工程, 2007, 30(4): 64-66.

2007-313 Zhang Weilin, Zhou Lingping, Shen Shiming, Li Zheng, Zhu Yuxia, Tian Huiping, Long Jun. Study on modification of ultra-stable zeolite prepared by hydrothermal method. China Petroleum Processing & Petrochemical Technology, 2007, (2): 55-59.

2007-314 赵晨. X射线荧光光谱仪原理与应用探讨. 电子质量, 2007, (2): 4-7.

2007-315 赵存良, 孙玉壮. 安徽省金山煤矿晚二叠世树皮煤的地球化学特征. 河北工程大学学报(自然科学版), 2007, 24(4): 60-62, 80.

2007-316 赵虹霞, 伏修锋, 干福熹, 马波, 顾冬红. 不同产地绿松石无损检测及岩相结构特征研究. 岩矿测试, 2007, 26(2):

141-144.

2007-317 赵虹霞, 李青会, 干福熹, 承焕生. 广西合浦地区出土汉代古玻璃的质子激发 X 荧光分析. 核技术, 2007, 30(1): 27-33.

2007-318 赵艳娟, 刘喜秀, 陶蕊. X 射线荧光光谱法测定钛铁中的硅、锰、磷、铝. 化学分析计量, 2007, 16(4): 47-48.

2007-319 赵长志, 凌凤香, 张喜文, 刘丽华. X 光荧光光谱滤纸片法测定催化剂浸渍液中 WO_3-NiO 含量. 当代化工, 2007, 36(4): 453-457.

2007-320 郑乃章, 吴军明, 吴隽, 苗立峰. 古陶瓷研究和鉴定中的化学组成仪器分析法. 中国陶瓷, 2007, 43(5): 52-54.

2007-321 Zheng Weiming, Song You, Liu Guijiao, Wu Jizong. Correction method of deviation in EDXRF. Annual Report of China Institute of Atomic Energy, 2007, (0): 196-197.

2007-322 郑维明, 宋游, 刘桂娇, 吴继宗. X 射线荧光分析漂移校正方法. 中国原子能科学研究院年报, 2007, (0): 271-272.

2007-323 郑永春. 月女神探测器揭开日本月球探测的新篇章. 国际太空, 2007, (11): 14-16.

2007-324 郑有清. 永平铜矿选矿厂荧光班: 成功改造分析仪冷却系统. 中国职工教育, 2007, (5): 31.

2007-325 支俊秉, 张旭. 牛津 MDX1060 荧光分析仪探测器通道的清洗方法. 水泥工程, 2007, (2): 66-68.

2007-326 周帆, 田鹏, 刘中民, 刘广宇, 常福祥, 李金哲. ZSM-34 分子筛的合成及其催化甲醇转化制烯烃反应性能. 催化学报, 2007, 28(9): 817-822.

2007-327 周晖, 郑军, 温庆平, 桑瑞鹏, 万志华. 沉积温度对非平衡磁控溅射 MoS_2-Ti 复合薄膜的结构与性能影响研究. 润滑与密封, 2007, 32(12): 16-19, 22.

2007-328 周俊虎, 赵晓辉, 曹欣玉, 刘建忠, 岑可法. 燃用渣油锅炉炉内灰沉积的形成原因. 动力工程, 2007, 27(1): 62-66.

2007-329 周俊虎, 赵晓辉, 李艳昌, 曹欣玉, 程军, 刘建忠, 岑可法. 燃油锅炉受热面灰沉积过程及组分分布特性. 中国电机工程学报, 2007, 27(5): 49-54.

2007-330 朱铁权, 王昌燧, 毛振伟, 袁传勋, 徐靖, 姚政权. 不同窑口古瓷断面能量色散 X 射线荧光光谱线扫描分析. 岩矿测试, 2007, 26(5): 381-384.

2007-331 祝渊, 任克刚, 陈克新, 周和平. 悬浮燃烧合成二氧化硅中的粉体球化机制. 稀有金属材料与工程, 2007, 36(S1): 196-198.

2007-332 庄马展. 厦门大气气溶胶的化学特征. 中国科学院研究生院学报, 2007, 24(5): 657-660.

2007-333 卓尚军. X 射线荧光光谱分析. 分析试验室, 2007, 26(12): 112-122.

2007-334 祖丽华, 李青山, 胡玉洁. 聚 (丙烯腈-乙酸乙烯酯)/黄粘土纳米复合材料研究. 材料工程, 2007, (S1): 136-140.

2008 年 (2008)

2008-001 Amer M. Burgan, Che Aziz Ali, Sanudin Hj Tahir. Chemical composition of the tertiary black shales of West Sabah, East Malaysia. Chinese Journal of Geochemistry, 2008, 27(1): 28-35.

2008-002 安茂忠, 张锦秋. Sn-Ag-Cu 合金电沉积行为的研究. 黑龙江大学自然科学学报, 2008, 25(6): 701-705.

2008-003 安身平, 吕平平, 廖志海, 费浩. X 射线荧光光谱法测定溴化锌溶液中溴化锌的含量. 光谱实验室, 2008, 25(5): 842-846.

2008-004 安小强, 周长春, 李振, 吴彬, 刘亮, 魏德洲. 铝土矿分析方法综述. 冶金标准化与质量, 2008, 46(5): 12-15.

2008-005 白光辉, 沈博, 秦晋国, 王香港, 滕玮. 高铝粉煤灰硫酸法提铝的形貌研究和组成分析. 煤炭转化, 2008, 31(1): 71-74.

2008-006 包良满, 张元勋, 金婵, 林俊, 刘卫, 彭岚, 陆文忠, 李玉兰, 张桂林, 李燕. 燃煤小锅炉燃烧产物的 SR-XRF 和 XANES 分析. 核技术, 2008, 31(9):

641-647.

2008-007 包生祥, 王艳芳, 王娇, 王敬东, 马丽丽. $Sm_2(Co, Cu, Fe, Zr)_{17}$ 合金铸锭的缺陷和成分分布研究. 分析测试学报, 2008, 27(2): 162-164, 169.

2008-008 边立槐, 孙颖. X 射线荧光光谱法分析连铸保护渣成分. 天津冶金, 2008, (4): 59-60, 76.

2008-009 布贝里 E. B., 李长根, 崔洪山. 在分选含金刚石原料的辐射测量分选机的记录系统中应用光电方法. 国外金属矿选矿, 2008, (5): 3-5, 46.

2008-010 曹华俊, 谷和平, 任晓乾, 钱中坚, 樊继利, 夏一丁. 回用炼油净化水结垢原因分析. 化工环保, 2008, 28(6): 557-560.

2008-011 曹清晨, 张元勋, 娄玉霞, 曹同, Iida A, 张桂林, 李燕. SRXRF 研究苔藓植物对 Pb/Fe/Cr 污染的生物监视和累积特征. 核技术, 2008, 31(10): 721-725.

2008-012 Chen Chao, Wang Xiangyu, Chang Ying, Liu Huiling. Dechlorination of disinfection by-product monochloroacetic acid in drinking water by nanoscale palladized iron bimetallic particle. Journal of Environmental Sciences, 2008, 20(8): 945-951.

2008-013 陈晨, 刘桂娇, 郑维明, 宋游. 波长色散 X 荧光法同时测定铀和锆. 中国原子能科学研究院年报, 2008, (0): 262.

2008-014 Chen Chen, Liu Guijiao, Zheng Weiming, Song You. Determination of U and Zr by WDXRF. Annual Report of China Institute of Atomic Energy, 2008, (0): 225.

2008-015 陈淳, 潘艳, 魏敏. 再读跨湖桥. 东方博物, 2008, (2): 14-25, 5.

2008-016 陈翠华, 倪师军, 何彬彬, 张成江. 基于 GIS 技术的江西德兴地区水系沉积物重金属污染的潜在生态危害研究. 地球科学进展, 2008, 23(3): 312-322.

2008-017 陈翠华, 倪师军, 何彬彬, 张成江. 基于污染指数法和 GIS 技术评价江西德兴矿区土壤重金属污染. 吉林大学学报 (地球科学版), 2008, 38(1): 105-111.

2008-018 陈翠华, 倪师军, 何彬彬, 张成江. 江西德兴矿集区水系沉积物重金属污染分析. 长江流域资源与环境, 2008, 17(5): 766-770.

2008-019 陈浩, 王爱勤. 不同产地凹凸棒粘土理化性质及其对复合保水剂性能影响研究. 中国矿业, 2008, 17(3): 73-75.

2008-020 陈泓钧. 电解质分析方法研讨 (XRF+XRD). 世界有色金属, 2008, (9): 71-73.

2008-021 陈泓钧. 氧化铝的 X 射线荧光光谱分析方法研讨. 光谱实验室, 2008, 25(6): 1273-1275.

2008-022 陈骞, 刘广, 张振忠, 张浩, 张少明. 快速凝固制备 $Mg_{4.44}Zn_{1.85}Y_{1.19}Zr$ 合金薄带. 新技术新工艺, 2008, (6): 73-75, 3.

2008-023 陈健. 利用 X40 软件实现镀锌层重量检测工作曲线二次回归的研究. 安徽冶金, 2008, (3): 18-20.

2008-024 陈兰武. X 荧光检验技术在浮法玻璃原料质量控制中的应用. 国外建材科技, 2008, 29(6): 13-17.

2008-025 陈岚岚, 颜桂炀, 刘秀萍, 陈庆华. 不同污水处理厂脱水污泥烧制建筑瓷砖的初步研究. 福建师范大学学报 (自然科学版), 2008, 24(4): 61-65.

2008-026 陈琳. 中温锌-钙系黑磷化膜的制备与性能研究. 表面技术, 2008, 37(5): 52-54, 63.

2008-027 陈明华, 李德, 钱华, 修光利, 沈轶. 上海市大气 $PM_{2.5}$ 中有害化学物质组成分析. 环境与职业医学, 2008, 25(4): 365-369.

2008-028 陈庆汉, 黄晋蓉. 合成粉红色蓝宝石. 宝石和宝石学杂志, 2008, 10(2): 42-44.

2008-029 陈荣庆. 粉末压片-X 射线荧光光谱法测定钒渣中的化学成分. 光谱实验室, 2008, 25(3): 416-420.

2008-030 陈荣庆. 粉末压片-X 射线荧光光谱法测定五氧化二钒中主次成分. 冶金分析, 2008, 28(4): 8-12.

2008-031 陈珊, 黄艳油, 杨燕. X 射线荧光能谱仪的校准方法. 宝石和宝石学杂志, 2008, 10(4): 28-30.

2008-032 陈素兰, 池靖, 陈波, 蔡熹. X射线荧光光谱法测定土壤样品中铅的不确定度评定. 中国环境监测, 2008, 24(6): 43-47.

2008-033 陈晓云, 纪志成, 殷芳. 新型干法水泥生产的分布式控制. 中国水泥, 2008, (12): 67-70.

2008-034 陈旭晖, 彭少梅, 杨素莲. X荧光光谱法测定特殊钢铁中高含量元素. 冶金丛刊, 2008, (6): 14-16.

2008-035 成功, 高光明, 陈松岭. 老挝波罗芬高原铝土矿地质特征与成矿规律. 中南大学学报（自然科学版）, 2008, 39(2): 380-386.

2008-036 程峰, 钟玉荣, 王宝义, 王天民, 魏龙. 退火温度对CsI(T1)薄膜微观结构和闪烁性能的影响. 无机材料学报, 2008, 23(4): 749-752.

2008-037 程锋, 葛良全, 赖万昌, 胡克亮, 郭伟. 新一代便携式X射线荧光仪及其在铀分析中的初步应用. 铀矿地质, 2008, 24(6): 375-379, 368.

2008-038 程琳, 潘秋丽, 丁训良, 刘志国. 微束X射线荧光分析系统的建立及其在考古学中的应用. 原子能科学技术, 2008, 42(1): 1-4.

2008-039 程清, 姜鹏翔, 仵春祺, 付明英, 孔东新. X射线荧光光谱法测定聚乙烯树脂中微量铬. 理化检验-化学分册, 2008, 44(4): 375.

2008-040 程晓维, 汪靖, 郭娟, 龙英才. 无粘结剂ZSM-5沸石催化剂骨架脱铝改性的研究. 化学学报, 2008, 66(19): 2099-2106.

2008-041 程志鹏, 杨毅, 李凤生, 潘振华. Synthesis and characterization of aluminum particles coated with uniform silica shell. Transactions of Nonferrous Metals Society of China, 2008, 18(2): 378-382.

2008-042 初学莲, 林晓燕, 程琳, 孙洪波, 杜晓光, 丁训良. 应用MXRF分析技术测定植物叶片中环境元素. 原子核物理评论, 2008, 25(1): 61-66.

2008-043 崔强, 张文元, 李燕飞, 范宇权, 苏伯民. 文物保护与考古中能量色散型X荧光光谱仪的应用. 敦煌研究, 2008, (6): 104-108.

2008-044 戴振麟, 葛良全, 程锋, 张庆贤. XRF强度影响系数法测定地质样品的组分. 核电子学与探测技术, 2008, 28(2): 425-429.

2008-045 戴振麟, 葛良全, 邹德慧. 能量色散X射线荧光分析基本参数法研究. 核电子学与探测技术, 2008, 28(1): 146-149.

2008-046 邓云, 陈贺海, 邹苗章. ICP-MS法测定中提取条件对食品接触容器重金属溶出量的影响. 检验检疫科学, 2008, 18(5): 18-22.

2008-047 邱云萍, 徐利华, 王缓, 刘明, 仉小猛. 整体利用钛精矿制备多相复合型光催化粉体. 人工晶体学报, 2008, 37(4): 886-889, 907.

2008-048 丁江涛, 牛庆仁, 吴连成, 侯新, 刘建平, 刘环. 钢渣对铸钢锭坯产生翻皮缺陷的影响. 铸造技术, 2008, 29(5): 590-592.

2008-049 董军领, 赵维娟, 刘国栋, 承焕生, 廖永民, 张松林. 黄冶窑唐三彩原料产地的研究. 原子核物理评论, 2008, 25(4): 380-384.

2008-050 董香梅, 刘民, 施金亮, 宋春山, 郭新闻. Hβ沸石催化剂酸性及晶粒尺寸对2-(4'-乙基苯甲酰基)苯甲酸脱水闭环反应的影响. 石油学报（石油加工）, 2008, 24(3): 288-292.

2008-051 窦勇, 陈玲华, 季茜宇. 岛津多道X荧光光谱仪真空泄露故障诊断. 河南冶金, 2008, 16(4): 28-29.

2008-052 杜艾, 李宇农, 周斌, 吴越华, 肖淑芳, 刘春泽, 沈军, 倪星元. ICF用铜基低密度气凝胶靶材料研制. 原子能科学技术, 2008, 42(9): 794-798.

2008-053 杜超伶, 杜建民, 王兆利, 刘颖晓. X荧光分析用烧结矿控样的研制及应用. 冶金丛刊, 2008, (1): 28-30.

2008-054 杜登文,洪汉烈,徐志强,李荣彪,胡远清,王粉丽,李祖春. 湖北大悟大坡顶金矿床金矿物特征. 地质科技情报, 2008, 27(4): 55-60.

2008-055 杜锋,苏宝茹. 揭开成化斗彩"差紫"之谜. 中国科学 (E 辑: 技术科学), 2008, 38(9): 1487-1494.

2008-056 杜志强,王飞龙,张国龙,曲成,苏亚楠. X 射线荧光岩屑录井技术试验及在水平井地质导向中的初步应用. 录井工程, 2008, 19(2): 13-17, 74-75.

2008-057 樊俊珍. X 荧光分析在指导水泥生产时应注意的问题. 建材技术与应用, 2008, (7): 6-7.

2008-058 范建良,郭守国,刘学良,毛荐. 拉曼光谱在红宝石检测中的应用研究. 应用激光, 2008, 28(2): 150-154.

2008-059 冯庆,冯生,杨清海,杨文波. 高可焊性电镀纯锡工艺及镀层性能测试. 电子工业专用设备, 2008, (1): 10-13, 41.

2008-060 符颖,魏子栋,冯永超,马兴立,廖明佳,廖超,张捷,张环. CeO_2/Pt 复合电极及其电催化特性. 电化学, 2008, 14(4): 407-410.

2008-061 干福熹,承焕生,孔德铭,赵虹霞,马波,顾冬红. 河南安阳市新出土殷墟玉器的无损分析检测的研究. 文物保护与考古科学, 2008, 20(4): 26-35.

2008-062 高典楠,王胜,张纯希,袁中山,王树东. 氯离子及水蒸气对 Pd/Al_2O_3 催化剂甲烷燃烧性能的影响. 催化学报, 2008, 29(12): 1221-1225.

2008-063 高华娜,赵海英,王志宙,周建平,关颖,史锦珊. 螺旋藻的 PXRD 和 XRF 分析. 食品科技, 2008, 33(12): 270-272.

2008-064 高愈希,陈春英,柴之芳. 先进核分析技术在金属蛋白质组学研究中的应用. 核化学与放射化学, 2008, 30(1): 1-16.

2008-065 高真凤. 钢包渣线用镁碳砖损毁机理的分析. 耐火与石灰, 2008, 33(2): 40-43.

2008-066 葛少英,朱孟钦,周晓龙,余国贤,金亚清. La 纳米自组装膜的制备及摩擦学性能研究. 润滑与密封, 2008, 33(1): 89-93.

2008-067 耿刚强,宁国东,王巧玲,丁慧,朱明达,白福全,董海成,牛素琴,王再田. XEPOS 型偏振能量色散 X 射线荧光光谱仪分析蒙古铁矿石. 岩矿测试, 2008, 27(6): 423-426, 430.

2008-068 龚睿,柳林. 钨含量对 Ni-W 合金镀层结构及耐蚀性能的影响. 稀有金属材料与工程, 2008, 37(1): 130-134.

2008-069 龚玉武. 利用无损能量色散 X 射线荧光 (EDXRF) 分析考古玄武石. 文物保护与考古科学, 2008, 20(2): 72.

2008-070 古代琉璃构件保护与研究课题组. 古代建筑琉璃构件剥釉机理内在因素研究. 故宫博物院院刊, 2008, (5): 115-129, 160.

2008-071 谷松海,宋义,郭芬. X 射线荧光光谱法同时测定铬矿中主次成分. 冶金分析, 2008, 28(4): 16-19.

2008-072 顾雯. 利用无损波长色散 X 射线荧光分析地中海地区考古黑曜石起源. 文物保护与考古科学, 2008, 20(4): 40.

2008-073 关颖,丁喜峰,王文静,郭西华,朱艳英. 太空育种射干的 X 射线荧光及 X 射线衍射分析和表征. 光谱学与光谱分析, 2008, 28(2): 460-462.

2008-074 关颖,杨腊虎,丁喜峰,郭西华,朱艳英,史锦珊. 第 4 代太空防风的 X 射线荧光研究. 光谱学与光谱分析, 2008, 28(5): 1191-1193.

2008-075 郭斌,刘福生,邓士翠,李秀辉,沈理忠. 铝锆偶联剂表面修饰稀土长余辉发光材料的研究. 稀有金属材料与工程, 2008, 37(7): 1241-1244.

2008-076 郭洪玲,权养科,陶克明,张俊婧. X 射线荧光光谱法检验打印纸张的结果分析. 刑事技术, 2008, (5): 6-9.

2008-077 郭清芳,程飞. 提高出磨生料质量的经验. 新世纪水泥导报, 2008, (3): 45-46.

2008-078 郭西华,关颖,杨腊虎,王晓云,史锦珊. 航天诱变育种第 4 代知母的 XRF、PXRD 分析. 药物分析杂志, 2008, 28(12): 2100-2102.

2008-079 郭元茹,李昕,方桂珍,刘志明. 气相

扩渗法制备 $K_{0.75}Nd_{0.042}WO_3$ 钨青铜及电性能研究. 稀土, 2008, 29(5): 72-76.

2008-080 韩薇, 常树全, 戴耀东, 陈达, 黄彦君. 氰根桥联 Ni(Ⅱ)-Fe(Ⅲ) 类纳米分子磁体磁性及穆斯堡尔谱研究. 物理学报, 2008, 57(4): 2493-2499.

2008-081 韩志钟, 潘海波, 沈水发, 李世云. S/TiO_2 纳米氧敏材料的结构与吸脱附特性. 功能材料与器件学报, 2008, 14(4): 780-786.

2008-082 何春根, 殷兵, 董莉, 徐鹏, 许文华, 项小龙. X 射线荧光光谱法测定白云石、石灰石中氧化钙、氧化镁、氧化硅. 江西冶金, 2008, 28(5): 29-31.

2008-083 何国贤, 陈英毅, 周天顺, 王飞龙, 邱田民, 汪勤学. X 射线荧光岩屑录井可行性试验研究. 录井工程, 2008, 19(2): 10-12, 40, 74.

2008-084 何明奕, 刘丽, 王胜民, 赵晓军, 赵霞. 稀土对机械镀无结晶形成过程及镀层性能的影响. 材料热处理学报, 2008, 29(2): 145-149.

2008-085 洪爱珠, 颜桂炀, 刘欣萍, 肖荔人, 陈庆华. V-P/HZSM-5 催化乙醇流化床脱水制乙烯. 工业催化, 2008, 16(4): 49-54.

2008-086 洪江星. Ni-Cr 烤瓷合金的 X 射线荧光无标样定量分析. 分析测试技术与仪器, 2008, 14(3): 179-181.

2008-087 胡东波, 薛铁宁, 王金华, 张红燕. 重庆大足宝顶山千手观音的贴金材料分析研究. 文物保护与考古科学, 2008, 20(3): 44-51, 76.

2008-088 胡岚, 张皋, 高朗华, 王婧娜, 郭三民. X 荧光光谱法测定锡酸铅 TDI 还原型催化剂中锡和铅含量. 分析测试技术与仪器, 2008, 14(1): 46-49.

2008-089 胡颖, 吴明和, 解佳佳, 李莉. 利用 X 荧光光谱仪对 14 种茶叶及茶汤中不同元素进行定量分析. 微量元素与健康研究, 2008, 25(3): 26-29.

2008-090 胡颖, 吴明和, 解佳佳, 李莉. 利用 X 荧光光谱仪对栀子干燥果实各部位所含元素进行定量分析. 微量元素与健康研究, 2008, 25(2): 24-27.

2008-091 黄东辉, 肖才锦, 倪邦发, 田伟之, 张元勋, 王平生, 张贵英, 刘存兄. 适用于微分析质控的标准物质的探索. 中国原子能科学研究院年报, 2008, (0): 153-155.

2008-092 黄飞, 傅正义, 王为民, 王皓, 王玉成, 张金咏, 张清杰. TiB_2 在球磨中的氧化行为（英文）. 硅酸盐学报, 2008, 36(1): 17-20.

2008-093 黄菁华. 提高 X 荧光分析测量准确性的实践. 金属矿山, 2008, (1): 144-145.

2008-094 吉昂, 李国会, 张华. 高能偏振能量色散 X 射线荧光光谱仪应用现状和进展. 岩矿测试, 2008, 27(6): 451-462.

2008-095 季宝华, 陶建清. 膨胀型钢结构防火涂料膨胀炭质层的研究. 涂料工业, 2008, 38(3): 21-23, 70.

2008-096 贾力于, 范铁翔, 黄宁. X 荧光分析仪与 QCS 通信接口的开发研究. 四川水泥, 2008, (2): 33-35.

2008-097 姜翠霞, 何天明, 王荣成. X 射线荧光光谱仪炼铁原料分析选型研究. 浙江冶金, 2008, (4): 21-25.

2008-098 姜凤. 合金钢的 X 荧光分析. 贵州化工, 2008, 33(5): 44-45.

2008-099 蒋晓光, 林忠, 李卫刚. X 射线荧光光谱法测定硅石中主次成分. 冶金分析, 2008, 28(10): 31-35.

2008-100 金德龙, 陆晓明, 邵力. 耐火材料 X 射线荧光光谱分析方法. 耐火与石灰, 2008, 33(3): 4-8.

2008-101 金普军, 毛振伟, 秦颍, 谢元安, 陈翔, 姚政权, 凡小盼, 王昌燧. 江苏盱眙出土夹纻胎漆器的测试分析. 分析测试学报, 2008, 27(4): 372-376.

2008-102 邝焯荣, 吴笑梅, 樊粤明, 凌伟煊, 李平坚. 挥发性组分在预分解窑系统的分布和富集（一）. 水泥, 2008, (4): 14-18.

2008-103 赖万昌, 邵琪伟, 李丹. 一种低功耗能量色散 X 光管控制电源的研制. 核电子学与探测技术, 2008, 28(5): 991-993.

2008-104 郎海刚, 徐华蕊, 朱归胜. $Ba_{0.6}Sr_{0.4}TiO_3$

2008-105 李安萍. X射线荧光光谱法测定石灰石中CaO、MgO含量. 山西焦煤科技, 2008, (S): 134-135.

2008-106 李斌, 靳艳, 赵权宇, 孙黎明, 虞星炬, 金美芳, 张卫. 应用能量色散X荧光衍射仪分析海绵元素组成. 海洋科学, 2008, 32(8): 44-47, 52.

2008-107 李桂云, 李国会. 能量色散X射线荧光光谱法测定铅冶炼鼓风炉渣样品中7种组分. 冶金分析, 2008, 28(9): 16-19.

2008-108 李海波. X射线荧光光谱仪的维护和保养. 大众标准化, 2008, (S1): 103-105.

2008-109 李合, 丁银忠, 段鸿莺, 梁国立, 苗建民. EDXRF无损测定琉璃构件釉主、次量元素. 文物保护与考古科学, 2008, 20(4): 36-40, 74.

2008-110 李建军, 程佑法, 刘化峰. 水镁石的鉴定. 宝石和宝石学杂志, 2008, 10(2): 30-33.

2008-111 李建康, 王登红, 刘善宝, 应立娟, 王成辉, 陈栋梁. 川西伟晶岩型矿床中流体包裹体的SRXRF分析. 大地构造与成矿学, 2008, 32(3): 332-337.

2008-112 李建武, 叶玮, 朱丽东, 李凤全, 姜永见, 伊继雪. 金衢盆地加积型红土地球化学特征. 广东微量元素科学, 2008, 15(10): 12-17.

2008-113 李金海. 微米束光路设计计算. 中国原子能科学研究院年报, 2008, (0): 211.

2008-114 李林. 二叠、三叠纪地质层中微小铁粒的起源研究. 青海大学学报(自然科学版), 2008, 26(5): 10-13.

2008-115 李明欧, 肖秀峰, 刘榕芳. 含锌羟基磷灰石的水热合成与结构表征. 硅酸盐学报, 2008, 36(3): 378-382.

2008-116 李乃胜, 李清临, 郭峥栋, 何毓灵, 岳洪彬, 岳占伟. 河南安阳殷墟出土陶水管与陶器的对比研究. 分析测试学报, 2008, 27(9): 936-941.

2008-117 李乃胜, 张治国, 王德发. 天津大沽炮台海字炮台和威字炮台三合土研究. 文物保护与考古科学, 2008, 20(2): 46-51.

2008-118 李鹏. X射线荧光光谱技术在珠宝玉石鉴定中的应用. 商情(财经研究), 2008, (4): 92.

2008-119 李强, 窦涛, 霍全, 徐庆虎, 巩雁军, 潘惠芳. 不同硅铝比β沸石的理化性质及烃类催化裂化活性. 物理化学学报, 2008, 24(7): 1192-1198.

2008-120 李伟峰, 王京刚, 侯贵华, 吴其胜, 罗驹华, 郭伟. 水杨酸溶液萃取转炉钢渣中硅酸盐相的研究. 硅酸盐通报, 2008, 27(2): 365-369, 380.

2008-121 李小红, 彭永烽, 魏恒勇. 枧田瓷石化学与矿物组成及其工艺性能研究. 佛山陶瓷, 2008, (4): 1-4.

2008-122 李小莉. X射线荧光光谱法测定铁矿中铁等多种元素. 岩矿测试, 2008, 27(3): 229-231.

2008-123 李小青. X射线荧光光谱法测定铁矿石的化学成分. 理化检验-化学分册, 2008, 44(10): 962-964, 968.

2008-124 李昕, 刘冰, 谢呈德. 稀土气相扩渗法制备稀土钨青铜$K_xLn_yWO_3$及电性能. 稀有金属材料与工程, 2008, 37(5): 900-904.

2008-125 李秀玲, 宋永辉, 兰新哲, 邢相栋. 酸洗后201×7树脂上金属铜的解吸研究. 黄金, 2008, 29(3): 51-54.

2008-126 李一超, 李春山, 刘德伦. X射线荧光岩屑录井技术. 录井工程, 2008, 19(1): 1-8, 13, 75.

2008-127 李意, 盛昌栋, 刘小伟, 姚洪, 徐明厚. O_2/CO_2煤粉燃烧时细灰颗粒中痕量元素分布特性的实验研究. 工程热物理学报, 2008, 29(7): 1236-1238.

2008-128 李勇, 冯宗玉, 薛向欣, 乔桂波. 油页岩灰酸碱离解法制备白炭黑的工艺比较. 硅酸盐通报, 2008, 27(1): 6-11.

2008-129 李月芬, 王冬艳, 刘爽, 曹鹏, 尚媛. 珲春中部土壤常量元素地球化学特征. 世界地质, 2008, 27(2): 178-182, 197.

2008-130 李哲男, 黄昊, 张雪峰, 左芳, 钟武波, 董星龙. 导电涂料中纳米铜粉抗氧化性的研究. 材料科学与工艺, 2008,

16(6): 826-829, 834.

2008-131 李中轩, 朱诚, 王然, 欧阳杰, 张广胜, 马春梅. 湖北辽瓦店遗址地层中多元素指标对古人类活动的记录. 海洋地质与第四纪地质, 2008, 28(6): 113-118.

2008-132 李中轩, 朱诚, 张广胜, 欧阳杰, 王然. 湖北辽瓦店遗址地层记录的环境变迁与人类活动的关系研究. 第四纪研究, 2008, 28(6): 1145-1159.

2008-133 李中轩, 朱诚, 朱青, 马春梅, 张广胜, 欧阳杰. 中坝遗址地层的 Cr/Cu 值对干湿环境的指示意义. 地理科学, 2008, 28(6): 799-803.

2008-134 连玉, 徐文艺, 杨丹, 陈伟十, 曲晓明, 陈栋梁. 西藏冈底斯甲马和南木矿床流体包裹体 SR-XRF 研究. 岩石矿物学杂志, 2008, 27(3): 185-198.

2008-135 廉海萍, 丁忠明, 周祥. 汉代铸钱铜范的分析与研究. 文物保护与考古科学, 2008, 20(4): 1-9, 73.

2008-136 廉海萍, 丁忠明, 周祥, 徐惠康. 汉代叠铸法铸钱工艺研究. 文物保护与考古科学, 2008, 20(S): 53-61.

2008-137 梁宝鎏, 鲁方, 黄云鹏, 李德卉. 真品与高仿、粗仿青花瓷热释光及成分分析对比实验. 文物保护与考古科学, 2008, 20(2): 30-33, 78-79.

2008-138 林娟, 任家富, 穆克亮, 庹先国. 高精度 EDXRF 多元素分析仪在考古中的应用. 核电子学与探测技术, 2008, 28(4): 737-739, 743.

2008-139 林庆宇, 李建平, 闫研. 超积累植物富集机制研究方法进展. 分析化学, 2008, 36(3): 405-412.

2008-140 Lin Yiqing. Swift/BAT observations of X-Ray flashes. Chinese Journal of Astronomy and Astrophysics, 2008, 8(3): 309-313.

2008-141 凌雪, 贾麦明, 魏女, 姚政权, 孙丽娟. 耀州窑青瓷的能量色散 X 射线荧光光谱分析. 西北大学学报 (自然科学版), 2008, 38(1): 57-62.

2008-142 凌雪, 姚政权, 魏女, 贾麦明. 耀州窑青瓷白色中间层和化妆土的 EDXRF 光谱分析. 文物保护与考古科学, 2008, 20(1): 12-17, 73.

2008-143 刘春, 符斌. X 射线荧光光谱仪在 RoHS 分析上的应用. 有色金属, 2008, 60(4): 174-179.

2008-144 刘春静, 魏雨, 郝顺利, 王永明, 王新. 锰锌铁氧体纳米粉体的液相制备及磁性能. 磁性材料及器件, 2008, 39(2): 51-54.

2008-145 刘存琨, 屠振密, 李宁, 毕四富. 三价铬镀液电镀黑铬工艺研究. 电镀与精饰, 2008, 30(7): 39-41.

2008-146 刘东, 耿晓忠, 刘复荣. Cu-Zn 合金化学成分的荧光 X 射线能谱分析. 现代制造技术与装备, 2008, (5): 31-32.

2008-147 Liu Guijiao, Song You, Zheng Weiming, Ma Jingde, Su Benhua, Wang Nanjie. Installation and test of HOPG diffractive EDXRF in 404 plant. Annual Report of China Institute of Atomic Energy, 2008, (0): 231-232.

2008-148 刘桂娇, 宋游, 郑维明, 马精德, 粟本华, 汪南杰. 石墨晶体预衍射 X 射线荧光分析装置在中试厂的安装调试. 中国原子能科学研究院年报, 2008, (0): 270.

2008-149 刘洪, 葛文伟, 江向平, 赵祥永, 罗豪甦. $0.94Na_{1/2}Bi_{1/2}TiO_3$-$0.06BaTiO_3$ 无铅压电单晶的生长及电学性能研究. 人工晶体学报, 2008, 37(4): 881-885.

2008-150 刘建峰, 付宝荣, 安克峰. 铝质耐火材料中多元素的 X 射线荧光光谱分析. 甘肃冶金, 2008, 30(4): 27-29, 47.

2008-151 刘江斌, 曹成东, 赵峰, 陈月源, 谈建安, 党亮, 余宇. X 射线荧光光谱法同时测定石灰石中主次痕量组分. 岩矿测试, 2008, 27(2): 149-150.

2008-152 刘景林. 金属锌粉对 Al_2O_3-C 质耐火材料抗氧化性的影响. 耐火与石灰, 2008, 33(4): 55-57.

2008-153 刘磊夫, 张孟星, 曲淑凡. 岩石、土壤中 23 种主次痕量元素的 XRF 测定. 现代科学仪器, 2008, (2): 75-78.

2008-154 刘明兴, 叶宏光. X 射线荧光光谱法测定钢水净化剂. 中国钢铁业, 2008, (7): 25-26.

2008-155 刘松秀, 刘红梅, 黄开勋. 低温湿化学还原法制备 Bi_2Te_3 单晶纳米棒. 无机材料学报, 2008, 23(2): 305-308.

2008-156 刘学良, 范建良, 毛荐, 郭守国. 显微共焦拉曼技术对有机-无机充填红宝石的表征. 激光与红外, 2008, 38(10): 984-986.

2008-157 刘艳改, 熊守美, 黄朝晖, 房明浩, 袁建路. 合金元素对 AM60B 镁合金性能的影响. 材料科学与工艺, 2008, 16(4): 511-514.

2008-158 刘玉纯, 梁述廷, 徐厚玲, 吴永斌. X射线荧光光谱法测定生物样品中氯硫氮磷钾铜锌溴. 岩矿测试, 2008, 27(1): 41-44.

2008-159 刘志勇, 干福熹, 承焕生, 郭聚平. 河南南阳独山玉的岩相结构和无损分析 (英文). 硅酸盐学报, 2008, 36(9): 1330-1334.

2008-160 刘志勇, 干福熹, 承焕生, 马波, 顾冬红. 蛇纹石质古玉器的无损分析研究. 自然科学史研究, 2008, 27(3): 370-377.

2008-161 柳丽芬, 董晓艳, 杨凤林, Jimmy C Yu. Ag/TiO_2 光催化还原硝酸氮. 无机化学学报, 2008, 24(2): 211-217.

2008-162 卢泽湘, 吴平易, 季生福, 刘辉, 李成岳. Pt/SBA-15、Pt/SBA-16 催化剂的合成、表征及甲烷催化燃烧性能. 分子催化, 2008, 22(4): 368-373.

2008-163 鲁永芳, 王广甫. 样品位置对外束 PIXE 分析的影响. 原子能科学技术, 2008, 42(1): 67-71.

2008-164 陆美玉. X 射线荧光法测定润滑油中的硫. 合成润滑材料, 2008, 35(2): 3-4.

2008-165 陆晓明, 金德龙. 离心浇铸制样-X 射线荧光光谱法测定锰铁中锰硅磷. 冶金分析, 2008, 28(9): 34-37.

2008-166 罗保民, 杨海滨, 刘世凯. Ti-6Al-4V 合金表面 TiO_2 纳米管阵列薄膜的制备与光电特性研究. 稀有金属快报, 2008, 27(10): 19-23.

2008-167 罗峰. 能量色散 X 射线荧光光谱仪的性能检测. 福建分析测试, 2008, 17(2): 49-52.

2008-168 罗立强, 詹秀春. 应用遗传算法拟合偏振 X 射线荧光重叠谱. 光谱学与光谱分析, 2008, 28(3): 704-706.

2008-169 罗文艺, 靳孟贵, 何巧林, 仝长水, 张燕平. 黄河河南段河漫滩沉积柱重金属元素分布规律. 人民黄河, 2008, 30(9): 53-54, 57.

2008-170 罗旭峰. 利用 X 荧光能谱仪对珠宝玉石进行辅助鉴定的方法研究. 福建分析测试, 2008, 17(3): 35-38.

2008-171 罗亚男, 宋精灵, 艾龙, 苏智强, 涂国菊. 人类胆结石中的离子深度分布与成因研究. 分析试验室, 2008, 27(S): 423-426.

2008-172 马慧侠, 张爱芬, 李智慧. 预焙阳极微量元素 XRF 测定方法的研究. 分析测试学报, 2008, 27(9): 998-1001, 1004.

2008-173 马清林, 张治国, 高西省. 洛阳战国墓出土八棱柱中的中国蓝和中国紫研究. 文物, 2008, (8): 83-88, 65.

2008-174 马秀艳, 武映梅, 王震, 邢文青. X射线荧光光谱法分析锰铁. 南方金属, 2008, (1): 49-51.

2008-175 牟明仁, 赵雪荣, 赵景红, 孙兴权, 李亦军, 杨春光, 李德华, 仲吉伟. 出口汽油硫含量能量色散 X 射线荧光光谱法与微库仑法测定结果的比较. 检验检疫科学, 2008, 18(5): 3-6.

2008-176 南普恒, 秦颖, 罗武干, 韩楚文. 襄樊陈坡楚墓出土青铜器残留泥芯的 X 荧光光谱和电感耦合等离子发射光谱分析. 分析测试学报, 2008, 29(5): 467-471, 475.

2008-177 南普恒, 秦颖, 罗武干, 韩楚文. 一件战国时期青铜鼎鼎耳的铸接工艺研究. 铸造, 2008, 57(9): 930-934.

2008-178 南普恒, 秦颖, 谢尧亭, 范文谦, 韩楚文, 罗武干, 金爽. 横水西周墓地部分青铜器残留泥芯的矿物组成及成分分析. 岩矿测试, 2008, 27(4): 259-262.

2008-179 倪艳. 多维标度法在 EDXRF 分析自动分类中的应用. 四川理工学院学报 (自

然科学版), 2008, 21(2): 115-117.

2008-180 宁新宇, 李诗媛, 吕清刚, 矫维红. 生物质成型燃料流化床燃烧粘结机理实验研究. 电站系统工程, 2008, 24(6): 17-19.

2008-181 宁新宇, 李诗媛, 吕清刚, 贠小银, 矫维红. 秸秆类生物质与石煤在流化床中的混烧与黏结机理. 中国电机工程学报, 2008, 28(29): 105-110.

2008-182 牛雄雷, 谢素娟, 刘盛林, 安杰, 杜喜研, 徐龙伢. MCM-22 分子筛催化剂催化液化气中丁烯的芳构化. 石油化工, 2008, 37(1): 22-28.

2008-183 潘剑灵, 梁成浩. 亚硫酸盐电镀 Au-Cu 合金工艺研究. 电镀与精饰, 2008, 30(11): 38-40.

2008-184 潘微平. 微量铅的检测方法综述. 广东化工, 2008, 35(4): 97-98, 106.

2008-185 Patterson John I. H.. 选择正确的 X 荧光设备进行 RoHS 筛选分析. 中国电子商情 (基础电子), 2008, (4): 50-54.

2008-186 彭子成, 梁宝鎏, 余君岳, 郑培凯, 李德卉. 用微探针型 EDXRF 技术研究南宋官窑瓷片的化学组成及其含义. 南方文物, 2008, (2): 114-119.

2008-187 彭子成, 梁宝鎏, 余君岳, 郑培凯, 李果, 李德卉. 明清期间景德镇祭红釉的化学组成对比研究及其科技意义. 文物保护与考古科学, 2008, 20(3): 30-36.

2008-188 普旭力, 吴亚全, 王鸿辉, 董清木, 蔡鹭欣, 潘忠厚. X 射线荧光光谱法同时测定铁矿石中主次量组分. 岩矿测试, 2008, 27(5): 353-356.

2008-189 钱俊龙. 后沉积物化学风蚀和样品大小对EDXRF分析考古玄武岩精度的影响. 文物保护与考古科学, 2008, (4): 69.

2008-190 钱俊龙. 用微拉曼谱测定 Della Robbia 玻璃的颜色. 文物保护与考古科学, 2008, (1): 45.

2008-191 秦庆伟, 黄自力, 刘琼, 朱露, 廖广东. 反射炉渣中铜铁的赋存状态研究. 武汉科技大学学报, 2008, 31(5): 482-486.

2008-192 秦松岩, 马放, 黄鹏. 自然水体中铁-锰氧化细菌的研究. 环境科学, 2008, 29(6): 1649-1654.

2008-193 任春生, 张爱珍, 应海松, 乐英杰. XRF 法测定烧结铁矿中杂质元素的不确定度评定. 金属矿山, 2008, (1): 76-79.

2008-194 芮玉奎, 李禾, 申建波, 张福锁. 应用 X 射线荧光光谱法测定过磷酸钙中主量元素. 光谱学与光谱分析, 2008, 28(11): 2703-2705.

2008-195 单华珍, 卓尚军, 盛成, 申如香. 粉末压片法波长色散 X 射线荧光光谱分析铁矿石样品的矿物效应校正初探. 光谱学与光谱分析, 2008, 28(7): 1661-1664.

2008-196 沈大娲, 梁宏刚, 孔祥山. 中国钱币博物馆部分陈列银币、铜币的腐蚀产物及成因研究. 文物保护与考古科学, 2008, 20(1): 33-41, 77-78.

2008-197 沈洪久, 施旭宁. 汽油中铅的分析方法研究进展. 内蒙古石油化工, 2008, (17): 23-25.

2008-198 施成营, 何青, 赵九成, 李风岩, 姜一, 张力, 王春婧, 周志强, 李长健, 孙云. Na 掺入制备不锈钢衬底 CIGS 太阳电池. 太阳能学报, 2008, 29(7): 771-774.

2008-199 宋福生, 彭永烽, 魏恒勇, 李小红. 不同产地瓷石的化学与矿物组成及其工艺性能研究. 江苏陶瓷, 2008, 41(5): 4-7.

2008-200 宋洪霞. 利用 X 荧光仪测定铁矿中的 S, Pb, Zn, As 的含量. 福建分析测试, 2008, 17(1): 64-67.

2008-201 宋燕, 马清林. 宁夏固原北周田弘墓出土玻璃残片研究. 玻璃与搪瓷, 2008, 36(2): 35-42, 45.

2008-202 宋扬, 赖万昌, 程锋, 王广西. 铜矿品位仪的软件设计及应用. 科技创新导报, 2008, (9): 78-79.

2008-203 宋义, 郭芬, 谷松海. X 射线荧光光谱法同时测定煤灰中的 12 种成分. 光谱学与光谱分析, 2008, 28(6): 1430-1434.

2008-204 宋勇鹏, 王翔, 黄扬明. X 射线荧光光谱法检测废旧塑料中的有毒有害重金属. 广州化工, 2008, 36(5): 69-71.

2008-205 宋游, 郑维明, 刘桂娇, 吴继宗. U、Np、Pu 的 X 射线荧光激发参量比的应用研究. 中国原子能科学研究院年报, 2008, (0): 259.

2008-206 宋子新. MXF 荧光分析仪在水泥生产中的应用. 水泥, 2008, (11): 56-58.

2008-207 苏华东, 田萍, 蔡艳波, 王怀军. X 射线荧光定硫仪在原油硫含量测定中应用的优越性及注意事项. 中国计量, 2008, (5): 113.

2008-208 苏继新, 屈文, 马丽媛, 殷晶, 潘齐. SBA-15 空间限制纳米 TiO_2 颗粒的制备及其光催化性能研究. 化学学报, 2008, 66(21): 2416-2422.

2008-209 苏琳, 范建良, 郭守国. 紫色玉髓的矿物学特征及其呈色机理研究. 矿产保护与利用, 2008, (5): 21-26.

2008-210 苏峥, 马建平. X 射线荧光光谱法与红外吸收法联合测定萤石中氟化钙. 冶金分析, 2008, 28(8): 73-75.

2008-211 苏作为. X 荧光分析仪在玻璃纤维原料检测中的应用. 玻璃纤维, 2008, (2): 9-12.

2008-212 孙红娟, 彭同江, 刘颖. 蒙脱石的晶体化学式计算与分类. 人工晶体学报, 2008, 37(2): 350-355.

2008-213 孙华敖, 吴建平. 基于 PWM 技术的 X 荧光仪稳压电源设计. 核电子学与探测技术, 2008, 28(2): 318-320.

2008-214 孙升, 秦颖, 张少昀, 谢尧亭, 金普军. 侯马陶范表层处理技术初探. 铸造, 2008, 57(10): 1037-1040.

2008-215 孙天希, 丁训良, 刘志国, 张美荣, 罗萍, 潘秋丽, 李崇会, 袁明年. 利用多毛细管准直器测量 X 射线光源焦斑尺寸. 原子能科学技术, 2008, 42(7): 633-636.

2008-216 孙天希, 徐光瑜, 刘志国, 丁训良, 朱光华, 孙洪波, 刘辉. 整体毛细管 X 光透镜在大气颗粒物单颗粒分析中的应用. 光学学报, 2008, 28(9): 1833-1836.

2008-217 孙莹, 毛振伟, 周世荣, 王昌燧, 董俊卿, 袁传勋, 徐靖, 姚政权. 能量色散 X 射线荧光光谱法探针线扫描分析长沙窑彩绘工艺. 理化检验-化学分册, 2008, 44(9): 807-809, 814.

2008-218 孙志翱, 金保升, 章名耀, 刘仁平, 张华钢. 玉米秆在流化床中燃烧特性的初步研究. 太阳能学报, 2008, 29(12): 1563-1568.

2008-219 谭和平, 张苏敏, 陈能武. 茶叶中无机元素的仪器分析方法. 分析仪器, 2008, (2): 12-15.

2008-220 汤志勇, 邱海鸥, 郑洪涛. 岩石矿物分析. 分析试验室, 2008, 27(10): 110-122.

2008-221 唐镇忠, 于丽丽, 韩玉杰, 宋常明, 曹金珍. X 射线在防腐木材有效成分测定中的应用. 木材工业, 2008, 22(5): 39-41.

2008-222 Tazaki Kazue, Morii Issei. *Sinohyliopsis schlegeli* 珍珠层中 Si、Mn、Fe 和 Sr 离子的微生物固定化和环境因素 (英文). 地学前缘, 2008, 15(6): 54-65.

2008-223 滕巍巍, 于万里, 罗永安. 一种仿鸡血石的组成与结构研究. 宝石和宝石学杂志, 2008, 10(1): 25-28, 2.

2008-224 田书磊, 王琪, 汪群慧, 金晶, 胡小英, 李润东. 垃圾焚烧飞灰熔融过程中重金属固化特性. 哈尔滨工业大学学报, 2008, 40(10): 1576-1580.

2008-225 田文辉, 王中岐, 张敏. 能量色散 X 射线荧光光谱法测定钼矿石中钼铅铁铜. 岩矿测试, 2008, 27(3): 235-236.

2008-226 Rik Tjallingii, Röhl Ursula, 刘锐. 软性海洋沉积物中水含量对 XRF 测试的影响. 海洋地质动态, 2008, 24(3): 24-26.

2008-227 Tuo Xianguo, Cheng Bo, Mu Keliang, Li Zhe. Neural network-based matrix effect correction in EDXRF analysis. Nuclear Science and Techniques, 2008, 19(5): 278-281.

2008-228 王宝罗, 王加连. 泥螺腹足中铜元素的积累量测定. 理化检验-化学分册, 2008, 44(11): 1050-1052.

2008-229 王成学, 王祺, 张玉玲, 张林彬. ED-XRF 在 RoHS 筛选测试中的实际应用. 中国测试技术, 2008, 34(1):

118-121.

2008-230 王芙云, 袁翠菊, 任向阳. X射线荧光光谱法快速分析镁质耐火材料中硅铝铁钛钙镁. 岩矿测试, 2008, 27(3): 232-234.

2008-231 王芙云, 袁翠菊, 张燕, 王玉霞, 张玉红. X射线荧光光谱玻璃熔融法测定硅质耐火材料. 耐火材料, 2008, 42(5): 399-400.

2008-232 王冠, 夏敦胜, 陈发虎, 刘秀铭, 杨丽萍, 魏海涛. 兰州市街道尘埃的元素空间变化特征研究. 干旱区资源与环境, 2008, 22(6): 13-20.

2008-233 王冠, 夏敦胜, 杨丽萍, 陈发虎, 刘秀铭, 魏海涛. 兰州市街道尘埃元素质量分数季节变化特征. 兰州大学学报(自然科学版), 2008, 44(1): 6-10.

2008-234 王广甫. GIC41172×1.7MV串列加速器的运行、改进和应用. 现代仪器, 2008, (1): 53-55.

2008-235 王国峰, 张明云, 刘文斌. 津巴布韦Turk金矿黄铁矿矿物特征及成矿意义. 地质调查与研究, 2008, 31(4): 309-314.

2008-236 王海芝, 程捷. 周口店东洞洞穴沉积物的地球化学特征及其环境指示意义. 第四纪研究, 2008, 28(6): 1090-1097.

2008-237 王琥, 权养科, 郭洪玲, 陶克明. 汽车风挡玻璃的鉴别方法研究. 刑事技术, 2008, (2): 6-9.

2008-238 王化明, 高新华. X射线荧光光谱法测定不锈钢中多元素含量. 冶金分析, 2008, 28(3): 56-60.

2008-239 王珲, 宋蔷, 姚强, 陈昌和. 电厂湿法脱硫系统对烟气中细颗粒物脱除作用的实验研究. 中国电机工程学报, 2008, 28(5): 1-7.

2008-240 王军学. X射线荧光光谱法测定锌铝硅合金中硅和铁. 岩矿测试, 2008, 27(1): 77-78.

2008-241 王丽琴, 党高潮, 赵静. 光导纤维反射光谱技术在彩绘文物颜料无损分析鉴定中的应用. 光谱学与光谱分析, 2008, 28(8): 1722-1725.

2008-242 王陆军, 董卫民. 宝鸡市区大气总悬浮颗粒物来源解析. 西南科技大学学报, 2008, 23(3): 50-52, 89.

2008-243 王敏, 凌凤香. Pt/SiO_2-Al_2O_3催化剂中铂含量测定的方法. 理化检验-化学分册, 2008, 44(1): 17-18, 21.

2008-244 王培, 菅豫梅. X射线荧光光谱法测定复式碳化物中钛含量. 湖南有色金属, 2008, 24(2): 56-58.

2008-245 王平, 王焕顺, 李玉璞. 偏振能量色散X射线荧光光谱法测定土壤中金属元素. 环境监测管理与技术, 2008, 20(3): 41-43.

2008-246 王谦, 林力, 朱丽辉, 应晓浒. 应用理论α系数校正X射线荧光光谱法分析锰矿时的基体效应. 理化检验-化学分册, 2008, 44(7): 658-660, 663.

2008-247 王谦, 王群威, 张建波, 王松青, 邬蓓蕾. 汽油中微量元素的X射线荧光光谱分析. 石油学报(石油加工), 2008, 24(3): 360-364.

2008-248 王如意, 沈晓林, 石磊. 宝钢烧结烟气脱硫石膏特性分析. 宝钢技术, 2008, (3): 29-32.

2008-249 王伟伟, 吴宏海, 郭杏妹, 邓志芬, 曾建敏, 曾丁才, 林怡英. 水体沉积物中有机质结构特征与毒害有机物的吸附模式研究. 海洋环境科学, 2008, 27(6): 566-570.

2008-250 王文静, 关颖, 孙鑫, 朱艳英, 史锦珊. 太空诱变桔梗的X射线荧光光谱的测定分析. 光谱学与光谱分析, 2008, 28(12): 2993-2995.

2008-251 王兴建, 葛良全, 曾国强. 小波多分辨率分析在X荧光谱线本底扣除中的应用研究. 核电子学与探测技术, 2008, 28(4): 853-856.

2008-252 王雪香, 朱建华, 刘晓欣, 高利军. 三种铜盐改性分子筛脱硫吸附剂的制备与表征. 石油炼制与化工, 2008, 39(11): 14-17.

2008-253 王怡林, 杨群, Ablett J. M.. 同步辐射X射线荧光对双柏恐龙化石的分析. 光谱学与光谱分析, 2008, 28(5): 1194-1198.

2008-254 王毅民, 陈幼平. 近30年来我国地质分析重要成果评介. 地质论评, 2008, 54(5): 653-669.

2008-255 王玉红, 姚桂莲. X射线荧光分析法在地质分析领域应用新进展. 西部探矿工程, 2008, (6): 128-131.

2008-256 王玉洁, 李殿超, 肖国拾, 张桢干. 油页岩及其脱油残渣的矿物学研究. 世界地质, 2008, 27(4): 449-453.

2008-257 王召兵, 刘涛, 郝殿中, 彭捍东, 张霞, 吴闻迪. 有色方解石晶体的光谱分析. 激光技术, 2008, 32(6): 596-597, 604.

2008-258 王兆利, 杜建民, 马宏彦, 王艳莉. 高锰铁矿石分析方法研究. 河南冶金, 2008, 16(1): 18-19, 25.

2008-259 王正东, 毛振伟, 钟华, 胡援, 杨先锋, 方林. 花石嘴元墓出土化妆品的初步研究. 岩矿测试, 2008, 27(4): 255-258.

2008-260 王志刚, 李凤全. X射线荧光光谱法测定灰尘中铬. 理化检验-化学分册, 2008, 44(11): 1122-1123.

2008-261 王志刚, 李凤全, 潘虹梅. 灰尘中主次量元素的X射线荧光光谱分析. 岩矿测试, 2008, 27(5): 383-385.

2008-262 王志远, 姜翠霞, 何明杰, 周后通. X射线荧光光谱分析仪应用实践. 浙江冶金, 2008, (1): 23-25.

2008-263 汪哲明, 田志坚, 林励吾, 马静萌. 硅源与硅含量对合成的SAPO分子筛催化正十二烷异构化性能的影响. 化学反应工程与工艺, 2008, 24(3): 199-203.

2008-264 韦亮光, 梁家标, 罗博, 赖广辉, 张善琦, 周利海, 钟安建. Axcox X荧光光谱仪在平果万佳立窑水泥生产中的应用. 企业科技与发展, 2008, (14): 76-77.

2008-265 魏国锋, 秦颍, 韩楚文, 曲毅, 王昌燧, 董亚巍. 大冶李德贵冶炼遗址矿冶遗物分析. 岩矿测试, 2008, 27(2): 99-102.

2008-266 魏红兵, 彭永烽, 魏恒勇. 坳岭瓷石的化学与矿物组成及其工艺性能研究. 江苏陶瓷, 2008, 41(4): 7-9.

2008-267 魏红兵, 彭永烽, 魏恒勇, 冯果. 马龙塘瓷石的化学与矿物组成及其工艺性能研究. 佛山陶瓷, 2008, 18(11): 4-6.

2008-268 魏振林, 李禾, 芮玉奎. X射线荧光光谱法分析癌症村土壤主量元素. 光谱学与光谱分析, 2008, 28(11): 2706-2707.

2008-269 翁秀兰, 颜桂炀, 郑柳萍, 李丽丽. MnAPO-5分子筛光催化降解亚甲基蓝. 石油化工, 2008, 37(8): 846-851.

2008-270 邬蓓蕾, 王松青, 王谦, 林振兴. X射线荧光光谱法直接测定燃料油中铝、硅、硫、钒. 理化检验-化学分册, 2008, 44(10): 913-916.

2008-271 吴建平, 邹永祥, 黄春峰, 周建斌, 李兵兵. XRF技术在石油钻井岩屑分析中的应用研究. 核技术, 2008, 31(12): 910-914.

2008-272 吴文清, 史同飞, 张国斌, 符义兵, 潘志云, 孙治湖, 闫文盛, 徐彭寿, 韦世强. $Zn_{1-x}Co_xO$稀磁半导体薄膜的结构及其磁性研究. 物理学报, 2008, 57(7): 4328-4333.

2008-273 吴小红, 徐永宏, 高新华. 一种用X射线荧光光谱法测定硅酸盐及碳酸盐类样品中氧化物的通用方法. 冶金分析, 2008, 28(12): 17-22.

2008-274 吴越, 方方, 向铭, 修博. EDXRF技术在金属矿勘查中的应用. 核电子学与探测技术, 2008, 28(6): 1258-1260, 1302.

2008-275 武映梅, 宋兆华. X射线荧光光谱同时测定生铁中16个杂质元素. 南方金属, 2008, (5): 35-39.

2008-276 夏君定, 王维达. 不同热释光法测定洛阳唐三彩年代结果比较. 文物保护与考古科学, 2008, 20(S): 73-78.

2008-277 夏尚铭, 赖万昌, 于姗姗, 程锋, 郭伟. 特征元素增量法直接测定富镍矿石的品位. 核电子学与探测技术, 2008, 28(5): 968-970.

2008-278 肖国拾, 陈博, 王威. X射线荧光光谱测定稀土铁氧体的方法研究. 世界地质, 2008, 27(3): 329-331.

2008-279 肖淑芳, 周斌, 杨小云, 杜艾, 张志华, 吴广明, 沈军. 快速制备含镍SiO_2气凝胶材料的研究与表征. 功能材料, 2008,

39(6): 1020-1023.

2008-280 谢晓华, 王博, 郭阳. 微波照射对牙本质钙、磷含量的影响. 哈尔滨医科大学学报, 2008, 42(2): 165-167.

2008-281 熊樱菲. 9世纪伊拉克阿巴斯蓝彩釉陶的检测及与8世纪中国唐三彩蓝彩的分析比较. 文物保护与考古科学, 2008, (3): 43.

2008-282 胥会祥, 赵凤起. 高纯硼粉的特性及其在富燃料推进剂中的应用研究. 固体火箭技术, 2008, 31(4): 368-373.

2008-283 徐彻, 罗仪文, 杨旭, 施少培, 奚建华. 微束X射线荧光分析法鉴别激光打印机墨粉的研究. 中国司法鉴定, 2008, (2): 21-24.

2008-284 徐飞高, 汤剑, 高士祥. 大气污染对南京市麒麟镇麒麟石刻的风化影响. 环境污染与防治, 2008, 30(12): 36-39, 49.

2008-285 徐飞高, 汤剑, 高士祥. 南京市麒麟镇麒麟石刻风化壳的表征. 环境化学, 2008, 27(2): 251-255.

2008-286 徐家骥. 新型快速扫描XRF的实际应用. 电子质量, 2008, (11): 82.

2008-287 徐强, 吕鹏飞. 巧用X射线荧光分析仪快速分析原煤灰分. 水泥, 2008, (1): 43.

2008-288 徐婷婷, 夏宁, 张波. 熔片制样-X射线荧光光谱法测定海洋沉积物样品中主次量组分. 岩矿测试, 2008, 27(1): 74-76.

2008-289 徐文娟, 李广录, 陈洪玉, 赵存友. 油垢磨料形成机制及其对钢丝绳磨损作用机制分析. 润滑与密封, 2008, 33(12): 55-57, 24.

2008-290 许国仁, 邹金龙, 李圭白. 污泥资源化新技术——轻质污泥陶粒的研制. 城镇供水, 2008, (7): 5-8.

2008-291 许鸿雁, 鲍晓军, 王廷海, 王永刚. 高比表面积多孔Si层柱蒙脱土材料的合成和表征. 燃料化学学报, 2008, 36(2): 250-253.

2008-292 许磊, 杜爱萍, 魏迎旭, 孟霜鹤, 何艳丽, 王莹利, 于政锡, 张新志, 刘中民. 骨架富含Si(4Al)结构的SAPO-34分子筛的合成及其对甲醇制烯烃反应的催化性能. 催化学报, 2008, 29(8): 727-732.

2008-293 许霞. 超细二氧化钛粉体的表面无机包膜及其机理. 硅酸盐学报, 2008, 36(S1): 73-76.

2008-294 薛旭金, 侯红军, 王建萍. X射线荧光光谱法测定冰晶石各元素含量的研究. 轻金属, 2008, (1): 17-19.

2008-295 薛玉明, 徐传明, 张力, 孙云, 王伟, 杨保和. CIGS薄膜$(InGa)_2Se_3$-富Cu-富In(Ga)的演变. 光电子·激光, 2008, 19(3): 348-351.

2008-296 Xue Yuming, Yang Baohe, Qu Changqing, Zhang Li, Xu Chuanming, Sun Yun. Structural and electrical properties of co-evaporated In, Ga rich CIGS thin films. Optoelectronics Letters, 2008, 4(6): 0437-0439.

2008-297 闫玉生, 杨雪梅, 穆克亮. RBF网络在地质样品非线性基体效应校正中的应用. 物探化探计算技术, 2008, 30(2): 169-172, 84.

2008-298 阳益军. X射线荧光光谱法测定精炼合成渣中的CaO、Al_2O_3、MgO和SiO_2. 湖南有色金属, 2008, 24(6): 57-58.

2008-299 杨恒书, 李寿松. Courier6SL分析仪在选矿中的应用. 云南冶金, 2008, 37(3): 25-28, 31.

2008-300 杨明太, 吴伦强, 张连平. 材料表面覆盖层厚度无损测试技术. 核电子学与探测技术, 2008, 28(6): 1230-1234.

2008-301 杨明太, 张连平. WDXRF光谱仪与EDXRF光谱仪之异同. 核电子学与探测技术, 2008, 28(5): 1008-1011.

2008-302 杨群, 王怡林. 楚雄恐龙骨化石元素同步辐射XRF研究. 华东师范大学学报(自然科学版), 2008, (5): 110-115.

2008-303 杨群, 王怡林. 楚雄盆地恐龙化石和围岩的XRF全元素分析. 光散射学报, 2008, 20(4): 369-374.

2008-304 杨群, 王怡林, Ablett J. M.. SXRF分析恐龙脊椎头化石微量元素. 光散射学报, 2008, 20(1): 72-76.

2008-305 杨文光, 郑洪波, 谢昕, 周斌, 成鑫荣. 南海北部陆坡沉积记录的全新世早期夏季风极强事件. 第四纪研究, 2008, 28(3): 425-430.

2008-306 杨小云, 周斌, 肖淑芳, 杜艾, 吴广明, 沈军. 高比表面积 Ag 掺杂 SiO_2 气凝胶的制备及表征. 材料科学与工程学报, 2008, 26(5): 735-738.

2008-307 杨新能, 谢冲明. X 射线荧光光谱法测定铁矿石中化学成分. 云南冶金, 2008, 37(6): 58-60, 64.

2008-308 杨雪梅. X 射线荧光光谱法测定硅砂中杂质元素. 理化检验-化学分册, 2008, (6): 538-539.

2008-309 杨一青, 王亚红, 张忠东, 潘志爽, 陈慧. 用射线荧光光谱法测定助催化剂中磷和铁的含量. 炼油与化工, 2008, 19(4): 47-49, 65-66.

2008-310 杨益民, 汪丽华, 朱剑, 王昌燧, 阎焰, 陈栋梁, 何伟, 黄宇营, 华巍, 徐伟. 红绿彩瓷化妆土的线扫描分析. 核技术, 2008, 31(9): 653-657.

2008-311 杨玉辉, 刘民, 宋春山, 郭新闻. 改性 Y 分子筛的吸附脱硫性能. 石油学报 (石油加工), 2008, 24(4): 383-387.

2008-312 杨忠平, 卢文喜, 辛欣, 李俊, 李平. 长春市城市土壤铅同位素组成特征及其来源解析. 吉林大学学报 (地球科学版), 2008, 38(4): 663-669.

2008-313 姚德, 孙梅, 杨富贵, 蒋恒毅, 李功胜, 丁春晓. 青岛城区土壤重金属环境地球化学研究. 中国地质, 2008, 35(3): 539-550.

2008-314 叶彬, 孙涛, 万爱福, 王朝斗, 张传政. X 射线荧光光谱法测定高锰铁矿石中铁. 理化检验-化学分册, 2008, 44(10): 1011, 1016.

2008-315 叶玮, 朱丽东, 李凤全, 杨立辉, Shinji Kanayama, Sadayo Yabuki. 中国中亚热带网纹红土的地球化学特征与沉积环境. 土壤学报, 2008, 45(3): 385-391.

2008-316 易伟松, 后德家, 罗贤清, 王海婴. 国外体内 X 射线荧光骨铅检测研究三十年. 广东微量元素科学, 2008, 15(10): 1-5.

2008-317 殷勇. X 射线荧光分析在区域地球化学勘查样品分析中的应用. 中国测试技术, 2008, 34(6): 89-92.

2008-318 殷钰, 李勇. X 射线荧光光谱法在水泥生料检测中的应用. 山东建材, 2008, (2): 21-25.

2008-319 殷钰, 石保莉. 浅谈能量色散 X 荧光分析仪的调试要点. 山东建材, 2008, (1): 28-31.

2008-320 尤宏, 齐维晓, 王保军, 杨敏军. TiO_2 掺杂 PbO_2 电极及其在电解法制臭氧中的应用研究. 材料科学与工艺, 2008, 16(6): 781-784, 789.

2008-321 于敦喜, 徐明厚, 姚洪, 刘小伟, 周科, 温昶, 李琳. 燃煤纳米颗粒物的物化特性及其潜在健康危害. 科学通报, 2008, 53(21): 2654-2660.

2008-322 于桂萍. X 射线荧光光谱分析方法测定锰硅合金中钛的质量分数. 铁合金, 2008, (4): 42-44.

2008-323 于洪浩, 薛向欣, 黄大威. 铁尾矿制备白炭黑的实验研究. 过程工程学报, 2008, 8(2): 300-304.

2008-324 于宗仁, 孙柏年, 范宇权, 苏伯民. 榆林窟元代壁画黄色颜料初步研究. 敦煌研究, 2008, (6): 46-49.

2008-325 袁月琴, 马晓旻, 张正荣. X 荧光测量在横坡银矿普查中的应用. 西部资源, 2008, (1): 62-64.

2008-326 曾建平. X 射线荧光光谱法测定黄砂中的金和铂含量. 无机盐工业, 2008, 40(12): 59-61.

2008-327 翟丽华, 何连生, 席北斗, 陈月, 孟睿, 霍守亮, 刘鸿亮. 湿地介质高炉矿渣磷吸附与再生能力研究. 环境科学, 2008, 29(12): 3410-3414.

2008-328 翟玲娟, 刘民, 董香梅, 宋春山, 郭新闻. 柠檬酸浸渍改性 H-β 沸石对 2-(4′-乙基苯甲酰基) 苯甲酸脱水合成 2-乙基蒽醌反应的催化性能. 催化学报, 2008, 29(8): 701-704.

2008-329 张爱芬, 马慧侠, 高新华. X 射线荧光光谱法测定铝用炭素材料中微量元素.

冶金分析, 2008, 28(4): 27-30.

2008-330 张帮, 葛良全, 程峰, 戴振麟, 贾牧霖. 不规则样品中元素含量XRF测定的校正. 核电子学与探测技术, 2008, 28(5): 961-964, 914.

2008-331 张衡, 赵凤起, 仪建华, 张晓宏, 胡荣祖, 徐司雨, 任晓宁. 3-硝基邻苯二甲酸锆的制备、热分解机理及非等温反应动力学 (英文). 物理化学学报, 2008, 24(12): 2263-2267.

2008-332 张红波, 王刚, 郜剑英, 周继伟, 周军, 梁辉. 自蔓延制备高纯二硅化钼粉体. 稀有金属材料与工程, 2008, 37(S1): 686-688.

2008-333 张红梅, 王文静. X射线荧光光谱法测定桔梗中的微量元素. 光谱实验室, 2008, 25(5): 925-926.

2008-334 张红梅, 王文静, 李兴元. X射线荧光光谱法测定螺旋藻和阿胶中微量元素. 光谱实验室, 2008, 25(2): 150-151.

2008-335 张建波, 林力, 王谦, 刘在美, 李劲竹. X射线荧光光谱法同时测定镍红土矿中主次成分. 冶金分析, 2008, 28(1): 15-19.

2008-336 张锦秋, 安茂忠, 常立民, 刘桂媛. 主盐浓度和工艺条件对Sn-Ag-Cu合金镀层组成和形貌的影响. 无机化学学报, 2008, 24(7): 1056-1061.

2008-337 张俊萍, 陈希明, 李杰, 陈霞. Cr掺杂浓度对ZnO基稀磁半导体生长结构的影响. 天津理工大学学报, 2008, 24(3): 18-20.

2008-338 张力, 何青, 徐传明, 薛玉明, 李长健, 孙云. The effect of composition on structural and electronic properties in polycrystalline $CuGaSe_2$ thin film. Chinese Physics B, 2008, 17(8): 3138-3142.

2008-339 张林艳, 戴挺. 能量色散X射线荧光光谱仪的现状. 现代仪器, 2008, (5): 50-53.

2008-340 张茂林, 贾兴和, 毛振伟, 朱铁权, 王昌燧, 黄宇营, 何伟. 斯里兰卡曼泰遗址出土青花瓷的化学成分分析及产地初探. 岩矿测试, 2008, 27(1): 37-40.

2008-341 Zhang Peiping, Liu Shufeng, Shi Xuefa, Lu Huahua, Liu Juanjuan, Chi Xiaoguo. Property and performance amelioration of pelagic clay from the East Pacific. Global Geology, 2008, 11(2): 110-114.

2008-342 张勤, 李国会, 樊守忠, 潘晏山. X射线荧光光谱法测定土壤和水系沉积物等样品中碳、氮、氟、氯、硫、溴等42种主次和痕量元素. 分析试验室, 2008, 27(11): 51-57.

2008-343 张仁健, 韩志伟, 沈振兴, 曹军骥. Continuous measurement of number concentrations and elemental composition of aerosol particles for a dust storm event in Beijing. Advances in Atmospheric Sciences, 2008, 25(1): 89-95.

2008-344 张如意, 顾宇曦, 张爱芸, 毕文彦. 微量/痕量氯测定方法进展. 河南理工大学学报 (自然科学版), 2008, 27(4): 481-487.

2008-345 张耀君, 张莉. 复合材料CdS/Al-HMS的制备及可见光催化降解污染物制氢活性研究. 无机材料学报, 2008, 23(1): 66-70.

2008-346 张振忠, 江成军, 赵芳霞, 段志伟, 曹娟. 直流电弧等离子体法制备超细银钯合金粉. 稀有金属材料与工程, 2008, 37(11): 1987-1991.

2008-347 赵锋伟, 杨建明, 吕剑. 胺化反应合成乙二胺催化剂的研究. 工业催化, 2008, 16(2): 70-72.

2008-348 赵国燕, 候琳琳, 刘院英, 郭金福. 青铜器及其陶范考古中常用的分析方法研究. 安阳师范学院学报, 2008, (2): 82-86.

2008-349 赵宏樵, 韩喜彬, 陈荣华, 初凤友, 高水土. 南海北部191柱状沉积物主元素特征及其古环境意义. 海洋学报 (中文版), 2008, 30(6): 85-93.

2008-350 赵建军, 李杰, 曾荣杰, 周俊武. 对数螺旋线型分光晶体的应用研究. 矿冶, 2008, 17(3): 81-84, 95.

2008-351 赵静, 王丽琴, 周文晖. 唐墓彩绘文物的保护研究. 文物保护与考古科学, 2008, 20(2): 38-45.

2008-352 赵培侠, 刘靖. 改性Hβ沸石的物化性能表征. 辽宁化工, 2008, 37(1): 11-15.

2008-353 甄洪香, 徐增芹, 葛镧. 能量色散偏振X射线荧光光谱法测定生铁中锰和钛. 理化检验-化学分册, 2008, 44(2): 164-165.

2008-354 郑清林. TXRF法测定聚丙烯材料中有害元素的含量. 现代仪器, 2008, (4): 22-24.

2008-355 郑维明, 宋游, 刘桂娇, 吴继宗, 陈晨. 封闭式石墨晶体预衍射X射线荧光装置在钚纯化过程中的应用. 中国原子能科学研究院年报, 2008, (0): 265-266.

2008-356 Zheng Weiming, Song You, Liu Guijiao, Wu Jizong, Chen Chen. Study and application of closed HOPG diffractive EDXRF in research of Pu purification. Annual Report of China Institute of Atomic Energy, 2008, (0): 228.

2008-357 Zheng Weiming, Wu Jizong, Song You, Chen Chen, Liu Guijiao. Study and application of source excited XRF equipment. Annual Report of China Institute of Atomic Energy, 2008, (0): 227.

2008-358 郑维明, 吴继宗, 宋游, 陈晨, 刘桂娇. 源激发X射线荧光分析装置研制及其应用. 中国原子能科学研究院年报, 2008, (0): 265.

2008-359 钟代果. 铝土矿中主成分的X射线荧光光谱分析. 岩矿测试, 2008, 27(1): 71-73.

2008-360 钟福平, 何明奕, 王胜民, 国礼杰. 稀土对机械镀锌铝镀层中微量铝的影响. 腐蚀与防护, 2008, 29(6): 313-315.

2008-361 钟毅, 高翔, 霍旺, 王惠挺, 骆仲泱, 倪明江, 岑可法. 湿法烟气脱硫系统气-气换热器的结垢分析. 动力工程, 2008, 28(2): 275-278.

2008-362 周浩然, 赵德明, 刘新刚, 林飞, 范勇. 无机纳米氧化铝/聚酰亚胺复合膜的表征. 光谱学与光谱分析, 2008, 28(3): 707-710.

2008-363 周晖, 温庆平, 郑军, 桑瑞鹏, 万志华. 工件台转速对非平衡磁控溅射沉积MoS_2-Ti复合薄膜的结构与性能影响. 润滑与密封, 2008, 33(4): 1-3, 19.

2008-364 Zhou ShaoHua, Fu Lue, Liang BaoLiu. Clustering analysis of ancient celadon based on SOM neural network. Science in China (Series E: Technological Sciences), 2008, 51(7): 999-1007.

2008-365 周少华, 付略, 梁宝鎏. EDXRF微量元素分析在文物断源断代中的研究. 光谱学与光谱分析, 2008, 28(5): 1181-1185.

2008-366 周少华, 付略, 梁宝鎏. 基于SOM神经网络的古代青瓷聚类分析. 中国科学(E辑: 技术科学), 2008, 38(7): 1089-1096.

2008-367 朱宝忠, 孙运兰, 谢承卫. 不同煅烧温度下贵州兴义煤矸石的光谱学研究. 煤炭学报, 2008, 33(9): 1049-1052.

2008-368 朱诚, 崔之久, 李中轩, 高洁, 王立新, 邬祥林, 郑朝贵, 沈庆凡, 郑献章. 浙江缙云县大洋山石鼓尖花岗岩坑穴成因. 地理学报, 2008, 63(7): 735-743.

2008-369 朱崇兵, 金保升, 仲兆平, 李锋, 翟俊霞. V_2O_5-WO_3/TiO_2烟气脱硝催化剂的载体选择. 中国电机工程学报, 2008, 28(11): 41-47.

2008-370 朱根庆, 何国贤, 康永贵. X射线荧光录井资料基本解释方法. 录井工程, 2008, 19(4): 6-11, 81.

2008-371 朱志良, 秦琴. 痕量砷的形态分析方法研究进展. 光谱学与光谱分析, 2008, 28(5): 1176-1180.

2008-372 邹永祥, 吴建平. 基于多分辨率分析的X荧光能谱的除噪与弱峰检测. 核技术, 2008, 31(4): 260-264.

2008-373 邹永祥, 吴建平, 曾定平. 多道X荧光仪在地化测井岩性识别中的应用研究. 石油天然气学报, 2008, 30(5): 218-221, 384.

2008-374 邹志明, 李敏, 闻荻江. 带溴端基的活性膜/多孔 SiO$_2$ 复合体. 应用化学, 2008, 25(11): 1320-1323.

2009 年 (2009)

2009-001 艾韬, 何念银, 胡迎飞, 郑金标. 硅材料的化学提纯工艺优化研究. 化学世界, 2009, (1): 11-14.

2009-002 安身平, 王树安, 廖志海, 吕平平. X 射线荧光光谱法测定镍基合金中镍、铬、钼、铌含量. 理化检验-化学分册, 2009, 45(11): 1339-1340, 1342.

2009-003 白进伟, 迟燕华, 胡亚敏. 溶菌酶与矿物粉尘反应行为的模拟研究. 西南科技大学学报, 2009, 24(2): 70-73.

2009-004 白杉, 张帆, 唐木智明, 赵欣欣, 温遇卿. 铌酸钾钙无铅压电陶瓷粉体的水热法制备. 陶瓷学报, 2009, 30(4): 428-431.

2009-005 Bales Steven J. 从表面处理推测实质. 现代制造, 2009, (15): 24.

2009-006 包良满, 林俊, 刘卫, 陆文忠, 张桂林, 李燕, 马陈燕, 赵屹东, 何伟, 胡天斗. Investigation of sulfur speciation in particles from small coal-burning boiler by XANES spectroscopy. 中国物理 C, 2009, 33(11): 1001-1005.

2009-007 包良满, 张桂林, 张元勋, 李燕, 林俊, 刘卫, 曹清晨, 赵屹东, 马陈燕, 韩勇. Transfer characterization of sulfur from coal-burning emission to plant leaves by PIXE and XANES. 中国物理 C, 2009, 33(11): 1010-1015.

2009-008 包良满, 张元勋, 李晓林, 李燕, 刘卫, 赵屹东, 马陈燕, 韩勇. 上海工业区大气颗粒物中硫的化学形态和分布. 中国环境科学, 2009, 29(3): 231-236.

2009-009 边归国. 大气颗粒物中铅污染来源解析技术. 中国环境监测, 2009, 25(2): 48-52.

2009-010 Bonvin Didier, Ravi Yellepeddi. X 射线荧光光谱法和 X 射线衍射技术在钢铁工业中的最新进展: 化学分析与相分析的结合. 冶金分析, 2009, 29(12): 1-6.

2009-011 曹顿华, 刘永建, 赵广军, 陈建玉, 董勤, 丁雨憧. 掺铈铝酸钇闪烁晶体自吸收问题研究. 光学学报, 2009, 29(12): 3463-3466.

2009-012 曹进, 姚志刚, 易娟, 赵燕, 钟婕, 袁华兵. 红碎茶对大鼠氟斑牙釉质形成及 12 种元素含量变化的影响. 卫生研究, 2009, 38(6): 725-729.

2009-013 曹清晨, 娄玉霞, 张元勋, 包良满, 曹同, 赵屹东, 陈栋梁, 张桂林, 李燕. 同步辐射 XRF 和 XANES 研究重金属污染环境中小羽藓体内硫元素的生物指示作用. 环境科学, 2009, 30(12): 3663-3668.

2009-014 曹毅春.《石油产品硫含量的测定波长色散 X 射线荧光光谱法》的修订. 石油商技, 2009, (2): 50-53.

2009-015 陈超, 江向平, 林迪, 刘洪, 张钦辉, 罗豪甦. 分凝对 0.80Na$_{1/2}$Bi$_{1/2}$TiO$_3$-0.20BaTiO$_3$ 铁电单晶电学性能的影响. 硅酸盐学报, 2009, 37(8): 1322-1327.

2009-016 陈超, 王向宇, 常影, 刘惠玲. 纳米钯/铁双金属颗粒对一氯乙酸的脱氯. 材料科学与工艺, 2009, 17(4): 535-538.

2009-017 陈丁滢, 吴奕阳, 谢启耀. 饰品中有害元素的限定及无损检测方法的前瞻. 上海计量测试, 2009, (3): 2-3.

2009-018 陈海. X 荧光光谱法快速分析转炉炉前铁水样. 柳钢科技, 2009, (3): 43-46.

2009-019 陈洪玉, 张鹤, 徐文娟. 矿井提升钢丝绳磨损原因的分析. 表面技术, 2009, 38(2): 85-86, 88.

2009-020 陈杰. 微波液相合成钛酸锶钡纳米粉体. 压电与声光, 2009, 31(4): 523-524, 527.

2009-021 陈景香. X 射线荧光技术在野外地质勘查中的应用. 青海科技, 2009, (2): 93-94.

2009-022 陈琳, 罗宏, 赵蛟, 仝晓刚. 钢铁中温锌-钙系黑磷化液研制. 电镀与涂饰, 2009, 28(7): 42-44.

2009-023 陈明驰, 周四春. 联袂应用 X 荧光与幅频激电法勘查川西某铜矿. 地质与勘探, 2009, 45(3): 299-303.

2009-024 陈然, 沈志虹, 齐欣, 齐颖, 李聃. Ti 在

TiY 分子筛骨架中的稳定性研究. 分子催化, 2009, 23(1): 7-10.

2009-025 陈荣. 同步光源之应用于病毒学研究. 生命科学, 2009, 21(1): 4-6.

2009-026 陈思学, 骆艳华, 王凡, 王克玉. X 射线荧光光谱法测定四氧化三锰中杂质含量. 现代矿业, 2009, (4): 86-87, 117.

2009-027 陈伟华, 杜磊, 庄奕琪, 包军林, 何亮, 张天福, 张雪. MOS 结构电离辐射效应模型研究. 物理学报, 2009, 58(6): 4090-4095.

2009-028 陈小强, 赖万昌, 张震, 陈亨贵, 于新华. 小波分析在 X 荧光光谱去噪声中的应用. 核电子学与探测技术, 2009, 29(4): 796-798, 831.

2009-029 陈永君, 王亚平, 许春雪, 郑妙子, 王苏明. X 射线荧光光谱用人工标准物质的研制. 岩矿测试, 2009, 28(5): 462-466.

2009-030 陈志红, 马美玲. 微波水热制备 Cu_2O/Cu 可见光响应催化剂及性能研究. 陕西师范大学学报 (自然科学版), 2009, 37(4): 52-55.

2009-031 程辉, 赵伟, 陈润, 吴维青, 李秀容, 郑明. 反复熔铸对镍铬烤瓷合金化学成分和微观组织结构的影响. 中国组织工程研究与临床康复, 2009, 13(38): 7511-7516.

2009-032 程进. 钴内标玻璃熔片 X 射线荧光光谱法分析铁矿石中的主、次元素. 福建分析测试, 2009, 18(1): 46-49.

2009-033 程文萍, 梁学正, 杨建国, 何鸣元. FCC 硫转移剂 MgAlCuFe 复合氧化物的结构与性能: Fe 和 Cu 含量的影响. 催化学报, 2009, 31(1): 31-36.

2009-034 程晓维, 何秋平, 贺鹤勇, 龙英才. 天然 CXN 沸石水热改性及水热稳定性. 石油学报 (石油加工), 2009, (S): 95-101.

2009-035 程佑法, 王继扬, 田亮光, 张怀金, 李建军. 离子注入技术在山东蓝宝石优化处理中的应用. 人工晶体学报, 2009, 38(6): 1472-1476.

2009-036 Choudhary Gagan, 黄艺兰《宝石和宝石学杂志》编辑部. Tairus 合成绿柱石的宝石学特征. 宝石和宝石学杂志, 2009, 11(1): 28-30, 2.

2009-037 丛兴顺. Fe/Cr-Si 柱撑蒙脱石催化剂的合成及表征. 工业催化, 2009, 17(8): 34-38.

2009-038 崔黎黎. X 射线荧光光谱法测定铁矿石中主次成分. 冶金分析, 2009, 29(12): 21-24.

2009-039 崔敏利, 张宝林, 苏捷, 徐永生. 印尼苏拉威西岛红土型镍矿的高效快速勘查模式. 地质与勘探, 2009, 45(4): 417-422.

2009-040 崔鹏飞, 冀勇, 李国霞, 赵维娟, 孙洪巍, 李融武, 赵青云, 孙新民, 赵文军, 谢建忠, 郭敏, 高正耀, 承焕生, 杨勇. 基于支持向量机的古名瓷分类研究. 河南师范大学学报 (自然科学版), 2009, 37(2): 78-81.

2009-041 戴汉斌, 曹达旺, 吴越. XRF 技术在多金属矿勘查中的应用效果. 西部探矿工程, 2009, (11): 157-158, 160.

2009-042 戴学谦. 离心浇铸制样-X 射线荧光光谱法测定钼铁中钼硅磷铜. 理化检验-化学分册, 2009, 45(5): 549-551.

2009-043 邓常劼, 王铎, 徐彬, 白帆. 碧玺充填探讨. 宝石和宝石学杂志, 2009, 11(3): 42-43, 58.

2009-044 邓启红, 时冰冰, 李剑东, 路婵. 大学教室颗粒物 PM_{10} 化学组分特性及源解析. 中南大学学报 (自然科学版), 2009, 40(2): 322-328.

2009-045 邓赛文, 梁国立, 刘以建, 马天芳. GGB-1 型 X 射线荧光光谱分析高频感应熔样机的性能与应用. 岩矿测试, 2009, 28(2): 169-172.

2009-046 邓森, 杨军锋. 基于 LabVIEW 的航空发动机滑油故障检测系统设计. 电子测量技术, 2009, 32(9): 89-92, 110.

2009-047 丁建文, 石名磊. 富含磷石膏道路底基层改良再生现场试验与应用. 施工技术, 2009, 38(4): 98-100.

2009-048 董彦辉, 李光平, 郑庆瑜. X 荧光光谱在溅射工艺研究中的应用. 现代仪器,

2009, (4): 13-14.

2009-049 钭启升, 刘小锋, 唐有根. Al-Ga-Bi-Pb 合金在碱性电解液中的电化学行为. 电源技术, 2009, 33(5): 368-370.

2009-050 Du Feng, Su Baoru. Investigation of "chazi" (damaged-enamels) on Chenghua doucai Porcelains. Science in China (Series E: Technological Sciences), 2009, 52(6): 1722-1729.

2009-051 杜静, 余加祐, 徐云鹏, 王少君, 马英冲. 离子液体中 NaX 分子筛的二次合成. 大连工业大学学报, 2009, 28(4): 267-270.

2009-052 杜军炜, 范宗民, 王烨江. X 射线荧光分析熟料标准曲线的建立方法. 化学工程与装备, 2009, (7): 146, 124.

2009-053 杜治国, 朱泽民. IQ+无标样定量分析软件在氧化铁红测定中的应用. 矿冶, 2009, 18(3): 100-103.

2009-054 范建良, 冯锡淇, 郭守国, 刘学良. 电气石晶体的光学吸收谱. 硅酸盐学报, 2009, 37(4): 523-530.

2009-055 范力茹, 刘玉文, 王宽, 李媛, 孙奇娜. 试样状态对 Cu-Cr 合金脱铬腐蚀的影响. 中国腐蚀与防护学报, 2009, 29(1): 15-18, 23.

2009-056 冯承杰. 煤灰主次成分测定方法的研究. 冶金标准化与质量, 2009, 47(3): 14-15, 22.

2009-057 冯晓军, 叶罕章. X 射线荧光光谱快速分析浮选磷矿中的 P_2O_5 和 MgO. 磷肥与复肥, 2009, 24(2): 65-66.

2009-058 封鉴秋, 马成良, 李素平, 贾晓林, 岳海军. 郑州巩义红黏土的工艺性能研究. 非金属矿, 2009, 32(1): 42-44.

2009-059 Fiantis Dian, Nelson Malik, Ranst Eric Van, Shamshuddin Jusop, Qafoku Nikolla P.. Chemical weathering of new pyroclastic deposits from Mt. Merapi (Java), Indonesia. Journal of Mountain Science, 2009, (3): 240-254.

2009-060 付宝荣, 陈修梅. 锰矿中多元素的 X 射线荧光光谱分析. 甘肃冶金, 2009, 31(2): 66-68, 71.

2009-061 傅远, 薛松, 魏向军, 姜政, 顾颂琦, 陈明, 黄宇营, 余笑寒. 上海光源 XAFS 光束线高次谐波抑制镜系统研制. 核技术, 2009, 32(10): 729-732.

2009-062 干福熹, 承焕生, 胡永庆, 马波, 顾冬红. 河南淅川徐家岭出土中国最早的蜻蜓眼玻璃珠的研究. 中国科学 (E辑: 技术科学), 2009, 39(4): 787-792.

2009-063 Gan Fuxi, Cheng Huansheng, Hu Yongqing, Ma Bo, Gu Donghong. Study on the most early glass eye-beads in China unearthed from Xu Jialing Tomb in Xichuan of Henan Province, China. Science in China (Series E: Technological Sciences), 2009, 52(4): 922-927.

2009-064 干福熹, 胡永庆, 董俊卿, 王龙正, 承焕生. 河南平顶山应国墓地出土料珠和料管的分析. 硅酸盐学报, 2009, 37(6): 1005-1016.

2009-065 甘新式, 杨家敏, 易荣清, 张继彦, 赵屹东, 赵阳, 郑雷, 马陈艳, 陈凯, 崔明启, 邓爱红. RAP 晶体积分衍射效率的实验研究. 光子学报, 2009, 38(4): 947-950.

2009-066 葛江洪. X 射线荧光光谱法测定土壤样品中 C 和 N 等 30 个主次痕量元素. 化学工程师, 2009, (7): 44-48.

2009-067 葛瑞光, 陈卓, 孙红哲. 金属组学: 研究生命体系中金属离子的前沿交叉学科. 中国科学 (B 辑: 化学), 2009, 39(7): 590-606.

2009-068 葛坦, 韩江伟. 涠洲岛和斜阳岛红色风化壳粘土矿物和化学特征及成土环境研究. 中国地质, 2009, 36(1): 203-213.

2009-069 Geba Maria, Vlad Ana-Maria, Turcanu Senica, Lacatusu Codrin, Vornicu Nicoleta. 库库提尼文明——新石器时代彩陶研究资料库的建立 (英文). 文博, 2009, (6): 365-370.

2009-070 顾炳伟, 王培铭. 不同产地煤矸石特征及其火山灰活性研究. 煤炭科学技术, 2009, 37(12): 113-116, 74.

2009-071 关颖, 郭西华, 杨腊虎, 王志宙, 邱立杰, 朱二旷, 王立鹏. 真伪阿胶的 X 射线荧光分析及 X 射线衍射鉴别研究. 药物分析杂志, 2009, 29(10): 1658-1661.

2009-072 郭冬发, 范光, 武朝晖, 欧光习, 崔建勇, 刘汉彬, 张彦辉, 夏晨光, 刘立坤, 李振涛, 葛祥坤. 铀矿地质钻探岩心样品系统分析法. 铀矿地质, 2009, 25(2): 122-128.

2009-073 郭亚涤, 余煜玺, 程璇, 张颖. 先驱体转化法原位制备 TiO_2 膜层 SiO_2 纤维. 硅酸盐学报, 2009, 37(11): 1873-1879.

2009-074 郭永环, 范希营, 王广丰. 镧、钇元素对低碳钢焊条熔敷金属影响的研究. 中国稀土学报, 2009, 27(2): 272-275.

2009-075 郭子峰, 王林江, 吴群英, 张燕. 有机废水氧化催化剂氧化铁-二氧化锰-二氧化钛/γ-氧化铝的研究. 无机盐工业, 2009, 41(5): 33-35.

2009-076 何秋平, 程晓维, 鄢浩, 龙英才. 天然 CXN 沸石分子筛水热稳定性研究 I. 水热稳定性影响因素. 化学学报, 2009, 67(18): 2060-2066.

2009-077 贺茂云, 肖波, 胡智泉, 刘石明, 郭献军. 镍基催化剂的制备及其对垃圾气化产氢的催化活性. 中国环境科学, 2009, 29(4): 391-396.

2009-078 赫连青军, 刘树文. ELV 指令中四种有害物质检测方法的研究. 上海汽车, 2009, (1): 41-43.

2009-079 洪江星. X 射线荧光光谱法用于不锈钢建材元素分析的方法研究. 华中师范大学学报 (自然科学版), 2009, 43(1): 100-102.

2009-080 胡桂花, 张利娟, 郑会清. X 射线荧光光谱法测定硅铁中硅铝钙. 理化检验-化学分册, 2009, 45(10): 1239, 1244.

2009-081 胡劲, 陈晓峰, 赵娜如, 孟永春, 苗国厚, 李玉莉. 生物玻璃显色机理及其体外矿化性能的研究. 硅酸盐通报, 2009, 28(2): 213-218.

2009-082 胡孙林, 沈辉, 戴维列, 张小婷, 钟伟健, 方超, 王松才. 微束 X 射线荧光光谱分析技术在一种黑色纸张物证检验中的应用研究. 分析测试学报, 2009, 28(7): 824-828.

2009-083 胡晓燕. X 射线荧光光谱法测定碳酸盐岩样品中的主量元素. 矿物学报, 2009, (S): 597-598.

2009-084 华丽, 郭兴蓬, 杨家宽. 便携式 EDXRF 在 RoHS 符合性实践中应用及其影响因素分析. 华中师范大学学报 (自然科学版), 2009, 43(4): 622-627.

2009-085 黄东辉, 肖才锦, 倪邦发, 田伟之, 张元勋, 王平生, 张贵英, 刘存兄. 适用于微分析质控的标准物质的探索. 原子能科学技术, 2009, 43(12): 1123-1127.

2009-086 黄立章, 金腊华, 万金保. 土壤重金属生物有效性评价方法. 江西农业学报, 2009, 21(4): 129-132.

2009-087 黄宁, 王鹏, 龙先灌. OLAM 神经网络分析 X 荧光谱的预处理研究. 四川大学学报 (自然科学版), 2009, 46(5): 1357-1360.

2009-088 黄启厅, 周炼清, 史舟, 李震宇, 顾群. FPXRF——偏最小二乘法定量分析土壤中的铅含量. 光谱学与光谱分析, 2009, 29(5): 1434-1438.

2009-089 黄秋, 方方, 赖万昌, 杨强, 程锋. 基于 PC/104 计算机的 X 荧光分析软件的研制. 核电子学与探测技术, 2009, 29(4): 860-863, 905.

2009-090 黄文啓. CIGS 薄膜太阳能电池之单靶溅镀制程及应用. 上海电力, 2009, (5): 351-354, 376.

2009-091 黄晓明. X 荧光光谱仪点检维护. 设备管理与维修, 2009, (9): 19-21.

2009-092 黄嫣旻, 魏海萍, 张元茂. 上海吴淞地区 PM_{10} 中重金属的来源分析. 环境科学与技术, 2009, 32(1): 130-133.

2009-093 黄瑛, 常宏岗. 在 CO_2-H_2S-H_2O 系统中表面膜对碳钢腐蚀的影响. 国外油田工程, 2009, 25(6): 50-52.

2009-094 黄珍. ARL9800XP 荧光光谱议故障分析及维修. 农村经济与科技, 2009, 20(10): 97-98.

2009-095 黄珍. X 射线荧光光谱分析粉末样品制备方法的改进. 农村经济与科技, 2009,

20(11): 91.

2009-096 黄志青, 马跃龙, 田辉平, 齐世锋. 多维 NaY 分子筛的水热稳定性研究. 工业催化, 2009, 17(10): 27-31.

2009-097 纪晓磊. X 射线荧光分析石灰石标样的制作. 水泥, 2009, (2): 37-38.

2009-098 冀勇, 赵志文, 杨大伟, 王升. 当阳峪窑酱釉瓷和白地黑花瓷原料产地的散布分析. 郑州大学学报（理学版）, 2009, 41(2): 82-86.

2009-099 贾立宇, 史玉芳, 李大勇, 李守权. X 射线荧光光谱法测定土壤中主、次、微量元素. 贵州地质, 2009, 26(1): 65-72.

2009-100 江厚敏, 易伟松. 体内 X 射线荧光骨铅检测技术: 从原理到临床. 中国医学物理学杂志, 2009, 26(5): 1399-1401, 1414.

2009-101 江莉龙, 杨阳, 叶炳火, 魏可镁. 高比表面积的铝土矿载体制备及其在 CO 氧化反应中的应用. 化工进展, 2009, (S): 417.

2009-102 蒋革, 邓文胜, 龚贵权, 钟小平, 黄绍基, 李田华. 浅析 X 荧光成份分析仪在水泥生产过程中的应用. 自动化与仪器仪表, 2009, (3): 45-47.

2009-103 蒋海青, 叶勇, 杨晶元, 王晓钧, 张萍, 祖向阳. 太湖淤泥用作片状模塑料填料的探讨. 玻璃钢/复合材料, 2009, (4): 89-92.

2009-104 蒋薇. X 射线荧光光谱法测定蛇纹石成分. 化学分析计量, 2009, 18(3): 80-81.

2009-105 蒋薇. X 荧光光谱法测定除尘灰成分的实验研究. 山东冶金, 2009, 31(5): 146-147.

2009-106 金明善, 原慧卿, 荆济荣, 索掌怀, 孙力. 纳米金粒子与 R-藻红蛋白的相互作用. 高等学校化学学报, 2009, 30(6): 1183-1188.

2009-107 金普军, 秦颖, 胡雅丽, 黄四平, 胡文虎. 九连墩墓地 1、2 号墓出土青铜器上锈蚀产物分析. 江汉考古, 2009, (1): 112-119, 153.

2009-108 金普军, 谢元安, 李乃胜. 盱眙东阳汉墓两件木胎漆器髹漆工艺探讨. 文物保护与考古科学, 2009, 21(3): 53-58.

2009-109 靳彦军, 宋焕玲, 丑凌军. 改性 Y 型分子筛的吸附脱硫性能以及苯, 萘对吸附的影响. 分子催化, 2009, 23(5): 399-403.

2009-110 亢宇, 谢伦嘉, 王彦强, 王伟, 赵思源. 高比表面磺酸基改性介孔材料 SBA-16 的合成与催化活性. 硅酸盐学报, 2009, 37(11): 1859-1863.

2009-111 康葆强, 段鸿莺, 丁银忠, 李合, 苗建民, 赵长明, 富品莹. 黄瓦窑琉璃构件胎釉原料及烧制工艺研究. 南方文物, 2009, (3): 116-122.

2009-112 Kataoka Yoshiyukki, Furusa Wa Eiichi, Kohno Hisayuki, Arai Tomoya, Martin Al, Inoue Hisashi, Mantler Michael. 基本参数法 X 射线荧光光谱同时分析镍、钴和铁基合金. 冶金分析, 2009, 29(5): 6-11.

2009-113 Kodirov Obidjon, Shukurov Nosir. Heavy metal distribution in soils near the Almalyk mining and smelting industrial area, Uzbekistan. Acta Geologica Sinica (English Edition), 2009, 83(5): 985-990.

2009-114 赖万昌, 于姗姗, 唐斌. 基于 Labwindows/CVI 的虚拟核仪器软件. 核电子学与探测技术, 2009, 29(3): 580-583.

2009-115 Lee Jae Ho, Jang Jeong Hwan, Joo Byeong Don, Yim Hong Sup, Moon Young Hoon. Application of direct laser metal tooling for AISI H13 tool steel. Transactions of Nonferrous Metals Society of China, 2009, 19(S): 284-287.

2009-116 冷建平, 鲁钰, 卓尚军, 单华珍. 直接压片-X 射线荧光光谱法测定水泥中氧化钙和三氧化硫. 理化检验-化学分册, 2009, 45(10): 1230-1231.

2009-117 李波, 周四春. X 荧光与幅频激电法综合勘查川西北某铜矿. 甘肃地质, 2009, 18(2): 92-96, 81, 40.

2009-118 李丹, 徐应军. X 荧光分析中的质量控制方法. 甘肃冶金, 2009, 31(1): 59-60, 69.

2009-119 李定国, 熊永红, 许巍, 康颖, 章腾. 纳米 Fe_3O_4 磁性流体的制备与测试. 海军工程大学学报, 2009, 21(6): 1-5.

2009-120 李海波. 提高和改善 X 射线荧光光谱仪检测精度的方法. 大众标准化, 2009, (S2): 46-48.

2009-121 李海龙, 张军营, 赵永椿, 张凯, 张立麒, 郑楚光. 燃煤飞灰物理化学特性及其润湿机理研究. 工程热物理学报, 2009, 30(9): 1597-1600.

2009-122 李红日, 王广甫, 梁琨, 杨茹, 韩德俊. 掠入射质子荧光分析技术研究. 核电子学与探测技术, 2009, 29(3): 576-579.

2009-123 李红叶, 许海娥, 李小莉, 李国会, 安树清, 梁祖顺. 熔融制片-X 射线荧光光谱法测定磷矿石中主次量组分. 岩矿测试, 2009, 28(4): 379-381.

2009-124 李杰, 周俊武, 曾荣杰. 能量色散 X 射线荧光分析仪专用分析软件的开发. 矿冶, 2009, 18(2): 79-83.

2009-125 李进平, 侯浩波. Extraction of metals from boiler slag by sintering. Journal of Wuhan University of Technology (Materials Science Edition), 2009, 24(5): 736-741.

2009-126 李乃胜, 李清临, 姚政权, 毛振伟. 良渚文化陶器功用的初步科学研究. 光谱学与光谱分析, 2009, 29(1): 231-235.

2009-127 李瑞峰, 李建忠, 曹汐, 李响, 王亚静. 石油焦中晶体化合物粉末 X 射线衍射定性分析. 长江大学学报 (自然科学版) 理工卷, 2009, 6(3): 179-181.

2009-128 李涛, 杨益民, 王昌燧, 方晓阳, 谢云峰, 施继龙. 司马金龙墓出土木板漆画屏风残片的初步分析. 文物保护与考古科学, 2009, 21(3): 23-28.

2009-129 李伟文, 邢锋, 严志亮, 隋莉莉, 曹征良. 硫酸盐腐蚀环境下 CFRP-混凝土界面性能研究. 深圳大学学报 (理工版), 2009, 26(1): 86-91.

2009-130 李小莉, 安树清, 徐铁民, 杨丽峰, 李国会, 朱建峰. 熔片制样-X 射线荧光光谱法测定煤灰样品中主次量组分. 岩矿测试, 2009, 28(4): 385-387.

2009-131 李晓林, Iida A., 刘江峰, 包良满, 李燕, 张桂林. Source identification of individual $PM_{2.5}$ particles in Shanghai air in the winter of 2007 with synchrotron X-ray fluorescence microprobe. 中国物理 C, 2009, 33(11): 960-964.

2009-132 李新艳, 黄春长, 庞奖励, 何忠. 淮河上游全新世黄土与成壤环境变化 (英文). Journal of Geographical Sciences, 2009, 19(1): 107-117.

2009-133 李彦涛, 张运强, 贾晓鹏, 王改民, 马红安, 周林. 硫掺杂金刚石中杂质含量的表征与测定. 金刚石与磨料磨具工程, 2009, (4): 29-33.

2009-134 李一超, 李春山, 何国贤. X 射线荧光分析在岩屑录井中的应用. 岩石矿物学杂志, 2009, 28(1): 58-68.

2009-135 李颖, 李长贵, 张志刚. X 射线荧光光谱法测定耐火材料组分. 青海科技, 2009, (2): 49-51.

2009-136 李永梅, 高鹏, 韩家军, 李宁. 碱性硼氢化钠溶液析氢催化剂的研究. 电池工业, 2009, 14(6): 409-412.

2009-137 李玉锋, 高愈希, 陈春英, 李柏, 赵宇亮, 柴之芳. 金属组学: 高通量分析技术进展与展望. 中国科学 (B 辑: 化学), 2009, 39(7): 580-589.

2009-138 李玉鹍, 李武军, 张代. 铂钌合金标样的研制及测试. 贵金属, 2009, 30(3): 37-41.

2009-139 李玉霖, 狄敬如. 角质型金珊瑚与黑珊瑚的宝石学特征研究. 宝石和宝石学杂志, 2009, 11(2): 15-19, 4.

2009-140 李哲, 边明文. 能量色散 X 射线荧光光谱法快速测定低品位精钼矿中杂相 SiO_2 的含量. 矿物学报, 2009, 29(1): 129-131.

2009-141 李哲, 庹先国, 穆克亮, 王洪辉, 钟红梅. 矿样中钛铁 EDXRF 分析的基体效应和神经网络校正研究. 核技术, 2009, 32(1): 35-40.

2009-142 李智. X 射线荧光光谱法测定铝质耐火材料中的硅铝铁. 本钢技术, 2009, (3): 34-35.

2009-143 梁慧荣, 郭烈锦. 铜钼基硫氧化物催化剂及其光催化产氢性能. 太阳能学报, 2009, 30(10): 1151-1154.

2009-144 梁智红, 安艳, 黎秀娥. 粉末压片法XRF分析锰锌铁氧体磁性材料的成分. 光谱实验室, 2009, 26(6): 1626-1628.

2009-145 廖胡, 郭庆华, 梁钦锋, 张健, 廖敏, 于广锁. 多喷嘴对置式气化炉中飞灰性质. 化工学报, 2009, 60(11): 2918-2923.

2009-146 林俊, 包良满, 刘卫, 李燕, 李玉兰, 马陈燕, 赵屹东. Size distribution of sulfur species in fine and ultrafine aerosol particles using sulfur K-edge XANES. Chinese Physics C, 2009, 33(11): 965-968.

2009-147 林俊, 刘卫, 李燕, 包良满, 李玉兰, 许忠扬, 吴伟伟, 陈栋梁, 何伟. 上海市郊区大气细颗粒和超细颗粒物中元素粒径分布研究. 环境科学, 2009, 30(4): 982-987.

2009-148 林俊, 刘卫, 许忠扬, 李燕, 包良满, 李玉兰, 余笑寒, 陈栋梁, 何伟. Characteristics of element concentration of daytime and nighttime $PM_{2.5}$ in the suburbs of Shanghai using synchrotron XRF. Chinese Physics C, 2009, 33(11): 1006-1009.

2009-149 林正雄, 刘联惠, 林群, 叶玉莉. Recovery of tungsten and cobalt from wasted tungsten carbide. 过程工程学报, 2009, 9(S2): 93-96.

2009-150 凌燕, 黄建. 快速测定氟化铝中各元素含量. 世界有色金属, 2009, (5): 34-35.

2009-151 刘百利, 石爱霞, 于红燕. X荧光光谱法测定Nb-W-Mo合金中钨钼含量. 稀有金属与硬质合金, 2009, 37(2): 31-33.

2009-152 刘常青, 唐芳, 陈启元, 尹周澜, 张平民. 固体电解质在冰晶石熔盐中饱和溶解度及电解腐蚀率测定. 有色金属, 2009, 61(1): 46-49.

2009-153 刘春, 符斌. 在RoHS检测中大显身手的能量色散X射线荧光光谱仪. 中国仪器仪表, 2009, (1): 59-63.

2009-154 刘德丽, 陈丽姣, 何莹, 宋以斌. 光亮剂对电沉积枪黑色锡-钴合金的影响. 电镀与环保, 2009, 29(3): 26-29.

2009-155 刘海萍, 李宁, 毕四富. 聚乙烯亚胺对置换镀金过程中镍基体腐蚀的影响. 稀有金属材料与工程, 2009, 38(6): 1087-1090.

2009-156 刘红玉, 孙元元, 周元超, 任向前, 黄善强, 张锐, 卢红霞. 晶化温度对高炉渣微晶玻璃性能的影响. 稀有金属材料与工程, 2009, 38(S2): 674-677.

2009-157 刘建坤, 郑荣华. 粉末压片-X射线荧光光谱法测定碳酸盐中的CaO和MgO. 分析试验室, 2009, 28(S): 200-201.

2009-158 刘建坤, 郑荣华. 粉末压片-X射线荧光光谱法测定碳酸盐中的CaO和MgO. 现代科学仪器, 2009, (6): 109-110.

2009-159 刘江斌, 党亮, 余宇, 祝建国. X射线荧光光谱法同时测定铁矿石中的主次量组分. 分析测试技术与仪器, 2009, 15(4): 226-228.

2009-160 刘江峰, 包良满, 李晓林. 高能聚焦质子束无掩模刻写方法研究初步. 核技术, 2009, 32(6): 443-447.

2009-161 刘丽娟, 张娜, 刘瑜, 李勇超, 庄源益, 金朝晖. 硅钼黄分光光度法测定硅微粉中二氧化硅. 冶金分析, 2009, 29(10): 63-65.

2009-162 刘璐, 杨志刚, 刘殿龙, 张弛. 自组装方法化学沉积NiMoP镀层研究. 稀有金属材料与工程, 2009, 38(5): 895-900.

2009-163 刘明, 范德江. 长江、黄河入海沉积物中元素组成的对比. 海洋科学进展, 2009, 27(1): 42-50.

2009-164 刘明, 徐琳, 张爱滨, 潘力, 范德江. 台式偏振X射线荧光光谱仪在海洋沉积物元素分析中的应用. 中国海洋大学学报(自然科学版), 2009, 39(S): 421-427.

2009-165 刘沛国. 在化学王国的天空中翱翔——记广东检验检疫局享受国务院政府特殊津贴专家宋武元. 中国检验检疫, 2009, (7): 35-36.

2009-166 刘舜民. 用EDXRF研究钧台窑出土不

同时期古汝瓷的起源. 河南师范大学学报（自然科学版）, 2009, 37(4): 182-184.

2009-167 刘舜民, 杨大伟, 李融武, 郑炯鑫, 陈丽芳. 德化地区不同窑口青花瓷的质子激发 X 射线荧光分析. 河南师范大学学报（自然科学版）, 2009, 37(4): 178-181.

2009-168 刘卫东, 徐家跃, 江国健, 熊樱菲, 陆文宝, 戚水根. 用于无损检测古玉材质的新方法漫反射红外光谱. 应用激光, 2009, 29(6): 540-544.

2009-169 刘心中, 翁仁贵, 陈祖兴. 循环流化床粉煤灰加气混凝土制备研究（英文）. 中山大学学报（自然科学版）, 2009, 48(S2): 70-72.

2009-170 刘桠颖, 毕献武, 武丽艳, 尹冰. 柿竹园千吨尾矿库尾矿中锡的赋存状态研究. 矿物岩石地球化学通报, 2009, 28(4): 344-348.

2009-171 刘养杰, 林晓明, 张婷, 刘溪, 曹晓斌, 康磊. 陕西汉中南郑蛇纹石玉的矿物学研究. 西北大学学报（自然科学版）, 2009, 39(6): 1032-1036.

2009-172 刘玉兵, 赵鹰立. JC/T1085—2008《水泥用 X 射线荧光分析仪》行业标准介绍. 水泥, 2009, (3): 48-51.

2009-173 刘元琼, 高党忠, 马小军, 初巧妹. X 射线荧光光谱法对聚变靶丸保气半寿命的测量. 分析测试学报, 2009, 28(8): 886-889.

2009-174 刘长江, 陈晓春, 于光认, 武新颖. 多组分钼铋系催化剂的还原机理. 北京化工大学学报（自然科学版）, 2009, 36(3): 6-10.

2009-175 刘志勇, 干福熹, 承焕生, 郭聚平. 辽宁岫岩玉的岩相结构和无损分析研究. 岩石学报, 2009, 25(5): 1281-1287.

2009-176 柳浩然, 雷怀彦, 王蒙光, 官宝聪, 林炳煌. 九龙江河口湾表层沉积物中重金属分布及其潜在生态风险. 厦门大学学报（自然科学版）, 2009, 48(3): 456-460.

2009-177 柳亚玲. X 射线荧光分析技术在铝工业中应用. 中国新技术新产品, 2009, (19): 15.

2009-178 龙化云, 王祥生, 孙万付, 刘海鸥, 程晓晶. 脱铝方法对纳米 HZSM-5 物化性能的影响. 石油学报（石油加工）, 2009, 25(3): 332-338.

2009-179 龙来寿, 颜美凤, 彭翠红, 梁凯, 奚长生. 广东韶关高岭土的矿物特性. 韶关学院学报, 2009, 30(9): 61-65.

2009-180 鲁言波, 蔡明招, 洪榕. 用波长色散 X 射线荧光光谱测定土壤中铬的不确定度. 中国环境监测, 2009, 25(3): 48-50.

2009-181 鲁钰, 卓尚军. X 射线荧光光谱法测定二溴海因中溴含量. 理化检验-化学分册, 2009, 45(12): 1447, 1450.

2009-182 陆晓明, 金德龙. 离心浇铸制样-X 射线荧光光谱法测定铌铁合金中铌硅磷-冶金分析, 2009, 29(3): 16-19.

2009-183 罗武干, 秦颍, 田建花, 王昌燧. 淮阴高庄战国墓出土青铜器产地初步研究. 土壤, 2009, 41(4): 670-675.

2009-184 罗小军, 王榕, 林建新, 魏可镁. 沉淀方法对 Ru/CeO_2 氨合成催化剂催化性能的影响. 催化学报, 2009, 30(11): 1125-1130.

2009-185 罗小军, 王榕, 倪军, 林建新, 魏可镁. 沉淀剂种类对 Ru/CeO_2 氨合成催化剂结构和性能的影响. 化学学报, 2009, 67(22): 2573-2578.

2009-186 罗永安. X 射线荧光光谱法快速测定转炉精炼渣成分. 现代测量与实验室管理, 2009, (5): 5-7.

2009-187 吕文, 朱诚, 彭华, 俞锦标, 李中轩, 张广胜, 欧阳杰, 周日良, 朱光耀, 李兰, 朱青. 浙江江山市江郎山岩石岩性特征及其对丹霞地貌形成的影响. 矿物岩石地球化学通报, 2009, 28(4): 349-355.

2009-188 马丽, 蒋平, 孙瑞琴, 淳远, 须沁华. 凝胶-模板法制备高比表面积氧化镁. 催化学报, 2009, 30(7): 631-636.

2009-189 马小军, 高党忠, 冯建鸿, 李玉红, 叶成刚, 刘元琼. ICF 微球壳层掺溴含量的 XRF 表征. 光谱学与光谱分析,

2009, 29(6): 1678-1681.

2009-190 马小明, 廖清常. 裂解炉对流段弯头失效原因分析. 石油化工设备技术, 2009, 30(3): 1-4, 8, 21.

2009-191 马晓云, 李健, 邓新梅, 吴琨. X 射线荧光光谱法测定钝化石灰化学成分. 新疆钢铁, 2009, (4): 24-26.

2009-192 马燕青, 孙艳波, 霍彩霞, 段宏昌, 刘蕴恒. 草酸改性 USY 型分子筛对重油催化裂化性能的影响. 甘肃联合大学学报 (自然科学版), 2009, 23(3): 52-53, 59.

2009-193 毛国强, 李艳军. 基于数字图像与 XRF 技术的发动机油液综合分析系统. 机械工程与自动化, 2009, (4): 128-130.

2009-194 梅小平. 镁质耐火材料的 X 射线荧光光谱分析. 天津冶金, 2009, (2): 41-43, 51.

2009-195 孟德川, 邓玉福, 周波, 于桂英. 一种单片机控制的高压开关电源. 核电子学与探测技术, 2009, 29(2): 361-364.

2009-196 孟素丽, 段钰锋, 黄治军, 王运军, 杨立国. 燃煤飞灰的物化性质及其吸附汞影响因素的试验研究. 热力发电, 2009, 38(8): 46-51.

2009-197 Meor Yusoff M. S., Masliana M., Sarimah M.. 取样技术对马来西亚锡渣废料中铀和钍定量分析的影响. 冶金分析, 2009, 29(9): 6-9.

2009-198 苗斌, 徐鸿英, 冯建航. 用 X 射线荧光分析仪分析硅锰合金中的硅锰. 河北冶金, 2009, (3): 51-52.

2009-199 牟明仁, 郑江, 刘名扬, 孙兴权, 张勇, 赵雪蓉, 隋学勇, 徐海连. 温度变化对杂酚油中硫含量测定结果的影响. 光谱实验室, 2009, 26(1): 54-56.

2009-200 慕新元, 胡斌, 夏春谷, 熊绪茂, 杨晓龙, 王欣玫, 张晓宏. 低含量高活性负载钌催化剂合成及苯加氢反应研究. 分子催化, 2009, 23(3): 215-221.

2009-201 潘晴, 蒋小燕. 锗煤矿中金属元素化学特性分析研究. 中国高新技术企业, 2009, (22): 55-56.

2009-202 彭勃, 周少华, 沈岳明, 李邦强. 龙泉大窑枫洞岩窑址出土的明代青瓷 EDXRF 研究. 硅酸盐学报, 2009, 37(11): 1903-1908.

2009-203 彭凤梅, 张韶君, 王晓丽. 氟化物拮抗软饮料对乳牙釉质侵蚀作用的研究. 山东大学学报 (医学版), 2009, 47(9): 101-104.

2009-204 彭桦, 王云昆, 何太国, 尤建梅. 透明胶纸 X 射线荧光光谱测定磷矿浮选矿浆中的镁. 磷肥与复肥, 2009, 24(2): 67.

2009-205 彭桦, 张东云, 姜鸥, 程梦蝶, 尤建梅. X 射线荧光光谱滤纸片法测定有机成分高的土壤中的总磷. 磷肥与复肥, 2009, 24(3): 66-67.

2009-206 彭会清, 罗鸣坤, 曹永丹, 余波, 李广. X 射线荧光光谱分析法在检测铁矿石组分中的应用. 现代矿业, 2009, (11): 50-52.

2009-207 彭坤, 王飚, 肖德元, 仇圣棻, 吴萍. 动态随机存储器栅极侧壁硅化钨残留的去除工艺. 纳米技术与精密工程, 2009, 7(4): 305-309.

2009-208 祁民, 张宝林, 符超, 梁光河, 沈晓丽, 徐永生, 苏捷, 郭志华. 运用综合预测方法组合快速发现内蒙古中部隐伏大型铜钨多金属矿勘查基地. 地质与勘探, 2009, 45(6): 676-682.

2009-209 钱春燕, 姜于, 吴赞, 高海月, 范筱京, 陈舜琮. 火焰原子吸收法测定首饰用玻璃珠中可萃取的铅含量. 现代科学仪器, 2009, (5): 83-85.

2009-210 钱和, 宁炜, 顾林平, 黄争鸣, 马惠民, 蒋铁锋. 茶叶溯源技术研究进展. 现代农业科技, 2009, (14): 23-25.

2009-211 钱菁, 杨瑞霞, 李超. 氟石中二氧化硅测定方法的研究. 冶金标准化与质量, 2009, 47(3): 41-43.

2009-212 秦颍, 佘玲珠, 李小莉, 黄建勋. 湖北随州擂鼓墩二号墓出土的战国玻璃组成. 硅酸盐学报, 2009, 37(4): 574-576.

2009-213 覃祚明, 黄小美, 黄旭. 能量色散 X 射线荧光光谱法测定锡精矿中砷锌铁铜. 材料研究与应用, 2009, 3(4): 287-289.

2009-214 曲月华, 王一凌, 亢德华, 陈丽萍. X射线荧光光谱法测定膨润土中主次成分. 冶金分析, 2009, 29(10): 13-16.

2009-215 瞿德业, 汪君. 钛石膏轻质墙体材料的研制. 硅酸盐通报, 2009, 28(5): 1064-1070.

2009-216 饶湘, 胡金妮. 无卤阻燃PC/ABS合金中磷含量的快速测定方法. 塑料工业, 2009, 37(S1): 45-47.

2009-217 饶秀勤, 应义斌, 黄海波, 史舟, 周炼清. 基于X射线荧光技术的茶叶产地鉴别方法研究. 光谱学与光谱分析, 2009, 29(3): 837-839.

2009-218 Ravisankar R., Eswaran P., Vijay Anand K., Rajalakshmi A., Prasad Mvr, Satpathy K. K., Rajashekhar C., Alok Athavale. EDXRF analysis of beach rock samples of Andaman Island. Nuclear Science and Techniques, 2009, 20(2): 93-98.

2009-219 任春生, 廖海平, 陈贺海. 进口铁矿石中镍含量XRF检测方法的改进. 金属矿山, 2009, (1): 92-93, 103.

2009-220 任翔, 葛良全, 张庆贤, 于新华, 梁文俊. 原位X射线荧光测井井液的影响与校正. 核技术, 2009, 32(10): 756-759.

2009-221 任英杰, 华伟明, 乐英红, 高滋. Ga_2O_3/HZSM-5催化剂上丙烷脱氢反应. 高等学校化学学报, 2009, 30(6): 1162-1167.

2009-222 任玉伟, 胡晓静, 盛向军, 郑江. X射线荧光光谱法测定稀土硅铁合金中锰硅铝钙钛. 冶金分析, 2009, 29(1): 59-62.

2009-223 邵军. 用1台X荧光仪控制2条生产线的QCS生料质量控制系统. 建材技术与应用, 2009, (3): 19-20.

2009-224 沈伯雄, 鲁锋, 刘亭. 废轮胎热解炭黑的改性. 化工学报, 2009, 60(9): 2327-2331.

2009-225 盛新, 纪明俊, 韩启元, 李寒旭. Shell煤气化飞灰粘附特性影响因素探讨. 安徽理工大学学报(自然科学版), 2009, 29(2): 42-46.

2009-226 师磊. PLD溅射后硒化法制备铜铟硒(CIS)太阳能薄膜的表征. 建材世界, 2009, 30(3): 58-61.

2009-227 石爱霞, 刘百利. 粉末压片-X射线荧光分析钽钛钨铁合金中钽钛钨铁. 金属材料与冶金工程, 2009, 37(6): 45-47.

2009-228 舒欣, 刘华伟, 胡典明, 孔渝华. TH-3型脱氢催化剂失活原因探讨. 化肥工业, 2009, 36(2): 31-33.

2009-229 宋涵华. 应对欧洲联盟有害物质的限制指令的X荧光光谱仪. 电镀与精饰, 2009, 31(9): 40-43.

2009-230 宋洪霞. X射线荧光光谱法测定纯铜中微量杂质元素. 冶金分析, 2009, 29(8): 56-62.

2009-231 宋焕玲, 陈革新, 李德志, 赵培庆, 张锦华, 赵志远, 陈谊. X射线荧光光谱法测定羰化反应液及催化剂中的铑. 分析试验室, 2009, 28(5): 80-82.

2009-232 宋慧瑾, 贺剑雄, 武莉莉, 郑家贵, 冯良桓, 雷智. AlSb多晶薄膜材料的性能研究. 无机材料学报, 2009, 24(3): 517-520.

2009-233 宋晶晶, 郭守国. 达碧兹蓝宝石结构及其痕量元素分布的光谱学研究. 应用激光, 2009, 29(1): 64-67.

2009-234 宋晶晶, 郭守国, 李雪亮. 低品质蓝宝石改善实验及热处理工艺研究. 材料导报, 2009, 23(12): 96-98, 108.

2009-235 宋磊, 缪长喜. 节能型GS-11乙苯脱氢催化剂开发与工业试验. 现代化工, 2009, 29(9): 70-73, 75.

2009-236 宋卫杰, 葛良全, 杨健, 张帮, 殷经鹏. 微束微区X荧光探针分析仪在矿石微粒分析中的应用. 核电子学与探测技术, 2009, 29(4): 828-831.

2009-237 宋霞. 玻璃熔片X射线荧光谱法在水泥行业中的应用. 建材发展导向, 2009, (3): 37-39.

2009-238 苏继新, 马丽媛, 张慎平, 殷晶, 屈文, 丁轶. Au/Ti-SBA-15的制备及其催化CO氧化性能. 催化学报, 2009, 30(7): 659-665.

2009-239 孙秀芹, 殷钰, 应晓浒. X射线荧光分析法测定生料中各成分的含量. 水泥,

2009, (2): 39-41.

2009-240 唐杰, 罗宏, 王莹, 左由兵. X 射线荧光快速分析法测定中低碳钢含碳量. 分析试验室, 2009, 28(S): 221-223.

2009-241 唐丽丽, 赖万昌, 于姗姗, 夏尚铭, 李丹, 龙秀容, 林光君. 原煤 X 射线荧光分析仪探测系统的改进. 选煤技术, 2009, (4): 78-80.

2009-242 唐侠, 周英杰, 张鹏, 闫秀芬. 碳钢化学镀镍层中高磷含量的测定. 涂装与电镀, 2009, (6): 37-39.

2009-243 唐勇, 沈本贤, 宁春利, 褚小东, 马建学, 张春雷. 3-羟基丙醛加氢制 1, 3-丙二醇催化剂的失活研究. 石油化工, 2009, 38(9): 957-960.

2009-244 陶蕊. X 射线荧光光谱法测定电转、炉渣中 8 种元素. 河北化工, 2009, 32(8): 62-63.

2009-245 陶蕊. X 射线荧光光谱分析离心浇铸制样生铁中的 Si、Mn、P、Ti. 河北冶金, 2009, (5): 55-56.

2009-246 陶树, 汤达祯, 周传祎, 李凤, 李婧婧, 陈晓智, 孟昌衷. 川东南—黔中及其周边地区下组合烃源岩元素地球化学特征及沉积环境意义. 中国地质, 2009, 36(2): 397-403.

2009-247 陶亚刚, 王鹏, 黄宁, 胡纫兰. EDXRF 在分析电石渣水泥生料成分中降低基体效应影响的研究. 水泥技术, 2009, (2): 30-31, 104.

2009-248 滕广清, 安庆宾, 鲍希波. X 射线荧光光谱法测定煤粉和焦炭灰分中的主组分. 河北冶金, 2009, (6): 52-53.

2009-249 滕广清, 鲍希波. X 射线荧光光谱法测定锰矿中主元素和微量元素. 理化检验-化学分册, 2009, 45(6): 639-641.

2009-250 田琼, 黄健, 陈广文, 钟志光. X 射线荧光光谱法测定锆英砂中主次成分. 冶金分析, 2009, 29(11): 24-28.

2009-251 田琼, 黄健, 钟志光, 陈广文, 曲强, 洪武兴. 波长色散 X 射线荧光光谱法测定铜精矿中铜铅锌硫镁砷. 岩矿测试, 2009, 28(4): 382-384.

2009-252 田士兵, 刘渝珍, 张茂林, 汪丽华, 谢亚宁, 王昌燧. 钧瓷铜红釉呈色机制的初步研究. 核技术, 2009, 32(6): 413-418.

2009-253 童晓民, 赵宏凤, 张伟民. X 射线荧光光谱法测定矿物及试剂中氧化锆和氧化铪. 冶金分析, 2009, 29(6): 23-27.

2009-254 庹先国, 穆克亮, 李哲, 王洪辉, 罗辉, 杨剑波. 钛钒铁间吸收增强效应研究及其校正. 光谱学与光谱分析, 2009, 29(11): 3158-3162.

2009-255 万惠文, 陈学兵, 王君. 矿渣成分及结构对潜在活性的影响. 武汉理工大学学报, 2009, 31(4): 101-103.

2009-256 万俐, 徐飞, 范陶峰, 陈步荣. 徐州狮子山汉楚王陵彩绘陶俑的保护研究. 文博, 2009, (6): 125-135.

2009-257 王铎, 龙楚, 谭钊勤. 危地马拉灰绿色翡翠. 宝石和宝石学杂志, 2009, 11(2): 20-23, 29, 4.

2009-258 王峰, 刘飞, 孟令花, 李天华, 于宁. 基于抗体包被金磁纳米微粒修饰的磁性安培免疫传感器研制及对人血清癌抗原19-9的检测. 传感技术学报, 2009, 22(9): 1232-1238.

2009-259 王广西, 李丹, 赖万昌, 于姗姗, 林光君, 龙秀容, 唐丽丽. EDXRF 法在煤成分分析中的应用. 选煤技术, 2009, (3): 50-51, 78.

2009-260 王国强, 彭建堂, 张东亮, 阳杰华, 沈能平. 湘西柳林汊金矿带中钠长石的矿物学和地球化学特征. 矿物学报, 2009, 29(4): 463-470.

2009-261 王浩, 钟澄, 蒋程捷, 顾雄, 李劲, 蒋益明. ITO 在 NaOH 溶液中阳极与阴极极化过程的电化学行为. 物理化学学报, 2009, 25(5): 835-839.

2009-262 王化明. 200 系列不锈钢中多元素的 X 射线荧光光谱分析. 甘肃冶金, 2009, 31(5): 106-108, 133.

2009-263 王记莲. FCC 汽油脱硫降烯烃催化剂的烧炭再生研究. 工业催化, 2009, 17(1): 14-18.

2009-264 王金美, 殷宏, 彭文明. X 射线荧光光谱法测定铁矿石中 TFe 含量的不确定

2009-265 王进玉. 中国古代彩绘艺术中应用青金石颜料的产地之谜. 文博, 2009, (6): 396-402.

2009-266 王璟, 黄庆和, 杨戈, 周萍. WP1404型X荧光光谱仪检测器电路原理及维修. 现代测量与实验室管理, 2009, (4): 18-19.

2009-267 王丽丽, 张仁健, 李定龙, 荆俊山. 北京秋季气溶胶化学成分的高分辨率观测及来源分析. 气候与环境研究, 2009, 14(4): 399-404.

2009-268 王丽琴, 杨璐, 周文晖, 何秋菊, 严静, 樊晓蕾, 马涛, 齐扬. 古代建筑油饰彩画组成材料及制作工艺的研究方法之探讨. 文博, 2009, (6): 451-454.

2009-269 王林, 薛瑜, 刘涛, 孙书红, 张艳惠, 高雄厚. 钒改性Y型分子筛催化剂的性能. 石化技术与应用, 2009, 27(6): 511-514.

2009-270 王培, 菅豫梅. X射线荧光光谱法测定高密度钨合金中铁和镍. 硬质合金, 2009, 26(2): 113-115.

2009-271 王钦建. 黑钨渣的酸分解与萃取工艺优化研究. 环境保护与循环经济, 2009, (11): 37-39.

2009-272 王帅, 谢丽, 周琪. 钢渣对水溶液中铬的吸附及其动力学研究. 中国给水排水, 2009, 25(3): 54-57.

2009-273 王伟, 顾惠敏, 翟玉春, 戴永年. 由低品位菱镁矿制备高纯$Mg(OH)_2$的绿色新工艺. 耐火材料, 2009, 43(1): 42-44.

2009-274 王西能, 李曹. PVC树脂原粉结构分析及热稳定性研究. 聚氯乙烯, 2009, 37(11): 37-40.

2009-275 王小欢, 董亚萍, 贾顺莲, 陈美达, 李武, 耿超. X射线荧光光谱法测定碳酸锶产品中锶钡钙镁组分含量. 盐湖研究, 2009, 17(2): 43-49.

2009-276 王小欢, 董亚萍, 孟庆芬, 边绍菊, 冯海涛, 刘鑫. X射线荧光光谱法测定碳酸锶产品中的主次组分含量. 光谱学与光谱分析, 2009, 29(8): 2268-2271.

2009-277 王艳华, 白雪峰, 张灵灵. JCdS/ZnO复合半导体光催化剂的制备、表征及分解水制氢. 化学与粘合, 2009, 31(1): 4-6.

2009-278 王阳恩, 陈传仁, 黄宇营, 何超群, 江隆盛, 邬春学, 李葵发. 用SRXRF微探针研究含油气单个流体包裹体的微量元素分布. 科学技术与工程, 2009, 9(20): 6145-6149.

2009-279 王祎亚, 詹秀春, 刘以建, 樊兴涛, 周伟. 偏振能量色散X射线荧光光谱法测定地质样品中18种元素. 分析试验室, 2009, 28(9): 90-94.

2009-280 王毅民, 高玉淑, 王晓红, 黄永样, 王振宇, 石学法. 中国海大陆架沉积物超细标准物质系列研制. 分析化学, 2009, 37(11): 1700-1705.

2009-281 王毅民, 顾铁新, 高玉淑, 王晓红, 樊兴涛, Andreev S I, 韩贻兵. 富钴结壳铂族元素超细标准物质的研制. 分析测试学报, 2009, 28(10): 1105-1110.

2009-282 王月辉, 王东军, 杨海滢, 王红蕾. 超长$\beta\text{-}Ga_2O_3$纳米线的合成. 河北科技师范学院学报, 2009, 32(2): 34-38.

2009-283 王云彪, 赵权, 牛沈军, 吕菲, 杨洪星. LED用GaAs抛光片清洗技术研究. 半导体技术, 2009, 34(5): 446-448, 458.

2009-284 王占琴, 祁桂红, 张银光. X射线荧光光谱法测定不同类型分子筛中氧化物的含量. 分析测试技术与仪器, 2009, 15(2): 118-123.

2009-285 王长申, 白海波, 缪协兴. 漳村矿峰峰组隔水关键层孔隙性实验研究. 中国矿业大学学报, 2009, 38(4): 455-462.

2009-286 王兆利, 马宏彦, 杜建民, 郑建道, 孙春丽. 熔融制样X射线荧光光谱法测定萤石中成分. 河南冶金, 2009, 17(6): 24-25, 44.

2009-287 魏书亚, 马清林, Manfred Schreiner. 山东青州香山西汉墓彩绘陶俑胶接材料研究. 文博, 2009, (6): 71-78.

2009-288 温昶, 赵会仙, 李融武, 李国霞, 郭培育, 高正耀, 赵维娟, 孙洪巍, 郭敏, 谢建忠. 严和店窑汝瓷和钧台窑钧官瓷的EDXRF分析. 原子核物理评论, 2009, 26(4): 356-359.

2009-289 温冬梅, 李纯, 万晓军, 王秀萍, 孙厚铁, 殷娟, 王亚贤. 丁苯胶废水中总盐量分析方法的探讨. 弹性体, 2009, 19(2): 59-61.

2009-290 乌静, 戴学谦, 刘伟, 刘爱坤, 王珺. X射线荧光光谱法测定铁矾土中二氧化硅、氧化铝和氧化铁. 冶金分析, 2009, 29(7): 44-48.

2009-291 吴德武, 钟春龙, 吴粦华. 双环己酮草酰二腙分光光度法测定水样中铜(II). 理化检验-化学分册, 2009, 45(8): 1003-1004.

2009-292 吴根生. AGC液压系统的故障诊断. 润滑油, 2009, 24(4): 31-34.

2009-293 吴静, 王富仲, 许增平. 熔融制样-X射线荧光光谱法测定铁矿石中主次成分. 冶金分析, 2009, 29(9): 40-43.

2009-294 Wu Juan, Wu Junming, Li Qijiang, Li Jiazhi, Luo Hongjie, Deng Zequn. Scientific studies on pottery and pro-porcelain from group of graves in Henglingshan, Guangdong province. Science in China (Series E: Technological Sciences), 2009, 52(10): 3085-3091.

2009-295 吴军明, 罗婷, 李其江, 张茂林, 吴隽, 曹建文. 景德镇外销青花瓷的化学组成特征. 中国陶瓷, 2009, 45(9): 73-76.

2009-296 吴军明, 吴隽, 李其江, 张茂林, 袁文瓒, 魏业和, 李峰, 潘一群, 张和贵, 洪仙枚. 新型环保陶瓷自然风化降解机理初探. 陶瓷学报, 2009, 30(2): 190-194.

2009-297 吴松良, 祝建清. Venus200 X射线荧光分析仪在水泥生产中的应用. 水泥工程, 2009, (1): 19-22, 27.

2009-298 夏冬青, 秦颖, 金普军, 毛振伟, 董亚巍. 湖北省鄂州出土黄铜钱币的光谱分析. 光谱学与光谱分析, 2009, 29(10): 2867-2870.

2009-299 夏建明. 环保型植物固色剂在棉织物天然染料染色中的应用. 纺织学报, 2009, 30(8): 87-91.

2009-300 夏念平, 闻向东, 余卫华, 文斌. X射线荧光光谱法测定生铁中硫的不确定度评定. 武钢技术, 2009, 47(6): 15-17.

2009-301 夏庆霖, 赵鹏大, 成秋明, 张振飞, 周云满. 滇东地区含煤岩系微量元素特征及含铂性分析. 成都理工大学学报(自然科学版), 2009, 36(1): 71-77.

2009-302 向国进, 童建民. 便携式能量色散X荧光分析仪的研制. 实验技术与管理, 2009, 26(2): 74-76.

2009-303 肖凤娟, 张颖, 云立江. Electrophoretic deposition of titanium/silicon-substituted hydroxyapatite composite coating and its interaction with bovine serum albumin. Transactions of Nonferrous Metals Society of China, 2009, 19(1): 125-130.

2009-304 谢康. 浅谈影响X荧光测硫仪测量油品中硫含量的因素. 仪器仪表用户, 2009, 16(6): 73-74.

2009-305 谢敏, 张文昔, 崔卫国, 田琼, 丘维华. X射线荧光光谱法测定高岭土中氧化镁含量. 检验检疫学刊, 2009, 19(4): 23-25.

2009-306 谢玉玲, 李应栩, David R. Cooke, Chris G. Ryan, Jamie Laird, 白劲松, 刘云飞, 李光明, 张丽. 西藏恰功铁矿岩浆演化序列及斑岩出溶流体特征. 地质学报, 2009, 83(12): 1869-1886.

2009-307 邢春会, 王丽晖, 张秋会, 李婷婷. XRF熔融法测定铁矿石中的铁硅钙镁铝锰磷. 辽宁化工, 2009, 38(10): 767-769.

2009-308 徐本平, 钟华, 周铭, 石兵. 电解提取-X射线荧光光谱法测定钢中氧化物夹杂分量. 冶金分析, 2009, 29(11): 19-23.

2009-309 徐海峰, 李成文, 葛良全, 张庆贤, 李凤林. 手提式X荧光分析仪在矿产普查中寻找伴生矿的应用研究. 核电子学与探测技术, 2009, 29(2): 445-448.

2009-310 徐九华, 林龙华, 王琳琳, 褚海霞, 卫晓峰, 陈栋梁. 阿尔泰克兰盆地VMS矿床的变形变质与碳质流体特征. 矿床地质, 2009, 28(5): 585-598.

2009-311 徐锐. Preparation of core-shell Cu-Ag bimetallic powder via electroless coating. Journal of Wuhan University of

2009-312 徐志, 王焕芹, 雒玉新. X 射线荧光光谱法检测 Au 质量分数不确定度的评定——以样品 Au750 为例. 宝石和宝石学杂志, 2009, 11(1): 39-41.

2009-313 许国梁, 朱向学, 刘盛林, 谢素娟, 徐龙伢. ITQ-13 分子筛的表面改性及其丁烯催化裂解性能. 石油学报 (石油加工), 2009, (S): 28-31.

2009-314 许鸿英, 张继丽, 张艳萍, 冀云柱. X 射线荧光光谱分析多矿源铁矿石中 9 种成分. 冶金分析, 2009, 29(10): 24-27.

2009-315 许厚国, 杨艳, 张穗忠, 闻向东. X 射线荧光熔融法在炉渣多元素分析中的应用. 武钢技术, 2009, 47(1): 43-44, 47.

2009-316 许骅, 方能虎, 卫碧文, 缪俊文, 郑翊. ABS 塑料中阻燃剂多溴联苯醚的检测方法. 理化检验-化学分册, 2009, 45(1): 63-65.

2009-317 薛蕾, 王以群, 范建良. 黄色蛇纹石玉的谱学特征研究. 激光与红外, 2009, 39(3): 267-270.

2009-318 薛庆波, 韦锋, 江祖新, 李宁生, 程宪生, 张莉, 王新. 进口物品固体废物属性鉴别探究. 检验检疫学刊, 2009, 19(3): 35-38.

2009-319 闫芬, 李爱国, 杨科, 王华, 余笑寒. 基于 EPICS 的硬 X 微聚焦实验站数据采集系统. 核技术, 2009, 32(11): 801-805.

2009-320 严家庆, 杨霖, 张剑鸣. X 射线荧光光谱法测定煤中氯. 煤质技术, 2009, (6): 22-23.

2009-321 杨大兵. 浙江煤山剖面 P/T 界线附近地层的 XRD 和 XRF 分析及其意义. 矿物学报, 2009, (S): 149-150.

2009-322 杨剑, 万飞, 王佳丽, 杨婷. 用 X 射线荧光光谱法测定 Cl、S 等 31 个元素. 吉林地质, 2009, 28(2): 116-119.

2009-323 杨健, 葛良全, 张邦, 王汉彬. 微束微区 X 荧光探针仪的机械系统设计. 机械设计与研究, 2009, 25(2): 90-92.

2009-324 杨静凯, 安学会, 刘艳利, 赵洪力. 超白玻璃熔化性能的计算与分析. 材料科学与工程学报, 2009, 27(4): 623-626.

2009-325 杨君, 刘志国, 徐清, 韩东艳, 林晓燕, 杜晓光, Kouichi Tsuji, 丁训良. 掠出射微区 X 射线荧光分析系统的建立及其在薄膜分析中的应用. 光学精密工程, 2009, 17(1): 26-32.

2009-326 杨君, 杨喜平. 烟煤和白煤结构表征及煤净洁添加剂的研制. 应用化工, 2009, 38(8): 1181-1183.

2009-327 杨凯, 徐福, 武莉莉, 张静全, 冯良桓, 李卫, 蔡亚平, 黎兵. 用几何靶溅射方法制备 AlSb 多晶薄膜. 太阳能学报, 2009, 30(11): 1461-1464.

2009-328 杨丽峰, 李小莉, 李国会, 安树清. X 射线荧光光谱法测定钨矿中主次元素. 地质调查与研究, 2009, 32(1): 64-68.

2009-329 杨玲玲, 宋丹路. $Ni-P-MoS_2$ 与 $Ni-P-CaF_2$ 化学复合镀层自润滑性能的对比研究. 西南科技大学学报, 2009, 24(4): 63-66, 78.

2009-330 杨明太, 戴长松, 吴伦强. XRF 法检测交通事故微量物证. 核电子学与探测技术, 2009, 29(5): 985-987.

2009-331 杨强, 于姗姗, 张震, 于新华, 花永涛, 赖万昌. 嵌入式 X 荧光数据处理系统的研制. 核电子学与探测技术, 2009, 29(3): 661-664.

2009-332 杨社锋, 方维萱, 胡瑞忠, 王思德, 魏宁. 老挝南部 Antoun 地区花岗闪长岩风化壳中常量和稀土元素分布. 土壤学报, 2009, 46(2): 201-209.

2009-333 杨文宗, 李斌. 陕西历史博物馆藏东汉绿釉陶孔雀灯的修复. 文物保护与考古科学, 2009, 21(4): 79-83.

2009-334 杨武洋, 王启增, 王文祥. 电磁波 SYT 法在隐伏区寻找含金矿化异常带中的应用. 地质与勘探, 2009, 45(2): 68-73.

2009-335 杨欣, 巫远招, 谢东华, 闻伟刚, 干宁. 基于复合纳米微粒修饰和磁性分离富集的一次性有机磷农药酶传感器. 农药学报, 2009, 11(4): 441-448.

2009-336 杨新波, 石云, 李红军, 毕群玉, 苏良碧, 刘茜, 潘裕柏, 徐军. Ce:YAG 晶体和透明陶瓷的光学和闪烁性能. 物理学报, 2009, 58(11): 8050-8054.

2009-337 杨雅媚, 曹军骥, 李库, 沈振兴, 胡塔峰, 张婷. 汉阳陵地下博物馆土壤、大气及风化壳的理化特征. 中国粉体技术, 2009, 15(2): 38-45.

2009-338 杨艳, 余卫华, 张穗忠. X射线荧光光谱法测定不锈钢中的组分. 光谱实验室, 2009, 26(5): 1100-1104.

2009-339 杨燕. X射线荧光光谱法测定土壤中砷、镍、锌的研究. 安徽农业科学, 2009, 37(31): 15333-15334.

2009-340 杨一青, 陈慧, 王亚红, 吕红, 潘志爽. X射线荧光光谱法测定增产丙烯助剂中磷和铁的研究. 光谱学与光谱分析, 2009, 29(7): 2001-2004.

2009-341 杨觊, 边立槐, 孙颖. 熔融制样X射线荧光光谱法测定铌铁合金中的铌铝钛. 天津冶金, 2009, (4): 54-55, 83-84.

2009-342 杨忠平, 卢文喜, 刘新荣, 辛欣. 长春市城区表层土壤重金属污染来源解析. 城市环境与城市生态, 2009, 22(5): 29-33.

2009-343 姚文涛. 双提升管工艺在重油催化裂化装置的应用. 山东化工, 2009, 38(6): 30-32.

2009-344 姚文涛, 郎凤艳. RGD-1催化剂在MGD工艺的应用. 广东化工, 2009, 36(10): 41-43.

2009-345 叶罕章, 冯晓军, 张江坤, 王涛. X射线荧光光谱法测定磷矿中Na元素的重叠校正. 广东化工, 2009, 36(12): 159-160.

2009-346 易伟松, 江厚敏. 体内X射线荧光骨铅检测新进展. 微量元素与健康研究, 2009, 26(1): 8-10.

2009-347 易伟松, 江厚敏, 后德家, 罗贤清, 王海婴. 体内X射线荧光骨铅检测原理及系统. 核电子学与探测技术, 2009, 29(2): 406-410.

2009-348 尹洪峰, 汤云, 任耘, 张军战. Texaco气化炉炉渣基本特性与应用研究. 煤炭转化, 2009, 32(4): 30-33.

2009-349 殷钰, 李勇. X射线荧光光谱法在生料检测中的应用. 水泥技术, 2009, (3): 82-84.

2009-350 游草风, 卢铁城, 胡又文, 陈青云, 敦少博, 胡强, 范立伟, 张松宝, 唐彬, 代君龙. Ga掺杂^{70}Ge纳米晶的制备与研究. 四川大学学报(自然科学版), 2009, 46(3): 756-760.

2009-351 于洪浩, 薛向欣, 贺燕, 黄大威. 熔盐法从铁尾矿中制取高纯白炭黑. 化工学报, 2009, 60(8): 2124-2129.

2009-352 余昌训, 彭渤, 唐晓燕, 谢淑容, 杨广, 尹春艳, 涂湘林, 刘茜, 杨克苏. 湘中下寒武统黑色页岩土壤的地球化学特征. 土壤学报, 2009, 46(4): 557-570.

2009-353 余志强, 谢泉, 肖清泉, 赵珂杰. 基于Bohr-Sommerfeld量子理论的X射线光谱分析. 物理学报, 2009, 58(8): 5318-5322.

2009-354 俞缙, 李普涛, 于航波. 靖西三合铝土矿微量元素地球化学特征与成矿环境研究. 河南理工大学学报(自然科学版), 2009, 28(3): 289-293.

2009-355 喻东, 赖万昌, 程锋, 孙雪, 王广西, 张林. XRF元素检测技术在三江地区某铁矿异常查证中的应用. 核电子学与探测技术, 2009, 29(4): 742-744.

2009-356 Yu Dunxi, Xu Minghou, Yao Hong, Liu Xiaowei, Zhou Ke, Wen Chang, Li Lin. Physicochemical properties and potential health effects of nanoparticles from pulverized coal combustion. Chinese Science Bulletin, 2009, 54(7): 1243-1250.

2009-357 袁秀茹, 余宇, 赵峰, 刘江斌, 陈月源. X射线荧光光谱法同时测定白云岩中氧化钙和氧化镁等主次量组分. 岩矿测试, 2009, 28(4): 376-378.

2009-358 袁奕秋, 张金山. X荧光熔融法在铁矿石分析中的应用. 天津冶金, 2009, (4): 59-63, 84.

2009-359 臧慕文, 刘春晓. 金属材料分析(Ⅰ). 分析试验室, 2009, 28(4): 97-122.

2009-360 翟剑庞, 郭春雨, 张敏. CoAPO-5沸石晶体的合成及表征. 辽宁科技大学学报, 2009, 32(4): 351-355.

2009-361 翟玲娟, 刘民, 董香梅, 宋春山, 郭新闻. 有机酸改性Hβ沸石催化剂上2-(4′-乙基苯甲酰基)苯甲酸脱水闭环合成2-乙基蒽醌. 催化学报, 2009, 30(1): 9-13.

2009-362 詹秀春, 樊兴涛, 李迎春, 王祎亚. 直接粉末制样-小型偏振激发能量色散X射线荧光光谱法分析地质样品中多元素. 岩矿测试, 2009, 28(6): 501-506.

2009-363 张爱芬, 吉昂, 马慧侠. X射线荧光光谱法测定冰晶石中成分. 理化检验-化学分册, 2009, 45(9): 1106-1108.

2009-364 张安超, 向军, 孙路石, 胡松, 付鹏, 程伟, 邱建荣. 新型改性吸附剂制备、表征及脱除单质汞的实验研究. 化工学报, 2009, 60(6): 1546-1553.

2009-365 张春, 牛英才, 周丽, 刘吉成. 流式细胞术检测结肠癌细胞表面sialyl-LewisA/X的样品制备方法探讨. 医学研究杂志, 2009, 28(4): 28-30.

2009-366 张殿英, 李超, 钱菁. X射线荧光光谱法测定转炉渣中8种成分. 冶金分析, 2009, 29(6): 41-46.

2009-367 张光爽, 张星. X荧光光谱法对钼铁合金中Mo的分析. 浙江冶金, 2009, (1): 31-32.

2009-368 张海瑞, 朵万才, 马志军. 熔融法同时测定催化裂化催化剂中5种稀土氧化物的含量. 分析测试技术与仪器, 2009, 15(2): 106-109.

2009-369 张衡, 赵凤起, 仪建华, 张晓宏, 胡荣祖, 徐司雨. 3,5-二硝基水杨酸铈的制备、热分解机理及非等温反应动力学(英文). 无机化学学报, 2009, 25(5): 869-874.

2009-370 张衡, 赵凤起, 张晓宏, 裴庆, 郝海霞. 3-硝基邻苯二甲酸锆的制备及其对双基系推进剂的催化作用. 火炸药学报, 2009, 32(1): 1-4.

2009-371 张华, 郭河琦. 铝土矿中主要成分测定方法研究. 中小企业管理与科技 (下旬刊), 2009, (5): 267.

2009-372 张吉清, 管俊芳, 赵云良, 李小波, 闫昊天, 肖爽, 王博文. 膨润土制备白炭黑的试验及机理研究. 矿冶工程, 2009, 29(5): 74-77, 81.

2009-373 张嘉璇, 王萍, 韩玉萍, 李健. 能量色散X射线荧光分析法测定石油焦硫含量的研究. 分析仪器, 2009, (6): 48-53.

2009-374 张建波, 林力, 刘在美. X射线荧光光谱法同时测定钛精矿中主次量组分. 岩矿测试, 2009, 28(2): 188-190.

2009-375 张建波, 朱丽辉, 林力. X射线荧光光谱法测定钛白粉中磷铁锆铌. 冶金分析, 2009, 29(1): 40-43.

2009-376 张建伍, 曹延荣, 陈文生. 塔河油田艾丁区块TK1247井XRF元素的地质意义. 录井工程, 2009, 20(3): 34-38, 76-77.

2009-377 张立生, 周元林, 刘剑, 王恩泽. 化学改性聚氯代对二甲苯薄膜表面润湿性的研究. 材料导报, 2009, 23(6): 48-50.

2009-378 张林艳, 戴挺, 周怡君. 能量色散X射线荧光光谱背景扣除方法的探讨. 分析试验室, 2009, 28(12): 111-114.

2009-379 张茂林, 吴军明, 李其江, 吴隽, 袁传勋, 姚政权, 徐靖, 王昌燧. 刘家门钧窑瓷器胎釉成分的EDXRF分析. 陶瓷学报, 2009, 30(4): 411-418.

2009-380 张孟星, 刘磊夫. X射线荧光光谱快速测定矿石中钼. 现代科学仪器, 2009, (3): 102-103.

2009-381 张鹏, 夏建明, 唐人成. 植物固色剂ZF的应用研究. 印染助剂, 2009, 26(8): 31-33.

2009-382 张乔, 田一光, 郭武学, 童晓民. X射线荧光光谱法测定垃圾焚烧炉渣中主要成分. 分析科学学报, 2009, 25(2): 177-180.

2009-383 张晴, 吴奕阳, 叶晓珉, 黄国芳. 能量色散X射线荧光光谱法测定铂钌合金中的铂含量. 上海计量测试, 2009, (4): 17-19.

2009-384 张仁健, 石磊, 荆俊山, 朱凌云, 张怀德, 胡良温. 大同市秋季大气气溶胶化学成分及来源解析. 中国粉体技术, 2009, 15(2): 7-9.

2009-385 Zhang Renjian, Zhang Meigen, Zhu

Lingyun, Hu Liangwen. Elemental composition of atmospheric particles in winter at Datong City, Shanxi Province, China, and its impact on Beijing. Atmospheric and Oceanic Science Letters, 2009, 2(6): 345-349.

2009-386 张思冲, 周晓聪, 叶华香, 王春光. X射线荧光光谱法测定哈尔滨城郊菜地土壤重金属. 中国农学通报, 2009, 25(13): 230-233.

2009-387 张思冲, 周晓聪, 张丽娟, 叶华香. X射线荧光光谱法测定沉积物中重金属. 实验室研究与探索, 2009, 28(9): 39-42.

2009-388 张思冲, 周晓聪, 张丽娟, 叶华香. X射线荧光光谱法测定重金属元素的实验研究. 实验技术与管理, 2009, 26(11): 20-23, 34.

2009-389 张万平, 陈廷勇. 纸析法X射线荧光光谱测定湿法磷酸中的杂质. 磷肥与复肥, 2009, 24(4): 79-80.

2009-390 张学军, 张志华, 王宗贤, 谷振生. Y分子筛/介孔Al-SBA-15复合材料与脱铝Y分子筛的表征和重油加氢裂化性能. 化工进展, 2009, 28(2): 267-271.

2009-391 张艳萍, 常宏伟, 杜树斌, Kenji Sakurai. 岩石样品中不纯性元素内部关联性的研究——X射线荧光二维谱研究. 中国原子能科学研究院年报, 2009, (0): 219-220.

2009-392 张耀君, 吴言沛, 王振华, 胡亚茹. 纳米复合材料CdS/TiO_2NTs的制备及光催化产氢活性(英文). 稀有金属材料与工程, 2009, 38(9): 1514-1517.

2009-393 Zhang Yuanxun, Cao Tong, Iida Atsuo, Cao Qingchen, Lou Yuxia, Zhang Guilin, Li Yan. Study of moss as air pollution monitor by SRXRF technique. Chinese Science Bulletin, 2009, 54(17): 2987-2990.

2009-394 张元勋, 曹同, Iida A., 黄万霞, 曹清晨, 娄玉霞, 张桂林, 李燕. 同步辐射技术在大气环境生物监视器中的应用研究. 科学通报, 2009, 54(2): 157-160.

2009-395 张元勋, 李晓林, 包良满, Iida A, 赵屹东, 张桂林, 李燕. 基于同步辐射技术研究上海大气细颗粒物分布特征. 核技术, 2009, 32(6): 419-422.

2009-396 张云红, 智顺. X荧光法测定煤灰成分中用国标烧灰方法替代美标烧灰方法的确认. 煤质技术, 2009, (3): 20-22.

2009-397 张震, 赖万昌, 于新华, 陈小强, 王广西, 张林. 便携式XRF分析仪快速测定主元素Fe含量. 金属矿山, 2009, (7): 109-110, 150.

2009-398 张志刚, 李方军, 蔡萍, 祁旭丞, 李长贵, 李颖. X射线荧光光谱法测定不锈钢中15种元素. 冶金分析, 2009, 29(7): 19-23.

2009-399 张志刚, 祁旭丞, 李方军, 张豫海, 韩宗才, 李颖, 李海英. X射线荧光光谱法分析中低合金钢. 理化检验-化学分册, 2009, 45(9): 1095-1097, 1100.

2009-400 张治国, 马清林. 甘肃崇信于家湾周墓出土玉器研究. 考古与文物, 2009, (2): 97-102.

2009-401 张朱武, 承焕生, 干福熹. 玉石及中国古代玉器的PIXE分析. 核技术, 2009, 32(11): 833-838.

2009-402 赵传文, 陈晓平, 赵长遂. 负载型钾基CO_2吸收剂的结构表征和碳酸化反应特性. 化工学报, 2009, 60(7): 1800-1805.

2009-403 赵宏樵, 郑存江, 初凤友, 王笑笑. 富钴结壳中成矿元素的微区分布特征及其地质意义. 海洋学研究, 2009, 27(2): 84-89.

2009-404 赵虹霞, 干福熹. 不同产地软玉的拉曼光谱分析及在古玉器无损研究中的应用. 光散射学报, 2009, 21(4): 345-354.

2009-405 赵虹霞, 张朱武, 干福熹. 用于中国古代玉器质地鉴测和溯源中的无损分析方法. 广西民族大学学报(自然科学版), 2009, 15(4): 42-53.

2009-406 赵坤, 孙化松, 李永彦, 屠振密, 李宁, 李炳江. 硫酸盐电镀三价铬镀层性能研究. 表面技术, 2009, 38(2): 22-24.

2009-407 赵熹, 谢涛. 神经网络算法在X荧光方法中的应用. 大众科技, 2009, (9):

2009-408 赵鑫, 鲍治宇, 俞慧丽, 王月奇. 镍、硫共掺杂纳米 TiO_2 的制备及其可见光催化性能. 材料科学与工艺, 2009, 17(6): 835-839.

2009-409 赵作勇, 王纪洁, 张晓梅. 北宋和南宋青铜钱币对比分析研究. 文物保护与考古科学, 2009, 21(1): 50-58.

2009-410 郑国河, 李剑超, 卢堂俊, 孙洪霞, 张晓伟, 李晓靖, 付格娟. 镧掺杂纳米材料合成及其高氟选择性吸附特性. 环境化学, 2009, 28(6): 823-828.

2009-411 郑南, 吉昂, 王河锦, 徐廷婧, 李婷. 北京市冬季霾天气可吸入颗粒物的矿物学研究. 北京大学学报 (自然科学版), 2009, 45(5): 825-832.

2009-412 郑贞宝, 屠毓敏, 刘国华, 李富强, 王振宇. 龙凤山水库土石坝渗流混水现象研究. 岩土力学, 2009, 30(4): 1029-1034.

2009-413 钟山, 王里奥, 刘元元, 董婧蒙. 垃圾焚烧飞灰处理高浓度含磷废水的动力学. 土木建筑与环境工程, 2009, 31(5): 117-121.

2009-414 周晖, 桑瑞鹏, 温庆平, 郑军, 张凯锋. 非平衡磁控溅射沉积 MoS_2-Ti 复合薄膜的结构与真空摩擦磨损性能研究. 摩擦学学报, 2009, 29(4): 374-378.

2009-415 周晖, 万志华, 郑军, 桑瑞鹏, 温庆平. 沉积压力对非平衡磁控溅射沉积 MoS_2-Ti 复合薄膜的结构与性能影响研究. 润滑与密封, 2009, 34(5): 9-12, 41.

2009-416 周建辉, 白金峰. 熔融玻璃片制样-X射线荧光光谱测定页岩中主量元素. 岩矿测试, 2009, 28(2): 179-181.

2009-417 周科, 徐明厚, 于敦喜, 姚洪, 温昶. 黄铁矿燃烧时亚微米颗粒物的生成特性. 中国电机工程学报, 2009, 29(23): 68-72.

2009-418 周南, 文青. 第 12 届全反射 X 射线荧光分析以及相关方法会议 (Ⅰ). 分析试验室, 2009, 28(2): 123-124.

2009-419 周素莲, 黄肇敏, 崔萍萍. X 射线荧光光谱法测定铝合金及纯铝中痕量元素. 理化检验-化学分册, 2009, 45(4): 474-475, 479.

2009-420 周燕, 石春红. X 荧光光谱法测定磷系阻燃聚酯切片中的磷含量. 石油化工技术与经济, 2009, 25(3): 45-47.

2009-421 周永红. 连铸中间包清除渣壳问题的研究. 耐火与石灰, 2009, 34(5): 38-44, 49.

2009-422 周志武, 朱虹, 程道远, 孟庆华, 李勇. 玻璃的化学成分与霉变的关系及防霉隔离粉的适用性研究. 玻璃, 2009, (8): 3-6.

2009-423 朱斌, 林民, 舒兴田, 史春风. 表面富钛 TS-1 分子筛的表征与评价. 石油学报 (石油加工), 2009, (S2): 112-115, 128.

2009-424 朱崇兵, 金保升, 仲兆平. 蜂窝式 SCR 催化剂烟气脱硝试验研究. 热能动力工程, 2009, 24(5): 639-643, 683.

2009-425 朱根庆, 许绍俊, 杨锐, 孙汝昆. X 射线荧光岩屑录井仪器. 录井工程, 2009, 20(1): 47-50, 60, 77.

2009-426 朱万燕, 刘心同, 薛秋红, 单宝田. X 射线荧光光谱法同时测定涂料中的铅、铬、硒和钴. 分析试验室, 2009, 28(9): 95-98.

2009-427 朱鸭梅, 朱轶军, 崔群, 王海燕. HZSM-5 催化裂解抽余 C_5 制备乙烯/丙烯. 南京工业大学学报 (自然科学版), 2009, 31(2): 30-34.

2009-428 朱燕, 高松, 李晓林, 李玉兰, 徐崎, 谈明光, 李燕. 上海市城区道路降尘中铂元素污染分析及评价. 中国环境科学, 2009, 29(10): 1100-1104.

2009-429 朱长生, 李大华. 重庆长河碥煤矿晚三叠世 2 号煤中微量元素的赋存状态. 矿物岩石地球化学通报, 2009, 28(3): 259-263.

2009-430 朱志甫, 李学强, 瞿金辉, 张雄杰, 满在刚. X 荧光光谱仪脉冲成形电路的设计. 核电子学与探测技术, 2009, 29(4): 864-867.

2009-431 朱志秀, 冯健, 李晨, 蒋海宁, 江丽. X

射线荧光光谱无标样分析技术在出入境矿产品检验中的应用. 理化检验-化学分册, 2009, 45(7): 832-835.

2009-432 诸立新, 孙灏, 黄宇营, 吴孝兵. 安徽琅琊山铜矿蝶类重元素X荧光分析. 昆虫知识, 2009, 46(3): 456-459.

2009-433 祝建清, 吴松良. X射线荧光分析仪在水泥生产中的应用. 水泥, 2009, (4): 50-53.

2009-434 卓尚军. X射线荧光光谱分析. 分析试验室, 2009, 28(7): 112-122.

2009-435 邹杨, 顾颂琦, 姜政, 魏向军, 马静远, 黄宇营, 徐洪杰. 基于Labview的XAFS光束线实验站数据采集系统. 核技术, 2009, 32(4): 246-250.

2009-436 邹永祥, 吴建平. 数据融合在现场X射线荧光分析中的应用. 核技术, 2009, 32(7): 515-520.

1.6 2010－2015

2010年 (2010)

2010-001 鲍希波, 石毓霞, 赵靖, 韩斌, 卢女平. 熔融制样-X射线荧光光谱法测定硅铁合金中主次元素. 冶金分析, 2010, 30(5): 14-18.

2010-002 曹慧君, 张爱芬, 马慧侠, 李晓宁, 徐祥斌. X射线荧光光谱法测定铜矿中主次成分. 冶金分析, 2010, 30(10): 20-24.

2010-003 曹剑. Ni-P-MoS$_2$化学复合镀层的制备及自润滑性能研究. 机械设计与制造, 2010, (8): 123-125.

2010-004 曹珊. X荧光光谱分析仪简介. 西北地质, 2010, (2): 189.

2010-005 岑越, 王欢, 浦娟. FCB法三丝单面埋弧自动焊焊接冶金反应分析. 热加工工艺, 2010, 39(1): 136-138.

2010-006 Chang Kuling, Huang Winjay, Liu Yungchang. The study of microstructure and phosphorus distribution in converter slag. Baosteel Technical Research, 2010, (S1): 15.

2010-007 常立民, 段小月, 刘伟. 载钛活性炭电极电吸附除盐性能的研究. 环境科学学报, 2010, 30(3): 530-535.

2010-008 常林, 毕鹏禹. 钙锶镁同时测定方法的研究进展. 理化检验-化学分册, 2010, 46(4): 455-459.

2010-009 车春霞, 谭都平, 赵育榕, 景喜林, 梁琨, 常晓昕, 颉伟, 贾慧青. 碳二前加氢催化剂的应用. 化工进展, 2010, 29(1): 183-186.

2010-010 陈创辉. X射线荧光能谱法测定高岭土标准物质中SiO$_2$含量的不确定度评定. 中国陶瓷, 2010, 46(1): 44-46.

2010-011 陈庚龄. 天梯山石窟9窟彩塑与壁画地仗矿物及颜料分析. 文物保护与考古科学, 2010, 22(4): 91-96.

2010-012 陈桂英, 米泽宇. X射线荧光光谱法测定钒铁冶炼炉渣中的主要成分. 光谱实验室, 2010, 27(1): 296-299.

2010-013 陈辉, 苟国庆, 涂铭旌. 喷涂工艺对Fe-Ni-B喷涂涂层组织性能的影响. 材料科学与工艺, 2010, 18(1): 145-148.

2010-014 陈健, 徐汾兰. XRF法测定涂镀钢板表面涂层质量的研究. 安徽冶金, 2010, (4): 8-9.

2010-015 陈琳, 唐杰. 氧化铝对制备β-偏磷酸钙晶须的影响. 中国陶瓷, 2010, 46(1): 4-7.

2010-016 陈琳, 杨永涛, 张宁. 氧化钙对钢铁黑磷化液的影响. 腐蚀与防护, 2010, 31(5): 369-371.

2010-017 陈龙雨, 吴兵龙, 杨先伟, 张满满, 王润沛. XRF校正曲线法直接测定煤中灰分元素. 科技信息, 2010, (21): 31-32.

2010-018 陈鹏程. 镍锌铁氧体的X射线荧光光谱分析. 磁性材料及器件, 2010, 41(4): 74-77.

2010-019 陈伟. 铝灰在铝电解质中溶解行为的研究. 有色矿冶, 2010, 26(3): 38-40, 69.

2010-020 陈晓凤. X荧光分析仪的应用. 福建建材, 2010, (5): 95, 123.

2010-021 陈征, 范建良, 杜广鹏. 绿辉石玉的光谱学特征. 激光与光电子学进展, 2010, 47(10): 103-107.

2010-022 成艾颖, 余俊清, 张丽莎, 高春亮. XRF岩芯扫描分析方法及其在湖泊沉积研究中的应用. 盐湖研究, 2010, 18(2): 7-13.

2010-023 成小林, 梅建军, 陈淑英, 潘路. 不同保存环境下铁质文物中氯含量的分析. 中国历史文物, 2010, (5): 25-31.

2010-024 程锋, 葛良全, 赖万昌, 李金凤, 张帮. 手持式 EDXRF 荧光仪在 RoHS 认证的应用研究. 核电子学与探测技术, 2010, 30(1): 136-140.

2010-025 程富. 蒙脱石在养猪生产中的应用. 养殖技术顾问, 2010, (1): 49.

2010-026 程志中, 顾铁新, 范永贵, 黄宏库, 刘妹, 鄢卫东, 鄢明才. 九个铁矿石标准物质研制. 岩矿测试, 2010, 29(3): 305-308.

2010-027 初广震, 黄文辉, 于炳松, 樊太亮. 塔里木盆地巴楚地区 T74 界面生屑灰岩微相分析及成岩作用研究. 现代地质, 2010, 24(2): 294-300.

2010-028 初钧晗, 于今达, 王广甫. He 气氛对大气颗粒物样品外束 PIXE 分析影响的初步研究. 现代仪器, 2010, (1): 55-57, 48.

2010-029 储彬彬, 罗立强. 铅锌矿区土壤重金属的 EDXRF 分析. 光谱学与光谱分析, 2010, 30(3): 825-828.

2010-030 褚海霞, 徐九华, 林龙华, 卫晓锋, 王琳琳, 陈栋梁. 阿尔泰大东沟铅锌矿的碳质流体及其成因. 岩石矿物学杂志, 2010, 29(2): 175-188.

2010-031 崔强, 张文元, 苏伯民, 范宇权, 李燕飞. 便携式 X 荧光光谱仪在莫高窟壁画原位无损检测的初步应用. 敦煌研究, 2010, (6): 77-81.

2010-032 邓建国, 彭光照, 金永中, 叶勇. 自贡地区恐龙骨骼化石及围岩特征的研究. 光谱实验室, 2010, 27(1): 192-196.

2010-033 丁玲. 光缆钢塑复合带中钢带铬镀层的定性分析. 光纤与电缆及其应用技术, 2010, (6): 14-16.

2010-034 丁玉兰, 柏扬, 李伟, 陈闪山, 朱育丹, 朱银华, 杨祝红, 陆小华. Pt 改性的高结晶度 TiO_2 晶须的光催化性能. 催化学报, 2010, 31(10): 1271-1276.

2010-035 董宏, 潘爱芳, 何廷树, 杨建三. 准格尔矿区粉煤灰提铝残渣的理化性质研究. 西安建筑科技大学学报 (自然科学版), 2010, 42(1): 132-136.

2010-036 董金秀, 乔胜英, 谢淑云. 梁子湖表层沉积物元素分布模式及地球化学意义. 地质科技情报, 2010, 29(3): 91-96.

2010-037 董连宝. X 射线荧光光谱法在耐火材料分析中的应用. 山东教育学院学报, 2010, (1): 54-56.

2010-038 董昭雄, 谭梦琦. XRF 分析技术测定储层岩石孔隙度的方法研究. 地质科技情报, 2010, 29(4): 63-66.

2010-039 杜彩霞, 李韶梅, 张慧娟, 陈剑. X 射线荧光光谱法测定萤石中的氟化钙、二氧化硅含量. 河北化工, 2010, 33(11): 55-56.

2010-040 杜建民, 王兆利, 郑建道, 马宏彦, 孙春丽. 提高 X 荧光熔融分析铁矿石准确度的有效途径. 河南冶金, 2010, 18(6): 26-27, 45.

2010-041 杜玲, 钟静, 陈健. 高炉生铁次量元素 X 射线荧光光谱快速分析方法的研究. 天津冶金, 2010, (4): 39-41, 76-77.

2010-042 杜淑兰. X 射线荧光光谱法测定地质样品中的氯. 吉林地质, 2010, 29(4): 106-107, 119.

2010-043 段朝阳. 提高波长色散 X 射线荧光光谱法测定钼精矿中钼含量的准确率. 中国新技术新产品, 2010, (16): 25.

2010-044 凡小盼, 黄洁, 赵瑞廷, 周卫荣, 罗武干, 王昌燧. 中国早期黄铜混合矿冶炼工艺的模拟探索. 南方文物, 2010, (4): 143-148.

2010-045 范春辉, 张颖超, 张颖. 新型低成本吸附剂稻壳对 $Cu(II)$ 的去除行为研究. 化学学报, 2010, 68(21): 2175-2180.

2010-046 范春辉, 张颖超, 张颖, 韩雪, Benny Chefetz. 低成本吸附剂稻壳灰对 $Cr(VI)$ 去除机制的谱学表征. 光谱学与光谱分析, 2010, 30(10): 2752-2757.

2010-047 范春丽, 程佑法, 李建军, 王岳, 山广祺, 丁秀云. 一种新方法处理软玉的鉴定特征. 宝石和宝石学杂志, 2010, 12(2): 26-28, 60.

2010-048 范希营, 郭永环. 氧化铈对低合金钢焊条焊缝硫磷的影响. 焊接学报, 2010, 31(12): 70-72, 116.

2010-049 范雪波, 吴伟伟, 王广华, 林俊, 姚剑, 耿彦红, 位楠楠, 李玉兰, 梁峰, 刘卫, 李燕. 上海市灰霾天大气颗粒物浓度及富集元素的粒径分布. 科学通报, 2010, 55(13): 1221-1226.

2010-050 房春生, 孟赫, 田雷, 钟宇红, 王菊. 吉林省典型城市大气颗粒物主要排放源成分谱对比研究. 吉林大学学报 (地球科学版), 2010, 40(5): 1149-1156.

2010-051 冯彩霞, 刘燊, 胡瑞忠, 刘家军, 罗泰义, 池国祥, 齐有强. 遵义下寒武统富硒黑色岩系地球化学: 成因和硒富集机理. 地球科学 (中国地质大学学报), 2010, 35(6): 947-958.

2010-052 冯丹丹, 袁筱清. 科技创新断古陶瓷真伪. 景德镇陶瓷, 2010, (4): 11.

2010-053 冯静, 王瑞敏, 张激光. 重晶石矿石成分分析标准物质研制. 岩矿测试, 2010, 29(2): 175-178.

2010-054 冯禄平, 陈勇亮, 张坤, 曾云南, 赵本琪, 王卫明. WDPF-III微机多点多道品位在线分析系统的研究与应用. 金属矿山, 2010, (1): 116-118, 121.

2010-055 冯欣. 汽油中硫含量的测定方法及在生产中的设计与应用. 石油化工自动化, 2010, (6): 6-13.

2010-056 冯颖. 熔融法在分析方法中的应用. 黑龙江冶金, 2010, 30(1): 35, 38.

2010-057 封文江, 韩颖, 程巍, 张礼庆, 张浩华. 高温液态炉渣的物理性能研究. 沈阳师范大学学报 (自然科学版), 2010, 28(4): 496-498.

2010-058 Gan Fuxi, Cao Jingyan, Cheng Huansheng, Gu Donghong, Rui Guoyao, Fang Xiangming, Dong Junqing, Zhao Hongxia. The non-destructive analysis of ancient jade artifacts unearthed from the Liangzhu sites at Yuhang, Zhejiang. Science China (Technological Sciences), 2010, 53(12): 3404-3419.

2010-059 干福熹, 赵虹霞, 李青会, 李玲, 承焕生. 湖北省出土战国玻璃制品的科技分析与研究. 江汉考古, 2010, (115): 108-116, 151.

2010-060 高继慧, 陈国庆, 杜谦, 徐莉莉, 付晓林, 秦裕琨. MnO_x/RHA 催化氧化 NO 制备工艺优化. 化工学报, 2010, 61(2): 323-329.

2010-061 高山娇, 迟硕, 姜大伟. 耐火材料中 MgO 含量的 X 射线荧光光谱分析. 辽宁建材, 2010, (9): 46-47.

2010-062 高盛阳. MXF2300 X 荧光光谱仪数据攫取技术的探讨. 现代仪器, 2010, (3): 63-65.

2010-063 葛良全, 孙传敏, 谷懿, 杨健, 曾国强, 赖万昌. 微束微区 X 荧光矿物探针分析仪的研制. 矿物岩石, 2010, 30(3): 105-108.

2010-064 龚晓钟, 吴振兴, 杨宇涛, 田鹏, 潘良, 汤皎宁. Sm-Co 合金纳米线的电沉积制备及磁性能. 磁性材料及器件, 2010, 41(6): 21-24.

2010-065 谷懿, 杨强, 赖万昌, 葛良全. 一体化 X 射线管激发荧光分析仪的研制. 核电子学与探测技术, 2010, 30(5): 686-689.

2010-066 顾冬红, 干福熹, 承焕生, 陆建芳, 左骏, 李青会. 江阴高城墩遗址出土良渚文化玉器的无损分析研究. 文物保护与考古科学, 2010, 22(4): 42-52.

2010-067 关颖, 郭西华, 朱艳英, 王志宙. 航天诱变对桔梗固有成分的影响. 药物分析杂志, 2010, 30(7): 1182-1184.

2010-068 郭洪玲, 王琥. 泥土物证的 XRF 分析制样技术. 刑事技术, 2010, (3): 45-46.

2010-069 郭鹏, 刘春燕, 高敏, 王祥生, 郭洪臣. ZSM-5 晶粒度对其负载的 TiO_2 光催化剂性能的影响. 催化学报, 2010, 31(5): 573-578.

2010-070 郭娓, 郭洪玲, 石慧霞. X 射线荧光光谱元素分析鉴别猎枪弹丸. 刑事技术, 2010, (1): 10-12.

2010-071 郭西华, 朱艳英, 关颖. 航天诱变育种板蓝根的 X 射线荧光光谱的测定分析. 光谱实验室, 2010, 27(6): 2311-2313.

2010-072 郭西华, 朱艳英, 王志宙, 关颖, 丁喜峰，王文静，叩根来，郝雪娟，程英杰. 5种丹参主要成分及微结构的检测及综合表征. 光谱学与光谱分析, 2010, 30(8): 2299-2302.

2010-073 韩凤海. 采用X射线荧光光谱仪测定玻璃化学成分. 玻璃纤维, 2010, (1): 1-3, 15.

2010-074 韩辉, 李竟先, 吴基球. 温火全黑泥中铁赋存状态的研究. 中国陶瓷, 2010, 46(3): 31-33.

2010-075 韩宇, 任天斌, 黄超. 可剥蓝胶的成分分析. 中国胶粘剂, 2010, 19(8): 1-4.

2010-076 何航, 葛良全, 程锋, 杨年. 新一代X荧光仪在河流底质监测中的应用研究. 环境科学与技术, 2010, 33(8): 100-102.

2010-077 何敏. 用废旧绿色轮胎热解法回收白炭黑. 现代橡胶技术, 2010, 36(6): 11-16.

2010-078 何秋菊, 李涛, 施继龙, 赵瑞廷, 李玉玲, 邵芳. 道教人物画像颜料的原位无损分析. 文物保护与考古科学, 2010, 22(3): 61-68.

2010-079 何素珍, 黄新民. 热处理温度对化学沉积Ni-Cu-P涂层腐蚀冲蚀性能的影响. 材料热处理学报, 2010, 31(6): 133-137.

2010-080 何霄嘉, 吴绍祖, 付东康, 倪晋仁. 造纸污泥有机改性制备磨浆助剂的方法. 北京大学学报（自然科学版）, 2010, 46(3): 379-384.

2010-081 贺剑雄, 武莉莉, 夏庚培, 郑家贵, 冯良桓, 雷智, 李卫, 张静全, 黎兵. AlSb多晶薄膜的制备及性质. 功能材料与器件学报, 2010, 16(1): 11-16.

2010-082 贺剑雄, 武莉莉, 郑家贵, 夏庚培, 冯良桓, 张静全, 李卫, 黎兵. AlSb多晶薄膜的制备及其潮解性研究. 功能材料, 2010, 41(1): 173-176.

2010-083 洪俊辉. X射线荧光光谱法测定元素含量的不确定度近似评估. 冶金分析, 2010, 30(9): 77-80.

2010-084 侯克斌, 葛良全, 程锋. 铀矿样FPXRF分析中Th、Sr的影响与校正. 广东微量元素科学, 2010, 17(3): 65-70.

2010-085 胡宁静, 石学法, 黄朋, 刘季花. 渤海辽东湾表层沉积物中金属元素分布特征. 中国环境科学, 2010, 30(3): 380-388.

2010-086 胡孙林, 温锦锋, 赖文彬, 方超, 张小婷, 王松才, 戴维列, 刘超. Micro-XRF法检测肺内抗酸性硅质颗粒及其在溺死诊断中的应用. 法医学杂志, 2010, 26(4): 257-259.

2010-087 胡玉涛, 王沫. 荆半夏不同分化品系对微量元素的吸收与富集. 中国实验方剂学杂志, 2010, 16(11): 35-37.

2010-088 华友. 鉴定需要科学对待. 收藏界, 2010, (4): 129.

2010-089 黄凰, 秦颍, 孙升, 王先福, 陈千万, 韩楚文, 陈明辉. 利用同墓葬出土泥芯、陶器示踪青铜器铸造地初探——以湖北襄樊部分东周墓为例. 文物保护与考古科学, 2010, 22(3): 30-35.

2010-090 黄江成, 傅开道, 何大明. 澜沧江中下游河流泥沙特性分析. 四川大学学报(工程科学版), 2010, 42(3): 112-120.

2010-091 黄进初, 喻东, 吴永红, 赖万昌, 杨强. 高精度XRF技术在新疆某铜镍矿的应用. 金属矿山, 2010, (6): 137-138, 146.

2010-092 黄宁, 王鹏, 唐代全, 胡纫兰. OLAM网络分析水泥生料X荧光谱中学习谱的选择. 核电子学与探测技术, 2010, 30(1): 93-95, 70.

2010-093 黄晓萍. Venus200 X荧光分析仪的制样方法和标样的制备及其维护. 水泥工程, 2010, (5): 61-62, 80.

2010-094 黄啸谷, 张静, 王洪洲, 闫绍腾, 王丽熙, 张其土. Er^{3+}-substituted W-type barium ferrite: Preparation and electromagnetic properties. Journal of Rare Earths, 2010, 28(6): 940-943.

2010-095 黄自力, 何甜辉, 秦庆伟, 李密, 刘缘缘. 炼铜反射炉水淬渣的矿物学研究及可选性分析. 矿业研究与开发, 2010, 30(6): 35-37, 89.

2010-096 黄自力, 陶青英, 耿晨晨, 马丰, 何舔辉, 刘缘缘. 炼铜反射炉水淬渣工艺矿物学. 过程工程学报, 2010, 10(4): 732-737.

2010-097 吉媛媛, 王焕茹, 满毅, 司宇辰. ZSM-5 分子筛晶粒尺寸对石脑油催化裂解性能的影响. 石油化工, 2010, 39(8): 844-848.

2010-098 季宝华, 方东, 焦昌梅, 张树国. 膨胀型钢结构防火防腐涂料性能研究. 涂料工业, 2010, 40(3): 41-44.

2010-099 贾立宇. 土壤环境质量指标 Pb、As、Zn、Cu、Ni、Cr 的 X 射线荧光光谱法快速测定. 环保科技, 2010, 16(1): 14-16.

2010-100 贾明, 田忠良, 赖延清, 李劼, 伊继光, 闫剑锋, 刘业翔. 电解精炼制备太阳级硅杂质行为研究. 物理学报, 2010, 59(3): 1938-1945.

2010-101 江成军, 张振忠, 赵芳霞, 杨江海, 王鹏. 用化学还原法从含银电镀废液中回收银的研究. 贵金属, 2010, 31(1): 33-36.

2010-102 江晶, 狄家亮, 肖鹏程. X 荧光技术在赣南某铅锌矿勘查中的应用. 科技经济市场, 2010, (4): 38-39.

2010-103 江林, 吴丽荣, 杨钻云, 谢敬桃, 鲁道洪. 川西北某区金矿勘测中的多元素 X 荧光测量技术应用. 内蒙古石油化工, 2010, (20): 94-95.

2010-104 蒋立琴, 黄甦. 墨粉的结构及鉴别方法研究进展. 信息记录材料, 2010, 11(5): 44-46.

2010-105 金献忠, 陈建国, 杨文潮, 潘炜娟. 激光烧蚀-电感耦合等离子体质谱法测定塑料中的 Pb、Cd、Cr 和 Hg. 分析试验室, 2010, 29(3): 72-75.

2010-106 康海英, 吴继宗, 郑维明, 邵少雄. 源激发 X 射线荧光测定头发中 Ca、Fe、Cu、Zn、Pb 的方法优化. 原子能科学技术, 2010, 44(S): 500-505.

2010-107 康智清, 宋祖峰, 牟新玉. X 射线荧光光谱法测定萤石中 CaF_2 含量不确定度的评定. 冶金分析, 2010, 30(11): 74-78.

2010-108 兰延, 张珠福, 张天阳. X 荧光能谱技术鉴别淡水珍珠和海水珍珠的应用. 宝石和宝石学杂志, 2010, 12(4): 31-35, 63.

2010-109 黎香荣, 罗明贵, 陈永欣, 马丽方. X 射线荧光光谱法测定氧化铁皮中的硅和钙. 光谱实验室, 2010, 27(4): 1659-1662.

2010-110 李春雷, 庄大明, 张弓, 栾和新, 刘江, 宋军. 硒化温度对铜铟镓硒太阳能电池吸收层性能的影响. 材料研究学报, 2010, 24(4): 358-362.

2010-111 李春雷, 庄大明, 张弓, 宋军. 溅射参数对 CuInGa 预制膜成分和结构的影响. 中国表面工程, 2010, 23(3): 25-28.

2010-112 李大勇, 李守权. X 射线荧光光谱法测定高铝粘土中主成分方法研究. 贵州地质, 2010, 27(2): 157-160, 144.

2010-113 李丹, 王广西, 喻东, 唐丽丽, 王力. XRF 方法在铜镍尾矿分析中的应用. 广东微量元素科学, 2010, 17(7): 41-44.

2010-114 李德光. 原煤质量检验技术分析. 科技创新导报, 2010, (31): 51, 53.

2010-115 李福宝, 张晓平, 张志恒. X 射线荧光光谱法测定工业纯硅中铁和钙. 理化检验-化学分册, 2010, 46(7): 837-838.

2010-116 李广太, 刘东风, 石新发, 周平. XRF 技术在设备磨损监测中的应用研究. 机械工程与自动化, 2010, (3): 213-214.

2010-117 李合, 段鸿莺, 丁银忠, 窦一村, 侯佳钰, 苗建民, 富品莹, 赵长明. 北京故宫和辽宁黄瓦窑清代建筑琉璃构件的比较研究. 文物保护与考古科学, 2010, 22(4): 64-70.

2010-118 李合, 徐巍, 李卫东, 梁国立, 苗建民. EDXRF 对故宫博物院藏宋代官窑瓷器的无损分析. 故宫博物院院刊, 2010, (5): 137-145, 202.

2010-119 李红军, 方远, 汪鹤鸣. X 射线荧光光谱法在地质样品检测中的应用. 铜业工程, 2010, (3): 101-103.

2010-120 李惠玲, 林映荷, 陈婵娟, 林婷婷. 氮化钛镀膜对钴铬合金机械及化学性能的影响. 广东牙病防治, 2010, 18(9): 462-467.

2010-121 李建军, 刘晓伟, 程佑法, 刘化峰. 水镁石——寿山石的一种新型仿制品. 岩石矿物学杂志, 2010, 29(S): 100-108.

2010-122 李建军, 王岳, 李婷, 刘化锋. 一例仿"银裹金"田黄样品的鉴定. 超硬材料工程, 2010, 22(5): 57-60.

2010-123 李建武, 叶玮, 朱丽东, 李凤全, 姜永见, 伊继雪. 金衢盆地红土地球化学特征. 土壤通报, 2010, 41(1): 34-37.

2010-124 李剑东, 邓启红, 路婵, 黄柏良. Chemical compositions and source apportionment of atmospheric PM_{10} in suburban area of Changsha, China. Journal of Central South University of Technology, 2010, 17(3): 509-515.

2010-125 李丽, 冯松林, 朱继浩, 冯向前, 谢国喜, 闫灵通. 陶瓷标准样品元素分布均匀性的 μ-XRF 检验. 核技术, 2010, 33(3): 165-169.

2010-126 李敏娇, 张述林, 丁秀敏, 罗祎, 熊苗. 氢还原法制备低相变温度掺钨 VO_2 薄膜. 钢铁钒钛, 2010, 31(2): 6-9.

2010-127 李其江, 吴隽, 张茂林, 吴军明, 郁永彬, 方涛, 袁文瓚, 李峰, 张和贵. 出口仿古陶瓷的鉴别模式及出口规范. 中国陶瓷, 2010, 46(11): 41-44.

2010-128 李琪琳, 杨俊明, 赵珍谊. 谈电子企业使用 EDXRF 经验. 设备管理与维修, 2010, (6): 30-31.

2010-129 李清临, 王然, 贺世伟, 姚政权. EDXRF 探针技术在古陶瓷工艺研究中的应用. 武汉大学学报 (理学版), 2010, 56(1): 26-30.

2010-130 李清临, 王然, 姚政权, 贺世伟. 能量色散 X 射线荧光探针用于古陶瓷的工艺与产地研究. 理化检验-化学分册, 2010, 46(8): 861-864.

2010-131 李韶梅, 杜彩霞, 张慧娟. X 射线荧光光谱法测定海绵铁中 TFe、SiO_2、P、CaO、MgO. 冶金分析, 2010, 30(11): 11-15.

2010-132 李田义, 柯玲. 滤纸制样 X 射线荧光光谱法测定矿石中的多元素. 岩矿测试, 2010, 29(1): 77-79.

2010-133 李田义, 王奎. 滤纸吸附-X 射线荧光光谱法测定矿石中硫. 理化检验-化学分册, 2010, 46(6): 702-703.

2010-134 李伟民, 宋功保, 孙杰, 舒小艳. 高温条件下膨润土阻滞放射性核素迁移机制研究. 中国稀土学报, 2010, 28(2): 188-195.

2010-135 李享, 胡义华, 王银海, 符楚君, 吴浩怡, 康逢文, 居桂方, 牟中飞. $Na_xSr_{1-2x}MoO_4:Eu_x^{3+}$ 的制备及其发光性能的研究. 广东工业大学学报, 2010, 27(4): 32-35.

2010-136 李小莉, 秦颖, 徐劲松. 湖北省鄂州五里墩出土孙吴时期红色粉状物的测试分析. 文物保护与考古科学, 2010, 22(1): 46-48.

2010-137 李小平, 王昕. 城市典型工业区土壤重金属分布与污染评价. 干旱区资源与环境, 2010, 24(10): 100-104.

2010-138 李晓斌, 陆晓华. 微波加热法制备 Ag/TiO_2 及光催化降解气相甲苯. 无机材料学报, 2010, 25(4): 365-369.

2010-139 李晓杰, 罗宁, 闫鸿浩, 王小红. 爆轰法制备碳包覆铁镍合金纳米颗粒及其表征. 稀有金属材料与工程, 2010, 39(S1): 429-433.

2010-140 李晓林, 刘江峰, 包良满, 张桂林, 李燕, 杨科, 李爱国, Steve Sutton, Matthew Newville. 单个大气超细颗粒物源特征的同步辐射光源 X 射线探针初步研究. 科学通报, 2010, 55(12): 1107-1112.

2010-141 李晓霞, 唐明, 邓旭亮, 杨小平, 郑钧元. 国产无机三氧化聚合物的性能表征. 中国组织工程研究与临床康复, 2010, 14(12): 2195-2197.

2010-142 李颖娜, 罗望, 张志众, 徐志彬. 铁矿石中铅、砷的 X 射线荧光光谱定性定量分析方法研究. 唐山学院学报, 2010, 23(6): 64-66.

2010-143 李玉璞, 于庆凯. X 射线荧光光谱分析法在土壤样品多元素分析中的应用. 环境科学与管理, 2010, 35(3): 99-102.

2010-144 李媛, 高晓然, 董健丽, 康葆强, 苗建民. 故宫博物院藏明清仿官窑青瓷的初步研究. 故宫博物院院刊, 2010, (5): 184-194.

2010-145 李哲, 庹先国, 杨剑波. EDXRF 中吸收增强效应实验的指数刻度方法初探. 原子能科学技术, 2010, 44(S): 506-510.

2010-146 李哲, 庹先国, 杨剑波, 黄连美, 刘春来. 荧光分析中铁镍锌对铜 Kα射线强度的影响. 分析试验室, 2010, 29(11): 9-14.

2010-147 李哲, 庹先国, 杨剑波, 刘春来, 黄连美. EDXRF 中镍铜锌元素间效应分析及校正技术研究. 光谱学与光谱分析, 2010, 30(10): 2842-2847.

2010-148 李正操, 余晓毅, 苗伟, 马天, 张政军. 氧化钇掺杂铁薄膜的制备及热稳定行为. 深圳大学学报（理工版）, 2010, 27(3): 273-276.

2010-149 李志杰, 李倩倩. 聚乳酸包装材料合成研究. 中国印刷与包装研究, 2010, 2(2): 52-56.

2010-150 李志文, 袁洪友, 阴秀丽, 周肇秋, 吴创之, 武书彬. 二氧化钛与碳酸钠的直接苛化反应性能的实验研究. 造纸科学与技术, 2010, 29(5): 25-29.

2010-151 李中轩, 朱诚, 闫慧, 吴国玺. 静水沉积地层中 Ti 含量变化对干湿环境的响应——以重庆中坝遗址为例. 海洋地质与第四纪地质, 2010, 30(5): 137-143.

2010-152 梁慧荣, 郭烈锦. 铜钼基多元材料的制备及其光催化产氢特性. 太阳能学报, 2010, 31(6): 682-686.

2010-153 梁振华, 彭桂花, 李庆余, 王红强, 刘茜, 李文兰. 以 $MgSiN_2$ 作烧结助剂制备高热导 $β-Si_3N_4$ 陶瓷. 硅酸盐学报, 2010, 38(10): 1948-1952.

2010-154 Liang Zhiyu, Yan Guiyang, Zheng Liuping, Weng Xiulan, Huang Zheqiang. Preparation of alumina abrasion-resistant ceramic grinding ball with spent FCC equilibrium catalyst. China Petroleum Processing and Petrochemical Technology, 2010, 12(4): 23-29.

2010-155 廖花妹, 罗凌虹, 吴也凡, 石纪军, 程亮, 宋福生, 卢泉. $BaTiO_3$ 烧结过程中异常晶粒长大的研究. 中国陶瓷工业, 2010, 17(5): 22-26.

2010-156 林国桢, 颜崇淮, 李科, 彭荣飞, 刘翔翊, 杜琳. 红丹爽身粉致儿童铅中毒的调查. 实用儿科临床杂志, 2010, 25(6): 416-418.

2010-157 林学武, 王德智, 徐永宏. 非测量层 Sn Kα特征谱线对 X 射线荧光光谱法测定冷轧镀锡板 Sn 层质量影响的探讨. 冶金分析, 2010, 30(3): 18-22.

2010-158 林治锋, 张竞菲. X 射线荧光光谱法测定氢氧化镁中杂质含量. 大连海事大学学报, 2010, 36(S1): 235-236.

2010-159 蔺启忠, 郭华东, 魏永明, 陈玉, 王梦飞, 李庆亭. 遥感快速找矿系统在西准斑岩铜矿勘查中的应用. 矿床地质, 2010, 29(S): 685-686.

2010-160 凌燕. X 射线荧光光谱法测定铝电解质分子比、CaF_2、MgF_2 等分析方法改进. 云南冶金, 2010, 39(S): 166-169.

2010-161 刘彪, 李兵虎, 郑振, 黎德育, 李宁. 原板的电化学酸洗对镀锡板表面形貌及孔隙率的影响. 电镀与涂饰, 2010, 29(1): 19-21, 25.

2010-162 刘成林, 王忠纯, 刘忠权. 不同产地牛膝样品中的微量元素. 河北理工大学学报（自然科学版）, 2010, 31(1): 64-68.

2010-163 刘春荣. X 射线荧光光谱法在铁矿石测定中的应用. 现代冶金, 2010, 38(3): 37-39.

2010-164 刘春荣, 黄旭平. 浅谈 EDXRF 在 RoHS 检测中的应用. 现代冶金, 2010, 38(4): 36-39.

2010-165 刘纯, 谢亿, 陈军君, 陈红冬. 高压隔离开关触指镀银层现场测厚技术开发. 湖南电力, 2010, 30(5): 14-16.

2010-166 刘殿龙, 杨志刚, 刘璐, 张弛. 直流电沉积 Ni-W-P 镀层研究. 稀有金属材料与工程, 2010, 39(1): 60-64.

2010-167 刘建华, 彭瑛, 张淑英, 沈志农. 白钨矿物相组成对浸出率的影响. 湖南工业大学学报, 2010, 24(3): 1-4.

2010-168 刘建立, 王晓川, 李国霞, 赵维娟, 李融武, 赵青云, 孙新民, 赵文军, 承焕生, 孙洪巍, 郭敏, 谢建忠. 汝官瓷、钧官瓷和刘家门窑民钧瓷的判别分析研究. 中国陶瓷, 2010, 46(10): 75-77.

2010-169 刘江斌, 党亮, 和振云. X射线荧光光谱法同时测定土壤样品中的36种组分的探讨. 甘肃地质, 2010, 19(2): 75-79.

2010-170 刘江斌, 赵峰, 余宇, 党亮, 张旺强, 陈月源. X射线荧光光谱法同时测定地质样品中铌钽锆铪铈镓钪铀等稀有元素. 岩矿测试, 2010, 29(1): 74-76.

2010-171 刘娟, 张振忠, 赵芳霞, 张帆. 硼氢化钠还原法从化学镀镍废液中回收镍. 电镀与环保, 2010, 30(1): 37-40.

2010-172 刘君峰, 汤礼军, 黄晨阳, 陈明, 王文烨. 液态涂料中铅含量快速测定方法研究. 涂料工业, 2010, 40(12): 72-74.

2010-173 刘琳娟, 张琪, 陆培培. 标准加入-原子吸收光谱法测定钢渣中的铁. 岩矿测试, 2010, 29(6): 695-698.

2010-174 刘璞生, 张忠东, 余颖龙, 高雄厚. 几种沸石分子筛的催化裂化性能研究: 1孔结构和酸性. 应用化工, 2010, 39(5): 704-707.

2010-175 刘世凯, 赵艳霞, 杨海滨, 王改民, 付乌有, 李明辉, 李伊荇. TC4合金表面氧化钛基纳米管阵列的制备和表征. 中国陶瓷, 2010, 46(7): 22-25.

2010-176 刘舜民, 杨大伟, 李融武, 李国霞, 承焕生, 郑炯鑫, 陈丽芳. 景德镇与德化青花瓷原料来源的质子诱发X射线荧光分析. 原子能科学技术, 2010, 44(2): 252-256.

2010-177 刘松, 李青会, 干福熹, 顾冬红. 便携式能量色散型X射线荧光光谱仪在中国古代玻璃化学成分分析中的应用. 光谱学与光谱分析, 2010, 30(9): 2576-2580.

2010-178 刘晓旻, 郭敏, 李融武, 郭培育, 李国霞, 赵维娟, 孙洪巍, 高正耀, 谢建忠, 温昶, 杨大伟, 王晓川. 用EDXRF技术研究古名瓷的起源. 郑州大学学报(理学版), 2010, 42(1): 98-102.

2010-179 刘倚豆, 马红超, 付颖寰, 马春, 董晓丽, 薛文平. 膨润土的硫酸铵活化. 大连工业大学学报, 2010, 29(2): 116-118.

2010-180 刘银, 李荣社, 计文化, 潘术娟, 时超, 陈奋宁, 陈守建, 赵振明. 青海治多地区多彩蛇绿混杂岩带南侧当江荣二叠纪—三叠纪岩浆弧的确定. 地质通报, 2010, 29(12): 1840-1850.

2010-181 刘英红, 马卫兴, 沙鸥, 杨运琼. 沉淀反应在环境监测中的应用. 甘肃科技, 2010, 26(17): 77-78, 98.

2010-182 刘月. 一件青铜鼎的保护. 首都师范大学学报(社会科学版), 2010, (S): 142-147.

2010-183 刘正宁, 刘洋, 谭厚章, 牛艳青, 王学斌, 徐通模. 余热锅炉省煤器腐蚀机理的研究. 动力工程学报, 2010, 30(7): 508-511.

2010-184 龙昌玉, 李小莉, 张勤, 李国会. 能量色散X射线荧光光谱仪现场快速测定多金属矿中17种组分. 岩矿测试, 2010, 29(3): 313-315.

2010-185 龙耀斌, 黄福才. 脑卒中患者吞咽困难影像学异常表现与其临床表现的相关性分析. 广西医科大学学报, 2010, 27(6): 868-870.

2010-186 卢亿, 游革新, 刘钧泉. 蜡油催化裂化装置放空管失效分析. 石油化工设备技术, 2010, 31(4): 13-15, 25.

2010-187 鲁绍伟, 张燕军, 翟明普. 花岗岩片麻岩微生物风化作用效果研究. 内蒙古农业大学学报(自然科学版), 2010, 31(2): 140-146.

2010-188 陆安祥, 王纪华, 潘立刚, 韩平, 韩莹. 便携式X射线荧光光谱测定土壤中Cr, Cu, Zn, Pb和As的研究. 光谱学与光谱分析, 2010, 30(10): 2848-2852.

2010-189 逯克思. X射线荧光光谱法测定岩石中铀和钍. 分析试验室, 2010, 29(S): 33-35.

2010-190 罗惠波, 甄攀, 张宿义, 黄治国, 许德富. X射线荧光光谱法对不同窖龄窖泥矿质元素演变趋势的研究. 食品与发酵科技, 2010, 46(1): 4-7.

2010-191 Luo Lei, Zhang Shuzhen. Applications of synchrotron-based X-ray techniques in environmental science. Science China (Chemistry), 2010, 53(12): 2529-2538.

2010-192 罗武干, 秦颍, 黄凤春, 王昌燧. 古麋地出土青铜器合金技术与金相组织分析. 自然科学史研究, 2010, 29(3): 329-338.

2010-193 罗学辉, 陈占生, 陈雪, 李玄辉. X射线荧光光谱法测定铁矿石中主次成分. 黄金科学技术, 2010, 18(5): 123-124.

2010-194 马冰洁, 于鸿雁, 唐洪波. 纳米二氧化钛导电粉制备研究. 沈阳化工学院学报, 2010, 24(1): 48-51, 73.

2010-195 马飞, 李寒旭, 盛新, 纪明俊, 贾春林. Shell煤气化飞灰粘附特性及沉积机理分析. 煤炭科学技术, 2010, 38(10): 114-117.

2010-196 马光强, 殷文荣, 吴文宽. 济阳坳陷下古生界潜山油气藏油水系统划分方法. 录井工程, 2010, 21(2): 43-47, 77.

2010-197 马宏彦, 杜建民, 王兆利, 刘颖晓. X射线荧光光谱法测定铁矿石中TFe不确定度评定. 广东化工, 2010, 37(8): 174, 188.

2010-198 马瑞欣, 石常省, 章新喜. 煤与单一矿物质在摩擦电选过程中的分离. 中国矿业大学学报, 2010, 39(2): 270-274.

2010-199 马亚军, 闫龙. 铈掺杂改性高炉渣降解模拟染料废水的应用研究. 硅酸盐通报, 2010, 29(2): 365-369.

2010-200 满雪. Pd-Ga/Al_2O_3催化剂上正丁烷脱氢反应的研究. 工业催化, 2010, (4): 21.

2010-201 毛天成, 方磊, 王英均, 唐海波, 马志刚. 降低O5板成品氧的研究. 宝钢技术, 2010, (3): 48-50.

2010-202 梅西, 张训华, 郑洪波, 刘锐, 谢昕, 黄恩清. 南海南部120ka以来元素地球化学记录的东亚夏季风变迁. 矿物岩石地球化学通报, 2010, 29(2): 134-141.

2010-203 Men Xiujie, Zhan Shuhong, Li Yanjun, Wu Zhiguo, Wang Zijun, Wang Xieqing. Characterization of catalytic cracking catalysts regenerated by gasifying deposited coke. China Petroleum Processing and Petrochemical Technology, 2010, 12(1): 5-12.

2010-204 苗凤东, 陈永超. 便携式核数据测量分析仪的太阳能光伏电源设计. 核电子学与探测技术, 2010, 30(10): 1358-1363.

2010-205 苗树红, 尹明香, 李文明, 王浩, 刘兴培. X射线荧光光谱法分析铝电解原料成分的应用. 云南冶金, 2010, 39(S): 162-165.

2010-206 牟望重, 张廷安, 刘燕, 古岩, 豆志河, 吕国志, 鲍丽, 张伟光. E-pH diagram of ZnS-H_2O system during high pressure leaching of zinc sulfide. Transactions of Nonferrous Metals Society of China, 2010, 20(10): 2012-2019.

2010-207 牟望重, 张廷安, 吕国志, 古岩, 豆志河. 硫化锌氧压浸出过程的φ-pH图. 中国有色金属学报, 2010, 20(8): 1636-1644.

2010-208 木拉提, 王佳佳, 丽娜, 童建勇, 潘小川. 沙尘天气期间大气$PM_{2.5}$和PM_{10}中部分元素浓度的变化特征. 环境与健康杂志, 2010, 27(9): 755-758, 847.

2010-209 南普恒, 秦颍, 冯恩学, 杨益民. 湖北雷家坪遗址出土战国金属残件的科学分析. 中国文物科学研究, 2010, (2): 82-84, 95.

2010-210 南普恒, 秦颍, 黄建勋, 董亚巍. 随州擂鼓墩二号墓出土曾国青铜器残留泥芯的科学分析. 文物鉴定与鉴赏, 2010, (5): 36-41.

2010-211 Nawaz Zeeshan, 汤效平, 褚玥, 魏飞. 丙烷脱氢反应中焙烧温度和反应气氛对Pt-Sn/SAPO-34催化性能的影响(英文). 催化学报, 2010, 31(5): 552-556.

2010-212 聂富强, 李景滨. X射线荧光光谱分析铁合金样品的制备方法进展. 化学工程与装备, 2010, (11): 132-134.

2010-213 宁方敏, 徐建元, 谭继廉, 徐惠忠, 田宇纮. 基于SDD与DPP的X荧光分析及其在光伏硅杂质元素分析中的应用. 核电子学与探测技术, 2010, 30(12): 1637-1640.

2010-214 牛艳青, 谭厚章, 王学斌, 徐通模, 刘正宁, 刘洋. 辣椒秆灰熔融特性分析.

中国电机工程学报, 2010, 30(11): 68-72.
2010-215 潘崇根, 冯国全, 李瑛, 刘化章. 载体活性炭的预处理以及 Ru/AC 氨合成催化剂的性能. 化学反应工程与工艺, 2010, 26(6): 532-538.
2010-216 潘建华, 赵桂兰. X 射线荧光光谱法测定铁矿石中组分. 青海科技, 2010, (3): 116-118.
2010-217 潘丽梅, 覃丹柳. X 射线荧光光谱法测定煤灰成分. 柳钢科技, 2010, (4): 38-40.
2010-218 潘银华, 陆现彩, 王亚军, 魏晓椿, 曹仁雷. 矿场地表管线结垢物的物相组成分析. 矿物学报, 2010, 30(4): 476-481.
2010-219 潘志爽, 杨一青, 王亚红, 丁伟, 张志国, 王栋. X 射线荧光法测定镧改性分子筛中 La_2O_3 含量. 石化技术与应用, 2010, 28(6): 527-529.
2010-220 彭炳先, 吴代赦, 李萍. 煤中痕量溴的分析测试方法研究进展. 岩矿测试, 2010, 29(6): 763-769.
2010-221 普旭力, 王鸿辉, 叶淑爱, 董清木, 朱桂容, 王彩云, 魏丽英. 钽内标 X 射线荧光光谱法测定钨精矿中 WO_3. 分析试验室, 2010, 29(4): 41-44.
2010-222 普旭力, 王鸿辉, 叶淑爱, 董清木, 邹建龙, 杨明坤. 波长色散 X 射线荧光光谱法同时测定钨精矿中主次量组分. 岩矿测试, 2010, 29(2): 143-147.
2010-223 钱建平, 吴高海, 陈宏毅. 便携式 X 射线荧光光谱仪应用条件试验及效果. 物探与化探, 2010, 34(4): 497-502.
2010-224 乔淑卿, 方习生, 石学法, 王昆山, 刘焱光, 刘升发, 朱爱美. 黄河口及邻近渤海海域表层沉积物中 CaO 和蒙皂石分布及其对黄河入海物质运移的指示. 海洋地质与第四纪地质, 2010, 30(1): 17-23.
2010-225 邱士星, 刘先松, 周丹, 高华敏, 王鹏鹏, 贾道宁, 胡锋. 钒渣提取五氧化二钒的研究. 无机盐工业, 2010, 42(4): 46-48.
2010-226 曲月华, 王一凌, 邓军华, 亢德华, 张鹏, 王翠艳. X 射线荧光光谱法测定耐指纹板有机涂层中二氧化硅. 理化检验-化学分册, 2010, 46(10): 1205-1206, 1210.
2010-227 任定高, 孙立梅, 谢树军, 牛洁. 碳酸盐型铀矿石中铀的 X 射线荧光法测定. 湿法冶金, 2010, 29(3): 206-210.
2010-228 任国浩, 陈晓峰, 毛日华, 沈定中. 氟离子掺杂钨酸铅闪烁晶体的发光特性. 物理学报, 2010, 59(7): 4812-4817.
2010-229 森维, 徐宝强, 杨斌, 孙红燕, 宋建勋, 万贺利, 戴永年. 高频感应炉制备碳化钛粉的研究. 功能材料, 2010, 41(9): 1627-1630, 1634.
2010-230 邵晓东, 刘养勤, 李瑛, 李发根. 镍基合金中元素分析方法研究进展. 冶金分析, 2010, 30(5): 38-48.
2010-231 沈华友. 学科交叉: 古陶瓷鉴定的趋势——就明早期三件瓷器浅谈传统鉴定和科学检测. 收藏界, 2010, (11): 130-132.
2010-232 盛克平. 扫描电子显微镜 X 射线能量色散谱仪在宝玉石鉴定中的应用. 宝石和宝石学杂志, 2010, 12(1): 32-35.
2010-233 施惠生, 邓恺, 郭晓潞, 吴凯. 处置利用垃圾焚烧飞灰共研制硫铝酸盐水泥. 同济大学学报(自然科学版), 2010, 38(3): 407-411.
2010-234 施江焕, 冯舒. RoHS 检测用 X 荧光光谱仪校准方法的初探. 化学分析计量, 2010, 19(4): 71-72.
2010-235 施秀华, 王建萍, 郝义锋. X 射线荧光光谱法在萤石测定中的应用研究. 轻金属, 2010, (7): 9-11.
2010-236 石爱霞, 刘百利. 粉末压片-X 射线荧光光谱仪分析铝钒中的铝钒. 金属材料与冶金工程, 2010, 38(1): 49-51.
2010-237 石金明, 向军, 胡松, 孙路石, 苏胜, 徐朝芬, 许凯. 洗煤过程中煤结构的变化. 化工学报, 2010, 61(12): 3220-3227.
2010-238 时启立, 朱艳彬, 杨钱华, 刘贵镇, 王志楼, 柳建设. 细菌氧化法制取黄钾铁矾的研究. 环境科学与技术, 2010,

2010-239 史辰羲, 莫多闻, 刘辉, 毛龙江. 江汉平原北部汉水以东地区新石器晚期文化兴衰与环境的关系. 第四纪研究, 2010, 30(2): 335-343.

2010-240 史玉芳, 郑曙, 皮桂英, 廖薇, 肖红艳, 曹菱. X射线荧光定性分析中异常谱的分析判定. 光谱实验室, 2010, 27(5): 2045-2048.

2010-241 史玉奎. X射线荧光光谱法测定高炉除尘灰中4组分. 冶金分析, 2010, 30(2): 51-54.

2010-242 宋晶, 杨洪星, 张伟才, 武永超. 硅抛光片表面质量测试技术综述. 电子工业专用设备, 2010, (7): 9-10, 38.

2010-243 宋霞, 郭红丽, 胡坚. X荧光光谱法分析硅质-半硅质耐火材料的主次元素含量. 光谱实验室, 2010, 27(4): 1565-1568.

2010-244 宋晓. X射线荧光光谱法测定叶蜡石、高岭土的化学成分. 玻璃纤维, 2010, (3): 4-7.

2010-245 宋欣, 张磊, 李海建, 杨伟清, 宋晓昆, 付晓光. 提高波长色散X荧光光谱仪晶体衍射强度的方法. 中国建材科技, 2010, (S2): 276-284.

2010-246 宋燕, 王效军, 李晓莉, 马清林. 西夏名窑——宁夏灵武窑出土瓷器研究. 中国陶瓷, 2010, 46(11): 71-77, 70.

2010-247 宋游, 郑维明, 刘桂娇, 吴继宗. 石墨晶体预衍射X射线荧光分析中的基体影响. 核化学与放射化学, 2010, 32(1): 41-45.

2010-248 苏达根, 赵勇. 利用脱硫渣及钙质废石粉制备陶瓷. 华南理工大学学报(自然科学版), 2010, 38(7): 117-121.

2010-249 苏丹丹. X射线荧光分析用生料标准样品的制备. 水泥, 2010, (6): 47-49.

2010-250 苏红梅. XRF法测定铁矿石中全铁. 金属材料与冶金工程, 2010, 38(3): 57-59.

2010-251 孙春丽, 郑建道, 万冬林, 王兆利, 杜超伶. 锰硅X荧光光谱分析的研究. 甘肃冶金, 2010, 32(5): 129-130, 132.

2010-252 孙海健, 金玉苹, 王斌, 刘惠玲, 陈超, 韩蕾. Kinetics of photoelectrocatalytic degradation of endocrine disrupting chemicals using sulfur-doped TiO_2/Ti photoelectrodes. Journal of Harbin Institute of Technology, 2010, 17(4): 516-520.

2010-253 孙海健, 金玉苹, 王斌, 刘惠玲, 齐虹, 韩蕾. 硫掺杂TiO_2/Ti光电极制备及其可见光光电催化性能. 材料科学与工艺, 2010, 18(5): 593-597.

2010-254 孙敏, 孙普兵, 刘文丽. 波长色散-X射线荧光光谱法同时测定铝锭中铝含量及11种杂质元素. 现代仪器, 2010, (2): 68-69, 64.

2010-255 孙雪, 罗耀耀, 焦欢欢, 李业强. CdZnTe化合物半导体探测器在X射线荧光技术中的应用. 科学咨询(决策管理), 2010, (4): 91.

2010-256 孙雪萍. 能量色散X射线荧光光谱法分析镀液中金离子的质量浓度. 电镀与环保, 2010, 30(2): 44-46.

2010-257 孙颖, 杨觊. X射线荧光光谱法测定镁砂中的主要元素. 天津冶金, 2010, (4): 37-38, 76.

2010-258 索相波, 邱骥, 刘吉延. 电解液中添加纳米SiO_2对7A52铝合金表面微弧氧化陶瓷层生长过程及性能的影响. 中国表面工程, 2010, 23(3): 42-45.

2010-259 谈春明. X射线荧光分析原级能谱分布的MCNP模拟. 原子能科学技术, 2010, 44(S): 496-499.

2010-260 谭植元, 林晓燕, 孙天希, 李玉德. 以金属为反射面的单毛细管X射线光学元件. 北京师范大学学报(自然科学版), 2010, 40(6): 691-695.

2010-261 汤云. Preparation of sialon powder from coal gasification slag. Journal of Wuhan University of Technology (Materials Science Edition), 2010, 25(6): 1044-1046.

2010-262 汤志勇, 邱海鸥, 郑洪涛. 岩石矿物分析. 分析试验室, 2010, 29(12): 109-122.

2010-263 唐爱雄, 庞荣华, 方方, 张遵遵, 徐长明. 便携式X荧光分析仪在矿产勘查中的应用. 金属矿山, 2010, (3): 97-99.

2010-264 唐瑞鹏, 高莉, 刑智伟. X射线荧光录井在大牛地气田的应用. 内蒙古石油化工, 2010, (2): 26-29.

2010-265 唐威. 高压合成含硼金刚石及电化学性能机理分析. 机械管理开发, 2010, 25(4): 19-21.

2010-266 滕海鹏, 李诗媛, 吕清刚. 小麦秸秆流态化燃烧粘结特性实验研究. 工程热物理学报, 2010, 31(3): 511-514.

2010-267 滕玥鹏, 孙天希, 刘志国, 刘辉, 杨科. X射线微会聚透镜在大气颗粒物源解析中的应用. 光学学报, 2010, 30(5): 1527-1530.

2010-268 滕玥鹏, 孙天希, 刘志国, 罗萍, 潘秋丽, 丁训良. 一种新型单毛细管X光学器件. 光学学报, 2010, 30(2): 542-545.

2010-269 田冬, 鲍霞, 胡云虎, 陈永红. 粉煤灰合成NaX型和NaSOD型沸石的试验研究. 煤炭科学技术, 2010, 38(10): 121-123.

2010-270 田文辉, 王宝玲, 赵永宏, 苏雄. 波长色散X射线荧光光谱法测定氧化钼中主次成分. 冶金分析, 2010, 30(4): 28-31.

2010-271 田兴玲, 李志林, 马清林, 周霄. 重庆大足千手观音金箔表面变色原因探讨. 稀有金属材料与工程, 2010, (S1): 311-315.

2010-272 田兴玲, 郑茗天, 马清林, 李志林. 重庆大足千手观音造像多层金箔成分分析. 黄金, 2010, 31(4): 4-7.

2010-273 童永彭, 刘国卿, 陈羽, 张鸿, 张永夏, 罗奇, 郑家容, 赵海歌, 孙慧斌, 冯晋兴, 刘晓红, 梁峰, 闫芬, 李玉兰, 杨科, 余笑寒, 陈建敏. 应用同步辐射XRF分析胎毛中铅含量. 广东微量元素科学, 2010, 17(7): 13-18.

2010-274 万建美, 罗蔚锋, 李厚怀, 包仕尧, 刘春风, 张志琳, 李冰燕. 激光扫描共聚焦显微镜在骨髓基质细胞移植中的应用. 激光杂志, 2010, 31(5): 52-53.

2010-275 万金玉, 李志安, 肖群, 张超, 宫月娇. 钛种植体表面接枝十八烯-马来酸酐交替共聚物诱导生物矿化的研究. 口腔医学研究, 2010, 26(5): 674-676.

2010-276 王本辉, 郭红丽, 胡坚. X射线荧光光谱法测定氧化锆质耐火材料中主次成分. 冶金分析, 2010, 30(1): 39-42.

2010-277 王彬果, 孔德顺. X射线荧光光谱法测定煤矸石中主次量元素. 能源技术与管理, 2010, (5): 104-105, 114.

2010-278 王程, 施惠生, 李艳, 杜国强. 静电自组装制备镧掺杂高岭石基纳米TiO_2光催化材料研究. 人工晶体学报, 2010, 39(6): 1381-1385, 1395.

2010-279 王飞, 罗漫, 肖文德. 亚微米ZSM-5催化剂预处理及其在乙醇脱水过程中的积炭行为. 化学反应工程与工艺, 2010, 26(6): 500-508.

2010-280 王贵. X射线荧光光谱在检验铝土矿石主成分中的应用. 中国新技术新产品, 2010, (15): 22-23.

2010-281 王国华, 任家富, 周子安. 单片机控制三维样品台的设计. 科技风, 2010, (11): 221, 223.

2010-282 王海燕. 粗谈能量色散X射线荧光光谱仪校准方法. 电子质量, 2010, (7): 68-69, 71.

2010-283 王汉彬, 杨健, 曹必华, 赵翔. ZigBee技术在微束微区X荧光探针仪中的应用. 核电子学与探测技术, 2010, 30(6): 831-834.

2010-284 王洪敏, 毛振伟, 朱铁权, 董俊卿, 王昌燧, 吴晓松, 洪刚. 湖北蕲春罗州城宋代陶瓷分析与研究. 江汉考古, 2010, (1): 113-119.

2010-285 王辉, 马静萌, 王德举, 郭友娣, 刘仲能. 制备条件对$Cu-ZnO-MnO_x/Al_2O_3$催化剂氢解性能的影响. 分子催化, 2010, 24(5): 422-427.

2010-286 王锦荣, 周汉文, 曾伟能, 杨增良, 柳婷, 瞿思思. 合浦高岭土矿物特征对白度的影响. 中国非金属矿工业导刊, 2010, (3): 24-30.

2010-287 王静, 桑俊利. 改性蒙脱土吸附剂的制备及其表征. 化学推进剂与高分子材料, 2010, 8(6): 17-21.

2010-288 王钧婷, 韩斌. 冶金石灰的X射线荧光光谱分析. 甘肃冶金, 2010, 32(5): 131-132.

2010-289 王力前, 赵雷, 刘辉庭. X 射线荧光光谱测定铝矿石中主次量元素含量. 广西科学院学报, 2010, 26(3): 295-297.

2010-290 王丽琴, 严静, 樊晓蕾, 马涛. 中国北方古建油饰彩画中绿色颜料的光谱分析. 光谱学与光谱分析, 2010, 30(2): 453-457.

2010-291 王莉. Axios 4400/40 X 荧光光谱仪分析软件的探讨. 黑龙江冶金, 2010, 30(4): 45-46, 48.

2010-292 王玲, 刘冬雁, 刘明, 胡广元, 彭莎莎. 川西高原甘孜黄土 A 剖面常量元素地球化学特征初步研究. 中国海洋大学学报（自然科学版）, 2010, 40(S): 221-225.

2010-293 王平. 单波长色散 X 射线分析仪分析机理及在油品升级中的应用. 石油化工自动化, 2010, (5): 59-64.

2010-294 王平, 曹军骥, 吴枫. 青海湖流域表层土壤环境背景值及其影响因素. 地球环境学报, 2010, 1(3): 189-200.

2010-295 王启元, 曹军骥, 甘小凤, 涂夏明, 沈振兴, 郭旭, 陶俊. 成都市灰霾与正常天气下大气 $PM_{2.5}$ 的化学元素特征. 环境化学, 2010, 29(4): 644-648.

2010-296 王强兵. X 荧光测厚仪研究. 计量与测试技术, 2010, 37(3): 30-31.

2010-297 王胜民, 何明奕, 赵晓军, 刘丽, 谭蓉. 机械镀 Zn-RE 复合镀层的结构. 材料热处理学报, 2010, 31(1): 137-141.

2010-298 王舒娅, 龙光明, 祁米香, 杨占寿, 李加升. 天青石矿中锶钙钡 3 种分析方法比较研究. 盐湖研究, 2010, 18(3): 42-47.

2010-299 王巍, 陶辉, Kim Dae-seon, 潘小川. 北京和阿拉善盟沙尘天气 PM_{10} 和 $PM_{2.5}$ 中化学元素含量变化的研究. 环境与健康杂志, 2010, 27(9): 763-766.

2010-300 王雯, 黎学明, 杨文静, 付银辉, 李武林. $Ni/PdO/RuO_2$ 复合型活性阴极的制备与表征. 无机化学学报, 2010, 26(9): 1633-1638.

2010-301 王小欢, 孟庆芬, 董亚萍, 陈美达, 李武. X 射线荧光光谱法快速分析盐湖粘土矿物元素含量. 光谱学与光谱分析, 2010, 30(3): 829-833.

2010-302 王晓峰, 张永春, 陈绍云. 离子改性 Y 沸石吸附脱除二氧化碳中的乙醛. 离子交换与吸附, 2010, 26(5): 393-400.

2010-303 王晓红, 何红蓼, 王毅民, 孙德忠, 樊兴涛, 高玉淑, 温宏利, 夏月莲. 超细样品的地质分析应用. 分析测试学报, 2010, 29(6): 578-583.

2010-304 王晓宁, 江树儒. 美国氧化铝陶瓷显微结构与金属化技术的探讨. 山东陶瓷, 2010, 33(1): 19-22.

2010-305 王新杰, 郭玉文, 张建强, 乔琦, 刘景洋. 废纸基电路板非金属材料性质及其复合材料性能. 化工学报, 2010, 61(3): 795-800.

2010-306 王秀云, 王榕, 倪军, 林建新, 魏可镁. Ru 前驱体对 $Ru/MgO-CeO_2$ 氨合成催化剂性能的影响. 催化学报, 2010, 31(12): 1452-1456.

2010-307 王一凌, 曲月华, 邓军华. X 射线荧光光谱分析法熔融制样技术的探讨与应用. 冶金分析, 2010, 30(12): 10-13.

2010-308 王祎亚, 詹秀春, 樊兴涛, 温宏利, 李迎春, 许祖银, 殷绍泉. 粉末压片-X 射线荧光光谱法测定地质样品中痕量硫的矿物效应佐证实验及其应用. 冶金分析, 2010, 30(1): 7-11.

2010-309 王玉莲. 能量色散型 X 荧光分析仪在 5000t/d 生产线上的应用. 水泥, 2010, (12): 52-53.

2010-310 王钊, 胡永明, 刘莎莉, 周迪, 胡正龙, 顾豪爽. $K_{0.5}Na_{0.5}NbO_3$ 纳米材料的表征及其水热生长习性研究. 湖北大学学报（自然科学版）, 2010, 32(1): 54-57.

2010-311 王振波, 田辉平, 陈振宇. 用湛江高岭土作 FCC 催化剂载体的可行性研究. 炼油与化工, 2010, 21(1): 15-17, 57-58.

2010-312 王振波, 田辉平, 陈振宇. 湛江高岭土作 FCC 催化剂载体可行性试验研究. 山东化工, 2010, (2): 15-17.

2010-313 王振亮, 张寿庭. X 荧光仪在鸭鸡山铜钼矿地质勘查中的应用. 矿床地质, 2010, 29(S): 847-848.

2010-314 王志光, 宋守强, 宋家庆, 何鸣元. 纳米富铝β沸石的合成与表征. 燃料化学学报, 2010, 38(6): 716-721.

2010-315 王自运, 周四春, 赵翔. X荧光技术在金矿外围找矿中的应用——以KNM金矿为例. 中国西部科技, 2010, 9(32): 19-21.

2010-316 汪爱媛, 李永滨, 许文静, 彭江, 郭全义, 赵斌, 张莉, 卢世璧. 钛铌涂层镍钛记忆合金的生物安全性及生物相容性. 中国医药生物技术, 2010, 5(1): 32-37.

2010-317 汪丹, 刘刚, 商照聪, 薛晓康. 沙土中有机挥发物及无机物的测定研究. 环境科学导刊, 2010, 29(3): 88-91.

2010-318 汪洋, 程素华. 张家口地区张家口组火山岩元素地球化学特征及成因. 矿物岩石, 2010, 30(1): 75-82.

2010-319 尉继英, 张振中, 江锋, 范桂芳, 陈昱. 有色金属铜镍冶炼烟气中微量氟化物的形态分析. 清华大学学报(自然科学版), 2010, 50(12): 1925-1929.

2010-320 魏超, 任耀剑, 孙智, 田杰. 酸碱除灰对煅烧无烟煤结构和灰分的影响. 煤炭技术, 2010, 29(8): 170-171, 175.

2010-321 魏雪, 冯立明, 盖腾. 不同锡含量Ni-Sn-P化学镀层的制备及性能. 材料保护, 2010, 43(1): 31-33, 85.

2010-322 乌力吉扎日嘎拉, 萨嘎拉, 何秀萍, 照日格图. ZnO/丝光沸石催化剂的制备及其光催化性能. 内蒙古师范大学学报(自然科学汉文版), 2010, 39(5): 535-540.

2010-323 吴惠英, 眭志松, 陆健. 粉末压片X射线荧光光谱法测定球团矿中各主次成分. 冶金标准化与质量, 2010, 48(4): 36-38.

2010-324 吴军明, 李其江, 张茂林, 吴隽, 郑乃章, 曹建文. 景德镇传统低温黄釉的文化与科技内涵. 江苏陶瓷, 2010, 43(2): 39-41.

2010-325 吴军明, 吴隽, 李其江, 张茂林, 袁文瓒. 可降解环保陶瓷的制备及性能研究. 陶瓷学报, 2010, 31(1): 42-45.

2010-326 吴丽荣, 周四春, 吕少辉, 王自运. 多元素X荧光测量技术在某金矿外围找矿中的应用. 金属矿山, 2010, (10): 90-93, 133.

2010-327 吴文琪, 许涛, 郝茜, 王强, 张淑杰, 赵长玉. Applications of X-ray fluorescence analysis of rare earths in China. Journal of Rare Earths, 2010, 28(S1): 30-36.

2010-328 仵利萍, 雷勇, 刘卫. X射线荧光光谱法测定钒钛磁铁矿中铁等14种元素的分析方法不确定度评定. 矿产综合利用, 2010, (6): 40-44.

2010-329 仵利萍, 刘卫. X射线荧光光谱法测定铁矿石的化学成分. 矿产综合利用, 2010, (3): 42-45.

2010-330 武鹏, 石玉林, 宁文生, 吴秀章. 陈化时间对沉淀铁催化剂的费托合成性能影响. 石油炼制与化工, 2010, 41(10): 26-32.

2010-331 武晓巍, 李江红. XRF法测定硅铁合金中Al元素含量的不确定度评定. 天津冶金, 2010, (3): 63-65, 84.

2010-332 武映梅, 罗惠君, 林丽芳, 戴清明. X射线荧光光谱法测定冶金炉渣中9种成分. 冶金分析, 2010, 30(8): 7-11.

2010-333 夏冬青, 秦颖, 毛振伟, 金普军, 董亚巍. 湖北省鄂州出土黄铜钱币的腐蚀产物及机理分析. 腐蚀科学与防护技术, 2010, 22(3): 234-237.

2010-334 肖益鸿, 李桂平, 郑瑛, 蔡国辉, 魏可镁. ZrO_2-Al_2O_3复合氧化物的合成及其性能研究. 无机化学学报, 2010, 26(1): 61-66.

2010-335 谢曼曼, 孙青, 凌媛, 刘美美, 杨科, 李爱国, 储国强. 同步辐射技术在高分辨率古气候、古环境变化中的应用. 第四纪研究, 2010, 30(6): 1218-1224.

2010-336 谢永清, 龙江平. 岩芯扫描仪及在海洋科学研究中的应用. 贵阳学院学报(自然科学版), 2010, 5(3): 15-19.

2010-337 谢周清, 徐思琦, 黄宇营, 何伟, 金嗣昭, 孙立广. Sodium and potassium in the bones of penguin and skua revealed by EPR and SR-XRF technique. Chinese Journal of Polar Science, 2010, 21(1): 22-30.

2010-338 解淑霞, 胡京南, 鲍晓峰, 张克松, 李振华, 王海涛. 实车三效催化剂表面成分分析. 环境科学, 2010, 31(7): 1470-1475.

2010-339 辛术贞, 宋延静, 吕超, 芮玉奎, 徐伟, 武丹, 武爽, 钟俊, 陈清. 同步辐射XRF法分析温室油菜中微量元素的分布. 光谱学与光谱分析, 2010, 30(2): 554-558.

2010-340 熊强, 魏昭成, 陈洪林, 王萍, 高雄厚, 郭巧霞, 申宝剑. 含钒杂原子分子筛在催化裂化脱硫中的应用研究. 石化技术与应用, 2010, 28(2): 85-90.

2010-341 熊樱菲, 龚玉武, 夏君定, 吴婧玮. 上林湖越窑青瓷胎釉化学组成的EDXRF分析. 文物保护与考古科学, 2010, 22(4): 28-34.

2010-342 徐国栋, 杜谷, 葛建华. 非金属矿物分析技术发展现状及趋势. 资源环境与工程, 2010, 24(6): 716-720.

2010-343 徐磊, 孙瑞雪. 无损精确定量测量二元合金成分探讨. 材料热处理学报, 2010, 31(7): 51-54.

2010-344 徐清, 刘羡春. N-乙烯基咔唑/铱配合物共聚物的合成与表征. 高校化学工程学报, 2010, 24(6): 1028-1032.

2010-345 许宇慧, 唐亚, 张朝生, 王佳媛, 李冰. 四川省九寨沟景区道路灰尘及土壤重金属含量评价. 山地学报, 2010, 28(3): 288-293.

2010-346 许中杰, 程日辉, 李飞, 王嘹亮, 张莉. 粤西高明地区晚三叠世小坪组元素地球化学特征. 吉林大学学报(地球科学版), 2010, 40(2): 305-313.

2010-347 薛江丽, 李俊, 张鑫, 孙新民, 王旗, 王振全, 王式功. 新疆春季两次沙尘暴过程中大气 $PM_{2.5}$ 元素组成特征分析. 环境与健康杂志, 2010, 27(9): 759-763.

2010-348 薛秋红, 李静, 丁玉龙, 马青. 玻璃熔片制样X射线荧光光谱法测定矾土中主次量组分. 岩矿测试, 2010, 29(2): 182-184.

2010-349 闫灵通, 冯松林, 冯向前, 谢国喜, 李丽, 徐伟. Study of the circumstance influence on the elemental distribution in ancient animal bone using μ-XRF. 中国物理C, 2010, 34(3): 417-420.

2010-350 严方, 谢永杰. 催化裂化催化剂中镍钒锑的测定. 中国测试, 2010, 36(1): 46-48.

2010-351 严济军. 土耳其Tracim水泥厂5000t/d生产线的配料. 四川水泥, 2010, (4): 15-19.

2010-352 严静, 王丽琴, 李立. 北京颐和园古建筑上红色颜料的分析研究. 分析科学学报, 2010, 26(3): 275-278.

2010-353 杨传俊, 郭智, 张祥志, 邰仁忠, 包良满, 李晓林, 张桂林, 李燕. 汽车尾气颗粒物的STXM和NEXAFS研究. 物理学报, 2010, 59(8): 5345-5350.

2010-354 杨大伟, 冀勇, 李融武, 李国霞, 赵维娟, 郭敏, 谢建忠, 高正耀, 承焕生, 禚振西. 不同时期古耀州瓷的无损鉴别研究. 陶瓷学报, 2010, 31(2): 190-194.

2010-355 杨栋, 冯乃祥, 王耀武, 彭建平, 狄跃忠, 王紫千. 碳热还原铝土矿尾矿制取一次铝硅合金的热力学分析和实验验证. 有色矿冶, 2010, 26(1): 38-43.

2010-356 杨栋, 冯乃祥, 王耀武, 武小雷. Preparation of primary Al-Si alloy from bauxite tailings by carbothermal reduction process. Transactions of Nonferrous Metals Society of China, 2010, (1): 147-152.

2010-357 杨红瑾, 黄春长, 庞奖励, 李瑜琴, 米小建, 赵明. 宁夏长城塬全新世黄土——土壤剖面元素地球化学特征研究. 地理科学, 2010, 30(1): 134-140.

2010-358 杨金龙, 王亚利, 苏恒博, 崔园园, 刘炜, 董英鸽. 天然树化玉的显微结构及力学性能. 硅酸盐学报, 2010, 38(7): 1286-1291.

2010-359 杨眉, 刘清才, 薛屺, 王小红, 高英. 气相沉积制备制备 V_2O_5-WO_3/TiO_2 催化剂及其脱硝性能的研究. 动力工程学报, 2010, 30(1): 52-55, 62.

2010-360 杨明太, 吴伦强, 杨光文, 高戈, 齐红莲. XRFA 聚酯薄膜-滤纸试样制备. 核电子学与探测技术, 2010, 30(7): 964-966.

2010-361 杨明太, 吴伦强, 杨光文, 高戈, 余春荣. WDXRF 法测定 Zr-Nb 合金中 Nb 含量. 稀有金属材料与工程, 2010, 39(S1): 535-537.

2010-362 杨强, 葛良全, 赖万昌, 任翔, 谷懿. X 荧光测井探管的研制及其初步应用. 物探与化探, 2010, 34(4): 508-511.

2010-363 杨润泉. X 射线荧光光谱仪无标样分析测定磷矿浮选样品组成. 磷肥与复肥, 2010, 25(4): 70-72.

2010-364 杨伟清, 张磊, 付晓光. 能量色散 X 射线荧光光谱仪的控制系统硬件设计. 中国建材科技, 2010, (S2): 273-275.

2010-365 杨晓龙, 夏春谷, 唐立平, 熊绪茂, 慕新元, 胡斌. 氧化铝载体和氧化钡助剂对钌基氨合成催化剂结构和性能的影响. 物理化学学报, 2010, 26(12): 3263-3272.

2010-366 杨欣, 干宁, 谢东华, 闻伟刚, 罗乃兴. 基于复合纳米微粒修饰电极的氯霉素快速检测用磁场可控一次性安培免疫传感器研究. 化学学报, 2010, 68(1): 75-82.

2010-367 杨新能, 杨洪春, 冯宗平, 羊绍松. 粉末压片 X 射线荧光光谱法测定三氧化二钒中主次成分. 冶金标准化与质量, 2010, 48(1): 22-25.

2010-368 杨新萍, 韩娇, 周立祥. Ca^{2+} 在好氧颗粒污泥形成中的作用. 环境科学, 2010, 31(5): 1269-1273.

2010-369 杨奕, 齐荣, 刘秀娟, 何玉生, 张固成. 海南岛昌化江河口与邻近海域锆、钛矿化远景及成矿地质条件分析. 地质科技情报, 2010, 29(1): 80-85.

2010-370 杨莹, 牟轩沁, 余厚军, 陈希, 张砚博, 汤少杰. 基于模型的钨靶 X 射线球管光谱重建. 电子学报, 2010, 38(10): 2285-2291.

2010-371 杨玉璋, 张居中, 昝义. 安徽繁昌窑青白瓷化学组成的 WDXRF 分析研究. 光谱学与光谱分析, 2010, 30(8): 2295-2298.

2010-372 杨玉璋, 张居中, 昝义. 繁昌窑青白瓷化学组成分析及其衰落原因考察. 考古与文物, 2010, (2): 105-108.

2010-373 杨宇, 张弓, 庄大明. 硫化时间对于固态硫化 $CuInS_2$ 薄膜性能影响. 真空科学与技术学报, 2010, 30(3): 236-239.

2010-374 杨忠平, 卢文喜, 刘新荣, 辛欣. 长春市城市近地表灰尘重金属污染来源解析. 干旱区资源与环境, 2010, 24(12): 155-160.

2010-375 姚茂莹, 徐家云, 高党忠, 张地大, 杨尊勇, 姚振强, 王明秋. 用中子活化分析镀膜厚度及其探测极限研究. 原子能科学技术, 2010, 44(12): 1509-1512.

2010-376 姚强, 王燕, 朱宇宏, 杨东美, 吴齐伟. X 射线荧光光谱法测定镁合金中 Zn、Zr 和 Nd. 上海交通大学学报, 2010, 44(S): 178-180.

2010-377 姚淑德, 丁志博, 王坤, 陈迪, 法涛, 陈田祥. 用离子束技术研究稀磁半导体和纳米磁性材料. 核技术, 2010, 33(3): 173-178.

2010-378 姚政权, 刘焱光, 王昆山, 石学法. 日本海末次冰期千年尺度古环境变化的地球化学记录. 矿物岩石地球化学通报, 2010, 29(2): 119-126.

2010-379 叶罕章, 陈晶亮, 李平芬, 李虹, 赵红梅. X 射线荧光光谱法测定浮选磷矿中的主次组分. 磷肥与复肥, 2010, 25(6): 67-68.

2010-380 叶沥, 刘慢天, 黄伟, 杨盛, 安竹. 成都金沙遗址古代陶片的 PIXE 和 RBS 分析 (英文). 原子核物理评论, 2010, 27(4): 493-499.

2010-381 易伟松, 江厚敏, 后德家, 罗贤清, 王海婴. 国内外体内 X 射线荧光骨铅检测系统比较研究. 环境科学与技术, 2010, 33(2): 72-75.

2010-382 殷汉琴,陈富荣,陈兴仁,陈永宁,贾十军,王晓莺. 铜陵市及其周边地区土壤重金属元素污染评价. 安全与环境学报, 2010, 10(3): 98-102.

2010-383 印佳敏,吴占松. 生物质锅炉过热器高温腐蚀研究. 广东电力, 2010, 23(7): 31-34, 38.

2010-384 于令达,王广甫,朱光华. 用 GUPIXWIN 软件解谱的 PIXE 分析系统刻度. 原子能科学技术, 2010, 44(1): 75-79.

2010-385 于令达,王广甫,朱光华,张仁健. 2008 年北京采暖开始前后大气颗粒物化学成分及来源研究. 环境科学学报, 2010, 30(1): 204-210.

2010-386 原雯,关宏武,李红. 石油产品中硫含量分析方法的测定探讨. 全面腐蚀控制, 2010, 24(11): 31-32, 36.

2010-387 袁波,徐泽人,谢卓君,史强,张兴康,徐四川. 蛛丝和蚕丝化学元素 X 射线荧光光谱分析及其应用. 光谱学与光谱分析, 2010, 30(7): 1983-1989.

2010-388 袁桂梅,王海涛,陈胜利,桑磊,马蕊英. 丁烯歧化制丙烯用负载型铼基催化剂. 石油化工, 2010, 39(2): 151-156.

2010-389 袁鹏,刘仲毅,孙海杰,刘寿长. 焙烧温度对酯加氢制醇 Cu-Al-Ba 催化剂性能的影响（英文）. 物理化学学报, 2010, 26(8): 2235-2241.

2010-390 袁强,甄强,李榕,高林,倪亮. 反向滴定化学共沉淀法制备 $Bi_{0.75}Dy_{0.25}O_{1.5}$ 纳米粉体的反应机理. 北京科技大学学报, 2010, 32(2): 245-249.

2010-391 曾国强,葛良全,林延畅. 一种高效率低纹波 X 射线探测器电源的设计. 核电子学与探测技术, 2010, (7): 976-979.

2010-392 曾小平,宋武元,吴冰. X 射线荧光光谱法同时测定锰锌铁氧体材料的主量组分. 理化检验-化学分册, 2010, 46(8): 940-942.

2010-393 张凤利,曹彦宁,应松,陈熔,张汉辉,郑起. $Ag/K_4Nb_6O_{17}$ 异质结催化剂的制备、光谱分析及光催化性能研究. 光谱学与光谱分析, 2010, 30(10): 2636-2640.

2010-394 张钢茜. X 射线荧光光谱法测定颗粒灰中氧化物. 黑龙江冶金, 2010, 30(1): 19-20.

2010-395 张广胜,朱诚,俞锦标,李中轩,孔庆友. 浙江江郎山丹霞地貌区岩性特征. 山地学报, 2010, 28(3): 301-312.

2010-396 张国见,周四春. 现场 X 荧光探测技术在马脑壳金矿外围找矿中的应用研究. 核电子学与探测技术, 2010, 30(3): 436-439.

2010-397 张红梅,张俊峰. X 射线荧光光谱法测定 AZO 中 Al 的质量分数. 湖南有色金属, 2010, 26(4): 65-67.

2010-398 张红燕,胡东波. 明代御窑遗址出土孔雀绿釉、洒蓝釉、瓜皮绿釉瓷器分析. 文物保护与考古科学, 2010, 22(4): 14-27.

2010-399 张惠,许立坤,侯文涛,辛永磊,王均涛. $Ti/IrO_2-Ta_2O_5$ 氧化物阳极涂层厚度的 X 射线荧光法测定. 材料保护, 2010, 43(2): 67-69, 81.

2010-400 张继民,唐侠. X 射线荧光光谱法分析 IC10 合金成分. 理化检验-化学分册, 2010, 46(7): 751-753.

2010-401 张江坤,张华,余慧茹. 用 X 射线荧光光谱仪测定磷矿多元素分析熔片制样条件的选择. 磷肥与复肥, 2010, 25(1): 66-67.

2010-402 张金山,袁奕秋. X 射线荧光光谱法测定轻烧白云石的主要成分. 天津冶金, 2010, (4): 41-42, 77.

2010-403 张俊,欧阳琴. 改进光谱仪检测高炉铁水工艺见成效. 现代班组, 2010, (4): 27.

2010-404 张磊,宋欣,芦红. 国产波长色散 X 荧光仪制造技术. 中国建材科技, 2010, (S2): 267-272.

2010-405 张林. X 荧光元素测井方法简介. 河南理工大学学报（自然科学版）, 2010, 29(S): 78-81.

2010-406 张鹏,曲月华,王一凌. X 射线荧光光谱法测定镁砂、镁石及菱镁矿中主次成分. 冶金分析, 2010, 30(9): 28-31.

2010-407 张萍, 贺惠. X 射线荧光光谱法测定催化原料高岭土化学成分的研究. 广东微量元素科学, 2010, 17(5): 64-67.

2010-408 张勤, 李国会, 吉昂, 李小莉, 张斌生. Epsilon5 高能偏振能量色散 X 射线荧光光谱仪测定垃圾焚烧灰渣中有害元素. 分析试验室, 2010, 29(4): 107-110.

2010-409 Zhang Renjian. The element size-spectrum distribution of atmospheric aerosol in strong autumn winds over Beijing. Atmospheric and Oceanic Science Letters, 2010, 3(1): 31-35.

2010-410 张少昀, 秦颖. 加热过程中古代铜镜表面"锡汞齐"相变分析. 光谱学与光谱分析, 2010, 30(10): 2838-2841.

2010-411 张莘, 黄青, 陈保冬, 罗磊, 朱永官. 无根萍 Wolffia globosa 中砷及其它元素的分布特点. 核技术, 2010, 33(6): 434-438.

2010-412 张文德. PIXE 法及其在食品元素分析中的应用. 食品安全导刊, 2010, (1): 38-40.

2010-413 张延乐, 余笑寒. 上海光源 BL15U1 束线的 SRXRF 定量分析. 核技术, 2010, 33(5): 334-337.

2010-414 张衍国, 王亮, 蒙爱红, 李清海. 垃圾焚烧炉受热面结渣实验研究. 中国电机工程学报, 2010, 30(29): 1-8.

2010-415 张忆, 石学法, 王昆山. 长江口泥质区表层沉积物元素地球化学. 海洋地质与第四纪地质, 2010, 30(3): 61-70.

2010-416 张永涛, 赖万昌, 郭龙滨, 陈小强. 应用手持式 XRF 分析仪快速测定白铜中的 Cu、Ni、Co 含量. 广东微量元素科学, 2010, 17(11): 65-69.

2010-417 张玉梅, 刘梅, 王永红, 沈维霞, 李海波. Ag/FePt/C 薄膜的结构和磁性. 吉林大学学报（理学版）, 2010, 48(6): 1031-1033.

2010-418 张宇, 邓玉福, 张树志, 马跃, 邵欣. 一种便携式能量色散 X 射线荧光分析仪的设计. 核电子学与探测技术, 2010, 30(5): 666-669.

2010-419 张宇, 温斌, 宋肖阳, 李廷举. 不同氮掺杂浓度碳纳米管的制备及其成键特性分析. 物理学报, 2010, 59(5): 3583-3588.

2010-420 张忠东, 尹建军, 高雄厚, 刘璞生. 焙烧条件对 HZSM-5 分子筛对称性和酸性的影响. 石化技术与应用, 2010, 28(4): 289-292.

2010-421 张朱武, 干福熹, 承焕生. 不同成矿机理和地质环境下形成的软玉的化学成分特征. 矿物学报, 2010, 30(3): 367-372.

2010-422 章小林, 李新怀, 李耀会, 李伦, 吕小婉, 李小定. 甲醇催化剂氯中毒失活. 化工进展, 2010, 29(S): 462-465.

2010-423 赵恩好, 岳明新. 钯及钯合金饰品标准样品的研制. 冶金分析, 2010, 30(8): 73-76.

2010-424 赵桂兰, 李清芳, 张志刚. X 射线荧光光谱法测定炉渣中组分. 青海科技, 2010, (2): 91-94.

2010-425 赵国文, 张丽萍, 曾珊, 谭寿萍, 代宇, 陶玉平. 鱼腥草中铁含量分析方法研究. 福建分析测试, 2010, 19(2): 31-33.

2010-426 赵兰, 赵小春, 郑宏, 杨百瑞, 苗建民. 对故宫博物院藏宋代官窑青瓷的拉曼光谱无损分析. 故宫博物院院刊, 2010, (5): 153-164, 204.

2010-427 赵林毅, 李燕飞, 范宇权, 李娜, 崔强, 张文元. 莫高窟第 3 窟壁画制作材料与工艺的无损检测分析. 敦煌研究, 2010, (6): 69-73.

2010-428 赵文军, 汪群慧, 滕云, 孙晓红. 催化乳酸铵酯化的改性树脂的制备与表征. 材料科学与工艺, 2010, 18(1): 51-55.

2010-429 赵永椿, 张军营, 李海龙, 晏恒, 郑楚光. 燃煤过程中铝质矿物迁移转化机制的研究. 工程热物理学报, 2010, 31(7): 1247-1250.

2010-430 赵永宏, 陈新民, 陈英. 57%钼精矿在线检测技术应用研究. 中国钼业, 2010, 34(6): 22-24.

2010-431 赵质良, 周伟江. 能量色散X射线荧光能谱仪 (EDXRF) 在油液分析中的应用. 现代仪器, 2010, (6): 71-72.

2010-432 郑金玉, 李明罡, 罗一斌, 宗保宁, 舒兴田. ZRF 分子筛的合成、表征及其催化脱硫性能. 石油学报（石油加工）, 2010, 26(3): 336-340.

2010-433 郑金玉, 罗一斌, 慕旭宏, 舒兴田. 硅改性对工业氧化铝材料结构及裂化性能的影响. 石油学报（石油加工）, 2010, 26(6): 846-851.

2010-434 郑军, 周晖, 温庆平, 万志华, 桑瑞鹏. 工件台偏压对非平衡磁控溅射沉积 MoS_2-Ti 薄膜的结构与性能影响. 润滑与密封, 2010, 35(4): 28-32.

2010-435 钟明强, 郑建勇, 冯杰. 以多孔 $CaCO_3$ 微球为模板制备聚乙烯超疏水表面. 高等学校化学学报, 2010, 31(12): 2511-2517.

2010-436 周国江. 油页岩溶剂萃取技术. 黑龙江科技学院学报, 2010, 20(3): 189-193.

2010-437 周继红, 陈振宇, 朱玉霞, 罗一斌. Y 型分子筛复合材料的改性及其裂化性能. 石油炼制与化工, 2010, 41(5): 34-38.

2010-438 周建斌, 马英杰, 王磊, 童运福. 基于 PDA 的便携式 X 荧光分析仪的研制. 核电子学与探测技术, 2010, 30(2): 272-277.

2010-439 周奇龙, 谭忠, 严立安, 徐秀东, 宋维玮. 丙烯聚合 N 催化剂制备过程中 $MgCl_2$ 的溶解和析出机理. 石油化工, 2010, 39(9): 997-1000.

2010-440 周天龙, 龚坚强, 黎鸿举, 亓高扬, 唐芳, 郑江宁. X 射线荧光光谱法测定润滑油中 22 种添加剂元素和磨损金属元素. 理化检验-化学分册, 2010, 46(3): 279-282.

2010-441 周文晖, 王丽琴. 古建油饰彩画的制作技术分析研究. 文物保护与考古科学, 2010, 22(3): 1-9.

2010-442 周文晖, 王丽琴, 樊晓蕾, 齐杨, 马涛. 博格达汗宫古建柱子油饰制作工艺及材料研究. 内蒙古大学学报（自然科学版）, 2010, 41(5): 522-526.

2010-443 周雪松, 塞兴东. 一种快速对高风险零部件进行 RoHS 检测的方法. 光谱实验室, 2010, 27(1): 62-65.

2010-444 周怡君, 戴挺. 基于 S3C2440 的能量色散 X 射线荧光光谱仪. 电子技术应用, 2010, 36(10): 37-39.

2010-445 周怡君, 张林艳, 戴挺. 能量色散 X 射线荧光光谱定性分析算法研究. 分析仪器, 2010, (6): 77-80.

2010-446 朱继浩, 冯松林, 初凤友, 冯向前, 谢国喜, 闫灵通, 李丽. X 射线荧光光谱分析陶瓷标准样品的研制. 光谱学与光谱分析, 2010, 30(11): 3143-3148.

2010-447 朱剑, 王龙正, 汪丽华, 马泓蛟, 王昌燧. 平顶山应国墓地出土原始瓷的制作工艺和产地. 光谱学与光谱分析, 2010, 30(7): 1990-1994.

2010-448 朱庆虹. 能量色散 X 荧光光谱仪在本钢烧结矿生产中的应用. 金属矿山, 2010, (10): 139-141.

2010-449 朱铁权, 刘乃涛, 毛振伟. 广州西村窑彩绘瓷无损分析检测. 光谱实验室, 2010, 27(5): 1753-1756.

2010-450 朱铁权, 王昌燧, 毛振伟, 李立新, 黄烘. 我国古代不同时期铅釉陶表面腐蚀物的分析研究. 光谱学与光谱分析, 2010, 30(1): 266-269.

2010-451 朱铁权, 王昌燧, 张尚欣, 黄烘, 刘启龙, 李军, 李恩玮. 隋代邢窑粗白瓷胎料配方研究. 岩石矿物学杂志, 2010, 29(3): 313-318.

2010-452 朱铁权, 余志, 邝贵荣, 吕梁波. 宋代西村窑瓷器微聚焦 X 射线探针无损分析研究. 中国陶瓷, 2010, 46(9): 74-77, 63.

2010-453 朱铁权, 朱明敏, 李蔚然, 毛振伟, 易西兵. 宋代西村窑与耀州窑青瓷胎釉化学组成特征. 岩矿测试, 2010, 29(3): 291-295.

2010-454 朱万燕, 刘心同, 薛秋红, 江志刚. 涂料中铅、铬、硒和钴含量的测定. 电镀与涂饰, 2010, 29(12): 72-75.

2010-455 朱小亮, 王志登, 陈亮, 孙汝东. 阴极溶出伏安法测定水泥中 Cl^- 的含量. 水泥, 2010, (9): 48-50.

2010-456 朱艳英, 郭西华, 王志宙, 关颖. 第 4 代航天育种丹参的 XRF 分析. 光谱学与光谱分析, 2010, 30(4): 1134-1135.

2010-457 朱泽民, 杜治国, 葛恒波. X 射线荧光光谱法无标样分析工业碳酸锶. 理化检验-化学分册, 2010, 46(9): 1037-1039, 1042.

2010-458 诸颖, 林俊, 黄庆, 李文新. 培养液中钙对碳纳米材料细胞毒性作用机制的同步辐射初步研究. 生物物理学报, 2010, 26(12): 1119-1129.

2010-459 邹建芳, 杨晨芸. 成人铅接触的生物标志物研究进展. 中国工业医学杂志, 2010, 23(1): 35-38.

2011 年 (2011)

2011-001 艾翠玲, 林欣欣, 蔡丽云. 一体式膜生物反应器膜面污染分析. 陕西科技大学学报 (自然科学版), 2011, 29(3): 45-49.

2011-002 白峰, 冯恒毅, 邹思劼, 刘姣. 河南卢氏官坡伟晶岩中锂辉石的矿物学特征研究. 岩石矿物学杂志, 2011, 30(2): 281-285.

2011-003 包良满, 贾彦彦, 雷前涛, 刘江峰, 李晓林, 张元勋, 张桂林, 李燕, 刘卫. 大气颗粒物中轻元素的 PIGE 分析. 核技术, 2011, 34(7): 494-498.

2011-004 Bassin Marc, Dolezal Ludwig, Hagen Franois. 样品制备在实验室工作流程自动化解决方案中的重要性. 冶金分析, 2011, 31(4): 26-29.

2011-005 常立民, 时杰丽. Sn 含量对镁合金电镀 Sn-Ni 合金镀层性能的影响. 腐蚀与防护, 2011, 32(6): 451-454.

2011-006 常立民, 徐丹丹, 刘伟. 不同磷源制备的镁合金微弧氧化生物陶瓷膜的性能比较. 材料保护, 2011, 44(11): 21-24, 7.

2011-007 陈斌, 韩飞, 盛丽萍. X 射线荧光光谱法测定催化剂涂层中钯、铑的含量. 化学工业与工程技术, 2011, 32(1): 56-57.

2011-008 陈德春, 唐华蓉, 童蕾旭, 丁锦频, 李炎. 四川宋瓷博物馆藏青瓷残片的对比研究. 四川文物, 2011, (5): 81-86.

2011-009 Chen E., Coley K. S., 刘岩红. BOF 炼钢中液滴溶胀动力学研究. 四川冶金, 2011, 33(6): 77-80.

2011-010 陈国照. 载流 X 荧光分析仪对数弯晶分光系统的优化设计. 甘肃冶金, 2011, 33(4): 103-105.

2011-011 陈建良, 颜小莉, 曹国荣. X 射线荧光光谱法测定无碱玻璃纤维配合料中总硫 (SO_3). 玻璃纤维, 2011, (2): 1-3.

2011-012 陈玲华, 王欢, 张磊. 岛津 X 荧光光谱仪 CWC-16 二重管式热交换器的再生处理. 分析仪器, 2011, (6): 78-79.

2011-013 陈陆艳, 刘金, 王晓庆. 测定微束微区 X 射线探针分析仪焦平面的实验研究. 大学物理实验, 2011, 24(2): 7-9.

2011-014 陈茜茜, 杨玉璋, 张居中, 崔炜. 浙江小黄山与河南贾湖遗址出土新石器时代前期陶器化学组成的 WDXRF 分析研究. 光谱学与光谱分析, 2011, 31(11): 3140-3144.

2011-015 陈松, 黄淑玲, 孙林华, 张勇. 安徽宿州市沱河底泥中重金属元素地球化学特征. 地球与环境, 2011, 39(3): 331-337.

2011-016 Chen Song, Qu Shoujiang, Liang Jun, Han Jiecai. Effects of heat treatment on mechanical properties of ODS nickel-based superalloy sheets prepared by EB-PVD. Rare Metals, 2011, 30(1): 76-80.

2011-017 陈为胜, 王忠文, 彭彦军. 磨样方法对 X 射线荧光分析结果的影响. 水泥, 2011, (3): 51-52.

2011-018 陈文彬, 张秀菊, 林志丹. 银负载细菌纤维素纳米复合材料的制备及抗菌性能研究. 材料导报, 2011, 25(14): 6-10, 19.

2011-019 陈文生. X 射线荧光光谱法在高纯镁砂主要成分测定中的应用. 硅谷, 2011, (24): 138-150.

2011-020 陈文生. X 射线荧光光谱法在镁钙质耐火材料测定中的应用. 硅谷, 2011, (21): 11-12.

2011-021 陈西, 张振忠, 赵芳霞, 王鹏. 直流电弧等离子体蒸发法制备超细铜粉研究. 铸造技术, 2011, 32(4): 527-530.

2011-022 陈祥洲, 陈桂林, 刘伟丰, 朱长飞. 基于硝酸盐为前驱体的溶胶凝胶法制备 $CuInSe_2$ 薄膜. 中国科学技术大学学报, 2011, 41(5): 408-413.

2011-023 陈学军, 王以群, 毛荐. 天然与合成紫晶的光谱学特征及其呈色机理. 华东理工大学学报 (自然科学版), 2011, 37(3): 320-324.

2011-024 陈燕舞, 刘祥军, 路风辉, 吴细斌, 梁敏仪. 光谱法分析醋酸纤维素胶板用滚光油的组分. 光谱实验室, 2011, 28(3): 1530-1535.

2011-025 成艾颖, 余俊清, 张丽莎, 刘永, 高春亮. 托素湖岩芯 XRF 元素扫描分析及多元统计方法的应用. 盐湖研究, 2011, 19(1): 20-25.

2011-026 程芳琴, 赵仲鹤, 马金元, 李达, 焦勇. 含泥钾矿浮选分离技术研究. 环境工程学报, 2011, 5(3): 703-708.

2011-027 程琳, 李梅田, 金优石, 樊昌生, 王上海, 李融武, 潘秋丽, 刘志国. 微束 X 射线荧光无损分析古瓷器高铅釉的方法及应用研究. 原子能科学技术, 2011, 45(11): 1399-1403.

2011-028 程慎玉, 黄启飞, 杨玉飞, 马春燕. 废旧电视机CRT玻壳中 Pb 的浸出及豁免处置. 环境工程学报, 2011, 5(6): 1397-1400.

2011-029 程书乐, 程永平. X 荧光仪在河南方城化探样品中 Pb 含量分析试验讨论. 西部探矿工程, 2011, (2): 167-169.

2011-030 程志中, 黄宏库, 刘妹, 顾铁新, 鄢卫东. 大米成分分析标准物质的研制. 化学分析计量, 2011, 20(3): 7-10.

2011-031 程志中, 刘妹, 张勤, 顾铁新, 黄宏库. 水系沉积物标准物质研制. 岩矿测试, 2011, 30(6): 714-722.

2011-032 程志中, 谢学锦, 潘含江, 杨榕, 商云涛. 中国南方地区水系沉积物中元素丰度. 地学前缘, 2011, 18(5): 289-295.

2011-033 崔世文, 杨武, 黄乃航, 胡一飞. X射线荧光光谱测量大理石产品中主量元素. 石材, 2011, (11): 23-25.

2011-034 戴慧, 张青, 蒋小平, 王政. 昌化明矾石石英地鸡血石的宝石矿物学特征. 宝石和宝石学杂志, 2011, 13(2): 27-30.

2011-035 戴礼洪, 刘潇威, 王迪, 刘岩, 方堃, 蒋梦. 偏振能量色散 X 射线荧光光谱法测定土壤中 Ni、Cu、Zn、Pb 四种重金属元素. 中国环境监测, 2011, 27(3): 20-23.

2011-036 戴礼洪, 刘潇威, 王迪, 刘岩, 方堃, 蒋梦. 偏振能量色散 X 射线荧光光谱法在土壤环境监测中的应用. 光谱实验室, 2011, 28(2): 836-841.

2011-037 邓军华, 曲月华, 王一凌. X 射线荧光光谱法快速测定钢基中锰元素. 中国无机分析化学, 2011, 1(2): 63-65.

2011-038 邓赛文, 王祎亚, 王毅民. 中国磷矿石分析文献评介. 岩矿测试, 2011, 30(3): 384-390.

2011-039 邓晓辉, 仵亚婷, 何美凤, 但承益, 陈钰娟, 邓意达, 蒋登辉, 钟澄. ITO 表面 Pt 颗粒的电化学沉积制备及其电催化氧化氨研究. 化学学报, 2011, 69(9): 1041-1046.

2011-040 邓新梅, 吴琨, 马晓云. X 射线荧光光谱法测定石灰石中 CaO 含量不确定度的评定. 新疆钢铁, 2011, (2): 22-24.

2011-041 邓阳全, 蒋茂清, 李香杰, 童蕾旭, 王军. 一件魏晋时期铜镜的保护研究. 文物保护与考古科学, 2011, 23(4): 84-88.

2011-042 邓樱花, 苏明伟, 华丽, 侯汉娜. 土壤中砷的检测方法进展. 湖北第二师范学院学报, 2011, 28(2): 33-36.

2011-043 狄霞, 田彩娟, 唐容喆, 李卫, 冯良桓, 张静全, 武莉莉, 雷智. Structural and optical properties of $Cd_{0.8}Zn_{0.2}S$ thin films. 半导体学报, 2011, 32(2): 11-14.

2011-044 丁银忠, 段鸿莺, 康葆强, 吴军明, 苗建民. 南京报恩寺塔琉璃构件胎体原料来源的科技研究. 中国陶瓷, 2011, 47(1): 70-75.

2011-045 董俊卿, 干福熹, 承焕生, 胡永庆, 程永建, 柴中庆, 周剑曙, 顾冬红, 赵虹霞. 河南境内出土早期玉器初步研究. 华夏考古, 2011, (3): 30-50, 157-164.

2011-046 董俊卿, 干福熹, 李青会, 顾冬红, 阚绪杭,程永建.我国古代两种珍稀宝玉石文物分析.宝石和宝石学杂志,2011,13(3):46-52.

2011-047 董珊,李志林.XRF对盐酸溶液解吸D390树脂上金属铁的研究.广州化工,2011,39(18):93-94,173.

2011-048 董思洋,马波,凌凤香,王少军,秦波.Y-β复合分子筛催化裂化性能研究.当代化工,2011,40(5):447-450.

2011-049 董彦辉,李光平,郑庆瑜.X射线荧光法快速测定蒙脱石(固态)中的铝含量.现代仪器,2011,17(2):55-56,42.

2011-050 董彦辉,李光平,郑庆瑜.X荧光更换X光管后定量测试方法研究.现代仪器,2011,17(4):86,95.

2011-051 董艳艳.自行配制的系列标准样品应用于刚玉质耐火材料的X射线荧光光谱分析.理化检验-化学分册,2011,47(2):198-200.

2011-052 杜建民,郑建道,杜娟.X荧光熔融分析蛇纹石方法研究.河南冶金,2011,19(5):17-18.

2011-053 杜兴毅.X荧光光谱仪测角仪2θ角校正及漂移校正程序的建立.浙江冶金,2011,(3):25-27.

2011-054 杜治国,朱泽民.X射线荧光光谱法测定锶铁氧体半成品中铁、锶、硅.理化检验-化学分册,2011,47(5):590-591,594.

2011-055 段德良,卞富永,袁波,王树,葛茂发,张兴康,徐四川.X射线荧光光谱研究粮食中生命有机碳与碳化学循环.光谱学与光谱分析,2011,31(5):1428-1434.

2011-056 段鸿莺,丁银忠,梁国立,窦一村,苗建民.我国古代建筑琉璃构件胎体化学组成及工艺研究.中国陶瓷,2011,47(4):69-72,68.

2011-057 段鸿莺,梁国立,苗建民.波长色散X射线荧光光谱法测定古陶瓷胎釉中37个主次痕量元素.岩矿测试,2011,30(3):337-342.

2011-058 段晓岩,李士斌,姜晓超,陈晓华.聚羧酸类外加剂引起油井水泥浆异常胶凝现象分析.大庆石油学院学报,2011,35(5):79-83,120.

2011-059 樊翠梅.镀层中含铅量测试方法的研究.产业与科技论坛,2011,10(5):75-76.

2011-060 樊兴涛,李迎春,王广,白金峰,姚文生,袁继海,詹秀春.车载台式能量色散X射线荧光光谱仪在地球化学勘查现场分析中的应用.岩矿测试,2011,30(2):155-159.

2011-061 樊志刚.X射线荧光光谱法测定镀锌钢板镀层质量.理化检验-化学分册,2011,47(5):511-513,516.

2011-062 范立伟,卢铁城,敦少博,胡又文,陈青云,胡强,游草风,张松宝,唐彬,代君龙.天然锗纳米晶的制备与中子嬗变掺杂研究.四川大学学报(自然科学版),2011,48(3):651-654.

2011-063 方金宇,郝孝丽,林金辉.邛崃高岭土熔盐法制备莫来石晶须.中国陶瓷,2011,47(12):63-66.

2011-064 方涛,吴隽,吴军明,郁永彬,江夏,梁铎.几种现代元素组成分析技术在古陶瓷研究中的应用.陶瓷学报,2011,32(1):41-46.

2011-065 方锡贤.页岩油气勘探中的录井技术选择.当代石油石化,2011,(12):12-16,49.

2011-066 房刚,熊鹰,周元林.Y^{3+}掺杂$PbWO_4$微晶的合成及发光性质研究.材料导报,2011,25(22):20-24.

2011-067 冯江涛,延卫.片状微形貌聚吡咯的合成及影响因素研究.高分子学报,2011,(6):645-652.

2011-068 付爱瑞,陈庆芝,罗治定,姜云军,金倩,王芸.碱熔-电感耦合等离子体发射光谱法测定大气颗粒物样品中无机元素.岩矿测试,2011,30(6):751-755.

2011-069 付宝荣.X射线荧光光谱法测定硅、磷、铬、锰、铁.甘肃冶金,2011,33(4):70-72,75.

2011-070 干福熹,曹锦炎,承焕生,顾冬红,芮国耀,方向明,董俊卿,赵虹霞.浙江余杭良渚遗址群出土玉器的无损分析研究. 中国科学: 技术科学, 2011, 41(1): 1-15.

2011-071 高建民, 曲志勇, 张愈洁, 应晓浒. X射线荧光光谱法测定生铁中10种元素. 冶金分析, 2011, 31(4): 39-43.

2011-072 高建荣, 郭红丽. X射线荧光光谱法分析锆英石质耐火材料. 河南城建学院学报, 2011, 20(4): 67-69, 82.

2011-073 高进云, 张庆礼, 殷绍唐, 刘文鹏, 罗建乔, 王迪, 江海河. 大尺寸 Nd^{3+}:GGG 激光晶体的单胞参数计算和组分分析. 人工晶体学报, 2011, 40(2): 296-303.

2011-074 高磊, 董发勤, 钟国清, 代群威. 煤焦油渣的组成分析与吸附性能研究. 安全与环境学报, 2011, 11(1): 79-82.

2011-075 高睿君. X荧光分析仪的计算函数功能在水泥生产控制中的应用. 建材技术与应用, 2011, (10): 26-27.

2011-076 高顺宝, 郑有业, 谢名臣, 张众, 闫学欣, 武斌, 罗俊杰. 西藏班戈地区雪如岩体的形成环境及成矿意义. 地球科学 (中国地质大学学报), 2011, 36(4): 729-739.

2011-077 高振昕. 铝土矿的烧结与均化烧结. 耐火材料, 2011, 45(4): 246-252.

2011-078 龚建议, 宋守强, 何鸣元. 富铝 β 沸石的制备和表征. 石油化工, 2011, 40(9): 942-948.

2011-079 古岩, 张廷安, 吕国志, 牟望重, 豆志河. 氧压浸出处理低铁闪锌矿. 有色金属 (冶炼部分), 2011, (10): 1-5.

2011-080 顾军, 杨卫华, 张玉广, 高玉堂, 刘霞, 李天府. 固井二界面泥饼仿地成凝饼与凝灰岩成岩的关联性. 中国石油大学学报 (自然科学版), 2011, 35(2): 64-68, 73.

2011-081 郭传杰, 祝琳华. 纳米 Au 在蒙脱石层间的插层组装. 化工新型材料, 2011, 39(S): 123-126.

2011-082 郭芬, 宋义, 谷松海, 郑洪星. X射线荧光光谱法测定铜精矿中砷、铅和镉. 理化检验-化学分册, 2011, 47(8): 984-985.

2011-083 郭菁, 邢鹏飞, 涂赣峰, 祁阳. 单晶及多晶硅切割废料中的高纯硅回收. 材料科学与工艺, 2011, 19(4): 103-106, 111.

2011-084 郭龙滨, 赖万昌, 张永涛, 何大志. 便携式能量色散X射线荧光仪测定矿渣中铟. 冶金分析, 2011, 31(1): 19-22.

2011-085 郭妙妙, 李新家, 赵小元. X射线荧光光谱法测定镀铝锌板耐指纹膜质量. 光谱实验室, 2011, 28(1): 59-61.

2011-086 郭涛, 孙业军. 大气对X射线荧光光谱仪检测土壤样品中硫的影响. 华北国土资源, 2011, (4): 50-51.

2011-087 郭腾飞, 王本辉. X射线荧光光谱法测定硅质耐火材料中二氧化硅的测量不确定度评定. 分析仪器, 2011, (6): 48-51.

2011-088 韩宗珠, 衣伟虹, 李安龙, 王青松. 巢北地区船山组岩石地球化学及其沉积特征. 中国海洋大学学报 (自然科学版), 2011, 41(S): 312-316.

2011-089 何高文, 邓希光, 杨胜雄. 中印度洋海盆多金属结核地质特征. 海洋地质与第四纪地质, 2011, 31(2): 21-30.

2011-090 何花金. 凡口铅锌矿选矿生产自动检测技术的应用. 有色金属 (选矿部分), 2011, (2): 48-51.

2011-091 何伟, 王以群, 毛荐. 紫色翡翠致色机理探讨. 华东理工大学学报 (自然科学版), 2011, 37(2): 182-185.

2011-092 何真, 王磊, 邵一心, 蔡新华. 脱钙对水泥浆体中C-S-H凝胶结构的影响. 建筑材料学报, 2011, 14(3): 293-298.

2011-093 洪益娟, 张钦辉, 于建国. CuO_x/TiO_2 光催化水蒸气还原 CO_2 反应研究. 分子催化, 2011, 25(1): 84-89.

2011-094 侯慧娜, 沈国荣, 徐胡华, 张健. 纳米金修饰硅纳米线电极阳极溶出法测定痕量铅、铜. 南通大学学报 (自然科学版), 2011, 10(4): 31-36.

2011-095 侯丽华, 刘海东. 铝青铜合金样品的X射线荧光光谱分析. 化学分析计量, 2011, 20(1): 68-70.

2011-096 侯丽华, 刘海东, 林颖. 铝锌系列变形铝合金的X射线荧光光谱分析. 化学与黏合, 2011, 33(4): 70-73.

2011-097 胡道丰, 李威华, 李娟. 处理MXF2400荧光光谱仪102报警. 设备管理与维修, 2011, (8): 59.

2011-098 胡飞, 秦颖. 蚌埠双墩春秋一号墓部分青铜器成分及金相分析. 有色金属, 2011, 63(1): 153-156.

2011-099 胡飞, 秦颖, 刘江生, 王先福, 陈千万. 湖北襄樊魏晋早期墓出土釦（扣）器之涂金工艺研究. 南方文物, 2011, (3): 140-142.

2011-100 胡广春, 张伟光. 基于X射线光谱测定法分析氚深度的模拟研究. 光谱学与光谱分析, 2011, 31(3): 831-834.

2011-101 胡孙林, 戴维列, 王松才, 温锦锋, 张小婷. 微束X射线荧光光谱分析检验被染黑的纸币1例. 刑事技术, 2011, (3): 27.

2011-102 胡玮玮. 地质样品检测中X射线荧光光谱法的应用. 科技风, 2011, (8): 37.

2011-103 胡永明, 刘莎莉, 陶毅博, 王钊, 顾豪爽. $KTa_{0.77}Nb_{0.23}O_3$纳米片的微结构和Raman光谱研究. 湖北大学学报（自然科学版), 2011, 33(4): 486-489.

2011-104 胡志中, 杨波, 杜谷, 徐金沙, 程江, 王凤玉. 铝土矿地质研究中分析技术应用进展. 世界科技研究与发展, 2011, 33(6): 963-965.

2011-105 黄凰, 秦颖, 徐劲松. 湖北鄂州出土青铜器锈蚀状况分析. 中国腐蚀与防护学报, 2011, 31(1): 76-80.

2011-106 黄蕙珍, 丁林伟, 邝杰炜. 稀土抛光粉的鉴别方法. 广东化工, 2011, 38(8): 131-132.

2011-107 黄近丹, 林秀华. X射线荧光无损法测定掺钕矾酸钇晶体中的钕. 福建分析测试, 2011, 20(3): 57-59.

2011-108 黄娟, 魏国锋, 宋国定, 李素婷, 王昌燧. 小双桥遗址出土冶铸遗物的科技分析. 有色金属, 2011, 63(1): 147-152.

2011-109 黄平, 方方, 张友德, 龚岚. PIN硅光二极管在n/γ混合辐射场中的探测技术研究. 核电子学与探测技术, 2011, 31(12): 1341-1344.

2011-110 黄旭平. 基于帕纳科Oil-Trace软件的油品中痕量元素分析. 现代冶金, 2011, 39(1): 59-61.

2011-111 黄旭平. 用IQ^+无标样定量分析软件分析钛铁合金中钛含量. 现代冶金, 2011, 39(4): 74-76.

2011-112 黄元, 曹素红. 钴玻璃熔片-X射线荧光光谱法测定铁矿石中各组分. 福建分析测试, 2011, 20(2): 5-9.

2011-113 Ito K, Hasebe N, Kashiwaya K, Nakamura T, Ganzawa Y. Luminescence dating of bottom sediments from Lake Hovsgol, Mongolia(HDP-08). 地球环境学报, 2011, 2(1): 314.

2011-114 吉昂, 郑南, 王河锦, 徐子优, 李国会. 高能偏振能量色散-X射线荧光光谱法测定PM_{10}大气颗粒物的组成. 岩矿测试, 2011, 30(5): 528-535.

2011-115 季晓玲, 王珍, 鲍慧, 翟丽莉. 稳定透明钇溶胶的制备及表征. 稀土, 2011, 32(2): 87-89.

2011-116 江夏, 吴隽, 张茂林, 吴军明, 李其江, 郁永彬, 梁铎, 方涛. 宜兴紫砂泥料性能研究. 江苏陶瓷, 2011, 44(3): 20-23, 25.

2011-117 姜晶晶, 兰玲, 鞠雅娜, 钟海军, 吴平易, 张泽廷. 草酸脱铝改性的ZSM-50沸石的性质及其异构化性能. 北京化工大学学报（自然科学版), 2011, 38(4): 12-16.

2011-118 姜延鹏, 彭同江, 孙红娟. 温石棉尾矿活化产物制备纳米SiO_2实验研究. 中国粉体技术, 2011, 17(2): 61-65.

2011-119 姜尧发, 代世峰, 王西勃, 赵蕾, 周国庆, 张丽莉, 艾丽琴. 山东济宁高硫煤与低硫煤煤层剖面地球化学特征研究. 中国煤炭地质, 2011, 23(4): 1-10.

2011-120 姜迎静, 敬承斌, 夏京亮. 溶胶-凝胶法制备镍掺杂氧化锌粉体. 青岛科技大学学报（自然科学版), 2011, 32(3): 230-233.

2011-121 焦庆祝, 孙雪, 陈红梅, 史慧, 宋晨曦. 设备垢样成分的仪器分析. 清洗世界, 2011, 27(10): 22-28

2011-122 金创石, 张廷安, 曾勇, 牟望重. 难处理金精矿的加压氧化-氯化浸出实验. 东北大学学报（自然科学版）, 2011, 32(6): 826-830.

2011-123 金海燕, 翦知湣, 谢昕, 田军. 南海北部晚第四纪高分辨率元素比值反映的东亚季风演变. 第四纪研究, 2011, 31(2): 207-215.

2011-124 Kataoka Yoshiyukki, Homma H, Kohno Hisayuki. X 射线荧光分析法测定铁矿石中全铁. 冶金分析, 2011, 31(7): 18-21.

2011-125 孔德顺, 吴红, 毕迎鑫. 高铁高砂煤矸石除铁及碱融活化合成 4A 分子筛. 无机盐工业, 2011, 43(5): 52-54.

2011-126 孔德顺, 肖杰, 吴红, 李志, 卢香宇. 煤矸石碱熔提取白炭黑的研究. 化工新型材料, 2011, 39(2): 114-116, 131.

2011-127 Lee Kyun-Gmee, Son Yong-Keun, Lee Jin-Sook, Noh Tai-Min, Lee Hee-Soo. Comparative analysis on homogeneity of Pb and Cd in epoxy molding compounds. Transactions of Nonferrous Metals Society of China, 2011, (S1): 160-164.

2011-128 雷国良, 张虎才, 常凤琴, 朱芸, 李春海, 谢昕, 类延斌, 张文翔, 蒲阳. 湖泊沉积物 XRF 元素连续扫描与常规 ICP-OES 分析结果的对比及校正——以兹格塘错为例. 湖泊科学, 2011, 23(2): 287-294.

2011-129 李冰, 周剑雄, 詹秀春. 无机多元素现代仪器分析技术. 地质学报, 2011, 85(11): 1878-1916.

2011-130 李春山, 陈英毅, 孙卫. 利用元素录井资料的随钻岩性判别方法. 中国石油大学学报（自然科学版）, 2011, 35(6): 66-70.

2011-131 李大伟, 陈登宇, 朱锡锋. 稻壳炭基高比表面多孔氧化硅的表征及 $Cu(II)$ 吸附特性. 化工学报, 2011, 62(12): 3434-3439.

2011-132 李丹, 赖万昌, 王广西, 林光君, 于姗姗, 龙秀容, 夏尚铭, 唐丽丽. EDXRF 法测定煤中全硫的初步研究. 核电子学与探测技术, 2011, 31(8): 891-893.

2011-133 李定国, 熊杰, 刘祖黎, 熊永红. 锰锌铁氧体纳米粒子制备与热磁性研究. 低温物理学报, 2011, 33(5): 377-380.

2011-134 李飞, 葛良全, 曾国强, 谷懿, 肖明. 基于高斯函数分布的数字化能谱模拟软件在 X 荧光分析中的应用. 核技术, 2011, 34(9): 663-665.

2011-135 李国建, 胡艳军, 陈冠益, 钟英杰, 张雪梅. 城市污水污泥与固体垃圾混烧过程中重金属迁移特性的研究. 燃料化学学报, 2011, 39(2): 155-160.

2011-136 李韩璞, 张旭. XRF 在金属镀层定性半定量分析中的应用. 现代科学仪器, 2011, (4): 93-94.

2011-137 李华基, 秦德昭. 镧铈混合掺杂 TiO_2 纳米粉末的制备. 化工新型材料, 2011, 39(11): 53-54, 73.

2011-138 李季, 张磊, 马天龙, 杨春晖. 直接法制备三乙氧基硅烷的正交实验研究. 四川大学学报（工程科学版）, 2011, 43(5): 197-202.

2011-139 李季, 张磊, 杨春晖. 直接法制备三甲氧基硅烷的正交实验研究. 材料科学与工艺, 2011, 19(5): 6-11.

2011-140 李金明. X 射线荧光光谱仪. 甘肃冶金, 2011, 33(6): 121-123.

2011-141 李京. 熔融制样-X 射线荧光光谱法测定锰铁中锰硅磷. 冶金分析, 2011, 31(6): 51-53.

2011-142 李俊芳, 贺燕婷, 闫妍, 卢晓静, 王星, 王超. 防晒化妆品中纳米 TiO_2 的检测技术研究. 分析仪器, 2011, (3): 66-70.

2011-143 李澜, 俞树荣, 陈学福, 周智芳, 王青宁. 改性负载 MnO 凹凸棒石的脱硫实验研究. 矿物岩石, 2011, 31(4): 19-24.

2011-144 李立, 张建华, 罗仪文, 徐彻, 陈圆圆, 陈忆九. 微束 X 射线荧光光谱法检测电流损伤皮肤金属化. 中国法医学杂志, 2011, 26(1): 1-3.

2011-145 李丽, 冯松林, 冯向前, 徐清, 闫灵通, 马波, 霍华. Study on the chemical composition features of Longquan celadon excavated from the Chuzhou site

2011-146 李龙珠, 唐惠东, 鞠宇飞, 孙友宝. 精密铸造废砂再利用分析研究. 铸造技术, 2011, 32(6): 821-822.

2011-147 李强. 南秦岭富钠长石岩石的岩石学和地球化学研究. 岩石矿物学杂志, 2011, 30(2): 199-207.

2011-148 李强, 郑洪涛, 王岳赟, 朱华兴, 汤志勇. 电沉积富集制样-X射线荧光光谱法测定痕量Ni、Cd和Pb. 分析试验室, 2011, 30(2): 95-98.

2011-149 李青会, 董俊卿, 赵虹霞, 干福熹, 胡永庆, 程永建. 浅议中国出土的汉代玻璃耳珰. 广西民族大学学报(自然科学版), 2011, 17(1): 17-25.

2011-150 李清临. 安阳殷墟出土陶水管的工艺与技术研究. 江汉考古, 2011, (2): 103-107.

2011-151 李清临, 徐承泰, 贺世伟, 姚政权. 化学成份在钧瓷胎釉反应层中分布模式的线扫描分析. 化学学报, 2011, 69(8): 63-69.

2011-152 李清临, 徐承泰, 凌雪, 姚政权. 一批金元时期古玻璃的EDXRF探针无损分析. 光谱学与光谱分析, 2011, 31(7): 1960-1963.

2011-153 李清临, 徐承泰, 汪大海, 姚政权. 河南禹县阳翟遗址出土古玻璃的科学分析. 考古与文物, 2011, (4): 105-110.

2011-154 李清临, 余西云, 凌雪, 姚政权. 一件战国琉璃环的EDXRF无损分析. 光谱学与光谱分析, 2011, 31(12): 3395-3398.

2011-155 李瑞峰, 邴淑秋, 王刚, 李建忠, 于静, 包世星, 李响. 粉末X射线衍射法鉴定德士古重油气化炉炉渣中晶体物相. 石油与天然气化工, 2011, 40(6): 625-627, 541.

2011-156 李瑞峰, 朱金玲, 马礼敦, 王刚, 王伟众, 包世星. 粉末X射线衍射法鉴定顺丁橡胶装置溶剂回收系统积垢中的晶体物相. 现代仪器, 2011, 17(6): 63-65.

2011-157 李韶梅, 杜彩霞, 张慧娟. X射线荧光光谱法测定萤石中氟化钙、二氧化硅、氧化铝、全铁的含量. 理化检验-化学分册, 2011, 47(10): 1162-1164.

2011-158 李伟东, 张玮, 鲁晓珂, 郑乃章, 罗宏杰. 中国古代兔毫黑釉瓷的组成及结构. 建筑材料学报, 2011, 14(3): 329-334.

2011-159 李向召, 黄志凡, 何小青, 黄俊华. X射线荧光光谱法石油产品硫含量分析仪校准方法. 化学分析计量, 2011, 20(1): 83-84.

2011-160 李响, 魏军凤, 李瑞峰, 王刚, 李建忠, 褚洪岭. 粉末X射线衍射法定性分析顺丁橡胶装置碱洗塔垢样中的晶体物相. 石化技术与应用, 2011, 29(6): 546-547.

2011-161 李小莉, 陈曦, 葛江洪, 吴彦涛, 冼啸林, 韩伟. 熔融制样-X射线荧光光谱法测定海洋沉积物中氯等元素. 理化检验-化学分册, 2011, 47(12): 1420-1423.

2011-162 李小莉, 李国会. 熔片X射线荧光光谱法测定钼精矿中多种元素. 分析试验室, 2011, 30(2): 82-85.

2011-163 李小莉, 秦颖, 黄凰, 刘江生. 湖北襄樊出土有色玻璃串饰的检测分析. 光谱实验室, 2011, 28(1): 227-229.

2011-164 李玉德, 林晓燕, 谭植元, 孙天希, 刘志国. Measurement of inner surface roughness of capillary by an X-ray reflectivity method. Chinese Physics B, 2011, 20(4): 221-225.

2011-165 李志红, 宋雅君, 左志军, 黄伟. 浆态床二甲醚合成催化剂失活因素研究. 燃料化学学报, 2011, 39(8): 627-632.

2011-166 李子波, 刘连文, 赵良, 季峻峰, 陈骏. 应用超基性岩尾矿封存CO_2——以金川铜镍矿尾矿为例. 第四纪研究, 2011, 31(3): 464-472.

2011-167 黎香荣, 陈永欣, 罗明贵, 马丽方, 韦新红. 波长色散X射线荧光光谱法同时测定钒渣中的主次量成分. 岩矿测试, 2011, 30(2): 222-225.

2011-168 黎香荣, 马丽方, 陈永欣, 罗明贵. 波长色散 X 射线荧光光谱法同时测定氧化铁皮中的多种杂质元素. 检验检疫学刊, 2011, 21(2): 25-28.

2011-169 Li Yongqiang, Satoh Takahiro, Shen Hao, Zheng Yi, Li Xinyi, Liu Bo. Scanning transmission ion microscopy on Fudan SPM facility. Nuclear Science and Techniques, 2011, (5): 282-286.

2011-170 梁鹏山. X 射线荧光光谱法测定锰铁中的锰、磷、硅. 科技创新导报, 2011, (14): 12.

2011-171 梁智红, 安艳. XRF 玻璃熔片法测定介电陶瓷材料锆钛酸钡的成分. 光谱实验室, 2011, 28(3): 1071-1073.

2011-172 廖海平, 付冉冉, 任春生, 余清, 张爱珍. X 射线荧光光谱法测定铁矿石中全铁及 18 个次量成分. 冶金分析, 2011, 31(5): 36-40.

2011-173 林国桢, 杜琳, 李科. 便携式 X 线荧光分析仪用于现场油漆涂层铅含量检测的研究. 中国卫生检验杂志, 2011, 21(10): 2391-2392.

2011-174 林九, 喻小春, 赵海兵, 王玉杰. 铝电解质分子比、Al_2O_3、CaF_2 的 X 射线荧光光谱法测定. 广西轻工业, 2011, (7): 17-19.

2011-175 林军超, 陈焕斌, 林志勇. X 射线荧光分析法测定石油及石油产品中的硫含量. 化学工程与装备, 2011, (9): 208-211.

2011-176 林素君, 王永胜, 贺蓉晖, 聂素双, 龚蘷. 光谱技术在纺织品检测中的应用(一)——X 射线荧光能谱仪在纺织品重金属检测中的应用. 中国无机分析化学, 2011, 1(2): 58-62.

2011-177 林彦杰, 牟英华. 化学法与荧光光谱法测萤石粉中氟化钙含量的讨论. 本钢技术, 2011, (4): 34-36.

2011-178 刘安娜, 葛本伟. 石河子市表层土壤重金属元素富集与功能区分异研究. 安徽农业科学, 2011, 39(32): 19818-19821.

2011-179 刘东娜, 周安朝, 马美玲. 大同煤田白洞矿区 5 号煤层煤相特征. 中国煤炭地质, 2011, 23(5): 1-4, 52.

2011-180 刘海东, 侯丽华. 不锈钢中铬的 X 射线荧光光谱分析. 化学分析计量, 2011, 20(2): 52-54.

2011-181 刘海峰, 彭同江, 马国华, 孙红娟, 雷翼. 以石英为原料制备白炭黑的实验研究. 中国粉体技术, 2011, 17(6): 11-13.

2011-182 刘慧, 汪冰, 王卓, 李明, 康艳杰, 秘晓林, 余笑寒, 丰伟悦. CdSe@ZnS 量子点在果蝇及其幼虫体内的分布. 核技术, 2011, 34(6): 415-418.

2011-183 刘慧丽, 郑益凡, 任红星, 吴世华. 欧洲海蓬子的 X 射线荧光光谱分析. 光谱实验室, 2011, 28(1): 218-220.

2011-184 刘江斌, 段九存, 党亮, 和振云, 武永芝. X 射线荧光光谱法同时测定铝土矿中主、次组分及 3 种痕量元素. 理化检验-化学分册, 2011, 47(10): 1211-1213, 1226.

2011-185 刘江斌, 祝建国. X 射线荧光光谱法测定黏土中的主次组分. 分析测试技术与仪器, 2011, 17(2): 106-109.

2011-186 刘立湘, 田一光, 兰云军, 薄蕾芳. X 射线能谱研究鞣性金属在绵羊皮革中的分布. 光谱实验室, 2011, 28(2): 751-754.

2011-187 刘连成, 谢立志. 蒸发器盘管的腐蚀失效分析. 全面腐蚀控制, 2011, 25(6): 20-21.

2011-188 刘燊楠. 铝及铝合金的分析评述. 廊坊师范学院学报(自然科学版), 2011, 11(1): 39-41.

2011-189 刘淑红, 高宏, 兰喜杰. 机械力化学活化煤矸石强化硅的浸出. 硅酸盐通报, 2011, 30(4): 887-890, 894.

2011-190 刘松, 李青会, 干福熹. 古代玻璃样品表面因素对便携式 X 射线荧光定量分析的影响. 光谱学与光谱分析, 2011, 31(7): 1954-1959.

2011-191 刘万强, 马洪安, 贾晓鹏. FeMn 粉末触媒对合成金刚石的影响. 高压物理学报, 2011, 25(6): 572-576.

2011-192 刘伟, 常立民, 计晓旭. 不锈钢基二氧化铅涂层阳极的制备及电化学性能. 电镀与涂饰, 2011, 30(7): 1-4.

2011-193 刘伟, 王珺. 熔融制样-X 射线荧光光谱法测定不锈钢除尘灰中铁铬镍. 冶金分析, 2011, 31(5): 27-30.

2011-194 刘文华. 稀土元素分析. 分析试验室, 2011, 30(6): 106-122.

2011-195 刘小明. Asbestos tailings as aggregates for asphalt mixture. Journal of Wuhan University of Technology (Materials Science Edition), 2011, 26(2): 336-339.

2011-196 刘肖飞, 南洋, 葛汉青, 朱金明. 丙烯醛氧化制备丙烯酸催化剂失活原因分析. 石油炼制与化工, 2011, 42(3): 47-50.

2011-197 刘新, 房迎春, 雷凯, 付明英, 郑利红, 仵春祺. PW2424 X 射线荧光光谱仪故障分析与处理. 分析仪器, 2011, (4): 103-105.

2011-198 刘学良, 范建良, 郭守国. 浅粉红色翡翠的谱学特征及颜色成因分析. 激光与光电子学进展, 2011, (9): 144-148.

2011-199 刘学良, 冯锡琪, 范健良, 郭守国. Optical absorption spectra of tourmaline crystals from Altay, China. Chinese Optics Letters, 2011, 9(8): 94-97.

2011-200 刘艳, 曾静, 胡军凯, 李玉琴, 冯朝军. X 射线荧光光谱法测定含金石英石中 7 种成分. 岩矿测试, 2011, 30(5): 580-583.

2011-201 刘艳芳, 赖万昌, 谢希成, 张江云, 周良平. 能量色散型 X 荧光分析仪光管、样品、探测器距离的蒙特卡罗优化. 核电子学与探测技术, 2011, 31(9): 1038-1041, 1061.

2011-202 刘燕德, 万常斓, 孙旭东, 郝勇. X 射线荧光光谱技术在重金属检测中的应用. 激光与红外, 2011, 41(6): 605-611.

2011-203 刘振伟. Thermo ARL ADVANTXP+ X 射线荧光光谱仪故障维修. 新疆有色金属, 2011, (1): 78-79.

2011-204 刘志强, 牛飞, 白晓军, 向雄志, 汤有正, 陶鸿波. X 射线荧光光谱滤片法测定镀铑液中铑含量. 冶金分析, 2011, 31(12): 39-42.

2011-205 柳建新, 葛良全, 张庆贤, 王广西, 谷懿, 张永恒. WD-XRF 在新疆某地区化探样品上的应用. 光谱实验室, 2011, 28(6): 3231-3234.

2011-206 娄玉霞, 张元勋, 俞鹰浩, 曹阳, Iida A., 曹同. 基于同步辐射光源的 X 射线荧光分析技术研究匐枝青藓对铅污染的生物响应. 环境科学学报, 2011, 31(1): 193-198.

2011-207 卢喜瑞, 崔春龙, 宋功保, 吴志华, 舒小艳, 张东. 珍珠岩粉体对含 ^{90}Sr 放射性废液处理的研究. 中国粉体技术, 2011, 17(1): 49-51.

2011-208 卢喜瑞, 崔春龙, 张东, 陈梦君, 杨岩凯. 锆英石的抗 γ 射线辐照能力和 Rietveld 结构精修. 物理学报, 2011, 60(7): 854-858.

2011-209 卢燕玲. 馆藏唐代彩绘人物俑颜料分析与修复保护. 文物保护与考古科学, 2011, 23(4): 64-70.

2011-210 卢燕玲. 铁仔山古墓群出土铁器腐蚀病害与机理分析. 中国文物科学研究, 2011, (3): 36-40.

2011-211 鲁翠萍, 刘文清, 赵南京, 刘立拓, 陈东, 张玉钧, 刘建国. 土壤中铅元素的激光诱导击穿光谱测量分析. 激光与光电子学进展, 2011, (5): 124-127.

2011-212 鲁晓珂, 李伟东, 罗宏杰, 何驽. 古代陶器残留物及彩绘颜料的测试研究. 中国陶瓷, 2011, 47(7): 63-65, 69.

2011-213 鲁晓珂, 李伟东, 罗宏杰, 何驽, 李新伟. 陶寺遗址龙山时代黑色陶衣的研究. 中国科学: 技术科学, 2011, 41(7): 906-912.

2011-214 罗俊旋, 曾伟华, 徐游, 汤皎宁, 胡军辉. 光催化还原法制备铜基二氧化钛 (Cu/TiO_2). 广东化工, 2011, 38(6): 11-13.

2011-215 罗坤, 刘颖, 李军, 高升吉. 基于 Al-Si 合金熔体的冶金级硅纯化新工艺. 新技术新工艺, 2011, (8): 134-136.

2011-216 罗宁, 李晓杰, 费鸿禄, 莫非, 张程娇.

爆轰法合成碳包覆镍纳米颗粒的研究(英文). 高压物理学报, 2011, 25(2): 111-117.

2011-217 罗学辉, 王春生, 陈占生, 张勇. 粉末压片-波长色散 X 射线荧光光谱法在钼矿石测定中的应用. 黄金科学技术, 2011, 19(2): 78-80.

2011-218 罗学辉, 张勇, 艾晓军, 李玄辉, 陈占生. 熔融玻璃片-波长色散 X 射线荧光光谱法测定铁矿石中全铁及其它多种元素的分析进展. 中国无机分析化学, 2011, 1(3): 23-26, 31.

2011-219 罗佑文, 李新平, 张磊. 生料制样方法对 X 射线荧光分析结果的影响. 水泥, 2011, (3): 56-57.

2011-220 吕继涛, 罗磊, 张淑贞, 杨科. 玉米对纳米 TiO_2 的吸收和累积. 环境化学, 2011, 30(5): 903-907.

2011-221 马冲先, 李莎莎, 王岩. 金属材料分析. 分析试验室, 2011, 30(2): 104-122.

2011-222 马旻, 刘江斌. 对 X 射线荧光光谱分析检出限公式的认识. 甘肃地质, 2011, 20(2): 73-75.

2011-223 马天芳, 李小莉, 陈永君, 邓震平, 李国会. X 射线荧光光谱分析方法的共享. 岩矿测试, 2011, 30(4): 486-490.

2011-224 马小明, 余启超. 高效换热器换热管失效分析. 化工机械, 2011, 38(3): 364-366.

2011-225 马晓云, 宋鸿印, 邓新梅, 胡瑞霞. X 射线荧光光谱法测定煤灰的化学成分. 新疆钢铁, 2011, (1): 51-53.

2011-226 马幼平, 宋绍峰, 李秀兰, 党晓明. 多元合金化对共晶 ^{31}Cr 高铬铸铁碳化物的影响. 钢铁研究学报, 2011, 23(8): 40-43, 48.

2011-227 马忠娟, 林盼盼, 封元. 助磨-粘结剂在荧光分析仪粉磨压片法中的应用. 21世纪建筑材料居业, 2011, (4): 78-80.

2011-228 毛佳君, 陈文彬, 王强, 洪新. 不锈钢冶炼渣熔融还原及毒性浸出实验研究. 上海金属, 2011, 33(4): 44-47.

2011-229 米争峰, 葛良全, 张庆贤, 谷懿, 乔鹏, 罗耀耀. 西天山某航磁异常点查证中现场 X 荧光分析技术的应用. 核电子学与探测技术, 2011, 31(7): 798-801.

2011-230 苗静, 孙彦民, 李亮, 阮小磊, 李世鹏, 于海斌, 滕厚开, 曾贤君, 李晓云. 臭氧催化氧化深度处理炼油废水催化剂的开发. 工业催化, 2011, 19(8): 65-68.

2011-231 南贞淑, 刘淑红, 王晨, 杨贺, 高宏. 机械化学法处理 Ni-Fe 尾矿. 大连交通大学学报, 2011, 32(5): 77-79.

2011-232 Ni Youming, Sun Aiming, Wu Xiaoling, Hai Guoliang, Hu Jianglin, Li Tao, Li Guangxing. Preparation of hierarchical mesoporous Zn/HZSM-5 catalyst and its application in MTG reaction. Journal of Natural Gas Chemistry, 2011, 20(3): 237-242.

2011-233 倪友明, 孙爱明, 吴小岭, 胡江林, 李涛, 李光兴. La/Zn/HZSM-5 催化剂上的甲醇芳构化研究 (英文). Chinese Journal of Chemical Engineering, 2011, 19(3): 439-445.

2011-234 宁方敏, 邬旭然, 田宇纮, 徐惠忠. 高灵敏度光伏硅杂质元素分析仪的研制. 烟台大学学报 (自然科学与工程版), 2011, 24(2): 136-140.

2011-235 宁凯杰, 张庆礼, 孙敦陆, 殷绍唐. 新型 (Yb^{3+}, La^{3+}): Gd_2SiO_5 和 (Yb^{3+}, Tb^{3+}): $GdTaO_4$ 单晶生长及分凝研究. 人工晶体学报, 2011, 40(4): 817-821, 827.

2011-236 牛晓露, 庞奖励, 黄春长, 查小春, 丁敏, 李艳华, 王丽娟. 陕西周原地区全新世黄土——古土壤序列风化程度研究. 干旱区研究, 2011, 28(2): 306-312.

2011-237 潘国平, 孙秀萍, 胡立敏, 朱铁权, 黄慧怡. 高棉瓷器制作工艺初探. 文物保护与考古科学, 2011, 23(1): 19-24.

2011-238 潘丽梅. X 射线荧光光谱法测定硅铁合金中主要元素. 柳钢科技, 2011, (4): 32-34.

2011-239 彭国瑞, 瞿晓刚, 陈育新. GH825 合金的 X 射线荧光光谱分析. 钢铁研究学报, 2011, 23(S2): 108-110.

2011-240 彭桦, 蒋正国, 叶罕章, 李虹, 赵红梅.

X 射线荧光光谱仪测定磷矿石中 P_2O_5 基底滤纸制样条件研究. 磷肥与复肥, 2011, 26(1): 61, 78.

2011-241 彭立, 谢青, 蔡枫, 余笑寒, 李爱国, 杨科. 翼状胬肉组织微量元素的同步辐射微束 X 射线荧光分析法研究. 眼科新进展, 2011, 31(12): 1126-1129.

2011-242 彭淑鸽, 高紧紧, 郭永克, 刘晓飞. 层状材料负载钌纳米簇及催化性能. 河南科技大学学报 (自然科学版), 2011, 32(1): 5-7, 116.

2011-243 齐耀德, 雷锐, 牟宏, 赵淑兰. X 荧光光谱法在煤灰主要元素测定中的尝试. 内蒙古科技与经济, 2011, (3): 45-46.

2011-244 千粉玲, 谢志鹏, 孙加林, 王峰. 非均匀沉淀法制备黑色氧化锆陶瓷. 硅酸盐学报, 2011, 39(8): 1290-1294.

2011-245 钱原铬, 赵春江, 陆安祥, 贾文珅, 李晓婷. X 射线荧光光谱检测技术及其研究进展. 农业机械, 2011, (23): 137-141.

2011-246 乔琳, 陈松岭, 乔传英. FTIR-ATR、EDS 结合生理特性研究铅胁迫对玉米幼苗的影响. 光谱实验室, 2011, 28(5): 2183-2187.

2011-247 乔琳, 傅兆麟, 乔传英. X 射线能谱和 FTIR 分析铜胁迫对玉米幼苗的影响. 核农学报, 2011, 25(4): 807-811.

2011-248 乔鹏, 葛良全, 张庆贤, 谷懿, 米争锋. X 射线荧光光谱分析法同时测定化探样品中多组分的含量. 核电子学与探测技术, 2011, 31(11): 1295-1299.

2011-249 乔小芳. X 射线荧光法在桂北金矿勘查中的应用. 矿产与地质, 2011, 25(4): 345-348.

2011-250 秦旭磊, 李野, 宋忠华. 能量色散 X 射线荧光光谱法测定焊锡组成元素. 科技风, 2011, (15): 109.

2011-251 秦旭磊, 孙振路, 宋忠华. 基于 EDXRF 光谱法的水系沉积物中多种重金属成分分析. 长春理工大学学报 (自然科学版), 2011, 34(4): 13-15.

2011-252 秦亚, 程新民, 常建平, 李泽峰. 辽宁本溪晶花洞碳酸钙沉积物颜色多样性分析. 中国岩溶, 2011, 30(3): 354-358.

2011-253 秦亚丽, 张海青, 张贵英, 倪邦发, 王平生, 聂鹏, 黄东辉, 陈喆, 吴伟明. 大气颗粒物中黑碳浓度的反射法测定. 原子能科学技术, 2011, 45(1): 102-107.

2011-254 邱淼淼, 吕述娇, 郭丽, 周昳, 商少明. X 射线荧光光谱法测定钛酸钡中主次元素含量. 应用化工, 2011, 40(1): 170-172.

2011-255 邱欣卫, 刘池洋, 毛光周, 吴柏林. 鄂尔多斯盆地延长组火山灰沉积物岩石地球化学特征. 地球科学 (中国地质大学学报), 2011, 36(1): 139-150.

2011-256 曲颖, 李玉锋, 陈春英. 同步辐射及相关核分析技术在纳米材料生物效应研究中的应用. 化学进展, 2011, 23(7): 1534-1546.

2011-257 曲月华, 王一凌, 亢德华, 邓军华. X 射线荧光光谱法测定镁质矿物原料中主次成分. 鞍钢技术, 2011, (2): 33-36, 45.

2011-258 曲月华, 王一凌, 亢德华, 王翠艳. X 射线荧光光谱法测定镁砂及其矿物原料中主次成分. 物理测试, 2011, (S): 165-169.

2011-259 曲月华, 王一凌, 亢德华, 王铁, 邓军华, 王翠艳. 锰矿中主次成分的 X 射线荧光光谱法测定. 物理测试, 2011, (S): 155-160.

2011-260 曲月华, 王一凌, 张悫, 亢德华, 邓军华, 王翠艳. 熔融制样-X 射线荧光光谱法测定锰矿中 9 种组分. 冶金分析, 2011, 31(9): 24-29.

2011-261 瞿晓刚. 异基体样品应用于定量分析中的尝试. 中小企业管理与科技 (上旬刊), 2011, (3): 298-299.

2011-262 全桂英, 田冬. 粉煤灰合成 NaX 型分子筛的表征及其对 Fe^{2+} 离子的吸附研究. 环境工程学报, 2011, 5(7): 1637-1640.

2011-263 全正香, 魏立新, 杜玉枝, 李岑, 杨红霞. 藏药南寒水石结构成分及热稳定性分析. 中国中药杂志, 2011, 36(6): 691-693.

2011-264 Ravi Yellepeddi, Didier Bonvin, Li Xiaobo. 钢铁工业冶金渣的 X 射线荧

光分析. 冶金分析, 2011, 31(10): 34-37.

2011-265 任春生, 廖海平, 鲍惠君, 朱迪琦, 何阳. 熔融制样-X 射线荧光光谱法快速测定复合肥中的磷、钾、钙、镁、锰、铁、铜、钠、锌和铝. 中国土壤与肥料, 2011, (1): 88-91.

2011-266 任校丹, 王涛, 耿后安. 多种物料的宽范围定量分析. 山东冶金, 2011, 33(4): 36-38.

2011-267 森维, 徐宝强, 杨斌, 孙红燕, 宋建勋, 万贺利, 戴永年. 真空碳热还原法制备碳化钛粉末 (英文). Transactions of Nonferrous Metals Society of China, 2011, (1): 185-190.

2011-268 邵晓蕾, 狄敬如, 丁莉. 铅玻璃充填碧玺初探. 宝石和宝石学杂志, 2011, 13(3): 42-45.

2011-269 折恕平, 朱孟江. 纳米 Ti 掺杂 $Mg(NH_2)_2/2LiH$ 复合材料储氢性能. 石油化工设备, 2011, 40(4): 13-16.

2011-270 佘育生, 孙伟华, 詹瑛瑛, 林性贻, 郑起. $Au/Cu_xMn_yO_z$ 催化剂的制备、表征及其 CO 消除性能. 催化学报, 2011, 32(7): 1220-1226.

2011-271 申凤君, 葛良全, 杨强, 张庆贤, 谷懿. X 射线荧光测井仪系统研制. 核技术, 2011, 34(4): 304-308.

2011-272 沈平, 高金涛, 吴龙, 张颜庭, 李士琦. 钢渣尾渣精细还原实验研究. 工业加热, 2011, 40(6): 32-35.

2011-273 沈宗洋, 李月明, 王竹梅, 吴芬, 刘志. 贵州大方县骂陇村高岭土的理化及工艺性能研究. 中国陶瓷, 2011, 47(10): 47-50.

2011-274 施江焕. RoHS 检测用 X 荧光光谱仪测量结果的不确定度评定. 中国计量, 2011, (3): 71-72.

2011-275 施军, 肖沙里, 王洪建, 钱家渝, 刘慎业. 基于超环面晶体的 X 射线成像诊断. 强激光与粒子束, 2011, 23(10): 2659-2662.

2011-276 石芳, 杨建国, 刘红光, 张国辉, 于海斌, 李佳, 赵训志, 张玉婷. 高氮馏分油加氢精制催化剂的研制. 精细石油化工, 2011, 28(6): 44-48.

2011-277 时雪梅, 刘民, 郭新闻, 宋春山. AgY 和 AgMgY 吸附剂吸附脱硫性能的考察. 现代化工, 2011, 31(8): 50-53.

2011-278 史成武, 史高杨, 陈柱, 孙人杰, 夏梅. 铜锌锡硫半导体薄膜材料的制备与表征 (英文). 硅酸盐学报, 2011, 39(7): 1108-1111.

2011-279 史东丽, 张振华, 葛艳梅, 葛江洪. X 射线荧光光谱法测定土壤样品中卤族元素溴. 当代化工, 2011, 40(6): 656-658.

2011-280 舒欢忠, 尹传烈, 莫建松, 刘兴利. 白泥石膏中的黑色胶状物分析. 广东化工, 2011, 38(11): 198-199, 201.

2011-281 司甜, 祝琳华. 经 Al 掺杂改性的介孔 $CaZr_4(PO_4)_6$ 的酸催化活性. 现代化工, 2011, 31(12): 56-60.

2011-282 宋超, 董相廷, 王进贤, 刘桂霞. 静电纺丝技术制备 $NiO@Al_2O_3@TiO_2$ 同轴三层亚微米电缆及其形成机理. 高等学校化学学报, 2011, 32(8): 1673-1679.

2011-283 宋江涛, 赵庆令. 粉末压片制样-波长色散 X 射线荧光光谱法测定卤水中的溴. 岩矿测试, 2011, 30(4): 494-496.

2011-284 宋微娜, 董永利, 周国江. 超声波法分离油页岩中油母质与无机矿物质. 实验室研究与探索, 2011, 30(11): 18-21.

2011-285 宋霞, 杨双花, 翟智卫. 低稀释比玻璃熔片 X 射线荧光光谱法分析高纯硅石中主次成分. 耐火材料, 2011, 45(4): 318-320.

2011-286 宋霞, 张少文, 张军. X 荧光光谱分析法测定含铬不定形耐火材料. 光谱学与光谱分析, 2011, 31(10): 2851-2855.

2011-287 宋渊, 刘景梅. X 射线荧光光谱法测定硅钙合金中硅、钙、铁. 机车车辆工艺, 2011, (4): 33-34, 38.

2011-288 Srinivasan K., Balasubramanian V.. Effect of heat input on fume generation and joint properties of gas metal arc welded austenitic stainless steel. Journal of Iron and Steel Research (International), 2011, 18(10): 72-79.

2011-289 苏华东, 刘鹏. X 射线荧光定硫仪在原油硫含量测定的应用. 科协论坛（下半月）, 2011, (9): 55-56.

2011-290 孙访策, 赵虹霞, 干福熹. 翡翠成分、结构和矿物组成的无损分析. 光谱学与光谱分析, 2011, 31(11): 3134-3139.

2011-291 孙丰波, 费本华, 江泽慧, 于子绚, 田根林, 杨全文. γ射线辐照处理竹材的X射线光谱研究. 光谱学与光谱分析, 2011, 31(6): 1717-1719.

2011-292 孙天希, 刘志国, 李玉德, 林晓燕, 罗萍, 潘秋丽, 刘鹤贺, 袁灏, 丁训良. 毛细管X光透镜在塑料物证溯源中的应用. 光学学报, 2011, 31(5): 296-300.

2011-293 孙天希, 刘志国, 李玉德, 林晓燕, 罗萍, 潘秋丽, 杨科, 袁灏, 丁训良. 毛细管X光会聚透镜在潜指纹提取中的应用. 光学学报, 2011, 31(4): 303-306.

2011-294 孙霞, 侯朝鹏, 夏国富, 王倩. 蛋壳型分布费托合成催化剂 Co/Al_2O_3 的表征及催化性能. 石油炼制与化工, 2011, 42(7): 28-32.

2011-295 孙振海, 张仁健, 荆俊山. 北京地区冬季气溶胶分级化学成分及来源分析. 中国粉体技术, 2011, 17(4): 11-13, 19.

2011-296 谈春明, 吴志芳, 郭肖静, 邢桂来, 王振涛. MCNP 程序对 X 射线荧光分析校正曲线的模拟计算. 核电子学与探测技术, 2011, 31(6): 610-613, 665.

2011-297 汤琪, 王菊琳, 马菁毓. 土壤腐蚀过程中高锡青铜的形貌变化和元素迁移. 中国有色金属学报, 2011, 21(12): 3175-3181.

2011-298 汤紫薇. 元充填碧玺的鉴别特征. 中国新技术新产品, 2011, (3): 2-3.

2011-299 唐红霞, 付宝荣. X射线荧光光谱法测定镁质耐火材料中多元素. 甘肃冶金, 2011, 33(6): 91-93.

2011-300 唐毅, 欧阳义华, 黎红波, 张代云, 宋江伟. X射线荧光光谱仪同时测定红土型镍矿中主次量组份. 云南地质, 2011, 30(1): 101-104.

2011-301 田冲, 赵永椿, 张军营, 晏恒, 吕涛涛, 郑楚光. 镍基催化剂对CO-超临界水制氢固碳反应的影响. 动力工程学报, 2011, 31(11): 869-874.

2011-302 田从学, 杨颖, 蒲洪. 工业钛液制备掺杂多孔二氧化钛及其光催化性能研究. 钢铁钒钛, 2011, 32(3): 1-6.

2011-303 田蕤. 天瑞公司便携式翡翠鉴定仪面市. 分析仪器, 2011, (4): 114-115.

2011-304 田云霞, 田记刚, 赵丽芬. X射线荧光光谱法测定电渣重熔渣成分. 科技创新导报, 2011, (15): 43.

2011-305 童玲欣, 李金洪, 刘芳, 林志祥. 系列富硅铝矿石水热晶化法合成纳米莫来石复相粉体的研究. 岩石矿物学杂志, 2011, 30(6): 994-1000.

2011-306 童晓民, 张伟民, 赵宏风. 熔融制样-X射线荧光光谱法分析铝合金. 理化检验-化学分册, 2011, 47(4): 458-460, 473.

2011-307 涂娜, 李小红, 江向平, 林玫, 陈超. 水热法合成 $(K,Na)NbO_3$ 陶瓷粉体及其压电性能研究. 中国陶瓷, 2011, 47(12): 15-17, 34.

2011-308 王宝玲, 李小莉, 田文辉. 熔融制样-X射线荧光光谱法测定三氧化钼中7种组分. 冶金分析, 2011, 31(1): 45-49.

2011-309 王宝罗, 徐融, 金学峰, 潘浩鹏. 竹节蛏对铬元素的吸收积累量测定. 化学世界, 2011, (3): 138-140.

2011-310 王宝荣. X射线荧光光谱法测定铁前原料组分的研究. 硅谷, 2011, (17): 52, 45.

2011-311 王本辉, 吴嘉旋, 徐晓莹, 胡坚. X射线荧光光谱法测定铝硅锆质耐火材料中主次成分. 分析仪器, 2011, (2): 38-41.

2011-312 王彬果, 徐静, 赵靖, 商英, 孔德顺. X射线荧光光谱法测定电解锰中锰、硅、磷和铁含量. 中国无机分析化学, 2011, 1(3): 43-45, 72.

2011-313 王彬果, 赵靖, 徐静, 滕海雨. 熔融制样X射线荧光光谱法测定锰铁合金中硅、锰和磷含量. 光散射学报, 2011, 23(2): 177-180.

2011-314 王德智, 郝成文, 林洪运. 涂料中有毒有害元素检验检测技术研究进展. 涂料工业, 2011, 41(8): 57-60.

2011-315 王光明, 张铭, 李廷先, 郭宏瑞, 严辉.

氧压对脉冲激光沉积 LaNiO$_3$ 薄膜结构和电学性能的影响. 功能材料, 2011, 42(S2): 325-327, 331.

2011-316 王洪建, 肖沙里, 施军. 极化 X 光谱诊断铝激光等离子体的电子密度. 光子学报, 2011, 40(8): 1196-1200.

2011-317 王洪建, 肖沙里, 施军, 黄显宾, 蔡红春, 钱家渝. Z 箍缩等离子体 X 射线凸晶谱仪. 强激光与粒子束, 2011, 23(2): 403-406.

2011-318 王洪敏, 潘伟斌, 朱铁权. 安阳北朝墓出土铅釉陶的分析研究. 中国国家博物馆馆刊, 2011, (12): 128-133.

2011-319 王家宁, 戴洪兴, 何洪. 负载型 Pt 模型催化剂中 Pt 纳米粒子的形貌对 CO 氧化活性的影响(英文). 催化学报, 2011, 32(8): 1329-1335.

2011-320 王健, 秦枫林. X 射线荧光光谱法对烧结矿精确分析的研究. 科技风, 2011, (13): 9.

2011-321 王建强, 鲍洪亮, 黄宇营. X 射线吸收谱在双金属纳米粒子结构研究中的应用. 黑龙江大学自然科学学报, 2011, 28(5): 717-723.

2011-322 王静, 高林, 扶喆一, 王津义. X 射线荧光录井技术在岩性识别中的应用——以川东北元坝地区 YB10 井和 22 井为例. 石油实验地质, 2011, 33(5): 552-558.

2011-323 王军霞, 覃由利, 韩旭, 王进. 磷石膏制备陶瓷模用 β-半水石膏及其表征. 中国陶瓷, 2011, 47(4): 25-28.

2011-324 王钧婷, 蒋学智. X 射线荧光光谱分析含铁矿物中有害元素. 甘肃冶金, 2011, 33(4): 68-69.

2011-325 王磊, 方维萱, 张德会. X 荧光测量在智利 SB 矿点和物化探异常检查中的应用. 矿产勘查, 2011, 2(6): 800-806.

2011-326 王立, 侯斌, 赵沁. PVC 离心母液组成分析. 聚氯乙烯, 2011, 39(6): 30-35.

2011-327 王丽晖, 邢春会, 高巍. XRF 法测定含铁矿物原料主次成分过程控制的研究. 鞍钢技术, 2011, (3): 35-39.

2011-328 王利军, 卢新卫, 雷凯, 翟雨翔, 黄静. 宝鸡市街尘重金属元素含量、来源及形态特征. 环境科学, 2011, 32(8): 2470-2476.

2011-329 王猛, 王祥生, 靳凤英, 蔡博, 郭新闻. TS-1 催化剂选择性加氢脱硫性能的研究. 现代化工, 2011, 31(S1): 118-121, 123.

2011-330 王明, 陈智群, 潘清, 王克勇, 栾洁玉, 高朗华. 光谱分析技术鉴定未知爆炸物. 火工品, 2011, (5): 46-50.

2011-331 王培铭, 徐玲琳, 张国防. GSAS 软件在硅酸盐水泥和铝酸盐水泥物相定量分析中的应用. 材料导报, 2011, 5(18): 129-131, 134.

2011-332 王鹏, 赵芳霞, 张振忠. 直流电弧等离子体蒸发法制备超细锌粉. 中国有色金属学报, 2011, 21(9): 2236-2241.

2011-333 王谦, 应晓浒, 张建波. X 射线荧光光谱分析样品烧增量的影响及校正. 光谱学与光谱分析, 2011, 31(9): 2574-2577.

2011-334 王谦, 张建波, 应晓浒, 邬蓓蕾, 王群威, 王豪. X 射线荧光光谱分析水基标样替代油基标样的实现. 分析化学, 2011, 39(11): 1726-1731.

2011-335 王强兵, 郭继平. X 荧光镀层厚度测量条件选择及方法研究. 现代测量与实验室管理, 2011, (2): 7-9, 11.

2011-336 王然, 王晓春, 魏冰新. 正硅酸乙酯/磷酸阻燃剂的制备及应用. 印染, 2011, (9): 1-4.

2011-337 王荣, 朔知, 承焕生. 安徽史前孙家城和黄家堰等遗址出土玉器的无损科技研究. 复旦学报(自然科学版), 2011, 50(2): 121-130, 253-257.

2011-338 王舒娅, 龙光明, 祁米香, 杨占寿, 李加升, 邹兴武. 磨矿时间对天青石的粒度和锶质量分数分布的影响. 化工矿物与加工, 2011, (7): 8-10.

2011-339 王晓纯, 任博, 郭常新, 姜桂铖, 尹民. Y$_2$O$_3$: Er^{3+}的共沉淀法制备和 pH 值对发光性质的影响. 光谱学与光谱分析, 2011, 31(3): 612-616.

2011-340 王晓钧. NMR research on cement

clinker and its structures in early age hydration. Journal of Wuhan University of Technology (Materials Science Edition), 2011, 26(5): 972-977.

2011-341 王笑笑, 张明杰, 郑存江. X射线荧光光谱法测定原煤中氯量. 理化检验-化学分册, 2011, 47(8): 914-915, 918.

2011-342 王烨. 应用 6σ 质量管理方法尝试评价多目标样品氯等项目检测质量水平. 岩矿测试, 2011, 30(3): 281-284.

2011-343 王一凌, 曲月华, 杨丽荣, 王铁. X射线荧光光谱法测定硅石、硅砖的主次成分. 物理测试, 2011, (S): 161-164.

2011-344 王祎亚, 詹秀春, 袁继海, 樊兴涛. 地质样品铷锶钇锆元素偏振能量色散X射线荧光光谱分析结果不确定度的评估. 光谱学与光谱分析, 2011, 31(6): 1707-1711.

2011-345 王永进, 马涛, 阎敏, 王翀, 纪娟, 柏柯. 汉阳陵地下博物馆遗址表面白色物质分析研究. 文物保护与考古科学, 2011, 23(4): 59-63.

2011-346 王永亚, 顾冬红, 干福熹. 中国蓝田玉的成分、物相及结构分析. 岩石矿物学杂志, 2011, 30(2): 325-332.

2011-347 王志宙, 井西利, 郭西华, 朱艳英. XRF法对航天育种黄芩的分析. 光谱学与光谱分析, 2011, 31(4): 1130-1132.

2011-348 王竹梅, 李月明, 沈宗洋, 成岳, 洪燕. 贵州大方县中路村绿豆岩的理化及工艺性能研究. 中国陶瓷, 2011, 47(9): 54-57.

2011-349 王竹梅, 李月明, 沈宗洋, 成岳, 左建林. 贵州毕节金银山粘土的理化及工艺性能研究. 陶瓷学报, 2011, 32(4): 566-570.

2011-350 汪灵, 陈磊, 李彩侠, 张科, 孔芹, 李自强, 钟兴荣. 四川峨边五渡钾长石矿工艺矿物学研究. 矿物岩石, 2011, 31(4): 1-6.

2011-351 魏芬绒, 张延玲, 魏文洁, 杨小刚. 不锈钢粉尘化学组成及其Cr、Ni存在形态. 过程工程学报, 2011, 11(5): 786-793.

2011-352 魏国锋, 秦颖, 胡雅丽, 董亚巍, 王昌燧. 九连墩楚墓出土璧玉、石磬和镶嵌物的科学分析. 江汉考古, 2011, (3): 105-109.

2011-353 魏国锋, 秦颖, 姚政权, 王昌燧, 胡雅丽, 黄凤春. 利用泥芯示踪九连墩楚墓青铜器的产地. 岩石矿物学杂志, 2011, 30(4): 701-715.

2011-354 Wei Ruchao, Li Chunyi, Yang Chaohe, Shan Honghong. Effects of ammonium exchange and Si/Al ratio on the conversion of methanol to propylene over a novel and large partical size ZSM-5. Journal of Natural Gas Chemistry, 2011, 20(3): 261-265.

2011-355 魏入朝, 李春义, 杨朝合, 山红红. 氟硅酸铵改性纳米HZSM-5分子筛的表征及催化甲醇制低碳烯烃. 工业催化, 2011, 19(3): 40-44.

2011-356 文龙, 王晓江, 柳浩, 武浩翔. 布敦岩天然沥青的材料特性与改性机理分析. 公路, 2011, (6): 142-145.

2011-357 吴建锋, 冷光辉, 华全, 倪扬, 徐晓虹, 赵曌. 新疆库尔勒红柱石的结构与性能分析. 武汉理工大学学报, 2011, 33(11): 14-18.

2011-358 吴军明, 张茂林, 李其江, 吴隽, 江鹏飞, 黄梦璇. 德清出土战国时期原始青瓷的工艺特征. 中国陶瓷, 2011, 47(7): 66-69.

2011-359 吴军明, 张茂林, 李其江, 吴隽, 王丽丽, 叶正隆. 南方出土原始瓷缩釉缺陷的成因探析. 陶瓷学报, 2011, 32(3): 376-380.

2011-360 吴清良, 王云英, 梁以流. 波长色散X射线荧光光谱法测试钇稳定二氧化锆. 陶瓷, 2011, (4): 45-47.

2011-361 吴伟, 王瑜, 张瑞, 武光, 周亚静, 李程. Pd/ZSM-22分子筛双功能催化剂的制备及其加氢异构化反应性能. 黑龙江大学自然科学学报, 2011, 28(4): 532-537.

2011-362 吴文琪, 许涛, 郝茜, 王强, 张淑杰, 赵长玉. X射线荧光光谱分析稀土的研

2011-363 吴增升, 刘志民. X射线荧光光谱法分析硅质耐火材料的主次成分. 化学分析计量, 2011, 20(3): 43-45.

2011-364 伍泽广, 刘钦甫, 张印民, 郑启明, 余雄威. 煤系高岭土制备氧化铝联产白炭黑工艺. 湖南科技大学学报 (自然科学版), 2011, 26(4): 107-111.

2011-365 仵利萍, 刘卫. 熔融制样-X射线荧光光谱法测定重晶石中主次量元素. 岩矿测试, 2011, 30(2): 217-221.

2011-366 武映梅, 宋兆华. 熔融法测定铁矿石中SiO_2的测量不确定度评定. 南方金属, 2011, (1): 20-23.

2011-367 武志富. 锌铋复杂氧化物$Bi_2Zn_5O_8$的合成及其晶体生长特性. 化学通报, 2011, 74(5): 454-457.

2011-368 夏庚培, 冯良桓, 武莉莉, 贺剑雄. AlSb多晶薄膜物相结构的实验研究. 计量与测试技术, 2011, 38(2): 4-5, 8.

2011-369 夏庆霖, 成秋明, 陆建培, 肖文, 桑浩, 袁兆宪, 刘艳, 邱俊玲. 便携式X射线荧光光谱技术在泥河铁矿岩心矿化蚀变信息识别中的应用. 地球科学 (中国地质大学学报), 2011, 36(2): 336-340.

2011-370 肖晶晶, 汤彬, 王仁瞿, 金辉. 基于utuLinux嵌入式系统的X荧光分析软件研制. 中国新技术新产品, 2011, (2): 29-30.

2011-371 肖朋飞, 赵红梅, 李融武, 赵文军, 李国霞, 赵维娟, 承焕生. 汝官瓷、钧官瓷和刘家门窑青瓷的多元统计分析. 硅酸盐通报, 2011, 30(2): 312-315.

2011-372 谢毓群, 李通耀. 国内铁矿石分析研究进展. 河南化工, 2011, 28(2): 22-23.

2011-373 谢元军, 邱田民, 李琴, 张晋元, 周小勇, 王晓阳, 吴早平. X射线荧光元素录井技术应用方法研究. 录井工程, 2011, 22(3): 22-28, 91.

2011-374 邢爱华, 薛云鹏, 李飞, 朱伟平. 表征手段在SAPO-34分子筛合成过程及晶化机理研究中的应用概述. 现代化工, 2011, 31(S1): 95-99, 101.

2011-375 徐超, 祁昌伟, 李志斌. GCL对垃圾渗滤液中阳离子和有机质的吸附能力. 水文地质工程地质, 2011, 38(3): 77-81.

2011-376 徐广通, 刁玉霞, 邹亢, 张哲民. S-Zorb装置汽油脱硫过程中吸附剂失活原因分析. 石油炼制与化工, 2011, 42(12): 1-6.

2011-377 徐国栋, 葛建华, 金斌, 程江, 杜谷, 董俊. X射线荧光光谱法与电感耦合等离子体-原子发射光谱法联用测定土壤、水系沉积物、岩石中21种主、次和痕量元素. 光谱实验室, 2011, 28(1): 1-6.

2011-378 徐荟, 陈展展, 王科. 欧盟玩具联合行动计划对我们的启示. 质量与标准化, 2011, (6): 20-23.

2011-379 徐晶晶. 垃圾焚烧灰渣的特性及资源化利用. 江苏建材, 2011, (4): 34-37.

2011-380 徐清, 刘晓端, 汤奇峰, 刘久臣, 张玲金. 包头市表层土壤多元素分布特征及土壤污染现状分析. 干旱区地理, 2011, 34(1): 91-99.

2011-381 徐荣华, 张文锋, 娄豪月, 陆青松, 钱乙余. 纯铜钎料钎焊不锈钢油冷器的接头耐腐蚀性研究. 焊接, 2011, (2): 35-37.

2011-382 徐璇, 吉芳英, 范子红. 十二烷基硫酸钠对$CuO-TiO_2$催化剂表面改性的影响. 四川大学学报 (工程科学版), 2011, 43(1): 195-200.

2011-383 徐长明, 方方, 冯民, 刘勇. X射线荧光技术在勘查金矿中的应用研究. 铀矿冶, 2011, 30(1): 50-52.

2011-384 许涛, 罗立强. 铅锌矿区居民头发中Pb、Fe、Cu、Zn元素的SRXRF微区分布分析与来源分析. 核技术, 2011, 34(6): 427-432.

2011-385 许涛, 罗立强. 原位微区X射线荧光光谱分析装置与技术研究进展. 岩矿测试, 2011, 30(3): 375-383.

2011-386 许英梅, 史家伟, 何德民, 关珺, 张秋民. 油页岩残渣制备白炭黑及粒径分布规律研究. 煤炭转化, 2011, 34(4): 79-82.

2011-387 许英梅, 史家伟, 何德民, 关珺, 张秋民. 油页岩制油残渣制备氧化铝及其铝浸出率的研究. 材料导报, 2011, 25(16): 126-131.

2011-388 Xue Mengwei, Zhou Yuming, Huang Li, Zhang Yiwei, Duan Yongzheng, Sheng Xiaoli. Effect of mischmetal addition on catalytic performance of PtSnNa/ZSM-5 for propane dehydrogenation. China Petroleum Processing & Petrochemical Technology, 2011, 13(3): 47-52.

2011-389 薛茹君. 粉煤灰硫酸浸出液中钛和铁的萃取分离. 应用化学, 2011, 28(7): 804-808.

2011-390 薛月霞, 李人杰. XRF法测定PTA生产中Co(III)和Co(II)含量. 合成纤维工业, 2011, 34(2): 62-64.

2011-391 闫芬, 张继超, 李爱国, 杨科, 王华, 毛成文, 梁东旭, 闫帅, 李炯, 余笑寒. 基于同步辐射的快速扫描X射线微束荧光成像方法. 物理学报, 2011, 60(9): 193-199.

2011-392 闫华成. 车用汽油中总硫含量分析方法浅析. 中国石油和化工标准与质量, 2011, (9): 276.

2011-393 晏德付, 秦颖, 陈茜, 张中云. 天长西汉墓出土部分金属器的研究. 有色金属 (冶炼部分), 2011, (9): 56-61.

2011-394 燕守勋, 武晓波, 周朝宪, 刘朝晖, 庄永成, 曹春香, 魏欣欣, 于彩虹, 肖春生. 遥感和光谱地质进展及其对矿产勘查的实践应用. 地球科学进展, 2011, 26(1): 13-29.

2011-395 杨波涌, 胡斌, 鲍征宇, 张肇淦. REE geochemical characteristics and depositional environment of the black shale-hosted Baiguoyuan Ag-V deposit in Xingshan, Hubei province, China. Journal of Rare Earths, 2011, 29(5): 499-506.

2011-396 杨德兴, 王鹏飞, 徐华胜, 吕爱玲, 胡杰, 吕待清. 两步晶化法合成纳米SAPO-34分子筛及其催化性能. 高等学校化学学报, 2011, 32(4): 939-945.

2011-397 杨栋, 冯乃祥, 王耀武, 彭建平, 王紫千, 狄跃忠. 碳热还原法制取铝硅合金的反应机理及其动力学. 中国有色金属学报, 2011, 21(1): 227-235.

2011-398 杨京, 楼白杨, 熊京远, 徐斌. Pt/Co改性石墨电极的制备及其电催化性能. 材料科学与工程学报, 2011, 29(2): 242-245.

2011-399 杨凯, 周明凯, 李北星, 唐凯. 不同水泥砂浆的耐酸性研究. 新世纪水泥导报, 2011, (2): 3-8, 10.

2011-400 杨林, 严云, 胡志华. 铬盐焙烧旋窑烧成带衬砖损毁机制初探. 耐火材料, 2011, 45(3): 177-179.

2011-401 杨明太, 唐慧. 能量色散X射线荧光光谱仪现状及其发展趋势. 核电子学与探测技术, 2011, 31(12): 1307-1311.

2011-402 杨淑贤, 刘翠梅, 樊华. XRF法测定低合金钢中铬含量检测结果测量不确定度的评定. 包头职业技术学院学报, 2011, 12(2): 12-14.

2011-403 杨新能, 冯宗平, 羊绍松. 勺式取样-X射线荧光光谱法测定钒铁的成分. 重庆科技学院学报 (自然科学版), 2011, 13(6): 134-136.

2011-404 杨新雨, 贾润幸. XRF现场快速勘查与评价方法在老挝NM铜多金属矿区应用研究. 矿产勘查, 2011, 2(5): 627-634.

2011-405 杨阳, 王叶, 卢洁, 吴丽萍. EDXRF分析方法中最佳激发源角度的研究. 四川大学学报 (自然科学版), 2011, 48(6): 1375-1380.

2011-406 杨英, 陈永杰, 李郎楷, 耿秀娟. 橙红色荧光粉 $Mg_{2-x}SnO_4:Eu_x^{3+}$ 发光性能的研究. 沈阳化工大学学报, 2011, 25(1): 12-14.

2011-407 姚强, 王燕, 朱宇宏, 杨东美, 吴齐伟. X射线荧光光谱法测定镁合金中6种元素. 冶金分析, 2011, 31(10): 54-56.

2011-408 姚文清, 宗瑞隆, 朱永法. 用于快速定量塑料中微量元素的标准样品制备方法研究. 光谱学与光谱分析, 2011, 31(8): 2274-2277.

2011-409 姚燕群. 离心浇铸制样-X射线荧光光谱法测铬铁中铬含量. 浙江冶金, 2011,

(3): 17-18.
2011-410 姚燕群, 魏海青. 离心浇铸制样-X 射线荧光光谱法测定硅铁中的硅. 浙江冶金, 2011, (2): 20-21.
2011-411 尹宝华. 纸张物证检验技术的现状及展望. 河南警察学院学报, 2011, 20(5): 124-126.
2011-412 尹洪峰, 汤云, 任耘, 张军战. 气化炉渣合成 Ca-α-Sialon-SiC 复相陶瓷. 硅酸盐学报, 2011, 39(2): 233-238.
2011-413 尹洪基. Al_2O_3-$3Al_2O_3 \cdot 2SiO_2$-ZrO_2 耐火材料的相组成. 耐火与石灰, 2011, 36(2): 38-41, 49.
2011-414 尹静, 黄睿涛. 粉末压片制样-X 射线荧光光谱法测定铁矿石中锌砷锰. 岩矿测试, 2011, 30(4): 491-493.
2011-415 尹若春, 姚政权, 李迎华, 汪常明. 寿州窑瓷器的测试与初步分析. 中国科学技术大学学报, 2011, 41(1): 22-28.
2011-416 应乐斌, 戴连奎, 郭晓明. 能量色散 X 射线荧光测硫仪特征峰波段选取. 自动化仪表, 2011, 32(10): 1-4.
2011-417 于彩霞, 郑建明. 便携式能量色散 X 射线荧光光谱仪在土壤检测中检定方法研究. 化学分析计量, 2011, 20(6): 85-88.
2011-418 于开宁, 王程, 李艳, 柴艳. 固硫灰渣深度处理焦化废水的实验研究. 环境工程学报, 2011, 5(3): 597-600.
2011-419 余长林, 杨凯, 周轶, 李立清. 一种银掺杂的 ZnO/$ZnSnO_3$ 复合光催化剂的制备及其光催化性能. 功能材料, 2011, 42(S3): 435-437.
2011-420 余光明, 徐建中, 康世昌, 黄杰, 任贾文. 扎当冰川雪坑中不同粒径微粒元素和矿物组成特征. 环境科学, 2011, 32(11): 3264-3270.
2011-421 余荣台, 曹春娥, 苗立峰, 卢希龙, 洪琛. 金红颜料色剂紫金泥的测试与分析. 中国陶瓷, 2011, 47(3): 44-46.
2011-422 袁永兵, 陈洪龄, 吕志刚, 许宗, 彭嘉培. 以干化太湖淤泥为原料烧结制砖的研究. 环境科学与技术, 2011, 34(5): 179-182.
2011-423 袁永春. 原油中在线总硫分析仪的选用. 石油化工自动化, 2011, 47(3): 52-54, 67.
2011-424 曾小平. X 射线荧光光谱法测定防辐射用硼酸钙中硼的含量. 光谱实验室, 2011, 28(5): 2594-2598.
2011-425 曾小平, 宋武元, 吴冰. 熔融制样-X 射线荧光光谱法测定重晶石中的主要组分. 光谱实验室, 2011, 28(3): 1311-1314.
2011-426 曾宇斌, 郑淑华, 张军. 粉末压片法对 X 荧光测定铬和钴的影响. 广州化工, 2011, 39(11): 101-102, 118.
2011-427 张爱芬. X 射线荧光分析技术在铝工业中的应用. 轻金属, 2011, (1): 58-60.
2011-428 张爱芬, 姚瑶, 马慧侠, 曹慧君. X 射线荧光光谱法测定沥青中痕量元素. 理化检验-化学分册, 2011, 47(11): 1333-1336.
2011-429 张兵, 孙传智, 齐蕾, 董林. 掺杂 Zr^{4+} 对纳米 Au/TiO_2 催化剂结构和性能的影响. 无机化学学报, 2011, 27(9): 1798-1804.
2011-430 张弛, 王树功, 朱远辉, 邹建明. 红树林湿地沉积物中 AVS-SEM 与重金属分布特征——以珠江口淇澳岛为例. 环境科学学报, 2011, 31(4): 805-815.
2011-431 张翠玲, 张鹏, 刘文霞, 李丽, 刘强. 一种高纯度大孔硅胶的制备工艺. 化工进展, 2011, 30(6): 1313-1315.
2011-432 张海, 刘英, 张勋高. 碳包铁负载纳米钯催化苯甲醇选择氧化. 催化学报, 2011, 32(11): 1693-1701.
2011-433 张辉. 压片法 X 射线荧光光谱在测定铁矿石组分上的应用. 广东化工, 2011, 38(5): 221-223.
2011-434 张建波, 王谦, 林力, 罗明贵. 锰的价态研究及在 X 射线荧光光谱测定锰矿中的应用. 冶金分析, 2011, 31(4): 20-25.
2011-435 张江云, 黄宁, 刘艳芳, 张龙强. EDXRF 分析装置的角度布置对荧光计数率影响的蒙特卡罗模拟. 核电子学与探测技术, 2011, 31(2): 136-138, 187.

2011-436 张俊峰. X 射线荧光光谱法测定 WC-TiC 中钨、钛的质量分数. 湖南有色金属, 2011, 27(1): 64-66.

2011-437 张克勤, 杨雪梅. X 射线荧光光谱及拉曼光谱法研究五谷营养成分. 光谱实验室, 2011, 28(3): 1198-1201.

2011-438 张坤, 冯禄平. WDPF-Ⅱ品位分析仪在彝良驰宏矿业选矿工艺的应用. 现代矿业, 2011, (4): 110-112.

2011-439 张莉娟, 徐铁民, 李小莉, 安树清, 韩伟, 张楠, 刘义博. X 射线荧光光谱法测定富含硫砷钒铁矿石中的主次量元素. 岩矿测试, 2011, 30(6): 772-776.

2011-440 张茂林, 郭富, 金普军, 王丽丽, 吴军明, 李其江, 吴隽. 四川汉源麻家山遗址出土陶器的科技研究. 中国陶瓷, 2011, 47(5): 85-89, 92.

2011-441 张茂林, 李其江, 吴军明, 吴隽. 同步辐射在古陶瓷研究中应用的现状和展望. 光谱实验室, 2011, 28(5): 2163-2168.

2011-442 张萌萌, 谢利平, 周鹏, 李瑞海. $SnCl_4$ 改性阳离子交换树脂催化合成柠檬酸三丁酯. 精细化工, 2011, 28(8): 797-799, 802.

2011-443 张钱, 吴平霄. 煅烧阴离子粘土 (LDO) 对低浓度活性艳橙 X-GN 的吸附研究. 环境科学学报, 2011, 31(4): 770-776.

2011-444 张清超, 马井阳. SAPO 系列分子筛母液溶样及铝硅磷含量分析方法的研究. 中国石油和化工标准与质量, 2011, (11): 78-79.

2011-445 张庆贤, 葛良全, 杨年, 乔鹏, 米争锋, 谷懿. 能量色散 X 射线荧光分析现场测定地质样品中 W(钨) 含量. 核电子学与探测技术, 2011, 31(8): 887-890.

2011-446 张天壤, 张雪梅, 于海斌. 用 X 射线荧光光谱法测定催化剂中铂钯含量. 无机盐工业, 2011, 43(9): 57-59.

2011-447 张卫纯, 樊济宇. 油浴中多羟基还原法快速合成银纳米线. 材料导报, 2011, 25(S2): 94-96, 100.

2011-448 张文翔, 史正涛, 张虎才, 明庆忠, 苏怀, 刘勇. 中国西风区伊犁盆地塔勒德黄土-古土壤元素地球化学特征及环境意义. 第四纪研究, 2011, 31(5): 812-821.

2011-449 张晓平. X 射线荧光光谱直接压片法测定氧化铝中杂质 Ga_2O_3 含量. 轻金属, 2011, (3): 25-26.

2011-450 张新元, 张飞, 张明森. ZSM-5 分子筛酸分布对丁烯裂解制丙烯性能的影响. 石油化工, 2011, 40(9): 926-931.

2011-451 张雪乔, 信欣, 刘建英, 刘盛余, 赵明, 陈耀强. 镧、锰共掺杂改性 CeO_2-ZrO_2-Al_2O_3 固溶体的性能. 高等学校化学学报, 2011, 32(10): 2360-2366.

2011-452 张勋高, 张海. X 射线荧光光谱法同时测量植酸钙镁中多元素含量. 广东化工, 2011, 38(2): 148-150.

2011-453 张亚莉, 于先进, 李小斌, 张丽鹏, 李德刚. 氰化渣磁化焙烧过程中铁化合物反应行为的热力学分析. 中南大学学报 (自然科学版), 2011, 43(12): 3623-3629.

2011-454 张延帅, 周晖, 万志华, 桑瑞鹏, 郑军. 靶功率对射频磁控溅射制备 MoS_2-Sb_2O_3 复合薄膜结构和性能的影响. 润滑与密封, 2011, 36(7): 70-74.

2011-455 张颖, 李宁涛, 于艳军, 胡新功. X 射线荧光光谱法快速测定液态涂料中的铅、铬和汞. 光谱实验室, 2011, 28(6): 2901-2904.

2011-456 张玉梅, 刘梅, 于永生, 王永红, 李海波, 费维栋. FePt/Au 多层膜的结构和磁性能研究. 稀有金属材料与工程, 2011, 40(8): 1392-1396.

2011-457 张玉平, 高树峰. X 荧光光谱法快速测定铁精粉中各元素的含量. 承德石油高等专科学校学报, 2011, 13(1): 48-50.

2011-458 张占文, 黄勇, 漆小波, 刘一杨, 马小军, 李波, 黄燕华, 张林. 充气塑料柱腔的制备与保气半寿命. 强激光与粒子束, 2011, 23(1): 133-136.

2011-459 张志勇, 曾卫华, 周舜铭, 贺雅慧, 李阳子. 核能谱信号放大器脉冲成形电路的设计. 核电子学与探测技术, 2011, 30(11): 1300-1302.

2011-460 张仲健, 孙叶磊, 李公平, 刘琴. 兰州市冬季大气总悬浮颗粒物重金属元素 PIXE 分析. 核技术, 2011, 34(1): 70-75.

2011-461 赵虹霞, 承焕生, 李青会, 干福熹. Nondestructive identification of ancient Chinese glasses by Raman and proton-induced X-ray emission spectroscopy. Chinese Optics Letters, 2011, 9(3): 84-87.

2011-462 赵景波, 邢闪, 董红梅, 齐子云. 西安蓝田杨家湾黄土中第一层古土壤 (S1) 元素含量与环境. 第四纪研究, 2011, 31(3): 514-521.

2011-463 赵树雷, 丁笑天, 刘桂芳. 纸页厚度在线检测技术的发展与趋势. 中华纸业, 2011, 32(14): 6-10.

2011-464 赵彦民, 李微, 闫礼, 乔在祥, 刘兴江. 卷对卷技术制备大面积柔性 CIGS 薄膜太阳电池吸收层. 人工晶体学报, 2011, 40(2): 379-382.

2011-465 赵永林. X 荧光分析仪在水泥 SO_3、MgO 成分测定中的应用. 四川水泥, 2011, (4): 38-41.

2011-466 赵玉龙, 刘志飞, Colin Christophe, 谢昕, 吴琼. 南海南部末次冰期浊流沉积的高分辨率沉积学和地球化学研究. 科学通报, 2011, 56(31): 2535-2543.

2011-467 Zhao Yulong, Liu Zhifei, Colin Christophe, Xie Xin, Wu Qiong. Turbidite deposition in the Southern South China Sea during the last glacial: Evidence from grain-size and major elements records. Chinese Science Bulletin, 2011, 56(33): 3558-3565.

2011-468 郑建道, 杜建民, 王学云, 孙春丽, 万冬林. X 荧光分析硅铁熔融制样方法研究. 甘肃冶金, 2011, 33(5): 65-66, 80.

2011-469 郑俊, 潘峰, 张元朔, 王辉, 孙超尚, 汪渡. 宿州市沱河三角洲表层沉积物中重金属评价. 宿州学院学报, 2011, 26(11): 22-25.

2011-470 郑俊义, 余笑寒, 刘敏, 张继超, 王娟. 镍基合金受熔融氟化盐腐蚀的同步辐射 XRF 分析. 核技术, 2011, 34(5): 336-340.

2011-471 郑启明, 刘钦甫, 伍泽广, 张印民, 张志亮. 黑龙江七台河地区城子河组绿泥石垂向分布异常分析. 湖南科技大学学报 (自然科学版), 2011, 26(4): 26-31.

2011-472 郑巍, 张岚. 材料可靠性鉴别在采购质量控制中的运用. 石油石化物资采购, 2011, (10): 86-89.

2011-473 郑兴国, 陈方强, 葛良全, 周四春, 王自运, 王永磊. 钻孔岩芯多元素原位 X 荧光分析技术及应用. 金属矿山, 2011, (4): 104-107, 161.

2011-474 钟富兰, 钟喻娇, 肖益鸿, 蔡国辉, 郑勇, 魏可镁. $Pt/CeO_2-ZrO_2-La_2O_3$ 柴油车尾气氧化催化剂活性及抗硫性能 (英文). 催化学报, 2011, 32(9): 1469-1476.

2011-475 周超, 金海燕, 翦知湣. 赤道西太平洋晚第四纪古生产力变化: 来自元素比值的证据. 第四纪研究, 2011, 31(2): 276-283.

2011-476 周春丽, 张妍萍, 田国靖, 兰萍, 李春霞. X 射线荧光光谱压片法测定硅锰铁合金中 Mn、Si、P 等元素. 工业计量, 2011, (S1): 19-20, 50.

2011-477 周华梅, 乔秀臣, 于建国. 低品位高岭土制备莫来石的研究. 武汉理工大学学报, 2011, 33(3): 121-125.

2011-478 周华梅, 乔秀臣, 于建国. F 型粉煤灰氧化铝提取潜力. 华东理工大学学报 (自然科学版), 2011, 37(5): 577-581.

2011-479 周林, 马红安, 孙普男, 贾晓鹏. NiMnCo-C-S 系中掺硫金刚石单晶的研究 (英文). 人工晶体学报, 2011, 40(1): 66-69.

2011-480 周明忠, 罗泰义, 黄智龙, 刘世荣. 贵州早寒武世火山活动记录及其地质意义. 矿物学报, 2011, 31(3): 453-461.

2011-481 周舜铭, 曾卫华, 贺雅慧, 李阳子, 张志勇. 可程控核能谱信号放大器中 AD5445 的应用. 科技创新导报, 2011,

(29): 58.

2011-482 周云, 汪雄武, 唐菊兴, 秦志鹏, 彭惠娟, 李爱国, 杨科, 王华, 李炯, 张继超. 西藏甲玛铜多金属矿含矿斑岩石英斑晶单个熔融包裹体的成分研究. 成都理工大学学报（自然科学版）, 2011, 38(1): 92-102.

2011-483 朱栋. 能量色散X射线荧光光谱仪测铬检出限测量结果的不确定度的分析. 计量与测试技术, 2011, 38(9): 51-52.

2011-484 朱根庆, 黄志林, 邹克元. 数学录井理论的建立及应用前景探讨. 录井工程, 2011, 22(4): 5-11, 80.

2011-485 朱铁权, 王宏, 陈兆镜, 胡立敏, 余志. 重庆忠县翠屏山崖墓群出土晋代金银器的分析研究. 江汉考古, 2011, (1): 109-112, 2.

2011-486 朱泽民, 杜治国, 蒋学良, 姚桂菊, 陈立清. X射线荧光光谱熔融法测定锶永磁铁氧体中各组分含量. 中国无机分析化学, 2011, 1(1): 69-72.

2011-487 祝清兰. 基于X荧光仪快速测定土壤中重金属. 化工时刊, 2011, 25(6): 26-27.

2011-488 庄昌凌, 刘建华, 崔衡, 刘松涛, Daniele R. Attorre, Jim Hunt. 炼钢过程含铁尘泥的基本物性与综合利用. 北京科技大学学报, 2011, 33(S1): 185-192.

2012 年 (2012)

2012-001 艾晓军, 罗学辉, 李玄辉. WDXRF光谱仪在地质行业的应用现状及发展趋势. 黄金, 2012, 33(5): 54-57.

2012-002 艾晓军, 罗学辉, 李玄辉. WD-XRF在地质实验室的应用. 黄金, 2012, 33(12): 61-66.

2012-003 艾焰华, 王文芳. X射线荧光光谱测定铁矿石中全铁和硫. 科技信息, 2012, (19): 87.

2012-004 安玉良, 隋宏超, 袁霞, 郑朝晖, 张晓梅. 活性炭负载$Co_{0.8}Zn_{0.2}Fe_2O_4$铁氧体的制备及电磁性能研究. 功能材料, 2012, 43(4): 438-441.

2012-005 鲍勇, 曲雁, 金颖. 金镶玉饰品的检测与定名. 宝石和宝石学杂志, 2012, 14(3): 34-39.

2012-006 鲍志诚, 彭渤, 徐婧喆, 谭长银, 全美杰. 湘江入湖河段沉积物主元素组成对重金属污染的指示. 地球化学, 2012, 41(6): 545-558.

2012-007 暴彩会, 贾泽龙, 李青. 掺铟TiO_2/蒙脱土复合光催化剂的制备及光催化性能研究. 河南师范大学学报（自然科学版）, 2012, 40(5): 115-117.

2012-008 Bérubé Luc, Rivard Sébastien, Bouchard Mathieu. 自动化硼酸盐熔融与X射线荧光光谱分析组合技术在铁合金工业中的应用. 冶金分析, 2012, 32(5): 29-35.

2012-009 蔡佳佳, 王文波, 康玉茹, 徐惠, 王爱勤. 高压均质中焦磷酸钠对凹凸棒土微结构和黏度的影响. 硅酸盐通报, 2012, 31(6): 1376-1381, 1387.

2012-010 蔡敏敏, 李国霞, 赵维娟, 李融武, 赵文军, 承焕生, 郭敏. 汝官瓷、张公巷窑青瓷和刘家门窑青瓷的判别分析研究. 硅酸盐通报, 2012, 31(6): 1363-1366.

2012-011 蔡文焰, 潘宝忠, 唐学平. 某企业X射线荧光分析仪的放射防护检测评价. 中国辐射卫生, 2012, 21(2): 167-168.

2012-012 蔡熹. 原子吸收分光光度法与X射线荧光光谱法测定土壤中铅的方法比对. 科技资讯, 2012, (14): 95.

2012-013 蔡玉斌, 陈苔, 金骏, 翁杰. XRF玻璃熔片法测定石英砂主次痕量组分. 光谱实验室, 2012, 29(6): 3470-3473.

2012-014 曹素红, 李波, 黄元. 玻璃熔片X射线荧光光谱法测定铁矿石中的主次成分. 现代矿业, 2012, (3): 123-125, 130.

2012-015 曹晓兵, 李涛, 周律, 杨海军, 王晓. 染整废水深度处理纳滤工艺膜污染成因分析. 环境科学, 2012, 33(1): 117-123.

2012-016 曹颖. X射线荧光在催化裂化平衡剂中的应用. 山东化工, 2012, 41(12): 63-68.

2012-017 曹臻臻, 宋龙波, 侯晓燕. 石油产品中硫含量分析方法的适用性. 科技信息, 2012, (30): 390, 392.

2012-018 陈安源, 李辉, 马洪波, 黄金富. X射线荧光光谱法测定不锈钢中17种元素. 冶金分析, 2012, 32(2): 22-27.

2012-019 陈华军, 李冬, 薛冬, 杨刚宾. 可见光响应的Bi-TiO_2的制备及其对间苯二酚的降解作用. 硅酸盐学报, 2012, 40(10): 1483-1488.

2012-020 陈华军, 徐伏秋, 薛冬, 阳永福, 张秋芬. 银掺杂纳米羟基磷灰石抗菌粉体的水热合成及结构表征. 化学学报, 2012, 70(12): 42-46.

2012-021 陈焕斌, 王革. X射线荧光能谱法测定原油中硫含量的不确定度结果的评定. 中国新技术新产品, 2012, (1): 7-8.

2012-022 陈晶晶, 何明跃, 白志民. 危地马拉翡翠的宝石矿物学研究. 科技通报, 2012, 28(12): 12-14.

2012-023 陈莉, 吴超, 廖海兵, 郭卫东, 陈文荣, 田生科. 不同锌效率基因型水稻籽粒中矿质元素的原位微区分布研究. 中国水稻科学, 2012, 26(6): 706-714.

2012-024 陈美芳, 黄光明, 江冶, 侯鹏飞. X射线荧光光谱分析在我国铁矿石分析中的应用. 地质学刊, 2012, 36(2): 206-211.

2012-025 陈敏, 张寿庭. 林西地区萤石矿成矿特征及综合信息成矿预测. 中国非金属矿工业导刊, 2012, (4): 52-55.

2012-026 陈鹏鹏, 王兢, 姚朋军, 杜海英, 李晓干. In_2O_3/CdO复合材料的制备及气敏特性(英文). 物理化学学报, 2012, 28(6): 1539-1544.

2012-027 陈绍云, 张永春, 王新平. 过渡金属盐改性HZSM-5氧化吸附深度脱除CO_2中的NO. 化工学报, 2012, 63(11): 3700-3706.

2012-028 陈伟, 韩晓锋, 刘伟伟, 吕建刚, 田宇纮, 邬旭然. TXRF法测定松花粉中的9种生命元素. 分析测试学报, 2012, 31(8): 1009-1012.

2012-029 陈伟, 韩晓锋, 吕建刚, 刘伟伟, 田宇纮, 邬旭然. 松花粉中16种常量和微量元素的TXRF对比分析. 光谱学与光谱分析, 2012, 32(8): 2250-2253.

2012-030 陈秀端, 卢新卫, 杨光, 陈景辉. 西安市二环内表层土壤重金属污染评价. 干旱区资源与环境, 2012, 26(11): 81-86.

2012-031 陈妍, 达志坚, 朱玉霞, 宋海涛. 不同分子筛对n-C_{12}催化裂化转化规律的影响. 石油化工, 2012, 41(3): 302-307.

2012-032 陈英丽, 赵爱林, 殷晓, 迟广成. 辽宁宽甸绿色云母玉的宝石学特征及颜色成因探讨. 宝石和宝石学杂志, 2012, 14(1): 46-50.

2012-033 陈永欣, 唐梦奇, 黎香荣, 吕泽娥, 刘国文. X射线荧光光谱法同时测定富锰渣中主次组分. 中国无机分析化学, 2012, 2(4): 39-42, 46.

2012-034 程坚. X射线荧光光谱法测定锰矿中TMn、TFe、SiO_2和P含量. 现代冶金, 2012, 40(5): 28-29.

2012-035 程望斌, 周勇, 邹丹, 黄奇卉, 周馨维. 食品中常见的重金属污染及检测方法研究. 湖南理工学院学报(自然科学版), 2012, 25(3): 69-72.

2012-036 程泽, 董永胜, 井卫华, 赵兰芳. XRF法快速测定化探样品中铜铅锌镓钛锰. 内蒙古科技与经济, 2012, (2): 158, 161.

2012-037 池国镇, 郭庆华, 龚岩, 张婷, 梁钦锋, 于广锁. 水煤浆气化炉内飞灰的形成机理. 化工学报, 2012, 63(2): 584-592.

2012-038 初钧晗, 于令达, 李旭芳, 王广甫. 北京师范大学大气颗粒物外束PIXE分析系统. 北京师范大学学报(自然科学版), 2012, 48(1): 40-43.

2012-039 楚广, 赵思佳, 杨天足. Extraction of nickel from molybdenum leaching residue of metalliferous black shale by segregation roasting and acid leaching. Journal of Central South University, 2012, (2): 340-346.

2012-040 崔剑锋, 秦大树, 李鑫, 周利军. 定窑、邢窑和巩义窑部分白瓷的成分分析及比较研究. 文物保护与考古科学, 2012, 24(4): 1-10.

2012-041 崔素萍, 郭红霞, 王辰, 王子明. 纳米无定形 C-S-H 凝胶颗粒及其结构表征. 硅酸盐通报, 2012, 31(3): 531-534.

2012-042 崔文权, 李立业, 刘艳飞, 胡金山, 梁英华. PbS 插层 $K_2Ti_4O_9$ 催化剂: 制备及光催化制氢活性. 无机化学学报, 2012, 28(4): 773-778.

2012-043 崔文权, 刘艳飞, 胡金山, 刘利, 梁英华. PbS 插层 $K_4Nb_6O_{17}$ 复合物的制备及其光催化制氢活性. 无机材料学报, 2012, 27(9): 933-938.

2012-044 代国祥, 张以军, 王旭东, 周慧成, 杜晓. X 射线荧光录井新技术在三塘湖盆地的应用. 吐哈油气, 2012, 17(3): 206-211, 217.

2012-045 戴越, 李珊珊, 汤常金, 姚小江, 齐蕾, 刘斌, 高飞, 董林. $CuO/Mn_2O_3/\gamma-Al_2O_3$ 催化剂的制备、表征及其在 CO 氧化反应中的性能研究. 无机化学学报, 2012, 28(8): 1555-1562.

2012-046 旦辉, 丁艺, 林金辉. 粉石英制备高纯球形纳米 SiO_2. 矿产综合利用, 2012, (5): 35-38.

2012-047 邓述培, 苏卫汉. 波长色散 XRF 法测定湘西李家桥测区 2.3 万个化探样品中 6 种微量元素. 湖南有色金属, 2012, 28(3): 72-74.

2012-048 丁喜峰, 刘美义, 郭西华, 朱艳英, 吴鹏乐, 关颖. 航天育种第 4 代白术的 XRF 和 PXRD 分析. 光谱学与光谱分析, 2012, 32(2): 545-547.

2012-049 丁忠明, 曲传刚, 刘延常, 吴来明, 穆红梅. 山东新泰出土东周青铜复合剑制作技术研究. 文物保护与考古科学, 2012, 24(S): 75-86.

2012-050 董俊卿, 李青会, 干福熹, 胡永庆, 程永建, 蒋宏杰. 一批河南出土东周至宋代玻璃器的无损分析. 中国材料进展, 2012, 31(11): 9-15.

2012-051 董俊卿, 李青会, 顾冬红, 干福熹, 阚绪杭, 周群, 承焕生. 蚌埠双墩一号墓和三号墓出土玉器及玻璃器研究. 南方文物, 2012, (2): 164-173.

2012-052 董莹, 王鹏程. 铝土矿主要成分的 X 射线荧光光谱分析. 科技传播, 2012, (15): 90, 67.

2012-053 董永胜, 程昊阳, 盛民. X 射线荧光光谱法测定矿物中的铌钽钍锆. 吉林地质, 2012, 31(4): 113-114, 129.

2012-054 杜杰, 韦丛中, 韦月艳, 黄典江. 广西合浦地区高铁低品级高岭土矿物组成研究. 矿产保护与利用, 2012, (4): 22-25.

2012-055 杜天军, 李景文, 夏辉, 韩华云. X 射线荧光光谱法测定白云石中主次量组分. 化学分析计量, 2012, 21(6): 64-66.

2012-056 杜云贵, 徐婷, 辜敏. 选择性催化还原(SCR) 脱硝催化剂钛钨粉原始粉体的对比. 环境化学, 2012, 31(8): 1251-1255.

2012-057 段标标, 隋铭皓, 盛力. 纳米 $Co-Mn-Al-CO_3$ 层状双金属氢氧化物的合成及表征. 材料导报, 2012, 26(8): 56-59.

2012-058 段鸿莺, 康葆强, 丁银忠, 窦一村, 苗建民. 北京清代官式琉璃构件胎体的工艺研究. 建筑材料学报, 2012, 15(3): 430-434.

2012-059 段慧敏, 朱丽东, 李凤全, 赵虎, 滕飞, 王海力, 曹林. 浙江省永康城市土壤重金属元素富集特征. 土壤通报, 2012, 43(4): 956-961.

2012-060 Duan Yongzheng, Zhou Yuming, Zhang Yiwei, Sheng Xiaoli, Xue Mengwei. Propane dehydrogenation on PtSnNa/AlSBA-15 catalyst: Influence of tin as a promoter. China Petroleum Processing & Petrochemical Technology, 2012, 14(1): 37-45.

2012-061 Duan Yongzheng, Zhou Yuming, Zhang Yiwei, Sheng Xiaoli, Zhou Shijian, Zhang Zewu. Effect of aluminum modification on catalytic properties of PtSn-based catalysts supported on SBA-15 for propane dehydrogenation. Journal of Natural Gas Chemistry, 2012, 21(2): 207-214.

2012-062 范峰, 凌凤香, 王少军, 杨春雁, 秦波. 等级孔 β 沸石的制备与表征. 工业催化, 2012, 20(7): 6-11.
2012-063 范陶峰, 万俐. 陈璋壶制作技术的初步探讨. 铸造, 2012, 61(10): 1163-1167.
2012-064 方涛, 吴瑜, 李文杰, 袁文瓒, 赵淑忠. X射线荧光光谱法分析骨质瓷器中磷酸三钙的含量. 中国陶瓷, 2012, 48(1): 46-48, 72.
2012-065 方震, 刘耀炜, 杨选辉, 张彬, 张磊. X射线荧光光谱法测定地震地球化学样品中的主微量元素. 光谱实验室, 2012, 29(5): 2805-2810.
2012-066 冯健, 夏寅, Catharina Blaensdorf, Susana Greiff. 西安理工大学曲江校区西汉壁画墓颜料分析研究. 西北大学学报(自然科学版), 2012, 42(5): 771-776.
2012-067 冯秀劳. X射线荧光光谱法分析锆刚玉耐火材料中 Na_2O 和 ZrO_2 条件探索. 玻璃与搪瓷, 2012, 40(2): 30-32, 36.
2012-068 付林林. X射线荧光光谱法对硫酸渣成分的分析与研究. 安阳工学院学报, 2012, 11(4): 23-24.
2012-069 付明亮. X射线荧光光谱法在矿石中微量元素测定中的应用. 硅谷, 2012, (5): 117.
2012-070 付微. X荧光分析技术在多种矿石多元素的应用探究. 科技传播, 2012, (9): 155, 171.
2012-071 付云红. X射线荧光光谱法测定石灰石粉中的 SiO_2 含量. 科技资讯, 2012, (10): 95.
2012-072 傅金龙, 阮潜潜. 对再生切片中杂质元素来源及其对可纺性影响的探究. 现代纺织技术, 2012, (5): 5-7.
2012-073 高爱国, 赵冬梅, 李超, 郭占荣, 罗时龙. 闽江下游河口区及其邻近海域表层沉积物的地球化学特征. 海洋地质前沿, 2012, 28(5): 1-6, 20.
2012-074 高志勇, 白斌, 朱如凯, 刘柳红, 冯佳睿, 梅加洛. 大巴山与龙门山前晚三叠世构造运动的储集层沉积学响应. 古地理学报, 2012, 14(6): 801-812.
2012-075 龚才喜, 梁海波, 张娜, 陈家晓. 元素录井在煤层随钻判识过程中的应用. 天然气技术与经济, 2012, 6(4): 31-33, 78.
2012-076 龚昌合, 张叶华, 陈燕. X射线荧光光谱法测定粗银中九种元素. 铜业工程, 2012, (6): 17-19, 51.
2012-077 龚红军. 理学X荧光光谱仪的两例故障分析及处理. 分析仪器, 2012, (5): 75-77.
2012-078 龚玉武. EDXRF不同束斑大小对测试分析青瓷釉成分的影响. 文物保护与考古科学, 2012, 24(S): 52-59.
2012-079 巩桂芬, 崔连峰, 李莹莹. 喇嘛甸油田三元复合驱油井垢质特征及结垢机理研究. 中国新技术新产品, 2012, (23): 143.
2012-080 辜敏, 鲜学福, 杜云贵, 卢义玉. 威远地区页岩岩心的无机组成、结构及其吸附性能. 天然气工业, 2012, (6): 99-102, 116.
2012-081 谷舟, 谢尧亭, 杨益民, 王宁, 肖体乔, 王昌燧. 显微CT在早期釉砂研究中的应用: 以西周倗国出土釉砂珠为例. 核技术, 2012, 35(4): 265-269.
2012-082 顾汉念, 王宁, 刘世荣, 田元江. 烧结法赤泥的物质组成与颗粒特征研究. 岩矿测试, 2012, 31(2): 312-317.
2012-083 关清滨. 蛇纹石中二氧化硅和氧化镁含量的X荧光光谱法测定. 黑龙江科技信息, 2012, (6): 18.
2012-084 关清滨. X射线荧光光谱测定斑岩铜矿中的钽、铪. 黑龙江科技信息, 2012, (7): 8.
2012-085 郭桂璋. 不同粉磨时间对荧光分析结果的影响. 水泥, 2012, (4): 67-68.
2012-086 郭娟, 周文勇. X射线荧光光谱法快速测定钛合金中的Al、V. 化学工程师, 2012, (6): 20-21.
2012-087 郭盛彬, 郭英海, 李俊杰, 陈海洋. 屯兰矿奥陶系隔水关键层孔隙性分析. 煤矿安全, 2012, 43(4): 127-131.
2012-088 郭晓龙. 浅谈X射线荧光分析. 科技信息, 2012, (2): 115.
2012-089 郭学益, 李栋, 田庆华, 石文堂. 硫酸熟化-焙烧法从镍红土矿中回收镍和钴动力学研究. 中南大学学报 (自然科学版), 2012, 43(4): 1222-1226.

2012-090 郭云春, 游国强, 刘勇. 硅热法炼镁中还原剂 FeSi75 硅铁的氧化特性研究. 热加工工艺, 2012, (6): 18-20.

2012-091 韩平, 王纪华, 陆安祥, 马智宏, 潘立刚. 便携式 X 射线荧光光谱分析仪测定土壤中重金属. 光谱学与光谱分析, 2012, 32(3): 826-829.

2012-092 韩炜师, 王丽琴. 光谱分析技术在彩绘文物颜料分析中的应用. 光谱学与光谱分析, 2012, 32(12): 3394-3398.

2012-093 韩晓锋, 王丽, 吕建刚, 陈伟, 徐淑华, 田宇纮, 邹旭然. 固相萃取-TXRF 测定高冰镍中的贵金属. 光谱实验室, 2012, 29(5): 3181-3184.

2012-094 韩亚芬, 李琦. 不同粒径街道灰尘中 Zn 的分布特征. 光谱实验室, 2012, 29(5): 3260-3263.

2012-095 韩亚芬, 李琦. 基于模糊数学的宿州市街尘重金属污染评价. 光谱实验室, 2012, 29(4): 2300-2305.

2012-096 韩宜良, 罗武干, 刘剑, 白云翔, 王昌燧. 济南运署街汉代铁工场遗址的相关问题探讨. 文物保护与考古科学, 2012, 24(4): 25-32.

2012-097 郝雅琼, 陈恺立, 于泓锦, 周炳炎. 进口初级产物类物品的固体废物属性鉴别研究. 再生资源与循环经济, 2012, 5(7): 38-42.

2012-098 何花, 董发勤, 何平. 混合助晶剂促进大长径比硫酸钙晶须的调控研究. 人工晶体学报, 2012, 41(6): 1679-1685.

2012-099 何伟龙, 王健, 杨勇. SDD 探测器在 X 荧光分析系统中的应用. 大众科技, 2012, 14(12): 96-97.

2012-100 贺攀红, 龚治湘. 火焰原子吸收光谱法测定矿石中微量钼. 理化检验-化学分册, 2012, 48(3): 360-361.

2012-101 贺攀红, 荣耀, 连福龙, 孟娟, 林正金. X 射线荧光光谱法快速测定地质样品中的钼. 分析测试技术与仪器, 2012, 18(4): 213-216.

2012-102 贺中央, 刘百宽, 傅秋华, 齐进, 常亮, 高振昕. 氧化硅微粉的相变和熔融行为. 硅酸盐学报, 2012, 40(9): 1376-1382.

2012-103 贺子丁, 刘志飞, 李建如, 谢昕. 南海西部 54 万年以来元素地球化学记录及其反映的古环境演变. 地球科学进展, 2012, 27(3): 327-336.

2012-104 洪燕, 骆雯琴, 王竹梅, 刘涛. 贵州毕节毛家屯粘土的理化及工艺性能研究. 陶瓷学报, 2012, 33(4): 442-446.

2012-105 侯善华, 毕明珠. 能量色散 X 射线荧光光谱法 (EDXRF) 分析打印机墨粉中重金属含量的应用. 办公自动化, 2012, (11): 51-52.

2012-106 胡红岩, 夏寅, 靳治良, 张尚欣, 容波, 王亮, 周铁, 吕功煊, 李库, 李岗. 秦始皇帝陵及汉阳陵遗址成盐元素及类型研究. 中国材料进展, 2012, 31(11): 37-47.

2012-107 胡岚, 王婧娜, 熊贤锋, 严蕊, 张婷, 高朗华, 李晓宇. 含铝炸药中铝粉活性的光谱法测试研究. 含能材料, 2012, 20(1): 94-98.

2012-108 胡宁静, 刘季花, 黄朋, 石学法, 朱爱美, 马德毅. 渤海莱州湾表层沉积物中金属元素分布及环境质量. 海洋学报 (中文版), 2012, 34(2): 92-100.

2012-109 胡思, 张卿, 夏至, 巩雁军, 徐君, 邓风, 窦涛. 氟硅酸铵改性纳米 HZSM-5 分子筛催化甲醇制丙烯. 物理化学学报, 2012, 28(11): 2705-2712.

2012-110 胡晓. ZSX100e 型 X 射线荧光光谱仪真空系统故障分析. 分析仪器, 2012, (4): 115-117.

2012-111 胡艳军, 孙铁. 不同粒径垃圾焚烧飞灰中重金属富集特性表征. 环境化学, 2012, 31(11): 1717-1723.

2012-112 黄金花, 陈吉祥. Ni_2P/SiO_2 和 Ni/SiO_2 催化剂甘油氢解反应性能比较: 催化剂活性及产物选择性影响因素的探讨 (英文). 催化学报, 2012, 33(5): 790-796.

2012-113 黄淑玲, 李琦, 许东升. 宿州城市土壤重金属污染特征及其健康风险评价.

光谱实验室, 2012, 29(3): 1878-1883.

2012-114 黄爽兵, Emilie Even, 王焰新. 高砷含水层沉积物矿物学特征及砷的活化. 矿物岩石, 2012, 32(4): 7-11.

2012-115 黄伟, 李礼, 鲍雷, 余家燕, 杨灿. XactTM620 自动多金属监测仪的使用与日常维护. 分析仪器, 2012, (4): 118-121.

2012-116 黄雪飞, 张宝林, 贾文臣, 李晓利, 沈晓丽, 郭志华. 蒙古国东南部钨多金属靶区的快速圈定与成矿分析. 地质与勘探, 2012, 48(5): 906-914.

2012-117 黄自力, 刘缘缘, 秦庆伟, 朱家栋. 反射炉水淬渣提铜除铁研究. 矿冶工程, 2012, 32(5): 82-85, 89.

2012-118 嵇鹰, 杨康, 徐德龙, 孙毅, 霍丽鹏, 周静. 三步萃取法对水泥微量含硫矿物相深度分析. 硅酸盐通报, 2012, 31(2): 421-425.

2012-119 吉昂. X 射线荧光光谱三十年. 岩矿测试, 2012, 31(3): 383-398.

2012-120 吉永超, 牟凌, 马精德, 姜国杜. 石墨晶体预衍射 X 射线荧光法同时测定工艺样品中的低浓铀和低浓钍. 核化学与放射化学, 2012, 34(5): 275-280.

2012-121 贾倩倩, 王伟民, 董全力, 盛政明. 超短强激光与固体薄膜靶作用产生 keV 相干 X 射线数值模拟研究. 物理学报, 2012, 61(1): 270-275.

2012-122 江莉龙, 马永德, 曹彦宁, 杨阳, 魏可镁. 改性铝土矿载体负载 Ru 催化剂上的水煤气变换制氢. 物理化学学报, 2012, 28(3): 674-680.

2012-123 江莉龙, 马永德, 曹彦宁, 杨阳, 魏可镁. 高比表面积铝土矿载体的制备及在 CO 氧化反应中的应用. 无机化学学报, 2012, 28(6): 1157-1164.

2012-124 江鹏飞, 李其江, 吴军明, 张茂林, 叶正隆, 熊露, 吴琳. 建窑与吉州窑素天目釉瓷的比较研究. 陶瓷学报, 2012, 33(3): 347-353.

2012-125 江世杰, 唐永金, 赵萍. 植物吸收 Sr、Cs 与其他元素的相关性研究. 湖北农业科学, 2012, 51(21): 4752-4755.

2012-126 姜尧发, 雒洋冰, 李金刚, 王西勃, 周国庆, 黄金凤. 淮北朔里煤矿岩床附近煤的光学性质和稀土元素分布特征. 中国煤炭地质, 2012, 24(1): 1-6.

2012-127 蒋诗泉, 施开文, 蒋诗平. 模糊数学方法及 X 射线荧光分析技术在测定城市重金属污染中的应用. 光谱实验室, 2012, 29(4): 2135-2139.

2012-128 蒋晓东, 郑直, 祖小涛, 李春宏, 周信达, 黄进, 郑万国. 亚表面杂质对熔石英激光损伤的影响. 电子科技大学学报, 2012, 41(2): 238-241.

2012-129 焦凤菊, 王彬彬, 郭英英, 段华荣. 液压系统过滤器清洁度检测方法的研究. 清洗世界, 2012, 28(9): 27-30.

2012-130 金德龙, 陆晓明, 缪乐德. 微波灼烧-X 射线荧光光谱法测定还原铁中 5 种成分. 冶金分析, 2012, 32(6): 38-42.

2012-131 金迪芳. X 射线荧光定硫仪检测硫含量的质量控制图绘制和应用. 现代测量与实验室管理, 2012, (4): 6-7, 64.

2012-132 金泓宇. 测定土壤重金属的新方法——土壤重金属 X 射线荧光光谱非标样测试方法研究. 科技创新导报, 2012, (33): 28.

2012-133 靳晓增, 王改线, 刘素青, 姜三营, 许红亮. 焦作矿区煤矸石资源化利用途径分析. 中国非金属矿工业导刊, 2012, (5): 13-15, 18.

2012-134 康自华, 刘海鸥, 张雄福. 杂原子 Sn-β 分子筛的脱铝补位两步法制备、表征及其催化环己酮 Baeyer-Villiger 氧化性能. 催化学报, 2012, 33(5): 898-904.

2012-135 柯鹏振, 马先锋, 熊志涛, 杨登, 谢鹰. ICP-AES、石墨炉原子吸收光谱法及 X 射线荧光光谱法测定土壤中钒的比较. 光谱实验室, 2012, 29(1): 532-536.

2012-136 孔芹. 熔融法 X 射线荧光光谱测定岩石主成分含量. 化学分析计量, 2012, 21(2): 49-51.

2012-137 孔芹, 陈磊, 汪灵. 非金属矿二级标样配制及其粉末样品的 XRF 分析方法. 光谱学与光谱分析, 2012, 32(5): 1405-1409.

2012-138 匡俊艳, 徐文青, 朱廷钰, 荆鹏飞. 粉煤灰物化性质对单质汞吸附性能的影响. 燃料化学学报, 2012, 40(6): 763-768.

2012-139 来学敏, 赵永林. DMX1060 型 X 射线荧光分析仪日常使用的注意事项. 水泥, 2012, (5): 48-49.

2012-140 赖小东, 杨晓勇, 柳建勇. 白云鄂博 Fe-REE-Nb 建造地球化学特征及成因: 元素及同位素新证据. 地质学报, 2012, 86(5): 801-818.

2012-141 赖潇静, 李奇, 徐伟, 陈栋梁, 巫翔, 秦善. 金刚石中微量元素的同步辐射 X 射线荧光分析. 地质科技情报, 2012, 31(4): 40-43.

2012-142 雷九云, 赵思传. 简述 X 射线荧光技术在地质勘查中的应用. 中国新技术新产品, 2012, (1): 9-10.

2012-143 李必红. 我国铀矿核物探发展与未来. 世界核地质科学, 2012, 29(3): 156-163, 186.

2012-144 李才红, 李琳, 李兰群, 石毓霞. X 射线荧光光谱法测定铁矿石中铁含量不确定度的评定. 河北冶金, 2012, (12): 17-19.

2012-145 李岑, 楞本才让, 桑老, 贡布东智, 杜玉枝, 魏立新. 藏药矾石化学成分与结构分析. 光谱学与光谱分析, 2012, 32(1): 248-251.

2012-146 李岑, 桑老, 楞本才让, 夏振江, 杜玉枝, 魏立新. 藏药珠西的化学成分与结构分析. 光谱学与光谱分析, 2012, 32(6): 1671-1673.

2012-147 李丹, 赖万昌, 陈小强, 王广西, 罗耀耀. 黄铜合金主元素 Cu、Zn 含量的 XRF 分析. 核电子学与探测技术, 2012, 32(2): 200-202.

2012-148 李丹, 王广西, 罗耀耀, 邱陆阳. 某人口密集区土壤重金属元素的 X 射线荧光光谱分析及污染评价. 核电子学与探测技术, 2012, 32(1): 120-122.

2012-149 李丹丹, 刘中清, 刘旭, 吴雪莲, 纪刚强. Ag 掺杂 TiO_2 纳米管阵列的制备及光电催化降解氨氮废水. 无机化学学报, 2012, 28(7): 1343-1347.

2012-150 李飞, 葛良全, 张庆贤, 谷懿, 万志雄, 李王燕. 改进型 M-P 神经网络在能量色散 X 荧光分析测定铅锌矿元素含量的应用研究. 光谱学与光谱分析, 2012, 32(5): 1410-1412.

2012-151 李刚, 郑若锋. X 射线荧光光谱法测定植物样品中 12 种元素含量. 理化检验-化学分册, 2012, 48(12): 1433-1437, 1440.

2012-152 李广燕, 张云升, 倪紫威. 几处古城墙泥灰类粘结材料的对比试验研究. 建筑技术, 2012, 43(5): 465-468.

2012-153 李光剑, 王雳阳, 黄云超, 周永春, 杨堃, 陈颖, 赵光强, 雷玉洁. 云南省宣威地区烟煤燃烧后的底灰对 BEAS-2B 细胞的体外毒性作用. 广东医学, 2012, 33(19): 2890-2893.

2012-154 李国仁, 曾兵, 杜垚垚, 左平, 黄薇. 基于 FPGA 的多道脉冲分析器的设计. 电子世界, 2012, (23): 120-122.

2012-155 李海涛, 杨文杰, 王军, 尹柯. 焊接工艺对 TP304 钢焊缝金属组织及性能的影响. 焊接学报, 2012, 33(4): 89-92, 117.

2012-156 李合庆, 常守森, 姜炳南. X 射线荧光法快速测定锌铝硅合金中铝、硅、稀土含量. 有色矿冶, 2012, 28(1): 41-43.

2012-157 李洪波, 李海涛, 曲立杰. 不同焊接工艺 0Cr18Ni9 不锈钢焊缝金属盐雾腐蚀性能的研究. 热加工工艺, 2012, (13): 166-167, 171.

2012-158 李建军. 覆高铅材料仿田黄石皮的肉眼识别. 收藏界, 2012, (3): 29-30.

2012-159 李建军, 刘晓伟. 一例艳绿色蓝闪石的宝石学特征. 宝石和宝石学杂志, 2012, 14(3): 44-47, 52.

2012-160 李金明, 路军兵. 波长色散 X-射线荧光光谱定量分析程序设计. 甘肃冶金, 2012, 34(6): 82-83.

2012-161 李婧婧, 陶树, 刘晓华. 博格达山北麓油页岩元素地球化学特征及沉积环境指示意义. 洁净煤技术, 2012, 18(1): 109-112.

2012-162 李军, 赖万昌, 周良平. X 射线反散射法测量塑料薄膜厚度. 广东微量元素科学, 2012, 19(8): 62-66.

2012-163 李俊杰, 郝险峰, 吕敏峰, 孟健. 氧化物 $SrFeO_{3-\delta}$ 的可控制备与磁性 (英文). 应用化学, 2012, 29(6): 649-657.

2012-164 李俊俊, 刘峰. 换热器管束腐蚀穿孔失效原因分析. 辽宁石油化工大学学报, 2012, 32(3): 54-57, 62.

2012-165 李俊卿, 尹利辉, 王瑾, 张学博, 陈金泉. X 射线荧光元素分析技术对化妆品中铅和砷快速检测的初步探讨. 药物分析杂志, 2012, 32(7): 1129-1132.

2012-166 李蕾, 张社英, 沈杰, 王君祥. 钢板表面薄涂层表征方法在工业应用的探索和验证. 冶金分析, 2012, 32(9): 18-21.

2012-167 李茜, 马利婵, 万锡锦, 刘琦, 龚龑. X 射线荧光能谱仪鉴定古代服饰文物. 分析仪器, 2012, (1): 52-57.

2012-168 李强, 黄万燕, 王勇刚, 吴敏. 能量色散 X 射线荧光光谱法测量钢铁中的铅. 冶金分析, 2012, 32(7): 41-44.

2012-169 李清海, 张衍国, 蒙爱红, 王亮. 炉排-循环床垃圾焚烧炉过热器结渣现场实验. 热能动力工程, 2012, 27(1): 55-60, 135.

2012-170 李清临, 徐承泰. 基于 EDXRF 线扫描分析的金元时期钧瓷工艺研究. 武汉大学学报 (理学版), 2012, 58(1): 21-25.

2012-171 李荣柱, 张爱芬, 马慧侠. X 射线荧光光谱法测定石油焦中主量元素硫和痕量元素的含量. 理化检验-化学分册, 2012, 48(11): 1296-1299.

2012-172 李融武, 王建保, 程琳, 李国霞, 杨大伟, 张茂林. 张家湾出土龙泉古瓷来源的 EDXRF 分析. 北京师范大学学报 (自然科学版), 2012, 48(4): 359-362.

2012-173 李韶梅. X 射线荧光光谱法测定复合碳铁合金中总铁含量. 冶金分析, 2012, 32(4): 54-56.

2012-174 李位. X 射线荧光光谱法在矿石成分分析中的应用. 广州化工, 2012, 40(14): 50-51.

2012-175 李小莉, 唐力君, 黄进初. X 射线荧光光谱熔融片法测定铜矿中的主次元素. 冶金分析, 2012, 32(7): 67-70.

2012-176 李小莉, 张莉娟, 曾江萍, 吴彦涛, 安树清, 徐铁民. X 荧光光谱法测定镍矿石中的主次元素. 分析试验室, 2012, 31(11): 82-85.

2012-177 李秀铭, 廖克俭, 佟明友, 朱金剑. 预处理温度对 SAPO-11 催化丁烯骨架异构化性能的影响. 工业催化, 2012, 20(1): 24-27.

2012-178 李亚军, 周迎新, 陈健, 吕瑞典, 尤文卿. SNAM 装置汽提塔冷却器结垢原因分析及除垢方法研究. 内蒙古石油化工, 2012, (14): 18-20.

2012-179 李艳华, 庞奖励, 黄春长, 查小春, 丁敏, 牛晓露, 王丽娟. 关中东部全新世黄土——古土壤序列微量元素分布特征及意义. 土壤通报, 2012, 43(1): 125-130.

2012-180 李艳萍, 高光洁子, 李红, 孙克, 李德仁, 曹帐. X 射线荧光光谱法测定 FeCuNbSiB 纳米晶合金炉渣中 9 种组分. 冶金分析, 2012, 32(4): 41-45.

2012-181 李英亮, 叶梅, 王力丹, 郭宏. 新疆龟兹库木吐喇石窟壁画制作工艺与材料分析. 中国文物科学研究, 2012, (4): 78-81.

2012-182 李玉莲, 敖迎春, 孙宁, 李小莉, 李国会. 能量色散 X 射线荧光光谱仪快速测定土壤中 Cu、Pb、Zn、Rb、Nb 和 Th 6 种元素. 现代仪器, 2012, 18(6): 81-84.

2012-183 李月明, 吴芬, 孔令俊, 谢俊. 贵州大方县联兴村粘土的理化及工艺性能. 陶瓷学报, 2012, 33(3): 330-334.

2012-184 李哲, 庹先国, 刘敏, 石睿, 吴雪梅. EDXRF 中特征 X 射线的蒙特卡罗模拟及全能峰高斯展宽技术. 核技术, 2012, 35(12): 911-915.

2012-185 Li Zhe, Tuo Xianguo, Liu Mingzhe, Yang Jianbo, Ren Jun. Towards an online energy dispersive X-ray fluorescence analytical system for iron ore grade evaluation. Nuclear Science and

Techniques, 2012, (5): 289-294.

2012-186 李哲, 庹先国, 杨剑波, 刘明哲, 成毅, 王磊, 周建斌. X 荧光能谱分析中探测器响应函数建立方法. 光谱学与光谱分析, 2012, 32(11): 3112-3116.

2012-187 李志林, 董珊. XRF 定量分析 D390 树脂中铁及钯的研究. 科学技术与工程, 2012, 12(4): 882-886.

2012-188 李志林, 张志芳, 侯静静. Fe_3O_4/TiO_2-$CaSO_4$ 核壳材料的制备及光催化性能试验. 广东化工, 2012, 39(9): 69-70, 86.

2012-189 李宗超. X 荧光快速分析法测定中低碳钢含碳量的研究. 化学工程与装备, 2012, (9): 174-176.

2012-190 廉海萍, 丁忠明, 周祥. 汉代铸造铸钱金属范之陶范的分析研究. 文物保护与考古科学, 2012, 24(S): 87-97.

2012-191 梁柳青. 广西不同产地赤泥化学成分及物相对比分析. 化工技术与开发, 2012, 41(6): 39-40, 44.

2012-192 廖芳瑜, 潘莲辉. 基于 BP 神经网络分析的在线矿浆品位分析仪设计. 企业科技与发展, 2012, (13): 19-20, 23.

2012-193 廖辉伟, 姜珊, 贾金等, 张敏, 潘雅妹, 周远. 农药含钾废渣的热解动力学. 环境化学, 2012, 31(4): 478-482.

2012-194 廖奇, 李幸涛, 王晓, 聂敏, 韩效钊. 秸秆发电厂灰 (渣) 利用技术研究. 合肥师范学院学报, 2012, 30(6): 71-73.

2012-195 廖夏, 王为. 无配位剂酸性镀液中 Ni-W 合金电镀层的性能. 材料保护, 2012, 45(12): 24-26, 2.

2012-196 林才寿, 毛莉, 黄宁, 安竹. Simulation study of quantitative X-ray fluorescence analysis of ore slurry using partial least-squares regression. Plasma Science and Technology, 2012, 14(5): 427-430.

2012-197 林德海, 王中原, 宋宝华. 某电厂烟气脱硝催化剂使用前后性能测试及失活分析. 工业催化, 2012, 20(10): 72-75.

2012-198 林国兴, 梅天庆, 裴玉汝. 分次催化法在印刷线路板上快速化学镀锡. 腐蚀与防护, 2012, 33(7): 626-629.

2012-199 林国桢, 李科, 刘翔翊. 便携式 X 线荧光分析仪用于儿童铅中毒溯源的研究. 中国卫生检验杂志, 2012, 22(2): 351-352, 356.

2012-200 林建新, 张留明, 王自庆, 王榕, 魏可镁. 助剂对 Ru/CeO_2 催化剂的表面性质及氨合成性能的影响. 燃料化学学报, 2012, 40(7): 848-854.

2012-201 林龙华, 徐九华, 魏浩, 陈栋梁, 徐伟, 刘泽群, 王燕海. 新疆阿尔泰可可托海 3 号伟晶岩脉绿柱石流体包裹体 SRXRF 研究. 岩石矿物学杂志, 2012, 31(4): 603-611.

2012-202 林素君, 刘白茹, 史丽芳, 张玉凤, 龚巽. EDXRF/TYLAB-100 联用技术在纺织品重金属检测中的应用. 实验技术与管理, 2012, 29(4): 39-41, 44.

2012-203 林忠, 李卫刚, 褚宁, 蒋晓光, 孙涛, 林志伟, 王艳君. 熔融制样-波长色散 X 射线荧光光谱法测定红土镍矿中铁、镍、硅、铝、镁、钙、钛、锰、铜和磷. 分析仪器, 2012, (4): 53-57.

2012-204 刘成林, 王晓华, 张冬明, 张新夷, 陈栋梁, 吴旭东. 胃组织中微量元素的含量与分布研究. 生物医学工程研究, 2012, 31(4): 254-258.

2012-205 刘春茹, 黄静, 李建平, 宋为娟, 方芳. X 射线荧光光谱法测定水系沉积物 ESR 测年样品 U、Th、K 含量. 核技术, 2012, 35(11): 837-840.

2012-206 刘芳芳, 张力, 何青. 共蒸发三步法制备 CIGS 薄膜的相变过程. 人工晶体学报, 2012, 41(6): 1519-1523.

2012-207 刘广宇, 田鹏, 刘中民. 二乙胺导向合成 SAPO-34 及与其它模板剂的对比. 催化学报, 2012, 33(1): 2185-2193.

2012-208 Liu Guangyu, Tian Peng, Xia Qinhua, Liu Zhongmin. An effective route to improve the catalytic performance of SAPO-34 in the methanol-to-olefin reaction. Journal of Natural Gas Chemistry, 2012, (4): 431-434.

2012-209 刘国军, 陈忠厚, 刘娟. X 射线荧光光谱法测定硅石中硅铝铁钙钛. 有色矿冶, 2012, 28(6): 56-58, 48.

2012-210 刘江斌, 党亮, 和振云, 祝建国. ZSX PrimusⅡ型 X 射线荧光光谱仪故障处理与维护. 分析测试技术与仪器, 2012, 18(3): 192-193.

2012-211 刘江斌, 黄兴华, 武永芝, 和振云. X 射线荧光光谱法同时快速测定多金属矿样品中的铜、铅、锌、钼、钨和硫等元素. 光谱实验室, 2012, 29(3): 1555-1558.

2012-212 刘江斌, 武永芝. X 射线荧光光谱法测定钒钛磁铁矿石中的主次量组分. 甘肃地质, 2012, 21(4): 87-89.

2012-213 刘江斌, 祝建国. X 射线荧光光谱法快速测定锰矿石中的主次组分. 分析测试技术与仪器, 2012, 18(1): 34-37.

2012-214 刘晋华, 白峰, 罗书琼, 余水莲, 吴志远. 山东昌乐锆石的宝石学特征及化学成分研究. 宝石和宝石学杂志, 2012, 14(1): 32-37.

2012-215 刘静, 梁新义, 庞广昌, 康晓斌. AuRu 纳米粒子修饰的辣根过氧化物酶传感器研究. 食品科学, 2012, 33(9): 197-201.

2012-216 刘凯, 朱天容, 刘庭, 于萍, 罗运柏. 绝缘子污秽成分分析与清洗剂去污机理研究. 高电压技术, 2012, 38(4): 892-898.

2012-217 刘立坤, 郭冬发, 黄秋红. 岩石矿物中铀钍的分析方法进展——非破坏分析法. 中国无机分析化学, 2012, 2(4): 10-14.

2012-218 刘琳, 黄杰, 林文庆. 钛酸钾晶须表面改性及增强环氧树脂研究. 工程塑料应用, 2012, 40(1): 81-85.

2012-219 刘敏, 庹先国, 李哲, 石睿. FP 法在 SDD-EDXRF 无标样分析技术中的应用研究. 核电子学与探测技术, 2012, 32(9): 1096-1099, 1104.

2012-220 刘敏, 庹先国, 李哲, 石睿, 张金钊. SDD-EDXRF 中 FP 法无标样校正钒钛铁间吸收增强效应. 核电子学与探测技术, 2012, 32(10): 1192-1195, 1200.

2012-221 刘敏, 庹先国, 李哲, 徐立鹏, 王俊, 陈磊. 基本参数法 X 射线荧光无损分析铅黄铜中铜和锌. 核技术, 2012, 35(11): 845-848.

2012-222 刘少玉, 包艳英, 王炜. X 射线荧光光谱分析空气滤膜颗粒物中多种元素. 环境监测管理与技术, 2012, 24(3): 64-68.

2012-223 刘涛, 陈雪莉, 李德侠, 刘霞, 梁钦锋. 生物质与煤混合灰的熔融及黏温特性. 化工学报, 2012, 63(4): 1217-1225.

2012-224 刘伟. 含铁尘泥 X 荧光光谱分析方法的试验研究. 安徽工业大学学报 (自然科学版), 2012, 29(1): 45-48.

2012-225 刘文华. 稀土元素分析. 分析试验室, 2012, 31(7): 111-123.

2012-226 刘小丽. 经皮肾镜气压弹道碎石术的术前术后护理. 内蒙古医学杂志, 2012, 44(14): 118-119.

2012-227 刘晓丽. RoHS 分析标准样品的均匀性与稳定性研究. 电子产品可靠性与环境试验, 2012, 30(6): 40-43.

2012-228 刘晓丽. 影响 X 荧光光谱仪测量准确度的几个因素. 电子产品可靠性与环境试验, 2012, 30(S1): 138-140.

2012-229 刘晓玲, 王艳, 王旭金, 张亚飞, 巩雁军, 徐庆虎, 徐君, 邓风, 窦涛. 盐酸溶液和水热脱铝 HEU-1 分子筛的表征及其催化裂解性能. 催化学报, 2012, 30(12): 1889-1900.

2012-230 刘永星, 周成洪, 付珑. X 射线荧光光谱法测定砂岩中 SiO_2、Al_2O_3、CaO、MgO 含量. 当代化工, 2012, 41(6): 653-654.

2012-231 刘勇, 方方, 冯民, 徐长明. X 射线荧光技术在野外勘查金矿中的应用. 四川地质学报, 2012, 32(1): 104-105, 109.

2012-232 卢艳, 黄宁. X 光管滤光片效应的蒙特卡罗仿真. 核技术, 2012, 35(10): 751-754.

2012-233 鲁建, 肖沙里, 阳庆国, 刘利锋, 毋玉芬. 铝丝阵 Z 箍缩电子温度径向轮廓研究. 中国激光, 2012, 39(8): 212-215.

2012-234 鲁言波, 冯茜丹. 珠江三角洲土壤中重金属污染特征分析. 广东农业科学,

2012, (14): 169-171.

2012-235 陆巍巍, 宋福祥, 曾丽萍, 吕红宁. 能量色散 X 射线荧光谱仪在土壤中 ^{40}K 活度分析中的应用. 同位素, 2012, 25(4): 239-242.

2012-236 逯义. X 射线荧光光谱法测定稀土精矿中的稀土元素分量. 岩矿测试, 2012, 31(2): 277-281.

2012-237 栾和新, 庄大明, 曹明杰, 刘江. 磁控溅射法制备 CIGS 薄膜太阳能电池的工艺及性能研究. 真空科学与技术学报, 2012, 32(8): 661-668.

2012-238 罗立强, 许涛, 储彬彬, 孙建伶, Egden L., Chettle D. R., 王晓芳, 伯英, 刘颖, 王淑贤, 唐力君, 李迎春. 原位活体骨铅 X 射线荧光光谱分析. 光谱学与光谱分析, 2012, 32(3): 821-825.

2012-239 罗明荣, 陈文静. X 射线荧光光谱法测定还原钛铁矿中 11 种组分. 冶金分析, 2012, 32(6): 24-29.

2012-240 罗曦芸, 陈杰, 陆耀辉, 吴来明, 方淑英, 张文清, 徐文娟, 龚玉武. 福泉山遗址出土象牙器应急保护研究. 文物保护与考古科学, 2012, (S1): 33-40.

2012-241 Lü Senlin, Zhang Rui, Yao Zhenkun, Yi Fei, Ren Jingjing, Wu Minghong, Feng Man, Wang Qingyue. Size distribution of chemical elements and their source apportionment in ambient coarse, fine, and ultrafine particles in Shanghai urban summer atmosphere. Journal of Environmental Sciences, 2012, 24(5): 882-890.

2012-242 马春华, 张丁非, 柴森森, 张红菊, 陈玉安, 范艳华. 铒对铸态 Mg-5Sn 合金的变质作用研究. 中国稀土学报, 2012, 30(6): 686-692.

2012-243 马德锡, 杨进, 王春生, 陈孝强, 张廷彦. 内蒙古阿吉勒矿区综合物化探异常一致性及地质意义探讨. 物探与化探, 2012, 36(5): 712-717.

2012-244 马慧侠. 石油焦微量元素 XRF 测定方法的研究. 现代科学仪器, 2012, (4): 119-122.

2012-245 马慧侠, 简本成, 孟德安. 用 XRF 测定氧化铝陶瓷成分. 现代技术陶瓷, 2012, (2): 43-47.

2012-246 马菁毓, 梁宏刚, 王菊琳. 浙江瓯海出土一件西周青铜器腐蚀成因研究. 文物保护与考古科学, 2012, 24(2): 84-89.

2012-247 马同奇. X 射线荧光录井技术在冀东油田的应用分析. 科技情报开发与经济, 2012, 22(20): 127-131.

2012-248 马雅静, 吴文琪, 许涛. 钆镁合金 X 荧光光谱点滴滤纸片薄样测定法的研究. 稀土, 2012, 33(4): 73-76.

2012-249 马幼平, 周淑义, 李秀兰, 何闯, 党晓明. 一种低成本奥氏体基高碳铸钢丸的试验研究. 铸造, 2012, 61(8): 865-867, 872.

2012-250 毛仙鹤, 袁晓宁, 秦志桂, 陈旻, 赵康, 杨萍. 铈模拟放射性废物固化体的物理化学性质. 硅酸盐学报, 2012, 40(1): 131-136.

2012-251 Martin W. Egge, Andreas Pissenberger, Stefab Aigner. 用于钢板中氧化镁夹杂物分析的显微洁净度测量装置的联合应用. 冶金分析, 2012, 32(6): 5-9.

2012-252 梅静, 王汝建, 陈建芳, 程振波, 陈志华, 孙烨忱. 西北冰洋楚科奇海台 P31 孔晚第四纪的陆源沉积物记录及其古海洋与古气候意义. 海洋地质与第四纪地质, 2012, 32(3): 77-86.

2012-253 梅翔, 杨旭, 张涛, 王欣, 严伟, 何珣, 张怡, 周宇翔. 利用白云石回收污泥厌氧消化液中的磷. 环境工程学报, 2012, 6(11): 3809-3816.

2012-254 梅燕, 马密霞, 聂祚仁. X 射线荧光光谱压片法测定六种花瓣粉末的成分. 光谱学与光谱分析, 2012, 32(7): 1969-1971.

2012-255 门秀杰, 张书红, 张美菊, 李延军, 王子军, 汪燮卿. 焦炭气化对接触裂化催化剂物化性能的影响. 石油学报 (石油加工), 2012, 28(5): 717-723.

2012-256 蒙海宁, 赵芳霞, 张振忠. 纳米钴粉的制备及其在乙醇中的分散性能. 中南大学学报 (自然科学版), 2012, 43(8): 2986-2992.

2012-257 苗小培. 能量色散 X 射线荧光分析镍基催化剂中镍和镧的含量. 石油化工, 2012, 41(5): 592-596.

2012-258 Mohd Haizal Mohd Husin, Mohd Ridzuan Nordin, 李金林, 刘光荣, Chin Sim Yee. 铜掺杂 SBA-15 的 pH 调节法直接合成及其在 N_2O 分解反应中的催化性能 (英文). 中南民族大学学报(自然科学版), 2012, 31(1): 1-7.

2012-259 穆林, 赵亮, 尹洪超. 化工废液焚烧炉内积灰结渣特性. 化工学报, 2012, 63(11): 3645-3651.

2012-260 Nakhaei F., Sam A., Mosavi M R., Nakhaei A.. Prediction of XRF analyzers error for elements on-line assaying using Kalman filter. International Journal of Mining Science and Technology, 2012, (4): 578-584.

2012-261 倪小敏, 况凯骞, 杨冬雷, 廖光煊. 载铁改性沸石粉体抑制甲烷/空气扩散火焰试验研究. 中国安全科学学报, 2012, 22(1): 53-57.

2012-262 宁艳, 蓝恩洪, 黄义伟, 钟威, 雷坚. X 荧光光谱仪在锰矿分析中的应用拓展. 轻工科技, 2012, (10): 25-26.

2012-263 潘惠平, 薄连坤, 黄太武, 张毅, 于涛, 姚淑德. 铜铟镓硒太阳能电池多层膜的结构分析. 物理学报, 2012, 61(22): 535-542.

2012-264 潘琰, 郭飞君, 郭玉鹏. 钛酸盐纳米管薄膜的合成、结构与性质. 高等学校化学学报, 2012, 33(11): 2361-2367.

2012-265 潘志爽, 刘明霞, 王亚红, 王智峰, 杨一青. 基本参数-X 射线荧光法分析 LDO 降硫催化剂中锌含量. 石化技术与应用, 2012, 30(3): 251-253.

2012-266 庞凤荣. 合金辅料化学成分的 X 荧光能谱仪分析法. 现代铸铁, 2012, (2): 61-66.

2012-267 彭南兰, 李小莉, 华磊, 王学伟, 陈芸平. X 射线荧光光谱法测定红土镍矿中多种元素. 中国无机分析化学, 2012, 2(1): 47-50.

2012-268 彭晓敏, 张金超, 高愈希, 柴之芳. 金属蛋白的提取分离技术. 化学进展, 2012, 24(5): 834-843.

2012-269 彭雪峰, 汪立今, 姜丽萍. 准噶尔盆地东南缘芦草沟组油页岩元素地球化学特征及沉积环境指示意义. 矿物岩石地球化学通报, 2012, 31(2): 121-127, 151.

2012-270 彭彦昆, 张雷蕾. 农畜产品品质安全光学无损检测技术的进展和趋势. 食品安全质量检测学报, 2012, 3(6): 561-568, 560.

2012-271 彭杨伟. 微区分析测试技术及其地学应用进展. 甘肃科技, 2012, 28(15): 39-42, 121.

2012-272 彭园珍, 黄勇明, 袁东星, 李炎, 弓振斌. 沉淀/共沉淀-膜富集-X 射线荧光法快速分析近岸海水中的重金属. 分析化学, 2012, 40(6): 877-882.

2012-273 平雅敏, 黄胜, 吴诗勇, 吴幼青, 高晋生. 气化灰渣的理化性质及其对石油焦/CO_2 气化反应特性的影响. 华东理工大学学报(自然科学版), 2012, 38(1): 12-16, 52.

2012-274 齐连柱, 吴伦强, 赵忠刚, 杨明太. S4-X 射线荧光光谱仪高压发生器控制电路故障分析. 核电子学与探测技术, 2012, 32(6): 664-667.

2012-275 乔亚华, 杨阳, 王博, 郑维明, 金立云. 全反射 X 射线荧光分析技术在核科学领域中的应用. 核电子学与探测技术, 2012, 32(11): 1263-1268.

2012-276 秦晓楠, 吕庆銮, 王丽. 煤中磷的测定现状及其比较. 山东化工, 2012, 41(7): 47-48, 51.

2012-277 秦颖, 陈茜, 李小莉, 陈千万. 湖北枣阳郭家庙曾国墓地出土石英珠(釉砂)的测试分析及其制作工艺模拟实验分析. 硅酸盐学报, 2012, 40(4): 567-570, 576.

2012-278 秦志桂, 毛仙鹤, 陈旻, 赵康, 蔡溪南, 刘宁. 铝热剂 SHS 合成污染土壤固化产物中模拟核素的分布. 稀有金属, 2012, 36(2): 316-320.

2012-279 覃有学. 油墨原材料和产品的环保性

筛选程序. 丝网印刷, 2012, (2): 38-43.

2012-280 屈太原, 李华昌, 冯先进. 便携式能量色散 X 射线荧光光谱仪测定红土镍矿中 7 种元素. 冶金分析, 2012, 32(3): 25-29.

2012-281 任远航, 辜敏, 胡怡晨, 岳斌, 江磊, 孔祖萍, 贺鹤勇. 稀土负载钛-硅沸石 ETS-10 的制备及其光催化性质 (英文). 催化学报, 2012, 33(1): 2134-2139.

2012-282 Rollet Simona, Franciscono Andrea. 硼酸盐熔珠-X 射线荧光光谱法分析高合金钢. 冶金分析, 2012, 32(9): 22-25.

2012-283 容波, 马朝龙, 郭继宾, 刘鑫. 元代靳德茂墓地出土彩绘陶器的科学研究. 中原文物, 2012, (3): 93-98.

2012-284 阮春晓, 陈崇启, 张燕杰, 林性贻, 詹瑛瑛, 郑起. 低温水煤气变换催化剂 Cu/ZrO$_2$ 的制备、表征与性能. 催化学报, 2012, 33(5): 842-849.

2012-285 山萍. 基于能量色散 X 射线荧光光谱法检测黄金饰品的方法. 安徽电子信息职业技术学院学报, 2012, (3): 49-52.

2012-286 山萍. X 射线荧光光谱法检测含金量测量不确定度评定. 工业计量, 2012, (S1): 194-195, 197.

2012-287 商英, 王彬果, 赵靖, 徐静. X 射线荧光光谱法测定钾长石、钠长石中多种组分. 中国无机分析化学, 2012, 2(2): 27-29.

2012-288 尚福亮, 张忠健, 杨海涛. 高纯致密氧化钨陶瓷靶材的氧气气氛烧结研究. 中国陶瓷, 2012, 48(1): 32-35.

2012-289 尚颖, 沈万斌, 刘景帅, 王野, 朱晓娟. 吉林省中部土壤元素含量与 pH 相关性分析. 安徽农业科学, 2012, 40(10): 5909-5911.

2012-290 尚玉光, 王保伟, 李振花, 马新宾, 秦绍东, 孙琦. 硫粉改性 Mo 基耐硫甲烷化催化剂. 石油化工, 2012, 41(9): 999-1004.

2012-291 申如香, 卓尚军, 盛成, 钱荣. 利用康普顿散射分析碳化硅陶瓷在高温下使用氧化后组成的变化. 理化检验-化学分册, 2012, 48(1): 1-3, 7.

2012-292 沈青峰. 铜尾矿制备白炭黑技术研究. 矿产保护与利用, 2012, (5): 45-48.

2012-293 沈万斌, 尚颖, 王野, 翟颖, 朱晓娟. 榆树市土壤元素地球化学特征及环境质量评价. 环境保护科学, 2012, 38(3): 95-98.

2012-294 沈亚婷. EDXRF 测定土壤元素含量及其在有机碳垂直分布特征研究中的应用. 光谱学与光谱分析, 2012, 32(11): 3117-3122.

2012-295 沈燕, 钱觉时, 王应, 任兵建. 水泥生产中 SO$_3$ 测试方法的比较研究. 硅酸盐通报, 2012, 31(3): 613-616.

2012-296 沈宗洋, 李月明, 王竹梅, 成岳, 刘志, 吴芬. 贵州大方县百纳村高岭土的理化及工艺性能研究. 陶瓷学报, 2012, 33(1): 75-79.

2012-297 沈宗洋, 李月明, 王竹梅, 吴芬, 刘志. 贵州毕节永安碗厂粘土的理化及工艺性能研究. 硅酸盐通报, 2012, 31(1): 211-215.

2012-298 盛成, 卓尚军, 吉昂, 申如香. 高能偏振能量色散 X 射线荧光光谱法分析古陶瓷. 理化检验-化学分册, 2012, 48(6): 629-633.

2012-299 盛民, 程昊阳, 赵兰芳. X 射线荧光光谱法测定多目标地球化学样品中碳氮等 29 种主次痕量元素. 内蒙古科技与经济, 2012, (21): 43-44.

2012-300 石伟. 利用特征元素随钻确定济阳坳陷下古生界顶界面技术. 科技创新导报, 2012, (8): 254-255.

2012-301 石文静, 刘少玉. 土壤中硒元素的 X 射线荧光分析法. 环境保护与循环经济, 2012, (11): 58-60.

2012-302 石文睿, 王蓉, 黄强, 石元会, 曹丛军. 川东鄂西某页岩气井录测井解释评价研究. 录井工程, 2012, 23(1): 25-29, 77-78.

2012-303 Shi Yanchun, Yang Xiaojian, Tian Fuping, Jia Cuiying, Chen Yongying. Effects of toluene on thiophene adsorption over NaY and Ce(Ⅳ)Y zeolites. Journal of Natural Gas

Chemistry, 2012, 21(4): 421-425.

2012-304 宋少洁, 吴烨, 蒋靖坤, 杨柳, 郝吉明. 北京市典型道路交通环境细颗粒物元素组成及分布特征. 环境科学学报, 2012, 32(1): 66-73.

2012-305 孙海杰, 潘雅洁, 王红霞, 董英英, 刘仲毅, 刘寿长. 二乙醇胺作添加剂Ru-Zn催化剂上苯选择加氢制环己烯. 催化学报, 2012, 33(4): 610-620.

2012-306 孙骏. 苯甲酰苯胺分光光度法测定土壤中钒含量. 环境研究与监测, 2012, 25(2): 40-42.

2012-307 孙蓉, 刘君玉, 庄志红, 康明. PDP废电子浆料中银的回收及其含量分析. 西南科技大学学报, 2012, 27(1): 25-28.

2012-308 孙晓燕, 李希彬. 近3ka来东海陆架北部泥质沉积物地球化学特征. 海洋地质前沿, 2012, 28(4): 10-16.

2012-309 孙振文, 权养科, 陶克明. SEM/EDS法和XRF法在电工胶带检验中的应用. 中国司法鉴定, 2012, (2): 26-29.

2012-310 孙志华, 刘开平, 汪敏强, 王柱命. 自燃煤矸石活性对水泥砂浆性能的影响. 混凝土与水泥制品, 2012, (3): 67-70.

2012-311 谈春明. X射线RoHS荧光分析基体效应吸收校正的MCNP模拟. 原子能科学技术, 2012, 46(11): 1372-1376.

2012-312 谈绍峰, 张玲. 大直径掺钕铌酸锂晶体生长及其光学性能研究. 科技信息, 2012, (29): 105-106.

2012-313 谭和平, 高杨, 吕昊, 张玉兰, 孙羽婕. 土壤重金属X射线荧光光谱非标样测试方法研究. 生态环境学报, 2012, 21(4): 760-763.

2012-314 汤驰, 叶芝祥, 李再波, 邱贵江. 机场周边环境大气PM_{10}中重金属的污染特征及健康风险评价. 环境与健康杂志, 2012, 29(1): 77-79.

2012-315 汤红云, 钱伟吉, 陆晓颖, 倪俊琳, 戴正之. 青海软玉产出的地质特征及物质成分特征. 宝石和宝石学杂志, 2012, 14(1): 24-31.

2012-316 汤旭贞, 刘玲利. 运用XRF仪检验平板玻璃物证. 江西警察学院学报, 2012, (2): 126-128.

2012-317 汤永净, 邵振东. 气候对中国古代塔砖材料性能劣化影响的研究. 文物保护与考古科学, 2012, 24(3): 33-39.

2012-318 汤志勇, 邱海鸥, 郑洪涛. 岩石矿物分析. 分析试验室, 2012, 31(12): 108-124.

2012-319 唐诚, 彭军, 陈清贵, 王崇敬, 唐庆, 曾剑鑫. X射线荧光元素录井在川西坳陷须家河组地层划分中的应用. 录井工程, 2012, 23(2): 19-23, 58, 90.

2012-320 唐红梅, 邱海鸥, 田雨荷, 郑洪涛, 汤志勇. β-环糊精聚合物包结PAN树脂富集-XRF测定痕量Cu, Co, Cr与Pb. 分析试验室, 2012, 31(10): 89-91.

2012-321 唐梦奇, 黎香荣, 罗明贵, 阮贵武, 吕泽娥, 刘国文. X射线荧光光谱法测定锌精矿中主次量成分. 冶金分析, 2012, 32(7): 55-58.

2012-322 唐梦奇, 黎香荣, 魏亚娟, 陈永欣, 韦新红, 罗明贵, 刘国文. X射线荧光光谱法测定烧结锰矿中的主次量成分. 光谱实验室, 2012, 29(2): 977-981.

2012-323 唐兴玥. 湟水河流域化学风化过程及原因探析. 盐湖研究, 2012, 20(1): 20-23.

2012-324 Tian Fuping, Yang Xiaojian, Shi Yanchun, Jia Cuiying, Chen Yongying. Adsorptive desulfurization over hierarchical beta zeolite by alkaline treatment. Journal of Natural Gas Chemistry, 2012, 21(6): 647-652.

2012-325 田琼, 张文昔, 宋嘉宁, 吕善胜. 波长色散X射线荧光光谱法测定锌精矿中主次量成分. 岩矿测试, 2012, 31(3): 463-467.

2012-326 田晓利, 薛群虎, 薛崇勃. 溶胶-凝胶法制备氧化铝-氧化锆复合粉体. 硅酸盐学报, 2012, 40(6): 866-871.

2012-327 田雨. 硼酸垫底压片法在X荧光光谱分析中的应用. 中国石油和化工标准与质量, 2012, (7): 26-27.

2012-328 万双, 张永中, 刘天一, 刘可可. X射线荧光光谱法测定闪速吹炼炉渣中8种痕量元素和4种氧化物. 理化检验-化学分册, 2012, 48(10): 1216-1218, 1232.

2012-329 王宝玲. 波长色散 X 射线荧光光谱法测定硫精矿中硫铁铅锌钼. 冶金分析, 2012, 32(7): 75-78.

2012-330 王本伟, 胡文友, 黄标, 陈效民. 便携式 X 荧光光谱 (PXRF) 测定法在农田土壤重金属分析中的应用. 矿物岩石地球化学通报, 2012, 31(5): 522-526.

2012-331 王斌. 偏振能量色散 X 射线荧光光谱法测定炼钢污泥中的化学成分. 中国无机分析化学, 2012, 2(1): 61-63.

2012-332 王斌, 张华, 黄伟, 冯小军, 刘继平. X 射线荧光光谱法测定聚合物材料中铅和镉. 理化检验-化学分册, 2012, 48(7): 810-811.

2012-333 王登红, 陈振宇, 秦燕, 赵斌, 陈郑辉, 王成辉. 中条山地区八一铜矿床中白钨矿的发现及其找矿意义. 岩矿测试, 2012, 31(3): 513-517.

2012-334 王迪勇, 王金渠, 杨建华, 鲁金明, 殷德宏, 张艳. 蒸气相法 ZSM-5 分子筛的合成及其负载的 Mo 催化剂在甲烷芳构化中的应用. 催化学报, 2012, 33(8): 1383-1388.

2012-335 王东杰, 许涛, 李梅, 郭文亮. ICP-AES 法同时测定钐钴合金中的钐、钴、铜、铁、锆和钆量. 稀土, 2012, 33(5): 76-78.

2012-336 王丰, 何慧, 陈继尊, 贾志欣, 罗远芳, 贾德民. 废 PCB 粉增强改性聚乙烯基木塑复合材料. 高分子材料科学与工程, 2012, 28(8): 174-177, 182.

2012-337 王戈, 武斌, 苏文, 李小莉, 张华. Minipal4 便携 X 射线荧光光谱仪现场快速测定水系沉积物中多种元素. 现代仪器, 2012, 18(1): 48-52.

2012-338 王海蓉, 杨文兵, 王雅丽. 钙基催化木屑煤混燃及其对排放、灰分特性的影响. 农业机械学报, 2012, 43(8): 121-127.

2012-339 王豪, 邬蓓蕾, 林振兴, 罗川, 孙妮妮. 偏振能量色散-X 射线荧光光谱法测定塑料中 REACH 法规高关注物质. 理化检验-化学分册, 2012, 48(8): 881-883.

2012-340 王豪, 张樱, 林振兴, 王谦, 邬蓓蕾. X 射线荧光光谱法分析石油沥青中的铁、镍、钒、硫. 分析试验室, 2012, 31(11): 41-44.

2012-341 王宏伟. 从 BYHF1 井钻探看陆相页岩油气录井技术. 内江科技, 2012, (7): 102-103.

2012-342 王华, 殷建军, 俞建国, 黄秋英, 林玉石. α 铀系测年对洞穴碳酸盐沉积物中碎屑岩物质影响的祛除研究. 地球学报, 2012, 33(6): 936-940.

2012-343 王纪华, 刘晓丽, 高龙, 王琳, 李婷. X 射线荧光光谱法测定镍电解液中的镍、氯、硫酸根. 冶金分析, 2012, 35(12): 29-33.

2012-344 王建华, 王斌. 铝土矿中主成分的 X 射线荧光光谱分析. 西部探矿工程, 2012, (1): 165-167.

2012-345 王金飞, 薛玉明, 祝俊刚, 周凯, 谭炳尧, 张衷维, 李石亮, 裴涛, 汪子涵, 王一, 牛伟凯, 姜舒博, 杨醒, 蓝英杰. 衬底温度对 $In_xGa_{1-x}N$ 薄膜结构特性的影响. 天津理工大学学报, 2012, 28(1): 79-82.

2012-346 王婧, 葛良全, 王卓, 张庆贤, 徐立鹏. 能量色散 X 荧光分析方法现场测定样品中 Sr(锶) 的含量. 科学咨询 (科技·管理), 2012, (8): 66, 68.

2012-347 王静静. X 射线荧光光谱法测定冶金原辅料中的磷. 河北冶金, 2012, (4): 31-32.

2012-348 王静静. X 射线荧光光谱仪测定钛铁中 Si、Mn、P、Al、Cu. 河北化工, 2012, 35(1): 65-66.

2012-349 王凯, 金樱华, 李晨, 闵红, 屠虹. 全反射 X 射线荧光光谱法同时测定复混肥料中钒铬锰铁镍铜锌铅. 岩矿测试, 2012, 31(1): 142-146.

2012-350 王磊, 李天成, 杨新雨. 钻孔岩心磁化率及 PXRF 测量在智利月亮山铁铜矿区应用与找矿预测. 地质与勘探, 2012, 48(2): 396-405.

2012-351 王立前, 向峰. 便携式 X 荧光光谱仪的实测比对与应用. 环境科学导刊, 2012, 31(5): 97-101.

2012-352 王利杰, 张健, 杨志强, 张东生. 应用粉末压片-X 射线荧光光谱法检验铁矿石样品的均匀性. 冶金分析, 2012, 32(5): 40-44.

2012-353 王利军, 卢新卫, 雷凯. 宝鸡市街尘重金属元素含量及其环境风险分析. 土壤通报, 2012, 43(1): 200-205.

2012-354 王林山, 尚妍, 王育红, 牛盾, 刘常升. Al-12.7Si-0.7Mg 合金锡盐电解着色工艺及膜性能研究. 稀有金属, 2012, 36(5): 681-686.

2012-355 王曼娟, 刘琰, 戴国宣, 方利红. X 射线荧光光谱法测定蛇纹石组分的方法研究. 安徽冶金, 2012, (3): 22-23.

2012-356 王梅, 韩小燕. 一种 ABS 合金塑料的鉴定. 塑料科技, 2012, 40(10): 83-86.

2012-357 王鹏, 陈银, 赵芳霞, 张振忠, 郑威. 直流电弧等离子体法制备纳米锌粉及机理. 铸造技术, 2012, 33(5): 531-533.

2012-358 王鹏辉. 高炉渣中硅、钙、镁的湿法分析. 冶金分析, 2012, 32(5): 70-74.

2012-359 王谦, 张建波, 罗明贵. 熔融法制样-X 射线荧光光谱法测定锌精矿中主、次组分含量. 理化检验-化学分册, 2012, 48(2): 222-225, 228.

2012-360 王首都, 王伟, 祝捷, 胡月. 溶胶凝胶法铁基载氧体的制备与反应性能研究. 安徽农业科学, 2012, 40(34): 16748-16750.

2012-361 Wang Shurong, Yin Qianqian, Li Xinbao. Catalytic performance and texture of TEOS based Cu/SiO$_2$ catalysts for hydrogenation of dimethyl oxalate to ethylene glycol. Chemical Research in Chinese Universities, 2012, 28(1): 119-123.

2012-362 王帅, 赵朝成, 王永强. La$_x$Ce$_{(1-x)}$MnO/γ-Al$_2$O$_3$ 催化剂的制备及其催化燃烧甲苯的性能. 环境工程学报, 2012, 6(8): 2759-2763.

2012-363 王为, 周尚哲, 李炳元, 林志海, 刘志鹏, 黄日辉, 赖宜讯, 陈科景. 崂山山顶风化坑化学风化过程的岩石化学与矿物学证据. 第四纪研究, 2012, 32(1): 158-166.

2012-364 王文勇, 黄文辉, 唐鑫萍. 沾化凹陷邵54 井湖相白云岩沉积特征分析. 石油天然气学报, 2012, 34(6): 17-20, 164.

2012-365 王雯, 余春荣, 高戈, 赵忠刚. EDXRF 法测定载 Pd-Al$_2$O$_3$ 小球的 Pd 含量. 核电子学与探测技术, 2012, 32(8): 985-988.

2012-366 王新频, 戴平, 张亚珍, 赵鹰立, 闫冉, 刘玉兵. 含硫的铁质原料中烧失量的测定及其在 XRF 分析中应用. 水泥, 2012, (6): 52-55.

2012-367 王学求. 全球地球化学基准: 了解过去, 预测未来. 地学前缘, 2012, 19(3): 7-18.

2012-368 王勋来, 庹先国, 曾英, 李哲. 膨润土对核素的吸附行为研究. 应用化工, 2012, 41(3): 501-503.

2012-369 王艳君, 蒋晓光, 李卫刚, 王艳, 褚宁, 仲吉伟. ICP-AES 法测定红土镍矿中镍、钙、钛、锰、铜、钴、铬、锌与磷的含量. 分析试验室, 2012, 31(9): 50-53.

2012-370 王燕, 朱宇宏, 姚强, 杨东美, 吴齐伟. X 射线荧光光谱法测定镁合金中 Al 含量的不确定度评定. 现代测量与实验室管理, 2012, (4): 30-32.

2012-371 王业春, 雷波, 杨三明, 张晟. 三峡库区消落带不同水位高程土壤重金属含量及污染评价. 环境科学, 2012, 33(2): 612-617.

2012-372 王一凌. X 射线荧光光谱法测定硅石、硅砖的主次成分. 鞍钢技术, 2012, (5): 24-27.

2012-373 王永亚, 干福熹. 广西陆川蛇纹石玉的岩相结构及成矿机理. 岩矿测试, 2012, 31(5): 788-793.

2012-374 王昭, 吕文强, 高松信, 武德勇. Au80Sn20 合金焊料制备工艺. 强激光与粒子束, 2012, (9): 2089-2093.

2012-375 王振亮, 张寿庭, 梁晓辉, 林天亮, 鲁瑞君, 吴新刚. X 荧光仪及视电阻率测量的综合找矿方法应用——以内蒙古碧流台银铅锌多金属矿为例. 矿产勘查, 2012, 3(6): 811-817.

2012-376 王志刚. X 射线荧光 IQ+法在植物样品定性分析中的应用研究. 湖南农业科学, 2012, (17): 108-109, 113.

2012-377 王志刚, 于红梅. 波长色散 X 射线荧光结合元素分析仪分析金华佛手 14 种元素. 光谱学与光谱分析, 2012, 32(1): 252-254.

2012-378 王竹梅, 李月明, 沈宗洋, 吴芬, 刘志. 毕节市兴丰村高岭土的理化及工艺性能研究. 陶瓷学报, 2012, 33(2): 181-185.

2012-379 王卓, 葛良全, 张庆贤, 徐立鹏, 罗耀耀. 基于傅里叶变换的本底扣除法在 X 荧光分析中的应用. 核技术, 2012, 35(7): 549-551.

2012-380 王自庆, 林建新, 王榕, 魏可镁. 改性 ZrO_2 负载钌氨合成催化剂的制备及其构效关系研究. 燃料化学学报, 2012, 40(12): 1472-1479.

2012-381 汪灵, 张科, 李萍, 殷德强, 范博文, 唐小刚. 四川沐川黄丹石英砂岩铁质赋存状态研究. 矿物学报, 2012, 32(2): 183-192.

2012-382 汪应红, 王群英, 付晓恒. 燃煤过程矿物质形态对亚微米颗粒释放的影响. 煤炭转化, 2012, 35(2): 71-76.

2012-383 魏琳, 陈云琳, 张宝平, 祖志楠. 三次致孔法制备类沸石分子筛的研究. 硅酸盐通报, 2012, 31(2): 231-236.

2012-384 魏璐, 王丽琴, 周铁, 容波, 夏寅. 无损光谱技术在彩绘陶质文物分析中的应用进展. 光谱学与光谱分析, 2012, 32(2): 481-485.

2012-385 吴婧玮, 夏君定, 龚玉武. X 荧光成分分析实验对测量陶瓷器热释光年代的影响研究. 文物保护与考古科学, 2012, 24(S): 67-74.

2012-386 吴军明, 李其江, 张茂林, 黄薇, 吴隽, 王丽丽. 明中期景德镇民窑饰"弧形点彩"青花瓷研究. 中国陶瓷, 2012, 48(7): 71-73.

2012-387 吴军明, 张茂林, 李其江, 吴隽, 权奎山, 曹建文. 明清官窑霁蓝釉的组成和色度特征. 光谱学与光谱分析, 2012, 32(8): 2254-2259.

2012-388 吴隽, 黄梦璇, 张茂林, 吴军明, 李其江, 吴琳, 王丽丽, 熊露. 南方各窑址原始瓷产地特征的 EDXRF 分析. 光谱实验室, 2012, 29(6): 3284-3288.

2012-389 吴隽, 吴琳, 张茂林, 吴军明, 李其江, 黄梦璇, 王丽丽, 江鹏飞. 宜兴仿钧陶胎釉组成配方特征研究. 中国陶瓷, 2012, 48(8): 73-76.

2012-390 吴隽, 叶正隆, 吴军明, 张茂林, 李其江, 王丽丽, 江鹏飞. 中国古代南方白瓷的组成特征研究. 光谱学与光谱分析, 2012, 32(7): 1989-1993.

2012-391 吴隽, 张茂林, 吴军明, 李其江. EDXRF 应用于古陶瓷科技鉴定的实验条件探讨. 中国陶瓷, 2012, 48(1): 73-76.

2012-392 吴南, 马伟民, 毕孝国, 管仁国, 朱红艳, 滕飞. 高纯 TiO_2 超微粉体的制备. 人工晶体学报, 2012, 41(2): 485-490.

2012-393 吴松, 王爱民. 基于 FPGA 能量色散 X 射线荧光分析仪设计. 现代仪器, 2012, 38(3): 66-70.

2012-394 吴嵩, 许雅, 李晨光. 常见黄金表面的变色现象. 上海计量测试, 2012, (4): 13-15.

2012-395 吴旭, 贡华, 李汪根, 方群. 基于特征串匹配的 X 射线荧光光谱仪数据采集. 计算机工程, 2012, 38(2): 250-252.

2012-396 伍乾永, 杨平先, 唐杰. X 射线荧光光谱法检测食盐碘含量在线系统设计. 实验技术与管理, 2012, 29(9): 33-35.

2012-397 伍艳. 黄金饰品 X 射线荧光光谱法无损检测探讨. 现代商贸工业, 2012, (11): 184-185.

2012-398 武映梅, 石仕平, 宋武元. X 射线荧光光谱粉末压片法检测合金铸铁中 13 种成分. 冶金分析, 2012, 32(7): 32-37.

2012-399 奚居柏, 何雪峰. X 射线荧光光谱法测定石灰石、冶金石灰中氧化钙、氧化镁、二氧化硅、磷. 安徽冶金, 2012, (3): 16-18.

2012-400 Xia Changjiu, Zhu Bin, Lin Min, Shu

Xingtian. A green cyclohexanone oxidation route catalyzed by hollow titanium silicate zeolite for preparing ε-caprolactone, 6-hydroxyhexanoic acid and adipic acid. China Petroleum Processing & Petrochemical Technology, 2012, 14(4): 33-41.

2012-401 夏鹏超, 李明礼, 王祝, 李代琼, 胡亚燕. 粉末压片制样-波长色散 X 射线荧光光谱法测定斑岩型钼铜矿中主次量元素钼铜铅锌砷镍硫. 岩矿测试, 2012, 31(3): 468-472.

2012-402 谢雅典, 刘卫, 郑环, Duygu Kocaefe, Yasar Kocaefe, 田景学, 柏登成. 炭阳极原料中稀土元素镧 (La) 铈 (Ce) 对其性能影响. 轻金属, 2012, (4): 41-44.

2012-403 谢一飞, 方莹, 李镇. 二氧化钛改性对光催化降解甲基橙的研究. 印染助剂, 2012, 29(10): 15-18.

2012-404 谢玉玲, 唐燕文, 李应栩, 邱立明, 刘保顺, 李媛, 张欣欣, 韩宇达, 姜妍岑. 浙江安吉铅锌多金属矿区细粒花岗岩的岩石化学、年代学及成矿意义探讨. 矿床地质, 2012, 31(4): 891-902.

2012-405 熊超, 葛良全, 罗耀耀, 谷懿. 多种确定地球化学异常下限方法的比较. 四川有色金属, 2012, (1): 52-55, 61.

2012-406 熊敏, 何素芳, 刘春侠, 桂艳, 贺与平, 单云. 波长色散 X 射线荧光光谱法测定海带中的碘. 光谱实验室, 2012, 29(6): 3392-3394.

2012-407 熊婷, 朱志华, 张景靓, 李平. 酯化反应用阳离子交换树脂催化剂的失活机理研究. 工业催化, 2012, 20(5): 36-40.

2012-408 熊樱菲. 中国古代高温铁釉瓷的呈色研究. 文物保护与考古科学, 2012, 24(S): 45-51.

2012-409 胥真奇, 赵虹霞, 干福熹. 天然玻璃化学成分、结构和物相的无损分析. 硅酸盐学报, 2012, 40(3): 443-449.

2012-410 徐承泰, 李清临. 能量色散 X 射线荧光光谱法分析金元时代的钧窑瓷器. 理化检验-化学分册, 2012, 48(5): 508-511, 515.

2012-411 徐翠玲, 赵广涛, 何雨旸, 李德平. 滇西腾冲新生代火山岩岩石地球化学特征. 海洋地质与第四纪地质, 2012, 32(2): 65-75.

2012-412 徐德义, 裴宏伟, 刘宁强, 袁兆宪, 杨珏, 谢淑云, 成秋明. 矿源层地球化学元素在黄土盖层中纵向分布的趋势提取与应用. 地球科学 (中国地质大学学报), 2012, 37(6): 1133-1139.

2012-413 徐浩, 延卫, 常乐. Pb_3O_4 层引入对钛基 PbO_2 电极强化寿命的影响. 稀有金属材料与工程, 2012, 41(3): 462-466.

2012-414 徐慧超, 周剑英, 龚培荣, 朱周侠, 张永立, 黎忠. YAG 晶体在软 X 射线荧光靶探测器中的应用. 核技术, 2012, 35(8): 587-590.

2012-415 徐济安, 毕延. 同步辐射 X 射线光源在高压科学研究中的应用. 物理, 2012, (4): 218-226.

2012-416 徐晶, 梁晓鹏. X 射线荧光光谱仪在分析中的应用. 世界有色金属, 2012, (4): 41-42.

2012-417 徐巧, 杨新雨, 付水兴, 彭晓明, 张守林. 便携式 X 荧光分析仪在智利科皮亚波泥沟铜矿勘查中的应用. 矿产勘查, 2012, 3(4): 545-548.

2012-418 徐群, 应华军, 周永利, 包世星. 硫氰酸钠溶液中氯含量测定-XRF 液体进样系统分析法. 化工中间体, 2012, (12): 41-42.

2012-419 徐群, 应华军, 周永利, 包世星. X 射线荧光光谱法分析合成丙烯酸甲酯用催化剂中磷和钒含量. 精细石油化工进展, 2012, 13(5): 50-52.

2012-420 徐森民. 硫氰酸盐吸光光度法与 XRF 光谱分析法钼矿石品位检测的对比分析. 科技创新导报, 2012, (22): 17.

2012-421 徐森民. X 射线荧光分析技术在三道庄矿石 Mo 与 WO_3 品位测定中的应用. 科技创新导报, 2012, (13): 99.

2012-422 徐文娟. 无损光谱技术在纸质文物分析中的应用研究进展. 文物保护与考古科学, 2012, 24(S): 41-44.

2012-423 徐源, 王利勇, 叶晔捷, 陈英文, 祝社民, 沈树宝. 电沉积 Ni-W-P 合金电极在微生物电解池产氢技术中的研究. 太阳能学报, 2012, 33(2): 258-263.

2012-424 徐正坦, 翁仁贵. 蒸压流化床粉煤灰混凝土砌块养护优化设计. 长春工业大学学报(自然科学版), 2012, 33(4): 469-472.

2012-425 许东升, 黄淑玲, 李琦. 安徽省泗县池塘底泥 As 含量分布特征及污染评价. 光谱实验室, 2012, 29(2): 1233-1237.

2012-426 许东升, 李琦, 黄淑玲, 阚朝辉. 宿州市街尘 Pb 含量分布特征及污染评价. 宿州学院学报, 2012, 27(2): 33-36.

2012-427 许红亮, 郭辉, 姜三营, 刘素青, 李志勇, 张广军, 张振宏, 宋文娟. 平顶山矿区一矿煤矸石特征及其利用途径分析. 中国矿业, 2012, 21(7): 49-52.

2012-428 Xu Shaojun, Zhang Qiang, Feng Zhaoxuan, Meng Xiaojing, Zhao Tongyu, Li Chunyi, Yang Chaohe, Shan Honghong. A high-surface-area silico-aluminophosphate material rich in Brönsted acid sites as a matrix in catalytic cracking. Journal of Natural Gas Chemistry, 2012, 21(6): 685-693.

2012-429 薛向明, 方方, 王敏, 李婷. 基于小波变换的 X 荧光谱线光滑和本底扣除研究. 核电子学与探测技术, 2012, 32(11): 1320-1323.

2012-430 闫红霞, 盛兰英, 王定英, 严仁, 王建南. 单波长色散 X 射线荧光光谱法硫含量测定标准曲线制作评估. 石油化工应用, 2012, 31(5): 50-54, 64.

2012-431 闫鸿浩, 吴林松, 李晓杰, 王小红, 王胜杰. 前驱体相对物质的量的变化对氢氧气相爆燃制备纳米 SiO_2 颗粒的影响. 爆炸与冲击, 2012, 32(6): 581-584.

2012-432 闫鸿浩, 席树雄, 李晓杰, 王小红, 黄先超. 不同前驱体相对摩尔量对气相爆燃制备纳米 SiO_2 的影响. 高压物理学报, 2012, 26(6): 627-631.

2012-433 严方, 谢永杰. X 射线荧光光谱法测定加氢裂化催化剂中的钨和镍. 光谱实验室, 2012, 29(4): 2568-2572.

2012-434 严方, 谢永杰. X 射线荧光光谱法测定一氧化碳助燃剂中的铂. 光谱实验室, 2012, 29(1): 495-498.

2012-435 严家庆, 唐宇峰. X 射线荧光光谱法快速测定铝土矿中的主成分. 光谱实验室, 2012, 29(6): 3689-3692.

2012-436 颜杰, 李红, 唐楷, 刘科财, 叶文静. 粉煤灰脱除硫化氢的可行性研究. 广东化工, 2012, 39(4): 77-79.

2012-437 Yang Chen, Zhang Bin, Wang Jianzhong, Shi Liqun, Cheng Huansheng, Yang Tieying, Wen Wen, Hu Fengchun. EXAFS and SR-XRD study on Cu occupation sites in $Zn_{1-x}Cu_xO$ diluted magnetic semiconductors. Nuclear Science and Techniques, 2012, (2): 65-69.

2012-438 杨大伟, 王晓川, 李融武, 李国霞, 赵文军, 郭培育, 王卓亚, 贾宇向. 钧台窑不同时期发掘出土钧瓷的 PIXE 和模糊聚类分析. 河南师范大学学报(自然科学版), 2012, 40(6): 89-93.

2012-439 杨东梅, 郭玉文, 乔琦, 张建强, 刘景洋. 废 TFT-LCD 面板中主要元素溶出特性. 环境科学研究, 2012, 25(4): 431-435.

2012-440 杨帆, 石宝友, 王东升, 顾军农, 曹楠. 水质化学组分变化对管道铁释放及管垢特征的影响. 中国给水排水, 2012, 28(23): 59-64.

2012-441 杨恒, 田兴玲, 李乃胜, 李秀辉, 马清林. 广东南澳 I 号明代沉船出水铜器腐蚀产物分析. 中国文物科学研究, 2012, (3): 87-91.

2012-442 杨恒, 田兴玲, 李秀辉, 马清林. 广东南澳 I 号明代沉船出水铜器表面凝结物分析与去除. 中国文物科学研究, 2012, (2): 81-86.

2012-443 杨菊, 赵虹霞, 于璞. 北京昌平沙河镇出土蜻蜓眼玻璃珠的科学分析与研究. 文物保护与考古科学, 2012, 24(2): 74-83.

2012-444 杨菊, 赵虹霞, 于璞. 北京昌平沙河镇出土玉器的无损分析与研究. 文博,

2012, (4): 69-72.

2012-445 杨林, 林金辉, 王雷, 谭靖, 王兵. 贵州罗甸玉岩石化学特征及成因意义. 矿物岩石, 2012, 32(2): 12-19.

2012-446 杨明太, 袁莉, 戴长松. EDXRF 法检测纸张及其墨迹微量元素. 核电子学与探测技术, 2012, 32(12): 1353-1355.

2012-447 杨锁龙, 余春荣, 杨光文, 高戈, 吴伦强. U-Ta 合金中 Ta 含量的 EDXRF 法测定. 稀有金属材料与工程, 2012, 41(3): 539-541.

2012-448 杨小丽, 刘昱恒. XRF 法测定以 Cu Pb Zn 为主的多金属矿中的主次元素. 现代仪器, 2012, 18(4): 18-21.

2012-449 杨晓丹, 施光海, 刘琰. 新疆和田黑色透闪石质软玉振动光谱特征及颜色成因. 光谱学与光谱分析, 2012, 32(3): 681-685.

2012-450 杨晓龙, 唐立平, 夏春谷, 熊绪茂, 慕新元, 胡斌. 不同 MgO 担体对 Ba-Ru/MgO 氨合成催化剂物化性质和反应性能的影响 (英文). 分子催化, 2012, 26(1): 1-9.

2012-451 杨晓龙, 唐立平, 夏春谷, 熊绪茂, 慕新元, 胡斌. MgO/h-BN 复合载体对 Ba-Ru/MgO/h-BN 氨合成催化剂性能的影响 (英文). 催化学报, 2012, 33(3): 447-453.

2012-452 杨迎春, 卢远刚, 叶芝祥, 刘盛余, 余静, 胡蕾. La 掺杂 Bi_2O_3 的制备、表征与可见光催化活性. 化学学报, 2012, 70(11): 21-27.

2012-453 姚锦冰, 杨玉明, 蒋兴元. X 射线荧光光谱法测定低合金生铁中 Si、Mn、P、S、Cr、Ni 的应用. 中国高新技术企业, 2012, (23): 58-60.

2012-454 叶华俊, 郭生良, 姜雪娇, 夏阿林, 王健. 基于 XRF 技术的大气重金属在线分析仪的研制. 仪器仪表学报, 2012, 33(5): 1161-1166.

2012-455 叶丽君, 刘鲁川, 周霞, 刘锐, 刘宁, 李向杰, 王金川. Er:YAG 激光照射后釉质结构和成分变化的研究. 口腔生物医学, 2012, 3(3): 166.

2012-456 叶丽君, 刘鲁川, 周霞, 刘锐, 刘宁, 李向杰, 王金川. Er:YAG 激光照射后釉质结构和成分变化的研究. 牙体牙髓牙周病学杂志, 2012, 22(2): 96-98.

2012-457 叶青, 闫立娜, 霍飞飞, 王海平, 程水源, 康天放. Fe 柱撑海泡石负载 Cu 催化剂: 结构特点及其 C_3H_6 选择性催化还原 NO 催化性质. 无机化学学报, 2012, 28(1): 103-112.

2012-458 叶小松, 王茺, 关中杰, 靳映霞, 李亮, 杨宇. 溅射气压对 Ge/Si 纳米点表面形貌的影响. 功能材料, 2012, 43(10): 1230-1234.

2012-459 叶晓通, 陈栋, 张黎, 李越生, 肖斐. 圆片级封装的板级跌落可靠性研究. 半导体技术, 2012, 37(10): 804-809.

2012-460 叶宇轩. 制革富铬废物的表征及其在陶瓷工业中的潜在应用. 西部皮革, 2012, 34(10): 42-49.

2012-461 衣秀娟, 王培娟, 王树勋, 陈伟, 邬旭然. TXRF 法测定淡竹叶中微量元素. 中国卫生检验杂志, 2012, 22(11): 2568-2570.

2012-462 尹利辉, 李俊卿, 俞辉, 陈超, 陈金泉, 黄萍, 王栋, 刘炜, 马双成. X 射线荧光元素分析技术测定明胶原料中的铬. 药物分析杂志, 2012, 32(7): 1124-1126.

2012-463 尹利辉, 李俊卿, 俞辉, 陈超, 赵霞, 王金凤, 胡昌勤, 马双成, 金少鸿. X 射线荧光元素分析技术快速筛查含铬的空心胶囊. 药物分析杂志, 2012, 32(6): 920-923.

2012-464 殷庆纵, 夏劼清, 冯家林. 针对土壤重金属污染的 X 荧光测试仪的设计. 自动化仪表, 2012, 33(10): 80-82, 86.

2012-465 殷求义, 陈绍云, 张永春, 王晓峰. 改性活性炭纤维吸附脱除气态汞. 环境工程学报, 2012, 6(8): 2764-2768.

2012-466 应腾远, 刘文甫, 孙富涛, 李海明. ICP-AES 法同时测定锰矿石中铁、铝、钛、钙、镁、磷、钡、铅的含量. 化学分析计量, 2012, 21(1): 27-30.

2012-467 于建, 高康乐, 汪丽, 王海东, 邹元龙, 梁文艳. 钢渣粉末吸附去除废水中磷的研究. 环境工程, 2012, 30(S): 36-40.

2012-468 于杰, 刘长春, 丁健, 刘伟. 镁质耐火材料 X 射线荧光光谱分析——粉末压片法与熔融玻璃片法之比较. 辽东学院学报 (自然科学版), 2012, 19(2): 80-85.

2012-469 于艳科, 何炽, 陈进生, 孟小然. 电厂烟气脱硝催化剂 V_2O_5-WO_3/TiO_2 失活机理研究. 燃料化学学报, 2012, 40(11): 1359-1365.

2012-470 于英鹏, 汪海斌, 刘现彬. 末次间冰期以来沙漠边缘黄土沉积的地球化学特征初探. 沉积学报, 2012, 30(2): 356-365.

2012-471 余安安, 周丹, 庞涛, 鲁新环, 夏清华. 乙烯基功能化微孔 SAPO-11 分子筛的合成与结构表征. 湖北大学学报 (自然科学版), 2012, 34(3): 279-281, 312.

2012-472 余春荣, 高戈, 赵忠刚. 用于 XRF 分析的 U-Nb 合金试样制备方法. 光谱实验室, 2012, 29(3): 1817-1819.

2012-473 袁兆宪, 成秋明. 便携式 X 荧光仪在覆盖区元素垂向迁移研究中的应用. 地球科学进展, 2012, 27(S): 522.

2012-474 袁兆宪, 徐德义, 陈志军, 成秋明. 便携式 X 荧光仪在研究矿化顺序中的应用. 吉林大学学报 (地球科学版), 2012, 42(S2): 216-223.

2012-475 岳冠华, 邹红云, 尚丽民, 许萍. 再生水回用于工业循环冷却水系统的污垢分析与研究. 给水排水, 2012, 28(2): 49-53.

2012-476 岳建华, 陶俊, 林泽健, 朱李华, 曹军骥, 罗磊. 成都春季生物质燃烧和沙尘期间气溶胶散射特征及其重建. 环境科学, 2012, 33(7): 2151-2157.

2012-477 Zaccone C., Cocozza C., Orazio V. D.', Plaza C., Cheburkin A., Miano T. M., 谢绿武, 赵红艳, 王升忠. 萃取剂对泥炭腐植酸性质和微量元素的影响. 腐植酸, 2012, (1): 26-36.

2012-478 曾国强, 葛良全, 倪师军, 熊盛青. 数字化 X 荧光仪电源的最优化设计. 核电子学与探测技术, 2012, 32(6): 719-723.

2012-479 曾泽, 盛向军, 赵景红, 王健. 绿泥石菱镁石等混合物矿物相分辨. 检验检疫学刊, 2012, 22(6): 4-6, 36.

2012-480 翟娟, 赖万昌, 王卓, 郭成, 汪清浩. EDXRF 法在铁氧体分析中的应用. 核电子学与探测技术, 2012, 32(12): 1425-1427.

2012-481 翟亚涛. X 射线荧光光谱法测定催化剂中的 La. 山东化工, 2012, 41(8): 38-39, 43.

2012-482 占蓉, 邹筱春, 李芳. 随钻 X 射线衍射分析录井技术应用研究. 录井工程, 2012, 23(4): 1-5, 79.

2012-483 张爱芬, 刘帅, 马慧侠, 刘静. 粉末压片 X 射线荧光光谱法测定氧化铝中杂质元素. 冶金分析, 2012, 32(12): 51-56.

2012-484 张爱武, 邓永红. 田口方法在 X 射线荧光分析时曲线校正中的应用. 化学分析计量, 2012, 21(1): 85-87.

2012-485 张斌, 李敏, 王建中, 施立群, 承焕生, 杨铁莹, 文闻, 胡凤春. SR-XRD 和 EXAFS 研究 Mn 掺杂 ZnO 薄膜的微观结构. 核技术, 2012, 35(5): 321-325.

2012-486 张博, 计扬, 骆念军, 李伟, 房鼎业. 草酸二甲酯加氢制乙二醇催化剂失活研究: 硫中毒. 天然气化工 (C1 化学与化工), 2012, 37(3): 39-43.

2012-487 张彩霞, 孙忠. 基于 X 射线荧光光谱法测定少量样品的主次元素. 中国沙漠, 2012, 32(5): 1263-1267.

2012-488 张彩霞, 孙忠, 叶建圣. 基于 X 射线荧光光谱法测定常见生物样品中常量和微量元素. 岩矿测试, 2012, 31(2): 272-276.

2012-489 张逢来, 周岩, 杨凌, 周灵萍, 田辉平. 分子筛孔道清理改性技术的工业应用. 石油学报 (石油加工), 2012, 28(S): 22-25.

2012-490 张凤霞, 刘继义, 程佑法, 刘海彬. EDXRF 测量黄金纯度的不确定度评估. 贵金属, 2012, 33(4): 68-70.

2012-491 张福元, 姚立斌. 硫铵蒸发器列管结垢的清洗工艺. 清洗世界, 2012, 28(1):

2012-492 张贵泉, 张昕, 祁敏, 林涛, 龚婷. 超细 Fe-V-O 催化剂上甲苯液相氧化制苯甲醛. 催化学报, 2012, 33(5): 870-877.

2012-493 张国龙, 闫长青, 张国庆, 赵文睿, 沈贵红, 平连民, 于旺. X 射线荧光元素录井在南堡油田潜山卡层中的应用研究. 录井工程, 2012, 23(1): 20-24, 77.

2012-494 张国田, 郑新卫, 王丹丹, 孟祥文. X 射线荧光元素录井在辽河油田的应用. 录井工程, 2012, 23(4): 10-16, 79-80.

2012-495 张欢. 一件东汉时期铜鼓的分析与保护研究. 中国文物科学研究, 2012, 28(4): 82-85.

2012-496 张教赟, 张忠和. 手持式 X 射线荧光金属分析仪在钢铁材料检测中的操作技巧. 理化检验-化学分册, 2012, 48(11): 1360-1362.

2012-497 张洁. X 射线荧光光谱法测定高含量 CaO 化探样品中钴元素. 中华民居, 2012, (3): 209208.

2012-498 张景超, 朱艳英, 丁喜峰, 刘美义, 郭西华, 吴鹏乐, 关颖. 不同产地山药的 XRF 和 PXRD 分析与表征. 光谱学与光谱分析, 2012, 32(7): 1972-1974.

2012-499 张军, 刘永利, 孙浩. X 射线荧光光谱仪测定烧结矿组分. 天津冶金, 2012, (3): 4-6, 63.

2012-500 张俊, 孙林华. 沉积物成岩阶段元素地球化学变化: 以宿州市钓鱼台水库为例. 宿州学院学报, 2012, 27(2): 36-39.

2012-501 张岚. 材料可靠性鉴别在采购质量控制中的运用. 石油工业技术监督, 2012, (1): 13-15.

2012-502 张磊磊, 马发韬, 张宁, 程伟, 丁述理. 改性高岭土吸附城市生活污水中铅的实验研究. 河北工程大学学报 (自然科学版), 2012, 29(1): 55-57.

2012-503 张丽伟, 周涵, 代振宇, 赵晓光. 铁离子在 ZSM-5 分子筛中存在位置的理论研究. 计算机与应用化学, 2012, 29(6): 684-686.

2012-504 张茂林, 周剑, 李其江, 吴军明, 干科. 景德镇五代瓷器组成配方的 EDXRF 分析. 光谱学与光谱分析, 2012, 32(5): 1413-1417.

2012-505 张茂润, 孙静静, 陈静. 纳米 $Dy_{0.15}Fe_{1.85}O_3$ 磁颗粒的低温磁特性研究. 无机材料学报, 2012, 27(11): 1174-1178.

2012-506 张娜娜, 王继扬, 颜涛, 韩淑娟, 郭永解. 掺铈铌酸锂晶体的生长和表征 (英文). 硅酸盐学报, 2012, 40(3): 412-415.

2012-507 张楠, 薛改凤, 王丽娜, 刘璞, 付本全. 硅钢中合金元素的几种仪器分析方法. 鞍钢技术, 2012, (4): 9-12.

2012-508 张鹏, 张寿庭, 邹灏, 方乙, 曹华文, 高永璋, 马永非. 便携式 X 荧光分析仪在萤石矿勘查中的应用. 物探与化探, 2012, 36(5): 718-722.

2012-509 张勤, 白金峰, 王烨. 地壳全元素配套分析方案及分析质量监控系统. 地学前缘, 2012, 19(3): 33-42.

2012-510 张卿, 张兰兰, 胡思, 雍晓静, 阿古达木, 巩雁军, 窦涛. 不同铝源合成 ZSM-5 分子筛及其 MTP 催化性能. 石油学报 (石油加工), 2012, 28(S1): 39-43.

2012-511 张庆建, 丁仕兵, 冯丽丽, 孙博. 进口氧化皮化学特性及 X 射线荧光光谱分析. 分析科学学报, 2012, 28(1): 75-78.

2012-512 张瑞, 王瑜, 吴伟, 王文静, 肖林飞, 武光. 模板剂种类对 ZSM-22 分子筛的酸性和正癸烷加氢异构化催化反应性能的影响. 燃料化学学报, 2012, 40(11): 1353-1358.

2012-513 张晟瑀, 张玉玲, 苏小四, 张莹. PRB 反应介质火山渣净化石油类污染地下水特性. 吉林大学学报 (地球科学版), 2012, 42(S2): 393-398.

2012-514 张世红, 杨子旭, 王贤华, 陈汉平. 烟秆流化床燃烧结渣特性实验. 农业机械学报, 2012, 43(6): 97-101, 106.

2012-515 张术杰, 吴文琪, 蒋天怡, 赵长玉. X 荧光光谱法分析稀土铝铁合金中稀土、铝、硅、磷. 稀土, 2012, 33(4): 77-80.

2012-516 张现荣, 张勇, 叶青, 范德江, 毕世普, 王亮, 张喜林, 孔祥淮. 辽东湾北部海域沉积物重金属环境质量和污染演化. 海洋地质与第四纪地质, 2012, 32(2): 21-29.

2012-517 张欣欣, 黄立新. 一种汤料混浊剂中起浊成分及其含量的测定研究. 食品工业, 2012, 33(9): 158-161.

2012-518 张新, 吴俊升, 魏丹, 肖葵, 周建龙, 李晓刚. 钒含量和焙烧温度对 V_2O_5/TiO_2 催化剂物理和化学性质的影响. 科技导报, 2012, 30(33): 35-40.

2012-519 张新华, 邹筱春, 赵红艳, 李芳, 秦黎明. 利用X荧光元素录井资料评价页岩脆性的新方法. 石油钻探技术, 2012, 40(5): 92-95.

2012-520 张亚莉, 李怀梅, 于先进, 李小斌. 高铝硅氰化渣中铁回收工艺. 中南大学学报 (自然科学版), 2012, 43(1): 46-53.

2012-521 张艳秋, 江树勇, 赵亚楠, 唐明. 冷却速度对 Ti-50.9%Ni 形状记忆合金相变行为和组织的影响 (英文). Transactions of Nonferrous Metals Society of China, 2012, (11): 2685-2690.

2012-522 张燕, 刘家琴, 高中洪. 薄层等电聚焦-X射线荧光光谱法测定铁超载小鼠肝中铁含量分布. 化学与生物工程, 2012, 29(2): 47-50.

2012-523 张耀奎, 支河, 肖海斌, 左天明, 徐义仁. X射线荧光光谱法测定锰矿石中主次成分. 四川地质学报, 2012, 32(4): 503-505.

2012-524 张以军, 代国祥, 王旭东, 杨鹏飞, 周慧成. 元素特征比值分析法在三塘湖盆地岩性识别方面的初步应用. 新疆石油天然气, 2012, 8(3): 7-15, 4.

2012-525 张永旺, 刘琰, 刘涛涛, 木合塔尔·扎日, 刘元晴. 新疆和田透闪石软玉的振动光谱. 光谱学与光谱分析, 2012, 32(2): 398-401.

2012-526 张勇, 柯捷, 陆太进, 陈华, 杨天畅. 黄色石英质玉石中水草花的物质组成研究. 宝石和宝石学杂志, 2012, 14(3): 1-5.

2012-527 张振华, 曹峰. 日本理学 ZSX Primus II 型X射线荧光光谱仪常见故障分析及日常维护. 现代仪器, 2012, 18(4): 67-69.

2012-528 张志民, 郭长友, 凌凤香, 沈智奇. 氧化铝表面钛改性的机理分析. 石油炼制与化工, 2012, 43(10): 49-54.

2012-529 张志民, 郭长友, 马波, 凌凤香, 苗升, 沈智奇, 翁蕾. 原子层沉积技术在钛改性多孔氧化铝上的应用. 工业催化, 2012, 20(6): 23-26.

2012-530 张志民, 周灵萍, 杨凌, 田辉平. 新型重油催化裂化催化剂 HSC-1 的研究开发. 石油学报 (石油加工), 2012, 28(S1): 1-6.

2012-531 章炜, 张玉钧, 陈东. 土壤重金属镍元素的X射线荧光定量分析. 激光与光电子学进展, 2012, (1): 137-140.

2012-532 章炜, 张玉钧, 陈东, 刘晶, 王春龙, 张荣, 赵南京, 刘文清. 内标法在土壤重金属镍元素X荧光分析中的应用研究. 光谱学与光谱分析, 2012, 32(4): 1123-1126.

2012-533 章薇, 谈国强, 夏傲, 任慧君. 溶胶凝胶法制备 $NaTaO_3$ 薄膜及光催化性能研究 (英文). 稀有金属材料与工程, 2012, 41(S3): 611-614.

2012-534 赵春江, 周四春, 刘晓辉, 鲍小柯, 赵峰, 谢克文. 隐伏花岗岩铀矿上方的X荧光异常特征及其找矿意义. 物探与化探, 2012, 36(6): 1055-1058.

2012-535 赵刚. 应用X射线荧光法测定铁矿石中的铁. 四川地质学报, 2012, 32(S): 100-103.

2012-536 赵健, 周伟, 马建新. 球形氧化铝负载 Ni-Co 双金属催化剂上沼气重整制氢——制备规模的影响. 太阳能学报, 2012, 33(10): 1829-1835.

2012-537 赵兰芳, 董永胜, 井卫华, 程泽. X射线荧光光谱法在光谱半定量分析中的应用. 内蒙古科技与经济, 2012, (2): 130-131.

2012-538 赵鹏飞, 郭欣, 郑楚光. 载银稻壳基吸附剂的制备与表征及其脱除 Hg^0 的实验研究. 中国电机工程学报, 2012, 32(5): 61-67.

2012-539 赵普琇. 三异辛胺负载聚氨酯泡沫塑料富集-X 射线荧光光谱法测定金量. 理化检验-化学分册, 2012, 48(6): 724-725.

2012-540 赵清良, 李寒旭, 纪明俊, 刘峤, 曹祥, 张子利. Shell 煤气化飞灰与电厂飞灰性质的研究. 广东化工, 2012, 39(17): 20-21.

2012-541 赵伟光. X 射线荧光分析技术的应用. 品牌与标准化, 2012, (16): 33.

2012-542 赵秀娟, 曹春娥, 卢希龙, 陈云霞. 景德镇与潮州中温日用瓷坯热稳定性的研究. 硅酸盐通报, 2012, 31(5): 1111-1116.

2012-543 赵亚芳, 李晓, 王敏, 黄静, 印红玲. 波长色散 X 射线荧光光谱法测定成都市春季大气 PM_{10} 中的无机元素. 四川环境, 2012, 31(S): 5-12.

2012-544 赵云, 俞红梅, 邢丹敏, 邵志刚, 衣宝廉. PEMFC 用 Ce-MCM-41/SPEES 复合膜的研究. 电源技术, 2012, 36(1): 24-28.

2012-545 郑笑芳, 彭晓东, 苏中华, 魏群义. 真空硅热直接还原制备镁锂合金研究. 真空科学与技术学报, 2012, 32(11): 1021-1025.

2012-546 郑雅杰, 周文科, 彭映林, 马玉天. 砷锑价态对铜电解液中砷锑铋脱除率的影响. 中南大学学报 (自然科学版), 2012, 43(3): 821-826.

2012-547 郑颖, 张孟星. X 射线荧光光谱法测定锆矿石中锆硅铁钛铝钙. 分析测试技术与仪器, 2012, 18(3): 187-191.

2012-548 钟永超, 孙国良, 周勇敏. 高硅酸盐水泥熟料煅烧的试验研究. 硅酸盐通报, 2012, 31(2): 252-257.

2012-549 周峰, 陈明, 张淑梅, 乔凯. 部分 NH_4^+ 交换对 FER 分子筛催化正丁烯骨架异构反应性能的影响. 石油学报 (石油加工), 2012, 28(6): 927-932.

2012-550 周国华, 孙彬彬, 刘占元, 魏华玲, 曾道明, 张必敏. 中国东部主要河流稀土元素地球化学特征. 现代地质, 2012, 26(5): 1028-1042.

2012-551 周国庆, 姜尧发. 山东兖州煤田太原组碳酸盐岩的稀土元素特征. 中国煤炭地质, 2012, 24(11): 1-3, 6.

2012-552 周衡刚, 邓思娟. 能量色散 X 射线荧光光谱法同时测定涂料中的铅、铬、镉、汞. 合成材料老化与应用, 2012, 41(5): 29-31.

2012-553 周良平, 赖万昌, 李高峰, 姚飞. EDXRF 方法在测量含水 Fe 样中 Fe 含量的应用. 广东微量元素科学, 2012, 19(1): 42-46.

2012-554 周四春, 刘晓辉, 胡波, 赵春江, 鲍小柯, 赵峰, 谢克文. 滇西某铅锌矿整装勘查区地气、X 荧光测量找矿应用. 物探与化探, 2012, 36(6): 1040-1043.

2012-555 朱崇兵, 金保升, 仲兆平. 蜂窝式 SCR 催化剂的工业制备及性能试验. 锅炉技术, 2012, 43(2): 69-74.

2012-556 朱根庆. 岩屑录井数字化的认识与误区. 录井工程, 2012, 23(2): 8-10, 45, 89.

2012-557 朱纪夏, 李庆美. X 射线荧光光谱法同时测定煤焦灰分中主次组分. 理化检验-化学分册, 2012, 48(3): 345-346, 352.

2012-558 朱李华, 陶俊, 陈忠明, 赵岳, 张仁健, 曹军骥. 2010 年 1 月北京城区大气消光系数重建及其贡献因子. 环境科学, 2012, 33(1): 13-19.

2012-559 朱腾高, 肖赛金, 陈焕文. X 荧光光谱法测定玩具饰品中的重金属含量. 分析仪器, 2012, (2): 52-54.

2012-560 朱小平. JJF1306-2011《X 射线荧光镀层测厚仪校准规范》解读. 中国计量, 2012, (8): 128-129.

2012-561 朱新锋, 杨丹妮, 胡红云, 何雄, 刘玲静, 李磊, 刘建文, 杨家宽. 废铅酸蓄电池铅膏性质分析. 环境工程学报, 2012, 6(9): 3259-3262.

2012-562 朱勇, 彭园珍, 黄勇明, 李炎, 袁东星. 共沉淀-离心-X 射线荧光法快速测定表层海水中的 Fe, Ni, Mn, Cu, Zn, Pb. 海洋环境科学, 2012, 31(4): 594-598.

2012-563 朱泽民, 张华, 杜治国, 陈立清. 钡永磁铁氧体半成品的 XRF 法定量测定.

磁性材料及器件, 2012, 43(3): 65-67, 75.

2012-564 庄峰, 张方英, 杜江勇, 陈宏伟, 李洪玲, 但建明. 粉煤灰对砂浆性能的影响. 石河子大学学报 (自然科学版), 2012, 30(1): 87-91.

2012-565 卓晓丹. 能量色散 X 射线荧光光谱仪检出限方法的研究与不确定度评定. 质量技术监督研究, 2012, (1): 15-17.

2012-566 邹亢, 黄南贵, 徐广通. S Zorb 吸附剂 Rietveld 物相定量方法研究. 石油学报 (石油加工), 2012, 28(4): 598-604.

2012-567 邹联宁. X 射线荧光分析法在石油产品中硫含量的检测方法. 科技传播, 2012, (18): 90155.

2012-568 邹兴武, 王树轩, 杨占寿, 王舒娅, 祁米香. 真空硅热还原法制备金属锶. 有色金属 (冶炼部分), 2012, (7): 53-56.

2012-569 邹兴武, 王树轩, 杨占寿, 王舒娅, 祁米香. 真空铝热还原法制备金属锶工艺研究. 盐湖研究, 2012, 20(3): 63-67.

2013 年 (2013)

2013-001 阿古拉. La-V-O/粘土催化剂上丙烷氧化脱氢制丙烯. 内蒙古石油化工, 2013, (6): 23-25.

2013-002 Abdel Monem M. Soltan, Soltan Waleed A. Ogila. Assessment of ornamental stone waste as expansive soil stabilizer. 矿物学报, 2013, (S1): 2.

2013-003 艾晓军, 杨理勤, 蒋小良, 陈士清. 实验室空调滤尘中铅的测定. 分析仪器, 2013, (5): 82-84.

2013-004 Akbar Mehdilo, Mehdi Irannajad, Bahram Rezai. Applied mineralogical studies on Iranian titanium deposits. 矿物学报, 2013, (S1): 4.

2013-005 鲍希波, 卢女平, 石毓霞, 赵靖, 李志明. X 射线荧光光谱法测定钒铁合金中主次元素含量. 理化检验-化学分册, 2013, 49(5): 546-549.

2013-006 贲殿利. X 荧光分析仪在选矿及时检测中的应用. 科技创新与应用, 2013, (36): 19.

2013-007 毕亚凡, 牟林琳, 徐俊虎, 李亮. 废刻蚀液与低品位磷矿为原料磷复肥的制备. 武汉工程大学学报, 2013, 35(7): 27-31.

2013-008 别如山, 黄兵, 宋兴飞, 纪晓瑜, 朱少飞. 酒糟在流化床中燃烧特性的试验研究. 动力工程学报, 2013, 33(6): 479-483.

2013-009 蔡玉斌, 金骏, 翁杰. 波长色散 X 射线荧光光谱法测定长石主次量组分. 光谱实验室, 2013, 30(2): 920-924.

2013-010 曹祥, 李寒旭, 刘峤, 张子利, 朱邦阳, 赵清良. 三元配煤矿物因子对煤灰熔融特性影响及熔融机理. 煤炭学报, 2013, 38(2): 314-319.

2013-011 曹玉红, 高卓成, 曹玉霞. 熔融制样-X 射线荧光光谱法测定磁铁矿中 7 种组分. 冶金分析, 2013, 33(6): 18-22.

2013-012 陈朝方, 许彩芸, 彭彬, 徐泽, 伍利兵, 李杰. 微区能量色散 X 荧光元素成像法测定陶瓷中重金属元素. 食品安全质量检测学报, 2013, 4(4): 1046-1052.

2013-013 陈港泉, 于宗仁, 李娜, 苏伯民, 赵西晨, 丁岩. 陕西凤栖原西汉墓 M25 耳室土壤中金属元素空间分布规律研究. 敦煌研究, 2013, (1): 44-50.

2013-014 陈海, 李黠, 左新建, 周舰. X 荧光光谱法快速分析外购生铁. 柳钢科技, 2013, (4): 27-30.

2013-015 陈和平, 付玉琴. X 射线荧光光谱法测定超硬铝合金中成分. 科技风, 2013, (15): 12.

2013-016 陈红, 王永辉, 王炜. X 射线荧光光谱无标样分析在合金材料中的应用. 轻工科技, 2013, (9): 131-132.

2013-017 陈红丽, 丁键, 王一萌. 具有多级孔道结构、高水热稳定性的含氧化镁 Silicalite-1 分子筛的合成 (英文). 物理化学学报, 2013, 29(5): 1035-1040.

2013-018 陈健. 基于网络信息化条件下的镀层重量检验. 安徽冶金科技职业学院学报, 2013, 23(4): 17-19.

2013-019 陈杰, 闫峰, 罗昆鹏. 微波水热合成钛酸钡纳米粉体. 人工晶体学报, 2013,

42(11): 2359-2363.

2013-020 陈静允, 谢伟宏, 周环. X 射线光电子能谱法分析爆炸残留物. 理化检验-化学分册, 2013, 49(6): 731-734.

2013-021 陈娟, 李和平. 硫化物矿物的主微（痕）量元素分析进展. 矿物学报, 2013, 33(3): 351-362.

2013-022 陈俊文, 张超, 王永睿, 孙敏, 慕旭宏, 舒兴田. 改性 IM-5 分子筛在甲苯甲醇烷基化反应中的催化性能. 石油学报(石油加工), 2013, 29(5): 757-766.

2013-023 陈莉, 李军敏, 杨波, 吕涛, 李再会. 渝南吴家湾铝土矿含矿岩系中钪的分布规律研究. 矿物岩石地球化学通报, 2013, 32(4): 468-474.

2013-024 陈龙, 孙志蓉, 张晓敏, 刘文杰, 杜远. 三种石斛中微量元素测定及多糖提取工艺研究. 现代中药研究与实践, 2013, 27(4): 42-44.

2013-025 陈瑞文. 氧化铝冶炼的工业固废——赤泥的组成分析及其特性表征. 陶瓷科学与艺术, 2013, (4-5): 17-19.

2013-026 陈树军, 张伟, 金鑫, 王政, 梁宏伟. X 荧光在线多元素分析仪的研究与应用. 世界有色金属, 2013, (10): 76-77.

2013-027 陈树祥, 秦颖, 席奇峰. 大冶市岩阴山脚遗址考古新见硬壳及沉积物遗迹探析. 湖北理工学院学报 (人文社会科学版), 2013, 30(5): 1-6.

2013-028 陈涛, 郭隽, 太井超. 波长色散 X 射线荧光光谱仪故障处理及维护. 天津冶金, 2013, (S1): 98-101.

2013-029 陈维苗, 凌晨, 丁云杰, 王涛, 朱何俊, 吕元. 溶胶-凝胶法制备 $Cu-ZnO/SiO_2$ 催化剂及其催化乙酸甲酯氢解反应的性能. 石油化工, 2013, 42(5): 512-517.

2013-030 陈晓丽, 魏丽乔. SiO_2 载纳米银抗菌粉体的制备及性能. 中国粉体技术, 2013, 19(6): 54-57.

2013-031 陈耀壮, 李洁, 赵国强, 雷菊梅, 赵英. 高效锰系脱氧剂的研制及性能测试. 工业催化, 2013, 21(10): 36-40.

2013-032 陈渊, 张洁, 庄园. 便携式 X 射线荧光光谱仪快速测定土壤中多种金属元素. 环境科学与管理, 2013, 38(3): 121-123.

2013-033 陈岳, 罗武干, 穆青, 赵学峰, 王昌燧. 河北临漳曹村窑址青釉器物工艺特征研究. 岩矿测试, 2013, 32(1): 64-69.

2013-034 陈宗颜, 黄勇. 湟水河河床沉积物元素含量及化学风化分析. 干旱区资源与环境, 2013, 27(5): 179-183.

2013-035 成艾颖, 余俊清, 高春亮, 张丽莎, 何先虎. 湖泊沉积物微量元素 ICP-AES 与 XRF 分析方法和相关性研究. 光谱学与光谱分析, 2013, 33(7): 1949-1952.

2013-036 成秀栋. Venus200 光谱仪使用的注意事项. 建材技术与应用, 2013, (4): 32-34.

2013-037 成应向, 宋伟龙, 许友泽, 戴友芝, 邱亚群, 王强强. Na_2S 与高聚复配絮凝剂处理酸性高 As 废水. 环境科学研究, 2013, 26(9): 1007-1013.

2013-038 成勇, 朱生善, 俞彦龙. 沟系土壤地球化学测量在西准包古图乃比克金矿中的应用. 矿产勘查, 2013, 4(4): 447-452.

2013-039 程俊华, 张健, 陈刚, 吕文晏. 玻璃抛光废渣理化特性研究. 环境工程学报, 2013, 7(5): 1929-1932.

2013-040 程俊华, 张健, 陈刚, 徐新民, 王沛钊, 石君军. 废彩色阴极射线管玻璃的 X 和 γ 射线屏蔽特性. 环境工程技术学报, 2013, 3(3): 253-258.

2013-041 程胜男, 卢飞, 崔龙飞, 裴依超, 谭欢欢, 布多. 拉萨设施农业区域地下水中 As、Pb、Hg 的初步研究. 中国农业信息, 2013, (9): 194.

2013-042 程淑艳, 郝艳红, 辛云岭, 程芳琴. 以废纸为原料制备煤尘抑制剂的合成及应用. 环境工程学报, 2013, 7(9): 3578-3582.

2013-043 程志中, 刘妹, 黄宏库, 顾铁新, 鄢卫东. 镍矿石和镍精矿标准物质研制. 岩矿测试, 2013, 32(4): 600-607.

2013-044 Chi Kebin, Zhao Zhen, Tian Zhijian, Hu Sheng, Yan Lijun, Li Tianshu, Wang Bingchun, Meng Xiangbin, Gao Shanbin, Tan Mingwei, Liu Yanfeng. Hydroisomerization performance of platinum supported on ZSM-22/ZSM-23 intergrowth zeolite catalyst. Petroleum Science, 2013, (2): 242-250.

2013-045 池汝安, 石玉磬, 陈志伟, 余军霞. 盐酸对冶金污泥中铜锌镉铅的浸出工艺优化. 武汉工程大学学报, 2013, 35(5): 1-5.

2013-046 褚绮, 冯杰, 李文英, 谢克昌. Ni/Mo/N 催化剂合成及其在噻吩存在体系下苯加氢反应中的应用 (英文). 催化学报, 2013, 34(1): 159-166.

2013-047 崔立明, 刘晓毅, 张斌. 玻璃融片制样-X 射线荧光分析陶瓷原材料中的氧化物成分. 中国陶瓷, 2013, 49(9): 77-79.

2013-048 崔巍巍, 刘娅, 王宗良, 王昊, 崔立国, 章培标, 陈学思. 纳米银/二甲基砜/聚乳酸-乙醇酸静电纺丝人工敷料的制备及生物评价. 高等学校化学学报, 2013, 34(3): 679-685.

2013-049 崔文权, 郭冬梅, 刘利, 胡金山, 梁英华. $PbS/K_2La_2Ti_3O_{10}$ 复合物的制备及光催化活性研究. 功能材料, 2013, 44(24): 3651-3657.

2013-050 寸凤妹, 李小莉. X 射线荧光光谱法测定钛白粉样品中 10 种微量元素. 现代仪器与医疗, 2013, 19(6): 63-65.

2013-051 戴红, 常仕英, 蔺广森, 黄鉴. Ce 改性 ZSM-5 分子筛载 Pd 催化剂的 CeO_2-Pd 协同作用研究. 贵金属, 2013, 34(3): 7-12.

2013-052 戴静, 刘阳生. 四种原料热解产生的生物炭对 Pb^{2+} 和 Cd^{2+} 的吸附特性研究. 北京大学学报 (自然科学版), 2013, 49(6): 1075-1082.

2013-053 邓佳. X 射线荧光分析在岩屑录井中的应用研究. 中国石油和化工标准与质量, 2013, (11): 116.

2013-054 邓军华. 辉光放电发射光谱技术及其在国内钢铁行业中的应用. 冶金分析, 2013, 33(10): 24-33.

2013-055 邓军华, 王一凌. X 射线荧光光谱法测定高锰钢中锰的方法. 鞍钢技术, 2013, (2): 34-37.

2013-056 邓志豪, 董元篪, 李小虎, 王珏, 吴六顺. 转炉钢渣对镁质耐火材料的侵蚀过程. 炼钢, 2013, 29(6): 60-65.

2013-057 刁智俊, 赵跃民, 孙松, 段晨龙, 许飞, 王海鑫, 张鹏飞, 程梦华. 高压电脉冲技术对废弃电路板的破碎研究. 河南师范大学学报 (自然科学版), 2013, 41(3): 74-78.

2013-058 丁爱娟, 郑诗礼, 马淑花, 郭奋, 王月娇. 循环流化床锅炉粉煤灰中硫的赋存状态研究. 矿产综合利用, 2013, (2): 58-62.

2013-059 丁奇亮, 韩建军, 李国强, 赵修建. 直流电弧等离子体熔化玻璃配合料. 材料科学与工程学报, 2013, 31(3): 432-435.

2013-060 丁银忠, 李合, 段鸿莺, 康葆强, 陈铁梅, 苗建民. 南京大报恩寺塔建筑琉璃构件的科技研究. 南方文物, 2013, (2): 81-84, 80.

2013-061 董俊卿, 顾冬红, 苏伯民, 陈港泉, 刘松, 干福熹. 湖北熊家冢墓地出土玉器的 pXRF 无损分析. 敦煌研究, 2013, (1): 67-72.

2013-062 董凯伟, 姜晓杰, 张爽, 潘晓林, 于海燕. 聚合物对原硅酸钙分解行为的影响. 材料与冶金学报, 2013, 12(3): 185-188.

2013-063 窦勇, 陈玲华. 岛津 XRF-1800 X 荧光光谱分析仪真空系统的故障处理及维护. 宽厚板, 2013, 19(1): 30-31.

2013-064 杜少文, 卢安民, 孟令晶, 李勇, 武洋, 王晓勇. 熔片-XRF 法测定区域地质矿产调查样品中主次痕量元素/组分. 黄金, 2013, 34(3): 75-80.

2013-065 杜天军, 何沙白, 赵亚男, 李景文, 韩华云. X 射线荧光光谱法测定钾、钠长石中主次量组分. 河南科学, 2013, 31(5): 585-588.

2013-066 段鸿莺, 苗建民, 李媛, 康葆强, 李合. 我国古代建筑绿色琉璃构件病害的分析研究. 故宫博物院院刊, 2013, (2): 114-124, 161.

2013-067 段鸿莺, 赵鹏, 苗建民. X 射线荧光光谱在北京清代官式琉璃构件保护研究中的应用. 古建园林技术, 2013, (3): 26-28, 25.

2013-068 段家华, 马林泽, 张李斌. 压片制样-X射线荧光光谱法测定高磷钢渣组分. 冶金分析, 2013, 33(5): 36-40.

2013-069 段家华, 张李斌, 马林泽. X线荧光光谱法测定中低合金钢组分. 昆明冶金高等专科学校学报, 2013, 29(3): 16-19.

2013-070 樊建新, 王玉军, 崔晓丹, 范婷婷, 周东美. 基于同步辐射的硬X射线荧光技术分析污染土壤中重金属分布. 生态与农村环境学报, 2013, 29(3): 375-379.

2013-071 樊霆, 童庆, 叶文玲, 汤婕, 陈海燕, 张颖慧, 李定心. 玄武岩纤维矿物组成形态及熔融析晶特性. 中南大学学报(自然科学版), 2013, 44(10): 4307-4311.

2013-072 樊鑫淼. 水泥化学分析新方法的要点分析与研究. 新世纪水泥导报, 2013, (5): 17-20.

2013-073 范诚. 利用荧光分析实现水泥混合材掺加量的准确控制. 水泥技术, 2013, (4): 96-98.

2013-074 范春辉, 贺磊, 张颖超, 王家宏, 马宏瑞. 西北旱作农田黄土指纹图谱的光谱学鉴定. 光谱学与光谱分析, 2013, 33(6): 1697-1700.

2013-075 Fan Taofeng, Wan Li, Zhang Hui. Discussion on manufacturing techniques of Chen Zhang Pot. China Foundry, 2013, 10(1): 1-6.

2013-076 房师阁, 刘玲, 马壮, 郝红蕊. 纳米级锆酸钐的合成工艺研究. 人工晶体学报, 2013, 42(6): 1187-1191, 1198.

2013-077 冯健, 赵凤燕, 李书镇, 程蓓. 西安理工大学西汉壁画墓现场保护技术研究. 文博, 2013, (4): 85-89.

2013-078 冯晓燕, 沈美冬, 张勇, 陆太进. 软玉中的一种绿色斑点——钙铝榴石. 岩矿测试, 2013, 32(4): 608-612.

2013-079 冯晏辉, 刘昱, 刘小骐. X射线荧光光谱在盐产品检测中的应用研究. 盐业与化工, 2013, 42(1): 45-47.

2013-080 付宝荣. X射线荧光光谱法测定不锈钢渣样中多元素含量. 甘肃冶金, 2013, 35(6): 74-76.

2013-081 付凯, 王伟, 薛伟辰. 模拟混凝土环境下GFRP筋抗压性能加速老化试验研究. 建筑结构学报, 2013, 34(1): 117-122.

2013-082 付强, 邝桂荣, 吕良波, 莫慧旋, 李青会, 干福熹. 广州出土汉代玻璃制品的无损分析. 硅酸盐学报, 2013, 41(7): 994-1003.

2013-083 付晓娟, 徐冽, 宋池, 高倩, 鲁立强, 杨超, 田熙科. 水浴溶样-硝酸铵氧化法测定氧化锰矿中锰含量. 分析试验室, 2013, 32(12): 88-91.

2013-084 傅慧敏, 周益奇, 王巧环. 氢化物发生电感耦合等离子体原子发射光谱同时测定土壤中十四种微量元素. 环境化学, 2013, 32(6): 1094-1095.

2013-085 甘宏宇, 薛洁, 高敬瑞, 贾庆奎, 杨彪. X荧光光谱法快速测定荧光增白剂中重金属离子含量. 染料与染色, 2013, 50(5): 56-58.

2013-086 甘媛, 葛良全, 王卓, 罗耀耀, 熊超. 基于小波变换的现场XRF化探数据处理探讨. 核电子学与探测技术, 2013, 33(1): 103-106.

2013-087 高愈霄, 薛荔栋, 滕恩江, 袁懋, 吕天峰, 张霖琳. 便携式全反射X荧光同时测定清洁水体中多种元素. 光谱实验室, 2013, 30(6): 3174-3179.

2013-088 高志勇, 冯佳睿, 安海亭, 黄贤营, 徐奉学, 赵雪松, 李小陪. 库车前陆盆地白垩系亚格列木组浊流沉积特征与意义. 沉积学报, 2013, 31(2): 237-247.

2013-089 葛良全. 现场X射线荧光分析技术. 岩矿测试, 2013, 32(2): 203-212.

2013-090 葛良全, 赖万昌, 张庆贤, 王广西, 杨强, 曾国强. 野外X射线荧光勘查技术应用进展. 地质学报, 2013, 87(S): 204-206.

2013-091 耿昭, 张亚平. X射线荧光光谱法分析电解质中氧化铝. 中国无机分析化学, 2013, 3(S1): 43-45.

2013-092 龚春慧, 曾国强, 葛良全, 李军, 温自强. 波长色散 X 射线荧光法测定茶叶中微量元素. 核技术, 2013, 36(9): 11-19.

2013-093 谷懿, 葛良全, 熊盛青, 王平, 范正国. 航磁异常地面快速查证方法组合研究. 地球物理学进展, 2013, 28(4): 2009-2013.

2013-094 顾晟彦, 刘建东, 薛怀友. 便携式 X 荧光仪在矿山土壤污染快速检测中的应用. 现代矿业, 2013, (9): 181-186.

2013-095 顾松, 杨海岸, 刘英波, 罗舜. X 射线荧光光谱法测定工业硅样品中 Fe 的不确定度评定. 云南冶金, 2013, 42(5): 101-105.

2013-096 顾艳红, 宁成云, 赵杰, 刘淑晶, 窦艳涛, 熊文名. AZ31 镁合金微弧氧化涂层在仿生液中的腐蚀抑制机理. 腐蚀科学与防护技术, 2013, 25(5): 365-371.

2013-097 关乃杰, 邓玉福, 谷珊, 图雅, 于桂英. 二元比例 X 射线荧光光谱法测定 $BaFe_{12}O_{19}$ 中 Fe 和 Ba 的含量. 光谱学与光谱分析, 2013, 33(10): 2858-2860.

2013-098 管理, 朱剑, 樊昌生, 杨益民, 陈栋梁, 徐伟, 张静, 汪丽华. 明代官窑釉里红瓷器 SR-XRF 微区线扫描分析. 核技术, 2013, 36(7): 15-18.

2013-099 管嵩, 丁仕兵, 郭兵, 张庆建. 某未知含铁物料固体废物属性鉴别研究. 再生资源与循环经济, 2013, 6(7): 37-39.

2013-100 郭成, 赖万昌, 易欣, 王广西. 能量色散 XRF 分析仪谱线处理方法研究. 中国西部科技, 2013, 12(4): 46-47.

2013-101 郭菲, 梅建军, 杨军昌, 邵安定, 陈坤龙. 秦陵出土青铜水禽锈体组织结构的初步分析. 文物保护与考古科学, 2013, 25(4): 37-45.

2013-102 郭洪玲, 权养科, 陶克明. 法庭科学中泥土物证 XRF 检验数据的分析研判. 中国司法鉴定, 2013, (3): 24-28.

2013-103 郭建斌, 刘江斌, 祝建国. 熔融制样-X 射线荧光光谱法测定铬铁矿中铬、铁、硫等 10 种主次量组分. 分析测试技术与仪器, 2013, 19(3): 153-156.

2013-104 郭伟, 薛玉明, 顾勇, 冯少君, 张红岭, 孙云. 溶液 pH 值对 CdS 薄膜结构特性的影响. 光电子·激光, 2013, 24(11): 2169-2173.

2013-105 郭伟, 薛玉明, 张晓峰, 冯少君, 张连连, 孙云. 沉积预制层衬底温度对 CIGS 薄膜结构特性的影响. 光电子·激光, 2013, 24(10): 1936-1941.

2013-106 郭馨, 吕志刚, 李晓飞. 硅溶胶-煤矸石型壳高温性能及机理分析. 中南大学学报（自然科学版）, 2013, 44(11): 4442-4447.

2013-107 韩琳丽, 刘永清, 周速. 能量色散 X 射线荧光分析技术在环境空气质量监测中对铅测定的应用. 现代科学仪器, 2013, (3): 87-93.

2013-108 韩亚梅, 张正富, 张利波, 彭金辉, 傅梦笔, Srinivasakannan C., 杜江. 微波热解法制备的炭涂层对 $LiNi_{1/3}Mn_{1/3}Co_{1/3}O_2$ 性能的影响（英文）. Transactions of Nonferrous Metals Society of China, 2013, (10): 2971-2976.

2013-109 何朝鑫, 陈翠华, 涂宗林, 张燕, 李长山, 宋玉坤. 试用 X 射线谱图拟合简单定性分析青海省都兰县双庆铁矿床. 矿物学报, 2013, (S): 1019.

2013-110 何雪峰, 奚居柏. X 射线荧光光谱法测定轻烧白云石中氧化钙、氧化镁、二氧化硅和磷的含量. 安徽冶金, 2013, (1): 38-39, 42.

2013-111 洪琛, 沈华荣, 陈云霞, 卢希龙, 曹春娥. 中温玲珑釉的制备及影响因素的研究. 中国陶瓷, 2013, 49(9): 54-57.

2013-112 侯世峰, 刘俊. 能量型 X 荧光光谱仪辐射伤害初探. 分析仪器, 2013, (5): 103-106.

2013-113 胡飞, 熊伟, 赵瑾. 减水剂加入对膨润土水化的影响及初步探究. 江苏陶瓷, 2013, 46(2): 11-13.

2013-114 胡可佳, 白崇斌, 马琳燕, 柏柯, 刘东博, 范宾宾. 陕西安康紫阳北五省会馆壁画颜料分析研究. 文物保护与考古科学, 2013, 25(4): 65-72.

2013-115 胡仁波, 赵辉, 白锐, 高民, 王昌东, 杨朝合. 催化剂和垢样对比分析预测催化烟机结垢成因. 化学工程, 2013, 41(3): 50-53, 58.

2013-116 胡晓. ZSX100e 型 X 射线荧光光谱仪真空系统故障分析. 分析仪器, 2013, (4): 94-96.

2013-117 胡晓, 吴宁馨. Supermini 型 X 射线荧光光谱仪的故障分析. 分析仪器, 2013, (6): 78-80.

2013-118 胡元. XRF 元素录井技术在四川地区的地质应用研究. 中外能源, 2013, 18(11): 58-62.

2013-119 黄光明, 侯鹏飞, 江冶, 肖灵, 张梅, 张培新. WDXRF 和 EDXRF 在我国土壤岩石分析中的应用. 地质学刊, 2013, (1): 159-168.

2013-120 黄海波, 王新为, 边巴次仁, 冯煦, 张樱山, 王鸣, 王奇志. 藏药左太的化学成分分析. 中药材, 2013, 36(4): 583-585.

2013-121 黄静, 范闽光, 靳广洲, 李斌, 巩雁军, 张少龙. 低钠含量 LaHY 分子筛的制备、表征及催化性能. 广西大学学报(自然科学版), 2013, (3): 609-615.

2013-122 黄倩如, 冯才敏, 黄健光, 刘洪波. PP/IFR/ZB 体系的热降解动力和残炭结构分析. 顺德职业技术学院学报, 2013, 11(3): 5-8.

2013-123 黄锐, 张新华, 秦黎明, 王志战. 页岩矿物成分井场快速评价研究. 矿物岩石地球化学通报, 2013, 32(6): 774-777.

2013-124 贾卢丽. 精对苯二甲酸装置液体催化剂钴、锰含量分析方法讨论. 河南化工, 2013, 30(1): 54-58.

2013-125 江莉龙, 刘弦, 曹彦宁, 曾杰凯, 林施团, 魏可镁. Fe_2O_3 含量对 Cu-Fe/铝土矿水煤气变换催化剂结构和性能的影响. 无机化学学报, 2013, 29(11): 2297-2304.

2013-126 江伟. X 荧光测土壤中的铅的不确定度. 新疆有色金属, 2013, (S2): 87-89.

2013-127 江伟. X 荧光光谱压片测石灰石中的钙镁硅. 新疆有色金属, 2013, (6): 65-66.

2013-128 江伟. X 荧光熔片分析中的不稳定的问题的处理. 新疆有色金属, 2013, (S1): 139-140.

2013-129 江伟, 杜婷婷. X 射线荧光光谱法测定样品中镁的不确定度. 光谱实验室, 2013, 30(5): 2671-2677.

2013-130 姜彬慧, 丽丽, 赵研, 方萍, 马莉, 胡筱敏. pH 值对天然磁铁矿吸附水中 Pb^{2+} 的影响及吸附机制研究. 功能材料, 2013, 44(23): 3392-3396.

2013-131 姜翠霞, 曹燮君, 周洁. X 射线荧光光谱法快速分析煤焦灰常规成分. 浙江冶金, 2013, (4): 17-19.

2013-132 姜翠霞, 喻旋. X 射线荧光光谱测定生铁中铬的研究. 浙江冶金, 2013, (4): 32-34.

2013-133 姜珩, 康志君, 谢元锋, 夏扬, 吕宏. 铝粉直接氮化法制备氮化铝粉末. 稀有金属, 2013, 37(3): 396-400.

2013-134 姜文超, 蒋晖, 吴津津, 田胜海. 腐蚀铸铁管中饮用水水质变化规律试验研究. 华中科技大学学报 (自然科学版), 2013, 41(6): 117-121.

2013-135 姜尧发, 唐跃刚, 代世峰, 钱汉东, 沈树忠, 王西勃, 王绍清. 浙江煤山二叠系顶部石灰岩中高温石英副像及其地质意义. 矿物学报, 2013, 33(3): 337-343.

2013-136 金斌, 吴磊, 刘义博, 吴良英, 董俊. 熔融制样 X 射线荧光光谱法测定海洋沉积物中主次痕量元素. 大众科技, 2013, 15(6): 107-110.

2013-137 金俊, 黄国芳, 李晨光, 许雅. 能量色散 X 射线荧光光谱法测定首饰钯合金中钯含量. 上海计量测试, 2013, (4): 20-22.

2013-138 金锐, 罗武干, 王昌燧, 黄凤春, 黄旭初. 湖北郧县乔家院墓地出土战国及东汉铜器的成分与金相分析. 文物保护与考古科学, 2013, 25(2): 7-14.

2013-139 金硕, 王文武, 武莉莉, 曾广根, 李卫, 张静全, 黎兵, 冯良桓. $CdCl_2/ZnCl_2$ 退火对 $Cd_{1-x}Zn_xTe$ 多晶薄膜性质的影响. 激光与光电子学进展, 2013, (5): 227-232.

2013-140 鞠佳彤, 田琳, 陈莹, 唐劲天. 聚吡咯涤纶导电织物的制备及其表征. 纺织学报, 2013, 34(11): 28-33.

2013-141 Kadhar Mohammed Abdul, Ghosh Malai Kumar, Basu Arindam. 蚕丝含量计算方法对光谱仪法测算扎丽纱包覆层金属元素含量的影响 (英文). 蚕业科学, 2013, 39(6): 1139-1144.

2013-142 Kadhar Mohammed Abdul, Ghosh Malai Kumar, Basu Arindam. 利用X射线荧光光谱仪检测蚕丝纱丽服扎丽纱包覆层中的金属元素含量 (英文). 蚕业科学, 2013, 39(3): 562-567.

2013-143 阚留杰, 董国富, 董国杰. X射线荧光录井砂泥岩地层识别方法. 录井工程, 2013, 24(4): 21-23, 82.

2013-144 柯钊跃. 广州市天河区某小学$PM_{2.5}$的化学组成分析. 广东化工, 2013, 40(12): 174-175.

2013-145 孔德顺, 李琳, 范佳鑫, 籍永华, 李志. 高铁高硅煤矸石制备P型分子筛. 硅酸盐通报, 2013, 32(6): 1052-1056.

2013-146 蒯丽君, 樊兴涛, 詹秀春, 高亚美, 李吉生, 鞠青海. 酸消解-车载偏振能量色散X射线荧光法现场测定祁曼塔格多金属矿中高品位铜铅锌. 岩矿测试, 2013, 32(4): 538-546.

2013-147 蒯丽君, 詹秀春, 樊兴涛, 温宏利, 袁继海. 偏振能量色散X射线荧光光谱法测定硫化物矿石中的铜铅锌. 岩矿测试, 2013, 32(6): 903-908.

2013-148 Lai Meishuang, Xiang Leiwen, Lin Jinming, Li Haifang. Quantitative analysis of elements (C, N, O, Al, Si and Fe) in polyamide with wavelength dispersive X-ray fluorescence spectrometry. Science China (Chemistry), 2013, 56(8): 1164-1170.

2013-149 雷国良, 张虎才, 李志忠, Adam M. Hudson, 朱芸, 姜修洋, 陈秀玲, 常凤琴, 李华勇. 青藏高原西部昂拉仁错古湖岸钙华沉积的地球化学特征及环境意义. 第四纪研究, 2013, 33(5): 839-847.

2013-150 李蓓, 庄惠生. XRF的工作原理及其在线束行业中的应用. 科技创新与应用, 2013, (33): 19-20.

2013-151 李斌, 魏振林, 杨金胜, 张莉霞, 周远福. X射线荧光录井技术识别火成岩方法探讨. 录井工程, 2013, 24(3): 29-32, 94-95.

2013-152 李滨, 王虹, 丁福臣, 李翠清, 宋永吉, 柯明, 任翠涛. 制备方法对Co-MOR催化剂CH_4选择还原NO性能的影响. 物理化学学报, 2013, 29(6): 1289-1296.

2013-153 李冰, 田鹏, 李金哲, 陈景润, 袁扬扬, 苏雄, 樊栋, 魏迎旭, 齐越, 刘中民. SAPO-35分子筛的合成及其甲醇制烯烃反应性能. 催化学报, 2013, 34(4): 798-807.

2013-154 李冰, 田鹏, 齐越, 张琳, 徐舒涛, 苏雄, 樊栋, 刘中民. SAPO-11分子筛晶化过程研究. 催化学报, 2013, 34(3): 593-603.

2013-155 李波, 周恺, 孙宝莲, 李延超. X射线荧光光谱法测定钼铝合金中钼. 冶金分析, 2013, 33(9): 42-45.

2013-156 李博, 宋燕, 马清林, 梅建军. 河南邓州南北朝砖墓灰浆分析研究. 中原文物, 2013, (5): 87-92.

2013-157 李博, 宋燕, 周伟强. 北京延庆岔道城明代城墙灰浆失效因素研究. 中国文物科学研究, 2013, (4): 68-72.

2013-158 李畅, 宋三春, 岳丽华, 张靖峰, 孙永生. 浅谈Axios X射线荧光光谱仪日常故障处理. 光谱实验室, 2013, 30(4): 1697-1699.

2013-159 李春山, 李一超, 孙卫, 任大忠. 利用XRF录井谱图分析判别岩性的方法. 西北大学学报 (自然科学版), 2013, 43(1): 89-92.

2013-160 Li Dou, Song Liyan. The weathering effects of acidithiobacillus ferrooxidans to Cu(Ⅱ) pollution of fine grained copper mine tailings. 矿物学报, 2013, (S1): 43.

2013-161 李飞, 葛良全, 罗耀耀, 张庆贤, 谷懿. 改进型GMDH网络在便携式X射线荧光分析仪中的应用. 光谱学与光谱分

析, 2013, 33(6): 1711-1713.

2013-162 李福洲, 张琴琴. 轻烧铝矾土对陶粒支撑剂烧结机理的影响. 武汉理工大学学报, 2013, 35(7): 32-36.

2013-163 李国胜, 刘炯天, 曹亦俊, 任琳珠. 粉煤灰中难浮未燃炭的柱式浮选脱除试验研究. 煤炭学报, 2013, 38(2): 308-313.

2013-164 李海燕, 吴芳芳, 黄钦永. 利用X能量色散荧光光谱法快速测量煤灰成分. 浙江电力, 2013, (10): 51-54.

2013-165 李海英, 周勇, 王学海, 季洪海, 陈晨. 酸处理条件对蜂窝状堇青石性能的影响. 材料导报, 2013, 27(14): 134-137, 141.

2013-166 李合, 丁银忠, 陈铁梅, 苗建民. 北京明清建筑琉璃构件黄釉的无损研究. 中国文物科学研究, 2013, (2): 79-84.

2013-167 李合, 丁银忠, 沈琼华, 沈岳明, 唐俊杰, 邓禾颖, 陈铁梅, 王光尧, 苗建民. 杭州南宋遗址出土官窑类瓷片的科技研究. 南方文物, 2013, (2): 72-80.

2013-168 李合, 吕成龙, 陈铁梅, 苗建民. 对一件院藏明洪武釉下彩宝座所用彩料的科技研究. 故宫博物院院刊, 2013, (3): 74-79.

2013-169 李合, 赵兰, 侯佳钰, 陈铁梅, 苗建民. 辽宁清代建筑琉璃釉乳浊效果的初步分析. 中国国家博物馆馆刊, 2013, (4): 143-149.

2013-170 李宏卫, 陈国能, 彭卓伦. 贵东岩体X荧光光谱、等离子体质谱分析结果及其对岩体演化的指示意义. 光谱学与光谱分析, 2013, 33(7): 1965-1968.

2013-171 李化全, 郭传华. X射线荧光光谱法测定二氧化钛微量元素标样的制备与探讨. 涂料工业, 2013, 43(2): 56-58.

2013-172 李吉生, 鞠青海, 邢谦, 谢海东. 整装勘查区铜铅锌矿现场快速分析技术的发展现状及思考. 光谱实验室, 2013, 30(4): 1618-1621.

2013-173 李建立, 贺东风, 徐安军, Yang Qixing, 田乃媛. 温度对电炉粉尘中ZnO还原挥发的影响. 炼钢, 2013, 29(3): 73-77.

2013-174 李江红. 应用X射线荧光光谱法对硅铁的分析. 天津冶金, 2013, (3): 54-56.

2013-175 李杰青, 孙伟, 蒋金洋, 金祖权, 张巧芬, 李政, 于英俊. 牺牲混凝土在高温作用下的损伤及机理分析. 东南大学学报 (自然科学版), 2013, 43(3): 599-603.

2013-176 李静, 孙晓然, 杨忠梅, 秦丽红, 李奇骏. 熔融制样X射线荧光光谱法测定铁矿石成分. 河北冶金, 2013, (6): 5-7, 50.

2013-177 李俊杰, 刘晓丽. 面向油料分析的能量型X荧光光谱仪校准方法的初探. 电子质量, 2013, (5): 56-58.

2013-178 李俊卿, 尹利辉, 张锐, 张学博, 陈金泉, 王栋, 黄萍, 刘炜, 殷飞, 俞辉. X射线荧光元素分析技术在胶囊、明胶及阿胶铬快速检查中的应用. 中国药师, 2013, 16(2): 215-217.

2013-179 李可及, 易建春, 潘钢. X射线荧光光谱法测定磷矿石中11种主次组分. 冶金分析, 2013, 33(9): 22-27.

2013-180 李磊, 庹先国, 刘明哲, 李哲, 王俊. 基于FOA-LSSVM混合优化模型钛铁间基体效应的校正研究. 核技术, 2013, 36(12): 14-20.

2013-181 李蔓, 王丽琴. 对古陶瓷的断源分析. 陶瓷, 2013, (2): 13-17.

2013-182 李猛. 不同产地竹叶中16种矿物元素的TXRF测定. 竹子研究汇刊, 2013, 32(3): 49-52.

2013-183 李猛. 恒压消解-TXRF测定核桃中的16种矿物元素. 现代食品科技, 2013, 29(5): 1170-1172.

2013-184 李猛. 慢性乙型肝炎患者头发中16种矿物元素的TXRF对比分析. 中国卫生检验杂志, 2013, 23(8): 1915-1917.

2013-185 李密, 彭兵, 柴立元, 彭宁, 谢先德, 闫缓. 锌浸出渣工艺矿物学与环境活性 (英文). Transactions of Nonferrous Metals Society of China, 2013, (5): 1480-1488.

2013-186 李娜, 邓跃全, 董发勤, 罗绍东, 李珊珊, 彭宝瑶. 磷石膏-碳铵-氨水球磨制

	备硫酸铵和碳酸钙. 非金属矿, 2013, 36(1): 55-58.
2013-187	李琪琳, 杨俊明, 曾文法. 能量色散X射线荧光光谱仪进行RoHS测试的不确定度评估. 广东化工, 2013, 40(23): 171-172.
2013-188	李强, 王晶晶, 黄万燕, 王俊鹏. 能量色散X射线荧光光谱仪测定电子电器铜制品中的微量铅. 分析仪器, 2013, (3): 18-21.
2013-189	李强, 张学华. 手持式X射线荧光光谱仪测定富钴结壳样品中锰铁钴镍铜锌. 岩矿测试, 2013, 32(5): 724-728.
2013-190	李青会, 董俊卿, 苏伯民, 陈港泉, 刘松, 顾冬红. 湖北荆州出土战国玻璃珠的pXRF无损分析及相关问题研究. 敦煌研究, 2013, (1): 92-97, 131.
2013-191	李淑慧, 鲍皓明, 梁作斌, 田刚, 王峰, 邵渭泉, 陈沙鸥, 贾笑天. 甘肃石英砂矿的成分分析. 陶瓷学报, 2013, 34(4): 450-454.
2013-192	李思威, 赖万昌, 翟娟, 贾学辉. R-α系数法校正铅黄铜合金X荧光分析中的基体效应. 四川有色金属, 2013, (4): 62-64.
2013-193	李苏贵, 杨大伟, 李融武. 用散布分析研究北京张家湾出土龙泉古瓷的来源. 郑州大学学报(理学版), 2013, 45(3): 81-84.
2013-194	李涛, 安敏. X荧光光谱法测定高速工具钢中铬锰钨钼钒. 机械研究与应用, 2013, 26(3): 148-149, 152.
2013-195	李天微, 张建军, 曹宇, 倪牮, 黄振华, 赵颖. 氢氦共同稀释对微晶硅锗薄膜结构特性的影响. 人工晶体学报, 2013, 42(12): 2525-2531.
2013-196	李薇薇, 唐跃刚, 邓秀杰, 于小磊, 江生. 湖南辰溪高有机硫煤的微量元素特征. 煤炭学报, 2013, 38(7): 1227-1233.
2013-197	李维, 张霞. 轴承钢方坯水口结瘤原因分析. 天津冶金, 2013, (4): 5-7, 11.
2013-198	李文生, 李俊杰. 山西古交矿区中奥陶统富水性微观分析. 中国煤炭地质, 2013, 25(3): 35-38.
2013-199	李先. 铝土矿中微量镓的分析方法进展. 光谱实验室, 2013, 30(5): 2328-2331.
2013-200	李向清, 康诗钊, 唐韵秋, 李国栋, 穆劲. 碳掺杂的二氧化钛纳米管的制备及其可见光催化性能. 应用化学, 2013, 30(2): 178-184.
2013-201	李小莉. X射线荧光光谱法(XRF)测定钼精矿中多种元素. 中国无机分析化学, 2013, 3(1): 41-43.
2013-202	李小莉, 张勤. 粉末压片-X射线荧光光谱法测定土壤、水系沉积物和岩石样品中15种稀土元素. 冶金分析, 2013, 33(7): 35-40.
2013-203	李旭芳, 王广甫, 初钧晗, 于令达. 气溶胶中F和Na分析的外束质子诱发γ射线激发曲线测量. 原子能科学技术, 2013, 47(5): 838-841.
2013-204	李学云, 陈子凡, 勾正伦, 彭首创. 能量色散X射线荧光法快速检测玩具中铅方法的问题分析及应对措施. 标准科学, 2013, (7): 59-62.
2013-205	李艳. 应用X射线荧光光谱法测定铁矿石中常量元素. 天津冶金, 2013, (6): 64-66.
2013-206	李迎春, 周伟, 王健, 屈文俊. X射线荧光光谱法测定高锶高钡的硅酸盐样品中主量元素. 岩矿测试, 2013, 32(2): 249-253.
2013-207	李宇昕, 白万成, 卿敏, 王群. 基于物联网的嵌入式技术在区域地质调查中的应用. 物探与化探, 2013, 37(2): 358-362.
2013-208	李玉德, 林晓燕, 刘世岗, 何金龙, 郭非, 孙天希, 刘鹏. Polycapillary X-ray lens for the secondary focusing Beijing synchrotron radiation source. Chinese Physics B, 2013, 22(4): 248-252.
2013-209	李园, 陈娟, 张平安, 姚洪. 高岭土同时吸附Na, Pb化合物的机理研究. 工程热物理学报, 2013, 34(1): 168-172.
2013-210	李辕成, 祝星, 祁先进, 王华, 史谊峰, 王晓武, 廖天鹏, 胡建杭. 铜冶炼污泥

固化剂优选试验研究. 安全与环境学报, 2013, 13(6): 85-90.

2013-211 李长安, 张玉芬, 熊德强, 周耀, 郭洁. 巫山黄土常量元素地球化学特征. 地球科学（中国地质大学学报）, 2013, 38(5): 916-922.

2013-212 李哲, 庹先国, 成毅, 杨剑波. 基于EDXRF的钛铁品位在线分析系统及应用研究. 原子能科学技术, 2013, 47(3): 508-512.

2013-213 Li Zhe, Tuo Xianguo, Shi Rui, Zhou Jianbin. Analytic fitting and simulation methods for characteristic X-ray peaks from Si-PIN detector. Nuclear Science and Techniques, 2013, (6): 46-52.

2013-214 李哲, 庹先国, 张金钊, 周建斌, 刘明哲. 能量色散X荧光分析中元素间效应的蒙特卡罗模拟. 强激光与粒子束, 2013, 25(1): 215-218.

2013-215 李志敏, 王乐乐, 张晓彤, 梅建军. 便携式X射线荧光现场分析壁画颜料适用性研究——以西藏拉萨大昭寺壁画为例. 中国文物科学研究, 2013, (4): 64-67.

2013-216 黎刚, 黄明娟, 王衍琛, 张乐. 不同检测距离对检测结果的影响分析. 现代测量与实验室管理, 2013, (5): 6-7, 5.

2013-217 黎红波, 陈兵, 张代云, 方文韬, 王建文. X射线荧光光谱同时测定铝土矿石主次量组分. 云南地质, 2013, 32(1): 102-105.

2013-218 黎玲玲, 侯静文, 孙立民. X射线荧光光谱分析法在玻璃材料测定中的应用. 实验室研究与探索, 2013, 32(10): 318-320.

2013-219 梁刚, 赵国刚, 王振廷. 感应加热制取高纯石墨研究. 炭素技术, 2013, 32(4): 44-46.

2013-220 梁亮, 李凝, 韦立宁, 周龙萍. 用有色金属尾矿制备水泥的工艺条件. 矿产综合利用, 2013, (4): 75-78.

2013-221 梁述廷, 刘玉纯, 刘瑱, 林庆文. X射线荧光光谱微区分析在铅锌矿石鉴定上的应用. 岩矿测试, 2013, 32(6): 897-902.

2013-222 梁述廷, 刘玉纯, 刘瑱, 阳珊, 张青, 林庆文. X射线荧光光谱微区分析在钨矿石鉴定中的应用. 冶金分析, 2013, 33(11): 27-32.

2013-223 梁小丽, 张征宇. X射线荧光光谱法测定不锈钢的分析研究. 山西冶金, 2013, (5): 15-17.

2013-224 廖义兵, 孙继新, 高涌, 黄荣青. X射线荧光光谱法分析熔剂中氧化钙、氧化镁、二氧化硅和硫. 江西冶金, 2013, 33(2): 37-39.

2013-225 林木松, 苏伟, 张宏亮, 李宇春. EDXRF法快速测定煤中的氯含量. 中国电力, 2013, 46(7): 35-38.

2013-226 林修洲, 唐唯, 杜勇, 崔学军. 添加剂铬酸钾对TC4钛合金微弧氧化膜层性能的影响. 电镀与涂饰, 2013, 32(7): 35-37.

2013-227 林怡, 唐洪明, 欧家强, 陈聪, 王艳玲. 金秋区块气田水回注增注措施. 石油与天然气化工, 2013, 42(4): 404-408.

2013-228 蔺华林, 李克健. 稀土镧(La)不同加入方式对高温甲烷化催化剂结构特性的影响. 神华科技, 2013, 11(3): 77-80.

2013-229 刘芳芳, 孙云, 何青. 吸收层成份比例对CIGS太阳电池性能的影响. 人工晶体学报, 2013, 42(9): 1741-1745.

2013-230 刘芳芳, 张力, 何青. $Cu(In, Ga)Se_2$薄膜在共蒸发三步法中的相变过程. 物理学报, 2013, 62(7): 393-399.

2013-231 刘鹤贺, 刘志国, 孙天希, 彭松, 赵为刚, 孙蔚渊, 李玉德, 林晓燕, 赵广翠, 罗萍, 丁训良. 利用毛细管X光透镜共聚焦微束X射线荧光技术对单根头发中元素空间分布进行无损扫描分析. 光谱学与光谱分析, 2013, 33(11): 3147-3150.

2013-232 刘宏科, 陈佩仪, 库育苗. 翡翠的光谱特征及致色机理. 广东化工, 2013, 40(16): 247-248.

2013-233 刘建坤, 郑荣华, 骆宏玉, 修连存. 波长色散X射线荧光光谱仪的内部校准. 光谱实验室, 2013, 30(6): 3142-3144.

2013-234 刘江斌,党亮,和振云.熔融制样-X射线荧光光谱法测定锰矿石中17种主次组分.冶金分析,2013,33(9):37-41.

2013-235 刘江斌,武永芝,和振云.发射光谱法和X射线荧光光谱法测定复合活性氧化锌中37种微量组分的分析方法比较.理化检验-化学分册,2013,49(10):1251-1253.

2013-236 刘洁,钱荣,卓尚军,何品刚.高纯硅中痕量元素分析方法研究进展.理化检验-化学分册,2013,49(1):121-127.

2013-237 刘君,李金忠,邓远文.X荧光测量在塞拉利昂马生谷铁矿找矿中的实践.中国西部科技,2013,12(2):23-25.

2013-238 刘俊,周四春,刘国安,孙森.多元素X荧光法在湖北某铀矿区中的应用.现代矿业,2013,(9):65-67,69.

2013-239 刘林,王勇.波长色散X射线荧光光谱法测定富钛料中主次元素含量.科技资讯,2013,(22):91,94.

2013-240 刘梅,钟艳.采用能量色散X射线荧光仪测定分子筛中硫酸根离子的含量.石化技术与应用,2013,31(4):333-336.

2013-241 刘敏.X射线荧光光谱法(XRF)测定环境地质样品中痕量氯、溴的试验研究.当代化工,2013,42(9):1354-1356.

2013-242 刘明,林霖.X射线荧光能谱法测试水样中重金属元素.实验科学与技术,2013,11(6):7-8,26.

2013-243 刘明霞,刘瑞强,孙伟,王亚红,高雄厚,张忠东,张海涛.X射线荧光法测定催化裂化催化剂中含镍元素质量分数.石化技术与应用,2013,31(3):232-234.

2013-244 刘培,江健,刘宗宽,张磊,贺延龄.双酸法提取硫铁矿烧渣中铁.化工学报,2013,64(7):2619-2624.

2013-245 刘瑞,王志华,徐强,于娜,曹妙聪.正长石矿物与氯化钠离子交换反应实验研究.岩石矿物学杂志,2013,32(6):930-934.

2013-246 刘少玉.海洋沉积物中多种重金属的X射线荧光分析法.中国环境监测,2013,29(5):132-134.

2013-247 刘胜军,刘文中.岩浆侵入对淮北花沟西煤中稀土元素分布的影响.高校地质学报,2013,19(4):671-676.

2013-248 刘树.现代仪器分析技术在建筑陶瓷工业中的应用.佛山陶瓷,2013,23(3):1-6.

2013-249 刘伟,常立民,段小月,徐丹丹.电流密度对含Ca和P镁合金微弧氧化膜性能的影响.兵器材料科学与工程,2013,36(4):33-37.

2013-250 刘文昇,邓永红,张爱武.X射线荧光光谱法测定铝合金中铜元素的测量不确定度评定.化学分析计量,2013,22(4):93-94.

2013-251 刘祥春,冯莉,王新华,张曼,张营.胜利褐煤Ca^{2+}负载量对其平衡复吸水含量的影响.燃料化学学报,2013,41(9):1025-1029.

2013-252 刘向阳,聂鑫,揭森林,陈海,凌步平.X射线荧光法测定生铁中Si、Mn、P、S、As.柳钢科技,2013,(2):47-50,60.

2013-253 刘晓丽,刘飒,黄蓓,杨洋.一种RoHS检测用标准样品.电子产品可靠性与环境试验,2013,31(S1):230-232.

2013-254 刘晓丽,赵敏,张智勇,李俊杰.RoHS分析用标准样品研制初探.中国计量,2013,(10):77-80.

2013-255 刘晓清,范敏,马振华,苏媛,赵鑫桂.胶原基复合骨组织工程支架材料在骨质文物保护中的应用.文物保护与考古科学,2013,25(1):68-74.

2013-256 刘益锋,田琼,杨树洁,吕善胜,林海,刘中勇.X射线荧光光谱法测定重晶石中的钡、锶、铁、铝、硅.检验检疫学刊,2013,23(4):29-31.

2013-257 刘愚,董超群.GRAFE推出伪装酷黑系列色母粒.塑料助剂,2013,(5):60.

2013-258 刘玉兵,赵鹰立,戴平,于克孝,闫冉.X射线荧光光谱法测定水泥中Cl⁻方法研究.水泥,2013,(7):50-53.

2013-259 刘振东,董胜伟.城市地表土壤重金属污染反演问题研究.昆明理工大学学报(自然科学版),2013,38(3):95-102.

2013-260 刘智鹏,王荣社,李智涛,袁小燕.能量色散 X 射线荧光光谱法测定硅酸盐中主成分含量. 中国无机分析化学, 2013, 3(4): 27-31.

2013-261 龙博, 赵晔, 周旸, 仲召兵, 赵丰. 浙江地区新石器时代纺轮的调查研究. 丝绸, 2013, 50(8): 6-12.

2013-262 龙海珍, 孔会民, 马富超, 申卫龙. 粉末压片制样-X 射线荧光光谱法在监控铜选矿流程中的应用. 光谱实验室, 2013, 30(1): 141-144.

2013-263 龙时磊, 刘可, 曾建荣, 曹玲玲, 包良满, 林俊, 李燕, 马陈燕. 沙尘暴对上海大气颗粒物中 S、Cl、Ca 化学种态的影响. 核技术, 2013, 36(10): 3-10.

2013-264 楼署红. 临安水丘氏墓出土越窑青瓷的病害评估与成因分析探讨. 文物保护与考古科学, 2013, 25(2): 15-23.

2013-265 卢远刚, 杨迎春, 刘盛余, 叶芝祥, 胡蕾. 锡掺杂 Bi_2O_3 可见光响应光催化剂的制备及性能. 无机化学学报, 2013, 29(2): 360-366.

2013-266 Lu Xiaoke, Li Weidong, Liu Bin, Li Xinwei. Analysis of the potteries from ancient Liangzhu city-site. Science China (Technological Sciences), 2013, 56(4): 945-951.

2013-267 鲁晓珂, 李伟东, 刘斌, 李新伟. 良渚古城遗址陶器的分析研究. 中国科学: 技术科学, 2013, 43(4): 460-466.

2013-268 陆晓明, 金德龙, 胡莹. X 射线荧光光谱法测定镍铬合金中 15 种元素. 冶金分析, 2013, 30(10): 49-55.

2013-269 栾和新, 庄大明, 张弓, 刘江. 磁控溅射法制备 CIGSe 吸收层的工艺与性能研究. 太阳能学报, 2013, 34(4): 615-620.

2013-270 栾和新, 庄大明, 张弓, 刘江. 退火处理对磁控溅射制备 CIGSe 吸收层的影响. 太阳能学报, 2013, 34(3): 459-466.

2013-271 罗斌, 葛良全, 王卓, 罗恩剑, 杨文佳, 李秋实, 王仕木. 手持式 X 荧光分析仪在空气颗粒物分析中的应用. 安全与环境学报, 2013, 13(6): 112-114.

2013-272 罗恩剑, 葛良全, 杨强, 罗斌, 杨文佳. 野外微区 X 荧光矿物探针分析结果 A 类不确定度的研究. 四川有色金属, 2013, (4): 55-57, 61.

2013-273 罗金华, 邱克辉, 张佩聪, 邱彧冲, 李俊翰. 红格钒钛磁铁矿中钛铁矿的矿物学特征. 钢铁钒钛, 2013, 34(4): 19-24.

2013-274 罗宁, 李晓杰, 刘凯欣, 吴士玉, 陈士洋, 宋文杰. 采用凝胶炸药前驱体制备石墨包覆铜纳米颗粒的研究 (英文). 高压物理学报, 2013, 27(6): 847-855.

2013-275 罗荣树, 封建辉. 荧光仪故障处理与应急预案. 中国水泥, 2013, (8): 92-93.

2013-276 罗绍东, 邓跃全, 王敏, 邓智友. 贵州黔南州粉石英特性及加工工艺研究. 矿产保护与利用, 2013, (2): 39-43.

2013-277 伦志红, 姜涛, 王旭辉. 氧化铝原料中微量元素的 XRF 分析方法探索. 分析仪器, 2013, (6): 38-42.

2013-278 吕剑. X 射线测厚仪在镀锌线生产线的应用. 科技资讯, 2013, (25): 114.

2013-279 Lü Linsu, Zhang Yong, Li Hongbo, Lu Taijin, Mao Bing, Chen Hua. Spectroscopic features and coloration of gem-quality green tsavorite in major international deposits and China. 矿物学报, 2013, (S1): 63.

2013-280 吕新明, 王东, 王玲玲. 波长色散 X 射线荧光法定性法测定进口粗炼或烧结物料. 分析仪器, 2013, (3): 22-25.

2013-281 吕彦凤. X 荧光光谱法分析生铁中的钒. 中国科技投资, 2013, (11): 79.

2013-282 吕彦凤. 用渣熔监控压片法测定高炉渣的化学成分. 河北冶金, 2013, (1): 66-68.

2013-283 马德锡, 杨进, 陈孝强, 王春生, 张廷彦, 陈瑞林. 便携式 X 荧光仪在多金属矿区的应用. 物探与化探, 2013, 37(1): 63-66.

2013-284 马慧侠. XRF 熔融法测定氟化铝主次成分. 轻金属, 2013, (2): 13-17.

2013-285 马蒋, 张恒, 赵德荀, 张莹, 刘应开. Mn 掺杂二氧化锡纳米带的制备及光学性质的研究. 材料导报, 2013, 27(22):

45-48.

2013-286 马蕾. 铁矿石中全铁含量的检测技术研究. 化工管理, 2013, (16): 190.

2013-287 马林泽. X射线荧光光谱法测定生铁块中杂质元素. 云南冶金, 2013, 42(2): 96-100.

2013-288 马志军, 霍金. 活化剂对阜新天然沸石除氟影响的试验研究. 非金属矿, 2013, 36(4): 66-68.

2013-289 毛荐, 柴林涛, 郭守国, 范建良, 包峰. 缅甸墨绿色长石质玉石谱学特征研究. 光谱学与光谱分析, 2013, 33(5): 1388-1391.

2013-290 毛雪飞, 刘霁欣, 王敏, 钱永忠. 固体进样元素分析技术在农产品质量安全中的应用. 中国农业科学, 2013, 46(16): 3432-3443.

2013-291 Marko Petäjäjärvi, Virpi Leinonen, Paavo Hooli, 杨军. 不锈钢连铸初期固态结晶器保护渣渣层的演变. 世界钢铁, 2013, (3): 18-21, 43.

2013-292 梅燕, 马密霞, 聂祚仁. X射线荧光光谱法对玻璃上膜层厚度及成分含量的测定. 光谱学与光谱分析, 2013, 33(12): 3408-3410.

2013-293 孟繁露, 王长秋, 李艳, 鲁安怀, 梅放, 柳剑英. 两种卵巢肿瘤中砂粒体的矿物学研究. 地学前缘, 2013, 20(3): 154-160.

2013-294 孟繁露, 王长秋, 李艳, 鲁安怀, 梅放, 柳剑英. 锌在人体病理性矿化灶中分布的地球化学讨论. 岩石矿物学杂志, 2013, 32(6): 789-796.

2013-295 孟建华, 曹维宇, 崔建军, 李鹏, 赫婷婷. 贵金属饰品有害元素检验方法研究进展. 现代化工, 2013, 33(7): 128-131, 133.

2013-296 Mortazavi M., Moussavi-Harami R., Mahboubi A.. Detrital mode and geochemistry of the Shurijeh formation (Late Jurassic-Early Cretaceous) in the central and western parts of the intracontinental Kopet-Dagh Basin, NE Iran: Implications for provenance, tectonic setting and weathering processes. Acta Geologica Sinica (English Edition), 2013, (4): 1058-1080.

2013-297 牟明仁, 李百舸, 赵彤彤, 张代华, 刘守强, 赵雪蓉, 孙兴权, 马永无. 紫外荧光法与EDX射线荧光法测定出口汽油中硫含量的数据对比. 光谱实验室, 2013, 30(4): 1683-1685.

2013-298 聂小琴, 董发勤, 刘明学, 刘宁, 张伟, 杨雪颖. 生物吸附剂梧桐树叶对铀的吸附行为研究. 光谱学与光谱分析, 2013, 33(5): 1290-1294.

2013-299 宁哲, 谢克强, 马文会, 魏奎先, 杨扬. 废弃焦粉提纯新工艺研究. 北京工业大学学报, 2013, 39(9): 1425-1428.

2013-300 Nisar Ahmad, Syed Tajammul Hussain, Bakhtiar Muhammad, Nisar Ali, Syed Mustansar Abbas, Zulfqar Ali. Zr-pillared montmorillonite supported cobalt nanoparticles for Fischer-Tropsch synthesis. Progress in Natural Science: Materials International, 2013, 23(4): 374-381.

2013-301 牛联红, 张辉明. 对沁水煤田峰峰组溶岩发育规律的研究. 华北国土资源, 2013, (3): 129-132.

2013-302 牛强, 慈兴华, 王鑫. BYP1井泥页岩油气层录井评价方法. 录井工程, 2013, 24(3): 44-48, 96.

2013-303 牛胜利, 李辉, 路春美, 刘梦琪, 霍梦佳. 造纸白泥催化花生油与甲醇酯交换的特性研究. 燃料化学学报, 2013, 41(7): 856-861.

2013-304 努尔阿迪力江·阿不力米提, 艾尔肯·阿不列木, 艾克拜尔·吐合提, 刘伟霞. 用EDXRF法对新疆和田玉进行元素分析. 新疆大学学报（自然科学版）, 2013, 30(2): 189-192.

2013-305 潘志爽, 刘明霞, 王亚红, 王智峰, 杨一青. 拟薄水铝石中杂质钙含量的快速分析. 石化技术与应用, 2013, 31(1): 63-65, 70.

2013-306 盘思伟, 韦正乐, 赵宁. 火电厂SCR脱硝催化剂中毒原因分析. 工业催化,

2013, 21(1): 70-73.

2013-307 庞龙, 卢新卫, 巢世刚. 省道路边菜地土壤重金属含量分布及污染评价. 干旱地区农业研究, 2013, 31(6): 203-207, 224.

2013-308 庞维强, 樊学忠, 胥会祥, 张伟, 蔚红建, 李勇宏. 硼镁复合粉的特性及对富燃料推进剂燃速特性影响. 固体火箭技术, 2013, 36(3): 363-367.

2013-309 裴仁彦, 张耀日, 霍志萍, 于海斌. 高岭土微球原位合成纳米 Y 沸石. 无机盐工业, 2013, 45(7): 61-64.

2013-310 彭南兰, 华磊, 秦红艳. X 射线荧光光谱法测定文山地区铝土矿中多种组分. 矿物学报, 2013, 33(4): 530-534.

2013-311 彭松, 刘志国, 孙天希, 李玉德, 刘鹤贺, 赵为刚, 赵广翠, 林晓燕, 罗萍, 潘秋丽, 丁训良. 毛细管 X 光透镜共聚焦技术在测厚中的应用. 光谱学与光谱分析, 2013, 33(8): 2223-2226.

2013-312 戚霁, 邓慧萍, 刘浩. 应用铈-活性炭催化剂的臭氧催化氧化工艺处理水中的芘和荧蒽. 吉林大学学报 (理学版), 2013, 51(6): 1200-1206.

2013-313 祁昌炜, 朱杰勇, 王佳音, 刘磊. 便携式 X 射线荧光元素分析仪的应用. 地质与资源, 2013, 22(1): 64-66.

2013-314 祁秀红, 颜华, 佘国华. 提高 PVC 树脂质量的研究. 聚氯乙烯, 2013, (7): 10-16.

2013-315 钱利敏. X 射线荧光光谱法测定锆质耐火材料中 ZrO_2 的测量不确定度的评定. 广东化工, 2013, 40(11): 192-193.

2013-316 钱鹏, 郑祥民, 周立旻. 沙尘暴期间上海市大气颗粒物元素地球化学特征及其物源示踪意义. 环境科学, 2013, 34(5): 2010-2017.

2013-317 乔蓉, 郭钢. 利用 X 射线荧光光谱法测定溶剂的主要成分. 耐火与石灰, 2013, 38(3): 11-12, 16.

2013-318 乔亚华, 康海英, 陈海英, 黄清良. 多次全反射 X 射线荧光分析装置研制. 核电子学与探测技术, 2013, 33(12): 1494-1497, 1542.

2013-319 秦婷, 张旭龙, 热孜婉, 全小盾. X 射线荧光光谱法测定钼精矿中钼、铁、铅、铜、硅和钙含量. 理化检验-化学分册, 2013, 49(7): 827-830.

2013-320 秦颖, 陈树祥, 席奇峰, 许应媛, 李世彩. 大冶铜绿山岩阴山脚遗址东周时期地层中"风化壳"的成因分析. 江汉考古, 2013, (4): 116-119, 133.

2013-321 覃丹柳, 钟梅英, 郑卫红. 钴内标 X 射线荧光光谱分析法在铁矿石分析中的应用. 柳钢科技, 2013, (2): 39-42.

2013-322 屈小荣, 李辉林, 赵玮, 申梅桂, 张发莲, 刘喜业. X 射线荧光光谱法快速测定氯化钾产品中钾、钠、钙、镁的含量. 分析仪器, 2013, (6): 29-32.

2013-323 曲月华, 王翠艳, 王一凌, 张悫. 熔融制样-X 射线荧光光谱法测定石灰石中 5 种组分. 冶金分析, 2013, 33(12): 29-33.

2013-324 曲月华, 王一凌. X 射线荧光光谱分析技术. 鞍钢技术, 2013, (3): 7-10, 31.

2013-325 饶帅, 华一新, 徐存英, 李丕强, 汝娟坚, 龚凯. $BmimCl-AlCl_3-MnCl_2$ 离子液体电沉积 Al-Mn 合金. 材料科学与工程学报, 2013, 31(5): 718-722, 761.

2013-326 任保林. 熔融制样-X 射线荧光光谱法快速测定富钛料中主次成分. 冶金分析, 2013, 33(12): 24-28.

2013-327 任晓惠, 罗汉金, 张子龙, 胡冰洁, 陈绮恩. 羟基铝及复合改性蒙脱石对 As(V) 的去除性能. 环境工程学报, 2013, 7(5): 1702-1708.

2013-328 任迎春. 初级 X 射线分段式光谱分布模型的确定. 嘉兴学院学报, 2013, 25(3): 54-57.

2013-329 任莹辉, 李文, 张鲜波, 赵凤起, 仪建华, 马海霞, 徐抗震, 宋纪蓉. 3, 6-双 (1-氢-1, 2, 3, 4-四唑-5-氨基)-1, 2, 4, 5-四嗪银盐的热分解反应动力学及热安全性. 应用化学, 2013, 30(9): 1036-1041.

2013-330 容波, 杨利平, 马明志, 赵静, 王春燕. 榆林横山大古界遗址出土仰韶晚期陶器的科学分析. 文物保护与考古科学,

2013, 25(3): 82-87.

2013-331 尚丽民, 岳冠华, 王丽萍, 冯丽丽. 再生水回用于工业循环冷却系统的结垢与阻垢研究. 市政技术, 2013, 31(4): 121-124.

2013-332 尚帅, 范代读, 王强, 张梦莹. MIS 3 以来浙江温瑞平原 YQ0902 孔古环境与古气候变化记录. 古地理学报, 2013, 15(4): 551-564.

2013-333 佘世杰, 骆艳华, 刘晨. X 射线荧光光谱测定钛铁矿石中氧化钛含量的不确定度评定. 现代矿业, 2013, (8): 186-187.

2013-334 申卫龙. X 射线荧光光谱法分析矿石样品时工作曲线的精确调整. 理化检验-化学分册, 2013, 49(6): 673-676.

2013-335 沈伦贵. 浅谈 X 荧光仪在金属矿地质勘查中的应用. 科技创新与应用, 2013, (35): 56.

2013-336 施璐, 郑常青, 姚文贵, 李娟, 徐久磊, 高源, 崔芳华. 大兴安岭中段五岔沟地区蛤蟆沟林场 A 型花岗岩年代学、岩石地球化学及构造背景研究. 地质学报, 2013, 87(9): 1264-1276.

2013-337 石金明, 蒋智梅, 谢运生, 席细平, 王贺礼, 龚媛媛. 生物质洗脱过程中矿物质和分子结构的变化. 江西科学, 2013, 31(5): 651-655.

2013-338 石隽隽, 程丹丹, 王晓红, 朱留佳, 许春华. 石英砂负载 β-FeOOH(ACS) 吸附除 $Cr(VI)$ 的机理分析. 环境科学学报, 2013, 33(7): 1892-1897.

2013-339 石睿, 庹先国, 李哲, 刘明哲, 刘敏. SDD 探测 X 射线中 BP 网络全谱定量分析技术研究. 分析试验室, 2013, 32(1): 121-124.

2013-340 石镇泰, 牛艳红. X 射线荧光光谱法测定锌精矿中 7 组分. 甘肃冶金, 2013, 35(6): 77-78, 99.

2013-341 史春风, 林民, 朱斌, 龙军. HPPO 工艺中试装置中钛硅催化剂的失活及再生. 石油学报 (石油加工), 2013, 29(5): 864-869.

2013-342 史厚义, 奚居柏. 自动化 X 射线荧光光谱压片法测定电炉渣、精炼渣的化学组分. 安徽冶金, 2013, (1): 43-45.

2013-343 史梨花, 袁长生. X 射线荧光法测定铁矿石中多元素分析方法的研究. 科技创新与应用, 2013, (26): 13.

2013-344 史梨花, 袁长生. X 射线荧光光谱熔融片法测定铜矿中的主次元素. 江西建材, 2013, (3): 251-252.

2013-345 帅星. 稀土湿法分解工艺过程中铅分布及排放量研究. 环境科学导刊, 2013, 32(3): 61-63.

2013-346 宋飞龙. 金属矿物分析技术发展现状及趋势. 黑龙江科技信息, 2013, (17): 54.

2013-347 宋建华, 姜莉, 宫珩禄. 熔融制样-X 射线荧光光谱法测定重晶石中的 $BaSO_4$. 电子测试, 2013, (11): 266-267.

2013-348 宋建华, 姜莉, 宫珩禄. 熔融制样-X 射线荧光光谱法测定重晶石中的 $BaSO_4$. 科技资讯, 2013, (16): 84-85.

2013-349 宋鹏程, 彭同江, 鲜海洋, 孙红娟. 阿克塞石棉尾矿矿物学特征及开发利用研究. 岩石矿物学杂志, 2013, 32(6): 905-910.

2013-350 宋鹏心, 张健, 杨志强, 张东生. 离心浇铸制样-X 射线荧光光谱法测定钨铁中钨. 冶金分析, 2013, 33(4): 48-51.

2013-351 宋守强, 李明罡, 李黎声, 王殿中, 张凤美, 舒兴田. 分子筛对甲醇制轻烯烃反应烃类产物选择性的影响. 石油学报 (石油加工), 2013, 29(6): 936-944.

2013-352 Song Wanli, Lee Chul Hee, Choi Seung Bok. 在磁场条件下黄铜的磁流变液滑动磨损行为 (英文). Transactions of Nonferrous Metals Society of China, 2013, (2): 400-405.

2013-353 苏会芳, 刘超, 胡孙林, 王松才, 孙立敏, 黄炜, 张小婷, 李双琳. 微束 X 射线荧光光谱分析在法医学鉴定中的应用进展. 法医学杂志, 2013, 29(1): 43-48.

2013-354 苏晓云, 王登红, 王成辉, 刘善宝, 刘建光, 樊兴涛, 蒯丽君, 陈国华, 万浩章, 张诚, 黄桂强. 基于 XEPOS 型 X

射线荧光光谱仪研究江西朱溪铜钨矿床成矿元素地球化学特征与成因. 岩矿测试, 2013, 32(6): 959-969.

2013-355 苏轶坤, 邓宇骏, 黄湘愉, 翁琼, 曾云, 汤皎宁. Fe 纳米线的制备与表征. 深圳大学学报（理工版）, 2013, 30(6): 617-622.

2013-356 苏玉, 李渊, 邓云水, 李晓庆. Cu-SSZ-13 分子筛对甲醇转化制烯烃反应的性能. 石油化工, 2013, 42(10): 1075-1079.

2013-357 隋铭皓, 陈勇, 盛力, 段标标. 以水滑石为前体的 Co-Mn-Al 复合氧化物的制备及表征. 材料导报, 2013, 27(6): 49-53.

2013-358 Sulaiman Alaabed, Abdel Monem M. Soltan, Osman Abdel Ghani, Bahaa Eddin Mahmoud, Mohamed ElTokhi, Abbas Khalil, Abdullah Musalim. Emirati limestones: Impact of low temperature microstructure on the industrial applications. 矿物学报, 2013, (S1): 87.

2013-359 孙海杰, 江厚兵, 李帅辉, 王红霞, 潘雅洁, 董英英, 刘寿长, 刘仲毅. 纳米 Ru-Mn/ZrO$_2$ 催化剂上苯选择加氢制环己烯. 催化学报, 2013, 34(4): 684-694.

2013-360 孙海杰, 李帅辉, 田翔宇, 张元馨, 江厚兵, 刘寿长, 刘仲毅. 助剂 Fe 和反应修饰剂修饰的 Ru 催化剂上苯选择加氢制环己烯. 分子催化, 2013, 27(4): 362-370.

2013-361 孙骏. 苯甲酰苯胺分光光度法测定土壤中钒含量. 现代科学仪器, 2013, (3): 126-128.

2013-362 孙天希, 刘志国, 彭松, 孙蔚渊, 丁训良. 利用海森堡不确定性原理研究全反射 X 射线光学器件的焦斑极限（英文）. 中国激光, 2013, 40(12): 268-270.

2013-363 孙婷婷, 马波, 张喜文, 秦波. Sn 改性 TS-1 分子筛对苯氧化反应的催化性能研究. 石油炼制与化工, 2013, 44(10): 77-80.

2013-364 孙兴权, 曾泽, 赵景红, 王秋艳, 张建华, 董伟峰, 林维宣. 组合分析法检测小麦粉中4种非法添加物. 食品工业科技, 2013, 34(21): 305-309.

2013-365 孙燕, 陶红, 张章堂, 卑蕾蕾, 宋晓锋, 陈良霞. 废弃硅藻土制备 MCM-41 介孔分子筛的表征及吸附性能研究. 水资源与水工程学报, 2013, 24(5): 189-192.

2013-366 孙振华, 包炜军, 李会泉, 回俊博, 王晨晔, 唐清. 高铝粉煤灰预脱硅碱溶提铝过程中的物相转变规律. 过程工程学报, 2013, 13(3): 403-408.

2013-367 孙志华, 刘开平, 汪敏强, 刘民武. 铜川自燃煤矸石特征研究. 煤炭学报, 2013, 38(S1): 136-141.

2013-368 孙志华, 刘开平, 汪敏强, 王柱命, 杨斐芃. 自燃煤矸石活性研究. 建筑材料学报, 2013, 16(3): 497-502.

2013-369 孙志强, 李作为, 丁英仁. S Zorb 滑阀阀板失效分析. 失效分析与预防, 2013, 8(6): 350-355.

2013-370 唐梦奇, 刘顺琼, 袁焕明, 谢毓群, 刘国文, 罗明贵. 粉末压片制样-波长色散 X 射线荧光光谱法测定进口铜矿石中的氟. 岩矿测试, 2013, 32(2): 254-257.

2013-371 唐信英, 罗磊, 曹军骥, 王启元. 成都市春节期间大气 PM$_{2.5}$ 化学元素的特征. 环境科学与技术, 2013, 36(5): 151-155, 170.

2013-372 唐煜坤, 陈国能, 张珂, 黄海华. 西淋岗岩体成岩作用探讨——来自 X 荧光光谱、等离子体质谱及拉曼光谱的制约. 光谱学与光谱分析, 2013, 33(5): 1369-1373.

2013-373 田斌, 杨芳芳, 庞亚恒, 林雄超, 耿敬伟, 许德平, 王永刚. 气化温度对型煤加压固定床气化反应特性的影响. 中国电机工程学报, 2013, 33(S): 128-134.

2013-374 田旻洁, 周海明, 闵红, 林苗. 全反射 X 射线荧光光谱法直接测定润滑油中的 10 种微量金属元素. 分析试验室, 2013, 32(12): 16-21.

2013-375 Tian Shuxun, Ji Shengfu, Lü Dandan,

Bai Bingyang, Sun Qi. Preparation of modified Ce-SAPO-34 catalysts and their catalytic performances of methanol to olefins. Journal of Energy Chemistry, 2013, 22(4): 605-609.

2013-376 田维乾, 刘静, 刘灿, 范恺, 荣龙. CoMoS/γ-Al$_2$O$_3$ 催化剂对麻疯树油加氢处理的研究. 燃料化学学报, 2013, 41(2): 207-213.

2013-377 田兴玲, 李乃胜, 张治国, 杨恒. 南海 I 号沉船出水铜钱的腐蚀研究. 稀有金属材料与工程, 2013, 42(S2): 366-369.

2013-378 童庆, 樊霆, 王浩明, 孙礼明, 黄界颖. 玄武岩特征及熔融析晶性能研究. 中国非金属矿工业导刊, 2013, (6): 27-29.

2013-379 万斌, 关成国, 周传明, 孟凡巍, 庞科, 唐卿, 饶馨. 华南埃迪卡拉系底部钾质斑脱岩的岩石地球化学特征及其地质意义. 岩石学报, 2013, 29(12): 4373-4386.

2013-380 王彬, 任雪红, 张文生. 以不同磷酸钙盐形式引入 P^{5+} 掺杂对阿利特结构及活性的影响. 硅酸盐学报, 2013, 41(5): 644-649.

2013-381 王冲, 任俊锋. 一件战国错银铁镜的保护研究. 文物鉴定与鉴赏, 2013, (2): 65-69.

2013-382 王道贤, 谢治, 张兴香, 金正耀, 范安川, 陈彪. 同步辐射 X 射线荧光技术应用于先商动物牙齿的微量元素分析. 核技术, 2013, 36(6): 3-9.

2013-383 王冬圻, 姜瞻梅, 田然, 田波. 能量色散 X 射线荧光光谱法测定奶粉中的钙元素. 食品科学, 2013, 34(24): 254-257.

2013-384 王峰, 尉刚, 雍晓静, 罗春桃. 甲醇制丙烯 (MTP) 催化剂失活原因分析及再生. 广州化工, 2013, 41(18): 49-51.

2013-385 王峰, 颜蜀隽, 雍晓静, 罗春桃, 张卿, 温鹏宇, 巩雁军, 窦涛. 稀释蒸汽中 Na$^+$ 及积炭对甲醇制丙烯催化剂性能影响. 物理化学学报, 2013, 29(2): 358-364.

2013-386 王广西, 李丹, 侯鑫, 凌倩慧. 建筑垃圾中重金属元素的 X 射线荧光光谱分析. 核电子学与探测技术, 2013, 33(7): 873-875.

2013-387 王广西, 李丹, 侯鑫, 周丽丽. 某区域道路灰尘重金属元素的 X 射线荧光光谱分析及污染评价. 核电子学与探测技术, 2013, 33(6): 763-765.

2013-388 王广西, 李丹, 赖万昌, 翟娟, 杨中建, 侯鑫, 曹发明. 便携式 EDXRF 分析仪测定土壤中镍元素的含量预测模型研究. 光谱学与光谱分析, 2013, 33(8): 2242-2245.

2013-389 王国文, 王栋, 王明明, 徐晓晨, 杨凤林. 重金属杂质对磷酸铵镁结晶法处理制药废水的影响. 环境工程学报, 2013, 7(12): 4866-4868.

2013-390 王海龙, 徐中慧, 吴丹丹, 谭钦文, 谢羽佳, 李春林. 粉煤灰两步水热法制备人工沸石. 化工环保, 2013, 33(3): 272-275.

2013-391 王豪, 林振兴, 邬蓓蕾. 内燃机油中添加剂元素含量水平及来源分析. 光谱学与光谱分析, 2013, 33(9): 2579-2582.

2013-392 王洪彬, 靳芳, 祝云军. X 射线荧光光谱法测定浮选钾肥中主次量成分. 理化检验-化学分册, 2013, 49(2): 238-239.

2013-393 王欢, 孙志强. 炼油装置再生器出口闸阀使用故障浅析. 阀门, 2013, (3): 39-41.

2013-394 王剑云. X 荧光光谱法分析硅锰中的化学元素. 浙江冶金, 2013, (3): 44-45.

2013-395 王静, 孟祥才, 陈玉义. 矿物中药自然铜煅制工艺研究. 佳木斯大学学报 (自然科学版), 2013, 31(3): 399-401.

2013-396 王菊琳, 栾莉, 张治国, 马清林. 模拟宋代银制品在 NaCl 溶液中的腐蚀行为研究. 稀有金属材料与工程, 2013, 42(7): 1418-1422.

2013-397 王菊琳, 栾莉, 张治国, 马清林. 宋代银制品模拟样品在 Na$_2$S 溶液中的电化学腐蚀及其产物. 腐蚀科学与防护技术, 2013, 25(1): 1-6.

2013-398 王军学. 粉末压片-能量色散 X 射线荧光光谱法测定基夫赛特直接炼铅炉渣

中的主要组分. 中国无机分析化学, 2013, 3(S1): 53-55.

2013-399 王珺, 刘伟, 戴学谦, 任维萍, 张瑞霖. 熔融制样 X 射线荧光光谱法分析铝碳质耐火材料中的多种组分. 冶金分析, 2013, 33(3): 39-45.

2013-400 王开宇, 陈斐, 李传山, 王重海, 沈强. 无机前驱体法制备连续氮化硼纤维及其结构表征. 现代技术陶瓷, 2013, (6): 3-6.

2013-401 王凯, 闵红, 刘曙, 朱志秀. 全反射 X 射线荧光光谱法测定水中痕量砷. 检验检疫学刊, 2013, 23(2): 20-22, 11.

2013-402 王力. X 射线荧光录井识别花岗岩. 中国石油和化工标准与质量, 2013, (6): 130.

2013-403 王利军, 卢新卫, 任春辉, 李晓雪, 陈灿灿, 杨琳娜. 宝鸡市某工业园区灰尘重金属含量、形态及生态风险分析. 水土保持通报, 2013, 33(4): 180-184.

2013-404 王亮. 矿山酸性水中硫的化学状态分析. 化工管理, 2013, (8): 144.

2013-405 王林英, 李翔, 周峰, 王瑶, 王安杰, 胡永康. 含 β 沸石结构单元的介孔硅铝分子筛合成. 石油学报 (石油加工), 2013, 29(6): 945-951.

2013-406 王璐璐, 夏长泰, 赛青林, 狄聚青, 牟菲. 光学浮区法生长 Si：β-Ga_2O_3 单晶及其光谱研究. 人工晶体学报, 2013, 42(4): 607-610.

2013-407 王梅英, 李鹏程, 李艳华, 李莹, 王留芳, 陈静. 蓝晶石矿中氟钠镁铝硅铁钛钾钙元素的 X 射线荧光光谱分析. 岩矿测试, 2013, 32(6): 909-914.

2013-408 王淼, 张颖, 柴沆镇, 王刚. 生防菌株 336x 在小麦内部的定殖研究. 河南农业科学, 2013, 42(9): 69-72, 82.

2013-409 王敏, 李永强, 刘学, 李忻忆, 沈皓. 核微探针技术在 ICF 靶丸研究中的应用. 核技术, 2013, 36(8): 39-44.

2013-410 王敏, 周建斌, 方方, 施泽明, 周伟, 刘易, 曹建宇, 朱星. X 荧光分析仪中数字基线估计的研究. 光谱学与光谱分析, 2013, 33(1): 233-236.

2013-411 王平, 曹军骥, 刘随心, 沈振兴, 张婷, 王启元, 占长林, 杨素霞. 西安市春季大气颗粒物 $PM_{2.5}$ 与 PM_{10} 的特征. 中国粉体技术, 2013, 19(6): 58-63.

2013-412 王倩倩, 金正耀, 李功, 范安川, 蒋志龙. WDXRF 和 FTIR 对古滇国遗址出土陶器的初步分析. 光谱实验室, 2013, 30(6): 2763-2768.

2013-413 王涛, 夏鹏, 张大庆, 臧高山. Pt/SBA-15 用于正庚烷催化重整反应的研究. 石油炼制与化工, 2013, 44(12): 31-34.

2013-414 王霆, 王敬尊. 现代科学分析仪器方法在书画真伪鉴别中的应用. 大学化学, 2013, 28(6): 1-5.

2013-415 王务刚, 张少龙, 张兰兰, 王艳, 刘晓玲, 巩雁军, 窦涛. 系列硅铝比纳米薄层 ZSM-5 分子筛的合成和表征. 物理化学学报, 2013, 29(9): 2035-2040.

2013-416 王娴娴, 姚唯亮, 王佳华. 新型丙烯酸铜树脂的制备方法及其性能研究. 上海涂料, 2013, 51(8): 1-4.

2013-417 王小平, Tsuboi Motohiro. 玻璃熔片制样-XRF 测定流纹岩中的 24 种主、次量元素. 光谱实验室, 2013, 30(1): 181-186.

2013-418 王晓静, 唐磊, 鄢维栋. 高速钢拉丝用特种石墨乳的实验研究. 现代化工, 2013, 33(12): 83-87.

2013-419 王晓阳. X 射线荧光录井岩屑定性判别方法. 录井工程, 2013, 24(4): 15-20, 82.

2013-420 王欣, 杜银花, 雷磊, 王金翠, 刘宝林. 海泡石/TiO_2 的微波辅助制备及其光催化活性研究. 安全与环境学报, 2013, 13(4): 59-63.

2013-421 王兴军, 陈凡敏, 刘海峰, 于广锁, 王辅臣. 煤水蒸气气化过程中钾催化剂与矿物质的相互作用. 燃料化学学报, 2013, 41(1): 9-13.

2013-422 王续宁, 薛群虎, 田晓利, 徐茜. 陶瓷墙地砖湿法球磨浆料基本性能研究. 硅酸盐通报, 2013, 32(1): 94-99.

2013-423 王雪, 周建斌, 周伟, 王红印, 罗翔, 卢圣才. 一种新型数字 X 荧光仪的研

2013-424 王亚伟, 乔永莲, 沙春鹏, 马超. 航空用 30CrMnSiNi2A 高强钢电镀锌-镍合金层及其对氢脆性能的影响. 材料保护, 2013, 46(12): 61-62, 9.

2013-425 王祎亚, 邓赛文, 王毅民, 许俊玉, 屈文俊. 磷矿石分析方法评述. 冶金分析, 2013, 33(4): 26-34.

2013-426 王祎亚, 许俊玉, 詹秀春, 屈文俊. 较低稀释比熔片制样 X 射线荧光光谱法测定磷矿石中 12 种主次痕量组分. 岩矿测试, 2013, 32(1): 58-63.

2013-427 王益群, 郭啸, 王栋, 王伯涛. 矿物药金礞石和青礞石中铁元素的价态分析. 中华中医药杂志, 2013, 28(6): 1864-1866.

2013-428 王永胜, 王柏华. EDXRF 对羊毛染色废水中铬和铜离子检测适用性研究. 北京服装学院学报 (自然科学版), 2013, 33(4): 30-34.

2013-429 王玉洁. 灼烧量校正 X 荧光熔融法测定铁矿石中的多组分. 现代矿业, 2013, (11): 197-199.

2013-430 汪海港, 金正耀, 谢治, 范安川, 闫立峰, 朱炳泉, 王吉怀. 新石器晚期祭祀彩石的多种谱学方法研究. 光谱学与光谱分析, 2013, 33(9): 2305-2310.

2013-431 汪潇, 杨留栓, 朱新峰, 杨家宽. 湿法脱硫石膏颗粒特性与杂质赋存状况分析. 环境科学与技术, 2013, 36(9): 135-138.

2013-432 Wang Yuru, Daniel C. W. Tsang. Efects of solution chemistry on arsenic (V) removal by low-cost adsorbents. Journal of Environmental Sciences, 2013, 25(11): 2291-2298.

2013-433 韦立宁, 李凝, 蒋武, 彭楠楠. 锡尾矿的组成、热特性及掺烧制备水泥熟料的研究. 材料导报, 2013, 27(4): 129-133.

2013-434 魏洪培. 铬系物料 Cr\Cr$_2$O$_3$、Si\SiO$_2$、CaO、MgO 和 Al$_2$O$_3$ 的快速测定方法. 酒钢科技, 2013, (4): 132-135.

2013-435 魏晓聪, 陈鸿雁, 黄立新. 受热过程对苯胺黑特性的影响. 应用化工, 2013, 42(2): 279-282.

2013-436 魏雅娟, 伍斯静, 覃建友, 莫道, 邬景荣, 梁凤珍. X 射线荧光光谱仪测定高碳锰铁炉渣中主次量成分. 大众科技, 2013, 15(5): 85-87.

2013-437 温锦锋, 张晓芬, 胡孙林, 李富海, 王松才, 黄日辉, 戴维列, 张小婷, 范恒胜. 射击距离推断方法的研究进展. 广东公安科技, 2013, (2): 27-31.

2013-438 邬旭然, 韩晓锋, 王丽, 吕建刚, 薛光, 田宇纮. 薄样技术-能量色散 X 射线荧光光谱法测定钯铂金. 冶金分析, 2013, 33(10): 34-39.

2013-439 吴浩, 魏艳, 陈欢. X 射线荧光光谱法测定液体水玻璃化学成分. 无机盐工业, 2013, 45(4): 56-59.

2013-440 吴建群, 于敦喜, 曾宪鹏, 吕为智, 徐明厚. 富氧燃烧条件下神华煤灰的沉积特性. 工程热物理学报, 2013, 34(9): 1767-1770.

2013-441 吴军明, 丁银忠, 李其江, 张茂林, 吴隽. 历代官窑霁蓝釉瓷的化学组成无损分析. 光谱实验室, 2013, 30(5): 2048-2054.

2013-442 吴隽, 干科, 李其江, 吴军明, 张茂林. 吉州窑木叶天目瓷制作中叶纹形成的影响因素探析. 中国陶瓷, 2013, 49(12): 107-111.

2013-443 吴隽, 吴艳芳, 吴军明, 张茂林, 李其江, 吴涛涛, 许璐. 景德镇仿龙泉青瓷与龙泉青瓷组成特征研究. 光谱学与光谱分析, 2013, 33(8): 2246-2250.

2013-444 吴隽, 许璐, 吴军明, 张茂林, 李其江, 吴艳芳. 深圳咸头岭遗址出土陶器的组成研究. 陶瓷学报, 2013, 34(4): 415-420.

2013-445 吴丽威, 赵飒, 王长发. X 射线荧光光谱法用于催化剂中贵金属含量分析. 工业催化, 2013, 21(10): 63-65.

2013-446 吴敏, 王俊鹏. 便携式 X 射线荧光光谱仪测定不锈钢样品中的常见金属元素. 物理测试, 2013, 31(1): 29-32.

2013-447 吴鹏, 刘志明. NCC 负载纳米 Fe$_3$O$_4$ 磁

膜材料的交替沉积自组装及表征. 纤维素科学与技术, 2013, 21(1): 1-8, 22.

2013-448 吴锁贞, 刘笛, 吴玉霞, 李军, 程健林. X射线荧光光谱法直接测定粉煤灰元素含量的试验研究. 煤质技术, 2013, (6): 27-31.

2013-449 吴婷, 温贻强, 刘猛, 王向宇. 无机原料制备的大晶粒 TS-1 分子筛的表征及催化环己酮肟化反应性能评价. 石油炼制与化工, 2013, 44(3): 54-59.

2013-450 吴小平, 王琼生, 赵燕群, 王世铭. 粉煤灰催化 H_2O_2 氧化降解活性艳红 X-3B 的研究. 福建师范大学学报(自然科学版), 2013, 29(2): 58-63.

2013-451 吴章海. X 射线荧光光谱法测定石灰石中的硫含量. 河北冶金, 2013, (7): 66-67.

2013-452 仵利萍, 刘卫. 熔融制样-X 射线荧光光谱法测定钒钛磁铁矿中主次组分含量. 理化检验-化学分册, 2013, 49(9): 1107-1109, 1113.

2013-453 武卫林, 王朝斗, 林根. X 射线光谱法分析球铁微量元素的探讨. 甘肃冶金, 2013, 35(5): 61-62.

2013-454 Wu Junfeng, Pu Wenhong, Yang Changzhu, Zhang Man, Zhang Jingdong. Removal of benzotriazole by heterogeneous photoelectro-Fenton like process using $ZnFe_2O_4$ nanoparticles as catalyst. Journal of Environmental Sciences, 2013, 25(4): 801-807.

2013-455 奚务俭, 杨朗, 黄春宁. 多种仪器方法综合分析天然沸石矿. 化学分析计量, 2013, 22(5): 47-50.

2013-456 夏光华, 何婵, 黄敏. 复合塑化剂掺杂增塑北海白泥的实验研究. 硅酸盐通报, 2013, 32(4): 597-601.

2013-457 夏晓伟, 刘松, 王卿, 刘嫣歆, 李青会, 顾冬红. 鸿山越墓出土战国玻璃的无损分析及相关认识. 南方文物, 2013, (3): 143-149, 86.

2013-458 向浩, 田地. 微型计算机与分析仪器的通信技术研究. 现代科学仪器, 2013, (6): 51-55.

2013-459 项燕飞, 方志杰, 李龙霞. $CoCl_2·6H_2O$、$AlCl_3·6H_2O$ 水相催化合成 C-吡咯糖苷. 化学研究与应用, 2013, 25(10): 1426-1429.

2013-460 肖寒, 刘红光, 杨建国, 于海斌. 多级孔 SAPO-5 分子筛的合成及其在柴油加氢精制催化剂中的应用. 石油炼制与化工, 2013, 44(1): 16-21.

2013-461 肖珊, 黄立新, 郭峰. 微囊乳钙补钙剂的测定研究. 食品工业科技, 2013, 34(10): 295-298.

2013-462 谢欢. ARL9900 X 射线荧光光谱仪 SC 探测器故障处理. 分析仪器, 2013, (2): 86-88.

2013-463 谢静思, 甘学锋. X 射线荧光光谱法测定铝土矿中的主次量组分. 广东化工, 2013, 40(24): 149-150.

2013-464 谢兰桂, 王健, 赵霞, 杨锐, 冯晓明, 李樾, 栾琳, 张丽颖, 贺瑞玲, 刘艳林, 王峰, 汤龙, 孙会敏, 李波. 波长色散 X 射线荧光法快速筛查铬超标明胶胶囊. 药物分析杂志, 2013, 33(2): 286-288, 291.

2013-465 谢敏, 庄大明, 刘江, 郭力, 宋军. 硫化温度对铜锌锡硫薄膜特性的影响. 材料研究学报, 2013, 27(2): 126-130.

2013-466 邢雪青, 宫宇, 蔡泉, 默广, 杜蓉, 陈中军, 吴忠华. Hierarchical structure and biomineralization in cricket teeth. Chinese Physics C, 2013, 37(2): 96-101.

2013-467 熊超, 葛良全, 罗耀耀, 米耀辉, 徐立鹏. 现场 XRF 数据处理中多重分形方法研究. 物探化探计算技术, 2013, 35(2): 246-251, 122.

2013-468 熊伟, 赵敏. 能量色散 X 射线荧光分析软件开发. 矿冶, 2013, 22(4): 95-98, 103.

2013-469 徐冠立, 孙传敏, 孙遥. 新型固化剂加固成都粘土的矿物学研究. 矿物岩石, 2013, 33(4): 1-6.

2013-470 徐金龙, 华斌, 田琼, 吕善胜. X 射线荧光光谱法测定磷铁中磷含量. 检验检疫学刊, 2013, 23(1): 11-14.

2013-471 徐久磊, 郑常青, 施璐, 李娟, 崔芳华,高源, 张行行, 高峰. 大兴安岭北段雅尔根楚 I 型花岗岩年代学、岩石地球化学及其地球动力学意义. 地质学报, 2013, 87(9): 1311-1323.

2013-472 徐立鹏, 葛良全, 谷懿, 刘敏, 张庆贤, 李飞, 罗斌. 基于 PCA-BP 神经网络的 EDXRF 分析测定地质样品中铁、钛元素含量的应用研究. 光谱学与光谱分析, 2013, 33(5): 1392-1396.

2013-473 徐文松, 杨阳. X 射线荧光光谱法测定纸上涂硅层厚度. 理化检验-化学分册, 2013, 49(11): 1383-1384.

2013-474 徐杨, 阎长虹, 许宝田, 邵勇, 阮晓红. 城市河道淤泥特性及改良试验初探. 水文地质工程地质, 2013, 40(1): 110-114.

2013-475 许德娟, 朱佩思, 陈永欣, 黎湛. 中国铜矿分析文献评介. 大众科技, 2013, 15(7): 58-63.

2013-476 许红亮, 程维高, 武予宁, 郭辉, 范冰冰, 卢红霞, 张锐, 宋文娟. 煤矸石烧结砖厂废气凝结物的研究. 环境工程, 2013, 31(1): 77-80.

2013-477 许元军, 方方. 基于网卡 DM9000 在便携式 X 射线荧光仪中的应用. 核电子学与探测技术, 2013, 33(6): 766-769.

2013-478 闫军, 夏洪刚, 梁志福, 张志勇, 薛守洪. 恶劣大气环境下 220kV 变电站钢芯铝绞线腐蚀断裂分析. 内蒙古电力技术, 2013, 31(2): 27-30.

2013-479 严俊, 胡仙超, 王巨安, 严雪俊, 胡丹静, 刘培钧, 方诗彬. 不同颜色的淡水养殖珍珠呈色机理研究. 岩矿测试, 2013, 32(2): 263-268.

2013-480 颜斐进. 电子电气产品中铅、汞、镉、铬、溴不确定度评定. 广州化工, 2013, 41(16): 137-139, 166.

2013-481 Yan Heng, Zhang Junying, Zhao Yongchun, Zheng Chuguang. CO_2 sequestration from flue gas by direct aqueous mineral carbonation of wollastonite. Science China (Technological Sciences), 2013, 56(9): 2219-2227.

2013-482 杨东美, 姚强. X 射线荧光光谱法测定镁合金中 Zn 的不确定度评定. 计量与测试技术, 2013, 40(6): 85-86.

2013-483 杨发旺, 谈建安, 刘江斌, 党亮, 余志峰. X 射线荧光光谱法测定多金属矿石中的铜和钼. 光谱实验室, 2013, 30(3): 1371-1375.

2013-484 杨海, 葛良全, 谷懿, 张庆贤, 熊盛青. 原位微区 X 射线荧光分析在矿物学研究中的应用. 光谱学与光谱分析, 2013, 33(11): 3137-3141.

2013-485 杨海, 葛良全, 熊盛青, 谷懿, 张庆贤. 浅钻 X 射线荧光测量在航磁异常查证中的应用. 金属矿山, 2013, (6): 90-92.

2013-486 杨海, 葛良全, 熊盛青, 谷懿, 张庆贤. 新疆托逊航磁异常地面查证多方法综合解译. 地质与勘探, 2013, 49(5): 939-944.

2013-487 杨海岸, 高文键, 李春林. X 射线荧光光谱法测定氧化锌粉中锌铁硫铜铅. 云南冶金, 2013, 42(4): 57-60.

2013-488 杨晖. 能量色散 X 射线荧光分析技术在环境空气质量监测中对铅测定的应用. 黑龙江环境通报, 2013, 37(1): 20-23.

2013-489 杨平先, 伍乾永, 金涛. 基于单片机的 X 射线食盐碘含量在线测控系统. 湖北农业科学, 2013, 52(10): 2420-2422, 2435.

2013-490 杨蔚, 董发勤, 邓跃全, 何平. 不同预处理方式对固硫灰渣水热合成硫酸钙晶须的影响. 材料导报, 2013, 27(24): 73-75, 87.

2013-491 杨文佳, 葛良全, 罗斌, 罗恩剑, 王仕木, 谷懿. 微束微区 X 荧光探针分析仪的矿物定量分析. 光谱实验室, 2013, 30(6): 2779-2783.

2013-492 杨小丽, 李小丹, 杨梅. X 射线荧光光谱法测定以钨和钼为主的多金属矿中主次成分. 冶金分析, 2013, 33(8): 38-42.

2013-493 杨笑凡, 周四春, 赵辉, 孙森. 黄沙坪型铅锌矿 X 荧光异常特征及找矿意义. 现代矿业, 2013, (8): 37-39.

2013-494 杨兴琴, 余迎. 便携式能量色散型 X 光

荧光光谱仪 (ED-XRF). 测井技术, 2013, (5): 486.

2013-495 杨旭, 周家喜. 贵州遵义地区煤矸石元素地球化学特征及其综合利用信息. 矿物学报, 2013, 33(2): 189-193.

2013-496 杨雪霞, 肖革胜, 李志刚, 树学峰. 无铅焊料 $Sn_{3.0}Ag_{0.5}Cu/Cu$ 界面过渡层金属间化合物性能研究. 功能材料, 2013, 44(6): 818-821.

2013-497 杨雪霞, 肖革胜, 袁国政, 李志刚, 树学峰. 基于纳米压痕法分析无铅焊点内 Cu_6Sn_5 金属化合物的力学性能. 稀有金属材料与工程, 2013, 42(2): 316-319.

2013-498 杨艳, 闻向东, 朱缨. X 射线荧光光谱法测定炼钢炼铁尘泥中主元素. 山东化工, 2013, (10): 85-87.

2013-499 杨永兴, 包良满, 雷前涛. 地铁颗粒物 $PM_{2.5}$ 的 SEM 和微束 XRF 分析. 电子显微学报, 2013, 32(1): 47-53.

2013-500 杨载明. 便携式 X 射线荧光光谱仪现场测定高含量钡地质样品中的钒. 岩矿测试, 2013, 32(4): 665-667.

2013-501 杨振华, 颜玉美, 王恒玉. X 射线荧光光谱分析法测定工业硅中钙、铁、铝的研讨. 现代测量与实验室管理, 2013, (2): 10-11.

2013-502 姚敦璠, 陈天虎, 王进, 周跃飞, 岳正波. 天然和水热合成针铁矿对有机物厌氧分解释放 CH_4 的影响. 环境科学, 2013, 34(2): 635-641.

2013-503 姚凤花, 何莉, 刘春荣, 徐敏秀, 汪晓华. 能量色散-X 射线荧光光谱法测定光伏玻璃中铁含量. 理化检验-化学分册, 2013, 49(5): 584-586.

2013-504 姚妮娜, 张平, 康明, 宋丽贤, 郑蓉, 卢忠远. NaOH 激发对固硫灰微观结构的影响. 人工晶体学报, 2013, 42(6): 1208-1212, 1246.

2013-505 姚强, 王燕, 朱宇宏, 杨东美, 吴齐伟. X 射线荧光光谱法测定稀土镁合金中 La 的不确定度评定. 计量与测试技术, 2013, 40(1): 56-57.

2013-506 姚强, 王燕, 朱宇宏, 杨东美, 吴齐伟. X 射线荧光光谱法测定稀土镁合金中镧、铈和镨含量. 理化检验-化学分册, 2013, 49(12): 1515-1516.

2013-507 叶鸿, 黄智龙, 张杰. 澜沧老厂深部钼矿体的赋存状态初步研究. 贵州大学学报 (自然科学版), 2013, 30(5): 53-56, 65.

2013-508 叶建宏, 欧飞跃, 马玲, 周智勇, 许春凤, 唐文勇. 绵阳城市供水管网管垢的特征分析. 城镇供水, 2013, (5): 41-43, 51.

2013-509 衣秀娟, 陈伟, 王湘敏, 田宇纮, 邬旭然. 慢性乙型肝炎患者血清中 16 种矿物元素的 TXRF 对比分析. 中国卫生检验杂志, 2013, 23(6): 1453-1454, 1464.

2013-510 尹海涛, 武杏荣, 李辽沙, 吴照金. 富铁冶金尘泥中有价元素的选择性还原研究. 矿产综合利用, 2013, (5): 67-71.

2013-511 殷立宝, 高正阳, 钟俊, 郑双清, 陈传敏. 燃煤电厂脱硫石膏汞形态及热稳定性分析. 中国电力, 2013, 46(9): 145-149.

2013-512 殷铭宏. 基于泡沫视觉特征的浮选精矿品位的软测量. 有色冶金设计与研究, 2013, 34(6): 52-54.

2013-513 殷庆纵, 夏劼清, 祝清兰. 基于小波滤波的水体重金属分析仪设计. 测控技术, 2013, 32(9): 8-11, 15.

2013-514 游宇, 傅超美, 陈秋薇, 聂英军, 胡慧玲. 矿物药玄明粉与无水硫酸钠的构效对比研究. 中草药, 2013, 44(8): 982-984.

2013-515 于海莲, 程世刚, 胡震. 微波烧结法制备 $SrAl_2O_4$：Eu^{2+} 及其发光性能研究. 粉末冶金工业, 2013, 23(6): 16-19.

2013-516 于海明, 张伟, 陈月红, 白宏生, 尹兆余, 陈树军, 周洪军, 尚庆敏. 数字多道技术在 X 荧光多元素分析仪中的应用. 金属世界, 2013, (1): 55-57.

2013-517 于赫薇, 李谋成. 纳米颗粒添加量对 $Ni-P-Al_2O_3$ 化学复合镀层耐蚀性的影响. 腐蚀与防护, 2013, 34(3): 223-227.

2013-518 于惠春, 陈伟, 邬旭然. 不同品种酿酒葡萄中 16 种矿物元素的 TXRF 法测定研究. 酿酒科技, 2013, (8): 103-105.

2013-519 于文佳, 林莉, 卫碧文, 郑翊, 杨荣静. 分散液相微萃取-X射线荧光法快速同时分析水溶液中的重金属. 分析试验室, 2013, 32(7): 98-102.

2013-520 于战海, 王宝荣, 李俊敏, 贺国霞, 韩红霞. 钴内标法-X射线荧光光谱仪测定锰矿石成分. 科技创新与应用, 2013, (26): 20.

2013-521 余芝华, 范德江, 张爱滨, 孙晓霞, 杨作升. 西南印度洋中脊富钴结壳的矿物学和地球化学. 海洋地质与第四纪地质, 2013, 33(6): 71-80.

2013-522 俞佳锋, 王凯, 薛俊增, 吴惠仙. 生物样品中微量金属测定的研究进展. 环境污染与防治, 2013, (5): 111.

2013-523 袁敏, 刘丽红, 王忠. 涂装工艺综合/组合环境加速试验研究及应用. 环境技术, 2013, (3): 27-30.

2013-524 袁兆宪, 成秋明, 姚凌青. 元素富集指数在研究矽卡岩化过程中元素迁移的应用. 矿物学报, 2013, (S): 575.

2013-525 袁兆宪, 成秋明, 左仁广. 辉绿岩风化过程中的元素迁移研究. 矿物学报, 2013, (S2): 1026.

2013-526 曾国强, 葛良全, 罗耀耀, 张庆贤, 程峰, 王广西. 基于改进型模拟退火模型的X荧光光谱寻峰方法的研究. 光谱学与光谱分析, 2013, 33(9): 2583-2585.

2013-527 Zeng Jianrong, Zhang Guilin, Bao Liangman, Long Shilei, Tan Mingguang, Liyan, Ma Chenyan, Zhao Yidong. Sulfur speciation and bioaccumulation in camphor tree leaves as atmospheric sulfur indicator analyzed by synchrotron radiation XRF and XANES. Journal of Environmental Sciences, 2013, 25(3): 605-612.

2013-528 曾江萍, 吴磊, 李小莉, 王娜, 张莉娟. 较低稀释比熔融制样X射线荧光光谱法分析铬铁矿. 岩矿测试, 2013, 32(6): 915-919.

2013-529 曾小平, 吴冰, 宋武元. XRF熔融法测定重晶石中 BaO 和 SiO_2 含量的不确定度评定. 光谱实验室, 2013, 30(6): 3255-3259.

2013-530 翟林智, 俞翔, 钟秦. 某石灰石矿品位及烟气脱硫应用研究. 非金属矿, 2013, 36(6): 22-24.

2013-531 翟倩倩, 赵士贵, 王孝海, 李秀芝, 李文杰, 郑亚森. 仿生纳米含硅羟基磷灰石的合成与表征. 无机材料学报, 2013, 28(1): 58-62.

2013-532 张爱芬. 炭素中微量元素分析研究进展. 中国无机分析化学, 2013, 3(S1): 100.

2013-533 张传彩, 李国栋, 李静. 低汞触媒中氯化汞含量的分析与探讨. 中国氯碱, 2013, (6): 15-16.

2013-534 张德贵. X射线荧光光谱法测定铁原料中 K、Na、Pb、Zn 微量元素. 河北冶金, 2013, (4): 22-24.

2013-535 张德贵, 冀云柱, 张彦荣. 荧光分析法测定铁精粉中高钛量. 分析仪器, 2013, (1): 37-39.

2013-536 张丁非, 马春华, 张红菊, 柴森森. 稀土 Er 对铸态合金 Mg-5Sn 组织及晶格常数的影响. 稀有金属材料与工程, 2013, 42(12): 2481-2485.

2013-537 张二平. X射线荧光光谱仪测定铜精矿中多种元素. 铜业工程, 2013, (1): 41-42, 50.

2013-538 张衡, 安亭, 赵凤起, 张晓宏, 仪建华, 徐司雨. 没食子酸锆铜的制备及其在双基系推进剂中的燃烧催化作用. 兵工学报, 2013, 34(6): 690-697.

2013-539 张鸿波, 李丽, 李悦, 王志杰. 高硫煤电化学催化氧化脱硫机理的研究. 矿产综合利用, 2013, (2): 71-73.

2013-540 张欢. 化学元素分析技术在古陶瓷产地研究中的应用. 中国陶瓷, 2013, 49(4): 81-84.

2013-541 张建东, 邵拥军, 石山大三. PIXE方法在地质样品测定中实验流程的开发和评价. 中国有色金属学报, 2013, 23(9): 2693-2703.

2013-542 张江坤, 冯晓军, 叶罕章, 姜威. 微波消解滤纸制样XRF法测定磷矿石中的多元素. 磷肥与复肥, 2013, 28(4): 74-75.

2013-543 张晶, 商义叶, 潘永智. 超细晶粒硬质合金的力学性能与微观结构. 机械制造与自动化, 2013, 43(3): 36-38, 49.

2013-544 张乐, 高雄厚, 孙书红, 李侃. 稀土含量对Y型分子筛物化参数的综合影响. 稀土, 2013, 34(4): 1-6.

2013-545 张连凯, 杨慧. 岩溶地下河中砷迁移过程及其影响因素分析——以广西南丹县里湖地下河为例. 中国岩溶, 2013, 32(4): 377-383.

2013-546 张茂林, 王建保, 李其江, 吴军明. 河北临漳曹村窑与内丘邢窑陶瓷器的胎釉组成对比分析. 中国陶瓷, 2013, 49(2): 57-59.

2013-547 张勤, 于兆水, 李小莉, 李国会. X射线荧光光谱高压制样方法和技术研究. 光谱学与光谱分析, 2013, 33(12): 3402-3407.

2013-548 张庆建, 丁仕兵, 郭兵, 李晨, 闵国华, 冯丽丽. 复杂铜物料属性的鉴别. 冶金分析, 2013, 33(4): 40-43.

2013-549 张庆建, 丁仕兵, 郭兵, 徐兆锋, 孙博, 刘稚, 刘美东. 黄金矿砂鉴别方法研究. 黄金科学技术, 2013, 21(4): 79-82.

2013-550 张庆建, 丁仕兵, 宋飞, 闵国华, 杜恒清, 郭兵. 一例未知铜矿的鉴别研究. 矿产综合利用, 2013, (2): 51-53, 70.

2013-551 张庆贤, 葛良全, 谷懿, 曾国强, 杨强, 罗耀耀. MC模拟分析透射式微型X射线管目标靶厚度对输出谱的影响. 光谱学与光谱分析, 2013, 33(8): 2231-2234.

2013-552 张荣, 张玉钧, 章炜, 陈东, 余晓娅, 高彦伟. 土壤重金属铅元素的X射线荧光光谱测量分析. 光谱学与光谱分析, 2013, 33(2): 554-557.

2013-553 张文元, 崔强, 李青会, 柴勃隆, 王宁远, 赵晔, 于宗仁, 苏伯民. 综合分析方法对余杭良渚遗址群出土玉器的原位无损研究. 敦煌研究, 2013, (1): 73-81.

2013-554 张喜林, 范德江, 王亮, 廖永杰, 姚政权. X射线岩心扫描系统对海洋沉积物成分测定质量的综合评价和校正. 海洋学报 (中文版), 2013, 35(6): 86-95.

2013-555 张现珍, 于先进, 姚晓雪. X射线荧光光谱法测定沸石分子筛中氧化物. 内蒙古工业大学学报 (自然科学版), 2013, 32(2): 91-95.

2013-556 张小敏, 张振忠, 林峰, 文永鹏, 雷晓旭. 纳米铜粉制备及其在乙醇中的分散工艺研究. 材料工程, 2013, (1): 25-29.

2013-557 张小敏, 张振忠, 赵芳霞, 丘泰. 正交设计优化制备高分散性纳米银粉研究. 材料工程, 2013, (11): 38-42, 49.

2013-558 张小敏, 张振忠, 赵芳霞, 周浩, 丘泰. 次亚磷酸钠还原制备纳米银粉及其催化性能研究. 真空科学与技术学报, 2013, 33(10): 1037-1041.

2013-559 张亚, 郭弘艺, 唐文乔, 李辉华, 张旭光, 吴嘉敏. 长江口日本鳗鲡幼体矢耳石元素的SRXRF分析. 上海海洋大学学报, 2013, 22(6): 821-826.

2013-560 张亚莉, 李怀梅, 于先进. 从高硅高铝氰化物渣中水浸预处理-磁选提铁 (英文). Transactions of Nonferrous Metals Society of China, 2013, (4): 1165-1173.

2013-561 张引娥. 重金属元素在厦门-漳州土壤剖面中的分布特征及其环境意义. 地球与环境, 2013, 41(1): 13-19.

2013-562 张永恒, 乔鹏, 米争峰, 李高峰. 室内WDXRF光谱仪论证EDXRF仪航磁异常查证效果. 现代矿业, 2013, (2): 43-45.

2013-563 张永文, 张争京, 王全宏, 刘文俊. X射线荧光光谱法测定锰矿石中锰的不确定度评定. 广东化工, 2013, 40(16): 211-213.

2013-564 张永文, 周远洋, 王凯, 贾小梅. X射线荧光光谱法测定锰矿石中的主次量元素. 广东化工, 2013, 40(15): 175-176.

2013-565 张宇帅, 于桂萍. 熔融制片-X射线荧光光谱分析法测定锰矿石中常规组分的质量分数. 铁合金, 2013, (2): 45-48.

2013-566 张振华, 曹峰, 赵朔. 熔融制样测定硅酸盐样品中的主、次成分. 化学工程师, 2013, (4): 35-38.

2013-567 张振华, 赵朔, 曹峰. X 射线荧光光谱法熔融制样测定硅酸盐样品中的主、次成分. 实验室科学, 2013, 16(2): 6-9.

2013-568 张志杰, 曾庆光, 谭越, 钟明峰, 刘平安. 柠檬酸改性高岭土及其在陶瓷生产中的应用. 中国陶瓷, 2013, 49(5): 46-49.

2013-569 张智勇, 刘晓丽. XRF 标准样品的不确定度分析. 环境技术, 2013, (3): 31-33.

2013-570 章连香, 符斌. X 射线荧光光谱分析技术的发展. 中国无机分析化学, 2013, 3(3): 1-7.

2013-571 章雪生, 钱晓耀, 刘益民, 王振华. 依据 RoHS 指令利用 XRF 对低压电器中限用物质的测定. 中国科技信息, 2013, (12): 173, 179.

2013-572 赵岑, 刘冬梅, 魏民, 孙志岩, 王海彦. 多级孔 ZSM-5 分子筛的制备及催化噻吩烷基化性能研究. 燃料化学学报, 2013, 41(10): 1256-1261.

2013-573 赵春燕, 岳洪彬, 岳占伟. 南水北调河南辉县路固汉代墓群出土白色粉块的化学分析及相关问题. 华夏考古, 2013, (3): 142-148.

2013-574 赵恩好, 岳明新, 周国兴, 肖刚, 张泉, 刘新. X 射线荧光光谱法测定镁质耐火材料及其原料中 10 种成分. 冶金分析, 2013, 33(7): 62-67.

2013-575 赵凤起, 张衡, 安亭, 仪建华, 徐司雨, 高红旭. 酒石酸铅锆的制备、表征及其燃烧催化作用. 无机化学学报, 2013, 29(1): 24-30.

2013-576 赵凤起, 张衡, 安亭, 张晓宏, 仪建华, 徐司雨, 汪营磊. 没食子酸铋锆的制备、表征及其燃烧催化作用. 物理化学学报, 2013, 29(4): 777-784.

2013-577 赵奉奎, 王爱民. 能量色散 X 射线荧光光谱仪研究现状. 核技术, 2013, 36(10): 54-60.

2013-578 赵刚, 邓波. X 荧光筛选法在树脂等材料卤素含量分析中的应用. 电子质量, 2013, (1): 36-39.

2013-579 赵海君, 袁光祥, 王燕. 炉底渣作混合材对水泥性能的影响. 四川水泥, 2013, (10): 116-118, 120.

2013-580 赵珊, 赵艳兵, 杨菊蕾. X 射线荧光光谱法分析电渣预熔渣中主次成分. 山西化工, 2013, 33(3): 12-14.

2013-581 赵蒙. 气流床煤气化灰渣分析方法研究. 广东化工, 2013, 40(12): 239, 241.

2013-582 赵宁, 李丽, 韦正乐, 盘思伟, 汤龙华. 燃煤电厂选择性催化还原脱硝催化剂失活及其原因分析. 环境污染与防治, 2013, 35(12): 68-71, 77.

2013-583 赵瑞廷. 康熙、雍正彩色瓷彩釉成色机理及施釉工艺. 内蒙古师范大学学报(自然科学汉文版), 2013, 42(4): 486-489.

2013-584 赵晓东, 乌洪杰. X 射线荧光分析仪在煤炭全硫测定中的应用. 新世纪水泥导报, 2013, (2): 67-69.

2013-585 赵永椿, 李文举, 杨艳, 张军营, 郑楚光. 高硅煤燃烧颗粒物的生成特性研究. 工程热物理学报, 2013, 34(4): 779-782.

2013-586 赵宇, 江洪超, 武莉莉, 冯良桓, 曾广根, 王文武, 张静全, 李卫. P 型 $Cd_{1-x}Zn_xTe$ 薄膜的制备及性质研究. 光谱学与光谱分析, 2013, 33(5): 1295-1298.

2013-587 郑会平, 何秋菊, 姚书文, 王博, 宋国定, 杨益民, 王昌燧. 新疆阿斯塔那唐墓出土彩塑的制作工艺和颜料分析. 文物保护与考古科学, 2013, 25(2): 31-38.

2013-588 郑建道, 杜建民, 王志国, 张玲芝, 王学云. X 荧光熔融分析镁质耐材及辅料方法探讨. 河南冶金, 2013, 21(4): 26-27, 44.

2013-589 郑明雄. 澜沧铅矿凝灰岩的膨胀机制研究. 岩石力学与工程学报, 2013, 32(1): 216.

2013-590 郑明雄, 李峰. 澜沧铅矿沉凝灰岩膨胀垮塌的物质因素. 勘察科学技术, 2013, (5): 5-9.

2013-591 郑荣华, 刘建坤. 粉末压片-X 射线荧光光谱法测定矿石中钨、锡. 理化检验-

化学分册, 2013, 49(1): 66-68.

2013-592 郑威, 张振忠, 赵芳霞, 林峰. 直流电弧等离子体蒸发法制备超细锡粉. 有色金属工程, 2013, 3(4): 15-17.

2013-593 郑志杰, 程继贵, 夏永红, 马琛, 周济元, 徐凯. 凹凸棒石黏土提纯的研究. 硅酸盐通报, 2013, 32(12): 2471-2475.

2013-594 钟慧琴, 李辉, 刘苗. 关于X荧光在地矿行业测试中的结果受影响的因素及样品处理. 硅谷, 2013, (4): 79-80.

2013-595 钟黎, 肖永明, 王涛, 罗武干, 王昌燧. 化隆县纳卡遗址彩陶颜料的拉曼光谱分析. 南方文物, 2013, (3): 139-142.

2013-596 钟山, 冯经昆, 邝薇, 盘静. 酸性条件下MSWI飞灰中Zn的浸出动力学. 北京工业大学学报, 2013, 39(11): 1704-1709.

2013-597 周川杰, 胡瑶, 郝爽, 沈佳妮. 四川雅翠的宝石学特征及命名探讨. 宝石和宝石学杂志, 2013, 15(3): 43-49.

2013-598 周国兴, 赵恩好, 岳明新, 曹丹红. X射线荧光光谱仪及其分析技术的发展. 当代化工, 2013, 42(8): 1169-1172.

2013-599 周昊, 李凯, 陆海勤, 卢妹雪. X荧光光谱仪快速检测甘蔗糖汁中元素含量的研究. 甘蔗糖业, 2013, (4): 53-58.

2013-600 周磊. X射线荧光光谱扫描法在实物地质资料中应用的可行性探讨. 广东微量元素科学, 2013, 20(11): 13-17.

2013-601 周良芹, 付大友. 食品中无机盐检测方法研究进展. 中国无机分析化学, 2013, 3(2): 14-18.

2013-602 周林, 陈云琳, 孙佳, 赵世超, 田凤鸣, 祖志楠. 混碱改性粉煤灰制备NaP1型沸石. 硅酸盐通报, 2013, 32(5): 819-823.

2013-603 周锐, 李珍, 宋兵, 谢昕, 李贞, 陆岸青. 长江三角洲平原湖沼沉积物XRF岩芯扫描结果的可靠性分析. 第四纪研究, 2013, 33(4): 697-704.

2013-604 周世平, 董发勤, 代群威, 黄云碧, 唐俊, 陈武. 绵阳市4月份城郊大气中$PM_{2.5}$矿物及微生物特性分析. 矿物学报, 2013, 33(3): 369-374.

2013-605 Zhou Xin, Sun Liguang, Liu Yi, Wang Yuhong. Potential applications of X-ray fluorescence core scanner in elemental analyses of the muddy sediments on the coastal shelves of China and in ecological study. Journal of Ocean University of China, 2013, 12(4): 619-623.

2013-606 周旭, 刘学良, 毛荐, 郭守国. 蓝宝石的改善工艺. 华东理工大学学报(自然科学版), 2013, 39(3): 296-300.

2013-607 周颖驰. 锅炉水冷壁高温腐蚀原因分析及对策. 热力发电, 2013, 42(7): 138-141.

2013-608 周垣, 太井超, 杨觑. X射线荧光光谱法分析硅钙复合脱氧剂中的硅、钙含量. 天津冶金, 2013, (4): 58-60.

2013-609 周振垒, 李琢, 王博, 彭伟才, 李建青, 吴晋沪. ZSM-5的水热改性及其在合成气经二甲醚制汽油中的应用. 燃料化学学报, 2013, 41(11): 1349-1355.

2013-610 周志恩, 张丹, 张灿. 重庆城区不同粒径颗粒物元素组分研究及来源识别. 中国环境监测, 2013, 29(2): 9-14.

2013-611 朱春要, 年季强, 陆娜萍, 周强, 顾锋. X射线荧光光谱法测定煤灰成分的改进. 理化检验-化学分册, 2013, 49(4): 439-441, 444.

2013-612 朱金刚. 基于X射线荧光光谱法测定煤中常量和微量元素. 科技与企业, 2013, (16): 307, 309.

2013-613 朱忠平, 李国会. 熔融制样-X射线荧光光谱法测定钛铁矿中主次组分. 冶金分析, 2013, 33(6): 32-36.

2013-614 庄骏, 李明杰, 汪小涵, 马旭方, 杨小康, 刘洋. 废旧日光灯灯管的回收与二次利用. 中国资源综合利用, 2013, 31(9): 44-46.

2013-615 邹建华, 刘东, 田和明, 刘峰, 李甜, 杨洪永. 内蒙古阿刀亥矿晚古生代煤的微量元素和稀土元素地球化学特征. 煤炭学报, 2013, 38(6): 1012-1018.

2013-616 邹龙江, 周全, 高路斯. G20Cr2Ni4A钢渗碳轴承滚子断裂失效分析. 金属热处理, 2013, 38(10): 101-103.

2013-617 邹龙江, 周全, 高路斯. GCr15 钢轴承外套圈磨削开裂失效分析. 金属热处理, 2013, 38(9): 99-100.

2014 年 (2014)

2014-001 阿依努尔·努尔艾合买提, 热伊莱·买买提, 刘作华, 李明强, 陈南雄, 陶长元. 电场强化锰矿尾矿湿法浸出行为研究. 中国锰业, 2014, 32(4): 18-22.

2014-002 Adebayo Babatunde, Bello Wasiu Ademola. Discontinuities effect on drilling condition and performance of selected rocks in Nigeria. International Journal of Mining Science and Technology, 2014, 24(5): 603-608.

2014-003 艾月兵, 唐晓林. 地质矿产勘查的方法及防护措施分析. 中国新技术新产品, 2014, (14): 32.

2014-004 Aysel Kantürk Figen, Sabriye Piskin. Characterization and modification of waste magnesium chip utilized as an Mg-rich intermetallic composite. Particuology, 2014, 17(6): 158-164.

2014-005 巴春秋. 钢包内衬用镁铝碳质耐火材料的研制. 耐火与石灰, 2014, 39(3): 39-41, 47.

2014-006 白诗扬, 戴群和, 孙继红, 陈东, 任博, 庄胜利, 武霞. 双模型介孔 SiO_2 负载磷钨酸催化剂催化废油脂酯化反应的失活研究. 石油学报 (石油加工), 2014, 30(1): 151-157.

2014-007 白旭萌, 刘迎新. 美国睡美人绿松石的宝石学矿物学特征研究. 岩石矿物学杂志, 2014, 33(S2): 61-68.

2014-008 Bakhsheshi-Rad H. R., Hamzah E., Daroonparvar M., Yajid M. A. M., Kasiri Asgarani M., Abdul-Kadir M. R., Medraj M.. 表面涂覆含氟羟基磷灰石和缺钙羟基磷灰石的镁合金体外降解行为 (英文). Transactions of Nonferrous Metals Society of China, 2014, 24(8): 2516-2528.

2014-009 班超, 郑永春, 张锋, 朱永超, 邹永廖. 月球风暴洋地区元素丰度研究: "嫦娥二号"X 射线谱仪探测数据分析. 地学前缘, 2014, 21(6): 62-73.

2014-010 包楚才, 刘琼, 何勇, 陈纪文, 彭莺, 陈满英. X 射线荧光光谱法快速测定内外墙涂料中二氧化钛. 理化检验-化学分册, 2014, 50(7): 895-896.

2014-011 包春磊. 华光礁出水瓷器表面黄白色沉积物的分析及清除. 化工进展, 2014, 33(5): 1108-1112, 1141.

2014-012 包春磊, 贾世杰, 符燕, 刘爱虹. 出水青白瓷器表面石灰质凝结物的去除. 当代化工, 2014, 43(1): 11-14.

2014-013 包春磊, 贾世杰, 符燕, 刘爱虹. 华光礁 I 号沉船出水青白瓷表面沉积物的分析. 化学研究, 2014, 25(1): 76-81.

2014-014 包春磊, 贾世杰, 符燕, 刘爱虹. 海南省博物馆馆藏出水古铁炮腐蚀产物分析. 腐蚀与防护, 2014, 35(1): 83-86, 90.

2014-015 包良满, 雷前涛, 谈明光, 李晓林, 张桂林, 刘卫, 李燕. 上海地铁站台大气颗粒物中过渡金属研究. 环境科学, 2014, 35(6): 2052-2059.

2014-016 包镇红, 苗立锋, 江伟辉. 龙岩高岭土的组成与结构研究. 硅酸盐通报, 2014, 33(5): 1130-1133, 1137.

2014-017 卞瑶. X 荧光光谱仪在珠宝玉石检测中的应用. 中小企业管理与科技 (中旬刊), 2014, (2): 279-280.

2014-018 蔡建, 冯欲晓, 仇秀梅. 北海高岭土除铁技术研究. 非金属矿, 2014, 37(3): 50-53.

2014-019 曹爱青. X 射线荧光光谱法测定纯铝制品中的主要杂质元素. 中国无机分析化学, 2014, 4(4): 42-44.

2014-020 曹发明, 赖万昌, 贾雪辉, 郑秀红, 杨中建. XRF 分析仪在青海某铜矿的应用研究. 广东微量元素科学, 2014, 21(3): 29-32.

2014-021 曹开科. 利用 X 荧光仪测定磁铁矿中全铁的含量. 科技视界, 2014, (16): 277, 312.

2014-022 曹开科, 和莉, 马小娅. 利用 X 荧光仪测定铁矿中 SiO_2、Al_2O_3、CaO、MgO

的含量. 科技视界, 2014, (11): 292, 357.

2014-023 曹玲玲, 刘可, 曾建荣, 龙时磊, 包良满, 马陈燕, 李燕. 上海地区生活垃圾焚烧灰渣元素组成及微观特征研究. 核技术, 2014, 37(6): 8-16.

2014-024 曹亚丽, 武志明. 湿法预处理对垃圾焚烧飞灰中重金属的形态及风险影响研究. 四川环境, 2014, 33(5): 8-12.

2014-025 陈斌, 赵凤燕, 柴怡, 李青会. 西安北郊出土一件战国铜带钩的无损分析. 文博, 2014, (3): 74-78.

2014-026 陈德. X射线荧光光谱法测定铬质引流剂的化学成分. 重庆科技学院学报 (自然科学版), 2014, 16(3): 89-92, 156.

2014-027 陈红. X射线荧光光谱法测定铝土矿石中 Al_2O_3、SiO_2 的不确定度评定. 广州化工, 2014, 42(20): 142-144, 191.

2014-028 陈宏伟, 徐林荣, 左珅. 石棉尾矿在 (底) 基层中应用的试验研究. 公路交通科技, 2014, 31(4): 28-32, 38.

2014-029 陈虎, 胡守亮, 李剑, 杨卫英, 伍智. 阴极移动对不规则零件镀镍层性能的影响. 强激光与粒子束, 2014, 26(5): 267-271.

2014-030 陈佳, 刘继延. 新型烷基次膦酸复盐的合成及其在环氧树脂中的应用. 江汉大学学报 (自然科学版), 2014, 42(5): 10-14.

2014-031 陈建良, 柴云峰, 仰丽琴, 陆佳锋. X荧光光谱仪压片法测定无碱玻璃化学成分的研究. 玻璃纤维, 2014, (4): 14-19.

2014-032 陈璐, 杨波, 刘义保. X荧光分析. 湖南农机, 2014, 41(2): 45-47.

2014-033 陈茂生, 朱心明, 许燕, 宁平, 马懿星, 韩子荣. 除硅铜冶炼水淬渣的硫酸化浸出实验. 材料导报, 2014, 28(18): 86-89.

2014-034 陈维苗, 丁云杰, 薛飞, 宋宪根, 吕元. 加料方式对共沉淀法制备的 $Cu/MnO/Al_2O_3$ 催化剂性能的影响. 工业催化, 2014, 22(11): 841-846.

2014-035 陈小红, 刘国安, 郑秀红, 曹发明. X射线荧光方法在西藏山南地区程巴铜多金属矿上的应用. 四川有色金属, 2014, (1): 28-30, 34.

2014-036 陈彦, 张志诚, 李可, 罗志文, 汤文豪, 李秋根. 内蒙古西乌旗地区二叠纪双峰式火山岩的年代学、地球化学特征和地质意义. 北京大学学报 (自然科学版), 2014, 50(5): 843-858.

2014-037 陈永彦, 马林, 刘明博, 孟祥娥, 韩鹏程, 廖学亮, 董海洋, 张洁. 一种X射线荧光分析仪滤光片切换系统的设计. 分析仪器, 2014, (5): 32-35.

2014-038 陈宇亮, 郑洪波. XRF岩心扫描在第四纪沉积物研究中的应用. 海洋地质前沿, 2014, 30(4): 51-59.

2014-039 陈张好, 宋向岗. 化妆品中金属元素分析方法研究进展. 香料香精化妆品, 2014, (6): 55-58.

2014-040 陈兆鑫, 李达明, 罗锡明. 不同浸提工艺的金矿尾矿中砷的存在形态研究. 岩矿测试, 2014, 33(3): 363-368.

2014-041 陈珍娥, 张海. 矿业中砷的分析方法概述. 广州化工, 2014, 42(18): 11-13, 22.

2014-042 陈振沧, 谢平, 倪朋勃. 浅谈XRF元素录井在南海诸井中的应用. 化工管理, 2014, (18): 51.

2014-043 陈忠厚, 薛殿鹏. 熔融玻璃片法X射线荧光光谱测定铁矿石中的主次量组分. 有色矿冶, 2014, 30(2): 101-104.

2014-044 陈卓梅. 涂料中有毒有害元素检测方法概述. 广东化工, 2014, 41(14): 281-282.

2014-045 陈自祥, 李振宇. 淮南电厂粉煤灰的物质组成特征及其评价. 安徽电气工程职业技术学院学报, 2014, 19(1): 82-85.

2014-046 程大伟, 许艳霞, 卓明, 韩冰, 于雷, 袁良经. X荧光光谱法快速测定糙米中的镉. 粮食科技与经济, 2014, 39(5): 39-40.

2014-047 程栋, 滕召胜, 黎福海, 代扬. 基于双能 γ 射线的煤炭灰分测量模型及其应用. 湖南大学学报 (自然科学版), 2014, 44(5): 99-105.

2014-048 程伟良, 王立成, 李柏杰. 新疆棉杆直燃特性分析. 热能动力工程, 2014,

2014-049 程伟良, 王立成, 李柏杰, 樊小朝, 李宝让. 生物质锅炉中温过热器结渣机理研究. 燃烧科学与技术, 2014, 20(5): 401-405.

2014-050 程佑法, 李建军, 祝培明, 范春丽, 山广祺. 泰山玉的产地特征及命名. 人工晶体学报, 2014, 43(9): 2324-2328.

2014-051 程佑法, 朱红伟, 李建军, 范春丽. 离子注入技术——宝石优化处理的新技术. 宝石和宝石学杂志, 2014, 16(2): 65-70.

2014-052 程张生, 胡述戈, 王志国, 李杰武. X射线荧光光谱分析技术在质量检测中的应用探讨. 河南冶金, 2014, 22(5): 25-27, 43.

2014-053 储婷婷, 葛涛, 刘桂建, 吴盾. 淮南矿区谢桥矿A组煤底板灰岩组分结构及水化学特征分析. 中国煤炭地质, 2014, 26(3): 27-31.

2014-054 褚岑岑, 熊信柏, 曾燮榕, 沈思聪, 徐锋, 罗禧. 多孔钛表面负载HA重金属吸附材料的新方法. 稀有金属材料与工程, 2014, 43(6): 1487-1491.

2014-055 褚宁, 李卫刚, 蒋晓光, 张群, 林忠, 迟成鑫. 熔融制样-波长色散X射线荧光光谱法测定石灰石中主次成分. 冶金分析, 2014, 34(10): 37-41.

2014-056 褚宁, 李卫刚, 蒋晓光, 张彦甫, 毕孝瑞. 熔融制样波长色散X射线荧光光谱法测定白云石中钙镁硅铁铝. 岩矿测试, 2014, 33(6): 834-838.

2014-057 丛琛. 马钢新区试验室X荧光自动分析系统的改造. 安徽冶金科技职业学院学报, 2014, 24(4): 17-19.

2014-058 代百乾, 乌晓江, 张忠孝. 高碱煤燃烧过程中灰中主要元素的迁移规律. 动力工程学报, 2014, 34(6): 438-442.

2014-059 代百乾, 乌晓江, 张忠孝. 洗煤对高碱煤碱金属迁移及灰熔融特性的影响. 热能动力工程, 2014, 29(1): 76-80, 110.

2014-060 邓飞, 韩亮, 马青兰. X射线荧光光谱压片法快速分析钼矿石中的钼含量. 甘肃科技, 2014, 30(15): 39-40, 12.

2014-061 邓建国, 刘东亮, 叶勇. 恐龙化石的人工加速腐蚀研究. 西南师范大学学报(自然科学版), 2014, 39(7): 47-52.

2014-062 丁银忠, 李合, 王光尧, 段鸿莺, 孙新民, 陈铁梅, 苗建民. 汝州东沟窑金元时期青瓷与钧瓷原料和工艺特征的比较研究. 文物保护与考古科学, 2014, 26(3): 65-73.

2014-063 董凯伟, 于海燕, 潘晓林, 毕诗文. F对$CaO-Al_2O_3-SiO_2$三元系铝酸钙熟料烧结和浸出性能的影响. 东北大学学报(自然科学版), 2014, 35(9): 1292-1295, 1300.

2014-064 董欣欣, 张玉钧, 殷高方, 石朝毅, 甘婷婷, 余晓娅. 一种X射线重金属监测仪富集样品定位方法. 大气与环境光学学报, 2014, 9(5): 364-369.

2014-065 董玉婉, 赵秋颖, 贾芳芳, 徐娟. 纳米银羟基磷灰石涂层陶瓷托槽的研制及力学性能研究. 口腔颌面修复学杂志, 2014, 15(3): 134-136.

2014-066 豆静杰, 戎岩, 李玉虎. 五彩圣旨材质及字迹颜料研究. 档案学研究, 2014, (4): 71-75.

2014-067 窦怀智, 洪华, 王红卫, 江涛, 侯晋. 波长色散X射线荧光光谱无标分析法检测树脂中的铅. 化学分析计量, 2014, 23(3): 14-17.

2014-068 窦怀智, 王红卫, 洪华, 江涛, 侯晋. 波长色散X射线荧光光谱法快速测定纺织面料中的铬、镍、铜. 化学分析计量, 2014, 23(2): 57-59.

2014-069 杜杉杉, 殷科, 韩文, 刘邓, 殷茵. 一种商业名为金丝玉的矿物学特征. 宝石和宝石学杂志, 2014, 16(4): 49-53.

2014-070 杜兴胜, 熊超, 窦小平, 王红海. 现场X射线荧光光谱分析在钻孔岩芯测量中的应用. 核电子学与探测技术, 2014, 34(6): 775-779.

2014-071 段光慧, 黄立新. 青梅酒起浊成分及其成因的测定研究. 食品工业, 2014, (11): 214-217.

2014-072 段家华, 赵征宇, 马林泽, 李洁, 严海, 杨文龙, 何晓凤, 孔翠芬, 杨发文. X射线荧光光谱法快速测定半钢发热剂中 Si, P, S. 中国无机分析化学, 2014, 4(2): 54-57.

2014-073 Eum Ki Do, Weisskopf Marc G., Nie Linda H., Hu Howard, Korrick Susan A.. 护士健康研究队列中累计铅暴露与绝经年龄. 环境与职业医学, 2014, 31(8): 607.

2014-074 凡小盼, 赵雄伟, 高强. 同步辐射微束X射线荧光技术在早期黄铜研究中的应用. 电子显微学报, 2014, 33(4): 349-356.

2014-075 凡小盼, 赵雄伟, 赵卓. 混合矿模拟冶炼黄铜对比试验. 有色金属(冶炼部分), 2014, (12): 7-10.

2014-076 范陶峰, 万俐, 刘荣华. 湖州铁佛寺铁观音病害调查与分析. 文物保护与考古科学, 2014, 26(3): 38-46.

2014-077 范香娟, 卢小海, 杨洁, 胡峰, 朱振忠, 童春临. 波长色散X射线荧光光谱法测定煤灰成分的基体效应研究. 煤质技术, 2014, (1): 1-6.

2014-078 方乙, 张寿庭, 邹灏, 张鹏, 曾昭法, 高峰. 浅覆盖区萤石矿综合勘查方法研究——以内蒙古林西赛波萝沟门萤石矿为例. 成都理工大学学报(自然科学版), 2014, 41(1): 94-101.

2014-079 丰曙霞, 王培铭, 刘贤萍. 低钙粉煤灰颗粒群粒径特征及组成特征. 中国粉体技术, 2014, 20(2): 47-50.

2014-080 冯丽丽, 张庆建, 丁仕兵, 岳春雷, 郭兵, 李晨, 赵租亮. X射线荧光光谱法测定锆矿中10种主次成分. 冶金分析, 2014, 34(7): 51-55.

2014-081 冯松宝, 顿亚鹏, 刘瑞. 淮北煤田二叠系煤的元素特征——以孟庄和孙疃煤矿为例. 宿州学院学报, 2014, 29(5): 81-83.

2014-082 冯彦房, 何世颖, 薛利红, 陈玉东, 杨林章, 赵江宁, 俞映倞. 高温煅烧稀土矿渣对水体中磷的吸附过程与机理. 生态与农村环境学报, 2014, 30(5): 627-633.

2014-083 冯烨, 米铁, 张雄, 杨海平, 王贤华, 张世红, 陈汉平. SiO_2对改性生物质焦理化特性的影响. 农业工程学报, 2014, 30(24): 259-265.

2014-084 付强, 赵虹霞, 董俊卿, 李青会, 胡永庆. 河南宝丰和新郑出土硅酸盐制品的无损分析研究. 光谱学与光谱分析, 2014, 34(1): 257-262.

2014-085 付晓红, 黄三早, 伍小成, 郑茂盛, 向燕群. 基体植入法解决荧光分析的基体效应. 水泥, 2014, (11): 83-84.

2014-086 甘婷婷, 张玉钧, 赵南京, 殷高方, 董欣欣, 王亚萍, 刘建国, 刘文清. 薄膜法X射线荧光光谱对重金属铬元素检测研究. 光学学报, 2014, 34(7): 297-302.

2014-087 甘媛, 杨海, 葛良全. X射线荧光测量在蒙马拉航磁异常查证中的应用. 西南师范大学学报(自然科学版), 2014, 39(2): 105-108.

2014-088 高国玲. X荧光光谱仪在电瓷生产中的应用. 陶瓷, 2014, (11): 34-35.

2014-089 高毛, 马宏瑞, 罗羿超, 畅浩. 制革污泥低温热解碳化方法研究. 中国皮革, 2014, 43(23): 36-39, 44.

2014-090 高树峰, 张海岩, 张玉平, 李彦辉, 宋晓军. X射线荧光光谱法测定氮化钒铁中铁、钒、硅的含量. 理化检验-化学分册, 2014, 50(6): 681-684.

2014-091 高树峰, 张海岩, 张玉平, 李彦辉, 武挺, 刘静. 电感耦合等离子体原子发射光谱法测定氮化钒铁中8种杂质元素. 理化检验-化学分册, 2014, 50(7): 842-844.

2014-092 高翔, 张燕, 高超. 常量元素含量作为滩涂沉积物粒径参数替代指标的可行性分析. 华中农业大学学报, 2014, 33(4): 84-87.

2014-093 高小峰, 谷依露, 谢田, 刘阳, 黄晟, 赵由才. 不同建筑材料对气态汞的吸附模拟研究. 土木建筑与环境工程, 2014, 36(6): 112-118.

2014-094 高永宏, 刘江斌, 祝建国. X射线荧光光谱法同时快速测定锑矿石中伴生及有害元素. 分析测试技术与仪器, 2014,

20(2): 98-102.

2014-095 戈明亮, 陈萌. 水羟硅钠石的制备与表征. 化工进展, 2014, 33(12): 3309-3312.

2014-096 葛明, 谭勉勉, 崔广华. $Ag_3PO_4/BiVO_4$ 复合光催化剂的制备及可见光催化降解染料 (英文). 物理化学学报, 2014, 30(11): 2107-2112.

2014-097 龚仓, 李高湖, 付桂花, 唐鑫, 黄艳波. X 射线荧光光谱法测定富砷地质样品中的主次痕量元素. 分析试验室, 2014, 33(10): 1220-1224.

2014-098 龚红军. ZSX Primus Ⅱ 和 ZSX100e X 射线荧光光谱仪 X 射线发生器故障分析及处理两例. 分析仪器, 2014, (6): 93-95.

2014-099 谷珊, 邓玉福, 黄丹, 冯文献, 于桂英. EDXRF 中几何探测光路分析及其优化设计. 沈阳师范大学学报 (自然科学版), 2014, 32(1): 80-83.

2014-100 谷懿, 葛良全, 王平, 熊盛青, 范正国, 杨海. X 荧光分析技术在航磁异常地面查证中的应用. 矿物学报, 2014, 34(1): 125-130.

2014-101 管嵩, 胡首鹏, 郭兵, 丁仕兵. 某含铁物料固体废物属性鉴别研究. 再生资源与循环经济, 2014, 7(10): 33-35.

2014-102 郭宁, 隋铭皓, 周友飞, 盛力. Al-SBA-15 有序介孔材料对溶液中诺氟沙星的吸附研究. 安全与环境学报, 2014, 14(6): 184-189.

2014-103 韩春梅, 龚宜勇, 韩丽华, 杨志. X 射线荧光光谱分析法测定镁砂成分的研究. 天津冶金, 2014, (2): 87-88.

2014-104 韩炜, 毛军, 范海涛, 汪小林. 某生物质电厂引风机入口挡板结垢原因分析及解决对策. 华电技术, 2014, 36(10): 67-70, 80.

2014-105 韩小月, 李晓华, 赵建为, 张云晖. 硅材料中磷含量的分析方法综述. 当代化工, 2014, 43(11): 2469-2471.

2014-106 郝文月, 马小垒, 马睿, 田野. 水-乙醇中碱木质素的催化解聚. 精细化工, 2014, 31(9): 1145-1149, 1176.

2014-107 何朝鑫, 陈翠华, 程文斌, 张燕, 涂宗林, 宋玉坤, 李长山, 丁学宽. 青海省都兰县双庆铁矿床地球化学特征及成因意义. 矿物岩石地球化学通报, 2014, 33(6): 854-861.

2014-108 何登良, 王玉兰, 罗亮. 贵州两种不同粉石英矿的基本特征对比研究. 绵阳师范学院学报, 2014, 33(11): 38-41.

2014-109 何光洪. 元素录井技术在杭锦旗地层划分中应用. 中国石油和化工标准与质量, 2014, (12): 174, 226.

2014-110 何秋菊, 吕淑玲, 裴亚静, 李玉玲, 赵瑞廷. 曹村窑青黄釉陶表面腐蚀物成分及形成原因初步分析. 文物保护与考古科学, 2014, 26(2): 16-21.

2014-111 黑大千, 张焱. XRF 技术的应用研究现状概述. 科教文汇 (下旬刊), 2014, (3): 96, 103.

2014-112 洪琛, 叶正隆, 沈华荣, 卢希龙, 陈云霞, 曹春娥. 景德镇玲珑釉的测试与分析. 中国测试, 2014, 40(2): 56-60.

2014-113 侯贤旭, 唐跃刚, 王聪, 高伟程, 魏强. 贵州马依勘探区凝灰岩和 Tonsteins 元素地球化学特征研究. 矿物岩石地球化学通报, 2014, 33(3): 377-383.

2014-114 胡安平, 李秀芝, 蒋义敏, 胡圆圆, 张杰. 碳酸盐岩储层微区地球化学分析技术的发展及应用. 天然气地球科学, 2014, 25(1): 116-123.

2014-115 胡名卫, 王宏全, 夏浩孚, 孟鹏, 罗晶, 陈雨晴, 陈常连, 黄志良. 难溶性含钾水云母矿柱撑提取钾离子. 非金属矿, 2014, 37(1): 14-15, 18.

2014-116 胡锐, 赖万昌, 曾国强, 龚春慧, 侯鑫. 基于 Android 系统的 X 射线荧光光谱测量软件开发. 核电子学与探测技术, 2014, 34(2): 243-248.

2014-117 胡婷婷, 祝琳华, 刘东辉, 杨玲. 蒙脱石负载的纳米金催化剂制备及其对 CO 催化氧化活性. 非金属矿, 2014, 37(2): 66-68, 71.

2014-118 胡雪晗, 孟瑞晋, 高妍, 侯宏英. 再铸 Nafion®/磷酸硼复合膜的制备与表征. 工程塑料应用, 2014, 42(3): 9-12.

2014-119 Hua Chyn Lee, Kah Weng Siew,

Maksudur R. Khan, Sim Yee Chin, Jolius Gimbun, Chin Kui Cheng. Catalytic performance of cement clinker supported nickel catalyst in glycerol dry reforming. Journal of Energy Chemistry, 2014, 23(5): 645-656.

2014-120 黄成思, 徐微, 段小月. 不同金属掺杂二氧化铅电极的对比研究. 电镀与涂饰, 2014, 33(11): 464-467, 502.

2014-121 黄丹, 邓玉福, 谷珊, 项亚威, 于桂英. EDXRF 分析中粉末压片制样条件及 X 光管激发条件研究. 沈阳师范大学学报 (自然科学版), 2014, 32(2): 233-236.

2014-122 黄钢, 卢希龙, 曹春娥, 秦立邦, 曾信谦, 刘洋. 景德镇地区低品位红土作为紫砂原料的应用研究. 硅酸盐通报, 2014, 33(11): 2968-2973.

2014-123 黄港明, 范纯, 田慧玲, 王君祥. X 射线荧光光谱法测定电镀锡板镀层中铅含量. 冶金分析, 2014, 34(6): 11-15.

2014-124 黄国芳, 金俊, 吴奕阳, 许雅. X 射线荧光光谱法检测银首饰合金中的铅含量. 上海计量测试, 2014, (3): 21-22.

2014-125 黄明, 屈国普, 赵越, 黄亮. 基于 X 荧光涂层厚度测量的试验研究. 核电子学与探测技术, 2014, 34(7): 866-868, 873.

2014-126 黄秋鑫, 孙秀敏. 粉末标准曲线 XRF 法检测土壤中的重/类金属. 环境科学与技术, 2014, 37(9): 92-98.

2014-127 黄锐, 张新华, 秦黎明. 基于元素含量的页岩矿物成分及脆性评价方法. 中国石油勘探, 2014, 19(2): 85-90.

2014-128 黄世杰, 刘永丰, 鲍惠君, 应海松, 蒋国芬. 便携式 X 荧光仪与 ICP-AES 联同检测废塑料金属涂层含量. 中国测试, 2014, 40(5): 55-57, 69.

2014-129 黄巍林, 马志鸣, 赵铁军, 卢峰. 混凝土在海洋环境下硫酸盐侵蚀机理研究. 混凝土与水泥制品, 2014, (7): 17-20.

2014-130 黄燕华, 张娜. X 射线荧光光谱法测定灰岩中 14 种主次量元素. 化学分析计量, 2014, 23(6): 81-84.

2014-131 黄阳波, 张宏亮, 朱浩, 苏伟, 于萍, 罗运柏. 水浸取-离子色谱法测定固体生物质燃料中氯含量的研究. 可再生能源, 2014, 32(11): 1742-1745.

2014-132 黄毅, 徐国平, 程慧高, 蒋卓辉, 杨宇. 典型钢渣的化学成分、显微形貌及物相分析. 硅酸盐通报, 2014, 33(8): 1902-1907.

2014-133 黄永炳, 黄聪, 杨秦霞, 张凯, 曾维, 杨红刚, 谢占领, 涂书新. 天然锰矿对钒 (V) 的静态吸附性能. 武汉大学学报 (理学版), 2014, 60(4): 317-323.

2014-134 黄臻, 王金砖, 伏荣进, 刘琨, 杨杰. 实体面材填料化学组成硅、钙、铝含量的快速测定. 材料导报, 2014, 28(S2): 419-421.

2014-135 吉芳英, 关伟, 周卫威, 姜宁, 刘亭役, 陈宇, 程拥, 方德新. 基于白碳黑的水化硅酸钙制备及其磷回收特性. 环境工程学报, 2014, 8(2): 493-498.

2014-136 吉光辉, 朱承飞, 常凤真. Structure analysis of beta-alumina synthesized by solid state reaction. 结构化学, 2014, 33(8): 1227-1233.

2014-137 季枫, 马国清. 在线多元素分析仪在红岭铅锌矿的应用. 世界有色金属, 2014, (8): 49-51.

2014-138 贾列克. 品一尊高古瓷罐 思几许中外往事. 文物鉴定与鉴赏, 2014, (10): 100-101.

2014-139 Jia Wenbao, Zhang Yan, Gu Chenguang, Hei Daqian, Ling Yongshen, Shan Qing. A new distance correction method for sulfur analysis in coal using online XRF measurement system. Science China (Technological Sciences), 2014, 57(1): 39-43.

2014-140 贾文宝, 张焱, 黑大千, 凌永生, 单卿, 程璨. PGNAA-XRF 联合检测水溶液中重金属的研究. 光谱学与光谱分析, 2014, 34(11): 3123-3126.

2014-141 江书航, 张华丽, 吴汉军, 周红, 潘志权. 某磷尾矿制备超细二氧化硅的工艺研究. 化学与生物工程, 2014, 31(11): 71-75.

2014-142 蒋法文, 刘亮, 陈健. 淮南煤田潘三矿岩浆岩演化特征研究. 中国煤炭地质, 2014, 26(5): 18-20, 29.

2014-143 金象春, 张贵英, 肖才锦, 黄东辉, 袁国军, 姚永刚, 王兴华, 华龙, 王平生, 倪邦发. PIXE 和 XRF 用于北京新镇地区 $PM_{2.5}$ 源解析研究. 原子能科学技术, 2014, 48(7): 1325-1330.

2014-144 康葆强, 苗建民, 秦大树. 定窑遗址考古出土制釉原料的探析. 中国国家博物馆馆刊, 2014, (9): 143-153.

2014-145 康海英, 郑维明, 吴继宗, 宋游, 陈晨, 刘桂娇. IAP 中铀钚在线分析. 原子能科学技术, 2014, 48(6): 974-979.

2014-146 Kong Jie, Sheng Xiaoli, Zhou Yuming, Zhou Shijian, Zhang Zewu. Alkylation of o-xylene with styrene over modified mordenite for environmentally friendly synthesis of PXE. China Petroleum Processing & Petrochemical Technology, 2014, 16(1): 52-59.

2014-147 郎小波, 毛荐, 刘学良, 郭守国. 紫色翡翠的谱学特征及颜色成因探讨. 激光与光电子学进展, 2014, 51(6): 193-197.

2014-148 雷杰, 彭兵, 柴立元, 闫国孟. 用电解锰渣制备高铁硫铝酸盐水泥熟料. 材料与冶金学报, 2014, 13(4): 257-261.

2014-149 雷珊, 杨娟, 余剑, 刘云义, 许光文. 含钛高炉渣制备 SCR 烟气脱硝催化剂. 化工学报, 2014, 65(4): 1251-1259.

2014-150 雷婷, 余悠, 姜琴. 德国宝石级蓝方石的鉴定与谱学特征. 宝石和宝石学杂志, 2014, 16(2): 32-37.

2014-151 李超, 李宏煦, 杨飔, 王帅. 某难浸金矿的次氯酸盐法直接浸金试验研究. 黄金科学技术, 2014, 22(4): 108-112.

2014-152 李繁, 刘锋英, 林才寿. Monte Carlo 法在检测浮选矿物品位中的应用. 核电子学与探测技术, 2014, 34(10): 1246-1250.

2014-153 李国. 扫描道代替固定道作内标通道分析铁矿石——X 射线荧光光谱分析. 理化检验-化学分册, 2014, 50(4): 503-504.

2014-154 李海峰, 马联弟. X 射线荧光光谱分析法在标准物质均匀性检验方面的实践与应用. 中国计量, 2014, (2): 81-82.

2014-155 李海涛, 李慕勤, 韩涛, 孙建波, 王军. TIG 焊对低合金钢焊缝金属元素分布状态的影响. 焊接学报, 2014, 35(1): 91-94, 117.

2014-156 李海霞. 表面活性剂辅助微波法合成氧化锌纳米粉体. 中国粉体技术, 2014, 20(5): 55-57.

2014-157 李合, 吕成龙, 陈铁梅, 苗建民. EDXRF 对故宫博物院藏宋代官窑及明清仿官窑瓷器的再研究——从胎体元素组成论述瓷器的类群关系和产地特征. 故宫博物院院刊, 2014, (2): 129-140, 161.

2014-158 李厚民, 丁建华, 李立兴, 姚通. 东天山雅满苏铁矿床矽卡岩成因及矿床成因类型. 地质学报, 2014, 88(12): 2477-2489.

2014-159 李焕霞, 赵焕新, 于洪涛, 陈硕, 全燮. TiO_2/MWNTs/Al_2O_3 复合分离膜的制备及其水处理性能. 膜科学与技术, 2014, 34(4): 26-32.

2014-160 李辉. 手持式汞含量检测仪器电路控制系统的设计与实现. 科技视界, 2014, (33): 110-111, 129.

2014-161 李季伟, 姚志龙, 李梦晨, 孙培永, 张胜红. 改性 Y 型分子筛非临氢催化脱除重整芳烃中的烯烃. 工业催化, 2014, 22(8): 609-613.

2014-162 李嘉艳, 王重华, 宁平, 王磊. 不同颗粒粒径灰渣中磷和硫的分布. 中南大学学报（自然科学版）, 2014, 45(3): 989-996.

2014-163 李建, 马波, 李梦华, 张喜文, 秦波, 孙万付. 低硅铝比 ZSM-48 分子筛的合成与表征. 现代化工, 2014, 34(3): 97-100, 102.

2014-164 李金超, 贾群子, 杜玮, 栗亚芝, 孔会磊, 南卡俄吾, 杨宝荣. 东昆仑东段阿斯哈矿床石英闪长岩 LA-ICP-MS 锆石 U-Pb 定年及岩石地球化学特征. 吉林大学学报（地球科学版），2014, 44(4): 1188-1199.

2014-165 李金明. PW4400 X 射线荧光光谱仪的配置及使用维护. 甘肃冶金, 2014, 36(5): 114-115.

2014-166 李靖如, 牛胜元, 陆银平. 淮北焦宝石型高岭石/二甲基亚砜插层复合物的制备与表征. 硅酸盐通报, 2014, 33(11): 2785-2789.

2014-167 李可及. 熔融制样-X 射线荧光光谱法测定硫化铜钼矿中主成分. 冶金分析, 2014, 34(4): 6-10.

2014-168 李丽霞. 探讨 X 射线在古陶瓷鉴定中的应用. 收藏, 2014, (19): 150-152.

2014-169 李猛. 全反射 X 射线荧光光谱法测定松子仁中 16 种矿物元素的含量. 理化检验-化学分册, 2014, 50(2): 217-219.

2014-170 李明礼, 多吉, 邱衍卿, 邬国栋, 王祝, 旺堆. 青藏地区四个盐湖表层沉积物标准物质研制. 中国测试, 2014, 40(4): 51-55.

2014-171 李明霞, 何秋平, 乔世杰. 高交换度 BaX 分子筛的制备及其吸附分离对二甲苯性能的研究. 上海化工, 2014, 39(10): 11-14.

2014-172 李娜, 赵凤起, 高红旭, 肖立柏, 王晓红, 徐司雨, 仪建华. 4-胺基-1, 2, 4-三唑高氯酸铜配合物 $Cu(AT)_4H_2O(ClO_4)_2$ 的合成、表征及其燃烧催化作用. 固体火箭技术, 2014, 37(1): 73-76.

2014-173 李鹏, 郭占成, 孙朋, 郭茂盛. 利用钢渣制备多孔吸声材料的研究. 环境工程学报, 2014, 8(10): 4409-4414.

2014-174 李鹏程, 赵建军, 赵宇, 李杰. BOXA 品位分析仪管理站软件开发. 有色金属工程, 2014, 4(5): 72-74.

2014-175 李平, 陈天虎, 朱晓, 史亚丹, 谢巧勤, 谢晶晶. 磁性硫酸烧渣结构和物性特征及应用潜力. 地学前缘, 2014, 21(5): 346-351.

2014-176 李琦. 矿物中钨和钼 X 射线的分析. 企业技术开发, 2014, 33(8): 171-172.

2014-177 李强, 张学华. 粉末压片-X 射线荧光光谱法快速分析多金属结核和富钴结壳中 22 种组分. 冶金分析, 2014, 34(1): 28-33.

2014-178 李强, 张学华, 黄雪华. X 射线荧光光谱法测定海洋沉积物中二氧化硅的测量不确定度评定. 冶金分析, 2014, 34(10): 78-82.

2014-179 李清彩, 赵庆令. 粉末压片制样波长色散 X 射线荧光光谱法测定钼矿石中 9 种元素. 岩矿测试, 2014, 33(6): 839-843.

2014-180 李秋实, 葛良全, 王卓, 张庆贤, 罗斌, 赵剑锟, 程鹏亮, 严俊. 手持式 XRF 分析仪快速检测大气颗粒物中 Cu、Zn、Pb 含量. 核电子学与探测技术, 2014, 34(5): 667-670.

2014-181 李求忠, 颜桂炀. 花岗岩石粉用于研制建筑瓷砖的研究. 宁德师范学院学报(自然科学版), 2014, 26(4): 399-401.

2014-182 李融武, 李国霞, 赵维娟, 郭敏, 孙洪巍, 谢建忠, 杨大伟, 赵青云, 孙新民, 赵文军. 钧台窑出土钧官瓷和古汝瓷的化学组成分析. 北京师范大学学报(自然科学版), 2014, 50(1): 33-36.

2014-183 李圣清, 张义丞, 祖恩东, 董琳玲. 南红玛瑙的宝石学特征. 宝石和宝石学杂志, 2014, 16(3): 46-51.

2014-184 李硕, 白志民, 赵栋. 表面改性锌镁铝三元类水滑石的摩擦性能及抗磨机理（英文）. 硅酸盐学报, 2014, 42(10): 1316-1324.

2014-185 李素青. 《首饰 贵金属含量的测定 X 射线荧光光谱法》GB/T 18043—2013. 标准生活, 2014, (8): 52-55.

2014-186 李祥. 元素录井技术在辽河油田的应用. 石油仪器, 2014, 28(3): 84-85, 18.

2014-187 李向超. 便携式 X 射线荧光光谱仪现场测定地质样品中钛. 冶金分析, 2014, 34(4): 32-36.

2014-188 李小莉, 安树清, 于兆水, 白金峰, 张勤. 高压制样 X 射线荧光光谱法测定煤样品中 17 种元素和灰分. 分析化学, 2014, 42(2): 283-287.

2014-189 李小莉, 安树清, 于兆水, 张勤. 锆英砂样品中锆铪谱线饱和厚度的计算及

2014-190 李新光, 汪帮耀, 程雅军, 王国华. 尼勒克尼新塔格铁矿床稀土微量元素地球化学特征及地质意义. 新疆地质, 2014, 32(2): 208-213.

2014-191 李新民, 何秀梅, 张二平. 铜冶炼分析X射线荧光仪工作标准样的研制. 铜业工程, 2014, (2): 77-80.

2014-192 李秀芝, 陈健, 康彧, 刘桂建. 淮南煤田潘三煤矿4-2煤中矿物对岩浆侵入的响应. 中国煤炭地质, 2014, 26(7): 12-14.

2014-193 李雪梅, 江成斌. RoHS 指令有害物在特钢产品中的状态分析. 宝钢技术, 2014, (3): 77-80.

2014-194 李岩, 董秀文, 赵军峰, 张敏, 胡晓春, 郑同峰, 许玉宇, 王国新, 王建华, 邱平, 应晓浒. 能量色散X荧光光谱法测定红土镍矿中镍等化学成分. 分析科学学报, 2014, 30(2): 191-196.

2014-195 李艳秋, 王日杰, 杨晓霞. 双模板剂法制备SAPO-5和SAPO-34分子筛. 硅酸盐通报, 2014, 33(12): 3177-3181.

2014-196 李晏平, 刘志宏, 李玉虎, 刘智勇, 李启厚. 烧结气氛和温度对In_2O_3和SnO_2及其混合粉烧结行为的影响. 中国有色金属学报, 2014, 21(1): 221-228.

2014-197 李仰钞, 马会凯. 能量色散-X射线荧光光谱法测定荧光灯中汞含量. 理化检验-化学分册, 2014, 50(2): 249-251.

2014-198 李野, 朱俐, 王瑾, 孙晓翠, 尹利辉. X射线荧光元素分析技术对化妆品中汞快速检测的初步探讨. 药物分析杂志, 2014, 34(8): 1470-1474.

2014-199 李一超. 川西陆相页岩气录井综合评价. 四川地质学报, 2014, 34(4): 555-557.

2014-200 李殷, 王瑞萍, 杨任游. 金属镀层中元素含量的测试计算方法. 广东化工, 2014, 41(15): 80, 79.

2014-201 李媛媛, 陈桐, 房俊卓, 杨桦. 季铵盐阳离子表面活性剂改性活性炭对农药毒死蜱的吸附. 湖北农业科学, 2014, 53(17): 4040-4043.

2014-202 李媛媛, 陈桐, 马玉龙, 马志娇. 静电层层自组装法制备纳米ZrO_2/活性炭复合材料及其吸附性能研究. 化工新型材料, 2014, 42(10): 60-62.

2014-203 Li Yunbo, Jiang Bo, Qu Zhenghui. Controls on migration and aggregation for tectonically sensitive elements in tectonically deformed coal: An example from the Haizi mine, Huaibei coalfield, China. Science China (Earth Sciences), 2014, 57(6): 1180-1191.

2014-204 李云波, 姜波, 屈争辉. 构造煤中敏感元素迁移、聚集规律及地质控制因素——以淮北海孜矿为例. 中国科学: 地球科学, 2014, 44(11): 2419-2430.

2014-205 李张胜, 杨春元, 郑朝伟, 段雅婷. X射线荧光光谱法定量测定湿法磷酸. 云南化工, 2014, 41(1): 45-47, 62.

2014-206 李哲, 庹先国, 石睿. 蒙特卡罗模拟元素特征X射线注量的展宽技术. 光谱学与光谱分析, 2014, 34(6): 1693-1697.

2014-207 栗桂霞, 李玉香, 陈雅斓. 几种焦磷杂多酸盐无机离子交换剂的制备及其对Cs^+的吸附性能. 西南科技大学学报, 2014, 29(1): 4-9.

2014-208 栗媛秋, 杨益民, 张兴国, 张兆霞, 姚政权, 朱剑. 长沙窑铜红釉上彩的显微分析. 南方文物, 2014, (4): 148-150, 178.

2014-209 黎香荣, 唐梦奇, 袁焕明, 韦新红, 陈永欣, 阮贵武. 熔融制样-X射线荧光光谱法测定锑矿石中主次成分. 冶金分析, 2014, 34(7): 38-42.

2014-210 Li Zhenhua, Tian Ye, He Jia, Wang Baowei, Ma Xinbin. High CO methanation activity on zirconia-supported molybdenum sulfide catalyst. Journal of Energy Chemistry, 2014, 23(5): 625-632.

2014-211 梁波, 沈宏伟, 罗明标, 周维娜. 铼的分析方法研究进展. 江西化工, 2014, (3): 76-80.

2014-212 梁凤基, 龙飞, 莫淑一, 高耀, 邹正光. 溶剂热法合成In_2Se_3/CuSe复合粉及

CuInSe$_2$ 薄膜的制备. 人工晶体学报, 2014, 43(7): 1705-1712.

2014-213 梁光华, 狄春雨, 王龙, 李晓峰, 窦涛. 不同铝源合成 SAPO-34 分子筛及其 MTO 催化性能. 石油学报 (石油加工), 2014, 30(5): 885-890.

2014-214 梁敏仪, 黄秋芬, 刘祥军, 冯才敏. 膨胀阻燃聚丙烯燃烧残炭的结构分析. 顺德职业技术学院学报, 2014, 12(3): 12-14.

2014-215 梁馨, 李高英, 任卫安, 文晓刚. 枝状 Ag/Au 双金属纳米材料的合成及表征. 四川师范大学学报 (自然科学版), 2014, 37(4): 563-566.

2014-216 梁祖顺, 李小莉, 刘峰, 李国会. 粉末压片-X 射线荧光光谱法测定含铌多金属矿样中铌. 冶金分析, 2014, 34(10): 65-69.

2014-217 廖海平, 付冉冉, 任春生, 陈贺海, 张建波. 熔融制样-X 射线荧光光谱法测定硫铁矿中主次成分. 冶金分析, 2014, 34(12): 29-32.

2014-218 廖海平, 付冉冉, 张建波, 陈贺海, 任春生. 熔融制样-X 射线荧光光谱法测定直接还原铁中主次元素含量. 理化检验-化学分册, 2014, 50(1): 31-34.

2014-219 廖学亮, 程大伟, 周超, 于雷, 黄小峰, 卓明, 韩冰, 沈学静. 便携式 X 射线荧光光谱法检测大米中的镉. 粮食与饲料工业, 2014, (9): 62-65.

2014-220 廖学亮, 沈学静, 刘明博, 陈永彦, 韩鹏程, 屈华阳, 胡学强. 台式能量色散 X 射线荧光光谱直接检测大米中的 Cd. 食品科学, 2014, 35(24): 169-173.

2014-221 廖玉超, 刘百宽, 张巍, 傅秋华, 李君霞, 王为杰. 铁铝尖晶石的组成和结构. 耐火材料, 2014, 48(5): 348-351.

2014-222 廖玉超, 张巍, 齐进, 何自战, 范青松, 贺中央, 叶树峰. 水泥回转窑用 MgO-FeAl$_2$O$_4$ 砖的损毁分析. 耐火材料, 2014, 48(2): 98-102.

2014-223 林建波, 李爱国, 何上明, 余笑寒. He$^+$ 离子辐照后 Hastelloy N 合金的耐腐蚀性研究. 核技术, 2014, 37(5): 58-63.

2014-224 林建宇. 基于微型机的钢铁炉前分析数据传输系统. 电子制作, 2014, (21): 40.

2014-225 凌钦才, 龚彦, 谢国庆, 李晓雷, 郭文欣. 铂-1,3-二乙烯基-1,1,3,3-四甲基二硅氧烷中铂的测定. 有机硅材料, 2014, 28(1): 32-35.

2014-226 凌媛, 孙青, 朱庆增, 陈栋梁, 徐伟, 谢曼曼, 单雅冰, 王宁, 储国强. 同步辐射 X 射线荧光光谱测定沉积物中元素含量的归一方法研究——以四海龙湾纹层沉积物为例. 第四纪研究, 2014, 34(6): 1327-1335.

2014-227 刘长春, 郭慧, 陈莹, 刘伟, 赵国涛. X 射线荧光与红外联合测定萤石中各组分含量. 辽东学院学报 (自然科学版), 2014, 21(4): 252-256.

2014-228 Liu Chenglun, Zhang Li, Xu Longjun, Su Zhimin, Xie Taiping, Wang Yuan. Sr speciation in producing SrCO$_3$ with celestite. Chinese Journal of Geochemistry, 2014, 33(3): 244-247.

2014-229 刘东亮, 邓建国, 彭光照, 金幸生. 利用 XRD、XRF、FT-IR 和 Rs 分析浙江缙云恐龙化石及围岩. 信阳师范学院学报 (自然科学版), 2014, 27(3): 332-336.

2014-230 刘凤霞. 化妆品中铅含量的测定方法研究进展. 青岛医药卫生, 2014, 46(6): 449-451.

2014-231 刘海刚, 赵柳依, 何茜. 青海省 300MW 燃煤机组 SCR 脱硝催化剂失活机理的探究. 青海师范大学学报 (自然科学版), 2014, (4): 33-37.

2014-232 刘红辉, 刘伟, 黄锐, 袁鹏, 席文昌, 黄新竹, 王刚. 燃煤电厂 SCR 脱硝催化剂失活及其再生性能研究. 中国电力, 2014, 47(4): 139-143.

2014-233 刘怀丽, 王竹. X 射线荧光法测定铬矿砂中氧化物及 P、S 元素. 一重技术, 2014, (3): 51-53.

2014-234 刘建坤, 郑荣华, 骆宏玉, 修连存. 粉末压片-X 射线荧光光谱法测定矿石中高含量铷. 理化检验-化学分册, 2014,

50(11): 1451-1452.

2014-235 刘江斌, 余宇, 段九存, 赵伟华, 李瑞仙, 黄兴华, 和振云, 党亮. 熔融制样X射线荧光光谱法测定锑矿石中的锑和14种微量元素. 岩矿测试, 2014, 33(6): 828-833.

2014-236 刘杰, 李锐, 谢敏, 徐志. 钙铝榴石玉仿翡翠的宝石学特征. 宝石和宝石学杂志, 2014, 16(6): 47-50.

2014-237 刘亮. 湖南省博物馆馆藏青铜器锈蚀物成分研究. 北方文物, 2014, (4): 103-107.

2014-238 刘玲, 周远洋, 高凤莉, 门倩妮. 新疆区域调查化探样品元素分析方法的选择及应用. 黄金科学技术, 2014, 22(1): 81-86.

2014-239 刘路珍, 陈德玉, 刘宇浩, 刘元正, 赵黎. 磷石膏预处理及制备建筑石膏的研究. 非金属矿, 2014, 37(3): 30-32.

2014-240 刘娜娜, 刘立, 明晓冉, 王福刚, 宋土顺, 王力娟. 鄂尔多斯盆地伊金霍洛旗附近二叠系石千峰组岩石学、地球化学特征及其固碳能力分析. 岩石矿物学杂志, 2014, 33(2): 255-262.

2014-241 刘倩倩, 任飞, 朱玉霞. 碱土金属型捕钒剂对催化裂化催化剂抗钒污染的作用. 石油化工, 2014, 43(3): 275-280.

2014-242 刘冉, 张航, 黄祎玲, 巨文军, 张少民. 波长色散X射线荧光光谱法测定水样中的微量钼. 化学推进剂与高分子材料, 2014, 12(3): 72-74.

2014-243 刘冉, 张航, 袁永朝, 巨文军, 张少民. 波长色散X射线荧光光谱法测定水样中的微量铈. 化学推进剂与高分子材料, 2014, 12(5): 93-96.

2014-244 刘少玉. X射线荧光快速分析土壤中锑铊等重金属含量. 环境与可持续发展, 2014, (5): 201-203.

2014-245 刘胜军, 刘文中, 张帅. 岩浆侵入对袁店二井煤矿7_2煤中稀土元素的影响. 煤炭工程, 2014, 46(5): 119-122.

2014-246 刘舜强, 袁凯铮, 崔剑峰, 陈建立. 吴三桂政权时期铸钱工艺初探. 故宫博物院院刊, 2014, (1): 116-123, 160.

2014-247 刘琪, 刘玉纯, 梁述廷, 林庆文. 微区原位X射线荧光光谱法测定银合金及首饰. 安徽地质, 2014, 24(3): 213-214, 219.

2014-248 刘琪, 马玲, 时晓露, 查立新. 石英岩化学成分分析标准物质研制. 岩矿测试, 2014, 33(6): 849-856.

2014-249 刘婷婷, 袁威, 张超, 金自钦. 加拿大某钒钛磁铁矿工艺矿物学研究. 矿产综合利用, 2014, (3): 51-54.

2014-250 刘祥军, 陈燕舞, 杨雅兰, 黄思琪, 梁木春, 叶俊英. X荧光光谱法快速测定手机有害元素含量. 广州化工, 2014, 42(12): 131-132, 166.

2014-251 刘小辰, 范金娟, 王占彬. 插座焊锡表面灰色异味物质形成原因分析. 失效分析与预防, 2014, 9(5): 305-308.

2014-252 刘小行, 刘盛林, 李秀杰, 谢素娟, 徐龙伢, 曾蓬, 赵明军. CTAB-NaOH混合液碱处理HZSM-35分子筛催化DME羰基化反应. 石油学报(石油加工), 2014, 30(6): 967-975.

2014-253 刘晓, 郭力娜. 钢渣陶粒与钢渣的除磷性能对比. 无机盐工业, 2014, 46(8): 55-58.

2014-254 刘晓文, 刘晓旭. 鄂西贡水砚石的工艺矿物学研究. 矿物学报, 2014, 34(2): 171-174.

2014-255 刘秀玉, 宋繁永, 张涛, 刘丰, 李剑, 朱英. 纳米SiO_2三价铬彩色钝化膜材料的制备及其性能研究. 山东科学, 2014, 27(5): 28-32.

2014-256 刘旭, 杨续来. 锂离子电池中炭负极的表征手段. 电池工业, 2014, 19(2): 108-112.

2014-257 刘言, 王剑波, 彭光明, 潘晓东, 柯光明. 复杂礁滩体超深水平井地质导向关键技术. 钻采工艺, 2014, 37(4): 1-5.

2014-258 刘艳. 一种用氢氟酸从β-锂辉石中浸出锂的新工艺. 湿法冶金, 2014, (4): 300.

2014-259 刘艳松, 何智兵, 李俊, 许华. 磁控溅射制备成分渐变Au/Cu复合涂层的研究. 原子能科学技术, 2014, 48(5):

955-960.

2014-260 刘阳, 王学云, 张兵, 周永豪, 陈延昌. 粉末压片-X 射线荧光光谱法测定烧结矿中 K_2O、Na_2O、Pb、Zn、Cu 方法研究. 河南冶金, 2014, 22(5): 13-14.

2014-261 刘银, 李荣社, 计文化, 潘术娟, 陈奋宁, 张海迪. 金沙江缝合带西段蛇绿岩与弧火山岩成对性关系——来自地球化学和 LA-ICP-MS 锆石 U-Pb 年龄证据. 地质通报, 2014, 33(7): 1076-1088.

2014-262 刘永亮, 杨月, 张旭盈. 浅谈 EDXRF 测试电子信息产品中有害物质的检出限. 数字通信世界, 2014, (10): 34-37.

2014-263 Liu Ze, Shao Ningning, Wang Dongmin, Qin Junfeng, Huang Tianyong, Wei Song, Lin Muxi, Yuan Jinsha, Wang Zhen. Fabrication and properties of foam geopolymer using circulating fluidized bed combustion fly ash. International Journal of Minerals Metallurgy and Materials, 2014, 21(1): 89-94.

2014-264 刘振伟. 岛津 X 射线荧光光谱仪常见故障的分析与维修. 科技资讯, 2014, (29): 60.

2014-265 刘志然, 隋铭皓, 盛力, 杨建瑞, 徐梦梦. 有序介孔铁氧化物催化过氧化氢降解水中诺氟沙星. 水处理技术, 2014, 40(11): 18-23.

2014-266 刘志彦. 采用熔片法进行荧光分析. 科技创业家, 2014, (1): 128-129.

2014-267 龙清, 康斌, 戴耀东, 李俊. 亚铁氰化锌对放射性废水中铜离子的吸附研究. 材料导报, 2014, 28(16): 95-98, 110.

2014-268 娄长影, 朱君秋, 邵艳群, 马晓磊, 唐电. 退火温度对 Ti/IrO_2-CeO_2 电极组织结构与电容性能的影响. 中国稀土学报, 2014, 32(2): 205-212.

2014-269 卢兵, 杜少文, 盛红宇, 武洋, 王耀武, 卢安民. AAS、ICP-AES、ICP-MS 及 XRF 测定地质样品中铜铅锌锰的对比研究. 黄金, 2014, 35(9): 78-81.

2014-270 卢军, 夏云腾, 赵林盛, 沙杰. 不同矿物组成煤的矸石泥化试验研究. 山西焦煤科技, 2014, (9): 4-7, 24.

2014-271 卢燕玲. 馆藏明代加彩木雕坐像保护前期研究. 文物保护与考古科学, 2014, 26(2): 57-68.

2014-272 芦飞. X 射线荧光光谱法测定不锈钢中多种元素. 冶金分析, 2014, 34(7): 69-73.

2014-273 芦飞, 曹吉祥, 郑效东. 一种不锈钢中 Cr 和 Ni 元素的自动化分析方法. 冶金自动化, 2014, 38(1): 50-54.

2014-274 鲁仕梅, 梁永明. X 射线荧光光谱测定铅锑合金中 9 种元素. 河南科技, 2014, (12): 13-14.

2014-275 鲁仕梅, 张璐璐. 锌铝系列合金的 X 荧光光谱分析. 化学工程与装备, 2014, (8): 205-207.

2014-276 陆佳佳, 陈萍, 刘震, 吴英爽, 曹吉阳, 胡永发. 东林矿煤中汞的含量分布及赋存状态. 煤炭技术, 2014, 33(12): 93-94.

2014-277 陆静云, 王志励, 杜理科, 张宏远, 徐伟钧, 王远群. 北祁连玉石沟地区奥陶纪硅质岩特征及大地构造意义. 岩矿测试, 2014, 33(5): 747-757.

2014-278 陆庆华, 陈玉洁, 严盈富. 薄膜包衣厚度测量方法分析. 南昌航空大学学报(自然科学版), 2014, 28(4): 76-82.

2014-279 罗书琼, 李凯, 刘迎新. 不同颜色木变石的致色机理研究. 岩石矿物学杂志, 2014, 33(S): 76-82.

2014-280 罗贤武, 刘绍舜. 生产厂家对钢渣化学组成的影响. 科技资讯, 2014, (25): 94-95.

2014-281 罗学辉, 苏建芝, 鹿青, 汤宇磊. 高倍稀释熔融制样-X 射线荧光光谱法测定铅锌矿中主次组分. 冶金分析, 2014, 34(1): 50-54.

2014-282 罗学辉, 苏建芝, 鹿青, 杨理勤, 王岚. 熔融制样 X 射线荧光光谱法测定铜矿石中 16 种主次量元素. 岩矿测试, 2014, 33(2): 230-235.

2014-283 吕鹏偌, 柳成志, 赵国光. 岩屑录井资料曲线识别岩性方法的改进. 当代化工, 2014, 43(4): 564-567.

2014-284 吕平平, 安身平. X 射线荧光光谱法测定不锈钢中元素含量. 核动力工程, 2014, 35(3): 167-169.

2014-285 吕善胜, 徐金龙, 田琼, 洪武兴, 史亚晓. X 射线荧光光谱法测定石灰石中多组分含量. 冶金分析, 2014, 34(9): 39-42.

2014-286 吕一波, 刘亚星, 张乃旭. 絮凝药剂 CPSA 对高泥化煤泥水沉降特性的影响. 黑龙江科技大学学报, 2014, 24(2): 157-161.

2014-287 马斌, 周德君. X 荧光在线品位分析仪的研制与应用. 现代矿业, 2014, (6): 133-134, 137.

2014-288 马桂炎. X 射线荧光光谱法分析 LC3967 合金成分. 山西冶金, 2014, (3): 24-25.

2014-289 马健, 刘冬梅, 魏民, 王海彦, 王坤, 张晶卫. Na_2CO_3 溶液处理对 Ni-Mo/HZSM-5 分子筛硫醚化催化性能的影响. 燃料化学学报, 2014, 42(9): 1128-1134.

2014-290 Ma Ming, Zhang Bing, Lu Weipeng, Liu Junli, Guo Yanchuan. Preparation, thermal stability and biocompatibility studies of gelatin-induced hydroxyapatite co-substituted with essential physiological trace elements. Chinese Science Bulletin, 2014, 59(7): 606-615.

2014-291 马树侠, 柴文正. X 射线荧光光谱在油品硫含量测定中的应用. 辽宁化工, 2014, 43(5): 652-654.

2014-292 马雪洋, 陈豆, 阳亚平, 张玉枝, 张家武. 哈拉湖岩芯 XRF 扫描元素统计分析及其环境意义. 盐湖研究, 2014, 22(4): 1-10.

2014-293 马志军, 李冰川. 阜新天然沸石改性除氟试验研究. 硅酸盐通报, 2014, 33(3): 676-681.

2014-294 梅西, 李日辉, 张训华. 南黄海 DLC70-3 孔晚更新世以来 Rb/Zr 值特征及环境意义. 海洋地质前沿, 2014, 30(2): 10-17.

2014-295 孟德安, 马慧侠. X 射线荧光光谱法测定白云石中 12 种元素的含量. 理化检验-化学分册, 2014, 50(1): 76-79.

2014-296 苗立锋, 包镇红, 宋福生, 虞澎澎, 江伟辉. 几种高岭土的组成与可塑性研究. 硅酸盐通报, 2014, 33(2): 333-336.

2014-297 缪应菊, 连明磊, 胡江良, 李琳, 孔德顺. 六盘水粉煤灰理化性质分析及资源化利用途径. 无机盐工业, 2014, 46(7): 8-10, 46.

2014-298 闵红, 任丽萍, 秦晔琼, 周海明, 朱志秀. 铁矿石中全铁含量分析的研究进展. 冶金分析, 2014, 34(4): 21-26.

2014-299 莫鹏君. 熔融制样-X 线荧光光谱测定 Al_2O_3 中 Fe_2O_3, SiO_2, Na_2O 的含量. 青海大学学报 (自然科学版), 2014, 32(6): 42-45.

2014-300 牟英华. 熔融法测萤石中主次元素的研究及讨论. 本钢技术, 2014, (6): 36-38.

2014-301 那宝成, 孙瑞皎, 李增胜, 刘海梅. 浅粉红色—粉红色绿柱石的宝石学特征. 宝石和宝石学杂志, 2014, 16(3): 32-37.

2014-302 倪寿亮, 江向峰, 庞小丽, 薛雍, 江超华. X 射线能谱岩芯扫描分析技术的研究开发. 分析仪器, 2014, (2): 1-6.

2014-303 牛胜利, 刘梦琪, 路春美, 李辉, 霍梦佳. 电石渣负载氟化钾的催化酯交换特性研究. 燃料化学学报, 2014, 42(6): 690-696.

2014-304 努尔太·麦地娜, 图尔荪·麦尔旦, 蔡元峰, 王洪涛, 潘宇观. 含铬蒙脱石中铬离子占位位置研究. 高校地质学报, 2014, 20(4): 558-563.

2014-305 潘水雀. X 射线荧光法测定水煤浆气化炉炉渣中的铬含量. 化工管理, 2014, (30): 97.

2014-306 潘文君, 赖万昌, 杨中建. 基于虚拟仪器平台的 X 射线荧光分析的软件开发. 电子世界, 2014, (13): 123, 126.

2014-307 潘晓东, 廖震, 王勇. 川东北海相天然气储集层录井综合评价技术. 录井工程, 2014, 25(2): 55-59, 101.

2014-308 潘晓林, 董凯伟, 侯宪林, 于海燕, 涂赣峰, 毕诗文. 含硼铝酸钙熟料的高温成矿机理及其浸出性能. 中国有色金属学报, 2014, 24(6): 1663-1670.

2014-309 盘思伟, 程华, 韦正乐, 黄碧纯, 阮东亮. 钒钛基 SCR 脱硝催化剂失活原因分析. 热力发电, 2014, 43(1): 90-95.

2014-310 Pang Zhihua, Yan Mengyue, Jia Xiaoshan, Wang Zhenxing, Chen Jianyu. Debromination of decabromodiphenyl ether by organo-montmorillonitesupported nanoscale zero-valent iron: Preparation, characterization and influence factors. Journal of Environmental Sciences, 2014, 26(2): 483-491.

2014-311 彭安忠, 周林, 居沈贵, 韩微微, 姜亦超, 陈敬文. 碱土金属元素 Mg 对 Cu^+-13X 分子筛吸附脱硫性能的影响. 高校化学工程学报, 2014, 28(1): 183-189.

2014-312 彭新凯, 汪辉, 袁良经. X 射线荧光光谱仪快速筛查大米中镉的含量. 中国食品卫生杂志, 2014, 26(6): 551-554.

2014-313 钱彦虎. 能量色散型 X 荧光光谱仪快速测定对苯二甲酸中金属杂质. 分析仪器, 2014, (3): 26-33.

2014-314 乔蓉, 郭钢. X 射线荧光光谱法测定白云石、石灰石中氧化钙、氧化镁和二氧化硅. 冶金分析, 2014, 34(1): 75-78.

2014-315 乔涛, 费利军, 鲍元进, 李益民. X 射线荧光光谱法测定石化产品中的总氯. 化学分析计量, 2014, 23(2): 69-71.

2014-316 覃柳姣, 潘志君, 赵振杰. X 荧光分析仪实验测试流程的建立. 产业与科技论坛, 2014, 13(11): 61-62.

2014-317 卿云花, 康斌, 戴耀东, 李俊, 沈舞婷. 亚铁氰化镍对铯离子的吸附机理研究. 原子能科学技术, 2014, 48(10): 1751-1756.

2014-318 邱海鸥, 郑洪涛, 汤志勇. 岩石矿物分析. 分析试验室, 2014, 33(11): 1349-1364.

2014-319 邱少花, 任娟玲, 沈明科, 王宝玲. 粉末压片制样-X 射线荧光光谱法测定钼铁中的钼. 中国钼业, 2014, 38(2): 30-32.

2014-320 邱彧冲, 邱克辉, 刘岫峰, 张佩聪. 南江磷霞岩霞石矿工艺矿物学研究. 矿物岩石, 2014, 34(1): 16-21.

2014-321 屈成锐, 徐斌, 吴健, 刘建新, 王学涛. 流化床 O_2/CO_2 气氛燃煤痕量元素的排放特性及控制. 环境科学学报, 2014, 34(8): 1949-1953.

2014-322 Rahmatollah Rahimi, Ali Maleki, Saied Maleki. Synthesis and characterization of a new magnetic bromochromate hybrid nanomaterial with triethylamine surface modified iron oxide nanoparticles. Chinese Chemical Letters, 2014, 25(6): 919-922.

2014-323 冉帆, 吴丽萍, 李庆波, 邵佳婧. 两种焚烧炉渣的主要成分分析. 实验室研究与探索, 2014, 33(2): 18-21.

2014-324 冉广芬. 钾的检测方法及其应用. 盐湖研究, 2014, 22(3): 68-72.

2014-325 冉景, 王德建, 王灿, 薄录吉, 郑继成, 姚利鹏. 便携式 X 射线荧光光谱法与原子吸收/原子荧光法测定土壤重金属的对比研究. 光谱学与光谱分析, 2014, 34(11): 3113-3118.

2014-326 任慧聪, 于方, 王时麒, 范桂珍, 孙丽华. 人造朱砂的鉴定特征. 岩石矿物学杂志, 2014, 33(S2): 161-164.

2014-327 任建兴, 卢娟娟, 戴平, 闫冉, 赵鹰立, 刘玉兵. 熔融法 X 射线荧光测定水泥中质检化学成分方法研究. 水泥, 2014, (10): 55-58.

2014-328 任志强, 曹红红, 王晓艳. 水泥熟料中硫和磷元素来源及分布特征分析. 硅酸盐通报, 2014, 33(7): 1734-1738.

2014-329 桑红山, 付兴华. X 射线荧光分析仪测量室粉尘污染防治. 水泥, 2014, (9): 53.

2014-330 尚晓玲, 武建军, 张一昕, 商玉坤, 周国莉, 苗真勇. 脱水褐煤中矿物质对复吸性能的影响. 中国矿业大学学报, 2014, 43(6): 1102-1107.

2014-331 沈非, 杨培全, 李家骥, 顿吴琼, 韩晓朋. X 射线荧光光谱法测定钢铁材料中硫、磷含量. 理化检验-化学分册, 2014, 50(1): 126-127.

2014-332 沈亚婷. 原位微区同步辐射 X 射线荧光和近边吸收谱研究拟南芥幼苗及根际土壤中铅分布与形态特征. 光谱学与光谱分析, 2014, 34(3): 818-822.

2014-333 时永志, 李凯成. 综合物化探方法在地质找矿"攻深找盲"中的应用. 物探与化探, 2014, 38(5): 910-915.

2014-334 史冬, 高炳亮, 王兆文, 石忠宁, 胡宪伟, 黄春森, 汪秀秀. KF 对铝电解熔盐分子比测量的影响. 轻金属, 2014, (4): 22-26.

2014-335 史晓君, 李瑛. 尿素/飞灰混合浆液同时脱硫脱氮反应热力学分析. 安全与环境学报, 2014, 14(4): 196-202.

2014-336 舒庆, 刘宝, 宋胜海, 张志武, 陈培德. 钨钼混配型杂多酸盐催化剂上酯化反应条件的优化研究. 有色金属科学与工程, 2014, 5(6): 21-27.

2014-337 宋守强, 李黎声, 李明罡, 张凤美, 舒兴田. H-SAPO-34 分子筛磷改性机理及作用. 石油学报 (石油加工), 2014, 30(3): 398-407.

2014-338 宋守强, 李明罡, 李黎声, 王殿中, 张凤美, 舒兴田. 磷改性 ZSM-5 分子筛的水热稳定性. 石油学报 (石油加工), 2014, 30(2): 194-203.

2014-339 宋守强, 李明罡, 李黎声, 王殿中, 张凤美, 舒兴田. ZSM-5 分子筛的磷改性作用. 石油学报 (石油加工), 2014, 30(1): 15-23.

2014-340 宋土顺, 刘立, 王玉洁, 刘娜, 于淼. 鄂尔多斯盆地漂白砒砂岩特征及成因. 石油与天然气地质, 2014, 35(5): 679-684.

2014-341 宋维君, 杨世忠, 牟伯中. 盐湖卤水中铷、铯的检测方法. 无机盐工业, 2014, 46(11): 55-58.

2014-342 宋彦军, 王礼胜, 刘斯明. 泰山产红褐色玉石的矿物学特征及其致色机理研究. 硅酸盐通报, 2014, 33(1): 74-78, 82.

2014-343 苏荣, 洪欣, 王晓飞, 梁晓曦, 李丽和. 多元素同时分析技术在沉积物重金属分析中的应用研究进展. 安徽农业科学, 2014, 42(31): 11049-11051.

2014-344 眭娇, 刘学良, 郭守国. 韩国软玉和青海软玉的谱学研究. 激光与光电子学进展, 2014, 51(7): 179-185.

2014-345 孙超, 张鑫, 郝郑平, 窦广玉, 孙春宝. 铈插层黏土负载铁催化剂在 H_2S 选择性催化氧化过程中催化性能的研究. 环境科学, 2014, 35(5): 2002-2009.

2014-346 孙成胜, 蔡小冬, 张仁陟, 蔡立群. 基于 GIS 的白银区耕地耕层土壤重金属空间分异及污染评价. 干旱区地理, 2014, 374(4): 750-758.

2014-347 孙海杰, 李永宇, 李帅辉, 张元馨, 刘寿长, 刘仲毅, 任保增. $ZnSO_4$ 和 La_2O_3 作共修饰剂单金属 Ru 催化剂上苯选择加氢制环己烯. 物理化学学报, 2014, 30(7): 1332-1340.

2014-348 孙建伶, 罗立强. 基于 SRXRF 和 XANES 研究 Pb 对玉米种子萌芽的影响及其分布和形态特征. 分析化学, 2014, 42(10): 1447-1452.

2014-349 孙丽华, 凌爱军, 于方, 何志红, 马文. Zachery 处理绿松石的探讨. 岩石矿物学杂志, 2014, 33(S2): 165-171.

2014-350 孙琳琳, 李洪, 周洪涛, 张磊, 迟晓红. 金属材料小面积样品的 X 射线荧光光谱仪测试研究. 山东化工, 2014, 43(6): 73-75.

2014-351 孙茹秋, 连宾. 黑曲霉对石英砂除杂效应研究. 矿物岩石地球化学通报, 2014, 33(6): 784-789.

2014-352 孙天希, 刘鹤贺, 刘志国, 彭松, 孙蔚渊, 赵为刚, 赵广翠, 何佳霖, 丁训良. 毛细管 X 光透镜共聚焦微束 X 射线荧光技术在胶囊类药品分析中的应用. 光学学报, 2014, 34(1): 322-326.

2014-353 孙鑫, 侯玉东, 滕腾, 薛鹏飞, 刘顺振. 尼古丁对不同表面处理种植体骨结合的影响. 中国组织工程研究, 2014, 18(8): 1149-1154.

2014-354 太井超, 边立槐, 孙颖. X 射线荧光光谱法分析喷煤添加剂中氧化铈含量. 天津冶金, 2014, (4): 73-75.

2014-355 谈静, 刘琼玉, 姜郡亭, 李艾华. 大气颗粒物化学组分分析技术研究进展.

江汉大学学报（自然科学版）, 2014, 42(6): 9-14.

2014-356 谭承君, 曾国强, 龚春慧, 葛良全, 罗群, 刘玺尧, 吴刚. 手持式X荧光仪电源系统的设计. 核电子学与探测技术, 2014, 34(3): 380-384, 418.

2014-357 谭芳香. 废杂铜冶炼渣中氧化钙含量测定方法的研究. 化工中间体, 2014, (7): 51-56.

2014-358 唐小辉, 刘润藻, 李士琦, 杨静波, 肖宏, 寿庆霞. 唐钢高炉瓦斯灰的提铁提锌试验. 中国冶金, 2014, 24(9): 49-52.

2014-359 唐晓萍, 马连欣, 韩晶, 谭生龙, 张磊, 陈晓婷. 纺织品中砷含量的分析方法研究进展. 纺织导报, 2014, (1): 99-101.

2014-360 陶迪, 邓赛文, 王笑笑, 周超. ZSX100e型X射线荧光光谱仪光路系统故障分析. 岩矿测试, 2014, 33(5): 773-774.

2014-361 田和明, 代世峰, 李大华, 刘东, 邹建华, 李甜. 重庆南川晚二叠世凝灰岩的元素地球化学特征. 地质论评, 2014, 60(1): 169-177.

2014-362 田伦富, 邹德霜, 代以春, 江学强, 沈叶青, 杨金芳, 林良栋. X射线荧光光谱法测定铝锂合金中多元素含量. 冶金分析, 2014, 34(10): 52-56.

2014-363 仝丽娟, 张广伟. 工艺矿物学在选矿中的应用. 现代矿业, 2014, (12): 68-71, 78.

2014-364 童永彭, 郝昕, 孙慧斌, 冯晋兴, 刘晓红, 陈建敏. 海滨城市婴儿铅来源的抽样分析. 深圳大学学报（理工版）, 2014, 31(3): 273-278.

2014-365 涂俊彪, 范代读, 尚帅, 陈玲玲, 张悦. 钱塘江河口涌潮河段滩槽演替与沉积层序. 地球科学（中国地质大学学报）, 2014, 39(3): 261-270.

2014-366 Waheed Akram, Morgan Madhuku, Kashif Shahzad, Ali Awais, Ishfaq Ahmad, Muhammad Arif, Ishaq Ahmad. Roadside dust contamination with toxic metals along industrial area in Islamabad, Pakistan. Nuclear Science and Techniques, 2014, 25(3): 10-15.

2014-367 万双, 马晓瑜. X射线荧光光谱法测定朵儿合金中银、金、铜、硒、碲、铅、锡和铋的含量. 理化检验-化学分册, 2014, 50(5): 634-636.

2014-368 王宝玲. 波长色散X射线荧光光谱法测定钼原矿中多元素. 中国钼业, 2014, 38(3): 40-42.

2014-369 王宝玲. 钼选矿工艺中钾元素检测分析研究. 现代化工, 2014, 34(2): 164-166.

2014-370 王斌, 余辉. 油画保护性修复与清代马口铁底板的美国货船油画清洗修复研究. 文物保护与考古科学, 2014, 26(1): 99-109.

2014-371 王彩玲, 赵省向, 贾铭, 刁小强, 戴致鑫. 含AP非理想炸药爆轰产物分析与计算. 含能材料, 2014, 22(2): 235-239.

2014-372 王晨晨, 段颖, 徐微, 李学德. 硫酸与氯化铝复合改性活性氧化铝吸附除氟研究. 水处理技术, 2014, 40(8): 29-32, 37.

2014-373 王川, 李小莉, 李国会, 刘峰. X射线荧光光谱法测定陶瓷、色料和釉等物料中主量及次量元素. 中国无机分析化学, 2014, 4(3): 52-56.

2014-374 王德全, 于青. 粉末压片-X射线荧光光谱法测定高炉除尘灰中钾铅锌砷. 冶金分析, 2014, 34(9): 34-38.

2014-375 王东青, 孙发民, 马守涛, 贾鹏飞. 新型复合分子筛加氢裂化催化剂的研制及性能评价. 东北石油大学学报, 2014, 38(1): 97-101, 7.

2014-376 王东青, 于秀娟, 于春梅, 戴宝琴. 中油型加氢裂化催化剂的研制及其性能评价. 工业催化, 2014, 22(2): 132-136.

2014-377 王法春. X射线荧光光谱法测定矿石中主次成分研究. 化工管理, 2014, (6): 112.

2014-378 王范盛, 梅光明, 金衍健, 朱剑. Ag/TiO$_2$纳米纤维薄膜与光催化性能研究. 广州化工, 2014, 42(9): 48-50.

2014-379 王菲, 姚卫国, 管东波, 王守军, 安慧, 贾玉玺. PVC搪塑粉的热降解特征及其动力学研究. 材料科学与工艺, 2014,

22(2): 55-60.

2014-380 王广甫, 李旭芳, 初钧晗, 于令达, 安坤, 吴冰冰. GIC4117 串列加速器外束 PIXE/PIGE 分析系统. 原子能科学技术, 2014, 48(7): 1290-1295.

2014-381 王海燕, 朱小立, 辛美玲, 徐彦红. 基于含 Ni 稀土钙钛矿 LaNiTiO$_3$ 的过氧化氢无酶传感器. 分析化学, 2014, 42(6): 847-852.

2014-382 王浩, 李祥飞, 蒋正武. 一种富钙材料 PHC 免蒸压管桩高性能混凝土耐久性的研究. 混凝土世界, 2014, (6): 79-84.

2014-383 王宏, 张俊晟, 田永宏, 戚建平, 王孚. 汽油质量升级硫含量检测影响因素及解决方法探讨. 中外能源, 2014, 19(3): 85-88.

2014-384 王宏, 张俊晟, 田永宏, 周保平, 戚建平. 环境友好型原油脱硫剂效果评价与现场应用. 中外能源, 2014, 19(9): 79-82.

2014-385 王欢欢, 程爱民, 马清林, 王治涛, 王昌燧. 一幅明代水陆画颜料的分析鉴别. 敦煌研究, 2014, (5): 119-124.

2014-386 王欢欢, 程爱民, 王治涛, 马清林, 王昌燧. 甘肃武威博物馆馆藏大藏经用纸的相关工艺研究. 中国造纸学报, 2014, 29(2): 33-37.

2014-387 王俊, 刘明哲, 庹先国, 李哲, 李磊, 石睿. A genetic-algorithm-based neural network approach for EDXRF analysis. Nuclear Science and Techniques, 2014, 25(3): 20-23.

2014-388 王俊杰, 付明磊, 乐孜纯. 微束 XRF 系统中 X 射线聚焦光学元件研究. 光学仪器, 2014, 36(3): 239-242, 252.

2014-389 王康, 孟广莹, 杨文建, 于海斌, 孙彦民, 李晓云. 海藻酸辅助溶胶-凝胶法制备球形氧化铝颗粒. 天津大学学报(自然科学与工程技术版), 2014, 47(12): 1052-1056.

2014-390 王郎郎, 王学谦, 宁平, 施勇, 马懿星, 贾锐, 王飞. (NH$_4$)$_2$S 吸收净化冶炼烟气中 SO$_2$ 回收硫资源的方法. 化工学报, 2014, 65(11): 4586-4592.

2014-391 王丽, 孙伟, 刘润清, 辜小川. 低品位石煤矿中钒的浮选回收 (英文). Transactions of Nonferrous Metals Society of China, 2014, 24(4): 1145-1151.

2014-392 王曼娟, 刘琰, 戴国宣, 李永武, 方利红. X 射线荧光光谱法测定高炉返粉组分. 中国无机分析化学, 2014, 4(1): 60-62.

2014-393 王梅玲, 杨志刚, 张弛. Cu 在 Ni-Mo-P 镀层的低温扩散行为. 材料热处理学报, 2014, 35(3): 209-212.

2014-394 王梅玲, 杨志刚, 张弛. Ni-Mo-P 合金镀层退火应力的 CGS 在线测试. 材料热处理学报, 2014, 35(4): 213-218.

2014-395 王明振, 吴朝东, 王陆新, 李林林, 陈榕, 房亚男, 王军. 准噶尔盆地南缘中—新生界粘土矿物地球化学特征及其物源分析. 地质科学, 2014, 49(1): 176-190.

2014-396 王鹏辉, 金留安, 曹爱华. 重铬酸钾滴定法结合 X 射线荧光光谱法测定钒钛磁铁矿中全铁. 冶金分析, 2014, 34(12): 17-22.

2014-397 王平英, 陈鹏飞. 熔融制样-X 射线荧光光谱法测定高碳铬铁中铬、硅和磷的含量. 理化检验-化学分册, 2014, 50(8): 1024-1026.

2014-398 王树勋. 不同产地灵芝中 16 种矿物元素的 TXRF 测定. 江西科学, 2014, 32(4): 503-505, 519.

2014-399 王树勋, 马海华. 2 型糖尿病患者血清 16 种矿物元素分析. 预防医学论坛, 2014, 20(1): 32-34.

2014-400 王朔, 张朝云. X 射线荧光光谱仪对生石灰的快速测定方法. 广东化工, 2014, 41(13): 257-258.

2014-401 王铁矛. X 射线荧光分析原料中钾钠铅锌的方法和研究. 天津冶金, 2014, (2): 89-91.

2014-402 王文杰, 狄敬如. 缅甸、越南红宝石的热处理研究. 宝石和宝石学杂志, 2014, 16(4): 29-38.

2014-403 王文静, 武光, 吴伟, 王高亮, 昝望,戚鑫. 纳米 ZSM-5 分子筛的酸脱铝改性及其催化萘和甲醇的烷基化反应性能. 石油学报 (石油加工), 2014, 30(4): 620-628.

2014-404 王晓阳. X 射线荧光元素录井技术在地质上的应用及新进展. 录井工程, 2014, 25(2): 39-42, 100.

2014-405 王新中, 于广辉, 李世国. HCl 气体辅助生长 GaN 纳米线阵列与机理研究. 光电子·激光, 2014, 25(5): 903-907.

2014-406 王新中, 于广辉, 李世国, 张春晓. GaN 纳米线生长的影响因素与机理分析. 半导体技术, 2014, 39(3): 199-203, 209.

2014-407 王学海, 周勇, 李海英. 碱处理对堇青石蜂窝陶瓷性能的影响. 材料导报, 2014, 28(4): 126-129.

2014-408 王学谦, 马懿星, 施勇, 王平, 兰易, 郭晓龙, 王郎郎, 宁平. 锌冶炼重金属物质流向及烟气净化效果. 化工学报, 2014, 65(9): 3661-3668.

2014-409 王亚军, 潘传荣, 程大伟. 便携式 X 荧光分析仪快速测定稻米中镉含量的适用性探索. 粮食加工, 2014, 39(4): 32-35.

2014-410 王亚文, 张农, 张振英, 郑会清. 研磨-熔融-XRF 法分析砂子中二氧化硅. 广州化工, 2014, 42(24): 123-124.

2014-411 王艳蓉, 朱铁权, 冯泽阳, 谭羡, 叶道阳, 郑颖. 南海 I 号出水古陶瓷器科技分析研究. 岩矿测试, 2014, 33(3): 332-339.

2014-412 王晔, 李斌, 董丽辉, 李景林, 张飞跃, 范闽光. Tb^{3+} 掺杂 Bi_2WO_6 光催化剂的制备及其光催化性能研究. 广西大学学报 (自然科学版), 2014, 39(6): 1378-1384.

2014-413 王祎亚, 李迎春, 王健. NORDTEST 不确定度评定在熔融制样-X 射线荧光光谱法测定岩石样品中 10 种主次成分中的应用. 冶金分析, 2014, 34(1): 45-49.

2014-414 王祎亚, 詹秀春. X 射线荧光光谱测定地质样品中 27 种组分分析结果不确定度的评估. 光谱学与光谱分析, 2014, 34(4): 1118-1123.

2014-415 王永强, 彭秀红, 谢杨, 刘美美, 王广西, 李丹, 翟娟, 石慧. 粉末压片-WDXRF 测定化探样品中主次痕量元素. 核电子学与探测技术, 2014, 34(12): 1438-1442.

2014-416 王岳松, 传秀云, 曹曦, 黄杜斌. 辽宁后仙峪镁电气石热处理改性及其磁性研究. 功能材料, 2014, 45(3): 3024-3027, 3032.

2014-417 王振波, 武光海, 韩沉花. 西南印度洋脊 49.6°E 热液区热液产物和玄武岩地球化学特征. 海洋学研究, 2014, 32(1): 64-73.

2014-418 汪瑞俊, 宋正启, 郝媛媛, 吴培慧. X 射线荧光光谱法测定高铝质耐火砖中氧化铝、氧化铁和二氧化硅的含量. 理化检验-化学分册, 2014, 50(10): 1309-1311.

2014-419 汪潇, 刘强, 杨留栓, 刘万超. 钛石膏颗粒物特性及其热重分析. 硅酸盐通报, 2014, 33(1): 212-215, 220.

2014-420 汪雪梅, 王文武, 武莉莉, 张立祥, 冯良桓, 张静全, 李卫. 双靶共溅射制备 $Cd_{1-x}Zn_xTe$ 多晶薄膜的性质研究. 功能材料, 2014, 45(8): 8139-8142.

2014-421 魏博, 王学斌, 张利孟, 谭厚章, 徐通模. 掺烧废弃硅粉对准东煤钠迁徙及灰熔融影响的实验研究. 中国电力, 2014, 47(10): 98-102, 116.

2014-422 魏东岚, 张玉枝. 辽东半岛红色风化壳粒度分布特征浅析. 云南地理环境研究, 2014, 26(5): 47-53, 60.

2014-423 魏明贺, 徐敏. X 射线荧光光谱法测定铁矿石中 4 种成分. 物理测试, 2014, 32(6): 28-30.

2014-424 Weindorf D. C., Bakr N., Zhu Y., Mcwhirt A., Ping C. L., Michaelson G., Nelson C., Shook K., Nuss S.. Influence of ice on soil elemental characterization via portable X-ray fluorescence spectrometry. Pedosphere, 2014, 24(1): 1-12.

2014-425 温自强, 葛良全, 李军, 罗耀耀. 几种谱线光滑方法在 X 荧光合金能谱中的应用. 四川有色金属, 2014, (3): 59-62.

2014-426 巫侯琴, 徐龙华, 管波, 韦燕飞. 碳酸钠改性固硫灰的制备与表征. 非金属矿, 2014, 37(3): 1-4.

2014-427 吴丹琳, 丁敏菊, 刘贤萍, 赵丕琪. 土壤物证鉴定中的微观测试与表征技术. 中国粉体技术, 2014, 20(3): 64-66.

2014-428 吴典, 蒋金龙, 许莹, 姚政. 凹土制备MCM-41及其氨基改性吸附单宁酸. 淮阴工学院学报, 2014, 23(1): 5-9, 56.

2014-429 吴会敏, 肖林飞, 白雪峰, 吴伟, 赵爱娟, 戚维欣, 张瑞. 硅源和铝源种类对SAPO-31分子筛物化性质及其催化正癸烷加氢异构化反应性能的影响. 石油学报（石油加工）, 2014, 30(2): 328-335.

2014-430 吴俭俭, 刘婷, 赵珊红, 李艳, 谢维斌, 阮毅, 孙国君, 陈海相. X荧光光谱法测定纺织品中重金属铅. 丝绸, 2014, 51(5): 21-25.

2014-431 吴军明, 李其江, 张茂林, 吴隽, 丁银忠, 曹建文, 刘晓婧. 景德镇官窑紫金釉组成及呈色特征. 光谱学与光谱分析, 2014, 34(3): 827-832.

2014-432 吴乐乐, 郭瑞龙, 邓文安, 李传. 改性催化裂化催化剂废渣在润滑油补充精制中的应用. 石油化工, 2014, 43(12): 1388-1393.

2014-433 吴乐乐, 张庆. 用于润滑油精制的FCC催化剂废渣改性工艺研究. 石油炼制与化工, 2014, 45(8): 44-48.

2014-434 吴丽萍, 徐晓瑛, 文科军, 古金霞, 曹文, 李庆波. 不同粒径炉渣对磷的静态吸附. 环境工程学报, 2014, 8(9): 3933-3938.

2014-435 吴启帆, 包燕平, 林路, 徐国平, 程慧高, 黄毅, 辛彩萍. LF精炼渣的物相及其冷却过程研究. 炼钢, 2014, 30(6): 50-53.

2014-436 吴启帆, 包燕平, 林路, 徐国平, 程慧高, 黄毅, 辛彩萍. 转炉钢渣的物相及其冷却析出研究. 武汉科技大学学报, 2014, 37(6): 411-414.

2014-437 吴雅霁, 彭渤, 杨霞, 张坤, 匡晓亮, 吴蓓娟, 詹婷. 湘江竹埠港段河床沉积物元素地球化学特征. 地质调查与研究, 2014, 37(4): 274-282.

2014-438 吴增升, 刘志民. X射线荧光光谱法分析镁砂中的主次成分. 中国无机分析化学, 2014, 4(4): 37-38.

2014-439 武素茹, 谷松海, 宋义, 孙鑫, 郭芬. 进口铁矿产地鉴别模型的建立. 计算机与应用化学, 2014, 31(12): 1543-1546.

2014-440 武永芝, 党亮, 刘江斌, 祝建国. ZSX Primus II型X射线荧光光谱仪流气式正比探测器常见故障处理与维护. 分析测试技术与仪器, 2014, 20(3): 187-189.

2014-441 Wu Hongyu, Liu Min, Tan Wei, Hou Keke, Zhang Anfeng, Wang Yiren, Guo Xinwen. Effect of ZSM-5 zeolite morphology on the catalytic performance of the alkylation of toluene with methanol. Journal of Energy Chemistry, 2014, 24(4): 491-497.

2014-442 夏立志, 朱丽萍, 高玉翠. 熔融制样-X射线荧光光谱法测定钒钛磁铁矿中主次成分的快速测定. 科技风, 2014, (18): 84.

2014-443 伭云. 粉末压片X射线荧光光谱法测定硅铁中各组分. 矿冶, 2014, 23(2): 88-90.

2014-444 伭云. 粉末压片-X射线荧光光谱法与红外吸收光谱法联合测定萤石中各组分. 中国无机分析化学, 2014, 4(1): 50-52.

2014-445 鲜海洋, 彭同江, 孙红娟, 宋鹏程. 阿克塞红柳沟纤蛇纹石矿物学特征研究. 矿物学报, 2014, 34(4): 559-565.

2014-446 向婉丽, 陆现彩, 陆昀乔, 李娟, 张蕊, 陈笑夜, 刘欢. 含方解石铜矿石微生物氧化作用的实验研究. 矿物岩石地球化学通报, 2014, 33(6): 764-771.

2014-447 谢长航. 溴化锂含量影响X射线荧光光谱法测定滑石主、次元素的研究. 当代化工, 2014, 43(12): 2727-2728, 2730.

2014-448 谢鹏, 麻硕, 党红文. X射线荧光光谱仪恒温控制模块设计. 自动化与仪表, 2014, (7): 14-17.

2014-449 谢希成, 赖万昌, 李军, 吴和喜. 便携式X荧光仪测定铅黄铜合金中主元素的研究应用. 核电子学与探测技术, 2014, 34(6): 689-693.

2014-450 Xie Xin, Zheng Hongbo, Qiao Peijun. Millennial climate changes since MIS 3 revealed by element records in deep-sea sediments from Northern South China Sea. Chinese Science Bulletin, 2014, 59(8): 776-784.

2014-451 邢方圆, 陈光耀, 朱凯亮, 吴广新, 鲁雄刚, 李重河. 大尺寸 $BaZrO_3$ 坩埚的制备及其在 TiNi 形状记忆合金熔炼中的应用. 太原理工大学学报, 2014, 45(2): 172-175.

2014-452 邢清源, 孟令刚, 邓亮, 蒋博宇, 杨洪硕, 甄立玲, 樊建勋, 房灿峰, 张兴国. 5356铝合金熔体复合净化技术研究. 铸造, 2014, 63(10): 979-983.

2014-453 熊少华, 钱庆长. 铜陵双闪铜冶炼厂炉前快速分析系统. 铜业工程, 2014, (6): 95-99.

2014-454 熊小莉, 罗学刚, 陈成. 土壤中可降解聚乙烯残体的分离. 安全与环境学报, 2014, 14(1): 222-224.

2014-455 熊樱菲, 霍华, 李一平, 周进. 景德镇明代洪武瓷的化学组成研究. 文物保护与考古科学, 2014, 26(3): 59-64.

2014-456 徐刚, 吴华峰, 李士琦, 杨静波, 肖洪, 金永龙. 高炉瓦斯泥精细还原实验研究. 工业加热, 2014, 43(2): 22-24, 28.

2014-457 徐凯, 张延玲, 李士琦, 杨静波, 肖宏, 何向春. 唐钢高炉粉尘提取铁、锌的实验室研究. 河北冶金, 2014, (3): 1-5.

2014-458 徐文松, 尤静林, 王小欢. 便携式X射线荧光光谱测定车用三元催化剂中铂钯铑. 冶金分析, 2014, 34(3): 30-34.

2014-459 徐正坦. 循环流化床粉煤灰加气混凝土制备研究. 长春工业大学学报(自然科学版), 2014, 35(1): 21-25.

2014-460 徐志彬, 李颖娜, 陈雪莲, 赵振纲, 王超刚. 熔融制样-X射线荧光光谱法测定出口生铁中6种元素含量. 理化检验-化学分册, 2014, 50(3): 378-380.

2014-461 许洪水. 两种方法测定汽油中锰含量. 山西化工, 2014, 34(5): 35-36, 72.

2014-462 许珂洲, 宋胜东, 张颖, 周倩, 陈加森, 唐竹兴. 碳热还原反应合成氮化铝粉体的研究. 硅酸盐通报, 2014, 33(2): 342-345.

2014-463 许莹, 陈韬宇, 蒋金龙. 磁性粉煤灰沸石的制备及其对 Cu^{2+} 的吸附研究. 非金属矿, 2014, 37(6): 62-65.

2014-464 薛凤娟, 肖园国. 基于X荧光能谱分析的织物重金属检测. 轻工科技, 2014, (3): 97-98.

2014-465 薛红艳, 战友, 张劲勇, 吴鹏. 城市生活污水污泥理化性质分析. 实验室研究与探索, 2014, 33(9): 28-32.

2014-466 闫光辉, 刘百宽, 尹洪峰, 刘国威. 现代分析技术在解决耐火材料实际问题中的应用. 硅酸盐通报, 2014, 33(2): 444-447.

2014-467 闫青, 马光伟, 闫来伟. X荧光分析仪冷却水过滤装置. 四川水泥, 2014, (9): 12.

2014-468 闫秀芬, 唐侠, 张环月. X射线荧光光谱法测定镍基高温合金中合金组分的通用工作曲线的制作——基本参数(FP)法虚拟合成标准样品的应用. 理化检验-化学分册, 2014, 50(11): 1434-1440.

2014-469 严俊, 胡仙超, 方飚, 陶金波, 彭秋瑾, 张俭. 应用XRF-SEM-XRD-FTIR等分析测试技术研究丽水蓝色类欧泊(蛋白石)的矿物学与光学特征. 岩矿测试, 2014, 33(6): 795-801.

2014-470 阳亚玲, 颜文斌, 蔡俊, 匡洪生, 高峰, 华骏. 溶液制样-偏振能量色散X射线荧光光谱法分析石煤钒矿中五氧化二钒. 冶金分析, 2014, 34(12): 13-16.

2014-471 杨邦, 雷国良, 姜修洋. 黔北石膏洞9.9~4.2 kaBP石笋微量元素记录及环境意义. 海洋地质与第四纪地质, 2014, 34(2): 143-148.

2014-472 杨本华, 张林平, 邹美娟, 吴振, 钱辉,王曼娟. X荧光自动化技术在钢铁企业中的应用与发展. 有色冶金设计与研究, 2014, 35(4): 35-36, 51.

2014-473 杨凤娇, 杨秀全, 周媛, 白亮, 张军. 硅钼蓝分光光度法测定氨基硅油在头发上的沉积量. 理化检验-化学分册, 2014, 50(11): 1448-1450.

2014-474 杨海, 葛良全, 熊盛青, 谷懿, 张庆贤. 一套基于X射线荧光测量的快速找矿方法. 物探与化探, 2014, 38(4): 723-728.

2014-475 杨海涛, 陈步明, 郭忠诚, 刘焕荣, 张永春, 黄惠, 徐瑞东, 付仁春. 电流密度对Al/导电涂层/α-PbO_2-CeO_2-TiO_2/β-PbO_2-MnO_2-WC-ZrO_2复合电极材料制备和性能的影响（英文）. Transactions of Nonferrous Metals Society of China, 2014, 24(10): 3394-3404.

2014-476 杨军红, 李佗, 石新层. 钛基材料中元素分析方法研究进展. 理化检验-化学分册, 2014, 50(4): 512-517.

2014-477 杨柳, 董雪莹, 孟东阳. 煤中微量元素含量常用测定方法. 中国矿业, 2014, 23(S2): 293-300.

2014-478 杨荣国, 周亮. Fe^{3+}掺杂纳米TiO_2的制备与表征. 材料导报, 2014, 28(S1): 56-59, 63.

2014-479 杨书娟. X荧光法分析精矿粉中的硫. 冶金丛刊, 2014, (6): 7-8.

2014-480 杨涛, 刘吉波, 包新军. 新疆某铜钪矿中钪的分布状态研究. 稀土, 2014, 35(4): 35-41.

2014-481 杨霞, 符静, 吴雅雯, 张坤, 吴蓓娟, 匡晓亮. 湘江湘潭段沉积物重金属元素地球化学特征. 衡阳师范学院学报, 2014, 35(3): 124-127.

2014-482 杨勰, 李宏煦, 李超. 铅冶炼烟尘的物性分析及浸出性研究. 化工环保, 2014, 34(5): 493-498.

2014-483 杨新能, 李小青, 杨大军. X射线荧光光谱法测定含还原剂的炼钢辅料中化学成分. 冶金分析, 2014, 34(2): 40-43.

2014-484 杨艳, 朱缨. X射线荧光光谱法测定连铸保护渣中主成分. 广州化工, 2014, 42(20): 113-114.

2014-485 杨一青, 张海涛, 王智峰, 杨周侠, 王亚红. X射线荧光光谱法在催化剂分析领域的应用进展. 炼油与化工, 2014, 25(1): 1-3, 60.

2014-486 杨颖东, 何秋菊, 周志清, 崔剑锋. 成都十二桥遗址新一村一期出土漆彩绘陶的分析研究. 文物保护与考古科学, 2014, 26(2): 9-15.

2014-487 杨幼明, 张剑, 张小林, 刘小平, 郭名亮. Cu还原MoO_4^{2-}产物特性研究. 中国钨业, 2014, 29(6): 30-34.

2014-488 杨宇, 李岩, 张弓, 马莒生. Mn-Co-Ni红外探测器As-Se光学薄膜制备及性能研究. 新技术新工艺, 2014, (7): 64-66.

2014-489 杨振华, 杨增玉, 靳承岗, 郭绍强. X射线荧光光谱分析法测定高铝质耐火材料的主要元素. 现代测量与实验室管理, 2014, (4): 7-10.

2014-490 杨智华, 杜泽伟, 曹秀华, 刘玉红. X射线荧光光谱法测定锆钛酸钡元素摩尔比的不确定度评定. 广东化工, 2014, 41(6): 180-181.

2014-491 姚智辉, 李锋. 宝丰出土汉代饰品类器物的分析. 中原文物, 2014, (1): 118-122.

2014-492 叶森钢, 朱敏杰, 卢新祥, 余亚东, 马海平. 水底原位X射线荧光光谱分析测量装置研制. 核电子学与探测技术, 2014, 34(11): 1398-1402.

2014-493 叶诗瑛. 循环流化床锅炉飞灰化学组成特征研究. 山东工业技术, 2014, (20): 52-53.

2014-494 易龙涛, 刘志国, 陈曼, 王锴, 彭诗琪, 赵为刚, 何佳霖, 赵广翠. 一种X射线荧光光谱数据批处理新方法的研究. 激光与光电子学进展, 2014, 51(7): 173-178.

2014-495 尹根有, 罗婷, 方益进, 冯浩, 卢攀登. 婺州玉青瓷的呈色特征及形成机理. 中国陶瓷, 2014, 50(1): 89-92.

2014-496 尹文胜, 龙立华. 表面富钛复合钛硅分子筛的合成与表征. 工业催化, 2014, 22(6): 447-451.

2014-497 尹小文, 刘敏, 赖伟鸿, 董传博, 岳明, 索红莉. 草酸盐沉淀法回收钕铁硼废料中稀土元素的研究. 稀有金属, 2014, 38(6): 1093-1098.

2014-498 雍晓静, 王林, 张堃, 窦涛, 巩雁军. Na^+对甲醇制丙烯催化剂的毒化影响及控制措施. 天然气化工 (C1 化学与化工), 2014, 39(6): 9-12, 57.

2014-499 于海华, 黄以平, 刘海浪, 万里, 李行. Cu-Cr 合金触头电子束表面重熔初探与研究. 装备制造技术, 2014, (11): 41-43.

2014-500 于海莲, 胡震. 酸浸法高镁炉渣制备白炭黑的研究. 无机盐工业, 2014, 46(7): 53-55.

2014-501 于海洋, 王艳飞, 张乐号, 刘静, 刘璐璐, 张梅, 郭敏. 从含钛电炉熔分渣制备纳米结构六钛酸钾晶须. 北京科技大学学报, 2014, 36(4): 496-505.

2014-502 于琳可, 石宝友, 宛云杰, 孙慧芳, 郑志宏, 顾军农, 李玉仙, 王东升. 给水管网铸铁管道的管垢组成与通水水质特征的关系. 中国给水排水, 2014, 30(20): 32-37.

2014-503 于青, 王德全. 熔融制样-X 射线荧光光谱法测定铁矿石中钾、铅、锌和砷. 理化检验-化学分册, 2014, 50(11): 1412-1414.

2014-504 于兆水, 张勤, 李小莉, 樊守忠, 潘晏山, 李国会. 高压粉末制样波长色散 X 射线荧光光谱法测定生物样品中 23 种元素. 岩矿测试, 2014, 33(6): 844-848.

2014-505 余洋, 沈承金, 孙恕, 陈锐, 宋宏建. 矿粉水泥砂浆抗硫酸盐腐蚀行为研究. 腐蚀科学与防护技术, 2014, 26(4): 355-359.

2014-506 俞佳锋, 王凯, 薛俊增, 吴惠仙. 扇贝标准样品中元素的全反射 X 射线荧光光谱法测定分析. 环境污染与防治, 2014, 36(5): 40-42, 48.

2014-507 袁静, 罗立强. 同步辐射微区 X 射线荧光和吸收谱技术在大气、土壤和动植物分析中的应用. 核技术, 2014, 37(8): 3-13.

2014-508 袁胜元, 闫慧. 城市化进程中城郊耕地土壤重金属的含量及其分布特征. 贵州农业科学, 2014, 42(7): 197-201.

2014-509 袁艺. X 荧光仪在铝工业分析中的应用. 轻金属, 2014, (5): 43-45, 54.

2014-510 袁奕秋, 闫学会. 压片制样X射线荧光光谱法测定除尘灰中全铁含量. 天津冶金, 2014, (S1): 131-133.

2014-511 Yue Lin, He Chi, Hao Zhengping, Wang Shunbing, Wang Hailin. Effects of metal and acidic sites on the reaction by-products of butyl acetate oxidation over palladium-based catalysts. Journal of Environmental Sciences, 2014, 26(3): 702-707.

2014-512 岳文瑞, 张润铎, 刘宁, 陈标华. 高比表面有序介孔 $CuFe_2O_4$ 复合氧化物上 NH_3 选择性催化氧化. 科学通报, 2014, 59(26): 2582-2588.

2014-513 曾国强, 罗耀耀, 葛良全, 张庆贤, 谷懿, 程锋. 种群算法在能量色散 X 荧光重叠谱拟合中的应用. 光谱学与光谱分析, 2014, 34(2): 562-564.

2014-514 查道平, 王嘉勇, 陈昕, 王俊鹏, 孙小玉, 赵鹏, 黄万燕, 李玉泉. 矿浆载流分析仪及其在某选厂的在线监测应用. 现代矿业, 2014, (5): 162, 183.

2014-515 张爱芬, 马慧侠, 白万里. 熔融制样-X 射线荧光光谱法测定铝电解槽用干式防渗料中主次成分. 冶金分析, 2014, 34(5): 25-29.

2014-516 张斌, 承焕生, 郑建明. PIXE 分析浙江德清火烧山窑址出土原始瓷. 核技术, 2014, 37(5): 21-28.

2014-517 张晨松, 姜大鑫, 肖园芳. 便携式 X 荧光在找矿中的应用. 广东化工, 2014, 41(22): 55, 44.

2014-518 张翠玲, 党瑞, 贺建栋, 魏於娣. 白银天然沸石对磷的吸附机理及性能研究. 环境科学与管理, 2014, 39(12): 104-108.

2014-519 张国田, 赵宏明, 刘新华, 殷文荣, 唐莉，曾学志. 元素录井技术在兴古X断块古潜山岩性识别和界面卡取中的应用. 录井工程, 2014, 25(2): 64-69, 102.

2014-520 张国亚, 周四春, 刘晓辉, 刘俊, 杨奎, 朱剑. 鄂东南某铀矿勘查区地气与X荧光异常特征及找矿意义. 高校地质学报, 2014, 20(4): 564-569.

2014-521 张汉沛. 我国车用汽油中硫含量控制指标及测定方法. 石油与天然气化工, 2014, 43(5): 558-563.

2014-522 张环月, 季守华, 高英明. X射线荧光光谱分析铸铁中28种元素. 冶金分析, 2014, 34(12): 33-38.

2014-523 张环月, 季守华, 李春艳. X射线荧光光谱法测定铬、钒、钛共存的钛合金中12种元素. 冶金分析, 2014, 34(5): 30-34.

2014-524 Zhang Huining, Li Jianli, Xu Anjun, Yang Qixing, He Dongfeng, Tian Naiyuan. Carbothermic reduction of zinc and iron oxides in electric arc furnace dust. Journal of Iron and Steel Research (International), 2014, 21(4): 427-432.

2014-525 张继超, 梁东旭, 何燕, 李爱国, 余笑寒. 硬X射线微米探针高精度样品定位系统. 光谱学与光谱分析, 2014, 34(2): 557-561.

2014-526 张继来, 傅开道, 王波, 陈礼强, 宋静宜, 苏斌. 澜沧江河床沉积物重金属污染评价. 地理科学进展, 2014, 33(8): 1136-1144.

2014-527 Zhang Jiexiao, Zhou Yan, Xu Yun, Tian Huiping. Research and development of novel heavy oil catalytic cracking catalyst RCC-1. China Petroleum Processing & Petrochemical Technology, 2014, 16(4): 7-11.

2014-528 张居光, 李家骥, 沈非. 二次靶偏振X射线能谱仪分析优质碳素钢中磷、硫含量. 分析仪器, 2014, (1): 47-50.

2014-529 张君君, 仲亚, 沈晓冬, 崔升, 孔勇, 冀黎莉, 李博雅. 氧化钇掺杂块状SiO_2气凝胶的制备与表征. 无机化学学报, 2014, 30(4): 793-799.

2014-530 张乐, 高雄厚, 张艳惠, 苏怡, 张爱萍. 钠含量对超稳Y分子筛物化性能的综合影响. 人工晶体学报, 2014, 43(2): 454-460, 464.

2014-531 张丽丽, 陈字红, 卫智毅, 李影, 陈京晶. 转炉钢渣的矿物相分析及铁的赋存分布. 中国建材科技, 2014, (5): 97-99.

2014-532 张莉, 苏红梅. XRF法测定铁水中镍铬锑铌钼钛钒铅. 山东化工, 2014, 43(7): 80-82.

2014-533 张莉娟, 刘义博, 李小莉, 徐铁民. 超细粉末压片法-X射线荧光光谱测定水系沉积物和土壤中的主量元素. 岩矿测试, 2014, 33(4): 517-522.

2014-534 张莉娟, 曾江萍. 超细制样粉末压片法测定铝土矿中主量元素的含量. 轻金属, 2014, (7): 6-9.

2014-535 张琪, 张云春, 龚凡涵, 萧达辉, 岳大磊, 唐志锟, 宋武元. 固体废物铜熔炼渣的快速鉴定. 冶金分析, 2014, 34(3): 39-42.

2014-536 张茜芸, 仲兆平, 姚杰, 朱林. 由钛铁矿制备SCR催化剂载体TiO_2的优化试验. 钢铁钒钛, 2014, 35(2): 26-30.

2014-537 张榕, 樊启文, 杜英辉. Mylar膜衬底上的镀膜技术. 原子能科学技术, 2014, 48(10): 1871-1875.

2014-538 张尚欣, 付倩丽, 王伟锋, 夏寅, 刘江卫, 兰德省, 黄建华, 毛晓芬. 山东香山汉墓出土陶质彩绘文物材质及制作工艺的初步研究. 文物保护与考古科学, 2014, 26(1): 46-53.

2014-539 张世国. 高铝质超低水泥浇注料的物理和机械性能. 耐火与石灰, 2014, 39(2): 30-33.

2014-540 张顺鹏. 单波长色散X射线荧光光谱法测定油品硫含量. 石化技术与应用, 2014, 32(5): 448-451.

2014-541 张硕, 骆明川, 朱红, 王芳辉. 氮掺杂聚苯胺-碳氧还原催化剂的制备与表征. 北京化工大学学报（自然科学版）, 2014, 41(6): 58-63.

2014-542 张素荣, 杨帆, 张华, 贺福清. 青藏高

2014-543 张彤. 微量锗的测量方法综述. 科技视界, 2014, (22): 275-276.

2014-544 张望, 李建梅, 严回. X 射线荧光光谱法分析硅微粉. 建材世界, 2014, 35(2): 43-46.

2014-545 张伟, 张堃, 雍晓静, 罗春桃. 煤基 MTP 装置丙烯收率下降原因分析. 当代化工, 2014, 43(6): 900-903.

2014-546 张伟宏, 汪永进, 吴江滢, 段福才. 南京葫芦洞石笋微量元素记录的末次冰消期气候变化. 第四纪研究, 2014, 34(6): 1227-1237.

2014-547 张文磊. 试论土壤重金属光谱检测技术. 资源节约与环保, 2014, (5): 151.

2014-548 张文艺, 戴如娟, 吴凌云, 刘芳, 陈嵘. 石化废水生物处理剩余污泥制备水处理滤料的研究. 现代化工, 2014, 34(5): 130-133, 135.

2014-549 张小凤, 王慧玲, 徐微, 李学德. 沸石的载铁改性及除氟性能分析. 安徽农业大学学报, 2014, 41(4): 662-668.

2014-550 张小敏, 雷艳惠, 张振忠, 丘泰. 超细银粉及导体浆料的制备及导电性能. 真空科学与技术学报, 2014, 34(11): 1257-1261.

2014-551 张小敏, 张振忠, 赵芳霞, 丘泰. 抗氧化纳米 Cu 粉的水合肼还原法制备. 南京工业大学学报 (自然科学版), 2014, 36(6): 118-122.

2014-552 张小敏, 张振忠, 赵芳霞, 丘泰, 龚凯. 直流电弧等离子蒸发法制备纳米银粉及其表面改性. 真空科学与技术学报, 2014, 34(2): 186-191.

2014-553 张欣宇, 王时礼, 钟喜春, 冯永山. 金属镀层厚度测量结果的一致性研究. 计量与测试技术, 2014, 41(4): 1-3.

2014-554 张学斌, 甘胜华, 李红彬, 汪少朋. 阳离子染料可染 PET 管道中结焦物的研究 (二)——结焦物元素分析及形成机理. 聚酯工业, 2014, 27(1): 21-24.

2014-555 张学华, 李强, 黄雪华, 姚会强. 手持式 X 射线荧光光谱仪在富钴结壳资源勘查中的应用. 岩矿测试, 2014, 33(4): 512-516.

2014-556 张亚平, 贾成光, 彭然, 马丰, 欧光南. Heterogeneous photo-assisted Fenton catalytic removal of tetracycline using Fe-Ce pillared bentonite. Journal of Central South University, 2014, 21(1): 310-316.

2014-557 张亚群, 田景荣, 苟欢歌. X 射线荧光光谱技术在地学研究中的应用. 科技创新导报, 2014, (24): 35-37.

2014-558 张艳玲. 润滑油加氢异构脱蜡装置换热器结垢物分析. 通用机械, 2014, (11): 61-62, 76.

2014-559 张益, 郭妙妙, 赵小元, 肖星, 谭卉, 周秩耿. 波长色散 X 荧光光谱法测定铁矿石中镍、铬含量. 金属材料与冶金工程, 2014, 42(3): 8-13.

2014-560 张永丰. 利用生产的炉渣样品制作 X 射线荧光分析曲线. 鞍钢技术, 2014, (6): 31-34.

2014-561 张勇, 陆太进, 杨天畅, 陈华, 柯捷. 石英质玉石的颜色分布及其微量元素分析. 岩石矿物学杂志, 2014, 33(S): 83-88.

2014-562 张媛, 尹建军, 王文波, 王爱勤. 酸活化对甘肃会宁凹凸棒石微观结构及亚甲基蓝吸附性能的影响. 非金属矿, 2014, 37(2): 58-62.

2014-563 张远欣, 刘冉, 夏德强, 张航, 巨文军, 张少民. 水中砷 (III) 和砷 (V) 的 N-甲基咪唑阴离子交换树脂分离-X 射线荧光光谱测定法. 环境与健康杂志, 2014, 31(10): 937-940.

2014-564 张远欣, 刘冉, 夏德强, 张航, 巨文军, 张少民. 水中微量砷的波长色散 X 射线荧光光谱测定法. 环境与健康杂志, 2014, 31(8): 716-717.

2014-565 张月玲, 张然. 山东青州香山西汉墓出土凝结铁器锈蚀特征分析及科学保护. 文物保护与考古科学, 2014, 26(1): 54-60.

2014-566 张云晖, 金波, 周光忠. X 射线荧光光谱法快速测定艾萨炉冶炼过程铅精矿中的主要元素. 云南冶金, 2014, 43(5): 60-63.

2014-567 张振球, 刘殿兵, 汪永进, 王权. 中全新世东亚季风年至 10 年际气候变率: 湖北青天洞 5.56~4.84ka B. P. 石笋年层厚度与地球化学证据. 第四纪研究, 2014, 34(6): 1246-1255.

2014-568 张争京, 王凯, 张永文. X 射线荧光光谱法测定钒钛磁铁矿中的主次量元素. 理化检验-化学分册, 2014, 50(10): 1274-1277.

2014-569 张智, 邓胜平, 赵翼平, 胡坚, 彭竹葳, 喻一萍. 典型合流制排水系统悬浮物元素组成及来源分析. 给水排水, 2014, 40(S1): 101-105.

2014-570 张子潇. 市政污水回用中反渗透进水滤芯污染分析. 北京水务, 2014, (6): 38-40.

2014-571 赵恩好, 岳明新, 周国兴. X 荧光光谱法测试地质样品中的锡. 当代化工, 2014, 43(4): 634-635, 638.

2014-572 赵凤起, 张衡, 安亭, 张晓宏, 高红旭, 宋秀铎. 3, 5-二硝基水杨酸锆的制备、热分解机理及其燃烧催化作用. 含能材料, 2014, 22(5): 635-640.

2014-573 赵刚, 吕洪坤, 张明, 熊建国, 应明良, 王磊. 1000 MW 机组锅炉内结渣物的理化分析. 浙江电力, 2014, (9): 36-40.

2014-574 赵海平, 张雪梅, 何雪梅. 坦桑尼亚绿色蛋白石. 宝石和宝石学杂志, 2014, 16(4): 14-21.

2014-575 赵会吉, 李孟杰, 丁宁, 刘晨光. Raney 铜催化糠醛加氢制备糠醇的研究. 石油化工, 2014, 43(10): 1179-1184.

2014-576 赵珒, 梁晓红, 刘伟. 熔融制样 X 射线荧光光谱法测定氧化钼中主次成分. 山西化工, 2014, (1): 52-54.

2014-577 赵静, 罗宏杰, 王丽琴, 李伟东, 容波, 周铁. 陕西陇县东南镇汉墓酥粉釉陶文物的研究. 中国科学: 技术科学, 2014, 44(4): 398-406.

2014-578 赵俊琦, 施胜斌, 程时标. MeAPO-5 型分子筛的合成及其催化环己烷氧化性能研究. 石油炼制与化工, 2014, 45(5): 29-33.

2014-579 赵开乐, 王昌良, 邓伟, 廖祥文, 顾帼华, 刘厚明. 四川某锂多金属矿工艺矿物学特性研究. 矿物岩石, 2014, 34(1): 10-15.

2014-580 赵兰, 丁银忠, 苗建民, 唐俊杰, 李合, 陈铁梅. 利用激光拉曼对宋代官窑青瓷样品釉烧温度的研究. 南方文物, 2014, (4): 121-124.

2014-581 赵瑞廷. 首都博物馆馆藏天保二年北齐铜鎏金小造像无损检测研究. 内蒙古师范大学学报 (自然科学汉文版), 2014, 43(5): 637-642.

2014-582 赵鑫, 周四春, 赵辉, 孙淼, 刘国安, 杨文佳. 建立和应用微束微区 X 荧光探针特征库的研究. 分析试验室, 2014, 33(6): 630-633.

2014-583 赵迎秋. 旅大 10-1 油田注聚井堵塞机理研究. 河南科学, 2014, 32(5): 851-854.

2014-584 赵永林. X 射线荧光分析仪生料曲线的改进及修正实践应用. 四川水泥, 2014, (6): 149-152.

2014-585 郑步梅, 万玉凤, 杨卫亚, 凌凤香, 谢红, 方向晨, 郭洪臣. 无有机模板剂体系水热合成 Beta 沸石中晶种的导向机理 (英文). 催化学报, 2014, 35(11): 1800-1810.

2014-586 智顺, 张云红, 刘利平. 应用 X 荧光光谱法测定煤中磷结果探讨. 煤质技术, 2014, (2): 36-38, 47.

2014-587 钟静, 彭文明, 焦寅. X 射线荧光光谱法测定铁水中多种元素. 天津冶金, 2014, (S1): 128-130, 133.

2014-588 钟山, 高慧, 张漓衫, 苏宏峰, 张程. 平原典型垃圾焚烧厂周边土壤重金属分布特征及污染评价. 生态环境学报, 2014, 23(1): 164-169.

2014-589 周德君. X 荧光在线品位仪自动校正装置及电路设计. 数字技术与应用, 2014, (3): 158-159.

2014-590 周国兴, 赵恩好, 岳明新, 曹丹红, 肖刚, 张泉. X 射线荧光光谱法测试重晶石中的多元素. 地质与资源, 2014,

23(3): 292-295.

2014-591 周昊. X射线荧光光谱分析在竞争车型分析中的应用. 汽车技术, 2014, (9): 24-27.

2014-592 周西林. X射线荧光光谱法测量聚乙烯中汞含量不确定度评定. 广州化工, 2014, 42(12): 141-142, 161.

2014-593 周岩, 张杰潇, 许明德, 田辉平. FCC催化剂后处理工艺的探索. 石油炼制与化工, 2014, 45(7): 29-35.

2014-594 周云, 段其发, 曹亮, 李芳, 黄惠兰, 甘金木. 湘西-鄂西地区典型MVT型铅锌矿床流体包裹体研究. 华南地质与矿产, 2014, 30(1): 65-66.

2014-595 朱春要, 顾锋, 年季强, 张良芬. X射线荧光光谱法测定冶金渣料中主次成分. 冶金分析, 2014, 34(8): 39-44.

2014-596 朱红伟, 李婷. 鹤顶红的鉴别. 超硬材料工程, 2014, 26(5): 50-55.

2014-597 朱红伟, 李婷, 李桂华. HPHT合成钻石在首饰中的鉴别特征. 宝石和宝石学杂志, 2014, 16(5): 28-33.

2014-598 朱红伟, 李婷, 李桂华. HTHP合成钻石在首饰中的鉴别特征（上）. 超硬材料工程, 2014, 26(3): 26-29.

2014-599 朱红伟, 李婷, 李桂华. HTHP合成钻石在首饰中的鉴别特征（下）. 超硬材料工程, 2014, 26(4): 14-17.

2014-600 朱红伟, 李婷, 王萍. 一种商业名为冰田玉的宝石学特征. 超硬材料工程, 2014, 26(6): 55-57.

2014-601 朱俐, 刘明理, 尹利辉, 王瑾. X射线荧光元素分析技术快速筛查化妆品中铅、汞、砷、锑. 药物分析杂志, 2014, 34(10): 1842-1846.

2014-602 朱神海, 杨建军, 孙丽娟, 施积炎. 不同形态硫肥和淹水时间段对污染水稻土中铜活性和分布的影响. 浙江大学学报(理学版), 2014, 41(3): 331-337, 347.

2014-603 朱选民, 严俊, 夏立伟, 许晓云, 严雪俊. 浙江泰顺石暨叶蜡石型印章石的宝石学特征及分类探讨. 宝石和宝石学杂志, 2014, 16(4): 39-48.

2014-604 朱学忠, 胡墨田. 辽宁省阜新北窝棚膨润土矿岩石矿物学特征. 化工矿产地质, 2014, 36(4): 225-229.

2014-605 朱跃进. 金属中气体分析现状与未来. 冶金分析, 2014, 34(3): 19-23.

2014-606 朱忠平, 曾精华, 王长根, 吕立超. 熔融制样X射线荧光光谱法测定高铬赤泥中主次量组分. 岩矿测试, 2014, 33(6): 822-827.

2014-607 卓尚军. 国际SCI期刊导航《X-Ray Spectrometry》. 岩矿测试, 2014, 33(2): 303-304.

2014-608 邹龙江, 周全, 丛丹妮, 勾万强, 高路斯. 316L不锈钢泵轴断裂原因分析. 理化检验-物理分册, 2014, 50(5): 356-358.

2014-609 左鹏飞, 李桂景, 周利英, 常云芝, 刘丽娜, 王娟, 金静峰. 能量色散X射线荧光光谱法测定PVC塑料中铅、铬、汞、镉、溴含量的不确定度评定. 计量与测试技术, 2014, 41(2): 33-34, 36.

2014-610 左小军, 彭晓东, 魏国兵, 赵辉, 谢卫东. 熔盐电解制备Mg-Zn-Sr三元合金及其组织分析. 功能材料, 2014, 45(4): 4125-4129.

2014-611 邓赛文, 殷绍泉, 马天芳, 梁国立. XRF在古陶瓷科学研究中的应用. 核科学与技术, 2014, (2): 1-4.

2015年 (2015)

2015-001 安梅. 翡色翡翠的成分分析. 科技视界, 2015, (24): 188.

2015-002 安谧, 汪艳, 杨晓彦, 余颖龙, 马晨菲, 林骏, 肖占敏. X射线荧光光谱法测定重质油脱金属催化剂中活性组分含量. 石化技术与应用, 2015, 33(6): 528-530.

2015-003 包翠敏, 谭朝鑫, 庄春瑜, 陈蕊. 固溶处理对J75钢组织及性能的影响. 金属热处理, 2015, 40(9): 179-182.

2015-004 包良满, 雷前涛, 刘江峰, 李晓林, 李燕. 多功能扫描质子核探针信号探测和数据获取系统. 强激光与粒子束, 2015, 27(11): 197-202.

2015-005 蔡薇. 运用X射线荧光光谱仪检测铂首饰的纯度. 化工管理, 2015, (32):

130.

2015-006 蔡友振, 李爱山, 吴双成. 山东招远文管所藏金铜佛菩萨像保护与研究. 中国文物科学研究, 2015, (4): 55-59.

2015-007 曹明杰, 赵明, 庄大明, 郭力, 欧阳良琦, 李晓龙, 宋军. 磁控溅射制备非晶铟镓锌氧化物薄膜的电学性能研究. 材料研究学报, 2015, 29(1): 51-54.

2015-008 曹琪, 韩涛, 刘银河, 车得福. 窑尾余热锅炉受热面上水泥生料灰的黏结特性实验研究. 热力发电, 2015, 44(12): 74-79.

2015-009 Cengiz E., Saritas N., Dogan M., Koksal O. K., Karabulut K., Apaydin G., Tirasoglu E.. Measurement of L III subshell absorption jump parameters of hafnium. 光谱学与光谱分析, 2015, 35(12): 3544-3548.

2015-010 常冠群, 孙振文, 孙玉友, 杨瑞琴. XRF 法在透明胶带检验中的应用. 中国人民公安大学学报（自然科学版）, 2015, (2): 13-16.

2015-011 常冠群, 孙振文, 孙玉友, 杨瑞琴, 乔婷. XRF 法在封箱胶带检验中的应用. 中国司法鉴定, 2015, (5): 52-55.

2015-012 常国璋, 黄艳琴, 赖喜锐, 阴秀丽, 吴创之. 棕榈壳焦 CO_2 气化过程中反应性及结构特性研究. 燃料化学学报, 2015, 43(8): 947-954.

2015-013 常魁革, 杨卫亚, 凌凤香, 沈智奇, 王少军, 杨阳. 硅源对 IM-5 分子筛合成的影响. 当代化工, 2015, 55(5): 892-895.

2015-014 陈斌, 邢为飞, 陆道礼, 戚雪勇. 基于判别分析的 X 射线荧光烟叶产地识别应用. 江苏大学学报（自然科学版）, 2015, 36(5): 545-549.

2015-015 陈成, 吴金杰, 李论, 杨扬. K 荧光 X 射线辐射装置设计与模拟. 中国测试, 2015, 41(9): 66-70.

2015-016 陈成, 吴金杰, 周四春, 陈法君, 王佳, 葛良全. K 荧光能谱及荧光产额 MC 模拟. 核电子学与探测技术, 2015, 35(3): 299-302.

2015-017 陈诚, 李丹, 赖万昌, 翟娟, 洪自强. XRF 测定大气颗粒物中 Pb 元素的标样制备. 核技术, 2015, 38(12): 18-23.

2015-019 陈冬, 余超, 陈天虎, 李石磊, 刘海波, 朱承驻, 邹雪华. 氨浸渣高温脱除硫化氢的性能及可再生性. 硅酸盐学报, 2015, 43(8): 1167-1171.

2015-020 陈国杰, 周有平, 李斌. Buck 恒流电源的输出纹波分析与优化设计. 核电子学与探测技术, 2015, 35(5): 422-425, 438.

2015-021 陈衡, 王云刚, 马海东, 赵钦新. 循环流化床锅炉燃用准东煤结渣、沾污分析. 热能动力工程, 2015, 30(3): 431-435, 496-497.

2015-022 陈虎, 李剑, 胡守亮, 徐万里. 振动镀在陶瓷二次金属化中的应用. 电镀与涂饰, 2015, 34(24): 1410-1414.

2015-023 陈佳, 刘学清, 邹立勇, 刘继延. 次磷酸铝阻燃剂的合成及其在 PBT 中的应用. 江汉大学学报（自然科学版）, 2015, 43(5): 420-426.

2015-024 陈景伟, 宋江涛, 赵庆令, 宋双喜, 汤云芝, 耿楠. 薄膜吸附制样-波长色散 X 射线荧光光谱法测定卤水中的溴. 岩矿测试, 2015, 34(5): 570-574.

2015-025 陈静. X 射线荧光光谱法测定地质样品中铌和钽的探讨. 冶金分析, 2015, 35(10): 24-29.

2015-026 陈静, 高志军, 陈冲科, 刘延霞, 张明炜. X 射线荧光光谱法分析地质样品的应用技巧. 岩矿测试, 2015, 34(1): 91-98.

2015-027 陈璐, 米艳华, 万小铭, 尹本林, 袁志伟, 和丽忠. 外源磷素对药用植物三七吸收砷的微区及形态分布特征影响. 生态环境学报, 2015, 24(9): 1576-1581.

2015-028 陈璐, 米艳华, 万小铭, 袁志伟, 尹本林, 和丽忠. 砷在药用植物三七根部组织及其亚细胞分布特征. 植物学报, 2015, 50(5): 591-597.

2015-029 陈能香, 李锐, 徐志. 一种天蓝色合成尖晶石的宝石学特征. 超硬材料工程, 2015, 27(6): 56-59.

2015-030 陈蓉, 王华, 王辉涛, 黄俊伟, 葛众. 稻壳与木屑燃烧和灰结渣特性对比分析. 太阳能学报, 2015, 36(7): 1749-1754.

2015-031 陈爽, 葛良全, 张庆贤, 杨汉水, 赵剑锟. 便携式 X 荧光仪原位测量浅钻岩芯的应用. 现代矿业, 2015, (7): 114-116.

2015-032 陈万平, 周阿红. X 射线荧光粉的发光与应用. 怀化学院学报, 2015, 34(5): 27-32.

2015-033 陈小波, 毛承毅, 李光剑, 周永春, 赵光强, 雷玉洁, 杨凯云, 田琳玮, 黄云超. 金属元素及 SiO_2 与云南宣威地区肺癌高发的关系. 现代肿瘤医学, 2015, 23(20): 2926-2929.

2015-034 陈晓慧, 范秋涛, 石庆国. X 射线荧光光谱分析法及其应用. 环境技术, 2015, (1): 25-27, 31.

2015-035 陈艳, 王丽秋, 王晨晔, 李会泉. 以钢渣为原料合成层状双氢氧化物及其结构表征. 化工学报, 2015, 66(12): 5149-5156.

2015-036 陈艳萍, 吴思明, 卢慧剑, 魏博伦, 何奕, 施耀. 1000MW 燃煤电厂钒钛系脱硝催化剂失活原因分析. 浙江大学学报 (工学版), 2015, 49(3): 564-570.

2015-037 陈燕根. 用 X 荧光射线法对仿真饰品中镍释放量快速检测筛选的研究. 科技视界, 2015, (22): 322-323.

2015-038 陈漪馨, 刘焱光, 姚政权, 董林森, 李朝新. 末次盛冰期以来挪威海北部陆源物质输入对气候变化的响应. 海洋地质与第四纪地质, 2015, 35(3): 95-108.

2015-039 陈圆, 马晓国, 彭俊标, 舒伟恒, 张晓君. 微量镍的检测方法. 广东化工, 2015, 42(11): 216-217.

2015-040 陈张好, 周智明, 刘小娟, 张弦. X 射线荧光元素分析技术快速测定化妆品中的吡硫嗡锌. 香料香精化妆品, 2015, (6): 48-50.

2015-041 程锋, 张庆贤, 葛良全, 谷懿, 曾国强, 罗耀耀, 陈爽, 王雷, 赵剑锟. 能量色散 X 射线荧光分析中改进型基本参数法研究. 光谱学与光谱分析, 2015, 35(7): 2034-2037.

2015-042 程广文, 张强, 白博峰. 一种改性选择性催化还原催化剂及其对零价汞的催化氧化性能. 中国电机工程学报, 2015, 35(3): 623-630.

2015-043 程琳, 李梅田, 黎龙辉, 王君玲, 李融武, 齐鸿浩. 北京龙泉务窑白瓷化学组成的研究. 光学学报, 2015, 35(1): 292-296.

2015-044 程琳, 李梅田, 王君玲, 段泽明, 李融武, 潘秋丽. 微束 X 射线荧光分析清代金釉碗彩料的化学成分和元素分布. 激光与光电子学进展, 2015, (4): 262-266.

2015-045 褚宁, 蒋晓光, 张彦甫. 熔融制样-波长色散 X 射线荧光光谱法测定高硫高磷铜磁铁矿中主次成分. 冶金分析, 2015, 35(12): 10-16.

2015-046 次仁卓嘎. X 射线荧光光谱法测定贵金属含量的不确定度评估——样品以一枚千足金戒指为例. 西藏科技, 2015, (10): 21-22.

2015-047 崔彪, 李乃胜, 杨益民, 燕生东, 王守功. 山东寿光双王城商代盐业遗址土样的初步科学研究. 中国文物科学研究, 2015, (4): 70-73.

2015-048 崔茂培. 便携式 XRF 仪在金矿土壤化探找矿中的应用. 四川地质学报, 2015, 35(2): 299-302.

2015-049 崔名芳, 朱建华. 安徽骆冲窑青白瓷化学组成的 EDXRF 分析研究. 中国科学技术大学学报, 2015, 45(2): 132-137.

2015-050 崔潇妹, 黄坚. X 射线荧光光谱分析在地质分析中的应用. 中小企业管理与科技 (中旬刊), 2015, (6): 178.

2015-051 崔晓丹, 王玉军, 周东美. 水分管理对污染土壤中砷锑形态及有效性的影响. 农业环境科学学报, 2015, 34(9): 1665-1673.

2015-052 崔振珍, 殷好勇, 赵红挺, 聂秋林. 核壳结构氧化镍/碳微球的制备及葡萄糖传感性能. 无机材料学报, 2015, 30(3):

305-310.

2015-053 代锦飞, 赵宝升, 盛立志, 周雁楠, 陈琛, 宋娟, 刘永安, 李林森. 标定脉冲星导航探测器的荧光X射线光源. 物理学报, 2015, 64(14): 426-431.

2015-054 戴俊, 刘雯, 杨娟, 魏建平. ZSM-5分子筛光催化降解瓦斯试验研究. 中国矿业大学学报, 2015, 44(5): 829-835.

2015-055 但娟, 刘元清, 陈小毅, 李子敬, 刘林. 波长色散X射线荧光光谱法测定五氧化二钒中主次组分. 冶金分析, 2015, 35(7): 48-53.

2015-056 邓建国, 刘东亮, 叶勇, 李大庆. 利用XRD, XRF, FT-IR和Rs分析甘肃酒泉恐龙化石及围岩. 西南大学学报(自然科学版), 2015, 37(1): 138-143.

2015-057 邓钦祖, 张静, 张永丽, 杨颖, 周鹏. 制备条件对CoO_x-TiO_2催化臭氧性能的影响研究. 再生资源与循环经济, 2015, 8(3): 31-34.

2015-058 邓惟勤, 谈树苹, 陶苗苗, 吴继宗, 龚焱平, 陈强. 1AW溶液中U、Np和Pu的分析. 核化学与放射化学, 2015, 37(3): 153-159.

2015-059 邓文博, 李旭祥. 关中地区土壤重金属空间分布特征及其污染评价. 地球环境学报, 2015, 6(4): 219-223.

2015-060 丁淑杰. X射线荧光光谱法测定铸铝合金主元素含量. 黑龙江科技信息, 2015, (10): 100.

2015-061 董晶亮, 张婷婷, 王立久, 李长明. 内蒙古砒砂岩的性能及其对水泥力学性能影响的研究. 中国水土保持, 2015, (7): 46-49, 73.

2015-062 董双快, 朱新萍, 吴福飞, 黄春萍, 贾宏涛. 锂渣吸附酸性Cr^{6+}的温度效应及机理研究. 新疆农业大学学报, 2015, 38(2): 163-167.

2015-063 董玉涛, 柴凤兰, 赵开楼, 赵素粉, 金波, 周涛. 氧化铝负载镍催化剂催化丙酮胺化选择性合成异丙胺. 工业催化, 2015, 23(4): 320-326.

2015-064 杜国栋, 雷梅, 周广东, 陈同斌, 仇荣亮. 便携式X射线荧光仪测定土壤中镍的精度研究(英文). 光谱学与光谱分析, 2015, 35(3): 809-813.

2015-065 杜静楠, 陈岳, 李乃胜, 明朝方, 朱剑, 罗武干. 南澳Ⅰ号沉船出水克拉克瓷产地的科技分析. 光谱学与光谱分析, 2015, 35(6): 1746-1750.

2015-066 杜玉兵, 康卫, 张迪. 燃烧法测定布顿岩沥青的沥青含量与矿物颗粒级配试验研究. 公路, 2015, (8): 214-220.

2015-067 段秋桐, 姜宏, 赵会峰, 贺建雄, 代志祥, 朱利方, 沈阳. 全氧燃烧工艺条件下玻璃的澄清. 玻璃与搪瓷, 2015, 43(1): 1-6.

2015-068 范陶峰. 新沂花厅遗址出土古玉串珠的保护探究. 文物保护与考古科学, 2015, 27(3): 73-77.

2015-069 方方. 两种防辐射纤维的定性鉴别方法研究. 上海纺织科技, 2015, 43(5): 66-68.

2015-070 方益进, 卢攀登, 尹根有, 罗婷, 冯浩. 玉青瓷与粉青瓷的光学异质性研究. 江苏陶瓷, 2015, 48(1): 11-12, 15.

2015-071 方哲, 陈吉文, 胡少成, 王雷, 王超刚. 基于X射线荧光光谱的大气重金属在线分析方法的评估及应用. 冶金分析, 2015, 35(3): 1-6.

2015-072 Farid Moeinpour, Amir Khojastehnezhad. Cesium carbonate supported on hydroxyapatite coated $Ni_{0.5}Zn_{0.5}Fe_2O_4$ magnetic nanoparticles as an efficient and green catalyst for the synthesis of pyrano[2, 3-c]pyrazoles. Chinese Chemical Letters, 2015, (5): 575-579.

2015-073 冯柳毅, 林荣毅, 田登超, 张志远, 张彩军. 酸浸工艺脱除微硅粉杂质离子及其对热碱溶解过程的强化. 化工进展, 2015, 34(12): 4379-4384, 4390.

2015-074 冯松宝, 赵梓臣, 付铜洋, 余磊, 车青松, 刘茂钱. 平顶山煤矿煤的物质组成特征研究. 河北省科学院学报, 2015, 32(2): 75-80.

2015-075 冯秀梅, 李颖, 陆筱彬, 陈君. X射线荧光光谱法测定锌合金中铜和铁. 冶金分析, 2015, 35(5): 63-66.

2015-076 冯彦房, 薛利红, 杨梖, 孙海军, 何世颖, 杨林章. 载镧生物炭的优化制备及其对水体中砷的吸附. 中国环境科学, 2015, 35(8): 2433-2441.

2015-077 冯燕博, 刘东燕, 赵倩蕾, 龙丽洁, 夏毓超. 不同工况条件混合赤泥力学特性变化规律. 环境工程学报, 2015, 9(8): 4021-4026.

2015-078 甘婷婷, 张玉钧, 赵南京, 殷高方, 董欣欣, 王亚萍, 刘建国, 刘文清. 薄膜法 X 射线荧光测量中样品检测位置及防护铅板内衬材料的选择研究. 光谱学与光谱分析, 2015, 35(1): 252-257.

2015-079 高欢, 卫碧文, 倪旎, 望秀丽. 电子电气产品中 19 种元素的无损测定、分布研究及风险评估. 分析试验室, 2015, 34(11): 1295-1299.

2015-080 高捷, 盛成, 卓尚军. X 射线荧光光谱分析用的含铁尘泥标准样品的研制. 冶金分析, 2015, 35(2): 74-78.

2015-081 高孔, 伍婉仪, 陈诗丹. EDX-LE 型 X 射线能谱仪测试银饰品含量的条件设置. 计量与测试技术, 2015, 42(1): 1-3.

2015-082 高明明, 黄洁, 许人军, 赵欢娟, 刘安, 李稳宏. 镁铝尖晶石基硫转移剂的制备及其性能. 石油化工, 2015, 44(5): 590-596.

2015-083 高树起. 印度尼西亚苏拉威西岛 Aresa 地区红土型镍矿床成因及找矿勘查. 内蒙古科技与经济, 2015, (16): 51-53.

2015-084 高正阳, 吕少昆, 陈嵩涛, 杨朋飞, 郑双清, 殷立宝, 陈传敏. ESP 对燃煤电站锅炉颗粒汞形态及热稳定性的影响. 华北电力大学学报（自然科学版）, 2015, 42(1): 63-68.

2015-085 高志军, 陈静, 陈浩凤, 李杰. 熔融制样-X 射线荧光光谱法测定硅酸盐和铝土矿中主次组分. 冶金分析, 2015, 35(7): 73-78.

2015-086 耿艳霞. 石墨粉熔融法-X 射线荧光分析硅铁合金的 7 种元素含量. 河北冶金, 2015, (2): 73-76.

2015-087 龚玉武, 熊樱菲, 吴婧玮, 夏君定. 杭州出土白瓷制作年代与产地的研究. 文物保护与考古科学, 2015, 27(3): 62-72.

2015-088 谷亚男, 那博, 叔博. 服装配饰中有害元素的含量分析. 轻工科技, 2015, (11): 102, 125.

2015-089 顾海波, 张大华, 雷秦睿, 谢燕红. X 射线荧光光谱法测定汽油中的氯含量. 石油炼制与化工, 2015, 46(12): 94-97.

2015-090 顾雯. 铜合金文物 XRF 定量分析认证标样介绍. 文物保护与考古科学, 2015, 27(4): 14.

2015-091 郭富, 黄伟, 金普军. 四川汉源县狮子山、麻家山遗址出土陶器成分分析与研究. 四川文物, 2015, (5): 88-94.

2015-092 郭弘艺, 张亚, 唐文乔, 刘东, 张旭光, 吴嘉敏. 日本鳗鲡幼体的耳石微化学分析及其环境指示元素筛选. 水产学报, 2015, 39(10): 1467-1478.

2015-093 郭晶, 许晓龙, 董浩, 卢春山, 李小年. 四氯乙烷脱 HCl 反应中炭基催化剂的失活机理. 化工学报, 2015, 66(10): 3957-3964.

2015-094 郭磊, 朱伟平, 李飞, 薛云鹏. 硅源用量对 SAPO-18 分子筛合成及催化性能的影响. 工业催化, 2015, 23(5): 384-389.

2015-095 郭鸣. 论期间核查在 X 射线荧光分析仪中的应用. 广东科技, 2015, (12): 92-97.

2015-096 郭鹏, 姜红. X 射线荧光光谱法检验烟用内衬纸. 中华纸业, 2015, 36(18): 32-35.

2015-097 郭宇, 金玉家, 吴红梅, 李东昕. 负载型二氧化钛光催化材料的制备及其光催化性能研究. 光谱学与光谱分析, 2015, 35(6): 1677-1681.

2015-098 郭云涛, 刘伟, 戴学谦. 熔融制样-X 射线荧光光谱法测定铁水预处理脱硅消泡剂中主次成分. 冶金分析, 2015, 35(1): 50-54.

2015-099 韩国生, 周艳红, 田野, 杜鹏, 李忠亮, 黄玉梅. 四川威远页岩气储集层录井解释评价方法. 录井工程, 2015, 26(3): 75-79, 108.

2015-100 韩佳, 刘少玉. 土壤中钴元素的 X 射线荧光分析法应用和探讨. 环境与可持续发展, 2015, (1): 184-186.

2015-101 韩莎莎. 镁铝铬质耐火材料的 X 射线荧光光谱分析. 化工管理, 2015, (32): 56.

2015-102 韩蔚, 丁建军, 梅一飞, 马振珠. X 射线荧光光谱法测定石膏中 11 种元素的含量. 理化检验-化学分册, 2015, 51(2): 188-191.

2015-103 韩蔚, 梅一飞, 周建. 荧光熔剂熔融损失对 XRF 分析的影响. 中国建材科技, 2015, (1): 1-3, 33.

2015-104 何芳, 于如军, 张毅, 朱继英, 高振强, 孙鹏. 成灰温度对三种生物质灰及其元素水溶性的影响. 农业工程学报, 2015, 31(8): 227-232.

2015-105 何思祺, 孙红娟, 彭同江, 吴逍. 碱法处理含钛高炉渣的矿相变化及工艺条件探索. 钢铁钒钛, 2015, 36(6): 44-50, 56.

2015-106 何湘柱, 曹香雄, 谢金平, 曾振欧, 秦华. 珍珠镍电镀工艺优化及镀层性能分析. 电镀与涂饰, 2015, 34(21): 1219-1225, 1273.

2015-107 何志桥, 童丽丽, 张志鹏, 陈建孟, 宋爽. Ag/Ag_2WO_4 等离子体共振催化剂可见光催化还原 CO_2. 物理化学学报, 2015, 31(12): 2341-2348.

2015-108 何志伟, 高雄厚, 袁程远, 杜晓辉, 李志庆. 介-微孔 HZSM-5 分子筛的制备及其性能评价. 石油学报 (石油加工), 2015, 31(5): 1048-1056.

2015-109 何志伟, 袁程远, 杜晓辉, 刘宏海, 高雄厚. 酸/碱处理对 HZSM-5 分子筛结构及性能的影响. 石化技术与应用, 2015, 33(2): 103-107, 112.

2015-110 贺翩翩, 刘晓静, 范勇, 孙红娟, 梁亚琴. 磷石膏固碳制备 $CaCO_3$ 的实验研究. 非金属矿, 2015, 38(2): 28-30.

2015-111 赫英利. 粉末 X 射线衍射鉴定一种重整催化剂的晶体物相. 分析仪器, 2015, (3): 23-25.

2015-112 Hossein Ghasemi Mobtaker, Seyed Javad Ahmadi, Shahram Moradi Dehaghi, Taher Yousefi. Coupling system application in photocatalytic degradation of methylorange by TiO_2, TiO_2/SiO_2 and $TiO_2/SiO_2/Ag$. Rare Metals, 2015, 34(12): 851-858.

2015-113 侯博智, 苏振国, 高宏, 杨金龙, 黄勇, 王修慧, 刘派. 粉煤灰空心微珠多孔陶瓷的结构与性能. 硅酸盐学报, 2015, 43(12): 1747-1752.

2015-114 侯鹏高. 明胶空心胶囊中铬含量测定方法研究进展. 中国药房, 2015, 26(21): 3021-3024.

2015-115 侯双霞, 侯宏涛. 二氧化硅常见测定方法的探讨. 科技视界, 2015, (18): 137, 233.

2015-116 胡波, 武晓梅, 余韬, 王超, 方正. X 射线荧光光谱仪的发展及应用. 核电子学与探测技术, 2015, 35(7): 695-702, 706.

2015-117 胡吉祥, 张学斌, 万泽林, 赫丽华, 王智勇, 凤仪. 凹凸棒石黏土的提纯及其纯度表征. 广州化工, 2015, 43(3): 39-41, 86.

2015-118 胡金山, 郭冬梅, 刘利, 崔文权, 梁英华. 表面担载型 $CdS/K_2La_2Ti_3O_{10}$ 复合物的制备及光催化活性研究. 高校化学工程学报, 2015, 29(6): 1430-1437.

2015-119 胡明情. 便携式 XRF 仪在土壤重金属检测中的应用. 环境科学与技术, 2015, 38(S2): 269-272.

2015-120 胡思, 张卿, 尹琪, 张亚飞, 巩雁军, 张瑛, 吴志杰, 窦涛. 氢氧化钠-氟硅酸铵改性 HZSM-5 催化甲醇制丙烯. 物理化学学报, 2015, 31(7): 1374-1382.

2015-121 扈廷勇, 蔡建明, 林漫. PVC 制品用原材料常见掺杂、假冒现象与控制. 聚氯乙烯, 2015, 43(5): 21-26.

2015-122 花永涛, 熊超, 葛良全, 窦小平. 现场 X 荧光分析技术在铜矿勘探中的应用实例. 四川有色金属, 2015, (1): 60-62.

2015-123 黄飞, 卢义玉, 汤积仁, 敖翔, 贾云中. 超临界二氧化碳射流冲蚀页岩试验研究. 岩石力学与工程学报, 2015, 34(4):

787-794.

2015-124 黄洪全, 丁卫撑, 龚迪琛, 方方. 基于统计遗传算法的 X 射线荧光重叠峰分解. 光谱学与光谱分析, 2015, 35(8): 2320-2323.

2015-125 黄继发, 涂胜辉, 何春根, 唐慧勤. 高铝质耐火材料的 X 荧光仪光谱测定方法的研究. 山东化工, 2015, (9): 107-108.

2015-126 黄力, 王向华, 白静玄, 李庆宁, 田晓明, 孙勇. 水蒸气对 Pt-Sn-K-La/γ-Al_2O_3 异丁烷脱氢催化剂再生性能的影响. 石化技术与应用, 2015, 33(6): 477-481.

2015-127 黄世杰, 张建波, 应海松, 李雪莲. X射线荧光光谱法测定废塑料表面金属涂层含量. 化学工程师, 2015, (2): 17-19.

2015-128 黄腾, 雷绍民, Liu Mochou, Ji Mengjiao, Liu Yuanyuan, Yin Xudong, Peng Yongjun. Dry separation of iron minerals from low-grade coal-series kaolin. Journal of Wuhan University of Technology (Materials Science Edition), 2015, 30(5): 935-940.

2015-129 黄晓娟, 严静, 王辉. 甘肃马家塬战国墓地 M4 出土硅酸盐珠饰的科学分析研究. 光谱学与光谱分析, 2015, 35(10): 2895-2900.

2015-130 黄秀弟, 叶廷审, 俞国荣. 几种及时鉴别预拌混凝土用原材料的方法及应用. 新型建筑材料, 2015, (6): 1-4, 40.

2015-131 黄艳琼, 李美君, 刘志刚, 朱丹玲, 林莉. 东濮凹陷泥页岩油气层录井评价方法. 录井工程, 2015, 26(2): 1-6, 89.

2015-132 黄元. XRF–ICP–AES 法测定土壤中的主次元素. 化学分析计量, 2015, 24(6): 73-76.

2015-133 霍超, 刘志刚, 白瑞英, 杨立荣, 封孝信. 钢厂烧结烟气脱硫灰理化特性. 河北联合大学学报 (自然科学版), 2015, 37(2): 1-4, 9.

2015-134 霍歆彤, 吴战鹏, 李青. SnO_2/Cr_2O_3 聚酰亚胺复合薄膜的制备和光催化性能研究. 北京服装学院学报 (自然科学版), 2015, 35(4): 63-69.

2015-135 霍雪松, 徐作芳. 文物科技检测中的化学元素分析方法概述. 文物鉴定与鉴赏, 2015, (12): 49-51.

2015-136 Ibrahim S. S., El Kammar A. M., Guda A. M.. Characterization and separation of pyrite from Abu Tartur black shale. International Journal of Mining Science and Technology, 2015, (4): 565-571.

2015-137 姬梦姣, 雷绍民, 黄腾, 刘莫愁, 刘园圆, 尹旭东. 低品位煤系高岭土焙烧脱除碳质物实验研究. 无机盐工业, 2015, 47(11): 53-56.

2015-138 贾东星, 陈跃华. XRF(X 荧光) 压片法测定催化剂中金属含量方法研究. 内蒙古石油化工, 2015, (18): 31-32, 73.

2015-139 贾丽娜. 浅谈 X 射线荧光光谱测定合金铸铁中各组分. 中国高新技术企业, 2015, (16): 64-65.

2015-140 贾丽娜, 伦云. X 射线荧光光谱分析合金钢成分中的基体效应校正. 科技与企业, 2015, (10): 191, 193.

2015-141 贾芮, 曾国强, 葛良全, 赖茂林, 罗耀耀, 王尹圣, 李强. 旋转式轻元素 X 射线荧光光谱测量装置的设计. 核电子学与探测技术, 2015, 35(6): 552-556.

2015-142 姜新其. X 射线荧光光谱法在聚丙烯灰分测定中的应用. 当代化工, 2015, 44(6): 1438-1440.

2015-143 姜新其, 陈丽华. X 射线荧光光谱法在煤灰成分检测中的应用. 煤质技术, 2015, (3): 40-42.

2015-144 蒋诗泉, 刘中侠, 蒋诗平. 基于综合主成分模型的城市土壤重金属空间分布与传播特征研究. 华东师范大学学报 (自然科学版), 2015, (3): 136-145.

2015-145 蒋小良, 王斌, 李达光, 徐正华, 易碧华, 郑得洲. X 荧光光谱法快速检测皮制儿童用品中铅镉含量的研究. 西部皮革, 2015, 37(8): 32-36.

2015-146 蒋晓光, 王秀颖, 张彦甫, 李卫刚, 褚宁, 王艳君. 磷钼酸铵沉淀-硝酸返滴定法测定高硫高磷铜磁铁矿中磷含量. 检验检疫学刊, 2015, 25(3): 29-33.

2015-147 蒋周青, 杨静, 马鸿文, 王乐, 马玺. 高铝粉煤灰中 Al_2O_3 与 SiO_2 在碱溶液中的反应行为（英文）. Transactions of Nonferrous Metals Society of China, 2015, (6): 2065-2072.

2015-148 金纯, 赵辉, 江莉莉, 任小明, 蒋涛. 水热法制备 α 半水钛白石膏及其聚合物增强. 硅酸盐通报, 2015, 34(6): 1504-1508, 1519.

2015-149 金恒松, 孙健. 铜合金X射线荧光光谱通用工作曲线制作——FP法虚拟合成标样应用. 中国高新技术企业, 2015, (4): 60-61.

2015-150 金辉. X射线荧光光谱法在我国矿石分析中的应用. 技术与市场, 2015, 22(10): 62, 64.

2015-151 金英福. 斯里兰卡乳白色蓝宝石的热处理. 矿物学报, 2015, 35(4): 550-554.

2015-152 金英福. X射线荧光光谱法与灰吹法测定 K 金首饰金含量比较. 宝石和宝石学杂志, 2015, 17(6): 39-43.

2015-153 晋伟娟, 马波, 秦波, 凌凤香, 李梦华. 小晶粒 NaY 型分子筛的合成与表征. 当代化工, 2015, 44(5): 919-921, 925.

2015-154 靳晓军. 压片-荧光分析法快速测量烧结矿组分. 天津冶金, 2015, (6): 56-58.

2015-155 经辉. X射线荧光光谱法同时测定矿石中铀和钍. 中国无机分析化学, 2015, 5(3): 34-40.

2015-156 巨鹏瑞, 郭占成. 钢渣制备多孔吸声材料的研究. 硅酸盐通报, 2015, 34(10): 2960-2967.

2015-157 匡猛, 王平, 彭虎, 韦仲华, 韦宇洪, 李呈权, 谢亮. 热闭系法甲酸提纯硅藻土研究. 硅酸盐通报, 2015, 34(12): 3626-3629.

2015-158 邝荣禧, 胡文友, 何跃, 黄标, 祖艳群, 李元, 湛方栋, 邹小冷, 王豹. 便携式X射线荧光光谱法 (PXRF) 在矿区农田土壤重金属快速检测中的应用研究. 土壤, 2015, 47(3): 589-595.

2015-159 赖登旺, 李笃信, 杨金, 崔超, 杨军. 己内酰胺复配异氰酸酯改性蒙脱土的制备与表征. 塑料工业, 2015, 43(1): 101-104, 124.

2015-160 赖裕琛, 汤彬, 翟娟, 李丹. 应用手持式XRF分析仪快速测定铜锌矿的品位. 科技创新与应用, 2015, (13): 19-20.

2015-161 兰图, 丁聪聪, 廖家莉, 李晓龙, 李兴亮, 张杰, 张东, 杨吉军, 罗顺忠, 安竹, 邬琦琦, 杨远友, 冯甦, 唐军, 刘宁. Biosorption behavior and mechanism of thorium on bacillus sp. dwc-2 isolated from soil. Nuclear Science and Techniques, 2015, (6): 37-47.

2015-162 雷绍民, 刘园圆, 黄腾, 姬梦姣, 刘莫愁, 尹旭东. 低品位煤系高岭土浮选除铁试验研究. 非金属矿, 2015, 38(2): 49-52.

2015-163 雷雪飞, 薛向欣, 杨合, 朱祥剑, 李振朋. 酸浸浓度对高钛酸浸渣光催化活性的影响. 中国有色金属学报, 2015, 25(6): 1640-1647.

2015-164 冷喜芳, 石金娥, 王莹, 任常菲. 复混肥料中磷和钾含量的 X 射线荧光光谱法快速测定. 吉林蔬菜, 2015, (7): 48-49.

2015-165 李昂, 袁志华, 张玉清, 张建平, 赵红燕. 元素录井技术在涪陵页岩气田勘探中的应用. 天然气勘探与开发, 2015, 38(2): 23-26, 3-4.

2015-166 李岑, 占堆, 楞本才让, 桑老, 索郎, 多杰拉旦, 多吉, 杜玉枝, 李林帅, 张明, 杨红霞, 毕宏涛, 魏立新. 藏药佐太的化学成分、汞配位结构及微观形貌分析. 光谱学与光谱分析, 2015, 35(4): 1072-1078.

2015-167 李春越, 郝亚辉, 王益, 张妍, 庞奖励, 董吉宝, 贺茂勇. 基于X射线荧光光谱技术的洛川苹果地土壤性质特征研究. 水土保持学报, 2015, 29(6): 148-153.

2015-168 李大勇, 贾双琳, 陈菊. X射线荧光光谱法测定锰矿中主次成分技术应用研究. 贵州地质, 2015, 32(4): 293-297.

2015-169 李丹, 葛良全, 王广西, 赖万昌, 翟娟, 陈露. X射线荧光光谱法测定花草茶中 22 种元素. 光谱学与光谱分析, 2015, 35(7): 2043-2048.

2015-170 李坊佐, 刘志国, 孙天希, 易龙涛, 赵伟刚, 何佳霖, 彭松, 王丽丽, 赵广翠, 丁训良. 毛细管 X 光透镜三维共聚焦微束 X 射线荧光技术在岩矿样品分析中的应用. 光谱学与光谱分析, 2015, 35(9): 2487-2491.

2015-171 李芳, 王纪华, 陆安祥, 韩平. 基于小波变换的便携式 X 射线荧光光谱仪检测模型的建立与改进. 光谱学与光谱分析, 2015, 35(4): 1111-1115.

2015-172 李峰, 汤辉, 袁文瓒, 方涛, 李伟信, 江鹏飞. 宋元时期景德镇窑瓷胎原料选择演变规律研究. 中国陶瓷, 2015, 51(4): 107-112.

2015-173 李锋, 李洪仁, 方坤, 戚娟娟. 亮黄色荧光碳点的合成及可见光催化降解酸性品红. 沈阳大学学报(自然科学版), 2015, 27(3): 189-192.

2015-174 李桂芳, 姜海英, 陈家全, 王建军, 宋武昌, 贾瑞宝. 济南某给水管网内壁腐蚀管垢特性及成因分析. 中国给水排水, 2015, 31(1): 49-51.

2015-175 李国会, 李小莉. X 射线荧光光谱分析熔融法制样的系统研究. 冶金分析, 2015, 35(7): 1-9.

2015-176 李寒旭, 李金知, 张冬梅, 熊金钰, 辛宇. 还原性气氛下熔渣中铁的富集及析出机理研究. 中国矿业大学学报, 2015, 44(1): 144-150.

2015-177 李寒旭, 梅乐, 纪明俊, 熊金钰, 李金知. 褐煤 SHELL 气化飞灰黏附影响因素的研究. 燃料化学学报, 2015, 43(12): 1409-1413.

2015-178 李合. 南宋官窑瓷器的科学分析: 类群关系和产地的揭示. 中国文化遗产, 2015, (1): 48-52.

2015-179 李宏飞, 李素婷, 崔剑锋, 王宁, 曾晓敏, 宋国定. 小双桥遗址岳石文化风格陶器成分分析. 中原文物, 2015, (3): 116-121.

2015-180 李怀诚. 博罗横岭山先秦墓地出土春秋青铜矛腐蚀情况研究. 中国文物科学研究, 2015, (2): 61-64.

2015-181 李怀诚. 深圳铁仔山古墓群出土铜器腐蚀情况研究. 文物保护与考古科学, 2015, 27(1): 65-70.

2015-182 李辉, 苏媛婷, 张浩. 西安市建筑垃圾的基本性质研究. 硅酸盐通报, 2015, 34(3): 853-858.

2015-183 李佳琦, 吴烨, 宋少洁, 郑轩, 王悦, 郝吉明. 北京道路交通环境亚微米颗粒物元素组成特征及来源分析. 环境科学学报, 2015, 35(1): 49-55.

2015-184 李建国, 武伟. 微库仑法和单波长色散 X 荧光法测定石油产品中氯含量对比. 广东化工, 2015, 42(10): 177-178, 153.

2015-185 李杰, 胡城. XRF 手持分析仪在某铁矿应用的可行性分析. 现代矿业, 2015, (3): 207-208.

2015-186 李柯, 吴和喜, 严川. Si-PIN 探测器灵敏体积最优厚度的 MC 模拟. 核电子学与探测技术, 2015, 35(10): 985-988.

2015-187 李磊, 朱红波, 彭金辉, 张利波, 代林晴, 吴奎霖. 微波硅热还原铬铁矿粉制备低碳铬铁. 钢铁钒钛, 2015, 36(4): 134-139.

2015-188 李黎, 张中俭, 邵明申. 中国古代建筑中的蛎灰及其基本性质. 中国文物科学研究, 2015, (1): 91-94, 66.

2015-189 李丽, 何小丽, 覃涛, 戴富涛, 张小华, 陈金华. 双牺牲模板法制备一维管状 Pt-Mn_3O_4-C 复合物及其优越的甲醇电催化氧化性能 (英文). 物理化学学报, 2015, 31(5): 927-932.

2015-190 李丽, 苏长虎, 胡秉双, 张鸿波. 酸性条件下电解脱硫对煤质的影响. 洁净煤技术, 2015, 21(3): 14-17.

2015-191 李梦华, 马波, 晋伟娟, 张喜文, 秦波. 高岭土原位晶化合成高结晶度 Y 型分子筛. 现代化工, 2015, 35(3): 105-107, 109.

2015-192 李鹏程, 王梅英, 李艳华, 张明炜, 刘春霞, 王冀艳, 刘勉, 陈冲科, 鲁鲲, 李振. 熔融制样 X 射线荧光光谱法测定珍珠岩矿中主量元素. 岩矿测试, 2015, 34(1): 104-110.

2015-193 李萍, 宋阿琳, 李兆君, 范分良, 梁永超. 硅对锰胁迫下水稻吸收矿质元素的影响. 环境科学学报, 2015, 35(10): 3390-3398.

2015-194 李前志, 周军, 刘磊, 张继荣, 张建超. 岩石地球化学异常下限的确定方法对比——以云南思姑锡矿区为例. 地质找矿论丛, 2015, 30(3): 429-434.

2015-195 李强, 杨天邦, 黄雪华, 涂公平. 质控图法评定测量不确定度在X射线荧光光谱法分析领域的应用. 分析仪器, 2015, (4): 66-70.

2015-196 李权, 余建民, 沙娇, 王火印, 毕向光, 杨金富, 卢峰. 双湿法从汽车失效催化剂中回收铂族金属及有价金属. 贵金属, 2015, 36(3): 1-9.

2015-197 李融武, 杨大伟, 赵学锋, 张丽萍, 李江, 李国霞, 承焕生. 磁州窑观台窑址不同时期绿釉器原料来源的PIXE分析. 北京师范大学学报(自然科学版), 2015, 51(1): 32-35.

2015-198 李三喜, 任晓宇, 王松. 水热改性对氢氧化镁的影响. 沈阳工业大学学报, 2015, 37(4): 372-376.

2015-199 李三喜, 任晓宇, 王松. 用轻烧氧化镁粉制备高纯氢氧化镁的研究. 无机盐工业, 2015, 47(9): 31-34.

2015-200 李三喜, 任晓宇, 王松, 宋书冬, 张涛. 卡房状高纯氢氧化镁粉体的合成及改性. 中国粉体技术, 2015, 21(6): 33-39.

2015-201 李舒涵, 朱铁权. 西藏几种常见矿物颜料的成分分析. 西藏大学学报(自然科学版), 2015, 30(2): 47-54.

2015-202 李佗, 杨军红, 翟通德. 锆基合金中元素分析方法的研究进展. 理化检验-化学分册, 2015, 51(6): 888-892.

2015-203 李卫东, 李欧, 和银霞, 叶丽琴, 王越, 张忠爽, 陈玉婷, 金基石. 基于TXRF法的欧李果肉中营养元素特征分析. 食品科学, 2015, 36(4): 164-167.

2015-204 李西川, 孟玲, 李振, 梁晓峰. 碱性助剂对玻璃化学钢化性能的影响研究. 硅酸盐通报, 2015, 34(8): 2414-2418.

2015-205 李小莉, 安树清, 徐铁民, 刘义博, 张莉娟, 曾江萍, 王娜. 超细粉末压片制样X射线荧光光谱测定碳酸岩样品中多种元素及CO_2. 光谱学与光谱分析, 2015, 35(6): 1741-1745.

2015-206 李小平, 刘献宇, 刘洁, 徐长林, 杨蕊, 王继文, 王怡凡, 汪瑶, 王丽娜, 周骞. 典型河谷城市儿童土壤与灰尘铅暴露风险. 生态毒理学报, 2015, 10(2): 418-427.

2015-207 李阳, 陈奎, 龙文进, 张越嫦, 罗旭豪, 刘福荣. 氯化铵对Al粉材料直接氮化的影响. 材料导报, 2015, 29(24): 59-63.

2015-208 李阳, 李垒, 韩晓霞, 杜慧文, 张民. 便携式X荧光分析土壤的准确度和质量控制研究. 环境科学与管理, 2015, 40(9): 146-149.

2015-209 李颖, 冯秀梅, 陆筱彬, 陈君, 陈连芳. X射线荧光光谱测定焊剂中硫、磷的方法研究. 化学试剂, 2015, 37(5): 437-439, 474.

2015-210 李颖, 冯秀梅, 陆筱彬, 陈连芳, 陈君. X射线荧光光谱法测定锌铝铜合金中的铝、铜、铁、硅、镍、铅和镉. 中国无机分析化学, 2015, 5(4): 69-73.

2015-211 李友平, 刘慧芳, 周洪, 范忠雨, 张智胜, 邹长武. 成都市$PM_{2.5}$中有毒重金属污染特征及健康风险评价. 中国环境科学, 2015, 35(7): 2225-2232.

2015-212 李玉锋, 赵甲亭, 李云云, 徐小晗, 崔丽巍, 张博闻, 单思雄, 耿英伦, 李军, 李柏, 高愈希. 同步辐射技术研究汞的环境健康效应与生态毒理. 中国科学: 化学, 2015, 45(6): 597-613.

2015-213 李玉琳. X射线荧光光谱法测定石灰成分. 化工管理, 2015, (11): 160.

2015-214 李媛媛, 陈桐, 杨丹, 房俊卓. 纳米氧化硅/活性炭复合材料的制备及吸附性能研究. 化工新型材料, 2015, 43(2): 138-140.

2015-215 李源, 王长秋, 孟繁露, 李艳, 鲁安怀, 杨重庆, 于启, 李康. 脑动脉粥样硬化斑块中钙化物矿物学特征研究. 岩石矿物学杂志, 2015, 34(6): 963-970.

2015-216 李振, 李西川, 余涛, 梁晓峰. 玻璃基板材料化学钢化试验研究. 玻璃, 2015, (2): 26-30.

2015-217 李振珠, 李凤海, 马修卫, 马名杰, 薛兆民. 生物质对呼盛褐煤灰熔融特性的影响. 化工进展, 2015, 34(3): 710-714, 719.

2015-218 李志明, 刘丙森. 粉末压片X射线荧光光谱法测定长石中的主量元素. 科技创新导报, 2015, (9): 24-25.

2015-219 李宗超, 曹兴旺, 马文广, 王刚, 金立宁. X射线荧光光谱法分析硅锰合金中的硅、锰、磷. 检验检疫学刊, 2015, 25(2): 47-49.

2015-220 李宗木, 徐法强. 电沉积坡莫合金薄膜的组成、结构及磁性研究. 磁性材料及器件, 2015, 46(3): 5-8, 25.

2015-221 李宗云, 许妍霞, 汪瑾, 宋兴福, 于建国. 硫酸法钛白酸解尾渣工艺矿物学特性分析. 化工学报, 2015, 66(5): 1947-1954.

2015-222 黎乾, 温锦锋, 林贤文, 彭聪, 汪肇辉, 王松才, 邢若葵, 胡孙林. 微束X射线荧光光谱仪测定射击残留物特征元素分布图的应用研究. 分析测试学报, 2015, 34(4): 453-457.

2015-223 梁磊. 浅谈X荧光仪在金属矿地质勘查中的应用. 中国新技术新产品, 2015, (1): 96.

2015-224 梁鹏, 刘钦甫, 何广武. 京西潭柘寺地区红庙岭组叶蜡石矿物学特征及成因. 矿物岩石地球化学通报, 2015, 34(6): 1223-1230.

2015-225 梁榕, 陈伟明, 张珠福, 刘洋, 马瑛, 兰延, 陆太进. 不同相对密度浅色硬玉岩的化学成分、矿物组成和显微结构特征对比. 宝石和宝石学杂志, 2015, 17(3): 19-29.

2015-226 梁述廷, 刘玉纯, 刘琪, 林庆文, 刘志伟. X射线荧光光谱微区分析在铜矿物类质同象鉴定中的应用. 岩矿测试, 2015, 34(2): 201-206.

2015-227 梁新杰, 仇越秀, 王洪友, 杨俊英, 陈冬冬, 李强, 谢琰君. 水热-水解法制备氧化锆粉体及其表征. 材料导报, 2015, 29(2): 43-46.

2015-228 梁亚平. 铜矿石化学分析方法概述与评价. 甘肃科技, 2015, 31(18): 52-53.

2015-229 梁元, 沈学静, 屈华阳, 周伟. 稀土快速鉴别仪测定离子吸附型稀土矿中氧化钇量. 中国稀土学报, 2015, 33(4): 494-498.

2015-230 廖漓文, 武学端, 王卓. Sr元素X荧光快速分析方法. 广东微量元素科学, 2015, 22(2): 37-40.

2015-231 Liao Yuchao, Wang Xinchao, Zhang Wei, He Zizhan, Fan Qingsong, Fu Qiuhua. Characteristics of magnesium-iron-aluminium composite oxides and their influence on properties of magnesia-based bricks. China's Refractories, 2015, 24(2): 21-25.

2015-232 刘贝, 黄文辉, 敖卫华, 闫德宇, 许启鲁, 滕娟. 沁水盆地晚古生代煤中稀土元素地球化学特征. 煤炭学报, 2015, 40(12): 2916-2926.

2015-233 刘东风, 石新发, 周志才. 润滑油中磨粒的X荧光能谱测试方法研究与应用. 润滑与密封, 2015, 40(5): 94-97.

2015-234 刘东娜, 周安朝, 常泽光. 大同煤田8号原煤及风化煤中常量元素和稀土元素地球化学特征. 煤炭学报, 2015, 40(2): 422-430.

2015-235 刘冬梅, 翟玉春, 马健, 王海彦. 不同碱处理制备多级孔HZSM-5催化剂及噻吩烷基化性能研究. 燃料化学学报, 2015, 43(4): 462-469.

2015-236 刘冬梅, 翟玉春, 马健, 王海彦. Na_2CO_3处理法制备微介孔ZSM-5沸石及其催化硫醚化性能. 石油学报(石油加工), 2015, 31(1): 38-44.

2015-237 刘光甫. 黄色兔毫花釉的研制. 中国陶瓷, 2015, 51(4): 73-76.

2015-238 刘光蓉. 压片制样-X射线荧光光谱法测定普硅锰硅合金中的Ti. 铁合金, 2015, (12): 38-40.

2015-239 刘贵宾, 陈立群. X射线荧光光谱分析法在钨矿检测中的应用. 科技风, 2015, (11): 126.

2015-240 刘合凡, 葛良全, 郭生良, 罗耀耀, 赵剑锟. 基于蒙特卡罗方法的X射线探测器能谱响应研究. 分析试验室, 2015, 34(2): 130-133.

2015-241 刘合凡, 葛良全, 任茂强, 李丹, 罗耀耀, 赵剑坤. 波长色散X荧光光谱法检测室内 $PM_{2.5}$ 无机元素组份. 核电子学与探测技术, 2015, 35(6): 538-542.

2015-242 刘合凡, 葛良全, 谢希成, 赵剑锟, 罗耀耀. 基于蒙特卡罗方法的 XRF 探测器立体角分析. 核技术, 2015, 38(6): 80-84.

2015-243 刘汇东, 宋红见, 魏建朋, 刘晶晶, 李青倩. 珞璜电厂粉煤灰微珠的精细化分选. 科技导报, 2015, 33(4): 49-55.

2015-244 刘江斌, 党亮, 殷桃刚. 粉末压片-X 射线荧光光谱分析中区域地球化学样品制备和标准曲线建立的几点认识. 甘肃地质, 2015, 24(4): 84-87.

2015-245 刘江斌, 党亮, 殷桃刚, 祝建国. 粉末压片-X 射线荧光光谱法测定土壤中的铜铅锌砷锑钴铬镍等重金属元素. 分析测试技术与仪器, 2015, 21(1): 42-46.

2015-246 刘江斌, 王玉功, 党亮, 殷桃刚, 祝建国. ZSX Primus II型X 射线荧光光谱仪 ASC 卡盘常见故障现象与维修. 分析测试技术与仪器, 2015, 21(3): 187-189.

2015-247 刘江峰, 雷前涛, 包良满, 李晓林, 李燕. 多功能扫描质子微探针数据获取系统研制. 核电子学与探测技术, 2015, 35(9): 926-930.

2015-248 刘杰, 李晓岑, 武梅. 临潼唐代窖藏佛教铜造像制作工艺的研究. 广西民族大学学报(自然科学版), 2015, 21(3): 40-44.

2015-249 刘静, 马慧侠, 白万里, 彭展. X 射线荧光光谱法在分析冰晶石、电解质各组分中的应用. 轻金属, 2015, (6): 54-58.

2015-250 刘剀, 陆海峰, 郭晓镭, 孙晓林, 陶顺龙, 龚欣. 高浓度煤粉流经文丘里管的管内黏附结垢现象. 华东理工大学学报(自然科学版), 2015, 41(3): 293-299.

2015-251 刘克丹. X 射线荧光光谱法测定石灰石中CaO不确定度评定. 甘肃冶金, 2015, 31(2): 86-88, 92.

2015-252 刘磊, 黄波, 卢思佳, 周帅. 复合金属镀层测试方法研究. 电子产品可靠性与环境试验, 2015, 33(6): 43-46.

2015-253 刘力挽, 周秦岭, 邵冲云, 张瑜, 胡丽丽, 杨秋红, 陈丹平. Ce^{3+} 掺杂 SiO_2-Al_2O_3-Gd_2O_3 玻璃的闪烁性能. 物理学报, 2015, 64(16): 419-425.

2015-254 刘莉红, 胡雪峰, 叶玮, 薛勇, 罗凡, 闫呈龙. 皖南第四纪红土伊利石结晶度值与风化强度的关系. 土壤学报, 2015, 52(5): 991-1001.

2015-255 刘明. 钾钠水玻璃中钾钠比检测方法的讨论. 天津化工, 2015, 29(1): 52-53.

2015-256 刘期彦, 盖立新. 单波长色散X 射线荧光法硫含量测定样品杯的重复利用. 石油化工应用, 2015, 34(10): 96-99.

2015-257 刘群, 王重庆, 谭军, 尹周澜, 陈启元, 廖舟, 张平民, 刘洋. Recovery of iron from lead-zinc metallurgical slags by bath smelting. Journal of Central South University, 2015, (4): 1256-1263.

2015-258 刘韶华. X 射线荧光光谱法在煤灰化学成分测定中的应用. 产业与科技论坛, 2015, 14(18): 47-48.

2015-259 刘松, 苏伯民, 李青会, 干福熹. 工作曲线法和偏最小二乘回归分析在 XRF 定量分析软玉样品中的应用. 光谱学与光谱分析, 2015, 35(1): 245-251.

2015-260 刘伟, 曹吉祥, 郭云涛, 戴学谦. 熔融制样-X 射线荧光光谱法测定硅锰合金中硅锰磷. 冶金分析, 2015, 35(8): 51-54.

2015-261 刘小玲, 陈晓明, 宋收, 张倩, 郝希超, 罗学刚. 柠檬酸杆菌对 U(VI) 的去除效应及机理研究. 核农学报, 2015, 29(9): 1774-1781.

2015-262 刘晓亮, 况守英, 邓松良, 彭玉旋. 一种仿白玉材料——含氟、铝的硅碱钙石、针硅钙石雏晶化玻璃宝石学特征. 新疆地质, 2015, 33(4): 489-492.

2015-263 刘新, 潘洁, 蒋宏杰, 韩骎, 张海滨, 宋辉, 刘小兵, 付建刚. 南阳一中汉墓M189 发掘简报. 中原文物, 2015, (1): 4-7.

2015-264 柳亚玲. X 射线荧光光谱法分析精铝阳

极合金中铜元素. 轻金属, 2015, (7): 54-56.

2015-265 龙建, 王丽敏, 黄佩英. X射线荧光光谱法测试金铂饰品中铑覆盖层厚度及主体元素. 黄金, 2015, 36(9): 83-85.

2015-266 龙进, 贾玉连, 张智, 彭学敏, 凌超豪, 王朋岭. 末次冰期以来鄱阳湖东北缘下蜀黄土常量元素地球化学特征及其物源指示. 沉积学报, 2015, 33(5): 932-940.

2015-267 龙婷婷, 王文娟, 韩玉香, 万玉秋, 郑寿荣. 铅在锆化碳基磁性纳米复合材料上的吸附. 环境化学, 2015, 34(5): 949-955.

2015-268 卢双豪, 赵建军, 田锐, 赵宇, 李杰. 基于X荧光品位分析仪滤网的矿浆代表性研究. 中国矿业, 2015, 24(S1): 368-372.

2015-269 芦飞, 王瑛. 压片制样-X射线荧光光谱法测定不锈钢渣中10种组分. 冶金分析, 2015, 35(7): 67-72.

2015-270 鲁丹, 萧达辉, 陈志刚, 赵泉, 宋武元. 欧盟REACH法规中钴、砷、铬、锡、铅等高关注物质X射线荧光光谱法定量筛选用橡胶标准样品的研制. 理化检验-化学分册, 2015, 51(1): 91-95.

2015-271 陆晓明, 金德龙. X射线荧光光谱法测定含碳化硅铝质耐火材料中9种组分. 冶金分析, 2015, 35(7): 15-19.

2015-272 陆筱彬, 冯秀梅, 李颖, 陈君, 陈连芳. X射线荧光光谱在船用金属材料成分分析中的应用进展. 船舶标准化工程师, 2015, (6): 49-54.

2015-273 陆银平, 李靖如, 刘钦甫. 煤系高岭石的原始晶粒尺寸及结晶度对插层作用的影响. 矿物学报, 2015, 35(2): 209-213.

2015-274 罗金华, 武昭好, 李俊翰, 廖先杰, 唐锐. 红格钒钛磁铁矿选铁尾矿工艺矿物学特征. 矿产综合利用, 2015, (4): 53-56.

2015-275 罗金华, 武昭好, 李俊翰, 吴恩辉, 廖先杰, 唐锐, 杨绍利. 红格钒钛磁铁矿中硫化物的矿物学特征研究. 钢铁钒钛, 2015, 36(3): 57-61.

2015-276 罗金华, 武昭好, 吴恩辉, 李俊翰, 廖先杰, 唐锐, 杨绍利. 红格钒钛磁铁矿选铁精矿工艺矿物学特征. 钢铁钒钛, 2015, 36(2): 73-77.

2015-277 罗明洪, 夏克坚, 葛文, 周光华. 钯取代多金属氧酸盐的合成、表征及电催化性能. 南昌师范学院学报, 2015, 36(6): 33-36.

2015-278 罗培松, 赵霞. 测定土壤和水系沉积物中砷的方法比对研究. 广州化工, 2015, 43(23): 189-191.

2015-279 罗旭东, 曲殿利, 谢志鹏, 陈丹平. 碳化硅对莫来石质浇注料耐碱性能的影响. 人工晶体学报, 2015, 44(12): 3759-3764.

2015-280 骆倩, 赵美凤, 宁晖, 杜京霖, 杜文凯, 应美蓉, 高梦莎. 几种镉快速测定方法在稻谷样品测定中的应用研究. 粮油食品科技, 2015, 23(6): 80-83.

2015-281 骆艳华, 佘世杰, 曹卫国, 潘峰. 反应条件对磷酸铁粒度分布的影响. 山东大学学报(工学版), 2015, 45(1): 82-87, 94.

2015-282 吕丽琼, 陈林. X射线荧光光谱法测定铜锍中的多元素. 云南冶金, 2015, 42(2): 110-112.

2015-283 吕淑珍. X线荧光光谱和衍射图谱的规范表示探讨. 中北大学学报(社会科学版), 2015, 31(5): 113-116.

2015-284 吕薇, 肖坤, 赵忠霞, 魏玺, 李保兴, 王翠林. 黑液对水煤浆灰熔融特性影响实验及分析. 哈尔滨理工大学学报, 2015, 20(1): 85-88.

2015-285 马海东, 王云刚, 赵钦新, 陈衡, 姜薇薇. 燃煤电厂烟气冷却器壁上沉积物分析和形成机理. 化工学报, 2015, 66(5): 1891-1896.

2015-286 马俊杰, 杨琦, 王业耀, 杨凯, 刘宇兵, 赵艳梅. 土壤重金属快速监测技术研究与应用进展. 中国环境监测, 2015, 31(3): 132-138.

2015-287 马世杰, 刘丽红. 粉末压片制样波长色散X射线荧光光谱法测定钼矿石中9

种元素. 现代工业经济和信息化, 2015, 5(13): 50-51.

2015-288 马秀艳, 王岩, 梁小红, 张世欢. X荧光光谱法测定高炉瓦斯灰成分. 南方金属, 2015, (2): 19-21.

2015-289 马琰, 王胜春. 准东煤中金属元素的分析研究. 山东化工, 2015, 44(9): 82-86.

2015-290 马燕莹, 张建华, 胡东波. 山西太原纯阳宫所藏明代一尊星宿彩塑颜料分析. 文物保护与考古科学, 2015, 27(4): 50-60.

2015-291 Majid Soleimani, Zahra Hassanzadeh Siahpoosh. 去除铜和汞离子的新型天然吸附剂 Ghezeljeh 纳米粘土: 平衡、动力学和热力学研究 (英文). Chinese Journal of Chemical Engineering, 2015, (11): 1819-1833.

2015-292 毛智慧, 周文韬, 田琦, 赵建为, 金波. 晶体硅材料中杂质元素分析方法研究进展. 化学分析计量, 2015, 24(2): 102-105.

2015-293 孟栋材, 郭艳, 陈智, 迟文飞, 吴奇, 梅养英. 砀山县黄河故道酥梨土壤中微量元素初步分析. 赤峰学院学报(自然科学版), 2015, 31(21): 11-13.

2015-294 孟繁露, 李源, 李艳, 王长秋, 鲁安怀, 梅放. 人体乳腺癌矿化的同步辐射研究. 岩石矿物学杂志, 2015, 34(6): 957-962.

2015-295 闵晓芳, 邓飞跃, 雍伏曾, 胡海诗, 杨远, 孟时贤. 熔融制样-X射线荧光光谱分析法测定钾冰晶石中主次成分. 冶金分析, 2015, 35(2): 31-36.

2015-296 莫立焕, 谈金强, 王聪聪, 徐峻, 周志明, 何帅明, 李军. 铁改性膨润土光催化剂的制备、表征及应用. 中国造纸, 2015, 34(11): 22-27.

2015-297 倪冠韬, 高爱国, 朱旭旭, 黄书昕. 闽江下游及河口区表层沉积物多种微量元素特征. 应用海洋学学报, 2015, 34(3): 349-355.

2015-298 牛昌安, 张鹏, 滕志强, 唐侠. X射线荧光光谱法测定合金中的磷. 理化检验-化学分册, 2015, 51(2): 235-238.

2015-299 牛丽川. XRF在RoHS和REACH检测中的应用. 电视技术, 2015, 39(11): 55-56, 66.

2015-300 欧高雨, 卢杰, 卢昊, 肖竹平. 常温下从含硒废料中提取硒技术的制备方法. 广州化工, 2015, 43(18): 82-83.

2015-301 帕丽达·阿外勒江, 艾尔肯·阿不列木, 努尔阿迪力江·阿不力米提. XRF法无损检测新疆玉石中微量元素含量. 核电子学与探测技术, 2015, 35(8): 775-779.

2015-302 潘敏, 黄晓鸣, 陈天虎, 谢晶晶, 吴光学. 凹凸棒石铁/铝氢氧化物纳米复合材料对磷的吸附动力学研究. 矿物学报, 2015, 35(1): 29-34.

2015-303 潘文雅, 黄亮, 秦枫, 庄岩, 李雪梅, 马建学, 沈伟, 徐华龙. 甘油脱水合成丙烯醛 ZSM-5 催化剂的孔结构和酸性调控. 物理化学学报, 2015, 31(5): 965-972.

2015-304 彭光宇, 王晶, 陈江, 刘毅, 郑国灿. X射线荧光光谱法测定不锈钢中多种元素. 分析科学学报, 2015, 31(5): 713-716.

2015-305 彭国敏, 张玉明, 张福元, 李晓恒. 高铅含硒物料湿法处理回收硒的工艺研究. 稀有金属, 2015, 39(10): 928-933.

2015-306 彭慧仙. 熔融制样-X射线荧光光谱法测定硬质合金中钨钴镍铁铌钽铬. 冶金分析, 2015, 35(7): 20-26.

2015-307 彭玉海, 程清, 潘雷, 熊文强, 陈俊佳. 波长色散型X射线荧光光谱仪测定聚乙烯中抗氧剂168含量. 分析仪器, 2015, (5): 19-22.

2015-308 Peter Adeniyi Alaba, Yahaya Muhammad Sani, Wan Mohd Ashri Wan Daud. 由酸活化高岭土制备多级纳米孔HY分子筛及其表征(英文). 催化学报, 2015, 36(11): 1846-1851.

2015-309 普旭力, 蔡继杰, 王伟, 潘忠厚, 王鸿辉. 熔融制样-X射线荧光光谱法测定镧铈镨钕稀土合金. 冶金分析, 2015, 35(1): 34-37.

2015-310 齐海君, 王建英, 张雪峰, 汪洋. 白云鄂博矿中铈铁钙 EDXRF 分析的基体效应研究. 光谱学与光谱分析, 2015, 35(12): 3510-3513.

2015-311 秦建良, 田蒙奎, 陶文亮, 严李, 王军, 庄衢彬. 利用煤矸石制备无机陶瓷膜支撑体. 中国陶瓷, 2015, 51(6): 59-63.

2015-312 秦旭磊, 端木庆铎, 宋忠华, 李野, 李珅, 刘有银, 王国政. X 射线束斑强度分布对 EDXRF 分析精度影响研究. 光学学报, 2015, 35(2): 342-346.

2015-313 秦旭磊, 李野, 宋忠华, 王国政, 李珅, 单高峰, 端木庆铎. 基于 EDXRF 技术茶叶中金属元素检测方法研究. 光谱学与光谱分析, 2015, 35(4): 1068-1071.

2015-314 秦兆鲁, 李定华, 杨荣杰. 氢氧化铝包覆改性聚磷酸铵及其在阻燃聚丙烯中的应用研究. 无机材料学报, 2015, 30(12): 1267-1272.

2015-315 邱成君, 王以群, 黄月霞. 马达加斯加低品质蓝宝石颜色成因及改善工艺研究. 激光与光电子学进展, 2015, (10): 283-290.

2015-316 邱灵佳, 黄国林, 帅琴, 苏玉. 灼烧法中有机质与总有机碳换算关系的重建及其在页岩分析中的应用. 岩矿测试, 2015, 34(2): 218-223.

2015-317 屈华阳, 黄生福, 霍巍恒, 梁元, 李艳萍, 夏冰. 手持式 X 射线荧光光谱仪在现场测定铅锌矿中的应用. 冶金分析, 2015, 35(7): 32-36.

2015-318 屈竹瑄, 邓常劼. 台山玉的矿物组成. 宝石和宝石学杂志, 2015, 17(5): 32-36.

2015-319 Que Zaiqing, Li Yang, Yu Haiyang, Zheng Feng, Zhang Mei, Guo Min. Controllable synthesis of nanorod/nanodisk TiO_2 from titanium-containing electric furnace molten slag. Rare Metals, 2015, 34(4): 267-275.

2015-320 任慧珍, 李立平. 埃塞俄比亚欧泊的成分特征分析. 宝石和宝石学杂志, 2015, 17(4): 23-28.

2015-321 任建兴, 闫冉, 刘玉兵. X 射线荧光光谱法测定水泥中微量铬. 分析试验室, 2015, 34(6): 735-739.

2015-322 任景涛, 翁展, 张鹏远. 聚苯乙烯磺酸树脂改性及其催化合成乙酸正丁酯性能研究. 高校化学工程学报, 2015, 29(4): 897-902.

2015-323 任茂强, 葛良全, 罗斌, 郭生良, 张庆贤, 朱力, 李丹. FPXRF 定量测定空气颗粒物中的重金属. 安全与环境工程, 2015, 22(4): 28-33, 39.

2015-324 任叶叶, 张俭, 严俊, 林剑, 陈思杭, 盛嘉伟. 应用 X 射线衍射-红外光谱等技术研究滑石在机械力研磨中的形貌和晶体结构变化及影响机制. 岩矿测试, 2015, 34(2): 181-186.

2015-325 Saifur Rahman Sarker, Zahangir Alam, Rakibul Qadir, Gafur M. A., Mohammad Moniruzzaman. Extraction and characterization of alumina nanopowders from aluminum dross by acid dissolution process. International Journal of Minerals Metallurgy and Materials, 2015, (4): 429-436.

2015-326 Sara Seyfi, Amir Reza Azadmehr, Mahdi Gharabaghi, Abbas Maghsoudi. Usage of Iranian scoria for copper and cadmium removal from aqueous solutions. Journal of Central South University, 2015, (10): 3760-3769.

2015-327 桑险峰, 苏庆东, 耿建章, 薛源. 便携式 X 荧光测定仪用于水泥混合材掺加量检验. 中国水泥, 2015, (2): 98-99.

2015-328 Shad Ali, Johar Zeb, Abdul Ahad, Ishfaq Ahmad, Haneef M., Jehan Akbar. Standardization of proton-induced X-ray emission technique for analysis of thick samples. Chinese Physics B, 2015, 24(9): 175-180.

2015-329 单卿, 张新磊, 张焱, 贾文宝, 蔡平坤, 褚胜男. 煤炭中硫分的快速测量系统. 南京航空航天大学学报, 2015, 47(5): 767-771.

2015-330 尚明丰, 段佩权, 赵天天, 唐文超, 林瑞, 黄宇营, 王建强. 用于质子交换膜燃料电池催化剂结构研究的原位 XAFS 实验方法. 物理化学学报, 2015,

31(8): 1609-1614.

2015-331 邵鸿飞, 刘元俊, 冀克俭, 邓卫华, 高岩立, 周彤, 赵晓刚. 羟基铝离子柱撑蒙脱石材料的制备与结构表征. 化学分析计量, 2015, 24(1): 61-63.

2015-332 邵龙义, 王娟, 侯海海, 张名泉, 汪浩, Spiro Baruch, Large David, 周义平. 云南宣威晚二叠世末生物灭绝期C1煤的地球化学特征. 地质学报, 2015, 89(1): 163-179.

2015-333 佘玲珠, 吴双成, 蒋成光, 莫泽, 金普军. 西汉夹纻胎耳杯漆层分析. 中国生漆, 2015, 34(4): 43-48.

2015-334 申正会. 利用稻草灰分制备 SiO_2 纳米颗粒和 $SiO_2/CaCO_3$ 纳米复合物. 国际造纸, 2015, 34(3): 23-30.

2015-335 沈美庆, 林放, 魏光曦, 王建强, 朱少春. Improved sulfur-resistant ability on CO oxidation of $Pd/Ce_{0.75}Zr_{0.25}O_2$ over Pd/CeO_2-TiO_2 and Pd/CeO_2. Journal of Rare Earths, 2015, 33(1): 56-61.

2015-336 施军, 彭帝永, 肖沙里. 超环面晶体成像技术分析及实现. 光电工程, 2015, 42(9): 66-71.

2015-337 施善林, 郭阳, 李东麟, 王永海. 熔融制样-X射线荧光光谱法测定镍铁冶炼过程物料中10种组分. 冶金分析, 2015, 35(7): 54-59.

2015-338 石慧, 赖万昌, 林宏健, 李丹, 甘霖. WDXRF粉末压片法在分析土壤、岩石和水系沉积物样品中稀土元素中的应用研究. 科技创新与应用, 2015, (3): 43-44.

2015-339 史本恒, 党小娟, 杨军昌, 杨军凯. 西安南郊隋墓出土青铜壶的保护修复与相关问题探讨. 文物保护与考古科学, 2015, 27(3): 26-34.

2015-340 司明明. 能量色散X射线荧光光谱的有害物质管控研究. 信息技术与标准化, 2015, (3): 23-26.

2015-341 宋笛, 刘文斌, 胡俊尧, 高蕤冰, 杜梦圆, 秦宇珊, 吕玉光. 磷酸盐低熔封接玻璃结构优化及其光学性质研究. 广东化工, 2015, 42(23): 22-24, 27.

2015-342 宋婕, 马怀军, 阎立军, 李伟, 曲炜, 田志坚. KL分子筛的碱性对Pt/KL催化剂上正己烷芳构化的影响. 石油化工, 2015, 44(6): 683-688.

2015-343 宋金玲, 周长才, 吴宇, 蔡颖. 水热法制备掺杂铒的ZnO及其对二甲胺气敏性能. 中国稀土学报, 2015, 33(5): 595-601.

2015-344 宋林, 安越, 容丽春, 储达. Ni/γ-Al_2O_3催化乙基咔唑加氢性能研究. 化学工程, 2015, 43(10): 50-53, 59.

2015-345 宋义, 谷松海, 孙鑫, 武素茹. 铜精矿与铜冶炼渣的物相鉴别. 冶金分析, 2015, 35(3): 25-31.

2015-346 宋忠华, 单高峰, 齐丹. EDXRF法对湖底水系沉积物中重金属含量的检测. 长春理工大学学报 (自然科学版), 2015, 38(6): 99-102.

2015-347 苏梦晓, 陆安军. 电感耦合等离子体原子发射光谱法、X射线荧光光谱法和摄谱法测定地球化学样品中铜、铅、锌、镍的比较. 冶金分析, 2015, 35(5): 48-53.

2015-348 苏清兴, 尹应武. 能量色散型X射线荧光光谱法测定聚合物材料中镉和铅含量. 化学研究与应用, 2015, 27(5): 671-674.

2015-349 苏晓云, 刘善宝, 高虎, 王成辉, 刘战庆, 胡正华, 刘建光, 陈国华, 万浩章. 基于电感耦合等离子体质谱/光谱技术研究朱溪钨铜矿床原生晕地球化学特征. 岩矿测试, 2015, 34(2): 252-260.

2015-350 孙宝林. 简析科学仪器在文物保护中的应用. 文物世界, 2015, (5): 59-62.

2015-351 孙海杰, 陈凌霞, 陈秀丽, 滑赛男, 刘寿长, 刘仲毅. ZrO_2织构性质对Ru-B/ZrO_2催化剂的结构及其苯选择加氢性能的影响. 石油化工, 2015, 44(9): 1066-1070.

2015-352 孙海杰, 周小莉, 赵爱娟, 王臻臻, 刘寿长, 刘仲毅. $Zn_4Si_2O_7(OH)_2H_2O$盐修饰的纳米Ru催化剂催化苯选择加氢制环己烯. 无机化学学报, 2015, 31(7): 1287-1295.

2015-353 孙红娟, 周国彪, 彭同江, 吴逍, 何思祺, 周帆. 硫酸浸出法从高钛型高炉渣富钛产物中提取钛. 矿冶, 2015, 24(3): 54-58.

2015-354 孙慧颖, 甘海军, 孙林平. 苯并噻吩在酸改性 NaY 分子筛上的吸附. 燃料化学学报, 2015, 43(1): 116-121.

2015-355 孙琳琳, 李洪, 周洪涛, 张磊, 冷爱平. 中低合金钢一次多元素 X 射线荧光光谱测定法. 材料开发与应用, 2015, 30(6): 86-89.

2015-356 孙鹏飞, 邓彪, 杨群, 杜国浩, 佟亚军, 肖体乔. 具有加速因子的 OSEM 重建算法用于 X 射线荧光 CT 研究. 核技术, 2015, 38(6): 32-37.

2015-357 孙伟娜, 杨文申, 郎林, 吴创之, 阴秀丽. Co 杂化 AFI 双功能分子筛的制备. 石油学报 (石油加工), 2015, 31(1): 25-30.

2015-358 孙业凤, 温小浩, 李保生, 牛东风, 赵占仑, 孟洁, 杨庆江. 腾格里沙漠南缘土门剖面末次间冰期 5e 的主量元素特征及其记录的古气候. 干旱区地理, 2015, 38(6): 1151-1160.

2015-359 Sun Yuzhuang, Zhao Cunliang, Li Yanheng, Wang Jinxi. Anomalous concentrations of rare metal elements, rare-scattered (dispersed) elements and rare earth elements in the coal from Iqe Coalfield, Qinghai Province, China. Acta Geologica Sinica (English Edition), 2015, 89(1): 229-241.

2015-360 孙志国, 高雄厚, 马建泰, 张莉, 刘宏海, 王宝杰. 十二烷基硫酸钠对原位晶化制备小晶粒 NaY 的影响. 物理化学学报, 2015, 31(10): 2011-2015.

2015-361 谈静, 胡明华, 姜郡亭, 李艾华, 刘琼玉. X 射线荧光光谱法在大气颗粒物无机元素分析中的应用. 分析仪器, 2015, (6): 31-37.

2015-362 谭伟, 侯珂珂, 刘民, 李文慧, 刘海鸥, 宋春山, 郭新闻. 氧化镍改性的 ZSM-5 催化剂对甲苯和甲醇择形甲基化反应稳定性的影响 (英文). 石油学报 (石油加工), 2015, 31(2): 503-522.

2015-363 谭艳, 朱诚, 吴立, 孙伟, 王晓翠, 贾天骄, 彭华, 侯荣丰. 广东丹霞山砂岩蜂窝状洞穴及白斑成因. 山地学报, 2015, 33(3): 279-287.

2015-364 谭桢干, 黄明, 屈国普, 黄亮. 基于 X 荧光涂层厚度测量的 Geant4 模拟. 核电子学与探测技术, 2015, 35(6): 621-624.

2015-365 汤庆峰, 马黎春, 杨明, 林健宸, 陈启荣, 魏岩, 梁颖, 魏炜, 王红艳. 溴元素分析的研究进展. 盐业与化工, 2015, 44(7): 10-18.

2015-366 唐春和. X 射线荧光光谱分析仪两则故障处理. 水泥工程, 2015, (3): 81-82.

2015-367 唐侠, 葛颖新, 张庸. X 射线荧光光谱法测定铁基合金中合金组分的通用工作曲线的制作——基本参数 (FP) 法虚拟合成标准样品的应用. 理化检验-化学分册, 2015, 51(5): 680-685.

2015-368 陶迪, 邓赛文, 罗宇. X 射线荧光光谱仪激发系统原理与故障分析. 现代科学仪器, 2015, (5): 117-119.

2015-369 田国峰, 刘明. 电焊条药皮中的锰、铬、铁、钙、钾、钠元素的测定. 天津化工, 2015, 29(3): 33-34.

2015-370 田甜, 张继超, 雷豪志, 诸颖, 施继晔, 胡钧, 黄庆, 樊春海, 孙艳红. Synchrotron radiation X-ray fluorescence analysis of Fe, Zn and Cu in mice brain associated with Parkinson's disease. Nuclear Science and Techniques, 2015, (3): 102-107.

2015-371 田旭玲, 李勇, 王浩. 电弧熔炼制备标准样品-X 射线荧光光谱法测定钕铁硼磁性材料成分. 理化检验-化学分册, 2015, 51(9): 902-906.

2015-372 田增国, 杨大伟, 李融武, 李国霞, 赵文军, 吴晗, 闫萍. 用特征指纹化学组分鉴别湖田窑与繁昌窑青白瓷. 郑州大学学报 (理学版), 2015, 47(3): 69-72.

2015-373 王安琪. X 射线荧光光谱微区分析在铅锌矿石鉴定上的应用. 内蒙古煤炭经济, 2015, (6): 136-137.

2015-374 王豹, 余建新, 黄标, 胡文友, 常青. 便携式 X 射线荧光光谱仪快速监测重金属土壤环境质量 (英文). 光谱学与光谱分析, 2015, 35(6): 1735-1740.

2015-375 王斌, 张江锋, 蒋小良, 黄伟, 钟康华. X 射线荧光光谱法测定皮革及其制品中的铅. 理化检验-化学分册, 2015, 51(6): 869-871.

2015-376 王斌远, 陈忠林, 李金春子, 沈吉敏, 樊磊涛. 铬渣中铬的赋存形态表征和酸浸出特性. 哈尔滨工业大学学报, 2015, 47(8): 17-20.

2015-377 王彩红, 李瑞博, Dembele Blaise, 张成君. 新疆乌伦古湖表层沉积物元素地球化学行为研究. 兰州大学学报 (自然科学版), 2015, 51(5): 600-607, 612.

2015-378 王翀, 白崇斌, 杨军昌, 王永进, 阎敏, 严静, 杨博. 周原甲骨保存现状评估研究. 文物保护与考古科学, 2015, 27(S1): 14-21.

2015-379 王东杰, 许涛, 王素梅, 于小征, 郝茜, 张翼明. 钐钴合金中钴的测定方法研究. 稀土, 2015, 36(1): 89-92.

2015-380 王栋, 解立峰. 爆轰合成纳米氧化铈的提纯分析. 化工进展, 2015, 34(6): 1725-1729.

2015-381 王芳. X 射线荧光光谱压片法测定工业硅中 Fe 的含量. 新疆有色金属, 2015, (5): 59-60, 63.

2015-382 王烽. X 射线荧光光谱法测定高强度无磁不锈钢中主量元素. 山西冶金, 2015, 38(4): 25-28.

2015-383 王高娟. X 射线荧光光谱法检测贵金属饰品的探究. 黄金, 2015, 36(11): 76-80.

2015-384 王高亮, 吴伟, 昝望, 白雪峰, 王文静, 戚鑫, Kikhtyanin O. V.. Zn 改性纳米 ZSM-5 分子筛的制备及其催化己烯-1 芳构化反应性能 (英文). Transactions of Nonferrous Metals Society of China, 2015, (5): 1580-1586.

2015-385 王海彦, 齐振东, 鄢景森, 魏民. Ti 掺杂对 Ni_2P/SBA-15 催化剂加氢脱氮催化性能的影响. 石油学报 (石油加工), 2015, 31(6): 1281-1287.

2015-386 王洪祥, 朱本温, 王景贺, 侯晶, 陈贤华. 熔石英元件抛光加工亚表面缺陷的检测. 材料科学与工艺, 2015, 23(2): 8-12.

2015-387 王建强, 张建伟, 薛林福, 孙晶. 黄骅坳陷孔南地区孔二段时期元素地球化学特征及其意义. 海洋地质与第四纪地质, 2015, 35(1): 61-69.

2015-388 王剑云. X 荧光光谱法分析钒铁中的钒. 浙江冶金, 2015, (1): 25-26.

2015-389 王洁. 燃煤发电厂脱硝催化剂的成分及表面分析研究. 浙江电力, 2015, (11): 92-96.

2015-390 王捷, 周官山, 缪云根, 朱良均, 杨明英. 利用家蚕丝素纤维调控二氧化硅微管的生成. 蚕业科学, 2015, 41(1): 140-144.

2015-391 王菁, 王苗捷, 杨凤玲, 方莉, 程芳琴. 煤矸石酸浸废渣制白炭黑工艺中杂质影响研究. 无机盐工业, 2015, 47(10): 57-60, 73.

2015-392 王兢, 袁伟哲, 王佳丽, 韩健. X 荧光光谱法测定岩石、土壤、水系沉积物中的主次量元素. 吉林地质, 2015, 34(4): 129-131.

2015-393 王巨鹏. 基于钴内标 X 射线荧光光谱分析法在铁矿石分析中的应用研究. 山东工业技术, 2015, (7): 51.

2015-394 王俊, 刘明哲, 庹先国, 李哲, 李磊, 石睿. 遗传算法优化的 BP 神经网络在 EDXRF 中对钛铁元素含量的预测. 原子能科学技术, 2015, 49(6): 1143-1148.

2015-395 王珺, 李光强, 杨雪萍, 贺铸, 李宝宽. 电渣重熔过程中渣成分变化及钢中氧含量预测. 钢铁研究学报, 2015, 27(6): 18-23.

2015-396 王凯, 董俊卿, 赵虹霞, 干福熹, 胡永庆, 樊温泉. 应用多种光学分析技术对一批河南出土古代玉器的无损分析. 光谱学与光谱分析, 2015, 35(9): 2492-2499.

2015-397 王凯, 干福熹, 赵虹霞. 天然绿柱石类宝石化学成分、结构和物相的无损分析. 硅酸盐学报, 2015, (2): 205-214.

2015-398 王乐乐, 李志敏, 马清林, 梅建军. 高光谱技术无损鉴定壁画颜料之研究——以西藏拉萨大昭寺壁画为例. 敦煌研究, 2015, (3): 122-128.

2015-399 王雷, 张庆贤, 葛良全, 卢贞瑞, 罗耀耀, 赵剑锟, 陈爽. Al窗Ag靶微型透射式X射线管模拟与性能分析. 光谱学与光谱分析, 2015, 35(10): 2891-2894.

2015-400 王礼鹏, 赵永椿, 张军营, 姚斌, 郑楚光. 准东煤沾污结渣特性研究. 工程热物理学报, 2015, 36(6): 1381-1385.

2015-401 王路闯, 崔理珂, 吴照金. 转炉钢渣制备Mg-Fe类水滑石及其吸附性能初探. 广东化工, 2015, 42(14): 38-39, 44.

2015-402 王曼艳. X荧光仪在金属矿地质勘查中的应用分析. 有色金属文摘, 2015, 30(2): 14.

2015-403 王梅玲, 杨志刚, 张弛, 王海, 高思田. Ni-Mo-P/Cu薄膜的热稳定性. 材料热处理学报, 2015, 36(7): 182-187.

2015-404 王明华, 孔垂宇, 杨阿敏, 王渺, 吴连凤, 翟玉春. 由粉煤灰提钙铁后的尾渣制备13X型沸石分子筛的研究. 材料与冶金学报, 2015, 14(1): 58-61.

2015-405 王娜娜, 邓圣, 王鹏, 郑彤. 突发水污染中铜(Ⅱ)的应急快速检测. 理化检验-化学分册, 2015, 51(4): 532-534.

2015-406 王楠, 郭霞. X射线荧光光谱法熔融制样测定矿物中的铌钽. 科学技术与工程, 2015, 15(11): 140-142.

2015-407 王谦, 王海波, 许小丽, 房科腾. X射线荧光光谱法测定奶粉中的营养元素. 分析测试学报, 2015, 34(11): 1296-1301.

2015-408 王谦, 许小丽, 房科腾. X射线荧光光谱法测定乳粉中的微量元素. 检验检疫学刊, 2015, 25(5): 39-42.

2015-409 王森, 于杨, 卫皇曌, 王亚旻, 李旭宁, 杨旭, 孙承林, 安路阳. Fe-Mn/AC催化湿式过氧化氢氧化间甲酚. 环境化学, 2015, 34(4): 678-684.

2015-410 王诗然, 赵宇, 赵建军. 电磁兼容技术在选矿自动化仪表中的应用. 中国矿业, 2015, 24(S1): 409-412.

2015-411 王先广, 刘战庆, 刘善宝, 王成辉, 刘建光, 万浩章, 陈国华, 张树德, 刘小林. 江西朱溪铜钨矿细粒花岗岩LA-ICP-MS锆石U-Pb定年和岩石地球化学研究. 岩矿测试, 2015, 34(5): 592-599.

2015-412 王学田, 丁力, 李艳娟, 潘晴. X射线荧光光谱法同时测定矿石中钨钼锡. 分析试验室, 2015, 34(9): 1031-1037.

2015-413 王瑶, 李艳萍, 冯圣雅, 李健靓. X射线荧光光谱法快速测定FeSiB非晶合金薄带中硅、硼、铁. 中国无机分析化学, 2015, 5(4): 56-59.

2015-414 王艺云, 唐菊兴, 郑文宝, 段吉琳, 宋俊龙, 杨超. 西藏曲水县达布斑岩型铜钼矿床金属沉淀机制探讨. 矿床地质, 2015, 34(1): 81-97.

2015-415 王益亨, 夏梦阁, 武永涛, 朱美芳. 磁性能可控的聚(N-异丙基丙烯酰胺)基纳米复合水凝胶的制备与表征. 功能高分子学报, 2015, 28(1): 32-39.

2015-416 王尹圣, 曾国强, 李强, 葛良全, 赖茂林, 罗耀耀. 基于C#与C++混编的轻元素X荧光测量软件. 核电子学与探测技术, 2015, 35(4): 394-398.

2015-417 王钰蓉, 曹小云, 陈靓, 何嘉伟, 光崎尚利, 包伟良, 陈智栋. 温度对浸镀锡镀层的影响. 常州大学学报(自然科学版), 2015, 27(1): 32-36.

2015-418 王岳, 山广祺, 李合军, 王义善, 程佑法. 冰翠的宝石学特征. 超硬材料工程, 2015, 27(3): 49-52.

2015-419 王志博, 丁伟杰, 阎建民, 肖文德. 氯化亚铜催化四氯化硅和硅耦合加氢的机理研究. 无机盐工业, 2015, 47(7): 66-70.

2015-420 王志浩, 小田木治太郎, 广川守, 菊地大树. 对鄂尔多斯北方青铜文化时期金银器的新认识. 草原文物, 2015, (1): 113-124.

2015-421 王智慧, 王兴阳, 贺定勇, 崔丽, 周正, 赵秋颖. 等离子熔覆AlCoCrCuFeNiMnV$_{0.2}$C$_x$高熵合金的组织结构. 材料热处理学报, 2015, 36(11): 233-237.

2015-422 王智慧, 薛歆, 邢玥, 李淑梅, 刘斌, 韩冬雪, 牛利. 疏水疏油纳米银修饰不锈钢材料的制备及生物相容性. 高等学校化学学报, 2015, 36(8): 1542-1547.

2015-423 汪建, 康明, 李峰, 张和贵, 吴瑜, 王健, 郭景康. 基于XRF的古陶瓷样品化学组成分析测试标准初探. 中国陶瓷, 2015, 51(5): 108-110.

2015-424 汪小涵, 谢绍雷, 纪律, 陈高琪, 贾永忠, 姚颖. 大浪滩硫酸盐型低品位固体钾盐尾矿矿质分析. 化工矿物与加工, 2015, (4): 10-12.

2015-425 汪云华, 李海艳, 张笑盈, 王磊, 李保金, 龙翔. 后处理工艺对氯化法金红石型钛白粉性能的影响研究. 无机盐工业, 2015, 47(3): 16-18, 44.

2015-426 韦嫚嫚, 房俊卓, 李媛媛. 煤基活性炭负载纳米二氧化钛复合材料的制备及表征. 广东化工, 2015, 42(16): 36-37.

2015-427 魏本军. X射线荧光光谱法测定硅酸盐岩石中的主次元素量. 甘肃科技, 2015, 31(6): 32-33, 50.

2015-428 魏丽娟, 刘贵山, 冯同, 郝洪顺, 胡志强, 高文元. 一步蒸发法制备CIGS薄膜的晶体结构研究. 人工晶体学报, 2015, 44(3): 638-642.

2015-429 魏灵巧, 宋红元, 易达, 罗磊, 付胜波, 黄瑞成. 熔融制样X射线荧光光谱法测定含硫量高的石膏矿物中主次量元素. 岩矿测试, 2015, 34(4): 448-453.

2015-430 文春华, 罗小亚, 李胜苗, 李建康. 应用X射线荧光光谱-电感耦合等离子体质谱法研究湖南传梓源地区稀有金属矿床伟晶岩地球化学特征. 岩矿测试, 2015, 34(3): 359-365.

2015-431 文物鉴定与鉴赏编辑部. 文物科技鉴定方法汇编. 文物鉴定与鉴赏, 2015, 70(10): 30-33.

2015-432 温桂炎. 控制图法评定玻璃含量的不确定度. 广东建材, 2015, (6): 24-27.

2015-433 吴锋, 李辉, 杨康, 李德平. 用粉煤灰提铝残渣制备硅酸盐胶凝材料的基础研究. 硅酸盐通报, 2015, 34(8): 2100-2106.

2015-434 吴庚林, 苏瑞红, 张桂凤, 焦圣兵, 张艺馨, 罗善霞. 国内钒钛磁铁矿分析方法综述. 当代化工, 2015, 44(1): 128-131.

2015-435 吴和喜, 刘合凡, 刘立坡, 葛良全, 魏强林, 杨波. Si-PIN型X射线探测器灵敏度的MC模拟. 核电子学与探测技术, 2015, 35(7): 741-744.

2015-436 吴隽, 何旗航, 张茂林, 吴军明, 李其江. 唐、五代景德镇蓝田窑青瓷科技研究. 文物保护与考古科学, 2015, 27(2): 1-5.

2015-437 吴隽, 张茂林, 吴军明, 李其江, 曹建文, 李青会, 赵虹霞. 景德镇釉上彩绘瓷器釉上彩的Raman与EDXRF分析. 光谱学与光谱分析, 2015, 35(5): 1266-1270.

2015-438 吴乐, 吴建群, 于敦喜, 姚洪, 徐明厚. O_2/CO_2燃烧对神华煤Ca和Fe交互反应影响. 化工学报, 2015, 66(2): 753-758.

2015-439 吴琳, 吴隽, 张茂林, 吴军民, 李其江, 熊露. 宜钧与古钧瓷、广钧的组成配方对比研究. 佛山陶瓷, 2015, 25(11): 15-18.

2015-440 吴启帆, 包燕平, 林路, 徐国平, 程慧高, 黄毅. 热闷钢渣的矿物学特征及其硅酸钙相析出规律. 钢铁研究学报, 2015, 27(8): 29-33.

2015-441 吴启帆, 包燕平, 林路, 徐国平, 程慧高, 黄毅, 辛彩萍. 不同工艺钢渣物相组成及其显微形貌研究. 工业安全与环保, 2015, 41(8): 86-89.

2015-442 吴启帆, 包燕平, 林路, 徐国平, 程慧高, 辛彩萍. KR脱硫渣矿物学特征及渣中硫行为. 中国冶金, 2015, 25(8): 44-47.

2015-443 吴世清. 2015年以来实施或即将实施的含硅系列标准. 化工生产与技术, 2015, 22(4): 63-64.

2015-444 吴轶欧, 窦富起, 那勃. 常见金属眼镜架中有害元素的含量分析. 中国眼镜科技杂志, 2015, (5): 126-128.

2015-445 武力, 王汝建, 肖文申, 葛淑兰, 陈志华. 东南极普里兹湾陆坡扇晚第四纪高分辨率地层年龄模式. 海洋地质与第四纪地质, 2015, 35(3): 197-208.

2015-446 武素茹, 宋义, 谷松海, 郭芬, 孙鑫. X射线荧光光谱-X射线衍射-红外光谱联用技术鉴别锰矿与锰冶炼渣. 岩矿测试, 2015, 34(6): 659-664.

2015-447 习豆. X射线荧光光谱法在法庭科学中的应用. 微量元素与健康研究, 2015, 32(5): 64-65.

2015-448 夏阳, 余晓军, 朱华, 梁初, 张俊, 甘永平, 黄辉, 陶新永, 张文魁. 江河污泥理化性质分析及其在免烧砖制备中的研究. 建材技术与应用, 2015, (4): 1-4.

2015-449 夏阳, 朱华, 余晓军, 梁初, 张俊, 甘永平, 黄辉, 陶新永, 张文魁. 江河污泥生产烧结砖资源化利用研究. 新型建筑材料, 2015, (10): 41-44.

2015-450 项亚威, 邓玉福, 孟德川, 于桂英. EDXRF法无损测定磁铅石型铁氧体$Ba_{0.1}Pb_{0.9}Fe_{12}O_{19}$中Fe、Ba和Pb含量. 沈阳师范大学学报 (自然科学版), 2015, 33(4): 463-467.

2015-451 肖丽梅. X射线荧光光谱压片法测定氧化铝中的Fe_2O_3和SiO_2的含量. 新疆有色金属, 2015, (4): 70-72.

2015-452 肖元芳, 王小华, 杭纬. 中国原子光谱发展近况概述. 光谱学与光谱分析, 2015, 35(9): 2377-2387.

2015-453 肖忠良, 高洁, 宋刘斌, 吴道新, 朱梦. 化学置换镀钯的研究. 长沙理工大学学报, 2015, 12(1): 97-101.

2015-454 谢达兰, 黄进初, 赖万昌. 用手持式X荧光仪分析不锈钢主元素的含量. 科技风, 2015, (17): 104, 121.

2015-455 谢俊彪, 张明峰, 祁新萍. 煤泥水沉降特性的影响因素分析. 化学工程与装备, 2015, (6): 196-198.

2015-456 辛首臻, 成艾颖, 余俊清, 高春亮, 洪荣昌, 张丽莎. 岱海近400年以来的环境变化: 高分辨率XRF岩芯扫描结果的研究. 盐湖研究, 2015, 23(2): 1-6, 33.

2015-457 邢建东, 敬方梨, 储伟, 孙红丽, 喻磊, 张欢, 罗仕忠. CeO_2对CuCl/活性炭吸附剂C_2H_4/C_2H_6吸附分离性能促进作用(英文). 物理化学学报, 2015, 31(11): 2158-2164.

2015-458 邢旺娟. 硬质千足金用X射线荧光光谱和ICP光谱检测含量的研究. 华北国土资源, 2015, (4): 90-92.

2015-459 邢旺娟. 珠宝检测中分辨淡水珍珠与海水珍珠的方法研究. 华北国土资源, 2015, (5): 90-92.

2015-460 熊燕, 陈婵, 陈能香, 王怡梦. 一种仿鸡血石制品的宝石学特征研究. 超硬材料工程, 2015, 27(6): 51-55.

2015-461 徐春龙, 王晋国, 张翔宇. Tm^{3+}掺杂的$NaYF_4$微米颗粒中强烈的单带下转换荧光发射. 物理化学学报, 2015, 31(11): 2183-2190.

2015-462 徐国华. 粉末压片-X射线荧光光谱法测定烧结矿中的Pb、Zn. 福建分析测试, 2015, 24(3): 38-41.

2015-463 徐海清, 胡耀红, 陈力格, 秦足足, 廖磊华, 张招贤. 电解铜箔用涂层钛阳极表面结垢的去除. 电镀与涂饰, 2015, 34(4): 201-205.

2015-464 徐海清, 胡耀红, 陈力格, 张招贤, 王耀东. 实际工况下电解铜箔用涂层钛阳极的失效机制. 电镀与涂饰, 2015, 34(23): 1369-1373.

2015-465 徐建平, 程德翔. 包覆效应与压片法X射线荧光光谱分析. 理化检验-化学分册, 2015, 51(2): 219-223.

2015-466 徐礼芳. X荧光技术在多种矿石多元素分析应用研究. 化工管理, 2015, (33): 81-82.

2015-467 徐梦梦, 隋铭皓, 盛力, 李嘉怡, 杨建瑞. 层状双金属氢氧化物对诺氟沙星的吸附作用. 水处理技术, 2015, 41(4): 30-34.

2015-468 徐琴, 扈蓉, 黄志凡. EDXRF校准方法研究与线性误差不确定度评定. 仪器仪表用户, 2015, 22(5): 43-45.

2015-469 徐荣声, 王永刚, 林雄超, 许德平, 曾俊, 饶天曦. 烧结特性对煤灰导热性能的影响. 煤炭学报, 2015, 40(12):

2015-470 徐恬. 能量色散型 X 荧光光谱仪 (ED-XRF) 测定聚苯二甲酸丁二醇酯 (PBT) 中的钛含量. 福建分析测试, 2015, 24(2): 37-41.

2015-471 徐亚, 仇猛淋, 郑晨龙, 田平, 王广甫, 张仁健. 北京市夏季大气气溶胶 $PM_{2.5}$ 和 PM_{10} 成分特征. 北京师范大学学报(自然科学版), 2015, 51(4): 362-367.

2015-472 徐永林. 镀锡板镀层的辉光放电光谱法解析. 冶金分析, 2015, 35(3): 7-12.

2015-473 徐志彬, 李颖娜, 赵超, 王宇亮, 王钊, 吴楠. 利用控制图评价 X 射线荧光光谱法测定铁矿石成分分析系统的稳定性. 理化检验-化学分册, 2015, 51(11): 1590-1593.

2015-474 徐志彬, 赵超, 苑丽质, 杨国辉, 王钊. X 射线荧光光谱法测定铬矿熔样方法研究. 冶金分析, 2015, 35(7): 27-31.

2015-475 许乃岑, 沈加林, 张静. X 射线衍射-X 射线荧光光谱-电子探针等分析测试技术在玄武岩矿物鉴定中的应用. 岩矿测试, 2015, 34(1): 75-81.

2015-476 薛秋红, 丁仕兵, 陶琳. 波长色散 X 射线荧光光谱法分析铝箔中 9 种元素. 理化检验-化学分册, 2015, 51(1): 114-116.

2015-477 闫春迪, 程昊, 陈海军, 王树东. 不同 Cu 交换分子筛脱除柴油机尾气中的 NO_x. 环境工程学报, 2015, 9(6): 2967-2973.

2015-478 严俊, 刘晓波, 王巨安, 方飚, 刘培钧, 杨彬彬. 应用 FTIR-XRD-XRF 分析测试技术研究新型仿制绿松石的矿物学特征. 岩矿测试, 2015, 34(5): 544-549.

2015-479 严文勋, 封亚辉, 李建军, 张秀, 尤雅婷, 郑建明, 张剑, 戴东情. 铅精矿中铅物相的识别及选择性浸出分离方法研究. 中国有色冶金, 2015, (5): 53-58.

2015-480 颜晓华, 彭宇, 苏明. X 射线荧光测定复式碳化物中 W、Ti、Ta、Fe 方法研究. 硬质合金, 2015, 32(4): 266-271, 278.

2015-481 燕娜, 赵小龙, 赵生国, 郑红文. 红土镍矿样品前处理方法和分析测定技术研究进展. 岩矿测试, 2015, 34(1): 1-11.

2015-482 羊绍松. 粉末灼烧压片-X 射线荧光光谱法测定石灰类材料中组分基体干扰的消除方法研究. 冶金分析, 2015, 35(4): 25-29.

2015-483 杨彬. 涉水 PVC 制品溶出金属元素的控制. 聚氯乙烯, 2015, 43(8): 21-27.

2015-484 杨登辉, 赵北君, 朱世富, 陈宝军, 何知宇, 曹礼强, 陈成, 谢虎. 垂直布里奇曼法生长磷锗锌单晶体与性能表征(英文). 稀有金属材料与工程, 2015, 44(10): 2368-2372.

2015-485 杨帆, 郝志红, 刘华忠, 郭志娟, 王徽. 便携式能量色散 X 射线荧光光谱仪在新疆东天山浅钻化探异常查证中的应用. 岩矿测试, 2015, 34(6): 665-671.

2015-486 杨峰, 杨秀玖, 刘伟洪, 海洪. 熔融制样-波长色散 X 射线荧光光谱法测定铁矿石中 12 种主次成分. 分析试验室, 2015, 34(3): 351-355.

2015-487 杨恒, 田兴玲, 李乃胜, 马清林, 李秀辉. 广东南澳 I 号明代沉船出水铜钱板结物分析研究. 中国文物科学研究, 2015, (3): 61-65.

2015-488 杨红霞, 李岑, 杜玉枝, 魏立新. 同步辐射 X 射线荧光法分析藏药材和藏药制剂中金属元素. 光谱学与光谱分析, 2015, 35(6): 1730-1734.

2015-489 杨怀德, 龙思远, 吴明放, 范超, 吴星宇. 硼化物、锰去除再生 Al-Si 合金中铁元素机理研究. 稀有金属材料与工程, 2015, 44(3): 621-627.

2015-490 杨杰, 乐珺, 郭晓博. 基于模糊综合评判的 X 荧光光谱仪定性分析法. 重庆理工大学学报(自然科学), 2015, 29(4): 91-96.

2015-491 杨静, 牛昌安, 闫秀芬, 唐侠. 虚拟定值法在 X 射线荧光光谱分析中的应用. 理化检验-化学分册, 2015, 51(1): 96-98.

2015-492 杨菊, 刘乃涛. 圆明园大宫门河道遗址和如园遗址土样初步分析. 文博, 2015, (3): 104-109.

2015-493 杨明坤. X 射线荧光光谱法测定金红石中主次组分. 中国无机分析化学, 2015,

5(2): 73-75.

2015-494 杨荣国, 周亮. 铁离子掺杂纳米二氧化钛的制备与表征. 合成材料老化与应用, 2015, 44(3): 75-78, 140.

2015-495 杨树泉, 陈吉祥, 莫平英, 汤云辉. X射线荧光光谱仪快速测定酸浸渣中铅、镉、砷、铜、锗、银、硫含量. 世界有色金属, 2015, (7): 51-54.

2015-496 杨树泉, 庞洪福, 李月梅, 陈吉祥. X射线荧光光谱仪测定镉饼中的Cd的方法研究. 世界有色金属, 2015, (8): 41-42.

2015-497 杨松, 叶芝祥, 杨怀金, 李银龙, 袁钊. 建筑施工降尘的污染特征及来源分析. 环境工程, 2015, 33(S1): 324-329, 404.

2015-498 杨甜甜, 王佳敏, 周金池. X射线在木材含水率检测中应用的最新进展. 林业机械与木工设备, 2015, 43(9): 6-9.

2015-499 杨燕梅, 张海, 吴玉新, 吕俊复. 不同灰化温度下准东煤碱/碱土金属的析出特性. 燃烧科学与技术, 2015, 21(4): 297-300.

2015-500 杨忠平, 王雷, 翟航, 赵剑剑, 卢文喜. 长春市城区近地表灰尘重金属健康风险评价. 中国环境科学, 2015, 35(4): 1247-1255.

2015-501 杨颙维, 王凯峰, 刘春立. 缓冲回填材料膨润土胶体的提取与分析. 核化学与放射化学, 2015, 37(6): 463-468.

2015-502 杨自然, 李繁荣. 宝山铅锌银矿石选矿现状与对策. 湖南有色金属, 2015, 31(1): 8-12.

2015-503 姚锡文, 许开立. 生物质气化站玉米芯飞灰的特性及其综合利用. 农业工程学报, 2015, 31(20): 218-224.

2015-504 叶淑爱, 王伟, 普旭力, 蔡继杰. 熔融制样X射线荧光光谱法测定碳化钨及其废料中的钨. 岩矿测试, 2015, 34(1): 99-103.

2015-505 尹领弟. X射线荧光熔融法测定蛇纹石中多元素. 山东工业技术, 2015, (9): 174.

2015-506 殷庆纵, 王栋, 袁志敏. 碧螺春茶溯源系统的设计与实现. 湖北农业科学, 2015, 54(16): 4057-4059, 4072.

2015-507 游海涛, 孙春青, 李全林, 刘嘉麒. 二龙湾玛珥湖年纹层湖泊沉积物元素的X射线荧光光谱分析. 核技术, 2015, 38(2): 3-11.

2015-508 于海生, 魏向军, 李炯, 顾颂琦, 张硕, 汪丽华, 马静远, 李丽娜, 高倩, 司锐, 孙凡飞, 王宇, 宋飞, 徐洪杰, 余笑寒, 邹杨, 王建强, 姜政, 黄宇营. The XAFS beamline of SSRF. Nuclear Science and Techniques, 2015, (5): 6-12.

2015-509 于海燕, 王波, 潘晓林, 毕诗文. $12CaO \cdot 7Al_2O_3$晶体结构及其氧化铝浸出性能. 工程科学学报, 2015, 37(1): 30-34.

2015-510 于兰英. 采用X荧光法测定前床渣减少化验误差的实践. 有色矿冶, 2015, 31(3): 55-57.

2015-511 于磊, 宋永清. X射线荧光光谱无标半定量分析钨精矿WO_3. 化工管理, 2015, (2): 158.

2015-512 于晓燕. X射线荧光光谱法在土壤检测中的应用研究. 福建农业, 2015, (5): 172-173.

2015-513 于兆水, 陈海杰, 张雪梅, 张勤, 樊守忠, 潘晏山, 李国会. 高压粉末制样-偏振能量色散X射线荧光光谱法测定生物样品中24种元素. 理化检验-化学分册, 2015, 51(11): 1594-1597.

2015-514 俞梁敏, 金哲维, 邱亮, 栾旭东. 昆山市大气$PM_{2.5}$中无机元素污染特征研究. 环境科学与管理, 2015, 40(6): 22-25.

2015-515 袁伟哲, 田俊杰, 徐志坚, 王佳丽. X荧光光谱法测定硅酸盐中的主次量元素. 吉林地质, 2015, 34(3): 116-119.

2015-516 袁晓亮, 王书芹, 鲁旭, 康宏敏. 多产中间馏分油型中压加氢裂化催化剂的研制与性能评价. 工业催化, 2015, 23(11): 900-903.

2015-517 袁扬扬, 王林英, 刘红超, 田鹏, 杨淼, 徐舒涛, 刘中民. 纳米晶自组装多级孔丝光沸石合成及其优异的催化性能(英文). 催化学报, 2015, 36(11): 1910-1919.

2015-518 袁野, 施光海, 楼法生, 吴师金, 史淼, 黄安杰. 江西高洲石的矿物学和谱学特征研究. 光谱学与光谱分析, 2015, 35(1): 65-70.

2015-519 岳峰. 略谈高科技时代中的文物艺术品鉴定. 文物天地, 2015, (10): 90-93.

2015-520 曾丰, 杨清河, 曾双亲. 采用 $NaAlO_2$-CO_2 连续中和法制备拟薄水铝石. 石油学报（石油加工）, 2015, 31(5): 1069-1074.

2015-521 曾江萍, 李小莉, 张莉娟, 张楠, 徐铁民. 超细粉末压片 X 射线荧光光谱法分析铬铁矿中的多种元素. 矿物学报, 2015, 35(4): 545-549.

2015-522 曾江萍, 张莉娟, 李小莉, 张楠, 吴良英, 王力强. 超细粉末压片-X 射线荧光光谱法测定磷矿石中 12 种组分. 冶金分析, 2015, 35(7): 37-43.

2015-523 曾宪鹏, 于敦喜, 樊斌, 吴建群, 徐明厚. 不同温度下准东煤燃烧颗粒物的生成特性. 煤炭学报, 2015, 40(11): 2690-2695.

2015-524 曾宪跃. X 射线荧光光谱仪在地质样品测定中的应用. 科技创新导报, 2015, (28): 113-114.

2015-525 曾长育, 丁汝鑫, 李红中, 周永章, 牛佳, 张介棠. 庞西垌花岗质复式岩体 X 射线荧光光谱、等离子体质谱分析及其对岩浆分异的指示意义. 光谱学与光谱分析, 2015, 35(11): 3187-3191.

2015-526 翟磊, 詹秀春. X 射线荧光光谱法在石油化工产品分析中的应用进展. 分析试验室, 2015, 34(4): 484-496.

2015-527 翟磊, 詹秀春, 樊兴涛, 温宏利, 焦距, 刘雷雷. 应用 S930 树脂富集薄样-X 射线荧光光谱现场分析环境水体中 8 种重金属的方法研究. 岩矿测试, 2015, 34(1): 118-128.

2015-528 翟云平, 李明罡, 罗一斌. ZSM-5 分子筛催化 1-己烯叠合反应的研究. 石油炼制与化工, 2015, 46(9): 7-11.

2015-529 张超, 聂红, 高晓冬, 渠红亮, 李会峰, 褚阳. 载体表面性质对活性相形貌结构及植物油加氢脱氧选择性的影响. 石油学报（石油加工）, 2015, 31(4): 845-852.

2015-530 Zhang Chen, Lu Xuchen, Wang Tizhuang. Synthesis of SAPO-34 using metakaolin in the presence of β-cyclodextrin. Journal of Energy Chemistry, 2015, (4): 401-406.

2015-531 张发捷, 张强, 程广文, 徐晓涛. SCR 脱硝催化剂再生技术试验研究. 热力发电, 2015, 44(3): 34-41.

2015-532 张帆, 管俊芳. 现代测试技术在埃洛石研究中的应用. 中国非金属矿工业导刊, 2015, (6): 12-16.

2015-533 张帆, 李芳, 华学明, 王诗恩, 王大明, 褚卫东. Al-Si 镀层在激光拼焊板焊缝中分布及性能影响研究. 中国激光, 2015, 42(5): 104-111.

2015-534 张海燕, 高武斌, 但智钢, 赵伟洁, 王志增, 史菲菲, 段宁. 以山砂为骨料的电解锰渣蒸压砖工况使用强度失效问题研究. 硅酸盐通报, 2015, 34(2): 461-465.

2015-535 张贺. 水洗预处理垃圾焚烧飞灰胶凝活性化学激发的试验研究. 粉煤灰, 2015, (3): 18-20, 24.

2015-536 张红, 景页, 聂蓉蓉, 孟翔峰. 底涂剂的化学处理对二氧化锆陶瓷树脂粘接效果的影响. 华西口腔医学杂志, 2015, 33(5): 466-469.

2015-537 张辉, 戴朝成, 闫秋实, 王新亮, 时国, 陈文文, 胡志成. 内蒙古大桦背 I 型花岗岩地球化学特征及其成因意义. 地质与资源, 2015, 24(1): 12-19, 69.

2015-538 张辉, 余正东, 吴敏, 李强, 查道平. ED-XRF 法快速测定大米中镉元素的实用性分析. 食品工业, 2015, 36(12): 259-263.

2015-539 张嘉霖, 孙培永, 张胜红, 姚志龙. 乙烯催化转化制备乙二醇反应中 TS-1 分子筛的失活. 分子催化, 2015, 29(3): 229-237.

2015-540 张建功, 梁卫国, 韩俊杰, 韩兴华, 于永军. 具有膨胀特性膏体充填材料的物理力学特性研究. 矿业研究与开发,

2015, 35(1): 15-20.

2015-541 张健, 负蒲军. 地理环境实验教学中适用元素分析方法选择. 高校实验室工作研究, 2015, (3): 152-153.

2015-542 张菊香. 镀锌钢板汽车车门表面的条纹缺陷分析. 理化检验-物理分册, 2015, 51(5): 350-352, 357.

2015-543 张凯, 付锦, 龚育龄, 赵宁博, 陈虎. 主要放射性物探方法在砂岩型铀矿勘查中的应用分析. 世界核地质科学, 2015, 32(1): 46-50.

2015-544 张立新, 杨丹丹, 孙晓飞, 文孟喜. X射线荧光光谱法分析铁矿石中19种组分. 冶金分析, 2015, 35(7): 60-66.

2015-545 张丽, 石莲华, 张兴, 林伟信. X射线荧光光谱法快速测定铜基催化剂中金属含量. 分析科学学报, 2015, 31(1): 123-126.

2015-546 张丽丽, 闫帅, 蒋升, 杨科, 王华, 何上明, 梁东旭, 张玲, 何燕, 兰旭颖, 毛成文, 王娟, 蒋晖, 郑怡, 董朝晖, 曾乐勇, 李爱国. Hard X-ray microfocusing beamline at SSRF. Nuclear Science and Techniques, 2015, (6): 3-10.

2015-547 张丽娜, 赵慧涛, 柳召刚. 粉末压片-X射线荧光光谱线性扫描在岩石矿物全分析中的应用. 西部资源, 2015, (2): 199-201.

2015-548 张莉, 刘莹, 李林潞, 王福江. 车用汽油中四种非法添加物的特点和检测方法. 石油库与加油站, 2015, 24(3): 25-28, 6.

2015-549 张霖琳, 薛荔栋, 滕恩江, 吕怡兵, 王业耀. 中国大气颗粒物中重金属监测技术与方法综述. 生态环境学报, 2015, 24(3): 533-538.

2015-550 张茂润, 杨冲, 陈静, 刘紫燕. 掺Dy^{3+}铁氧体硅油基磁流体磁特性与温度的相关性研究. 硅酸盐通报, 2015, 34(6): 1710-1714, 1719.

2015-551 张敏, 陈赟, 龚沂. 熔融制样-X射线荧光光谱法测定石灰石和白云石中8种组分. 冶金分析, 2015, 35(10): 54-59.

2015-552 张庆建, 岳春雷, 孙瑞昌, 冯丽丽, 郭兵, 于立洋. X射线荧光光谱法测定煤中砷磷氯. 冶金分析, 2015, 35(7): 84-88.

2015-553 张涛, 白伟, 肖雨亭. 不同型式失活脱硝催化剂的再生研究. 中国电力, 2015, 48(10): 144-147.

2015-554 张彤, 全葳, 郑维明, 吴继宗, 康海英, 邓惟勤, 邵少雄. 用于XRF测量微量Np的磁助分离制样方法. 核化学与放射化学, 2015, 37(4): 215-219.

2015-555 张伟, 张堃, 雍晓静, 王峰, 温鹏宇. 不同硅源合成ZSM-5分子筛及其MTP反应催化性能. 天然气化工 (C1化学与化工), 2015, 40(1): 13-17.

2015-556 张文, 刘东娜, 赵峰华. 大同煤田王坪井田太原组8号煤层煤相特征. 中国煤炭地质, 2015, 27(8): 8-12.

2015-557 张文林, 曹华文, 杨志民, 席孝义, 刘文武, 彭仕冕, 郑硌. 四川梭罗沟大型金矿区新生代碱性煌斑岩脉地球化学特征及其地质意义. 矿物岩石地球化学通报, 2015, 34(1): 110-119.

2015-558 张晓东, 揭晓华, 罗松, 郑琼彬. WC/Co-Cr复合涂层激光熔覆工艺优化与表征. 表面技术, 2015, 44(6): 11-16.

2015-559 张晓楠, 张灿, 吴铎, 周爱锋. 基于XRF岩心扫描的中国西部湖泊沉积物元素地球化学特征. 海洋地质与第四纪地质, 2015, 35(1): 163-174.

2015-560 张晓羽, 张海霞, 那永洁. 准东煤成灰过程中钠的迁移特性及形态变化. 洁净煤技术, 2015, 21(2): 45-50, 55.

2015-561 张秀芳, 陆晓明. 熔融制样-X射线荧光光谱法测定锰铁中硅、锰、磷、铬、镍和铜. 理化检验-化学分册, 2015, 51(8): 1110-1112.

2015-562 张亚旭, 王丽琴, 吴玥, 夏寅, 齐扬. 西安钟楼建筑彩画样品材质分析. 文物保护与考古科学, 2015, 27(4): 45-49.

2015-563 张燕平, 朱立光, 王杏娟, 张玉秀. 保护渣化学成分测定方法. 河北联合大学学报 (自然科学版), 2015, 37(1): 26-30.

2015-564 张有为, 李晓峰, 闻达, 乔建军. 波长色散 X 射线荧光光谱法测定镀锌板表面钝化膜厚度. 理化检验-化学分册, 2015, 51(4): 550-552.

2015-565 张玉洁, 王金砖, 伏荣进, 刘琨. 装饰装修用不锈钢化学组成快速测定. 热加工工艺, 2015, 44(8): 65-67.

2015-566 张志坚, 陈建良. X 射线荧光光谱法测定玻纤原料石灰石中 CaO 含量的不确定度评定. 玻璃纤维, 2015, (3): 15-19.

2015-567 张志坚, 陈建良, 李军. X 射线荧光光谱法测定石膏主、次化学成分. 玻璃纤维, 2015, (2): 22-28.

2015-568 张智力, 王灵玺, 姜传兴, 武吉伟, 杨学军, 吴艳凤. 玻璃瓶装啤酒中絮状物成分的分析研究. 中国酿造, 2015, 34(6): 99-102.

2015-569 张中俭, 杨曦光, 叶富建, 周华, 张涛. 北京房山大理岩的岩石学微观特征及风化机理讨论. 工程地质学报, 2015, 23(2): 279-286.

2015-570 章伟艳, 于晓果, 刘焱光, 金路, 叶黎明, 许冬, 边叶萍, 张德玉, 姚旭莹, 张富元. 楚科奇海盆 M04 柱晚更新世以来沉积古环境记录. 海洋学报, 2015, 37(7): 85-96.

2015-571 章伟艳, 于晓果, 刘焱光, 叶黎明, 许冬, 边叶萍, 姚旭莹, 郭海超, 刘小娅. 楚科奇海陆坡 ARC5-M06 柱样晚更新世以来黏土矿物组成变化的古环境意义. 海洋地质与第四纪地质, 2015, 35(3): 83-94.

2015-572 赵峰, 廖志海, 乔洪波, 王占明, 安身平, 王伟. 二元比例 X 射线荧光光谱法测定铀锆体系中铀和锆. 冶金分析, 2015, 35(7): 44-47.

2015-573 赵凤燕, 陈斌, 柴怡, 董俊卿, 李青会. 西安出土若干玻璃器的 pXRF 分析及相关问题探讨. 考古与文物, 2015, (4): 111-119.

2015-574 赵凤燕, 冯健, 李书镇, 刘俊. 太原龙泉寺出土唐代五重棺椁工艺初探. 文物世界, 2015, (4): 19-22.

2015-575 赵奉奎, 王爱民. 基于复数小波的 X 射线荧光光谱本底扣除法. 冶金分析, 2015, 35(7): 10-14.

2015-576 赵国升, 崔月, 姚玖瑜, 刘伟, 姜大雨. 球粘土的制备及其吸附亚甲基蓝溶液的研究. 硅酸盐通报, 2015, 34(11): 3180-3185.

2015-577 赵甲亭, 李玉锋, 朱娜丽, 高愈希, 柴之芳. 金属组学方法研究生物体内汞和硒相互作用. 科技导报, 2015, 33(12): 93-100.

2015-578 赵江滨, 何高魁, 黄小健. X 射线荧光分析中原级谱分布的计算. 同位素, 2015, 28(2): 89-92.

2015-579 赵俊琦, 施胜斌, 程时标. 合成条件对 CeAPO-5 型分子筛结构的影响. 石油炼制与化工, 2015, 46(10): 1-5.

2015-580 赵坤, 王耀武, 彭建平, 狄跃忠, 冯乃祥. 真空铝热还原法制备金属钛及钛合金的研究. 真空科学与技术学报, 2015, 35(11): 1320-1324.

2015-581 赵立华, 李宇, 苍大强, 魏汝飞. Al_2O_3 对辉石质陶瓷烧结性能的影响. 人工晶体学报, 2015, 44(11): 3346-3349.

2015-582 赵莉, 李文霞, 张大省. 一种电池隔膜的结构解析. 纺织导报, 2015, (12): 114-116.

2015-583 赵瑞廷. 后魏太平真君二年鎏金铜佛造像制作工艺科技研究. 草原文物, 2015, (1): 125-130.

2015-584 赵淑兰, 董天姿, 方晓红, 谢新侃, 齐耀德, 刘国强. X 荧光光谱法测定银矿石中的主次元素. 分析仪器, 2015, (1): 55-60.

2015-585 赵伟, 封亚辉, 戴东情. 冶炼钢铁过程中多种固体废物的鉴别. 冶金分析, 2015, 35(10): 49-53.

2015-586 赵炜, 于爱华, 王虎, 江晓明, 丁杰, 董岳, 钟秦. 湿法工艺回收板式 SCR 废弃催化剂中的钛、钒、钼. 化工进展, 2015, 34(7): 2039-2042, 2048.

2015-587 赵西强, 庞绪贵, 王增辉, 战金成. 利用原子荧光光谱-电感耦合等离子体质谱法研究济南市大气干湿沉降重金属含量及年沉降通量特征. 岩矿测试, 2015, 34(2): 245-251.

2015-588 Zhao Xuebin, Zeng Feng, Zhao Bin, Gu Haohui. Alkylation activity of benzene with syngas over Cu-based catalysts. China Petroleum Processing & Petrochemical Technology, 2015, 17(1): 31-38.

2015-589 赵雅卿, 曹云霞. 粉末压片—X 射线荧光光谱法测定铜冶炼炉前各种炉渣、冰铜中 5 种组分. 中国无机分析化学, 2015, 5(2): 56-58.

2015-590 赵永宏. X 荧光光谱法测定硫精矿中硫元素. 化学分析计量, 2015, 24(6): 84-86.

2015-591 赵越, 曲晓东, 邵玶. 正畸去粘结后托槽底板残余物分析. 现代口腔医学杂志, 2015, 29(2): 104-107.

2015-592 郑国经. 铁矿石化学分析方法标准及实验室能力验证. 冶金分析, 2015, 35(2): 37-44.

2015-593 郑连杰, 张敏, 秦晓峰. 转炉渣和精炼渣中 9 种组分含量的全自动快速测定. 河北冶金, 2015, (10): 60-62, 65.

2015-594 郑晓庆. 应用元素分析技术识别松辽盆地火山熔岩岩屑岩性研究. 西部探矿工程, 2015, (7): 129-131.

2015-595 郑晓庆, 张祥国. 利用全反射 X 射线荧光分析技术区分松辽盆地火山碎屑岩方法研究. 内蒙古石油化工, 2015, (5): 74-76.

2015-596 郑颖, 朱铁权, 石浩斌, 王艳蓉. 石湾瓷塑脊饰制作工艺初探. 文物保护与考古科学, 2015, 27(1): 77-83.

2015-597 钟秀虹, 郭东明, 史双佶, 金洙吉, 林佳志. 金刚石抛光用 W-Mo-Cr 合金粉末的机械合金化工艺研究. 热加工工艺, 2015, 44(20): 25-29.

2015-599 周成洪, 蔡常新. X 射线荧光光谱法测定硫铁矿选矿尾砂中主量元素含量. 当代化工, 2015, 44(6): 1441-1442.

2015-598 周成洪, 蔡常新. X 射线荧光光谱法测定大理石中氯含量. 当代化工, 2015, 44(4): 862-863.

2015-600 Zhou Hao, Li Letian, Zhang Hailong, Zhou Bin. 中试台架上混煤结渣特性实验研究（英文）. Journal of Zhejiang University-Science A(Applied Physics & Engineering), 2015, 16(3): 204-216.

2015-601 周洪军, 陈树军, 林洪征, 温晓光, 张伟, 尹兆余, 于浩, 邵得奇. X 荧光在线品位分析仪在鹿鸣选矿厂中的应用. 有色冶金设计与研究, 2015, 36(3): 45-47.

2015-602 周恺, 孙宝莲, 刘雷雷, 董岐. XRF 法和 ICP-AES 法测定 TC4 钛合金中铝含量的不确定度评定. 钛工业进展, 2015, 32(3): 39-43.

2015-603 周旻玥, 孔凡乾, 韦龙明, 白志强, 董世爽, 袁琼. 广西钦州石夹剖面硅质岩稀土元素地球化学特征. 矿物岩石地球化学通报, 2015, 34(6): 1262-1269.

2015-604 周蓉, 任鹏飞, 徐志康. 预处理对聚多巴胺改性聚丙烯微滤膜性能影响研究. 膜科学与技术, 2015, 35(1): 56-63.

2015-605 周伟, 周建斌. 基于双参数模型核脉冲信号数字高斯成形技术. 物探与化探, 2015, 39(2): 318-321.

2015-606 周新杰. 黄铜合金 Cu、Zn 元素的 EDXRF 分析. 有色矿冶, 2015, 31(5): 45-47.

2015-607 周秀丽, 陈井影. 某矿区农田土壤重金属污染评价. 化工中间体, 2015, (5): 114-115.

2015-608 周云泷, 赖万昌, 辜瑞秋, 祝美英. 基本参数法分析校正铅黄铜合金 X 荧光中的基体效应. 科技创新与应用, 2015, (2): 34-35.

2015-609 朱诚, 吴立, 朱同新, 侯荣丰, 胡智农, 谭艳, 孙伟, 贾天骄, 彭华. 华南丹霞山地区丹霞造景地貌成因实验地貌学研究（英文）. Journal of Geographical Sciences, 2015, 25(8): 943-966.

2015-610 朱红伟, 李婷. 拼合迪开石仿和田玉的鉴别. 超硬材料工程, 2015, 27(2): 60-62.

2015-611 Zhu Huimei, Wang Peiming, Zhang Guofang. 醋酸乙烯/乙烯共聚可再分散乳胶粉对硅酸盐水泥基饰面砂浆二次泛白的影响（英文）. Journal of Zhejiang

University-Science A(Applied Physics & Engineering), 2015, 16(2): 143-150.

2015-612 朱利方, 姜宏, 赵会峰, 代志祥, 贺建雄, 段秋桐. 铁浓度对浮法玻璃表面锡扩散的影响. 材料科学与工程学报, 2015, 33(6): 873-878.

2015-613 朱俐, 王金凤, 尹利辉. X射线荧光光谱法在标准中的应用. 理化检验-化学分册, 2015, 51(2): 267-271.

2015-614 朱善斌. 几种膜厚仪用于汽车涂镀层厚度测量的准确度比较. 山东工业技术, 2015, (2): 40-41.

2015-615 资明, 魏向军, 于海生, 雷勇, 黄宇营. 用同步辐射共聚焦X射线方法研究古代彩绘样品的层状结构. 核技术, 2015, 38(6): 3-7.

2015-616 邹佳, 杨斐, 高亚楠, 张艳萍, 王艳丽. 分析铁矿石样品的矿物效应校正初探. 科技与创新, 2015, (17): 71-72.

2015-617 邹立勇, 王小萌, 魏文君, 刘学清, 刘继延. 甲基乙基次膦酸锌盐阻燃环氧树脂的研究. 塑料工业, 2015, 43(4): 92-96.

2015-618 邹龙江, 陈玉海, 汤敏. G20Cr2Ni4A轴承滚动体开裂失效分析. 热处理技术与装备, 2015, 36(6): 58-61.

2015-619 左文华, 杜晓辉, 袁程远, 谭争国, 侯云飞, 高雄厚. Y型分子筛晶胞参数对其酸性及活性的影响. 石化技术与应用, 2015, 33(6): 486-490.

2015-620 赵宁, 王良根. 硅锰合金X-射线荧光分析法. 南钢科技与管理, 2015, (4): 51-54,67.

2 补充英文文献索引

1981 年 (1981)

1981-001F Huang T. C.. Quantitative X-ray fluorescence analysis of thin films using LAMA-2. X-Ray Spectrometry, 1981, 10: 28-30.

1984 年 (1984)

1984-001F Zhang L. X.. Theoretical derivation of fluorescent X-ray intensities in X-ray fluorescence spectrochemical analysis. X-Ray Spectrometry, 1984, 13(2): 52-54.

1985 年 (1985)

1985-001F Pella P. A., Tao G. Y., Drago A. L., Epp J. M.. X-ray spectrometric determination of ceria-yttria mixtures after borate fusion. Analytical Chemistry, 1985, 57: 1752-1754.

1985-002F Tao G. Y., Pella P. A., Rousseau R. M.. NBSGSC-A Fortran Program for Quantitative X-ray Fluorescence Analysis. NBS TN 1213. Washington, DC: National Bureau of Standards, 1985.

1985-003F Pella P. A., Feng L., Small J. A.. Analytical algorithm for calculation of spectral distributions of X-ray tubes for quantitative X-ray fluorescence analysis. X-Ray Spectrometry, 1985, 14: 125-135.

1985-004F Tao G. Y., Pella P. A., Rousseau R. M.. NBSGSC-A Fortran Program for Quantitative X-ray Fluorescence Analysis. Gaithersburg: National Bureau of Standards, 1985.

1986 年 (1986)

1986-001F Pella P. A., Tao G. Y., Lachance G.. Intercomparison of fundmental parameter interelement correction methods—part 2. X-ray Spectrometry, 1986, 15: 251-258.

1988 年 (1988)

1988-001F Huang T. C.. Quantitative X-ray fluorescence analysis of single-layer and multilayer thin films. Thin Solid Films, 1988, 157(2): 283-290.

1990 年 (1990)

1990-001F Tao G. Y., Zhang Z. Y., Ji A.. XRF procedures for analysis of standard refecence materials. X-Ray Spectrometry, 1990, 19(1): 85-88.

1990-002F Wang Y. D., Zhao X., Kowalski B. R.. X-ray fluorescence calibration with partial least-squares. Applied Spectroscopy, 1990, 44: 998-1002.

1991 年 (1991)

1991-001F Wang Y. M., Liang G. L., Teng Y. Y.. Determination of multiple elements in manganese nodules on board using XRS. Marine Mining, 1991, 10(3): 259-264.

1991-002F Zhu J., Li M., Gu Y., Yang C.. A multiparameter data system for the Shanghai nuclear microprobe. Nuclear Instruments and Methods in Physics Research B, 1991, 54: 42-46.

1991-003F Li M., Zhu J., Zhou Z.. Elemental Maps of Amoeba Proteus by a scanning proton microprobe (SPM). Nuclear Instruments and Methods in Physics Research B, 1991, 54: 156-159.

1991-004F Huang T. C.. Thinfilm characterization by X-ray fluorescence. X-ray Spectrometry, 1991, 20: 29-33.

1992 年 (1992)

1992-001F Feng L. Y., Cross B. J., Richard W.. New developments in FP-based software for both bulk and thinfilm XRF analysis. Advances in X-ray Analysis, 1992, 35: 703-709.

1993 年 (1993)

1993-001F Norrish K., Tao G. Y.. Empirical equations for calculating wavelengths of X-ray characteristic lines absorption edges. X-ray Spectrometry, 1993, 22: 410-412.

1993-002F Zhu J. Q., Wang Y. M., Legge G. J. F.. Micro scale analysis of deep sea ferromanganese nodules with nuclear microprobes. Nuclear Instruments and Methods in Physics Research Section B, 1993, 77(1-4): 478-483.

1993-003F Fan Q. M., Liu Y. W., Li D. L., Wei C. L.. Determination of depth profiling of metal trace impurities on Si surface using total reflection X-ray fluorescence. Fresenius Journal of Analytical Chemistry, 1993, 345: 518-520.

1993-004F Yao H., Zhang J., Wu X., Zhu J., Zeng X.. Element distribution and quantitative analysis of a single cell by micro-PIXE and synchrotron radiation XRF. Nuclear Instruments and Methods in Physics Research Section B, 1993, 75: 563.

1993-005F Zhu J., Lu R., Le A., Gu Y., Yang C. Wang W., Li M., Mao Y.. The activities with Shanghai nuclear microprobe. Nuclear Instruments and Methods in Physics Research Section B, 1993, 77: 422-429.

1993-006F Zhu J., Wang Y., Legge G. J. F.. Micron scale analysis of deep-sea ferromanganese nodules with nuclear microprobe. Nuclear Instruments and Methods in Physics Research Section B, 1993, 77: 478-483.

1993-007F Zhu J., Wang Y., Yang C., Lu R., Le A., Mao Y., Gu Y.. Investigation of marine ores by high resolution nuclear microprobe techniques. IAEA Progress Report 6096/RO/RB, 1993.

1993-008F Feng S., Zhong M., Ren M., Zhu J., Yang C.. A study of the antinodularizing properties of Pb, Bi, Al and Ti in nodular cast iron by SPM. Nuclear Science Techniques, 1993, 4 (4): 193.

1993-009F Wang W., Zhu J., Le A., Lu R., Lin S., Bao J.. Scanning micro-analysis of SiC-Si_3N_4 material by proton non-rutherford elastic backscattering. Nuclear Instruments and Methods in Physics Research B, 1993, 77: 34.

1993-010F Ren M., Zhu J., Le A., Lu R., Gu Y.. PIXE and SPM analysis of V, Cr, Cu and Bi in nodular cast iron. Nuclear Instruments and Methods in Physics Research Section B, 1993, 75: 375.

1993-011F Feng L. Y.. A simple approach to multilayer thin film analysis based on theoretical calculations using fundamental parameters method. Advances in X-ray Analysis, 1993, 36: 279-286.

1995 年 (1995)

1995-001F An Q. X., Zhan X. C., Chao Z. Y., Wu Y. R., Xiao Y. N., Pan J. X.. Application of SRXRFM to geosciences. Nuclear Instruments and Methods in Physical Research Section A, 1995, 359: 295-296.

1995-002F Zhan X. C., Hayakawa S., Zheng S., Gohshi Y.. Trace element detection utilizing sample current jump around X-ray absorption edge. Advances in X-ray Chemical Analysis, 1995, 265: 103.

1995-003F Zhu J. Q., Yang C. Y., Lu R. R., Sheng K. L., Wang Y. M., Homman N. P. O., Malmqvist K. G.. Micron scale investigation of marine ores by nuclear microprobe technology. Nuclear Instruments and Methods in Physical Research Section B, 1995, 104: 402-408.

1995-004F Wu Xiankang, Zhu Jieqing, Lu Rongrong, Yang Fujia. TTSPM: A new computer program system for quantitative thick target analysis by nuclear microprobe. Nuclear Instruments and Methods in Physics Research B, 1995, 104: 196-200.

1995-005F Jamieson D. N., Zhu Jianle, Mao Yu, Lu Rongrong, Wang Zhishan, Zhu Jieqing. Grid shadow pattern analysis of the Shanghai nuclear microprobe. Nuclear Instruments and Methods in Physics Research B, 1995, 104: 86-91.

1996 年 (1996)

1996-001F Chu J. Z., Hu S. X., Tao G. Y.. Numerical processing of wavelength-dispersive X-ray fluorescence spectra. Chemometrics and Intelligent Laboratory Systems, 1996, 32: 73-82.

1996-002F Chu J. Z., Hu S. X., Tao G. Y.. An expert system for qualitative interprettation of wavelength-dispersive X-ray fluorescence spectra. Chemometrics and Intelligent Laboratory Systems, 1996, 32 : 83-93.

1997 年 (1997)

1997-001F Luo L. Q., Guo C. L., Ma G. Z., Ji A.. Choice of the optimum model parameters in artificial neural networks and its application to X-ray fluorescence analysis. X-ray Spectrometry, 1997, 26(1): 15-22.

1997-002F Li Xiaolin, Zhu Jieqing, Lu Rongrong, Gu Yingmei, Wu Xiankang, Chen Youhong. Study on the occurrence of plantinum in Xinjie Cu-Ni sulfide deposits by a combination of SPM and NAA. Nuclear Instruments and Methods in Physics Research B, 1997, 130: 617-622.

1997-003F Chen Youhong, Zhu Jieqing, Lu Rongrong, Wu Xiankang, Gu Yingmei, Li Xialin, Zhang Qi. Application of nuclear microprobe to the study of metasomatism in mantle peridoties. Nuclear Instruments and Methods in Physics Research B, 1997, 130: 700-705.

1997-004F Li Xiaolin, Zhu Jieqing, Lu Rongrong, Wu Xiankang, Chen Youhong. A very simple method for true elemental mapping using the scanning proton microprobe. Nuclear Instruments and Methods in Physics Research B, 1997, 130: 149-154.

1998 年 (1998)

1998-001F Luo L. Q., Ji A., Ma G. Z., Guo C. L.. Focusing on one component each time-comparison of single and multiple component prediction algorithms in artificial neural networks for X-ray fluorescence analysis. X-Ray Spectrometry, 1998, 27(1): 17-22.

1998-002F Luo L. Q., Ji A., Guo C. L., Ma G. Z.. Predictability of partial least-squares regression in the determination of copper alloys by X-ray fluorescence analysis. Journal of Trace and Microprobe Techniques, 1998, 16(4): 513-522.

1998-003F Tan Binghe, Sun Weiying. Correction method for the matrix effect in X-ray fluorescence spectrometric anaysis. X-ray Spectrometry, 1998, 27(2) : 95-104.

1998-004F Tao G. Y., Zhuo S. J., Ji A., Norrish K., Fazey P., Senff U. E.. An attempt at improving the accuracy of calculated relative intensities from theory in X-ray fluorescence spectrometry. X-ray Spectrometry, 1998, 27(6): 357-366.

2000 年 (2000)

2000-001F Luo L. Q.. Predictability comparison of four neural network structures for correcting matrix effects in X-ray fluorescence spectrometry. Journal of Trace and Microprobe Techniques, 2000, 18(3): 349-360.

2000-002F Guo P., Wang J., Li X., Zhu J., Reinert T., Heitmann J., Spemann D., Vogt J., Flagmeyer R-H., Butz T.. Combination of micro-PIXE with the pattern recognition technique for the source identification of individual aerosol particles. Applied Spectroscopy, 2000, 54(6): 807-811.

2000-003F Wang Jieqing, Guo Panlin, Li Xiaolin, Zhu Jieqing, Reinert T., Heitmann J., Spemann D., Vogt J., Flagmeyer R-H., Butz T.. Identification of air pollution source by single aerosol particle fingerprints-micro-PIXE spectra. Nuclear Instruments and Methods in Physics Research Section B, 2000, 161-163: 830-835.

2000-004F Wang J., Guo P., Li X., Zhu J.. Source identification of lead pollution in the atmosphere of Shanghai city by analyzing single aerosol particles (SAP). Environmental Science & Technology, 2000, 34: 1900-1905.

2000-005F Guo P. L., Wang J. Q., Li X. J., Zhu J. Q.. Study of metal bioaccumulation by nuclear microprobe analysis of Algae fossils and living algae cells. Nuclear Instruments and Methods in Physics Research Section B, 2000, 161-163: 801-807.

2001 年 (2001)

2001-001F Luo L. Q., Wu X. J., Gan L.. X-ray fluorescence analysis based on knowledge system. Advance in X-ray Analysis, 2001, 44: 374-379.

2001-002F Huang Yuying, Lu J. X., He R. G., Zhao L. M., Wang Z. G., He W., Zhang Y. X... Study of human bone tumor slice by SRXRF microprobe. Nuclear Instruments and Methods in Physics Research Section A, 2001, 467-468: 1301-1304.

2001-003F Huang Y. Y., Li K. F., He W., Li G. C., Lin K. X.. Single fluid inclusion study by SRXRF microprobe. Nuclear Instruments and Methods in Physics Research Section A, 2001, 467-468: 315-1317.

2001-004F Huang Yuying, Wu Yingrong, Zhao Limin, Li Guangcheng, He Wei, Yuan Lizhen, Chen Jiapei, Li Jiangfu, Zhang Tongcun, Cao Enhua. Beijing synchrotron radiation total-reflection X-ray fluorescence analysis facility and its applications on trace element study of cells. Spectrochimica Acta Part B, 2001, 56: 2057-2062.

2001-005F Ju Xin, Shen Xiansheng, Kang Shixiu, Wu Ziqin, Sun Liguang, Zhang Li, Yin Xuebin, Huang Yuying. X-ray fluorescence analysis of some plants in the King George Island, Antarctica. High Energy Physics and Nuclear Physics, 2001, 25 (S1): 44-48.

2001-006F Fan Dongyu, Feng Songlin, Xu Qing, Zhang Ying, Feng Xiangqian, Lei Yong, Cheng Lin, Sha Yin, Chai Zhifang, Huang Yuying, He Wei, Quan Kuishan, Shen Yueming. Study of elements in Yue Kiln ancient porcelain by SRXRF high energy. Physics and Nuclear Physics, 2001, 25 (S1): 49-53.

2001-007F Zhu Junbiao, Li Yonggui, Liu Nianqing, Zhang Guoqing, Wang Minkai, Wu Gan, Yan Xuepin, Huang Yuying, He Wei, Dong Yanmei, Gao Xuejun. Primary experimental studies on mid-infrared FEL irradiation on dental substances at BFE. Nuclear Instruments and Methods in Physics Research Section A, 2001, 475: 630-634.

2002 年 (2002)

2002-001F Luo L. Q.. An algorithm combining neural networks with fundamental parameters. X-ray Spectrometry, 2002, 31: 332-338.

2002-002F Shen H., Ren Q. G., Mi Y., Shi X. F., Yao H. Y., Jin C. Z., Huang Y. Y., He W., Zhang J., Li B.. Investigation of metal ion accumulation in *Euglena gracilis* by fluorescence methods. Nuclear Instruments and Methods in Physics Research Section B, 2002, 189: 506-510.

2002-003F Kang S. X., Sun X., Ju X., Huang Y. Y., Yao K., Wu Z. Q., Xian D. C.. Measurement and calculation of escape peak intensities in synchrotron radiation X-ray fluorescence analysis. Nuclear Instruments and Methods in Physics Research Section B, 2002, 192: 365-369.

2002-004F Zhang Fang, Liu Nianqing, Zhao Xueqin, Zuo Aijun, Yang Lei, Xu Qing, Wang Xuefei, Huang Yuying, He Wei, Chai Zhifang. Variations of elemental distribution in brain regions of neonatal rats at different iodine intakes. Biological Trace Element Research, 2002, 90: 227-237.

2002-005F Gao Y., Chen C., Chai Z., Zhao J., Liu J., Zhang P., He W., Huang Y. Y.. Detection of metalloproteins in human liver cytosol by synchrotron radiation X-ray fluorescence combined with gel filtration chromatography and isoelectric focusing separation. Analyst, 2002, 127(12): 1700-1704.

2002-006F Shen xiansheng, Sun zuo, Kang shixiu, Wu Ziqin, Huang yuying. Studying and significance of instructing environment about heavy elements of plants by XRF in Zhongshan iron mine, Anhui Province. Nuclear Techniques, 2002: 779-782.

2003 年 (2003)

2003-001F Zhuo S. J., Tao G. Y, Ji A. Application of selected fundamental parameters in X-ray fluorscencs analysis. X-Ray Spectrometry, 2003, 32: 8-12.

2003-002F Li X., Zhu J., Guo P., Wang J., Qiu Z., Lu R., Qiu H., Li M., Jiang D., Li Y., Zhang G.. Preliminary studies on the source of PM_{10} aerosol particles in the atmosphere of Shanghai city by analyzing single aerosol particles. Nuclear Instruments and Methods in Physics Research Section B, 2003, 210: 412-417.

2003-003F Xie Zhouqing, Sun Liguang, Long Nanye, Zhang Li, Kang Shixiu, Wu Ziqin, Huang Yuying, Ju Xin. Analysis of the distribution of chemical elements in Adelie penguin bone using synchrotron radiation X-ray fluorescence. Polar Biology, 2003, 26: 171-177.

2003-004F Zhao Liyan, Wang Xuekai, Wu Nianzu, Huang Yuying, He Wei, Xie Youchang. Study of monolayer dispersion of MoO_3 on muscovite powder and diffusing behavior of MoO_3 on muscovite wafer by SR-TXRF. Journal of Materials Chemistry, 2003, 13: 102-105.

2003-005F Zhuo S. J., Tao G. Y., Ji A.. Application of selected fundamental parameters in X-ray fluorescence analysis. X-ray Spectrometry, 2003, 32: 8-12.

2004 年 (2004)

2004-001F Wang X. H., Li G. H., Zhang Q., Wang Y. M.. Determination of major/minor and trace elements in seamount phosphorite by XRF. Geostandards and Geoanalytical Research, 2004, 28(1): 81-88.

2004-002F Jiang D., Li X., Qiu Z., Lu R., Li Y., Zhang G.. The source of indoor aerosol particles in Shanghai determined by nuclear microprobe. Journal of Radioanalytical and Nuclear Chemistry, 2004, 260(2): 301-304.

2004-003F Yue Weisheng, Li Yan, Li Xiaolin, Yu Xiaohan, Deng Biao, Liu Jiangfeng,

Wan Tianmin, Zhang G., Huang Y., He W., Hua W.. Source identification of PM_{10} collected at a heavy-traffic roadside, by analyzing individual particles using synchrotron radiation. Journal of Sychrotron Radiation, 2004, 11: 428-431.

2004-004F Shi J. Y., Chen Y. X., Huang Y. Y., He W.. SRXRF microprobe as a technique for studying elements distribution in *Elsholtzia splendens*. Micron, 2004, 35: 557-564.

2005 年 (2005)

2005-001F Han X. Y., Zhuo S. Z., Wang P. L., Tao G. Y., Ji A.. Calculation of the contribution of scattering effects to X-ray fluorescence intensity for light matrix samples. Analytical Chimica Acta, 2005, 538.

2005-002F Zhan X. C.. Application of polarized EDXRF in geochemical sample analysis and comparison with WDXRF. X-ray Spectrometry, 2005, 34(3): 207-212.

2005-003F Li X., Yue W., Wan T., Li Y., Zhang G.. Source identification of the lead-containing particles in the ambient air of the center of Shanghai by analyzing individual aerosol particle. Journal of Radioanalytical and Nuclear Chemistry, 2005, 266(1): 141-144.

2005-004F Zhang Yuanxun, Cheng Feng, Li Deyi, Wang Yinsong, Zhang Guilin, Liao Wensheng, Tang Tingting, Huang Yuying, He Wei. Investigation of elemental content distribution in femoral head slice with osteoporosis by SRXRF microprobe. Biological Trace Element Research, 2005, 103(2): 177-185.

2005-005F Tang Y. H., Han C. M., Bao Z. K., Huang Y. Y., He W., Hua W.. Analysis of apatite crystals and their fluid inclusions by synchrotron radiation X-ray flourescence microprobe. Spectrochimica Acta Part B, 2005, 60: 439-446.

2005-006F Gao Yuxi, Liu Yingbin, Chen Chunying, Li Bai, He Wei, Huang Yuying, Chai Zhifang. Combination of synchrotron radiation X-ray fluorescence with isoelectric focusing for study of metalloprotein distribution in cytosol of hepatocellular carcinoma and surrounding normal tissues. Journal of Analytical Atomic Spectrometry, 2005, 20 : 473-475.

2005-007F Han X. Y., Zhu J. Q., Wang P. L., Tao G. Y., Ji A.. Calculation of the contributions of scattering effects to the X-ray fluorescence intensities for light matrix samples. Analytica Chemica Acta, 2005, 538 (1-2) : 297-302..

2005-008F Huang Y. Y., Leung P. L., He W.. Study of the elemental distribution in ancient Chinese porcelain using synchrotron radiation X-ray fluorescence. X-rays for Archaeology, 2005: 209-216.

2006 年 (2006)

2006-001F Han X. Y., Zhuo* S. J., Shen R. X., Wang P. L., Tao G. Y., Ji A.. Calculation of contribution of scattering effects to X-ray fluorescence intensity for coating samples. Spectrochimica Acta Part B, 2006, 61: 113.

2006-002F Han X. Y., Zhuo* S. J., Shen R. X., Wang P. L., Ji A.. Comparison of the quantitative results corrected by fundamental parameter method and difference calibration specimens in X-ray fluorescence spectrometry. Journal of Quantitative Spectroscopy & Radiative Transfer, 2006, 97: 68.

2006-003F Han X. Y., Zhuo S. J., Shen R. X., Wang P. L., Tao G. Y., Ji A.. Calculation of the contribution of scattering effects to X-ray fluorescence intensity for coating samples. Spectrochimica Acta Part B, 2006, 61: 113-119.

2006-004F Luo L. Q., Chettle D. R., Nie H., McNeill F. E., Popovic M.. Curve fitting using a genetic algorithm for the X-ray fluorescence measurement of lead in bone. Journal of Radioanalytical and Nuclear Chemistry, 2006, 29(2): 325-329.

2006-005F Yue Weisheng, Li Xiaolin, Wan Tianmin, Liu Jiangfeng, Zhang Guilin, Li* Yan. Origins of PM_{10} determined by the micro-PIXE spectra of single aerosol particles. Applied Spectroscopy, 2006, 60(6): 698-703.

2006-006F Yue Weisheng, Li Xiaolin, Liu Jiangfeng, Li Yan, Yu Xiaohan, Deng Biao, Wan Tianmin, Zhang Guilin, Huang Yuying, He Wei, Hua Wei, Shao Longyi, Li Weijun, Yang Shushen. Characterization of and sources of $PM_{2.5}$ in the air of Shanghai city by analyzing individual particles. Science of the Total Environment, 2006, 368: 916-925.

2006-007F Tan M. G., Zhang G. L., Li X. L., Zhang Y. X., Yue W. S., Chen J. M., Wang Y. S., Li A. G., Li Y., Zhang Y. M., Shan Z. C.. Comprehensive study of lead pollution in Shanghai by multiple techniques. Analytical Chemistry, 2006, 78: 8004-8050.

2006-008F Wang Xuxia, Qian Junchao, He Rui, Wei Li, Liu Nianqing, Zhang Zhiyong, HuangYuying, Lei Hao. Delayed changes in T1-weighted signal intensity in a rat model of 15-minute transient focal ischemia studied by magnetic resonance imaging/spectroscopy and synchrotron radiation X-ray fluorescence. Magnetic Resonance in Medicine 2006, 56: 474-480.

2006-009F Xie Zhouqing, Sun Liguang, Joel D. Blum, Huang Yuying, He Wei. Summertime aerosol chemical components in the marine boundary layer of the Arctic Ocean. Journal of Geophysical Research, 2006, 111, D10309.

2006-010F Yue Weisheng, Li Xiaolin, Liu Jiangfeng, Li Yan, Yu Xiaohan, Deng Biao, Wan Tianmin, Zhang Guilin, Huang Yuying, He Wei, Hua Wei, Shao Longyi, Li Weijun, Yang Shushen. Characterization of $PM_{2.5}$ in the ambient air of Shanghai city by analyzing individual particles. Science of the Total Environment, 2006, 368: 916-925.

2006-011F Feng Liuxing, Xiao Haiqing, He Xiao, Li Zijie, Li Fuliang, Liu Nianqing, Zhao Yuliang, Huang Yuying, Zhang Zhiyong, Chai Zhifang. Neurotoxicological consequence of long-term-exposure to lanthanum. Toxicology Letters, 2006, 165: 112-120.

2006-012F Zhang Yuanxun, Zhang Yongping, Li Delu, Zhang Guilin, Long Jiangang, Shen Hui, Huang Yuying, He Wei. Zinc distribution in mouse brain by SRXRF. Journal of Radioanalytical and Nuclear Chemistry, 2006, 269(1): 235-239.

2006-013F Xie Zhongqing, Xu Siqi, Sun Liguang, Huang Yuying, He Wei. Mercury and lead in a single strand of pinnule of snow petrel (*Pagodroma nivea*) in the Antarctic. Chinese Jouranl of Geochemistry, 2006, 25 (Sl).

2006-014F Luo L. Q.. Chemometrics and its applications to X-ray spectrometry. X-ray Spectrometry, 2006, 35: 215-225.

2006-015F Han X. Y., Zhuo S. J., Shen R. X., Wang P. L., Ji A.. Comparison of the quantitative results corrected by fundmental parameter method and difference calibration specimens in

X-ray fluorescence spectrometry. Journal of Quantitative Spectroscopy & Radiative Transfer, 2006, 97: 68-74.

2007 年 (2007)

2007-001F Zhan X. C., Luo L. Q., Fan X. T.. Spacial XRF distribution characteristics associated with polarized EDXRF spectrometry. X-ray Spectrometry, 2007, 36(4): 275-278.

2007-002F Luo L. Q., Chettle D. R., Nie H. L., McNeil F. E., Popovic M.. The effect of filters and collimators on Compton scatter and Pb K-series peaks in XRF bone lead analysis. Nuclear Instruments and Methods in Physics Research Section B, 2007, 263(1): 258-263.

2007-003F Yue Weisheng, Li Xiaolin, Liu Jiangfeng, Li Yulan, Zhang Guilin, Li Yan. Source tracing of chromium-, manganese-,nickel- and zinc-containing particles (PM_{10}) by micro-PIXE spectrum. Journal of Radioanalytical and Nuclear Chemistry, 2007, 274(1): 115-121.

2007-004F Li X., Yue W., Iida A., Li Y., Zhang G.. A study of the origin of individual $PM_{2.5}$ particles in Shanghai air with synchrotron X-ray fluorescence microprobe. Nuclear Instruments and Methods in Physics Research Section B, 2007, 260: 336-342.

2007-005F Liu Y., Li L., Gao Y., Chen C., Li B., He W., Huang Y. Y., Chai Z.. Distribution of metalloproteins in hepatocellular carcinoma and surroundding tissues. Hepatogastroenterology, 2007, 54(80), 2291-2296.

2007-006F Zhang Y. X., Wang Y. S., Zhang Y. P., Zhang G. L., Huang Y. Y., He W.. Investigation of elemental distribution in human femoral head by PIXE and SRXRF microprobe. Nuclear Instruments and Methods in Physics Research Section B, 2007, 260: 178-183.

2007-007F Fei Yurong, Zhang Min, Li Ming, Huang Yuying, He Wei, Ding Wenjun, Yang Jianhong. Element analysis in femur of diabetic osteoporosis model by SRXRF microprobe. Micron, 2007, 38: 637-642.

2007-008F He Xiao, Feng Liuxing, Xiao Haiqing, Li Zijie, Liu Nianqing, Zhao Yuliang, Zhang Zhiyong, Chai Zhifang, Huang Yuying. Unambiguous effects of lanthanum. Toxicology Letters, 2007, 170: 94-96.

2007-009F Wang J. X., Chen C. Y., Yu H. W., Sun J., Li B., Li Y. F., Gao Y. X., He W., Huang Y. Y., Chai Z. F., Zhao Y. L., Deng X. Y., Sun H. F.. Distribution of TiO_2 particles in the olfactory bulb of mice after nasal inhalation using microbeam SRXRF mapping techniques. Journal of Radioanalytical and Nuclear Chemistry, 2007, 272 (3): 527-531.

2007-010F Wen R., Wang C. S., Mao Z. W., Huang Y. Y., Pollard A. M.. The chemical composition of blue pigment on chinese blue-and-white porcelain of the yuan and ming dynasties (AD1271–1644). Archaeometry, 2007: 49(1): 101-115.

2008 年 (2008)

2008-001F Shan H. Z., Zhuo S. J., Shen R. X., Shen C.. Mineralogical effect correction in wavelength dispersive X-ray fluorescence analysis of pressed powder pellets. Spectrochimica Acta Part B, 2008, 63: 612-616.

2008-002F Lei Mei, Chen Tongbin, Huang Zechun, Wang Yaodong, Huang Yuying. Simultaneous compartmentalization of lead and arsenic in co-hyperaccumulator *Viola principis* H de Boiss. : An application of SRXRF microprobe.

Chemosphere, 2008, 72: 1491-1496.

2008-003F Xie Zhouqing, Zhang Pengfei, Sun Liguang, Xu Siqi, Huang Yuying, He Wei. Microanalysis of metals in barbs of a snow petrel (*Pagodroma nivea*) from the Antarctica using synchrotron radiation X-ray fluorescence. Marine Pollution Bulletin, 2008, 56: 516-524.

2008-004F Sun Tianxi, Ding Xunliang, Liu Zhiguo, Zhu Guanghua, Li Yude, Wei Xiangjun, Chen Dongliang, Xu Qing, Liu Quanru, Huang Yuying, Lin Xiaoyan, Sun Hongbo. Characterization of a confocal three-dimensional micro X-ray fluorescence facility based on polycapillary X-ray optics and Kirkpatrick-Baez mirrors. Spectrochimica Acta Part B, 2008, 63: 76-80.

2008-005F Wei Xiangjun, Lei Yong, Sun Tianxi, Lin Xiaoyan, Xu Qing, Chen Dongliang, Zou Yang, Jiang Zheng, Huang Yuying, Yu Xiaohan, Ding Xunliang, Xu Hongjie. Elemental depth profile of faux bamboo paint in Forbidden City studied by synchrotron radiation confocal m-XRF. X-ray Spectrometry, 2008, 37: 595-598.

2008-006F Lin X., Wang Z., Sun T., Pan Q., Ding X.. Characterization and applications of a new tabletop confocal micro X-ray fluorescence setup. Nuclear Instruments and Methods in Physics Research Section B: Beam Interactions with Materials and Atoms, 2008, 266(11): 2838-2642..

2008-007F Wei X., Lei Y., Sun T.. Elemental depth profile of faux bamboo paint Forbidden City studied by synchrotron radiation confocal μ-XRF. X-ray Spectrometry, 2008, 37: 595-598.

2009 年 (2009)

2009-001F Luo L. Q.. The status and progresses of Chinese X-ray fluorescence spectrometry studies and activities. —View on Chinese. X-ray Spectrometry Conference Advances in X-ray Analysis, 2009, 40: 379-381.

2009-002F Li Xiaolin, Zhang Guilin, Li Yan. A method for source apportionment of lead in fine particulate matter based on individual particle analysis using a synchrotron X-ray fluorescence microprobe. Applied Spectroscopy, 2009, 63 (2): 180-184.

2009-003F Li Xiaolin, ZhangYuanxun, Tan Mingguang, Liu Jiangfeng, Bao Liangman, Zhang Guilin, Li Yan, Iida Atsuo. Atmospheric lead pollution in fine particulate matter in Shanghai, China. Journal of Environmental Sciences, 2009, 21: 1118-1124.

2009-004F Xin S. Z., Song Y. J., Lv C., Rui Y. K., Zhang F. S., Xu W., Wu D., Wu S., Zhong J., Chen D. L., Chen Q., Peng F. T.. Application of synchrotron radiation X-ray fluorescence to investigate the distribution of mineral elements in different organs of greenhouse spinach. Horticulturalence, 2009, 36(4): 133-139.

2009-005F Yan Xiaohui, Zhang Xinyi, Liu Chenglin, Dang Ruishan, Huang Yuying, He Wei, Ding Guanghong. Do acupuncture points exist?. Physics in Medcine Biology, 2009, 54: N143-N150.

2009-006F Tian Shengke, Lu Lingli, Yang Xiaoe, John M. Labavitch, Huang Yuying, Patrick Brown. Stem and leaf sequestration of zinc at the cellular level in the hyperaccumulator Sedum alfredii. New Phytologist, 2009, 182: 116-126.

2010 年 (2010)

2010-001F Akram Waheed, Zhu Yan, Tan

Mingguang, Bao Liangman, Zhang Guilin, Li Yan, Iida Atsuo, Li Xiaolin. Characterization and source identification of fine particulate matter in the atmosphere of downtown Shanghai using u-SXRF and ICP-MS. Nuclear Science and Techniques, 2010: 1: 197-203.

2010-002F Li C. H., Ju X., Wu W. D., Jiang X. D., Huang J., Zheng W. G., Yu X. H.. Synchrotron micro-XRF study of metal inclusions distribution and variation in fused silica induced by ultraviolet laser pulses. Nuclear Instruments and Methods in Physics Research Section B, 2010, 268: 1502-1507.

2011 年 (2011)

2011-001F Zhuo S. J., Shen R. X., Shen C.. Application of X-ray fluorescence spectrometry on quality control of scintillation crystals,. X-ray Spectrometry, 2011, 40(5): 385-399.

2011-002F Shi Jiyan, Yuan Xiaofeng, Chen Xincai, Wu Bei, Huang Yuying, Chen Yingxu. Copper uptake and its effect on metal distribution in root growth zones of *Commelina communis* revealed by SRXRF. Biological Trace Element Research, 2011, 141: 294-304.

2011-003F Qiu Jingke, Deng Biao, Yang Qun, Yan Fen, Li Aiguo, Yu Xiaohan. Internal elemental imaging by scanning X-ray fluorescence microtomography at the hard X-ray microprobe beamline of the SSRF: Preliminary experimental results. Nuclear Instruments and Methods in Physics Research Section B, 2011, 269: 2662-2666.

2011-004F Yu Yang, Luo Lei, Yang Ke, Zhang Shuzhen. Influence of mycorrhizal inoculation on the accumulation and speciation of selenium in maize growing in selenite and selenate spiked soils. Pedobiologia, 2011, 54: 267-272.

2011-005F Tong Yongpeng, Sun Huibin, Luo Qi, Feng Jinxing, Liu Xiaohong, Liang Feng, Yan Fen, Yang Ke, Yu Xiaohan, Li Yulan, Chen Jianmin. Study of lead level during pregnancy by application of synchrotron radiation micro XRF. Biological Trace Element Research, 2011, 142: 380-387.

2011-006F Yang J. Y., Sun Y., He L., Xiong C. M., Dou R. F., Nie J. C.. Size-dependent magnetic moments in ultrafine diamagnetic systems. Journal of Applied Physics, 2011, 109(12): 3908.

2012 年 (2012)

2012-001F Hall C.. Combined X-ray fluorescence and absorption computed tomography using a synchrotron beam. Ioppublishing for Sissa Medilab, 2012, 17-20.

2012-002F Xie Q., Peng L., Cai F., Li A G., Yang K.. Preliminary investigation of trace element in Pterygium using synchrotron radiation micro-beam X-ray fluorescence analysis (m-XRF). Ioppublishing for Sissa Medilab, 2012, 17-20.

2012-003F Yuan Qingxi, Zhang Kai, Hong Youli, Huang Wanxia, Gao Kun, Wang Zhili, Zhu Peiping, Jeff Gelb, Andrei Tkachuk, Benjamin Hornberger, Michael Feser, Yun Wenbing, Wu Ziyu. A 30 nm-resolution hard X-ray microscope with X-ray fluorescence mapping capability at BSRF. Journal of Synchrotron Radiation, 2012, 19: 1021-1028.

2012-004F Yan Guang, Zhang Yuchao, Yu Junlei, Yu Yu, Zhang Fan, Zhang Zhuzhen, Wu Aimin, Yan Xianghua, Zhou Yi, Wang Fudi. Slc39a7/zip7 plays a critical role in development and zinc homeostasis in Zebrafish. PLOS ONE August, 2012, 7(8): e42939.

2012-005F Wang Lihua, Lu Xiaoming, Wei Xiangjun, Jiang Zheng, Gu Songqi, Gao Qian, Huang Yuying. Quantitative Zn speciation in zinc-containing steelmaking wastes by X-ray absorption spectroscopy. Journal of Analytical Atomic Spectrometry, 2012, 27: 1667-1673.

2013 年 (2013)

2013-001F Wang Lihua, Huang Yuying, Lu Xiaoming. Zn distribution and speciation in zinc-containing steelmaking wastes by synchrotron radiation induced μ-XRF and μ-XANES spectroscopy. Journal of Physics: Conference Series, 2013, 430: 012097.

2013-002F Wang Lihua, Lu Xiaoming, Huang Yuying. Determination of Zn distribution and speciation in basic oxygen furnace sludge by synchrotron radiation induced m-XRF and m-XANES microspectroscopy. X-ray Spectro-metry, 2013, 42: 423-428.

2013-003F Deng Biao, Yang Qun, Du Guohao, Tong Yajun, Xie Honglan, Xiao Tiqiao. The progress of X-ray fluorescence computed tomography at SSRF. Nuclear Instruments and Methods in Physics Research Section B, 2013, 305: 5-8.

2013-004F Xia Jinlan, Liu Hongchang, Nie Zhenyuan, Peng Anan, Zhen Xiangjun, Yang Yun, Zhang Xiuli. Synchrotron radiation based STXM analysis and micro-XRF mapping of differential expression of extracellular thiol groups by *Acidithiobacillus ferrooxidans* grown on Fe^{2+} and S^0. Journal of Microbiological Methods, 2013, 94: 257-261.

2013-005F Guo Huaming, Zhang Yang, Jia Yongfeng, Zhao Kai, Li Yuan, Tang Xiaohui. Dynamic behaviors of water levels and arsenic concentration in shallow groundwater from the Hetao Basin, Inner Mongolia. Journal of Geochemical Exploration, 2013, 135: 130-140.

2013-006F Liu Huawei, Liu Dasen, Shi Rubin. Determination of Fe relative concentration and chemical valence in broilers duodenal wall using μ-XRF and XRNES. Doctoral Fund of Ministry of Education of China, 2013: 1-10.

2013-007F Song J., Yang Y. Q., Zhu S. H., Chen G. C., Yuan X. F., Liu T. T., Yu X. H., Shi J. Y.. Spatial distribution and speciation of copper in root tips of cucumber revealed by μ-XRF and μ-XANES. Biologia Plantarum, 2013, 57 (3): 581-586.

2013-008F Lu Lingli, Tian Shengke, Liao Haibing, Zhang Jie, Yang Xiaoe, John M. Labavitch, Chen Wenrong. Analysis of metal element distributions in rice (*Oryza sativa* L.) seeds and relocation during germination based on X-ray fluorescence imaging of Zn, Fe, K, Ca, and Mn. Plos One, 2013, 8(2): e 57360.

2013-009F Lin Huirong, Chen Guangcun, Zhu Shenhai, Chen Yingxu, Chen Dongliang, Xu Wei, Yu Xiaohan, Shi Jiyan. The interaction of CuS and *Halothiobacillus* HT1 biofilm in microscale using synchrotron radiation based techniques. International Journal of Molecular Sciences, 2013, 14: 11113-11124.

2013-010F Gao Xing, Gu Songqi, Gao Qian, Zou Yang, Jiang Zheng, Zhang Shuo, Wei Xiangjun, Yu Haisheng, Sheng Guodong, Duan Peiquan, Huang Yuying. A high-resolution X-ray fluorescence spectrometer and its application at SSRF. X-Ray spectrometry, 2013, 42: 502–507.

2014 年 (2014)

2014-001F Luo Lei, Lv Jitao, Xu Chuang, Zhang Shuzhen. Strategy for characterization of distribution and associations of organobromine compounds in soil using synchrotron radiation based spectromicroscopies. Analytical Chemistry, 2014, 86: 11002-11005.

2014-002F Lv Jitao, Zhang Shuzhen, Luo Lei, Zhang Jing, Yang Ke, Peter Christie. Accumulation, speciation and uptake pathway of ZnO nanoparticles in maize. The Royal Society of Chemistry Environmental Science: Nano 2014.

2014-003F Zhao Jiating, Li Yufeng, Li Yunyun, Gao Yuxi, Li Bai, Hu Yi, Zhao Yuliang, Chai Zhifang. Selenium modulates mercury uptake and distribution in rice (Oryza sativa L.), in correlation with mercury species and exposure level. Metallomics, 2014, 6: 1951-1957.

2014-004F Yu You, Zhou Mingze, Franziska Kirsch, Xu Congqiao, Zhang Li, Wang Yu, Jiang Zheng, Wang Na, Li Jun, Thomas Eitinger, Yang Maojun. Planar substrate-binding site dictates the specificity of ECF-type nickel/cobalt transporters. Cell Research, 2014, 24: 267-277.

2014-005F Shen Yating. Distribution and speciation of lead in model plant *Arabidopsis thaliana* by synchrotron radiation X-ray fluorescence and absorption near edge structure spectrometry. X-ray Spectrometry, 2014, 43: 146-151.

2014-006F Chen Yali, Hong Xiaoqing, He Hui, Luo Hongwei, Qian Tingting, Li Ruzhong, Jiang Hong, Yu Hanqing. Biosorption of Cr (Ⅵ) by *Typha angustifolia*: Mechanism and responsesto heavy metal stress. Bioresource Technology, 2014, 160 : 89-92.

2015 年 (2015)

2015-001F Yang Jianjun, Zhu Shenhai, Zheng Cuiqing, Sun Lijuan, Liu Jin, Shi Jiyan.. Impact of S fertilizers on porewater Cu dynamics and transformation in a contaminated paddy soil with various flooding periods. Journal of Hazardous Materials, 2015, 286: 432-439.

2015-002F Zhu Yumin, Zhang Hua, Shao Liming, He Pinjing. Insights into metals in individual fine particles from municipal solid waste using synchrotron radiation-based micro-analytical techniques. Journal of Environmental Sciences, 2015, 27: 298-308.

3 文集文献索引

1964 年 (1964)

1964-001P 卢云锦, 周家泉, 袁汉章. 铂铱合金的主成分和杂质铁、钯、铑的荧光 X 射线光谱分析. 全国测试基地年会报告集 (上集), 北京: 国家科委, 1964: 241-245.

1964-002P 马光祖. 薄试样法在荧光 X 射线光谱定量分析中的应用 (I) 矿石与矿物中铌、钽的荧光 X 射线光谱定量分析. 全国测试基地年会报告集 (上集), 北京: 国家科委, 1964: 246-256.

1964-003P 谢忠信, 李君龄, 田淑贵, 高振珊. 矿石、矿物中稀土元素的的化学-荧光 X 射线光谱定量分析. 全国测试基地年会报告集 (上集), 北京: 国家科委, 1964: 257-271.

1964-004P 赵宗玲, 马光祖, 梁国立. 混合稀土氧化物中十五个稀土元素及钍的荧光 X 射线光谱测定. 全国测试基地年会报告集 (上集), 北京: 国家科委, 1964: 272-281.

1964-005P 卢云锦. 荧光 X 射线光谱分析. 全国测试基地年会报告集 (下集), 北京: 国家科委, 1964: 48-66.

1964-006P 卢云锦, 王子尧, 宋玉芝, 苏德芳. 荧光 X 射线光谱分析的灵敏度. 全国测试基地年会报告集 (下集), 北京: 国家科委, 1964: 254-255.

1964-007P 徐子培. 铌铁矿单矿物中铌的一次发射荧光 X 射线光谱分析. 全国测试基地年会报告集 (下集), 北京: 国家科委, 1964: 256-258.

1964-008P 梁国立, 王道梓, 马光祖. 铌钽混合氧化物中铌钽的荧光 X 射线光谱定量测定. 全国测试基地年会报告集 (下集), 北京: 国家科委, 1964: 258-259.

1964-009P 王德恭. 铌钽矿物中铌钽的荧光 X 射线光谱稀释法的测定. 全国测试基地年会报告集 (下集), 北京: 国家科委, 1964: 259-260.

1964-010P 来宝宽, 王德恭. 矿石、矿物中铌与钽的化学-荧光 X 射线光谱的定量测定. 全国测试基地年会报告集 (下集), 北京: 国家科委, 1964: 260-261.

1964-011P 马光弟. 高纯金属钽粉和五氧化二钽粉中铌和五氧化二铌的 X 光光谱测定. 全国测试基地年会报告集 (下集), 北京: 国家科委, 1964: 262.

1964-012P 马光祖, 陶友增. 矿石与矿物中锆的荧光 X 射线光谱快速测定. 全国测试基地年会报告集 (下集), 北京: 国家科委, 1964: 263.

1964-013P 丰梁垣, 鲍蕙兰, 谢忠信. 锆英石中锆、铪的荧光 X 射线光谱定量测定. 全国测试基地年会报告集 (下集), 北京: 国家科委, 1964: 264-265.

1964-014P 谢忠信, 刘益宽. 混合稀土氧化物的荧光 X 射线光谱分析中某些问题的研究. 全国测试基地年会报告集 (下集), 北京: 国家科委, 1964: 265-267.

1973 年 (1973)

1973-001P 丰梁垣, 闫学义, 李根行, 李若龄. 铁矿石中微量钴、镍、铜的荧光 X 射线光谱定量测定. 地质科技, 1973(增刊): 1-9.

1973-002P 李燕, 仝道新, 付镇词. 铪-2 合金中锡、镍、铁、铬的荧光 X 射线光谱法测定. 地质科技, 1973(增刊): 10-14.

1973-003P 单齐梅, 方明渭, 钟阴庭. 铂、钯和金的试金-X 射线光谱分析. 地质科技, 1973 (增刊): 15-19.

1973-004P 曹振乾, 张玉斌. 铌钽单矿物中钽、铌、铁、锰、钛的荧光 X 射线光谱测定. 地质科技, 1973(增刊), 20-22.

1973-005P 陶友增. 矿石和矿物中铌钽的 X 射线荧光光谱定量测定. 地质科技, 1973(增刊): 23-26.

1973-006P 地质矿产研究所. 铌铁矿中铌、钽、铁、锰、钛、钪、钇、镱、铀、钍的 X 光荧光光谱分析. 地质科技, 1973(增刊): 27-30.

1973-007P 杨乐山, 吴传智. 荧光 X 射线光谱分析的薄样法. 地质科技, 1973(增刊):

31-37.

1973-008P 袁汉章, 周家泉, 王厚光, 周锡杰. 氧化锆中氧化铪的 X 射线荧光光谱测定. 地质科技, 1973(增刊): 38-40.

1973-009P 杨乐山, 吴传智. μ 因子法荧光 X 射线光谱定量分析. 地质科技, 1973(增刊): 41-46.

1973-010P 王锡銮. X 射线荧光背景规律的初步探讨及其应用实例. 地质科技, 1973(增刊): 59-64.

1973-011P 杨乐山, 吴传智. 稀释参数法在荧光 X 射线光谱定量分析中的应用——矿物中锶的测定. 地质科技, 1973(增刊): 65-67.

1973-012P 地质矿产研究所. 矿物中直接测定稀土分量的 X 光荧光光谱法. 地质科技, 1973(增刊): 68-72.

1973-013P 张博仪, 刘建成. 正长岩中氧化钾的荧光 X 射线光谱定量测定. 地质科技, 1973(增刊): 72.

1973-014P 陆少兰, 陈文波, 李建华. 高纯氧化钕中杂质镨、钐、钇的 X 光荧光光谱测定. 地质科技, 1973(增刊): 73-74.

1973-015P 宋吉人, 仲崇明, 沈治家. 矿石和矿物中钛的荧光 X 射线光谱定量测定方法. 地质科技, 1973(增刊): 75-76.

1973-016P 张佩环. X 射线激发的光学荧光光谱在痕量稀土元素分析中的应用. 地质科技, 1973(增刊): 77-80.

1973-017P 梁国立, 袁汉章. 轻便放射性同位素 X 射线荧光分析仪简介. 地质科技, 1973(增刊): 81-86.

1973-018P 地质矿产研究所. X 光荧光光谱分析目前发展的一些情况. 地质科技, 1973(增刊): 87-88.

1973-019P 全道新, 李燕, 李红卫. 钛铝合金中铝的荧光 X 射线光谱法测定. 地质科技, 1973(增刊): 89.

1973-020P 宋吉人. 矿石矿物中二氧化硅的荧光 X 射线分析法. 地质科技, 1973(增刊): 90.

1973-021P 丁雪心, 陈武 等. 铯榴石中铷、铯的荧光 X 射线光谱分析. 地质科技, 1973(增刊): 91.

1973-022P 丁雪心, 陈武 等. 天青石中锶的荧光 X 射线分析. 地质科技, 1973(增刊): 92.

1976 年 (1976)

1976-001P 张玉斌, 曹振乾, 蒋惠钟. 荧光 X 光谱、发射光谱、化学联合岩石全分析. 全国岩矿分析经验交流会文集, 北京: 科学出版社, 1976: 517-532.

1976-002P 杨乐山, 吴传智. μ 因子法荧光 X 射线光谱定量分析. 全国岩矿分析经验交流会文集, 北京: 科学出版社, 1976: 533-544.

1976-003P 杨乐山, 吴传智, 杜崇良. 峰背比法的实验探讨. 全国岩矿分析经验交流会文集, 北京: 科学出版社, 1976: 544-549.

1976-004P 翟秋福, 张元福. 岩石矿物中低量元素的 X 荧光光谱测定. 全国岩矿分析经验交流会文集, 北京: 科学出版社, 1976: 549-555.

1976-005P 地质科学院地质矿产研究所八室. 矿石中锶、钡的 X 射线荧光光谱测定. 全国岩矿分析经验交流会文集, 北京: 科学出版社, 1976: 555-558.

1976-006P 陶友增, 谭富安. 汞的荧光 X 射线光谱测定. 全国岩矿分析经验交流会文集, 北京: 科学出版社, 1976: 559-560.

1976-007P 浙江省地质局实验室. 手提式 X 光荧光分析仪测定矿石中的铁和钼. 全国岩矿分析经验交流会文集, 北京: 科学出版社, 1976: 561-563.

1976-008P 周新华, 闫学义, 李若龄, 李银行, 施泽恩. 岩石中微量铷、锶的荧光 X 射线光谱测定. 全国岩矿分析经验交流会文集, 北京: 科学出版社, 1976: 570-572.

1982 年 (1982)

1982-001P 王一先, 钱志鑫, 赵振华. 岩石中稀土的离子交换分离和薄膜制样法研究. 1980 年全国岩矿分析经验交流会论文集, 北京: 地质出版社, 1982:

1-3.
1982-002P 陈丕通. 电子计算机在 X 射线荧光光谱分析中的应用. 1980 年全国岩矿分析经验交流会论文集, 北京: 地质出版社, 1982: 4-7.
1982-003P 罗津新, 祝甫生. 矿石及选冶样品中硒、碲、铂、钯、银的化学 X 射线荧光法测定. 1980 年全国岩矿分析经验交流会论文集, 北京: 地质出版社, 1982: 8-11.
1982-004P 刘珍荣, 陈永君, 赵宗玲. X 射线荧光光谱分析硅酸盐岩石样品. 1980 年全国岩矿分析经验交流会论文集, 北京: 地质出版社, 1982: 12-14.
1982-005P 陈远盘, 郑厚琳. 铁矿石和岩石中微量元素的 X 射线荧光光谱分析. 1980 年全国岩矿分析经验交流会论文集, 北京: 地质出版社, 1982: 15-19.

4 专(译)著文献索引

4.1 专著

1981-001W 张家骅,徐君权,朱节清. 放射性同位素 X 射线荧光分析. 北京:原子能出版社,1981:388.

1981-002W 任炽刚,承唤生,汤国魂,陈建新,姚惠英. 质子 X 荧光分析和质子显微镜. 北京:原子能出版社,1981:227.

1982-003W 谢忠信,赵宗玲,张玉斌,陈远盘,丰梁垣. X 射线光谱分析. 北京:科学出版社,1982:582.

1984-004W 章晔. X 射线荧光探矿技术. 北京:地质出版社,1984:297.

1989-005W 王毅民. 实用 X 射线谱线图表. 北京:原子能出版社,1989:150p.

1992-006W 刘彬,黄衍初,贺晓华. 环境样品 X 射线荧光光谱分析. 乌鲁木齐:新疆大学出版社,1992:382.

1994-007W Wang Yimin, Gao Yushu. Practical X-Ray Spectral Line Charts and Tables. Beijing: Geological Publishing House, 1994: 155.

1998-008W 曹利国. 能量色散 X 射线荧光方法. 成都:成都科技大学出版社,1998:359.

2003-009W 吉昂,陶光仪,卓尚军,罗立强. X 射线荧光光谱分析. 北京:科学出版社,2003:295.

2007-010W 梁钰. X 射线荧光光谱分析基础. 北京:科学出版社,2007:269.

2008-011W 罗立强,詹秀春,李国会. X 射线荧光光谱仪. 北京:化学工业出版社,2008:188.

2008-012W 杨明太,任大鹏. 实用 X 射线光谱分析. 北京:原子能出版社,2008:222.

2009-013W 孙天希,刘志国,丁训良. 毛细管 X 射线光学器件的性能和应用. 北京:冶金工业出版社,2009:163.

2010-014W 卓尚军,陶光仪,韩小元. X 射线荧光光谱的基本参数法. 上海:上海科学技术出版社,2010:379.

2011-015W 吉昂,卓尚军,李国会. 能量色散 X 射线荧光光谱. 北京:科学出版社,2011:478.

2015-016W 罗立强,詹秀春,李国会. X 射线荧光光谱技术分析(第二版). 北京:化学工业出版社,2015:270.

2016-017W 高新华,宋武元,邓赛文,胡坚. 实用 X 射线光谱分析. 北京:化学工业出版社,2016:365.

4.2 译著

1973-001S Birks L. S.. X 射线光谱分析. 高新华译. 北京:冶金工业出版社,1973:131.

1977-002S 罗兹 J. R.. 同位素源 X 射线荧光分析仪. 荣弟译. 北京:原子能出版社,1977:105.

1980-003S Афонин В. П., Гфуничева Т. Н.. 岩石矿物的 X 射线荧光光谱分析. 宋吉人,周国清译. 北京:地质出版社,1980:221.

1981-004S Jenkine R., Plesch R.. et al. X 射线荧光分析译文集——数学校正法及新技术的应用. 赵宗玲,刘珍荣,刁桂年译. 北京:地质出版社,1981:231.

1983-005S Bertin E. P.. X 射线光谱分析导. 1970. 高新华译. 北京:地质出版社,1981:457.

1983-006S Bertin E. P.. X 射线光谱分析的原理和应用. 1975. 李瑞诚,鲍永夫,吴效林译. 北京:国防工业出版社,1983:602.

1989-007S Jenkins R., de Vries J. L.. X 射线分析工作实例. 刘汉贤,邓玉珠译. 长沙:湖南大学出版社,1989:129.

2002-008S Reinhold Klockenkämper. 全反射 X 射线荧光分析. 1997. 王晓红,王毅民,王永奉译. 北京:原子能出版社,2002:237.

2006-009S Claisse F., Blanchette J. S.. 硼酸盐熔融的物理与化学——献给 X 射线荧光光谱学工作者. 2004. 卓尚军译. 上海:华东理工大学出版社,2006:108.

5 期刊文献专题索引

5.1 评述论文

5.1.1 综合性评述

1960-001 Вайштейн Э. Е., 沈联芳, 李安模译. X 线谱分析的现状. 化学通报, 1960, (4): 11-16(总 178-184).

1979-001 陈远盘. X 射线荧光光谱分析综述. 分析化学, 1979, 7(4): 304-312.

1979-019 卢云锦. 荧光 X 射线谱分析（上）. 江苏化工, 1979, (3): 82-91.

1979-020 卢云锦. 荧光 X 射线谱分析（下）. 江苏化工, 1979, (4): 61-70.

1980-002 陈远盘. X 射线荧光光谱分析动态. 上海有色金属, 1980, (S1): 56-61.

1982-025 李宁先. X 射线分析化学发展概况. 分析仪器, 1982, (4): 1-7.

1982-031 马光祖, 赵宗玲, 梁国立. 我国 X 荧光光谱分析现状. 光谱学与光谱分析, 1982, 2(3-4): 281-287.

1983-073 谢荣厚, 高树桢, 朱一钧. X 射线荧光光谱分析的进展. 光谱学与光谱分析, 1983, 3(3): 13-20.

1985-065 马光祖, 姚惠英. 中国 X 射线荧光光谱分析的进展. 光谱学与光谱分析, 1985, (6): 66.

1987-105 Ma Guangzu. Advances in X-ray fluorescence spectrometry in China. X-ray Spectrometry, 1987, 16(3): 109-112.

1988-086 谢荣厚, 高树桢, 朱一钧. X 射线荧光光谱分析的新进展. 分析化学, 1988, 16(3): 279-285.

1992-108 王毅民. 岩石矿物元素的整体分析、显微分析与分布分析. 分析化学, 1992, 20(7): 850-856.

1995-013 陈远盘. X 射线荧光光谱分析的现状和进展. 光谱学与光谱分析, 1995, 15(2): 103-111.

1997-122 谢荣厚, 高新华, 邬时海. X 射线荧光光谱分析进展. 冶金分析, 1997, 17(2): 34-38.

2003-016 刁桂年. X 射线荧光光谱分析的新进展. 现代仪器, 2003, (3): 1-5.

2003-219 詹秀春. X 射线荧光光谱分析新进展与应用//周金生. 地质实验工作 50 周年文集. 北京: 地质出版社, 2003: 318-335.

2008-254 王毅民, 陈幼平. 近 30 年来我国地质分析重要成果评介. 地质论评, 2008, 54(5): 653-669.

2012-119 吉昂. X 射线荧光光谱三十年. 岩矿测试, 2012, 31(3): 383-398.

2013-570 章连香, 符斌. X 射线荧光光谱分析技术的发展. 中国无机分析化学, 2013, 3(3): 1-7.

5.1.2 年度评述

1987-049 马光祖, 袁汉章. X 射线荧光光谱分析的进展. 分析试验室, 1987, 6(5-6): 131-136.

1989-066 马光祖, 袁汉章. X 射线荧光光谱分析. 分析试验室, 1989, 8(4): 62-74.

1991-026 吉昂. X 射线荧光光谱分析. 分析试验室, 1991, 10(4): 133-142.

1993-047 吉昂. X 射线荧光光谱分析. 分析试验室, 1993, 12(3): 70-79, 109.

1995-095 陶光仪. X 射线荧光光谱分析. 分析试验室, 1995, (3): 92-100.

1997-105 陶光仪. X 射线荧光光谱分析. 分析试验室, 1997, 16(3): 97-103.

1999-076 罗立强, 马光祖. X 射线荧光与粒子激发 X 射线光谱分析. 分析试验室, 1999, 18(4): 104-111.

2001-039 吉昂, 卓尚军. X 射线荧光光谱分析. 分析试验室, 2001, 20(4): 103-108.

2003-216 卓尚军, 吉昂. X 射线荧光光谱分析. 分析试验室, 2003, 22(3): 102-108.

2006-325 卓尚军, 吉昂. X 射线荧光光谱分析. 分析试验室, 2006, 25(5): 113-122.

2007-333 卓尚军. X 射线荧光光谱分析. 分析试验室, 2007, 26(12): 112-122.

2009-434 卓尚军. X 射线荧光光谱分析. 分析试验室, 2009, 28(7): 112-122.

5.1.3 专题评述

1978-013 王祖陶. X 射线研究的现代发展. 无机盐工业, 1978, (S1): 84-92.

1983-009 陈远盘. X 射线荧光光谱仪的进展. 分析试验室, 1983, (3): 17-21.

1984-078 杨福家, 曾宪周. 离子束分析进展. 自然杂志, 1984, 7(2): 100-106, 160.

1986-014 陈远盘. X 射线荧光光谱分析中薄样法的进展. 矿产与地质, 1986, (1): 70-80.

1987-030 吉昂, 倪德顺. 波长色散X射线荧光光谱仪的最新发展. 光谱实验室, 1987, 4(1): 1-7.

1987-055 倪德顺, 吉昂. 波长色散荧光X射线谱仪最新进展之二——高压发生器、测角仪、X光管的进展. 光谱实验室, 1987, 4(2): 51-54.

1991-125 中国分析测试协会咨询委员会, 分析技术及仪器评委会. 能量色散 X 射线荧光光谱评议报告. 分析测试通报, 1991, 10(1): 77-82.

1992-071 马光祖, 梁国立. 地质样品的X射线荧光光谱分析. 岩矿测试, 1992, 11(1-2): 37-43.

1992-072 满瑞林, 赵新那, 徐金华. X 射线荧光光谱分析技术在过程分析中的应用. 岩矿测试, 1992, 11(3): 273-275, 280.

1992-096 童纯菡. 核技术在地质勘查中的应用及其前景. 原子核物理评论, 1992, 9(4): 22-26.

1992-123 谢东, 严振庄. GMX 型同轴高纯锗探测器用于 X 射线荧光分析之性能评述. 核电子学与探测技术, 1992, 12(1): 35-40.

1993-108 Uhlig S., Peter W. M., 王莉莉, 高新华. 现代 X 射线荧光分析艺术. 分析试验室, 1993, 12(3): 65-67, 69.

1994-068 马光祖, 吉昂. X 射线荧光光谱仪的发展——Ⅰ. 顺序式波长X射线荧光光谱仪. 分析测试仪器通讯, 1994, (4): 20-22.

1995-026 高新华, 王毅民, 茅祖兴. 波长色散 X 射线荧光仪器进展. 光谱学与光谱分析, 1995, 15(3): 107-112.

1995-074 马光祖, 梁国立. X 射线荧光光谱仪的进展Ⅱ. 同时式波长色散 X 射线荧光光谱仪. 分析测试仪器通讯, 1995, 5(4): 199-202.

1995-109 王毅民, 高新华, 茅祖兴. 波长色散 X 射线荧光仪器进展. 现代科学仪器, 1995, 15(2): 28-30, 38.

1996-030 丁训良, 梁炜, 颜一鸣. 使用 X 光透镜的 XRF 谱仪的研究进展. 核技术, 1996, 19(3): 164-169.

1996-058 李晓林, 朱节清. 扫描透射离子显微术(STIM) 研究的现状和进展. 核物理动态, 1996, 13(3): 43-45.

1997-147 朱节清. 核探针技术的现状和发展. 核技术, 1997, 20(10): 61-65.

1998-003 卜赛斌, 郝贡章. 顺序式X射线荧光光谱仪调研综述. 光谱实验室, 1998, 15(6): 17-22.

1998-019 董慧茹, 董吉源. X 射线荧光光谱仪的进展. 分析仪器, 1998, (2): 6-14.

1998-026 方原柏. 选矿厂载流分析仪综述. 有色金属设计, 1998, 25(3): 30-33.

1998-086 刘亚雯, 肖辉. 掠射技术与X射线荧光分析. 光谱学与光谱分析, 1998, 18(5): 98-102.

1999-123 谢荣厚, 高新华, 盛伟志, 丁志强. 现代 X 射线荧光光谱仪的进展. 冶金分析, 1999, 19(1): 32-36.

2001-022 高新华, 丁志强. X 射线荧光分析技术在冶金分析中的应用. 钢铁, 2001, 36(3): 64-68.

2001-066 罗立强, 马光祖. 基于知识的X射线荧光光谱研究进展. 光谱学与光谱分析, 2001, 21(6): 871-875.

2001-090 石贤峰, 沈皓, 刘波, 孙民德, 姚惠英, 周世俊, 宓泳. 核分析技术在环境和医学研究中的应用. 核技术, 2001, 24(9): 734-741.

2002-022 巩岩, 陈波, 尼启良, 曹建林, 王兆岚. 掠出射 X 射线荧光分析. 物理, 2002, 31(3): 167-170.

2003-031 韩松, 贾秀琴, 董金泉. 现代核分析技术在资源环境研究中的应用. 地质力学学报, 2003, 9(1): 85-90.

2005-097 罗立强. X射线光谱分析在激发、探测和应用领域的研究进展. 分析科学学报, 2005, 21(3): 322-326.

2007-126 刘红妮, 陈曼. 绿色分析化学技术进展. 分析测试技术与仪器, 2007, 13(1): 44-49.

2008-094 吉昂, 李国会, 张华. 高能偏振能量色散X射线荧光光谱仪应用现状和进展. 岩矿测试, 2008, 27(6): 451-462.

2008-339 张林艳, 戴挺. 能量色散X射线荧光光谱仪的现状. 现代仪器, 2008, (5): 50-53.

2009-346 易伟松, 江厚敏. 体内X射线荧光骨铅检测新进展. 微量元素与健康研究, 2009, 26(1): 8-10.

2010-212 聂富强, 李景滨. X射线荧光光谱分析铁合金样品的制备方法进展. 化学工程与装备, 2010, (11): 132-134.

2011-245 钱原铬, 赵春江, 陆安祥, 贾文珅, 李晓婷. X射线荧光光谱检测技术及其研究进展. 农业机械, 2011, (23): 137-141.

2011-362 吴文琪, 许涛, 郝茜, 王强, 张淑杰, 赵长玉. X射线荧光光谱分析稀土的研究进展. 冶金分析, 2011, 31(3): 33-41.

2011-385 许涛, 罗立强. 原位微区X射线荧光光谱分析装置与技术研究进展. 岩矿测试, 2011, 30(3): 375-383.

2011-401 杨明太, 唐慧. 能量色散X射线荧光光谱仪现状及其发展趋势. 核电子学与探测技术, 2011, 31(12): 1307-1311.

2012-001 艾晓军, 罗学辉, 李玄辉. WDXRF光谱仪在地质行业的应用现状及发展趋势. 黄金, 2012, 33(5): 54-57.

2013-089 葛良全. 现场X射线荧光分析技术. 岩矿测试, 2013, 32(2): 203-212.

2013-353 苏会芳, 刘超, 胡孙林, 王松才, 孙立敏, 黄炜, 张小婷, 李双琳. 微束X射线荧光光谱分析在法医学鉴定中的应用进展. 法医学杂志, 2013, 29(1): 43-48.

2013-577 赵奉奎, 王爱民. 能量色散X射线荧光光谱仪研究现状. 核技术, 2013, 36(10): 54-60.

2014-404 王晓阳. X射线荧光元素录井技术在地质上的应用及新进展. 录井工程, 2014, 25(2): 39-42, 100.

2014-485 杨一青, 张海涛, 王智峰, 杨周侠, 王亚红. X射线荧光光谱法在催化剂分析领域的应用进展. 炼油与化工, 2014, 25(1): 1-3, 60.

2015-095 郭鸣. 论期间核查在X射线荧光分析仪中的应用. 广东科技, 2015, (12): 92-97.

2015-116 胡波, 武晓梅, 余韬, 王超, 方正. X射线荧光光谱仪的发展及应用. 核电子学与探测技术, 2015, 35(7): 695-702, 706.

2015-613 朱俐, 王金凤, 尹利辉. X射线荧光光谱法在标准中的应用. 理化检验-化学分册, 2015, 51(2): 267-271.

5.2 仪器设备

1963-001 陈篪, 李华林, 丁家言. 论元素互致X射线荧光辐射强度. 物理学报, 1963, 19(11): 727-734.

1973-001 北京矿冶研究院自动化研究室. 国外放射性同位素X射线荧光分析仪及其应用. 有色金属(冶炼部分), 1973, (7): 16-20.

1973-002 郗秀荣, 高新华, 帅仁杰, 张信钰. X射线荧光分析用全聚焦分光晶体的磨制. 物理, 1973, 2(3): 152-154.

1973-003 朱天舒. 多道全聚焦弯晶X射线萤光分析仪试制成功. 分析仪器, 1973, (2): 62-63.

1975-002 ^{238}Pu源制备小组. ^{238}Pu低能γ源. 原子能科学技术, 1975, (3): 269-270.

1976-001 阿尔弗雷德森, 杨君豪. 分析铀溶液用的放射性同位素仪器. 国外放射性地质, 1976, (4): 62-69.

1976-002 北京矿冶研究院. 矿浆流程X射线荧光分析仪试制完成. 有色金属(冶炼部分), 1976, (Z1): 68.

1977-003 丹东仪器厂. G6-1型多道X射线荧光

	光谱仪. 仪器制造, 1977, (3): 25.
1978-004	凤凰山铁矿地测科. YF——X 荧光分析仪的应用. 江苏冶金科技情报, 1978, (1): 65-67.
1978-011	Molinarl Adrian, 邹恩滕译. 矿浆流程分析用的放射性同位素探头. 国外金属矿选矿, 1978, (5): 26-32.
1978-012	上海新跃仪表厂. X 射线分析仪器介绍. 分析仪器, 1978, (3): 26-29.
1978-014	魏明秀. CFX-I 型弯晶 X 射线光谱仪. 地质与勘探, 1978, (4): 35-39.
1978-018	朱舜奇. 流程用 X 射线荧光分析仪研究. 有色金属 (冶炼部分), 1978, (5): 24-31.
1979-016	李忠义. 选矿厂矿浆品位自动分析——载流 X 荧光分析仪. 有色金属 (选矿部分), 1979, (1): 55-61.
1979-024	王淑珍. 新型的金属定量仪. 石油炼制与化工, 1979, (10): 72.
1979-027	解学文. X 射线荧光分析仪用的氟化锂弯晶的研磨和成型. 光学仪器, 1979, (3): 68-72.
1979-030	游文银, 方明渭. 多道全聚焦 X 射线荧光分析仪. 有色金属 (选矿部分), 1979, (3): 37-39, 36.
1980-011	姜殿斌. 新型 X 射线荧光光谱仪. 仪器仪表学报, 1980, 1(4): 121-123.
1980-012	金淮, 陆爱娜, 吕海鹰. YF-1 型 X 荧光分析仪在我矿的应用. 金属矿山, 1980, (4): 52-55.
1980-030	谢荣厚. 菲利浦公司 X 射线光谱仪的特点. 上海有色金属, 1980, (S1): 62-64, 61.
1980-037	俞嗣皎, 张文成, 聂汉卿, 蒋瑞娟, 郭昭乔, 李月宣, 卢殿通. 硅 (锂) X 射线探测器. 原子能科学技术, 1980, (2): 140-145.
1980-041	赵廷才. 流程 X 射线荧光分析的矿浆系统. 有色金属 (选矿部分), 1980, (1): 46-47.
1980-044	邹恩滕. 吸收限型复合滤光片. 有色金属, 1980, 32(2): 40-44.
1981-007	陈致芬. 半导体探测器金分析仪. 有色金属 (矿山部分), 1981, (3): 66.
1981-008	晨供. 意大利希德钢铁厂分析控制仪器的配置. 冶金分析, 1981, (0): 61.
1981-011	高文照, 江全奇, 刘秀兰. 用陶瓷真空电容降低 D 电路共振频率. 核技术, 1981, (6): 42-43.
1981-020	金淮, 陆爱娜. 关于 YF-1 型 X 荧光分析仪使用中的几个问题. 金属矿山, 1981, (12): 31-34.
1981-026	刘凤翘, 李忠义. 矿浆载流 X 荧光分析仪的标定技术. 有色金属 (选矿部分), 1981, (2): 14-21.
1981-053	朱舜奇. BYT-1 型在线多道 X 荧光分析仪研制小结. 分析仪器, 1981, (4): 41-44.
1981-054	邹恩滕. 吸收限型复合元素滤光片——用于 XRF 浸入式探头. 核技术, 1981, (2): 14-18.
1982-009	陈致芬. 反射型平衡辐射体装置的研制. 核技术, 1982, (3): 12-16.
1982-051	谢荣厚. 多道 X 射线荧光光谱仪及其在钢铁分析中的应用. 冶金分析, 1982, (6): 60.
1982-060	章晔, 谢庭周, 梁致荣, 于建, 黄国强. X 射线荧光测井仪的研制及其在金属矿上的应用. 成都地质学院学报, 1982, (2): 77-84.
1982-062	赵廷才. BYF-1 型在线 X 射线荧光分析的矿浆系统. 分析仪器, 1982, (1): 73.
1982-064	周拒非, 何伯延, 陈和乐, 莫善湘. 用 VRA-2 全自动 X 射线荧光分析仪测定镍矿尾矿中的镍和铜. 湖南冶金, 1982, (3): 51-54.
1982-066	朱舜奇. 在线 X 荧光分析仪研究. 分析仪器, 1982, (1): 73.
1983-028	黄可权. 以连续 X 射线分析仪为基础的电子计算机控制生料回路的操作经验. 水泥, 1983, (11): 38-42.
1983-031	黄自如. 单通道 X 射线荧光光谱仪 2θ 角联锁电路 (ALC) 的原理和调试. 武钢技术, 1983, (1): 43-50, 70.
1983-038	李春远. 弯晶的聚焦几何与可变曲率聚焦的 X 射线谱仪. 分析仪器, 1983, (1): 29-35.
1983-065	魏明秀. CFX-I 型全聚焦直进式 X 射线

谱仪的研制. 电子显微学报, 1983, (2): 54-60.

1983-066 魏明秀. 聚焦式 X 射线谱仪研究. 矿产与地质, 1983, (2): 45-54.

1983-076 徐信慧. 一种新型的 X 射线厚度测试仪. 上海金属 (有色分册), 1983, (3): 73.

1983-096 周叔良. 悬浮粒子检测器. 云南冶金, 1983, (5): 60.

1984-012 陈致芬, 邹恩滕. 特散平衡滤光片在多金属共生矿测锡中的应用. 核技术, 1984, (1): 19-22, 73.

1984-037 金润波, 吴万侯, 王宝林. GD-1 型能量色散 X 射线荧光谱仪系统研制报告. 矿产与地质, 1984, (2): 77-88.

1984-066 王魁元. 微型机 EG-3003 在 X 射线荧光光谱测试化探样品中的应用——八个元素测定的数据处理. 吉林地质, 1984, (4): 86-89.

1984-068 王树镛. 声控 X 射线荧光光谱仪. 分析试验室, 1984, (6): 16.

1984-073 吴友忠, 刘惠英. X 射线平衡滤光片. 核电子学与探测技术, 1984, (5): 306-308.

1984-080 杨先华. 出射角 Φ_2 的测定. 理化检验-化学分册, 1984, 20(2): 52.

1984-094 赵眉, 高建华, 周本富. 炮眼式 X 荧光分析仪用的正比计数管. 核电子学与探测技术, 1984, (2): 102-104.

1984-096 周智桂. 在线分析矿浆金属品位的配套设备. 有色金属 (选矿部分), 1984, (1): 15-19.

1984-097 朱锐, 梁桂金, 庄展郎, 刘文. 分光晶体 RAP 的研制及其性能. 电子显微学报, 1984, (4): 157.

1985-004 陈国柱, 马呈德, 张秀凤, 张毓敏, 王楠, 张维, 俞嗣皎. 高分辨 Si(Li) 探测器系统. 原子能科学技术, 1985, (5): 641.

1985-010 陈中泽. 充分发挥大型精密仪器的作用. 中国地质, 1985, (1): 17-18.

1985-017 董群满. X 光荧光微区膜厚计. 上海金属 (有色分册), 1985, (5): 56.

1985-019 范公桥, 陆朴敏. YF-P 型铜版纸涂布量在线测定仪的应用效果. 核技术, 1985, (5): 63-61.

1985-058 刘凤翘, 李忠义. 关于矿浆载流 X 荧光分析仪的物理模型. 金属矿山, 1985, (9): 30-33, 53.

1985-069 Nieuwerhuizen C., 谢荣厚. 地球化学分析用铬-金双阳极靶 X 射线管. 光谱学与光谱分析, 1985, (6): 79.

1985-072 沈景兰. 同位素源磁带涂层在线 X 射线荧光测厚仪. 核技术, 1985, (5): 29-61.

1985-078 孙雪瑜. 用半导体探测器测量 1.5-60keV 的 X 射线. 核电子学与探测技术, 1985, 5(4): 222-227, 331.

1985-081 谈耀麟. X 射线荧光能谱仪. 国外地质勘探技术, 1985, 5: 42.

1985-083 滕树昆, 徐玉茹. 能量色散 X 射线荧光多元素分析装置. 国外地质勘探技术, 1985, 2: 13-21.

1985-106 乐安全, 韩发生, 徐君权, 朱节清, 谷英梅. 金镀层测厚仪. 核技术, 1985, 9: 1-4, 51.

1986-020 丁志俊. 全自动荧光 X 射线分析装置. 国外地质勘探技术, 1986, 6: 46-47.

1986-021 范钦敏. Si(Li) 探测器对体状 X 射线源的探测效率. 核电子学与探测技术, 1986, 6(2): 76-79.

1986-031 胡树植. X 荧光测厚仪. 电镀与精饰, 1986, 1: 25-29.

1986-036 贾惟义. 美国 ARL 公司 8400 和 8600 系列 X 射线荧光谱仪. 国外科学仪器, 1986, 1: 19-22, 34.

1986-041 林金铎, 王裕政, 江立人, 顾连学, 乐安全. XFT-84 基于微机 X 荧光涂层测厚仪. 核技术, 1986, 7: 15-19, 60.

1986-050 马礼敦. 几种 X 射线衍射仪及 X 射线荧光光谱仪. 分析测试通报, 1986, 5(3:)29-34.

1986-076 魏启宗. VF310 X 射线荧光光谱仪维修的点滴经验. 分析测试通报, 1986, 5(4): 60-62.

1986-084 徐君权, 乐安全, 韩发生, 朱节清, 谷英梅. X 射线荧光钛涂层厚度测量仪. 核电子学与探测技术, 1986, 6(1): 5-7,

1986-088 乐安全, 江立人, 顾连学, 徐君权, 韩发生, 谷英梅, 林金锌. 手表零件镀层测厚仪. 核技术, 1986, 12: 34-37, 157.

1986-097 张泽湘. 一种性能优良的能量色散 X 射线荧光光谱仪和微量分析用多功能数字成像及处理系统. 国外科学仪器, 1986, 1: 14-15.

1987-037 李正辉, 曾家玉, 朱世富. 碘化汞 (HgI_2) 半导体探测器 X 射线能谱仪. 半导体技术, 1987, 5: 56-59.

1987-038 李忠义, 陈祖安, 李国球. 库里厄 30 在凡口铅锌矿的初步应用. 有色金属 (选矿部分), 1987, 5: 48-53, 44.

1987-040 林金锌, 王裕政, 江立人, 顾连学, 乐安全. 基于微机的磁盘磁层测厚仪. 核电子学与探测技术, 1987, 2: 111-113.

1987-062 仇振强, 田辉银, 孟明礼. 基于微机的 X 射线分析自动测量系统. 核技术, 1987, 8: 25-28, 61.

1987-069 苏全. QCS 系列计算机配料自动控制系统. 中国建材, 1987, 7: 27.

1987-092 张光明. 碘化汞探测器的稳定性. 核技术, 1987, 3: 39-40, 62.

1987-104 朱光华. 时间顺序采样器及其应用. 中国环境监测, 1987, 3(2): 56-59.

1988-008 陈俊. NF9101A X 荧光分析仪在铁矿山的应用. 冶金自动化, 1988, 2: 47-50.

1988-014 邓世瑶. 日本理学 3530 型多道 X 射线荧光光谱仪简介. 建材地质, 1988, 2: 50.

1988-019 冯德友. 含水和无水四硼酸锂的研制及其在 X 射线荧光分析中的应用. 化学试剂, 1988, 10(6): 371-372, 324.

1988-021 甘璇玑, 肖德明. 纤维素酯微孔萃取的研制及其在分析上的应用. 中国核科技报告, 1988, S2: 30-31.

1988-031 胡树植. 管激发能散 X 射线荧光分析仪的探测系统. 分析试验室, 1988, 7(9): 40-43.

1988-074 田桢. 国产多道荧光分析仪-微机在线综合控制系统. 水泥, 1988, 8: 16-20, 3.

1988-085 肖木. 高分辨双晶 X 射线荧光仪. 上海金属 (有色分册), 1988, 9(1): 52.

1988-105 张万宝, 张美云, 黄兴云. VRA-20 型 X 射线荧光光谱仪的故障及其处理. 国外科学仪器, 1988, 2: 37-41.

1989-031 洪汇孝, 忻新泉. X 射线荧光谱仪模拟系统. 南京大学学报 (自然科学版), 1989, 25(1): 68-73.

1989-077 孙传琛, 卢成荣, 费志宇, 袁道生, 杨福家. 复旦大学的 3MV 串列静电加速器 (英文). 核技术, 1989, 12(7): 391-399.

1989-106 尹健生, 子彦. 世界首台金矿自动分析仪. 世界采矿快报, 1989, 31: 29-30.

1989-111 翟秋福. 8680——X 荧光光谱仪使用简介. 岩矿测试, 1989, 8(2): 154-155.

1989-110 曾宪周, 邬显慷, 邵其鋆, 姚惠英, 钟银兰, 韦德昌. 一个改进的按需束系统及其在古画分析中的应用. 核科学与工程, 1989, 9(2): 170-177, 7.

1990-023 谷英梅, 朱节清, 乐安全. 用于放射性应用仪表的低能小功率 X 射线源. 核技术, 1990, 13(8): 478-480.

1990-041 乐安全. 小面积 X 射线荧光涂层测厚仪. 同位素, 1990, 3: 175-177.

1990-044 李国会, 凡守忠. 3080 X 射线荧光光谱仪热交换器常见故障检修. 岩矿测试, 1990, 1: 70-71.

1990-050 李习安, 王信虎. X 射线荧光仪使用方法的研究和在金矿床上的应用. 黄金地质科技, 1990, 2: 43-46.

1990-053 李永强. 放射性同位素低能光子源的制备. 同位素, 1990, 1: 67-68.

1990-085 Rhodes J. R., Rautala P., 葛良全. 微处理器轻便型 X 射线荧光分析仪在矿产分析中的应用. 国外铀金地质, 1990, 2: 43-48.

1990-119 杨学东. 8680 X 荧光光谱仪与长城 0520-CH 计算机的数据通信. 岩矿测试, 1990, 9(2): 145-147.

1990-125 袁祥林, 李志勇, 洪秀瑟. 硅 (锂) X 射线探测器. 中国核科技报告, 1990, (0): 297-302.

1991-006 蔡兆勋. X 射线荧光表面测量系统. 上海金属 (有色分册), 1991, 12(1): 56.

1991-005 蔡兆勋. 全自动荧光 X 射线多波道多

元素同时分析装置. 上海金属 (有色分册), 1991, 12(4): 62.

1991-011 程永铭, 米戎. F-PC 芯线断裂的诊断及焊接——X 射线荧光光谱仪常见故障维修经验介绍. 光谱实验室, 1991, 8(6): 57-59.

1991-032 荆照政. X 射线荧光光谱分析中样品盒顺序的调整. 岩矿测试, 1991, 10(1): 16.

1991-035 乐安全. YH-84 X 荧光涂层测厚仪——涂层厚度的无损检测仪器. 现代科学仪器, 1991, 3: 44.

1991-036 乐安全, 林金锌, 朱节清, 谷英梅, 顾连学, 韩发生, 徐君权, 王裕政, 王志芳. XYH-86 小面积 X 荧光涂层测厚仪. 核技术, 1991, 14(9): 513-519.

1991-048 梁国立. X 射线荧光光谱仪的性能检验. 岩矿测试, 1991, 10(2): 150-153.

1991-074 施文潮. 真空隔膜窗口的自制方法. 光谱实验室, 1991, 8(6): 60.

1991-075 施志欧, 陆晓明. X 荧光自动分组定量分析系统. 宝钢技术, 1991, 3: 52-55.

1991-104 颜一鸣. X 光学的重要突破——谈 X 光透镜. 现代物理知识, 1991, 5: 19-21, 33.

1991-107 杨学东. 8680 X 射线荧光仪常见故障的分析及处理. 岩矿测试, 1991, 10(2): 154-155.

1991-119 张汝源, 李麓维, 薛召南. 90°散射角下源激发 X 射线荧光测量的最佳入射角及源-靶-探测器结构的改进. 核技术, 1991, 14(4): 241-244.

1992-001 艾登 G., 埃萨克斯 D., 李景春, 李瑞峰, 康来鹏. 展现轻元素世界的 X 射线探测器窗口 (新开发的探测器窗口材料可透过来自碳、氮、氧和氟的软 X 射线). 光谱实验室, 1992, (Z1): 85-88.

1992-097 涂象融. X 射线荧光光谱仪信号检测系统概述. 上海建材学院学报, 1992, 5(3): 252-259.

1992-040 李国会. 理学 3080 型 X 荧光光谱仪几种故障的检修. 地质实验室, 1992, 8(6): 379-380.

1992-162 朱春笙. FJ-2810 X 荧光分析仪简介. 煤炭分析及利用, 1992, 1: 47-48.

1993-024 董洪涛. 两种新型 X 射线分析仪. 建材工业信息, 1993, 15: 4.

1993-028 高柯. 4408 型涂布量在线直接检测器. 山东造纸, 1993, 2: 47-48.

1993-072 廖赤武, 于双弟. X 线分析仪的防护性能与评价. 职业医学, 1993, 2: 124.

1993-105 孙芝地. 矿浆载流 X 荧光分析的取样装置. 有色金属 (选矿部分), 1993, 3: 38-41, 14.

1993-138 张仕定, 王学松. AAG50B 型熔样机的改造及其在 XRFA 测定硅酸盐样品中的应用. 分析仪器, 1993, 1: 63-67.

1994-061 刘惠珍, 朱福英, 朱德彰, 曹德新, 沈浩元, 浦世节. 超薄窗 Si(Li) 探测器在实验中的应用. 核技术, 1994, 4: 242-245.

1994-063 刘松林, 何建久. XRF 分析仪器的新改进. 齐鲁石油化工, 1994, 2: 165-166.

1994-069 毛本将, 周蓉生, 贾文懿, 苗放, 唐红. CD-4 微机化 X 射线荧光仪研制. 核电子学与探测技术, 1994, 6: 337-343, 348.

1994-081 唐小平. 3080 E3 型 X 射线荧光光谱仪电路故障的诊断及处理. 分析测试仪器通讯, 1994, 3: 35-36.

1994-088 王广甫. GIC 4117 型离子束分析装置真空系统的维修. 分析测试仪器通讯, 1994, 4: 37-38.

1994-107 邢玉富. ARL8420$^+$X 射线荧光光谱仪真空泵故障维修. 分析测试仪器通讯, 1994, 3: 37.

1994-110 许文, 范举利, 张得明, 赵莉. ARL 8680 X 射线荧光光谱仪故障分析与维修. 分析测试仪器通讯, 1994, 4(1): 25-28.

1994-112 颜一鸣, 丁训良. 使用 X 光聚束系统的 X 射线荧光分析研究. 核技术, 1994, 13(6): 340-342.

1994-120 于宸. 高效高分辨 X 射线正比管研制. 中国原子能科学研究院年报, 1994, (0): 102.

1994-124 张蓓菁. Rigaku3530 型 X 射线荧光光谱仪的维修与改造. 建材地质, 1994, 5: 38-40.

1994-138 赵天宝, 姚金萍. X荧光光谱仪水冷却外循环系统的设计与制作. 光谱实验室, 1994, 11(3): 13-15.

1995-021 杜崇明, 唐晓慧. 仪器维修经验介绍. 地质实验室, 1995, 11(4): 245-247.

1995-046 李国会. 3080E2型X荧光光谱仪真空度下降原因及修理. 地质实验室, 1995, 11(5): 316-317.

1995-061 刘笛. VF-320型X射线荧光光谱仪水冷系统的维修与改造. 分析测试仪器通讯, 1995, 5(4): 240-241, 243.

1995-082 彭惠清. MOD300集散系统X荧光分析仪及通讯接口软件的开发. 有色金属(冶炼部分), 1995, 2: 32-35.

1995-093 谭秉和. 理学/多元素同时分析型X射线荧光分析仪——New SIMULTIX 10 SIMULTIX 11. 分析测试仪器通讯, 1995, 1: 20-24.

1995-094 谭业武, 梁竹健, 丁训良, 颜一鸣. X光直单管传输特性的实验研究. 北京师范大学学报(自然科学版), 1995, 1: 71-74.

1995-119 闲岁浩平, 户田胜久, 河野久征, 新井智也, 詹秀春. 理学SIMULTIX 10/11型多道X射线荧光光谱仪的背景测定装置与应用. 分析测试仪器通讯, 1995, 5(4): 191-198.

1995-123 阎军, 公锡泰. 能量色散X荧光法快速测定装置在稀土分析中的应用. 稀土, 1995, 16(2): 70-76.

1995-128 应志春, 邓赛文, 甘露, 吴晓军, 梁国立, 罗立强. X射线荧光光谱集成分析系统. 岩矿测试, 1995, 14(1): 61-65.

1995-134 张业惠, 吴万侯. JY-32型精密压样机的研制. 矿产与地质, 1995, 9(1): 66-68.

1996-026 程蓓蓓, 胡纫兰, 江辅华. 水泥生料成分配料自动控制一机多磨系统. 四川水泥, 1996, 2: 51-52.

1996-057 李泰华, 李新, 胡纫兰, 李文学. 正比计数管用于X射线荧光分析的研究. 四川大学学报(自然科学版), 1996, 33(3): 262-265.

1996-066 李翼. X射线荧光光谱仪光量计控制器适配电路故障检修两例. 分析测试仪器通讯, 1996, 6(3): 53-55.

1996-107 石琼, 陶光仪, 吉昂, 范存昌, 李卫民. PW1410 X射线荧光光谱仪的改造与应用. 分析测试仪器通讯, 1996, 6(2): 45-47.

1996-117 王文潜. 品位在线分析仪及其应用新进展. 国外金属矿选矿, 1996, 5: 44-49.

1996-121 温良弼, 黄艳文, 张孝征, 杨吉富, 何育民, 李志勇. 便携式Si(Li) X射线探测器的研制. 四川大学学报(自然科学版), 1996, 33(5): 67-70.

1996-132 谢荣厚, 高新华. 新的一代顺序式X射线荧光光谱仪——飞利浦PW2400型X射线荧光光谱仪. 现代仪器使用与维修, 1996, 6: 36-41.

1997-006 常青, 宋玉刚. 新一代X射线荧光光谱仪. 中国建材, 1997, 8: 44.

1997-014 邓赛文, 梁国立. 理学3080型X射线荧光光谱仪故障检修几例. 分析测试仪器通讯, 1997, 7(4): 54-55.

1997-017 丁元明, 张学东, 张宏勋, 王雪. X射线过程分析仪器及其应用. 分析测试仪器通讯, 1997, 7(2): 16-20.

1997-021 范玉龙, 王永青. 理学3080E型X射线荧光光谱仪高压插头修复方法. 现代科学仪器, 1997, 4: 42.

1997-023 高君. X荧光管油的替换及应注意的问题. 水泥, 1997, 10: 32-33.

1997-029 葛良全, 周四春, 谢庭周, 章晔, 程业勋, 侯胜利, 雷启福, 姚安兵, 王启国. 新型X射线荧光测井仪的研制与初步应用. 成都理工学院学报, 1997, 24(1): 107-111.

1997-035 郝士琢, 田辉银, 邱明松, 刘世萍. 一种新型多元素X射线荧光分析仪的研制. 原子与分子物理学报, 1997, 14(4): 138-143.

1997-038 侯胜利, 葛良全, 程业勋, 章晔, 王祝文. 新型X射线荧光测井仪及其应用. 地质与勘探, 1997, 33(5): 30-34.

1997-083 毛振伟, 池锦祺. VF-320型X射线荧光光谱仪器件的国产化. 分析测试仪器通讯, 1997, 7(1): 44-45, 48.

1997-092 邱林友. Rigaku 3530型X射线荧光光

谱仪故障分析与处理几例. 分析测试仪器通讯, 1997, 7(4): 57-58.

1997-106 滕朴仁. 应用一台仪器同时进行元素和相的测试——ARL 8600S XRF-XRD结合型光谱仪. 现代仪器使用与维修, 1997, 5: 35-37.

1997-114 王学钊. VF-320 型 X 荧光光谱仪的维修. 南方钢铁, 1997, 4: 43-44, 23.

1997-121 谢荣厚, 高新华. 新一代顺序式 X 射线荧光光谱仪——飞利浦 PW2400 型 X 射线荧光光谱仪. 分析测试仪器通讯, 1997, 7(1): 14-18.

1997-127 杨德辉. X 荧光能谱仪 (EDXRF)——一种快速、方便、无损的多元素同时测定仪器. 光谱仪器与分析, 1997, 1: 30-31.

1997-131 应志春, 邓赛文, 甘露, 吴晓军, 梁国立, 罗立强. 3080 X 射线荧光光谱仪的微机改造. 现代科学仪器, 1997, 3: 26-27.

1997-140 赵秀慧, 韩龙, 陶锡珍. TXF-901 X 荧光分析仪硬件电路的研制. 矿冶, 1997, 6(4): 79-83, 57.

1998-023 范举利, 张德明, 赵莉, 闫福栓. ARL8680 X 射线荧光光谱仪计算机硬件故障维修. 地质实验室, 1998, 14(4): 285-286.

1998-027 高军, 刘迪. 3080E3 型 X 射线荧光光谱仪维修实例三则. 有色矿冶, 1998, 3: 48-49.

1998-030 谷金平. 3080E3 全自动 X 荧光仪晶体转换及低压报警系统的故障维修实例. 光谱实验室, 1998, 15(1): 91-94.

1998-106 宋苏环, 黄衍信, 谢涛, 张兰. 波长色散型 X 射线荧光光谱仪与能量色散型 X 射线荧光光谱仪的比较. 现代仪器使用与维修, 1998, 4: 26-27.

1998-116 铁生年, 白志刚, 赵桂兰. 日本岛泽 (VXQ-150A) X 荧光光谱仪的维护. 现代仪器使用与维修, 1998, 1: 36-37.

1998-120 庹先国, 刘磊, 唐建武. 适用于构造物理化学研究的新型多道 X 射线分析仪的研制. 地球学报, 1998, 3(19): 113.

1998-121 王大椿, 颜一鸣, 赫业军, 丁训良, 陈宝振, 魏富忠, 刘安东, 罗萍, 陈俊, 李玉德, 潘世友, 施修龄. X 光透镜及其应用. 大学物理, 1998, 17(10): 2-6, 10.

1998-125 王图强. 振动磨研磨盒余样清除方法. 水泥, 1998, 11: 51.

1998-143 徐海. SRS300 X 射线荧光光谱仪故障分析及修理. 地质实验室, 1998, 14(3): 214-215.

1998-146 许锦康. X 射线荧光探头中几个主要部件相对位置的探讨. 云南冶金, 1998, 27(S1): 91-94.

1998-155 姚向东, 常建平, 李银祥. X 射线荧光光谱仪故障分析与维修. 现代仪器使用与维修, 1998, 3: 39-40.

1998-159 张德明, 范举利, 赵莉, 闫福栓. ARL8680 X 射线荧光光谱仪故障分析与维修. 地质实验室, 1998, 14(2): 139-141.

1998-163 张天佑, 李国会, 朱永奉, 黄新跃, 殷萍君, 樊守忠, 吕金卯. 高灵敏度的全反射 X 射线荧光光谱仪的研制. 岩矿测试, 1998, 17(1): 70-76.

1999-023 方原柏. 载流射线分析仪的现状与发展. 冶金自动化, 1999, 2: 5-7, 11.

1999-028 谷金平. 3080E3 全自动 X 荧光光谱仪控制电路故障的特殊处理. 光谱实验室, 1999, 16(5): 518-520.

1999-069 刘洋. 流气正比探测器窗口的研制. 现代仪器, 1999, 5: 42-43.

1999-073 鲁红斌. 冶炼工厂计算机管理控制信息集成. 计算机应用与软件, 1999, (4): 59-65.

1999-091 宋苏环, 黄衍信, 谢涛, 张兰. 波长色散型 X 射线荧光光谱仪与能量色散型 X 射线荧光光谱仪的比较. 现代仪器, 1999, 6: 47-48.

1999-101 铁生年, 严文福, 麻鑫, 李富忠. 岛津 VXQ-150A 型 X 荧光光谱仪的改造及维修. 分析仪器, 1999, 1: 57-58.

1999-102 铁生年, 云彦青, 严文福, 苗瑞雪. 日本岛津 X 荧光谱仪 (VXQ-150A) 的改造及维护. 光谱仪器与分析, 1999, 1: 40-42.

1999-103 王彬. PW1400 X 射线荧光光谱仪高压

发生器中脉冲变压器的设计和制作. 地质实验室, 1999, 15(2): 138-139, 141.

1999-113 汪建清, 金立云, 黄清良, 祝亮, 袁慧. 国内两种多道分析器与QXAS分析软件的接口及应用. 原子能科学技术, 1999, 33(3): 84-89.

2000-001 白友兆, 刘小东, 王亚林, 王健. 国产CX2000小型多道X荧光光谱仪. 中国建材科技, 2000, (1): 5-9.

2000-005 常建平, 李银祥, 姚向东. 日本理学3063PXRF维修后的检定工作. 国外建材科技, 2000, 21(1): 62-64.

2000-040 李德尧, 梁竹健, 丁训良, 颜一鸣. X光导管传输性能实验研究. 光学学报, 2000, 20(6): 735-738.

2000-057 骆兆军, 钱鑫, 王文潜. 磁罩盖过程的仪器测试研究. 云南冶金, 2000, 29(3): 13-16.

2000-070 谭日鑫, 金艳明, 孙云. X荧光仪国产化过程中的经验及体会——光闸板、样品盖限位微动开关接点方式的设计. 现代科学仪器, 2000, (4): 49-51.

2000-090 吴红旗. 理学3070E型X射线荧光光谱仪故障排除方法几例. 中国仪器仪表, 2000, (5): 43-44.

2000-098 颜一鸣, 赫业军, 丁训良, 陈俊, 李玉德, 魏富忠, 谢晋东, 潘秋丽, 王大椿. X射线光学的新成就——X光透镜及其应用. 自然科学进展, 2000, 10(11): 37-42.

2000-122 张圈世, 包敏. X射线荧光(XRF)在线检测系统判断限的研究. 核电子学与探测技术, 2000, 20(4): 249-252.

2000-123 张圈世, 常永福. 用XRF分析稀土元素时同位素激发源的选择. 核电子学与探测技术, 2000, 20(2): 92-95.

2001-004 车会生. 室外元素分析用的荧光X射线分析装置. 激光与光电子学进展, 2001, (11): 63-64.

2001-015 邓赛文, 梁国立, 刘钢, 严志远, 刘怀祁, 仇青. 日本理学3080系列X荧光光谱仪故障维修实例. 岩矿测试, 2001, 20(3): 237-240.

2001-023 葛良全, 赖万昌, 周四春, 任家富, 林玲, 林延畅. 海底X射线荧光探测系统的研制. 成都理工学院学报, 2001, 28(1): 80-85.

2001-029 韩宇冰. 联机应用系统热备份的研究与实现. 金融电子化, 2001, (5): 75-78.

2001-067 罗明荣, 陈铭舫. SXF-1200BF型XRF光谱仪真空系统故障分析及排除. 理化检验-化学分册, 2001, 37(7): 330-333.

2001-085 尚凤军, 王海霞, 周蓉生. 管激发X射线荧光仪在金矿勘察中的应用. 成都理工学院学报, 2001, 28(2): 217-220.

2001-105 王仁波. 野外X荧光分析仪的开关电源设计. 现代科学仪器, 2001, (6): 54-56.

2001-116 乌如恭桑, 郭丽, 田华阳. 电荷积分基线补偿谱仪放大器. 原子能科学技术, 2001, 35(3): 250-253.

2001-120 吴允平. X荧光水泥组分在线分析仪的设计. 福建师范大学学报(自然科学版), 2001, 17(4): 44-47.

2001-129 闫福栓, 曾扬, 郑浩. ARL8680型X荧光光谱仪的非自动高压校正. 岩矿测试, 2001, 20(1): 74-76.

2001-138 游俊富, 张龙生, 王虎, 赵海山. 一种全新的超高灵敏度X射线荧光光谱仪. 现代科学仪器, 2001, (1): 52-55.

2001-145 张玲, 刘信文, 崔素君. 结合式XRF-XRD光谱仪测定烧结矿中Fe(II). 冶金分析, 2001, 21(2): 55-56.

2001-149 张为, 任维萍, 戴学谦. X射线荧光光谱仪恒温装置改造. 光谱实验室, 2001, 18(3): 345-346.

2001-157 周蓉生, 马英杰, 方方, 侯新生. 小型化管激发X荧光仪的研制及初步应用. 中国地质, 2001, 28(5): 39-45.

2002-023 巩岩, 尼启良, 陈波, 曹健林. 掠出射X射线荧光光谱仪研制. 光学精密工程, 2002, 10(6): 597-601.

2002-029 韩龙. 载流X荧光分析仪扩容研究项目简介. 矿冶, 2002, (3): 34.

2002-039 黄金凤, 李占贤, 刘学东. 总线控制系统水泥成份X射线荧光自动分析仪. 自动化与仪表, 2002, (2): 7-9.

2002-040 黄宁, 张俊, 唐代全, 范轶翔, 胡纫兰.

BP 网络和 OLAM 网络在 X 荧光谱分析中的应用比较. 核电子学与探测技术, 2002, 22(3): 247-250.

2002-043 江冶, 侯鹏飞, 黄健. MagiX PRO X 射线荧光光谱仪在多目标地球化学调查中的应用. 江苏地质, 2002, 26(3): 157-160.

2002-047 金立云, 黄清良, 郑维明, 宋游, 刘桂娇. 石墨晶体预衍射 EDXRF 仪研制. 中国原子能科学研究院年报, 2002, (0): 105.

2002-052 赖万昌, 葛良全, 周四春, 林延畅, 肖刚毅, 吴永鹏. 新一代高灵敏度手提式 X 荧光仪的研制. 物探与化探, 2002, 26(4): 321-324.

2002-068 林延畅, 葛良全, 赖万昌, 周四春. 图形点阵 LCD 在手提式多元素 X 荧光仪中的应用. 核电子学与探测技术, 2002, 22(4): 341-343, 340.

2002-067 林延畅, 葛良全, 赖万昌. 新一代手提式多元素 X 荧光仪在地质普查中的应用. 物探与化探, 2002, 26(4): 325-328.

2002-071 刘江斌. 3080E3 型 X 射线荧光光谱仪故障排除方法. 分析测试技术与仪器, 2002, 8(2): 122-123.

2002-098 庹先国, 郭向利, 周建斌, 徐争启, 施刚, 王和飞, 卢斌, 程林, 李彬, 孟长春. 基于 EDXRF 精矿品位及水分在线分析系统. 矿冶工程, 2002, 22(4): 41-43.

2002-099 庹先国, 任家富, 周建斌, 郭向利, 陶永莉, 王和飞, 卢斌, 曹顺根, 程林, 李彬. 皮带式铁精矿含量、水分测量系统. 成都理工学院学报, 2002, 29(6): 660-664.

2002-101 庹先国, 徐争启, 郭向利, 王和飞, 卢斌, 程琳, 李彬. 基于 EDXRF 的铁精矿品位、水分在线分析系统的应用. 分析试验室, 2002, 21(5): 90-92.

2002-111 王鹏, 李泰华. 利用 MAX551 实现程控谱仪放大器. 电子工程师, 2002, 28(3): 3-4, 19.

2002-114 王小琴, 周蓉生, 贾文懿, 方方. 一种新型水泥样品 X 荧光分析仪的研制. 核电子学与探测技术, 2002, 22(2): 146-148.

2002-135 杨峰. 新型在线品位分析仪 Courier 3SL 在选矿中的应用. 铜业工程, 2002, (1): 39-41, 47.

2002-142 应晓浒, 陈晓东, 张卫星. 顺序式 X 射线荧光光谱仪常见故障的诊断方法. 光谱实验室, 2002, 19(5): 650-653.

2002-157 张彦伟, 李荣军, 张军利. X 荧光分析仪调试时应注意的几个问题. 水泥, 2002, (8): 52-53.

2003-001 安国玉. X 射线荧光光谱仪 XRF-1800 介绍. 现代科学仪器, 2003, (3): 78-79.

2003-004 常春, 候金红, 高良豪, 徐增芹, 李萍. ARL 9800XP 型 X 射线荧光光谱仪的故障及维修. 光谱实验室, 2003, 20(6): 916-918.

2003-007 陈汉城, 任振科, 田寅贞. 3070 型 XRF 仪快速分析铝土矿的方法研究及应用. 轻金属, 2003, (2): 9-17.

2003-014 邓赛文. GGB-1 X 荧光分析高频感应型熔样机研制成功. 岩矿测试, 2003, (1): 81.

2003-038 胡晓. 理学 3370E X 荧光光谱分析仪的故障分析及处理. 现代仪器, 2003, (2): 51-52.

2003-039 胡晓. 理学公司 ZSX100e 型 X 射线荧光光谱仪自动进样器故障分析. 分析测试技术与仪器, 2003, 9(1): 59-61.

2003-047 黄金凤, 李占贤. 基于 89C51 的多道脉冲幅度分析器及接口电路. 自动化与仪表, 2003, (3): 59-61.

2003-052 贾瑞洪, 陈运杰, 王念俊. 理学 SMX-10/11 型 X 荧光光谱仪的改进. 山东冶金, 2003, 25(4): 55-57.

2003-058 赖万昌, 葛良全, 吴永鹏, 林延畅, 肖刚毅. 新型高灵敏度 XRF 分析仪的研制与应用. 核技术, 2003, 26(11): 891-895.

2003-059 赖万昌, 葛良全, 吴永鹏, 肖刚毅, 林延畅, 贾艳. 轻型 XRF 分析仪在铁精矿品质快速检测中的应用. 金属矿山, 2003, (7): 48-49, 52.

2003-083 刘钢. 大型分析仪器几例故障分析及

2003-089 刘小波. X 射线荧光-铁品位在流分析仪的原理与应用. 金属矿山, 2003, (3): 43-44, 55.

2003-090 刘新斌, 赵攀峰, 贺治中, 陈晓霞. SMX-12 X 射线荧光光谱仪在长钢技术中心的应用. 山西冶金, 2003, (4): 63-65.

2003-095 陆晓明, 金德龙, 张志颖, 陈英颖. ARL9800 X 射线光谱仪测定烧结矿中氧化亚铁. 理化检验-化学分册, 2003, 39(2): 110-111.

2003-110 屈国普, 郭兰英, 徐少一. 一种适合于教学的 X 射线荧光钙铁分析仪. 核技术, 2003, 26(8): 645-648.

2003-111 尚凤军, 文凤, 王海霞, 周蓉生. 基于嵌入式微机的 X 荧光仪的研制. 仪器仪表报, 2003, 24(S1): 28-30.

2003-115 苏军. VB6.0 环境下实现 PC 机与 X 荧光分析仪的串行通信. 矿冶, 2003, 12(3): 73-75, 88.

2003-131 王大椿, 颜一鸣, 赫业军, 丁训良, 罗萍, 李玉德. X 光透镜及其应用的开发研究. 三明高等专科学校学报, 2003, 20(2): 11-16.

2003-135 王璟, 陈细龙. PW1404 型 X 射线荧光光谱仪气力正比探测器的气路故障分析及排除. 江西化工, 2003, (4): 155-156.

2003-136 王联强. 美国 ASOMA 仪器公司台式 X 射线荧光分析仪介绍. 检验检疫科学, 2003, 13(3): 63.

2003-148 吴红旗. ARL 9400 型 X 荧光光谱仪探测器高压部分故障分析与维修. 岩矿测试, 2003, 22(4): 307-309.

2003-152 吴永鹏, 赖万昌, 葛良全. 新一代多道 X 射线荧光分析仪的研制. 分析测试技术与仪器, 2003, 9(1): 5-9.

2003-156 徐明冬, 曾浩峰. 载流荧光分析仪系统的完善和开发应用. 湖南有色金属, 2003, 19(5): 47-49.

2003-165 颜一鸣, 丁训良. 导管波导系统的新应用. 北京师范大学学报 (自然科学版), 2003, 39(3): 345-352.

2003-171 杨清花. BFM-100 型载流 X 射线荧光分析仪在选矿厂中的应用. 甘肃冶金, 2003, 25(1): 33-35.

2003-175 应海松, 王松青, 陈晓东, 应晓浒. 西门子 SRS300 型 X 荧光光谱仪故障解析. 光谱学与光谱分析, 2003, 23(4): 808-810.

2003-179 于晓林. 岛津 μEDX 型微区能量色散型 X 射线荧光光谱分析仪. 现代仪器, 2003, (5): 40-41.

2003-185 曾荣杰. 库里厄系列载流 X 荧光分析仪的综述. 有色冶金设计与研究, 2003, 24(S1): 77-80.

2004-011 丁卫撑, 周蓉生, 马英杰. USB 总线技术在现场 X 荧光分析仪中的应用. 核电子学与探测技术, 2004, 24(5): 502-505.

2004-012 丁训良, 刘志国, 潘秋丽, 颜一鸣. 一种新型的微束 XRF 谱仪. 核技术, 2004, 21(10): 778-782.

2004-013 丁训良, 潘秋丽, 刘志国, 孙天希, 颜一鸣. 使用 X 光透镜和位置灵敏正比计数器的高能量分辨微束 XRF 谱仪. 北京师范大学学报 (自然科学版), 2004, 40(5): 634-640.

2004-020 高嵩, 庹先国, 任家富. 高稳定度的低能 X 射线管高压发生器的研制. 物探化探计算技术, 2004, 26(1): 61-65.

2004-021 高扬建. X 荧光分析仪数据采集——传送接口的设计和开发. 宝钢技术, 2004, (1): 43-46.

2004-031 侯新生, 方方, 马英杰, 周蓉生. 一种新型半导体探测器的应用. 核电子学与探测技术, 2004, 24(1): 44-46.

2004-037 矫海洋, 黄小红, 许小明. 台架实验样品分析中混合式 K 边界/X 荧光分析仪的应用. 中国原子能科学研究院年报, 2004, (0): 120.

2004-049 李向春. MDX1060 X 荧光分析仪的应用. 水泥技术, 2004, (2): 83-86, 8.

2004-050 李向春. MDX1060 型 X 荧光分析仪的应用与实践. 水泥工程, 2004, (2): 58-61.

2004-071 马英杰,周蓉生,方方. 小型化管激发 X 射线荧光仪的研制. 成都理工大学学报(自然科学版), 2004, 31(1): 103-107.

2004-083 尚凤军. 自适应小波在 X 荧光谱分析中的应用. 仪器仪表学报, 2004, 25(S1): 99-100.

2004-093 孙天希,刘志国,丁训良. 整体平行束 X 光透镜在实验室 EXAFS 谱仪中的应用研究. 北京师范大学学报(自然科学版), 2004, 40(6): 769-773.

2004-101 王成英,梁倩. S4 EXPLORER X 射线荧光光谱仪常见故障与诊断方法. 现代仪器, 2004, (5): 58-59.

2004-129 徐大刚,华兰,王曙光. ARL9400 型 X 射线荧光光谱仪场效应管损坏故障排除. 化学分析计量, 2004, 13(3): 46-47.

2004-133 杨淮强. XRE-201 数字式电动机保护控制装置及其使用. 电世界, 2004, (3): 14.

2004-147 詹秀春,陈永君,杨啸涛,樊兴涛. 电热型 X 荧光分析熔样机的研制及性能测试. 岩矿测试, 2004, 23(3): 221-224.

2004-151 张静,谢亚宁,侯凯,胡天斗,刘涛. X 射线吸收光谱技术中的滤光片研制. 核技术, 2004, 27(7): 497-500.

2004-172 朱纪夏,刘洪涛. X 射线荧光光谱仪漂移的校正方法. 冶金分析, 2004, 24(5): 76-77.

2004-173 朱节清. 微区 X 射线荧光黄金首饰分析装置. 黄金科学技术, 2004, 12(6): 26.

2005-007 陈晓文. EX-6000 X 荧光能谱仪电路结构及典型故障. 分析测试技术与仪器, 2005, 11(2): 137-142.

2005-011 程清,陈伟华,仵春祺. PW1660 与 MagiX 型 X 射线荧光光谱仪测定聚乙烯产品中铅、钛、铬的应用. 光谱仪器与分析, 2005, (3): 25-29.

2005-022 范真,谢亚宁,张珂,张静,胡天斗. 一种新型荧光 XAFS 探测器的研究. 核技术, 2005, 28(1): 16-20.

2005-025 冯晓东,徐莉. 改进 XRF 控制系统保证配料率值稳定性. 水泥, 2005, (1): 59-60.

2005-032 韩晓光,刘震,杨学东. 浅谈 MDX1000 型荧光分析仪的安全连锁. 新世纪水泥导报, 2005, (5): 8-10.

2005-048 汲长松. 我国非动力核技术工业应用仪器的发展过程与趋势. 同位素, 2005, 18(Z1): 123-125.

2005-055 金德龙,王承忠,陆晓明,朱莉. X 射线荧光光谱法测定高铝耐火材料中氧化铝的测量不确定度评定. 冶金分析, 2005, 25(3): 88-92.

2005-059 劳建新,刘雄光,王彦丽. ARL8680 型 X 射线荧光光谱仪故障维修几例. 岩矿测试, 2005, 24(3): 239-240.

2005-073 李雪贞,周四春,肖才锦. 关于核仪器刻度中的若干问题探讨. 核电子学与探测技术, 2005, 25(5): 567-569, 558.

2005-124 宋义,郭芬,谷松海. SRS 系列 X 射线荧光光谱仪使用注意事项及常见故障排除. 化学分析计量, 2005, 14(6): 43-44.

2005-134 孙天希,丁训良,刘志国,潘秋丽,汪燕,李颖,王治红. 整体 X 光透镜性能实验研究. 光学学报, 2005, 25(10): 142-146.

2005-135 孙天希,丁训良,刘志国,王大椿. 测量整体 X 光透镜性能的一种新方法. 高能物理与核物理, 2005, 29(10): 1017-1022.

2005-140 唐晓慧. 理学 3080E3 型 X 射线荧光光谱仪维修实例. 岩矿测试, 2005, 24(3): 237-238.

2005-159 汪燕,丁训良,潘秋丽,孙天希. 用散射法测量整体 X 光透镜性能. 北京师范大学学报(自然科学版), 2005, 41(1): 29-31.

2005-164 吴继宗,郑维明,金立云,黄清良,宋游,刘桂娇,张丽华,范德军. 石墨晶体预衍射-X 射线荧光分析系统的研制与应用. 中国原子能科学研究院年报, 2005, (0): 192.

2005-184 杨李锋. BX 系列波长色散 X 荧光分析仪介绍. 建材发展导向, 2005, (6): 76-78.

2005-246 邹昶,陈超. X 射线荧光仪真空和进样机械手结构与维修. 现代科学仪器, 2005, (2): 78-81.

2006-020 程洁, 向维华, 李小杰, 肖俊勇, 刘俊. ARL-9800XP X 射线荧光光谱仪故障分析. 冶金自动化, 2006, (4): 40-42.

2006-090 李海涛, 赵小平. 在线硫含量分析仪开发可行性调研. 甘肃科技, 2006, 22(5): 121-122, 22.

2006-098 李青元, 孙沛林. 大型分析仪器的故障分析及维修. 齐鲁石油化工, 2006, 34(4): 452-453.

2006-115 林延畅, 姜海静, 葛良全, 赖万昌, 曾兵, 程锋. 用于电致冷 Si-PIN 探测器的掌上型电源系统的研制. 核电子学与探测技术, 2006, 26(1): 22-24, 35.

2006-175 任家富, 周建斌, 庹先国, 林娟, 穆克亮. EDXRF-1024 便携式高精度 X 荧光分析仪. 核技术, 2006, 29(9): 698-700.

2006-192 宋游, 郑维明, 刘桂娇. 3070E-X 荧光光谱仪改造升级. 中国原子能科学研究院年报, 2006, (): 251.

2006-197 孙天希, 刘志国, 汪燕, 丁训良. 利用背散射方法测量整体 X 光透镜的性能. 核技术, 2006, 29(5): 339-343.

2006-200 汤凌志, 何为民. 独立工作模式下的 ADS774 在 X 荧光分析仪上的应用. 科技广场, 2006, (11): 107-108.

2006-225 王平, 邬莉萍. X 荧光光谱仪高压发生器的改进. 现代仪器, 2006, (3): 50-51.

2006-224 王平. 高负荷率运行下的 X 荧光光谱仪点检维护浅析. 科学技术与工程, 2006, 6(18): 3001-3004.

2006-246 魏向军, 徐清. 掠出射 X 射线荧光谱仪性能评测. 光学学报, 2006, 26(9): 1435-1438.

2006-247 吴允平, 周蓉生, 方方, 乐仁昌, 马英杰, 贾文懿. 便携式现场 X 荧光仪的几个关键问题探讨. 核电子学与探测技术, 2006, 26(6): 769-772.

2006-261 徐应军, 陈文川. BYF100-III 型载流 X 射线荧光分析仪在厂坝铅锌矿的应用. 甘肃冶金, 2006, 28(3): 137-138.

2007-023 程琳, 丁训良, 刘志国, 潘秋丽, 初学莲, 冯松林. 一种新型的微束 X 射线荧光谱仪及其在考古学中的应用. 物理学报, 2007, 56(12): 6894-6898.

2007-024 程清. MagiX 型 X 射线荧光光谱仪故障排除方法. 分析仪器, 2007, (1): 64-66.

2007-034 邓赛文, 刘洋, 应志春, 甘露, 吴晓军. 单道扫描型 X 射线荧光应用分析系统. 现代仪器, 2007, (5): 35-38, 45.

2007-035 邓赛文, 吴晓军, 甘露, 应志春, 梁国立, 崔长安, 朱纪夏. 多通道波长色散 X 射线荧光光谱仪的升级改造. 岩矿测试, 2007, 26(6): 481-484.

2007-036 邓赛文, 应志春, 甘露, 吴晓军, 梁国立. X 射线荧光光谱仪软件系统的升级改造. 现代科学仪器, 2007, (5): 51-53.

2007-078 黄建林. 浅谈能量色散 X 射线荧光光谱仪 (EDXRF) 的应用. 计量与测试技术, 2007, (10): 49, 51.

2007-089 金巧平. DM1250 型 X 荧光测硫仪在水泥厂的使用. 水泥工程, 2007, (5): 61-62.

2007-155 马永红, 赖万昌, 葛良全. 步进电动机在 X 射线荧光分析仪中的应用. 微特电机, 2007, (4): 52-53.

2007-161 潘志云, 王科范, 刘金锋, 徐彭寿, 孙治湖, 闫文盛, 韦世强. 自组装 Ge 量子点热扩散效应的 XAFS 研究. 中国科学技术大学学报, 2007, 37(Z1): 549-553.

2007-176 申坦. 嫦娥-1 携带的 8 种科学仪器. 国际太空, 2007, (12): 22-27.

2007-188 Stiel H, Legall H, Schnürer M. 用热解石墨晶体作色散和聚焦光学元件的激光等离子体源的超快 X 射线光谱仪 (英文). 光学精密工程, 2007, 15(12): 1908-1914.

2007-196 孙天希, 丁训良, 刘志国, 贺博, 韦世强, 谢亚宁, 刘涛, Rentzepis Peter M. 整体多毛细管 X 光透镜在扩展 X 射线吸收精细结构分析技术中的应用 (英文). 光学精密工程, 2007, 15(12): 1809-1815.

2007-197 孙天希, 刘志国, 韦世强, 贺博, 韦正, 杨君, 曾毅, 林晓燕, 初学莲, 丁训良. 整体毛细管 X 射线半会聚透镜在微区

EXAFS 分析技术中的应用. 高能物理与核物理, 2007, 31(10): 967-971.

2007-213 王广甫, 鲁永芳, 朱光华. 北师大串列加速器在气溶胶离子束分析上的新进展. 核技术, 2007, 30(12): 1023-1027.

2007-220 王琳, 沈立, 邓黎黎. 基于 Labview 和 USB 接口技术的 X 荧光仪的研制. 核电子学与探测技术, 2007, 27(3): 588-591.

2007-278 杨清花. 一种简易的温度控制设计与应用. 甘肃冶金, 2007, 29(4): 82-83.

2007-282 杨雪梅, 庹先国, 任家富, 陶永莉, 曾旖, 穆克亮. 用于在线 X 荧光分析的自动制样送测系统的研制. 冶金自动化, 2007, (3): 44-47.

2007-324 郑有清. 永平铜矿选矿厂荧光班: 成功改造分析仪冷却系统. 中国职工教育, 2007, (5): 31.

2007-325 支俊秉, 张旭. 牛津 MDX1060 荧光分析仪探测器通道的清洗方法. 水泥工程, 2007, (2): 66-68.

2008-037 程锋, 葛良全, 赖万昌, 胡克亮, 郭伟. 新一代便携式 X 射线荧光仪及其在铀分析中的初步应用. 铀矿地质, 2008, 24(6): 375-379, 368.

2008-038 程琳, 潘秋丽, 丁训良, 刘志国. 微束 X 射线荧光分析系统的建立及其在考古学中的应用. 原子能科学技术, 2008, 42(1): 1-4.

2008-051 窦勇, 陈玲华, 季茜宇. 岛津多道 X 荧光光谱仪真空泄露故障诊断. 河南冶金, 2008, 16(4): 28-29.

2008-096 贾力于, 范轶翔, 黄宁. X 荧光分析仪与 QCS 通信接口的开发研究. 四川水泥, 2008, (2): 33-35.

2008-103 赖万昌, 邵琪伟, 李丹. 一种低功耗能量色散 X 光管控制电源的研制. 核电子学与探测技术, 2008, 28(5): 991-993.

2008-108 李海波. X 射线荧光光谱仪的维护和保养. 大众标准化, 2008, (S1): 103-105.

2008-140 Lin Yiqing. Swift/BAT observations of X-ray flashes. Chinese Journal of Astronomy and Astrophysics, 2008, 8(3): 309-313.

2008-148 刘桂娇, 宋游, 郑维明, 马精德, 粟本华, 汪南杰. 石墨晶体预衍射 X 射线荧光分析装置在中试厂的安装调试. 中国原子能科学研究院年报, 2008, (0): 270.

2008-147 Liu Guijiao, Song You, Zheng Weiming, Ma Jingde, Su Benhua, Wang Nanjie. Installation and test of HOPG diffractive EDXRF in 404 plant. Annual Report of China Institute of Atomic Energy, 2008, (0): 231-232.

2008-167 罗峰. 能量色散 X 射线荧光光谱仪的性能检测. 福建分析测试, 2008, 17(2): 49-52.

2008-185 Patterson John I H. 选择正确的 X 荧光设备进行 RoHS 筛选分析. 中国电子商情 (基础电子), 2008, (4): 50-54.

2008-202 宋扬, 赖万昌, 程锋, 王广西. 铜矿品位仪的软件设计及应用. 科技创新导报, 2008, (9): 78-79.

2008-213 孙华敖, 吴建平. 基于 PWM 技术的 X 荧光仪稳压电源设计. 核电子学与探测技术, 2008, 28(2): 318-320.

2008-215 孙天希, 丁训良, 刘志国, 张美荣, 罗萍, 潘秋丽, 李崇会, 袁明年. 利用多毛细管准直器测量 X 射线光源焦斑尺寸. 原子能科学技术, 2008, 42(7): 633-636.

2008-234 王广甫. GIC4117 2×1.7MV 串列加速器的运行、改进和应用. 现代仪器, 2008, (1): 53-55.

2008-299 杨恒书, 李寿松. Courier6SL 分析仪在选矿中的应用. 云南冶金, 2008, 37(3): 25-28, 31.

2008-319 殷钰, 石保莉. 浅谈能量色散 X 荧光分析仪的调试要点. 山东建材, 2008, (1): 28-31.

2008-355 郑维明, 宋游, 刘桂娇, 吴继宗, 陈晨. 封闭式石墨晶体预衍射 X 射线荧光装置在钚纯化过程中的应用. 中国原子能科学研究院年报, 2008, (0): 265-266.

2008-357 Zheng Weiming, Wu Jizong, Song You, Chen Chen, Liu Guijiao. Study and application of source excited XRF equipment. Annual Report of China Institute of Atomic Energy, 2008, (0): 227.

2008-358 郑维明, 吴继宗, 宋游, 陈晨, 刘桂娇. 源激发 X 射线荧光分析装置研制及其应用. 中国原子能科学研究院年报, 2008, (0): 265.

2008-366 Zhou Shaohua, Fu Lue, Liang Baoliu. Clustering analysis of ancient celadon based on SOM neural network. Science in China (Series E: Technological Sciences), 2008, 51(7): 999-1007.

2009-027 陈伟华, 杜磊, 庄奕琪, 包军林, 何亮, 张天福, 张雪. MOS 结构电离辐射效应模型研究. 物理学报, 2009, 58(6): 4090-4095.

2009-045 邓赛文, 梁国立, 刘以建, 马天芳. GGB-1 型 X 射线荧光光谱分析高频感应熔样机的性能与应用. 岩矿测试, 2009, 28(2): 169-172.

2009-046 邓淼, 杨军锋. 基于 LabVIEW 的航空发动机滑油故障检测系统设计. 电子测量技术, 2009, 32(9): 89-92, 110.

2009-061 傅远, 薛松, 魏向军, 姜政, 顾颂琦, 陈明, 黄宇营, 余笑寒. 上海光源 XAFS 光束线高次谐波抑制镜系统研制. 核技术, 2009, 32(10): 729-732.

2009-091 黄晓明. X 荧光光谱仪点检维护. 设备管理与维修, 2009, (9): 19-21.

2009-094 黄珍. ARL9800XP 荧光光谱议故障分析及维修. 农村经济与科技, 2009, 20(10): 97-98.

2009-223 邵军. 用 1 台 X 荧光仪控制 2 条生产线的 QCS 生料质量控制系统. 建材技术与应用, 2009, (3): 19-20.

2009-229 宋涵华. 应对欧洲联盟有害物质的限制指令的 X 荧光光谱仪. 电镀与精饰, 2009, 31(9): 40-43.

2009-241 唐丽丽, 赖万昌, 于姗姗, 夏尚铭, 李丹, 龙秀容, 林光君. 原煤 X 射线荧光分析仪探测系统的改进. 选煤技术, 2009, (4): 78-80.

2009-266 王璟, 黄庆和, 杨戈, 周萍. WP1404 型 X 荧光光谱仪检测器电路原理及维修. 现代测量与实验室管理, 2009, (4): 18-19.

2009-292 吴根生. AGC 液压系统的故障诊断. 润滑油, 2009, 24(4): 31-34.

2009-297 吴松良, 祝建清. Venus200 X 射线荧光分析仪在水泥生产中的应用. 水泥工程, 2009, (1): 19-22, 27.

2009-302 向国进, 童建民. 便携式能量色散 X 荧光分析仪的研制. 实验技术与管理, 2009, 26(2): 74-76.

2009-304 谢康. 浅谈影响 X 荧光测硫仪测量油品中硫含量的因素. 仪器仪表用户, 2009, 16(6): 73-74.

2009-319 闫芬, 李爱国, 杨科, 王华, 余笑寒. 基于 EPICS 的硬 X 微聚焦实验站数据采集系统. 核技术, 2009, 32(11): 801-805.

2009-323 杨健, 葛良全, 张邦, 王汉彬. 微束微区 X 荧光探针仪的机械系统设计. 机械设计与研究, 2009, 25(2): 90-92.

2009-347 易伟松, 江厚敏, 后德家, 罗贤清, 王海婴. 体内 X 射线荧光骨铅检测原理及系统. 核电子学与探测技术, 2009, 29(2): 406-410.

2009-425 朱根庆, 许绍俊, 杨锐, 孙汝昆. X 射线荧光岩屑录井仪器. 录井工程, 2009, 20(1): 47-50, 60, 77.

2009-430 朱志甫, 李学强, 瞿金辉, 张雄杰, 满在刚. X 荧光光谱仪脉冲成形电路的设计. 核电子学与探测技术, 2009, 29(4): 864-867.

2009-435 邹杨, 顾颂琦, 姜政, 魏向军, 马静远, 黄宇营, 徐洪杰. 基于 Labview 的 XAFS 光束线实验站数据采集系统. 核技术, 2009, 32(4): 246-250.

2010-020 陈晓凤. X 荧光分析仪的应用. 福建建材, 2010, (5): 95, 123.

2010-062 高盛阳. MXF2300 X 荧光光谱仪数据攫取技术的探讨. 现代仪器, 2010, (3): 63-65.

2010-063 葛良全, 孙传敏, 谷懿, 杨健, 曾国强, 赖万昌. 微束微区 X 荧光矿物探针分析仪的研制. 矿物岩石, 2010, 30(3): 105-108.

2010-065 谷懿, 杨强, 赖万昌, 葛良全. 一体化 X 射线管激发荧光分析仪的研制. 核电子学与探测技术, 2010, 30(5): 686-689.

2010-093 黄晓萍. Venus200 X 荧光分析仪的制样方法和标样的制备及其维护. 水泥工程, 2010, (5): 61-62, 80.

2010-255 孙雪, 罗耀耀, 焦欢欢, 李业强. CdZnTe 化合物半导体探测器在 X 射线荧光技术中的应用. 科学咨询 (决策管理), 2010, (4): 91.

2010-260 谭植元, 林晓燕, 孙天希, 李玉德. 以金属为反射面的单毛细管 X 射线光学元件. 北京师范大学学报 (自然科学版), 2010, 40(6): 691-695.

2010-268 滕玥鹏, 孙天希, 刘志国, 罗萍, 潘秋丽, 丁训良. 一种新型单毛细管 X 光学器件. 光学学报, 2010, 30(2): 542-545.

2010-281 王国华, 任家富, 周子安. 单片机控制三维样品台的设计. 科技风, 2010, (11): 221, 223.

2010-291 王莉. Axios 4400/40 X 荧光光谱仪分析软件的探讨. 黑龙江冶金, 2010, 30(4): 45-46, 48.

2010-296 王强兵. X 荧光测厚仪研究. 计量与测试技术, 2010, 37(3): 30-31.

2010-309 王玉莲. 能量色散型 X 荧光分析仪在 5000t/d 生产线上的应用. 水泥, 2010, (12): 52-53.

2010-362 杨强, 葛良全, 赖万昌, 任翔, 谷懿. X 荧光测井探管的研制及其初步应用. 物探与化探, 2010, 34(4): 508-511.

2010-364 杨伟清, 张磊, 付晓光. 能量色散 X 射线荧光光谱仪的控制系统硬件设计. 中国建材科技, 2010, (S2): 273-275.

2010-370 杨莹, 牟轩沁, 余厚军, 陈希, 张砚博, 汤少杰. 基于模型的钨靶 X 射线球管光谱重建. 电子学报, 2010, 38(10): 2285-2291.

2010-381 易伟松, 江厚敏, 后德家, 罗贤清, 王海婴. 国内外体内 X 射线荧光骨铅检测系统比较研究. 环境科学与技术, 2010, 33(2): 72-75.

2010-391 曾国强, 葛良全, 林延畅. 一种高效率低纹波 X 射线探测器电源的设计. 核电子学与探测技术, 2010, (7): 976-979.

2010-404 张磊, 宋欣, 芦红. 国产波长色散 X 荧光仪制造技术. 中国建材科技, 2010, (S2): 267-272.

2010-418 张宇, 邓玉福, 张树志, 马跃, 邵欣. 一种便携式能量色散 X 射线荧光分析仪的设计. 核电子学与探测技术, 2010, 30(5): 666-669.

2010-444 周怡君, 戴挺. 基于 S3C2440 的能量色散 X 射线荧光光谱仪. 电子技术应用, 2010, 36(10): 37-39.

2011-010 陈国照. 载流 X 荧光分析仪对数弯晶分光系统的优化设计. 甘肃冶金, 2011, 33(4): 103-105.

2011-012 陈玲华, 王欢, 张磊. 岛津 X 荧光光谱仪 CWC-16 二重管式热交换器的再生处理. 分析仪器, 2011, (6): 78-79.

2011-050 董彦辉, 李光平, 郑庆瑜. X 荧光更换 X 光管后定量测试方法研究. 现代仪器, 2011, 17(4): 86, 95.

2011-097 胡道丰, 李威华, 李娟. 处理 MXF2400 荧光光谱仪 102 报警. 设备管理与维修, 2011, (8): 59.

2011-140 李金明. X 射线荧光光谱仪. 甘肃冶金, 2011, 33(6): 121-123.

2011-169 Li Yongqiang, Satoh takahiro, Shen Hao, Zheng Yi, Li Xinyi, Liu Bo. Scanning transmission ion microscopy on Fudan SPM facility. Nuclear Science and Techniques, 2011, (5): 282-286.

2011-197 刘新, 房迎春, 雷凯, 付明英, 郑利红, 仵春祺. PW2424 X 射线荧光光谱仪故障分析与处理. 分析仪器, 2011, (4): 103-105.

2011-201 刘艳芳, 赖万昌, 谢希成, 张江云, 周良平. 能量色散型 X 荧光分析仪光管、样品、探测器距离的蒙特卡罗优化. 核电子学与探测技术, 2011, 31(9): 1038-1041, 1061.

2011-203 刘振伟. Thermo ARL ADVANTXP+ X 射线荧光光谱仪故障维修. 新疆有色金属, 2011, (1): 78-79.

2011-234 宁方敏, 邬旭然, 田宇纮, 徐惠忠. 高灵敏度光伏硅杂质元素分析仪的研制.

烟台大学学报（自然科学与工程版）, 2011, 24(2): 136-140.

2011-271 申凤君, 葛良全, 杨强, 张庆贤, 谷懿. X 射线荧光测井仪系统研制. 核技术, 2011, 34(4): 304-308.

2011-303 田蕤. 天瑞公司便携式翡翠鉴定仪面市. 分析仪器, 2011, (4): 114-115.

2011-317 王洪建, 肖沙里, 施军, 黄显宾, 蔡红春, 钱家渝. Z 箍缩等离子体 X 射线凸晶谱仪. 强激光与粒子束, 2011, 23(2): 403-406.

2011-416 应乐斌, 戴连奎, 郭晓明. 能量色散 X 射线荧光测硫仪特征峰波段选取. 自动化仪表, 2011, 32(10): 1-4.

2011-423 袁永春. 原油中在线总硫分析仪的选用. 石油化工自动化, 2011, 47(3): 52-54, 67.

2011-438 张坤, 冯禄平. WDPF-Ⅱ品位分析仪在彝良驰宏矿业选矿工艺的应用. 现代矿业, 2011, (4): 110-112.

2011-459 张志勇, 曾卫华, 周舜铭, 贺雅慧, 李阳子. 核能谱信号放大器脉冲成形电路的设计. 核电子学与探测技术, 2011, 30(11): 1300-1302.

2011-481 周舜铭, 曾卫华, 贺雅慧, 李阳子, 张志勇. 可程控核能谱信号放大器中 AD5445 的应用. 科技创新导报, 2011, (29): 58.

2012-011 蔡文焰, 潘宝忠, 唐学平. 某企业 X 射线荧光分析仪的放射防护检测评价. 中国辐射卫生, 2012, 21(2): 167-168.

2012-077 龚红军. 理学 X 荧光光谱仪的两例故障分析及处理. 分析仪器, 2012, (5): 75-77.

2012-099 何伟龙, 王健, 杨勇. SDD 探测器在 X 荧光分析系统中的应用. 大众科技, 2012, 14(12): 96-97.

2012-110 胡晓. ZSX100e 型 X 射线荧光光谱仪真空系统故障分析. 分析仪器, 2012, (4): 115-117.

2012-115 黄伟, 李礼, 鲍雷, 余家燕, 杨灿. XactTM620 自动多金属监测仪的使用与日常维护. 分析仪器, 2012, (4): 118-121.

2012-139 来学敏, 赵永林. DMX1060 型 X 射线荧光分析仪日常使用的注意事项. 水泥, 2012, (5): 48-49.

2012-154 李国仁, 曾兵, 杜垚垚, 左平, 黄薇. 基于 FPGA 的多道脉冲分析器的设计. 电子世界, 2012, (23): 120-122.

2012-192 廖芳瑜, 潘莲辉. 基于 BP 神经网络分析的在线矿浆品位分析仪设计. 企业科技与发展, 2012, (13): 19-20, 23.

2012-210 刘江斌, 党亮, 和振云, 祝建国. ZSX PrimusⅡ型 X 射线荧光光谱仪故障处理与维护. 分析测试技术与仪器, 2012, 18(3): 192-193.

2012-262 宁艳, 蓝恩洪, 黄义伟, 钟威, 雷坚. X 荧光光谱仪在锰矿分析中的应用拓展. 轻工科技, 2012, (10): 25-26.

2012-274 齐连柱, 吴伦强, 赵忠刚, 杨明太. S4-X 射线荧光光谱仪高压发生器控制电路故障分析. 核电子学与探测技术, 2012, 32(6): 664-667.

2012-393 吴松, 王爱民. 基于 FPGA 能量色散 X 射线荧光分析仪设计. 现代仪器, 2012, 38(3): 66-70.

2012-414 徐慧超, 周剑英, 龚培荣, 朱周侠, 张永立, 黎忠. YAG 晶体在软 X 射线荧光靶探测器中的应用. 核技术, 2012, 35(8): 587-590.

2012-418 徐群, 应华军, 周永利, 包世星. 硫氰酸钠溶液中氯含量测定-XRF 液体进样系统分析法. 化工中间体, 2012, (12): 41-42.

2012-464 殷庆纵, 夏劼清, 冯家林. 针对土壤重金属污染的 X 荧光测试仪的设计. 自动化仪表, 2012, 33(10): 80-82, 86.

2012-478 曾国强, 葛良全, 倪师军, 熊盛青. 数字化 X 荧光仪电源的最优化设计. 核电子学与探测技术, 2012, 32(6): 719-723.

2012-509 张勤, 白金峰, 王烨. 地壳全元素配套分析方案及分析质量监控系统. 地学前缘, 2012, 19(3): 33-42.

2012-527 张振华, 曹峰. 日本理学 ZSX Primus Ⅱ型 X 射线荧光光谱仪常见故障分析及日常维护. 现代仪器, 2012, 18(4):

67-69.

2013-026 陈树军, 张伟, 金鑫, 王政, 梁宏伟. X荧光在线多元素分析仪的研究与应用. 世界有色金属, 2013, (10): 76-77.

2013-028 陈涛, 郭隽, 太井超. 波长色散X射线荧光光谱仪故障处理及维护. 天津冶金, 2013, (S1): 98-101.

2013-036 成秀栋. Venus200光谱仪使用的注意事项. 建材技术与应用, 2013, (4): 32-34.

2013-040 程俊华, 张健, 陈刚, 徐新民, 王沛钊, 石君军. 废彩色阴极射线管玻璃的X和γ射线屏蔽特性. 环境工程技术学报, 2013, 3(3): 253-258.

2013-063 窦勇, 陈玲华. 岛津XRF-1800 X荧光光谱分析仪真空系统的故障处理及维护. 宽厚板, 2013, 19(1): 30-31.

2013-112 侯世峰, 刘俊. 能量型X荧光光谱仪辐射伤害初探. 分析仪器, 2013, (5): 103-106.

2013-116 胡晓. ZSX100e型X射线荧光光谱仪真空系统故障分析. 分析仪器, 2013, (4): 94-96.

2013-117 胡晓, 吴宁馨. Supermini型X射线荧光光谱仪的故障分析. 分析仪器, 2013, (6): 78-80.

2013-158 李畅, 宋三春, 岳丽华, 张靖峰, 孙永生. 浅谈Axios X射线荧光光谱仪日常故障处理. 光谱实验室, 2013, 30(4): 1697-1699.

2013-212 李哲, 庹先国, 成毅, 杨剑波. 基于EDXRF的钛铁品位在线分析系统及应用研究. 原子能科学技术, 2013, 47(3): 508-512.

2013-213 Li Zhe, Tuo Xianguo, Shi Rui, Zhou Jianbi. Analytic fitting and simulation methods for characteristic. X-ray peaks from Si-PIN detector. Nuclear Science and Techniques, 2013, (6): 46-52.

2013-233 刘建坤, 郑荣华, 骆宏玉, 修连存. 波长色散X射线荧光光谱仪的内部校准. 光谱实验室, 2013, 30(6): 3142-3144.

2013-275 罗荣树, 封建辉. 荧光仪故障处理与应急预案. 中国水泥, 2013, (8): 92-93.

2013-318 乔亚华, 康海英, 陈海英, 黄清良. 多次全反射X射线荧光分析装置研制. 核电子学与探测技术, 2013, 33(12): 1494-1497, 1542.

2013-362 孙天希, 刘志国, 彭松, 孙蔚渊, 丁训. 利用海森堡不确定性原理研究全反射X射线光学器件的焦斑极限. (英文). 中国激光, 2013, 40(12): 268-270.

2013-423 王雪, 周建斌, 周伟, 王红印, 罗翔, 卢圣才. 一种新型数字X荧光仪的研制. 核电子学与探测技术, 2013, 33(1): 110-112, 116.

2013-458 向浩, 田地. 微型计算机与分析仪器的通信技术研究. 现代科学仪器, 2013, (6): 51-55.

2013-462 谢欢. ARL9900 X射线荧光光谱仪SC探测器故障处理. 分析仪器, 2013, (2): 86-88.

2013-516 于海明, 张伟, 陈月红, 白宏生, 尹兆余, 陈树军, 周洪军, 尚庆敏. 数字多道技术在X荧光多元素分析仪中的应用. 金属世界, 2013, (1): 55-57.

2014-037 陈永彦, 马林, 刘明博, 孟祥娥, 韩鹏程, 廖学亮, 董海洋, 张洁. 一种X射线荧光分析仪滤光片切换系统的设计. 分析仪器, 2014, (5): 32-35.

2014-057 丛琛. 马钢新区试验室X荧光自动分析系统的改造. 安徽冶金科技职业学院学报, 2014, 24(4): 17-19.

2014-098 龚红军. ZSX Primus Ⅱ和ZSX100e X射线荧光光谱仪X射线发生器故障分析及处理两例. 分析仪器, 2014, (6): 93-95.

2014-099 谷珊, 邓玉福, 黄丹, 冯文献, 于桂英. EDXRF中几何探测光路分析及其优化设计. 沈阳师范大学学报(自然科学版), 2014, 32(1): 80-83.

2014-165 李金明. PW4400 X射线荧光光谱仪的配置及使用维护. 甘肃冶金, 2014, 36(5): 114-115.

2014-264 刘振伟. 岛津X射线荧光光谱仪常见故障的分析与维修. 科技资讯, 2014, (29): 60.

2014-287 马斌, 周德君. X荧光在线品位分析仪

2014-360 陶迪, 邓赛文, 王笑笑, 周超. ZSX100e 型 X 射线荧光光谱仪光路系统故障分析. 岩矿测试, 2014, 33(5): 773-774.

2014-388 王俊杰, 付明磊, 乐孜纯. 微束 XRF 系统中 X 射线聚焦光学元件研究. 光学仪器, 2014, 36(3): 239-242, 252.

2014-440 武永芝, 党亮, 刘江斌, 祝建国. ZSX Primus Ⅱ 型 X 射线荧光光谱仪流气式正比探测器常见故障处理与维护. 分析测试技术与仪器, 2014, 20(3): 187-189.

2014-448 谢鹏, 麻硕, 党红文. X 射线荧光光谱仪恒温控制模块设计. 自动化与仪表, 2014, (7): 14-17.

2014-467 闫青, 马光伟, 闫来伟. X 荧光分析仪冷却水过滤装置. 四川水泥, 2014, (9): 12.

2014-492 叶森钢, 朱敏杰, 卢新祥, 余亚东, 马海平. 水底原位 X 射线荧光光谱分析测量装置研制. 核电子学与探测技术, 2014, 34(11): 1398-1402.

2014-525 张继超, 梁东旭, 何燕, 李爱国, 余笑寒. 硬 X 射线微米探针高精度样品定位系统. 光谱学与光谱分析, 2014, 34(2): 557-561.

2014-589 周德君. X 荧光在线品位仪自动校正装置及电路设计. 数字技术与应用, 2014, (3): 158-159.

2014-380 王广甫, 李旭芳, 初钧晗, 于令达, 安坤, 吴冰. GIC4117 串列加速器外束 PIXE/PIGE 分析系统. 原子能科学技术, 2014, 48(7): 1290-1295.

2015-015 陈成, 吴金杰, 李论, 杨扬. K 荧光 X 射线辐射装置设计与模拟. 中国测试, 2015, 41(9): 66-70.

2015-016 陈成, 吴金杰, 周四春, 陈法君, 王佳, 葛良全. K 荧光能谱及荧光产额 MC 模拟. 核电子学与探测技术, 2015, (3): 299-302.

2015-020 陈国杰, 周有平, 李斌. Buck 恒流电源的输出纹波分析与优化设计. 核电子学与探测技术, 2015, 35(5): 422-425, 438.

2015-053 代锦飞, 赵宝升, 盛立志, 周雁楠, 陈琛, 宋娟, 刘永安, 李林. 标定脉冲星导航探测器的荧光 X 射线光源. 物理学报, 2015, 64(14): 426-431.

2015-141 贾芮, 曾国强, 葛良全, 赖茂林, 罗耀耀, 王尹圣, 李强. 旋转式轻元素 X 射线荧光光谱测量装置的设计. 核电子学与探测技术, 2015, 35(6): 552-556.

2015-175 李国会, 李小莉. X 射线荧光光谱分析熔融法制样的系统研究. 冶金分析, 2015, 35(7): 1-9.

2015-186 李柯, 吴和喜, 严川. Si-PIN 探测器灵敏体积最优厚度的 MC 模拟. 核电子学与探测技术, 2015, 35(10): 985-988.

2015-246 刘江斌, 王玉功, 党亮, 殷桃刚, 祝建国. ZSX Primus Ⅱ 型 X 射线荧光光谱仪 ASC 卡盘常见故障现象与维修. 分析测试技术与仪器, 2015, 21(3): 187-189.

2015-256 刘期彦, 盖立新. 单波长色散 X 射线荧光法硫含量测定样品杯的重复利用. 石油化工应用, 2015, 34(10): 96-99.

2015-268 卢双豪, 赵建军, 田锐, 赵宇, 李杰. 基于 X 荧光品位分析仪滤网的矿浆代表性研究. 中国矿业, 2015, 24(S1): 368-372.

2015-336 施军, 彭帝永, 肖沙里. 超环面晶体成像技术分析及实现. 光电工程, 2015, 42(9): 66-71.

2015-366 唐春和. X 射线荧光光谱分析仪两则故障处理. 水泥工程, 2015, (3): 81-82.

2015-435 吴和喜, 刘合凡, 刘立坡, 葛良全, 魏强林, 杨波. Si-PIN 型 X 射线探测器灵敏度的 MC 模拟. 核电子学与探测技术, 2015, 35(7): 741-744.

2015-368 陶迪, 邓赛文, 罗宇. X 射线荧光光谱仪激发系统原理与故障分析. 现代科学仪器, 2015, (5): 117-119.

5.3 分析方法

1963-002 刘汉范. 荧光 X 射线光谱分析法简介. 化学通报, 1963, (2): 1-8.

1965-002 魏光普. X 射线吸收分析法简介. 化学通报, 1965, (4): 36-42.

1974-002 杨乐山, 吴传智. μ因子法荧光 X 射线光谱定量分析. 分析化学, 1974, 2(4): 265-271.

1975-003 第二研究室, 第五研究室. 溶液中钇铥镱镥的 X 射线荧光光谱测定——相干散射线作内标的应用. 有机化学, 1975, (1): 11-22.

1975-006 杨乐山, 吴传智, 杜崇良. 峰背比法的实验探讨. 分析化学, 1975, 3(1): 13-17.

1976-004 钢铁研究院. 铌合金中 Mo、Ti、Zr 的萤光 X 光谱分析——《熔融制样法》. 稀有金属合金加工, 1976, (1): 78-85.

1976-006 路励真. 检出限和测定限还是有区别的. 分析化学, 1976, 4(5): 404.

1978-007 河北铜矿化验室. 用源靶组合体法测定铜精矿中的铁. 有色金属 (冶炼部分), 1978, (3): 16-19.

1979-018 梁生柱, 秦大方, 贾淑媛, 张玉珍, 报淑华, 梁素荣. 用吸收限滤光气体的光电子排除自身荧光对所测信息的干扰提高"特散比"的方法. 原子能科学技术, 1979, (1): 76-79.

1979-022 乔树谭. 在荧光分析中克服基体效应的一种有效方法. 有色金属 (选矿部分), 1979, (2): 42-44.

1979-023 苏荆衡. 电子数字计算机在流程用多道 X 射线荧光分析仪中的应用. 有色金属 (选矿部分), 1979, (1): 50-54, 43.

1980-003 陈远盘. 微量矿物的 X 射线荧光光谱分析——绝对量薄样法. 分析化学, 1980, 8(5): 455-457.

1980-009 黄仁兴. DXY-3型 X 射线光谱分析仪电子计算机联用数据处理原理. 分析仪器, 1980, (S1): 58-67.

1980-010 Ji A., Yuan N., Tao G. Y.. Application of Rasberry-Heinrich equation for correction of inter-element effects—Analysis of cerium doped strontium barium niobate by X-ray fluorescence spectrometry. Res Inorg Mater, 1980: 179-182.

1980-015 李丽洁, 徐岳. 荧光分析中的微分道校正法. 有色金属, 1980, 32(4): 46-52.

1980-018 李彦成, 李乃珍. 利用影响系数校正法进行粘土的 X 射线荧光分析. 分析化学, 1980, 8(6): 543-545, 550.

1980-019 李忠义. X 荧光分析仪数学模型的研究. 有色金属, 1980, 32(2): 45-52.

1980-028 王锡鎏. X 射线荧光分析中"背景峰值法"的研究 (摘要). 铀矿选冶, 1980, (3): 29-32.

1980-038 曾宪舜, 陈志. 新的制样技术及其在耐火材料中 X 射线荧光分析上的应用. 上海有色金属, 1980, (S1): 65-69.

1980-039 张鸿文. X 荧光法测定矿石中铀的灵敏度和检出限. 放射性地质, 1980, (5): 474-477, 402.

1981-004 陈远盘. 矿石矿物中稀土 (钍) 元素的 X 射线荧光光谱测定——比例常数法. 分析化学, 1981, 9(1): 61-64.

1981-005 陈志, 曾宪舜. 玻璃体自动剥离熔融技术在荧光 X 射线分析中的应用. 分析化学, 1981, 9(6): 714-716.

1981-012 郭常霖, 吉昂, 陶光仪. 原级 X 射线谱强度分布的定量测定. 物理学报, 1981, 30(10): 1351-1360.

1981-018 吉昂, 袁宁儿, 陶光仪. 用 Rasberry-Heinrich方程进行元素间相互影响的校正——掺铈铌酸锶钡单晶的 X 射线荧光光谱测定. 分析化学, 1981, 9(5): 580-582.

1981-019 焦继岳, 胡其锋, 周拒非. X 荧光分析镍尾矿中镍铜的数据处理程序. 矿冶工程, 1981, (2): 71-72.

1981-028 罗津新. 砷共沉淀 X 射线荧光光谱法测定硒和碲. 理化检验-化学分册, 1981, 17(5): 20-23.

1981-027 罗重庆, 康叔常, 赵新那. X 射线荧光光谱测定钨基合金粉中 Cu、Ni、W、Fe—经验系数法. 中南矿冶学院学报, 1981, (1): 22-31.

1981-034 陶光仪, 吉昂. X 射线荧光分析中的经验系数法. 无机材料学报, 1981, 9(3, 4): 91-96.

1981-038 王毅民, 梁国立. X 射线荧光光谱直接测定岩石中低含量稀土元素的条件选择. 原子光谱分析, 1981, (5): 10-19.

1981-043 汪永忠. X 射线荧光光谱分析经验系数法的理论分析. 物理学报, 1981, 30(11): 1520-1527.

1981-046 翟秋福, 张元福. S 散射因数法 X 荧光光谱快速测定地质样品中微量锶. 分析化学, 1981, 9(3): 342-345.

1982-003 陈和乐, 何伯延, 周拒非, 莫善湘, 杨森. 锡石细泥中锡的 X 荧光光谱分析——粉末内标法. 矿冶工程, 1982, (2): 49-51.

1982-005 陈远盘, 刁桂年. X 射线荧光光谱分析 L-T 方程中 D、E 值的求法. 光谱学与光谱分析, 1982, 2(1, 2): 14-20.

1982-007 陈志祥. 能量色散 X 射线分析中基本参数法的应用. 核技术, 1982, (1): 20-25.

1982-011 刁桂年, 陈远盘. X 射线荧光光谱分析 L-T 方程中 α 系数的求法. 光谱学与光谱分析, 1982, 2(3, 4): 190-195.

1982-014 高新华, 高树桢, 朱一钧, 孙淑敏, 黄曼云. 铁矿 X 射线荧光光谱分析基体影响的经验系数校正. 冶金分析, 1982, (2): 20-23, 38.

1982-016 胡其锋, 陈和乐, 何伯延, 莫善湘, 焦继岳, 黄际商. 应用于 X 射线荧光分析的内标—线性插值法数据处理程序. 矿冶工程, 1982, (1): 54-58, 15.

1982-020 蒋敬侃, 王桃珍, 王厚光, 吴坤堂. X 射线荧光光谱强度校正经验系数法测定轻混合稀土氧化物. 分析试验室, 1982, (1): 23-26.

1982-022 乐安全, 朱节清, 徐君权. 基本参数法 X 射线荧光测厚. 核技术, 1982, (4): 1-6.

1982-026 刘亚文, 范钦敏, 马淑兰, 李道伦, 韩俊英, 颜蓓华. X 射线荧光分析中基本参数法的应用. 核技术, 1982, (4): 113-114.

1982-041 苏荆衡, 董天沛. BYF-1 在线 X 荧光分析仪数据处理系统. 分析仪器, 1982, (1): 73.

1982-044 陶光仪, 吉昂. X 射线荧光分析中用于校正元素间吸收-增强效应的一个新经验校正方程. 化学学报, 1982, 40(2): 141-149.

1982-045 陶光仪, 沈美芬. X 射线荧光分析锆钛酸铅压电陶瓷——用 Delta 系数法校正元素间吸收-增强效应. 化学学报, 1982, 40(1): 41-48.

1982-046 王桢枢, 张其勋. 瘤粉和镧镍合金中稀土元素的 X 射线荧光光谱分析——滤纸片法. 理化检验-化学分册, 1982, 18(3): 17-20.

1982-054 袁汉章, 闻萱梅, 张虎云, 王文爽, 王少林, 李明洁. X 射线荧光光谱分析中经验系数的求取及其在镍矿贫矿分析中的应用. 分析化学, 1982, 10(12): 705-710.

1982-056 张勤龙. 用散射线校正 X 荧光分析误差的研究. 金属矿山, 1982, (3): 37-41.

1982-063 周锦帆. 螯合纤维素滤膜. 化学世界, 1982, (1): 27-28.

1983-010 陈远盘. X 射线萤光光谱法测定铁矿石和岩石中的低、微量元素时基体成分影响的研究. 矿产与地质, 1983, (2): 66-80.

1983-011 陈远盘. 扩大 X 射线荧光光谱分析范围的新途径. 分析化学, 1983, 11(9): 707-713.

1983-016 刁桂年, 陈丕通, 李锦勋, 孙乃茹. X 射线荧光光谱测定中理论 α 系数的计算及其在硅酸盐类岩石分析中的应用. 分析化学, 1983, 11(1): 45-48.

1983-023 高秀娟, 羊铁铮, 周桂芝. TI-58C 和 TI-59 型可编程序计算器在 X 射线荧光分析中的应用. 分析试验室, 1983, (1): 31-34.

1983-029 黄梅芬. 低能 X 射线在磁带磁层中的散射和吸收校正. 核技术, 1983, (6): 35-38, 16-73.

1983-032 Jablonskl B. B., Leyden O. E., 姜桂兰. 微计算机与早期型号波长色散 X 射线荧光谱仪联用作为控制和数据获得系统. 世界地质, 1983, (2): 200-204.

1983-033 吉昂, 陶光仪. X 射线荧光光谱分析中的基本参数法. 分析化学, 1983, 11(3): 213-215.

1983-034 吉昂, 陶光仪, 沈美芬, 袁宁儿. 基本参数法和经验系数法相结合的一种新尝试. 光谱学与光谱分析, 1983, 3(1): 38-42, 19.

1983-036 焦继岳, 陈和乐. 铌铜合金的 X 荧光光谱分析——二元比例外标法. 分析试验室, 1983, (1): 11-13.

1983-037 金涧波. 用透射校正法测定铁矿粉末样品的探讨. 核电子学与探测技术, 1983, 3(6): 26-28.

1983-040 李国会, 梁国立, 陈永君. 经验系数法 X 射线荧光光谱测定硅酸盐中微量元素. 分析试验室, 1983, (3): 36-38, 29.

1983-044 刘亚文, 范钦敏, 马淑兰. 环境样品能量色散 X 射线荧光分析中基本参数法的应用. 环境科学, 1983, 4(2): 79-80.

1983-045 罗津新, 袁锡英. 742 树脂粉静态吸附 X 射线荧光光谱法测定矿石及选冶样品中的铀. 岩石矿物及测试, 1983, 2(3): 213-214.

1983-046 马光祖, 李国会. α 系数法在 X 射线荧光光谱分析中的应用. 理化检验-化学分册, 1983, 19(4): 18-24.

1983-050 裘乙琦, 顾若晶. 实用 NRLXRF 程序在石油炼制催化剂分析中的应用. 石油炼制与化工, 1983, (6): 46-49.

1983-054 孙显升, 王忠庶. 能量色散 X 射线荧光分析的应用——内标法分析硅酸盐中 Sr、Rb. 岩石矿物及测试, 1983, 2(1): 76-78.

1983-055 汤福山, 刘松林, 许伟. 无标样薄膜法 X 射线荧光定量分析. 齐鲁石油化工, 1983, (6): 8-15.

1983-056 滕树昆, 徐岩. X 射线荧光分析中校正基体效应的 α 系数 (一). 国外地质勘探技术, 1983, (7): 18-26.

1983-057 滕树昆, 徐岩. X 射线荧光分析中校正基体效应的 α 系数 (二). 国外地质勘探技术, 1983, (8): 18-24.

1983-059 王大海, 严泉才. 经验系数法在赤泥 X 射线荧光光谱分析中的应用. 分析试验室, 1983, (3): 39-41.

1983-061 王锡銮. X 射线荧光分析中背景-峰值法的研究. 核科学与工程, 1983, 3(2): 184-188.

1983-062 王效瑞, 沈礼轩, 汪厚基. X 射线荧光分析单标样基本参数法的应用及其探讨. 分析化学, 1983, 11(3): 176-180.

1983-081 杨先华. 自动 X 射线荧光定性分析. 压电与声光, 1983, (5): 44-50.

1983-085 张宝良, 李桂芳, 赵守库. X 射线透射光谱定量分析. 分析化学, 1983, 11(2): 132-134.

1983-087 张元勋, 陈志祥. 在能量色散 X 射线荧光分析中用基本参数法计算合金成份. 分析试验室, 1983, (3): 33-36.

1983-094 周蓉生, 刘磊, 程业勋. "双源散射法"校正 X 射线荧光分析中的基体效应. 成都地质学院学报, 1983, (4): 109-116.

1983-095 周蓉生, 刘磊, 程业勋. 康普顿散射强度与质量吸收系数关系的研究. 成都地质学院学报, 1983, (1): 94-102.

1983-097 周四春, 章晔. 用于轻便 X 荧光分析仪的等效模型校正法. 核技术, 1983, (6): 39-43, 74.

1984-003 白友兆, 福岛整, 合志阳一. 利用 Al Kα 谱线分析 Al 的配位状态. 武汉建材学院学报, 1984, (2): 121-132.

1984-009 陈文河. 实验校正法测定矿石中的锡. 理化检验-化学分册, 1984, 20(3): 33-34.

1984-029 何去奢. X 荧光光谱分析中的薄样背比法. 物理, 1984, 13(11): 661-663.

1984-030 华佑南. X 射线荧光光谱分析中的 Alpha 系数转换. 分析化学, 1984, 12(4): 258-265.

1984-031 华佑南. 再论 X 射线荧光光谱分析中的理论 Alpha 系数的转换. 中国地质科学院南京地质矿产研究所所刊, 1984, 5(3): 83-98.

1984-033 黄培云, 赵新那. 处理 XRF 的 R/X 比为表观活度系数由二元系数据计算三元系参数. 光谱学与光谱分析, 1984, 4(5): 21-29.

1984-038 李国会. 理论 α 系数的计算及其应用. 光谱学与光谱分析, 1984, 4(5): 40-41.

1984-041 梁国立, 王毅民. X 射线荧光痕量分析中的背景问题. 岩石矿物及测试, 1984, 3(3): 262-265.

1984-049 刘亚文, 范钦敏, 李道伦, 韩俊英. 古代铜器 X 射线荧光分析中基本参数法及蒙特卡罗法的应用. 分析测试通报, 1984, 3(4): 59-63.

1984-052 陆少兰, 许佩珍, 李世珍, 李建华. X荧光α系数法测定稀土氧化物中15个稀土元素. 中国稀土学报, 1984, 2(1): 88-93.

1984-069 王毅民, 梁国立. X荧光测定岩石中痕量元素的基体校正方法. 岩石矿物及测试, 1984, 3(4): 354-359.

1984-074 吴长存, 郝贡章, 李明洁. 钛钼合金的X射线荧光光谱分析（溶液-滤纸法）. 稀有金属材料与工程, 1984, (4): 32-35.

1984-081 袁宁儿, 陶光仪, 吉昂. X射线荧光光谱分析基本参数法测定薄膜的组分和厚度的程序. 分析测试通报, 1984, 3(2): 53-56.

1984-085 张鸿文, 华佑南. "转换α系数"在X射线荧光光谱硅酸盐类岩石全分析中的应用. 冶金分析与测试（冶金分析分册）, 1984, (1): 27-29.

1985-007 陈永君. 岩石中多元素的X射线荧光光谱测定——经验系数法. 岩石矿物及测试, 1985, 4(4): 342-346.

1985-008 陈远盘, 孙平蕙. 用X射线荧光光谱仪以比例常数法测定地质样品中稀土元素的研究. 光谱学与光谱分析, 1985, (6): 68-69.

1985-009 陈远盘, 孙平蕙, 吴志鸿. X射线荧光光谱测定铁矿石和岩石中的低微量元素时几种制样方法的比较. 矿产与地质, 1985, (3): 108-112.

1985-013 戴昭华, 王庆广, 黄衍初. 质量吸收系数修正基体效应X射线荧光法测定沉积物中重金属含量. 理化检验-化学分册, 1985, 21(2): 85-86.

1985-015 董高翔, 王鹤岭. 3080型X射线荧光光谱仪数据处理程序的开发与应用. 地质实验室, 1985, 1(2): 162-163.

1985-020 范钦敏, 刘亚文, 李道伦, 韩俊英. 蒙特卡罗方法在X射线荧光分析中的一些应用. 核技术, 1985, (3): 15-19, 71-72.

1985-022 甘璇玑, 省德明. 薄膜法在X射线荧光光谱分析中的应用——痕量稀土分量测定. 光谱学与光谱分析, 1985, (6): 77.

1985-029 郭常霖, 吴毓琴. 特征X射线强度与入射电子能量的经验关系. 科学通报, 1985, (11): 837-840.

1985-036 华佑南. X射线荧光光谱分析中选择等效波长的一种方法和几点讨论. 中国地质科学院南京地质矿产研究所所刊, 1985, 6(1): 85-96.

1985-037 黄培云, 赵新那, 陈亮, 罗重庆, 钱崇梁. 热力学方法在处理XRF数据中的应用. 光谱学与光谱分析, 1985, (6): 67-68.

1985-040 吉昂, 陶光仪. X射线荧光分析中的基本参数法——基本参数对分析结果的影响. 光谱学与光谱分析, 1985, 5(1): 49-55.

1985-045 李国会. 理论α系数的计算及其在X射线荧光分析中的应用. 光谱学与光谱分析, 1985, (6): 71.

1985-046 李国会. 理论α系数计算公式的推导及其应用. 地质实验室, 1985, 1(2): 102-107.

1985-047 李记民, 张桂琴, 舒培桂. X射线荧光分析中基本参数法的应用. 核技术, 1985, (6): 41-42.

1985-052 林森浩. X射线荧光分析的α系数法校正. 核技术, 1985, (6): 30-31.

1985-053 刘彬. X射线荧光光谱法测定土壤中微量钒时钛干扰的校正. 光谱学与光谱分析, 1985, 5(2): 60-62.

1985-059 刘丕旺. 经验基体校正方程系数选择的理论判据及其在赤泥分析中的应用. 分析试验室, 1985, 4(3): 33-37.

1985-063 罗津新, 祝甫生. 化学富集X射线荧光光谱法测定微量元素的方法研究. 光谱学与光谱分析, 1985, (6): 77.

1985-075 孙平蕙, 陈远盘. PC-1500袖珍计算机在X射线荧光光谱分析上的应用——比例常数法测定稀土元素程序. 矿产与地质, 1985, (2): 142-147.

1985-085 王毅民. X射线荧光分析中吸收和增强效应的理论校正. 光谱学与光谱分析, 1985, (6): 79-80.

1985-090 汪永忠,华佑南. 只用一个参比标样的X射线荧光光谱分析的经验系数法. 光谱学与光谱分析, 1985, (6): 74.

1985-091 吴长存,郝贡章,李铭键,许佩珍,李明洁. 多元合金组份测定的一种新方法——X射线荧光光谱比值计算法. 冶金分析与测试(冶金分析分册), 1985, (1): 36-39.

1985-092 夏迪祥. 动态X荧光分析系统软件与应用——凤凰山选厂X荧光分析软件剖析. 中南矿冶学院学报, 1985, (1): 85-93.

1985-097 谢荣厚, Nieuweahwiger C.. 镍铬钢X射线荧光光谱大范围校准中基体校正的一种实用方法. 光谱学与光谱分析, 1985, (6): 75.

1985-099 许佩珍,华佑南. NRLXRF程序: 在X射线荧光光谱分析中计算理论α系数的应用. 光谱学与光谱分析, 1985, (6): 72.

1985-101 杨乐山,陈玉生,杜新岳,朱文翅,严志远. 硅酸盐岩石中主要元素的X荧光光谱分析——粉末压片经验系数法. 光谱学与光谱分析, 1985, (6): 73.

1985-107 张贵山,李纪民,金立云. Zr-Nb合金的基本参数法X射线荧光分析. 金属学报, 1985, 21(3): 137-144.

1985-110 张铭诚. X射线能谱法与X射线光谱法最小浓度检测极限的对比. 分析仪器, 1985, (1): 54-61.

1986-010 陈亮,赵新那,罗重庆,钱崇梁. 热力学方法处理XRF数据的可行性研究. 中南矿冶学院学报, 1986, (1): 94-100.

1986-009 陈亮,赵新那,罗重庆. X射线荧光光谱分析中粉末制样误差的Monte Carlo研究. 分析化学, 1986, 14(9): 697-700.

1986-015 陈远盘. X射线荧光光谱分析中的薄样法. 分析试验室, 1986, 5(3): 36-42.

1986-023 丰梁垣. X射线荧光分析中基本参数法和经验系数法的联合运用——NRLXRF/FULL OPTION和ROUSSEAU程序的剖析. 光谱学与光谱分析, 1986, 6(5): 40-43, 79.

1986-025 甘璇玑,肖德明. 薄膜萃取法在X射线荧光光谱分析中的应用——地质样品中痕量稀土分量测定. 光谱学与光谱分析, 1986, (6): 72-74.

1986-032 华佑南. 硅酸盐和碳酸盐类岩石中十一项主次元素的X射线荧光光谱测定——理论α系数转换表的应用. 中国地质科学院南京地质矿产研究所所刊, 1986, 7(1): 77-104.

1986-035 吉昂,谢荣厚. 数学校正在X射线荧光光谱分析钢铁样中的应用. 分析测试通报, 1986, 5(4): 31-35.

1986-052 满瑞林,赵新那,罗重庆,钱崇梁. 改良单纯形最优化方法在多响应体系中的应用. 理化检验-化学分册, 1986, 22(4): 209-211.

1986-060 沙因. 多功能X射线谱分析程序PAXMF简介. 分析试验室, 1986, 5(11): 49-51.

1986-065 陶光仪,吉昂,张中义. 用NBSGSC计算机程序和单标样的理论α系数法分析结果. 光谱学与光谱分析, 1986, 6(1): 56-60.

1986-072 王毅民. X射线光谱分析中理论α系数法的几个实际问题的讨论. 光谱学与光谱分析, 1986, 6(1): 66-70.

1986-073 王毅民. X荧光分析中吸收和增强效应的理论估量. 岩矿测试, 1986, 5(2): 139-143.

1986-082 谢荣厚,新屋. 镍铬钢X射线荧光光谱大范围校准中基体校正的一种实用方法. 钢铁研究总院学报, 1986, 6(2): 85-87.

1986-085 许佩珍,袁汉章,郝贡章,崔凤辉,陆少兰,卜赛斌,吴长存. 基本参数法和经验系数法相结合的软件开发及其应用. 分析试验室, 1986, 5(1): 46-50.

1986-096 张元勋,汪学朋,泰俊法,汪勇先,吴士明. 能量色散X射线分析中对中厚靶的吸收校正. 核技术, 1986, (12): 6-10, 54.

1986-098 张长庚. 轻稀土元素的X荧光测定及其TL-59计算程序. 湖南有色金属, 1986, (1): 51-53.

1986-104 周述权. 国产电子计算机在X射线荧

光光谱仪上的初步应用. 地质实验室, 1986, 2(3): 230-234.

1986-106 朱节清, 乐安全, 谷英梅, 韩发生. 用计算机程序来计算复合镀层厚度. 核技术, 1986, (1): 41-43, 57, 62.

1987-001 Bower, Nathan W, 姜桂兰译. X 射线荧光分析硅酸盐岩石的最佳精确度和准确度. 世界地质, 1987, 6(2): 205-215.

1987-002 曹利国. X 射线荧光分析中的综合灵敏度因子 KI_0 和准绝对测量. 核技术, 1987, (7): 15-21, 61.

1987-003 曹利国, 陈岩, 敖奇, 李惠娟. 饱和曲线法的初步探讨. 核技术, 1987, (3): 7-12, 31-59.

1987-004 陈锁志. X 射线荧光光谱分析数学模型的选取及在分子筛分析中的应用. 光谱学与光谱分析, 1987, 6(1): 75-78.

1987-010 程万荣. X 荧光光谱分析中衬底对薄膜的二次荧光效应. 光谱学与光谱分析, 1987, 7(1): 72-75.

1987-012 董高翔, 朱永清, 范英敏. 化探样品 ICP-AES 和 XRF 快速定量分析的数据处理与校正. 地质实验室, 1987, 3(3): 227-232.

1987-013 范钦敏, 李道伦. 用 X 射线的散射强度确定样品的等效原子序数. 分析测试通报, 1987, 6(1): 25-27.

1987-014 范钦敏, 李道伦, 刘亚文. 多元合金的无标样能量色散 X 射线荧光分析. 光谱学与光谱分析, 1987, 7(3): 67-69.

1987-015 冯德友. 硅酸盐耐火材料中 P_2O_5 和 MnO 的 X 射线荧光分析方法. 理化检验-化学分册, 1987, 23(4): 225-226.

1987-019 高全鑫. X 萤光光谱分析仪计算机软件再设计——MABC 程序. 上海钢研, 1987, (2): 34-37.

1987-020 郝贡章, 吴长存, 许佩珍, 王文爽. X 荧光 "NRLXRF" 程序在薄膜分析中的应用. 分析试验室, 1987, 6(9): 10-14.

1987-022 何去奢. 薄样峰背比法. 光谱学与光谱分析, 1987, 6(3): 77-80.

1987-023 贺春福, 刘学东, 任红星. X 射线荧光滤纸片法分析稀土样品谱线间干扰系数的求得和应用. 分析化学, 1987, 15(10): 931-933.

1987-028 华佑南. X 射线荧光光谱分析 JN 方程中 α 系数的计算、转换和应用. 分析试验室, 1987, 6(4): 14-21.

1987-048 马光祖, 陈远盘, 杨乐山. 关于地球化学样品中微量元素 XRFA 的检出限. 光谱学与光谱分析, 1987, (3): 71.

1987-060 邱建荣. Al Kα 谱线确定玻璃中 Al^{3+} 离子配位状态的探讨. 玻璃与搪瓷, 1987, 15(4): 1-4, 9.

1987-061 邱建荣. X 射线荧光分析测定玻璃中 Al^{3+}、Mg^{2+} 离子配位状态的探讨. 硅酸盐通报, 1987, (1): 20-25.

1987-067 施志欧. 元素优先 X 荧光光谱分析数据处理程序系统的编制. 宝钢技术, 1987, (1): 39-43, 14.

1987-068 石列中, 李小定. 利用 Al Kα 谱线位移研究磷酸盐玻璃中 Al 的配位状态. 无机化学学报, 1987, 3(1): 92-94.

1987-072 谭秉和, 崔新发. 用微小变动量法计算 X 射线荧光分析中的理论基体修正. 北京钢铁学院学报, 1987, 9(3): 93-100.

1987-073 王傔, 曹华德, 翟青波, 薛美娜. XRF 方法分析微量元素的关键技术——相对灵敏度标准曲线. 核技术, 1987, (5): 14-16, 22-60.

1987-077 汪永忠. X 射线荧光光谱分析中的经验系数理论表达式. 中国科学 (A 辑: 数学 物理学 天文学 技术科学), 1987, (7): 759-770.

1987-079 吴明嘉, 纪杉. X 光荧光光谱中影响系数的自洽校正法测定及应用. 分析化学, 1987, 15(12): 1123-1126.

1987-086 彦卿. 萤光 X 射线法测定薄膜厚度的新方法. 钢铁研究总院学报, 1987, (3): 58.

1987-096 张长庚. X 荧光分析中线性方程与 BASIC 计算程序. 湖南有色金属, 1987, (3): 48-51.

1987-103 周庆来, 石松连. 计算机在区域化探分析方法中的应用. 物化探计算技术, 1987, 9(2): 166-170.

1988-002 安庆骥. 纤维素酯微孔萃取膜预富集 XRF 测定钴镍锌. 岩矿测试, 1988,

7(3): 248-249.

1988-011 陈永君, 许力, 华佑南. 标准化测量方法在 XRF 分析中的作用和意义. 岩矿测试, 1988, 7(4): 327-331.

1988-012 陈远盘. 光谱分析中微痕量元素的预富集技术. 光谱学与光谱分析, 1988, 8(5): 68-74.

1988-016 刁桂年. 单层颗粒样品荧光强度的计算. 光谱学与光谱分析, 1988, 8(1): 63-66.

1988-024 高新华, 朱一钧. 硅酸盐材料的主成分 X 荧光光谱分析中烧失量影响的校正. 冶金分析, 1988, 8(5): 24-27.

1988-025 高长宁, 陈远盘, 赵新那. 用高斯和洛伦兹函数解析 XRF 重迭谱的研究. 光谱学与光谱分析, 1988, 8(6): 59-63.

1988-026 郭雅先, 张艳秋, 邹明强, 魏庆珣. 离子交换纸富集-X 线荧光光度法测定水样中微量银. 吉林大学自然科学学报, 1988, (1): 98-102.

1988-029 何延才, 胡幼华, 陈家光. 多层多元组份薄膜样品中 X 射线荧光强度计算公式. 科学通报, 1988, (9): 711-714.

1988-032 华佑南. X 射线荧光分析中烧失量项的数学处理及其应用. 地质实验室, 1988, 4(3): 179-183.

1988-033 华佑南. X 射线荧光光谱测定地质岩石样品中的痕量元素铷, 锶和锆——二次基体校正法和两步背景校正法的应用. 光谱学与光谱分析, 1988, 8(2): 75-80, 41.

1988-034 华佑南, 陈维范, 赵寿驹, 许佩珍. 岩矿样品 X 射线荧光分析中多元素体系理论 α 系数的计算和应用. 中国地质科学院南京地质矿产研究所所刊, 1988, 9(3): 103-114.

1988-049 刘德坤. X 射线荧光光谱粉末稀释法混样稀释比和混样均匀度. 有色矿冶, 1988, (1): 57-58, 56.

1988-052 刘丕旺. X 射线荧光分析中一种直接测量并扣除灼失量的熔融制片方法. 光谱实验室, 1988, 5(1): 1-6.

1988-054 刘云, 高新华, 谢荣厚. X 射线荧光光谱分析中基体效应的理论系数校正. 钢铁研究总院学报, 1988, (S1): 153-160.

1988-056 陆少兰, 许佩珍, 李世珍, 李建华. 不同数学模型在氧化钕、氧化钐的 X 射线荧光光谱分析中的应用. 理化检验-化学分册, 1988, 24(5): 258-259, 289.

1988-069 孙大泽, 徐适生, 陈振捷, 张绍先, 徐力平. XRF 法分析人发时基体影响的校正. 原子能科学技术, 1988, 22(2): 180-184.

1988-072 谭秉和, 崔新发. 钢铁的 X 射线荧光分析中三个修正模式的关系. 北京钢铁学院学报, 1988, 10(4): 481-486.

1988-073 天水. 无标样 X 射线荧光光谱分析法. 上海金属 (有色分册), 1988, 9(1): 51-52.

1988-079 王毅民. X 荧光分析地质样品时的制样方法. 岩矿测试, 1988, 7(1): 77-80.

1988-084 吴建平. X 射线荧光分析中基体效应的数学校正一例. 物探化探计算技术, 1988, 10(3): 246-249.

1988-090 许力. X 射线荧光光谱分析中流气正比计数器能量分布漂移的机理探讨. 地质实验室, 1988, 4(1): 57-59.

1988-091 颜茂弘, 鲍琪儿, 王祖荫, 应志春, 梁国立, 罗代洪. 岩石标准物质均匀性的 XRF 检查法. 岩矿测试, 1988, 6(1): 61-65.

1988-092 杨乡珍. 铀和钍的连续测定. 国外铀金地质, 1988, (4): 70-75.

1988-096 叶传贤. X 荧光分析基本参数法 FLY-FPM 软件系统投入使用. 矿物岩石地球化学通讯, 1988, (3): 189.

1988-097 袁汉章, 宫清. 关于 X 射线荧光光谱中 Mn K $\beta_{1,3}$ 谱线位移的探讨. 光谱学与光谱分析, 1988, 8(6): 64-66, 57.

1988-108 张元勋. 基本参数法在能量色散 X 射线荧光分析金属样品中的应用. 分析测试通报, 1988, 7(3): 43-45.

1988-110 张长庚. 回归方程计算机求解在 X 荧光分析中的应用. 湖南冶金, 1988, (2): 56-58.

1988-113 张中义, 陶光仪, 吉昂. X 射线荧光光谱中理论 α 系数在硅酸盐全分析中的应用. 理化检验-化学分册, 1988, 24(2): 76-79.

1988-121 朱永清, 董高翔. X 荧光光谱仪通用数据处理系统. 分析仪器, 1988, (4): 21-22.

1989-002 包生祥. 3080 系统中计算程序应用改进. 光谱实验室, 1989, (5): 219.

1989-010 陈永君, 苏晓鸣. 粉末样品中主、次量元素的 XRF 法分析——理论 α 系数与内标校正法. 岩矿测试, 1989, 8(3): 195-198.

1989-015 丁海林. 弹性合金及不锈钢丝中 Ni Cr Ti Mn 的 X 荧光光谱分析—滤纸片法. 理化检验-化学分册, 1989, 25(2): 80.

1989-018 丰梁垣. 关于 X 荧光分析中氧化物和熔片体系 Lachance 理论 α 系数计算方法的探讨. 光谱学与光谱分析, 1989, (2): 73-75.

1989-019 丰梁垣, 鲍惠兰, 李若龄, 张亚文. 扩展康普顿散射校正法 X 射线荧光测定地质样品中 17 个微量元素. 地球化学, 1989, 9(1): 27-35.

1989-020 甘璇玑, 朱宁. PMBP 混合纤维素酯微孔萃取膜在痕量稀土 X 射线荧光光谱分析中的应用. 光谱实验室, 1989, (4): 178-180.

1989-021 高发奎, 郝敬丹, 杨晓辉. X 射线荧光分析中有效背景选择与元素含量的关系. 环境研究与监测, 1989, (2): 1-3.

1989-027 郝贡章, 陆少兰, 刘洋, 许佩珍. Dy-Ho-Er-Y-Tm 稀土分离流程液的 X 荧光光谱点滴滤纸片薄样测定. 稀有金属, 1989, (5): 384-390.

1989-029 何延才, 胡幼华, 陈家光, 王心磊. Monte Carlo 方法计算多层薄膜中 X 射线发射强度. 中国科学 (A 辑: 数学 物理学 天文学 技术科学), 1989, (3): 307-312.

1989-030 贺春福, 刘学东, 任红星. 微型机在 X 射线荧光谱法分析稀土试样数据处理上的应用. 计算机应用与软件, 1989, (4): 8-11.

1989-034 华佑南, 许力. X 射线荧光光谱分析熔融样片的制备. 地质实验室, 1989, 5(5): 318-322.

1989-039 吉昂, 陶光仪, 汪玉琴, 王慧娟, 裴立文, 刘恩美, 张仕定. 理论 α 系数在 X 射线荧光光谱分析化探样品主量元素中的应用. 光谱学与光谱分析, 1989, 9(6): 40-44.

1989-042 金海泉. X 射线衍射仪的微机数据处理系统. 分析仪器, 1989, (1): 12-16, 69.

1989-045 李华, 贺春福, 袁秀顺. X 射线荧光光谱分析中谱线重迭干扰的校正方法——线性规划法. 分析化学, 1989, 17(12): 1150-1153.

1989-046 李华, 贺春福, 袁秀顺. X 射线荧光光谱滤纸片法分析痕量稀土. 稀土, 1989, (1): 14-17.

1989-048 李纪民, 张桂芹, 舒培桂. X 射线荧光分析中基本参数法的应用. 原子能科学技术, 1989, 23(1): 15-19.

1989-049 李锦昕, 许力. X 射线荧光光谱分析中散射背景与靶的非相干散射的线性关系的理论与应用. 地质实验室, 1989, 5(1): 1-4.

1989-056 梁钰, 何芸华. 估算二元曲线法在高合金 X 射线荧光分析中的应用. 冶金分析, 1989, 9(5): 35-38.

1989-082 王光中, 郭业勤, 朱永清. X 射线荧光分析中饱和厚度与取样量的理论计算. 地质实验室, 1989, 5(4): 228-230.

1989-089 王毅民. X 射线荧光分析中吸收和增强效应的理论校正. 分析试验室, 1989, 8(5): 35-39.

1989-098 肖木. X 射线荧光光谱用的玻璃薄膜标准物. 上海金属 (有色分册), 1989, 10(2): 58.

1989-115 张运国, 许力. XRF 法测定地球化学样品中微量元素的背景校正. 岩矿测试, 1989, 8(1): 46-49.

1989-119 郑厚琳. PMBP 萃取 XRF 测定岩样中稀土分量时 Mn 的影响及消除. 理化检验-化学分册, 1989, 25(5): 303-304.

1990-001 安庆骥, 马光祖, 巢志瑜, 吴应荣, 赵盛红. 微 X 射线束荧光扫描成分分布分析的研究. 光谱学与光谱分析, 1990, 10(5): 46-49.

1990-002 敖奇. X 射线荧光分析层模型. 光谱学与光谱分析, 1990, 10(4): 35-41.

1990-003 敖奇, 曹利国, 丁益民. 用 Rayleigh-Compton 背散射比法测定锡矿样中的锡. 核技术, 1990, 13(9): 552-557.

1990-009 巢志瑜, 吴应荣, 刘功谆, 詹秀春, 李国田. 微 X 射线束荧光扫描成份分析研究——元素二维分布图. 岩矿测试, 1990, 9(3): 161-164.

1990-011 陈如松, 孟宪钰, 贺立绩, 李全胜, 徐辉碧. 计算机模式识别法研究人发微量元素谱与食管癌的关系. 微量元素, 1990, (2): 19-22.

1990-018 丰梁垣. X 荧光分析中基本参数法和理论α系数法的结合——一种可行的实践方法. 光谱学与光谱分析, 1990, 10(2): 36-40.

1990-019 丰梁垣, 鲍惠兰, 李若龄, 张亚文. XRF determination of 17 trace elements in geological samples using an extended compton scattering correction procedure. Chinese Journal of Geochemistry (English Language Edition), 1990, 9(1): 77-85.

1990-020 高长宁, 陈远盘. X 射线荧光光谱分析中重迭谱的解析方法. 矿产与地质, 1990, 4(2): 92-97.

1990-021 葛良全, 章晔. 一种校正基体效应的方法. 成都地质学院学报, 1990, 17(4): 118-125.

1990-022 葛正杰. 理论α系数在非金属样品X射线荧光光谱分析中的应用. 地质实验室, 1990, 6(1): 30-32.

1990-024 顾连学, 乐安全, 谷英梅, 林金铎. X射线荧光分析仪测量精确度和工作条件及其谱形关系. 核技术, 1990, 13(4): 220-223.

1990-033 华佑南, 葛正杰, 邓世瑶, 杨晓慧. RIGAKU 理论基体校正系数的修正计算及其在建材非金属矿产地质样品 X 射线荧光光谱分析中的应用. 分析化学, 1990, 18(12): 1115-1119.

1990-037 吉昂, 袁宁儿. 基本参数法在 X 射线荧光光谱分析地质样品中的应用. 分析化学, 1990, 18(11): 1025-1028.

1990-038 江冬青. 单纯形调优技术在 XRFA 法中的应用. 岩矿测试, 1990, 9(2): 124-128.

1990-040 荆照政, 张博仪, 刘雪珍. 滤纸薄样片-X 射线荧光光谱法测定钨和锡. 岩矿测试, 1990, (4): 272-273.

1990-043 李德华, 程业勋. X 射线荧光分析中蒙特卡罗方法的应用. 核技术, 1990, (3): 139-147.

1990-048 李华, 贺春福, 袁秀顺. X 射线荧光光谱测定土壤中痕量铬钒时谱线干扰的校正方法. 光谱学与光谱分析, 1990, (1): 31-34.

1990-051 李小定, 李耀会. 测定轻元素配位状态的 X 射线荧光光谱法及其应用. 物理测试, 1990, (1): 26-29, 43.

1990-055 梁钰. 点滴纸上薄样 X 射线荧光光谱法制样条件研究. 分析化学, 1990, 11: 1060-1063.

1990-064 刘洋, 袁汉章, 秦颖. X 射线荧光滤纸片法分析 Y-Ba-Cu-O 体系超导薄膜中 Y/Cu、Ba/Cu 的原子比. 分析试验室, 1990, (3): 34-35, 45.

1990-065 刘召贵, 王经瑾, 胡树植. 能量色散 X 荧光分析系统软件设计. 核电子学与探测技术, 1990, (3): 135-140.

1990-072 茅祖兴, 鲁豪东. X 射线荧光分析中熔融制样条件的研究. 分析测试通报, 1990, 9(2): 60-62.

1990-077 彭国靖, 陈桂芝, 许厚国. X 荧光分析和计算机数据处理在一级标准物质研制中的应用. 武钢技术, 1990, (1): 57-62.

1990-079 Potts Philip J., 滕树昆, 徐玉茹. 用钴阳极 X 射线管能量色散 X 射线荧光对硅酸岩进行分析 第二部分: 铬、钒和钡测定的实际应用及常规特性. 国外地质勘探技术, 1990, (3): 38-44, 37.

1990-080 Potts Philip J., Webb Peter C., Watson John S., 滕树昆. 用钴阳极X射线管能量色散 X 射线荧光对硅酸岩进行分析 第一部分: 铬、钒、钡和常量元素最佳激发条件. 国外地质勘探技术, 1990, (1): 41-47.

1990-084 裘元勋, 周筑颖, 赵国庆, 顾锡良, 潘礼庆, 杨家镛, 杨福家. The use of MeV proton non-rutherford elastic backscattering for the analysis of low Z elements. Nuclear Science and Techniques, 1990, 1(4): 211-216.

1990-097 王基镕, 程伟基. 三次荧光强度公式及其数值计算. 光谱学与光谱分析, 1990, 10(2): 54-60, 48.

1990-108 谢东, 严振庄. 同位素光子源激发X荧光能谱元素微量分析灵敏度的计算. 河北师范大学学报, 1990, (4): 77-82.

1990-111 徐君权. 锆 L1-L2, 3 M4, 5 Coster-Kronig 跃迁产额. 原子与分子物理学报, 1990, (S1): 129.

1990-112 徐君权, 李星月. 重元素 L1 次壳层的 X 射线荧光产额. 原子与分子物理学报, 1990, (S1): 128.

1990-113 许佩珍, 华佑南. X射线荧光光谱分析中的理论α系数的快速计算. 计算机与应用化学, 1990, 10(2): 158.

1990-114 许佩珍, 华佑南. X射线荧光光谱分析中理论α系数的快速计算. 光谱学与光谱分析, 1990, 10(5): 56-59, 55-62.

1990-120 姚林杰, 胡勇平, 雷达, 马维新, 谢鉴标. 3080E3型X荧光光谱仪分析数据近程通讯系统研究. 地质实验室, 1990, 6(4): 251-253.

1990-124 袁汉章, 刘洋, 秦颖, 郭盛昉, 张芳莉, 宁爱萍. 理论α系数在铝硅耐火材料X射线荧光光谱分析中的应用——理学基本参数法程序的应用之一. 光谱学与光谱分析, 1990, 10(4): 42-45.

1990-133 周四春, 章晔, 谢庭周, 葛良全. X取样方法的研究和应用（一）——测量几何条件的最佳化. 核电子学与探测技术, 1990, 10(1): 12-18.

1990-134 周四春, 章晔, 谢庭周, 葛良全. X取样方法的研究和应用（二）——一种适合于X取样的新散射校正方法. 核电子学与探测技术, 1990, 10(4): 228-232.

1991-002 包生祥. X射线荧光光谱背景和基体效应综合校正公式. 分析化学, 1991, 19(6): 690-693.

1991-003 包生祥. 在现代 X 射线荧光光谱仪中用公共背景法校正背景和基体效应. 分析化学, 1991, 19(8): 942-944.

1991-008 陈永君. 标准化测量方法在 XRF 分析中的作用和意义——Ⅱ. 在不同制样条件中的应用. 岩矿测试, 1991, 10(3): 232-235.

1991-010 承焕生, 杨福家, 李向阳. 重离子背散射——测量表面与近表面痕量元素的一种新方法. 物理学报, 1991, 40(4): 522-526.

1991-012 程永铭, 米戎. X 射线荧光光谱中理论 α 系数的应用. 地质实验室, 1991, 7(6): 271-274.

1991-018 宫清, 满瑞林, 赵新那. 偏最小二乘校正用于 X 射线荧光光谱法同时测定不同价态的硫. 光谱学与光谱分析, 1991, 11(4): 55-57, 70.

1991-022 华佑南. X 射线荧光分析中理论 α 系数经验修正方法研究. 岩矿测试, 1991, 10(2): 117-119.

1991-030 金建南. 镉109溶液和镉109低能光子源. 科学, 1991, (4): 316.

1991-031 靳新娣. 快速富里叶变换退卷积法分解重迭谱线. 分析化学, 1991, 19(10): 1110-1114.

1991-033 荆照政. X 射线荧光光谱滤纸薄样法测定铌钽. 理化检验-化学分册, 1991, 27(3): 158-158.

1991-038 李国会. 不同数学模式计算理论α系数在硅酸盐 X 射线荧光光谱分析中校正基体效应的对比研究. 地质实验室, 1991, 7(5): 266-271.

1991-053 刘雪珍, 荆照政. X 射线荧光光谱溶液滤纸薄样法测定矿物样品中钼. 理化检验-化学分册, 1991, 27(4): 240-240.

1991-055 罗立强, 应志春. 国外XRFA中计算机软件和数据处理方法的研究. 岩矿测试, 1991, 10(2): 136-141.

1991-058 满瑞林, 赵新那, 吉昂. 偏最小二乘(PLS)在同位素 X 射线荧光多组分同时分析中的应用. 光谱学与光谱分析, 1991, 11(4): 50-54.

1991-087 王基镕. 关于 T. Shiraiwa 与 N. Fujino

的荧光 X 射线强度公式的研究. 光谱学与光谱分析, 1991, 11(5): 73-76.

1991-102 徐贞元, 叶汝求. 质子激发 X 射线谱的解析——分析软件和数据库（一）. 分析测试通报, 1991, 10(3): 1-8.

1991-117 张启超, 王子尧, 任红星, 贺春福. XRF 聚酯薄膜-薄纸片法测定微量稀土元素. 光谱学与光谱分析, 1991, 11(3): 66-68, 14.

1991-123 张长庚. 光谱诱导含量法在 X 荧光分析中的应用. 湖南有色金属, 1991, 7(4): 254-255.

1991-126 周四春. X 取样方法的研究与应用（四）——X 取样方法在锡矿上的应用. 核电子学与探测技术, 1991, 11(2): 91-96.

1991-127 周四春, 谢庭周, 葛良全. 普查铜矿的新方法——X 荧光方法研究. 物探与化探, 1991, 15(4): 284-289.

1991-128 周四春, 章晔, 谢庭周, 葛良全. X 取样方法的研究与应用（三）——克服矿化不均匀效应的方法研究. 核电子学与探测技术, 1991, 11(1): 42-46.

1992-003 包生祥. X 射线荧光光谱分析检出限计算公式. 光谱学与光谱分析, 1992, 12(4): 93-96.

1992-068 罗立强, 马光祖, 吉昂. X 射线荧光光谱分析中偏最小二乘回归技术与基本参数法的研究. 分析化学, 1992, 20(9): 1074-1077.

1992-079 邱林友, 赵尔燕. 汞型活性炭纸富集-XRF 测定仲钨酸铵中的氯. 中国钨业, 1992, (12): 30-32.

1992-080 邱林友, 赵尔燕. 离子交换反应富集-XRF 测定地质样中痕量砷. 矿物岩石, 1992, 12(4): 109-110.

1992-081 邱林友, 赵尔燕. 氢化物发生-XRFA 法测定高纯锌中痕量锑. 仪器仪表与分析监测, 1992, (3): 32, 39.

1992-084 Sen N., 许孙曲. 用溶剂萃取和 X 射线荧光光谱法（XRF）测定岩石与矿物中的微量钼与钨. 中国钼业, 1992, (4): 31-33.

1992-089 孙建一. X 射线荧光光谱分析中确定基体元素参加校正顺序的判断. 地质实验室, 1992, 8(4): 197-199.

1992-094 陶光仪, Norrish K., Fazey P.. 定量 X 射线荧光光谱分析中用于计算理论 α 系数的计算机程序 DRALPHA. 分析化学, 1992, 20(1): 94-96.

1992-095 陶光仪, 裴立文, 吉昂. PW1400、PW1404、PW1600 和 PW1606 X 射线荧光光谱仪数据文件的读写软件. 光谱学与光谱分析, 1992, 12(3): 121-124.

1992-098 王大椿, 杨华, 罗平安. 3.3keV—29.1keV 能区 Sn 的 X 射线衰减系数和光电截面（英文）. 原子与分子物理学报, 1992, 9(1): 2101-2109.

1992-120 肖德明, 李广明. X 射线荧光滤纸片法测定纯氧化铥中主量氧化铥及相邻稀土氧化物杂质. 铀矿地质, 1992, (5): 306-313.

1992-119 肖德明. 用滤膜法进行稀土氧化物原料组分的 X 射线荧光光谱分析. 铀矿地质, 1992, (4): 242-247.

1992-124 熊光平, 陈文华. 溶剂浸渍滤纸的制备及其在 XRF 分析中的应用研究——Ⅰ. 几种溶剂浸渍滤纸的制备及吸附性能研究. 离子交换与吸附, 1992, 8(5): 451-454.

1992-137 喻德科. X 射线荧光光谱铝环-双层压片法测定少量土壤中的化学元素. 分析化学, 1992, 20(2): 176-179.

1992-138 喻德科. X 射线荧光光谱铝环-双层压片法测定土壤中常量和微量元素. 分析测试通报, 1992, 11(5): 84-87.

1992-146 张启超, 贺春福, 任红星. X 射线荧光光谱透明胶带薄样法测定土壤中的主量元素. 光谱实验室, 1992, 9(1, 2): 89-91.

1992-163 朱见英. 单背景扣除法测定钢中痕量钴. 冶金分析, 1992, 12(5): 49-50.

1993-040 贺春福, 任红星. X 射线荧光分析中薄膜试样的面积和厚度对分析结果的影响. 分析化学, 1993, 21(4): 458-460.

1993-041 贺春福, 任红星. 微量样品制样时不灼烧、不称重量、不固定体积对 XRF 分析结果的影响. 光谱学与光谱分析, 1993, 13(4): 113-116.

1993-046 黄琰, 管沛林. PC-1500A 型计算机在 XRFA 中的应用. 计算机与应用化学, 1993, 10(2): 159-160.

1993-048 江泓, 郭文学. 微型工控计算机在 X 荧光光谱分析中的应用. 稀有金属与硬质合金, 1993, (S1): 333-336.

1993-053 孔令洪. 纤维素压片法在 X 荧光分析中的应用. 水泥技术, 1993, (2): 30-32.

1993-058 李立. X 射线荧光测量中死时间的双误差回归法计算. 矿物岩石地球化学通讯, 1993, (3): 144-146.

1993-065 李冶, 程泽. X 射线荧光光谱公共背景法在测定化探样品中的应用. 地质实验室, 1993, 9(1): 39-41.

1993-068 李忠义. 矿浆载流 X 荧光分析仪理论模型探讨. 北京矿冶研究总院学报, 1993, 2(3): 45-50.

1993-069 梁国立, 罗立强. 交互有效-基本参数法软件应用（Ⅱ）——X 射线荧光光谱分析超基性岩中的主次量元素. 岩矿测试, 1993, 12(1): 35-37.

1993-071 梁钰, 马惠卿. 透射强度比 X 射线荧光光谱法测定金属镀层组分. 光谱学与光谱分析, 1993, 13(2): 91-96, 38.

1993-073 林谦, 陈伯显, 陈恭印, 黑东炜. 用镜像变换法计算 X 荧光分析的基体效应修正系数. 核电子学与探测技术, 1993, 13(5): 278-282.

1993-083 罗立强, 梁国立, 马光祖. 在 XRF 多变元体系因素分析中应用交互有效法选择体系的主组分. 光谱学与光谱分析, 1993, 13(5): 113-118, 26.

1993-088 乔延江, 姜桂兰, 苏克, 邹海峰, 陆丹. 补偿校正系数 XRFS 法七个主量元素测定的探讨. 长春地质学院学报, 1993, 23(1): 108-111, 116.

1993-091 邱林友, 赵尔燕. 废水中痕量汞的巯基纸富集-XRF 法测定. 上海环境科学, 1993, (11): 22-23.

1993-092 邱林友, 赵尔燕. 离子交换反应富集-XRF 测定氧化锌中砷. 湖南冶金, 1993, (2): 49-50.

1993-093 邱林友, 赵尔燕. 巯基纸富集 XRF 测定痕量的砷和锑. 矿冶工程, 1993, 13(4): 67-69.

1993-114 汪人瑾, 张亚文, 吴波, 李立, 陈光谦. 用国产联想 LX-286 微机控制岛津 VF-320 型 X 射线荧光光谱仪. 分析仪器, 1993, (1): 21-24, 80-81.

1993-116 吴庆昌, 亓萍, 时军波. 波长色散 X 射线荧光无标样分析法 1——原理和迭代方程的推导. 山东科学, 1993, 6(3): 14-20.

1993-127 喻德科. 透明胶纸制样法 X 射线荧光光谱测定蒙脱石中的化学元素. 分析化学, 1993, 21(6): 704-706.

1993-128 喻德科. X 射线荧光光谱成型滤纸片法测定原油中的钒、镍、锰和铜. 分析化学, 1993, 21(2): 190-192.

1993-131 曾力, 陈远盘. 萃取离子交换法富集-XRF 法测定岩石土壤中的微量元素. 光谱学与光谱分析, 1993, 13(1): 131-136, 126.

1993-137 张圈世, 常永福. 一种校正 XRF 光谱基体吸收效应的新方法. 光谱实验室, 1993, 10(4): 17-21.

1993-142 张元勋, 汪学朋, 秦俊法, 汪勇先, 吴士明. Matrix absorption correction of medium thick targets in XRF. Nuclear Science and Techniques, 1993, 4(2): 120-124.

1993-144 章晔, 侯胜利, 伍岳, 陈友红. 核地球物理学原位测品位计算线储量. 物探与化探, 1993, 17(1): 42-50.

1993-147 赵尔燕, 邱林友. 标准加入—XRFA 法测定黑钨矿中微量钪. 中国钨业, 1993, 11: 20, 16.

1993-148 赵尔燕, 邱林友. 催化-XRFA 测定高纯碳酸锶中痕量铊. 稀有金属与硬质合金, 1993, (3): 31-34.

1993-149 赵尔燕, 邱林友. 催化-XRF 测定高纯碳酸锂中痕量银. 上海金属（有色分册), 1993, 14(5): 34-36.

1993-150 赵尔燕, 邱林友. 催化动力学反应-XRF 测定高纯碳酸锂中的痕量银. 稀有金属, 1993, 17(6): 473-475.

1993-151 赵尔燕, 邱林友. 萃取 XRFA 法测定钒钛矿中的钪. 钢铁钒钛, 1993, 14(2):

55-56.

1993-152 赵尔燕,邱林友. 巯基纸分离和富集-XRF法测定水中微量金. 黄金, 1993, 14(12): 47-49.

1993-153 赵尔燕,邱林友. 诱导动力学XRF测定氧化锌中的铁. 河南化工, 1993, (8): 21-22.

1993-154 赵尔燕,邱林友. 诱导反应富集-XRFA测定钨酸钠中的铅. 中国钨业, 1993, (5): 27-29.

1994-002 包生祥. X射线荧光分析散射幂函数法原理的提出和应用——Ⅰ. Rh Kα相干散射平方法. 分析测试技术与仪器, 1994, (4): 26-30.

1994-003 蔡鲲. 光谱分析软件的开发与应用. 机车车辆工艺, 1994, (6): 15-17.

1994-010 陈文华,熊光平. 溶剂浸渍滤纸的制备及其在XRFA中的应用研究(二)——XRFA中溶剂浸渍滤纸制样法研究. 光谱学与光谱分析, 1994, 14(4): 107-112.

1994-013 陈永君,詹秀春,郑妙子. X射线荧光光谱-点滴麦勒膜制片法测定金标准样品中金银铜锌. 岩矿测试, 1994, 13(3): 211-213.

1994-014 陈远盘. 光谱痕量分析的检出限问题. 光谱学与光谱分析, 1994, 14(5): 105-110.

1994-017 崔万福,陈桂煜. 汉字环境下开发全自动X射线荧光光谱仪RDX 1800软件系统. 分析测试仪器通讯, 1994, 4(4): 29-31.

1994-026 高新华,殷凤艳. 用XRF二元比例法测定钨铼合金中的钨和铼. 冶金分析, 1994, 14(6): 28-31.

1994-029 关铁权. 标准物质均匀性可靠性的探讨. 计量与测试技术, 1994, (6): 23-26.

1994-033 吉昂,刘红超,石琼,陶光仪. 普通X射线荧光光谱仪分辨率的改善. 分析化学, 1994, (6): 636-640.

1994-047 李立. X射线荧光光谱法中校准曲线漂移的校正. 分析测试仪器通讯, 1994, (3): 32-34.

1994-049 李绍玲,周波. X射线荧光光谱应用于磨料及原材料的分析——采用理论X系数及Lachace-Traill方程进行元素间相互影响校正. 磨料磨具与磨削, 1994, (5): 35-37.

1994-055 林珊. 标准样品细致分类在X射线能谱荧光分析中的重要意义. 佛山陶瓷, 1994, (3): 41-44.

1994-067 罗重庆,唐维学. PAN膜富集XRF测定微量锌、镉、镍及铜——交互校验可变内标法的应用. 光谱实验室, 1994, (6): 43-48.

1994-071 茅祖兴. XRF检验标准物质中痕量元素的匀性. 分析测试学报, 1994, (3): 19-23.

1994-082 陶光仪. X射线荧光光谱分析中计算机软件的新进展. 冶金分析, 1994, (2): 31-34.

1994-086 Vrebas B. A. R.,徐建荣. X射线荧光定量分析技术的发展趋势. 国外建材科技, 1994, 15(4): 30-33.

1994-091 王静,胡上序,陶光仪,卓尚军. X射线荧光光谱定性解释专家系统. 分析化学, 1994, (3): 281-285.

1994-097 汪人瑾,丰梁垣. X射线荧光光谱分析基本参数法程序在微型计算机上的移植和应用. 分析化学, 1994, (10): 1037-1040.

1994-122 喻德科. X射线荧光光谱成型滤纸片法测定生油岩抽提物中的钒和镍. 光谱学与光谱分析, 1994, 14(5): 91-93.

1994-126 张建军,马光祖. 有机共沉淀富集铌钽锆铪X射线荧光光谱法测定痕量铌钽. 分析试验室, 1994, 13(2): 77-78.

1994-134 赵尔燕,邱林友. 催化动力学-XRF测定海洋沉积物中的痕量汞. 分析仪器, 1994, (1): 45-46.

1994-135 赵尔燕,邱林友. 催化反应-XRF测定痕量碘的研究. 环境保护科学, 1994, 20(2): 58-59, 70.

1994-136 赵尔燕,邱林友. 巯基纸分离富集-XRFA法测定水中As(Ⅲ) As(Ⅴ). 理化检验-化学分册, 1994, 30(2): 106-109.

1994-137 赵尔燕,邱林友. 巯基纸富集-X射线荧光光谱测定氧化锌中的砷. 化工冶金, 1994, 15(1): 73-76.

1994-139 郑厚琳,吴名剑. X 射线荧光光谱薄膜法测定多金属矿样中常量 Pb、Zn、Cu、Fe、Mn. 分析试验室, 1994, 13(1): 74-77.

1994-147 朱见英. 3530 型 X 射线荧光光谱仪主机背景扣除方法. 分析测试仪器通讯, 1994, 4(3): 30-31.

1994-149 邹恩滕, 陈致芬, 龙居富, 林星明. 铝土矿 X 荧光分析应用软件研究及其工业应用. 矿冶, 1994, (2): 70-75.

1995-003 包生祥. X 射线荧光分析散射幂函数法原理及其应用 I. Rh K α 相干散射平方法. 分析化学, 1995, 23(6): 626-629.

1995-006 常建平, 杨淑珍, 铁丽云. X 射线荧光光谱滤纸片法分析稀土元素 Dy、Tb 及 Fe. 武汉工业大学学报, 1995, 17(3): 33-35.

1995-012 陈远盘. XRFS 分析中修正比例常数法的原理和分析方法. 矿产与地质, 1995, 9(S1): 404-409.

1995-020 Dmitriev S N, 吴绍云. TBP 萃取-X 射线荧光谱仪测定地质样品中的金(Au). 新疆有色金属, 1995, (1): 59-63.

1995-024 方原柏. 载流 X 荧光分析仪的采样测量技术. 冶金自动化, 1995, (1): 35-38.

1995-036 吉昂, 刘红超, 陶光仪, 王庆广, 马光祖. 硫化合物中硫 K-Beta 谱研究. 分析化学, 1995, 23(10): 1113-1116.

1995-047 李国会, 樊守忠. X 射线荧光 (XRF) 光谱法在标准物质均匀性检验中的应用. 地质实验室, 1995, 11(1): 40-43.

1995-054 李振坤. 能散 XRF 能谱解析和基体修正方法的研究. 核技术, 1995, 18(1): 32-36.

1995-055 梁国立, 邓赛文, 刘以建. X 射线荧光分析中熔融制样的稀释率和烧失量校正. 岩矿测试, 1995, 14(3): 189-192.

1995-056 梁国立, 罗立强. X 荧光交互有效–基本参数法及其在铝土矿和粘土分析中的应用. 地质实验室, 1995, 11(3): 153-156.

1995-057 梁钰, 余群英. 高合金 X 射线荧光光谱分析中的理论 α 系数法. 上海钢研, 1995, (1): 25-30.

1995-058 梁钰, 余群英. X 射线荧光光谱分析中理论 α 系数法与经验系数法的比较研究. 上海钢研, 1995, (2): 37-43.

1995-068 刘庆惠, 陈远盘. 化学富集 XRFA 法测定岩石、土壤中稀有和稀土元素. 光谱学与光谱分析, 1995, 15(6): 99-105.

1995-069 刘松林, 何建久, 王立. XRF 分析碳元素的研究. 齐鲁石油化工, 1995, (4): 305-307.

1995-072 罗重庆, 刘千钧, 李兵, 周继红. XRF 谱仪新软件的研究与应用. 中南工业大学学报, 1995, 26(6): 817-820.

1995-075 满瑞林, 章执中, 刘富顺, 严纪良, 向德磊. 偏最小二乘校正多道 X 射线荧光光谱法在多元素快速分析中的应用. 冶金分析, 1995, 15(3): 50-52.

1995-077 茅祖兴. X 射线荧光光谱分析用的玻璃熔片与保存时间. 岩矿测试, 1995, 14(1): 66-68.

1995-091 眭松山, 魏军. 用 XRF 基本参数法定量计算多层薄膜的厚度. 电子科技大学学报, 1995, (1): 67-72.

1995-092 孙明星, 邵光, 谭秉和. XRF 数学校正模式中几种修正系数计算方法的研究及应用. 光谱学与光谱分析, 1995, (5): 67-74, 90.

1995-101 王里玉. X 射线谱数据处理软件 SPAN/XRF 的开发和应用. 原子能科学技术, 1995, 29(5): 409-416.

1995-104 王庆广, 戴昭华, 谢光国, 吉昂, 马光祖. 高分辨双晶 XRF 测定硫的化学价态. 环境科学, 1995, 16(5): 48-50, 66, 94.

1995-112 王祝文, 程业勋, 章晔. XRF 现场测量中的影响系数法强度校正模型. 核技术, 1995, 18(10): 625-629.

1995-113 韦孟伏, 徐新冕. 轻基体中稀土氧化物的 X 射线荧光分析——非相干散射应用研究. 光谱实验室, 1995, 12(1): 44-49.

1995-122 熊光平, 陈文华. 溶剂浸渍滤纸的制备及其在 X 射线荧光光谱分析中的应用研究之三——地质样品中微量锆铪的测定. 岩矿测试, 1995, 14(1): 1-6, 14.

1995-141 周继红, 罗重庆. XRF 滤纸薄样法测定钛铁尾矿冶炼中的微量钪. 中南工业大学学报, 1995, 26(5): 684-687.

1996-008 蔡鲲, 李桂英, 徐铭玉, 薛柏生. 应用多种检测方法提高定性分析水平. 光谱学与光谱分析, 1996, 24(6): 113-116.

1996-009 曹利国, 丁益民. X 射线荧光分析中的准绝对测量方法. 物探化探计算技术, 1996, 18(S1): 54-58.

1996-014 陈江涛, 董萍. X 射线荧光分析中的误差来源. 水泥, 1996, (4): 31-32.

1996-023 陈远盘. X 射线荧光分析中的修正比例常数法. 光谱学与光谱分析, 1996, 16(2): 73-84.

1996-033 方同秀, 周道玉. 狮子山铜矿岩壁 X 取样研究与应用. 物探化探计算技术, 1996, 18(S1): 118-121.

1996-038 高新华, 赵向荣, 江海涛. PC1600 X 射线荧光光谱仪自动化分析系统的研究与应用. 光谱学与光谱分析, 1996, 16(4): 86-93.

1996-047 金德龙, 陆晓明, 吉昂. 用理学 3064 X 荧光仪分析碳. 分析测试技术与仪器, 1996, 2(3): 39-40, 43-44.

1996-050 金卓仁, 李彩亚, 陈永明. DM1010 型钙铁煤荧光分析仪的原理与调试应用. 江苏建材, 1996, (2): 35-38.

1996-054 李国会. 均匀性检验中用 X 射线计数与含量计算 F 值的比较. 地质实验室, 1996, 12(4): 249-252.

1996-064 李叶农, 黄近丹, 张文芳, 郑荣华. X 荧光能谱法测定磷青铜、青铜标样中的铜与锡. 福建分析测试, 1996, 5(2): 466-467, 470.

1996-072 刘红超, 吉昂, 陶光仪, 马光祖, 王庆广. 含硫化合物的 S K α X 射线荧光光谱的研究. 化学学报, 1996, (9): 912-916.

1996-081 刘永明, 高祥琪, 董淑珍, 高建文. 理论 α 系数在 X 射线荧光光谱法分析钢铁成分中的应用. 光谱实验室, 1996, 13(3): 8-12.

1996-084 卢飞麟, 周效信, 董晨钟. Ba XLIV~XLVI 离子的 3d-2p 跃迁产生的 X 射线光谱结构的理论研究. 量子电子学, 1996, 13(3): 212-215.

1996-104 山田康治郎, 河野久征, 村田守. 岩石中主成分和微量成分 X 射线荧光分析的低稀释比玻璃融珠方法. 分析测试仪器通讯, 1996, 6(2): 22-29.

1996-109 孙明星, 谭秉和, 邵光玓. X 射线荧光光谱分析不锈钢时的数学校正方法. 分析化学, 1996, 24(1): 80-83.

1996-143 叶克江. 一种简单的背散射处理方法. 核物理动态, 1996, 13(1): 28-31.

1996-144 殷秀文, 郝贡章. X 荧光滤纸片薄样法测定铅锌矿选矿流程样中 Pb、Zn、Cu、Fe. 分析试验室, 1996, 15(1): 80-83.

1996-145 应志春, 邓赛文, 甘露, 吴晓军, 梁国立, 罗立强. 3080 X 射线荧光光谱仪实时数据处理系统. 分析测试仪器通讯, 1996, 6(2): 43-44.

1996-152 赵尔燕, 邱林友. 巯基泡塑富集-XRF 测定矿石中的金. 分析测试学报, 1996, 15(3): 53-55.

1996-156 周继红, 黄栋生. 理论 α 系数在钡玻璃 X 射线荧光光谱中的应用. 中国有色金属学报, 1996, 6(3): 63-65.

1997-003 蔡鲲. X 荧光分析卢卡斯-图思基体校正多功能软件的编制和应用. 光谱实验室, 1997, 14(5): 53-56.

1997-011 程波, 王振华. X 射线荧光能谱稀土在线分析技术基础研究（Ⅰ）——元素间效应和校正用数学模型. 稀土, 1997, 18(5): 29-39.

1997-012 程波, 吴克平, 王振华. X 射线荧光能谱稀土在线分析技术基础研究（Ⅱ）——标样体系和校正方法与在线分析的准确度、精密度. 稀土, 1997, 18(6): 13-23.

1997-032 郭燕春. XRF 定量分析中样品制备对 PW1660 荧光仪分析结果的影响. 水泥, 1997, (9): 28-29.

1997-045 贾江涛, 马小桃, 严纯华, 廖春生, 李标国. Application of ^{241}Am EDXRF to determine heavy rare earths in RE separation processes by solvent extraction. Journal of Rare Earths, 1997, 15(4):

68-72.

1997-060 李振坤,郝冀方. 能散X射线能谱数据分析中的基体修正系数最佳化. 核技术, 1997, 20(10): 16-19.

1997-063 刘笛,李俊踽,陈晓林,毛惠新. 锶钡永磁铁氧体磁性材料原子配比的X射线光谱直接测定及理论 α 系数干扰法校正计算. 磁性材料及器件, 1997, 28(2): 49-53.

1997-068 刘千钧,李兵,罗重庆. 自编数据处理程序与PW1404型X荧光光谱仪的接口软件(LLLZ)的研究与应用(Ⅰ). 光谱学与光谱分析, 1997, 17(5): 112-115.

1997-079 罗立强,郭常霖,吉昂,马光祖. 化学计量学与X射线荧光光谱分析. 岩矿测试, 1997, 16(2): 50-59.

1997-080 罗立强,郭常霖,吉昂,马光祖. 人工神经网络与分析测试技术的研究与发展. 岩矿测试, 1997, 16(4): 28-37.

1997-082 满瑞林,赵新那. 论偏最小二乘校正方法的稳定性. 中南工业大学学报, 1997, 28(6): 88-91.

1997-085 毛振伟,张巽,李凡庆,彭子成. X射线荧光光谱滤纸片法测定矿石中的铜. 分析试验室, 1997, 16(2): 50-52.

1997-091 邱林友. 巯基纸富集-XRF测定水中Sb(Ⅲ)和Sb(Ⅴ). 云南环境科学, 1997, 16(3): 62-64.

1997-095 邱林友. 载炭泡塑富集-XRF测定痕量金. 黄金, 1997, 18(6): 54-55.

1997-100 眭松山,魏军,史青. XRF基本参数法测量和计算电子材料的组成. 光谱学与光谱分析, 1997, 17(3): 100-105.

1997-123 熊朝东,沈文馨,刘燕,朱碧如,杨素琴. XRF滤纸片法测定铁基样品中十种元素的方法研究. 江西科学, 1997, 15(3): 189-192.

1997-132 袁红. X射线荧光分析数据处理软件的研究和应用. 光谱实验室, 1997, 14(3): 90-95.

1998-005 蔡鲲. EDXFS快速半定量分析的几种实用方法. 光谱实验室, 1998, 15(5): 42-44.

1998-029 龚武,谭秉和. 用普通X射线荧光光谱仪进行铁价态的定量分析. 光谱学与光谱分析, 1998, 18(6): 95-99.

1998-039 胡纫兰,江辅华,李泰华,唐代全,王鹏,李文学. 自联想神经网络算法在X射线复合谱分析中的应用. 核电子学与探测技术, 1998, 18(2): 49-52.

1998-067 梁国立,马光祖,罗立强. 理学3080E型X射线荧光光谱仪分辨率的改善. 岩矿测试, 1998, 17(1): 77-80.

1998-077 刘千钧,李兵,罗重庆. 自编数据处理程序与PW1404型X荧光光谱仪的接口软件LLLZ的研究与应用(Ⅱ). 光谱学与光谱分析, 1998, 17(2): 103-106.

1998-078 刘尚华,陶光仪,吉昂. X射线荧光光谱分析中的粉末压片制样法. 光谱实验室, 1998, 15(6): 10-16.

1998-079 刘世杰,胡朝晖,姚英,王德武. 单色光激发的轻元素X射线分析. 高能物理与核物理, 1998, 22(4): 378-382.

1998-088 罗立强,梁国立,马光祖,吉昂,郭常霖. 用新的解谱软件及X射线荧光光谱法分析硫的化学态. 岩矿测试, 1998, 17(2): 4-10.

1998-089 罗立强,马光祖,吉昂,郭常霖,詹秀春,梁国立. 神经群结构、算法与X射线荧光光谱分析研究. 分析科学学报, 1998, 14(3): 2-7.

1998-091 毛振伟,陈树榆,石磊,周贵恩. X射线荧光基本参数法测定 $Y_{1-x}Ce_xBa_2Cu_3O_y$ 中的钇铈钡铜. 光谱学与光谱分析, 1998, 18(4): 120-123.

1998-096 彭良强,魏成连,刘亚雯,张天保,吴强. Si(Li)谱仪测量X射线荧光谱中Cr $K\beta$ 谱线化学位移的探索. 光谱学与光谱分析, 1998, 18(1): 99-101.

1998-097 邱林友. X射线荧光光谱分析动力学法的原理. 昆明理工大学学报, 1998, 23(2): 109-114.

1998-103 沈文馨,潜学基. 理论 α 系数法在X射线荧光光谱分析 Pr_6O_{11} 富集物样品中的应用. 江西科学, 1998, 16(2): 46-49.

1998-107 宋永清,陆少兰,卜赛斌,刘颂禹,闵剑梅,刘洋,郝贡章,徐邦运,张泉.

饰品标准样品的研制. 分析试验室, 1998, 17(4): 55-59.

1998-109 孙淑媛, 孙龄高. 岩石矿物分析. 分析试验室, 1998, 17(4): 99-111.

1998-111 孙伟莹, 谭秉和. X射线荧光光谱法测定钒的原子价平均值. 岩矿测试, 1998, 17(3): 35-38.

1998-110 孙伟莹, 谭秉和. 钒的Kβ谱带精细结构的测定及钒的价态分析. 岩矿测试, 1998, 17(2): 30-34.

1998-113 谭秉和, 龚武, 孙伟莹. X射线荧光光谱分析中基体效应的数学校正方法新探. 光谱学与光谱分析, 1998, 18(3): 111-116.

1998-114 陶光仪, 卓尚军, 吉昂. 提高X射线荧光理论计算相对强度准确度的研究. 分析化学, 1998, 26(11): 1350-1354.

1998-115 陶光仪, 卓尚军, 吉昂. X射线荧光光谱中影响理论计算相对强度的主要因素. 化学学报, 1998, (9): 873-879.

1998-119 庹先国, 梁兴中, 郑建安. EDXRF中复杂基体效应的一种校正方法研究. 核技术, 1998, 21(8): 482-486.

1998-131 王毅民, 李家熙, 高玉淑, 宋浩威, 罗代洪, 王晓红, 陈维岳, 滕云业, 周世光. 太平洋多金属结核及沉积物标准物质研制. 地球学报, 1998, 19(3): 75-84.

1998-135 吴晓军, 罗立强, 甘露, 詹秀春, 梁国立, 马光祖. 聚类分析法在地质样品分类中的应用研究. 岩矿测试, 1998, 17(3): 14-18.

1998-142 顼兆钧. AOS2000分析仪专家系统的研究与应用. 矿冶, 1998, 7(2): 74-79.

1998-156 尤利格S, 许孙曲. 用新式X射线荧光(XRF)分析法进行过程控制. 国外选矿快报, 1998, 23: 17-19.

1998-164 张香荣, 谭秉和. 用通用X射线荧光光谱仪进行铬的形态分析. 光谱学与光谱分析, 1998, 18(1): 102-106.

1999-002 包生祥. X射线荧光分析散射幂函数法的原理及其应用II. 非相干散射. 光谱学与光谱分析, 1999, 19(1): 91-93.

1999-004 包生祥, 王志红, 荣丽梅. X射线荧光分析散射函数法的原理及其应用III. 连续背景幂函数法. 光谱学与光谱分析, 1999, 19(2): 94-97.

1999-016 党俊芳. 快速矿物分析软件程序. 河南石油, 1999, 4: 27.

1999-019 董亦斌, 邱林友. 二苯基硫脲-甲基异丁酮泡沫塑料富集-XRF测定痕量金. 云南冶金, 1999, 28(3): 48-50.

1999-026 甘露, 罗立强, 吴晓军. 主成分分析在地质样品分类与浓度预测中的应用研究. 岩矿测试, 1999, 18(2): 19-22.

1999-034 郭盘林, 王基庆, 乐安全, 朱节清. 人工神经网络和最小二乘回归在XRF定量分析中的应用比较. 核技术, 1999, 22(12): 725-729.

1999-041 侯胜利, 章晔. 核地球物理X辐射取样中克服基体效应的研究. 现代地质, 1999, 13(1): 117-120.

1999-044 华兰. XRF法在锌合金标准物质均匀性检验中的应用. 化学分析计量, 1999, 8(3): 8-9.

1999-075 罗立强, 郭常霖, 马光祖, 吉昂. X射线光谱与神经网络中单组分型神经群结构研究. 光谱学与光谱分析, 1999, 19(3): 171-174.

1999-085 欧样宝. X射线荧光分析中对熔融制样法的探索. 福建建材, 1999, (4): 33-35.

1999-095 陶光仪, 吉昂, 卓尚军. 计算多层膜组分和厚度的软件FPMULTI及其应用. 光谱学与光谱分析, 1999, 19(2): 88-91.

1999-132 杨仲平, 陈远盘. XRF分析中修正比例常数法的计算与程序. 光谱学与光谱分析, 1999, 19(2): 92-93.

1999-147 张永青. LP数学校正模型在陶瓷原料常规元素EDXRF分析中的应用. 佛山陶瓷, 1999, (3): 7-9.

1999-162 卓尚军, 陶光仪, 殷之文, 吉昂. X射线荧光光谱定量分析中超轻元素的处理方法. 化学学报, 1999, 12: 1348-1351.

1999-163 祖秀兰, 周蓉生. 一种改进的X荧光分析基体效应校正方法及软件实现. 物探化探计算技术, 1999, 21(3): 227-230, 237.

2000-013 范义春, 金晓贤. 在Excel 97下编制密度法测定贵金属首饰的计算程序. 珠宝科技, 2000, (1): 59-60.

2000-014 甘露, 罗立强, 吴晓军. 因子分析在X射线荧光光谱重叠谱峰识别中的应用. 光谱学与光谱分析, 2000, 20(1): 91-94.

2000-016 高军, 万桂馥. XRF流动进样直接测定电镀液中镍铁的方法研究. 光谱学与光谱分析, 2000, 20(4): 550-552.

2000-017 高军, 王家瑜, 黄春燕, 万桂馥. 流动进样XRF法测定溶液中金. 冶金分析, 2000, 20(6): 52-54.

2000-019 高岩, 杨德辉, 杨军涛. X荧光能谱技术应用于珠宝首饰检测的原理和方法. 宝石和宝石学杂志, 2000, 2(3): 8-12.

2000-022 龚昌合. 提高X荧光分析准确度促进闪速炉生产的稳定. 光谱仪器与分析, 2000, (1): 14-18.

2000-033 华兰, 蒋文钧, 郭向勇. 无标样X荧光分析软件UNIQUANT在标准物质定值和未知样品鉴定中的应用. 化学分析计量, 2000, 9(4): 4-5.

2000-043 李三庆, 刘召贵. 最优化理论解浓度校正方程. 西安工业学院学报, 2000, 20(1): 73-77.

2000-063 尚凤军, 王海霞, 周蓉生. X荧光谱分析中寻峰算法的探讨及实践. 物探化探计算技术, 2000, 22(4): 364-368.

2000-069 谭秉和, 王桂华. X射线荧光分析中谢尔曼方程逆问题的求解 (理论影响系数法和基本参数法). 光谱学与光谱分析, 2000, 20(3): 399-401.

2000-077 庹先国, 周建斌, 童运福, 李家春, 贾安才. 特征参数分类法在XRF基体效应校正中的应用. 金属矿山, 2000, (12): 40-41, 50.

2000-110 应晓浒, 张卫星, 陈晓东. 波长色散X射线荧光光谱仪的性能测试方法介绍. 光谱实验室, 2000, 17(3): 281-285.

2000-124 张圈世, 师全林, 包敏. 提高高压X光机激发的XRF谱测量灵敏度的一种方法. 光谱实验室, 2000, 17(2): 157-159.

2001-001 蔡鲲. X荧光光谱分析软件的开发与应用. 光谱学与光谱分析, 2001, 21(5): 673-675.

2001-002 蔡鲲. X荧光能谱分析中谱峰的正确识别. 冶金分析, 2001, 21(1): 49-51.

2001-016 邓赛文, 吴晓军, 詹秀春, 甘露, 片冈由行, 松尾尚. 理学ZSX系列X荧光光谱仪中文软件开发. 岩矿测试, 2001, 20(3): 226-233.

2001-021 高红亮. 校正曲线组在X射线荧光分析中的应用. 水泥, 2001, (2): 49-50.

2001-055 林玲, 葛良全. 海底X射线荧光探测系统的软件研制. 物探化探计算技术, 2001, 23(4): 338-343.

2001-065 罗立强, 甘露, 吴晓军, 吉昂, 梁国立. 神经网络基本参数算法校正非线性基体效应. 分析试验室, 2001, 20(1): 1-4.

2001-079 彭宇. 数理统计方法在仪器运行检查中的应用. 光谱实验室, 2001, 18(4): 532-535.

2001-097 唐力君, 罗立强, 江葛. 低稀释比制样技术与多类型地质样品X射线荧光分析方法研究. 岩矿测试, 2001, 20(4): 253-256, 262.

2001-122 向浩, 李国会, 王永青, 张天佑. WINDOWS98下XRF联机软件分析系统 (X荧光光谱仪改造升级技术). 现代科学仪器, 2001, (1): 24-27.

2001-123 肖洪训, 杜登福. 应用钴内标法XRF测定铁矿石中全铁. 冶金分析, 2001, 21(5): 21-23.

2001-136 应晓浒, 林振兴. X射线荧光光谱无标样分析软件在金属材料分析中的应用. 冶金分析, 2001, 21(6): 41-43.

2001-143 张开春, 吴丽萍, 周厚全, 李志勇. 对Si(Li)探测器测谱中产生伪峰现象的分析. 四川大学学报 (自然科学版), 2001, 38(1): 115-117.

2001-155 赵耀. XRF法分析硫化物矿的试样制备. 冶金分析, 2001, 21(5): 67-68.

2001-156 周桂荣. 影响X荧光分析仪测试锌精矿准确度的因素分析. 湖南有色金属, 2001, 17(4): 46-47.

2001-164 卓尚军, 陶光仪, 殷之文, 吉昂. X射线荧光光谱理论强度计算中激发因子的选择. 化学学报, 2001, 59(1): 129-132.

2002-017 符斌, 方明渭, 周杰, 岳永平, 李华昌,王红霞. 用于 X 射线荧光光谱分析的凝胶制样法. 冶金分析, 2002, 22(5): 6-9.

2002-041 Ji Xinming, Zhu Jieqing, Xu Hongjie. Semi-empirical schemes for the X-ray mass absorption coefficients used in XRF analysis. Nuclear Science and Techniques, 2002, 13(1): 42-49.

2002-059 李萍. 采用粉末压片法提高混合稀土分析的准确度. 中国稀土学报, 2002, 20(S1): 199-202.

2002-072 刘江斌, 黄兴华, 马旻. 标准化 α 系数在 X 荧光光谱分析中的应用. 分析测试技术与仪器, 2002, 8(2): 116-118.

2002-078 楼蔓藤. X 射线荧光光谱分析方法标准化的进展. 岩矿测试, 2002, 21(1): 42-48.

2002-082 马宪民, 芮铭黎. 多元素拟合算法在 EDXRF 技术中的应用. 西安科技学院学报, 2002, 22(1): 43-45.

2002-106 王桂华, 谭秉和. 理论强度公式在 X 射线荧光光谱分析中的应用. 光谱学与光谱分析, 2002, 22(2): 328-330.

2002-117 魏培德. 公共背景法在 X 射线荧光光谱分析化探样品中的应用. 岩矿测试, 2002, 21(2): 147-149.

2003-041 胡朝晖, 刘平生, 冯国华, 黄宇营. PSS 用作高能量分辨率微量元素分析的可行性研究. 高能物理与核物理, 2003, 27(3): 273-276.

2003-060 Leung P. L., 毛振伟, Mike Li, 朱剑, 冯敏, 杨益民, 孙新民, 郭木森, 王昌燧. Line scanning analysis of the component of Ru porcelain by micro energy disperse X-ray fluorescence probe. Science in China (Series B), 2003, 46(5): 465-472.

2003-077 梁国立, 邓赛文, 吴晓军, 甘露. X 射线荧光光谱分析检出限问题的探讨与建议. 岩矿测试, 2003, 22(4): 291-296.

2003-078 梁国立, 邓赛文, 吴晓军, 甘露. X 射线荧光痕量元素分析的测定限问题. 物理测试, 2003, (6): 4-7, 10.

2003-140 王小琴, 贾文懿, 马英杰, 吴允平. MODBUS 通信协议在现场水泥成分 X 荧光分析仪中的应用. 核电子学与探测技术, 2003, 23(6): 538-540.

2003-162 闫玉梅, 丁训良, 潘秋丽. 整体 X 光透镜对点源、面源、线源的传输效率的计算. 北京师范大学学报 (自然科学版), 2003, 39(2): 178-183.

2003-190 张东红. 放宽荧光分析粉样粒度条件的实验. 矿产与地质, 2003, 17(4): 563-565.

2003-198 张淑英, 卜赛斌. X 射线荧光光谱无标半定量分析稀土元素方法的改进. 岩矿测试, 2003, 22(1): 37-39, 43.

2004-005 陈雪亮, 巩岩, 陈波. 掠发射 X 射线荧光强度的实验研究. 光谱实验室, 2004, 21(1): 42-45.

2004-010 德国利恒公司上海代表处. X 射线荧光分析铁合金试样的制备方法. 冶金标准化与质量, 2004, 42(6): 13-14.

2004-025 葛良全, 赖万昌, 林玲, 林延畅. 水底沉积物原位 X 射线荧光测量中水分的影响与校正. 核技术, 2004, 27(4): 273-276.

2004-040 赖万昌, 葛良全, 吴永鹏, 林延畅, 肖刚毅. 现场高灵敏度 X 射线荧光探矿技术的研究. 地质与勘探, 2004, 40(1): 60-63.

2004-098 田玉仙, 吴丽萍, 王刚. 蒙特卡罗方法在 X 荧光无损分析中的应用. 核技术, 2004, 27(1): 48-52.

2004-137 应晓浒, 林振兴, 曹国洲. 金相组织变化对 X 射线荧光光谱法测定黄铜中铜铅铁的影响及校正. 分析化学, 2004, 32(10): 1385-1388.

2004-138 应晓浒, 王谦, 曹国洲, 郁明芳. 变化的理论 α 影响系数在校正 Cr-Fe-Ni 不锈钢基体效应中的应用. 光谱学与光谱分析, 2004, 24(12): 1681-1683.

2004-145 曾国强, 林延畅, 葛良全. 可视化 XRF 软件数据采集系统的开发. 物探化探计算技术, 2004, 26(3): 274-277.

2005-038 洪江星, 陈天文. 定性半定量分析软件 IQ 在 X 射线荧光光谱方法中的应用研究. 福建分析测试, 2005, 14(2):

2155-2157, 2161.

2005-043 胡正阳, 邢华宝, 史厚义, 孙雪松. X射线荧光光谱法测定烧结矿中TFe的不确定度评定. 冶金分析, 2005, 25(1): 82-84.

2005-101 马国立, 李宇杰, 田宇纮, 毕朝晖. 基于Windows操作系统的X荧光光谱分析软件. 核技术, 2005, 28(1): 73-77.

2005-143 陶光仪. X射线荧光光谱分析中的基本参数法. 理化检验-化学分册, 2005, 41(S): 1-2.

2005-163 邬鹏举, 李玉德, 林晓燕, 刘安东, 孙天希. X射线在毛细导管中传输的模拟计算. 物理学报, 2005, 54(10): 4478-4482.

2005-170 吴文琪, 王强, 赵增祺, 许延辉, 武国琴. 能谱解析法稀土萃取过程在线分析的研究. 稀土, 2005, 26(1): 1-4.

2005-191 越智宽友. 使用瑞利散射的理论强度进行异常形状修正的薄膜样品X射线荧光分析. 冶金标准化与质量, 2005, 43(1): 19-20.

2005-197 张爱华, 周航慈, 詹捷, 江姗姗. 基于μC/OS-II的便携式X荧光仪的数据采集. 科技广场, 2005, (10): 97-98.

2005-239 周庆伟. X射线荧光分析中熔片法制样条件的选择. 水泥, 2005, 12(12): 43-45.

2005-245 卓尚军, 韩小元, 申如香, 盛成. 散射效应对理论计算X射线荧光强度的影响. 理化检验-化学分册, 2005, 41(S): 16-17.

2006-005 宾伟深. 压片X荧光分析法及其在水泥质量控制中的应用. 新世纪水泥导报, 2006, (1): 34-37, 13.

2006-012 陈爱平, 王烨, 王苏明. X射线荧光光谱法测定土壤样品中氯的不确定度评定. 岩矿测试, 2006, 25(3): 270-275.

2006-025 池济宏, 李寒辉, 赵素英. 薄膜样品的制作与均匀度测定. 河北北方学院学报(自然科学版), 2006, 22(3): 21-24.

2006-024 池济宏, 李寒辉. XRF系统灵敏度曲线的标定. 河北北方学院学报(自然科学版), 2006, 22(1): 24-27.

2006-031 戴琳, 田英良, 万红. XRF无标样定量法在玻璃材料测定中的应用. 科学技术与工程, 2006, 6(18): 2958-2960.

2006-041 伏修锋, 干福熹. 基于多元统计分析方法对一批中国南方和西南地区的古玻璃成分的研究. 文物保护与考古科学, 2006, 18(4): 6-13.

2006-073 纪新明, 王建业, 贾文红, 朱节清, 黄宜平. X射线荧光分析中X射线管原级能谱分布的测定. 光学学报, 2006, 26(4): 634-638.

2006-087 李海波. 荧光X射线分析中的样品制备. 大众标准化, 2006, (S1): 60-62.

2006-093 李辉. X射线荧光光谱基本参数法测定钢铁的组分. 科学技术与工程, 2006, 6(18): 2942-2944.

2006-111 李咏霞. X射线荧光经验系数法测定神东煤灰成分. 煤质技术, 2006, (3): 36-38.

2006-157 马永红, 葛良全, 赖万昌. X射线荧光分析仪用靶自动控制系统的设计. 物探化探计算技术, 2006, 28(1): 33-35, 3.

2006-176 任校丹, 刘磊. X射线荧光熔片法测定人造富矿中主要成分的新方法. 科学技术与工程, 2006, 6(18): 2964-2966.

2006-181 沈立, 周四春, 杨伟涛. 虚拟技术在X荧光测量系统中的应用. 计算机测量与控制, 2006, 14(7): 874-875, 892.

2006-187 宋焕玲, 吴亲娟, 张兵. 分析有机物中钾的IQ$^+$无标样定量分析软件. 科学技术与工程, 2006, 6(18): 2981-2982.

2006-198 孙雪琴. X射线荧光光谱分析中熔融片制样法的准确性. 新世纪水泥导报, 2006, (3): 14-15.

2006-216 王广甫, 鲁永芳, 朱光华. PESA测量中单个标准样品刻度方法适用范围研究. 现代仪器, 2006, (1): 19-21.

2006-268 杨建生. 使用荧光光谱分析法(XRF)进行RoHS验证. 今日电子, 2006, (3): 41-43.

2006-285 袁家义, 白雪冰. X射线荧光光谱分析中熔融制样法的改进与应用. 山东国土资源, 2006, 22(9): 51-54.

2006-311 赵合琴, 郑先君, 魏丽芳, 魏明宝. X射线荧光光谱分析中样品制备方法评述.

河南化工, 2006, 23(10): 8-11.

2006-318 周树侠, 王秀萍, 黄明丽. X射线荧光光谱法定性定量分析方法探讨. 光谱实验室, 2006, 23(1): 122-125.

2007-005 边立槐, 田桂英, 杨觌. 元素钡对X射线荧光光谱法测定铁矿中全铁的修正作用. 光谱实验室, 2007, 25(5): 784-786.

2007-017 陈珊, 张向军, 杨燕. 贵金属含量的测量不确定度的来源分析. 宝石和宝石学杂志, 2007, 9(1): 19-21.

2007-031 邓彪, 余笑寒, 徐洪杰. 采样间隔和投影数对SR-XFMT重构质量的影响 (英文). 高能物理与核物理, 2007, 31(4): 409-413.

2007-063 韩小元, 卓尚军, 申如香, 王佩玲. X射线荧光光谱中散射效应对荧光强度的贡献研究. 光谱学与光谱分析, 2007, 27(2): 391-394.

2007-115 李玉武, 马莉. 大气颗粒物样品波长色散X射线荧光光谱法无机元素测量结果不确定度评估. 岩矿测试, 2007, 26(3): 219-224.

2007-121 林延畅, 葛良全, 姜海静, 赖万昌, 张庆贤, 曾兵, 程锋, 王广西. 铜钴矿样品X荧光快速测定技术的初步研究. 物探化探计算技术, 2007, 29(3): 256-259, 181.

2007-186 Song You, Zheng Weiming, Liu Guijiao, Wu Jizong. Matrix's influence by HOPG pre-diffraction EDXRF. Annual Report of China Institute of Atomic Energy, 2007, (0): 198-199.

2007-212 王广甫, 鲁永芳. 陶瓷样品外束质子荧光定量分析中样品定位精度的研究. 核技术, 2007, 30(5): 432-437.

2007-214 王广甫, 鲁永芳, 朱光华. 质子非卢瑟福背散射测量气溶胶样品中氢、碳、氮和氧的含量. 原子能科学技术, 2007, 41(5): 628-632.

2007-217 王嘉勇, 万莹, 杨清花, 陈文川, 樊哲. 线性化校正方法试验研究. 甘肃冶金, 2007, 29(4): 72-74.

2007-295 原怀保, 李月红. 发射光谱分析法测量不确定度的评定与应用. 光谱实验室, 2007, 24(3): 396-399.

2007-321 Zheng Weiming, Song You, Liu Guijiao, Wu Jizong. Correction method of deviation in EDXRF. Annual Report of China Institute of Atomic Energy, 2007, (0): 196-197.

2007-322 郑维明, 宋游, 刘桂娇, 吴继宗. X射线荧光分析漂移校正方法. 中国原子能科学研究院年报, 2007, (0): 271-272.

2008-023 陈健. 利用X40软件实现镀锌层重量检测工作曲线二次回归的研究. 安徽冶金, 2008, (3): 18-20.

2008-031 陈珊, 黄艳油, 杨燕. X射线荧光能谱仪的校准方法. 宝石和宝石学杂志, 2008, 10(4): 28-30.

2008-032 陈素兰, 池靖, 陈波, 蔡熹. X射线荧光光谱法测定土壤样品中铅的不确定度评定. 中国环境监测, 2008, 24(6): 43-47.

2008-045 戴振麟, 葛良全, 邹德慧. 能量色散X射线荧光分析基本参数法研究. 核电子学与探测技术, 2008, 28(1): 146-149.

2008-091 黄东辉, 肖才锦, 倪邦发, 田伟之, 张元勋, 王平生, 张贵英, 刘存兄. 适用于微分析质控的标准物质的探索. 中国原子能科学研究院年报, 2008, (0): 153-155.

2008-093 黄菁华. 提高X荧光分析测量准确性的实践. 金属矿山, 2008, (1): 144-145.

2008-113 李金海. 微米束光路设计计算. 中国原子能科学研究院年报, 2008, (0): 211.

2008-168 罗立强, 詹秀春. 应用遗传算法拟合偏振X射线荧光重叠谱. 光谱学与光谱分析, 2008, 28(3): 704-706.

2008-179 倪艳. 多维标度法在EDXRF分析自动分类中的应用. 四川理工学院学报 (自然科学版), 2008, 21(2): 115-117.

2008-193 任春生, 张爱珍, 应海松, 乐英杰. XRF法测定烧结铁矿中杂质元素的不确定度评定. 金属矿山, 2008, (1): 76-79.

2008-195 单华珍, 卓尚军, 盛成, 申如香. 粉末压片法波长色散X射线荧光光谱分析铁矿石样品的矿物效应校正初探. 光谱学与光谱分析, 2008, 28(7): 1661-1664.

2008-205 宋游, 郑维明, 刘桂娇, 吴继宗. U、Np、Pu 的 X 射线荧光激发参量比的应用研究. 中国原子能科学研究院年报, 2008, (0): 259.

2008-227 Tuo Xianguo, Cheng Bo, Mu Keliang, Li Zhe. Neural network-based matrix effect correction in EDXRF analysis. Nuclear Science and Techniques, 2008, 19(5): 278-281.

2008-246 王谦, 林力, 朱丽辉, 应晓浒. 应用理论 α 系数校正 X 射线荧光光谱法分析锰矿时的基体效应. 理化检验-化学分册, 2008, 44(7): 658-660, 663.

2008-251 王兴建, 葛良全, 曾国强. 小波多分辨率分析在 X 荧光谱线本底扣除中的应用研究. 核电子学与探测技术, 2008, 28(4): 853-856.

2008-296 Xue Yuming, Yang Baohe, Qu Changqing, Zhang Li, Xu Chuanming. Sun Yun. Structural and electrical properties of co-evaporated In, Garich CIGS thin films. Optoelectronics Letters, 2008, 4(6): 0437-0439.

2008-297 闫玉生, 杨雪梅, 穆克亮. RBF 网络在地质样品非线性基体效应校正中的应用. 物探化探计算技术, 2008, 30(2): 169-172, 84.

2008-330 张帮, 葛良全, 程峰, 戴振麟, 贾牧霖. 不规则样品中元素含量 XRF 测定的校正. 核电子学与探测技术, 2008, 28(5): 961-964, 914.

2008-356 Zheng Wei-ming, Song You, Liu Gui-jiao, Wu Ji-zong, Chen Chen. Study and application of closed HOPG diffractive EDXRF in research of Pu purification. Annual Report of China Institute of Atomic Energy, 2008, (0): 228.

2008-372 邹永祥, 吴建平. 基于多分辨率分析的 X 荧光能谱的除噪与弱峰检测. 核技术, 2008, 31(4): 260-264.

2009-028 陈小强, 赖万昌, 张震, 陈亨贵, 于新华. 小波分析在 X 荧光光谱去噪声中的应用. 核电子学与探测技术, 2009, 29(4): 796-798, 831.

2009-052 杜军炜, 范宗民, 王烨江. X 射线荧光分析熟料标准曲线的建立方法. 化学工程与装备, 2009, (7): 146, 124.

2009-053 杜治国, 朱泽民. IQ+无标样定量分析软件在氧化铁红测定中的应用. 矿冶, 2009, 18(3): 100-103.

2009-065 甘新式, 杨家敏, 易荣清, 张继彦, 赵屹东, 赵阳, 郑雷, 马陈艳, 陈凯, 崔明启, 邓爱红. RAP 晶体积分衍射效率的实验研究. 光子学报, 2009, 38(4): 947-950.

2009-085 黄东辉, 肖才锦, 倪邦发, 田伟之, 张元勋, 王平生, 张贵英, 刘存兄. 适用于微分析质控的标准物质的探索. 原子能科学技术, 2009, 43(12): 1123-1127.

2009-087 黄宁, 王鹏, 龙先灌. OLAM 神经网络分析 X 荧光谱的预处理研究. 四川大学学报（自然科学版), 2009, 46(5): 1357-1360.

2009-089 黄秋, 方方, 赖万昌, 杨强, 程锋. 基于 PC/104 计算机的 X 荧光分析软件的研制. 核电子学与探测技术, 2009, 29(4): 860-863, 905.

2009-095 黄珍. X 射线荧光光谱分析粉末样品制备方法的改进. 农村经济与科技, 2009, 20(11): 91.

2009-114 赖万昌, 于姗姗, 唐斌. 基于 Labwindows/CVI 的虚拟核仪器软件. 核电子学与探测技术, 2009, 29(3): 580-583.

2009-118 李丹, 徐应军. X 荧光分析中的质量控制方法. 甘肃冶金, 2009, 31(1): 59-60, 69.

2009-120 李海波. 提高和改善 X 射线荧光光谱仪检测精度的方法. 大众标准化, 2009, (S2): 46-48.

2009-124 李杰, 周俊武, 曾荣杰. 能量色散 X 射线荧光分析仪专用分析软件的开发. 矿冶, 2009, 18(2): 79-83.

2009-141 李哲, 庹先国, 穆克亮, 王洪辉, 钟红梅. 矿样中钛铁 EDXRF 分析的基体效应和神经网络校正研究. 核技术, 2009, 32(1): 35-40.

2009-160 刘江峰, 包良满, 李晓林. 高能聚焦质子束无掩模刻写方法研究初步. 核技术, 2009, 32(6): 443-447.

2009-180 鲁言波, 蔡明招, 洪榕. 用波长色散 X 射线荧光光谱测定土壤中铬的不确定度. 中国环境监测, 2009, 25(3): 48-50.

2009-220 任翔, 葛良全, 张庆贤, 于新华, 梁文俊. 原位 X 射线荧光测井井液的影响与校正. 核技术, 2009, 32(10): 756-759.

2009-264 王金美, 殷宏, 彭文明. X 射线荧光光谱法测定铁矿石中 TFe 含量的不确定度评定. 天津冶金, 2009, (4): 56-59, 84.

2009-300 夏念平, 闻向东, 余卫华, 文斌. X 射线荧光光谱法测定生铁中硫的不确定度评定. 武钢技术, 2009, 47(6): 15-17.

2009-312 徐志, 王焕芹, 雒玉新. X 射线荧光光谱法检测 Au 质量分数不确定度的评定——以样品 Au750 为例. 宝石和宝石学杂志, 2009, 11(1): 39-41.

2009-331 杨强, 于姗姗, 张震, 于新华, 花永涛, 赖万昌. 嵌入式 X 荧光数据处理系统的研制. 核电子学与探测技术, 2009, 29(3): 661-664.

2009-345 叶罕章, 冯晓军, 张江坤, 王涛. X 射线荧光光谱法测定磷矿中 Na 元素的重叠校正. 广东化工, 2009, 36(12): 159-160.

2009-378 张林艳, 戴挺, 周怡君. 能量色散 X 射线荧光光谱背景扣除方法的探讨. 分析试验室, 2009, 28(12): 111-114.

2009-391 张艳萍, 常宏伟, 杜树斌, Kenji Sakurai. 岩石样品中不纯性元素内部关联性的研究——X 射线荧光二维谱研究. 中国原子能科学研究院年报, 2009, (0): 219-220.

2009-396 张云红, 智顺. X 荧光法测定煤灰成分中用国标烧灰方法替代美标烧灰方法的确认. 煤质技术, 2009, (3): 20-22.

2009-407 赵熹, 谢涛. 神经网络算法在 X 荧光方法中的应用. 大众科技, 2009, (9): 40-42.

2009-431 朱志秀, 冯健, 李晨, 蒋海宁, 江丽. X 射线荧光光谱无标样分析技术在出入境矿产品检验中的应用. 理化检验-化学分册, 2009, 45(7): 832-835.

2009-436 邹永祥, 吴建平. 数据融合在现场 X 射线荧光分析中的应用. 核技术, 2009, 32(7): 515-520.

2010-010 陈创辉. X 射线荧光能谱法测定高岭土标准物质中 SiO_2 含量的不确定度评定. 中国陶瓷, 2010, 46(1): 44-46.

2010-024 程锋, 葛良全, 赖万昌, 李金凤, 张帮. 手持式 EDXRF 荧光仪在 RoHS 认证的应用研究. 核电子学与探测技术, 2010, 30(1): 136-140.

2010-040 杜建民, 王兆利, 郑建道, 马宏彦, 孙春丽. 提高 X 荧光熔融分析铁矿石准确度的有效途径. 河南冶金, 2010, 18(6): 26-27, 45.

2010-041 杜玲, 钟静, 陈健. 高炉生铁次量元素 X 射线荧光光谱快速分析方法的研究. 天津冶金, 2010, (4): 39-41, 76-77.

2010-043 段朝阳. 提高波长色散 X 射线荧光光谱法测定钼精矿中钼含量的准确率. 中国新技术新产品, 2010, (16): 25.

2010-047 范春丽, 程佑法, 李建军, 王岳, 山广祺, 丁秀云. 一种新方法处理软玉的鉴定特征. 宝石和宝石学杂志, 2010, 12(2): 26-28, 60.

2010-054 冯禄平, 陈勇亮, 张坤, 曾云南, 赵本琪, 王卫明. WDPF-III 微机多点多道品位在线分析系统的研究与应用. 金属矿山, 2010, (1): 116-118, 121.

2010-055 冯欣. 汽油中硫含量的测定方法及在生产中的设计与应用. 石油化工自动化, 2010, (6): 6-13.

2010-056 冯颖. 熔融法在分析方法中的应用. 黑龙江冶金, 2010, 30(1): 35, 38.

2010-077 何敏. 用废旧绿色轮胎热解法回收白炭黑. 现代橡胶技术, 2010, 36(6): 11-16.

2010-083 洪俊辉. X 射线荧光光谱法测定元素含量的不确定度近似评估. 冶金分析, 2010, 30(9): 77-80.

2010-084 侯克斌, 葛良全, 程锋. 铀矿样 FPXRF

分析中 Th、Sr 的影响与校正. 广东微量元素科学, 2010, 17(3): 65-70.

2010-107 康智清, 宋祖峰, 牟新玉. X 射线荧光光谱法测定萤石中 CaF_2 含量不确定度的评定. 冶金分析, 2010, 30(11): 74-78.

2010-145 李哲, 庹先国, 杨剑波. EDXRF 中吸收增强效应实验的指数刻度方法初探. 原子能科学技术, 2010, 44(S): 506-510.

2010-146 李哲, 庹先国, 杨剑波, 黄连美, 刘春来. 荧光分析中铁镍锌对铜 K α 射线强度的影响. 分析试验室, 2010, 29(11): 9-14.

2010-147 李哲, 庹先国, 杨剑波, 刘春来, 黄连美. EDXRF 中镍铜锌元素间效应分析及校正技术研究. 光谱学与光谱分析, 2010, 30(10): 2842-2847.

2010-160 凌燕. X 射线荧光光谱法测定铝电解质分子比、CaF_2、MgF_2 等分析方法改进. 云南冶金, 2010, 39(S): 166-169.

2010-165 刘纯, 谢亿, 陈军君, 陈红冬. 高压隔离开关触指镀银层现场测厚技术开发. 湖南电力, 2010, 30(5): 14-16.

2010-172 刘君峰, 汤礼军, 黄晨阳, 陈明, 王文烨. 液态涂料中铅含量快速测定方法研究. 涂料工业, 2010, 40(12): 72-74.

2010-197 马宏彦, 杜建民, 王兆利, 刘颖晓. X 射线荧光光谱法测定铁矿石中 TFe 不确定度评定. 广东化工, 2010, 37(8): 174, 188.

2010-234 施江焕, 冯舒. RoHS 检测用 X 荧光光谱仪校准方法的初探. 化学分析计量, 2010, 19(4): 71-72.

2010-240 史玉芳, 郑曙, 皮桂英, 廖薇, 肖红艳, 曹菱. X 射线荧光定性分析中异常谱的分析判定. 光谱实验室, 2010, 27(5): 2045-2048.

2010-245 宋欣, 张磊, 李海建, 杨伟清, 宋晓昆, 付晓光. 提高波长色散 X 荧光光谱仪晶体衍射强度的方法. 中国建材科技, 2010, (S2): 276-284.

2010-247 宋游, 郑维明, 刘桂娇, 吴继宗. 石墨晶体预衍射 X 射线荧光分析中的基体影响. 核化学与放射化学, 2010, 32(1): 41-45.

2010-259 谈春明. X 射线荧光分析原级能谱分布的 MCNP 模拟. 原子能科学技术, 2010, 44(S): 496-499.

2010-282 王海燕. 粗谈能量色散 X 射线荧光光谱仪校准方法. 电子质量, 2010, (7): 68-69, 71.

2010-293 王平. 单波长色散 X 射线分析仪分析机理及在油品升级中的应用. 石油化工自动化, 2010, (5): 59-64.

2010-307 王一凌, 曲月华, 邓军华. X 射线荧光光谱分析法熔融制样技术的探讨与应用. 冶金分析, 2010, 30(12): 10-13.

2010-328 仵利萍, 雷勇, 刘卫. X 射线荧光光谱法测定钒钛磁铁矿中铁等 14 种元素的分析方法不确定度评定. 矿产综合利用, 2010, (6): 40-44.

2010-331 武晓巍, 李江红. XRF 法测定硅铁合金中 Al 元素含量的不确定度评定. 天津冶金, 2010, (3): 63-65, 84.

2010-401 张江坤, 张华, 余慧茹. 用 X 射线荧光光谱仪测定磷矿多元素分析熔片制样条件的选择. 磷肥与复肥, 2010, 25(1): 66-67.

2010-445 周怡君, 张林艳, 戴挺. 能量色散 X 射线荧光光谱定性分析算法研究. 分析仪器, 2010, (6): 77-80.

2011-004 Bassin Marc, Dolezal Ludwig, Hagen Franois. 样品制备在实验室工作流程自动化解决方案中的重要性. 冶金分析, 2011, 31(4): 26-29.

2011-017 陈为胜, 王忠文, 彭彦军. 磨样方法对 X 射线荧光分析结果的影响. 水泥, 2011, (3): 51-52.

2011-025 成艾颖, 余俊清, 张丽莎, 刘永, 高春亮. 托素湖岩芯 XRF 元素扫描分析及多元统计方法的应用. 盐湖研究, 2011, 19(1): 20-25.

2011-040 邓新梅, 吴琨, 马晓云. X 射线荧光光谱法测定石灰石中 CaO 含量不确定度的评定. 新疆钢铁, 2011, (2): 22-24.

2011-052 杜建民, 郑建道, 杜娟. X 荧光熔融分析蛇纹石方法研究. 河南冶金, 2011, 19(5): 17-18.

2011-053 杜兴毅. X 荧光光谱仪测角仪 2θ 角校正

及漂移校正程序的建立. 浙江冶金, 2011, (3): 25-27.

2011-075 高睿君. X荧光分析仪的计算函数功能在水泥生产控制中的应用. 建材技术与应用, 2011, (10): 26-27.

2011-087 郭腾飞, 王本辉. X射线荧光光谱法测定硅质耐火材料中二氧化硅的测量不确定度评定. 分析仪器, 2011, (6): 48-51.

2011-100 胡广春, 张伟光. 基于X射线光谱测定法分析氚深度的模拟研究. 光谱学与光谱分析, 2011, 31(3): 831-834.

2011-110 黄旭平. 基于帕纳科Oil-Trace软件的油品中痕量元素分析. 现代冶金, 2011, 39(1): 59-61.

2011-111 黄旭平. 用IQ$^+$无标样定量分析软件分析钛铁合金中钛含量. 现代冶金, 2011, 39(4): 74-76.

2011-121 焦庆祝, 孙雪, 陈红梅, 史慧, 宋晨曦. 设备垢样成分的仪器分析. 清洗世界, 2011, 27(10): 22-28.

2011-134 李飞, 葛良全, 曾国强, 谷懿, 肖明. 基于高斯函数分布的数字化能谱模拟软件在X荧光分析中的应用. 核技术, 2011, 34(9): 663-665.

2011-148 李强, 郑洪涛, 王岳赞, 朱华兴, 汤志勇. 电沉积富集制样-X射线荧光光谱法测定痕量Ni、Cd和Pb. 分析试验室, 2011, 30(2): 95-98.

2011-159 李向召, 黄志凡, 何小青, 黄俊华. X射线荧光光谱法石油产品硫含量分析仪校准方法. 化学分析计量, 2011, 20(1): 83-84.

2011-164 李玉德, 林晓燕, 谭植元, 孙天希, 刘志国. Measurement of inner surface roughness of capillary by an X-ray reflectivity method. Chinese Physics B, 2011, 20(4): 221-225.

2011-177 林彦杰, 牟英华. 化学法与荧光光谱法测萤石粉中氟化钙含量的讨论. 本钢技术, 2011, (4): 34-36.

2011-222 马旻, 刘江斌. 对X射线荧光光谱分析检出限公式的认识. 甘肃地质, 2011, 20(2): 73-75.

2011-223 马天芳, 李小莉, 陈永君, 邓震平, 李国会. X射线荧光光谱分析方法的共享. 岩矿测试, 2011, 30(4): 486-490.

2011-227 马忠娟, 林盼盼, 封元. 助磨-粘结剂在荧光分析仪粉磨压片法中的应用. 21世纪建筑材料居业, 2011, (4): 78-80.

2011-240 彭桦, 蒋正国, 叶罕章, 李虹, 赵红梅. X射线荧光光谱仪测定磷矿石中P_2O_5基底滤纸制样条件研究. 磷肥与复肥, 2011, 26(1): 61, 78.

2011-261 瞿晓刚. 异基体样品应用于定量分析中的尝试. 中小企业管理与科技(上旬刊), 2011, (3): 298-299.

2011-274 施江焕. RoHS检测用X荧光光谱仪测量结果的不确定度评定. 中国计量, 2011, (3): 71-72.

2011-285 宋霞, 杨双花, 翟智卫. 低稀释比玻璃熔片X射线荧光光谱法分析高纯硅石中主次成分. 耐火材料, 2011, 45(4): 318-320.

2011-296 谈春明, 吴志芳, 郭肖静, 邢桂来, 王振涛. MCNP程序对X射线荧光分析校正曲线的模拟计算. 核电子学与探测技术, 2011, 31(6): 610-613, 665.

2011-333 王谦, 应晓浒, 张建波. X射线荧光光谱分析样品烧增量的影响及校正. 光谱学与光谱分析, 2011, 31(9): 2574-2577.

2011-334 王谦, 张建波, 应晓浒, 邬蓓蕾, 王群威, 王豪. X射线荧光光谱分析水基标样替代油基标样的实现. 分析化学, 2011, 39(11): 1726-1731.

2011-335 王强兵, 郭继平. X荧光镀层厚度测量条件选择及方法研究. 现代测量与实验室管理, 2011, (2): 7-9, 11.

2011-338 王舒娅, 龙光明, 祁米香, 杨占寿, 李加升, 邹兴武. 磨矿时间对天青石的粒度和锶质量分数分布的影响. 化工矿物与加工, 2011, (7): 8-10.

2011-339 王晓纯, 任博, 郭常新, 姜桂铖, 尹民. $Y_2O_3:Er^{3+}$的共沉淀法制备和pH值对发光性质的影响. 光谱学与光谱分析, 2011, 31(3): 612-616.

2011-342 王烨. 应用6σ质量管理方法尝试评价

多目标样品氯等项目检测质量水平. 岩矿测试, 2011, 30(3): 281-284.

2011-366 武映梅, 宋兆华. 熔融法测定铁矿石中 SiO_2 的测量不确定度评定. 南方金属, 2011, (1): 20-23.

2011-370 肖晶晶, 汤彬, 王仁瞿, 金辉. 基于 utuLinux 嵌入式系统的 X 荧光分析软件研制. 中国新技术新产品, 2011, (2): 29-30.

2011-373 谢元军, 邱田民, 李琴, 张晋元, 周小勇, 王晓阳, 吴早平. X 射线荧光元素录井技术应用方法研究. 录井工程, 2011, 22(3): 22-28, 91.

2011-402 杨淑贤, 刘翠梅, 樊华. XRF 法测定低合金钢中铬含量检测结果测量不确定度的评定. 包头职业技术学院学报, 2011, 12(2): 12-14.

2011-405 杨阳, 王叶, 卢洁, 吴丽萍. EDXRF 分析方法中最佳激发源角度的研究. 四川大学学报 (自然科学版), 2011, 48(6): 1375-1380.

2011-417 于彩霞, 郑建明. 便携式能量色散 X 射线荧光光谱仪在土壤检测中检定方法研究. 化学分析计量, 2011, 20(6): 85-88.

2011-435 张江云, 黄宁, 刘艳芳, 张龙强. EDXRF 分析装置的角度布置对荧光计数率影响的蒙特卡罗模拟. 核电子学与探测技术, 2011, 31(2): 136-138, 187.

2011-468 郑建道, 杜建民, 王学云, 孙春丽, 万冬林. X 荧光分析硅铁熔融制样方法研究. 甘肃冶金, 2011, 33(5): 65-66, 80.

2011-483 朱栋. 能量色散 X 射线荧光光谱仪测铬检出限测量结果的不确定度的分析. 计量与测试技术, 2011, 38(9): 51-52.

2012-021 陈焕斌, 王革. X 射线荧光能谱法测定原油中硫含量的不确定度结果的评定. 中国新技术新产品, 2012, (1): 7-8.

2012-085 郭桂璋. 不同粉磨时间对荧光分析结果的影响. 水泥, 2012, (4): 67-68.

2012-121 贾倩倩, 王伟民, 董全力, 盛政明. 超短强激光与固体薄膜靶作用产生 keV 相干 X 射线数值模拟研究. 物理学报, 2012, 61(1): 270-275.

2012-131 金迪芳. X 射线荧光定硫仪检测硫含量的质量控制图绘制和应用. 现代测量与实验室管理, 2012, (4): 6-7, 64.

2012-132 金泓宇. 测定土壤重金属的新方法——土壤重金属 X 射线荧光光谱非标样测试方法研究. 科技创新导报, 2012, (33): 28.

2012-135 柯鹏振, 马先锋, 熊志涛, 杨登, 谢鹰. ICP-AES、石墨炉原子吸收光谱法及 X 射线荧光光谱法测定土壤中钒的比较. 光谱实验室, 2012, 29(1): 532-536.

2012-144 李才红, 李琳, 李兰群, 石毓霞. X 射线荧光光谱法测定铁矿石中铁含量不确定度的评定. 河北冶金, 2012, (12): 17-19.

2012-160 李金明, 路军兵. 波长色散 X 射线荧光光谱定量分析程序设计. 甘肃冶金, 2012, 34(6): 82-83.

2012-184 李哲, 庹先国, 刘敏, 石睿, 吴雪梅. EDXRF 中特征 X 射线的蒙特卡罗模拟及全能峰高斯展宽技术. 核技术, 2012, 35(12): 911-915.

2012-186 李哲, 庹先国, 杨剑波, 刘明哲, 成毅, 王磊, 周建斌. X 荧光能谱分析中探测器响应函数建立方法. 光谱学与光谱分析, 2012, 32(11): 3112-3116.

2012-196 林才寿, 毛莉, 黄宁, 安竹. Simulation study of quantitative X-ray fluorescence analysis of ore slurry using partial least-squares regression. Plasma Science and Technology, 2012, 14(5): 427-430.

2012-219 刘敏, 庹先国, 李哲, 石睿. FP 法在 SDD-EDXRF 无标样分析技术中的应用研究. 核电子学与探测技术, 2012, 32(9): 1096-1099, 1104.

2012-220 刘敏, 庹先国, 李哲, 石睿, 张金钊. SDD-EDXRF 中 FP 法无标样校正钒钛铁间吸收增强效应. 核电子学与探测技术, 2012, 32(10): 1192-1195, 1200.

2012-224 刘伟. 含铁尘泥 X 荧光光谱分析方法的试验研究. 安徽工业大学学报 (自然科学版), 2012, 29(1): 45-48.

2012-228 刘晓丽. 影响 X 荧光光谱仪测量准确度的几个因素. 电子产品可靠性与环

境试验, 2012, 30(S1): 138-140.

2012-232 卢艳, 黄宁. X 光管滤光片效应的蒙特卡罗仿真. 核技术, 2012, 35(10): 751-754.

2012-260 Nakhaei F., Sam A., Mosavi M. R., Nakhaei A.. Prediction of XRF analyzers error for elements on-line assaying using Kalman filter. International Journal of Mining Science and Technology, 2012, (4): 578-584.

2012-286 山萍. X 射线荧光光谱法检测含金量测量不确定度评定. 工业计量, 2012, (S1): 194-195, 197.

2012-301 石文静, 刘少玉. 土壤中硒元素的 X 射线荧光分析法. 环境保护与循环经济, 2012, (11): 58-60.

2012-311 谈春明. X 射线 RoHS 荧光分析基体效应吸收校正的 MCNP 模拟. 原子能科学技术, 2012, 46(11): 1372-1376.

2012-346 王婧, 葛良全, 王卓, 张庆贤, 徐立鹏. 能量色散 X 荧光分析方法现场测定样品中 Sr(锶) 的含量. 科学咨询(科技·管理), 2012, (8): 66, 68.

2012-355 王曼娟, 刘琰, 戴国宣, 方利红. X 射线荧光光谱法测定蛇纹石组分的方法研究. 安徽冶金, 2012, (3): 22-23.

2012-370 王燕, 朱宇宏, 姚强, 杨东美, 吴齐伟. X 射线荧光光谱法测定镁合金中 Al 含量的不确定度评定. 现代测量与实验室管理, 2012, (4): 30-32.

2012-379 王卓, 葛良全, 张庆贤, 徐立鹏, 罗耀耀. 基于傅里叶变换的本底扣除法在 X 荧光分析中的应用. 核技术, 2012, 35(7): 549-551.

2012-395 吴旭, 贡华, 李汪根, 方群. 基于特征串匹配的 X 射线荧光光谱仪数据采集. 计算机工程, 2012, 38(2): 250-252.

2012-420 徐森民. 硫氰酸盐吸光光度法与 XRF 光谱分析法钼矿石品位检测的对比分析. 科技创新导报, 2012, (22): 17.

2012-429 薛向明, 方方, 王敏, 李婷. 基于小波变换的 X 荧光谱线光滑和本底扣除研究. 核电子学与探测技术, 2012, 32(11): 1320-1323.

2012-430 闫红霞, 盛兰英, 王定英, 严仁, 王建南. 单波长色散 X 射线荧光光谱法硫含量测定标准曲线制作评估. 石油化工应用, 2012, 31(5): 50-54, 64.

2012-472 余春荣, 高戈, 赵忠刚. 用于 XRF 分析的 U-Nb 合金试样制备方法. 光谱实验室, 2012, 29(3): 1817-1819.

2012-484 张爱武, 邓永红. 田口方法在 X 射线荧光分析时曲线校正中的应用. 化学分析计量, 2012, 21(1): 85-87.

2012-487 张彩霞, 孙忠. 基于 X 射线荧光光谱法测定少量样品的主次元素. 中国沙漠, 2012, 32(5): 1263-1267.

2012-490 张凤霞, 刘继义, 程佑法, 刘海彬. EDXRF 测量黄金纯度的不确定度评估. 贵金属, 2012, 33(4): 68-70.

2012-532 章炜, 张玉钧, 陈东, 刘晶, 王春龙, 张荣, 赵南京, 刘文清. 内标法在土壤重金属镍元素 X 荧光分析中的应用研究. 光谱学与光谱分析, 2012, 32(4): 1123-1126.

2012-537 赵兰芳, 董永胜, 井卫华, 程泽. X 射线荧光光谱法在光谱半定量分析中的应用. 内蒙古科技与经济, 2012, (2): 130-131.

2012-565 卓晓丹. 能量色散 X 射线荧光光谱仪检出限方法的研究与不确定度评定. 质量技术监督研究, 2012, (1): 15-17.

2013-035 成艾颖, 余俊清, 高春亮, 张丽莎, 何先虎. 湖泊沉积物微量元素 ICP-AES 与 XRF 分析方法和相关性研究. 光谱学与光谱分析, 2013, 33(7): 1949-1952.

2013-055 邓军华, 王一凌. X 射线荧光光谱法测定高锰钢中锰的方法. 鞍钢技术, 2013, (2): 34-37.

2013-072 樊鑫淼. 水泥化学分析新方法的要点分析与研究. 新世纪水泥导报, 2013, (5): 17-20.

2013-086 甘媛, 葛良全, 王卓, 罗耀耀, 熊超. 基于小波变换的现场 XRF 化探数据处理探讨. 核电子学与探测技术, 2013, 33(1): 103-106.

2013-095 顾松, 杨海岸, 刘英波, 罗舜. X 射线荧光光谱法测定工业硅样品中 Fe 的不确

	定度评定. 云南冶金, 2013, 42(5): 101-105.
2013-100	郭成, 赖万昌, 易欣, 王广西. 能量色散 XRF 分析仪谱线处理方法研究. 中国西部科技, 2013, 12(4): 46-47.
2013-126	江伟. X荧光测土壤中的铅的不确定度. 新疆有色金属, 2013, (S2): 87-89.
2013-128	江伟. X荧光熔片分析中的不稳定问题的处理. 新疆有色金属, 2013, (S1): 139-140.
2013-177	李俊杰, 刘晓丽. 面向油料分析的能量型 X 荧光光谱仪校准方法的初探. 电子质量, 2013, (5): 56-58.
2013-180	李磊, 庹先国, 刘明哲, 李哲, 王俊. 基于 FOA-LSSVM 混合优化模型钛铁间基体效应的校正研究. 核技术, 2013, 36(12): 14-20.
2013-187	李琪琳, 杨俊明, 曾文法. 能量色散 X 射线荧光光谱仪进行 RoHS 测试的不确定度评估. 广东化工, 2013, 40(23): 171-172.
2013-192	李思威, 赖万昌, 翟娟, 贾学辉. R-α 系数法校正铅黄铜合金 X 荧光分析中的基体效应. 四川有色金属, 2013, (4): 62-64.
2013-214	李哲, 庹先国, 张金钊, 周建斌, 刘明哲. 能量色散 X 荧光分析中元素间效应的蒙特卡罗模拟. 强激光与粒子束, 2013, 25(1): 215-218.
2013-216	黎刚, 黄明娟, 王衍琛, 张乐. 不同检测距离对检测结果的影响分析. 现代测量与实验室管理, 2013, (5): 6-7, 5.
2013-250	刘文异, 邓永红, 张爱武. X 射线荧光光谱法测定铝合金中铜元素的测量不确定度评定. 化学分析计量, 2013, 22(4): 93-94.
2013-272	罗恩剑, 葛良全, 杨强, 罗斌, 杨文佳. 野外微区 X 荧光矿物探针分析结果 A 类不确定度的研究. 四川有色金属, 2013, (4): 55-57, 61.
2013-286	马蕾. 铁矿石中全铁含量的检测技术研究. 化工管理, 2013, (16): 190.
2013-315	钱利敏. X 射线荧光光谱法测定锆质耐火材料中 ZrO_2 的测量不确定度的评定. 广东化工, 2013, 40(11): 192-193.
2013-328	任迎春. 初级 X 射线分段式光谱分布模型的确定. 嘉兴学院学报, 2013, 25(3): 54-57.
2013-333	佘世杰, 骆艳华, 刘晨. X 射线荧光光谱测定钛铁矿石中氧化钛含量的不确定度评定. 现代矿业, 2013, (8): 186-187.
2013-334	申卫龙. X 射线荧光光谱法分析矿石样品时工作曲线的精确调整. 理化检验-化学分册, 2013, 49(6): 673-676.
2013-339	石睿, 庹先国, 李哲, 刘明哲, 刘敏. SDD 探测 X 射线中 BP 网络全谱定量分析技术研究. 分析试验室, 2013, 32(1): 121-124.
2013-410	王敏, 周建斌, 方方, 施泽明, 周伟, 刘易, 曹建宇, 朱星. X 荧光分析仪中数字基线估计的研究. 光谱学与光谱分析, 2013, 33(1): 233-236.
2013-429	王玉洁. 灼烧量校正 X 荧光熔融法测定铁矿石中的多组分. 现代矿业, 2013, (11): 197-199.
2013-438	邬旭然, 韩晓锋, 王丽, 吕建刚, 薛光, 田宇纮. 薄样技术-能量色散 X 射线荧光光谱法测定钯铂金. 冶金分析, 2013, 33(10): 34-39.
2013-448	吴锁贞, 刘笛, 吴玉霞, 李军, 程健林. X 射线荧光光谱法直接测定粉煤灰元素含量的试验研究. 煤质技术, 2013, (6): 27-31.
2013-467	熊超, 葛良全, 罗耀耀, 米耀辉, 徐立鹏. 现场 XRF 数据处理中多重分形方法研究. 物探化探计算技术, 2013, 35(2): 246-251, 122.
2013-468	熊伟, 赵敏. 能量色散 X 射线荧光分析软件开发. 矿冶, 2013, 22(4): 95-98, 103.
2013-480	颜斐进. 电子电气产品中铅、汞、镉、铬、溴不确定度评定. 广州化工, 2013, 41(16): 137-139, 166.
2013-482	杨东美, 姚强. X 射线荧光光谱法测定镁合金中 Zn 的不确定度评定. 计量与测试技术, 2013, 40(6): 85-86.
2013-505	姚强, 王燕, 朱宇宏, 杨东美, 吴齐伟.

X 射线荧光光谱法测定稀土镁合金中 La 的不确定度评定. 计量与测试技术, 2013, 40(1): 56-57.

2013-526 曾国强, 葛良全, 罗耀耀, 张庆贤, 程峰, 王广西. 基于改进型模拟退火模型的 X 荧光光谱寻峰方法的研究. 光谱学与光谱分析, 2013, 33(9): 2583-2585.

2013-529 曾小平, 吴冰, 宋武元. XRF 熔融法测定重晶石中 BaO 和 SiO_2 含量的不确定度评定. 光谱实验室, 2013, 30(6): 3255-3259.

2013-547 张勤, 于兆水, 李小莉, 李国会. X 射线荧光光谱高压制样方法和技术研究. 光谱学与光谱分析, 2013, 33(12): 3402-3407.

2013-551 张庆贤, 葛良全, 谷懿, 曾国强, 杨强, 罗耀耀. MC 模拟分析透射式微型 X 射线管目标靶厚度对输出谱的影响. 光谱学与光谱分析, 2013, 33(8): 2231-2234.

2013-554 张喜林, 范德江, 王亮, 廖永杰, 姚政权. X 射线岩心扫描系统对海洋沉积物成分测定质量的综合评价和校正. 海洋学报 (中文版), 2013, 35(6): 86-95.

2013-563 张永文, 张争京, 王全宏, 刘文俊. X 射线荧光光谱法测定锰矿石中锰的不确定度评定. 广东化工, 2013, 40(16): 211-213.

2013-569 张智勇, 刘晓丽. XRF 标准样品的不确定度分析. 环境技术, 2013, (3): 31-33.

2014-027 陈红. X 射线荧光光谱法测定铝土矿石中 Al_2O_3、SiO_2 的不确定度评定. 广州化工, 2014, 42(20): 142-144, 191.

2014-064 董欣欣, 张玉钧, 殷高方, 石朝毅, 甘婷婷, 余晓娅. 一种 X 射线重金属监测仪富集样品定位方法. 大气与环境光学学报, 2014, 9(5): 364-369.

2014-077 范香娟, 卢小海, 杨洁, 胡峰, 朱振忠, 童春临. 波长色散 X 射线荧光光谱法测定煤灰成分的基体效应研究. 煤质技术, 2014, (1): 1-6.

2014-085 付晓红, 黄三早, 伍小成, 郑茂盛, 向燕群. 基体植入法解决荧光分析的基体效应. 水泥, 2014, (11): 83-84.

2014-116 胡锐, 赖万昌, 曾国强, 龚春慧, 侯鑫. 基于 Android 系统的 X 射线荧光光谱测量软件开发. 核电子学与探测技术, 2014, 34(2): 243-248.

2014-121 黄丹, 邓玉福, 谷珊, 项亚威, 于桂英. EDXRF 分析中粉末压片制样条件及 X 光管激发条件研究. 沈阳师范大学学报 (自然科学版), 2014, 32(2): 233-236.

2014-174 李鹏程, 赵建军, 赵宇, 李杰. BOXA 品位分析仪管理站软件开发. 有色金属工程, 2014, 4(5): 72-74.

2014-178 李强, 张学华, 黄雪华. X 射线荧光光谱法测定海洋沉积物中二氧化硅的测量不确定度评定. 冶金分析, 2014, 34(10): 78-82.

2014-189 李小莉, 安树清, 于兆水, 张勤. 锆英砂样品中锆铪谱线饱和厚度的计算及应用. 岩矿测试, 2014, 33(2): 224-229.

2014-206 李哲, 庹先国, 石睿. 蒙特卡罗模拟元素特征 X 射线注量的展宽技术. 光谱学与光谱分析, 2014, 34(6): 1693-1697.

2014-266 刘志彦. 采用熔片法进行荧光分析. 科技创业家, 2014, (1): 128-129.

2014-302 倪寿亮, 江向峰, 庞小丽, 薛雍, 江超华. X 射线能谱岩芯扫描分析技术的研究开发. 分析仪器, 2014, (2): 1-6.

2014-306 潘文君, 赖万昌, 杨中建. 基于虚拟仪器平台的 X 射线荧光分析的软件开发. 电子世界, 2014, (13): 123, 126.

2014-316 覃柳姣, 潘志君, 赵振杰. X 荧光分析仪实验测试流程的建立. 产业与科技论坛, 2014, 13(11): 61-62.

2014-387 王俊, 刘明哲, 庹先国, 李哲, 李磊, 石睿. A genetic-algorithm-based neural network approach for EDXRF analysis. Nuclear Science and Techniques, 2014, 25(3): 20-23.

2014-413 王祎亚, 李迎春, 王健. NORDTEST 不确定度评定在熔融制样-X 射线荧光光谱法测定岩石样品中 10 种主次成分中的应用. 冶金分析, 2014, 34(1): 45-49.

2014-414 王祎亚, 詹秀春. X 射线荧光光谱测定地质样品中 27 种组分分析结果不确定度的评估. 光谱学与光谱分析, 2014,

34(4): 1118-1123.

2014-425 温自强, 葛良全, 李军, 罗耀耀. 几种谱线光滑方法在 X 荧光合金能谱中的应用. 四川有色金属, 2014, (3): 59-62.

2014-468 闫秀芬, 唐侠, 张环月. X 射线荧光光谱法测定镍基高温合金中合金组分的通用工作曲线的制作——基本参数(FP)法虚拟合成标准样品的应用. 理化检验-化学分册, 2014, 50(11): 1434-1440.

2014-490 杨智华, 杜泽伟, 曹秀华, 刘玉红. X 射线荧光光谱法测定锆钛酸钡元素摩尔比的不确定度评定. 广东化工, 2014, 41(6): 180-181.

2014-494 易龙涛, 刘志国, 陈曼, 王锴, 彭诗琪, 赵为刚, 何佳霖, 赵广翠. 一种 X 射线荧光光谱数据批处理新方法的研究. 激光与光电子学进展, 2014, 51(7): 173-178.

2014-513 曾国强, 罗耀耀, 葛良全, 张庆贤, 谷懿, 程锋. 种群算法在能量色散 X 荧光重叠谱拟合中的应用. 光谱学与光谱分析, 2014, 34(2): 562-564.

2014-582 赵鑫, 周四春, 赵辉, 孙森, 刘国安, 杨文佳. 建立和应用微束微区 X 荧光探针特征库的研究. 分析试验室, 2014, 33(6): 630-633.

2014-584 赵永林. X 射线荧光分析仪生料曲线的改进及修正实践应用. 四川水泥, 2014, (6): 149-152.

2015-024 陈景伟, 宋江涛, 赵庆令, 宋双喜, 汤云芝, 耿楠. 薄膜吸附制样-波长色散 X 射线荧光光谱法测定卤水中的溴. 岩矿测试, 2015, 34(5): 570-574.

2015-041 程锋, 张庆贤, 葛良全, 谷懿, 曾国强, 罗耀耀, 陈爽, 王雷, 赵剑锟. 能量色散 X 射线荧光分析中改进型基本参数法研究. 光谱学与光谱分析, 2015, 35(7): 2034-2037.

2015-046 次仁卓嘎. X 射线荧光光谱法测定贵金属含量的不确定度评估——样品以一枚千足金戒指为例. 西藏科技, 2015, (10): 21-22.

2015-078 甘婷婷, 张玉钧, 赵南京, 殷高方, 董欣欣, 王亚萍, 刘建国, 刘文清. 薄膜法 X 射线荧光测量中样品检测位置及防护铅板内衬材料的选择研究. 光谱学与光谱分析, 2015, 35(1): 252-257.

2015-080 高捷, 盛成, 卓尚军. X 射线荧光光谱分析用的含铁尘泥标准样品的研制. 冶金分析, 2015, 35(2): 74-78.

2015-103 韩蔚, 梅一飞, 周建. 荧光熔剂熔融损失对 XRF 分析的影响. 中国建材科技, 2015, (1): 1-3, 33.

2015-124 黄洪全, 丁卫撑, 龚迪琛, 方方. 基于统计遗传算法的 X 射线荧光重叠峰分解. 光谱学与光谱分析, 2015, 35(8): 2320-2323.

2015-149 金恒松, 孙健. 铜合金 X 射线荧光光谱通用工作曲线制作——FP 法虚拟合成标样应用. 中国高新技术企业, 2015, (4): 60-61.

2015-195 李强, 杨天邦, 黄雪华, 涂公平. 质控图法评定测量不确定度在 X 射线荧光光谱法分析领域的应用. 分析仪器, 2015, (4): 66-70.

2015-240 刘合凡, 葛良全, 郭生良, 罗耀耀, 赵剑锟. 基于蒙特卡罗方法的 X 射线探测器能谱响应研究. 分析试验室, 2015, 34(2): 130-133.

2015-242 刘合凡, 葛良全, 谢希成, 赵剑锟, 罗耀耀. 基于蒙特卡罗方法的 XRF 探测器立体角分析. 核技术, 2015, 38(6): 80-84.

2015-244 刘江斌, 党亮, 殷桃刚. 粉末压片-X 射线荧光光谱分析中区域地球化学样品制备和标准曲线建立的几点认识. 甘肃地质, 2015, 24(4): 84-87.

2015-251 刘克丹. X 射线荧光光谱法测定石灰石中 CaO 不确定度评定. 甘肃冶金, 2015, 31(2): 86-88, 92.

2015-283 吕淑珍. X 线荧光光谱和衍射图谱的规范表示探讨. 中北大学学报(社会科学版), 2015, 31(5): 113-116.

2015-310 齐海君, 王建英, 张雪峰, 汪洋. 白云鄂博矿中铈铁钙 EDXRF 分析的基体效应研究. 光谱学与光谱分析, 2015, 35(12): 3510-3513.

2015-312 秦旭磊, 端木庆铎, 宋忠华, 李野, 李珅, 刘有银, 王国政. X射线束斑强度分布对EDXRF分析精度影响研究. 光学学报, 2015, 35(2): 342-346.

2015-340 司明明. 能量色散X射线荧光光谱的有害物质管控研究. 信息技术与标准化, 2015, (3): 23-26.

2015-356 孙鹏飞, 邓彪, 杨群, 杜国浩, 佟亚军, 肖体乔. 具有加速因子的OSEM重建算法用于X射线荧光CT研究. 核技术, 2015, 38(6): 32-37.

2015-364 谭桢干, 黄明, 屈国普, 黄亮. 基于X荧光涂层厚度测量的Geant4模拟. 核电子学与探测技术, 2015, 35(6): 621-624.

2015-367 唐侠, 葛颖新, 张庸. X射线荧光光谱法测定铁基合金中合金组分的通用工作曲线的制作——基本参数(FP)法虚拟合成标准样品的应用. 理化检验-化学分册, 2015, 51(5): 680-685.

2015-394 王俊, 刘明哲, 庹先国, 李哲, 李磊, 石睿. 遗传算法优化的BP神经网络在EDXRF中对钛铁元素含量的预测. 原子能科学技术, 2015, 49(6): 1143-1148.

2015-399 王雷, 张庆贤, 葛良全, 卢贞瑞, 罗耀耀, 赵剑锟, 陈爽. Al窗Ag靶微型透射式X射线管模拟与性能分析. 光谱学与光谱分析, 2015, 35(10): 2891-2894.

2015-410 王诗然, 赵宇, 赵建军. 电磁兼容技术在选矿自动化仪表中的应用. 中国矿业, 2015, 24(S1): 409-412.

2015-416 王尹圣, 曾国强, 李强, 葛良全, 赖茂林, 罗耀耀. 基于C#与C++混编的轻元素X荧光测量软件. 核电子学与探测技术, 2015, 35(4): 394-398.

2015-432 温桂炎. 控制图法评定玻璃含量的不确定度. 广东建材, 2015, (6): 24-27.

2015-465 徐建平, 程德翔. 包覆效应与压片法X射线荧光光谱分析. 理化检验-化学分册, 2015, 51(2): 219-223.

2015-468 徐琴, 扈蓉, 黄志凡. EDXRF校准方法研究与线性误差不确定度评定. 仪器仪表用户, 2015, 22(5): 43-45.

2015-482 羊绍松. 粉末灼烧压片-X射线荧光光谱法测定石灰类材料中组分基体干扰的消除方法研究. 冶金分析, 2015, 35(4): 25-29.

2015-490 杨杰, 乐珺, 郭晓博. 基于模糊综合评判的X荧光光谱仪定性分析法. 重庆理工大学学报(自然科学), 2015, 29(4): 91-96.

2015-491 杨静, 牛昌安, 闫秀芬, 唐侠. 虚拟定值法在X射线荧光光谱分析中的应用. 理化检验-化学分册, 2015, 51(1): 96-98.

2015-566 张志坚, 陈建良. X射线荧光光谱法测定玻纤原料石灰石中CaO含量的不确定度评定. 玻璃纤维, 2015, (3): 15-19.

2015-572 赵峰, 廖志海, 乔洪波, 王占明, 安身平, 王伟. 二元比例X射线荧光光谱法测定铀锆体系中铀和锆. 冶金分析, 2015, 35(7): 44-47.

2015-575 赵奉奎, 王爱民. 基于复数小波的X射线荧光光谱本底扣除法. 冶金分析, 2015, 35(7): 10-14.

2015-578 赵江滨, 何高魁, 黄小健. X射线荧光分析中原级谱分布的计算. 同位素, 2015, 28(2): 89-92.

2015-605 周伟, 周建斌. 基于双参数模型核脉冲信号数字高斯成形技术. 物探与化探, 2015, 39(2): 318-321.

2015-608 周云泷, 赖万昌, 辜瑞秋, 祝美英. 基本参数法分析校正铅黄铜合金X荧光中的基体效应. 科技创新与应用, 2015, (2): 34-35.

2015-616 邹佳, 杨斐, 高亚楠, 张艳萍, 王艳丽. 分析铁矿石样品的矿物效应校正初探. 科技与创新, 2015, (17): 71-72.

5.4 小型仪器

1975-001 北京矿冶研究院放射性同位素X射线荧光分析专题组. 实验室台式放射性同位素X射线荧光分析仪的研制. 有色金属(冶炼部分), 1975, (7): 10-16, 41.

1976-005 吉林大学物理系原子核物理教研室. 采用正比计数管作探测器的放射性同位素X射线荧光分析在铁矿石分析中

的应用. 吉林大学学报 (自然科学版), 1976, (1): 67-71.

1977-004 Gravitis Vilis L. 等, 邹恩滕译. 采用固体探测器和放射性同位素 X 射线源的矿物样品 X 射线荧光分析. 国外金属矿选矿, 1977, (4): 15-18.

1977-005 河北铜矿化验室, 国营二六一厂三室, 北京矿冶研究院自动化室. 台式放射性同位素 X 射线荧光分析仪的实验. 有色金属 (冶炼部分), 1977, (4): 11-16, 19.

1977-006 河北铜矿龙潭分矿, 国营二六一厂三室, 北京矿冶研究院自动化室. 放射性同位素 X 射线荧光分析仪的现场实验. 有色金属 (采矿部分), 1977, (3): 9-15.

1977-007 吉林大学物理系原子核物理教研室. XY-1 型便携式放射性同位素 X 射线荧光分析仪. 吉林大学学报 (自然科学版), 1977, (3): 43-48.

1978-002 董焕志. 放射性同位素 X 射线荧光分析法测定铁精矿中铁. 分析化学, 1978, 6(5);369-371.

1978-005 凤凰山铁矿地测科. YF-I 型便携式 X 荧光分析仪简介. 江苏冶金科技情报, 1978, (1): 71-72.

1978-008 吉林大学原子核物理教研室探测器组. 放射性同位素荧光分析用正比计数管. 吉林大学学报 (自然科学版), 1978, (3): 73.

1978-009 卡尔图嫩, 杨君豪译. 用手提式非色散 X 射线谱仪测定矿石和溶液中的铀. 国外放射性地质, 1978, (1): 42-48.

1978-016 徐君权, 江立人, 乐安全, 朱节清, 张达明. 放射性同位素 X 射线荧光分析仪在工业上的若干应用. 核技术, 1978, (1): 57-63, 47.

1979-002 陈志祥, 秦俊法, 盛康龙, 李民乾, 金柏康, 荣廷文, 汪学朋. 淤泥的同位素源激发 X 射线分析. 核技术, 1979, (1): 46-52.

1979-003 成都地质学院核子地球物理研究室. X 射线荧光测井仪研制初步成果. 物探与化探, 1979, (6): 45-49.

1979-004 成都地质学院核子地球物理研究室. X 射线荧光方法的现场测量. 物探与化探, 1979, (2): 59-65.

1979-005 成都地质学院核子地球物理研究室. X 射线荧光室内样品测定. 物探与化探, 1979, (1): 50-55.

1979-010 何丕荣. 放射性同位素 X 射线荧光分析仪对铜精矿中铜的测定. 云南冶金, 1979, (5): 61-64.

1979-017 梁国立. 用携带式放射性同位素 X 射线荧光分析仪在野外快速测铁. 物探与化探, 1979, (3): 55-58.

1979-025 王志麟, 向尔军, 刘汉民. 同位素源 X 荧光法测定铀. 核技术, 1979, (4): 31-35, 54.

1980-004 陈志祥. 放射性同位素源激发能量色散 X 射线分析及其应用. 核技术, 1980, 4: 58-61.

1980-023 寿汉章, 黄林根, 王子祥, 黄湘泰, 毛顺娟. 用放射性同位素源 X 射线荧光法测定磺酸钙添加剂中的钙含量. 润滑与密封, 1980, 3: 13-20.

1980-026 汪学朋, 陈志祥, 金柏康. 同位素源激发 X 射线分析法测定头发中微量元素. 核技术, 1980, 5: 58.

1980-032 杨德才. 应用放射性同位素 X 荧光法测定矿石中的铜和铁. 上海有色金属, 1980, S1: 81-84.

1980-043 朱节清, 乐安全. 同位素源 X 射线荧光分析仪在水泥工业中的应用. 核技术, 1980, 3: 21-26.

1981-001 Biste M., Schneider H. J., 朱铁民. 便携式同位素 X 射线荧光分析仪在矿业实践中的应用. 国外地质勘探技术, 1981, (4): 27-32.

1981-006 陈志祥, 汪学朋, 徐耀良, 夏蕊娟, 史紫璇, 吴建平. 上海市人发中多元素同位素源激发 X 射线分析. 环境科学, 1981, 2(5): 21-23.

1981-015 黄梅芬, 吴万春, 赵昌裕. 同位素源 X 射线荧光分析方法在线测定感光胶片含银量. 核技术, 1981, 3: 19-26.

1981-048 章晔. 放射性同位素 X 射线荧光技术在地质勘探中的应用. 核技术, 1981, 3: 13-18.

1981-051 周树轩. 现场分析金矿的可携式 X 荧光仪. 核技术, 1981, 1: 55.

1982-001 鲍锦荣, 荣廷文, 林森浩, 章家鼎, 华芝芬, 邱瑞球, 高培明, 韩俊龙. 同位素激发 X 荧光分析测定铜保持器的磨损. 核技术, 1982, 4: 112-113.

1982-008 陈志祥, 汪学朋, 金柏康, 夏蕊娟, 史紫璇, 吴建平. 同位素源激发 X 射线分析法测定空气中锰、锌和铅. 冶金劳动卫生, 1982, 1: 8-11.

1982-024 李纪民, 郭魁生, 李桂榛, 林国栋. 同位素源能量色散 X 荧光法测定工业排放废水中铬 (VI)、汞、铅、砷和镉. 核技术, 1982, 4: 107-108.

1982-037 南京医学院附一院中医科, 上海原子核研究所, 江苏省卫生防疫站. 支气管哮喘与正常人头发中微量元素的同位素源激发 X 射线分析. 江苏医药, 1982, 1: 22.

1982-040 Robert F. Hill, 梁致荣. 现场测定金的携带式 X 射线分析仪. 国外地质勘探技术, 1982, 2: 27-31.

1982-042 孙大泽, 徐适生, 陈振捷, 徐力平, 张绍先, 金兰振. 人发的同位素源激发 X 射线荧光分析. 核技术, 1982, 4: 108-110.

1982-052 许德金, 贝叔英, 陆肇权, 孙玉华, 方正源, 许爱兰, 许丽清, 陈志祥, 汪学朋, 于薇. 南京部分居民头发微量元素正常值 (同位素源激发 X 射线分析法). 南京医学院学报, 1982, 2: 41.

1982-053 易惟熙, 张在权, 余松华, 王长生, 杨受业, 宗普和, 周小霞. 地质样品微量稀土元素的同位素源激发 X 射线分析. 核技术, 1982, 4: 111-112.

1982-065 周蓉生, 刘磊. 放射源 X 荧光测量技术测定矿样中的钛. 成都地质学院学报, 1982, 1: 103-107.

1983-089 章晔. 放射性同位素 X 射线荧光技术在矿产资源中的应用. 核电子学与探测技术, 1983, 3(4): 64-65, 63.

1984-013 程业勋, 刘磊. 放射性同位素 XRF 技术中一种与"特散比"法等效的新方法. 核技术, 1984, 6: 11-14, 77-64.

1984-047 刘磊, 程业勋. 放射性同位素 XRF 技术中用特吸比法改善基体效应影响的探讨. 成都地质学院学报, 1984, 2: 73-79.

1984-060 任光辉. 轻便放射性同位素 X 射线荧光分析仪在岔河锡矿区测锡的应用. 地质地球化学, 1984, 12: 54-55.

1984-084 张安平. 放射性同位素 X 射线荧光分析仪在有色矿山的应用. 有色矿山, 1984, 10: 24-25, 21.

1984-092 章晔, 谢庭周, 梁致荣, 黄国强, 周四春. 同位素源 X 射线荧光技术在重晶石矿地质勘探中的应用. 非金属矿, 1984, 3: 1-4, 15.

1984-093 章晔, 谢庭周, 周四春, 黄国强. 携带式 X 射线荧光仪测金试验. 成都地质学院学报, 1984, 1: 93-98.

1985-071 Rhodes J. R., Rautala P., 陈致芬. 以微处理机为基础的手提式 XRF 分析仪在矿物分析中的应用. 国外金属矿选矿, 1985, 2: 29-40.

1985-074 孙保安, 张勤龙. 同位素 X 荧光分析仪测锰的研究. 中国锰业, 1985, 2: 49-53, 25.

1985-113 章晔, 谢庭周, 梁致荣, 黄国强, 周四春. 放射性同位素 X 射线荧光测井技术在锡矿、锑矿和重晶石矿的应用. 核技术, 1985, 9: 9-12, 51-52.

1985-115 章晔, 谢庭周, 周四春, 张斌康, 李道伦, 陈天文, 张婷. 微电脑轻便型 X 射线荧光仪的研制. 成都地质学院学报, 1985, 4: 91-98.

1985-120 周四春, 章晔. 轻便 X 荧光仪上应用特/散法的探讨. 核电子学与探测技术, 1985, 5(5): 289-293, 284.

1986-017 程业勋, 刘磊. 用于便携式 X 射线荧光仪的基体效应散射校正模型. 核技术, 1986, 11: 1-6, 57.

1986-019 邓中林, 韩炎坤, 邓雪明. 应用同位素放射性 X 射线荧光分析法测锡效果的试验. 湖南地质, 1986, 5(2): 71-80, 48.

1986-067 王偁, 孙钧敏, 翟青波, 张新, 曹华德, 殷政芳, 沈亚瑛, 薛美娜. 同位素源激发 X 荧光分析微量元素的实验研究.

核技术, 1986, (7): 20-24, 60.

1986-091 张光华, 赖章生, 常立志. 放射性同位素 X 射线荧光分析仪在中条山铜矿的应用. 核技术, 1986, 6: 35-37, 60.

1986-101 赵孝壁, 马翠萍. 同位素放射源 X 射线荧光分析仪在铁合金炉渣分析中的应用. 冶金分析, 1986, 6(4): 57-61.

1986-108 邹恩滕. 矿用手提式多元素同时分析仪在矿山品位速报中首次应用. 有色金属 (矿山部分), 1986, 4: 48-50.

1987-036 李纪民, 孙秀峰. 同位素源 X 射线荧光法分析溶液中微量金. 中国核科技报告, 1987, 0: 514-521.

1987-043 刘磊. 便携式荧光仪快速测量多金属矿床中的镍铜品位. 成都地质学院学报, 1987, 14(4): 101-108.

1987-063 沙因, 刘平生, 徐适生, 孙大泽, 陈振捷, 张绍先, 徐力平, 王保国. 用源激发 X 荧光法测定平顶山市人发中的微量元素. 核技术, 1987, 5: 42-43, 58-63.

1987-093 张新, 翟清波, 薛美娜, 曹华德, 王儁. 同位素源激发 X 射线荧光分析法测定硒酵母中的硒含量. 分析测试通报, 1987, 6(4): 35-37.

1988-004 拜里斯 A. M. I., 魏澎. 应用放射性同位素 X 荧光光谱快速测定活性炭上的金. 光谱实验室, 1988, 1: 21-25, 11.

1988-045 李纪民, 孙秀峰. 同位素源 X 射线荧光法分析溶液中微量金. 中国核科技报告, 1988, S2: 20-21.

1988-093 杨宜珍, 钟洪海, 蒋礼晋. 同位素源激发 X 射线荧光分析法测定血清微量元素的探讨. 广州医药, 1988, 2: 47-48.

1988-115 章晔, 周四春, 谢庭周, 葛良全, 李任寅, 滕绍珠, 李健勇, 苏亚汝. 应用轻便型 X 射线荧光仪在原生产状下测定锡品位——代替刻槽取样. 矿产与地质, 1988, 2(4): 80-83.

1989-024 葛良全, 章晔. 同位素源 X 射线荧光仪在某铅锌矿巷壁 X 取样中的应用. 核技术, 1989, 12(1): 24-31.

1989-036 黄湘泰. 同位素源 X 射线荧光分析及其在无损检测上的应用. 机械制造, 1989, 8: 32-33.

1989-058 刘昶时, 李民乾, 徐耀良, 刘慧英. 白癜风患者人发的源激发 X 荧光分析. 新疆大学学报 (自然科学版), 1989, 6(1): 73-75.

1989-095 吴荣庆. 新型便携式 X 射线分析仪. 国外地质勘探技术, 1989, 12(2): 22.

1989-118 章晔, 谢庭周, 周四春, 葛良全. 用高灵敏度 X 射线荧光仪现场勘查金矿. 物理, 1989, 18(10): 604.

1990-130 章晔, 谢庭周, 周四春, 葛良全, 赖万昌, 陈天友, 范正国. 高灵敏度 X 射线荧光法现场勘查金矿. 核技术, 1990, 13(6): 371-376.

1990-129 章晔, 谢庭周, 周四春, 葛良全, 赖万昌. X 射线荧光技术在胶东地区现场勘查金矿的研究. 物探与化探, 1990, 14(1): 69-72.

1991-047 李增强, 吴文琪. 同位素 X 荧光谱线解析法获取单一稀土元素含量的研究. 稀土, 1991, 12(5): 43-48.

1991-063 穆宝芬, 何国柱. 用 PIXE 方法测定出口蜡笔中的有害元素. 核电子学与探测技术, 1991, 5: 320-321.

1991-095 王毅民, 梁国立, 滕云业. 大洋锰结核中主要金属元素的 X 荧光光谱船上现场分析. 海洋学报 (中文版), 1991, 13(1): 121-124.

1991-097 吴建平, 方同秀. 便携式同位素源 X 射线荧光仪在合金分类中的应用. 成都地质学院学报, 1991, 13(3): 126-130.

1992-007 蔡兆勋. 便携式定量分析器. 上海金属 (有色分册), 1992, 13(5): 57-58.

1992-023 高志强, 陈坚. 同位素源激发 X 射线荧光分析合金样品的吸收-增强效应的数学校正——基本参数法. 分析化学, 1992, 20(4): 410-412.

1992-029 何新荣, 赖万昌. 轻便 XRF 分析仪快速测定铜镍铁含量. 新疆有色金属, 1992, 2: 38-42.

1992-038 吉昂, 石琼, 陶光仪, 李宗杰, 吴梅梅. SZ-1 同位素 X 射线荧光光谱仪及其应用. 上海硅酸盐, 1992, (2): 132-135.

1992-044 李纪民, 孙秀峰. 同位素源 X 射线荧光法对高放废液中铀的分析. 原子能科学技术, 1992, 26(5): 41-43.

1992-074 穆宝芬, 薛召南, 李麓维, 成桂平, 何国柱, 赵英环. 用放射源激发X射线荧光法测定两不同地热区人发中微量元素. 核电子学与探测技术, 1992, 4: 249-252.

1992-076 彭聂, 戴晓兰. 同位素激发X射线荧光分析方法的改进和应用. 华东地质学院学报, 1992, 15(2): 154-159.

1992-116 武秉哲. X荧光分析仪简介. 煤炭加工与综合利用, 1992, 5: 50.

1992-145 张家伦. 同位素X荧光能谱在线分析仪用于稀土分离生产线. 稀土信息, 1992, 1: 8.

1992-154 章晔. X射线荧光技术现场原位测铜量上的应用. 矿产与地质, 1992, 6(3): 238-241.

1992-159 周四春, 谢庭周, 葛良全. A total content X-ray fluorescence method for copper prospecting. Nuclear Science and Techniques, 1992, 3(3): 191-195.

1992-160 周四春, 谢庭周, 葛良全. 用总量X荧光法勘查铜矿. 核技术, 1992, 15(3): 181-186.

1993-021 丁矢勇. X射线荧光仪查证化探异常应用效果. 云南地质, 1993, 12(4): 433-436, 432.

1993-059 李连发, 范健. 同位素X射线荧光分析仪的研制与应用. 湖南有色金属, 1993, 9(3): 174-177.

1993-062 李乃珍, 辛烘彬. TXD90-01多元素分析仪在水泥工业分析中的应用. 中国建材科技, 1993, 2(4): 29-34.

1993-063 李乃珍, 辛宏彬, 薄玉林, 孙国勇. 硅酸盐水泥的同位素荧光X射线分析. 水泥, 1993, 2: 20-23.

1993-118 许春林. X射线荧光探矿技术在福建紫金山铜矿区的应用效果. 物探与化探, 1993, 17(2): 116-119.

1994-008 陈建章, 郭洪涛, 李承光, 夏国中, 高士廷. 同位素源激发X线荧光法分析食管鳞癌微量元素含量. 中华核医学杂志, 1994, 14(3): 178-179.

1994-028 葛良全, 章晔, 谢庭周, 周四春, 曹志敏. 核物探X射线荧光技术在Pb、Zn矿勘查中的研究与应用. 现代地质, 1994, 8(3): 335-341.

1994-077 申兆铭, 韩龙, 陈鼎玖, 王耀. 便携式X荧光分析仪的解谱与校正技术. 北京矿冶研究总院学报, 1994, 1: 73-78.

1994-123 曾昭发, 林源. X射线荧光分析方法在金矿勘查中的应用. 黄金, 1994, 15(8): 1-5.

1994-144 周玉泉, 甄建平. 同位素X荧光多元素分析仪的调试. 水泥, 1994, 2: 24-26.

1995-027 葛良全, 谢庭周, 周四春, 赵友清, 梁锦华, 门春茂, 索忠恕, 陈国勤. X射线荧光法在燕山地区金矿勘查中的研究与应用. 有色金属矿产与勘查, 1995, 4(1): 43-47.

1995-028 葛良全, 赵友清, 梁锦华, 门春茂, 索忠恕, 陈国勤. 核技术在东坪金矿勘查中的应用与研究. 铀矿地质, 1995, 11(6): 357-361.

1995-037 贾艳, 张宪辉. IED400型X射线荧光分析仪在选矿生产中的应用. 包钢科技, 1995, 2: 88-91.

1995-053 李延冬, 王江. QX小型X荧光光谱仪的应用. 水泥技术, 1995, 2: 25-26.

1995-064 刘磊, 陆坤. 精矿品位在线自动检测系统的研制及应用. 成都理工学院学报, 1995, 22(2): 109-113.

1995-076 毛本将, 周蓉生, 贾文懿. 便携式X射线荧光仪稳谱技术. 核技术, 1995, 18(6): 364-367.

1995-105 王淑秋. 便携式X荧光分析仪在选矿快速分析中的应用. 矿冶, 1995, 4(2): 106-110.

1995-136 赵长河. 放射性同位素X射线荧光在医学上应用的研究. 核电子学与探测技术, 1995, 15(4): 260-261.

1996-016 陈清华. QCX质量控制系统的操作体会. 水泥工程, 1996, 5: 50-51.

1996-039 葛良全, 周四春, 谢庭周, 章晔, 程业勋, 侯胜利. X射线荧光测井井液的影响与校正. 物探化探计算技术, 1996, 18(S1): 39-41.

1996-157 周四春, 谢庭周, 葛良全, 赖万昌, 赵友清, 章晔. X 荧光勘查金矿技术的应用与进展. 物探化探计算技术, 1996, 18(S1): 66-69.

1997-001 安福林. 镀锌测厚仪. 核电子学与探测技术, 1997, 17(4): 49-52.

1997-027 葛良全, 章晔, 程业勋, 周四春, 谢庭周, 侯胜利. 放射性同位素 X 荧光测井技术的研究. 核技术, 1997, 20(1): 19-24.

1997-028 葛良全, 周四春, 谢庭周, 赖万昌, 章晔, 程业勋, 侯胜利. 井孔原位快速测定元素含量的井中 X 辐射取样技术. 有色金属 (矿山部分), 1997, 1: 1-5.

1997-033 韩龙, 申兆铭, 游文银, 陈鼎玖, 赵秀慧. 同位素型载流 XRF 分析仪能谱漂移自校正技术. 有色金属 (选矿部分), 1997, 4: 37-40.

1997-137 章晔. 核地球物理勘查技术发展概况. 物探与化探, 1997, 21(5): 321-330.

1998-001 白尔隽. 放射性同位素源 X 射线荧光法测量碘盐中碘含量. 分析测试学报, 1998, 17(1): 85-87.

1998-006 曹利国, 丁益民, 王剑. X 射线荧光方法进行野外找矿及成矿规律研究的现状和前景. 地球物理学进展, 1998, 13(4): 110-121.

1998-012 陈永君, 邓赛文, 马天芳, 任家富. 工业镀层及涂层厚度分析——同位素 X 射线荧光光谱法. 分析测试学报, 1998, 17(3): 63-64.

1998-054 李国栋, 贾文懿, 周蓉生. 适用于轻便型 X 荧光仪的微型低功率 X 光管激发源. 核电子学与探测技术, 1998, 18(2): 66-70.

1998-055 李国栋, 贾文懿, 周蓉生, 唐红, 方方, 马英杰. 野外高灵敏度 X 射线荧光测量系统研究. 成都理工学院学报, 1998, 25(1): 15-22.

1998-072 林文, 芦红, 祁智, 李桂兰. 同位素 X 荧光多元素分析仪在水泥工业中的应用前景. 中国建材科技, 1998, 7(2): 26-27.

1998-123 王继光, 刘永忠, 葛良全, 赖万昌. 便携式 X 射线荧光仪用于铁矿石品位快速测定. 金属矿山, 1998, 6: 27-29.

1998-149 杨鸿昌, 晁春军. ZTLY-1 型智能同位素硫份仪的研制. 煤矿自动化, 1998, S1: 147-149.

1998-153 杨兴繁, 贾文懿, 周蓉生. 轻便型 X 荧光仪多道脉冲幅度分析器的研制. 核电子学与探测技术, 1998, 18(4): 29-32.

1998-171 周四春, 赵琦, 陈慈德. 多参数 X 荧光测量现场地球化学勘查金矿技术研究与应用. 矿物岩石, 1998, 18(4): 99-103.

1999-021 方方, 贾文懿, 周蓉生, 马英杰, 周建斌. 地学应用中的便携式微机多道能谱仪. 核电子学与探测技术, 1999, 19(4): 44-47.

1999-055 李国栋, 贾文懿, 周蓉生, 唐红. 便携式 X 荧光仪关键技术研究. 原子能科学技术, 1999, 33(1): 62-66.

1999-058 李淑玲. 流体包裹体气液成分原位测定的新进展. 岩矿测试, 1999, 18(1): 74-78.

1999-120 滕彦国, 倪师军, 张成江, 赵友清. 阿西金矿床流体成矿的元素地球化学界面及 X 荧光测量识别试验. 矿产与地质, 1999, 13(5): 299-302.

1999-146 张学华, 吉昂, 卓尚军, 陶光仪. SZ-1 型同位素 X 射线荧光分析仪分析多金属结核中锰铁钴镍铜. 岩矿测试, 1999, 18(2): 46-49, 52.

1999-156 周四春, 张志全, 徐兴国. 锶矿 X 荧光勘查技术研究与应用. 地质与勘探, 1999, 35(4): 36-38.

1999-157 周四春, 赵琦, 陈慈德. 现场多元素 X 荧光测量技术勘查金矿研究. 核技术, 1999, 22(9): 539-544.

2001-009 陈永君, 邓赛文, 马天芳, 李蓉华, 梁国立, 詹秀春. 便携式X射线荧光分析仪的研制与应用. 岩矿测试, 2001, 20(2): 136-141.

2001-121 吴允平, 贾文懿, 周蓉生, 方方, 乐仁昌. 便携式能量色散 X 荧光分析仪的研制. 仪器仪表学报, 2001, 22(3): 325-327, 330.

2001-158 周四春. 携带式 X 荧光仪监控金铜矿石选矿应用研究. 核技术, 2001, 24(6):

515-520.

2002-011 杜米芳. 利用小型 X 荧光仪快速测定玻璃中的铬. 玻璃, 2002, (6): 44-45.

2002-112 王仁波, 周蓉生. 便携式野外 X 荧光分析仪的 PWM 电源设计. 核电子学与探测技术, 2002, 22(2): 117-120.

2002-119 吴小勇, 陈永君, 王毅民. Si-PIN 探测器便携式 X 荧光分析仪在海洋多金属结核结壳分析中的应用. 岩矿测试, 2002, 21(1): 33-36.

2002-159 张中, 李增宽, 宋欣, 韩颖, 马振珠. 小型多道波散型 X 射线荧光光谱仪的研制. 现代科学仪器, 2002, (5): 3-6.

2003-063 李国会, 攀守忠, 潘宴山. SPECTROSCAN-U 型便携式波长色散 X 射线荧光光谱仪现场测定铜矿区的 15 种元素. 光谱实验室, 2003, 20(2): 250-253.

2003-211 周伟强, 杨军昌. 现代科技与文物艺术品鉴定 (之四)——便携式 X 射线荧光分析. 收藏界, 2003, (7): 70-71.

2004-070 马英杰, 周蓉生, 方方. 基于掌上型电脑的便携式 X 荧光测量系统. 核电子学与探测技术, 2004, 24(6): 626-629.

2005-166 吴建平, 吴春蓉, 吴军龙. 同位素源 X 射线荧光分析仪的自稳电路设计与改进. 核电子学与探测技术, 2005, 25(6): 64-67.

2007-172 任家富, 庹先国, 陈永君, 邓赛文, 郑妙子, 詹秀春. 便携式X荧光仪在土壤和水系沉积物样品中的应用研究. 物探化探计算技术, 2007, 29(4): 346-348, 279.

2007-209 Tusset Victor, Lemaire Olivier, Zeimetz Eva, Dupont Alain. 便携式微型发射光谱仪在金属工业中的应用 (英文). 冶金分析, 2007, 27(5): 8-13.

2007-241 吴春蓉, 吴建平, 邹永祥. 便携式 X 荧光分析仪前置放大器的设计. 核电子学与探测技术, 2007, 27(2): 402-404, 417.

2007-296 张佰峰, 于万里, 罗永安. 便携式荧光仪在珠宝玉石检测中的应用. 宝石和宝石学杂志, 2007, 9(4): 28-32.

2007-305 张勤, 樊守忠, 潘宴山, 李国会, 李小莉. Minipal4 便携式能量色散 X 射线荧光光谱仪在勘查地球化学中的应用. 岩矿测试, 2007, 26(5): 377-380.

2009-084 华丽, 郭兴蓬, 杨家宽. 便携式 EDXRF 在 RoHS 符合性实践中应用及其影响因素分析. 华中师范大学学报 (自然科学版), 2009, 43(4): 622-627.

2009-088 黄启厅, 周炼清, 史舟, 李震宇, 顾群. FPXRF——偏最小二乘法定量分析土壤中的铅含量. 光谱学与光谱分析, 2009, 29(5): 1434-1438.

2009-309 徐海峰, 李成文, 葛良全, 张庆贤, 李凤林. 手提式 X 荧光分析仪在矿产普查中寻找伴生矿的应用研究. 核电子学与探测技术, 2009, 29(2): 445-448.

2009-397 张震, 赖万昌, 于新华, 陈小强, 王广西, 张林. 便携式 XRF 分析仪快速测定主元素 Fe 含量. 金属矿山, 2009, (7): 109-110, 150.

2010-031 崔强, 张文元, 苏伯民, 范宇权, 李燕飞. 便携式 X 荧光光谱仪在莫高窟壁画原位无损检测的初步应用. 敦煌研究, 2010, (6): 77-81.

2010-177 刘松, 李青会, 干福熹, 顾冬红. 便携式能量色散型 X 射线荧光光谱仪在中国古代玻璃化学成分分析中的应用. 光谱学与光谱分析, 2010, 30(9): 2576-2580.

2010-188 陆安祥, 王纪华, 潘立刚, 韩平, 韩莹. 便携式X射线荧光光谱测定土壤中 Cr, Cu, Zn, Pb 和 As 的研究. 光谱学与光谱分析, 2010, 30(10): 2848-2852.

2010-204 苗凤东, 陈永超. 便携式核数据测量分析仪的太阳能光伏电源设计. 核电子学与探测技术, 2010, 30(10): 1358-1363.

2010-223 钱建平, 吴高海, 陈宏毅. 便携式 X 射线荧光光谱仪应用条件试验及效果. 物探与化探, 2010, 34(4): 497-502.

2010-263 唐爱雄, 庞荣华, 方方, 张遵遵, 徐长明. 便携式 X 荧光分析仪在矿产勘查中的应用. 金属矿山, 2010, (3): 97-99.

2010-416 张永涛, 赖万昌, 郭龙滨, 陈小强. 应用手持式 XRF 分析仪快速测定白铜中的 Cu、Ni、Co 含量. 广东微量元素科学, 2010, 17(11): 65-69.

2010-438 周建斌, 马英杰, 王磊, 童运福. 基于 PDA 的便携式 X 荧光分析仪的研制. 核电子学与探测技术, 2010, 30(2): 272-277.

2011-084 郭龙滨, 赖万昌, 张永涛, 何大志. 便携式能量色散 X 射线荧光仪测定矿渣中铟. 冶金分析, 2011, 31(1): 19-22.

2012-048 丁喜峰, 刘美义, 郭西华, 朱艳英, 吴鹏乐, 关颖. 航天育种第 4 代白术的 XRF 和 PXRD 分析. 光谱学与光谱分析, 2012, 32(2): 545-547.

2012-091 韩平, 王纪华, 陆安祥, 马智宏, 潘立刚. 便携式 X 射线荧光光谱分析仪测定土壤中重金属. 光谱学与光谱分析, 2012, 32(3): 826-829.

2012-280 屈太原, 李华昌, 冯先进. 便携式能量色散 X 射线荧光光谱仪测定红土镍矿中 7 种元素. 冶金分析, 2012, 32(3): 25-29.

2012-330 王本伟, 胡文友, 黄标, 陈效民. 便携式 X 荧光光谱 (PXRF) 测定法在农田土壤重金属分析中的应用. 矿物岩石地球化学通报, 2012, 31(5): 522-526.

2012-337 王戈, 武斌, 苏文, 李小莉, 张华. Minipal4 便携 X 射线荧光光谱仪现场快速测定水系沉积物中多种元素. 现代仪器, 2012, 18(1): 48-52.

2012-351 王立前, 向峰. 便携式 X 荧光光谱仪的实测比对与应用. 环境科学导刊, 2012, 31(5): 97-101.

2012-417 徐巧, 杨新雨, 付水兴, 彭晓明, 张守林. 便携式 X 荧光分析仪在智利科皮亚波泥沟铜矿勘查中的应用. 矿产勘查, 2012, 3(4): 545-548.

2012-473 袁兆宪, 成秋明. 便携式 X 荧光仪在覆盖区元素垂向迁移研究中的应用. 地球科学进展, 2012, 27(S): 522.

2012-474 袁兆宪, 徐德义, 陈志军, 成秋明. 便携式 X 荧光仪在研究矿化顺序中的应用. 吉林大学学报 (地球科学版), 2012, 42(S2): 216-223.

2012-496 张教赟, 张忠和. 手持式 X 射线荧光金属分析仪在钢铁材料检测中的操作技巧. 理化检验-化学分册, 2012, 48(11): 1360-1362.

2012-508 张鹏, 张寿庭, 邹灏, 方乙, 曹华文, 高永璋, 马永非. 便携式 X 荧光分析仪在萤石矿勘查中的应用. 物探与化探, 2012, 36(5): 718-722.

2013-032 陈渊, 张洁, 庄园. 便携式 X 射线荧光光谱仪快速测定土壤中多种金属元素. 环境科学与管理, 2013, 38(3): 121-123.

2013-087 高愈霄, 薛荔栋, 滕恩江, 袁懋, 吕天峰, 张霖琳. 便携式全反射 X 荧光同时测定清洁水体中多种元素. 光谱实验室, 2013, 30(6): 3174-3179.

2013-094 顾晟彦, 刘建东, 薛怀友. 便携式 X 荧光仪在矿山土壤污染快速检测中的应用. 现代矿业, 2013, (9): 181-186.

2013-161 李飞, 葛良全, 罗耀耀, 张庆贤, 谷懿. 改进型 GMDH 网络在便携式 X 射线荧光分析仪中的应用. 光谱学与光谱分析, 2013, 33(6): 1711-1713.

2013-189 李强, 张学华. 手持式 X 射线荧光光谱仪测定富钴结壳样品中锰铁钴镍铜锌. 岩矿测试, 2013, 32(5): 724-728.

2013-190 李青会, 董俊卿, 苏伯民, 陈港泉, 刘松, 顾冬红. 湖北荆州出土战国玻璃珠的 pXRF 无损分析及相关问题研究. 敦煌研究, 2013, (1): 92-97, 131.

2013-215 李志敏, 王乐乐, 张晓彤, 梅建军. 便携式 X 射线荧光现场分析壁画颜料适用性研究——以西藏拉萨大昭寺壁画为例. 中国文物科学研究, 2013, (4): 64-67.

2013-271 罗斌, 葛良全, 王卓, 罗恩剑, 杨文佳, 李秋实, 王仕木. 手持式 X 荧光分析仪在空气颗粒物分析中的应用. 安全与环境学报, 2013, 13(6): 112-114.

2013-283 马德锡, 杨进, 陈孝强, 王春生, 张廷彦, 陈瑞林. 便携式 X 荧光仪在多金属矿区的应用. 物探与化探, 2013, 37(1): 63-66.

2013-313 祁昌炜, 朱杰勇, 王佳音, 刘磊. 便携式 X 射线荧光元素分析仪的应用. 地质与资源, 2013, 22(1): 64-66.

2013-388 王广西, 李丹, 赖万昌, 翟娟, 杨中建, 侯鑫, 曹发明. 便携式 EDXRF 分析仪测定土壤中镍元素的含量预测模型研究. 光谱学与光谱分析, 2013, 33(8): 2242-2245.

2013-446 吴敏, 王俊鹏. 便携式 X 射线荧光光谱仪测定不锈钢样品中的常见金属元素. 物理测试, 2013, 31(1): 29-32.

2013-477 许元军, 方方. 基于网卡 DM9000 在便携式 X 射线荧光仪中的应用. 核电子学与探测技术, 2013, 33(6): 766-769.

2013-494 杨兴琴, 余迎. 便携式能量色散型 X 光荧光光谱仪 (ED-XRF). 测井技术, 2013, (5): 486.

2013-500 杨载明. 便携式 X 射线荧光光谱仪现场测定高含量钡地质样品中的钒. 岩矿测试, 2013, 32(4): 665-667.

2014-128 黄世杰, 刘永丰, 鲍惠君, 应海松, 蒋国芬. 便携式 X 荧光仪与 ICP-AES 联同检测废塑料金属涂层含量. 中国测试, 2014, 40(5): 55-57, 69.

2014-160 李辉. 手持式汞含量检测仪器电路控制系统的设计与实现. 科技视界, 2014, (33): 110-111, 129.

2014-180 李秋实, 葛良全, 王卓, 张庆贤, 罗斌, 赵剑锟, 程鹏亮, 严俊. 手持式 XRF 分析仪快速检测大气颗粒物中 Cu、Zn、Pb 含量. 核电子学与探测技术, 2014, 34(5): 667-670.

2014-187 李向超. 便携式 X 射线荧光光谱仪现场测定地质样品中钛. 冶金分析, 2014, 34(4): 32-36.

2014-219 廖学亮, 程大伟, 周超, 于雷, 黄小峰, 卓明, 韩冰, 沈学静. 便携式 X 射线荧光光谱法检测大米中的镉. 粮食与饲料工业, 2014, (9): 62-65.

2014-325 冉景, 王德建, 王灿, 薄录吉, 郑继成, 姚利. 便携式 X 射线荧光光谱法与原子吸收/原子荧光法测定土壤重金属的对比研究. 光谱学与光谱分析, 2014, 34(11): 3113-3118.

2014-356 谭承君, 曾国强, 龚春慧, 葛良全, 罗群, 刘玺尧, 吴刚. 手持式 X 荧光仪电源系统的设计. 核电子学与探测技术, 2014, 34(3): 380-384, 418.

2014-409 王亚军, 潘传荣, 程大伟. 便携式 X 荧光分析仪快速测定稻米中镉含量的适用性探索. 粮食加工, 2014, 39(4): 32-35.

2014-424 Weindorf D. C., Bakr N., Zhu Y., Mcwhirt A., Ping C. L., Michaelson G., Nelson C., Shook K., Nuss S.. Influence of ice on soil elemental characterization via portable X-ray fluorescence spectrometry. Pedosphere, 2014, 24(1): 1-12.

2014-449 谢希成, 赖万昌, 李军, 吴和喜. 便携式 X 荧光仪测定铅黄铜合金中主元素的研究应用. 核电子学与探测技术, 2014, 34(6): 689-693.

2014-458 徐文松, 尤静林, 王小欢. 便携式 X 射线荧光光谱测定车用三元催化剂中铂钯铑. 冶金分析, 2014, 34(3): 30-34.

2014-517 张晨松, 姜大鑫, 肖园芳. 便携式 X 荧光在找矿中的应用. 广东化工, 2014, 41(22): 55, 44.

2014-555 张学华, 李强, 黄雪华, 姚会强. 手持式 X 射线荧光光谱仪在富钴结壳资源勘查中的应用. 岩矿测试, 2014, 33(4): 512-516.

2015-031 陈爽, 葛良全, 张庆贤, 杨汉水, 赵剑锟. 便携式 X 荧光仪原位测量浅钻岩芯的应用. 现代矿业, 2015, (7): 114-116.

2015-048 崔茂培. 便携式 XRF 仪在金矿土壤化探找矿中的应用. 四川地质学报, 2015, 35(2): 299-302.

2015-064 杜国栋, 雷梅, 周广东, 陈同斌, 仇荣亮. 便携式 X 射线荧光仪测定土壤中镍的精度研究（英文）. 光谱学与光谱分析, 2015, 35(3): 809-813.

2015-119 胡明情. 便携式 XRF 仪在土壤重金属检测中的应用. 环境科学与技术, 2015, 38(12Q/S2): 269-272.

2015-122 花永涛, 熊超, 葛良全, 窦小平. 现场 X 荧光分析技术在铜矿勘探中的应用实例. 四川有色金属, 2015, (1): 60-62.

2015-158 邝荣禧, 胡文友, 何跃, 黄标, 祖艳群,李元, 湛方栋, 邹小冷, 王豹. 便携式 X 射线荧光光谱法 (PXRF) 在矿区农田土壤重金属快速检测中的应用研究. 土壤, 2015, 47(3): 589-595.

2015-160 赖裕琛, 汤彬, 翟娟, 李丹. 应用手持式 XRF 分析仪快速测定铜锌矿的品位. 科技创新与应用, 2015, (13): 19-20.

2015-171 李芳, 王纪华, 陆安祥, 韩平. 基于小波变换的便携式 X 射线荧光光谱仪检测模型的建立与改进. 光谱学与光谱分析, 2015, 35(4): 1111-1115.

2015-185 李杰, 胡城. XRF 手持分析仪在某铁矿应用的可行性分析. 现代矿业, 2015, (3): 207-208.

2015-208 李阳, 李垒, 韩晓霞, 杜慧文, 张民. 便携式 X 荧光分析土壤的准确度和质量控制研究. 环境科学与管理, 2015, 40(9): 146-149.

2015-230 廖漓文, 武学端, 王卓. Sr 元素 X 荧光快速分析方法. 广东微量元素科学, 2015, 22(2): 37-40.

2015-317 屈华阳, 黄生福, 霍巍恒, 梁元, 李艳萍, 夏冰. 手持式 X 射线荧光光谱仪在现场测定铅锌矿中的应用. 冶金分析, 2015, 35(7): 32-36.

2015-327 桑险峰, 苏庆东, 耿建章, 薛源. 便携式 X 荧光测定仪用于水泥混合材掺加量检验. 中国水泥, 2015, (2): 98-99.

2015-374 王豹, 余建新, 黄标, 胡文友, 常青. 便携式 X 射线荧光光谱仪快速监测重金属土壤环境质量 (英文). 光谱学与光谱分析, 2015, 35(6): 1735-1740.

2015-454 谢达兰, 黄进初, 赖万昌. 用手持式 X 荧光仪分析不锈钢主元素的含量. 科技风, 2015, (17): 104, 121.

2015-485 杨帆, 郝志红, 刘华忠, 郭志娟, 王徽. 便携式能量色散 X 射线荧光光谱仪在新疆东天山浅钻化探异常查证中的应用. 岩矿测试, 2015, 34(6): 665-671.

2015-573 赵凤燕, 陈斌, 柴怡, 董俊卿, 李青会. 西安出土若干玻璃器的 pXRF 分析及相关问题探讨. 考古与文物, 2015, (4): 111-119.

5.5 微 XRF, 全反射 XRF

1979-006 承焕生, 汤家镛, 徐志伟, 杨福家, 赵国庆, 周筑颖. 用背散射进行物质表面分析. 原子能科学技术, 1979, 5: 563-571.

1979-007 承焕生, 汤家镛, 徐志伟, 杨福家, 赵国庆, 周筑颖. 用背散射进行物质分析. 复旦学报 (自然科学版), 1979, 2: 17-26.

1980-006 承焕生, 汤家镛, 徐志伟, 杨福家, 赵国庆, 周筑颖. 背散射技术用于表面微分析. 物理, 1980, 9(3): 220-225.

1987-046 刘亚文. 全反射 X 射线荧光分析法. 光谱学与光谱分析, 1987, 7(4): 69-73.

1990-004 Bakhru H., Morris W. G., Haberl A. Materials characterization using the microbeam at Suny/Albany. Nuclear Science and Techniques, 1990, 1(1-2): 70-75.

1990-017 范钦敏, 刘亚雯, 李道伦, 魏成连, 胡金生. 纳克级全反射 X 射线荧光分析. 光谱学与光谱分析, 1990, 10(6): 64-67, 58.

1991-083 田宇纮. 全反射 X 荧光分析技术 (TXRF)——一种新的高灵敏度元素分析技术. 核物理动态, 1991, 2: 41-44.

1991-088 王奎仁, 周有勤. 微束分析对微细粒金赋存状态的研究. 矿物岩石地球化学通讯, 1991, 4: 251-253.

1991-132 朱节清, 王毅民. 矿物微区元素分布分析研究——核探针的地学应用初探. 岩矿测试, 1991, 10(4): 262.

1992-041 李国会. 全反射X射线荧光光谱分析——一种分析痕量元素的技术. 物探化探译丛, 1992, 3: 37-41.

1993-017 崔乃俊. 全反射荧光 X 射线分析法. 现代科学仪器, 1993, 2: 13-15.

1993-051 金立云. 全反射 X 射线荧光分析 (TXRF)——介绍一种新的高灵敏分析方法. 冶金分析, 1993, 13(6): 31-34.

1993-076 刘亚雯. 掠入射、全反射及其在 X 射线荧光分析中的应用. 物理, 1993, 22(10): 614-618.

1993-077 刘亚雯,范钦敏,李道伦,魏成连. 全反射 X 射线荧光分析法测定微量硒. 光谱学与光谱分析, 1993, 13(3): 71-74, 70.

1993-130 乐安全,朱节清,谷英梅. 微束 X 射线荧光分析. 光谱学与光谱分析, 1993, 13(3): 81-84, 94.

1994-015 陈远盘. 全反射 X 射线荧光光谱的原理和应用. 分析化学, 1994, 22(4): 406-412, 414.

1994-024 高宏,金立云,黄清良,李云. 两次全反射 X 荧光分析仪的研制及初步实验工作. 云南大学学报(自然科学版), 1994, 16(S2): 138-139.

1994-036 金立云,黄清良,李云,袁慧,高宏. 纳克级全反射 X 射线荧光分析装置研制. 中国原子能科学研究院年报, 1994, 0: 183-184.

1994-084 Tian Yuhong, Xiu Decheng, Tan Jilian, Wang Zhiguo, Fu Keming. Analysis of S element content in five kinds of oil by TXRF. 1994 Annual Report of Institute of Modern Physics, the Chinese Academy of Sciences & National Laboratory of Heavy Ion Accelerator, LanZhou, 1994, 0: 187-188.

1995-034 胡舜媛. 全反射 X 射线荧光分析法. 国外核新闻, 1995, 10: 20.

1995-038 金立云,黄清良,李云,袁慧,高宏. 两次全反射 X 射线荧光能谱分析仪的研制. 原子能科学技术, 1995, 29(5): 401-408.

1995-039 金立云,黄清良,李云,袁慧,祝亮. 全反射 X 射线荧光光谱 (TXRF) 测定核动力堆乏燃料元件不溶残渣化学成分. 中国原子能科学研究院年报, 1995, 0: 154.

1995-048 李国会,樊守忠,朱永奉,张天佑. 全反射 X 射线荧光光谱仪的研制. 分析测试仪器通讯, 1995, 5(3): 129-132.

1995-065 刘年庆,李学军,巢志瑜,周传农,周世俊,任炽刚. 用核微束技术对顺铂处理后的正常小鼠肝脏中微量元素分布的初步观察. 核技术, 1995, 18(6): 381-384.

1995-097 田宇纮,谭继廉,郑素华,王瑞光,刘恺,潘晓文. 全反射 X 荧光分析技术研究. 核电子学与探测技术, 1995, 15(5): 265-269.

1995-098 田宇纮,王瑞光,谭继廉. 全反射 X 荧光分析及其应用. 核物理动态, 1995, 12(3): 34-39.

1995-129 袁慧,金立云,李云,祝亮. 核动力压水堆 (PWR) 燃料元件溶解液及碱吸收液中微量碘的TXRF测定. 中国原子能科学研究院年报, 1995, 0: 156.

1996-048 金立云,黄清良,李云,袁慧,高宏. 亚纳克级全反射 X 射线荧光分析装置研制. 核化学与放射化学, 1996, 18(3): 152-157.

1996-049 金立云,黄清良,袁慧,李云,祝亮. 全反射 X 射线荧光光谱测定乏燃料不溶残渣化学成分. 中国核科技报告, 1996, 0: 935-945.

1996-112 田宇纮,王瑞光,刘恺,郑素华,王景云. 一台小型全反射 X 荧光分析装置的研制. 烟台大学学报(自然科学与工程版), 1996, 2: 32-36, 50.

1996-113 田宇纮,王瑞光,王志国,刘恺,郑素华. 小型高灵敏全反射 X 荧光分析仪的研制. 核化学与放射化学, 1996, 18(3): 158-163.

1997-016 丁训良,赫业军,颜一鸣. X 光透镜在 μ-XRF 分析中的应用. 原子核物理评论, 1997, 14(3): 24-26, 45.

1997-066 刘恺,郑素华,王瑞光,张郁辉. 全反射 X 荧光分析技术的应用. 核技术, 1997, 20(1): 2-6.

1997-139 赵利敏,冼鼎昌. 全反射 X 射线荧光分析. 物理, 1997, 11: 23-27.

1998-056 李国会,黄新跃,殷萍君,樊守忠,张天佑,朱永奉. 全反射X射线荧光光谱法同时测定地气样品中锰、镍、铜、锌、铅、铷和锶. 分析化学, 1998, 26(1): 21-24.

1998-058 李国会,张天佑,黄新跃,殷萍君,樊守忠. 全反射 X 射线荧光光谱法同时测定天然水中多种元素. 岩矿测试,

1998, 17(2): 46-49.

1998-074 刘恺, 邬旭然, 郑素华, 田宇纮. 用全反射 X 荧光技术分析釉药粉末. 分析化学, 1998, 26(3): 370.

1998-075 刘恺, 郑素华, 邬旭然, 田宇纮. 用 TXRF 技术分析镍基溶液中的痕量元素. 测试技术学报, 1998, 12(3): 313-318.

1998-145 徐向东, 付绍军. X 射线微束化技术. 科学, 1998, 4: 24-27.

1998-166 赵利敏, 吴应荣, 黄宇营, 李光诚, 袁丽珍, 陈家佩. 全反射 X 射线荧光分析测量小白鼠小肠细胞的初步研究. 核技术, 1998, 21(8): 478-481.

1998-165 赵利敏, 吴应荣, 黄宇营, 李光城, 贾全杰, 袁丽珍, 陈家佩. 全反射 X 射线荧光分析在生物医学中的应用. 高能物理与核物理, 1998, 22(2): 186-191.

1999-035 Guo Panlin, Wang Jiqing, Li Xiaolin, Le Anquan, Zhu Jieqing. Micro-beam XRF localization by a laser beam. Nuclear Science and Techniques, 1999, 4(4): 225-229.

1999-036 郭盘林, 王基庆, 朱节清, 乐安全. 用 XRMF 分段多项式回归法定量分析铂钯合金. 光谱学与光谱分析, 1999, 19(6): 871-874.

1999-063 刘恺, 邬旭然, 郑素华. 基于全反射原理的 X 荧光分析技术及其应用研究. 光谱学与光谱分析, 1999, 19(3): 175-178.

1999-099 田宇纮, 刘恺, 邬旭然, 郑素华, 王景云, 马国立. 低含量多元素物质的快速全反射 X 荧光分析. 光谱实验室, 1999, 16(3): 20-23.

1999-122 谢晋东, 丁训良, 赫业军, 潘秋丽, 魏富忠, 颜一鸣. 整体 X 光会聚透镜及其在微束 X 射线荧光分析中的应用. 北京师范大学学报 (自然科学版), 1999, 35(1): 46-49.

1999-149 章海军, 黄峰. 亚微米级毛细管微探针的制作及其应用. 现代科学仪器, 1999, 3: 24-26.

1999-155 周世俊. 微束核反应及其对流体包裹体的应用. 光谱学与光谱分析, 1999, 19(3): 23-26.

2000-031 Hu Zhaohui, Liu Pingsheng, Feng Guohua, Han Yong. High-energy resolution μ-XRF analysis by position sensitive spectrometer. Chinese Science Bulletin, 2000, 45(21): 1934-1938.

2000-032 胡朝晖, 刘世杰, 刘平生, 冯国华, 韩勇. 高能量分辨率的 μ-XRF 实验分析. 科学通报, 2000, 45(10): 1025-1029.

2000-096 谢明勇, 温辉梁, von Bohlen A., Guenther K.. 全反射 X 射线荧光法分析茶叶中的矿质元素. 茶叶科学, 2000, 20(1): 51-54.

2001-052 李振坤, 王志国, 郝冀方. 镍电解液痕量元素的全反射 X 射线荧光分析. 核技术, 2001, 24(3): 199-204.

2001-100 田宇纮, 马国立, 王国栋, 郑素华, 刘恺, 付克明. 全反射 X 荧光分析及其应用. 现代科学仪器, 2001, (6): 14-16.

2002-070 刘波, 贺勉鸿, 孙民德, 石贤峰, 孙传琛, 沈皓, 宓泳. 复旦大学新核微探针——系统建设与束流光学计算. 复旦学报 (自然科学版), 2002, 41(2): 129-133.

2002-107 王国栋, 谭继廉, 付克明, 田宇纮. 全反射 X 荧光分析技术及其应用. 核电子学与探测技术, 2002, 22(3): 268-271.

2002-138 杨明太, 张连平. 全反射 X 射线荧光分析. 核电子学与探测技术, 2002, 22(6): 572-575.

2004-106 王江雪, 郭兰英, 金立云, 曹雷. 大气颗粒物的 TXRF 分析技术研究. 南华大学学报 (理工版), 2004, 18(1): 63-66.

2009-418 周南, 文青. 第 12 届全反射 X 射线荧光分析以及相关方法会议 (I). 分析试验室, 2009, 28(2): 123-124.

2010-086 胡孙林, 温锦锋, 赖文彬, 方超, 张小婷, 王松才, 戴维列, 刘超. Micro-XRF 法检测肺内抗酸性硅质颗粒及其在溺死诊断中的应用. 法医学杂志, 2010, 26(4): 257-259.

2010-125 李丽, 冯松林, 朱继浩, 冯向前, 谢国喜, 闫灵通. 陶瓷标准样品元素分布均匀性的 μ-XRF 检验. 核技术, 2010,

2010-283 王汉彬, 杨健, 曹必华, 赵翔. ZigBee 技术在微束微区 X 荧光探针仪中的应用. 核电子学与探测技术, 2010, 30(6): 831-834.

2010-349 闫灵通, 冯松林, 冯向前, 谢国喜, 李丽, 徐伟. Study of the circumstance influence on the elemental distribution in ancient animal bone using μ-XRF. 中国物理 C, 2010, 34(3): 417-420.

2011-013 陈陆艳, 刘金, 王晓庆. 测定微束微区 X 射线探针分析仪焦平面的实验研究. 大学物理实验, 2011, 24(2): 7-9.

2012-028 陈伟, 韩晓锋, 刘伟伟, 吕建刚, 田宇纮, 邬旭然. TXRF 法测定松花粉中的 9 种生命元素. 分析测试学报, 2012, 31(8): 1009-1012.

2012-029 陈伟, 韩晓锋, 吕建刚, 刘伟伟, 田宇纮, 邬旭然. 松花粉中 16 种常量和微量元素的 TXRF 对比分析. 光谱学与光谱分析, 2012, 32(8): 2250-2253.

2012-093 韩晓锋, 王丽, 吕建刚, 陈伟, 徐淑华, 田宇纮, 邬旭然. 固相萃取-TXRF 测定高冰镍中的贵金属. 光谱实验室, 2012, 29(5): 3181-3184.

2012-275 乔亚华, 杨阳, 王博, 郑维明, 金立云. 全反射 X 射线荧光分析技术在核科学领域中的应用. 核电子学与探测技术, 2012, 32(11): 1263-1268.

2012-461 衣秀娟, 王培娟, 王树勋, 陈伟, 邬旭然. TXRF 法测定淡竹叶中微量元素. 中国卫生检验杂志, 2012, 22(11): 2568-2570.

2013-182 李猛. 不同产地竹叶中 16 种矿物元素的 TXRF 测定. 竹子研究汇刊, 2013, 32(3): 49-52.

2013-183 李猛. 恒压消解-TXRF 测定核桃中的 16 种矿物元素. 现代食品科技, 2013, 29(5): 1170-1172.

2013-184 李猛. 慢性乙型肝炎患者头发中 16 种矿物元素的 TXRF 对比分析. 中国卫生检验杂志, 2013, 23(8): 1915-1917.

2013-374 田旻洁, 周海明, 闵红, 林苗. 全反射 X 射线荧光光谱法直接测定润滑油中的 10 种微量金属元素. 分析试验室, 2013, 32(12): 16-21.

2013-509 衣秀娟, 陈伟, 王湘敏, 田宇纮, 邬旭然. 慢性乙型肝炎患者血清中 16 种矿物元素的 TXRF 对比分析. 中国卫生检验杂志, 2013, 23(6): 1453-1454, 1464.

2013-518 于惠春, 陈伟, 邬旭然. 不同品种酿酒葡萄中 16 种矿物元素的 TXRF 法测定研究. 酿酒科技, 2013, (8): 103-105.

2014-169 李猛. 全反射 X 射线荧光光谱法测定松子仁中 16 种矿物元素的含量. 理化检验-化学分册, 2014, 50(2): 217-219.

2014-398 王树勋. 不同产地灵芝中 16 种矿物元素的 TXRF 测定. 江西科学, 2014, 32(4): 503-505, 519.

2014-506 俞佳锋, 王凯, 薛俊增, 吴惠仙. 扇贝标准样品中元素的全反射 X 射线荧光光谱法测定分析. 环境污染与防治, 2014, 36(5): 40-42, 48.

2015-044 程琳, 李梅田, 王君玲, 段泽明, 李融武, 潘秋丽. 微束 X 射线荧光分析清代金釉碗彩料的化学成分和元素分布. 激光与光电子学进展, 2015, (4): 262-266.

2015-170 李坊佐, 刘志国, 孙天希, 易龙涛, 赵伟刚, 何佳霖, 彭松, 王丽丽, 赵广翠, 丁训良. 毛细管 X 光透镜三维共聚焦微束 X 射线荧光技术在岩矿样品分析中的应用. 光谱学与光谱分析, 2015, 35(9): 2487-2491.

2015-203 李卫东, 李欧, 和银霞, 叶丽琴, 王越, 张忠爽, 陈玉婷, 金基石. 基于 TXRF 法的欧李果肉中营养元素特征分析. 食品科学, 2015, 36(4): 164-167.

2015-222 黎乾, 温锦锋, 林贤文, 彭聪, 汪肇辉, 王松才, 邢若葵, 胡孙林. 微束 X 射线荧光光谱仪测定射击残留物特征元素分布图的应用研究. 分析测试学报, 2015, 34(4): 453-457.

2015-226 梁述廷, 刘玉纯, 刘瑱, 林庆文, 刘志伟. X 射线荧光光谱微区分析在铜矿物类质同象鉴定中的应用. 岩矿测试, 2015, 34(2): 201-206.

2015-595 郑晓庆, 张祥国. 利用全反射 X 射线荧光分析技术区分松辽盆地火山碎屑岩方法研究. 内蒙古石油化工, 2015, (5): 74-76.

5.6 质子探针和质子激发的 X 射线分析 (SPM, PIXE)

1974-001 刘冬生. 用质子诱导 X 线发射光谱法测定单根头发各段微量金属浓度的差异. 国外医学参考资料 (卫生学分册), 1974, 1: 44.

1977-008 上海市原子核研究所活化分析组. 质子激发 X 射线分析. 物理, 1977, 6(4): 216-223.

1978-006 复旦大学静电加速器实验室. 用背散射分析物质表面. 自然杂志, 1978, 8: 502.

1978-010 李民乾, 陈志祥, 盛康龙, 秦俊法, 金柏康, 荣廷文, 汪学朋, 宗普和, 易惟熙. 吉林陨石的质子激发 X 射线分析. 科学通报, 1978, 9: 547-549.

1979-009 昊则嘉. 质子激发 X 射线分析法. 机械工程材料, 1979, 4: 95.

1979-011 李民乾, 陈志祥, 盛康龙, 秦俊法, 荣廷文, 汪学朋, 金柏康. 质子激发 X 射线分析及其应用. 核技术, 1979, 2: 1-12.

1979-012 李民乾, 盛康龙, 秦俊法, 陈志祥, 金柏康, 荣廷文, 汪学朋. 质子激发 X 射线分析测定环境样品中的痕量元素. 科学通报, 1979, 1: 19-21.

1979-031 赵启仁. 质子激发 X 射线分析. 国外医学 (放射医学分册), 1979, 4: 224-230.

1980-005 陈志祥, 李民乾, 汪学朋, 盛康龙, 宗普和. 月岩 (70017-291) 的质子激发 X 射线分析. 地球化学, 1980, 4: 414-418.

1980-013 库勒鲁德 G., 彭文世. 质子诱发 X 射线发射谱 (PIXE——简称质子激发法)——地球化学的一种新工具. 地质地球化学, 1980, 4: 74-80.

1980-016 李民乾, 陈志祥. 非破坏质子激发 X 射线分析法测定固体材料成分. 上海有色金属, 1980, S1: 70-72.

1980-025 汪芳林, 马鑫培, 刘承斌, 赵启仁, 叶章程. 质子激发 X 射线分析测定患白血病小白鼠脏器中痕量元素. 核化学与放射化学, 1980, 3: 190-193.

1980-027 王僎. 冠心病和胃癌病人血液、头发中的微量元素 PIXE 分析. 江苏医药, 1980, 4: 27-28.

1980-029 王樨德, 任炽刚, 汤国魂, 陈建新, 姚惠英, 马鑫培, 汪芳林, 鲍秀敏, 郑德清. 外束 PIXE 检测头发中砷的含量. 复旦学报 (自然科学版), 1980, 19(3): 351-355.

1981-030 马鑫培. 质子激发X射线分析——生物医学中痕量元素分析的新技术. 原子能科学技术, 1981, 2: 246-257.

1981-042 汪芳林, 马鑫培, 刘承斌, 赵启仁, 叶章程. 应用质子激发 X 射线分析 L615 白血病小鼠的血、肝和脾中的某些微量元素. 原子能科学技术, 1981, 2: 135-141.

1981-050 赵启仁. 粒子激发X射线 (PIXE) 分析生物物质的精密度、准确度和在肿瘤组织中的应用. 国外医学 (放射医学分册), 1981, 3: 153-155.

1982-033 毛孝田, 车建美, 冯忠秋, 姚惠英, 曾宪周, 汤国魂, 陈建新, 任炽刚, 忻旭峰. PIXE 初步分析拉萨地区大气飘尘的元素成份. 核技术, 1982, 4: 102-103.

1982-034 毛一仙, 白光, 刘瑞芳, 张凤阁, 臧秀荣, 马鑫培, 徐永昌, 黄兆坚. 人血清和尿中锶及有关痕量元素的质子激发 X 射线分析. 核技术, 1982, 4: 103-104.

1982-035 毛一仙, 马鑫培, 汪芳林, 白光, 黄兆坚, 张凤阁, 徐永昌. 质子激发 X 射线分析人血清和尿中的锶. 原子能科学技术, 1982, 1: 24-26.

1982-049 温良弼, 张大忠, 黄艳文, 谢必正, 陈素清, 王能明, 陈剑瑄. 用 PIXE 方法测定四川名酒的微量元素. 核技术, 1982, 4: 104-105.

1982-055 臧秀荣, 马鑫培, 毛一仙, 徐永昌. 用 PIXE 方法研究凤眼莲对水中微量元素的吸收作用. 核技术, 1982, 4: 101-102.

1983-078 徐永昌. 质子微探针. 物理, 1983, 9:

559-562.

1983-021 复旦大学静电加速器实验室，西藏自治区卫生防疫站. PIXE 法分析拉萨地区大气飘尘中元素成分. 环境科学, 1983, 4(5): 45-48.

1983-024 高养馨, 沈中和, 质子 X 荧光分析小组. PIXE 法分析共聚物中痕量氯. 有机化学, 1983, 4: 273-276.

1983-092 赵启仁. 评价在低温灰化血清样品的 PIXE 分析中痕量元素的灵敏度. 国外医学 (放射医学分册), 1983, 1: 30-31.

1983-099 朱玟, 李伟毅, 邝安堃, 谈明光, 秦俊法, 盛康龙, 陈志祥, 李民乾. A preliminary study on serum trace elements in "yin-deficiency" and "yang-deficiency" patients application of. the PIXE analysis in medical science. Journal of Traditional Chinese Medicine, 1983, 2: 145-150.

1984-004 Blank, 周卫健. 电子探针和质子探针在矿物学中的应用. 地质地球化学, 1984, 7: 55-57, 66.

1984-006 陈建新, 吴庆荣, 胡明, 周建锋, 车建美. 用质子 X 荧光分析法测定上海冶炼厂炼铜车间飘尘中的元素成分. 环境保护科学, 1984, 4: 10-14.

1984-059 任炽刚, 姚惠英, 汤国魂, 陈建新, 车建美, 冯忠秋, 汤家镛, 王㭎德, 孙爱贞, 郭瑞新, 王慧芳. 用质子激发 X 荧光分析法测定肝硬化病人血清的微量元素含量——探讨中医治疗疗效. 核技术, 1984, 6: 15-16, 46-64.

1984-083 曾宪周, 陈建新, 任炽刚, 汤国魂, 王㭎德. 一个采用外束的扫描质子探针. 复旦学报 (自然科学版), 1984, 23(4): 385-396.

1984-087 张佩桦. 质子探针——新技术介绍. 岩石矿物及测试, 1984, 3(2): 182-183.

1985-003 车建美, 胡明, 吴庆荣, 周建锋, 陈建新. 用质子 X 荧光分析法测定上海冶炼厂炼铜车间气溶胶中的微量元素成分. 核技术, 1985, 6: 27-28.

1985-021 丰梁垣. PIXE、次级靶和放射性同位素源能量色散 X 射线光谱技术在微量元素分析方面的比较研究. 光谱学与光谱分析, 1985, 6: 69-70.

1985-056 刘承斌, 赵启仁, 叶章程, 汪芳林, 马鑫培. PIXE 法分析棉酚对大鼠血清中微量元素的影响. 核化学与放射化学, 1985, 2: 126-129.

1985-057 刘达根. 应用质子微探头对人耳迷路微量元素的分析. 国外医学 (耳鼻咽喉科学分册), 1985, 6: 353-354.

1985-064 吕英, 殷爱华, 周瑞英. 急性白血病血液中微量元素的 PIXE 分析. 核技术, 1985, 6: 19-20.

1985-067 马鑫培, Grodzins L, 毛一仙, 臧秀荣, 徐永昌. 应用质子激发 X 射线分析 (PIXE) 测定啤酒中的微量元素. 原子能科学技术, 1985, 3: 363-365.

1985-079 孙用均, 马鑫培, 赵砚卿, 高淑玲, 臧秀荣. 铍中主要杂质元素的 INAA 和 PIXE 测定. 核技术, 1985, 6: 6-7.

1985-112 张振馨, 冯应琨, 刘国栋, 孙贵勤, 王世真, 沙因, 刘平生, 张润华. 用质子激发 X 射线分析法研究肝豆状核变性患者头发元素的含量. 中国医学科学院学报, 1985, 7(4): 260-265.

1985-117 钟红海, 胡国辉, 许汉卿, 胡朝晖, 钟溟. 广州大气飘尘 PIXE 初步研究. 核技术, 1985, 6: 36-37.

1985-122 朱光华. PIXE 分析中推广的内标法原理及其应用. 核技术, 1985, 6: 53.

1986-007 陈建新, 车建美, 曹悦卿. PIXE 法测定微量气溶胶组分. 上海环境科学, 1986, 6: 29-31, 36.

1986-008 陈建新, 车建美, 冯忠秋, 姚惠英, 尹在继. 用质子 X 荧光法分析茶叶中的元素. 中国茶叶, 1986, 4: 29-30.

1986-011 陈素清, 张大忠, 陈剑瑄, 王能明. 用 PIXE 方法分析红外材料 $Hg_{1-x}Cd_xTe$. 原子与分子物理学报, 1986, 3(2): 139-144.

1986-022 丰梁垣. 地质样品中微量元素的质子激发 X 射线发射分析. 地球化学, 1986, 3: 251-258.

1986-051 马鑫培. 质子激发X射线分析——生物医学中痕量元素分析的新技术. 中国

核科技报告, 1986, 0: 46-60.

1986-061 沙因, 刘平生, 张润华, 张振馨, 冯应琨, 刘国栋, 孙贵勤, 王世真. 用质子激发 X 射线分析方法进行人发微量元素的分析研究. 核技术, 1986, 3: 35-38, 58-59.

1986-070 王能明, 陈素清, 陈剑瑄, 张大忠, 冯文和. 大熊猫体内微量元素的 PIXE 分析——Ⅰ.毛发和肝脏的微量元素. 兽类学报, 1986, 6(2): 81-87.

1986-090 曾宪周, 姚惠英, 袁爱娜, 赵惠扬. 用质子激发 X 荧光方法分析孕妇头发中的微量元素. 核科学与工程, 1986, 6(3): 257-262, 8.

1987-016 甘澂. 高分辨率X射线微探针. 稀有金属, 1987, 3: 208.

1987-039 李孜, 曾宪周, 华天卫. "野人"毛发中微量元素的质子 X 荧光分析. 自然杂志, 1987, 10(7): 488-493, 560.

1987-050 马鑫培. 质子激发X射线分析——生物医学中痕量元素分析的新技术. 中国核科技报告, 1987, S1: 20-21.

1987-095 张元勋, 汪学朋, 支敏, 印建华, 钱银娥, 成源棣. 质子激发X射线荧光分析法测定头发、肾和肝中的微量元素. 核技术, 1987, 12: 19-23, 28-59.

1987-101 钟红海, 胡国辉, 胡朝晖, 钟溟. 广州大气飘尘的 PIXE 分析初步研究. 分析测试通报, 1987, 6(3): 24-26.

1988-018 范钦敏, 钟溟. 无标样厚靶 PIXE 分析中数值方法的应用. 高能物理与核物理, 1988, 12(1): 6-11.

1988-066 沙因, 刘平生, 张润华. 用 PIXE 方法分析人发中微量元素时数据质量问题剖析. 原子能科学技术, 1988, 22(3): 361-365.

1988-080 王智兴, 张沪生, 叶衍庆, 曾宪周, 姚惠英. 用 PIXE 方法分析骨恶性肿瘤患者头发的微量元素. 肿瘤, 1988, 8(5): 271-272.

1988-087 徐洪杰, 任炽刚. 质子激发K壳层电离截面的测定. 复旦学报(自然科学版), 1988, 27(1): 77-84.

1988-099 曾宪周, 刘桂林, 朱光华. PIXE 研究的进展. 核技术, 1988, 11(5): 1-5.

1988-101 张大忠, 王能明, 陈素清, 陈剑瑄, 邰明松, 胡昌恒, 罗祖民, 何俐, 刘开风, 汪秉康. PIXE 应用于研究脑血管病人组织中的微量元素. 四川大学学报(自然科学版), 1988, 23(4): 468-476.

1988-109 张元勋, 汪学朋, 谈明光. 质子激发 X 荧光分析法测定比对粉末发样中的微量元素. 微量元素, 1988, 1: 69-72.

1989-038 Huang Yanchu, Liu Quangyou, Ma Ciguang, Shan Xiaoquan. A study on the environmental background values in the Mt. Namjagbarwa region, Tibet. Journal of Environmental Sciences, 1989, 1(1): 39-45.

1989-076 孙昌年, 陈建新, 曾宪周, 车建美, 汤国魂, 黄发泱, 王樨德, 王明星, 吕位秀, 任丽新. 利用 PIXE 技术进行大气气溶胶的元素成分分析. 核技术, 1989, 12(11): 673-678.

1989-088 王樨德, 潘正瑛, 黄发泱, 夏荣. 用蒙特-卡罗方法模拟质子 X 荧光分析中的荧光增强因子. 物理学报, 1989, 38(5): 776-783.

1989-114 Zhang Yuanxun, Wang Xuepeng, Ying Jianhua, Qian Yine, Cheng Yuandi. Preliminary study of the correlation between trace elements in human hair, liver and kidney by proton induced X-ray emission analysis. Journal of Environmental Sciences, 1989, 1(1): 91-97.

1990-010 陈建新. 质子显微镜及其应用. 现代物理知识, 1990, 3: 24-25.

1990-039 姜兴周, 尹仲礼, 张树民, 王树金, 马成俊, 梁强, 李振坤. 用 PIXE 方法分析三苯基膦羰基铑催化剂中磷和铑的百分含量. 核技术, 1990, 13(8): 501-504.

1990-059 刘国栋, 赵启仁, 刘秀明, 苏龙能, 林汉. 生物样品微量元素的NAA和PIXE分析法及其在生物医学中的应用. 医学研究通讯, 1990, 1: 22-23.

1990-060 刘惠珍, 盛康龙, 朱德彰, 杨国华, 朱福英, 曹建清, 唐立军. The damage

measurement of ion-implanted compound semiconductor GaAs by PIXE-channeling technique. Nuclear Science and Techniques, 1990, 3: 156-160.

1990-069 马鑫培, Palmer G. R., MacArthur J. D. 祖母绿宝石微量元素指纹的 PIXE 和 PIGE 研究. 核化学与放射化学, 1990, 4: 225-229.

1990-073 闵锐, 陈杞, 刘本俶. 应用 PIXE 技术分析白血病患者白细胞及头发中的微量元素. 第二军医大学学报, 1990, 11(2): 163-166.

1990-074 穆宝芬, 薛召南, 李麓维, 何国柱. 用 PIXE 法分析较厚样品时元素含量的计算. 核电子学与探测技术, 1990, 4: 247-251.

1990-086 沙因, 刘平生, 刘国栋, 林汉, 兰文正, 纪根媛, 温孝恒, 马树生. 用 PIXE 方法研究骨折家兔血液微量元素的代谢过程. 核技术, 1990, 13(5): 309-311.

1990-087 沈新尹, 汪新福, 朱光华. 地下水中微量元素的质子激发 X 荧光分析. 中国环境监测, 1990, 6(5): 14-15.

1990-092 孙永年, 曾宪周, 汪训明, 黄祖恩, 邬显慷, 杨福家, 谈家桢. A PIXE method to study biology at the DNA level. Nuclear Science and Techniques, 1990, 1(4): 198-202.

1990-095 Tang S. M., 毛水和. 用质子探针(PIXE) 研究天然和合成红宝石. 地质科技情报, 1990, 9(3): 77-81.

1990-099 王毅民, 朱节清, 谷英梅, 吴思本. 扫描质子探针及其在地学研究中的应用. 岩矿测试, 1990, 9(3): 222-227.

1990-104 邬显慷, 曾宪周, 孙永年, 杨福家. A new EXX system and its applications. Nuclear Science and Techniques, 1990, 1(1, 2): 76-81.

1990-106 吴士明, 李民乾, 盛康龙, 刘昶时, 张家骅. 用 PIXE-PIGE 方法作多元素同时分析. 核技术, 1990, 13(10): 607-611.

1990-118 杨福家, 汤家镛. Progress in ion beam analysis at Fudan University. Nuclear Science and Techniques, 1990, 1(1, 2): 1-9.

1990-136 朱光华, 汪新福, 沈新尹. PIXE 分析技术在大气气溶胶研究中的应用. 核技术, 1990, 13(8): 469-473.

1990-138 朱节清, 李民乾, 毛羽, 陈汉民, 谷英梅, 杨长义, 盛康龙. The scanning nuclear microprobe at Sinr. Nuclear Science and Techniques, 1990, 1(4): 203-210.

1991-068 祁兰英, 张文海, 李三伟, 沈华忠. 质子激发 X 光源及其应用. 强激光与粒子束, 1991, 3(4): 505-511.

1991-071 任炽刚, 周世俊, 车建美, 胡毓德, 陈建新, 方渡飞, 杨福家. A microbeam system of high energy ions at Fudan University. Nuclear Science and Techniques, 1991, 2(1): 13-18.

1991-072 任炽刚, 周世俊, 胡卫明, 黄发泱, 汤家镛, 杨福家, 王奎仁, 周有勤. 微米 PIXE 对含金矿样的分析. 科学通报, 1991, 16: 1215-1217.

1991-105 杨坤山, 刘正民, 马树勋, 刘兆远. 用 PIXE 分析人脑脊液中的微量元素. 核技术, 1991, 14(12): 762-764.

1991-106 杨坤山, 王醒谦, 冯嘉祯, 马树勋, 李兰亭. 用 PIXE 方法测定化石中的微量元素. 科学通报, 1991, 24: 1856-1857.

1991-109 姚惠英, 任炽刚, 周世俊, 胡卫明, 陈建新, 黄发泱, 汤家镛, 杨福家. 复旦大学质子显微镜用于单细胞分析. 核技术, 1991, 14(3): 168-171.

1991-124 章净霞, 戴维丽, 曾宪周, 姚蕙英. 用扫描质子微探针分析肝细胞的元素组成. 生物化学与生物物理进展, 1991, 18(6): 453-454.

1991-131 朱节清, 李民乾, 毛羽, 陈汉民, 谷英梅, 杨长义, 盛康龙. 一台新建成的长焦距扫描质子微探针. 核技术, 1991, 14(9): 525-531.

1992-014 陈道公, O'Reilly S. Y., Griffin W. L.. 质子微探针测定橄榄石中钙及其意义. 科学通报, 1992, 16: 1492-1494.

1992-022 冯松林, 钟溟, 刘年庆, 任闽秦, 王禹. PIXE 分析技术在球墨铸铁元素微分析中的应用. 冶金分析, 1992, 12(3): 10-12.

1992-025 谷英梅, 朱节清. 用于扫描质子微探针的数字扫描图像监示仪. 核技术, 1992, 15(2): 102-108.

1992-030 胡朝晖, 钟溟, 张家萍, 刘世蓉, 张昌颖. Trace elemental analysis of rat cataractous lenses by PIXE. Nuclear Science and Techniques, 1992, 3(1): 51-54.

1992-042 李国树, 王榕海, 郭海燕. 我院 PIXE 分析装置在城市大气气溶胶研究中的应用. 中国环境监测, 1992, 8(1): 48-51.

1992-059 刘年庆, 焉伶娜, 张晓峰, 赵舜英, 冯松林, 钟溟, 朱莲珍, 朴建华, 陈云鹭. 用 PIXE 分析方法研究克山病区儿童红血球中铷的含量. 核技术, 1992, 15(12): 753-756.

1992-060 刘年庆, 张晓峰, 焉伶娜, 冯松林, 钟溟, 纪云晶, 王敏, 栗建林, 金枫. 用 PIXE 分析法研究抗坏血酸钛染毒后大鼠体内的钛和其它元素的浓度变化. 核技术, 1992, 15(4): 251-256.

1992-070 马慈光, 李民, 赵国镇, 朱沛然, 任孟眉. 质子激发 X 射线荧光法测定高纯空气中痕量金属杂质 Cr、Cu、Fe、Zn. 分析测试通报, 1992, 11(5): 91-93.

1992-082 任炽刚, 周世俊, 胡卫明, 黄发泱, 汤家铺, 杨福家, 王奎仁, 周友勤. Microbeam PIXE analysis of gold-bearing mineral samples. Chinese Science Bulletin, 1992, 37(5): 375-378.

1992-083 芮静宜, 张勇平, 黄永彭. 大气气溶胶污染物的 PIXE 技术测定. 上海环境科学, 1992, 7: 30.

1992-102 王奎仁, 周有勤, 李凡庆, 孙立广, 王俊新, 任炽刚, 周世俊, 汤家铺, 杨福家. SPM and SEM study on the occurrence of micrograined gold in the Jinya Gold Deposit, Guangxi. Chinese Science Bulletin, 1992, 37(22): 1906-1910.

1992-101 王奎仁, 周有勤, 李凡庆, 孙立广, 王俊新, 任炽刚, 周世俊, 汤家铺, 杨福家. 广西金牙金矿微细粒金赋存状态的质子探针和扫描电镜研究. 科学通报, 1992, 9: 832-835.

1992-093 邰明松, 张大忠, 李建胜, 陈波. PIXE 应用于分析 Si 基片热扩 Ni 的深度分布. 原子与分子物理学报, 1992, 9(1): 2183-2191.

1992-118 夏琮璜, 沈定予, 李硕中, 刘士杰, 王江, 胡朝晖. Application of combined α-RBS and PIXE analysis technology. Rare Metals, 1992, 11(2): 98-101.

1992-131 杨坤山, 冯嘉祯, 王醒谦, 马树勋, 陈子纯. 用 PIXE 方法测定茶叶中的微量元素. 茶业通报, 1992, 3: 12-14.

1992-132 杨坤山, 王醒谦, 冯嘉桢, 马树勋, 李兰亭. Measurement of trace elements in fossil by PIXE analysis. Chinese Science Bulletin, 1992, 37(22): 1865-1867.

1992-157 郑金山, 刘杰, 银跃德. 用穆斯堡尔效应研究和分析地下钢管腐蚀产物. 核技术, 1992, 15(12): 725-727.

1992-158 钟溟, 冯松林, 王禹, 任闽秦, 刘年庆, 张晓峰, 焉伶娜, 韩其勇. PIXE analysis of graphite phase in nodular cast iron. Nuclear Science and Techniques, 1992, 3(3): 210-215.

1992-164 朱节清. 核探针技术及其应用. 核物理动态, 1992, 9(1): 50-53.

1993-006 陈道公, O'Reilly S. Y., Griffin W. L.. Determination of calcium in olivine by proton microprobe and its implication. Chinese Science Bulletin, 1993, 38(5): 396-399.

1993-013 成桂萍, 李麓维, 薛召南, 王春明, 钱庭宝. APDC 浸渍树脂及其在分析上的应用. 化学试剂, 1993, 15(6): 371-373.

1993-014 成桂萍, 薛召南, 李麓维, 王春明, 钱庭宝. 吸附树脂富集、PIXE 法测定天然水中微量金属元素. 水处理技术, 1993, 19(2): 59-62.

1993-019 戴中宁, 任炽刚, 刘年庆. A program for quantitative PIXE analysis of thick sample. Nuclear Science and Techniques, 1993, 4: 209-212.

1993-026 冯松林, 钟溟, 任闽秦, 刘年庆, 焉伶娜, 高之伟, 王禹, 韩其勇, 朱节清, 谷英梅, 陆荣荣, 杨长义. 球铁中微量元素 Cu、Cr、Bi 分布的 SPM 分析. 核技术, 1993, 16(7): 416-419.

1993-027 冯松林, 钟溟, 任闽秦, 刘年庆, 朱节清, 杨义, Larsson P., Malmqvist K., 王禹, 韩其勇. A study of antinodularizing properties of Pb, Bi, Al and Ti in nodular cast iron by SPM. Nuclear Science and Techniques, 1993, 4(4): 193-198.

1993-031 Green Trevor H, Adam John, 贺云龙. 高压下微量元素的分配及对俯冲带火山作用的意义. 世界地质, 1993, 1: 39-40.

1993-049 姜兴周, 尹仲礼, 马成俊, 张树民, 郝冀芳. 用 PIXE 方法分析沙棘中微量元素. 微量元素与健康研究, 1993, (4): 56.

1993-067 李振元, 谢淑娴. 质子激发 X 射线荧光分析在物证技术学中的应用. 核科学与工程, 1993, 13(4): 361-366, 8.

1993-070 梁兴中, 李士. 核分析技术在地质学中的最新应用. 物理, 1993, 22(7): 443-448.

1993-078 陆荣荣, 王玟珉, 朱节清, 乐安全. 微束背散射分析元素微区分布的研究. 核技术, 1993, 16(10): 597-601.

1993-084 马鑫培, MacArthur J. D., Anderson A. J.. 克洛斯湖地区花岗伟晶岩脉中磷灰石的 PIXE 分析. 原子能科学技术, 1993, 27(3): 248-255.

1993-085 毛羽, 朱卫华, 王志山, 陈汉民, 徐建波. 扫描质子微探针的安装调试及像差控制. 核技术, 1993, 16(9): 526-530.

1993-095 任炽刚, 黄发浼, 胡卫明, 傅耀宗, 周世俊, 王樨德, 汤家镛. 微米束核探针及其应用. 冶金分析, 1993, 13(4): 39-42.

1993-096 任炽刚, 周世俊, 王奎仁, 周有勤. 用扫描质子微探针研究包裹金和微细粒金的赋存状态. 核技术, 1993, 16(8): 479-482.

1993-107 童永彭, 张勇平, 徐耀良, 盛康龙, 芮静宜, 李民乾, 丁训诚. 应用 PIXE 分析胎儿肝、脑、肾、肺组织及其亚细胞组分中的元素分布. 核技术, 1993, 16(7): 445-448.

1993-112 王雪梅, 陈洪渊, 李生勇, 王俊德. 表面表征仪器分析方法的新进展. 分析化学, 1993, 21(12): 1455-1465.

1993-115 魏元柏, 陈武, 周建平, 朱节清, 谷英梅, 陆荣荣. 扫描质子探针在微量金赋存状态研究中的应用. 科学通报, 1993, 38(18): 1689-1690.

1993-120 杨福家. 核技术发展五十年. 自然杂志, 1993, 6: 6-9, 2.

1993-122 杨青云. PIXE 的自动分析方法. 计算机自动测量与控制, 1993, 3: 7-13.

1993-124 姚惠英, 陈暨跃, 陈文, 曾宪周. 用 PIXE 和自身对照方式研究肿瘤中痕量元素的变化. 核技术, 1993, 16(2): 103-106.

1993-125 尹仲礼, 姜兴周, 马成俊, 郝冀方. PIXE Analysis of trace elements in genus *Hippophae* L. Nuclear Science and Techniques, 1993, 4(3): 164-167.

1993-134 张建军, 马光祖, 周世俊, 任炽刚. 扫描质子探针研究磁铁矿中的元素分布. 岩矿测试, 1993, 12(1): 24-27.

1993-135 张建军, 马光祖, 周世俊, 任炽刚, 芮宗瑶. 质子探针在流体包裹体分析中的应用. 光谱学与光谱分析, 1993, 13(1): 145-150, 159.

1993-141 张元勋, Gialanella G., Moro R.. 海生鱼机体中硒毒性水平的 PIXE 研究. 核技术, 1993, 16(12): 715-719.

1993-160 朱光华, 汪新福, 沈新尹. 两次 PIXE 国际横向比对分析结果. 核技术, 1993, 16(10): 610-614.

1993-162 朱节清, 乐安全, 陆荣荣, 谷英梅, 杨长义, 李民乾. 核探针技术的初步应用. 核技术, 1993, 16(7): 385-392.

1993-163 朱节清, 毛羽, 李民乾, 谷英梅, 乐安全, 陆荣荣. 一台新建的核探针及其应用. 电子显微学报, 1993, 3: 291-295.

1993-164 朱节清, 王毅民. 锰结核微区元素分布及生长速率变化研究. 中国科学 (B 辑:

化学 生命科学 地学), 1993, 23(4): 417-422.

1994-057 刘昶时, 李民乾. 经辐照致色玛瑙的 PIXE 分析. 新疆大学学报 (自然科学版), 1994, 1: 60-62.

1994-058 刘国栋, 林汉, 杨兵, 钱林生, 沙因, 刘平生. 用质子激发 X 射线荧光分析法研究急性白血病患者血液中多种元素浓度. 微量元素与健康研究, 1994, 4: 13-15.

1994-059 刘国栋, 钱林生, 林汉, 沙因, 刘平生, 杨兵. Investigation of blood trace elements in acute leukemia patients by PIXE. Chinese Medical Sciences Journal, 1994, 2: 136.

1994-085 童永彭, 张勇平, 徐耀良, 秦俊法, 芮静宜, 李民乾, 丁训诚. 中国五个城市的中期胎儿组织中几种元素含量的 PIXE 分析. 核技术, 1994, 2: 106-110.

1994-096 王毅民, 朱节清, 杨长义, 李佩贤. 恐龙蛋壳化石的痕量元素分布特征. 科学通报, 1994, 21: 2014.

1994-100 魏元柏, 陈武, 周建平, 朱节清, 谷英梅, 陆荣荣. The application of scanning proton microprobe (SPMP) in study of trace gold distribution. Chinese Science Bulletin, 1994, 39(2): 146-148.

1994-102 邬显慷, 曾先周, 杨福家. PIXE and IXX analysis of museum paperlike object. Nuclear Science and Techniques, 1994, 5(1): 15-23.

1994-109 徐洪杰, 朱德彰, 盛康龙, 张桂林. 核分析技术与材料科学. 核物理动态, 1994, 11(4): 21-24.

1994-113 杨炳忻, 卢钦棠. 光子、质子 X 荧光谱的微机数据分析系统. 中国科学技术大学学报, 1994, 24(4): 500-503.

1994-114 杨炳忻, 卢钦棠, 林馨思, 虞孝麒, 徐克尊, 项志遴. 用微机化的 PIXE 方法测量薄样和厚样样品的元素含量. 核技术, 1994, 17(9): 513-516.

1994-145 朱光华, 吕位秀, 张小曳. PIXE 分析与受体模型应用于大气气溶胶源解析. 北京师范大学学报 (自然科学版), 1994, 30(4): 473-478.

1994-146 朱光华, 张小曳, 吕位秀, 陈思龙. PIXE 分析与统计处理相结合研究大气污染. 中国核科技报告, 1994, 0: 633-642.

1994-148 朱节清. 核子微探针技术的发展及其应用研究. 核物理动态, 1994, 11(4): 29-31, 2.

1995-017 戴中宁, 任炽刚. 厚靶的 PIXE 定量分析. 核物理动态, 1995, 12(1): 47-54.

1995-051 李晓林, 朱节清, 谷英梅, 邬显慷, 童纯菡, 汪云亮, 帅德权, 张成江. Study on occurrence form of platinum in Xinjie Cu-Pt deposit by NAA and scanning proton microprobe. Nuclear Science and Techniques, 1995, 6(4): 212-216.

1995-052 李晓林, 朱节清, 邬显慷, 张成江, 童纯菡, 汪云亮. 扫描质子探针与中子活化分析在低品位铂矿赋存状态研究中的应用. 科学通报, 1995, 40(24): 2227-2229.

1995-066 刘平生, 胡朝晖, 刘世杰, 姚瑛, 冯国华. 质子激发 X 荧光法测定西太平洋海域雨水的微量元素组成. 核技术, 1995, 18(9): 551-556.

1995-087 沙因, 石践, 章佩群, 谷英梅, 朱节清, 汪安璞, 杨淑兰. 用核子微探针进行单个大气颗粒物的分析. 环境化学, 1995, 6: 518-523.

1995-100 王进玉. 古代青金石颜料的质子激发 X 荧光分析. 核技术, 1995, 18(3): 183-187.

1995-135 张元勋, 张勇平, 童永彭, 裘世静, 吴小涛, 戴克戎. 股骨头松质骨中无机元素的 PIXE 分析. 核技术, 1995, 18(7): 419-424.

1996-011 柴之芳. 现代核分析技术研究及其在若干环境问题中的应用研究. 中国科学基金, 1996, 4: 12-16.

1996-020 陈友红, 朱节清, 邬显慷, 谷英梅, 张旗, 徐平, 李秀云. Mantle metasomatism for metaperidotite from Shuanggou ophiolite of Yunnan Province by proton microprobe. Nuc-

1996-021 陈友红, 朱节清, 邬显慷, 谷英梅, 张旗, 徐平, 李秀云. Micro-PIXE analysis of trace element composition and their distribution in minerals of mantle peridotite. Nuclear Science and Techniques, 1996, 7(1): 28-31.

1996-022 陈友红, 朱节清, 邬显慷, 张旗, 徐平, 李秀云. 双沟蛇绿岩中地幔交代作用的质子微探针研究. 岩矿测试, 1996, 15(3): 13-17.

1996-024 承焕生, 丁艳芳, 何文权, 杨福家, 汤家镛, 杨植震, 陈刚. 初版与再版邮票的质子激发 X 荧光鉴别法. 文物保护与考古科学, 1996, 8(2): 33-36.

1996-025 承焕生, 丁艳芳, 何文权, 杨福家, 杨植震, 陈刚, 文博学院. 初版与再版邮票的 X 荧光鉴别法. 复旦学报 (自然科学版), 1996, 35(4): 474-478.

1996-027 戴中宁, 任炽刚, 杨福家. 多层不均匀厚靶 μ-PIXE 谱的计算机模拟. 计算物理, 1996, 13(3): 35-40.

1996-035 高登义, 吕位秀, 邰永祺. Impacts of the Kuwait oil fires on the Mount Qomolangma region. Advances in Atmospheric Sciences, 1996, 13(2): 196-202.

1996-042 国际原子能机构. 用核及相关技术测定的气载颗粒物质中的典型元素. 国际原子能机构通报, 1996, 2: 17.

1996-059 李晓林, 朱节清, 谷英梅, 陈友红. 扫描质子探针元素分布图本底剔除的一种简便方法. 科学通报, 1996, 41(3): 212-214.

1996-060 李晓林, 朱节清, 邬显慷, 陈友红. 地质样品扫描质子探针元素分布图的本底值剔除研究. 岩矿测试, 1996, 15(1): 17-21.

1996-061 李晓林, 朱节清, 邬显慷, 谷英梅, 张成江, 童纯菡, 帅德全, 江云亮. 用扫描质子探针与中子活化分析方法研究微量铂赋存状态. 核技术, 1996, 19(1): 9-12.

1996-079 刘希举, 刘清前, 张连平, 程杰, 成桂萍, 穆宝芬, 薛召南. 用 PIXE 技术分析山东省胃癌高、低发区饮水中的微量元素. 核技术, 1996, 19(9): 559-563.

1996-102 沙因, 刘柱华, 王观明, 章晓剑, 王昕, 罗博, 张彩霞, 杨振军, 龚建华. 外束离子感生发光法及其应用研究初探. 岩矿测试, 1996, 15(4): 38-42.

1996-103 沙因, 石践, 章佩群, 谷英梅, 朱节清, 李晓林, 汪安璞, 杨淑兰. 单个气溶胶粒子的 SPM 分析. 核技术, 1996, 19(4): 229-232.

1996-118 Wang Yimin, Wang xiao hong. Scanning nuclear microprobe techniquein modern geoanalysis. 岩矿测试, 1996, 15(4): 15-26.

1996-134 徐平, 陈友红, 张旗, 邬显康, 朱节清, 谷英梅. 山东梭罗树地幔橄榄岩微量元素的质子探针研究. 岩石学报, 1996, 12(1): 163-168.

1996-151 Zhang Yuanxun. Toxic effects of selenium on marine fish. Journal of Environmental Sciences, 1996, 8(2): 151-156.

1996-158 朱光华. 用核分析技术研究土法炼锌排入大气的颗粒物. 中国核科技报告, 1996, 0: 533-540.

1996-159 朱节清. 核子微探针技术的新进展. 核物理动态, 1996, 13(4): 22-24, 34.

1997-009 陈友红, 朱节清, 王晓红, 王毅民. 恐龙蛋壳化石微区的元素组成与分布的质子探针研究. 核技术, 1997, 20(3): 31-36.

1997-042 黄新民, 孟继德. PIXE 方法对汉中 240 例少儿头发中微量元素的检测. 汉中师范学院学报 (自然科学), 1997, 15(6): 26-28.

1997-097 沙因, 章佩群, 王昕, 王观明, 章晓剑, 刘国栋, 林汉, 兰文正, 温孝恒. 骨骼样品 PIXE 分析测定方法研究. 原子能科学技术, 1997, 31(4): 68-72.

1997-112 王晓红, 王毅民. 扫描核探针技术与应用进展. 分析化学, 1997, 25(11): 1341-1347.

1997-135 张元勋, 谷英梅, 朱节清, 朱新芳. 扫描质子微探针对 IAEA 城市飞灰参考物质的微区均匀性研究. 核技术, 1997, 20(2): 24-27.

1997-146 朱光华, 汪新福, 王广甫. PIXE 分析技术在大气环境研究中的应用. 原子核物理评论, 1997, 14(3): 27-29.

1998-037 何文权, 承焕生, 杨福家. PIXE 厚靶分析程序 PKG. 复旦学报 (自然科学版), 1998, 37(1): 19-24.

1998-045 黄新民, 陈德胜, 孟继德, 牛江平, 傅西汉, 杨军. PIXE 方法对胆结石成分的研究. 汉中师范学院学报 (自然科学), 1998, 16(3): 28-30.

1998-093 穆宝芬, 薛昭南, 周启明, 刘希举, 刘清前, 程杰, 白小鸥. 质子激发 X 射线荧光法测定胃癌高发环境区白菜中的微量元素. 环境与开发, 1998, 13(4): 40, 47.

1998-094 穆宝芬, 周启明, 薛昭南. 用 PIXE 方法测定出口橡皮泥中有害元素 As Sb Ba Cd Cr Pb Hg 的含量. 微量元素与健康研究, 1998, 15(4): 63-64.

1998-100 沙因, 章佩群, 王昕, 刘国栋, 林汉, 蓝文正, 温孝恒. 用 PIXE 方法研究骨折家兔骨骼微量元素的变化. 核技术, 1998, 21(6): 349-353.

1998-124 王莉娟. 流体包裹体成分分析研究. 地质论评, 1998, 44(5): 496-501.

1998-134 魏元柏, 周世俊, 陈武, 任炽刚. 核微探针在包裹体成分分析中的应用. 自然科学进展, 1998, 8(2): 94-97.

1998-152 杨晓勇, 王奎仁, 戴小平, 杨学明, 孙立广. 质子探针分析方法研究矿石中微细粒金的赋存状态——以皖中沙溪斑岩铜（金）矿床为例. 高校地质学报, 1998, 4(1): 44-49.

1998-158 张崇海, 刘大鸣, 李泽, 李纪民, 董明理, 曹斌. 核材料快速检测技术开发. 原子能科学技术, 1998, 32(3): 72-77.

1998-178 庄汉平, 卢家烂, 付家谟, 刘金钟, 任炽刚, 邹德刚. Germanium occurrence in Lincang superlarge deposit in Yunnan, China. Science in China (Series D: Earth Sciences), 1998, 41(S1): 21-27.

1999-007 柴之芳. 环境科学研究中的现代核分析技术. 中国科学基金, 1999, 3: 28-31.

1999-008 承焕生, 陈刚, 朱海信, 杨福家. 用质子激发 X 荧光分析技术鉴别玉器种类. 核技术, 1999, 22(4): 233-236.

1999-009 承焕生, 何文权, 陈尔瑜, 党瑞山, 蔡德亨, 沈彐勇, 杨福家, 费伦. 用 PIXE 研究经络穴位元素浓度的异常分布. 核技术, 1999, 22(8): 494-499.

1999-030 郭景康, 承焕生, 陈显求, 黄瑞福, 郭贤性. 用 PIXE 技术测定古代建窑"供御"和"进盏"瓷片的主量、痕量化学组成. 中国陶瓷, 1999, 35(3): 1-4.

1999-081 穆宝芬, 周启明, 王春明, 薛召南, 白小鸥, 刘希举, 刘清前, 程杰. 山东省胃癌高低发区健康人发中微量元素的 PIXE 分析. 核电子学与探测技术, 1999, 19(4): 79-81.

1999-082 穆宝芬, 周启明, 薛召南, 刘希举, 刘清前, 白小鸥, 程杰. 山东省胃癌高发区食物中微量元素的研究. 环境与健康杂志, 1999, 16(2): 31-32.

1999-086 秦俊法. 核子微探针在医学和生物学中的应用. 广东微量元素科学, 1999, 6(5): 5-14.

1999-106 王基庆, 郭盘林, 李铭尧, 裘惠源, 朱节清. 用于核子微探针的多站多参量数据系统. 核电子学与探测技术, 1999, 19(6): 433-436.

1999-108 王莉娟, 石山大三, 佐藤比奈子, 世良耕一郎, 王玉往. 满洲里-新巴尔虎右旗斑岩系列矿床石英流体包裹体液相组分的 PIXE 分析和地质应用. 地球化学, 1999, 28(2): 145-154.

1999-127 徐安武, 杨小勇, 孙在泾, 王昌燧, 柴中庆, 何文权, 承焕生. 河南南阳独山玉的 PIXE 研究. 核技术, 1999, 22(9): 533-538.

1999-140 詹秀春, 邓赛文, 马光祖, 朱沛然, 翟永亮, 葛培文. 单向聚束质子激发 X 射线研究超导材料合成中的重力效应. 岩矿测试, 1999, 18(1): 13-16.

1999-143 张建军, 马光祖, 周世俊, 戴中宁, 李九龄. 含金矿物中金及微量元素的质子探针分析. 岩矿测试, 1999, 18(4): 284-287.

1999-160 庄汉平, 卢家烂, 傅家谟, 任炽刚, 邹德刚. Crude oil as carrier of gold: Petrological and geochemical evidence from Lannigou gold deposit in southwestern Guizhou, China. Science in China (Series D: Earth Sciences), 1999, 42(2): 216-224.

2000-046 励义俊, 陈刚, 顾亚雄, 江文勉, 张安中. PIXE分析稻谷中微量元素. 原子能科学技术, 2000, 34(S1): 65-67.

2000-079 王广甫. PIXE分析技术及其应用. 现代仪器, 2000, (2): 6-9.

2000-081 王基庆, 郭盘林, 李晓林, 裘惠源, 朱节清. 核子微探针多站多参量数据系统用于单颗粒大气飞灰的研究. 核技术, 2000, 23(12): 833-837.

2000-138 朱光华, 王广甫. PIXE分析技术的国际横向比对结果. 气候与环境研究, 2000, 5(1): 80-84.

2001-011 承焕生, 张正权, 要华. 应用PIXE和多元统计方法鉴别成化青花瓷. 复旦学报 (自然科学版), 2001, 40(1): 95-98.

2001-046 李桂影. 用PIXE技术检测慢性肾衰患者血清中的微量元素. 国外医学 (医学地理分册), 2001, 22(2): 89.

2001-080 仇志军, 郭盘林, 王基庆, 陆荣荣, 裘惠源, 李晓林, 朱节清. 基于质子微探针研究的大气气溶胶单颗粒源解析. 环境科学, 2001, 22(2): 51-54.

2001-081 仇志军, 姜达, 陆荣荣, 裘惠源, 李铭尧, 李晓林. 基于核探针研究的大气气溶胶单颗粒指纹数据库的研制. 环境科学学报, 2001, 21(6): 660-663.

2001-091 石贤峰, 姚惠英, 刘波, 孙民德, 徐华伟, 宓泳, 沈皓. PIXE技术在分析汽车尾气颗粒物中的应用. 复旦学报 (自然科学版), 2001, 40(4): 442-445, 450.

2001-095 孙民德, 刘波, 石贤峰, 沈皓, 宓泳. 基于复旦新SPM的STIM的模型设计. 复旦学报 (自然科学版), 2001, 40(4): 436-441.

2001-108 汪新福, 朱光华. 颗粒物标准样品分析的PIXE方法. 北京师范大学学报 (自然科学版), 2001, 37(2): 213-216.

2001-161 朱光华, 卢殿通, 汪新福, 周宏余. 用质子激发X射线发射分析技术测量晶片表面的污染物. 北京师范大学学报 (自然科学版), 2001, 37(5): 612-614.

2001-162 朱光华, 周宏余, 汪新福, 王超, 王广甫, 周云龙, 陈如意, 温琛林, 陆挺. PIXE、SEM与切片技术相结合研究低能离子注入种子的浓度-深度分布. 核技术, 2001, 24(6): 456-460.

2002-086 钱让清, 杨晓勇, 周文雅, 高大旗. 质子探针研究微细粒金的赋存状态及黄铁矿标型特征——以皖南地区金矿成矿带为例. 中国科学技术大学学报, 2002, 32(4): 481-492.

2003-138 王铁山, 王贤义, 肖国青, Dieter Grambole, Folker Herrmann. 离子束微探针及其扫描断层分析应用研究. 原子核物理评论, 2003, 20(4): 284-289.

2003-142 王晓红, 王毅民. 扫描核探针技术及其地学应用进展. 地学前缘, 2003, 10(2): 395-402.

2003-155 徐静. 质子激发X线发射法分析精神异常儿童血液中的微量元素. 国外医学 (医学地理分册), 2003, 24(2): 74-75.

2003-202 张元勋, 李德义, 王荫淞, 沈卫国, 支敏, 张桂林, 李燕, 林尔康, 余岳仲, 王建万. 河水和底泥样品的PIXE及放射性监测. 矿物岩石地球化学通报, 2003, 22(2): 133-136.

2004-008 程琳, 冯松林, 樊昌生, 张文江, 承焕生, 沙因, Jaksic M.. 江西湖田窑明代青花瓷的PIXE研究. 原子能科学技术, 2004, 38(S1): 111-113, 124.

2004-007 Cheng Huansheng, Zhang Zhengquan, Lin Erkang, Huang Yunpeng. PIXE study on Chinese underglaze-red porcelain made in Yuan Dynasty. Nuclear Science and Techniques, 2004, 15(1): 30-34.

2004-102 王广甫, 张荟星. 用质子激发X射线能谱分析技术测量FVAPD装置合成薄膜

2004-142 岳伟生，李晓林，李燕，王永其，张桂林．一种用于 SPM 分析的大气气溶胶单颗粒样品的制备方法．核技术，2004, 27(3): 185-187.

2004-163 赵维娟，李国霞，谢建忠，郭敏，鲁晓珂，高正耀，承焕生，张斌，孙新民，郭木森，靳雯清．用 PIXE 方法分析汝州张公巷窑与清凉寺窑青瓷胎的原料来源．科学通报，2004, 49(19): 2020-2023.

2005-037 衡磊，丁永生．应用 PIXE 技术对书写字迹的分析．光谱实验室，2005, 22(5): 928-932.

2005-147 万天敏，李晓林，岳伟生，李燕，张桂林．基于 Micro-PIXE 能谱的大气单颗粒物污染源模式识别研究．核技术，2005, 28(12): 904-908.

2005-171 吴延萍，钟铃，沈皓，宓泳．复旦大学核微探针系统．原子核物理评论，2005, 22(1): 88-90.

2005-200 Zhang Guiying, Ni Bangfa, Tian Weizhi, Cohen D D, Eduard Stelcer, Olga Hawas, Wang Pingsheng, Huang Donghui, Liu Cunxiong, Li Dehong. Study on sources of $PM_{2.5}$ inhalable air particles from Liangxiang by PIXE. Annual Report for China Institute of Atomic Energy, 2005, (0): 131-133.

2006-060 衡磊，丁永生．PIXE 技术在物证鉴定中的应用前景分析．刑事技术，2006, (4): 27-29.

2006-085 Li Guoxia, Zhao Weijuan, Li Rongwu, Sun Hongwei, Guo Min, Wang Yanfang, Liu Hui, Zhao Qingyun, Sun Xinmin, Zhao Wenjun, Cheng Huansheng. Proton induced X-ray emission (PIXE) analysis of sources of porcelain body of Ru Guan and Jun Guan porcelains. Science in China (Series G: Physics, Mechanics & Astronomy), 2006, 49(4): 411-420.

2006-099 李融武，赵维娟，赵文军，李国霞，孙新民，赵青云，承焕生．三种典型釉色汝官瓷和钧官瓷原料产地的 PIXE 分析．北京师范大学学报（自然科学版），2006, 42(2): 144-149.

2006-142 鲁永芳，王广甫．北京师范大学外束 PIXE 分析装置的建立．北京师范大学学报（自然科学版），2006, 42(6): 588-591.

2006-182 沈永淼，王炳祥，冯玉英，沈珠英，沈健，李郿，胡宏纹．氨基苯基类中氮䓬化合物的合成及作为质子探针的研究．高等学校化学学报，2006, 27(4): 651-653.

2006-270 杨军，王进．热老化橡胶中助剂与老化时间的 PIXE、micro-PIXE 和 RBS 分析．橡胶参考资料，2006, 36(2): 26-29.

2007-119 Lin Jiawei, Cheng Huansheng, Zhang Zhengquan, Zhang Bin, Feng Songlin, Song Jian, Gao Menghe, Zhu Dan. PIXE and INAA studies on ancient potteries from Guangfulin relics in Shanghai. Progress in Natural Science, 2007, 17(11): 1348-1356.

2007-133 刘江峰，岳伟生，万天敏，程硕，李晓林，张桂林，李燕．扫描质子微探针扫描系统优化与分辨率测量．核技术，2007, 30(1): 21-26.

2007-149 鲁永芳，王广甫．外束 PIXE 分析装置及其初步应用．现代仪器，2007, (1): 47-49.

2007-208 童永彭，Li Changming, John H. T. Luong. 应用微束质子激发 X 荧光分析研究 Ca 和 S 在头发中的分布模式．科学通报，2007, 52(9): 1003-1006.

2007-207 Tong Yongpeng, Li Changming, John H. T. Luong. Probing calcium and sulfur distribution and pattern in hairs using micro-proton induced X-ray emission (MPIXE). Chinese Science Bulletin, 2007, 52(21): 2909-2912.

2007-224 王升，李国霞，孙洪巍，赵维娟，李融武，赵青云，孙新民，赵文军，承焕生．应用 PIXE 技术无损鉴别天青色古钧瓷和古汝瓷．河南师范大学学报（自然科学版），2007, 35(1): 71-74.

2007-252 邢娜, 黄奕普. 质子激发X射线荧光分析及其在海洋科学中的应用. 台湾海峡, 2007, 26(3): 443-452.

2007-279 杨瑞瑛, 张智勇, 王庆基, 朱节清. 用扫描质子微探针研究地砷病区人发中微量元素的分布. 中国地方病防治杂志, 2007, 22(6): 407-409.

2008-163 鲁永芳, 王广甫. 样品位置对外束PIXE分析的影响. 原子能科学技术, 2008, 42(1): 67-71.

2009-007 包良满, 张桂林, 张元勋, 李燕, 林俊, 刘卫, 曹清晨, 赵屹东, 马陈燕, 韩勇. Transfer characterization of sulfur from coal-burning emission to plant leaves by PIXE and XANES. 中国物理C, 2009, 33(11): 1010-1015.

2009-122 李红日, 王广甫, 梁琨, 杨茹, 韩德俊. 掠入射质子荧光分析技术研究. 核电子学与探测技术, 2009, 29(3): 576-579.

2009-167 刘舜民, 杨大伟, 李融武, 郑炳鑫, 陈丽芳. 德化地区不同窑口青花瓷的质子激发X射线荧光分析. 河南师范大学学报(自然科学版), 2009, 37(4): 178-181.

2009-325 杨君, 刘志国, 徐清, 韩东艳, 林晓燕, 杜晓光, Kouichi Tsuji, 丁训良. 掠出射微区X射线荧光分析系统的建立及其在薄膜分析中的应用. 光学精密工程, 2009, 17(1): 26-32.

2009-401 张朱武, 承焕生, 干福熹. 玉石及中国古代玉器的PIXE分析. 核技术, 2009, 32(11): 833-838.

2010-028 初钧晗, 于令达, 王广甫. He气氛对大气颗粒物样品外束PIXE分析影响的初步研究. 现代仪器, 2010, (1): 55-57, 48.

2010-384 于令达, 王广甫, 朱光华. 用GUPIXWIN软件解谱的PIXE分析系统刻度. 原子能科学技术, 2010, 44(1): 75-79.

2010-412 张文德. PIXE法及其在食品元素分析中的应用. 食品安全导刊, 2010, (1): 38-40.

2011-460 张仲健, 孙叶磊, 李公平, 刘琴. 兰州市冬季大气总悬浮颗粒物重金属元素PIXE分析. 核技术, 2011, 34(1): 70-75.

2012-038 初钧晗, 于令达, 李旭芳, 王广甫. 北京师范大学大气颗粒物外束PIXE分析系统. 北京师范大学学报(自然科学版), 2012, 48(1): 40-43.

2012-438 杨大伟, 王晓川, 李融武, 李国霞, 赵文军, 郭培育, 王卓亚, 贾宇向. 钧台窑不同时期发掘出土钧瓷的PIXE和模糊聚类分析. 河南师范大学学报(自然科学版), 2012, 40(6): 89-93.

2013-409 王敏, 李永强, 刘学, 李忻忆, 沈皓. 核微探针技术在ICF靶丸研究中的应用. 核技术, 2013, 36(8): 39-44.

2013-541 张建东, 邵拥军, 石山大. PIXE方法在地质样品测定中实验流程的开发和评价. 中国有色金属学报, 2013, 23(9): 2693-2703.

2014-143 金象春, 张贵英, 肖才锦, 黄东辉, 袁国军, 姚永刚, 王兴华, 华龙, 王平生, 倪邦发. PIXE和XRF用于北京新镇地区$PM_{2.5}$源解析研究. 原子能科学技术, 2014, 48(7): 1325-1330.

2014-516 张斌, 承焕生, 郑建明. PIXE分析浙江德清火烧山窑址出土原始瓷. 核技术, 2014, 37(5): 21-28.

2015-004 包良满, 雷前涛, 刘江峰, 李晓林, 李燕. 多功能扫描质子核探针信号探测和数据获取系统. 强激光与粒子束, 2015, 27(11): 197-202.

2015-161 兰图, 丁聪聪, 廖家莉, 李晓龙, 李兴亮, 张杰, 张东, 杨吉军, 罗顺忠, 安竹, 邬琦琦, 杨远友, 冯甦, 唐军, 刘宁. Biosorption behavior and mechanism of thorium on Bacillus sp. dwc-2 isolated from soil. Nuclear Science and Techniques, 2015, (6): 37-47.

2015-197 李融武, 杨大伟, 赵学锋, 张丽萍, 李江, 李国霞, 承焕生. 磁州窑观台窑址不同时期绿釉器原料来源的PIXE分析. 北京师范大学学报(自然科学版), 2015, 51(1): 32-35.

2015-247 刘江峰, 雷前涛, 包良满, 李晓林, 李燕. 多功能扫描质子微探针数据获取系统研制. 核电子学与探测技术, 2015,

35(9): 926-930.

2015-329 Shad Ali, Johar Zeb, Abdul Ahad, Ishfaq Ahmad, Hanneef M., Jehan Akbar. Standardization of proton-induced X-ray emission technique for analysis of thick samples. Chinese Physics B, 2015, 24(9): 175-180.

5.7 同步辐射 XRF (SRXRF)

1986-078 吴守国, 訾言勤. 同步辐射 X 射线荧光分析法简介. 淮北煤师院学报 (自然科学版), 1986, 2: 81-85.

1987-027 胡世如. 同步辐射光源及其有关化学方面的一些应用. 化学通报, 1987, 3: 26-32.

1987-074 王其武, 胡昌媛. 同步辐射光源用于 X 光荧光痕量元素分析. 分析测试通报, 1987, 6(1): 56-58.

1988-003 安庆骧, 巢志瑜. 同步辐射 X 射线荧光光谱及应用. 岩矿测试, 1988, 7(1): 70-74.

1988-063 齐文启, 宋子台, 郭范. 同步辐射光源在 X 射线荧光分析中的应用. 化工新型材料, 1988, 1: 15-17.

1988-118 赵景德, 杨思学, 张振儒. 用同步加速器辐射确定未氧化的卡林型矿石样品中金的赋存状态. 地质地球化学, 1988, 10: 70-75.

1989-059 刘亚文. 同步辐射 X 射线荧光分析. 分析化学, 1989, 17(9): 858-862.

1989-097 冼鼎昌, 唐鄂生. 我国第一个同步辐射光源出光. 自然杂志, 1989, 12(11): 815-817, 880.

1990-012 陈锁泉. 同步加速器激发 X 射线测定痕量元素. 上海金属 (有色分册), 1990, 11(4): 4.

1990-013 陈远盘. 同步辐射在分析化学中的应用. 分析化学, 1990, 18(10): 974-981.

1990-094 唐鄂生, 崔明启, 刘丽冰, 徐文轩, 巢志瑜, 吴应荣, 王春喜, 冼鼎昌. Wiggler束线4W1A同步光的初步观测. 高能物理与核物理, 1990, 14(6): 481-485.

1991-001 安庆骧, 詹秀春, 巢志瑜, 吴应荣. 同步辐射 X 射线荧光微探针测定岩石中的元素分布. 岩矿测试, 1991, 10(2): 84-88.

1991-069 钱琴芳, 巢志瑜, 吴应荣, 田继兵. 用同步辐射 X 射线荧光法研究运动员头发中的微量元素. 核技术, 1991, 14(8): 493-496.

1992-002 安庆骧, 詹秀春, 巢志瑜, 吴应荣. 同步辐射 X 射线荧光微探针技术中地质标样的研究. 岩矿测试, 1992, 11(3): 252-255, 259.

1992-011 柴之芳. 同步辐射 X 荧光分析法. 分析试验室, 1992, 11(6): 39-44.

1992-054 李学军, 柴之芳, 刘永忠, 巢志瑜, 肖延安, 毛雪瑛. 南丹铁陨石微量元素的微区分布特征. 空间科学学报, 1992, 12(3): 214-221.

1992-055 李学军, 巢志瑜, 肖延安, 刘永忠, 柴之芳. 南丹铁陨石样品的 X 射线荧光微区扫描研究. 核技术, 1992, 15(8): 485-490.

1992-066 刘亚雯, 吴强, 胡金生, 魏成连, 袁汉章, 朱腾, 闻莺. 用同步辐射 XRF 研究单晶硅中掺杂元素 As 的分布. 科学通报, 1992, 21: 1949-1951.

1992-107 王毅民. 同步辐射及其在地学研究中的应用. 地质科技管理, 1992, (1): 55-58.

1992-121 肖延安, 李学军. 同步辐射 X 射线荧光分析. 现代物理知识, 1992, 4: 26-27.

1993-002 安庆骧, 詹秀春, 巢志瑜, 吴应荣, 肖延安. 同步辐射 X 射线荧光分析牛肝. 分析化学, 1993, 21(5): 601-604.

1993-001 安庆骧, 詹秀春, 巢志瑜, 吴应荣. 同步辐射 X 射线微探针研究石榴石中元素分布. 分析测试学报, 1993, 12(4): 6-9.

1993-020 丁奎首, 应育浦, 徐青, 邵涵如, 巢志瑜. 同步辐射 X 射线荧光法在新疆哈图金矿研究中的应用. 科学通报, 1993, 38(4): 349-351.

1993-043 洪蓉, 吴应荣, 巢志瑜, 肖延安, 李学军. 北京正负电子对撞机 (BEPC)

4W1A 光束线光束中心监测与 X 光激发荧光信噪比的观测. 高能物理与核物理, 1993, 17(5): 403-406.

1993-064 李学军, 巢志瑜, 冼鼎昌. 同步辐射 X 射线荧光分析. 物理, 1993, 22(9): 553-558.

1993-117 肖延安, 巢志瑜, 吴应荣. 汽车尾气催化处理器的中毒状况分析. 光谱学与光谱分析, 1993, 13(3): 75-80.

1993-126 应育浦, 丁奎首, 邵涵如, 徐青, 巢志瑜. 用同步辐射 X 射线荧光分析法研究石英脉中金的化学态及元素相关性. 地质找矿论丛, 1993, 8(2): 61-66.

1994-001 安庆骧. 同步辐射 X 荧光分析进展. 岩矿测试, 1994, 13(4): 280-292.

1994-046 李葵发, 方孝林, 柳常青, 牛玉华, 张家铨, 肖延安. 用同步辐射 X 射线荧光分析技术测定石油地质样品中的微量元素. 江汉石油学院学报, 1994, 1: 23-28.

1994-101 闻莺, 袁汉章, 朱腾, 刘亚雯. 半导体硅材料中掺杂元素锗的 SRXRF 微区分析研究. 分析试验室, 1994, 13(3): 77-79.

1994-103 吴强, 刘亚雯, 魏成连, 袁汉章, 朱腾, 闻莺. 用同步辐射 X 射线荧光微区分析技术测定单晶硅中的掺杂元素 As. 核技术, 1994, 17(8): 476-480.

1994-104 吴应荣, 巢志瑜, 洪蓉, 肖延安, 潘巨祥, 黄衍信, 何聿忠, 罗平, 罗建慧, 李启金. 头发的同步辐射 XRF 实验. 核技术, 1994, 17(4): 226-232.

1994-119 叶先贤, 万光权, 孙振亚, 刘永康, 周玲棣, 刘世荣, 薛德钧, Rivers L., Jones K. W.. 黔西南卡林型金矿中超微金的微束分析研究. 中国科学 (B 辑: 化学 生命科学 地学), 1994, 24(8): 883-889, 898.

1994-141 郑树, 陈丽荣, 蔡心涵, 巢志瑜, 肖延安, 吴应荣. 同步辐射对直肠癌组织微量元素测定的意义探讨. 科技通报, 1994, 10(1): 1-5.

1995-002 安庆骧, 沈其韩, 尚如湘, 李兆乃. 同步辐射在地球科学中的应用. 物理, 1995, 24(12): 753-755.

1995-050 李葵发, 方孝林, 牛玉华, 矣应荣. 同步辐射 X 射线荧光分析技术在石油勘探中的应用. 物理, 1995, 12: 755-758.

1995-081 潘巨祥, 吴应荣, 肖延安. 北京同步辐射光源的微区 X 射线荧光分析. 物理, 1995, 24(11): 691-693.

1995-116 吴强, 刘亚雯, 魏成连. 用同步辐射 XRF 和基本参数法分析. 核技术, 1995, 18(4): 224-226.

1995-121 熊辅臣. 全黑生料配料控制系统. 广东建材, 1995, 4: 15-19.

1996-001 安庆骧, 曹亚文, 潘巨祥, 吴应荣, 巢志瑜. 同步辐射 X 射线微探针研究宝石矿物成色与某些微量元素的关系. 岩矿测试, 1996, 15(1)31-34.

1996-002 安庆骧, 王锐兵, 邓赛文, 潘巨祥, 吴应荣, 吴澄宇. Scanning analysis of REE in bastnaesite with synchrotron radiation X-ray fluorescence microprobe. Journal of Rare Earths, 1996, 14(4): 308-311.

1996-003 安庆骧, 王锐兵, 邓赛文, 潘巨祥, 吴应荣, 吴澄宇. 同步辐射 X 荧光微探针扫描分析氟碳铈矿物中的稀土元素. 中国稀土学报, 1996, 14(3): 280-283.

1996-074 刘鹏, 徐清, 吴应荣, 武家杨, 郑文莉, 李士, 邵涵如. 位置灵敏正比计数器性能研究及其对同步辐射光光强分布的测量. 核电子学与探测技术, 1996, 16(4): 290-294.

1996-092 潘巨祥, 吴应荣, 肖延安, 巢志瑜, 洪蓉, 刘亚雯, 吴强. 同步辐射单色光全反射 XRF 实验. 光谱学与光谱分析, 1996, 16(4): 75-79.

1996-128 吴应荣, 潘巨祥, 肖延安, 巢志瑜, 洪蓉, 刘亚雯, 吴强. 同步辐射白光全反射 XRF 在痕量元素检测的初步应用研究. 分析测试学报, 1996, 15(1): 6-11.

1996-135 徐清, 邵涵如, 钱琴芳, 刘鹏. 生物样品的同步辐射定量分析. 核技术, 1996, 19(3): 133-136.

1996-150 章净霞, 黄萍, 吴本介, 于桂芬, 安丽芝, 姚惠英, 肖延安, 潘巨祥. 细胞水平元素的同步辐射 X 荧光定量分析. 中华核医学杂志, 1996, 16(3): 149-151.

1997-118 吴应荣, 巢志瑜, 潘巨祥, 洪蓉, 肖延安, 李光诚, 黄宇营, 赵利敏. 同步辐射微束 X 射线荧光分析实验站. 高能物理与核物理, 1997, 21(5): 475-480.

1997-119 吴应荣, 潘巨祥, 李光城, 赵利敏, 黄宇营, 袁丽珍, 陈家佩. 同步辐射 TXRF 用于细胞元素谱的初步研究. 核技术, 1997, 20(3): 37-41.

1998-136 吴应荣, 巢志瑜, 潘巨祥. 同步辐射微探针荧光分析. 光谱实验室, 1998, 15(1): 14-20.

1998-137 吴应荣, 潘巨祥. 同步辐射微束 X 射线荧光分析及其在生物医学中的应用. 广东微量元素科学, 1998, 5(10): 1-5.

1998-138 吴应荣, 潘巨祥, 赵利敏, 李光城, 黄宇营. 同步辐射全反射 XRF 实验. 光谱实验室, 1998, 15(3): 13-16.

1999-116 闻莺. 硅单晶中掺杂元素砷的 SRXRF 微区分析研究. 矿冶, 1999, 8(3): 101-104.

1999-119 吴应荣. 硬 X 射线微探针及其应用. 核技术, 1999, 22(2): 123-128.

1999-152 郑海飞, 黄宇营, 马配学, 巨新. 同步辐射 X 射线荧光分析的晶态物质衍射影响——以晶质与非晶质单斜辉石为例. 科学通报, 1999, 44(8): 878-880.

2000-038 黄宇营, 冼鼎昌, 李光城, 吴应荣. 古陶瓷的同步辐射 X 射线荧光分析研究. 文物, 2000, (12): 81-83.

2000-131 赵桂萍, 刘树文, 崔文元, 黄宇营. 同步辐射 X 射线荧光分析在矿物微量元素研究中的应用. 地学前缘, 2000, 7(2): 440.

2001-032 胡朝晖, 刘世杰, 刘平生, 黄宇营, 刘鹏, 冯国华. 用同步光微束作激发源的 PSS 性能研究. 核技术, 2001, 24(8): 691-695.

2001-044 康士秀, 沈显生, 姚焜, 孙霞, 巨新, 黄宇营, 冼鼎昌, 孙立广, 吴自勤. 同步辐射 X 射线荧光分析在植物微量元素分析中的应用. 自然科学进展, 2001, 11(10): 1050-1054.

2001-048 李国会, 陈永君, 樊守忠, 潘宴山. 便携式波长色散 X 射线荧光光谱仪及初步应用. 岩矿测试, 2001, 20(4): 301-304.

2001-151 张元勋, 程峰, 李德义, 王荫淞, 张桂林, 徐洪杰, 廖文胜, 汤亭亭, 黄宇营, 何伟. 同步辐射 X 射线荧光微探针用于骨质疏松股骨头切片元素分布的研究. 科学通报, 2001, 46(1): 35-39.

2001-150 Zhang Yuan Xun, Cheng Feng, Li De Yi, Wang Yin Song, Zhang Gui Lin, Xu Hong Jie, Liao Wen Sheng, Tang Ting Ling, Huang Yu Ying, He Wei. Synchrotron radiation XRF microprobe investigation of elemental distribution in femoral head slice with osteoporosis. Chinese Science Bulletin, 2001, 46(13): 1138-1141.

2002-004 陈丽荣, 郑树, 陈于法, 张苏展, 黄宇营. 紫杉醇诱导的凋亡细胞微量元素含量改变的同步辐射研究. 浙江大学学报 (医学版), 2002, 31(4): 41-44, 48.

2002-014 范东宇, 冯松林, 冯向前, 雷勇, 徐清, 张颖, 黄宇营, 何伟, 权奎山, 沈岳明. 寺龙口青瓷的 SRXRF 研究与统计分析. 核技术, 2002, 25(10): 833-836.

2002-016 冯向前, 冯松林, 徐清, 张颖, 雷勇, 范东宇, 程琳, 黄宇营, 何伟, 孟繁峰, 王会民, 刘世枢. 河北三大白瓷名窑精细白瓷的 SRXRF 无损分析及界定标准的初步研究. 核技术, 2002, 25(10): 827-832.

2002-053 雷勇, 冯松林, 徐清, 冯向前, 范东宇, 张颖, 沙因, 程琳, 黄宇营, 何伟, 禚振西, 张松林, 廖永民. 不同产地唐三彩的 SRXRF 无损分析研究. 核技术, 2002, 25(10): 822-826.

2002-061 李晓薇, 盛毅, 马晓东, 李重九, 杜中, 黄宇营. 用同步辐射 X 射线荧光分析法研究感病烟草单细胞内微量元素变化. 中国农业大学学报, 2002, 7(3): 79-83.

2002-089 沈显生, 康士秀, 巨新, 黄宇营, 吴自勤. 青岛3种海藻元素变迁的同步辐射

X 射线荧光研究. 武汉植物学研究, 2002, 20(1): 33-37.

2002-090 沈显生, 康士秀, 孙立广, 尹雪斌, 吴自勤, 何伟. SR-XRF analysis of polytrichum in the Fildes Peninsula, Antarctica. Chinese Journal of Polar Science, 2002, 13(2): 111-116.

2002-092 沈显生, 孙立广, 尹雪斌, 康士秀, 吴自勤, 何伟. 菲尔德斯半岛3种金发藓植株的同步辐射 X 射线荧光分析. 极地研究, 2002, 14(2): 105-112.

2002-116 韦日生, 安丽芝, 张京, 张凤云, 凤志慧, 张孙曦, 黄宇营, 何伟. 用同步辐射 X 射线荧光微探针技术研究硝酸镧对单个平滑肌细胞内重要元素分布的影响. 核技术, 2002, 25(10): 845-852.

2002-118 邬春学, 黄宇营, 杨春, 李劲, 何伟, 余镇危, 林克湘, 李葵发. 基于SRXRF的单个流体包裹体无损分析及其在石油地质中的应用. 核技术, 2002, 25(10): 793-798.

2002-134 杨春, 黄宇营, 何伟, 邬春学, 李葵发. 同步辐射 X 射线荧光研究单个流体包裹体的进展. 核技术, 2002, 25(10): 864-868.

2002-171 朱剑, 毛振伟, 杨益民, 冯敏, 王昌燧, 孙新民, 郭木森, 黄宇营, 何伟. 汝瓷成分的线扫描分析. 核技术, 2002, 25(10): 853-858.

2003-006 陈春英, 章佩群, 高愈希, 柴之芳, 黄宇营. 用同步辐射 X 荧光分析法研究兔肝金属硫蛋白中的微量元素. 核技术, 2003, 26(1): 17-20.

2003-026 高愈希, 陈春英, 赵九江, 章佩群, 柴之芳, 何伟, 黄宇营. 一种改进的同步辐射 X 射线荧光原位分析人肝细胞胞质溶胶内金属蛋白分布的方法. 分析化学, 2003, 31(4): 395-398.

2003-055 康士秀, 蒋作宏, 沈显生, 黄宇营. 安徽沼虾和米虾的同步辐射 X 射线荧光分析及对水环境污染的监测作用. 光谱实验室, 2003, 20(4): 517-521.

2003-056 康士秀, 沈显生, 黄宇营, 巨新, 吴自勤. 青岛海藻重元素富集特性的SR-XRF 分析及对海洋环境监测的应用. 光谱学与光谱分析, 2003, 23(1): 94-97.

2003-057 康士秀, 沈显生, 吴自勤, 周忠泽, 巨新, 黄宇营. 金鱼藻微量元素 SR-XRF 分析用于淮河中部重金属污染监测. 核技术, 2003, 26(2): 109-113.

2003-079 梁少华, 李君, 邬春学, 李葵发. SRXRF 实验及分析信息管理系统的开发. 江汉石油学院学报, 2003, 25(2): 41-42, 7.

2003-087 刘年庆, 刘平生, 黄宇营, 何伟, 陈德福, 赵金垣. 用同步辐射 X 荧光分析血浆蛋白质的微量元素. 核技术, 2003, 26(5): 329-332.

2004-009 程琳, 冯松林, 徐清, 黄宇营, 何伟, 吕智荣. 古琉璃着色元素的同步辐射 X 荧光分析. 岩矿测试, 2004, 23(2): 113-116, 120.

2004-022 高愈希, 陈春英, 李柏, 黄宇营, 何伟, 邓贵龙, 刘颖斌, 柴之芳. 人肝癌及癌旁组织细胞胞质溶胶中金属蛋白分布的同步辐射 X 荧光分析研究. 核技术, 2004, 27(12): 963-967.

2004-023 高愈希, 丰伟悦, 李柏, 章佩群, 何伟, 黄宇营, 柴之芳. 同步辐射 X 荧光法测定电泳分离后蛋白条带内的锌. 核技术, 2004, 27(3): 165-168.

2004-034 华巍, 黄宇营, 何伟, 吴自玉. 同步辐射高分辨 X 射线荧光谱仪及其应用进展. 核技术, 2004, 27(10): 740-743.

2004-039 康士秀, 胡传胜, 康怀志, 黄宇营. 同步辐射 X 射线荧光分析中和峰的测量与计算. 光谱实验室, 2004, 21(3): 423-426.

2004-073 潘晓通. 运用同步辐射 X 荧光近缘吸收光谱分析陶瓷烧造技术. 文物保护与考古科学, 2004, (4): 57.

2004-085 施积炎, 陈英旭, 袁小凤, 武贝, 黄宇营, 何伟. 同步辐射 X 荧光分析海州香薷根中铜结合蛋白的微量元素. 核技术, 2004, 27(10): 736-739.

2004-092 孙灏, 李树美, 康士秀, 黄宇营, 沈显生. 安徽琅琊山铜矿植物和土壤重元素同步辐射 X 射线荧光分析. 光谱实验室, 2004, 21(2): 224-228.

2004-115 韦日生, 安丽芝, 黄宇营, 韩红梅, 凤志慧, 张孙曦, 何伟. 用同步辐射 X 射线荧光分析研究硝酸镧对单个平滑肌细胞内重要元素的影响. 核技术, 2004, 27(12): 958-962.

2004-127 谢周清, 孙立广, 程邦波, 张莉, 黄宇营. 同步辐射加速器 X 荧光分析技术在极地环境研究中的应用. 极地研究, 2004, 16(2): 99-105.

2004-139 于福生, 袁万明, 韩松, 靳克, 黄宇营, 何伟, 董金泉, 贾秀琴, 曹杰, 王红月. 同步辐射 X 射线荧光微探针技术测定熔融包裹体中的微量元素. 高能物理与核物理, 2004, 28(6): 675-678.

2004-143 岳伟生, 李晓林, 余笑寒, 邓彪, 刘江峰, 万天敏, 张桂林, 李燕, 黄宇营, 何伟, 华巍. 单颗粒大气气溶胶的同步辐射微束 X 射线研究. 核技术, 2004, 27(11): 801-805.

2004-159 张元勋, 王荫淞, 李德禄, 李爱国, 张桂林, 龙建纲, 王福俤, 沈慧, 秦海宏, 黄宇营, 何伟. 同步辐射 X 荧光方法用于鼠脑锌元素分布的研究. 核技术, 2004, 27(9): 655-659.

2004-174 朱守梅, 毛振伟, 冯敏, 朱剑, 凌雪, 沈岳明, 黄宇营, 何伟. 南宋低岭头越瓷的同步辐射 X 荧光线扫描分析. 核技术, 2004, 27(12): 953-957.

2005-010 程邦波, 谢周清, 王新明, 黄宇营, 何伟, 徐思琦, 孙立广. 同步辐射加速器 X 荧光分析技术在北极气溶胶研究中的应用. 极地研究, 2005, 17(4): 264-271.

2005-024 冯流星, 肖海清, 何潇, 张智勇, 刘年庆, 赵宇亮, 黄宇营. 同步辐射 X 荧光测量大鼠脑中微量元素的分布 (英文). 高能物理与核物理, 2005, 29(10): 1012-1016.

2005-029 巩岩, 陈波, 尼启良, 崔明启, 赵屹东, 吴忠华. 同步辐射掠出射 X 射线荧光分析薄膜膜厚. 高能物理与核物理, 2005, 29(11): 82-84.

2005-138 汤云晖, 韩春明, 保增宽, 黄宇营, 何伟, 华巍. 磷灰石及其流体包体的 SRXRF 分析. 核技术, 2005, 28(8): 580-582.

2005-142 Tang YunHui, Yuan WanMing, Wang LiHua, Han ChunMing, Huang YuYing, He Wei. Synchrotron radiation X-ray fluorescence analysis on altered mineral muscovite in gold deposit. Nuclear Science and Techniques, 2005, 16(1): 1-5.

2005-158 王友法. Study on the variation of calcium and phosphorus in nano hydroxyapatie treated cancer cells through synchrotron radiation XRF. Journal of Wuhan University of Technology-Materials Science, 2005, 20(S1): 184-186.

2005-177 谢周清, 程邦波, 孙立广, 黄宇营, 何伟. Preliminary investigation of mercury in bone tissues of skua and penguin in Antarctica using AFS and synchrotron radiation X-ray fluorescence (SR-XRF). Chinese Journal of Polar Science, 2005, 16(1): 33-40.

2005-216 张元勋, 李德禄, 李爱国, 陆文忠, 王荫淞, 李燕, 张桂林, 张元茂, 郑叶飞, 山祖慈, 韩婷, 丁文斌. ACCU 采样和 PIXE 技术用于 PM_{10} 污染溯源的研究. 环境科学学报, 2005, 25(2): 155-159.

2005-217 张元勋, 王荫淞, 李德禄, 李燕, 张桂林, 张元茂, 郑叶飞, 山祖慈. 上海冬季大气可吸入颗粒物的 PIXE 研究. 中国环境科学, 2005, 25(S1): 1-5.

2005-221 张众, 王占山, 吴文娟, 王洪昌, 王凤丽, 顾春时, 秦树基, 陈玲燕, 华巍, 黄宇营. 用于同步辐射单色器多层膜的研究. 核技术, 2005, 28(12): 900-903.

2006-003 Andrey V. Daryin, Konstantin V. Zolotarev. Achievements in XRF element analysis with synchrotron radiation (SR XRF) in environmental geochemistry. Chinese Journal of Geochemistry, 2006, 25(S): 194.

2006-032 邓彪, 余笑寒, 徐洪杰. 同步辐射微束荧光CT及其应用新进展. 物理, 2006, 35(12): 1055-1059.

2006-035 董元兴, 高愈希, 陈春英, 李柏, 孙瑾, 何伟, 黄宇营, 柴之芳. 同步辐射X荧光研究肝细胞癌组织和癌旁组织微粒体内的金属蛋白分布. 核技术, 2006, 29(9): 641-645.

2006-036 董元兴, 高愈希, 陈春英, 李柏, 邢丽, 喻宏伟, 何伟, 黄宇营, 柴之芳. 用同步辐射X荧光定量测定电泳分离后蛋白条带内的微量元素. 分析化学, 2006, 34(4): 443-446.

2006-104 李晓林, 岳伟生, 刘江峰, 万天敏, 张桂林, 李燕, 黄宇营, 何伟, 华巍. 应用同步辐射微束X射线荧光光谱法研究单个大气$PM_{2.5}$颗粒物的源特征. 岩矿测试, 2006, 25(3): 206-210.

2006-144 栾天, 毛振伟, 王昌燧. 邛崃窑彩绘瓷彩绘工艺的SRXRF研究. 光谱学与光谱分析, 2006, 26(8): 1560-1563.

2006-253 谢周清, 程帮波, 孙立广, 黄玉营, 何伟, 赵三平. Preliminary determination of calcium, phosphorus, and the calcium/phosphorus ratio in cortical bone of Chinstrap penguin using synchrotron X-ray fluorescence analysis. Chinese Journal of Polar Science, 2006, 17(1): 48-54.

2006-265 Xu Xianghua, Shi Jiyan, Chen Yingxu, Xue Shengguo, Wu Bei, Huang Yuying. An investigation of cellular distribution of manganese in hyperaccumlator plant *Phytolacca acinosa* Roxb. using SRXRF analysis. Journal of Environmental Sciences, 2006, 18(4): 746-751.

2007-032 邓彪, 余笑寒, 徐洪杰. 若干因素对同步辐射微束X射线荧光CT图像质量的影响研究. 核电子学与探测技术, 2007, 27(2): 260-264, 307.

2007-033 邓彪, 余笑寒, 徐洪杰. 同步辐射微束X射线荧光CT的计算机模拟. 核技术, 2007, 30(1): 5-11.

2007-068 何堂坤, 黄宇营. 银白色花纹钢剑及其同步辐射X射线荧光分析. 自然科学史研究, 2007, 26(3): 407-417.

2007-157 孟凡巍, 袁训来, 周传明, 李葵发, 黄宇营, 何伟. 同步辐射X射线荧光微探针技术测定太古宙条带状硅铁建造中硅质条带及包裹体的微量元素. 岩石学报, 2007, 23(9): 2079-2084.

2007-201 汤云晖, 韩春明, 保增宽, 黄宇营, 何伟. 磷灰石单晶体同步辐射X射线荧光探针成分分析. 岩矿测试, 2007, 26(5): 367-371.

2007-219 王立武, 李宗木, 张文华, 徐法强, 王劼, 闫文盛. Co-Ni合金薄膜的电化学外延及同步辐射XMCD研究. 物理化学学报, 2007, 23(8): 1163-1167.

2007-247 Wu Chunxue, Huang Yuying, Li Hongkui, Chen Chuanren, He Wei, Li Kuifa. SRXRF experiments and analytical methods of mineral individual fluid inclusions. Petroleum Science, 2007, 4(3): 63-67.

2007-272 杨建虹, 费聿荣, 曹毅, 王瑞林, 黄宇营, 何伟, 刘兢. 鹿茸血处理前后去势大鼠股骨的SRXRF分析. 核技术, 2007, 30(5): 407-410.

2007-309 张元勋, 曹同, Iida A, 杨传俊, 王敏, 曹清晨, 张桂林, 李燕. 同步辐射X荧光分析用于苔藓植物监视大气污染的初步研究. 核技术, 2007, 30(9): 730-734.

2008-006 包良满, 张元勋, 金婵, 林俊, 刘卫, 彭岚, 陆文忠, 李玉兰, 张桂林, 李燕. 燃煤小锅炉燃烧产物的SR-XRF和XANES分析. 核技术, 2008, 31(9): 641-647.

2008-011 曹清晨, 张元勋, 娄玉霞, 曹同, Iida A, 张桂林, 李燕. SRXRF研究苔藓植物对Pb/Fe/Cr污染的生物监视和累积特征. 核技术, 2008, 31(10): 721-725.

2008-015 陈淳, 潘艳, 魏敏. 再读跨湖桥. 东方博物, 2008, (2): 14-25, 5.

2008-111 李建康, 王登红, 刘善宝, 应立娟, 王成辉, 陈栋梁. 川西伟晶岩型矿床中流体包裹体的SRXRF分析. 大地构造与成矿学, 2008, 32(3): 332-337.

2008-134　连玉, 徐文艺, 杨丹, 陈伟十, 曲晓明, 陈栋梁. 西藏冈底斯甲马和南木矿床流体包裹体 SR-XRF 研究. 岩石矿物学杂志, 2008, 27(3): 185-198.

2008-253　王怡林, 杨群, Ablett J. M.. 同步辐射 X 射线荧光对双柏恐龙化石的分析. 光谱学与光谱分析, 2008, 28(5): 1194-1198.

2009-025　陈荣. 同步光源之应用于病毒学研究. 生命科学, 2009, 21(1): 4-6.

2009-131　李晓林, Iida A., 刘江峰, 包良满, 李燕, 张桂林. Source identification of individual $PM_{2.5}$ particles in Shanghai air in the winter of 2007 with synchrotron X-ray fluorescence microprobe. 中国物理 C, 2009, 33(11): 960-964.

2009-148　林俊, 刘卫, 许忠扬, 李燕, 包良满, 李玉兰, 余笑寒, 陈栋梁, 何伟. Characteristics of element concentration of daytime and nighttime $PM_{2.5}$ in the suburbs of Shanghai using Synchrotron XRF. Chinese Physics C, 2009, 33(11): 1006-1009.

2009-278　王阳恩, 陈传仁, 黄宇营, 何超群, 江隆盛, 邬春学, 李葵发. 用 SRXRF 微探针研究含油气单个流体包裹体的微量元素分布. 科学技术与工程, 2009, 9(20): 6145-6149.

2009-394　张元勋, 曹同, Iida A., 黄万霞, 曹清晨, 娄玉霞, 张桂林, 李燕. 同步辐射技术在大气环境生物监视器中的应用研究. 科学通报, 2009, 54(2): 157-160.

2009-393　Zhang Yuanxun, Cao Tong, Iida Atsuo, Cao Qingchen, Lou Yuxia, Zhang Guilin, Li Yan. Study of moss as air pollution monitor by SRXRF technique. Chinese Science Bulletin, 2009, 54(17): 2987-2990.

2009-395　张元勋, 李晓林, 包良满, Iida A., 赵屹东, 张桂林, 李燕. 基于同步辐射技术研究上海大气细颗粒物分布特征. 核技术, 2009, 32(6): 419-422.

2010-140　李晓林, 刘江峰, 包良满, 张桂林, 李燕, 杨科, 李爱国, Steve Sutton, Matthew Newville. 单个大气超细颗粒物源特征的同步辐射光源 X 射线探针初步研究. 科学通报, 2010, 55(12): 1107-1112.

2010-191　Luo Lei, Zhang Shuzhen. Applications of synchrotron-based X-ray techniques in environmental science. Science China (Chemistry), 2010, 53(12): 2529-2538.

2010-273　童永彭, 刘国卿, 陈羽, 张鸿, 张永夏, 罗奇, 郑家容, 赵海歌, 孙慧斌, 冯晋兴, 刘晓红, 梁峰, 闫芬, 李玉兰, 杨科, 余笑寒, 陈建敏. 应用同步辐射 XRF 分析胎毛中铅含量. 广东微量元素科学, 2010, 17(7): 13-18.

2010-335　谢曼曼, 孙青, 凌媛, 刘美美, 杨科, 李爱国, 储国强. 同步辐射技术在高分辨率古气候、古环境变化中的应用. 第四纪研究, 2010, 30(6): 1218-1224.

2010-337　谢周清, 徐思琦, 黄宇营, 何伟, 金嗣昭, 孙立广. Sodium and potassium in the bones of penguin and skua revealed by EPR and SR-XRF technique. Chinese Journal of Polar Science, 2010, 21(1): 22-30.

2010-339　辛术贞, 宋延静, 吕超, 芮玉奎, 徐伟, 武丹, 武爽, 钟俊, 陈清. 同步辐射 XRF 法分析温室油菜中微量元素的分布. 光谱学与光谱分析, 2010, 30(2): 554-558.

2010-413　张延乐, 余笑寒. 上海光源 BL15U1 束线的 SRXRF 定量分析. 核技术, 2010, 33(5): 334-337.

2010-458　诸颖, 林俊, 黄庆, 李文新. 培养液中钙对碳纳米材料细胞毒性作用机制的同步辐射初步研究. 生物物理学报, 2010, 26(12): 1119-1129.

2011-241　彭立, 谢青, 蔡枫, 余笑寒, 李爱国, 杨科. 翼状胬肉组织微量元素的同步辐射微束 X 射线荧光分析法研究. 眼科新进展, 2011, 31(12): 1126-1129.

2011-391　闫芬, 张继超, 李爱国, 杨科, 王华, 毛成文, 梁东旭, 闫帅, 李炯, 余笑寒. 基于同步辐射的快速扫描 X 射线微束荧光成像方法. 物理学报, 2011, 60(9): 193-199.

2011-441 张茂林, 李其江, 吴军明, 吴隽. 同步辐射在古陶瓷研究中应用的现状和展望. 光谱实验室, 2011, 28(5): 2163-2168.

2011-470 郑俊义, 余笑寒, 刘敏, 张继超, 王娟. 镍基合金受熔融氟化盐腐蚀的同步辐射 XRF 分析. 核技术, 2011, 34(5): 336-340.

2012-141 赖潇静, 李奇, 徐伟, 陈栋梁, 巫翔, 秦善. 金刚石中微量元素的同步辐射 X 射线荧光分析. 地质科技情报, 2012, 31(4): 40-43.

2012-415 徐济安, 毕延. 同步辐射 X 射线光源在高压科学研究中的应用. 物理, 2012, (4): 218-226.

2012-437 Yang Chen, Zhang Bin, Wang Jianzhong, Shi Liqun, Cheng Huansheng, Yang Tieying, Wen Wen, Hu Fengchun. EXAFS and SR-XRD study on Cu occupation sites in $Zn_{1-x}Cu_xO$ diluted magnetic semiconductors. Nuclear Science and Techniques, 2012, (2): 65-69.

2012-485 张斌, 李敏, 王建中, 施立群, 承焕生, 杨铁莹, 文闻, 胡凤春. SR-XRD 和 EXAFS 研究 Mn 掺杂 ZnO 薄膜的微观结构. 核技术, 2012, 35(5): 321-325.

2013-098 管理, 朱剑, 樊昌生, 杨益民, 陈栋梁, 徐伟, 张静, 汪丽华. 明代官窑釉里红瓷器 SR-XRF 微区线扫描分析. 核技术, 2013, 36(7): 15-18.

2013-208 李玉德, 林晓燕, 刘世岗, 何金龙, 郭非, 孙天希, 刘. Polycapillary X-ray lens for the secondary focusing Beijing synchrotron radiation source. Chinese Physics B, 2013, 22(4): 248-252.

2013-382 王道贤, 谢治, 张兴香, 金正耀, 范安川, 陈彪. 同步辐射 X 射线荧光技术应用于先商动物牙齿的微量元素分析. 核技术, 2013, 36(6): 3-9.

2013-527 Zeng Jianrong, Zhang Guilin, Bao Liangman, Long Shilei, Tan Mingguang, Liyan, Ma Chenyan, Zhao Yidon. Sulfur speciation and bioaccumulation in camphor tree leaves as atmospheric sulfur indicator analyzed by synchrotron radiation XRF and XANES. Journal of Environmental Sciences, 2013, 25(3): 605-612.

2013-559 张亚, 郭弘艺, 唐文乔, 李辉华, 张旭光, 吴嘉. 长江口日本鳗鲡幼体矢耳石元素的 SRXRF 分析. 上海海洋大学学报, 2013, 22(6): 821-826.

2014-074 凡小盼, 赵雄伟, 高强. 同步辐射微束 X 射线荧光技术在早期黄铜研究中的应用. 电子显微学报, 2014, 33(4): 349-356.

2014-226 凌媛, 孙青, 朱庆增, 陈栋梁, 徐伟, 谢曼曼, 单雅冰, 王宁, 储国强. 同步辐射 X 射线荧光光谱测定沉积物中元素含量的归一方法研究——以四海龙湾纹层沉积物为例. 第四纪研究, 2014, 34(6): 1327-1335.

2014-348 孙建伶, 罗立强. 基于 SRXRF 和 XANES 研究 Pb 对玉米种子萌芽的影响及其分布和形态特征. 分析化学, 2014, 42(10): 1447-1452.

2014-507 袁静, 罗立强. 同步辐射微区 X 射线荧光和吸收谱技术在大气、土壤和动植物分析中的应用. 核技术, 2014, 37(8): 3-13.

2015-212 李玉锋, 赵甲亭, 李云云, 徐小晗, 崔丽巍, 张博闻, 单思雄, 耿英伦, 李军, 李柏, 高愈希. 同步辐射技术研究汞的环境健康效应与生态毒理. 中国科学: 化学, 2015, 45(6): 597-613.

2015-294 孟繁露, 李源, 李艳, 王长秋, 鲁安怀, 梅放. 人体乳腺癌矿化的同步辐射研究. 岩石矿物学杂志, 2015, 34(6): 957-962.

2015-330 尚明丰, 段佩权, 赵天天, 唐文超, 林瑞, 黄宇营, 王建. 用于质子交换膜燃料电池催化剂结构研究的原位 XAFS 实验方法. 物理化学学报, 2015, 31(8): 1609-1614.

2015-370 田甜, 张继超, 雷豪志, 诸颖, 施继晔,胡钧, 黄庆, 樊春海, 孙艳. Synchrotron radiation X-ray fluorescence analysis of Fe, Zn and Cu in mice brain associated with Parkinson's disease. Nuclear Science and Techniques, 2015, (3): 102-107.

2015-488 杨红霞, 李岑, 杜玉枝, 魏立新. 同步辐射 X 射线荧光法分析藏药材和藏药制剂中金属元素. 光谱学与光谱分析, 2015, 35(6): 1730-1734.

2015-507 游海涛, 孙春青, 李全林, 刘嘉麒. 二龙湾玛珥湖年纹层湖泊沉积物元素的 X 射线荧光光谱分析. 核技术, 2015, 38(2): 3-11.

2015-508 于海生, 魏向军, 李炯, 顾颂琦, 张硕, 汪丽华, 马静远, 李丽娜, 高倩, 司锐, 孙凡飞, 王宇, 宋飞, 徐洪杰, 余笑寒, 邹杨, 王建强, 姜政, 黄宇营. The XAFS beamline of SSRF. Nuclear Science and Techniques, 2015, (5): 6-12.

2015-546 张丽丽, 闫帅, 蒋升, 杨科, 王华, 何上明, 梁东旭, 张玲, 何燕, 兰旭颖, 毛成文, 王娟, 蒋晖, 郑怡, 董朝晖, 曾乐勇, 李爱国. Hard X-ray microfocusing beamline at SSRF. Nuclear Science and Techniques, 2015, (6): 3-10.

2015-577 赵甲亭, 李玉锋, 朱娜丽, 高愈希, 柴之芳. 金属组学方法研究生物体内汞和硒相互作用. 科技导报, 2015, 33(12): 93-100.

2015-615 资明, 魏向军, 于海生, 雷勇, 黄宇营. 用同步辐射共聚焦 X 射线方法研究古代彩绘样品的层状结构. 核技术, 2015, 38(6): 3-7.

5.8 XRF 技术在各领域中的应用

5.8.1 冶金、有色金属

1965-001 蒲生达一, 石井五郎, 铃木真夫, 宋凯铭. 日本田老选矿厂浮选作业试样的荧光 X 射线分析. 国外金属矿选矿, 1965, (4): 41-43.

1965-003 谢忠信, 丰梁垣, 鲍惠兰. 混合锆、铪氧化物及锆英石中锆、铪的荧光 X 射线光谱定量测定. 原子能科学技术, 1965, (5): 468-475.

1973-004 作译者未知. X 射线荧光分析法测定花岗岩中的钍和铀. 国外放射性地质, 1973, (2): 25-29.

1975-005 同道新. 钼中钨的萤光 X 射线光谱法测定. 稀有金属合金加工, 1975, (Z1): 117-122.

1975-007 冶金部矿冶研究所分析室 X 光组. 铌精矿中铌、钽的 X 射线荧光光谱分析. 湖南冶金, 1975, (3): 127-129.

1977-001 包钢冶金研究所分析室六组. 炉渣和铌铁合金中氧化铌的萤光 X 射线光谱测定. 稀土与铌, 1977, (1): 51-55.

1979-035 邹恩滕. 工作面上金的快速分析. 有色金属 (矿山部分), 1979, 4: 56-57.

1980-007 高恩德. 变形铝合金主成分的偏析及荧光分析取样模的研究. 轻金属, 1980, 4: 19-23, 31.

1980-014 李竟慈. 用化学 X 射线荧光光谱分析铸铁、碳素钢、低合金钢中稀土分量: 镧、铈、镨、钕. 理化检验-化学分册, 1980, 16(5): 35-40.

1981-003 陈茂祺, 卫保全. X 射线荧光光谱法直接测定矿石中微量钼. 冶金分析, 1981, 0: 37-40.

1981-010 高树桢, 高新华, 朱一钧, 孙淑敏. 钛渣中镁铝硅钙钛钒锰铁的 X 射线荧光光谱测定. 原子光谱分析, 1981, 3: 25-28.

1981-025 廖乾初. 近代物理分析技术—国内的应用概况和近年进展 (续). 稀有金属合金加工, 1981, 6: 26-33.

1981-035 铁道部科学研究院金化所, 化学 X 荧光光谱法分析铝合金中的铈. 原子光谱分析, 1981, 5: 70-71.

1981-045 袁汉章, 吴长存, 卜赛斌, 张虎云, 许佩珍, 武清富. 铜矿选矿流程中铜、铁、硫、硅、铝、钼和钛的 X 射线荧光光谱直接测定. 分析化学, 1981, 9(2): 146-152.

1982-030 罗津新. 碲共沉淀-X 射线荧光光谱法

测定矿石中的银. 理化检验-化学分册, 1982, 18(4): 17.

1982-032 马淑兰, 刘亚文, 李道伦. X 荧光分析废渣样品. 光谱学与光谱分析, 1982, 2(3, 4): 295-297.

1982-036 莫善湘, 周拒非, 陈和乐, 何伯延, 胡其锋. 铅锌矿及其选矿产品中铅锌的X射线荧光测定. 冶金分析, 1982, 4: 30-32.

1982-058 张允成, 谢荣厚, 邓瑞钦, 李传芳. 镍基合金中铝、硅、钛、铬、钴、铌、钼、钨等十四个元素的 X 光荧光光谱分析. 冶金分析, 1982, 3: 14-17.

1982-061 赵所琛, 沈福元, 韩其勇, 邵光璐. 含稀土钢水口结瘤机理的探讨. 钢铁, 1982, 17(5): 24-31, 23.

1983-003 陈和乐, 莫善湘. X 射线荧光光谱法连续测定矿石中锡、铁、铅. 分析试验室, 1983, 3: 51-53.

1983-006 陈茂祺. X 射线荧光光谱法测定铅锑合金中的铅锑铁. 理化检验-化学分册, 1983, 19(5): 28-29, 22.

1983-007 陈荣先, 张鸿文, 甘璇玑. 矿石中金的 X 射线荧光光谱测定. 稀有金属, 1983, 5: 52-54.

1983-019 董克家, 方明渭, 杜书田. 铜钼矿中铜钼铁的 X 荧光光谱连测. 分析试验室, 1983, 5: 31-32.

1983-026 何伯延, 周拒非, 郭竟南. X 射线荧光溶液法测定矿石中的钨. 矿冶工程, 1983, 3(3): 44-47.

1983-035 蒋敬侃, 黄开. 钐钴合金中钐、钴、铁、铜和锆的 X 射线荧光光谱测定. 分析测试通报, 1983, S1: 24-27.

1983-039 李杜若, 谢桂荣. 保护渣中 SiO_2、Al_2O_3、CaO、MgO、TFe 的 X 荧光光谱分析. 化工冶金, 1983, 2: 93-99.

1983-068 吴长存, 郝贡章, 李铭健, 李明洁. X 射线荧光光谱滤纸片法在合金分析中的应用——Nb-Ti 和 Ni-Re-Ta 等合金成份的测定. 分析试验室, 1983, 5: 28-30.

1983-071 谢桂荣, 李杜若. 钒钛渣中 CaO、TFe、V_2O_5、MnO、TiO_2、SiO_2、MgO 和 Al_2O_3 的 X 射线荧光光谱分析. 化工冶金, 1983, 1: 85-89.

1983-072 谢桂荣, 李显军. 稀土富集渣中 La_2O_3、CeO_2、Pr_6O_{11}、Nd_2O_3 和 Sm_2O_3 的 X 射线荧光光谱分析. 化工冶金, 1983, 4: 52-54.

1983-074 谢荣厚, 李传芳. 钼合金中钛、锆、镧、铈的 X 光荧光光谱分析. 分析测试通报, 1983, 2(3): 33-36.

1983-075 谢荣厚, 李传芳, 张允成, 邓瑞钦. 不锈耐酸钢的 X 射线荧光光谱分析. 冶金分析与测试 (冶金分析分册), 1983, 5: 264-267, 280.

1983-077 徐英. 放射性同位素在钢铁研究中的应用. 国外核新闻, 1983, 7: 22-23.

1984-007 陈茂祺, 符斌. X 射线荧光光谱法测定矿石中钨和钼. 分析化学, 1984, 12(5): 384-386.

1984-010 陈远盘. X 射线荧光光谱法测定铁矿石和岩石中的低微量元素时基体成分影响的研究. 光谱学与光谱分析, 1984, 4(1): 28-41.

1984-019 邓新鉴. 钢铁分析发展的近况和趋势. 机械, 1984, 8: 17-20.

1984-026 高树桢, 朱一钧, 高新华, 孙淑敏. 复合渣的 X 射线荧光光谱分析. 光谱学与光谱分析, 1984, 4(3): 35-38.

1984-043 梁钰, 潘根生. 不锈钢等铁基合金的 X 射线荧光光谱分析. 上海钢研, 1984, 4: 37-44.

1984-044 林进钦. 精钒中微量铁的 X 射线荧光分析. 钢铁钒钛, 1984, 3: 100-101, 107.

1984-076 谢荣厚, 李传芳, 张允成, 邓瑞钦. 不锈钢的 X 射线荧光光谱分析. 钢铁研究总院学报, 1984, 4(3): 353-358.

1984-079 杨京春, 李有义. 钨精矿中钨和锡的 X 射线荧光光谱测定. 云南冶金, 1984, 2: 48-51.

1984-086 张家琳. X 射线荧光光谱法测定汞矿石粉样中的汞. 云南冶金, 1984, 5: 54-56.

1984-089 张文明. Au 基合金中 Ni、Cr、Fe 的 X 射线荧光光谱分析. 贵金属, 1984, 5(1): 31-34.

1985-028 高新华, 谢荣厚. X 射线荧光散射内标法测定难熔合金中的锆、铪和钛. 光谱学与光谱分析, 1985, 6: 78.

1985-042 焦继岳, 何伯延, 朱红盛. X 荧光光谱法连测铅锌铜铁. 矿冶工程, 1985, 5(4): 54-57.

1985-049 李振伍. 高频重熔制样法在钢铁样品 X 荧光光谱分析中的应用. 冶金分析与测试（冶金分析分册）, 1985, 5: 39-42.

1985-104 袁汉章. 铅锌矿的 X 射线荧光光谱测定. 理化检验-化学分册, 1985, 21(1): 16-22.

1985-105 袁汉章, 吴长存, 卜赛斌, 闻萱梅, 张虎云, 许佩珍, 王文爽. 镍、铜、铅锌矿选矿流程中 X 射线荧光光谱分析. 光谱学与光谱分析, 1985, 6: 71.

1985-119 周顺钧, 葛宜运. X 荧光仪在快速分析中的应用. 钢铁研究, 1985, 2: 75-80, 74.

1986-003 毕军. X 射线荧光光谱法测定硅锰合金中的铬硅、锰、磷元素. 铁合金, 1986, 4: 28-32.

1986-006 陈和乐. 矿石中锑锡的 X 射线荧光光谱分析. 矿冶工程, 1986, 6(1): 40-43.

1986-026 高新华. X 射线荧光散射内标法测定铌合金中的锆. 冶金分析, 1986, 6(2): 46-49.

1986-081 谢荣厚. 数学校正法在高合金钢 X 射线荧光光谱分析中的应用. 光谱学与光谱分析, 1986, 6(4): 52-55.

1986-093 张教晤. X 射线荧光光谱法测定锰铁矿中稀土氧化物. 冶金分析, 1986, 6(5): 65-66.

1986-102 钟琅乐, 王淑慧, 刘秀之. X 射线荧光光谱法同时测定铜烟灰中铜铅锌铁硫砷. 分析试验室, 1986, 5(6): 54-56.

1986-103 周克华. X 射线选矿法研究及应用进展. 江西冶金, 1986, 6(1): 19-23.

1986-105 周顺钧, 葛宜运. X 荧光仪在快速分析室中的应用. 冶金分析, 1986, 6(6): 36-39.

1986-107 朱一钧, 高树桢, 高新华, 孙淑敏. 铌渣的 X 荧光光谱分析. 冶金分析, 1986, 6(5): 40-43.

1987-008 程建邦, 李传芳, 谢荣厚. 用能量色散 X 射线荧光光谱法测定合金钢中 Mo、Cr、Ni、Si、P、S. 冶金分析, 1987, 7(5): 47-50.

1987-026 胡盛文. X 射线荧光光谱法测定铂、铑、金合金中的铑和金. 冶金分析, 1987, 7(5): 45-47.

1987-031 吉昂, 陶光仪, 袁宁儿, 张中义, 沈美芬. X 射线荧光光谱在硅酸盐全分析中的应用. 上海硅酸盐, 1987, (3): 53-59.

1987-033 李道伦, 马淑兰, 刘亚文, 范钦敏. X 射线荧光分析废渣中的铜、锌、铅和砷. 分析测试通报, 1987, 6(2): 30-33.

1987-034 李杜若, 胡洁雪, 黄鑫泉. 双晶 X 射线荧光光谱分析. 化工冶金, 1987, 8(4): 76-79.

1987-047 罗重庆. 钨的 X 荧光光谱分析. 湖南有色金属, 1987, 6: 39-42.

1987-051 满瑞林, 赵新那, 罗重庆, 钱崇梁. 氢化物分离-X 射线荧光光谱同时测定痕量砷、铋、锑、锡. 分析化学, 1987, 15(4): 350-353.

1987-065 施逢年, 张建军. X 射线荧光法拣选锰矿石的静态研究. 金属矿山, 1987, 12: 47-50.

1987-066 施逢年, 张建军. 用 XRF 技术分析块状含锰矿石. 南方冶金学院学报, 1987, 8(3): 15-23.

1987-076 王子箴. 稀土元素和钽铌的 X 射线荧光光谱分析. 江西有色金属, 1987, 3: 55.

1987-085 严泉才, 杜旭东, 尹中林, 邓平, 刘荡. 成形滤纸片薄样 X 射线荧光光谱法测定铝合金中镧铈镨钕钐. 分析试验室, 1987, 6(1): 15-17.

1987-102 周迪平, 陈锁泉, 胡海敏. X 射线荧光光谱法在有色冶金分析中的应用. 稀有金属, 1987, 4: 288-291, 302.

1988-007 Brown J., 张锦耘. 芒特·艾萨矿业公司炼铅厂空气中悬浮微粒的联机分析. 有色冶炼, 1988, 10: 39-43.

1988-030 胡洁雪, 黄鑫泉, 李杜若. 电解液中锌、锰、锡、锑、铱的 X 射线荧光光谱分析. 化工冶金, 1988, 9(4): 44-48.

1988-046 李燕. 耐热钛合金中的钼、铌、锆、镓的 X 射线荧光光谱法测定. 稀有金属材料与工程, 1988, 1: 45-48.

1988-061 彭国靖, 许厚国. X 荧光分析技术在保护渣中的应用. 钢铁研究, 1988, 2: 56-61.

1988-067 施逢年, 孙业长. 含锑矿石预选特征的研究. 有色金属 (选矿部分), 1988, 6: 11-16.

1988-078 王莉莉, 耿玉良, 王松青. 铁矿石的 X 射线荧光光谱分析. 分析试验室, 1988, 7(8): 16-18.

1988-082 吴诚, 颜菊英. 重金属元素的分析. 分析试验室, 1988, 7(5-7): 1-37.

1988-089 许春才. X 射线荧光光谱法在稀土分析中的应用和进展. 江西有色金属, 1988, 4: 54-59.

1988-111 张长庚. 氧化锆中氧化钇的 X 荧光增量法测定. 湖南有色金属, 1988, 4(4): 61, 38.

1988-119 钟道国, 许春才, 王子箴. 黑钨精矿中二氧化硅的 X 射线荧光光谱分析. 岩矿测试, 1988, 7(2): 148-149.

1988-122 作者不详. 用还原捕集荧光 X 射线法分析微量贵金属. 中国环境监测, 1988, 4(6): 51-53.

1989-004 包生样. 锑矿石中 14 种主量和痕量元素的 XRF 法分析. 岩矿测试, 1989, 8(3): 199-201.

1989-007 陈法荣. X 射线荧光光谱分析铜精矿中的铜和铁. 岩矿测试, 1989, 8(2): 145-146.

1989-041 贾乐庚, 崔凤辉, 于敬贤, 韩玉章. 镁砂中多元素的 X 射线荧光光谱分析. 分析试验室, 1989, 8(6): 30-31.

1989-050 李立. 合金钢冶炼过程的 X 射线荧光光谱快速控制分析. 理化检验-化学分册, 1989, 25(2): 18-20.

1989-053 李燕. 钛合金中稀土元素钆、铒的 X 射线荧光光谱法分析. 稀有金属材料与工程, 1989, 2: 36-38.

1989-054 梁钰. 钢中碳含量对发射光谱和 X 射线荧光光谱分析的影响. 理化检验-化学分册, 1989, 25(1): 60-62.

1989-085 王开泰, 胡秀芸, 陈勃. 平炉钢渣的 X 射线荧光光谱定量分析. 冶金分析, 1989, 9(2): 49-51.

1989-101 谢荣厚, 刘云, 陆金生. 工具钢的 X 射线荧光光谱分析. 冶金分析, 1989, 9(3): 23-25.

1990-007 曹金平, 张文泽, 张东瑞. Sm-Fe-Co-Cu-Zr 合金的 X 射线荧光光谱分析. 稀有金属, 1990, 2: 148-150.

1990-101 未寿康, 章伯垠. 中国有色金属史 (十) 表面处理技术. 有色金属, 1990, 42(2): 72-75, 78.

1990-102 魏启宗. 阳离子交换树脂膜吸附-X 荧光光谱法测定矿石中的钍. 分析测试通报, 1990, 9(1): 43-47.

1990-131 赵莹, 宁德亮. X 射线荧光光谱法测定 Nd-Fe-B 永磁合金中 Ca 和 Dy. 电工合金文集, 1990, 3: 27-28, 41.

1990-135 朱碧如, 沈文馨. 稀土精矿中硅和铝的 X 射线荧光光谱法测定. 分析试验室, 1990, 9(1): 29-24.

1991-004 才书林, 李洁, 郭玉林. 大洋底多金属结核样品中主、次、微量元素的 X 射线荧光光谱测定. 分析试验室, 1991, 10(5): 11-14.

1991-009 陈永君, 刘以建. 铌钽与稀土类单矿物的 X 射线荧光光谱分析研究. 分析化学, 1991, 19(5): 560-563.

1991-019 贺慧明, 陈远盘, 张玉清. XRF-薄样-比例常数法分析闪锌矿、黄铜矿单矿物的研究. 光谱学与光谱分析, 1991, 11(2): 54-60.

1991-024 黄慎文, 庹先国. XRF 方法在白合金成分分析中的应用. 核技术, 1991, 14(3): 172-175.

1991-028 江海涛, 高祥琪. X 荧光光谱法在进口铁矿全分析中的应用. 分析试验室, 1991, 10(5): 39-41.

1991-029 蒋重熙. 稀土金属中微量钽的 X 射线荧光光谱分析. 分析试验室, 1991, 10(6): 42-44.

1991-044 李立. 轴承钢 GCr15 中痕量钛锡锑铅砷的 X 射线荧光光谱快速测定. 理化检验-化学分册, 1991, 27(3): 145-146.

1991-045 李燕. 钛合金的 X 射线荧光光谱分析.

稀有金属材料与工程, 1991, 3: 65-69.

1991-064 宁德亮, 赵莹. AgCd 合金中 Cd 的快速 X 荧光定量分析. 电工合金文集, 1991, 1: 20-21, 31.

1991-080 孙平蕙, 肖山. 一种值得推荐的黄金首饰质量鉴定方法——X 射线荧光光谱法. 珠宝, 1991, 2: 52-53.

1991-081 谭亚军, 李纪民. 稀土元素 X 射线快速自动分析系统. 原子能科学技术, 1991, 25(4): 18-22.

1991-089 王玟珉, 王秋玉. Mn depletion in the surface layer of stainless steel 304 LN at the temperature 1200 K. Nuclear Science and Techniques, 1991, 2(1): 1-6.

1991-099 吴水清. 铼及其合金的电镀方法. 电镀与精饰, 1991, 13(4): 22-24, 49.

1991-114 乐群. X 荧光光谱法测定混合稀土氧化物中十五个稀土元素含量. 理化检验-化学分册, 1991, 27(4): 207-208, 240.

1991-122 张长庚. 纯氧化铈和氧化钕中稀土元素的 X 荧光分析. 湖南冶金, 1991, 4: 47-48.

1992-012 陈伯蠡, 王莲芳, 金希龙. Cr 与 Mo 对堆焊金属耐磨料磨损性能的影响. 焊接学报, 1992, 13(4): 218-224.

1992-032 胡金生, 李道伦, 刘亚文, 范钦敏, 郑民. 稀土生产在线监测系统的初步实验研究. 稀有金属, 1992, 4: 260-262.

1992-046 李林. 用 X 射线荧光法分析钛精矿样品的含钛量. 金属矿山, 1992, 4: 57.

1992-048 李世珍, 陆少兰, 李建华. X 射线荧光光谱滤纸片法测定混合稀土溶液中 15 种稀土元素. 分析试验室, 1992, 11(3): 47-50.

1992-063 刘文华, 王长庆, 曹相九. 稀土元素分析. 分析试验室, 1992, 11(6): 51-83.

1992-069 罗运柏, 何志. X 射线荧光光谱法分析燃油锅炉受热面的灰渣成分. 分析化学, 1992, 20(6): 718-720.

1992-073 毛振伟, 林淑钦, 陈树榆, 陈顺喜. X 射线荧光基本参数法测定焊锡中的锡和铅. 光谱学与光谱分析, 1992, 12(2): 117-118.

1992-075 宁德亮, 赵莹. 真空触头合金中铜、碲 X 荧光定量分析方法研究. 电工合金, 1992, 3: 43-47.

1992-077 彭同江. 新疆尉犁蛭石矿蛭石的化学成分研究. 四川建材学院学报, 1992, 7(3): 24-30.

1992-087 时庆云, 孙仲田, 戴耀东, 沈枝岭, 丁学新. 金矿的 ^{57}Fe 穆斯堡尔谱研究. 信阳师范学院学报 (自然科学版), 1992, 5(1): 54-60.

1992-088 素琳. 利用炮孔探测仪进行精确采矿. 云南冶金, 1992, 3: 59.

1992-091 孙平蕙, 陈远盘, 杨仲平, 郭腊梅. 锰结核中硅、铝、铁、镁、磷、钾、锰、钛的 XRFA. 光谱学与光谱分析, 1992, 12(1): 95-97.

1992-092 孙世清. 碳钢合金钢及炉渣的 X 荧光光谱现场分析. 理化检验-化学分册, 1992, 28(5): 300-301, 317.

1992-109 王玉香, 王赫男. 铁矿石的 X 射线荧光光谱分析. 鞍山钢铁学院学报, 1992, 15(4): 19-23.

1992-111 汪隆六. 黔西南地区微细粒型金矿床砷的 X 射线荧光异常. 贵州地质, 1992, 9(2): 161-166.

1992-113 吴诚, 马冲先. 轻、重金属元素的分析. 分析试验室, 1992, 11(1): 69-110.

1992-117 郗庚民, 高嵩. 钢铁中 Si、Mn、Cr、Ni、Mo、W、V、Ti 和 Co 的 X 射线荧光光谱分析. 光谱实验室, 1992, 9(6): 40-43.

1992-128 严彪. X 射线荧光测量的找金效果. 云南地质, 1992, 11(1): 104-107.

1992-139 袁汉章, 刘洋, 秦颖. X 射线荧光光谱法测定硫化物矿中的主元素. 分析试验室, 1992, 11(2): 52-54.

1992-140 袁宁儿, 吉昂, 曹如晟, 徐宝玲. 钇、钡、铜超导薄膜的非破坏测定. 光谱学与光谱分析, 1992, 12(4): 89-92, 88.

1992-142 战学仕. X 射线荧光分析仪用于钼精矿品位分析的试验. 有色矿冶, 1992, 2: 51-54.

1992-144 张矾, 方明渭, 岳永平. XRF 基本参数法在锌精矿分析中的应用. 光谱实验室, 1992, 9(6): 34-35, 33.

1992-150 张树蔚, 杨晓辉, 高发奎, 郝敬丹, 薛军. X 射线荧光法测定铬渣中的铬. 甘肃环境研究与监测, 1992, 5(4): 14-16.

1992-151 张小平, 张卫国, 李立. 合金钢的 X 射线荧光光谱分析. 冶金分析, 1992, 12(3): 25-29.

1992-155 赵尔燕, 邱林友. 直接粉末压片 XRFA 法测定锌灰中的多组份. 江西冶金, 1992, 12(3): 41-42.

1992-161 周永益. 铜电解精炼过程中金和银状况. 有色矿冶, 1992, 3: 64.

1993-004 蔡佩亮. 使用含聚四氟乙烯的镀镍及镀铬模具污染情况的评价. 橡胶译丛, 1993, 5: 58-63.

1993-005 曹祥兴, 何锡仁. 轴承钢中痕量元素 As、Sn、Sb、Ph、Ti 的 XRF 法测定. 冶金分析, 1993, 13(4): 52-53.

1993-025 方明渭, 张矶. XRFA 直接测定高冰镍中镍、铜、钴、铁和硫. 北京矿冶研究总院学报, 1993, 2(2): 77-80.

1993-029 高祥琪, 江海涛. 用 X 射线荧光光谱法测定钢材中成份. 光谱实验室, 1993, 10(4): 24-26.

1993-045 胡铁锋. X 射线荧光测量技术在我队金矿找矿中的应用及效果. 物探与化探, 1993, 17(3): 193-200.

1993-103 孙明星, 邵光钧, 卢敬智. 钒钛矿和渣的 X 射线荧光光谱分析. 分析试验室, 1993, 12(5): 64-66, 69.

1993-110 王仁芳, 赵新那. 锌精矿中主要元素的 X 射线荧光光谱分析——PLS 法在 XRFA 中的应用. 冶金分析, 1993, 13(6): 15-18.

1993-111 王松青. 锰矿的 X 射线荧光光谱分析. 光谱实验室, 1993, 10(6): 9-10.

1993-119 岩田嘉一, 张淑兰. X 射线荧光法定量钛合金中的铁、铜、镍. 有色矿冶, 1993, 2: 56-59.

1993-123 杨晓辉, 张树蔚, 高发奎, 郝敬丹, 薛军. 铬渣中铬、镍、锌、锰和铁的 X 射线荧光法测定. 光谱学与光谱分析, 1993, 13(1): 139-144.

1993-129 喻德科. X 射线荧光光谱法测定贵金属精矿中钌和铱. 冶金分析, 1993, 13(5): 61-62.

1993-143 章晔, 侯胜利, 程业勋, 葛良全, 李甫安, 黄德保, 李光猛, 黄镇豪. 桂西地区核地球物理学 α 卡法、γ 能谱法、X 射线荧光法现场勘查金矿研究. 地质与勘探, 1993, 29(11): 45-51.

1993-157 赵克夫, 杨宝泉. 合金铸铁中 Si、Mn、P、S、Ni、Cr、Mo 的 X 射线荧光分析. 冶金分析, 1993, 13(4): 53-55.

1993-161 朱见英, 沈炜, 陈国兴. 钢中残量元素 As、Sn、Sb 的 X 射线荧光光谱分析. 光谱实验室, 1993, 10(5): 50-51, 28.

1994-004 蔡鲲, 韩煜华. 应用 EDXRF 光谱分析和粉末压片新方法测定硅铁中的硅. 机车车辆工艺, 1994, 5: 6-8.

1994-005 蔡鲲, 韩煜华. 用 EDXRF 法测定 K13 钢中的镍铬钨钛铝. 机车车辆工艺, 1994, 1: 11-14.

1994-006 曹书义. 硅铁中 Si、Al、Ca、Mn、Cr、P 和 S 元素的 X 射线荧光光谱分析. 光谱实验室, 1994, 11(3): 16-18.

1994-011 陈武, 周建平, 魏元柏, 肖万生, 朱节清. 安徽铜陵老鸦岭铜矿床中伴生金的赋存状态及选矿工艺. 地质找矿论丛, 1994, 9(3): 73-82.

1994-019 丁雪心. XRF 测定铅锌矿选矿流程中铅、锌、铜. 光谱学与光谱分析, 1994, 14(1): 111-114, 104.

1994-020 杜恒清, 杨培纲. 铁矿石——硅、钙、锰、铝、钛、镁、磷、硫和钾的测定——波长色散 X 射线荧光光谱法. 标准化报道, 1994, 15(6): 48-56.

1994-037 赖万昌. EDXRF 法直接测定铁氧体中 MnO、ZnO 和 Fe_2O_3 的含量. 核技术, 1994, 9: 531-534.

1994-042 李晃, 李莉. EDXRF 测定铅烧结块的粒度效应. 湖南有色金属, 1994, 3: 190.

1994-052 梁钰. 钢中酸溶和酸不溶铝的发射光谱和 X 射线荧光光谱测定. 理化检验-化学分册, 1994, 1: 52-54.

1994-060 刘翰晟. 锆与锆合金中铪的分析进展. 上海有色金属, 1994, 6: 356-362.

1994-080 谭秉和, 张香荣, 姚迪民, 许春晖. 用 X 射线光谱法测定锰的 X 射线发射谱的细结构及锰的价态分析. 岩矿测试, 1994, 3: 169-174.

1994-111 严寿民, 刘洪臣. X 射线荧光法在华北地区金矿勘探中的应用. 黄金科学技术, 1994, 2(3): 43-47.

1994-129 张乔, 赵书林, 胡阳, 郭建雄. 用 X 射线荧光光谱法测定硅铁及硅镁铁合金中的主次量元素. 铸造, 1994, 11: 40-43, 39.

1995-014 陈致芬, 邹恩滕, 林星明, 李运良. 铝土矿轻元素 X 射线荧光分析方法研究. 核技术, 1995, 18(4): 216-219.

1995-018 德喜. X 荧光光谱法分析包头铁精矿. 包钢科技, 1995, 4: 86-90, 69.

1995-022 杜恒清, 杨培纲. 铁矿石——硅、钙、锰、铝、钛、镁、磷、硫和钾的测定——波长色散 X 射线荧光光谱法 ISO9516: 1992(E). 标准化报道, 1995, 16(1): 48-56.

1995-044 赖万昌, 葛良全, 赵友清, 吴建平. 铁矿石 XRF 现场取样技术的研究与应用. 核技术, 1995, 18(12): 744-749.

1995-063 刘翰晟. 锆和锆合金中锡的分析方法评述. 上海有色金属, 1995, 16(3): 167-172.

1995-071 陆晓明, 金德龙. X 荧光光谱分析铸铁中影响因素的研究. 宝钢技术, 1995, 3: 36-40.

1995-073 罗重庆, 夏红卫, 范健. XRF 分析铁矿粉的标准选择判据研究和应用. 分析试验室, 1995, 14(5): 75-79.

1995-080 宁德亮, 赵莹. 真空触头合金中铜碲 X 荧光定量分析方法研究. 理化检验-化学分册, 1995, 31(5): 287-288, 290.

1995-084 邱林友. X 射线荧光测定钨精矿中多组分. 中国钨业, 1995, 10: 17-18.

1995-110 王再田. DJ 和 PH 模型在仿金 (银) 铜合金 XRF 分析中的应用. 兵器材料科学与工程, 1995, 18(4): 62-68.

1995-111 王重华, 张海燕, 邱林友. XRF 测定钛铁矿中的主量和次量元素. 稀有金属与硬质合金, 1995, 4: 40-42.

1995-127 杨森林. X 射线荧光分析钼原矿技术在钼矿山投入应用. 地质与勘探, 1995, 5: 47.

1995-132 张华, 关铁权. X 射线荧光法分析中低合金钢. 计量与测试技术, 1995, 5: 26-28.

1996-005 包生祥. 高岭土精矿的 X 射线荧光分析. 分析化学, 1996, 24(5): 619.

1996-006 Boulis S. N., 吕海燕, 饶瑞. 埃及某些产地白垩纪含碳高岭土的矿物及其化学成分的研究. 地质科学译丛, 1996, 4: 60.

1996-007 卜赛斌. 钐-钴磁粉中钐、钴含量的 X 射线荧光光谱分析. 分析化学, 1996, 24(7): 841-843.

1996-013 陈和乐, 何伯延, 周拒非. 铁矿选矿产品中低微量钍的 X 射线荧光光谱分析. 光谱实验室, 1996, 13(4): 67-69.

1996-029 丁雪心. X 射线荧光光谱法测定锂铌钽矿选矿试样中 Nb_2O_5 和 Ta_2O_5. 地质实验室, 1996, 12(1): 17-18.

1996-034 傅锦华, 顾明通, 常桂文. 钢铁及其合金和铁矿石中稀土分析方法进展. 理化检验-化学分册, 1996, 32(5): 301-303.

1996-037 高新华, 程坚平, 陈金木, 徐家珍. PW1606 多道 X 射线光谱仪在高炉生铁快速分析中的应用. 冶金分析, 1996, 16(3): 20-24.

1996-041 郭成才, 陈艳. 稀土精矿中镧、铈、镨、钕、钐、钆、钇 X 荧光光谱的直接测定. 稀土, 1996, 17(3): 70-71.

1996-063 李叶农. X 荧光能谱法测定合金结构钢标样中五个元素. 福建分析测试, 1996, 5(3): 518-520.

1996-070 刘飞鸣, 高福家, 高新华. 钢中化学元素的 X 射线荧光光谱分析. 光谱学与光谱分析, 1996, 16(6): 107-112.

1996-073 刘磊, 周道玉, 陆坤, 奚大顺. 高精度钛铁含量分析仪及其应用. 物探化探计算技术, 1996, S5(18): 99-102.

1996-080 刘亚琪, 王殿华. 用均匀试验与正交试验选择 X 射线荧光光谱分析钼铁合金的最佳条件. 铁合金, 1996, 1: 45-47.

1996-082 刘志杰, 赵斌, 张宗涛, 胡黎明. 超细核壳铜-银双金属粉的制备. 无机化学学报, 1996, 12(1): 30-34.

1996-083 龙姝军, 田凡. 碳素铬铁合金的 X 射线荧光光谱分析. 冶金分析, 1996, 16(3): 50-51.

1996-086 罗桂诚. X 荧光分析仪在永平铜矿的应用. 江西铜业工程, 1996, 2: 26-27.

1996-089 马静宜. X 荧光光谱法测定不锈钢的研究. 宝钢技术, 1996, 3: 55-60.

1996-090 毛振伟, 张巽, 彭子成. 古代青铜兵器中主要元素的 X 射线荧光光谱分析. 光谱实验室, 1996, 13(5): 17-20.

1996-101 邱林友, 王重华. X 射线荧光光谱-单标法测定铸铁中硅、锰、磷和硫. 昆明理工大学学报, 1996, 21(1): 107-110.

1996-123 吴勃然. XRF 法在聚乙烯微量金属分析中的应用. 合成树脂及塑料, 1996, 13(3): 32-34.

1996-125 吴海林. X 射线荧光光谱仪在冶金矿山的推广应用. 冶金矿山设计与建设, 1996, 4: 57-60.

1996-126 吴建平, 赖万昌. X 射线荧光分析技术在喀拉通克铜镍矿井下现场品位测定. 物探化探计算技术, 1996, 18(S1): 110-113.

1996-130 伍岳, 章晔, 程业勋. X 射线荧光技术在银矿上的应用研究. 物探与化探, 1996, 20(2): 149-151.

1996-139 杨德辉, 郑荣华, 黄近丹, 张文芳, 李叶农. 不锈钢中 15 个元素的 ED-XRF 分析. 福建分析测试, 1996, 5(1): 392-396, 391.

1996-149 张凯, 孙其志, 王岚, 向运荣. 锇铱矿的分解及锇的分离提取. 长春地质学院学报, 1996, 26(4): 115-116.

1997-004 蔡鲲, 韩煜华. X 荧光光谱法测定 K13 钢中镍铬钨钛铝. 冶金分析, 1997, 17(5): 53-54.

1997-005 曹利国, 丁益民, 刘亚平. 合金分析的归一化方法及镀层识别. 核技术, 1997, 20(1): 44-48.

1997-020 杜恒清, 李雯虹, 刘国华. X 射线荧光薄样标准加入法测定硫化物精矿中的砷. 现代商检科技, 1997, 5(3): 37-38.

1997-034 郝丽萍, 杨桂莲, 邓虹, 牛素琴, 王再田. 炮钢中砷、锡、铅、锑和铋有害元素 XRF 光谱分析. 冶金分析, 1997, 17(4): 43-45.

1997-037 何晓微, 郑允弘. 中子活化分析与 X-ray 荧光谱分析比对鉴定 Cr-12 钢. 深圳大学学报, 1997, 14(2-3): 88-91.

1997-046 姜睿. 镀层测厚仪在宝钢热镀锌生产线上的应用. 中国仪器仪表, 1997, 4: 27-30.

1997-051 李林, 王龙, 钟长江. 攀枝花铁矿钻孔岩芯 XRF 值与其物理力学性质关系的研究. 金属矿山, 1997, 4: 42-43.

1997-054 李叶农. X 荧光能谱法测定合金结构钢标样中五个元素. 光谱实验室, 1997, 14(2): 25-27.

1997-055 李叶农. X 荧光能谱法测定锡基合金标样中三个元素. 福建分析测试, 1997, 6(1): 636-637, 635.

1997-057 李叶农, 曲秀文. X 荧光能谱法测定黄铜中的铜. 福建分析测试, 1997, 6(2): 667-669.

1997-058 李叶农, 郑荣华, 黄近丹, 张文芳. X 荧光能谱法测定磷青铜、青铜标样中铜与锡. 光谱实验室, 1997, 14(1): 55-57.

1997-065 刘亨远, 严振庄, 谢东. X 射线荧光法精确测定金属镀层的镀布量. 分析仪器, 1997, 1: 44-45.

1997-070 刘向阳. 钢渣中 TFe、SiO_2、CaO 等的 X 射线荧光分析. 柳钢科技, 1997, 1: 45-46.

1997-088 宁德亮, 赵莹. AgZn 合金中 Zn、Cu X 荧光快速定量分析方法研究. 电工合金, 1997, 3: 43-48.

1997-101 孙成文. 渗铬钢的物理方法检测. 理化检验-物理分册, 1997, 33(3): 27-30.

1997-103 覃丹柳, 熊志英. X 射线荧光光谱法测定烧结矿中 Fe、Ca、Mg 等元素. 光谱仪器与分析, 1997, 2: 34.

1997-107 铁生年. 钼铁中 Mo、Si、Cu 的 X 射线荧光光谱分析. 现代仪器使用与维修, 1997, 5: 51-52.

1997-108 铁生年, 张志刚, 陆建民, 齐进华. 硅铁中 Si、Al、P、Mn、Ca 各元素 X 荧光光谱的测定及研究. 现代仪器使用与维修, 1997, 5: 33-35.

1997-111 王仁芳, 赵新那. 铅精矿中主要元素的 X 射线荧光光谱分析——PLS 法在 XRFA 中的应用. 江西有色金属, 1997, 11(2): 42-45.

1997-116 吴晶玲, 陈麦秀, 陈祯, 刘祖林, 李立. X 射线荧光法对合金钢中微 (痕) 量元素的快速测定. 武汉汽车工业大学学报, 1997, 19(4): 66-69.

1997-120 谢琼心. X 射线荧光光谱分析法测定多金属矿中的铅锌铜. 分析试验室, 1997, 16(5): 76-78.

1997-126 严振庄, 谢东, 刘亨远. X 射线荧光法检测金属镀层厚度. 河北师范大学学报, 1997, 21(2): 44-46.

1997-128 杨建成, 刘金祥. 生铁中有害杂质元素 As 的 X 射线荧光光谱分析. 冶金分析, 1997, 17(6): 46-47.

1998-007 常玉文, 关玉芬. 选矿流程样品中铌和钍的 X 射线荧光光谱法测定. 分析测试学报, 1998, 17(5): 77-79.

1998-022 范健, 罗重庆, 黄文艺, 章执中, 严纪良, 向德磊, 毛先军, 文颉. XRF 法用合金标样的研制及应用研究 I. 热镀锌合金分析. 分析试验室, 1998, 17(1): 3-6.

1998-060 李晴宇, 李燕. X 射线荧光光谱加入法测定钛合金中的钕. 中国有色金属学报, 1998, 8(S2): 217-218.

1998-062 李伟枢, 佘小芳. 铁矿石中锡的 X 荧光光谱测定. 冶金丛刊, 1998, 1: 23-25.

1998-065 李忠山. X 射线荧光光谱法快速测定多金属矿中的砷. 分析试验室, 1998, 17(4): 75-77.

1998-066 李仲轩, 赵天宝. XRF 测定硅铁的制样方法研究. 光谱实验室, 1998, 15(2): 84-87.

1998-069 梁钰, 余群英, 杨东明. 一种新的基体校正方法在 Mn 基合金 XRF 定量分析中的应用. 上海钢研, 1998, 4(1): 27-31.

1998-081 刘思林, 陈趣山, 腾荣厚, 刘时杰, 冯志杰, 张关录. 羰基精炼镍和贵金属的富集与提取. 贵金属, 1998, 19(3): 23-28.

1998-090 罗秋红, 占小龙. 载流荧光分析仪在选矿生产中应用效果分析. 有色金属, 1998, 50(S1): 90-93.

1998-095 裴大荣, 方锡华. 含 Sn 高磁感 (Hi-B) 取向硅钢脱碳退火板面氧化层研究. 武钢技术, 1998, 36(1): 17-20.

1998-098 Ravi Yellepeddi. ARL XRF-XRD 结合型光谱仪在钢铁工业的应用. 钢铁, 1998, 33(8): 63-65.

1998-102 申兆铭, 胡继友, 徐引行, 游文银, 陈鼎玖, 孙德权. X 荧光分析仪在线检测钼精矿产品质量的应用研究. 有色金属 (选矿部分), 1998, 1: 33-36.

1998-117 铁生年, 俞径保, 麻鑫, 韦成贵, 郭占红. X 荧光光谱法测铬铁矿中 Cr、Fe、Si、Mg、Al、Ca 的含量. 冶金标准化与质量, 1998, 12: 16.

1998-126 王学钊. XRF 测定不同热处理状态下的 $Cr_{12}MoV$ 钢的化学成分. 南方钢铁, 1998, 5: 14-15, 6.

1998-127 王学钊. X 射线荧光光谱法测定高温合金钢化学成分. 南方钢铁, 1998, 1: 26-27.

1998-139 郗庚民. 铌钽合金中钨钽铪钛锆的 X 射线荧光光谱分析. 理化检验-化学分册, 1998, 34(12): 561-562.

1998-140 胥成民, 刘邦杰. X 射线荧光光谱粉末直接压片法测定哈默斯雷铁矿中的主次元素含量. 光谱实验室, 1998, 15(2): 80-83.

1998-141 胥成民, 任丽萍, 蒋海宁, 吴非, 王芳. X 射线荧光光谱粉末压片法测定进口铁矿中的主次元素含量. 检验检疫科学, 1998, 8(6): 12-14.

1998-147 杨成选. 合金铸铁的 X 射线荧光光谱分析. 光谱实验室, 1998, 15(3): 71-75.

1998-150 杨森林. X 射线荧光分析技术在钼矿山的应用. 中国钼业, 1998, 22(2): 46-48.

1998-157 余群英, 李新荣. 用 Simultix10 X 射线荧光光谱仪分析高合金钢. 上海钢研, 1998, 6: 44-47.

1998-162 张寿庭, 丁益民, 朱创业, 沈军辉. X 射线荧光分析技术在四川龙塘铅锌矿成矿规律研究与资源评价中的应用. 物探与化探, 1998, 22(2): 116-121, 133.

1998-167 赵秀慧. TXF-901 型 X 荧光分析仪用于钼选厂生产矿样快速分析的应用研究. 有色金属 (选矿部分), 1998, 5: 41-45.

1998-168 郑建安, 庹先国. X 射线荧光快速分析多类型铜精矿品位. 分析试验室, 1998, 17(3): 86-88.

1998-177 Zhuang Hanping, Lu Jialan, Fu Jiamo, Liu Jinzhong. Organic/ inorganic occurrence of metallic elements of the black shale-hosted Baiguoyuan silver-vanadium deposit in Xingshan, Hubei. Acta Geologica Sinica (English Edition), 1998, 72(3): 299-307.

1998-179 庄汉平, 卢家烂, 傅家谟, 刘金钟, 任炽刚, 邹德刚. 湖北兴山白果园黑色页岩型银钒矿床改造成矿作用的证据. 科学通报, 1998, 43(12): 1328-1332.

1998-180 庄汉平, 卢家烂, 傅家谟, 刘金钟, 任炽刚, 邹德刚. 临沧超大型锗矿床锗赋存状态研究. 中国科学 (D 辑: 地球科学), 1998, 28(S2): 37-42.

1999-001 艾伦 J. L., 马玉聪. 阳光 (Sunshine) 选矿厂的流程改进. 国外选矿快报, 1999, 2: 12-15, 19.

1999-006 蔡鲲, 李昌华, 刘章大, 李桂英. 用能量色散型 X 荧光法测定超高磷铸铁中的磷. 光谱学与光谱分析, 1999, 19(3): 186-188.

1999-020 范健, 罗重庆, 黄文艺, 余会成, 章执中, 邹辉, 向德磊, 毛先军, 文颉, 严纪良. XRF 分析用合金标样的研制及在锌饼合金中的应用. 理化检验-化学分册, 1999, 35(10): 451-454.

1999-022 方名戍, 傅友俊, 吴奕阳. 铂制品中铂含量的无损方法——能量色散 X 射线荧光光谱法. 上海计量测试, 1999, 5: 43-45.

1999-027 高伟. XRF-5300H 测厚仪测量系统能力分析. 电镀与精饰, 1999, 21(4): 40-42.

1999-029 郭芳, 李小杰, 陈智勇. X 射线荧光法分析低合金钢中碳. 光谱学与光谱分析, 1999, 19(3): 182-185.

1999-037 郝贡章, 卜赛斌, 高新华, 谢荣厚. X 射线荧光光谱法直接测定电工硅钢钢屑中的微量元素. 分析试验室, 1999, 18(6): 59-62.

1999-038 何锦锋. X 荧光光谱法测量贵金属含量的常见问题的讨论. 标准计量与质量, 1999, 2: 33-34.

1999-042 胡坚. 新型 X 射线荧光光谱仪在浇注料抗侵蚀研究中的应用. 耐火材料, 1999, 4: 221-223, 246.

1999-056 李国会. X 射线荧光光谱法测定铬铁矿中主次量组分. 岩矿测试, 1999, 18(2): 53-56.

1999-057 李升, 李锦光. X 射线荧光光谱-玻璃熔融制样法分析铁矿中主成分和微量成分. 光谱实验室, 1999, 16(3): 122-124.

1999-071 卢家烂, 庄汉平, 傅家谟, 刘金钟. 湖北兴山白果园黑色页岩型银钒矿床中银钒赋存状态研究. 地球化学, 1999, 28(3): 222-230.

1999-084 牛素琴, 杨桂莲. X 射线荧光光谱法测定工具钢中各成份. 冶金分析, 1999, 19(1): 56-57.

1999-090 石毓霞, 李韶梅, 王国增. 钛矿的 X 射线荧光光谱分析. 河北冶金, 1999, 3: 16-17, 25.

1999-094 唐菊兴, 唐进, 高德荣, 林文第, 慕纪录. X 射线荧光分析方法在毒重石-钡解石-钡白云石型钡矿评价中的应用. 成都理工学院学报, 1999, 26(1): 41-44.

1999-098 田永康, 曾宪修. X 荧光分析仪在韶冶原料品位快速检测中的应用. 有色金属 (冶炼部分), 1999, 3: 43-46.

1999-100 铁生年, 苗瑞雪. 钼铁中 Mo, Si, Cu 的 X 射线荧光光谱分析. 冶金分析, 1999, 19(5): 53-54.

1999-107 王可明, 杜吉波, 韩大川. 硅锰合金中主要元素的能量色散 X 荧光光谱法测定. 现代商检科技, 1999, 9(3): 62-64.

1999-109 王少林, 崔凤辉, 李明洁, 冯福兴. 镍钛记忆合金的 X 射线荧光光谱法分析. 分析试验室, 1999, 18(1): 98-99.

1999-112 王再田, 牛素琴, 邓虹. XRF 光谱测定钨精矿 WO_3(%) 简便方法. 光谱学与光谱分析, 1999, 19(1): 94-95.

1999-114 尉军. 选矿物料中镍铜硫及氧化镁的X荧光快速分析方法研究. 有色冶炼, 1999, 28(S1): 68-70, 124.

1999-115 闻春国. PdCo合金——一种优良的接触件表面涂覆材料. 机电元件, 1999, 19(3): 13-17.

1999-124 熊国林. X荧光分析仪在永平铜矿浮选工艺中的应用实践. 江西有色金属, 1999, 13(1): 26-28.

1999-125 熊国林, 孙芝地. 选矿自动化中荧光分析仪的应用. 矿冶, 1999, 8(3): 84-87.

1999-126 胥成民, 刘邦杰. 铁矿的X射线荧光光谱分析. 理化检验-化学分册, 1999, 35(2): 61-62.

1999-131 杨学明, 杨晓勇, 王奎仁, 林秀清, 王贤觉, 张玉良. 安庆月山铜钼矿床金的赋存状态与分布规律研究. 高校地质学报, 1999, 5(1): 34-44.

1999-134 叶斌. X射线荧光分析仪在诺兰达生产中的故障判断及处理. 有色冶炼, 1999, 28(5): 56-57.

1999-136 袁慧, 金立云, 张怀礼, 朱林霞. X射线荧光光谱分析法测定 ^{235}U 冶金炉渣中微量U. 原子能科学技术, 1999, 33(3): 62-65.

1999-141 詹秀春, 梁国立, 陈永君. 基本参数X射线荧光光谱法分析贵金属合金样品. 现代仪器, 1999, 5: 16-18, 24.

1999-144 张伟超. X射线荧光光谱仪测定低合金钢中Pb、Zn、Sn、As等元素. 冶金丛刊, 1999, 1: 35-21.

1999-145 张伟超. X荧光光谱仪测定炼钢用铝条试样中的8个元素. 光谱实验室, 1999, 16(2): 80-82.

1999-151 赵耀, 王再田. XRF熔融制样法测定铜精矿中的Cu、Fe、S、Pb、Zn、As、Bi、Mo. 分析试验室, 1999, 18(1): 21-24.

1999-158 朱宗元, 刘华珍. 镍基合金叶片的热腐蚀与防护. 腐蚀与防护, 1999, 20(5): 226-230.

2000-012 陈新, 胡晓静, 欧阳昌俊, 林淑芝. X射线荧光法对镁铬砂成分的定量测定. 光谱实验室, 2000, 17(4): 431-434.

2000-018 高文红, 王文生, 陈学琴, 张桂华. X荧光玻璃熔片法测定铁矿石. 山东冶金, 2000, 22(2): 48-49.

2000-021 葛宜运, 曾尊五, 周德云, 沈克, 刘翔, 王新海, 张征. 用XRF-XRD结合型光谱仪分析烧结矿中的氧化亚铁. 武钢技术, 2000, 38(1): 25-27.

2000-042 李海军. 矿石中多元素的XRF分析. 光谱实验室, 2000, 17(2): 235-237.

2000-047 梁鹏山, 田敏. 铁矿中分析元素的X射线荧光光谱测定. 浙江冶金, 2000, (4): 26-29.

2000-048 梁钰, 余群英. 钢及合金中碳的X射线荧光光谱分析讨论. 冶金分析, 2000, 20(2): 25-27, 30.

2000-049 刘彻, 邓良平. X射线荧光光谱法在密闭鼓风炉炉渣分析中的应用. 冶金分析, 2000, 20(3): 55-57.

2000-059 彭兵, 张传福, 彭及, Lobel J., Kozinski J. A. 电弧炉粉尘直接还原炉渣氧化和脱硫能力计算热力学. 中南工业大学学报（自然科学版）, 2000, 31(6): 497-501.

2000-064 时军波. X射线荧光光谱法测定钨铁合金（粉末）中的钨、铁、硅、锰、铜. 化学分析计量, 2000, 9(4): 20-21.

2000-075 童运福, 庹先国, 周建斌, 刘磊, 成毅, 邵书钧, 孙连有, 姜宝禄, 张庆丰, 张爱民. 多种矿石多元素X荧光分析技术. 核技术, 2000, 23(9): 608-613.

2000-076 庹先国, 周建斌, 成毅, 童运福, 孟长春, 陈树民, 周友斌, 刘胜华, 谢泽君. 钛精矿品位在线检测系统的开发. 金属矿山, 2000, (10): 27-29.

2000-082 王坚, 庹先国, 成毅, 李亿红. X射线荧光分析在铅锌精矿检验中的应用. 金属矿山, 2000, (8): 28-29.

2000-083 王进玉. 敦煌石窟合成群青颜料的研究. 敦煌研究, 2000, (1): 76-81.

2000-092 吴辛友, 童坚. 我国钨工业化学分析进展. 稀有金属, 2000, 24(6): 427-433.

2000-099 杨东明. 基本参数法分析钴基合金. 上海钢研, 2000, (4): 28-32.

2000-101 杨明太, 高戈, 齐红莲. EDXRF法无损测定 Ni-Mn-Co 触媒合金组份. 原子能科学技术, 2000, 34(S1): 49-52.

2000-107 伊志宏, 于想琼. X 射线荧光光谱法测定高炉渣和电炉渣中 8 种常见元素. 华东地质学院学报, 2000, 23(4): 349-350.

2000-120 张璐, 龚宜勇. 熔融法在 X 荧光分析硅锰合金中的应用. 天津冶金, 2000, (5): 25-26.

2000-134 Zhou Ji hong, Chen Qi yuan, Zhang Ping min, Yin Zhou lan. Separation and determination of sulfur with different valance in polysulfide mixture. Journal of Central South University of Technology (English Edition), 2000, 7(3): 149-151.

2001-005 陈春泉, 邓良平. XRF 法在密闭鼓风炉粗锌分析中的应用. 光谱学与光谱分析, 2001, 21(5): 670-672.

2001-013 邓良平. XRF 法测定铅锌混合矿中银. 冶金分析, 2001, 21(4): 61-62.

2001-030 郝贡章, 卜赛斌, 高新华, 谢荣厚. 不锈钢的 X 射线荧光光谱分析. 分析测试学报, 2001, 20(2): 66-69.

2001-034 胡正阳, 邢华宝, 浦红, 程坚平. XRF 熔融法测定钒渣中钒. 冶金分析, 2001, 21(6): 46-47.

2001-040 吉昂, 卓尚军, 陶光仪. 能量色散 X 射线荧光光谱在钢铁工业中的应用. 钢铁, 2001, 36(10): 64-68.

2001-043 阚斌, 邹美娟, 宋祖峰. 保护渣的 X 射线荧光光谱分析. 安徽冶金, 2001, (2): 44-47, 31.

2001-051 李万国. 长钢高炉渣的 X 射线荧光光谱分析. 山西冶金, 2001, (4): 62-63.

2001-074 苗国玉, 杜建民, 董中华. 镁砂的粉末直接压片法 X 荧光光谱分析. 冶金分析, 2001, 21(1): 53-55.

2001-078 Peng Bing, Peng Ji, Zhang Chuan fu, Jonathan Lobel, Janusz A. Kozinski. Thermodynamics calculation on the oxidation and sulfur removal abilities of slag in EAF dust pellet reduction process. Journal of Central South University of Technology (English Edition), 2001, 8(1): 64-68.

2001-093 舒钧, 陈君, 罗喜清. 铁合金的 X 射线荧光光谱分析. 江苏冶金, 2001, (4): 50-51.

2001-101 铁生年, 胡艳妮, 侯春生, 祁旭丞. X 射线荧光光谱仪测定铝合金中 Si, Mn, Fe, Cr, Ni, Ti, Cu. 冶金分析, 2001, 21(1): 55-56.

2001-118 吴建平. 同位素 X 射线荧光分析技术在汞锑矿的应用研究. 四川有色金属, 2001, (3): 56-58.

2001-135 伊志宏, 于想琼. 硅锰合金的 X 射线荧光分析. 华东地质学院学报, 2001, 24(2): 157-159.

2001-137 游华, 刘梅山, 徐文荣. X 射线荧光光谱法测定硅锰合金. 福建分析测试, 2001, 10(1): 1363-1365.

2001-146 张平建, 王德全. X 射线荧光光谱法在高炉生铁快速分析中的应用. 山东冶金, 2001, 23(5): 54-55.

2001-160 周素莲, 蔡永海, 黄肇敏. 合金工具钢的 X 射线荧光光谱分析. 光谱学与光谱分析, 2001, 21(4): 572-574.

2001-165 邹辉. XRF 光谱法在铅精矿分析中的应用. 湖南有色金属, 2001, 17(S1): 62-63.

2002-005 陈卫东. X 射线荧光光谱仪测定阳极铜的成分. 安徽冶金, 2002, (1): 42-45.

2002-019 高文红, 陈学琴, 张桂华, 王文生. X 荧光玻璃熔片法分析铁矿石. 理化检验-化学分册, 2002, 38(2): 72-73, 75.

2002-030 郝丽萍, 王再田. 熔融制样法对硫铁矿、铜精矿和方铅矿主量元素的 XRF 光谱测定. 兵器材料科学与工程, 2002, 25(5): 58-59, 72.

2002-045 蒋育澄, 岳涛, 高世扬, 夏树屏. 重稀碱金属铷和铯的分离分析方法进展. 稀有金属, 2002, 26(4): 299-303.

2002-049 阚斌, 邹美娟, 宋祖峰. 保护渣的 X 射线荧光光谱分析. 马钢职工大学学报, 2002, 12(2): 4-7.

2002-054 冷晓梅. X 荧光光谱仪在膨胀合金成分测定中的应用. 物理测试, 2002, (2): 39-41.

2002-055 李兵, 罗重庆. X 射线荧光光谱灰化薄样法测定锌合金中 Al, Cu, Sn, Fe, Pb 和 Cd. 冶金分析, 2002, 22(1): 14-16, 8.

2002-063 李中玺, 周丽萍, 冯玉怀. 现代分析仪器在贵金属分析中的应用及进展. 黄金科学技术, 2002, 10(3): 1-6.

2002-069 林忠, 蒋晓光, 李卫刚. 用波长色散 X 射线荧光光谱法测定锰矿石中的锰、铁、硅、铝、钛、钙、镁和磷等元素. 中国锰业, 2002, 20(2): 1-3.

2002-084 齐郁, 李小杰, 崔隽, 沈克, 葛宜运. X 射线荧光法分析钢中的稀土总量. 冶金分析, 2002, 22(6): 20-23.

2002-095 童晓民, 张乔, 车沃恒, 臧树良. X 射线荧光光谱测定钛合金样品中多元素. 岩矿测试, 2002, 21(3): 215-218.

2002-097 庹先国, 程渤, 王颖, 张洪, 黄教勇, 谷俊, 胡太吉. 钙、铁、硅 (碱度) X 荧光分析仪在攀钢炼铁厂的应用. 分析试验室, 2002, 21(3): 40-42.

2002-123 肖刚毅, 赖万昌, 葛良全. 应用 XRF 分析仪快速分析铁精矿中的 Si、S、K 和 TFe 含量. 物探与化探, 2002, 26(4): 312-314.

2002-124 肖洪训, 杜登福. XRF 应用钴内标法测定铁矿石中的全铁. 湖南冶金, 2002, (1): 39-42.

2002-125 谢桂龙, 项志清, 宋兆华. XRF 光谱法测定铁矿石中的 Al_2O_3. 南方金属, 2002, (1): 6-8.

2002-129 徐文荣. 粉末压片 XRFS 法快速测定硅铁合金中主要元素. 福建分析测试, 2002, 11(3): 1624-1625.

2002-136 杨烽, 汪敦喜, 徐筱芸, 梁恩刚. 轴承钢痕量 Ti, Sn, Sb, Pb, As 的 X 射线荧光光谱分析. 特殊钢, 2002, 23(1): 55-56.

2002-140 姚艳红, 阚玉和, 王思宏, 尹起范. 探讨硅铁中硅的测定方法. 延边大学学报 (自然科学版), 2002, 28(3): 185-188.

2002-141 应海松, 王松青, 孙锡丽, 应晓浒. 进口铁矿中锰含量测定方法的改进. 检验检疫科学, 2002, 12(6): 37-38, 25.

2002-144 余群英, 梁钰. 软磁铁氧体用氧化铁中主量及微量元素测定. 上海钢研, 2002, (1): 27-30.

2002-151 张乔, 童晓民. 铬铁矿砂中主要成分的 X 射线荧光光谱法测定. 铸造, 2002, 51(7): 442-445.

2002-154 张香荣. 炉渣和原材料的 X 射线荧光光谱快速分析. 冶金分析, 2002, 22(1): 11-13.

2002-164 郑荣华, 张文芳, 黄近丹, 李叶农. XRF 测定铂制品中 Pt、Au、Pd、Ag、Cu、Ni 等 6 种元素含量. 福建分析测试, 2002, 11(1): 1505-1508.

2002-165 郑荣华, 张文芳, 黄近丹, 李叶农. XRF 法测定铂制品中的 Pt、Au、Pd、Ag、Cu 和 Ni. 光谱实验室, 2002, 19(4): 493-497.

2003-005 常玉文. X 射线荧光光谱法测定铁矿石中的锡. 金属矿山, 2003, (5): 39-40.

2003-017 丁仕兵, 刘稚, 刘淑珍. X 射线荧光光谱法测定矾土中硅、铁、钾、钙、钛、锰、铝、镁、磷等氧化物含量. 冶金分析, 2003, 23(4): 21-23.

2003-021 傅俊卫, 夏珍珠. 光谱法测定贵金属湿法冶炼物料中的金. 冶金分析, 2003, 23(3): 48-50.

2003-050 黄亚继, 金保升, 仲兆平, 孔火良. 煤粉炉中痕量元素迁移影响因素的研究. 热能动力工程, 2003, 18(1): 30-34, 106.

2003-054 阚斌, 程坚平, 宋祖峰. X 荧光光谱法分析 LF-VD 精炼炉炉渣. 安徽冶金, 2003, (1): 44-47.

2003-062 李德军, 董宏海, 陆丽光, 王国军. XRF 法检验出口硅铁产品中元素硅和铝的含量. 化学工程师, 2003, (4): 29-30.

2003-065 李华斌. X 射线荧光光谱法测定转炉渣中 CaO, MgO, SiO_2. 冶金分析, 2003, 23(6): 58-59.

2003-069 李俏梅, 王启民, 王顺生. X 射线荧光光谱分析硅铁成分样品制备对分析准确性的影响. 现代仪器, 2003, (6): 22-23.

2003-082 林忠, 蒋晓光, 李卫刚, 郑江, 胥建民, 刘邦杰. 波长色散 X 射线荧光光谱法测定铁矿石中铁硅钙铝磷镁锰钛. 理化检验-化学分册, 2003, 39(4): 207-208,

211.

2003-097 罗湘宁,李友元,吴志华.X射线荧光光谱法测定氧化铝中杂质含量.冶金分析,2003,23(5): 43-46.

2003-099 马鹏,谷雪辉.X射线荧光光谱仪所用电解质标样的研制.有色冶金节能,2003,20(1): 18-21.

2003-103 牛素琴,李岩,刘子瑜.白铜合金中主量元素之间基体效应与XRF光谱分析方法的研究.兵器材料科学与工程,2003,26(4): 44-46.

2003-105 彭建玲,王国增,赵伟,侯艳冰,李韶梅,殷雪霞.X射线荧光光谱法测定白灰中氧化钙和硫.冶金分析,2003,23(4): 63-64.

2003-109 曲月华.X射线荧光光谱法快速分析高炉渣中TiO_2.冶金分析,2003,23(5): 40-42.

2003-112 宋武元,高新华,俞冰,郑建国.X射线荧光光谱测定纯铜样品中的痕量杂质元素.科学技术与工程,2003,3(6): 528-532.

2003-113 宋武元,钟沛余,梁静,郑建国.X射线荧光光谱测定纯铜样品中微量和痕量杂质元素.检验检疫科学,2003,13(5): 19-22.

2003-123 铁生年,康桃英,金虹,陈列,张志刚.X射线荧光光谱法测定精炼渣成份.青海大学学报(自然科学版),2003,21(5): 38-39,43.

2003-125 童晓民,韩菲,朱智,金小成,薛孝民.铸造铝合金样品的X射线荧光光谱分析.岩矿测试,2003,22(4): 303-306.

2003-137 王宁芳,铁生年.电炉渣的X射线荧光光谱分析.青海师范大学学报(自然科学版),2003,(1): 39-40.

2003-144 王烨,颜芝.我国贵金属饰品成色检验进展.岩矿测试,2003,22(4): 284-290.

2003-146 王颖,邢云秋.X射线荧光光谱法无损检测金标样制备.黄金,2003,24(8): 48-50.

2003-147 王瑜,刘金祥,王庆光.生铁的X荧光光谱法快速分析.大型铸锻件,2003,(4): 44-50.

2003-150 吴岩青.X射线荧光光谱法测定管线钢中Si,Mn,P,Nb,V和Ti.冶金分析,2003,23(6): 54-55.

2003-151 吴奕阳,叶晓珉,方名戌.波长色散X射线荧光光谱法测定纯金中金.理化检验-化学分册,2003,39(11): 639-640.

2003-166 杨红,王新海,周德云,赵蕴智.X射线荧光光谱法测定铁矿石中As含量.冶金分析,2003,23(5): 62-64.

2003-167 杨华.铂里挑铱.中国黄金珠宝,2003,(4): 69-70.

2003-188 张飙飞.X射线荧光光谱法测定铁矿石中各组分.冶金分析,2003,23(3): 53-54,50.

2003-214 朱明亮,金旭荷.能量色散型X荧光分析仪测定生铁样品.理化检验-化学分册,2003,39(4): 241-242.

2004-001 陈珊.X射线荧光能谱法测定贵金属含量的测量不确定度分析.光谱实验室,2004,21(5): 985-988.

2004-014 董宏海.XRF法测定硅铁中硅和铝的含量.检验检疫科学,2004,14(2): 32-33.

2004-038 阚斌,程坚平,宋祖峰.X荧光光谱法分析LF-VD精炼炉炉渣.光谱学与光谱分析,2004,24(10): 1273-1275.

2004-043 李华斌.X射线荧光光谱法测定球团矿中各组分.冶金分析,2004,24(3): 81-82.

2004-053 李雪冬,陈延昌,安青,吴晓辉.X射线荧光法测定氧化铁皮中硅锰磷.理化检验-化学分册,2004,40(6): 351.

2004-056 刘斌,吴奕阳,陈丁滢.波长色散X射线荧光光谱法对纯银中银含量的测试.上海计量测试,2004,(3): 23-24.

2004-075 彭文明,边立槐,钟静.高炉炉渣X射线荧光光谱分析方法研究.天津冶金,2004,(3): 39-40,50.

2004-080 秦玲玲,魏海玉,陶蕊.Quant A S分析在炼铁生产中的应用.河北冶金,2004,(5): 49-50.

2004-086 石兵.X射线荧光光谱法测定生铁中的次量元素.四川冶金,2004,(4): 38-40.

2004-087 司玉锋,陈子勇,孔凡涛,赵良久,陈玉勇.Ti-22Al-25Nb合金ISM熔炼过程中的成分控制. 铸造技术, 2004, 25(11): 834-836.

2004-088 宋永清, 卜赛斌, 陆少兰, 刘洋, 黄永忠. 多元体系铂饰品校正样品的研制及在 X 射线荧光无损检测中应用. 冶金分析, 2004, 24(2): 60-62.

2004-089 宋兆华, 武映梅, 谢桂龙. X 射线荧光光谱法测定高炉渣中的 Al_2O_3. 南方金属, 2004, (2): 9-11.

2004-090 宋兆华, 武映梅, 谢桂龙. X 射线荧光光谱法测定转炉渣主要成份. 科学技术与工程, 2004, 4(7): 535-541.

2004-104 王家亮, 龚宜勇, 张璐. 精炼渣 X 射线荧光快速分析. 天津冶金, 2004, (2): 8-9, 49.

2004-121 吴秀兰, 朱明达, 张志峰, 王伊琴. 高倍稀释熔融制样 X 射线荧光光谱测定钨砂和铬铁矿中主含量. 岩矿测试, 2004, 23(1): 73-74.

2004-124 谢荣厚, 詹秀春. 高炉渣的偏振化能量色散 X 射线荧光光谱分析. 冶金分析, 2004, 24(2): 37-39.

2004-165 赵艳娟, 张运波, 齐兵. X 射线荧光光谱法测定电转炉渣中 8 种元素. 河北冶金, 2004, (6): 47-48, 52.

2004-170 朱纪夏, 李庆美. X 射线荧光光谱法测定烧结矿中硅钙镁锰硫铁铝. 冶金分析, 2004, 24(1): 73.

2004-171 朱纪夏, 李庆美. X 射线荧光光谱法快速测定生铁中硅锰硫磷钛. 理化检验-化学分册, 2004, 40(4): 233-234, 236.

2005-005 陈少鸿, 陈建国, 应晓浒, 王谦. 铜精矿样品的氧化条件及其机理探讨. 岩矿测试, 2005, 24(1): 47-50, 58.

2005-018 董彦辉, 李光平, 郑庆瑜. X 射线荧光法快速测定硅铝合金中的硅含量. 现代仪器, 2005, (6): 25-26.

2005-052 蒋薇. X 射线荧光光谱法测定钒钛磁铁矿成分. 光谱实验室, 2005, 22(5): 940-942.

2005-053 蒋薇. X 射线荧光光谱法测定冶金熔剂的方法研究. 光谱实验室, 2005, 22(3): 496-498.

2005-061 李超. XRF 法测定铁矿石中 TFe、SiO_2 和 P. 光谱实验室, 2005, 22(2): 360-361.

2005-071 李树华, 张庆波, 白爽, 刘丽. 不锈钢的 X 射线荧光光谱分析及其牌号的自动模糊识别研究. 冶金分析, 2005, 25(5): 23-28.

2005-079 廖翠萍, 吴创之, 颜涌捷. 生物质气化发电厂灰渣中微量元素的分布与富集规律. 燃料化学学报, 2005, 33(4): 456-459.

2005-088 刘向阳. X 射线荧光光谱法在测定生铁中 Si、Mn、P、S、As 中的应用. 柳钢科技, 2005, (4): 43-46.

2005-090 刘新斌, 申琴芳, 尚青龙, 陈晓霞. X 射线荧光光谱法测定炉渣中的主要成分. 光谱实验室, 2005, 22(1): 58-61.

2005-095 陆晓明, 金德龙, 林国强, 孙福民. 离心浇铸制样 X 射线荧光光谱测定铬铁中铬、硅、磷. 冶金分析, 2005, 25(1): 45-48.

2005-108 彭国瑞. GH4169 合金的 X 射线荧光光谱分析. 冶金标准化与质量, 2005, 43(5): 3-4.

2005-109 彭文明, 边立槐, 钟静. X 射线荧光光谱法对硅锰合金中多元素的同时分析. 天津冶金, 2005, (4): 39-40, 46.

2005-111 齐郁, 马广平, 李莹. X 射线荧光光谱法分析 CaO 基脱硫剂中总钙、氟化钙、氧化钙、二氧化硅和硫. 冶金分析, 2005, 25(3): 70-72.

2005-114 桑林, 彭文明. X 射线荧光光谱法测定焦炭、焦粉灰分中 TFe、SiO_2、Al_2O_3、CaO、MgO、K_2O 和 Na_2O 的含量. 天津冶金, 2005, (3): 36-37, 59.

2005-121 Soltan M. E., Rageh H. M., Rageh N. M., Ahmed M. E.. Experimental approaches and analytical technique for determining heavy metals in fallen dust at ferrosilicon production factory in Edfu, Aswan, Egypt. Journal of Zhejiang University Science, 2005, 6B(8): 708-718.

2005-132 苏峥. X 射线荧光光谱法在铁矿石分析中的应用. 河北冶金, 2005, (3): 44-45,

2005-139 唐红. X射线荧光光谱法快速分析烧结块中硫含量. 湖南有色金属, 2005, 21(6): 34-35.

2005-146 童晓民, 赵宏凤, 黄春燕, 赵一波. X射线荧光光谱法测定炉渣中13种组分. 冶金分析, 2005, 25(6): 12-16.

2005-150 王洁, 杨磊, 王敬群, 赵永儒. 抗生素生产工业废渣中锌镉元素的分析测定. 南方冶金学院学报, 2005, 26(1): 52-55.

2005-160 魏海玉, 秦玲玲, 陶蕊. X射线荧光光谱仪分析颗粒灰中的SiO_2、CaO和MgO. 理化检验-物理分册, 2005, 41(4): 188-190.

2005-168 吴茂华, 胡广峰, 王念俊. X射线荧光法测定高碳铬铁中的Cr、Si、P. 山东冶金, 2005, 27(4): 58-59.

2005-175 萧民强, 宋兆华, 马秀艳. X射线荧光仪FP法测定生铁中多元素. 现代仪器, 2005, (2): 16-18.

2005-188 应晓浒, 陈少鸿. 普通X射线荧光光谱仪分析铜精矿样品在储存过程中化学态的变化. 光谱学与光谱分析, 2005, 25(6): 952-954.

2005-199 张殿英, 李超, 辛学武. 利用X射线荧光光谱法测定转炉渣中SiO_2等8种成分的研究. 冶金标准化与质量, 2005, 43(2): 9-12.

2005-209 张蓉, 陈映宏. X射线荧光光谱仪对中低合金钢中元素的测定. 特钢技术, 2005, (2): 24-26.

2005-219 张运波, 齐兵, 刘喜秀, 陶蕊. X射线荧光光谱法测定钢中的有害元素. 化学分析计量, 2005, 14(2): 56-57.

2005-229 甄洪香, 徐增芹, 葛镧. X射线荧光光谱法测定生铁中硅和磷. 冶金分析, 2005, 25(4): 41-42.

2005-233 钟伟, 吴细平, 谢超辉, 卢宏. X射线荧光光谱法快速测定生铁中硅、锰、磷、硫、砷. 江西冶金, 2005, 25(3): 29-30.

2006-074 简虎, 吴松坪, 姚高尚, 熊腊森. 能量色散X射线荧光光谱分析及其应用. 电子质量, 2006, (1): 13-15.

2006-006 蔡军, 范旭红, 薛莹. X射线荧光光谱法测定电熔镁砂的主次成分. 江苏冶金, 2006, 34(3): 45-47.

2006-034 丁仕兵, 曲晓霞, 岳春雷. X射线荧光光谱法测定铁矿石中全铁. 冶金分析, 2006, 26(3): 96-97.

2006-052 郭庆斌. 能量色散-X射线荧光法测定铝锭中11种杂质元素的研究. 湖南冶金, 2006, 34(1): 39-42.

2006-076 蒋薇, 刘伟. X射线荧光光谱法测定锰矿石成分. 冶金标准化与质量, 2006, 44(5): 10-12.

2006-095 李进平, 侯浩波, 甘金华, 周旻, 朱书景. 烧结法提取沸腾炉渣中的铝和铁. 安全与环境学报, 2006, 6(5): 75-78.

2006-096 李明洁, 王少林, 崔凤辉. 钕-铁系稀土永磁合金的X射线荧光光谱分析. 分析试验室, 2006, 25(12): 81-83.

2006-106 李新家. 粒度效应对X射线荧光光谱分析烧结矿的影响. 冶金分析, 2006, 26(3): 92-93.

2006-108 李岩, 董秀文, 陈新, 于志伟. 高杂质钼铁中Mo等元素的能量色散X射线分析. 分析科学学报, 2006, 22(5): 547-550.

2006-114 廖丽平, 项秀智, 徐文松. X荧光仪在炼钢炉前全自动分析的一种应用. 科学技术与工程, 2006, 6(18): 2945-2948, 2957.

2006-153 吕彦凤, 郭洪涛, 赵显武. 能量色散X荧光法快速测定高炉渣中硅钙镁. 中国冶金, 2006, 16(11): 33-36.

2006-159 苗国玉. 硅铝铁合金粉末直接压片法荧光分析研究. 冶金标准化与质量, 2006, 44(5): 8-9.

2006-184 师世龙. XRF法测定锌合金中的铝. 光谱实验室, 2006, 23(1): 156-158.

2006-195 孙会彦, 孔安华, 魏海玉, 秦玲玲, 刘研, 葛晶晶. 冶金原材料中有害元素磷的在线快速分析. 河北化工, 2006, 29(4): 47, 64.

2006-196 孙丽, 李德才. X荧光光谱分析法测定高炉炉渣. 冶金动力, 2006, (6): 79-80.

2006-203 陶蕊, 张运波, 刘喜秀. X射线荧光光谱法分析铁水中5种杂质元素. 冶金分

析, 2006, 26(1): 88-89.

2006-204 庹先国, 成毅, 穆克亮, 任家富, 何伶俐, 李向阳, 曾旖, 曹顺根, 卢斌. 攀矿铁精矿矿浆品位的原位 EDXRF 分析试验. 分析试验室, 2006, 25(3): 12-16.

2006-206 庹先国, 穆克亮, 成毅, 任家富, 何伶俐, 李向阳, 曾旖, 曹顺根, 卢斌. EDXRF 法矿浆品位在线分析系统的探讨. 金属矿山, 2006, (5): 59-62.

2006-208 王必山, 孙雪松, 郭峰. X 射线荧光光谱法测定铁矿石中的含铁量. 安徽冶金, 2006, (1): 47-48.

2006-209 王朝斗, 万爱福, 王卫强. X 射线荧光光谱法分析炼钢污泥中化学成分. 光谱实验室, 2006, 23(4): 866-868.

2006-211 王朝斗, 魏晓卿, 王卫强. 用国产熔融炉熔片 X 射线荧光光谱法分析铁精矿. 光谱实验室, 2006, 23(1): 129-131.

2006-215 王德全, 张平建, 葛海英, 张寒, 李凌云. XRF 玻璃融片法测定铁精粉中主次量元素. 科学技术与工程, 2006, 6(18): 2955-2957.

2006-218 王桂香, 李宁, 李娟, 黎德育. 以次亚磷酸钠为还原剂的塑料直接镀铜. 精细化工, 2006, 23(1): 70-73, 93.

2006-219 王家君, 张德林, 朱清玮, 王世荣, 吴燕婕, 熊柏青, 崔舜, 林晨光. 凹印铜金粉表面理化特性的研究. 稀有金属, 2006, 30(6): 846-849.

2006-229 王小武, 梁艳容. X 荧光光谱法测定硅锰合金中主元素 Mn 含量的研究. 冶金丛刊, 2006, (5): 34-36.

2006-231 王笑笑, 郑存江. 螺栓用圆钢截面的元素分布分析. 理化检验-物理分册, 2006, 42(5): 245-247.

2006-244 魏海玉, 秦玲玲, 陶蕊. X 射线荧光光谱法测定颗粒灰中二氧化硅、氧化钙、氧化镁. 冶金分析, 2006, 26(6): 82-83.

2006-267 杨登峰, 张晓蒲, 田文辉. 能量色散 X 射线荧光光谱法测定钼精矿中钼、铁、铅、铜、二氧化硅、氧化钙. 冶金分析, 2006, 26(6): 48-50.

2006-277 杨宗强, 梁文. 岛津多道 X 射线荧光光谱仪测定高炉渣中硅钙镁铝钛. 冶金标准化与质量, 2006, 44(4): 15-16, 19.

2006-286 苑执中, 彭明生, 蒙宇飞. 不同类型彩色金刚石的谱学研究及其意义. 矿物学报, 2006, 26(1): 73-76.

2006-294 张洪建, 赵跃民, 张华, 刘昆仑. 水介质变径分选床富集废弃线路板中金属的研究. 有色金属 (选矿部分), 2006, (3): 34-36, 33.

2006-304 张乔, 田一光, 童晓民. X 射线荧光光谱法测定平炉渣中主成分. 理化检验-化学分册, 2006, 42(9): 756-758, 761.

2006-306 张蓉, 陈映宏, 吴兰. X 荧光光谱仪对生铁中"五害"元素分析的探讨. 特钢技术, 2006, (2): 32-35.

2006-320 周志军, 赖开忠, 周俊虎, 刘建忠, 岑可法. 浙江某制药厂有机热载体燃油锅炉积灰原因探讨. 锅炉技术, 2006, 37(1): 50-54.

2006-322 朱剑, 毛振伟, 张仕定. X 射线荧光光谱分析在考古中应用现状和展望. 光谱学与光谱分析, 2006, 26(12): 2341-2345.

2007-015 陈林, 贺与平. X 射线荧光光谱法测定冶炼锡烟尘中 10 个组分. 冶金分析, 2007, 2(5): 59-61.

2007-027 崔毅, 张鹏程, 唐荻, 黄国建. Nb、V、Ti 在微合金钢中回溶规律的研究. 钢铁钒钛, 2007, 28(2): 33-36, 42.

2007-043 范旭红. 用 X 射线荧光光谱仪测定铁矿石及烧结矿成分. 中国冶金, 2007, 17(10): 23-25.

2007-051 高全, 张军营, 丘纪华, 赵永椿. 燃煤电站锅炉高温腐蚀特征的研究. 热能动力工程, 2007, 22(3): 292-296, 346.

2007-054 葛镧, 甄洪香, 徐增芹. 偏振式能量色散 X 射线荧光光谱仪分析高炉渣. 理化检验-化学分册, 2007, 43(6): 450-451.

2007-056 郭生良, 葛良全, 赖万昌, 程锋. XRF 法快速测定铁钛精矿中的 Fe、Ti 品位. 物探化探计算技术, 2007, 29(5): 436-438, 370-371.

2007-070 洪江星. X 射线荧光光谱法在中、低合金钢类钢筋建材检测中的应用. 福建分析测试, 2007, 16(2): 31-35.

2007-082 黄肇敏, 周素莲. X 射线荧光光谱法测定锑矿中锑铅铁铜锌砷. 南方国土资源, 2007, (9): 44-46.

2007-092 康学丽, 张运波. X 射线荧光光谱法测定钒钛矿中的钒钛锰. 河北冶金, 2007, (4): 76-77.

2007-093 孔火良, 吴慧芳. 电厂燃煤灰渣中微量元素富集规律的试验研究. 青岛理工大学学报, 2007, 28(4): 65-68.

2007-100 李进平, 侯浩波, 甘金华. 从沸腾炉渣中浸取有价金属 (英文). 中山大学学报 (自然科学版), 2007, 46(S): 270-271.

2007-127 刘洪涛, 李秀英. X 射线荧光分析用高炉生铁控样的制备和应用. 科技信息 (科学教研), 2007, (24): 39.

2007-146 卢红霞, 李利剑, 关绍康. 安钢高炉渣的性能及利用研究. 河南冶金, 2007, 15(2): 15-17.

2007-150 伦云霞, 周明凯, 陈美祝, 蔡肖. 钢渣砂特性与稳定性研究. 武汉理工大学学报, 2007, 29(10): 43053.

2007-152 罗武干, 秦颖, 院文清, 董亚巍, 王昌燧. 通过某些实例探讨由分析测试结果区分冶铸遗址的性质. 有色金属, 2007, 59(4): 180-185.

2007-165 朴英华. X 射线荧光光谱法测定中低合金钢中的各元素. 化学分析计量, 2007, 16(5): 35-38.

2007-210 王蓓, 陆丁荣, 王笑笑, 吴国坚. 运用 X 射线荧光光谱仪检测铂首饰的纯度. 宝石和宝石学杂志, 2007, 9(3): 11-14.

2007-246 吴伟东, 周松, 毛志凌, 徐平. 含铅焊锡样品的制作及检测. 电子测试, 2007, (8): 52-53.

2007-261 许厚国. X 荧光压片法在硅铁多元素分析中的应用. 武钢技术, 2007, 45(6): 21-23.

2007-265 闫军琴, 陈江涛, 孙广文. X 荧光光谱法在竖罐炼锌进炉锌精矿中的应用. 四川有色金属, 2007, (3): 39-40, 42.

2007-268 杨凤华. 锡及其化合物分析方法的研究进展. 理化检验-化学分册, 2007, 43(8): 698-700.

2007-270 杨红梅, 王向东, 陈小平, 袁波, 吴兴惠. 稀土提高碳钢耐蚀性的行为研究. 中国稀土学报, 2007, 25(3): 381-384.

2007-287 叶斌, 刘琰, 桂雷鸣, 李永武. 德国 PFAFF 公司自动压片机在制备钢渣样片中的应用. 安徽冶金, 2007, (3): 40-42.

2007-290 殷宏, 王金美. 利用二级筛分控制烧结矿粒度效应对 X 荧光压片分析法的影响. 天津冶金, 2007, (4): 41-43, 80.

2007-328 周俊虎, 赵晓辉, 曹欣玉, 刘建忠, 岑可法. 燃用渣油锅炉炉内灰沉积的形成原因. 动力工程, 2007, 27(1): 62-66.

2007-329 周俊虎, 赵晓辉, 李艳昌, 曹欣玉, 程军, 刘建忠, 岑可法. 燃油锅炉受热面灰沉积过程及组分分布特性. 中国电机工程学报, 2007, 27(5): 49-54.

2008-008 边立槐, 孙颖. X 射线荧光光谱法分析连铸保护渣成分. 天津冶金, 2008, (4): 59-60, 76.

2008-020 陈泓钧. 电解质分析方法研讨 (XRF+XRD). 世界有色金属, 2008, (9): 71-73.

2008-029 陈荣庆. 粉末压片-X 射线荧光光谱法测定钒渣中的化学成分. 光谱实验室, 2008, 25(3): 416-420.

2008-030 陈荣庆. 粉末压片-X 射线荧光光谱法测定五氧化二钒中主次成分. 冶金分析, 2008, 28(4): 8-12.

2008-034 陈旭晖, 彭少梅, 杨素莲. X 荧光光谱法测定特殊钢铁中高含量元素. 冶金丛刊, 2008, (6): 14-16.

2008-048 丁江涛, 牛庆仁, 吴连成, 侯新平, 刘环. 钢渣对铸钢锭坯产生翻皮缺陷的影响. 铸造技术, 2008, 29(5): 590-592.

2008-053 杜超伶, 杜建民, 王兆利, 刘颖晓. X 荧光分析用烧结矿控样的研制及应用. 冶金丛刊, 2008, (1): 28-30.

2008-097 姜翠霞, 何天明, 王荣成. X 射线荧光光谱仪炼铁原料分析选型研究. 浙江冶金, 2008, (4): 21-25.

2008-098 姜凤. 合金钢的 X 荧光分析. 贵州化工, 2008, 33(5): 44-45.

2008-107 李桂云, 李国会. 能量色散X 射线荧光光谱法测定铅冶炼鼓风炉渣样品中 7 种组分. 冶金分析, 2008, 28(9): 16-19.

2008-123 李小青. X 射线荧光光谱法测定铁矿石的化学成分. 理化检验-化学分册, 2008, 44(10): 962-964, 968.

2008-143 刘春, 符斌. X 射线荧光光谱仪在 RoHS 分析上的应用. 有色金属, 2008, 60(4): 174-179.

2008-146 刘东, 耿晓忠, 刘复荣. Cu-Zn 合金化学成分的荧光 X 射线能谱分析. 现代制造技术与装备, 2008, (5): 31-32.

2008-165 陆晓明, 金德龙. 离心浇铸制样-X 射线荧光光谱法测定锰铁中锰硅磷. 冶金分析, 2008, 28(9): 34-37.

2008-174 马秀艳, 武映梅, 王震, 邢文青. X 射线荧光光谱法分析锰铁. 南方金属, 2008, (1): 49-51.

2008-184 潘微平. 微量铅的检测方法综述. 广东化工, 2008, 35(4): 97-98, 106.

2008-188 普旭力, 吴亚全, 王鸿辉, 董清木, 蔡鹭欣, 潘忠厚. X 射线荧光光谱法同时测定铁矿石中主次量组分. 岩矿测试, 2008, 27(5): 353-356.

2008-191 秦庆伟, 黄自力, 刘琼, 朱露, 廖广东. 反射炉渣中铜铁的赋存状态研究. 武汉科技大学学报, 2008, 31(5): 482-486.

2008-225 田文辉, 王中岐, 张敏. 能量色散 X 射线荧光光谱法测定钼矿石中钼铅铁铜. 岩矿测试, 2008, 27(3): 235-236.

2008-238 王化明, 高新华. X 射线荧光光谱法测定不锈钢中多元素含量. 冶金分析, 2008, 28(3): 56-60.

2008-240 王军学. X 射线荧光光谱法测定锌铝硅合金中硅和铁. 岩矿测试, 2008, 27(1): 77-78.

2008-258 王兆利, 杜建民, 马宏彦, 王艳莉. 高锰铁矿石分析方法研究. 河南冶金, 2008, 16(1): 18-19, 25.

2008-262 王志远, 姜翠霞, 何明杰, 周后通. X 射线荧光光谱分析仪应用实践. 浙江冶金, 2008, (1): 23-25.

2008-274 吴越, 方方, 向铭, 修博. EDXRF 技术在金属矿勘查中的应用. 核电子学与探测技术, 2008, 28(6): 1258-1260, 1302.

2008-275 武映梅, 宋兆华. X 射线荧光光谱同时测定生铁中 16 个杂质元素. 南方金属, 2008, (5): 35-39.

2008-277 夏尚铭, 赖万昌, 于姗姗, 程锋, 郭伟. 特征元素增量法直接测定富镍矿石的品位. 核电子学与探测技术, 2008, 28(5): 968-970.

2008-298 阳益军. X 射线荧光光谱法测定精炼合成渣中的 CaO、Al_2O_3、MgO 和 SiO_2. 湖南有色金属, 2008, 24(6): 57-58.

2008-307 杨新能, 谢冲明. X 射线荧光光谱法测定铁矿石中化学成分. 云南冶金, 2008, 37(6): 58-60, 64.

2008-314 叶彬, 孙涛, 万爱福, 王朝斗, 张传政. X 射线荧光光谱法测定高锰铁矿石中铁. 理化检验-化学分册, 2008, 44(10): 1011, 1016.

2008-322 于桂萍. X 射线荧光光谱分析方法测定锰硅合金中钛的质量分数. 铁合金, 2008, (4): 42-44.

2008-326 曾建平. X 射线荧光光谱法测定黄砂中的金和铂含量. 无机盐工业, 2008, 40(12): 59-61.

2008-353 甄洪香, 徐增芹, 葛镧. 能量色散偏振 X 射线荧光光谱法测定生铁中锰和钛. 理化检验-化学分册, 2008, 44(2): 164-165.

2009-002 安身平, 王树安, 廖志海, 吕平平. X 射线荧光光谱法测定镍基合金中镍、铬、钼、铌含量. 理化检验-化学分册, 2009, 45(11): 1339-1340, 1342.

2009-006 包良满, 林俊, 刘卫, 陆文忠, 张桂林, 李燕, 马陈燕, 赵屹东, 何伟, 胡天斗. Investigation of sulfur speciation in particles from small coal-burning boiler by XANES spectroscopy. 中国物理 C, 2009, 33(11): 1001-1005.

2009-010 Bonvin Didier, Ravi Yellepeddi. X 射线荧光光谱法和 X 射线衍射技术在钢铁工业中的最新进展: 化学分析与相分析的结合. 冶金分析, 2009, 29(12): 1-6.

2009-018 陈海. X 荧光光谱法快速分析转炉炉前铁水样. 柳钢科技, 2009, (3): 43-46.

2009-032 程进. 钴内标玻璃熔片 X 射线荧光光谱法分析铁矿石中的主、次元素. 福建分析测试, 2009, 18(1): 46-49.

2009-038 崔黎黎. X 射线荧光光谱法测定铁矿石中主次成分. 冶金分析, 2009, 29(12): 21-24.

2009-042 戴学谦. 离心浇铸制样-X 射线荧光光谱法测定钼铁中钼硅磷铜. 理化检验-化学分册, 2009, 45(5): 549-551.

2009-080 胡桂花, 张利娟, 郑会清. X 射线荧光光谱法测定硅铁中硅铝钙. 理化检验-化学分册, 2009, 45(10): 1239, 1244.

2009-112 Kataoka Yoshiyukki, Furusa Wa Eiichi, Kohno Hisayuki, Arai Tomoya, Martin Al, Inoue Hisashi, Mantler Michael. 基本参数法 X 射线荧光光谱同时分析镍、钴和铁基合金. 冶金分析, 2009, 29(5): 6-11.

2009-125 李进平, 侯浩波. Extraction of metals from boiler slag by sintering. Journal of Wuhan University of Technology (Materials Science Edition), 2009, 24(5): 736-741.

2009-138 李玉鸥, 李武军, 张代. 铂钌合金标样的研制及测试. 贵金属, 2009, 30(3): 37-41.

2009-140 李哲, 边明文. 能量色散 X 射线荧光光谱法快速测定低品位精钼矿中杂相 SiO_2 的含量. 矿物学报, 2009, 29(1): 129-131.

2009-151 刘百利, 石爱霞, 于红燕. X 荧光光谱法测定 Nb-W-Mo 合金中钨钼含量. 稀有金属与硬质合金, 2009, 37(2): 31-33.

2009-156 刘红玉, 孙元元, 周元超, 任向前, 黄善强, 张锐, 卢红霞. 晶化温度对高炉渣微晶玻璃性能的影响. 稀有金属材料与工程, 2009, 38(S2): 674-677.

2009-159 刘江斌, 党亮, 余宇, 祝建国. X 射线荧光光谱法同时测定铁矿石中的主次量组分. 分析测试技术与仪器, 2009, 15(4): 226-228.

2009-161 刘丽娟, 张娜, 刘瑜, 李勇超, 庄源益, 金朝晖. 硅钼黄分光光度法测定硅微粉中二氧化硅. 冶金分析, 2009, 29(10): 63-65.

2009-182 陆晓明, 金德龙. 离心浇铸制样-X 射线荧光光谱法测定铌铁合金中铌硅磷. 冶金分析, 2009, 29(3): 16-19.

2009-186 罗永安. X 射线荧光光谱法快速测定转炉精炼渣成分. 现代测量与实验室管理, 2009, (5): 5-7.

2009-198 苗斌, 徐鸿英, 冯建航. 用 X 射线荧光分析仪分析硅锰合金中的硅锰. 河北冶金, 2009, (3): 51-52.

2009-206 彭会清, 罗鸣坤, 曹永丹, 余波, 李广. X 射线荧光光谱分析法在检测铁矿石组分中的应用. 现代矿业, 2009, (11): 50-52.

2009-213 覃祚明, 黄小美, 黄旭. 能量色散 X 射线荧光光谱法测定锡精矿中砷锌铁铜. 材料研究与应用, 2009, 3(4): 287-289.

2009-219 任春生, 廖海平, 陈贺海. 进口铁矿石中镍含量 XRF 检测方法的改进. 金属矿山, 2009, (1): 92-93, 103.

2009-222 任玉伟, 胡晓静, 盛向军, 郑江. X射线荧光光谱法测定稀土硅铁合金中锰硅铝钙钛. 冶金分析, 2009, 29(1): 59-62.

2009-227 石爱霞, 刘百利. 粉末压片-X 射线荧光分析钽钛钨铁合金中钽钛钨铁. 金属材料与冶金工程, 2009, 37(6): 45-47.

2009-230 宋洪霞. X 射线荧光光谱法测定纯铜中微量杂质元素. 冶金分析, 2009, 29(8): 56-62.

2009-236 宋卫杰, 葛良全, 杨健, 张帮, 殷经鹏. 微束微区 X 荧光探针分析仪在矿石微粒分析中的应用. 核电子学与探测技术, 2009, 29(4): 828-831.

2009-240 唐杰, 罗宏, 王莹, 左由兵. X 射线荧光快速分析法测定中低碳钢含碳量. 分析试验室, 2009, 28(S): 221-223.

2009-242 唐侠, 周英杰, 张鹏, 闫秀芬. 碳钢化学镀镍层中高磷含量的测定. 涂装与电镀, 2009, (6): 37-39.

2009-244 陶蕊. X 射线荧光光谱法测定电转、炉渣中 8 种元素. 河北化工, 2009, 32(8): 62-63.

2009-245 陶蕊. X 射线荧光光谱分析离心浇铸制样生铁中的 Si、Mn、P、Ti. 河北冶金,

2009, (5): 55-56.

2009-250 田琼, 黄健, 陈广文, 钟志光. X射线荧光光谱法测定锆英砂中主次成分. 冶金分析, 2009, 29(11): 24-28.

2009-251 田琼, 黄健, 钟志光, 陈广文, 曲强, 洪武兴. 波长色散X射线荧光光谱法测定铜精矿中铜铅锌硫镁砷. 岩矿测试, 2009, 28(4): 382-384.

2009-255 万惠文, 陈学兵, 王君. 矿渣成分及结构对潜在活性的影响. 武汉理工大学学报, 2009, 31(4): 101-103.

2009-262 王化明. 200系列不锈钢中多元素的X射线荧光光谱分析. 甘肃冶金, 2009, 31(5): 106-108, 133.

2009-270 王培, 菅豫梅. X射线荧光光谱法测定高密度钨合金中铁和镍. 硬质合金, 2009, 26(2): 113-115.

2009-272 王帅, 谢丽, 周琪. 钢渣对水溶液中铬的吸附及其动力学研究. 中国给水排水, 2009, 25(3): 54-57.

2009-293 吴静, 王富仲, 许增平. 熔融制样-X射线荧光光谱法测定铁矿石中主次成分. 冶金分析, 2009, 29(9): 40-43.

2009-307 邢春会, 王丽晖, 张秋会, 李婷婷. XRF熔融法测定铁矿石中的铁硅钙镁铝锰磷. 辽宁化工, 2009, 38(10): 767-769.

2009-314 许鸿英, 张继丽, 张艳萍, 冀云柱. X射线荧光光谱分析多矿源铁矿石中9种成分. 冶金分析, 2009, 29(10): 24-27.

2009-315 许厚国, 杨艳, 张穗忠, 闻向东. X射线荧光熔融法在炉渣多元素分析中的应用. 武钢技术, 2009, 47(1): 43-44, 47.

2009-308 徐本平, 钟华, 周铭, 石兵. 电解提取-X射线荧光光谱法测定钢中氧化物夹杂分量. 冶金分析, 2009, 29(11): 19-23.

2009-338 杨艳, 余卫华, 张穗忠. X射线荧光光谱法测定不锈钢中的组分. 光谱实验室, 2009, 26(5): 1100-1104.

2009-341 杨觊, 边立槐, 孙颖. 熔融制样X射线荧光光谱法测定铌铁合金中的铌铝钛. 天津冶金, 2009, (4): 54-55, 83-84.

2009-348 尹洪峰, 汤云, 任耘, 张军战. Texaco气化炉炉渣基本特性与应用研究. 煤炭转化, 2009, 32(4): 30-33.

2009-358 袁奕秋, 张金山. X荧光熔融法在铁矿石分析中的应用. 天津冶金, 2009, (4): 59-63, 84.

2009-366 张殿英, 李超, 钱菁. X射线荧光光谱法测定转炉渣中8种成分. 冶金分析, 2009, 29(6): 41-46.

2009-367 张光爽, 张星. X荧光光谱法对钼铁合金中Mo的分析. 浙江冶金, 2009, (1): 31-32.

2009-374 张建波, 林力, 刘在美. X射线荧光光谱法同时测定钛精矿中主次量组分. 岩矿测试, 2009, 28(2): 188-190.

2009-375 张建波, 朱丽辉, 林力. X射线荧光光谱法测定钛白粉中磷铁锆铌. 冶金分析, 2009, 29(1): 40-43.

2009-380 张孟星, 刘磊夫. X射线荧光光谱快速测定矿石中钼. 现代科学仪器, 2009, (3): 102-103.

2009-383 张晴, 吴奕阳, 叶晓珉, 黄国芳. 能量色散X射线荧光光谱法测定铂钌合金中的铂含量. 上海计量测试, 2009, (4): 17-19.

2009-398 张志刚, 李方军, 蔡萍, 祁旭丞, 李长贵, 李颖. X射线荧光光谱法测定不锈钢中15种元素. 冶金分析, 2009, 29(7): 19-23.

2009-399 张志刚, 祁旭丞, 李方军, 张豫海, 韩宗才, 李颖, 李海英. X射线荧光光谱法分析中低合金钢. 理化检验-化学分册, 2009, 45(9): 1095-1097, 1100.

2009-419 周素莲, 黄肇敏, 崔萍萍. X射线荧光光谱法测定铝合金及纯铝中痕量元素. 理化检验-化学分册, 2009, 45(4): 474-475, 479.

2009-421 周永红. 连铸中间包清除渣壳问题的研究. 耐火与石灰, 2009, 34(5): 38-44, 49.

2010-002 曹慧君, 张爱芬, 马慧侠, 李晓宁, 徐祥斌. X射线荧光光谱法测定铜矿中主次成分. 冶金分析, 2010, 30(10): 20-24.

2010-005 岑越, 王欢, 浦娟. FCB法三丝单面埋弧自动焊焊接冶金反应分析. 热加工工艺, 2010, 39(1): 136-138.

2010-012 陈桂英, 米泽宇. X 射线荧光光谱法测定钒铁冶炼炉渣中的主要成分. 光谱实验室, 2010, 27(1): 296-299.

2010-026 程志中, 顾铁新, 范永贵, 黄宏库, 刘妹, 鄢卫东, 鄢明才. 九个铁矿石标准物质研制. 岩矿测试, 2010, 29(3): 305-308.

2010-029 储彬彬, 罗立强. 铅锌矿区土壤重金属的 EDXRF 分析. 光谱学与光谱分析, 2010, 30(3): 825-828.

2010-030 褚海霞, 徐九华, 林龙华, 卫晓锋, 王琳琳, 陈栋梁. 阿尔泰大东沟铅锌矿的碳质流体及其成因. 岩石矿物学杂志, 2010, 29(2): 175-188.

2010-091 黄进初, 喻东, 吴永红, 赖万昌, 杨强. 高精度 XRF 技术在新疆某铜镍矿的应用. 金属矿山, 2010, (6): 137-138, 146.

2010-095 黄自力, 何甜辉, 秦庆伟, 李密, 刘缘缘. 炼铜反射炉水淬渣的矿物学研究及可选性分析. 矿业研究与开发, 2010, 30(6): 35-37, 89.

2010-096 黄自力, 陶青英, 耿晨晨, 马丰, 何舔辉, 刘缘缘. 炼铜反射炉水淬渣工艺矿物学. 过程工程学报, 2010, 10(4): 732-737.

2010-113 李丹, 王广西, 喻东, 唐丽丽, 王力. XRF 方法在铜镍尾矿分析中的应用. 广东微量元素科学, 2010, 17(7): 41-44.

2010-116 李广太, 刘东风, 石新发, 周平. XRF 技术在设备磨损监测中的应用研究. 机械工程与自动化, 2010, (3): 213-214.

2010-163 刘春荣. X 射线荧光光谱法在铁矿石测定中的应用. 现代冶金, 2010, 38(3): 37-39.

2010-173 刘琳娟, 张琪, 陆培培. 标准加入-原子吸收光谱法测定钢渣中的铁. 岩矿测试, 2010, 29(6): 695-698.

2010-184 龙昌玉, 李小莉, 张勤, 李国会. 能量色散 X 射线荧光光谱仪现场快速测定多金属矿中 17 种组分. 岩矿测试, 2010, 29(3): 313-315.

2010-221 普旭力, 王鸿辉, 叶淑爱, 董清木, 朱桂容, 王彩云, 魏丽英. 钽内标 X 射线荧光光谱法测定钨精矿中 WO_3. 分析试验室, 2010, 29(4): 41-44.

2010-222 普旭力, 王鸿辉, 叶淑爱, 董清木, 邹建龙, 杨明坤. 波长色散 X 射线荧光光谱法同时测定钨精矿中主次量组分. 岩矿测试, 2010, 29(2): 143-147.

2010-225 邱士星, 刘先松, 周丹, 高华敏, 王鹏鹏, 贾道宁, 胡锋. 钒渣提取五氧化二钒的研究. 无机盐工业, 2010, 42(4): 46-48.

2010-251 孙春丽, 郑建道, 万冬林, 王兆利, 杜超伶. 锰硅 X 荧光光谱分析的研究. 甘肃冶金, 2010, 32(5): 129-130, 132.

2010-261 汤云. Preparation of sialon powder from coal gasification slag. Journal of Wuhan University of Technology (Materials Science Edition), 2010, 25(6): 1044-1046.

2010-288 王钧婷, 韩斌. 冶金石灰的 X 射线荧光光谱分析. 甘肃冶金, 2010, 32(5): 131-132.

2010-332 武映梅, 罗惠君, 林丽芳, 戴清明. X 射线荧光光谱法测定冶金炉渣中 9 种成分. 冶金分析, 2010, 30(8): 7-11.

2010-356 杨栋, 冯乃祥, 王耀武, 武小雷. Preparation of primary Al-Si alloy from bauxite tailings by carbothermal reduction process. Transactions of Nonferrous Metals Society of China, 2010, (1): 147-152.

2010-424 赵桂兰, 李清芳, 张志刚. X 射线荧光光谱法测定炉渣中组分. 青海科技, 2010, (2): 91-94.

2010-430 赵永宏, 陈新民, 陈英. 57%钼精矿在线检测技术应用研究. 中国钼业, 2010, 34(6): 22-24.

2011-009 Chen E., Coley K. S., 刘岩红. BOF 炼钢中液滴溶胀动力学研究. 四川冶金, 2011, 33(6): 77-80.

2011-069 付宝荣. X 射线荧光光谱法测定硅、磷、铬、锰、铁. 甘肃冶金, 2011, 33(4): 70-72, 75.

2011-071 高建民, 曲志勇, 张愈洁, 应晓浒. X 射线荧光光谱法测定生铁中 10 种元素. 冶金分析, 2011, 31(4): 39-43.

2011-079 古岩, 张廷安, 吕国志, 牟望重, 豆志河. 氧压浸出处理低铁闪锌矿. 有色金属 (冶炼部分), 2011, (10): 1-5.

2011-082 郭芬, 宋义, 谷松海, 郑洪星. X射线荧光光谱法测定铜精矿中砷、铅和镉. 理化检验-化学分册, 2011, 47(8): 984-985.

2011-090 何花金. 凡口铅锌矿选矿生产自动检测技术的应用. 有色金属 (选矿部分), 2011, (2): 48-51.

2011-108 黄娟, 魏国锋, 宋国定, 李素婷, 王昌燧. 小双桥遗址出土冶铸遗物的科技分析. 有色金属, 2011, 63(1): 147-152.

2011-112 黄元, 曹素红. 钴玻璃熔片-X射线荧光光谱法测定铁矿石中各组分. 福建分析测试, 2011, 20(2): 5-9.

2011-122 金创石, 张廷安, 曾勇, 牟望重. 难处理金精矿的加压氧化-氯化浸出实验. 东北大学学报 (自然科学版), 2011, 32(6): 826-830.

2011-124 Kataoka Yoshiyukki, Homma H., Kohno Hisayuki. X射线荧光分析法测定铁矿石中全铁. 冶金分析, 2011, 31(7): 18-21.

2011-141 李京. 熔融制样-X射线荧光光谱法测定锰铁中锰硅磷. 冶金分析, 2011, 31(6): 51-53.

2011-146 李龙珠, 唐惠东, 鞠宇飞, 孙友宝. 精密铸造废砂再利用分析研究. 铸造技术, 2011, 32(6): 821-822.

2011-162 李小莉, 李国会. 熔片X射线荧光光谱法测定钼精矿中多种元素. 分析试验室, 2011, 30(2): 82-85.

2011-167 黎香荣, 陈永欣, 罗明贵, 马丽方, 韦新红. 波长色散X射线荧光光谱法同时测定钒渣中的主次量成分. 岩矿测试, 2011, 30(2): 222-225.

2011-170 梁鹏山. X射线荧光光谱法测定锰铁中的锰、磷、硅. 科技创新导报, 2011, (14): 12.

2011-172 廖海平, 付冉冉, 任春生, 余清, 张爱珍. X射线荧光光谱法测定铁矿石中全铁及18个次量成分. 冶金分析, 2011, 31(5): 36-40.

2011-184 刘江斌, 段九存, 党亮, 和振云, 武永芝. X射线荧光光谱法同时测定铝土矿中主、次组分及3种痕量元素. 理化检验-化学分册, 2011, 47(10): 1211-1213, 1226.

2011-188 刘燊楠. 铝及铝合金的分析评述. 廊坊师范学院学报 (自然科学版), 2011, 11(1): 39-41.

2011-193 刘伟, 王珺. 熔融制样-X射线荧光光谱法测定不锈钢除尘灰中铁铬镍. 冶金分析, 2011, 31(5): 27-30.

2011-217 罗学辉, 王春生, 陈占生, 张勇. 粉末压片-波长色散X射线荧光光谱法在钼矿石测定中的应用. 黄金科学技术, 2011, 19(2): 78-80.

2011-218 罗学辉, 张勇, 艾晓军, 李玄辉, 陈占生. 熔融玻璃片-波长色散X射线荧光光谱法测定铁矿石中全铁及其它多种元素的分析进展. 中国无机分析化学, 2011, 1(3): 23-26, 31.

2011-221 马冲先, 李莎莎, 王岩. 金属材料分析. 分析试验室, 2011, 30(2): 104-122.

2011-228 毛佳君, 陈文彬, 王强, 洪新. 不锈钢冶炼渣熔融还原及毒性浸出实验研究. 上海金属, 2011, 33(4): 44-47.

2011-238 潘丽梅. X射线荧光光谱法测定硅铁合金中主要元素. 柳钢科技, 2011, (4): 32-34.

2011-239 彭国瑞, 瞿晓刚, 陈育新. GH825合金的X射线荧光光谱分析. 钢铁研究学报, 2011, 23(S2): 108-110.

2011-259 曲月华, 王一凌, 亢德华, 王铁, 邓军华, 王翠艳. 锰矿中主次成分的X射线荧光光谱法测定. 物理测试, 2011, (S): 155-160.

2011-260 曲月华, 王一凌, 张惢, 亢德华, 邓军华, 王翠艳. 熔融制样-X射线荧光光谱法测定锰矿中9种组分. 冶金分析, 2011, 31(9): 24-29.

2011-264 Ravi Yellepeddi, Didier Bonvin, Li Xiaobo. 钢铁工业冶金渣的X射线荧光分析. 冶金分析, 2011, 31(10): 34-37.

2011-266 任校丹, 王涛, 耿后安. 多种物料的宽范围定量分析. 山东冶金, 2011, 33(4): 36-38.

2011-272 沈平, 高金涛, 吴龙, 张颜庭, 李士琦. 钢渣尾渣精细还原实验研究. 工业加热, 2011, 40(6): 32-35.

2011-304 田云霞, 田记刚, 赵丽芬. X 射线荧光光谱法测定电渣重熔渣成分. 科技创新导报, 2011, (15): 43.

2011-327 王丽晖, 邢春会, 高巍. XRF 法测定含铁矿物原料主次成分过程控制的研究. 鞍钢技术, 2011, (3): 35-39.

2011-372 谢毓群, 李通耀. 国内铁矿石分析研究进展. 河南化工, 2011, 28(2): 22-23.

2011-381 徐荣华, 张文锋, 娄豪月, 陆青松, 钱乙余. 纯铜钎料钎焊不锈钢油冷器的接头耐腐蚀性研究. 焊接, 2011, (2): 35-37.

2011-403 杨新能, 冯宗平, 羊绍松. 勺式取样-X 射线荧光光谱法测定钒铁的成分. 重庆科技学院学报 (自然科学版), 2011, 13(6): 134-136.

2011-414 尹静, 黄睿涛. 粉末压片制样-X 射线荧光光谱法测定铁矿石中锌砷锰. 岩矿测试, 2011, 30(4): 491-493.

2011-426 曾宇斌, 郑淑华, 张军. 粉末压片法对 X 荧光测定铬和钴的影响. 广州化工, 2011, 39(11): 101-102, 118.

2011-427 张爱芬. X 射线荧光分析技术在铝工业中的应用. 轻金属, 2011, (1): 58-60.

2011-433 张辉. 压片法 X 射线荧光光谱在测定铁矿石组分上的应用. 广东化工, 2011, 38(5): 221-223.

2011-434 张建波, 王谦, 林力, 罗明贵. 锰的价态研究及在 X 射线荧光光谱测定锰矿中的应用. 冶金分析, 2011, 31(4): 20-25.

2011-439 张莉娟, 徐铁民, 李小莉, 安树清, 韩伟, 张楠, 刘义博. X 射线荧光光谱法测定富含硫砷钒铁矿石中的主次量元素. 岩矿测试, 2011, 30(6): 772-776.

2011-457 张玉平, 高树峰. X 荧光光谱法快速测定铁精粉中各元素的含量. 承德石油高等专科学校学报, 2011, 13(1): 48-50.

2011-488 庄昌凌, 刘建华, 崔衡, 刘松涛, Daniele R. Attorre, Jim Hunt. 炼钢过程含铁尘泥的基本物性与综合利用. 北京科技大学学报, 2011, 33(S1): 185-192.

2012-008 Bérubé Luc, Rivard Sébastien, Bouchard Mathieu. 自动化硼酸盐熔融与 X 射线荧光光谱分析组合技术在铁合金工业中的应用. 冶金分析, 2012, 32(5): 29-35.

2012-014 曹素红, 李波, 黄元. 玻璃熔片 X 射线荧光光谱法测定铁矿石中的主次成分. 现代矿业, 2012, (3): 123-125, 130.

2012-024 陈美芳, 黄光明, 江冶, 侯鹏飞. X 射线荧光光谱分析在我国铁矿石分析中的应用. 地质学刊, 2012, 36(2): 206-211.

2012-033 陈永欣, 唐梦奇, 黎香荣, 吕泽娥, 刘国文. X 射线荧光光谱法同时测定富锰渣中主次组分. 中国无机分析化学, 2012, 2(4): 39-42, 46.

2012-034 程坚. X 射线荧光光谱法测定锰矿中 TMn、TFe、SiO_2 和 P 含量. 现代冶金, 2012, 40(5): 28-29.

2012-039 楚广, 赵思佳, 杨天足. Extraction of nickel from molybdenum leaching residue of metalliferous black shale by segregation roasting and acid leaching. Journal of Central South University, 2012, (2): 340-346.

2012-076 龚昌合, 张叶华, 陈燕. X 射线荧光光谱法测定粗银中九种元素. 铜业工程, 2012, (6): 17-19, 51.

2012-117 黄自力, 刘缘缘, 秦庆伟, 朱家栋. 反射炉水淬渣提铜除铁研究. 矿冶工程, 2012, 32(5): 82-85, 89.

2012-168 李强, 黄万燕, 王勇刚, 吴敏. 能量色散 X 射线荧光光谱法测量钢铁中的铅. 冶金分析, 2012, 32(7): 41-44.

2012-169 李清海, 张衍国, 蒙爱红, 王亮. 炉排-循环床垃圾焚烧炉过热器结渣现场实验. 热能动力工程, 2012, 27(1): 55-60, 135.

2012-180 李艳萍, 高光洁子, 李红, 孙克, 李德仁, 曹帐. X 射线荧光光谱法测定 FeCuNbSiB 纳米晶合金炉渣中 9 种组分. 冶金分析, 2012, 32(4): 41-45.

2012-185 Li Zhe, Tuo Xianguo, Liu Mingzhe,

Yang Jianbo, Ren Jun. Towards an online energy dispersive X-ray fluorescence analytical system for iron ore grade evaluation. Nuclear Science and Techniques, 2012, (5): 289-294.

2012-189 李宗超. X荧光快速分析法测定中低碳钢含碳量的研究. 化学工程与装备, 2012, (9): 174-176.

2012-211 刘江斌, 黄兴华, 武永芝, 和振云. X射线荧光光谱法同时快速测定多金属矿样品中的铜、铅、锌、钼、钨和硫等元素. 光谱实验室, 2012, 29(3): 1555-1558.

2012-212 刘江斌, 武永芝. X射线荧光光谱法测定钒钛磁铁矿石中的主次量组分. 甘肃地质, 2012, 21(4): 87-89.

2012-213 刘江斌, 祝建国. X射线荧光光谱法快速测定锰矿石中的主次组分. 分析测试技术与仪器, 2012, 18(1): 34-37.

2012-221 刘敏, 庹先国, 李哲, 徐立鹏, 王俊, 陈磊. 基本参数法X射线荧光无损分析铅黄铜中铜和锌. 核技术, 2012, 35(11): 845-848.

2012-282 Rollet Simona, Franciscono Andrea. 硼酸盐熔珠-X射线荧光光谱法分析高合金钢. 冶金分析, 2012, 32(9): 22-25.

2012-321 唐梦奇, 黎香荣, 罗明贵, 阮贵武, 吕泽娥, 刘国文. X射线荧光光谱法测定锌精矿中主次量成分. 冶金分析, 2012, 32(7): 55-58.

2012-322 唐梦奇, 黎香荣, 魏亚娟, 陈永欣, 韦新红, 罗明贵, 刘国文. X射线荧光光谱法测定烧结锰矿中的主次量成分. 光谱实验室, 2012, 29(2): 977-981.

2012-325 田琼, 张文昔, 宋嘉宁, 吕善胜. 波长色散X射线荧光光谱法测定锌精矿中主次量成分. 岩矿测试, 2012, 31(3): 463-467.

2012-331 王斌. 偏振能量色散X射线荧光光谱法测定炼钢污泥中的化学成分. 中国无机分析化学, 2012, 2(1): 61-63.

2012-347 王静静. X射线荧光光谱法测定冶金原辅料中的磷. 河北冶金, 2012, (4): 31-32.

2012-348 王静静. X射线荧光光谱仪测定钛铁中Si、Mn、P、Al、Cu. 河北化工, 2012, 35(1): 65-66.

2012-352 王利杰, 张健, 杨志强, 张东生. 应用粉末压片-X射线荧光光谱法检验铁矿石样品的均匀性. 冶金分析, 2012, 32(5): 40-44.

2012-358 王鹏辉. 高炉渣中硅、钙、镁的湿法分析. 冶金分析, 2012, 32(5): 70-74.

2012-359 王谦, 张建波, 罗明贵. 熔融法制样-X射线荧光光谱法测定锌精矿中主、次组分含量. 理化检验-化学分册, 2012, 48(2): 222-225, 228.

2012-398 武映梅, 石仕平, 宋武元. X射线荧光光谱粉末压片法检测合金铸铁中13种成分. 冶金分析, 2012, 32(7): 32-37.

2012-399 奚居柏, 何雪峰. X射线荧光光谱法测定石灰石、冶金石灰中氧化钙、氧化镁、二氧化硅、磷. 安徽冶金, 2012, (3): 16-18.

2012-466 应腾远, 刘文甫, 孙富涛, 李海明. ICP-AES法同时测定锰矿石中铁、铝、钛、钙、镁、磷、钡、铅的含量. 化学分析计量, 2012, 21(1): 27-30.

2012-467 于建, 高康乐, 汪丽, 王海东, 邹元龙, 梁文艳. 钢渣粉末吸附去除废水中磷的研究. 环境工程, 2012, 30(S): 36-40.

2012-515 张术杰, 吴文琪, 蒋天怡, 赵长玉. X荧光光谱法分析稀土铝铁合金中稀土、铝、硅、磷. 稀土, 2012, 33(4): 77-80.

2012-523 张耀奎, 支河, 肖海斌, 左天明, 徐义仁. X射线荧光光谱法测定锰矿石中主次成分. 四川地质学报, 2012, 32(4): 503-505.

2012-535 赵刚. 应用X射线荧光法测定铁矿石中的铁. 四川地质学报, 2012, 32(S): 100-103.

2013-014 陈海, 李黠, 左新建, 周舰. X荧光光谱法快速分析外购生铁. 柳钢科技, 2013, (4): 27-30.

2013-043 程志中, 刘妹, 黄宏库, 顾铁新, 鄢卫东. 镍矿石和镍精矿标准物质研制. 岩矿测试, 2013, 32(4): 600-607.

2013-045 池汝安, 石玉磐, 陈志伟, 余军霞. 盐酸对冶金污泥中铜锌镉铅的浸出工艺优化. 武汉工程大学学报, 2013, 35(5): 1-5.

2013-054 邓军华. 辉光放电发射光谱技术及其在国内钢铁行业中的应用. 冶金分析, 2013, 33(10): 24-33.

2013-058 丁爱娟, 郑诗礼, 马淑花, 郭奋, 王月娇. 循环流化床锅炉粉煤灰中硫的赋存状态研究. 矿产综合利用, 2013, (2): 58-62.

2013-068 段家华, 马林泽, 张李斌. 压片制样-X射线荧光光谱法测定高磷钢渣组分. 冶金分析, 2013, 33(5): 36-40.

2013-069 段家华, 张李斌, 马林泽. X线荧光光谱法测定中低合金钢组分. 昆明冶金高等专科学校学报, 2013, 29(3): 16-19.

2013-075 Fan Taofeng, Wan Li, Zhang Hui. Discussion on manufacturing techniques of Chen Zhang Pot. China Foundry, 2013, 10(1): 1-6.

2013-080 付宝荣. X射线荧光光谱法测定不锈钢渣样中多元素含量. 甘肃冶金, 2013, 35(6): 74-76.

2013-132 姜翠霞, 喻旋. X射线荧光光谱测定生铁中铬的研究. 浙江冶金, 2013, (4): 32-34.

2013-173 李建立, 贺东风, 徐安军, Yang Qixing, 田乃媛. 温度对电炉粉尘中ZnO还原挥发的影响. 炼钢, 2013, 29(3): 73-77.

2013-174 李江红. 应用X射线荧光光谱法对硅铁的分析. 天津冶金, 2013, (3): 54-56.

2013-176 李静, 孙晓然, 杨忠梅, 秦丽红, 李奇骏. 熔融制样X射线荧光光谱法测定铁矿石成分. 河北冶金, 2013, (6): 5-7, 50.

2013-179 李可及, 易建春, 潘钢. X射线荧光光谱法测定磷矿石中11种主次组分. 冶金分析, 2013, 33(9): 22-27.

2013-185 李密, 彭兵, 柴立元, 彭宁, 谢先德, 闫缓. 锌浸出渣工艺矿物学与环境活性(英文). Transactions of Nonferrous Metals Society of China, 2013, (5): 1480-1488.

2013-201 李小莉. X射线荧光光谱法(XRF)测定钼精矿中多种元素. 中国无机分析化学, 2013, 3(1): 41-43.

2013-205 李艳. 应用X射线荧光光谱法测定铁矿石中常量元素. 天津冶金, 2013, (6): 64-66.

2013-210 李辕成, 祝星, 祁先进, 王华, 史谊峰, 王晓武, 廖天鹏, 胡建杭. 铜冶炼污泥固化剂优选试验研究. 安全与环境学报, 2013, 13(6): 85-90.

2013-221 梁述廷, 刘玉纯, 刘瑱, 林庆文. X射线荧光光谱微区分析在铅锌矿石鉴定上的应用. 岩矿测试, 2013, 32(6): 897-902.

2013-222 梁述廷, 刘玉纯, 刘瑱, 阳珊, 张青, 林庆文. X射线荧光光谱微区分析在钨矿石鉴定中的应用. 冶金分析, 2013, 33(11): 27-32.

2013-234 刘江斌, 党亮, 和振云. 熔融制样-X射线荧光光谱法测定锰矿石中17种主次组分. 冶金分析, 2013, 33(9): 37-41.

2013-244 刘培, 江健, 刘宗宽, 张磊, 贺延龄. 双酸法提取硫铁矿烧渣中铁. 化工学报, 2013, 64(7): 2619-2624.

2013-252 刘向阳, 聂鑫, 揭森林, 陈海, 凌步平. X射线荧光法测定生铁中Si、Mn、P、S、As. 柳钢科技, 2013, (2): 47-50, 60.

2013-262 龙海珍, 孔会民, 马富超, 申卫龙. 粉末压片制样-X射线荧光光谱法在监控铜选矿流程中的应用. 光谱实验室, 2013, 30(1): 141-144.

2013-282 吕彦凤. 用渣熔监控压片法测定高炉渣的化学成分. 河北冶金, 2013, (1): 66-68.

2013-281 吕彦凤. X荧光光谱法分析生铁中的钒. 中国科技投资, 2013, (11): 79.

2013-287 马林泽. X射线荧光光谱法测定生铁块中杂质元素. 云南冶金, 2013, 42(2): 96-100.

2013-319 秦婷, 张旭龙, 热孜婉, 全小盾. X射线荧光光谱法测定钼精矿中钼、铁、铅、铜、硅和钙含量. 理化检验-化学分册, 2013, 49(7): 827-830.

2013-321 覃丹柳, 钟梅英, 郑卫红. 钴内标X射线荧光光谱分析法在铁矿石分析中的应用. 柳钢科技, 2013, (2): 39-42.

2013-340 石镇泰, 牛艳红. X射线荧光光谱法测定锌精矿中7组分. 甘肃冶金, 2013, 35(6): 77-78, 99.

2013-342 史厚义, 奚居柏. 自动化X射线荧光光谱压片法测定电炉渣、精炼渣的化学组分. 安徽冶金, 2013, (1): 43-45.

2013-343 史梨花, 袁长生. X射线荧光法测定铁矿石中多元素分析方法的研究. 科技创新与应用, 2013, (26): 13.

2013-350 宋鹏心, 张健, 杨志强, 张东生. 离心浇铸制样-X射线荧光光谱法测定钨铁中钨. 冶金分析, 2013, 33(4): 48-51.

2013-352 Song Wan Li, Lee Chul Hee, Choi Seung Bok. 在磁场条件下黄铜的磁流变液滑动磨损行为（英文）. Transactions of Nonferrous Metals Society of China, 2013, (2): 400-405.

2013-370 唐梦奇, 刘顺琼, 袁焕明, 谢毓群, 刘国文, 罗明贵. 粉末压片制样-波长色散X射线荧光光谱法测定进口铜矿石中的氟. 岩矿测试, 2013, 32(2): 254-257.

2013-394 王剑云. X荧光光谱法分析硅锰中的化学元素. 浙江冶金, 2013, (3): 44-45.

2013-398 王军学. 粉末压片-能量色散X射线荧光光谱法测定基夫赛特直接炼铅炉渣中的主要组分. 中国无机分析化学, 2013, 3(S1): 53-55.

2013-426 王祎亚, 许俊玉, 詹秀春, 屈文俊. 较低稀释比熔片制样X射线荧光光谱法测定磷矿石中12种主次痕量组分. 岩矿测试, 2013, 32(1): 58-63.

2013-436 魏雅娟, 伍斯静, 覃建友, 莫道, 邬景荣, 梁凤珍. X射线荧光光谱仪测定高碳锰铁炉渣中主次量成分. 大众科技, 2013, 15(5): 85-87.

2013-451 吴章海. X射线荧光光谱法测定石灰石中的硫含量. 河北冶金, 2013, (7): 66-67.

2013-453 武卫林, 王朝斗, 林根. X射线光谱法分析球铁微量元素的探讨. 甘肃冶金, 2013, 35(5): 61-62.

2013-470 徐金龙, 华斌, 田琼, 吕善胜. X射线荧光光谱法测定磷铁中磷含量. 检验检疫学刊, 2013, 23(1): 11-14.

2013-483 杨发旺, 谈建安, 刘江斌, 党亮, 余志峰. X射线荧光光谱法测定多金属矿石中的铜和钼. 光谱实验室, 2013, 30(3): 1371-1375.

2013-487 杨海岸, 高文键, 李春林. X射线荧光光谱法测定氧化锌粉中锌铁硫铜铅. 云南冶金, 2013, 42(4): 57-60.

2013-492 杨小丽, 李小丹, 杨梅. X射线荧光光谱法测定以钨和钼为主的多金属矿中主次成分. 冶金分析, 2013, 33(8): 38-42.

2013-498 杨艳, 闻向东, 朱缨. X射线荧光光谱法测定炼钢炼铁尘泥中主元素. 山东化工, 2013, (10): 85-87.

2013-510 尹海涛, 武杏荣, 李辽沙, 吴照金. 富铁冶金尘泥中有价元素的选择性还原研究. 矿产综合利用, 2013, (5): 67-71.

2013-512 殷铭宏. 基于泡沫视觉特征的浮选精矿品位的软测量. 有色冶金设计与研究, 2013, 34(6): 52-54.

2013-520 于战海, 王宝荣, 李俊敏, 贺国霞, 韩红霞. 钴内标法-X射线荧光光谱仪测定锰矿石成分. 科技创新与应用, 2013, (26): 20.

2013-534 张德贵. X射线荧光光谱法测定铁原料中K、Na、Pb、Zn微量元素. 河北冶金, 2013, (4): 22-24.

2013-535 张德贵, 冀云柱, 张彦荣. 荧光分析法测定铁精粉中高钛量. 分析仪器, 2013, (1): 37-39.

2013-537 张二平. X射线荧光光谱仪测定铜精矿中多种元素. 铜业工程, 2013, (1): 41-42, 50.

2013-540 张欢. 化学元素分析技术在古陶瓷产地研究中的应用. 中国陶瓷, 2013, 49(4): 81-84.

2013-542 张江坤, 冯晓军, 叶罕章, 姜威. 微波消解滤纸制样XRF法测定磷矿石中的多元素. 磷肥与复肥, 2013, 28(4): 74-75.

2013-548 张庆建, 丁仕兵, 郭兵, 李晨, 闵国华, 冯丽丽. 复杂铜物料属性的鉴别. 冶金分析, 2013, 33(4): 40-43.

2013-560 张亚莉, 李怀梅, 于先进. 从高硅高铝氰化物渣中水浸预处理-磁选提铁 (英文). Transactions of Nonferrous Metals Society of China, 2013, (4): 1165-1173.

2013-564 张永文, 周远洋, 王凯, 贾小梅. X射线荧光光谱法测定锰矿石中的主次量元素. 广东化工, 2013, 40(15): 175-176.

2013-565 张宇帅, 于桂萍. 熔融制片-X射线荧光光谱分析法测定锰矿石中常规组分的质量分数. 铁合金, 2013, (2): 45-48.

2013-591 郑荣华, 刘建坤. 粉末压片-X射线荧光光谱法测定矿石中钨、锡. 理化检验-化学分册, 2013, 49(1): 66-68.

2013-613 朱忠平, 李国会. 熔融制样-X射线荧光光谱法测定钛铁矿中主次组分. 冶金分析, 2013, 33(6): 32-36.

2014-001 阿依努尔·努尔艾合买提, 热伊莱·买买提, 刘作华, 李明强, 陈南雄, 陶长元. 电场强化锰矿尾矿湿法浸出行为研究. 中国锰业, 2014, 32(4): 18-22.

2014-033 陈茂生, 朱心明, 许燕, 宁平, 马懿星, 韩子荣. 除硅铜冶炼水淬渣的硫酸化浸出实验. 材料导报, 2014, 28(18): 86-89.

2014-043 陈忠厚, 薛殿鹏. 熔融玻璃片法X射线荧光光谱测定铁矿石中的主次量组分. 有色矿冶, 2014, 30(2): 101-104.

2014-049 程伟良, 王立成, 李柏杰, 樊小朝, 李宝让. 生物质锅炉中温过热器结渣机理研究. 燃烧科学与技术, 2014, 20(5): 401-405.

2014-052 程张生, 胡述戈, 王志国, 李杰武. X射线荧光光谱分析技术在质量检测中的应用探讨. 河南冶金, 2014, 22(5): 25-27, 43.

2014-060 邓飞, 韩亮, 马青兰. X射线荧光光谱压片法快速分析钼矿石中的钼含量. 甘肃科技, 2014, 30(15): 39-40, 12.

2014-075 凡小盼, 赵雄伟, 赵卓. 混合矿模拟冶炼黄铜对比试验. 有色金属 (冶炼部分), 2014, (12): 7-10.

2014-080 冯丽丽, 张庆建, 丁仕兵, 岳春雷, 郭兵, 李晨, 赵祖亮. X射线荧光光谱法测定锆矿中10种主次成分. 冶金分析, 2014, 34(7): 51-55.

2014-082 冯彦房, 何世颖, 薛利红, 陈玉东, 杨林章, 赵江宁, 俞映倞. 高温煅烧稀土矿渣对水体中磷的吸附过程与机理. 生态与农村环境学报, 2014, 30(5): 627-633.

2014-094 高永宏, 刘江斌, 祝建国. X射线荧光光谱法同时快速测定锑矿石中伴生及有害元素. 分析测试技术与仪器, 2014, 20(2): 98-102.

2014-132 黄毅, 徐国平, 程慧高, 蒋卓辉, 杨宇. 典型钢渣的化学成分、显微形貌及物相分析. 硅酸盐通报, 2014, 33(8): 1902-1907.

2014-153 李国. 扫描道代替固定道作内标通道分析铁矿石——X射线荧光光谱分析. 理化检验-化学分册, 2014, 50(4): 503-504.

2014-162 李嘉艳, 王重华, 宁平, 王磊. 不同颗粒粒径灰渣中磷和硫的分布. 中南大学学报 (自然科学版), 2014, 45(3): 989-996.

2014-167 李可及. 熔融制样-X射线荧光光谱法测定硫化铜钼矿中主成分. 冶金分析, 2014, 34(4): 6-10.

2014-176 李琦. 矿物中钨和钼X射线的分析. 企业技术开发, 2014, 33(8): 171-172.

2014-179 李清彩, 赵庆令. 粉末压片制样波长色散X射线荧光光谱法测定钼矿石中9种元素. 岩矿测试, 2014, 33(6): 839-843.

2014-191 李新民, 何秀梅, 张二平. 铜冶炼分析X射线荧光仪工作标准样的研制. 铜业工程, 2014, (2): 77-80.

2014-193 李雪梅, 江成斌. RoHS指令有害物在特钢产品中的状态分析. 宝钢技术, 2014, (3): 77-80.

2014-209 黎香荣, 唐梦奇, 袁焕明, 韦新红, 陈永欣, 阮贵武. 熔融制样-X射线荧光光谱法测定锑矿石中主次成分. 冶金分析, 2014, 34(7): 38-42.

2014-216 梁祖顺, 李小莉, 刘峰, 李国会. 粉末压片-X射线荧光光谱法测定含铌多金

2014-217 廖海平, 付冉冉, 任春生, 陈贺海, 张建波. 熔融制样-X射线荧光光谱法测定硫铁矿中主次成分. 冶金分析, 2014, 34(12): 29-32.

2014-218 廖海平, 付冉冉, 张建波, 陈贺海, 任春生. 熔融制样-X射线荧光光谱法测定直接还原铁中主次元素含量. 理化检验-化学分册, 2014, 50(1): 31-34.

2014-224 林建宇. 基于微型机的钢铁炉前分析数据传输系统. 电子制作, 2014, (21): 40.

2014-233 刘怀丽, 王竹. X射线荧光法测定铬矿砂中氧化物及P、S元素. 一重技术, 2014, (3): 51-53.

2014-234 刘建坤, 郑荣华, 骆宏玉, 修连存. 粉末压片-X射线荧光光谱法测定矿石中高含量铷. 理化检验-化学分册, 2014, 50(11): 1451-1452.

2014-235 刘江斌, 余宇, 段九存, 赵伟华, 李瑞仙, 黄兴华, 和振云, 党亮. 熔融制样X射线荧光光谱法测定锑矿石中的锑和14种微量元素. 岩矿测试, 2014, 33(6): 828-833.

2014-253 刘晓, 郭力娜. 钢渣陶粒与钢渣的除磷性能对比. 无机盐工业, 2014, 46(8): 55-58.

2014-280 罗贤武, 刘绍舜. 生产厂家对钢渣化学组成的影响. 科技资讯, 2014, (25): 94-95.

2014-281 罗学辉, 苏建芝, 鹿青, 汤宇磊. 高倍稀释熔融制样-X射线荧光光谱法测定铅锌矿中主次组分. 冶金分析, 2014, 34(1): 50-54.

2014-282 罗学辉, 苏建芝, 鹿青, 杨理勤, 王岚. 熔融制样X射线荧光光谱法测定铜矿石中16种主次量元素. 岩矿测试, 2014, 33(2): 230-235.

2014-298 闵红, 任丽萍, 秦晔琼, 周海明, 朱志秀. 铁矿石中全铁含量分析的研究进展. 冶金分析, 2014, 34(4): 21-26.

2014-305 潘水雀. X射线荧光法测定水煤浆气化炉炉渣中的铬含量. 化工管理, 2014, (30): 97.

2014-319 邱少花, 任娟玲, 沈明科, 王宝玲. 粉末压片制样-X射线荧光光谱法测定钼铁中的钼. 中国钼业, 2014, 38(2): 30-32.

2014-323 冉帆, 吴丽萍, 李庆波, 邵佳. 两种焚烧炉渣的主要成分分析. 实验室研究与探索, 2014, 33(2): 18-21.

2014-357 谭芳香. 废杂铜冶炼渣中氧化钙含量测定方法的研究. 化工中间体, 2014, (7): 51-56.

2014-358 唐小辉, 刘润藻, 李士琦, 杨静波, 肖宏, 寿庆霞. 唐钢高炉瓦斯灰的提铁提锌试验. 中国冶金, 2014, 24(9): 49-52.

2014-368 王宝玲. 波长色散X射线荧光光谱法测定钼原矿中多元素. 中国钼业, 2014, 38(3): 40-42.

2014-374 王德全, 于青. 粉末压片-X射线荧光光谱法测定高炉除尘灰中钾铅锌砷. 冶金分析, 2014, 34(9): 34-38.

2014-377 王法春. X射线荧光光谱法测定矿石中主次成分研究. 化工管理, 2014, (6): 112.

2014-392 王曼娟, 刘琰, 戴国宣, 李永武, 方利红. X射线荧光光谱法测定高炉返粉组分. 中国无机分析化学, 2014, 4(1): 60-62.

2014-397 王平英, 陈鹏飞. 熔融制样-X射线荧光光谱法测定高碳铬铁中铬、硅和磷的含量. 理化检验-化学分册, 2014, 50(8): 1024-1026.

2014-408 王学谦, 马懿星, 施勇, 王平, 兰易, 郭晓龙, 王郎郎, 宁平. 锌冶炼重金属物质流向及烟气净化效果. 化工学报, 2014, 65(9): 3661-3668.

2014-423 魏明贺, 徐敏. X射线荧光光谱法测定铁矿石中4种成分. 物理测试, 2014, 32(6): 28-30.

2014-434 吴丽萍, 徐晓瑛, 文科军, 古金霞, 曹文, 李庆波. 不同粒径炉渣对磷的静态吸附. 环境工程学报, 2014, 8(9): 3933-3938.

2014-436 吴启帆, 包燕平, 林路, 徐国平, 程慧高, 黄毅, 辛彩. 转炉钢渣的物相及其冷却析出研究. 武汉科技大学学报, 2014, 37(6): 411-414.

2014-435 吴启帆, 包燕平, 林路, 徐国平, 程慧高, 黄毅, 辛彩萍. LF精炼渣的物相及其冷却过程研究. 炼钢, 2014, 30(6): 50-53.

2014-443 伦云. 粉末压片X射线荧光光谱法测定硅铁中各组分. 矿冶, 2014, 23(2): 88-90.

2014-453 熊少华, 钱庆长. 铜陵双闪铜冶炼厂炉前快速分析系统. 铜业工程, 2014, (6): 95-99.

2014-456 徐刚, 吴华峰, 李士琦, 杨静波, 肖洪, 金永龙. 高炉瓦斯泥精细还原实验研究. 工业加热, 2014, 43(2): 22-24, 28.

2014-457 徐凯, 张延玲, 李士琦, 杨静波, 肖宏, 何向春. 唐钢高炉粉尘提取铁、锌的实验室研究. 河北冶金, 2014, (3): 1-5.

2014-460 徐志彬, 李颖娜, 陈雪莲, 赵振纲, 王超刚. 熔融制样-X射线荧光光谱法测定出口生铁中6种元素含量. 理化检验-化学分册, 2014, 50(3): 378-380.

2014-472 杨本华, 张林平, 邹美娟, 吴振, 钱辉, 王曼娟. X荧光自动化技术在钢铁企业中的应用与发展. 有色冶金设计与研究, 2014, 35(4): 35-36, 51.

2014-479 杨书娟. X荧光法分析精矿粉中的硫. 冶金丛刊, 2014, (6): 7-8.

2014-482 杨翩, 李宏煦, 李超. 铅冶炼烟尘的物性分析及浸出性研究. 化工环保, 2014, 34(5): 493-498.

2014-484 杨艳, 朱缨. X射线荧光光谱法测定连铸保护渣中主成分. 广州化工, 2014, 42(20): 113-114.

2014-493 叶诗瑛. 循环流化床锅炉飞灰化学组成特征研究. 山东工业技术, 2014, (20): 52-53.

2014-503 于青, 王德全. 熔融制样-X射线荧光光谱法测定铁矿石中钾、铅、锌和砷. 理化检验-化学分册, 2014, 50(11): 1412-1414.

2014-509 袁艺. X荧光仪在铝工业分析中的应用. 轻金属, 2014, (5): 43-45, 54.

2014-510 袁奕秋, 闫学会. 压片制样X射线荧光光谱法测定除尘灰中全铁含量. 天津冶金, 2014, (S1): 131-133.

2014-522 张环月, 季守华, 高英明. X射线荧光光谱分析铸铁中28种元素. 冶金分析, 2014, 34(12): 33-38.

2014-523 张环月, 季守华, 李春艳. X射线荧光光谱法测定铬、钒、钛共存的钛合金中12种元素. 冶金分析, 2014, 34(5): 30-34.

2014-524 Zhang Huining, Li Jianli, Xu Anjun, Yang Qixing, He Dongfeng, Tian nai-yuan. Carbothermic reduction of zinc and iron oxides in electric arc furnace dust. Journal of Iron and Steel Research (International), 2014, 21(4): 427-432.

2014-531 张丽丽, 陈宇红, 卫智毅, 李影, 陈京晶. 转炉钢渣的矿物相分析及铁的赋存分布. 中国建材科技, 2014, (5): 97-99.

2014-532 张莉, 苏红梅. XRF法测定铁水中镍铬锑铌钼钛钒铅. 山东化工, 2014, 43(7): 80-82.

2014-535 张琪, 张云春, 龚凡涵, 萧达辉, 岳大磊, 唐志锟, 宋武元. 固体废物铜熔炼渣的快速鉴定. 冶金分析, 2014, 34(3): 39-42.

2014-543 张彤. 微量锌的测量方法综述. 科技视界, 2014, (22): 275-276.

2014-559 张益, 郭妙妙, 赵小元, 肖星, 谭卉, 周秩耿. 波长色散X荧光光谱法测定铁矿石中镍、铬含量. 金属材料与冶金工程, 2014, 42(3): 8-13.

2014-560 张永丰. 利用生产的炉渣样品制作X射线荧光分析曲线. 鞍钢技术, 2014, (6): 31-34.

2014-566 张云晖, 金波, 周光忠. X射线荧光光谱法快速测定艾萨炉冶炼过程铅精矿中的主要元素. 云南冶金, 2014, 43(5): 60-63.

2014-573 赵刚, 吕洪坤, 张明, 熊建国, 应明良, 王磊. 1000 MW机组锅炉内结渣物的理化分析. 浙江电力, 2014, (9): 36-40.

2014-587 钟静, 彭文明, 焦寅. X射线荧光光谱法测定铁水中多种元素. 天津冶金,

2014-595 朱春要,顾锋,年季强,张良芬. X 射线荧光光谱法测定冶金渣料中主次成分. 冶金分析, 2014, 34(8): 39-44.

2014-605 朱跃进. 金属中气体分析现状与未来. 冶金分析, 2014, 34(3): 19-23.

2015-003 包翠敏,谭朝鑫,庄春瑜,陈蕊. 固溶处理对 J75 钢组织及性能的影响. 金属热处理, 2015, 40(9): 179-182.

2015-045 褚宁,蒋晓光,张彦甫. 熔融制样-波长色散 X 射线荧光光谱法测定高硫高磷铜磁铁矿中主次成分. 冶金分析, 2015, 35(12): 10-16.

2015-055 但娟,刘元清,陈小毅,李子敬,刘林. 波长色散 X 射线荧光光谱法测定五氧化二钒中主次组分. 冶金分析, 2015, 35(7): 48-53.

2015-060 丁淑杰. X 射线荧光光谱法测定铸铝合金主元素含量. 黑龙江科技信息, 2015, (10): 100.

2015-075 冯秀梅,李颖,陆筱彬,陈君. X 射线荧光光谱法测定锌合金中铜和铁. 冶金分析, 2015, 35(5): 63-66.

2015-082 高明明,黄洁,许人军,赵欢娟,刘安,李稳宏. 镁铝尖晶石基硫转移剂的制备及其性能. 石油化工, 2015, 44(5): 590-596.

2015-098 郭云涛,刘伟,戴学谦. 熔融制样-X 射线荧光光谱法测定铁水预处理脱硅消泡剂中主次成分. 冶金分析, 2015, 35(1): 50-54.

2015-101 韩莎莎. 镁铝铬质耐火材料的 X 射线荧光光谱分析. 化工管理, 2015, (32): 56.

2015-105 何思祺,孙红娟,彭同江,吴逍. 碱法处理含钛高炉渣的矿相变化及工艺条件探索. 钢铁钒钛, 2015, 36(6): 44-50, 56.

2015-106 何湘柱,曹香雄,谢金平,曾振欧,秦华. 珍珠镍电镀工艺优化及镀层性能分析. 电镀与涂饰, 2015, 34(21): 1219-1225, 1273.

2015-125 黄继发,涂胜辉,何春根,唐慧勤. 高铝质耐火材料的 X 荧光仪光谱测定方法的研究. 山东化工, 2015, (9): 107-108.

2015-136 Ibrahim S. S., El Kammar A. M., Guda A. M.. Characterization and separation of pyrite from Abu Tartur black shale. International Journal of Mining Science and Technology, 2015, (4): 565-571.

2015-139 贾丽娜. 浅谈 X 射线荧光光谱测定合金铸铁中各组分. 中国高新技术企业, 2015, (16): 64-65.

2015-140 贾丽娜,佘云. X 射线荧光光谱分析合金钢成分中的基体效应校正. 科技与企业, 2015, (10): 191, 193.

2015-146 蒋晓光,王秀颖,张彦甫,李卫刚,褚宁,王艳君. 磷钼酸铵沉淀-硝酸返滴定法测定高硫高磷铜磁铁矿中磷含量. 检验检疫学刊, 2015, 25(3): 29-33.

2015-168 李大勇,贾双琳,陈菊. X 射线荧光光谱法测定锰矿中主次成分技术应用研究. 贵州地质, 2015, 32(4): 293-297.

2015-187 李磊,朱红波,彭金辉,张利波,代林晴,吴奎霖. 微波硅热还原铬铁矿粉制备低碳铬铁. 钢铁钒钛, 2015, 36(4): 134-139.

2015-202 李伦,杨军红,翟通德. 锆基合金中元素分析方法的研究进展. 理化检验-化学分册, 2015, 51(6): 888-892.

2015-210 李颖,冯秀梅,陆筱彬,陈连芳,陈君. X 射线荧光光谱法测定锌铝铜合金中的铝、铜、铁、硅、镍、铅和镉. 中国无机分析化学, 2015, 5(4): 69-73.

2015-219 李宗超,曹兴旺,马文广,王刚,金立宁. X 射线荧光光谱法分析硅锰合金中的硅、锰、磷. 检验检疫学刊, 2015, 25(2): 47-49.

2015-220 李宗木,徐法强. 电沉积坡莫合金薄膜的组成、结构及磁性研究. 磁性材料及器件, 2015, 46(3): 5-8, 25.

2015-228 梁亚平. 铜矿石化学分析方法概述与评价. 甘肃科技, 2015, 31(18): 52-53.

2015-229 梁元,沈学静,屈华阳,周伟. 稀土快速鉴别仪测定离子吸附型稀土矿中氧化钇量. 中国稀土学报, 2015, 33(4): 494-498.

2015-231 Liao Yuchao, Wang Xinchao, Zhang Wei, He Zizhan, Fan Qingsong, Fu Qiuhua. Characteristics of magnesium-iron-aluminium composite oxides and their influence on properties of magnesia-based bricks. China's Refractories, 2015, 24(2): 21-25.

2015-238 刘光蓉. 压片制样-X射线荧光光谱法测定普硅锰硅合金中的Ti. 铁合金, 2015, (12): 38-40.

2015-239 刘贵宾, 陈立群. X射线荧光光谱分析法在钨矿检测中的应用. 科技风, 2015, (11): 126.

2015-257 刘群, 王重庆, 谭军, 尹周澜, 陈启元, 廖舟, 张平民, 刘洋. Recovery of iron from lead-zinc metallurgical slags by bath smelting. Journal of Central South University, 2015, (4): 1256-1263.

2015-260 刘伟, 曹吉祥, 郭云涛, 戴学谦. 熔融制样-X射线荧光光谱法测定硅锰合金中硅锰磷. 冶金分析, 2015, 35(8): 51-54.

2015-264 柳亚玲. X射线荧光光谱法分析精铝阳极合金中铜元素. 轻金属, 2015, (7): 54-56.

2015-269 芦飞, 王瑛. 压片制样-X射线荧光光谱法测定不锈钢渣中10种组分. 冶金分析, 2015, 35(7): 67-72.

2015-272 陆筱彬, 冯秀梅, 李颖, 陈君, 陈连芳. X射线荧光光谱在船用金属材料成分分析中的应用进展. 船舶标准化工程师, 2015, (6): 49-54.

2015-274 罗金华, 武昭妤, 李俊翰, 廖先杰, 唐锐. 红格钒钛磁铁矿选铁尾矿工艺矿物学特征. 矿产综合利用, 2015, (4): 53-56.

2015-275 罗金华, 武昭妤, 李俊翰, 吴恩辉, 廖先杰, 唐锐, 杨绍利. 红格钒钛磁铁矿中硫化物的矿物学特征研究. 钢铁钒钛, 2015, 36(3): 57-61.

2015-276 罗金华, 武昭妤, 吴恩辉, 李俊翰, 廖先杰, 唐锐, 杨绍利. 红格钒钛磁铁矿选铁精矿工艺矿物学特征. 钢铁钒钛, 2015, 36(2): 73-77.

2015-282 吕丽琼, 陈林. X射线荧光光谱法测定铜锍中的多元素. 云南冶金, 2015, 42(2): 110-112.

2015-287 马世杰, 刘丽红. 粉末压片制样波长色散X射线荧光光谱法测定钼矿石中9种元素. 现代工业经济和信息化, 2015, 5(13): 50-51.

2015-295 闵晓芳, 邓飞跃, 雍伏曾, 胡海诗, 杨远, 孟时贤. 熔融制样-X射线荧光光谱分析法测定钾冰晶石中主次成分. 冶金分析, 2015, 35(2): 31-36.

2015-298 牛昌安, 张鹏, 滕志强, 唐侠. X射线荧光光谱法测定合金中的磷. 理化检验-化学分册, 2015, 51(2): 235-238.

2015-304 彭光宇, 王晶, 陈江, 刘毅, 郑国灿. X射线荧光光谱法测定不锈钢中多种元素. 分析科学学报, 2015, 31(5): 713-716.

2015-306 彭慧仙. 熔融制样-X射线荧光光谱法测定硬质合金中钨钴镍铁铌钽铬. 冶金分析, 2015, 35(7): 20-26.

2015-309 普旭力, 蔡继杰, 王伟, 潘忠厚, 王鸿辉. 熔融制样-X射线荧光光谱法测定镧铈镨钕稀土合金. 冶金分析, 2015, 35(1): 34-37.

2015-337 施善林, 郭阳, 李东麟, 王永海. 熔融制样-X射线荧光光谱法测定镍铁冶炼过程物料中10种组分. 冶金分析, 2015, 35(7): 54-59.

2015-345 宋义, 谷松海, 孙鑫, 武素茹. 铜精矿与铜冶炼渣的物相鉴别. 冶金分析, 2015, 35(3): 25-31.

2015-349 苏晓云, 刘善宝, 高虎, 王成辉, 刘战庆, 胡正华, 刘建光, 陈国华, 万浩章. 基于电感耦合等离子体质谱/光谱技术研究朱溪钨铜矿床原生晕地球化学特征. 岩矿测试, 2015, 34(2): 252-260.

2015-355 孙琳琳, 李洪, 周洪涛, 张磊, 冷爱平. 中低合金钢一次多元素X射线荧光光谱测定法. 材料开发与应用, 2015, 30(6): 86-89.

2015-379 王东杰, 许涛, 王素梅, 于小征, 郝茜, 张翼明. 钐钴合金中钴的测定方法研究. 稀土, 2015, 36(1): 89-92.

2015-382 王烽. X射线荧光光谱法测定高强度无磁不锈钢中主量元素. 山西冶金, 2015, 38(4): 25-28.

2015-388 王剑云. X荧光光谱法分析钒铁中的钒. 浙江冶金, 2015, (1): 25-26.

2015-393 王巨鹏. 基于钴内标X射线荧光光谱分析法在铁矿石分析中的应用研究. 山东工业技术, 2015, (7): 51.

2015-413 王瑶, 李艳萍, 冯圣雅, 李健靓. X射线荧光光谱法快速测定FeSiB非晶合金薄带中硅、硼、铁. 中国无机分析化学, 2015, 5(4): 56-59.

2015-417 王钰蓉, 曹小云, 陈靓, 何嘉伟, 光崎尚利, 包伟良, 陈智栋. 温度对浸镀锡镀层的影响. 常州大学学报(自然科学版), 2015, 27(1): 32-36.

2015-421 王智慧, 王兴阳, 贺定勇, 崔丽, 周正, 赵秋颖. 等离子熔覆AlCoCrCuFeNiMnV$_{0.2}$C$_x$高熵合金的组织结构. 材料热处理学报, 2015, 36(11): 233-237.

2015-422 王智慧, 薛歆, 邢玥, 李淑梅, 刘斌, 韩冬雪, 牛利. 疏水疏油纳米银修饰不锈钢材料的制备及生物相容性. 高等学校化学学报, 2015, 36(8): 1542-1547.

2015-434 吴庚林, 苏瑞红, 张桂凤, 焦圣兵, 张艺馨, 罗善霞. 国内钒钛磁铁矿分析方法综述. 当代化工, 2015, 44(1): 128-131.

2015-440 吴启帆, 包燕平, 林路, 徐国平, 程慧高, 黄毅. 热闷钢渣的矿物学特征及其硅酸钙相析出规律. 钢铁研究学报, 2015, 27(8): 29-33.

2015-441 吴启帆, 包燕平, 林路, 徐国平, 程慧高, 黄毅, 辛彩萍. 不同工艺钢渣物相组成及其显微形貌研究. 工业安全与环保, 2015, 41(8): 86-89.

2015-446 武素茹, 宋义, 谷松海, 郭芬, 孙鑫. X射线荧光光谱-X射线衍射-红外光谱联用技术鉴别锰矿与锰冶炼渣. 岩矿测试, 2015, 34(6): 659-664.

2015-450 项亚威, 邓玉福, 孟德川, 于桂英. EDXRF法无损测定磁铅石型铁氧体Ba$_{0.1}$Pb$_{0.9}$Fe$_{12}$O$_{19}$中Fe、Ba和Pb含量. 沈阳师范大学学报(自然科学版), 2015, 33(4): 463-467.

2015-451 肖丽梅. X射线荧光光谱压片法测定氧化铝中的Fe$_2$O$_3$和SiO$_2$的含量. 新疆有色金属, 2015, (4): 70-72.

2015-473 徐志彬, 李颖娜, 赵超, 王宇亮, 王钊, 吴楠. 利用控制图评价X射线荧光光谱法测定铁矿石成分分析系统的稳定性. 理化检验-化学分册, 2015, 51(11): 1590-1593.

2015-474 徐志彬, 赵超, 苑丽质, 杨国辉, 王钊. X射线荧光光谱法测定铬矿熔样方法研究. 冶金分析, 2015, 35(7): 27-31.

2015-476 薛秋红, 丁仕兵, 陶琳. 波长色散X射线荧光光谱法分析铝箔中9种元素. 理化检验-化学分册, 2015, 51(1): 114-116.

2015-477 闫春迪, 程昊, 陈海军, 王树东. 不同Cu交换分子筛脱除柴油机尾气中的NO$_x$. 环境工程学报, 2015, 9(6): 2967-2973.

2015-479 严文勋, 封亚辉, 李建军, 张秀, 尤雅婷, 郑建明, 张剑, 戴东情. 铅精矿中铅物相的识别及选择性浸出分离方法研究. 中国有色冶金, 2015, (5): 53-58.

2015-481 燕娜, 赵小龙, 赵生国, 郑红文. 红土镍矿样品前处理方法和分析测定技术研究进展. 岩矿测试, 2015, 34(1): 1-11.

2015-486 杨峰, 杨秀玖, 刘伟洪, 海洪. 熔融制样-波长色散X射线荧光光谱法测定铁矿石中12种主次成分. 分析试验室, 2015, 34(3): 351-355.

2015-489 杨怀德, 龙思远, 吴明放, 范超, 吴星宇. 硼化物、锰去除再生Al-Si合金中铁元素机理研究. 稀有金属材料与工程, 2015, 44(3): 621-627.

2015-504 叶淑爱, 王伟, 普旭力, 蔡继杰. 熔融制样X射线荧光光谱法测定碳化钨及其废料中的钨. 岩矿测试, 2015, 34(1): 99-103.

2015-511 于磊, 宋永清. X射线荧光光谱无标半定量分析钨精矿WO$_3$. 化工管理, 2015, (2): 158.

2015-521 曾江萍, 李小莉, 张莉娟, 张楠, 徐铁民. 超细粉末压片X射线荧光光谱法分析铬铁矿中的多种元素. 矿物学报,

2015-534 张海燕, 高武斌, 但智钢, 赵伟洁, 王志增, 史菲菲, 段宁. 以山砂为骨料的电解锰渣蒸压砖工况使用强度失效问题研究. 硅酸盐通报, 2015, 34(2): 461-465.

2015-542 张菊香. 镀锌钢板汽车车门表面的条纹缺陷分析. 理化检验-物理分册, 2015, 51(5): 350-352, 357.

2015-544 张立新, 杨丹丹, 孙晓飞, 文孟喜. X射线荧光光谱法分析铁矿石中19种组分. 冶金分析, 2015, 35(7): 60-66.

2015-561 张秀芳, 陆晓明. 熔融制样-X射线荧光光谱法测定锰铁中硅、锰、磷、铬、镍和铜. 理化检验-化学分册, 2015, 51(8): 1110-1112.

2015-564 张有为, 李晓峰, 闻达, 乔建军. 波长色散X射线荧光光谱法测定镀锌板表面钝化膜厚度. 理化检验-化学分册, 2015, 51(4): 550-552.

2015-565 张玉洁, 王金砖, 伏荣进, 刘琨. 装饰装修用不锈钢化学组成快速测定. 热加工工艺, 2015, 44(8): 65-67.

2015-580 赵坤, 王耀武, 彭建平, 狄跃忠, 冯乃祥. 真空铝热还原法制备金属钛及钛合金的研究. 真空科学与技术学报, 2015, 35(11): 1320-1324.

2015-584 赵淑兰, 董天姿, 方晓红, 谢新侃, 齐耀德, 刘国强. X荧光光谱法测定银矿石中的主次元素. 分析仪器, 2015, (1): 55-60.

2015-585 赵伟, 封亚辉, 戴东情. 冶炼钢铁过程中多种固体废物的鉴别. 冶金分析, 2015, 35(10): 49-53.

2015-589 赵雅卿, 曹云霞. 粉末压片-X射线荧光光谱法测定铜冶炼炉前各种炉渣、冰铜中5种组分. 中国无机分析化学, 2015, 5(2): 56-58.

2015-592 郑国经. 铁矿石化学分析方法标准及实验室能力验证. 冶金分析, 2015, 35(2): 37-44.

2015-597 钟秀虹, 郭东明, 史双佶, 金洙吉, 林佳志. 金刚石抛光用W-Mo-Cr合金粉末的机械合金化工艺研究. 热加工工艺, 2015, 44(20): 25-29.

2015-599 周成洪, 蔡常新. X射线荧光光谱法测定硫铁矿选矿尾砂中主量元素含量. 当代化工, 2015, 44(6): 1441-1442.

2015-602 周恺, 孙宝莲, 刘雷雷, 董岐. XRF法和ICP-AES法测定TC4钛合金中铝含量的不确定度评定. 钛工业进展, 2015, 32(3): 39-43.

2015-606 周新杰. 黄铜合金Cu、Zn元素的EDXRF分析. 有色矿冶, 2015, 31(5): 45-47.

2015-620 赵宁, 王良根. 硅锰合金X-射线荧光分析法. 南钢科技与管理, 2015, (4):51-54, 67.

5.8.2 地质、建材、核材料

1974-003 邹恩滕摘译, 谢树英校. 放射性同位素X射线荧光分析在金属矿山勘探和开采中的应用. 有色金属 (采矿部分), 1974, (6): 15-17.

1974-004 作译者未知. 地质样品中铀、钍、镭的分析方法 (国外文献综述). 国外放射性地质, 1974, (5): 55-77.

1975-004 斯奈曼, 顾明杰. 铀溶液和料浆流线分析的核技术. 核原料, 1975, (3): 10-17, 29.

1976-007 钱皮恩, 杨君豪. 用X射线荧光法测定矿石中的铀. 国外放射性地质, 1976, (2): 77-80, 85.

1978-001 迪克西特, 郭浩, 甘漩矶. 用X射线荧光法直接测定氧化钍中的锌、锆和铀. 国外放射性地质, 1978, (1): 49-50.

1978-003 弗洛伦斯, 郭浩译. 矿石中铀的测定方法比较评价. 国外放射性地质, 1978, (1): 58-64.

1978-015 谢侃, 郑德娟. X射线荧光分析二元合金薄膜的成份. 物理, 1978, 7(5): 296-299.

1978-017 詹姆斯, 郭浩, 张岫. 用X射线光谱法测定地质样品中ppm数量级的铀和钍. 国外放射性地质, 1978, (2): 69-71, 31.

1979-013 李彦成, 李乃珍. 水泥、生料、熟料和窑灰的 X 射线荧光分析方法研究. 水泥, 1979, (2): 13-18, 6.

1979-014 李彦成, 李乃珍. 水泥、生料、熟料和窑灰的 X 射线荧光分析方法研究 (续). 水泥, 1979, (3): 17-19.

1979-015 李彦成, 李乃珍. 水泥、生料、熟料和窑灰的 X 射线荧光分析方法研究 (续). 水泥, 1979, (4): 47-52.

1979-034 祝甫生, 罗津新. 15 个稀土 (及钍) 元素的化学——X 射线荧光光谱测定法. 理化检验通讯 (化学分册), 1979, 6(6): 25-28.

1980-001 白友兆. 同位素钙铁分析仪在水泥生料配料中的应用. 硅酸盐学报, 1980, 8(2): 171-179.

1980-020 吕银忠, 梁凤娴, 白韵兰. 三氧化二硼-碳酸锂熔样硅酸盐岩石快速分析. 地球化学, 1980, (3): 282-288.

1980-022 瑞安, 罗秉钧. 用 γ 射线激发的 X 射线荧光法分析低浓度天然铀溶液. 铀矿选冶, 1980, (5): 37-48.

1980-024 Vogg H, Brau H, Lubecki A, 朱铁民. 放射性同位素技术在普查、勘探与选矿中的应用. 国外地质勘探技术, 1980, (4): 47-52.

1980-031 徐君铎, 方明渭, 董克家. 铅锌矿中铅、锌、铁、铜溶液法 X 荧光连测. 上海有色金属, 1980, (S1): 77-80.

1980-036 俞洁莲. 氧化锆中锆、铪的 X 射线荧光光谱化学法. 新型无机材料, 1980, (3): 95-96.

1980-040 张鸿文. 地质样品中低量铀的 X 射线荧光光谱法测定. 放射性地质, 1980, (1): 81-84.

1981-002 陈和乐, 何伯延, 胡其锋. 电子计算机与 X 射线荧光分析仪联机自动分析重晶石选矿产品中的钡. 原子光谱分析, 1981, 3: 29-32.

1981-022 库姆普莱能, 俞誉福. 用 KX 射线分析地质样品中的铀. 放射性地质, 1981, 4: 367-369.

1981-049 章晔. 国外 X 射线荧光测井在金属矿上的应用. 国外地质勘探技术, 1981, 1: 8-15.

1982-002 Цамерян О. П., 叶传贤. 金伯利岩化学组成的 X 射线荧光光谱测定. 地质地球化学, 1982, 1: 52-55.

1982-012 丰梁垣, 李若龄, 张亚文, 王一先, 钱志鑫, 赵振华. 离子交换薄膜-X 射线荧光法测定地质样品中的微量稀土元素. 地球化学, 1982, 1: 35-47.

1982-021 Landstrom O., 古端龙. 在钻孔中利用天然产生的 X 射线荧光辐射的元素分析. 地质科技情报, 1982, 2: 94-96.

1982-029 罗秉钧, 岑运骅, 顾明杰, 唐桐永, 赵佩珩. 应用非色散 X 射线荧光法流线监测贫有机相中的铀浓度. 铀矿冶, 1982, 1(4): 43-49.

1982-039 Raschka H., Lodziak J., 李国会, 梁定安, 张博仪. 硅酸盐中铁、锰、钛、钙、钾、硫、磷、硅、铝、镁和钠的 X 射线荧光光谱测定. 分析化学, 1982, 10(10): 609-611.

1982-043 孙显升, 王忠庶. 能量色散 X 射线荧光分析测定硅酸盐矿中的 Sr、Rb. 核技术, 1982, 4: 116-117.

1982-050 Ward F. N., 靳香林. 对铀矿勘探中所用分析方法的评价. 放射性地质, 1982, 4: 380-384, 307.

1982-059 章晔, 谢庭周, 梁致荣, 黄国强, 于建. 核物探 X 射线荧光法在我国锡矿地质中的应用. 地质与勘探, 1982, 10: 42-47.

1983-004 陈和乐, 莫善湘, 胡其锋. 锡矿中锡的 X 荧光光谱测定——散射线作内标法. 矿冶工程, 1983, 8(4): 51-53.

1983-005 陈库强. X 射线荧光分析在日本水泥工业中的应用. 水泥, 1983, 5: 8-9.

1983-017 刁桂年, 陈丕通, 李锦勋, 孙乃茹, 张秀羽. X 射线荧光光谱法测定微克量稀土分量. 冶金分析与测试 (冶金分析分册), 1983, 4: 224-226.

1983-018 丁善宝, 李献忠. 混合稀土氧化物的 X 射线荧光光谱分析. 分析试验室, 1983, 3: 54-56.

1983-042 李明. 地球化学勘查中的分析方法. 地质地球化学, 1983, (2): 64.

1983-049 秦大方, 贾淑媛. 能量色散 X 射线荧光直接测定含钚工艺溶液中的铀. 核化学与放射化学, 1983, 5(3): 243-249.

1983-058 田中武, 王龙安. 用 X 射线荧光法定量分析矿石中 ppm 级的铀. 放射性地质, 1983, 6: 78-84.

1983-067 吴明清. 我国台湾浅滩海底沉积物稀土元素地球化学. 地球化学, 1983, 3: 303-313.

1983-070 肖德明, 甘璇玑, 张鸿文. X 射线荧光光谱法测定地质样品中的铀和钍. 分析化学, 1983, 11(10): 750-753.

1983-090 章晔, 梁致荣, 谢庭周. 核物探 X 射线荧光法在锡、锑、锶、钨、金、铜、铁、钼等矿产勘查中的应用. 成都地质学院学报, 1983, 2: 72-81.

1983-091 章晔, 梁致荣, 谢庭周, 黄国强, 周四春, 王宏, 于建. 核物探 X 射线荧光法在锡矿地质中的应用 (续). 地质与勘探, 1983, 10: 39-42.

1983-100 邹金生. 微量稀土铌钽酸盐矿物全分析方法的研究. 矿物学报, 1983, 3(2): 139-142.

1984-001 安庆骧. 离子交换纸富集、X 荧光光谱测定岩石中痕量稀土元素及钪. 岩石矿物及测试, 1984, 3(2): 162-165.

1984-011 陈致芬, 邹恩滕. 概谈 XRF 核子技术在黄金矿山中的应用. 黄金, 1984, 2: 16-19.

1984-020 方以规. 冶金地质和化探找矿测试工作与国外概况的对比及发展对策浅议. 地质与勘探, 1984, (6): 51-52.

1984-023 Galson D. A., Atkin B. P., Harvey P. K., 张鸿文. 低含量铀、钍和钾的 X 射线荧光光谱法测定. 国外铀矿地质, 1984, 2: 97-101.

1984-040 李记欣. X 射线荧光光谱法测定铀矿石中的铁、钛、钙、硫、磷、硅、铝和铀——两步校正程序初探. 分析化学, 1984, 12(3): 194-197.

1984-045 玲. 铅锌矿硫铁化物中的铊、镍、钴及其他痕量元素. 地质与勘探, 1984, 5: 29.

1984-053 罗津新. 阳离子交换树脂填充纸吸附、X 射线荧光光谱法测定矿石及选冶样品中的钍. 岩石矿物及测试, 1984, 3(3): 270-272.

1984-054 罗津新. 水杨基萤光酮沉淀活性炭吸附 X 射线荧光光谱法测定矿石中的铌钽. 理化检验-化学分册, 1984, 20(2): 37-38.

1984-055 牛芳, 王中央, 范我, 徐炳臣, 张维成. 无载体放射性同位素 ^{109}Cd 的制备. 核技术, 1984, (1): 59-56, 77.

1984-058 青木谦一郎, 白桦. 火山岩的化学成分与成因的研究. 地质科技情报, 1984, 1: 64-68, 63.

1984-070 王毅民, 梁国立. 岩石中低量稀土和其他痕量元素的 X 荧光光谱测定. 岩石矿物及测试, 1984, 3(1): 58-63.

1984-071 王忠庶, 孙显升, 姜开侠. 能量色散 X 射线荧光分析测定地质试样中的 Zr、Sr、Rb. 核技术, 1984, 3: 47-48.

1984-082 袁锡英. 743 树脂静态吸附 X 射线荧光光谱法测试矿石及选冶样品中的钍. 理化检验-化学分册, 1984, 20(5): 21-22.

1984-098 邹恩滕, 陈致芬. XRF 核子快速分析技术在多金属共生矿均匀介质中的应用研究. 核电子学与探测技术, 1984, 2: 116-120.

1985-005 陈梅玲. 荧光 X 光谱技术在矿石分析中的应用. 研究与探索, 1985, 2: 57-60.

1985-006 陈丕通. X 射线荧光光谱法测定钨单矿物及钨矿中的钨、锰、铁和铌. 分析化学, 1985, 13(7): 542-544.

1985-014 董高翔. 锆英石单矿物的 X 射线荧光光谱分析. 光谱学与光谱分析, 1985, 6: 73.

1985-016 董高翔, 汪康康, 熊采华. 岩石化探样品中二十一个痕量元素的 X 射线荧光分析. 地质实验室, 1985, 1(1): 42-47.

1985-018 Dypvik H, 汤道清. 英国约克郡上侏罗统和下白垩统粘土的地球化学组成和沉积条件. 地质地球化学, 1985, 9: 54.

1985-023 甘璇玑, 吴莹莹, 肖德明. X 射线荧光测定低量铷、锶及其应用. 地球化学, 1985, 3: 283-292.

1985-034 Henderson P., Pankhurst R. J., 钱志鑫. X射线荧光光谱测定稀土元素. 地质地

1985-038 Huber A. E., 段忆翔. 经溶剂萃取及滤纸沉积之后用 X 射线荧光谱仪测定地质物料中的砷. 地质地球化学, 1985, 5: 66-67.

1985-041 蒋宏振. X 射线荧光钙铁分析仪在吴淞水泥厂的应用. 核技术, 1985, 3: 79.

1985-062 卢敬智. X 射线荧光光谱测定硅酸盐中的主微量元素. 光谱学与光谱分析, 1985, 6: 75.

1985-068 Naef U., Stern W. B., 刘鸿光. 关于白云母中多硅白云母和钠云母组份之 X 射线分析的一些评述. 世界地质, 1985, Z1: 248-256.

1985-073 Spěvačková V., John J., Prazskǎ M., 俞誉福. 用有机沉淀剂预浓集-XRF 分析法测定铀. 国外铀矿地质, 1985, 1: 76-78.

1985-076 孙平蕙, 陈远盘. 岩石和矿石中微量稀土分量 X 射线荧光光谱测定法的研究. 光谱学与光谱分析, 1985, 5(4): 49-54.

1985-077 孙平蕙, 陈远盘. 岩石和矿石中微量稀土分量 X 射线荧光光谱测定法的研究. 矿产与地质, 1985, 1: 74-80.

1985-084 田淑贵, 张世君. 岩石中锆（铪）的离子交换分离及其在离子交换薄膜上的富集. 地球化学, 1985, 4: 374-380.

1985-086 王中刚. 我国稀土元素地球化学研究工作的进展. 稀土, 1985, 4: 61-64, 60.

1985-096 肖德明, 张鸿文, 甘璇玑, 魏国有. 化学-X 射线荧光法测定地质试样中 15 个痕量稀土元素. 分析试验室, 1985, 4(2): 1-6.

1985-102 杨乐山, 陈玉生, 杜新岳, 朱文翅, 严志远. 地质化探样品主要和痕量元素荧光 X 射线光谱分析. 地质实验室, 1985, 1(1): 36-42.

1985-108 张鸿文, 甘璇玑. 铀 M 系 X 射线的分析应用. 铀矿地质, 1985, 1(2): 43-49.

1985-111 张勤龙. 用 ^{238}Pu 源散射法分析矿物铁含量. 核电子学与探测技术, 1985, 1: 38-43.

1985-114 章晔, 谢庭周, 周四春. X 射线荧光技术在锑矿上的应用. 地质与勘探, 1985, 21(5): 44-48.

1985-116 郑厚琳, 靳新娣. 硅酸盐类地质试样中少量、微量元素的 X 射线荧光光谱测定. 分析试验室, 1985, 4(5): 35-37.

1985-118 周锦帆. 水中痕量钍分析的进展. 环境科学与技术, 1985, 2: 22-23, 25.

1986-001 Appleyard S. J., 于伟. 澳大利亚西部瓦鲁附近地下水中铀的分布及其与矿化的关系. 国外地质勘探技术, 1986, 7: 45.

1986-004 才书林, 李洁, 逯义, 郭玉林, 周国兴. X 射线荧光光谱法在区域化探中的应用. 分析试验室, 1986, 5(12): 5-13.

1986-012 陈武. 岩石矿物中低含量铷锶锆铌钼的 X 射线荧光光谱测定. 理化检验-化学分册, 1986, 22(4): 234-236.

1986-013 陈永君, 赵宗铃, 万俊生. 锆石单矿物 XRF 法分析. 岩矿测试, 1986, 5(4): 304-308.

1986-029 郭金良, 曹新娣. 粉煤灰中硅、铁、铝、钙、镁五元素快速分析方法. 硅酸盐建筑制品, 1986, 2: 36-39.

1986-030 何维中. 用 XRF 法从矿浆中测铅的尝试与实践. 金属矿山, 1986, 12: 34-37, 28.

1986-038 李国会, 刘德慧, 苏幼銮. 硅酸盐中铁、锰、钛、钙、钾、磷、硅、铝、镁、钠、锶、铷、钡的 X 射线荧光光谱定量测定. 物探与化探, 1986, 10(1): 60-65.

1986-040 李记欣. X 射线荧光光谱法在铀矿冶分析中的应用. 铀矿冶, 1986, 5(2): 25-29.

1986-046 罗倩. 第三讲 选矿流程中颗粒成分的检测（下）. 金属矿山, 1986, 9: 54-60, 16.

1986-047 马场佑治, 武藤博, 王龙安. 用能量色散 X 射线荧光分析法定量分析溶液中的铀和钚. 国外铀矿地质, 1986, 2: 63-66.

1986-048 马洁梅, 佟淑媛. 煤灰主次量元素的 X 射线荧光光谱分析. 理化检验-化学分册, 1986, 22(1): 19-22.

1986-049 马洁梅, 佟淑媛. X 射线荧光光谱法分析煤灰中的痕量元素. 电力环境保护,

1986-053 茅祖兴. 半微量硅酸盐地质样品的 X 射线荧光光谱分析. 岩石学报, 1986, 2(1): 91-95.

1986-054 茅祖兴. 高稀释比分析少量硅酸盐岩石和矿物样品. 光谱学与光谱分析, 1986, 6(2): 56-58, 47.

1986-055 茅祖兴. X 射线荧光光谱测定 USGS-Ⅲ 岩石标准样品中的铷和锶. 岩石学报, 1986, 2(2): 70-73.

1986-056 茅祖兴, 叶珍久. 硅酸盐岩石和矿物 X 射线荧光光谱分析中的熔融制样技术. 分析试验室, 1986, 5(12): 14-17.

1986-071 王夕, 董永先, 韩德久. X 射线荧光分析仪在东鞍山铁选厂的应用. 金属矿山, 1986, 5: 31-36.

1986-077 文国良. X 萤光分析法测定石英砂岩中低含量铁的试验. 建材地质, 1986, 1: 55-63.

1986-080 肖德明, 甘璇玑, 卜正才. 硅酸盐类样品中硅、铁、铝、钛、锰、钙、镁、钾、钠和磷的 X 射线荧光光谱测定. 铀矿地质, 1986, 2(4): 236-241.

1986-083 徐积荣, 吴志鸿, 乐群, 李其晃. 熔融法 X 射线荧光光谱测定硅酸岩中 30 个主、痕量元素. 岩矿测试, 1986, 5(3): 201-206.

1986-087 袁汉章, 吴自德, 丁颂亚, 侍启禹, 殷国华. 水泥生料的 X 射线荧光光谱分析. 分析化学, 1986, 14(1): 40-43.

1986-092 张鸿文, 甘璇玑, 肖德明. 低含量铀、钍的 X 射线荧光光谱法测定. 分析测试通报, 1986, 5(5): 19-23.

1986-095 张卫民. 机械立窑水泥厂的自动化. 水泥技术, 1986, 1: 34-37.

1986-100 章晔, 谢庭周, 周四春, 葛良全. 用 X 射线荧光法找金矿实例. 物化探计算技术, 1986, 8(4): 342-345.

1987-006 陈维岳. 大洋锰结核调查船上金属品位速测方法的研究——Ⅰ. 锰、铁、铜的 X 射线荧光光谱测定法. 东海海洋, 1987, 5(3): 78-82.

1987-007 陈永君, 梁国立, 宋尔良. 地质试样中多种痕量元素的 X 射线荧光光谱分析. 分析试验室, 1987, 6(2): 12-16.

1987-011 Corps N., 腾树昆. 地质物料的能量色散 X 射线荧光分析. 国外地质勘探技术, 1987, 10: 27-31.

1987-021 Harris D. C., 王岷. 运用电子探针和质子探针分析确定 Izok 湖块状硫化物矿床中含银黄铜矿为银的主要来源. 西北地质, 1987, 2: 68-72.

1987-035 李国会, 许力, 张运国, 仲平. 水系沉积物中 25 个主元素和微量元素的 X 射线荧光光谱测定. 岩矿测试, 1987, 1: 15-23.

1987-052 毛振伟. X 射线荧光滤纸片法同时分析七种单一稀土元素. 稀土, 1987, 1: 55-56.

1987-075 王毅民. 化探样品分析中的 X 荧光光谱法. 岩矿测试, 1987, 6(1): 64-67.

1987-080 肖德明, 刘飞跃. 岩石样品中某些微量元素的 X 射线荧光光谱测定. 铀矿地质, 1987, 3(3): 170-174, 169.

1987-081 肖德明, 邹百魁. X 射线荧光光谱法测定化探样品中主量和痕量元素. 光谱实验室, 1987, 4(3): 67-71.

1987-089 俞淑莺. X 荧光分析仪在水泥生料质量控制中的应用. 水泥, 1987, 10: 13-16.

1987-090 翟秋福. X 射线荧光光谱分析地质化探样中主要和痕量元素. 岩矿测试, 1987, 6(2): 113-116.

1987-091 张光华. 荧光分析代替刻槽取样及其在矿山中的应用试验. 有色矿山, 1987, 10: 1-6.

1987-094 张秀莲, 何丽娟. 能量色散 X 射线荧光光谱测定海洋沉积物中微量元素 V, Cr, Y, Zr 和 Nb. 海洋科学, 1987, 3: 25-28.

1987-097 章晔, 谢庭周, 周四春, 黄国强. 现场 X 射线测量勘查金矿. 地质与勘探, 1987, 8: 48-52.

1987-099 赵贵文, 唐予奇, 毛振伟. 用 X 射线荧光滤纸片法同时分析七种单一稀土元素. 中国科学技术大学学报, 1987, 17(3): 133-137.

1987-100 郑厚琳, 刘鹤武, 靳新娣. X 射线荧光光谱分析岩石土壤中十五个稀土分量的试验研究. 岩矿测试, 1987, 6(4):

245-250.

1988-005 包生祥. XRF 法直接测定原煤中 23 种元素. 岩矿测试, 1988, 7(3): 202-207.

1988-006 Баранчк Л. П., Баршай В. М., 刘绍. X 射线荧光法在大块矿石预选中的应用. 矿产保护与利用, 1988, 4: 37-39.

1988-009 陈谭明, 雪微, 牟书勇. 地球化学样品中 24 个元素的 X 射线荧光光谱测定. 干旱区研究, 1988, 1: 49-56.

1988-013 程介克, 刘锦春, 江祖成. 稀土元素分析. 分析试验室, 1988, 7(5-7): 54-94.

1988-015 邓中林. X 射线荧光法在火山岩区多金属矿床上勘查金矿的研究. 黄金, 1988, 9(6): 31-34.

1988-017 董高翔. 锆英石微量单矿物分析. 光谱学与光谱分析, 1988, 8(4): 59-62.

1988-035 黄伟林. 八十年代流体包裹体成分与同位素分析方法的某些新进展. 地质科技情报, 1988, 7(4): 105-110.

1988-047 梁兴中. 用 X 射线荧光技术普查和评价金属矿床的方法. 国外地质勘探技术, 1988, 5: 29-33.

1988-048 刘德慧, 安庆骧. XRF 法测定岩石、土壤中微量溴. 岩矿测试, 1988, 7(4): 271-274.

1988-050 刘恩美, 张仕定. 区域化探样品中 25 个元素的 X 射线荧光光谱分析. 光谱实验室, 1988, 5(10): 26-32.

1988-051 刘留春. 用 X 射线荧光探矿法在文裕金矿找金的研究. 核技术, 1988, 2: 13-16, 60.

1988-059 茅祖兴. 磷矿石的 X 射线荧光光谱分析. 分析化学, 1988, 16(10): 909-911.

1988-060 Nagj M., Makjanic J., OrlicI., Tomic S., Valkovic V., 肖德明. X 射线荧光光谱法测定海水中铀. 国外铀金地质, 1988, 2: 79-82.

1988-068 苏幼鋆, 王毅民. 多种类型地质样品中主要和次要元素的 X 射线荧光光谱测定. 岩矿测试, 1988, 7(2): 112-115.

1988-083 吴富贤. 煤中硫的化学分析、状态分析及形态分析方法的比较. 煤炭分析及利用, 1988, 1: 53-58.

1988-107 张钰蓉, 吴小凤, 张阿根, 张龙兴. 麦饭石水中微量元素含量的测定. 自然杂志, 1988, 11(5): 387-389.

1988-112 张振儒, 朱恩静, 陈伟. 谱学找金矿的新方法. 地质找矿论丛, 1988, 3(2): 59-67.

1988-114 章晔, 谢庭周, 周四春, 葛良全. 勘查金矿的现场 X 射线荧光法. 铀矿地质, 1988, 4(1): 31-35.

1989-003 包生祥. 石墨样品中杂质元素的 X 射线荧光光谱法直接测定. 分析测试通报, 1989, 8(3): 72-75.

1989-012 川仁. 水泥生料在线自动检测与配料系统通过鉴定. 中国建材, 1989, 11: 27.

1989-014 邓世瑶, 葛正杰, 杨晓慧. 多道 X 射线荧光光谱仪在建材非金属矿产地质样品分析中的应用. 建材地质, 1989, 2: 34-38.

1989-016 丁雪心. XRF 直接测定选钨流程中钨钼. 矿冶工程, 1989, 9(1): 63-66.

1989-022 高平良. 以压片法用 X 荧光仪测定 SO_3. 水泥, 1989, 6: 31-35.

1989-023 高长明, 陈全德. 冀东、宁国水泥厂生料均化系统的反求. 水泥, 1989, 2: 14-18, 33.

1989-025 葛正杰. X 射线荧光分析在红柱石选矿中的应用. 建材地质, 1989, 3: 47-48.

1989-026 Gorshkov A. I., 孙宝岐. 长石选矿方法. 国外金属矿选矿, 1989, 10: 22-26, 21.

1989-033 华佑南, 陈维范, 赵寿驹. 地质样品中 27 项元素的粉末压片法 X 射线荧光光谱测定. 中国地质科学院南京地质矿产研究所所刊, 1989, 10(4): 95-108.

1989-043 荆照政, 张博仪. X 射线荧光光谱法测定稀土分量. 理化检验-化学分册, 1989, 25(6): 355.

1989-044 李国会. 熔片法 X 射线荧光光谱测定多种类型地质样品中 14 个主次要元素. 光谱学与光谱分析, 1989, 9(1): 66-71.

1989-047 李纪民, 李桂榛, 林国栋, 刘丽娟. 用 X 射线法快速测量煤灰量. 核技术, 1989, 12(12): 703-706.

1989-060 刘玉兵. 水泥及原材料中主要成份的 X 射线荧光光谱分析. 分析试验室, 1989,

8(1): 21-24.

1989-062 陆少兰, 王振莹, 李世珍, 李建华, 伍星. 高纯 Eu_2O_3 中稀土杂质的化学-X射线荧光光谱法测定. 中国稀土学报, 1989, 7(1): 68-70.

1989-065 马光祖, 罗立强. 辉钼矿中钼, 硫, 铜, 钛, 硅等元素的X射线荧光分析. 岩矿测试, 1989, 8(2): 95-98.

1989-078 孙平蕙, 武小玲. X射线荧光光谱测定微克量稀土元素的化学富集. 矿产与地质, 1989, 3(1): 76-79.

1989-079 孙忠, 张月芬, 李冶, 赵辑佩. 三辛基氧膦萃取成形滤纸片薄样X射线荧光光谱法测定化探样品中的微量铀. 地质实验室, 1989, 5(4): 185-187.

1989-081 王风琴. 采用聚苯乙烯-偶氮-噻嗪烷-二砜-[2, 4]X射线荧光测定矿物中的金银. 有色矿冶, 1989, 5(2): 57-59.

1989-083 王桂志, 才书林. 麦饭石中主元素和微量元素的X射线荧光光谱测定. 沈阳建筑工程学院学报, 1989, 5(2): 86-90.

1989-084 王辉, 吴建平. X射线荧光技术用于包古图金矿区共生元素研究及其地质效果. 成都地质学院学报, 1989, 16(3): 115-121.

1989-090 王毅民, 贺中央. 磷矿石中主要和次要组分的X射线荧光光谱分析. 分析化学, 1989, 17(1): 87-90.

1989-100 肖志宏. 永平铜矿降低贫化损失的实践. 有色金属（矿山部分）, 1989, 3: 27-29, 17.

1989-102 徐相成. X射线荧光法勘查金矿的效果. 地质与勘探, 1989, 9: 42-45.

1989-107 袁汉章, 宫清. X射线荧光光谱法测定锰结核中锰的价态. 分析化学, 1989, 17(8): 710-712.

1989-108 袁汉章, 刘洋, 贾乐庚. 化探样品中二十五个主要、次要和微量元素的X射线荧光光谱测定. 分析化学, 1989, 7(7): 652-655.

1989-117 章晔, 谢庭周, 周四春, 葛良全. 核地球物理学的X射线荧光技术在我国固体矿产资源中的研究与应用. 地球物理学报, 1989, 32(4): 441-449.

1989-120 支霞臣. 汉诺坝含超镁铁质岩包体的碱性玄武岩微量元素地球化学. 地球化学, 1989, 2: 149-157.

1989-122 周学军, 王庆广, 庄亚辉. X射线荧光法测定模拟固硫剂及煤灰中的硫含量. 环境化学, 1989, 8(6): 41-45.

1990-005 包伯荣, 陈洛娜, 李燕飞, 夏源贤. 从二氧化锰载体和辐照二氧化钍中制取纯 ^{233}U. 核技术, 1990, 13(12): 749-751.

1990-008 曹利国, 田洪均. 微量元素X射线荧光分析方法及其在碳酸盐岩成岩作用研究中的应用. 成都地质学院学报, 1990, 17(1): 94-101.

1990-014 程介克, 刘锦春, 江祖成. 稀土元素分析. 分析试验室, 1990, 9(4): 54-82.

1990-016 崔源声. 多元素水泥生料自动检测与配料系统. 中国建材, 1990, 3: 40-41.

1990-026 韩宗珠, 盛兴士, 赵广涛, 王文正. 青岛C类榴辉岩的岩石学矿物学及其地质意义. 海洋湖沼通报, 1990, 4: 23-30.

1990-032 华佑南. 铁帽样品中砷、锑和铋的X射线荧光光谱法的快速测定. 地质实验室, 1990, 6(1): 27-30.

1990-057 刘德慧. 汞型活性炭纸富集-XRF法测定地质试样中痕量碘. 岩矿测试, 1990, 3: 175-178.

1990-067 骆强. 水泥生料成份分配比自动控制系统. 同位素, 1990, 1: 21-22.

1990-070 毛振伟. X射线荧光光谱法测定岩石中的Zr、Y、Sr、Rb、Zn. 分析试验室, 1990, 9(1): 35-36.

1990-075 Никулин В. А., 周延坤. 整块岩芯快速物理分析方法. 国外地质勘探技术, 1990, 3: 23-24, 31.

1990-088 税国洪. 痕量钍分析进展近况. 铀矿地质, 1990, 6(4): 251-255, 231.

1990-089 宋云阔, 于清池, 韩明华. 富含有机质的化探样品中多元素的X射线荧光光谱法测定. 地质实验室, 1990, 6(2): 81-85.

1990-103 闻荻江, 单松高. A study of the structural layers of coupling agents and the microscopic rheology in the interfaces of Gf/Up Systems. Journal of

Wuhan University of Technology-Materials Science, 1990, 2: 29-37.

1990-107 肖德明, 武朝晖. 地质样品中砷、镓、钴、镍、溴、氯、硫和氟的 X 射线荧光光谱法测定. 铀矿地质, 1990, 5: 312-317.

1990-115 许琪, 韩德馨, 金奎励, 任德贻, 郑雨寿. 煤中 49 种元素含量与煤岩组分和煤化程度的相关规律. 中国矿业大学学报, 1990, 19(3): 51-60.

1990-116 徐相成. X 射线荧光技术用于西秦岭地区金矿勘查. 铀矿地质, 1990, 5: 303-307.

1990-123 袁汉章, 刘洋, 秦颖. 铝土矿和赤泥的 X 射线荧光光谱测定. 分析化学, 1990, 18(5): 451-453.

1990-128 张玉清, 张长明. X 射线荧光光谱测定矿样中主元素及微量元素. 矿产与地质, 1990, 4(3): 93-96.

1990-132 赵宇平, 孙国匡. 用硫铁尾矿生产水泥的研究. 中国建筑材料科学研究院学报, 1990, 2(3): 46-54.

1990-139 朱荣保. 核安全保障非破坏性分析研究与发展 (Ⅰ). 核化学与放射化学, 1990, 12(2): 72-84.

1991-023 华佑南. X 射线荧光光谱分析粉末压片法中非在线荧光分析物质项的研究和应用. 地质实验室, 1991, 7(6): 333-337.

1991-040 李国会, 凡守忠. X 射线荧光光谱法测定煤灰中 18 个痕量元素. 光谱实验室, 1991, 8(1, 2): 117-120.

1991-057 马鑫培, Palmer G. R., MacArthur J. D.. 质子微束对磷灰石中稀土元素的研究. 核化学与放射化学, 1991, 13(3): 183-188.

1991-060 茅祖兴, 鲁豪东. X 射线荧光光谱法检验标准物质的均匀性. 光谱学与光谱分析, 1991, 11(3): 62-65, 39.

1991-062 木村龙男, 朱春笙. 用 X 射线荧光分析法测定煤中硫——硫酸盐硫和黄铁矿硫. 煤炭分析及利用, 1991, 3: 46-50, 42.

1991-065 裴立文, 陶光仪, 吉昂. 大洋锰结核中主、次及痕量元素的 X 射线荧光光谱分析. 分析化学, 1991, 19(9): 1057-1059.

1991-085 王光中. 碳酸盐样品中主成分和微量元素的 X 射线荧光光谱分析. 地质实验室, 1991, 7(2): 88-90.

1991-086 王光中, 汪康康. X 射线荧光光谱的理论 α-系数法在岩石主、次量元素分析中的应用. 湖北地质, 1991, 5(1): 100-110.

1991-096 汪寅人. 加强煤质基础研究提高煤炭转化技术. 煤化工, 1991, 3: 1-4.

1991-108 杨玉华, 曹杰. 高铝岩矿样品的 X 射线荧光光谱分析. 岩石学报, 1991, 1: 83-85.

1991-118 张乔, 于泉根. 铸造用粘土的 X 射线荧光光谱分析. 铸造, 1991, 5: 40-42.

1991-129 朱光华, 沈新尹, 汪新福, 王皖虹. 大气气溶胶粒径分布的数值拟合. 北京师范大学学报 (自然科学版), 1991, 27(3): 309-314.

1992-005 才书林, 郭玉林, 王颜红. X 射线荧光光谱法在有色金属矿石标准物质定值分析中的应用. 岩矿测试, 1992, 11(3): 260-264.

1992-013 陈道公, O'Reilly S. Y., Griffin W. L.. 幔源橄榄岩包体中单斜辉石的微量元素组成. 科学通报, 1992, 24: 2255-2258.

1992-020 Dmitriev S. N., Shishkina T. V., Zhuravleva E. L., 李迹. TBP 萃取-X 荧光光谱法测定地质样品中的金. 国外铀金地质, 1992, 3: 82-86.

1992-028 韩宗珠, 武心尧, 杨作升, 盛兴土, 章跟宁. 南极中山站外普里兹湾底泥的矿物组成及其硅藻类. 海洋科学, 1992, 4: 69.

1992-035 黄锦扬, 王业华. 机立窑综合节能技术新进展. 水泥, 1992, 7: 27-31.

1992-047 李敏, 陈远盘, 苏惠娴. 萃取法富集 XRF 光谱测定岩石、土壤中的痕量元素. 光谱学与光谱分析, 1992, 12(3): 111-116.

1992-062 刘文彬. 煤中氧化物比值的古气候意义. 天然气地球科学, 1992, (6): 18.

1992-086 施特丁克 K., 伯纳 E., 温纳克 H., 田

传明. 借助炮孔探测仪的准确回采. 国外金属矿山, 1992, 3: 40-43.

1992-104 王五一. 镁铝榴石的形成温度及其结构水成因探讨. 岩石矿物学杂志, 1992, 11(4): 366-374.

1992-129 杨发景, 李张胜. X荧光分析技术在磷矿分析中的应用. 云南化工, 1992, 2: 34-35.

1992-133 伊丽莹. 地质样品中稀土元素分析进展. 岩矿测试, 1992, 11(1, 2): 173-178.

1992-135 喻德科. 冰洲石中多元素的X射线荧光光谱测定. 分析试验室, 1992, 11(1): 54-55.

1992-136 喻德科. X射线荧光光谱法直接测定油页岩中微量元素. 光谱学与光谱分析, 1992, 12(5): 111-114.

1992-147 张启超, 贺春福, 任红星. 稀土元素的X射线荧光光谱分析. 光谱学与光谱分析, 1992, 12(1): 89-94.

1992-148 张仕定, 梁术廷, 聂全新, 刘敏. XRFA法快速测定地质样品中的稀土总量. 地质实验室, 1992, 8(6): 335-336.

1992-149 张寿庭, 丁益民, 朱创业, 杨耕东. X射线荧光方法在成矿规律研究中的应用. 成都地质学院学报, 1992, 19(2): 107-113.

1992-153 张长庚. 纯氧化钪中稀土杂质的X荧光分析. 湖南有色金属, 1992, 6: 383, 357.

1992-156 郑厚琳, 秦星临. 微孔滤膜制片X射线荧光光谱法测定矿石中银. 岩矿测试, 1992, 11(3): 217-220.

1993-003 鲍根德, 李全兴. 南海铁锰结核(壳)的稀土元素地球化学. 海洋与湖沼, 1993, 24(3): 304-313.

1993-011 陈永君. 稀土分量的XRF法分析-熔珠粉末压薄片法. 光谱学与光谱分析, 1993, 13(1): 151-154.

1993-018 戴小春, 谭铁铮. 氯化稀土和钐铕钆富集物中单一稀土元素的X射线荧光光谱分析. 包钢科技, 1993, 3: 51-58, 16.

1993-023 董洪涛. ARL公司的水泥全面分析新技术. 建材工业信息, 1993, 19: 4.

1993-033 管沛林. X射线荧光光谱法快速测定稀土萃取生产的中控样品. 分析试验室, 1993, 12(6): 75-78.

1993-034 郭寿兴, 吴玉庆. X射线荧光光谱法测定叶腊石中的铝铁钾钠. 岩矿测试, 1993, 12(4): 290-292.

1993-035 韩宗珠, 付强. 青岛和诸城深源脉岩及包体的成因与构造背景. 海洋湖沼通报, 1993, 2: 50-58.

1993-036 韩宗珠, 武心尧, 张继武. 胶莱盆地火山岩系的地球化学特征. 青岛海洋大学学报, 1993, 23(4): 98-108.

1993-042 洪德乐, 魏文芹, 王可勇. X射线荧光技术及其在江西金山地质找矿上的应用效果. 地质科技情报, 1993, 12(3): 89-92, 97.

1993-055 李国会, 卜维, 樊守忠. 熔融片X射线荧光光谱法测定碳酸盐中主次量元素. 地质实验室, 1993, 9(4): 195-199.

1993-056 李晃, 李莉. 能量色散X荧光分析法测定炼铅鼓风炉渣中10元素. 湖南有色金属, 1993, 9(5): 304-308, 317.

1993-074 刘敏. 石煤中镓的X荧光光谱分析. 化学世界, 1993, 7: 33-35.

1993-086 毛振伟, 张邦祥. X射线荧光光谱滤纸片法测定离子吸附型稀土矿中单一稀土元素. 理化检验化学分册, 1993, 29(4): 239-241.

1993-087 O'Reilly S. Y., Grirrin W. L., Ryan C. G., 黄智龙. 交代尖晶石二辉橄榄岩捕房体微量元素住留: 质子探针研究. 国外火山地质, 1993, 3: 26-35.

1993-102 孙景信, 王玉琦, 朱惠民. 离子吸附型稀土矿床中土壤元素地球化学找矿标志. 中国稀土学报, 1993, 11(1): 73-77.

1993-113 王益民, 李桂兰, 白友兆, 李江. 水泥生产自动控制及能量色散X射线荧光分析技术. 中国建材科技, 1993, 4: 25-28.

1993-132 詹叶花. X射线荧光光谱法在硅酸盐陶瓷工业上的应用. 中国陶瓷, 1993, 6: 30-40.

1993-146 赵尔燕, 邱林友. XRF法测定矿石及二次阳极泥中金. 湖南冶金, 1993, 5: 53-54.

1993-155 赵建军. 荧光光度法测定混合稀土氧化物中常量钐. 分析试验室, 1993, 12(4): 84.

1993-156 赵景武, 瞿吉祥. 预分解窑入窑生料质量评价方法和指标的探讨. 水泥技术, 1993, 5: 9-14.

1994-007 陈道公, 李彬贤, 文霞臣. 江苏盘石山幔源橄榄岩包体成因的地球化学. 地球化学, 1994, 23(1): 13-24.

1994-023 傅勇, 林国珍, 庄亚辉. 型煤燃烧固硫的钠离子效应. 环境化学, 1994, 13(6): 492-497.

1994-032 黄福旺, 王庆, 湛贤星. 顺昌水泥厂生料均化系统操作分析. 水泥·石灰, 1994, 3: 25-27.

1994-034 姜桂兰, 曹淑琴, 王多禧, 邹海峰, 乔延江. 化学-X 射线荧光光谱法测定地质样品中的痕量稀土元素. 分析化学, 1994, 1: 47-50.

1994-035 姜桂兰, 刘树田, 季桂娟, 苏克, 李莹, 肖国拾. 地质物料中铷铯铀钍锆铪等元素的直接测定方法. 长春地质学院学报, 1994, 4: 473-477.

1994-040 李国会, 卜维, 樊守忠. X 射线荧光光谱法测定硅酸盐中硫等 20 个主、次、痕量元素. 光谱学与光谱分析, 1994, 1: 105-110, 104.

1994-041 李国会, 马光祖, 罗立强, 吉昂, 王庆广. X 射线荧光光谱分析中不同价态硫对测定硫的影响及地质试样中全硫的测定. 岩矿测试, 1994, 4: 264-268.

1994-043 李晃, 张文美. EDXRF 测定 SKS 炉渣及其标样制备. 湖南有色金属, 1994, 1: 42-45.

1994-054 林国珍, 肖佩林, 王庆广, 谢光国. 型煤高温固硫终产物 Ca-Fe-S-Si-O 体系的表征. 环境科学, 1994, 3: 15-17, 91.

1994-066 陆晓华, 徐涛, 刘汉珍, 曾汉才. 因子分析法在煤中痕量元素分布特征研究中的应用. 燃料化学学报, 1994, 4: 444-448.

1994-078 孙平蕙. X 射线荧光光谱分析痕量稀土元素检出限的研究. 光谱学与光谱分析, 1994, 2: 121-124.

1994-083 陶光仪, 张中义, 吉昂. 熔铸锆刚玉耐火材料的 X 射线荧光光谱分析. 光谱学与光谱分析, 1994, 6: 113-116, 94.

1994-094 王旺章, 张筑凤, 江云亮, 孙书勤. 用地球化学特征判别川北含铀砂岩. 成都理工学院学报, 1994, 2: 29-35.

1994-105 武朝晖, 肖德明. 复杂地质样品中铀钍等成分 X 射线荧光光谱分析. 中国核科技报告, 1994, 0: 1098-1106.

1994-108 邢玉富. X 射线荧光光谱法测定硅藻土中的主元素. 化学世界, 1994, 11: 597-599.

1994-117 杨瑞瑛. 现代核分析技术在地学中的应用. 矿物岩石地球化学通讯, 1994, 4: 218-220.

1994-121 余泽宇. 现代仪器分析在煤炭测试中的应用及进展. 煤炭分析及利用, 1994, 2: 30-34.

1994-142 周继红, 李兵. X 射线荧光光谱法同时测定岩矿中的钽、铌. 云南大学学报(自然科学版), 1994, 16(S2): 133-135.

1995-007 陈茂祺, 刘峰. X 射线荧光光谱法测定矿石中砷的研究. 矿冶, 1995, 4(2): 101-105, 114.

1995-015 崔学正. 用于萤光 X 射线分析的耐火材料鉴别标准物质系列的调制. 国外耐火材料, 1995, 3: 30-39.

1995-045 黎荫铭, 王亚龙, 张圈世. 熔岩样品中重稀土放射性核素的分析. 核化学与放射化学, 1995, 17(3): 142-146.

1995-070 陆少兰, 李世珍, 郝贡章, 许佩珍, 李建华, 刘洋. X 射线荧光光谱法在稀土元素分析中的应用. 分析试验室, 1995, 14(1): 66-70.

1995-103 王庆. 水泥工业应用 X 射线荧光分析的未来趋向. 福建建材, 1995, 2: 45-48.

1995-106 王天雕. 新疆电气石 $^{60}Co\gamma$ 辐照变色研究. 辐射研究与辐射工艺学报, 1995, 13(2)102-104.

1995-107 王旺章, 张筑凤, 汪云亮, 孙书勤. Geochemical characteristics of the sandstonetype Uranium deposits in Northern Sichuan Province. Chinese Journal of Geochemistry, 1995, 14(2):

152-159.

1995-108 王湘云, 章邦桐, 王建, 王长华, 阎石. 相山铀矿床多期石英的天然热释光及EPR特征. 岩石矿物学杂志, 1995, 14(3): 236-241.

1995-114 吴建平, 赖万昌, 李志扬, 董煊, 郭海吉, 王斌. 喀拉通克铜镍矿井下应用X射线荧光技术研究. 成都理工学院学报, 1995, 22(2): 101-108.

1995-118 武朝晖, 王鹤, 朱宁, 康椰熙. 复杂地质样品中铀、钍等成分X射线荧光光谱分析. 铀矿地质, 1995, 11(3): 177-184.

1995-126 杨红曦, 肖联新, 董建红, 陈真. X射线荧光钙铁煤分析仪的标定与使用. 水泥, 1995, 4: 27-30.

1995-140 支霞臣, 李彬贤, 陈道公. 盘石山幔源透辉石微量元素地球化学. 地质科学, 1995, 30(4): 384-392.

1996-015 陈骏, 仇纲, 季峻峰, 鹿化煜. 最近130ka黄土高原夏季风变迁的Rb和Sr地球化学证据. 科学通报, 1996, 41(21): 1963-1966.

1996-019 陈友红, 邬显慷, 朱节清, 谷英梅, 李晓林, 陆荣荣, 张旗, 徐平, 李秀云, 黄忠祥. 尖晶石-石榴石相转变过程中矿物的微量元素组成与分布特征. 核技术, 1996, 19(4): 219-223.

1996-028 丁库克, 邹恩滕, 陈致芬, 孙忠铭, 余斌. XRF法快速测定铝土矿火车样. 矿冶, 1996, 5(2): 82-86.

1996-031 丁益民, 曹利国. X射线荧光方法与矿产资源快速评价. 物探化探计算技术, 1996, 18(S1): 23-26.

1996-036 Gao Shan, Zhang Benren, Zhao Zhidan. Radioactivity and thermal state of the lithosphere in the Qinling orogenic belt and adjacent margins of North China and Yangtze cratons: Constraints on interpretations of geophysical profilings. Continental Dynamics, 1996, 1(1): 55-63.

1996-043 韩建成, 李莉, 陈启明, 吴欣然, 陈邦林, 韩庆平. 长江口沉积物中常量元素及有关形态物相定量分析研究. 海洋学报 (中文版), 1996, 18(4): 49-55.

1996-045 何知礼, 杜加锋. 流体包裹体研究的某些进展与发展趋势. 地学前缘, 1996, 3(4): 147-153.

1996-056 李林, 王龙, 钟长江. 攀枝花铁矿钻孔岩芯XRF值与其物理力学性关系的研究. 攀枝花科技, 1996, 2: 24-26, 38.

1996-065 李叶农, 郑荣华, 卢卫. X荧光能谱法测定土壤标样中的钙和钾. 福建分析测试, 1996, 5(1): 421-424.

1996-075 刘树文, 严方. 用X射线荧光光谱法测定钻井泥浆中的总铬. 分析试验室, 1996, 15(6): 18-21.

1996-085 陆坤, 方同秀, 刘磊, 庹先国, 奚大顺, 周道玉. 钙铁煤分析仪在水泥工业中的应用. 物探化探计算技术, 1996, 18(S1): 78-81.

1996-087 罗立强, 梁国立, 马光祖, 吉昂, 郭常霖. 地质样品中岩性自动分类X射线荧光光谱分析研究. 分析科学学报, 1996, 12(3): 189-193.

1996-088 Luo Liqiang, Ma Guangzu, Liang Guoli, Guo Changlin, Ji An. Application of X-ray fluorescence analysis and chemometrics to geology. Acta Geoscienta Sinica, 1996: 254-260.

1996-099 邱林友. 超高灵敏XRF测定岩矿中的痕量砷. 上海有色金属, 1996, 17(1): 33-35.

1996-105 沈文馨, 熊朝东, 刘燕, 朱碧如, 杨素琴. XRF测定富铕混合稀土氧化物中铁、硅、铝、镁、钙、氯的含量. 江西科学, 1996, 14(4): 248-251.

1996-129 伍岳, 林玉飞, 白云生, 常桂兰. X射线荧光测井的井液效应及其校正. 铀矿地质, 1996, 12(1): 41-47.

1996-136 鄢明才, 迟清华, 顾铁新, 王春书. 中国火成岩化学元素的丰度与分布. 地球化学, 1996, 25(5): 409-424.

1996-137 严纯华, 贾江涛, 廖春生, 王明文, 李标国, 徐光宪. ^{241}Am激发的EDXRF在稀土溶剂萃取分离检测中的应用. 稀土, 1996, 17(6): 10-15.

1996-140 杨化中,宋世战. 动物化石中的元素分析与研究. 核技术, 1996, 19(3): 186-189.

1996-146 余金保,李硕,李锋. 谈X射线光谱分析对粘土质量控制作用. 陶瓷研究, 1996, 11(4): 33-36.

1996-154 郑祥身. 西南极乔治王岛北海岸第三纪火山岩的岩石化学和地球化学研究. 南极研究, 1996, 8(2): 4-8, 10-18.

1996-155 支霞臣,李彬贤,杨晶,陈道公. 扬子地块东段若干橄榄岩包体的温度-压力计算. 岩石学报, 1996, 12(3): 446-454.

1997-008 陈晓秦. 研究水成铀矿床的地球物理及核物理方法. 国外铀金地质, 1997, 14(4): 361-366.

1997-022 傅小林,薛重生. 火星与地球岩石化学成分对比. 地质科技情报, 1997, S1: 29, 35.

1997-031 郭伸,李国会. X射线荧光光谱法在水泥生产质量监控中的应用. 分析测试仪器通讯, 1997, 7(4): 44-46.

1997-044 贾江涛,马小桃,严纯华,廖春生,李标国. ^{241}Am激发的能量色散X荧光在重稀土分离检测中的应用. 中国稀土学报, 1997, 15(4): 93-96.

1997-047 李兵,罗重庆,刘千钧. X射线荧光光谱灰化薄样法测定铽镱镥富集物中九个重稀土元素. 光谱学与光谱分析, 1997, 17(2): 115-119.

1997-048 李国会. X射线荧光光谱法测定橄榄岩主次痕量元素. 光谱实验室, 1997, 14(6): 32-36.

1997-050 李国会,樊守忠,曹群仙,潘宴山. X射线荧光光谱法直接测定碳酸盐岩石中主次痕量元素. 岩矿测试, 1997, 16(1): 48-53.

1997-056 李叶农,卢卫,张秋芳. X荧光能谱法测定土壤标样中钙和钾研究初报. 福建省农科院学报, 1997, 12(4): 53-55.

1997-059 李勇,冯景苏. 矿浆品位、浓度分析仪在选矿中的应用. 电脑与信息技术, 1997, 1: 32-34.

1997-062 梁述廷. 地质样品中稀土总量的X射线荧光分析法测定. 矿物岩石, 1997, 17(1): 118-121.

1997-069 刘树田,季桂娟. 粉末压样法X射线荧光光谱硅酸盐分析. 吉林地质, 1997, 16(4): 71-73.

1997-077 陆晓明,吉昂,陶光仪. X射线荧光光谱法测定萤石中的氟、钙及二氧化硅. 分析化学, 1997, 25(2): 178-180.

1997-124 鄢明才,迟清华,顾铁新,王春书. 中国东部地壳元素丰度与岩石平均化学组成研究. 物探与化探, 1997, 21(6): 451-459.

1997-125 严纯华,贾江涛,廖春生,王明文,马小桃,李标国. 稀土串级萃取分离过程的自动控制系统. 稀土, 1997, 18(2): 39-44, 38.

1997-129 杨晓杰,刘钦甫,陈开惠. 东胜高岭石的铁占位. 科学通报, 1997, 42(9): 950-953.

1997-134 张旗,徐平,陈雨,李秀云,陈友红,邬显慷,朱节清,谷英梅. 地幔交代作用的微区微量元素证据——云南双沟蛇绿岩的质子探针研究. 地质科学, 1997, 32(1): 88-95.

1997-141 郑厚琳. X射线荧光光谱法在岩矿分析中的应用及有关技术要点. 有色金属矿产与勘查, 1997, 6(S1): 67-70, 85.

1997-145 朱碧如,熊朝东,杨戈,沈文馨. PW-1404 X射线荧光光谱仪测定15个稀土元素. 环境与开发, 1997, 12(4): 45-46, 17.

1998-014 程雪刚,吴扬,何学忠,庄学甫,包敏,许涛. X荧光光谱法测定磷矿石中化学成分的研究. 现代商检科技, 1998, 8(2): 28-30.

1998-015 迟清华,鄢明才. 华北地台岩石放射性元素与现代大陆岩石圈热结构和温度分布. 地球物理学报, 1998, 41(1): 38-48.

1998-028 高军,张焱,刘迪. X射线荧光光谱法在炉渣分析中的应用. 冶金分析, 1998, 18(4): 49-51.

1998-032 韩乐静. 二十一世纪的水泥分析技术——XRF-XRD光谱仪. 建材工业信息, 1998, 8: 36-37.

1998-034 郝士琢, 田辉银, 刘世萍. 用 X 射线荧光分析仪进行水泥率值配料的研究. 原子与分子物理学报, 1998, 15(1): 80-85.

1998-040 胡纫兰, 唐代全, 陶世光, 张骏, 钟官寿, 李新. 湿法水泥生料浆自动配库控制系统的研制. 四川大学学报 (自然科学版), 1998, 35(3): 52-55.

1998-047 戢朝玉, 李剑昌, 吴列平. 1:20 万岩石化探测量碳酸盐岩分析方法研究——等离子体质谱为主的配套分析方法. 岩矿测试, 1998, 17(2): 22-29.

1998-052 阚斌, 赵惠君, 李良骅. 铝、硅质耐火材料的 X 射线荧光光谱分析. 冶金分析, 1998, 18(5): 35-38.

1998-063 李晓林, 柴之芳, 毛雪瑛. 铂族元素地球化学示踪研究——四川新街层状侵入岩体铂族元素地球化学特征. 地球物理学报, 1998, 41(S1): 162-168.

1998-064 李志刚, 游文银, 陶锡珍, 陈鼎玖, 申兆铭, 赵秀慧. 多道智能控制器及大屏幕显示器的研制. 有色金属 (选矿部分), 1998, 6: 37-39, 43.

1998-071 林国珍, 吕欣, 肖佩林. 型煤燃烧固硫中的温度效应. 环境科学, 1998, 19(1): 35-37.

1998-083 刘小珍. 红色花岗石的光谱分析. 分析测试学报, 1998, 17(2): 79-81.

1998-084 刘小珍. 石棉红花岗石与芝麻白花岗石的光谱的研究. 光谱学与光谱分析, 1998, 18(5): 103-105.

1998-085 刘小珍. 印度红花岗石与芝麻白花岗石的光谱的研究. 光谱实验室, 1998, 15(3): 98-100.

1998-087 罗丽, 包生祥. 石样品中主次微量元素的 X 射线荧光光谱测定. 分析化学, 1998, 26(9): 1125-1128.

1998-105 时军波. X 射线荧光光谱法测定稀土氧化物及其伴生稀土元素. 山东科学, 1998, 11(4): 20-23.

1998-112 覃丹柳, 熊志英. X 射法荧光光谱法测定烧结矿中 Fe、Ca、Mg 等元素. 光谱仪器与分析, 1998, 1: 38-43, 33.

1998-122 王赫男. 保护渣的 X 射线荧光光谱分析. 鞍钢技术, 1998, 7: 3-5.

1998-129 王亚军, 王红宇, 索全伶, 郭锋, 刘前. 氟化稀土的制备及组成研究. 内蒙古大学学报 (自然科学版), 1998, 29(5): 86-90.

1998-151 杨卫, 宋卫良. 波长色散 X 射线荧光光谱法测定转炉渣的研究. 钢铁研究, 1998, 1: 40-43.

1998-154 杨仲平. X 射线荧光光谱快速分析地质物料主、次元素. 光谱实验室, 1998, 15(4): 102-105.

1998-181 庄汉平, 卢家烂, 傅家谟, 刘金钟, 邹德刚, 任炽刚, 田伟之. 湖北兴山白果园黑色页岩型银钒矿床金属元素的有机/无机结合状态. 地质学报, 1998, 72(3): 287.

1998-184 邹海峰, 苏克, 姜桂兰, 肖国拾, 季桂娟. X 射线荧光光谱法直接测定地质样品中多种痕量元素. 岩矿测试, 1998, 17(3): 49-52.

1999-005 卜赛斌, 张淑英, 李明洁. 稀土磁致伸缩材料的 X 射线荧光光谱分析. 稀有金属, 1999, 23(6): 454-457.

1999-017 德喜, 王世武. X 射线荧光光谱法测定稀土精矿各组份. 冶金分析, 1999, 19(1): 26-28.

1999-024 冯钦忠, 陈改明. 粉末压片法-能量色散 X 荧光光谱快速测定高炉渣. 冶金分析, 1999, 19(3): 51-52.

1999-050 吉昂, 卓尚军, 陶光仪. Minimate EDXRF 谱仪在水泥工业分析中的应用. 理化检验-化学分册, 1999, 35(11): 483-485.

1999-060 林惠芳, 苏晓鸣. X 射线荧光光谱法测定硅酸盐岩石中 25 个元素. 地质实验室, 1999, 15(2): 110-113.

1999-061 林丽华. 多元素 X 荧光分析仪在水泥分析中的应用. 福建建材, 1999, 3: 47-49.

1999-062 林玉斌, 李建义, 桑杰, 时军波, 王磊. X 射线荧光光谱法测定底质中的几种重金属. 山东科学, 1999, 12(2): 22-24.

1999-064 刘力, 张立群, 冯予星, 田明, 张智,杨云和. 改性粉煤灰 XRF 的应用. 橡胶工业, 1999, 46(5): 28-30.

1999-068 刘小珍. 中国红花岗石与芝麻白花岗石的光谱研究. 赣南师范学院学报, 1999, 6: 74-76.

1999-070 刘玉兵, 赵鹰立, 黄小楼. X 射线荧光光谱仪用水泥生料标准样品的研制. 水泥, 1999, 11: 35-40.

1999-072 芦红, 林文, 李桂兰. 小型多道 X 荧光波谱仪在水泥工业中的应用. 中国建材科技, 1999, 1: 42-44.

1999-089 沈文馨, 杨戈, 刘燕, 朱碧如, 熊朝东, 潜学基. X 射线荧光光谱法测定铈铕钆富集物中十种稀土元素. 江西科学, 1999, 17(2): 50-52.

1999-093 孙振亚, 赵文俞. 纳米矿物学在某些低级变质地体研究中的应用. 地学前缘, 1999, 6(1): 71.

1999-104 王春梅, 褚连青, 张淑珍, 吴琼, 王金钢. 金属钕及铒中钕、镨和钐的 ICP 测定. 稀有金属, 1999, 23(2): 159-160, 120.

1999-121 夏湘. X 射线荧光光谱法测定高炉渣中的 SiO_2、CaO. 海南矿冶, 1999, 3: 12-14.

1999-135 于玲, 胡晓静, 常丽, 林淑芝, 王明伟. 矾土的两种快速熔样方法. 大连轻工业学院学报, 1999, 18(2): 65-68.

1999-139 袁欣艺, 谌观秀. X 射线荧光光谱法测定长石的化学成分. 岩矿测试, 1999, 18(3): 74-76.

1999-150 章明奎, 何振立, 黄昌勇, Wilson M. J.. 浙江省三种红、紫色砂页岩发育土壤的矿物学研究. 土壤学报, 1999, 36(3): 308-317.

1999-153 郑学斌, 黄民辉, 黄静琪, 张叶方, 丁传贤. 喷涂距离和喷涂功率对羟基磷灰石涂层的影响. 无机材料学报, 1999, 14(5): 783-788.

1999-159 Zhuang Hanping, Lu Jialan, Fu Jiamo, Liu Jinzhong, Ren Chigang and Zou Degang. Evidence for transforming mineralization of Baiguoyuan silver-vanadium deposit hosted in black shale in Hubei, China. Chinese Science Bulletin, 1999, 3: 263-267.

2000-002 包生祥, 王志红, 荣丽梅, 刘敬松, 郭俊. X 射线荧光光谱测定氧化铍中杂质元素. 分析化学, 2000, 28(6): 756-758.

2000-020 高振敏, 陶琰, 罗泰义, 杨竹森, 胡广耀, 顾俊生, 李立本. X 荧光测量在云南潞西金矿找矿中的应用. 矿物岩石地球化学通报, 2000, 19(4): 378-380.

2000-023 顾兆炎, Lal D., 郭正堂, 刘东生, Southon J., Caffee M. W.. 黄土高原黄土和红粘土 ^{10}Be 地球化学特征. 第四纪研究, 2000, 20(5): 409-422.

2000-052 刘怀梅. 用多孔聚钨磷酸盐 X 荧光法测定磷酸中铀. 国外铀金地质, 2000, 17(3): 274-277.

2000-066 孙青, 曾贻善. 单个流体包裹体成分无损分析进展. 地球科学进展, 2000, 15(6): 673-678.

2000-067 孙燕翔, 周万里, 王旭, 马志荣. X 射线荧光光谱分析棕刚玉标准曲线的校正. 金刚石与磨料磨具工程, 2000, (4): 45-46.

2000-072 汤志勇, 杨祥, 金泽祥. 岩石矿物分析. 分析试验室, 2000, 19(4): 100-108.

2000-074 滕彦国, 倪师军, 张成江, 童纯菡, 赵友清. 川西北巴西金矿田流体成矿地球化学界面及核技术识别研究. 地质与勘探, 2000, 36(1): 59-61.

2000-085 王晓红, 卜赛斌, 高新华, 郝贡章, 张淑英, 王毅民. 大洋多金属结核中 27 个元素的快速分析. 分析测试学报, 2000, 19(5): 1-4.

2000-086 王晓红, 滕云业, 潘家华, 王毅民. 约翰斯顿岛附近海山富钴锰结壳的元素组成及地球化学特征. 地球学报-中国地质科学院院报, 2000, 21(3): 282-286.

2000-087 王亚军, 刘前, 索全伶, 郝东升, 郭锋. 稀土氟化物的沉淀方法及组成研究. 稀土, 2000, 21(1): 16-20.

2000-088 王毅民, 王晓红. 我国地质分析中 X 射线光谱技术的回顾与展望. 岩矿测试, 2000, 19(4): 275-285.

2000-103 杨亚新, 戴晓兰, 吴雅梅, 彭聂. X 射线荧光法在茅排金矿床的应用. 华东地质学院学报, 2000, 23(3): 193-197.

2000-104 杨岳衡, 刘铁兵, 李厚民. 多元素 X 射线荧光分析方法在山东郭城金矿成矿预测中的应用. 黄金科学技术, 2000, 8(5): 13-19.

2000-108 应晓浒, 林振兴. X 射线荧光光谱法测定氟石中的氟化钙和杂质的含量. 光谱实验室, 2000, 17(1): 78-81.

2000-111 余慧. 金矿找矿中的核技术及其应用. 物探与化探, 2000, 24(4): 263-267, 277.

2000-116 詹秀春, 马光祖, 安庆骧, 黄宇营, 吴应荣, 李光成. 同步辐射 X 荧光法分析矿物流体包裹体若干问题的探讨. 光谱学与光谱分析, 2000, 20(3): 395-398.

2000-121 张平建. 石灰石、石灰中多元素的 X 射线荧光光谱法测定. 山东冶金, 2000, 22(2): 52-53.

2000-126 张淑英, 卜赛斌, 崔凤辉, 高新华. XRF 光谱法测定混合稀土中 15 个稀土分量. 冶金分析, 2000, 20(5): 22-25.

2000-127 张攸沙, 陈兴, 周俊. X 射线荧光光谱法测定煤中全硫. 水泥, 2000, (2): 41-43.

2000-129 章明奎. 杭州市之江组网纹红土的矿物学特性. 浙江大学学报 (农业与生命科学版), 2000, 26(1): 24-26.

2000-132 赵琦. X 荧光测量在区域化探异常检查中的应用. 四川地质学报, 2000, 20(2): 158-160.

2000-133 周怀阳, 郑丽波, 王怀照, 陈建芳, 潘建明. 花鸟山外海域几种形态磷在柱状沉积物中的分布及环境意义. 东海海洋, 2000, 18(4): 9-15.

2000-135 周四春, 陈慈德, 张志全, 赵琦, 黄明湘. 现场多参数 X 荧光测量在川西金三角地区快速追踪金异常源确定找矿靶位. 地质与勘探, 2000, 36(3): 53-55.

2000-136 周四春, 赵友清, 张玉环. 克服矿化不均匀效应的 X 荧光取样最佳测网. 核技术, 2000, 23(9): 632-636.

2000-137 朱创业, 丁益民, 熊晓春, 何政伟. 多道 X 射线荧光方法在现代地层学研究中的初步应用. 中国区域地质, 2000, 19(2): 205-209, 221.

2000-139 邹为雷, 李光明, 杨金中. 山东西院下金矿地质特征及其外围找矿预测. 黄金地质, 2000, 6(1): 54-59.

2001-003 常玉文, 李永忠, 汪鄂东. X 射线荧光光谱法测定石灰石中 CaO、MgO 和 SiO_2. 冶金分析, 2001, 21(2): 43-44.

2001-007 陈建林, 张富生, 林承毅, 史君贤, 沈华悌, 王基庆, 马维林. 太平洋中国开辟区锰结核生物成因研究. 地质学报, 2001, 75(2): 228-233, 293-294.

2001-012 程建光, 周广柱, 房建国, 潘哲. 氯化钙在型煤燃烧过程中固硫作用的研究. 煤矿环境保护, 2001, 15(4): 25-27.

2001-014 邓赛文, 梁国立, 方明渭, 田寅贞, 强小平, 王有增. X 射线荧光光谱快速分析铝土矿的方法研究. 岩矿测试, 2001, 20(4): 305-308.

2001-018 杜米芳, 张芬楼, 杨旗风, 李燕红, 代丽萍. 白云石的 X 射线荧光快速分析. 光谱实验室, 2001, 18(5): 662-664.

2001-033 胡受权, 郭文平, 邵荣松. 南襄盆地泌阳断陷第三纪湖泊演化探讨. 石油学报, 2001, 22(5): 23-28, 5.

2001-038 黄文辉, 杨起, 彭苏萍, 唐修义, 赵志根. 淮南二叠纪煤及其燃烧产物地球化学特征. 地球科学, 2001, 26(5): 501-507.

2001-047 李国会. X 射线荧光光谱法测定土壤和水系沉积物中的痕量铪和锆. 岩矿测试, 2001, 20(3): 217-219.

2001-049 李立武, 魏宝文, 王先彬, 曾文炳. 氩离子注入模拟太阳风对月岩的作用. 核技术, 2001, 24(4): 317-320.

2001-061 刘铁兵, 沈远超, 曾庆栋, 李光明. X 射线荧光分析法在隐伏金矿体定位预测中的应用. 地质与勘探, 2001, 37(1): 82-85, 90.

2001-069 Luo Yan, Liu Yongsheng, Hu Shenghong, Gao Shan. Trace elements analysis of geological samples by laser ablation inductively coupled plasma mass spectrometry. Journal of China University of Geosciences, 2001, 12(3):

236-239.

2001-071 Makeev A. B., Bryanchaninova N. I.. 俄罗斯地台北缘和东北缘的曲面金刚石（英文）. 现代地质, 2001, 15(2): 124-130.

2001-073 苗国玉, 董中华, 王学云. 氟石粉末直接压片法 X 荧光分析研究. 河南冶金, 2001, (1): 22-23.

2001-092 史德嘉. 水泥生料在线自动检测与配料系统. 电气传动自动化, 2001, 23(4): 54-57.

2001-094 苏锵. 20 世纪稀土科技发展的回顾与前瞻. 稀土信息, 2001, (2): 5-9.

2001-098 滕彦国, 倪师军, 张成江, 庹先国, 童纯菡. 应用地气、X 荧光、氡气测量方法识别金矿含矿及无矿构造——以川西北阿西金矿和石棉田湾金矿为例. 地球科学, 2001, 26(6): 627-630.

2001-109 韦孟伏, 鲜晓斌, 刘继东. 无损测定铀材料上铝镀层厚度的研究. 核技术, 2001, 24(8): 655-662.

2001-115 文同丰. XRF 在水泥工业中的应用及前景. 中国建材, 2001, (9): 36-37.

2001-119 吴晓丹. X 射线荧光分析方法在矿产品检测中的应用. 金属矿山, 2001, (6): 52-53.

2001-125 胥涛, 李春来. 月球表面元素含量的定量分析方法. 空间科学学报, 2001, 21(4): 332-340.

2001-134 杨岳衡, 刘铁兵, 沈远超, 张连昌. X 荧光法和伽玛能谱法在胶东郭城金矿找矿预测中的应用. 地质与勘探, 2001, 37(4): 49-52.

2001-141 张宝林, 韩金良, 高浩中, 蔡新平, 丁汝福, 宋保昌, 王杰. 山西堡子湾金矿区成矿流体场特征与隐伏矿床定位预测. 地质地球化学, 2001, 29(3): 179-184.

2001-144 张丽萍, 朱大奎, 杨达源. 长江三峡坝区花岗岩风化壳化学元素迁移特征. 地理学报, 2001, 56(5): 514-521.

2001-154 赵宏樵, 吴建之, 曾江宁. 富钴结壳分析方法评述和结果对比. 仪器仪表学报, 2001, 22(S2): 413-414, 423.

2001-159 周四春, 王德明, 侯克功, 赵友清. X 荧光取样技术在铜矿山的应用研究. 有色矿山, 2001, 30(2): 4-7, 11.

2002-010 杜登福, 肖洪训, 刘青桥. 生石灰的 X 荧光光谱分析. 冶金分析, 2002, 22(3): 64-66.

2002-020 戈润滔. 钽矿中钽的分析方法实用性研究. 云南冶金, 2002, 31(3): 165-172.

2002-024 郭冬发, 范光, 欧光习, 武朝晖, 崔建勇, 黄秋红. 与地浸砂岩型铀矿有关的分析测试技术发展趋势. 国外铀金地质, 2002, 19(3): 174-181.

2002-028 郭正府, 刘嘉麒. 火山气体的成分和总量研究. 地学前缘, 2002, 9(2): 359-364.

2002-038 黄德志, 戴塔根, 胡斌, 邱瑞龙, 王奎仁, 徐祥, 周世俊. 张八岭构造带两种类型金矿次显微金赋存状态的质子探针分析. 地质地球化学, 2002, 30(3): 19-26.

2002-051 孔卡斯 M., 汪镜亮, 林森. 用 X 射线分析仪控制选矿厂工艺过程. 国外金属矿选矿, 2002, (1): 35-38.

2002-060 李俏梅. X 荧光光谱仪对焦炭成分的分析. 现代仪器, 2002, (4): 27-28.

2002-074 刘文华, 刘鹏宇. 稀土元素分析. 分析试验室, 2002, 21(3): 89-108.

2002-075 刘显凡, 孙传敏, 何政伟, 陶专, 吴山, 丁益民, 王晓地, 刘兴德. 化探结合 X 射线荧光测量在西天山确定异常元素赋存矿物形式的实践. 成都理工学院学报, 2002, 29(3): 263-267.

2002-077 刘志新. 高含量铷化探样品中镍的 XRF 法测定. 光谱实验室, 2002, 19(1): 89-91.

2002-081 马维林, 金翔龙, 陈建林, 苏新, 章伟艳. 中太平洋海山区富钴结壳地质特征. 东海海洋, 2002, 20(3): 11-23.

2002-083 毛庆云, 杨迎花, 柳明春. 地质样品中 23 个常量元素和微量元素的 X 射线荧光光谱仪测定. 齐齐哈尔大学学报, 2002, 18(3): 30-32.

2002-085 钱让清, 杨晓勇, 黄德志, 周文雅. 微细粒型金矿床金的赋存状态研究——以皖西南枞阳井边金矿为例. 中南工业大学学报（自然科学版），2002, 33(3): 225-229.

2002-093 盛向军，曹冬梅，陈新. X 射线荧光光谱法测定高纯石墨中的硫. 光谱实验室，2002, 19(2): 250-252.

2002-100 庹先国，滕彦国，程渤，倪师军，张成江，童纯菡. 地学核技术识别成矿流体地球化学界面的试验. 物探化探计算技术，2002, 24(1): 12-15.

2002-103 王朝斗，郭福林. 能散 X 荧光分析仪分析烧结矿. 理化检验-化学分册，2002, 38(1): 27-28.

2002-113 王仁波，周蓉生，马英杰，方方，乐仁昌. 高灵敏度野外 X 荧光分析系统及其在铜矿勘探中的应用. 核技术，2002, 25(3): 211-217.

2002-120 吴晓军，罗立强，甘露，梁国立，马光祖. 用系统聚类分析法与ALKNN法进行地质、合金样品分类研究. 分析科学学报，2002, 18(3): 203-206.

2002-126 谢荣厚，詹秀春. 水泥生料的偏振化能量色散 X 射线荧光光谱分析. 中国建材科技，2002, (6): 45-47.

2002-149 詹秀春，陈永君，郑妙子，王健，李迎春，李冰，张勤. 地质样品中痕量氯溴和硫的 X 射线荧光光谱法测定. 岩矿测试，2002, 21(1): 12-18.

2002-150 詹秀春，谢荣厚. 水泥生料的偏振化能量色散 X 射线荧光光谱分析. 中国建材科技，2002, (5): 46-48.

2002-160 赵宝山. X 射线荧光光谱仪在铝土矿分析中的应用. 有色矿山，2002, 31(2): 12-13, 20.

2002-163 赵一阳，鄢明才，李安春，高抒，贾建军. 中国近海沿岸泥的地球化学特征及其指示意义. 中国地质，2002, 29(2): 181-185.

2002-168 周科，王新亮. X 射线荧光分析仪在铝土矿石分析中的应用. 轻金属，2002, (2): 26-28.

2002-170 朱丹，林灿生. 硝酸溶液中钼锆沉淀溶度积的研究. 核化学与放射化学，2002, 24(2): 77-83.

2003-009 陈天虎，朱光，徐惠芳，王道轩，岳书仓，刘国生. 安山质熔结凝灰岩中凹凸棒石断层岩的矿物学特征. 岩石学报，2003, 19(4): 767-774.

2003-019 杜晓丽，钱天伟，武贵斌，蔺旭红. 燃烧型煤排放可吸入尘中的成分分析. 环境工程，2003, 21(5): 57-58, 5.

2003-020 方爱民，李继亮，刘小汉，侯泉林，Lee Ik Jong，肖文交，俞良军，周辉. 新疆西昆仑库地混杂带中基性火山岩构造环境分析. 岩石学报，2003, 19(3): 409-417.

2003-025 高文德，王文星. 丰山铜矿自然崩落法的试验研究. 矿业研究与开发，2003, 23(1): 9-11.

2003-036 侯金红，高良豪，刘磊. X 荧光光谱法测定烧结矿中 SiO_2 等 7 个成分的含量. 光谱实验室，2003, 20(4): 601-604.

2003-037 侯金红，刘磊. X 射线荧光光谱法测定球团矿的成分. 山东冶金，2003, 25(2): 56-58.

2003-051 黄亚继，金保升，仲兆平，周宏仓. 煤燃烧过程中痕量元素的分类研究. 东南大学学报（自然科学版），2003, 332(2): 148-152.

2003-053 蒋胜军，顾敏. X 射线荧光光谱仪测定烧结矿中 FeO. 浙江冶金，2003, (2): 45-46.

2003-061 李宝科，刘娟，赵艳秋，许宗宪. 辽东植被覆盖区分散流异常查证方法探讨. 地质找矿论丛，2003, 18(S1): 211-213.

2003-066 李慧兰. 利用 X 射线荧光分析仪测碱含量. 水泥工程，2003, (5): 67.

2003-080 廖春霞. 平果铝土矿样品加工粒度的研究. 矿产与地质，2003, 17(4): 566-570.

2003-084 刘凯，王明慧，马巧玉. X 射线荧光光谱法分析石灰石、白云石类原料中成分. 冶金分析，2003, 23(6): 56-57, 59.

2003-092 刘勇胜，胡圣虹，柳小明，高山. 高级变质岩中 Zr、Hf、Nb、Ta 的 ICP-MS 准确分析. 地球科学，2003, 28(2): 151-156.

2003-126 庹先国，任家富，郭海，吴彦峰，赵高举，韩繁国，查寿才，张德. X荧光现场取样技术在大红山铜矿的应用. 金属矿山, 2003, (10): 43-45.

2003-127 庹先国, 滕彦国, 徐争启, 倪师军, 张成江. X 射线荧光方法在矿区环境地球化学研究中的应用. 地球科学, 2003, 28(6): 702-706.

2003-132 王德全, 张平建. X 射线荧光光谱法测定烧结矿中 Fe、Al、Ca、Mg、Si、S、Mn、P. 冶金分析, 2003, 23(1): 66-67.

2003-134 王刚. XRF 法测定高岭土中的主次量元素. 石化技术与应用, 2003, 21(6): 441-443, 390.

2003-143 王新萍, 胡瑞霞. X 射线荧光分析法在石灰分析中的应用. 新疆钢铁, 2003, (3): 48-49, 52.

2003-145 王毅民, 王晓红, 高玉淑. 地球科学中的现代分析技术. 地球科学进展, 2003, 18(3): 476-482.

2003-157 徐善法, 陈建平, 安国英, 张汉诚, 叶树民. X 荧光测量在高寒荒漠区异常查证中的应用一例. 物探与化探, 2003, 27(5): 350-353, 361.

2003-170 杨旗风, 白晓华. 小型 X 射线荧光光谱仪快速分析萤石的成分. 光谱实验室, 2003, 20(3): 344-346.

2003-172 杨晓勇, 李勋贵, 黄德志, 王奎仁. Study on Shaxi porphyry copper-gold deposit in Anhui: Gold mineralization and occurrence determination by PIXE. Journal of Central South University of Technology (English Edition), 2003, 10(4): 352-358.

2003-176 应晓浒, 曹国洲. 熔融制样 X 射线荧光光谱法测定钠长石钾长石中多元素. 岩矿测试, 2003, 22(3): 221-224.

2003-183 袁家义, 张文玲, 白雪冰, 钱惠芬. 灰岩和白云岩的 X 射线荧光光谱分析. 山东国土资源, 2003, (5): 43-45, 51.

2003-186 詹秀春, 陈永君, 郑妙子, 周伟, 李迎春, 李冰. 地质样品 X 射线荧光分析中的背景相关曲线及其应用. 岩矿测试, 2003, 22(3): 161-164.

2003-187 詹秀春, 罗立强. 偏振激发-能量色散 X 射线荧光光谱法快速分析地质样品中 34 种元素. 光谱学与光谱分析, 2003, 23(4): 804-807.

2003-191 张钧, 易晓明, 刘志新. X 射线荧光光谱定量分析矿物岩石中低量钙镁铝. 精细化工中间体, 2003, 33(5): 55-56, 59.

2003-192 张蕾, 严川伟, 逯义. 金伯利岩中微量元素的 X 射线荧光光谱测试方法研究. 光谱学与光谱分析, 2003, 23(2): 396-399.

2003-193 张丽萍. 三峡坝区花岗岩风化分带的化学风化特征指标研究. 浙江大学学报 (理学版), 2003, 30(4): 471-476.

2003-197 张淑华, 张建. 岩石稀土元素 X 荧光光谱分析技术及应用. 大庆石油地质与开发, 2003, 22(3): 22-25, 90-91.

2003-205 张运波, 刘慧兰, 秦玲玲. X 射线荧光光谱法在线分析硅石中 8 种元素的含量. 化学分析计量, 2003, 12(6): 33-34.

2003-218 宗国宪, 黄正吉. 莺歌海盆地原油中微量元素分布特征及其地质意义. 海洋石油, 2003, 23(4): 27-29.

2004-024 高振敏, 陶琰, 罗泰义, 胡广耀, 顾俊生, 普传杰. 地球化学勘查综合方法在潞西金矿找矿中的应用. 地质与勘探, 2004, 40(2): 55-58.

2004-041 李德文, 王朋岭, 俞锦标. 浙江新昌丹霞岩壁风化特征的微观研究. 自然科学进展, 2004, 14(1): 77-82.

2004-068 罗湘宁, 周开雄, 吴志华. 直接压片 X 射线荧光光谱法在赤泥分析中的应用. 分析试验室, 2004, 23(4): 60-63.

2004-091 苏晓鸣, 詹秀春, 李思源. 偏振激发能量色散 X 荧光法在地球化学分析中应用及其与波长色散 X 荧光法的比较. 上海地质, 2004, (3): 31-37.

2004-097 汤淑芳, 符斌, 李华昌. 矿物分析技术及进展. 分析试验室, 2004, 23(3): 82-92.

2004-099 童晓民, 赵宏凤, 张焱. X 射线荧光分析钒钛铁矿中主次量元素. 光谱实验室, 2004, 21(6): 1081-1084.

2004-110 王晓雯. X 射线荧光光谱法测定石灰石中 SiO_2、CaO、MgO 的含量. 分析仪器,

2004, (4): 29-31.

2004-117 吴桂彬. X 射线荧光光谱法测定生石灰中钙、镁、硅、硫. 冶金分析, 2004, 24(6): 39-41.

2004-141 袁家义, 白雪冰, 王卿, 周长祥. X 射线荧光光谱法测定地质样品中的氯和硫. 岩矿测试, 2004, 23(3): 225-227.

2004-148 张海生, 赵鹏大, 胡光道. 中太平洋多金属结壳的地球化学特征. 地球科学, 2004, 29(3): 340-346.

2004-149 张洪志, 蒋薇. X 射线荧光光谱法测定萤石中 CaF_2、SiO_2、P 和 S. 山东冶金, 2004, 26(5): 61-63.

2004-153 张勤, 樊守忠, 潘宴山, 李国会. X 射线荧光光谱法测定多目标地球化学调查样品中主次痕量组分. 岩矿测试, 2004, 23(1): 19-24.

2004-158 张佑全, 王学涛. X 荧光法用于煤灰成分测定的尝试. 煤质技术, 2004, (2): 67-69.

2004-164 赵小明, 杜佩轩, 沈远超, 胡波. γ 能谱法和 X 荧光法在新疆阔尔真阔腊金矿预测中的应用. 陕西地质, 2004, 22(2): 62-69.

2004-167 郑维明, 刘桂娇, 刘峻岭, 吴继宗, 王辉. 石墨晶体预衍射 X 射线荧光法测定高放废液中的铀. 中国原子能科学研究院年报, 2004, (0): 130.

2005-009 陈永君, 邓赛文, 董德凡, 郑妙子. 钒钛磁铁矿样品主、次元素的快速分析方法研究. 光谱学与光谱分析, 2005, 25(12): 2085-2087.

2005-012 程泽, 刘晓光, 谭玉娟, 陈彦斌, 李向彬. X 射线荧光光谱法测定矿物中轻重稀土. 岩矿测试, 2005, 24(1): 79-80.

2005-013 代世峰, 任德贻, 赵蕾, 李大华. 贵州织金煤矿区晚二叠世煤地球化学性质变异的硅质低温热液流体效应. 矿物岩石地球化学通报, 2005, 24(1): 39-49.

2005-023 冯静. 稀土矿石成分分析标准物质的研制. 化学分析计量, 2005, 14(4): 1-3, 27.

2005-028 Geng Quanru, Pan Guitang, Jin Zhenmin, Wang Liquan, Liao Zhongli. Geochemistry and petrogenesis of volcanic rocks in the Yeba formation on the Gangdise Magmatic Arc, Tibet. Journal of China University of Geosciences, 2005, 16(4): 283-296.

2005-031 韩凤海. 荧光光谱仪在分析高含量石英砂中的应用. 玻璃纤维, 2005, (6): 16-18.

2005-033 韩宗珠, 吕海燕, 庄振业, 刘东生. 山东莱州仓上泻湖沉积地球化学特征与沉积相判别. 海洋湖沼通报, 2005, (1): 11-19.

2005-034 韩宗珠, 袁红明, 庄振业, 吕海燕. 山东莱州仓上泻湖 Y86 孔微量元素地球化学特征及沉积相判别. 海洋湖沼通报, 2005, (2): 13-21.

2005-035 何蔓, 胡斌, 江祖成. 单一稀土元素检测方法的新近进展. 分析科学学报, 2005, 21(5): 569-576.

2005-062 李大华, 唐跃刚. 黔西晴隆矿区晚二叠世煤地球化学变异的地质成因. 地质论评, 2005, 51(2): 163-168.

2005-068 李乃胜, 何努, 毛振伟, 冯敏, 王昌燧. 陶寺、尉迟寺白灰面的测试研究. 分析测试学报, 2005, 24(5): 10-14.

2005-078 黎飞虎, 翟建平, 付晓茹, 盛广宏. 长兴电厂粉煤灰的微量元素含量及其安全性评价——长兴电厂粉煤灰综合利用对策研究之二. 粉煤灰综合利用, 2005, (4): 6-9.

2005-084 刘俊, 齐郁, 陈印, 王宁. XRF 法分析萤石中 CaF_2、P、S 和 SiO_2. 武汉工程职业技术学院学报, 2005, 17(1): 22-24.

2005-089 刘小伟, 徐明厚, 于敦喜, 俞云, 隋建才. 燃煤过程中矿物质变化与颗粒物生成的研究. 中国电机工程学报, 2005, 25(22): 107-111.

2005-091 刘勇胜, 张泽明, Lee Cin-Ty, 高山, 宗克清. CCSD 主孔高 Ti 榴辉岩非耦合的高 Ti、低 Nb(Zr) 特征: 对玄武质岩浆房中磁铁矿分离结晶作用的指示. 岩石学报, 2005, 21(2): 339-346.

2005-103 蒙宇飞, 彭明生, 苑执中. 变色金刚石的谱学研究. 矿物学报, 2005, 25(1):

2005-106 欧阳伦鏊. X 射线荧光光谱法测定多种铁矿和硅酸盐中主次量组分. 岩矿测试, 2005, 24(4): 67-70.

2005-115 尚彦军, 岳中琦, 王思敬, 涂新斌. 全风化花岗岩化学及矿物成份在全土和粘粒中的不同表征. 地质科学, 2005, 40(1): 95-104.

2005-117 沈浩, 董吉胜, 于庆同. 绢云母粉的 SEM 和 EDS 研究. 中国涂料, 2005, (3): 32-34, 42, 4.

2005-118 沈文馨, 苏亚勤, 刘永林, 李翔. XRF/EDTA 滴定法测定钐铕钆富集物样品稀土总量. 分析科学学报, 2005, 21(3): 343-344.

2005-120 史长义, 鄢明才, 刘崇民, 迟清华, 胡树起, 顾铁新, 卜维, 鄢卫东. 中国花岗岩类化学元素丰度及特征. 地球化学, 2005, 34(5): 470-482.

2005-122 宋功保, 彭同江, 刘福生, 牟江, 万朴. 我国主要白云母的矿物学特征研究. 矿物学报, 2005, 25(2): 123-130.

2005-128 苏德法, 张运波, 刘喜秀. X 射线荧光光谱法分析锰矿中的锰及其他元素. 河北工业科技, 2005, 22(5): 302-304.

2005-137 谈成龙. 欧洲 26 国地调局联袂实施全欧大地铀填图. 世界核地质科学, 2005, (1): 23.

2005-145 田雨, 毛庆云. 浅析 X 荧光光谱仪分析测试技术在地质学上的应用. 中国职工教育, 2005, (2): 44.

2005-152 王勤燕, 陈能松, 刘嵘. U-Th-Pb 副矿物的原地原位测年微束分析方法比较与微区晶体化学研究. 地质科技情报, 2005, 24(1): 7-13.

2005-154 王清海, 许文良, 王冬艳, 林景仟, 高山. 榴辉岩类捕房体的地球化学特征及其构造意义——来自徐淮地区中生代侵入杂岩中的信息. 地球科学, 2005, 30(4): 413-420.

2005-156 王晓红, 詹秀春, 黄宇营, 何伟, 刘淑琴, 樊兴涛, 唐力军, 王毅民. SR-XRMP 研究海山富钴结壳微构造的元素分布特征. 核技术, 2005, 28(11): 4-9.

2005-167 吴建平, 徐相成, 王翌冬. X 荧光分析方法在地球化学勘查中的应用——四川理塘铜、锡、铅、银异常查证. 物探化探计算技术, 2005, (4): 313-316, 275.

2005-181 徐善法. 高寒荒漠区异常查证技术方法——以青海龙尾沟铜、金矿床为例. 地球学报, 2005, 26(5): 91-98.

2005-183 杨建业, 任德贻, 赵蕾. 低熟煤中的孢粉与常量元素和微量元素的相关性初探. 煤田地质与勘探, 2005, 33(4): 17-20.

2005-189 Yu Fu-sheng, Han Song, Huang Yu-ying, He Wei, Cao Jie, Wang Hong-yue. Application of nuclear analytical techniques to trace elements in Cenozoic basalt and their mantle xenoliths from Aershan area in Inner Mongolia, China. Nuclear Science and Techniques, 2005, 16(2): 108-113.

2005-195 张爱芬. X 射线荧光光谱在铝矿石赤泥组分分析中的应用. 轻金属, 2005, (10): 30-33.

2005-196 张爱芬, 马慧侠, 李国会. X 射线荧光光谱法测定铝矿石中主次痕量组分. 岩矿测试, 2005, 24(4): 71-74.

2005-198 张超, 马昌前, 佘振兵, 殷坤龙. 四川万州中侏罗统上沙溪庙组粘土岩中火山灰的岩矿和地球化学证据. 高校地质学报, 2005, 11(3): 415-424.

2005-203 张健, 王云霞, 庞玲, 戴建国. X 荧光光谱法分析铝土矿中的氧化铁、氧化硅、氧化铝. 冶金标准化与质量, 2005, 43(6): 9-10, 22.

2005-207 张勤. 多目标地球化学填图中的 54 种指标配套分析方案和分析质量监控系统. 第四纪研究, 2005, 25(3): 292-297.

2005-208 张勤, 樊守忠, 潘宴山, 李国会. X 射线荧光光谱法测定化探样品中主、次和痕量组分. 理化检验-化学分册, 2005, 41(8): 547-552.

2005-223 赵东军, 鲁安怀, 王丽娟, 郑喜坤, 刘瑞, 郭延军. 广西下雷锰矿床中锰钾矿的矿物学特征. 北京大学学报 (自然科学版), 2005, 41(6): 859-868.

2005-225 赵宏樵, 曾江宁, 俞元挺, 姚龙奎. 富钴结壳主要成分的X荧光快速测定. 海洋学研究, 2005, 23(2): 17-23.

2005-228 赵志强, 杜晓冉, 李铭, 胡呈祥. X荧光分析仪在地质工作中运用实例. 化工矿产地质, 2005, 27(1): 47-49.

2005-234 钟鹰, 程晓维, 汪靖, 黄强, 龙英才. CXN天然沸石的研究 VI. 耐酸性及不同阳离子型沸石结构的热稳定性. 化学学报, 2005, 63(11): 955-960, 5.

2005-241 朱弟成, 潘桂棠, 莫宣学, 廖忠礼, 江新胜, 王立全, 赵志丹. 特提斯喜马拉雅带中段桑秀组玄武岩的地球化学和岩石成因. 地球化学, 2005, 34(1): 7-19.

2006-004 宾伟深. 压片X荧光分析法测定水泥中的SO_3和MgO含量. 水泥工程, 2006, (5): 71-72.

2006-009 柴凤梅, 张招崇, 毛景文, 帕拉提·阿布都卡迪尔, 汪立今, 董连慧, 叶会寿, 陈莉, 郑蓉芬. Lamprophyre or lamproite dyke in the SW Tarim Block? —Discussion on the petrogenesis of these rocks and their source region. Journal of China University of Geosciences, 2006, 17(1): 13-24.

2006-013 陈海, 潘丽梅. X射线荧光光谱仪在烧结矿分析中的应用. 柳钢科技, 2006, (4): 27-32.

2006-023 程泽, 谭玉娟, 刘晓光, 张芳蓉, 张艳春, 阿拉木斯. XRF法测定高异常化探样品中的铜、铅、锌、镍. 分析仪器, 2006, (1): 29-31.

2006-029 代世峰, 任德贻, 李丹, 雒昆利. 贵州大方煤田主采煤层的矿物学异常及其对元素地球化学的影响. 地质学报, 2006, 80(4): 589-597, 617.

2006-030 代世峰, 任德贻, 李生盛. 内蒙古准格尔超大型镓矿床的发现. 科学通报, 2006, 51(2): 177-185.

2006-037 杜燕, 阚斌. 玻璃熔融X射线荧光光谱法测定萤石中各组分. 科学技术与工程, 2006, 6(18): 2938-2939, 2975.

2006-058 何正华, 田雪北. XRF粉末压片法测定艾萨冰铜中的Cu、Fe、S、SiO_2等元素. 科学技术与工程, 2006, 6(18): 2940-2941.

2006-064 胡恩萍, 郭灵虹, 李晖. 新疆尉犁蛭石矿中金云母/蛭石混层结构研究. 矿产综合利用, 2006, (3): 27-32.

2006-065 花永涛, 程锋, 赖万昌, 杨强. X荧光分析仪在新疆某地的应用. 物探与化探, 2006, 30(4): 370-373.

2006-066 花永涛, 赖万昌, 杨强. X射线荧光技术在新疆某航磁异常地面勘察的应用. 核电子学与探测技术, 2006, 26(5): 660-662, 690.

2006-070 黄林燕, 朱诚, 孔庆友. 张家界岩性特征对峰林地貌形成的影响研究. 安徽师范大学学报 (自然科学版), 2006, 29(5): 484-489.

2006-072 黄增保, 金霞. 甘肃北山红石山蛇绿混杂岩带中基性火山岩构造环境分析. 中国地质, 2006, 33(5): 1030-1037.

2006-083 李超. XRF熔融法测定石灰石、白云石中SiO_2、CaO、MgO、Al_2O_3、Fe_2O_3、P_2O_5. 山东冶金, 2006, 28(6): 77-78.

2006-084 李大华, 唐跃刚, 陈坤, 邓涛, 程方平, 刘东. 贵州晴隆矿区K6煤层的元素地球化学特征. 地球学报, 2006, 27(2): 135-140.

2006-088 李海波, 刘国红. X射线荧光光谱仪在水泥检测中的应用. 山西科技, 2006, (6): 119-120.

2006-091 李寒旭, Yoshihiko Ninomiya, 董众兵, 张明旭. Study on the characteristics of mineral matter in Huainan coals by computer controlled scanning electron microscope (CCSEM). Journal of Coal Science & Engineering (China), 2006, 12(1): 86-90.

2006-092 Li Hanxu, Yoshihiko Ninomiya, Dong Zhong-bing, Zhang Mingxu. The mineral transformation of huainan coal ashes in reducing atmospheres. Journal of China University of Mining & Technology (English Edition), 2006, 16(2): 162-166.

2006-103 李小明, 曹代勇, 占文峰. 北淮阳地区不同变形-变质煤的元素分布及其影响因素. 煤田地质与勘探, 2006, 34(6): 1-3.

2006-131 刘欣, 梁淑萍. 铕测定方法的近期进展. 理化检验-化学分册, 2006, 42(3): 221-226.

2006-152 吕森林, 邵龙义, 吴明红, 焦正, 陈小慧. 北京 PM_{10} 中化学元素组成特征及来源分析. 中国矿业大学学报, 2006, 35(5): 684-688.

2006-155 马红艳, 崔大安, 秦作路, 何植, 木士春. 广西岛坪磷氯铅矿的谱学特征. 矿物学报, 2006, 26(2): 165-168.

2006-160 牛璋彬, 王洋, 张晓健, 何文杰, 韩宏大, 阴沛军. 给水管网中管内壁腐蚀管垢特征分析. 环境科学, 2006, 27(6): 1150-1154.

2006-180 邵龙义, 鲁静, Tim Jones, Rod Gayer, 尚潞君, 深志军, 张鹏飞. 桂中晚二叠世碳酸盐岩型煤系高有机硫煤的矿物学和地球化学研究. 煤炭学报, 2006, 31(6): 770-775.

2006-191 宋义, 郭芬, 谷松海. X 射线荧光光谱法同时测定煤中砷硫磷氯. 岩矿测试, 2006, 25(3): 285-287.

2006-194 孙红福, 赵峰华, 丛志远, 岳梅, 任德贻. 在我国发现的 Schwertmannite 矿物及其特征. 矿物学报, 2006, 26(1): 38-42.

2006-201 汤志勇, 邱海鸥, 郑洪涛. 岩石矿物分析. 分析试验室, 2006, 25(9): 112-122.

2006-210 王朝斗, 万爱福, 张传正, 焦京州. 国产能谱仪快速分析球团矿. 光谱实验室, 2006, 23(3): 472-474.

2006-223 王宁伟, 朱登峻, 朱金连, 柳天舒, 李丙祥, 徐亮. X 射线荧光光谱法测定磷矿中五氧化二磷、氧化钙、三氧化二铁、氧化铝、氧化镁和二氧化硅. 冶金分析, 2006, 26(6): 65-67.

2006-226 王青, 朱继平, 史本恒. 山东北部全新世的人地关系演变: 以海岸变迁和海盐生产为例. 第四纪研究, 2006, 26(4): 589-596.

2006-230 王晓红, 高玉淑, 王毅民. 超细地质标准物质及其应用. 自然科学进展, 2006, 16(3): 309-315.

2006-232 王雪静, 周继红, 方克明. 茂名高岭土在不同温度煅烧时对产物结构的影响. 矿产综合利用, 2006, (2): 26-29.

2006-233 王雪静, 周继红, 黄浪, 方克明. 不同产地高岭土的组成和结构研究. 中国非金属矿工业导刊, 2006, (1): 27-29.

2006-234 王雪静, 周继红, 黄浪, 方克明. 苏州高岭土在不同温度煅烧时的产物. 北京科技大学学报, 2006, 28(1): 59-62.

2006-240 王云霞, 张健, 庞玲, 戴建国. X 射线荧光光谱法测定铝土矿中的主成分. 理化检验-化学分册, 2006, 42(7): 542-543.

2006-248 夏晨光, 武朝辉, 刘牧. X 射线荧光光谱法测定海底钴结壳的方法研究. 科学技术与工程, 2006, 6(18): 2967-2971.

2006-250 向清德, 邹华盈, 郭晓明, 袁琳. X 射线荧光法测定高岭土中各元素的含量. 陶瓷科学与艺术, 2006, (Z1): 24-27.

2006-252 谢学锦, 刘大文. 地球化学填图与地球化学勘查. 地质论评, 2006, 52(6): 721-732, 865-868.

2006-264 徐兆凯, 李安春, 蒋富清, 孟庆勇, 刘建国. 东菲律宾海深水区新型铁锰结壳的特征和成因. 海洋地质与第四纪地质, 2006, 26(4): 91-98.

2006-269 杨建业. 贵州普安矿区晚二叠世煤中微量元素的质量分数和赋存状态. 燃料化学学报, 2006, 34(2): 129-135.

2006-274 杨晓杰, 刘冬明, 褚立孔, 陈开惠. 煤系高岭岩成矿机理. 煤炭学报, 2006, 31(1): 85-89.

2006-276 杨仲平, 靳晓珠, 黄华鸾. X 射线荧光光谱法测定化探样品中的主次痕量元素. 广西科学院学报, 2006, 22(S): 430-434.

2006-280 应晓浒, 曹国洲, 王谦, 孙立群. X 射线荧光光谱法测定黄铜中铜、铅、铁、铋、锑、磷、砷. 分析科学学报, 2006, 22(5): 519-522.

2006-282 于福生, 丛立民. 内蒙古阿尔山地区新生代玄武岩及其幔源包体微量元素组成特征. 矿物岩石, 2006, 26(1): 29-34.

2006-283 于万里, 罗永安, 范春丽. 秦皇岛青龙蛇纹石化大理岩的特征. 宝石和宝石学杂志, 2006, 8(3): 29-31.

2006-299 张蕾, 李小红, 陈超英, 舒朝滨. X射线荧光法在地质样品分析测试中的应用. 资源环境与工程, 2006, 20(4): 455-458.

2006-303 张平, 张赤斌, 张蕾, 蒋维. X射线荧光法测定海南多目标地调样品中多种元素. 科学技术与工程, 2006, 6(18): 2961-2963, 2966.

2006-305 张莹莺, 郑兴平. X射线荧光分析仪对不同矿点石灰石的测定. 四川水泥, 2006, (5): 51-52.

2006-317 钟玉芳, 马昌前, 佘振兵. 锆石地球化学特征及地质应用研究综述. 地质科技情报, 2006, 25(1): 27-34, 40.

2006-316 钟玉芳, 马昌前. 含U副矿物的地质年代学研究综述. 地球科学进展, 2006, 21(4): 372-382.

2007-003 包志伟. 成矿金属元素的气相运移研究进展. 大地构造与成矿学, 2007, 31(1): 83-91.

2007-006 蔡攸敏, 姚洪, 刘小伟, 徐明厚. 不同密度煤粉的矿物质分布与燃烧特性研究. 热能动力工程, 2007, 22(6): 651-655, 690.

2007-013 陈丁滢. 运用X射线荧光光谱法对石榴石分类鉴定. 上海计量测试, 2007, (6): 11-13.

2007-019 陈天文. 铝合金建材的X射线荧光分析. 分析测试技术与仪器, 2007, 13(2): 88-92.

2007-020 陈养国, 吴任平, 古应运, 谢文清, 郑新烟. 双旗山金矿尾砂的性能分析与应用探讨. 中国陶瓷, 2007, 43(1): 42-44.

2007-028 代世峰, 周义平, 任德贻, 王西勃, 李丹, 赵蕾. 重庆松藻矿区晚二叠世煤的地球化学和矿物学特征及其成因. 中国科学 (D辑: 地球科学), 2007, 37(3): 353-362.

2007-029 Dai Shifeng, Zhou Yiping, Ren Deyi, Wang Xibo, Li Dan, Zhao Lei. Geochemistry and mineralogy of the Late Permian coals from the Songzao Coalfield, Chongqing, southwestern China. Science in China (Series D: Earth Sciences), 2007, 50(5): 678-688.

2007-040 端木合顺, 魏立勇. 西安市降尘中粉煤灰的岩石地球化学特征. 桂林工学院学报, 2007, 27(4): 496-500.

2007-042 范建良, 郭守国, 史凌云, 刘学良. 合成镁橄榄石的矿物学研究. 人工晶体学报, 2007, 36(6): 1431-1434.

2007-048 伏修锋, 干福熹, 马波, 顾冬红. 几种不同产地软玉的岩相结构和无破损成分分析. 岩石学报, 2007, 23(5): 1197-1202.

2007-061 韩杰, 叶瑛, 张孟群, 刘笛, 张维睿, 邬黛黛. 普通X射线荧光光谱法用于中太平洋富钴结壳中锰价态的定量分析. 岩矿测试, 2007, 26(2): 97-100, 104.

2007-069 贺秋芳, 李为, 朱敏, 余龙江, 朱晓燕, 袁道先. 细菌在洞穴含铁沉积物形成过程中的作用. 矿物岩石地球化学通报, 2007, 26(2): 197-202.

2007-079 黄朋, 付永涛, 李安春, 肖尚斌. 山东蓬莱大黑山岛碱性火山岩地球化学特征. 海洋与湖沼, 2007, 38(1): 91-96.

2007-081 黄肇敏, 周素莲. X射线荧光光谱法测定混合稀土氧化物中稀土分量. 光谱学与光谱分析, 2007, 27(9): 1873-1877.

2007-091 康学丽. X射线荧光光谱法分析萤石中的CaF_2. 河北冶金, 2007, (3): 54-55.

2007-105 李小莉. 熔融制片-X射线荧光光谱法测定锰矿样品中主次量元素. 岩矿测试, 2007, 26(3): 238-240.

2007-110 李新艳, 黄春长, 庞奖励, 王利军, 何忠. 淮河上游全新世黄土——古土壤序列元素地球化学特性研究. 土壤学报, 2007, 44(2): 189-196.

2007-111 李岩, 董秀文, 于志伟. EDX法分析钼铁中Mo等成分的研究. 光谱学与光谱分析, 2007, 27(7): 1444-1447.

2007-112 李艳萍, 余荣台, 余祖发. 利用荧光光谱法进行高岭土的差异分析. 景德镇高专学报, 2007, 22(2): 50-51, 53.

2007-120 林木松, 张宏亮, 钟丁平, 陈刚.

EDXRF 法快速测定煤灰中各种元素的含量. 电站系统工程, 2007, 23(3): 53-54.

2007-129 刘慧卓, 唐跃刚. 河北近北庄磁铁矿的矿物学和地球化学组成及其药用意义. 山西大学学报 (自然科学版), 2007, 30(3): 385-389.

2007-130 刘慧卓, 唐跃刚, 赵峰华. 近北庄磁铁矿的矿物特征. 有色金属, 2007, 59(1): 98-102.

2007-145 刘晔, 柳小明, 胡兆初, 第五春荣, 袁洪林, 高山. ICP-MS 测定地质样品中 37 个元素的准确度和长期稳定性分析. 岩石学报, 2007, 23(5): 1203-1210.

2007-151 罗明荣. 硅灰石的 X 射线荧光光谱分析. 岩矿测试, 2007, 26(3): 245-247.

2007-154 马艳萍, 刘池洋, 张复新, 赵俊峰, 喻林, 黄雷. 鄂尔多斯盆地东胜砂岩型高岭土矿特征及成因机制. 吉林大学学报 (地球科学版), 2007, 37(5): 929-936.

2007-159 潘飞飞, 张元茂, 张元勋, 韩婷, 郑叶飞, 张桂林, 李燕. 上海市吴淞地区大气不同粒径颗粒物无机态元素浓度分布. 环境与职业医学, 2007, 24(1): 64-68.

2007-166 钱图利亚 V A, 牛芳银, 张覃, 李长根. 含金刚石的金伯利岩的加工. 国外金属矿选矿, 2007, (3): 12-15.

2007-167 乔玉梅, 谢甫绨, 刘永志, Saiga Suguru. 意大利黑麦草和高羊茅不同品种的矿物质含量差异. 华北农学报, 2007, 22(3): 172-177.

2007-185 宋义, 郭芬, 谷松海. 硝化后熔融制样法-X 射线荧光光谱同时测定锰矿中主、次元素. 光谱学与光谱分析, 2007, 27(2): 404-407.

2007-193 孙红福, 赵峰华, 李文生, 李荣杰, 葛祥坤. 煤矿酸性矿井水及其沉积物的地球化学性质. 中国矿业大学学报, 2007, 36(2): 221-226.

2007-200 汤毅珊, 王宁生. 雄黄及含雄黄复方中砷含量、形态和晶形分析. 现代食品与药品杂志, 2007, 17(2): 30-34.

2007-206 童晓民, 赵宏风, 张伟民. 熔片 X 射线荧光光谱法测定矿物中钨和钼. 冶金分析, 2007, 27(5): 25-29.

2007-215 王国庆, 石学法, 刘焱光, 窦衍光. 长江口南支沉积物元素地球化学分区与环境指示意义. 海洋科学进展, 2007, 25(4): 408-418.

2007-229 王毅民, 高玉淑, 王晓红, 沈恒培, 王振宇. 中国陆架沉积物标准物质研制. 分析测试学报, 2007, 26(1): 1-7.

2007-230 王毅民, 高玉淑, 王晓红, 张学华, 赵宏樵, 刘淑琴, Andreev S. I. 海山富钴结壳标准物质研制. 海洋学报 (中文版), 2007, 29(2): 82-91.

2007-231 王英, 梁治国. X 射线荧光分析仪压片法测定水泥中氯离子的含量. 水泥, 2007, (6): 52-54.

2007-234 韦平. 水泥窑灰矿渣型生态水泥水化过程的研究. 四川水泥, 2007, (6): 13-16.

2007-235 韦平. 应用 XRD 分析水泥窑灰矿渣型生态水泥水化过程的研究. 水泥, 2007, (7): 18-21.

2007-240 邬黛黛, 韩杰, 叶瑛, 张维睿. X 射线荧光光谱法定量分析海山富钴结壳中 MnO_2 与 MnO 的含量之比值. 海洋学报 (中文版), 2007, 29(3): 84-89.

2007-258 徐婷婷, 张波, 张红, 任宏波. X 射线荧光光谱法同曲线测定海洋沉积物和陆地地化样品中的 29 个主次痕量元素. 海洋地质动态, 2007, 23(2): 31-36.

2007-259 徐争启, 庹先国, 倪师军, 张成江. 攀枝花矿区水系沉积物的组成及其环境效应. 金属矿山, 2007, (6): 75-79.

2007-266 闫玉生, 庹先国, 杨雪梅, 穆克亮, 李哲. RBF 网络在地质样品元素含量预测中的应用. 金属矿山, 2007, (10): 110-112.

2007-271 杨虎. X 射线荧光光谱法测定氧化铁红中的氯根的含量. 本钢技术, 2007, (1): 24-25.

2007-273 杨建业, 李璐. 低熟煤中常量、微量元素与煤生烃潜力参数的相关性研究. 燃料化学学报, 2007, 35(1): 10-15.

2007-280 杨社锋, 方维萱, 胡瑞忠, 王思德, 魏宁. 老挝 Boloven 高原玄武岩风化壳中稀土元素富集与主量元素关系. 中国稀土学报, 2007, 25(4): 461-469.

2007-283 杨艳, 李洁, 张穗忠. X 射线荧光光谱法测定煤灰成分. 武钢技术, 2007, 45(6): 32-34.

2007-284 杨艳霞, 冯其明, 刘琨, 王丽. 纤蛇纹石在盐酸浸出过程中结构变化的研究. 中国矿业大学学报, 2007, 36(4): 559-564.

2007-293 袁家义. X 射线荧光光谱法测定萤石中氟化钙. 岩矿测试, 2007, 26(5): 419-420.

2007-294 袁家义, 吕振生, 姜云. X 射线荧光光谱熔融制样法测定钛铁矿中主次量组分. 岩矿测试, 2007, 26(2): 158-159, 162.

2007-297 张丹, 张卫东, 蒋昌潭, 赵琦, 叶堤. 重庆市春季大气中 PM_{10} 元素污染特征. 环境科学与技术, 2007, 30(5): 38-40, 117.

2007-301 张磊, 王益民, 刘明博, 刘小东. X 射线荧光光谱基本参数法测定水泥生料组分. 中国建材科技, 2007, (4): 12-16.

2007-303 张明皓, 陈超, 兰瑞平, 陈欢欢. 月球表面多种金属元素的分布特征初探. 地学前缘, 2007, 14(5): 277-284.

2007-315 赵存良, 孙玉壮. 安徽省金山煤矿晚二叠世树皮煤的地球化学特征. 河北工程大学学报 (自然科学版), 2007, 24(4): 60-62, 80.

2007-316 赵虹霞, 伏修锋, 干福熹, 马波, 顾冬红. 不同产地绿松石无损检测及岩相结构特征研究. 岩矿测试, 2007, 26(2): 141-144.

2008-001 Amer M. Burgan, Che Aziz Ali, Sanudin Hj Tahir. Chemical composition of the tertiary black shales of West Sabah, East Malaysia. Chinese Journal of Geochemistry, 2008, 27(1): 28-35.

2008-004 安小强, 周长春, 李振, 吴彬, 刘亮, 魏德洲. 铝土矿分析方法综述. 冶金标准化与质量, 2008, 46(5): 12-15.

2008-005 白光辉, 沈博, 秦晋国, 王香港, 滕玮. 高铝粉煤灰硫酸法提铝的形貌研究和组成分析. 煤炭转化, 2008, 31(1): 71-74.

2008-009 布贝里·E·B, 李长根, 崔洪山. 在分选含金刚石原料的幅射测量分选机的记录系统中应用光电方法. 国外金属矿选矿, 2008, (5): 3-5, 46.

2008-013 陈晨, 刘桂娇, 郑维明, 宋游. 波长色散 X 荧光法同时测定铀和锆. 中国原子能科学研究院年报, 2008, (0): 262.

2008-014 Chen Chen, Liu Guijiao, Zheng Weiming, Song You. Determination of U and Zr by WDXRF. Annual Report of China Institute of Atomic Energy, 2008, (0): 225.

2008-019 陈浩, 王爱勤. 不同产地凹凸棒粘土理化性质及其对复合保水剂性能影响研究. 中国矿业, 2008, 17(3): 73-75.

2008-024 陈兰武. X 荧光检验技术在浮法玻璃原料质量控制中的应用. 国外建材科技, 2008, 29(6): 13-17.

2008-025 陈岚岚, 颜桂炀, 刘秀萍, 陈庆华. 不同污水处理厂脱水污泥烧制建筑瓷砖的初步研究. 福建师范大学学报 (自然科学版), 2008, 24(4): 61-65.

2008-033 陈晓云, 纪志成, 殷芳. 新型干法水泥生产的分布式控制. 中国水泥, 2008, (12): 67-70.

2008-035 成功, 高光明, 陈松岭. 老挝波罗芬高原铝土矿地质特征与成矿规律. 中南大学学报 (自然科学版), 2008, 39(2): 380-386.

2008-044 戴振麟, 葛良全, 程锋, 张庆贤. XRF 强度影响系数法测定地质样品的组分. 核电子学与探测技术, 2008, 28(2): 425-429.

2008-054 杜登文, 洪汉烈, 徐志强, 李荣彪, 胡远清, 王粉丽, 李祖春. 湖北大悟大坡顶金矿床金矿物特征. 地质科技情报, 2008, 27(4): 55-60.

2008-056 杜志强, 王飞龙, 张国龙, 曲成, 苏亚楠. X 射线荧光岩屑录井技术试验及在水平井地质导向中的初步应用. 录井工程, 2008, 19(2): 13-17, 74-75.

2008-057 樊俊珍. X荧光分析在指导水泥生产时应注意的问题. 建材技术与应用, 2008, (7): 6-7.

2008-067 耿刚强, 宁国东, 王巧玲, 丁慧, 朱明达, 白福全, 董海成, 牛素琴, 王再田. XEPOS型偏振能量色散X射线荧光光谱仪分析蒙古铁矿石. 岩矿测试, 2008, 27(6): 423-426, 430.

2008-071 谷松海, 宋义, 郭芬. X射线荧光光谱法同时测定铬矿中主次成分. 冶金分析, 2008, 28(4): 16-19.

2008-077 郭清芳, 程飞. 提高出磨生料质量的经验. 新世纪水泥导报, 2008, (3): 45-46.

2008-082 何春根, 殷兵, 董莉, 徐鹏, 许文华, 项小龙. X射线荧光光谱法测定白云石、石灰石中氧化钙、氧化镁、氧化硅. 江西冶金, 2008, 28(5): 29-31.

2008-099 蒋晓光, 林忠, 李卫刚. X射线荧光光谱法测定硅石中主次成分. 冶金分析, 2008, 28(10): 31-35.

2008-102 邝焯荣, 吴笑梅, 樊粤明, 凌伟煌, 李平坚. 挥发性组分在预分解窑系统的分布和富集（一）. 水泥, 2008, (4): 14-18.

2008-105 李安萍. X射线荧光光谱法测定石灰石中CaO、MgO含量. 山西焦煤科技, 2008, (S): 134-135.

2008-112 李建武, 叶玮, 朱丽东, 李凤全, 姜永见, 伊继雪. 金衢盆地加积型红土地球化学特征. 广东微量元素科学, 2008, 15(10): 12-17.

2008-114 李林. 二叠、三叠纪地质层中微小铁粒的起源研究. 青海大学学报（自然科学版）, 2008, 26(5): 10-13.

2008-122 李小莉. X射线荧光光谱法测定铁矿中铁等多种元素. 岩矿测试, 2008, 27(3): 229-231.

2008-127 李意, 盛昌栋, 刘小伟, 姚洪, 徐明厚. O_2/CO_2煤粉燃烧时细灰颗粒中痕量元素分布特性的实验研究. 工程热物理学报, 2008, 29(7): 1236-1238.

2008-129 李月芬, 王冬艳, 刘爽, 曹鹏, 尚媛. 珲春中部土壤常量元素地球化学特征. 世界地质, 2008, 27(2): 178-182, 197.

2008-151 刘江斌, 曹成东, 赵峰, 陈月源, 谈建安, 党亮, 余宇. X射线荧光光谱法同时测定石灰石中主次痕量组分. 岩矿测试, 2008, 27(2): 149-150.

2008-169 罗文艺, 靳孟贵, 何巧林, 仝长水, 张燕平. 黄河河南段河漫滩沉积柱重金属元素分布规律. 人民黄河, 2008, 30(9): 53-54, 57.

2008-200 宋洪霞. 利用X荧光仪测定铁矿中的S, Pb, Zn, As的含量. 福建分析测试, 2008, 17(1): 64-67.

2008-203 宋义, 郭芬, 谷松海. X射线荧光光谱法同时测定煤灰中的12种成分. 光谱学与光谱分析, 2008, 28(6): 1430-1434.

2008-206 宋子新. MXF荧光分析仪在水泥生产中的应用. 水泥, 2008, (11): 56-58.

2008-210 苏峥, 马建平. X射线荧光光谱法与红外吸收法联合测定萤石中氟化钙. 冶金分析, 2008, 28(8): 73-75.

2008-220 汤志勇, 邱海鸥, 郑洪涛. 岩石矿物分析. 分析试验室, 2008, 27(10): 110-122.

2008-235 王国峰, 张明云, 刘文斌. 津巴布韦Turk金矿黄铁矿矿物特征及成矿意义. 地质调查与研究, 2008, 31(4): 309-314.

2008-236 王海芝, 程捷. 周口店东洞洞穴沉积物的地球化学特征及其环境指示意义. 第四纪研究, 2008, 28(6): 1090-1097.

2008-255 王玉红, 姚桂莲. X射线荧光分析法在地质分析领域应用新进展. 西部探矿工程, 2008, (6): 128-131.

2008-256 王玉洁, 李殿超, 肖国拾, 张桢干. 油页岩及其脱油残渣的矿物学研究. 世界地质, 2008, 27(4): 449-453.

2008-257 王召兵, 刘涛, 郝殿中, 彭捍东, 张霞, 吴闻迪. 有色方解石晶体的光谱分析. 激光技术, 2008, 32(6): 596-597, 604.

2008-264 韦亮光, 梁家标, 罗博, 赖广辉, 张善琦, 周利海, 钟安建. Axcox X荧光光谱仪在平果万佳立窑水泥生产中的应用. 企业科技与发展, 2008, (14): 76-77.

2008-273 吴小红, 徐永宏, 高新华. 一种用X射线荧光光谱法测定硅酸盐及碳酸盐类样品中氧化物的通用方法. 冶金分析, 2008, 28(12): 17-22.

2008-278 肖国拾, 陈博, 王威. X 射线荧光光谱测定稀土铁氧体的方法研究. 世界地质, 2008, 27(3): 329-331.

2008-287 徐强, 吕鹏飞. 巧用 X 射线荧光分析仪快速分析原煤灰分. 水泥, 2008, (1): 43.

2008-294 薛旭金, 侯红军, 王建萍. X 射线荧光光谱法测定冰晶石各元素含量的研究. 轻金属, 2008, (1): 17-19.

2008-305 杨文光, 郑洪波, 谢昕, 周斌, 成鑫荣. 南海北部陆坡沉积记录的全新世早期夏季风极强事件. 第四纪研究, 2008, 28(3): 425-430.

2008-315 叶玮, 朱丽东, 李凤全, 杨立辉, Shinji Kanayama, Sadayo Yabuki. 中国中亚热带网纹红土的地球化学特征与沉积环境. 土壤学报, 2008, 45(3): 385-391.

2008-317 殷勇. X 射线荧光分析在区域地球化学勘查样品分析中的应用. 中国测试技术, 2008, 34(6): 89-92.

2008-318 殷钰, 李勇. X 射线荧光光谱法在水泥生料检测中的应用. 山东建材, 2008, (2): 21-25.

2008-325 袁月琴, 马晓旻, 张正荣. X 荧光测量在横坡银矿普查中的应用. 西部资源, 2008, (1): 62-64.

2008-335 张建波, 林力, 王谦, 刘在美, 李劲竹. X 射线荧光光谱法同时测定镍红土矿中主次成分. 冶金分析, 2008, 28(1): 15-19.

2008-340 张茂林, 贾兴和, 毛振伟, 朱铁权, 王昌燧, 黄宇营, 何伟. 斯里兰卡曼泰遗址出土青花瓷的化学成分分析及产地初探. 岩矿测试, 2008, 27(1): 37-40.

2008-341 Zhang Peiping, Liu Shufeng, Shi Xuefa, Lu Huahua, Liu Juanjuan, Chi Xiaoguo. Property and performance amelioration of pelagic clay from the East Pacific. Global Geology, 2008, 11(2): 110-114.

2008-359 钟代果. 铝土矿中主成分的 X 射线荧光光谱分析. 岩矿测试, 2008, 27(1): 71-73.

2008-367 朱宝忠, 孙运兰, 谢承卫. 不同煅烧温度下贵州兴义煤矸石的光谱学研究. 煤炭学报, 2008, 33(9): 1049-1052.

2008-368 朱诚, 崔之久, 李中轩, 高洁, 王立新, 邬祥林, 郑朝贵, 沈庆凡, 郑献章. 浙江缙云县大洋山石鼓尖花岗岩坑穴成因. 地理学报, 2008, 63(7): 735-743.

2009-021 陈景香. X 射线荧光技术在野外地质勘查中的应用. 青海科技, 2009, (2): 93-94.

2009-023 陈明驰, 周四春. 联袂应用 X 荧光与幅频激电法勘查川西某铜矿. 地质与勘探, 2009, 45(3): 299-303.

2009-026 陈思学, 骆艳华, 王凡, 王克玉. X 射线荧光光谱法测定四氧化三锰中杂质含量. 现代矿业, 2009, (4): 86-87, 117.

2009-029 陈永君, 王亚平, 许春雪, 郑妙子, 王苏明. X 射线荧光光谱用人工标准物质的研制. 岩矿测试, 2009, 28(5): 462-466.

2009-039 崔敏利, 张宝林, 苏捷, 徐永生. 印尼苏拉威西岛红土型镍矿的高效快速勘查模式. 地质与勘探, 2009, 45(4): 417-422.

2009-041 戴汉斌, 曹达旺, 吴越. XRF 技术在多金属矿勘查中的应用效果. 西部探矿工程, 2009, (11): 157-158, 160.

2009-054 范建良, 冯锡淇, 郭守国, 刘学良. 电气石晶体的光学吸收谱. 硅酸盐学报, 2009, 37(4): 523-530.

2009-056 冯承杰. 煤灰主次成分测定方法的研究. 冶金标准化与质量, 2009, 47(3): 14-15, 22.

2009-057 冯晓军, 叶罕章. X 射线荧光光谱快速分析浮选磷矿中的 P_2O_5 和 MgO. 磷肥与复肥, 2009, 24(2): 65-66.

2009-058 封鉴秋, 马成良, 李素平, 贾晓林, 岳海军. 郑州巩义红黏土的工艺性能研究. 非金属矿, 2009, 32(1): 42-44.

2009-059 Fiantis Dian, Nelson Malik, Ranst Eric Van, Shamshuddin Jusop, Qafoku Nikolla P.. Chemical weathering of new pyroclastic deposits from Mt. Merapi (Java), Indonesia. Journal of Mountain Science, 2009, (3): 240-254.

2009-060 付宝荣, 陈修梅. 锰矿中多元素的 X 射线荧光光谱分析. 甘肃冶金, 2009, 31(2): 66-68, 71.

2009-068 葛坦, 韩江伟. 涠洲岛和斜阳岛红色风化壳粘土矿物和化学特征及成土环境研究. 中国地质, 2009, 36(1): 203-213.

2009-070 顾炳伟, 王培铭. 不同产地煤矸石特征及其火山灰活性研究. 煤炭科学技术, 2009, 37(12): 113-116, 74.

2009-072 郭冬发, 范光, 武朝晖, 欧光习, 崔建勇, 刘汉彬, 张彦辉, 夏晨光, 刘立坤, 李振涛, 葛祥坤. 铀矿地质钻探岩心样品系统分析法. 铀矿地质, 2009, 25(2): 122-128.

2009-076 何秋平, 程晓维, 鄢浩, 龙英才. 天然CXN沸石分子筛水热稳定性研究 I. 水热稳定性影响因素. 化学学报, 2009, 67(18): 2060-2066.

2009-079 洪江星. X射线荧光光谱法用于不锈钢建材元素分析的方法研究. 华中师范大学学报（自然科学版）, 2009, 43(1): 100-102.

2009-083 胡晓燕. X射线荧光光谱法测定碳酸盐岩样品中的主量元素. 矿物学报, 2009, (S): 597-598.

2009-097 纪晓磊. X射线荧光分析石灰石标样的制作. 水泥, 2009, (2): 37-38.

2009-102 蒋革, 邓文胜, 龚贵权, 钟小平, 黄绍基, 李田华. 浅析X荧光成份分析仪在水泥生产过程中的应用. 自动化与仪器仪表, 2009, (3): 45-47.

2009-104 蒋薇. X射线荧光光谱法测定蛇纹石成分. 化学分析计量, 2009, 18(3): 80-81.

2009-116 冷建平, 鲁钰, 卓尚军, 单华珍. 直接压片-X射线荧光光谱法测定水泥中氧化钙和三氧化硫. 理化检验-化学分册, 2009, 45(10): 1230-1231.

2009-117 李波, 周四春. X荧光与幅频激电法综合勘查川西北某铜矿. 甘肃地质, 2009, 18(2): 92-96, 81, 40.

2009-123 李红叶, 许海娥, 李小莉, 李国会, 安树清, 梁祖顺. 熔融制片-X射线荧光光谱法测定磷矿石中主次量组分. 岩矿测试, 2009, 28(4): 379-381.

2009-130 李小莉, 安树清, 徐铁民, 杨丽峰, 李国会, 朱建峰. 熔片制样-X射线荧光光谱法测定煤灰样品中主次量组分. 岩矿测试, 2009, 28(4): 385-387.

2009-146 林俊, 包良满, 刘卫, 李燕, 李玉兰, 马陈燕, 赵屹东. Size distribution of sulfur species in fine and ultrafine aerosol particles using sulfur K-edge XANES. Chinese Physics C, 2009, 33(11): 965-968.

2009-157 刘建坤, 郑荣华. 粉末压片-X射线荧光光谱法测定碳酸盐中的CaO和MgO. 分析试验室, 2009, 28(S): 200-201.

2009-158 刘建坤, 郑荣华. 粉末压片-X射线荧光光谱法测定碳酸盐中的CaO和MgO. 现代科学仪器, 2009, (6): 109-110.

2009-175 刘志勇, 干福熹, 承焕生, 郭聚平. 辽宁岫岩玉的岩相结构和无损分析研究. 岩石学报, 2009, 25(5): 1281-1287.

2009-179 龙来寿, 颜美凤, 彭翠红, 梁凯, 奚长生. 广东韶关高岭土的矿物特性. 韶关学院学报, 2009, 30(9): 61-65.

2009-187 吕文, 朱诚, 彭华, 俞锦标, 李中轩, 张广胜, 欧阳杰, 周日良, 朱光耀, 李兰, 朱青. 浙江江山市江郎山岩石岩性特征及其对丹霞地貌形成的影响. 矿物岩石地球化学通报, 2009, 28(4): 349-355.

2009-197 Meor Yusoff M. S., Masliana M., Sarimah M.. 取样技术对马来西亚锡渣废料中铀和钍定量分析的影响. 冶金分析, 2009, 29(9): 6-9.

2009-201 潘晴, 蒋小燕. 锗煤矿中金属元素化学特性分析研究. 中国高新技术企业, 2009, (22): 55-56.

2009-204 彭桦, 王云昆, 何太国, 尤建梅. 透明胶纸X射线荧光光谱测定磷矿浮选矿浆中的镁. 磷肥与复肥, 2009, 24(2): 67.

2009-208 祁民, 张宝林, 符超, 梁光河, 沈晓丽, 徐永生, 苏捷, 郭志华. 运用综合预测方法组合快速发现内蒙古中部隐伏大型铜钨多金属矿勘查基地. 地质与勘探, 2009, 45(6): 676-682.

2009-211 钱菁, 杨瑞霞, 李超. 氟石中二氧化硅测定方法的研究. 冶金标准化与质量, 2009, 47(3): 41-43.

2009-215 瞿德业, 汪君. 钛石膏轻质墙体材料的研制. 硅酸盐通报, 2009, 28(5): 1064-1070.

2009-218 Ravisankar R., Eswaran P., Vijay Anand K., Rajalakshmi A., Prasad Mvr, Satpathy K. K., Rajashekhar C., Alok Athavale. EDXRF analysis of beach rock samples of Andaman Island. Nuclear Science and Techniques, 2009, 20(2): 93-98.

2009-237 宋霞. 玻璃熔片X射线荧光谱法在水泥行业中的应用. 建材发展导向, 2009, (3): 37-39.

2009-239 孙秀芹, 殷钰, 应晓浒. X射线荧光分析法测定生料中各成分的含量. 水泥, 2009, (2): 39-41.

2009-246 陶树, 汤达祯, 周传祎, 李凤, 李婧婧, 陈晓智, 孟昌轰. 川东南—黔中及其周边地区下组合烃源岩元素地球化学特征及沉积环境意义. 中国地质, 2009, 36(2): 397-403.

2009-247 陶亚刚, 王鹏, 黄宁, 胡纫兰. EDXRF在分析电石渣水泥生料成分中降低基体效应影响的研究. 水泥技术, 2009, (2): 30-31, 104.

2009-248 滕广清, 安庆宾, 鲍希波. X射线荧光光谱法测定煤粉和焦炭灰分中的主组分. 河北冶金, 2009, (6): 52-53.

2009-249 滕广清, 鲍希波. X射线荧光光谱法测定锰矿中主元素和微量元素. 理化检验-化学分册, 2009, 45(6): 639-641.

2009-253 童晓民, 赵宏凤, 张伟民. X射线荧光光谱法测定矿物及试剂中氧化锆和氧化铪. 冶金分析, 2009, 29(6): 23-27.

2009-259 王广西, 李丹, 赖万昌, 于姗姗, 林光君, 龙秀容, 唐丽丽. EDXRF法在煤成分分析中的应用. 选煤技术, 2009, (3): 50-51, 78.

2009-260 王国强, 彭建堂, 张东亮, 阳杰华, 沈能平. 湘西柳林汊金矿带中钠长石的矿物学和地球化学特征. 矿物学报, 2009, 29(4): 463-470.

2009-279 王祎亚, 詹秀春, 刘以建, 樊兴涛, 周伟. 偏振能量色散X射线荧光光谱法测定地质样品中18种元素. 分析试验室, 2009, 28(9): 90-94.

2009-281 王毅民, 顾铁新, 高玉淑, 王晓红, 樊兴涛, Andreev S I, 韩贻兵. 富钴结壳铂族元素超细标准物质的研制. 分析测试学报, 2009, 28(10): 1105-1110.

2009-285 王长申, 白海波, 缪协兴. 漳村矿峰峰组隔水关键层孔隙性实验研究. 中国矿业大学学报, 2009, 38(4): 455-462.

2009-286 王兆利, 马宏彦, 杜建民, 郑建道, 孙春丽. 熔融制样X射线荧光光谱法测定萤石中成分. 河南冶金, 2009, 17(6): 24-25, 44.

2009-290 乌静, 戴学谦, 刘伟, 刘爱坤, 王珺. X射线荧光光谱法测定铁矾土中二氧化硅、氧化铝和氧化铁. 冶金分析, 2009, 29(7): 44-48.

2009-301 夏庆霖, 赵鹏大, 成秋明, 张振飞, 周云满. 滇东地区含煤岩系微量元素特征及含铂性分析. 成都理工大学学报(自然科学版), 2009, 36(1): 71-77.

2009-305 谢敏, 张文昔, 崔卫国, 田琼, 丘维华. X射线荧光光谱法测定高岭土中氧化镁含量. 检验检疫学刊, 2009, 19(4): 23-25.

2009-306 谢玉玲, 李应栩, David R. Cooke, Chris G. Ryan, Jamie Laird, 白劲松, 刘云飞, 李光明, 张丽. 西藏恰功铁矿岩浆演化序列及斑岩出溶流体特征. 地质学报, 2009, 83(12): 1869-1886.

2009-310 徐九华, 林龙华, 王琳琳, 褚海霞, 卫晓峰, 陈栋梁. 阿尔泰克兰盆地VMS矿床的变形变质与碳质流体特征. 矿床地质, 2009, 28(5): 585-598.

2009-317 薛蕾, 王以群, 范建良. 黄色蛇纹石玉的谱学特征研究. 激光与红外, 2009, 39(3): 267-270.

2009-320 严家庆, 杨霖, 张剑鸣. X射线荧光光谱法测定煤中氯. 煤质技术, 2009, (6): 22-23.

2009-321 杨大兵. 浙江煤山剖面P/T界线附近地层的XRD和XRF分析及其意义. 矿物

学报, 2009, (S): 149-150.

2009-322 杨剑, 万飞, 王佳丽, 杨婷. 用 X 射线荧光光谱法测定 Cl, S 等 31 个元素. 吉林地质, 2009, 28(2): 116-119.

2009-326 杨君, 杨喜平. 烟煤和白煤结构表征及煤净洁添加剂的研制. 应用化工, 2009, 38(8): 1181-1183.

2009-328 杨丽峰, 李小莉, 李国会, 安树清. X 射线荧光光谱法测定钨矿中主次元素. 地质调查与研究, 2009, 32(1): 64-68.

2009-332 杨社锋, 方维萱, 胡瑞忠, 王思德, 魏宁. 老挝南部 Antoun 地区花岗闪长岩风化壳中常量和稀土元素分布. 土壤学报, 2009, 46(2): 201-209.

2009-334 杨武洋, 王启增, 王文祥. 电磁波 SYT 法在隐伏区寻找含金矿化异常带中的应用. 地质与勘探, 2009, 45(2): 68-73.

2009-352 余昌训, 彭渤, 唐晓燕, 谢淑容, 杨广, 尹春艳, 涂湘林, 刘茜, 杨克苏. 湘中下寒武统黑色页岩土壤的地球化学特征. 土壤学报, 2009, 46(4): 557-570.

2009-354 俞缙, 李普涛, 于航波. 靖西三合铝土矿微量元素地球化学特征与成矿环境研究. 河南理工大学学报 (自然科学版), 2009, 28(3): 289-293.

2009-355 喻东, 赖万昌, 程锋, 孙雪, 王广西, 张林. XRF 元素检测技术在三江地区某铁矿异常查证中的应用. 核电子学与探测技术, 2009, 29(4): 742-744.

2009-357 袁秀茹, 余宇, 赵峰, 刘江斌, 陈月源. X 射线荧光光谱法同时测定白云岩中氧化钙和氧化镁等主次量组分. 岩矿测试, 2009, 28(4): 376-378.

2009-362 詹秀春, 樊兴涛, 李迎春, 王祎亚. 直接粉末制样-小型偏振激发能量色散 X 射线荧光光谱法分析地质样品中多元素. 岩矿测试, 2009, 28(6): 501-506.

2009-363 张爱芬, 吉昂, 马慧侠. X 射线荧光光谱法测定冰晶石中成分. 理化检验-化学分册, 2009, 45(9): 1106-1108.

2009-371 张华, 郭河琦. 铝土矿中主要成分测定方法研究. 中小企业管理与科技 (下旬刊), 2009, (5): 267.

2009-403 赵宏樵, 郑存江, 初凤友, 王笑笑. 富钴结壳中成矿元素的微区分布特征及其地质意义. 海洋学研究, 2009, 27(2): 84-89.

2009-412 郑贞宝, 屠毓敏, 刘国华, 李富强, 王振宇. 龙凤山水库土石坝渗流混水现象研究. 岩土力学, 2009, 30(4): 1029-1034.

2009-417 周科, 徐明厚, 于敦喜, 姚洪, 温昶. 黄铁矿燃烧时亚微米颗粒物的生成特性. 中国电机工程学报, 2009, 29(23): 68-72.

2009-429 朱长生, 李大华. 重庆长河碥煤矿晚三叠世 2 号煤中微量元素的赋存状态. 矿物岩石地球化学通报, 2009, 28(3): 259-263.

2009-433 祝建清, 吴松良. X 射线荧光分析仪在水泥生产中的应用. 水泥, 2009, (4): 50-53.

2010-017 陈龙雨, 吴兵龙, 杨先伟, 张满满, 王润沛. XRF 校正曲线法直接测定煤中灰分元素. 科技信息, 2010, (21): 31-32.

2010-021 陈征, 范建良, 杜广鹏. 绿辉石玉的光谱学特征. 激光与光电子学进展, 2010, 47(10): 103-107.

2010-027 初广震, 黄文辉, 于炳松, 樊太亮. 塔里木盆地巴楚地区 T74 界面生屑灰岩微相分析及成岩作用研究. 现代地质, 2010, 24(2): 294-300.

2010-035 董宏, 潘爱芳, 何廷树, 杨建三. 准格尔矿区粉煤灰提铝残渣的理化性质研究. 西安建筑科技大学学报 (自然科学版), 2010, 42(1): 132-136.

2010-038 董昭雄, 谭梦琦. XRF 分析技术测定储层岩石孔隙度的方法研究. 地质科技情报, 2010, 29(4): 63-66.

2010-039 杜彩霞, 李韶梅, 张慧娟, 陈剑. X 射线荧光光谱法测定萤石中的氟化钙、二氧化硅含量. 河北化工, 2010, 33(11): 55-56.

2010-042 杜淑兰. X 射线荧光光谱法测定地质样品中的氯. 吉林地质, 2010, 29(4): 106-107, 119.

2010-051 冯彩霞, 刘燊, 胡瑞忠, 刘家军, 罗泰义, 池国祥, 齐有强. 遵义下寒武统富硒黑色岩系地球化学：成因和硒富集机理. 地球科学 (中国地质大学学报), 2010, 35(6): 947-958.

2010-053 冯静, 王瑞敏, 张激光. 重晶石矿石成分分析标准物质研制. 岩矿测试, 2010, 29(2): 175-178.

2010-102 江晶, 狄家亮, 肖鹏程. X荧光技术在赣南某铅锌矿勘查中的应用. 科技经济市场, 2010, (4): 38-39.

2010-103 江林, 吴丽荣, 杨钻云, 谢敬桃, 鲁道洪. 川西北某区金矿勘测中的多元素X荧光测量技术应用. 内蒙古石油化工, 2010, (20): 94-95.

2010-112 李大勇, 李守权. X射线荧光光谱法测定高铝粘土中主成分方法研究. 贵州地质, 2010, 27(2): 157-160, 144.

2010-114 李德光. 原煤质量检验技术分析. 科技创新导报, 2010, (31): 51, 53.

2010-119 李红军, 方远, 汪鹤鸣. X射线荧光光谱法在地质样品检测中的应用. 铜业工程, 2010, (3): 101-103.

2010-121 李建军, 刘晓伟, 程佑法, 刘化峰. 水镁石——寿山石的一种新型仿制品. 岩石矿物学杂志, 2010, 29(S): 100-108.

2010-123 李建武, 叶玮, 朱丽东, 李凤全, 姜永见, 伊继雪. 金衢盆地红土地球化学特征. 土壤通报, 2010, 41(1): 34-37.

2010-132 李田义, 柯玲. 滤纸制样X射线荧光光谱法测定矿石中的多元素. 岩矿测试, 2010, 29(1): 77-79.

2010-133 李田义, 王奎. 滤纸吸附-X射线荧光光谱法测定矿石中硫. 理化检验-化学分册, 2010, 46(6): 702-703.

2010-134 李伟民, 宋功保, 孙杰, 舒小艳. 高温条件下膨润土阻滞放射性核素迁移机制研究. 中国稀土学报, 2010, 28(2): 188-195.

2010-142 李颖娜, 罗望, 张志众, 徐志彬. 铁矿石中铅、砷的X射线荧光光谱定性定量分析方法研究. 唐山学院学报, 2010, 23(6): 64-66.

2010-143 李玉璞, 于庆凯. X射线荧光光谱分析法在土壤样品多元素分析中的应用. 环境科学与管理, 2010, 35(3): 99-102.

2010-159 蔺启忠, 郭华东, 魏永明, 陈玉, 王梦飞, 李庆亭. 遥感快速找矿系统在西准斑岩铜矿勘查中的应用. 矿床地质, 2010, 29(S): 685-686.

2010-170 刘江斌, 赵峰, 余宇, 党亮, 张旺强, 陈月源. X射线荧光光谱法同时测定地质样品中铌钽锆铪铈镓钪铀等稀有元素. 岩矿测试, 2010, 29(1): 74-76.

2010-171 刘娟, 张振忠, 赵芳霞, 张帆. 硼氢化钠还原法从化学镀镍废液中回收镍. 电镀与环保, 2010, 30(1): 37-40.

2010-180 刘银, 李荣社, 计文化, 潘术娟, 时超, 陈奋宁, 陈守建, 赵振明. 青海治多地区多彩蛇绿混杂岩带南侧当江荣二叠纪—三叠纪岩浆弧的确定. 地质通报, 2010, 29(12): 1840-1850.

2010-189 逯克思. X射线荧光光谱法测定岩石中铀和钍. 分析试验室, 2010, 29(S): 33-35.

2010-187 鲁绍伟, 张燕军, 翟明普. 花岗岩片麻岩微生物风化作用效果研究. 内蒙古农业大学学报 (自然科学版), 2010, 31(2): 140-146.

2010-193 罗学辉, 陈占生, 陈雪, 李玄辉. X射线荧光光谱法测定铁矿石中主次成分. 黄金科学技术, 2010, 18(5): 123-124.

2010-195 马飞, 李寒旭, 盛新, 纪明俊, 贾春林. Shell煤气化飞灰粘附特性及沉积机理分析. 煤炭科学技术, 2010, 38(10): 114-117.

2010-196 马光强, 殷文荣, 吴文宽. 济阳坳陷下古生界潜山油气藏油水系统划分方法. 录井工程, 2010, 21(2): 43-47, 77.

2010-198 马瑞欣, 石常省, 章新喜. 煤与单一矿物质在摩擦电选过程中的分离. 中国矿业大学学报, 2010, 39(2): 270-274.

2010-202 梅西, 张训华, 郑洪波, 刘锐, 谢昕, 黄恩清. 南海南部120ka以来元素地球化学记录的东亚夏季风变迁. 矿物岩石地球化学通报, 2010, 29(2): 134-141.

2010-216 潘建华, 赵桂兰. X射线荧光光谱法测定铁矿石中组分. 青海科技, 2010, (3): 116-118.

2010-217 潘丽梅, 覃丹柳. X射线荧光光谱法测定煤灰成分. 柳钢科技, 2010, (4): 38-40.

2010-218 潘银华, 陆现彩, 王亚军, 魏晓椿, 曹仁雷. 矿场地表管线结垢物的物相组成分析. 矿物学报, 2010, 30(4): 476-481.

2010-220 彭炳先, 吴代赦, 李萍. 煤中痕量溴的分析测试方法研究进展. 岩矿测试, 2010, 29(6): 763-769.

2010-227 任定高, 孙立梅, 谢树军, 牛洁. 碳酸盐型铀矿石中铀的X射线荧光法测定. 湿法冶金, 2010, 29(3): 206-210.

2010-235 施秀华, 王建萍, 郝义锋. X射线荧光光谱法在萤石测定中的应用研究. 轻金属, 2010, (7): 9-11.

2010-237 石金明, 向军, 胡松, 孙路石, 苏胜, 徐朝芬, 许凯. 洗煤过程中煤结构的变化. 化工学报, 2010, 61(12): 3220-3227.

2010-244 宋晓. X射线荧光光谱法测定叶蜡石、高岭土的化学成分. 玻璃纤维, 2010, (3): 4-7.

2010-250 苏红梅. XRF法测定铁矿石中全铁. 金属材料与冶金工程, 2010, 38(3): 57-59.

2010-262 汤志勇, 邱海鸥, 郑洪涛. 岩石矿物分析. 分析试验室, 2010, 29(12): 109-122.

2010-277 王彬果, 孔德顺. X射线荧光光谱法测定煤矸石中主次量元素. 能源技术与管理, 2010, (5): 104-105, 114.

2010-280 王贵. X射线荧光光谱在检验铝土矿石主成分中的应用. 中国新技术新产品, 2010, (15): 22-23.

2010-286 王锦荣, 周汉文, 曾伟能, 杨增良, 柳婷, 瞿思思. 合浦高岭土矿物特征对白度的影响. 中国非金属矿工业导刊, 2010, (3): 24-30.

2010-289 王力前, 赵雷, 刘辉庭. X射线荧光光谱测定铝矿石中主次量元素含量. 广西科学院学报, 2010, 26(3): 295-297.

2010-292 王玲, 刘冬雁, 刘明, 胡广元, 彭莎莎. 川西高原甘孜黄土A剖面常量元素地球化学特征初步研究. 中国海洋大学学报(自然科学版), 2010, 40(S): 221-225.

2010-298 王舒娅, 龙光明, 祁米香, 杨占寿, 李加升. 天青石矿中锶钙钡3种分析方法比较研究. 盐湖研究, 2010, 18(3): 42-47.

2010-301 王小欢, 孟庆芬, 董亚萍, 陈美达, 李武. X射线荧光光谱法快速分析盐湖粘土矿物元素含量. 光谱学与光谱分析, 2010, 30(3): 829-833.

2010-303 王晓红, 何红蓼, 王毅民, 孙德忠, 樊兴涛, 高玉淑, 温宏利, 夏月莲. 超细样品的地质分析应用. 分析测试学报, 2010, 29(6): 578-583.

2010-308 王祎亚, 詹秀春, 樊兴涛, 温宏利, 李迎春, 许祖银, 殷绍泉. 粉末压片-X射线荧光光谱法测定地质样品中痕量硫的矿物效应佐证实验及其应用. 冶金分析, 2010, 30(1): 7-11.

2010-313 王振亮, 张寿庭. X荧光仪在鸭鸡山铜钼矿地质勘查中的应用. 矿床地质, 2010, 29(S): 847-848.

2010-315 王自运, 周四春, 赵翔. X荧光技术在金矿外围找矿中的应用——以KNM金矿为例. 中国西部科技, 2010, 9(32): 19-21.

2010-318 汪洋, 程素华. 张家口地区张家口组火山岩元素地球化学特征及成因. 矿物岩石, 2010, 30(1): 75-82.

2010-320 魏超, 任耀剑, 孙智, 田杰. 酸碱除灰对煅烧无烟煤结构和灰分的影响. 煤炭技术, 2010, 29(8): 170-171, 175.

2010-329 仵利萍, 刘卫. X射线荧光光谱法测定铁矿石的化学成分. 矿产综合利用, 2010, (3): 42-45.

2010-323 吴惠英, 眭志松, 陆健. 粉末压片X射线荧光光谱法测定球团矿中各主次成分. 冶金标准化与质量, 2010, 48(4): 36-38.

2010-326 吴丽荣, 周四春, 吕少辉, 王自运. 多元素X荧光测量技术在某金矿外围找矿中的应用. 金属矿山, 2010, (10): 90-93, 133.

2010-327 吴文琪, 许涛, 郝茜, 王强, 张淑杰, 赵长玉. Applications of X-ray fluorescence analysis of rare earths in China. Journal of Rare Earths, 2010, 28(S1):

30-36.

2010-336 谢永清, 龙江平. 岩芯扫描仪及在海洋科学研究中的应用. 贵阳学院学报 (自然科学版), 2010, 5(3): 15-19.

2010-342 徐国栋, 杜谷, 葛建华. 非金属矿物分析技术发展现状及趋势. 资源环境与工程, 2010, 24(6): 716-720.

2010-346 许中杰, 程日辉, 李飞, 王嘹亮, 张莉. 粤西高明地区晚三叠世小坪组元素地球化学特征. 吉林大学学报 (地球科学版), 2010, 40(2): 305-313.

2010-357 杨红瑾, 黄春长, 庞奖励, 李瑜琴, 米小建, 赵明. 宁夏长城塬全新世黄土——土壤剖面元素地球化学特征研究. 地理科学, 2010, 30(1): 134-140.

2010-363 杨润泉. X 射线荧光光谱仪无标样分析测定磷矿浮选样品组成. 磷肥与复肥, 2010, 25(4): 70-72.

2010-369 杨奕, 齐荣, 刘秀娟, 何玉生, 张固成. 海南岛昌化江河口与邻近海域锆、钛矿化远景及成矿地质条件分析. 地质科技情报, 2010, 29(1): 80-85.

2010-379 叶罕章, 陈晶亮, 李平芬, 李虹, 赵红梅. X 射线荧光光谱法测定浮选磷矿中的主次组分. 磷肥与复肥, 2010, 25(6): 67-68.

2010-395 张广胜, 朱诚, 俞锦标, 李中轩, 孔庆友. 浙江江郎山丹霞地貌区岩性特征. 山地学报, 2010, 28(3): 301-312.

2010-396 张国见, 周四春. 现场 X 荧光探测技术在马脑壳金矿外围找矿中的应用研究. 核电子学与探测技术, 2010, 30(3): 436-439.

2010-406 张鹏, 曲月华, 王一凌. X 射线荧光光谱法测定镁砂、镁石及菱镁矿中主次成分. 冶金分析, 2010, 30(9): 28-31.

2010-407 张萍, 贺惠. X 射线荧光光谱法测定催化原料高岭土化学成分的研究. 广东微量元素科学, 2010, 17(5): 64-67.

2010-411 张莘, 黄青, 陈保冬, 罗磊, 朱永官. 无根萍 Wolffia globosa 中砷及其它元素的分布特点. 核技术, 2010, 33(6): 434-438.

2010-421 张朱武, 干福熹, 承焕生. 不同成矿机理和地质环境下形成的软玉的化学成分特征. 矿物学报, 2010, 30(3): 367-372.

2010-429 赵永椿, 张军营, 李海龙, 晏恒, 郑楚光. 燃煤过程中铝质矿物迁移转化机制的研究. 工程热物理学报, 2010, 31(7): 1247-1250.

2011-002 白峰, 冯恒毅, 邹思劼, 刘姣. 河南卢氏官坡伟晶岩中锂辉石的矿物学特征研究. 岩石矿物学杂志, 2011, 30(2): 281-285.

2011-015 陈松, 黄淑玲, 孙林华, 张勇. 安徽宿州市沱河底泥中重金属元素地球化学特征. 地球与环境, 2011, 39(3): 331-337.

2011-026 程芳琴, 赵仲鹤, 马金元, 李达, 焦勇. 含泥钾矿浮选分离技术研究. 环境工程学报, 2011, 5(3): 703-708.

2011-029 程书乐, 程永平. X 荧光仪在河南方城化探样品中 Pb 含量分析试验讨论. 西部探矿工程, 2011, (2): 167-169.

2011-033 崔世文, 杨武, 黄乃航, 胡一飞. X 射线荧光光谱测量大理石产品中主量元素. 石材, 2011, (11): 23-25.

2011-049 董彦辉, 李光平, 郑庆瑜. X 射线荧光法快速测定蒙脱石 (固态) 中的铝含量. 现代仪器, 2011, 17(2): 55-56, 42.

2011-060 樊兴涛, 李迎春, 王广, 白金峰, 姚文生, 袁继海, 詹秀春. 车载台式能量色散 X 射线荧光光谱仪在地球化学勘查现场分析中的应用. 岩矿测试, 2011, 30(2): 155-159.

2011-074 高磊, 董发勤, 钟国清, 代群威. 煤焦油渣的组成分析与吸附性能研究. 安全与环境学报, 2011, 11(1): 79-82.

2011-076 高顺宝, 郑有业, 谢名臣, 张众, 闫学欣, 武斌, 罗俊杰. 西藏班戈地区雪如岩体的形成环境及成矿意义. 地球科学 (中国地质大学学报), 2011, 36(4): 729-739.

2011-077 高振昕. 铝土矿的烧结与均化烧结. 耐火材料, 2011, 45(4): 246-252.

2011-088 韩宗珠, 衣伟虹, 李安龙, 王青松. 巢北地区船山组岩石地球化学及其沉积特征. 中国海洋大学学报（自然科学版), 2011, 41(S): 312-316.

2011-089 何高文, 邓希光, 杨胜雄. 中印度洋海盆多金属结核地质特征. 海洋地质与第四纪地质, 2011, 31(2): 21-30.

2011-102 胡玮玮. 地质样品检测中X射线荧光光谱法的应用. 科技风, 2011, (8): 37.

2011-104 胡志中, 杨波, 杜谷, 徐金沙, 程江, 王凤玉. 铝土矿地质研究中分析技术应用进展. 世界科技研究与发展, 2011, 33(6): 963-965.

2011-119 姜尧发, 代世峰, 王西勃, 赵蕾, 周国庆, 张丽莉, 艾丽琴. 山东济宁高硫煤与低硫煤煤层剖面地球化学特征研究. 中国煤炭地质, 2011, 23(4): 1-10.

2011-123 金海燕, 翦知湣, 谢昕, 田军. 南海北部晚第四纪高分辨率元素比值反映的东亚季风演变. 第四纪研究, 2011, 31(2): 207-215.

2011-129 李冰, 周剑雄, 詹秀春. 无机多元素现代仪器分析技术. 地质学报, 2011, 85(11): 1878-1916.

2011-132 李丹, 赖万昌, 王广西, 林光君, 于姗姗, 龙秀容, 夏尚铭, 唐丽丽. EDXRF法测定煤中全硫的初步研究. 核电子学与探测技术, 2011, 31(8): 891-893.

2011-147 李强. 南秦岭富钠长石岩石的岩石学和地球化学研究. 岩石矿物学杂志, 2011, 30(2): 199-207.

2011-157 李韶梅, 杜彩霞, 张慧娟. X射线荧光光谱法测定萤石中氟化钙、二氧化硅、氧化铝、全铁的含量. 理化检验-化学分册, 2011, 47(10): 1162-1164.

2011-166 李子波, 刘连文, 赵良, 季峻峰, 陈骏. 应用超基性岩尾矿封存 CO_2——以金川铜镍矿尾矿为例. 第四纪研究, 2011, 31(3): 464-472.

2011-185 刘江斌, 祝建国. X射线荧光光谱法测定黏土中的主次组分. 分析测试技术与仪器, 2011, 17(2): 106-109.

2011-194 刘文华. 稀土元素分析. 分析试验室, 2011, 30(6): 106-122.

2011-199 刘学良, 冯锡琪, 范健良, 郭守国. Optical absorption spectra of tourmaline crystals from Altay, China. Chinese Optics Letters, 2011, 9(8): 94-97.

2011-200 刘艳, 曾静, 胡军凯, 李玉琴, 冯朝军. X射线荧光光谱法测定含金石英石中7种成分. 岩矿测试, 2011, 30(5): 580-583.

2011-205 柳建新, 葛良全, 张庆贤, 王广西, 谷懿, 张永恒. WD-XRF在新疆某地区化探样品上的应用. 光谱实验室, 2011, 28(6): 3231-3234.

2011-208 卢喜瑞, 崔春龙, 张东, 陈梦君, 杨岩凯. 锆英石的抗γ射线辐照能力和Rietveld结构精修. 物理学报, 2011, 60(7): 854-858.

2011-225 马晓云, 宋鸿印, 邓新梅, 胡瑞霞. X射线荧光光谱法测定煤灰的化学成分. 新疆钢铁, 2011, (1): 51-53.

2011-231 南贞淑, 刘淑红, 王晨, 杨贺, 高宏. 机械化学法处理Ni-Fe尾矿. 大连交通大学学报, 2011, 32(5): 77-79.

2011-243 齐耀德, 雷锐, 牟宏, 赵淑兰. X荧光光谱法在煤灰主要元素测定中的尝试. 内蒙古科技与经济, 2011, (3): 45-46.

2011-248 乔鹏, 葛良全, 张庆贤, 谷懿, 米争锋. X射线荧光光谱分析法同时测定化探样品中多组分的含量. 核电子学与探测技术, 2011, 31(11): 1295-1299.

2011-249 乔小芳. X射线荧光法在桂北金矿勘查中的应用. 矿产与地质, 2011, 25(4): 345-348.

2011-252 秦亚, 程新民, 常建平, 李泽峰. 辽宁本溪晶花洞碳酸钙沉积物颜色多样性分析. 中国岩溶, 2011, 30(3): 354-358.

2011-255 邱欣卫, 刘池洋, 毛光周, 吴柏林. 鄂尔多斯盆地延长组火山灰沉积物岩石地球化学特征. 地球科学（中国地质大学学报), 2011, 36(1): 139-150.

2011-257 曲月华, 王一凌, 亢德华, 邓军华. X射线荧光光谱法测定镁质矿物原料中主次成分. 鞍钢技术, 2011, (2): 33-36, 45.

2011-258 曲月华, 王一凌, 亢德华, 王翠艳. X射线荧光光谱法测定镁砂及其矿物原料中主次成分. 物理测试, 2011, (S): 165-169.

2011-273 沈宗洋, 李月明, 王竹梅, 吴芬, 刘志. 贵州大方县骂陇村高岭土的理化及工艺性能研究. 中国陶瓷, 2011, 47(10): 47-50.

2011-300 唐毅, 欧阳义华, 黎红波, 张代云, 宋江伟. X 射线荧光光谱仪同时测定红土型镍矿中主次量组份. 云南地质, 2011, 30(1): 101-104.

2011-325 王磊, 方维萱, 张德会. X 荧光测量在智利 SB 矿点和物化探异常检查中的应用. 矿产勘查, 2011, 2(6): 800-806.

2011-341 王笑笑, 张明杰, 郑存江. X 射线荧光光谱法测定原煤中氯量. 理化检验-化学分册, 2011, 47(8): 914-915, 918.

2011-343 王一凌, 曲月华, 杨丽荣, 王铁. X射线荧光光谱法测定硅石、硅砖的主次成分. 物理测试, 2011, (S): 161-164.

2011-344 王祎亚, 詹秀春, 袁继海, 樊兴涛. 地质样品铷锶钇锆元素偏振能量色散 X 射线荧光光谱分析结果不确定度的评估. 光谱学与光谱分析, 2011, 31(6): 1707-1711.

2011-348 王竹梅, 李月明, 沈宗洋, 成岳, 洪燕. 贵州大方县中路村绿豆岩的理化及工艺性能研究. 中国陶瓷, 2011, 47(9): 54-57.

2011-349 王竹梅, 李月明, 沈宗洋, 成岳, 左建林. 贵州毕节金银山粘土的理化及工艺性能研究. 陶瓷学报, 2011, 32(4): 566-570.

2011-350 汪灵, 陈磊, 李彩侠, 张科, 孔芹, 李自强, 钟兴荣. 四川峨边五渡钾长石矿工艺矿物学研究. 矿物岩石, 2011, 31(4): 1-6.

2011-356 文龙, 王晓江, 柳浩, 武浩翔. 布敦岩天然沥青的材料特性与改性机理分析. 公路, 2011, (6): 142-145.

2011-357 吴建锋, 冷光辉, 华全, 倪扬, 徐晓虹, 赵墅. 新疆库尔勒红柱石的结构与性能分析. 武汉理工大学学报, 2011, 33(11): 14-18.

2011-365 仵利萍, 刘卫. 熔融制样-X 射线荧光光谱法测定重晶石中主次量元素. 岩矿测试, 2011, 30(2): 217-221.

2011-369 夏庆霖, 成秋明, 陆建培, 肖文, 桑浩, 袁兆宪, 刘艳, 邱俊玲. 便携式 X 射线荧光光谱技术在泥河铁矿岩心矿化蚀变信息识别中的应用. 地球科学 (中国地质大学学报), 2011, 36(2): 336-340.

2011-383 徐长明, 方方, 冯民, 刘勇. X 射线荧光技术在勘查金矿中的应用研究. 铀矿冶, 2011, 30(1): 50-52.

2011-389 薛茹君. 粉煤灰硫酸浸出液中钛和铁的萃取分离. 应用化学, 2011, 28(7): 804-808.

2011-394 燕守勋, 武晓波, 周朝宪, 刘朝晖, 庄永成, 曹春香, 魏欣欣, 于彩虹, 肖春生. 遥感和光谱地质进展及其对矿产勘查的实践应用. 地球科学进展, 2011, 26(1): 13-29.

2011-395 杨波涌, 胡斌, 鲍征宇, 张肇淦. REE geochemical characteristics and depositional environment of the black shale-hosted Baiguoyuan Ag-V deposit in Xingshan, Hubei Province, China. Journal of Rare Earths, 2011, 29(5): 499-506.

2011-404 杨新雨, 贾润幸. XRF 现场快速勘查与评价方法在老挝 NM 铜多金属矿区应用研究. 矿产勘查, 2011, 2(5): 627-634.

2011-418 于开宁, 王程, 李艳, 柴艳. 固硫灰渣深度处理焦化废水的实验研究. 环境工程学报, 2011, 5(3): 597-600.

2011-420 余光明, 徐建中, 康世昌, 黄杰, 任贾文. 扎当冰川雪坑中不同粒径微粒元素和矿物组成特征. 环境科学, 2011, 32(11): 3264-3270.

2011-425 曾小平, 宋武元, 吴冰. 熔融制样-X 射线荧光光谱法测定重晶石中的主要组分. 光谱实验室, 2011, 28(3): 1311-1314.

2011-445 张庆贤, 葛良全, 杨年, 乔鹏, 米争锋, 谷懿. 能量色散 X 射线荧光分析现场测定地质样品中 W(钨) 含量. 核电子学与探测技术, 2011, 31(8): 887-890.

2011-448 张文翔, 史正涛, 张虎才, 明庆忠, 苏怀, 刘勇. 中国西风区伊犁盆地塔勒德黄土-古土壤元素地球化学特征及环境意义. 第四纪研究, 2011, 31(5): 812-821.

2011-466 赵玉龙, 刘志飞, Colin Christophe, 谢昕, 吴琼. 南海南部末次冰期浊流沉积的高分辨率沉积学和地球化学研究. 科学通报, 2011, 56(31): 2535-2543.

2011-467 Zhao Yulong, Liu Zhifei, Colin Christophe, Xie Xin, Wu Qiong. Turbidite deposition in the southern South China Sea during the last glacial: Evidence from grain-size and major elements records. Chinese Science Bulletin, 2011, 56(33): 3558-3565.

2011-471 郑启明, 刘钦甫, 伍泽广, 张印民, 张志亮. 黑龙江七台河地区城子河组绿泥石垂向分布异常分析. 湖南科技大学学报（自然科学版）, 2011, 26(4): 26-31.

2011-473 郑兴国, 陈方强, 葛良全, 周四春, 王自运, 王永磊. 钻孔岩芯多元素原位X荧光分析技术及应用. 金属矿山, 2011, (4): 104-107, 161.

2011-475 周超, 金海燕, 翦知湣. 赤道西太平洋晚第四纪古生产力变化：来自元素比值的证据. 第四纪研究, 2011, 31(2): 276-283.

2011-478 周华梅, 乔秀臣, 于建国. F型粉煤灰氧化铝提取潜力. 华东理工大学学报（自然科学版）, 2011, 37(5): 577-581.

2011-480 周明忠, 罗泰义, 黄智龙, 刘世荣. 贵州早寒武世火山活动记录及其地质意义. 矿物学报, 2011, 31(3): 453-461.

2011-482 周云, 汪雄武, 唐菊兴, 秦志鹏, 彭惠娟, 李爱国, 杨科, 王华, 李炯, 张继超. 西藏甲玛铜多金属矿含矿斑岩石英斑晶单个熔融包裹体的成分研究. 成都理工大学学报（自然科学版）, 2011, 38(1): 92-102.

2012-002 艾晓军, 罗学辉, 李玄辉. WD-XRF在地质实验室的应用. 黄金, 2012, 33(12): 61-66.

2012-003 艾焰华, 王文芳. X射线荧光光谱测定铁矿石中全铁和硫. 科技信息, 2012, (19): 87.

2012-013 蔡玉斌, 陈苔, 金骏, 翁杰. XRF玻璃熔片法测定石英砂主次痕量组分. 光谱实验室, 2012, 29(6): 3470-3473.

2012-025 陈敏, 张寿庭. 林西地区萤石矿成矿特征及综合信息成矿预测. 中国非金属矿工业导刊, 2012, (4): 52-55.

2012-036 程泽, 董永胜, 井卫华, 赵兰芳. XRF法快速测定化探样品中铜铅锌镓钛锰. 内蒙古科技与经济, 2012, (2): 158, 161.

2012-037 池国镇, 郭庆华, 龚岩, 张婷, 梁钦锋, 于广锁. 水煤浆气化炉内飞灰的形成机理. 化工学报, 2012, 63(2): 584-592.

2012-047 邓述培, 苏卫汉. 波长色散XRF法测定湘西李家桥测区2.3万个化探样品中6种微量元素. 湖南有色金属, 2012, 28(3): 72-74.

2012-052 董莹, 王鹏程. 铝土矿主要成分的X射线荧光光谱分析. 科技传播, 2012, (15): 90, 67.

2012-053 董永胜, 程昊阳, 盛民. X射线荧光光谱法测定矿物中的铌钽钍锆. 吉林地质, 2012, 31(4): 113-114, 129.

2012-054 杜杰, 韦丛中, 韦月艳, 黄典江. 广西合浦地区高铁低品级高岭土矿物组成研究. 矿产保护与利用, 2012, (4): 22-25.

2012-055 杜天军, 李景文, 夏辉, 韩华云. X射线荧光光谱法测定白云石中主次量组分. 化学分析计量, 2012, 21(6): 64-66.

2012-065 方震, 刘耀炜, 杨选辉, 张彬, 张磊. X射线荧光光谱法测定地震地球化学样品中的主微量元素. 光谱实验室, 2012, 29(5): 2805-2810.

2012-069 付明亮. X射线荧光光谱法在矿石中微量元素测定中的应用. 硅谷, 2012, (5): 117.

2012-070 付微. X荧光分析技术在多种矿石多元素的应用探究. 科技传播, 2012, (9): 155, 171.

2012-074 高志勇, 白斌, 朱如凯, 刘柳红, 冯佳睿, 梅加洛. 大巴山与龙门山前晚三叠世构造运动的储集层沉积学响应. 古地理学报, 2012, 14(6): 801-812.

2012-083 关清滨. 蛇纹石中二氧化硅和氧化镁

2012-084 关清滨. X射线荧光光谱测定斑岩铜矿中的钽、铪. 黑龙江科技信息, 2012, (7): 8.

2012-087 郭盛彬, 郭英海, 李俊杰, 陈海洋. 屯兰矿奥陶系隔水关键层孔隙性分析. 煤矿安全, 2012, 43(4): 127-131.

2012-089 郭学益, 李栋, 田庆华, 石文堂. 硫酸熟化-焙烧法从镍红土矿中回收镍和钴动力学研究. 中南大学学报 (自然科学版), 2012, 43(4): 1222-1226.

2012-100 贺攀红, 龚治湘. 火焰原子吸收光谱法测定矿石中微量钼. 理化检验-化学分册, 2012, 48(3): 360-361.

2012-101 贺攀红, 荣耀, 连福龙, 孟娟, 林正金. X射线荧光光谱法快速测定地质样品中的钼. 分析测试技术与仪器, 2012, 18(4): 213-216.

2012-103 贺子丁, 刘志飞, 李建如, 谢昕. 南海西部54万年以来元素地球化学记录及其反映的古环境演变. 地球科学进展, 2012, 27(3): 327-336.

2012-104 洪燕, 骆雯琴, 王竹梅, 刘涛. 贵州毕节毛家屯粘土的理化及工艺性能研究. 陶瓷学报, 2012, 33(4): 442-446.

2012-116 黄雪飞, 张宝林, 贾文臣, 李晓利, 沈晓丽, 郭志华. 蒙古国东南部钨多金属靶区的快速圈定与成矿分析. 地质与勘探, 2012, 48(5): 906-914.

2012-120 吉永超, 牟凌, 马精德, 姜国杜. 石墨晶体预衍射X射线荧光法同时测定工艺样品中的低浓铀和低浓钍. 核化学与放射化学, 2012, 34(5): 275-280.

2012-126 姜尧发, 雒洋冰, 李金刚, 王西勃, 周国庆, 黄金凤. 淮北朔里煤矿岩床附近煤的光学性质和稀土元素分布特征. 中国煤炭地质, 2012, 24(1): 1-6.

2012-133 靳晓增, 王改线, 刘素青, 姜三营, 许红亮. 焦作矿区煤矸石资源化利用途径分析. 中国非金属矿工业导刊, 2012, (5): 13-15, 18.

2012-137 孔芹, 陈磊, 汪灵. 非金属矿二级标样配制及其粉末样品的XRF分析方法. 光谱学与光谱分析, 2012, 32(5): 1405-1409.

2012-136 孔芹. 熔融法X射线荧光光谱测定岩石主成分含量. 化学分析计量, 2012, 21(2): 49-51.

2012-140 赖小东, 杨晓勇, 柳建勇. 白云鄂博Fe-REE-Nb建造地球化学特征及成因: 元素及同位素新证据. 地质学报, 2012, 86(5): 801-818.

2012-143 李必红. 我国铀矿核物探发展与未来. 世界核地质科学, 2012, 29(3): 156-163, 186.

2012-161 李婧婧, 陶树, 刘晓华. 博格达山北麓油页岩元素地球化学特征及沉积环境指示意义. 洁净煤技术, 2012, 18(1): 109-112.

2012-174 李位. X射线荧光光谱法在矿石成分分析中的应用. 广州化工, 2012, 40(14): 50-51.

2012-175 李小莉, 唐力君, 黄进初. X射线荧光光谱熔融片法测定铜矿中的主次元素. 冶金分析, 2012, 32(7): 67-70.

2012-176 李小莉, 张莉娟, 曾江萍, 吴彦涛, 安树清, 徐铁民. X荧光光谱法测定镍矿石中的主次元素. 分析试验室, 2012, 31(11): 82-85.

2012-179 李艳华, 庞奖励, 黄春长, 查小春, 丁敏, 牛晓露, 王丽娟. 关中东部全新世黄土——古土壤序列微量元素分布特征及意义. 土壤通报, 2012, 43(1): 125-130.

2012-183 李月明, 吴芬, 孔令俊, 谢俊. 贵州大方县联兴村粘土的理化及工艺性能. 陶瓷学报, 2012, 33(3): 330-334.

2012-201 林龙华, 徐九华, 魏浩, 陈栋梁, 徐伟, 刘泽群, 王燕海. 新疆阿尔泰可可托海3号伟晶岩脉绿柱石流体包裹体SRXRF研究. 岩石矿物学杂志, 2012, 31(4): 603-611.

2012-203 林忠, 李卫刚, 褚宁, 蒋晓光, 孙涛, 林志伟, 王艳君. 熔融制样-波长色散X射线荧光光谱法测定红土镍矿中铁、镍、硅、铝、镁、钙、钛、锰、铜和磷. 分析仪器, 2012, (4): 53-57.

2012-209 刘国军, 陈忠厚, 刘娟. X 射线荧光光谱法测定硅石中硅铝铁钙钛. 有色矿冶, 2012, 28(6): 56-58, 48.

2012-217 刘立坤, 郭冬发, 黄秋红. 岩石矿物中铀钍的分析方法进展——非破坏分析法. 中国无机分析化学, 2012, 2(4): 10-14.

2012-225 刘文华. 稀土元素分析. 分析试验室, 2012, 31(7): 111-123.

2012-230 刘永星, 周成洪, 付珑. X 射线荧光光谱法测定砂岩中 SiO_2、Al_2O_3、CaO、MgO 含量. 当代化工, 2012, 41(6): 653-654.

2012-231 刘勇, 方方, 冯民, 徐长明. X 射线荧光技术在野外勘查金矿中的应用. 四川地质学报, 2012, 32(1): 104-105, 109.

2012-236 逯义. X 射线荧光光谱法测定稀土精矿中的稀土元素分量. 岩矿测试, 2012, 31(2): 277-281.

2012-239 罗明荣, 陈文静. X 射线荧光光谱法测定还原钛铁矿中 11 种组分. 冶金分析, 2012, 32(6): 24-29.

2012-243 马德锡, 杨进, 王春生, 陈孝强, 张廷彦. 内蒙古阿吉勒矿区综合物化探异常一致性及地质意义探讨. 物探与化探, 2012, 36(5): 712-717.

2012-250 毛仙鹤, 袁晓宁, 秦志桂, 陈旻, 赵康, 杨萍. 铈模拟放射性废物固化体的物理化学性质. 硅酸盐学报, 2012, 40(1): 131-136.

2012-252 梅静, 王汝建, 陈建芳, 程振波, 陈志华, 孙烨忱. 西北冰洋楚科奇海台 P31 孔晚第四纪的陆源沉积物记录及其古海洋与古气候意义. 海洋地质与第四纪地质, 2012, 32(3): 77-86.

2012-267 彭南兰, 李小莉, 华磊, 王学伟, 陈芸平. X 射线荧光光谱法测定红土镍矿中多种元素. 中国无机分析化学, 2012, 2(1): 47-50.

2012-269 彭雪峰, 汪立今, 姜丽萍. 准噶尔盆地东南缘芦草沟组油页岩元素地球化学特征及沉积环境指示意义. 矿物岩石地球化学通报, 2012, 31(2): 121-127, 151.

2012-271 彭杨伟. 微区分析测试技术及其地学应用进展. 甘肃科技, 2012, 28(15): 39-42, 121.

2012-276 秦晓楠, 吕庆銮, 王丽. 煤中磷的测定现状及其比较. 山东化工, 2012, 41(7): 47-48, 51.

2012-287 商英, 王彬果, 赵靖, 徐静. X 射线荧光光谱法测定钾长石、钠长石中多种组分. 中国无机分析化学, 2012, 2(2): 27-29.

2012-293 沈万斌, 尚颖, 王野, 翟颖, 朱晓娟. 榆树市土壤元素地球化学特征及环境质量评价. 环境保护科学, 2012, 38(3): 95-98.

2012-296 沈宗洋, 李月明, 王竹梅, 成岳, 刘志, 吴芬. 贵州大方县百纳村高岭土的理化及工艺性能研究. 陶瓷学报, 2012, 33(1): 75-79.

2012-297 沈宗洋, 李月明, 王竹梅, 吴芬, 刘志. 贵州毕节永安碗厂粘土的理化及工艺性能研究. 硅酸盐通报, 2012, 31(1): 211-215.

2012-299 盛民, 程昊阳, 赵兰芳. X 射线荧光光谱法测定多目标地球化学样品中碳氮等 29 种主次痕量元素. 内蒙古科技与经济, 2012, (21): 43-44.

2012-300 石伟. 利用特征元素随钻确定济阳坳陷下古生界顶界面技术. 科技创新导报, 2012, (8): 254-255.

2012-308 孙晓燕, 李希彬. 近 3ka 来东海陆架北部泥质沉积物地球化学特征. 海洋地质前沿, 2012, 28(4): 10-16.

2012-312 谈绍峰, 张玲. 大直径掺钕铌酸锂晶体生长及其光学性能研究. 科技信息, 2012, (29): 105-106.

2012-315 汤红云, 钱伟吉, 陆晓颖, 倪俊琳, 戴正之. 青海软玉产出的地质特征及物质成分特征. 宝石和宝石学杂志, 2012, 14(1): 24-31.

2012-318 汤志勇, 邱海鸥, 郑洪涛. 岩石矿物分析. 分析试验室, 2012, 31(12): 108-124.

2012-323 唐兴玥. 湟水河流域化学风化过程及原因探析. 盐湖研究, 2012, 20(1): 20-23.

2012-329 王宝玲. 波长色散 X 射线荧光光谱法测定硫精矿中硫铁铅锌钼. 冶金分析, 2012, 32(7): 75-78.

2012-333 王登红, 陈振宇, 秦燕, 赵斌, 陈郑辉, 王成辉. 中条山地区八一铜矿床中白钨矿的发现及其找矿意义. 岩矿测试, 2012, 31(3): 513-517.

2012-342 王华, 殷建军, 俞建国, 黄秋英, 林玉石. α铀系测年对洞穴碳酸盐沉积物中碎屑岩物质影响的祛除研究. 地球学报, 2012, 33(6): 936-940.

2012-344 王建华, 王斌. 铝土矿中主成分的 X 射线荧光光谱分析. 西部探矿工程, 2012, (1): 165-167.

2012-350 王磊, 李天成, 杨新雨. 钻孔岩心磁化率及 PXRF 测量在智利月亮山铁铜矿区应用与找矿预测. 地质与勘探, 2012, 48(2): 396-405.

2012-363 王为, 周尚哲, 李炳元, 林志海, 刘志鹏, 黄日辉, 赖宜讯, 陈科景. 崂山山顶风化坑化学风化过程的岩石化学与矿物学证据. 第四纪研究, 2012, 32(1): 158-166.

2012-369 王艳君, 蒋晓光, 李卫刚, 王艳, 褚宁, 仲吉伟. ICP-AES 法测定红土镍矿中镍、钙、钛、锰、铜、钴、铬、锌与磷的含量. 分析试验室, 2012, 31(9): 50-53.

2012-373 王永亚, 干福熹. 广西陆川蛇纹石玉的岩相结构及成矿机理. 岩矿测试, 2012, 31(5): 788-793.

2012-375 王振亮, 张寿庭, 梁晓辉, 林天亮, 鲁瑞君, 吴新刚. X 荧光仪及视电阻率测量的综合找矿方法应用——以内蒙古碧流台银铅锌多金属矿为例. 矿产勘查, 2012, 3(6): 811-817.

2012-378 王竹梅, 李月明, 沈宗洋, 吴芬, 刘志. 毕节市兴丰村高岭土的理化及工艺性能研究. 陶瓷学报, 2012, 33(2): 181-185.

2012-381 汪灵, 张科, 李萍, 殷德强, 范博文, 唐小刚. 四川沐川黄丹石英砂岩铁质赋存状态研究. 矿物学报, 2012, 32(2): 183-192.

2012-382 汪应红, 王群英, 付晓恒. 燃煤过程矿物质形态对亚微米颗粒释放的影响. 煤炭转化, 2012, 35(2): 71-76.

2012-401 夏鹏超, 李明礼, 王祝, 李代琼, 胡亚燕. 粉末压片制样-波长色散 X 射线荧光光谱法测定斑岩型钼铜矿中主次量元素钼铜铅锌砷镍硫. 岩矿测试, 2012, 31(3): 468-472.

2012-404 谢玉玲, 唐燕文, 李应栩, 邱立明, 刘保顺, 李媛, 张欣欣, 韩宇达, 姜妍岑. 浙江安吉铅锌多金属矿区细粒花岗岩的岩石化学、年代学及成矿意义探讨. 矿床地质, 2012, 31(4): 891-902.

2012-405 熊超, 葛良全, 罗耀耀, 谷懿. 多种确定地球化学异常下限方法的比较. 四川有色金属, 2012, (1): 52-55, 61.

2012-427 许红亮, 郭辉, 姜三营, 刘素青, 李志勇, 张广军, 张振宏, 宋文娟. 平顶山矿区一矿煤矸石特征及其利用途径分析. 中国矿业, 2012, 21(7): 49-52.

2012-411 徐翠玲, 赵广涛, 何雨旸, 李德平. 滇西腾冲新生代火山岩岩石地球化学特征. 海洋地质与第四纪地质, 2012, 32(2): 65-75.

2012-412 徐德义, 裴宏伟, 刘宁强, 袁兆宪, 杨玠, 谢淑云, 成秋明. 矿源层地球化学元素在黄土盖层中纵向分布的趋势提取与应用. 地球科学 (中国地质大学学报), 2012, 37(6): 1133-1139.

2012-421 徐森民. X 射线荧光分析技术在三道庄矿石Mo 与 WO_3 品位测定中的应用. 科技创新导报, 2012, (13): 99.

2012-435 严家庆, 唐宇峰. X 射线荧光光谱法快速测定铝土矿中的主成分. 光谱实验室, 2012, 29(6): 3689-3692.

2012-445 杨林, 林金辉, 王雷, 谭靖, 王兵. 贵州罗甸玉岩石化学特征及成因意义. 矿物岩石, 2012, 32(2): 12-19.

2012-448 杨小丽, 刘昱恒. XRF 法测定以 Cu Pb Zn 为主的多金属矿中的主次元素. 现代仪器, 2012, 18(4): 18-21.

2012-449 杨晓丹, 施光海, 刘琰. 新疆和田黑色透闪石质软玉振动光谱特征及颜色成因. 光谱学与光谱分析, 2012, 32(3):

681-685.

2012-470 于英鹏, 汪海斌, 刘现彬. 末次间冰期以来沙漠边缘黄土沉积的地球化学特征初探. 沉积学报, 2012, 30(2): 356-365.

2012-479 曾泽, 盛向军, 赵景红, 王健. 绿泥石菱镁石等混合物矿物相分辨. 检验检疫学刊, 2012, 22(6): 4-6, 36.

2012-497 张洁. X 射线荧光光谱法测定高含量 CaO 化探样品中钴元素. 中华民居, 2012, (3): 209, 208.

2012-500 张俊, 孙林华. 沉积物成岩阶段元素地球化学变化: 以宿州市钓鱼台水库为例. 宿州学院学报, 2012, 27(2): 36-39.

2012-524 张以军, 代国祥, 王旭东, 杨鹏飞, 周慧成. 元素特征比值分析法在三塘湖盆地岩性识别方面的初步应用. 新疆石油天然气, 2012, 8(3): 7-15, 4.

2012-525 张永旺, 刘琰, 刘涛涛, 木合塔尔·扎日, 刘元晴. 新疆和田透闪石软玉的振动光谱. 光谱学与光谱分析, 2012, 32(2): 398-401.

2012-534 赵春江, 周四春, 刘晓辉, 鲍小柯, 赵峰, 谢克文. 隐伏花岗岩铀矿上方的 X 荧光异常特征及其找矿意义. 物探与化探, 2012, 36(6): 1055-1058.

2012-540 赵清良, 李寒旭, 纪明俊, 刘峤, 曹祥, 张子利. Shell 煤气化飞灰与电厂飞灰性质的研究. 广东化工, 2012, 39(17): 20-21.

2012-547 郑颖, 张孟星. X 射线荧光光谱法测定锆矿石中锆硅铁钛铝钙. 分析测试技术与仪器, 2012, 18(3): 187-191.

2012-550 周国华, 孙彬彬, 刘占元, 魏华玲, 曾道明, 张必敏. 中国东部主要河流稀土元素地球化学特征. 现代地质, 2012, 26(5): 1028-1042.

2012-551 周国庆, 姜尧发. 山东兖州煤田太原组碳酸盐岩的稀土元素特征. 中国煤炭地质, 2012, 24(11): 1-3, 6.

2012-554 周四春, 刘晓辉, 胡波, 赵春江, 鲍小柯, 赵峰, 谢克文. 滇西某铅锌矿整装勘查区地气、X 荧光测量找矿应用. 物探与化探, 2012, 36(6): 1040-1043.

2012-557 朱纪夏, 李庆美. X 射线荧光光谱法同时测定煤焦灰分中主次组分. 理化检验-化学分册, 2012, 48(3): 345-346, 352.

2013-004 Akbar Mehdilo, Mehdi Irannajad, Bahram Rezai. Applied mineralogical studies on Iranian titanium deposits. 矿物学报, 2013, (S1): 4.

2013-006 贲殿利. X 荧光分析仪在选矿及时检测中的应用. 科技创新与应用, 2013, (36): 19.

2013-009 蔡玉斌, 金骏, 翁杰. 波长色散 X 射线荧光光谱法测定长石主次量组分. 光谱实验室, 2013, 30(2): 920-924.

2013-010 曹祥, 李寒旭, 刘峤, 张子利, 朱邦阳, 赵清良. 三元配煤矿物因子对煤灰熔融特性影响及熔融机理. 煤炭学报, 2013, 38(2): 314-319.

2013-011 曹玉红, 高卓成, 曹玉霞. 熔融制样-X 射线荧光光谱法测定磁铁矿中 7 种组分. 冶金分析, 2013, 33(6): 18-22.

2013-021 陈娟, 李和平. 硫化物矿物的主微(痕)量元素分析进展. 矿物学报, 2013, 33(3): 351-362.

2013-023 陈莉, 李军敏, 杨波, 吕涛, 李再会. 渝南吴家湾铝土矿含矿岩系中钪的分布规律研究. 矿物岩石地球化学通报, 2013, 32(4): 468-474.

2013-034 陈宗颜, 黄勇. 湟水河河床沉积物元素含量及化学风化分析. 干旱区资源与环境, 2013, 27(5): 179-183.

2013-038 成勇, 朱生善, 俞彦龙. 沟系土壤地球化学测量在西准包古图乃比克金矿中的应用. 矿产勘查, 2013, 4(4): 447-452.

2013-064 杜少文, 卢安民, 孟令晶, 李勇, 武洋, 王晓勇. 熔片-XRF 法测定区域地质矿产调查样品中主次痕量元素/组分. 黄金, 2013, 34(3): 75-80.

2013-065 杜天军, 何沙白, 赵亚男, 李景文, 韩华云. X 射线荧光光谱法测定钾、钠长石中主次量组分. 河南科学, 2013, 31(5): 585-588.

2013-071 樊霆, 童庆, 叶文玲, 汤婕, 陈海燕, 张颖慧, 李定心. 玄武岩纤维矿物组成形态及熔融析晶特性. 中南大学学报

2013-078 冯晓燕,沈美冬,张勇,陆太进. 软玉中的一种绿色斑点——钙铝榴石. 岩矿测试, 2013, 32(4): 608-612.

2013-083 付晓娟,徐冽,宋池,高倩,鲁立强,杨超,田熙科. 水浴溶样-硝酸铵氧化法测定氧化锰矿中锰含量. 分析试验室, 2013, 32(12): 88-91.

2013-088 高志勇,冯佳睿,安海亭,黄贤营,徐奉学,赵雪松,李小陪. 库车前陆盆地白垩系亚格列木组浊流沉积特征与意义. 沉积学报, 2013, 31(2): 237-247.

2013-103 郭建斌,刘江斌,祝建国. 熔融制样-X射线荧光光谱法测定铬铁矿中铬、铁、硫等10种主次量组分. 分析测试技术与仪器, 2013, 19(3): 153-156.

2013-109 何朝鑫,陈翠华,涂宗林,张燕,李长山,宋玉坤. 试用X射线谱图拟合简单定性分析青海省都兰县双庆铁矿床. 矿物学报, 2013, (S): 1019.

2013-110 何雪峰,奚居柏. X射线荧光光谱法测定轻烧白云石中氧化钙、氧化镁、二氧化硅和磷的含量. 安徽冶金, 2013, (1): 38-39, 42.

2013-118 胡元. XRF元素录井技术在四川地区的地质应用研究. 中外能源, 2013, 18(11): 58-62.

2013-119 黄光明,侯鹏飞,江冶,肖灵,张梅,张培新. WDXRF和EDXRF在我国土壤岩石分析中的应用. 地质学刊, 2013, (1): 159-168.

2013-127 江伟. X荧光光谱压片测石灰石中的钙镁硅. 新疆有色金属, 2013, (6): 65-66.

2013-131 姜翠霞,曹燮君,周洁. X射线荧光光谱法快速分析煤焦灰常规成分. 浙江冶金, 2013, (4): 17-19.

2013-135 姜尧发,唐跃刚,代世峰,钱汉东,沈树忠,王西勃,王绍清. 浙江煤山二叠系顶部石灰岩中高温石英副像及其地质意义. 矿物学报, 2013, 33(3): 337-343.

2013-146 蒯丽君,樊兴涛,詹秀春,高亚美,李吉生,鞠青海. 酸消解-车载偏振能量色散X射线荧光法现场测定祁曼塔格多金属矿中高品位铜铅锌. 岩矿测试, 2013, 32(4): 538-546.

2013-147 蒯丽君,詹秀春,樊兴涛,温宏利,袁继海. 偏振能量色散X射线荧光光谱法测定硫化物矿石中的铜铅锌. 岩矿测试, 2013, 32(6): 903-908.

2013-149 雷国良,张虎才,李志忠,Adam M. Hudson,朱芸,姜修洋,陈秀玲,常凤琴,李华勇. 青藏高原西部昂拉仁错古湖岸钙华沉积的地球化学特征及环境意义. 第四纪研究, 2013, 33(5): 839-847.

2013-163 李国胜,刘炯天,曹亦俊,任琳珠. 粉煤灰中难浮未燃炭的柱式浮选脱除试验研究. 煤炭学报, 2013, 38(2): 308-313.

2013-164 李海燕,吴芳芳,黄钦永. 利用X能量色散荧光光谱法快速测量煤灰成分. 浙江电力, 2013, (10): 51-54.

2013-170 李宏卫,陈国能,彭卓伦. 贵东岩体X荧光光谱、等离子体质谱分析结果及其对岩体演化的指示意义. 光谱学与光谱分析, 2013, 33(7): 1965-1968.

2013-172 李吉生,鞠青海,邢谦,谢海. 整装勘查区铜铅锌矿现场快速分析技术的发展现状及思考. 光谱实验室, 2013, 30(4): 1618-1621.

2013-191 李淑慧,鲍皓明,梁作斌,田刚,王峰,邵渭泉,陈沙鸥,贾笑天. 甘肃石英砂矿的成分分析. 陶瓷学报, 2013, 34(4): 450-454.

2013-196 李薇薇,唐跃刚,邓秀杰,于小磊,江生. 湖南辰溪高有机硫煤的微量元素特征. 煤炭学报, 2013, 38(7): 1227-1233.

2013-198 李文生,李俊杰. 山西古交矿区中奥陶统富水性微观分析. 中国煤炭地质, 2013, 25(3): 35-38.

2013-199 李先. 铝土矿中微量镓的分析方法进展. 光谱实验室, 2013, 30(5): 2328-2331.

2013-206 李迎春,周伟,王健,屈文俊. X射线荧光光谱法测定高锶高钡的硅酸盐样品中主量元素. 岩矿测试, 2013, 32(2):

249-253.

2013-207 李宇昕, 白万成, 卿敏, 王群. 基于物联网的嵌入式技术在区域地质调查中的应用. 物探与化探, 2013, 37(2): 358-362.

2013-211 李长安, 张玉芬, 熊德强, 周耀, 郭洁. 巫山黄土常量元素地球化学特征. 地球科学 (中国地质大学学报), 2013, 38(5): 916-922.

2013-217 黎红波, 陈兵, 张代云, 方文韬, 王建文. X射线荧光光谱同时测定铝土矿石主次量组分. 云南地质, 2013, 32(1): 102-105.

2013-225 林木松, 苏伟, 张宏亮, 李宇春. EDXRF法快速测定煤中的氯含量. 中国电力, 2013, 46(7): 35-38.

2013-237 刘君, 李金忠, 邓远文. X荧光测量在塞拉利昂马生谷铁矿找矿中的实践. 中国西部科技, 2013, 12(2): 23-25.

2013-238 刘俊, 周四春, 刘国安, 孙淼. 多元素X荧光法在湖北某铀矿区中的应用. 现代矿业, 2013, (9): 65-67, 69.

2013-245 刘瑞, 王志华, 徐强, 于娜, 曹妙聪. 正长石矿物与氯化钠离子交换反应实验研究. 岩石矿物学杂志, 2013, 32(6): 930-934.

2013-247 刘胜军, 刘文中. 岩浆侵入对淮北花沟西煤中稀土元素分布的影响. 高校地质学报, 2013, 19(4): 671-676.

2013-256 刘益锋, 田琼, 杨树洁, 吕善胜, 林海, 刘中勇. X射线荧光光谱法测定重晶石中的钡、锶、铁、铝、硅. 检验检疫学刊, 2013, 23(4): 29-31.

2013-260 刘智鹏, 王荣社, 李智涛, 袁小燕. 能量色散X射线荧光光谱法测定硅酸盐中主成分含量. 中国无机分析化学, 2013, 3(4): 27-31.

2013-273 罗金华, 邱克辉, 张佩聪, 邱彧冲, 李俊翰. 红格钒钛磁铁矿中钛铁矿的矿物学特征. 钢铁钒钛, 2013, 34(4): 19-24.

2013-296 Mortazavi M., Moussavi-Harami R., Mahboubi A.. Detrital mode and geochemistry of the Shurijeh formation (Late Jurassic-Early Cretaceous) in the central and western parts of the intracontinental Kopet-Dagh Basin, NE Iran: Implications for provenance, tectonic setting and weathering processes. Acta Geologica Sinica (English Edition), 2013, (4): 1058-1080.

2013-301 牛联红, 张辉明. 对沁水煤田峰峰组溶岩发育规律的研究. 华北国土资源, 2013, (3): 129-132.

2013-310 彭南兰, 华磊, 秦红艳. X射线荧光光谱法测定文山地区铝土矿中多种组分. 矿物学报, 2013, 33(4): 530-534.

2013-323 曲月华, 王翠艳, 王一凌, 张惌. 熔融制样-X射线荧光光谱法测定石灰石中5种组分. 冶金分析, 2013, 33(12): 29-33.

2013-332 尚帅, 范代读, 王强, 张梦莹. MIS 3以来浙江温瑞平原YQ0902孔古环境与古气候变化记录. 古地理学报, 2013, 15(4): 551-564.

2013-335 沈伦贵. 浅谈X荧光仪在金属矿地质勘查中的应用. 科技创新与应用, 2013, (35): 56.

2013-336 施璐, 郑常青, 姚文贵, 李娟, 徐久磊, 高源, 崔芳华. 大兴安岭中段五岔沟地区蛤蟆沟林场A型花岗岩年代学、岩石地球化学及构造背景研究. 地质学报, 2013, 87(9): 1264-1276.

2013-344 史梨花, 袁长生. X射线荧光光谱熔融片法测定铜矿中的主次元素. 江西建材, 2013, (3): 251-252.

2013-346 宋飞龙. 金属矿物分析技术发展现状及趋势. 黑龙江科技信息, 2013, (17): 54.

2013-347 宋建华, 姜莉, 宫珩禄. 熔融制样-X射线荧光光谱法测定重晶石中的$BaSO_4$. 电子测试, 2013, (11): 266-267.

2013-348 宋建华, 姜莉, 宫珩禄. 熔融制样-X射线荧光光谱法测定重晶石中的$BaSO_4$. 科技资讯, 2013, (16): 84-85.

2013-349 宋鹏程, 彭同江, 鲜海洋, 孙红娟. 阿克塞石棉尾矿矿物学特征及开发利用研究. 岩石矿物学杂志, 2013, 32(6):

905-910.

2013-354 苏晓云, 王登红, 王成辉, 刘善宝, 刘建光, 樊兴涛, 蒯丽君, 陈国华, 万浩章, 张诚, 黄桂强. 基于 XEPOS 型 X 射线荧光光谱仪研究江西朱溪铜钨矿床成矿元素地球化学特征与成因. 岩矿测试, 2013, 32(6): 959-969.

2013-358 Sulaiman Alaabed, Abdel Monem M. Soltan, Osman Abdel Ghani, Bahaa Eddin Mahmoud, Mohamed ElTokhi, Abbas Khalil, Abdullah Musalim. Emirati limestones: Impact of low temperature microstructure on the industrial applications. 矿物学报, 2013, (S1): 87.

2013-367 孙志华, 刘开平, 汪敏强, 刘民武. 铜川自燃煤矸石特征研究. 煤炭学报, 2013, 38(S1): 136-141.

2013-368 孙志华, 刘开平, 汪敏强, 王柱命, 杨斐芃. 自燃煤矸石活性研究. 建筑材料学报, 2013, 16(3): 497-502.

2013-372 唐煜坤, 陈国能, 张珂, 黄海华. 西淋岗岩体成岩作用探讨——来自 X 荧光光谱、等离子体质谱及拉曼光谱的制约. 光谱学与光谱分析, 2013, 33(5): 1369-1373.

2013-373 田斌, 杨芳芳, 庞亚恒, 林雄超, 耿敬伟, 许德平, 王永刚. 气化温度对型煤加压固定床气化反应特性的影响. 中国电机工程学报, 2013, 33(S): 128-134.

2013-378 童庆, 樊霆, 王浩明, 孙礼明, 黄界颖. 玄武岩特征及熔融析晶性能研究. 中国非金属矿工业导刊, 2013, (6): 27-29.

2013-379 万斌, 关成国, 周传明, 孟凡巍, 庞科, 唐卿, 饶馨. 华南埃迪卡拉系底部钾质斑脱岩的岩石地球化学特征及其地质意义. 岩石学报, 2013, 29(12): 4373-4386.

2013-407 王梅英, 李鹏程, 李艳华, 李莹, 王留芳, 陈静. 蓝晶石矿中氟钠镁铝硅铁钛钾钙元素的 X 射线荧光光谱分析. 岩矿测试, 2013, 32(6): 909-914.

2013-417 王小平, Tsuboi Motohiro. 玻璃熔片制样-XRF 测定流纹岩中的 24 种主、次量元素. 光谱实验室, 2013, 30(1): 181-186.

2013-425 王祎亚, 邓赛文, 王毅民, 许俊玉, 屈文俊. 磷矿石分析方法评述. 冶金分析, 2013, 33(4): 26-34.

2013-452 仵利萍, 刘卫. 熔融制样-X 射线荧光光谱法测定钒钛磁铁矿中主次组分含量. 理化检验-化学分册, 2013, 49(9): 1107-1109, 1113.

2013-440 吴建群, 于敦喜, 曾宪鹏, 吕为智, 徐明厚. 富氧燃烧条件下神华煤灰的沉积特性. 工程热物理学报, 2013, 34(9): 1767-1770.

2013-455 奚务俭, 杨朗, 黄春宁. 多种仪器方法综合分析天然沸石矿. 化学分析计量, 2013, 22(5): 47-50.

2013-463 谢静思, 甘学锋. X 射线荧光光谱法测定铝土矿中的主次量组分. 广东化工, 2013, 40(24): 149-150.

2013-469 徐冠立, 孙传敏, 孙遥. 新型固化剂加固成都粘土的矿物学研究. 矿物岩石, 2013, 33(4): 1-6.

2013-471 徐久磊, 郑常青, 施璐, 李娟, 崔芳华, 高源, 张行行, 高峰. 大兴安岭北段雅尔根楚I型花岗岩年代学、岩石地球化学及其地球动力学意义. 地质学报, 2013, 87(9): 1311-1323.

2013-472 徐立鹏, 葛良全, 谷懿, 刘敏, 张庆贤, 李飞, 罗斌. 基于 PCA-BP 神经网络的 EDXRF 分析测定地质样品中铁、钛元素含量的应用研究. 光谱学与光谱分析, 2013, 33(5): 1392-1396.

2013-476 许红亮, 程维高, 武予宁, 郭辉, 范冰冰, 卢红霞, 张锐, 宋文娟. 煤矸石烧结砖厂废气凝结物的研究. 环境工程, 2013, 31(1): 77-80.

2013-484 杨海, 葛良全, 谷懿, 张庆贤, 熊盛青. 原位微区 X 射线荧光分析在矿物学研究中的应用. 光谱学与光谱分析, 2013, 33(11): 3137-3141.

2013-485 杨海, 葛良全, 熊盛青, 谷懿, 张庆贤. 浅钻 X 射线荧光测量在航磁异常查证中的应用. 金属矿山, 2013, (6): 90-92.

2013-486 杨海, 葛良全, 熊盛青, 谷懿, 张庆贤.

新疆托逊航磁异常地面查证多方法综合解译. 地质与勘探, 2013, 49(5): 939-944.

2013-491 杨文佳, 葛良全, 罗斌, 罗恩剑, 王仕木, 谷懿. 微束微区X荧光探针分析仪的矿物定量分析. 光谱实验室, 2013, 30(6): 2779-2783.

2013-493 杨笑凡, 周四春, 赵辉, 孙森. 黄沙坪型铅锌矿X荧光异常特征及找矿意义. 现代矿业, 2013, (8): 37-39.

2013-495 杨旭, 周家喜. 贵州遵义地区煤矸石元素地球化学特征及其综合利用信息. 矿物学报, 2013, 33(2): 189-193.

2013-507 叶鸿, 黄智龙, 张杰. 澜沧老厂深部钼矿体的赋存状态初步研究. 贵州大学学报(自然科学版), 2013, 30(5): 53-56, 65.

2013-521 余芝华, 范德江, 张爱滨, 孙晓霞, 杨作升. 西南印度洋中脊富钴结壳的矿物学和地球化学. 海洋地质与第四纪地质, 2013, 33(6): 71-80.

2013-524 袁兆宪, 成秋明, 姚凌青. 元素富集指数在研究矽卡岩化过程中元素迁移的应用. 矿物学报, 2013, (S): 575.

2013-525 袁兆宪, 成秋明, 左仁广. 辉绿岩风化过程中的元素迁移研究. 矿物学报, 2013, (S2): 1026.

2013-528 曾江萍, 吴磊, 李小莉, 王娜, 张莉娟. 较低稀释比熔融制样X射线荧光光谱法分析铬铁矿. 岩矿测试, 2013, 32(6): 915-919.

2013-545 张连凯, 杨慧. 岩溶地下河中砷迁移过程及其影响因素分析——以广西南丹县里湖地下河为例. 中国岩溶, 2013, 32(4): 377-383.

2013-550 张庆建, 丁仕兵, 宋飞, 闵国华, 杜恒清, 郭兵. 一例未知铜矿的鉴别研究. 矿产综合利用, 2013, (2): 51-53, 70.

2013-562 张永恒, 乔鹏, 米争峰, 李高峰. 室内WDXRF光谱仪论证EDXRF仪航磁异常查证效果. 现代矿业, 2013, (2): 43-45.

2013-581 赵蒙. 气流床煤气化灰渣分析方法研究. 广东化工, 2013, 40(12): 239, 241.

2013-584 赵晓东, 乌洪杰. X射线荧光分析仪在煤炭全硫测定中的应用. 新世纪水泥导报, 2013, (2): 67-69.

2013-585 赵永椿, 李文举, 杨艳, 张军营, 郑楚光. 高硅煤燃烧颗粒物的生成特性研究. 工程热物理学报, 2013, 34(4): 779-782.

2013-589 郑明雄. 澜沧铅矿凝灰岩的膨胀机制研究. 岩石力学与工程学报, 2013, 32(1): 216.

2013-590 郑明雄, 李峰. 澜沧铅矿沉凝灰岩膨胀垮塌的物质因素. 勘察科学技术, 2013, (5): 5-9.

2013-600 周磊. X射线荧光光谱扫描法在实物地质资料中应用的可行性探讨. 广东微量元素科学, 2013, 20(11): 13-17.

2013-603 周锐, 李珍, 宋兵, 谢昕, 李贞, 陆岸青. 长江三角洲平原湖沼沉积物XRF岩芯扫描结果的可靠性分析. 第四纪研究, 2013, 33(4): 697-704.

2013-611 朱春要, 年季强, 陆娜萍, 周强, 顾锋. X射线荧光光谱法测定煤灰成分的改进. 理化检验-化学分册, 2013, 49(4): 439-441, 444.

2013-612 朱金刚. 基于X射线荧光光谱法测定煤中常量和微量元素. 科技与企业, 2013, (16): 307, 309.

2013-615 邹建华, 刘东, 田和明, 刘峰, 李甜, 杨洪永. 内蒙古阿刀亥矿晚古生代煤的微量元素和稀土元素地球化学特征. 煤炭学报, 2013, 38(6): 1012-1018.

2014-003 艾月兵, 唐晓林. 地质矿产勘查的方法及防护措施分析. 中国新技术新产品, 2014, (14): 32.

2014-009 班超, 郑永春, 张锋, 朱永超, 邹永廖. 月球风暴洋地区元素丰度研究"嫦娥二号"X射线谱仪探测数据分析. 地学前缘, 2014, 21(6): 62-73.

2014-016 包镇红, 苗立锋, 江伟辉. 龙岩高岭土的组成与结构研究. 硅酸盐通报, 2014, 33(5): 1130-1133, 1137.

2014-018 蔡建, 冯欲晓, 仇秀梅. 北海高岭土除铁技术研究. 非金属矿, 2014, 37(3): 50-53.

2014-020 曹发明, 赖万昌, 贾雪辉, 郑秀红, 杨中建. XRF 分析仪在青海某铜矿的应用研究. 广东微量元素科学, 2014, 21(3): 29-32.

2014-021 曹开科. 利用 X 荧光仪测定磁铁矿中全铁的含量. 科技视界, 2014, (16): 277, 312.

2014-022 曹开科, 和莉, 马小娅. 利用 X 荧光仪测定铁矿中 SiO_2、Al_2O_3、CaO、MgO 的含量. 科技视界, 2014, (11): 292, 357.

2014-028 陈宏伟, 徐林荣, 左珅. 石棉尾矿在 (底) 基层中应用的试验研究. 公路交通科技, 2014, 31(4): 28-32, 38.

2014-035 陈小红, 刘国安, 郑秀红, 曹发明. X 射线荧光方法在西藏山南地区程巴铜多金属矿上的应用. 四川有色金属, 2014, (1): 28-30, 34.

2014-036 陈彦, 张志诚, 李可, 罗志文, 汤文豪, 李秋根. 内蒙古西乌旗地区二叠纪双峰式火山岩的年代学、地球化学特征和地质意义. 北京大学学报 (自然科学版), 2014, 50(5): 843-858.

2014-038 陈宇亮, 郑洪波. XRF 岩心扫描在第四纪沉积物研究中的应用. 海洋地质前沿, 2014, 30(4): 51-59.

2014-040 陈兆鑫, 李达明, 罗锡明. 不同浸提工艺的金矿尾矿中砷的存在形态研究. 岩矿测试, 2014, 33(3): 363-368.

2014-041 陈珍娥, 张海. 矿业中砷的分析方法概述. 广州化工, 2014, 42(18): 11-13, 22.

2014-045 陈自祥, 李振宇. 淮南电厂粉煤灰的物质组成特征及其评价. 安徽电气工程职业技术学院学报, 2014, 19(1): 82-85.

2014-047 程栋, 滕召胜, 黎福海, 代扬. 基于双能 γ 射线的煤炭灰分测量模型及其应用. 湖南大学学报 (自然科学版), 2014, 44(5): 99-105.

2014-055 褚宁, 李卫刚, 蒋晓光, 张群, 林忠, 迟成鑫. 熔融制样-波长色散 X 射线荧光光谱法测定石灰石中主次成分. 冶金分析, 2014, 34(10): 37-41.

2014-056 褚宁, 李卫刚, 蒋晓光, 张彦甫, 毕孝瑞. 熔融制样波长色散 X 射线荧光光谱法测定白云石中钙镁硅铁铝. 岩矿测试, 2014, 33(6): 834-838.

2014-058 代百乾, 乌晓江, 张忠孝. 高碱煤燃烧过程中灰中主要元素的迁移规律. 动力工程学报, 2014, 34(6): 438-442.

2014-059 代百乾, 乌晓江, 张忠孝. 洗煤对高碱煤碱金属迁移及灰熔融特性的影响. 热能动力工程, 2014, 29(1): 76-80, 110.

2014-070 杜兴胜, 熊超, 窦小平, 王红海. 现场 X 射线荧光光谱分析在钻孔岩芯测量中的应用. 核电子学与探测技术, 2014, 34(6): 775-779.

2014-078 方乙, 张寿庭, 邹灏, 张鹏, 曾昭法, 高峰. 浅覆盖区萤石矿综合勘查方法研究——以内蒙古林西赛波萝沟门萤石矿为例. 成都理工大学学报 (自然科学版), 2014, 41(1): 94-101.

2014-079 丰曙霞, 王培铭, 刘贤萍. 低钙粉煤灰颗粒群粒径特征及组成特征. 中国粉体技术, 2014, 20(2): 47-50.

2014-081 冯松宝, 顿亚鹏, 刘瑞. 淮北煤田二叠系煤的元素特征——以孟庄和孙疃煤矿为例. 宿州学院学报, 2014, 29(5): 81-83.

2014-097 龚仓, 李高湖, 付桂花, 唐鑫, 黄艳波. X 射线荧光光谱法测定富砷地质样品中的主次痕量元素. 分析试验室, 2014, 33(10): 1220-1224.

2014-100 谷懿, 葛良全, 王平, 熊盛青, 范正国, 杨海. X 荧光分析技术在航磁异常地面查证中的应用. 矿物学报, 2014, 34(1): 125-130.

2014-107 何朝鑫, 陈翠华, 程文斌, 张燕, 涂宗林, 宋玉坤, 李长山, 丁学宽. 青海省都兰县双庆铁矿床地球化学特征及成因意义. 矿物岩石地球化学通报, 2014, 33(6): 854-861.

2014-108 何登良, 王玉兰, 罗亮. 贵州两种不同粉石英矿的基本特征对比研究. 绵阳师范学院学报, 2014, 33(11): 38-41.

2014-113 侯贤旭, 唐跃刚, 王聪, 高伟程, 魏强. 贵州马依勘探区凝灰岩和 Tonsteins 元素地球化学特征研究. 矿物岩石地球化学通报, 2014, 33(3): 377-383.

2014-114 胡安平, 李秀芝, 蒋义敏, 胡圆圆, 张杰. 碳酸盐岩储层微区地球化学分析技术的发展及应用. 天然气地球科学, 2014, 25(1): 116-123.

2014-130 黄燕华, 张娜. X射线荧光光谱法测定灰岩中14种主次量元素. 化学分析计量, 2014, 23(6): 81-84.

2014-137 季枫, 马国清. 在线多元素分析仪在红岭铅锌矿的应用. 世界有色金属, 2014, (8): 49-51.

2014-142 蒋法文, 刘亮, 陈健. 淮南煤田潘三矿岩浆岩演化特征研究. 中国煤炭地质, 2014, 26(5): 18-20, 29.

2014-145 康海英, 郑维明, 吴继宗, 宋游, 陈晨, 刘桂娇. 1AP中铀钚在线分析. 原子能科学技术, 2014, 48(6): 974-979.

2014-152 李繁, 刘锋英, 林才寿. Monte Carlo法在检测浮选矿物品位中的应用. 核电子学与探测技术, 2014, 34(10): 1246-1250.

2014-158 李厚民, 丁建华, 李立兴, 姚通. 东天山雅满苏铁矿床矽卡岩成因及矿床成因类型. 地质学报, 2014, 88(12): 2477-2489.

2014-164 李金超, 贾群子, 杜玮, 栗亚芝, 孔会磊, 南卡俄吾, 杨宝荣. 东昆仑东段阿斯哈矿床石英闪长岩LA-ICP-MS锆石U-Pb定年及岩石地球化学特征. 吉林大学学报(地球科学版), 2014, 44(4): 1188-1199.

2014-166 李靖如, 牛胜元, 陆银平. 淮北焦宝石型高岭石/二甲基亚砜插层复合物的制备与表征. 硅酸盐通报, 2014, 33(11): 2785-2789.

2014-177 李强, 张学华. 粉末压片-X射线荧光光谱法快速分析多金属结核和富钴结壳中22种组分. 冶金分析, 2014, 34(1): 28-33.

2014-188 李小莉, 安树清, 于兆水, 白金峰, 张勤. 高压制样X射线荧光光谱法测定煤样品中17种元素和灰分. 分析化学, 2014, 42(2): 283-287.

2014-190 李新光, 汪帮耀, 程雅军, 王国华. 尼勒克尼新塔格铁矿床稀土微量元素地球化学特征及地质意义. 新疆地质, 2014, 32(2): 208-213.

2014-192 李秀芝, 陈健, 康彧, 刘桂建. 淮南煤田潘三煤矿4-2煤中矿物对岩浆侵入的响应. 中国煤炭地质, 2014, 26(7): 12-14.

2014-194 李岩, 董秀文, 赵军峰, 张敏, 胡晓春, 郑同峰, 许玉宇, 王国新, 王建华, 邱平, 应晓浒. 能量色散X荧光光谱法测定红土镍矿中镍等化学成分. 分析科学学报, 2014, 30(2): 191-196.

2014-203 Li Yunbo, Jiang Bo, Qu Zhenghui. Controls on migration and aggregation for tectonically sensitive elements in tectonically deformed coal: An example from the Haizi mine, Huaibei coalfield, China. Science China (Earth Sciences), 2014, 57(6): 1180-1191.

2014-204 李云波, 姜波, 屈争辉. 构造煤中敏感元素迁移、聚集规律及地质控制因素——以淮北海孜矿为例. 中国科学: 地球科学, 2014, 44(11): 2419-2430.

2014-221 廖玉超, 刘百宽, 张巍, 傅秋华, 李君霞, 王为杰. 铁铝尖晶石的组成和结构. 耐火材料, 2014, 48(5): 348-351.

2014-227 刘长春, 郭慧, 陈莹, 刘伟, 赵国涛. X射线荧光与红外联合测定萤石中各组分含量. 辽东学院学报(自然科学版), 2014, 21(4): 252-256.

2014-228 Liu Chenglun, Zhang Li, Xu Longjun, Su Zhimin, Xie Taiping, Wang Yuan. Sr speciation in producing $SrCO_3$ with celestite. Chinese Journal of Geochemistry, 2014, 33(3): 244-247.

2014-229 刘东亮, 邓建国, 彭光照, 金幸生. 利用XRD、XRF、FT-IR和Rs分析浙江缙云恐龙化石及围岩. 信阳师范学院学报(自然科学版), 2014, 27(3): 332-336.

2014-238 刘玲, 周远洋, 高凤莉, 门倩妮. 新疆区域调查化探样品元素分析方法的选择及应用. 黄金科学技术, 2014, 22(1): 81-86.

2014-240 刘娜娜, 刘立, 明晓冉, 王福刚, 宋土顺，王力娟. 鄂尔多斯盆地伊金霍洛旗附近二叠系石千峰组岩石学、地球化学特征及其固碳能力分析. 岩石矿物学杂志, 2014, 33(2): 255-262.

2014-245 刘胜军, 刘文中, 张帅. 岩浆侵入对袁店二井煤矿 72 煤中稀土元素的影响. 煤炭工程, 2014, 46(5): 119-122.

2014-248 刘瑱, 马玲, 时晓露, 查立新. 石英岩化学成分分析标准物质研制. 岩矿测试, 2014, 33(6): 849-856.

2014-249 刘婷婷, 袁威, 张超, 金自钦. 加拿大某钒钛磁铁矿工艺矿物学研究. 矿产综合利用, 2014, (3): 51-54.

2014-254 刘晓文, 刘晓旭. 鄂西贡水砚石的工艺矿物学研究. 矿物学报, 2014, 34(2): 171-174.

2014-258 刘艳. 一种用氢氟酸从 β-锂辉石中浸出锂的新工艺. 湿法冶金, 2014, (4): 300.

2014-261 刘银, 李荣社, 计文化, 潘术娟, 陈奋宁, 张海迪. 金沙江缝合带西段蛇绿岩与弧火山岩成对性关系——来自地球化学和 LA-ICP-MS 锆石 U-Pb 年龄证据. 地质通报, 2014, 33(7): 1076-1088.

2014-263 Liu Ze, Shao Ningning, Wang Dongmin, Qin Junfeng, Huang Tianyong, Wei Song, Lin Muxi, Yuan Jinsha, Wang Zhen. Fabrication and properties of foam geopolymer using circulating fluidized bed combustion fly ash. International Journal of Minerals Metallurgy and Materials, 2014, 21(1): 89-94.

2014-269 卢兵, 杜少文, 盛红宇, 武洋, 王耀武, 卢安民. AAS、ICP-AES、ICP-MS 及 XRF 测定地质样品中铜铅锌锰的对比研究. 黄金, 2014, 35(9): 78-81.

2014-270 卢军, 夏云腾, 赵林盛, 沙杰. 不同矿物组成煤的矸石泥化试验研究. 山西焦煤科技, 2014, (9): 4-7, 24.

2014-276 陆佳佳, 陈萍, 刘震, 吴英爽, 曹吉阳, 胡永发. 东林矿煤中汞的含量分布及赋存状态. 煤炭技术, 2014, 33(12): 93-94.

2014-277 陆静云, 王志励, 杜理科, 张宏远, 徐伟钧, 王远群. 北祁连玉石沟地区奥陶纪硅质岩特征及大地构造意义. 岩矿测试, 2014, 33(5): 747-757.

2014-279 罗书琼, 李凯, 刘迎新. 不同颜色木变石的致色机理研究. 岩石矿物学杂志, 2014, 33(S): 76-82.

2014-285 吕善胜, 徐金龙, 田琼, 洪武兴, 史亚晓. X 射线荧光光谱法测定石灰石中多组分含量. 冶金分析, 2014, 34(9): 39-42.

2014-286 吕一波, 刘亚星, 张乃旭. 絮凝药剂 CPSA 对高泥化煤泥水沉降特性的影响. 黑龙江科技大学学报, 2014, 24(2): 157-161.

2014-292 马雪洋, 陈豆, 阳亚平, 张玉枝, 张家武. 哈拉湖岩芯 XRF 扫描元素统计分析及其环境意义. 盐湖研究, 2014, 22(4): 1-10.

2014-294 梅西, 李日辉, 张训华. 南黄海 DLC70-3 孔晚更新世以来 Rb/Zr 值特征及环境意义. 海洋地质前沿, 2014, 30(2): 10-17.

2014-295 孟德安, 马慧侠. X 射线荧光光谱法测定白云石中 12 种元素的含量. 理化检验-化学分册, 2014, 50(1): 76-79.

2014-297 缪应菊, 连明磊, 胡江良, 李琳, 孔德顺. 六盘水粉煤灰理化性质分析及资源化利用途径. 无机盐工业, 2014, 46(7): 8-10, 46.

2014-300 牟英华. 熔融法测萤石中主次元素的研究及讨论. 本钢技术, 2014, (6): 36-38.

2014-304 努尔太·麦地娜, 图尔荪·麦尔旦, 蔡元峰, 王洪涛, 潘宇观. 含铬蒙脱石中铬离子占位位置研究. 高校地质学报, 2014, 20(4): 558-563.

2014-308 潘晓林, 董凯伟, 侯宪林, 于海燕, 涂赣峰, 毕诗文. 含硼铝酸钙熟料的高温成矿机理及其浸出性能. 中国有色金属学报, 2014, 24(6): 1663-1670.

2014-314 乔蓉, 郭钢. X 射线荧光光谱法测定白云石、石灰石中氧化钙、氧化镁和二氧化硅. 冶金分析, 2014, 34(1): 75-78.

2014-318 邱海鸥, 郑洪涛, 汤志勇. 岩石矿物分析. 分析试验室, 2014, 33(11): 1349-1364.

2014-320 邱彧冲, 邱克辉, 刘岫峰, 张佩聪. 南江磷霞岩霞石矿工艺矿物学研究. 矿物岩石, 2014, 34(1): 16-21.

2014-330 尚晓玲, 武建军, 张一昕, 商玉坤, 周国莉, 苗真勇. 脱水褐煤中矿物质对复吸性能的影响. 中国矿业大学学报, 2014, 43(6): 1102-1107.

2014-333 时永志, 李凯成. 综合物化探方法在地质找矿攻深找盲中的应用. 物探与化探, 2014, 38(5): 910-915.

2014-340 宋土顺, 刘立, 王玉洁, 刘娜, 于淼. 鄂尔多斯盆地漂白砒砂岩特征及成因. 石油与天然气地质, 2014, 35(5): 679-684.

2014-341 宋维君, 杨世忠, 牟伯中. 盐湖卤水中铷、铯的检测方法. 无机盐工业, 2014, 46(11): 55-58.

2014-342 宋彦军, 王礼胜, 刘斯明. 泰山产红褐色玉石的矿物学特征及其致色机理研究. 硅酸盐通报, 2014, 33(1): 74-78, 82.

2014-344 眭娇, 刘学良, 郭守国. 韩国软玉和青海软玉的谱学研究. 激光与光电子学进展, 2014, 51(7): 179-185.

2014-349 孙丽华, 凌爱军, 于方, 何志红, 马文文. Zachery 处理绿松石的探讨. 岩石矿物学杂志, 2014, 33(S2): 165-171.

2014-361 田和明, 代世峰, 李大华, 刘东, 邹建华, 李甜. 重庆南川晚二叠世凝灰岩的元素地球化学特征. 地质论评, 2014, 60(1): 169-177.

2014-363 仝丽娟, 张广伟. 工艺矿物学在选矿中的应用. 现代矿业, 2014, (12): 68-71, 78.

2014-365 涂俊彪, 范代读, 尚帅, 陈玲玲, 张悦. 钱塘江河口涌潮河段滩槽演替与沉积层序. 地球科学 (中国地质大学学报), 2014, 39(3): 261-270.

2014-369 王宝玲. 钼选矿工艺中钾元素检测分析研究. 现代化工, 2014, 34(2): 164-166.

2014-391 王丽, 孙伟, 刘润清, 辜小川. 低品位石煤矿中钒的浮选回收（英文）. Transactions of Nonferrous Metals Society of China, 2014, 24(4): 1145-1151.

2014-395 王明振, 吴朝东, 王陆新, 李林林, 陈榕, 房亚男, 王军. 准噶尔盆地南缘中—新生界粘土矿物地球化学特征及其物源分析. 地质科学, 2014, 49(1): 176-190.

2014-396 王鹏辉, 金留安, 曹爱华. 重铬酸钾滴定法结合 X 射线荧光光谱法测定钒钛磁铁矿中全铁. 冶金分析, 2014, 34(12): 17-22.

2014-400 王朔, 张朝云. X 射线荧光光谱仪对生石灰的快速测定方法. 广东化工, 2014, 41(13): 257-258.

2014-415 王永强, 彭秀红, 谢杨, 刘美美, 王广西, 李丹, 翟娟, 石慧. 粉末压片-WDXRF 测定化探样品中主次痕量元素. 核电子学与探测技术, 2014, 34(12): 1438-1442.

2014-417 王振波, 武光海, 韩沉花. 西南印度洋脊 49.6°E 热液区热液产物和玄武岩地球化学特征. 海洋学研究, 2014, 32(1): 64-73.

2014-421 魏博, 王学斌, 张利孟, 谭厚章, 徐通模. 掺烧废弃硅粉对准东煤钠迁徙及灰熔融影响的实验研究. 中国电力, 2014, 47(10): 98-102, 116.

2014-422 魏东岚, 张玉枝. 辽东半岛红色风化壳粒度分布特征浅析. 云南地理环境研究, 2014, 26(5): 47-53, 60.

2014-437 吴雅雯, 彭渤, 杨霞, 张坤, 匡晓亮, 吴蓓娟, 詹婷. 湘江竹埠港段河床沉积物元素地球化学特征. 地质调查与研究, 2014, 37(4): 274-282.

2014-439 武素茹, 谷松海, 宋义, 孙鑫, 郭芬. 进口铁矿产地鉴别模型的建立. 计算机与应用化学, 2014, 31(12): 1543-1546.

2014-442 夏立志, 朱丽萍, 高玉翠. 熔融制样-X 射线荧光光谱法测定钒钛磁铁矿中主次成分的快速测定. 科技风, 2014, (18): 84.

2014-444 伦云. 粉末压片-X 射线荧光光谱法与

红外吸收光谱法联合测定萤石中各组分. 中国无机分析化学, 2014, 4(1): 50-52.

2014-445 鲜海洋, 彭同江, 孙红娟, 宋鹏程. 阿克塞红柳沟纤蛇纹石矿物学特征研究. 矿物学报, 2014, 34(4): 559-565.

2014-446 向婉丽, 陆现彩, 陆昀乔, 李娟, 张蕊, 陈笑夜, 刘欢. 含方解石铜矿石微生物氧化作用的实验研究. 矿物岩石地球化学通报, 2014, 33(6): 764-771.

2014-447 谢长航. 溴化锂含量影响 X 射线荧光光谱法测定滑石主、次元素的研究. 当代化工, 2014, 43(12): 2727-2728, 2730.

2014-450 Xie Xin, Zheng Hongbo, Qiao Peijun. Millennial climate changes since MIS 3 revealed by element records in deep-sea sediments from northern South China Sea. Chinese Science Bulletin, 2014, 59(8): 776-784.

2014-459 徐正坦. 循环流化床粉煤灰加气混凝土制备研究. 长春工业大学学报 (自然科学版), 2014, 35(1): 21-25.

2014-470 阳亚玲, 颜文斌, 蔡俊, 匡洪生, 高峰, 华骏. 溶液制样-偏振能量色散 X 射线荧光光谱法分析石煤钒矿中五氧化二钒. 冶金分析, 2014, 34(12): 13-16.

2014-477 杨柳, 董雪莹, 孟东阳. 煤中微量元素含量常用测定方法. 中国矿业, 2014, 23(S2): 293-300.

2014-480 杨涛, 刘吉波, 包新军. 新疆某铜钪矿中钪的分布状态研究. 稀土, 2014, 35(4): 35-41.

2014-514 查道平, 王嘉勇, 陈昕, 王俊鹏, 孙小玉, 赵鹏, 黄万燕, 李玉泉. 矿浆载流分析仪及其在某选厂的在线监测应用. 现代矿业, 2014, (5): 162, 183.

2014-520 张国亚, 周四春, 刘晓辉, 刘俊, 杨奎, 朱剑. 鄂东南某铀矿勘查区地气与 X 荧光异常特征及找矿意义. 高校地质学报, 2014, 20(4): 564-569.

2014-534 张莉娟, 曾江萍. 超细制样粉末压片法测定铝土矿中主量元素的含量. 轻金属, 2014, (7): 6-9.

2014-542 张素荣, 杨帆, 张华, 贺福清. 青藏高原条件下现场分析方法的适应性. 物探与化探, 2014, 38(1): 100-105.

2014-545 张伟, 张堃, 雍晓静, 罗春桃. 煤基 MTP 装置丙烯收率下降原因分析. 当代化工, 2014, 43(6): 900-903.

2014-546 张伟宏, 汪永进, 吴江滢, 段福才. 南京葫芦洞石笋微量元素记录的末次冰消期气候变化. 第四纪研究, 2014, 34(6): 1227-1237.

2014-557 张亚群, 田景荣, 苟欢歌. X 射线荧光光谱技术在地学研究中的应用. 科技创新导报, 2014, (24): 35-37.

2014-562 张媛, 尹建军, 王文波, 王爱勤. 酸活化对甘肃会宁凹凸棒石微观结构及亚甲基蓝吸附性能的影响. 非金属矿, 2014, 37(2): 58-62.

2014-567 张振球, 刘殿兵, 汪永进, 王权. 中全新世东亚季风年至 10 年际气候变率: 湖北青天洞 5.56~4.84ka B. P. 石笋年层厚度与地球化学证据. 第四纪研究, 2014, 34(6): 1246-1255.

2014-568 张争京, 王凯, 张永文. X 射线荧光光谱法测定钒钛磁铁矿中的主次量元素. 理化检验-化学分册, 2014, 50(10): 1274-1277.

2014-571 赵恩好, 岳明新, 周国兴. X 荧光光谱法测试地质样品中的锡. 当代化工, 2014, 43(4): 634-635, 638.

2014-579 赵开乐, 王昌良, 邓伟, 廖祥文, 顾帼华, 刘厚明. 四川某锂多金属矿工艺矿物学特性研究. 矿物岩石, 2014, 34(1): 10-15.

2014-586 智顺, 张云红, 刘利平. 应用 X 荧光光谱法测定煤中磷结果探讨. 煤质技术, 2014, (2): 36-38, 47.

2014-590 周国兴, 赵恩好, 岳明新, 曹丹红, 肖刚, 张泉. X 射线荧光光谱法测试重晶石中的多元素. 地质与资源, 2014, 23(3): 292-295.

2014-594 周云, 段其发, 曹亮, 李芳, 黄惠兰, 甘金木. 湘西-鄂西地区典型MVT型铅锌矿床流体包裹体研究. 华南地质与矿产, 2014, 30(1): 65-66.

2014-604 朱学忠, 胡墨田. 辽宁省阜新北窝棚膨润土矿岩石矿物学特征. 化工矿产地质, 2014, 36(4): 225-229.

2014-606 朱忠平, 曾精华, 王长根, 吕立超. 熔融制样X射线荧光光谱法测定高铬赤泥中主次量组分. 岩矿测试, 2014, 33(6): 822-827.

2015-008 曹琪, 韩涛, 刘银河, 车得福. 窑尾余热锅炉受热面上水泥生料灰的黏结特性实验研究. 热力发电, 2015, 44(12): 74-79.

2015-019 陈冬, 余超, 陈天虎, 李石磊, 刘海波, 朱承驻, 邹雪华. 氨浸渣高温脱除硫化氢的性能及可再生性. 硅酸盐学报, 2015, 43(8): 1167-1171.

2015-021 陈衡, 王云刚, 马海东, 赵钦新. 循环流化床锅炉燃用准东煤结渣、沾污分析. 热能动力工程, 2015, 30(3): 431-435, 496-497.

2015-025 陈静. X射线荧光光谱法测定地质样品中铌和钽的探讨. 冶金分析, 2015, 35(10): 24-29.

2015-030 陈蓉, 王华, 王辉涛, 黄俊伟, 葛众. 稻壳与木屑燃烧和灰结渣特性对比分析. 太阳能学报, 2015, 36(7): 1749-1754.

2015-050 崔潇妹, 黄坚. X射线荧光光谱分析在地质分析中的应用. 中小企业管理与科技(中旬刊), 2015, (6): 178.

2015-056 邓建国, 刘东亮, 叶勇, 李大庆. 利用XRD, XRF, FT-IR和Rs分析甘肃酒泉恐龙化石及围岩. 西南大学学报(自然科学版), 2015, 37(1): 138-143.

2015-058 邓惟勤, 谈树苹, 陶苗苗, 吴继宗, 龚焱平, 陈强. 1AW溶液中U、Np和Pu的分析. 核化学与放射化学, 2015, 37(3): 153-159.

2015-061 董晶亮, 张婷婷, 王立久, 李长明. 内蒙古砒砂岩的性能及其对水泥力学性能影响的研究. 中国水土保持, 2015, (7): 46-49, 73.

2015-067 段秋桐, 姜宏, 赵会峰, 贺建雄, 代志祥, 朱利方, 沈阳. 全氧燃烧工艺条件下玻璃的澄清. 玻璃与搪瓷, 2015, 43(1): 1-6.

2015-074 冯松宝, 赵梓臣, 付铜洋, 余磊, 车青松, 刘茂钱. 平顶山煤矿煤的物质组成特征研究. 河北省科学院学报, 2015, 32(2): 75-80.

2015-077 冯燕博, 刘东燕, 赵倩蕾, 龙丽洁, 夏毓超. 不同工况条件混合赤泥力学特性变化规律. 环境工程学报, 2015, 9(8): 4021-4026.

2015-083 高树起. 印度尼西亚苏拉威西岛Aresa地区红土型镍矿床成因及找矿勘查. 内蒙古科技与经济, 2015, (16): 51-53.

2015-084 高正阳, 吕少昆, 陈嵩涛, 杨朋飞, 郑双清, 殷立宝, 陈传敏. ESP对燃煤电站锅炉颗粒汞形态及热稳定性的影响. 华北电力大学学报(自然科学版), 2015, 42(1): 63-68.

2015-085 高志军, 陈静, 陈浩凤, 李杰. 熔融制样-X射线荧光光谱法测定硅酸盐和铝土矿中主次组分. 冶金分析, 2015, 35(7): 73-78.

2015-092 郭弘艺, 张亚, 唐文乔, 刘东, 张旭光, 吴嘉敏. 日本鳗鲡幼体的耳石微化学分析及其环境指示元素筛选. 水产学报, 2015, 39(10): 1467-1478.

2015-099 韩国生, 周艳红, 田野, 杜鹏, 李忠亮, 黄玉梅. 四川威远页岩气储集层录井解释评价方法. 录井工程, 2015, 26(3): 75-79, 108.

2015-102 韩蔚, 丁建军, 梅一飞, 马振珠. X射线荧光光谱法测定石膏中11种元素的含量. 理化检验-化学分册, 2015, 51(2): 188-191.

2015-110 贺翩翩, 刘晓静, 范勇, 孙红娟, 梁亚琴. 磷石膏固碳制备$CaCO_3$的实验研究. 非金属矿, 2015, 38(2): 28-30.

2015-113 侯博智, 苏振国, 高宏, 杨金龙, 黄勇, 王修慧, 刘派. 粉煤灰空心微珠多孔陶瓷的结构与性能. 硅酸盐学报, 2015, 43(12): 1747-1752.

2015-117 胡吉祥, 张学斌, 万泽林, 赫丽华, 王智勇, 凤仪. 凹凸棒石黏土的提纯及其纯度表征. 广州化工, 2015, 43(3): 39-41, 86.

2015-123 黄飞, 卢义玉, 汤积仁, 敖翔, 贾云中.

超临界二氧化碳射流冲蚀页岩试验研究. 岩石力学与工程学报, 2015, 34(4): 787-794.

2015-128 黄腾, 雷绍民, Liu Mochou, Ji Mengjiao, Liu Yuanyuan, Yin Xudong, Peng Yongjun. Dry separation of iron minerals from low-grade coal-series kaolin. Journal of Wuhan University of Technology (Materials Science Edition), 2015, 30(5): 935-940.

2015-130 黄秀弟, 叶廷审, 俞国荣. 几种及时鉴别预拌混凝土用原材料的方法及应用. 新型建筑材料, 2015, (6): 1-4, 40.

2015-133 霍超, 刘志刚, 白瑞英, 杨立荣, 封孝信. 钢厂烧结烟气脱硫灰理化特性. 河北联合大学学报 (自然科学版), 2015, 37(2): 1-4, 9.

2015-137 姬梦姣, 雷绍民, 黄腾, 刘莫愁, 刘园圆, 尹旭东. 低品位煤系高岭土焙烧脱除碳质物实验研究. 无机盐工业, 2015, 47(11): 53-56.

2015-142 姜新其. X射线荧光光谱法在聚丙烯灰分测定中的应用. 当代化工, 2015, 44(6): 1438-1440.

2015-143 姜新其, 陈丽华. X射线荧光光谱法在煤灰成分检测中的应用. 煤质技术, 2015, (3): 40-42.

2015-147 蒋周青, 杨静, 马鸿文, 王乐, 马玺. 高铝粉煤灰中 Al_2O_3 与 SiO_2 在碱溶液中的反应行为 (英文). Transactions of Nonferrous Metals Society of China, 2015, (6): 2065-2072.

2015-148 金纯, 赵辉, 江莉莉, 任小明, 蒋涛. 水热法制备 α 半水钛白石膏及其聚合物增强. 硅酸盐通报, 2015, 34(6): 1504-1508, 1519.

2015-150 金辉. X射线荧光光谱法在我国矿石分析中的应用. 技术与市场, 2015, 22(10): 62, 64.

2015-154 靳晓军. 压片-荧光分析法快速测量烧结矿组分. 天津冶金, 2015, (6): 56-58.

2015-155 经辉. X射线荧光光谱法同时测定矿石中铀和钍. 中国无机分析化学, 2015, 5(3): 34-40.

2015-159 赖登旺, 李笃信, 杨金, 崔超, 杨军. 己内酰胺复配异氰酸酯改性蒙脱土的制备与表征. 塑料工业, 2015, 43(1): 101-104, 124.

2015-162 雷绍民, 刘园圆, 黄腾, 姬梦姣, 刘莫愁, 尹旭东. 低品位煤系高岭土浮选除铁试验研究. 非金属矿, 2015, 38(2): 49-52.

2015-176 李寒旭, 李金知, 张冬梅, 熊金钰, 辛宇. 还原性气氛下熔渣中铁的富集及析出机理研究. 中国矿业大学学报, 2015, 44(1): 144-150.

2015-177 李寒旭, 梅乐, 纪明俊, 熊金钰, 李金知. 褐煤 SHELL 气化飞灰黏附影响因素的研究. 燃料化学学报, 2015, 43(12): 1409-1413.

2015-182 李辉, 苏媛婷, 张浩. 西安市建筑垃圾的基本性质研究. 硅酸盐通报, 2015, 34(3): 853-858.

2015-188 李黎, 张中俭, 邵明申. 中国古代建筑中的蛎灰及其基本性质. 中国文物科学研究, 2015, (1): 91-94, 66.

2015-190 李丽, 苏长虎, 胡秉双, 张鸿波. 酸性条件下电解脱硫对煤质的影响. 洁净煤技术, 2015, 21(3): 14-17.

2015-194 李前志, 周军, 刘磊, 张继荣, 张建超. 岩石地球化学异常下限的确定方法对比——以云南思姑锡矿区为例. 地质找矿论丛, 2015, 30(3): 429-434.

2015-201 李舒涵, 朱铁权. 西藏几种常见矿物颜料的成分分析. 西藏大学学报 (自然科学版), 2015, 30(2): 47-54.

2015-204 李西川, 孟玲, 李振, 梁晓峰. 碱性助剂对玻璃化学钢化性能的影响研究. 硅酸盐通报, 2015, 34(8): 2414-2418.

2015-205 李小莉, 安树清, 徐铁民, 刘义博, 张莉娟, 曾江萍, 王娜. 超细粉末压片制样 X 射线荧光光谱测定碳酸岩样品中多种元素及 CO_2. 光谱学与光谱分析, 2015, 35(6): 1741-1745.

2015-209 李颖, 冯秀梅, 陆筱彬, 陈君, 陈连芳. X射线荧光光谱测定焊剂中硫、磷的方法研究. 化学试剂, 2015, 37(5): 437-439, 474.

2015-213 李玉琳. X 射线荧光光谱法测定石灰成分. 化工管理, 2015, (11): 160.

2015-217 李振珠, 李凤海, 马修卫, 马名杰, 薛兆民. 生物质对呼盛褐煤灰熔融特性的影响. 化工进展, 2015, 34(3): 710-714, 719.

2015-218 李志明, 刘丙森. 粉末压片 X 射线荧光光谱法测定长石中的主量元素. 科技创新导报, 2015, (9): 24-25.

2015-221 李宗云, 许妍霞, 汪瑾, 宋兴福, 于建国. 硫酸法钛白酸解尾渣工艺矿物学特性分析. 化工学报, 2015, 66(5): 1947-1954.

2015-223 梁磊. 浅谈 X 荧光仪在金属矿地质勘查中的应用. 中国新技术新产品, 2015, (1): 96.

2015-224 梁鹏, 刘钦甫, 何广武. 京西潭柘寺地区红庙岭组叶蜡石矿物学特征及成因. 矿物岩石地球化学通报, 2015, 34(6): 1223-1230.

2015-225 梁榕, 陈伟明, 张珠福, 刘洋, 马瑛, 兰延, 陆太进. 不同相对密度浅色硬玉岩的化学成分、矿物组成和显微结构特征对比. 宝石和宝石学杂志, 2015, 17(3): 19-29.

2015-232 刘贝, 黄文辉, 敖卫华, 闫德宇, 许启鲁, 滕娟. 沁水盆地晚古生代煤中稀土元素地球化学特征. 煤炭学报, 2015, 40(12): 2916-2926.

2015-234 刘东娜, 周安朝, 常泽光. 大同煤田 8 号原煤及风化煤中常量元素和稀土元素地球化学特征. 煤炭学报, 2015, 40(2): 422-430.

2015-243 刘汇东, 宋红见, 魏建朋, 刘晶晶, 李青倩. 珞璜电厂粉煤灰微珠的精细化分选. 科技导报, 2015, 33(4): 49-55.

2015-250 刘剀, 陆海峰, 郭晓镭, 孙晓林, 陶顺龙, 龚欣. 高浓度煤粉流经文丘里管的管内黏附结垢现象. 华东理工大学学报 (自然科学版), 2015, 41(3): 293-299.

2015-258 刘韶华. X 射线荧光光谱法在煤灰化学成分测定中的应用. 产业与科技论坛, 2015, 14(18): 47-48.

2015-261 刘小玲, 陈晓明, 宋收, 张倩, 郝希超, 罗学刚. 柠檬酸杆菌对 U(Ⅵ) 的去除效应及机理研究. 核农学报, 2015, 29(9): 1774-1781.

2015-273 陆银平, 李靖如, 刘钦甫. 煤系高岭石的原始晶粒尺寸及结晶度对插层作用的影响. 矿物学报, 2015, 35(2): 209-213.

2015-284 吕薇, 肖坤, 赵忠霞, 魏玺, 李保兴, 王翠林. 黑液对水煤浆灰熔融特性影响实验及分析. 哈尔滨理工大学学报, 2015, 20(1): 85-88.

2015-285 马海东, 王云刚, 赵钦新, 陈衡, 姜薇薇. 燃煤电厂烟气冷却器壁上沉积物分析和形成机理. 化工学报, 2015, 66(5): 1891-1896.

2015-288 马秀艳, 王岩, 梁小红, 张世欢. X 荧光光谱法测定高炉瓦斯灰成分. 南方金属, 2015, (2): 19-21.

2015-289 马琰, 王胜春. 准东煤中金属元素的分析研究. 山东化工, 2015, 44(9): 82-86.

2015-316 邱灵佳, 黄国林, 帅琴, 苏玉. 灼烧法中有机质与总有机碳换算关系的重建及其在页岩分析中的应用. 岩矿测试, 2015, 34(2): 218-223.

2015-320 任慧珍, 李立平. 埃塞俄比亚欧泊的成分特征分析. 宝石和宝石学杂志, 2015, 17(4): 23-28.

2015-321 任建兴, 闫冉, 刘玉兵. X 射线荧光光谱法测定水泥中微量铬. 分析试验室, 2015, 34(6): 735-739.

2015-326 Sara Seyfi, Amir Reza Azadmehr, Mahdi Gharabaghi, Abbas Maghsoudi. Usage of Iranian scoria for copper and cadmium removal from aqueous solutions. Journal of Central South University, 2015, (10): 3760-3769.

2015-329 单卿, 张新磊, 张焱, 贾文宝, 蔡平坤, 褚胜男. 煤炭中硫分的快速测量系统. 南京航空航天大学学报, 2015, 47(5): 767-771.

2015-332 邵龙义, 王娟, 侯海海, 张名泉, 汪浩, Spiro Baruch, Large David, 周义平. 云南宣威晚二叠世末生物灭绝期 C_1 煤的地球化学特征. 地质学报, 2015, 89(1):

2015-338 石慧, 赖万昌, 林宏健, 李丹, 甘霖. WDXRF 粉末压片法在分析土壤、岩石和水系沉积物样品中稀土元素中的应用研究. 科技创新与应用, 2015, (3): 43-44.

2015-347 苏梦晓, 陆安军. 电感耦合等离子体原子发射光谱法、X 射线荧光光谱法和摄谱法测定地球化学样品中铜、铅、锌、镍的比较. 冶金分析, 2015, 35(5): 48-53.

2015-353 孙红娟, 周国彪, 彭同江, 吴逍, 何思祺, 周帆. 硫酸浸出法从高钛型高炉渣富钛产物中提取钛. 矿冶, 2015, 24(3): 54-58.

2015-359 Sun Yuzhuang, Zhao Cunliang, Li Yanheng, Wang Jinxi. Anomalous concentrations of rare metal elements, rare-scattered (dispersed) elements and rare earth elements in the coal from Iqe Coalfield, Qinghai Province, China. Acta Geologica Sinica (English Edition), 2015, 89(1): 229-241.

2015-363 谭艳, 朱诚, 吴立, 孙伟, 王晓翠, 贾天骄, 彭华, 侯荣丰. 广东丹霞山砂岩蜂窝状洞穴及白斑成因. 山地学报, 2015, 33(3): 279-287.

2015-369 田国峰, 刘明. 电焊条药皮中的锰、铬、铁、钙、钾、钠元素的测定. 天津化工, 2015, 29(3): 33-34.

2015-373 王安琪. X 射线荧光光谱微区分析在铅锌矿石鉴定上的应用. 内蒙古煤炭经济, 2015, (6): 136-137.

2015-376 王斌远, 陈忠林, 李金春子, 沈吉敏, 樊磊涛. 铬渣中铬的赋存形态表征和酸浸出特性. 哈尔滨工业大学学报, 2015, 47(8): 17-20.

2015-377 王彩红, 李瑞博, Dembele Blaise, 张成君. 新疆乌伦古湖表层沉积物元素地球化学行为研究. 兰州大学学报 (自然科学版), 2015, 51(5): 600-607, 612.

2015-381 王芳. X 射线荧光光谱压片法测定工业硅中 Fe 的含量. 新疆有色金属, 2015, (5): 59-60, 63.

2015-387 王建强, 张建伟, 薛林福, 孙晶. 黄骅坳陷孔南地区孔二段时期元素地球化学特征及其意义. 海洋地质与第四纪地质, 2015, 35(1): 61-69.

2015-389 王洁. 燃煤发电厂脱硝催化剂的成分及表面分析研究. 浙江电力, 2015, (11): 92-96.

2015-391 王菁, 王苗捷, 杨凤玲, 方莉, 程芳琴. 煤矸石酸浸废渣制白炭黑工艺中杂质影响研究. 无机盐工业, 2015, 47(10): 57-60, 73.

2015-392 王兢, 袁伟哲, 王佳丽, 韩健. X 荧光光谱法测定岩石、土壤、水系沉积物中的主次量元素. 吉林地质, 2015, 34(4): 129-131.

2015-395 王珺, 李光强, 杨雪萍, 贺铸, 李宝宽. 电渣重熔过程中渣成分变化及钢中氧含量预测. 钢铁研究学报, 2015, 27(6): 18-23.

2015-400 王礼鹏, 赵永椿, 张军营, 姚斌, 郑楚光. 准东煤沾污结渣特性研究. 工程热物理学报, 2015, 36(6): 1381-1385.

2015-401 王路闯, 崔珂珂, 吴照金. 转炉钢渣制备 Mg-Fe 类水滑石及其吸附性能初探. 广东化工, 2015, 42(14): 38-39, 44.

2015-402 王曼艳. X 荧光仪在金属矿地质勘查中的应用分析. 有色金属文摘, 2015, 30(2): 14.

2015-406 王楠, 郭霞. X 射线荧光光谱法熔融制样测定矿物中的铌钽. 科学技术与工程, 2015, 15(11): 140-142.

2015-411 王先广, 刘战庆, 刘善宝, 王成辉, 刘建光, 万浩章, 陈国华, 张树德, 刘小林. 江西朱溪铜钨矿细粒花岗岩 LA-ICP-MS 锆石 U-Pb 定年和岩石地球化学研究. 岩矿测试, 2015, 34(5): 592-599.

2015-412 王学田, 丁力, 李艳娟, 潘晴. X 射线荧光光谱法同时测定矿石中钨钼锡. 分析试验室, 2015, 34(9): 1031-1037.

2015-414 王艺云, 唐菊兴, 郑文宝, 段吉琳, 宋俊龙, 杨超. 西藏曲水县达布斑岩型铜钼矿床金属沉淀机制探讨. 矿床地质, 2015, 34(1): 81-97.

2015-424 汪小涵, 谢绍雷, 纪律, 陈高琪, 贾永忠, 姚颖. 大浪滩硫酸盐型低品位固体钾盐尾矿矿质分析. 化工矿物与加工, 2015, (4): 10-12.

2015-426 韦嫚嫚, 房俊卓, 李媛媛. 煤基活性炭负载纳米二氧化钛复合材料的制备及表征. 广东化工, 2015, 42(16): 36-37.

2015-427 魏本军. X射线荧光光谱法测定硅酸盐岩石中的主次元素量. 甘肃科技, 2015, 31(6): 32-33, 50.

2015-429 魏灵巧, 宋红元, 易达, 罗磊, 付胜波, 黄瑞成. 熔融制样X射线荧光光谱法测定含硫量高的石膏矿物中主次量元素. 岩矿测试, 2015, 34(4): 448-453.

2015-430 文春华, 罗小亚, 李胜苗, 李建康. 应用X射线荧光光谱-电感耦合等离子体质谱法研究湖南传梓源地区稀有金属矿床伟晶岩地球化学特征. 岩矿测试, 2015, 34(3): 359-365.

2015-433 吴锋, 李辉, 杨康, 李德平. 用粉煤灰提铝残渣制备硅酸盐胶凝材料的基础研究. 硅酸盐通报, 2015, 34(8): 2100-2106.

2015-438 吴乐, 吴建群, 于敦喜, 姚洪, 徐明厚. O_2/CO_2燃烧对神华煤Ca和Fe交互反应影响. 化工学报, 2015, 66(2): 753-758.

2015-442 吴启帆, 包燕平, 林路, 徐国平, 程慧高, 辛彩萍. KR脱硫渣矿物学特征及渣中硫行为. 中国冶金, 2015, 25(8): 44-47.

2015-443 吴世清. 2015年以来实施或即将实施的含硅系列标准. 化工生产与技术, 2015, 22(4): 63-64.

2015-445 武力, 王汝建, 肖文申, 葛淑兰, 陈志华. 东南极普里兹湾陆坡扇晚第四纪高分辨率地层年龄模式. 海洋地质与第四纪地质, 2015, 35(3): 197-208.

2015-455 谢俊彪, 张明峰, 祁新萍. 煤泥水沉降特性的影响因素分析. 化学工程与装备, 2015, (6): 196-198.

2015-462 徐国华. 粉末压片-X射线荧光光谱法测定烧结矿中的Pb、Zn. 福建分析测试, 2015, 24(3): 38-41.

2015-466 徐礼芳. X荧光技术在多种矿石多元素分析应用研究. 化工管理, 2015, (33): 81-82.

2015-469 徐荣声, 王永刚, 林雄超, 许德平, 曾俊, 饶天曦. 烧结特性对煤灰导热性能的影响. 煤炭学报, 2015, 40(12): 2948-2953.

2015-475 许乃岑, 沈加林, 张静. X射线衍射-X射线荧光光谱-电子探针等分析测试技术在玄武岩矿物鉴定中的应用. 岩矿测试, 2015, 34(1): 75-81.

2015-493 杨明坤. X射线荧光光谱法测定金红石中主次组分. 中国无机分析化学, 2015, 5(2): 73-75.

2015-495 杨树泉, 陈吉祥, 莫平英, 汤云辉. X射线荧光光谱仪快速测定酸浸渣中铅、镉、砷、铜、锗、银、硫含量. 世界有色金属, 2015, (7): 51-54.

2015-496 杨树泉, 庞洪福, 李月梅, 陈吉祥. X射线荧光光谱仪测定镉饼中的Cd的方法研究. 世界有色金属, 2015, (8): 41-42.

2015-497 杨松, 叶芝祥, 杨怀金, 李银龙, 袁钊. 建筑施工降尘的污染特征及来源分析. 环境工程, 2015, 33(S1): 324-329, 404.

2015-499 杨燕梅, 张海, 吴玉新, 吕俊复. 不同灰化温度下准东煤碱/碱土金属的析出特性. 燃烧科学与技术, 2015, 21(4): 297-300.

2015-502 杨自然, 李繁荣. 宝山铅锌银矿石选矿现状与对策. 湖南有色金属, 2015, 31(1): 8-12.

2015-505 尹领弟. X射线荧光熔融法测定蛇纹石中多元素. 山东工业技术, 2015, (9): 174.

2015-510 于兰英. 采用X荧光法测定前床渣减少化验误差的实践. 有色矿冶, 2015, 31(3): 55-57.

2015-515 袁伟哲, 田俊杰, 徐志坚, 王佳丽. X荧光光谱法测定硅酸盐中的主次量元素. 吉林地质, 2015, 34(3): 116-119.

2015-522 曾江萍, 张莉娟, 李小莉, 张楠, 吴良英, 王力强. 超细粉末压片-X射线荧光光谱法测定磷矿石中12种组分. 冶金分析, 2015, 35(7): 37-43.

2015-523 曾宪鹏, 于敦喜, 樊斌, 吴建群, 徐明厚. 不同温度下准东煤燃烧颗粒物的生成特性. 煤炭学报, 2015, 40(11): 2690-2695.

2015-524 曾宪跃. X射线荧光光谱仪在地质样品测定中的应用. 科技创新导报, 2015, (28): 113-114.

2015-525 曾长育, 丁汝鑫, 李红中, 周永章, 牛佳, 张介棠. 庞西垌花岗质复式岩体X射线荧光光谱、等离子体质谱分析及其对岩浆分异的指示意义. 光谱学与光谱分析, 2015, 35(11): 3187-3191.

2015-532 张帆, 管俊芳. 现代测试技术在埃洛石研究中的应用. 中国非金属矿工业导刊, 2015, (6): 12-16.

2015-535 张贺. 水洗预处理垃圾焚烧飞灰胶凝活性化学激发的试验研究. 粉煤灰, 2015, (3): 18-20, 24.

2015-537 张辉, 戴朝成, 闫秋实, 王新亮, 时国, 陈文文, 胡志成. 内蒙古大桦背I型花岗岩地球化学特征及其成因意义. 地质与资源, 2015, 24(1): 12-19, 69.

2015-543 张凯, 付锦, 龚育龄, 赵宁博, 陈虎. 主要放射性物探方法在砂岩型铀矿勘查中的应用分析. 世界核地质科学, 2015, 32(1): 46-50.

2015-547 张丽娜, 赵慧涛, 柳召刚. 粉末压片-X射线荧光光谱线性扫描在岩石矿物全分析中的应用. 西部资源, 2015, (2): 199-201.

2015-551 张敏, 陈赟, 龚沂. 熔融制样-X射线荧光光谱法测定石灰石和白云石中8种组分. 冶金分析, 2015, 35(10): 54-59.

2015-552 张庆建, 岳春雷, 孙瑞昌, 冯丽丽, 郭兵, 于立洋. X射线荧光光谱法测定煤中砷磷氯. 冶金分析, 2015, 35(7): 84-88.

2015-556 张文, 刘东娜, 赵峰华. 大同煤田王坪井田太原组8号煤层煤相特征. 中国煤炭地质, 2015, 27(8): 8-12.

2015-557 张文林, 曹华文, 杨志民, 席孝义, 刘文武, 彭仕冕, 郑硌. 四川梭罗沟大型金矿区新生代碱性煌斑岩脉地球化学特征及其地质意义. 矿物岩石地球化学通报, 2015, 34(1): 110-119.

2015-560 张晓羽, 张海霞, 那永洁. 准东煤成灰过程中钠的迁移特性及形态变化. 洁净煤技术, 2015, 21(2): 45-50, 55.

2015-563 张燕平, 朱立光, 王杏娟, 张玉秀. 保护渣化学成分测定方法. 河北联合大学学报(自然科学版), 2015, 37(1): 26-30.

2015-567 张志坚, 陈建良, 李军. X射线荧光光谱法测定石膏主、次化学成分. 玻璃纤维, 2015, (2): 22-28.

2015-568 张智力, 王灵玺, 姜传兴, 武吉伟, 杨学军, 吴艳凤. 玻璃瓶装啤酒中絮状物成分的分析研究. 中国酿造, 2015, 34(6): 99-102.

2015-569 张中俭, 杨曦光, 叶富建, 周华, 张涛. 北京房山大理岩的岩石学微观特征及风化机理讨论. 工程地质学报, 2015, 23(2): 279-286.

2015-581 赵立华, 李宇, 苍大强, 魏汝飞. Al_2O_3对辉石质陶瓷烧结性能的影响. 人工晶体学报, 2015, 44(11): 3346-3349.

2015-590 赵永宏. X荧光光谱法测定硫精矿中硫元素. 化学分析计量, 2015, 24(6): 84-86.

2015-593 郑连杰, 张敏, 秦晓峰. 转炉渣和精炼渣中9种组分含量的全自动快速测定. 河北冶金, 2015, (10): 60-62, 65.

2015-594 郑晓庆. 应用元素分析技术识别松辽盆地火山熔岩岩屑岩性研究. 西部探矿工程, 2015, (7): 129-131.

2015-598 周成洪, 蔡常新. X射线荧光光谱法测定大理石中氯含量. 当代化工, 2015, 44(4): 862-863.

2015-600 Zhou Hao, Li Letian, Zhang Hailong, Zhou Bin. 中试台架上混煤结渣特性实验研究（英文）. Journal of Zhejiang University-Science A (Applied Physics & Engineering), 2015, 16(3): 204-216.

2015-601 周洪军, 陈树军, 林洪征, 温晓光, 张伟, 尹兆余, 于浩, 邵得奇. X荧光在线品位分析仪在鹿鸣选矿厂中的应用. 有色冶金设计与研究, 2015, 36(3): 45-47.

2015-603 周旻玥, 孔凡乾, 韦龙明, 白志强, 董世爽, 袁琼. 广西钦州石夹剖面硅质岩稀土元素地球化学特征. 矿物岩石地球化学通报, 2015, 34(6): 1262-1269.

2015-609 朱诚, 吴立, 朱同新, 侯荣丰, 胡智农, 谭艳, 孙伟, 贾天骄, 彭华. 华南丹霞山地区丹霞造景地貌成因实验地貌学研究（英文）. Journal of Geographical Sciences, 2015, 25(8): 943-966.

2015-611 Zhu Huimei, Wang Peiming, Zhang Guofang. 醋酸乙烯/乙烯共聚可再分散乳胶粉对硅酸盐水泥基饰面砂浆二次泛白的影响（英文）. Journal of Zhejiang University-Science A (Applied Physics & Engineering), 2015, 16(2): 143-150.

5.8.3 环境（水土气）与健康

1976-003 丁民德. 核探测技术在监测环境（非放射性）污染方面的应用. 核防护, 1976, (1): 86.

1979-021 马幼骐. 葡萄酒中亚砷酸盐和砷酸盐水平. 国外医学参考资料（卫生学分册）, 1979, (2): 122.

1979-032 中国科学院土壤背景值协作组. 北京、南京地区土壤中若干元素的自然背景值. 土壤学报, 1979, 16(4): 319-328.

1980-017 李民乾, 秦俊法. 人体穴位组织中微量元素的初步探索. 江苏中医杂志, 1980, (2): 37-39.

1981-014 侯定远. 国外近年水质分析新方法述评. 水文地质工程地质, 1981, (2): 40-43.

1981-016 黄衍初, 马慈光, 姜兆春, 王庆广, 戴昭华, 刘全友. 土壤中铁、钛、钙的X射线荧光分析. 环境科学丛刊, 1981, (2): 16-19.

1981-023 李军. 大气污染物质分析方法的进展. 铁道劳动卫生通讯, 1981, (2): 92.

1981-024 李宁先. X射线分析化学及其在环保中的应用. 湖北环境保护, 1981, (1): 20-26.

1981-036 王明星, 吕位秀, 任丽新, Winchester J. W.. 大气气溶胶采样和化学分析技术. 环境科学丛刊, 1981, (2): 1-10.

1981-037 王明星, 吕位秀, 任丽新, 温切斯特 J. W.. 华北山区大气气溶胶的化学成份. 大气科学, 1981, 5(2): 136-144.

1981-039 王又兰. 职业性铅接触后活体骨骼中铅的测定. 国外医学（卫生学分册）, 1981, (6): 357-358.

1981-041 汪安璞, 黄衍初, 马慈光, 王庆广, 杨淑兰, 刘怀全, 李民, 刘静宜. 北京地区大气飘尘的化学特性. 环境科学学报, 1981, 1(3): 220-233.

1981-052 朱玫, 李伟毅, 邝安堃, 谈明光, 秦俊法, 盛康龙, 陈志祥, 李民乾. 阴虚、阳虚病人血清中某些微量元素变化的初步观察——质子激发X射线分析法的应用. 中医杂志, 1981, (8): 26-30.

1982-004 陈维杰, 刘道杰. 头发含锌量的测定. 北京师范大学学报（自然科学版）, 1982, (2): 37-42.

1982-013 冯子道, 秦俊法, 李民乾, 荣延文, 庄宗杰. 胃癌病人恶性组织和非病灶组织中的微量元素对比研究. 环境化学, 1982, 1(4): 262-266.

1982-015 何去奢, 刘彬, 马跃贤, 刘重业. 土壤中痕量Zn、Cu、Ni、Cr、Pb的X射线荧光光谱测定. 新疆环境保护, 1982, (1): 58-63.

1982-018 黄衍初, 刘全友, 王庆广. 土壤中砷的氢化法分离富集-X射线荧光法测定. 光谱学与光谱分析, 1982, 2(1, 2): 27-30.

1982-019 佳丽新, 温彻斯特 J. W., 吕位秀, 王明星. 北京冬春季节大气气溶胶化学成份的研究. 大气科学, 1982, 6(1): 11-17.

1982-023 李和平. 用X射线光谱法检测贻贝中的痕量元素. 海洋科学, 1982, (6): 62-63.

1982-038 秦俊法, 荣延文, 张厚绍, 顾慧健, 龚克慧, 焦东海, 刘训初. 中药大黄的多元素X射线分析. 中药通报, 1982, 3: 28-30.

1982-047 汪学朋, 陈志祥. 天然水中铁、镍、铜、锌、铅和锰的X射线荧光分析. 核技术, 1982, 4: 105-106.

1982-048 汪学朋, 陈志祥, 徐耀良, 于薇, 许国祺, 郝以明, 曹宏康. 口腔粘膜病人头发、血清和组织样品中微量元素的能量色散 X 射线分析. 核技术, 1982, 4: 106-107.

1982-057 张秀莲, 何丽娟. X 射线荧光能谱在海洋沉积物测定中的应用. 海洋科学, 1982, 4: 53-55, 35.

1983-008 陈识杰, 何介薇, 莫素珍, 姜雅梅, 盛康龙, 秦俊法, 谈明光. X 射线工作者血清中某些微量元素的含量. 辐射防护, 1983, 8(5): 381-383.

1983-012 陈振捷, 徐适生, 孙大泽, 徐力平, 张绍先, 王吉科, 赵玉芝, 阎学欣, 孙兆美. 二硫化碳作业工人头发的微量元素分析. 核技术, 1983, 6: 31-34, 73.

1983-014 崔凤辉, 王少林, 卜赛斌, 汪安璞, 黄衍初. 大气飘尘的 X 射线荧光光谱分析. 环境化学, 1983, 2(3): 52-58.

1983-015 戴朱恒. 土壤农化测试设备与技术的进展. 上海农业科技, 1983, 6: 18-19.

1983-022 高发奎, 郝敬丹, 胡之德. PAN-DDTC 试剂滤纸富集环境样品中微量元素的 X 射线荧光分析. 环境科学, 1983, 5: 53-55.

1983-030 黄衍初, 王庆广. 大气飘尘中若干元素的 X 射线荧光分析. 环境科学丛刊, 1983, 1: 38-40.

1983-047 马淑兰, 刘亚文. 水样的预富集-X 射线荧光光谱分析. 分析试验室, 1983, 3: 57-58.

1983-048 Nazer. K. I., 杨新兴. 溴代甲烷熏蒸后土壤及农作物果实中的溴残留. 原子能农业译丛, 1983, 3: 37-38.

1983-063 汪安璞, 黄衍初, 马慈光, 杨淑兰, 李民. 北京大气颗粒物与地面土中元素的污染及来源初探. 环境化学, 1983, 2(6): 25-31.

1983-083 袁朝良, 许冀泉. 盐渍土中盐分的 X 射线分析. 土壤学报, 1983, 20(1): 97-100.

1983-086 张秀莲, 何丽娟, 刘亚文, 马淑兰, 韩俊英. 应用能量色散 X 射线荧光光谱法测定海洋沉积物 Rb、Sr 元素的方法. 研究. 海洋科学, 1983, 1: 9-13.

1983-088 张祖暄. 神经系统中钙的测定方法. 生理科学进展, 1983, 14(4): 348-351.

1983-093 周锦帆. 水中痕量铀的分析. 环境科学丛刊, 1983, 2: 33-38.

1984-005 才书林, 陈虹, 李洁, 李明淑, 文波. 水系沉积物中主元素和微量元素的 X 射线荧光光谱测定. 辽宁地质, 1984, 3: 300-320.

1984-008 陈生茂. 能量色散 X 射线分析法测定环境样品中微量元素. 环境污染与防治, 1984, 4: 43-46.

1984-016 崔凤辉, 卜赛斌, 王少林. 大气降尘的 X 射线荧光光谱分析. 环境科学研究, 1984, 8: 22-27.

1984-017 戴昭华, 黄衍初. 天津地区土壤中若干金属元素间的相关性. 土壤学报, 1984, 21(3): 314-319.

1984-018 戴昭华, 黄衍初, 王庆广, 刘全友, 姜兆春. 土壤污染指标元素钛、锆、钇在吐鲁番地区土壤中的分布及应用. 环境科学学报, 1984, 4(2): 124-131.

1984-024 高发奎, 郝敬丹, 韩建伟, 胡之德. 化学法富集水中微量元素的 X 射线荧光分析. 分析测试通报, 1984, 3(3): 45-48.

1984-025 高发奎, 郝敬丹, 胡之德. 头发、茶叶、土壤中微量重金属元素的 X 射线荧光分析. 环境研究, 1984, 2: 18-21.

1984-032 黄敬豪, 冯小平. 河流沉积物标准参考物质的制备. 环境化学, 1984, 3(3): 38-45.

1984-034 黄秀榕, 祁明信. 人体微量元素研究进展. 宁夏医学院学报, 1984, Z1: 228-238.

1984-035 姜兆春, 王庆广, 黄衍初. X 射线荧光光谱法测定河流沉积物中镍、锌、锶、铁的含量. 环境科学丛刊, 1984, 5(3): 60-64.

1984-046 刘彬. 国外环境样品的 X 射线荧光分析近况. 环境科学丛刊, 1984, 5(7): 16-20.

1984-050 刘亚文, 韩俊英, 马淑兰, 李道伦, 张秀莲, 何丽娟. 东海海洋沉积物中微量元素的能量色散 X 荧光光谱分析. 海洋通报, 1984, 3(2): 20-26.

1984-056 Packer T. W., 段忆翔. 用高分辨能量色散 X 射线荧光分析器测定土壤和河流沉积物样品中的铀含量. 国外铀矿地质, 1984, 4: 71-79.

1984-061 山崎慎一, 张素居. X 射线荧光法及其在土壤、植物分析中的应用. 土壤学进展, 1984, 4: 51-58.

1984-062 Sivalingam P. M.. 用 TRXRF 分析法测试马来西亚微咸水中双壳类软体动物 Geloina ceylonica (Lamarck) 中的重金属. 海洋科学, 1984, 2: 37-40..

1984-065 Varier K. M., Nayak A. K., Mehta G. K., 马成俊. 人的毛发样品的质子激发 X 线 (PIXE) 分析. 核物理动态, 1984, 2: 42-45.

1984-075 肖伦. 核技术在中医中药中的作用. 核技术, 1984, 2: 1-3.

1984-077 徐元剑, 缪延杰. 微量元素和肾脏疾病. 国外医学. (泌尿系统分册), 1984, 3: 104-108.

1984-090 张秀莲, 何丽娟. 海洋沉积物中 Cu、Zn、Pb、Ba 的能量色散 X 射线荧光光谱测定. 海洋科学, 1984, 4: 12-15.

1984-091 张元勋, 陈志祥, 汪学朋, 毛孝田, 徐江云, 余宝根. 杭州市区夏季大气飘尘中元素成分的测定. 核技术, 1984, 3: 7-8.

1985-001 毕木天, 陈坚, 姚荣奎, 丁富荣, 王美蓉, 唐孝炎, 栗欣, Winchester J. W., Kaufmann H. C., 钟溟, 刘平生, 沙因, 冯锡璋. 北京市冬季气溶胶化学成份的质子荧光分析. 分析试验室, 1985, 4(12): 9-13.

1985-024 甘璇玑, 张鸿文, 陈大刚. X 射线荧光光谱法测定黄渤海某些比目鱼骨骼中无机成分的初步研究. 海洋通报, 1985, 4(3): 35-39.

1985-026 高发奎, 郝敬丹. 环境生态学的 X 射线荧光分析. 环境研究, 1985, 4: 55-61.

1985-027 高发奎, 郝敬丹, 胡之德. 化学富集-X 射线荧光光谱法分析环境试样中的微量元素. 分析试验室, 1985, 4(4): 21-23.

1985-032 何国柱, 蔡戴熙, 李麓维, 成桂萍, 毛一仙, 郑胜男, 臧秀荣, 徐永昌, 杨崇礼, 严文伟, 喻娴武, 刘文会, 张金秀, 舒麟荪, 王景明. 白血病与血液中元素含量相关性初探. 核技术, 1985, 6: 1-2.

1985-033 何去奢, 马跃贤, 贺晓华. 土壤中痕量元素 Rb、Y 的 X 射线荧光光谱分析. 光谱学与光谱分析, 1985, 5(2): 66-68.

1985-054 刘彬, 阿里木江, 贺晓华. 桃叶标样 (82-301) 的 X 射线荧光光谱分析. 环境化学, 1985, 4(2): 37-41.

1985-055 刘彬, 阿里木江, 贺晓华, 赵成林, 马炊贤. 植物样品中某些金属元素的 X 射线荧光光谱测定. 光谱学与光谱分析, 1985, 6: 72-73.

1985-060 刘全友, 黄衍初. 南迦巴瓦峰地区环境背景值. 山地研究, 1985, 3(4): 266-275.

1985-061 刘煜凯. 食品工业中氯化物的使用 (二). 食品研究与开发, 1985, 4: 9-13.

1985-082 陶甄. 蒙特利尔市降雪的总硫浓度. 环境保护科学, 1985, 3: 74-75.

1985-088 汪学朋, 陈志祥, 孟承伟, 潘建烨. 胆石中某些微量元素的初步测定. 核技术, 1985, 6: 30.

1985-089 汪学朋, 张元勋, 林森浩, 徐翟良, 成源棣, 梁国荣, 沈吕南, 黄铭新, 黄定九, 胡炳熊, 许以平, 沈其昵. 冠心病与人发中元素浓度关系的初步研究. 微量元素, 1985, 3: 16-20, 63.

1985-093 夏国中, 曹华德, 丁虹, 殷正芳. 铬电镀工头发中重金属元素含量的测定和分析. 核技术, 1985, 7: 32-33, 62-15.

1985-094 夏国中, 曹华德, 徐仁奎, 殷政芬, 王秋生. 冠心病患者头发中微量元素含量的探讨. 江苏医药, 1985, 8: 40.

1985-095 夏国中, 孙钧敏, 曹华德, 翟青波, 丁虹. 某电镀厂电镀工的头发铬含量测定. 铁道劳动卫生通讯, 1985, 1: 66, 82.

1985-103 姚惠英, 陈建新, 曾宪周, 章净霞, 王德全. 大骨节病与人发中的微量元素. 地方病通讯, 1985, 3: 11-14.

1986-002 伴丰, 古谷圭一, 菊地正, 汪安璞, 黄衍初, 马慈光, 吴锦. 北京地区大气飘尘中的硫的状态分析. 环境科学丛刊, 1986, 7(5): 1-9.

1986-005 蔡来舟. 急性白血病患者血液中钾、

钙、铁、铜、锌等元素含量的研究. 山东医药, 1986, 9: 6.

1986-016 陈振捷, 徐适生, 孙大泽, 张绍先, 徐力平, 杨葆真, 王之珍, 王珊. 天津市学龄前儿童头发微量元素正常值探讨. 天津医药, 1986, 7: 417-418.

1986-018 戴昭华, 黄衍初. 海南岛土壤中若干元素的因子分析. 土壤学报, 1986, 23(4): 382-387.

1986-027 顾公望. 癌症病人细胞和血浆锌、铜、铁水平与转移的关系. 国外医学 (肿瘤学分册), 1986, 3: 177-178.

1986-033 黄衍初, 戴昭华, 王庆广. X 射线荧光光谱分析法在土壤背景调查中的应用. 环境科学丛刊, 1986, 7(4): 18-24.

1986-034 黄衍初, 马慈光. X 射线荧光法在化学状态分析方面的应用. 环境化学, 1986, 5(5): 75-80.

1986-042 刘彬, 贺小华. X 射线荧光光谱法分析土壤中的金属元素. 分析测试通报, 1986, 5(4): 38-40.

1986-043 刘德信, 何建勇, 王果庭, 王爱春, 潘景之, 唐晓明. X 射线荧光光谱法测定狗肺中的钽. 分析试验室, 1986, 5(1): 57.

1986-058 齐文启, 古谷圭一, 合志阳一. 用高分辨双晶 X 光荧光法研究含硫化合物的 S K α 光谱及人发中硫的状态分析. 光谱学与光谱分析, 1986, 6(2): 53-55.

1986-057 齐文启. 高分辨率 X 射线荧光法在状态分析中的应用. 化工新型材料, 1986, 12: 17-22.

1986-066 王军梅, 曹昭风, 顾慕英, 王慧萍, 金启祥, 张新, 曹华德, 沈亚瑛, 孙钧敏, 殷政芳, 王隽, 翟清波. 白癜风患者与微量元素关系的研究. 铁道医学, 1986, 14(2): 65-67, 130.

1986-068 王明星, 任丽新, 吕位秀, 陈建新, 曾宪周, 车建美. 北京一月大气气溶胶的化学成分及其谱分布. 大气科学, 1986, 10(1): 46-54.

1986-069 王明星, 任丽新, 吕位秀, 陈建新, 曾宪周, 车建美. Elemental concentrations and their size distributions of Beijing aerosol in January. Advances in Atmospheric Sciences, 1986, 3(2): 199-207.

1986-075 王征, 刘道杰. 恶性肿瘤病人指甲中微量元素的测定与分析. 微量元素, 1986, 3: 38-41.

1986-079 吴小候, 何梓铭. 微量元素与男性生殖功能. 国外医学 (泌尿系统分册), 1986, (6): 11-14.

1986-094 张石新, 齐文启. 应用 X 光荧光法检测硫的化学位移和研究病毒感染植物中硫状态的改变. 病毒学报, 1986, 2(2): 187-189.

1986-099 张振馨, 冯应琨, 沙因, 刘平生, 张润华, 刘国栋, 孙贵勤, 何毅, 任玉赘, 王世真. 苯丙酮尿症患者头发微量元素锌、铅初步分析. 中国医学科学院学报, 1986, 3: 222.

1987-018 高发奎, 郝敬丹, 杨晓辉. X 射线荧光法直接测定环境土壤中的金属含量. 环境研究, 1987, 3: 63-67.

1987-024 贺晓华, 阿里木江. X 荧光光谱法测土壤参考样中的钛和铬. 新疆环境保护, 1987, 1: 18-19, 6.

1987-025 Hisao Watanabe, 刘国岐. X 射线对水稻叶片中元素转移的影响. 核农学通报, 1987, 4: 19-20.

1987-029 黄衍初, 姜兆春. 环境样品的 X 射线荧光分析. 环境化学, 1987, 6(4): 59-70.

1987-041 刘彬, 阿里木江. X 射线荧光光谱分析中的基体稀释法及其在植物样品分析中的应用. 分析化学, 1987, 15(9): 797-800.

1987-042 刘彬, 马跃贤, 赵成林, 贺晓华, 阿里木江. 粉末直接压片 X 射线荧光光谱快速测定土壤样品中 17 种元素. 新疆环境保护, 1987, 1: 7-12.

1987-054 毛振伟, 陈树榆, 林淑钦. X 荧光光谱点滴滤纸法测定土壤中的速效钾. 土壤肥料, 1987, 4: 47-48.

1987-053 毛振伟. X 荧光粉末压片散射背景内标法测定土壤中的钾和磷. 土壤通报, 1987, 6: 286-287.

1987-057 齐文启, 古谷圭一, 合志阳一. 双晶 X 射线荧光法测定植物样品中硫的化学状态. 分析化学, 1987, 15(8): 679-682.

1987-058 齐文启, 合志阳一. 双晶X光荧光在环境分析中的应用. 环境化学, 1987, 6(2): 81-83.

1987-059 秦俊法, 汪勇先, 徐耀良, 李民乾, 吴士明, 颜烈宝, 陆蓓莲, 郑志学, 曹余德. 上海市长寿老人的头发微量元素谱特征. 核技术, 1987, 3: 50-52, 64.

1987-064 佘利民, 胡昌恒, 罗祖明, 张大忠, 王能明, 陈素清, 陈剑瑄. 急性脑血管病患者发铬含量的初步观察. 华西医科大学学报, 1987, 18(2): 160-162.

1987-070 孙大泽, 徐适生, 陈振捷, 张绍先, 徐力平. 天津市区健康人头发中微量元素分析. 核化学与放射化学, 1987, 9(3): 180-184.

1987-082 谢秉慧, 陈文为. 用NAA与XRF测定清宫寿桃丸中微量元素的含量. 北京师范大学学报 (自然科学版), 1987, 1: 40-42.

1987-084 严伯初. X萤光光谱法测定正常和硬化肝组织中微量元素. 国外医学 (消化系疾病分册), 1987, 3: 185.

1987-087 阎广文, 刘学公, 阎淑珍, 何瑞启, 徐克尊, 王基镕, 武淑兰, 张芳. 人发微量元素测定及正常值研究. 环境与健康杂志, 1987, 2: 5-7.

1987-088 杨绍晋, 杨亦男, 钱琴芳, 陈冰如, 钟溟, 胡朝晖, 沙因, 刘平生, 袁纪文. 京津地区大气颗粒物的表征及来源鉴别. 环境科学学报, 1987, 7(4): 411-423.

1987-098 赵成林, 马跃贤, 刘彬. 薄膜富集-X射线荧光光谱测定植物中的Cu、Co、Ni. 新疆环境保护, 1987, 1: 13-17.

1988-001 阿力木江, 朱建新, 贾宪, 刘彬, 潘丽英. 植物样品的X射线荧光光谱分析. 新疆环境保护, 1988, 4: 45-47, 50.

1988-010 陈亚男. 标准物质甘蓝的研制和技术特性. 食品科学, 1988, 2: 12-15.

1988-022 高发奎, 杨晓辉, 郝敬丹. X射线荧光法测定黄河水悬浮泥沙中的金属含量. 环境研究与监测, 1988, 4: 26-29.

1988-023 高晓梅. 胺碘哒隆引起甲状腺机能障碍. 国外医学 (心血管疾病分册), 1988, (2): 122.

1988-027 韩应建, 赵德山, 汤大纲, 姜振远, 周舟. 太原市冬季大气气溶胶的源识别. 环境科学研究, 1988, 1(1): 25-30.

1988-028 何琍, 胡昌恒. 微量元素与脑动脉硬化. 华西医讯, 1988, 3(1): 35-37.

1988-036 黄衍初, 王庆广. X射线荧光光谱测定土壤和水系沉积物中的主元素和痕量元素. 环境化学, 1988, 7(4): 34-38.

1988-037 加贝. 河水中微量磷的X射线荧光分析. 国外医学 (卫生学分册), 1988, 1: 50-51.

1988-038 荆照政, 吴珑. X射线荧光光谱测定人发中的锶硒锌铜镍铁锰铬. 理化检验-化学分册, 1988, 24(6): 366-367.

1988-041 李传珠. X射线荧光光谱法分析土样和沙样中元素方法的讨论. 中国沙漠, 1988, 8(4): 74-82.

1988-043 李翰芳, 张建国, 包兆宜, 宋知行, 胡文蓉, 张永. 儿童多动综合症患者头发微量元素分析. 核技术, 1988, 11(7): 63-65.

1988-055 卢景提, 王维钦, 胡雅超, 刘亚南, 孔繁荣. 佝偻病小儿发中微量元素能量色散X射线荧光光谱分析. 环境化学, 1988, 7(2): 73-75.

1988-062 齐文启, 福岛整, 合志阳一, 古谷圭一. 用高分辨率双晶X射线荧光法测定头发中硫的状态. 中国科学技术大学学报, 1988, 18(1): 89-96.

1988-064 秦俊法, 李民乾, 徐耀良, 华芝芬, 刘民壮. "野人"毛发的微量元素谱研究. 核技术, 1988, 11(5): 52-56.

1988-070 孙宏. 乙胺碘呋酮引起甲状腺功能障碍. 国外医学 (药学分册), 1988, (5): 314.

1988-071 孙忠, 张月芬, 李治, 赵辑佩. 人发中铜锌铁钙锶磷的X射线荧光光谱法测定. 地质实验室, 1988, 4(6): 353-356.

1988-075 王安莲. 职业性接触停止后人体内骨骼铅浓度的下降. 劳动医学, 1988, 1: 69-70.

1988-077 王军梅. 白癜风患者与微量元素关系的研究. 南京铁道医学院学报, 1988, 2:

1988-088 徐克尊,张芳,刘冠华,武淑兰,刘学公,阎广文,何瑞启. XRF 法分析人发微量元素精度的改善. 核技术, 1988, 2: 45-48, 64.

1988-100 曾宪周,赵国庆,杨福家. 核分析技术及医学显像核技术的新进展. 核技术, 1988, 11(10): 1-8.

1988-102 张建国,李翰芳,王琼,范鸿生,庄以亮. 微量元素与妊娠关系的研究. 微量元素, 1988, 2: 31-33.

1988-117 赵敦初. 微量铅的分析方法. 衡阳医学院学报, 1988, 16(2): 138-142.

1988-120 钟永安. 生命元素—锌的研究进展. 国外畜牧科技, 1988, 15(1): 35-41.

1989-001 AшитокВ. И., Суварцко С. М., 沈天竹,汤瑞琼. 野外条件下水地球化学试样的快速分析. 国外地质勘探技术, 1989, 6: 42-43.

1989-013 崔凤文,李为明,崔守信,杨颖. 川产油菜花粉的氨基酸和矿物质分析. 第三军医大学学报, 1989, 6: 480.

1989-017 段承蕴,杨秀珍,刘远兴,徐克尊,杨雨忻,张芳,承芦华. 合肥市 353 名健康儿童头发微量元素的调查. 安徽医科大学学报, 1989, 24(2): 97-100.

1989-028 何瑞启,刘学公,阎广文,徐克尊,张芳,承芦华. 20 例慢性肝病患者头发微量元素测定. 安徽医科大学学报, 1989, 4: 292.

1989-032 胡世林. 中药光谱鉴定进展. 中国医药学报, 1989, 4(2): 56-62.

1989-051 李民乾. 核分析技术在生命科学中的应用. 核物理动态, 1989, 2: 31-34.

1989-057 林似兰. 中药微量元素研究概述（Ⅱ）. 西北药学杂志, 1989, 4(3): 40-43.

1989-061 卢景提,王维钦,胡雅超,刘亚南,孔繁荣. 佝偻病儿发中微量元素的研究分析. 光谱实验室, 1989, 6(5): 224-226.

1989-063 Ma Ciguang; Li Min, Zhang Yongping, Li Hongzhen, Zhu Peiran., Liu Jiarui. On the study of aerosol composition at the Great Wall Station, South Pole. Journal of Environmental Sciences, 1989, 1(1): 47-54.

1989-072 Olson Ken R., Beavers A. H., 樊振国. 估计土壤流失量的方法. 水土保持科技情报, 1989, 2: 34-40.

1989-073 齐文启,毛振伟. X 射线荧光法在状态分析中的应用. 稀有金属, 1989, 1: 80-84.

1989-075 沈新尹,朱光华,汪新福. 大气气溶胶组分及其粒度分布研究——分级采样和质子激发 X 荧光技术结合分析大气气溶胶一例. 中国环境监测, 1989, 5(1): 9-13.

1989-080 王德全,章净霞,姚惠英. 大骨节病病区水、粮实验对动物的骨和软骨中化学元素组成的影响. 中国地方病学杂志, 1989, 8(3): 18-22, 57.

1989-086 王明贵,高奎珍,赵金铎. 铸工尘肺 16 例病理分析. 中国工业医学杂志, 1989, 2(2): 9-10, 64.

1989-093 魏庆珣,郭雅先,牛凤兰,翟庆洲. 泡沫浮选-X 线荧光光度法测定水中微量银的研究. 黄金, 1989, 10(5): 49-53.

1989-096 吴小凤,张钰蓉,张龙兴,张阿根. 长寿老人、高血压患者及健康学生头发中微量元素的分析. 核技术, 1989, 12(4): 243-245.

1989-103 许力,李锦昕,张运国. X 射线荧光光谱测定人发中微量元素锌、铜、铁、钙、钛、锰和锶. 环境化学, 1989, 8(6): 69-72.

1989-104 许天宏,王静宜,裴斌,武军,孙胜利,秦俊法,李民乾,徐耀良,鲍锦荣,章家鼎. 精神分裂症患者头发中锌、铜、铅、铁含量的初步研究. 中国神经精神疾病杂志, 1989, 2: 113.

1989-112 张进棠. 湖底沉积物中硅铝等元素的X荧光光谱测定. 武汉化工学院学报, 1989, 2: 47-52.

1989-123 朱光华,沈新尹,汪新福,谢秉慧,吴瑜光. 北京大气气溶胶元素组分及粒度分布的研究. 中国环境监测, 1989, 5(5): 10-13.

1990-027 何琍,胡昌恒,罗祖明,张大忠,王能明,陈素清,陈剑瑄. 微量元素和脑动脉硬化症相互关系的初步探讨. 中风与神经疾病杂志, 1990, 7(1): 7-8, 4.

1990-028 何瑞启, 刘学公, 阎广文, 程永福, 唐鸿珊, 徐克尊, 张芳, 承芦华. 人头发锌测定的临床意义. 安徽医学, 1990, 11(5): 23-24.

1990-029 贺晓华. X 射线荧光光谱法测定土壤中微量元素铌. 新疆环境保护, 1990, 12(2): 52-55.

1990-031 胡正芝. 食品分析. 分析试验室, 1990, 9(4): 27-53.

1990-036 黄衍初, 王庆广, 曲长菱, 张琴. 土壤中 14 个元素的 X 射线荧光分析. 中国环境监测, 1990, 6(1): 50-53.

1990-045 李国会, 李琴. X 射线荧光光谱快速测定土壤和水系沉积物中的溴、钼、砷、镓. 地质实验室, 1990, 6(6): 338-340.

1990-046 李华, 贺春福, 袁秀顺. 土壤中常量元素的 X 射线荧光光谱测定. 分析化学, 1990, 6: 549-552.

1990-047 李华, 贺春福, 袁秀顺. 土壤中铜、锌、铷、钇的 X 射线荧光光谱分析. 分析试验室, 1990, 1: 37-38.

1990-054 梁国荣, 黄铭新, 黄定九, 沈吕南, 陈淑菁, 沈其昀, 许以平, 张君丽, 汪学朋, 陈志祥, 张元勋. 老年人头发中微量元素含量与遗传、环境因素的初步观察. 老年学杂志, 1990, 3: 165-168.

1990-058 刘恩美, 张仕定, 吉昂, 陶光仪, 裴立文. 理论 α 系数-X 射线荧光光谱法分析水系沉积物中主次量元素. 分析化学, 1990, 2: 121-125.

1990-061 刘袭君, 张益珍, 张书琴, 赵庆昌, 张一云, 吴丽萍, 蒋锦江. 用 XIXA 法对大鼠糖尿病性白内障锌含量改变的研究. 华西医科大学学报, 1990, 2: 134-136.

1990-063 刘训健, 王小平, 薛晨芳, 邹品德, 虞虹, 叶秋红, 马以瑾, 陆文娟. 十种茶叶中镁含量及浸出率的测定. 茶业通报, 1990, 3: 44-45, 27.

1990-066 卢景提, 王维钦, 胡雅超, 刘亚南, 孔繁荣. 小儿发样测定及佝偻病统计判别. 环境化学, 1990, 1: 73-77.

1990-068 马慈光, 李民, 张永萍, 李洪珍, 朱沛然, 任孟眉. 南极长城站大气气溶胶组成研究. 南极研究, 1990, 2: 36-43.

1990-071 毛振伟, 李凡庆, 王小兵. X 射线荧光光谱滤纸片法测定食油中的磷. 分析化学, 1990, 12: 1155-1157.

1990-076 欧阳广瑛. 敦煌补益方中十味药物微量元素含量分析. 甘肃中医学院学报, 1990, 7(4): 24-26.

1990-081 秦广雍, 高正耀, 潘贤家, 姚志亭. 骊山粘土热变化的穆斯堡尔谱研究. 核技术, 1990, 13(9): 530-533.

1990-082 秦俊法, 李民乾, 华芝芬, 芮静宜, 徐耀良. 人发中微量元素含量可作为儿童生长发育的指示器. 微量元素, 1990, 2: 32-35, 37.

1990-083 秦俊法, 汪勇先, 华芝芬, 陆蓓莲. 上海市 80 岁以上老人发中微量元素谱研究. 核技术, 1990, 13(6): 377-380.

1990-090 孙家美, 毛振伟. 11 种药用贝壳珍珠层无机元素测定. 中药材, 1990, 13(7): 15-16.

1990-091 孙平蕙, 陈远盘, 李声辉. X 射线荧光光谱法快速半定量分析岩石土壤中的稀土总量. 光谱学与光谱分析, 1990, 10(3): 32-35.

1990-093 孙忠, 张月芬, 李冶, 赵辑佩. 薄样 X 射线荧光光谱法直接测定人体全血中十一种元素. 分析化学, 1990, 28(1): 84-86.

1990-096 铁步荣, 乔旺忠, 云秦川. 市售中药石膏、珍珠母煎液、残渣中化学成分的含量测定. 中药材, 1990, 13(4): 30-33.

1990-098 王素华. 天然水中重金属的预浓集和测定的新方法. 四川造纸, 1990, 3: 213-218, 220.

1990-100 汪新福, 朱光华, 吴瑜光, 沈新尹. 北京城区北部冬、夏季大气颗粒物化学成分和粒度分布. 大气科学, 1990, 14(2): 199-206.

1990-109 谢克勤, 蔡章金, 周克昌, 童振. 二苯氨基脲测定头发中铬含量. 职业医学, 1990, 17(2): 105-106.

1990-117 杨炳忻, 徐克尊, 张芳, 赵岩, 承芦华,刘学公, 阎广文, 何瑞启. 人发微量元素相关关系和判别疾病的初步研究. 核技术, 1990, 13(9): 540-544.

1990-126 张大忠, 邵明松, 陈素清, 王能明, 陈剑瑄, 何琍, 胡昌恒, 罗祖明, 曾虹, 汪秉康, 佘利民. 微量元素与脑血管疾病相互关系的研究. 四川大学学报(自然科学版), 1990, 27(4): 457-462.

1990-127 张日清, 丁元华, 王曼霖, 赵淑云. 可用于骨铅活体(In Vivo)研究的极化X荧光分析. 生物物理学报, 1990, 6(4): 480-484.

1990-137 朱光华, 汪新福, 沈新尹, 吴瑜光, 赵俊琳, 任燕, 王丽平, 刘培桐, 李果. 南极长城站地区1987年夏季大气气溶胶研究. 南极研究, 1990, 2(2): 44-50.

1990-140 邹恩滕, 陈致芬. 直接测定牙轮钻钻屑中钼含量的X荧光研究. 核技术, 1990, 13(5): 293-295.

1991-015 符基萌, 曾宪英, 温玉璞, 苏维瀚. 西太平洋气溶胶微量元素的初步研究. 气象学报, 1991, 49(1): 54-63.

1991-016 高发奎, 郝敬丹, 杨晓辉. X射线荧光法测定土壤中的金属含量. 光谱实验室, 1991, Z1: 65-68.

1991-017 高发奎, 杨晓辉, 郝敬丹. 黄河水悬浮泥沙中金属含量的X射线荧光法测定. 光谱实验室, 1991, 8(1, 2): 18-21.

1991-020 贺士瑜, 于方俊, 沈静, 靳小玉. 放射性核素激发X射线荧光法(XRF)直接测量人体甲状腺碘. 核技术, 1991, 14(11): 659-664.

1991-034 兰德伯格S., 莱康特R., 帕拉迪斯P., 张甲生. 人参中微量元素的质子诱导X射线发射分析. 人参研究, 1991, 4: 42-44.

1991-039 李国会, 卜维, 凡守忠. X射线荧光光谱法直接测定动物肝中多种元素. 光谱学与光谱分析, 1991, 11(6): 49-50.

1991-041 李国树, 郭海燕, 王榕海. 用质子X荧光法对广州市气溶胶中无机元素的分析. 环境科学研究, 1991, 4(3): 42-45.

1991-042 李国树, 殷惠民, 贾红, 董树屏. 用质子激发X荧光(PIXE)法对金矿区工业废水和地表水中无机元素的分析. 中国环境监测, 1991, 7(5): 21-24.

1991-049 刘昶时, 李民乾, 徐耀良. 新疆地区三种牧草的PIXE分析. 核技术, 1991, 14(3): 179-182.

1991-050 刘年庆, 纪云晶, 王敏, 张晓峰, 焉伶娜, 栗建林, 金枫, 冯松林, 钟溟. The metabolism of titanium and other elements in Wister Rats. Nuclear Science and Techniques, 1991, 2(3): 178-183.

1991-054 陆丹. 氢氟酸工人发氟及其他元素测定. 地方病译丛, 1991, 12(4): 58-59.

1991-056 罗祖明, 佘利民, 何琍, 张大忠, 王能明, 陈素清, 陈剑瑄. 老年脑血管病患者头发微量元素测定. 华西医学, 1991, 6(1): 36-37.

1991-067 齐文启, 曹杰山, 戴文红. 用不同酸溶方法对三类土壤中Pb、Cr、Ni、Cd、Mn、Cu、Zn的溶出比较. 中国环境监测, 1991, 7(3): 47-50.

1991-070 邱林友. 银型活性炭纸富集-XRFA法测定工业废水中的痕量As(Ⅲ)和As(Ⅴ). 重庆环境科学, 1991, 13(4): 57-58.

1991-073 任红星, 贺春福, 张启超. 基本参数法X射线荧光分析土壤样品中主量元素. 分析试验室, 1991, 10(6): 44-46.

1991-076 Su Weihan, Ma Ciguang, Song Wenzhi, Li Min, Li Wei. Study of aerosol composition in some clean areas of China. Journal of Environmental Sciences, 1991, 3(1): 71-78.

1991-077 孙爱贞, 郭瑞新, 王惠芳, 高述祥, 王运调, 叶福媛, 李麓维. 铅在组织内的分布和排出. 劳动医学, 1991, 8(2): 25.

1991-079 孙家美, 毛振伟. X射线荧光光谱法对穿山甲鳞片的分析. 中国中药杂志, 1991, 16(4): 234-235.

1991-078 孙家美, 毛振伟. 贝壳珍珠层元素的X射线荧光光谱分析. 湛江水产学院学报, 1991, 11(2): 25-30.

1991-091 王庆广, 谢光国, 黄衍初. X射线荧光光谱测定贻贝(86-701)中某些元素. 光谱学与光谱分析, 1991, 11(6): 45-48.

1991-092 王醒谦, 相坤山, 冯嘉帧. 果品中微量元素的含量. 食品科学, 1991, 11: 45-47.

1991-093 王修德, 黄衍初, 庞叔薇. X射线荧光法测定土壤中可提取态硫酸盐. 环境化学, 1991, 10(5): 51-55.

1991-101 徐贞元. 质子X荧光法研究气溶胶的特性. 分析测试通报, 1991, 10(6): 29.

1991-103 阎军, 何丽娟, 薛胜吉. 西太平洋边缘海区元素地层学研究及其古海洋学意义. 海洋地质与第四纪地质, 1991, 11(2): 57-67.

1991-112 喻德科. 西沙群岛贝壳中化学元素的X射线荧光光谱测定. 分析测试通报, 1991, 10(2): 33.

1991-113 喻德科. 西沙群岛石珊瑚中钙、铝、硅、磷、铁和锶的X射线荧光光谱测定. 分析化学, 1991, 19(1): 126.

1991-115 张大忠, 陈素清, 陈剑瑄, 王能明, 邰明松, 何光昕, 冯文和. 大熊猫体毛微量元素含量与疾病的关系. 动物学研究, 1991, 12(1): 73-78.

1991-116 张启超, 王子尧, 贺春福, 任红星. X射线荧光光谱法分析面粉、大米中的微量元素. 分析化学, 1991, 19(9): 1072-1074.

1991-120 张仕定, 刘文长. 土壤环境背景值调查样品中主次量元素的快速X射线荧光光谱法测定. 光谱实验室, 1991, Z2: 163-166.

1991-121 张小曳, 安芷生, 刘东生, 陈拓, 张光宇, Richard Arimoto, 朱光华, 汪新福. 中国北部及西北部三次尘暴的研究——矿物气溶胶中微量元素源区特征及在大气搬运过程中的变化. 科学通报, 1991, 19: 1487-1490.

1991-133 朱元昌, 吴志勤, 李翰芳. 肿节风中微量元素在治疗中的作用. 中成药, 1991, 13(12): 47.

1992-004 包生祥, 沈平. X射线荧光光谱测定钙质贝壳中17种元素. 分析化学, 1992, 20(6): 688-691.

1992-006 蔡载熙, 国毅. Multielement analysis in ginseng and its soil. Nuclear Science and Techniques, 1992, 3(1): 19-24.

1992-015 陈锋. 头发中氟和其他微量元素的X线荧光分析结果. 地方病译丛, 1992, 13(6): 61.

1992-017 陈新华. 能量色散X射线荧光光谱法测定初步预浓缩的饮水中微克/升水平碘化物的简单方法. 地方病译丛, 1992, 13(1): 94-95.

1992-018 陈永君, 安庆骧. 动植物样品中22种元素的X射线荧光光谱分析. 中国环境监测, 1992, 8(5): 7-8.

1992-024 Gore Randy R., Witska Rich, Kirby J. Ray, Chao Jamesl, 张万胜. 电触头的气体腐蚀环境试验. 电工合金, 1992, 3: 24-29.

1992-027 Guenther K., 何金明. 蔬菜食品中元素的结合态分析. 江西工业大学学报, 1992, 14(3): 27-29.

1992-034 胡正芝. 食品分析. 分析试验室, 1992, 11(5): 83-110.

1992-036 黄士斌, 王世真. X荧光分析法体内测量微量元素的进展. 国外医学(放射医学核医学分册), 1992, 16(4): 175-178.

1992-037 黄炎. 大熊猫体内微量元素含量的研究. 中国兽医杂志, 1992, 18(1): 3-5.

1992-039 李凡庆, 毛振伟, 朱育新, 霍登伟, 赵化章, 尹香莲, 赵贵文. 铁芒萁植物体中稀土元素含量分布的研究. 稀土, 1992, 13(5): 16-19.

1992-043 李华, 贺春福, 袁秀顺. X射线荧光光谱经验系数法分析土壤中痕量元素. 分析试验室, 1992, 11(4): 53-56.

1992-049 李树义, 王彦峰, 武盈玉, 赵素, 郝明革, 江泽菲, 李助萱. 21-三体综合征患者铜、锌水平的变化. 中国医科大学学报, 1992, 21(2): 148-151.

1992-050 李文明, 喜春凯, 志敏. X射线荧光分析法测量高血压和糖尿病患者头发中的微量元素. 微量元素与健康研究, 1992, 3: 54-55.

1992-058 刘年庆, 焉伶娜, 张晓峰, 赵舜英, 冯松林, 钟溟, 吴卫芳, 郑民, 朱莲珍, 朴建华, 程云鹭. 克山病病区儿童红细胞中铷含量研究. 中国地方病学杂志,

1992, 17(1): 50-51.

1992-061 刘树文, 单玲, 张谊理. X 射线荧光光谱法测定水中痕量金属. 石油大学学报 (自然科学版), 1992, 16(4): 91-95.

1992-078 邱林友. 汞型活性炭纸富集-XRFA 法测定水样中的痕量 SCN⁻. 地质实验室, 1992, 8(5): 267-268.

1992-090 孙平, 张甲生, 徐景达, 陆丹, 苏克, 邹海峰. 西洋参茎叶总皂甙品质评价(二)——无机元素含量的测定. 人参研究, 1992, 3: 31-34.

1992-099 王晖, 张蕴惠, 马文革, 张晋英. 牙周病牙骨质微量元素分析. 华西口腔医学杂志, 1992, 2: 93-95.

1992-100 王晖, 张蕴惠, 马文革, 张晋英, 陈素清, 张大仲, 陈剑瑄, 邰明松. 牙周病的牙骨质微量元素研究. 微量元素与健康研究, 1992, 3: 21-23.

1992-103 王庆广, 戴昭华, 黄衍初, 张琴. 高分辨双晶 X 射线荧光光谱测定某些环境样品中硫的化学状态. 环境化学, 1992, 11(3): 55-59.

1992-105 王新平. 使用 X 线荧光分析法测定稳定碘含量诊断甲状腺疾病. 地方病译丛, 1992, 4: 61.

1992-106 王修德, 黄衍初, 庞叔薇. X 射线荧光法测定土壤总硫量. 光谱学与光谱分析, 1992, 12(2): 119-121.

1992-110 王志兰, 顾伯美, 贾美香, 孙用均, 赵砚卿, 马鑫培. 精神发育迟滞儿童发中微量元素测定. 原子能科学技术, 1992, 26(3): 69-71.

1992-115 吴应荣, 巢志瑜, 洪蓉, 肖延安, 黄衍信, 何聿忠, 罗平, 罗建慧, 李启金. 怀孕期头发中一些元素含量的变化趋势. 光谱学与光谱分析, 1992, 12(6): 99-102, 108.

1992-122 谢东, 侯登录, 宋东光. X 射线荧光分析法直接测定胆结石中金属元素. 核电子学与探测技术, 1992, 12(2): 86-91.

1992-125 徐大华, 陈文彬. 慢性肺心病肺癌病人头发微量元素的测定. 华西医学, 1992, 7(2): 128-130.

1992-126 徐晓斌, 杨东贞, 温玉璞, 苏维瀚. 北京地区夏季背景气溶胶的特征. 气象学报, 1992, 50(3): 310-319.

1992-127 许益民, 陈建伟, 毛惠新, 刘笛. 中药胡芦巴磷脂成分的 X 射线荧光光谱法直接测定. 分析化学, 1992, 20(2): 219-222.

1992-134 虞杏英, 顾兰芬, 庄向平, 寿红霞, 方涌强. 浙江不同地区银杏叶中微量元素的研究. 分析测试通报, 1992, 11(6): 69-71.

1993-009 陈如松, 孟宪钰, 贺立绩, 李全胜, 徐辉碧, 杨祥良. 人发微量元素谱与食管癌. 辐射防护通讯, 1993, 1: 44-50, 28.

1993-010 陈西贵, 江德华. 环境污染和慢性砷中毒. 国外医学 (卫生学分册), 1993, 5: 317.

1993-032 顾兰芬, 戴纬. 高度近视与发锌含量关系的研究. 科技通报, 1993, 9(6): 420-422.

1993-038 何瑞启, 刘学公, 阎广文, 程永福, 刘永孝, 王为太, 徐克尊, 张芳, 承芦华. 地方性甲状腺肿流行区 82 份人发微量元素分析. 安徽医学, 1993, 14(5): 16-17.

1993-054 李桂芳, 魏松全, 过韬辉, 张国福, 张大忠, 王能明, 陈素清, 陈剑瑄. Graves 病患者头发微量元素测定的临床意义. 华西医学, 1993, 8(2): 177-178.

1993-060 李民乾, 张勇平, 童永彭, 徐耀良, 盛康龙, 芮静宜. Application of nuclear analysis techniques in study of environmental pollution in the vicinity of Shanghai. Nuclear Science and Techniques, 1993, 4(2): 91-94.

1993-066 李冶, 程泽. X 射线荧光光谱滤纸片法测定人体体液中多种微量元素. 理化检验-化学分册, 1993, 29(5): 297-298.

1993-080 陆文栋, 何广仁, 张桂如, 陈志纯, 秦俊法. 白血病患者头发中钙及微量元素的初步研究. 核技术, 1993, 16(2): 123-126.

1993-089 秦俊法, 李德义, 陆伟红, 陆阳, 陆文栋, 何广仁. 钙、微量元素与妊娠关系的初步研究. 核技术, 1993, 16(2):

83-87.

1993-090 秦俊法, 李德义, 陆伟红, 陆阳, 汪勇先, 陆文栋, 何广仁. 头发中钙及微量元素含量的性别差异研究. 核技术, 1993, 16(7): 432-437.

1993-097 沙因, 刘平生, 刘国栋, 林汉, 杨兵, 钱林生. 急性白血病全血样品的质子激发 X 荧光分析方法学研究. 分析试验室, 1993, 12(3): 7-12.

1993-098 沙因, 刘平生, 章佩群, 董玉兰, 杨振军, 吴越, 李景修, 刘德祥, 王津锟, 张德康. 食管癌与微量元素相关性研究. 科学通报, 1993, 38(17): 1617-1619.

1993-101 Shigeki Abe, Akihiro Kamo, Kan Hasegawa, Masatoshi Endo, 王帼雄. 环境水中重金属离子总浓度简易分析方法. 环境监测管理与技术, 1993, 5(3): 63-65.

1993-106 陶若愚, 杨静娴, 李玉珍, 董晓玲, 腾惠洁. 太原地区微量元素与妊娠合并症关系探讨. 中国优生与遗传杂志, 1993, 1(3): 135-137, 134.

1993-145 赵呈裕, 杨金巧, 李小玉, 陈素清, 陈剑瑄. 乳腺癌、乳腺增生及健康妇女头发中 10 种微量元素含量变化的分析. 华西医科大学学报, 1993, 24(4): 402-404.

1993-158 郑思瑞, 王洪升, 李桃生, 崔安熙. 国内 35 个单位外照射个人剂量计比对. 辐射防护, 1993, 13(5): 353-357.

1994-016 陈宗良, 葛苏, 张晶. 北京大气气溶胶小颗粒的测量与解析. 环境科学研究, 1994, 7(3): 1-9.

1994-018 戴昭华, 王庆广, 吉昂, 马光祖. 矿山酸性水中硫的化学态分析. 分析测试技术与仪器, 1994, 3: 29-33.

1994-022 伏纬华, 吴凤梧, 戚宝凤, 邱毅华, 夏元初. 海地瓜的研究——II 海地瓜与黄玉海参营养成分的比较. 中国海洋药物, 1994, 3: 28-30.

1994-027 高野伊知郎. 牛黄清心丸中 Hg 及 As 的分析. 国外医学 (中医中药分册), 1994, 2: 34.

1994-044 李泂, 胡国瑛, 杨广夫, 王莉君, 王安生. 免疫 X 射线荧光分析方法的可行性研究. 西安交通大学学报 (医学版), 1994, 4: 317.

1994-062 刘平生, 胡朝晖, 刘世杰, 姚瑛, 冯国华. 近海海洋大气颗粒物中元素浓度及粒径分布研究. 环境化学, 1994, 6: 498-503.

1994-065 刘忠华, 全跃龙, 许平芳, 丁锋. 青少年近视患者发样 15 种元素分析. 中国学校卫生, 1994, 6: 453-454.

1994-073 秦俊法, 李德义, 陆伟红, 陆阳, 陆文栋, 何广仁, 郑志学. 儿童和老年人头发中的 Pb 和 Fe 含量. 核技术, 1994, 7: 433-436.

1994-074 沙因, 刘平生, 董玉兰, 章佩群, 杨振军, 吴越, 李景修, 刘德祥, 王津锟, 张德康. Study on correlation of trace elements with esophageal cancer. Chinese Science Bulletin, 1994, 3: 245-247.

1994-075 沙因, 刘平生, 章佩群, 董玉兰, 杨振军, 吴越, 李景修, 刘德祥, 王津锟, 张德康. 用计算机模式识别法和 PIXE 法研究人发中元素在食管癌诊断中的作用. 核技术, 1994, 3: 164-167.

1994-076 沙因, 刘平生, 章佩群, 刘国栋, 林汉, 兰文正, 温孝恒. 骨折愈合过程中金属元素含量的变化. 微量元素与健康研究, 1994, 1: 1-3.

1994-089 王晖, 张蕴惠, 杨明仲. 牙周病患牙牙龈微量元素的测定研究. 华西口腔医学杂志, 1994, 2: 120-122.

1994-090 王惠芬. 铅中毒性肾病与痛风及高血压. 国外医学 (医学地理分册), 1994, 4: 154-157.

1994-093 王昆润. 牙周病患者混合唾液无机元素的含量. 国外医学 (口腔医学分册), 1994, 6: 356.

1994-099 魏保范. 头发中微量元素的初步研究. 天津师大学报 (自然科学版), 1994, 14(1): 23-27.

1994-115 杨明太, 陈锦华, 高戈, 齐红莲. 能量色散 X 荧光法测定茶叶中的微量元素. 核电子学与探测技术, 1994, 14(4):

230-233.

1994-116 杨明太, 陈锦华, 齐红莲, 高戈. EDXRF 法测定人发中 Ca、Fe、Cu 和 Zn 的含量. 核电子学与探测技术, 1994, 14(6): 344-348.

1994-118 杨瑞瑛, 冯松林. 现代核分析技术在生命科学中的应用. 内蒙古地方病防治研究, 1994, 19(4): 184-187.

1994-127 张丽华, 刘卫东. 新生儿及胚胎期股骨头骨骺及骺板中钙、铁、锌、锰、铜含量的研究. 中国医科大学学报, 1994, 23(4): 349-351.

1994-130 张勇平, 童永彭, 徐耀良, 芮静宜, 李民乾, 江悦琴. 癌和正常组织细胞中钾元素的 PIXE 测定. 核技术, 1994, 17(1): 59-60.

1994-132 章净霞, 黄萍, 吴本玠, 于桂芬, 田红, 章茜, 徐世文, 安丽芝, 姚惠英, 肖延安, 潘巨祥, 巢志瑜, 朱节清, 邬显慷. 核分析技术在基础医学研究中的若干应用. 核技术, 1994, 17(3): 158-163.

1994-133 章净霞, 黄萍, 徐世文, 安丽芝, 姚惠英, 肖延安, 潘巨祥, 巢志瑜, 朱节清, 邹显慷. Zn 对细胞保护作用机理的研究. 生物化学与生物物理进展, 1994, 21(2): 147-150, 188.

1995-004 包生祥. X 射线荧光光谱测定甜饮料中微量元素. 分析化学, 1995, 23(5): 522-524.

1995-011 陈燕萍, 孙平, 刘伟, 张甲生. 人参西洋参茎叶总皂甙中的多元素 X 射线荧光光谱法测定. 特产研究, 1995, 3: 59-60.

1995-023 樊余富, 田桂芬, 曹秀, 董宝兴. 对 211 例类风湿关节炎患者微量元素的测定. 广东微量元素科学, 1995, 2(1): 22-26.

1995-030 郭寿兴, 林文, 吴玉庆. X 射线荧光光谱法测定人体全血九个元素. 福建分析测试, 1995, 4(1): 224-227.

1995-031 郭涛, 史国兵, 马燕. 益康口服液的研制及临床观察. 药学实践杂志, 1995, 13(2): 100-102.

1995-035 黄近丹, 郑荣华, 张文芳, 李叶农. 头发样的 X 射线荧光光谱的测定. 福建分析测试, 1995, 4(3): 330-331.

1995-042 金毓华. 微量元素与小儿上呼吸道感染关系 (附 500 例分析). 实用医学杂志, 1995, 11(9): 601-602.

1995-062 刘国栋, 李锐, 温孝恒, 兰文正, 沙因, 刘平生. 复方微量元素对骨折家兔脏器元素含量的影响. 微量元素与健康研究, 1995, 12(4): 1-2.

1995-067 刘平生, 沙因, 董玉兰, 章佩群, 杨振军, 吴越, 李景修, 刘德祥, 王津锟, 张德康. 177 例食管上表皮重度增生患者发中微量元素的测定. 微量元素与健康研究, 1995, 12(4): 27-28.

1995-083 秦俊法. 儿童的铅中毒问题——Ⅱ. 彩色油墨中铅的测定. 广东微量元素科学, 1995, 2(7): 7-10.

1995-086 邱林友. X 射线荧光光谱测定工业废水中的痕量苯酚. 重庆环境科学, 1995, 17(3): 57-58.

1995-088 沈晓明. 儿童铅中毒研究进展. 国外医学 (儿科学分册), 1995, 22(2): 57-60.

1995-099 王晖, 张蕴惠, 杨明仲. 牙龈微量元素的测定研究. 微量元素与健康研究, 1995, 12(4): 17-18.

1995-102 王敏伏·伊万年柯, 吴峰, 吴国良, 肖度元, 阿·梅杰列夫. 海洋铁锰结核矿的多元素能量色散 X 射线荧光分析. 同位素, 1995, 8(3): 133-137.

1995-115 吴金仙, 郭寿兴. XRFA 法测定植物中的 18 个元素. 福建分析测试, 1995, 4(3): 310-316.

1995-125 杨国周. 19 例情感性障碍患者头发中六种微量元素测定结果分析. 四川精神卫生, 1995, 8(1): 47-48.

1995-131 曾泽新. 使用沉淀法白炭黑改进农业轮胎胎面. 轮胎工业, 1995, 15(3): 158-165.

1995-138 赵尔燕, 邱林友. 催化 X 射线荧光测定水中痕量铬 (Ⅵ). 环境保护, 1995, 9: 29, 35.

1996-051 李达圣, Cutress T W, 李晓松, Coote G E. 砷对大鼠氟牙症影响的实验研究. 中华预防医学杂志, 1996, 30(6): 36-38.

1996-052 李达圣, Cutress T W, Pearce E I F, Coote G E. 砷、氟对大鼠骨组织联合作用的实验研究. 中国地方病防治杂志, 1996, 11(3): 134-136, 191.

1996-053 李凤业, 史玉兰, 申顺喜, 何丽娟. 同位素记录南黄海现代沉积环境. 海洋与湖沼, 1996, 27(6): 584-589.

1996-055 李洞, 胡国瑛, 杨广福, 王莉君, 王安生. 免疫X荧光分析方法的可行性. 核电子学与探测技术, 1996, 16(1): 63-66.

1996-067 李雨平. 荷兰红芹中微量元素的X射线荧光光谱测定法. 北京联合大学学报, 1996, 10(2): 23-27.

1996-071 刘凤英, 郭光焕, 樊守忠, 李国会. X射线荧光光谱法测定空气总悬浮微粒中的21个元素. 地质实验室, 1996, 12(1): 13-16.

1996-076 刘廷良, 高松武次郎, 佐濑裕之. 日本城市土壤的重金属污染研究. 环境科学研究, 1996, 9(2): 47-51.

1996-077 刘希举, 刘清前, 程杰, 薛召南, 成桂萍, 穆宝芬. 山东省胃癌高低发病区人发中的微量元素分析. 山东大学学报(自然科学版), 1996, 31(1): 55-59.

1996-078 刘希举, 刘清前, 程杰, 张连平, 薛召南, 成桂萍, 穆宝芬. 山东省胃癌高低发区饮食中微量元素的比较. 微量元素与健康研究, 1996, 13(4): 43-46.

1996-094 钱琴芳, 孙建国, 丰伟悦, 章佩群, 柴之芳, 潘巨祥, 吴应荣, 巢志瑜, 陈吉棣, 郑书勤, 刘晓鹏. 用核分析技术研究儿童运动员补充强化铁剂食品的效果. 核技术, 1996, 19(4): 215-218.

1996-095 乔延江, 王松君, 苏克. 不同种属黄芩中微量元素的X荧光光谱测定. 光谱学与光谱分析, 1996, 16(5): 108-111.

1996-096 秦俊法. 水浸泡对海带中碘含量的影响. 广东微量元素科学, 1996, 3(3): 52-54.

1996-097 秦俊法, 李德义, 陆伟红, 胡世林, 杨连菊. 12种道地中药中无机元素的含量测定. 广东微量元素科学, 1996, 3(4): 40-47.

1996-098 秦俊法, 李德义, 陆伟红, 陆文棣, 何广仁. 儿童的铅中毒问题——Ⅰ. 上海和苏州地区儿童发铅水平研究. 广东微量元素科学, 1996, 3(1): 11-15.

1996-100 邱林友. X射线荧光测定人血中的Ca、Mg、Fe和Zn. 仪器仪表与分析监测, 1996, 1: 45-46.

1996-115 王能明, 陈素清, 陈剑瑄. 用X射线荧光分析圆珠笔签字中的微量元素. 核物理动态, 1996, 13(1): 50-51.

1996-119 汪新福, 朱光华, 沈新尹. 发电厂附近大气气溶胶元素浓度的监测. 环境化学, 1996, 15(6): 505-509.

1996-120 魏保范, 郭希铭, 孙景瑞. 人发中Ca和Zn元素的测试分析. 天津师大学报(自然科学版), 1996, 16(2): 22-25.

1996-122 文仲强, 郑允弘, 何晓微. 香港弱智儿童头发中的微量元素分析. 微量元素与健康研究, 1996, 13(3): 22-23.

1997-018 董国明, 张汉明. 不同产地仙茅药材微量元素含量分析. 微量元素与健康研究, 1997, 14(4): 33-34.

1997-024 高秋华, 黄开勋, 范华汉, 何佳文, 周井炎. 肺癌病人头发中微量元素的分析及其意义. 癌症, 1997, 16(4): 26-27.

1997-036 何文权, 承焕生, 陈刚, 杨福家. 野人与动物毛发样品微量元素的PIXE研究. 核技术, 1997, 20(12): 41-44.

1997-039 黄河清, 张凤章, 林庆梅, 孙耀东, 曾润颖, 曾定. 棕色固氮菌固氮酶钼铁蛋白M(H)中心的酸不稳定硫及高柠檬酸盐含量分析. 福建分析测试, 1997, 6(4): 747-751.

1997-049 李国会. X射线荧光光谱法测定海洋沉积物中35种元素. 地质实验室, 1997, 13(4): 225-229.

1997-052 李天杰, 曹俊忠, 李金香. 太平洋西部、南大洋及东南极陆缘大气气溶胶来源及其物理化学特征. 极地研究, 1997, 9(4): 5-11, 13-15.

1997-053 李先春, 王敦清, 曾思襄, 熊小青. 草珊瑚中微量元素含量的测定及其在生理化学中的作用探讨. 环境与开发, 1997, 12(4): 7-9.

1997-061 梁朝朝, 王克孝, 毛振伟, 胡克良. 包皮垢的成分分析及其生物学作用. 华中医学杂志, 1997, 21(4): 162-163.

1997-067 刘年庆, 赵舜英, 钱琴芳, 朱莲珍, 朴建华. 不同硒水平地区儿童红血球、大米和土壤中的铷含量测定. 核技术, 1997, 20(7): 48-51.

1997-072 刘宇. 抚顺地区大气总悬浮微粒的元素富集特征及污染来源研究. 辽宁城乡环境科技, 1997, 17(2): 36-38.

1997-073 刘宇, 褚庆辉, 马波. 抚顺地区大气总悬浮微粒元素浓度季节变化的研究. 光谱实验室, 1997, 14(1): 41-43.

1997-076 陆文栋, 何广仁, 徐庆丰, 秦俊法. 乳腺癌和乳腺增生症患者头发中钙及其他微量元素的初步研究. 核技术, 1997, 20(1): 54-56.

1997-081 马东星, 赵金垣, 王超, 陈寿芳, 刘年庆, 邵涵茹, 刘宏, 张亨山. 新型络合剂对肾镉促排作用及对微量元素影响的观察. 中国工业医学杂志, 1997, 10(4): 17, 19-20, 18.

1997-090 邱林友. 高灵敏 XRF 测定废水中痕量砷. 中国环境监测, 1997, 13(2): 39-41.

1997-094 邱林友. X 射线荧光测定饮料中的 Ca、Mg、Fe 和 Zn. 计量技术, 1997, 7: 25-26.

1997-096 全跃龙, 刘忠华, 许平芳. 智力超常儿童发样微量元素研究. 广东微量元素科学, 1997, 4(1): 33-36.

1997-102 孙家美, 毛振伟. 短跗星花金龟体表元素的 X 射线荧光光谱检测. 科技通报, 1997, 13(6): 59-61, 67.

1997-113 王修德, 王德锋. 环境样品中硫及其形态的 X 射线荧光分析. 预防医学文献信息, 1997, 3(1): 45-46.

1997-117 吴应荣, 巢志瑜, 洪蓉, 肖延安, 潘巨祥, 黄衍信, 何聿忠, 罗平, 罗建慧, 李启金. 怀孕期头发中微量元素含量的变化. 光谱学与光谱分析, 1997, 17(1): 98-102.

1997-136 张元勋, 张勇平, 童永彰, 戴克戎, 吴小涛, 袭世静. 老年与青年股骨头松质骨元素的比较. 上海医学, 1997, 20(4): 201-203.

1997-138 赵国华, 王勇德. X 射线在食品质量控制中的应用. 肉类工业, 1997, 4: 40-42.

1998-008 陈尔瑜, 沈雪勇, 党瑞山, 承焕生, 蔡德亨, 何文权, 费伦. 胆经颈以下穴位与结缔组织结构和钙元素富集的关系. 上海针灸杂志, 1998, 17(2): 38-39.

1998-009 陈乐明. 贫血患者头发与末梢血中铁、铜含量对比研究. 广东微量元素科学, 1998, 5(12): 4-6.

1998-018 董国明, 张汉明. 仙茅属植物根茎微量元素含量分析. 微量元素与健康研究, 1998, 15(3): 59-60.

1998-020 董金泉, 杨绍晋. 华北清洁地区气溶胶特征及其来源研究. 环境化学, 1998, 17(1): 38-44.

1998-043 黄士斌, 傅华. 体内测量骨铅浓度的 X 荧光分析技术. 中华物理医学杂志, 1998, 20(2): 55-56.

1998-057 李国会, 王晓红, 王毅民. X 射线荧光光谱法测定大洋多金属结核中多种元素. 岩矿测试, 1998, 17(3): 39-44.

1998-070 廖祝华. 童发中 Ca, Fe, Cu, Zn 的测定及其与儿童健康的关系. 桂林工学院学报, 1998, 18(2): 87-90.

1998-076 刘年庆, 刘鹏, 徐清, 邵涵如, 刘平生, 吴应荣, 马东星, 赵金坦. 用多元统计方法和微束扫描技术分析急性镉中毒的鼠肾中微量元素的分布. 核技术, 1998, 21(7): 415-419.

1998-080 刘树文, 严方. X 射线荧光分析法测定生物样品中的硒. 分析化学, 1998, 26(2): 239.

1998-082 刘希举, 刘清前, 张连平, 程杰, 穆宝芬, 薛召南. 山东省栖霞、苍山两地区膳食中微量元素含量. 营养学报, 1998, 20(1): 90-94.

1998-092 梅今, 林菊香. 帕金森病头发微量元素的研究. 临床医学, 1998, 18(10): 24-25.

1998-104 沈雪勇, 党瑞山, 陈尔瑜, 承焕生, 何文权, 蔡德亨, 丁光宏, 费伦. 胃经腧穴与结缔组织结构和钙元素富集的关系. 中国针灸, 1998, 10: 19-21, 4.

1998-118 童纯菌, 吴香尧, 葛良全. 现代分析技术在环境研究中的应用. 成都理工学院学报, 1998, 25(1): 3-9.

1998-133 汪新福. 北京市中心和远郊农村冬天大气气溶胶的研究. 北京师范大学学报 (自然科学版), 1998, 34(3): 360-364.

1998-160 张鸿, 梁伟德, 白尔隽. 海洛因依赖者头发中的微量元素含量分析. 微量元素与健康研究, 1998, 15(2): 16-18.

1998-172 周晓钢, 关泽红, 常芳. 内蒙古牧区老年冠心病患者血清 Zn、Cu、Ca、Mg 的测定及临床意义. 广东微量元素科学, 1998, 5(9): 30-33.

1998-173 朱光华. 质子 X 荧光分析在大气气溶胶研究中的应用. 中国核科技报告, 1998, S6: 15-16.

1998-174 朱光华. 质子 X 荧光分析在大气气溶胶研究中的应用 (英文). 中国核科技报告, 1998, 0: 1012-1026.

1998-175 朱立, 赵志英, 王正华, 李彦芬, 刘年庆, 刘平生, 徐青, 刘鹏, 钱琴芳. 红细胞中微量元素含量与甲状腺功能的关系. 同位素, 1998, 11(4): 19-23.

1998-183 邹海峰, 苏克, 姜桂兰, 肖国拾. 大气颗粒物样品中主量和痕量元素的直接测定. 环境化学, 1998, 17(5): 494-499.

1999-003 包生祥, 王志红. X 射线荧光光谱测定甜瓜中矿质元素. 分析化学, 1999, 27(5): 558-561.

1999-011 程驿, 李友, 李荣昌, 王夔, 姚惠英. $CeCl_3$ 灌胃时大鼠红细胞对 Ce 的摄入和红细胞膜通透性的改变. 自然科学进展, 1999, 9(6): 34-40.

1999-012 程驿, 李友, 李荣昌, 王夔, 姚惠英. The uptake of cerium by erythrocytes and the changes of membrane permeability in $CeCl_3$ feeding rats. Progress in Natural Science, 1999, 9(8): 51-57.

1999-013 程驿, 李友, 姚惠英, 李荣昌, 王夔. Gd 络阴离子进入人红细胞并影响 Cl^- 内流的机制. 中国稀土学报, 1999, 17(1): 54-58.

1999-014 戴万钧. 小剂量接触电离辐射受照者健康水平分析. 石油化工安全技术, 1999, 15(6): 32-33.

1999-015 戴万钧. 小剂量接触电离辐射受照者健康影响分析. 化工劳动保护, 1999, 20(6): 21-23.

1999-018 董发勤, 万朴, 彭同江, 吴逢春, 庄稼, 冯启明, 宋功保, 李国武, 邓建军, 赵世泉. 矿物纤维粉尘表面及体内外安全性评估研究. 矿物岩石地球化学通报, 1999, 18(4): 352-357.

1999-025 冯田均, 冯亚非. X 射线荧光光谱仪在农业中的应用. 光谱仪器与分析, 1999, 3: 5-7.

1999-040 洪法水, 魏正贵, 陶冶, 宛寿康, 杨跃涛, 曹心德, 赵贵文. 天然植物铁芒萁体内稀土元素的分布及其叶绿素镧的结构表征. 植物学报, 1999, 41(8): 851-854.

1999-043 胡世林, 秦俊法, 杨连菊, 徐植灵, 李德义. 中药道地药材的研究. 医学研究通讯, 1999, 28(5): 13.

1999-045 黄河清. 固氮酶钼铁蛋白单钼铁硫簇 (Mo_9Fe_6S) 的理化特性研究. 福建分析测试, 1999, 8(3): 1081-1084.

1999-047 黄近丹. X 射线能谱法测定土壤中 7 种主次量元素. 岩矿测试, 1999, 18(4): 308-310.

1999-065 刘年庆, 刘平生, 徐青, 刘鹏, 钱琴芳, 朱立, 赵志英, 王正华, 李彦芬, 丰伟静. 不同甲状腺激素水平病人红细胞中的微量元素. 核技术, 1999, 22(2): 119-122.

1999-067 刘希举, 刘清前, 程杰, 张连平, 穆宝芬, 薛召南, 成桂萍. 山东省胃癌高低发地区主要食物中微量元素的 PIXE 分析. 核技术, 1999, 22(4): 228-232.

1999-096 滕恩江, 胡伟, 吴国平, 魏复盛. 中国四城市空气中粗细颗粒物元素组成特征. 中国环境科学, 1999, 19(3): 238-242.

2000-003 毕树平, 陈刚, 刘剑, 邹公伟, 干宁. 邻苯二酚紫修饰电极示差脉冲伏安法测定水中铝. 化学学报, 2000, 58(5): 494-499.

2000-007 陈春英, 章佩群, 柴之芳, 李光城, 黄宇营. In situ analysis of trace elements in metalloproteins of human liver by synchrotron radiation X-ray fluorescence. Science in China (Series A), 2000, 43(1): 88-92.

2000-008 陈春英, 章佩群, 柴之芳, 李光城, 黄宇营. 同步辐射 X 荧光分析法原位测定人肝金属蛋白中的微量元素. 中国科学 (A 辑: 数字), 2000, 30(2): 182-186.

2000-009 陈尔瑜, 党瑞山, 承焕生, 刘芳. 穴位结构研究的小结和设想. 现代康复, 2000, 4(10): 1528-1529.

2000-010 陈尔瑜, 党瑞山, 承焕生, 沈雪勇, 刘芳, 龚杰. 外丘穴的血管及钙分布. 上海针灸杂志, 2000, 19(1): 34-36.

2000-039 季桂娟, 刘婕. X 射线荧光光谱法直接测定茶叶中 22 种元素. 冶金分析, 2000, 20(2): 60-61.

2000-041 李光城, 吴应荣, 黄宇营, 赵立敏, 李景福, 张同存, 曹恩华. 肺癌、宫颈癌细胞凋亡前后微量元素的变化. 光谱学与光谱分析, 2000, 20(2): 240-242.

2000-044 李燕红, 杨旗风, 张芬楼, 杜米芳, 代丽萍. 应用小型 X 射线荧光光谱仪快速测定钾长石的化学成份. 光谱实验室, 2000, 17(5): 596-598.

2000-045 李玉芬, 苗云海, 闫旭, 徐丽云, 罗云. 反复呼吸道感染病儿头发微量元素含量的变化. 齐鲁医学杂志, 2000, 15(4): 251-252.

2000-050 刘芳, 陈尔瑜, 党瑞山, 承焕生. 胆经小腿 7 寸以下穴区地部血管分布与钙元素的关系. 中国针灸, 2000, (7): 35-37.

2000-051 刘芳, 陈尔瑜, 党瑞山, 承焕生. 胃经沿线小腿骨间膜的血管及钙的分布. 第二军医大学学报, 2000, 21(8): 759-760.

2000-080 王红斌, 陈杰, 刘鹤, 张小曳, 史宝忠. 西安市夏季空气颗粒物污染特征及来源分析. 气候与环境研究, 2000, 5(1): 51-57.

2000-091 吴小涛, 戴克戎, 裘世静, 张元勋, 张勇平. 老年与青年骨内无机及微量元素分布比较. 江苏医药, 2000, 26(2): 105-107.

2000-094 谢明勇, 曹春阳, 温辉梁, von Bohlen A., Guenther K.. 恩施地区硒茶的元素及元素结合态分析. 营养学报, 2000, 22(3): 278-281.

2000-095 谢明勇, 温辉梁. 用全反射 X 射线萤光法及氢化物发生原子吸收对福建乌龙茶进行元素分析. 食品科学, 2000, 21(1): 51-54.

2000-097 辛岗, 梁国立, 罗立强, 齐惠敏, 李惊子. 血清中碘海醇的 X 射线荧光光谱测定法. 分析科学学报, 2000, 16(2): 131-133.

2000-102 Yang Shaojin, Dong Jinquan, Cheng Bingru. Characteristics of air particulate matter and their sources in urban and rural area of Beijing, China. Journal of Environmental Sciences, 2000, 12(4): 402-409.

2000-114 袁学东, 吴丽萍, 龙先灌, 周厚全. 最优线性联想记忆网络方法在人发 X 射线荧光分析中的应用研究. 四川大学学报 (自然科学版), 2000, 37(4): 558-562.

2000-117 张彪. 用野外便携式 X 射线荧光仪分析土壤和沉积物中的金属污染物. 国外铀金地质, 2000, 17(2): 180-185.

2000-118 张汉明, 许铁峰, 秦路平, 郭澄. 中药鉴别研究的发展和现代鉴别技术介绍. 中成药, 2000, 22(1): 103-112.

2000-125 张仁健, 王明星, 张文, 王跃思, 李爱国, 朱光华. 北京冬春季气溶胶化学成分及其谱分布研究. 气候与环境研究, 2000, 5(1): 6-12.

2000-128 张元勋, 李德义, 庄圭荪, 张桂林, 王智兴, 夏筠. 家兔骼骨中无机元素浓度和血清生化参量的测定. 核技术, 2000, 23(1): 39-42.

2001-020 凤志慧, 王玺, 张孙曦, 安丽芝, 章净霞, 姚惠英. 稀土元素 La、Gd 和 Ce 对培养大鼠细胞生物学效应的研究. 中华核医学杂志, 2001, 21(2): 111-114.

2001-031 何立群, 张长明, 马济佩, 徐华伟, 宓泳, 沈皓, 姚惠英. 不同加工方法对中药微量元素变化的研究. 微量元素与健康研究, 2001, 18(1): 43-44.

2001-037 黄士斌, Chettle D. R., McNeill F. E.. 骨铅体内测量系统最佳测量位置的选择. 广东微量元素科学, 2001, 8(9): 63-66.

2001-045 李爱国, 童永彭, 倪新伯, 王基庆, 郭盘林, 张桂林. 空气中含铁悬浮颗粒的穆斯堡尔研究. 中国环境科学, 2001, 21(3): 7-11.

2001-059 刘年庆, 李永贵, 朱俊彪, 张黎文, 王明凯, 吴钢, 杨学平, 李光城, 黄宇营, 董艳梅, 高学军. 中红外自由电子激光辐照后牙釉质上的元素分布的变化. 科学通报, 2001, 46(17): 1481-1483.

2001-058 Liu Nianqing, Li Yonggui, Zhu Junbiao, Zhang Liwen, Wang Mingkai, Wu Gang, Yang Xueping, Li Guangcheng, Huang Yuying, Dong Yanmei, Gao Xuejun. Compositional change in human enamel irradiated with MIR free electron laser. Chinese Science Bulletin, 2001, 46(23): 2016-2018.

2001-060 刘年庆, 刘平生, 朱立, 赵志英, 王正华, 李彦芬. 补碘和硒对克汀鼠红血球中的微量元素的影响. 核技术, 2001, 24(3): 189-193.

2001-063 刘云派, 刘小珍, 吴莉宇. 革质红菇营养成分分析. 光谱实验室, 2001, 18(5): 637-639.

2001-064 罗集鹏, 吴忠. 不同产地广藿香宏量与微量元素分析. 中药材, 2001, (12): 869-870.

2001-070 马济佩, 张长明, 何立群, 宓泳, 沈皓, 姚惠英. 不同处理方法对中药微量元素含量影响研究. 时珍国医国药, 2001, 12(3): 196-197.

2001-075 木士春, 马红艳. 养殖珍珠微量元素特征及其对珍珠生长环境的指示意义. 矿物学报, 2001, 21(3): 551-553.

2001-076 牛凤兰, 董威严, 李晨旭. 涂渍硅胶富集-X 射线荧光光谱法测定中药材中微量汞. 白求恩医科大学学报, 2001, 27(1): 91-92.

2001-082 Qiu Zhi Jun, Lu Rong Rong, Guo Pan Lin, Wang Ji Qing, Qiu Hui Yuan, Li Xiao Lin, Zhu Jie Qing. Source apportionment of single aerosol particles in the atmosphere of Shanghai city. Nuclear Science and Techniques, 2001, 12(3): 215-223.

2001-083 仇志军, 王基庆, 郭盘林, 李晓林, 裘惠源, 陆荣荣, 朱节清. 上海市钢铁工业尘单颗粒分析. 核技术, 2001, 24(6): 461-467.

2001-088 沈显生, 孙立广, 尹雪斌, 张莉, 康士秀, 吴自勤, 黄宇营, 巨新. 南极乔治王岛六种苔藓植物的 X 荧光分析. 极地研究, 2001, 13(1): 50-56.

2001-089 沈显生, 孙立广, 张莉, 尹雪斌, 康士秀, 吴自勤, 巨新, 黄宇营. 南极菲尔德斯半岛六种藻类和地衣植物的 X 荧光分析. 极地研究, 2001, 13(3): 187-194.

2001-096 孙颖, 杨展澜, 申国荣, 周勇, 吴瑾光, 徐光宪, 周孝思. 胆结石组成和形成机理的研究进展. 中国科学 (B 辑: 化学), 2001, 31(5): 385-393.

2001-102 童永彭, 倪新伯, 张元勋, 程峰, 仇志军, 屠铁城, 姚思德, 张桂林, 叶舜华. 气溶胶自由基毒理学机制的研究. 环境科学学报, 2001, 21(6): 654-659.

2001-111 魏复盛, 滕恩江, 吴国平, 胡伟, Wilson W. E., Chapman R. S., Pau J. C., Zhang J.. 我国 4 个大城市空气 $PM_{2.5}$、PM_{10} 污染及其化学组成. 中国环境监测, 2001, 17(7): 1-6.

2001-114 温玉璞, 徐晓斌, 汤洁, 张晓春, 赵玉成. 青海瓦里关大气气溶胶元素富集特征及其来源. 应用气象学报, 2001, 12(4): 400-408.

2001-117 吴国平, 胡伟. 四城市空气粗、细颗粒物元素质量谱及富集特征. 中国环境监测, 2001, 17(7): 7-10.

2001-124 谢骅, 王庚辰, 任丽新, 魏超. 北京市大气细粒态气溶胶的化学成分研究. 中国环境科学, 2001, 21(5): 49-52.

2001-133 杨瑞瑛. 现代核分析技术在生命科学中的应用. 现代仪器, 2001, (3): 7-10.

2001-139 余宏明, 严春杰, 王环玲. 岘山垭公路路堑滑坡膨胀土特性及机制探讨. 地球科学, 2001, 26(4): 429-432.

2001-140 袁慧, 张丽华, 金立云. X 射线荧光光谱法测定土壤中 26 种主次元素和微量元素. 核化学与放射化学, 2001, 23(3): 172-177.

2001-142 张桂林. 用核分析技术研究上海市空气和水环境污染. 核技术, 2001, 24(9): 727-733.

2001-147 张仁健, 邹捍, 王明星, 周立波, 朱光华. 珠穆朗玛峰地区大气气溶胶元素成分的监测及分析. 高原气象, 2001, 20(3): 234-238.

2002-008 邓勇军, 张一云, 吴丽萍, 梁勇飞. 用 X 荧光分析方法对大米加工过程中微量元素流失规律的研究. 四川大学学报（自然科学版）, 2002, 39(6): 1065-1069.

2002-009 董发勤, 李国武, 邓建军, 万朴, 迟燕华. 矿物纤维粉尘的环境健康效应研究. 重庆环境科学, 2002, 24(1): 32-35.

2002-021 葛良全, 赖万昌, 周四春, 林延畅. 海底 X 射线荧光探测技术及其应用研究. 物探与化探, 2002, 26(4): 283-286.

2002-035 何文权, 叶伯明. 能量色散 X 射线荧光光谱分析大气颗粒中多种元素. 岩矿测试, 2002, 21(4): 301-303.

2002-065 梁伟德, 张鸿. 海洛因依赖者头发中铅、锌含量的分析. 中国临床康复, 2002, 6(19): 2947.

2002-088 仇志军, 王基庆, 郭盘林, 李晓林, 朱节清, 陆荣荣. 鸡胚细胞内微量元素分析. 核技术, 2002, 25(4): 299-304.

2002-091 沈显生, 孙灏, 康士秀, 吴自勤, 黄宇营. 安徽钟山铁矿植物重元素 X 射线荧光研究及环境指示意义. 核技术, 2002, 25(10): 779-782.

2002-096 童永彭, 姜达, 倪新伯, 陆荣荣, 张桂林, 陆亚松. PM_{10} 颗粒物致大鼠肺炎过程中肺组织元素变化的研究. 核技术, 2002, 25(12): 997-1002.

2002-109 王荔, 杨雁泽, 林守麟, 胡圣虹. 土壤、沉积物系列标准物质中 38 种元素的 ICP-MS 定值. 分析测试学报, 2002, 21(5): 9-12.

2002-132 严春杰, 唐辉明, 陈洁渝, 孙云志. 三峡库区典型滑坡滑带土微结构和物质组分研究. 岩土力学, 2002, 23(S1): 23-26.

2002-137 杨丽萍, 陈发虎, 张成君. 兰州市大气降尘的化学特性. 兰州大学学报, 2002, 38(5): 115-120.

2002-143 于卓, Saiga Suguru. 小麦族 10 种禾草叶片可消化性及矿物质含量的差异. 草地学报, 2002, 10(1): 1-6.

2002-148 翟永功, 次向明, 邹星, 郭丽丽. 药用蒙脱石粘土的矿物组成与化学成分分析. 中草药, 2002, 33(4): 5-7.

2002-152 张仁健, 王明星, 胡非, 徐永福. 采暖期前和采暖期北京大气颗粒物的化学成分研究. 中国科学院研究生院学报, 2002, 19(1): 75-81.

2002-153 Zhang Ren jian, Wang Ming xing, Xia Xian gao. Chemical composition of aerosols in winter/spring in Beijing. Journal of Environmental Sciences, 2002, 14(1): 7-11.

2002-161 赵飞, 张文芳. 一种假味精的化学成分鉴定. 福建分析测试, 2002, 11(1): 1524-1525.

2002-169 周中平, 王桂华, 陆永琪. 宣化城区大气 TSP 浓度特征及来源分析. 环境科学研究, 2002, 15(4): 13-15, 30.

2003-012 陈同斌, 黄泽春, 黄宇营, 谢华, 廖晓勇. 砷超富集植物中元素的微区分布及其与砷富集的关系. 科学通报, 2003, 48(11): 1163-1168.

2003-011 Chen Tongbin, Huang Zechun, Huang Yuying, Xie Hua, Liao Xiaoyong. Cellular distribution of arsenic and other elements in hyperaccumulator *Pteris nervosa* and their relations to arsenic accumulation. Chinese Science Bulletin, 2003, 48(15): 1586-1591.

2003-015 邓勇军, 张一云, 吴丽萍, 梁勇飞. 复发性口腔溃疡与头发中的微量元素的关系. 成都中医药大学学报, 2003, 26(1): 50-51.

2003-023 高发奎, 张树蔚, 杨晓辉, 高贵华. X 射线荧光法分析甘草提取物中的微量元素. 甘肃环境研究与监测, 2003, 16(2): 99-100, 113.

2003-030 韩凤兰, 陈宇红, 张惠秦. 用 X 射线荧光法测定黄芪中的多种矿质元素. 宁夏大学学报 (自然科学版), 2003, 24(4): 381-383.

2003-032 何报寅, 张穗, 蔡述明. 近 2600 年神农架大九湖泥炭的气候变化记录. 海洋地质与第四纪地质, 2003, 23(2): 109-115.

2003-046 黄厚今, 沈皓, 宓泳, 金泰廙, 姚惠英, 徐华伟. 环境镉接触区居民尿液宏量元素的改变. 中国公共卫生, 2003, 19(1): 25-26.

2003-106 彭晓彤, 翁焕新, 周怀阳, 潘建明, 扈传昱. 珠江口沉积柱中重金属 V, Ni 和 Co 的分布特征、迁移机制和污染评价. 浙江大学学报 (理学版), 2003, 30(1): 103-108.

2003-107 彭晓彤, 周怀阳, 翁焕新, 潘建明, 陈光谦. 珠江口沉积物主元素的组成分布特征及其地化意义. 浙江大学学报 (理学版), 2003, 30(6): 697-702.

2003-120 滕彦国, 庹先国, 倪师军, 张成江, 程渤. EDXRF 方法在土壤重金属污染评价中的应用. 核技术, 2003, 26(6): 440-443.

2003-121 田琳, 黄士斌. 应用 X 荧光分析法测定体内骨铅含量方法初探. 中国职业医学, 2003, 30(5): 53-54.

2003-128 庹先国, 滕彦国, 徐争启, 倪师军, 张成江. 用 X 射线荧光法评价攀枝花矿区重金属污染. 金属矿山, 2003, (12): 50-52.

2003-141 王晓冬, 徐自力, 谢忠雷, 杨秋景. 无铅汽油使用后长春市区环境空气 TSP 中 Pb 含量的变化. 吉林大学学报 (理学版), 2003, 41(4): 548-550.

2003-154 徐静. 微量元素和癌症: 成神经细胞瘤一例. 国外医学 (医学地理分册), 2003, 24(4): 163-164.

2003-158 徐曙光, 何立端. 用能量色散 X 射线荧光光谱仪测定胆结石中的钙和碘. 国外医学 (医学地理分册), 2003, 24(4): 179-180.

2003-159 徐晓辉, 袁东, 叶舜华. 无铅汽油车排出颗粒物组分分析. 中国卫生工程学, 2003, 2(1): 5-7.

2003-177 应晓浒, 林力, 朱丽辉, 陈建国, 陈少鸿. X 射线荧光光谱法测定水样中的痕量元素. 广东微量元素科学, 2003, 10(2): 51-54.

2003-182 郁亚娟, 黄宏, 王晓栋, 刘笛, 王连生. 淮河沉积物中重金属的测定和污染评价. 环境科学研究, 2003, 16(6): 26-28.

2003-184 岳伟生, 李晓林, 李燕, 王永其, 张桂林. 用质子微探针研究上海吴淞空气含铅颗粒物来源. 中国环境科学, 2003, 23(6): 55-58.

2003-196 Zhang Ren jian, Xu Yongfu, Han Zhiwei. Inorganic chemical composition and source signature of $PM_{2.5}$ in Beijing during ACE-Asia period. Chinese Science Bulletin, 2003, 48(10): 1002-1005.

2003-208 郑丽波, 叶瑛, 周怀阳, 王怀照. 东海特定海区表层沉积物中磷的形态、分布及其环境意义. 海洋与湖沼, 2003, 34(3): 274-282.

2003-209 郑丽波, 周怀阳, 叶瑛. 东海特定海区柱状沉积物中磷的存在形态及其环境指示意义. 上海环境科学, 2003, 22(6): 414-417, 429, 447.

2004-003 陈同斌, 黄泽春, 黄宇营, 雷梅. 蜈蚣草羽叶中砷及植物必需营养元素的分布特点. 中国科学 (C 辑: 生命科学), 2004, 34(4): 304-309.

2004-006 陈宇红, 韩凤兰. X 射线荧光法测定枸杞中多种矿质元素. 福建分析测试, 2004, 13(Z1): 2018-2019.

2004-016 樊兴涛, 詹秀春, 巩爱华. 能量色散 X 射线荧光光谱法测定卤水中痕量溴铷砷. 岩矿测试, 2004, 23(1): 15-18.

2004-026 海平. 锌含量和 PSA 水平有助于前列腺癌的诊断. 国外医学情报, 2004, 25(5): 39.

2004-030 侯静, 高德玉, 李红, 赵丽. 人发样品中微量元素的 XRF 分析. 同位素, 2004, 17(3): 135-138.

2004-032 胡伟, 魏复盛. 成人呼吸健康与空气颗粒物中元素浓度的关系. 环境与健康杂志, 2004, 21(4): 195-198.

2004-035 黄士斌, 田琳, 承焕生, 裴鹏. ^{109}Cd 源激发的 X 射线荧光法无创伤测定人体骨铅含量. 光谱学与光谱分析, 2004, 24(11): 1470-1472.

2004-042 李海, 石云龙, 杨成全, 黄继忠. 云冈石窟石雕表面降尘中金属元素分析. 雁北师范学院学报, 2004, 20(5): 57-59.

2004-045 李静莉. 铁锌与新近形成动脉粥样硬化损伤程度的关系. 国外医学 (医学地理分册), 2004, 25(1): 17-18.

2004-048 李卫敏, 胡晓丹, 李明, 张瑞娟. 脑的微量元素与衰老. 国外医学 (医学地理分册), 2004, 25(2): 85-86.

2004-052 李晓林, 朱节清, 郭盘林, 王基庆, 陆荣荣, 裘惠源, 李铭尧, 姜达, 王永其, 周涛, 李燕, 张桂林. 基于扫描核探针技术的大气气溶胶单颗粒物源识别与解析方法研究与应用. 核技术, 2004, 27(1): 27-34.

2004-054 梁述廷, 刘玉纯, 胡浩. X 射线荧光光谱法同时测定土壤样品中碳氮等多元素. 岩矿测试, 2004, 23(2): 102-108.

2004-055 林海, 王先龙, 毕树平, 孙成, 杨立, 刘剑. 电感耦合等离子体质谱、中子活化分析及其它谱学方法测定环境、生物样品中铝形态和含量研究进展. 分析科学学报, 2004, 20(6): 652-656.

2004-062 刘月, 藤井弘之. 口腔内金属修复物的成分分析. 上海口腔医学, 2004, 13(3): 189-192.

2004-077 齐文启, 汪志国. X 射线荧光分析法及其在环境监测中的应用. 环境监测管理与技术, 2004, 16(4): 9-12.

2004-078 戚庆学, 杨利红, 刘世强, 宋传伟. 临沂膨胀土的工程特征分析. 山东建筑工程学院学报, 2004, 19(1): 21-26.

2004-111 王雪飞, 张杰, 张智勇, 刘年庆, 赵保路, 柴之芳. 铅对大鼠体内锌、铜、铁和锰含量的影响. 核化学与放射化学, 2004, 26(4): 215-219.

2004-112 王荫淞, 李爱国, 魏仑, 张元勋, 李德义, 裘惠源, 李燕, 张桂林, 谢亚宁, 张静, 张元茂, 山祖慈. 用 X 射线吸收近边结构谱研究大气颗粒物中元素的种态. 核技术, 2004, 27(11): 810-813.

2004-136 尹庆顺, 高玉芳. 龋病患儿头发中微量元素含量分析. 临沂医学专科学校学报, 2004, 26(6): 435-437.

2004-144 越智宽友, 渡边信次. 使用散射 X 射线的理论强度进行土壤、岩石中的微量重元素的 X 射线荧光分析. 冶金标准化与质量, 2004, 42(5): 18-19.

2004-154 张仁健, 徐永福, 韩志伟. A comparison analysis of chemical composition of aerosols in the dust and non-dust periods in Beijing. Advances in Atmospheric Sciences, 2004, 21(2): 300-305.

2004-160 赵权宇, 邓麦村, 曲传宇, 虞星炬, 金美芳, 张卫. 两种黄海潮间带海绵的元素与氨基酸成分分析. 海洋科学, 2004, 28(3): 27-31.

2004-166 Zheng L B, Ye Y, Zhou H Y. Phosphorus forms in sediments of the East China Sea and its environmental significance. Journal of Geographical Sciences, 2004, 14(1): 115-122.

2004-169 周怀阳, 彭晓彤, 潘建明. Geochemical characteristics and sources of some chemical components in sediments of Zhujiang (Pearl) River estuary. Chinese Journal of Oceanology and Limnology, 2004, 22(1): 34-43.

2004-175 诸立新, 孙灏, 康士秀, 黄宇营, 沈显生, 王静. 安徽沼虾重元素 X 荧光分析及其对水环境污染的指示意义. 激光生物学报, 2004, 13(3): 228-231.

2005-006 Chen Tongbin, Huang Zechun, Huang Yuying, Lei Mei. Distributions of arsenic and essential elements in pinna of arsenic hyperaccumulator *Pteris vittata* L. Science in China (Series C: Life Sciences), 2005, 48(1): 18-24.

2005-019 樊曙先, 樊建凌, 郑有飞, 王正梅. 南

京市区与郊区大气 $PM_{2.5}$ 中元素含量的对比分析. 中国环境科学, 2005, 25(2): 146-150.

2005-020 樊曙先, 徐建强, 郑有飞, 谢学俭. 南京市气溶胶 $PM_{2.5}$ 一次来源解析. 气象科学, 2005, 25(6): 587-593.

2005-030 郭莉霞, 王远亮, 辛娟. 痕量砷测定方法的研究进展. 重庆大学学报(自然科学版), 2005, 28(9): 128-132.

2005-042 胡素敏, 毛雪瑛, 柴之芳, 高学敏, 张建军, 欧阳宏, 王洪飞, 黄宇营. 用核分析技术研究骨质疏松大鼠骨中无机元素的丢失与恢复. 中国中西医结合杂志, 2005, 25(S1): 129-132.

2005-049 贾春明, 马玉芹, 朱显梅, 孙敬亮. 长春市总悬浮颗粒物元素组分及时空分布规律. 长春理工大学学报, 2005, 28(4): 116-119.

2005-050 姜永海, 席北斗, 李秀金, 王琪, 张晓萱. 垃圾焚烧飞灰熔融固化处理过程特性分析. 环境科学, 2005, 26(3): 176-179.

2005-058 康智忠, 张海军, 崔国勤, 梁宪军. X射线荧光及光谱分析仪放射卫生防护评价. 中国辐射卫生, 2005, 14(4): 289.

2005-060 李爱国, 张桂林, 童永彭, 李晓林, 陆荣荣, 朱节清, 张元勋, 李燕. 上海市大气气溶胶中铁的来源和化学种态研究. 环境科学学报, 2005, 25(2): 148-154.

2005-063 李德禄, 张元勋, 李爱国, 王荫淞, 张桂林, 李燕. 冬季上海吴淞地区大气颗粒物 PM_{10} 的元素主成分分析. 核技术, 2005, 28(2): 109-112.

2005-066 李国会, 吉昂, 张华. XRFS 测定生物样品中有害元素. 理化检验-化学分册, 2005, 41(S): 5-9.

2005-098 罗清泉, 鲜学福, 陈刚才, 杨清玲. Special and seasonal variations of trace metals in PM_{10} in Chongqing. Chinese Journal of Geochemistry, 2005, 24(3): 262-264.

2005-110 彭秀红, 倪师军, 张成江, 刘璐, 李光滔, 薛燕妮. 成都市环境污染源初探. 地球与环境, 2005, 33(S1): 617-619.

2005-130 苏玉萍, 郑达贤, 林婉珍, 薛丽群. 福建省富营养化水库沉积物磷形态及对水体的贡献. 湖泊科学, 2005, 17(4): 311-316.

2005-131 苏玉萍, 郑达贤, 林婉珍, 薛丽群. 福建省山仔水库表层沉积物磷形态特征研究. 福建师范大学学报(自然科学版), 2005, 21(2): 62-66.

2005-133 孙建民, 崔萌, 高峥. 痕量磷测定方法的研究及新进展. 微量元素与健康研究, 2005, 22(2): 55-58.

2005-136 孙新君, 王正国, 朱佩芳, 张猛, 张宇, 周继红. 脱细胞骨基质材料的特性及生物安全性观察. 中华创伤杂志, 2005, 21(11): 38-42.

2005-157 王学涛, 金保升, 仲兆平, 党小剑. 城市生活垃圾焚烧底灰熔融处理实验研究. 东南大学学报(自然科学版), 2005, 35(1): 111-115.

2005-201 张贵英, 倪邦发, 田伟之, David D. Cohen, Eduard Stelcer, Olga Hawas, 王平生, 刘存兄, 黄东辉, 李德红. 粒子激发 X 荧光分析研究良乡大气可吸入颗粒物 $PM_{2.5}$ 的来源. 中国原子能科学研究院年报, 2005, (0): 143-145.

2005-215 张元茂, 张元勋, 韩婷, 郑叶飞, 山祖慈, 裘惠源, 李德禄, 张桂林, 李燕, 丁文斌. 上海市吴淞工业区 PM_{10} 和18种无机元素污染状况调查. 环境与职业医学, 2005, 22(1): 46-49.

2005-227 赵新华, 马伟芳, 孙井梅, 谭浩. 植物修复重金属-有机物复合污染河道疏浚底泥的研究. 天津大学学报, 2005, 38(11): 1011-1016.

2005-231 郑维明, 宋游, 刘桂娇. X射线荧光能谱法直接测定特殊有机相样品中的U、Zr. 中国原子能科学研究院年报, 2005, (0): 193-194.

2005-230 Zheng Weiming, Song You, Liu Guijiao. Determination of U and Zr in special organic radioactive sample by graphite crystal pre-diffraction-EDXRF analysis. Annual Report for China Institute of

Atomic Energy, 2005, (0): 169.

2005-236 周丽, Terry Ann E, 黄郁芳, 邵正中, 陈新. 桑蚕丝腺体和丝纤维中金属离子的含量. 化学学报, 2005, 63(15): 8-11, 4.

2005-240 周玉松, 任福民, 夏四清, 许兆义. 城市污泥重金属监测控制. 环境卫生工程, 2005, 13(6): 9-11.

2005-242 朱光华, 王广甫, 张仁健. 多种离子束分析技术在大气气溶胶研究中的应用. 核技术, 2005, 28(12): 922-924.

2005-243 朱继平, 王青, 燕生东, 秦颖, 常叙政, 佟佩华, 王昌燧. 鲁北地区商周时期的海盐业. 中国科学技术大学学报, 2005, 35(1): 142-145.

2006-002 Andrey V. Daryin, Ivan A. Kalugin, Lubov G. Smolyaninova, Konstantin V. Zolotarev, Elena G. Vologina, Aleksey B. Ptitsyn, Andrey A. Andreev, Narantsetseg Tserendash. Geochemical records seasonal climate variability from varved lake sediments of the Central Asia as chronologic evidence of environmental change over the Late Holocene. Chinese Journal of Geochemistry, 2006, 25(S): 6-7.

2006-018 陈素兰, 胡冠九, 周春宏, 陈波, 章勇, 范迪富, 廖启林. X 射线荧光光谱法测定土壤及底泥中多种元素. 环境监测管理与技术, 2006, 18(4): 15-18.

2006-019 陈永君, 王亚平, 许春雪, 王苏明, 樊兴涛. 少量树木年轮样品的 X 射线荧光光谱分析. 岩矿测试, 2006, 25(4): 315-318.

2006-021 程硕, 王伟, 谈明光, 陈建敏, 张桂林, 李燕. 上海市吴淞工业区大气 $PM_{2.5}$ 水溶成分的元素分析及细胞毒性研究. 核技术, 2006, 29(3): 182-188.

2006-038 樊守忠, 张勤, 李国会, 吉昂. 偏振能量色散 X 射线荧光光谱法测定水系沉积物和土壤样品中多种组分. 冶金分析, 2006, 26(6): 27-31.

2006-050 关颖, 丁喜峰, 王文静, 邱立杰, 王晓云. 金莲花的 X 射线荧光分析及 X 射线衍射技术研究. 药物分析杂志, 2006, 26(11): 1623-1625.

2006-051 郭弘艺, 唐文乔. 巨型抹香鲸齿质层元素分析. 上海水产大学学报, 2006, 15(1): 100-104.

2006-054 韩杰, 叶瑛, 张孟群, 刘笛, 张维睿, 蒋蓉, 邬黛黛. X 射线荧光光谱在 Fe、Mn 化学态分析中的应用. 分析化学, 2006, 34(12): 1771-1775.

2006-059 何忠, 黄春长, 庞奖励, 王利军, 李新艳. 淮河上游全新世黄土——土壤剖面重金属元素分布与环境变化. 环境科学, 2006, 27(7): 1323-1328.

2006-069 黄辉军, 刘红年, 蒋维楣, 黄世鸿, 张予燕. 南京市 $PM_{2.5}$ 物理化学特性及来源解析. 气候与环境研究, 2006, 11(6): 713-722.

2006-071 黄郁芳, 黄曜, 邵正中, 陈新. 原子吸收光谱法测定桑蚕丝腺体中钙的含量. 生物学杂志, 2006, 23(5): 20-22.

2006-077 金婵, 张桂林, 李爱国, 彭岚, 陆文忠, 李燕, 张元茂, 山祖慈. 上海地区 PM_{10} 和 $PM_{2.5}$ 中铁元素的种态研究. 核技术, 2006, 29(6): 410-415.

2006-089 李海清, 牛玉梅, 线恒泽. 氯化钠溶液对牙本质再矿化作用的影响. 口腔医学研究, 2006, 22(2): 152-154.

2006-102 李仙粉, 周玉松, 任福民, 吕志敏. 上海城市污泥成分特性及分析方法研究. 中国环境监测, 2006, 22(6): 48-50.

2006-109 李艳芳, 蔡厚安, 梁汉东, 张俊, 梅亚青, 张宏刚. 西峡晚白垩世恐龙蛋化石宏观矿物组成研究及意义. 吉林大学学报 (地球科学版), 2006, 36(2): 158-163, 168.

2006-122 刘汉桥, 蔡九菊, 齐鹏飞, 田冬青. 两种医疗垃圾焚烧炉的灰渣特性研究. 环境科学学报, 2006, 26(12): 2026-2032.

2006-129 刘树文, 张成伟. X 射线荧光光谱法测定东营地区卤水中的氯溴碘. 中国测试技术, 2006, 32(5): 133-135.

2006-130 刘晓琳, 王雪梅, 张仁健, 张怀德, 胡良温, 朱凌云, 石磊. 太原市冬季气溶胶污染特征及来源分析. 中国科学院研究生院学报, 2006, 23(4): 494-499.

2006-150 罗贤清, 魏武, 陈建军, 易伟松, 王海婴. 体内 X 射线荧光技术测量人体骨铅研究进展. 武汉大学学报 (医学版), 2006, 27(4): 549-552.

2006-161 欧阳健明. X 射线衍射法在泌尿系结石研究中的应用. 光谱学与光谱分析, 2006, 26(1): 170-174.

2006-162 欧阳健明. 现代仪器在泌尿系结石元素分析中的运用. 光谱学与光谱分析, 2006, 26(2): 365-371.

2006-164 彭秀红, 倪师军, 方敏. 城市工业区土壤重金属元素影响评价. 广东微量元素科学, 2006, 13(11): 44-47.

2006-167 浦一芬, 吴瑞霞. 2004 年北京秋季大气颗粒物的化学组分和来源特征. 气候与环境研究, 2006, 11(6): 739-744.

2006-170 齐文启, 孙宗光, 汪志国. 环境监测仪器和技术的新进展. 现代科学仪器, 2006, (4): 20-25.

2006-177 Sanina N. B., Aisueva T. S., Chuparina E. V.. Toxic and radioactive elements in soils and vegetation of natural and technogenic geosystems of Pribaikalye (Lake Baikal region). Chinese Journal of Geochemistry, 2006, 25(S): 192.

2006-178 Sanina N. B., Aisueva T. S., Chuparina E. V., Lankin U. K.. Toxic and radioactive elements in soils and vegetation of natural and technogenic geosystems of Pribaikalye (Lake Baikal region). Chinese Journal of Geochemistry, 2006, 25(S): 245.

2006-183 Shen Zhenxing, Cao Junji, Li Xuxiang, Wang Yaqiang, Jie Dongmei, Zhang Xiaoye. Chemical characteristics of aerosol particles ($PM_{2.5}$) at a site of Horqin Sand-land in northeast China. Journal of Environmental Sciences, 2006, 18(4): 701-707.

2006-205 庹先国, 程渤, 徐争启, 穆克亮, 胡灿, 闫玉生. X 射线荧光自动分类分析技术在矿产资源环境评价中的应用. 成都理工大学学报 (自然科学版), 2006, 33(6): 603-610.

2006-221 王开燕, 张仁健, 王雪梅, 石磊, 刘阳. 北京市冬季气溶胶的污染特征及来源分析. 环境化学, 2006, 25(6): 776-780.

2006-237 王荫淞, 李爱国, 张元勋, 谢亚宁, 李德禄, 李燕, 张桂林. 用扩展 X 射线吸收精细结构谱研究大气颗粒物中铁的种态. 科学通报, 2006, 51(12): 1474-1478.

2006-236 Wang Yinsong, LI Aiguo, Zhang Yuanxun, Xie Yaning, Li Delu, Li Yan, Zhang Guilin. Speciation of iron in atmospheric particulate matter by EXAFS. Chinese Science Bulletin, 2006, 51(18): 2275-2280.

2006-241 王志刚, 李凤全. X 射线荧光无标半定量分析奶粉微量元素. 广东微量元素科学, 2006, 13(11): 64-67.

2006-242 王志刚, 李凤全, 陈勇提. X 射线荧光结合分子式模拟分析圆白菜主、次量元素. 光谱实验室, 2006, 23(3): 626-628.

2006-249 夏一恺, 王苏勤, 叶国英. 人工神经网络在环境监测中的应用近况. 理化检验-化学分册, 2006, 42(9): 780-782.

2006-257 熊志方, 龚一鸣. 北戴河红色风化壳地球化学特征及气候环境意义. 地学前缘, 2006, 13(6): 177-186.

2006-262 徐永辉, 杨达源, 陈可锋, 周彬, 任雪梅. 长江三峡库区紫色土的元素迁移特征. 南京大学学报 (自然科学版), 2006, 42(3): 316-323.

2006-263 徐兆凯, 李安春, 蒋富清, 李铁刚. Paleoenvironments recorded in a new-type ferromanganese crust from the East Philippine Sea. Journal of China University of Geosciences, 2006, 17(1): 34-42.

2006-279 易伟松, 罗贤清, 陈建军, 王海婴, 王芳. 骨铅含量应作为人体铅中毒新的生物标记. 广东微量元素科学, 2006, 13(4): 1-6.

2006-281 于波, 严志远, 杨乐山, 王瑞敏, 李小莉. X 射线荧光光谱法测定土壤和水系沉积物中碳和氮等 36 个主次痕量元素.

岩矿测试, 2006, 25(1): 74-78.

2006-292 张丹, 张卫东, 蒋昌潭, 赵琦, 叶堤. 重庆市春季可吸入颗粒物中元素组成特征. 环境科学与管理, 2006, 31(8): 82-84.

2006-293 张桂林, 谈明光, 李晓林, 张元勋, 岳伟生, 陈建敏, 王荫淞, 李爱国, 李燕, 张元茂, 山祖慈. 上海市大气气溶胶中铅污染的综合研究. 环境科学, 2006, 27(5): 831-836.

2006-296 张静, 张旭, 李广贺, 张鸿涛. 潜流湿地中填料的理化作用及对植物生长的影响. 环境科学, 2006, 27(5): 874-879.

2006-308 张元勋, 李德禄, 陆文忠, 王荫淞, 李燕, 张桂林, 韩婷, 徐明高. 上海吴淞地区气溶胶粒径分布和元素浓度研究. 过程工程学报, 2006, 6(S2): 95-99.

2006-309 张元勋, 李德禄, 陆文忠, 杨传俊, 李燕, 张桂林, 魏海萍, 张元茂, 郑叶飞. 大气颗粒物 PM_{10} 污染监测和源解析新技术. 过程工程学报, 2006, 6(S2): 60-64.

2006-310 张元勋, 龙建纲, 王荫淞, 李德禄, 王福俤, 沈慧, 李爱国, 张桂林, 黄宇营, 何伟. 小鼠脑中 Zn 元素和 ZnT3 mRNA 表达的研究. 中国病理生理杂志, 2006, 22(9): 1784-1787.

2006-312 赵厚银, 邵龙义, 姚强. 北京市冬季部分住宅室内 PM_{10} 中化学元素研究. 环境与健康杂志, 2006, 23(1): 14-17.

2006-321 朱光华. 大气颗粒物采样膜本底值的研究. 过程工程学报, 2006, 6(S2): 25-27.

2007-001 白图雅, 周梅, 魏江生. 寒温带兴安落叶松林冻土 Cu、Pb 元素分布特征的研究. 内蒙古林业调查设计, 2007, 30(4): 51-53.

2007-012 陈翠华, 倪师军, 何彬彬, 张成江. 江西德兴矿集区土壤重金属污染分析. 地球与环境, 2007, 35(2): 134-141.

2007-016 陈启航, 高向阳, 宋莲军. 农产品中微量元素锗的分析方法研究. 安徽农业科学, 2007, 35(14): 4093-4096.

2007-018 陈素兰, 陈波, 章勇. X 荧光光谱法在土壤调查中的应用. 中国环境监测, 2007, 23(1): 19-22.

2007-025 初学莲, 林晓燕, 程琳, 潘秋丽, 杨君, 丁训良. 微束 X 射线荧光分析谱仪及其对松针中元素的分布分析. 北京师范大学学报 (自然科学版), 2007, 43(5): 530-532.

2007-039 窦硕增. 鱼类的耳石信息分析及生活史重建——理论、方法与应用. 海洋科学集刊, 2007, (0): 93-113.

2007-041 樊兴涛, 詹秀春, 巩爱华. 偏振激发-能量色散 X 射线荧光光谱法测定卤水中主量元素硫氯钾钙. 岩矿测试, 2007, 26(2): 109-112, 116.

2007-055 关颖, 赵海英, 丁喜峰, 朱艳英. 不同产地的螺旋藻粉中元素含量分析. 光谱学与光谱分析, 2007, 27(5): 1029-1031.

2007-065 郝春来, 刘丽华, 宁维坤, 苏克, 李宪洲. 不同成因药用浮石的表征. 微量元素与健康研究, 2007, 24(1): 36-38.

2007-076 Huang Hong, Lee Shuncheng, Cao Junji, Zou Changwei, Chen Xingeng, Fan Shaojia. Characteristics of indoor/outdoor $PM_{2.5}$ and elemental components in generic urban, roadside and industrial plant areas of Guangzhou City, China. Journal of Environmental Sciences, 2007, 19(1): 35-43.

2007-077 黄辉军, 刘红年, 蒋维楣, 黄世鸿, 张予燕. 南京市主城区大气颗粒物来源探讨. 气象科学, 2007, 27(2): 162-168.

2007-084 Jiang Jianguo, Xu Xin, Wang Jun, Yang Shijian, Zhang Yan. Investigation of basic properties of fly ash from urban waste incinerators in China. Journal of Environmental Sciences, 2007, 19(4): 458-463.

2007-097 李海清, 牛玉梅. 氯化钠溶液对再矿化牙本质中氟含量的影响. 中国伤残医学, 2007, 15(3): 29-30.

2007-102 李铭红, 李侠, 薄芳芳, 赵瑛瑛. 海涂湿地生态系统中重金属元素的富集特征. 浙江师范大学学报 (自然科学版),

2007-104 李宪洲, 郝春来, 刘丽华, 宁维坤, 杨贺亭, 郑燕玲. 长白山药用浮石开发可行性评价. 吉林大学学报 (地球科学版), 2007, 37(S): 239-242.

2007-106 李小平, 黄春长. XRF 光谱法研究城市工业区的土壤环境污染. 土壤, 2007, 39(4): 567-572.

2007-107 李晓林, 包良满, 刘江峰, 岳伟生, 李燕, 张桂林. 上海 2004 年冬季城市大气气溶胶含 Pb 单颗粒物的来源查证. 中国科学院研究生院学报, 2007, 24(5): 688-691.

2007-109 李新艳, 黄春长, 庞奖励, 王利军, 何忠. 淮河上游全新世风成黄土与成壤环境变化研究. 干旱区地理, 2007, 30(3): 392-399.

2007-123 刘成林, 闫晓辉, 张新夷, 杨文涛, 施达仁, 黄宇营, 何伟. 乳腺肿瘤组织中的微量元素分析. 核技术, 2007, 30(3): 174-176.

2007-124 刘春华, 岑况. 北京市街道灰尘的化学成分及其可能来源. 环境科学学报, 2007, 27(7): 1181-1188.

2007-125 刘汉桥, 蔡九菊, 齐鹏飞, 田冬青. 医疗垃圾焚烧灰特性实验研究. 东北大学学报 (自然科学版), 2007, 28(4): 533-536.

2007-153 吕森林, 陈小慧, 吴明红, 焦正, 文铁桥, 毕新慧, 盛国英, 傅家谟. 上海市 $PM_{2.5}$ 的物理化学特征及其生物活性研究. 环境科学, 2007, 28(3): 472-477.

2007-162 Park Heung Jai, Jeong Seong Wook, Yang Jae Kyu, Kim Boo Gil, Lee Seung Mok. Removal of heavy metals using waste eggshell. Journal of Environmental Sciences, 2007, 19(12): 1436-1441.

2007-163 彭秀红, 倪师军, 张成江, 王全涛, 方敏. 城市工业用煤 X 荧光分析及重金属元素污染研究. 生态环境, 2007, 16(3): 883-886.

2007-168 秦霏, 刘迎新, 鲁安怀, 吴新胜, 王立春. 北京市中关村地区大气降尘的来源与垂向分布特征. 岩石矿物学杂志, 2007, 26(6): 591-596.

2007-216 王焕香, 解光武. X 射线荧光光谱分析法在环境分析中的应用. 化工文摘, 2007, (4): 59-60.

2007-226 王文静, 关颖, 朱艳英. 阿胶真伪品的 X 射线荧光光谱的鉴别研究. 光谱学与光谱分析, 2007, 27(9): 1866-1868.

2007-227 王文静, 张红梅, 李兴元. 不同产地金莲花中微量元素的测定. 广东微量元素科学, 2007, 14(7): 36-37.

2007-233 王志刚, 李凤全. 城市灰尘中 Pb 的 X 射线荧光光谱半定量分析. 光谱实验室, 2007, 24(4): 652-655.

2007-255 徐海, 刘琦, 王龙山. X 射线荧光光谱法测定土壤样品中碳氮硫氯等 31 种组分. 岩矿测试, 2007, 26(6): 490-492.

2007-256 徐俊杰, 牛玉梅, 刘会梅, 李海清. 氟离子对牙本质羟基磷灰石晶体构象的影响. 牙体牙髓牙周病学杂志, 2007, 17(1): 13-16.

2007-257 徐思琦, 王静, 程邦波, 黄宇营, 何伟, 谢周清. 南极典型鸟类骨骼中的 Ca、P、Sr 的含量及 Ca/P 和 Ca/Sr 特征. 中国科学技术大学学报, 2007, 37(8): 995-1002.

2007-263 许强, 石四箴, 汪饶饶, 宫沢裕夫. 乳牙釉质 13 种化学元素的微量分析. 上海医学, 2007, 30(10): 757-760.

2007-267 阎立峰. 藏药"佐太"的微结构与成分分析. 中国藏学, 2007, (3): 150-152, 174.

2007-274 杨锦发. 多目标生态地球化学土壤样品高精度测试与质量监控. 岩矿测试, 2007, 26(1): 36-39.

2007-285 杨永兴, 李晓林, 李玉兰, 谈明光, 毛雪英, 陆文忠, 张桂林, 李燕. 上海市大气气溶胶中铂元素污染状况调查. 环境科学学报, 2007, 27(5): 810-816.

2007-291 余丹凤. 几种贵州食用菌矿质成分分析. 贵州大学学报 (自然科学版), 2007, 24(4): 429-430, 440.

2007-299 张慧颖, 张云淑, 彭玉林, 付黎涅. 昆明红粘土的基本特征及工程效应影响机理的探讨. 云南农业大学学报, 2007,

22(4): 615-617, 622.

2007-310 张元勋, 王荫淞, 杨传俊, 陆文忠, 张桂林, 李燕. 核分析相关技术用于上海市大气污染特征研究. 核技术, 2007, 30(4): 366-369.

2007-332 庄马展. 厦门大气气溶胶的化学特征. 中国科学院研究生院学报, 2007, 24(5): 657-660.

2008-016 陈翠华, 倪师军, 何彬彬, 张成江. 基于GIS技术的江西德兴地区水系沉积物重金属污染的潜在生态危害研究. 地球科学进展, 2008, 23(3): 312-322.

2008-017 陈翠华, 倪师军, 何彬彬, 张成江. 基于污染指数法和GIS技术评价江西德兴矿区土壤重金属污染. 吉林大学学报 (地球科学版), 2008, 38(1): 105-111.

2008-018 陈翠华, 倪师军, 何彬彬, 张成江. 江西德兴矿集区水系沉积物重金属污染分析. 长江流域资源与环境, 2008, 17(5): 766-770.

2008-027 陈明华, 李德, 钱华, 修光利, 沈轶. 上海市大气$PM_{2.5}$中有害化学物质组成分析. 环境与职业医学, 2008, 25(4): 365-369.

2008-042 初学莲, 林晓燕, 程琳, 孙洪波, 杜晓光, 丁训良. 应用MXRF分析技术测定植物叶片中环境元素. 原子核物理评论, 2008, 25(1): 61-66.

2008-046 邓云, 陈贺海, 邹苗章. ICP-MS法测定中提取条件对食品接触容器重金属溶出量的影响. 检验检疫科学, 2008, 18(5): 18-22.

2008-063 高华娜, 赵海英, 王志宙, 周建平, 关颖, 史锦珊. 螺旋藻的PXRD和XRF分析. 食品科技, 2008, 33(12): 270-272.

2008-064 高愈希, 陈春英, 柴之芳. 先进核分析技术在金属蛋白质组学研究中的应用. 核化学与放射化学, 2008, 30(1): 1-16.

2008-073 关颖, 丁喜峰, 王文静, 郭西华, 朱艳英. 太空育种射干的X射线荧光及X射线衍射分析和表征. 光谱学与光谱分析, 2008, 28(2): 460-462.

2008-078 郭西华, 关颖, 杨腊虎, 王晓云, 史锦珊. 航天诱变育种第4代知母的XRF、PXRD分析. 药物分析杂志, 2008, 28(12): 2100-2102.

2008-089 胡颖, 吴明和, 解佳佳, 李莉. 利用X荧光光谱仪对14种茶叶及茶汤中不同元素进行定量分析. 微量元素与健康研究, 2008, 25(3): 26-29.

2008-090 胡颖, 吴明和, 解佳佳, 李莉. 利用X荧光光谱仪对栀子干燥果实各部位所含元素进行定量分析. 微量元素与健康研究, 2008, 25(2): 24-27.

2008-106 李斌, 靳艳, 赵权宇, 孙黎明, 虞星炬, 金美芳, 张卫. 应用能量色散X荧光衍射仪分析海绵元素组成. 海洋科学, 2008, 32(8): 44-47, 52.

2008-132 李中轩, 朱诚, 张广胜, 欧阳杰, 王然. 湖北辽瓦店遗址地层记录的环境变迁与人类活动的关系研究. 第四纪研究, 2008, 28(6): 1145-1159.

2008-133 李中轩, 朱诚, 朱青, 马春梅, 张广胜, 欧阳杰. 中坝遗址地层的Cr/Cu值对干湿环境的指示意义. 地理科学, 2008, 28(6): 799-803.

2008-139 林庆宇, 李建平, 闫研. 超积累植物富集机制研究方法进展. 分析化学, 2008, 36(3): 405-412.

2008-158 刘玉纯, 梁述廷, 徐厚玲, 吴永斌. X射线荧光光谱法测定生物样品中氯硫氮磷钾铜锌溴. 岩矿测试, 2008, 27(1): 41-44.

2008-171 罗亚男, 宋精灵, 艾龙, 苏智强, 涂国菊. 人类胆结石中的离子深度分布与成因研究. 分析试验室, 2008, 27(S): 423-426.

2008-192 秦松岩, 马放, 黄鹏. 自然水体中铁-锰氧化细菌的研究. 环境科学, 2008, 29(6): 1649-1654.

2008-204 宋勇鹏, 王翔, 黄扬明. X射线荧光光谱法检测废旧塑料中的有毒有害重金属. 广州化工, 2008, 36(5): 69-71.

2008-216 孙天希, 徐光瑜, 刘志国, 丁训良, 朱光华, 孙洪波, 刘辉. 整体毛细管X光透镜在大气颗粒物单颗粒分析中的应用. 光学学报, 2008, 28(9): 1833-1836.

2008-219 谭和平, 张苏敏, 陈能武. 茶叶中无机元素的仪器分析方法. 分析仪器, 2008, (2): 12-15.

2008-222 Tazaki Kazue, Morii Issei. *Sinohyliopsis schlegeli* 珍珠层中 Si、Mn、Fe 和 Sr 离子的微生物固定化和环境因素（英文）. 地学前缘, 2008, 15(6): 54-65.

2008-224 田书磊, 王琪, 汪群慧, 金晶, 胡小英, 李润东. 垃圾焚烧飞灰熔融过程中重金属固化特性. 哈尔滨工业大学学报, 2008, 40(10): 1576-1580.

2008-226 Rik Tjallingii, Röhl Ursula, 刘锐. 软性海洋沉积物中水含量对 XRF 测试的影响. 海洋地质动态, 2008, 24(3): 24-26.

2008-228 王宝罗, 王加连. 泥螺腹足中铜元素的积累量测定. 理化检验-化学分册, 2008, 44(11): 1050-1052.

2008-229 王成学, 王祺, 张玉玲, 张林彬. ED-XRF 在 RoHS 筛选测试中的实际应用. 中国测试技术, 2008, 34(1): 118-121.

2008-232 王冠, 夏敦胜, 陈发虎, 刘秀铭, 杨丽萍, 魏海涛. 兰州市街道尘埃的元素空间变化特征研究. 干旱区资源与环境, 2008, 22(6): 13-20.

2008-233 王冠, 夏敦胜, 杨丽萍, 陈发虎, 刘秀铭, 魏海涛. 兰州市街道尘埃元素质量分数季节变化特征. 兰州大学学报（自然科学版）, 2008, 44(1): 6-10.

2008-242 王陆军, 董卫民. 宝鸡市区大气总悬浮颗粒物来源解析. 西南科技大学学报, 2008, 23(3): 50-52, 89.

2008-245 王平, 王焕顺, 李玉璞. 偏振能量色散 X 射线荧光光谱法测定土壤中金属元素. 环境监测管理与技术, 2008, 20(3): 41-43.

2008-249 王伟伟, 吴宏海, 郭杏妹, 邓志芬, 曾建敏, 曾丁才, 林怡英. 水体沉积物中有机质结构特征与毒害有机物的吸附模式研究. 海洋环境科学, 2008, 27(6): 566-570.

2008-250 王文静, 关颖, 孙鑫, 朱艳英, 史锦珊. 太空诱变桔梗的 X 射线荧光光谱的测定分析. 光谱学与光谱分析, 2008, 28(12): 2993-2995.

2008-260 王志刚, 李凤全. X 射线荧光光谱法测定灰尘中铬. 理化检验-化学分册, 2008, 44(11): 1122-1123.

2008-261 王志刚, 李凤全, 潘虹梅. 灰尘中主次量元素的 X 射线荧光光谱分析. 岩矿测试, 2008, 27(5): 383-385.

2008-268 魏振林, 李禾, 芮玉奎. X 射线荧光光谱法分析癌症村土壤主量元素. 光谱学与光谱分析, 2008, 28(11): 2706-2707.

2008-280 谢晓华, 王博, 郭阳. 微波照射对牙本质钙、磷含量的影响. 哈尔滨医科大学学报, 2008, 42(2): 165-167.

2008-284 徐飞高, 汤剑, 高士祥. 大气污染对南京市麒麟镇麒麟石刻的风化影响. 环境污染与防治, 2008, 30(12): 36-39, 49.

2008-285 徐飞高, 汤剑, 高士祥. 南京市麒麟镇麒麟石刻风化壳的表征. 环境化学, 2008, 27(2): 251-255.

2008-288 徐婷婷, 夏宁, 张波. 熔片制样-X 射线荧光光谱法测定海洋沉积物样品中主次量组分. 岩矿测试, 2008, 27(1): 74-76.

2008-302 杨群, 王怡林. 楚雄恐龙骨化石元素同步辐射 XRF 研究. 华东师范大学学报（自然科学版）, 2008, (5): 110-115.

2008-303 杨群, 王怡林. 楚雄盆地恐龙化石和围岩的 XRF 全元素分析. 光散射学报, 2008, 20(4): 369-374.

2008-304 杨群, 王怡林, Ablett J. M.. SXRF 分析恐龙脊椎头化石微量元素. 光散射学报, 2008, 20(1): 72-76.

2008-312 杨忠平, 卢文喜, 辛欣, 李俊, 李平. 长春市城市土壤铅同位素组成特征及其来源解析. 吉林大学学报（地球科学版）, 2008, 38(4): 663-669.

2008-313 姚德, 孙梅, 杨富贵, 蒋恒毅, 李功胜, 丁春晓. 青岛城区土壤重金属环境地球化学研究. 中国地质, 2008, 35(3): 539-550.

2008-316 易伟松, 后德家, 罗贤清, 王海婴. 国外体内 X 射线荧光骨铅检测研究三十年. 广东微量元素科学, 2008, 15(10): 1-5.

2008-321 于敦喜，徐明厚，姚洪，刘小伟，周科，温昶，李琳. 燃煤纳米颗粒物的物化特性及其潜在健康危害. 科学通报, 2008, 53(21): 2654-2660.

2008-333 张红梅，王文静. X射线荧光光谱法测定桔梗中的微量元素. 光谱实验室, 2008, 25(5): 925-926.

2008-334 张红梅，王文静，李兴元. X射线荧光光谱法测定螺旋藻和阿胶中微量元素. 光谱实验室, 2008, 25(2): 150-151.

2008-342 张勤，李国会，樊守忠，潘宴山. X射线荧光光谱法测定土壤和水系沉积物等样品中碳、氮、氟、氯、硫、溴等42种主次和痕量元素. 分析试验室, 2008, 27(11): 51-57.

2008-343 张仁健，韩志伟，沈振兴，曹军骥. Continuous measurement of number concentrations and elemental composition of aerosol particles for a dust storm event in Beijing. Advances in Atmospheric Sciences, 2008, 25(1): 89-95.

2008-344 张如意，顾宇曦，张爱芸，毕文彦. 微量/痕量氯测定方法进展. 河南理工大学学报（自然科学版）, 2008, 27(4): 481-487.

2008-349 赵宏樵，韩喜彬，陈荣华，初凤友，高水土. 南海北部191柱状沉积物主元素特征及其古环境意义. 海洋学报（中文版）, 2008, 30(6): 85-93.

2008-350 赵建军，李杰，曾荣杰，周俊武. 对数螺旋线型分光晶体的应用研究. 矿冶, 2008, 17(3): 81-84, 95.

2008-371 朱志良，秦琴. 痕量砷的形态分析方法研究进展. 光谱学与光谱分析, 2008, 28(5): 1176-1180.

2009-003 白进伟，迟燕华，胡亚敏. 溶菌酶与矿物粉尘反应行为的模拟研究. 西南科技大学学报, 2009, 24(2): 70-73.

2009-008 包良满，张元勋，李晓林，李燕，刘卫，赵屹东，马陈燕，韩勇. 上海工业区大气颗粒物中硫的化学形态和分布. 中国环境科学, 2009, 29(3): 231-236.

2009-009 边归国. 大气颗粒物中铅污染来源解析技术. 中国环境监测, 2009, 25(2): 48-52.

2009-012 曹进，姚志刚，易娟，赵燕，钟婕，袁华兵. 红碎茶对大鼠氟斑牙釉质形成及12种元素含量变化的影响. 卫生研究, 2009, 38(6): 725-729.

2009-013 曹清晨，娄玉霞，张元勋，包良满，曹同，赵屹东，陈栋梁，张桂林，李燕. 同步辐射XRF和XANES研究重金属污染环境中小羽藓体内硫元素的生物指示作用. 环境科学, 2009, 30(12): 3663-3668.

2009-044 邓启红，时冰冰，李剑东，路婵. 大学教室颗粒物PM_{10}化学组分特性及源解析. 中南大学学报（自然科学版）, 2009, 40(2): 322-328.

2009-066 葛江洪. X射线荧光光谱法测定土壤样品中C和N等30个主次痕量元素. 化学工程师, 2009, (7): 44-48.

2009-067 葛瑞光，陈卓，孙红哲. 金属组学：研究生命体系中金属离子的前沿交叉学科. 中国科学（B辑：化学）, 2009, 39(7): 590-606.

2009-071 关颖，郭西华，杨腊虎，王志宙，邸立杰，朱二旷，王立鹏. 真伪阿胶的X射线荧光分析及X射线衍射鉴别研究. 药物分析杂志, 2009, 29(10): 1658-1661.

2009-078 赫连青军，刘树文. ELV指令中四种有害物质检测方法的研究. 上海汽车, 2009, (1): 41-43.

2009-086 黄立章，金腊华，万金保. 土壤重金属生物有效性评价方法. 江西农业学报, 2009, 21(4): 129-132.

2009-092 黄嫣旻，魏海萍，张元茂. 上海吴淞地区PM_{10}中重金属的来源分析. 环境科学与技术, 2009, 32(1): 130-133.

2009-099 贾立宇，史玉芳，李大勇，李守权. X射线荧光光谱法测定土壤中主、次、微量元素. 贵州地质, 2009, 26(1): 65-72.

2009-100 江厚敏，易伟松. 体内X射线荧光骨铅检测技术：从原理到临床. 中国医学物理学杂志, 2009, 26(5): 1399-1401, 1414.

2009-105 蒋薇. X 荧光光谱法测定除尘灰成分的实验研究. 山东冶金, 2009, 31(5): 146-147.

2009-113 Kodirov Obidjon, Shukurov Nosir. Heavy metal distribution in soils near the Almalyk mining and smelting industrial area, Uzbekistan. Acta Geologica Sinica (English Edition), 2009, 83(5): 985-990.

2009-132 李新艳, 黄春长, 庞奖励, 何忠. 淮河上游全新世黄土与成壤环境变化 (英文). Journal of Geographical Sciences, 2009, 19(1): 107-117.

2009-147 林俊, 刘卫, 李燕, 包良满, 李玉兰, 许忠扬, 吴伟伟, 陈栋梁. 何伟. 上海市郊区大气细颗粒和超细颗粒物中元素粒径分布研究. 环境科学, 2009, 30(4): 982-987.

2009-163 刘明, 范德江. 长江、黄河入海沉积物中元素组成的对比. 海洋科学进展, 2009, 27(1): 42-50.

2009-164 刘明, 徐琳, 张爱滨, 潘力, 范德江. 台式偏振 X 射线荧光光谱仪在海洋沉积物元素分析中的应用. 中国海洋大学学报 (自然科学版), 2009, 39(S): 421-427.

2009-170 刘桠颖, 毕献武, 武丽艳, 尹冰. 柿竹园千吨尾矿库尾矿中锡的赋存状态研究. 矿物岩石地球化学通报, 2009, 28(4): 344-348.

2009-176 柳浩然, 雷怀彦, 王蒙光, 官宝聪, 林炳煌. 九龙江河口湾表层沉积物中重金属分布及其潜在生态风险. 厦门大学学报 (自然科学版), 2009, 48(3): 456-460.

2009-203 彭凤梅, 张韶君, 王晓丽. 氟化物拮抗软饮料对乳牙釉质侵蚀作用的研究. 山东大学学报 (医学版), 2009, 47(9): 101-104.

2009-205 彭桦, 张东云, 姜鸥, 程梦蝶, 尤建梅. X 射线荧光光谱滤纸片法测定有机成分高的土壤中的总磷. 磷肥与复肥, 2009, 24(3): 66-67.

2009-210 钱和, 宁炜, 顾林平, 黄争鸣, 马惠民, 蒋铁锋. 茶叶溯源技术研究进展. 现代农业科技, 2009, (14): 23-25.

2009-217 饶秀勤, 应义斌, 黄海波, 史舟, 周炼清. 基于 X 射线荧光技术的茶叶产地鉴别方法研究. 光谱学与光谱分析, 2009, 29(3): 837-839.

2009-267 王丽丽, 张仁健, 李定龙, 荆俊山. 北京秋季气溶胶化学成分的高分辨率观测及来源分析. 气候与环境研究, 2009, 14(4): 399-404.

2009-280 王毅民, 高玉淑, 王晓红, 黄永样, 王振宇, 石学法. 中国海大陆架沉积物超细标准物质系列研制. 分析化学, 2009, 37(11): 1700-1705.

2009-291 吴德武, 钟春龙, 吴粦华. 双环己酮草酰二腙分光光度法测定水样中铜 (Ⅱ). 理化检验-化学分册, 2009, 45(8): 1003-1004.

2009-337 杨雅媚, 曹军骥, 李库, 沈振兴, 胡塔峰, 张婷. 汉阳陵地下博物馆土壤、大气及风化壳的理化特征. 中国粉体技术, 2009, 15(2): 38-45.

2009-339 杨燕. X 射线荧光光谱法测定土壤中砷、镍、锌的研究. 安徽农业科学, 2009, 37(31): 15333-15334.

2009-342 杨忠平, 卢文喜, 刘新荣, 辛欣. 长春市城区表层土壤重金属污染来源解析. 城市环境与城市生态, 2009, 22(5): 29-33.

2009-356 Yu Dunxi, Xu Minghou, Yao Hong, Liu Xiaowei, Zhou Ke, Wen Chang, Li Lin. Physicochemical properties and potential health effects of nanoparticles from pulverized coal combustion. Chinese Science Bulletin, 2009, 54(7): 1243-1250.

2009-365 张春, 牛英才, 周丽, 刘吉成. 流式细胞术检测结肠癌细胞表面 sialyl-LewisA/X 的样品制备方法探讨. 医学研究杂志, 2009, 28(4): 28-30.

2009-382 张乔, 田一光, 郭武学, 童晓民. X射线荧光光谱法测定垃圾焚烧炉渣中主要成分. 分析科学学报, 2009, 25(2): 177-180.

2009-384 张仁健, 石磊, 荆俊山, 朱凌云, 张怀德, 胡良温. 大同市秋季大气气溶胶化学成分及来源解析. 中国粉体技术, 2009, 15(2): 7-9.

2009-385 Zhang Renjian, Zhang Meigen, Zhu Lingyun, Hu Liangwen. Elemental composition of atmospheric particles in winter at Datong City, Shanxi Province, China, and its impact on Beijing. Atmospheric and Oceanic Science Letters, 2009, 2(6): 345-349.

2009-386 张思冲, 周晓聪, 叶华香, 王春光. X射线荧光光谱法测定哈尔滨城郊菜地土壤重金属. 中国农学通报, 2009, 25(13): 230-233.

2009-387 张思冲, 周晓聪, 张丽娟, 叶华香. X射线荧光光谱法测定沉积物中重金属. 实验室研究与探索, 2009, 28(9): 39-42.

2009-388 张思冲, 周晓聪, 张丽娟, 叶华香. X射线荧光光谱法测定重金属元素的实验研究. 实验技术与管理, 2009, 26(11): 20-23, 34.

2009-411 郑南, 吉昂, 王河锦, 徐廷婧, 李婷. 北京市冬季霾天气可吸入颗粒物的矿物学研究. 北京大学学报 (自然科学版), 2009, 45(5): 825-832.

2009-428 朱燕, 高松, 李晓林, 李玉兰, 徐崎, 谈明光, 李燕. 上海市城区道路降尘中铂元素污染分析及评价. 中国环境科学, 2009, 29(10): 1100-1104.

2009-432 诸立新, 孙灏, 黄宇营, 吴孝兵. 安徽琅琊山铜矿蝶类重元素X荧光分析. 昆虫知识, 2009, 46(3): 456-459.

2010-022 成艾颖, 余俊清, 张丽莎, 高春亮. XRF岩芯扫描分析方法及其在湖泊沉积研究中的应用. 盐湖研究, 2010, 18(2): 7-13.

2010-025 程富. 蒙脱石在养猪生产中的应用. 养殖技术顾问, 2010, (1): 49.

2010-032 邓建国, 彭光照, 金永中, 叶勇. 自贡地区恐龙骨骼化石及围岩特征的研究. 光谱实验室, 2010, 27(1): 192-196.

2010-036 董金秀, 乔胜英, 谢淑云. 梁子湖表层沉积物元素分布模式及地球化学意义. 地质科技情报, 2010, 29(3): 91-96.

2010-049 范雪波, 吴伟伟, 王广华, 林俊, 姚剑, 耿彦红, 位楠楠, 李玉兰, 梁峰, 刘卫, 李燕. 上海市灰霾天大气颗粒物浓度及富集元素的粒径分布. 科学通报, 2010, 55(13): 1221-1226.

2010-050 房春生, 孟赫, 田雷, 钟宇红, 王菊. 吉林省典型城市大气颗粒物主要排放源成分谱对比研究. 吉林大学学报 (地球科学版), 2010, 40(5): 1149-1156.

2010-067 关颖, 郭西华, 朱艳英, 王志宙. 航天诱变对桔梗固有成分的影响. 药物分析杂志, 2010, 30(7): 1182-1184.

2010-071 郭西华, 朱艳英, 关颖. 航天诱变育种板蓝根的X射线荧光光谱的测定分析. 光谱实验室, 2010, 27(6): 2311-2313.

2010-072 郭西华, 朱艳英, 王志宙, 关颖, 丁喜峰, 王文静, 叩根来, 郝雪娟, 程英杰. 5种丹参主要成分及微结构的检测及综合表征. 光谱学与光谱分析, 2010, 30(8): 2299-2302.

2010-076 何航, 葛良全, 程锋, 杨年. 新一代X荧光仪在河流底质监测中的应用研究. 环境科学与技术, 2010, 33(8): 100-102.

2010-085 胡宁静, 石学法, 黄朋, 刘季花. 渤海辽东湾表层沉积物中金属元素分布特征. 中国环境科学, 2010, 30(3): 380-388.

2010-087 胡玉涛, 王沫. 荆半夏不同分化品系对微量元素的吸收与富集. 中国实验方剂学杂志, 2010, 16(11): 35-37.

2010-090 黄江成, 傅开道, 何大明. 澜沧江中下游河流泥沙特性分析. 四川大学学报 (工程科学版), 2010, 42(3): 112-120.

2010-099 贾立宇. 土壤环境质量指标Pb、As、Zn、Cu、Ni、Cr的X射线荧光光谱法快速测定. 环保科技, 2010, 16(1): 14-16.

2010-106 康海英, 吴继宗, 郑维明, 邵少雄. 源激发X射线荧光测定头发中Ca、Fe、Cu、Zn、Pb的方法优化. 原子能科学技术, 2010, 44(S): 500-505.

2010-108 兰延, 张珠福, 张天阳. X荧光能谱技术鉴别淡水珍珠和海水珍珠的应用. 宝石和宝石学杂志, 2010, 12(4): 31-35,

2010-124 李剑东, 邓启红, 路婵, 黄柏良. Chemical compositions and source apportionment of atmospheric PM_{10} in suburban area of Changsha, China. Journal of Central South University of Technology, 2010, 17(3): 509-515.

2010-137 李小平, 王昕. 城市典型工业区土壤重金属分布与污染评价. 干旱区资源与环境, 2010, 24(10): 100-104.

2010-156 林国桢, 颜崇淮, 李科, 彭荣飞, 刘翔翊, 杜琳. 红丹爽身粉致儿童铅中毒的调查. 实用儿科临床杂志, 2010, 25(6): 416-418.

2010-162 刘成林, 王忠纯, 刘忠权. 不同产地牛膝样品中的微量元素. 河北理工大学学报 (自然科学版), 2010, 31(1): 64-68.

2010-169 刘江斌, 党亮, 和振云. X 射线荧光光谱法同时测定土壤样品中的 36 种组分的探讨. 甘肃地质, 2010, 19(2): 75-79.

2010-181 刘英红, 马卫兴, 沙鸥, 杨运琼. 沉淀反应在环境监测中的应用. 甘肃科技, 2010, 26(17): 77-78, 98.

2010-185 龙耀斌, 黄福才. 脑卒中患者吞咽困难影像学异常表现与其临床表现的相关性分析. 广西医科大学学报, 2010, 27(6): 868-870.

2010-190 罗惠波, 甄攀, 张宿义, 黄治国, 许德富. X 射线荧光光谱法对不同窖龄窖泥矿质元素演变趋势的研究. 食品与发酵科技, 2010, 46(1): 4-7.

2010-208 木拉提, 王佳佳, 丽娜, 童建勇, 潘小川. 沙尘天气期间大气 $PM_{2.5}$ 和 PM_{10} 中部分元素浓度的变化特征. 环境与健康杂志, 2010, 27(9): 755-758, 847.

2010-214 牛艳青, 谭厚章, 王学斌, 徐通模, 刘正宁, 刘洋. 辣椒秆灰熔融特性分析. 中国电机工程学报, 2010, 30(11): 68-72.

2010-224 乔淑卿, 方习生, 石学法, 王昆山, 刘焱光, 刘升发, 朱爱美. 黄河口及邻近渤海海域表层沉积物中 CaO 和蒙皂石分布及其对黄河入海物质运移的指示. 海洋地质与第四纪地质, 2010, 30(1): 17-23.

2010-239 史辰羲, 莫多闻, 刘辉, 毛龙江. 江汉平原北部汉水以东地区新石器晚期文化兴衰与环境的关系. 第四纪研究, 2010, 30(2): 335-343.

2010-266 滕海鹏, 李诗媛, 吕清刚. 小麦秸秆流态化燃烧粘结特性实验研究. 工程热物理学报, 2010, 31(3): 511-514.

2010-267 滕玥鹏, 孙天希, 刘志国, 刘辉, 杨科. X 射线微会聚透镜在大气颗粒物源解析中的应用. 光学学报, 2010, 30(5): 1527-1530.

2010-274 万建美, 罗蔚锋, 李厚怀, 包仕尧, 刘春风, 张志琳, 李冰燕. 激光扫描共聚焦显微镜在骨髓基质细胞移植中的应用. 激光杂志, 2010, 31(5): 52-53.

2010-295 王启元, 曹军骥, 甘小凤, 涂夏明, 沈振兴, 郭旭, 陶俊. 成都市灰霾与正常天气下大气 $PM_{2.5}$ 的化学元素特征. 环境化学, 2010, 29(4): 644-648.

2010-299 王巍, 陶辉, Kim Dae-seon, 潘小川. 北京和阿拉善盟沙尘天气 PM_{10} 和 $PM_{2.5}$ 中化学元素含量变化的研究. 环境与健康杂志, 2010, 27(9): 763-766.

2010-317 汪丹, 刘刚, 商照聪, 薛晓康. 沙土中有机挥发物及无机物的测定研究. 环境科学导刊, 2010, 29(3): 88-91.

2010-319 尉继英, 张振中, 江锋, 范桂芳, 陈昱. 有色金属铜镍冶炼烟气中微量氟化物的形态分析. 清华大学学报 (自然科学版), 2010, 50(12): 1925-1929.

2010-345 许宇慧, 唐亚, 张朝生, 王佳媛, 李冰. 四川省九寨沟景区道路灰尘及土壤重金属含量评价. 山地学报, 2010, 28(3): 288-293.

2010-347 薛江丽, 李俊, 张鑫, 孙新民, 王旗, 王振全, 王式功. 新疆春季两次沙尘暴过程中大气 $PM_{2.5}$ 元素组成特征分析. 环境与健康杂志, 2010, 27(9): 759-763.

2010-353 杨传俊, 郭智, 张祥志, 邰仁忠, 包良满, 李晓林, 张桂林, 李燕. 汽车尾气颗粒物的 STXM 和 NEXAFS 研究. 物理学报, 2010, 59(8): 5345-5350.

2010-368 杨新萍, 韩娇, 周立祥. Ca^{2+} 在好氧颗

粒污泥形成中的作用. 环境科学, 2010, 31(5): 1269-1273.

2010-374 杨忠平, 卢文喜, 刘新荣, 辛欣. 长春市城市近地表灰尘重金属污染来源解析. 干旱区资源与环境, 2010, 24(12): 155-160.

2010-382 殷汉琴, 陈富荣, 陈兴仁, 陈永宁, 贾十军, 王晓鸾. 铜陵市及其周边地区土壤重金属元素污染评价. 安全与环境学报, 2010, 10(3): 98-102.

2010-385 于令达, 王广甫, 朱光华, 张仁健. 2008年北京采暖开始前后大气颗粒物化学成分及来源研究. 环境科学学报, 2010, 30(1): 204-210.

2010-387 袁波, 徐泽人, 谢卓君, 史强, 张兴康, 徐四川. 蛛丝和蚕丝化学元素X射线荧光光谱分析及其应用. 光谱学与光谱分析, 2010, 30(7): 1983-1989.

2010-394 张钢茜. X射线荧光光谱法测定颗粒灰中氧化物. 黑龙江冶金, 2010, 30(1): 19-20.

2010-408 张勤, 李国会, 吉昂, 李小莉, 张斌生. Epsilon5高能偏振能量色散X射线荧光光谱仪测定垃圾焚烧灰渣中有害元素. 分析试验室, 2010, 29(4): 107-110.

2010-409 Zhang Ren-jian. The element size-spectrum distribution of atmospheric aerosol in strong autumn winds over Beijing. Atmospheric and Oceanic Science Letters, 2010, 3(1): 31-35.

2010-415 张忆, 石学法, 王昆山. 长江口泥质区表层沉积物元素地球化学. 海洋地质与第四纪地质, 2010, 30(3): 61-70.

2010-425 赵国文, 张丽萍, 曾珊, 谭寿萍, 代宇, 陶玉平. 鱼腥草中铁含量分析方法研究. 福建分析测试, 2010, 19(2): 31-33.

2010-456 朱艳英, 郭西华, 王志宙, 关颖. 第4代航天育种丹参的XRF分析. 光谱学与光谱分析, 2010, 30(4): 1134-1135.

2010-459 邹建芳, 杨晨芸. 成人铅接触的生物标志物研究进展. 中国工业医学杂志, 2010, 23(1): 35-38.

2011-003 包良满, 贾彦彦, 雷前涛, 刘江峰, 李晓林, 张元勋, 张桂林, 李燕, 刘卫. 大气颗粒物中轻元素的PIGE分析. 核技术, 2011, 34(7): 494-498.

2011-030 程志中, 黄宏库, 刘妹, 顾铁新, 鄢卫东. 大米成分分析标准物质的研制. 化学分析计量, 2011, 20(3): 7-10.

2011-031 程志中, 刘妹, 张勤, 顾铁新, 黄宏库. 水系沉积物标准物质研制. 岩矿测试, 2011, 30(6): 714-722.

2011-032 程志中, 谢学锦, 潘含江, 杨榕, 商云涛. 中国南方地区水系沉积物中元素丰度. 地学前缘, 2011, 18(5): 289-295.

2011-035 戴礼洪, 刘潇威, 王迪, 刘岩, 方堃, 蒋梦. 偏振能量色散X射线荧光光谱法测定土壤中Ni、Cu、Zn、Pb四种重金属元素. 中国环境监测, 2011, 27(3): 20-23.

2011-036 戴礼洪, 刘潇威, 王迪, 刘岩, 方堃, 蒋梦. 偏振能量色散X射线荧光光谱法在土壤环境监测中的应用. 光谱实验室, 2011, 28(2): 836-841.

2011-042 邓樱花, 苏明伟, 华丽, 侯汉娜. 土壤中砷的检测方法进展. 湖北第二师范学院学报, 2011, 28(2): 33-36.

2011-055 段德良, 卞富永, 袁波, 王树, 葛茂发, 张兴康, 徐四川. X射线荧光光谱研究粮食中生命有机碳与碳化学循环. 光谱学与光谱分析, 2011, 31(5): 1428-1434.

2011-068 付爱瑞, 陈庆芝, 罗治定, 姜云军, 金倩, 王芸. 碱熔-电感耦合等离子体发射光谱法测定大气颗粒物样品中无机元素. 岩矿测试, 2011, 30(6): 751-755.

2011-086 郭涛, 孙业军. 大气对X射线荧光光谱仪检测土壤样品中硫的影响. 华北国土资源, 2011, (4): 50-51.

2011-114 吉昂, 郑南, 王河锦, 徐子优, 李国会. 高能偏振能量色散-X射线荧光光谱法测定PM_{10}大气颗粒物的组成. 岩矿测试, 2011, 30(5): 528-535.

2011-128 雷国良, 张虎才, 常凤琴, 朱芸, 李春海, 谢昕, 类延斌, 张文翔, 蒲阳. 湖泊沉积物XRF元素连续扫描与常规ICP-OES分析结果的对比及校正——以兹格塘错为例. 湖泊科学, 2011,

23(2): 287-294.

2011-131 李大伟, 陈登宇, 朱锡锋. 稻壳炭基高比表面多孔氧化硅的表征及Cu(II)吸附特性. 化工学报, 2011, 62(12): 3434-3439.

2011-135 李国建, 胡艳军, 陈冠益, 钟英杰, 张雪梅. 城市污水污泥与固体垃圾混烧过程中重金属迁移特性的研究. 燃料化学学报, 2011, 39(2): 155-160.

2011-144 李立, 张建华, 罗仪文, 徐彻, 陈圆圆, 陈忆九. 微束X射线荧光光谱法检测电流损伤皮肤金属化. 中国法医学杂志, 2011, 26(1): 1-3.

2011-161 李小莉, 陈曦, 葛江洪, 吴彦涛, 冼啸林, 韩伟. 熔融制样-X射线荧光光谱法测定海洋沉积物中氯等元素. 理化检验-化学分册, 2011, 47(12): 1420-1423.

2011-176 林素君, 王永胜, 贺蓉晖, 聂素双, 龚䕫. 光谱技术在纺织品检测中的应用(一)——X射线荧光能谱仪在纺织品重金属检测中的应用. 中国无机分析化学, 2011, 1(2): 58-62.

2011-178 刘安娜, 葛本伟. 石河子市表层土壤重金属元素富集与功能区分异研究. 安徽农业科学, 2011, 39(32): 19818-19821.

2011-182 刘慧, 汪冰, 王卓, 李明, 康艳杰, 秘晓林, 余笑寒, 丰伟悦. CdSe@ZnS量子点在果蝇及其幼虫体内的分布. 核技术, 2011, 34(6): 415-418.

2011-183 刘慧丽, 郑益凡, 任红星, 吴世华. 欧洲海蓬子的X射线荧光光谱分析. 光谱实验室, 2011, 28(1): 218-220.

2011-202 刘燕德, 万常斓, 孙旭东, 郝勇. X射线荧光光谱技术在重金属检测中的应用. 激光与红外, 2011, 41(6): 605-611.

2011-206 娄玉霞, 张元勋, 俞鹰浩, 曹阳, Iida A., 曹同. 基于同步辐射光源的X射线荧光分析技术研究匍枝青藓对铅污染的生物响应. 环境科学学报, 2011, 31(1): 193-198.

2011-211 鲁翠萍, 刘文清, 赵南京, 刘立拓, 陈东, 张玉钧, 刘建国. 土壤中铅元素的激光诱导击穿光谱测量分析. 激光与光电子学进展, 2011, (5): 124-127.

2011-220 吕继涛, 罗磊, 张淑贞, 杨科. 玉米对纳米TiO_2的吸收和累积. 环境化学, 2011, 30(5): 903-907.

2011-236 牛晓露, 庞奖励, 黄春长, 查小春, 丁敏, 李艳华, 王丽娟. 陕西周原地区全新世黄土——古土壤序列风化程度研究. 干旱区研究, 2011, 28(2): 306-312.

2011-246 乔琳, 陈松岭, 乔传英. FTIR-ATR、EDS结合生理特性研究铅胁迫对玉米幼苗的影响. 光谱实验室, 2011, 28(5): 2183-2187.

2011-247 乔琳, 傅兆麟, 乔传英. X射线能谱和FTIR分析铜胁迫对玉米幼苗的影响. 核农学报, 2011, 25(4): 807-811.

2011-251 秦旭磊, 孙振路, 宋忠华. 基于EDXRF光谱法的水系沉积物中多种重金属成分分析. 长春理工大学学报(自然科学版), 2011, 34(4): 13-15.

2011-253 秦亚丽, 张海青, 张贵英, 倪邦发, 王平生, 聂鹏, 黄东辉, 陈喆, 吴伟明. 大气颗粒物中黑碳浓度的反射法测定. 原子能科学技术, 2011, 45(1): 102-107.

2011-263 全正香, 魏立新, 杜玉枝, 李岑, 杨红霞. 藏药南寒水石结构成分及热稳定性分析. 中国中药杂志, 2011, 36(6): 691-693.

2011-265 任春生, 廖海平, 鲍惠君, 朱迪琦, 何阳. 熔融制样-X射线荧光光谱法快速测定复合肥中的磷、钾、钙、镁、锰、铁、铜、钠、锌和铝. 中国土壤与肥料, 2011, (1): 88-91.

2011-279 史东丽, 张振华, 葛艳梅, 葛江洪. X射线荧光光谱法测定土壤样品中卤族元素溴. 当代化工, 2011, 40(6): 656-658.

2011-283 宋江涛, 赵庆令. 粉末压片制样-波长色散X射线荧光光谱法测定卤水中的溴. 岩矿测试, 2011, 30(4): 494-496.

2011-295 孙振海, 张仁健, 荆俊山. 北京地区冬季气溶胶分级化学成分及来源分析. 中国粉体技术, 2011, 17(4): 11-13, 19.

2011-324 王钧婷, 蒋学智. X射线荧光光谱分析含铁矿物中有害元素. 甘肃冶金, 2011,

33(4): 68-69.

2011-328 王利军, 卢新卫, 雷凯, 翟雨翔, 黄静. 宝鸡市街尘重金属元素含量、来源及形态特征. 环境科学, 2011, 32(8): 2470-2476.

2011-347 王志宙, 井西利, 郭西华, 朱艳英. XRF 法对航天育种黄芩的分析. 光谱学与光谱分析, 2011, 31(4): 1130-1132.

2011-384 许涛, 罗立强. 铅锌矿区居民头发中 Pb、Fe、Cu、Zn 元素的 SRXRF 微区分布分析与来源分析. 核技术, 2011, 34(6): 427-432.

2011-377 徐国栋, 葛建华, 金斌, 程江, 杜谷, 董俊. X 射线荧光光谱法与电感耦合等离子体-原子发射光谱法联用测定土壤、水系沉积物、岩石中 21 种主、次和痕量元素. 光谱实验室, 2011, 28(1): 1-6.

2011-379 徐晶晶. 垃圾焚烧灰渣的特性及资源化利用. 江苏建材, 2011, (4): 34-37.

2011-380 徐清, 刘晓端, 汤奇峰, 刘久臣, 张玲金. 包头市表层土壤多元素分布特征及土壤污染现状分析. 干旱区地理, 2011, 34(1): 91-99.

2011-408 姚文清, 宗瑞隆, 朱永法. 用于快速定量塑料中微量元素的标准样品制备方法研究. 光谱学与光谱分析, 2011, 31(8): 2274-2277.

2011-430 张弛, 王树功, 朱远辉, 邹建明. 红树林湿地沉积物中 AVS-SEM 与重金属分布特征——以珠江口淇澳岛为例. 环境科学学报, 2011, 31(4): 805-815.

2011-437 张克勤, 杨雪梅. X 射线荧光光谱及拉曼光谱法研究五谷营养成分. 光谱实验室, 2011, 28(3): 1198-1201.

2011-462 赵景波, 邢闪, 董红梅, 齐子云. 西安蓝田杨家湾黄土中第一层古土壤 (S1) 元素含量与环境. 第四纪研究, 2011, 31(3): 514-521.

2011-469 郑俊, 潘峰, 张元朔, 王辉, 孙超尚, 汪渡. 宿州市沱河三角洲表层沉积物中重金属评价. 宿州学院学报, 2011, 26(11): 22-25.

2011-487 祝清兰. 基于 X 荧光仪快速测定土壤中重金属. 化工时刊, 2011, 25(6): 26-27.

2012-006 鲍志诚, 彭渤, 徐婧喆, 谭长银, 全美杰. 湘江入湖河段沉积物主元素组成对重金属污染的指示. 地球化学, 2012, 41(6): 545-558.

2012-012 蔡熹. 原子吸收分光光度法与 X 射线荧光光谱法测定土壤中铅的方法比对. 科技资讯, 2012, (14): 95.

2012-023 陈莉, 吴超, 廖海兵, 郭卫东, 陈文荣, 田生科. 不同锌效率基因型水稻籽粒中矿质元素的原位微区分布研究. 中国水稻科学, 2012, 26(6): 706-714.

2012-030 陈秀端, 卢新卫, 杨光, 陈景辉. 西安市二环内表层土壤重金属污染评价. 干旱区资源与环境, 2012, 26(11): 81-86.

2012-035 程望斌, 周勇, 邹丹, 黄奇卉, 周馨维. 食品中常见的重金属污染及检测方法研究. 湖南理工学院学报 (自然科学版), 2012, 25(3): 69-72.

2012-059 段慧敏, 朱丽东, 李凤全, 赵虎, 滕飞, 王海力, 曹林. 浙江省永康城市土壤重金属元素富集特征. 土壤通报, 2012, 43(4): 956-961.

2012-073 高爱国, 赵冬梅, 李超, 郭占荣, 罗时龙. 闽江下游河口区及其邻近海域表层沉积物的地球化学特征. 海洋地质前沿, 2012, 28(5): 1-6, 20.

2012-094 韩亚芬, 李琦. 不同粒径街道灰尘中 Zn 的分布特征. 光谱实验室, 2012, 29(5): 3260-3263.

2012-095 韩亚芬, 李琦. 基于模糊数学的宿州市街尘重金属污染评价. 光谱实验室, 2012, 29(4): 2300-2305.

2012-097 郝雅琼, 陈恺立, 于泓锦, 周炳炎. 进口初级产物类物品的固体废物属性鉴别研究. 再生资源与循环经济, 2012, 5(7): 38-42.

2012-108 胡宁静, 刘季花, 黄朋, 石学法, 朱爱美, 马德毅. 渤海莱州湾表层沉积物中金属元素分布及环境质量. 海洋学报 (中文版), 2012, 34(2): 92-100.

2012-111 胡艳军, 孙铁. 不同粒径垃圾焚烧飞灰中重金属富集特性表征. 环境化学, 2012, 31(11): 1717-1723.

2012-113 黄淑玲, 李琦, 许东升. 宿州城市土壤重金属污染特征及其健康风险评价. 光谱实验室, 2012, 29(3): 1878-1883.

2012-114 黄爽兵, Emilie Even, 王焰新. 高砷含水层沉积物矿物学特征及砷的活化. 矿物岩石, 2012, 32(4): 7-11.

2012-125 江世杰, 唐永金, 赵萍. 植物吸收 Sr、Cs 与其他元素的相关性研究. 湖北农业科学, 2012, 51(21): 4752-4755.

2012-127 蒋诗泉, 施开文, 蒋诗平. 模糊数学方法及 X 射线荧光分析技术在测定城市重金属污染中的应用. 光谱实验室, 2012, 29(4): 2135-2139.

2012-145 李岑, 楞本才让, 桑老, 贡布东智, 杜玉枝, 魏立新. 藏药矾石化学成分与结构分析. 光谱学与光谱分析, 2012, 32(1): 248-251.

2012-146 李岑, 桑老, 楞本才让, 夏振江, 杜玉枝, 魏立新. 藏药珠西的化学成分与结构分析. 光谱学与光谱分析, 2012, 32(6): 1671-1673.

2012-148 李丹, 王广西, 罗耀耀, 邱陆阳. 某人口密集区土壤重金属元素的 X 射线荧光光谱分析及污染评价. 核电子学与探测技术, 2012, 32(1): 120-122.

2012-151 李刚, 郑若锋. X 射线荧光光谱法测定植物样品中 12 种元素含量. 理化检验-化学分册, 2012, 48(12): 1433-1437, 1440.

2012-153 李光剑, 王雾阳, 黄云超, 周永春, 杨堃, 陈颖, 赵光强, 雷玉洁. 云南省宣威地区烟煤燃烧后的底灰对 BEAS-2B 细胞的体外毒性作用. 广东医学, 2012, 33(19): 2890-2893.

2012-165 李俊卿, 尹利辉, 王瑾, 张学博, 陈金泉. X 射线荧光元素分析技术对化妆品中铅和砷快速检测的初步探讨. 药物分析杂志, 2012, 32(7): 1129-1132.

2012-182 李玉莲, 敖迎春, 孙宁, 李小莉, 李国会. 能量色散 X 射线荧光光谱仪快速测定土壤中 Cu、Pb、Zn、Rb、Nb 和 Th 6 种元素. 现代仪器, 2012, 18(6): 81-84.

2012-191 梁柳青. 广西不同产地赤泥化学成分及物相对比分析. 化工技术与开发, 2012, 41(6): 39-40, 44.

2012-193 廖辉伟, 姜珊, 贾金等, 张敏, 潘雅妹, 周远. 农药含钾废渣的热解动力学. 环境化学, 2012, 31(4): 478-482.

2012-194 廖奇, 李幸涛, 王晓, 聂敏, 韩效钊. 秸秆发电厂灰（渣）利用技术研究. 合肥师范学院学报, 2012, 30(6): 71-73.

2012-199 林国桢, 李科, 刘翔翊. 便携式 X 线荧光分析仪用于儿童铅中毒溯源的研究. 中国卫生检验杂志, 2012, 22(2): 351-352, 356.

2012-202 林素君, 刘白茹, 史丽芳, 张玉凤, 龚夔. EDXRF/TYLAB-100 联用技术在纺织品重金属检测中的应用. 实验技术与管理, 2012, 29(4): 39-41, 44.

2012-204 刘成林, 王晓华, 张冬明, 张新夷, 陈栋梁, 吴旭东. 胃组织中微量元素的含量与分布研究. 生物医学工程研究, 2012, 31(4): 254-258.

2012-222 刘少玉, 包艳英, 王炜. X 射线荧光光谱分析空气滤膜颗粒物中多种元素. 环境监测管理与技术, 2012, 24(3): 64-68.

2012-226 刘小丽. 经皮肾镜气压弹道碎石术的术前术后护理. 内蒙古医学杂志, 2012, 44(14): 118-119.

2012-227 刘晓丽. RoHS 分析标准样品的均匀性与稳定性研究. 电子产品可靠性与环境试验, 2012, 30(6): 40-43.

2012-235 陆巍巍, 宋福祥, 曾丽萍, 吕红宁. 能量色散 X 射线荧光谱仪在土壤中 40K 活度分析中的应用. 同位素, 2012, 25(4): 239-242.

2012-234 鲁言波, 冯茜丹. 珠江三角洲土壤中重金属污染特征分析. 广东农业科学, 2012, (14): 169-171.

2012-238 罗立强, 许涛, 储彬彬, 孙建伶, Egden L., Chettle D. R., 王晓芳, 伯英, 刘颖, 王淑贤, 唐力君, 李迎春. 原位活体骨铅 X 射线荧光光谱分析. 光谱学与光谱分析, 2012, 32(3): 821-825.

2012-241 Lü Senlin, Zhang Rui, Yao Zhenkun, Yi Fei, Ren Jingjing, Wu Minghong, Feng Man, Wang Qingyue. Size distribution of chemical elements and their source apportionment in ambient coarse, fine, and ultrafine particles in Shanghai urban summer atmosphere. Journal of Environmental Sciences, 2012, 24(5): 882-890.

2012-254 梅燕, 马密霞, 聂祚仁. X 射线荧光光谱压片法测定六种花瓣粉末的成分. 光谱学与光谱分析, 2012, 32(7): 1969-1971.

2012-270 彭彦昆, 张雷蕾. 农畜产品品质安全光学无损检测技术的进展和趋势. 食品安全质量检测学报, 2012, 3(6): 561-568, 560.

2012-272 彭园珍, 黄勇明, 袁东星, 李炎, 弓振斌. 沉淀/共沉淀-膜富集-X 射线荧光法快速分析近岸海水中的重金属. 分析化学, 2012, 40(6): 877-882.

2012-278 秦志桂, 毛仙鹤, 陈旻, 赵康, 蔡溪南, 刘宁. 铝热剂 SHS 合成污染土壤固化产物中模拟核素的分布. 稀有金属, 2012, 36(2): 316-320.

2012-289 尚颖, 沈万斌, 刘景帅, 王野, 朱晓娟. 吉林省中部土壤元素含量与 pH 相关性分析. 安徽农业科学, 2012, 40(10): 5909-5911.

2012-294 沈亚婷. EDXRF 测定土壤元素含量及其在有机碳垂直分布特征研究中的应用. 光谱学与光谱分析, 2012, 32(11): 3117-3122.

2012-304 宋少洁, 吴烨, 蒋靖坤, 杨柳, 郝吉明. 北京市典型道路交通环境细颗粒物元素组成及分布特征. 环境科学学报, 2012, 32(1): 66-73.

2012-313 谭和平, 高杨, 吕昊, 张玉兰, 孙羽婕. 土壤重金属 X 射线荧光光谱非标样测试方法研究. 生态环境学报, 2012, 21(4): 760-763.

2012-314 汤驰, 叶芝祥, 李再波, 邱贵江. 机场周边环境大气 PM_{10} 中重金属的污染特征及健康风险评价. 环境与健康杂志, 2012, 29(1): 77-79.

2012-353 王利军, 卢新卫, 雷凯. 宝鸡市街尘重金属元素含量及其环境风险分析. 土壤通报, 2012, 43(1): 200-205.

2012-368 王勋来, 庹先国, 曾英, 李哲. 膨润土对核素的吸附行为研究. 应用化工, 2012, 41(3): 501-503.

2012-371 王业春, 雷波, 杨三明, 张晟. 三峡库区消落带不同水位高程土壤重金属含量及污染评价. 环境科学, 2012, 33(2): 612-617.

2012-376 王志刚. X 射线荧光 IQ^+ 法在植物样品定性分析中的应用研究. 湖南农业科学, 2012, (17): 108-109, 113.

2012-377 王志刚, 于红梅. 波长色散 X 射线荧光结合元素分析仪分析金华佛手 14 种元素. 光谱学与光谱分析, 2012, 32(1): 252-254.

2012-396 伍乾永, 杨平先, 唐杰. X 射线荧光光谱法检测食盐碘含量在线系统设计. 实验技术与管理, 2012, 29(9): 33-35.

2012-406 熊敏, 何素芳, 刘春侠, 桂艳, 贺与平, 单云. 波长色散 X 射线荧光光谱法测定海带中的碘. 光谱实验室, 2012, 29(6): 3392-3394.

2012-425 许东升, 黄淑玲, 李琦. 安徽省泗县池塘底泥 As 含量分布特征及污染评价. 光谱实验室, 2012, 29(2): 1233-1237.

2012-426 许东升, 李琦, 黄淑玲, 阚朝辉. 宿州市街尘 Pb 含量分布特征及污染评价. 宿州学院学报, 2012, 27(2): 33-36.

2012-454 叶华俊, 郭生良, 姜雪娇, 夏阿林, 王健. 基于 XRF 技术的大气重金属在线分析仪的研制. 仪器仪表学报, 2012, 33(5): 1161-1166.

2012-455 叶丽君, 刘鲁川, 周霞, 刘锐, 刘宁, 李向杰, 王金川. Er:YAG 激光照射后釉质结构和成分变化的研究. 口腔生物医学, 2012, 3(3): 166.

2012-456 叶丽君, 刘鲁川, 周霞, 刘锐, 刘宁, 李向杰, 王金川. Er:YAG 激光照射后釉质结构和成分变化的研究. 牙体牙髓牙周病学杂志, 2012, 22(2): 96-98.

2012-462 尹利辉, 李俊卿, 俞辉, 陈超, 陈金泉, 黄萍, 王栋, 刘炜, 马双成. X 射线荧光

	元素分析技术测定明胶原料中的铬. 药物分析杂志, 2012, 32(7): 1124-1126.
2012-463	尹利辉, 李俊卿, 俞辉, 陈超, 赵霞, 王金凤, 胡昌勤, 马双成, 金少鸿. X射线荧光元素分析技术快速筛查含铬的空心胶囊. 药物分析杂志, 2012, 32(6): 920-923.
2012-476	岳建华, 陶俊, 林泽健, 朱李华, 曹军骥, 罗磊. 成都春季生物质燃烧和沙尘期间气溶胶散射特征及其重建. 环境科学, 2012, 33(7): 2151-2157.
2012-488	张彩霞, 孙忠, 叶建圣. 基于X射线荧光光谱法测定常见生物样品中常量和微量元素. 岩矿测试, 2012, 31(2): 272-276.
2012-498	张景超, 朱艳英, 丁喜峰, 刘美义, 郭西华, 吴鹏乐, 关颖. 不同产地山药的XRF和PXRD分析与表征. 光谱学与光谱分析, 2012, 32(7): 1972-1974.
2012-514	张世红, 杨子旭, 王贤华, 陈汉平. 烟秆流化床燃烧结渣特性实验. 农业机械学报, 2012, 43(6): 97-101, 106.
2012-516	张现荣, 张勇, 叶青, 范德江, 毕世普, 王亮, 张喜林, 孔祥淮. 辽东湾北部海域沉积物重金属环境质量和污染演化. 海洋地质与第四纪地质, 2012, 32(2): 21-29.
2012-522	张燕, 刘家琴, 高中洪. 薄层等电聚焦-X射线荧光光谱法测定铁超载小鼠肝中铁含量分布. 化学与生物工程, 2012, 29(2): 47-50.
2012-531	章炜, 张玉钧, 陈东. 土壤重金属镍元素的X射线荧光定量分析. 激光与光电子学进展, 2012, (1): 137-140.
2012-543	赵亚芳, 李晓, 王敏, 黄静, 印红玲. 波长色散X射线荧光光谱法测定成都市春季大气PM_{10}中的无机元素. 四川环境, 2012, 31(S): 5-12.
2012-553	周良平, 赖万昌, 李高峰, 姚飞. EDXRF方法在测量含水Fe样中Fe含量的应用. 广东微量元素科学, 2012, 19(1): 42-46.
2012-558	朱李华, 陶俊, 陈忠明, 赵岳, 张仁健, 曹军骥. 2010年1月北京城区大气消光系数重建及其贡献因子. 环境科学, 2012, 33(1): 13-19.
2012-559	朱腾高, 肖赛金, 陈焕文. X荧光光谱法测定玩具饰品中的重金属含量. 分析仪器, 2012, (2): 52-54.
2012-562	朱勇, 彭园珍, 黄勇明, 李炎, 袁东星. 共沉淀-离心-X射线荧光法快速测定表层海水中的Fe, Ni, Mn, Cu, Zn, Pb. 海洋环境科学, 2012, 31(4): 594-598.
2013-003	艾晓军, 杨理勤, 蒋小良, 陈士清. 实验室空调滤尘中铅的测定. 分析仪器, 2013, (5): 82-84.
2013-012	陈朝方, 许彩芸, 彭彬, 徐泽, 伍利兵, 李杰. 微区能量色散X荧光元素成像法测定陶瓷中重金属元素. 食品安全质量检测学报, 2013, 4(4): 1046-1052.
2013-024	陈龙, 孙志蓉, 张晓敏, 刘文杰, 杜远. 三种石斛中微量元素测定及多糖提取工艺研究. 现代中药研究与实践, 2013, 27(4): 42-44.
2013-041	程胜男, 卢飞, 崔龙飞, 裴依超, 谭欢欢, 布多. 拉萨设施农业区域地下水中As、Pb、Hg的初步研究. 中国农业信息, 2013, (9): 194.
2013-070	樊建新, 王玉军, 崔晓丹, 范婷婷, 周东美. 基于同步辐射的硬X射线荧光技术分析污染土壤中重金属分布. 生态与农村环境学报, 2013, 29(3): 375-379.
2013-079	冯晏辉, 刘昱, 刘小骐. X射线荧光光谱在盐产品检测中的应用研究. 盐业与化工, 2013, 42(1): 45-47.
2013-084	傅慧敏, 周益奇, 王巧环. 氢化物发生电感耦合等离子体原子发射光谱同时测定土壤中十四种微量元素. 环境化学, 2013, 32(6): 1094-1095.
2013-085	甘宏宇, 薛洁, 高敬瑞, 贾庆奎, 杨彪. X荧光光谱法快速测定荧光增白剂中重金属离子含量. 染料与染色, 2013, 50(5): 56-58.
2013-092	龚春慧, 曾国强, 葛良全, 李军, 温自强. 波长色散X射线荧光法测定茶叶中微量元素. 核技术, 2013, 36(9): 11-19.

2013-107 韩琳丽, 刘永清, 周速. 能量色散X射线荧光分析技术在环境空气质量监测中对铅测定的应用. 现代科学仪器, 2013, (3): 87-93.

2013-120 黄海波, 王新为, 边巴次仁, 冯煦, 张樱山, 王鸣, 王奇志. 藏药左太的化学成分分析. 中药材, 2013, 36(4): 583-585.

2013-136 金斌, 吴磊, 刘义博, 吴良英, 董俊. 熔融制样X射线荧光光谱法测定海洋沉积物中主次痕量元素. 大众科技, 2013, 15(6): 107-110.

2013-141 Kadhar Mohammed Abdul, Ghosh Malai Kumar, Basu Arindam. 蚕丝含量计算方法对光谱仪法测算扎丽纱包覆层金属元素含量的影响 (英文). 蚕业科学, 2013, 39(6): 1139-1144.

2013-142 Kadhar Mohammed Abdul, Ghosh Malai Kumar, Basu Arindam. 利用X射线荧光光谱仪检测蚕丝纱丽服扎丽纱包覆层中的金属元素含量 (英文). 蚕业科学, 2013, 39(3): 562-567.

2013-144 柯钊跃. 广州市天河区某小学$PM_{2.5}$的化学组成分析. 广东化工, 2013, 40(12): 174-175.

2013-160 Li Dou, Song Liyan. The weathering effects of acidithiobacillus ferrooxidans to Cu(Ⅱ) pollution of fine grained copper mine tailings. 矿物学报, 2013, (S1): 43.

2013-178 李俊卿, 尹利辉, 张锐, 张学博, 陈金泉, 王栋, 黄萍, 刘炜, 殷飞, 俞辉. X射线荧光元素分析技术在胶囊、明胶及阿胶铬快速检查中的应用. 中国药师, 2013, 16(2): 215-217.

2013-202 李小莉, 张勤. 粉末压片-X射线荧光光谱法测定土壤、水系沉积物和岩石样品中15种稀土元素. 冶金分析, 2013, 33(7): 35-40.

2013-203 李旭芳, 王广甫, 初钧晗, 于令达. 气溶胶中F和Na分析的外束质子诱发γ射线激发曲线测量. 原子能科学技术, 2013, 47(5): 838-841.

2013-204 李学云, 陈子凡, 勾正伦, 彭首创. 能量色散X射线荧光法快速检测玩具中铅方法的问题分析及应对措施. 标准科学, 2013, (7): 59-62.

2013-231 刘鹤贺, 刘志国, 孙天希, 彭松, 赵为刚, 孙蔚渊, 李玉德, 林晓燕, 赵广翠, 罗萍, 丁训良. 利用毛细管X光透镜共聚焦微束X射线荧光技术对单根头发中元素空间分布进行无损扫描分析. 光谱学与光谱分析, 2013, 33(11): 3147-3150.

2013-241 刘敏. X射线荧光光谱法(XRF)测定环境地质样品中痕量氯、溴的试验研究. 当代化工, 2013, 42(9): 1354-1356.

2013-242 刘明, 林霖. X射线荧光能谱法测试水样中重金属元素. 实验科学与技术, 2013, 11(6): 7-8, 26.

2013-246 刘少玉. 海洋沉积物中多种重金属的X射线荧光分析法. 中国环境监测, 2013, 29(5): 132-134.

2013-259 刘振东, 董胜伟. 城市地表土壤重金属污染反演问题研究. 昆明理工大学学报(自然科学版), 2013, 38(3): 95-102.

2013-263 龙时磊, 刘可, 曾建荣, 曹玲玲, 包良满, 林俊, 李燕, 马陈燕. 沙尘暴对上海大气颗粒物中S、Cl、Ca化学种态的影响. 核技术, 2013, 36(10): 3-10.

2013-274 罗宁, 李晓杰, 刘凯欣, 吴士玉, 陈士洋, 宋文杰. 采用凝胶炸药前驱体制备石墨包覆铜纳米颗粒的研究 (英文). 高压物理学报, 2013, 27(6): 847-855.

2013-290 毛雪飞, 刘霁欣, 王敏, 钱永忠. 固体进样元素分析技术在农产品质量安全中的应用. 中国农业科学, 2013, 46(16): 3432-3443.

2013-293 孟繁露, 王长秋, 李艳, 鲁安怀, 梅放, 柳剑. 两种卵巢肿瘤中砂粒体的矿物学研究. 地学前缘, 2013, 20(3): 154-160.

2013-294 孟繁露, 王长秋, 李艳, 鲁安怀, 梅放, 柳剑英. 锌在人体病理性矿化灶中分布的地球化学讨论. 岩石矿物学杂志, 2013, 32(6): 789-796.

2013-307 庞龙, 卢新卫, 巢世刚. 省道路边菜地土壤重金属含量分布及污染评价. 干旱地区农业研究, 2013, 31(6): 203-207, 224.

2013-316 钱鹏, 郑祥民, 周立旻. 沙尘暴期间上海市大气颗粒物元素地球化学特征及其物源示踪意义. 环境科学, 2013, 34(5): 2010-2017.

2013-361 孙骏. 苯甲酰苯胲分光光度法测定土壤中钒含量. 现代科学仪器, 2013, (3): 126-128.

2013-364 孙兴权, 曾泽, 赵景红, 王秋艳, 张建华, 董伟峰, 林维宣. 组合分析法检测小麦粉中4种非法添加物. 食品工业科技, 2013, 34(21): 305-309.

2013-371 唐信英, 罗磊, 曹军骥, 王启元. 成都市春节期间大气$PM_{2.5}$化学元素的特征. 环境科学与技术, 2013, 36(5): 151-155, 170.

2013-383 王冬圻, 姜瞻梅, 田然, 田波. 能量色散X射线荧光光谱法测定奶粉中的钙元素. 食品科学, 2013, 34(24): 254-257.

2013-386 王广西, 李丹, 侯鑫, 凌倩慧. 建筑垃圾中重金属元素的X射线荧光光谱分析. 核电子学与探测技术, 2013, 33(7): 873-875.

2013-387 王广西, 李丹, 侯鑫, 周丽丽. 某区域道路灰尘重金属元素的X射线荧光光谱分析及污染评价. 核电子学与探测技术, 2013, 33(6): 763-765.

2013-389 王国文, 王栋, 王明明, 徐晓晨, 杨凤林. 重金属杂质对磷酸铵镁结晶法处理制药废水的影响. 环境工程学报, 2013, 7(12): 4866-4868.

2013-395 王静, 孟祥才, 陈玉义. 矿物中药自然铜煅制工艺研究. 佳木斯大学学报(自然科学版), 2013, 31(3): 399-401.

2013-401 王凯, 闵红, 刘曙, 朱志秀. 全反射X射线荧光光谱法测定水中痕量砷. 检验检疫学刊, 2013, 23(2): 20-22, 11.

2013-403 王利军, 卢新卫, 任春辉, 李晓雪, 陈灿灿, 杨琳娜. 宝鸡市某工业园区灰尘重金属含量、形态及生态风险分析. 水土保持通报, 2013, 33(4): 180-184.

2013-404 王亮. 矿山酸性水中硫的化学状态分析. 化工管理, 2013, (8): 144.

2013-408 王淼, 张颖, 柴沆镇, 王刚. 生防菌株336x在小麦内部的定殖研究. 河南农业科学, 2013, 42(9): 69-72, 82.

2013-411 王平, 曹军骥, 刘随心, 沈振兴, 张婷, 王启元, 占长林, 杨素霞. 西安市春季大气颗粒物$PM_{2.5}$与PM_{10}的特征. 中国粉体技术, 2013, 19(6): 58-63.

2013-427 王益群, 郭啸, 王栋, 王伯涛. 矿物药金礞石和青礞石中铁元素的价态分析. 中华中医药杂志, 2013, 28(6): 1864-1866.

2013-428 王永胜, 王柏华. EDXRF对羊毛染色废水中铬和铜离子检测适用性研究. 北京服装学院学报(自然科学版), 2013, 33(4): 30-34.

2013-464 谢兰桂, 王健, 赵霞, 杨锐, 冯晓明, 李槭, 栾琳, 张丽颖, 贺瑞玲, 刘艳林, 王峰, 汤龙, 孙会敏, 李波. 波长色散X射线荧光法快速筛查铬超标明胶胶囊. 药物分析杂志, 2013, 33(2): 286-288, 291.

2013-466 邢雪青, 宫宇, 蔡泉, 默广, 杜蓉, 陈中军, 吴忠华. Hierarchical structure and biomineralization in cricket teeth. Chinese Physics C, 2013, 37(2): 96-101.

2013-474 徐杨, 阎长虹, 许宝田, 邵勇, 阮晓红. 城市河道淤泥特性及改良试验初探. 水文地质工程地质, 2013, 40(1): 110-114.

2013-488 杨晖. 能量色散X射线荧光分析技术在环境空气质量监测中对铅测定的应用. 黑龙江环境通报, 2013, 37(1): 20-23.

2013-489 杨平先, 伍乾永, 金涛. 基于单片机的X射线食盐碘含量在线测控系统. 湖北农业科学, 2013, 52(10): 2420-2422, 2435.

2013-499 杨永兴, 包良满, 雷前涛. 地铁颗粒物$PM_{2.5}$的SEM和微束XRF分析. 电子显微学报, 2013, 32(1): 47-53.

2013-513 殷庆纵, 夏劼清, 祝清兰. 基于小波滤波的水体重金属分析仪设计. 测控技术, 2013, 32(9): 8-11, 15.

2013-514 游宇, 傅超美, 陈秋薇, 聂英军, 胡慧玲. 矿物药玄明粉与无水硫酸钠的构效对比研究. 中草药, 2013, 44(8): 982-984.

2013-519 于文佳, 林莉, 卫碧文, 郑翊, 杨荣静. 分散液相微萃取-X 射线荧光法快速同时分析水溶液中的重金属. 分析试验室, 2013, 32(7): 98-102.

2013-522 俞佳锋, 王凯, 薛俊增, 吴惠仙. 生物样品中微量金属测定的研究进展. 环境污染与防治, 2013, (5): 111.

2013-552 张荣, 张玉钧, 章炜, 陈东, 余晓娅, 高彦伟. 土壤重金属铅元素的 X 射线荧光光谱测量分析. 光谱学与光谱分析, 2013, 33(2): 554-557.

2013-561 张引娥. 重金属元素在厦门-漳州土壤剖面中的分布特征及其环境意义. 地球与环境, 2013, 41(1): 13-19.

2013-599 周昊, 李凯, 陆海勤, 卢妹雪. X 荧光光谱仪快速检测甘蔗糖汁中元素含量的研究. 甘蔗糖业, 2013, (4): 53-58.

2013-601 周良芹, 付大友. 食品中无机盐检测方法研究进展. 中国无机分析化学, 2013, 3(2): 14-18.

2013-604 周世平, 董发勤, 代群威, 黄云碧, 唐俊, 陈武. 绵阳市 4 月份城郊大气中 $PM_{2.5}$ 矿物及微生物特性分析. 矿物学报, 2013, 33(3): 369-374.

2013-605 Zhou Xin, Sun Liguang, Liu Yi, Wang Yuhong. Potential applications of X-ray fluorescence core scanner in elemental analyses of the muddy sediments on the coastal shelves of China and in ecological study. Journal of Ocean University of China, 2013, 12(4): 619-623.

2013-610 周志恩, 张丹, 张灿. 重庆城区不同粒径颗粒物元素组分研究及来源识别. 中国环境监测, 2013, 29(2): 9-14.

2013-614 庄骏, 李明杰, 汪小涵, 马旭方, 杨小康, 刘洋. 废旧日光灯灯管的回收与二次利用. 中国资源综合利用, 2013, 31(9): 44-46.

2014-015 包良满, 雷前涛, 谈明光, 李晓林, 张桂林, 刘卫, 李燕. 上海地铁站台大气颗粒物中过渡金属研究. 环境科学, 2014, 35(6): 2052-2059.

2014-023 曹玲玲, 刘可, 曾建荣, 龙时磊, 包良满, 马陈燕, 李燕. 上海地区生活垃圾焚烧灰渣元素组成及微观特征研究. 核技术, 2014, 37(6): 8-16.

2014-024 曹亚丽, 武志明. 湿法预处理对垃圾焚烧飞灰中重金属的形态及风险影响研究. 四川环境, 2014, 33(5): 8-12.

2014-039 陈张好, 宋向岗. 化妆品中金属元素分析方法研究进展. 香料香精化妆品, 2014, (6): 55-58.

2014-044 陈卓梅. 涂料中有毒有害元素检测方法概述. 广东化工, 2014, 41(14): 281-282.

2014-048 程伟良, 王立成, 李柏杰. 新疆棉杆直燃特性分析. 热能动力工程, 2014, 29(5): 571-575, 600-601.

2014-061 邓建国, 刘东亮, 叶勇. 恐龙化石的人工加速腐蚀研究. 西南师范大学学报(自然科学版), 2014, 39(7): 47-52.

2014-071 段光慧, 黄立新. 青梅酒起浊成分及其成因的测定研究. 食品工业, 2014, (11): 214-217.

2014-073 Eum Ki Do, Weisskopf Marc G., Nie Linda H., Hu Howard, Korrick Susan A.. 护士健康研究队列中累计铅暴露与绝经年龄. 环境与职业医学, 2014, 31(8): 607.

2014-086 甘婷婷, 张玉钧, 赵南京, 殷高方, 董欣欣, 王亚萍, 刘建国, 刘文清. 薄膜法 X 射线荧光光谱对重金属铬元素检测研究. 光学学报, 2014, 34(7): 297-302.

2014-126 黄秋鑫, 孙秀敏. 粉末标准曲线 XRF 法检测土壤中的重/类金属. 环境科学与技术, 2014, 37(9): 92-98.

2014-140 贾文宝, 张焱, 黑大千, 凌永生, 单卿, 程璨. PGNAA-XRF 联合检测水溶液中重金属的研究. 光谱学与光谱分析, 2014, 34(11): 3123-3126.

2014-170 李明礼, 多吉, 邱衍卿, 邬国栋, 王祝旺堆. 青藏地区四个盐湖表层沉积物标准物质研制. 中国测试, 2014, 40(4):

2014-197 李仰钞, 马会凯. 能量色散-X 射线荧光光谱法测定荧光灯中汞含量. 理化检验-化学分册, 2014, 50(2): 249-251.

2014-198 李野, 朱俐, 王瑾, 孙晓翠, 尹利辉. X 射线荧光元素分析技术对化妆品中汞快速检测的初步探讨. 药物分析杂志, 2014, 34(8): 1470-1474.

2014-220 廖学亮, 沈学静, 刘明博, 陈永彦, 韩鹏程, 屈华阳, 胡学强. 台式能量色散 X 射线荧光光谱直接检测大米中的 Cd. 食品科学, 2014, 35(24): 169-173.

2014-230 刘凤霞. 化妆品中铅含量的测定方法研究进展. 青岛医药卫生, 2014, 46(6): 449-451.

2014-242 刘冉, 张航, 黄祎玲, 巨文军, 张少民. 波长色散 X 射线荧光光谱法测定水样中的微量钼. 化学推进剂与高分子材料, 2014, 12(3): 72-74.

2014-243 刘冉, 张航, 袁永朝, 巨文军, 张少民. 波长色散 X 射线荧光光谱法测定水样中的微量铈. 化学推进剂与高分子材料, 2014, 12(5): 93-96.

2014-244 刘少玉. X 射线荧光快速分析土壤中锑铊等重金属含量. 环境与可持续发展, 2014, (5): 201-203.

2014-250 刘祥军, 陈燕舞, 杨雅兰, 黄思琪, 梁木春, 叶俊英. X 荧光光谱法快速测定手机有害元素含量. 广州化工, 2014, 42(12): 131-132, 166.

2014-265 刘志然, 隋铭皓, 盛力, 杨建瑞, 徐梦梦. 有序介孔铁氧化物催化过氧化氢降解水中诺氟沙星. 水处理技术, 2014, 40(11): 18-23.

2014-312 彭新凯, 汪辉, 袁良经. X 射线荧光光谱仪快速筛查大米中镉的含量. 中国食品卫生杂志, 2014, 26(6): 551-554.

2014-321 屈成锐, 徐斌, 吴健, 刘建新, 王学涛. 流化床 O_2/CO_2 气氛燃煤痕量元素的排放特性及控制. 环境科学学报, 2014, 34(8): 1949-1953.

2014-324 冉广芬. 钾的检测方法及其应用. 盐湖研究, 2014, 22(3): 68-72.

2014-329 桑红山, 付兴华. X 射线荧光分析仪测量室粉尘污染防治. 水泥, 2014, (9): 53.

2014-332 沈亚婷. 原位微区同步辐射 X 射线荧光和近边吸收谱研究拟南芥幼苗及根际土壤中铅分布与形态特征. 光谱学与光谱分析, 2014, 34(3): 818-822.

2014-343 苏荣, 洪欣, 王晓飞, 梁晓曦, 李丽和. 多元素同时分析技术在沉积物重金属分析中的应用研究进展. 安徽农业科学, 2014, 42(31): 11049-11051.

2014-346 孙成胜, 蔡小冬, 张仁陟, 蔡立群. 基于 GIS 的白银区耕地耕层土壤重金属空间分异及污染评价. 干旱区地理, 2014, 374(4): 750-758.

2014-352 孙天希, 刘鹤贺, 刘志国, 彭松, 孙蔚渊, 赵为刚, 赵广翠, 何佳霖, 丁训良. 毛细管 X 光透镜共聚焦微束 X 射线荧光技术在胶囊类药品分析中的应用. 光学学报, 2014, 34(1): 322-326.

2014-353 孙鑫, 侯玉东, 滕腾, 薛鹏飞, 刘顺振. 尼古丁对不同表面处理种植体骨结合的影响. 中国组织工程研究, 2014, 18(8): 1149-1154.

2014-359 唐晓萍, 马连欣, 韩晶, 谭生龙, 张磊, 陈晓婷. 纺织品中砷含量的分析方法研究进展. 纺织导报, 2014, (1): 99-101.

2014-364 童永彭, 郝昕, 孙慧斌, 冯晋兴, 刘晓红, 陈建敏. 海滨城市婴儿铅来源的抽样分析. 深圳大学学报（理工版）, 2014, 31(3): 273-278.

2014-366 Waheed Akram, Morgan Madhuku, Kashif Shahzad, Ali Awais, Ishfaq Ahmad, Muhammad Arif, Ishaq Ahmad. Roadside dust contamination with toxic metals along industrial area in Islamabad, Pakistan. Nuclear Science and Techniques, 2014, 25(3): 10-15.

2014-399 王树勋, 马海华. 2 型糖尿病患者血清 16 种矿物元素分析. 预防医学论坛, 2014, 20(1): 32-34.

2014-430 吴俭俭, 刘婷, 赵珊红, 李艳, 谢维斌, 阮毅, 孙国君, 陈海相. X 荧光光谱法测定纺织品中重金属铅. 丝绸, 2014, 51(5): 21-25.

2014-464 薛凤娟,肖园国. 基于X荧光能谱分析的织物重金属检测. 轻工科技, 2014, (3): 97-98.

2014-465 薛红艳,战友,张劲勇,吴鹏. 城市生活污水污泥理化性质分析. 实验室研究与探索, 2014, 33(9): 28-32.

2014-473 杨凤娇,杨秀全,周媛,白亮,张军. 硅钼蓝分光光度法测定氨基硅油在头发上的沉积量. 理化检验-化学分册, 2014, 50(11): 1448-1450.

2014-481 杨霞,符静,吴雅霁,张坤,吴蓓娟,匡晓亮. 湘江湘潭段沉积物重金属元素地球化学特征. 衡阳师范学院学报, 2014, 35(3): 124-127.

2014-504 于兆水,张勤,李小莉,樊守忠,潘晏山,李国会. 高压粉末制样波长色散X射线荧光光谱法测定生物样品中23种元素. 岩矿测试, 2014, 33(6): 844-848.

2014-508 袁胜元,闫慧. 城市化进程中城郊耕地土壤重金属的含量及其分布特征. 贵州农业科学, 2014, 42(7): 197-201.

2014-526 张继来,傅开道,王波,陈礼强,宋静宜,苏斌. 澜沧江河床沉积物重金属污染评价. 地理科学进展, 2014, 33(8): 1136-1144.

2014-533 张莉娟,刘义博,李小莉,徐铁民. 超细粉末压片法-X射线荧光光谱测定水系沉积物和土壤中的主量元素. 岩矿测试, 2014, 33(4): 517-522.

2014-547 张文磊. 试论土壤重金属光谱检测技术. 资源节约与环保, 2014, (5): 151.

2014-564 张远欣,刘冉,夏德强,张航,巨文军,张少民. 水中微量砷的波长色散X射线荧光光谱测定法. 环境与健康杂志, 2014, 31(8): 716-717.

2014-588 钟山,高慧,张漓衫,苏宏峰,张程. 平原典型垃圾焚烧厂周边土壤重金属分布特征及污染评价. 生态环境学报, 2014, 23(1): 164-169.

2014-601 朱俐,刘明理,尹利辉,王瑾. X射线荧光元素分析技术快速筛查化妆品中铅、汞、砷、锑. 药物分析杂志, 2014, 34(10): 1842-1846.

2014-602 朱神海,杨建军,孙丽娟,施积炎. 不同形态硫肥和淹水时间段对污染水稻土中铜活性和分布的影响. 浙江大学学报(理学版), 2014, 41(3): 331-337, 347.

2015-012 常国璋,黄艳琴,赖喜锐,阴秀丽,吴创之. 棕榈壳焦CO_2气化过程中反应性及结构特性研究. 燃料化学学报, 2015, 43(8): 947-954.

2015-014 陈斌,邢为飞,陆道礼,戚雪勇. 基于判别分析的X射线荧光烟叶产地识别应用. 江苏大学学报(自然科学版), 2015, 36(5): 545-549.

2015-017 陈诚,李丹,赖万昌,翟娟,洪自强. XRF测定大气颗粒物中Pb元素的标样制备. 核技术, 2015, 38(12): 18-23.

2015-027 陈璐,米艳华,万小铭,尹本林,袁志伟,和丽忠. 外源磷素对药用植物三七吸收砷的微区及形态分布特征影响. 生态环境学报, 2015, 24(9): 1576-1581.

2015-028 陈璐,米艳华,万小铭,袁志伟,尹本林,和丽忠. 砷在药用植物三七根部组织及其亚细胞分布特征. 植物学报, 2015, 50(5): 591-597.

2015-033 陈小波,毛承毅,李光剑,周永春,赵光强,雷玉洁,杨凯云,田琳玮,黄云超. 金属元素及SiO_2与云南宣威地区肺癌高发的关系. 现代肿瘤医学, 2015, 23(20): 2926-2929.

2015-034 陈晓慧,范秋涛,石庆国. X射线荧光光谱分析法及其应用. 环境技术, 2015, (1): 25-27, 31.

2015-037 陈燕根. 用X荧光射线法对仿真饰品中镍释放量快速检测筛选的研究. 科技视界, 2015, (22): 322-323.

2015-038 陈漪馨,刘焱光,姚政权,董林森,李朝新. 末次盛冰期以来挪威海北部陆源物质输入对气候变化的响应. 海洋地质与第四纪地质, 2015, 35(3): 95-108.

2015-040 陈张好,周智明,刘小娟,张弦. X射线荧光元素分析技术快速测定化妆品中的吡硫嗡锌. 香料香精化妆品, 2015, (6): 48-50.

2015-051 崔晓丹,王玉军,周东美. 水分管理对污染土壤中砷锑形态及有效性的影响. 农业环境科学学报, 2015, 34(9): 1665-1673.

2015-059 邓文博, 李旭祥. 关中地区土壤重金属空间分布特征及其污染评价. 地球环境学报, 2015, 6(4): 219-223.

2015-062 董双快, 朱新萍, 吴福飞, 黄春萍, 贾宏涛. 锂渣吸附酸性Cr^{6+}的温度效应及机理研究. 新疆农业大学学报, 2015, 38(2): 163-167.

2015-071 方哲, 陈吉文, 胡少成, 王雷, 王超刚. 基于X射线荧光光谱的大气重金属在线分析方法的评估及应用. 冶金分析, 2015, 35(3): 1-6.

2015-088 谷亚男, 那博, 叔博. 服装配饰中有害元素的含量分析. 轻工科技, 2015, (11): 102, 125.

2015-100 韩佳, 刘少玉. 土壤中钴元素的X射线荧光分析法应用和探讨. 环境与可持续发展, 2015, (1): 184-186.

2015-104 何芳, 于如军, 张毅, 朱继英, 高振强, 孙鹏. 成灰温度对三种生物质灰及其元素水溶性的影响. 农业工程学报, 2015, 31(8): 227-232.

2015-114 侯鹏高. 明胶空心胶囊中铬含量测定方法研究进展. 中国药房, 2015, 26(21): 3021-3024.

2015-132 黄元. XRF-ICP-AES法测定土壤中的主次元素. 化学分析计量, 2015, 24(6): 73-76.

2015-144 蒋诗泉, 刘中侠, 蒋诗平. 基于综合主成分模型的城市土壤重金属空间分布与传播特征研究. 华东师范大学学报(自然科学版), 2015, (3): 136-145.

2015-145 蒋小良, 王斌, 李达光, 徐正华, 易碧华, 郑得洲. X荧光光谱法快速检测皮制儿童用品中铅镉含量的研究. 西部皮革, 2015, 37(8): 32-36.

2015-164 冷喜芳, 石金娥, 王莹, 任常菲. 复混肥料中磷和钾含量的X射线荧光光谱法快速测定. 吉林蔬菜, 2015, (7): 48-49.

2015-166 李岑, 占堆, 楞本才让, 桑老, 索郎, 多杰拉旦, 多吉, 杜玉枝, 李林帅, 张明, 杨红霞, 毕宏涛, 魏立新. 藏药佐太的化学成分、汞配位结构及微观形貌分析. 光谱学与光谱分析, 2015, 35(4): 1072-1078.

2015-167 李春越, 郝亚辉, 王益, 张妍, 庞奖励, 董吉宝, 贺茂勇. 基于X射线荧光光谱技术的洛川苹果地土壤性质特征研究. 水土保持学报, 2015, 29(6): 148-153.

2015-169 李丹, 葛良全, 王广西, 赖万昌, 翟娟, 陈露. X射线荧光光谱法测定花草茶中22种元素. 光谱学与光谱分析, 2015, 35(7): 2043-2048.

2015-174 李桂芳, 姜海英, 陈家全, 王建军, 宋武昌, 贾瑞宝. 济南某给水管网内壁腐蚀管垢特性及成因分析. 中国给水排水, 2015, 31(1): 49-51.

2015-183 李佳琦, 吴烨, 宋少洁, 郑轩, 王悦, 郝吉明. 北京道路交通环境亚微米颗粒物元素组成特征及来源分析. 环境科学学报, 2015, 35(1): 49-55.

2015-193 李萍, 宋阿琳, 李兆君, 范分良, 梁永超. 硅对锰胁迫下水稻吸收矿质元素的影响. 环境科学学报, 2015, 35(10): 3390-3398.

2015-206 李小平, 刘献宇, 刘洁, 徐长林, 杨蕊, 王继文, 王怡凡, 汪瑶, 王丽娜, 周骞. 典型河谷城市儿童土壤与灰尘铅暴露风险. 生态毒理学报, 2015, 10(2): 418-427.

2015-211 李友平, 刘慧芳, 周洪, 范忠雨, 张智胜, 邹长武. 成都市$PM_{2.5}$中有毒重金属污染特征及健康风险评价. 中国环境科学, 2015, 35(7): 2225-2232.

2015-215 李源, 王长秋, 孟繁露, 李艳, 鲁安怀, 杨重庆, 于启, 李康. 脑动脉粥样硬化斑块中钙化物矿物学特征研究. 岩石矿物学杂志, 2015, 34(6): 963-970.

2015-241 刘合凡, 葛良全, 任茂强, 李丹, 罗耀耀, 赵剑坤. 波长色散X荧光光谱法检测室内$PM_{2.5}$无机元素组份. 核电子学与探测技术, 2015, 35(6): 538-542.

2015-245 刘江斌, 党亮, 殷桃刚, 祝建国. 粉末压片-X射线荧光光谱法测定土壤中的铜铅锌砷锑钴铬镍等重金属元素. 分析测试技术与仪器, 2015, 21(1): 42-46.

2015-254 刘莉红, 胡雪峰, 叶玮, 薛勇, 罗凡, 闫呈龙. 皖南第四纪红土伊利石结晶度值与风化强度的关系. 土壤学报, 2015, 52(5): 991-1001.

2015-266 龙进, 贾玉连, 张智, 彭学敏, 凌超豪, 王朋岭. 末次冰期以来鄱阳湖东北缘下蜀黄土常量元素地球化学特征及其物源指示. 沉积学报, 2015, 33(5): 932-940.

2015-278 罗培松, 赵霞. 测定土壤和水系沉积物中砷的方法比对研究. 广州化工, 2015, 43(23): 189-191.

2015-280 骆倩, 赵美凤, 宁晖, 杜京霖, 杜文凯, 应美蓉, 高梦莎. 几种镉快速测定方法在稻谷样品测定中的应用研究. 粮油食品科技, 2015, 23(6): 80-83.

2015-286 马俊杰, 杨琦, 王业耀, 杨凯, 刘宇兵, 赵艳梅. 土壤重金属快速监测技术研究与应用进展. 中国环境监测, 2015, 31(3): 132-138.

2015-293 孟栋材, 郭艳, 陈智, 迟文飞, 吴奇, 梅养英. 砀山县黄河故道酥梨土壤中微量元素初步分析. 赤峰学院学报 (自然科学版), 2015, 31(21): 11-13.

2015-297 倪冠韬, 高爱国, 朱旭旭, 黄书昕. 闽江下游及河口区表层沉积物多种微量元素特征. 应用海洋学学报, 2015, 34(3): 349-355.

2015-313 秦旭磊, 李野, 宋忠华, 王国政, 李珅, 单高峰, 端木庆铎. 基于 EDXRF 技术茶叶中金属元素检测方法研究. 光谱学与光谱分析, 2015, 35(4): 1068-1071.

2015-323 任茂强, 葛良全, 罗斌, 郭生良, 张庆贤, 朱力, 李丹. FPXRF 定量测定空气颗粒物中的重金属. 安全与环境工程, 2015, 22(4): 28-33, 39.

2015-346 宋忠华, 单高峰, 齐丹. EDXRF 法对湖底水系沉积物中重金属含量的检测. 长春理工大学学报 (自然科学版), 2015, 38(6): 99-102.

2015-358 孙业凤, 温小浩, 李保生, 牛东风, 赵占仓, 孟洁, 杨庆江. 腾格里沙漠南缘土门剖面末次间冰期 5e 的主量元素特征及其记录的古气候. 干旱区地理, 2015, 38(6): 1151-1160.

2015-361 谈静, 胡明华, 姜郡亭, 李艾华, 刘琼玉. X 射线荧光光谱法在大气颗粒物无机元素分析中的应用. 分析仪器, 2015, (6): 31-37.

2015-375 王斌, 张江锋, 蒋小良, 黄伟, 钟康华. X 射线荧光光谱法测定皮革及其制品中的铅. 理化检验-化学分册, 2015, 51(6): 869-871.

2015-405 王娜娜, 邓圣, 王鹏, 郑彤. 突发水污染中铜 (II) 的应急快速检测. 理化检验-化学分册, 2015, 51(4): 532-534.

2015-407 王谦, 王海波, 许小丽, 房科腾. X射线荧光光谱法测定奶粉中的营养元素. 分析测试学报, 2015, 34(11): 1296-1301.

2015-408 王谦, 许小丽, 房科腾. X 射线荧光光谱法测定乳粉中的微量元素. 检验检疫学刊, 2015, 25(5): 39-42.

2015-448 夏阳, 余晓军, 朱华, 梁初, 张俊, 甘永平, 黄辉, 陶新永, 张文魁. 江河污泥理化性质分析及其在免烧砖制备中的研究. 建材技术与应用, 2015, (4): 1-4.

2015-449 夏阳, 朱华, 余晓军, 梁初, 张俊, 甘永平, 黄辉, 陶新永, 张文魁. 江河污泥生产烧结砖资源化利用研究. 新型建筑材料, 2015, (10): 41-44.

2015-456 辛首臻, 成艾颖, 余俊清, 高春亮, 洪荣昌, 张丽莎. 岱海近 400 年以来的环境变化: 高分辨率 XRF 岩芯扫描结果的研究. 盐湖研究, 2015, 23(2): 1-6, 33.

2015-471 徐亚, 仇猛淋, 郑晨龙, 田平, 王广甫, 张仁. 北京市夏季大气气溶胶 $PM_{2.5}$ 和 PM_{10} 成分特征. 北京师范大学学报 (自然科学版), 2015, 51(4): 362-367.

2015-500 杨忠平, 王雷, 翟航, 赵剑剑, 卢文喜. 长春市城区近地表灰尘重金属健康风险评价. 中国环境科学, 2015, 35(4): 1247-1255.

2015-503 姚锡文, 许开立. 生物质气化站玉米芯飞灰的特性及其综合利用. 农业工程学报, 2015, 31(20): 218-224.

2015-506 殷庆纵, 王栋, 袁志敏. 碧螺春茶溯源系统的设计与实现. 湖北农业科学, 2015, 54(16): 4057-4059, 4072.

2015-512 于晓燕. X 射线荧光光谱法在土壤检测中的应用研究. 福建农业, 2015, (5): 172-173.

2015-513 于兆水, 陈海杰, 张雪梅, 张勤, 樊守忠, 潘晏山, 李国会. 高压粉末制样-偏振能量色散 X 射线荧光光谱法测定生物样品中 24 种元素. 理化检验-化学分册, 2015, 51(11): 1594-1597.

2015-514 俞梁敏, 金哲维, 邱亮, 栾旭东. 昆山市大气 $PM_{2.5}$ 中无机元素污染特征研究. 环境科学与管理, 2015, 40(6): 22-25.

2015-527 翟磊, 詹秀春, 樊兴涛, 温宏利, 焦距, 刘雷雷. 应用 S930 树脂富集薄样-X 射线荧光光谱现场分析环境水体中 8 种重金属的方法研究. 岩矿测试, 2015, 34(1): 118-128.

2015-538 张辉, 余正东, 吴敏, 李强, 查道平. ED-XRF 法快速测定大米中镉元素的实用性分析. 食品工业, 2015, 36(12): 259-263.

2015-549 张霖琳, 薛荔栋, 滕恩江, 吕怡兵, 王业耀. 中国大气颗粒物中重金属监测技术与方法综述. 生态环境学报, 2015, 24(3): 533-538.

2015-554 张彤, 全葳, 郑维明, 吴继宗, 康海英, 邓惟勤, 邵少雄. 用于 XRF 测量微量 Np 的磁助分离制样方法. 核化学与放射化学, 2015, 37(4): 215-219.

2015-559 张晓楠, 张灿, 吴铎, 周爱锋. 基于 XRF 岩心扫描的中国西部湖泊沉积物元素地球化学特征. 海洋地质与第四纪地质, 2015, 35(1): 163-174.

2015-570 章伟艳, 于晓果, 刘焱光, 金路, 叶黎明, 许冬, 边叶萍, 张德玉, 姚旭莹, 张富元. 楚科奇海盆 M04 柱晚更新世以来沉积古环境记录. 海洋学报, 2015, 37(7): 85-96.

2015-571 章伟艳, 于晓果, 刘焱光, 叶黎明, 许冬, 边叶萍, 姚旭莹, 郭海超, 刘小娅. 楚科奇海陆坡 ARC5-M06 柱样晚更新世以来黏土矿物组成变化的古环境意义. 海洋地质与第四纪地质, 2015, 35(3): 83-94.

2015-576 赵国升, 崔月, 姚玖瑜, 刘伟, 姜大雨. 球粘土的制备及其吸附亚甲基蓝溶液的研究. 硅酸盐通报, 2015, 34(11): 3180-3185.

2015-587 赵西强, 庞绪贵, 王增辉, 战金成. 利用原子荧光光谱-电感耦合等离子体质谱法研究济南市大气干湿沉降重金属含量及年沉降通量特征. 岩矿测试, 2015, 34(2): 245-251.

2015-591 赵越, 曲晓东, 邵玶. 正畸去粘结后托槽底板残余物分析. 现代口腔医学杂志, 2015, 29(2): 104-107.

2015-607 周秀丽, 陈井影. 某矿区农田土壤重金属污染评价. 化工中间体, 2015, (5): 114-115.

5.8.4 人文科技

1979-008 复旦大学静电加速器实验室, 中国科学院上海原子核研究所活化分析组, 湘京钢铁学院《中国冶金史》编写组. 越王剑的质子 X 荧光非真空分析. 复旦学报 (自然科学版), 1979, 1: 73-81.

1982-006 陈志祥. 古青铜器成分的能量色散 X 射线分析. 核技术, 1982, 4: 110-111.

1984-039 李虎侯, 李道伦, 韩俊英. X 射线荧光分析古铜镜的表面组份. 核化学与放射化学, 1984, 1: 45-46.

1985-066 马笑山, 王四亭, 金宗儒, 沈雅芳, 朱汝德. 紫翠宝石 ($BeAl_2O_4:Cr^{3+}$) 晶体生长与质量. 人工晶体, 1985, Z1: 200.

1986-039 李虎侯, 李道伦, 韩俊英, 刘亚文, 范钦敏, 魏成连. 铜镜的 X 射线荧光分析. 核电子学与探测技术, 1986, 6(4): 203-206, 202.

1987-071 孙家美, 毛振伟. X 射线荧光光谱对天然彩色珍珠层的元素分析. 动物学杂志, 1987, 22(4): 11-12.

1988-042 李道伦, 韩俊英, 范钦敏, 刘亚文, 李虎侯. X 射线荧光分析古钱. 分析测试通报, 1988, 7(1): 54-56.

1988-044 李虎候, 魏成连, 李道伦, 范钦敏, 刘亚雯. 几种古代银器的 X 射线荧光分析. 考古, 1988, 1: 85-88.

1988-095 耶伯 C. T., 许杰. 一种鉴别现代伪瓷的非损伤性技术. 景德镇陶瓷, 1988, 1: 20-22.

1989-067 毛振伟. X 射线荧光光谱单标样无损法测定古钱主要成分. 中国钱币, 1989, 4: 32-36, 70.

1989-068 毛振伟. X 射线荧光光谱模拟标样法测定古代青铜钱币中的铅铜锡. 中国科学技术大学学报, 1989, 19(3): 399-404.

1989-069 毛振伟, 华佑南. 模拟标样在古青铜镜主要成分 X 射线荧光光谱分析中的应用. 理化检验-化学分册, 1989, 25(5): 313-314.

1990-006 蔡载熙, 国毅, 郁伟峰, 周维仁, 李博, 唐时荣, 王泉生, 贾素珍. 非神经系统疾病及婴儿瘫后遗症手术患者脑脊液多元素分析研究. 核技术, 1990, 13(11): 684-688.

1990-121 姚中栋. X 射线分析法在法化学中的应用. 法医学杂志, 1990, 3: 32-35, 39.

1991-025 黄士斌, Nilsson Ulf, Mattsson Sören. Non-destructive measurements of lead and barium in archaeological bone samples using XRF. Nuclear Science and Techniques, 1991, 2(1): 48-52.

1991-046 李运兴. 洛阳新发现的西汉金五铢初探. 中国钱币, 1991, 4: 58-59, 83.

1991-059 毛振伟. X 射线荧光光谱分析在考古中的应用. 光谱实验室, 1991, 8(1, 2): 114-117.

1991-082 陶光仪. 中国古代陶瓷的 X 射线荧光非破坏分析. 中国陶瓷, 1991, 5: 58-62.

1992-057 刘建华, 高正耀, 潘贤家, 陈松华. 古钧瓷和仿古钧瓷的电镜和能量色散 X 射线分析. 郑州大学学报 (自然科学版), 1992, 24(2): 23-27.

1992-112 魏成连, 李道伦, 胡金生, 范钦敏, 刘亚文. 黄金首饰 K 值的 XRF 测定. 核技术, 1992, 15(9): 531-535.

1993-012 陈远盘, 杨仲平. XRF 分析黄金首饰中的主、次元素——修正比例常数法. 光谱学与光谱分析, 1993, 13(6): 93-98.

1993-016 丛宁, 曹惠山, 李恕, 凌爱珍. 我国淡水育珠蚌类和珍珠研究的若干进展. 内陆水产, 1993, 19(12): 8-11.

1993-044 胡金生, 李道伦, 魏成连, 刘亚文, 范钦敏, 李虎侯. 青铜器的 X 荧光不破坏分析方法研究. 文物保护与考古科学, 1993, 5(2): 13-17.

1993-082 罗立强, 安庆骧, 宋尔良. 黄金标准样品的 X 射线荧光光谱定量分析. 岩矿测试, 1993, 12(3): 234-237.

1993-104 孙平慧, 许文渊, 曾骥良, 张昌龙. X 射线荧光在宝石优化中的应用研究 (Ⅰ). 珠宝科技, 1993, 4: 44-46, 64-65.

1993-109 王进玉, 李军, 唐静娟, 许志正. 青海瞿昙寺壁画颜料的研究. 文物保护与考古科学, 1993, 5(2): 23-35.

1993-121 杨福家, 汤家镛. 离子束分析在考古学中的应用. 科学, 1993, 45(5): 19-22, 31, 3.

1993-159 周元, 戴开美, 刘荣川, 夏元复, 蒋赞初. 西汉古陶的穆斯堡尔研究. 核技术, 1993, 16(3): 141-145.

1994-012 陈永君, 邓赛文, 梁国立. 金银铂及首饰物的无损检测. 岩矿测试, 1994, 13(2): 145-149.

1994-021 范崇正, 铃木稔, 井上嘉, 安部忠广. 青铜生锈过程中铜元素的扩散——$CuCl$ 的作用. 高等学校化学学报, 1994, 15(12): 1737-1741.

1994-048 李露明, 邢玉富. 波长色散 X 射线荧光光谱法测定黄金饰品含金量. 光谱实验室, 1994, 3: 59.

1994-070 毛振伟, 陈顺喜. 汉砖的 X 射线荧光光谱定量分析. 考古与文物, 1994, 2: 110-112.

1994-140 郑荣华, 杨德辉, 李叶农, 张文芳, 黄近丹. 表面形状对黄金饰品测定影响的研究. 黄金, 1994, 15(10): 58-61.

1995-008 陈丕通. 密度法无损测定黄金饰品中金量的原理及影响因素讨论. 地质找矿论丛, 1995, 10(3): 80-87.

1995-009 陈树榆, 林淑钦, 彭子成, 刘方新, 张敬国. 苏皖地区新石器时代陶器的稀土元素特征的初步探讨. 中国科学技术大学学报, 1995, 25(1): 59-64.

1995-010 陈显求, 黄瑞福, 周学林, 孙建兴, 栗金旺. 大型御用建盏. 景德镇陶瓷学院学报, 1995, 16(1): 35-47.

1995-033 胡春, 李海军, 刘振芳, 李景春. 饰品检验中的样品底托探讨. 光谱实验室, 1995, 12(5): 73-74.

1995-059 林清, 刘德汉. 黔西南金矿有机质地球化学研究. 地球化学, 1995, 24(4): 402-408.

1995-078 苗建民, 余君岳. EDXRF 方法对景德镇明代官窑青花瓷器的无损分析研究. 考古, 1995, 12: 1131-1135, 1114.

1995-124 杨德辉, 郑荣华, 李叶农, 黄近丹, 张文芳, 秦大方. 黄金饰品中金含量的 X 荧光能谱分析. 分析测试学报, 1995, 14(5): 1-9.

1995-130 曾建极, 戚迅, 陈明贵. X 荧光测量技术在嘎拉金矿的应用. 四川地质学报, 1995, 15(4): 319-323.

1995-133 张训彪. 奇妙的密度测金法. 上海计量测试, 1995, 6: 40-42.

1995-139 郑荣华. XRF 靶线标准法测定金首饰中的银. 福建分析测试, 1995, 4(3): 322-325.

1996-010 曹亚文, 安庆骧, 李兵. 宝石级刚玉的颜色与微量元素的关系. 矿床地质, 1996, 15(S1): 49-50.

1996-017 陈显求, 陈士萍, 周学林, 郭荣发, 孙洪巍. 金、元时期旬邑窑茶叶末瓷的研究. 陶瓷学报, 1996, 17(3): 15-24.

1996-018 陈显求, 李家治, 陈士萍, 周学林, 承焕生. 厄瓜多尔 Valdivia 古陶的研究. 陶瓷学报, 1996, 17(2): 34-41.

1996-032 樊娟, 贺林. 彬县大佛寺石窟彩绘保护研究. 敦煌研究, 1996, 1: 140-153, 188.

1996-062 李叶农. 黄金饰品中金含量 X 射线能量色散光谱分析. 测试技术学报, 1996, 10(2, 3): 550-553.

1996-068 梁述廷. 无标样 XRFA 法在黄金饰品检测中的应用. 黄金, 1996, 17(5): 44-47.

1996-091 苗建民, 余君岳. 景德镇青花瓷器无损分析研究. 故宫博物院院刊, 1996, 2: 86-91.

1996-093 彭子成, 黄允兰, 孙卫东, 铃木稔, 河西学, 蒋廷瑜, 陈文. 广西古代陶器组成的研究. 硅酸盐学报, 1996, 24(3): 291-296.

1996-106 石可明. 白金制品的 X 射线荧光检验. 光谱实验室, 1996, 13(5): 35-38.

1996-114 庹先国. X 射线荧光技术在萨尔布拉克金矿区的综合应用. 物探化探计算技术, 1996, 18(S1): 42-46.

1996-141 杨钟堂, 李月琴, 王志海, 徐培苍. 古代耀州青瓷和黑瓷釉玻璃相的分子网络结构特征研究. 西北地质, 1996, 17(2): 49-55.

1996-153 郑荣华. X 射线荧光靶线内标法测定金首饰中的银. 岩矿测试, 1996, 15(3): 74-76.

1997-002 白尔隽. 低能 γ 源 X 荧光光谱分析法测定黄金饰品中的含金量. 吉林大学自然科学学报, 1997, 3: 70-72.

1997-010 承焕生, 何文权, 姚惠英, 汤家铭, 杨福家, 马承源, 单国霖, 钟银兰, 王维达. 中国古墨与现代墨元素成分研究. 文物保护与考古科学, 1997, 9(1): 16-19.

1997-015 邓艳丽, 刘宝生, 李卫华, 刘际时. 用 X 射线荧光分析技术甄别金制品和镀、包金赝品. 原子能科学技术, 1997, 31(2): 23-28.

1997-026 葛良全, 曹志敏, 孙传敏, 李巨初, 李佑国. 西藏地区联合应用 X 荧光法和快金分析法快速追踪和评价金异常源. 地质与勘探, 1997, 33(5): 41-45.

1997-041 黄近丹, 郑荣华, 张文芳, 李叶农. ED-XRF 法对镀金饰品的测定. 福建分析测试, 1997, 6(4): 774-776.

1997-043 黄允兰, 彭子成, 杨肇清. 新石器时期西山遗址古陶器表面陶彩的分析及其与烧结温度的关系. 光谱学与光谱分析, 1997, 17(6): 90-93.

1997-075 楼启正. 金华铁店类钧瓷的呈色问题. 浙江师大学报 (自然科学版), 1997, 20(3): 72-73.

1997-084 毛振伟,彭骏,张巽,彭子成. 用 X 射线荧光光谱滤纸片法测定古代青铜器中的 Cu、Pb、Sn、Fe 和 Zn. 光谱学与光谱分析, 1997, 17(6): 81-85.

1997-086 苗建民,余君岳,李德卉. EDXRF 无损检测青花瓷器的研究. 核技术, 1997, 20(9): 27-31.

1997-087 苗建民,余君岳,李德卉. 青花瓷器产地判别研究. 文物保护与考古科学, 1997, 9(1): 10-15.

1997-089 彭子成,梁宝鎏,刘诗中,吴水存. 用 EDXRF 方法研究临江诸窑场古瓷胎的化学组成分区特征. 南方文物, 1997, 4: 111-116.

1997-099 史玉芳,姜燕冬,黄慧萍. X 射线荧光光谱分析用于欧泊宝石的鉴定. 地质实验室, 1997, 13(3): 200-202.

1997-109 王进玉. X 荧光与文物考古研究. 光谱实验室, 1997, 14(4): 78-79.

1997-144 周四春,孙传敏,何政伟,吴德超. 新疆北山地区金矿的 X 射线荧光找矿标志. 成都理工学院学报, 1997, 24(3): 28-32.

1997-149 邹世荣,李兴森. 快速准确的金饰品检测方法——DB52/T412-413-97 简介. 贵州地质, 1997, 14(2): 199-200.

1998-013 承焕生,何文权,陈刚,杨福家,苗培贵,丁桂珍. 真、假钞的 X 荧光鉴别法. 复旦学报（自然科学版）, 1998, 37(1): 112-116.

1998-016 Claudio Giardino, Giovanni E. Gigante, Giuseppe Guida, Rocco Mazzeo, 詹长法,杨军昌,张虎勤. 金属文物的能量色散 X 射线荧光和金相结构的实地分析. 文物保护与考古科学, 1998, 10(1): 58-64.

1998-024 范义春,金晓贤. 密度法测定首饰金含量的常见问题的讨论. 珠宝科技, 1998, 2: 20-22.

1998-025 方勤学,徐安武. 核技术与考古学. 中国科学基金, 1998, 3: 19-23.

1998-031 郭宏,李最雄,裘元勋,许志正,汤家镛,杨福家. 敦煌莫高窟壁画酥碱病害的机理研究之二. 敦煌研究, 1998, 4: 159-172, 184.

1998-041 黄继忠,史变青,解廷藩,张莉,唐静娟,许志正. 云冈石窟大气粉尘中金属离子的分析. 雁北师院学报, 1998, 14(2): 21-24.

1998-042 黄近丹,郑荣华,张文芳,李叶农. ED-XRF 法对镀金饰品的测定. 测试技术学报, 1998, 12(3): 467-471.

1998-059 李海,陈顺喜,陈昆松,贾云波,解廷凡,黄继忠. 云冈石窟彩绘颜料初步分析. 文物, 1998, 6: 87-89.

1998-068 梁述廷. X 射线荧光光谱分析互标法无损检测黄金饰品. 地质实验室, 1998, 14(2): 101-103.

1998-101 折书群. 密度校正法测定金饰品中的金. 有色金属矿产与勘查, 1998, 7(3): 55-58.

1998-108 苏伯民,汪万福,朽津信明. 日本 Fugoppe 洞窟病害分析和成因探讨. 敦煌研究, 1998, 4: 173-179, 185.

1998-161 张龙生. 能量色散 X 荧光谱仪测定黄金饰品. 上海计量测试, 1998, 2: 33.

1998-169 郑荣华,黄近丹,张文芳,李叶农. XRF 靶线内标法测定金覆盖层的厚度. 福建分析测试, 1998, 7(1): 801-804.

1998-170 郑荣华,张文芳,李叶农,黄近丹,杨德辉. EDXRF 外推回归法测定白色 K 金饰品中 Ni 和 Pd 的含量. 光谱学与光谱分析, 1998, 18(1): 111-116.

1999-010 承焕生,何文权,杨福家,周分廷. 宋代汝瓷研究. 文物保护与考古科学, 1999, 11(2): 19-26.

1999-031 郭景康,承焕生,陈显求,黄瑞福,郭贤性. 元代丽水保定窑青瓷化学组成的研究. 中国陶瓷工业, 1999, 6(2): 36-39.

1999-032 郭景康,承焕生,陈显求,朱海信,黄瑞福,郭贤性. 从化学组成上区分宋代汝瓷与民窑钧瓷. 陶瓷学报, 1999, 20(3): 153-157.

1999-033 郭景康,朱海信,承焕生,陈显求,黄瑞福,郭贤性. 景德镇明代仿天目瓷初考. 陶瓷学报, 1999, 20(1): 30-33, 36.

1999-039 何文权,承焕生,丁艳芳,杨福家. 用

X射线荧光分析法对珍贵邮票进行快速鉴定的技术. 核技术, 1999, 22(1): 53-59.

1999-046 黄继忠, 史变青, 解廷藩. 云冈石窟大气总悬浮微粒金属元素富集特征及污染源初探. 东南文化, 1999, 2: 117-120.

1999-054 李德金, 蒋忠义, 沙因, 黄宇营, 邵涵如. 元大都出土青花瓷器的无损分析. 考古, 1999, 11: 86-89, 104.

1999-077 马清林, 苏伯民, 胡之德, 李最雄, 陈庚龄. 春秋时期镀锡青铜器镀层结构和耐腐蚀机理研究. 兰州大学学报, 1999, 35(4): 67-72.

1999-078 毛振伟. X射线荧光光谱理论α系数法测定古青铜钱币中的铅铜锡. 光谱学与光谱分析, 1999, 19(5): 738-741.

1999-080 苗建民, 王莉英. EDXRF对宣德官窑青花瓷器色料的无损分析研究. 故宫博物院院刊, 1999, 1: 86-91, 95.

1999-083 宁志超. 介绍一对青花云龙纹象耳瓶. 文物, 1999, 6: 86-93, 101.

1999-088 沙因. 现代科技考古研讨会纪要. 文物, 1999, 5: 94-96.

1999-118 吴舜田. 台湾蓝玉髓的另类模仿品. 宝石和宝石学杂志, 1999, 1(4): 11-12, 15.

1999-129 薛秦芳. 天然欧泊、合成欧泊、塑料欧泊的鉴别研究. 宝石和宝石学杂志, 1999, 1(2): 49-52.

1999-130 严振庄, 谢东. 双源两次X射线荧光测量法鉴定金饰品质量. 核电子学与探测技术, 1999, 19(4): 75-76.

1999-142 张蓓莉, 高岩, 奥岩. 缅甸单斜辉石玉品种无损鉴定方法的初步研究. 宝石和宝石学杂志, 1999, 1(4): 1-6.

2000-029 何文权, 熊樱菲. 博物馆藏古陶瓷元素成份的无损分析. 上海博物馆集刊, 2000, (0): 672-676.

2000-055 刘煜, 原思训, 张晓梅. 天马—曲村周代晋国墓地出土青铜器锈蚀研究. 文物保护与考古科学, 2000, 12(2): 9-18.

2000-084 王丽琴, 郑利平, 党高潮. 汉阳陵陶俑彩绘的光谱分析. 光谱学与光谱分析, 2000, 20(3): 406-408.

2000-105 要华, 承焕生. 用质子激发X荧光技术鉴别清代仿明成化青花瓷. 核技术, 2000, 23(6): 418-422.

2001-053 梁宝鎏, 王建平, 权奎山, 陈铁梅. 慈溪越窑和洪州窑瓷片的X荧光分析研究. 文物保护与考古科学, 2001, 13(2): 8-14.

2001-087 折书群. XRF-密度校正法测定金饰品中金、银、铜. 黄金, 2001, 22(2): 52-54.

2001-103 王东辉, 杨鹕. 首饰含金量检验: X荧光光谱法的应用. 监督与选择, 2001, (5): 38-39.

2001-131 杨明太. X射线荧光分析技术在物证材料检验中的应用. 公安大学学报（自然科学版), 2001, (5): 9-11.

2001-163 朱海信, 承焕生, 杨福家, 黄宣佩, 熊樱菲. 福泉山良渚文化玉器的PIXE分析. 核技术, 2001, 24(2): 149-153.

2002-002 曹春娥, 沈华荣, 曹建文, 熊春华, 郑乃章. 明代早期祭红釉显微结构与工艺的研究. 中国陶瓷工业, 2002, 9(6): 4-8.

2002-013 杜永娟, 李萍, 胡丽华, 吴文艳, 俞浩. 低膨胀率堇青石陶瓷的研究. 耐火材料, 2002, 36(1): 27-30.

2002-025 郭茂生. 铂饰品中铂的无损检测. 黄金, 2002, 23(3): 47-48.

2002-031 何文权, 熊樱菲. 表面弯曲的古陶瓷样品X射线荧光无损定量分析. 核技术, 2002, 25(7): 581-586.

2002-032 何文权, 熊樱菲. 古陶瓷完整器元素成分无损分析的实现（二）——设备改建和定量分析方法. 文物保护与考古科学, 2002, 14(S1): 284-297.

2002-033 何文权, 熊樱菲. 古陶瓷完整器元素成分无损分析的实现（一）——方法确认和总体设计. 文物保护与考古科学, 2002, 14(S1): 272-283.

2002-034 何文权, 熊樱菲. 塘郁遗址出土瓷器X荧光分析结果. 考古, 2002, (10): 75-77.

2002-036 何晓梅, 王卫杰. 俄罗斯陶瓷及其金属化技术的研究. 真空电子技术, 2002, (3): 39-42.

2002-048 Junko Shida, 陈钟惠. 马达加斯加刚玉宝石. 宝石和宝石学杂志, 2002, (1):

15.

2002-064 廉海萍, 谭德睿. 东周青铜复合剑制作技术研究. 文物保护与考古科学, 2002, 14(S1): 319-334.

2002-080 马清林, 康明大, 卢燕玲, 胡之德, 李最雄. 甘肃新石器时代与青铜代陶器研究的内容和科学意义. 文物保护与考古科学, 2002, 14(2): 44-51.

2002-127 谢意红. 合成彩色立方氧化锆的宝石学特征. 宝石和宝石学杂志, 2002, 4(4): 28-31.

2002-128 熊樱菲, 解玉林. 周—汉毛织品的染色工艺探讨. 文物保护与考古科学, 2002, 14(1): 34-37.

2003-010 陈铁梅, 王建平. 古陶瓷的成分测定, 数据处理和考古解释. 文物保护与考古科学, 2003, 15(4): 50-56.

2003-022 干福熹, 李青会, 顾冬红, 张平, 承焕生, 张斌, 马波. 新疆拜城和塔城出土的早期玻璃珠的研究. 硅酸盐学报, 2003, 31(7): 663-668.

2003-033 何文权, 熊樱菲. 古陶瓷元素成分分析技术定量方法的探讨. 文物保护与考古科学, 2003, 15(3): 13-20.

2003-070 李青会, 顾冬红, 干福熹, 张斌, 马波, 承焕生. 扬州西汉墓出土古玻璃的质子激发 X 荧光分析. 核技术, 2003, 26(12): 922-925.

2003-071 李青会, 张斌, 承焕生, 干福熹. 质子激发 X 荧光技术在中国古玻璃成分分析中的应用. 硅酸盐学报, 2003, 31(10): 950-954.

2003-072 李叶农. 表面镀铑对 X 射线荧光能谱测定白色 K 金首饰成分含量影响的研究. 福建分析测试, 2003, 12(3): 1824-1825.

2003-075 梁宝鎏, 毛振伟, 李德卉, 朱剑, 冯敏, 杨益民, 孙新民, 郭木森, 王昌燧. 能量色散 X 射线探针技术对汝瓷成分的线扫描分析. 中国科学 (B 辑: 化学), 2003, 33(4): 340-346.

2003-091 刘燕, 熊朝东, 苏亚勤. 黄金饰品质量的 X 射线荧光光谱无损测定. 江西冶金, 2003, 23(6): 171-172.

2003-100 马清林, 梁宝鎏, 阎爱侠, 胡之德. 能量色散 X 荧光光谱和人工神经网络在甘肃新石器时代陶片分类研究中的应用 (英文). 兰州大学学报, 2003, 39(1): 47-53.

2003-108 钱俊龙. 一种减少样品量分析古玻璃的 XRF 方法. 文物保护与考古科学, 2003, 15(3): 8.

2003-153 肖蕴英. 新莽钱币金属含量. 西安金融, 2003, (3): 60-61.

2003-163 严好. 铂首饰镍含量的 X 荧光法无损检测. 上海计量测试, 2003, 30(5): 15-16.

2003-169 杨明太, 高戈, 陈锦华, 齐红莲. EDXRF 法直接测定氧化物陶瓷材料组分. 稀有金属材料与工程, 2003, 32(4): 317-320.

2003-173 杨益民, 毛振伟, 朱铁权, 冯敏, 梁宝鎏, 王昌燧, 孙新民, 郭木森, 范新生. EDXRF 探针分析古瓷产地的尝试. 文物保护与考古科学, 2003, 15(3): 1-8.

2003-181 俞蕙, 杨植震. 高山族腰刀的材质分析与修复. 东南文化, 2003, (7): 94-96.

2003-213 朱剑, 梁宝鎏, Mike Li, 毛振伟, 王昌燧, 樊昌生, 周广明. 商周原始瓷的 EDXRF 无损分析. 光谱实验室, 2003, 20(5): 671-675.

2004-002 陈涛. 浙江青田石几个新品种的矿物学特征初步研究. 岩石矿物学杂志, 2004, 23(2): 186-192.

2004-047 李伟东, 李家治, 邓泽群, 吴隽, 郭景坤. 杭州凤凰山麓老虎洞窑出土瓷片的显微结构. 建筑材料学报, 2004, 7(3): 245-251.

2004-069 马清林, Scott David A. 两件西汉时期鎏金与鎏银青铜器镀层中的金属化合物. 文物保护与考古科学, 2004, 16(2): 21-26, 65.

2004-076 Peng Z C, Leung P. L., Cheng P K, Li M.. Measurement of transient thickness between the body and graze layers of ancient porcelains using microprobe EDXRF technique. Nuclear Science and Techniques, 2004, 15(6): 348-351.

2004-081 秦书乐, 罗惠, 冯大山, 李卫. 充填钻石检测的实验基础. 上海计量测试, 2004, (3): 19-22.

2004-105 王建平, 陈铁梅, 程玉冰. 广东博罗先秦硬陶的XRF和INAA研究. 文物保护与考古科学, 2004, 16(4): 43-49.

2004-107 王丽琴, 党高潮, 王晓琪, 席周宽, 梁国正. Analysis and protection of one thousand hand buddha in Dazu Stone sculptures. Chinese Journal of Chemistry, 2004, 22(2): 172-176.

2004-119 Wu Juan, Li Jiazhi, Deng Zequn, Wang Changsui. Chinese Jingdezhen blue and white imperial porcelain. Science in China (Series E: Technological Sciences), 2004, 47(3): 366-375.

2004-120 吴隽, 李家治, 邓泽群, 王昌燧. 中国景德镇历代官窑青花瓷的断代研究. 中国科学 (E辑: 技术科学), 2004, 34(5): 516-524.

2004-122 夏寅, 周铁, 张志军. 偏光显微粉末法在秦俑、汉阳陵颜料鉴定中的应用. 文物保护与考古科学, 2004, 16(4): 32-35, 70.

2004-123 谢华林. X射线荧光光谱法测定"芝麻白"成份的研究. 石材, 2004, (1): 32-34.

2004-125 谢意红. 蓝宝石的紫外-可见光谱及其致色机理分析. 宝石和宝石学杂志, 2004, 6(1): 9-12.

2004-128 熊樱菲, 何文权, 李戈扬, 杨冠富, 吴秋华. 历代龙泉青瓷釉的初步研究. 文物保护与考古科学, 2004, 16(2): 45-50.

2004-135 杨益民, 冯敏, 朱剑, 毛振伟, 王昌燧, 黄宇营, 何伟. 宣德官窑青花瓷的面扫描分析. 光谱学与光谱分析, 2004, 24(8): 902-906.

2004-152 张梅, 侯鹏飞, 汪建明. 黑色翡翠的宝石学及矿物学特征. 江苏地质, 2004, 28(2): 100-102.

2004-155 张仕定, 朱剑, 毛振伟, 吴隽, 汪邓民, 王昌燧. 陶瓷检测参考样应用于古陶瓷XRF分析中的探讨. 陶瓷学报, 2004, 25(4): 221-225.

2004-162 Zhao Weijuan, Li Guoxia, Xie Jianzhong, Guo Min, Lu Xiaoke, Gao ZhengYao, Chen Huansheng, Zhang Bin, Sun Xinmin, Guo Musen, Jin Wenqing. Analysis on the source of raw material of the celadon bodies from Zhanggongxiang Kiln and Qingliangsi Kiln by PIXE. Chinese Science Bulletin, 2004, 49(18): 1986-1990.

2005-016 戴春燕, 杜锋. 浅谈古陶瓷的鉴定方法. 佛山陶瓷, 2005, 15(1): 33-36.

2005-017 戴春燕, 杜锋. 浅谈古陶瓷的鉴定方法. 陶瓷, 2005, (6): 49-51.

2005-036 何文权, 熊樱菲. 古陶瓷瓷釉元素成分数据库建立的基础研究. 文物保护与考古科学, 2005, 17(3): 1-6.

2005-065 李飞, 李青会, 干福熹, 张斌, 承焕生. 一批中国古玻璃化学成分的质子激发X射线荧光分析. 硅酸盐学报, 2005, 33(5): 581-586.

2005-069 李青会, 周虹志, 黄教珍, 干福熹, 张平. 一批中国古代镶嵌玻璃珠化学成分的检测报告. 江汉考古, 2005, (4): 79-86, 93.

2005-081 凌雪, 毛振伟, 冯敏, 胡耀武, 王昌燧, 刘洪淼. 巩窑唐代早期白瓷的EDXRF线扫描分析. 光谱学与光谱分析, 2005, 25(7): 1145-1150.

2005-093 刘煜, 赵志军, 白云翔, 张光明. 山东临淄齐国故城汉代镜范的科学分析. 考古, 2005, (12): 84-89.

2005-094 陆挺, 周宏余, 丁晓纪, 汪新福, 朱光华. 低能离子注入植物种子的深度分布及生物效应机理研究. 物理学报, 2005, 54(10): 4822-4826.

2005-096 罗红宇, 彭明生, 廖尚宜, 高利生. 金绿宝石和变石的呈色机理. 现代地质, 2005, 19(3): 355-360.

2005-102 毛振伟, 冯敏, 张仕定, 张居中, 王昌燧. 贾湖遗址出土绿松石的无损检测及矿物来源初探. 华夏考古, 2005, (1): 55-61.

2005-178 熊樱菲, 何文权. 清代红釉 (彩) 瓷的呈色元素分析. 文物保护与考古科学, 2005, 17(4): 23-27, 68-69.

2005-192 臧慕文, 刘英, 王爱慈, 张丽. 铂饰品中Pt, Pd, Au, Ag, Cu, Ni, Zn, Fe的测定. 稀有金属, 2005, 29(4): 397-402.

2006-017 陈颂学. 海南蓬莱锆石的宝石学特征研究. 宝石和宝石学杂志, 2006, 8(4): 6-9, 2.

2006-039 范建良, 郭守国, 刘学良, 王以群. 云南红宝石暗色条带改善研究. 宝石和宝石学杂志, 2006, 8(2): 38-40, 51.

2006-042 伏修锋, 干福熹. 中国古代釉砂和玻砂. 硅酸盐学报, 2006, 34(4): 427-431.

2006-043 伏修锋, 干福熹, 马波, 顾冬红. 青金石产地探源. 自然科学史研究, 2006, 25(3): 246-254.

2006-045 Gan Fuxi, Cheng Huansheng, Li Qinghui. Origin of Chinese ancient glasses——study on the earliest Chinese ancient glasses. Science in China (Series E: Technological Sciences), 2006, 49(6): 701-713.

2006-081 蓝延, 赵曼曲, 陈春. 掺铱黄金饰品的特征及检测方法. 宝石和宝石学杂志, 2006, 8(1): 13-14.

2006-086 李国霞, 赵维娟, 李融武, 孙洪巍, 郭敏, 王彦芳, 刘慧, 赵青云, 孙新民, 赵文军, 承焕生. 汝官瓷和钧官瓷胎料来源的质子激发X射线荧光分析. 中国科学 (G辑: 物理学、力学、天文学), 2006, 36(3): 239-247.

2006-094 李建英, 余荣台, 余祖发. X射线荧光光谱法测定釉料中主次痕量组份. 中国陶瓷, 2006, 42(11): 43-44.

2006-097 李青会, 黄教珍, 李飞, 干福熹. 中国出土的一批战国古玻璃样品化学成分的检测. 文物保护与考古科学, 2006, 18(2): 8-13.

2006-100 李涛, 毛振伟, 金普军. 西藏铜币的XRF分析及其来源初探. 西藏研究, 2006, (1): 83-89.

2006-117 凌雪, 冯敏, 毛振伟, 胡耀武, 王昌燧, 梁宝鎏, 刘洪淼. 我国北方古白瓷釉化学组成的能量色散X荧光光谱分析. 理化检验-化学分册, 2006, 42(9): 746-750.

2006-145 罗红宇, 彭明生, 黄宇营, 何伟, 高利生. 金绿宝石和变石中的微量元素研究. 矿物学报, 2006, 26(1): 77-83.

2006-148 罗武干, 秦颍, 黄凤春, 龚明, 王昌燧. 湖北荆门左塚楚墓群出土金属器研究. 江汉考古, 2006, (4): 73-81.

2006-149 罗曦芸, 吴来明. 陈列银币变色原因初步分析. 文物保护与考古科学, 2006, 18(2): 14-19.

2006-163 潘郁生, 黄槐武. 广西博物馆汉代铁器修复保护研究. 文物保护与考古科学, 2006, 18(3): 5-10, 67-70.

2006-165 Peng Zicheng, Leung Po Lau, Yu Peter, Cheng Peikai, Li Mai. Chemical composition of ancient celadon material (1127-1279 A. D.) from Zhejiang, China and its implication. Acta Geologica Sinica (English Edition), 2006, 80(5): 759-762.

2006-166 彭子成, 梁宝鎏, 余君岳, 郑培凯, 李德卉. 浙江古代青瓷(1127~1279年)的化学组成及其意义. 地质学报, 2006, (10): 1362.

2006-168 亓利剑, 黄艺兰, 殷科. 俄罗斯人工欧泊的特征及其变彩效应. 宝石和宝石学杂志, 2006, 8(3): 10-15.

2006-172 邱霞, 赵维娟, 李国霞, 郭敏, 谢建忠, 孙洪巍, 承焕生, 孙新民, 赵青云, 赵文军, 鲁晓珂. 用主量化学组成研究汝官瓷和钧官瓷的原料来源. 原子核物理评论, 2006, 23(3): 304-309.

2006-228 王淑峰, 刘立强, 姚树玉. 连续莫来石陶瓷纤维的制备研究. 硅酸盐通报, 2006, 25(3): 15-19.

2006-255 熊焰, 傅正义, 王皓. 晶界相对半透明氮化铝陶瓷透过率的影响. 硅酸盐学报, 2006, 34(1): 1-4.

2006-256 熊樱菲, 何文权, 金延龄. 清代官窑瓷器的透明釉成分分析研究. 文物保护与考古科学, 2006, 18(4): 14-17.

2006-287 曾敏, 伍智, 金大志, 杨卫英, 李蓉. 陶瓷二次金属化镀镍层厚度的无损检测. 真空, 2006, 43(5): 47-49.

2006-288 曾敏, 伍智, 金大志, 杨卫英, 邹桂娟.

应用 XRF 法对陶瓷金属化厚度的检测. 真空电子技术, 2006, (2): 40-42.

2006-297 张俊婧, 郭洪玲, 燕卫田, 权养科. 波长色散 X 射线荧光光谱法检验纸张中的常量和微量元素. 刑事技术, 2006, (3): 3-7.

2006-298 张开春, 吴丽萍, 姚军, 祝大军. X 荧光谱与人工神经网络相结合对陶片产地识别的研究. 核技术, 2006, 29(11): 854-858.

2006-313 赵维娟, 郭敏, 谢建忠, 李国霞, 高正耀, 承焕生, 张斌, 孙新民, 郭木森, 靳雯清. 从化学组成研究张公巷窑与清凉寺窑青瓷胎的原料产地. 原子能科学技术, 2006, 40(1): 106-110.

2006-314 Zhao Weijuan, Lu Xiaoke, Li Guoxia, Guo Min, Xie Jianzhong, Gao Zhengyao, Sun Xinmin, Guo Musen, Cheng Huansheng, Zhang Bin. Main chemical ingredients of the celadon glaze from Qingliangsi kiln and Zhanggongxiang kiln. Science in China (Series G: Physics, Mechanics & Astronomy), 2006, 49(4): 487-495.

2006-323 朱剑, 毛振伟, 张仕定, 樊昌生, 周广明, 王昌燧. 古陶瓷的 XRF 熔融玻璃片法测定. 中国科学技术大学学报, 2006, 36(10): 1101-1105.

2006-324 朱铁权, 王昌燧, 毛振伟, 刘洪淼, 马宜洛, 孙新民. 我国北方唐宋时期白瓷化妆土 EDXRF 成分分析. 中国陶瓷, 2006, 42(3): 44-46, 38.

2007-037 董俊卿, 冯敏, 王昌燧, 王洪敏, 阚绪杭. 双墩彩陶颜料来源的测试研究. 岩矿测试, 2007, 26(1): 13-16.

2007-038 董俊卿, 杨益民, 冯恩学, 毛振伟, 王昌燧. 雷家坪遗址出土六朝玻璃珠的相关研究. 江汉考古, 2007, (3): 79-86.

2007-046 冯松林. 核分析技术在古陶瓷研究和鉴定中大有可为. 现代物理知识, 2007, 19(4): 34-36.

2007-047 冯向前, 冯松林, 栗建安, 李德金. 建窑古瓷胎的产地和年代特征的 NAA 和 WDXRF 分析研究. 核技术, 2007, 30(6): 548-552.

2007-064 Hansen Kirstie, Lodding Linda. 艺术家的工具. 国际原子能机构通报, 2007, (1): 41-42.

2007-083 降幡顺子, 巽淳一郎, 陈枫. 非损伤分析法测试黄冶唐三彩之特性. 华夏考古, 2007, (2): 142-151, 160, 152.

2007-086 金普军, 陆文举, 王昌燧. 合肥北门大房郢水库汉代墓葬出土红色颜料研究. 东南文化, 2007, (3): 58-61.

2007-087 金普军, 秦颖, 龚明, 李涛, 朱铁权, 胡雅丽, 王昌燧. 九连墩楚墓青铜器铅锡焊料的耐腐蚀机理. 中国腐蚀与防护学报, 2007, 27(3): 162-166.

2007-088 金普军, 秦颖, 胡雅丽, 王昌燧. 湖北九连墩楚墓出土青铜器钎焊材料的分析. 焊接学报, 2007, 28(11): 37-40, 115.

2007-094 李飞, 李青会, 干福熹, 张斌, 承焕生, 申世放. 四川地区出土古玻璃的质子激发 X 荧光分析. 核技术, 2007, 30(2): 119-124.

2007-095 李国霞, 孙洪巍, 赵维娟, 高正耀, 李融武, 谢建忠, 郭敏, 赵文军, 孙新民, 赵青云, 承焕生. 多种釉色钧官瓷胎原料来源的质子激发 X 射线荧光分析. 原子能科学技术, 2007, 41(2): 243-247.

2007-096 李国霞, 赵维娟, 李融武, 孙洪巍, 谢建忠, 郭敏, 赵青云, 孙新民, 赵文军, 承焕生, 王升, 王彦芳. 汝官瓷和钧官瓷的主成分鉴别 (英文). 硅酸盐学报, 2007, 35(8): 998-1006.

2007-103 李青会, 干福熹, 顾冬红. 关于中国古代玻璃研究的几个问题. 自然科学史研究, 2007, 26(2): 234-247.

2007-113 李艳萍, 赵家英. 甘肃礼县秦陵墓地出土秦公簋的科学分析与修复. 中国文物科学研究, 2007, (3): 69-71.

2007-122 凌雪. 一件西周青铜壶的科学分析与保护修复. 宝鸡文理学院学报 (自然科学版), 2007, 27(4): 303-307.

2007-136 刘乃涛, 凡小盼. 延庆辽代墓葬壁画制作工艺及其颜料的物相鉴定. 文物保护与考古科学, 2007, 19(2): 47-50.

2007-164 彭子成, 梁宝鎏, 余君岳, 李果, 李德卉, 周静. 微探针型能量色散X荧光光谱技术测定香港古瓷的化学组成及其意义. 文物保护与考古科学, 2007, 19(1): 1-7.

2007-223 王荣, 冯敏, 金普军, 俞斐, 王昌燧. 镶嵌玉受沁机理与镶嵌工艺的初步探讨. 岩矿测试, 2007, 26(2): 133-137, 140.

2007-225 王升, 李国霞, 赵维娟, 孙洪巍, 李融武, 谢建忠, 郭敏, 赵青云, 孙新民, 赵文军, 承焕生. 汝官瓷和钧官瓷主量化学组成的多元统计分析. 文物保护与考古科学, 2007, 19(3): 1-5.

2007-232 王正东, 毛振伟, 陈国庆, 张全超. 上机房营子遗址出土陶器的XRF分析研究. 光谱实验室, 2007, 24(4): 725-728.

2007-239 魏国锋, 毛振伟, 秦颖, 王昌燧, 龚明. 金沙遗址出土铜片的加工工艺研究. 有色金属, 2007, 59(1): 117-120.

2007-243 吴隽, 罗宏杰, 李家治, 王海圣, 鲁晓珂, 吴军明. 中国古陶瓷的断源断代. 硅酸盐学报, 2007, 35(S1): 39-43.

2007-248 肖凤娟, 常虹, 韩玉芳, 庞敏. 含硅羟基磷灰石生物陶瓷的湿法合成及结构特征(英文). 硅酸盐学报, 2007, 35(9): 1194-1199.

2007-251 谢国喜, 冯松林, 冯向前, 汪燕青, 朱继浩, 李永强, 韩鸿业. 北京毛家湾出土古瓷产地的XRF分析研究. 核技术, 2007, 30(4): 241-245.

2007-264 薛冰, 朱铁权, 潘伟斌. 河南安阳灵芝窑出土瓷器的分析研究. 中原文物, 2007, (3): 100-105.

2007-275 杨明太, 戴长松. EDXRF法检测爆炸现场焊锡残留物. 中国人民公安大学学报(自然科学版), 2007, (4): 15-16.

2007-292 袁传勋, 徐靖, 朔知. 安徽霍山县戴家院遗址木器表面富集物研究. 文物保护与考古科学, 2007, 19(2): 38-40.

2007-302 张茂林, 王昌燧, 朱铁权, 毛振伟, 黄宇营, 何伟, 后德俊, 蔡路武. SRXRF无损鉴定古青白瓷的初步尝试. 江汉考古, 2007, (4): 72-75.

2007-317 赵虹霞, 李青会, 干福熹, 承焕生. 广西合浦地区出土汉代古玻璃的质子激发X荧光分析. 核技术, 2007, 30(1): 27-33.

2007-320 郑乃章, 吴军明, 吴隽, 苗立峰. 古陶瓷研究和鉴定中的化学组成仪器分析法. 中国陶瓷, 2007, 43(5): 52-54.

2007-330 朱铁权, 王昌燧, 毛振伟, 袁传勋, 徐靖, 姚政权. 不同窑口古瓷断面能量色散X射线荧光光谱线扫描分析. 岩矿测试, 2007, 26(5): 381-384.

2008-028 陈庆汉, 黄晋蓉. 合成粉红色蓝宝石. 宝石和宝石学杂志, 2008, 10(2): 42-44.

2008-043 崔强, 张文元, 李燕飞, 范宇权, 苏伯民. 文物保护与考古中能量色散型X荧光光谱仪的应用. 敦煌研究, 2008, (6): 104-108.

2008-049 董军领, 赵维娟, 刘国栋, 承焕生, 廖永民, 张松林. 黄冶窑唐三彩原料产地的研究. 原子核物理评论, 2008, 25(4): 380-384.

2008-055 杜锋, 苏宝茹. 揭开成化斗彩"差紫"之谜. 中国科学 (E辑:技术科学), 2008, 38(9): 1487-1494.

2008-058 范建良, 郭守国, 刘学良, 毛荐. 拉曼光谱在红宝石检测中的应用研究. 应用激光, 2008, 28(2): 150-154.

2008-061 干福熹, 承焕生, 孔德铭, 赵虹霞, 马波, 顾冬红. 河南安阳市新出土殷墟玉器的无损分析检测的研究. 文物保护与考古科学, 2008, 20(4): 26-35.

2008-069 龚玉武. 利用无损能量色散X射线荧光(EDXRF)分析考古玄武石. 文物保护与考古科学, 2008, 20(2): 72.

2008-070 古代琉璃构件保护与研究课题组. 古代建筑琉璃构件剥釉机理内在因素研究. 故宫博物院院刊, 2008, (5): 115-129, 160.

2008-072 顾雯. 利用无损波长色散X射线荧光分析地中海地区考古黑曜石起源. 文物保护与考古科学, 2008, 20(4): 40.

2008-076 郭洪玲, 权养科, 陶克明, 张俊婧. X射线荧光光谱法检验打印纸张的结果分析. 刑事技术, 2008, (5): 6-9.

2008-101 金普军, 毛振伟, 秦颖, 谢元安, 陈翔,姚政权, 凡小盼, 王昌燧. 江苏盱眙出土夹纻胎漆器的测试分析. 分析测试学报, 2008, 27(4): 372-376.

2008-109 李合, 丁银忠, 段鸿莺, 梁国立, 苗建民. EDXRF 无损测定琉璃构件釉主、次量元素. 文物保护与考古科学, 2008, 20(4): 36-40, 74.

2008-110 李建军, 程佑法, 刘化峰. 水镁石的鉴定. 宝石和宝石学杂志, 2008, 10(2): 30-33.

2008-116 李乃胜, 李清临, 郭峥栋, 何毓灵, 岳洪彬, 岳占伟. 河南安阳殷墟出土陶水管与陶器的对比研究. 分析测试学报, 2008, 27(9): 936-941.

2008-117 李乃胜, 张治国, 王德发. 天津大沽炮台海字炮台和威字炮台"三合土"研究. 文物保护与考古科学, 2008, 20(2): 46-51.

2008-118 李鹏. X 射线荧光光谱技术在珠宝玉石鉴定中的应用. 商情 (财经研究), 2008, (4): 92.

2008-121 李小红, 彭永烽, 魏恒勇. 枧田瓷石化学与矿物组成及其工艺性能研究. 佛山陶瓷, 2008, (4): 1-4.

2008-131 李中轩, 朱诚, 王然, 欧阳杰, 张广胜, 马春梅. 湖北辽瓦店遗址地层中多元素指标对古人类活动的记录. 海洋地质与第四纪地质, 2008, 28(6): 113-118.

2008-135 廉海萍, 丁忠明, 周祥. 汉代铸钱铜范的分析与研究. 文物保护与考古科学, 2008, 20(4): 1-9, 73.

2008-136 廉海萍, 丁忠明, 周祥, 徐惠康. 汉代叠铸法铸钱工艺研究. 文物保护与考古科学, 2008, 20(S): 53-61.

2008-137 梁宝鎏, 鲁方, 黄云鹏, 李德卉. 真品与高仿、粗仿青花瓷热释光及成分分析对比实验. 文物保护与考古科学, 2008, 20(2): 30-33, 78-79.

2008-138 林娟, 任家富, 穆克亮, 庹先国. 高精度 EDXRF 多元素分析仪在考古中的应用. 核电子学与探测技术, 2008, 28(4): 737-739, 743.

2008-141 凌雪, 贾麦明, 魏女, 姚政权, 孙丽娟. 耀州窑青瓷的能量色散 X 射线荧光光谱分析. 西北大学学报 (自然科学版), 2008, 38(1): 57-62.

2008-142 凌雪, 姚政权, 魏女, 贾麦明. 耀州窑青瓷白色中间层和化妆土的 EDXRF 光谱分析. 文物保护与考古科学, 2008, 20(1): 12-17, 73.

2008-156 刘学良, 范建良, 毛荐, 郭守国. 显微共焦拉曼技术对有机-无机充填红宝石的表征. 激光与红外, 2008, 38(10): 984-986.

2008-159 刘志勇, 干福熹, 承焕生, 郭聚平. 河南南阳独山玉的岩相结构和无损分析 (英文). 硅酸盐学报, 2008, 36(9): 1330-1334.

2008-160 刘志勇, 干福熹, 承焕生, 马波, 顾冬红. 蛇纹石质古玉器的无损分析研究. 自然科学史研究, 2008, 27(3): 370-377.

2008-170 罗旭峰. 利用 X 荧光能谱仪对珠宝玉石进行辅助鉴定的方法研究. 福建分析测试, 2008, 17(3): 35-38.

2008-173 马清林, 张治国, 高西省. 洛阳战国墓出土八棱柱中的中国蓝和中国紫研究. 文物, 2008, (8): 83-88, 65.

2008-176 南普恒, 秦颖, 罗武干, 韩楚文. 襄樊陈坡楚墓出土青铜器残留泥芯的 X 荧光光谱和电感耦合等离子发射光谱分析. 分析测试学报, 2008, 29(5): 467-471, 475.

2008-177 南普恒, 秦颖, 罗武干, 韩楚文. 一件战国时期青铜鼎鼎耳的铸接工艺研究. 铸造, 2008, 57(9): 930-934.

2008-178 南普恒, 秦颖, 谢尧亭, 范文谦, 韩楚文, 罗武干, 金爽. 横水西周墓地部分青铜器残留泥芯的矿物组成及成分分析. 岩矿测试, 2008, 27(4): 259-262.

2008-186 彭子成, 梁宝鎏, 余君岳, 郑培凯, 李德卉. 用微探针型 EDXRF 技术研究南宋官窑瓷片的化学组成及其含义. 南方文物, 2008, (2): 114-119.

2008-187 彭子成, 梁宝鎏, 余君岳, 郑培凯, 李果, 李德卉. 明清期间景德镇祭红釉的化学组成对比研究及其科技意义. 文物保护与考古科学, 2008, 20(3): 30-36.

2008-189 钱俊龙. 后沉积物化学风蚀和样品大

2008- 小对EDXRF分析考古玄武岩精度的影响. 文物保护与考古科学, 2008, (4): 69.
2008-196 沈大娲, 梁宏刚, 孔祥山. 中国钱币博物馆部分陈列银币、铜币的腐蚀产物及成因研究. 文物保护与考古科学, 2008, 20(1): 33-41, 77-78.
2008-199 宋福生, 彭永烽, 魏恒勇, 李小红. 不同产地瓷石的化学与矿物组成及其工艺性能研究. 江苏陶瓷, 2008, 41(5): 4-7.
2008-201 宋燕, 马清林. 宁夏固原北周田弘墓出土玻璃残片研究. 玻璃与搪瓷, 2008, 36(2): 35-42, 45.
2008-209 苏琳, 范建良, 郭守国. 紫色玉髓的矿物学特征及其呈色机理研究. 矿产保护与利用, 2008, (5): 21-26.
2008-214 孙升, 秦颖, 张少昀, 谢尧亭, 金普军. 侯马陶范表层处理技术初探. 铸造, 2008, 57(10): 1037-1040.
2008-217 孙莹, 毛振伟, 周世荣, 王昌燧, 董俊卿, 袁传勋, 徐靖, 姚政权. 能量色散X射线荧光光谱法探针线扫描分析"长沙窑"彩绘工艺. 理化检验-化学分册, 2008, 44(9): 807-809, 814.
2008-223 滕巍巍, 于万里, 罗永安. 一种仿鸡血石的组成与结构研究. 宝石和宝石学杂志, 2008, 10(1): 25-28, 2.
2008-241 王丽琴, 党高潮, 赵静. 光导纤维反射光谱技术在彩绘文物颜料无损分析鉴定中的应用. 光谱学与光谱分析, 2008, 28(8): 1722-1725.
2008-259 王正东, 毛振伟, 钟华, 胡援, 杨先锋, 方林. 花石嘴元墓出土化妆品的初步研究. 岩矿测试, 2008, 27(4): 255-258.
2008-265 魏国锋, 秦颖, 韩楚文, 曲毅, 王昌燧, 董亚巍. 大冶李德贵冶炼遗址矿冶遗物分析. 岩矿测试, 2008, 27(2): 99-102.
2008-266 魏红兵, 彭永烽, 魏恒勇. 坳岭瓷石的化学与矿物组成及其工艺性能研究. 江苏陶瓷, 2008, 41(4): 7-9.
2008-267 魏红兵, 彭永烽, 魏恒勇, 冯果. 马龙塘瓷石的化学与矿物组成及其工艺性能研究. 佛山陶瓷, 2008, 18(11): 4-6.
2008-276 夏君定, 王维达. 不同热释光法测定洛阳唐三彩年代结果比较. 文物保护与考古科学, 2008, 20(S): 73-78.
2008-281 熊樱菲. 9世纪伊拉克阿巴斯蓝彩釉陶的检测及与8世纪中国唐三彩蓝彩的分析比较. 文物保护与考古科学, 2008, (3): 43.
2008-283 徐彻, 罗仪文, 杨旭, 施少培, 奚建华. 微束X射线荧光分析法鉴别激光打印机墨粉的研究. 中国司法鉴定, 2008, (2): 21-24.
2008-310 杨益民, 汪丽华, 朱剑, 王昌燧, 阎焰, 陈栋梁, 何伟, 黄宇营, 华魏, 徐伟. 红绿彩瓷化妆土的线扫描分析. 核技术, 2008, 31(9): 653-657.
2008-324 于宗仁, 孙柏年, 范宇权, 苏伯民. 榆林窟元代壁画黄色颜料初步研究. 敦煌研究, 2008, (6): 46-49.
2008-348 赵国燕, 候琳琳, 刘院英, 郭金福. 青铜器及其陶范考古中常用的分析方法研究. 安阳师范学院学报, 2008, (2): 82-86.
2008-351 赵静, 王丽琴, 周文晖. 唐墓彩绘文物的保护研究. 文物保护与考古科学, 2008, 20(2): 38-45.
2008-365 周少华, 付略, 梁宝鎏. EDXRF微量元素分析在文物断源断代中的研究. 光谱学与光谱分析, 2008, 28(5): 1181-1185.
2008-366 周少华, 付略, 梁宝鎏. 基于SOM神经网络的古代青瓷聚类分析. 中国科学(E辑: 技术科学), 2008, 38(7): 1089-1096.
2009-004 白杉, 张帆, 唐木智明, 赵欣欣, 温遇卿. 铌酸钾钙无铅压电陶瓷粉体的水热法制备. 陶瓷学报, 2009, 30(4): 428-431.
2009-017 陈丁滢, 吴奕阳, 谢启耀. 饰品中有害元素的限定及无损检测方法的前瞻. 上海计量测试, 2009, (3): 2-3.
2009-035 程佑法, 王继扬, 田亮光, 张怀金, 李建军. 离子注入技术在山东蓝宝石优化处理中的应用. 人工晶体学报, 2009, 38(6): 1472-1476.

2009-036 Choudhary Gagan, 黄艺兰《宝石和宝石学杂志》编辑部. Tairus 合成绿柱石的宝石学特征. 宝石和宝石学杂志, 2009, 11(1): 28-30, 2.

2009-040 崔鹏飞, 冀勇, 李国霞, 赵维娟, 孙洪巍, 李融武, 赵青云, 孙新民, 赵文军, 谢建忠, 郭敏, 高正耀, 承焕生, 杨勇. 基于支持向量机的古名瓷分类研究. 河南师范大学学报（自然科学版）, 2009, 37(2): 78-81.

2009-043 邓常勐, 王铎, 徐彬, 白帆. 碧玺充填探讨. 宝石和宝石学杂志, 2009, 11(3): 42-43, 58.

2009-050 Du Feng, Su Baoru. Investigation of "chazi" (damaged-enamels) on Chenghua doucai Porcelains. Science in China (Series E: Technological Sciences), 2009, 52(6): 1722-1729.

2009-062 干福熹, 承焕生, 胡永庆, 马波, 顾冬红. 河南淅川徐家岭出土中国最早的蜻蜓眼玻璃珠的研究. 中国科学（E辑：技术科学）, 2009, 39(4): 787-792.

2009-063 Gan Fuxi, Cheng Huansheng, Hu Yongqing, Ma Bo, Gu Donghong. Study on the most early glass eye-beads in China unearthed from Xu Jialing Tomb in Xichuan of Henan Province, China. Science in China (Series E: Technological Sciences), 2009, 52(4): 922-927.

2009-064 干福熹, 胡永庆, 董俊卿, 王龙正, 承焕生. 河南平顶山应国墓地出土料珠和料管的分析. 硅酸盐学报, 2009, 37(6): 1005-1016.

2009-069 Geba Maria, Vlad Ana-Maria, Turcanu Senica, Lacatusu Codrin, Vornicu Nicoleta. 库库提尼文明——新石器时代彩陶研究资料库的建立（英文）. 文博, 2009, (6): 365-370.

2009-082 胡孙林, 沈辉, 戴维列, 张小婷, 钟伟健, 方超, 王松才. 微束 X 射线荧光光谱分析技术在一种黑色纸张物证检验中的应用研究. 分析测试学报, 2009, 28(7): 824-828.

2009-098 冀勇, 赵志文, 杨大伟, 王升. 当阳峪窑酱釉瓷和白地黑花瓷原料产地的散布分析. 郑州大学学报（理学版）, 2009, 41(2): 82-86.

2009-107 金普军, 秦颖, 胡雅丽, 黄四平, 胡文虎. 九连墩墓地 1、2 号墓出土青铜器上锈蚀产物分析. 江汉考古, 2009, (1): 112-119, 153.

2009-108 金普军, 谢元安, 李乃胜. 盱眙东阳汉墓两件木胎漆器髹漆工艺探讨. 文物保护与考古科学, 2009, 21(3): 53-58.

2009-111 康葆强, 段鸿莺, 丁银忠, 李合, 苗建民, 赵长明, 富品莹. 黄瓦窑琉璃构件胎釉原料及烧制工艺研究. 南方文物, 2009, (3): 116-122.

2009-126 李乃胜, 李清临, 姚政权, 毛振伟. 良渚文化陶器功用的初步科学研究. 光谱学与光谱分析, 2009, 29(1): 231-235.

2009-128 李涛, 杨益民, 王昌燧, 方晓阳, 谢云峰, 施继龙. 司马金龙墓出土木板漆画屏风残片的初步分析. 文物保护与考古科学, 2009, 21(3): 23-28.

2009-139 李玉霖, 狄敬如. 角质型金珊瑚与黑珊瑚的宝石学特征研究. 宝石和宝石学杂志, 2009, 11(2): 15-19, 4.

2009-166 刘舜民. 用 EDXRF 研究钧台窑出土不同时期古汝瓷的起源. 河南师范大学学报（自然科学版）, 2009, 37(4): 182-184.

2009-168 刘卫东, 徐家跃, 江国健, 熊樱菲, 陆文宝, 戚水根. 用于无损检测古玉材质的新方法漫反射红外光谱. 应用激光, 2009, 29(6): 540-544.

2009-171 刘养杰, 林晓明, 张婷, 刘溪, 曹晓斌, 康磊. 陕西汉中南郑蛇纹石玉的矿物学研究. 西北大学学报（自然科学版）, 2009, 39(6): 1032-1036.

2009-183 罗武干, 秦颖, 田建花, 王昌燧. 淮阴高庄战国墓出土青铜器产地初步研究. 土壤, 2009, 41(4): 670-675.

2009-202 彭勃, 周少华, 沈岳明, 李邦强. 龙泉大窑枫洞岩窑址出土的明代青瓷 EDXRF 研究. 硅酸盐学报, 2009, 37(11): 1903-1908.

2009-209 钱春燕, 姜于, 吴赞, 高海月, 范筱京, 陈舜琮. 火焰原子吸收法测定首饰用玻璃珠中可萃取的铅含量. 现代科学仪器, 2009, (5): 83-85.

2009-212 秦颖, 佘玲珠, 李小莉, 黄建勋. 湖北随州擂鼓墩二号墓出土的战国玻璃组成. 硅酸盐学报, 2009, 37(4): 574-576.

2009-233 宋晶晶, 郭守国. "达碧兹"蓝宝石结构及其痕量元素分布的光谱学研究. 应用激光, 2009, 29(1): 64-67.

2009-234 宋晶晶, 郭守国, 李雪亮. 低品质蓝宝石改善实验及热处理工艺研究. 材料导报, 2009, 23(12): 96-98, 108.

2009-252 田士兵, 刘渝珍, 张茂林, 汪丽华, 谢亚宁, 王昌燧. 钧瓷铜红釉呈色机制的初步研究. 核技术, 2009, 32(6): 413-418.

2009-256 万俐, 徐飞, 范陶峰, 陈步荣. 徐州狮子山汉楚王陵彩绘陶俑的保护研究. 文博, 2009, (6): 125-135.

2009-257 王铎, 龙楚, 谭钊勤. 危地马拉灰绿色翡翠. 宝石和宝石学杂志, 2009, 11(2): 20-23, 29, 4.

2009-265 王进玉. 中国古代彩绘艺术中应用青金石颜料的产地之谜. 文博, 2009, (6): 396-402.

2009-268 王丽琴, 杨璐, 周文晖, 何秋菊, 严静, 樊晓蕾, 马涛, 齐扬. 古代建筑油饰彩画组成材料及制作工艺的研究方法之探讨. 文博, 2009, (6): 451-454.

2009-287 魏书亚, 马清林, Manfred Schreiner. 山东青州香山西汉墓彩绘陶俑胶接材料研究. 文博, 2009, (6): 71-78.

2009-288 温昶, 赵会仙, 李融武, 李国霞, 郭培育, 高正耀, 赵维娟, 孙洪巍, 郭敏, 谢建忠. 严和店窑汝瓷和钧台窑钧官瓷的EDXRF分析. 原子核物理评论, 2009, 26(4): 356-359.

2009-294 Wu Juan, Wu Junming, Li Qijiang, Li Jiazhi, Luo Hongjie, Deng Zequn. Scientific studies on pottery and pro-porcelain from group of graves in Henglingshan, Guangdong Province. Science in China (Series E: Technological Sciences), 2009, 52(10): 3085-3091.

2009-295 吴军明, 罗婷, 李其江, 张茂林, 吴隽, 曹建文. 景德镇外销青花瓷的化学组成特征. 中国陶瓷, 2009, 45(9): 73-76.

2009-296 吴军明, 吴隽, 李其江, 张茂林, 袁文瓒, 魏业和, 李峰, 潘一群, 张和贵, 洪仙枚. 新型环保陶瓷自然风化降解机理初探. 陶瓷学报, 2009, 30(2): 190-194.

2009-298 夏冬青, 秦颖, 金普军, 毛振伟, 董亚巍. 湖北省鄂州出土黄铜钱币的光谱分析. 光谱学与光谱分析, 2009, 29(10): 2867-2870.

2009-330 杨明太, 戴长松, 吴伦强. XRF法检测交通事故微量物证. 核电子学与探测技术, 2009, 29(5): 985-987.

2009-333 杨文宗, 李斌. 陕西历史博物馆藏东汉绿釉陶孔雀灯的修复. 文物保护与考古科学, 2009, 21(4): 79-83.

2009-336 杨新波, 石云, 李红军, 毕群玉, 苏良碧, 刘茜, 潘裕柏, 徐军. Ce: YAG晶体和透明陶瓷的光学和闪烁性能. 物理学报, 2009, 58(11): 8050-8054.

2009-379 张茂林, 吴军明, 李其江, 吴隽, 袁传勋, 姚政权, 徐靖, 王昌燧. 刘家门钧窑瓷器胎釉成分的EDXRF分析. 陶瓷学报, 2009, 30(4): 411-418.

2009-400 张治国, 马清林. 甘肃崇信于家湾周墓出土玉器研究. 考古与文物, 2009, (2): 97-102.

2009-404 赵虹霞, 干福熹. 不同产地软玉的拉曼光谱分析及在古玉器无损研究中的应用. 光散射学报, 2009, 21(4): 345-354.

2009-405 赵虹霞, 张朱武, 干福熹. 用于中国古代玉器质地鉴测和溯源中的无损分析方法. 广西民族大学学报(自然科学版), 2009, 15(4): 42-53.

2009-409 赵作勇, 王纪洁, 张晓梅. 北宋和南宋青铜钱币对比分析研究. 文物保护与考古科学, 2009, 21(1): 50-58.

2010-011 陈庚龄. 天梯山石窟9窟彩塑与壁画地仗矿物及颜料分析. 文物保护与考古科学, 2010, 22(4): 91-96.

2010-023 成小林, 梅建军, 陈淑英, 潘路. 不同保存环境下铁质文物中氯含量的分析. 中国历史文物, 2010, (5): 25-31.

2010-044 凡小盼, 黄洁, 赵瑞廷, 周卫荣, 罗武干, 王昌燧. 中国早期黄铜混合矿冶炼工艺的模拟探索. 南方文物, 2010, (4): 143-148.

2010-052 冯丹丹, 袁筱清. 科技创新断古陶瓷真伪. 景德镇陶瓷, 2010, (4): 11.

2010-059 干福熹, 赵虹霞, 李青会, 李玲, 承焕生. 湖北省出土战国玻璃制品的科技分析与研究. 江汉考古, 2010, (2): 108-116, 151.

2010-058 Gan Fuxi, Cao Jingyan, Cheng Huansheng, Gu Donghong, Rui Guoyao, Fang Xiangming, Dong Junqing, Zhao Hongxia. The Non-destructive analysis of ancient jade artifacts unearthed from the Liangzhu sites at Yuhang, Zhejiang. Science China (Technological Sciences), 2010, 53(12): 3404-3419.

2010-066 顾冬红, 干福熹, 承焕生, 陆建芳, 左骏, 李青会. 江阴高城墩遗址出土良渚文化玉器的无损分析研究. 文物保护与考古科学, 2010, 22(4): 42-52.

2010-068 郭洪玲, 王琥. 泥土物证的 XRF 分析制样技术. 刑事技术, 2010, (3): 45-46.

2010-070 郭娓, 郭洪玲, 石慧霞. X 射线荧光光谱元素分析鉴别猎枪弹丸. 刑事技术, 2010, (1): 10-12.

2010-078 何秋菊, 李涛, 施继龙, 赵瑞廷, 李玉玲, 邵芳. 道教人物画像颜料的原位无损分析. 文物保护与考古科学, 2010, 22(3): 61-68.

2010-088 华友. 鉴定需要科学对待. 收藏界, 2010, (0): 129.

2010-089 黄凰, 秦颖, 孙升, 王先福, 陈千万, 韩楚文, 陈明辉. 利用同墓葬出土泥芯、陶器示踪青铜器铸造地初探——以湖北襄樊部分东周墓为例. 文物保护与考古科学, 2010, 22(3): 30-35.

2010-117 李合, 段鸿莺, 丁银忠, 窦一村, 侯佳钰, 苗建民, 富品莹, 赵长明. 北京故宫和辽宁黄瓦窑清代建筑琉璃构件的比较研究. 文物保护与考古科学, 2010, 22(4): 64-70.

2010-118 李合, 徐巍, 李卫东, 梁国立, 苗建民. EDXRF 对故宫博物院藏宋代官窑瓷器的无损分析. 故宫博物院院刊, 2010, (5): 137-145, 202.

2010-127 李其江, 吴隽, 张茂林, 吴军明, 郁永彬, 方涛, 袁文瓒, 李峰, 张和贵. 出口仿古陶瓷的鉴别模式及出口规范. 中国陶瓷, 2010, 46(11): 41-44.

2010-129 李清临, 王然, 贺世伟, 姚政权. EDXRF 探针技术在古陶瓷工艺研究中的应用. 武汉大学学报（理学版）, 2010, 56(1): 26-30.

2010-130 李清临, 王然, 姚政权, 贺世伟. 能量色散 X 射线荧光探针用于古陶瓷的工艺与产地研究. 理化检验-化学分册, 2010, 46(8): 861-864.

2010-136 李小莉, 秦颖, 徐劲松. 湖北省鄂州五里墩出土孙吴时期红色粉状物的测试分析. 文物保护与考古科学, 2010, 22(1): 46-48.

2010-144 李媛, 高晓然, 董健丽, 康葆强, 苗建民. 故宫博物院藏明清仿官窑青瓷的初步研究. 故宫博物院院刊, 2010, (5): 184-194.

2010-151 李中轩, 朱诚, 闫慧, 吴国玺. 静水沉积地层中 Ti 含量变化对干湿环境的响应——以重庆中坝遗址为例. 海洋地质与第四纪地质, 2010, 30(5): 137-143.

2010-168 刘建立, 王晓川, 李国霞, 赵维娟, 李融武, 赵青云, 孙新民, 赵文军, 承焕生, 孙洪巍, 郭敏, 谢建忠. 汝官瓷、钧官瓷和刘家门窑民钧瓷的判别分析研究. 中国陶瓷, 2010, 46(10): 75-77.

2010-176 刘舜民, 杨大伟, 李融武, 李国霞, 承焕生, 郑炯鑫, 陈丽芳. 景德镇与德化青花瓷原料来源的质子诱发 X 射线荧光分析. 原子能科学技术, 2010, 44(2): 252-256.

2010-178 刘晓旻, 郭敏, 李融武, 郭培育, 李国霞, 赵维娟, 孙洪巍, 高正耀, 谢建忠, 温昶, 杨大伟, 王晓川. 用 EDXRF 技术研究古名瓷的起源. 郑州大学学报

2010-182 刘月. 一件青铜鼎的保护. 首都师范大学学报（社会科学版）, 2010, (S): 142-147.

2010-192 罗武干, 秦颖, 黄凤春, 王昌燧. 古麇地出土青铜器合金技术与金相组织分析. 自然科学史研究, 2010, 29(3): 329-338.

2010-209 南普恒, 秦颖, 冯恩学, 杨益民. 湖北雷家坪遗址出土战国金属残件的科学分析. 中国文物科学研究, 2010, (2): 82-84, 95.

2010-210 南普恒, 秦颖, 黄建勋, 董亚巍. 随州擂鼓墩二号墓出土曾国青铜器残留泥芯的科学分析. 文物鉴定与鉴赏, 2010, (5): 36-41.

2010-231 沈华友. 学科交叉：古陶瓷鉴定的趋势——就明早期三件瓷器浅谈传统鉴定和科学检测. 收藏界, 2010, (11): 130-132.

2010-232 盛克平. 扫描电子显微镜X射线能量色散谱仪在宝玉石鉴定中的应用. 宝石和宝石学杂志, 2010, 12(1): 32-35.

2010-246 宋燕, 王效军, 李晓莉, 马清林. 西夏名窑—宁夏灵武窑出土瓷器研究. 中国陶瓷, 2010, 46(11): 71-77, 70.

2010-271 田兴玲, 李志林, 马清林, 周霄. 重庆大足千手观音金箔表面变色原因探讨. 稀有金属材料与工程, 2010, (S1): 311-315.

2010-272 田兴玲, 郑茗天, 马清林, 李志林. 重庆大足千手观音造像多层金箔成分分析. 黄金, 2010, 31(4): 4-7.

2010-284 王洪敏, 毛振伟, 朱铁权, 董俊卿, 王昌燧, 吴晓松, 洪刚. 湖北蕲春罗州城宋代陶瓷分析与研究. 江汉考古, 2010, (1): 113-119.

2010-333 夏冬青, 秦颖, 毛振伟, 金普军, 董亚巍. 湖北省鄂州出土黄铜钱币的腐蚀产物及机理分析. 腐蚀科学与防护技术, 2010, 22(3): 234-237.

2010-341 熊樱菲, 龚玉武, 夏君定, 吴婧玮. 上林湖越窑青瓷胎釉化学组成的EDXRF分析. 文物保护与考古科学, 2010, 22(4): 28-34.

2010-354 杨大伟, 冀勇, 李融武, 李国霞, 赵维娟, 郭敏, 谢建忠, 高正耀, 承焕生, 禚振西. 不同时期古耀州瓷的无损鉴别研究. 陶瓷学报, 2010, 31(2): 190-194.

2010-358 杨金龙, 王亚利, 苏恒博, 崔园园, 刘炜, 董英鸽. 天然树化玉的显微结构及力学性能. 硅酸盐学报, 2010, 38(7): 1286-1291.

2010-371 杨玉璋, 张居中, 昝义. 安徽繁昌窑青白瓷化学组成的WDXRF分析研究. 光谱学与光谱分析, 2010, 30(8): 2295-2298.

2010-372 杨玉璋, 张居中, 昝义. 繁昌窑青白瓷化学组成分析及其衰落原因考察. 考古与文物, 2010, (2): 105-108.

2010-380 叶沥, 刘慢天, 黄伟, 杨盛, 安竹. 成都金沙遗址古代陶片的PIXE和RBS分析（英文）. 原子核物理评论, 2010, 27(4): 493-499.

2010-398 张红燕, 胡东波. 明代御窑遗址出土孔雀绿釉、洒蓝釉、瓜皮绿釉瓷器分析. 文物保护与考古科学, 2010, 22(4): 14-27.

2010-423 赵恩好, 岳明新. 钯及钯合金饰品标准样品的研制. 冶金分析, 2010, 30(8): 73-76.

2010-426 赵兰, 赵小春, 郑宏, 杨百瑞, 苗建民. 对故宫博物院藏宋代官窑青瓷的拉曼光谱无损分析. 故宫博物院院刊, 2010, (5): 153-164, 204.

2010-427 赵林毅, 李燕飞, 范宇权, 李娜, 崔强, 张文元. 莫高窟第3窟壁画制作材料与工艺的无损检测分析. 敦煌研究, 2010, (6): 69-73.

2010-441 周文晖, 王丽琴. 古建油饰彩画的制作技术分析研究. 文物保护与考古科学, 2010, 22(3): 1-9.

2010-442 周文晖, 王丽琴, 樊晓蕾, 齐杨, 马涛. 博格达汗宫古建柱子油饰制作工艺及材料研究. 内蒙古大学学报（自然科学版）, 2010, 41(5): 522-526.

2010-446 朱继浩, 冯松林, 初凤友, 冯向前, 谢国喜, 闫灵通, 李丽. X 射线荧光光谱分析陶瓷标准样品的研制. 光谱学与光谱分析, 2010, 30(11): 3143-3148.

2010-447 朱剑, 王龙正, 汪丽华, 马泓蛟, 王昌燧. 平顶山应国墓地出土原始瓷的制作工艺和产地. 光谱学与光谱分析, 2010, 30(7): 1990-1994.

2010-449 朱铁权, 刘乃涛, 毛振伟. 广州西村窑彩绘瓷无损分析检测. 光谱实验室, 2010, 27(5): 1753-1756.

2010-450 朱铁权, 王昌燧, 毛振伟, 李立新, 黄烘. 我国古代不同时期铅釉陶表面腐蚀物的分析研究. 光谱学与光谱分析, 2010, 30(1): 266-269.

2010-451 朱铁权, 王昌燧, 张尚欣, 黄烘, 刘启龙, 李军, 李恩玮. 隋代邢窑粗白瓷胎料配方研究. 岩石矿物学杂志, 2010, 29(3): 313-318.

2010-452 朱铁权, 余志, 邝贵荣, 吕梁波. 宋代西村窑瓷器微聚焦 X 射线探针无损分析研究. 中国陶瓷, 2010, 46(9): 74-77, 63.

2010-453 朱铁权, 朱明敏, 李蔚然, 毛振伟, 易西兵. 宋代西村窑与耀州窑青瓷胎釉化学组成特征. 岩矿测试, 2010, 29(3): 291-295.

2011-008 陈德春, 唐华蓉, 童蕾旭, 丁锦频, 李炎. 四川宋瓷博物馆藏青瓷残片的对比研究. 四川文物, 2011, (5): 81-86.

2011-014 陈茜茜, 杨玉璋, 张居中, 崔炜. 浙江小黄山与河南贾湖遗址出土新石器时代前期陶器化学组成的 WDXRF 分析研究. 光谱学与光谱分析, 2011, 31(11): 3140-3144.

2011-023 陈学军, 王以群, 毛荐. 天然与合成紫晶的光谱学特征及其呈色机理. 华东理工大学学报 (自然科学版), 2011, 37(3): 320-324.

2011-027 程琳, 李梅田, 金优石, 樊昌生, 王上海, 李融武, 潘秋丽, 刘志国. 微束 X 射线荧光无损分析古瓷器高铅釉的方法及应用研究. 原子能科学技术, 2011, 45(11): 1399-1403.

2011-034 戴慧, 张青, 蒋小平, 王政. 昌化明矾石石英地鸡血石的宝石矿物学特征. 宝石和宝石学杂志, 2011, 13(2): 27-30.

2011-041 邓阳全, 蒋茂清, 李香杰, 童蕾旭, 王军. 一件魏晋时期铜镜的保护研究. 文物保护与考古科学, 2011, 23(4): 84-88.

2011-044 丁银忠, 段鸿莺, 康葆强, 吴军明, 苗建民. 南京报恩寺塔琉璃构件胎体原料来源的科技研究. 中国陶瓷, 2011, 47(1): 70-75.

2011-045 董俊卿, 干福熹, 承焕生, 胡永庆, 程永建, 柴中庆, 周剑曙, 顾冬红, 赵虹霞. 河南境内出土早期玉器初步研究. 华夏考古, 2011, (3): 30-50, 157-164.

2011-046 董俊卿, 干福熹, 李青会, 顾冬红, 阚绪杭, 程永建. 我国古代两种珍稀宝玉石文物分析. 宝石和宝石学杂志, 2011, 13(3): 46-52.

2011-056 段鸿莺, 丁银忠, 梁国立, 窦一村, 苗建民. 我国古代建筑琉璃构件胎体化学组成及工艺研究. 中国陶瓷, 2011, 47(4): 69-72, 68.

2011-057 段鸿莺, 梁国立, 苗建民. 波长色散 X 射线荧光光谱法测定古陶瓷胎釉中 37 个主次痕量元素. 岩矿测试, 2011, 30(3): 337-342.

2011-064 方涛, 吴隽, 吴军明, 郁永彬, 江夏, 梁铎. 几种现代元素组成分析技术在古陶瓷研究中的应用. 陶瓷学报, 2011, 32(1): 41-46.

2011-070 干福熹, 曹锦炎, 承焕生, 顾冬红, 芮国耀, 方向明, 董俊卿, 赵虹霞. 浙江余杭良渚遗址群出土玉器的无损分析研究. 中国科学: 技术科学, 2011, 41(1): 1-15.

2011-091 何伟, 王以群, 毛荐. 紫色翡翠致色机理探讨. 华东理工大学学报 (自然科学版), 2011, 37(2): 182-185.

2011-098 胡飞, 秦颖. 蚌埠双墩春秋一号墓部分青铜器成分及金相分析. 有色金属, 2011, 63(1): 153-156.

2011-099 胡飞, 秦颖, 刘江生, 王先福, 陈千万. 湖北襄樊魏晋早期墓出土钏 (扣) 器之涂金工艺研究. 南方文物, 2011, (3): 140-142.

2011-101 胡孙林, 戴维列, 王松才, 温锦锋, 张小婷. 微束 X 射线荧光光谱分析检验被染黑的纸币 1 例. 刑事技术, 2011, (3): 27.

2011-105 黄凰, 秦颖, 徐劲松. 湖北鄂州出土青铜器锈蚀状况分析. 中国腐蚀与防护学报, 2011, 31(1): 76-80.

2011-113 Ito K, Hasebe N, Kashiwaya K, Nakamura T, Ganzawa Y. Luminescence dating of bottom sediments from Lake Hovsgol, Mongolia (HDP-08). 地球环境学报, 2011, 2(0): 314.

2011-145 李丽, 冯松林, 冯向前, 徐清, 闫灵通, 马波, 霍华. Study on the chemical composition features of Longquan celadon excavated from the Chuzhou site of Huai'an city in Jiangsu province by EDXRF. 中国物理 C, 2011, 35(7): 689-694.

2011-149 李青会, 董俊卿, 赵虹霞, 干福熹, 胡永庆, 程永建. 浅议中国出土的汉代玻璃耳珰. 广西民族大学学报 (自然科学版), 2011, 17(1): 17-25.

2011-151 李清临, 徐承泰, 贺世伟, 姚政权. 化学成份在钧瓷胎釉反应层中分布模式的线扫描分析. 化学学报, 2011, 69(8): 63-69.

2011-152 李清临, 徐承泰, 凌雪, 姚政权. 一批金元时期古玻璃的EDXRF探针无损分析. 光谱学与光谱分析, 2011, 31(7): 1960-1963.

2011-153 李清临, 徐承泰, 汪大海, 姚政权. 河南禹县阳翟遗址出土古玻璃的科学分析. 考古与文物, 2011, (4): 105-110.

2011-154 李清临, 余西云, 凌雪, 姚政权. 一件战国琉璃环的EDXRF无损分析. 光谱学与光谱分析, 2011, 31(12): 3395-3398.

2011-150 李清临. 安阳殷墟出土陶水管的工艺与技术研究. 江汉考古, 2011, (2): 103-107.

2011-158 李伟东, 张玮, 鲁晓珂, 郑乃章, 罗宏杰. 中国古代兔毫黑釉瓷的组成及结构. 建筑材料学报, 2011, 14(3): 329-334.

2011-163 李小莉, 秦颖, 黄凰, 刘江生. 湖北襄樊出土有色玻璃串饰的检测分析. 光谱实验室, 2011, 28(1): 227-229.

2011-198 刘学良, 范建良, 郭守国. 浅粉红色翡翠的谱学特征及颜色成因分析. 激光与光电子学进展, 2011, (9): 144-148.

2011-209 卢燕玲. 馆藏唐代彩绘人物俑颜料分析与修复保护. 文物保护与考古科学, 2011, 23(4): 64-70.

2011-210 卢燕玲. 铁仔山古墓群出土铁器腐蚀病害与机理分析. 中国文物科学研究, 2011, (3): 36-40.

2011-213 鲁晓珂, 李伟东, 罗宏杰, 何弩, 李新伟. 陶寺遗址龙山时代黑色陶衣的研究. 中国科学: 技术科学, 2011, 41(7): 906-912.

2011-212 鲁晓珂, 李伟东, 罗宏杰, 何弩. 古代陶器残留物及彩绘颜料的测试研究. 中国陶瓷, 2011, 47(7): 63-65, 69.

2011-229 米争峰, 葛良全, 张庆贤, 谷懿, 乔鹏, 罗耀耀. 西天山某航磁异常点查证中现场 X 荧光分析技术的应用. 核电子学与探测技术, 2011, 31(7): 798-801.

2011-237 潘国平, 孙秀萍, 胡立敏, 朱铁权, 黄慧怡. 高棉瓷器制作工艺初探. 文物保护与考古科学, 2011, 23(1): 19-24.

2011-244 千粉玲, 谢志鹏, 孙加林, 王峰. 非均匀沉淀法制备黑色氧化锆陶瓷. 硅酸盐学报, 2011, 39(8): 1290-1294.

2011-268 邵晓蕾, 狄敬如, 丁莉. 铅玻璃充填碧玺初探. 宝石和宝石学杂志, 2011, 13(3): 42-45.

2011-290 孙访策, 赵虹霞, 干福熹. 翡翠成分、结构和矿物组成的无损分析. 光谱学与光谱分析, 2011, 31(11): 3134-3139.

2011-292 孙天希, 刘志国, 李玉德, 林晓燕, 罗萍, 潘秋丽, 刘鹤贺, 袁灏, 丁训良. 毛细管 X 光透镜在塑料物证溯源中的应用. 光学学报, 2011, 31(5): 296-300.

2011-293 孙天希, 刘志国, 李玉德, 林晓燕, 罗萍, 潘秋丽, 杨科, 袁灏, 丁训良. 毛细管 X 光会聚透镜在潜指纹提取中的应用. 光学学报, 2011, 31(4): 303-306.

2011-297 汤琪,王菊琳,马菁毓.土壤腐蚀过程中高锡青铜的形貌变化和元素迁移.中国有色金属学报, 2011, 21(12): 3175-3181.

2011-298 汤紫薇.元充填碧玺的鉴别特征.中国新技术新产品, 2011, (3): 2-3.

2011-318 王洪敏,潘伟斌,朱铁权.安阳北朝墓出土铅釉陶的分析研究.中国国家博物馆馆刊, 2011, (12): 128-133.

2011-330 王明,陈智群,潘清,王克勇,栾洁玉,高朗华.光谱分析技术鉴定未知爆炸物.火工品, 2011, (5): 46-50.

2011-337 王荣,朔知,承焕生.安徽史前孙家城和黄家堰等遗址出土玉器的无损科技研究.复旦学报(自然科学版), 2011, 50(2): 121-130, 253-257.

2011-345 王永进,马涛,阎敏,王翀,纪娟,柏柯.汉阳陵地下博物馆遗址表面白色物质分析研究.文物保护与考古科学, 2011, 23(4): 59-63.

2011-346 王永亚,顾冬红,干福熹.中国蓝田玉的成分、物相及结构分析.岩石矿物学杂志, 2011, 30(2): 325-332.

2011-352 魏国锋,秦颖,胡雅丽,董亚巍,王昌燧.九连墩楚墓出土璧玉、石磬和镶嵌物的科学分析.江汉考古, 2011, (3): 105-109.

2011-353 魏国锋,秦颖,姚政权,王昌燧,胡雅丽,黄凤春.利用泥芯示踪九连墩楚墓青铜器的产地.岩石矿物学杂志, 2011, 30(4): 701-715.

2011-358 吴军明,张茂林,李其江,吴隽,江鹏飞,黄梦璇.德清出土战国时期原始青瓷的工艺特征.中国陶瓷, 2011, 47(7): 66-69.

2011-359 吴军明,张茂林,李其江,吴隽,王丽丽,叶正隆.南方出土原始瓷缩釉缺陷的成因探析.陶瓷学报, 2011, 32(3): 376-380.

2011-371 肖朋飞,赵红梅,李融武,赵文军,李国霞,赵维娟,承焕生.汝官瓷、钧官瓷和刘家门窑青瓷的多元统计分析.硅酸盐通报, 2011, 30(2): 312-315.

2011-393 晏德付,秦颖,陈茜,张中云.天长西汉墓出土部分金属器的研究.有色金属(冶炼部分), 2011, (9): 56-61.

2011-411 尹宝华.纸张物证检验技术的现状及展望.河南警察学院学报, 2011, 20(5): 124-126.

2011-415 尹若春,姚政权,李迎华,汪常明.寿州窑瓷器的测试与初步分析.中国科学技术大学学报, 2011, 41(1): 22-28.

2011-440 张茂林,郭富,金普军,王丽丽,吴军明,李其江,吴隽.四川汉源麻家山遗址出土陶器的科技研究.中国陶瓷, 2011, 47(5): 85-89, 92.

2011-461 赵虹霞,承焕生,李青会,干福熹. Nondestructive identification of ancient Chinese glasses by Raman and proton-induced X-ray emission spectroscopy. Chinese Optics Letters, 2011, 9(3): 84-87.

2011-463 赵树雷,丁笑天,刘桂芳.纸页厚度在线检测技术的发展与趋势.中华纸业, 2011, 32(14): 6-10.

2011-485 朱铁权,王宏,陈兆镜,胡立敏,余志.重庆忠县翠屏山崖墓群出土晋代金银器的分析研究.江汉考古, 2011, (1): 109-112, 2.

2012-005 鲍勇,曲雁,金颖.金镶玉饰品的检测与定名.宝石和宝石学杂志, 2012, 14(3): 34-39.

2012-010 蔡敏敏,李国霞,赵维娟,李融武,赵文军,承焕生,郭敏.汝官瓷、张公巷窑青瓷和刘家门窑青瓷的判别分析研究.硅酸盐通报, 2012, 31(6): 1363-1366.

2012-022 陈晶晶,何明跃,白志民.危地马拉翡翠的宝石矿物学研究.科技通报, 2012, 28(12): 7-8.

2012-032 陈英丽,赵爱林,殷晓,迟广成.辽宁宽甸绿色云母玉的宝石学特征及颜色成因探讨.宝石和宝石学杂志, 2012, 14(1): 46-50.

2012-040 崔剑锋,秦大树,李鑫,周利军.定窑、邢窑和巩义窑部分白瓷的成分分析及比较研究.文物保护与考古科学, 2012, 24(4): 1-10.

2012-049 丁忠明, 曲传刚, 刘延常, 吴来明, 穆红梅. 山东新泰出土东周青铜复合剑制作技术研究. 文物保护与考古科学, 2012, 24(S): 75-86.

2012-050 董俊卿, 李青会, 干福熹, 胡永庆, 程永建, 蒋宏杰. 一批河南出土东周至宋代玻璃器的无损分析. 中国材料进展, 2012, 31(11): 9-15.

2012-051 董俊卿, 李青会, 顾冬红, 干福熹, 阚绪杭, 周群, 承焕生. 蚌埠双墩一号墓和三号墓出土玉器及玻璃器研究. 南方文物, 2012, (2): 164-173.

2012-058 段鸿莺, 康葆强, 丁银忠, 窦一村, 苗建民. 北京清代官式琉璃构件胎体的工艺研究. 建筑材料学报, 2012, 15(3): 430-434.

2012-063 范陶峰, 万俐. 陈璋壶制作技术的初步探讨. 铸造, 2012, 61(10): 1163-1167.

2012-066 冯健, 夏寅, Catharina Blaensdorf, Susana Greiff. 西安理工大学曲江校区西汉壁画墓颜料分析研究. 西北大学学报 (自然科学版), 2012, 42(5): 771-776.

2012-078 龚玉武. EDXRF 不同束斑大小对测试分析青瓷釉成分的影响. 文物保护与考古科学, 2012, 24(S): 52-59.

2012-081 谷舟, 谢尧亭, 杨益民, 王宁, 肖体乔, 王昌燧. 显微 CT 在早期釉砂研究中的应用: 以西周倗国出土釉砂珠为例. 核技术, 2012, 35(4): 265-269.

2012-092 韩炜师, 王丽琴. 光谱分析技术在彩绘文物颜料分析中的应用. 光谱学与光谱分析, 2012, 32(12): 3394-3398.

2012-096 韩宜良, 罗武干, 刘剑, 白云翔, 王昌燧. 济南运署街汉代铁工场遗址的相关问题探讨. 文物保护与考古科学, 2012, 24(4): 25-32.

2012-106 胡红岩, 夏寅, 靳治良, 张尚欣, 容波, 王亮, 周铁, 吕功煊, 李库, 李岗. 秦始皇帝陵及汉阳陵遗址成盐元素及类型研究. 中国材料进展, 2012, 31(11): 37-47.

2012-124 江鹏飞, 李其江, 吴军明, 张茂林, 叶正隆, 熊露, 吴琳. 建窑与吉州窑素天目釉瓷的比较研究. 陶瓷学报, 2012, 33(3): 347-353.

2012-159 李建军, 刘晓伟. 一例艳绿色蓝闪石的宝石学特征. 宝石和宝石学杂志, 2012, 14(3): 44-47, 52.

2012-167 李茜, 马利婵, 万锡铮, 刘琦, 龚龑. X 射线荧光能谱仪鉴定古代服饰文物. 分析仪器, 2012, (1): 52-57.

2012-170 李清临, 徐承泰. 基于 EDXRF 线扫描分析的金元时期钧瓷工艺研究. 武汉大学学报 (理学版), 2012, 58(1): 21-25.

2012-172 李融武, 王建保, 程琳, 李国霞, 杨大伟, 张茂林. 张家湾出土龙泉古瓷来源的 EDXRF 分析. 北京师范大学学报 (自然科学版), 2012, 48(4): 359-362.

2012-181 李英亮, 叶梅, 王力丹, 郭宏. 新疆龟兹库木吐喇石窟壁画制作工艺与材料分析. 中国文物科学研究, 2012, (4): 78-81.

2012-190 廉海萍, 丁忠明, 周祥. 汉代铸造铸钱金属范之陶范的分析研究. 文物保护与考古科学, 2012, 24(S): 87-97.

2012-214 刘晋华, 白峰, 罗书琼, 余水莲, 吴志远. 山东昌乐锆石的宝石学特征及化学成分研究. 宝石和宝石学杂志, 2012, 14(1): 32-37.

2012-240 罗曦芸, 陈杰, 陆耀辉, 吴来明, 方淑英, 张文清, 徐文娟, 龚玉武. 福泉山遗址出土象牙器应急保护研究. 文物保护与考古科学, 2012, (S1): 33-40.

2012-245 马慧侠, 简本成, 孟德安. 用 XRF 测定氧化铝陶瓷成分. 现代技术陶瓷, 2012, (2): 43-47.

2012-246 马菁毓, 梁宏刚, 王菊琳. 浙江瓯海出土一件西周青铜器腐蚀成因研究. 文物保护与考古科学, 2012, 24(2): 84-89.

2012-277 秦颖, 陈茜, 李小莉, 陈千万. 湖北枣阳郭家庙曾国墓地出土石英珠 (釉砂) 的测试分析及其制作工艺模拟实验分析. 硅酸盐学报, 2012, 40(4): 567-570, 576.

2012-283 容波, 马朝龙, 郭继宾, 刘鑫. 元代靳德茂墓地出土彩绘陶器的科学研究. 中原文物, 2012, (3): 93-98.

2012-285 山萍. 基于能量色散X射线荧光光谱法检测黄金饰品的方法. 安徽电子信息职业技术学院学报, 2012, (3): 49-52.

2012-298 盛成, 卓尚军, 吉昂, 申如香. 高能偏振能量色散X射线荧光光谱法分析古陶瓷. 理化检验-化学分册, 2012, 48(6): 629-633.

2012-316 汤旭贞, 刘玲利. 运用XRF仪检验平板玻璃物证. 江西警察学院学报, 2012, (2): 126-128.

2012-317 汤永净, 邵振东. 气候对中国古代塔砖材料性能劣化影响的研究. 文物保护与考古科学, 2012, 24(3): 33-39.

2012-384 魏璐, 王丽琴, 周铁, 容波, 夏寅. 无损光谱技术在彩绘陶质文物分析中的应用进展. 光谱学与光谱分析, 2012, 32(2): 481-485.

2012-385 吴婧玮, 夏君定, 龚玉武. X荧光成分分析实验对测量陶瓷器热释光年代的影响研究. 文物保护与考古科学, 2012, 24(S): 67-74.

2012-386 吴军明, 李其江, 张茂林, 黄薇, 吴隽, 王丽丽. 明中期景德镇民窑饰弧形点彩青花瓷研究. 中国陶瓷, 2012, 48(7): 71-73.

2012-387 吴军明, 张茂林, 李其江, 吴隽, 权奎山, 曹建文. 明清官窑霁蓝釉的组成和色度特征. 光谱学与光谱分析, 2012, 32(8): 2254-2259.

2012-388 吴隽, 黄梦璇, 张茂林, 吴军明, 李其江, 吴琳, 王丽丽, 熊露. 南方各窑址原始瓷产地特征的EDXRF分析. 光谱实验室, 2012, 29(6): 3284-3288.

2012-389 吴隽, 吴琳, 张茂林, 吴军明, 李其江, 黄梦璇, 王丽丽, 江鹏飞. 宜兴仿钧陶胎釉组成配方特征研究. 中国陶瓷, 2012, 48(8): 73-76.

2012-390 吴隽, 叶正隆, 吴军明, 张茂林, 李其江, 王丽丽, 江鹏飞. 中国古代南方白瓷的组成特征研究. 光谱学与光谱分析, 2012, 32(7): 1989-1993.

2012-391 吴隽, 张茂林, 吴军明, 李其江. EDXRF应用于古陶瓷科技鉴定的实验条件探讨. 中国陶瓷, 2012, 48(1): 73-76.

2012-394 吴嵩, 许雅, 李晨光. 常见黄金表面的变色现象. 上海计量测试, 2012, (4): 13-15.

2012-397 伍艳. 黄金饰品X射线荧光光谱法无损检测探讨. 现代商贸工业, 2012, (11): 184-185.

2012-408 熊樱菲. 中国古代高温铁釉瓷的呈色研究. 文物保护与考古科学, 2012, 24(S): 45-51.

2012-410 徐承泰, 李清临. 能量色散X射线荧光光谱法分析金元时代的钧窑瓷器. 理化检验-化学分册, 2012, 48(5): 508-511, 515.

2012-422 徐文娟. 无损光谱技术在纸质文物分析中的应用研究进展. 文物保护与考古科学, 2012, 24(S): 41-44.

2012-441 杨恒, 田兴玲, 李乃胜, 李秀辉, 马清林. 广东南澳Ⅰ号明代沉船出水铜器腐蚀产物分析. 中国文物科学研究, 2012, (3): 87-91.

2012-442 杨恒, 田兴玲, 李秀辉, 马清林. 广东南澳Ⅰ号明代沉船出水铜器表面凝结物分析与去除. 中国文物科学研究, 2012, (2): 81-86.

2012-443 杨菊, 赵虹霞, 于璞. 北京昌平沙河镇出土蜻蜓眼玻璃珠的科学分析与研究. 文物保护与考古科学, 2012, 24(2): 74-83.

2012-444 杨菊, 赵虹霞, 于璞. 北京昌平沙河镇出土玉器的无损分析与研究. 文博, 2012, (4): 69-72.

2012-495 张欢. 一件东汉时期铜鼓的分析与保护研究. 中国文物科学研究, 2012, 28(4): 82-85.

2012-526 张勇, 柯捷, 陆太进, 陈华, 杨天畅. 黄色石英质玉石中水草花的物质组成研究. 宝石和宝石学杂志, 2012, 14(3): 1-5.

2013-013 陈港泉, 于宗仁, 李娜, 苏伯民, 赵西晨, 丁岩. 陕西凤栖原西汉墓M25耳室土壤中金属元素空间分布规律研究. 敦煌研究, 2013, (1): 44-50.

2013-027 陈树祥, 秦颖, 席奇峰. 大冶市岩阴山脚遗址考古新见硬壳及沉积物遗迹探析. 湖北理工学院学报 (人文社会科学版), 2013, 30(5): 1-6.

2013-033 陈岳, 罗武干, 穆青, 赵学峰, 王昌燧. 河北临漳曹村窑址青釉器物工艺特征研究. 岩矿测试, 2013, 32(1): 64-69.

2013-060 丁银忠, 李合, 段鸿莺, 康葆强, 陈铁梅, 苗建. 南京大报恩寺塔建筑琉璃构件的科技研究. 南方文物, 2013, (2): 81-84, 80.

2013-061 董俊卿, 顾冬红, 苏伯民, 陈港泉, 刘松, 干福熹. 湖北熊家冢墓地出土玉器的 pXRF 无损分析. 敦煌研究, 2013, (1): 67-72.

2013-066 段鸿莺, 苗建民, 李媛, 康葆强, 李合. 我国古代建筑绿色琉璃构件病害的分析研究. 故宫博物院院刊, 2013, (2): 114-124, 161.

2013-067 段鸿莺, 赵鹏, 苗建民. X 射线荧光光谱在北京清代官式琉璃构件保护研究中的应用. 古建园林技术, 2013, (3): 26-28, 25.

2013-074 范春辉, 贺磊, 张颖超, 王家宏, 马宏瑞. 西北旱作农田黄土指纹图谱的光谱学鉴定. 光谱学与光谱分析, 2013, 33(6): 1697-1700.

2013-077 冯健, 赵凤燕, 李书镇, 程蓓. 西安理工大学西汉壁画墓现场保护技术研究. 文博, 2013, (4): 85-89.

2013-082 付强, 邝桂荣, 吕良波, 莫慧旋, 李青会, 干福熹. 广州出土汉代玻璃制品的无损分析. 硅酸盐学报, 2013, 41(7): 994-1003.

2013-093 谷懿, 葛良全, 熊盛青, 王平, 范正国. 航磁异常地面快速查证方法组合研究. 地球物理学进展, 2013, 28(4): 2009-2013.

2013-101 郭菲, 梅建军, 杨军昌, 邵安定, 陈坤龙. 秦陵出土青铜水禽锈体组织结构的初步分析. 文物保护与考古科学, 2013, 25(4): 37-45.

2013-102 郭洪玲, 权养科, 陶克明. 法庭科学中泥土物证 XRF 检验数据的分析研判. 中国司法鉴定, 2013, (3): 24-28.

2013-114 胡可佳, 白崇斌, 马琳燕, 柏柯, 刘东博, 范宾宾. 陕西安康紫阳北五省会馆壁画颜料分析研究. 文物保护与考古科学, 2013, 25(4): 65-72.

2013-137 金俊, 黄国芳, 李晨光, 许雅. 能量色散 X 射线荧光光谱法测定首饰钯合金中钯含量. 上海计量测试, 2013, (4): 20-22.

2013-138 金锐, 罗武干, 王昌燧, 黄凤春, 黄旭初. 湖北郧县乔家院墓地出土战国及东汉铜器的成分与金相分析. 文物保护与考古科学, 2013, 25(2): 7-14.

2013-156 李博, 宋燕, 马清林, 梅建军. 河南邓州南北朝砖墓灰浆分析研究. 中原文物, 2013, (5): 87-92.

2013-157 李博, 宋燕, 周伟强. 北京延庆岔道城明代城墙灰浆失效因素研究. 中国文物科学研究, 2013, (4): 68-72.

2013-166 李合, 丁银忠, 陈铁梅, 苗建. 北京明清建筑琉璃构件黄釉的无损研究. 中国文物科学研究, 2013, (2): 79-84.

2013-167 李合, 丁银忠, 沈琼华, 沈岳明, 唐俊杰, 邓禾颖, 陈铁梅, 王光尧, 苗建. 杭州南宋遗址出土官窑类瓷片的科技研究. 南方文物, 2013, (2): 72-80.

2013-168 李合, 吕成龙, 陈铁梅, 苗建民. 对一件院藏明洪武釉下彩宝座所用彩料的科技研究. 故宫博物院院刊, 2013, (3): 74-79.

2013-169 李合, 赵兰, 侯佳钰, 陈铁梅, 苗建民. 辽宁清代建筑琉璃釉乳浊效果的初步分析. 中国国家博物馆馆刊, 2013, (4): 143-149.

2013-193 李苏贵, 杨大伟, 李融武. 用散布分析研究北京张家湾出土龙泉古瓷的来源. 郑州大学学报 (理学版), 2013, 45(3): 81-84.

2013-232 刘宏科, 陈佩仪, 库育苗. 翡翠的光谱特征及致色机理. 广东化工, 2013, 40(16): 247-248.

2013-255 刘晓清, 范敏, 马振华, 苏媛, 赵鑫桂. 胶原基复合骨组织工程支架材料在骨质文物保护中的应用. 文物保护与考古科学, 2013, 25(1): 68-74.

2013-261 龙博, 赵晔, 周旸, 仲召兵, 赵丰. 浙江地区新石器时代纺轮的调查研究. 丝绸, 2013, 50(8): 6-12.

2013-264 楼署红. 临安水丘氏墓出土越窑青瓷的病害评估与成因分析探讨. 文物保护与考古科学, 2013, 25(2): 15-23.

2013-267 鲁晓珂, 李伟东, 刘斌, 李新. 良渚古城遗址陶器的分析研究. 中国科学: 技术科学, 2013, 43(4): 460-466.

2013-266 Lu Xiaoke, Li Weidong, Liu Bin, Li Xinwei. Analysis of the potteries from ancient Liangzhu city-site. Science China (Technological Sciences), 2013, 56(4): 945-951.

2013-279 Lü Linsu, Zhang Yong, Li Hongbo, Lu Taijin, Mao Bing, Chen Hua. Spectroscopic features and coloration of gem-quality green tsavorite in major international deposits and China. 矿物学报, 2013, (S1): 63.

2013-289 毛荐, 柴林涛, 郭守国, 范建良, 包峰. 缅甸墨绿色长石质玉石谱学特征研究. 光谱学与光谱分析, 2013, 33(5): 1388-1391.

2013-304 努尔阿迪力江·阿不力米提, 艾尔肯·阿不列木, 艾克拜尔·吐合提, 刘伟霞. 用 EDXRF 法对新疆和田玉进行元素分析. 新疆大学学报（自然科学版）, 2013, 30(2): 189-192.

2013-320 秦颖, 陈树祥, 席奇峰, 许应媛, 李世彩. 大冶铜绿山岩阴山脚遗址东周时期地层中风化壳的成因分析. 江汉考古, 2013, (4): 116-119, 133.

2013-330 容波, 杨利平, 马明志, 赵静, 王春燕. 榆林横山大古界遗址出土仰韶晚期陶器的科学分析. 文物保护与考古科学, 2013, 25(3): 82-87.

2013-377 田兴玲, 李乃胜, 张治国, 杨恒. 南海 I 号沉船出水铜钱的腐蚀研究. 稀有金属材料与工程, 2013, 42(S2): 366-369.

2013-381 王冲, 任俊锋. 一件战国错银铁镜的保护研究. 文物鉴定与鉴赏, 2013, (2): 65-69.

2013-396 王菊琳, 栾莉, 张治国, 马清林. 模拟宋代银制品在 NaCl 溶液中的腐蚀行为研究. 稀有金属材料与工程, 2013, 42(7): 1418-1422.

2013-397 王菊琳, 栾莉, 张治国, 马清林. 宋代银制品模拟样品在 Na_2S 溶液中的电化学腐蚀及其产物. 腐蚀科学与防护技术, 2013, 25(1): 1-6.

2013-412 王倩倩, 金正耀, 李功, 范安川, 蒋志龙. WDXRF 和 FTIR 对古滇国遗址出土陶器的初步分析. 光谱实验室, 2013, 30(6): 2763-2768.

2013-414 王霆, 王敬. 现代科学分析仪器方法在书画真伪鉴别中的应用. 大学化学, 2013, 28(6): 1-5.

2013-430 汪海港, 金正耀, 谢治, 范安川, 闫立峰, 朱炳泉, 王吉怀. 新石器晚期祭祀彩石的多种谱学方法研究. 光谱学与光谱分析, 2013, 33(9): 2305-2310.

2013-437 温锦锋, 张晓芬, 胡孙林, 李富海, 王松才, 黄日辉, 戴维列, 张小婷, 范恒胜. 射击距离推断方法的研究进展. 广东公安科技, 2013, (2): 27-31.

2013-441 吴军明, 丁银忠, 李其江, 张茂林, 吴隽. 历代官窑霁蓝釉瓷的化学组成无损分析. 光谱实验室, 2013, 30(5): 2048-2054.

2013-442 吴隽, 干科, 李其江, 吴军明, 张茂林. 吉州窑木叶天目瓷制作中叶纹形成的影响因素探析. 中国陶瓷, 2013, 49(12): 107-111.

2013-443 吴隽, 吴艳芳, 吴军明, 张茂林, 李其江, 吴涛涛, 许璐. 景德镇仿龙泉青瓷与龙泉青瓷组成特征研究. 光谱学与光谱分析, 2013, 33(8): 2246-2250.

2013-444 吴隽, 许璐, 吴军明, 张茂林, 李其江, 吴艳芳. 深圳咸头岭遗址出土陶器的组成研究. 陶瓷学报, 2013, 34(4): 415-420.

2013-457 夏晓伟, 刘松, 王卿, 刘嫣歆, 李青会, 顾冬红. 鸿山越墓出土战国玻璃的无损分析及相关认识. 南方文物, 2013, (3): 143-149, 86.

2013-479 严俊, 胡仙超, 王巨安, 严雪俊, 胡丹静, 刘培钧, 方诗彬. 不同颜色的淡水养殖珍珠呈色机理研究. 岩矿测试, 2013, 32(2): 263-268.

2013-546 张茂林, 王建保, 李其江, 吴军明. 河北临漳曹村窑与内丘邢窑陶瓷器的胎釉组成对比分析. 中国陶瓷, 2013, 49(2): 57-59.

2013-549 张庆建, 丁仕兵, 郭兵, 徐兆锋, 孙博, 刘稚, 刘美东. 黄金矿砂鉴别方法研究. 黄金科学技术, 2013, 21(4): 79-82.

2013-553 张文元, 崔强, 李青会, 柴勃隆, 王宁远, 赵晔, 于宗仁, 苏伯民. 综合分析方法对余杭良渚遗址群出土玉器的原位无损研究. 敦煌研究, 2013, (1): 73-81.

2013-573 赵春燕, 岳洪彬, 岳占伟. 南水北调河南辉县路固汉代墓群出土白色粉块的化学分析及相关问题. 华夏考古, 2013, (3): 142-148.

2013-583 赵瑞廷. 康熙、雍正彩色瓷彩釉成色机理及施釉工艺. 内蒙古师范大学学报(自然科学汉文版), 2013, 42(4): 486-489.

2013-587 郑会平, 何秋菊, 姚书文, 王博, 宋国定, 杨益民, 王昌燧. 新疆阿斯塔那唐墓出土彩塑的制作工艺和颜料分析. 文物保护与考古科学, 2013, 25(2): 31-38.

2013-595 钟黎, 肖永明, 王涛, 罗武干, 王昌燧. 化隆县纳卡遗址彩陶颜料的拉曼光谱分析. 南方文物, 2013, (3): 139-142.

2013-597 周川杰, 胡瑶, 郝爽, 沈佳妮. 四川雅翠的宝石学特征及命名探讨. 宝石和宝石学杂志, 2013, 15(3): 43-49.

2013-606 周旭, 刘学良, 毛荐, 郭守国. 蓝宝石的改善工艺. 华东理工大学学报(自然科学版), 2013, 39(3): 296-300.

2014-007 白旭萌, 刘迎新. 美国睡美人绿松石的宝石学矿物学特征研究. 岩石矿物学杂志, 2014, 33(S2): 61-68.

2014-011 包春磊. 华光礁出水瓷器表面黄白色沉积物的分析及清除. 化工进展, 2014, 33(5): 1108-1112, 1141.

2014-012 包春磊, 贾世杰, 符燕, 刘爱虹. 出水青白瓷器表面石灰质凝结物的去除. 当代化工, 2014, 43(1): 11-14.

2014-013 包春磊, 贾世杰, 符燕, 刘爱虹. 华光礁Ⅰ号沉船出水青白瓷表面沉积物的分析. 化学研究, 2014, 25(1): 76-81.

2014-014 包春磊, 贾世杰, 符燕, 刘爱虹. 海南省博物馆馆藏出水古铁炮腐蚀产物分析. 腐蚀与防护, 2014, 35(1): 83-86, 90.

2014-017 卡瑶. X荧光光谱仪在珠宝玉石检测中的应用. 中小企业管理与科技(中旬刊), 2014, (2): 279-280.

2014-025 陈斌, 赵凤燕, 柴怡, 李青会. 西安北郊出土一件战国铜带钩的无损分析. 文博, 2014, (3): 74-78.

2014-050 程佑法, 李建军, 祝培明, 范春丽, 山广祺. 泰山玉的产地特征及命名. 人工晶体学报, 2014, 43(9): 2324-2328.

2014-051 程佑法, 朱红伟, 李建军, 范春丽. 离子注入技术——宝石优化处理的新技术. 宝石和宝石学杂志, 2014, 16(2): 65-70.

2014-062 丁银忠, 李合, 王光尧, 段鸿莺, 孙新民, 陈铁梅, 苗建. 汝州东沟窑金元时期青瓷与钧瓷原料和工艺特征的比较研究. 文物保护与考古科学, 2014, 26(3): 65-73.

2014-069 杜杉杉, 殷科, 韩文, 刘邓, 殷茵. 一种商业名为金丝玉的矿物学特征. 宝石和宝石学杂志, 2014, 16(4): 49-53.

2014-076 范陶峰, 万俐, 刘荣华. 湖州铁佛寺铁观音病害调查与分析. 文物保护与考古科学, 2014, 26(3): 38-46.

2014-110 何秋菊, 吕淑玲, 裴亚静, 李玉玲, 赵瑞廷. 曹村窑青黄釉陶表面腐蚀物成分及形成原因初步分析. 文物保护与考古科学, 2014, 26(2): 16-21.

2014-112 洪琛, 叶正隆, 沈华荣, 卢希龙, 陈云霞, 曹春娥. 景德镇玲珑釉的测试与分析. 中国测试, 2014, 40(2): 56-60.

2014-124 黄国芳, 金俊, 吴奕阳, 许雅. X射线荧光光谱法检测银首饰合金中的铅含量. 上海计量测试, 2014, (3): 21-22.

2014-138 贾列克. 品一尊高古瓷罐 思几许中外往事. 文物鉴定与鉴赏, 2014, (10):

2014-144 康葆强, 苗建民, 秦大树. 定窑遗址考古出土制釉原料的探析. 中国国家博物馆馆刊, 2014, (9): 143-153.

2014-147 郎小波, 毛荐, 刘学良, 郭守国. 紫色翡翠的谱学特征及颜色成因探讨. 激光与光电子学进展, 2014, 51(6): 193-197.

2014-150 雷婷, 余悠, 姜琴. 德国宝石级蓝方石的鉴定与谱学特征. 宝石和宝石学杂志, 2014, 16(2): 32-37.

2014-151 李超, 李宏煦, 杨飑, 王帅. 某难浸金矿的次氯酸盐法直接浸金试验研究. 黄金科学技术, 2014, 22(4): 108-112.

2014-157 李合, 吕成龙, 陈铁梅, 苗建民. EDXRF对故宫博物院藏宋代官窑及明清仿官窑瓷器的再研究——从胎体元素组成论述瓷器的类群关系和产地特征. 故宫博物院院刊, 2014, (2): 129-140, 161.

2014-168 李丽霞. 探讨X射线在古陶瓷鉴定中的应用. 收藏, 2014, (19): 150-152.

2014-182 李融武, 李国霞, 赵维娟, 郭敏, 孙洪巍, 谢建忠, 杨大伟, 赵青云, 孙新民, 赵文军. 钧台窑出土钧官瓷和古汝瓷的化学组成分析. 北京师范大学学报(自然科学版), 2014, 50(1): 33-36.

2014-183 李圣清, 张义丞, 祖恩东, 董琳玲. 南红玛瑙的宝石学特征. 宝石和宝石学杂志, 2014, 16(3): 46-51.

2014-208 栗媛秋, 杨益民, 张兴国, 张兆霞, 姚政权, 朱剑. 长沙窑铜红釉上彩的显微分析. 南方文物, 2014, (4): 148-150, 178.

2014-236 刘杰, 李锐, 谢敏, 徐志. 钙铝榴石玉仿翡翠的宝石学特征. 宝石和宝石学杂志, 2014, 16(6): 47-50.

2014-237 刘亮. 湖南省博物馆馆藏青铜器锈蚀物成分研究. 北方文物, 2014, (4): 103-107.

2014-246 刘舜强, 袁凯铮, 崔剑峰, 陈建立. 吴三桂政权时期铸钱工艺初探. 故宫博物院院刊, 2014, (1): 116-123, 160.

2014-247 刘琪, 刘玉纯, 梁述廷, 林庆文. 微区原位X射线荧光光谱法测定银合金及首饰. 安徽地质, 2014, 24(3): 213-214, 219.

2014-271 卢燕玲. 馆藏明代加彩木雕坐像保护前期研究. 文物保护与考古科学, 2014, 26(2): 57-68.

2014-301 那宝成, 孙瑞皎, 李增胜, 刘海梅. 浅粉红色—粉红色绿柱石的宝石学特征. 宝石和宝石学杂志, 2014, 16(3): 32-37.

2014-326 任慧聪, 于方, 王时麒, 范桂珍, 孙丽华. 人造朱砂的鉴定特征. 岩石矿物学杂志, 2014, 33(S2): 161-164.

2014-355 谈静, 刘琼玉, 姜郡亭, 李艾华. 大气颗粒物化学组分分析技术研究进展. 江汉大学学报(自然科学版), 2014, 42(6): 9-14.

2014-370 王斌, 余辉. 油画保护性修复与清代马口铁底板的美国货船油画清洗修复研究. 文物保护与考古科学, 2014, 26(1): 99-109.

2014-385 王欢欢, 程爱民, 马清林, 王治涛, 王昌燧. 一幅明代水陆画颜料的分析鉴别. 敦煌研究, 2014, (5): 119-124.

2014-386 王欢欢, 程爱民, 王治涛, 马清林, 王昌燧. 甘肃武威博物馆馆藏大藏经用纸的相关工艺研究. 中国造纸学报, 2014, 29(2): 33-37.

2014-402 王文杰, 狄敬如. 缅甸、越南红宝石的热处理研究. 宝石和宝石学杂志, 2014, 16(4): 29-38.

2014-411 王艳蓉, 朱铁权, 冯泽阳, 谭羡, 叶道阳, 郑颖. 南海Ⅰ号出水古陶瓷器科技分析研究. 岩矿测试, 2014, 33(3): 332-339.

2014-427 吴丹琳, 丁敏菊, 刘贤萍, 赵丕琪. 土壤物证鉴定中的微观测试与表征技术. 中国粉体技术, 2014, 20(3): 64-66.

2014-431 吴军明, 李其江, 张茂林, 吴隽, 丁银忠, 曹建文, 刘晓婧. 景德镇官窑紫金釉组成及呈色特征. 光谱学与光谱分析, 2014, 34(3): 827-832.

2014-455 熊樱菲, 霍华, 李一平, 周进. 景德镇明代洪武瓷的化学组成研究. 文物保护与考古科学, 2014, 26(3): 59-64.

2014-469 严俊, 胡仙超, 方飚, 陶金波, 彭秋瑾, 张俭. 应用 XRF-SEM-XRD-FTIR 等分析测试技术研究丽水蓝色类欧泊（蛋白石）的矿物学与光学特征. 岩矿测试, 2014, 33(6): 795-801.

2014-486 杨颖东, 何秋菊, 周志清, 崔剑锋. 成都十二桥遗址新一村一期出土漆彩绘陶的分析研究. 文物保护与考古科学, 2014, 26(2): 9-15.

2014-491 姚智辉, 李锋. 宝丰出土汉代饰品类器物的分析. 中原文物, 2014, (1): 118-122.

2014-495 尹根有, 罗婷, 方益进, 冯浩, 卢攀登. 婺州玉青瓷的呈色特征及形成机理. 中国陶瓷, 2014, 50(1): 89-92.

2014-538 张尚欣, 付倩丽, 王伟锋, 夏寅, 刘江卫, 兰德省, 黄建华, 毛晓芬. 山东香山汉墓出土陶质彩绘文物材质及制作工艺的初步研究. 文物保护与考古科学, 2014, 26(1): 46-53.

2014-561 张勇, 陆太进, 杨天畅, 陈华, 柯捷. 石英质玉石的颜色分布及其微量元素分析. 岩石矿物学杂志, 2014, 33(S): 83-88.

2014-565 张月玲, 张然. 山东青州香山西汉墓出土凝结铁器锈蚀特征分析及科学保护. 文物保护与考古科学, 2014, 26(1): 54-60.

2014-574 赵海平, 张雪梅, 何雪梅. 坦桑尼亚绿色蛋白石. 宝石和宝石学杂志, 2014, 16(4): 14-21.

2014-577 赵静, 罗宏杰, 王丽琴, 李伟东, 容波, 周铁. 陕西陇县东南镇汉墓酥粉釉陶文物的研究. 中国科学: 技术科学, 2014, 44(4): 398-406.

2014-580 赵兰, 丁银忠, 苗建民, 唐俊杰, 李合, 陈铁梅. 利用激光拉曼对宋代官窑青瓷样品釉烧温度的研究. 南方文物, 2014, (4): 121-124.

2014-581 赵瑞廷. 首都博物馆馆藏天保二年北齐铜鎏金小造像无损检测研究. 内蒙古师范大学学报（自然科学汉文版）, 2014, 43(5): 637-642.

2014-597 朱红伟, 李婷, 李桂华. HPHT 合成钻石在首饰中的鉴别特征. 宝石和宝石学杂志, 2014, 16(5): 28-33.

2014-598 朱红伟, 李婷, 李桂华. HTHP 合成钻石在首饰中的鉴别特征（上）. 超硬材料工程, 2014, 26(3): 26-29.

2014-599 朱红伟, 李婷, 李桂华. HTHP 合成钻石在首饰中的鉴别特征（下）. 超硬材料工程, 2014, 26(4): 14-17.

2014-600 朱红伟, 李婷, 王萍. 一种商业名为冰田玉的宝石学特征. 超硬材料工程, 2014, 26(6): 55-57.

2014-603 朱选民, 严俊, 夏立伟, 许晓云, 严雪俊. 浙江泰顺石暨叶蜡石型印章石的宝石学特征及分类探讨. 宝石和宝石学杂志, 2014, 16(4): 39-48.

2014-611 邓赛文, 殷绍泉, 马天芳, 梁国立. XRF 在古陶瓷科学研究中的应用. 核科学与技术, 2014, (2): 1-4.

2015-001 安梅. 翡色翡翠的成分分析. 科技视界, 2015, (24): 188.

2015-005 蔡薇. 运用 X 射线荧光光谱仪检测铂首饰的纯度. 化工管理, 2015, (32): 130.

2015-006 蔡友振, 李爱山, 吴双成. 山东招远文管所藏金铜佛菩萨像保护与研究. 中国文物科学研究, 2015, (4): 55-59.

2015-010 常冠群, 孙振文, 孙玉友, 杨瑞琴. XRF 法在透明胶带检验中的应用. 中国人民公安大学学报（自然科学版）, 2015, (2): 13-16.

2015-011 常冠群, 孙振文, 孙玉友, 杨瑞琴, 乔婷. XRF 法在封箱胶带检验中的应用. 中国司法鉴定, 2015, (5): 52-55.

2015-043 程琳, 李梅田, 黎龙辉, 王君玲, 李融武, 齐鸿浩. 北京龙泉务窑白瓷化学组成的研究. 光学学报, 2015, 35(1): 292-296.

2015-047 崔彪, 李乃胜, 杨益民, 燕生东, 王守功. 山东寿光双王城商代盐业遗址土样的初步科学研究. 中国文物科学研究, 2015, (4): 70-73.

2015-049 崔名芳, 朱建华. 安徽骆冲窑青白瓷化学组成的 EDXRF 分析研究. 中国科学技术大学学报, 2015, 45(2): 132-137.

2015-065 杜静楠, 陈岳, 李乃胜, 明朝方, 朱剑, 罗武干. 南澳I号沉船出水克拉克瓷产地的科技分析. 光谱学与光谱分析, 2015, 35(6): 1746-1750.

2015-068 范陶峰. 新沂花厅遗址出土古玉串珠的保护探究. 文物保护与考古科学, 2015, 27(3): 73-77.

2015-070 方益进, 卢攀登, 尹根有, 罗婷, 冯浩. 玉青瓷与粉青瓷的光学异质性研究. 江苏陶瓷, 2015, 48(1): 11-12, 15.

2015-081 高孔, 伍婉仪, 陈诗丹. EDX-LE型X射线能谱仪测试银饰品含量的条件设置. 计量与测试技术, 2015, 42(1): 1-3.

2015-087 龚玉武, 熊樱菲, 吴婧玮, 夏君定. 杭州出土白瓷制作年代与产地的研究. 文物保护与考古科学, 2015, 27(3): 62-72.

2015-090 顾雯. 铜合金文物XRF定量分析认证标样介绍. 文物保护与考古科学, 2015, 27(4): 14.

2015-091 郭富, 黄伟, 金普军. 四川汉源县狮子山、麻家山遗址出土陶器成分分析与研究. 四川文物, 2015, (5): 88-94.

2015-129 黄晓娟, 严静, 王辉. 甘肃马家塬战国墓地M4出土硅酸盐珠饰的科学分析研究. 光谱学与光谱分析, 2015, 35(10): 2895-2900.

2015-135 霍雪松, 徐作芳. 文物科技检测中的化学元素分析方法概述. 文物鉴定与鉴赏, 2015, (12): 49-51.

2015-152 金英福. X射线荧光光谱法与灰吹法测定K金首饰金含量比较. 宝石和宝石学杂志, 2015, 17(6): 39-43.

2015-151 金英福. 斯里兰卡乳白色蓝宝石的热处理. 矿物学报, 2015, 35(4): 550-554.

2015-172 李峰, 汤辉, 袁文瓒, 方涛, 李伟信, 江鹏飞. 宋元时期景德镇窑瓷胎原料选择演变规律研究. 中国陶瓷, 2015, 51(4): 107-112.

2015-178 李合. 南宋官窑瓷器的科学分析: 类群关系和产地的揭示. 中国文化遗产, 2015, (1): 48-52.

2015-179 李宏飞, 李素婷, 崔剑锋, 王宁, 曾晓敏, 宋国定. 小双桥遗址岳石文化风格陶器成分分析. 中原文物, 2015, (3): 116-121.

2015-180 李怀诚. 博罗横岭山先秦墓地出土春秋青铜矛腐蚀情况研究. 中国文物科学研究, 2015, (2): 61-64.

2015-181 李怀诚. 深圳铁仔山古墓群出土铜器腐蚀情况研究. 文物保护与考古科学, 2015, 27(1): 65-70.

2015-192 李鹏程, 王梅英, 李艳华, 张明炜, 刘春霞, 王冀艳, 刘勉, 陈冲科, 鲁鲲, 李振. 熔融制样X射线荧光光谱法测定珍珠岩矿中主量元素. 岩矿测试, 2015, 34(1): 104-110.

2015-237 刘光甫. 黄色兔毫花釉的研制. 中国陶瓷, 2015, 51(4): 73-76.

2015-248 刘杰, 李晓岑, 武梅. 临潼唐代窖藏佛教铜造像制作工艺的研究. 广西民族大学学报(自然科学版), 2015, 21(3): 40-44.

2015-259 刘松, 苏伯民, 李青会, 干福熹. 工作曲线法和偏最小二乘回归分析在XRF定量分析软玉样品中的应用. 光谱学与光谱分析, 2015, 35(1): 245-251.

2015-262 刘晓亮, 况守英, 邓松良, 彭玉旋. 一种仿白玉材料——含氟、铝的硅碱钙石、针硅钙石雏晶化玻璃宝石学特征. 新疆地质, 2015, 33(4): 489-492.

2015-263 刘新, 潘洁, 蒋宏杰, 韩擘, 张海滨, 宋辉, 刘小兵, 付建. 南阳一中汉墓M189发掘简报. 中原文物, 2015, (1): 4-7.

2015-265 龙建, 王丽敏, 黄佩英. X射线荧光光谱法测试金铂饰品中铑覆盖层厚度及主体元素. 黄金, 2015, 36(9): 83-85.

2015-290 马燕莹, 张建华, 胡东波. 山西太原纯阳宫所藏明代一尊星宿彩塑颜料分析. 文物保护与考古科学, 2015, 27(4): 50-60.

2015-301 帕丽达·阿外勒江, 艾尔肯·阿不列木, 努尔阿迪力江·阿不力米提. XRF法无损检测新疆玉石中微量元素含量. 核电子学与探测技术, 2015, 35(8): 775-779.

2015-315 邱成君, 王以群, 黄月霞. 马达加斯加

2015-318 屈竹瑄,邓常劼. 台山玉的矿物组成. 宝石和宝石学杂志, 2015, 17(5): 32-36.

低品质蓝宝石颜色成因及改善工艺研究. 激光与光电子学进展, 2015, (10): 283-290.

2015-333 佘玲珠,吴双成,蒋成光,莫泽,金普军. 西汉夹纻胎耳杯漆层分析. 中国生漆, 2015, 34(4): 43-48.

2015-339 史本恒,党小娟,杨军昌,杨军凯. 西安南郊隋墓出土青铜壶的保护修复与相关问题探讨. 文物保护与考古科学, 2015, 27(3): 26-34.

2015-372 田增国,杨大伟,李融武,李国霞,赵文军,吴晗,闫萍. 用特征指纹化学组分鉴别湖田窑与繁昌窑青白瓷. 郑州大学学报(理学版), 2015, 47(3): 69-72.

2015-378 王翀,白崇斌,杨军昌,王永进,阎敏,严静,杨博. 周原甲骨保存现状评估研究. 文物保护与考古科学, 2015, 27(S1): 14-21.

2015-383 王高娟. X射线荧光光谱法检测贵金属饰品的探究. 黄金, 2015, 36(11): 76-80.

2015-396 王凯,董俊卿,赵虹霞,干福熹,胡永庆,樊温泉. 应用多种光学分析技术对一批河南出土古代玉器的无损分析. 光谱学与光谱分析, 2015, 35(9): 2492-2499.

2015-397 王凯,干福熹,赵虹霞. 天然绿柱石类宝石化学成分、结构和物相的无损分析. 硅酸盐学报, 2015, (2): 205-214.

2015-398 王乐乐,李志敏,马清林,梅建军. 高光谱技术无损鉴定壁画颜料之研究——以西藏拉萨大昭寺壁画为例. 敦煌研究, 2015, (3): 122-128.

2015-418 王岳,山广祺,李合军,王义善,程佑法. 冰翠的宝石学特征. 超硬材料工程, 2015, 27(3): 49-52.

2015-420 王志浩,小田木治太郎,广川守,菊地大. 对鄂尔多斯北方青铜文化时期金银器的新认识. 草原文物, 2015, (1): 113-124.

2015-423 汪建,康明,李峰,张和贵,吴瑜,王健,郭景康. 基于XRF的古陶瓷样品化学组成分析测试标准初探. 中国陶瓷, 2015, 51(5): 108-110.

2015-431 文物鉴定与鉴赏编辑. 文物科技鉴定方法汇编. 文物鉴定与鉴赏, 2015, 70(10): 30-33.

2015-436 吴隽,何旗航,张茂林,吴军明,李其江. 唐、五代景德镇蓝田窑青瓷科技研究. 文物保护与考古科学, 2015, 27(2): 1-5.

2015-437 吴隽,张茂林,吴军明,李其江,曹建文,李青会,赵虹霞. 景德镇釉上彩绘瓷器釉上彩的Raman与EDXRF分析. 光谱学与光谱分析, 2015, 35(5): 1266-1270.

2015-439 吴琳,吴隽,张茂林,吴军民,李其江,熊露. 宜钧与古钧瓷、广钧的组成配方对比研究. 佛山陶瓷, 2015, 25(11): 15-18.

2015-447 习豆. X射线荧光光谱法在法庭科学中的应用. 微量元素与健康研究, 2015, 32(5): 64-65.

2015-458 邢旺娟. 硬质千足金用X射线荧光光谱和ICP光谱检测含量的研究. 华北国土资源, 2015, (4): 90-92.

2015-459 邢旺娟. 珠宝检测中分辨淡水珍珠与海水珍珠的方法研究. 华北国土资源, 2015, (5): 90-92.

2015-460 熊燕,陈婵,陈能香,王怡梦. 一种仿鸡血石制品的宝石学特征研究. 超硬材料工程, 2015, 27(6): 51-55.

2015-478 严俊,刘晓波,王巨安,方飚,刘培钧,杨彬彬. 应用FTIR-XRD-XRF分析测试技术研究新型仿制绿松石的矿物学特征. 岩矿测试, 2015, 34(5): 544-549.

2015-487 杨恒,田兴玲,李乃胜,马清林,李秀辉. 广东南澳Ⅰ号明代沉船出水铜钱板结物分析研究. 中国文物科学研究, 2015, (3): 61-65.

2015-492 杨菊,刘乃涛. 圆明园大宫门河道遗址和如园遗址土样初步分析. 文博, 2015, (3): 104-109.

2015-519 岳峰. 略谈高科技时代中的文物艺术品鉴定. 文物天地, 2015, (10): 90-93.

2015-562 张亚旭,王丽琴,吴玥,夏寅,齐扬. 西安钟楼建筑彩画样品材质分析. 文

2015-574 赵凤燕, 冯健, 李书镇, 刘俊. 太原龙泉寺出土唐代五重棺椁工艺初探. 文物世界, 2015, (4): 19-22.

2015-583 赵瑞廷. 后魏太平真君二年鎏金铜佛造像制作工艺科技研究. 草原文物, 2015, (1): 125-130.

2015-596 郑颖, 朱铁权, 石浩斌, 王艳蓉. 石湾瓷塑脊饰制作工艺初探. 文物保护与考古科学, 2015, 27(1): 77-83.

2015-610 朱红伟, 李婷. 拼合迪开石仿和田玉的鉴别. 超硬材料工程, 2015, 27(2): 60-62.

5.8.5 石油化工

1979-026 谢德民, 仲崇祺, 阮乃埃, 孙玉芳, 肖淑秀, 欧阳均. 戊二烯-1,3 在稀土催化体系中聚合的初步研究. 高分子通讯, 1979, (4): 233-239.

1981-021 科研所. Z-405 催化剂粉末压片 X 射线荧光分析. 齐鲁石油化工, 1981, (5): 36-37.

1981-031 齐鲁石化总公司科研所二室物化组. Z-405 催化剂粉末压片 X 荧光光谱分析. 齐鲁石油化工, 1981, (4): 24-32.

1983-052 孙国匡, 赵宇平. $CaO-SiO_2-Al_2O_3-H_2O$ 系统中和压蒸制品有关的水化产物的研究. 硅酸盐学报, 1983, 11(2): 149-158, 258-259.

1983-060 王淑丽, 崔宝瑞, 潘长群. 用 X 射线荧光分析方法测定 Pd/Al_2O_3 型催化剂中的 Pd 含量. 石油化工, 1983, 12(10): 620-622.

1984-015 初洪超, 倪传珍. 硫酸联苯胺沉淀分离富集 X 射线荧光光谱法测定矿石中的微量锶钡. 理化检验-化学分册, 1984, 20(3): 20-21, 24.

1984-048 刘松林, 程玉勇, 许伟. 催化剂中铂和铁的 X 射线荧光光谱测定法. 齐鲁石油化工, 1984, (4): 1-7.

1984-072 王子尧, 林景祥, 贺春福, 李莹. X 射线荧光光谱滤纸片法测定钇、铒、铥、镱、镥的组分. 分析化学, 1984, 12(8): 749-751.

1984-057 齐鲁石油化工研究院. 无标样薄膜法 X 射线荧光元素定量分析. 齐鲁石油化工, 1984, (2): 33.

1985-025 高发奎, 郝敬丹. Cu/SiO_2 型催化剂中 Cu 的 X 射线荧光法测定. 环境研究, 1985, (2): 39-41.

1985-050 李卓美, 张雪馨, 吕泓. 高分子泥浆处理剂耐盐性的研究（II）盐对处理剂在粘土上吸附性能的影响. 油田化学, 1985, (3): 177-182.

1986-045 罗津新, 祝甫生, 马光祖. 化学富集 X 射线荧光光谱法测定微量元素. 光谱学与光谱分析, 1986, 6(5): 74-75.

1986-059 裘乙琦, 顾若晶, 冯景琨. 电子计算机在炼油催化剂的 X 射线荧光光谱分析中的应用. 石油学报（石油加工）, 1986, 2(1): 91-99.

1987-005 陈锁志, 贺桂芬. 氧化铝中钛镍钼磷钨铝的 X 射线荧光光谱测定. 分析试验室, 1987, 6(8): 12-14.

1987-044 刘松林, 孙树立, 程玉勇. X 射线荧光散射背景法测定催化裂化催化剂中稀土含量. 齐鲁石油化工, 1987, (2): 20-25, 6.

1988-103 张美云, 樊蕴, 张万宝, 黄兴云. X 射线荧光光谱透明胶纸薄样法测定催化剂中的铜和锌. 分析化学, 1988, 16(7): 660-663.

1989-005 曹金平, 张文. 废催化剂中铂的 X 荧光分析. 光谱实验室, 1989, 6(4): 195-197.

1989-008 陈锁志, 刘云岚. X 射线荧光光谱测定氧化铝催化剂中共存元素含量. 光谱实验室, 1989, (4): 197-200.

1989-009 陈锁志, 刘云岚. 薄样 X 射线荧光光谱法测定润滑油中锌磷硫含量. 分析试验室, 1989, 8(5): 40-41.

1989-070 茅祖兴, 鲁豪东. X 射线荧光光谱测定燃料油中的硫. 理化检验-化学分册, 1989, 25(2): 66.

1990-035 黄文熙, 叶巧明, 何卓然, 廖其龙, 陈新树, 杨乐山. 快速煅烧水泥熟料中液相的研究. 四川建材学院学报, 1990, 5(3): 1-9.

1991-007 陈锁志, 曾妩. X 射线荧光光谱法同时测定润滑油中多种元素. 分析化学, 1991, 19(7): 857.

1991-051 刘树文, 宋锡周. 用 X 荧光光谱法分析润滑油添加剂中的磷. 石油大学学报(自然科学版), 1991, 15(2): 139-143.

1991-052 Liu Xinsheng, Yu Jihong, Kan Qubin, Ding Hong, Synthesis, characterization and catalytic properties of zeolite [B, Al, Ga, Fe]-ZSM-5. Chemical Research in Chinese Universities, 1991, 7(3): 135-142.

1992-016 陈锁志, 杨俊睿. X 射线荧光光谱测定润滑油中铜. 光谱实验室, 1992, 9(3): 25-26.

1992-064 刘亚雯, 李道伦, 范钦敏, 魏成连. 油中金属元素的能量色散 X 射线荧光分析——Ⅱ. 油分析中水标样的应用. 光谱学与光谱分析, 1992, 12(6): 91-92, 112.

1992-065 刘亚雯, 李道伦, 胡金生, 范钦敏, 魏成连. 油中金属元素的能量色散 X 射线荧光分析 Ⅰ. 氧化镁吸收油热分解制样法. 光谱学与光谱分析, 1992, 12(4): 83-88.

1995-029 顾若晶, 裘乙琦. 能量色散 X 射线荧光光谱法测定石油产品中的硫含量. 石油炼制与化工, 1995, 26(6): 64-67.

1996-044 何桂英. X 射线荧光光谱法测定石油产品中的硫含量. 宁波化工, 1996, (4): 16-18, 33.

1996-046 黄达峰, 王新跃, 黄飞雪. 石油污染土壤中铅的测定. 污染防治技术, 1996, 9(4): 255-256, 261.

1997-133 张家铨, 牛玉华, 肖延安, 李葵发, 方孝林, 柳常青. 用内标法测量石油地质样品中的微量元素. 核电子学与探测技术, 1997, 17(1): 33-37, 6.

1998-010 陈锁志, 纪桂芬. X 射线荧光光谱法测定润滑油和添加剂中 Ba Ca P S 和 Zn 含量. 黑龙江石油化工, 1998, 9(1): 43-45.

1998-182 庄汉平, 卢家烂, 傅家谟, 任炽刚, 邹德刚. 原油作为金运移的载体: 可能的岩石学和地球化学证据. 中国科学 (D 辑: 地球科学), 1998, 28(6): 552-558.

1999-051 金进照, 应林初. 能量色散 X 射线荧光光谱测定延迟焦化石油焦中的硫. 光谱实验室, 1999, 16(4): 10-13.

2000-056 路福秀. X 荧光光谱法测定废铑催化剂中铑含量. 炼油与化工, 2000, 11(3): 40-41, 46.

2000-061 裘乙琦, 顾若晶. 催化裂化催化剂上污染重金属含量测定的 XRF 光谱分析方法的研究. 光散射学报, 2000, 12(4): 228-232.

2000-078 王宝峰, 汪绪刚. 砂岩基质酸化酸岩反应及二次伤害机理试验研究的新方法. 钻井液与完井液, 2000, 17(3): 35-40.

2000-109 应晓浒, 应林初. X 射线荧光光谱测定灯用煤油中的微量硫. 石油与天然气化工, 2000, 29(2): 94-95, 52.

2001-027 郭新闻, 刘民, 王祥生, 李钢, 陈永英, 刘松. 预处理方法对钛硅沸石催化性能的影响. 催化学报, 2001, 22(4): 370-372.

2001-056 刘凯, 德喜, 王世武. X 射线荧光光谱法分析保护渣中元素. 理化检验-化学分册, 2001, 37(2): 90, 93.

2001-057 刘力, 张立群. 粉煤灰 (FA) 在橡胶加工领域应用进展. 弹性体, 2001, 11(6): 58-61.

2001-062 刘营, 龙志奇, 黄文梅, 张国成, 黄小卫. 从含氟硫酸稀土溶液中萃取铈过程产生第三相的原因. 中国稀土学报, 2001, 19(4): 320-323.

2001-068 罗萍, 周宏, 肖伟. X 射线荧光光谱仪在精对苯二甲酸生产过程中的应用. 山东化工, 2001, 30(1): 35-36.

2001-077 欧阳应根, 李卫民, 郑维明, 袁慧. 乏燃料后处理模拟工艺料液中锆的分析. 原子能科学技术, 2001, 35(S1): 41-45.

2001-099 田松柏. 能量色散-X 射线荧光光谱测定硫含量. 石油化工腐蚀与防护, 2001, 18(6): 57-60.

2001-127 许利军, 王晓书, 季伟捷, 颜其洁, 陈懿. 添加 Zr、Mo、Zn 组份对 VPO 催化剂性能的影响. 南京大学学报 (自然科学版), 2001, 37(5): 637-642.

2002-003 陈会颖,包世星,李文杰. X 荧光光谱法测定临氢催化剂中钯、锡和钠的含量. 黑龙江石油化工, 2002, 13(1): 41-43.

2002-018 高萍,顾若晶. X 射线荧光光谱法测定重整催化剂中铂、铼、铈. 分析试验室, 2002, 21(6): 80-82.

2002-026 郭向勇,罗萍,尹斫,唐好,叶谦辉. 原子吸收法测定循环醋酸中钴锰含量. 聚酯工业, 2002, 15(2): 35-36.

2002-044 姜永基,董松林,王亚红. X 射线荧光法测定裂化催化剂中 MgO 含量. 石化技术与应用, 2002, 20(5): 349-350, 292.

2002-076 刘学武,王祥生,刘海鸥,刘毅慧,庄建勤,包信和. 不同介质中热处理 TS-1 的表征及催化性能. 催化学报, 2002, 23(6): 493-497.

2002-115 韦国顺,单枢正. 无磷粉的灰分沉积. 日用化学工业, 2002, 32(3): 29-30.

2002-121 吴秀珍,佟瑶彩,周树侠,王秀萍. X 射线荧光光谱法测定催化剂中硫含量. 化工科技, 2002, 10(3): 35-37.

2002-158 张月平. 薄膜制样用于 X 射线荧光法直接测定润滑油类样品中的金属钠. 分析仪器, 2002, (3): 28-31.

2003-018 窦和瑞,朱静东,陈拥军,吴鸣,孙承林. 催化湿式氧化中铜基催化剂的流失与控制. 催化学报, 2003, 24(5): 328-332.

2003-024 高萍,顾若晶. 加氢催化剂中稀土及钼、钴含量的 X 射线荧光光谱测定方法的研究. 光谱学与光谱分析, 2003, 23(3): 579-582.

2003-029 郭庆斌. 能量色散-X 荧光能谱法同时测定工业硅中铝钙铁硅. 理化检验-化学分册, 2003, 39(11): 665-666, 688.

2003-035 洪丽雁,王桂英,刘峰阳,欧丽珍. 石油产品硫含量分析方法适应性研究. 河南石油, 2003, 17(6): 53-55, 10.

2003-044 华金铭,郑起,林性贻,魏可镁. 制备参数对 Au/Fe_2O_3 催化剂水煤气变换性能的影响. 催化学报, 2003, 24(12): 957-963.

2003-045 黄黑成,尹平. X 荧光光谱技术在油品硫分析中的应用. 分析测试技术与仪器, 2003, 9(4): 199-203.

2003-074 黎学明,刘飞,曾祥政,杜军,杨广全,张胜涛. 镀锡方法对无汞碱锰电池用铜钉的性能影响. 电池, 2003, 33(3): 148-149.

2003-088 刘树文,文玲,严方. X 荧光光谱法测定催化剂中的镍和钼. 分析科学学报, 2003, 19(5): 466-467.

2003-096 罗建林. 能量色散 X 射线荧光光谱法在测定油品硫含量中的应用. 分析仪器, 2003, (3): 31-34.

2003-101 缪长喜,宋磊. 低温型乙苯脱氢催化剂的制备及性能. 精细化工, 2003, 20(5): 281-284.

2003-116 宿艳芳. FCC 催化剂生产过程中化学组分的快速监控法. 石油炼制与化工, 2003, 34(5): 63-66.

2003-119 唐晓红. 荧光光谱在 FCC 催化剂分析中的开发应用. 齐鲁石油化工, 2003, 31(4): 347-350.

2003-130 王成,邵红梅,洪淑新. 徐深 1 井火山岩、砾岩储层特征研究. 大庆石油地质与开发, 2003, 22(5): 1-4, 74.

2003-168 杨民,孙颖,王全义,何雨,杜鸿章,孙承林. Ru/TiO_2 催化剂上的催化湿式氧化处理 H-酸废水反应性能研究. 复旦学报(自然科学版), 2003, 42(3): 339-342.

2003-189 张春勇,刘靖,王祥生,郭新闻,赵文江,卞俊杰. 柠檬酸处理对 β 沸石结构、酸性和催化性能的影响. 辽宁化工, 2003, 32(11): 461-463, 468.

2003-194 张培青,王祥生,郭洪臣,徐舟波,赵乐平,胡永康. 水热处理对纳米 HZSM-5 沸石酸性质及其降低汽油烯烃性能的影响. 催化学报, 2003, 24(12): 900-904.

2003-195 张培青,王祥生,郭洪臣,朱文良,赵乐平,胡永康. 改性纳米 ZSM-5 催化剂脱除汽油中烯烃的性能. 催化学报, 2003, 24(8): 585-589.

2003-203 张月平. 用 X 射线荧光光谱法测定催化剂中轻稀土氧化物的含量. 石油化

工, 2003, 32(2): 156-160.
2003-206 赵丹, 刘长厚, 王立秋, 张守臣. 含钴铜镍类水滑石焙烧产物催化分解 N_2O 的研究. 催化学报, 2003, 24(8): 595-599.
2003-210 只秉文. X 射线荧光光谱法快速测定电池填料中硫酸钡. 理化检验-化学分册, 2003, 39(6): 355.
2004-015 董林, 李井会, 朱晓明, 高礼让, 朱秀慧, 宋立伟. 人工神经网络 X 射线荧光光谱法测定钢中酸溶铝. 理化检验-化学分册, 2004, 40(10): 603-604, 607.
2004-019 高萍, 顾若晶. X 射线荧光光谱法测定加氢催化剂中钼和钴. 理化检验-化学分册, 2004, 40(2): 86-88.
2004-027 韩素芬, 瞿晚星. 铜催化剂中杂质元素测定方法的建立. 有机硅材料, 2004, 18(5): 26-29, 50.
2004-044 李继开. X 射线荧光测定石油产品中硫的研究. 河北化工, 2004, (1): 60-62.
2004-057 刘民, 郭新闻, 王祥生. 气固相法制备的 Ti-ZSM-5 的表征及其催化氧化性能——母体性质的影响. 石油学报 (石油加工), 2004, 20(6): 32-39.
2004-058 刘民, 郭新闻, 王祥生, 梁长海, 李灿. 用 B-ZSM-5 沸石母体合成 Ti-ZSM-5 沸石用于丙烯环氧化. 石油学报 (石油加工), 2004, 20(4): 20-25.
2004-059 刘树文. X 射线荧光光谱法测定催化剂中的铁、镍、铜、钒. 化学分析计量, 2004, 13(2): 31-33.
2004-060 刘学武, 王祥生, 郭新闻, 李钢. TS-1 循环使用催化丙烯环氧化反应研究. 大连理工大学学报, 2004, 44(3): 356-361.
2004-063 刘震, 关文涛, 张桂芬. 使用压片法利用 X 荧光分析仪分析熟料成分. 水泥技术, 2004, (5): 96-99.
2004-064 刘志芳, 冷光荣, 吴太白, 傅伟东, 王国文. 利用硅灰石制备超细白炭黑工艺实践. 中国非金属矿工业导刊, 2004, (6): 25-26, 29.
2004-066 栾友顺, 徐恒泳, 侯守福, 唐春华, 于春英, 李文钊. 合成气低温合成二甲醚催化剂的研究. 天然气化工, 2004, 29(3): 1-5.
2004-079 钱彦虎, 李春明, 邢建良. 采用能量色散 X 荧光仪同时测定 Co, Mn, Br 元素. 石油化工, 2004, 33(7): 673-676.
2004-082 邱羽, 高濂. NH_4Cl/KCl 添加剂对铝粉氮化反应的影响. 无机材料学报, 2004, 19(1): 69-74.
2004-084 尚国栋, 秦曾严. X 荧光分析仪在无煤生料浆自动测量中的应用. 工业计量, 2004, (S1): 220-222.
2004-100 王朝斗, 张作政, 万爱伏, 郭晓明. 能散 X 射线荧光光谱法测定烧结预配料中铁硅钙. 理化检验-化学分册, 2004, 40(12): 729-730.
2004-103 王红霞, 谭大力, 徐奕德, 包信和. 硅烷化处理对 Mo/HZSM-5 催化剂上甲烷脱氢芳构化活性的影响. 催化学报, 2004, 25(6): 445-449.
2004-108 王瑞珺. XRF 法测定工业循环水中硫和氯. 光谱实验室, 2004, 21(3): 613-614.
2004-114 王颖. 能量色散 X 荧光分析仪分析钒钛烧结矿中 SiO_2、CaO 和 TFe. 理化检验-化学分册, 2004, 40(8): 477-478.
2004-116 邬蓓蕾, 应林初, 应晓浒. 直接进样 X 射线荧光光谱法测定汽油中痕量锰和铁. 理化检验-化学分册, 2004, 40(11): 652-653.
2004-118 吴菊萍. 7200 X 荧光分析仪在对苯二甲酸装置中的应用. 石油化工自动化, 2004, (4): 69-72.
2004-134 杨林, 尹森. X 荧光能谱法同时测定工业硅中铁铝钙. 冶金标准化与质量, 2004, 42(4): 26-28.
2004-140 余小芳, 陈旭辉, 彭少梅. X 射线荧光光谱法测定焦炭中硫及灰分中 SiO_2 和 Al_2O_3 含量. 冶金丛刊, 2004, (4): 12-13.
2004-146 Zeng XiuQiong, Liu WeiPing. Preparation and characterization of mixed hydroxy-Fe-Al pillared montmorillonite with large basal spacing. Journal of Environmental sciences, 2004, 16(1): 117-119.
2004-150 张静. 利用荧光 X 射线分析仪实现

PTA 装置催化剂质量浓度自动控制. 石油化工自动化, 2004, (6): 78-79, 95.

2004-156 张树朝. 国内外铝电解用氟化盐标准现状及修订思路. 轻金属, 2004, (12): 51-55.

2004-157 Zhang Xuejun, Zhang Zhihua. Development of hydrocracking catalyst to produce high quality clean middle distillates. China Petroleum Processing and Petrochemical Technology, 2004, (4): 19-23.

2004-168 周红军, 赵修波, 蒋新. 糠醛液相加氢生产糠醇催化剂的失活研究. 工业催化, 2004, 12(10): 18-21.

2005-008 陈杨英, 韩秀文, 包信和. W-SBA-15 介孔分子筛的直接合成及其对环己烯环氧化反应的催化性能. 催化学报, 2005, 26(5): 412-416.

2005-039 洪丽雁, 王桂英, 吕大伟. X 射线荧光光谱法测定油中硫含量——非金属元素的影响. 石油化工腐蚀与防护, 2005, 22(1): 46-49.

2005-047 黄宗平, 董清木. X 射线荧光光谱法同时测定渣油中的硫、钒和镍. 光谱实验室, 2005, 22(4): 788-790.

2005-075 李艳, 王玉和, 徐柏庆. CO_2 重整甲烷反应高效稳定 Ni/ZrO_2 催化剂的纳米结构特点. 高等学校化学学报, 2005, 26(7): 1325-1329.

2005-076 李永昕, 张艳华, 马清祥. KNO_3/MCM-48 催化酯交换法合成碳酸二丙酯. 催化学报, 2005, 26(11): 35-40.

2005-080 林振兴, 刘峰, 应晓浒. 熔融制样 X 射线荧光光谱法测定水泥及水泥熟料中成分. 理化检验-化学分册, 2005, 41(11): 45-47.

2005-083 刘建国, 张华. 一种新型含硫分析仪在原油贸易中的应用. 计量与测试技术, 2005, 32(9): 31-32, 35.

2005-087 刘世民, 许哲峰, 秦国强, 李东春. 二氧化硫气体在浮法线中的应用研究. 硅酸盐通报, 2005, (4): 110-113.

2005-092 刘玉兵, 赵鹰立, 申红桃, 孙平顺. X 荧光水泥 SO_3 分析仪的研制及其应用. 水泥, 2005, (8): 55-57.

2005-099 骆重梅, 陈晓慧, 宋丹. X 荧光光谱技术在石油产品硫分析中的应用. 石化技术, 2005, 12(2): 11-13, 28.

2005-100 吕鹏飞. X 射线荧光光谱分析仪生料工作曲线的标样配制. 水泥技术, 2005, (6): 75-76.

2005-148 王爱玲. 润滑油中硫含量测定方法的研究. 润滑油, 2005, 20(6): 54-57.

2005-149 王晖, 贺德华, 董国利. Cu/ZrO_2 催化剂上乙醇水蒸气重整反应的研究 I 催化剂性能及其制备参数的影响. 燃料化学学报, 2005, 33(3): 344-350.

2005-151 王礼君, 高枫, 李国兴. X 荧光能谱仪在火力发电厂检测中的应用. 黑龙江电力, 2005, 27(1): 63-65, 69.

2005-153 王庆路, 张茜, 姜银铃. SLFA-20 型 X 荧光含硫分析仪在原油含硫量监测中的应用. 工业计量, 2005, (S1): 85-88.

2005-155 王榕, 魏可镁, 林建新, 俞秀金, 毛树禄. 以 $RuCl_3$ 为前驱体的无氯 Ru/Al_2O_3 氨合成催化剂的制备. 工业催化, 2005, 13(4): 31-35.

2005-161 魏增福, 周永言, 张万友. 能量色散 X 射线荧光分析法在垢和腐蚀产物分析中的应用. 广东电力, 2005, 18(7): 50-54.

2005-162 翁秀兰, 颜桂炀, 刘汉甫. 金属掺杂磷铝分子筛的制备及其光催化性能研究. 分子催化, 2005, 19(6): 477-480.

2005-173 武华东, 张志伟, 尹应锋. X 射线荧光分析法控制出磨水泥的 SO_3 和混合材掺加量. 水泥, 2005, (4): 53-55.

2005-182 许云波, 延卫, 樊娜, 王彬, 张耀君, 郭烈锦. Cu, In-ZnSeS 催化剂的制备及其光解水制氢性能的研究. 西安交通大学学报, 2005, 39(9): 971-973, 988.

2005-180 徐会有. 测定黑液硫含量的新方法. 中国造纸, 2005, 24(11): 13-15.

2005-185 杨婉, 王少君, 祝威, 孙玲. 杂多金属盐制备相转移催化氧化剂的活性及其优化反应条件. 大连轻工业学院学报, 2005, 24(2): 88-92.

2005-193 翟丕沐, 王立秋, 刘长厚, 张守臣. Coking and deactivation of catalyst inhibited by silanization modification in oxidation of benzene to phenol with nitrous oxide. Chinese Journal of Chemical Engineering, 2005, 13(1): 43-48.

2005-205 张培青, 王祥生, 郭洪臣. 组合改性对纳米 HZSM-5 催化剂降低汽油烯烃性能的影响. 催化学报, 2005, 26(10): 911-916.

2005-206 张培青, 徐金光, 王祥生, 郭洪臣. 纳米 HZSM-5 催化剂催化 C8 直链烃转化的性能. 催化学报, 2005, 26(3): 216-222.

2005-212 张鑫, 徐柏庆. Au/ZrO_2 催化剂中 ZrO_2 的尺寸效应: 1, 3-丁二烯加氢反应. 高等学校化学学报, 2005, 26(1): 106-110.

2005-214 张钰, 徐绍平, 赵飞, 韩壮, 郭树才, 罗长齐. 正丁烷水蒸气重整反应 NiO/Si-Al 催化剂制备. 大连理工大学学报, 2005, 45(3): 330-334.

2005-218 张月平. X 射线荧光光谱法快速半定量分析催化剂中的稀土总量. 分析仪器, 2005, (1): 33-35.

2005-224 赵贵喜, 张翠兰, 薛慧峰, 负海洲. 石油化工产品中痕量硫含量测定方法. 甘肃科技, 2005, 21(12): 105-106.

2005-244 朱新宝, 朱凯, 郭登峰, 陈桂桂. 合成丙二醇甲醚丙酸酯用固体超强酸催化剂的研究. 化学反应工程与工艺, 2005, 21(5): 422-426.

2006-014 陈家桢. PTA 装置催化剂回收浆料中钴、锰含量快速测定法. 聚酯工业, 2006, 19(5): 25-26, 29.

2006-026 褚小立, 袁洪福, 陆婉珍. 用于石化工业的光谱和波谱类过程分析技术. 现代科学仪器, 2006, (3): 8-13.

2006-028 丛兴顺, 王力, 张明伟. Fe/Cr 柱撑蒙脱石的水热法制备与表征. 工业催化, 2006, 14(5): 61-64.

2006-040 范圣平, 周永言. X 荧光法快速测定重油中硫含量的应用研究. 热力发电, 2006, (11): 61-62, 77.

2006-044 付刚, 孔德铭, 王新华, 马秀荣, 颜丽梅. 石油产品中硫含量测定方法评价. 炼油与化工, 2006, 17(3): 39-41, 63-64.

2006-047 高放, 程晓维, 汪靖, 郭娟, 周伟正, 龙英才. 催化量 OP 乳化剂促进 THF-FER 沸石晶化作用的研究. 化学学报, 2006, 64(14): 1423-1428.

2006-053 郭新闻, 刘民, 高健, 王祥生. 气固相反应温度对 Ti-ZSM-5 物化性能的影响. 分子催化, 2006, 20(5): 455-457.

2006-067 华金铭, 郑起, 魏可镁, 林性贻. 沉淀剂种类对水煤气变换 Au/Fe_2O_3 催化剂结构和催化性能的影响. 催化学报, 2006, 27(11): 1012-1018.

2006-080 柯明, 朱坤磊, 宋昭峥, 刘成翠, 蒋庆哲. ZSM-5 沸石和 L 沸石对 FCC 汽油芳构化降烯烃性能比较. 石油化工高等学校学报, 2006, 19(1): 53-57.

2006-101 李伟, 张枝焕, 杨永才, 孟凡巍, 黄宇营, 秦黎明. 流体包裹体在准噶尔盆地油气成藏研究中的应用. 新疆石油地质, 2006, 27(5): 600-603.

2006-107 李秀婷, 柳丽芬, 杨凤林, 张兴文, John Barford. Pt/TiO_2 光催化氧化还原耦合反应脱除水中无机氮. 无机化学学报, 2006, 22(7): 1180-1186.

2006-112 李张胜. X 射线荧光光谱法定量测定湿法磷酸中主次成分. 云南化工, 2006, 33(5): 71-73.

2006-116 林彦杰. X 射线荧光光谱法测定碳化硅和复合硅中磷含量. 本钢技术, 2006, (3): 35-37.

2006-119 刘笛, 吴锁贞. 粉煤灰中硫形态的 X 射线荧光光谱法初探. 常熟理工学院学报, 2006, 20(2): 94-96, 101.

2006-124 刘金河, 胡荣祖, 高仁孝, 孙在春. 粉状硝铵炸药示踪检测研究. 理化检验-化学分册, 2006, 42(2): 120-121, 124.

2006-132 刘欣欣. X 射线荧光分析仪在玻璃工业中的应用. 广东化工, 2006, 33(12): 96-97, 100.

2006-133 刘琰, 孙德智. Ce 改性 $Fe_2O_3/\gamma-Al_2O_3$ 催化剂的表征及催化活性研究. 功能材料, 2006, 37(6): 915-918.

2006-134 刘琰, 孙德智. 用于染料废水 CWPO 处理的 Fe_2O_3-CeO_2/γ-Al_2O_3 催化剂的制备及活性. 化工学报, 2006, 57(10): 2303-2308.

2006-140 刘长华, 曾志刚, 殷学博, 陈镇东. 台湾岛东北部龟山岛附近海域自然硫烟囱体的基本特征研究. 台湾海峡, 2006, 25(3): 309-317.

2006-141 柳丽芬, 李秀婷, 杨凤林, 余济美. Ag/TiO_2 光催化氧化还原反应脱除水体中无机氮. 感光科学与光化学, 2006, 24(4): 291-300.

2006-151 吕鹏飞. X 射线荧光光谱分析仪在水泥生产控制中的应用要点. 新世纪水泥导报, 2006, (4): 34-36.

2006-193 苏达根, 袁秀霞, 陈康, 郭星华. 脱硫灰中硫含量测定方法的研究. 水泥, 2006, (11): 58-61.

2006-199 谭小宁, 严志远, 贺继春. X 射线荧光光谱仪熔片法测定硅酸盐中主量元素. 福建分析测试, 2006, 15(3): 23-25.

2006-220 王建梅, 王榕, 林建新, 俞秀金, 谢峰, 魏可镁. 载体的酸处理条件对整体式钌—堇青石催化剂性能的影响. 福州大学学报 (自然科学版), 2006, 34(6): 898-902.

2006-227 王泉海, 邱建荣, 温存, 孔凡海, 熊全军, 吴辉, 张小平, 刘豪. 氧燃烧方式下痕量元素形态转化的试验和模拟研究. 工程热物理学报, 2006, 27(S2): 199-202.

2006-235 王延昭, 李孟良. 汽车催化器失效的特征研究. 北京汽车, 2006, (5): 25-28.

2006-238 王永强, 于秀娟, 杨红芬, 明琪, 孙德智. 可见光催化剂 S/TiO_2 的制备与表征. 无机化学学报, 2006, 22(4): 771-774.

2006-254 熊敏. X 射线荧光光谱法快速分析苹果酸·柠檬酸钙中的总钙. 光谱学与光谱分析, 2006, 26(11): 2157-2158.

2006-266 闫永萍. 酸在碳酸岩储层不规则的反应速率. 内蒙古石油化工, 2006, (9): 95-97.

2006-278 叶青, 王瑞璞, 徐柏庆. 柠檬酸溶胶-凝胶法制备的 $Ce_{1-x}Zr_xO_2$: 结构及其氧移动性. 物理化学学报, 2006, 22(1): 33-37.

2006-290 张爱芬. X 射线荧光分析技术在铝工业分析中的应用. 科学技术与工程, 2006, 6(18): 2972-2975.

2006-291 张春勇, 郑纯智. 铵离子交换对 β 沸石酸性的影响. 江苏技术师范学院学报, 2006, 12(2): 10-12, 16.

2006-295 张金平, 王福江, 赵四海, 马永旭, 凌烈祥. 车用汽油中硫含量测试方法的适用性. 石化技术, 2006, 13(1): 36-39.

2006-301 张培青, 郭洪臣, 王祥生, 郭新闻. 改性纳米 ZSM-5 催化剂上正辛烷转化反应的研究. 高等学校化学学报, 2006, 27(5): 929-934.

2006-302 张培青, 郭洪臣, 祝洪杰, 王祥生, 姜雪梅, 王萍. 纳米 HZSM-5 催化剂催化烃类转化反应. 高等学校化学学报, 2006, 27(12): 2366-2371.

2006-315 郑柳萍, 陈文韬. 常温环保型硫化橡胶再生剂的成分分析与应用. 福建师范大学学报 (自然科学版), 2006, 22(2): 68-71.

2006-319 周正林. XRF 法测定 SBS 中 TNPP. 广州化工, 2006, 34(3): 61-63.

2007-002 白雪, 李慧, 杨本勇. X 射线荧光光谱法测定氧化铝中 PdO 和 La_2O_3 的含量. 中原工学院学报, 2007, 18(1): 59-60, 64.

2007-008 曹立新, 于元春, 江杉, 张景双. 铸钢件黑色磷化工艺的研究. 电镀与环保, 2007, 27(1): 23-26.

2007-022 陈震宇, 郭烈锦. Ni 掺杂 ZnS-ZnO 复合光催化剂及光解水产氢性能. 太阳能学报, 2007, 28(3): 314-319.

2007-026 丛兴顺, 王力. 蒙脱石预处理对制备柱撑蒙脱石的促进作用研究. 工业催化, 2007, 15(10): 60-63.

2007-060 韩爱荣. X 射线荧光测定石油产品中硫的探讨. 化工文摘, 2007, (4): 56-58, 60.

2007-067 何美清, 黄新民, 刘岩. 稀土催渗对耐蚀氮化的影响. 稀有金属快报, 2007, 26(3): 26-31.

2007-080 黄瑞, 陈晓晖, 魏可镁. 醋酸甲酯在 $Cs_{1.5}PW/SiO_2$ 催化剂上的水解反应. 石油化工, 2007, 36(12): 1271-1276.

2007-085 金凌云, 鲁继青, 罗孟飞, 谢冠群, 何迈. CeO_2-Y_2O_3 涂层和负载型 Pd 催化剂催化燃烧 VOCs (英文). 物理化学学报, 2007, 23(11): 1691-1695.

2007-090 Joshi P. N., Niphadkar P. S., Desai P. A., Patil R., Bokade V. V.. Toluene alkylation to selective formation of p-xylene over co-crystalline ZSM-12/ZSM-5 catalyst. Journal of Natural Gas Chemistry, 2007, 16(1): 37-41.

2007-101 Li JinPing, Hou HaoBo, Gan Jinhua, Zhu ShuJing, Xie YongJie. Extraction of aluminum and iron from boiler slag by sulfuric acid. Wuhan University Journal of Natural Sciences, 2007, 12(3): 541-547.

2007-114 李勇, 薛向欣, 冯宗玉, 姜涛. 用油页岩渣制备白炭黑的工艺. 过程工程学报, 2007, 7(4): 751-754.

2007-118 梁景程, 周永利, 郭鑫, 包世星. 有机填料灰渣中二氧化硅影响因素的分析. 炼油与化工, 2007, 18(1): 44-46, 61.

2007-128 刘辉敏, 郭献军. 烟气脱硫灰用作水泥矿化剂的研究. 兰州工业高等专科学校学报, 2007, 14(4): 43-45.

2007-141 刘仁平, 金保升, 仲兆平. 循环流化床燃烧生物质的结渣问题研究. 锅炉技术, 2007, 38(5): 73-78.

2007-144 刘琰, 孙德智, 李磊. Fe_2O_3/γ-Al_2O_3 催化剂的制备表征及其催化活性的研究. 材料工程, 2007, (5): 19-23.

2007-158 牟明仁, 赵景红, 白翎, 郑江, 赵雪蓉, 贺新安, 李莉. 石油及石油产品温度对能量色散 X 射线荧光光谱法测定硫含量结果影响的研究. 光谱实验室, 2007, 24(5): 848-851.

2007-169 秦浩杰, 李朝昕, 钟艳, 邹旭彪. 全白土型催化裂化催化剂滤饼化学组成分析. 工业催化, 2007, 15(10): 67-69.

2007-170 邱艳丽, 杨振国. 磷酸铵溶液中闸阀泄漏问题的研究. 阀门, 2007, (4): 19-21.

2007-171 邱艳丽, 张宏鹤, 杨振国. 磷酸铵溶液中不锈钢闸阀的失效分析. 金属热处理, 2007, 32(S): 174-176.

2007-174 任家富, 庹先国, 穆克亮, 林娟. XRF 技术在无铅化工艺产品分析中的应用. 分析试验室, 2007, 26(8): 98-101.

2007-175 单佳慧, 刘晓勤, 岳军, 姚虎卿. 汽油中硫含量的分析方法进展. 南京工业大学学报 (自然科学版), 2007, 29(5): 106-110.

2007-177 师进文, 郭烈锦. Cr 或 V 掺杂的 HMS 在甲酸溶液中的光催化产氢性能研究. 化学学报, 2007, 65(4): 323-328.

2007-181 宋海农, 王双飞, 唐先陆, 刘善桂, 李振友, 黄义寿, 周茂贤. 桉木硫酸盐浆生产过程中树脂障碍的分析与控制. 中华纸业, 2007, 28(5): 38-40.

2007-190 苏辉. 对常用燃料油中硫含量通用测定方法的研究. 中国质量技术监督, 2007, (3): 44-45.

2007-198 孙伟, 朱永国, 范君玉. 石脑油储罐导静电铜丝带腐蚀失效分析. 腐蚀与防护, 2007, 28(3): 151-152, 155.

2007-203 陶文晶, 于岳志, 赵胤, 赵国新, 闫肃, 阮书生, 焦凤茹, 焦立平. QZ-2000 催化剂的工业再生及应用. 化工科技, 2007, 15(1): 25-27.

2007-205 田书磊, 王琪, 汪群慧, 金晶. 焚烧飞灰热处理过程中重金属挥发特性研究. 华中科技大学学报 (自然科学版), 2007, 35(9): 53-55.

2007-228 王雪静, 张甲敏, 李晓波, 方克明. 高岭土和煅烧高岭土的微观结构研究. 中国非金属矿工业导刊, 2007, (5): 18-20.

2007-253 胥会祥, 赵凤起, 李晓宇. 无定形硼粉的溶剂法提纯. 火炸药学报, 2007, 30(2): 8-12.

2007-269 杨浩, 刘靖, 谭涓, 汪波, 赵胤, 赵国兴. 合成异丙苯催化剂的失活与再生. 石油化工, 2007, 36(9): 891-895.

2007-288 叶盛英, 岑超平, 唐志雄, 宋贤良. 烟气尿素湿法同时脱硫脱氮的吸收液蒸发浓缩研究. 农业工程学报, 2007,

2007-289 叶小娟, 赵锁奇, 刘庆廉, 吴宝杰. 基础油组成对润滑脂抗磨性能的影响. 润滑与密封, 2007, 32(9): 122-124.

2007-298 张凤利, 郑起, 林性贻, 张汉辉, 李锦卫, 张卿. ZrO_2, Nb_2O_5 助剂改性 $Au/\alpha-Fe_2O_3$ 催化剂的光谱研究. 光谱学与光谱分析, 2007, 27(4): 781-784.

2007-308 张有智, 王煊军, 李正莉, 刘祥萱. 草酸偏二甲肼洗涤 PUREX 流程污溶剂中的 Zr 和 HDBP. 核化学与放射化学, 2007, 29(3): 161-165.

2007-319 赵长志, 凌凤香, 张喜文, 刘丽华. X 光荧光光谱滤纸片法测定催化剂浸渍液中 WO_3-NiO 含量. 当代化工, 2007, 36(4): 453-457.

2007-331 祝渊, 任克刚, 陈克新, 周和平. 悬浮燃烧合成二氧化硅中的粉体球化机制. 稀有金属材料与工程, 2007, 36(S1): 196-198.

2008-010 曹华俊, 谷和平, 任晓乾, 钱中坚, 樊继利, 夏一丁. 回用炼油净化水结垢原因分析. 化工环保, 2008, 28(6): 557-560.

2008-040 程晓维, 汪靖, 郭娟, 龙英才. 无粘结剂 ZSM-5 沸石催化剂骨架脱铝改性的研究. 化学学报, 2008, 66(19): 2099-2106.

2008-062 高典楠, 王胜, 张纯希, 袁中山, 王树东. 氯离子及水蒸气对 Pd/Al_2O_3 催化剂甲烷燃烧性能的影响. 催化学报, 2008, 29(12): 1221-1225.

2008-065 高真凤. 钢包渣线用镁碳砖损毁机理的分析. 耐火与石灰, 2008, 33(2): 40-43.

2008-083 何国贤, 陈英毅, 周天顺, 王飞龙, 邱田民, 汪勤学. X 射线荧光岩屑录井可行性试验研究. 录井工程, 2008, 19(2): 10-12, 40, 74.

2008-088 胡岚, 张皋, 高朗华, 王婧娜, 郭三民. X 荧光光谱法测定锡酸铅 TDI 还原型催化剂中锡和铅含量. 分析测试技术与仪器, 2008, 14(1): 46-49.

2008-120 李伟峰, 王京刚, 侯贵华, 吴其胜, 罗驹华, 郭伟. 水杨酸溶液萃取转炉钢渣中硅酸盐相的研究. 硅酸盐通报, 2008, 27(2): 365-369, 380.

2008-126 李一超, 李春山, 刘德伦. X 射线荧光岩屑录井技术. 录井工程, 2008, 19(1): 1-8, 13, 75.

2008-128 李勇, 冯宗玉, 薛向欣, 乔桂波. 油页岩灰酸碱离解法制备白炭黑的工艺比较. 硅酸盐通报, 2008, 27(1): 6-11.

2008-161 柳丽芬, 董晓艳, 杨凤林, Jimmy C Yu. Ag/TiO_2 光催化还原硝酸氮. 无机化学学报, 2008, 24(2): 211-217.

2008-162 卢泽湘, 吴平易, 季生福, 刘辉, 李成岳. Pt/SBA-15、Pt/SBA-16 催化剂的合成、表征及甲烷催化燃烧性能. 分子催化, 2008, 22(4): 368-373.

2008-164 陆美玉. X 射线荧光法测定润滑油中的硫. 合成润滑材料, 2008, 35(2): 3-4.

2008-175 牟明仁, 赵雪荣, 赵景红, 孙兴权, 李亦军, 杨春光, 李德华, 仲吉伟. 出口汽油硫含量能量色散 X 射线荧光光谱法与微库仑法测定结果的比较. 检验检疫科学, 2008, 18(5): 3-6.

2008-180 宁新宇, 李诗媛, 吕清刚, 矫维红. 生物质成型燃料流化床燃烧粘结机理实验研究. 电站系统工程, 2008, 24(6): 17-19.

2008-181 宁新宇, 李诗媛, 吕清刚, 负小银, 矫维红. 秸秆类生物质与石煤在流化床中的混烧与黏结机理. 中国电机工程学报, 2008, 28(29): 105-110.

2008-182 牛雄雷, 谢素娟, 刘盛林, 安杰, 杜喜研, 徐龙伢. MCM-22 分子筛催化剂催化液化气中丁烯的芳构化. 石油化工, 2008, 37(1): 22-28.

2008-183 潘剑灵, 梁成浩. 亚硫酸盐电镀 Au-Cu 合金工艺研究. 电镀与精饰, 2008, 30(11): 38-40.

2008-194 芮玉奎, 李禾, 申建波, 张福锁. 应用 X 射线荧光光谱法测定过磷酸钙中主量元素. 光谱学与光谱分析, 2008, 28(11): 2703-2705.

2008-197 沈洪久, 施旭宁. 汽油中铅的分析方法研究进展. 内蒙古石油化工, 2008,

(17): 23-25.

2008-207 苏华东, 田萍, 蔡艳波, 王怀军. X射线荧光定硫仪在原油硫含量测定中应用的优越性及注意事项. 中国计量, 2008, (5): 113.

2008-208 苏继新, 屈文, 马丽媛, 殷晶, 潘齐. SBA-15空间限制纳米TiO_2颗粒的制备及其光催化性能研究. 化学学报, 2008, 66(21): 2416-2422.

2008-218 孙志翱, 金保升, 章名耀, 刘仁平, 张华钢. 玉米秆在流化床中燃烧特性的初步研究. 太阳能学报, 2008, 29(12): 1563-1568.

2008-239 王珲, 宋蔷, 姚强, 陈昌和. 电厂湿法脱硫系统对烟气中细颗粒物脱除作用的实验研究. 中国电机工程学报, 2008, 28(5): 1-7.

2008-243 王敏, 凌凤香. $Pt/SiO_2\text{-}Al_2O_3$催化剂中铂含量测定的方法. 理化检验-化学分册, 2008, 44(1): 17-18, 21.

2008-244 王培, 菅豫梅. X射线荧光光谱法测定复式碳化物中钛含量. 湖南有色金属, 2008, 24(2): 56-58.

2008-247 王谦, 王群威, 张建波, 王松青, 邬蓓蕾. 汽油中微量元素的X射线荧光光谱分析. 石油学报 (石油加工), 2008, 24(3): 360-364.

2008-248 王如意, 沈晓林, 石磊. 宝钢烧结烟气脱硫石膏特性分析. 宝钢技术, 2008, (3): 29-32.

2008-270 邬蓓蕾, 王松青, 王谦, 林振兴. X射线荧光光谱法直接测定燃料油中铝、硅、硫、钒. 理化检验-化学分册, 2008, 44(10): 913-916.

2008-271 吴建平, 邹永祥, 黄春峰, 周建斌, 李兵兵. XRF技术在石油钻井岩屑分析中的应用研究. 核技术, 2008, 31(12): 910-914.

2008-309 杨一青, 王亚红, 张忠东, 潘志爽, 陈慧. 用射线荧光光谱法测定助催化剂中磷和铁的含量. 炼油与化工, 2008, 19(4): 47-49, 65-66.

2008-327 翟丽华, 何连生, 席北斗, 陈月, 孟睿, 霍守亮, 刘鸿亮. 湿地介质高炉矿渣磷吸附与再生能力研究. 环境科学, 2008, 29(12): 3410-3414.

2008-328 翟玲娟, 刘民, 董香梅, 宋春山, 郭新闻. 柠檬酸浸渍改性H-β沸石对2-(4′-乙基苯甲酰基)苯甲酸脱水合成2-乙基蒽醌反应的催化性能. 催化学报, 2008, 29(8): 701-704.

2008-336 张锦秋, 安茂忠, 常立民, 刘桂媛. 主盐浓度和工艺条件对Sn-Ag-Cu合金镀层组成和形貌的影响. 无机化学学报, 2008, 24(7): 1056-1061.

2008-347 赵锋伟, 杨建明, 吕剑. 胺化反应合成乙二胺催化剂的研究. 工业催化, 2008, 16(2): 70-72.

2008-352 赵培侠, 刘靖. 改性Hβ沸石的物化性能表征. 辽宁化工, 2008, 37(1): 11-15.

2008-361 钟毅, 高翔, 霍旺, 王惠挺, 骆仲泱, 倪明江, 岑可法. 湿法烟气脱硫系统气-气换热器的结垢分析. 动力工程, 2008, 28(2): 275-278.

2008-369 朱崇兵, 金保升, 仲兆平, 李锋, 翟俊霞. $V_2O_5\text{-}WO_3/TiO_2$烟气脱硝催化剂的载体选择. 中国电机工程学报, 2008, 28(11): 41-47.

2008-370 朱根庆, 何国贤, 康永贵. X射线荧光录井资料基本解释方法. 录井工程, 2008, 19(4): 6-11, 81.

2008-373 邹永祥, 吴建平, 曾定平. 多道X荧光仪在地化测井岩性识别中的应用研究. 石油天然气学报, 2008, 30(5): 218-221, 384.

2009-001 艾韬, 何念银, 胡迎飞, 郑金标. 硅材料的化学提纯工艺优化研究. 化学世界, 2009, (1): 11-14.

2009-011 曹顿华, 刘永建, 赵广军, 陈建玉, 董勤, 丁雨憧. 掺铈铝酸钇闪烁晶体自吸收问题研究. 光学学报, 2009, 29(12): 3463-3466.

2009-016 陈超, 王向宇, 常影, 刘惠玲. 纳米钯/铁双金属颗粒对一氯乙酸的脱氯. 材料科学与工艺, 2009, 17(4): 535-538.

2009-030 陈志红, 马美玲. 微波水热制备Cu_2O/Cu可见光响应催化剂及性能研究. 陕西师范大学学报 (自然科学版),

2009, 37(4): 52-55.

2009-033 程文萍, 梁学正, 杨建国, 何鸣元. FCC 硫转移剂 MgAlCuFe 复合氧化物的结构与性能: Fe 和 Cu 含量的影响. 催化学报, 2009, 31(1): 31-36.

2009-037 丛兴顺. Fe/Cr-Si 柱撑蒙脱石催化剂的合成及表征. 工业催化, 2009, 17(8): 34-38.

2009-048 董彦辉, 李光平, 郑庆瑜. X 荧光光谱在溅射工艺研究中的应用. 现代仪器, 2009, (4): 13-14.

2009-075 郭子峰, 王林江, 吴群英, 张燕. 有机废水氧化催化剂氧化铁-二氧化锰-二氧化钛/γ-氧化铝的研究. 无机盐工业, 2009, 41(5): 33-35.

2009-077 贺茂云, 肖波, 胡智泉, 刘石明, 郭献军. 镍基催化剂的制备及其对垃圾气化产氢的催化活性. 中国环境科学, 2009, 29(4): 391-396.

2009-121 李海龙, 张军营, 赵永椿, 张凯, 张立麒, 郑楚光. 燃煤飞灰物理化学特性及其润湿机理研究. 工程热物理学报, 2009, 30(9): 1597-1600.

2009-127 李瑞峰, 李建忠, 曹汐, 李响, 王亚静. 石油焦中晶体化合物粉末 X 射线衍射定性分析. 长江大学学报 (自然科学版) 理工卷, 2009, 6(3): 179-181.

2009-129 李伟文, 邢锋, 严志亮, 隋莉莉, 曹征良. 硫酸盐腐蚀环境下 CFRP-混凝土界面性能研究. 深圳大学学报 (理工版), 2009, 26(1): 86-91.

2009-134 李一超, 李春山, 何国贤. X 射线荧光分析在岩屑录井中的应用. 岩石矿物学杂志, 2009, 28(1): 58-68.

2009-136 李永梅, 高鹏, 韩家军, 李宁. 碱性硼氢化钠溶液析氢催化剂的研究. 电池工业, 2009, 14(6): 409-412.

2009-143 梁慧荣, 郭烈锦. 铜钼基硫氧化物催化剂及其光催化产氢性能. 太阳能学报, 2009, 30(10): 1151-1154.

2009-145 廖胡, 郭庆华, 梁钦锋, 张健, 廖敏, 于广锁. 多喷嘴对置式气化炉中飞灰性质. 化工学报, 2009, 60(11): 2918-2923.

2009-169 刘心中, 翁仁贵, 陈祖兴. 循环流化床粉煤灰加气混凝土制备研究 (英文). 中山大学学报 (自然科学版), 2009, 48(S2): 70-72.

2009-174 刘长江, 陈晓春, 于光认, 武新颖. 多组分钼铋系催化剂的还原机理. 北京化工大学学报 (自然科学版), 2009, 36(3): 6-10.

2009-177 柳亚玲. X 射线荧光分析技术在铝工业中应用. 中国新技术新产品, 2009, (19): 15.

2009-184 罗小军, 王榕, 林建新, 魏可镁. 沉淀方法对 Ru/CeO$_2$ 氨合成催化剂催化性能的影响. 催化学报, 2009, 30(11): 1125-1130.

2009-185 罗小军, 王榕, 倪军, 林建新, 魏可镁. 沉淀剂种类对 Ru/CeO$_2$ 氨合成催化剂结构和性能的影响. 化学学报, 2009, 67(22): 2573-2578.

2009-190 马小明, 廖清常. 裂解炉对流段弯头失效原因分析. 石油化工设备技术, 2009, 30(3): 1-4, 8, 21.

2009-192 马燕青, 孙艳波, 霍彩霞, 段宏昌, 刘蕴恒. 草酸改性 USY 型分子筛对重油催化裂化性能的影响. 甘肃联合大学学报 (自然科学版), 2009, 23(3): 52-53, 59.

2009-193 毛国强, 李艳军. 基于数字图像与 XRF 技术的发动机油液综合分析系统. 机械工程与自动化, 2009, (4): 128-130.

2009-196 孟素丽, 段钰锋, 黄治军, 王运军, 杨立国. 燃煤飞灰的物化性质及其吸附汞影响因素的试验研究. 热力发电, 2009, 38(8): 46-51.

2009-199 牟明仁, 郑江, 刘名扬, 孙兴权, 张勇, 赵雪蓉, 隋学勇, 徐海连. 温度变化对杂酚油中硫含量测定结果的影响. 光谱实验室, 2009, 26(1): 54-56.

2009-200 慕新元, 胡斌, 夏春谷, 熊绪茂, 杨晓龙, 王欣玫, 张晓宏. 低含量高活性负载钌催化剂合成及苯加氢反应研究. 分子催化, 2009, 23(3): 215-221.

2009-207 彭坤, 王飚, 肖德元, 仇圣棻, 吴萍. 动态随机存储器栅极侧壁硅化钨残留的去除工艺. 纳米技术与精密工程, 2009, 7(4): 305-309.

2009-221 任英杰, 华伟明, 乐英红, 高滋. Ga_2O_3/HZSM-5 催化剂上丙烷脱氢反应. 高等学校化学学报, 2009, 30(6): 1162-1167.

2009-224 沈伯雄, 鲁锋, 刘亭. 废轮胎热解炭黑的改性. 化工学报, 2009, 60(9): 2327-2331.

2009-225 盛新, 纪明俊, 韩启元, 李寒旭. Shell 煤气化飞灰粘附特性影响因素探讨. 安徽理工大学学报（自然科学版）, 2009, 29(2): 42-46.

2009-228 舒欣, 刘华伟, 胡典明, 孔渝华. TH-3 型脱氢催化剂失活原因探讨. 化肥工业, 2009, 36(2): 31-33.

2009-231 宋焕玲, 陈革新, 李德志, 赵培庆, 张锦华, 赵志远, 陈谊. X 射线荧光光谱法测定羰化反应液及催化剂中的铑. 分析试验室, 2009, 28(5): 80-82.

2009-235 宋磊, 缪长喜. 节能型 GS-11 乙苯脱氢催化剂开发与工业试验. 现代化工, 2009, 29(9): 70-73, 75.

2009-243 唐勇, 沈本贤, 宁春利, 褚小东, 马建学, 张春雷. 3-羟基丙醛加氢制 1,3-丙二醇催化剂的失活研究. 石油化工, 2009, 38(9): 957-960.

2009-254 庹先国, 穆克亮, 李哲, 王洪辉, 罗辉, 杨剑波. 钛钒铁间吸收增强效应研究及其校正. 光谱学与光谱分析, 2009, 29(11): 3158-3162.

2009-263 王记莲. FCC 汽油脱硫降烯烃催化剂的烧炭再生研究. 工业催化, 2009, 17(1): 14-18.

2009-269 王林, 薛瑜, 刘涛, 孙书红, 张艳惠, 高雄厚. 钒改性 Y 型分子筛催化剂的性能. 石化技术与应用, 2009, 27(6): 511-514.

2009-271 王钦建. 黑钨渣的酸分解与萃取工艺优化研究. 环境保护与循环经济, 2009, (11): 37-39.

2009-277 王艳华, 白雪峰, 张灵灵. JCdS/ZnO 复合半导体光催化剂的制备、表征及分解水制氢. 化学与粘合, 2009, 31(1): 4-6.

2009-343 姚文涛. 双提升管工艺在重油催化裂化装置的应用. 山东化工, 2009, 38(6): 30-32.

2009-344 姚文涛, 郎凤艳. RGD-1 催化剂在 MGD 工艺的应用. 广东化工, 2009, 36(10): 41-43.

2009-351 于洪浩, 薛向欣, 贺燕, 黄大威. 熔盐法从铁尾矿中制取高纯白炭黑. 化工学报, 2009, 60(8): 2124-2129.

2009-361 翟玲娟, 刘民, 董香梅, 宋春山, 郭新闻. 有机酸改性 Hβ 沸石催化剂上 2-(4′-乙基苯甲酰基) 苯甲酸脱水闭环合成 2-乙基蒽醌. 催化学报, 2009, 30(1): 9-13.

2009-364 张安超, 向军, 孙路石, 胡松, 付鹏, 程伟, 邱建荣. 新型改性吸附剂制备、表征及脱除单质汞的实验研究. 化工学报, 2009, 60(6): 1546-1553.

2009-368 张海瑞, 朵万才, 马志军. 熔融法同时测定催化裂化催化剂中 5 种稀土氧化物的含量. 分析测试技术与仪器, 2009, 15(2): 106-109.

2009-373 张嘉璇, 王萍, 韩玉萍, 李健. 能量色散 X 射线荧光分析法测定石油焦硫含量的研究. 分析仪器, 2009, (6): 48-53.

2009-376 张建伍, 曹延荣, 陈文生. 塔河油田艾丁区块 TK1247 井 XRF 元素的地质意义. 录井工程, 2009, 20(3): 34-38, 76-77.

2009-389 张万平, 陈廷勇. 纸析法 X 射线荧光光谱测定湿法磷酸中的杂质. 磷肥与复肥, 2009, 24(4): 79-80.

2009-413 钟山, 王里奥, 刘元元, 董婧蒙. 垃圾焚烧飞灰处理高浓度含磷废水的动力学. 土木建筑与环境工程, 2009, 31(5): 117-121.

2009-416 周建辉, 白金峰. 熔融玻璃片制样-X 射线荧光光谱测定页岩中主量元素. 岩矿测试, 2009, 28(2): 179-181.

2009-424 朱崇兵, 金保升, 仲兆平. 蜂窝式 SCR 催化剂烟气脱硝试验研究. 热能动力工程, 2009, 24(5): 639-643, 683.

2009-427 朱鸭梅, 朱轶军, 崔群, 王海燕. HZSM-5 催化裂解抽余 C5 制备乙烯/

	丙烯. 南京工业大学学报（自然科学版），2009, 31(2): 30-34.
2010-009	车春霞, 谭都平, 赵育榕, 景喜林, 梁琨, 常晓昕, 颉伟, 贾慧青. 碳二前加氢催化剂的应用. 化工进展, 2010, 29(1): 183-186.
2010-264	唐瑞鹏, 高莉, 刑智伟. X射线荧光录井在大牛地气田的应用. 内蒙古石油化工, 2010, (2): 26-29.
2010-279	王飞, 罗漫, 肖文德. 亚微米ZSM-5催化剂预处理及其在乙醇脱水过程中的积炭行为. 化学反应工程与工艺, 2010, 26(6): 500-508.
2010-311	王振波, 田辉平, 陈振宇. 用湛江高岭土作FCC催化剂载体的可行性研究. 炼油与化工, 2010, 21(1): 15-17, 57-58.
2010-312	王振波, 田辉平, 陈振宇. 湛江高岭土作FCC催化剂载体可行性试验研究. 山东化工, 2010, (2): 15-17.
2010-330	武鹏, 石玉林, 宁文生, 吴秀章. 陈化时间对沉淀铁催化剂的费托合成性能影响. 石油炼制与化工, 2010, 41(10): 26-32.
2010-338	解淑霞, 胡京南, 鲍晓峰, 张克松, 李振华, 王海涛. 实车三效催化剂表面成分分析. 环境科学, 2010, 31(7): 1470-1475.
2010-350	严方, 谢永杰. 催化裂化催化剂中镍钒锑的测定. 中国测试, 2010, 36(1): 46-48.
2010-388	袁桂梅, 王海涛, 陈胜利, 桑磊, 马蕊英. 丁烯歧化制丙烯用负载型铼基催化剂. 石油化工, 2010, 39(2): 151-156.
2010-389	袁鹏, 刘仲毅, 孙海杰, 刘寿长. 焙烧温度对酯加氢制醇Cu-Al-Ba催化剂性能的影响（英文）. 物理化学学报, 2010, 26(8): 2235-2241.
2010-393	张凤利, 曹彦宁, 应松, 陈熔, 张汉辉, 郑起. $Ag/K_4Nb_6O_{17}$异质结催化剂的制备、光谱分析及光催化性能研究. 光谱学与光谱分析, 2010, 30(10): 2636-2640.
2010-422	章小林, 李新怀, 李耀会, 李伦, 吕小婉, 李小定. 甲醇催化剂氯中毒失活. 化工进展, 2010, 29(S): 462-465.
2010-431	赵质良, 周伟江. 能量色散X射线荧光能谱仪(EDXRF)在油液分析中的应用. 现代仪器, 2010, (6): 71-72.
2010-436	周国江. 油页岩溶剂萃取技术. 黑龙江科技学院学报, 2010, 20(3): 189-193.
2011-058	段晓岩, 李士斌, 姜晓超, 陈晓华. 聚羧酸类外加剂引起油井水泥浆异常胶凝现象分析. 大庆石油学院学报, 2011, 35(5): 79-83, 120.
2011-065	方锡贤. 页岩油气勘探中的录井技术选择. 当代石油石化, 2011, (12): 12-16, 49.
2011-080	顾军, 杨卫华, 张玉广, 高玉堂, 刘霞, 李天府. 固井二界面泥饼仿地成凝饼与凝灰岩成岩的关联性. 中国石油大学学报（自然科学版），2011, 35(2): 64-68, 73.
2011-130	李春山, 陈英毅, 孙卫. 利用元素录井资料的随钻岩性判别方法. 中国石油大学学报（自然科学版），2011, 35(6): 66-70.
2011-155	李瑞峰, 邴淑秋, 王刚, 李建忠, 于静, 包世星, 李响. 粉末X射线衍射法鉴定德士古重油气化炉炉渣中晶体物相. 石油与天然气化工, 2011, 40(6): 625-627, 541.
2011-156	李瑞峰, 朱金玲, 马礼敦, 王刚, 王伟众, 包世星. 粉末X射线衍射法鉴定顺丁橡胶装置溶剂回收系统积垢中的晶体物相. 现代仪器, 2011, 17(6): 63-65.
2011-160	李响, 魏军凤, 李瑞峰, 王刚, 李建忠, 褚洪岭. 粉末X射线衍射法定性分析顺丁橡胶装置碱洗塔垢样中的晶体物相. 石化技术与应用, 2011, 29(6): 546-547.
2011-175	林军超, 陈焕斌, 林志勇. X射线荧光分析法测定石油及石油产品中的硫含量. 化学工程与装备, 2011, (9): 208-211.
2011-179	刘东娜, 周安朝, 马美玲. 大同煤田白洞矿区5号煤层煤相特征. 中国煤炭地质, 2011, 23(5): 1-4, 52.
2011-196	刘肖飞, 南洋, 葛汉青, 朱金明. 丙烯

醛氧化制备丙烯酸催化剂失活原因分析. 石油炼制与化工, 2011, 42(3): 47-50.

2011-230 苗静, 孙彦民, 李亮, 阮小磊, 李世鹏, 于海斌, 滕厚开, 曾贤君, 李晓云. 臭氧催化氧化深度处理炼油废水催化剂的开发. 工业催化, 2011, 19(8): 65-68.

2011-233 倪友明, 孙爱明, 吴小岭, 胡江林, 李涛, 李光兴. La/Zn/HZSM-5 催化剂上的甲醇芳构化研究（英文）. Chinese Journal of Chemical Engineering, 2011, 19(3): 439-445.

2011-232 Ni Youming, Sun Aiming, Wu Xiaoling, Hai Guoliang, Hu Jianglin, Li Tao, Li Guangxing. Preparation of hierarchical mesoporous Zn/HZSM-5 catalyst and its application in MTG reaction. Journal of Natural Gas Chemistry, 2011, 20(3): 237-242.

2011-270 佘育生, 孙伟华, 詹瑛瑛, 林性贻, 郑起. Au/Cu$_x$Mn$_y$O$_z$ 催化剂的制备、表征及其 CO 消除性能. 催化学报, 2011, 32(7): 1220-1226.

2011-276 石芳, 杨建国, 刘红光, 张国辉, 于海斌, 李佳, 赵训志, 张玉婷. 高氮馏分油加氢精制催化剂的研制. 精细石油化工, 2011, 28(6): 44-48.

2011-281 司甜, 祝琳华. 经 Al 掺杂改性的介孔 CaZr$_4$(PO$_4$)$_6$ 的酸催化活性. 现代化工, 2011, 31(12): 56-60.

2011-284 宋微娜, 董永利, 周国江. 超声波法分离油页岩中油母质与无机矿物质. 实验室研究与探索, 2011, 30(11): 18-21.

2011-289 苏华东, 刘鹏. X 射线荧光定硫仪在原油硫含量测定的应用. 科协论坛（下半月）, 2011, (9): 55-56.

2011-294 孙霞, 侯朝鹏, 夏国富, 王倩. 蛋壳型分布费托合成催化剂 Co/Al$_2$O$_3$ 的表征及催化性能. 石油炼制与化工, 2011, 42(7): 28-32.

2011-301 田冲, 赵永椿, 张军营, 晏恒, 吕涛涛, 郑楚光. 镍基催化剂对 CO-超临界水制氢固碳反应的影响. 动力工程学报, 2011, 31(11): 869-874.

2011-302 田从学, 杨颖, 蒲洪. 工业钛液制备掺杂多孔二氧化钛及其光催化性能研究. 钢铁钒钛, 2011, 32(3): 1-6.

2011-322 王静, 高林, 扶喆一, 王津义. X 射线荧光录井技术在岩性识别中的应用——以川东北元坝地区 YB10 井和 22 井为例. 石油实验地质, 2011, 33(5): 552-558.

2011-329 王猛, 王祥生, 靳凤英, 蔡博, 郭新闻. TS-1 催化剂选择性加氢脱硫性能的研究. 现代化工, 2011, 31(S1): 118-121, 123.

2011-354 Wei Ruchao, Li Chunyi, Yang Chaohe, Shan Honghong. Effects of ammonium exchange and Si/Al ratio on the conversion of methanol to propylene over a novel and large partical size ZSM-5. Journal of Natural Gas Chemistry, 2011, 20(3): 261-265.

2011-355 魏入朝, 李春义, 杨朝合, 山红红. 氟硅酸铵改性纳米 HZSM-5 分子筛的表征及催化甲醇制低碳烯烃. 工业催化, 2011, 19(3): 40-44.

2011-386 许英梅, 史家伟, 何德民, 关珺, 张秋民. 油页岩残渣制备白炭黑及粒径分布规律研究. 煤炭转化, 2011, 34(4): 79-82.

2011-387 许英梅, 史家伟, 何德民, 关珺, 张秋民. 油页岩制油残渣制备氧化铝及其铝浸出率的研究. 材料导报, 2011, 25(16): 126-131.

2011-382 徐璇, 吉芳英, 范子红. 十二烷基硫酸钠对 CuO-TiO$_2$ 催化剂表面改性的影响. 四川大学学报（工程科学版）, 2011, 43(1): 195-200.

2011-388 Xue Mengwei, Zhou Yuming, Huang Li, Zhang Yiwei, Duan Yongzheng, Sheng Xiaoli. Effect of mischmetal addition on catalytic performance of PtSnNa/ZSM-5 for propane dehydrogenation. China Petroleum Processing & Petrochemical Technology, 2011, 13(3): 47-52.

2011-392 闫华成. 车用汽油中总硫含量分析方法浅析. 中国石油和化工标准与质量,

2011, (9): 276.

2011-419 余长林, 杨凯, 周轶, 李立清. 一种银掺杂的 ZnO/ZnSnO$_3$ 复合光催化剂的制备及其光催化性能. 功能材料, 2011, 42(S3): 435-437.

2011-429 张兵, 孙传智, 齐蕾, 董林. 掺杂 Zr^{4+} 对纳米 Au/TiO$_2$ 催化剂结构和性能的影响. 无机化学学报, 2011, 27(9): 1798-1804.

2011-446 张天壤, 张雪梅, 于海斌. 用 X 射线荧光光谱法测定催化剂中铂钯含量. 无机盐工业, 2011, 43(9): 57-59.

2011-474 钟富兰, 钟喻娇, 肖益鸿, 蔡国辉, 郑勇, 魏可镁. Pt/CeO$_2$-ZrO$_2$-La$_2$O$_3$ 柴油车尾气氧化催化剂活性及抗硫性能(英文). 催化学报, 2011, 32(9): 1469-1476.

2011-484 朱根庆, 黄志林, 邹克元. 数学录井理论的建立及应用前景探讨. 录井工程, 2011, 22(4): 5-11, 80.

2012-007 暴彩会, 贾泽龙, 李青. 掺铟 TiO$_2$/蒙脱土复合光催化剂的制备及光催化性能研究. 河南师范大学学报 (自然科学版), 2012, 40(5): 115-117.

2012-016 曹颖. X 射线荧光在催化裂化平衡剂中的应用. 山东化工, 2012, 41(12): 63-68.

2012-017 曹臻臻, 宋龙波, 侯晓燕. 石油产品中硫含量分析方法的适用性. 科技信息, 2012, (30): 390, 392.

2012-042 崔文权, 李立业, 刘艳飞, 胡金山, 梁英华. PbS 插层 K$_2$Ti$_4$O$_9$ 催化剂: 制备及光催化制氢活性. 无机化学学报, 2012, 28(4): 773-778.

2012-043 崔文权, 刘艳飞, 胡金山, 刘利, 梁英华. PbS 插层 K$_4$Nb$_6$O$_{17}$ 复合物的制备及其光催化制氢活性. 无机材料学报, 2012, 27(9): 933-938.

2012-044 代国祥, 张以军, 王旭东, 周慧成, 杜晓. X 射线荧光录井新技术在三塘湖盆地的应用. 吐哈油气, 2012, 17(3): 206-211, 217.

2012-045 戴越, 李珊珊, 汤常金, 姚小江, 齐蕾, 刘斌, 高飞, 董林. CuO/Mn$_2$O$_3$/γ-Al$_2$O$_3$ 催化剂的制备、表征及其在 CO 氧化反应中的性能研究. 无机化学学报, 2012, 28(8): 1555-1562.

2012-056 杜云贵, 徐婷, 辜敏. 选择性催化还原(SCR) 脱硝催化剂钛钨粉原始粉体的对比. 环境化学, 2012, 31(8): 1251-1255.

2012-060 Duan Yongzheng, Zhou Yuming, Zhang Yiwei, Sheng Xiaoli, Xue Mengwei. Propane dehydrogenation on PtSnNa/AlSBA-15 catalyst: Influence of tin as a promoter. China Petroleum processing & Petrochemical Technology, 2012, 14(1): 37-45.

2012-061 Duan Yongzheng, Zhou Yuming, Zhang Yiwei, Sheng Xiaoli, Zhou Shijian, Zhang Zewu. Effect of aluminum modification on catalytic properties of PtSn-based catalysts supported on SBA-15 for propane dehydrogenation. Journal of Natural Gas Chemistry, 2012, 21(2): 207-214.

2012-075 龚才喜, 梁海波, 张娜, 陈家晓. 元素录井在煤层随钻判识过程中的应用. 天然气技术与经济, 2012, 6(4): 31-33, 78.

2012-079 巩桂芬, 崔连峰, 李莹莹. 喇嘛甸油田三元复合驱油井垢质特征及结垢机理研究. 中国新技术新产品, 2012, (23): 143.

2012-080 辜敏, 鲜学福, 杜云贵, 卢义玉. 威远地区页岩岩心的无机组成、结构及其吸附性能. 天然气工业, 2012, (6): 99-102, 116.

2012-112 黄金花, 陈吉祥. Ni$_2$P/SiO$_2$ 和 Ni/SiO$_2$ 催化剂甘油氢解反应性能比较: 催化剂活性及产物选择性影响因素的探讨(英文). 催化学报, 2012, 33(5): 790-796.

2012-171 李荣柱, 张爱芬, 马慧侠. X 射线荧光光谱法测定石油焦中主量元素硫和痕量元素的含量. 理化检验-化学分册, 2012, 48(11): 1296-1299.

2012-178 李亚军, 周迎新, 陈健, 吕瑞典, 尤文卿. SNAM 装置汽提塔冷却器结垢原因

- 2012-　　　分析及除垢方法研究. 内蒙古石油化工, 2012, (14): 18-20.
- 2012-188　李志林, 张志芳, 侯静静. Fe_3O_4/TiO_2-$CaSO_4$ 核壳材料的制备及光催化性能试验. 广东化工, 2012, 39(9): 69-70, 86.
- 2012-197　林德海, 王中原, 宋宝华. 某电厂烟气脱硝催化剂使用前后性能测试及失活分析. 工业催化, 2012, 20(10): 72-75.
- 2012-198　林国兴, 梅天庆, 裴玉汝. 分次催化法在印刷线路板上快速化学镀锡. 腐蚀与防护, 2012, 33(7): 626-629.
- 2012-208　Liu Guangyu, Tian Peng, Xia Qinhua, Liu Zhongmin. An effective route to improve the catalytic performance of SAPO-34 in the methanol-to-olefin reaction. Journal of Natural Gas Chemistry, 2012, (4): 431-434.
- 2012-244　马慧侠. 石油焦微量元素 XRF 测定方法的研究. 现代科学仪器, 2012, (4): 119-122.
- 2012-247　马同奇. X 射线荧光录井技术在冀东油田的应用分析. 科技情报开发与经济, 2012, 22(20): 127-131.
- 2012-253　梅翔, 杨旭, 张涛, 王欣, 严伟, 何珣, 张怡, 周宇翔. 利用白云石回收污泥厌氧消化液中的磷. 环境工程学报, 2012, 6(11): 3809-3816.
- 2012-255　门秀杰, 张书红, 张美菊, 李延军, 王子军, 汪燮卿. 焦炭气化对接触裂化催化剂物化性能的影响. 石油学报(石油加工), 2012, 28(5): 717-723.
- 2012-257　苗小培. 能量色散 X 射线荧光分析镍基催化剂中镍和镧的含量. 石油化工, 2012, 41(5): 592-596.
- 2012-259　穆林, 赵亮, 尹洪超. 化工废液焚烧炉内积灰结渣特性. 化工学报, 2012, 63(11): 3645-3651.
- 2012-265　潘志爽, 刘明霞, 王亚红, 王智峰, 杨一青. 基本参数-X 射线荧光法分析 LDO 降硫催化剂中锌含量. 石化技术与应用, 2012, 30(3): 251-253.
- 2012-273　平雅敏, 黄胜, 吴诗勇, 吴幼青, 高晋生. 气化灰渣的理化性质及其对石油焦/CO_2 气化反应特性的影响. 华东理工大学学报(自然科学版), 2012, 38(1): 12-16, 52.
- 2012-290　尚玉光, 王保伟, 李振花, 马新宾, 秦绍东, 孙琦. 硫粉改性 Mo 基耐硫甲烷化催化剂. 石油化工, 2012, 41(9): 999-1004.
- 2012-302　石文睿, 王蓉, 黄强, 石元会, 曹丛军. 川东鄂西某页岩气井录测井解释评价研究. 录井工程, 2012, 23(1): 25-29, 77-78.
- 2012-319　唐诚, 彭军, 陈清贵, 王崇敬, 唐庆, 曾剑鑫. X 射线荧光元素录井在川西坳陷须家河组地层划分中的应用. 录井工程, 2012, 23(2): 19-23, 58, 90.
- 2012-338　王海蓉, 杨文兵, 王雅丽. 钙基催化木屑煤混燃及其对排放、灰分特性的影响. 农业机械学报, 2012, 43(8): 121-127.
- 2012-340　王豪, 张樱, 林振兴, 王谦, 邬蓓蕾. X 射线荧光光谱法分析石油沥青中的铁、镍、钒、硫. 分析试验室, 2012, 31(11): 41-44.
- 2012-341　王宏伟. 从 BYHF1 井钻探看陆相页岩油气录井技术. 内江科技, 2012, (7): 102-103.
- 2012-361　Wang Shurong, Yin Qianqian, Li Xinbao. Catalytic performance and texture of TEOS based Cu/SiO_2 catalysts for hydrogenation of dimethyl oxalate to ethylene glycol. Chemical Research in Chinese Universities, 2012, 28(1): 119-123.
- 2012-362　王帅, 赵朝成, 王永强. $La_xCe_{1-x}MnO$/γ-Al_2O_3 催化剂的制备及其催化燃烧甲苯的性能. 环境工程学报, 2012, 6(8): 2759-2763.
- 2012-364　王文勇, 黄文辉, 唐鑫萍. 沾化凹陷邵 54 井湖相白云岩沉积特征分析. 石油天然气学报, 2012, 34(6): 17-20, 164.
- 2012-380　王自庆, 林建新, 王榕, 魏可镁. 改性 ZrO_2 负载钌氨合成催化剂的制备及其构效关系研究. 燃料化学学报, 2012, 40(12): 1472-1479.

2012-407 熊婷, 朱志华, 张景靓, 李平. 酯化反应用阳离子交换树脂催化剂的失活机理研究. 工业催化, 2012, 20(5): 36-40.

2012-433 严方, 谢永杰. X射线荧光光谱法测定加氢裂化催化剂中的钨和镍. 光谱实验室, 2012, 29(4): 2568-2572.

2012-451 杨晓龙, 唐立平, 夏春谷, 熊绪茂, 慕新元, 胡斌. MgO/h-BN复合载体对Ba-Ru/MgO/h-BN氨合成催化剂性能的影响(英文). 催化学报, 2012, 33(3): 447-453.

2012-450 杨晓龙, 唐立平, 夏春谷, 熊绪茂, 慕新元, 胡斌. 不同MgO担体对Ba-Ru/MgO氨合成催化剂物化性质和反应性能的影响(英文). 分子催化, 2012, 26(1): 1-9.

2012-457 叶青, 闫立娜, 霍飞飞, 王海平, 程水源, 康天放. Fe柱撑海泡石负载Cu催化剂: 结构特点及其C_3H_6选择性催化还原NO催化性质. 无机化学学报, 2012, 28(1): 103-112.

2012-481 翟亚涛. X射线荧光光谱法测定催化剂中的La. 山东化工, 2012, 41(8): 38-39, 43.

2012-482 占蓉, 邹筱春, 李芳. 随钻X射线衍射分析录井技术应用研究. 录井工程, 2012, 23(4): 1-5, 79.

2012-486 张博, 计扬, 骆念军, 李伟, 房鼎业. 草酸二甲酯加氢制乙二醇催化剂失活研究: 硫中毒. 天然气化工(C1化学与化工), 2012, 37(3): 39-43.

2012-492 张贵泉, 张昕, 祁敏, 林涛, 龚婷. 超细Fe-V-O催化剂上甲苯液相氧化制苯甲醛. 催化学报, 2012, 33(5): 870-877.

2012-493 张国龙, 闫长青, 张国庆, 赵文睿, 沈贵红, 平连民, 于旺. X射线荧光元素录井在南堡油田潜山卡层中的应用研究. 录井工程, 2012, 23(1): 20-24, 77.

2012-494 张国田, 郑新卫, 王丹丹, 孟祥文. X射线荧光元素录井在辽河油田的应用. 录井工程, 2012, 23(4): 10-16, 79-80.

2012-513 张晟瑀, 张玉玲, 苏小四, 张莹. PRB反应介质火山渣净化石油类污染地下水特性. 吉林大学学报(地球科学版), 2012, 42(S2): 393-398.

2012-518 张新, 吴俊升, 魏丹, 肖葵, 周建龙, 李晓刚. 钒含量和焙烧温度对V_2O_5/TiO_2催化剂物理和化学性质的影响. 科技导报, 2012, 30(33): 35-40.

2012-519 张新华, 邹筱春, 赵红艳, 李芳, 秦黎明. 利用X荧光元素录井资料评价页岩脆性的新方法. 石油钻探技术, 2012, 40(5): 92-95.

2012-520 张亚莉, 李怀梅, 于先进, 李小斌. 高铝硅氰化渣中铁回收工艺. 中南大学学报(自然科学版), 2012, 43(1): 46-53.

2012-530 张志民, 周灵萍, 杨凌, 田辉平. 新型重油催化裂化催化剂HSC-1的研究开发. 石油学报(石油加工), 2012, 28(S1): 1-6.

2012-536 赵健, 周伟, 马建新. 球形氧化铝负载Ni-Co双金属催化剂上沼气重整制氢——制备规模的影响. 太阳能学报, 2012, 33(10): 1829-1835.

2012-546 郑雅杰, 周文科, 彭映林, 马玉天. 砷锑价态对铜电解液中砷锑铋脱除率的影响. 中南大学学报(自然科学版), 2012, 43(3): 821-826.

2012-555 朱崇兵, 金保升, 仲兆平. 蜂窝式SCR催化剂的工业制备及性能试验. 锅炉技术, 2012, 43(2): 69-74.

2012-567 邹联宁. X射线荧光分析法在石油产品中硫含量的检测方法. 科技传播, 2012, (18): 90, 155.

2013-001 阿古拉. La-V-O/粘土催化剂上丙烷氧化脱氢制丙烯. 内蒙古石油化工, 2013, (6): 23-25.

2013-044 Chi Kebin, Zhao Zhen, Tian Zhijian, Hu Sheng, Yan Lijun, Li Tianshu, Wang Bingchun, Meng Xiangbin, Gao Shanbin, Tan Mingwei, Liu Yanfeng. Hydroisomerization performance of platinum supported on ZSM-22/ZSM-23 intergrowth zeolite catalyst. Petroleum Science, 2013, (2): 242-250.

2013-053 邓佳. X射线荧光分析在岩屑录井中的应用研究. 中国石油和化工标准与质量, 2013, (11): 116.

2013-115 胡仁波, 赵辉, 白锐, 高民, 王昌东, 杨朝合. 催化剂和垢样对比分析预测催化烟机结垢成因. 化学工程, 2013, 41(3): 50-53, 58.

2013-123 黄锐, 张新华, 秦黎明, 王志战. 页岩矿物成分井场快速评价研究. 矿物岩石地球化学通报, 2013, 32(6): 774-777.

2013-124 贾卢丽. 精对苯二甲酸装置液体催化剂钴、锰含量分析方法讨论. 河南化工, 2013, 30(1): 54-58.

2013-143 阚留杰, 董国富, 董国杰. X射线荧光录井砂泥岩地层识别方法. 录井工程, 2013, 24(4): 21-23, 82.

2013-151 李斌, 魏振林, 杨金胜, 张莉霞, 周远福. X射线荧光录井技术识别火成岩方法探讨. 录井工程, 2013, 24(3): 29-32, 94-95.

2013-159 李春山, 李一超, 孙卫, 任大忠. 利用XRF录井谱图分析判别岩性的方法. 西北大学学报 (自然科学版), 2013, 43(1): 89-92.

2013-227 林怡, 唐洪明, 欧家强, 陈聪, 王艳玲. 金秋区块气田水回注增注措施. 石油与天然气化工, 2013, 42(4): 404-408.

2013-243 刘明霞, 刘瑞强, 孙伟, 王亚红, 高雄厚, 张忠东, 张海涛. X射线荧光法测定催化裂化催化剂中含镍元素质量分数. 石化技术与应用, 2013, 31(3): 232-234.

2013-248 刘树. 现代仪器分析技术在建筑陶瓷工业中的应用. 佛山陶瓷, 2013, 23(3): 1-6.

2013-295 孟建华, 曹维宇, 崔建军, 李鹏, 赫婷婷. 贵金属饰品有害元素检验方法研究进展. 现代化工, 2013, 33(7): 128-131, 133.

2013-297 牟明仁, 李百舸, 赵彤彤, 张代华, 刘守强, 赵雪蓉, 孙兴权, 马永无. 紫外荧光法与EDX射线荧光法测定出口汽油中硫含量的数据对比. 光谱实验室, 2013, 30(4): 1683-1685.

2013-302 牛强, 慈兴华, 王鑫. BYP1井泥页岩油气层录井评价方法. 录井工程, 2013, 24(3): 44-48, 96.

2013-306 盘思伟, 韦正乐, 赵宁. 火电厂SCR脱硝催化剂中毒原因分析. 工业催化, 2013, 21(1): 70-73.

2013-312 戚霁, 邓慧萍, 刘浩. 应用铈-活性炭催化剂的臭氧催化氧化工艺处理水中的芘和荧蒽. 吉林大学学报 (理学版), 2013, 51(6): 1200-1206.

2013-341 史春风, 林民, 朱斌, 龙军. HPPO工艺中试装置中钛硅催化剂的失活及再生. 石油学报 (石油加工), 2013, 29(5): 864-869.

2013-345 帅星. 稀土湿法分解工艺过程中铅分布及排放量研究. 环境科学导刊, 2013, 32(3): 61-63.

2013-359 孙海杰, 江厚兵, 李帅辉, 王红霞, 潘雅洁, 董英英, 刘寿长, 刘仲毅. 纳米Ru-Mn/ZrO_2催化剂上苯选择加氢制环己烯. 催化学报, 2013, 34(4): 684-694.

2013-366 孙振华, 包炜军, 李会泉, 回俊博, 王晨晔, 唐清. 高铝粉煤灰预脱硅碱溶提铝过程中的物相转变规律. 过程工程学报, 2013, 13(3): 403-408.

2013-375 Tian Shuxun, Ji Shengfu, Lü Dandan, Bai Bingyang, Sun Qi. Preparation of modified Ce-SAPO-34 catalysts and their catalytic performances of methanol to olefins. Journal of Energy Chemistry, 2013, 22(4): 605-609.

2013-384 王峰, 尉刚, 雍晓静, 罗春桃. 甲醇制丙烯 (MTP) 催化剂失活原因分析及再生. 广州化工, 2013, 41(18): 49-51.

2013-385 王峰, 颜蜀隽, 雍晓静, 罗春桃, 张卿, 温鹏宇, 巩雁军, 窦涛. 稀释蒸汽中Na_s及积炭对甲醇制丙烯催化剂性能影响. 物理化学学报, 2013, 29(2): 358-364.

2013-402 王力. X射线荧光录井识别花岗岩. 中国石油和化工标准与质量, 2013, (6): 130.

2013-419 王晓阳. X射线荧光录井岩屑定性判别方法. 录井工程, 2013, 24(4): 15-20, 82.

2013-421 王兴军, 陈凡敏, 刘海峰, 于广锁, 王辅臣. 煤水蒸气气化过程中钾催化剂与矿物质的相互作用. 燃料化学学报,

2013, 41(1): 9-13.

2013-445 吴丽威, 赵飒, 王长发. X 射线荧光光谱法用于催化剂中贵金属含量分析. 工业催化, 2013, 21(10): 63-65.

2013-454 Wu Junfeng, Pu Wenhong, Yang Changzhu, Zhang Man, Zhang Jingdong. Removal of benzotriazole by heterogeneous photoelectro-Fenton like process using $ZnFe_2O_4$ nanoparticles as catalyst. Journal of Environmental Sciences, 2013, 25(4): 801-807.

2013-459 项燕飞, 方志杰, 李龙霞. $CoCl_2·6H_2O$、$AlCl_3·6H_2O$ 水相催化合成 C-吡咯糖苷. 化学研究与应用, 2013, 25(10): 1426-1429.

2013-481 Yan Heng, Zhang Junying, Zhao Yongchun, Zheng Chuguang. CO_2 sequestration from flue gas by direct aqueous mineral carbonation of wollastonite. Science China (Technological Sciences), 2013, 56(9): 2219-2227.

2013-530 翟林智, 俞翔, 钟秦. 某石灰石矿品位及烟气脱硫应用研究. 非金属矿, 2013, 36(6): 22-24.

2013-566 张振华, 曹峰, 赵朔. 熔融制样测定硅酸盐样品中的主、次成分. 化学工程师, 2013, (4): 35-38.

2013-567 张振华, 赵朔, 曹峰. X 射线荧光光谱法熔融制样测定硅酸盐样品中的主、次成分. 实验室科学, 2013, 16(2): 6-9.

2013-582 赵宁, 李丽, 韦正乐, 盘思伟, 汤龙华. 燃煤电厂选择性催化还原脱硝催化剂失活及其原因分析. 环境污染与防治, 2013, 35(12): 68-71, 77.

2013-596 钟山, 冯经昆, 邝薇, 盘静. 酸性条件下 MSWI 飞灰中 Zn 的浸出动力学. 北京工业大学学报, 2013, 39(11): 1704-1709.

2014-002 Adebayo Babatunde, Bello Wasiu Ademola. Discontinuities effect on drilling condition and performance of selected rocks in Nigeria. International Journal of Mining Science and Technology, 2014, 24(5): 603-608.

2014-006 白诗扬, 戴群和, 孙继红, 陈东, 任博, 庄胜利, 武霞. 双模型介孔 SiO_2 负载磷钨酸催化剂催化废油脂酯化反应的失活研究. 石油学报 (石油加工), 2014, 30(1): 151-157.

2014-042 陈振沧, 谢平, 倪朋勃. 浅谈 XRF 元素录井在南海诸井中的应用. 化工管理, 2014, (18): 51.

2014-109 何光洪. 元素录井技术在杭锦旗地层划分中应用. 中国石油和化工标准与质量, 2014, (12): 174, 226.

2014-127 黄锐, 张新华, 秦黎明. 基于元素含量的页岩矿物成分及脆性评价方法. 中国石油勘探, 2014, 19(2): 85-90.

2014-140 Jia Wenbao, Zhang Yan, Gu Chenguang, Hei Daqian, Ling Yongshen, Shan Qing. A new distance correction method for sulfur analysis in coal using online XRF measurement system. Science China (Technological Sciences), 2014, 57(1): 39-43.

2014-149 雷珊, 杨娟, 余剑, 刘云义, 许光文. 含钛高炉渣制备 SCR 烟气脱硝催化剂. 化工学报, 2014, 65(4): 1251-1259.

2014-186 李祥. 元素录井技术在辽河油田的应用. 石油仪器, 2014, 28(3): 84-85, 18.

2014-199 李一超. 川西陆相页岩气录井综合评价. 四川地质学报, 2014, 34(4): 555-557.

2014-210 Li Zhenhua, Tian Ye, He Jia, Wang Baowei, Ma Xinbin. High CO methanation activity on zirconia-supported molybdenum sulfide catalyst. Journal of Energy Chemistry, 2014, 23(5): 625-632.

2014-211 梁波, 沈宏伟, 罗明标, 周维娜. 铼的分析方法研究进展. 江西化工, 2014, (3): 76-80.

2014-231 刘海刚, 赵柳依, 何茜. 青海省 300MW 燃煤机组 SCR 脱硝催化剂失活机理的探究. 青海师范大学学报 (自然科学版), 2014, (4): 33-37.

2014-232 刘红辉, 刘伟, 黄锐, 袁鹏, 席文昌, 黄新竹, 王刚. 燃煤电厂 SCR 脱硝催化剂失活及其再生性能研究. 中国电力, 2014, 47(4): 139-143.

2014-257 刘言, 王剑波, 彭光明, 潘晓东, 柯光明. 复杂礁滩体超深水平井地质导向关键技术. 钻采工艺, 2014, 37(4): 1-5.

2014-283 吕鹏佶, 柳成志, 赵国光. 岩屑录井资料曲线识别岩性方法的改进. 当代化工, 2014, 43(4): 564-567.

2014-291 马树侠, 柴文. X射线荧光光谱在油品硫含量测定中的应用. 辽宁化工, 2014, 43(5): 652-654.

2014-307 潘晓东, 廖震, 王勇. 川东北海相天然气储集层录井综合评价技术. 录井工程, 2014, 25(2): 55-59, 101.

2014-309 盘思伟, 程华, 韦正乐, 黄碧纯, 阮东亮. 钒钛基SCR脱硝催化剂失活原因分析. 热力发电, 2014, 43(1): 90-95.

2014-315 乔涛, 费利军, 鲍元进, 李益民. X射线荧光光谱法测定石化产品中的总氯. 化学分析计量, 2014, 23(2): 69-71.

2014-335 史晓君, 李瑛. 尿素/飞灰混合浆液同时脱硫脱氮反应热力学分析. 安全与环境学报, 2014, 14(4): 196-202.

2014-375 王东青, 孙发民, 马守涛, 贾鹏飞. 新型复合分子筛加氢裂化催化剂的研制及性能评价. 东北石油大学学报, 2014, 38(1): 97-101, 7.

2014-376 王东青, 于秀娟, 于春梅, 戴宝琴. 中油型加氢裂化催化剂的研制及其性能评价. 工业催化, 2014, 22(2): 132-136.

2014-383 王宏, 张俊晟, 田永宏, 戚建平, 王孚. 汽油质量升级硫含量检测影响因素及解决方法探讨. 中外能源, 2014, 19(3): 85-88.

2014-390 王郎郎, 王学谦, 宁平, 施勇, 马懿星, 贾锐, 王飞. $(NH_4)_2S$吸收净化冶炼烟气中SO_2回收硫资源的方法. 化工学报, 2014, 65(11): 4586-4592.

2014-432 吴乐乐, 郭瑞龙, 邓文安, 李传. 改性催化裂化催化剂废渣在润滑油补充精制中的应用. 石油化工, 2014, 43(12): 1388-1393.

2014-433 吴乐乐, 张庆. 用于润滑油精制的FCC催化剂废渣改性工艺研究. 石油炼制与化工, 2014, 45(8): 44-48.

2014-461 许洪水. 两种方法测定汽油中锰含量. 山西化工, 2014, 34(5): 35-36, 72.

2014-519 张国田, 赵宏明, 刘新华, 殷文荣, 唐莉, 曾学志. 元素录井技术在兴古X断块古潜山岩性识别和界面卡取中的应用. 录井工程, 2014, 25(2): 64-69, 102.

2014-521 张汉沛. 我国车用汽油中硫含量控制指标及测定方法. 石油与天然气化工, 2014, 43(5): 558-563.

2014-540 张顺鹏. 单波长色散X射线荧光光谱法测定油品硫含量. 石化技术与应用, 2014, 32(5): 448-451.

2014-541 张硕, 骆明川, 朱红, 王芳辉. 氮掺杂聚苯胺-碳氧还原催化剂的制备与表征. 北京化工大学学报（自然科学版）, 2014, 41(6): 58-63.

2014-583 赵迎秋. 旅大10-1油田注聚井堵塞机理研究. 河南科学, 2014, 32(5): 851-854.

2014-593 周岩, 张杰潇, 许明德, 田辉平. FCC催化剂后处理工艺的探索. 石油炼制与化工, 2014, 45(7): 29-35.

2015-002 安谧, 汪艳, 杨晓彦, 余颖龙, 马晨菲, 林骏, 肖占敏. X射线荧光光谱法测定重质油脱金属催化剂中活性组分含量. 石化技术与应用, 2015, 33(6): 528-530.

2015-089 顾海波, 张大华, 雷秦睿, 谢燕红. X射线荧光光谱法测定汽油中的氯含量. 石油炼制与化工, 2015, 46(12): 94-97.

2015-131 黄艳琼, 李美君, 刘志刚, 朱丹玲, 林莉. 东濮凹陷泥页岩油气层录井评价方法. 录井工程, 2015, 26(2): 1-6, 89.

2015-165 李昂, 袁志华, 张玉清, 张建平, 赵红燕. 元素录井技术在涪陵页岩气田勘探中的应用. 天然气勘探与开发, 2015, 38(2): 23-26, 3-4.

2015-184 李建国, 武伟. 微库仑法和单波长色散X荧光法测定石油产品中氯含量对比. 广东化工, 2015, 42(10): 177-178, 153.

2015-233 刘东风, 石新发, 周志才. 润滑油中磨粒的X荧光能谱测试方法研究与应用. 润滑与密封, 2015, 40(5): 94-97.

2015-526 翟磊, 詹秀春. X射线荧光光谱法在石油化工产品分析中的应用进展. 分析试验室, 2015, 34(4): 484-496.

2015-548 张莉, 刘莹, 李林潞, 王福江. 车用汽油中四种非法添加物的特点和检测方法. 石油库与加油站, 2015, 24(3): 25-28, 6.

5.8.6 材料 (包括分子筛)

1977-002 包钢冶金研究所分析室六组. 镨-钐-钴稀土磁性材料的萤光 X 射线光谱定量测定. 稀土与铌, 1977, 1: 56-60.

1977-009 太原化工厂, 山西日化所, 冶金工业部有色金属研究院. 非钌金属阳极 Pd-Ti-Sn-Sb 涂层中 Pd、Sn、Sb 的 X 射线荧光定量测定. 氯碱工业, 1977, 4: 56-61.

1979-028 杨乐山, 吴傅智. 荧光 X 光谱测定镀层厚度. 机械, 1979, 11: 26-27, 81.

1979-029 冶金部洛阳耐火材料研究所物化室荧光组. 粘土、高铝质耐火材料中 SiO_2、Al_2O_3、Fe_2O_3、TiO_2、CaO、K_2O 的 X 射线荧光光谱定量分析. 分析化学, 1979, 7(2): 90-96.

1979-033 周家泉, 欧通桃, 王文爽, 李建华. X 射线荧光光谱法无损连续测定超导带表面薄层中 Nb-Sn 原子个数之比. 稀有金属, 1979, 3: 60-70, 72.

1980-008 郝贡章, 卜赛斌. 非钌金属阳极涂层组分的 X 射线荧光光谱法快速定量测定. 上海有色金属, 1980, S1: 73-76.

1980-021 Pulsipher H. G., 张德雄. 用 X 射线荧光分析法予测航天飞机固体火箭发动机性能. 国外固体火箭技术, 1980, (1): 72-77.

1980-034 杨先华. 荧光 X 射线基本参数法测定钛膜厚度. 压电与声光, 1980, (3): 95-102.

1980-035 杨先华. 荧光 X 射线实验系数法测定 ZnO 压电薄膜厚度. 压电与声光, 1980, (6): 55-59, 25.

1981-009 程建邦, 张文龙, 郝贡章, 欧通桃. 用 X 射线荧光光谱薄试样法测定磁泡薄膜的原子比值. 物理, 1981, 10(4): 229-231.

1981-013 何伯延, 周拒非. Nb-Ge 超导带表面薄层铌锗原子比的 X 射线荧光光谱测定. 矿冶工程, 1981, (1): 61-66.

1981-017 吉昂, 俞洁莲. X 射线荧光光谱法测定显像管玻璃中 Si、Al、K、Ca、Ba、As、Nb 等元素. 理化检验-化学分册, 1981, 17(3): 25-29.

1981-032 唐光华, 于思俭, 曾光国, 王存珍. 锰-锌铁氧体的 X 射线荧光光谱分析法. 磁性材料及器件, 1981, (4): 53-56.

1981-033 唐光华, 于思俭, 曾光国, 王存珍. 锰-锌铁氧体的 X 射线荧光光谱分析法. 分析化学, 1981, 9(6): 694-696.

1981-040 王桢枢, 蒋重熙, 张其勋, 陈敬虔. 一种硼砂熔融铸块技术及其在铌合金 X 射线荧光光谱分析中的应用. 分析化学, 1981, 9(1): 46-48.

1981-047 张万有. X 射线荧光光谱分析永磁锶铁氧体材料. 磁性材料及器件, 1981, (3): 54-59.

1982-010 程建邦, 郑德娟, 欧通桃, 郝贡章. X 射线荧光光谱法非破坏测定二元合金薄膜的成分. 物理, 1982, 11(1): 47-49.

1982-017 Huang T. C., 杨先华. 用 LAMA-2 进行薄膜的定量 X 射线荧光分析. 压电与声光, 1982, (4): 70-72.

1982-028 陆少兰, 郝贡章, 卜赛斌, 程建邦, 李世珍, 李建华. X 射线荧光光谱经验系数法分析十五个稀土混合氧化物. 稀有金属, 1982, (6): 45-49.

1983-001 卜赛斌, 崔凤辉, 王少林. 钛白中铝、硅的 X 射线荧光光谱测定. 稀有金属, 1983, (5): 48-51.

1983-002 卜赛斌, 冯福兴, 崔凤辉, 吴长存, 王少林, 王文爽. 钒基多元超导合金的 X 射线荧光光谱分析. 分析试验室, 1983, (3): 42-44.

1983-013 程建邦, 程万荣, 王喜红, 郝贡章, 吴长存. 用 X 射线荧光光谱法非破坏测定多元合金薄膜的组分和厚度. 物理学报, 1983, 32(2): 251-255.

1983-025 韩汝玢, 马肇曾, 王曾隽, 柯俊. 秦始皇陶俑坑出土的铜镞表面氧化层的研究. 自然科学史研究, 1983, 2(4): 295-302.

1983-027 胡双成. 磷酸盐玻璃中铝、硼配位状态的研究. 武汉建材学院学报, 1983, (1): 43-55.

1983-041 李记欣. 离子交换树脂中铁钼铀硫磷硅的 X 射线荧光光谱法分析. 理化检验-化学分册, 1983, 19(6): 27-29.

1983-043 刘健, 何伯延. 有机相中铁的 X 射线荧光光谱分析. 光谱学与光谱分析, 1983, 3(2): 120-122.

1983-051 舒守荣. 感光胶片中银含量和卤素比的 X 射线荧光光谱分析. 分析化学, 1983, 11(7): 538-541.

1983-064 韦永德, 刘志如, 王春义, 范爱龄, 程建民. 用化学法对 20 钢、纯 Fe 表面扩渗稀土元素的研究. 金属学报, 1983, 19(5): 121-124.

1983-069 吴长存, 郝贡章, 许佩珍, 李明洁. Nb_3Ge 超导薄膜化学组份的 X 射线荧光光谱法非破坏快速测定. 稀有金属, 1983, (4): 55-59.

1983-098 朱成新. 平板玻璃成分的 X 射线荧光光谱快速定量分析. 玻璃, 1983, (5): 34-40.

1984-014 程一兵, 许超, 潘素瑛, 夏元复, 刘荣川, 王述新. Fe^{3+} 在钠硅酸盐玻璃中结构效应的研究. 硅酸盐学报, 1984, 12(4): 396-403.

1984-027 葛敦世, 韩芷英, 严玉霞, 陈汉仪, 楼宗汉, 徐先宇, 韩韧, 杨利群. $CaO\text{-}Al_2O_3\text{-}SiO_2$ 系玻璃的耐碱性研究. 硅酸盐学报, 1984, 12(4): 411-418.

1984-051 陆少兰, 王振莹, 李世珍, 李建华, 李青. 离子交换纸搜集-X 射线荧光光谱法测定高纯氧化铕中的轻稀土元素. 分析试验室, 1984, (5): 49-51.

1984-063 孙则, 王淑荣, 李秀云. 用 X 射线荧光光谱法测定碲镉汞晶体的 X 值. 激光与红外, 1984, (1): 51-52, 75.

1984-067 王淑丽, 潘长群, 崔宝瑞. 用 X 光荧光测聚烯烃树脂中的氯. 石油化工, 1984, (7): 471-473.

1984-095 周顺庆. X 射线荧光光谱分析高温耐热特种钢时铝硅的污染问题. 理化检验-化学分册, 1984, 20(6): 49-50.

1985-002 蔡怀福. 镍基及铁基合金真空钎焊时氧化膜去除及钎料铺展. 焊接学报, 1985, 6(1): 43-50, 65-66.

1985-011 程建邦, 李传芳, 谢荣厚. 用能量色散 X 射线荧光光谱仪非破坏测定钐钴合金薄膜的组份. 光谱学与光谱分析, 1985, (6): 74.

1985-012 崔万秋, 黄学辉, 朱小英. $B_2O_3\text{-}Li_2O\text{-}LiCl\text{-}Al_2O_3$ 系统非晶态快离子导体. 武汉建材学院学报, 1985, (2): 125-132.

1985-030 郝贡章, 欧通桃, 程建邦, 黄毅英. "中厚"磁泡薄膜多元组份原子比的 X 荧光光谱非破坏测定. 光谱学与光谱分析, 1985, 5(4): 55-61.

1985-031 郝贡章, 吴长存, 李明洁. X 射线荧光光谱法测定磁泡薄膜中 Y、Bi、Ca、Fe、Ge、Si. 分析化学, 1985, 13(10): 778-782.

1985-035 洪静芬, 杨永顺, 闵乃本. 生长界面的调制电流对 $LiNbO_3$ 晶体中溶质分凝的影响. 人工晶体, 1985, Z1: 72.

1985-039 吉昂, 佘卫龙. X 射线荧光光谱定量测定磷酸盐玻璃中铝的配位数. 分析化学, 1985, 13(10): 749-753.

1985-048 李小定, 石列中, 李晓明. 利用 X 射线荧光光谱法研究 $Na_2O\text{-}ZnO\text{-}B_2O_3$ 玻璃中 Zn 的配位状态. 湖北化工, 1985, (2): 42-46.

1985-051 林景臻, 关铁堂, 张贞柯, 林树坤, 陈金长, 黄依森. 对接籽晶法生长邻苯二甲酸氢铊单晶体. 人工晶体, 1985, Z1: 129.

1985-087 王子尧, 贺春福, 林景祥, 李培欣. 用 X 射线荧光光谱法中的滤纸片法测定混合稀土中十五个稀土元素. 分析化学, 1985, 13(2): 105-108.

1985-098 徐信棠, 骆桂菱. 硅酸盐材料中氧化硅、氧化铁、氧化铝、氧化钙、氧化镁、氧化钛的 X 荧光光谱分析. 光谱学与光谱分析, 1985, 5(2): 54-56.

1985-109 张美云, 张万宝, 唐福军. X 射线荧光光谱法测定分子筛中 SiO_2、Al_2O_3 和

Na$_2$O 的研究. 天然气化工 (C1 化学与化工), 1985, (2): 12-20.

1985-121 朱成新. 黑白显像管玻璃成分的 X 射线荧光光谱法快速定量分析. 理化检验-化学分册, 1985, 21(6): 339-340, 333.

1985-123 朱锐, 梁桂金, 庄展郎, 刘文, 王丽青, 杨鲁闽. 邻苯二甲酸氢铷 (RAP) 单晶的研制. 人工晶体, 1985, Z1: 122.

1986-037 Katherine T Alben, 陈仁辉译. 粒状活性炭微量元素的分布. 新型碳材料, 1986, (2): 33.

1986-044 刘恒元. 测定砂轮堵塞的新技术. 磨料磨具与磨削, 1986, 1(31): 7-10, 49.

1986-062 苏循荣, 李樱樱, 李小波. 镀液中金的测定. 贵金属, 1986, (1): 34-39.

1986-074 王裕政, 林金铎, 江立人, 顾连学. 用能量色散 X 荧光法测定磁盘磁层厚度. 核技术, 1986, (9): 1-4, 56.

1987-009 程建邦, 李传芳, 谢荣厚. 用能量色散 X 射线荧光光谱法非破坏测定合金薄膜的组份. 光谱学与光谱分析, 1987, 7(2): 63-65.

1987-017 甘璇玑, 肖德明, 刘中会, 王树筠. 纤维素酯微孔萃取膜的研制及其在分析上的应用. 中国核科技报告, 1987, (0): 924-932.

1987-032 吉昂, 徐晓杰, 石琼, 汪玉琴. 氧化物和氧氮化物硅酸盐玻璃中铝配位数的测定. 无机材料学报, 1987, 2(4): 308-314.

1987-078 闻荻江, 孙立霞. 微量钛酸酯在复合材料界面上的作用. 武汉工业大学学报, 1987, (3): 339-346.

1988-020 符森林, 陈继勤, 丁祖昌. Nd: YAG 单晶光纤生长前后性能研究. 人工晶体, 1988, Z1: 369.

1988-039 荆照政, 张博仪. X 射线荧光光谱法鉴定涂料. 理化检验-化学分册, 1988, 24(4): 233, 240.

1988-040 景俊海, 孙建诚. 汞敏化光 CVD-SiO$_2$ 薄膜汞含量的 X 射线荧光分析. 微电子学与计算机, 1988, (2): 13-14.

1988-058 马淑杰, 陆玉芹, 聂国光. SAPO-5 分子筛生成过程的研究. 催化学报, 1988, 9(4): 389-395.

1988-065 邱建荣. X 射线荧光分析在玻璃结构研究中的应用. 玻璃与搪瓷, 1988, 16(4): 46-51.

1988-076 王鸿道, 赵平亚, 姜炳南, 刘伟成. 用发射光谱、XPS 和 AES 能谱、X 光衍射、X 光萤光及电镜考察物质表面的结构及形貌. 大连铁道学院学报, 1988, (2): 19-23.

1988-081 闻荻江, 周福龙. 玻璃表面对偶联剂的吸附及偶联剂活性基团在粘结界面上的作用. 材料科学进展, 1988, 2(2): 36-42.

1988-094 姚宁, 李小定, 宋晓岚. 利用 X 射线荧光光谱法研究 BaO-TiO$_2$-B$_2$O$_3$-SiO$_2$ 玻璃体系中 Ti 的配位数. 光谱学与光谱分析, 1988, 8(5): 34-37.

1988-098 袁宁儿, 吉昂. 光电导材料硒、砷、碲的 X 射线荧光光谱测定. 分析试验室, 1988, 7(8): 59.

1988-104 张美云, 张万宝, 李宏愿. X 射线荧光光谱法测定 Sapo-n 型分子筛中主成分 SiO$_2$、Al$_2$O$_3$ 和 P$_2$O$_5$ 的研究. 大连铁道学院学报, 1988, (2): 81-86.

1988-106 张喜成. 涂层厚度的无损测量. 兵器材料科学与工程, 1988, 12: 36-46.

1988-116 章正. 用 X 射线荧光光谱法同时测定膜厚/组成比. 上海金属 (有色分册), 1988, (2): 55.

1989-006 曹利国, 丁益民, 敖奇. X 射线荧光吸收法测量薄层厚度的尝试 (英文). 核技术, 1989, 12(10): 580-586.

1989-035 黄菁. 硅钢片涂层液的 XRF 分析法. 钢铁研究, 1989, (2): 73-76.

1989-037 黄鑫泉, 胡洁雪, 李杜若. 高纯氧化铝中杂质铁、钠、钾的 X 射线荧光法测定. 光谱实验室, 1989, 6(5): 239-242.

1989-040 季尚行, 王谢, 祁守仁. 急烧水泥熟料高温熔体中 Al^{3+}、Fe^{3+} 配位态的研究. 武汉工业大学学报, 1989, (4): 407-413.

1989-052 李小定, 石列中, 李晓明. 用 X 射线荧光光谱测定硼酸盐玻璃中 Zn^{2+} 的配位状态. 玻璃与搪瓷, 1989, 17(2): 11-14, 10.

1989-055 梁钰. 含锡铜基钎焊材料中铟的纸上薄样 X 射线荧光光谱测定. 稀有金属材料与工程, 1989, (2): 39-41.

1989-071 McMillan J. W., 周岳. 核微探针在材料科学中的应用. 核物理动态, 1989, (1): 48-51.

1989-074 齐文启, 宋子台, 合志阳一. 用高分辨率双晶 X 射线荧光法进行材料的状态研究. 光谱学与光谱分析, 1989, 9(2): 76-80.

1989-087 王潜智, 杨之昌. 气体激光管内沉积物的成份分析. 应用激光, 1989, 9(1): 33-35.

1989-091 汪月生, 徐建, 张意颖. 有机及高分子化合物中镧、磷、硅的 XRF 法测定. 分析化学, 1989, (6): 577.

1989-092 汪月生, 张意颖, 单军, 徐建, 崔景荣. X 荧光光谱法在测定有机物或高分子中金属及若干种非金属元素含量中的应用. 分析测试通报, 1989, 8(4): 32-35.

1989-094 闻荻江, 单松高. GF/UP 体系界面上偶联剂结构层与体系微观流变学的研究. 武汉工业大学学报, 1989, (2): 123-129.

1989-099 肖绪瑞, 张志伟, 朱延宁. $CdSe_xTe_{1-x}$ 薄膜的光电化学研究. 感光科学与光化学, 1989, (4): 43-49.

1989-109 袁宁儿, 吉昂, 徐宝玲, 曹如晟. 高温超导材料钇钡铜克原子比的测定. 理化检验-化学分册, 1989, 25(3): 153-154.

1989-113 张万有. 锰锌铁氧体的 X 射线荧光测量. 电子工艺技术, 1989, (5): 16-20.

1989-116 张泽夏, 娄慧玲, 胡为, 侯可人. 能量色散 X 荧光钢丝镀层测厚仪. 金属制品, 1989, 15(6): 39-42.

1989-121 周继明, 游志朴, 李定武, 阳军. Ni 在 Si 中的分布和沉积. 四川大学学报 (自然科学版), 1989, 26(3): 305-308.

1990-015 崔凤辉, 贾乐庚, 于敬贤, 韩玉章. 烧结焊剂的 X 射线荧光光谱分析. 分析试验室, 1990, 9(5): 50-53.

1990-025 韩淑芸, 周誓红, 阚秋斌, 吴志芸, 魏诠. 磷酸锡铝分子筛 (SnAPO-5) 的合成及性能研究. 高等学校化学学报, 1990, 11(2): 188-192.

1990-030 侯治国, 庄思永, 陶淳, 任新民. 核壳乳剂的制备及其性质. 感光科学与光化学, 1990, (2): 88-97.

1990-034 黄梅芬. 荧光 X 射线法测定纸张灰分. 核技术, 1990, 13(4): 216-219.

1990-042 乐安全, 谷英梅, 顾连学. 黄铜镀层成份分析仪. 核技术, 1990, 13(5): 289-292.

1990-049 李连生, 葛颖, 刘晓扬, 张艳秋, 徐如人. SiO_2 交联 $\alpha\text{-}Zr(HPO_4)_2 \cdot H_2O$ 的研究——新型类沸石材料的合成（Ⅰ）. 吉林大学自然科学学报, 1990, (2): 102-106.

1990-052 李小定, 李耀会, 吕晓琬. 利用普通单晶 X 射线荧光光谱仪测定玻璃中金属元素的配位数. 分析仪器, 1990, (4): 43-45.

1990-056 梁钰. 钕铁硼永磁材料的 X 射线荧光光谱分析. 理化检验-化学分册, 1990, 26(3): 157-161.

1990-062 刘新生, 徐如人, 丁红, 张艳秋, 刘子阳. 沸石分子筛的骨架同晶置换（Ⅰ）——NH_4BF_4 溶液中沸石分子筛的脱铝补硅. 高等学校化学学报, 1990, 11: 1180-1185.

1990-078 彭周人, 李一志, 王流芳. RE(Ⅲ)-ADP、RE(Ⅲ)-AMP 配合物的合成及物性研究. 高等学校化学学报, 1990, 11(8): 805-808.

1990-105 吴慕媛, 魏月娟, 黄次沛. 化学定性分析聚酯中催化剂和添加剂的组分. 化学世界, 1990, (3): 116-120.

1990-110 徐甲强, 沈渝生. TiO_2 掺杂 $\alpha\text{-}Fe_2O_3$ 薄膜的制备与气敏性能. 传感器技术, 1990, 6: 26-30.

1990-122 姚中栋, 奚建华. 窗玻璃鉴定——X 射线荧光分析法. 法医学杂志, 1990, (1): 21-24.

1991-013 程志煜, 闻荻江, 黄昌万. 双官能团钛酸酯在复合材料界面上的作用. 武汉工业大学学报, 1991, (1): 34-38.

1991-014 池元斌, 王立中, 徐洪山, 李明辉, 陈立学, 李树青, 陈宇飞. 纤锌矿型氮化硼及其应用的研究（Ⅰ）——纤锌矿型氮化硼的冲击波合成. 高压物理学报, 1991, 5(4): 275-285.

1991-021 侯浩波, 高琼英. Fe^{3+}、Al^{3+}在非典型玻璃中的配位状态. 硅酸盐通报, 1991, (5): 17-21.

1991-027 吉昂, 吴梅梅, 石琼, 陶光仪. 普通 X 射线荧光光谱仪在化学态分析中的应用. 分析化学, 1991, 19(9): 1002-1006.

1991-037 李彬, 田一光, 张乔. 无机材料合成用试剂的提纯制备和 X 射线荧光分析. 功能材料, 1991, 22(5): 305-309, 319.

1991-043 李会宁, 刘梅玲, 刘国杰. 涂料用稀土催干剂系列研究（Ⅰ）——代钴稀土催干剂合成过程中络合萃取的研究. 涂料工业, 1991, (1): 7-10, 3.

1991-061 孟胤宗, 缪一飞. X 射线荧光光谱-互标法测定 Ba-Ti-Sr-Y-Si-Mn 体系中各成分含量. 光谱实验室, 1991, 8(6): 12-15.

1991-066 彭国靖. 薄板镀锡层及清洗剂渍层量的 X 荧光测定. 钢铁研究, 1991, (1): 39-41.

1991-084 王承遇, 陶瑛, 王秋. 显像管玻璃中 H_2O、CO_2 和 SO_2 含量的测定. 玻璃与搪瓷, 1991, 19(4): 22-25, 16.

1991-090 王琴, 阎萍, 何秀坤, 李光平, 汝琼娜, 李晓波. 掺杂 GaAs 中杂质缺陷的研究. 稀有金属, 1991, (1): 34-37, 21.

1991-098 吴庆昌, 时军波. 肾结石碎石机电极头材质成分剖析. 山东科学, 1991, 4(1): 5-13.

1991-100 谢安惠, 游传挺, 毕财章, 胡延秀, 裘乙琦. 不同硅铝比的丝光沸石及其脱铝物的物化特性. 催化学报, 1991, 12(5): 353-360.

1991-110 姚中栋, 奚建华. X 线荧光分析法鉴别器皿玻璃的研究. 法医学杂志, 1991, (3): 19-22, 36.

1991-111 叶珍久, 卢敬智. 人工合成青刚玉的化学分析方法. 岩石学报, 1991, (1): 87-88.

1991-130 朱洪滨, 潘佩聪, 颜声辉, 侯印春, 王四亭, 柴耀, 卢志英, 吉昂. 引上法生长 Mg_2SiO_4: Cr 单晶中铬的分凝系数. 人工晶体学报, 1991, 20(2): 175-178.

1991-134 庄思永, 傅延勋, 谢波平. 双结构卤化银核壳颗粒中的碘离子分布. 化学物理学报, 1991, 4(1): 54-58.

1992-009 曹利国, 丁益民, 敖奇. 用 X 射线荧光方法测定薄层样品、镀层和涂层的厚度. 成都地质学院学报, 1992, 19(1): 109-117.

1992-010 曹志成, 石春山. 铈的氟化物体系中铈离子价态及其转换. 中国科学 (B 辑: 化学 生命科学 地学), 1992, 9: 904-910.

1992-019 丁雪心. X 射线荧光光谱粉末法监控蓝晶石生产流程. 分析测试通报, 1992, 11(2): 60-63.

1992-021 范健, 罗重庆. 非金属元素及无机阴离子分析. 分析试验室, 1992, 11(2): 80-96.

1992-031 胡国兴. 钯/炭催化剂的 X 射线荧光光谱分析研究. 化学世界, 1992, 10: 464-467.

1992-033 胡黎明, 李春忠, 姚光辉, 陈敏恒. 钛酸丁酯高温裂解合成 TiO_2 超细粒子粉末. 无机材料学报, 1992, 7(4): 448-454.

1992-045 李建华, 慎伟琦, 刘锦湘, 郑家琪. 掺 Ag 的 YBaCuO 高 T_c 超导体的研制. 原子能科学技术, 1992, 26(1): 94-96.

1992-051 李小定, 陈劲松. $Co-Mo/Al_2O_3$ 耐硫变换催化剂吸附杂质的研究. 天然气化工 (C1 化学与化工), 1992, 17(1): 23-26.

1992-052 李小定, 陈劲松, 孔渝华. $Co-Mo/Al_2O_3$ 催化剂的微结构. 应用化学, 1992, 9(4): 95-97.

1992-053 李小定, 李耀会, 孔渝华, 吕小琬, 陈劲松. Cl^- 对 Co-Mo 系耐硫变换催化剂失活过程的影响. 化肥与催化, 1992, (3): 23-26, 42.

1992-056 梁钰. X 射线荧光光谱法在非晶镀层组分分析中的应用. 上海金属, 1992, 14(5): 47-51.

1992-067 罗澜, 李家治, 吉昂, 吴梅梅. $CaO-MgO-Al_2O_3-SiO_2-P_2O_5-F$ 玻璃中 Si-O 键性研究. 上海建材学院学报, 1992, 5(4): 280-285.

1992-085 沈致隆. 合成 α-FeOOH 形态及表面特征的研究. 北京轻工业学院学报, 1992, 10(1): 78-84.

1992-114 吴梅梅, 吉昂. 无碱多元系统磷酸盐玻璃中 Si K α、Si K β 谱分析. 光谱学与光谱分析, 1992, 12(3): 117-120.

1992-141 曾令民. 氮化钛薄膜的 X 射线分析. 广西大学学报 (自然科学版), 1992, 17(3): 37-40.

1992-143 张春启. X 射线荧光光谱法测定润滑油中铁的含量. 光谱实验室, 1992, 3(3): 38-39.

1992-152 张新民, 马笑山, 徐军, 沈雅芳, 吴光照. $LaMgAl_{11}O_{19}$：Nd^{3+} 晶体组分和晶体生长. 人工晶体学报, 1992, 21(4): 353-357.

1993-007 陈名浩, 沈汝美. 超细氮化硅粉的组成分析和评估. 钢铁研究学报, 1993, 5(1): 77-82.

1993-008 陈奇, 程继健. 新型凝胶涂层提高玻璃的耐碱性. 无机材料学报, 1993, 8(1): 31-36.

1993-022 丁雪心. 锥玻璃 XRF 全分析研究. 地质实验室, 1993, 9(2): 95-97.

1993-030 葛力明, 肖惠祥. 碘的分析现状. 岩矿测试, 1993, 12(3): 217-227.

1993-037 何红运, 庞文琴, 孟宪平. (Ga, Fe, B)-β 沸石的水热合成及其结构研究. 高等学校化学学报, 1993, 14(2): 159-163.

1993-039 何延才, 杨进, 陈家光. Monte Carlo 方法计算晶体析出相的 X 射线发射强度. 中国科学 (A 辑: 数学 物理学 天文学 技术科学), 1993, 23(11): 1226-1232.

1993-050 金桂林, 金晓英, 潘孝仁, 金乾元, 徐华胜. TEA CO_2 激光制备碳化硅超细粉末. 激光杂志, 1993, 14(5): 245-249.

1993-052 景洪岗. 黄磷电炉用硅石的 X 荧光光谱快速分析. 光谱实验室, 1993, 10(4): 15-16.

1993-057 李景春. 塑料中金属氧化物的 XRF 分析. 光谱实验室, 1993, 10(4): 21-23.

1993-061 李明慧. 水汽处理对 H-ZSM-5 沸石的甲苯与甲醇烷基化性能的影响. 大连轻工业学院学报, 1993, 12(3, 4): 91-96.

1993-075 刘天平, 蒋敬侃. 富钇氧化物中钇的 X 射线荧光光谱法测定. 光电子技术, 1993, 3(1): 77-80.

1993-081 栾兆华, 张盈珍, 盛世善, 陈恒荣, 郑禄彬. 不同方法脱铝八面沸石性质研究——Ⅰ. 骨架结构与 Si、Al 分布. 石油学报 (石油加工), 1993, 9(4): 35-42.

1993-094 曲良龙, 孙明永, 戴立顺. RN-1 催化剂再生性能的研究. 石油炼制与化工, 1993, 04: 29-34.

1993-099 盛建新, 王存. 电熔铸锆刚玉砖玻璃相中铁钛铝硼的物理状态研究. 硅酸盐学报, 1993, 21(3): 256-260, 271.

1993-100 施剑林, 林祖纕, 阮美玲, 严东生. 纳米级 ZrO_2 粉料的表征. 硅酸盐学报, 1993, 21(3): 221-228.

1993-133 张存旺, 李成岳. 在 Lurgi 型甲醇合成反应器中铜基催化剂的失活特性. 天然气化工 (C1 化学与化工), 1993, 18(5): 15-19.

1993-136 张美云, 张万宝. X 射线荧光光谱法 (XRF) 测定催化剂中的铜和钌. 大连铁道学院学报, 1993, 14(1): 86-88.

1993-139 张松. 用 X 射线测定涂层厚度. 铁道机车车辆工人, 1993, (3): 29.

1993-140 张天舒, 沈瑜生. 锌、锡复合氧化物的制备、相组成与气敏性能的关系. 功能材料, 1993, 24(5): 416-419.

1994-009 陈锁志, 纪建芬, 李建栋. 用 X 射线荧光光谱法测定硅铝催化剂中 6 种金属含量. 黑龙江石油化工, 1994, (4): 34-38.

1994-025 高濂, 乔海潮. 乳浊液法制备超细氧化锆粉体. 无机材料学报, 1994, 9(2): 217-220.

1994-030 胡国兴. 废 Pd/C 催化剂中的物相定量分析. 金山油化纤, 1994, (2): 14-16, 22.

1994-031 华彬, 李春忠, 韩今依, 胡黎明, 石庆红. 流态化 CVD 技术制备超细 Al_2O_3-SnO_2 复合粒子的过程机理. 化工学报, 1994, (6): 723-728.

1994-038 李春忠, 韩今依, 华彬, 胡黎明. 流态化 CVD 制备 TiO_2-Al_2O_3 复合粒子. 无机材料学报, 1994, (4): 404-410.

1994-039 李光文. 脱除痕量硫化氢气体的化学反应过滤器试验. 低温与特气, 1994, (4): 51-56.

1994-045 李凯夫. 木材表面的改性（续）. 家具, 1994, (6): 8.

1994-050 Li Xiaoding, Chen Jingshong, Li Yaohui, Lu Xiaowan, Kong Yuhua. Study on Deactivation of Potassium- promoted Cobalt-Molybdenum/Alumina Water-Gas Shift Catalyst. Journal of Natural Gas Chemistry, 1994, (3): 295-305.

1994-053 梁钰. 仪器分析与材料的发展. 上海钢研, 1994, (1): 53-58.

1994-056 刘必荣. Nb/AlO$_x$/Nb 约瑟夫森结阳极氧化的实验研究. 安徽大学学报（自然科学版）, 1994, (2): 19-33, 48.

1994-064 刘正士, 唐述培, 刘玉, 陈晓东. 一种精密可调镗杆动态特性的实验研究. 合肥工业大学学报（自然科学版）, 1994, (4): 78-83.

1994-072 孟宪平, 周凤歧, 庞文琴, 何红运. 超微粉 Ga-BETA 沸石的水热合成及其结构研究. 化学学报, 1994, (4): 380-385.

1994-079 孙世清, 黄永文. 彩玻管十二种元素的 XRF 分析. 分析试验室, 1994, 13(1): 78-80.

1994-087 王德福, 罗秉儒, 肖培林, 刘凤琴. BF-Ⅱ型轴瓦白合金成分快速分析仪. 铁道车辆, 1994, (3): 48-51.

1994-092 王俊新, 李平, 张巽, 彭子成, 陈树瑜, 黄允兰, 蒋廷瑜, 邱钟仑. 广西合浦堂排西汉古玻璃的铅同位素示踪研究. 核技术, 1994, 17(8): 499-502.

1994-095 王晓慧, 赵纯, 王子忱, 吴凤清, 赵慕愚. $BaTiO_3$ 纳米晶的合成与表征. 高等学校化学学报, 1994, 15(2): 159-162.

1994-098 韦孟伏, 徐新冕. X 射线荧光分析法测定碳酸锂中稀土氧化物. 中国核科技报告, 1994, (0): 662-672.

1994-106 解韫青, 连业良. 高反差彩色相纸乳剂的检测研究. 精细化工, 1994, (4): 28-32.

1994-125 张补厚. 荧光 X 射线法检测污秽绝缘子附盐密度. 无损探伤, 1994, (2): 38-37.

1994-128 张美云. 发射光谱法测定羰基催化剂中铑的含量. 大连铁道学院学报, 1994, 15(4): 98-99.

1994-131 张玉盈, 韩志远. 金属阳极涂层中 Ru、Sn、Ir、Pt、Pd 的 X 光荧光快速定量测定. 氯碱工业, 1994, (8): 37-40.

1994-143 周丽华. 再生金属原料的 X 射线拣选技术和设备. 国外选矿快报, 1994, 13: 12-17.

1995-001 安福林. 用 X 射线荧光分析法测量铁板镀锌厚度. 核电子学与探测技术, 1995, 15(4): 224-227.

1995-005 包生祥. X 射线荧光直接测定吸附在泡沫塑料上的金. 分析化学, 1995, 23(4): 410-412.

1995-016 崔子文, 车翠萍, 黄萍. X 射线荧光光谱法分析麦饭石及其浸出物成分. 华北工学院学报, 1995, 16(3): 250-254.

1995-019 丁雪心. XRF 粉末法测定硅线石选矿试样中 Al、Fe、Ti、K、Na. 地质实验室, 1995, 11(1): 12-15.

1995-032 河野久征, 小林宽. 用 X 射线晶片分析器同时测定硅片上薄膜的厚度及组成. 分析测试仪器通讯, 1995, 5(2): 79-92.

1995-040 金立云, 李云, 高月英. X 射线荧光光谱法测定模拟高放废液玻璃固化体中 14 种主、次量元素. 原子能科学技术, 1995, 29(2): 154-159.

1995-041 金立云, 李云, 高月英, 孙秀峰, 高宏. X 射线荧光光谱法测定模拟高放废液玻璃固化体中 26 种主、次及微量元素. 原子能科学技术, 1995, 29(6): 539-544.

1995-043 赖万昌. 能量色散 X 射线荧光法快速测定高冰镍中铁的含量. 分析试验室, 1995, 14(5): 11-14.

1995-049 李记欣. X 射线光谱法测定离子交换树脂中的 Au、Ag、Zn、Cu、Ni、Co 和 Fe. 铀矿冶, 1995, 14(1): 37-42.

1995-060 刘笛. MnZn 铁氧体磁性材料的 X 射线光谱熔融片法分析测定. 磁性材料及器件, 1995, 26(3): 52-54.

1995-079 宁德亮, 赵莹. Ag 基合金中 Cd、Sn、In、

X 荧光快速定量分析方法研究. 电工合金, 1995, (3): 43-48.

1995-085 邱林友. X 射线荧光光谱测定超细活性锌粉中的 ZnO. 有色矿冶, 1995, (1): 50-51.

1995-089 眭松山, 魏军. Al / Si_3N_4 / TbFeCo / Si_3N_4 磁光盘厚度定量计算方法. 中国激光, 1995, (6): 442-448.

1995-090 眭松山, 魏军. XRF 法定量分析合金薄膜材料的厚度及组成. 分析科学学报, 1995, 11(4): 44-46.

1995-096 田宝珍, 汤鸿霄. 锰砂催化氧化 Fe(II) 为 Fe(III) 的研究. 环境科学, 1995, 16(5): 10-13, 91.

1995-117 吴强, 刘亚雯, 魏成连, 袁汉章. 用 XRF 微探针研究掺杂元素锗在单晶硅中的分布. 光谱学与光谱分析, 1995, 15(2): 99-102.

1995-120 谢东, 孟丽云, 刘鸣. 金属镀层镀布量的 X 射线荧光测定. 核电子学与探测技术, 1995, 15(5): 311-314, 325.

1995-137 赵尔燕, 邱林友. 催化动力学射线荧光测定高纯碳酸锂中银. 四川有色金属, 1995, (2): 46-48.

1995-142 周军, 吉争鸣, 杨森祖, 吴培亨, 张世远, 许自然, 张鸿才, 刘笛. 熔融法制备 $Ba_{1-x}K_xBiO_3$(BKBO) 氧化物超导体. 低温物理学报, 1995, 17(4): 295-299.

1995-143 周青山. 轮胎用橡胶的元素分析——X 射线荧光分析法. 轮胎工业, 1995, 15(1): 36-41.

1995-144 周淑琴, 余建二, 金祥凤, 王庆广. 高分辨双晶 XRF 研究酞菁化合物中硫杂质的化学态. 物理化学学报, 1995, 11(5): 447-449.

1996-004 敖奇, 曹利国, 丁益民. 用 X 射线荧光方法测定薄层、镀层和涂层厚度. 物探化探计算技术, 1996, 18(S1): 35-38.

1996-012 陈和乐, 何伯延, 周拒非. 超导材料薄层中 YBaCu 原子比值的 X 射线荧光光谱分析. 矿冶工程, 1996, 16(1): 58-59.

1996-040 顾达, 顾燕芳, 郑柏存, 胡黎明. 高纯超细 $BaTiO_3$ 的合成及其应用性能. 华东理工大学学报, 1996, 22(5): 536-540.

1996-069 刘笛. MnZn 铁氧体磁性材料的 X 射线光谱粉末压片直接测定. 磁性材料及器件, 1996, 27(2): 56-60.

1996-108 孙丽虹, 张启海. 半导体化合物 $Hg_{1-x}Cd_xTe$ 中 x 值的测定. 稀有金属, 1996, 20(2): 149-152.

1996-110 孙元洪, 刘景心, 刘英平, 宋向宏, 左慧英. 稀土氨基酸混配型配合物的合成与表征. 应用化学, 1996, 13(1): 50-53.

1996-111 孙志国, 姚德, 许东禹. 多金属结核瞬时生长速率及其意义. 海洋湖沼通报, 1996, (1): 31-37.

1996-116 王松青, 应晓浒. 铁基合金锡、锌镀层厚度的 X 射线荧光光谱快速测定. 光谱实验室, 1996, 13(5): 11-16.

1996-124 吴澄宇, 袁忠信, 白鸽, 安庆骧, 王锐兵, 邓赛文. 四川冕宁氟碳铈矿晶体的成分变化及其意义. 中国稀土学报, 1996, 14(1): 1-5.

1996-131 夏长泰, 施尔畏, 仲维卓, 郭景坤. 水热条件下四方相 $BaTiO_3$ 的合成. 科学通报, 1996, 41(21): 1996-1999.

1996-133 解韫青, 连业良. 印刷片乳剂中卤素比的测定. 分析测试技术与仪器, 1996, 2(1): 37-39.

1996-138 杨爱明, 古昆, 张红, 阚家德. 聚氯乙烯薄膜生产中粘辊成分的研究. 光谱学与光谱分析, 1996, 16(1): 61-65.

1996-142 叶春葆. 能量散布 X 线荧光测定硬度. 橡胶技术与装备, 1996, (3): 57.

1996-147 余美祥, 金立云. 萃取色谱 / XRF 法测定高纯 Y_2O_3 中 14 个稀土杂质元素. 原子能科学技术, 1996, 30(3): 243-248.

1996-148 张崇海, 林灿生, 王效英, 杨恩波. 锆与 H_2MBP 生成萃取界面污物的行为研究. 核化学与放射化学, 1996, 18(2): 84-88.

1997-007 陈奇, 宋鹏, 程继健. 新型 BaO-TiO_2-SiO_2 耐碱涂层在波特兰水泥中的稳定性. 无机材料学报, 1997, 12(4): 536-540.

1997-013 戴国瑞, 管玉国, 赵军, 南金. InP 表面等离子体 CVD 淀积 SiO_2 膜的界面结构

1997-025 高志祥, 殷秀文. FAAS 法测定高温超导材料中钇. 冶金分析, 1997, 17(1): 52-54.

1997-030 管玉国, 戴国瑞, 贾道勇, 南金. 用 PECVD 技术淀积 $PbTiO_3$ 薄膜. 功能材料, 1997, 28(1): 59-61.

1997-040 黄河清, 张凤章, 邱雪慧, 林庆梅. 固氮酶单、双钼铁钼辅基的制备和特性. 应用与环境生物学报, 1997, 3(3): 258-262.

1997-064 刘笛, 周军, 毛慧新. X 射线荧光光谱熔融片法测定超导材料原子数配比. 岩矿测试, 1997, 16(2): 77-80.

1997-071 刘亚雯, 范钦敏, 吴应荣, 魏成连, 肖辉. 硅中掺杂元素砷的三维微分析. 光谱学与光谱分析, 1997, 14(4): 97-100.

1997-074 刘志杰, 赵斌, 张宗涛, 胡黎明. 超细核壳铜-银双金属粉末的抗氧化性能研究. 无机化学学报, 1997, 13(1): 36-41.

1997-078 路贵民, 邱竹贤, 铁军. 氟化物熔体中镁在钨丝电极上的沉积. 轻金属, 1997, 12: 38-40.

1997-093 邱林友. XRF 测定氧化钴中微量元素. 稀有金属与硬质合金, 1997, (4): 32-34.

1997-098 沈勇, 张宗涛, 赵斌, 胡黎明, 朱裕贞. 明胶保护溶液还原法制备超细镍粉. 华东理工大学学报, 1997, 23(4): 74-78.

1997-104 谭德睿, 吴来明, 唐静娟, 苏立民. 古铜镜水银沁表面形成机理的研究. 文物保护与考古科学, 1997, 9(1): 1-9.

1997-110 王丽娜, 张秉旺. 用 X 射线荧光光谱仪监控原料中引入玻璃的铁. 玻璃与搪瓷, 1997, 25(5): 27-28.

1997-115 吴澄宇, 袁忠信, 白鸽, 安庆骧, 王锐兵, 邓赛文. Compositional variations and its implications of a bastnaesite crystal, Mianning County, Sichuan Province. Journal of Rare Earths, 1997, 15(1): 2-6.

1997-130 叶水驰, 蓝慕杰, 鲍海飞, 于杰, 周士仁. 外加横向磁场生长优质 HgCdTe 晶体. 人工晶体学报, 1997, Z1: 146. 及 C-V 特性. 半导体光电, 1997, 18(2): 134-137.

1997-142 郑荣华, 黄近丹, 张文芳, 李叶农. EDXRF 发射比值法识别镀金层及镀金层厚度的测定. 福建分析测试, 1997, 6(2): 652-656.

1997-143 郑荣华, 黄近丹, 张文芳, 李叶农. 选择激发基本参数法识别镀金层以及测定其厚度. 福建分析测试, 1997, 6(3): 710-715.

1997-148 卓尚军, 陶光仪, 吉昂. X 射线荧光光谱分析氟化铈晶体中的掺杂元素钕. 光谱实验室, 1997, 14(3): 15-18.

1998-002 包生祥, 王志红, 荣丽梅. 催化剂原料高岭土的 XRF 分析. 光谱学与光谱分析, 1998, 18(6): 100-102.

1998-004 才德慧, 李海军. GZT 吸附剂的 X 射线荧光光谱分析. 光谱实验室, 1998, 15(4): 72-74.

1998-011 陈万春, 麦振洪, 马文漪, 谢安云, 刘道丹, 吴兰生. α-碘酸锂晶体的空间生长. 物理, 1998, 27(7): 4-9.

1998-017 邓艳丽, 李卫华, 刘宝生, 刘际时. 用 X 射线荧光分析技术测定镀、包金层的厚度. 原子能科学技术, 1998, 32(1): 50-54.

1998-021 董丽敏, 刘安春, 陈改明, 刘京训. X 荧光分析仪晶体表面处理实践. 冶金标准化与质量, 1998, (5): 19-20, 44.

1998-033 韩占生, 潘卫, 潘伟雄, 赵炀, 李晋鲁, 朱起明, 田金忠, 黄宁表. 共沉淀法制备甲烷部分氧化制甲醇用多元复合氧化物催化剂. 催化学报, 1998, 19(5): 23-27.

1998-035 何稼敏, 沈晓明, 颜崇淮, 敖黎明, 吴圣楣, 郭迪. 上海市油漆中铅含量的研究. 中华预防医学杂志, 1998, 32(3): 66.

1998-036 何稼敏, 沈晓明, 颜崇淮, 敖黎明, 吴圣楣, 郭迪. 用 X 线荧光衍射法和原子吸收光谱法测定油漆中的铅含量. 广东微量元素科学, 1998, 5(6): 26-29.

1998-038 侯文华, 王南平, 郭灿雄, 马军, 颜其洁, 傅献彩, 陈静. 氧化硅柱层状铁钛酸盐的合成和表征. 化学学报, 1998, (2): 160-165.

1998-044 黄文辉, 刘文中, Bausch W M. 锶与碳酸盐岩中不溶残余物关系的探讨. 中国矿业大学学报, 1998, 27(4): 103-106.

1998-046 嵇世山, 翁端, 谭瑞琴, 张志强, 曹立礼. La-Ce-Cu 系列催化剂 SO_2 中毒机理研究. 物理化学学报, 1998, 14(6): 527-533.

1998-048 纪桂芬. 氧化锌脱硫剂中硫含量的测定. 黑龙江石油化工, 1998, (4): 42-44.

1998-049 金惠民, 朱荣保, 谭亚军, 吕钊, 李纪民, 徐明, 陈晓俊, 辛标, 程炳皓, 张文良. 混合式 K 边界技术及其应用的实验室研究（Ⅰ）. 原子能科学技术, 1998, 32(3): 2-9.

1998-050 金立云, 黄清良, 袁慧, 李云, 祝亮, 王里玉, 丁锡祥, 刘聪. 乏燃料后处理溶液中 U、Pu 的 ^{57}Co 源激发 K-XRF 分析. 核化学与放射化学, 1998, 20(3): 11-18.

1998-051 金明坤. X 射线荧光分析在测定浮法玻璃表面渗锡量中的应用. 玻璃, 1998, (6): 11-15, 20.

1998-053 李兵, 罗重庆. 钛酸钡瓷粉样品中多元素的 X 射线荧光光谱分析. 光谱实验室, 1998, 15(2): 23-26.

1998-061 李树杰, 李雨平, Khosrovabadi P. B., Kolster B. H.. 制取带中间层的 Al_2O_3+Ni 复合材料的工艺研究. 复合材料学报, 1998, 15(1): 40-46.

1998-073 刘笛, 龚则明. MgZn 铁氧体（偏转）磁性材料的 X 射线光谱测定与研究. 磁性材料及器件, 1998, 29(1): 16-20.

1998-099 任天令, 朱嘉麟, 熊家炯, 王晓慧, 李龙土. 纳米 $BaTiO_3$ 及其陶瓷材料的特殊物性的研究. 功能材料, 1998, 29(1): 68-71.

1998-128 王亚军, 索全伶, 刘前, 郭峰. 氟化镨的制备条件及组成研究. 内蒙古石油化工, 1998, 24(2): 12-15.

1998-130 王亚军, 王红宇, 索全伶, 刘前, 郭峰, 牛志刚. 氟化钕的制备条件及组成研究. 内蒙古工业大学学报（自然科学版）, 1998, 17(4): 47-52.

1998-132 王再田, 赵耀, 郝丽萍. 光卤石和钡熔剂 X 射线荧光光谱分析方法. 无机盐工业, 1998, 30(5): 44-46, 4.

1998-144 徐金瑞. X 荧光光谱法测定沉积在镍基合金带上 Nb_3Sn 成分比. 光谱实验室, 1998, 15(5): 69-72.

1998-176 朱满康. BaO-ZnO-La_2O_3-B_2O_3 系统玻璃结构的研究. 中国建材科技, 1998, 7(1): 12-16, 44.

1999-048 黄玉龙, 吴健玲, 余敏. 重晶石中 $BaSO_4$、$SrSO_4$ 的分析方法. 广西化工, 1999, 28(3): 38-41.

1999-049 嵇世山, 李增喜, 谭瑞琴, 曹立礼. La-Ce-Cu 复合金属氧化物的结构表征及催化性能. 稀土, 1999, 20(1): 57-61.

1999-052 李兵, 罗重庆. X 射线荧光光谱法测定铝硅酸铅铋玻璃中多元组分. 冶金分析, 1999, 19(6): 56-57, 40.

1999-053 李丹农. 鉴定合成碳化硅新方法——X 射线荧光能谱法. 珠宝科技, 1999, (2): 40.

1999-059 李跃萍. 铝电解质中二氧化锡的光谱测定. 光谱实验室, 1999, 16(5): 521-523.

1999-066 刘尚华, 陶光仪, 吉昂. 纳米粉末 ZrO_2-CeO_2-La_2O_3 的 XRF 分析研究. 无机材料学报, 1999, 14(6): 1005-1010.

1999-074 陆巍, 侯凤岭. 500kV 避雷器缺陷的在线检测. 华东电力, 1999, 10: 36-39.

1999-087 权养科. X 射线荧光光谱法检测玻璃中的常量和微量元素. 刑事技术, 1999, (5): 6-8.

1999-092 宋永清, 陆少兰. X 射线荧光光谱法测定 Dy_2O_3 及其杂质 Eu_2O_3, Gd_2O_3, Tb_4O_7, Ho_2O_3, Er_2O_3 和 Y_2O_3. 冶金分析, 1999, 19(4): 47-49.

1999-097 田秀玲, 涂学忠. X 射线光谱散射成像在橡胶复合材料中的应用. 橡胶工业, 1999, 46(6): 53-55.

1999-105 王海涛, 肖天存, 苏继新, 鹿玉理, 张孔远, 郑绍宽. 含磷阻垢剂对重油加氢催化剂失活的影响. 催化学报, 1999, 20(6): 639-644.

1999-110 王斯晗, 包世星, 李文杰. X 射线荧光光谱测定裂化平衡催化剂中污染金属

1999-111 王亚军, 索全伶, 刘前, 郭峰. 氟化镝的制备及组成研究. 稀土, 1999, 20(1): 23-27.

1999-128 徐应明, 王榕树. 介孔钛硅分子筛表面功能膜的制备及对水体中铅的去除作用. 高等学校化学学报, 1999, 20(7): 11-15.

1999-133 姚丽珠, 吕振波, 陈若梅. 吸光光度法测定催化剂中磷含量. 理化检验-化学分册, 1999, 35(5): 220-222.

1999-137 袁慧, 杨志红. ScI_3-NaI-ThI_4 中 Sc 和 Th 的测定方法. 原子能科学技术, 1999, 33(1): 19-24.

1999-138 袁瑾, 钟惠民, 杨靖华, 汪云松. Co^{2+}-L-赖氨酸的合成及其 X 射线光谱研究. 光谱实验室, 1999, 16(5): 558-560.

1999-148 张元彬, 任登义. $9Cr_2Mo$ 轧辊冷焊焊缝组织分析. 山东建材学院学报, 1999, 13(2): 125-127.

1999-154 周广林, 房德仁, 程玉春, 杨玉兰. 铜基甲醇合成催化剂失活原因的探讨. 工业催化, 1999, (4): 56-60.

1999-161 卓尚军, 陶光仪, 殷之文, 吉昂. 铌酸钾锂的 X 射线荧光光谱分析. 理化检验-化学分册, 1999, 35(10): 435-436.

2000-004 蔡鲲, 薛柏生. 能量色散 X 荧光光谱法测定碳钢表面的镀铬层厚度. 理化检验-化学分册, 2000, 36(11): 500-501.

2000-006 常建平, 孙育斌, 蒋荣. X 射线荧光光谱法测定陶瓷材料. 陶瓷, 2000, (3): 35-37.

2000-011 陈晓峰, 马清林, 赵广田, 胡之德, 李最雄. 半山、马厂类型黑、红复彩陶器复合颜料研究. 兰州大学学报, 2000, 36(5): 71-76.

2000-015 高炳亮, 杨振海, 邱竹贤. 铝电解质的酸度问题. 轻金属, 2000, (1): 47-49.

2000-025 韩尧, 史榜春, 胡少勤, 张凤鸣, 盛敏华. $Bi_{12}GeO_{20}$ 单晶色带的成因与消除. 人工晶体学报, 2000, 29(S1): 244.

2000-026 郝贡章, 刘洋, 卜赛斌, 陆少兰, 宋永清, 姜维军. 白银制品中银含量的能量色散 X 射线荧光光谱无损检测. 分析测试学报, 2000, 19(1): 30-33.

2000-027 郝建民. GaAs 抛光片腐蚀过程初步研究. 半导体杂志, 2000, 25(2): 17-22.

2000-028 何文权. 杭州万松岭老虎洞窑青瓷的胎釉成分分析. 文物保护与考古科学, 2000, 12(1): 27-33.

2000-030 胡吉明, 吴继勋, 孟惠民, 张抒洁, 杨德钧. Ti 基 IrO_2+Ta_2O_5 涂层中氧化物附着量的 XRF 分析. 材料保护, 2000, 33(4): 43-44, 61.

2000-034 黄传勇, 唐子龙, 张中太. Y 和 YF_3 掺杂钛酸钡系 PTCR 材料的结构及性能. 无机材料学报, 2000, 15(4): 691-696.

2000-035 黄传勇, 唐子龙, 张中太, 金苗, 陈清明. 氧化锆超细粉的绿色合成及粉末性能表征. 材料工程, 2000, (8): 21-24.

2000-036 黄传勇, 唐子龙, 张中太, 张枫, 林元华, 朱鹏翔. YF_3 掺杂钛酸钡半导体材料特性研究. 功能材料, 2000, (6): 615-616.

2000-037 黄近丹. X 射线荧光法测量金薄膜和镀层的厚度. 福建分析测试, 2000, 9(2): 1231-1233.

2000-053 刘吉波, 尹周澜, 刘武平, 张平民, 陈启元. 由粗 $Zr(OH)_4$ 生产四水硫酸锆的实验研究. 中南工业大学学报 (自然科学版), 2000, 31(1): 44-46.

2000-054 刘静波, 王智民, 郑春萍, 谷林夫, 李文超. 铈、镧掺杂 $BaTiO_3$ 基纳米晶的合成与表征. 功能材料, 2000, 31(1): 69-71, 76.

2000-058 苗国玉, 董中华, 胡树戈. 硅铝铁合金粉末直接压片法 X 荧光分析研究. 理化检验-化学分册, 2000, 36(10): 447-449.

2000-060 乔梁, 周和平, 刘耀诚, 汪雨荻. AlN 陶瓷低温烧结中的液相迁移. 材料工程, 2000, (10): 7-10.

2000-062 沙因, 章佩群, 王昕, 刘键, 黄宇营, 李光城. IAEA 微量生物标准参考物均匀性的 SRXRF 分析. 原子能科学技术, 2000, 34(S1): 18-21.

2000-065 宋晓岚. X-ray fluorescence spectra analysis on the structure around Ti^{4+} of $BaO-SiO_2-B_2O_3-TiO_2$ system glasses. Journal of Wuhan University of Technology-Materials Science, 2000, 15(4): 43-47.

2000-068 谭秉和, 孙伟莹. X射线荧光光谱法对钒氧化物中不同价态钒的定量分析. 岩矿测试, 2000, 19(4): 245-248.

2000-071 汤光中, 杨发景. X射线荧光光谱法测定水泥生料中的 CaO、SiO_2、Fe_2O_3、Al_2O_3、MgO、K_2O、P_2O_5 含量. 广西化工, 2000, (S1): 157-160.

2000-089 韦孟伏, 鲜晓斌, 刘继东. EDXRF法测定铀上铝镀层厚度. 原子能科学技术, 2000, 34(S1): 53-56.

2000-093 吴奕阳, 叶晓珉, 袁国英, 谢启耀. X射线荧光光谱法在PET塑封金制品金层厚度测试中的应用. 理化检验-物理分册, 2000, 36(4): 162-163.

2000-100 杨发景, 汤光中, 段棋仁, 徐路芸, 李光正. X射线荧光光谱标准添加法测定磷矿、磷肥中 Mn、Cu、Zn、Mo、Pb 等微量元素. 广西化工, 2000, (S1): 161-164.

2000-106 姚胜兴. X射线荧光分析在水泥质量自控系统中的应用. 云南建材, 2000, (1): 13-15.

2000-112 袁梅, 吕俊芳, 陈行禄. 航空发动机磨损在线监测的能谱数据处理方法研究. 仪器仪表学报, 2000, 21(2): 173-176, 193.

2000-113 袁梅, 吕俊芳, 陈行禄, 张江平. IXRF法用于航空发动机磨损在线监测的研究. 北京航空航天大学学报, 2000, 26(2): 153-155.

2000-115 袁蕴璞, 胡立设, 汪松柏, 卢宏. X射线荧光光谱粉末压片法分析富镝混合稀土. 江西冶金, 2000, 20(6): 39-40, 46.

2000-119 张继荣, 鲍卫民, 宋崇立. 水热法合成钛硅酸盐新型无机离子交换剂. 离子交换与吸附, 2000, 16(4): 318-323.

2000-130 赵北君, 朱世富, 李其峰, 于丰亮, 李正辉, 朱兴华, 邵双运, 吴国立, 陈松林. $Cd_{1-x}Zn_xTe$ 单晶体的生长研究. 人工晶体学报, 2000, 29(S1): 86.

2001-006 陈际达, 王远亮, 蔡绍皙, 曹颖. 仿真骨科材料制备的新方法. 高技术通讯, 2001, (8): 22-25.

2001-008 陈剑瑄, 刘仲阳, 张大忠, 孙官清, 罗伯诚. 动态催化聚合 C_3N_4 膜的研究. 四川大学学报 (自然科学版), 2001, 38(1): 118-121.

2001-010 陈宇晓. 二氧化硫贮罐不锈钢密封螺栓断裂原因分析及对策. 腐蚀与防护, 2001, 22(7): 318-320.

2001-017 邓祥义, 杨柳. 碳酸铵共沉淀法制备纳米活性 NiO 的研究. 湖北化工, 2001, (5): 21-22.

2001-019 方建锋, 张晋远, 金成海, 柳春兰, 朱瑞珍. 人造金刚石中包裹体含量的测定. 金刚石与磨料磨具工程, 2001, (1): 13-16, 3.

2001-024 古关华. 腐蚀防护中两种镀层厚度测量方法的优劣探讨. 电子产品可靠性与环境试验, 2001, (5): 27-30.

2001-025 谷松海, 李旭辉. X射线荧光光谱法测定工业硅中铁、铝、钙. 光谱学与光谱分析, 2001, 21(4): 569-571.

2001-026 谷松海, 宋义, 李旭辉. X射线荧光光谱法测定溶样后熔融制样金属硅中铁、铝、钙、钛、磷、铜. 光谱学与光谱分析, 2001, 21(3): 400-403.

2001-028 郭新闻, 刘毅慧, 王祥生, 陈永英, 张维萍, 韩秀文, 包信和, 林励吾. 超细ZSM-11分子筛低温合成及表征. 大连理工大学学报, 2001, 41(4): 426-430.

2001-035 黄金昌. W-Ta合金单晶在生长方位的各种结晶学取向时的亚组织与浓度的关系. 稀有金属快报, 2001, (11): 27-28.

2001-036 黄近丹. X射线荧光外标实验校正法测定铂材料中4种主要元素. 冶金分析, 2001, 21(6): 44-45.

2001-041 江伟辉, 周健儿, 胡行方, 吴国庭. 玻璃纤维增强酚醛型烧蚀材料的显微结构及其烧蚀过程研究. 中国陶瓷工业, 2001, 8(4): 7-10.

2001-042 教滨, 那欣. 活性石灰的X射线荧光光

2001-050 李韶梅, 候艳冰. X 射线荧光光谱法测定硅钙合金中的硅和钙. 河北冶金, 2001, (3): 23-24.

2001-054 梁宗存, 沈辉, 李戬洪. 辐射致冷用氮化硅薄膜的微观结构和光学性质. 太阳能学报, 2001, 22(3): 302-305.

2001-072 毛振伟, 石磊, 陈树榆, 周贵恩. X 射线荧光光谱基本参数法测定高温超导体的组分 (英文). 中国科学技术大学学报, 2001, 31(2): 223-228.

2001-084 任国浩, 沈定中, 王绍华, 刘光煜, 倪海洪, 殷之文. PbF_2: Gd 晶体的发光强度与发光均匀性研究. 无机材料学报, 2001, 16(1): 49-55.

2001-104 王劼, 陈树榆, 余华明, 孙梅. 一种定量分析金属镀层中特定元素含量的简单方法. 分析试验室, 2001, 20(3): 91-92.

2001-106 王亚军, 陈宝芬, 索全伶, 樊宏伟. 氧化镧氟化过程物料与废液的快速分离研究. 化学研究与应用, 2001, 13(3): 311-314.

2001-107 王志强. 用 X 射线荧光法测定聚酯切片中的锑钛含量. 合成纤维工业, 2001, 24(5): 65-66.

2001-110 魏存弟, 李益, 侯玉树, 钱湘兰. 新型钻石仿制品——合成碳化硅. 世界地质, 2001, 20(2): 167-170.

2001-112 魏迎旭, 王公慰, 刘中民, 孙承林, 许磊, 董振武. 磷铝系列分子筛催化剂的制备、表征及催化丁烷转化反应的性能. 催化学报, 2001, 22(1): 15-17.

2001-113 魏迎旭, 王公慰, 刘中民, 许磊, 谢鹏. SAPO 分子筛的酸性及孔道分布对丁烷异构脱氢反应的影响. 催化学报, 2001, 22(6): 537-540.

2001-126 徐华蕊, 高濂, 郭景坤. 水热合成高纯四方相钛酸钡纳米粉末研究. 功能材料, 2001, 32(5): 558-560.

2001-128 薛正旸. 用 X 射线荧光法测定镀金层厚度. 上海计量测试, 2001, (1): 28-29.

2001-130 杨丽荣, 李秋菊, 曲月华. 铝硅质耐火材料的 XRF 分析法. 鞍钢技术, 2001, (2): 31-32.

2001-132 杨明太, 陈锦华, 齐红莲. 能量色散 X 射线荧光法测定涂钯硅藻土中的钯含量. 核电子学与探测技术, 2001, 21(2): 139-141, 138.

2001-148 张万平, 李张胜, 席涛. 压片法 X 射线荧光光谱测定磷铁. 云南化工, 2001, 28(2): 30-32.

2001-152 张月平. 添加剂和润滑油中硫磷氯钙钡锌元素的测定. 石油炼制与化工, 2001, 32(7): 57-60.

2001-153 赵爱华, 华兰, 迟令生. 橡胶材料的 X 射线荧光多元素分析. 化学分析计量, 2001, 10(5): 23-24.

2002-006 崔邑诚, 韩东成, 傅乐峰, 张爱民, 须沁华, 董家騄. 导向剂法合成低硅 X 型沸石 (LSX). 高等学校化学学报, 2002, 23(12): 2226-2229.

2002-007 邓祥义, 吴高安. 氨水沉淀法制备纳米 NiO. 化学研究与应用, 2002, 14(5): 577-579.

2002-012 杜米芳, 谢军, 张乃明. 玻璃中着色元素铜的 X 荧光快速测定. 现代科学仪器, 2002, (4): 53-54.

2002-015 方必军, 徐海清, 罗豪甦. $Pb[(Zn_{1/3}Nb_{2/3})_{0.91}Ti_{0.09}]O_3$ 压电单晶的弛豫反常. 材料研究学报, 2002, 16(6): 609-614.

2002-027 郭新闻, 王祥生, 李钢, 刘民, 修景海. 廉价原料合成的钛硅分子筛的热稳定性能的研究. 石油学报 (石油加工), 2002, 18(2): 34-40.

2002-037 胡坚, 郭红丽, 杜军卫, 宋霞. 锆英石质耐火材料的 X 射线荧光光谱分析法. 耐火材料, 2002, 36(1): 46-47, 50.

2002-042 纪新明, 朱节清, 徐洪杰. 用 XRF 技术测量聚氯乙烯塑料制品中铅的含量. 核技术, 2002, 25(6): 447-450.

2002-056 李而淮. X 射线荧光光谱法测定感光材料中的含银量. 影像技术, 2002, (1): 12-13.

2002-057 李健晖, 陈之荣, 柯子厚, 李浩宏. $[Ni(bipy)_3][(\mu\text{-}oxo)Fe_2Cl_6]$ 化合物的制备与研究. 福州大学学报 (自然科学版), 2002, 30(5): 618-619, 631.

2002-058 李健晖, 陈之荣, 罗钦, 许建富. ZnS_4(2, 9-dimephen) 配合物合成与性能研究. 福州大学学报 (自然科学版), 2002, 30(6): 880-882.

2002-062 李艳红, 李建利, 洪元佳, 张亮, 孙晶, 刘景和, 洪广言. Nd∶KGW 多波长激光晶体生长与光谱特性. 中国激光, 2002, 29(5): 444-446.

2002-066 林婉珍, 李忠水, 张晓勤, 郑思宁. Dy-MCM-41 介孔分子筛的合成与表征. 福建化工, 2002, (3): 1-3.

2002-073 刘静波, 王智民, 韩基新. 掺镧改性钛酸钡湿敏陶瓷元件. 无机材料学报, 2002, 17(6): 1187-1193.

2002-079 楼蔓藤, 张济南, 刘军, 熊英健. X 射线荧光光谱法测定洗衣粉中硅、铝、磷、硫的初步研究. 广东微量元素科学, 2002, 9(8): 62-64.

2002-087 覃操, 王亭杰, 金涌. 液相沉积法制备 TiO_2 颗粒表面包覆 SiO_2 纳米膜. 物理化学学报, 2002, 18(10): 884-889.

2002-094 宋游, 郑维明, 刘桂娇. 二元比例法分析 UO_2-CeO_2 混合粉末. 中国原子能科学研究院年报, 2002, (0): 104.

2002-102 万尤宝, 吴宇容, 陈静, 褚君浩, 郭少龄, 李晶. 铌酸钾锂晶体的生长和缺陷. 人工晶体学报, 2002, 31(1): 5-9.

2002-104 王成云, 张伟亚, 李英, 杨左军, 廖文忠, 魏东. 丁基橡胶母炼胶的成分分析. 光谱实验室, 2002, 19(2): 157-161.

2002-105 王福明, 项长祥, 陈冬, 鲁聚林, 秦国斌, 刘克明. 热镀锌锅过早开裂失效的原因诊断. 金属制品, 2002, 28(1): 33-36, 38.

2002-108 王焕冰, 李春忠, 姜海波. 亚微米级无机抗菌剂的有机湿法改性. 华东理工大学学报, 2002, 28(6): 614-617.

2002-110 王娜, 田一光, 封禄田, 张明学, 陈千贵. 尼龙 6/蒙脱土纳米复合材料的制备和性能研究. 沈阳化工学院学报, 2002, 16(2): 99-103.

2002-122 仵春祺, 陈伟华, 程清. X 射线荧光光谱法在聚乙烯生产中的应用. 现代科学仪器, 2002, (2): 50-51.

2002-130 闫军, 崔海萍, 王俊英, 张爱平, 刘晶芝. 铝及铝合金基体化学镀黑色硫化钼、硫化镍新工艺. 新技术新工艺, 2002, (12): 45-46.

2002-131 闫晓辉. X 射线荧光光谱法分析精对苯二甲酸装置钴、锰催化剂混合液中的钴和锰. 河南化工, 2002, (5): 35-36.

2002-133 杨爱明, 付廷惠, 袁波, 郑智英, 林理忠. 塑料片材的组成、结构与其裂纹问题分析. 光谱学与光谱分析, 2002, 22(3): 409-411.

2002-145 袁瑾. X 射线光谱法研究 Cd^{2+}-氨基酸配合物. 光谱实验室, 2002, 12(3): 393-394.

2002-146 袁瑾, 于永良, 张玉冰, 孙桂春, 钟惠民. Cu^{2+}-ASP 配合物的合成及分析. 氨基酸和生物资源, 2002, 24(4): 51-52.

2002-147 翟华嶂, 李建保, 张淑霞, 张波, 黎义. 原位选择性氮化法制备 t-ZrO_2-TiN 复合粉料. 材料工程, 2002, (1): 32-35.

2002-155 张昕, 廖晶莹, 谢建军, 沈炳孚, 邵培发, 倪海洪, 李长泉, 殷之文. 熔体组成与 $PbWO_4$∶Y^{3+} 晶体闪烁性能稳定性的关系. 无机材料学报, 2002, 17(6): 1117-1123.

2002-156 张彦芳. X 射线荧光光谱法测定聚苯乙烯颗粒中的硬脂酸锌. 黑龙江石油化工, 2002, 13(1): 44-45.

2002-162 赵淑权, 李福生, 陈英民, 庞德聆, 刘世明, 胡和平. 离子吸附型稀土富集物的放射性分析. 中国辐射卫生, 2002, 11(1): 1-3.

2002-166 郑瑛, 邱健斌, 陈前火, 项生昌. Pr-MCM-41 介孔分子筛合成与表征. 中国稀土学报, 2002, 20(S2): 129-131.

2002-167 郑瑛, 邱玮玮, 张晓勤, 邱健斌. (Dy, Mn) MCM-41 介孔分子筛的合成与表征. 中国稀土学报, 2002, 20(S1): 16-18.

2003-003 蔡政, 卢文庆, 焦程敏. 钛酸钡纳米晶中钡钛比的测定方法. 吉首大学学报 (自然科学版), 2003, 24(4): 58-60.

2003-008 陈红霞, 王培铭, 赵红. 溶胶-凝胶法制备的铝酸三钙早期水化特性. 建筑材料学报, 2003, 6(3): 227-230.

2003-013 崔素君, 刘信文. X 荧光光谱法测定硅铝钡合金中硅铝钡. 理化检验-化学分册, 2003, 39(7): 422-423.

2003-027 巩岩, 陈波, 尼启良, 赵红颖, 曹健林. 薄膜特性的掠发射 X 射线荧光分析. 光谱学与光谱分析, 2003, 23(6): 1199-1202.

2003-028 郭洪臣, 刘娜, 周军成, 郭明星, 王祥生, 陈黎行, 邹龙江. 大晶粒钛硅沸石 TS-1 晶貌的离子蚀刻改性. 高等学校化学学报, 2003, 24(6): 977-979.

2003-034 何湘柱, 曾振欧, 彭荣华, 胡耀红, 袁国伟. 三价铬电沉积非晶态 Fe-Ni-Cr 合金的研究. 华南理工大学学报 (自然科学版), 2003, 31(3): 15-20.

2003-040 胡晓波, 陈志源. 高效减水剂在水泥颗粒表面的吸附. 硅酸盐学报, 2003, 31(8): 784-789.

2003-042 胡正阳, 邢华宝, 华静, 史厚义. X 射线荧光光谱法测定复合碳硅锰中的硅、锰、磷. 冶金分析, 2003, 23(3): 51-52.

2003-043 华金铭, 郑起, 林性贻, 魏可镁. 金负载量对低温水煤气变换 Au/α-Fe_2O_3 催化剂结构和性能的影响. 燃料化学学报, 2003, 31(6): 558-563.

2003-049 Huang Shibin, McNeill F. E., Chettle D. R.. Optimization of measurement distance of ^{109}Cd K XRF system for obese subjects. Nuclear Science and Techniques, 2003, 14(1): 86-88.

2003-064 李国会, 徐国令, 李晓莉. X 射线荧光光谱法在耐火材料成分分析中的应用. 岩矿测试, 2003, 22(3): 217-220, 224.

2003-067 李锦, 郑毓峰, 戴康, 徐金宝, 陈树义. 近距离升华制备 CdTe 掺 Te 薄膜的结构与电性能研究. 无机材料学报, 2003, 18(1): 195-199.

2003-068 李留忠, 于元章, 李永华, 王敏, 严婕, 张廷山. 废腈纶水解物的制备与表征. 高分子材料科学与工程, 2003, 19(4): 169-172.

2003-073 李幼荣, 陆磊, 张明, 陈海燕, 邱关明, 井上真一. 稀土对硅铝氧烷凝胶电流变性能的改性及其表征. 中国稀土学报, 2003, 21(2): 200-204.

2003-076 梁宝鎏, 孙大泽. 在厚靶分析中外标法的表面形状校正. 岩矿测试, 2003, 22(1): 10-14.

2003-081 廖建国. 耐火材料的 X 射线荧光光谱分析. 国外耐火材料, 2003, 28(1): 27-34.

2003-085 刘娜, 郭洪臣, 王祥生, 陈黎行, 陈永英. 钛硅沸石 TS-1 在丙烯环氧化反应环境中的水热稳定性. 催化学报, 2003, 24(6): 437-440.

2003-086 刘娜, 郭洪臣, 王祥生, 陈黎行, 陈永英. 钛硅沸石 TS-1 在环己酮氨氧化反应环境中的水热稳定性. 催化学报, 2003, 24(6): 441-446.

2003-093 卢艳军. 原材料碳酸锶作为标样在 X 荧光测试中的应用. 玻璃与搪瓷, 2003, 31(4): 29-31.

2003-094 卢艳军, 陈爱芹, 卢忠新. X 荧光法测定玻璃原材料硅砂. 玻璃与搪瓷, 2003, 31(2): 38-40.

2003-098 罗湘宁, 刘勇, 杨韵屏. X 射线荧光光谱法快速测定电解质的 BR、CaF_2、MgF_2、KF 及 Al_2O_3 含量. 轻金属, 2003, (9): 21-24.

2003-102 牛素琴, 耿东方, 李岩, 刘子瑜. 稀土-铝-硅复合脱氧剂主量元素的 XRF 光谱分析. 兵器材料科学与工程, 2003, 26(5): 54-56.

2003-104 彭兵, 彭及. 不锈钢电弧炉粉尘的物理化学特性及形成机理探讨. 北方工业大学学报, 2003, 15(1): 34-40.

2003-114 苏芳, 盖国胜, 魏启荣. 二氧化硅/硅灰石复合颗粒的制备研究. 中国粉体技术, 2003, (5): 18-20.

2003-117 谭强强, 唐子龙, 张中太, 尧巍华, 方克明. 纳米四方多晶氧化锆粉末的超强碱共沉淀法制备及性能表征. 稀有金属材料与工程, 2003, 32(12): 1025-1028.

2003-118 谭强强, 张中太, 唐子龙, 罗绍华, 方克明. 有机添加剂-超强碱共沉淀法制备纳米氧化锆粉体的研究. 功能材料,

2003, 34(3): 323-324, 327.

2003-122 田蒔, 孙玉静, 李小兵, 冯骏. 反铁电陶瓷 PLZST 纳米粉的制备研究. 航空材料学报, 2003, 23(S1): 162-166.

2003-124 铁生年, 康桃英, 张志刚. X 荧光光谱法测定硅铝钡合金中硅、铝、钡. 青海科技, 2003, (1): 49-50.

2003-129 万尤宝, 赵强, 郭旭光, 陈静, 褚君浩, Sang Im Yoo. 铁电晶体铌酸钾锂的拉曼和 FT-IR 光谱. 红外与毫米波学报, 2003, 22(5): 361-364.

2003-133 王殿中, 舒兴田, 何鸣元. MMM 分子筛的制备与表征. 催化学报, 2003, 24(3): 208-212.

2003-139 王卫杰, 何晓梅. X 射线荧光光谱仪在真空开关管中的应用. 真空电子技术, 2003, (4): 23-26.

2003-149 吴会军, 向兰, 朱冬生. 高纯微细氢氧化镁的水热法制备. 华南理工大学学报 (自然科学版), 2003, 31(6): 88-90.

2003-160 薛月霞, 陈家桢, 马志方. PTA 生产过程循环母液中钴、锰含量的测定办法. 合成技术及应用, 2003, 18(4): 53-54.

2003-161 闫军, 崔海萍, 刘晶芝. 铝及铝合金表面化学镀硫化钼润滑层的工艺研究. 润滑与密封, 2003, (6): 24-25.

2003-164 颜桂炀, 郑柳萍, 王金堆. 锂辉石添加剂对耐热煲热稳定性的影响. 福建师范大学学报 (自然科学版), 2003, 19(1): 59-63.

2003-174 杨左军, 王成云, 张伟亚, 廖文忠, 李心恬, 周昱. 一种手机涂料的成分解析. 光谱实验室, 2003, 20(6): 903-907.

2003-178 于波, 陈靖, 宋崇立. 新型除铯环境材料硅钛酸钠孔道结构化合物 ($Na_4Ti_4Si_3O_{10}$) 合成及结构表征. 无机化学学报, 2003, (2): 119-124.

2003-180 余学功, 杨德仁, 马向阳, 杨建松, 阙端麟. 重掺直拉硅对重金属 Cr 的内吸杂能力. 半导体学报, 2003, 24(6): 598-601.

2003-199 张伟亚, 王成云. 涂料用新型增滑剂的成分分析. 涂料工业, 2003, 33(1): 48-51, 54.

2003-200 张文芳, 林宜超. 运动鞋大底喷霜的能量色散 X 射线荧光分析. 分析测试学报, 2003, 22(1): 84-86.

2003-204 张月平, 王贵云. 有机硅化合物中的硅定量分析. 河南石油, 2003, 17(6): 56-57, 10.

2003-207 赵红, 陈红霞, 杨玉颖. 测定 C_3A 水化液相离子浓度的 XRF 滤纸片法. 建筑材料学报, 2003, 6(2): 212-215.

2003-212 朱建锋, 王芬. 高档卫生洁具用乳浊釉面的细化研究. 中国陶瓷工业, 2003, 10(4): 10-13.

2003-215 祝俐, 秦连杰, 孟宪林, 杜晨林, 刘均海, 徐炳超, 邵宗书. 新型高效激光物质——Nd: $YGdVO_4$ 混晶. 人工晶体学报, 2003, 32(2): 148-151.

2003-217 卓尚军, 陶光仪, 吉昂, 盛成, 申如香. X 射线荧光光谱在晶体材料组成分析中的应用. 无机材料学报, 2003, 18(1): 19-26.

2004-018 高家诚, 李龙川, 王勇. 镁表面改性及其在仿生体液中的耐蚀行为. 中国有色金属学报, 2004, 14(9): 1508-1513.

2004-028 韩文. 非炭黑 (或白炭黑) 类新型橡胶补强剂的开发. 精细化工原料及中间体, 2004, (8): 17-18.

2004-029 何奕工, 满征. 固体酸催化烷基化反应中微量氟化氢反应助剂的作用Ⅱ. 助剂与催化剂的相互作用. 催化学报, 2004, 25(5): 353-356.

2004-033 胡晓君, 李荣斌, 沈荷生, 戴永兵, 何贤昶. 低电阻率硼硫共掺杂金刚石薄膜的制备. 半导体学报, 2004, 25(8): 976-980.

2004-036 黄晓梅, 李宁, 黎德育. 高硅铝铸件镀前浸锌液的研究. 电镀与环保, 2004, 24(5): 27-30.

2004-051 李小兵, 田蒔, 孙玉静. 钛酸钡纳米粉的低温合成研究. 稀有金属材料与工程, 2004, 33(1): 79-82.

2004-065 鲁锦富. X 射线荧光光谱仪在 PTA 生产中的应用. 光谱实验室, 2004, 21(3): 592-594.

2004-072 马忠林, 赵天波, 宗保宁. ZSM-5/丝光沸石混晶分子筛的合成、表征及性能研究. 石油学报 (石油加工), 2004, 20(2): 21-27.

2004-074 彭国瑞, 鞠赞辉. 记忆合金材料的X荧光快速分析方法的建立. 冶金标准化与质量, 2004, 42(6): 9-10, 12.

2004-094 谭强强. 有机物对低温超强碱法制备纳米四方多晶氧化锆粉体性能的影响. 耐火材料, 2004, 38(2): 76-78.

2004-095 谭强强, 唐子龙, 张中太. 纳米四方多晶氧化锆粉体的低温制备及反应机理研究. 材料工程, 2004, (11): 57-60.

2004-096 谭强强, 张中太. 低温超强碱法制备引入有机添加剂的纳米四方多晶氧化锆粉体及其性能. 硅酸盐学报, 2004, 32(1): 19-23.

2004-109 王卫杰, 何晓梅. Ag-Cu-Ni焊料在真空开关管中的应用研究. 真空电子技术, 2004, (4): 45-48.

2004-113 王英伟, 程灏波, 刘景和, 李艳红, 洪元佳. 熔盐法生长Nd: KGW多波长激光晶体结构及光谱性能的研究. 光学技术, 2004, 30(6): 717-719, 723.

2004-126 谢治, 谢亚宁, 刘涛, 胡天斗, 闫文盛, 韦世强. 掠入射荧光XAFS研究Pt超薄膜的局域结构. 核技术, 2004, 27(2): 87-90.

2004-130 徐海, 李宝军. X射线荧光光谱测定荧光粉中硅铁锌钴. 岩矿测试, 2004, 23(4): 317-318.

2004-132 颜桂炀, 王绪绪, 付贤智. ZSM-5分子筛光催化活性的初步研究. 高等学校化学学报, 2004, 25(5): 942-944.

2004-161 赵守仁, 张怀金, 胡小波, 孔海宽, 刘均海, 徐现刚, 王继扬, 蒋民华. Nd:LuVO$_4$晶体的生长及其性能研究. 人工晶体学报, 2004, 33(3): 363-366.

2004-176 邹建, 高家诚, 王勇, 李易东, 文敏. 纳米TiO$_2$表面包覆致密SiO$_2$膜的试验研究. 材料科学与工程学报, 2004, 22(1): 71-73.

2005-001 白进伟, 迟燕华, 庄稼, 董发勤. 溶菌酶与硅灰石类粉尘中活性物质的反应行为研究 (Ⅰ)——样品中活性SiO_3^{2-}与溶菌酶的作用机理. 岩石矿物学杂志, 2005, 24(2): 151-154.

2005-002 包生祥, 王守绪, 马丽丽, 赵登华, 范荣奎, 李键. 行波管用钨铼合金中高含量铼的X射线荧光光谱测定. 光谱学与光谱分析, 2005, 25(3): 460-462.

2005-003 陈健, 程坚平. XRF法测定镀锌钢板钝化层重量的研究. 安徽冶金, 2005, (4): 15-16.

2005-004 陈宁, 张建华, 宋庆芳, 张凌云. 用X射线荧光光谱法鉴别抽页变造合同的纸张. 广东公安科技, 2005, (1): 20-21.

2005-014 代伟伟, 刘义新. 安徽明光凹凸棒土盐酸改性前后的矿物学特征及其孔结构. 矿物学报, 2005, 25(4): 393-398.

2005-015 代伟伟, 刘义新. 改性坡缕石粘土的全孔分布研究. 岩石矿物学杂志, 2005, 24(6): 526-530.

2005-021 范建东, 张怀金, 王正平, 葛文伟, 王继扬. SrWO$_4$多晶料的合成及其单晶的生长. 山东大学学报 (理学版), 2005, 40(4): 102-104, 109.

2005-026 付晓茹, 翟建平, 黎飞虎, 盛广宏. 金陵热电厂脱硫灰的理化性能研究. 粉煤灰综合利用, 2005, (2): 14-16.

2005-027 干宁. 乙酰半胱氨铜自组装修饰金电极作为生物传感器测定一氧化氮. 分析测试学报, 2005, 24(6): 10-15.

2005-040 胡会利, 李宁, 程瑾宁. 镀锌植酸钝化膜耐蚀性的研究. 电镀与环保, 2005, 25(6): 23-27.

2005-041 胡岚, 卫新年, 张皋, 梁亿. X射线荧光光谱法测定推进剂中的金属成分. 火炸药学报, 2005, 28(2): 80-82.

2005-044 Huang Xianhuai, Tang Yuchao, Hu Chun, Yu Hanqing, Chen Chusheng. Preparation and characterization of visible-light-active nitrogen-doped TiO$_2$ photocatalyst. Journal of Environmental Sciences, 2005, 17(4): 562-565.

2005-045 黄晓梅, 李宁, 蒋丽敏, 黎德育. 浸锌合金过程参数测定. 表面技术, 2005,

34(3): 20-24.

2005-046 黄兆龙, 洪盟峰. 台湾石门水库淤泥烧制轻骨料的可行性研究. 建筑材料学报, 2005, 8(5): 467-473.

2005-051 蒋丽敏, 李宁, 黄晓梅, 黎德育. 高硅铝合金无氰浸锌及镀层性能的测试. 电镀与环保, 2005, 25(4): 9-11.

2005-054 金长子, 李钢, 王祥生, 王云, 马书启. Ti-HMS 分子筛的合成、表征及催化性能研究. 石油学报 (石油加工), 2005, 21(6): 51-56.

2005-056 金忠秀, 童红武, 雍国平, 盛良全, 刘清亮, 刘少民. Ce-MCM-48 介孔分子筛的合成、表征和催化性能. 化学物理学报, 2005, 18(6): 1057-1061.

2005-057 亢宇, 马鸿文, 杨静. 利用钾长石合成介孔分子筛 AlMCM-41. 非金属矿, 2005, 28(4): 12-14.

2005-064 李德仁, 丁原石. 电子电器产品中禁用物质检测方法 (之一)——无机重金属管制物分析方法. 电子质量, 2005, (12): 65-68.

2005-067 李军, 张凤美, 李黎声, 舒兴田. 双模板剂法 SAPO-34 分子筛的合成及其性能. 石油炼制与化工, 2005, 36(6): 49-52.

2005-070 李莎莎, 陈卫东. X 射线荧光光谱法测定阳极铜各成分. 冶金分析, 2005, 25(2): 47-50.

2005-072 李小明, 赵会芹, 刘兰英, 丁红梅. X 射线荧光光谱法测定稳定氧化锆中主、次量元素. 山东冶金, 2005, 27(3): 48-49.

2005-074 李彦锋, 潘晓兵, 刘刚, 门学虎, 张树江, 王晓龙. 高岭土凝胶及氧化硅的制备与光谱性质研究. 光谱学与光谱分析, 2005, 25(10): 202-204.

2005-077 李哲男, 董星龙, 王威娜. 铜系导电涂料中纳米铜粉抗氧化问题的研究. 四川大学学报 (自然科学版), 2005, 42(S2): 226-230.

2005-082 刘波, 毕建聪, 徐玉恒. Mg：Er：LiNbO$_3$ 晶体的生长和抗光损伤性能. 硅酸盐学报, 2005, 33(3): 354-357.

2005-085 刘民, 郭新闻, 高健, 王祥生, 刘秀梅, 韩秀文, 包信和. 低温晶化对 B-ZSM-5 和 Ti-ZSM-5 物化性能的影响. 催化学报, 2005, 26(8): 660-664.

2005-086 刘圣迁, 刘晓敏, 张志谦, 刘巧明, 夏传义. 微电子封装化学镀镍工艺研究及应用. 电镀与涂饰, 2005, 24(1): 40-43.

2005-104 苗国玉. 硅铝铁合金粉末直接压片法荧光分析研究. 冶金标准化与质量, 2005, 43(4): 17-18.

2005-105 倪红军, 黄明宇, 朱昱, 孙宝德. 稀土熔剂对铝熔体的覆盖保护作用. 上海交通大学学报, 2005, 39(1): 23-26.

2005-107 彭程, 何宝林, 王然, 哈耀. 电致发光粉 ZnS: Cu 的透明防潮包覆. 中南民族大学学报 (自然科学版), 2005, 24(2): 9-12.

2005-112 秦俭, 张学军. 改性 Y 沸石和 ASA 载体负载 Ni-W 金属组分催化剂的重油加氢性能研究. 化工科技市场, 2005, (9): 31-35.

2005-113 覃红丽, 李湘祁, 曾国坪, 陈彗巧, 林辉, 汤德平. Y-MCM-41 介孔分子筛的微波合成与表征. 福州大学学报 (自然科学版), 2005, 33(2): 273-277.

2005-116 申如香, 盛成, 卓尚军. X 射线荧光光谱法测定有机钯. 理化检验-化学分册, 2005, 41(S): 68.

2005-119 盛成, 卓尚军, 申如香. 锗酸铋中氧化锗和氧化铋的 X 射线荧光光谱分析. 理化检验-化学分册, 2005, 41(S): 81.

2005-123 宋武元, 郑建国, 肖前. X 射线荧光光谱法定性和定量筛选电子电气产品中铅、汞、铬、镉和溴. 检验检疫科学, 2005, 15(S1): 26-28.

2005-125 宋游, 郑维明, 刘桂娇, 金立云. 二元比例-X 射线荧光光谱法测定模拟 MOX 燃料中 U 和 Ce 含量. 核化学与放射化学, 2005, 27(1): 7-10.

2005-126 宋云京, 石文华. 电厂冷油器铜管腐蚀失效分析. 金属热处理, 2005, 30(1): 86-89.

2005-127 宋祖峰, 阚斌, 陈健. 镁铝铬质耐火材料的 X 射线荧光光谱分析. 理化检验-

化学分册, 2005, 41(9): 648-650, 653.

2005-129 苏亚勤, 熊朝东, 刘燕. X 射线荧光光谱法测定锆钇粉体中的 Y_2O_3. 分析科学学报, 2005, 21(3): 347-348.

2005-141 唐晓恋, 肖秀峰, 刘榕芳. 含硅羟基磷灰石的水热合成与结构表征. 无机化学学报, 2005, 21(10): 1500-1504, 1437.

2005-165 Wu Jizong, Zheng Weiming, Jin Liyun, Huang Qingliang, Song You, Liu Guijiao, Zhang Lihua, Fan Dejun. Study and installation of graphite crystal pre-diffraction energy dispersion X-ray fluorometry and application in anglicizing HLLW sample. Annual Report for China Institute of Atomic Energy, 2005, (0): 167.

2005-169 吴松平, 孟淑媛, 庄志强, 刘会冲. 超细银包覆 $BaTiO_3$ 粉体的制备. 稀有金属材料与工程, 2005, 34(2): 321-324.

2005-172 吴岩青, 徐海. X 射线荧光光谱法测定超硬铝合金中成分. 理化检验-化学分册, 2005, 41(1): 28-29.

2005-174 武映梅, 宋兆华, 萧民强. X 射线荧光光谱法测定低合金钢中的 12 个元素. 南方金属, 2005, (1): 27-29, 31.

2005-176 谢拥群, Feng Martin, Deng James. MDF 纤维中脲醛胶含量的定量分析. 福建林学院学报, 2005, 25(4): 289-293.

2005-179 徐宝强, 戴永年, 杨斌. 苦卤水制备纳米氢氧化镁的研究. 云南化工, 2005, 32(4): 7-9.

2005-186 杨卫英, 伍智, 邹桂娟, 曾敏. 电真空器件用陶瓷二次金属化镀镍层起泡现象的研究. 真空, 2005, 42(1): 50-52.

2005-187 尹显东. 土耳其烧结铝矾土生产的高铝耐火材料. 国外耐火材料, 2005, 30(1): 13-18.

2005-190 袁丽凤, 俞雄飞, 王谦. 红外光谱结合 X 射线荧光光谱分析鉴定合成橡胶粒子. 光谱实验室, 2005, 22(4): 704-706.

2005-194 翟丕沐, 王立秋, 刘长厚, 张元礼. 苯制苯酚催化剂制备和反应特性研究. 大连理工大学学报, 2005, 45(6): 802-807.

2005-202 张国宇, 王鹏, 石岩, 马慧俊, 洪光. 微波诱导 Fe_2O_3/Al_2O_3 催化剂催化氧化处理水中苯酚. 催化学报, 2005, 26(7): 597-601.

2005-204 张瑾, 马磊. X 射线荧光法测试镀银铜线镀层厚度. 现代科学仪器, 2005, (3): 60-62.

2005-210 张香荣, 陈洁, 张立新. 铝质、硅质和镁质耐火材料的 X 射线荧光光谱快速分析. 冶金分析, 2005, 25(1): 15-18.

2005-211 张鑫, 徐柏庆. Au/ZrO_2 催化 CO 氧化反应中 ZrO_2 纳米粒子的尺寸效应. 化学学报, 2005, 63(1): 86-90, 95.

2005-213 张绪玉, 罗永春, 王大辉, 闫汝煦, 章应, 康龙. $La_{0.67}Mg_{0.33}Ni_{3.0-x}Al_x$ (x=0~0.3) 贮氢合金的相结构及电化学性能的研究. 功能材料, 2005, 36(7): 66-69, 72.

2005-220 张昭林, 李忠盛, 何庆兵, 易同斌. 化学气相沉积钨涂层及抗烧蚀性能研究. 表面技术, 2005, 34(4): 43-44.

2005-222 赵斌, 陈建中, 庄乃锋, 郭飞云. YIG 和 YAlIG 单晶的助熔剂提拉法生长和表征. 人工晶体学报, 2005, 34(1): 98-101.

2005-226 赵维娟, 鲁晓珂, 李国霞, 郭敏, 谢建忠, 高正耀, 孙新民, 郭木森, 承焕生, 张斌. 清凉寺窑与张公巷窑青瓷釉料的主量化学组成. 中国科学 (G 辑: 物理学 力学 天文学), 2005, 35(2): 167-175.

2005-235 周斌, 徐国跃. 稀土氯化物溶液掺杂 $BaTiO_3$ 基 PTC 陶瓷性能研究. 电子元件与材料, 2005, 24(1): 10-12, 15.

2005-237 周林, 李颖, 马红安, 李彦涛, 臧传义, 任国仲, 贾晓鹏. 含硫金刚石的合成及杂质分析. 金刚石与磨料磨具工程, 2005, (4): 14-16, 19.

2005-247 邹隽, 王华昌, 熊传辉, 叶建红, 王剑阳. Cr12MoV 钢盐浴渗钒的组织与性能. 热加工工艺, 2005, (4): 36-37, 39.

2006-007 曹建国. 二醋酸纤维素片丙酮浆液中 TiO_2 的 X 射线荧光光谱分析. 烟草科技, 2006, (9): 31-33, 45.

2006-008 曹立新, 韩清瑕, 李宁, 黄兴桥. 三乙四胺六乙酸消除高速镀锡液中铁杂质影响的研究. 材料保护, 2006, 39(6): 62-65, 83-84.

2006-010 常建平, 谢毅, 陶光仪. 用 X 射线荧光光谱法测定玻璃基材上 C+TiO$_2$ 薄膜的组分和厚度. 科学技术与工程, 2006, 6(18): 2978-2980.

2006-011 常毓巍, 杨敬军, 薛月霞. X 荧光光谱仪测定溶液中总溴浓度. 兰州大学学报, 2006, 42(1): 127-128.

2006-016 陈健, 程坚平. XRF 法测定镀锌钢板钝化层重量. 福建分析测试, 2006, 15(2): 31-32.

2006-022 程晓维, 汪靖, 张枚, 钟鹰, 黄强, 龙英才. CXN 天然沸石的研究 VII. 骨架高硅超稳化改性. 化学学报, 2006, 64(1): 1-8.

2006-027 Comini E., Alessandri I., Faglia G., Bontempi E., Depero L. E., Sberveglieri G.. Effects of V and Cr addition on the structural and sensing properties of titania. 稀有金属材料与工程, 2006, 35(S3): 113-115.

2006-033 邓新荣, 胡国荣, 彭忠东, 曹雁冰. 喷雾热解法合成高性能球形钴蓝的研究. 无机盐工业, 2006, 38(8): 32-34, 50.

2006-046 干慧菁, 高鸿奕, 朱化凤, 陈建文, 朱佩平, 冼鼎昌. X 射线荧光层析. 激光与光电子学进展, 2006, 43(3): 56-64.

2006-048 高家诚, 邹健, 谭小伟, 王勇. Characteristics and properties of surface coated nano-TiO$_2$. Transactions of Nonferrous Metals Society of China, 2006, (6): 1252-1258.

2006-055 韩小元, 卓尚军, 王佩玲. X 射线荧光光谱法表征薄膜进展. 光谱学与光谱分析, 2006, 26(1): 159-165.

2006-056 韩小元, 卓尚军, 王佩玲. X 射线荧光光谱检测多层薄膜样品的增强效应研究. 光谱学与光谱分析, 2006, 26(2): 353-357.

2006-057 韩小元, 卓尚军, 王佩玲, 陶光仪. X 射线荧光光谱法测定 Zn 镀层质量厚度及计算谱线选择问题研究. 分析试验室, 2006, 25(1): 5-8.

2006-061 洪江星, 陈天文. X 射线荧光光谱仪用于检测作为中密度纤维板中胶料标记的 CuSO$_4$ 的定量分析方法. 科学技术与工程, 2006, 6(18): 2983-2985.

2006-062 侯金红. X 射线荧光光谱法测定球团矿二氧化钛的含量. 光谱实验室, 2006, 23(1): 136-137.

2006-063 侯磊, 侯育冬, 宋雪梅, 朱满康, 汪浩, 严辉. 水热法合成 K$_{0.5}$Bi$_{0.5}$TiO$_3$ 纳米陶瓷粉体. 无机化学学报, 2006, 22(3): 563-566.

2006-068 Huang Fenghua, Peng Yiru, Lin Chengfang. Synthesis and characterization of ZnS：Ag nanocrystals surface-capped with thiourea. Chemical Research in Chinese Universities, 2006, 22(6): 675-678.

2006-075 姜海青, 姚熹, 车俊, 汪敏强. ZnSe/SiO$_2$ 复合薄膜光学常数与荧光光谱的研究. 物理学报, 2006, 55(4): 2084-2091.

2006-078 金忠秀, 雍国平, 盛良全, 童红武, 苏庆德, 刘少民. Ce-MCM-48 立方介孔分子筛结构的光谱表征. 光谱学与光谱分析, 2006, 26(3): 484-487.

2006-079 景晓燕, 邹朋辉, 葛强, 张密林, 王君. Al-Zn 柱撑膨润土的制备与表征. 化学与黏合, 2006, 28(4): 233-235.

2006-082 雷强华, 罗德礼, 熊义富, 石岩. 载钯硅藻土制备及吸/放氢性能分析. 稀有金属, 2006, 30(6): 746-750.

2006-105 李昕, 高玉枝, 郭元茹, 赵毛毛. 铵对 (NH$_4$)$_6$[CrMo$_5$LaO$_{24}$H$_6$]·16H$_2$O 的气相渗制备 MoN 及电性能. 稀土, 2006, 27(4): 1-4.

2006-110 李艳秋, 薛秋红, 程刚, 蔡发, 马昕. 电子电器产品塑料部件中限用有害重金属元素的 X 射线荧光定性筛选和 ICP-AES 定量检测. 光谱实验室, 2006, 23(4): 680-683.

2006-113 梁慧荣, 张耀君, 郭烈锦. N 掺杂 Ta$_2$O$_5$ 的制备及其光催化分解水制氢性能研究. 太阳能学报, 2006, 27(10):

1032-1036.

2006-118 刘丹,王静,刘俊龙. 废旧塑料回收再利用研究进展. 橡塑技术与装备, 2006, 32(7): 15-22.

2006-120 刘芳芳,何青,李凤岩,周志强,孙云. X射线荧光光谱法用于CIGS薄膜太阳电池中吸收层的定量分析. 科学技术与工程, 2006, 6(18): 2949-2951, 2957.

2006-121 刘海萍,李宁,毕四富,黎德育,郑剑,李康. Study of immersion gold plating process on Ni-P substrates. Journal of Rare Earths, 2006, 24(S2): 175-179.

2006-123 刘家祥,李敏,甘勇,王海宁. 纳米级氧化铟锡复合粉体的制备及其性能. 稀有金属材料与工程, 2006, 35(4): 662-664.

2006-125 刘景林. $AlN-ZrB_2$系及$AlN-SiC-ZrB_2$系复合型陶瓷材料的高温氧化. 国外耐火材料, 2006, 31(1): 40-44.

2006-126 刘景林. 耐酸材料中玻璃相的研究. 国外耐火材料, 2006, 31(1): 37-39.

2006-127 刘静远,张振忠,华旻,马立群,沈晓冬. 快速凝固Mg-Zn-Y合金薄带的制备及凝固组织特征. 铸造技术, 2006, 27(3): 258-262.

2006-128 刘睦清,高忆慈. 稀土配合物$[REL_3(4-picNO)H_2O]$的合成与表征. 稀土, 2006, 27(5): 15-19.

2006-135 Liu Yan, Sun Dezhi, Cheng Lin, Li Yanping. Preparation and characterization of $Fe_2O_3-CeO_2-TiO_2/\gamma-Al_2O_3$ catalyst for degradation dye wastewater. Journal of Environmental Sciences, 2006, 18(6): 1189-1192.

2006-136 刘杨军,王玉琴,程新兰,崔步光,关宇,李福华,高新华. 铝电解用预焙阳极中杂质元素的X射线荧光光谱法测定. 科学技术与工程, 2006, 6(18): 2976-2977, 2990.

2006-137 刘义新,代伟伟,王婷,陶涌. Superficial performance and pore structure of palygorskite treated by hydrochloric acid. Journal of Central South University of Technology (English Edition), 2006, 13(4): 451-455.

2006-138 刘谊,刘永胜,张立同,成来飞,徐永东. CVI制备Si_3N_{4p}/Si_3N_4透波材料表征与性能. 无机材料学报, 2006, 21(4): 979-985.

2006-143 陆晓明,郜力,金德龙. X射线荧光光谱法分析镁铬耐火材料. 耐火材料, 2006, 40(3): 231-233.

2006-154 马冲先,吴诚. 金属材料分析. 分析试验室, 2006, 30(12): 103-122.

2006-156 马慧侠,张爱芬. X射线荧光光谱法测定氧化铝中杂质元素. 理化检验-化学分册, 2006, 42(12): 980-983, 990.

2006-158 梅冰,乔学亮,王洪水,陈建国,邱小林. 微米级铜粉化学镀银及抗氧化性分析. 材料保护, 2006, 39(9): 28-30, 72.

2006-169 齐济,古丽斯坦,王承遇,宁桂玲. 硅酸盐玻璃表面析碱的研究. 玻璃与搪瓷, 2006, 34(3): 9-13.

2006-171 钱达兴,刘学理. 温度对铬砖耐玻璃液侵蚀性的影响. 建筑材料学报, 2006, (6): 749-753.

2006-173 邱忠文,黄代会. XRF在外壳镀层厚度测试中的正确应用. 微电子学, 2006, 36(4): 526-528.

2006-174 曲月华,王翠艳. X射线荧光光谱法测定铝质耐火材料中主次成分. 冶金分析, 2006, 26(4): 36-39.

2006-179 邵红,孙伶. 铁钛改性膨润土对铬的吸附性能研究. 环境科学与技术, 2006, 29(7): 12-13, 30, 115.

2006-185 石亮政. 电子电器产品有害物质的快速定性筛分法. 电子质量, 2006, (9): 67-68.

2006-186 司玉锋,陈玉勇,孔凡涛,陈子勇. 稀土Y对Ti-23Al-25Nb合金显微组织的影响. 航空材料学报, 2006, 26(1): 6-10.

2006-188 宋武元,郑建国,肖前,周明辉,刘志红,刘丽. X射线荧光光谱法同时测定电子电气产品中限制使用物质铅、汞、铬、镉和溴. 光谱学与光谱分析, 2006, 26(12): 2350-2353.

2006-189 宋霞,王静. 锆刚玉质耐火材料的X射线荧光光谱分析法. 光谱实验室, 2006,

23(6): 1314-1317.

2006-190 宋秀铎, 赵凤起, 张蕊娥, 高红旭, 郝海霞, 李上文. 柠檬酸铋的制备、结构表征及其在固体推进剂中的催化作用. 兵工学报, 2006, 27(4): 643-647.

2006-202 唐章奎, 胡孟春, 周殿忠, 牟维兵, 郑晓东, 周永安, 曲雁. Fe、Co、V 和 Ti 材料的 X 荧光效率测量. 核电子学与探测技术, 2006, 26(6): 751-752, 775.

2006-207 万尤宝, 刘青松, 吴宇容, 朱海滨, 童佳, 杨辉. Li 离子浓度对铌酸钾锂晶体 $[NbO^6]^{7-}$ 八面体畸变的影响. 人工晶体学报, 2006, 35(5): 1066-1070.

2006-212 王朝辉, 康永林, 赵鸿金, 徐跃. Grain refinement of Mg-Al magnesium alloys by carbon inoculation. Transactions of Nonferrous Metals Society of China, 2006, (S3): 1851-1854.

2006-213 王朝辉, 康永林, 赵鸿金, 徐跃. 晶粒细化工艺对 AM60 镁合金组织性能的影响. 特种铸造及有色合金, 2006, 26(4): 199-201, 189.

2006-214 王传耀, 杨文斌, 陈刚. 杉木间伐材 ACQ 防腐与综合强化复合改性研究. 林业科学, 2006, 42(12): 101-107.

2006-217 王广甫, 鲁永芳, 朱光华. 质子弹性散射分析方法测量 mylar 膜上气溶胶样品的氢含量. 北京师范大学学报 (自然科学版), 2006, 42(2): 154-156.

2006-222 王玲玲, 高勇, 刘晃清, 彭智伟, 邹炳锁. $Ce_{1-x}Nd_xO_{2-x/2}(0 \leq x \leq 0.6)$ 纳米粉体的低温燃烧合成. 金属学报, 2006, 42(5): 511-514.

2006-239 王云芳, 王汝敏, 郭增昌. 化学复合镀梯度镀层工艺研究. 材料科学与工艺, 2006, 14(5): 499-502.

2006-243 韦志仁, 刘超, 李军, 葛世艳, 张华伟, 林琳, 郑一博, 窦军红. 水热法合成 $Zn_{1-x}Mn_xO$ 稀磁半导体 (英文). 人工晶体学报, 2006, 35(1): 95-98, 103.

2006-245 魏庆玲, 申东明, 谭涓, 刘靖. Ti-MCM-41 分子筛的合成、表征及其催化作用. 石油化工, 2006, 35(8): 725-729.

2006-251 谢晓峰, 贾桂玲, 张剑平, 方建慧, 施利毅. 纳米 $SiO_2/TiO_{2-x}N_x$ 复合粒子的制备与表征. 太阳能学报, 2006, 27(1): 14-18.

2006-258 徐鸿志, 王英, 王永在, 牛金叶. X 射线荧光光谱法分析玻璃纤维中主、次量元素成分. 理化检验-化学分册, 2006, 42(11): 918-920.

2006-259 徐慧超, 张金洲, 沈浩元. 用于 X 荧光分析的半导体探测器. 常熟理工学院学报, 2006, 20(2): 91-93.

2006-271 杨柳, 张凤美, 李中柱. MCM-22、MCM-49 和 MCM-56 分子筛的表征. 工业催化, 2006, 14(3): 63-67.

2006-273 杨世芳, 杨杰, 龙盛如. 聚喹啉硫醚的合成及表征. 高分子材料科学与工程, 2006, 26(6): 59-62.

2006-275 杨晓梅, 徐竹生, 马怀军, 徐云鹏, 田志坚, 林励吾. MgAPO-11 分子筛的合成及 Pt/MgAPO-11 在正十二烷临氢异构化反应中的催化性能. 催化学报, 2006, 27(11): 1039-1044.

2006-289 Zhan Z. L., He Y. D., Gao W.. Oxidation resistance of nanocrystal ODS aluminide coatings produced by pack alumnizing process assisted by ball peening. Acta Metallurgica Sinica (English Letters), 2006, 19(3): 215-222.

2006-300 张力, 孙云, 何青, 徐传明, 肖建平, 薛玉明, 李长健. $Cu(In, Ga)Se_2$ 集成电池吸收层的三步共蒸工艺. 太阳能学报, 2006, 27(9): 895-899.

2006-307 张淑英, 刘英. 溶液-粉末压片法 XRF 分析 NdFeB 磁性材料的成分. 分析测试学报, 2006, 25(1): 130-132.

2007-004 毕四富, 李宁, 屠振密, 王亚伟. 镀锌层三价铬黑色钝化工艺的研究. 电镀与环保, 2007, 27(4): 17-20.

2007-007 曹顿华, 赵广军, 宗艳花, 徐军. 不同掺杂浓度 Ce: YAP 闪烁晶体的性能研究. 中国稀土学报, 2007, 25(4): 509-512.

2007-009 曹为民, 石新红, 印仁和, 朱律均, 胡滢. 流动槽滴入法电结晶制备铜钴纳米多层膜. 功能材料与器件学报, 2007, 13(4): 399-402.

2007-010 曹艳丽, 周茶. 玻璃熔窑池壁侵蚀机理的研究（一）. 玻璃, 2007, (1): 11-13, 20.

2007-011 陈灿, 张波萍, 焦力实, 张海龙, 张芸. 纳米金属颗粒分散氧化物 Ag/NiO 薄膜的制备与光吸收特性. 稀有金属材料与工程, 2007, 36(S1): 885-888.

2007-014 陈兰武, 李金瑞. X 荧光检验技术在浮法玻璃混合料质量控制中的应用. 玻璃, 2007, (4): 23-25.

2007-021 陈一胜, 魏梅红, 段鹏征, 刘萍. 不同微合金元素对 Cu-Cr-Zr 组织与性能的影响. 特种铸造及有色合金, 2007, 27(5): 404-406, 328.

2007-044 冯立明, 王玥, 李成美. α-Al_2O_3 含量对 Ni-P 复合化学镀层结构及性能的影响. 材料保护, 2007, 40(1): 13-15, 73.

2007-045 冯其明, 杨艳霞, 刘琨, 肖愉, 张国范. 采用纤蛇纹石制备纳米纤维状多孔氧化硅. 中南大学学报（自然科学版）, 2007, 38(6): 1088-1093.

2007-049 干福熹, 承焕生, 李青会. 中国古代玻璃的起源——中国最早的古代玻璃研究. 中国科学（E辑：技术科学）, 2007, 37(3): 382-391.

2007-050 甘新式, 杨家敏, 易荣清, 张继彦, 赵屹东, 赵阳, 崔明启, 邓爱红. 邻苯二钾酸氢铊晶体积分衍射效率的标定. 强激光与粒子束, 2007, 19(11): 1827-1831.

2007-052 高卫红. X 射线荧光分析法测定金属阳极中钌含量. 氯碱工业, 2007, (1): 38-39.

2007-053 高新华, 舒军, 张鹏. 铝电解质分子比的 X 射线荧光光谱法测定. 冶金分析, 2007, 27(2): 24-28.

2007-057 郭伟, 赖万昌, 程锋. X 射线荧光法检测纸张厚度. 纸和造纸, 2007, 26(6): 77-79.

2007-058 郭伟, 赖万昌, 郭生良, 程峰. XRF 方法在测量纸张厚度中的应用. 核电子学与探测技术, 2007, 27(5): 958-961.

2007-062 韩小元, 卓尚军, 申如香, 王佩玲. XRF 中激发电位和靶材对散射效应增强荧光强度的影响研究. 光谱学与光谱分析, 2007, 27(1): 194-197.

2007-066 郝国栋, 姜兆华, 姚忠平, 吴晓宏, 线恒泽. 焙烧气氛对 Ti-6Al-4V 合金微弧氧化陶瓷膜相组成影响. 稀有金属材料与工程, 2007, 34(S2): 693-695.

2007-071 胡健, 王建伟, 张昕, 田松柏. 不同硅铝比的 SAPO-41 分子筛物化性质及催化性能研究. 燃料化学学报, 2007, 35(2): 253-256.

2007-072 胡林彦, 谢素娟, 王清遐, 刘盛林, 徐龙伢. 无导向剂直接水热合成小粒径的 NaY 分子筛. 催化学报, 2007, 28(9): 761-765.

2007-073 胡正龙, 顾豪爽, 胡永明, 郑凯泓, 袁颖, 尤晶, 邹卫东. $Bi_4Ti_3O_{12}$ 纳米片的低温合成与光致发光特性研究. 湖北大学学报（自然科学版）, 2007, 29(2): 156-159.

2007-074 华旻, 马立群, 丁毅, 张振忠. 快速凝固法制备 Mg-Al-Ca 合金薄带. 特种铸造及有色合金, 2007, 27(8): 619-622, 572.

2007-075 黄皓芳, 王玉梅. 废旧塑料鉴别方法. 塑料制造, 2007, (6): 72-74, 76.

2007-098 李华飞, 张喜生. 电沉积制备 Fe-Cr-Ni 泡沫合金工艺研究. 材料保护, 2007, 40(11): 24-26, 85.

2007-099 李金辉, 杜朝军. 稀土对电沉积 Ni-Fe-P-RE 合金镀层的影响. 电镀与环保, 2007, 27(4): 12-13.

2007-108 李昕, 谢呈德, 刘冰, 刘朋, 郭元茹. 稀土钨青铜 $K_{0.71}Nd_{0.028}WO_3$ 的制备及其电性能. 无机化学学报, 2007, 23(4): 664-668.

2007-116 梁成浩, 郭承忠. 无氰电镀 22K 金工艺研究. 材料保护, 2007, 40(10): 23-25, 94.

2007-117 梁红艳, 于浩海, 张怀金, 王继扬, 于永贵, 王正平. $GdVO_4$ 晶体的生长及其性能研究. 人工晶体学报, 2007, 36(1): 47-51.

2007-131 刘建华, 张瑞军, 杨景茹, 孙奇娜. CuNiCrAl 合金在 H_2SO_4 溶液中的腐蚀行为. 稀有金属材料与工程, 2007, 36(S3): 295-298.

2007-132 刘建华, 张瑞军, 杨景茹, 孙奇娜. 试样状态对铜合金脱铬腐蚀的影响. 稀有金属材料与工程, 2007, 36(S3): 299-303.

2007-134 刘静远, 张振忠, 沈晓冬. 急冷 $Mg_{81.53}Zn_{18.19}Y_{0.28}$ 合金薄带的制备及凝固组织. 有色金属 (冶炼部分), 2007, (1): 27-30.

2007-135 刘琨, 冯其明, 杨艳霞, 张国范. 纤蛇纹石制备氧化硅纳米线. 硅酸盐学报, 2007, 35(2): 164-169.

2007-137 刘琪, 冒国兵, 敖建平. $Cu(In, Ga)Se_2$ 太阳电池缓冲层 ZnS 薄膜性质及应用. 半导体学报, 2007, 28(5): 726-730.

2007-138 刘琪, 冒国兵, 敖建平. 化学水浴沉积时间对 CdS 薄膜性质的影响. 功能材料, 2007, 38(6): 968-971.

2007-139 刘琪, 冒国兵, 敖建平, 孙云, 孙国忠, 刘芳芳, 何青, 李凤岩, 周志强, 李长健. 化学水浴沉积 CIGS 太阳电池缓冲层 ZnS 薄膜的研究. 太阳能学报, 2007, 28(2): 155-159.

2007-140 刘芹芹, 杨娟, 孙秀娟, 程晓农. 不同形貌 $ZrWMoO_8$ 粉体的制备、表征及其负热膨胀特性. 高等学校化学学报, 2007, 28(3): 397-401.

2007-142 刘仁平, 金保升, 仲兆平, 孙志翱, 张勇. 循环流化床燃烧棉秆两种床料的特性. 东南大学学报 (自然科学版), 2007, 37(3): 441-445.

2007-143 刘守平, 徐安莲, 田中青, 田卫国. 贮氢合金 $V_3TiNi_{0.56}Cr_x$ 的充放电性能和吸放氢性能研究. 功能材料, 2007, 38(2): 286-288.

2007-147 卢红霞, 张伟, 李利剑, 关绍康, 张锐. 利用冶金高炉渣制备微晶玻璃的研究. 郑州大学学报 (工学版), 2007, 28(3): 98-100.

2007-148 鲁彬, 李平, 李征, 魏雨. 沸腾回流法制备 Al 元素掺杂 ZnO 及表征. 河北师范大学学报 (自然科学版), 2007, 31(2): 11-14.

2007-156 孟彬, 孙跃, 赫晓东, 李明伟. EB-PVD 制备 YSZ 涂层的氧空位和晶体学织构表征. 材料科学与工艺, 2007, 15(6): 770-773.

2007-160 潘志云, 孙治湖, 谢治, 闫文盛, 韦世强. $Si/Ge_n/Si(001)$ 异质结薄膜的掠入射荧光 X 射线吸收精细结构研究. 物理学报, 2007, 56(6): 3344-3349.

2007-173 任家富, 庹先国, 林娟, 穆克亮, 陶永莉. 在线工业镀层及涂层厚度分析仪. 中国测试技术, 2007, 33(3): 10-12.

2007-178 施成营, 何青, 张力, 肖建平, 敖建平, 杨成晓, 李微, 李凤岩, 孙云. 柔性不锈钢衬底 CIGS 薄膜太阳电池. 太阳能学报, 2007, 28(9): 947-950.

2007-179 施继龙, 李修松. 关子钞版的金属成分分析. 北京印刷学院学报, 2007, 15(2): 32-34.

2007-180 施剑秋, 顾广新, 游波, 周树学. 钨掺杂二氧化钒粉体的制备和热致变色性能. 复旦学报 (自然科学版), 2007, 46(3): 360-365.

2007-182 宋洪霞. X 射线荧光光谱法测定镁质耐火材料中的主要元素. 福建分析测试, 2007, 16(4): 65-67.

2007-184 宋秀铎, 赵凤起, 王江宁, 郑伟, 田军. 5-(2, 4-二硝基苯胺基)-水杨酸铅的合成及其对双基推进剂的催化作用. 含能材料, 2007, 15(4): 310-312.

2007-187 宋游, 郑维明, 刘桂娇, 吴继宗. 石墨晶体预衍射 X 射线荧光分析中的基体影响. 中国原子能科学研究院年报, 2007, (0): 273-274.

2007-189 苏德法. X 射线荧光光谱法测定硅铝质耐火材料中的主次成分. 河北化工, 2007, 30(2): 53-54.

2007-191 苏惠超, 薛建国, 王光朋, 郑坚敏, 黄贞益, 刘广华, 尹桂全. 高合金钢管穿孔顶头的失效分析. 钢管, 2007, 36(2): 39-43.

2007-192 孙海健, 刘惠玲. 铈掺杂 TiO_2 / Ti 光电极制备及可见光下光电催化性能的研究. 无机材料学报, 2007, 22(6): 1065-1069.

2007-194 孙琳, 叶娜, 王祥生, 郭洪臣. 晶粒度对 ZSM-5 沸石上 C₄液化气低温芳构化反应的影响. 化学通报, 2007, (8): 633-636.

2007-195 孙书红, 丁伟, 李朝昕, 王莉, 庞新梅, 高雄厚. 以水玻璃为硅源合成 ZSM-5 沸石分子筛. 石化技术与应用, 2007, 25(6): 509-511, 519.

2007-199 谭瑞淀, 王同华, 檀素霞, 贺新展, 吴涛. 微波辐照热解废印刷电路板产物的分析研究. 环境污染与防治, 2007, 29(8): 599-601.

2007-202 陶倩. X 射线荧光光谱分析烧结焊剂. 理化检验-化学分册, 2007, 43(8): 684-685.

2007-204 田上正敏, 反町正美, 早川光太郎, 孙自伟. 应对 RoHS 指令的材料 (电线). 家电科技, 2007, (7): 59-62.

2007-211 王成云, 刘彩明, 李丽霞, 褚乃清, 钟声扬, 唐莉纯. 麻纤维的定性鉴别. 中国纤检, 2007, (8): 38-41.

2007-218 王娟, 李树新, 郭文莉. 溴化丁基橡胶溴含量的测定. 合成橡胶工业, 2007, 30(6): 423-426.

2007-221 王淼, 黄庆利, 陈学太. Eu^{3+}或 Tb^{3+}掺杂的 KY_2F_7 纳米球的制备与表征 (英文). 无机化学学报, 2007, 23(9): 1550-1554.

2007-222 王巧玲. X 射线荧光光谱法快速检验进口氯化钾. 现代测量与实验室管理, 2007, (5): 20-22.

2007-236 韦志仁, 李哲, 胡志鹏, 罗小平, 高平, 王伟伟, 董国义. Mn、Cu 共掺 ZnO 磁性的研究 (英文). 人工晶体学报, 2007, 36(5): 1155-1159, 1165.

2007-237 韦志仁, 王伟伟, 蔡淑珍, 付三玲, 李军, 刘超, 董国义. Sn 掺杂对 ZnO 晶体形貌和磁性的影响. 人工晶体学报, 2007, 36(1): 81-84, 75.

2007-238 卫巍, 程国营. X 射线荧光测量技术在冷轧镀锌处理线的应用. 宝钢技术, 2007, (1): 54-57.

2007-242 吴敬兵, 叶涛. 卡车地板纵梁无损检测及 SEM 分析. 重庆工学院学报 (自然科学版), 2007, 21(4): 37-39.

2007-244 吴伦强, 张连平, 杨光文, 刘勇, 李英秋, 张宁, 杨明太. XRF 法无标分析人造金刚石原料锭中 Fe、Ni、Cr、Co 组分及其分布. 核电子学与探测技术, 2007, 27(6): 1227-1230, 1238.

2007-245 吴伟, 孙可一. 酸脱铝改性的 HZSM-12 分子筛催化合成 2, 6-二甲基萘的研究. 现代化工, 2007, 27(S2): 182-187.

2007-249 肖凤娟, 常虹, 韩玉芳, 任瑞合, 任淑霞. 含硅羟基磷灰石粉体的合成及其与蛋白质的相互作用研究. 功能材料, 2007, 38(12): 2059-2063.

2007-250 肖正刚, 应三九, 徐复铭, 侯保国. 等离子体点火中止后回收发射药的 X 射线荧光光谱分析. 含能材料, 2007, 15(5): 530-533.

2007-254 徐安莲, 刘守平, 田卫国, 田中青. $V_3TiNi_{0.56}Al_x$ 贮氢合金充放电性能和吸放氢性能研究. 材料导报, 2007, 21(S1): 278-280.

2007-260 许国仁, 邹金龙, 孙丽欣. 污泥作为添加剂制备轻质陶粒的试验研究. 哈尔滨工业大学学报, 2007, 39(4): 557-560.

2007-262 许骅, 卫碧文, 缪俊文, 郑翊, 方能虎. ABS 塑料中含溴阻燃剂前处理方法的探讨. 检验检疫科学, 2007, 17(Z1): 86-89.

2007-276 杨明太, 高戈, 齐红莲. EDXRF 法测定 W-Mo-Ni-Fe 合金组分. 稀有金属材料与工程, 2007, 36(11): 2065-2068.

2007-277 杨明太, 杨光文, 高戈, 齐红莲. EDXRF 法直接测定 W-Fe-Ni-Co 合金混合料组分. 核电子学与探测技术, 2007, 27(5): 924-926, 932.

2007-281 杨文锋, 刘颖, 杨林, 李德安, 高升吉, 涂铭旌. 等离子喷涂 Fe-Ni-B 屏蔽涂层的结构与性能研究. 核动力工程, 2007, 28(4): 72-75.

2007-286 姚淑华, 王继扬, 刘宏, 胡小波, 张怀金, 吴剑波, 秦晓勇. 掺镁近化学计量比铌酸锂晶体的生长（英文）. 硅酸盐学报, 2007, 35(3): 281-284.

2007-300 张巨生, 掌继锋, 刘志刚, 高雪田, 黄青娜, 徐广辉, 潘晓娟, 陆明. 应用高能球磨法制备纳米钛改性聚合物的研究. 稀有金属材料与工程, 2007, 36(12): 2204-2207.

2007-304 张鹏程, 武会宾, 唐荻, 王路兵, 崔毅. 低碳微合金钢中Nb、V、Ti碳氮化物的回溶研究. 金属热处理, 2007, 32(6): 41-44.

2007-306 张新, 邹苗章. 能量色散X射线荧光光谱法测定聚合物中的镉、铅、汞、铬、溴. 现代测量与实验室管理, 2007, (5): 17-19.

2007-307 张燕. 连铸机浸入式水口内侵蚀与水口壁中Al、Si和Ca含量的关系. 耐火与石灰, 2007, 32(5): 57-60.

2007-311 张振忠, 赵芳霞, 杨江海, 刘静远, 沈晓冬. 快速凝固Mg-Zn-Y合金薄带组织和性能研究. 新技术新工艺, 2007, (9): 75-78, 4.

2007-312 张志峰, 刘子瑜, 牛素琴, 王薔茜, 温铁丽. 烧失量严重 (15%～25%) 弥散型天然高岭土的X射线荧光光谱分析. 兵器材料科学与工程, 2007, 30(4): 64-66.

2007-313 Zhang Weilin, Zhou Lingping, Shen Shiming, Li Zheng, Zhu Yuxia, Tian Huiping, Long Jun. Study on modification of ultra-stable zeolite prepared by hydrothermal method. China Petroleum Processing & Petrochemical Technology, 2007, (2): 55-59.

2007-318 赵艳娟, 刘喜秀, 陶蕊. X射线荧光光谱法测定钛铁中的硅、锰、磷、铝. 化学分析计量, 2007, 16(4): 47-48.

2007-326 周帆, 田鹏, 刘中民, 刘广宇, 常福祥, 李金哲. ZSM-34分子筛的合成及其催化甲醇转化制烯烃反应性能. 催化学报, 2007, 28(9): 817-822.

2007-327 周晖, 郑军, 温庆平, 桑瑞鹏, 万志华. 沉积温度对非平衡磁控溅射 MoS_2-Ti 复合薄膜的结构与性能影响研究. 润滑与密封, 2007, 32(12): 16-19, 22.

2007-334 祖丽华, 李青山, 胡玉洁. 聚 (丙烯腈-乙酸乙烯酯)/黄粘土纳米复合材料研究. 材料工程, 2007, (S1): 136-140.

2008-002 安茂忠, 张锦秋. Sn-Ag-Cu合金电沉积行为的研究. 黑龙江大学自然科学学报, 2008, 25(6): 701-705.

2008-003 安身平, 吕平平, 廖志海, 费浩. X射线荧光光谱法测定溴化锌溶液中溴化锌的含量. 光谱实验室, 2008, 25(5): 842-846.

2008-007 包生祥, 王艳芳, 王娇, 王敬东, 马丽丽. $Sm_2(Co, Cu, Fe, Zr)_{17}$合金铸锭的缺陷和成分分布研究. 分析测试学报, 2008, 27(2): 162-164, 169.

2008-012 Chen Chao, Wang Xiangyu, Chang Ying, Liu Huiling. Dechlorination of disinfection by-product monochloroacetic acid in drinking water by nanoscale palladized iron bimetallic particle. Journal of Environmental Sciences, 2008, 20(8): 945-951.

2008-021 陈泓钧. 氧化铝的X射线荧光光谱分析方法研讨. 光谱实验室, 2008, 25(6): 1273-1275.

2008-022 陈骞, 刘广, 张振忠, 张浩, 张少明. 快速凝固制备 $Mg_{4.44}Zn_{1.85}Y_{1.19}Zr$ 合金薄带. 新技术新工艺, 2008, (6): 73-75, 3.

2008-026 陈琳. 中温锌-钙系黑磷化膜的制备与性能研究. 表面技术, 2008, 37(5): 52-54, 63.

2008-036 程峰, 钟玉荣, 王宝义, 王天民, 魏龙. 退火温度对CsI(T1)薄膜微观结构和闪烁性能的影响. 无机材料学报, 2008, 23(4): 749-752.

2008-039 程清, 姜鹏翔, 仵春祺, 付明英, 孔东新. X射线荧光光谱法测定聚乙烯树脂中微量铬. 理化检验-化学分册, 2008, 44(4): 375.

2008-041 程志鹏, 杨毅, 李凤生, 潘振华. Synthesis and characterization of aluminum particles coated with uniform silica shell. Transactions of Nonferrous

Metals Society of China, 2008, 18(2): 378-382.

2008-047 邸云萍, 徐利华, 王缓, 刘明, 仉小猛. 整体利用钛精矿制备多相复合型光催化粉体. 人工晶体学报, 2008, 37(4): 886-889, 907.

2008-050 董香梅, 刘民, 施金亮, 宋春山, 郭新闻. Hβ沸石催化剂酸性及晶粒尺寸对2-(4′-乙基苯甲酰基) 苯甲酸脱水闭环反应的影响. 石油学报 (石油加工), 2008, 24(3): 288-292.

2008-052 杜艾, 李宇农, 周斌, 吴越华, 肖淑芳, 刘春泽, 沈军, 倪星元. ICF 用铜基低密度气凝胶靶材料研制. 原子能科学技术, 2008, 42(9): 794-798.

2008-059 冯庆, 冯生, 杨清海, 杨文波. 高可焊性电镀纯锡工艺及镀层性能测试. 电子工业专用设备, 2008, (1): 10-13, 41.

2008-060 符颖, 魏子栋, 冯永超, 马兴立, 廖明佳, 廖超, 张捷, 张环. CeO_2/Pt 复合电极及其电催化特性. 电化学, 2008, 14(4): 407-410.

2008-066 葛少英, 朱孟钦, 周晓龙, 余国贤, 金亚清. La 纳米自组装膜的制备及摩擦学性能研究. 润滑与密封, 2008, 33(1): 89-93.

2008-068 龚睿, 柳林. 钨含量对 Ni-W 合金镀层结构及耐蚀性能的影响. 稀有金属材料与工程, 2008, 37(1): 130-134.

2008-074 关颖, 杨腊虎, 丁喜峰, 郭西华, 朱艳英, 史锦珊. 第 4 代太空防风的 X 射线荧光研究. 光谱学与光谱分析, 2008, 28(5): 1191-1193.

2008-075 郭斌, 刘福生, 邓士翠, 李秀辉, 沈理忠. 铝锆偶联剂表面修饰稀土长余辉发光材料的研究. 稀有金属材料与工程, 2008, 37(7): 1241-1244.

2008-079 郭元茹, 李昕, 方桂珍, 刘志明. 气相扩渗法制备 $K_{0.75}Nd_{0.042}WO_3$ 钨青铜及电性能研究. 稀土, 2008, 29(5): 72-76.

2008-080 韩薇, 常树全, 戴耀东, 陈达, 黄彦君. 氰根桥联 Ni(Ⅱ)-Fe(Ⅲ) 类纳米分子磁体磁性及穆斯堡尔谱研究. 物理学报, 2008, 57(4): 2493-2499.

2008-081 韩志钟, 潘海波, 沈水发, 李世云. S/TiO_2 纳米氧敏材料的结构与吸脱附特性. 功能材料与器件学报, 2008, 14(4): 780-786.

2008-084 何明奕, 刘丽, 王胜民, 赵晓军, 赵霞. 稀土对机械镀无结晶形成过程及镀层性能的影响. 材料热处理学报, 2008, 29(2): 145-149.

2008-085 洪爱珠, 颜桂炀, 刘欣萍, 肖荔人, 陈庆华. V-P/HZSM-5 催化乙醇流化床脱水制乙烯. 工业催化, 2008, 16(4): 49-54.

2008-086 洪江星. Ni-Cr 烤瓷合金的 X 射线荧光无标样定量分析. 分析测试技术与仪器, 2008, 14(3): 179-181.

2008-087 胡东波, 薛铁宁, 王金华, 张红燕. 重庆大足宝顶山千手观音的贴金材料分析研究. 文物保护与考古科学, 2008, 20(3): 44-51, 76.

2008-092 黄飞, 傅正义, 王为民, 王皓, 王玉成, 张金咏, 张清杰. TiB_2 在球磨中的氧化行为 (英文). 硅酸盐学报, 2008, 36(1): 17-20.

2008-095 季宝华, 陶建清. 膨胀型钢结构防火涂料膨胀炭质层的研究. 涂料工业, 2008, 38(3): 21-23, 70.

2008-100 金德龙, 陆晓明, 邰力. 耐火材料 X 射线荧光光谱分析方法. 耐火与石灰, 2008, 33(3): 4-8.

2008-104 郎海刚, 徐华蕊, 朱归胜. $Ba_{0.6}Sr_{0.4}TiO_3$ 粉体的水热法制备. 材料导报, 2008, 22(S1): 133-135.

2008-115 李明欧, 肖秀峰, 刘榕芳. 含锌羟基磷灰石的水热合成与结构表征. 硅酸盐学报, 2008, 36(3): 378-382.

2008-119 李强, 窦涛, 霍全, 徐庆虎, 巩雁军, 潘惠芳. 不同硅铝比 β 沸石的理化性质及烃类催化裂化活性. 物理化学学报, 2008, 24(7): 1192-1198.

2008-124 李昕, 刘冰, 谢呈德. 稀土气相扩渗法制备稀土钨青铜 $K_xLn_yWO_3$ 及电性能. 稀有金属材料与工程, 2008, 37(5): 900-904.

2008-125 李秀玲, 宋永辉, 兰新哲, 邢相栋. 酸洗后 201×7 树脂上金属铜的解吸研究. 黄金, 2008, 29(3): 51-54.

2008-130 李哲男, 黄昊, 张雪峰, 左芳, 钟武波, 董星龙. 导电涂料中纳米铜粉抗氧化性的研究. 材料科学与工艺, 2008, 16(6): 826-829, 834.

2008-144 刘春静, 魏雨, 郝顺利, 王永明, 王新. 锰锌铁氧体纳米粉体的液相制备及磁性能. 磁性材料及器件, 2008, 39(2): 51-54.

2008-145 刘存琨, 屠振密, 李宁, 毕四富. 三价铬镀液电镀黑铬工艺研究. 电镀与精饰, 2008, 30(7): 39-41.

2008-149 刘洪, 葛文伟, 江向平, 赵祥永, 罗豪甦. $0.94Na_{1/2}Bi_{1/2}TiO_3$-$0.06BaTiO_3$ 无铅压电单晶的生长及电学性能研究. 人工晶体学报, 2008, 37(4): 881-885.

2008-150 刘建峰, 付宝荣, 安克峰. 铝质耐火材料中多元素的 X 射线荧光光谱分析. 甘肃冶金, 2008, 30(4): 27-29, 47.

2008-152 刘景林. 金属锌粉对 Al_2O_3-C 质耐火材料抗氧化性的影响. 耐火与石灰, 2008, 33(4): 55-57.

2008-153 刘磊夫, 张孟星, 曲淑凡. 岩石、土壤中 23 种主次痕量元素的 XRF 测定. 现代科学仪器, 2008, (2): 75-78.

2008-154 刘明兴, 叶宏光. X 射线荧光光谱法测定钢水净化剂. 中国钢铁业, 2008, (7): 25-26.

2008-155 刘松秀, 刘红梅, 黄开勋. 低温湿化学还原法制备 Bi_2Te_3 单晶纳米棒. 无机材料学报, 2008, 23(2): 305-308.

2008-157 刘艳改, 熊守美, 黄朝晖, 房明浩, 袁建路. 合金元素对 AM60B 镁合金性能的影响. 材料科学与工艺, 2008, 16(4): 511-514.

2008-166 罗保民, 杨海滨, 刘世凯. Ti-6Al-4V 合金表面 TiO_2 纳米管阵列薄膜的制备与光电特性研究. 稀有金属快报, 2008, 27(10): 19-23.

2008-172 马慧侠, 张爱芬, 李智慧. 预焙阳极微量元素 XRF 测定方法的研究. 分析测试学报, 2008, 27(9): 998-1001, 1004.

2008-190 钱俊龙. 用微拉曼谱测定 Della Robbia 玻璃的颜色. 文物保护与考古科学, 2008, (1): 45.

2008-198 施成营, 何青, 赵九成, 李风岩, 姜一, 张力, 王春婧, 周志强, 李长健, 孙云. Na 掺入制备不锈钢衬底 CIGS 太阳电池. 太阳能学报, 2008, 29(7): 771-774.

2008-211 苏作为. X 荧光分析仪在玻璃纤维原料检测中的应用. 玻璃纤维, 2008, (2): 9-12.

2008-212 孙红娟, 彭同江, 刘颖. 蒙脱石的晶体化学式计算与分类. 人工晶体学报, 2008, 37(2): 350-355.

2008-221 唐镇忠, 于丽丽, 韩玉杰, 宋常明, 曹金珍. X 射线在防腐木材有效成分测定中的应用. 木材工业, 2008, 22(5): 39-41.

2008-230 王芙云, 袁翠菊, 任向阳. X 射线荧光光谱法快速分析镁质耐火材料中硅铝铁钛钙镁. 岩矿测试, 2008, 27(3): 232-234.

2008-231 王芙云, 袁翠菊, 张燕, 王玉霞, 张玉红. X 射线荧光光谱玻璃熔融法测定硅质耐火材料. 耐火材料, 2008, 42(5): 399-400.

2008-237 王琥, 权养科, 郭洪玲, 陶克明. 汽车风挡玻璃的鉴别方法研究. 刑事技术, 2008, (2): 6-9.

2008-252 王雪香, 朱建华, 刘晓欣, 高利军. 三种铜盐改性分子筛脱硫吸附剂的制备与表征. 石油炼制与化工, 2008, 39(11): 14-17.

2008-263 汪哲明, 田志坚, 林励吾, 马静萌. 硅源与硅含量对合成的 SAPO 分子筛催化正十二烷异构化性能的影响. 化学反应工程与工艺, 2008, 24(3): 199-203.

2008-269 翁秀兰, 颜桂炀, 郑柳萍, 李丽丽. MnAPO-5 分子筛光催化降解亚甲基蓝. 石油化工, 2008, 37(8): 846-851.

2008-272 吴文清, 史同飞, 张国斌, 符义兵, 潘志云, 孙治湖, 闫文盛, 徐彭寿, 韦世强. $Zn_{1-x}Co_xO$ 稀磁半导体薄膜的结构及其磁性研究. 物理学报, 2008, 57(7): 4328-4333.

2008-279 肖淑芳, 周斌, 杨小云, 杜艾, 张志华,吴广明, 沈军. 快速制备含镍 SiO_2 气凝胶材料的研究与表征. 功能材料, 2008, 39(6): 1020-1023.

2008-282 胥会祥, 赵凤起. 高纯硼粉的特性及其在富燃料推进剂中的应用研究. 固体火箭技术, 2008, 31(4): 368-373.

2008-289 徐文娟, 李广录, 陈洪玉, 赵存友. 油垢磨料形成机制及其对钢丝绳磨损作用机制分析. 润滑与密封, 2008, 33(12): 55-57, 24.

2008-290 许国仁, 邹金龙, 李圭白. 污泥资源化新技术——轻质污泥陶粒的研制. 城镇供水, 2008, (7): 5-8.

2008-291 许鸿雁, 鲍晓军, 王廷海, 王永刚. 高比表面积多孔 Si 层柱蒙脱土材料的合成和表征. 燃料化学学报, 2008, 36(2): 250-253.

2008-292 许磊, 杜爱萍, 魏迎旭, 孟霜鹤, 何艳丽, 王莹利, 于政锡, 张新志, 刘中民. 骨架富含 Si(4Al) 结构的 SAPO-34 分子筛的合成及其对甲醇制烯烃反应的催化性能. 催化学报, 2008, 29(8): 727-732.

2008-293 许霞. 超细二氧化钛粉体的表面无机包膜及其机理. 硅酸盐学报, 2008, 36(S1): 73-76.

2008-295 薛玉明, 徐传明, 张力, 孙云, 王伟, 杨保和. CIGS 薄膜 $(InGa)_2Se_3$-富 Cu-富 In(Ga) 的演变. 光电子·激光, 2008, 19(3): 348-351.

2008-300 杨明太, 吴伦强, 张连平. 材料表面覆盖层厚度无损测试技术. 核电子学与探测技术, 2008, 28(6): 1230-1234.

2008-306 杨小云, 周斌, 肖淑芳, 杜艾, 吴广明, 沈军. 高比表面积 Ag 掺杂 SiO_2 气凝胶的制备及表征. 材料科学与工程学报, 2008, 26(5): 735-738.

2008-308 杨雪梅. X 射线荧光光谱法测定硅砂中杂质元素. 理化检验-化学分册, 2008, (6): 538-539.

2008-311 杨玉辉, 刘民, 宋春山, 郭新闻. 改性 Y 分子筛的吸附脱硫性能. 石油学报(石油加工), 2008, 24(4): 383-387.

2008-320 尤宏, 齐维晓, 王保军, 杨敏军. TiO_2 掺杂 PbO_2 电极及其在电解法制臭氧中的应用研究. 材料科学与工艺, 2008, 16(6): 781-784, 789.

2008-323 于洪浩, 薛向欣, 黄大威. 铁尾矿制备白炭黑的实验研究. 过程工程学报, 2008, 8(2): 300-304.

2008-329 张爱芬, 马慧侠, 高新华. X 射线荧光光谱法测定铝用炭素材料中微量元素. 冶金分析, 2008, 28(4): 27-30.

2008-331 张衡, 赵凤起, 仪建华, 张晓宏, 胡荣祖, 徐司雨, 任晓宁. 3-硝基邻苯二甲酸锆的制备、热分解机理及非等温反应动力学 (英文). 物理化学学报, 2008, 24(12): 2263-2267.

2008-332 张红波, 王刚, 郜剑英, 周继伟, 周军, 梁辉. 自蔓延制备高纯二硅化钼粉体. 稀有金属材料与工程, 2008, 37(S1): 686-688.

2008-337 张俊萍, 陈希明, 李杰, 陈霞. Cr 掺杂浓度对 ZnO 基稀磁半导体生长结构的影响. 天津理工大学学报, 2008, 24(3): 18-20.

2008-338 张力, 何青, 徐传明, 薛玉明, 李长健, 孙云. The effect of composition on structural and electronic properties in polycrystalline $CuGaSe_2$ thin film. Chinese Physics B, 2008, 17(8): 3138-3142.

2008-345 张耀君, 张莉. 复合材料 CdS/Al-HMS 的制备及可见光催化降解污染物制氢活性研究. 无机材料学报, 2008, 23(1): 66-70.

2008-346 张振忠, 江成军, 赵芳霞, 段志伟, 曹娟. 直流电弧等离子体法制备超细银钯合金粉. 稀有金属材料与工程, 2008, 37(11): 1987-1991.

2008-354 郑清林. TXRF 法测定聚丙烯材料中有害元素的含量. 现代仪器, 2008, (4): 22-24.

2008-360 钟福平, 何明奕, 王胜民, 国礼杰. 稀土对机械镀锌铝镀层中微量铝的影响. 腐蚀与防护, 2008, 29(6): 313-315.

2008-362 周浩然, 赵德明, 刘新刚, 林飞, 范勇. 无机纳米氧化铝/聚酰亚胺复合膜的表征. 光谱学与光谱分析, 2008, 28(3): 707-710.

2008-363 周晖, 温庆平, 郑军, 桑瑞鹏, 万志华. 工件台转速对非平衡磁控溅射沉积 MoS_2-Ti 复合薄膜的结构与性能影响. 润滑与密封, 2008, 33(4): 1-3, 19.

2008-374 邹志明, 李敏, 闻荻江. 带溴端基的活性膜/多孔 SiO_2 复合体. 应用化学, 2008, 25(11): 1320-1323.

2009-005 Bales Steven J. 从表面处理推测实质. 现代制造, 2009, (15): 24.

2009-015 陈超, 江向平, 林迪, 刘洪, 张钦辉, 罗豪甦. 分凝对 $0.80Na_{1/2}Bi_{1/2}TiO_3$-$0.20BaTiO_3$ 铁电单晶电学性能的影响. 硅酸盐学报, 2009, 37(8): 1322-1327.

2009-019 陈洪玉, 张鹤, 徐文娟. 矿井提升钢丝绳磨损原因的分析. 表面技术, 2009, 38(2): 85-86, 88.

2009-020 陈杰. 微波液相合成钛酸锶钡纳米粉体. 压电与声光, 2009, 31(4): 523-524, 527.

2009-022 陈琳, 罗宏, 赵蛟, 仝哓刚. 钢铁中温锌-钙系黑磷化液研制. 电镀与涂饰, 2009, 28(7): 42-44.

2009-024 陈然, 沈志虹, 齐欣, 齐颖, 李聃. Ti 在 TiY 分子筛骨架中的稳定性研究. 分子催化, 2009, 23(1): 7-10.

2009-031 程辉, 赵伟, 陈润, 吴维青, 李秀容, 郑明. 反复熔铸对镍铬烤瓷合金化学成分和微观组织结构的影响. 中国组织工程研究与临床康复, 2009, 13(38): 7511-7516.

2009-034 程晓维, 何秋平, 贺鹤勇, 龙英才. 天然 CXN 沸石水热改性及水热稳定性. 石油学报 (石油加工), 2009, (S): 95-101.

2009-047 丁建文, 石名磊. 富含磷石膏道路底基层改良再生现场试验与应用. 施工技术, 2009, 38(4): 98-100.

2009-049 斜启升, 刘小锋, 唐有根. Al-Ga-Bi-Pb 合金在碱性电解液中的电化学行为. 电源技术, 2009, 33(5): 368-370.

2009-051 杜静, 余加祐, 徐云鹏, 王少君, 马英冲. 离子液体中 NaX 分子筛的二次合成. 大连工业大学学报, 2009, 28(4): 267-270.

2009-055 范力茹, 刘玉文, 王宽, 李媛, 孙奇娜. 试样状态对 Cu-Cr 合金脱铬腐蚀的影响. 中国腐蚀与防护学报, 2009, 29(1): 15-18, 23.

2009-073 郭亚涤, 余煜玺, 程璇, 张颖. 先驱体转化法原位制备 TiO_2 膜层 SiO_2 纤维. 硅酸盐学报, 2009, 37(11): 1873-1879.

2009-074 郭永环, 范希营, 王广丰. 镧、钇元素对低碳钢焊条熔敷金属影响的研究. 中国稀土学报, 2009, 27(2): 272-275.

2009-081 胡劲, 陈晓峰, 赵娜如, 孟永春, 苗国厚, 李玉莉. 生物玻璃显色机理及其体外矿化性能的研究. 硅酸盐通报, 2009, 28(2): 213-218.

2009-090 黄文啓. CIGS 薄膜太阳能电池之单靶溅镀制程及应用. 上海电力, 2009, (5): 351-354, 376.

2009-093 黄瑛, 常宏岗. 在 CO_2-H_2S-H_2O 系统中表面膜对碳钢腐蚀的影响. 国外油田工程, 2009, 25(6): 50-52.

2009-096 黄志青, 马跃龙, 田辉平, 齐世锋. 多维 NaY 分子筛的水热稳定性研究. 工业催化, 2009, 17(10): 27-31.

2009-101 江莉龙, 杨阳, 叶炳火, 魏可镁. 高比表面积的铝土矿载体制备及其在 CO 氧化反应中的应用. 化工进展, 2009, (S): 417.

2009-103 蒋海青, 叶勇, 杨晶元, 王晓钧, 张萍, 祖向阳. 太湖淤泥用作片状模塑料填料的探讨. 玻璃钢/复合材料, 2009, (4): 89-92.

2009-106 金明善, 原慧卿, 荆济荣, 索掌怀, 孙力. 纳米金粒子与 R-藻红蛋白的相互作用. 高等学校化学学报, 2009, 30(6): 1183-1188.

2009-109 靳彦军, 宋焕玲, 丑凌军. 改性 Y 型分子筛的吸附脱硫性能以及苯, 萘对吸附的影响. 分子催化, 2009, 23(5): 399-403.

2009-110 亢宇, 谢伦嘉, 王彦强, 王伟, 赵思源. 高比表面磺酸基改性介孔材料 SBA-16 的合成与催化活性. 硅酸盐学报, 2009,

37(11): 1859-1863.

2009-115 Lee Jaeho, Jang Jeong Hwan, Joo Byeong Don, Yim Hong Sup. Moon Young Hoon. Application of direct laser metal tooling for AISI H13 tool steel. Transactions of Nonferrous Metals Society of China, 2009, 19(S): 284-287.

2009-119 李定国, 熊永红, 许巍, 康颖, 章腾. 纳米 Fe_3O_4 磁性流体的制备与测试. 海军工程大学学报, 2009, 21(6): 1-5.

2009-133 李彦涛, 张运强, 贾晓鹏, 王改民, 马红安, 周林. 硫掺杂金刚石中杂质含量的表征与测定. 金刚石与磨料磨具工程, 2009, (4): 29-33.

2009-135 李颖, 李长贵, 张志刚. X 射线荧光光谱法测定耐火材料组分. 青海科技, 2009, (2): 49-51.

2009-137 李玉锋, 高愈希, 陈春英, 李柏, 赵宇亮, 柴之芳. 金属组学: 高通量分析技术进展与展望. 中国科学 (B 辑: 化学), 2009, 39(7): 580-589.

2009-142 李智. X 射线荧光光谱法测定铝质耐火材料中的硅铝铁. 本钢技术, 2009, (3): 34-35.

2009-144 梁智红, 安艳, 黎秀娥. 粉末压片法 XRF 分析锰锌铁氧体磁性材料的成分. 光谱实验室, 2009, 26(6): 1626-1628.

2009-149 林正雄, 刘联惠, 林群, 叶玉莉. Recovery of tungsten and cobalt from wasted tungsten carbide. 过程工程学报, 2009, 9(S2): 93-96.

2009-150 凌燕, 黄建. 快速测定氟化铝中各元素含量. 世界有色金属, 2009, (5): 34-35.

2009-152 刘常青, 唐芳, 陈启元, 尹周澜, 张平民. 固体电解质在冰晶石熔盐中饱和溶解度及电解腐蚀率测定. 有色金属, 2009, 61(1): 46-49.

2009-154 刘德丽, 陈丽姣, 何莹, 宋以斌. 光亮剂对电沉积枪黑色锡-钴合金的影响. 电镀与环保, 2009, 29(3): 26-29.

2009-155 刘海萍, 李宁, 毕四富. 聚乙烯亚胺对置换镀金过程中镍基体腐蚀的影响. 稀有金属材料与工程, 2009, 38(6): 1087-1090.

2009-162 刘璐, 杨志刚, 刘殿龙, 张弛. 自组装方法化学沉积 NiMoP 镀层研究. 稀有金属材料与工程, 2009, 38(5): 895-900.

2009-173 刘元琼, 高党忠, 马小军, 初巧妹. X 射线荧光光谱法对聚变靶丸保气半寿命的测量. 分析测试学报, 2009, 28(8): 886-889.

2009-178 龙化云, 王祥生, 孙万付, 刘海鸥, 程晓晶. 脱铝方法对纳米 HZSM-5 物化性能的影响. 石油学报 (石油加工), 2009, 25(3): 332-338.

2009-181 鲁钰, 卓尚军. X 射线荧光光谱法测定二溴海因中溴含量. 理化检验-化学分册, 2009, 45(12): 1447, 1450.

2009-188 马丽, 蒋平, 孙瑞琴, 淳远, 须沁华. 凝胶-模板法制备高比表面积氧化镁. 催化学报, 2009, 30(7): 631-636.

2009-189 马小军, 高党忠, 冯建鸿, 李玉红, 叶成刚, 刘元琼. ICF 微球壳层掺溴含量的 XRF 表征. 光谱学与光谱分析, 2009, 29(6): 1678-1681.

2009-191 马晓云, 李健, 邓新梅, 吴琨. X 射线荧光光谱法测定钝化石灰化学成分. 新疆钢铁, 2009, (4): 24-26.

2009-194 梅小平. 镁质耐火材料的 X 射线荧光光谱分析. 天津冶金, 2009, (2): 41-43, 51.

2009-195 孟德川, 邓玉福, 周波, 于桂英. 一种单片机控制的高压开关电源. 核电子学与探测技术, 2009, 29(2): 361-364.

2009-214 曲月华, 王一凌, 亢德华, 陈丽萍. X 射线荧光光谱法测定膨润土中主次成分. 冶金分析, 2009, 29(10): 13-16.

2009-216 饶湘, 胡金妮. 无卤阻燃 PC/ABS 合金中磷含量的快速测定方法. 塑料工业, 2009, 37(S1): 45-47.

2009-226 师磊. PLD 溅射后硒化法制备铜铟硒 (CIS) 太阳能薄膜的表征. 建材世界, 2009, 30(3): 58-61.

2009-232 宋慧瑾, 贺剑雄, 武莉莉, 郑家贵, 冯良桓, 雷智. AlSb 多晶薄膜材料的性能研究. 无机材料学报, 2009, 24(3): 517-520.

2009-238 苏继新, 马丽媛, 张慎平, 殷晶, 屈文,丁轶. Au/Ti-SBA-15 的制备及其催化 CO 氧化性能. 催化学报, 2009, 30(7): 659-665.

2009-258 王峰, 刘飞, 孟令花, 李天华, 干宁. 基于抗体包被金磁纳米微粒修饰的磁性安培免疫传感器研制及对人血清癌抗原19-9的检测. 传感技术学报, 2009, 22(9): 1232-1238.

2009-261 王浩, 钟澄, 蒋程捷, 顾雄, 李劲, 蒋益明. ITO 在 NaOH 溶液中阳极与阴极极化过程的电化学行为. 物理化学学报, 2009, 25(5): 835-839.

2009-273 王伟, 顾惠敏, 翟玉春, 戴永年. 由低品位菱镁矿制备高纯 $Mg(OH)_2$ 的"绿色"新工艺. 耐火材料, 2009, 43(1): 42-44.

2009-274 王西能, 李曹. PVC 树脂原粉结构分析及热稳定性研究. 聚氯乙烯, 2009, 37(11): 37-40.

2009-275 王小欢, 董亚萍, 贾顺莲, 陈美达, 李武, 耿超. X 射线荧光光谱法测定碳酸锶产品中锶钡钙镁组分含量. 盐湖研究, 2009, 17(2): 43-49.

2009-276 王小欢, 董亚萍, 孟庆芬, 边绍菊, 冯海涛, 刘鑫. X 射线荧光光谱法测定碳酸锶产品中的主次组分含量. 光谱学与光谱分析, 2009, 29(8): 2268-2271.

2009-282 王月辉, 王东军, 杨海滢, 王红蕾. 超长 $\beta\text{-}Ga_2O_3$ 纳米线的合成. 河北科技师范学院学报, 2009, 32(2): 34-38.

2009-283 王云彪, 赵权, 牛沈军, 吕菲, 杨洪星. LED 用 GaAs 抛光片清洗技术研究. 半导体技术, 2009, 34(5): 446-448, 458.

2009-284 王占琴, 祁桂红, 张银光. X 射线荧光光谱法测定不同类型分子筛中氧化物的含量. 分析测试技术与仪器, 2009, 15(2): 118-123.

2009-289 温冬梅, 李纯, 万晓军, 王秀萍, 孙厚铁, 殷娟, 王亚贤. 丁苯胶废水中总盐量分析方法的探讨. 弹性体, 2009, 19(2): 59-61.

2009-299 夏建明. 环保型植物固色剂在棉织物天然染料染色中的应用. 纺织学报, 2009, 30(8): 87-91.

2009-303 肖凤娟, 张颖, 云立江. Electrophoretic deposition of titanium/silicon-substituted hydroxyapatite composite coating and its interaction with bovine serum albumin. Transactions of Nonferrous Metals Society of China, 2009, 19(1): 125-130.

2009-311 徐锐. Preparation of core-shell Cu-Ag bimetallic powder via electroless coating. Journal of Wuhan University of Technology (Materials Science Edition), 2009, 24(4): 637-639.

2009-313 许国梁, 朱向学, 刘盛林, 谢素娟, 徐龙伢. ITQ-13 分子筛的表面改性及其丁烯催化裂解性能. 石油学报 (石油加工), 2009, (S): 28-31.

2009-316 许骅, 方能虎, 卫碧文, 缪俊文, 郑翊. ABS 塑料中阻燃剂多溴联苯醚的检测方法. 理化检验-化学分册, 2009, 45(1): 63-65.

2009-318 薛庆波, 韦锋, 江祖新, 李宁生, 程宪生, 张莉, 王新. 进口物品固体废物属性鉴别探究. 检验检疫学刊, 2009, 19(3): 35-38.

2009-324 杨静凯, 安学会, 刘艳利, 赵洪力. 超白玻璃熔化性能的计算与分析. 材料科学与工程学报, 2009, 27(4): 623-626.

2009-327 杨凯, 徐福, 武莉莉, 张静全, 冯良桓, 李卫, 蔡亚平, 黎兵. 用几何靶溅射方法制备 AlSb 多晶薄膜. 太阳能学报, 2009, 30(11): 1461-1464.

2009-329 杨玲玲, 宋丹路. $Ni\text{-}P\text{-}MoS_2$ 与 $Ni\text{-}P\text{-}CaF_2$ 化学复合镀层自润滑性能的对比研究. 西南科技大学学报, 2009, 24(4): 63-66, 78.

2009-335 杨欣, 巫远招, 谢东华, 闻伟刚, 干宁. 基于复合纳米微粒修饰和磁性分离富集的一次性有机磷农药酶传感器. 农药学报, 2009, 11(4): 441-448.

2009-340 杨一青, 陈慧, 王亚红, 吕红, 潘志爽. X 射线荧光光谱法测定增产丙烯助剂中磷和铁的研究. 光谱学与光谱分析, 2009, 29(7): 2001-2004.

2009-349 殷钰, 李勇. X 射线荧光光谱法在生料检测中的应用. 水泥技术, 2009, (3):

2009-350 游草风, 卢铁城, 胡又文, 陈青云, 敦少博, 胡强, 范立伟, 张松宝, 唐彬, 代君龙. Ga 掺杂 ^{70}Ge 纳米晶的制备与研究. 四川大学学报 (自然科学版), 2009, 46(3): 756-760.

2009-359 臧慕文, 刘春晓. 金属材料分析（Ⅰ）. 分析试验室, 2009, 28(4): 97-122.

2009-360 翟剑庞, 郭春雨, 张敏. CoAPO-5 沸石晶体的合成及表征. 辽宁科技大学学报, 2009, 32(4): 351-355.

2009-369 张衡, 赵凤起, 仪建华, 张晓宏, 胡荣祖, 徐司雨. 3,5-二硝基水杨酸铈的制备、热分解机理及非等温反应动力学 (英文). 无机化学学报, 2009, 25(5): 869-874.

2009-370 张衡, 赵凤起, 张晓宏, 裴庆, 郝海霞. 3-硝基邻苯二甲酸锆的制备及其对双基系推进剂的催化作用. 火炸药学报, 2009, 32(1): 1-4.

2009-372 张吉清, 管俊芳, 赵云良, 李小波, 闫昊天, 肖爽, 王博文. 膨润土制备白炭黑的试验及机理研究. 矿冶工程, 2009, 29(5): 74-77, 81.

2009-377 张立生, 周元林, 刘剑, 王恩泽. 化学改性聚氯代对二甲苯薄膜表面润湿性的研究. 材料导报, 2009, 23(6): 48-50.

2009-381 张鹏, 夏建明, 唐人成. 植物固色剂 ZF 的应用研究. 印染助剂, 2009, 26(8): 31-33.

2009-390 张学军, 张志华, 王宗贤, 谷振生. Y 分子筛/介孔 Al-SBA-15 复合材料与脱铝 Y 分子筛的表征和重油加氢裂化性能. 化工进展, 2009, 28(2): 267-271.

2009-392 张耀君, 吴言沛, 王振华, 胡亚茹. 纳米复合材料 CdS/TiO$_2$NTs 的制备及光催化产氢活性 (英文). 稀有金属材料与工程, 2009, 38(9): 1514-1517.

2009-402 赵传文, 陈晓平, 赵长遂. 负载型钾基 CO$_2$ 吸收剂的结构表征和碳酸化反应特性. 化工学报, 2009, 60(7): 1800-1805.

2009-406 赵坤, 孙化松, 李永彦, 屠振密, 李宁, 李炳江. 硫酸盐电镀三价铬镀层性能研究. 表面技术, 2009, 38(2): 22-24.

2009-408 赵鑫, 鲍治宇, 俞慧丽, 王月奇. 镍、硫共掺杂纳米 TiO$_2$ 的制备及其可见光催化性能. 材料科学与工艺, 2009, 17(6): 835-839.

2009-410 郑国河, 李剑超, 卢堂俊, 孙洪霞, 张晓伟, 李晓靖, 付格娟. 镧掺杂纳米材料合成及其高氟选择性吸附特性. 环境化学, 2009, 28(6): 823-828.

2009-414 周晖, 桑瑞鹏, 温庆平, 郑军, 张凯锋. 非平衡磁控溅射沉积 MoS$_2$-Ti 复合薄膜的结构与真空摩擦磨损性能研究. 摩擦学学报, 2009, 29(4): 374-378.

2009-415 周晖, 万志华, 郑军, 桑瑞鹏, 温庆平. 沉积压力对非平衡磁控溅射沉积 MoS$_2$-Ti 复合薄膜的结构与性能影响研究. 润滑与密封, 2009, 34(5): 9-12, 41.

2009-420 周燕, 石春红. X 荧光光谱法测定磷系阻燃聚酯切片中的磷含量. 石油化工技术与经济, 2009, 25(3): 45-47.

2009-422 周志武, 朱虹, 程道远, 孟庆华, 李勇. 玻璃的化学成分与霉变的关系及防霉隔离粉的适用性研究. 玻璃, 2009, (8): 3-6.

2009-423 朱斌, 林民, 舒兴田, 史春风. 表面富钛 TS-1 分子筛的表征与评价. 石油学报 (石油加工), 2009, (S2): 112-115, 128.

2009-426 朱万燕, 刘心同, 薛秋红, 单宝田. X 射线荧光光谱法同时测定涂料中的铅、铬、硒和钴. 分析试验室, 2009, 28(9): 95-98.

2010-001 鲍希波, 石毓霞, 赵靖, 韩斌, 卢女平. 熔融制样-X 射线荧光光谱法测定硅铁合金中主次元素. 冶金分析, 2010, 30(5): 14-18.

2010-003 曹剑. Ni-P-MoS$_2$ 化学复合镀层的制备及自润滑性能研究. 机械设计与制造, 2010, (8): 123-125.

2010-006 Chang Kuling, Huang Winjay, Liu Yungchang. The study of microstructure and phosphorus distribution in converter slag. Baosteel Technical Research, 2010,

(S1): 15.

2010-007 常立民, 段小月, 刘伟. 载钛活性炭电极电吸附除盐性能的研究. 环境科学学报, 2010, 30(3): 530-535.

2010-013 陈辉, 苟国庆, 涂铭旌. 喷涂工艺对 Fe-Ni-B 喷涂涂层组织性能的影响. 材料科学与工艺, 2010, 18(1): 145-148.

2010-014 陈健, 徐汾兰. XRF 法测定涂镀钢板表面涂层质量的研究. 安徽冶金, 2010, (4): 8-9.

2010-015 陈琳, 唐杰. 氧化铝对制备 β-偏磷酸钙晶须的影响. 中国陶瓷, 2010, 46(1): 4-7.

2010-016 陈琳, 杨永涛, 张宁. 氧化钙对钢铁黑磷化液的影响. 腐蚀与防护, 2010, 31(5): 369-371.

2010-018 陈鹏程. 镍锌铁氧体的 X 射线荧光光谱分析. 磁性材料及器件, 2010, 41(4): 74-77.

2010-019 陈伟. 铝灰在铝电解质中溶解行为的研究. 有色矿冶, 2010, 26(3): 38-40, 69.

2010-033 丁玲. 光缆钢塑复合带中钢带铬镀层的定性分析. 光纤与电缆及其应用技术, 2010, (6): 14-16.

2010-034 丁玉兰, 柏扬, 李伟, 陈闪山, 朱育丹, 朱银华, 杨祝红, 陆小华. Pt 改性的高结晶度 TiO_2 晶须的光催化性能. 催化学报, 2010, 31(10): 1271-1276.

2010-037 董连宝. X 射线荧光光谱法在耐火材料分析中的应用. 山东教育学院学报, 2010, (1): 54-56.

2010-045 范春辉, 张颖超, 张颖. 新型低成本吸附剂稻壳对 $Cu(II)$ 的去除行为研究. 化学学报, 2010, 68(21): 2175-2180.

2010-046 范春辉, 张颖超, 张颖, 韩雪, Benny Chefetz. 低成本吸附剂稻壳灰对 $Cr(VI)$ 去除机制的谱学表征. 光谱学与光谱分析, 2010, 30(10): 2752-2757.

2010-048 范希营, 郭永环. 氧化铈对低合金钢焊条焊缝硫磷的影响. 焊接学报, 2010, 31(12): 70-72, 116.

2010-057 封文江, 韩颖, 程巍, 张礼庆, 张浩华. 高温液态炉渣的物理性能研究. 沈阳师范大学学报 (自然科学版), 2010, 28(4): 496-498.

2010-060 高继慧, 陈国庆, 杜谦, 徐莉莉, 付晓林, 秦裕琨. MnO_x/RHA 催化氧化 NO 制备工艺优化. 化工学报, 2010, 61(2): 323-329.

2010-061 高山娇, 迟硕, 姜大伟. 耐火材料中 MgO 含量的 X 射线荧光光谱分析. 辽宁建材, 2010, (9): 46-47.

2010-064 龚晓钟, 吴振兴, 杨宇涛, 田鹏, 潘良, 汤皎宁. Sm-Co 合金纳米线的电沉积制备及磁性能. 磁性材料及器件, 2010, 41(6): 21-24.

2010-069 郭鹏, 刘春燕, 高敏, 王祥生, 郭洪臣. ZSM-5 晶粒度对其负载的 TiO_2 光催化剂性能的影响. 催化学报, 2010, 31(5): 573-578.

2010-073 韩凤海. 采用 X 射线荧光光谱仪测定玻璃化学成分. 玻璃纤维, 2010, (1): 1-3, 15.

2010-074 韩辉, 李竟先, 吴基球. 温火全黑泥中铁赋存状态的研究. 中国陶瓷, 2010, 46(3): 31-33.

2010-075 韩宇, 任天斌, 黄超. 可剥蓝胶的成分分析. 中国胶粘剂, 2010, 19(8): 1-4.

2010-079 何素珍, 黄新民. 热处理温度对化学沉积 Ni-Cu-P 涂层腐蚀冲蚀性能的影响. 材料热处理学报, 2010, 31(6): 133-137.

2010-080 何霄嘉, 吴绍祖, 付东康, 倪晋仁. 造纸污泥有机改性制备磨浆助剂的方法. 北京大学学报 (自然科学版), 2010, 46(3): 379-384.

2010-081 贺剑雄, 武莉莉, 夏庚培, 郑家贵, 冯良桓, 雷智, 李卫, 张静全, 黎兵. AlSb 多晶薄膜的制备及性质. 功能材料与器件学报, 2010, 16(1): 11-16.

2010-082 贺剑雄, 武莉莉, 郑家贵, 夏庚培, 冯良桓, 张静全, 李卫, 黎兵. AlSb 多晶薄膜的制备及其潮解性研究. 功能材料, 2010, 41(1): 173-176.

2010-092 黄宁, 王鹏, 唐代全, 胡纫兰. OLAM 网络分析水泥生料 X 荧光谱中学习谱的选择. 核电子学与探测技术, 2010, 30(1): 93-95, 70.

2010-094 黄啸谷, 张静, 王洪洲, 闫绍腾, 王丽熙, 张其土. Er^{3+}-substituted W-type barium ferrite: Preparation and electromagnetic properties. Journal of Rare Earths, 2010, 28(6): 940-943.

2010-097 吉媛媛, 王焕茹, 满毅, 司宇辰. ZSM-5 分子筛晶粒尺寸对石脑油催化裂解性能的影响. 石油化工, 2010, 39(8): 844-848.

2010-098 季宝华, 方东, 焦昌梅, 张树国. 膨胀型钢结构防火防腐涂料性能研究. 涂料工业, 2010, 40(3): 41-44.

2010-100 贾明, 田忠良, 赖延清, 李劼, 伊继光, 闫剑锋, 刘业翔. 电解精炼制备太阳级硅杂质行为研究. 物理学报, 2010, 59(3): 1938-1945.

2010-101 江成军, 张振忠, 赵芳霞, 杨江海, 王鹏. 用化学还原法从含银电镀废液中回收银的研究. 贵金属, 2010, 31(1): 33-36.

2010-104 蒋立琴, 黄甦. 墨粉的结构及鉴别方法研究进展. 信息记录材料, 2010, 11(5): 44-46.

2010-105 金献忠, 陈建国, 杨文潮, 潘炜娟. 激光烧蚀-电感耦合等离子体质谱法测定塑料中的 Pb、Cd、Cr 和 Hg. 分析试验室, 2010, 29(3): 72-75.

2010-109 黎香荣, 罗明贵, 陈永欣, 马丽方. X 射线荧光光谱法测定氧化铁皮中的硅和钙. 光谱实验室, 2010, 27(4): 1659-1662.

2010-110 李春雷, 庄大明, 张弓, 栾和新, 刘江, 宋军. 硒化温度对铜铟镓硒太阳能电池吸收层性能的影响. 材料研究学报, 2010, 24(4): 358-362.

2010-111 李春雷, 庄大明, 张弓, 宋军. 溅射参数对 CuInGa 预制膜成分和结构的影响. 中国表面工程, 2010, 23(3): 25-28.

2010-115 李福宝, 张晓平, 张志恒. X 射线荧光光谱法测定工业纯硅中铁和钙. 理化检验-化学分册, 2010, 46(7): 837-838.

2010-120 李惠玲, 林映荷, 陈婵娟, 林婷婷. 氮化钛镀膜对钴铬合金机械及化学性能的影响. 广东牙病防治, 2010, 18(9): 462-467.

2010-122 李建军, 王岳, 李婷, 刘化锋. 一例仿银裹金田黄样品的鉴定. 超硬材料工程, 2010, 22(5): 57-60.

2010-126 李敏娇, 张述林, 丁秀敏, 罗祎, 熊苗. 氢还原法制备低相变温度掺钨 VO_2 薄膜. 钢铁钒钛, 2010, 31(2): 6-9.

2010-131 李韶梅, 杜彩霞, 张慧娟. X 射线荧光光谱法测定海绵铁中 TFe、SiO_2、P、CaO、MgO. 冶金分析, 2010, 30(11): 11-15.

2010-135 李享, 胡义华, 王银海, 符楚君, 吴浩怡, 康逢文, 居桂方, 牟中飞. $Na_xSr_{1-2x}MoO_4$: Eu_x^{3+} 的制备及其发光性能的研究. 广东工业大学学报, 2010, 27(4): 32-35.

2010-138 李晓斌, 陆晓华. 微波加热法制备 Ag/TiO_2 及光催化降解气相甲苯. 无机材料学报, 2010, 25(4): 365-369.

2010-139 李晓杰, 罗宁, 闫鸿浩, 王小红. 爆轰法制备碳包覆铁镍合金纳米颗粒及其表征. 稀有金属材料与工程, 2010, 39(S1): 429-433.

2010-141 李晓霞, 唐明, 邓旭亮, 杨小平, 郑钧元. 国产无机三氧化聚合物的性能表征. 中国组织工程研究与临床康复, 2010, 14(12): 2195-2197.

2010-148 李正操, 余晓毅, 苗伟, 马天, 张政军. 氧化钇掺杂铁薄膜的制备及热稳定行为. 深圳大学学报 (理工版), 2010, 27(3): 273-276.

2010-149 李志杰, 李倩倩. 聚乳酸包装材料合成研究. 中国印刷与包装研究, 2010, 2(2): 52-56.

2010-150 李志文, 袁洪友, 阴秀丽, 周肇秋, 吴创之, 武书彬. 二氧化钛与碳酸钠的直接苛化反应性能的实验研究. 造纸科学与技术, 2010, 29(5): 25-29.

2010-152 梁慧荣, 郭烈锦. 铜钼基多元材料的制备及其光催化产氢特性. 太阳能学报, 2010, 31(6): 682-686.

2010-153 梁振华, 彭桂花, 李庆余, 王红强, 刘茜, 李文兰. 以 $MgSiN_2$ 作烧结助剂制备高热导 β-Si_3N_4 陶瓷. 硅酸盐学报, 2010, 38(10): 1948-1952.

2010-154 Liang Zhiyu, Yan Guiyang, Zheng Liuping, Weng Xiulan. Huang Zheqiang. Preparation of alumina abrasion-resistant ceramic grinding ball with spent FCC equilibrium catalyst. China Petroleum Processing and Petrochemical Technology, 2010, 12(4): 23-29.

2010-155 廖花妹, 罗凌虹, 吴也凡, 石纪军, 程亮, 宋福生, 卢泉. $BaTiO_3$ 烧结过程中异常晶粒长大的研究. 中国陶瓷工业, 2010, 17(5): 22-26.

2010-157 林学武, 王德智, 徐永宏. 非测量层 Sn Kα 特征谱线对 X 射线荧光光谱法测定冷轧镀锡板 Sn 层质量影响的探讨. 冶金分析, 2010, 30(3): 18-22.

2010-158 林治锋, 张竞菲. X 射线荧光光谱法测定氢氧化镁中杂质含量. 大连海事大学学报, 2010, 36(S1): 235-236.

2010-161 刘彪, 李兵虎, 郑振, 黎德育, 李宁. 原板的电化学酸洗对镀锡板表面形貌及孔隙率的影响. 电镀与涂饰, 2010, 29(1): 19-21, 25.

2010-164 刘春荣, 黄旭平. 浅谈 EDXRF 在 RoHS 检测中的应用. 现代冶金, 2010, 38(4): 36-39.

2010-166 刘殿龙, 杨志刚, 刘璐, 张弛. 直流电沉积 Ni-W-P 镀层研究. 稀有金属材料与工程, 2010, 39(1): 60-64.

2010-167 刘建华, 彭瑛, 张淑英, 沈志农. 白钨矿物相组成对浸出率的影响. 湖南工业大学学报, 2010, 24(3): 1-4.

2010-174 刘璞生, 张忠东, 余颖龙, 高雄厚. 几种沸石分子筛的催化裂化性能研究: 1 孔结构和酸性. 应用化工, 2010, 39(5): 704-707.

2010-175 刘世凯, 赵艳霞, 杨海滨, 王改民, 付乌有, 李明辉, 李伊荇. TC4 合金表面氧化钛基纳米管阵列的制备和表征. 中国陶瓷, 2010, 46(7): 22-25.

2010-179 刘倚豆, 马红超, 付颖寰, 马春, 董晓丽, 薛文平. 膨润土的硫酸铵活化. 大连工业大学学报, 2010, 29(2): 116-118.

2010-183 刘正宁, 刘洋, 谭厚章, 牛艳青, 王学斌, 徐通模. 余热锅炉省煤器腐蚀机理的研究. 动力工程学报, 2010, 30(7): 508-511.

2010-186 卢亿, 游革新, 刘钧泉. 蜡油催化裂化装置放空管失效分析. 石油化工设备技术, 2010, 31(4): 13-15, 25.

2010-194 马冰洁, 于鸿雁, 唐洪波. 纳米二氧化钛导电粉制备研究. 沈阳化工学院学报, 2010, 24(1): 48-51, 73.

2010-199 马亚军, 闫龙. 铈掺杂改性高炉渣降解模拟染料废水的应用研究. 硅酸盐通报, 2010, 29(2): 365-369.

2010-200 满雪. $Pd-Ga/Al_2O_3$ 催化剂上正丁烷脱氢反应的研究. 工业催化, 2010, (4): 21.

2010-201 毛天成, 方磊, 王英均, 唐海波, 马志刚. 降低 O5 板成品氧的研究. 宝钢技术, 2010, (3): 48-50.

2010-203 Men Xiujie, Zhan Shuhong, Li Yanjun, Wu Zhiguo, Wang Zijun, Wang Xieqing. Characterization of catalytic cracking catalysts regenerated by gasifying deposited coke. China Petroleum Processing and Petrochemical Technology, 2010, 12(1): 5-12.

2010-205 苗树红, 尹明香, 李文明, 王浩, 刘兴培. X 射线荧光光谱法分析铝电解原料成分的应用. 云南冶金, 2010, 39(S): 162-165.

2010-206 牟望重, 张廷安, 刘燕, 古岩, 豆志河, 吕国志, 鲍丽, 张伟光. E-pH diagram of $ZnS-H_2O$ system during high pressure leaching of zinc sulfide. Transactions of Nonferrous Metals Society of China, 2010, 20(10): 2012-2019.

2010-207 牟望重, 张廷安, 吕国志, 古岩, 豆志河. 硫化锌氧压浸出过程的 φ-pH 图. 中国有色金属学报, 2010, 20(8): 1636-1644.

2010-211 Nawaz Zeeshan, 汤效平, 褚玥, 魏飞. 丙烷脱氢反应中焙烧温度和反应气氛对 Pt-Sn/SAPO-34 催化性能的影响 (英文). 催化学报, 2010, 31(5): 552-556.

2010-213 宁方敏, 徐建元, 谭继廉, 徐惠忠, 田宇纮. 基于 SDD 与 DPP 的 X 荧光分析及其在光伏硅杂质元素分析中的应用. 核电子学与探测技术, 2010, 30(12): 1637-1640.

2010-215 潘崇根, 冯国全, 李瑛, 刘化章. 载体活性炭的预处理以及 Ru/AC 氨合成催化剂的性能. 化学反应工程与工艺, 2010, 26(6): 532-538.

2010-219 潘志爽, 杨一青, 王亚红, 丁伟, 张志国, 王栋. X 射线荧光法测定镧改性分子筛中 La_2O_3 含量. 石化技术与应用, 2010, 28(6): 527-529.

2010-226 曲月华, 王一凌, 邓军华, 亢德华, 张鹏, 王翠艳. X 射线荧光光谱法测定耐指纹板有机涂层中二氧化硅. 理化检验-化学分册, 2010, 46(10): 1205-1206, 1210.

2010-228 任国浩, 陈晓峰, 毛日华, 沈定中. 氟离子掺杂钨酸铅闪烁晶体的发光特性. 物理学报, 2010, 59(7): 4812-4817.

2010-229 森维, 徐宝强, 杨斌, 孙红燕, 宋建勋, 万贺利, 戴永年. 高频感应炉制备碳化钛粉的研究. 功能材料, 2010, 41(9): 1627-1630, 1634.

2010-230 邵晓东, 刘养勤, 李瑛, 李发根. 镍基合金中元素分析方法研究进展. 冶金分析, 2010, 30(5): 38-48.

2010-233 施惠生, 邓恺, 郭晓潞, 吴凯. 处置利用垃圾焚烧飞灰共研制硫铝酸盐水泥. 同济大学学报 (自然科学版), 2010, 38(3): 407-411.

2010-236 石爱霞, 刘百利. 粉末压片-X 射线荧光光谱仪分析铝钒中的铝钒. 金属材料与冶金工程, 2010, 38(1): 49-51.

2010-241 史玉奎. X 射线荧光光谱法测定高炉除尘灰中 4 组分. 冶金分析, 2010, 30(2): 51-54.

2010-238 时启立, 朱艳彬, 杨钱华, 刘贵镇, 王志楼, 柳建设. 细菌氧化法制取黄钾铁矾的研究. 环境科学与技术, 2010, 33(9): 39-43.

2010-242 宋晶, 杨洪星, 张伟才, 武永超. 硅抛光片表面质量测试技术综述. 电子工业专用设备, 2010, (7): 9-10, 38.

2010-243 宋霞, 郭红丽, 胡坚. X 荧光光谱法分析硅质-半硅质耐火材料的主次元素含量. 光谱实验室, 2010, 27(4): 1565-1568.

2010-248 苏达根, 赵勇. 利用脱硫渣及钙质废石粉制备陶瓷. 华南理工大学学报 (自然科学版), 2010, 38(7): 117-121.

2010-249 苏丹丹. X 射线荧光分析用生料标准样品的制备. 水泥, 2010, (6): 47-49.

2010-252 孙海健, 金玉苹, 王斌, 刘惠玲, 陈超, 韩蕾. Kinetics of photoelectrocatalytic degradation of endocrine disrupting chemicals using sulfur-doped TiO_2/Ti photoelectrodes. Journal of Harbin Institute of Technology, 2010, 17(4): 516-520.

2010-253 孙海健, 金玉苹, 王斌, 刘惠玲, 齐虹, 韩蕾. 硫掺杂 TiO_2/Ti 光电极制备及其可见光光电催化性能. 材料科学与工艺, 2010, 18(5): 593-597.

2010-254 孙敏, 孙普兵, 刘文丽. 波长色散-X 射线荧光光谱法同时测定铝锭中铝含量及 11 种杂质元素. 现代仪器, 2010, (2): 68-69, 64.

2010-256 孙雪萍. 能量色散 X 射线荧光光谱法分析镀液中金离子的质量浓度. 电镀与环保, 2010, 30(2): 44-46.

2010-257 孙颖, 杨觐. X 射线荧光光谱法测定镁砂中的主要元素. 天津冶金, 2010, (4): 37-38, 76.

2010-258 索相波, 邱骥, 刘吉延. 电解液中添加纳米 SiO_2 对 7A52 铝合金表面微弧氧化陶瓷层生长过程及性能的影响. 中国表面工程, 2010, 23(3): 42-45.

2010-265 唐威. 高压合成含硼金刚石及电化学性能机理分析. 机械管理开发, 2010, 25(4): 19-21.

2010-269 田冬, 鲍霞, 胡云虎, 陈永红. 粉煤灰合成 NaX 型和 NaSOD 型沸石的试验研究. 煤炭科学技术, 2010, 38(10): 121-123.

2010-270 田文辉, 王宝玲, 赵永宏, 苏雄. 波长色散 X 射线荧光光谱法测定氧化钼中主次成分. 冶金分析, 2010, 30(4): 28-31.

2010-275 万金玉，李志安，肖群，张超，宫月娇. 钛种植体表面接枝十八烯-马来酸酐交替共聚物诱导生物矿化的研究. 口腔医学研究, 2010, 26(5): 674-676.

2010-276 王本辉，郭红丽，胡坚. X 射线荧光光谱法测定氧化锆质耐火材料中主次成分. 冶金分析, 2010, 30(1): 39-42.

2010-278 王程，施惠生，李艳，杜国强. 静电自组装制备镧掺杂高岭石基纳米 TiO_2 光催化材料研究. 人工晶体学报, 2010, 39(6): 1381-1385, 1395.

2010-285 王辉，马静萌，王德举，郭友娣，刘仲能. 制备条件对 $Cu-ZnO-MnO_x/Al_2O_3$ 催化剂氢解性能的影响. 分子催化, 2010, 24(5): 422-427.

2010-287 王静，桑俊利. 改性蒙脱土吸附剂的制备及其表征. 化学推进剂与高分子材料, 2010, 8(6): 17-21.

2010-290 王丽琴，严静，樊晓蕾，马涛. 中国北方古建油饰彩画中绿色颜料的光谱分析. 光谱学与光谱分析, 2010, 30(2): 453-457.

2010-294 王平，曹军骥，吴枫. 青海湖流域表层土壤环境背景值及其影响因素. 地球环境学报, 2010, 1(3): 189-200.

2010-297 王胜民，何明奕，赵晓军，刘丽，谭蓉. 机械镀 Zn-RE 复合镀层的结构. 材料热处理学报, 2010, 31(1): 137-141.

2010-300 王雯，黎学明，杨文静，付银辉，李武林. $Ni/PdO/RuO_2$ 复合型活性阴极的制备与表征. 无机化学学报, 2010, 26(9): 1633-1638.

2010-302 王晓峰，张永春，陈绍云. 离子改性 Y 沸石吸附脱除二氧化碳中的乙醛. 离子交换与吸附, 2010, 26(5): 393-400.

2010-304 王晓宁，江树儒. 美国氧化铝陶瓷显微结构与金属化技术的探讨. 山东陶瓷, 2010, 33(1): 19-22.

2010-305 王新杰，郭玉文，张建强，乔琦，刘景洋. 废纸基电路板非金属材料性质及其复合材料性能. 化工学报, 2010, 61(3): 795-800.

2010-306 王秀云，王榕，倪军，林建新，魏可镁. Ru 前驱体对 $Ru/MgO-CeO_2$ 氨合成催化剂性能的影响. 催化学报, 2010, 31(12): 1452-1456.

2010-310 王钊，胡永明，刘莎莉，周迪，胡正龙，顾豪爽. $K_{0.5}Na_{0.5}NbO_3$ 纳米材料的表征及其水热生长习性研究. 湖北大学学报 (自然科学版), 2010, 32(1): 54-57.

2010-314 王志光，宋守强，宋家庆，何鸣元. 纳米富铝 β 沸石的合成与表征. 燃料化学学报, 2010, 38(6): 716-721.

2010-316 汪爱媛，李永滨，许文静，彭江，郭全义，赵斌，张莉，卢世璧. 钛铌涂层镍钛记忆合金的生物安全性及生物相容性. 中国医药生物技术, 2010, 5(1): 32-37.

2010-321 魏雪，冯立明，盖腾. 不同锡含量 Ni-Sn-P 化学镀层的制备及性能. 材料保护, 2010, 43(1): 31-33, 85.

2010-322 乌力吉扎日嘎拉，萨嘎拉，何秀萍，照日格图. ZnO/丝光沸石催化剂的制备及其光催化性能. 内蒙古师范大学学报 (自然科学汉文版), 2010, 39(5): 535-540.

2010-325 吴军明，吴隽，李其江，张茂林，袁文璜. 可降解环保陶瓷的制备及性能研究. 陶瓷学报, 2010, 31(1): 42-45.

2010-334 肖益鸿，李桂平，郑瑛，蔡国辉，魏可镁. $ZrO_2-Al_2O_3$ 复合氧化物的合成及其性能研究. 无机化学学报, 2010, 26(1): 61-66.

2010-340 熊强，魏昭成，陈洪林，王萍，高雄厚，郭巧霞，申宝剑. 含钒杂原子分子筛在催化裂化脱硫中的应用研究. 石化技术与应用, 2010, 28(2): 85-90.

2010-343 徐磊，孙瑞雪. 无损精确定量测量二元合金成分探讨. 材料热处理学报, 2010, 31(7): 51-54.

2010-344 徐清，刘羡春. N-乙烯基咔唑/铱配合物共聚物的合成与表征. 高校化学工程学报, 2010, 24(6): 1028-1032.

2010-348 薛秋红，李静，丁玉龙，马青. 玻璃熔片制样 X 射线荧光光谱法测定矾土中主次量组分. 岩矿测试, 2010, 29(2): 182-184.

2010-351 严济军. 土耳其 Tracim 水泥厂 5000t/d

生产线的配料. 四川水泥, 2010, (4): 15-19.

2010-352 严静, 王丽琴, 李立. 北京颐和园古建筑上红色颜料的分析研究. 分析科学学报, 2010, 26(3): 275-278.

2010-355 杨栋, 冯乃祥, 王耀武, 彭建平, 狄跃忠, 王紫千. 碳热还原铝土矿尾矿制取一次铝硅合金的热力学分析和实验验证. 有色矿冶, 2010, 26(1): 38-43.

2010-359 杨眉, 刘清才, 薛屺, 王小红, 高英. 气相沉积制备 V_2O_5-WO_3/TiO_2 催化剂及其脱硝性能的研究. 动力工程学报, 2010, 30(1): 52-55, 62.

2010-360 杨明太, 吴伦强, 杨光文, 高戈, 齐红莲. XRFA 聚酯薄膜-滤纸试样制备. 核电子学与探测技术, 2010, 30(7): 964-966.

2010-361 杨明太, 吴伦强, 杨光文, 高戈, 余春荣. WDXRF 法测定 Zr-Nb 合金中 Nb 含量. 稀有金属材料与工程, 2010, 39(S1): 535-537.

2010-365 杨晓龙, 夏春谷, 唐立平, 熊绪茂, 慕新元, 胡斌. 氧化铝载体和氧化钡助剂对钌基氨合成催化剂结构和性能的影响. 物理化学学报, 2010, 26(12): 3263-3272.

2010-366 杨欣, 干宁, 谢东华, 闻伟刚, 罗乃兴. 基于复合纳米微粒修饰电极的氯霉素快速检测用磁场可控一次性安培免疫传感器研究. 化学学报, 2010, 68(1): 75-82.

2010-367 杨新能, 杨洪春, 冯宗平, 羊绍松. 粉末压片 X 射线荧光光谱法测定三氧化二钒中主次成分. 冶金标准化与质量, 2010, 48(1): 22-25.

2010-373 杨宇, 张弓, 庄大明. 硫化时间对于固态硫化 $CuInS_2$ 薄膜性能影响. 真空科学与技术学报, 2010, 30(3): 236-239.

2010-375 姚茂莹, 徐家云, 高党忠, 张地大, 杨尊勇, 姚振强, 王明秋. 用中子活化分析镀膜厚度及其探测极限研究. 原子能科学技术, 2010, 44(12): 1509-1512.

2010-376 姚强, 王燕, 朱宇宏, 杨东美, 吴齐伟. X 射线荧光光谱法测定镁合金中 Zn、Zr 和 Nd. 上海交通大学学报, 2010, 44(S): 178-180.

2010-377 姚淑德, 丁志博, 王坤, 陈迪, 法涛, 陈田祥. 用离子束技术研究稀磁半导体和纳米磁性材料. 核技术, 2010, 33(3): 173-178.

2010-378 姚政权, 刘焱光, 王昆山, 石学法. 日本海末次冰期千年尺度古环境变化的地球化学记录. 矿物岩石地球化学通报, 2010, 29(2): 119-126.

2010-383 印佳敏, 吴占松. 生物质锅炉过热器高温腐蚀研究. 广东电力, 2010, 23(7): 31-34, 38.

2010-386 原雯, 关宏武, 李红. 石油产品中硫含量分析方法的测定探讨. 全面腐蚀控制, 2010, 24(11): 31-32, 36.

2010-390 袁强, 甄强, 李榕, 高林, 倪亮. 反向滴定化学共沉淀法制备 $Bi_{0.75}Dy_{0.25}O_{1.5}$ 纳米粉体的反应机理. 北京科技大学学报, 2010, 32(2): 245-249.

2010-392 曾小平, 宋武元, 吴冰. X 射线荧光光谱法同时测定锰锌铁氧体材料的主量组分. 理化检验-化学分册, 2010, 46(8): 940-942.

2010-397 张红梅, 张俊峰. X 射线荧光光谱法测定 AZO 中 Al 的质量分数. 湖南有色金属, 2010, 26(4): 65-67.

2010-399 张惠, 许立坤, 侯文涛, 辛永磊, 王均涛. Ti/IrO_2-Ta_2O_5 氧化物阳极涂层厚度的 X 射线荧光法测定. 材料保护, 2010, 43(2): 67-69, 81.

2010-400 张继民, 唐侠. X 射线荧光光谱法分析 IC10 合金成分. 理化检验-化学分册, 2010, 46(7): 751-753.

2010-402 张金山, 袁奕秋. X 射线荧光光谱法测定轻烧白云石的主要成分. 天津冶金, 2010, (4): 41-42, 77.

2010-403 张俊, 欧阳琴. 改进光谱仪检测高炉铁水工艺见成效. 现代班组, 2010, (4): 27.

2010-410 张少昀, 秦颍. 加热过程中古代铜镜表面锡汞齐相变分析. 光谱学与光谱分析, 2010, 30(10): 2838-2841.

2010-414 张衍国, 王亮, 蒙爱红, 李清海. 垃圾焚烧炉受热面结渣实验研究. 中国电机工程学报, 2010, 30(29): 1-8.

2010-417 张玉梅, 刘梅, 王永红, 沈维霞, 李海波. Ag/FePt/C 薄膜的结构和磁性. 吉林大学学报 (理学版), 2010, 48(6): 1031-1033.

2010-419 张宇, 温斌, 宋肖阳, 李廷举. 不同氮掺杂浓度碳纳米管的制备及其成键特性分析. 物理学报, 2010, 59(5): 3583-3588.

2010-420 张忠东, 尹建军, 高雄厚, 刘璞生. 焙烧条件对 HZSM-5 分子筛对称性和酸性的影响. 石化技术与应用, 2010, 28(4): 289-292.

2010-428 赵文军, 汪群慧, 滕云, 孙晓红. 催化乳酸铵酯化的改性树脂的制备与表征. 材料科学与工艺, 2010, 18(1): 51-55.

2010-432 郑金玉, 李明罡, 罗一斌, 宗保宁, 舒兴田. ZRF 分子筛的合成、表征及其催化脱硫性能. 石油学报 (石油加工), 2010, 26(3): 336-340.

2010-433 郑金玉, 罗一斌, 慕旭宏, 舒兴田. 硅改性对工业氧化铝材料结构及裂化性能的影响. 石油学报 (石油加工), 2010, 26(6): 846-851.

2010-434 郑军, 周晖, 温庆平, 万志华, 桑瑞鹏. 工件台偏压对非平衡磁控溅射沉积 MoS_2-Ti 薄膜的结构与性能影响. 润滑与密封, 2010, 35(4): 28-32.

2010-435 钟明强, 郑建勇, 冯杰. 以多孔 $CaCO_3$ 微球为模板制备聚乙烯超疏水表面. 高等学校化学学报, 2010, 31(12): 2511-2517.

2010-437 周继红, 陈振宇, 朱玉霞, 罗一斌. Y 型分子筛复合材料的改性及其裂化性能. 石油炼制与化工, 2010, 41(5): 34-38.

2010-439 周奇龙, 谭忠, 严立安, 徐秀东, 宋维玮. 丙烯聚合 N 催化剂制备过程中 $MgCl_2$ 的溶解和析出机理. 石油化工, 2010, 39(9): 997-1000.

2010-440 周天龙, 龚坚强, 黎鸿举, 亓高扬, 唐芳, 郑江宁. X 射线荧光光谱法测定润滑油中 22 种添加剂元素和磨损金属元素. 理化检验-化学分册, 2010, 46(3): 279-282.

2010-443 周雪松, 蹇兴东. 一种快速对高风险零部件进行 RoHS 检测的方法. 光谱实验室, 2010, 27(1): 62-65.

2010-448 朱庆虹. 能量色散 X 荧光光谱仪在本钢烧结矿生产中的应用. 金属矿山, 2010, (10): 139-141.

2010-454 朱万燕, 刘心同, 薛秋红, 江志刚. 涂料中铅、铬、硒和钴含量的测定. 电镀与涂饰, 2010, 29(12): 72-75.

2010-455 朱小亮, 王志登, 陈亮, 孙汝东. 阴极溶出伏安法测定水泥中 Cl^- 的含量. 水泥, 2010, (9): 48-50.

2010-457 朱泽民, 杜治国, 葛恒波. X 射线荧光光谱法无标样分析工业碳酸锶. 理化检验-化学分册, 2010, 46(9): 1037-1039, 1042.

2011-001 艾翠玲, 林欣欣, 蔡丽云. 一体式膜生物反应器膜面污染分析. 陕西科技大学学报 (自然科学版), 2011, 29(3): 45-49.

2011-005 常立民, 时杰丽. Sn 含量对镁合金电镀 Sn-Ni 合金镀层性能的影响. 腐蚀与防护, 2011, 32(6): 451-454.

2011-006 常立民, 徐丹丹, 刘伟. 不同磷源制备的镁合金微弧氧化生物陶瓷膜的性能比较. 材料保护, 2011, 44(11): 21-24, 7.

2011-007 陈斌, 韩飞, 盛丽萍. X 射线荧光光谱法测定催化剂涂层中钯、铑的含量. 化学工业与工程技术, 2011, 32(1): 56-57.

2011-011 陈建良, 颜小莉, 曹国荣. X 射线荧光光谱法测定无碱玻璃纤维配合料中总硫 (SO_3). 玻璃纤维, 2011, (2): 1-3.

2011-016 Chen Song, Qu ShouJiang, Liang Jun, Han Jiecai. Effects of heat treatment on mechanical properties of ODS nickel-based superalloy sheets prepared by EB-PVD. Rare Metals, 2011, 30(1): 76-80.

2011-018 陈文彬, 张秀菊, 林志丹. 银负载细菌纤维素纳米复合材料的制备及抗菌性能研究. 材料导报, 2011, 25(14): 6-10, 19.

2011-019 陈文生. X 射线荧光光谱法在高纯镁砂主要成分测定中的应用. 硅谷, 2011,

2011-020 陈文生. X 射线荧光光谱法在镁钙质耐火材料测定中的应用. 硅谷, 2011, (21): 11-12.

2011-021 陈西, 张振忠, 赵芳霞, 王鹏. 直流电弧等离子体蒸发法制备超细铜粉研究. 铸造技术, 2011, 32(4): 527-530.

2011-022 陈祥洲, 陈桂林, 刘伟丰, 朱长飞. 基于硝酸盐为前驱体的溶胶凝胶法制备 $CuInSe_2$ 薄膜. 中国科学技术大学学报, 2011, 41(5): 408-413.

2011-024 陈燕舞, 刘祥军, 路风辉, 吴细斌, 梁敏仪. 光谱法分析醋酸纤维素胶板用滚光油的组分. 光谱实验室, 2011, 28(3): 1530-1535.

2011-028 程慎玉, 黄启飞, 杨玉飞, 马春燕. 废旧电视机 CRT 玻壳中 Pb 的浸出及豁免处置. 环境工程学报, 2011, 5(6): 1397-1400.

2011-037 邓军华, 曲月华, 王一凌. X 射线荧光光谱法快速测定钢基中锰元素. 中国无机分析化学, 2011, 1(2): 63-65.

2011-039 邓晓辉, 仵亚婷, 何美凤, 但承益, 陈钰娟, 邓意达, 蒋登辉, 钟澄. ITO 表面 Pt 颗粒的电化学沉积制备及其电催化氧化氨研究. 化学学报, 2011, 69(9): 1041-1046.

2011-043 狄霞, 田彩娟, 唐容喆, 李卫, 冯良桓, 张静全, 武莉莉, 雷智. Structural and optical properties of $Cd_{0.8}Zn_{0.2}S$ thin films. 半导体学报, 2011, 32(2): 11-14.

2011-047 董珊, 李志林. XRF 对盐酸溶液解吸 D390 树脂上金属铁的研究. 广州化工, 2011, 39(18): 93-94, 173.

2011-048 董思洋, 马波, 凌凤香, 王少军, 秦波. Y-β 复合分子筛催化裂化性能研究. 当代化工, 2011, 40(5): 447-450.

2011-051 董艳艳. 自行配制的系列标准样品应用于刚玉质耐火材料的 X 射线荧光光谱分析. 理化检验-化学分册, 2011, 47(2): 198-200.

2011-054 杜治国, 朱泽民. X 射线荧光光谱法测定锶铁氧体半成品中铁、锶、硅. 理化检验-化学分册, 2011, 47(5): 590-591, 594.

2011-059 樊翠梅. 镀层中含铅量测试方法的研究. 产业与科技论坛, 2011, 10(5): 75-76.

2011-061 樊志刚. X 射线荧光光谱法测定镀锌钢板镀层质量. 理化检验-化学分册, 2011, 47(5): 511-513, 516.

2011-062 范立伟, 卢铁城, 敦少博, 胡又文, 陈青云, 胡强, 游草凤, 张松宝, 唐彬, 代君龙. 天然锗纳米晶的制备与中子嬗变掺杂研究. 四川大学学报 (自然科学版), 2011, 48(3): 651-654.

2011-063 方金宇, 郝孝丽, 林金辉. 邛崃高岭土熔盐法制备莫来石晶须. 中国陶瓷, 2011, 47(12): 63-66.

2011-066 房刚, 熊鹰, 周元林. Y^{3+} 掺杂 $PbWO_4$ 微晶的合成及发光性质研究. 材料导报, 2011, 25(22): 20-24.

2011-067 冯江涛, 延卫. 片状微形貌聚吡咯的合成及影响因素研究. 高分子学报, 2011, (6): 645-652.

2011-072 高建荣, 郭红丽. X 射线荧光光谱法分析锆英石质耐火材料. 河南城建学院学报, 2011, 20(4): 67-69, 82.

2011-073 高进云, 张庆礼, 殷绍唐, 刘文鹏, 罗建乔, 王迪, 江海河. 大尺寸 Nd^{3+}:GGG 激光晶体的单胞参数计算和组分分析. 人工晶体学报, 2011, 40(2): 296-303.

2011-078 龚建议, 宋守强, 何鸣元. 富铝 β 沸石的制备和表征. 石油化工, 2011, 40(9): 942-948.

2011-081 郭传杰, 祝琳华. 纳米 Au 在蒙脱石层间的插层组装. 化工新型材料, 2011, 39(S): 123-126.

2011-083 郭菁, 邢鹏飞, 涂赣峰, 祁阳. 单晶及多晶硅切割废料中的高纯硅回收. 材料科学与工艺, 2011, 19(4): 103-106, 111.

2011-085 郭妙妙, 李新家, 赵小元. X 射线荧光光谱法测定镀铝锌板耐指纹膜质量. 光谱实验室, 2011, 28(1): 59-61.

2011-092 何真, 王磊, 邵一心, 蔡新华. 脱钙对水泥浆体中 C-S-H 凝胶结构的影响. 建筑材料学报, 2011, 14(3): 293-298.

2011-093 洪益娟, 张钦辉, 于建国. CuO_x/TiO_2 光催化水蒸气还原 CO_2 反应研究. 分子催化, 2011, 25(1): 84-89.

2011-094 侯慧娜, 沈国荣, 徐胡华, 张健. 纳米金修饰硅纳米线电极阳极溶出法测定痕量铅、铜. 南通大学学报(自然科学版), 2011, 10(4): 31-36.

2011-095 侯丽华, 刘海东. 铝青铜合金样品的 X 射线荧光光谱分析. 化学分析计量, 2011, 20(1): 68-70.

2011-096 侯丽华, 刘海东, 林颖. 铝锌系列变形铝合金的 X 射线荧光光谱分析. 化学与黏合, 2011, 33(4): 70-73.

2011-103 胡永明, 刘莎莉, 陶毅博, 王钊, 顾豪爽. $KTa_{0.77}Nb_{0.23}O_3$ 纳米片的微结构和 Raman 光谱研究. 湖北大学学报(自然科学版), 2011, 33(4): 486-489.

2011-106 黄蕙珍, 丁林伟, 邝杰炜. 稀土抛光粉的鉴别方法. 广东化工, 2011, 38(8): 131-132.

2011-107 黄近丹, 林秀华. X 射线荧光无损法测定掺钕矾酸钇晶体中的钕. 福建分析测试, 2011, 20(3): 57-59.

2011-109 黄平, 方方, 张友德, 龚岚. PIN 硅光二极管在 n/γ 混合辐射场中的探测技术研究. 核电子学与探测技术, 2011, 31(12): 1341-1344.

2011-115 季晓玲, 王珍, 鲍慧, 翟丽莉. 稳定透明钇溶胶的制备及表征. 稀土, 2011, 32(2): 87-89.

2011-116 江夏, 吴隽, 张茂林, 吴军明, 李其江, 郁永彬, 梁铎, 方涛. 宜兴紫砂泥料性能研究. 江苏陶瓷, 2011, 44(3): 20-23, 25.

2011-117 姜晶晶, 兰玲, 鞠雅娜, 钟海军, 吴平易, 张泽廷. 草酸脱铝改性的 ZSM-50 沸石的性质及其异构化性能. 北京化工大学学报(自然科学版), 2011, 38(4): 12-16.

2011-118 姜延鹏, 彭同江, 孙红娟. 温石棉尾矿活化产物制备纳米 SiO_2 实验研究. 中国粉体技术, 2011, 17(2): 61-65.

2011-120 姜迎静, 敬承斌, 夏京亮. 溶胶-凝胶法制备镍掺杂氧化锌粉体. 青岛科技大学学报(自然科学版), 2011, 32(3): 230-233.

2011-125 孔德顺, 吴红, 毕迎鑫. 高铁高砂煤矸石除铁及碱融活化合成 4A 分子筛. 无机盐工业, 2011, 43(5): 52-54.

2011-126 孔德顺, 肖杰, 吴红, 李志, 卢香宇. 煤矸石碱熔提取白炭黑的研究. 化工新型材料, 2011, 39(2): 114-116, 131.

2011-127 Lee Kyun-Gmee, Son Yong-Keun, Lee Jin-Sook, Noh Tai-Min, Lee Hee-Soo. Comparative analysis on homogeneity of Pb and Cd in epoxy molding compounds. Transactions of Nonferrous Metals Society of China, 2011, (S1): 160-164.

2011-133 李定国, 熊杰, 刘祖黎, 熊永红. 锰锌铁氧体纳米粒子制备与热磁性研究. 低温物理学报, 2011, 33(5): 377-380.

2011-136 李韩璞, 张旭. XRF 在金属镀层定性半定量分析中的应用. 现代科学仪器, 2011, (4): 93-94.

2011-137 李华基, 秦德昭. 镧铈混合掺杂 TiO_2 纳米粉末的制备. 化工新型材料, 2011, 39(11): 53-54, 73.

2011-138 李季, 张磊, 马天龙, 杨春晖. 直接法制备三乙氧基硅烷的正交实验研究. 四川大学学报(工程科学版), 2011, 43(5): 197-202.

2011-139 李季, 张磊, 杨春晖. 直接法制备三甲氧基硅烷的正交实验研究. 材料科学与工艺, 2011, 19(5): 6-11.

2011-142 李俊芳, 贺燕婷, 闫妍, 卢晓静, 王星, 王超. 防晒化妆品中纳米 TiO_2 的检测技术研究. 分析仪器, 2011, (3): 66-70.

2011-143 李澜, 俞树荣, 陈学福, 周智芳, 王青宁. 改性负载 MnO 凹凸棒石的脱硫实验研究. 矿物岩石, 2011, 31(4): 19-24.

2011-165 李志红, 宋雅君, 左志军, 黄伟. 浆态床二甲醚合成催化剂失活因素研究. 燃料化学学报, 2011, 39(8): 627-632.

2011-168 黎香荣, 马丽方, 陈永欣, 罗明贵. 波长色散 X 射线荧光光谱法同时测定氧化铁皮中的多种杂质元素. 检验检疫学刊, 2011, 21(2): 25-28.

2011-171 梁智红, 安艳. XRF玻璃熔片法测定介电陶瓷材料锆钛酸钡的成分. 光谱实验室, 2011, 28(3): 1071-1073.

2011-173 林国桢, 杜琳, 李科. 便携式X线荧光分析仪用于现场油漆涂层铅含量检测的研究. 中国卫生检验杂志, 2011, 21(10): 2391-2392.

2011-174 林九, 喻小春, 赵海兵, 王玉杰. 铝电解质分子比、Al_2O_3、CaF_2的X射线荧光光谱法测定. 广西轻工业, 2011, (7): 17-19.

2011-180 刘海东, 侯丽华. 不锈钢中铬的X射线荧光光谱分析. 化学分析计量, 2011, 20(2): 52-54.

2011-181 刘海峰, 彭同江, 马国华, 孙红娟, 雷翼. 以石英为原料制备白炭黑的实验研究. 中国粉体技术, 2011, 17(6): 11-13.

2011-186 刘立湘, 田一光, 兰云军, 薄蕾芳. X射线能谱研究鞣性金属在绵羊皮革中的分布. 光谱实验室, 2011, 28(2): 751-754.

2011-187 刘连成, 谢立志. 蒸发器盘管的腐蚀失效分析. 全面腐蚀控制, 2011, 25(6): 20-21.

2011-189 刘淑红, 高宏, 兰喜杰. 机械力化学活化煤矸石强化硅的浸出. 硅酸盐通报, 2011, 30(4): 887-890, 894.

2011-190 刘松, 李青会, 干福熹. 古代玻璃样品表面因素对便携式X射线荧光定量分析的影响. 光谱学与光谱分析, 2011, 31(7): 1954-1959.

2011-191 刘万强, 马洪安, 贾晓鹏. FeMn粉末触媒对合成金刚石的影响. 高压物理学报, 2011, 25(6): 572-576.

2011-192 刘伟, 常立民, 计晓旭. 不锈钢基二氧化铅涂层阳极的制备及电化学性能. 电镀与涂饰, 2011, 30(7): 1-4.

2011-195 刘小明. Asbestos tailings as aggregates for asphalt mixture. Journal of Wuhan University of Technology. Materials Science Edition, 2011, 26(2): 336-339.

2011-204 刘志强, 牛飞, 白晓军, 向雄志, 汤有正, 陶鸿波. X射线荧光光谱滤片法测定镀铑液中铑含量. 冶金分析, 2011, 31(12): 39-42.

2011-207 卢喜瑞, 崔春龙, 宋功保, 吴志华, 舒小艳, 张东. 珍珠岩粉体对含^{90}Sr放射性废液处理的研究. 中国粉体技术, 2011, 17(1): 49-51.

2011-214 罗俊旋, 曾伟华, 徐游, 汤皎宁, 胡军辉. 光催化还原法制备铜基二氧化钛(Cu/TiO_2). 广东化工, 2011, 38(6): 11-13.

2011-215 罗坤, 刘颖, 李军, 高升吉. 基于Al-Si合金熔体的冶金级硅纯化新工艺. 新技术新工艺, 2011, (8): 134-136.

2011-216 罗宁, 李晓杰, 费鸿禄, 莫非, 张程娇. 爆轰法合成碳包覆镍纳米颗粒的研究(英文). 高压物理学报, 2011, 25(2): 111-117.

2011-219 罗佑文, 李新平, 张磊. 生料制样方法对X射线荧光分析结果的影响. 水泥, 2011, (3): 56-57.

2011-224 马小明, 余启超. 高效换热器换热管失效分析. 化工机械, 2011, 38(3): 364-366.

2011-226 马幼平, 宋绍峰, 李秀兰, 党晓明. 多元合金化对共晶^{31}Cr高铬铸铁碳化物的影响. 钢铁研究学报, 2011, 23(8): 40-43, 48.

2011-235 宁凯杰, 张庆礼, 孙敦陆, 殷绍唐. 新型(Yb^{3+}, La^{3+}): Gd_2SiO_5和(Yb^{3+}, Tb^{3+}): $GdTaO_4$单晶生长及分凝研究. 人工晶体学报, 2011, 40(4): 817-821, 827.

2011-242 彭淑鸽, 高紧紧, 郭永克, 刘晓飞. 层状材料负载钌纳米簇及催化性能. 河南科技大学学报(自然科学版), 2011, 32(1): 5-7, 116.

2011-250 秦旭磊, 李野, 宋忠华. 能量色散X射线荧光光谱法测定焊锡组成元素. 科技风, 2011, (0): 109.

2011-254 邱淼淼, 吕述娇, 郭丽, 周昳, 商少明. X射线荧光光谱法测定钛酸钡中主次元素含量. 应用化工, 2011, 40(1): 170-172.

2011-256 曲颖, 李玉锋, 陈春英. 同步辐射及相关核分析技术在纳米材料生物效应研究中的应用. 化学进展, 2011, 23(7): 1534-1546.

2011-262 全桂英, 田冬. 粉煤灰合成 NaX 型分子筛的表征及其对 Fe^{2+} 离子的吸附研究. 环境工程学报, 2011, 5(7): 1637-1640.

2011-267 森维, 徐宝强, 杨斌, 孙红燕, 宋建勋, 万贺利, 戴永年. 真空碳热还原法制备碳化钛粉末 (英文). Transactions of Nonferrous Metals Society of China, 2011, (1): 185-190.

2011-269 折恕平, 朱孟江. 纳米 Ti 掺杂 $Mg(NH_2)_2/2LiH$ 复合材料储氢性能. 石油化工设备, 2011, 40(4): 13-16.

2011-275 施军, 肖沙里, 王洪建, 钱家渝, 刘慎业. 基于超环面晶体的 X 射线成像诊断. 强激光与粒子束, 2011, 23(10): 2659-2662.

2011-277 时雪梅, 刘民, 郭新闻, 宋春山. AgY 和 AgMgY 吸附剂吸附脱硫性能的考察. 现代化工, 2011, 31(8): 50-53.

2011-278 史成武, 史高杨, 陈柱, 孙人杰, 夏梅. 铜锌锡硫半导体薄膜材料的制备与表征 (英文). 硅酸盐学报, 2011, 39(7): 1108-1111.

2011-280 舒欢忠, 尹传烈, 莫建松, 刘兴利. 白泥石膏中的黑色胶状物分析. 广东化工, 2011, 38(11): 198-199, 201.

2011-282 宋超, 董相廷, 王进贤, 刘桂霞. 静电纺丝技术制备 $NiO@Al_2O_3@TiO_2$ 同轴三层亚微米电缆及其形成机理. 高等学校化学学报, 2011, 32(8): 1673-1679.

2011-286 宋霞, 张少文, 张军. X 荧光光谱分析法测定含铬不定形耐火材料. 光谱学与光谱分析, 2011, 31(10): 2851-2855.

2011-287 宋渊, 刘景梅. X 射线荧光光谱法测定硅钙合金中硅、钙、铁. 机车车辆工艺, 2011, (4): 33-34, 38.

2011-288 Srinivasan K., Balasubramanian V.. Effect of heat input on fume generation and joint properties of gas metal arc welded austenitic stainless steel. Journal of Iron and Steel Research (International), 2011, 18(10): 72-79.

2011-291 孙丰波, 费本华, 江泽慧, 于子绚, 田根林, 杨全文. γ 射线辐照处理竹材的 X 射线光谱研究. 光谱学与光谱分析, 2011, 31(6): 1717-1719.

2011-299 唐红霞, 付宝荣. X 射线荧光光谱法测定镁质耐火材料中多元素. 甘肃冶金, 2011, 33(6): 91-93.

2011-305 童玲欣, 李金洪, 刘芳, 林志祥. 系列富硅铝矿石水热晶化法合成纳米莫来石复相粉体的研究. 岩石矿物学杂志, 2011, 30(6): 994-1000.

2011-306 童晓民, 张伟民, 赵宏风. 熔融制样-X 射线荧光光谱法分析铝合金. 理化检验-化学分册, 2011, 47(4): 458-460, 473.

2011-307 涂娜, 李小红, 江向平, 林玫, 陈超. 水热法合成 $(K,Na)NbO_3$ 陶瓷粉体及其压电性能研究. 中国陶瓷, 2011, 47(12): 15-17, 34.

2011-308 王宝玲, 李小莉, 田文辉. 熔融制样-X 射线荧光光谱法测定三氧化钼中 7 种组分. 冶金分析, 2011, 31(1): 45-49.

2011-309 王宝罗, 徐融, 金学峰, 潘浩鹏. 竹节蛏对铬元素的吸收积累量测定. 化学世界, 2011, (3): 138-140.

2011-310 王宝荣. X 射线荧光光谱法测定铁前原料组分的研究. 硅谷, 2011, (17): 52, 45.

2011-311 王本辉, 吴嘉旋, 徐晓莹, 胡坚. X 射线荧光光谱法测定铝硅锆质耐火材料中主次成分. 分析仪器, 2011, (2): 38-41.

2011-312 王彬果, 徐静, 赵靖, 商英, 孔德顺. X 射线荧光光谱法测定电解锰中锰、硅、磷和铁含量. 中国无机分析化学, 2011, 1(3): 43-45, 72.

2011-313 王彬果, 赵靖, 徐静, 滕海雨. 熔融制样 X 射线荧光光谱法测定锰铁合金中硅、锰和磷含量. 光散射学报, 2011, 23(2): 177-180.

2011-314 王德智, 郝成文, 林洪运. 涂料中有毒有害元素检验检测技术研究进展. 涂料工业, 2011, 41(8): 57-60.

2011-315 王光明, 张铭, 李廷先, 郭宏瑞, 严辉. 氧压对脉冲激光沉积 $LaNiO_3$ 薄膜结构和电学性能的影响. 功能材料, 2011, 42(S2): 325-327, 331.

2011-316 王洪建, 肖沙里, 施军. 极化 X 光谱诊断铝激光等离子体的电子密度. 光子学报, 2011, 40(8): 1196-1200.

2011-319 王家宁, 戴洪兴, 何洪. 负载型 Pt 模型催化剂中 Pt 纳米粒子的形貌对 CO 氧化活性的影响（英文）. 催化学报, 2011, 32(8): 1329-1335.

2011-320 王健, 秦枫林. X 射线荧光光谱法对烧结矿精确分析的研究. 科技风, 2011, (13): 9.

2011-321 王建强, 鲍洪亮, 黄宇营. X 射线吸收谱在双金属纳米粒子结构研究中的应用. 黑龙江大学自然科学学报, 2011, 28(5): 717-723.

2011-323 王军霞, 覃由利, 韩旭, 王进. 磷石膏制备陶瓷模用 β-半水石膏及其表征. 中国陶瓷, 2011, 47(4): 25-28.

2011-326 王立, 侯斌, 赵沁. PVC 离心母液组成分析. 聚氯乙烯, 2011, 39(6): 30-35.

2011-331 王培铭, 徐玲琳, 张国防. GSAS 软件在硅酸盐水泥和铝酸盐水泥物相定量分析中的应用. 材料导报, 2011, 5(18): 129-131, 134.

2011-332 王鹏, 赵芳霞, 张振忠. 直流电弧等离子体蒸发法制备超细锌粉. 中国有色金属学报, 2011, 21(9): 2236-2241.

2011-336 王然, 王晓春, 魏冰新. 正硅酸乙酯/磷酸阻燃剂的制备及应用. 印染, 2011, (9): 1-4.

2011-340 王晓钧. NMR research on cement clinker and its structures in early age hydration. Journal of Wuhan University of Technology (Materials Science Edition), 2011, 26(5): 972-977.

2011-351 魏芬绒, 张延玲, 魏文洁, 杨小刚. 不锈钢粉尘化学组成及其 Cr、Ni 存在形态. 过程工程学报, 2011, 11(5): 786-793.

2011-364 伍泽广, 刘钦甫, 张印民, 郑启明, 余雄威. 煤系高岭土制备氧化铝联产白炭黑工艺. 湖南科技大学学报 (自然科学版), 2011, 26(4): 107-111.

2011-360 吴清良, 王云英, 梁以流. 波长色散 X 射线荧光光谱法测试钇稳定二氧化锆. 陶瓷, 2011, (4): 45-47.

2011-361 吴伟, 王瑜, 张瑞, 武光, 周亚静, 李程. Pd/ZSM-22 分子筛双功能催化剂的制备及其加氢异构化反应性能. 黑龙江大学自然科学学报, 2011, 28(4): 532-537.

2011-363 吴增升, 刘志民. X 射线荧光光谱法分析硅质耐火材料的主次成分. 化学分析计量, 2011, 20(3): 43-45.

2011-367 武志富. 锌铋复杂氧化物 $Bi_2Zn_5O_8$ 的合成及其晶体生长特性. 化学通报, 2011, 74(5): 454-457.

2011-368 夏庚培, 冯良桓, 武莉莉, 贺剑雄. AlSb 多晶薄膜物相结构的实验研究. 计量与测试技术, 2011, 38(2): 4-5, 8.

2011-374 邢爱华, 薛云鹏, 李飞, 朱伟平. 表征手段在 SAPO-34 分子筛合成过程及晶化机理研究中的应用概述. 现代化工, 2011, 31(S1): 95-99, 101.

2011-375 徐超, 祁昌伟, 李志斌. GCL 对垃圾渗滤液中阳离子和有机质的吸附能力. 水文地质工程地质, 2011, 38(3): 77-81.

2011-376 徐广通, 刁玉霞, 邹亢, 张哲民. S-Zorb 装置汽油脱硫过程中吸附剂失活原因分析. 石油炼制与化工, 2011, 42(12): 1-6.

2011-390 薛月霞, 李人杰. XRF 法测定 PTA 生产中 Co(III) 和 Co(II) 含量. 合成纤维工业, 2011, 34(2): 62-64.

2011-396 杨德兴, 王鹏飞, 徐华胜, 吕爱玲, 胡杰, 吕待清. 两步晶化法合成纳米 SAPO-34 分子筛及其催化性能. 高等学校化学学报, 2011, 32(4): 939-945.

2011-397 杨栋, 冯乃祥, 王耀武, 彭建平, 王紫千, 狄跃忠. 碳热还原法制取铝硅合金的反应机理及其动力学. 中国有色金属学报, 2011, 21(1): 227-235.

2011-398 杨京, 楼白杨, 熊京远, 徐斌. Pt/Co 改性石墨电极的制备及其电催化性能. 材料科学与工程学报, 2011, 29(2): 242-245.

2011-399 杨凯, 周明凯, 李北星, 唐凯. 不同水泥砂浆的耐酸性研究. 新世纪水泥导报, 2011, (2): 3-8, 10.

2011-400 杨林, 严云, 胡志华. 铬盐焙烧旋窑烧成带衬砖损毁机制初探. 耐火材料, 2011, 45(3): 177-179.

2011-406 杨英, 陈永杰, 李郎楷, 耿秀娟. 橙红色荧光粉 $Mg_{2-x}SnO_4$：Eu_x^{3+} 发光性能的研究. 沈阳化工大学学报, 2011, 25(1): 12-14.

2011-407 姚强, 王燕, 朱宇宏, 杨东美, 吴齐伟. X 射线荧光光谱法测定镁合金中 6 种元素. 冶金分析, 2011, 31(10): 54-56.

2011-409 姚燕群. 离心浇铸制样-X 射线荧光光谱法测铬铁中铬含量. 浙江冶金, 2011, (3): 17-18.

2011-410 姚燕群, 魏海青. 离心浇铸制样-X 射线荧光光谱法测定硅铁中的硅. 浙江冶金, 2011, (2): 20-21.

2011-412 尹洪峰, 汤云, 任耘, 张军战. 气化炉渣合成 Ca-α-Sialon-SiC 复相陶瓷. 硅酸盐学报, 2011, 39(2): 233-238.

2011-413 尹洪基. Al_2O_3-$3Al_2O_3·2SiO_2$-ZrO_2 耐火材料的相组成. 耐火与石灰, 2011, 36(2): 38-41, 49.

2011-421 余荣台, 曹春娥, 苗立峰, 卢希龙, 洪琛. 金红颜料色剂紫金泥的测试与分析. 中国陶瓷, 2011, 47(3): 44-46.

2011-422 袁永兵, 陈洪龄, 吕志刚, 许宗, 彭嘉培. 以干化太湖淤泥为原料烧结制砖的研究. 环境科学与技术, 2011, 34(5): 179-182.

2011-424 曾小平. X 射线荧光光谱法测定防辐射用硼酸钙中硼的含量. 光谱实验室, 2011, 28(5): 2594-2598.

2011-428 张爱芬, 姚瑶, 马慧侠, 曹慧君. X 射线荧光光谱法测定沥青中痕量元素. 理化检验-化学分册, 2011, 47(11): 1333-1336.

2011-431 张翠玲, 张鹏, 刘文霞, 李丽, 刘强. 一种高纯度大孔硅胶的制备工艺. 化工进展, 2011, 30(6): 1313-1315.

2011-432 张海, 刘英, 张勋高. 碳包铁负载纳米钯催化苯甲醇选择氧化. 催化学报, 2011, 32(11): 1693-1701.

2011-436 张俊峰. X 射线荧光光谱法测定 WC-TiC 中钨、钛的质量分数. 湖南有色金属, 2011, 27(1): 64-66.

2011-442 张萌萌, 谢利平, 周鹏, 李瑞海. $SnCl_4$ 改性阳离子交换树脂催化合成柠檬酸三丁酯. 精细化工, 2011, 28(8): 797-799, 802.

2011-443 张钱, 吴平霄. 煅烧阴离子粘土 (LDO) 对低浓度活性艳橙 X-GN 的吸附研究. 环境科学学报, 2011, 31(4): 770-776.

2011-444 张清超, 马井阳. SAPO 系列分子筛母液溶样及铝硅磷含量分析方法的研究. 中国石油和化工标准与质量, 2011, (11): 78-79.

2011-447 张卫纯, 樊济宇. 油浴中多羟基还原法快速合成银纳米线. 材料导报, 2011, 25(S2): 94-96, 100.

2011-449 张晓平. X 射线荧光光谱直接压片法测定氧化铝中杂质 Ga_2O_3 含量. 轻金属, 2011, (3): 25-26.

2011-450 张新元, 张飞, 张明森. ZSM-5 分子筛酸分布对丁烯裂解制丙烯性能的影响. 石油化工, 2011, 40(9): 926-931.

2011-451 张雪乔, 信欣, 刘建英, 刘盛余, 赵明, 陈耀强. 镧、锰共掺杂改性 CeO_2-ZrO_2-Al_2O_3 固溶体的性能. 高等学校化学学报, 2011, 32(10): 2360-2366.

2011-452 张勋高, 张海. X 射线荧光光谱法同时测量植酸钙镁中多元素含量. 广东化工, 2011, 38(2): 148-150.

2011-453 张亚莉, 于先进, 李小斌, 张丽鹏, 李德刚. 氰化渣磁化焙烧过程中铁化合物反应行为的热力学分析. 中南大学学报（自然科学版）, 2011, 43(12): 3623-3629.

2011-454 张延帅, 周晖, 万志华, 桑瑞鹏, 郑军. 靶功率对射频磁控溅射制备 MoS_2-Sb_2O_3 复合薄膜结构和性能的影响. 润滑与密封, 2011, 36(7): 70-74.

2011-455 张颖, 李宁涛, 于艳军, 胡新功. X 射线荧光光谱法快速测定液态涂料中的铅、铬和汞. 光谱实验室, 2011, 28(6):

2901-2904.

2011-456 张玉梅, 刘梅, 于永生, 王永红, 李海波, 费维栋. FePt/Au 多层膜的结构和磁性能研究. 稀有金属材料与工程, 2011, 40(8): 1392-1396.

2011-458 张占文, 黄勇, 漆小波, 刘一杨, 马小军, 李波, 黄燕华, 张林. 充气塑料柱腔的制备与保气半寿命. 强激光与粒子束, 2011, 23(1): 133-136.

2011-464 赵彦民, 李微, 闫礼, 乔在祥, 刘兴江. 卷对卷技术制备大面积柔性CIGS薄膜太阳电池吸收层. 人工晶体学报, 2011, 40(2): 379-382.

2011-465 赵永林. X 荧光分析仪在水泥 SO_3、MgO 成分测定中的应用. 四川水泥, 2011, (4): 38-41.

2011-472 郑巍, 张岚. 材料可靠性鉴别在采购质量控制中的运用. 石油石化物资采购, 2011, (10): 86-89.

2011-476 周春丽, 张妍萍, 田国靖, 兰萍, 李春霞. X射线荧光光谱压片法测定硅锰铁合金中 Mn、Si、P 等元素. 工业计量, 2011, (S1): 19-20, 50.

2011-477 周华梅, 乔秀臣, 于建国. 低品位高岭土制备莫来石的研究. 武汉理工大学学报, 2011, 33(3): 121-125.

2011-479 周林, 马红安, 孙普男, 贾晓鹏. NiMnCo-C-S 系中掺硫金刚石单晶的研究（英文）. 人工晶体学报, 2011, 40(1): 66-69.

2011-486 朱泽民, 杜治国, 蒋学良, 姚桂菊, 陈立清. X 射线荧光光谱熔融法测定锶永磁铁氧体中各组分含量. 中国无机分析化学, 2011, 1(1): 69-72.

2012-004 安玉良, 隋宏超, 袁霞, 郑朝晖, 张晓梅. 活性炭负载 $Co_{0.8}Zn_{0.2}Fe_2O_4$ 铁氧体的制备及电磁性能研究. 功能材料, 2012, 43(4): 438-441.

2012-009 蔡佳佳, 王文波, 康玉茹, 徐惠, 王爱勤. 高压均质中焦磷酸钠对凹凸棒土微结构和黏度的影响. 硅酸盐通报, 2012, 31(6): 1376-1381, 1387.

2012-015 曹晓兵, 李涛, 周律, 杨海军, 王晓. 染整废水深度处理纳滤工艺膜污染成因分析. 环境科学, 2012, 33(1): 117-123.

2012-018 陈安源, 李辉, 马洪波, 黄金富. X射线荧光光谱法测定不锈钢中 17 种元素. 冶金分析, 2012, 32(2): 22-27.

2012-019 陈华军, 李冬, 薛冬, 杨刚宾. 可见光响应的 $Bi-TiO_2$ 的制备及其对间苯二酚的降解作用. 硅酸盐学报, 2012, 40(10): 1483-1488.

2012-020 陈华军, 徐伏秋, 薛冬, 阳永福, 张秋芬. 银掺杂纳米羟基磷灰石抗菌粉体的水热合成及结构表征. 化学学报, 2012, 70(12): 42-46.

2012-026 陈鹏鹏, 王兢, 姚朋军, 杜海英, 李晓干. In_2O_3/CdO 复合材料的制备及气敏特性（英文）. 物理化学学报, 2012, 28(6): 1539-1544.

2012-027 陈绍云, 张永春, 王新平. 过渡金属盐改性 HZSM-5 氧化吸附深度脱除 CO_2 中的 NO. 化工学报, 2012, 63(11): 3700-3706.

2012-031 陈妍, 达志坚, 朱玉霞, 宋海涛. 不同分子筛对 n-C_{12} 催化裂化转化规律的影响. 石油化工, 2012, 41(3): 302-307.

2012-041 崔素萍, 郭红霞, 王辰, 王子明. 纳米无定形 C-S-H 凝胶颗粒及其结构表征. 硅酸盐通报, 2012, 31(3): 531-534.

2012-046 旦辉, 丁艺, 林金辉. 粉石英制备高纯球形纳米 SiO_2. 矿产综合利用, 2012, (5): 35-38.

2012-057 段标标, 隋铭皓, 盛力. 纳米 Co-Mn-Al-CO_3 层状双金属氢氧化物的合成及表征. 材料导报, 2012, 26(8): 56-59.

2012-062 范峰, 凌凤香, 王少军, 杨春雁, 秦波. 等级孔 β 沸石的制备与表征. 工业催化, 2012, 20(7): 6-11.

2012-064 方涛, 吴瑜, 李文杰, 袁文瓒, 赵淑忠. X 射线荧光光谱法分析骨质瓷器中磷酸三钙的含量. 中国陶瓷, 2012, 48(1): 46-48, 72.

2012-067 冯秀劳. X 射线荧光光谱法分析锆刚玉耐火材料中 Na_2O 和 ZrO_2 条件探索. 玻璃与搪瓷, 2012, 40(2): 30-32, 36.

2012-068 付林林. X射线荧光光谱法对硫酸渣成分的分析与研究. 安阳工学院学报, 2012, 11(4): 23-24.

2012-071 付云红. X射线荧光光谱法测定石灰石粉中的SiO_2含量. 科技资讯, 2012, (10): 95.

2012-072 傅金龙, 阮潜潜. 对再生切片中杂质元素来源及其对可纺性影响的探究. 现代纺织技术, 2012, (5): 5-7.

2012-082 顾汉念, 王宁, 刘世荣, 田元江. 烧结法赤泥的物质组成与颗粒特征研究. 岩矿测试, 2012, 31(2): 312-317.

2012-086 郭娟, 周文勇. X射线荧光光谱法快速测定钛合金中的Al、V. 化学工程师, 2012, (6): 20-21.

2012-090 郭云春, 游国强, 刘勇. 硅热法炼镁中还原剂FeSi75硅铁的氧化特性研究. 热加工工艺, 2012, (6): 18-20.

2012-098 何花, 董发勤, 何平. 混合助晶剂促进大长径比硫酸钙晶须的调控研究. 人工晶体学报, 2012, 41(6): 1679-1685.

2012-102 贺中央, 刘百宽, 傅秋华, 齐进, 常亮, 高振昕. 氧化硅微粉的相变和熔融行为. 硅酸盐学报, 2012, 40(9): 1376-1382.

2012-105 侯善华, 毕明珠. 能量色散X射线荧光光谱法(EDXRF)分析打印机墨粉中重金属含量的应用. 办公自动化, 2012, (11): 51-52.

2012-107 胡岚, 王婧娜, 熊贤锋, 严蕊, 张婷, 高朗华, 李晓宇. 含铝炸药中铝粉活性的光谱法测试研究. 含能材料, 2012, 20(1): 94-98.

2012-109 胡思, 张卿, 夏至, 巩雁军, 徐君, 邓风, 窦涛. 氟硅酸铵改性纳米HZSM-5分子筛催化甲醇制丙烯. 物理化学学报, 2012, 28(11): 2705-2712.

2012-118 嵇鹰, 杨康, 徐德龙, 孙毅, 霍丽鹏, 周静. 三步萃取法对水泥微量含硫矿物相深度分析. 硅酸盐通报, 2012, 31(2): 421-425.

2012-122 江莉龙, 马永德, 曹彦宁, 杨阳, 魏可镁. 改性铝土矿载体负载Ru催化剂上的水煤气变换制氢. 物理化学学报, 2012, 28(3): 674-680.

2012-123 江莉龙, 马永德, 曹彦宁, 杨阳, 魏可镁. 高比表面积铝土矿载体的制备及在CO氧化反应中的应用. 无机化学学报, 2012, 28(6): 1157-1164.

2012-128 蒋晓东, 郑直, 祖小涛, 李春宏, 周信达, 黄进, 郑万国. 亚表面杂质对熔石英激光损伤的影响. 电子科技大学学报, 2012, 41(2): 238-241.

2012-129 焦凤菊, 王彬彬, 郭英英, 段华荣. 液压系统过滤器清洁度检测方法的研究. 清洗世界, 2012, 28(9): 27-30.

2012-130 金德龙, 陆晓明, 缪乐德. 微波灼烧—X射线荧光光谱法测定还原铁中5种成分. 冶金分析, 2012, 32(6): 38-42.

2012-134 康自华, 刘海鸥, 张雄福. 杂原子Sn-β分子筛的脱铝补位两步法制备、表征及其催化环己酮Baeyer-Villiger氧化性能. 催化学报, 2012, 33(5): 898-904.

2012-138 匡俊艳, 徐文青, 朱廷钰, 荆鹏飞. 粉煤灰物化性质对单质汞吸附性能的影响. 燃料化学学报, 2012, 40(6): 763-768.

2012-147 李丹, 赖万昌, 陈小强, 王广西, 罗耀耀. 黄铜合金主元素Cu、Zn含量的XRF分析. 核电子学与探测技术, 2012, 32(2): 200-202.

2012-149 李丹丹, 刘中清, 刘旭, 吴雪莲, 纪刚强. Ag掺杂TiO_2纳米管阵列的制备及光电催化降解氨氮废水. 无机化学学报, 2012, 28(7): 1343-1347.

2012-150 李飞, 葛良全, 张庆贤, 谷懿, 万志雄, 李王燕. 改进型M-P神经网络在能量色散X荧光分析测定铅锌矿元素含量的应用研究. 光谱学与光谱分析, 2012, 32(5): 1410-1412.

2012-152 李广燕, 张云升, 倪紫威. 几处古城墙泥灰类粘结材料的对比试验研究. 建筑技术, 2012, 43(5): 465-468.

2012-155 李海涛, 杨文杰, 王军, 尹柯. 焊接工艺对TP304钢焊缝金属组织及性能的影响. 焊接学报, 2012, 33(4): 89-92, 117.

2012-156 李合庆, 常守森, 姜炳南. X射线荧光法快速测定锌铝硅合金中铝、硅、稀土含量. 有色矿冶, 2012, 28(1): 41-43.

2012-157 李洪波, 李海涛, 曲立杰. 不同焊接工艺 0Cr18Ni9 不锈钢焊缝金属盐雾腐蚀性能的研究. 热加工工艺, 2012, (13): 166-167, 171.

2012-158 李建军. 覆高铅材料仿田黄石皮的肉眼识别. 收藏界, 2012, (3): 29-30.

2012-162 李军, 赖万昌, 周良平. X 射线反散射法测量塑料薄膜厚度. 广东微量元素科学, 2012, 19(8): 62-66.

2012-163 李俊杰, 郝险峰, 吕敏峰, 孟健. 氧化物 $SrFeO_{3-\delta}$ 的可控制备与磁性 (英文). 应用化学, 2012, 29(6): 649-657.

2012-164 李俊俊, 刘峰. 换热器管束腐蚀穿孔失效原因分析. 辽宁石油化工大学学报, 2012, 32(3): 54-57, 62.

2012-166 李蕾, 张社英, 沈杰, 王君祥. 钢板表面薄涂层表征方法在工业应用的探索和验证. 冶金分析, 2012, 32(9): 18-21.

2012-173 李韶梅. X 射线荧光光谱法测定复合碳铁合金中总铁含量. 冶金分析, 2012, 32(4): 54-56.

2012-177 李秀铭, 廖克俭, 佟明友, 朱金剑. 预处理温度对 SAPO-11 催化丁烯骨架异构化性能的影响. 工业催化, 2012, 20(1): 24-27.

2012-187 李志林, 董珊. XRF 定量分析 D390 树脂中铁及钯的研究. 科学技术与工程, 2012, 12(4): 882-886.

2012-195 廖夏, 王为. 无配位剂酸性镀液中 Ni-W 合金电镀层的性能. 材料保护, 2012, 45(12): 24-26, 2.

2012-200 林建新, 张留明, 王自庆, 王榕, 魏可镁. 助剂对 Ru/CeO_2 催化剂的表面性质及氨合成性能的影响. 燃料化学学报, 2012, 40(7): 848-854.

2012-205 刘春茹, 黄静, 李建平, 宋为娟, 方芳. X 射线荧光光谱法测定水系沉积物 ESR 测年样品 U、Th、K 含量. 核技术, 2012, 35(11): 837-840.

2012-206 刘芳芳, 张力, 何青. 共蒸发三步法制备 CIGS 薄膜的相变过程. 人工晶体学报, 2012, 41(6): 1519-1523.

2012-207 刘广宇, 田鹏, 刘中民. 二乙胺导向合成 SAPO-34 及与其它模板剂的对比. 催化学报, 2012, 33(1): 2185-2193.

2012-215 刘静, 梁新义, 庞广昌, 康晓斌. AuRu 纳米粒子修饰的辣根过氧化物酶传感器研究. 食品科学, 2012, 33(9): 197-201.

2012-216 刘凯, 朱天容, 刘庭, 于萍, 罗运柏. 绝缘子污秽成分分析与清洗剂去污机理研究. 高电压技术, 2012, 38(4): 892-898.

2012-218 刘琳, 黄杰, 林文庆. 钛酸钾晶须表面改性及增强环氧树脂研究. 工程塑料应用, 2012, 40(1): 81-85.

2012-223 刘涛, 陈雪莉, 李德侠, 刘霞, 梁钦锋. 生物质与煤混合灰的熔融及黏温特性. 化工学报, 2012, 63(4): 1217-1225.

2012-229 刘晓玲, 王艳, 王旭金, 张亚飞, 巩雁军, 徐庆虎, 徐君, 邓风, 窦涛. 盐酸溶液和水热脱铝 HEU-1 分子筛的表征及其催化裂解性能. 催化学报, 2012, 30(12): 1889-1900.

2012-233 鲁建, 肖沙里, 阳庆国, 刘利锋, 毋玉芬. 铝丝阵 Z 箍缩电子温度径向轮廓研究. 中国激光, 2012, 39(8): 212-215.

2012-237 栾和新, 庄大明, 曹明杰, 刘江. 磁控溅射法制备 CIGS 薄膜太阳能电池的工艺及性能研究. 真空科学与技术学报, 2012, 32(8): 661-668.

2012-242 马春华, 张丁非, 柴森森, 张红菊, 陈玉安, 范艳华. 铒对铸态 Mg-5Sn 合金的变质作用研究. 中国稀土学报, 2012, 30(6): 686-692.

2012-248 马雅静, 吴文琪, 许涛. 钆镁合金 X 荧光光谱点滴滤纸片薄样测定法的研究. 稀土, 2012, 33(4): 73-76.

2012-249 马幼平, 周淑义, 李秀兰, 何闯, 党晓明. 一种低成本奥氏体基高碳铸钢丸的试验研究. 铸造, 2012, 61(8): 865-867, 872.

2012-251 Martin W. Egge, Andreas Pissenberger, Stefab Aigner. 用于钢板中氧化镁夹杂物分析的显微洁净度测量装置的联合应用. 冶金分析, 2012, 32(6): 5-9.

2012-256 蒙海宁, 赵芳霞, 张振忠. 纳米钴粉的制备及其在乙醇中的分散性能. 中南大学学报 (自然科学版), 2012, 43(8): 2986-2992.

2012-258 Mohd Haizal Mohd Husin, Mohd Ridzuan Nordin, 李金林, 刘光荣, Chin Sim Yee. 铜掺杂 SBA-15 的 pH 调节法直接合成及其在 N_2O 分解反应中的催化性能 (英文). 中南民族大学学报 (自然科学版), 2012, 31(1): 1-7.

2012-261 倪小敏, 况凯骞, 杨冬雷, 廖光煊. 载铁改性沸石粉体抑制甲烷/空气扩散火焰试验研究. 中国安全科学学报, 2012, 22(1): 53-57.

2012-263 潘惠平, 薄连坤, 黄太武, 张毅, 于涛, 姚淑德. 铜铟镓硒太阳能电池多层膜的结构分析. 物理学报, 2012, 61(22): 535-542.

2012-264 潘琰, 郭飞君, 郭玉鹏. 钛酸盐纳米管薄膜的合成、结构与性质. 高等学校化学学报, 2012, 33(11): 2361-2367.

2012-266 庞凤荣. 合金辅料化学成分的 X 荧光能谱仪分析法. 现代铸铁, 2012, (2): 61-66.

2012-268 彭晓敏, 张金超, 高愈希, 柴之芳. 金属蛋白的提取分离技术. 化学进展, 2012, 24(5): 834-843.

2012-279 覃有学. 油墨原材料和产品的环保性筛选程序. 丝网印刷, 2012, (2): 38-43.

2012-281 任远航, 辜敏, 胡怡晨, 岳斌, 江磊, 孔祖萍, 贺鹤勇. 稀土负载钛-硅沸石 ETS-10 的制备及其光催化性质 (英文). 催化学报, 2012, 33(1): 2134-2139.

2012-284 阮春晓, 陈崇启, 张燕杰, 林性贻, 詹瑛瑛, 郑起. 低温水煤气变换催化剂 Cu/ZrO_2 的制备、表征与性能. 催化学报, 2012, 33(5): 842-849.

2012-288 尚福亮, 张忠健, 杨海涛. 高纯致密氧化钨陶瓷靶材的氧气气氛烧结研究. 中国陶瓷, 2012, 48(1): 32-35.

2012-291 申如香, 卓尚军, 盛成, 钱荣. 利用康普顿散射分析碳化硅陶瓷在高温下使用氧化后组成的变化. 理化检验-化学分册, 2012, 48(1): 1-3, 7.

2012-292 沈青峰. 铜尾矿制备白炭黑技术研究. 矿产保护与利用, 2012, (5): 45-48.

2012-295 沈燕, 钱觉时, 王应, 任兵建. 水泥生产中 SO_3 测试方法的比较研究. 硅酸盐通报, 2012, 31(3): 613-616.

2012-303 Shi Yanchun, Yang Xiaojian, Tian Fuping, Jia Cuiying, Chen. Yongying. Effects of toluene on thiophene adsorption over NaY and Ce(Ⅳ)Y zeolites. Journal of Natural Gas Chemistry, 2012, 21(4): 421-425.

2012-305 孙海杰, 潘雅洁, 王红霞, 董英英, 刘仲毅, 刘寿长. 二乙醇胺作添加剂 Ru-Zn 催化剂上苯选择加氢制环己烯. 催化学报, 2012, 33(4): 610-620.

2012-306 孙骏. 苯甲酰苯胲分光光度法测定土壤中钒含量. 环境研究与监测, 2012, 25(2): 40-42.

2012-307 孙蓉, 刘君玉, 庄志红, 康明. PDP 废电子浆料中银的回收及其含量分析. 西南科技大学学报, 2012, 27(1): 25-28.

2012-309 孙振文, 权养科, 陶克明. SEM/EDS 法和 XRF 法在电工胶带检验中的应用. 中国司法鉴定, 2012, (2): 26-29.

2012-310 孙志华, 刘开平, 汪敏强, 王柱命. 自燃煤矸石活性对水泥砂浆性能的影响. 混凝土与水泥制品, 2012, (3): 67-70.

2012-320 唐红梅, 邱海鸥, 田雨荷, 郑洪涛, 汤志勇. β-环糊精聚合物包结 PAN 树脂富集-XRF 测定痕量 Cu, Co, Cr 与 Pb. 分析试验室, 2012, 31(10): 89-91.

2012-324 Tian Fuping, Yang Xiaojian, Shi Yanchun, Jia Cuiying, Chen Yongying. Adsorptive desulfurization over hierarchical beta zeolite by alkaline treatment. Journal of Natural Gas Chemistry, 2012, 21(6): 647-652.

2012-326 田晓利, 薛群虎, 薛崇勃. 溶胶-凝胶法制备氧化铝-氧化锆复合粉体. 硅酸盐学报, 2012, 40(6): 866-871.

2012-327 田雨. 硼酸垫底压片法在 X 荧光光谱分析中的应用. 中国石油和化工标准与质量, 2012, (7): 26-27.

2012-328 万双, 张永中, 刘天一, 刘可可. X 射线荧光光谱法测定闪速吹炼炉渣中 8 种痕量元素和 4 种氧化物. 理化检验-化学分册, 2012, 48(10): 1216-1218, 1232.

2012-332 王斌, 张华, 黄伟, 冯小军, 刘继平. X 射线荧光光谱法测定聚合物材料中铅和镉. 理化检验-化学分册, 2012, 48(7): 810-811.

2012-334 王迪勇, 王金渠, 杨建华, 鲁金明, 殷德宏, 张艳. 蒸气相法 ZSM-5 分子筛的合成及其负载的 Mo 催化剂在甲烷芳构化中的应用. 催化学报, 2012, 33(8): 1383-1388.

2012-335 王东杰, 许涛, 李梅, 郭文亮. ICP-AES 法同时测定钐钴合金中的钐、钴、铜、铁、锆和钆量. 稀土, 2012, 33(5): 76-78.

2012-336 王丰, 何慧, 陈继尊, 贾志欣, 罗远芳, 贾德民. 废 PCB 粉增强改性聚乙烯基木塑复合材料. 高分子材料科学与工程, 2012, 28(8): 174-177, 182.

2012-339 王豪, 邬蓓蕾, 林振兴, 罗川, 孙妮妮. 偏振能量色散-X 射线荧光光谱法测定塑料中REACH法规高关注物质. 理化检验-化学分册, 2012, 48(8): 881-883.

2012-343 王纪华, 刘晓丽, 高龙, 王琳, 李婷. X 射线荧光光谱法测定镍电解液中的镍、氯、硫酸根. 冶金分析, 2012, 35(12): 29-33.

2012-345 王金飞, 薛玉明, 祝俊刚, 周凯, 谭炳尧, 张衷维, 李石亮, 裴涛, 汪子涵, 王一, 牛伟凯, 姜舒博, 杨醒, 蓝英杰. 衬底温度对 $In_xGa_{1-x}N$ 薄膜结构特性的影响. 天津理工大学学报, 2012, 28(1): 79-82.

2012-349 王凯, 金樱华, 李晨, 闵红, 屠虹. 全反射 X 射线荧光光谱法同时测定复混肥料中钒铬锰铁镍铜锌铅. 岩矿测试, 2012, 31(1): 142-146.

2012-354 王林山, 尚妍, 王育红, 牛盾, 刘常升. Al-12.7Si-0.7Mg 合金锡盐电解着色工艺及膜性能研究. 稀有金属, 2012, 36(5): 681-686.

2012-356 王梅, 韩小燕. 一种 ABS 合金塑料的鉴定. 塑料科技, 2012, 40(10): 83-86.

2012-357 王鹏, 陈银, 赵芳霞, 张振忠, 郑威. 直流电弧等离子体法制备纳米锌粉及机理. 铸造技术, 2012, 33(5): 531-533.

2012-360 王首都, 王伟, 祝捷, 胡月. 溶胶凝胶法铁基载氧体的制备与反应性能研究. 安徽农业科学, 2012, 40(34): 16748-16750.

2012-365 王雯, 余春荣, 高戈, 赵忠刚. EDXRF 法测定载 $Pd-Al_2O_3$ 小球的 Pd 含量. 核电子学与探测技术, 2012, 32(8): 985-988.

2012-366 王新频, 戴平, 张亚珍, 赵鹰立, 闫冉, 刘玉兵. 含硫的铁质原料中烧失量的测定及其在 XRF 分析中应用. 水泥, 2012, (6): 52-55.

2012-372 王一凌. X 射线荧光光谱法测定硅石、硅砖的主次成分. 鞍钢技术, 2012, (5): 24-27.

2012-374 王昭, 吕文强, 高松信, 武德勇. Au80Sn20 合金焊料制备工艺. 强激光与粒子束, 2012, (9): 2089-2093.

2012-383 魏琳, 陈云琳, 张宝平, 祖志楠. 三次致孔法制备类沸石分子筛的研究. 硅酸盐通报, 2012, 31(2): 231-236.

2012-392 吴南, 马伟民, 毕孝国, 管仁国, 朱红艳, 滕飞. 高纯 TiO_2 超微粉体的制备. 人工晶体学报, 2012, 41(2): 485-490.

2012-400 Xia ChangJiu, Zhu Bin, Lin Min, Shu XingTian. A green cyclohexanone oxidation route catalyzed by hollow titanium silicate zeolite for preparing ε-caprolactone, 6-hydroxyhexanoic acid and adipic acid. China Petroleum Processing & Petrochemical Technology, 2012, 14(4): 33-41.

2012-402 谢雅典, 刘卫, 郑环, Duygu Kocaefe, Yasar Kocaefe, 田景学, 柏登成. 炭阳极原料中稀土元素镧 (La) 铈 (Ce) 对其性能影响. 轻金属, 2012, (4): 41-44.

2012-403 谢一飞, 方莹, 李镇. 二氧化钛改性对光催化降解甲基橙的研究. 印染助剂, 2012, 29(10): 15-18.

2012-409 胥真奇, 赵虹霞, 干福熹. 天然玻璃化学成分、结构和物相的无损分析. 硅酸盐学报, 2012, 40(3): 443-449.

2012-413 徐浩, 延卫, 常乐. Pb_3O_4 层引入对钛基 PbO_2 电极强化寿命的影响. 稀有金属材料与工程, 2012, 41(3): 462-466.

2012-419 徐群, 应华军, 周永利, 包世星. X 射线荧光光谱法分析合成丙烯酸甲酯用催化剂中磷和钒含量. 精细石油化工进展, 2012, 13(5): 50-52.

2012-423 徐源, 王利勇, 叶晔捷, 陈英文, 祝社民, 沈树宝. 电沉积 Ni-W-P 合金电极在微生物电解池产氢技术中的研究. 太阳能学报, 2012, 33(2): 258-263.

2012-424 徐正坦, 翁仁贵. 蒸压流化床粉煤灰混凝土砌块养护优化设计. 长春工业大学学报（自然科学版）, 2012, 33(4): 469-472.

2012-428 Xu Shaojun, Zhang Qiang, Feng, Zhaoxuan, Meng Xiaojing,. Zhao Tongyu, Li Chunyi, Yang Chaohe, Shan Honghong. A high-surface-area silico-aluminophosphate material rich in Brönsted acid sites as a matrix in catalytic cracking. Journal of Natural Gas Chemistry, 2012, 21(6): 685-693.

2012-431 闫鸿浩, 吴林松, 李晓杰, 王小红, 王胜杰. 前驱体相对物质的量的变化对氢氧气相爆燃制备纳米 SiO_2 颗粒的影响. 爆炸与冲击, 2012, 32(6): 581-584.

2012-432 闫鸿浩, 席树雄, 李晓杰, 王小红, 黄先超. 不同前驱体相对摩尔量对气相爆燃制备纳米 SiO_2 的影响. 高压物理学报, 2012, 26(6): 627-631.

2012-434 严方, 谢永杰. X 射线荧光光谱法测定一氧化碳助燃剂中的铂. 光谱实验室, 2012, 29(1): 495-498.

2012-436 颜杰, 李红, 唐楷, 刘科财, 叶文静. 粉煤灰脱除硫化氢的可行性研究. 广东化工, 2012, 39(4): 77-79.

2012-439 杨东梅, 郭玉文, 乔琦, 张建强, 刘景洋. 废 TFT-LCD 面板中主要元素溶出特性. 环境科学研究, 2012, 25(4): 431-435.

2012-440 杨帆, 石宝友, 王东升, 顾军农, 曹楠. 水质化学组分变化对管道铁释放及管垢特征的影响. 中国给水排水, 2012, 28(23): 59-64.

2012-446 杨明太, 袁莉, 戴长松. EDXRF 法检测纸张及其墨迹微量元素. 核电子学与探测技术, 2012, 32(12): 1353-1355.

2012-447 杨锁龙, 余春荣, 杨光文, 高戈, 吴伦强. U-Ta 合金中 Ta 含量的 EDXRF 法测定. 稀有金属材料与工程, 2012, 41(3): 539-541.

2012-452 杨迎春, 卢远刚, 叶芝祥, 刘盛余, 余静, 胡蕾. La 掺杂 Bi_2O_3 的制备、表征与可见光催化活性. 化学学报, 2012, 70(11): 21-27.

2012-453 姚锦冰, 杨玉明, 蒋兴元. X 射线荧光光谱法测定低合金生铁中 Si、Mn、P、S、Cr、Ni 的应用. 中国高新技术企业, 2012, (23): 58-60.

2012-458 叶小松, 王茊, 关中杰, 靳映霞, 李亮, 杨宇. 溅射气压对 Ge/Si 纳米点表面形貌的影响. 功能材料, 2012, 43(10): 1230-1234.

2012-459 叶晓通, 陈栋, 张黎, 李越生, 肖斐. 圆片级封装的板级跌落可靠性研究. 半导体技术, 2012, 37(10): 804-809.

2012-460 叶宇轩. 制革富铬废物的表征及其在陶瓷工业中的潜在应用. 西部皮革, 2012, 34(10): 42-49.

2012-465 殷求义, 陈绍云, 张永春, 王晓峰. 改性活性炭纤维吸附脱除气态汞. 环境工程学报, 2012, 6(8): 2764-2768.

2012-468 于杰, 刘长春, 丁健, 刘伟. 镁质耐火材料 X 射线荧光光谱分析——粉末压片法与熔融玻璃片法之比较. 辽东学院学报（自然科学版）, 2012, 19(2): 80-85.

2012-469 于艳科, 何炽, 陈进生, 孟小然. 电厂烟气脱硝催化剂 $V_2O_5-WO_3/TiO_2$ 失活机理研究. 燃料化学学报, 2012, 40(11): 1359-1365.

2012-471 余安安, 周丹, 庞涛, 鲁新环, 夏清华. 乙烯基功能化微孔 SAPO-11 分子筛的合成与结构表征. 湖北大学学报（自然科学版）, 2012, 34(3): 279-281, 312.

2012-475 岳冠华, 邹红云, 尚丽民, 许萍. 再生水回用于工业循环冷却水系统的污垢分析与研究. 给水排水, 2012, 28(2): 49-53.

2012-477 Zaccone C., Cocozza C., Orazio V. D.', Plaza C., Cheburkin A., Miano T. M., 谢绿武, 赵红艳, 王升忠. 萃取剂对泥炭腐植酸性质和微量元素的影响. 腐植酸, 2012, (1): 26-36.

2012-480 翟娟, 赖万昌, 王卓, 郭成, 汪清浩. EDXRF法在铁氧体分析中的应用. 核电子学与探测技术, 2012, 32(12): 1425-1427.

2012-483 张爱芬, 刘帅, 马慧侠, 刘静. 粉末压片X射线荧光光谱法测定氧化铝中杂质元素. 冶金分析, 2012, 32(12): 51-56.

2012-489 张逢来, 周岩, 杨凌, 周灵萍, 田辉平. 分子筛孔道清理改性技术的工业应用. 石油学报 (石油加工), 2012, 28(S): 22-25.

2012-491 张福元, 姚立斌. 硫铵蒸发器列管结垢的清洗工艺. 清洗世界, 2012, 28(1): 6-9.

2012-499 张军, 刘永利, 孙浩. X射线荧光光谱仪测定烧结矿组分. 天津冶金, 2012, (3): 4-6, 63.

2012-501 张岚. 材料可靠性鉴别在采购质量控制中的运用. 石油工业技术监督, 2012, (1): 13-15.

2012-502 张磊磊, 马发韬, 张宁, 程伟, 丁述理. 改性高岭土吸附城市生活污水中铅的实验研究. 河北工程大学学报 (自然科学版), 2012, 29(1): 55-57.

2012-503 张丽伟, 周涵, 代振宇, 赵晓光. 铁离子在ZSM-5分子筛中存在位置的理论研究. 计算机与应用化学, 2012, 29(6): 684-686.

2012-504 张茂林, 周剑, 李其江, 吴军明, 干科. 景德镇五代瓷器组成配方的EDXRF分析. 光谱学与光谱分析, 2012, 32(5): 1413-1417.

2012-505 张茂润, 孙静静, 陈静. 纳米$Dy_{0.15}Fe_{1.85}O_3$磁颗粒的低温磁特性研究. 无机材料学报, 2012, 27(11): 1174-1178.

2012-506 张娜娜, 王继扬, 颜涛, 韩淑娟, 郭永解. 掺铈铌酸锂晶体的生长和表征 (英文). 硅酸盐学报, 2012, 40(3): 412-415.

2012-507 张楠, 薛改凤, 王丽娜, 刘璞, 付本全. 硅钢中合金元素的几种仪器分析方法. 鞍钢技术, 2012, (4): 9-12.

2012-510 张卿, 张兰兰, 胡思, 雍晓静, 阿古达木, 巩雁军, 窦涛. 不同铝源合成ZSM-5分子筛及其MTP催化性能. 石油学报 (石油加工), 2012, 28(S1): 39-43.

2012-511 张庆建, 丁仕兵, 冯丽丽, 孙博. 进口氧化皮化学特性及X射线荧光光谱分析. 分析科学学报, 2012, 28(1): 75-78.

2012-512 张瑞, 王瑜, 吴伟, 王文静, 肖林飞, 武光. 模板剂种类对ZSM-22分子筛的酸性和正癸烷加氢异构化催化反应性能的影响. 燃料化学学报, 2012, 40(11): 1353-1358.

2012-517 张欣欣, 黄立新. 一种汤料混浊剂中起浊成分及其含量的测定研究. 食品工业, 2012, 33(9): 158-161.

2012-521 张艳秋, 江树勇, 赵亚楠, 唐明. 冷却速度对Ti-50.9%Ni形状记忆合金相变行为和组织的影响 (英文). Transactions of Nonferrous Metals Society of China, 2012, (11): 2685-2690.

2012-528 张志民, 郭长友, 凌凤香, 沈智奇. 氧化铝表面钛改性的机理分析. 石油炼制与化工, 2012, 43(10): 49-54.

2012-529 张志民, 郭长友, 马波, 凌凤香, 苗升, 沈智奇, 翁蕾. 原子层沉积技术在钛改性多孔氧化铝上的应用. 工业催化, 2012, 20(6): 23-26.

2012-533 章薇, 谈国强, 夏傲, 任慧君. 溶胶凝胶法制备$NaTaO_3$薄膜及光催化性能研究 (英文). 稀有金属材料与工程, 2012, 41(S3): 611-614.

2012-538 赵鹏飞, 郭欣, 郑楚光. 载银稻壳基吸附剂的制备与表征及其脱除Hg^0的实验研究. 中国电机工程学报, 2012, 32(5): 61-67.

2012-539 赵普琇. 三异辛胺负载聚氨酯泡沫塑料富集-X射线荧光光谱法测定金量. 理化检验-化学分册, 2012, 48(6):

724-725.

2012-542 赵秀娟, 曹春娥, 卢希龙, 陈云霞. 景德镇与潮州中温日用瓷坯热稳定性的研究. 硅酸盐通报, 2012, 31(5): 1111-1116.

2012-544 赵云, 俞红梅, 邢丹敏, 邵志刚, 衣宝廉. PEMFC用Ce-MCM-41/SPEES复合膜的研究. 电源技术, 2012, 36(1): 24-28.

2012-545 郑笑芳, 彭晓东, 苏中华, 魏群义. 真空硅热直接还原制备镁锂合金研究. 真空科学与技术学报, 2012, 32(11): 1021-1025.

2012-548 钟永超, 孙国良, 周勇敏. 高硅酸盐水泥熟料煅烧的试验研究. 硅酸盐通报, 2012, 31(2): 252-257.

2012-549 周峰, 陈明, 张淑梅, 乔凯. 部分NH_4^+交换对FER分子筛催化正丁烯骨架异构反应性能的影响. 石油学报 (石油加工), 2012, 28(6): 927-932.

2012-552 周衡刚, 邓思娟. 能量色散X射线荧光光谱法同时测定涂料中的铅、铬、镉、汞. 合成材料老化与应用, 2012, 41(5): 29-31.

2012-561 朱新锋, 杨丹妮, 胡红云, 何雄, 刘玲静, 李磊, 刘建文, 杨家宽. 废铅酸蓄电池铅膏性质分析. 环境工程学报, 2012, 6(9): 3259-3262.

2012-563 朱泽民, 张华, 杜治国, 陈立清. 钡永磁铁氧体半成品的XRF法定量测定. 磁性材料及器件, 2012, 43(3): 65-67, 75.

2012-564 庄峰, 张方英, 杜江勇, 陈宏伟, 李洪玲, 但建明. 粉煤灰对砂浆性能的影响. 石河子大学学报 (自然科学版), 2012, 30(1): 87-91.

2012-566 邹亢, 黄南贵, 徐广通. S Zorb 吸附剂Rietveld物相定量方法研究. 石油学报 (石油加工), 2012, 28(4): 598-604.

2012-568 邹兴武, 王树轩, 杨占寿, 王舒娅, 祁米香. 真空硅热还原法制备金属锶. 有色金属 (冶炼部分), 2012, (7): 53-56.

2012-569 邹兴武, 王树轩, 杨占寿, 王舒娅, 祁米香. 真空铝热还原法制备金属锶工艺研究. 盐湖研究, 2012, 20(3): 63-67.

2013-002 Abdel Monem M. Soltan, Soltan Waleed A. Ogila. Assessment of ornamental stone waste as expansive soil stabilizer. 矿物学报, 2013, (S1): 2.

2013-005 鲍希波, 卢女平, 石毓霞, 赵靖, 李志明. X射线荧光光谱法测定钒铁合金中主次元素含量. 理化检验-化学分册, 2013, 49(5): 546-549.

2013-007 毕亚凡, 牟林琳, 徐俊虎, 李亮. 废刻蚀液与低品位磷矿为原料磷复肥的制备. 武汉工程大学学报, 2013, 35(7): 27-31.

2013-008 别如山, 黄兵, 宋兴飞, 纪晓瑜, 朱少飞. 酒糟在流化床中燃烧特性的试验研究. 动力工程学报, 2013, 33(6): 479-483.

2013-015 陈和平, 付玉琴. X射线荧光光谱法测定超硬铝合金中成分. 科技风, 2013, (15): 12.

2013-016 陈红, 王永辉, 王炜. X射线荧光光谱无标样分析在合金材料中的应用. 轻工科技, 2013, (9): 131-132.

2013-017 陈红丽, 丁键, 王一萌. 具有多级孔道结构、高水热稳定性的含氧化镁Silicalite-1分子筛的合成 (英文). 物理化学学报, 2013, 29(5): 1035-1040.

2013-018 陈健. 基于网络信息化条件下的镀层重量检验. 安徽冶金科技职业学院学报, 2013, 23(4): 17-19.

2013-019 陈杰, 闫峰, 罗昆鹏. 微波水热合成钛酸钡纳米粉体. 人工晶体学报, 2013, 42(11): 2359-2363.

2013-020 陈静允, 谢伟宏, 周环. X射线光电子能谱法分析爆炸残留物. 理化检验-化学分册, 2013, 49(6): 731-734.

2013-022 陈俊文, 张超, 王永睿, 孙敏, 慕旭宏, 舒兴田. 改性IM-5分子筛在甲苯甲醇烷基化反应中的催化性能. 石油学报 (石油加工), 2013, 29(5): 757-766.

2013-025 陈瑞文. 氧化铝冶炼的工业固废——赤泥的组成分析及其特性表征. 陶瓷科学与艺术, 2013, (Z1): 17-19.

2013-029 陈维苗, 凌晨, 丁云杰, 王涛, 朱何俊, 吕元. 溶胶-凝胶法制备 Cu-ZnO/SiO_2 催化剂及其催化乙酸甲酯氢解反应的性能. 石油化工, 2013, 42(5): 512-517.

2013-030 陈晓丽, 魏丽乔. SiO_2 载纳米银抗菌粉体的制备及性能. 中国粉体技术, 2013, 19(6): 54-57.

2013-031 陈耀壮, 李洁, 赵国强, 雷菊梅, 赵英. 高效锰系脱氧剂的研制及性能测试. 工业催化, 2013, 21(10): 36-40.

2013-037 成应向, 宋伟龙, 许友泽, 戴友芝, 邱亚群, 王强强. Na_2S 与高聚复配絮凝剂处理酸性高 As 废水. 环境科学研究, 2013, 26(9): 1007-1013.

2013-039 程俊华, 张健, 陈刚, 吕文晏. 玻璃抛光废渣理化特性研究. 环境工程学报, 2013, 7(5): 1929-1932.

2013-042 程淑艳, 郝艳红, 辛云岭, 程芳琴. 以废纸为原料制备煤尘抑制剂的合成及应用. 环境工程学报, 2013, 7(9): 3578-3582.

2013-046 褚绮, 冯杰, 李文英, 谢克昌. Ni/Mo/N 催化剂合成及其在噻吩存在体系下苯加氢反应中的应用 (英文). 催化学报, 2013, 34(1): 159-166.

2013-047 崔立明, 刘晓毅, 张斌. 玻璃融片制样-X 射线荧光分析陶瓷原材料中的氧化物成分. 中国陶瓷, 2013, 49(9): 77-79.

2013-048 崔巍巍, 刘娅, 王宗良, 王昊, 崔立国, 章培标, 陈学思. 纳米银/二甲基砜/聚乳酸-乙醇酸静电纺丝人工敷料的制备及生物评价. 高等学校化学学报, 2013, 34(3): 679-685.

2013-049 崔文权, 郭冬梅, 刘利, 胡金山, 梁英华. $PbS/K_2La_2Ti_3O_{10}$ 复合物的制备及光催化活性研究. 功能材料, 2013, 44(24): 3651-3657.

2013-050 寸凤妹, 李小莉. X 射线荧光光谱法测定钛白粉样品中 10 种微量元素. 现代仪器与医疗, 2013, 19(6): 63-65.

2013-051 戴红, 常仕英, 蔺广森, 黄鉴. Ce 改性 ZSM-5 分子筛载 Pd 催化剂的 CeO_2-Pd 协同作用研究. 贵金属, 2013, 34(3): 7-12.

2013-052 戴静, 刘阳生. 四种原料热解产生的生物炭对 Pb^{2+} 和 Cd^{2+} 的吸附特性研究. 北京大学学报 (自然科学版), 2013, 49(6): 1075-1082.

2013-056 邓志豪, 董元篪, 李小虎, 王珏, 吴六顺. 转炉钢渣对镁质耐火材料的侵蚀过程. 炼钢, 2013, 29(6): 60-65.

2013-057 刁智俊, 赵跃民, 孙松, 段晨龙, 许飞, 王海鑫, 张鹏飞, 程梦华. 高压电脉冲技术对废弃电路板的破碎研究. 河南师范大学学报 (自然科学版), 2013, 41(3): 74-78.

2013-059 丁奇亮, 韩建军, 李国强, 赵修建. 直流电弧等离子体熔化玻璃配合料. 材料科学与工程学报, 2013, 31(3): 432-435.

2013-062 董凯伟, 姜晓杰, 张爽, 潘晓林, 于海燕. 聚合物对原硅酸钙分解行为的影响. 材料与冶金学报, 2013, 12(3): 185-188.

2013-073 范诚. 利用荧光分析实现水泥混合材掺加量的准确控制. 水泥技术, 2013, (4): 96-98.

2013-076 房师阁, 刘玲, 马壮, 郝红蕊. 纳米级锆酸钐的合成工艺研究. 人工晶体学报, 2013, 42(6): 1187-1191, 1198.

2013-081 付凯, 王伟, 薛伟辰. 模拟混凝土环境下 GFRP 筋抗压性能加速老化试验研究. 建筑结构学报, 2013, 34(1): 117-122.

2013-090 葛良全, 赖万昌, 张庆贤, 王广西, 杨强, 曾国. 野外 X 射线荧光勘查技术应用进展. 地质学报, 2013, 87(S): 204-206.

2013-091 耿昭, 张亚平. X 射线荧光光谱法分析电解质中氧化铝. 中国无机分析化学, 2013, 3(S1): 43-45.

2013-096 顾艳红, 宁成云, 赵杰, 刘淑晶, 窦艳涛, 熊文名. AZ31 镁合金微弧氧化涂层在仿生液中的腐蚀抑制机理. 腐蚀科学与防护技术, 2013, 25(5): 365-371.

2013-097 关乃杰, 邓玉福, 谷珊, 图雅, 于桂英. 二元比例 X 射线荧光光谱法测定 $BaFe_{12}O_{19}$ 中 Fe 和 Ba 的含量. 光谱学与光谱分析, 2013, 33(10): 2858-2860.

2013-099 管嵩, 丁仕兵, 郭兵, 张庆建. 某未知含铁物料固体废物属性鉴别研究. 再生资源与循环经济, 2013, 6(7): 37-39.

2013-104 郭伟, 薛玉明, 顾勇, 冯少君, 张红岭, 孙云. 溶液 pH 值对 CdS 薄膜结构特性的影响. 光电子·激光, 2013, 24(11): 2169-2173.

2013-105 郭伟, 薛玉明, 张晓峰, 冯少君, 张连连, 孙云. 沉积预制层衬底温度对 CIGS 薄膜结构特性的影响. 光电子·激光, 2013, 24(10): 1936-1941.

2013-106 郭馨, 吕志刚, 李晓飞. 硅溶胶-煤矸石型壳高温性能及机理分析. 中南大学学报（自然科学版）, 2013, 44(11): 4442-4447.

2013-108 韩亚梅, 张正富, 张利波, 彭金辉, 傅梦笔, Srinivasakannan C., 杜江. 微波热解法制备的炭涂层对 $LiNi_{1/3}Mn_{1/3}Co_{1/3}O_2$ 性能的影响 (英文). Transactions of Nonferrous Metals Society of China, 2013, (10): 2971-2976.

2013-111 洪琛, 沈华荣, 陈云霞, 卢希龙, 曹春娥. 中温玲珑釉的制备及影响因素的研究. 中国陶瓷, 2013, 49(9): 54-57.

2013-113 胡飞, 熊伟, 赵瑾. 减水剂加入对膨润土水化的影响及初步探究. 江苏陶瓷, 2013, 46(2): 11-13.

2013-121 黄静, 范闽光, 靳广洲, 李斌, 巩雁军, 张少龙. 低钠含量 LaHY 分子筛的制备、表征及催化性能. 广西大学学报（自然科学版）, 2013, (3): 609-615.

2013-122 黄倩如, 冯才敏, 黄健光, 刘洪波. PP/IFR/ZB 体系的热降解动力和残炭结构分析. 顺德职业技术学院学报, 2013, 11(3): 5-8.

2013-125 江莉龙, 刘弦, 曹彦宁, 曾杰凯, 林施团, 魏可镁. Fe_2O_3 含量对 Cu-Fe/铝土矿水煤气变换催化剂结构和性能的影响. 无机化学学报, 2013, 29(11): 2297-2304.

2013-129 江伟, 杜婷婷. X 射线荧光光谱法测定样品中镁的不确定度. 光谱实验室, 2013, 30(5): 2671-2677.

2013-130 姜彬慧, 丽丽, 赵研, 方萍, 马莉, 胡筱敏. pH 值对天然磁铁矿吸附水中 Pb^{2+} 的影响及吸附机制研究. 功能材料, 2013, 44(23): 3392-3396.

2013-133 姜珩, 康志君, 谢元锋, 夏扬, 吕宏. 铝粉直接氮化法制备氮化铝粉末. 稀有金属, 2013, 37(3): 396-400.

2013-134 姜文超, 蒋晖, 吴津津, 田胜海. 腐蚀铸铁管中饮用水水质变化规律试验研究. 华中科技大学学报（自然科学版）, 2013, 41(6): 117-121.

2013-139 金硕, 王文武, 武莉莉, 曾广根, 李卫, 张静全, 黎兵, 冯良桓. $CdCl_2/ZnCl_2$ 退火对 $Cd_{1-x}Zn_xTe$ 多晶薄膜性质的影响. 激光与光电子学进展, 2013, (5): 227-232.

2013-140 鞠佳彤, 田琳, 陈莹, 唐劲天. 聚吡咯涤纶导电织物的制备及其表征. 纺织学报, 2013, 34(11): 28-33.

2013-145 孔德顺, 李琳, 范佳鑫, 籍永华, 李志. 高铁高硅煤矸石制备 P 型分子筛. 硅酸盐通报, 2013, 32(6): 1052-1056.

2013-148 Lai Meishuang, Xiang Leiwen, Lin Jinming, Li Haifang. Quantitative analysis of elements (C, N, O, Al, Si and Fe) in polyamide with wavelength dispersive X-ray fluorescence spectrometry. Science China (Chemistry), 2013, 56(8): 1164-1170.

2013-152 李滨, 王虹, 丁福臣, 李翠清, 宋永吉, 柯明, 任翠涛. 制备方法对 Co-MOR 催化剂 CH_4 选择还原 NO 性能的影响. 物理化学学报, 2013, 29(6): 1289-1296.

2013-153 李冰, 田鹏, 李金哲, 陈景润, 袁扬扬, 苏雄, 樊栋, 魏迎旭, 齐越, 刘中民. SAPO-35 分子筛的合成及其甲醇制烯烃反应性能. 催化学报, 2013, 34(4): 798-807.

2013-154 李冰, 田鹏, 齐越, 张琳, 徐舒涛, 苏雄, 樊栋, 刘中民. SAPO-11 分子筛晶化过程研究. 催化学报, 2013, 34(3): 593-603.

2013-155 李波, 周恺, 孙宝莲, 李延超. X 射线荧光光谱法测定钼铝合金中钼. 冶金分

2013-162 李福洲, 张琴琴. 轻烧铝矾土对陶粒支撑剂烧结机理的影响. 武汉理工大学学报, 2013, 35(7): 32-36.

2013-165 李海英, 周勇, 王学海, 季洪海, 陈晨. 酸处理条件对蜂窝状堇青石性能的影响. 材料导报, 2013, 27(14): 134-137, 141.

2013-171 李化全, 郭传华. X射线荧光光谱法测定二氧化钛微量元素标样的制备与探讨. 涂料工业, 2013, 43(2): 56-58.

2013-175 李杰青, 孙伟, 蒋金洋, 金祖权, 张巧芬, 李政, 于英俊. 牺牲混凝土在高温作用下的损伤及机理分析. 东南大学学报（自然科学版）, 2013, 43(3): 599-603.

2013-181 李蔓, 王丽琴. 对古陶瓷的断源分析. 陶瓷, 2013, (2): 13-17.

2013-186 李娜, 邓跃全, 董发勤, 罗绍东, 李珊珊, 彭宝瑶. 磷石膏-碳铵-氨水球磨制备硫酸铵和碳酸钙. 非金属矿, 2013, 36(1): 55-58.

2013-188 李强, 王晶晶, 黄万燕, 王俊鹏. 能量色散X射线荧光光谱仪测定电子电器铜制品中的微量铅. 分析仪器, 2013, (3): 18-21.

2013-194 李涛, 安敏. X荧光光谱法测定高速工具钢中铬锰钨钼钒. 机械研究与应用, 2013, 26(3): 148-149, 152.

2013-195 李天微, 张建军, 曹宇, 倪牮, 黄振华, 赵颖. 氢氦共同稀释对微晶硅锗薄膜结构特性的影响. 人工晶体学报, 2013, 42(12): 2525-2531.

2013-197 李维, 张霞. 轴承钢方坯水口结瘤原因分析. 天津冶金, 2013, (4): 5-7, 11.

2013-200 李向清, 康诗钊, 唐韵秋, 李国栋, 穆劲. 碳掺杂的二氧化钛纳米管的制备及其可见光催化性能. 应用化学, 2013, 30(2): 178-184.

2013-209 李园, 陈娟, 张平安, 姚洪. 高岭土同时吸附Na, Pb化合物的机理研究. 工程热物理学报, 2013, 34(1): 168-172.

2013-218 黎玲玲, 侯静文, 孙立民. X射线荧光光谱分析法在玻璃材料测定中的应用. 实验室研究与探索, 2013, 32(10): 318-320.

2013-219 梁刚, 赵国刚, 王振廷. 感应加热制取高纯石墨研究. 炭素技术, 2013, 32(4): 44-46.

2013-220 梁亮, 李凝, 韦立宁, 周龙萍. 用有色金属尾矿制备水泥的工艺条件. 矿产综合利用, 2013, (4): 75-78.

2013-223 梁小丽, 张征宇. X射线荧光光谱法测定不锈钢的分析研究. 山西冶金, 2013, (5): 15-17.

2013-224 廖义兵, 孙继新, 高涌, 黄荣青. X射线荧光光谱法分析熔剂中氧化钙、氧化镁、二氧化硅和硫. 江西冶金, 2013, 33(2): 37-39.

2013-226 林修洲, 唐唯, 杜勇, 崔学军. 添加剂铬酸钾对TC4钛合金微弧氧化膜层性能的影响. 电镀与涂饰, 2013, 32(7): 35-37.

2013-228 蔺华林, 李克健. 稀土镧(La)不同加入方式对高温甲烷化催化剂结构特性的影响. 神华科技, 2013, 11(3): 77-80.

2013-229 刘芳芳, 孙云, 何青. 吸收层成份比例对CIGS太阳电池性能的影响. 人工晶体学报, 2013, 42(9): 1741-1745.

2013-230 刘芳芳, 张力, 何青. $Cu(In, Ga)Se_2$薄膜在共蒸发三步法中的相变过程. 物理学报, 2013, 62(7): 393-399.

2013-235 刘江斌, 武永芝, 和振云. 发射光谱法和X射线荧光光谱法测定复合活性氧化锌中37种微量组分的分析方法比较. 理化检验-化学分册, 2013, 49(10): 1251-1253.

2013-236 刘洁, 钱荣, 卓尚军, 何品刚. 高纯硅中痕量元素分析方法研究进展. 理化检验-化学分册, 2013, 49(1): 121-127.

2013-239 刘林, 王勇. 波长色散X射线荧光光谱法测定富钛料中主次元素含量. 科技资讯, 2013, (22): 91, 94.

2013-240 刘梅, 钟艳. 采用能量色散X射线荧光仪测定分子筛中硫酸根离子的含量. 石化技术与应用, 2013, 31(4): 333-336.

2013-249 刘伟, 常立民, 段小月, 徐丹丹. 电流密度对含Ca和P镁合金微弧氧化膜性能的影响. 兵器材料科学与工程, 2013, 36(4): 33-37.

2013-251 刘祥春, 冯莉, 王新华, 张曼, 张莹. 胜利褐煤 Ca^{2+} 负载量对其平衡复吸水含量的影响. 燃料化学学报, 2013, 41(9): 1025-1029.

2013-253 刘晓丽, 刘飒, 黄蓓, 杨洋. 一种 RoHS 检测用标准样品. 电子产品可靠性与环境试验, 2013, 31(S1): 230-232.

2013-254 刘晓丽, 赵敏, 张智勇, 李俊杰. RoHS 分析用标准样品研制初探. 中国计量, 2013, (10): 77-80.

2013-257 刘愚, 董超群. GRAFE 推出伪装酷黑系列色母粒. 塑料助剂, 2013, (5): 60.

2013-258 刘玉兵, 赵鹰立, 戴平, 于克孝, 闫冉. X 射线荧光光谱法测定水泥中 Cl^- 方法研究. 水泥, 2013, (7): 50-53.

2013-265 卢远刚, 杨迎春, 刘盛余, 叶芝祥, 胡蕾. 锡掺杂 Bi_2O_3 可见光响应光催化剂的制备及性能. 无机化学学报, 2013, 29(2): 360-366.

2013-268 陆晓明, 金德龙, 胡莹. X 射线荧光光谱法测定镍铬合金中 15 种元素. 冶金分析, 2013, 30(10): 49-55.

2013-269 栾和新, 庄大明, 张弓, 刘江. 磁控溅射法制备 CIGSe 吸收层的工艺与性能研究. 太阳能学报, 2013, 34(4): 615-620.

2013-270 栾和新, 庄大明, 张弓, 刘江. 退火处理对磁控溅射制备 CIGSe 吸收层的影响. 太阳能学报, 2013, 34(3): 459-466.

2013-276 罗绍东, 邓跃全, 王敏, 邓智友. 贵州黔南州粉石英特性及加工工艺研究. 矿产保护与利用, 2013, (2): 39-43.

2013-277 伦志红, 姜涛, 王旭辉. 氧化铝原料中微量元素的 XRF 分析方法探索. 分析仪器, 2013, (6): 38-42.

2013-278 吕剑. X 射线测厚仪在镀锌线生产线的应用. 科技资讯, 2013, (25): 114.

2013-280 吕新明, 王东, 王玲玲. 波长色散 X 射线荧光法定性法测定进口粗炼或烧结物料. 分析仪器, 2013, (3): 22-25.

2013-284 马慧侠. XRF 熔融法测定氟化铝主次成分. 轻金属, 2013, (2): 13-17.

2013-285 马蒋, 张恒, 赵德荀, 张莹, 刘应开. Mn 掺杂二氧化锡纳米带的制备及光学性质的研究. 材料导报, 2013, 27(22): 45-48.

2013-288 马志军, 霍金. 活化剂对阜新天然沸石除氟影响的试验研究. 非金属矿, 2013, 36(4): 66-68.

2013-291 Marko Petäjäjärvi, Virpi Leinonen, Paavo Hooli, 杨军. 不锈钢连铸初期固态结晶器保护渣渣层的演变. 世界钢铁, 2013, (3): 18-21, 43.

2013-292 梅燕, 马密霞, 聂祚仁. X 射线荧光光谱法对玻璃上膜层厚度及成分含量的测定. 光谱学与光谱分析, 2013, 33(12): 3408-3410.

2013-298 聂小琴, 董发勤, 刘明学, 刘宁, 张伟, 杨雪颖. 生物吸附剂梧桐树叶对铀的吸附行为研究. 光谱学与光谱分析, 2013, 33(5): 1290-1294.

2013-299 宁哲, 谢克强, 马文会, 魏奎先, 杨扬. 废弃焦粉提纯新工艺研究. 北京工业大学学报, 2013, 39(9): 1425-1428.

2013-300 Nisar Ahmad, Syed Tajammul Hussain, Bakhtiar Muhammad, Nisar Ali, Syed Mustansar Abbas, Zulfqar Ali. Zr-pillared montmorillonite supported cobalt nanoparticles for Fischer-Tropsch synthesis. Progress in Natural Science: Materials International, 2013, 23(4): 374-381.

2013-303 牛胜利, 李辉, 路春美, 刘梦琪, 霍梦佳. 造纸白泥催化花生油与甲醇酯交换的特性研究. 燃料化学学报, 2013, 41(7): 856-861.

2013-305 潘志爽, 刘明霞, 王亚红, 王智峰, 杨一青. 拟薄水铝石中杂质钙含量的快速分析. 石化技术与应用, 2013, 31(1): 63-65, 70.

2013-308 庞维强, 樊学忠, 胥会祥, 张伟, 蔚红建, 李勇宏. 硼镁复合粉的特性及对富燃料推进剂燃速特性影响. 固体火箭技术, 2013, 36(3): 363-367.

2013-309 裴仁彦, 张耀日, 霍志萍, 于海斌. 高岭土微球原位合成纳米 Y 沸石. 无机盐工业, 2013, 45(7): 61-64.

2013-311 彭松, 刘志国, 孙天希, 李玉德, 刘鹤贺, 赵为刚, 赵广翠, 林晓燕, 罗萍, 潘秋丽, 丁训良. 毛细管X光透镜共聚焦技术在测厚中的应用. 光谱学与光谱分析, 2013, 33(8): 2223-2226.

2013-314 祁秀红, 颜华, 佘国华. 提高PVC树脂质量的研究. 聚氯乙烯, 2013, (7): 10-16.

2013-317 乔蓉, 郭钢. 利用X射线荧光光谱法测定溶剂的主要成分. 耐火与石灰, 2013, 38(3): 11-12, 16.

2013-322 屈小荣, 李辉林, 赵玮, 申梅桂, 张发莲, 刘喜业. X射线荧光光谱法快速测定氯化钾产品中钾、钠、钙、镁的含量. 分析仪器, 2013, (6): 29-32.

2013-325 饶帅, 华一新, 徐存英, 李丕强, 汝娟坚, 龚凯. $BmimCl-AlCl_3-MnCl_2$离子液体电沉积Al-Mn合金. 材料科学与工程学报, 2013, 31(5): 718-722, 761.

2013-326 任保林. 熔融制样-X射线荧光光谱法快速测定富钛料中主次成分. 冶金分析, 2013, 33(12): 24-28.

2013-327 任晓惠, 罗汉金, 张子龙, 胡冰洁, 陈绮恩. 羟基铝及复合改性蒙脱石对As(V)的去除性能. 环境工程学报, 2013, 7(5): 1702-1708.

2013-329 任莹辉, 李文, 张鲜波, 赵凤起, 仪建华, 马海霞, 徐抗震, 宋纪蓉. 3, 6-双(1-氢-1, 2, 3, 4-四唑-5-氨基)-1, 2, 4, 5-四嗪银盐的热分解反应动力学及热安全性. 应用化学, 2013, 30(9): 1036-1041.

2013-331 尚丽民, 岳冠华, 王丽萍, 冯丽丽. 再生水回用于工业循环冷却系统的结垢与阻垢研究. 市政技术, 2013, 31(4): 121-124.

2013-337 石金明, 蒋智梅, 谢运生, 席细平, 王贺礼, 龚媛媛. 生物质洗脱过程中矿物质和分子结构的变化. 江西科学, 2013, 31(5): 651-655.

2013-338 石隽隽, 程丹丹, 王晓红, 朱留佳, 许春华. 石英砂负载β-FeOOH(ACS)吸附除Cr(VI)的机理分析. 环境科学学报, 2013, 33(7): 1892-1897.

2013-351 宋守强, 李明罡, 李黎声, 王殿中, 张凤美, 舒兴田. 分子筛对甲醇制轻烯烃反应烃类产物选择性的影响. 石油学报(石油加工), 2013, 29(6): 936-944.

2013-355 苏铁坤, 邓宇骏, 黄湘愉, 翁琼, 曾云, 汤皎宁. Fe纳米线的制备与表征. 深圳大学学报(理工版), 2013, 30(6): 617-622.

2013-356 苏玉, 李渊, 邓云水, 李晓庆. Cu-SSZ-13分子筛对甲醇转化制烯烃反应的性能. 石油化工, 2013, 42(10): 1075-1079.

2013-357 隋铭皓, 陈勇, 盛力, 段标标. 以水滑石为前体的Co-Mn-Al复合氧化物的制备及表征. 材料导报, 2013, 27(6): 49-53.

2013-360 孙海杰, 李帅辉, 田翔宇, 张元馨, 江厚兵, 刘寿长, 刘仲毅. 助剂Fe和反应修饰剂修饰的Ru催化剂上苯选择加氢制环己烯. 分子催化, 2013, 27(4): 362-370.

2013-363 孙婷婷, 马波, 张喜文, 秦波. Sn改性TS-1分子筛对苯氧化反应的催化性能研究. 石油炼制与化工, 2013, 44(10): 77-80.

2013-365 孙燕, 陶红, 张章堂, 卑蕾蕾, 宋晓锋, 陈良霞. 废弃硅藻土制备MCM-41介孔分子筛的表征及吸附性能研究. 水资源与水工程学报, 2013, 24(5): 189-192.

2013-369 孙志强, 李作为, 丁英仁. S Zorb滑阀阀板失效分析. 失效分析与预防, 2013, 8(6): 350-355.

2013-376 田维乾, 刘静, 刘灿, 范恺, 荣龙. $CoMoS/\gamma-Al_2O_3$催化剂对麻疯树油加氢处理的研究. 燃料化学学报, 2013, 41(2): 207-213.

2013-380 王彬, 任雪红, 张文生. 以不同磷酸钙盐形式引入P^{5+}掺杂对阿利特结构及活性的影响. 硅酸盐学报, 2013, 41(5): 644-649.

2013-390 王海龙, 徐中慧, 吴丹丹, 谭钦文, 谢羽佳, 李春林. 粉煤灰两步水热法制备人工沸石. 化工环保, 2013, 33(3): 272-275.

2013-391 王豪, 林振兴, 邬蓓蕾. 内燃机油中添加剂元素含量水平及来源分析. 光谱学与光谱分析, 2013, 33(9): 2579-2582.

2013-392 王洪彬, 靳芳, 祝云军. X射线荧光光谱法测定浮选钾肥中主次量成分. 理化检验-化学分册, 2013, 49(2): 238-239.

2013-393 王欢, 孙志强. 炼油装置再生器出口闸阀使用故障浅析. 阀门, 2013, (3): 39-41.

2013-399 王珺, 刘伟, 戴学谦, 任维萍, 张瑞霖. 熔融制样X射线荧光光谱法分析铝碳质耐火材料中的多种组分. 冶金分析, 2013, 33(3): 39-45.

2013-400 王开宇, 陈斐, 李传山, 王重海, 沈强. 无机前驱体法制备连续氮化硼纤维及其结构表征. 现代技术陶瓷, 2013, (6): 3-6.

2013-405 王林英, 李翔, 周峰, 王瑶, 王安杰, 胡永康. 含β沸石结构单元的介孔硅铝分子筛合成. 石油学报（石油加工）, 2013, 29(6): 945-951.

2013-406 王璐璐, 夏长泰, 赛青林, 狄聚青, 牟菲. 光学浮区法生长 Si：β-Ga_2O_3 单晶及其光谱研究. 人工晶体学报, 2013, 42(4): 607-610.

2013-413 王涛, 夏鹏, 张大庆, 臧高山. Pt/SBA-15用于正庚烷催化重整反应的研究. 石油炼制与化工, 2013, 44(12): 31-34.

2013-415 王务刚, 张少龙, 张兰兰, 王艳, 刘晓玲, 巩雁军, 窦涛. 系列硅铝比纳米薄层 ZSM-5 分子筛的合成和表征. 物理化学学报, 2013, 29(9): 2035-2040.

2013-416 王娴娴, 姚唯亮, 王佳华. 新型丙烯酸铜树脂的制备方法及其性能研究. 上海涂料, 2013, 51(8): 1-4.

2013-418 王晓静, 唐磊, 邰维栋. 高速钢拉丝用特种石墨乳的实验研究. 现代化工, 2013, 33(12): 83-87.

2013-420 王欣, 杜银花, 雷磊, 王金翠, 刘宝林. 海泡石/TiO_2 的微波辅助制备及其光催化活性研究. 安全与环境学报, 2013, 13(4): 59-63.

2013-422 王续宁, 薛群虎, 田晓利, 徐茜. 陶瓷墙地砖湿法球磨浆料基本性能研究. 硅酸盐通报, 2013, 32(1): 94-99.

2013-424 王亚伟, 乔永莲, 沙春鹏, 马超. 航空用 30CrMnSiNi2A 高强钢电镀锌-镍合金层及其对氢脆性能的影响. 材料保护, 2013, 46(12): 61-62, 9.

2013-431 汪潇, 杨留栓, 朱新峰, 杨家宽. 湿法脱硫石膏颗粒特性与杂质赋存状况分析. 环境科学与技术, 2013, 36(9): 135-138.

2013-432 Wang Yuru, Daniel C. W. Tsang. Efects of solution chemistry on arsenic (V) removal by low-cost adsorbents. Journal of Environmental Sciences, 2013, 25(11): 2291-2298.

2013-433 韦立宁, 李凝, 蒋武, 彭楠楠. 锡尾矿的组成、热特性及掺烧制备水泥熟料的研究. 材料导报, 2013, 27(4): 129-133.

2013-434 魏洪培. 铬系物料 $Cr\backslash Cr_2O_3$、$Si\backslash SiO_2$、CaO、MgO 和 Al_2O_3 的快速测定方法. 酒钢科技, 2013, (4): 132-135.

2013-435 魏晓聪, 陈鸿雁, 黄立新. 受热过程对苯胺黑特性的影响. 应用化工, 2013, 42(2): 279-282.

2013-439 吴浩, 魏艳, 陈欢. X射线荧光光谱法测定液体水玻璃化学成分. 无机盐工业, 2013, 45(4): 56-59.

2013-447 吴鹏, 刘志明. NCC负载纳米 Fe_3O_4 磁膜材料的交替沉积自组装及表征. 纤维素科学与技术, 2013, 21(1): 1-8, 22.

2013-449 吴婷, 温贻强, 刘猛, 王向宇. 无机原料制备的大晶粒 TS-1 分子筛的表征及催化环己酮肟化反应性能评价. 石油炼制与化工, 2013, 44(3): 54-59.

2013-450 吴小平, 王琼生, 赵燕群, 王世铭. 粉煤灰催化 H_2O_2 氧化降解活性艳红 X-3B 的研究. 福建师范大学学报（自然科学版）, 2013, 29(2): 58-63.

2013-456 夏光华, 何婵, 黄敏. 复合塑化剂掺杂增塑北海白泥的实验研究. 硅酸盐通报, 2013, 32(4): 597-601.

2013-460 肖寒, 刘红光, 杨建国, 于海斌. 多级孔 SAPO-5 分子筛的合成及其在柴油加氢精制催化剂中的应用. 石油炼制与化工, 2013, 44(1): 16-21.

2013-461 肖珊, 黄立新, 郭峰. 微囊乳钙补钙剂的测定研究. 食品工业科技, 2013, 34(10): 295-298.

2013-465 谢敏, 庄大明, 刘江, 郭力, 宋军. 硫化温度对铜锌锡硫薄膜特性的影响. 材料研究学报, 2013, 27(2): 126-130.

2013-473 徐文松, 杨阳. X 射线荧光光谱法测定纸上涂硅层厚度. 理化检验-化学分册, 2013, 49(11): 1383-1384.

2013-478 闫军, 夏洪刚, 梁志福, 张志勇, 薛守洪. 恶劣大气环境下 220kV 变电站钢芯铝绞线腐蚀断裂分析. 内蒙古电力技术, 2013, 31(2): 27-30.

2013-490 杨蔚, 董发勤, 邓跃全, 何平. 不同预处理方式对固硫灰渣水热合成硫酸钙晶须的影响. 材料导报, 2013, 27(24): 73-75, 87.

2013-496 杨雪霞, 肖革胜, 李志刚, 树学峰. 无铅焊料 $Sn_{3.0}Ag_{0.5}Cu/Cu$ 界面过渡层金属间化合物性能研究. 功能材料, 2013, 44(6): 818-821.

2013-497 杨雪霞, 肖革胜, 袁国政, 李志刚, 树学峰. 基于纳米压痕法分析无铅焊点内 Cu_6Sn_5 金属化合物的力学性能. 稀有金属材料与工程, 2013, 42(2): 316-319.

2013-501 杨振华, 颜玉美, 王恒玉. X 射线荧光光谱分析法测定工业硅中钙、铁、铝的研讨. 现代测量与实验室管理, 2013, (2): 10-11.

2013-502 姚敦璠, 陈天虎, 王进, 周跃飞, 岳正波. 天然和水热合成针铁矿对有机物厌氧分解释放 CH_4 的影响. 环境科学, 2013, 34(2): 635-641.

2013-503 姚凤花, 何莉, 刘春荣, 徐敏秀, 汪晓华. 能量色散-X 射线荧光光谱法测定光伏玻璃中铁含量. 理化检验-化学分册, 2013, 49(5): 584-586.

2013-504 姚妮娜, 张平, 康明, 宋丽贤, 郑蓉, 卢忠远. NaOH 激发对固硫灰微观结构的影响. 人工晶体学报, 2013, 42(6): 1208-1212, 1246.

2013-506 姚强, 王燕, 朱宇宏, 杨东美, 吴齐伟. X 射线荧光光谱法测定稀土镁合金中镧、铈和镨含量. 理化检验-化学分册, 2013, 49(12): 1515-1516.

2013-508 叶建宏, 欧飞跃, 马玲, 周智勇, 许春凤, 唐文勇. 绵阳城市供水管网管垢的特征分析. 城镇供水, 2013, (5): 41-43, 51.

2013-511 殷立宝, 高正阳, 钟俊, 郑双清, 陈传敏. 燃煤电厂脱硫石膏汞形态及热稳定性分析. 中国电力, 2013, 46(9): 145-149.

2013-515 于海莲, 程世刚, 胡震. 微波烧结法制备 $SrAl_2O_4$：Eu^{2+} 及其发光性能研究. 粉末冶金工业, 2013, 23(6): 16-19.

2013-517 于赫薇, 李谋成. 纳米颗粒添加量对 $Ni-P-Al_2O_3$ 化学复合镀层耐蚀性的影响. 腐蚀与防护, 2013, 34(3): 223-227.

2013-523 袁敏, 刘丽红, 王忠. 涂装工艺综合/组合环境加速试验研究及应用. 环境技术, 2013, (3): 27-30.

2013-531 翟倩倩, 赵士贵, 王孝海, 李秀芝, 李文杰, 郑亚森. 仿生纳米含硅羟基磷灰石的合成与表征. 无机材料学报, 2013, 28(1): 58-62.

2013-532 张爱芬. 炭素中微量元素分析研究进展. 中国无机分析化学, 2013, 3(S1): 100.

2013-533 张传彩, 李国栋, 李静. 低汞触媒中氯化汞含量的分析与探讨. 中国氯碱, 2013, (6): 15-16.

2013-536 张丁非, 马春华, 张红菊, 柴森森. 稀土 Er 对铸态合金 Mg-5Sn 组织及晶格常数的影响. 稀有金属材料与工程, 2013, 42(12): 2481-2485.

2013-538 张衡, 安亭, 赵凤起, 张晓宏, 仪建华, 徐司雨. 没食子酸锆铜的制备及其在双基系推进剂中的燃烧催化作用. 兵工学报, 2013, 34(6): 690-697.

2013-539 张鸿波, 李丽, 李悦, 王志杰. 高硫煤电化学催化氧化脱硫机理的研究. 矿产综合利用, 2013, (2): 71-73.

2013-543 张晶, 商义叶, 潘永智. 超细晶粒硬质合金的力学性能与微观结构. 机械制造与自动化, 2013, 43(3): 36-38, 49.

2013-544 张乐, 高雄厚, 孙书红, 李侃. 稀土含量对 Y 型分子筛物化参数的综合影响. 稀土, 2013, 34(4): 1-6.

2013-555 张现珍, 于先进, 姚晓雪. X 射线荧光光谱法测定沸石分子筛中氧化物. 内蒙古工业大学学报（自然科学版）, 2013, 32(2): 91-95.

2013-556 张小敏, 张振忠, 林峰, 文永鹏, 雷晓旭. 纳米铜粉制备及其在乙醇中的分散工艺研究. 材料工程, 2013, (1): 25-29.

2013-557 张小敏, 张振忠, 赵芳霞, 丘泰. 正交设计优化制备高分散性纳米银粉研究. 材料工程, 2013, (11): 38-42, 49.

2013-558 张小敏, 张振忠, 赵芳霞, 周浩, 丘泰. 次亚磷酸钠还原制备纳米银粉及其催化性能研究. 真空科学与技术学报, 2013, 33(10): 1037-1041.

2013-568 张志杰, 曾庆光, 谭越, 钟明峰, 刘平安. 柠檬酸改性高岭土及其在陶瓷生产中的应用. 中国陶瓷, 2013, 49(5): 46-49.

2013-571 章雪生, 钱晓耀, 刘益民, 王振华. 依据 RoHS 指令利用 XRF 对低压电器中限用物质的测定. 中国科技信息, 2013, (12): 173, 179.

2013-572 赵岑, 刘冬梅, 魏民, 孙志岩, 王海彦. 多级孔 ZSM-5 分子筛的制备及催化噻吩烷基化性能研究. 燃料化学学报, 2013, 41(10): 1256-1261.

2013-574 赵恩好, 岳明新, 周国兴, 肖刚, 张泉, 刘新. X 射线荧光光谱法测定镁质耐火材料及其原料中 10 种成分. 冶金分析, 2013, 33(7): 62-67.

2013-575 赵凤起, 张衡, 安亭, 仪建华, 徐司雨, 高红旭. 酒石酸铅锆的制备、表征及其燃烧催化作用. 无机化学学报, 2013, 29(1): 24-30.

2013-576 赵凤起, 张衡, 安亭, 张晓宏, 仪建华, 徐司雨, 汪营磊. 没食子酸铋锆的制备、表征及其燃烧催化作用. 物理化学学报, 2013, 29(4): 777-784.

2013-578 赵刚, 邓波. X 荧光筛选法在树脂等材料卤素含量分析中的应用. 电子质量, 2013, (1): 36-39.

2013-579 赵海君, 袁光祥, 王燕. 炉底渣作混合材对水泥性能的影响. 四川水泥, 2013, (10): 116-118, 120.

2013-580 赵珊, 赵艳兵, 杨菊蕾. X 射线荧光光谱法分析电渣预熔渣中主次成分. 山西化工, 2013, 33(3): 12-14.

2013-586 赵宇, 江洪超, 武莉莉, 冯良桓, 曾广根, 王文武, 张静全, 李卫. P 型 $Cd_{1-x}Zn_xTe$ 薄膜的制备及性质研究. 光谱学与光谱分析, 2013, 33(5): 1295-1298.

2013-588 郑建道, 杜建民, 王志国, 张玲芝, 王学云. X 荧光熔融分析镁质耐材及辅料方法探讨. 河南冶金, 2013, 21(4): 26-27, 44.

2013-592 郑威, 张振忠, 赵芳霞, 林峰. 直流电弧等离子体蒸发法制备超细锡粉. 有色金属工程, 2013, 3(4): 15-17.

2013-593 郑志杰, 程继贵, 夏永红, 马琛, 周济元, 徐凯. 凹凸棒石黏土提纯的研究. 硅酸盐通报, 2013, 32(12): 2471-2475.

2013-602 周林, 陈云琳, 孙佳, 赵世超, 田凤鸣, 祖志楠. 混碱改性粉煤灰制备 NaP1 型沸石. 硅酸盐通报, 2013, 32(5): 819-823.

2013-607 周颖驰. 锅炉水冷壁高温腐蚀原因分析及对策. 热力发电, 2013, 42(7): 138-141.

2013-608 周垣, 太井超, 杨舰. X 射线荧光光谱法分析硅钙复合脱氧剂中的硅、钙含量. 天津冶金, 2013, (4): 58-60.

2013-609 周振垒, 李琢, 王博, 彭伟才, 李建青, 吴晋沪. ZSM-5 的水热改性及其在合成气经二甲醚制汽油中的应用. 燃料化学学报, 2013, 41(11): 1349-1355.

2013-616 邹龙江, 周全, 高路斯. G20Cr2Ni4A 钢渗碳轴承滚子断裂失效分析. 金属热处理, 2013, 38(10): 101-103.

2013-617 邹龙江, 周全, 高路斯. GCr15 钢轴承外套圈磨削开裂失效分析. 金属热处理, 2013, 38(9): 99-100.

2014-004 Aysel Kantürk Figen, Sabriye Piskin. Characterization and modification of waste magnesium chip utilized as an Mg-rich intermetallic composite. Particuology, 2014, 17(6): 158-164.

2014-005 巴春秋. 钢包内衬用镁铝碳质耐火材料的研制. 耐火与石灰, 2014, 39(3): 39-41, 47.

2014-008 BakhsheshI-Rad H. R., Hamzah E., Daroonparvar M., Yajid M. A. M., Kasiri-Asgarani M., Abdul-Kadir M. R., Medraj M.. 表面涂覆含氟羟基磷灰石和缺钙羟基磷灰石的镁合金体外降解行为（英文）. Transactions of Nonferrous Metals Society of China, 2014, 24(8): 2516-2528.

2014-010 包楚才, 刘琼, 何勇, 陈纪文, 彭莺, 陈满英. X射线荧光光谱法快速测定内外墙涂料中二氧化钛. 理化检验-化学分册, 2014, 50(7): 895-896.

2014-019 曹爱青. X射线荧光光谱法测定纯铝制品中的主要杂质元素. 中国无机分析化学, 2014, 4(4): 42-44.

2014-026 陈德. X射线荧光光谱法测定铬质引流剂的化学成分. 重庆科技学院学报（自然科学版）, 2014, 16(3): 89-92, 156.

2014-029 陈虎, 胡守亮, 李剑, 杨卫英, 伍智. 阴极移动对不规则零件镀镍层性能的影响. 强激光与粒子束, 2014, 26(5): 267-271.

2014-030 陈佳, 刘继延. 新型烷基次膦酸复盐的合成及其在环氧树脂中的应用. 江汉大学学报（自然科学版）, 2014, 42(5): 10-14.

2014-031 陈建良, 柴云峰, 仰丽琴, 陆佳锋. X荧光光谱仪压片法测定无碱玻璃化学成分的研究. 玻璃纤维, 2014, (4): 14-19.

2014-034 陈维苗, 丁云杰, 薛飞, 宋宪根, 吕元. 加料方式对共沉淀法制备的 $Cu/MnO/Al_2O_3$ 催化剂性能的影响. 工业催化, 2014, 22(11): 841-846.

2014-046 程大伟, 许艳霞, 卓明, 韩冰, 于雷, 袁良经. X荧光光谱法快速测定糙米中的镉. 粮食科技与经济, 2014, 39(5): 39-40.

2014-053 储婷婷, 葛涛, 刘桂建, 吴盾. 淮南矿区谢桥矿A组煤底板灰岩组分结构及水化学特征分析. 中国煤炭地质, 2014, 26(3): 27-31.

2014-054 褚岑岑, 熊信柏, 曾燮榕, 沈思聪, 徐锋, 罗禧. 多孔钛表面负载HA重金属吸附材料的新方法. 稀有金属材料与工程, 2014, 43(6): 1487-1491.

2014-063 董凯伟, 于海燕, 潘晓林, 毕诗文. F对 $CaO-Al_2O_3-SiO_2$ 三元系铝酸钙熟料烧结和浸出性能的影响. 东北大学学报（自然科学版）, 2014, 35(9): 1292-1295, 1300.

2014-065 董玉婉, 赵秋颖, 贾芳芳, 徐娟. 纳米银羟基磷灰石涂层陶瓷托槽的研制及力学性能研究. 口腔颌面修复学杂志, 2014, 15(3): 134-136.

2014-066 豆静杰, 戎岩, 李玉虎. 五彩圣旨材质及字迹颜料研究. 档案学研究, 2014, (4): 71-75.

2014-067 窦怀智, 洪华, 王红卫, 江涛, 侯晋. 波长色散X射线荧光光谱无标分析法检测树脂中的铅. 化学分析计量, 2014, 23(3): 14-17.

2014-068 窦怀智, 王红卫, 洪华, 江涛, 侯晋. 波长色散X射线荧光光谱法快速测定纺织面料中的铬、镍、铜. 化学分析计量, 2014, 23(2): 57-59.

2014-072 段家华, 赵征宇, 马林泽, 李洁, 严海, 杨文龙, 何晓凤, 孔翠芬, 杨发文. X射线荧光光谱法快速测定半钢发热剂中 Si, P, S. 中国无机分析化学, 2014, 4(2): 54-57.

2014-083 冯烨, 米铁, 张雄, 杨海平, 王贤华, 张世红, 陈汉平. SiO_2 对改性生物质焦理化特性的影响. 农业工程学报, 2014, 30(24): 259-265.

2014-084 付强, 赵虹霞, 董俊卿, 李青会, 胡永庆. 河南宝丰和新郑出土硅酸盐制品的无损分析研究. 光谱学与光谱分析, 2014, 34(1): 257-262.

2014-087 甘媛, 杨海, 葛良全. X射线荧光测量在蒙马拉航磁异常查证中的应用. 西南师范大学学报（自然科学版），2014，39(2): 105-108.

2014-088 高国玲. X荧光光谱仪在电瓷生产中的应用. 陶瓷，2014, (11): 34-35.

2014-089 高毛，马宏瑞，罗羿超，畅浩. 制革污泥低温热解碳化方法研究. 中国皮革，2014, 43(23): 36-39, 44.

2014-090 高树峰，张海岩，张玉平，李彦辉，宋晓军. X射线荧光光谱法测定氮化钒铁中铁、钒、硅的含量. 理化检验-化学分册，2014, 50(6): 681-684.

2014-091 高树峰，张海岩，张玉平，李彦辉，武挺，刘静. 电感耦合等离子体原子发射光谱法测定氮化钒铁中8种杂质元素. 理化检验-化学分册，2014, 50(7): 842-844.

2014-092 高翔，张燕，高超. 常量元素含量作为滩涂沉积物粒径参数替代指标的可行性分析. 华中农业大学学报，2014, 33(4): 84-87.

2014-093 高小峰，谷依露，谢田，刘阳，黄晟，赵由才. 不同建筑材料对气态汞的吸附模拟研究. 土木建筑与环境工程，2014, 36(6): 112-118.

2014-095 戈明亮，陈萌. 水羟硅钠石的制备与表征. 化工进展，2014, 33(12): 3309-3312.

2014-096 葛明，谭勉勉，崔广华. $Ag_3PO_4/BiVO_4$复合光催化剂的制备及可见光催化降解染料（英文）. 物理化学学报，2014, 30(11): 2107-2112.

2014-101 管嵩，胡首鹏，郭兵，丁仕兵. 某含铁物料固体废物属性鉴别研究. 再生资源与循环经济，2014, 7(10): 33-35.

2014-102 郭宁，隋铭皓，周友飞，盛力. Al-SBA-15有序介孔材料对溶液中诺氟沙星的吸附研究. 安全与环境学报，2014, 14(6): 184-189.

2014-103 韩春梅，龚宜勇，韩丽华，杨志. X射线荧光光谱分析法测定镁砂成分的研究. 天津冶金，2014, (2): 87-88.

2014-104 韩炜，毛军，范海涛，汪小林. 某生物质电厂引风机入口挡板结垢原因分析及解决对策. 华电技术，2014, 36(10): 67-70, 80.

2014-105 韩小月，李晓华，赵建为，张云. 硅材料中磷含量的分析方法综述. 当代化工，2014, 43(11): 2469-2471.

2014-106 郝文月，马小垒，马睿，田野. 水-乙醇中碱木质素的催化解聚. 精细化工，2014, 31(9): 1145-1149, 1176.

2014-115 胡名卫，王宏全，夏浩孚，孟鹏，罗晶，陈雨晴，陈常连，黄志良. 难溶性含钾水云母矿柱撑提取钾离子. 非金属矿，2014, 37(1): 14-15, 18.

2014-117 胡婷婷，祝琳华，刘东辉，杨玲. 蒙脱石负载的纳米金催化剂制备及其对CO催化氧化活性. 非金属矿，2014, 37(2): 66-68, 71.

2014-118 胡雪晗，孟瑞晋，高妍，侯宏英. 再铸Nafion®/磷酸硼复合膜的制备与表征. 工程塑料应用，2014, 42(3): 9-12.

2014-119 Hua Chyn Lee, Kah Weng Siew, Maksudur R. Khan, Sim Yee Chin, Jolius Gimbun, Chin Kui Cheng. Catalytic performance of cement clinker supported nickel catalyst in glycerol dry reforming. Journal of Energy Chemistry, 2014, 23(5): 645-656.

2014-120 黄成思，徐微，段小月. 不同金属掺杂二氧化铅电极的对比研究. 电镀与涂饰，2014, 33(11): 464-467, 502.

2014-122 黄钢，卢希龙，曹春娥，秦立邦，曾信谦，刘洋. 景德镇地区低品位红土作为紫砂原料的应用研究. 硅酸盐通报，2014, 33(11): 2968-2973.

2014-123 黄港明，范纯，田慧玲，王君祥. X射线荧光光谱法测定电镀锡板镀层中铅含量. 冶金分析，2014, 34(6): 11-15.

2014-125 黄明，屈国普，赵越，黄亮. 基于X荧光涂层厚度测量的试验研究. 核电子学与探测技术，2014, 34(7): 866-868, 873.

2014-129 黄巍林，马志鸣，赵铁军，卢峰. 混凝土在海洋环境下硫酸盐侵蚀机理研究. 混凝土与水泥制品，2014, (7): 17-20.

2014-131 黄阳波，张宏亮，朱浩，苏伟，于萍，罗运柏. 水浸取-离子色谱法测定固体生物质燃料中氯含量的研究. 可再生能源, 2014, 32(11): 1742-1745.

2014-133 黄永炳, 黄聪, 杨秦霞, 张凯, 曾维, 杨红刚, 谢占领, 涂书新. 天然锰矿对钒(V)的静态吸附性能. 武汉大学学报(理学版), 2014, 60(4): 317-323.

2014-134 黄臻, 王金砖, 伏荣进, 刘琨, 杨杰. 实体面材填料化学组成硅、钙、铝含量的快速测定. 材料导报, 2014, 28(S2): 419-421.

2014-135 吉芳英, 关伟, 周卫威, 姜宁, 刘亭役, 陈宇, 程拥, 方德新. 基于白碳黑的水化硅酸钙制备及其磷回收特性. 环境工程学报, 2014, 8(2): 493-498.

2014-136 吉光辉, 朱承飞, 常凤真. Structure analysis of beta-alumina synthesized by solid state reaction. 结构化学, 2014, 33(8): 1227-1233.

2014-141 江书航, 张华丽, 吴汉军, 周红, 潘志权. 某磷尾矿制备超细二氧化硅的工艺研究. 化学与生物工程, 2014, 31(11): 71-75.

2014-146 Kong Jie, Sheng Xiaoli, Zhou Yuming, Zhou Shijian, Zhang Zewu. Alkylation of o-xylene with styrene over modified mordenite for environmentally friendly synthesis of PXE. China Petroleum Processing & Petrochemical Technology, 2014, 16(1): 52-59.

2014-148 雷杰, 彭兵, 柴立元, 闫国孟. 用电解锰渣制备高铁硫铝酸盐水泥熟料. 材料与冶金学报, 2014, 13(4): 257-261.

2014-154 李海峰, 马联弟. X射线荧光光谱分析法在标准物质均匀性检验方面的实践与应用. 中国计量, 2014, (2): 81-82.

2014-155 李海涛, 李慕勤, 韩涛, 孙建波, 王军. TIG焊对低合金钢焊缝金属元素分布状态的影响. 焊接学报, 2014, 35(1): 91-94, 117.

2014-156 李海霞. 表面活性剂辅助微波法合成氧化锌纳米粉体. 中国粉体技术, 2014, 20(5): 55-57.

2014-159 李焕霞, 赵焕新, 于洪涛, 陈硕, 全燮. TiO_2/MWNTs/Al_2O_3复合分离膜的制备及其水处理性能. 膜科学与技术, 2014, 34(4): 26-32.

2014-161 李季伟, 姚志龙, 李梦晨, 孙培永, 张胜红. 改性Y型分子筛非临氢催化脱除重整芳烃中的烯烃. 工业催化, 2014, 22(8): 609-613.

2014-163 李建, 马波, 李梦华, 张喜文, 秦波, 孙万付. 低硅铝比ZSM-48分子筛的合成与表征. 现代化工, 2014, 34(3): 97-100, 102.

2014-171 李明霞, 何秋平, 乔世杰. 高交换度BaX分子筛的制备及其吸附分离对二甲苯性能的研究. 上海化工, 2014, 39(10): 11-14.

2014-172 李娜, 赵凤起, 高红旭, 肖立柏, 王晓红, 徐司雨, 仪建华. 4-胺基-1, 2, 4-三唑高氯酸铜配合物$Cu(AT)_4H_2O(ClO_4)_2$的合成、表征及其燃烧催化作用. 固体火箭技术, 2014, 37(1): 73-76.

2014-173 李鹏, 郭占成, 孙朋, 郭茂盛. 利用钢渣制备多孔吸声材料的研究. 环境工程学报, 2014, 8(10): 4409-4414.

2014-175 李平, 陈天虎, 朱晓, 史亚丹, 谢巧勤, 谢晶晶. 磁性硫酸烧渣结构和物性特征及应用潜力. 地学前缘, 2014, 21(5): 346-351.

2014-181 李求忠, 颜桂炀. 花岗岩石粉用于研制建筑瓷砖的研究. 宁德师范学院学报(自然科学版), 2014, 26(4): 399-401.

2014-184 李硕, 白志民, 赵栋. 表面改性锌镁铝三元类水滑石的摩擦性能及抗磨机理(英文). 硅酸盐学报, 2014, 42(10): 1316-1324.

2014-195 李艳秋, 王日杰, 杨晓霞. 双模板剂法制备SAPO-5和SAPO-34分子筛. 硅酸盐通报, 2014, 33(12): 3177-3181.

2014-196 李晏平, 刘志宏, 李玉虎, 刘智勇, 李启厚. 烧结气氛和温度对In_2O_3和SnO_2及其混合粉烧结行为的影响. 中国有色金属学报, 2014, 21(1): 221-228.

2014-200 李殷, 王瑞萍, 杨任游. 金属镀层中元素含量的测试计算方法. 广东化工, 2014, 41(15): 80, 79.

2014-201 李媛媛, 陈桐, 房俊卓, 杨桦. 季铵盐阳离子表面活性剂改性活性炭对农药毒死蜱的吸附. 湖北农业科学, 2014, 53(17): 4040-4043.

2014-202 李媛媛, 陈桐, 马玉龙, 马志娇. 静电层层自组装法制备纳米 ZrO_2/活性炭复合材料及其吸附性能研究. 化工新型材料, 2014, 42(10): 60-62.

2014-205 李张胜, 杨春元, 郑朝伟, 段雅婷. X射线荧光光谱法定量测定湿法磷酸. 云南化工, 2014, 41(1): 45-47, 62.

2014-207 栗桂霞, 李玉香, 陈雅澜. 几种焦磷杂多酸盐无机离子交换剂的制备及其对 Cs^+ 的吸附性能. 西南科技大学学报, 2014, 29(1): 4-9.

2014-212 梁凤基, 龙飞, 莫淑一, 高耀, 邹正光. 溶剂热法合成 In_2Se_3/CuSe 复合粉及 $CuInSe_2$ 薄膜的制备. 人工晶体学报, 2014, 43(7): 1705-1712.

2014-213 梁光华, 狄春雨, 王龙, 李晓峰, 窦涛. 不同铝源合成 SAPO-34 分子筛及其 MTO 催化性能. 石油学报 (石油加工), 2014, 30(5): 885-890.

2014-214 梁敏仪, 黄秋芬, 刘祥军, 冯才敏. 膨胀阻燃聚丙烯燃烧残炭的结构分析. 顺德职业技术学院学报, 2014, 12(3): 12-14.

2014-215 梁馨, 李高英, 任卫安, 文晓刚. 枝状 Ag/Au 双金属纳米材料的合成及表征. 四川师范大学学报 (自然科学版), 2014, 37(4): 563-566.

2014-222 廖玉超, 张巍, 齐进, 何自战, 范青松, 贺中央, 叶树峰. 水泥回转窑用 MgO-$FeAl_2O_4$ 砖的损毁分析. 耐火材料, 2014, 48(2): 98-102.

2014-223 林建波, 李爱国, 何上明, 余笑寒. He^+ 离子辐照后 Hastelloy N 合金的耐腐蚀性研究. 核技术, 2014, 37(5): 58-63.

2014-225 凌钦才, 龚彦, 谢国庆, 李晓雷, 郭文欣. 铂-1, 3-二乙烯基-1, 1, 3, 3-四甲基二硅氧烷中铂的测定. 有机硅材料, 2014, 28(1): 32-35.

2014-239 刘路珍, 陈德玉, 刘宇浩, 刘元正, 赵黎. 磷石膏预处理及制备建筑石膏的研究. 非金属矿, 2014, 37(3): 30-32.

2014-241 刘倩倩, 任飞, 朱玉霞. 碱土金属型捕钒剂对催化裂化催化剂抗钒污染的作用. 石油化工, 2014, 43(3): 275-280.

2014-251 刘小辰, 范金娟, 王占彬. 插座焊锡表面灰色异味物质形成原因分析. 失效分析与预防, 2014, 9(5): 305-308.

2014-252 刘小行, 刘盛林, 李秀杰, 谢素娟, 徐龙伢, 曾蓬, 赵明军. CTAB-NaOH 混合液碱处理 HZSM-35 分子筛催化 DME 羰基化反应. 石油学报 (石油加工), 2014, 30(6): 967-975.

2014-255 刘秀玉, 宋繁永, 张涛, 刘丰, 李剑, 朱英. 纳米 SiO_2 三价铬彩色钝化膜材料的制备及其性能研究. 山东科学, 2014, 27(5): 28-32.

2014-256 刘旭, 杨续来. 锂离子电池中炭负极的表征手段. 电池工业, 2014, 19(2): 108-112.

2014-259 刘艳松, 何智兵, 李俊, 许华. 磁控溅射制备成分渐变 Au/Cu 复合涂层的研究. 原子能科学技术, 2014, 48(5): 955-960.

2014-260 刘阳, 王学云, 张兵, 周永豪, 陈延昌. 粉末压片-X 射线荧光光谱法测定烧结矿中 K_2O、Na_2O、Pb、Zn、Cu 方法研究. 河南冶金, 2014, 22(5): 13-14.

2014-267 龙清, 康斌, 戴耀东, 李俊. 亚铁氰化锌对放射性废水中铜离子的吸附研究. 材料导报, 2014, 28(16): 95-98, 110.

2014-268 娄长影, 朱君秋, 邵艳群, 马晓磊, 唐电. 退火温度对 Ti/IrO_2-CeO_2 电极组织结构与电容性能的影响. 中国稀土学报, 2014, 32(2): 205-212.

2014-272 芦飞. X 射线荧光光谱法测定不锈钢中多种元素. 冶金分析, 2014, 34(7): 69-73.

2014-273 芦飞, 曹吉祥, 郑效东. 一种不锈钢中 Cr 和 Ni 元素的自动化分析方法. 冶金自动化, 2014, 38(1): 50-54.

2014-274 鲁仕梅, 梁永明. X 射线荧光光谱测定铅锑合金中 9 种元素. 河南科技, 2014, (12): 13-14.

2014-275 鲁仕梅, 张璐璐. 锌铝系列合金的 X 荧光光谱分析. 化学工程与装备, 2014, (8): 205-207.

2014-278 陆庆华, 陈玉洁, 严盈富. 薄膜包衣厚度测量方法分析. 南昌航空大学学报(自然科学版), 2014, 28(4): 76-82.

2014-284 吕平平, 安身平. X射线荧光光谱法测定不锈钢中元素含量. 核动力工程, 2014, 35(3): 167-169.

2014-288 马桂炎. X射线荧光光谱法分析LC3967合金成分. 山西冶金, 2014, (3): 24-25.

2014-289 马健, 刘冬梅, 魏民, 王海彦, 王坤, 张晶卫. Na_2CO_3溶液处理对Ni-Mo/HZSM-5分子筛硫醚化催化性能的影响. 燃料化学学报, 2014, 42(9): 1128-1134.

2014-290 Ma Ming, Zhang Bing, Lu Weipeng, Liu Junli, Guo Yanchuan. Preparation, thermal stability and biocompatibility studies of gelatin-induced hydroxyapatite co-substituted with essential physiological trace elements. Chinese Science Bulletin, 2014, 59(7): 606-615.

2014-293 马志军, 李冰川. 阜新天然沸石改性除氟试验研究. 硅酸盐通报, 2014, 33(3): 676-681.

2014-296 苗立锋, 包镇红, 宋福生, 虞澎澎, 江伟辉. 几种高岭土的组成与可塑性研究. 硅酸盐通报, 2014, 33(2): 333-336.

2014-299 莫鹏. 熔融制样-X线荧光光谱测定Al_2O_3中Fe_2O_3, SiO_2, Na_2O的含量. 青海大学学报(自然科学版), 2014, 32(6): 42-45.

2014-303 牛胜利, 刘梦琪, 路春美, 李辉, 霍梦佳. 电石渣负载氟化钾的催化酯交换特性研究. 燃料化学学报, 2014, 42(6): 690-696.

2014-310 Pang ZhiHua, Yan MengYue, Jia XiaoShan, Wang ZhenXing, Chen JianYu. Debromination of decabromodiphenyl ether by organo-montmorillonitesupported nanoscale zero-valent iron: Preparation, characterization and influence factors. Journal of Environmental Sciences, 2014, 26(2): 483-491.

2014-311 彭安忠, 周林, 居沈贵, 韩微微, 姜亦超, 陈敬文. 碱土金属元素Mg对Cu^+-13X分子筛吸附脱硫性能的影响. 高校化学工程学报, 2014, 28(1): 183-189.

2014-313 钱彦虎. 能量色散型X荧光光谱仪快速测定对苯二甲酸中金属杂质. 分析仪器, 2014, (3): 26-33.

2014-317 卿云花, 康斌, 戴耀东, 李俊, 沈舞婷. 亚铁氰化镍对铯离子的吸附机理研究. 原子能科学技术, 2014, 48(10): 1751-1756.

2014-322 Rahmatollah Rahimi, Ali Maleki, Saied Maleki. Synthesis and characterization of a new magnetic bromochromate hybrid nanomaterial with triethylamine surface modified iron oxide nanoparticles. Chinese Chemical Letters, 2014, 25(6): 919-922.

2014-327 任建兴, 卢娟娟, 戴平, 闫冉, 赵鹰立, 刘玉兵. 熔融法X射线荧光测定水泥中质检化学成分方法研究. 水泥, 2014, (10): 55-58.

2014-328 任志强, 曹红红, 王晓艳. 水泥熟料中硫和磷元素来源及分布特征分析. 硅酸盐通报, 2014, 33(7): 1734-1738.

2014-331 沈非, 杨培全, 李家骥, 顿吴琼, 韩晓朋. X射线荧光光谱法测定钢铁材料中硫、磷含量. 理化检验-化学分册, 2014, 50(1): 126-127.

2014-334 史冬, 高炳亮, 王兆文, 石忠宁, 胡宪伟, 黄春森, 汪秀秀. KF对铝电解熔盐分子比测量的影响. 轻金属, 2014, (4): 22-26.

2014-336 舒庆, 刘宝, 宋胜海, 张志武, 陈培德. 钨钼混配型杂多酸盐催化剂上酯化反应条件的优化研究. 有色金属科学与工程, 2014, 5(6): 21-27.

2014-337 宋守强, 李黎声, 李明罡, 张凤美, 舒兴田. H-SAPO-34分子筛磷改性机理及作用. 石油学报(石油加工), 2014, 30(3): 398-407.

2014-338 宋守强, 李明罡, 李黎声, 王殿中, 张凤美, 舒兴田. 磷改性ZSM-5分子筛的水热稳定性. 石油学报(石油加工),

2014-339 宋守强, 李明罡, 李黎声, 王殿中, 张凤美, 舒兴田. ZSM-5 分子筛的磷改性作用. 石油学报 (石油加工), 2014, 30(1): 15-23.

2014-345 孙超, 张鑫, 郝郑平, 窦广玉, 孙春宝. 铈插层黏土负载铁催化剂在 H_2S 选择性催化氧化过程中催化性能的研究. 环境科学, 2014, 35(5): 2002-2009.

2014-347 孙海杰, 李永宇, 李帅辉, 张元馨, 刘寿长, 刘仲毅, 任保增. $ZnSO_4$ 和 La_2O_3 作共修饰剂单金属 Ru 催化剂上苯选择加氢制环己烯. 物理化学学报, 2014, 30(7): 1332-1340.

2014-350 孙琳琳, 李洪, 周洪涛, 张磊, 迟晓红. 金属材料小面积样品的 X 射线荧光光谱仪测试研究. 山东化工, 2014, 43(6): 73-75.

2014-351 孙茹秋, 连宾. 黑曲霉对石英砂除杂效应研究. 矿物岩石地球化学通报, 2014, 33(6): 784-789.

2014-354 太井超, 边立槐, 孙颖. X 射线荧光光谱法分析喷煤添加剂中氧化铈含量. 天津冶金, 2014, (4): 73-75.

2014-362 田伦富, 邹德霜, 代以春, 江学强, 沈叶青, 杨金芳, 林良栋. X 射线荧光光谱法测定铝锂合金中多元素含量. 冶金分析, 2014, 34(10): 52-56.

2014-367 万双, 马晓瑜. X 射线荧光光谱法测定朵儿合金中银、金、铜、硒、碲、铅、锡和铋的含量. 理化检验-化学分册, 2014, 50(5): 634-636.

2014-371 王彩玲, 赵省向, 贾铭, 刁小强, 戴致鑫. 含 AP 非理想炸药爆轰产物分析与计算. 含能材料, 2014, 22(2): 235-239.

2014-372 王晨晨, 段颖, 徐微, 李学德. 硫酸与氯化铝复合改性活性氧化铝吸附除氟研究. 水处理技术, 2014, 40(8): 29-32, 37.

2014-373 王川, 李小莉, 李国会, 刘峰. X 射线荧光光谱法测定陶瓷、色料和釉等物料中主量及次量元素. 中国无机分析化学, 2014, 4(3): 52-56.

2014-378 王范盛, 梅光明, 金衍健, 朱剑. Ag/TiO_2 纳米纤维薄膜与光催化性能研究. 广州化工, 2014, 42(9): 48-50.

2014-379 王菲, 姚卫国, 管东波, 王守军, 安慧, 贾玉玺. PVC 搪塑粉的热降解特征及其动力学研究. 材料科学与工艺, 2014, 22(2): 55-60.

2014-381 王海燕, 朱小立, 辛美玲, 徐彦红. 基于含 Ni 稀土钙钛矿 $LaNiTiO_3$ 的过氧化氢无酶传感器. 分析化学, 2014, 42(6): 847-852.

2014-382 王浩, 李祥飞, 蒋正武. 一种富钙材料 PHC 免蒸压管桩高性能混凝土耐久性的研究. 混凝土世界, 2014, (6): 79-84.

2014-384 王宏, 张俊晟, 田永宏, 周保平, 戚建平. 环境友好型原油脱硫剂效果评价与现场应用. 中外能源, 2014, 19(9): 79-82.

2014-389 王康, 孟广莹, 杨文建, 于海斌, 孙彦民, 李晓云. 海藻酸辅助溶胶-凝胶法制备球形氧化铝颗粒. 天津大学学报 (自然科学与工程技术版), 2014, 47(12): 1052-1056.

2014-393 王梅玲, 杨志刚, 张弛. Cu 在 Ni-Mo-P 镀层的低温扩散行为. 材料热处理学报, 2014, 35(3): 209-212.

2014-394 王梅玲, 杨志刚, 张弛. Ni-Mo-P 合金镀层退火应力的 CGS 在线测试. 材料热处理学报, 2014, 35(4): 213-218.

2014-401 王铁矛. X 射线荧光分析原料中钾钠铅锌的方法和研究. 天津冶金, 2014, (2): 89-91.

2014-403 王文静, 武光, 吴伟, 王高亮, 昝望, 戚鑫. 纳米 ZSM-5 分子筛的酸脱铝改性及其催化萘和甲醇的烷基化反应性能. 石油学报 (石油加工), 2014, 30(4): 620-628.

2014-405 王新中, 于广辉, 李世国. HCl 气体辅助生长 GaN 纳米线阵列与机理研究. 光电子·激光, 2014, 25(5): 903-907.

2014-406 王新中, 于广辉, 李世国, 张春晓. GaN 纳米线生长的影响因素与机理分析. 半导体技术, 2014, 39(3): 199-203, 209.

2014-407 王学海, 周勇, 李海英. 碱处理对堇青石蜂窝陶瓷性能的影响. 材料导报, 2014, 28(4): 126-129.

2014-410 王亚文, 张农, 张振英, 郑会清. 研磨-熔融-XRF 法分析砂子中二氧化硅. 广州化工, 2014, 42(24): 123-124.

2014-412 王晔, 李斌, 董丽辉, 李景林, 张飞跃, 范闽光. Tb^{3+}掺杂 Bi_2WO_6 光催化剂的制备及其光催化性能研究. 广西大学学报(自然科学版), 2014, 39(6): 1378-1384.

2014-416 王岳松, 传秀云, 曹曦, 黄杜斌. 辽宁后仙峪镁电气石热处理改性及其磁性研究. 功能材料, 2014, 45(3): 3024-3027, 3032.

2014-418 汪瑞俊, 宋正启, 郝媛媛, 吴培慧. X 射线荧光光谱法测定高铝质耐火砖中氧化铝、氧化铁和二氧化硅的含量. 理化检验-化学分册, 2014, 50(10): 1309-1311.

2014-419 汪潇, 刘强, 杨留栓, 刘万超. 钛石膏颗粒物特性及其热重分析. 硅酸盐通报, 2014, 33(1): 212-215, 220.

2014-420 汪雪梅, 王文武, 武莉莉, 张立祥, 冯良桓, 张静全, 李卫. 双靶共溅射制备 $Cd_{1-x}Zn_xTe$ 多晶薄膜的性质研究. 功能材料, 2014, 45(8): 8139-8142.

2014-426 巫侯琴, 徐龙华, 管波, 韦燕飞. 碳酸钠改性固硫灰的制备与表征. 非金属矿, 2014, 37(3): 1-4.

2014-428 吴典, 蒋金龙, 许莹, 姚政. 凹土制备 MCM-41 及其氨基改性吸附单宁酸. 淮阴工学院学报, 2014, 23(1): 5-9, 56.

2014-429 吴会敏, 肖林飞, 白雪峰, 吴伟, 赵爱娟, 戚维欣, 张瑞. 硅源和铝源种类对 SAPO-31 分子筛物化性质及其催化正癸烷加氢异构化反应性能的影响. 石油学报(石油加工), 2014, 30(2): 328-335.

2014-438 吴增升, 刘志民. X 射线荧光光谱法分析镁砂中的主次成分. 中国无机分析化学, 2014, 4(4): 37-38.

2014-441 Wu Hongyu, Liu Min, Tan Wei, Hou Keke, Zhang Anfeng, Wang Yiren, Guo Xinwen. Effect of ZSM-5 zeolite morphology on the catalytic performance of the alkylation of toluene with methanol. Journal of Energy Chemistry, 2014, 24(4): 491-497.

2014-451 邢方圆, 陈光耀, 朱凯亮, 吴广新, 鲁雄刚, 李重河. 大尺寸 $BaZrO_3$ 坩埚的制备及其在 TiNi 形状记忆合金熔炼中的应用. 太原理工大学学报, 2014, 45(2): 172-175.

2014-452 邢清源, 孟令刚, 邓亮, 蒋博宇, 杨洪硕, 甄立玲, 樊建勋, 房灿峰, 张兴国. 5356 铝合金熔体复合净化技术研究. 铸造, 2014, 63(10): 979-983.

2014-454 熊小莉, 罗学刚, 陈成. 土壤中可降解聚乙烯残体的分离. 安全与环境学报, 2014, 14(1): 222-224.

2014-462 许珂洲, 宋胜东, 张颖, 周倩, 陈加森, 唐竹兴. 碳热还原反应合成氮化铝粉体的研究. 硅酸盐通报, 2014, 33(2): 342-345.

2014-463 许莹, 陈韬宇, 蒋金龙. 磁性粉煤灰沸石的制备及其对 Cu^{2+} 的吸附研究. 非金属矿, 2014, 37(6): 62-65.

2014-466 闫光辉, 刘百宽, 尹洪峰, 刘国威. 现代分析技术在解决耐火材料实际问题中的应用. 硅酸盐通报, 2014, 33(2): 444-447.

2014-471 杨邦, 雷国良, 姜修洋. 黔北石膏洞 9.9~4.2 kaBP 石笋微量元素记录及环境意义. 海洋地质与第四纪地质, 2014, 34(2): 143-148.

2014-475 杨海涛, 陈步明, 郭忠诚, 刘焕荣, 张永春, 黄惠, 徐瑞东, 付仁春. 电流密度对 Al/导电涂层/α-PbO_2-CeO_2-TiO_2/β-PbO_2-MnO_2-WC-ZrO_2 复合电极材料制备和性能的影响(英文). Transactions of Nonferrous Metals Society of China, 2014, 24(10): 3394-3404.

2014-476 杨军红, 李佗, 石新层. 钛基材料中元素分析方法研究进展. 理化检验-化学分册, 2014, 50(4): 512-517.

2014-478 杨荣国, 周亮. Fe^{3+}掺杂纳米 TiO_2 的制备与表征. 材料导报, 2014, 28(专 23): 56-59, 63.

2014-483 杨新能, 李小青, 杨大军. X 射线荧光光谱法测定含还原剂的炼钢辅料中化学成分. 冶金分析, 2014, 34(2): 40-43.

2014-487 杨幼明, 张剑, 张小林, 刘小平, 郭名亮. Cu 还原 MoO_4^{2-} 产物特性研究. 中国钨业, 2014, 29(6): 30-34.

2014-488 杨宇, 李岩, 张弓, 马苴生. Mn-Co-Ni 红外探测器 As-Se 光学薄膜制备及性能研究. 新技术新工艺, 2014, (7): 64-66.

2014-489 杨振华, 杨增玉, 靳承岗, 郭绍强. X 射线荧光光谱分析法测定高铝质耐火材料的主要元素. 现代测量与实验室管理, 2014, (4): 9-15.

2014-496 尹文胜, 龙立华. 表面富钛复合钛硅分子筛的合成与表征. 工业催化, 2014, 22(6): 447-451.

2014-497 尹小文, 刘敏, 赖伟鸿, 董传博, 岳明, 索红莉. 草酸盐沉淀法回收钕铁硼废料中稀土元素的研究. 稀有金属, 2014, 38(6): 1093-1098.

2014-498 雍晓静, 王林, 张堃, 窦涛, 巩雁军. Na^+ 对甲醇制丙烯催化剂的毒化影响及控制措施. 天然气化工 (C1 化学与化工), 2014, 39(6): 9-12, 57.

2014-499 于海华, 黄以平, 刘海浪, 万里, 李行. Cu-Cr 合金触头电子束表面重熔初探与研究. 装备制造技术, 2014, (11): 41-43.

2014-500 于海莲, 胡震. 酸浸法高镁炉渣制备白炭黑的研究. 无机盐工业, 2014, 46(7): 53-55.

2014-501 于海洋, 王艳飞, 张乐号, 刘静, 刘璐璐, 张梅, 郭敏. 从含钛电炉熔分渣制备纳米结构六钛酸钾晶须. 北京科技大学学报, 2014, 36(4): 496-505.

2014-502 于琳可, 石宝友, 宛云杰, 孙慧芳, 郑志宏, 顾军农, 李玉仙, 王东升. 给水管网铸铁管道的管垢组成与通水水质特征的关系. 中国给水排水, 2014, 30(20): 32-37.

2014-505 余洋, 沈承金, 孙恕, 陈锐, 宋宏建. 矿粉水泥砂浆抗硫酸盐腐蚀行为研究. 腐蚀科学与防护技术, 2014, 26(4): 355-359.

2014-511 Yue Lin, He Chi, Hao Zhengping, Wang Shunbing, Wang Hailin. Effects of metal and acidic sites on the reaction by-products of butyl acetate oxidation over palladium-based catalysts. Journal of Environmental Sciences, 2014, 26(3): 702-707.

2014-512 岳文瑞, 张润铎, 刘宁, 陈标华. 高比表面有序介孔 $CuFe_2O_4$ 复合氧化物上 NH_3 选择性催化氧化. 科学通报, 2014, 59(26): 2582-2588.

2014-515 张爱芬, 马慧侠, 白万里. 熔融制样-X 射线荧光光谱法测定铝电解槽用干式防渗料中主次成分. 冶金分析, 2014, 34(5): 25-29.

2014-518 张翠玲, 党瑞, 贺建栋, 魏於娣. 白银天然沸石对磷的吸附机理及性能研究. 环境科学与管理, 2014, 39(12): 104-108.

2014-527 Zhang Jiexiao, Zhou Yan, Xu Yun, Tian Huiping. Research and development of novel heavy oil catalytic cracking catalyst RCC-1. China Petroleum Processing & Petrochemical Technology, 2014, 16(4): 7-11.

2014-528 张居光, 李家骥, 沈非. 二次靶偏振 X 射线能谱仪分析优质碳素钢中磷、硫含量. 分析仪器, 2014, (1): 47-50.

2014-529 张君君, 仲亚, 沈晓冬, 崔升, 孔勇, 冀黎莉, 李博雅. 氧化钇掺杂块状 SiO_2 气凝胶的制备与表征. 无机化学学报, 2014, 30(4): 793-799.

2014-530 张乐, 高雄厚, 张艳惠, 苏怡, 张爱萍. 钠含量对超稳 Y 分子筛物化性能的综合影响. 人工晶体学报, 2014, 43(2): 454-460, 464.

2014-536 张茜芸, 仲兆平, 姚杰, 朱林. 由钛铁矿制备 SCR 催化剂载体 TiO_2 的优化试验. 钢铁钒钛, 2014, 35(2): 26-30.

2014-537 张榕, 樊启文, 杜英辉. Mylar 膜衬底上的镀膜技术. 原子能科学技术, 2014, 48(10): 1871-1875.

2014-539 张世国. 高铝质超低水泥浇注料的物理和机械性能. 耐火与石灰, 2014, 39(2): 30-33.

2014-544 张望, 李建梅, 严回. X 射线荧光光谱法分析硅微粉. 建材世界, 2014, 35(2): 43-46.

2014-548 张文艺, 戴如娟, 吴凌云, 刘芳, 陈嵘. 石化废水生物处理剩余污泥制备水处理滤料的研究. 现代化工, 2014, 34(5): 130-133, 135.

2014-549 张小凤, 王慧玲, 徐微, 李学德. 沸石的载铁改性及除氟性能分析. 安徽农业大学学报, 2014, 41(4): 662-668.

2014-550 张小敏, 雷艳惠, 张振忠, 丘泰. 超细银粉及导体浆料的制备及导电性能. 真空科学与技术学报, 2014, 34(11): 1257-1261.

2014-551 张小敏, 张振忠, 赵芳霞, 丘泰. 抗氧化纳米 Cu 粉的水合肼还原法制备. 南京工业大学学报（自然科学版）, 2014, 36(6): 118-122.

2014-552 张小敏, 张振忠, 赵芳霞, 丘泰, 龚凯. 直流电弧等离子蒸发法制备纳米银粉及其表面改性. 真空科学与技术学报, 2014, 34(2): 186-191.

2014-553 张欣宇, 王时礼, 钟喜春, 冯永山. 金属镀层厚度测量结果的一致性研究. 计量与测试技术, 2014, 41(4): 1-3.

2014-554 张学斌, 甘胜华, 李红彬, 汪少朋. 阳离子染料可染 PET 管道中结焦物的研究（二）——结焦物元素分析及形成机理. 聚酯工业, 2014, 27(1): 21-24.

2014-556 张亚平, 贾成光, 彭然, 马丰, 欧光南. Heterogeneous photo-assisted Fenton catalytic removal of tetracycline using Fe-Ce pillared bentonite. Journal of Central South University, 2014, 21(1): 310-316.

2014-558 张艳玲. 润滑油加氢异构脱蜡装置换热器结垢物分析. 通用机械, 2014, (11): 61-62, 76.

2014-563 张远欣, 刘冉, 夏德强, 张航, 巨文军, 张少民. 水中砷 (III) 和砷 (V) 的 N-甲基咪唑阴离子交换树脂分离-X 射线荧光光谱测定法. 环境与健康杂志, 2014, 31(10): 937-940.

2014-569 张智, 邓胜平, 赵翼平, 胡坚, 彭竹葳, 喻一萍. 典型合流制排水系统悬浮物元素组成及来源分析. 给水排水, 2014, 40(S1): 101-105.

2014-570 张子潇. 市政污水回用中反渗透进水滤芯污染分析. 北京水务, 2014, (6): 38-40.

2014-572 赵凤起, 张衡, 安亭, 张晓宏, 高红旭, 宋秀铎. 3, 5-二硝基水杨酸锆的制备、热分解机理及其燃烧催化作用. 含能材料, 2014, 22(5): 635-640.

2014-575 赵会吉, 李孟杰, 丁宁, 刘晨光. Raney 铜催化糠醛加氢制备糠醇的研究. 石油化工, 2014, 43(10): 1179-1184.

2014-576 赵琎, 梁晓红, 刘伟. 熔融制样 X 射线荧光光谱法测定氧化钼中主次成分. 山西化工, 2014, (1): 52-54.

2014-578 赵俊琦, 施胜斌, 程时标. MeAPO-5 型分子筛的合成及其催化环己烷氧化性能研究. 石油炼制与化工, 2014, 45(5): 29-33.

2014-585 郑步梅, 万玉凤, 杨卫亚, 凌凤香, 谢红, 方向晨, 郭洪臣. 无有机模板剂体系水热合成 Beta 沸石中晶种的导向机理（英文）. 催化学报, 2014, 35(11): 1800-1810.

2014-591 周昊. X 射线荧光光谱分析在竞争车型分析中的应用. 汽车技术, 2014, (9): 24-27.

2014-592 周西林. X 射线荧光光谱法测量聚乙烯中汞含量不确定度评定. 广州化工, 2014, 42(12): 141-142, 161.

2014-596 朱红伟, 李婷. 鹤顶红的鉴别. 超硬材料工程, 2014, 26(5): 50-55.

2014-608 邹龙江, 周全, 丛丹妮, 勾万强, 高路斯. 316L 不锈钢泵轴断裂原因分析. 理化检验-物理分册, 2014, 50(5): 356-358.

2014-609 左鹏飞, 李桂景, 周利英, 常云芝, 刘丽娜, 王娟, 金静峰. 能量色散 X 射线荧光光谱法测定 PVC 塑料中铅、铬、汞、镉、溴含量的不确定度评定. 计量与测试技术, 2014, 41(2): 33-34, 36.

2014-610 左小军, 彭晓东, 魏国兵, 赵辉, 谢卫东. 熔盐电解制备 Mg-Zn-Sr 三元合金及其组织分析. 功能材料, 2014, 45(4): 4125-4129.

2015-007 曹明杰, 赵明, 庄大明, 郭力, 欧阳良琦, 李晓龙, 宋军. 磁控溅射制备非晶铟镓锌氧化物薄膜的电学性能研究. 材料研究学报, 2015, 29(1): 51-54.

2015-013 常魁革, 杨卫亚, 凌凤香, 沈智奇, 王少军, 杨阳. 硅源对 IM-5 分子筛合成的影响. 当代化工, 2015, 55(5): 892-895.

2015-022 陈虎, 李剑, 胡守亮, 徐万里. 振动镀在陶瓷二次金属化中的应用. 电镀与涂饰, 2015, 34(24): 1410-1414.

2015-023 陈佳, 刘学清, 邹立勇, 刘继延. 次磷酸铝阻燃剂的合成及其在 PBT 中的应用. 江汉大学学报 (自然科学版), 2015, 43(5): 420-426.

2015-029 陈能香, 李锐, 徐志. 一种天蓝色合成尖晶石的宝石学特征. 超硬材料工程, 2015, 27(6): 56-59.

2015-035 陈艳, 王丽秋, 王晨晔, 李会泉. 以钢渣为原料合成层状双氢氧化物及其结构表征. 化工学报, 2015, 66(12): 5149-5156.

2015-036 陈艳萍, 吴思明, 卢慧剑, 魏博伦, 何奕, 施耀. 1000MW 燃煤电厂钒钛系脱硝催化剂失活原因分析. 浙江大学学报 (工学版), 2015, 49(3): 564-570.

2015-042 程广文, 张强, 白博峰. 一种改性选择性催化还原催化剂及其对零价汞的催化氧化性能. 中国电机工程学报, 2015, 35(3): 623-630.

2015-052 崔振珍, 殷好勇, 赵红挺, 聂秋林. 核壳结构氧化镍/碳微球的制备及葡萄糖传感性能. 无机材料学报, 2015, 30(3): 305-310.

2015-054 戴俊, 刘雯, 杨娟, 魏建平. ZSM-5 分子筛光催化降解瓦斯试验研究. 中国矿业大学学报, 2015, 44(5): 829-835.

2015-057 邓钦祖, 张静, 张永丽, 杨颖, 周鹏. 制备条件对 CoO_x-TiO_2 催化臭氧性能的影响研究. 再生资源与循环经济, 2015, 8(3): 31-34.

2015-063 董玉涛, 柴凤兰, 赵开楼, 赵素粉, 金波, 周涛. 氧化铝负载镍催化剂催化丙酮胺化选择性合成异丙胺. 工业催化, 2015, 23(4): 320-326.

2015-069 方方. 两种防辐射纤维的定性鉴别方法研究. 上海纺织科技, 2015, 43(5): 66-68.

2015-072 Farid Moeinpour, Amir Khojastehnezhad. Cesium carbonate supported on hydroxyapatite coated $Ni_{0.5}Zn_{0.5}Fe_2O_4$ magnetic nanoparticles as an efficient and green catalyst for the synthesis of pyrano[2,3-c]pyrazoles. Chinese Chemical Letters, 2015, juan (5): 575-579.

2015-073 冯柳毅, 林荣毅, 田登超, 张志远, 张彩军. 酸浸工艺脱除微硅粉杂质离子及其对热碱溶解过程的强化. 化工进展, 2015, 34(12): 4379-4384, 4390.

2015-076 冯彦房, 薛利红, 杨梖, 孙海军, 何世颖, 杨林章. 载镧生物炭的优化制备及其对水体中砷的吸附. 中国环境科学, 2015, 35(8): 2433-2441.

2015-079 高欢, 卫碧文, 倪旎, 望秀丽. 电子电气产品中 19 种元素的无损测定、分布研究及风险评估. 分析试验室, 2015, 34(11): 1295-1299.

2015-086 耿艳霞. 石墨粉熔融法-X 射线荧光分析硅铁合金的 7 种元素含量. 河北冶金, 2015, (2): 73-76.

2015-093 郭晶, 许晓龙, 董浩, 卢春山, 李小年. 四氯乙烷脱 HCl 反应中炭基催化剂的失活机理. 化工学报, 2015, 66(10): 3957-3964.

2015-094 郭磊, 朱伟平, 李飞, 薛云鹏. 硅源用量对 SAPO-18 分子筛合成及催化性能的影响. 工业催化, 2015, 23(5): 384-389.

2015-096 郭鹏, 姜红. X 射线荧光光谱法检验烟用内衬纸. 中华纸业, 2015, 36(18): 32-35.

2015-097 郭宇, 金玉家, 吴红梅, 李东昕. 负载型二氧化钛光催化材料的制备及其光催化性能研究. 光谱学与光谱分析,

2015, 35(6): 1677-1681.

2015-107 何志桥, 童丽丽, 张志鹏, 陈建孟, 宋爽. Ag/Ag$_2$WO$_4$ 等离子体共振催化剂可见光催化还原 CO$_2$. 物理化学学报, 2015, 31(12): 2341-2348.

2015-108 何志伟, 高雄厚, 袁程远, 杜晓辉, 李志庆. 介-微孔 HZSM-5 分子筛的制备及其性能评价. 石油学报 (石油加工), 2015, 31(5): 1048-1056.

2015-109 何志伟, 袁程远, 杜晓辉, 刘宏海, 高雄厚. 酸/碱处理对 HZSM-5 分子筛结构及性能的影响. 石化技术与应用, 2015, 33(2): 103-107, 112.

2015-111 赫英利. 粉末 X 射线衍射鉴定一种重整催化剂的晶体物相. 分析仪器, 2015, (3): 23-25.

2015-112 Hossein Ghasemi Mobtaker, Seyed Javad Ahmadi, Shahram Moradi Dehaghi, Taher Yousefi. Coupling system application in photocatalytic degradation of methylorange by TiO$_2$, TiO$_2$/SiO$_2$ and TiO$_2$/SiO$_2$/Ag. Rare Metals, 2015, 34(12): 851-858.

2015-118 胡金山, 郭冬梅, 刘利, 崔文权, 梁英华. 表面担载型 CdS/K$_2$La$_2$Ti$_3$O$_{10}$ 复合物的制备及光催化活性研究. 高校化学工程学报, 2015, 29(6): 1430-1437.

2015-120 胡思, 张卿, 尹琪, 张亚飞, 巩雁军, 张瑛, 吴志杰, 窦涛. 氢氧化钠-氟硅酸铵改性HZSM-5催化甲醇制丙烯. 物理化学学报, 2015, 31(7): 1374-1382.

2015-121 扈廷勇, 蔡建明, 林漫. PVC 制品用原材料常见掺杂、假冒现象与控制. 聚氯乙烯, 2015, 43(5): 21-26.

2015-126 黄力, 王向华, 白静玄, 李庆宁, 田晓明, 孙勇. 水蒸气对 Pt-Sn-K-La/γ-Al$_2$O$_3$ 异丁烷脱氢催化剂再生性能的影响. 石化技术与应用, 2015, 33(6): 477-481.

2015-127 黄世杰, 张建波, 应海松, 李雪莲. X 射线荧光光谱法测定废塑料表面金属涂层含量. 化学工程师, 2015, (2): 17-19.

2015-134 霍歆彤, 吴战鹏, 李青. SnO$_2$/Cr$_2$O$_3$ 聚酰亚胺复合薄膜的制备和光催化性能研究. 北京服装学院学报 (自然科学版), 2015, 35(4): 63-69.

2015-138 贾东星, 陈跃华. XRF (X 荧光) 压片法测定催化剂中金属含量方法研究. 内蒙古石油化工, 2015, (18): 31-32, 73.

2015-153 晋伟娟, 马波, 秦波, 凌凤香, 李梦华. 小晶粒 NaY 型分子筛的合成与表征. 当代化工, 2015, 44(5): 919-921, 925.

2015-156 巨鹏瑞, 郭占成. 钢渣制备多孔吸声材料的研究. 硅酸盐通报, 2015, 34(10): 2960-2967.

2015-157 匡猛, 王平, 彭虎, 韦仲华, 韦宇洪, 李呈权, 谢亮. 热闭系法甲酸提纯硅藻土研究. 硅酸盐通报, 2015, 34(12): 3626-3629.

2015-163 雷雪飞, 薛向欣, 杨合, 朱祥剑, 李振朋. 酸浸浓度对高钛酸浸渣光催化活性的影响. 中国有色金属学报, 2015, 25(6): 1640-1647.

2015-173 李锋, 李洪仁, 方坤, 戚娟娟. 亮黄色荧光碳点的合成及可见光催化降解酸性品红. 沈阳大学学报 (自然科学版), 2015, 27(3): 189-192.

2015-189 李丽, 何小丽, 覃涛, 戴富涛, 张小华, 陈金华. 双牺牲模板法制备一维管状 Pt-Mn$_3$O$_4$-C 复合物及其优越的甲醇电催化氧化性能 (英文). 物理化学学报, 2015, 31(5): 927-932.

2015-191 李梦华, 马波, 晋伟娟, 张喜文, 秦波. 高岭土原位晶化合成高结晶度 Y 型分子筛. 现代化工, 2015, 35(3): 105-107, 109.

2015-196 李权, 余建民, 沙娇, 王火印, 毕向光, 杨金富, 卢峰. 双湿法从汽车失效催化剂中回收铂族金属及有价金属. 贵金属, 2015, 36(3): 1-9.

2015-198 李三喜, 任晓宇, 王松. 水热改性对氢氧化镁的影响. 沈阳工业大学学报, 2015, 37(4): 372-376.

2015-199 李三喜, 任晓宇, 王松. 用轻烧氧化镁粉制备高纯氢氧化镁的研究. 无机盐工业, 2015, 47(9): 31-34.

2015-200 李三喜, 任晓宇, 王松, 宋书冬, 张涛. 卡房状高纯氢氧化镁粉体的合成及改性. 中国粉体技术, 2015, 21(6): 33-39.

2015-207 李阳, 陈奎, 龙文进, 张越嫦, 罗旭豪, 刘福荣. 氯化铵对 Al 粉材料直接氮化的影响. 材料导报, 2015, 29(24): 59-63.

2015-214 李媛媛, 陈桐, 杨丹, 房俊卓. 纳米氧化硅/活性炭复合材料的制备及吸附性能研究. 化工新型材料, 2015, 43(2): 138-140.

2015-216 李振, 李西川, 余涛, 梁晓峰. 玻璃基板材料化学钢化试验研究. 玻璃, 2015, (2): 26-30.

2015-227 梁新杰, 仇越秀, 王洪友, 杨俊英, 陈冬冬, 李强, 谢琰君. 水热-水解法制备氧化锆粉体及其表征. 材料导报, 2015, 29(2): 43-46.

2015-235 刘冬梅, 翟玉春, 马健, 王海彦. 不同碱处理制备多级孔 HZSM-5 催化剂及噻吩烷基化性能研究. 燃料化学学报, 2015, 43(4): 462-469.

2015-236 刘冬梅, 翟玉春, 马健, 王海彦. Na_2CO_3 处理法制备微介孔 ZSM-5 沸石及其催化硫醚化性能. 石油学报 (石油加工), 2015, 31(1): 38-44.

2015-249 刘静, 马慧侠, 白万里, 彭展. X射线荧光光谱法在分析冰晶石、电解质各组分中的应用. 轻金属, 2015, (6): 54-58.

2015-252 刘磊, 黄波, 卢思佳, 周帅. 复合金属镀层测试方法研究. 电子产品可靠性与环境试验, 2015, 33(6): 43-46.

2015-253 刘力挽, 周秦岭, 邵冲云, 张瑜, 胡丽丽, 杨秋红, 陈丹平. Ce^{3+} 掺杂 SiO_2-Al_2O_3-Gd_2O_3 玻璃的闪烁性能. 物理学报, 2015, 64(16): 419-425.

2015-255 刘明. 钾钠水玻璃中钾钠比检测方法的讨论. 天津化工, 2015, 29(1): 52-53.

2015-267 龙婷婷, 王文娟, 韩玉香, 万玉秋, 郑寿荣. 铅在锆化碳基磁性纳米复合材料上的吸附. 环境化学, 2015, 34(5): 949-955.

2015-270 鲁丹, 萧达辉, 陈志刚, 赵泉, 宋武元. 欧盟 REACH 法规中钴、砷、铬、锡、铅等高关注物质 X 射线荧光光谱法定量筛选用橡胶标准样品的研制. 理化检验-化学分册, 2015, 51(1): 91-95.

2015-271 陆晓明, 金德龙. X 射线荧光光谱法测定含碳化硅铝质耐火材料中 9 种组分. 冶金分析, 2015, 35(7): 15-19.

2015-277 罗明洪, 夏克坚, 葛文, 周光华. 钯取代多金属氧酸盐的合成、表征及电催化性能. 南昌师范学院学报, 2015, 36(6): 33-36.

2015-279 罗旭东, 曲殿利, 谢志鹏, 陈丹平. 碳化硅对莫来石质浇注料耐碱性能的影响. 人工晶体学报, 2015, 44(12): 3759-3764.

2015-281 骆艳华, 佘世杰, 曹卫国, 潘峰. 反应条件对磷酸铁粒度分布的影响. 山东大学学报 (工学版), 2015, 45(1): 82-87, 94.

2015-291 Majid Soleimani, Zahra Hassanzadeh Siahpoosh. 去除铜和汞离子的新型天然吸附剂 Ghezeljeh 纳米粘土：平衡、动力学和热力学研究 (英文). Chinese Journal of Chemical Engineering, 2015, (11): 1819-1833.

2015-292 毛智慧, 周文韬, 田琦, 赵建为, 金波. 晶体硅材料中杂质元素分析方法研究进展. 化学分析计量, 2015, 24(2): 102-105.

2015-296 莫立焕, 谈金强, 王聪聪, 徐峻, 周志明, 何帅明, 李军. 铁改性膨润土光催化剂的制备、表征及应用. 中国造纸, 2015, 34(11): 22-27.

2015-299 牛丽川. XRF 在 RoHS 和 REACH 检测中的应用. 电视技术, 2015, 39(11): 55-56, 66.

2015-300 欧高雨, 卢杰, 卢昊, 肖竹平. 常温下从含硒废料中提取硒技术的制备方法. 广州化工, 2015, 43(18): 82-83.

2015-302 潘敏, 黄晓鸣, 陈天虎, 谢晶晶, 吴光学. 凹凸棒石铁/铝氢氧化物纳米复合材料对磷的吸附动力学研究. 矿物学报, 2015, 35(1): 29-34.

2015-303 潘文雅, 黄亮, 秦枫, 庄岩, 李雪梅, 马建学, 沈伟, 徐华龙. 甘油脱水合成丙烯醛 ZSM-5 催化剂的孔结构和酸性调控. 物理化学学报, 2015, 31(5): 965-972.

2015-305 彭国敏, 张玉明, 张福元, 李晓恒. 高铅含硒物料湿法处理回收硒的工艺研究. 稀有金属, 2015, 39(10): 928-933.

2015-307 彭玉海, 程清, 潘雷, 熊文强, 陈俊佳. 波长色散型 X 射线荧光光谱仪测定聚乙烯中抗氧剂 168 含量. 分析仪器, 2015, (5): 19-22.

2015-308 Peter Adeniyi Alaba, Yahaya Muhammad Sani, Wan Mohd Ashri Wan Daud. 由酸活化高岭土制备多级纳米孔 HY 分子筛及其表征 (英文). 催化学报, 2015, 36(11): 1846-1851.

2015-311 秦建良, 田蒙奎, 陶文亮, 严李, 王军, 庄衢彬. 利用煤矸石制备无机陶瓷膜支撑体. 中国陶瓷, 2015, 51(6): 59-63.

2015-314 秦兆鲁, 李定华, 杨荣杰. 氢氧化铝包覆改性聚磷酸铵及其在阻燃聚丙烯中的应用研究. 无机材料学报, 2015, 30(12): 1267-1272.

2015-319 Que Zaiqing, Li Yang, Yu Haiyang, Zheng Feng, Zhang Mei, Guo Min. Controllable synthesis of nanorod/nanodisk TiO_2 from titanium-containing electric furnace molten slag. Rare Metals, 2015, 34(4): 267-275.

2015-322 任景涛, 翁展, 张鹏远. 聚苯乙烯磺酸树脂改性及其催化合成乙酸正丁酯性能研究. 高校化学工程学报, 2015, 29(4): 897-902.

2015-324 任叶叶, 张俭, 严俊, 林剑, 陈思杭, 盛嘉伟. 应用 X 射线衍射-红外光谱等技术研究滑石在机械力研磨中的形貌和晶体结构变化及影响机制. 岩矿测试, 2015, 34(2): 181-186.

2015-325 Saifur Rahman Sarker, Zahangir Alam, Rakibul Qadir, Gafur M A, Mohammad Moniruzzaman. Extraction and characterization of alumina nanopowders from aluminum dross by acid dissolution process. International Journal of Minerals Metallurgy and Materials, 2015, (4): 429-436.

2015-331 邵鸿飞, 刘元俊, 冀克俭, 邓卫华, 高岩立, 周彤, 赵晓刚. 羟基铝离子柱撑蒙脱石材料的制备与结构表征. 化学分析计量, 2015, 24(1): 61-63.

2015-334 申正会. 利用稻草灰分制备 SiO_2 纳米颗粒和 $SiO_2/CaCO_3$ 纳米复合物. 国际造纸, 2015, 34(3): 23-30.

2015-335 沈美庆, 林放, 魏光曦, 王建强, 朱少春. Improved sulfur-resistant ability on CO oxidation of $Pd/Ce_{0.75}Zr_{0.25}O_2$ over Pd/CeO_2-TiO_2 and Pd/CeO_2. Journal of Rare Earths, 2015, 33(1): 56-61.

2015-341 宋笛, 刘文斌, 胡俊尧, 高颧冰, 杜梦圆, 秦宇珊, 吕玉光. 磷酸盐低熔封接玻璃结构优化及其光学性质研究. 广东化工, 2015, 42(23): 22-24, 27.

2015-342 宋婕, 马怀军, 阎立军, 李伟, 曲炜, 田志坚. KL 分子筛的碱性对 Pt/KL 催化剂上正己烷芳构化的影响. 石油化工, 2015, 44(6): 683-688.

2015-343 宋金玲, 周长才, 吴宇, 蔡颖. 水热法制备掺杂铒的 ZnO 及其对二甲胺气敏性能. 中国稀土学报, 2015, 33(5): 595-601.

2015-344 宋林, 安越, 容丽春, 储达. $Ni/\gamma-Al_2O_3$ 催化乙基咔唑加氢性能研究. 化学工程, 2015, 43(10): 50-53, 59.

2015-348 苏清兴, 尹应武. 能量色散型 X 射线荧光光谱法测定聚合物材料中镉和铅含量. 化学研究与应用, 2015, 27(5): 671-674.

2015-351 孙海杰, 陈凌霞, 陈秀丽, 滑赛男, 刘寿长, 刘仲毅. ZrO_2 织构性质对 $Ru-B/ZrO_2$ 催化剂的结构及其苯选择加氢性能的影响. 石油化工, 2015, 44(9): 1066-1070.

2015-352 孙海杰, 周小莉, 赵爱娟, 王臻臻, 刘寿长, 刘仲毅. $Zn_4Si_2O_7(OH)_2H_2O$ 盐修饰的纳米 Ru 催化剂催化苯选择加氢制环己烯. 无机化学学报, 2015, 31(7): 1287-1295.

2015-354 孙慧颖, 甘海军, 孙林平. 苯并噻吩在酸改性 NaY 分子筛上的吸附. 燃料化学学报, 2015, 43(1): 116-121.

2015-357 孙伟娜, 杨文申, 郎林, 吴创之, 阴秀丽. Co 杂化 AFI 双功能分子筛的制备.

石油学报（石油加工），2015, 31(1): 25-30.

2015-360 孙志国, 高雄厚, 马建泰, 张莉, 刘宏海, 王宝杰. 十二烷基硫酸钠对原位晶化制备小晶粒 NaY 的影响. 物理化学学报, 2015, 31(10): 2011-2015.

2015-362 谭伟, 侯珂珂, 刘民, 李文慧, 刘海鸥, 宋春山, 郭新闻. 氧化镍改性的 ZSM-5 催化剂对甲苯和甲醇择形甲基化反应稳定性的影响（英文）. 石油学报（石油加工），2015, 31(2): 503-522.

2015-371 田旭玲, 李勇, 王浩. 电弧熔炼制备标准样品-X 射线荧光光谱法测定钕铁硼磁性材料成分. 理化检验-化学分册, 2015, 51(9): 902-906.

2015-380 王栋, 解立峰. 爆轰合成纳米氧化铈的提纯分析. 化工进展, 2015, 34(6): 1725-1729.

2015-384 王高亮, 吴伟, 昝望, 白雪峰, 王文静, 戚鑫, Kikhtyanin O. V.. Zn 改性纳米 ZSM-5 分子筛的制备及其催化己烯-1 芳构化反应性能（英文）. Transactions of Nonferrous Metals Society of China, 2015, (5): 1580-1586.

2015-385 王海彦, 齐振东, 鄢景森, 魏民. Ti 掺杂对 Ni_2P/SBA-15 催化剂加氢脱氮催化性能的影响. 石油学报（石油加工），2015, 31(6): 1281-1287.

2015-386 王洪祥, 朱本温, 王景贺, 侯晶, 陈贤华. 熔石英元件抛光加工亚表面缺陷的检测. 材料科学与工艺, 2015, 23(2): 8-12.

2015-390 王捷, 周官山, 缪云根, 朱良均, 杨明英. 利用家蚕丝素纤维调控二氧化硅微管的生成. 蚕业科学, 2015, 41(1): 140-144.

2015-403 王梅玲, 杨志刚, 张弛, 王海, 高思田. Ni-Mo-P/Cu 薄膜的热稳定性. 材料热处理学报, 2015, 36(7): 182-187.

2015-404 王明华, 孔垂宇, 杨阿敏, 王渺, 吴连凤, 翟玉春. 由粉煤灰提钙铁后的尾渣制备 13X 型沸石分子筛的研究. 材料与冶金学报, 2015, 14(1): 58-61.

2015-409 王森, 于杨, 卫皇曌, 王亚旻, 李旭宁, 杨旭, 孙承林, 安路阳. Fe-Mn/AC 催化湿式过氧化氢氧化间甲酚. 环境化学, 2015, 34(4): 678-684.

2015-415 王益亨, 夏梦阁, 武永涛, 朱美芳. 磁性能可控的聚 (N-异丙基丙烯酰胺) 基纳米复合水凝胶的制备与表征. 功能高分子学报, 2015, 28(1): 32-39.

2015-419 王志博, 丁伟杰, 阎建民, 肖文德. 氯化亚铜催化四氯化硅和硅耦合加氢的机理研究. 无机盐工业, 2015, 47(7): 66-70.

2015-425 汪云华, 李海艳, 张笑盈, 王磊, 李保金, 龙翔. 后处理工艺对氯化法金红石型钛白粉性能的影响研究. 无机盐工业, 2015, 47(3): 16-18, 44.

2015-428 魏丽娟, 刘贵山, 冯同, 郝洪顺, 胡志强, 高文元. 一步蒸发法制备 CIGS 薄膜的晶体结构研究. 人工晶体学报, 2015, 44(3): 638-642.

2015-444 吴轶欧, 窦富起, 那勃. 常见金属眼镜架中有害元素的含量分析. 中国眼镜科技杂志, 2015, (5): 126-128.

2015-453 肖忠良, 高洁, 宋刘斌, 吴道新, 朱梦. 化学置换镀钯的研究. 长沙理工大学学报, 2015, 12(1): 97-101.

2015-457 邢建东, 敬方梨, 储伟, 孙红丽, 喻磊, 张欢, 罗仕忠. CeO_2 对 CuCl/活性炭吸附剂 C_2H_4/C_2H_6 吸附分离性能促进作用 (英文). 物理化学学报, 2015, 31(11): 2158-2164.

2015-461 徐春龙, 王晋国, 张翔宇. Tm^{3+} 掺杂的 $NaYF_4$ 微米颗粒中强烈的单带下转换荧光发射. 物理化学学报, 2015, 31(11): 2183-2190.

2015-463 徐海清, 胡耀红, 陈力格, 秦足足, 廖磊华, 张招贤. 电解铜箔用涂层钛阳极表面结垢的去除. 电镀与涂饰, 2015, 34(4): 201-205.

2015-464 徐海清, 胡耀红, 陈力格, 张招贤, 王耀东. 实际工况下电解铜箔用涂层钛阳极的失效机制. 电镀与涂饰, 2015, 34(23): 1369-1373.

2015-467 徐梦梦, 隋铭皓, 盛力, 李嘉怡, 杨建瑞. 层状双金属氢氧化物对诺氟沙星的吸附作用. 水处理技术, 2015, 41(4): 30-34.

2015-470 徐恬. 能量色散型 X 荧光光谱仪(ED-XRF)测定聚苯二甲酸丁二醇酯(PBT)中的钛含量. 福建分析测试, 2015, 24(2): 37-41.

2015-472 徐永林. 镀锡板镀层的辉光放电光谱法解析. 冶金分析, 2015, 35(3): 7-12.

2015-480 颜晓华, 彭宇, 苏明. X 射线荧光测定复式碳化物中 W、Ti、Ta、Fe 方法研究. 硬质合金, 2015, 32(4): 266-271, 278.

2015-483 杨彬. 涉水 PVC 制品溶出金属元素的控制. 聚氯乙烯, 2015, 43(8): 21-27.

2015-484 杨登辉, 赵北君, 朱世富, 陈宝军, 何知宇, 曹礼强, 陈成, 谢虎. 垂直布里奇曼法生长磷锗锌单晶体与性能表征(英文). 稀有金属材料与工程, 2015, 44(10): 2368-2372.

2015-494 杨荣国, 周亮. 铁离子掺杂纳米二氧化钛的制备与表征. 合成材料老化与应用, 2015, 44(3): 75-78, 140.

2015-498 杨甜甜, 王佳敏, 周金池. X 射线在木材含水率检测中应用的最新进展. 林业机械与木工设备, 2015, 43(9): 6-9.

2015-501 杨颛维, 王凯峰, 刘春立. 缓冲回填材料膨润土胶体的提取与分析. 核化学与放射化学, 2015, 37(6): 463-468.

2015-509 于海燕, 王波, 潘晓林, 毕诗文. $12CaO \cdot 7Al_2O_3$ 晶体结构及其氧化铝浸出性能. 工程科学学报, 2015, 37(1): 30-34.

2015-516 袁晓亮, 王书芹, 鲁旭, 康宏敏. 多产中间馏分油型中压加氢裂化催化剂的研制与性能评价. 工业催化, 2015, 23(11): 900-903.

2015-517 袁扬扬, 王林英, 刘红超, 田鹏, 杨淼, 徐舒涛, 刘中民. 纳米晶自组装多级孔丝光沸石合成及其优异的催化性能(英文). 催化学报, 2015, 36(11): 1910-1919.

2015-518 袁野, 施光海, 楼法生, 吴师金, 史淼, 黄安杰. 江西高洲石的矿物学和谱学特征研究. 光谱学与光谱分析, 2015, 35(1): 65-70.

2015-520 曾丰, 杨清河, 曾双亲. 采用 $NaAlO_2$-CO_2 连续中和法制备拟薄水铝石. 石油学报 (石油加工), 2015, 31(5): 1069-1074.

2015-528 翟云平, 李明罡, 罗一斌. ZSM-5 分子筛催化 1-己烯叠合反应的研究. 石油炼制与化工, 2015, 46(9): 7-11.

2015-529 张超, 聂红, 高晓冬, 渠红亮, 李会峰, 褚阳. 载体表面性质对活性相形貌结构及植物油加氢脱氧选择性的影响. 石油学报 (石油加工), 2015, 31(4): 845-852.

2015-530 Zhang Chen, Lu Xuchen, Wang Tizhuang. Synthesis of SAPO-34 using metakaolin in the presence of β-cyclodextrin. Journal of Energy Chemistry, 2015, (4): 401-406.

2015-531 张发捷, 张强, 程广文, 徐晓涛. SCR 脱硝催化剂再生技术试验研究. 热力发电, 2015, 44(3): 34-41.

2015-533 张帆, 李芳, 华学明, 王诗恩, 王大明, 褚卫东. Al-Si 镀层在激光拼焊板焊缝中分布及性能影响研究. 中国激光, 2015, 42(5): 104-111.

2015-536 张红, 景页, 聂蓉蓉, 孟翔峰. 底涂剂的化学处理对二氧化锆陶瓷树脂粘接效果的影响. 华西口腔医学杂志, 2015, 33(5): 466-469.

2015-539 张嘉霖, 孙培永, 张胜红, 姚志龙. 乙烯催化转化制备乙二醇反应中 TS-1 分子筛的失活. 分子催化, 2015, 29(3): 229-237.

2015-540 张建功, 梁卫国, 韩俊杰, 韩兴华, 于永军. 具有膨胀特性膏体充填材料的物理力学特性研究. 矿业研究与开发, 2015, 35(1): 15-20.

2015-545 张丽, 石莲华, 张兴, 林伟信. X 射线荧光光谱法快速测定铜基催化剂中金属含量. 分析科学学报, 2015, 31(1): 123-126.

2015-550 张茂润, 杨冲, 陈静, 刘紫燕. 掺 Dy^{3+} 铁氧体硅油基磁流体磁特性与温度的相关性研究. 硅酸盐通报, 2015, 34(6):

1710-1714, 1719.

2015-553 张涛, 白伟, 肖雨亭. 不同型式失活脱硝催化剂的再生研究. 中国电力, 2015, 48(10): 144-147.

2015-555 张伟, 张堃, 雍晓静, 王峰, 温鹏宇. 不同硅源合成 ZSM-5 分子筛及其 MTP 反应催化性能. 天然气化工 (C1 化学与化工), 2015, 40(1): 13-17.

2015-558 张晓东, 揭晓华, 罗松, 郑琼彬. WC/Co-Cr 复合涂层激光熔覆工艺优化与表征. 表面技术, 2015, 44(6): 11-16.

2015-579 赵俊琦, 施胜斌, 程时标. 合成条件对 CeAPO-5 型分子筛结构的影响. 石油炼制与化工, 2015, 46(10): 1-5.

2015-582 赵莉, 李文霞, 张大省. 一种电池隔膜的结构解析. 纺织导报, 2015, (12): 114-116.

2015-586 赵炜, 于爱华, 王虎, 江晓明, 丁杰, 董岳, 钟秦. 湿法工艺回收板式 SCR 废弃催化剂中的钛、钒、钼. 化工进展, 2015, 34(7): 2039-2042, 2048.

2015-588 Zhao Xuebin, Zeng Feng, Zhao Bin, Gu Haohui. Alkylation activity of benzene with syngas over Cu-based catalysts. China Petroleum Processing & Petrochemical Technology, 2015, 17(1): 31-38.

2015-604 周蓉, 任鹏飞, 徐志康. 预处理对聚多巴胺改性聚丙烯微滤膜性能影响研究. 膜科学与技术, 2015, 35(1): 56-63.

2015-612 朱利方, 姜宏, 赵会峰, 代志祥, 贺建雄, 段秋桐. 铁浓度对浮法玻璃表面锡扩散的影响. 材料科学与工程学报, 2015, 33(6): 873-878.

2015-614 朱善斌. 几种膜厚仪用于汽车涂镀层厚度测量的准确度比较. 山东工业技术, 2015, (2): 40-41.

2015-617 邹立勇, 王小萌, 魏文君, 刘学清, 刘继延. 甲基乙基次膦酸锌盐阻燃环氧树脂的研究. 塑料工业, 2015, 43(4): 92-96.

2015-618 邹龙江, 陈玉海, 汤敏. G20Cr2Ni4A 轴承滚动体开裂失效分析. 热处理技术与装备, 2015, 36(6): 58-61.

2015-619 左文华, 杜晓辉, 袁程远, 谭争国, 侯云飞, 高雄厚. Y 型分子筛晶胞参数对其酸性及活性的影响. 石化技术与应用, 2015, 33(6): 486-490.

5.9 讲座、知识介绍、信息报道

1964-001 魏光普. X 射线连续分析. 化学世界, 1964, (2): 77-80.

1980-033 杨福家, 承焕生. 离子束分析——介绍第四届国际离子束分析会议. 物理, 1980, 9(2): 184-185.

1980-042 赵新那. X 射线荧光分析. 上海有色金属, 1980, (S1): 101-109.

1981-029 马清福. 放射性检测和控制仪表的安全管理. 冶金劳动卫生, 1981, (6): 380.

1981-044 杨先华. 现代 X 射线荧光分析. 压电与声光, 1981, (5): 71-79.

1982-027 Лобанов Ф. И., 刘纪琳. 化学-X 射线荧光分析. 分析试验室, 1982, (3): 24-31.

1983-020 分析化学编委会. X 射线荧光光谱分析常用名词、符号和单位的建议. 分析化学, 1983, 11(9): 718-720.

1983-053 孙连化. X 射线荧光光谱在岩矿测试分析中的作用和地位. 西北地质, 1983, (1): 56-60.

1983-079 杨福家. 离子束分析进展——介绍第六届国际离子束分析会议. 核技术, 1983, (6): 69-70.

1983-080 杨西平. 光谱化学分析的术语、符号、单位及其用法 I. 一般原子发射光谱法. 分析试验室, 1983, (3): 61-72.

1983-082 余家宜. 电位测定和 X 线荧光法研究电离子导入的机理. 国外医学 (物理医学与运动医学分册), 1983, (1): 4.

1983-084 袁汉章. 国外 X 射线光谱分析近况. 分析试验室, 1983, (3): 22-25.

1984-002 安庆骧. 离子交换纸简介. 岩石矿物及测试, 1984, 3(1): 56-58, 96.

1984-021 丰梁垣. 美国 X 射线光谱分析的现状和发展——访美工作见闻之二. 地质地球化学, 1984, (7): 58-62, 46.

1984-022 丰梁垣. 美国 X 射线光谱分析的现状和发展——访美工作见闻之一. 地质地

球化学, 1984, (6): 54-59.

1984-028 韩书梅. X 光荧光镀层测厚技术——根据美国 UPA 公司技术座谈资料整理. 电子工艺技术, 1984, (9): 40-44.

1984-036 金嘉陵. X 射线能谱分析. 上海钢研, 1984, (3): 23-25.

1984-042 梁钰. X 射线荧光光谱分析. 上海钢研, 1984, (6): 35-40.

1984-064 田宇纮. 核技术在海洋环境、地质中的应用. 核物理动态, 1984, (2): 31-34.

1984-088 张维成, 秦淑光. 加速器离子束分析简介. 分析化学, 1984, 12(10): 950-955.

1985-043 Kikkert J. N., 易阳. 八十年代的 X 射线光谱分析. 分析试验室, 1985, 4(6): 41-46.

1985-044 Klusmann W., Broll N., Mueller L.. 高性能的 X 射线分析方法、仪器和分析结果. 光谱学与光谱分析, 1985, (6): 68.

1985-070 Pella Peter A.. 谢荣厚. 英国国家标准局的 X 射线荧光光谱分析. 光谱学与光谱分析, 1985, (6): 79.

1985-080 Sven A. E. Johansson, 尹仲礼. 第三次 PIXE 国际会议总结. 核物理动态, 1985, (2): 41-43.

1985-100 杨福家, 曾宪周. 离子束分析进展. 核技术, 1985, (6): 54.

1986-024 丰梁垣. 现代大型仪器分析第二讲——X 射线荧光分析 (XRF). 地质地球化学, 1986, (3): 60-66.

1986-028 郭华聪. 奇异原子 X 射线分析. 自然杂志, 1986, 9(10): 10-11, 68.

1986-063 孙淑敏. X 射线荧光分析仪. 冶金分析, 1986, 6(3): 68-69.

1986-064 汤家铺, 孙昌年. 我国离子束分析的现状——第一次全国离子束分析会议简介. 核物理动态, 1986, (2): 44-45, 16.

1986-086 袁汉章. X 射线光谱学与化学键. 光谱学与光谱分析, 1986, 6(3): 72-78.

1986-089 曾宪周. 离子束分析的新进展——介绍第七届国际离子束分析会议. 核物理动态, 1986, (1): 27-29.

1987-056 Norrish K., Glen Osmend. X 射线荧光谱分析. 光谱学与光谱分析, 1987, (5): 69-81.

1987-045 刘亚文. 能量色散 X 射线光谱分析. 分析试验室, 1987, 6(4): 39-43.

1987-083 谢荣厚. 第 35 届 X 射线会议. 光谱学与光谱分析, 1987, (1): 23.

1988-053 刘亚文. X 射线荧光分析中的几项新技术. 稀有金属, 1988, 8(4): 298-305.

1988-057 马尔科维奇 A A, 范格里肯 R E, 毛振伟, 周凯. X 射线光谱法. 光谱实验室, 1988, 5(2): 39-63, 38.

1989-011 陈远盘. 37届丹佛X射线分析应用会议简介. 分析试验室, 1989, (4): 137.

1989-064 马尔科维奇 A. A., 范格里肯 R. E., 毛振伟. X 射线光谱法. 光谱实验室, 1989, 6(5): 266-288.

1989-105 杨福家. 第九次国际离子束分析会议简介. 核技术, 1989, 12(12): 760-761.

1989-124 Эолотов Ю. А., 王素文, 余宝元. 苏联分析方法研究简况. 有色矿冶, 1989, (4): 47-49.

1991-094 王毅民. 扫描核探针及其地学应用简介. 地质科技管理, 1991, (1): 51-54.

1992-008 蔡兆勋. X 线光谱分析现代化. 上海金属 (有色分册), 1992, 13(6): 54.

1992-026 光谱学与光谱分析编辑部. 马光祖. 光谱学与光谱分析, 1992, 12(2): 98.

1992-130 杨福家. 中国科学院核分析技术开放研究实验室. 核物理动态, 1992, 9(3): 64-10.

1993-015 承焕生. 第 11 次国际离子束分析会议介绍. 核技术, 1993, 16(12): 767.

1993-079 陆荣荣, 朱节清, 陈福林. 一个有活力的研究机构——墨尔本大学微分析研究中心. 世界科学, 1993, 14(3): 54.

1994-051 李振坤, 张聿照, 郝冀方, 李文弟. X射线发射光谱测定法的发展趋势简介. 核物理动态, 1994, 11(3): 58-61.

1995-025 高德忠, 王玉. 使用 X 射线荧光分析仪的体会. 水泥, 1995, (7): 38-42.

1996-127 吴晓军, 应志春, 邓赛文. 窗口环境中运行的质量管理系统. 岩矿测试, 1996, 15(2): 154-156.

1997-019 董洪涛. X 射线分析技术最新发展. 四川水泥, 1997, (1): 39-40.

1998-148 杨德辉. X荧光能谱技术的新进展. 光谱仪器与分析, 1998, (2): 34-35.

1999-079 茅祖兴. 从47届丹佛X射线会议看X射线荧光分析的发展. 岩矿测试, 1999, 18(2): 68-71, 78.

1999-117 乌利希S, 李金标. 现代X射线荧光分析在过程控制中的应用. 国外金属矿选矿, 1999, (5): 40-42, 46.

2000-024 郭伸. 荧光分析仪的应用. 水泥技术, 2000, (4): 50-52.

2000-073 陶光仪, 吉昂. 第21届Durham X射线分析会议简介. 分析试验室, 2000, 19(4): 97-99.

2001-086 邵济馨, 詹秀春, 陈幼平, 王毅民. 英国Philip J Potts博士来华学术交流. 岩矿测试, 2001, 20(1): 48-54.

2002-001 安国玉. 波长色散X射线荧光分析的新发展. 现代仪器, 2002, (4): 40-43.

2002-046 Jin Liyun, Huang Qingliang, Zheng Weiming, SONG You, LIU Guijiao. Development of pre-diffraction of pyro-graphite crystals- EDXRF analysis system. Annual Report for China Institute of Atomic Energy, 2002, (0): 80.

2002-050 康志军, 刘喜会. X荧光分析仪的应用. 水泥技术, 2002, (3): 99-100.

2002-139 姚焜, 康士秀, 孙霞, 吴自勤, 黄宇营, 巨新, 冼鼎昌. 同步辐射讲座 第二讲 同步辐射X射线荧光及其在植物微量元素分析中的应用. 物理, 2002, 31(2): 105-112.

2003-002 北京岛津科学仪器中心. 波长色散X射线荧光分析的新发展. 岩矿测试, 2003, 22(4): 311-314.

2003-048 黄润生, 唐涛, 高学奎, 吴卫国, 沙振舜, 潘元胜. X荧光分析系列实验. 物理实验, 2003, 23(5): 3-7.

2003-201 张晓楠, 徐秉玖. 仪器分析与药学和临床医学—2. 质谱和光学分析技术部分. 生命科学仪器, 2003, (Z1): 3-11.

2004-004 陈雪亮, 巩岩, 陈波. 掠出射X射线荧光分析技术与掠入射X射线荧光分析技术. 光学精密工程, 2004, 12(2): 174-178.

2004-017 冯松林, 程琳, 雷勇, 冯向前, 范东宇, 徐清, 沙因, 黄宇营, 何伟. 关于研制X射线荧光微分析标准物质的探讨. 岩矿测试, 2004, 23(3): 179-182.

2004-046 李爽, 周四春, 段新国, 刘峰, 汪云亮, 谭蕾. 现场X射线荧光技术在大比例尺地质填图中的应用研究. 成都理工大学学报(自然科学版), 2004, 31(3): 311-315.

2004-061 刘玉兵, 赵鹰立, 游良俭. X射线荧光分析技术及相关标准介绍. 水泥, 2004, (12): 43-46.

2004-067 罗立强. 2004欧洲X射线光谱分析会议. 岩矿测试, 2004, 23(4): 285-286.

2004-131 许小明, 张文良, 唐培家. K边界技术在Purex流程中的应用. 原子能科学技术, 2004, 38(4): 350-353.

2005-144 田雨. X荧光光谱仪分析测试技术. 油气田地面工程, 2005, 24(10): 49.

2005-232 支俊秉, 张旭. X荧光分析仪的使用体会. 水泥, 2005, (9): 44-45.

2005-238 周南. X射线荧光分析技术的研发动态. 理化检验-化学分册, 2005, 41(7): 539-540.

2006-001 安国玉. 波长色散X射线荧光分析的新发展. 现代科学仪器, 2006, (5): 28-30.

2006-015 陈建军, 罗贤清, 韩鹤友, 易伟松, 王海婴. 国外用体内X射线荧光技术对人体骨铅含量研究的概况. 微量元素与健康研究, 2006, 23(3): 43-45.

2006-049 葛良全, 赖万昌, 林延畅. 现场X射线荧光检测技术研究. 四川地质学报, 2006, 26(2): 117-120.

2006-139 刘战存, 苑红霞. 布拉格父子对X射线晶体衍射的研究及其启示. 首都师范大学学报(自然科学版), 2006, 27(1): 32-36.

2006-146 罗立强. X射线光谱分析的现状与趋势——参加国际NAMALS8、IRRMA6、TXRF2005会议有感. 光谱学与光谱分析, 2006, 26(1): 189-191.

2006-147 罗立强, Marija Popovic. 非常规X射线能量探测技术. 岩矿测试, 2006, 25(1):

49-54.

2006-260 徐克耀, 刘战存, 苑红霞. 西格班对 X 射线光谱学发展的贡献. 首都师范大学学报（自然科学版）, 2006, 27(2): 35-38.

2006-272 杨明太. X 射线荧光光谱仪的现状. 核电子学与探测技术, 2006, 26(6): 1025-1029.

2006-284 余荣台, 余祖发. 浅述 X 射线荧光光谱仪的应用. 佛山陶瓷, 2006, (9): 33-35.

2007-030 戴振麟, 葛良全, 邹德慧, 赵丹. 几大物理学原理在几类仪器中的应用. 安徽师范大学学报（自然科学版）, 2007, 30(4): 467-470.

2007-059 国际原子能机构. X 射线荧光法背后的科学. 国际原子能机构通报, 2007, (1): 43.

2007-183 宋欣, 韩颖. X 射线荧光光谱仪分光技术简析. 水泥, 2007, (3): 47-49.

2007-314 赵晨. X 射线荧光光谱仪原理与应用探讨. 电子质量, 2007, (2): 4-7.

2007-323 郑永春. 月女神探测器揭开日本月球探测的新篇章. 国际太空, 2007, (11): 14-16.

2008-286 徐家骥. 新型快速扫描 XRF 的实际应用. 电子质量, 2008, (11): 82.

2008-301 杨明太, 张连平. WDXRF 光谱仪与 EDXRF 光谱仪之异同. 核电子学与探测技术, 2008, 28(5): 1008-1011.

2009-014 曹毅春.《石油产品硫含量的测定波长色散 X 射线荧光光谱法》的修订. 石油商技, 2009, (2): 50-53.

2009-153 刘春, 符斌. 在 RoHS 检测中大显身手的能量色散 X 射线荧光光谱仪. 中国仪器仪表, 2009, (1): 59-63.

2009-165 刘沛国. 在化学王国的天空中翱翔——记广东检验检疫局享受国务院政府特殊津贴专家宋武元. 中国检验检疫, 2009, (7): 35-36.

2009-172 刘玉兵, 赵鹰立. JC/T1085—2008《水泥用 X 射线荧光分析仪》行业标准介绍. 水泥, 2009, (3): 48-51.

2009-353 余志强, 谢泉, 肖清泉, 赵珂杰. 基于 Bohr-Sommerfeld 量子理论的 X 射线光谱分析. 物理学报, 2009, 58(8): 5318-5322.

2010-004 曹珊. X 荧光光谱分析仪简介. 西北地质, 2010, (2): 189.

2010-008 常林, 毕鹏禹. 钙锶镁同时测定方法的研究进展. 理化检验-化学分册, 2010, 46(4): 455-459.

2010-128 李琪琳, 杨俊明, 赵珍谊. 谈电子企业使用 EDXRF 经验. 设备管理与维修, 2010, (6): 30-31.

2010-324 吴军明, 李其江, 张茂林, 吴隽, 郑乃章, 曹建文. 景德镇传统低温黄釉的文化与科技内涵. 江苏陶瓷, 2010, 43(2): 39-41.

2010-405 张林. X 荧光元素测井方法简介. 河南理工大学学报（自然科学版）, 2010, 29(S): 78-81.

2011-038 邓赛文, 王祎亚, 王毅民. 中国磷矿石分析文献评介. 岩矿测试, 2011, 30(3): 384-390.

2011-378 徐荟, 陈展展, 王科. 欧盟玩具联合行动计划对我们的启示. 质量与标准化, 2011, (6): 20-23.

2012-088 郭晓龙. 浅谈 X 射线荧光分析. 科技信息, 2012, (2): 115.

2012-142 雷九云, 赵思传. 简述 X 射线荧光技术在地质勘查中的应用. 中国新技术新产品, 2012, (1): 9-10.

2012-367 王学求. 全球地球化学基准: 了解过去, 预测未来. 地学前缘, 2012, 19(3): 7-18.

2012-416 徐晶, 梁晓鹏. X 射线荧光光谱仪在分析中的应用. 世界有色金属, 2012, (4): 41-42.

2012-541 赵伟光. X 射线荧光分析技术的应用. 品牌与标准化, 2012, (16): 33.

2012-556 朱根庆. 岩屑录井数字化的认识与误区. 录井工程, 2012, 23(2): 8-10, 45, 89.

2012-560 朱小平. JJF1306-2011《X 射线荧光镀层测厚仪校准规范》解读. 中国计量, 2012, (8): 128-129.

2013-150 李蓓, 庄惠生. XRF 的工作原理及其在线束行业中的应用. 科技创新与应用, 2013, (33): 19-20.

2013-324 曲月华, 王一凌. X 射线荧光光谱分析技术. 鞍钢技术, 2013, (3): 7-10, 31.

2013-475 许德娟, 朱佩思, 陈永欣, 黎湛. 中国铜矿分析文献评介. 大众科技, 2013, 15(7): 58-63.

2013-594 钟慧琴, 李辉, 刘苗. 关于 X 荧光在地矿行业测试中的结果受影响的因素及样品处理. 硅谷, 2013, (4): 79-80.

2013-598 周国兴, 赵恩好, 岳明新, 曹丹红. X 射线荧光光谱仪及其分析技术的发展. 当代化工, 2013, 42(8): 1169-1172.

2014-032 陈璐, 杨波, 刘义保. X 荧光分析. 湖南农机, 2014, 41(2): 45-47.

2014-111 黑大千, 张焱. XRF 技术的应用研究现状概述. 科教文汇 (下旬刊), 2014, (3): 96, 103.

2014-185 李素青.《首饰 贵金属含量的测定 X 射线荧光光谱法》GB/T 18043—2013. 标准生活, 2014, (8): 52-55.

2014-262 刘永亮, 杨月, 张旭盈. 浅谈 EDXRF 测试电子信息产品中有害物质的检出限. 数字通信世界, 2014, (10): 34-37.

2014-474 杨海, 葛良全, 熊盛青, 谷懿, 张庆贤. 一套基于 X 射线荧光测量的快速找矿方法. 物探与化探, 2014, 38(4): 723-728.

2014-607 卓尚军. 国际 SCI 期刊导航《X-Ray Spectrometry》. 岩矿测试, 2014, 33(2): 303-304.

2015-009 Cengiz E., Saritas N., Dogan M., Koksal O. K., Karabulut K., Apaydin G., Tirasoglu E.. Measurement of L III subshell absorption jump parameters of hafnium. 光谱学与光谱分析, 2015, 35(12): 3544-3548.

2015-026 陈静, 高志军, 陈冲科, 刘延霞, 张明炜. X 射线荧光光谱法分析地质样品的应用技巧. 岩矿测试, 2015, 34(1): 91-98.

2015-032 陈万平, 周阿红. X 射线荧光粉的发光与应用. 怀化学院学报, 2015, 34(5): 27-32.

2015-039 陈圆, 马晓国, 彭俊标, 舒伟恒, 张晓君. 微量镍的检测方法. 广东化工, 2015, 42(11): 216-217.

2015-066 杜玉兵, 康卫, 张迪. 燃烧法测定布顿岩沥青的沥青含量与矿物颗粒级配试验研究. 公路, 2015, (8): 214-220.

2015-115 侯双霞, 侯宏涛. 二氧化硅常见测定方法的探讨. 科技视界, 2015, (18): 137, 233.

2015-350 孙宝林. 简析科学仪器在文物保护中的应用. 文物世界, 2015, (5): 59-62.

2015-365 汤庆峰, 马黎春, 杨明, 林健宸, 陈启荣, 魏岩, 梁颖, 魏炜, 王红艳. 溴元素分析的研究进展. 盐业与化工, 2015, 44(7): 10-18.

2015-452 肖元芳, 王小华, 杭纬. 中国原子光谱发展近况概述. 光谱学与光谱分析, 2015, 35(9): 2377-2387.

2015-541 张健, 负蒲军. 地理环境实验教学中适用元素分析方法选择. 高校实验室工作研究, 2015, (3): 152-153.

6 作者索引

（1）带"*"的作者为该篇文献的通讯作者；带"∵"的作者为该篇文献的摘、译或编者。
（2）文献索引编号黑体者为第一作者，具体篇数在文献总数统计的括号内标出。
（3）索引编号中的（E）表示英文文献。

作者	索引编号					文献总数	英文文献	通讯作者
A								
阿·梅杰列夫	1995-102					1（0）	0（0）	0
阿尔弗雷德森	**1976-001**					1（1）	0（0）	0
阿古达木	2012-510					1（0）	0（0）	0
阿拉木斯	2006-023					1（0）	0（0）	0
阿里木江	1985-054	1985-055	1987-024	1987-041	1987-042	**1988-001**	6（1）	0（0）	0
阿依努尔·努尔艾合买提	**2014-001**					1（1）	0（0）	0
Abbas Khalil	2013-358（E）					1（0）	1（0）	0
Abbas Maghsoudi	2015-326（E）					1（0）	1（0）	0
Abdel Monem M.Soltan	**2013-002（E）**	*2013-358（E）				2（1）	2（1）	1
Abdul Ahad	2015-328（E）					1（0）	1（0）	0
Abdul-Kadir M.R.	2014-008（E）					1（0）	1（0）	0
Abdullah Musalim	2013-358（E）					1（0）	1（0）	0
Ablett J.M.	2008-253	2008-304				2（0）	0（0）	0
Adam John	1993-031					1（0）	1（0）	0
Adam M.Hudson	2013-149					1（0）	0（0）	0
Adebayo Babatunde	**2014-002（E）**					1（1）	1（1）	0
Ahmed M.E.	2005-121（E）					1（0）	1（0）	0
埃萨克斯 D.	1992-001					1（0）	0（0）	0
艾翠玲	**2011-001**					1（1）	0（0）	0
艾登 G.	**1992-001**					1（1）	0（0）	0
艾尔肯·阿不列木	*2013-304	2015-301				2（0）	0（0）	1
艾克拜尔·吐合提	2013-304					1（0）	0（0）	0
艾丽琴	2011-119					1（0）	0（0）	0
艾龙	2008-171					1（0）	0（0）	0
艾伦 J.L.	**1999-001**					1（1）	0（0）	0
艾韬	**2009-001**					1（1）	0（0）	0
艾晓军	2011-218	**2012-001**	**2012-002**	**2013-003**		4（3）	0（0）	0

续表

作者	索引编号						文献总数	英文文献	通讯作者
艾焰华	2012-003						1（1）	0（0）	0
艾月兵	2014-003						1（1）	0（0）	0
Aisueva T.S.	2006-177（E）	2006-178（E）					2（0）	2（0）	0
Akbar Mehdilo	2013-004（E）						1（1）	1（1）	0
Akihiro Kamo	1993-101						1（0）	0（0）	0
Akram Waheed	2010-001F						1（1）	1（1）	0
Aleksey B. Ptitsyn	2006-002（E）						1（0）	1（0）	0
Alessandri I.	2006-027（E）						1（0）	1（0）	0
Ali Awais	2014-366（E）						1（0）	1（0）	0
Ali Maleki	*2014-322（E）						1（0）	1（0）	1
Alok Athavale	2009-218（E）						1（0）	1（0）	0
Amer M. Burgan	2008-001（E）						1（1）	1（1）	0
Amir Khojastehnezhad	2015-072（E）						1（0）	1（0）	0
Amir Reza Azadmehr	2015-326（E）						1（0）	1（0）	0
安部忠广	1994-021						1（0）	0（0）	0
安福林	1995-001	1997-001					2（2）	0（0）	0
安国英	2003-157						1（0）	0（0）	0
安国玉	2002-001	2003-001	2006-001				3（3）	0（0）	0
安海亭	2013-088						1（1）	0（0）	0
安慧	2014-379						1（0）	0（0）	0
安杰	2008-182						1（0）	0（0）	0
安克峰	2008-150						1（0）	0（0）	0
安坤	2014-380						1（0）	0（0）	0
安丽芝	1994-132	1994-133	1996-150	2001-020	2002-116	2004-115	6（0）	0（0）	0
安路阳	2015-409						1（0）	0（0）	0
安茂忠	2008-002	*2008-336					2（1）	0（0）	1
安梅	2015-001						1（1）	0（0）	0
安谧	2015-002						1（1）	0（0）	0
安敏	2013-194						1（0）	0（0）	0
安青	2004-053						1（0）	0（0）	0
安庆宾	2009-248						1（0）	0（0）	0
安庆骥	1984-001	1984-002	1988-002	1988-003	1988-048	1990-001	22（15）	3（2）	0
	1991-001	1992-002	1992-018	1993-001	1993-002	1993-082			
	1994-001	1995-002	1996-001	1996-002（E）	1996-003	1996-010			
	1996-124	1997-115（E）	2000-116	1995-001F					
安身平	2008-003	2009-002	2014-284	2015-572			4（2）	0（0）	0
安树清	2009-123	2009-130	2009-328	2011-439	2012-176	2014-188	8（0）	0（0）	0
	2014-189	2015-205							
安亭	2013-538	2013-575	2013-576	2014-572			4（0）	0（0）	0
安小强	2008-004						1（1）	0（0）	0
安学会	2009-324						1（0）	0（0）	0

续表

作者	索引编号					文献总数	英文文献	通讯作者
安艳	2009-144	2011-171				2（0）	0（0）	0
安玉良	**2012-004**					1（1）	0（0）	0
安越	2015-344					1（0）	0（0）	0
安芷生	1991-121					1（0）	0（0）	0
安竹	*2010-380（E）	2012-196（E）	2015-161（E）			3（0）	3（0）	1
Anderson A.J.	1993-084					1（0）	0（0）	0
Andreas Pissenberger	2012-251					1（0）	0（0）	0
Andreev S.I.	2007-230	2009-281				2（0）	0（0）	0
Andrei Tkachuk	2012-003F					1（0）	1（0）	0
Andrey A. Andreev	2006-002（E）					1（0）	1（0）	0
Andrey V.Daryin	**2006-003（E）**	**2006-002（E）**				2（2）	2（2）	0
Ann E.	2005-236					1（0）	0（0）	0
敖建平	2007-137	2007-138	2007-139	2007-178		4（0）	0（0）	0
敖黎明	1998-035	1998-036				2（0）	0（0）	0
敖奇	1987-003	1989-006（E）	**1990-002**	**1990-003**	1992-009	**1996-004**	6（3）	1（0）	0
敖卫华	2015-232					1（0）	0（0）	0
敖翔	2015-123					1（0）	0（0）	0
敖迎春	2012-182					1（0）	0（0）	0
奥岩	1999-142					1（0）	0（0）	0
Apaydin G.	2015-009（E）					1（0）	1（0）	0
Appleyard S.J.	**1986-001**					1（1）	0（0）	0
Arai Tomoya	2009-112					1（0）	0（0）	0
Ашиток В.И.	**1989-001**					1（1）	0（0）	0
Atkin B. P.	1984-023					1（0）	0（0）	0
Aysel Kantürk Figen	**2014-004（E）**					1（1）	1（1）	0
B								
巴春秋	∵2014-005					1（0）	0（0）	0
Bahaa Eddin Mahmoud	2013-358（E）					1（0）	1（0）	0
Bahram Rezai	2013-004（E）					1（0）	1（0）	0
白斌	2012-074					1（0）	0（0）	0
白博峰	2015-042					1（0）	0（0）	0
白崇斌	2013-114	2015-378				2（0）	0（0）	0
白尔隽	**1997-002**	**1998-001**	1998-160			3（2）	0（0）	0
白帆	2009-043					1（0）	0（0）	0
白峰	**2011-002**	2012-214				2（1）	0（0）	0
白福全	2008-067					1（0）	0（0）	0
白鸽	1996-124	1997-115（E）				2（0）	1（0）	0
白光	1982-034	1982-035				2（0）	0（0）	0
白光辉	**2008-005**					1（1）	0（0）	0

续表

作者	索引编号						文献总数	英文文献	通讯作者
白海波	2009-285						1（0）	0（0）	0
白宏生	2013-516						1（0）	0（0）	0
白桦	∵1984-058						1（0）	0（0）	0
白金峰	2009-416	2011-060	2012-509	2014-188			4（0）	0（0）	0
白进伟	**2005-001**	**2009-003**					2（2）	0（0）	0
白劲松	2009-306						1（0）	0（0）	0
白静玄	2015-126						1（0）	0（0）	0
白亮	2014-473						1（0）	0（0）	0
白翎	2007-158						1（0）	0（0）	0
白锐	2013-115						1（0）	0（0）	0
白瑞英	2015-133						1（0）	0（0）	0
白杉	**2009-004**						1（1）	0（0）	0
白诗扬	**2014-006**						1（1）	0（0）	0
白爽	2005-071						1（0）	0（0）	0
白图雅	**2007-001**						1（1）	0（0）	0
白万成	2013-207						1（0）	0（0）	0
白万里	2014-515	2015-249					2（0）	0（0）	0
白伟	2015-553						1（0）	0（0）	0
白小鸥	1999-081	1999-082	1998-093				3（0）	0（0）	0
白晓华	2003-170						1（0）	0（0）	0
白晓军	2011-204						1（0）	0（0）	0
白旭萌	**2014-007**						1（1）	0（0）	0
白雪	**2007-002**						1（1）	0（0）	0
白雪冰	2003-183	2004-141	2006-285				3（0）	0（0）	0
白雪峰	*2009-277	2014-429	2015-384（E）				3（0）	1（0）	1
白友兆	**1980-001**	**1984-003**	1993-113	**2000-001**			4（3）	0（0）	0
白云生	1996-129						1（0）	0（0）	0
白云翔	2005-093	2012-096					2（0）	0（0）	0
白韵兰	1980-020						1（0）	0（0）	0
白志刚	1998-116						1（0）	0（0）	0
白志民	2012-022	2014-184（E）					2（0）	1（0）	0
白志强	2015-603						1（0）	0（0）	0
柏登成	2012-402						1（0）	0（0）	0
柏柯	2011-345	2013-114					2（0）	0（0）	0
柏扬	2010-034						1（0）	0（0）	0
拜里斯 A.M.I.	**1988-004**						1（1）	0（0）	0
Bai Bingyang	2013-375（E）						1（0）	1（0）	0
Bakhru H.	**1990-004**（E）						1（1）	1（1）	0
Bakhsheshi-Rad H.R.	**2014-008**（E）						1（1）	1（1）	0
Bakhtiar Muhammad	2013-300（E）						1（0）	1（0）	0
Bakr N.	2014-424（E）						1（0）	1（0）	0
Balasubramanian V.	2011-288（E）						1（0）	1（0）	0

续表

作者	索引编号						文献总数	英文文献	通讯作者
Bales Steven J.	**2009-005**						1（1）	0（0）	0
班超	**2014-009**						1（1）	0（0）	0
伴丰	**1986-002**						1（1）	0（0）	0
包伯荣	**1990-005**						1（1）	0（0）	0
包楚才	**2014-010**						1（1）	0（0）	0
包春磊	**2014-011**	**2014-012**	**2014-013**	**2014-014**			4（4）	0（0）	0
包翠敏	**2015-003**						1（1）	0（0）	0
包峰	2013-289						1（0）	0（0）	0
包钢冶金研究所分析室六组	**1977-001**	**1977-002**					2（2）	0（0）	0
包军林	2009-027						1（0）	0（0）	0
包良满	2007-107	**2008-006**	**2009-006**（E）	**2009-007**（E）	**2009-008**	2009-013	24（7）	8（2）	1
	2009-131（E）	**2009-146**（E）	2009-147	**2009-148**（E）	2009-160	2009-395			
	2010-140	2010-353	**2011-003**	2013-263	*2013-499	2013-527（E）			
	2014-015	2014-023	**2015-004**	2015-247	2009-003F	2010-001F			
包敏	1998-014	2000-122	2000-124				3（0）	0（0）	0
包生祥	**1988-005**	**1989-002**	**1989-003**	1989-004	**1991-002**	**1991-003**	21（19）	0（0）	0
	1992-003	1992-004	**1994-002**	**1995-003**	**1995-004**	**1995-005**			
	1996-005	**1998-002**	1998-087	**1999-002**	**1999-003**	**1999-004**			
	2000-002	**2005-002**	**2008-007**						
包世星	1999-110	2002-003	2007-118	2011-155	2011-156	2012-419	7（0）	0（0）	0
	2012-418								
包仕尧	2010-274						1（0）	0（0）	0
包伟良	2015-417						1（0）	0（0）	0
包炜军	2013-366						1（0）	0（0）	0
包新军	2014-480						1（0）	0（0）	0
包信和	2001-028	2002-076	2004-103	2005-008	2005-085		5（0）	0（0）	0
包艳英	2012-222						1（0）	0（0）	0
包燕平	2014-435	2014-436	2015-440	2015-441	2015-442		5（0）	0（0）	0
包兆宜	1988-043						1（0）	0（0）	0
包镇红	**2014-016**	2014-296					2（1）	0（0）	0
包志伟	**2007-003**						1（1）	0（0）	0
保增宽	2005-138	2007-201					2（0）	0（0）	0
报淑华	1979-018						1（0）	0（0）	0
鲍根德	**1993-003**						1（1）	0（0）	0
鲍海飞	1997-130						1（0）	0（0）	0
鲍皓明	2013-191						1（0）	0（0）	0
鲍洪亮	2011-321						1（0）	0（0）	0
鲍惠君	2011-265	2014-128					2（0）	0（0）	0
鲍蕙兰	1965-003	1989-019	1990-019（E）	1964-013P			4（0）	1（0）	0
鲍慧	2011-115						1（0）	0（0）	0
鲍锦荣	**1982-001**	1989-104					2（1）	0（0）	0
鲍雷	2012-115						1（0）	0（0）	0
鲍丽	2010-206（E）						1（0）	1（0）	0

续表

作者	索引编号					文献总数	英文文献	通讯作者
鲍琪儿	1988-091					1（0）	0（0）	0
鲍卫民	2000-119					1（0）	0（0）	0
鲍希波	2009-248	2009-249	**2010-001**	**2013-005**		4（2）	0（0）	0
鲍霞	2010-269					1（0）	0（0）	0
鲍小柯	2012-534	2012-554				2（0）	0（0）	0
鲍晓峰	2010-338					1（0）	0（0）	0
鲍晓军	2008-291					1（0）	0（0）	0
鲍秀敏	1980-027					1（0）	0（0）	0
鲍永夫	1983-006S					1（0）	0（0）	0
鲍勇	**2012-005**					1（1）	0（0）	0
鲍元进	2014-315					1（0）	0（0）	0
鲍征宇	2011-395（E）					1（0）	1（0）	0
鲍志诚	**2012-006**					1（1）	0（0）	0
鲍治宇	2009-408					1（0）	0（0）	0
暴彩会	**2012-007**					1（1）	0（0）	0
Bao J.	1993-009F					1（0）	1（0）	0
Bao Z.K.	2005-005F					1（0）	1（0）	0
Баранчк Л.П.	**1988-006**					1（1）	0（0）	0
Баршай В.М.	1988-006					1（0）	0（0）	0
Basu Arindam	2013-142（E）	2013-141（E）				2（0）	2（0）	0
Bausch W.M	1998-044					1（0）	0（0）	0
Beavers A.H.	1989-072					1（0）	0（0）	0
卑蕾蕾	2013-365					1（0）	0（0）	0
北京岛津科学仪器中心	2003-002					1（1）	0（0）	0
北京矿冶研究院	1976-002					1（1）	0（0）	0
北京矿冶研究院放射性同位素X射线荧光分析专题组	**1975-001**					1（1）	0（0）	0
北京矿冶研究院自动化室	1977-005	1977-006				2（0）	0（0）	0
北京矿冶研究院自动化研究室	**1973-001**					1（1）	0（0）	0
贝叔英	1982-052					1（0）	0（0）	0
Bello Wasiu Ademola	2014-002（E）					1（0）	1（0）	0
贲殿利	**2013-006**					1（1）	0（0）	0
Benjamin Hornberger	2012-003F					1（0）	1（0）	0
Benny Chefetz	2010-046					1（0）	0（0）	0
Bérubé Luc	**2012-008**					1（1）	0（0）	0
毕财章	1991-100					1（0）	0（0）	0
毕朝晖	2005-101					1（0）	0（0）	0
毕宏涛	2015-166					1（0）	0（0）	0

续表

作者	索引编号						文献总数	英文文献	通讯作者
毕建聪	2005-082						1（0）	0（0）	0
毕军	**1986-003**						1（1）	0（0）	0
毕明珠	2012-105						1（0）	0（0）	0
毕木天	**1985-001**						1（1）	0（0）	0
毕鹏禹	*2010-008						1（0）	0（0）	1
毕群玉	2009-336						1（0）	0（0）	0
毕诗文	2014-063	2014-308	2015-509				3（0）	0（0）	0
毕世普	2012-516						1（0）	0（0）	0
毕树平	**2000-003**	2004-055					2（1）	0（0）	0
毕四富	2006-121（E）	2007-004	2008-145	**2009-155**			4（1）	1（0）	0
毕文彦	2008-344						1（0）	0（0）	0
毕献武	2009-170						1（0）	0（0）	0
毕向光	2015-196						1（0）	0（0）	0
毕孝国	2012-392						1（0）	0（0）	0
毕孝瑞	2014-056						1（0）	0（0）	0
毕新慧	2007-153						1（0）	0（0）	0
毕亚凡	**2013-007**						1（1）	0（0）	0
毕延	*2012-415						1（0）	0（0）	1
毕迎鑫	2011-125						1（0）	0（0）	0
边巴次仁	2013-120						1（0）	0（0）	0
边归国	**2009-009**						1（1）	0（0）	0
边立槐	2004-075	2005-109	**2007-005**	**2008-008**	2009-341	2014-354	6（2）	0（0）	0
边明文	2009-140						1（0）	0（0）	0
边绍菊	2009-276						1（0）	0（0）	0
边叶萍	2015-570	2015-571					2（0）	0（0）	0
卞富永	2011-055						1（0）	0（0）	0
卞俊杰	2003-189						1（0）	0（0）	0
卞瑶	**2014-017**						1（1）	0（0）	0
别如山	**2013-008**						1（1）	0（0）	0
宾伟深	**2006-004**	**2006-005**					2（2）	0（0）	0
邴淑秋	2011-155						1（0）	0（0）	0
Biste M.	**1981-001**						1（1）	0（0）	0
Blank	**1984-004**						1（1）	0（0）	0
伯纳 E.	1992-086						1（0）	0（0）	0
伯英	2012-238						1（0）	0（0）	0
薄芳芳	2007-102						1（0）	0（0）	0
薄蕾芳	2011-186						1（0）	0（0）	0
薄连坤	2012-263						1（0）	0（0）	0
薄录吉	2014-325						1（0）	0（0）	0
薄玉林	1993-063						1（0）	0（0）	0
Bokade V.V.	*2007-090（E）						1（0）	1（0）	1
Bontempi E.	2006-027（E）						1（0）	1（0）	0
Bonvin Didier	**2009-010**						1（1）	0（0）	0

续表

作者	索引编号						文献总数	英文文献	通讯作者
Bouchard Mathieu	2012-008						1（0）	0（0）	0
Boulis S.N.	**1996-006**						1（1）	0（0）	0
Bower	**1987-001**						1（1）	0（0）	0
Brau H.	1980-024						1（0）	0（0）	0
Broll N.	1985-044						1（0）	0（0）	0
Brown J.	**1988-007**						1（1）	0（0）	0
Bryanchaninova N.I.	2001-071（E）						1（0）	1（0）	0
卜赛斌	1980-008	1981-045	1982-028	**1983-001**	**1983-002**	1983-014	20（5）	0（0）	0
	1984-016	1985-105	1986-085	**1996-007**	**1998-003**	1998-107			
	1999-005	1999-037	2000-026	2000-085	2000-126	2001-030			
	2003-198	2004-088							
卜维	1991-039	1993-055	1994-040	2005-120			4（0）	0（0）	0
卜正才	1986-080						1（0）	0（0）	0
布贝里 E.B.	**2008-009**						1（1）	0（0）	0
布多	2013-041						1（0）	0（0）	0
Butz T.	2000-002F	2000-003F					2（0）	2（0）	0
C									
Caffee M. W.	2000-023						1（0）	0（0）	0
才德慧	**1998-004**						1（1）	0（0）	0
才书林	**1984-005**	**1986-004**	1989-083	**1991-004**	**1992-005**		5（4）	0（0）	0
蔡博	2011-329						1（0）	0（0）	0
蔡常新	2015-599	2015-598					2（0）	0（0）	0
蔡戴熙	1985-032						1（0）	0（0）	0
蔡德亨	1998-008	1998-104	1999-009				3（0）	0（0）	0
蔡发	2006-110						1（0）	0（0）	0
蔡枫	2011-241	2012-002F					2（0）	1（0）	0
蔡国辉	2010-334	2011-474（E）					2（0）	1（0）	0
蔡红春	2011-317						1（0）	0（0）	0
蔡厚安	2006-109						1（0）	0（0）	0
蔡怀福	**1985-002**						1（1）	0（0）	0
蔡继杰	2015-309	2015-504					2（0）	0（0）	0
蔡佳佳	**2012-009**						1（1）	0（0）	0
蔡建	**2014-018**						1（1）	0（0）	0
蔡建明	2015-121						1（0）	0（0）	0
蔡九菊	*2006-122	2007-125					2（0）	0（0）	1
蔡军	**2006-006**						1（1）	0（0）	0
蔡俊	2014-470						1（0）	0（0）	0
蔡鲲	**1994-003**	**1994-004**	**1994-005**	**1996-008**	**1997-003**	**1997-004**	11（11）	0（0）	0
	1998-005	**1999-006**	**2000-004**	**2001-001**	**2001-002**				
蔡来舟	**1986-005**						1（1）	0（0）	0
蔡立群	2014-346						1（0）	0（0）	0
蔡丽云	2011-001						1（0）	0（0）	0

续表

作者	索引编号						文献总数	英文文献	通讯作者
蔡路武	2007-302						1（0）	0（0）	0
蔡鹭欣	2008-188						1（0）	0（0）	0
蔡敏敏	**2012-010**						1（1）	0（0）	0
蔡明招	2009-180						1（0）	0（0）	0
蔡佩亮	∵1993-004						1（0）	0（0）	0
蔡平坤	2015-329						1（0）	0（0）	0
蔡萍	2009-398						1（0）	0（0）	0
蔡泉	2013-466（E）						1（0）	1（0）	0
蔡绍晳	2001-006						1（0）	0（0）	0
蔡淑珍	2007-237						1（0）	0（0）	0
蔡述明	2003-032						1（0）	0（0）	0
蔡薇	**2015-005**						1（1）	0（0）	0
蔡文焰	**2012-011**						1（1）	0（0）	0
蔡溪南	*2012-278						1（0）	0（0）	1
蔡熹	2008-032	**2012-012**					2（1）	0（0）	0
蔡肖	2007-150						1（0）	0（0）	0
蔡小冬	2014-346						1（0）	0（0）	0
蔡心涵	1994-141						1（0）	0（0）	0
蔡新华	2011-092						1（0）	0（0）	0
蔡新平	2001-141						1（0）	0（0）	0
蔡亚平	2009-327						1（0）	0（0）	0
蔡艳波	2008-207						1（0）	0（0）	0
蔡颖	2015-343						1（0）	0（0）	0
蔡永海	2001-160						1（0）	0（0）	0
蔡攸敏	**2007-006**						1（1）	0（0）	0
蔡友振	**2015-006**						1（1）	0（0）	0
蔡玉斌	**2012-013**	**2013-009**					2（2）	0（0）	0
蔡元峰	*2014-304						1（0）	0（0）	1
蔡载熙	**1990-006**	**1992-006（E）**					2（2）	1（1）	0
蔡章金	1990-109						1（0）	0（0）	0
蔡兆勋	∵1991-005	∵1991-006	∵1992-007	∵1992-008			4（0）	0（0）	0
蔡政	**2003-003**						1（1）	0（0）	0
Цамерян О.П.	**1982-002**						1（1）	0（0）	0
苍大强	2015-581						1（0）	0（0）	0
曹爱华	2014-396						1（0）	0（0）	0
曹爱青	**2014-019**						1（1）	0（0）	0
曹必华	2010-283						1（0）	0（0）	0
曹斌	1998-158						1（0）	0（0）	0
曹成东	2008-151						1（0）	0（0）	0
曹枨	2012-180						1（0）	0（0）	0
曹春娥	**2002-002**	2011-421	2012-542	2013-111	2014-112	2014-122	6（1）	0（0）	0
曹春香	2011-394						1（0）	0（0）	0
曹春阳	2000-094						1（0）	0（0）	0

续表

作者	索引编号					文献总数	英文文献	通讯作者
曹丛军	2012-302					1（0）	0（0）	0
曹达旺	2009-041					1（0）	0（0）	0
曹代勇	2006-103					1（0）	0（0）	0
曹丹红	2013-598	2014-590				2（0）	0（0）	0
曹德新	1994-061					1（0）	0（0）	0
曹冬梅	2002-093					1（0）	0（0）	0
曹顿华	**2007-007**	**2009-011**				2（2）	0（0）	0
曹恩华	2000-041	2001-004F				2（0）	1（0）	0
曹发明	2013-388	**2014-020**	2014-035			3（1）	0（0）	0
曹峰	2012-527	2013-566	2013-567			3（0）	0（0）	0
曹国荣	2011-011					1（0）	0（0）	0
曹国洲	2003-176	2004-137	2004-138	2006-280		4（0）	0（0）	0
曹红红	2014-328					1（0）	0（0）	0
曹宏康	1982-048					1（0）	0（0）	0
曹华德	1985-093	1985-094	1985-095	1986-066	1986-067	1987-073	7（0）	0（0）	0
	1987-093							
曹华俊	**2008-010**					1（1）	0（0）	0
曹华文	2012-508	2015-557				2（0）	0（0）	0
曹惠山	1993-016					1（0）	0（0）	0
曹慧君	**2010-002**	2011-428				2（1）	0（0）	0
曹吉祥	2014-273	2015-260				2（0）	0（0）	0
曹吉阳	2014-276					1（0）	0（0）	0
曹建国	**2006-007**					1（1）	0（0）	0
曹建林	2002-022					1（0）	0（0）	0
曹建清	1990-060（E）					1（0）	1（0）	0
曹建文	2002-002	2009-295	2010-324	2012-387	2014-431	2015-437	6（0）	0（0）	0
曹建宇	2013-410					1（0）	0（0）	0
曹剑	**2010-003**					1（1）	0（0）	0
曹健林	**2002-023**	2003-027				2（1）	0（0）	0
曹杰	1991-108	2004-139	2005-189（E）			3（0）	1（0）	0
曹杰山	1991-067					1（0）	0（0）	0
曹金平	**1989-005**	**1990-007**				2（2）	0（0）	0
曹金珍	2008-221					1（0）	0（0）	0
曹锦炎	2010-058（E）	2011-070				2（0）	1（0）	0
曹进	**2009-012**					1（1）	0（0）	0
曹娟	2008-346					1（0）	0（0）	0
曹军骥	2006-183（E）	2007-076（E）	2008-343（E）	2009-337	2010-294	*2010-295	10（0）	3（0）	1
	2012-476	2012-558	2013-371	2013-411				
曹俊忠	1997-052					1（0）	0（0）	0
曹开科	**2014-021**	**2014-022**				2（2）	0（0）	0
曹雷	2004-106					1（0）	0（0）	0
曹礼强	2015-484（E）					1（0）	1（0）	0
曹立礼	1998-046	1999-049				2（0）	0（0）	0

续表

作者	索引编号						文献总数	英文文献	通讯作者
曹立新	**2006-008**	**2007-008**					2（2）	0（0）	0
曹利国	**1987-002**	**1987-003**	**1989-006**（E）	1990-003	**1990-008**	**1992-009**	12（9）	1（1）	0
	1996-004	**1996-009**	1996-031	**1997-005**	**1998-006**	1998-008W			
曹亮	2014-594						1（0）	0（0）	0
曹林	2012-059						1（0）	0（0）	0
曹玲玲	2013-263	**2014-023**					2（1）	0（0）	0
曹菱	2010-240						1（0）	0（0）	0
曹妙聪	2013-245						1（0）	0（0）	0
曹明杰	2012-237	**2015-007**					2（1）	0（0）	0
曹楠	2012-440						1（0）	0（0）	0
曹鹏	2008-129						1（0）	0（0）	0
曹琪	**2015-008**						1（1）	0（0）	0
曹清晨	2007-309	**2008-011**	2009-007（E）	**2009-013**	**2009-393**（E）	2009-394	6（2）	2（0）	0
曹群仙	1997-050						1（0）	0（0）	0
曹仁雷	2010-218						1（0）	0（0）	0
曹如晟	1989-109	1992-140					2（0）	0（0）	0
曹珊	**2010-004**						1（1）	0（0）	0
曹书义	**1994-006**						1（1）	0（0）	0
曹淑琴	1994-034						1（0）	0（0）	0
曹顺根	2002-099	2006-204	2006-206				3（0）	0（0）	0
曹素红	2011-112	**2012-014**					2（1）	0（0）	0
曹同	2007-309	2008-011	2009-013	2009-393（E）	2009-394	*2011-206	6（0）	1（0）	1
曹为民	**2007-009**						1（1）	0（0）	0
曹维宇	2013-295						1（0）	0（0）	0
曹卫国	2015-281						1（0）	0（0）	0
曹文	2014-434						1（0）	0（0）	0
曹汐	2009-127						1（0）	0（0）	0
曹曦	2014-416						1（0）	0（0）	0
曹相九	1992-063						1（0）	0（0）	0
曹香雄	2015-106						1（0）	0（0）	0
曹祥	2012-540	**2013-010**					2（1）	0（0）	0
曹祥兴	**1993-005**						1（1）	0（0）	0
曹小云	2015-417						1（0）	0（0）	0
曹晓斌	2009-171						1（0）	0（0）	0
曹晓兵	**2012-015**						1（1）	0（0）	0
曹燮君	2013-131						1（0）	0（0）	0
曹心德	1999-040						1（0）	0（0）	0
曹欣玉	2007-328	2007-329					2（0）	0（0）	0
曹新娣	1986-029						1（0）	0（0）	0
曹兴旺	2015-219						1（0）	0（0）	0
曹秀	1995-023						1（0）	0（0）	0
曹秀华	2014-490						1（0）	0（0）	0
曹亚丽	**2014-024**						1（1）	0（0）	0

续表

作者	索引编号					文献总数	英文文献	通讯作者
曹亚文	1996-001	**1996-010**				2 (1)	0 (0)	0
曹延荣	2009-376					1 (0)	0 (0)	0
曹彦宁	2010-393	2012-122	2012-123	2013-125		4 (0)	0 (0)	0
曹艳丽	**2007-010**					1 (1)	0 (0)	0
曹雁冰	2006-033					1 (0)	0 (0)	0
曹阳	2011-206					1 (0)	0 (0)	0
曹亦俊	2013-163					1 (0)	0 (0)	0
曹毅	2007-272					1 (0)	0 (0)	0
曹毅春	**2009-014**					1 (1)	0 (0)	0
曹颖	2001-006	**2012-016**				2 (1)	0 (0)	0
曹永丹	2009-206					1 (0)	0 (0)	0
曹余德	1987-059					1 (0)	0 (0)	0
曹宇	2013-195					1 (0)	0 (0)	0
曹玉红	**2013-011**					1 (1)	0 (0)	0
曹玉霞	2013-011					1 (0)	0 (0)	0
曹悦卿	1986-007					1 (0)	0 (0)	0
曹云霞	2015-589					1 (0)	0 (0)	0
曹昭风	1986-066					1 (0)	0 (0)	0
曹臻臻	**2012-017**					1 (1)	0 (0)	0
曹振乾	**1973-004P**	1976-001P				2 (1)	0 (0)	0
曹征良	2009-129					1 (0)	0 (0)	0
曹志成	**1992-010**					1 (1)	0 (0)	0
曹志敏	1994-028	1997-026				2 (0)	0 (0)	0
Catharina Blaensdorf	2012-066					1 (0)	0 (0)	0
岑超平	2007-288					1 (0)	0 (0)	0
岑可法	2006-320	2007-328	2007-329	2008-361		4 (0)	0 (0)	0
岑况	*2007-124					1 (0)	0 (0)	1
岑越	**2010-005**					1 (1)	0 (0)	0
岑运骅	1982-029					1 (0)	0 (0)	0
Cengiz E.	**2015-009（E）**					1 (1)	1 (1)	0
柴勃隆	2013-553					1 (0)	0 (0)	0
柴凤兰	2015-063					1 (0)	0 (0)	0
柴凤梅	**2006-009（E）**					1 (1)	1 (1)	0
柴沆镇	2013-408					1 (0)	0 (0)	0
柴立元	2013-185（E）	2014-148				2 (0)	1 (0)	0
柴林涛	2013-289					1 (0)	0 (0)	0
柴森森	2012-242P	2013-536				2 (0)	0 (0)	0
柴文正	2014-291					1 (0)	0 (0)	0
柴艳	2011-418					1 (0)	0 (0)	0
柴耀	1991-130					1 (0)	0 (0)	0
柴怡	2014-025	2015-573				2 (0)	0 (0)	0
柴云峰	2014-031					1 (0)	0 (0)	0
柴之芳	**1992-011**	1992-054	1992-055	**1996-011**	1996-094	1998-063	30 (3)	10 (0)	0

续表

作者	索引编号						文献总数	英文文献	通讯作者
	1999-007	2000-007（E）	2000-008	2003-006	2003-026	2004-022			
	2004-023	2004-111	2005-042	2006-035	2006-036	2008-064			
	2009-137	2012-268	2015-577	2001-006F	2002-004F	2005-006F			
	2006-011F	2007-008F	2007-009F	2014-003F	2002-005F	2007-005F			
柴中庆	1999-127	2011-045					2（0）	0（0）	0
常春	**2003-004**						1（1）	0（0）	0
常芳	1998-172						1（0）	0（0）	0
常凤琴	2011-128	2013-149					2（0）	0（0）	0
常凤真	2014-136（E）						1（0）	1（0）	0
常福祥	2007-326						1（0）	0（0）	0
常冠群	**2015-010**	**2015-011**					2（2）	0（0）	0
常桂兰	1996-129						1（0）	0（0）	0
常桂文	1996-034						1（0）	0（0）	0
常国璋	**2015-012**						1（1）	0（0）	0
常宏伟	2009-391						1（0）	0（0）	0
常虹	2007-248（E）	2007-249					2（0）	1（0）	0
常建平1	**1995-006**	1998-155	**2000-005**	**2000-006**	**2006-010**		5（4）	0（0）	0
常建平2	2011-252						1（0）	0（0）	0
常魁革	**2015-013**						1（1）	0（0）	0
常乐	2012-413						1（0）	0（0）	0
常立民	2008-336	**2010-007**	**2011-005**	**2011-006**	2011-192	2013-249	6（3）	0（0）	0
常立志	1986-091						1（0）	0（0）	0
常丽	1999-135						1（0）	0（0）	0
常亮	2012-102						1（0）	0（0）	0
常林	**2010-008**						1（1）	0（0）	0
常青	**1997-006**	2015-374（E）					2（1）	1（0）	0
常仕英	2013-051						1（0）	0（0）	0
常守森	2012-156						1（0）	0（0）	0
常树全	2008-080						1（0）	0（0）	0
常晓昕	2010-009						1（0）	0（0）	0
常叙政	2005-243						1（0）	0（0）	0
常影	2008-012（E）	2009-016					2（0）	1（0）	0
常永福	1993-137	2000-123					2（0）	0（0）	0
常玉文	**1998-007**	**2001-003**	**2003-005**				3（3）	0（0）	0
常毓巍	**2006-011**						1（1）	0（0）	0
常云芝	2014-609						1（0）	0（0）	0
常泽光	2015-234						1（0）	0（0）	0
畅浩	2014-089						1（0）	0（0）	0
Chang Kuling	**2010-006**（E）						1（1）	1（1）	0
晁春军	1998-149						1（0）	0（0）	0
巢世刚	2013-307						1（0）	0（0）	0
巢志瑜	1988-003	1990-001	**1990-009**	1990-094	1991-001	1991-069	30（1）	1（0）	0
	1992-002	1992-054	1992-055	1992-115	1993-001	1993-002			

续表

作者	索引编号						文献总数	英文文献	通讯作者
	1993-020	1993-043	1993-064	1993-117	1993-126	1994-104			
	1994-132	1994-133	1994-141	1995-065	1996-001	1996-092			
	1996-094	1996-128	1997-118	1997-117	1998-136	1995-001F			
Chao Jamesl	1992-024						1（0）	0（0）	0
Chapman R.S.	2001-111						1（0）	0（0）	0
车春霞	**2010-009**						1（1）	0（0）	0
车翠萍	1995-016						1（0）	0（0）	0
车得福	2015-008						1（0）	0（0）	0
车会生	**2001-004**						1（1）	0（0）	0
车建美	1982-033	1984-006	1984-059	**1985-003**	1986-007	1986-008	10（1）	2（0）	0
	1986-068	1986-069（E）	1989-076	1991-071（E）					
车俊	2006-075						1（0）	0（0）	0
车青松	2015-074						1（0）	0（0）	0
车沃恒	2002-095						1（0）	0（0）	0
Che Aziz Ali	2008-001（E）						1（0）	1（0）	0
Cheburkin A.	2012-477						1（0）	0（0）	0
陈爱平	**2006-012**						1（1）	0（0）	0
陈爱芹	2003-094						1（0）	0（0）	0
陈安源	**2012-018**						1（1）	0（0）	0
陈邦林	1996-043						1（0）	0（0）	0
陈宝芬	2001-106						1（0）	0（0）	0
陈宝军	2015-484（E）						1（0）	1（0）	0
陈宝振	1998-121						1（0）	0（0）	0
陈保冬	2010-411						1（0）	0（0）	0
陈标华	2014-512						1（0）	0（0）	0
陈彪	2013-382						1（0）	0（0）	0
陈斌	**2011-007**	**2014-025**	**2015-014**	2015-573			4（3）	0（0）	0
陈冰如	1987-088						1（0）	0（0）	0
陈兵	2013-217						1（0）	0（0）	0
陈波 1	1992-093	2002-022	2002-023	2003-027	2004-004	2004-005	7（0）	0（0）	0
	2005-029								
陈波 2	2006-018	2007-018	2008-032				3（0）	0（0）	0
陈伯蠡	**1992-012**						1（1）	0（0）	0
陈伯显	1993-073						1（0）	0（0）	0
陈勃	1989-085						1（0）	0（0）	0
陈博	2008-278						1（0）	0（0）	0
陈步明	2014-475（E）						1（0）	1（0）	0
陈步荣	2009-256						1（0）	0（0）	0
陈灿	**2007-011**						1（1）	0（0）	0
陈灿灿	2013-403						1（0）	0（0）	0
陈婵	2015-460						1（0）	0（0）	0
陈婵娟	2010-120						1（0）	0（0）	0
陈昌和	2008-239						1（0）	0（0）	0

续表

作者	索引编号						文献总数	英文文献	通讯作者
陈常连	2014-115						1（0）	0（0）	0
陈超	2005-246	2007-303	**2008-012（E）**	**2009-015**	**2009-016**	2010-252（E）	9（3）	2（1）	0
	2011-307	2012-462	2012-463						
陈超英	2006-299						1（0）	0（0）	0
陈朝方	**2013-012**						1（1）	0（0）	0
陈琛	2015-053						1（0）	0（0）	0
陈晨	**2008-013**	**2008-014（E）**	2008-355	2008-358	2008-356（E）	2008-357（E）	8（2）	3（1）	0
	2013-165	2014-145							
陈成	2014-454	**2015-015**	**2015-016**	2015-484（E）			4（2）	1（0）	0
陈诚	**2015-017**						1（1）	0（0）	0
陈筬	**1963-001**						1（1）	0（0）	0
陈冲科	2015-026	2015-192					2（0）	0（0）	0
陈崇启	2012-284						1（0）	0（0）	0
Chen Chusheng	2005-044（E）						1（0）	1（0）	0
陈传敏	2013-511	2015-084					2（0）	0（0）	0
陈传仁	2007-247（E）	2009-278					2（0）	1（0）	0
陈创辉	**2010-010**						1（1）	0（0）	0
陈春	2006-081						1（0）	0（0）	0
陈春泉	**2001-005**						1（1）	0（0）	0
陈春英	**2000-007（E）**	**2000-008**	**2003-006**	2003-026	2004-022	2006-035	14（3）	5（1）	2
	2006-036	2008-064	*2009-137	*2011-256	2002-005F	2005-006F			
	2007-005F	2007-009F							
陈淳	**2008-015**						1（1）	0（0）	0
陈慈德	1998-171	1999-157	2000-135				3（0）	0（0）	0
陈聪	2013-227						1（0）	0（0）	0
陈翠华	**2007-012**	**2008-016**	**2008-017**	**2008-018**	*2013-109	2014-107	6（4）	0（0）	1
陈达	2008-080						1（0）	0（0）	0
陈大刚	1985-024						1（0）	0（0）	0
陈丹平	*2015-253	2015-279					2（0）	0（0）	1
陈道公	**1992-013**	**1992-014**	**1993-006（E）**	**1994-007**	1995-140	1996-155	6（4）	1（1）	0
陈德	**2014-026**						1（1）	0（0）	0
陈德春	**2011-008**						1（1）	0（0）	0
陈德福	2003-087						1（0）	0（0）	0
陈德胜	1998-045						1（0）	0（0）	0
陈德玉	2014-239						1（0）	0（0）	0
陈登宇	2011-131						1（0）	0（0）	0
陈迪	2010-377						1（0）	0（0）	0
陈丁滢	2004-056	**2007-013**	**2009-017**				3（2）	0（0）	0
陈鼎玖	1994-077	1997-033	1998-064	1998-102			4（0）	0（0）	0
陈东	2011-211	2012-531	2012-532	2013-552	2014-006		5（0）	0（0）	0
陈冬	2002-105	**2015-019**					2（1）	0（0）	0
陈冬冬	2015-227						1（0）	0（0）	0
陈栋	2012-459						1（0）	0（0）	0

续表

作者	索引编号						文献总数	英文文献	通讯作者
陈栋梁	2008-111	2008-134	2008-310	2009-013	2009-147	2009-148（E）	17（0）	5（0）	0
	2009-310	2010-030	2012-141	2012-201	2012-204	2013-098			
	2014-226	2008-004F	2008-005F	2009-004F	2013-009F				
陈豆	2014-292						1（0）	0（0）	0
Chen E.	**2011-009**						1（1）	0（0）	0
陈尔瑜	**1998-008**	1998-104	1999-009	**2000-009**	**2000-010**	2000-050	7（3）	0（0）	0
	2000-051								
陈发虎	2002-137	2008-232	2008-233				3（0）	0（0）	0
陈法君	2015-016						1（0）	0（0）	0
陈法荣	**1989-007**						1（1）	0（0）	0
陈凡敏	2013-421						1（0）	0（0）	0
陈方强	2011-473						1（0）	0（0）	0
陈斐	2013-400						1（0）	0（0）	0
陈奋宁	2010-180	2014-261					2（0）	0（0）	0
陈枫	∵2007-083						1（0）	0（0）	0
陈锋	∵1992-015						1（0）	0（0）	0
陈福林	1993-079						1（0）	0（0）	0
陈富荣	2010-382						1（0）	0（0）	0
陈改明	1998-021	1999-024					2（0）	0（0）	0
陈刚1	1996-024	1996-025	1997-036	1998-013	1999-008	2000-003	7（0）	0（0）	0
	2000-046								
陈刚2	2006-214	2007-120					2（0）	0（0）	0
陈刚3	2013-039	2013-040					2（0）	0（0）	0
陈刚才	2005-098（E）						1（0）	1（0）	0
陈港泉	**2013-013**	2013-061	2013-190				3（1）	0（0）	0
陈高琪	2015-424						1（0）	0（0）	0
陈革新	2009-231						1（0）	0（0）	0
陈庚龄	1999-077	**2010-011**					2（1）	0（0）	0
陈恭印	1993-073						1（0）	0（0）	0
陈冠益	2011-135						1（0）	0（0）	0
Chen G.C.	2013-007F						1（0）	1（0）	0
Chen Guangcun	2013-009F						1（0）	1（0）	0
陈光谦	1993-114	2003-107					2（0）	0（0）	0
陈光耀	2014-451						1（0）	0（0）	0
陈广文	2009-250	2009-251					2（0）	0（0）	0
陈桂桂	2005-244						1（0）	0（0）	0
陈桂林	2011-022						1（0）	0（0）	0
陈桂英	**2010-012**						1（1）	0（0）	0
陈桂煜	1994-017						1（0）	0（0）	0
陈桂芝	1990-077						1（0）	0（0）	0
陈国华	2015-349	2013-354	2015-411				3（0）	0（0）	0
陈国杰	**2015-020**						1（1）	0（0）	0
陈国能	*2013-170	2013-372					2（0）	0（0）	1

续表

作者	索引编号					文献总数	英文文献	通讯作者
陈国勤	1995-027	1995-028				2(0)	0(0)	0
陈国庆	2007-232	2010-060				2(0)	0(0)	0
陈国兴	1993-161					1(0)	0(0)	0
陈国照	**2011-010**					1(1)	0(0)	0
陈国柱	**1985-004**					1(1)	0(0)	0
陈海	**2006-013**	**2009-018**	**2013-014**	2013-252		4(3)	0(0)	0
陈海杰	2015-513					1(0)	0(0)	0
陈海军	2015-477					1(0)	0(0)	0
陈海相	2014-430					1(0)	0(0)	0
陈海燕	2003-073	2013-071				2(0)	0(0)	0
陈海洋	2012-087					1(0)	0(0)	0
陈海英	2013-318					1(0)	0(0)	0
陈汉城	**2003-007**					1(1)	0(0)	0
陈汉民	1990-138（E）	1991-131	1993-085			3(0)	1(0)	0
陈汉平	2012-514	2014-083				2(0)	0(0)	0
陈汉仪	1984-027					1(0)	0(0)	0
陈行禄	2000-112	2000-113				2(0)	0(0)	0
陈浩	**2008-019**					1(1)	0(0)	0
陈浩凤	2015-085					1(0)	0(0)	0
陈和乐	**1981-002**	**1982-003**	**1982-016**	**1982-036**	**1982-064**	**1983-004**	11(7)	0(0)	0
	1983-003	1983-036	**1986-006**	**1996-012**	**1996-013**				
陈和平	**2013-015**					1(1)	0(0)	0
陈贺海	2008-046	2009-219	2014-217	2014-218		4(0)	0(0)	0
陈亨贵	2009-028					1(0)	0(0)	0
陈恒荣	1993-081					1(0)	0(0)	0
陈衡	**2015-021**	2015-285				2(1)	0(0)	0
陈红	**2013-016**	**2014-027**				2(2)	0(0)	0
陈红冬	2010-165					1(0)	0(0)	0
陈红丽	**2013-017（E）**					1(1)	1(1)	0
陈红梅	2011-121					1(0)	0(0)	0
陈红霞	**2003-008**	2003-207				2(1)	0(0)	0
陈宏伟	2012-564	**2014-028**				2(1)	0(0)	0
陈宏毅	2010-223					1(0)	0(0)	0
陈泓钧	**2008-020**	**2008-021**				2(2)	0(0)	0
陈虹	1984-005					1(0)	0(0)	0
陈洪林	2010-340					1(0)	0(0)	0
陈洪龄	2011-422					1(0)	0(0)	0
陈洪玉	2008-289	**2009-019**				2(1)	0(0)	0
陈洪渊	1993-112					1(0)	0(0)	0
陈鸿雁	2013-435					1(0)	0(0)	0
陈虎	**2014-029**	**2015-022**	2015-543			3(2)	0(0)	0
陈华	2012-526	2013-279（E）	2014-561			3(0)	1(0)	0
陈华军	**2012-019**	**2012-020**				2(2)	0(0)	0

续表

作者	索引编号					文献总数	英文文献	通讯作者
陈欢	2013-439					1（0）	0（0）	0
陈欢欢	2007-303					1（0）	0（0）	0
陈焕斌	2011-175	**2012-021**				2（1）	0（0）	0
陈焕文	2012-559					1（0）	0（0）	0
陈辉	**2010-013**					1（1）	0（0）	0
陈会颖	**2002-003**					1（1）	0（0）	0
陈彗巧	2005-113					1（0）	0（0）	0
陈慧	2008-309	*2009-340				2（0）	0（0）	1
陈吉棣	1996-094					1（0）	0（0）	0
陈吉文	*2015-071					1（0）	0（0）	1
陈吉祥	*2012-112（E）	2015-495	2015-496			3（0）	1（0）	1
陈纪文	2014-010					1（0）	0（0）	0
陈际达	**2001-006**					1（1）	0（0）	0
陈继勤	1988-020					1（0）	0（0）	0
陈继尊	2012-336					1（0）	0（0）	0
陈暨跃	1993-124					1（0）	0（0）	0
陈加森	2014-462					1（0）	0（0）	0
陈佳	**2014-030**	**2015-023**				2（2）	0（0）	0
陈家光	1988-029	1989-029	1993-039			3（0）	0（0）	0
陈家佩	1997-119	1998-165	1998-166	2001-004F		4（0）	1（0）	0
陈家全	2015-174					1（0）	0（0）	0
陈家晓	2012-075					1（0）	0（0）	0
陈家桢	2003-160	**2006-014**				2（1）	0（0）	0
陈坚	1985-001	1992-023				2（0）	0（0）	0
陈謇	**2008-022**					1（1）	0（0）	0
陈建芳	2000-133	2012-252				2（0）	0（0）	0
陈建国	2003-177	2005-005	2006-158	2010-105		4（0）	0（0）	0
陈建军	**2006-015**	2006-150	2006-279			3（1）	0（0）	0
陈建立	2014-246					1（0）	0（0）	0
陈建良	**2011-011**	**2014-031**	2015-566	2015-567		4（2）	0（0）	0
陈建林	**2001-007**	2002-081				2（1）	0（0）	0
陈建孟	2015-107					1（0）	0（0）	0
陈建敏	2006-021	2006-293	2010-273	2014-364	2006-007F 2011-005F	6（0）	2（0）	0
陈建平	2003-157					1（0）	0（0）	0
陈建伟	1992-127					1（0）	0（0）	0
陈建文	2006-046					1（0）	0（0）	0
陈建新	1980-027 1985-103 **1990-010**	1982-033 **1986-007** 1991-071（E）	**1984-006** **1986-008** 1991-109	1984-059 1986-068 1981-002W	1984-083 1986-069（E） 1985-003 1989-076	16（4）	2（0）	0
陈建玉	2009-011	2014-310（E）				2（0）	1（0）	0
陈建章	**1994-008**					1（1）	0（0）	0
陈建中	2005-222					1（0）	0（0）	0
陈剑	2010-039					1（0）	0（0）	0

续表

作者	索引编号						文献总数	英文文献	通讯作者
陈剑瑄	1982-049	1986-011	1986-070	1987-064	1988-101	1990-027	14（1）	0（0）	0
	1990-126	1991-056	1991-115	1992-100	1993-054	**1993-145**			
	1996-115	2001-008							
陈健1	**2005-003**	2005-127	**2006-016**	**2008-023**	**2010-014**		5（4）	0（0）	0
陈健2	2010-041	2012-178	**2013-018**	2014-142	2014-192		5（1）	0（0）	0
陈江	2015-304						1（0）	0（0）	0
陈江涛	**1996-014**	2007-265					2（1）	0（0）	0
陈杰	2000-080	**2009-020**	2012-240	**2013-019**			4（2）	0（0）	0
陈洁	2005-210						1（0）	0（0）	0
陈洁渝	2002-132						1（0）	0（0）	0
陈金华	*2015-189（E）						1（0）	1（0）	1
陈金木	1996-037						1（0）	0（0）	0
陈金泉	2012-165	2012-462	2013-178				3（0）	0（0）	0
陈金长	1985-051						1（0）	0（0）	0
陈锦华	1994-115	1994-116	2001-131	2003-169			4（0）	0（0）	0
陈进生	2012-469						1（0）	0（0）	0
陈劲松	1992-052	1992-051	1992-053	1994-050（E）			4（0）	1（0）	0
陈京晶	2014-531						1（0）	0（0）	0
陈晶晶	**2012-022**						1（1）	0（0）	0
陈晶亮	2010-379						1（0）	0（0）	0
陈井影	2015-607						1（0）	0（0）	0
陈景辉	2012-030						1（0）	0（0）	0
陈景润	2013-153						1（0）	0（0）	0
陈景伟	**2015-024**						1（1）	0（0）	0
陈景香	**2009-021**						1（1）	0（0）	0
陈敬虔	1981-040						1（0）	0（0）	0
陈敬文	2014-311						1（0）	0（0）	0
陈靖	2003-178						1（0）	0（0）	0
陈静1	1998-038	2002-102	2003-129				3（0）	0（0）	0
陈静2	2012-505	2015-550					2（0）	0（0）	0
陈静3	2013-407	**2015-025**	**2015-026**	2015-085			4（2）	0（0）	0
陈静允	**2013-020**						1（1）	0（0）	0
陈菊	2015-168						1（0）	0（0）	0
陈娟	**2013-021**	2013-209					2（1）	0（0）	0
陈军君	2010-165						1（0）	0（0）	0
陈君	2001-093	2015-075	2015-209	2015-210	2015-272		5（0）	0（0）	0
陈俊	**1988-008**	1998-121	2000-098				3（1）	0（0）	0
陈俊佳	2015-307						1（0）	0（0）	0
陈俊文	**2013-022**						1（1）	0（0）	0
陈骏	**1996-015**	2011-166					2（1）	0（0）	0
陈开惠	1997-129	2006-274					2（0）	0（0）	0
陈凯	2009-065						1（0）	0（0）	0
陈恺立	2012-097						1（0）	0（0）	0

续表

作者	索引编号					文献总数	英文文献	通讯作者
陈康	2006-193					1（0）	0（0）	0
陈科景	2012-363					1（0）	0（0）	0
陈可锋	2006-262					1（0）	0（0）	0
陈克新	2007-331					1（0）	0（0）	0
陈库强	1983-005					1（0）	0（0）	0
陈奎	2015-207					1（0）	0（0）	0
陈坤	2006-084					1（0）	0（0）	0
陈坤龙	2013-101					1（0）	0（0）	0
陈昆松	1998-059					1（0）	0（0）	0
陈兰武	**2007-014**	**2008-024**				2（2）	0（0）	0
陈岚岚	**2008-025**					1（1）	0（0）	0
陈乐明	**1998-009**					1（1）	0（0）	0
陈磊	2011-350	2012-137	2012-221			3（0）	0（0）	0
陈黎行	2003-028	2003-085	2003-086			3（0）	0（0）	0
陈礼强	2014-526					1（0）	0（0）	0
陈力格	2015-463	2015-464				2（0）	0（0）	0
陈立清	2011-486	2012-563				2（0）	0（0）	0
陈立群	2015-239					1（0）	0（0）	0
陈立学	1991-014					1（0）	0（0）	0
陈丽芳	2009-167	2010-176				2（0）	0（0）	0
陈丽华	2015-143					1（0）	0（0）	0
陈丽姣	2009-154					1（0）	0（0）	0
陈丽萍	2009-214					1（0）	0（0）	0
陈丽荣	1994-141	**2002-004**				2（1）	0（0）	0
陈莉	2006-009（E）	**2012-023**	**2013-023**			3（2）	1（0）	0
陈连芳	2015-209	2015-210	2015-272			3（0）	0（0）	0
陈良霞	2013-365					1（0）	0（0）	0
陈亮	1985-037	**1986-009**	**1986-010**	2010-455		4（2）	0（0）	0
陈靓	2015-417					1（0）	0（0）	0
陈列	2003-123					1（0）	0（0）	0
陈林	**2007-015**	2015-282				2（1）	0（0）	0
陈琳	**2008-026**	**2009-022**	**2010-015**	**2010-016**		4（4）	0（0）	0
陈玲华	2008-051	**2011-012**	2013-063			3（1）	0（0）	0
陈玲玲	2014-365					1（0）	0（0）	0
陈玲燕	2005-221					1（0）	0（0）	0
陈凌霞	2015-351					1（0）	0（0）	0
陈龙	**2013-024**					1（1）	0（0）	0
陈龙雨	**2010-017**					1（1）	0（0）	0
陈陆艳	**2011-013**					1（1）	0（0）	0
陈璐	**2014-032**	**2015-027**	**2015-028**			3（3）	0（0）	0
陈露	2015-169					1（0）	0（0）	0
陈洛娜	1990-005					1（0）	0（0）	0
陈麦秀	1997-116					1（0）	0（0）	0

续表

作者	索引编号					文献总数	英文文献	通讯作者
陈满英	2014-010					1（0）	0（0）	0
陈曼	2007-126	2014-494				2（0）	0（0）	0
陈茂祺	**1981-003**	**1983-006**	**1984-007**	**1995-007**		4（4）	0（0）	0
陈茂生	**2014-033**					1（1）	0（0）	0
陈梅玲	**1985-005**					1（1）	0（0）	0
陈美达	2009-275	2010-301				2（0）	0（0）	0
陈美芳	**2012-024**					1（1）	0（0）	0
陈美祝	2007-150					1（0）	0（0）	0
陈萌	2014-095					1（0）	0（0）	0
陈梦君	2011-208					1（0）	0（0）	0
陈旻	2012-250	2012-278				2（0）	0（0）	0
陈敏	**2012-025**					1（1）	0（0）	0
陈敏恒	1992-033					1（0）	0（0）	0
陈名浩	**1993-007**					1（1）	0（0）	0
陈明	2009-061	2010-172	2012-549			3（0）	0（0）	0
陈明驰	**2009-023**					1（1）	0（0）	0
陈明贵	1995-130					1（0）	0（0）	0
陈明华	**2008-027**					1（1）	0（0）	0
陈明辉	2010-089					1（0）	0（0）	0
陈铭舫	2001-067					1（0）	0（0）	0
陈南雄	2014-001					1（0）	0（0）	0
陈能松	2005-152					1（0）	0（0）	0
陈能武	2008-219					1（0）	0（0）	0
陈能香	**2015-029**	2015-460				2（1）	0（0）	0
陈宁	**2005-004**					1（1）	0（0）	0
陈培德	2014-336					1（0）	0（0）	0
陈佩仪	2013-232					1（0）	0（0）	0
陈鹏程	**2010-018**					1（1）	0（0）	0
陈鹏飞	2014-397					1（0）	0（0）	0
陈鹏鹏	**2012-026（E）**					1（1）	1（1）	0
陈丕通	1983-016	1983-017	**1985-006**	**1995-008**	**1982-002P**	5（3）	0（0）	0
陈萍	2014-276					1（0）	0（0）	0
陈奇	**1993-008**	**1997-007**				2（2）	0（0）	0
陈杞	1990-073					1（0）	0（0）	0
陈启航	**2007-016**					1（1）	0（0）	0
陈启明	1996-043					1（0）	0（0）	0
陈启荣	2015-365					1（0）	0（0）	0
陈启元	2000-053	2000-134（E）	2009-152	2015-257（E）		4（0）	2（0）	0
陈绮恩	2013-327					1（0）	0（0）	0
陈千贵	2002-110					1（0）	0（0）	0
陈千万	2010-089	2011-099	2012-277			3（0）	0（0）	0
陈前火	2002-166					1（0）	0（0）	0
陈茜	2011-393	2012-277				2（0）	0（0）	0

续表

作者	索引编号					文献总数	英文文献	通讯作者
陈茜茜	**2011-014**					1（1）	0（0）	0
陈强	2015-058					1（0）	0（0）	0
陈青云	2009-350	2011-062				2（0）	0（0）	0
陈清	2010-339	2009-004F				2（0）	1（0）	0
陈清贵	2012-319					1（0）	0（0）	0
陈清华	**1996-016**					1（1）	0（0）	0
陈清明	2000-035					1（0）	0（0）	0
陈庆汉	**2008-028**					1（1）	0（0）	0
陈庆华	2008-025	*2008-085				2（0）	0（0）	1
陈庆芝	*2011-068					1（0）	0（0）	1
陈秋微	2013-514					1（0）	0（0）	0
陈趣山	1998-081					1（0）	0（0）	0
陈全德	1989-023					1（0）	0（0）	0
陈然	**2009-024**					1（1）	0（0）	0
陈仁辉	∵1986-037					1（0）	0（0）	0
陈荣	**2009-025**					1（1）	0（0）	0
陈荣华	2008-349					1（0）	0（0）	0
陈荣庆	**2008-029**	**2008-030**				2（2）	0（0）	0
陈荣先	**1983-007**					1（1）	0（0）	0
陈嵘	2014-548					1（0）	0（0）	0
陈蓉	**2015-030**					1（1）	0（0）	0
陈榕	2014-395					1（0）	0（0）	0
陈熔	2010-393					1（0）	0（0）	0
陈如松	**1990-011**	**1993-009**				2（2）	0（0）	0
陈如意	2001-162					1（0）	0（0）	0
陈蕊	2015-003					1（0）	0（0）	0
陈锐	2014-505					1（0）	0（0）	0
陈瑞林	2013-283					1（0）	0（0）	0
陈瑞文	**2013-025**					1（1）	0（0）	0
陈润	2009-031					1（0）	0（0）	0
陈若梅	1999-133					1（0）	0（0）	0
陈沙鸥	2013-191					1（0）	0（0）	0
陈珊	**2004-001**	**2007-017**	**2008-031**			3（3）	0（0）	0
陈闪山	2010-034					1（0）	0（0）	0
陈少鸿	2003-177	**2005-005**	2005-188			3（1）	0（0）	0
陈绍云	2010-302	**2012-027**	2012-465			3（1）	0（0）	0
陈生茂	**1984-008**					1（1）	0（0）	0
陈胜利	2010-388					1（0）	0（0）	0
陈诗丹	2015-081					1（0）	0（0）	0
陈识杰	**1983-008**					1（1）	0（0）	0
陈士萍	1996-017	1996-018				2（0）	0（0）	0
陈士清	2013-003					1（0）	0（0）	0
陈士洋	2013-274（E）					1（0）	1（0）	0

续表

作者	索引编号					文献总数	英文文献	通讯作者
陈守建	2010-180					1（0）	0（0）	0
陈寿芳	1997-081					1（0）	0（0）	0
陈淑菁	1990-054					1（0）	0（0）	0
陈淑英	2010-023					1（0）	0（0）	0
陈树军	**2013-026**	2013-516	2015-601			3（1）	0（0）	0
陈树民	2000-076					1（0）	0（0）	0
陈树祥	**2013-027**	2013-320				2（1）	0（0）	0
陈树义	2003-067					1（0）	0（0）	0
陈树瑜	1994-092					1（0）	0（0）	0
陈树榆	1987-054	1992-073	**1995-009**	1998-091	2001-072（E）	2001-104	6（1）	1（0）	0
陈爽	**2015-031**	2015-041	2015-399			3（1）	0（0）	0
陈顺喜	1992-073	1994-070	1998-059			3（0）	0（0）	0
陈舜琮	2009-209					1（0）	0（0）	0
陈硕	*2014-159					1（0）	0（0）	1
陈思杭	2015-324					1（0）	0（0）	0
陈思龙	1994-146					1（0）	0（0）	0
陈思学	**2009-026**					1（1）	0（0）	0
陈松	**2011-015**	2011-016（E）				2（2）	1（1）	0
陈松华	1992-057					1（0）	0（0）	0
陈松林	2000-130					1（0）	0（0）	0
陈松岭	2008-035	2011-246				2（0）	0（0）	0
陈嵩涛	2015-084					1（0）	0（0）	0
陈颂学	**2006-017**					1（1）	0（0）	0
陈素兰	**2006-018**	**2007-018**	**2008-032**			3（3）	0（0）	0
陈素清	1982-049	**1986-011**	1986-070	1987-064	1988-101	1990-027	13（1）	0（0）	0
	1990-126	1991-056	1991-115	1992-100	1993-054	1993-145			
	1996-115								
陈锁泉	1987-102	**1990-012**				2（1）	0（0）	0
陈锁志	**1987-004**	**1987-005**	**1989-008**	**1989-009**	**1991-007**	**1992-016**	8（8）	0（0）	0
	1994-009	**1998-010**							
陈苔	2012-013					1（0）	0（0）	0
陈谭明	**1988-009**					1（1）	0（0）	0
陈涛	**2004-002**	**2013-028**				2（2）	0（0）	0
陈韬宇	2014-463					1（0）	0（0）	0
陈天虎	**2003-009**	*2013-502	*2014-175	2015-019	*2015-302	5（1）	0（0）	3
陈天文	1985-115	2005-038	2006-061	**2007-019**		4（1）	0（0）	0
陈天友	1990-130					1（0）	0（0）	0
陈田祥	2010-377					1（0）	0（0）	0
陈铁梅	2001-053	**2003-010**	2004-105	2013-060	2013-166	2013-167	11（1）	0（0）	0
	2013-168	2013-169	2014-062	2014-157	2014-580				
陈廷勇	2009-389					1（0）	0（0）	0
陈同斌	**2003-011**（E）	**2003-012**	**2004-003**	**2005-006**（E）	2008-002F	2015-064（E）	6（4）	4（2）	0
陈桐	2014-201	2014-202	2015-214			3（0）	0（0）	0

续表

作者	索引编号						文献总数	英文文献	通讯作者
陈拓	1991-121						1（0）	0（0）	0
陈万春	**1998-011**						1（1）	0（0）	0
陈万平	**2015-032**						1（1）	0（0）	0
陈为胜	**2011-017**						1（1）	0（0）	0
陈维范	1988-034	1989-033					2（0）	0（0）	0
陈维杰	**1982-004**						1（1）	0（0）	0
陈维苗	**2013-029**	**2014-034**					2（2）	0（0）	0
陈维岳	1998-131	**1987-006**					2（1）	0（0）	0
陈伟	1988-112	**2010-019**	**2012-028**	**2012-029**	2012-093	2012-461	8（3）	0（0）	0
	2013-509	2013-518							
陈伟华	2002-122	2005-011	**2009-027**				3（1）	0（0）	0
陈伟明	2015-225						1（0）	0（0）	0
陈伟十	2008-134						1（0）	0（0）	0
陈卫东	**2002-005**	2005-070					2（1）	0（0）	0
陈文	1993-124	1996-093					2（0）	0（0）	0
陈文彬	1992-125	**2011-018**	2011-228				3（1）	0（0）	0
陈文波	1973-014P						1（0）	0（0）	0
陈文川	2006-261	2007-217					2（0）	0（0）	0
陈文河	**1984-009**						1（1）	0（0）	0
陈文华	1992-124	**1994-010**	1995-122				3（1）	0（0）	0
陈文静	2012-239						1（0）	0（0）	0
陈文荣	*2012-023	2013-008F					2（0）	1（0）	1
陈文生	2009-376	**2011-019**	**2011-020**				3（2）	0（0）	0
陈文韬	2006-315						1（0）	0（0）	0
陈文为	1987-082						1（0）	0（0）	0
陈文文	2015-537						1（0）	0（0）	0
陈武1	**1986-012**	1993-115	**1994-011**	1994-100（E）	1998-134	1973-021P	7（2）	1（0）	0
	1973-022P								
陈武2	2013-604						1（0）	0（0）	0
陈西	**2011-021**						1（1）	0（0）	0
陈西贵	∵1993-010						1（0）	0（0）	0
陈希	2010-370						1（0）	0（0）	0
陈希明	2008-337						1（0）	0（0）	0
陈曦	2011-161						1（0）	0（0）	0
陈细龙	2003-135						1（0）	0（0）	0
陈霞	2008-337						1（0）	0（0）	0
陈贤华	2015-386						1（0）	0（0）	0
陈显求	**1995-010**	**1996-017**	**1996-018**	1999-030	1999-031	1999-032	7（3）	0（0）	0
	1999-033								
陈祥洲	**2011-022**						1（1）	0（0）	0
陈翔	2008-101						1（0）	0（0）	0
陈小波	**2015-033**						1（1）	0（0）	0
陈小红	**2014-035**						1（1）	0（0）	0

续表

作者	索引编号					文献总数	英文文献	通讯作者
陈小慧	2006-152	2007-153				2（0）	0（0）	0
陈小平	2007-270					1（0）	0（0）	0
陈小强	**2009-028**	2009-397	2010-416	2012-147		4（1）	0（0）	0
陈小毅	2015-055					1（0）	0（0）	0
陈晓春	*2009-174					1（0）	0（0）	1
陈晓东	1994-064	2000-110	2002-142	2003-175		4（0）	0（0）	0
陈晓峰	**2000-011**	2009-081	2010-228			3（1）	0（0）	0
陈晓凤	**2010-020**					1（1）	0（0）	0
陈晓华	2011-058					1（0）	0（0）	0
陈晓晖	2007-080					1（0）	0（0）	0
陈晓慧	2005-099	**2015-034**				2（1）	0（0）	0
陈晓俊	1998-049					1（0）	0（0）	0
陈晓丽	**2013-030**					1（1）	0（0）	0
陈晓林	1997-063					1（0）	0（0）	0
陈晓明	2015-261					1（0）	0（0）	0
陈晓平	2009-402					1（0）	0（0）	0
陈晓秦	∵1997-008					1（0）	0（0）	0
陈晓婷	2014-359					1（0）	0（0）	0
陈晓文	**2005-007**					1（1）	0（0）	0
陈晓霞	2003-090	2005-090				2（0）	0（0）	0
陈晓云	**2008-033**					1（1）	0（0）	0
陈晓智	2009-246					1（0）	0（0）	0
陈孝强	2012-243	2013-283				2（0）	0（0）	0
陈笑夜	2014-446					1（0）	0（0）	0
陈效民	2012-330					1（0）	0（0）	0
陈昕	2014-514					1（0）	0（0）	0
陈新	**2000-012**	2002-093	*2005-236	2006-071	2006-108	5（1）	0（0）	1
Chen Xincai	2011-002F					1（0）	1（0）	0
Chen Xingeng	2007-076（E）					1（0）	1（0）	0
陈新华	∵1992-017					1（0）	0（0）	0
陈新民	2010-430					1（0）	0（0）	0
陈新树	1990-035					1（0）	0（0）	0
陈兴	2000-127					1（0）	0（0）	0
陈兴仁	2010-382					1（0）	0（0）	0
陈修梅	2009-060					1（0）	0（0）	0
陈秀端	**2012-030**					1（1）	0（0）	0
陈秀丽	2015-351					1（0）	0（0）	0
陈秀玲	2013-149					1（0）	0（0）	0
陈旭晖	**2008-034**					1（1）	0（0）	0
陈旭辉	2004-140					1（0）	0（0）	0
陈学兵	2009-255					1（0）	0（0）	0
陈学福	2011-143					1（0）	0（0）	0
陈学军	**2011-023**					1（1）	0（0）	0

续表

作者	索引编号					文献总数	英文文献	通讯作者
陈学琴	2000-018	2002-019				2（0）	0（0）	0
陈学思	2013-048					1（0）	0（0）	0
陈学太	*2007-221（E）					1（0）	1（0）	1
陈雪	2010-193					1（0）	0（0）	0
陈雪莉	2012-223					1（0）	0（0）	0
陈雪莲	2014-460					1（0）	0（0）	0
陈雪亮	**2004-004**	**2004-005**				2（2）	0（0）	0
陈雅澜	2014-207					1（0）	0（0）	0
Chen Yali	**2014-006F**					1（1）	1（1）	0
陈亚男	**1988-010**					1（1）	0（0）	0
陈延昌	2004-053	2014-260				2（0）	0（0）	0
陈妍	**2012-031**					1（1）	0（0）	0
陈岩	1987-003					1（0）	0（0）	0
陈彦	**2014-036**					1（1）	0（0）	0
陈彦斌	2005-012					1（0）	0（0）	0
陈艳	1996-041	**2015-035**				2（1）	0（0）	0
陈艳萍	**2015-036**					1（1）	0（0）	0
陈燕	2012-076					1（0）	0（0）	0
陈燕根	**2015-037**					1（1）	0（0）	0
陈燕萍	**1995-011**					1（1）	0（0）	0
陈燕舞	**2011-024**	2014-250				2（1）	0（0）	0
陈杨英	**2005-008**					1（1）	0（0）	0
陈养国	**2007-020**					1（1）	0（0）	0
陈耀强	2011-451					1（0）	0（0）	0
陈耀壮	**2013-031**					1（1）	0（0）	0
陈一胜	**2007-021**					1（1）	0（0）	0
陈漪馨	**2015-038**					1（1）	0（0）	0
陈忆九	2011-144					1（0）	0（0）	0
陈谊	2009-231					1（0）	0（0）	0
陈懿	2001-127					1（0）	0（0）	0
陈银	2012-357					1（0）	0（0）	0
陈印	2005-084					1（0）	0（0）	0
陈英	2010-430					1（0）	0（0）	0
陈英丽	**2012-032**					1（1）	0（0）	0
陈英民	2002-162					1（0）	0（0）	0
陈英文	2012-423					1（0）	0（0）	0
陈英旭	2004-085	2006-265（E）	2011-002F	2013-009F		4（0）	3（0）	0
陈英毅	2008-083	2011-130				2（0）	0（0）	0
陈英颖	2003-095					1（0）	0（0）	0
陈莹	2013-140	2014-227				2（0）	0（0）	0
陈颖	2012-153					1（0）	0（0）	0
陈映宏	2005-209	2006-306				2（0）	0（0）	0
陈拥军	2003-018					1（0）	0（0）	0

续表

作者	索引编号						文献总数	英文文献	通讯作者
陈永超	2010-204						1（0）	0（0）	0
陈永红	2010-269						1（0）	0（0）	0
陈永杰	2011-406						1（0）	0（0）	0
陈永君	**1985-007**	**1986-013**	**1987-007**	**1988-011**	**1989-010**	**1991-008**	26（16）	0（0）	0
	1991-009	**1992-018**	**1993-011**	**1994-012**	**1994-013**	**1998-012**			
	2001-009	2001-048	2002-119	2002-149	2003-186	2004-147			
	2005-009	**2006-019**	2007-172	**2009-029**	2011-223	1983-040			
	1999-141	1982-004P							
陈永明	1996-050						1（0）	0（0）	0
陈永宁	2010-382						1（0）	0（0）	0
陈永欣	2010-109	2011-167	2011-168	**2012-033**	2012-322	2013-475	7（1）	0（0）	0
	2014-209								
陈永彦	**2014-037**	2014-220					2（1）	0（0）	0
陈永英	2001-027	2001-028	2003-085	2003-086	2012-303（E）	2012-324（E）	6（0）	2（0）	0
陈勇	2013-357						1（0）	0（0）	0
陈勇亮	2010-054						1（0）	0（0）	0
陈勇提	2006-242						1（0）	0（0）	0
陈友红	1993-144	**1996-019**	1996-020（E）	1996-021（E）	**1996-022**	1996-059	13（6）	5（3）	0
	1996-060	1996-134	**1997-009**	1997-134	**1997-002F**	**1997-003F**			
	1997-004F								
陈幼平	2001-086	2008-254					2（0）	0（0）	0
陈于法	2002-004						1（0）	0（0）	0
陈宇	2014-135						1（0）	0（0）	0
陈宇飞	1991-014						1（0）	0（0）	0
陈宇红	2003-030	**2004-006**					2（1）	0（0）	0
陈宇亮	**2014-038**						1（1）	0（0）	0
陈宇晓	**2001-010**						1（1）	0（0）	0
陈羽	2010-273						1（0）	0（0）	0
陈雨	1997-134						1（0）	0（0）	0
陈雨晴	2014-115						1（0）	0（0）	0
陈玉	2010-159						1（0）	0（0）	0
陈玉安	2012-242						1（0）	0（0）	0
陈玉东	2014-082						1（0）	0（0）	0
陈玉海	2015-618						1（0）	0（0）	0
陈玉洁	2014-278						1（0）	0（0）	0
陈玉生	1985-101	1985-102					2（0）	0（0）	0
陈玉婷	2015-203						1（0）	0（0）	0
陈玉义	2013-395						1（0）	0（0）	0
陈玉勇	2004-087	2006-186					2（0）	0（0）	0
陈育新	2011-239						1（0）	0（0）	0
陈昱	2010-319						1（0）	0（0）	0
陈钰娟	2011-039						1（0）	0（0）	0
陈渊	**2013-032**						1（1）	0（0）	0

续表

作者	索引编号						文献总数	英文文献	通讯作者
陈圆	**2015-039**						1（1）	0（0）	0
陈圆圆	2011-144						1（0）	0（0）	0
陈远盘	**1979-001**	**1980-002**	**1980-003**	**1981-004**	**1982-005**	1982-011	38（23）	0（0）	0
	1983-009	**1983-010**	**1983-011**	**1984-010**	**1985-008**	**1985-009**			
	1985-075	1985-076	1985-077	**1986-014**	**1986-015**	1987-048			
	1988-012	1988-025	**1989-011**	1990-013	1990-020	1990-091			
	1991-019	1992-047	1992-091	**1993-012**	1993-131	**1994-014**			
	1994-015	**1995-012**	**1995-013**	1995-068	**1996-023**	1999-132			
	1982-005P	1982-003W							
陈月	2008-327						1（0）	0（0）	0
陈月红	2013-516						1（0）	0（0）	0
陈月源	*2008-151	2009-357	2010-170				3（0）	0（0）	1
陈岳	**2013-033**	2015-065					2（1）	0（0）	0
陈跃华	2015-138						1（0）	0（0）	0
陈赟	2015-551						1（0）	0（0）	0
陈云鹫	1992-059						1（0）	0（0）	0
陈云琳	2012-383	2013-602					2（0）	0（0）	0
陈云霞	2012-542	2013-111	2014-112				3（0）	0（0）	0
陈芸平	2012-267						1（0）	0（0）	0
陈运杰	2003-052						1（0）	0（0）	0
Chen Y.X.	2004-004F						1（0）	1（0）	0
陈展展	2011-378						1（0）	0（0）	0
陈占生	2010-193	2011-217	2011-218				3（0）	0（0）	0
陈张好	**2014-039**	**2015-040**					2（2）	0（0）	0
陈兆镜	2011-485						1（0）	0（0）	0
陈兆鑫	**2014-040**						1（1）	0（0）	0
陈喆	2011-253						1（0）	0（0）	0
陈珍娥	**2014-041**						1（1）	0（0）	0
陈真	1995-126						1（0）	0（0）	0
陈祯	1997-116						1（0）	0（0）	0
陈振沧	**2014-042**						1（1）	0（0）	0
陈振捷	1982-042	**1983-012**	**1986-016**	1987-063	1987-070	1988-069	6（2）	0（0）	0
陈振宇	2010-311	2010-312	2010-437	2012-333			4（0）	0（0）	0
陈震宇	**2007-022**						1（1）	0（0）	0
陈镇东	2006-140						1（0）	0（0）	0
陈征	**2010-021**						1（1）	0（0）	0
陈郑辉	2012-333						1（0）	0（0）	0
陈之荣	2002-057	2002-058					2（0）	0（0）	0
陈志	1980-038	**1981-005**					2（1）	0（0）	0
陈志纯	1993-080						1（0）	0（0）	0
陈志刚	2015-270						1（0）	0（0）	0
陈志红	**2009-030**						1（1）	0（0）	0
陈志华	2012-252	2015-445					2（0）	0（0）	0

续表

作者	索引编号						文献总数	英文文献	通讯作者
陈志军	2012-474						1（0）	0（0）	0
陈志伟	2013-045						1（0）	0（0）	0
陈志祥	1978-010	**1979-002**	1979-011	1979-012	**1980-004**	**1980-005**	21（7）	1（0）	0
	1980-016	1980-029	**1981-006**	1981-052	**1982-006**	**1982-007**			
	1982-008	1982-047	1982-048	1982-052	1983-087	1983-099（E）			
	1984-091	1985-088	1990-054						
陈志源	2003-040						1（0）	0（0）	0
陈致芬	**1981-007**	**1982-009**	**1984-011**	**1984-012**	1984-098	1985-071	10（5）	0（0）	0
	1990-140	1994-149	**1995-014**	1996-028					
陈智	2015-293						1（0）	0（0）	0
陈智栋	2015-417						1（0）	0（0）	0
陈智群	2011-330						1（0）	0（0）	0
陈智勇	1999-029						1（0）	0（0）	0
陈中军	2013-466（E）						1（0）	1（0）	0
陈中泽	**1985-010**						1（1）	0（0）	0
陈忠厚	2012-209	**2014-043**					2（1）	0（0）	0
陈忠林	2015-376						1（0）	0（0）	0
陈忠明	2012-558						1（0）	0（0）	0
陈钟惠	2002-048						1（0）	0（0）	0
陈柱	2011-278（E）						1（0）	1（0）	0
陈卓	2009-067						1（0）	0（0）	0
陈卓梅	**2014-044**						1（1）	0（0）	0
陈子纯	1992-131						1（0）	0（0）	0
陈子凡	2013-204						1（0）	0（0）	0
陈子勇	2004-087	2006-186					2（0）	0（0）	0
陈自祥	**2014-045**						1（1）	0（0）	0
陈字红	2014-531						1（0）	0（0）	0
陈宗良	**1994-016**						1（0）	0（0）	0
陈宗颜	**2013-034**						1（1）	0（0）	0
陈祖安	1987-038						1（0）	0（0）	0
陈祖兴	2009-169（E）						1（0）	1（0）	0
晨	**1981-008**						1（1）	0（0）	0
谌观秀	1999-139						1（0）	0（0）	0
成艾颖	**2010-022**	**2011-025**	**2013-035**	2015-456			4（3）	0（0）	0
成都地质学院核子地球物理研究室	**1979-003**	**1979-004**	**1979-005**				3（3）	0（0）	0
成功	**2008-035**						1（1）	0（0）	0
成桂平	1992-074						1（0）	0（0）	0
成桂萍	1985-032	**1993-013**	**1993-014**	1996-077	1996-078	1996-079	7（2）	0（0）	0
	1999-067								
成来飞	2006-138						1（0）	0（0）	0
成秋明	2009-301	2011-369	*2012-412	2012-473	2012-474	2013-524	7（0）	0（0）	1
	2013-525								

续表

作者	索引编号						文献总数	英文文献	通讯作者
成小林	**2010-023**						1（1）	0（0）	0
成鑫荣	2008-305						1（0）	0（0）	0
成秀栋	**2013-036**						1（1）	0（0）	0
成毅	2000-075	2000-076	2000-082	2006-204	2006-206	2012-186	7（0）	0（0）	0
	2013-212								
成应向	**2013-037**						1（1）	0（0）	0
成勇	**2013-038**						1（1）	0（0）	0
成源棣	1985-089	1987-095	1989-114（E）				3（0）	1（0）	0
成岳	2011-348	2011-349	2012-296				3（0）	0（0）	0
承焕生	**1979-006**	**1979-007**	**1980-006**	1980-033	**1991-010**	**1993-015**	85（14）	12（1）	1
	1996-018	**1996-024**	**1996-025**	**1997-010**	1997-036	1998-008			
	1998-013	1998-037	1998-104	**1999-008**	**1999-009**	**1999-010**			
	1999-030	1999-031	1999-032	1999-033	1999-039	1999-127			
	2000-009	2000-010	2000-050	2000-051	2000-105	**2001-011**			
	2001-163	2003-022	2003-070	2003-071	2004-008	**2004-007（E）**			
	2004-035	2004-162（E）	2004-165	2005-065	2005-226	2006-045（E）			
	2006-085（E）	2006-086	2006-099	2006-172	2006-313	2006-314（E）			
	2007-049	2007-094	2007-095	2007-096（E）	*2007-119（E）	2007-224			
	2007-225	2007-317	2008-049	2008-061	2008-159（E）	2008-160			
	2009-040	2009-062	2009-063（E）	2009-064	2009-175	2009-401			
	2010-058（E）	2010-059	2010-066	2010-168	2010-176	2010-354			
	2010-421	2011-045	2011-070	2011-337	2011-371	2011-461（E）			
	2012-010	2012-051	2012-437（E）	2012-485	2014-516	2015-197			
	1981-002W								
承芦华	1989-017	1989-028	1990-028	1990-117	1993-038		5（0）	0（0）	0
程爱民	2014-385	2014-386					2（0）	0（0）	0
程邦波	2004-127	**2005-010**	2005-177（E）	2006-253（E）	2007-257		5（1）	2（0）	0
程蓓	2013-077						1（0）	0（0）	0
程蓓蓓	**1996-026**						1（1）	0（0）	0
程炳皓	1998-049						1（0）	0（0）	0
程波	**1997-011**	**1997-012**					2（2）	0（0）	0
程渤	2002-097	2002-100	2003-120	2006-205	2008-227（E）		5（0）	1（0）	0
程璨	2014-140						1（0）	0（0）	0
程大伟	**2014-046**	2014-219	2014-409				3（1）	0（0）	0
程丹丹	2013-338						1（0）	0（0）	0
程道远	2009-422						1（0）	0（0）	0
程德翔	2015-465						1（0）	0（0）	0
程栋	**2014-047**						1（1）	0（0）	0
程方平	2006-084						1（0）	0（0）	0
程芳琴	**2011-026**	2013-042	2015-391				3（1）	0（0）	0
程飞	2008-077						1（0）	0（0）	0
程峰	2001-102	2001-150（E）	2001-151	2005-004F	2007-058	**2008-036**	8（1）	2（0）	0
	2008-330	2013-526							

续表

作者	索引编号						文献总数	英文文献	通讯作者
程锋	2006-065	2006-115	2007-056	2007-057	2007-121	**2008-037**	16（3）	0（0）	0
	2008-044	2008-202	2008-277	2009-089	2009-355	**2010-024**			
	2010-076	2010-084	2014-513	**2015-041**					
程富	**2010-025**						1（1）	0（0）	0
程刚	2006-110						1（0）	0（0）	0
程广文	**2015-042**	2015-531					2（1）	0（0）	0
程国营	2007-238						1（0）	0（0）	0
程昊	2015-477						1（0）	0（0）	0
程昊阳	2012-053	2012-299					2（0）	0（0）	0
程灏波	2004-113						1（0）	0（0）	0
程华	2014-309						1（0）	0（0）	0
程辉	**2009-031**						1（1）	0（0）	0
程慧高	2014-132	2014-435	2014-436	2015-440	2015-441	2015-442	6（0）	0（0）	0
程继贵	2013-593						1（0）	0（0）	0
程继健	1993-008	1997-007					2（0）	0（0）	0
程坚	**2012-034**						1（1）	0（0）	0
程坚平	1996-037	2001-034	2003-054	2004-038	2005-003	2006-016	6（0）	0（0）	0
程建邦	**1981-009**	**1982-010**	1982-028	**1983-013**	**1985-011**	1985-030	8（6）	0（0）	0
	1987-008	1987-009							
程建光	**2001-012**						1（1）	0（0）	0
程建民	1983-064						1（0）	0（0）	0
程健林	2013-448						1（0）	0（0）	0
程江	2011-104	2011-377					2（0）	0（0）	0
程杰	1996-077	1996-078	1996-079	1998-082	1998-093	1999-067	8（0）	0（0）	0
	1999-081	1999-082							
程洁	2006-020						1（1）	0（0）	0
程捷	2008-236						1（0）	0（0）	0
程介克	**1988-013**	**1990-014**					2（2）	0（0）	0
程瑾宁	2005-040						1（0）	0（0）	0
程进	**2009-032**						1（1）	0（0）	0
程军	2007-329						1（0）	0（0）	0
程俊华	**2013-039**	**2013-040**					2（2）	0（0）	0
程亮	2010-155						1（0）	0（0）	0
程林	2002-098	2002-099					2（0）	0（0）	0
程琳	2001-006F	2002-016	2002-053	2002-101	**2004-008**	**2004-009**	15（7）	1（0）	0
	2004-017	**2007-023**	2007-025	**2008-038**	2008-042	**2011-027**			
	2012-172	**2015-043**	**2015-044**						
程梦蝶	2009-205						1（0）	0（0）	0
程梦华	2013-057						1（0）	0（0）	0
程鹏亮	2014-180						1（0）	0（0）	0
程清	2002-122	**2005-011**	**2007-024**	**2008-039**	2015-307		5（3）	0（0）	0
程日辉	2010-346						1（0）	0（0）	0
程慎玉	**2011-028**						1（1）	0（0）	0

续表

作者	索引编号					文献总数	英文文献	通讯作者
程胜男	**2013-041**					1（1）	0（0）	0
程时标	2014-578	2015-579				2（0）	0（0）	0
程世刚	2013-515					1（0）	0（0）	0
程书乐	**2011-029**					1（1）	0（0）	0
程淑艳	**2013-042**					1（1）	0（0）	0
程水源	2012-457					1（0）	0（0）	0
程硕	**2006-021**	2007-133				2（1）	0（0）	0
程素华	2010-318					1（0）	0（0）	0
程万荣	1983-013	**1987-010**				2（1）	0（0）	0
程望斌	**2012-035**					1（1）	0（0）	0
程巍	2010-057					1（0）	0（0）	0
程维高	2013-476					1（0）	0（0）	0
程伟	2009-364	2012-502				2（0）	0（0）	0
程伟基	1990-097					1（0）	0（0）	0
程伟良	**2014-048**	**2014-049**				2（2）	0（0）	0
程文斌	2014-107					1（0）	0（0）	0
程文萍	**2009-033**					1（1）	0（0）	0
程宪生	2009-318					1（0）	0（0）	0
程晓晶	2009-178					1（0）	0（0）	0
程晓农	2007-140					1（0）	0（0）	0
程晓维	2005-234	**2006-022**	2006-047	**2008-040**	**2009-034**	2009-076	6（3）	0（0）	0
程新兰	2006-136					1（0）	0（0）	0
程新民	2011-252					1（0）	0（0）	0
程璇	2009-073					1（0）	0（0）	0
程雪刚	**1998-014**					1（1）	0（0）	0
程雅军	2014-190					1（0）	0（0）	0
程业勋	1983-094	1983-095	**1984-013**	1984-047	**1986-017**	1990-043	14（2）	0（0）	通讯
	1993-143	1995-112	1996-039	1996-130	1997-027	1997-028			
	1997-029	1997-038							
程一兵	**1984-014**					1（1）	0（0）	0
程驿	**1999-011**	1999-012（E）	**1999-013**			3（3）	1（1）	0
程英杰	2010-072					1（0）	0（0）	0
程拥	2014-135					1（0）	0（0）	0
程永福	1990-028	1993-038				2（0）	0（0）	0
程永建	2011-045	2011-046	2011-149	2012-050		4（0）	0（0）	0
程永铭	**1991-011**	**1991-012**				2（2）	0（0）	0
程永平	2011-029					1（0）	0（0）	0
程佑法	2008-110	**2009-035**	2010-047	2010-121	2012-490	**2014-050**	8（3）	0（0）	0
	2014-051	2015-418							
程玉冰	2004-105					1（0）	0（0）	0
程玉春	1999-154					1（0）	0（0）	0
程玉勇	1984-048	1987-044				2（0）	0（0）	0
程云鹭	1992-058					1（0）	0（0）	0

续表

作者	索引编号					文献总数	英文文献	通讯作者
程泽	1993-065	1993-066	**2005-012**	**2006-023**	**2012-036**	2012-537	6（3）	0（0）	0
程张生	**2014-052**					1（1）	0（0）	0
程振波	2012-252					1（0）	0（0）	0
程志鹏	**2008-041（E）**					1（1）	1（1）	0
程志煜	**1991-013**					1（1）	0（0）	0
程志中	**2010-026**	**2011-030**	**2011-031**	**2011-032**	**2013-043**		5（5）	0（0）	0
Cheng Bingru	2000-102（E）					1（0）	1（0）	0
Cheng Lin	2006-135（E）					1（0）	1（0）	0
Cheng Peikai	2004-076（E）	2006-165（E）				2（0）	2（0）	0
Chettle D.R.	2001-037	2003-049（E）	2012-238	2006-004F	2007-002F		5（0）	3（0）	0
池国祥	2010-051					1（0）	0（0）	0
池国镇	**2012-037**					1（1）	0（0）	0
池济宏	**2006-024**	**2006-025**				2（2）	0（0）	0
池锦祺	1997-083					1（0）	0（0）	0
池靖	2008-032					1（0）	0（0）	0
池汝安	**2013-045**					1（1）	0（0）	0
池元斌	**1991-014**					1（1）	0（0）	0
迟成鑫	2014-055					1（0）	0（0）	0
迟广成	2012-032					1（0）	0（0）	0
迟令生	2001-153					1（0）	0（0）	0
迟清华	1996-136	1997-124	**1998-015**	2005-120			4（1）	0（0）	0
迟硕	2010-061					1（0）	0（0）	0
迟文飞	2015-293					1（0）	0（0）	0
迟晓红	2014-350					1（0）	0（0）	0
迟燕华	2002-009	2005-001	2009-003				3（0）	0（0）	0
Chi Kebin	2013-044（E）					1（0）	1（0）	0
Chi Xiaoguo	*2008-341（E）					1（0）	1（0）	1
Chin Kui Cheng	*2014-119（E）					1（0）	1（0）	1
Chin Sim Yee	2012-258（E）					1（0）	1（0）	0
Choi Seung Bok	2013-352（E）					1（0）	1（0）	0
丑凌军	*2009-109					1（0）	0（0）	1
Choudhary Gagan	**2009-036**					1（1）	0（0）	0
Chris G.RYAN	2009-306					1（0）	0（0）	0
初凤友	2008-349	2009-403	2010-446				3（0）	0（0）	0
初广震	**2010-027**					1（1）	0（0）	0
初洪超	**1984-015**					1（1）	0（0）	0
初钧晗	**2010-028**	**2012-038**	2013-203	2014-380			4（2）	0（0）	0
初巧妹	2009-173					1（0）	0（0）	0
初学莲	**2007-025**	2007-023	2007-197	**2008-042**			4（2）	0（0）	0
储彬彬	**2010-029**	2012-238					2（1）	0（0）	0
储达	2015-344					1（0）	0（0）	0
储国强	2010-335	2014-226					2（0）	0（0）	0
储婷婷	**2014-053**					1（1）	0（0）	0

续表

作者	索引编号					文献总数	英文文献	通讯作者
储伟	*2015-457（E）					1（0）	1（0）	1
楚广	**2012-039（E）**					1（1）	1（1）	0
褚岑岑	**2014-054**					1（1）	0（0）	0
褚海霞	2009-310	**2010-030**				2（1）	0（0）	0
褚洪岭	2011-160					1（0）	0（0）	0
褚君浩	2002-102	2003-129				2（0）	0（0）	0
褚立孔	2006-274					1（0）	0（0）	0
褚连青	1999-104					1（0）	0（0）	0
褚乃清	2007-211					1（0）	0（0）	0
褚宁	2012-203	2012-369	**2014-055**	**2014-056**	**2015-045**	2015-146	6（3）	0（0）	0
褚绮	**2013-046（E）**					1（1）	1（1）	0
褚庆辉	1997-073					1（0）	0（0）	0
褚胜男	2015-329					1（0）	0（0）	0
褚卫东	2015-533					1（0）	0（0）	0
褚小东	2009-243					1（0）	0（0）	0
褚小立	**2006-026**					1（1）	0（0）	0
褚阳	2015-529					1（0）	0（0）	0
褚玥	2010-211（E）					1（0）	1（0）	0
Chu J.Z.	**1996-001F**	**1996-002F**				2（2）	2（2）	0
川仁	**1989-012**					1（1）	0（0）	0
传秀云	2014-416					1（0）	0（0）	0
淳远	2009-188					1（0）	0（0）	0
Chuparina E.V.	2006-177（E）	2006-178（E）				2（0）	2（0）	0
慈兴华	2013-302					1（0）	0（0）	0
次仁卓嘎	**2015-046**					1（1）	0（0）	0
次向明	2002-148					1（0）	0（0）	0
Claudio Giardino	**1998-016**					1（1）	0（0）	0
Cocozza C.	2012-477					1（0）	0（0）	0
Coley K.S.	2011-009					1（0）	0（0）	0
Colin Christophe	2011-466	2011-467（E）				2（0）	1（0）	0
Comini E.	**2006-027（E）**					1（1）	1（1）	0
丛琛	**2014-057**					1（1）	0（0）	0
丛丹妮	2014-608					1（0）	0（0）	0
丛立民	2006-282					1（0）	0（0）	0
丛宁	**1993-016**					1（1）	0（0）	0
丛兴顺	**2006-028**	**2007-026**	**2009-037**			3（3）	0（0）	0
丛志远	2006-194					1（0）	0（0）	0
Coote G.E.	1996-051	1996-052				2（0）	0（0）	0
Corps N.	**1987-011**					1（1）	0（0）	0
Cross B.J.	1992-001F					1（0）	1（0）	0
崔安熙	1993-158					1（0）	0（0）	0
崔宝瑞	1983-060	1984-067				2（0）	0（0）	0
崔彪	**2015-047**					1（1）	0（0）	0

续表

作者	索引编号					文献总数	英文文献	通讯作者
崔步光	2006-136					1(0)	0(0)	0
崔超	2015-159					1(0)	0(0)	0
崔春龙	2011-207	2011-208				2(0)	0(0)	0
崔大安	2006-155					1(0)	0(0)	0
崔芳华	2013-336	2013-471				2(0)	0(0)	0
崔凤辉	2006-096					1(0)	0(0)	0
崔凤辉	1983-001	1983-002	**1983-014**	**1984-016**	1986-085	9(3)	0(0)	0
	1990-015	1999-109	2000-126		1989-041			
崔凤文	**1989-013**					1(1)	0(0)	0
崔广华	*2014-096(E)					1(0)	1(0)	1
崔国勤	2005-058					1(0)	0(0)	0
崔海萍	2002-130	2003-161				2(0)	0(0)	0
崔衡	2011-488					1(0)	0(0)	0
崔洪山	2008-009					1(0)	0(0)	0
崔建军	2013-295					1(0)	0(0)	0
崔建勇	2002-024	2009-072				2(0)	0(0)	0
崔剑峰	2014-246					1(0)	0(0)	0
崔剑锋	**2012-040**	2014-486	2015-179			3(1)	0(0)	0
崔景荣	1989-092					1(0)	0(0)	0
崔隽	2002-084					1(0)	0(0)	0
崔珂珂	2015-401					1(0)	0(0)	0
崔黎黎	**2009-038**					1(1)	0(0)	0
崔立国	2013-048					1(0)	0(0)	0
崔立明	**2013-047**					1(1)	0(0)	0
崔丽	2015-421					1(0)	0(0)	0
崔丽巍	2015-212					1(0)	0(0)	0
崔连峰	2012-079					1(0)	0(0)	0
崔龙飞	2013-041					1(0)	0(0)	0
崔茂培	**2015-048**					1(1)	0(0)	0
崔萌	2005-133					1(0)	0(0)	0
崔敏利	**2009-039**					1(1)	0(0)	0
崔名芳	**2015-049**					1(1)	0(0)	0
崔明启	1990-094	2005-029	2007-050	2009-065		4(0)	0(0)	0
崔乃俊	**1993-017**					1(1)	0(0)	0
崔鹏飞	**2009-040**					1(1)	0(0)	0
崔萍萍	2009-419					1(0)	0(0)	0
崔强	**2008-043**	**2010-031**	2010-427	2013-553		4(2)	0(0)	0
崔群	2009-427					1(0)	0(0)	0
崔升	2014-529					1(0)	0(0)	0
崔世文	**2011-033**					1(1)	0(0)	0
崔守信	1989-013					1(0)	0(0)	0
崔舜	2006-219					1(0)	0(0)	0
崔素君	2001-145	**2003-013**				2(1)	0(0)	0

续表

作者	索引编号					文献总数	英文文献	通讯作者
崔素萍	**2012-041**					1（1）	0（0）	0
崔万福	**1994-017**					1（1）	0（0）	0
崔万秋	**1985-012**					1（1）	0（0）	0
崔巍巍	**2013-048**					1（1）	0（0）	0
崔炜	2011-014					1（0）	0（0）	0
崔卫国	2009-305					1（0）	0（0）	0
崔文权	**2012-042**	**2012-043**	**2013-049**	2015-118		4（3）	0（0）	0
崔文元	2000-131					1（0）	0（0）	0
崔潇妹	**2015-050**					1（1）	0（0）	0
崔晓丹	2013-070	**2015-051**				2（1）	0（0）	0
崔新发	1987-072	1988-072				2（0）	0（0）	0
崔学军	2013-226					1（0）	0（0）	0
崔学正	**1995-015**					1（1）	0（0）	0
崔邑诚	**2002-006**					1（1）	0（0）	0
崔毅	**2007-027**	2007-304				2（1）	0（0）	0
崔园园	2010-358					1（0）	0（0）	0
崔源声	**1990-016**					1（1）	0（0）	0
崔月	2015-576					1（0）	0（0）	0
崔长安	2007-035					1（0）	0（0）	0
崔振珍	**2015-052**					1（1）	0（0）	0
崔之久	2008-368					1（0）	0（0）	0
崔子文	**1995-016**					1（1）	0（0）	0
村田守	1996-104					1（0）	0（0）	0
寸凤妹	**2013-050**					1（1）	0（0）	0
Cutress T. W	1996-051	1996-052				2（0）	0（0）	0
D								
达志坚	2012-031					1（0）	0（0）	0
代百乾	**2014-058**	**2014-059**				2（2）	0（0）	0
代国祥	2012-524	**2012-044**				2（1）	0（0）	0
代锦飞	**2015-053**					1（1）	0（0）	0
代君龙	2009-350	2011-062				2（0）	0（0）	0
代丽萍	2000-044	2001-018				2（0）	0（0）	0
代林晴	2015-187					1（0）	0（0）	0
代群威	2011-074	2013-604				2（0）	0（0）	0
代世峰	2005-013	2006-029	2006-030	2007-028	2007-029（E）	2011-119	8（5）	1（1）	0
	2013-135	2014-361						
代伟伟	**2005-014**	**2005-015**	2006-137（E）			3（2）	1（0）	0
代扬	2014-047					1（0）	0（0）	0
代以春	2014-362					1（0）	0（0）	0
代宇	2010-425					1（0）	0（0）	0
代振宇	2012-503					1（0）	0（0）	0
代志祥	2015-067	2015-612				2（0）	0（0）	0
戴宝琴	2014-376					1（0）	0（0）	0

续表

作者	索引编号					文献总数	英文文献	通讯作者
戴朝成	2015-537					1（0）	0（0）	0
戴春燕	**2005-016**	**2005-017**				2（2）	0（0）	0
戴东情	2015-479	2015-585				2（0）	0（0）	0
戴富涛	2015-189（E）					1（0）	1（0）	0
戴国瑞	**1997-013**	1997-030				2（1）	0（0）	0
戴国宣	2012-355	2014-392				2（0）	0（0）	0
戴汉斌	**2009-041**					1（1）	0（0）	0
戴红	**2013-051**					1（1）	0（0）	0
戴洪兴	2011-319（E）					1（0）	1（0）	0
戴慧	**2011-034**					1（1）	0（0）	0
戴建国	2005-203	2006-240				2（0）	0（0）	0
戴静	**2013-052**					1（1）	0（0）	0
戴俊	**2015-054**					1（1）	0（0）	0
戴开美	1993-159					1（0）	0（0）	0
戴康	2003-067					1（0）	0（0）	0
戴克戎	1995-135	1997-136	2000-091			3（0）	0（0）	0
戴礼洪	**2011-035**	**2011-036**				2（2）	0（0）	0
戴立顺	1993-094					1（0）	0（0）	0
戴连奎	2011-416					1（0）	0（0）	0
戴琳	**2006-031**					1（1）	0（0）	0
戴平	2012-366	2013-258	2014-327			3（0）	0（0）	0
戴清明	2010-332					1（0）	0（0）	0
戴群和	2014-006					1（0）	0（0）	0
戴如娟	2014-548					1（0）	0（0）	0
戴塔根	2002-038					1（0）	0（0）	0
戴挺	2008-339	2009-378	2010-444	2010-445		4（0）	0（0）	0
戴万钧	**1999-014**	**1999-015**				2（2）	0（0）	0
戴维丽	1991-124					1（0）	0（0）	0
戴维列	2009-082	2010-086	2011-101	2013-437		4（0）	0（0）	0
戴纬	1993-032					1（0）	0（0）	0
戴文红	1991-067					1（0）	0（0）	0
戴小春	**1993-018**					1（1）	0（0）	0
戴小平	1998-152					1（0）	0（0）	0
戴晓兰	1992-076	2000-103				2（0）	0（0）	0
戴学谦	2001-149	**2009-042**	2009-290	2013-399	2015-098	2015-260	6（1）	0（0）	0
戴耀东	1992-087	*2008-080	2014-267	*2014-317		4（0）	0（0）	2
戴永兵	2004-033					1（0）	0（0）	0
戴永年	2005-179	2009-273	2010-229	2011-267（E）		4（0）	1（0）	0
戴友芝	2013-037					1（0）	0（0）	0
戴越	**2012-045**					1（1）	0（0）	0
戴长松	2007-275	2009-330	2012-446			3（0）	0（0）	0
戴昭华	1981-016	**1984-017**	**1984-018**	1985-013	1986-018	1986-033	9（5）	0（0）	0
	1992-103	**1994-018**	1995-104					

续表

作者	索引编号						文献总数	英文文献	通讯作者
戴振麟	**2007-030**	**2008-044**	**2008-045**	2008-330			4（3）	0（0）	0
戴正之	2012-315						1（0）	0（0）	0
戴致鑫	2014-371						1（0）	0（0）	0
戴中宁	**1993-019（E）**	1995-017	1996-027	1999-143			4（3）	1（1）	0
戴朱恒	**1983-015**						1（1）	0（0）	0
丹东仪器厂	**1977-003**						1（1）	0（0）	0
旦辉	**2012-046**						1（1）	0（0）	0
但承益	2011-039						1（0）	0（0）	0
但建明	2012-564						1（0）	0（0）	0
但娟	**2015-055**						1（1）	0（0）	0
但智钢	2015-534						1（0）	0（0）	0
党高潮	2000-084	*2004-107（E）	2008-241				3（0）	1（0）	1
党红文	2014-448						1（0）	0（0）	0
党俊芳	∵1999-016						1（0）	0（0）	0
党亮	2008-151	2009-159	2010-169	2010-170	2011-184	2012-210	13（0）	0（0）	0
	2013-234	2013-483	2014-235	2014-440	2015-244	2015-245			
	2015-246								
党瑞	2014-518						1（0）	0（0）	0
党瑞山	1998-008	1998-104	1999-009	2000-009	2000-010	2000-050	8（0）	1（0）	0
	2000-051	2009-005F							
党小剑	2005-157						1（0）	0（0）	0
党小娟	2015-339						1（0）	0（0）	0
党晓明	2011-226	2012-249					2（0）	0（0）	0
Daniel C.W.Tsang	*2013-432（E）						1（0）	1（0）	1
Daniele R. Attorre	2011-488						1（0）	0（0）	0
Daroonparvar M.	2014-008（E）						1（0）	1（0）	0
David D.Cohen	2005-200（E）	2005-201					2（0）	1（0）	0
David R.Cooke	2009-306						1（0）	0（0）	0
德国利恒公司上海代表处	**2004-010**						1（1）	0（0）	0
德喜	**1995-018**	**1999-017**	2001-056				3（2）	0（0）	0
Dembele Blaise	2015-377						1（0）	0（0）	0
邓爱红	2007-050	2009-065					2（0）	0（0）	0
邓彪	2004-143	**2006-032**	**2007-031（E）**	**2007-032**	**2007-033**	2015-356	11（5）	6（2）	0
	2004-003F	2006-006F	2006-010F	2011-003F	**2013-003F**				
邓波	2013-578						1（0）	0（0）	0
邓常劼	**2009-043**	2015-318					2（1）	0（0）	0
邓飞	**2014-060**						1（1）	0（0）	0
邓飞跃	*2015-295						1（0）	0（0）	1
邓凤	2012-109	2012-229					2（0）	0（0）	0
邓贵龙	2004-022						1（0）	0（0）	0

续表

作者	索引编号					文献总数	英文文献	通讯作者
邓禾颖	2013-167					1（0）	0（0）	0
邓虹	1997-034	1999-112				2（0）	0（0）	0
邓慧萍	2013-312					1（0）	0（0）	0
邓佳	**2013-053**					1（1）	0（0）	0
邓建国	**2010-032**	**2014-061**	*2014-229	**2015-056**		4（3）	0（0）	1
邓建军	1999-018	2002-009				2（0）	0（0）	0
邓军华	2010-226	2010-307	**2011-037**	2011-257	2011-259	2011-260	8（3）	0（0）	0
	2013-054	**2013-055**						
邓恺	2010-233					1（0）	0（0）	0
邓黎黎	2007-220					1（0）	0（0）	0
邓良平	2000-049	2001-005	**2001-013**			3（1）	0（0）	0
邓亮	2014-452					1（0）	0（0）	0
邓麦村	2004-160					1（0）	0（0）	0
邓平	1987-085					1（0）	0（0）	0
邓启红	**2009-044**	2010-124（E）				2（1）	1（0）	0
邓钦祖	**2015-057**					1（1）	0（0）	0
邓瑞钦	1982-058	1983-075	1984-076			3（0）	0（0）	0
邓赛文	1994-012	1995-055	1995-128	1996-002（E）	1996-003	1996-124	32（11）	2（0）	0
	1996-127	1996-145	**1997-014**	1997-115（E）	1997-131	1998-012			
	1999-140	2001-009	**2001-014**	**2001-015**	**2001-016**	**2003-014**			
	2003-077	2003-078	2005-009	**2007-034**	**2007-035**	**2007-036**			
	2007-172	**2009-045**	**2011-038**	2013-425	2014-360	**2014-611**			
	2015-368	2016-017W							
邓森	**2009-046**					1（1）	0（0）	0
邓圣	2015-405					1（0）	0（0）	0
邓胜平	2014-569					1（0）	0（0）	0
邓士翠	2008-075					1（0）	0（0）	0
邓世瑶	**1988-014**	**1989-014**	1990-033			3（2）	0（0）	0
邓述培	**2012-047**					1（1）	0（0）	0
邓思娟	2012-552					1（0）	0（0）	0
邓松良	2015-262					1（0）	0（0）	0
邓涛	2006-084					1（0）	0（0）	0
邓惟勤	**2015-058**	2015-554				2（1）	0（0）	0
邓伟	2014-579					1（0）	0（0）	0
邓卫华	2015-331					1（0）	0（0）	0
邓文安	2014-432					1（0）	0（0）	0
邓文博	**2015-059**					1（1）	0（0）	0
邓文胜	2009-102					1（0）	0（0）	0
邓希光	2011-089					1（0）	0（0）	0
邓祥义	**2001-017**	2002-007				2（2）	0（0）	0
邓晓辉	**2011-039**					1（1）	0（0）	0
邓新鉴	**1984-019**					1（1）	0（0）	0
邓新梅	2009-191	**2011-040**	2011-225			3（1）	0（0）	0

续表

作者	索引编号					文献总数	英文文献	通讯作者
邓新荣	**2006-033**					1（1）	0（0）	0
邓秀杰	2013-196					1（0）	0（0）	0
邓旭亮	2010-141					1（0）	0（0）	0
邓雪明	1986-019					1（0）	0（0）	0
Deng X.Y.	2007-009F					1（0）	1（0）	0
邓艳丽	**1997-015**	**1998-017**				2（2）	0（0）	0
邓阳全	**2011-041**					1（1）	0（0）	0
邓意达	2011-039					1（0）	0（0）	0
邓樱花	**2011-042**					1（1）	0（0）	0
邓永红	2012-484	2013-250				2（0）	0（0）	0
邓勇军	**2002-008**	**2003-015**				2（2）	0（0）	0
邓宇骏	2013-355					1（0）	0（0）	0
邓玉福	2009-195	2010-418	*2013-097	2014-099	2014-121	2015-450	6（0）	0（0）	1
邓玉珠	1989-007S					1（0）	0（0）	0
邓远文	2013-237					1（0）	0（0）	0
邓跃全	2013-186	2013-276	2013-490			3（0）	0（0）	0
邓云	**2008-046**					1（1）	0（0）	0
邓云水	2013-356					1（0）	0（0）	0
邓泽群	2004-047	2004-120	2004-119（E）	2009-294（E）		4（0）	2（0）	0
邓震平	2011-223					1（0）	0（0）	0
邓志芬	2008-249					1（0）	0（0）	0
邓志豪	**2013-056**					1（1）	0（0）	0
邓智友	2013-276					1（0）	0（0）	0
邓中林	**1986-019**	**1988-015**				2（2）	0（0）	0
Deng James	2005-176					1（0）	0（0）	0
Depero L.E.	2006-027（E）					1（0）	1（0）	0
Desai P.A.	2007-090（E）					1（0）	1（0）	0
狄春雨	2014-213					1（0）	0（0）	0
狄家亮	2010-102					1（0）	0（0）	0
狄敬如	2009-139	2011-268	2014-402			3（0）	0（0）	0
狄聚青	2013-406					1（0）	0（0）	0
狄霞	**2011-043**（E）					1（1）	1（1）	0
狄跃忠	2010-355	2011-397	2015-580			3（0）	0（0）	0
迪克西特	**1978-001**					1（1）	0（0）	0
邸立杰	2006-050	2009-071				2（0）	0（0）	0
邸云萍	**2008-047**					1（1）	0（0）	0
地质矿产研究所	**1973-006P**	**1973-012P**	**1973-017P**			3（3）	0（0）	0
地质科学院地质矿产研究所八室	**1976-005P**					1（1）	0（0）	0
第二研究室	**1975-003**					1（1）	0（0）	0
第五春荣	2007-145					1（0）	0（0）	0
第五研究室	1975-003					1（0）	0（0）	0
刁桂年	1982-005	**1982-011**	**1983-016**	**1983-017**	**1988-016**	**2003-016**	7（5）	0（0）	0

续表

作者	索引编号					文献总数	英文文献	通讯作者
	1981-004S							
刁小强	2014-371					1（0）	0（0）	0
刁玉霞	2011-376					1（0）	0（0）	0
刁智俊	**2013-057**					1（1）	0（0）	0
Didier Bonvin	2011-264					1（0）	0（0）	0
Dieter Grambole	2003-138					1（0）	0（0）	0
丁爱娟	**2013-058**					1（1）	0（0）	0
丁传贤	1999-153					1（0）	0（0）	0
丁春晓	2008-313					1（0）	0（0）	0
丁聪聪	2015-161（E）					1（0）	1（0）	0
丁锋	1994-065					1（0）	0（0）	0
丁福臣	2013-152					1（0）	0（0）	0
丁富荣	1985-001					1（0）	0（0）	0
丁光宏	1998-104	2009-005F				2（0）	1（0）	0
丁桂珍	1998-013					1（0）	0（0）	0
丁海林	**1989-015**					1（1）	0（0）	0
丁红	1990-062	1991-052（E）				2（0）	1（0）	0
丁红梅	2005-072					1（0）	0（0）	0
丁虹	1985-093	1985-095				2（0）	0（0）	0
丁慧	2008-067					1（0）	0（0）	0
丁家言	1963-001					1（0）	0（0）	0
丁建华	2014-158					1（0）	0（0）	0
丁建军	2015-102					1（0）	0（0）	0
丁建文	**2009-047**					1（1）	0（0）	0
丁健	2012-468					1（0）	0（0）	0
丁键	2013-017（E）					1（0）	1（0）	0
丁江涛	**2008-048**					1（1）	0（0）	0
丁杰	2015-586					1（0）	0（0）	0
丁锦频	2011-008					1（0）	0（0）	0
丁库克	**1996-028**					1（1）	0（0）	0
丁奎首	**1993-020**	1993-126				2（1）	0（0）	0
丁力	2015-412					1（0）	0（0）	0
丁莉	2011-268					1（0）	0（0）	0
丁林伟	2011-106					1（0）	0（0）	0
丁玲	**2010-033**					1（1）	0（0）	0
丁民德	**1976-003**					1（1）	0（0）	0
丁敏	2011-236	2012-179				2（0）	0（0）	0
丁敏菊	2014-427					1（0）	0（0）	0
丁宁	2014-575					1（0）	0（0）	0
丁奇亮	**2013-059**					1（1）	0（0）	0
丁汝福	2001-141					1（0）	0（0）	0
丁汝鑫	*2015-525					1（0）	0（0）	1
丁善宝	**1983-018**					1（1）	0（0）	0

续表

作者	索引编号						文献总数	英文文献	通讯作者
丁矢勇	**1993-021**						1（1）	0（0）	0
丁仕兵	**2003-017**	**2006-034**	2012-511	2013-099	2013-548	2013-549	10（2）	0（0）	0
	2013-550	2014-080	2014-101	2015-476					
丁淑杰	**2015-060**						1（1）	0（0）	0
丁述理	2012-502						1（0）	0（0）	0
丁颂亚	1986-087						1（0）	0（0）	0
丁伟	2007-195	2010-219					2（0）	0（0）	0
丁伟杰	2015-419						1（0）	0（0）	0
丁卫撑	**2004-011**	*2015-124					2（1）	0（0）	1
丁文斌	2005-215	2005-216					2（0）	0（0）	0
Ding Wenjun	2007-007F						1（0）	1（0）	0
丁锡祥	1998-050						1（0）	0（0）	0
丁喜峰	2006-050	2007-055	2008-073	2008-074	2010-072	2012-498	7（1）	0（0）	0
	2012-048								
丁晓纪	2005-094						1（0）	0（0）	0
丁笑天	2011-463						1（0）	0（0）	0
丁秀敏	2010-126						1（0）	0（0）	0
丁秀云	2010-047						1（0）	0（0）	0
丁学宽	2014-107						1（0）	0（0）	0
丁学新	1992-087						1（0）	0（0）	0
丁雪心	**1989-016**	**1992-019**	**1993-022**	**1994-019**	**1995-019**	**1996-029**	8（8）	0（0）	0
	1973-021P	**1973-022P**							
丁训诚	1993-107	1994-085					2（0）	0（0）	0
丁训良	1994-112	1995-094	**1996-030**	**1997-016**	1998-121	1999-122	38（4）	4（0）	5
	2000-040	2000-098	2003-131	*2003-162	2003-165	**2004-012**			
	2004-013	*2004-093	2005-134	2005-135	*2005-159	2006-197			
	2007-023	*2007-025	2007-196（E）	2007-197	2008-038	*2008-042			
	2008-215	2008-216	2009-325	2010-268	2011-292	2011-293			
	2013-231	2013-311	2013-362（E）	2014-352	2015-170	2008-004F			
	2008-005F	2009-013W							
Ding X.	2008-006F						1（0）	1（0）	0
丁岩	2013-013						1（0）	0（0）	0
丁艳芳	1996-024	1996-025	1999-039				3（0）	0（0）	0
丁艺	2012-046						1（0）	0（0）	0
丁轶	2009-238						1（0）	0（0）	0
丁益民	1989-006（E）	1990-003	1992-009	1992-149	1996-004	1996-009	12（1）	1（0）	0
	1996-031	1997-005	1998-006	1998-162	2000-137	2002-075			
丁毅	2007-074						1（0）	0（0）	0
丁银忠	2008-109	2009-111	2010-117	**2011-044**	2011-056	2012-058	13（3）	0（0）	0
	2013-060	2013-166	2013-167	2013-441	**2014-062**	2014-431			
	2014-580								
丁英仁	2013-369						1（0）	0（0）	0
丁永生	2005-037	2006-060					2（0）	0（0）	0

续表

作者	索引编号					文献总数	英文文献	通讯作者
丁雨憧	2009-011					1（0）	0（0）	0
丁玉兰	**2010-034**					1（1）	0（0）	0
丁玉龙	2010-348					1（0）	0（0）	0
丁元华	1990-127					1（0）	0（0）	0
丁元明	**1997-017**					1（1）	0（0）	0
丁原石	2005-064					1（0）	0（0）	0
丁云杰	2013-029	*2014-034				2（0）	0（0）	0
丁志博	2010-377					1（0）	0（0）	0
丁志俊	**1986-020**					1（1）	0（0）	0
丁志强	1999-123	2001-022				2（0）	0（0）	0
丁忠明	2008-135	2008-136	**2012-049**	2012-190		4（1）	0（0）	0
丁祖昌	1988-020					1（0）	0（0）	0
Dmitriev S.N.	**1992-020**	**1995-020**				2（2）	0（0）	0
Dogan M.	2015-009（E）					1（0）	1（0）	0
Dolezal Ludwig	2011-004					1（0）	0（0）	0
董宝兴	1995-023					1（0）	0（0）	0
董超群	2013-257					1（0）	0（0）	0
董朝晖	2015-546（E）					1（0）	1（0）	0
董晨钟	1996-084					1（0）	0（0）	0
董传博	2014-497					1（0）	0（0）	0
董德凡	2005-009					1（0）	0（0）	0
董发勤	**1999-018**	2002-009	2005-001	2011-074	2012-098	2013-186	9（2）	0（0）	2
	*2013-298	2013-490	*2013-604						
董高翔	**1985-014**	**1985-015**	**1985-016**	**1987-012**	**1988-017**	1988-121	6（5）	0（0）	0
董国富	2013-143					1（0）	0（0）	0
董国杰	2013-143					1（0）	0（0）	0
董国利	2005-149					1（0）	0（0）	0
董国明	**1997-018**	**1998-018**				2（2）	0（0）	0
董国义	2007-236（E）	2007-237				2（0）	1（0）	0
董海成	2008-067					1（0）	0（0）	0
董海洋	2014-037					1（0）	0（0）	0
董浩	2015-093					1（0）	0（0）	0
董红梅	2011-462					1（0）	0（0）	0
董宏	**2010-035**					1（1）	0（0）	0
董宏海	2003-062	**2004-014**				2（1）	0（0）	0
董洪涛	∵1993-023	∵1993-024	∵1997-019			3（0）	0（0）	0
董焕志	**1978-002**					1（1）	0（0）	0
董慧茹	**1998-019**					1（1）	0（0）	0
董吉宝	2015-167					1（0）	0（0）	0
董吉胜	2005-117					1（0）	0（0）	0
董吉源	1998-019					1（0）	0（0）	0
董家骡	2002-006					1（0）	0（0）	0
董建红	1995-126					1（0）	0（0）	0

续表

作者	索引编号					文献总数	英文文献	通讯作者
董健丽	2010-144					1（0）	0（0）	0
董金泉	**1998-020**	2000-102（E）	2003-031	2004-139		4（1）	1（0）	0
董金秀	**2010-036**					1（1）	0（0）	0
董晶亮	**2015-061**					1（1）	0（0）	0
董婧蒙	2009-413					1（0）	0（0）	0
董军领	**2008-049**					1（1）	0（0）	0
董俊	2011-377	2013-136				2（0）	0（0）	0
董俊卿	**2007-037** **2011-045** **2013-061**	**2007-038** **2011-046** 2013-190	2008-217 2011-070 2014-084	2009-064 2011-149 2015-396	2010-058（E） **2012-050** 2015-573	2010-284 **2012-051**	17（7）	1（0）	0
董凯伟	**2013-062**	**2014-063**	2014-308			3（2）	0（0）	0
董克家	1980-031	**1983-019**				2（1）	0（0）	0
董丽辉	2014-412					1（0）	0（0）	0
董丽敏	**1998-021**					1（1）	0（0）	0
董莉	2008-082					1（0）	0（0）	0
董连宝	**2010-037**					1（1）	0（0）	0
董连慧	2006-009（E）					1（0）	1（0）	0
董林	**2004-015**	*2011-429	*2012-045			3（1）	0（0）	2
董林森	2015-038					1（0）	0（0）	0
董琳玲	2014-183					1（0）	0（0）	0
董明理	1998-158					1（0）	0（0）	0
董萍	1996-014					1（0）	0（0）	0
董岐	2015-602					1（0）	0（0）	0
董勤	2009-011					1（0）	0（0）	0
董清木	2005-047	2008-188	2010-221	2010-222		4（0）	0（0）	0
董全力	2012-121					1（0）	0（0）	0
董群满	**1985-017**					1（1）	0（0）	0
董珊	**2011-047**	*2012-187				2（1）	0（0）	1
董胜伟	2013-259					1（0）	0（0）	0
董世爽	2015-603					1（0）	0（0）	0
董淑珍	1996-081					1（0）	0（0）	0
董树屏	1991-042					1（0）	0（0）	0
董双快	**2015-062**					1（1）	0（0）	0
董思洋	**2011-048**					1（1）	0（0）	0
董松林	2002-044					1（0）	0（0）	0
董天沛	1982-041					1（0）	0（0）	0
董天姿	2015-584					1（0）	0（0）	0
董威严	2001-076					1（0）	0（0）	0
董伟峰	2013-364					1（0）	0（0）	0
董卫民	2008-242					1（0）	0（0）	0
董相廷	2011-282					1（0）	0（0）	0
董香梅	**2008-050**	2008-328	2009-361			3（1）	0（0）	0
董晓丽	2010-179					1（0）	0（0）	0

续表

作者	索引编号						文献总数	英文文献	通讯作者
董晓玲	1993-106						1（0）	0（0）	0
董晓艳	2008-161						1（0）	0（0）	0
董欣欣	**2014-064**	2014-086	2015-078				3（1）	0（0）	0
董星龙	*2005-077	2008-130					2（0）	0（0）	1
董秀文	2006-108	2007-111	2014-194				3（0）	0（0）	0
董煊	1995-114						1（0）	0（0）	0
董雪莹	2014-477						1（0）	0（0）	0
董亚萍	2009-275	*2009-276	*2010-301				3（0）	0（0）	2
董亚巍	2007-152	2008-265	2009-298	2010-210	2010-333	2011-352	6（0）	0（0）	0
董彦辉	**2005-018**	**2009-048**	**2011-049**	**2011-050**			4（4）	0（0）	0
董艳梅	2001-058（E）	2001-059	2001-007F				3（0）	2（0）	0
董艳艳	**2011-051**						1（1）	0（0）	0
董亦斌	**1999-019**						1（1）	0（0）	0
董英鸽	2010-358						1（0）	0（0）	0
董英英	2012-305	2013-359					2（0）	0（0）	0
董莹	**2012-052**						1（1）	0（0）	0
董永利	2011-284						1（0）	0（0）	0
董永胜	2012-036	**2012-053**	2012-537				3（1）	0（0）	0
董永先	1986-071						1（0）	0（0）	0
董玉兰	1993-098	1994-074（E）	1994-075	1995-067			4（0）	1（0）	0
董玉涛	**2015-063**						1（1）	0（0）	0
董玉婉	**2014-065**						1（1）	0（0）	0
董元簏	2013-056						1（0）	0（0）	0
董元兴	**2006-035**	**2006-036**					2（2）	0（0）	0
董岳	2015-586						1（0）	0（0）	0
董昭雄	**2010-038**						1（1）	0（0）	0
董振武	2001-112						1（0）	0（0）	0
董中华	2000-058	2001-073	2001-074				3（0）	0（0）	0
董众兵	2006-091（E）	2006-092（E）					2（0）	2（0）	0
钭启升	**2009-049**						1（1）	0（0）	0
豆静杰	**2014-066**						1（1）	0（0）	0
豆志河	2010-206（E）	2010-207	2011-079				3（0）	1（0）	0
窦富起	2015-444						1（0）	0（0）	0
窦广玉	2014-345						1（0）	0（0）	0
窦和瑞	**2003-018**						1（1）	0（0）	0
窦怀智	**2014-067**	**2014-068**					2（2）	0（0）	0
窦军红	2006-243（E）						1（0）	1（0）	0
窦硕增	**2007-039**						1（1）	0（0）	0
窦涛	*2008-119	2012-109	2012-229	2012-510	*2013-385	2013-415	9（0）	0（0）	3
	2014-213	2014-498	*2015-120						
窦小平	2014-070	2015-122					2（0）	0（0）	0
窦衍光	2007-215						1（0）	0（0）	0
窦艳涛	2013-096						1（0）	0（0）	0

续表

作者	索引编号					文献总数	英文文献	通讯作者
窦一村	2010-117	2011-056	2012-058			3（0）	0（0）	0
窦勇	**2008-051**	**2013-063**				2（2）	0（0）	0
Dou R.F.	2011-006F					1（0）	1（0）	0
Drago A.L.	1985-001F					1（0）	1（0）	0
杜艾	**2008-052**	2008-279	2008-306			3（1）	0（0）	0
杜爱萍	2008-292					1（0）	0（0）	0
杜彩霞	**2010-039**	2010-131	2011-157			3（1）	0（0）	0
杜超伶	**2008-053**	2010-251				2（1）	0（0）	0
杜朝军	2007-099					1（0）	0（0）	0
杜晨林	2003-215					1（0）	0（0）	0
杜崇良	1975-006	1976-003P				2（0）	0（0）	0
杜崇明	**1995-021**					1（1）	0（0）	0
杜登福	2001-123	**2002-010**	2002-124			3（1）	0（0）	0
杜登文	**2008-054**					1（1）	0（0）	0
杜锋	2005-016	2005-017	**2008-055**	2009-050（E）		4（2）	1（1）	0
杜谷	2010-342	2011-104	2011-377			3（0）	0（0）	0
杜广鹏	2010-021					1（0）	0（0）	0
杜国栋	**2015-064（E）**					1（1）	1（1）	0
杜国浩	2015-356	2013-003F				2（0）	1（0）	0
杜国强	2010-278					1（0）	0（0）	0
杜海英	2012-026（E）					1（0）	1（0）	0
杜恒清	**1994-020**	∴1995-022	**1997-020**	2013-550		4（2）	0（0）	0
杜鸿章	2003-168					1（0）	0（0）	0
杜慧文	2015-208					1（0）	0（0）	0
杜吉波	1999-107					1（0）	0（0）	0
杜加锋	1996-045					1（0）	0（0）	0
杜建民	2001-074	2008-053	2008-258	2009-286	**2010-040**	2010-197	9（2）	0（0）	0
	2011-052	2011-468	2013-588					
杜江	2013-108（E）					1（0）	1（0）	0
杜江勇	2012-564					1（0）	0（0）	0
杜杰	**2012-054**					1（1）	0（0）	0
杜京霖	2015-280					1（0）	0（0）	0
杜静	**2009-051**					1（1）	0（0）	0
杜静楠	**2015-065**					1（1）	0（0）	0
杜娟	2011-052					1（0）	0（0）	0
杜军	2003-074					1（0）	0（0）	0
杜军炜	**2009-052**					1（1）	0（0）	0
杜军卫	2002-037					1（0）	0（0）	0
杜磊	2009-027					1（0）	0（0）	0
杜理科	2014-277					1（0）	0（0）	0
杜琳	2010-156	2011-173				2（0）	0（0）	0
杜玲	**2010-041**					1（1）	0（0）	0
杜梦圆	2015-341					1（0）	0（0）	0

续表

作者	索引编号					文献总数	英文文献	通讯作者
杜米芳	2000-044	**2001-018**	**2002-011**	**2002-012**		4（3）	0（0）	0
杜佩轩	2004-164					1（0）	0（0）	0
杜鹏	2015-099					1（0）	0（0）	0
杜谦	2010-060					1（0）	0（0）	0
杜蓉	2013-466（E）					1（0）	1（0）	0
杜杉杉	**2014-069**					1（1）	0（0）	0
杜少文	**2013-064**	2014-269				2（1）	0（0）	0
杜书田	1983-019					1（0）	0（0）	0
杜淑兰	**2010-042**					1（1）	0（0）	0
杜树斌	2009-391					1（0）	0（0）	0
杜天军	**2012-055**	**2013-065**				2（2）	0（0）	0
杜婷婷	2013-129					1（0）	0（0）	0
杜玮	2014-164					1（0）	0（0）	0
杜文凯	2015-280					1（0）	0（0）	0
杜喜研	2008-182					1（0）	0（0）	0
杜晓	2012-044					1（0）	0（0）	0
杜晓光	2008-042	2009-325				2（0）	0（0）	0
杜晓辉	2015-108	2015-109	2015-619			3（0）	0（0）	0
杜晓丽	**2003-019**					1（1）	0（0）	0
杜晓冉	2005-228					1（0）	0（0）	0
杜新岳	1985-101	1985-102				2（0）	0（0）	0
杜兴胜	**2014-070**					1（1）	0（0）	0
杜兴毅	**2011-053**					1（1）	0（0）	0
杜旭东	1987-085					1（0）	0（0）	0
杜燕	**2006-037**					1（1）	0（0）	0
杜垚垚	2012-154					1（0）	0（0）	0
杜银花	2013-420					1（0）	0（0）	0
杜英辉	2014-537					1（0）	0（0）	0
杜永娟	**2002-013**					1（1）	0（0）	0
杜勇	2013-226					1（0）	0（0）	0
杜玉兵	**2015-066**					1（1）	0（0）	0
杜玉枝	2011-263	2012-145	2012-146	2015-166	2015-488	5（0）	0（0）	0
杜远	2013-024					1（0）	0（0）	0
杜云贵	**2012-056**	2012-080				2（1）	0（0）	0
杜泽伟	2014-490					1（0）	0（0）	0
杜志强	**2008-056**					1（1）	0（0）	0
杜治国	**2009-053**	2010-457	**2011-054**	2011-486	2012-563	5（2）	0（0）	0
杜中	2002-061					1（0）	0（0）	0
渡边信次	2004-144					1（0）	0（0）	0
端木合顺	**2007-040**					1（1）	0（0）	0
端木庆铎	2015-312	2015-313				2（0）	0（0）	0
段标标	**2012-057**	2013-357				2（1）	0（0）	0
段朝阳	**2010-043**					1（1）	0（0）	0

续表

作者	索引编号						文献总数	英文文献	通讯作者
段晨龙	2013-057						1（0）	0（0）	0
段承蕴	**1989-017**						1（1）	0（0）	0
段德良	**2011-055**						1（1）	0（0）	0
段福才	2014-546						1（0）	0（0）	0
段光慧	**2014-071**						1（1）	0（0）	0
段宏昌	2009-192						1（0）	0（0）	0
段鸿莺	2008-109	2009-111	2010-117	2011-044	**2011-056**	**2011-057**	11（5）	0（0）	0
	2012-058	2013-060	**2013-066**	**2013-067**	2014-062				
段华荣	2012-129						1（0）	0（0）	0
段慧敏	**2012-059**						1（1）	0（0）	0
段吉琳	2015-414						1（0）	0（0）	0
段家华	**2013-068**	**2013-069**	**2014-072**				3（3）	0（0）	0
段九存	2011-184	2014-235					2（0）	0（0）	0
段宁	2015-534						1（0）	0（0）	0
段佩权	2015-330	2013-010F					2（0）	1（0）	0
段鹏征	2007-021						1（0）	0（0）	0
段其发	2014-594						1（0）	0（0）	0
段棋仁	2000-100						1（0）	0（0）	0
段秋桐	**2015-067**	2015-612					2（1）	0（0）	0
段小月	2010-007	2013-249	*2014-120				3（0）	0（0）	1
段晓岩	**2011-058**						1（1）	0（0）	0
段新国	2004-046						1（0）	0（0）	0
段雅婷	2014-205						1（0）	0（0）	0
段忆翔	∵1984-056	∵1985-038					2（0）	0（0）	0
段颖	2014-372						1（0）	0（0）	0
Duan Yongzheng	2011-388（E）	**2012-060（E）**	**2012-061（E）**				3（2）	3（2）	0
段钰锋	2009-196						1（0）	0（0）	0
段泽明	2015-044						1（0）	0（0）	0
段志伟	2008-346						1（0）	0（0）	0
敦少博	2009-350	2011-062					2（0）	0（0）	0
顿吴琼	2014-331						1（0）	0（0）	0
顿亚鹏	2014-081						1（0）	0（0）	0
多吉	2014-170	2015-166					2（0）	0（0）	0
多杰拉旦	2015-166						1（0）	0（0）	0
朵万才	2009-368						1（0）	0（0）	0
Dupont Alain	2007-209（E）						1（0）	1（0）	0
Duygu Kocaefe	2012-402						1（0）	0（0）	0
Dypvik H.	**1985-018**						1（1）	0（0）	0
E									
Eduard Stelcer	2005-200（E）	2005-201					2（0）	1（0）	0
Egden L.	2012-238						1（0）	0（0）	0
El Kammar A.M.	2015-136（E）						1（0）	1（0）	0

续表

作者	索引编号					文献总数	英文文献	通讯作者
Elena G. Vologina	2006-002（E）					1（0）	1（0）	0
Emilie Even	2012-114					1（0）	0（0）	0
Epp J. M.	1985-001F					1（0）	1（0）	0
Eswaran P.	2009-218（E）					1（0）	1（0）	0
Eum Ki Do	**2014-073**					1（1）	0（0）	0
F								
法涛	2010-377					1（0）	0（0）	0
Faglia G.	2006-027（E）					1（0）	1（0）	0
凡小盼	2007-136	2008-101	**2010-044**	**2014-074**	**2014-075**	5（3）	0（0）	0
樊斌	2015-523					1（0）	0（0）	0
樊昌生	2003-213	2004-008	2006-323	2011-027	2013-098	5（0）	0（0）	0
樊春海	2015-370（E）					1（0）	1（0）	0
樊翠梅	**2011-059**					1（1）	0（0）	0
樊栋	2013-153	2013-154				2（0）	0（0）	0
樊宏伟	2001-106					1（0）	0（0）	0
樊华	2011-402					1（0）	0（0）	0
樊济宇	2011-447					1（0）	0（0）	0
樊继利	2008-010					1（0）	0（0）	0
樊建凌	2005-019					1（0）	0（0）	0
樊建新	**2013-070**					1（1）	0（0）	0
樊建勋	2014-452					1（0）	0（0）	0
樊娟	**1996-032**					1（1）	0（0）	0
樊俊珍	**2008-057**					1（1）	0（0）	0
樊磊涛	2015-376					1（0）	0（0）	0
樊娜	2005-182					1（0）	0（0）	0
樊启文	2014-537					1（0）	0（0）	0
樊守忠	1990-044	1991-039	1991-040	1993-055	1994-040	20（1）	0（0）	0
	1995-047	1995-048	1996-071	1997-050	1998-056			
	1998-058	1998-163	2001-048	2004-153	2005-208			
	2006-038	2007-305	2008-342	2014-504	2015-513			
樊曙先	**2005-019**	**2005-020**				2（2）	0（0）	0
樊太亮	2010-027					1（0）	0（0）	0
樊霆	**2013-071**	2013-378				2（1）	0（0）	0
樊温泉	2015-396					1（0）	0（0）	0
樊小朝	2014-049					1（0）	0（0）	0
樊晓蕾	2009-268	2010-290	2010-442			3（0）	0（0）	0
樊鑫淼	**2013-072**					1（1）	0（0）	0
樊兴涛	**2004-016**	2004-147	2005-156	2006-019	**2007-041**	17（3）	1（0）	0
	2009-279	2009-281	2009-362	2010-303	2010-308			
	2011-060	2011-344	2013-146	2013-147	2013-354			
	2015-527	2007-001F						
樊学忠	2013-308					1（0）	0（0）	0
樊余富	**1995-023**					1（1）	0（0）	0
樊粤明	2008-102					1（0）	0（0）	0

续表

作者	索引编号					文献总数	英文文献	通讯作者
樊蕴	1988-103					1 (0)	0 (0)	0
樊哲	2007-217					1 (0)	0 (0)	0
樊振国	∵1989-072					1 (0)	0 (0)	0
樊志刚	**2011-061**					1 (1)	0 (0)	0
反町正美	2007-204					1 (0)	0 (0)	0
范爱龄	1983-064					1 (0)	0 (0)	0
范安川	2013-382	2013-412	2013-430			3 (0)	0 (0)	0
范宾宾	2013-114					1 (0)	0 (0)	0
范冰冰	2013-476					1 (0)	0 (0)	0
范博文	2012-381					1 (0)	0 (0)	0
范超	2015-489					1 (0)	0 (0)	0
范诚	**2013-073**					1 (1)	0 (0)	0
范崇正	**1994-021**					1 (1)	0 (0)	0
范春辉	**2010-045**	**2010-046**	**2013-074**			3 (3)	0 (0)	0
范春丽	2006-283	**2010-047**	2014-050	2014-051		4 (1)	0 (0)	0
范纯	2014-123					1 (0)	0 (0)	0
范存昌	1996-107					1 (0)	0 (0)	0
范代读	2013-332	*2014-365				2 (0)	0 (0)	1
范德江	*2009-163	*2009-164	2012-516	2013-521	*2013-554	5 (0)	0 (0)	3
范德军	2005-164	2005-165（E）				2 (0)	1 (0)	0
范迪富	2006-018					1 (0)	0 (0)	0
范东宇	**2002-014**	2002-016	2002-053	2004-017	**2001-006F**	5 (2)	1 (1)	0
范分良	2015-193					1 (0)	0 (0)	0
范峰	**2012-062**					1 (1)	0 (0)	0
范格里肯 R.E.	1988-057	1989-064				2 (0)	0 (0)	0
范公桥	**1985-019**					1 (1)	0 (0)	0
范光	2002-024	2009-072				2 (0)	0 (0)	0
范桂芳	2010-319					1 (0)	0 (0)	0
范桂珍	2014-326					1 (0)	0 (0)	0
范海涛	2014-104					1 (0)	0 (0)	0
范恒胜	2013-437					1 (0)	0 (0)	0
范鸿生	1988-102					1 (0)	0 (0)	0
范华汉	1997-024					1 (0)	0 (0)	0
范佳鑫	2013-145					1 (0)	0 (0)	0
范建东	**2005-021**					1 (1)	0 (0)	0
范建良	2006-039	2007-042	2008-058	2008-156	2008-209	11 (4)	1 (0)	0
	2009-317	2010-021	2011-198	2013-289	2011-199（E）			
范健	**1992-021**	1993-059	1995-073	**1998-022**	**1999-020**	5 (3)	0 (0)	0
范金娟	2014-251					1 (0)	0 (0)	0
范举利	1994-110	**1998-023**	1998-159			3 (1)	0 (0)	0
范君玉	2007-198					1 (0)	0 (0)	0
范恺	2013-376					1 (0)	0 (0)	0
范力茹	**2009-055**					1 (1)	0 (0)	0

续表

作者	索引编号						文献总数	英文文献	通讯作者
范立伟	2009-350	**2011-062**					2（1）	0（0）	0
范闽光	2013-121	2014-412					2（0）	0（0）	0
范敏	2013-255						1（0）	0（0）	0
范钦敏	1982-026	1983-044	1984-049	**1985-020**	**1986-021**	1986-039	19（6）	0（0）	0
	1987-013	**1987-014**	1987-033	**1988-018**	1988-042	1988-044			
	1990-017	1992-032	1992-064	1992-065	1992-112	1993-077			
	1997-071								
范青松	2014-222	2015-231（E）					2（0）	1（0）	0
范秋涛	2015-034						1（0）	0（0）	0
范荣奎	2005-002						1（0）	0（0）	0
范圣平	**2006-040**						1（1）	0（0）	0
范陶峰	2009-256	**2012-063**	**2013-075（E）**	**2014-076**	**2015-068**		5（4）	1（1）	0
范婷婷	2013-070						1（0）	0（0）	0
范文谦	2008-178						1（0）	0（0）	0
范我	1984-055						1（0）	0（0）	0
范希营	2009-074	**2010-048**					2（1）	0（0）	0
范香娟	**2014-077**						1（1）	0（0）	0
范筱京	2009-209						1（0）	0（0）	0
范新生	2003-173						1（0）	0（0）	0
范旭红	2006-006	**2007-043**					2（1）	0（0）	0
范雪波	**2010-049**						1（1）	0（0）	0
范艳华	2012-242						1（0）	0（0）	0
范义春	**1998-024**	**2000-013**					2（2）	0（0）	0
范轶翔	2002-040	2008-096					2（0）	0（0）	0
范饮敏	1993-044						1（0）	0（0）	0
范英敏	1987-012						1（0）	0（0）	0
范永贵	2010-026						1（0）	0（0）	0
范勇	2008-362	2015-110					2（0）	0（0）	0
范宇权	2008-043	2008-324	2010-031	2010-427			4（0）	0（0）	0
范玉龙	**1997-021**						1（1）	0（0）	0
范真	**2005-022**						1（1）	0（0）	0
范正国	1990-130	2013-093	2014-100				3（0）	0（0）	0
范忠雨	2015-211						1（0）	0（0）	0
范子红	2011-382						1（0）	0（0）	0
范宗民	2009-052						1（0）	0（0）	0
Fan Q.M.	1993-003F						1（1）	1（1）	0
Fan Shaojia	2007-076（E）						1（0）	1（0）	0
方爱民	**2003-020**						1（1）	0（0）	0
方必军	**2002-015**						1（1）	0（0）	0
方飚	2014-469	2015-478					2（0）	0（0）	0
方超	2009-082	2010-086					2（0）	0（0）	0
方德新	2014-135						1（0）	0（0）	0
方东	2010-098						1（0）	0（0）	0

续表

作者	索引编号						文献总数	英文文献	通讯作者
方渡飞	1991-071（E）						1（0）	1（0）	0
方方	1998-055	**1999-021**	2001-121	2001-157	2002-113	2002-114	21（2）	0（0）	0
	2004-031	2004-070	2004-071	2006-247	2008-274	2009-089			
	2010-263	2011-109	2011-383	2012-231	2012-429	2013-410			
	2013-477	**2015-069**	2015-124						
方芳	2012-205						1（0）	0（0）	0
方桂珍	*2008-079						1（0）	0（0）	1
方建锋	**2001-019**						1（1）	0（0）	0
方建慧	2006-251						1（0）	0（0）	0
方金宇	**2011-063**						1（1）	0（0）	0
方克明	2003-117	2003-118	2006-232	2006-233	2006-234	2007-228	6（0）	0（0）	0
方坤	2015-173						1（0）	0（0）	0
方堃	2011-035	2011-036					2（0）	0（0）	0
方磊	2010-201						1（0）	0（0）	0
方利红	2012-355	2014-392					2（0）	0（0）	0
方莉	2015-391						1（0）	0（0）	0
方林	2008-259						1（0）	0（0）	0
方敏	2006-164	2007-163					2（0）	0（0）	0
方名戌	∵1999-022	2003-151					2（0）	0（0）	0
方明渭	1979-030	1980-031	1983-019	1992-144	2001-014	2002-017	8（1）	0（0）	0
	1993-025	1973-003P							
方能虎	2007-262	2009-316					2（0）	0（0）	0
方萍	2013-130						1（0）	0（0）	0
方勤学	**1998-025**						1（1）	0（0）	0
方群	2012-395						1（0）	0（0）	0
方诗彬	2013-479						1（0）	0（0）	0
方淑英	2012-240						1（0）	0（0）	0
方涛	2010-127	**2011-064**	2011-116	**2012-064**	2015-172		5（2）	0（0）	0
方同秀	1991-097	**1996-033**	1996-085				3（1）	0（0）	0
方维萱	*2007-280	2009-332	2011-325				3（0）	0（0）	1
方文韬	2013-217						1（0）	0（0）	0
方锡华	1998-095						1（0）	0（0）	0
方锡贤	**2011-065**						1（1）	0（0）	0
方习生	2010-224						1（0）	0（0）	0
方向晨	2014-585（E）						1（0）	1（0）	0
方向明	2010-058（E）	2011-070					2（0）	1（0）	0
方晓红	2015-584						1（0）	0（0）	0
方晓阳	2009-128						1（0）	0（0）	0
方孝林	1994-046	1995-050	1997-133				3（0）	0（0）	0
方乙	2012-508	**2014-078**					2（1）	0（0）	0
方以规	**1984-020**						1（1）	0（0）	0
方益进	2014-495	**2015-070**					2（1）	0（0）	0
方莹	2012-403						1（0）	0（0）	0

续表

作者	索引编号						文献总数	英文文献	通讯作者
方涌强	1992-134						1（0）	0（0）	0
方原柏	**1995-024**	**1998-026**	**1999-023**				3（3）	0（0）	0
方远	2010-119						1（0）	0（0）	0
方哲	**2015-071**						1（1）	0（0）	0
方震	**2012-065**						1（1）	0（0）	0
方正	2015-116						1（0）	0（0）	0
方正源	1982-052						1（0）	0（0）	0
方志杰	*2013-459						1（0）	0（0）	1
房灿峰	2014-452						1（0）	0（0）	0
房春生	**2010-050**						1（1）	0（0）	0
房德仁	1999-154						1（0）	0（0）	0
房鼎业	*2012-486						1（0）	0（0）	1
房刚	**2011-066**						1（1）	0（0）	0
房建国	2001-012						1（0）	0（0）	0
房俊卓	2014-201	2015-214	2015-426				3（0）	0（0）	0
房科腾	2015-407	2015-408					2（0）	0（0）	0
房明浩	2008-157						1（0）	0（0）	0
房师阁	**2013-076**						1（1）	0（0）	0
房亚男	2014-395						1（0）	0（0）	0
房迎春	2011-197						1（0）	0（0）	0
Farid Moeinpour	**2015-072（E）**						1（1）	1（1）	0
Fazey P.	1992-094	1998-004F					2（0）	1（0）	0
费本华	2011-291						1（0）	0（0）	0
费浩	2008-003						1（0）	0（0）	0
费鸿禄	2011-216（E）						1（0）	1（0）	0
费利军	2014-315						1（0）	0（0）	0
费伦	1998-008	1998-104	1999-009				3（0）	0（0）	0
费维栋	2011-456						1（0）	0（0）	0
费聿荣	2007-272	**2007-007F**					2（0）	1（1）	0
费志宇	1989-077（E）						1（0）	1（0）	0
分析化学编委会	**1983-020**						1（1）	0（0）	0
丰梁垣	1965-003	**1982-012**	1984-021	1984-022	1985-021	1986-022	19（15）	4（3）	0
	1986-023	1986-024	**1989-018**	**1989-019**	**1990-018**	**1990-019（E）**			
	1994-097	1985-003F	**1992-001F**	**1993-011F**	1964-013P	1973-001P			
	1982-003W								
丰曙霞	**2014-079**						1（1）	0（0）	0
丰伟静	1999-065						1（0）	0（0）	0
丰伟悦	1996-094	2004-023	2011-182				3（0）	0（0）	0
封建辉	2013-275						1（0）	0（0）	0
封鉴秋	**2009-058**						1（1）	0（0）	0
封禄田	2002-110						1（0）	0（0）	0
封文江	**2010-057**						1（1）	0（0）	0

续表

作者	索引编号					文献总数	英文文献	通讯作者
封孝信	2015-133					1（0）	0（0）	0
封亚辉	2015-479	2015-585				2（0）	0（0）	0
封元	2011-227					1（0）	0（0）	0
冯才敏	*2013-122	*2014-214				2（0）	0（0）	2
冯彩霞	**2010-051**					1（1）	0（0）	0
冯朝军	2011-200					1（0）	0（0）	0
冯承杰	**2009-056**					1（1）	0（0）	0
冯大山	2004-081					1（0）	0（0）	0
冯丹丹	**2010-052**					1（1）	0（0）	0
冯德友	**1987-015**	**1988-019**				2（2）	0（0）	0
冯恩学	2007-038	2010-209				2（0）	0（0）	0
冯福兴	1983-002	1999-109				2（0）	0（0）	0
冯国华	1994-062	1995-066	2000-031（E）	2000-032	2001-032	2003-041	6（0）	1（0）	0
冯国全	2010-215					1（0）	0（0）	0
冯果	2008-267					1（0）	0（0）	0
冯海涛	2009-276					1（0）	0（0）	0
冯浩	2014-495	2015-070				2（0）	0（0）	0
冯恒毅	2011-002					1（0）	0（0）	0
冯佳睿	2012-074	2013-088				2（0）	0（0）	0
冯家林	2012-464					1（0）	0（0）	0
冯嘉帧	1991-092					1（0）	0（0）	0
冯嘉桢	1992-132（E）					1（0）	1（0）	0
冯嘉祯	1991-106	1992-131				2（0）	0（0）	0
冯建航	2009-198					1（0）	0（0）	0
冯建鸿	2009-189					1（0）	0（0）	0
冯健	2009-431	**2012-066**	**2013-077**	2015-574		4（2）	0（0）	0
冯江涛	**2011-067**					1（1）	0（0）	0
冯杰	2010-435	*2013-046（E）				2（0）	1（0）	1
冯晋兴	2010-273	2011-005F	2014-364			3（0）	1（0）	0
冯经昆	2013-596					1（0）	0（0）	0
冯景琨	1986-059					1（0）	0（0）	0
冯景苏	1997-059					1（0）	0（0）	0
冯静	**2005-023**	**2010-053**				2（2）	0（0）	0
冯骏	2003-122					1（0）	0（0）	0
冯立明	**2007-044**	2010-321				2（1）	0（0）	0
冯丽丽	2012-511	2013-331	2013-548	**2014-080**	2015-552	5（1）	0（0）	0
冯莉	2013-251					1（0）	0（0）	0
冯良桓	2009-232	2009-327	2010-081	2010-082	2011-043（E）	2011-368	9（0）	1（0）	0
	2013-139	2013-586	2014-420					
冯流星	**2005-024（E）**	**2006-011F**	2007-008F			3（2）	3（2）	0
冯柳毅	**2015-073**					1（1）	0（0）	0
冯禄平	**2010-054**	2011-438				2（1）	0（0）	0
冯民	2011-383	2012-231				2（0）	0（0）	0

续表

作者	索引编号						文献总数	英文文献	通讯作者
冯敏	2002-171	2003-060（E）	2003-075	2003-173	2004-135	2004-174	12（0）	1（0）	0
	2005-068	2005-081	2005-102	2006-117	2007-037	2007-223			
冯乃祥	2010-355	2010-356（E）	2011-397	*2015-580			4（0）	1（0）	1
冯其明	**2007-045**	2007-135	2007-284				3（1）	0（0）	0
冯启明	1999-018						1（0）	0（0）	0
冯茜丹	2012-234						1（0）	0（0）	0
冯钦忠	**1999-024**						1（1）	0（0）	0
冯庆	**2008-059**						1（1）	0（0）	0
冯少君	2013-104	2013-105					2（0）	0（0）	0
冯生	2008-059						1（0）	0（0）	0
冯圣雅	2015-413						1（0）	0（0）	0
冯舒	2010-234						1（0）	0（0）	0
冯松宝	**2014-081**	**2015-074**					2（2）	0（0）	0
冯松林	1991-050（E）	**1992-022**	1992-058	1992-059	1992-060	1992-158（E）	26（6）	8（2）	1
	1993-026	**1993-027（E）**	1994-118	2002-014	2002-016	2002-053			
	2004-008	2004-009	**2004-017**	2007-023	**2007-046**	2007-047			
	2007-119（E）	2007-251	2010-125	*2010-349（E）	2010-446	2011-145（E）			
	2001-006F	**1993-008F**							
冯甦	2015-161（E）						1（0）	1（0）	0
冯田均	**1999-025**						1（1）	0（0）	0
冯同	2015-428						1（0）	0（0）	0
冯文和	1986-070	1991-115					2（0）	0（0）	0
冯文献	2014-099						1（0）	0（0）	0
冯锡淇	2009-054						1（0）	0（0）	0
冯锡琪	2011-199（E）						1（0）	1（0）	0
冯锡璋	1985-001						1（0）	0（0）	0
冯先进	2012-280						1（0）	0（0）	0
冯向前	2002-014	**2002-016**	2002-053	2004-017	**2007-047**	2007-251	11（2）	3（0）	0
	2010-125	2010-349（E）	2010-446	2011-145（E）	2001-006F				
冯小军	2012-332						1（0）	0（0）	0
冯小平	1984-032						1（0）	0（0）	0
冯晓东	**2005-025**						1（1）	0（0）	0
冯晓军	**2009-057**	2009-345	2013-542				3（1）	0（0）	0
冯晓明	2013-464						1（0）	0（0）	0
冯晓燕	**2013-078**						1（1）	0（0）	0
冯欣	**2010-055**						1（0）	0（0）	0
冯秀劳	**2012-067**						1（1）	0（0）	0
冯秀梅	**2015-075**	*2015-209	*2015-210	2015-272			4（1）	0（0）	2
冯煦	2013-120						1（0）	0（0）	0
冯亚非	*1999-025						1（0）	0（0）	1
冯彦房	**2014-082**	**2015-076**					2（2）	0（0）	0
冯晏辉	**2013-079**						1（1）	0（0）	0
冯燕博	**2015-077**						1（1）	0（0）	0

续表

作者	索引编号					文献总数	英文文献	通讯作者
冯烨	**2014-083**					1（1）	0（0）	0
冯颖	**2010-056**					1（1）	0（0）	0
冯应琨	1985-112	1986-061	1986-099			3（0）	0（0）	0
冯永超	2008-060					1（0）	0（0）	0
冯永山	2014-553					1（0）	0（0）	0
冯予星	1999-064					1（0）	0（0）	0
冯玉怀	2002-063					1（0）	0（0）	0
冯玉英	2006-182					1（0）	0（0）	0
冯欲晓	2014-018					1（0）	0（0）	0
冯泽阳	2014-411					1（0）	0（0）	0
冯志杰	1998-081					1（0）	0（0）	0
冯忠秋	1982-033	1984-059	1986-008			3（0）	0（0）	0
冯子道	**1982-013**					1（1）	0（0）	0
冯宗平	2010-367	2011-403				2（0）	0（0）	0
冯宗玉	2007-114	2008-128				2（0）	0（0）	0
凤凰山铁矿地测科	**1978-004**	**1978-005**				2（2）	0（0）	0
凤仪	2015-117					1（0）	0（0）	0
凤志慧	**2001-020**	2002-116	2004-115			3（1）	0（0）	0
Feng Man	2012-241（E）					1（0）	1（0）	0
Feng Martin	2005-176					1（0）	0（0）	0
Feng Zhaoxuan	2012-428（E）					1（0）	1（0）	0
Fiantis Dian	**2009-059（E）**					1（1）	1（1）	0
Flagmeyer R. H.	2000-002F	2000-003F				2（0）	2（0）	0
Folker Herrmann	2003-138					1（0）	0（0）	0
Franciscono Andrea	2012-282					1（0）	0（0）	0
Franziska Kirsch	2014-004F					1（0）	1（0）	0
弗洛伦斯	**1978-003**					1（1）	0（0）	0
伏荣进	2014-134	2015-565				2（0）	0（0）	0
伏纬华	**1994-022**					1（0）	0（0）	0
伏修锋	**2006-041**	**2006-042**	**2006-043**	**2007-048**	2007-316	5（4）	0（0）	0
扶喆一	2011-322					1（0）	0（0）	0
符斌	1984-007	**2002-017**	2004-097	2008-143	2009-153	2013-570	6（1）	0（0）	0
符超	2009-208					1（0）	0（0）	0
符楚君	2010-135					1（0）	0（0）	0
符基萌	**1991-015**					1（1）	0（0）	0
符静	2014-481					1（0）	0（0）	0
符森林	**1988-020**					1（1）	0（0）	0
符燕	2014-012	2014-013	2014-014			3（0）	0（0）	0
符义兵	2008-272					1（0）	0（0）	0
符颖	**2008-060**					1（0）	0（0）	0
福岛整	1984-003	1988-062				2（0）	0（0）	0
付爱瑞	**2011-068**					1（1）	0（0）	0

续表

作者	索引编号					文献总数	英文文献	通讯作者
付宝荣	2008-150	**2009-060**	**2011-069**	2011-299	**2013-080**	5（3）	0（0）	0
付本全	2012-507					1（0）	0（0）	0
付大友	2013-601					1（0）	0（0）	0
付东康	2010-080					1（0）	0（0）	0
付刚	**2006-044**					1（1）	0（0）	0
付格娟	2009-410					1（0）	0（0）	0
付桂花	2014-097					1（0）	0（0）	0
付家谟	1998-178（E）					1（0）	1（0）	0
付建刚	2015-263					1（0）	0（0）	0
付锦	2015-543					1（0）	0（0）	0
付凯	**2013-081**					1（1）	0（0）	0
付克明	1994-084（E）	2001-100	2002-107			3（0）	1（0）	0
付黎涅	2007-299					1（0）	0（0）	0
付林林	**2012-068**					1（1）	0（0）	0
付珑	2012-230					1（0）	0（0）	0
付略	2008-364（E）	2008-365	2008-366			3（0）	1（0）	0
付明磊	2014-388					1（0）	0（0）	0
付明亮	**2012-069**					1（1）	0（0）	0
付明英	2008-039	2011-197				2（0）	0（0）	0
付鹏	2009-364					1（0）	0（0）	0
付倩丽	2014-538					1（0）	0（0）	0
付强	1993-035	**2013-082**	**2014-084**			3（2）	0（0）	0
付冉冉	2011-172	2014-217	2014-218			3（0）	0（0）	0
付仁春	2014-475（E）					1（0）	1（0）	0
付三玲	2007-237					1（0）	0（0）	0
付绍军	1998-145					1（0）	0（0）	0
付胜波	2015-429					1（0）	0（0）	0
付水兴	2012-417					1（0）	0（0）	0
付廷惠	2002-133					1（0）	0（0）	0
付铜洋	2015-074					1（0）	0（0）	0
付微	**2012-070**					1（1）	0（0）	0
付乌有	2010-175					1（0）	0（0）	0
付贤智	2004-132					1（0）	0（0）	0
付晓光	2010-245	2010-364				2（0）	0（0）	0
付晓恒	2012-382					1（0）	0（0）	0
付晓红	**2014-085**					1（1）	0（0）	0
付晓娟	**2013-083**					1（1）	0（0）	0
付晓林	2010-060					1（0）	0（0）	0
付晓茹	**2005-026**	2005-078				2（1）	0（0）	0
付兴华	2014-329					1（0）	0（0）	0
付银辉	2010-300					1（0）	0（0）	0
付颖寰	2010-179					1（0）	0（0）	0
付永涛	2007-079					1（0）	0（0）	0

续表

作者	索引编号						文献总数	英文文献	通讯作者
付玉琴	2013-015						1（0）	0（0）	0
付云红	**2012-071**						1（1）	0（0）	0
付振词	1973-002P						1（0）	0（0）	0
复旦大学静电加速器实验室	**1978-006**	**1979-008**	**1983-021**				3（3）	0（0）	0
傅超美	*2013-514						1（0）	0（0）	1
傅华	1998-043						1（0）	0（0）	0
傅慧敏	**2013-084**						1（1）	0（0）	0
傅家谟	1998-177（E）	1998-179	1998-180	1998-181	1998-182	1999-071	9（0）	3（0）	0
	1999-159（E）	1999-160（E）	2007-153						
傅金龙	**2012-072**						1（1）	0（0）	0
傅锦华	**1996-034**						1（1）	0（0）	0
傅俊卫	**2003-021**						1（1）	0（0）	0
傅开道	*2010-090	2014-526					2（0）	0（0）	1
傅乐峰	2002-006						1（0）	0（0）	0
傅梦笔	2013-108（E）						1（0）	1（0）	0
傅秋华	2012-102	2014-221	2015-231（E）				3（0）	1（0）	0
傅伟东	2004-064						1（0）	0（0）	0
傅西汉	1998-045						1（0）	0（0）	0
傅献彩	1998-038						1（0）	0（0）	0
傅小林	**1997-022**						1（1）	0（0）	0
傅延勋	1991-134						1（0）	0（0）	0
傅耀宗	1993-095						1（0）	0（0）	0
傅勇	**1994-023**						1（1）	0（0）	0
傅友俊	1999-022						1（0）	0（0）	0
傅远	**2009-061**						1（1）	0（0）	0
傅兆麟	2011-247						1（0）	0（0）	0
傅正义	2006-255	2008-092（E）					2（0）	1（0）	通讯
富品莹	2009-111	2010-117					2（0）	0（0）	0
Furusa Wa Eiichi	2009-112						1（0）	0（0）	0
G									
Gafur M. A.	2015-325（E）						1（0）	1（0）	0
Galson D.A.	**1984-023**						1（1）	0（0）	0
干福熹	**2003-022**	2003-070	2003-071	2005-065	2005-069	2006-041	48（10）	5（3）	2
	2006-042	2006-043	**2006-045（E）**	2006-097	2007-048	**2007-049**			
	2007-094	2007-103	2007-316	2007-317	**2008-061**	2008-159（E）			
	2008-160	**2009-062**	**2009-063（E）**	**2009-064**	2009-175	2009-401			
	2009-404	2009-405	**2010-058（E）**	**2010-059**	2010-066	2010-177			
	2010-421	2011-045	2011-046	**2011-070**	2011-149	2011-190			
	2011-290	2011-346	**2011-461（E）**	2012-050	2012-051	*2012-373			
	2012-409	2013-061	2013-082	2015-259	*2015-396	2015-397			
干慧菁	**2006-046**						1（1）	0（0）	0
干科	2012-504	2013-442					2（0）	0（0）	0

· 765 ·

续表

作者	索引编号						文献总数	英文文献	通讯作者
干宁	2000-003	**2005-027**	*2009-258	*2009-335	*2010-366		5（1）	0（0）	3
甘海军	2015-354						1（0）	0（0）	0
甘宏宇	**2013-085**						1（1）	0（0）	0
甘激	1987-016						1（0）	0（0）	0
甘金华	2006-095	2007-100（E）	2007-101（E）				3（0）	2（0）	0
甘金木	2014-594						1（0）	0（0）	0
甘霖	2015-338						1（0）	0（0）	0
甘露	1995-128	1996-145	1997-131	1998-135	**1999-026**	**2000-014**	15（2）	1（0）	0
	2001-016	2001-065	2002-120	2003-077	2003-078	2007-034			
	2007-035	2007-036	2001-001F						
甘胜华	2014-554						1（0）	0（0）	0
甘婷婷	2014-064	**2014-086**	**2015-078**				3（2）	0（0）	0
甘小凤	2010-295						1（0）	0（0）	0
甘新式	**2007-050**	**2009-065**					2（2）	0（0）	0
甘璇玑	1983-007	1983-070	**1985-022**	**1985-023**	**1985-024**	1985-096	13（7）	0（0）	0
	1985-108	**1986-025**	1986-080	1986-092	**1987-017**	**1988-021**			
	1989-020								
甘学锋	2013-463						1（0）	0（0）	0
甘永平	2015-448	2015-449					2（0）	0（0）	0
甘勇	2006-123						1（0）	0（0）	0
甘媛	**2013-086**	**2014-087**					2（2）	0（0）	0
钢铁研究院	**1976-004**						1（1）	0（0）	0
Ganzawa Y.	2011-113（E）						1（0）	1（0）	0
高爱国	**2012-073**	2015-297					2（1）	0（0）	0
高炳亮	**2000-015**	2014-334					2（1）	0（0）	0
高超	2014-092						1（0）	0（0）	0
高春亮	2010-022	2011-025	2013-035	2015-456			4（0）	0（0）	0
高大旗	2002-086						1（0）	0（0）	0
高党忠	2009-173	*2009-189	2010-375				3（0）	0（0）	1
高德荣	1999-094						1（0）	0（0）	0
高德玉	2004-030						1（0）	0（0）	0
高德忠	**1995-025**						1（1）	0（0）	0
高登义	**1996-035（E）**						1（1）	1（1）	0
高典楠	**2008-062**						1（1）	0（0）	0
高恩德	**1980-007**						1（1）	0（0）	0
高发奎	**1983-022**	**1984-024**	**1985-025**	**1985-026**	**1985-027**		14（12）	0（0）	0
	1987-018	**1988-022**	**1989-021**	**1991-016**	**1991-017**	**1992-150**			
	1993-123	**2003-023**							
高放	**2006-047**						1（1）	0（0）	0
高飞	*2012-045						1（0）	0（0）	1
高枫	2005-151						1（0）	0（0）	0
高峰	2013-471	2014-078	2014-470				3（0）	0（0）	0
高凤莉	2014-238						1（0）	0（0）	0

续表

作者	索引编号						文献总数	英文文献	通讯作者
高福家	1996-070						1(0)	0(0)	0
高戈	1994-115	1994-116	2000-101	2003-169	2007-276	2007-277	11(0)	0(0)	0
	2010-360	2010-361	2012-365	2012-447	2012-472				
高光洁子	2012-180						1(0)	0(0)	0
高光明	2008-035						1(0)	0(0)	0
高贵华	2003-023						1(0)	0(0)	0
高国玲	**2014-088**						1(1)	0(0)	0
高海月	2009-209						1(0)	0(0)	0
高浩中	2001-141						1(0)	0(0)	0
高红亮	**2001-021**						1(1)	0(0)	0
高红旭	2006-190	2013-575	2014-172	2014-572			4(0)	0(0)	0
高宏	**1994-024**	1994-036	1995-038	1995-041	1996-048	2011-189	8(1)	0(0)	0
	2011-231	2015-113							
高鸿奕	2006-046						1(0)	0(0)	0
高蕻冰	2015-341						1(0)	0(0)	0
高虎	2015-349						1(0)	0(0)	0
高华敏	2010-225						1(0)	0(0)	0
高华娜	**2008-063**						1(1)	0(0)	0
高欢	**2015-079**						1(1)	0(0)	0
高慧	2014-588						1(0)	0(0)	0
高继慧	**2010-060**						1(1)	0(0)	0
高家诚	**2004-018**	2004-176	**2006-048**（E）				3(2)	1(1)	0
高建华	1984-094						1(0)	0(0)	0
高建民	**2011-071**						1(1)	0(0)	0
高建荣	**2011-072**						1(1)	0(0)	0
高建文	1996-081						1(0)	0(0)	0
高健	2005-085	2006-053					2(0)	0(0)	0
高洁	2008-368	2015-453					2(0)	0(0)	0
高捷	**2015-080**						1(1)	0(0)	0
高金涛	2011-272						1(0)	0(0)	0
高紧紧	2011-242						1(0)	0(0)	0
高进云	**2011-073**						1(1)	0(0)	0
高晋生	2012-273						1(0)	0(0)	0
高敬瑞	2013-085						1(0)	0(0)	0
高军	**1998-027**	**1998-028**	**2000-016**	**2000-017**			4(4)	0(0)	0
高君	**1997-023**						1(1)	0(0)	0
高康乐	2012-467						1(0)	0(0)	0
高柯	1993-028						1(0)	0(0)	0
高孔	**2015-081**						1(1)	0(0)	0
高奎珍	1989-086						1(0)	0(0)	0
高朗华	2008-088	2011-330	2012-107				3(0)	0(0)	0
高磊	**2011-074**						1(1)	0(0)	0
高礼让	2004-015						1(0)	0(0)	0

续表

作者	索引编号						文献总数	英文文献	通讯作者
高利军	2008-252						1（0）	0（0）	0
高利生	2005-096	2006-145					2（0）	0（0）	0
高莉	2010-264						1（0）	0（0）	0
高濂	**1994-025**	2001-126	2004-082				3（1）	0（0）	0
高良豪	2003-004	2003-036					2（0）	0（0）	0
高林	2010-390	2011-322					2（0）	0（0）	0
高龙	2012-343						1（0）	0（0）	0
高路斯	2013-616	2013-617	2014-608				3（0）	0（0）	0
高毛	**2014-089**						1（1）	0（0）	0
高梦莎	2015-280						1（0）	0（0）	0
高民	2013-115						1（0）	0（0）	0
高敏	2010-069						1（0）	0（0）	0
高明明	**2015-082**						1（1）	0（0）	0
高培明	1982-001						1（0）	0（0）	0
高鹏	*2009-136						1（0）	0（0）	1
高平	2007-236（E）						1（0）	1（0）	0
高平良	**1989-022**						1（1）	0（0）	0
高萍	**2002-018**	**2003-024**	**2004-019**				3（3）	0（0）	0
高倩	2013-083	2015-508（E）					2（0）	1（0）	0
高强	2014-074						1（0）	0（0）	0
高琼英	1991-021						1（0）	0（0）	0
高秋华	**1997-024**						1（1）	0（0）	0
高全	**2007-051**						1（1）	0（0）	0
高全鑫	**1987-019**						1（1）	0（0）	0
高仁孝	2006-124						1（0）	0（0）	0
高睿君	**2011-075**						1（1）	0（0）	0
高山	**1996-036（E）**	2001-069（E）	2003-092	2005-091	2005-154	2007-145	6（1）	2（1）	0
高山娇	**2010-061**						1（1）	0（0）	0
高升吉	2007-281	2011-215					2（0）	0（0）	0
高盛阳	**2010-062**						1（1）	0（0）	0
高士廷	1994-008						1（0）	0（0）	0
高士祥	*2008-284	*2008-285					2（0）	0（0）	2
高世扬	*2002-045						1（0）	0（0）	1
高抒	2002-163						1（0）	0（0）	0
高淑玲	1985-079						1（0）	0（0）	0
高述祥	1991-077						1（0）	0（0）	0
高树峰	2011-457	**2014-090**	**2014-091**				3（2）	0（0）	0
高树起	**2015-083**						1（1）	0（0）	0
高树桢	**1981-010**	1982-014	1983-073	**1984-026**	1986-107	1988-086	6（2）	0（0）	0
高水土	2008-349						1（0）	0（0）	0
高顺宝	**2011-076**						1（1）	0（0）	0
高思田	2015-403						1（0）	0（0）	0
高松	2009-428						1（0）	0（0）	0

续表

作者	索引编号						文献总数	英文文献	通讯作者
高松武次郎	1996-076						1（0）	0（0）	0
高松信	2012-374						1（0）	0（0）	0
高嵩	1992-117	**2004-020**					2（1）	0（0）	0
高巍	2011-327						1（0）	0（0）	0
高伟	**1999-027**						1（1）	0（0）	0
高伟程	2014-113						1（0）	0（0）	0
高卫红	**2007-052**						1（1）	0（0）	0
高文德	**2003-025**						1（1）	0（0）	0
高文红	**2000-018**	**2002-019**					2（2）	0（0）	0
高文键	2013-487						1（0）	0（0）	0
高文元	2015-428						1（0）	0（0）	0
高文照	**1981-011**						1（1）	0（0）	0
高武斌	2015-534						1（0）	0（0）	0
高西省	2008-173						1（0）	0（0）	0
高祥琪	1991-028	**1993-029**	1996-081				3（1）	0（0）	0
高翔	2008-361	**2014-092**					2（1）	0（0）	0
高向阳	*2007-016						1（0）	0（0）	1
高小峰	**2014-093**						1（1）	0（0）	0
高晓冬	2015-529						1（0）	0（0）	0
高晓梅	1988-023						1（0）	0（0）	0
高晓然	2010-144						1（0）	0（0）	0
高新华	1973-002	1981-010	**1982-014**	1984-026	**1985-028**	1986-026	34（13）	0（0）	0
	1986-107	**1988-024**	1988-054	1993-108	**1994-026**	**1995-026**			
	1995-109	**1996-037**	**1996-038**	1996-070	1996-132	1997-121			
	1997-122	1999-037	1999-123	2000-085	2000-126	**2001-022**			
	2001-030	2003-112	2006-136	**2007-053**	2008-238	2008-273			
	2008-329	**2016-017W**	1973-001S	1983-005S					
高雄厚	2007-195	2009-269	2010-174	2010-340	2010-420	2013-243	12（0）	0（0）	1
	*2013-544	2014-530	2015-108	2015-109	2015-360	2015-619			
高秀娟	**1983-023**						1（1）	0（0）	0
高学军	2001-058（E）	2001-059	2001-007F				3（0）	2（0）	0
高学奎	2003-048						1（0）	0（0）	0
高学敏	2005-042						1（0）	0（0）	0
高雪田	2007-300						1（0）	0（0）	0
高亚美	2013-146						1（0）	0（0）	0
高亚楠	2015-616						1（0）	0（0）	0
高妍	2014-118						1（0）	0（0）	0
高岩	1999-142	**2000-019**					2（1）	0（0）	0
高岩立	2015-331						1（0）	0（0）	0
高彦伟	2013-552						1（0）	0（0）	0
高扬建	**2004-021**						1（1）	0（0）	0
高杨	2012-313						1（0）	0（0）	0
高养馨	**1983-024**						1（1）	0（0）	0

续表

作者	索引编号						文献总数	英文文献	通讯作者
高耀	2014-212						1（0）	0（0）	0
高野伊知郎	**1994-027**						1（1）	0（0）	0
高忆慈	2006-128						1（0）	0（0）	0
高英	2010-359						1（0）	0（0）	0
高英明	2014-522						1（0）	0（0）	0
高永宏	**2014-094**						1（1）	0（0）	0
高永璋	2012-508						1（0）	0（0）	0
高勇	2006-222						1（0）	0（0）	0
高涌	2013-224						1（0）	0（0）	0
高玉翠	2014-442						1（0）	0（0）	0
高玉芳	2004-136						1（0）	0（0）	0
高玉淑	1998-131	2003-145	2006-230	2007-229	2007-230	2009-280	9（0）	0（0）	0
	2009-281	2010-303	1994-007W(E)						
高玉堂	2011-080						1（0）	0（0）	0
高玉枝	*2006-105						1（0）	0（0）	1
高愈希	2003-006	**2003-026**	**2004-022**	**2004-023**	2006-035	2006-036	15（6）	4（2）	1
	2008-064	2009-137	*2012-268	2015-212	2015-577	**2005-006F**			
	2014-003F	**2002-005F**	2007-009F						
高愈霄	**2013-087**						1（1）	0（0）	0
高源	2013-336	2013-471					2（0）	0（0）	0
高月英	1995-040	1995-041					2（0）	0（0）	0
高长明	**1989-023**						1（1）	0（0）	0
高长宁	**1988-025**	**1990-020**					2（2）	0（0）	0
高真凤	**2008-065**						1（1）	0（0）	0
高振敏	**2000-020**	**2004-024**					2（2）	0（0）	0
高振强	2015-104						1（0）	0（0）	0
高振珊	1964-003P						1（0）	0（0）	0
高振昕	**2011-077**	2012-102					2（1）	0（0）	0
高峥	2005-133						1（0）	0（0）	0
高正阳	2013-511	**2015-084**					2（1）	0（0）	0
高正耀	1990-081	1992-057	2004-162（E）	2004-165	2005-226	2006-313	12（0）	2（0）	0
	2006-314（E）	2007-095	2009-040	2009-288	2010-178	2010-354			
高之伟	1993-026						1（0）	0（0）	0
高志军	2015-026	**2015-085**					2（1）	0（0）	0
高志强	**1992-023**						1（1）	0（0）	0
高志祥	**1997-025**						1（1）	0（0）	0
高志勇	**2012-074**	2013-088					2（2）	0（0）	0
高中洪	2012-522						1（0）	0（0）	0
高卓成	2013-011						1（0）	0（0）	0
高滋	2009-221						1（0）	0（0）	0
郜剑英	2008-332						1（0）	0（0）	0
郜维栋	2013-418						1（0）	0（0）	0
郜永祺	1996-035（E）						1（0）	1（0）	0

续表

作者	索引编号						文献总数	英文文献	通讯作者
Gao Kun	2012-003F						1（0）	1（0）	0
Gao Menghe	2007-119（E）						1（0）	1（0）	0
Gao Qian	2012-005F	2013-010F					2（0）	2（0）	0
Gao Shanbin	2013-044（E）						1（0）	1（0）	0
Gao W.	2006-289（E）						1（0）	1（0）	0
Gao Xing	**2013-010F**						1（1）	1（1）	0
Gao Y.	2007-005F						1（0）	1（0）	0
戈明亮	**2014-095**						1（1）	0（0）	0
戈润滔	**2002-020**						1（1）	0（0）	0
盖国胜	2003-114						1（0）	0（0）	0
盖立新	2015-256						1（0）	0（0）	0
盖腾	2010-321						1（0）	0（0）	0
葛本伟	2011-178						1（0）	0（0）	0
葛敦世	**1984-027**						1（1）	0（0）	0
葛海英	2006-215						1（0）	0（0）	0
葛汉青	2011-196						1（0）	0（0）	0
葛恒波	2010-457						1（0）	0（0）	0
葛建华	2010-342	2011-377					2（0）	0（0）	0
葛江洪	**2009-066**	2011-161	2011-279				3（1）	0（0）	0
葛晶晶	2006-195						1（0）	0（0）	0
葛锏	2005-229	**2007-054**	2008-353				3（1）	0（0）	0
葛力明	**1993-030**						1（1）	0（0）	0
葛良全	1986-100	1988-114	1988-115	**1989-024**	1989-117	1989-118	114（17）	1（0）	7
	1990-021	∵1990-085	1990-129	1990-130	1990-133	1990-134			
	1991-127	1991-128	1992-159（E）	1992-160	1993-143	**1994-028**			
	1995-027	**1995-028**	1995-044	**1996-039**	1996-157	**1997-026**			
	1997-027	**1997-028**	1997-029	1997-038	1998-118	1998-123			
	2001-023	2001-055	**2002-021**	2002-052	2002-067	2002-068			
	2002-123	2003-058	2003-059	2003-152	**2004-025**	2004-040			
	2004-145F	**2006-049**	2006-115	2006-157	2007-030	2007-056			
	2007-121	2007-155	2008-037	2008-044	2008-045	2008-251			
	2008-330	2009-220	2009-236	2009-309	2009-323	2010-024			
	2010-063	2010-065	2010-076	2010-084	2010-362	2010-391			
	2011-134	2011-205	2011-229	2011-248	2011-271	2011-445			
	2011-473	*2012-150	2012-346	2012-379	2012-405	2012-478			
	2013-086	**2013-089**	**2013-090**	2013-092	2013-093	*2013-161			
	2013-271	2013-272	2013-467	*2013-472	*2013-484	2013-485			
	2013-486	2013-491	2013-526	*2013-551	2014-087	2014-100			
	2014-180	2014-356	2014-425	2014-474	*2014-513	2015-016			
	2015-031	2015-041	2015-122	2015-141	2015-169	*2015-240			
	2015-241	2015-242	2015-323	2015-399	2015-416	2015-435			
葛茂发	2011-055						1（0）	0（0）	0
葛明	**2014-096（E）**						1（1）	1（1）	0

续表

作者	索引编号					文献总数	英文文献	通讯作者
葛培文	1999-140					1（0）	0（0）	0
葛强	2006-079					1（0）	0（0）	0
葛瑞光	**2009-067**					1（1）	0（0）	0
葛少英	**2008-066**					1（1）	0（0）	0
葛世艳	2006-243（E）					1（0）	1（0）	0
葛淑兰	2015-445					1（0）	0（0）	0
葛苏	1994-016					1（0）	0（0）	0
葛坦	**2009-068**					1（1）	0（0）	0
葛涛	2014-053					1（0）	0（0）	0
葛文	2015-277					1（0）	0（0）	0
葛文伟	2005-021	2008-149				2（0）	0（0）	0
葛祥坤	2007-193	2009-072				2（0）	0（0）	0
葛艳梅	2011-279					1（0）	0（0）	0
葛宜运	1985-119	1986-105	**2000-021**	2002-084		4（1）	0（0）	0
葛颖	1990-049					1（0）	0（0）	0
葛颖新	2015-367					1（0）	0（0）	0
葛正杰	1989-014	**1989-025**	**1990-022**	1990-033		4（2）	0（0）	0
葛众	2015-030					1（0）	0（0）	0
Geba Maria	**2009-069（E）**					1（1）	1（1）	0
耿超	2009-275					1（0）	0（0）	0
耿晨晨	2010-096					1（0）	0（0）	0
耿东方	2003-102					1（0）	0（0）	0
耿刚强	**2008-067**					1（1）	0（0）	0
耿后安	2011-266					1（0）	0（0）	0
耿建章	2015-327					1（0）	0（0）	0
耿敬伟	2013-373					1（0）	0（0）	0
耿楠	2015-024					1（0）	0（0）	0
Geng Quanru	**2005-028（E）**					1（1）	1（1）	0
耿晓忠	2008-146					1（0）	0（0）	0
耿秀娟	2011-406					1（0）	0（0）	0
耿彦红	2010-049					1（0）	0（0）	0
耿艳霞	**2015-086**					1（1）	0（0）	0
耿英伦	2015-212					1（0）	0（0）	0
耿玉良	1988-078					1（0）	0（0）	0
耿昭	**2013-091**					1（1）	0（0）	0
Ghosh Malai Kumar	2013-142（E）	2013-141（E）				2（0）	2（0）	0
Gialanella G	1993-141					1（0）	0（0）	0
Giovanni E. Gigante	1998-016					1（0）	0（0）	0
Giuseppe Giuda	1998-016					1（0）	0（0）	0
Glen Osmend	1987-056					1（0）	0（0）	0
Gohshi Y.	1995-002F					1（0）	1（0）	0
弓振斌	2012-272					1（0）	0（0）	0

续表

作者	索引编号					文献总数	英文文献	通讯作者
公锡泰	1995-123					1(0)	0(0)	0
宫珩禄	2013-347	2013-348				2(0)	0(0)	0
宫清	1988-097	1989-107	**1991-018**			3(1)	0(0)	0
宫宇	2013-466（E）					1(0)	1(0)	0
宫月娇	2010-275					1(0)	0(0)	0
宫沢裕夫	2007-263					1(0)	0(0)	0
龚才喜	**2012-075**					1(1)	0(0)	0
龚仓	**2014-097**					1(1)	0(0)	0
龚昌合	**2000-022**	**2012-076**				2(2)	0(0)	0
龚春慧	**2013-092**	2014-116	2014-356			3(1)	0(0)	0
龚迪琛	2015-124					1(0)	0(0)	0
龚凡涵	2014-535					1(0)	0(0)	0
龚贵权	2009-102					1(0)	0(0)	0
龚红军	**2012-077**	**2014-098**				2(2)	0(0)	0
龚坚强	2010-440					1(0)	0(0)	0
龚建华	1996-102					1(0)	0(0)	0
龚建议	**2011-078**					1(1)	0(0)	0
龚杰	2000-010					1(0)	0(0)	0
龚凯	2013-325	2014-552				2(0)	0(0)	0
龚克慧	1982-038					1(0)	0(0)	0
龚岚	2011-109					1(0)	0(0)	0
龚明	2006-148	2007-087	2007-239			3(0)	0(0)	0
龚培荣	2012-414					1(0)	0(0)	0
龚睿	**2008-068**					1(1)	0(0)	0
龚婷	2012-492					1(0)	0(0)	0
龚武	**1998-029**	1998-113				2(1)	0(0)	0
龚晓钟	**2010-064**					1(1)	0(0)	0
龚欣	2015-250					1(0)	0(0)	0
龚岩	2012-037					1(0)	0(0)	0
龚龑	*2011-176	2012-167	2012-202			3(0)	0(0)	1
龚彦	2014-225					1(0)	0(0)	0
龚焱平	2015-058					1(0)	0(0)	0
龚一鸣	2006-257					1(0)	0(0)	0
龚沂	2015-551					1(0)	0(0)	0
龚宜勇	2000-120	2004-104	2014-103			3(0)	0(0)	0
龚玉武	∵2008-069	2010-341	**2012-078**	2012-240	2012-385	**2015-087**	6(2)	0(0)	0
龚育龄	2015-543					1(0)	0(0)	0
龚媛媛	2013-337					1(0)	0(0)	0
龚则明	1998-073					1(0)	0(0)	0
龚治湘	2012-100					1(0)	0(0)	0
巩爱华	2004-016	2007-041				2(0)	0(0)	0
巩桂芬	**2012-079**					1(1)	0(0)	0
巩岩	**2002-022**	**2002-023**	**2003-027**	**2004-004**	**2004-005**	**2005-029**	6(4)	0(0)	0

续表

作者	索引编号						文献总数	英文文献	通讯作者
巩雁军	2008-119	*2012-109	*2012-229	2012-510	2013-121	2013-385	9（0）	0（0）	3
	*2013-415	2014-498	2015-120						
贡布东智	2012-145						1（0）	0（0）	0
贡华	2012-395						1（0）	0（0）	0
Gore Randy R.	**1992-024**						1（1）	0（0）	0
Gorshkov A.I.	**1989-026**						1（1）	0（0）	0
勾万强	2014-608						1（0）	0（0）	0
勾正伦	2013-204						1（0）	0（0）	0
苟国庆	2010-013						1（0）	0（0）	0
苟欢歌	2014-557						1（0）	0（0）	0
Gravitis Vilis L.	**1977-004**						1（1）	0（0）	0
Green Trevor H.	**1993-031**						1（1）	0（0）	0
Griffin W.L.	1992-013	1992-014	1993-006（E）	1993-087			4（0）	1（0）	0
辜敏	*2012-056	**2012-080**	2012-281（E）				3（1）	1（0）	1
辜瑞秋	2015-608						1（0）	0（0）	0
辜小川	2014-391（E）						1（0）	1（0）	0
古代琉璃构件保护与研究课题组	**2008-070**						1（1）	0（0）	0
古端龙	1982-021						1（0）	0（0）	0
古谷圭一	1986-002	1986-058	1987-057	1988-062			4（0）	0（0）	0
古关华	**2001-024**						1（1）	0（0）	0
古金霞	2014-434						1（0）	0（0）	0
古昆	1996-138						1（0）	0（0）	0
古丽斯坦	2006-169						1（0）	0（0）	0
古岩	2010-206（E）	2010-207	**2011-079**				3（1）	1（0）	0
古应运	2007-020						1（0）	0（0）	0
谷和平	2008-010						1（0）	0（0）	0
谷金平	**1998-030**	**1999-028**					2（2）	0（0）	0
谷俊	2002-097						1（0）	0（0）	0
谷林夫	2000-054						1（0）	0（0）	0
谷珊	2013-097	**2014-099**	2014-121				3（1）	0（0）	0
谷松海	**2001-025**	**2001-026**	2005-124	*2006-191	*2007-185	**2008-071**	11（3）	0（0）	3
	*2008-203	2011-082	2014-439	2015-345	2015-446				
谷雪辉	2003-099						1（0）	0（0）	0
谷亚男	**2015-088**						1（1）	0（0）	0
谷依露	2014-093						1（0）	0（0）	0
谷懿	2010-063	**2010-065**	2010-362	2011-134	2011-205	2011-229	23（3）	0（0）	0
	2011-248	2011-271	2011-445	2012-150	2012-405	**2013-093**			
	2013-161	2013-472	2013-484	2013-485	2013-486	2013-491			
	2013-551	**2014-100**	2014-474	2014-513	2015-041				
谷英梅	1985-106	1986-084	1986-088	1986-106	**1990-023**	1990-024	31（2）	7（0）	0
	1990-042	1990-099	1990-138（E）	1991-036	1991-131	**1992-025**			
	1993-026	1993-115	1993-130	1993-162	1993-163	1994-100（E）			

续表

作者	索引编号						文献总数	英文文献	通讯作者
	1995-051（E）	1995-087	1996-019	1996-020（E）	1996-021（E）	1996-059			
	1996-061	1996-103	1996-134	1997-134	1997-135	1997-002F			
	1997-003F								
谷振生	2009-390						1（0）	0（0）	0
谷舟	**2012-081**						1（1）	0（0）	0
顾炳伟	**2009-070**						1（1）	0（0）	0
顾伯美	1992-110						1（0）	0（0）	0
顾春时	2005-221						1（0）	0（0）	0
顾达	**1996-040**						1（1）	0（0）	0
顾冬红	2003-022	2003-070	2006-043	2007-048	2007-103	2007-316	21（1）	2（0）	0
	2008-061	2008-160	2009-062	2009-063（E）	**2010-066**	2010-058（E）			
	2010-177	2011-045	2011-046	2011-070	2011-346	2012-051			
	2013-061	2013-190	2013-457						
顾锋	2013-611	2014-595					2（0）	0（0）	0
顾公望	∵1986-027						1（0）	0（0）	0
顾广新	2007-180						1（0）	0（0）	0
顾帼华	2014-579						1（0）	0（0）	0
顾海波	**2015-089**						1（1）	0（0）	0
顾汉念	**2012-082**						1（1）	0（0）	0
顾豪爽	2007-073	2010-310	2011-103				3（0）	0（0）	0
顾惠敏	2009-273						1（0）	0（0）	0
顾慧健	1982-038						1（0）	0（0）	0
顾军	**2011-080**						1（1）	0（0）	0
顾军农	2012-440	2014-502					2（0）	0（0）	0
顾俊生	2000-020	2004-024					2（0）	0（0）	0
顾兰芬	1992-134	**1993-032**					2（1）	0（0）	0
顾连学	1986-041	1986-074	1986-088	1987-040	**1990-024**	1990-042	7（1）	0（0）	0
	1991-036								
顾林平	2009-210						1（0）	0（0）	0
顾敏	2003-053						1（0）	0（0）	0
顾明杰	1975-004	1982-029					2（0）	0（0）	0
顾明通	1996-034						1（0）	0（0）	0
顾慕英	1986-066						1（0）	0（0）	0
顾群	2009-088						1（0）	0（0）	0
顾若晶	1983-050	1986-059	**1995-029**	2000-061	2002-018	2003-024	7（1）	0（0）	0
	2004-019								
顾晟彦	**2013-094**						1（1）	0（0）	0
顾松	**2013-095**						1（1）	0（0）	0
顾颂琦	2009-061	2009-435	2015-508（E）				3（0）	1（0）	0
顾铁新	1996-136	1997-124	2005-120	2009-281	2010-026	2011-030	8（0）	0（0）	0
	2011-031	2013-043							
顾雯	∵2008-072	∵2015-090					2（0）	0（0）	0
顾锡良	1990-084（E）						1（0）	1（0）	0

续表

作者	索引编号					文献总数	英文文献	通讯作者
顾雄	2009-261					1(0)	0(0)	0
顾亚雄	2000-046					1(0)	0(0)	0
顾艳红	**2013-096**					1(1)	0(0)	0
顾燕芳	1996-040					1(0)	0(0)	0
顾勇	2013-104					1(0)	0(0)	0
顾宇曦	2008-344					1(0)	0(0)	0
顾兆炎	**2000-023**					1(1)	0(0)	0
Gu Chenguang	2014-139(E)					1(0)	1(0)	0
Gu Haohui	2015-588(E)					1(0)	1(0)	0
Gu Songqi	2012-005F	2013-010F				2(0)	2(0)	0
Gu Y.	1991-002F	1993-005F	1993-007F	1993-010F		4(0)	4(0)	0
Guda A.M.	2015-136(E)					1(0)	1(0)	0
关成国	2013-379					1(0)	0(0)	0
关宏武	2010-386					1(0)	0(0)	0
关珺	2011-386	2011-387				2(0)	0(0)	0
关乃杰	**2013-097**					1(1)	0(0)	0
关清滨	**2012-083**	**2012-084**				2(2)	0(0)	0
关绍康	2007-146	2007-147				2(0)	0(0)	0
关铁权	**1994-029**	1995-132				2(1)	0(0)	0
关铁堂	1985-051					1(0)	0(0)	0
关伟	2014-135					1(0)	0(0)	0
关文涛	2004-063					1(0)	0(0)	0
关颖	**2006-050** **2008-078** 2010-456	**2007-055** *2008-250 *2012-048	*2007-226 **2009-071** 2012-498	*2008-063 **2010-067**	**2008-073** 2010-071	**2008-074** *2010-072	15(6)	0(0)	6
关宇	2006-136					1(0)	0(0)	0
关玉芬	1998-007					1(0)	0(0)	0
关泽红	1998-172					1(0)	0(0)	0
关中杰	2012-458					1(0)	0(0)	0
官宝聪	2009-176					1(0)	0(0)	0
管波	2014-426					1(0)	0(0)	0
管东波	2014-379					1(0)	0(0)	0
管俊芳	2009-372	2015-532				2(0)	0(0)	0
管理	**2013-098**					1(1)	0(0)	0
管沛林	**1993-033**	*1993-046				2(1)	0(0)	1
管仁国	2012-392					1(0)	0(0)	0
管嵩	**2013-099**	**2014-101**				2(2)	0(0)	0
管玉国	1997-013	1997-030				2(1)	0(0)	0
光谱学与光谱分析编辑部	**1992-026**					1(1)	0(0)	0
光崎尚利	2015-417					1(0)	0(0)	0
广川守	2015-420					1(0)	0(0)	0
Guenther K.	**1992-027**	2000-094	2000-096			3(1)	0(0)	0
桂雷鸣	2007-287					1(0)	0(0)	0

续表

作者	索引编号					文献总数	英文文献	通讯作者
桂艳	2012-406					1（0）	0（0）	0
呙铭黎	2002-082					1（0）	0（0）	0
郭斌	**2008-075**					1（1）	0（0）	0
郭兵	2013-099	2013-548	2013-549	2013-550	2014-080	2014-101	7（0）	0（0）	0
	2015-552							
郭灿雄	1998-038					1（0）	0（0）	0
郭常霖	**1981-012**	**1985-029**	1996-087	1997-079	1997-080	1998-088	11（2）	3（0）	0
	1998-089	1999-075	1997-001F	1998-001F	1998-002F				
郭常新	2011-339					1（0）	0（0）	0
郭成	2012-480	**2013-100**				2（1）	0（0）	0
郭成才	**1996-041**					1（1）	0（0）	0
郭承忠	2007-116					1（0）	0（0）	0
郭澄	2000-118					1（0）	0（0）	0
郭传华	2013-171					1（0）	0（0）	0
郭传杰	**2011-081**					1（1）	0（0）	0
郭春雨	2009-360					1（0）	0（0）	0
郭登峰	2005-244					1（0）	0（0）	0
郭迪	1998-035	1998-036				2（0）	0（0）	0
郭东明	2015-597					1（0）	0（0）	0
郭冬发	**2002-024**	**2009-072**	*2012-217			3（2）	0（0）	1
郭冬梅	2013-049	2015-118				2（0）	0（0）	0
郭范	1988-063					1（0）	0（0）	0
郭芳	**1999-029**					1（1）	0（0）	0
郭飞君	2012-264					1（0）	0（0）	0
郭飞云	2005-222					1（0）	0（0）	0
郭非	2013-208（E）					1（0）	1（0）	0
郭菲	**2013-101**					1（1）	0（0）	0
郭芬	2005-124	2006-191	2007-185	2008-071	2008-203	**2011-082**	8（1）	0（0）	0
	2014-439	2015-446						
郭奋	2013-058					1（0）	0（0）	0
郭峰	1998-128	1998-130	1999-111	2006-208	2013-461		5（0）	0（0）	0
郭锋	1998-129	2000-087				2（0）	0（0）	0
郭福林	2002-103					1（0）	0（0）	0
郭富	2011-440	**2015-091**				2（1）	0（0）	0
郭钢	2013-317	2014-314				2（0）	0（0）	0
郭光焕	1996-071					1（0）	0（0）	0
郭桂璋	**2012-085**					1（1）	0（0）	0
郭海	2003-126					1（0）	0（0）	0
郭海超	2015-571					1（0）	0（0）	0
郭海吉	1995-114					1（0）	0（0）	0
郭海燕	1991-041	1992-042				2（0）	0（0）	0
郭浩	∵1978-001	∵1978-003	∵1978-017			3（0）	0（0）	0
郭河琦	2009-371					1（0）	0（0）	0

续表

作者	索引编号					文献总数	英文文献	通讯作者
郭弘艺	**2006-051**	2013-559	**2015-092**			3（2）	0（0）	0
郭红丽	2002-037	2010-243	2010-276	2011-072		4（0）	0（0）	0
郭红霞	2012-041					1（0）	0（0）	0
郭宏	**1998-031**	2012-181				2（1）	0（0）	0
郭宏瑞	2011-315					1（0）	0（0）	0
郭洪臣	**2003-028**	2003-085	2003-086	2003-194	2003-195	2005-205	12（1）	1（0）	1
	2005-206	2006-301	2006-302	2007-194	2010-069	*2014-585（E）			
郭洪玲	2006-297	**2008-076**	2008-237	**2010-068**	2010-070	**2013-102**	6（3）	0（0）	0
郭洪涛	1994-008	2006-153				2（0）	0（0）	0
郭华聪	**1986-028**					1（1）	0（0）	0
郭华东	2010-159					1（0）	0（0）	0
郭辉	2012-427	2013-476				2（0）	0（0）	0
郭慧	2014-227					1（0）	0（0）	0
郭继宾	2012-283					1（0）	0（0）	0
郭继平	2011-335					1（0）	0（0）	0
郭建斌	**2013-103**					1（1）	0（0）	0
郭建雄	1994-129					1（0）	0（0）	0
郭洁	2013-211					1（0）	0（0）	0
郭金福	2008-348					1（0）	0（0）	0
郭金良	**1986-029**					1（1）	0（0）	0
郭菁	**2011-083**					1（1）	0（0）	0
郭晶	**2015-093**					1（1）	0（0）	0
郭景康	**1999-030**	**1999-031**	**1999-032**	**1999-033**	2015-423		5（4）	0（0）	0
郭景坤	1996-131	2001-126	2004-047			3（0）	0（0）	0
郭竟南	1983-026					1（0）	0（0）	0
郭聚平	2008-159（E）	2009-175				2（0）	1（0）	0
郭娟	2006-047	2008-040	**2012-086**			3（1）	0（0）	0
郭俊	2000-002					1（0）	0（0）	0
郭隽	2013-028					1（0）	0（0）	0
郭魁生	1982-024					1（0）	0（0）	0
郭腊梅	1992-091					1（0）	0（0）	0
郭兰英	2003-110	*2004-106				2（0）	0（0）	1
郭磊	**2015-094**					1（1）	0（0）	0
郭力	2013-465	2015-007				2（0）	0（0）	0
郭力娜	2014-253					1（0）	0（0）	0
郭丽	2001-116	2011-254				2（0）	0（0）	0
郭丽丽	2002-148					1（0）	0（0）	0
郭莉霞	**2005-030**					1（1）	0（0）	0
郭烈锦	2005-182	2006-113	2007-022	*2007-177	2009-143	2010-152	6（0）	0（0）	1
郭灵虹	2006-064					1（0）	0（0）	0
郭龙滨	2010-416	**2011-084**				2（1）	0（0）	0
郭茂生	**2002-025**					1（1）	0（0）	0
郭茂盛	2014-173					1（0）	0（0）	0

续表

作者	索引编号						文献总数	英文文献	通讯作者
郭妙妙	**2011-085**	2014-559					2（1）	0（0）	0
郭敏	2004-162（E）	2004-165	2005-226	2006-085（E）	2006-086	2006-172	20（0）	5（0）	2
	2006-313	2006-314（E）	2007-095	2007-096（E）	2007-225	2009-040			
	2009-288	2010-168	2010-178	2010-354	2012-010	2014-182			
	*2014-501	*2015-319（E）							
郭名亮	2014-487						1（0）	0（0）	0
郭明星	2003-028						1（0）	0（0）	0
郭鸣	**2015-095**						1（1）	0（0）	0
郭木森	2002-171	2003-060（E）	2003-075	2003-173	2004-162（E）	2004-165	9（0）	3（0）	0
	2005-226	2006-313	2006-314（E）						
郭宁	**2014-102**						1（1）	0（0）	0
郭盘林	**1999-034**	**1999-035（E）**	**1999-036**	1999-106	2000-081	2001-045	16（5）	7（3）	0
	2001-080	2001-082（E）	2001-083	2002-088	2004-052	**2000-002F**			
	2000-003F	2000-004F	**2000-005F**	2003-002F					
郭培育	2009-288	2010-178	2012-438				3（0）	0（0）	0
郭鹏	**2010-069**	**2015-096**					2（2）	0（0）	0
郭巧霞	2010-340						1（0）	0（0）	0
郭清芳	**2008-077**						1（1）	0（0）	0
郭庆斌	**2003-029**	**2006-052**					2（2）	0（0）	0
郭庆华	2009-145	2012-037					2（0）	0（0）	0
郭全义	2010-316						1（0）	0（0）	0
郭荣发	1996-017						1（0）	0（0）	0
郭瑞龙	2014-432						1（0）	0（0）	0
郭瑞新	1984-059	1991-077					2（0）	0（0）	0
郭三民	2008-088						1（0）	0（0）	0
郭少龄	2002-102						1（0）	0（0）	0
郭绍强	2014-489						1（0）	0（0）	0
郭伸	**1997-031**	**2000-024**					2（2）	0（0）	0
郭生良	**2007-056**	2007-058	2012-454	2015-240	2015-323		5（1）	0（0）	0
郭盛彬	**2012-087**						1（1）	0（0）	0
郭盛昉	1990-124						1（0）	0（0）	0
郭守国	2006-039	2007-042	2008-058	2008-156	2008-209	2009-054	14（0）	1（0）	0
	2009-233	2009-234	2011-198	2011-199（E）	2013-289	2013-606			
	2014-147	2014-344							
郭寿兴	**1993-034**	**1995-030**	1995-115				3（2）	0（0）	0
郭树才	2005-214						1（0）	0（0）	0
郭涛	**1995-031**	**2011-086**					2（2）	0（0）	0
郭腾飞	**2011-087**						1（1）	0（0）	0
郭伟	**2007-057**	**2007-058**	2008-037	2008-120	2008-277	**2013-104**	7（4）	0（0）	0
	2013-105								
郭娓	**2010-070**						1（1）	0（0）	0
郭卫东	2012-023						1（0）	0（0）	0
郭文莉	2007-218						1（0）	0（0）	0

续表

作者	索引编号						文献总数	英文文献	通讯作者
郭文亮	2012-335						1（0）	0（0）	0
郭文平	2001-033						1（0）	0（0）	0
郭文欣	2014-225						1（0）	0（0）	0
郭文学	1993-048						1（0）	0（0）	0
郭武学	2009-382						1（0）	0（0）	0
郭西华	2008-073	2008-074	**2008-078**	2009-071	2010-067	**2010-071**	11（3）	0（0）	0
	2010-072	2010-456	2011-347	2012-048	2012-498				
郭希铭	1996-120						1（0）	0（0）	0
郭霞	2015-406						1（0）	0（0）	0
郭贤性	1999-030	1999-031	1999-032	1999-033			4（0）	0（0）	0
郭献军	2007-128	2009-077					2（0）	0（0）	0
郭向利	2002-098	2002-099	2002-101				3（0）	0（0）	0
郭向勇	2000-033	**2002-026**					2（1）	0（0）	0
郭肖静	2011-296						1（0）	0（0）	0
郭晓博	2015-490						1（0）	0（0）	0
郭晓镭	2015-250						1（0）	0（0）	0
郭晓龙	**2012-088**	2014-408					2（1）	0（0）	0
郭晓潞	2010-233						1（0）	0（0）	0
郭晓明	2004-100	2006-250	2011-416				3（0）	0（0）	0
郭啸	2013-427						1（0）	0（0）	0
郭欣	2012-538						1（0）	0（0）	0
郭新闻	**2001-027**	**2001-028**	**2002-027**	2003-189	**2004-057**	2004-058	18（4）	2（0）	1
	2004-060	2005-085	**2006-053**	2006-301	**2008-050**	2008-311			
	2008-328	2009-361	2011-277	2011-329	*2014-441（E）	2015-362（E）			
郭馨	**2013-106**						1（1）	0（0）	0
郭鑫	2007-118						1（0）	0（0）	0
郭星华	2006-193						1（0）	0（0）	0
郭兴蓬	*2009-084						1（0）	0（0）	1
郭杏妹	2008-249						1（0）	0（0）	0
郭旭	2010-295						1（0）	0（0）	0
郭旭光	2003-129						1（0）	0（0）	0
郭学益	**2012-089**						1（1）	0（0）	0
郭雅先	**1988-026**	1989-093					2（1）	0（0）	0
郭亚涤	**2009-073**						1（1）	0（0）	0
郭延军	2005-223						1（0）	0（0）	0
郭艳	2015-293						1（0）	0（0）	0
郭燕春	**1997-032**						1（1）	0（0）	0
郭阳	2008-280	2015-337					2（0）	0（0）	0
郭业勤	1989-082						1（0）	0（0）	0
郭英海	2012-087						1（0）	0（0）	0
郭英英	2012-129						1（0）	0（0）	0
郭永环	**2009-074**	2010-048					2（1）	0（0）	0
郭永解	2012-506（E）						1（0）	1（0）	0

续表

作者	索引编号					文献总数	英文文献	通讯作者
郭永克	2011-242					1 (0)	0 (0)	0
郭友娣	2010-285					1 (0)	0 (0)	0
郭宇	**2015-097**					1 (1)	0 (0)	0
郭玉林	1986-004	1991-004	1992-005			3 (0)	0 (0)	0
郭玉鹏	2012-264					1 (0)	0 (0)	0
郭玉文	2010-305	*2012-439				2 (0)	0 (0)	1
郭元茹	2006-105	2007-108	**2008-079**			3 (1)	0 (0)	0
郭云春	**2012-090**					1 (1)	0 (0)	0
郭云涛	**2015-098**	2015-260				2 (1)	0 (0)	0
郭增昌	2006-239					1 (0)	0 (0)	0
郭占成	2014-173	2015-156				2 (0)	0 (0)	0
郭占红	1998-117					1 (0)	0 (0)	0
郭占荣	2012-073					1 (0)	0 (0)	0
郭长友	2012-528	2012-529				2 (0)	0 (0)	0
郭昭乔	1980-037					1 (0)	0 (0)	0
郭峥栋	2008-116					1 (0)	0 (0)	0
郭正府	**2002-028**					1 (1)	0 (0)	0
郭正堂	2000-023					1 (0)	0 (0)	0
郭志华	2009-208	2012-116				2 (0)	0 (0)	0
郭志娟	2015-485					1 (0)	0 (0)	0
郭智	2010-353					1 (0)	0 (0)	0
郭忠诚	2014-475（E）					1 (0)	1 (0)	0
郭子峰	**2009-075**					1 (1)	0 (0)	0
国际原子能机构	**1996-042**	2007-059				2 (2)	0 (0)	0
国礼杰	2008-360					1 (0)	0 (0)	0
国毅	1990-006	1992-006（E）				2 (0)	1 (0)	0
国营二六一厂三室	1977-005	1977-006				2 (0)	0 (0)	0
过韫辉	1993-054					1 (0)	0 (0)	0
Guo Chonglin	1996-088（E）					1 (0)	1 (0)	0
Guo Huaming	**2013-005F**					1 (1)	1 (1)	0
Guo Yanchuan	2014-290（E）					1 (0)	1 (0)	0
H								
哈耀	2005-107					1 (0)	0 (0)	0
Haberl A.	1990-004（E）					1 (0)	1 (0)	0
Hagen Franois	2011-004					1 (0)	0 (0)	0
Hai Guoliang	2011-232（E）					1 (0)	1 (0)	0
海洪	2015-486					1 (0)	0 (0)	0
海平	∵2004-026					1 (0)	0 (0)	0
Hall C.	**2012-001F**					1 (1)	1 (1)	0
Hamzah E.	2014-008（E）					1 (0)	1 (0)	0
韩爱荣	**2007-060**					1 (1)	0 (0)	0
韩斌	2010-001	2010-288				2 (0)	0 (0)	0
韩冰	2014-046	2014-219				2 (0)	0 (0)	0

续表

作者	索引编号					文献总数	英文文献	通讯作者
韩沉花	*2014-417					1(0)	0(0)	1
韩楚文	2008-176	2008-177	2008-178	2008-265	2010-089	5(0)	0(0)	0
韩春梅	**2014-103**					1(1)	0(0)	0
韩春明	2005-138	2005-142（E）	2007-201			3(0)	1(0)	0
Han C.M.	2005-005F					1(0)	1(0)	0
韩大川	1999-107					1(0)	0(0)	0
韩德久	1986-071					1(0)	0(0)	0
韩德俊	2009-122					1(0)	0(0)	0
韩德馨	1990-115					1(0)	0(0)	0
韩东成	2002-006					1(0)	0(0)	0
韩东艳	2009-325					1(0)	0(0)	0
韩冬雪	2015-422					1(0)	0(0)	0
韩发生	1985-106	1986-084	1986-088	1986-106	1991-036	5(0)	0(0)	0
韩繁国	2003-126					1(0)	0(0)	0
韩飞	2011-007					1(0)	0(0)	0
韩菲	2003-125					1(0)	0(0)	0
韩凤海	**2005-031**	**2010-073**				2(2)	0(0)	0
韩凤兰	**2003-030**	2004-006				2(1)	0(0)	0
韩国生	**2015-099**					1(1)	0(0)	0
韩鹤友	2006-015					1(0)	0(0)	0
韩红梅	2004-115					1(0)	0(0)	0
韩红霞	2013-520					1(0)	0(0)	0
韩宏大	2006-160					1(0)	0(0)	0
韩鸿业	2007-251					1(0)	0(0)	0
韩华云	2012-055	2013-065				2(0)	0(0)	0
韩辉	**2010-074**					1(1)	0(0)	0
韩基新	2002-073					1(0)	0(0)	0
韩佳	**2015-100**					1(1)	0(0)	0
韩家军	2009-136					1(0)	0(0)	0
韩玺	2015-263					1(0)	0(0)	0
韩建成	**1996-043**					1(1)	0(0)	0
韩建军	2013-059					1(0)	0(0)	0
韩建伟	1984-024					1(0)	0(0)	0
韩健	2015-392					1(0)	0(0)	0
韩江伟	2009-068					1(0)	0(0)	0
韩娇	2010-368					1(0)	0(0)	0
韩杰	**2006-054**	**2007-061**	2007-240			3(2)	0(0)	0
Han Jiecai	2011-016（E）					1(0)	1(0)	0
韩今依	1994-031	1994-038				2(0)	0(0)	0
韩金良	2001-141					1(0)	0(0)	0
韩晶	2014-359					1(0)	0(0)	0
韩俊杰	2015-540					1(0)	0(0)	0
韩俊龙	1982-001					1(0)	0(0)	0

续表

作者	索引编号						文献总数	英文文献	通讯作者
韩俊英	1982-026	1983-086	1984-039	1984-049	1984-050	1985-020	8（0）	0（0）	0
	1986-039	1988-042							
韩乐静	1998-032						1（0）	0（0）	0
韩蕾	2010-252（E）	2010-253					2（0）	1（0）	0
韩丽华	2014-103						1（0）	0（0）	0
韩亮	2014-060						1（0）	0（0）	0
韩琳丽	**2013-107**						1（1）	0（0）	0
韩龙	1994-077	**1997-033**	1997-140	**2002-029**			4（2）	0（0）	0
韩明华	1990-089						1（0）	0（0）	0
韩鹏程	2014-037	2014-220					2（0）	0（0）	0
韩平	2010-188	**2012-091**	2015-171				3（1）	0（0）	0
韩其勇	1982-061	1992-158（E）	1993-026	1993-027（E）			4（0）	2（0）	0
韩启元	2009-225						1（0）	0（0）	0
韩清瑕	2006-008						1（0）	0（0）	0
韩庆平	1996-043						1（0）	0（0）	0
韩韧	1984-027						1（0）	0（0）	0
韩汝玢	**1983-025**						1（1）	0（0）	0
韩莎莎	**2015-101**						1（1）	0（0）	0
韩书梅	**1984-028**						1（1）	0（0）	0
韩淑娟	2012-506（E）						1（0）	1（0）	0
韩淑芸	**1990-025**						1（1）	0（0）	0
韩松	**2003-031**	2004-139	2005-189（E）				3（1）	1（0）	0
韩素芬	**2004-027**						1（1）	0（0）	0
韩涛	2014-155	2015-008					2（0）	0（0）	0
韩婷	2005-215	2005-216	2006-308	2007-159			4（0）	0（0）	0
韩微微	2014-311						1（0）	0（0）	0
韩薇	**2008-080**						1（1）	0（0）	0
韩伟	2011-161	2011-439					2（0）	0（0）	0
韩炜	**2014-104**						1（1）	0（0）	0
韩炜师	**2012-092**						1（1）	0（0）	0
韩蔚	**2015-102**	**2015-103**					2（2）	0（0）	0
韩文	**2004-028**	2014-069					2（1）	0（0）	0
韩喜彬	2008-349						1（0）	0（0）	0
韩小燕	2012-356						1（0）	0（0）	0
韩小元	2005-245	**2006-055**	**2006-056**	**2006-057**	2007-062	2007-063	13（11）	6（6）	0
	2005-001F	**2005-007F**	**2006-001F**	**2006-002F**	**2006-003F**	**2006-015F**			
	2010-014W								
韩小月	**2014-105**						1（1）	0（0）	0
韩晓锋	2012-028	2012-029	**2012-093**	2013-438			4（1）	0（0）	0
韩晓光	**2005-032**						1（1）	0（0）	0
韩晓朋	2014-331						1（0）	0（0）	0
韩晓霞	2015-208						1（0）	0（0）	0
韩效钊	2012-194						1（0）	0（0）	0

续表

作者	索引编号						文献总数	英文文献	通讯作者
韩兴华	2015-540						1（0）	0（0）	0
韩秀文	2001-028	2005-008	2005-085				3（0）	0（0）	0
韩旭	2011-323						1（0）	0（0）	0
韩雪	2010-046						1（0）	0（0）	0
韩亚芬	**2012-094**	**2012-095**					2（2）	0（0）	0
韩亚梅	**2013-108（E）**						1（1）	1（1）	0
韩炎坤	1986-019						1（0）	0（0）	0
韩尧	**2000-025**						1（1）	0（0）	0
韩宜良	**2012-096**						1（1）	0（0）	0
韩贻兵	2009-281						1（0）	0（0）	0
韩莹	2010-188						1（0）	0（0）	0
韩颖	2002-159	2007-183	2010-057				3（0）	0（0）	0
韩应建	**1988-027**						1（1）	0（0）	0
韩勇	2000-031（E）	2000-032	2009-007（E）	2009-008			4（0）	2（0）	0
韩宇	**2010-075**						1（1）	0（0）	0
韩宇冰	**2001-029**						1（1）	0（0）	0
韩宇达	2012-404						1（0）	0（0）	0
韩玉芳	2007-248（E）	2007-249					2（0）	1（0）	0
韩玉杰	2008-221						1（0）	0（0）	0
韩玉萍	2009-373						1（0）	0（0）	0
韩玉香	2015-267						1（0）	0（0）	0
韩玉章	1989-041	1990-015					2（0）	0（0）	0
韩煜华	1994-004	1994-005	1997-004				3（0）	0（0）	0
韩占生	**1998-033**						1（1）	0（0）	0
韩芷英	1984-027						1（0）	0（0）	0
韩志伟	2003-196（E）	2004-154（E）	2008-343（E）				3（0）	3（0）	0
韩志远	1994-131						1（0）	0（0）	0
韩志钟	**2008-081**						1（1）	0（0）	0
韩壮	2005-214						1（0）	0（0）	0
韩子荣	2014-033						1（0）	0（0）	0
韩宗才	2009-399						1（0）	0（0）	0
韩宗珠	**1990-026**	**1992-028**	**1993-035**	**1993-036**	**2005-033**	**2005-034**	7（7）	0（0）	0
	2011-088								
Haneef M.	2015-328（E）						1（0）	1（0）	0
杭纬	*2015-452						1（0）	0（0）	1
Hansen Kirstie	**2007-064**						1（1）	0（0）	0
郝成文	2011-314						1（0）	0（0）	0
郝春来	**2007-065**	2007-104					2（1）	0（0）	0
郝殿中	2008-257						1（0）	0（0）	0
郝东升	2000-087						1（0）	0（0）	0
郝贡章	**1980-008**	1981-009	1982-010	1982-028	1983-013	1983-068	22（8）	0（0）	0
	1983-069	1984-074	**1985-030**	**1985-031**	1985-091	1986-085			
	1987-020	**1989-027**	1995-070	1996-144	1998-003	1998-107			

续表

作者	索引编号						文献总数	英文文献	通讯作者
	1999-037	**2000-026**	2000-085	**2001-030**					
郝国栋	**2007-066**						1（1）	0（0）	0
郝海霞	2006-190	2009-370					2（0）	0（0）	0
郝红蕊	2013-076						1（0）	0（0）	0
郝洪顺	2015-428						1（0）	0（0）	0
郝吉明	*2012-304	2015-183					2（0）	0（0）	1
郝冀方	1993-125（E）	1994-051	1997-060	2001-052			4（0）	1（0）	0
郝冀芳	1993-049						1（0）	0（0）	0
郝建民	**2000-027**						1（1）	0（0）	0
郝敬丹	1983-022	1984-024	1984-025	1985-025	1985-026	1985-027	13（0）	0（0）	0
	1987-018	1988-022	1989-021	1991-016	1991-017	1992-150			
	1993-123								
郝丽萍	**1997-034**	1998-132	**2002-030**				3（2）	0（0）	0
郝明革	1992-049						1（0）	0（0）	0
郝茜	2010-327（E）	2011-362	2015-379				3（0）	1（0）	0
郝士琢	**1997-035**	**1998-034**					2（2）	0（0）	0
郝爽	2013-597						1（0）	0（0）	0
郝顺利	2008-144						1（0）	0（0）	0
郝文月	**2014-106**						1（1）	0（0）	0
郝希超	2015-261						1（0）	0（0）	0
郝险峰	2012-163（E）						1（0）	1（0）	0
郝孝丽	2011-063						1（0）	0（0）	0
郝昕	2014-364						1（0）	0（0）	0
郝雪娟	2010-072						1（0）	0（0）	0
郝雅琼	**2012-097**						1（1）	0（0）	0
郝亚辉	2015-167						1（0）	0（0）	0
郝艳红	*2013-042						1（0）	0（0）	1
郝以明	1982-048						1（0）	0（0）	0
郝义锋	2010-235						1（0）	0（0）	0
郝勇	2011-202						1（0）	0（0）	0
郝媛媛	2014-418						1（0）	0（0）	0
郝郑平	2014-345	2014-511（E）					2（0）	1（0）	0
郝志红	*2015-485						1（0）	0（0）	1
昊则嘉	**1979-009**						1（1）	0（0）	0
Harris D.C.	**1987-021**						1（1）	0（0）	0
Harvey P.K.	1984-023						1（0）	0（0）	0
Hasebe N	2011-113（E）						1（0）	1（0）	0
Hayakawa S.	1995-002F						1（0）	1（0）	0
合志阳一	1984-003	1986-058	1987-057	1987-058	1988-062	1989-074	6（0）	0（0）	0
何宝林	*2005-107						1（0）	0（0）	1
何报寅	**2003-032**						1（1）	0（0）	0
何彬彬	2007-012	2008-016	2008-017	2008-018			4（0）	0（0）	0
何伯延	1981-002	**1981-013**	1982-003	1982-016	1982-036	1982-064	11（2）	0（0）	0

续表

作者	索引编号					文献总数	英文文献	通讯作者
	1983-026	1983-043	1985-042	1996-012	1996-013			
何婵	2013-456					1（0）	0（0）	0
何超群	2009-278					1（0）	0（0）	0
何朝鑫	**2013-109**	**2014-107**				2（2）	0（0）	0
何炽	2012-469	2014-511（E）				2（0）	1（0）	0
何闯	2012-249					1（0）	0（0）	0
何春根	**2008-082**	2015-125				2（1）	0（0）	0
何大明	2010-090					1（0）	0（0）	0
何大志	2011-084					1（0）	0（0）	0
何德民	2011-386	2011-387				2（0）	0（0）	0
何登良	**2014-108**					1（1）	0（0）	0
何芳	**2015-104**					1（1）	0（0）	0
何高魁	2015-578					1（0）	0（0）	0
何高文	**2011-089**					1（1）	0（0）	0
何光洪	**2014-109**					1（1）	0（0）	0
何光昕	1991-115					1（0）	0（0）	0
何广仁	1993-080	1993-089	1994-073	1996-098	1997-076	1993-090	6（0）	0（0）	0
何广武	2015-224					1（0）	0（0）	0
何桂英	**1996-044**					1（1）	0（0）	0
何国贤	**2008-083**	2008-370	2009-134			3（1）	0（0）	0
何国柱	**1985-032**	1990-074	1991-063	1992-074		4（1）	0（0）	0
何航	**2010-076**					1（1）	0（0）	0
何红蓼	2010-303					1（0）	0（0）	0
何红运	**1993-037**	1994-072				2（1）	0（0）	0
何洪	*2011-319（E）					1（0）	1（0）	1
何花	**2012-098**					1（1）	0（0）	0
何花金	**2011-090**					1（1）	0（0）	0
何慧	2012-336	2014-006F				2（1）	1（0）	0
何佳霖	2014-352	2014-494	2015-170			3（0）	0（0）	0
何佳文	1997-024					1（0）	0（0）	0
何嘉伟	2015-417					1（0）	0（0）	0
何稼敏	**1998-035**	**1998-036**				2（2）	0（0）	0
何建久	1994-063	1995-069				2（0）	0（0）	0
何建勇	1986-043					1（0）	0（0）	0
何介薇	1983-008					1（0）	0（0）	0
何金龙	2013-208（E）					1（0）	1（0）	0
何金明	1992-027					1（0）	0（0）	0
何锦锋	**1999-038**					1（1）	0（0）	0
何琍	**1988-028**	**1990-027**	1990-126	1991-056		4（2）	0（0）	0
何立端	2003-158					1（0）	0（0）	0
何立群	**2001-031**	2001-070				2（1）	0（0）	0
何丽娟	1982-057 1996-053	1983-086	1984-050	1984-090	1987-094	1991-103	7（0）	0（0）	0

续表

作者	索引编号					文献总数	英文文献	通讯作者
何俐	1988-101					1（0）	0（0）	0
何莉	2013-503					1（0）	0（0）	0
何连生	*2008-327					1（0）	0（0）	1
何亮	2009-027	2011-006F				2（0）	1（0）	0
何伶俐	2006-204	2006-206				2（0）	0（0）	0
何迈	2007-085（E）					1（0）	1（0）	0
何蔓	**2005-035**					1（1）	0（0）	0
何美凤	2011-039					1（0）	0（0）	0
何美清	**2007-067**					1（1）	0（0）	0
何敏	∵2010-077					1（0）	0（0）	0
何明杰	2008-262					1（0）	0（0）	0
何明奕	**2008-084**	2008-360	2010-297			3（1）	0（0）	0
何明跃	2012-022					1（0）	0（0）	0
何鸣元	2003-133	2009-033	2010-314	2011-078		4（0）	0（0）	0
何念银	2009-001					1（0）	0（0）	0
何弩	2011-212	2011-213				2（0）	0（0）	0
何努	2005-068					1（0）	0（0）	0
何丕荣	**1979-010**					1（1）	0（0）	0
何品刚	2013-236					1（0）	0（0）	0
何平	2012-098	2013-490				2（0）	0（0）	0
何旗航	2015-436					1（0）	0（0）	0
何茜	2014-231					1（0）	0（0）	0
何巧林	2008-169					1（0）	0（0）	0
何青	*2006-120	2006-300	2007-139	2007-178	2008-198	2008-338（E）	9（0）	1（0）	1
	2012-206	2013-229	2013-230					
何庆兵	2005-220					1（0）	0（0）	0
何秋菊	2009-268	**2010-078**	2013-587	**2014-110**	2014-486	5（2）	0（0）	0
何秋平	2009-034	**2009-076**	2014-171			3（1）	0（0）	0
何去奢	**1982-015**	**1984-029**	**1985-033**	**1987-022**		4（4）	0（0）	0
何瑞启	1987-087	1988-088	**1989-028**	**1990-028**	1990-117	**1993-038**	6（3）	0（0）	0
何沙白	2013-065					1（0）	0（0）	0
何上明	2014-223	2015-546（E）				2（0）	1（0）	0
何世颖	2014-082	2015-076				2（0）	0（0）	0
何帅明	2015-296					1（0）	0（0）	0
何思祺	**2015-105**	2015-353				2（1）	0（0）	0
何素芳	2012-406					1（0）	0（0）	0
何素珍	**2010-079**					1（1）	0（0）	0
何太国	2009-204					1（0）	0（0）	0
何堂坤	**2007-068**					1（1）	0（0）	0
何天明	2008-097					1（0）	0（0）	0
何甜辉	2010-095					1（0）	0（0）	0
何舔辉	2010-096					1（0）	0（0）	0
何廷树	2010-035					1（0）	0（0）	0

续表

作者	索引编号						文献总数	英文文献	通讯作者
何为民	2006-200						1 (0)	0 (0)	0
何维中	**1986-030**						1 (1)	0 (0)	0
何伟	2001-150（E）	2001-151	2002-014	2002-016	2002-053	2002-090（E）	77 (1)	36 (0)	0
	2002-092	2002-116	2002-118	2002-134	2002-171	2003-026			
	2003-087	2004-009	2004-017	2004-022	2004-023	2004-034			
	2004-085	2004-115	2004-135	2004-139	2004-143	2004-159			
	2004-174	2005-010	2005-138	2005-142（E）	2005-156	2005-177（E）			
	2005-189（E）	2006-035	2006-036	2006-104	2006-145	2006-253（E）			
	2006-310	2007-123	2007-157	2007-201	2007-247（E）	2007-257			
	2007-272	2007-302	2008-310	2008-340	2009-006（E）	2009-147			
	2009-148（E）	2010-337（E）	**2011-091**	2001-002F	2001-003F	2001-004F			
	2001-006F	2001-007F	2002-002F	2002-004F	2002-005F	2003-004F			
	2004-003F	2004-004F	2005-004F	2005-005F	2005-006F	2005-008F			
	2006-006F	2006-009F	2006-010F	2006-012F	2006-013F	2007-005F			
	2007-006F	2007-007F	2007-009F	2008-003F	2009-005F				
何伟龙	**2012-099**						1 (1)	0 (0)	0
何文杰	2006-160						1 (0)	0 (0)	0
何文权	1996-024	1996-025	1997-010	**1997-036**	1998-008	1998-013	24 (12)	0 (0)	0
	1998-037	1998-104	1999-009	1999-010	**1999-039**	1999-127			
	2000-028	**2000-029**	**2002-031**	**2002-032**	**2002-033**	**2002-034**			
	2002-035	2003-033	2004-128	**2005-036**	2005-178	2006-256			
何锡仁	1993-005						1 (0)	0 (0)	0
何先虎	2013-035						1 (0)	0 (0)	0
何贤昶	2004-033						1 (0)	0 (0)	0
何湘柱	**2003-034**	**2015-106**					2 (2)	0 (0)	0
何向春	2014-457						1 (0)	0 (0)	0
何潇	2005-024（E）	2006-011F	**2007-008F**				3 (1)	3 (1)	0
何霄嘉	**2010-080**						1 (1)	0 (0)	0
何小丽	2015-189（E）						1 (0)	1 (0)	0
何小青	2011-159						1 (0)	0 (0)	0
何晓凤	2014-072						1 (0)	0 (0)	0
何晓梅	**2002-036**	2003-139	2004-109				3 (1)	0 (0)	0
何晓微	1996-122	**1997-037**					2 (1)	0 (0)	0
何新荣	**1992-029**						1 (1)	0 (0)	0
何雄	2012-561						1 (0)	0 (0)	0
何秀坤	1991-090						1 (0)	0 (0)	0
何秀梅	2014-191						1 (0)	0 (0)	0
何秀萍	2010-322						1 (0)	0 (0)	0
何学忠	1998-014						1 (0)	0 (0)	0
何雪峰	2012-399	**2013-110**					2 (1)	0 (0)	0
何雪梅	2014-574						1 (0)	0 (0)	0
何珣	2012-253						1 (0)	0 (0)	0
何延才	**1988-029**	**1989-029**	1993-039				3 (3)	0 (0)	0

续表

作者	索引编号					文献总数	英文文献	通讯作者
何艳丽	2008-292					1（0）	0（0）	0
何燕	2014-525	2015-546（E）				2（0）	1（0）	0
何阳	2011-265					1（0）	0（0）	0
何奕	2015-036					1（0）	0（0）	0
何奕工	**2004-029**					1（1）	0（0）	0
何毅	1986-099					1（0）	0（0）	0
何莹	2009-154					1（0）	0（0）	0
何勇	2014-010					1（0）	0（0）	0
何雨	2003-168					1（0）	0（0）	0
何雨旸	2012-411					1（0）	0（0）	0
何玉生	2010-369					1（0）	0（0）	0
何聿忠	1992-115	1994-104	1997-117			3（0）	0（0）	0
何育民	1996-121					1（0）	0（0）	0
何毓灵	2008-116					1（0）	0（0）	0
何跃	2015-158					1（0）	0（0）	0
何芸华	1989-056					1（0）	0（0）	0
何真	**2011-092**					1（1）	0（0）	0
何振立	1999-150					1（0）	0（0）	0
何正华	**2006-058**					1（1）	0（0）	0
何政伟	1997-144	2000-137	2002-075			3（0）	0（0）	0
何知礼	**1996-045**					1（1）	0（0）	0
何知宇	2015-484（E）					1（0）	1（0）	0
何植	2006-155					1（0）	0（0）	0
何志	1992-069					1（0）	0（0）	0
何志红	2014-349					1（0）	0（0）	0
何志桥	**2015-107**					1（1）	0（0）	0
何志伟	**2015-108**	**2015-109**				2（2）	0（0）	0
何智兵	*2014-259					1（0）	0（0）	1
何忠	**2006-059**	2007-109	2007-110	2009-132（E）		4（1）	1（0）	0
何卓然	1990-035					1（0）	0（0）	0
何自战	2014-222					1（0）	0（0）	0
和丽忠	2015-027	2015-028				2（0）	0（0）	0
和莉	2014-022					1（0）	0（0）	0
和银霞	2015-203					1（0）	0（0）	0
和振云	2010-169	*2011-184	2012-210	2012-211	2013-234	2013-235	7（0）	0（0）	1
	2014-235							
河北铜矿化验室	**1977-005**	**1978-007**				2（2）	0（0）	0
河北铜矿龙潭分矿	**1977-006**					1（1）	0（0）	0
河西学	1996-093					1（0）	0（0）	0
河野久征	**1995-032**	1995-119	1996-104			3（1）	0（0）	0
贺博	2007-196（E）	2007-197				2（0）	1（0）	0
贺春福	1984-072	1985-087	**1987-023**	**1989-030**	1989-045	1989-046	17（4）	0（0）	0
	1990-046	1990-047	1990-048	1991-073	1991-116	1991-117			

续表

作者	索引编号					文献总数	英文文献	通讯作者
	1992-043	1992-146	1992-147	**1993-040**	**1993-041**			
贺德华	2005-149					1 (0)	0 (0)	0
贺定勇	2015-421					1 (0)	0 (0)	0
贺东风	2013-173	2014-524（E）				2 (0)	1 (0)	0
贺福清	2014-542					1 (0)	0 (0)	0
贺桂芬	1987-005					1 (0)	0 (0)	0
贺国霞	2013-520					1 (0)	0 (0)	0
贺鹤勇	2009-034	*2012-281（E）				2 (0)	1 (0)	1
贺惠	2010-407					1 (0)	0 (0)	0
贺慧明	**1991-019**					1 (1)	0 (0)	0
贺继春	2006-199					1 (0)	0 (0)	0
贺建栋	2014-518					1 (0)	0 (0)	0
贺建雄	2015-067	2015-612				2 (0)	0 (0)	0
贺剑雄	2009-232	**2010-081**	**2010-082**	2011-368		4 (2)	0 (0)	0
贺磊	2013-074					1 (0)	0 (0)	0
贺立绩	1990-011	1993-009				2 (0)	0 (0)	0
贺林	1996-032					1 (0)	0 (0)	0
贺茂勇	2015-167					1 (0)	0 (0)	0
贺茂云	**2009-077**					1 (1)	0 (0)	0
贺勉鸿	2002-070					1 (0)	0 (0)	0
贺攀红	**2012-100**	**2012-101**				2 (2)	0 (0)	0
贺翩翩	**2015-110**					1 (1)	0 (0)	0
贺秋芳	**2007-069**					1 (1)	0 (0)	0
贺蓉晖	2011-176					1 (0)	0 (0)	0
贺瑞玲	2013-464					1 (0)	0 (0)	0
贺士瑜	**1991-020**					1 (1)	0 (0)	0
贺世伟	2010-129	2010-130	2011-151			3 (0)	0 (0)	0
贺小华	1986-042					1 (0)	0 (0)	0
贺晓华	1985-033	1985-054	1985-055	**1987-024**	1987-042	**1990-029**	7 (2)	0 (0)	0
	1992-006W							
贺新安	2007-158					1 (0)	0 (0)	0
贺新展	2007-199					1 (0)	0 (0)	0
贺雅慧	2011-459	2011-481				2 (0)	0 (0)	0
贺延龄	2013-244					1 (0)	0 (0)	0
贺燕	2009-351					1 (0)	0 (0)	0
贺燕婷	2011-142					1 (0)	0 (0)	0
贺与平	2007-015	2012-406				2 (0)	0 (0)	0
贺云龙	∵1993-031					1 (0)	0 (0)	0
贺治中	2003-090					1 (0)	0 (0)	0
贺中央	1989-090	**2012-102**	2014-222			3 (1)	0 (0)	0
贺铸	2015-395					1 (0)	0 (0)	0
贺子丁	**2012-103**					1 (1)	0 (0)	0
赫丽华	2015-117					1 (0)	0 (0)	0

续表

作者	索引编号						文献总数	英文文献	通讯作者
赫连青军	**2009-078**						1（1）	0（0）	0
赫婷婷	2013-295						1（0）	0（0）	0
赫晓东	2007-156						1（0）	0（0）	0
赫业军	1997-016	1998-121	1999-122	2000-098	2003-131		5（0）	0（0）	0
赫英利	**2015-111**						1（1）	0（0）	0
He Jia	2014-210（E）						1（0）	1（0）	0
He Pinjing	2015-002F						1（0）	1（0）	0
He R.G.	2001-002F						1（0）	1（0）	0
He Rui	2006-008F						1（0）	1（0）	0
He Y.D.	2006-289（E）						1（0）	1（0）	0
He Zizhan	2015-231（E）						1（0）	1（0）	0
黑大千	**2014-111**	2014-140	2014-139（E）				3（1）	1（0）	0
黑东炜	1993-073						1（0）	0（0）	0
Heitmann J.	2000-002F	2000-003F					2（0）	2（0）	0
Henderson P.	**1985-034**						1（1）	0（0）	0
衡磊	**2005-037**	**2006-060**					2（2）	0（0）	0
Hisao Watanabe	**1987-025**						1（1）	0（0）	0
Homma H	2011-124						1（0）	0（0）	0
Homman N. P. O.	1995-003F						1（0）	1（0）	0
洪爱珠	**2008-085**						1（1）	0（0）	0
洪琛	2011-421	**2013-111**	**2014-112**				3（2）	0（0）	0
洪德乐	**1993-042**						1（1）	0（0）	0
洪法水	**1999-040**						1（1）	0（0）	0
洪刚	2010-284						1（0）	0（0）	0
洪光	2005-202						1（0）	0（0）	0
洪广言	2002-062						1（0）	0（0）	0
洪汉烈	2008-054						1（0）	0（0）	0
洪华	2014-067	2014-068					2（0）	0（0）	0
洪汇孝	**1989-031**						1（1）	0（0）	0
洪江星	**2005-038**	**2006-061**	**2007-070**	**2008-086**	**2009-079**		5（5）	0（0）	0
洪静芬	**1985-035**						1（1）	0（0）	0
洪俊辉	**2010-083**						1（1）	0（0）	0
洪丽雁	**2003-035**	**2005-039**					2（2）	0（0）	0
洪盟峰	2005-046						1（0）	0（0）	0
洪荣昌	2015-456						1（0）	0（0）	0
洪蓉	1992-115	**1993-043**	1994-104	1996-092	1996-128	1997-117	7（1）	0（0）	0
	1997-118								
洪榕	2009-180						1（0）	0（0）	0
洪淑新	2003-130						1（0）	0（0）	0
洪武兴	2009-251	2014-285					2（0）	0（0）	0
洪仙枚	2009-296						1（0）	0（0）	0
Hong Xiaoqing	2014-006F						1（0）	1（0）	0
洪欣	2014-343						1（0）	0（0）	0

续表

作者	索引编号					文献总数	英文文献	通讯作者
洪新	2011-228					1（0）	0（0）	0
洪秀瑟	1990-125					1（0）	0（0）	0
洪燕	2011-348	**2012-104**				2（1）	0（0）	0
洪益娟	**2011-093**					1（1）	0（0）	0
Hong Youli	2012-003F					1（0）	1（0）	0
洪元佳	2002-062	2004-113				2（0）	0（0）	0
洪自强	2015-017					1（0）	0（0）	0
Hossein Ghasemi Mobtaker	2015-112（E）					1（1）	1（1）	0
侯保国	2007-250					1（0）	0（0）	0
侯斌	2011-326					1（0）	0（0）	0
侯博智	**2015-113**					1（1）	0（0）	0
侯朝鹏	2011-294					1（0）	0（0）	0
侯春生	2001-101					1（0）	0（0）	0
侯登录	1992-122					1（0）	0（0）	0
侯定远	**1981-014**					1（1）	0（0）	0
侯凤岭	1999-074					1（0）	0（0）	0
侯贵华	2008-120					1（0）	0（0）	0
侯海海	2015-332					1（0）	0（0）	0
侯汉娜	2011-042					1（0）	0（0）	0
侯浩波	**1991-021**	2006-095	2007-100（E）	*2007-101（E）	*2009-125（E）	5（1）	3（0）	2
侯红军	2008-294					1（0）	0（0）	0
侯宏涛	2015-115					1（0）	0（0）	0
侯宏英	2014-118					1（0）	0（0）	0
侯慧娜	**2011-094**					1（1）	0（0）	0
侯佳钰	2010-117	2013-169				2（0）	0（0）	0
侯金红	**2003-036**	**2003-037**	**2006-062**			3（3）	0（0）	0
侯晋	2014-067	2014-068				2（0）	0（0）	0
侯晶	2015-386					1（0）	0（0）	0
侯静	**2004-030**					1（1）	0（0）	0
侯静静	2012-188					1（0）	0（0）	0
侯静文	2013-218					1（0）	0（0）	0
侯凯	2004-151					1（0）	0（0）	0
侯珂珂	2014-441（E）	2015-362（E）				2（0）	2（0）	0
侯可人	1989-116					1（0）	0（0）	0
侯克斌	**2010-084**					1（1）	0（0）	0
侯克功	2001-159					1（0）	0（0）	0
侯磊	**2006-063**					1（0）	0（0）	0
侯丽华	**2011-095**	**2011-096**	2011-180			3（2）	0（0）	0
侯鹏飞	2002-043	2004-152	2012-024	2013-119		4（0）	0（0）	0
侯鹏高	**2015-114**					1（1）	0（0）	0
侯泉林	2003-020					1（0）	0（0）	0
侯荣丰	2015-363	2015-609（E）				2（0）	1（0）	0

续表

作者	索引编号						文献总数	英文文献	通讯作者
侯善华	**2012-105**						1（1）	0（0）	0
侯胜利	1993-143	1993-144	1996-039	1997-027	1997-028	1997-029	8（2）	0（0）	0
	1997-038	**1999-041**							
侯世峰	**2013-112**						1（1）	0（0）	0
侯守福	2004-066						1（0）	0（0）	0
侯双霞	**2015-115**						1（1）	0（0）	0
侯文华	**1998-038**						1（1）	0（0）	0
侯文涛	2010-399						1（0）	0（0）	0
侯贤旭	**2014-113**						1（1）	0（0）	0
侯宪林	2014-308						1（0）	0（0）	0
侯晓燕	2012-017						1（0）	0（0）	0
侯新	2008-048						1（0）	0（0）	0
侯新生	2001-157	**2004-031**					2（1）	0（0）	0
侯鑫	2013-386	2013-387	2013-388	2014-116			4（0）	0（0）	0
侯艳冰	2003-105						1（0）	0（0）	0
侯印春	1991-130						1（0）	0（0）	0
侯玉东	2014-353						1（0）	0（0）	0
侯玉树	2001-110						1（0）	0（0）	0
侯育冬	2006-063						1（0）	0（0）	0
侯云飞	2015-619						1（0）	0（0）	0
侯治国	**1990-030**						1（1）	0（0）	0
后德家	2008-316	2009-347	2010-381				3（0）	0（0）	0
后德俊	2007-302						1（0）	0（0）	0
候金红	2003-004						1（0）	0（0）	0
候琳琳	2008-348						1（0）	0（0）	0
候艳冰	2001-050						1（0）	0（0）	0
胡安平	**2014-114**						1（1）	0（0）	0
胡斌	2002-038	2005-035	2009-200	*2010-365	2011-395（E）	*2012-450（E）	7（0）	3（0）	3
	*2012-451（E）								
胡冰洁	2013-327						1（0）	0（0）	0
胡秉双	2015-190						1（0）	0（0）	0
胡炳熊	1985-089						1（0）	0（0）	0
胡波	2004-164	2012-554	**2015-116**				3（1）	0（0）	0
胡灿	2006-205						1（0）	0（0）	0
胡昌恒	1987-064	1988-101	1990-027	1990-126			4（0）	0（0）	0
胡昌勤	2012-463						1（0）	0（0）	0
胡昌媛	1987-074						1（0）	0（0）	0
胡朝晖	1985-117	1987-088	1987-101	**1992-030（E）**	**1992-118（E）**	1994-062	12（5）	3（2）	0
	1995-066	1998-079	**2000-031（E）**	**2000-032**	**2001-032**	**2003-041**			
胡呈祥	2005-228						1（0）	0（0）	0
胡城	2015-185						1（0）	0（0）	0
胡传胜	2004-039						1（0）	0（0）	0
胡春	**1995-033**	2005-044（E）					2（1）	1（0）	0

续表

作者	索引编号					文献总数	英文文献	通讯作者
胡丹静	2013-479					1（0）	0（0）	0
胡道丰	**2011-097**					1（1）	0（0）	0
胡典明	2009-228					1（0）	0（0）	0
胡东波	**2008-087**	2010-398	2015-290			3（1）	0（0）	0
胡恩萍	**2006-064**					1（1）	0（0）	0
胡飞	**2011-098**	**2011-099**	**2013-113**			3（3）	0（0）	0
胡非	2002-152					1（0）	0（0）	0
胡峰	2014-077					1（0）	0（0）	0
胡锋	2010-225					1（0）	0（0）	0
胡凤春	2012-437（E）	2012-485				2（0）	1（0）	0
胡冠九	2006-018					1（0）	0（0）	0
胡光道	2004-148					1（0）	0（0）	0
胡广春	**2011-100**					1（1）	0（0）	0
胡广峰	2005-168					1（0）	0（0）	0
胡广耀	2000-020	2004-024				2（0）	0（0）	0
胡广元	2010-292					1（0）	0（0）	0
胡桂花	**2009-080**					1（1）	0（0）	0
胡国辉	1985-117	1987-101				2（0）	0（0）	0
胡国荣	2006-033					1（0）	0（0）	0
胡国兴	**1992-031**	**1994-030**				2（2）	0（0）	0
胡国瑛	1994-044	1996-055				2（0）	0（0）	0
胡海敏	1987-102					1（0）	0（0）	0
胡海诗	2015-295					1（0）	0（0）	0
胡行方	2001-041					1（0）	0（0）	0
胡浩	2004-054					1（0）	0（0）	0
胡和平	2002-162					1（0）	0（0）	0
胡红岩	**2012-106**					1（1）	0（0）	0
胡红云	2012-561					1（0）	0（0）	0
胡宏纹	2006-182					1（0）	0（0）	0
胡会利	**2005-040**					1（1）	0（0）	0
胡慧玲	2013-514					1（0）	0（0）	0
胡吉明	**2000-030**					1（1）	0（0）	0
胡吉祥	**2015-117**					1（1）	0（0）	0
胡继友	1998-102					1（0）	0（0）	0
胡坚	**1999-042**	**2002-037**	2010-243	2010-276	2011-311	2014-569	6（2）	0（0）	0
胡建杭	2013-210					1（0）	0（0）	0
胡健	**2007-071**					1（1）	0（0）	0
胡江良	2014-297					1（0）	0（0）	0
胡江林	2011-232（E）	2011-233（E）				2（0）	2（0）	0
胡杰	2011-396					1（0）	0（0）	0
胡洁雪	1987-034	**1988-030**	1989-037			3（1）	0（0）	0
胡金妮	2009-216					1（0）	0（0）	0
胡金山	2012-042	2012-043	2013-049	**2015-118**		4（1）	0（0）	0

续表

作者	索引编号					文献总数	英文文献	通讯作者
胡金生	1990-017	**1992-032**	1992-065	1992-066	1992-112	**1993-044**	6（2）	0（0）	0
胡劲	**2009-081**					1（1）	0（0）	0
胡京南	*2010-338					1（0）	0（0）	1
胡军辉	2011-214					1（0）	0（0）	0
胡军凯	2011-200					1（0）	0（0）	0
胡钧	2015-370（E）					1（0）	1（0）	0
胡俊尧	2015-341					1（0）	0（0）	0
胡可佳	**2013-114**					1（1）	0（0）	0
胡克良	1997-061					1（0）	0（0）	0
胡克亮	2008-037					1（0）	0（0）	0
胡岚	**2005-041**	**2008-088**	**2012-107**			3（3）	0（0）	0
胡蕾	2012-452	2013-265				2（0）	0（0）	0
胡黎明	**1992-033**	1994-031	1994-038	1996-040	1996-082	1997-074	7（1）	0（0）	0
	1997-098							
胡立敏	2011-237	2011-485				2（0）	0（0）	0
胡立设	2000-115					1（0）	0（0）	0
胡丽华	2002-013					1（0）	0（0）	0
胡丽丽	2015-253					1（0）	0（0）	0
胡良温	2006-130	2009-384	2009-385（E）			3（0）	1（0）	0
胡林彦	**2007-072**					1（1）	0（0）	0
胡孟春	2006-202					1（0）	0（0）	0
胡名卫	**2014-115**					1（0）	0（0）	0
胡明	1984-006	1985-003				2（0）	0（0）	0
胡明华	2015-361					1（0）	0（0）	0
胡明情	**2015-119**					1（1）	0（0）	0
胡墨田	2014-604					1（0）	0（0）	0
胡宁静	**2010-085**	**2012-108**				2（2）	0（0）	0
胡其锋	1981-002	1981-019	**1982-016**	1982-036	1983-004	5（1）	0（0）	0
胡强	2009-350	2011-062				2（0）	0（0）	0
胡仁波	**2013-115**					1（1）	0（0）	0
胡纫兰	1996-026	1996-057	**1998-039**	**1998-040**	2002-040	2009-247	7（2）	0（0）	0
	2010-092							
胡荣祖	2006-124	2008-331（E）	2009-369（E）			3（0）	2（0）	0
胡锐	**2014-116**					1（1）	0（0）	0
胡瑞霞	2003-143	2011-225				2（0）	0（0）	0
胡瑞忠	2007-280	2009-332	2010-051			3（0）	0（0）	0
胡上序	1994-091					1（0）	0（0）	0
胡少成	2015-071					1（0）	0（0）	0
胡少勤	2000-025					1（0）	0（0）	0
胡圣虹	2001-069（E）	2002-109	2003-092			3（0）	1（0）	0
胡盛文	**1987-026**					1（1）	0（0）	0
胡世林	1996-097	**1989-032**	**1999-043**			3（2）	0（0）	0
胡世如	**1987-027**					1（1）	0（0）	0

续表

作者	索引编号					文献总数	英文文献	通讯作者
胡守亮	2014-029	2015-022				2（0）	0（0）	0
胡首鹏	2014-101					1（0）	0（0）	0
胡受权	**2001-033**					1（1）	0（0）	0
胡述戈	2014-052					1（0）	0（0）	0
胡树戈	2000-058					1（0）	0（0）	0
胡树起	2005-120					1（0）	0（0）	0
胡树植	**1986-031**	**1988-031**	1990-065			3（2）	0（0）	0
胡双成	**1983-027**					1（1）	0（0）	0
胡舜媛	∴1995-034					1（0）	0（0）	0
胡思	**2012-109**	2012-510	**2015-120**			3（2）	0（0）	0
胡松	2009-364	2010-237				2（0）	0（0）	0
胡素敏	**2005-042**					1（1）	0（0）	0
胡孙林	**2009-082**	**2010-086**	**2011-101**	2013-353	2013-437	2015-222	6（3）	0（0）	0
胡塔峰	2009-337					1（0）	0（0）	0
胡太吉	2002-097					1（0）	0（0）	0
胡天斗	2004-126	2004-151	2005-022	2009-006（E）		4（0）	1（0）	0
胡铁锋	**1993-045**					1（1）	0（0）	0
胡婷婷	**2014-117**					1（1）	0（0）	0
胡为	1989-116					1（0）	0（0）	0
胡伟	1999-096	2001-111	2001-117	**2004-032**		4（1）	0（0）	0
胡玮玮	**2011-102**					1（1）	0（0）	0
胡卫明	1991-072	1991-109	1992-082（E）	1993-095		4（0）	1（0）	0
胡文虎	2009-107					1（0）	0（0）	0
胡文蓉	1988-043					1（0）	0（0）	0
胡文友	2012-330	*2015-158	2015-374（E）			3（0）	1（0）	1
胡仙超	2013-479	2014-469				2（0）	0（0）	0
胡宪伟	2014-334					1（0）	0（0）	0
胡小波	2004-161	2007-286（E）				2（0）	1（0）	0
胡小英	2008-224					1（0）	0（0）	0
胡晓	**2003-038**	**2003-039**	**2012-110**	**2013-116**	**2013-117**	5（5）	0（0）	0
胡晓波	**2003-040**					1（1）	0（0）	0
胡晓春	2014-194					1（0）	0（0）	0
胡晓丹	2004-048					1（0）	0（0）	0
胡晓静	1999-135	*2000-012	*2009-222			3（0）	0（0）	2
胡晓君	**2004-033**					1（1）	0（0）	0
胡晓燕	**2009-083**					1（1）	0（0）	0
胡筱敏	2013-130					1（0）	0（0）	0
胡新功	2011-455					1（0）	0（0）	0
胡秀芸	1989-085					1（0）	0（0）	0
胡学强	2014-220					1（0）	0（0）	0
胡雪峰	*2015-254					1（0）	0（0）	1
胡雪晗	**2014-118**					1（1）	0（0）	0
胡雅超	1988-055	1989-061	1990-066			3（0）	0（0）	0

续表

作者	索引编号					文献总数	英文文献	通讯作者
胡雅丽	2007-087	2007-088	2009-107	2011-352	2011-353	5（0）	0（0）	0
胡亚敏	2009-003					1（0）	0（0）	0
胡亚茹	2009-392（E）					1（0）	1（0）	0
胡亚燕	2012-401					1（0）	0（0）	0
胡延秀	1991-100					1（0）	0（0）	0
胡艳军	2011-135	**2012-111**				2（1）	0（0）	0
胡艳妮	2001-101					1（0）	0（0）	0
胡阳	1994-129					1（0）	0（0）	0
胡瑶	2013-597					1（0）	0（0）	0
胡耀红	2003-034	2015-463	2015-464			3（0）	0（0）	0
胡耀武	2005-081	2006-117				2（0）	0（0）	0
胡一飞	2011-033					1（0）	0（0）	0
胡怡晨	2012-281（E）					1（0）	1（0）	0
胡义华	2010-135					1（0）	0（0）	0
胡迎飞	2009-001					1（0）	0（0）	0
胡莹	2013-268					1（0）	0（0）	0
胡滢	2007-009					1（0）	0（0）	0
胡颖	**2008-089**	**2008-090**				2（2）	0（0）	0
胡永发	2014-276					1（0）	0（0）	0
胡永康	2003-194	2003-195	2013-405			3（0）	0（0）	0
胡永明	2007-073	2010-310	**2011-103**			3（1）	0（0）	0
胡永庆	2009-062	2009-063（E）	2009-064	2011-045	2011-149	2012-050	8（0）	1（0）	0
	2014-084	2015-396						
胡勇平	1990-120					1（0）	0（0）	0
胡又文	2009-350	2011-062				2（0）	0（0）	0
胡幼华	1988-029	1989-029				2（0）	0（0）	0
胡玉洁	2007-334					1（0）	0（0）	0
胡玉涛	**2010-087**					1（1）	0（0）	0
胡毓德	1991-071（E）					1（0）	1（0）	0
胡元	**2013-118**					1（1）	0（0）	0
胡圆圆	2014-114					1（0）	0（0）	0
胡援	2008-259					1（0）	0（0）	0
胡远清	2008-054					1（0）	0（0）	0
胡月	2012-360					1（0）	0（0）	0
胡云虎	2010-269					1（0）	0（0）	0
胡兆初	2007-145					1（0）	0（0）	0
胡震	2013-515	2014-500				2（0）	0（0）	0
胡正华	2015-349					1（0）	0（0）	0
胡正龙	**2007-073**	2010-310				2（1）	0（0）	0
胡正阳	**2001-034**	**2003-042**	**2005-043**			3（3）	0（0）	0
胡正芝	**1990-031**	**1992-034**				2（2）	0（0）	0
胡之德	1983-022	1984-024	1984-025	1985-027	*1999-077	*2000-011	8（0）	1（0）	2
	2002-080	2003-100（E）						

续表

作者	索引编号						文献总数	英文文献	通讯作者
胡志成	2015-537						1(0)	0(0)	0
胡志华	2011-400						1(0)	0(0)	0
胡志鹏	2007-236（E）						1(0)	1(0)	0
胡志强	2015-428						1(0)	0(0)	0
胡志中	**2011-104**						1(1)	0(0)	0
胡智农	2015-609（E）						1(0)	1(0)	0
胡智泉	2009-077						1(0)	0(0)	0
户田胜久	1995-119						1(0)	0(0)	0
扈传昱	2003-106						1(0)	0(0)	0
扈蓉	2015-468						1(0)	0(0)	0
扈廷勇	**2015-121**						1(1)	0(0)	0
Hu Howard	2014-073						1(0)	0(0)	0
Hu S.X.	1996-001F	1996-002F					2(0)	2(0)	0
Hu Sheng	2013-044（E）						1(0)	1(0)	0
Hu Yi	2014-003F						1(0)	1(0)	0
花永涛	**2006-065**	**2006-066**	2009-331	**2015-122**			4(3)	0(0)	0
华彬	**1994-031**	1994-038					2(1)	0(0)	0
华斌	2013-470						1(0)	0(0)	0
华金铭	**2003-043**	**2003-044**	**2006-067**				3(3)	0(0)	0
华静	2003-042						1(0)	0(0)	0
华骏	2014-470						1(0)	0(0)	0
华兰	**1999-044**	**2000-033**	2001-153	2004-129			4(2)	0(0)	0
华磊	2012-267	2013-310					2(0)	0(0)	0
华丽	**2009-084**	2011-042					2(1)	0(0)	0
华龙	2014-143						1(0)	0(0)	0
华旻	2006-127	**2007-074**					2(1)	0(0)	0
华全	2011-357						1(0)	0(0)	0
华天卫	1987-039						1(0)	0(0)	0
华巍	**2004-034**	2004-143	2005-138	2005-221	2006-104	2008-310	10(1)	4(0)	0
	2004-003F	2005-005F	2006-006F	2006-010F					
华伟明	2009-221						1(0)	0(0)	0
华学明	2015-533						1(0)	0(0)	0
华一新	2013-325						1(0)	0(0)	0
华友	**2010-088**						1(1)	0(0)	0
华佑南	**1984-030**	**1984-031**	1984-085	**1985-036**	1985-090	1985-099	21(14)	0(0)	0
	1986-032	**1987-028**	1988-011	**1988-032**	**1988-033**	**1988-034**			
	1989-033	**1989-034**	1989-069	**1990-032**	**1990-033**	1990-113			
	1990-114	**1991-022**	**1991-023**						
华芝芬	1982-001	1988-064	1990-082	1990-083			4(0)	0(0)	0
滑赛男	2015-351						1(0)	0(0)	0
Hua Chyn Lee	**2014-119（E）**						1(1)	1(1)	0
黄安杰	2015-518						1(0)	0(0)	0
黄柏良	2010-124（E）						1(0)	1(0)	0

续表

作者	索引编号					文献总数	英文文献	通讯作者
黄蓓	2013-253					1（0）	0（0）	0
黄碧纯	2014-309					1（0）	0（0）	0
黄标	2012-330	2015-158	2015-374（E）			3（0）	1（0）	0
黄兵	2013-008					1（0）	0（0）	0
黄波	2015-252					1（0）	0（0）	0
黄昌万	1991-013					1（0）	0（0）	0
黄昌勇	1999-150					1（0）	0（0）	0
黄超	2010-075					1（0）	0（0）	0
黄朝晖	2008-157					1（0）	0（0）	0
黄晨阳	2010-172					1（0）	0（0）	0
黄成思	**2014-120**					1（1）	0（0）	0
黄传勇	**2000-034**	**2000-035**	**2000-036**			3（3）	0（0）	0
黄春峰	2008-271					1（0）	0（0）	0
黄春宁	2013-455					1（0）	0（0）	0
黄春萍	2015-062					1（0）	0（0）	0
黄春森	2014-334					1（0）	0（0）	0
黄春燕	2000-017	2005-146				2（0）	0（0）	0
黄春长	2006-059	2007-106	2007-109	*2007-110	2009-132（E）	2010-357	8（0）	1（0）	1
	2011-236	2012-179						
黄次沛	1990-105					1（0）	0（0）	0
黄聪	*2014-133					1（0）	0（0）	1
黄达峰	**1996-046**					1（1）	0（0）	0
黄大威	2008-323	2009-351				2（0）	0（0）	0
黄代会	2006-173					1（0）	0（0）	0
黄丹	2014-099	**2014-121**				2（1）	0（0）	0
黄德保	1993-143					1（0）	0（0）	0
黄德志	**2002-038**	2002-085	2003-172（E）			3（1）	1（0）	0
黄典江	2012-054					1（0）	0（0）	0
黄定九	1985-089	1990-054				2（0）	0（0）	0
黄东辉	2005-200（E）	2005-201	**2008-091**	**2009-085**	2011-253	2014-143	6（2）	1（0）	0
黄栋生	1996-156					1（0）	0（0）	0
黄杜斌	2014-416					1（0）	0（0）	0
黄恩清	2010-202					1（0）	0（0）	0
黄发泱	1989-076	1989-088	1991-072	1991-109	1992-082（E）	1993-095	6（0）	1（0）	0
黄飞	**2008-092（E）**	**2015-123**				2（2）	1（1）	0
黄飞雪	1996-046					1（0）	0（0）	0
黄峰	1999-149					1（0）	0（0）	0
黄凤春	2006-148	2010-192	2011-353	2013-138		4（0）	0（0）	0
Huang Fenghua	**2006-068（E）**					1（1）	1（1）	0
黄福才	2010-185					1（0）	0（0）	0
黄福旺	**1994-032**					1（1）	0（0）	0
黄钢	**2014-122**					1（1）	0（0）	0
黄港明	**2014-123**					1（1）	0（0）	0

续表

作者	索引编号						文献总数	英文文献	通讯作者
黄光明	2012-024	**2013-119**					2(1)	0(0)	0
黄桂强	2013-354						1(0)	0(0)	0
黄国芳	2009-383	2013-137	**2014-124**				3(1)	0(0)	0
黄国建	2007-027						1(0)	0(0)	0
黄国林	*2015-316						1(0)	0(0)	1
黄国强	1982-059	1982-060	1983-091	1984-092	1984-093	1985-113	7(0)	0(0)	0
	1987-097								
黄海波	2009-217	**2013-120**					2(1)	0(0)	0
黄海华	2013-372						1(0)	0(0)	0
黄昊	2008-130						1(0)	0(0)	0
黄皓芳	**2007-075**						1(1)	0(0)	0
黄河清	**1997-039**	**1997-040**	1999-045				3(3)	0(0)	0
黄黑成	**2003-045**						1(1)	0(0)	0
黄烘	2010-450	2010-451					2(0)	0(0)	0
黄宏	2003-182						1(0)	0(0)	0
Huang Hong	2007-076（E）						1(1)	1(1)	0
黄宏库	2010-026	2011-030	2011-031	2013-043			4(0)	0(0)	0
黄洪全	**2015-124**						1(1)	0(0)	0
黄厚今	**2003-046**						1(1)	0(0)	0
黄华鸾	2006-276						1(0)	0(0)	0
黄槐武	2006-163						1(0)	0(0)	0
黄凰	**2010-089**	**2011-105**	2011-163				3(2)	0(0)	0
黄辉	2015-448	2015-449					2(0)	0(0)	0
黄辉军	**2006-069**	**2007-077**					2(2)	0(0)	0
黄惠	2014-475（E）						1(0)	1(0)	0
黄惠兰	2014-594						1(0)	0(0)	0
黄慧萍	1997-099						1(0)	0(0)	0
黄慧怡	2011-237						1(0)	0(0)	0
黄蕙珍	**2011-106**						1(1)	0(0)	0
黄际商	1982-016						1(0)	0(0)	0
黄继发	**2015-125**						1(1)	0(0)	0
黄继忠	**1998-041**	1998-059	**1999-046**	2004-042			4(2)	0(0)	0
黄坚	2015-050						1(0)	0(0)	0
黄建	2009-150						1(0)	0(0)	0
黄建华	2014-538						1(0)	0(0)	0
黄建林	**2007-078**						1(1)	0(0)	0
黄建勋	2009-212	2010-210					2(0)	0(0)	0
黄健	2002-043	2009-250	2009-251				3(0)	0(0)	0
黄健光	2013-122						1(0)	0(0)	0
黄鉴	2013-051						1(0)	0(0)	0
黄江成	**2010-090**						1(1)	0(0)	0
黄教勇	2002-097						1(0)	0(0)	0
黄教珍	2005-069	2006-097					2(0)	0(0)	0

续表

作者	索引编号						文献总数	英文文献	通讯作者
黄杰	2011-420	2012-218					2（0）	0（0）	0
黄洁	2010-044	2015-082					2（0）	0（0）	0
黄界颖	2013-378						1（0）	0（0）	0
黄金昌	**2001-035**						1（1）	0（0）	0
黄金凤	**2002-039**	**2003-047**	2012-126				3（2）	0（0）	0
黄金富	*2012-018						1（0）	0（0）	1
黄金花	**2012-112（E）**						1（1）	1（1）	0
黄锦扬	**1992-035**						1（1）	0（0）	0
黄进	2012-128	2010-002F					2（0）	1（0）	0
黄进初	**2010-091**	2012-175	2015-454				3（1）	0（0）	0
黄近丹	1994-140	**1995-035**	1995-124	1996-064	1996-139	**1997-041**	18（7）	0（0）	0
	1997-058	1997-142	1997-143	**1998-042**	1998-169	1998-170			
	1999-047	**2000-037**	**2001-036**	2002-164	2002-165	**2011-107**			
黄晋蓉	2008-028						1（0）	0（0）	0
黄菁	**1989-035**						1（1）	0（0）	0
黄菁华	**2008-093**						1（1）	0（0）	0
黄敬豪	**1984-032**						1（1）	0（0）	0
黄静	2011-328	2012-205	2012-543	**2013-121**			4（1）	0（0）	0
黄静琪	1999-153						1（0）	0（0）	0
黄娟	**2011-108**						1（1）	0（0）	0
黄俊华	2011-159						1（0）	0（0）	0
黄俊伟	2015-030						1（0）	0（0）	0
黄开	1983-035						1（0）	0（0）	0
黄开勋	1997-024	2008-155					2（0）	0（0）	0
黄可权	∵1983-028						1（0）	0（0）	0
黄浪	2006-233	2006-234					2（0）	0（0）	0
黄雷	2007-154						1（0）	0（0）	0
黄力	**2015-126**						1（1）	0（0）	0
Huang Li	2011-388（E）						1（0）	1（0）	0
黄立新	*2012-517	2013-435	2013-461	*2014-071			4（0）	0（0）	2
黄立章	**2009-086**						1（1）	0（0）	0
黄连美	2010-146	2010-147					2（0）	0（0）	0
黄亮	2014-125	2015-303	2015-364				3（0）	0（0）	0
黄林根	1980-023						1（0）	0（0）	0
黄林燕	**2006-070**						1（1）	0（0）	0
黄曼云	1982-014						1（0）	0（0）	0
黄梅芬	**1981-015**	**1983-029**	**1990-034**				3（3）	0（0）	0
黄梦璇	2011-358	*2012-388	2012-389				3（0）	0（0）	1
黄民辉	1999-153						1（0）	0（0）	0
黄敏	2013-456						1（0）	0（0）	0
黄明	**2014-125**	2015-364					2（1）	0（0）	0
黄明娟	2013-216						1（0）	0（0）	0
黄明丽	2006-318						1（0）	0（0）	0

续表

作者	索引编号						文献总数	英文文献	通讯作者
黄明湘	2000-135						1（0）	0（0）	0
黄明宇	2005-105						1（0）	0（0）	0
黄铭新	1985-089	1990-054					2（0）	0（0）	0
黄乃航	2011-033						1（0）	0（0）	0
黄南贵	2012-566						1（0）	0（0）	0
黄宁	**2002-040**	2008-096	**2009-087**	2009-247	**2010-092**	2011-435	8（3）	1（0）	0
	2012-196（E）	2012-232							
黄宁表	1998-033						1（0）	0（0）	0
黄培云	**1984-033**	**1985-037**					2（2）	0（0）	0
黄佩英	2015-265						1（0）	0（0）	0
黄朋	**2007-079**	2010-085	2012-108				3（1）	0（0）	0
黄鹏	2008-192						1（0）	0（0）	0
黄平	**2011-109**						1（1）	0（0）	0
黄萍	1994-132	1994-133	1995-016	1996-150	2012-462	2013-178	6（0）	0（0）	0
黄奇卉	2012-035						1（0）	0（0）	0
黄启飞	*2011-028						1（0）	0（0）	1
黄启厅	**2009-088**						1（1）	0（0）	0
黄倩如	**2013-122**						1（1）	0（0）	0
黄强	2005-234	2006-022	2012-302				3（0）	0（0）	0
黄钦永	2013-164						1（0）	0（0）	0
黄青	2010-411						1（0）	0（0）	0
黄青娜	2007-300						1（0）	0（0）	0
黄清良	1994-024	1994-036	1995-038	1995-039	1996-048	1996-049	13（0）	2（0）	0
	1998-050	1999-113	2002-046（E）	2002-047	2005-164	2005-165（E）			
	2013-318								
黄庆	2010-458	2015-370（E）					2（0）	1（0）	0
黄庆和	2009-266						1（0）	0（0）	0
黄庆利	2007-221（E）						1（0）	1（0）	0
黄秋	**2009-089**						1（1）	0（0）	0
黄秋芬	2014-214						1（0）	0（0）	0
黄秋红	2002-024	2012-217					2（0）	0（0）	0
黄秋鑫	**2014-126**						1（1）	0（0）	0
黄秋英	2012-342						1（0）	0（0）	0
黄仁兴	**1980-009**						1（1）	0（0）	0
黄日辉	2012-363	2013-437					2（0）	0（0）	0
黄荣青	2013-224						1（0）	0（0）	0
黄锐	**2013-123**	**2014-127**	2014-232				3（2）	0（0）	0
黄瑞	**2007-080**						1（1）	0（0）	0
黄瑞成	2015-429						1（0）	0（0）	0
黄瑞福	1995-010	1999-030	1999-031	1999-032	1999-033		5（0）	0（0）	0
黄睿涛	2011-414						1（0）	0（0）	0
黄润生	**2003-048**						1（1）	0（0）	0
黄三早	2014-085						1（0）	0（0）	0

续表

作者	索引编号					文献总数	英文文献	通讯作者
黄善强	2009-156					1（0）	0（0）	0
黄绍基	2009-102					1（0）	0（0）	0
黄慎文	**1991-024**					1（1）	0（0）	0
黄生福	2015-317					1（0）	0（0）	0
黄胜	2012-273					1（0）	0（0）	0
黄晟	2014-093					1（0）	0（0）	0
黄士斌	**1991-025（E）** **2004-035**	**1992-036**	**1998-043**	**2001-037**	**2003-049（E）** 2003-121	7（6）	2（2）	0
黄世鸿	2006-069	2007-077				2（0）	0（0）	0
黄世杰	**2014-128**	**2015-127**				2（2）	0（0）	0
黄书昕	2015-297					1（0）	0（0）	0
黄淑玲	2011-015	**2012-113**	2012-425	2012-426		4（1）	0（0）	0
黄爽兵	**2012-114**					1（1）	0（0）	0
黄思琪	2014-250					1（0）	0（0）	0
黄四平	2009-107					1（0）	0（0）	0
黄甦	2010-104					1（0）	0（0）	0
黄太武	2012-263					1（0）	0（0）	0
黄腾	**2015-128（E）**	2015-137	2015-162			3（1）	1（1）	0
Huang T.C.	**1981-001F**	**1988-001F**	**1991-004F**	**1982-017**		4（4）	3（3）	0
Huang Tianyong	2014-263（E）					1（0）	1（0）	0
黄万霞	2009-394	2012-003F				1（0）	1（0）	0
黄万燕	2012-168	2013-188	2014-514			3（0）	0（0）	0
黄薇	2012-154	2012-386				2（0）	0（0）	0
黄巍林	**2014-129**					1（1）	0（0）	0
黄伟	2010-380（E）	2011-165	**2012-115**	2012-332	2015-091 2015-375	6（1）	1（0）	0
黄伟林	**1988-035**					1（1）	0（0）	0
黄炜	2013-353					1（0）	0（0）	0
黄文辉	**1998-044**	**2001-038**	2010-027	2012-364	2015-232	5（2）	0（0）	0
黄文梅	2001-062					1（0）	0（0）	0
黄文启	**2009-090**					1（1）	0（0）	0
黄文熙	**1990-035**					1（1）	0（0）	0
黄文艺	1998-022	1999-020				2（0）	0（0）	0
Huang Winjay	2010-006（E）					1（0）	1（0）	0
黄先超	2012-432					1（0）	0（0）	0
黄贤营	2013-088					1（0）	0（0）	0
黄显宾	2011-317					1（0）	0（0）	0
Huang Xianhuai	**2005-044（E）**					1（1）	1（1）	0
黄湘泰	1980-023	**1989-036**				2（1）	0（0）	0
黄湘愉	2013-355					1（0）	0（0）	0
黄小峰	2014-219					1（0）	0（0）	0
黄小红	2004-037					1（0）	0（0）	0
黄小健	2015-578					1（0）	0（0）	0
黄小楼	1999-070					1（0）	0（0）	0

作者	索引编号					文献总数	英文文献	通讯作者
黄小美	2009-213					1 (0)	0 (0)	0
黄小卫	2001-062					1 (0)	0 (0)	0
黄晓娟	**2015-129**					1 (1)	0 (0)	0
黄晓梅	**2004-036**	**2005-045**	2005-051			3 (2)	0 (0)	0
黄晓明	**2009-091**					1 (1)	0 (0)	0
黄晓鸣	2015-302					1 (0)	0 (0)	0
黄晓萍	**2010-093**					1 (1)	0 (0)	0
黄啸谷	**2010-094（E）**					1 (1)	1 (1)	0
黄新民	**1997-042**	**1998-045**	2007-067	2010-079		4 (2)	0 (0)	0
黄新跃	1998-056	1998-058	1998-163			3 (0)	0 (0)	0
黄新竹	2014-232					1 (0)	0 (0)	0
黄鑫泉	1987-034	1988-030	**1989-037**			3 (1)	0 (0)	0
黄兴华	2002-072	2012-211	2014-235			3 (0)	0 (0)	0
黄兴桥	2006-008					1 (0)	0 (0)	0
黄兴云	1988-103	1988-105				2 (0)	0 (0)	0
黄秀弟	**2015-130**					1 (1)	0 (0)	0
黄秀榕	**1984-034**					1 (1)	0 (0)	0
黄旭	2009-213					1 (0)	0 (0)	0
黄旭初	2013-138					1 (0)	0 (0)	0
黄旭平	2010-164	**2011-110**	**2011-111**			3 (2)	0 (0)	0
黄宣佩	2001-163					1 (0)	0 (0)	0
黄学辉	1985-012					1 (0)	0 (0)	0
黄雪飞	**2012-116**					1 (1)	0 (0)	0
黄雪华	2014-178	2014-555	2015-195			3 (0)	0 (0)	0
黄亚继	**2003-050**	**2003-051**				2 (2)	0 (0)	0
黄嫣旻	**2009-092**					1 (1)	0 (0)	0
黄炎	**1992-037**					1 (1)	0 (0)	0
黄衍初	**1981-016**	1981-041	**1982-018**	1983-014	**1983-030**	1983-063	24 (9)	1 (1)	0
	1984-017	1984-018	1984-035	1985-013	1985-060	1986-002			
	1986-018	**1986-033**	**1986-034**	**1987-029**	**1988-036**	**1989-038（E）**			
	1990-036	1991-091	1991-093	1992-103	1992-106	1992-006W			
黄衍信	1992-115	1994-104	1997-117	1998-106	1999-091		5 (0)	0 (0)	0
黄琰	**1993-046**					1 (1)	0 (0)	0
黄彦君	2008-080					1 (0)	0 (0)	0
黄艳波	2014-097					1 (0)	0 (0)	0
黄艳琴	2015-012					1 (0)	0 (0)	0
黄艳琼	**2015-131**					1 (1)	0 (0)	0
黄艳文	1982-049	1996-121				2 (0)	0 (0)	0
黄艳油	2008-031					1 (0)	0 (0)	0
黄燕华	2011-458	**2014-130**				2 (1)	0 (0)	0
黄扬明	2008-204					1 (0)	0 (0)	0
黄阳波	**2014-131**					1 (1)	0 (0)	0
黄曜	2006-071					1 (0)	0 (0)	0

续表

作者	索引编号					文献总数	英文文献	通讯作者
黄依森	1985-051					1（0）	0（0）	0
黄祎玲	2014-242					1（0）	0（0）	0
黄宜平	2006-073					1（0）	0（0）	0
黄以平	2014-499					1（0）	0（0）	0
黄义寿	2007-181					1（0）	0（0）	0
黄义伟	2012-262					1（0）	0（0）	0
黄艺兰	2006-168					1（0）	0（0）	0
黄艺兰《宝石和宝石学杂志》编辑部	2009-036					1（0）	0（0）	0
黄奕普	2007-252					1（0）	0（0）	0
黄毅	**2014-132**	2014-435	2014-436	2015-440	2015-441	5（1）	0（0）	0
黄毅英	1985-030					1（0）	0（0）	0
黄瑛	2009-093					1（0）	0（0）	0
黄永炳	**2014-133**					1（1）	0（0）	0
黄永彭	1992-083					1（0）	0（0）	0
黄永文	1994-079					1（0）	0（0）	0
黄永样	2009-280					1（0）	0（0）	0
黄永忠	2004-088					1（0）	0（0）	0
黄勇	2011-458	2013-034	2015-113			3（0）	0（0）	0
黄勇明	2012-272	2012-562				2（0）	0（0）	0
黄宇营	1997-118	1997-119	1998-138	1998-165	1998-166	1999-054	139（5）	56（4）	2
	1999-152	2000-007（E）	2000-008	**2000-038**	2000-041	2000-062			
	2000-116	2000-131	2001-032	2001-044	2001-058（E）	2001-059			
	2001-088	2001-089	2001-150（E）	2001-151	2002-004	2002-014			
	2002-016	2002-053	2002-061	2002-089	2002-091	2002-116			
	2002-118	2002-134	2002-139	2002-171	2003-006	2003-011（E）			
	2003-012	2003-026	2003-041	2003-055	2003-056	2003-057			
	2003-087	2004-003	2004-009	2004-017	2004-022	2004-023			
	2004-034	2004-039	2004-085	2004-092	2004-115	2004-127			
	2004-135	2004-139	2004-143	2004-159	2004-174	2004-175			
	2005-006（E）	2005-010	2005-024（E）	2005-042	2005-138	2005-142（E）			
	2005-156	2005-177（E）	2005-189（E）	2005-221	2006-035	2006-036			
	2006-101	2006-104	2006-145	2006-265（E）	2006-310	2007-068			
	2007-123	2007-157	2007-201	2007-247（E）	2007-257	2007-272			
	2007-302	2008-310	2008-340	2009-061	2009-278	2009-432			
	2009-435	2010-337（E）	2011-321	*2015-330	*2015-508(E)	2015-615			
	2001-002F	**2001-003F**	**2001-004F**	2001-005F	2001-006F	2001-007F			
	2002-002F	2002-003F	2002-004F	2002-005F	2002-006F	2003-003F			
	2003-004F	2004-003F	2004-004F	2005-004F	2005-005F	2005-006F			
	2005-008F	2006-006F	2006-008F	2006-009F	2006-010F	2006-011F			
	2006-012F	2006-013F	2007-005F	2007-006F	2007-007F	2007-008F			
	2007-009F	2007-010F	2008-002F	2008-003F	2008-004F	2008-005F			
	2009-005F	2009-006F	2011-002F	2012-005F	2013-001F	2013-002F			

续表

作者	索引编号					文献总数	英文文献	通讯作者
	2013-010F							
黄玉龙	**1999-048**					1(1)	0(0)	0
黄玉梅	2015-099					1(0)	0(0)	0
黄玉营	2006-253(E)					1(0)	1(0)	0
黄郁芳	2005-236	**2006-071**				2(1)	0(0)	0
黄元	**2011-112**	2012-014	**2015-132**			3(2)	0(0)	0
黄月霞	2015-315					1(0)	0(0)	0
黄云碧	2013-604					1(0)	0(0)	0
黄云超	*2012-153	2015-033				2(0)	0(0)	1
黄云鹏	2004-007(E)	2008-137				2(0)	1(0)	0
黄允兰	1994-092	1996-093	**1997-043**			3(1)	0(0)	0
黄泽春	2003-011(E)	2003-012	2004-003	2005-006(E)	2008-002F	5(0)	3(0)	0
黄增保	**2006-072**					1(1)	0(0)	0
黄兆坚	1982-035	1982-034				2(0)	0(0)	0
黄兆龙	**2005-046**					1(1)	0(0)	0
黄肇敏	2001-160	**2007-081**	**2007-082**	2009-419		4(2)	0(0)	0
Huang Zheqiang	2010-154(E)					1(0)	1(0)	0
黄贞益	2007-191					1(0)	0(0)	0
黄珍	**2009-094**	**2009-095**				2(2)	0(0)	0
黄臻	**2014-134**					1(1)	0(0)	0
黄振华	2013-195					1(0)	0(0)	0
黄镇豪	1993-143					1(0)	0(0)	0
黄争鸣	2009-210					1(0)	0(0)	0
黄正吉	2003-218					1(0)	0(0)	0
黄志凡	2011-159	2015-468				2(0)	0(0)	0
黄志良	*2014-115					1(0)	0(0)	1
黄志林	2011-484					1(0)	0(0)	0
黄志青	**2009-096**					1(1)	0(0)	0
黄治国	2010-190					1(0)	0(0)	0
黄治军	2009-196F					1(0)	0(0)	0
黄智龙	*1993-087	2011-480	*2013-507			3(0)	0(0)	1
黄忠祥	1996-019					1(0)	0(0)	0
黄自力	2008-191	**2010-095**	**2010-096**	**2012-117**		4(3)	0(0)	0
黄自如	**1983-031**					1(1)	0(0)	0
黄宗平	**2005-047**					1(1)	0(0)	0
黄祖恩	1990-092(E)					1(0)	1(0)	0
Hubert A.E.	**1985-038**					1(1)	0(0)	0
回俊博	2013-366					1(0)	0(0)	0
霍彩霞	2009-192					1(0)	0(0)	0
霍超	**2015-133**					1(1)	0(0)	0
霍登伟	1992-039					1(0)	0(0)	0
霍飞飞	2012-457					1(0)	0(0)	0
霍华	2011-145(E)	2014-455				2(0)	1(0)	0

续表

作者	索引编号						文献总数	英文文献	通讯作者
霍金	2013-288						1（0）	0（0）	0
霍丽鹏	2012-118						1（0）	0（0）	0
霍梦佳	2013-303	2014-303					2（0）	0（0）	0
霍全	2008-119						1（0）	0（0）	0
霍守亮	2008-327						1（0）	0（0）	0
霍旺	2008-361						1（0）	0（0）	0
霍巍恒	2015-317						1（0）	0（0）	0
霍歆彤	**2015-134**						1（1）	0（0）	0
霍雪松	**2015-135**						1（1）	0（0）	0
霍志萍	2013-309						1（0）	0（0）	0
I									
Ibrahim S.S.	**2015-136（E）**						1（1）	1（1）	0
Iida Atsuo	2007-309	2008-011	2009-131（E）	2009-394	2009-395	2011-206	10（0）	5（0）	0
	2009-393（E）	2007-004F	2009-003F	2010-001F					
Inoue Hisashi	2009-112						1（0）	0（0）	0
Ishfaq Ahmad	2014-366（E）	2015-328（E）					2（0）	2（0）	0
Ito K.	**2011-113（E）**						1（1）	1（1）	0
Ivan A. Kalugin	2006-002（E）						1（0）	1（0）	0
J									
Jablonskl B.B.	**1983-032**						1（1）	0（0）	0
Jaksic M.	2004-008						1（0）	0（0）	0
Jamie Laird	2009-306						1（0）	0（0）	0
Jamieson D. N.	**1995-005F**						1（1）	1（1）	0
Jang Jeong Hwan	2009-115（E）						1（0）	0（0）	0
Janusz A. Kozinski	2001-078（E）						1（0）	1（0）	0
Jeff Gelb	2012-003F						1（0）	1（0）	0
Jehan Akbar	*2015-328（E）						1（0）	1（0）	1
Jeong Seong Wook	2007-162（E）						1（0）	1（0）	0
姬梦姣	2015-128（E）	**2015-137**	2015-162				3（1）	1（0）	0
嵇世山	**1998-046**	**1999-049**					2（2）	0（0）	0
嵇鹰	**2012-118**						1（1）	0（0）	0
吉昂	**1980-010（E）**	1981-012	**1981-017**	**1981-018**	1981-034	1982-044	95（27）	15（1）	1
	1983-033	**1983-034**	1984-081	**1985-039**	**1985-040**	**1986-035**			
	1986-065	**1987-030**	**1987-031**	**1987-032**	1987-055	1988-098			
	1988-113	**1989-039**	1989-109	**1990-037**	1990-058	**1991-026**			
	1991-027	1991-058	1991-065	1991-130	**1992-038**	1992-067			
	1992-068	1992-095	*1992-114	1992-140	**1993-047**	1994-018			
	1994-033	1994-041	1994-068	1994-083	**1995-036**	1995-104			
	1996-047	1996-072	1996-087	1996-088（E）	1996-107	1997-077			
	1997-079	1997-080	1997-148	1998-078	1998-088	1998-089			
	1998-114	1998-115	**1999-050**	1999-066	1999-075	1999-095			

续表

作者	索引编号					文献总数	英文文献	通讯作者
	1999-146	1999-161	2000-073	**2001-039**	**2001-040**	2001-065		
	2001-164	2003-216	2003-217	2005-066	2006-038	2006-325		
	2008-094	2009-363	2009-411	2010-408	**2011-114**	**2012-119**		
	2012-298	1999-162	1990-001F	1997-001F	1998-001F	1998-002F		
	1998-004F	2003-001F	2003-005F	2005-001F	2005-007F	2006-001F		
	2006-002F	2006-003F	2006-015F	**2003-009W**	**2011-015W**			
吉芳英	*2011-382	**2014-135**					2（1）	0（0）	1
吉光辉	**2014-136（E）**						1（1）	1（1）	0
吉林大学物理系原子核物理教研室	**1976-005**	1977-007					2（2）	0（0）	0
吉林大学原子核物理教研室探测器组	**1978-008**						1（1）	0（0）	0
吉永超	**2012-120**						1（1）	0（0）	0
吉媛媛	**2010-097**						1（1）	0（0）	0
吉争鸣	1995-142						1（0）	0（0）	0
汲长松	**2005-048**						1（1）	0（0）	0
戢朝玉	**1998-047**						1（1）	0（0）	0
籍永华	2013-145						1（0）	0（0）	0
计文化	2010-180	2014-261					2（0）	0（0）	0
计晓旭	2011-192						1（0）	0（0）	0
计扬	2012-486						1（0）	0（0）	0
纪刚强	2012-149						1（0）	0（0）	0
纪根嫒	1990-086						1（0）	0（0）	0
纪桂芬	1998-010	**1998-048**					2（1）	0（0）	0
纪建芬	1994-009						1（0）	0（0）	0
纪娟	2011-345						1（0）	0（0）	0
纪律	2015-424						1（0）	0（0）	通
纪明俊	2009-225	2010-195	2012-540	2015-177			4（0）	0（0）	0
纪杉	1987-079						1（0）	0（0）	0
纪晓磊	**2009-097**						1（1）	0（0）	0
纪晓瑜	2013-008						1（0）	0（0）	0
纪新明	**2002-041（E）**	2002-042	2006-073				3（3）	1（1）	0
纪云晶	1991-050（E）	1992-060					2（0）	1（0）	0
纪志成	2008-033						1（0）	0（0）	0
季宝华	**2008-095**	**2010-098**					2（2）	0（0）	0
季枫	**2014-137**						1（1）	0（0）	0
季桂娟	1994-035	1997-069	1998-184	**2000-039**			4（1）	0（0）	0
季洪海	2013-165						1（0）	0（0）	0
季峻峰	1996-015	2011-166					2（0）	0（0）	0
季茜宇	2008-051						1（0）	0（0）	0
季尚行	**1989-040**						1（1）	0（0）	0
季生福	2008-162	*2013-375（E）					2（0）	1（0）	1

· 808 ·

续表

作者	索引编号					文献总数	英文文献	通讯作者
季守华	2014-522	2014-523				2 (0)	0 (0)	0
季伟捷	2001-127					1 (0)	0 (0)	0
季晓玲	**2011-115**					1 (1)	0 (0)	0
冀克俭	2015-331					1 (0)	0 (0)	0
冀黎莉	2014-529					1 (0)	0 (0)	0
冀勇	2009-040	**2009-098**	2010-354			3 (1)	0 (0)	0
冀云柱	2009-314	2013-535				2 (0)	0 (0)	0
加贝	1988-037					1 (0)	0 (0)	0
佳丽新	**1982-019**					1 (1)	0 (0)	0
贾安才	2000-077					1 (0)	0 (0)	0
贾成光	2014-556（E）					1 (0)	1 (0)	0
贾春林	2010-195					1 (0)	0 (0)	0
贾春明	**2005-049**					1 (1)	0 (0)	0
贾道宁	2010-225					1 (0)	0 (0)	0
贾道勇	1997-030					1 (0)	0 (0)	0
贾德民	2012-336					1 (0)	0 (0)	0
贾东星	**2015-138**					1 (1)	0 (0)	0
贾芳芳	2014-065					1 (0)	0 (0)	0
贾桂玲	2006-251					1 (0)	0 (0)	0
贾红	1991-042					1 (0)	0 (0)	0
贾宏涛	2015-062					1 (0)	0 (0)	0
贾慧青	2010-009					1 (0)	0 (0)	0
贾建军	2002-163					1 (0)	0 (0)	0
贾江涛	1996-137	**1997-044**	1997-045（E）	1997-125		4 (2)	1 (1)	0
贾金等	2012-193					1 (0)	0 (0)	0
贾乐庚	**1989-041**	1989-108	1990-015			3 (1)	0 (0)	0
贾力于	**2008-096**					1 (1)	0 (0)	0
贾立宇	**2009-099**	**2010-099**				2 (2)	0 (0)	0
贾丽娜	**2015-139**	**2015-140**				2 (2)	0 (0)	0
贾列克	**2014-138**					1 (1)	0 (0)	0
贾卢丽	**2013-124**					1 (1)	0 (0)	0
贾麦明	2008-141	2008-142				2 (0)	0 (0)	0
贾美香	1992-110					1 (0)	0 (0)	0
贾明	**2010-100**					1 (1)	0 (0)	0
贾铭	2014-371					1 (0)	0 (0)	0
贾牧霖	2008-330					1 (0)	0 (0)	0
贾鹏飞	2014-375					1 (0)	0 (0)	0
贾倩倩	**2012-121**					1 (1)	0 (0)	0
贾庆奎	2013-085					1 (0)	0 (0)	0
贾全杰	1998-165					1 (0)	0 (0)	0
贾群子	2014-164					1 (0)	0 (0)	0
贾芮	**2015-141**					1 (1)	0 (0)	0
贾锐	2014-390					1 (0)	0 (0)	0

续表

作者	索引编号					文献总数	英文文献	通讯作者
贾瑞宝	2015-174					1（0）	0（0）	0
贾瑞洪	**2003-052**					1（1）	0（0）	0
贾润幸	2011-404					1（0）	0（0）	0
贾十军	2010-382					1（0）	0（0）	0
贾世杰	2014-012	2014-013	2014-014			3（0）	0（0）	0
贾淑媛	1979-018	1983-049				2（0）	0（0）	0
贾双琳	2015-168					1（0）	0（0）	0
贾顺莲	2009-275					1（0）	0（0）	0
贾素珍	1990-006					1（0）	0（0）	0
贾天骄	2015-363	2015-609（E）				2（0）	1（0）	0
贾惟义	**1986-036**					1（1）	0（0）	0
贾文宝	**2014-140**	**2014-139（E）**	2015-329			3（2）	1（1）	0
贾文臣	2012-116					1（0）	0（0）	0
贾文红	2006-073					1（0）	0（0）	0
贾文珅	2011-245					1（0）	0（0）	0
贾文懿	1994-069	1995-076	1998-054	1998-055	1998-153	1999-021	11（0）	0（0）	0
	1999-055	2001-121	2002-114	2003-140	2006-247				
贾宪	1988-001					1（0）	0（0）	0
贾小梅	2013-564					1（0）	0（0）	0
贾晓林	2009-058					1（0）	0（0）	0
贾晓鹏	2005-237	2009-133	2011-191	2011-479（E）		4（0）	1（0）	0
贾笑天	2013-191					1（0）	0（0）	0
贾兴和	2008-340					1（0）	0（0）	0
贾秀琴	2003-031	2004-139				2（0）	0（0）	0
贾学辉	2013-192					1（0）	0（0）	0
贾雪辉	2014-020					1（0）	0（0）	0
贾彦彦	2011-003					1（0）	0（0）	0
贾艳	**1995-037**	2003-059				2（1）	0（0）	0
贾永忠	2015-424					1（0）	0（0）	0
贾宇向	2012-438					1（0）	0（0）	0
贾玉连	2015-266					1（0）	0（0）	0
贾玉玺	2014-379					1（0）	0（0）	0
贾云波	1998-059					1（0）	0（0）	0
贾云中	2015-123					1（0）	0（0）	0
贾泽龙	2012-007					1（0）	0（0）	0
贾志欣	2012-336					1（0）	0（0）	0
Jia Cuiying	2012-303（E）	2012-324（E）				2（0）	2（0）	0
Jia Xiaoshan	*2014-310（E）					1（0）	1（0）	1
Jia Yongfeng	2013-005F					1（0）	1（0）	0
菅豫梅	2008-244	2009-270				2（0）	0（0）	0
简本成	2012-245					1（0）	0（0）	0
简虎	**2006-074**					1（1）	0（0）	0
翦知湣	2011-123	2011-475				2（0）	0（0）	0

续表

作者	索引编号					文献总数	英文文献	通讯作者
寒兴东	*2010-443					1（0）	0（0）	1
江超华	2014-302					1（0）	0（0）	0
江成斌	2014-193					1（0）	0（0）	0
江成军	2008-346	**2010-101**				2（1）	0（0）	0
江德华	∵1993-010					1（0）	0（0）	0
江冬青	**1990-038**					1（1）	0（0）	0
江锋	2010-319					1（0）	0（0）	0
江辅华	1996-026	1998-039				2（0）	0（0）	0
江葛	2001-097					1（0）	0（0）	0
江国健	2009-168					1（0）	0（0）	0
江海河	2011-073					1（0）	0（0）	0
江海涛	**1991-028**	1993-029	1996-038			3（1）	0（0）	0
江泓	**1993-048**					1（1）	0（0）	0
江洪超	2013-586					1（0）	0（0）	0
江厚兵	2013-359	2013-360				2（0）	0（0）	0
江厚敏	**2009-100**	2009-346	2009-347	2010-381		4（1）	0（0）	0
江健	2013-244					1（0）	0（0）	0
江晶	**2010-102**					1（1）	0（0）	0
江磊	2012-281（E）					1（0）	1（0）	0
江立人	1978-016	1986-041	1986-074	1986-088	1987-040	5（0）	0（0）	0
江丽	2009-431					1（0）	0（0）	0
江莉莉	2015-148					1（0）	0（0）	0
江莉龙	**2009-101**	**2012-122**	**2012-123**	**2013-125**		4（4）	0（0）	0
江林	**2010-103**					1（1）	0（0）	0
江隆盛	2009-278					1（0）	0（0）	0
江鹏飞	2011-358	**2012-124**	2012-389	2012-390	2015-172	5（1）	0（0）	0
江全奇	1981-011					1（0）	0（0）	0
江杉	2007-008					1（0）	0（0）	0
江姗姗	2005-197					1（0）	0（0）	0
江生	2013-196					1（0）	0（0）	0
江世杰	**2012-125**					1（1）	0（0）	0
江书航	**2014-141**					1（1）	0（0）	0
江树儒	2010-304					1（0）	0（0）	0
江树勇	2012-521（E）					1（0）	1（0）	0
江苏省卫生防疫站	1982-037					1（0）	0（0）	0
江涛	2014-067	2014-068				2（0）	0（0）	0
江伟	**2013-126**	**2013-127**	**2013-128**	**2013-129**		4（4）	0（0）	0
江伟辉	**2001-041**	2014-016	2014-296			3（1）	0（0）	0
江文勉	2000-046					1（0）	0（0）	0
江夏	2011-064	**2011-116**				2（1）	0（0）	0
江向峰	2014-302					1（0）	0（0）	0
江向平	2008-149	2009-015	2011-307			3（0）	0（0）	0
江晓明	2015-586					1（0）	0（0）	0

续表

作者	索引编号					文献总数	英文文献	通讯作者
江新胜	2005-241					1（0）	0（0）	0
江学强	2014-362					1（0）	0（0）	0
江冶	**2002-043**	2012-024	2013-119			3（1）	0（0）	0
江悦琴	1994-130					1（0）	0（0）	0
江云亮	1994-094	1996-061				2（0）	0（0）	0
江泽菲	1992-049					1（0）	0（0）	0
江泽慧	*2011-291					1（0）	0（0）	1
江志刚	2010-454					1（0）	0（0）	0
江祖成	1988-013	1990-014	*2005-035			3（0）	0（0）	1
江祖新	2009-318					1（0）	0（0）	0
姜宝禄	2000-075					1（0）	0（0）	0
姜彬慧	**2013-130**					1（1）	0（0）	0
姜炳南	1988-076	2012-156				2（0）	0（0）	0
姜波	*2014-203（E）	*2014-204				2（0）	1（0）	2
姜传兴	2015-568					1（0）	0（0）	0
姜翠霞	2008-097	2008-262	**2013-131**	**2013-132**		4（3）	0（0）	0
姜达	2001-081	2002-096	2004-052			3（0）	0（0）	0
姜大伟	2010-061					1（0）	0（0）	0
姜大鑫	2014-517					1（0）	0（0）	0
姜大雨	2015-576					1（0）	0（0）	0
姜殿斌	**1980-011**					1（1）	0（0）	0
姜凤	**2008-098**					1（1）	0（0）	0
姜桂铖	2011-339					1（0）	0（0）	0
姜桂兰	∴1983-032	∴1987-001	1993-088	**1994-034**	**1994-035**	1998-183	7（2）	0（0）	0
	1998-184							
姜国杜	2012-120					1（0）	0（0）	0
姜海波	2002-108					1（0）	0（0）	0
姜海静	2006-115	2007-121				2（0）	0（0）	0
姜海青	**2006-075**					1（1）	0（0）	0
姜海英	2015-174					1（0）	0（0）	0
姜珩	**2013-133**					1（1）	0（0）	0
姜红	2015-096					1（0）	0（0）	0
姜宏	2015-067	2015-612				2（0）	0（0）	0
姜晶晶	**2011-117**					1（1）	0（0）	0
姜郡亭	2014-355	2015-361				2（0）	0（0）	0
姜开侠	1984-071					1（0）	0（0）	0
姜丽萍	2012-269					1（0）	0（0）	0
姜莉	2013-347	2013-348				2（0）	0（0）	0
姜宁	2014-135					1（0）	0（0）	0
姜鸥	2009-205					1（0）	0（0）	0
姜鹏翔	2008-039					1（0）	0（0）	0
姜琴	2014-150					1（0）	0（0）	0
姜睿	**1997-046**					1（1）	0（0）	0

续表

作者	索引编号					文献总数	英文文献	通讯作者
姜三营	2012-133	2012-427				2（0）	0（0）	0
姜珊	2012-193					1（0）	0（0）	0
姜舒博	2012-345					1（0）	0（0）	0
姜涛	2007-114	2013-277				2（0）	0（0）	0
姜威	2013-542					1（0）	0（0）	0
姜薇薇	2015-285					1（0）	0（0）	0
姜维军	2000-026					1（0）	0（0）	0
姜文超	**2013-134**					1（1）	0（0）	0
姜晓超	2011-058					1（0）	0（0）	0
姜晓杰	2013-062					1（0）	0（0）	0
姜新其	**2015-142**	**2015-143**				2（2）	0（0）	0
姜兴周	**1990-039**	**1993-049**	1993-125（E）			3（2）	1（0）	0
姜修洋	2013-149	2014-471				2（0）	0（0）	0
姜雪娇	2012-454					1（0）	0（0）	0
姜雪梅	2006-302					1（0）	0（0）	0
姜雅梅	1983-008					1（0）	0（0）	0
姜延鹏	**2011-118**					1（1）	0（0）	0
姜妍岑	2012-404					1（0）	0（0）	0
姜燕冬	1997-099					1（0）	0（0）	0
姜尧发	**2011-119**	**2012-126**	2012-551	**2013-135**		4（3）	0（0）	0
姜一	2008-198					1（0）	0（0）	0
姜亦超	2014-311					1（0）	0（0）	0
姜银铃	2005-153					1（0）	0（0）	0
姜迎静	**2011-120**					1（1）	0（0）	0
姜永海	**2005-050**					1（1）	0（0）	0
姜永基	**2002-044**					1（1）	0（0）	0
姜永见	2008-112	2010-123				2（0）	0（0）	0
姜于	2009-209					1（0）	0（0）	0
姜云	2007-294					1（0）	0（0）	0
姜云军	2011-068					1（0）	0（0）	0
姜瞻梅	2013-383					1（0）	0（0）	0
姜兆春	1981-016	1984-018	**1984-035**	1987-029		4（1）	0（0）	0
姜兆华	2007-066					1（0）	0（0）	0
姜振远	1988-027					1（0）	0（0）	0
姜政	2009-061	2009-435	*2015-508（E）			3（0）	1（0）	1
蒋博宇	2014-452					1（0）	0（0）	0
蒋昌潭	2006-292	2007-297				2（0）	0（0）	0
蒋成光	2015-333					1（0）	0（0）	0
蒋程捷	2009-261					1（0）	0（0）	0
蒋登辉	2011-039					1（0）	0（0）	0
蒋惠钟	1976-001P					1（0）	0（0）	0
蒋法文	**2014-142**					1（1）	0（0）	0
蒋富清	2006-263（E）	2006-264				2（0）	1（0）	0

续表

作者	索引编号						文献总数	英文文献	通讯作者
蒋革	**2009-102**						1（1）	0（0）	0
蒋国芬	2014-128						1（0）	0（0）	0
蒋海宁	1998-141	2009-431					2（0）	0（0）	0
蒋海青	**2009-103**						1（1）	0（0）	0
蒋恒毅	2008-313						1（0）	0（0）	0
蒋宏杰	2012-050	2015-263					2（0）	0（0）	0
蒋宏振	**1985-041**						1（1）	0（0）	0
蒋晖	2013-134	2015-546（E）					2（0）	1（0）	0
蒋金龙	*2014-428	*2014-463					2（0）	0（0）	2
蒋金洋	2013-175						1（0）	0（0）	0
蒋锦江	1990-061						1（0）	0（0）	0
蒋敬侃	**1982-020**	**1983-035**	1993-075				3（2）	0（0）	0
蒋靖坤	2012-304						1（0）	0（0）	0
蒋礼晋	1988-093						1（0）	0（0）	0
蒋立琴	**2010-104**						1（1）	0（0）	0
蒋丽敏	2005-045	**2005-051**					2（1）	0（0）	0
蒋茂清	2011-041						1（0）	0（0）	0
蒋梦	2011-035	2011-036					2（0）	0（0）	0
蒋民华	2004-161						1（0）	0（0）	0
蒋平	2009-188						1（0）	0（0）	0
蒋庆哲	2006-080						1（0）	0（0）	0
蒋荣	2000-006						1（0）	0（0）	0
蒋蓉	2006-054						1（0）	0（0）	0
蒋瑞娟	1980-037						1（0）	0（0）	0
蒋升	2015-546（E）						1（0）	1（0）	0
蒋胜军	**2003-053**						1（1）	0（0）	0
蒋诗平	2012-127	2015-144					2（0）	0（0）	0
蒋诗泉	**2012-127**	**2015-144**					2（2）	0（0）	0
蒋涛	2015-148						1（0）	0（0）	0
蒋天怡	2012-515						1（0）	0（0）	0
蒋铁锋	2009-210						1（0）	0（0）	0
蒋廷瑜	1994-092	1996-093					2（0）	0（0）	0
蒋薇	2004-149	**2005-052**	**2005-053**	**2006-076**	**2009-104**	**2009-105**	6（5）	0（0）	0
蒋维	2006-303						1（0）	0（0）	0
蒋维楣	2006-069	2007-077					2（0）	0（0）	0
蒋文钧	2000-033						1（0）	0（0）	0
蒋武	2013-433						1（0）	0（0）	0
蒋小良	2013-003	**2015-145**	2015-375				3（1）	0（0）	0
蒋小平	2011-034						1（0）	0（0）	0
蒋小燕	2009-201						1（0）	0（0）	0
蒋晓东	**2012-128**	2010-002F					2（1）	1（0）	0
蒋晓光	2002-069	2003-082	**2008-099**	2012-203	2012-369	2014-055	9（2）	0（0）	0
	2014-056	2015-045	**2015-146**						

续表

作者	索引编号					文献总数	英文文献	通讯作者
蒋新	2004-168					1（0）	0（0）	0
蒋兴元	2012-453					1（0）	0（0）	0
蒋学良	2011-486					1（0）	0（0）	0
蒋学智	2011-324					1（0）	0（0）	0
蒋义敏	2014-114					1（0）	0（0）	0
蒋益明	*2009-261					1（0）	0（0）	1
蒋育澄	**2002-045**					1（1）	0（0）	0
蒋赞初	1993-159					1（0）	0（0）	0
蒋正国	2011-240					1（0）	0（0）	0
蒋正武	2014-382					1（0）	0（0）	0
蒋志龙	2013-412					1（0）	0（0）	0
蒋智梅	2013-337					1（0）	0（0）	0
蒋忠义	1999-054					1（0）	0（0）	0
蒋重熙	1981-040	**1991-029**				2（1）	0（0）	0
蒋周青	**2015-147（E）**					1（1）	1（1）	0
蒋卓辉	2014-132					1（0）	0（0）	0
蒋作宏	2003-055					1（0）	0（0）	0
降幡顺子	**2007-083**					1（1）	0（0）	0
Jiang D.	2003-002F	**2004-002F**				2（1）	2（1）	0
Jiang Hong	2014-006F					1（0）	1（0）	0
Jiang Jianguo	**2007-084（E）**					1（1）	1（1）	0
Jiang Zheng	2008-005F	2012-005F	2013-010F	2014-004F		4（0）	4（0）	0
焦昌梅	2010-098					1（0）	0（0）	0
焦程敏	2003-003					1（0）	0（0）	0
焦东海	1982-038					1（0）	0（0）	0
焦凤菊	**2012-129**					1（1）	0（0）	0
焦凤茹	2007-203					1（0）	0（0）	0
焦欢欢	2010-255					1（0）	0（0）	0
焦继岳	**1981-019**	1982-016	**1983-036**	**1985-042**		4（3）	0（0）	0
焦京州	2006-210					1（0）	0（0）	0
焦距	2015-527					1（0）	0（0）	0
焦力实	2007-011					1（0）	0（0）	0
焦立平	2007-203					1（0）	0（0）	0
焦庆祝	**2011-121**					1（1）	0（0）	0
焦圣兵	2015-434					1（0）	0（0）	0
焦寅	2014-587					1（0）	0（0）	0
焦勇	2011-026					1（0）	0（0）	0
焦正	2006-152	2007-153				2（0）	0（0）	0
矫海洋	**2004-037**					1（1）	0（0）	0
矫维红	2008-180	2008-181				2（0）	0（0）	0
教滨	**2001-042**					1（1）	0（0）	0
揭森林	2013-252					1（0）	0（0）	0
揭晓华	2015-558					1（0）	0（0）	0

续表

作者	索引编号						文献总数	英文文献	通讯作者
颉伟	2010-009						1（0）	0（0）	0
Jie Dongmei	2006-183（E）						1（0）	1（0）	0
Jim Hunt	2011-488						1（0）	0（0）	0
Jimmy C Yu	2008-161						1（0）	0（0）	0
金柏康	1978-010	1979-002	1979-011	1979-012	1980-029	1982-008	6（0）	0（0）	0
金保升	2003-050	2003-051	2005-157	2007-141	2007-142	2008-218	9（0）	0（0）	0
	2008-369	2009-424	2012-555						
金斌	2011-377	**2013-136**					2（1）	0（0）	0
金波	2014-566	2015-063	2015-292				3（0）	0（0）	0
金婵	**2006-077**	2008-006					2（1）	0（0）	0
金朝晖	*2009-161						1（0）	0（0）	1
金成海	2001-019						1（0）	0（0）	0
金创石	**2011-122**						1（1）	0（0）	0
金纯	**2015-148**						1（1）	0（0）	0
金大志	2006-287	2006-288					2（0）	0（0）	0
金德龙	1995-071	**1996-047**	2003-095	**2005-055**	2005-095	2006-143	12（4）	0（0）	0
	2008-100	2008-165	2009-182	**2012-130**	2013-268	2015-271			
金迪芳	**2012-131**						1（1）	0（0）	0
金枫	1991-050（E）	1992-060					2（0）	1（0）	0
金桂林	**1993-050**						1（1）	0（0）	0
金海泉	**1989-042**						1（1）	0（0）	0
金海燕	**2011-123**	2011-475					2（1）	0（0）	0
金恒松	**2015-149**						1（1）	0（0）	0
金泓宇	**2012-132**						1（1）	0（0）	0
金虹	2003-123						1（0）	0（0）	0
金淮	**1980-012**	**1981-020**					2（2）	0（0）	0
金辉	2011-370	**2015-150**					2（1）	0（0）	0
金惠民	**1998-049**						1（1）	0（0）	0
金基石	2015-203						1（0）	0（0）	0
金嘉陵	**1984-036**						1（1）	0（0）	0
金建南	**1991-030**						1（1）	0（0）	0
金涧波	**1983-037**	**1984-037**					2（2）	0（0）	0
金进照	**1999-051**						1（1）	0（0）	0
金晶	2007-205	2008-224					2（0）	0（0）	0
金静峰	2014-609						1（0）	0（0）	0
金俊	**2013-137**	2014-124					2（1）	0（0）	0
金骏	2012-013	2013-009					2（0）	0（0）	0
金奎励	1990-115						1（0）	0（0）	0
金腊华	2009-086						1（0）	0（0）	0
金兰振	1982-042						1（0）	0（0）	0
金立宁	2015-219						1（0）	0（0）	0
金立云	1985-107	**1993-051**	1994-024	**1994-036**	**1995-038**	**1995-039**	23（11）	2（1）	0
	1995-040	**1995-041**	1995-129	**1996-048**	**1996-049**	1996-147			

续表

作者	索引编号						文献总数	英文文献	通讯作者
	1998-050	1999-113	1999-136	2001-140	**2002-046（E）**	**2002-047**			
	2004-106	2005-125	2005-164	2005-165（E）	2012-275				
金凌云	**2007-085（E）**						1（1）	1（1）	0
金留安	2014-396						1（0）	0（0）	0
金路	2015-570						1（0）	0（0）	0
金美芳	2004-160	2008-106					2（0）	0（0）	0
金苗	2000-035						1（0）	0（0）	0
金明坤	**1998-051**						1（1）	0（0）	0
金明善	**2009-106**						1（1）	0（0）	0
金普军	2006-100	**2007-086**	**2007-087**	**2007-088**	2007-223	**2008-101**	14（6）	0（0）	0
	2008-214	**2009-107**	2009-108	2009-298	2010-333	2011-440			
	2015-091	2015-333							
金启祥	1986-066						1（0）	0（0）	0
金乾元	1993-050						1（0）	0（0）	0
金倩	2011-068						1（0）	0（0）	0
金巧平	**2007-089**						1（1）	0（0）	0
金锐	**2013-138**						1（1）	0（0）	0
金少鸿	2012-463						1（0）	0（0）	0
金爽	2008-178						1（0）	0（0）	0
金硕	**2013-139**						1（1）	0（0）	0
金嗣昭	2010-337（E）						1（0）	1（0）	0
金泰廣	2003-046						1（0）	0（0）	0
金涛	2013-489						1（0）	0（0）	0
金希龙	1992-012						1（0）	0（0）	0
金霞	2006-072						1（0）	0（0）	0
金献忠	**2010-105**						1（1）	0（0）	0
金祥凤	1995-144						1（0）	0（0）	0
金翔龙	2002-081						1（0）	0（0）	0
金象春	**2014-143**						1（1）	0（0）	0
金小成	2003-125						1（0）	0（0）	0
金晓贤	1998-024	2000-013					2（0）	0（0）	0
金晓英	1993-050						1（0）	0（0）	0
金鑫	2013-026						1（0）	0（0）	0
金幸生	2014-229						1（0）	0（0）	0
金旭荷	2003-214						1（0）	0（0）	0
金学峰	2011-309						1（0）	0（0）	0
金亚清	2008-066						1（0）	0（0）	0
金延龄	2006-256						1（0）	0（0）	0
金衍健	2014-378						1（0）	0（0）	0
金艳明	2000-070						1（0）	0（0）	0
金英福	**2015-152**	**2015-151**					2（2）	0（0）	0
金樱华	2012-349						1（0）	0（0）	0
金颖	2012-005						1（0）	0（0）	0

续表

作者	索引编号					文献总数	英文文献	通讯作者
金永龙	2014-456					1（0）	0（0）	0
金永中	2010-032					1（0）	0（0）	0
金涌	2002-087					1（0）	0（0）	0
金优石	2011-027					1（0）	0（0）	0
金玉家	2015-097					1（0）	0（0）	0
金玉苹	2010-252（E）	2010-253				2（0）	1（0）	0
金毓华	**1995-042**					1（1）	0（0）	0
金泽祥	2000-072					1（0）	0（0）	0
金长子	**2005-054**					1（1）	0（0）	0
金哲维	2015-514					1（0）	0（0）	0
金正耀	2013-382	2013-412	*2013-430			3（0）	0（0）	1
金忠秀	**2005-056**	**2006-078**				2（2）	0（0）	0
金洙吉	2015-597					1（0）	0（0）	0
金卓仁	**1996-050**					1（1）	0（0）	0
金自钦	2014-249					1（0）	0（0）	0
金宗儒	1985-066					1（0）	0（0）	0
金祖权	2013-175					1（0）	0（0）	0
晋伟娟	**2015-153**	2015-191				2（1）	0（0）	0
靳承岗	2014-489					1（0）	0（0）	0
靳芳	2013-392					1（0）	0（0）	0
靳凤英	2011-329					1（0）	0（0）	0
靳广洲	2013-121					1（0）	0（0）	0
靳克	2004-139					1（0）	0（0）	0
靳孟贵	2008-169					1（0）	0（0）	0
靳雯清	2004-162（E）	2004-165	2006-313			3（0）	1（0）	0
靳香林	∴1982-050					1（0）	0（0）	0
靳小玉	1991-020					1（0）	0（0）	0
靳晓军	**2015-154**					1（1）	0（0）	0
靳晓增	**2012-133**					1（1）	0（0）	0
靳晓珠	2006-276					1（0）	0（0）	0
靳新娣	1985-116	1987-100	**1991-031**			3（1）	0（0）	0
靳彦军	**2009-109**					1（1）	0（0）	0
靳艳	2008-106					1（0）	0（0）	0
靳映霞	2012-458					1（0）	0（0）	0
靳治良	2012-106					1（0）	0（0）	0
Jin C.Z.	2002-002F					1（0）	1（0）	0
Jin Zhenmin	2005-028（E）					1（0）	1（0）	0
经辉	**2015-155**					1（1）	0（0）	0
荆济荣	2009-106					1（0）	0（0）	0
荆俊山	2009-267	2009-384	2011-295			3（0）	0（0）	0
荆鹏飞	2012-138					1（0）	0（0）	0
荆照政	**1988-038**	**1988-039**	**1989-043**	**1990-040**	**1991-032**	**1991-033**	7（6）	0（0）	0
	1991-053							

续表

作者	索引编号						文献总数	英文文献	通讯作者
井上嘉	1994-021						1（0）	0（0）	0
井上真一	2003-073						1（0）	0（0）	0
井卫华	2012-036	2012-537					2（0）	0（0）	0
井西利	2011-347						1（0）	0（0）	0
景洪岗	**1993-052**						1（1）	0（0）	0
景俊海	**1988-040**						1（1）	0（0）	0
景喜林	2010-009						1（0）	0（0）	0
景晓燕	**2006-079**						1（1）	0（0）	0
景页	2015-536						1（0）	0（0）	0
敬承斌	*2011-120						1（0）	0（0）	1
敬方梨	2015-457（E）						1（0）	1（0）	0
Joel D. Blum	2006-009F						1（0）	1（0）	0
Johar Zeb	2015-328（E）						1（0）	1（0）	0
John Barford	2006-107						1（0）	0（0）	0
John H.T. Luong	2007-207（E）	2007-208					2（0）	1（0）	0
John J.	1985-073						1（0）	0（0）	0
John M. Labavitch	2009-006F	2013-008F					2（0）	2（0）	0
Jolius Gimbun	2014-119（E）						1（0）	1（0）	0
Jonathan Lobel	2001-078（E）						1（0）	1（0）	0
Jones K.W.	1994-119						1（0）	0（0）	0
Joo Byeong Don	2009-115（E）						1（0）	1（0）	0
Joshi P.N.	**2007-090（E）**						1（1）	1（1）	0
居桂方	2010-135						1（0）	0（0）	0
居沈贵	2014-311						1（0）	0（0）	0
鞠佳彤	**2013-140**						1（1）	0（0）	0
鞠青海	2013-146	2013-172					2（0）	0（0）	0
鞠雅娜	2011-117						1（0）	0（0）	0
鞠宇飞	2011-146						1（0）	0（0）	0
鞠赞辉	2004-074						1（0）	0（0）	0
菊地大树	2015-420						1（0）	0（0）	0
菊地正	1986-002						1（0）	0（0）	0
巨鹏瑞	**2015-156**						1（1）	0（0）	0
巨文军	2014-242	2014-243	2014-563	2014-564			4（0）	0（0）	0
巨新	1999-152	2001-044	2001-088	2001-089	2002-089	2002-139	12（1）	4（1）	0
	2003-056	2003-057	**2001-005F**	2002-003F	2003-003F	2010-002F			
Junko Shida	**2002-048**						1（1）	0（0）	0
K									
卡尔图嫩	**1978-009**						1（1）	0（0）	0
Kadhar Mohammed Abdul	**2013-142（E）**	**2013-141（E）**					2（2）	2（2）	0
Kah Weng Siew	2014-119（E）						1（0）	1（0）	0
阚斌	**1998-052**	**2001-043**	**2002-049**	**2003-054**	**2004-038**	2005-127	7（5）	0（0）	0

续表

作者	索引编号						文献总数	英文文献	通讯作者
	2006-037								
阚朝辉	2012-426						1（0）	0（0）	0
Kan Hasegawa	1993-101						1（0）	0（0）	0
阚家德	1996-138						1（0）	0（0）	0
阚留杰	**2013-143**						1（1）	0（0）	0
阚秋斌	1990-025						1（0）	0（0）	0
Kan Qubin	1991-052（E）						1（0）	1（0）	0
阚绪杭	2007-037	2011-046	2012-051				3（0）	0（0）	0
阚玉和	2002-140						1（0）	0（0）	0
康葆强	**2009-111**	2010-144	2011-044	2012-058	2013-060	2013-066	7（2）	0（0）	0
	2014-144								
康斌	2014-267	2014-317					2（0）	0（0）	0
康逢文	2010-135						1（0）	0（0）	0
康海英	**2010-106**	2013-318	**2014-145**	2015-554			4（2）	0（0）	0
康宏敏	2015-516						1（0）	0（0）	0
康怀志	2004-039						1（0）	0（0）	0
康磊	2009-171						1（0）	0（0）	0
康龙	2005-213						1（0）	0（0）	0
康明	2012-307	2013-504	2015-423				3（0）	0（0）	0
康明大	2002-080						1（0）	0（0）	0
康诗钊	2013-200						1（0）	0（0）	0
康士秀	**2001-044**	2001-088	2001-089	2002-089	**2002-090（E）**	2002-091	18（7）	5（2）	0
	2002-092	2002-139	**2003-055**	**2003-056**	**2003-057**	**2004-039**			
	2004-092	2004-175	2001-005F	**2002-003F**	2002-006F	2003-003F			
康世昌	2011-420						1（0）	0（0）	0
康叔常	1981-027						1（0）	0（0）	0
康桃英	2003-123	2003-124					2（0）	0（0）	0
康天放	2012-457						1（0）	0（0）	0
康卫	2015-066						1（0）	0（0）	0
康晓斌	2012-215						1（0）	0（0）	0
康学丽	**2007-091**	**2007-092**					2（2）	0（0）	0
康艳杰	2011-182						1（0）	0（0）	0
康椰熙	1995-118						1（0）	0（0）	0
康颖	2009-119						1（0）	0（0）	0
康永贵	2008-370						1（0）	0（0）	0
康永林	2006-212（E）	2006-213					2（0）	1（0）	0
康玉茹	2012-009						1（0）	0（0）	0
康彧	2014-192						1（0）	0（0）	0
康志军	**2002-050**						1（1）	0（0）	0
康志君	*2013-133						1（0）	0（0）	1
康智清	**2010-107**						1（1）	0（0）	0
康智忠	**2005-058**						1（1）	0（0）	0
康自华	**2012-134**						1（1）	0（0）	0

续表

作者	索引编号					文献总数	英文文献	通讯作者
亢德华	2009-214	2010-226	2011-257	2011-258	2011-259	2011-260	6 (0)	0 (0)	0
亢宇	**2005-057**	**2009-110**					2 (2)	0 (0)	0
Karabulut K.	2015-009 (E)						1 (0)	1 (0)	0
Kashif Shahzad	2014-366 (E)						1 (0)	1 (0)	0
Kashiwaya K	2011-113 (E)						1 (0)	1 (0)	0
Kasirii-Asgarani M.	2014-008 (E)						1 (0)	1 (0)	0
Kataoka Yoshiyukki	**2009-112**	**2011-124**					2 (2)	0 (0)	0
Katherine T Alben	**1986-037**						1 (1)	0 (0)	0
Kaufmann H.C.	1985-001						1 (0)	0 (0)	0
柯光明	2014-257						1 (0)	0 (0)	0
柯捷	2012-526	2014-561					2 (0)	0 (0)	0
柯俊	1983-025						1 (0)	0 (0)	0
柯玲	2010-132						1 (0)	0 (0)	0
柯明	**2006-080**	2013-152					2 (1)	0 (0)	0
柯鹏振	**2012-135**						1 (1)	0 (0)	0
柯钊跃	**2013-144**						1 (1)	0 (0)	0
柯子厚	2002-057						1 (0)	0 (0)	0
科研所	**1981-021**						1 (1)	0 (0)	0
Kenji Sakurai	2009-391						1 (0)	0 (0)	0
Khosrovabadi P.B.	1998-061						1 (0)	0 (0)	0
Kikhtyanin O.V.	2015-384 (E)						1 (0)	1 (0)	0
Kikkert J.N.	**1985-043**						1 (1)	0 (0)	0
Kim Boo Gil	2007-162 (E)						1 (0)	1 (0)	0
Kim Dae-seon	2010-299						1 (0)	0 (0)	0
Kirby J.Ray	1992-024						1 (0)	0 (0)	0
Klusmann W.	**1985-044**						1 (1)	0 (0)	0
Kodirov Obidjon	**2009-113** (E)						1 (1)	1 (1)	0
Kohno Hisayuki	2009-112	2011-124					2 (0)	0 (0)	0
Koksal O.K.	2015-009 (E)						1 (0)	1 (0)	0
Kolster B.H.	1998-061						1 (0)	0 (0)	0
孔安华	2006-195						1 (0)	0 (0)	0
孔垂宇	2015-404						1 (0)	0 (0)	0
孔翠芬	2014-072						1 (0)	0 (0)	0
孔德铭	2006-044	2008-061					2 (0)	0 (0)	0
孔德顺	2010-277	**2011-125**	**2011-126**	**2011-312**	**2013-145**	2014-297	6 (3)	0 (0)	0
孔东新	2008-039						1 (0)	0 (0)	0
孔凡海	2006-227						1 (0)	0 (0)	0
孔凡乾	2015-603						1 (0)	0 (0)	0
孔凡涛	2004-087	2006-186					2 (0)	0 (0)	0
孔繁荣	1988-055	1989-061	1990-066				3 (0)	0 (0)	0
孔海宽	2004-161						1 (0)	0 (0)	0
孔会磊	2014-164						1 (0)	0 (0)	0

续表

作者	索引编号					文献总数	英文文献	通讯作者
孔会民	*2013-262					1（0）	0（0）	1
孔火良	2003-050	**2007-093**				2（1）	0（0）	0
Kong Jie	**2014-146（E）**					1（1）	1（1）	0
孔卡斯 M.	**2002-051**					1（1）	0（0）	0
孔令洪	**1993-053**					1（1）	0（0）	0
孔令俊	2012-183					1（0）	0（0）	0
孔芹	2011-350	**2012-136**	**2012-137**			3（2）	0（0）	0
孔庆友	2006-070	2010-395				2（0）	0（0）	0
孔祥淮	2012-516					1（0）	0（0）	0
孔祥山	2008-196					1（0）	0（0）	0
孔勇	2014-529					1（0）	0（0）	0
孔渝华	1992-052	1992-053	1994-050（E）	2009-228		4（0）	1（0）	0
孔祖萍	2012-281（E）					1（0）	1（0）	0
Konstantin V.Zolotarev	2006-003（E）	2006-002（E）				2（0）	2（0）	0
Korrick Susan A.	2014-073					1（0）	0（0）	0
叩根来	2010-072					1（0）	0（0）	0
Kouichi Tsuji	2009-325					1（0）	0（0）	0
Kowalski B.R.	1990-002F					1（0）	1（0）	0
Kozinski J.A.	2000-059					1（0）	0（0）	0
库勒鲁德 G.	**1980-013**					1（1）	0（0）	0
库姆普莱能	**1981-022**					1（1）	0（0）	0
库育苗	2013-232					1（0）	0（0）	0
蒯丽君	**2013-146**	**2013-147**	2013-354			3（2）	0（0）	0
匡洪生	2014-470					1（0）	0（0）	0
匡俊艳	**2012-138**					1（1）	0（0）	0
匡猛	**2015-157**					1（1）	0（0）	0
匡晓亮	2014-437	2014-481				2（0）	0（0）	0
邝安堃	1981-052	1983-099（E）				2（0）	1（0）	0
邝焯荣	**2008-102**					1（1）	0（0）	0
邝贵荣	2010-452					1（0）	0（0）	0
邝桂荣	2013-082					1（0）	0（0）	0
邝杰炜	2011-106					1（0）	0（0）	0
邝荣禧	**2015-158**					1（1）	0（0）	0
邝薇	2013-596					1（0）	0（0）	0
况凯骞	2012-261					1（0）	0（0）	0
况守英	2015-262					1（0）	0（0）	0
L								
Lacatusu Codrin	2009-069（E）					1（0）	1（0）	0
Lachance G.	1986-001F					1（0）	1（0）	0
来学敏	**2012-139**					1（1）	0（0）	0
来宝宽	1964-010P					1（0）	0（0）	0
莱康特 R.	1991-034					1（0）	0（0）	0
赖登旺	**2015-159**					1（1）	0（0）	0

续表

作者	索引编号						文献总数	英文文献	通讯作者
赖广辉	2008-264						1（0）	0（0）	0
赖开忠	2006-320						1（0）	0（0）	0
赖茂林	2015-141	2015-416					2（0）	0（0）	0
赖万昌	1990-129	1990-130	1992-029	**1994-037**	**1995-043**	**1995-044**	70（9）	0（0）	0
	1995-114	1996-126	1996-157	1997-028	1998-123	2001-023			
	2002-021	**2002-052**	2002-067	2002-068	2002-123	**2003-058**			
	2003-059	**2003-152**	2004-025	2004-040	2006-049	**2006-065**			
	2006-066	2006-115	2006-157	2007-056	2007-057	2007-058			
	2007-121	2007-155	2008-037	**2008-103**	2008-202	2008-277			
	2009-028	2009-089	**2009-114**	2009-241	2009-259	2009-331			
	2009-355	2009-397	2010-024	2010-063	2010-065	2010-091			
	2010-362	2010-416	2011-084	2011-132	2011-201	2012-147			
	2012-162	2012-480	2012-553	2013-090	2013-100	2013-192			
	2013-388	2014-020	2014-116	2014-306	2014-449	2015-017			
	2015-169	2015-338	2015-454	2015-608					
赖伟鸿	2014-497						1（0）	0（0）	0
赖文彬	2010-086						1（0）	0（0）	0
赖喜锐	2015-012						1（0）	0（0）	0
赖潇静	**2012-141**						1（1）	0（0）	0
赖小东	**2012-140**						1（1）	0（0）	0
赖延清	2010-100						1（0）	0（0）	0
赖宜讯	2012-363						1（0）	0（0）	0
赖裕琛	**2015-160**						1（1）	0（0）	0
赖章生	1986-091						1（0）	0（0）	0
Lai Meishuang	**2013-148（E）**						1（1）	1（1）	0
Lal D.	2000-023						1（0）	0（0）	0
兰德伯格 S.	**1991-034**						1（1）	0（0）	0
兰德省	2014-538						1（0）	0（0）	0
兰玲	*2011-117						1（0）	0（0）	1
兰萍	2011-476						1（0）	0（0）	0
兰瑞平	2007-303						1（0）	0（0）	0
兰图	**2015-161（E）**						1（1）	1（1）	0
兰文正	1990-086	1994-076	1995-062	1997-097			4（0）	0（0）	0
兰喜杰	2011-189						1（0）	0（0）	0
兰新哲	2008-125						1（0）	0（0）	0
兰旭颖	2015-546（E）						1（0）	1（0）	0
兰延	**2010-108**	2015-225					2（1）	0（0）	0
兰易	2014-408						1（0）	0（0）	0
兰云军	2011-186						1（0）	0（0）	0
蓝恩洪	2012-262						1（0）	0（0）	0
蓝慕杰	1997-130						1（0）	0（0）	0
蓝文正	1998-100						1（0）	0（0）	0
蓝延	**2006-081**						1（1）	0（0）	0

续表

作者	索引编号					文献总数	英文文献	通讯作者
蓝英杰	2012-345					1（0）	0（0）	0
Landstrom O.	**1982-021**					1（1）	0（0）	0
郎凤艳	2009-344					1（0）	0（0）	0
郎海刚	**2008-104**					1（1）	0（0）	0
郎林	2015-357					1（0）	0（0）	0
郎小波	**2014-147**					1（1）	0（0）	0
Lankin U.K.	2006-178（E）					1（0）	1（0）	0
劳建新	**2005-059**					1（1）	0（0）	0
Large David	2015-332					1（0）	0（0）	0
Larsson P.	1993-027（E）					1（0）	1（0）	0
Le A.	1993-005F	1993-007F	1993-009F	1993-010F		4（0）	4（0）	0
Lee Chul Hee	2013-352（E）					1（0）	1（0）	0
Lee Cin Ty	2005-091					1（0）	0（0）	0
Lee Grodzins	1985-067					1（0）	0（0）	0
Lee Hee-Soo	2011-127（E）					1（0）	1（0）	0
Lee Ik Jong	2003-020					1（0）	0（0）	0
Lee Jae Ho	**2009-115（E）**					1（1）	1（1）	0
Lee Jin-Sook	2011-127（E）					1（0）	1（0）	0
Lee Kyun-Gmee	**2011-127（E）**					1（1）	1（1）	0
Lee Seung Mok	2007-162（E）					1（0）	1（0）	0
Lee Shuncheng	2007-076（E）					1（0）	1（0）	0
Legall H.	2007-188（E）					1（0）	1（0）	0
Legge G. J. F.	1993-006F	1993-002F				2（0）	2（0）	0
雷波	2012-371					1（0）	0（0）	0
雷达	1990-120					1（0）	0（0）	0
雷国良	**2011-128**	**2013-149**	2014-471			3（2）	0（0）	0
雷豪志	2015-370（E）					1（0）	1（0）	0
雷怀彦	*2009-176					1（0）	0（0）	1
雷坚	2012-262					1（0）	0（0）	0
雷杰	**2014-148**					1（1）	0（0）	0
雷九云	**2012-142**					1（1）	0（0）	0
雷菊梅	2013-031					1（0）	0（0）	0
雷凯	2011-197	2011-328	2012-353			3（0）	0（0）	0
雷磊	2013-420					1（0）	0（0）	0
雷梅	2004-003	2005-006（E）	**2008-002F**	*2015-064（E）		4（1）	3（1）	1
雷启福	1997-029					1（0）	0（0）	0
雷前涛	2011-003	2013-499	2014-015	2015-004	2015-247	5（0）	0（0）	0
雷强华	**2006-082**					1（1）	0（0）	0
雷秦睿	2015-089					1（0）	0（0）	0
雷锐	2011-243					1（0）	0（0）	0
雷珊	**2014-149**					1（1）	0（0）	0
雷绍民	*2015-128（E）	2015-137	**2015-162**			3（1）	1（0）	1
雷婷	**2014-150**					1（1）	0（0）	0

续表

作者	索引编号						文献总数	英文文献	通讯作者
雷晓旭	2013-556						1（0）	0（0）	0
雷雪飞	**2015-163**						1（1）	0（0）	0
雷艳惠	2014-550						1（0）	0（0）	0
雷翼	2011-181						1（0）	0（0）	0
雷勇	2001-006F	2002-014	2002-016	**2002-053**	2004-017	2008-005F	8（1）	2（0）	0
	2010-328	2015-615							
雷玉洁	2012-153	2015-033					2（0）	0（0）	0
雷智	2009-232	2010-081	2011-043（E）				3（0）	1（0）	0
类延斌	2011-128						1（0）	0（0）	0
Lei Hao	2006-008F						1（0）	1（0）	0
Lei Y.	2008-007F						1（0）	1（0）	0
楞本才让	2012-145	2012-146	2015-166				3（0）	0（0）	0
冷爱平	2015-355						1（0）	0（0）	0
冷光辉	2011-357						1（0）	0（0）	0
冷光荣	2004-064						1（0）	0（0）	0
冷建平	**2009-116**						1（1）	0（0）	0
冷喜芳	**2015-164**						1（1）	0（0）	0
冷晓梅	**2002-054**						1（1）	0（0）	0
Leung P.L.	2005-008F						1（0）	1（0）	0
Leyden O.E.	1983-032						1（0）	0（0）	0
黎兵	2009-327	2010-081	2010-082	2013-139			4（0）	0（0）	0
黎德育	2004-036	2005-045	2005-051	2006-121（E）	2006-218	2010-161	6（0）	1（0）	0
黎飞虎	2005-026	**2005-078**					2（1）	0（0）	0
黎福海	2014-047						1（0）	0（0）	0
黎刚	**2013-216**						1（1）	0（0）	0
黎红波	2011-300	**2013-217**					2（1）	0（0）	0
黎鸿举	2010-440						1（0）	0（0）	0
黎玲玲	**2013-218**						1（1）	0（0）	0
黎龙辉	2015-043						1（0）	0（0）	0
黎乾	**2015-222**						1（1）	0（0）	0
黎香荣	**2010-109**	**2011-167**	**2011-168**	2012-033	2012-321	2012-322	7（4）	0（0）	0
	2014-209								
黎秀娥	2009-144						1（0）	0（0）	0
黎学明	**2003-074**	*2010-300					2（1）	0（0）	1
黎义	2002-147						1（0）	0（0）	0
黎荫铭	**1995-045**						1（1）	0（0）	0
黎湛	2013-475						1（0）	0（0）	0
黎忠	2012-414						1（0）	0（0）	0
李艾华	2014-355	2015-361					2（0）	0（0）	0
李爱国	2000-125	**2001-045**	2004-112	2004-159	**2005-060**	2005-063	24（2）	5（0）	1
	2005-216	2006-077	2006-236（E）	2006-237	2006-293	2006-310			
	2009-319	2010-140	2010-335	2011-241	2011-391	2011-482			
	2014-223	2014-525	*2015-546（E）	2006-007F	2011-003F	2012-002F			

续表

作者	索引编号					文献总数	英文文献	通讯作者
李爱山	2015-006					1（0）	0（0）	0
李安春	2002-163	*2006-263（E）	2006-264	2007-079		4（0）	1（0）	1
李安龙	2011-088					1（0）	0（0）	0
李安模	∵1960-001					1（0）	0（0）	0
李安萍	**2008-105**					1（1）	0（0）	0
李昂	**2015-165**					1（1）	0（0）	0
李百舸	2013-297					1（0）	0（0）	0
李柏	2004-022	2004-023	2006-035	2006-036	2009-137	2015-212	11（0）	5（0）	0
	2002-002F	2005-006F	2007-005F	2007-009F	2014-003F				
李柏杰	2014-048	2014-049				2（0）	0（0）	0
李邦强	2009-202					1（0）	0（0）	0
李宝军	2004-130					1（0）	0（0）	0
李宝科	**2003-061**					1（1）	0（0）	0
李宝宽	2015-395					1（0）	0（0）	0
李宝让	2014-049					1（0）	0（0）	0
李保金	2015-425					1（0）	0（0）	0
李保生	2015-358					1（0）	0（0）	0
李保兴	2015-284					1（0）	0（0）	0
李北星	2011-399					1（0）	0（0）	0
李蓓	**2013-150**					1（1）	0（0）	0
李必红	**2012-143**					1（1）	0（0）	0
李标国	1996-137	1997-044	1997-045（E）	1997-125		4（0）	1（0）	0
李彬	**1991-037**	2002-098	2002-099	2002-101		4（1）	0（0）	0
李彬贤	1994-007	1995-140	1996-155			3（0）	0（0）	0
李斌	**2008-106**	2009-333	2013-121	**2013-151**	2014-412	2015-020	6（2）	0（0）	0
李滨	**2013-152**					1（1）	0（0）	0
李冰	2002-149	2003-186	2010-345	**2011-129**	**2013-153**	**2013-154**	6（3）	0（0）	0
李冰川	2014-293					1（0）	0（0）	0
李冰燕	2010-274					1（0）	0（0）	0
李兵	1994-142	1995-072	1996-010	**1997-047**	1997-068	**1998-053**	9（4）	0（0）	0
	1998-077	**1999-052**	2002-055						
李兵兵	2008-271					1（0）	0（0）	0
李兵虎	2010-161					1（0）	0（0）	0
李丙祥	2006-223					1（0）	0（0）	0
李炳江	2009-406					1（0）	0（0）	0
李炳元	2012-363					1（0）	0（0）	0
李波	**2009-117**	2011-458	2012-014	**2013-155**	*2013-464		5（2）	0（0）	0
李博	1990-006	**2013-156**	2013-157				3（2）	0（0）	0
李博雅	2014-529					1（0）	0（0）	0
李才红	**2012-144**					1（1）	0（0）	0
李彩侠	2011-350					1（0）	0（0）	0
李彩亚	1996-050					1（0）	0（0）	0
李灿	2004-058					1（0）	0（0）	0

续表

作者	索引编号					文献总数	英文文献	通讯作者
李曹	2009-274					1（0）	0（0）	0
李岑	2011-263	**2012-145**	**2012-146**	**2015-166**	2015-488	5（3）	0（0）	0
李昌华	1999-006					1（0）	0（0）	0
李畅	**2013-158**					1（1）	0（0）	0
李超	**2005-061**	2005-199	**2006-083**	2009-211	2009-366	8（3）	0（0）	0
	2014-151	2014-482			2012-073			
李朝昕	2007-169	2007-195				2（0）	0（0）	0
李朝新	2015-038					1（0）	0（0）	0
李晨	2009-431	2012-349	2013-548	2014-080		4（0）	0（0）	0
李晨光	2012-394	2013-137				2（0）	0（0）	0
李晨旭	2001-076					1（0）	0（0）	0
李成美	2007-044					1（0）	0（0）	0
李成文	2009-309					1（0）	0（0）	0
李成岳	*1993-133	*2008-162				2（0）	0（0）	2
李呈权	2015-157					1（0）	0（0）	0
李承光	1994-008					1（0）	0（0）	0
李程	2011-361					1（0）	0（0）	0
李崇会	2008-215					1（0）	0（0）	0
李传	2014-432					1（0）	0（0）	0
李传芳	1982-058	1983-074	1983-075	1984-076	1985-011	7（0）	0（0）	0
	1987-009				1987-008			
李传山	2013-400					1（0）	0（0）	0
李传珠	**1988-041**					1（1）	0（0）	0
李春海	2011-128					1（0）	0（0）	0
李春宏	2012-128	**2010-002F**				2（1）	1（1）	0
李春来	2001-125					1（0）	0（0）	0
李春雷	**2010-110**	**2010-111**				2（2）	0（0）	0
李春林	2013-390	2013-487				2（0）	0（0）	0
李春明	2004-079					1（0）	0（0）	0
李春山	2008-126	2009-134	**2011-130**	**2013-159**		4（2）	0（0）	0
李春霞	2011-476					1（0）	0（0）	0
李春艳	2014-523					1（0）	0（0）	0
李春义	*2011-354（E）	*2011-355	*2012-428（E）			3（0）	2（0）	3
李春远	**1983-038**					1（1）	0（0）	0
李春越	**2015-167**					1（1）	0（0）	0
李春忠	1992-033	1994-031	**1994-038**	*2002-108		4（1）	0（0）	1
李纯	2009-289					1（0）	0（0）	0
李翠清	*2013-152					1（0）	0（0）	1
李邨	2006-182					1（0）	0（0）	0
李达	2011-026					1（0）	0（0）	0
李达光	2015-145					1（0）	0（0）	0
李达明	2014-040					1（0）	0（0）	0
李达圣	**1996-051**	1996-052				2（2）	0（0）	0

续表

作者	索引编号						文献总数	英文文献	通讯作者
李大华	2005-013	**2005-062**	**2006-084**	2009-429	2014-361		5（2）	0（0）	0
李大庆	2015-056						1（0）	0（0）	0
李大伟	**2011-131**						1（1）	0（0）	0
李大勇	2009-099	**2010-112**	**2015-168**				3（2）	0（0）	0
李代琼	2012-401						1（0）	0（0）	0
李丹	2006-029	2007-028	2007-029（E）	2008-103	**2009-118**	2009-241	21（6）	1（0）	1
	2009-259	**2010-113**	**2011-132**	**2012-147**	**2012-148**	2013-386			
	2013-387	*2013-388	2014-415	2015-017	2015-160	**2015-169**			
	2015-241	2015-323	2015-338						
李丹丹	**2012-149**						1（1）	0（0）	0
李丹农	**1999-053**						1（1）	0（0）	0
李聘	2009-024						1（0）	0（0）	0
李道伦	1982-026	1982-032	1984-039	1984-049	1984-050	1985-020	21（2）	1（0）	0
	1985-115	1986-039	1987-013	1987-014	**1987-033**	**1988-042**			
	1988-044	1990-017	1992-032	1992-064	1992-065	1992-112			
	1993-044	1993-077	1993-003F						
李德	2008-027						1（0）	0（0）	0
李德安	2007-281						1（0）	0（0）	0
李德才	2006-196						1（0）	0（0）	0
李德刚	2011-453						1（0）	0（0）	0
李德光	**2010-114**						1（1）	0（0）	0
李德红	2005-200（E）	2005-201					2（0）	1（0）	0
李德华	**1990-043**	2008-175					2（1）	0（0）	0
李德卉	1997-086	1997-087	2003-075	2006-166	2007-164	2008-137	8（0）	0（0）	0
	2008-186	2008-187							
李德金	**1999-054**	2007-047					2（1）	0（0）	0
李德军	**2003-062**						1（1）	0（0）	0
李德禄	2004-159	**2005-063**	2005-215	2005-216	2005-217	2006-236（E）	11（1）	2（0）	0
	2006-237	2006-308	2006-309	2006-310	2006-012F				
李德平	2012-411	2015-433					2（0）	0（0）	0
李德仁	**2005-064**	2012-180					2（1）	0（0）	0
李德文	**2004-041**						1（1）	0（0）	0
李德侠	2012-223						1（0）	0（0）	0
李德尧	**2000-040**						1（1）	0（0）	0
李德义	1993-089	1993-090	1994-073	1996-097	1996-098	1999-043	12（0）	2（0）	0
	2000-128	2001-150（E）	2001-151	2003-202	2004-112	2005-004F			
李德志	2009-231						1（0）	0（0）	0
李殿超	2008-256						1（0）	0（0）	0
李定国	**2009-119**	**2011-133**					2（2）	0（0）	0
李定华	2015-314						1（0）	0（0）	0
李定龙	2009-267						1（0）	0（0）	0
李定武	1989-121						1（0）	0（0）	0
李定心	2013-071						1（0）	0（0）	0

续表

作者	索引编号					文献总数	英文文献	通讯作者
李东春	2005-087					1（0）	0（0）	0
李东麟	2015-337					1（0）	0（0）	0
李东昕	2015-097					1（0）	0（0）	0
李冬	2012-019					1（0）	0（0）	0
李栋	2012-089					1（0）	0（0）	0
李笃信	*2015-159					1（0）	0（0）	1
李杜若	**1983-039**	1983-071	**1987-034**	1988-030	1989-037	5（2）	0（0）	0
李恩玮	2010-451					1（0）	0（0）	0
李而淮	**2002-056**					1（1）	0（0）	0
李发根	2010-230					1（0）	0（0）	0
李凡庆	1990-071	**1992-039**	1992-102（E）	1992-101	1997-085	5（1）	1（0）	0
李繁	**2014-152**					1（1）	0（0）	0
李繁荣	2015-502					1（0）	0（0）	0
李方军	2009-398	2009-399				2（0）	0（0）	0
李坊佐	**2015-170**					1（1）	0（0）	0
李芳	2012-482	2012-519	2014-594	**2015-171**	*2015-533	5（1）	0（0）	1
李飞	**2005-065**	2006-097	**2007-094**	2010-346	**2011-134**	2011-374	10（5）	0（0）	0
	2012-150	**2013-161**	2013-472	2015-094				
李凤海	2015-217					1（0）	0（0）	0
李凤岩	2008-198					1（0）	0（0）	0
李峰	2009-296	2010-127	2013-590	**2015-172**	2015-423	5（1）	0（0）	0
李锋	1996-146	2008-369	2014-491	**2015-173**		4（1）	0（0）	0
李凤	2009-246					1（0）	0（0）	0
李凤林	2009-309					1（0）	0（0）	0
李凤全	2006-241	2006-242	2007-233	2008-112	2008-260	2008-261	9（0）	0（0）	0
	2008-315	2010-123	2012-059					
李凤生	2008-041（E）					1（0）	1（0）	0
李凤岩	2006-120	2007-139	2007-178			3（0）	0（0）	0
李凤业	**1996-053**					1（1）	0（0）	0
李福宝	**2010-115**					1（1）	0（0）	0
李福华	2006-136					1（0）	0（0）	0
李福生	2002-162					1（0）	0（0）	0
李福洲	**2013-162**					1（1）	0（0）	0
李甫安	1993-143					1（0）	0（0）	0
李富海	2013-437					1（0）	0（0）	0
李富强	2009-412					1（0）	0（0）	0
李富忠	1999-101					1（0）	0（0）	0
李刚	**2012-151**					1（1）	0（0）	0
李钢	2001-027	2002-027	2004-060	2005-054		4（0）	0（0）	0
李岗	2012-106					1（0）	0（0）	0
李高峰	2012-553	2013-562				2（0）	0（0）	0
李高湖	2014-097					1（0）	0（0）	0
李高英	2014-215					1（0）	0（0）	0

续表

作者	索引编号						文献总数	英文文献	通讯作者
李戈扬	2004-128						1（0）	0（0）	0
李根行	1973-001P						1（0）	0（0）	0
李公平	2011-460						1（0）	0（0）	0
李功	2013-412						1（0）	0（0）	0
李功胜	2008-313						1（0）	0（0）	0
李光成	2000-116						1（0）	0（0）	0
李光诚	1997-118	1998-166					2（0）	0（0）	0
李光城	1997-119	1998-138	1998-165	2000-007（E）	2000-008	2000-038	12（1）	4（0）	0
	2000-041	2000-062	2001-058（E）	2001-059	2001-003F	2001-004F			
李光剑	**2012-153**	2015-033					2（1）	0（0）	0
李光猛	1993-143						1（0）	0（0）	0
李光明	2000-139	2001-061	2009-306				3（0）	0（0）	0
李光平	1991-090	2005-018	2009-048	2011-049	2011-050		5（0）	0（0）	0
李光强	2015-395						1（0）	0（0）	0
李光滔	2005-110						1（0）	0（0）	0
李光文	∵1994-039						1（0）	0（0）	0
李光兴	*2011-232（E）	2011-233（E）					2（0）	2（0）	1
李光正	2000-100						1（0）	0（0）	0
李广	2009-206						1（0）	0（0）	0
李广贺	2006-296						1（0）	0（0）	0
李广录	2008-289						1（0）	0（0）	0
李广明	1992-120						1（0）	0（0）	0
李广太	**2010-116**						1（1）	0（0）	0
李广燕	**2012-152**						1（1）	0（0）	0
李圭白	2008-290						1（0）	0（0）	0
李桂芳	1983-085	**1993-054**	**2015-174**				3（2）	0（0）	0
李桂华	2014-597	2014-598	2014-599				3（0）	0（0）	0
李桂景	2014-609						1（0）	0（0）	0
李桂兰	1993-113	1998-072	1999-072				3（0）	0（0）	0
李桂平	2010-334						1（0）	0（0）	0
李桂英	1996-008	1999-006					2（0）	0（0）	0
李桂影	∵2001-046						1（0）	0（0）	0
李桂云	**2008-107**						1（1）	0（0）	0
李桂榛	1982-024	1989-047					2（0）	0（0）	0
李国	**2014-153**						1（1）	0（0）	0
李国栋	**1998-054**	**1998-055**	**1999-055**	**2013-200**	**2013-533**		5（3）	0（0）	0
李国会	1982-039	**1983-040**	1983-046	**1984-038**	**1985-045**	**1985-046**	67（34）	1（0）	5
	1986-038	**1987-035**	**1989-044**	**1990-044**	**1990-045**	**1991-038**			
	1991-039	**1991-040**	**1992-040**	**1992-041**	**1993-055**	**1994-040**			
	1994-041	**1995-046**	**1995-047**	**1995-048**	**1996-054**	1996-071			
	1997-031	**1997-048**	**1997-049**	**1997-050**	**1998-056**	**1998-057**			
	1998-058	1998-163	**1999-056**	**2001-047**	**2001-048**	2001-122			
	2003-063	**2003-064**	2004-153	**2005-066**	2005-196	2005-208			

续表

作者	索引编号						文献总数	英文文献	通讯作者
	2006-038	2007-305	2008-094	*2008-107	2008-342	*2009-123			
	2009-130	2009-328	*2010-184	2010-408	2011-114	**2011-135**			
	2011-162	2011-223	*2012-182	2013-547	*2013-613	2014-216			
	2014-373	2014-504	2015-513	2004-001F	2007-011W	2011-015W			
	2015-015W								
李国建	**2015-175**						1（1）	0（0）	0
李国强	2013-059						1（0）	0（0）	0
李国球	1987-038						1（0）	0（0）	0
李国仁	**2012-154**						1（1）	0（0）	0
李国胜	**2013-163**						1（1）	0（0）	0
李国树	**1991-041**	**1991-042**	**1992-042**				3（3）	0（0）	0
李国田	1990-009						1（0）	0（0）	0
李国武	1999-018	2002-009					2（0）	0（0）	0
李国霞	2004-162（E）	2005-226	2004-165	**2006-085（E）**	**2006-086**	2006-099	26（4）	4（2）	1
	2006-172	2006-313	2006-314（E）	**2007-095**	**2007-096（E）**	2007-224			
	2007-225	2009-040	*2009-288	2010-168	2010-176	2010-178			
	2010-354	2011-371	2012-010	2012-172	2012-438	2014-182			
	2015-197	2015-372							
李国兴	2005-151						1（0）	0（0）	0
李果	1990-137	2007-164	2008-187				3（0）	0（0）	0
李海	**1998-059**	**2004-042**					2（2）	0（0）	0
李海波	**2006-087**	**2006-088**	**2008-108**	**2009-120**	2010-417	2011-456	6（4）	0（0）	0
李海峰	**2014-154**						1（1）	0（0）	0
李海建	2010-245						1（0）	0（0）	0
李海军	1995-033	1998-004	**2000-042**				3（1）	0（0）	0
李海龙	**2009-121**	2010-429					2（1）	0（0）	0
李海明	2012-466						1（0）	0（0）	0
李海清	**2006-089**	**2007-097**	2007-256				3（2）	0（0）	0
李海涛	**2006-090**	**2012-155**	2012-157	**2014-155**			4（3）	0（0）	0
李海霞	**2014-156**						1（1）	0（0）	0
李海艳	2015-425						1（0）	0（0）	0
李海燕	**2013-164**						1（1）	0（0）	0
李海英	2009-399	**2013-165**	2014-407				3（1）	0（0）	0
李韩璞	**2011-136**						1（1）	0（0）	0
李寒辉	2006-024	2006-025					2（0）	0（0）	0
李寒旭	**2006-091（E）**	**2006-092（E）**	2009-225	2010-195	2012-540	2013-010	8（4）	2（2）	0
	2015-176	**2015-177**							
李翰芳	**1988-043**	1988-102	1991-133				3（1）	0（0）	0
李行	2014-499						1（0）	0（0）	0
李浩宏	2002-057						1（0）	0（0）	0
李禾	2008-194	2008-268					2（0）	0（0）	0
李合	**2008-109**	2009-111	**2010-117**	**2010-118**	2013-060	2013-066	14（9）	0（0）	0
	2013-166	**2013-167**	**2013-168**	**2013-169**	2014-062	**2014-157**			

续表

作者	索引编号					文献总数	英文文献	通讯作者
	2014-580	**2015-178**						
李合军	2015-418					1（0）	0（0）	0
李合庆	**2012-156**					1（1）	0（0）	0
李和平	1982-023	2013-021				2（0）	0（0）	0
李红	2004-030	2010-386	2012-180	2012-436		4（0）	0（0）	0
李红彬	2014-554					1（0）	0（0）	0
李红军	2009-336	**2010-119**				2（1）	0（0）	0
李红日	**2009-122**					1（1）	0（0）	0
李红卫	1973-019P					1（0）	0（0）	0
李红叶	**2009-123**					1（1）	0（0）	0
李红中	2015-525					1（0）	0（0）	0
李宏飞	**2015-179**					1（1）	0（0）	0
李宏卫	**2013-170**					1（1）	0（0）	0
李宏煦	2014-151	2014-482				2（0）	0（0）	0
李宏愿	1988-104					1（0）	0（0）	0
李虹	2010-379	2011-240				2（0）	0（0）	0
李洪	2014-350	2015-355				2（0）	0（0）	0
李洪波	**2012-157**					1（1）	0（0）	0
李洪玲	2012-564					1（0）	0（0）	0
李洪仁	2015-173					1（0）	0（0）	0
李洪珍	1989-063（E）	1990-068				2（0）	1（0）	0
李厚怀	2010-274					1（0）	0（0）	0
李厚民	2000-104	**2014-158**				2（1）	0（0）	0
李虎侯	**1984-039**	1986-039	1988-042	**1988-044**	1993-044	5（3）	0（0）	0
李华	**1989-045**	**1989-046**	**1990-046**	**1990-047**	**1990-048**	**1992-043**	6（6）	0（0）	0
李华斌	**2003-065**	**2004-043**				2（2）	0（0）	0
李华昌	2002-017	2004-097	*2012-280			3（0）	0（0）	1
李华飞	2007-098					1（0）	0（0）	0
李华基	**2011-137**					1（1）	0（0）	0
李华林	1963-001					1（0）	0（0）	0
李华勇	2013-149					1（0）	0（0）	0
李化全	**2013-171**					1（1）	0（0）	0
李怀诚	**2015-180**	**2015-181**				2（2）	0（0）	0
李怀梅	2012-520	2013-560（E）				2（0）	1（0）	0
李焕霞	**2014-159**					1（1）	0（0）	0
李晃	**1993-056**	**1994-042**	**1994-043**			3（3）	0（0）	0
李晖	2006-064					1（0）	0（0）	0
李辉	**2006-093**	2012-018	2013-303	2013-594	**2014-160**	2014-303	8（3）	0（0）	0
	2015-182	2015-433						
李辉华	2013-559					1（0）	0（0）	0
李辉林	2013-322					1（0）	0（0）	0
李会峰	2015-529					1（0）	0（0）	0
李会宁	**1991-043**					1（1）	0（0）	0

续表

作者	索引编号						文献总数	英文文献	通讯作者
李会泉	2013-366	2015-035					2(0)	0(0)	0
李惠娟	1987-003						1(0)	0(0)	0
李惠玲	**2010-120**						1(1)	0(0)	0
李慧	2007-002						1(0)	0(0)	0
李慧兰	**2003-066**						1(1)	0(0)	0
李吉生	2013-146	**2013-172**					2(1)	0(0)	0
李记民	**1985-047**						1(1)	0(0)	0
李记欣	**1983-041**	**1984-040**	**1986-040**	**1995-049**			4(4)	0(0)	0
李纪民	**1982-024**	1985-107	**1987-036**	**1988-045**	**1989-047**	**1989-048**	10(6)	0(0)	0
	1991-081	**1992-044**	1998-049	1998-158					
李季	**2011-138**	**2011-139**					2(2)	0(0)	0
李季伟	**2014-161**						1(1)	0(0)	0
李迹	1992-020						1(0)	0(0)	0
李继开	**2004-044**						1(1)	0(0)	0
李继亮	2003-020						1(0)	0(0)	0
李加升	2010-298	2011-338					2(0)	0(0)	0
李佳	2011-276						1(0)	0(0)	0
李佳琦	**2015-183**						1(1)	0(0)	0
李家春	2000-077						1(0)	0(0)	0
李家骥	2014-331	2014-528					2(0)	0(0)	0
李家熙	1998-131						1(0)	0(0)	0
李家治	1992-067	1996-018	2004-047	2004-120	2004-119（E）	2007-243	8(0)	3(0)	0
	2009-294（E）	2014-524（E）							
李嘉艳	**2014-162**						1(1)	0(0)	0
李嘉怡	2015-467						1(0)	0(0)	0
李戬洪	2001-054						1(0)	0(0)	0
李建	**2014-163**						1(1)	0(0)	0
李建保	2002-147						1(0)	0(0)	0
李建栋	1994-009						1(0)	0(0)	0
李建国	**2015-184**						1(1)	0(0)	0
李建华	1979-033	1982-028	1984-051	1984-052	1988-056	1989-062	10(1)	0(0)	0
	1992-045	1992-048	1995-070	1973-014P					
李建军	**2008-110**	2009-035	2010-047	**2010-121**	**2010-122**	**2012-158**	10(5)	0(0)	0
	2012-159	2014-050	2014-051	2015-479					
李建康	**2008-111**	2015-430					2(1)	0(0)	0
李建立	**2013-173**						1(1)	0(0)	0
李建利	2002-062						1(0)	0(0)	0
李建梅	2014-544						1(0)	0(0)	0
李建平	*2008-139	2012-205					2(0)	0(0)	1
李建青	2013-609						1(0)	0(0)	0
李建如	2012-103						1(0)	0(0)	0
李建胜	1992-093						1(0)	0(0)	0
李建武	**2008-112**	**2010-123**					2(2)	0(0)	0

续表

作者	索引编号						文献总数	英文文献	通讯作者
李建义	1999-062						1 (0)	0 (0)	0
李建英	**2006-094**						1 (1)	0 (0)	0
李建忠	2009-127	2011-155	2011-160				3 (0)	0 (0)	0
李剑	2014-029	2014-255	2015-022				3 (0)	0 (0)	0
李剑昌	1998-047						1 (0)	0 (0)	0
李剑超	2009-410						1 (0)	0 (0)	0
李剑东	2009-044	2010-124 (E)					2 (1)	1 (1)	0
李健	2009-191	2009-373					2 (0)	0 (0)	0
李健晖	**2002-057**	**2002-058**					2 (2)	0 (0)	0
李健靓	2015-413						1 (0)	0 (0)	0
李健勇	1988-115						1 (0)	0 (0)	0
李键	2005-002						1 (0)	0 (0)	0
李江	1993-113	2015-197					2 (0)	0 (0)	0
李江红	2010-331	**2013-174**					2 (1)	0 (0)	0
李劼	2010-100						1 (0)	0 (0)	0
李杰	2008-337	2008-350	**2009-124**	2013-012	2014-174	2015-085	8 (2)	0 (0)	0
	2015-185	2015-268							
李杰青	**2013-175**						1 (1)	0 (0)	0
李杰武	2014-052						1 (0)	0 (0)	0
李洁	1984-005	1986-004	1991-004	2007-283	*2013-031	2014-072	6 (0)	0 (0)	1
李金标	1999-117						1 (0)	0 (0)	0
李金超	**2014-164**						1 (1)	0 (0)	0
李金春子	2015-376						1 (0)	0 (0)	0
李金凤	2010-024						1 (0)	0 (0)	0
李金刚	2012-126						1 (0)	0 (0)	0
李金海	**2008-113**						1 (1)	0 (0)	0
李金洪	2011-305						1 (0)	0 (0)	0
李金辉	**2007-099**						1 (1)	0 (0)	0
李金林	2012-258 (E)						1 (0)	1 (0)	0
李金明	**2011-140**	**2012-160**	**2014-165**				3 (3)	0 (0)	0
李金瑞	2007-014						1 (0)	0 (0)	0
李金香	1997-052						1 (0)	0 (0)	0
李金哲	2007-326	2013-153					2 (0)	0 (0)	0
李金知	2015-176	2015-177					2 (0)	0 (0)	0
李金忠	2013-237						1 (0)	0 (0)	0
李锦	**2003-067**						1 (1)	0 (0)	0
李锦光	1999-057						1 (0)	0 (0)	0
李锦卫	2007-298						1 (0)	0 (0)	0
李锦昕	**1989-049**	1989-103					2 (1)	0 (0)	0
李锦勋	1983-016	1983-017					2 (0)	0 (0)	0
李进平	**2006-095**	**2007-100 (E)**	**2007-101 (E)**	**2009-125 (E)**			4 (4)	3 (3)	0
李劲	2002-118	2009-261					2 (0)	0 (0)	0
李劲竹	2008-335						1 (0)	0 (0)	0

续表

作者	索引编号					文献总数	英文文献	通讯作者
李晋鲁	1998-033					1（0）	0（0）	0
李京	**2011-141**					1（1）	0（0）	0
李惊子	2000-097					1（0）	0（0）	0
李晶	2002-102					1（0）	0（0）	0
李井会	2004-015					1（0）	0（0）	0
李景滨	2010-212					1（0）	0（0）	0
李景春	∵1992-001	**1993-057**	1995-033			3（1）	0（0）	0
李景福	2000-041	2001-004F				2（0）	1（0）	0
李景林	2014-412					1（0）	0（0）	0
李景文	2012-055	2013-065				2（0）	0（0）	0
李景修	1993-098	1994-074（E）	1994-075	1995-067		4（0）	1（0）	0
李竞慈	**1980-014**					1（1）	0（0）	0
李竞先	2010-074					1（0）	0（0）	0
李婧婧	2009-246	**2012-161**				2（1）	0（0）	0
李靖如	**2014-166**	2015-273				2（1）	0（0）	0
李静	2010-348	**2013-176**	2013-533			3（1）	0（0）	0
李静莉	**2004-045**					1（1）	0（0）	0
李泂	**1994-044**	**1996-055**				2（2）	0（0）	0
李炯	2011-391	2011-482	2015-508（E）			3（0）	1（0）	0
李九龄	1999-143					1（0）	0（0）	0
李巨初	1997-026					1（0）	0（0）	0
李娟	2006-218	2011-097	2013-336	2013-471	2014-446	5（0）	0（0）	0
李军	∵1981-023	1993-109	**2005-067**	2006-243（E）	2007-237	2010-451		
	2011-215	**2012-162**	2013-092	2013-448	2014-425	2014-449	16（2）	2（0）	0
	2015-212	2015-296	2015-567	2014-004F				
李军敏	2013-023					1（0）	0（0）	0
李君	2003-079					1（0）	0（0）	0
李君龄	1964-003P					1（0）	0（0）	0
李君霞	2014-221					1（0）	0（0）	0
李俊	2008-312	2010-347	2014-259	2014-267	2014-317	5（0）	0（0）	0
李俊芳	**2011-142**					1（1）	0（0）	0
李俊翰	2013-273	2015-274	2015-275	2015-276		4（0）	0（0）	0
李俊杰	2012-087	**2012-163**（E）	**2013-177**	2013-198	2013-254	5（2）	1（1）	0
李俊蹯	1997-063					1（0）	0（0）	0
李俊俊	**2012-164**					1（1）	0（0）	0
李俊敏	2013-520					1（0）	0（0）	0
李俊卿	**2012-165**	2012-462	2012-463	**2013-178**		4（2）	0（0）	0
李凯	2013-599	2014-279				2（0）	0（0）	0
李凯成	2014-333					1（0）	0（0）	0
李凯夫	∵1994-045					1（0）	0（0）	0
李侃	2013-544					1（0）	0（0）	0
李康	2006-121（E）	2015-215				2（0）	1（0）	0
李柯	**2015-186**					1（1）	0（0）	0

续表

作者	索引编号						文献总数	英文文献	通讯作者
李科	2010-156	2011-173	2012-199				3（0）	0（0）	0
李可	2014-036						1（0）	0（0）	0
李可及	**2013-179**	**2014-167**					2（2）	0（0）	0
李克健	2013-228						1（0）	0（0）	0
李库	2009-337	2012-106					2（0）	0（0）	0
李葵发	**1994-046**	**1995-050**	1997-133	2002-118	2002-134	2003-079	10（2）	2（0）	0
	2007-157	2007-247（E）	2009-278	2001-003F					
李兰	2009-187						1（0）	0（0）	0
李兰群	2012-144						1（0）	0（0）	0
李兰亭	1991-106	1992-132（E）					2（0）	1（0）	0
李澜	**2011-143**						1（1）	0（0）	0
李郎楷	2011-406						1（0）	0（0）	0
李垒	2015-208						1（0）	0（0）	0
李磊	2007-144	2012-561	**2013-180**	**2014-387（E）**	**2015-187**	2015-394	6（2）	1（0）	0
李蕾	**2012-166**						1（1）	0（0）	0
李黎	**2015-188**						1（1）	0（0）	0
李黎声	2005-067	2013-351	2014-337	2014-338	2014-339		5（0）	0（0）	0
李礼	2012-115						1（0）	0（0）	0
李立	**1989-050**	**1991-044**	1992-151	**1993-058**	1993-114	**1994-047**	9（5）	0（0）	0
	1997-116	2010-352	**2011-144**						
李立本	2000-020						1（0）	0（0）	0
李立平	2015-320						1（0）	0（0）	0
李立清	2011-419						1（0）	0（0）	0
李立武	**2001-049**						1（1）	0（0）	0
李立新	2010-450						1（0）	0（0）	0
李立兴	2014-158						1（0）	0（0）	0
李立业	2012-042						1（0）	0（0）	0
李丽	**2010-125**	2010-349（E）	2010-446	**2011-145（E）**	2011-431	2013-539	9（4）	3（2）	0
	2013-582	**2015-189（E）**	**2015-190**						
李丽和	2014-343						1（0）	0（0）	0
李丽洁	**1980-015**						1（1）	0（0）	0
李丽丽	2008-269						1（0）	0（0）	0
李丽娜	2007-005F	2015-508（E）					2（0）	2（0）	0
李丽霞	2007-211	**2014-168**					2（1）	0（0）	0
李利剑	2007-146	2007-147					2（0）	0（0）	0
李莉	1993-056	1994-042	1996-043	2007-158	2008-089	2008-090	6（0）	0（0）	0
李连发	**1993-059**						1（1）	0（0）	0
李连生	**1990-049**						1（1）	0（0）	0
李良骅	1998-052						1（0）	0（0）	0
李亮	2011-230	2012-458	2013-007				3（0）	0（0）	0
李辽沙	2013-510						1（0）	0（0）	0
李林	**1992-046**	**1996-056**	**1997-051**	2008-114			4（4）	0（0）	0
李林林	2014-395						1（0）	0（0）	0

续表

作者	索引编号					文献总数	英文文献	通讯作者
李林潞	2015-548					1（0）	0（0）	0
李林森	2015-053					1（0）	0（0）	0
李林帅	2015-166					1（0）	0（0）	0
李琳	2008-321	2009-356（E）	2012-144	2013-145	2014-297	5（0）	1（0）	0
李玲	2010-059					1（0）	0（0）	0
李凌云	2006-215					1（0）	0（0）	0
李留忠	**2003-068**					1（1）	0（0）	0
李龙川	2004-018					1（0）	0（0）	0
李龙土	1998-099					1（0）	0（0）	0
李龙霞	2013-459					1（0）	0（0）	0
李龙珠	**2011-146**					1（1）	0（0）	0
李璐	2007-273					1（0）	0（0）	0
李麓维	1985-032	1990-074	1991-077	1991-119	1992-074	1993-013	7（0）	0（0）	0
	1993-014							
李露明	**1994-048**					1（1）	0（0）	0
李伦	2010-422					1（0）	0（0）	0
李论	2015-015					1（0）	0（0）	0
李蔓	**2013-181**					1（1）	0（0）	0
李梅	2012-335					1（0）	0（0）	0
李梅田	2011-027	2015-043	2015-044			3（0）	0（0）	0
李美君	2015-131					1（0）	0（0）	0
李猛	**2013-182**	**2013-183**	**2013-184**	**2014-169**		4（4）	0（0）	0
李孟杰	2014-575					1（0）	0（0）	0
李孟良	2006-235					1（0）	0（0）	0
李梦晨	2014-161					1（0）	0（0）	0
李梦华	2014-163	2015-153	**2015-191**			3（1）	0（0）	0
李密	2010-095	2013-185（E）				2（1）	1（1）	0
李民	1981-041	1983-063	1989-063（E）	1990-068	1991-076（E）	1992-070	6（0）	2（0）	0
李民乾	**1978-010**	1979-002	**1979-011**	**1979-012**	1980-005	**1980-016**	31（8）	7（2）	0
	1980-017	1981-052	1982-013	1983-099（E）	1987-059	1988-064			
	1989-051	1989-058	1989-104	1990-082	1990-106	1990-138（E）			
	1991-049	1991-131	**1993-060（E）**	1993-107	1993-162	1993-163			
	1994-057	1994-085	1994-130	1991-002F	**1991-003F**	1993-005F			
	2003-002F								
李敏	**1992-047**	2006-123	2008-374	2012-485		4（1）	0（0）	0
李敏娇	**2010-126**					1（1）	0（0）	0
李明	1983-042	2004-048	2011-182			3（0）	0（0）	0
李明罡	2010-432	2013-351	2014-337	2014-338	2014-339	2015-528	6（0）	0（0）	0
李明辉	1991-014	2010-175				2（0）	0（0）	0
李明慧	**1993-061**					1（1）	0（0）	0
李明杰	2013-614					1（0）	0（0）	0
李明洁	1982-054	1983-068	1983-069	1984-074	1985-031	1985-091	9（1）	0（0）	0
	1999-005	1999-109	**2006-096**						

续表

作者	索引编号						文献总数	英文文献	通讯作者
李明礼	2012-401	**2014-170**					2（1）	0（0）	0
李明欧	**2008-115**						1（1）	0（0）	0
李明强	2014-001						1（0）	0（0）	0
李明淑	1984-005						1（0）	0（0）	0
李明伟	2007-156						1（0）	0（0）	0
李明霞	**2014-171**						1（1）	0（0）	0
李铭	2005-228						1（0）	0（0）	0
李铭红	**2007-102**						1（1）	0（0）	0
李铭健	1983-068	1985-091					2（0）	0（0）	0
李铭尧	1999-106	2001-081	2004-052				3（0）	0（0）	0
李谋成	2013-517						1（0）	0（0）	0
李慕勤	2014-155						1（0）	0（0）	0
李娜	2010-427	2013-013	**2013-186**	**2014-172**			4（2）	0（0）	0
李乃胜	**2005-068**	**2008-116**	**2008-117**	2009-108	**2009-126**	2012-441	10（4）	0（0）	0
	2013-377	2015-047	2015-065	2015-487					
李乃珍	1979-013	1979-014	1979-015	1980-018	**1993-062**	**1993-063**	6（2）	0（0）	0
李宁	2004-036	2005-040	2005-045	2005-051	2006-008	*2006-121（E）	13（0）	1（0）	3
	*2006-218	2007-004	2008-145	2009-136	2009-155	2009-406			
	*2010-161								
李宁生	2009-318						1（0）	0（0）	0
李宁涛	2011-455						1（0）	0（0）	0
李宁先	**1981-024**	**1982-025**					2（2）	0（0）	0
李凝	2013-220	2013-433					2（0）	0（0）	0
李欧	2015-203						1（0）	0（0）	0
李培欣	1985-087						1（0）	0（0）	0
李佩贤	1994-096						1（0）	0（0）	0
李鹏	**2008-118**	2013-295	**2014-173**				3（2）	0（0）	0
李鹏程	2013-407	**2014-174**	**2015-192**				3（2）	0（0）	0
李丕强	2013-325						1（0）	0（0）	0
李平	1994-092	2007-148	2008-312	*2012-407	**2014-175**		5（1）	0（0）	1
李平芬	2010-379						1（0）	0（0）	0
李平坚	2008-102						1（0）	0（0）	0
李萍	2002-013	**2002-059**	2003-004	2010-220	2012-381	**2015-193**	6（2）	0（0）	0
李普涛	2009-354						1（0）	0（0）	0
李其峰	2000-130						1（0）	0（0）	0
李其晃	1986-083						1（0）	0（0）	0
李其江	2009-294（E）	2009-295	2009-296	2009-379	**2010-127**	2010-324	29（1）	1（0）	0
	2010-325	2011-116	2011-358	2011-359	2011-440	2011-441			
	2012-124	2012-386	2012-387	2012-388	2012-389	2012-390			
	2012-391	2012-504	2013-441	2013-442	2013-443	2013-444			
	2013-546	2014-431	2015-436	2015-437	2015-439				
李奇	2012-141						1（0）	0（0）	0
李奇骏	2013-176						1（0）	0（0）	0

续表

作者	索引编号					文献总数	英文文献	通讯作者
李琪琳	**2010-128**	**2013-187**				2（2）	0（0）	0
李琦	2012-094	2012-095	2012-113	2012-425	2012-426 **2014-176**	6（1）	0（0）	0
李启厚	2014-196					1（0）	0（0）	0
李启金	1992-115	1994-104	1997-117			3（0）	0（0）	0
李前志	**2015-194**					1（1）	0（0）	0
李茜	**2012-167**					1（1）	0（0）	0
李倩倩	2010-149					1（0）	0（0）	0
李强	**2008-119** **2014-177** 2015-416	**2011-147** **2014-178** 2015-538	**2011-148** 2014-555	**2012-168** 2015-141	**2013-188** **2015-195**	**2013-189** 2015-227	14（9）	0（0）	0
李俏梅	**2002-060**	**2003-069**				2（2）	0（0）	0
李琴	1990-045	2011-373				2（0）	0（0）	0
李青	1984-051	2012-007	*2015-134			3（0）	0（0）	1
李青会	2003-022 **2006-097** 2010-066 2012-050 2014-025	**2003-070** 2007-049 *2010-177 2012-051 *2014-084	**2003-071** 2007-094 2011-046 2013-082 2015-259	2005-065 **2007-103** **2011-149** **2013-190** 2015-437	**2005-069** 2007-317 *2011-190 2013-457 2015-573	2006-045（E） 2010-059 2011-461（E） 2013-553	29（7）	2（0）	3
李青倩	2015-243					1（0）	0（0）	0
李青山	2007-334					1（0）	0（0）	0
李青元	**2006-098**					1（1）	0（0）	0
李清彩	**2014-179**					1（1）	0（0）	0
李清芳	2010-424					1（0）	0（0）	0
李清海	2010-414	**2012-169**				2（1）	0（0）	0
李清临	2008-116 **2011-152**	*2009-126 **2011-153**	**2010-129** **2011-154**	**2010-130** **2012-170**	**2011-150** *2012-410	**2011-151**	11（8）	0（0）	2
李晴宇	**1998-060**					1（1）	0（0）	0
李庆波	2014-323	2014-434				2（0）	0（0）	0
李庆美	2004-170	2004-171	2012-557			3（0）	0（0）	0
李庆宁	2015-126					1（0）	0（0）	0
李庆亭	2010-159					1（0）	0（0）	0
李庆余	2010-153					1（0）	0（0）	0
李秋根	2014-036					1（0）	0（0）	0
李秋菊	2001-130					1（0）	0（0）	0
李秋实	2013-271	**2014-180**				2（1）	0（0）	0
李求忠	**2014-181**					1（1）	0（0）	0
李权	**2015-196**					1（1）	0（0）	0
李全林	2015-507					1（0）	0（0）	0
李全胜	1990-011	1993-009				2（0）	0（0）	0
李全兴	1993-003					1（0）	0（0）	0
李人杰	2011-390					1（0）	0（0）	0
李任寅	1988-115					1（0）	0（0）	0
李日辉	2014-294					1（0）	0（0）	0

续表

作者	索引编号					文献总数	英文文献	通讯作者
李荣彪	2008-054					1（0）	0（0）	0
李荣斌	2004-033					1（0）	0（0）	0
李荣昌	1999-011	1999-012（E）	1999-013			3（0）	1（0）	0
李荣杰	2007-193					1（0）	0（0）	0
李荣军	2002-157					1（0）	0（0）	0
李荣社	2010-180	2014-261				2（0）	0（0）	0
李荣柱	**2012-171**					1（1）	0（0）	0
李蓉	2006-287					1（0）	0（0）	0
李蓉华	2001-009					1（0）	0（0）	0
李榕	2010-390					1（0）	0（0）	0
李融武	2006-085（E）	2006-086	**2006-099**	2007-095	2007-096（E）	25（4）	2（0）	0
	2007-224	2007-225	2009-040	2009-167	2009-288			
	2010-168	2010-176	2010-178	2010-354	2011-027			
	2011-371	2012-010	**2012-172**	2012-438	2013-193			
	2014-182	2015-043	2015-044	**2015-197**	2015-372			
李锐	1995-062	2014-236	2015-029			3（0）	0（0）	0
李瑞博	2015-377					1（0）	0（0）	0
李瑞诚	**1983-006S**					1（1）	0（0）	0
李瑞峰	∵1992-001	**2009-127**	**2011-155**	**2011-156**	*2011-160	5（3）	0（0）	0
李瑞海	*2011-442					1（0）	0（0）	1
李瑞仙	2014-235					1（0）	0（0）	0
李润东	2008-224					1（0）	0（0）	0
李若龄	1982-012	1989-019	1990-019（E）	1973-001P	1976-008P	5（0）	1（0）	0
李三庆	**2000-043**					1（1）	0（0）	0
李三伟	1991-068					1（0）	0（0）	0
李三喜	**2015-199**	**2015-198**	**2015-200**			3（3）	0（0）	0
李莎莎	**2005-070**	2011-221				2（1）	0（0）	0
李珊珊	2012-045	2013-186				2（0）	0（0）	0
李上文	2006-190					1（0）	0（0）	0
李韶梅	1999-090	**2001-050**	2003-105	2010-039	**2010-131**	7（4）	0（0）	0
	2011-157	**2012-173**						
李绍玲	**1994-049**					1（1）	0（0）	0
李珅	2015-312	2015-313				2（0）	0（0）	0
李升	**1999-057**					1（1）	0（0）	0
李生盛	2006-030					1（0）	0（0）	0
李生勇	1993-112					1（0）	0（0）	0
李银行	1976-008P					1（0）	0（0）	0
李声辉	1990-091					1（0）	0（0）	0
李圣清	**2014-183**					1（1）	0（0）	0
李胜苗	2015-430					1（0）	0（0）	0
李诗媛	2008-180	2008-181	2010-266			3（0）	0（0）	0
李石磊	2015-019					1（0）	0（0）	0
李石亮	2012-345					1（0）	0（0）	0

续表

作者	索引编号						文献总数	英文文献	通讯作者
李士	1993-070	1996-074					2（0）	0（0）	0
李士斌	2011-058						1（0）	0（0）	0
李士琦	2011-272	2014-358	2014-456	2014-457			4（0）	0（0）	0
李世彩	2013-320						1（0）	0（0）	0
李世国	2014-405	2014-406					2（0）	0（0）	0
李世鹏	2011-230						1（0）	0（0）	0
李世云	2008-081						1（0）	0（0）	0
李世珍	1982-028	1984-051	1984-052	1988-056	1989-062	**1992-048**	7（1）	0（0）	0
	1995-070								
李守权	2009-099	2010-112					2（0）	0（0）	0
李寿松	2008-299						1（0）	0（0）	0
李书镇	2013-077	2015-574					2（0）	0（0）	0
李淑慧	**2013-191**						1（1）	0（0）	0
李淑玲	**1999-058**						1（1）	0（0）	0
李淑梅	2015-422						1（0）	0（0）	0
李舒涵	**2015-201**						1（1）	0（0）	0
李树华	**2005-071**						1（1）	0（0）	0
李树杰	**1998-061**						1（1）	0（0）	0
李树美	2004-092						1（0）	0（0）	0
李树青	1991-014						1（0）	0（0）	0
李树新	*2007-218						1（0）	0（0）	1
李树义	**1992-049**						1（1）	0（0）	0
李恕	1993-016						1（0）	0（0）	0
李帅辉	2013-359	2013-360	2014-347				3（0）	0（0）	0
李双琳	2013-353						1（0）	0（0）	0
李爽	**2004-046**						1（1）	0（0）	0
李硕	1996-146	**2014-184（E）**					2（1）	1（1）	0
李硕中	1992-118（E）						1（0）	1（0）	0
李思威	**2013-192**						1（1）	0（0）	0
李思源	2004-091						1（0）	0（0）	0
李苏贵	**2013-193**						1（1）	0（0）	0
李素平	2009-058						1（0）	0（0）	0
李素青	**2014-185**						1（1）	0（0）	0
李素婷	2011-108	2015-179					2（0）	0（0）	0
李泰华	**1996-057**	1998-039	2002-111				3（1）	0（0）	0
李涛	**2006-100**	2007-087	**2009-128**	2010-078	*2011-232（E）	*2011-233（E）	8（3）	2（0）	2
	2012-015	**2013-194**							
李桃生	1993-158						1（0）	0（0）	0
李天成	2012-350						1（0）	0（0）	0
李天府	2011-080						1（0）	0（0）	0
李天华	2009-258						1（0）	0（0）	0
李天杰	**1997-052**						1（1）	0（0）	0
李天微	**2013-195**						1（1）	0（0）	0

续表

作者	索引编号					文献总数	英文文献	通讯作者
李田华	2009-102					1(0)	0(0)	0
李田义	**2010-132**	**2010-133**				2(2)	0(0)	0
李甜	2013-615	2014-361				2(0)	0(0)	0
李铁刚	2006-263(E)					1(0)	1(0)	0
李廷举	*2010-419					1(0)	0(0)	1
李廷先	2011-315					1(0)	0(0)	0
李婷	2009-411	2010-122	2012-343	2012-429	2014-596	2014-597	10(0)	0(0)	0
	2014-598	2014-599	2014-600	2015-610				
李婷婷	2009-307					1(0)	0(0)	0
李通耀	2011-372					1(0)	0(0)	0
李佗	2014-476	**2015-202**				2(1)	0(0)	0
李万国	**2001-051**					1(1)	0(0)	0
李汪根	2012-395					1(0)	0(0)	0
李王燕	2012-150					1(0)	0(0)	0
李威华	2011-097					1(0)	0(0)	0
李微	2007-178	2011-464				2(0)	0(0)	0
李薇薇	**2013-196**					1(1)	0(0)	0
李为	2007-069					1(0)	0(0)	0
李为明	1989-013					1(0)	0(0)	0
李维	**2013-197**					1(1)	0(0)	0
李伟	**2006-101**	2010-034	2012-486	2015-342		4(1)	0(0)	0
李伟东	**2004-047**	**2011-158**	2011-212	2011-213	2013-267	2013-266(E)	7(2)	1(0)	0
	2014-577							
李伟峰	**2008-120**					1(1)	0(0)	0
李伟民	**2010-134**					1(1)	0(0)	0
李伟枢	**1998-062**					1(1)	0(0)	0
李伟文	**2009-129**					1(1)	0(0)	0
李伟信	2015-172					1(0)	0(0)	通讯
李伟毅	1981-052	1983-099(E)				2(0)	1(0)	0
李卫	2004-081	2009-327	2010-081	2010-082	*2011-043(E)	2013-139	8(0)	1(0)	1
	2013-586	2014-420						
李卫东	2010-118	**2015-203**				2(1)	0(0)	0
李卫刚	2002-069	2003-082	2008-099	2012-203	2012-369	2014-055	8(0)	0(0)	0
	2014-056	2015-146						
李卫华	1997-015	1998-017				2(0)	0(0)	0
李卫民	1996-107	2001-077				2(0)	0(0)	0
李卫敏	**2004-048**					1(1)	0(0)	0
李位	**2012-174**					1(1)	0(0)	0
李蔚然	2010-453					1(0)	0(0)	0
李文	2013-329					1(0)	0(0)	0
李文超	2000-054					1(0)	0(0)	0
李文弟	1994-051					1(0)	0(0)	0
李文慧	2015-362(E)					1(0)	1(0)	0

续表

作者	索引编号						文献总数	英文文献	通讯作者
李文杰	1999-110	2002-003	2012-064	2013-531			4（0）	0（0）	0
李文举	2013-585						1（0）	0（0）	0
李文兰	2010-153						1（0）	0（0）	0
李文明	**1992-050**	2010-205					2（1）	0（0）	0
李文生	2007-193	**2013-198**					2（1）	0（0）	0
李文霞	2015-582						1（0）	0（0）	0
李文新	2010-458						1（0）	0（0）	0
李文学	1996-057	1998-039					2（0）	0（0）	0
李文英	2013-046（E）						1（0）	1（0）	0
李文钊	2004-066						1（0）	0（0）	0
李雯虹	1997-020						1（0）	0（0）	0
李稳宏	2015-082						1（0）	0（0）	0
李武	2009-275	2010-301					2（0）	0（0）	0
李武军	2009-138						1（0）	0（0）	0
李武林	2010-300						1（0）	0（0）	0
李西川	**2015-204**	2015-216					2（1）	0（0）	0
李希彬	2012-308						1（0）	0（0）	0
李习安	**1990-050**						1（0）	0（0）	0
李侠	2007-102						1（0）	0（0）	0
李黠	2013-014						1（0）	0（0）	0
李仙粉	**2006-102**						1（1）	0（0）	0
李先	**2013-199**						1（1）	0（0）	0
李先春	**1997-053**						1（1）	0（0）	0
李显军	1983-072						1（0）	0（0）	0
李宪洲	2007-065	**2007-104**					2（1）	0（0）	0
李献忠	1983-018						1（0）	0（0）	0
李香杰	2011-041						1（0）	0（0）	0
李湘祁	2005-113						1（0）	0（0）	0
李祥	**2014-186**						1（1）	0（0）	0
李祥飞	2014-382						1（0）	0（0）	0
李翔	2005-118	2013-405					2（0）	0（0）	0
李享	**2010-135**						1（1）	0（0）	0
李响	2009-127	2011-155	**2011-160**				3（1）	0（0）	0
李向彬	2005-012						1（0）	0（0）	0
李向超	**2014-187**						1（1）	0（0）	0
李向春	**2004-049**	**2004-050**					2（2）	0（0）	0
李向杰	2012-455	2012-456					2（0）	0（0）	0
李向清	**2013-200**						1（1）	0（0）	0
李向阳	1991-010	2006-204	2006-206				3（0）	0（0）	0
李向召	**2011-159**						1（1）	0（0）	0
李小斌	2011-453	2012-520					2（0）	0（0）	0
李小兵	2003-122	**2004-051**					2（1）	0（0）	0
李小波	1986-062	2009-372					2（0）	0（0）	0

续表

作者	索引编号					文献总数	英文文献	通讯作者
李小丹	2013-492					1（0）	0（0）	0
李小定	**1985-048**	***1987-068**	1988-094	**1989-052**	**1990-051** **1990-052**	11（8）	1（1）	1
	1992-052	**1992-051**	**1992-053**	**1994-050（E）**	2010-422			
李小红	2006-299	**2008-121**	2008-199	2011-307		4（1）	0（0）	0
李小虎	2013-056					1（0）	0（0）	0
李小杰	1999-029	2002-084	2006-020			3（0）	0（0）	0
李小莉	2006-281	**2007-105**	2007-305	**2008-122**	2009-123 **2009-130**	38（14）	0（0）	1
	2009-212	2009-328	**2010-136**	2010-184	2010-408 **2011-161**			
	2011-162	**2011-163**	2011-223	2011-308	2011-439 **2012-175**			
	2012-176	2012-182	2012-267	2012-277	2012-337 2013-050			
	2013-201	**2013-202**	2013-528	2013-547	**2014-188** **2014-189**			
	***2014-216**	2014-373	2014-504	2014-533	2015-175 **2015-205**			
	2015-521	2015-522						
李小明	**2005-072**	2006-103				2（2）	0（0）	0
李小年	2015-093					1（0）	0（0）	0
李小陪	2013-088					1（0）	0（0）	0
李小平	**2007-106**	**2010-137**	**2015-206**			3（3）	0（0）	0
李小青	**2008-123**	2014-483				2（1）	0（0）	0
李小玉	1993-145					1（0）	0（0）	0
李晓	2012-543					1（0）	0（0）	0
李晓斌	**2010-138**					1（1）	0（0）	0
李晓波	1991-090	2007-228				2（0）	0（0）	0
李晓岑	2015-248					1（0）	0（0）	0
李晓飞	2013-106					1（0）	0（0）	0
李晓峰	2014-213	2015-564				2（0）	0（0）	0
李晓干	2012-026（E）					1（0）	1（0）	0
李晓刚	2012-518					1（0）	0（0）	0
李晓恒	2015-305					1（0）	0（0）	0
李晓华	2014-105					1（0）	0（0）	0
李晓杰	**2010-139**	2011-216（E）	2012-431	2012-432	2013-274（E）	5（1）	2（0）	0
李晓靖	2009-410					1（0）	0（0）	0
李晓雷	2014-225					1（0）	0（0）	0
李晓利	2012-116					1（0）	0（0）	0
李晓莉	2003-064	2010-246				2（0）	0（0）	0
李晓林	**1995-051（E）**	**1995-052**	1996-019	**1996-058**	**1996-059** **1996-060**	57（19）	23（9）	2
	1996-061	1996-103	**1998-063**	1999-035（E）	2000-081 2001-080			
	2001-081	2001-082（E）	2001-083	2002-088	2003-184 **2004-052**			
	2004-142	2004-143	2005-060	2005-147	**2006-104** 2006-293			
	2007-107	2007-133	*2007-285	2009-008	**2009-131（E）** 2009-160			
	2009-395	*2009-428	**2010-140**	2010-353	2011-003 2014-015			
	2015-004	2015-247	**1997-002F**	1997-003F	**1997-004F** 2000-002F			
	2000-003F	2000-004F	2003-002F	2004-002F	2004-003F **2005-003F**			
	2006-005F	2006-006F	2006-007F	2006-010F	2007-003F **2007-004F**			

续表

作者	索引编号						文献总数	英文文献	通讯作者
	2009-002F	**2009-003F**	2010-001F						
李晓龙	2015-007	2015-161（E）					2（0）	1（0）	0
李晓明	1985-048	1989-052					2（0）	0（0）	0
李晓宁	2010-002						1（0）	0（0）	0
李晓庆	2013-356						1（0）	0（0）	0
李晓松	1996-051						1（0）	0（0）	0
李晓婷	2011-245						1（0）	0（0）	0
李晓薇	**2002-061**						1（1）	0（0）	0
李晓霞	**2010-141**						1（1）	0（0）	0
李晓雪	2013-403						1（0）	0（0）	0
李晓宇	2007-253	2012-107					2（0）	0（0）	0
李晓云	2011-230	2014-389					2（0）	0（0）	0
李心恬	2003-174						1（0）	0（0）	0
李忻忆	2011-169（E）	2013-409					2（0）	1（0）	0
李昕	**2006-105**	**2007-108**	2008-079	**2008-124**			4（3）	0（0）	0
李新	1996-057	1998-040					2（0）	0（0）	0
李新光	**2014-190**						1（1）	0（0）	0
李新怀	2010-422						1（0）	0（0）	0
李新家	**2006-106**	2011-085					2（1）	0（0）	0
李新民	**2014-191**						1（1）	0（0）	0
李新平	2011-219						1（0）	0（0）	0
李新荣	1998-157						1（0）	0（0）	0
李新伟	2011-213	2013-267	2013-266（E）				3（0）	1（0）	0
李新艳	2006-059	**2007-109**	**2007-110**	**2009-132（E）**			4（3）	1（1）	0
李鑫	2012-040						1（0）	0（0）	0
李星月	1990-112						1（0）	0（0）	0
李兴亮	2015-161（E）						1（0）	1（0）	0
李兴森	1997-149						1（0）	0（0）	0
李兴元	2007-227	2008-334					2（0）	0（0）	0
李幸涛	2012-194						1（0）	0（0）	0
李修松	2007-179						1（0）	0（0）	0
李秀辉	2008-075	2012-441	2012-442	2015-487			4（0）	0（0）	0
李秀杰	2014-252						1（0）	0（0）	0
李秀金	2005-050						1（0）	0（0）	0
李秀兰	2011-226	2012-249					2（0）	0（0）	0
李秀玲	**2008-125**						1（1）	0（0）	0
李秀铭	**2012-177**						1（1）	0（0）	0
李秀容	2009-031						1（0）	0（0）	0
李秀婷	**2006-107**	2006-141					2（1）	0（0）	0
李秀英	2007-127						1（0）	0（0）	0
李秀云	1984-063	1996-019	1996-020（E）	1996-021（E）	1996-022	1997-134	6（0）	2（0）	0
李秀芝	2013-531	2014-114	**2014-192**				3（1）	0（0）	0
李旭芳	2012-038	**2013-203**	2014-380				3（1）	0（0）	0

续表

作者	索引编号					文献总数	英文文献	通讯作者
李旭辉	2001-025	2001-026				2 (0)	0 (0)	0
李旭宁	2015-409					1 (0)	0 (0)	0
李旭祥	2015-059					1 (0)	0 (0)	0
李玄辉	2010-193	2011-218	2012-001	2012-002		4 (0)	0 (0)	0
李学德	2014-372	*2014-549				2 (0)	0 (0)	1
李学军	**1992-054**	**1992-055**	1992-121	1993-043	**1993-064**	1995-065	6 (3)	0 (0)	0
李学强	2009-430					1 (0)	0 (0)	0
李学云	**2013-204**					1 (1)	0 (0)	0
李雪冬	**2004-053**					1 (1)	0 (0)	0
李雪莲	2015-127					1 (0)	0 (0)	0
李雪亮	2009-234					1 (0)	0 (0)	0
李雪梅	**2014-193**	2015-303				2 (1)	0 (0)	0
李雪贞	**2005-073**					1 (1)	0 (0)	0
李勋贵	2003-172（E）					1 (0)	1 (0)	0
李亚军	**2012-178**					1 (1)	0 (0)	0
李延超	2013-155					1 (0)	0 (0)	0
李延冬	**1995-053**					1 (1)	0 (0)	0
李延军	2010-203（E）	2012-255				2 (0)	1 (0)	0
李岩	2003-102	2003-103	**2006-108**	**2007-111**	**2014-194**	2014-488	6 (3)	0 (0)	0
李炎	2011-008	2012-272	2012-562			3 (0)	0 (0)	0
李彦成	**1979-013**	**1979-014**	**1979-015**	**1980-018**		4 (4)	0 (0)	0
李彦芬	1998-175	1999-065	2001-060			3 (0)	0 (0)	0
李彦锋	**2005-074**					1 (1)	0 (0)	0
李彦辉	2014-090	2014-091				2 (0)	0 (0)	0
李彦涛	2005-237	**2009-133**				2 (1)	0 (0)	0
李艳	**2005-075**	2010-278	2011-418	**2013-205**	2013-293	2013-294	9 (2)	0 (0)	0
	2014-430	2015-215	2015-294						
李艳昌	2007-329					1 (0)	0 (0)	0
李艳芳	**2006-109**	2007-009F				2 (1)	1 (0)	0
李艳红	**2002-062**	2004-113				2 (1)	0 (0)	0
李艳华	2011-236	**2012-179**	2013-407	2015-192		4 (1)	0 (0)	0
李艳娟	2015-412					1 (0)	0 (0)	0
李艳军	2009-193					1 (0)	0 (0)	0
李艳萍	**2007-112**	**2007-113**	**2012-180**	2015-317	*2015-413		5 (3)	0 (0)	1
李艳秋	**2006-110**	**2014-195**				2 (2)	0 (0)	0
李晏平	**2014-196**					1 (1)	0 (0)	0
李燕	**1988-046**	**1989-053**	**1991-045**	1998-060	*2003-184	2003-202	69 (4)	21 (0)	9
	2004-052	2004-112	2004-142	2004-143	2005-060	2005-063			
	2005-147	2005-215	2005-216	2005-217	2006-021	2006-077			
	2006-104	2006-236（E）	2006-237	2006-293	2006-308	2006-309			
	2007-107	2007-133	2007-159	2007-285	2007-309	2007-310			
	2008-006	2008-011	*2009-006(E)	*2009-007（E）	*2009-008	2009-013			
	2009-131（E）	*2009-146（E）	*2009-147	*2009-148（E）	2009-393（E）	2009-394			

续表

作者	索引编号						文献总数	英文文献	通讯作者
	2009-395	2009-428	2010-049	2010-140	2010-353	2011-003			
	2013-263	*2013-527（E）	2014-015	2014-023	2015-004	2015-247			
	2003-002F	2004-002F	2004-003F	2005-003F	*2006-005F	2006-006F			
	2006-007F	2006-010F	2007-003F	2007-004F	2009-002F	2009-003F			
	2010-001F	**1973-002P**	1973-019P						
李燕飞	1990-005	2008-043	2010-031	2010-427			4（0）	0（0）	0
李燕红	**2000-044**	2001-018					2（1）	0（0）	0
李阳	**2015-207**	**2015-208**	2015-319（E）				3（2）	1（0）	0
李阳子	2011-459	2011-481					2（0）	0（0）	0
李仰钞	**2014-197**						1（1）	0（0）	0
李燿会	1990-051	1990-052	1992-053	1994-050（E）	2010-422		5（0）	1（0）	0
李冶	1988-071	1989-079	1990-093	**1993-065**	1993-066		5（2）	0（0）	0
李野	2011-250	**2014-198**	*2015-312	*2015-313			4（1）	0（0）	2
李业强	2010-255						1（0）	0（0）	0
李叶农	1994-140	1995-035	1995-124	**1996-062**	**1996-063**	**1996-064**	22（10）	0（0）	0
	1996-065	1996-139	1997-041	**1997-054**	**1997-055**	**1997-056**			
	1997-057	**1997-058**	1997-142	1997-143	1998-042	1998-169			
	1998-170	2002-164	2002-165	**2003-072**					
李一超	**2008-126**	2009-134	2013-159	**2014-199**			4（3）	0（0）	0
李一平	2014-455						1（0）	0（0）	0
李一志	1990-078						1（0）	0（0）	0
李伊荇	2010-175						1（0）	0（0）	0
李亿红	2000-082						1（0）	0（0）	0
李亦军	2008-175						1（0）	0（0）	0
李易东	2004-176						1（0）	0（0）	0
李益	2001-110						1（0）	0（0）	0
李益民	2014-315						1（0）	0（0）	0
李意	**2008-127**						1（1）	0（0）	0
李翼	**1996-066**						1（0）	0（0）	0
李殷	**2014-200**						1（0）	0（0）	0
李银龙	2015-497						1（0）	0（0）	0
李银祥	1998-155	2000-005					2（0）	0（0）	0
李英	2002-104						1（0）	0（0）	0
李英亮	**2012-181**						1（1）	0（0）	0
李英秋	2007-244						1（0）	0（0）	0
李瑛	2010-215	2010-230	2014-335				3（0）	0（0）	0
李樱樱	1986-062						1（0）	0（0）	0
李迎春	2002-149	2003-186	2009-362	2010-308	2011-060	2012-238	8（1）	0（0）	0
	2013-206	2014-413							
李迎华	2011-415						1（0）	0（0）	0
李莹	1984-072	1994-035	2005-111	2013-407			4（0）	0（0）	0
李莹莹	2012-079						1（0）	0（0）	0
李颍	2005-134	2005-237	**2009-135**	2009-398	2009-399	2015-075	9（3）	0（0）	0

续表

作者	索引编号					文献总数	英文文献	通讯作者
	2015-209	**2015-210**	2015-272					
李颖娜	**2010-142**	2014-460	2015-473			3（1）	0（0）	0
李影	2014-531					1（0）	0（0）	0
李应栩	2009-306	2012-404				2（0）	0（0）	0
李永滨	2010-316					1（0）	0（0）	0
李永贵	2001-058（E）	2001-059	2001-007F			3（0）	2（0）	0
李永华	2003-068					1（0）	0（0）	0
李永梅	**2009-136**					1（1）	0（0）	0
李永强	**1990-053**	2007-251	**2011-169（E）**	2013-409		4（2）	1（1）	0
李永武	2007-287	2014-392				2（0）	0（0）	0
李永昕	**2005-076**					1（1）	0（0）	0
李永彦	2009-406					1（0）	0（0）	0
李永宇	2014-347					1（0）	0（0）	0
李永忠	2001-003					1（0）	0（0）	0
李咏霞	**2006-111**					1（1）	0（0）	0
李勇	**1997-059**	**2007-114**	**2008-128**	2008-318	2009-349	2009-422	8（3）	0（0）	0
	2013-064	2015-371						
李勇超	2009-161					1（0）	0（0）	0
李勇宏	2013-308					1（0）	0（0）	0
李友	1999-011	1999-012（E）	1999-013			3（0）	1（0）	0
李友平	**2015-211**					1（1）	0（0）	0
李友元	2003-097					1（0）	0（0）	0
李有义	1984-079					1（0）	0（0）	0
李幼荣	**2003-073**					1（1）	0（0）	0
李佑国	1997-026					1（0）	0（0）	0
李瑜琴	2010-357					1（0）	0（0）	0
李宇	2015-581					1（0）	0（0）	0
李宇春	2013-225					1（0）	0（0）	0
李宇杰	2005-101					1（0）	0（0）	0
李宇农	2008-052					1（0）	0（0）	0
李宇昕	**2013-207**					1（1）	0（0）	0
李雨平	**1996-067**	1998-061				2（1）	0（0）	0
李玉德	1998-121	2000-098	2003-131	*2005-163	*2010-260	**2011-164（E）**	12（2）	3（2）	2
	2011-292	2011-293	**2013-208（E）**	2013-231	2013-311	2008-004F			
李玉芬	**2000-045**					1（1）	0（0）	0
李玉锋	**2009-137**	2011-256	**2015-212**	2015-577	2014-003F		5（2）	0（0）	0
李玉红	2009-189					1（0）	0（0）	0
李玉虎	2014-066	2014-196				2（0）	0（0）	0
李玉鸥	**2009-138**					1（1）	0（0）	0
李玉兰	2007-285	2008-006	2009-146（E）	2009-147	2009-148（E）	2009-428	10（0）	4（0）	0
	2010-049	2010-273	2007-003F	2011-005F					
李玉莉	2009-081					1（0）	0（0）	0
李玉莲	**2012-182**					1（1）	0（0）	0

续表

作者	索引编号					文献总数	英文文献	通讯作者
李玉琳	**2015-213**					1（1）	0（0）	0
李玉霖	**2009-139**					1（1）	0（0）	0
李玉玲	2010-078	2014-110				2（0）	0（0）	0
李玉璞	2008-245	**2010-143**				2（1）	0（0）	0
李玉琴	2011-200					1（0）	0（0）	0
李玉泉	2014-514					1（0）	0（0）	0
李玉武	**2007-115**					1（1）	0（0）	0
李玉仙	2014-502					1（0）	0（0）	0
李玉香	2014-207					1（0）	0（0）	0
李玉珍	1993-106					1（0）	0（0）	0
李渊	2013-356					1（0）	0（0）	0
李元	2015-158					1（0）	0（0）	0
李园	**2013-209**					1（1）	0（0）	0
李媛	2009-055	**2010-144**	2012-404	2013-066	2013-005F	5（1）	0（0）	0
李媛媛	**2014-201**	**2014-202**	**2015-214**	2015-426	2014-003F	5（3）	1（0）	0
李源	**2015-215**	2015-294				2（1）	0（0）	0
李辕成	**2013-210**					1（1）	0（0）	0
李月芬	**2008-129**					1（1）	0（0）	0
李月红	2007-295					1（0）	0（0）	0
李月梅	2015-496					1（0）	0（0）	0
李月明	2011-273	2011-348	2011-349	**2012-183**	2012-296	2012-297	7（1）	0（0）	0
	2012-378							
李月琴	1996-141					1（0）	0（0）	0
李月宣	1980-037					1（0）	0（0）	0
李悦	2013-539					1（0）	0（0）	0
李跃萍	**1999-059**					1（1）	0（0）	0
李越生	2012-459					1（0）	0（0）	0
李樾	2013-464					1（0）	0（0）	0
李云	1994-024	1994-036	1995-038	1995-039	1995-040	1995-041	10（0）	0（0）	0
	1995-129	1996-048	1996-049	1998-050				
李云波	**2014-203**（E）	**2014-204**				2（2）	1（1）	0
李云云	2015-212					1（0）	0（0）	0
李运良	1995-014					1（0）	0（0）	0
李运兴	**1991-046**					1（1）	0（0）	0
李再波	2012-314					1（0）	0（0）	0
李再会	2013-023					1（0）	0（0）	0
李泽	1998-158					1（0）	0（0）	0
李泽峰	2011-252					1（0）	0（0）	0
李增宽	2002-159					1（0）	0（0）	0
李增强	**1991-047**					1（1）	0（0）	0
李增胜	2014-301					1（0）	0（0）	0
李增喜	1999-049					1（0）	0（0）	0
李占贤	2002-039	2003-047				2（0）	0（0）	0

续表

作者	索引编号						文献总数	英文文献	通讯作者
李张胜	1992-129	2001-148	**2006-112**	**2014-205**			4（2）	0（0）	0
李长安	**2013-211**						1（1）	0（0）	0
李长根	2007-166	2008-009					2（0）	0（0）	0
李长贵	2009-135	2009-398					2（0）	0（0）	0
李长健	2006-300	2007-139	2008-198	2008-338（E）			4（0）	1（0）	0
李长明	2007-207（E）	2007-208	2015-061				3（0）	1（0）	0
李长泉	2002-155						1（0）	0（0）	0
李长山	2013-109	2014-107					2（0）	0（0）	0
李兆君	2015-193						1（0）	0（0）	0
李兆乃	1995-002						1（0）	0（0）	0
李哲	2007-236（E）	2007-266	2008-227（E）	**2009-140**	**2009-141**	*2009-254	24（12）	5（2）	1
	2010-145	**2010-146**	**2010-147**	**2012-184**	**2012-185（E）**	**2012-186**			
	2012-219	2012-220	2012-221	2012-368	2013-180	**2013-212**			
	2013-213（E）	**2013-214**	2013-339	**2014-206**	2014-387（E）	2015-394			
李哲男	**2005-077**	2008-130					2（2）	0（0）	0
李贞	2013-603						1（0）	0（0）	0
李珍	2013-603						1（0）	0（0）	0
李振	2008-004	2015-192	2015-204	**2015-216**			4（1）	0（0）	0
李振花	2012-290	**2014-210（E）**					2（1）	1（1）	0
李振华	2010-338						1（0）	0（0）	0
李振坤	1990-039	**1994-051**	**1995-054**	**1997-060**	**2001-052**		5（4）	0（0）	0
李振朋	2015-163						1（0）	0（0）	0
李振涛	2009-072						1（0）	0（0）	0
李振伍	**1985-049**						1（1）	0（0）	0
李振友	2007-181						1（0）	0（0）	0
李振宇	2014-045						1（0）	0（0）	0
李振元	**1993-067**						1（1）	0（0）	0
李振珠	**2015-217**						1（0）	0（0）	0
李震宇	2009-088						1（0）	0（0）	0
李镇	2012-403						1（0）	0（0）	0
李征	2007-148						1（0）	0（0）	0
李正操	**2010-148**						1（1）	0（0）	0
李正辉	**1987-037**	2000-130					2（1）	0（0）	0
李正莉	2007-308						1（0）	0（0）	0
李政	2013-175						1（0）	0（0）	0
李志	2011-126	2013-145					2（0）	0（0）	0
李志安	*2010-275						1（0）	0（0）	1
李志斌	2011-375						1（0）	0（0）	0
李志刚	**1998-064**	2013-496	2013-497				3（1）	0（0）	0
李志红	**2011-165**						1（1）	0（0）	0
李志杰	**2010-149**						1（1）	0（0）	0
李志林	2010-271	2010-272	2011-047	**2012-187**	**2012-188**		5（2）	0（0）	0
李志敏	**2013-215**	2015-398					2（1）	0（0）	0

续表

作者	索引编号					文献总数	英文文献	通讯作者
李志明	2013-005	**2015-218**				2(1)	0(0)	0
李志庆	2015-108					1(0)	0(0)	0
李志文	**2010-150**					1(1)	0(0)	0
李志扬	1995-114					1(0)	0(0)	0
李志勇	1990-125	1996-121	2001-143	2012-427		4(0)	0(0)	0
李志忠	2013-149					1(0)	0(0)	0
李智	**2009-142**					1(1)	0(0)	0
李智慧	2008-172					1(0)	0(0)	0
李智涛	2013-260					1(0)	0(0)	0
李中玺	**2002-063**					1(1)	0(0)	0
李中轩	**2008-131**	**2008-132**	**2008-133**	2008-368	2009-187	**2010-151**	7(4)	0(0)	0
	2010-395							
李中柱	2006-271					1(0)	0(0)	0
李忠亮	2015-099					1(0)	0(0)	0
李忠山	**1998-065**					1(1)	0(0)	0
李忠盛	2005-220					1(0)	0(0)	0
李忠水	2002-066					1(0)	0(0)	0
李忠义	**1979-016**	**1980-019**	1981-026	1985-058	**1987-038**	1993-068	6(4)	0(0)	0
李仲轩	**1998-066**					1(1)	0(0)	0
李重河	2014-451					1(0)	0(0)	0
李重九	2002-061					1(0)	0(0)	0
李助萱	1992-049					1(0)	0(0)	0
李卓美	**1985-050**					1(1)	0(0)	0
李琢	2013-609					1(0)	0(0)	0
李孜	**1987-039**					1(1)	0(0)	0
李子波	**2011-166**					1(1)	0(0)	0
李子敬	2015-055					1(0)	0(0)	0
李自强	2011-350					1(0)	0(0)	0
李宗超	**2012-189**	**2015-219**				2(2)	0(0)	0
李宗杰	1992-038					1(0)	0(0)	0
李宗木	2007-219	**2015-220**				2(1)	0(0)	0
李宗云	**2015-221**					1(1)	0(0)	0
李祖春	2008-054					1(0)	0(0)	0
李最雄	1998-031	1999-077	2000-011	2002-080		4(0)	0(0)	0
李作为	2013-369					1(0)	0(0)	0
丽丽	2013-130					1(0)	0(0)	0
丽娜	2010-208					1(0)	0(0)	0
励义俊	**2000-046**					1(1)	0(0)	0
栗桂霞	**2014-207**					1(1)	0(0)	0
栗建安	2007-047					1(0)	0(0)	0
栗建林	1991-050(E)	1992-060				2(0)	1(0)	0
栗金旺	1995-010					1(0)	0(0)	0
栗欣	1985-001					1(0)	0(0)	0

续表

作者	索引编号						文献总数	英文文献	通讯作者
栗亚芝	2014-164						1（0）	0（0）	0
栗媛秋	**2014-208**						1（1）	0（0）	0
Li Dou	**2013-160（E）**						1（1）	1（1）	0
Li Fuliang	2006-011F						1（0）	1（0）	0
Li Haifang	*2013-148（E）						1（0）	1（0）	1
Li Hongbo	2013-279（E）						1（0）	1（0）	0
Li Hongkui	2007-247（E）						1（0）	1（0）	0
Li Letian	2015-600（E）						1（0）	1（0）	0
Li M.	2004-076（E）						1（0）	1（0）	0
Li Mai	2006-165（E）						1（0）	1（0）	0
Li Ming	2007-007F						1（0）	1（0）	0
Li Ruzhong	2014-006F						1（0）	1（0）	0
Li Tianshu	2013-044（E）						1（0）	1（0）	0
Li Wei	1991-076（E）						1（0）	1（0）	0
Li Weijun	2006-006F	2006-010F					2（0）	2（0）	0
Li X.J.	2000-002F	2000-004F	2000-005F	**2003-002F**	2004-002F	**2005-003F**	7（3）	7（3）	0
	2007-004F								
Li Xiaobo	2011-264						1（0）	0（0）	0
Li Xinbao	2012-361（E）						1（0）	1（0）	0
Li Xuxiang	2006-183（E）						1（0）	1（0）	0
Li Yanheng	2015-359（E）						1（0）	1（0）	0
Li Yanping	2006-135（E）						1（0）	1（0）	0
Li Zheng	2007-313（E）						1（0）	1（0）	0
Li Zijie	2006-011F	2007-008F					2（0）	2（0）	0
连宾	*2014-351						1（0）	0（0）	1
连福龙	2012-101						1（0）	0（0）	0
连明磊	2014-297						1（0）	0（0）	0
连业良	1994-106	1996-133					2（0）	0（0）	0
连玉	**2008-134**						1（1）	0（0）	0
廉海萍	**2002-064**	**2008-135**	**2008-136**	**2012-190**			4（4）	0（0）	0
梁宝蓥	1997-089	**2001-053**	**2003-060（E）**	**2003-075**	**2003-076**	2003-100（E）	19（5）	5（1）	0
	2003-173	2003-213	2004-076（E）	2006-117	2006-165（E）	2006-166			
	2007-164	**2008-137**	2008-186	2008-187	2008-364（E）	2008-365			
	2008-366								
梁波	**2014-211**						1（1）	0（0）	0
梁朝朝	**1997-061**						1（1）	0（0）	0
梁成浩	**2007-116**	2008-183					2（1）	0（0）	0
梁初	2015-448	2015-449					2（0）	0（0）	0
梁定安	1982-039						1（0）	0（0）	0
梁东旭	2011-391	2014-525	2015-546（E）				3（0）	1（0）	0
梁铎	2011-064	2011-116					2（0）	0（0）	0
梁恩刚	2002-136						1（0）	0（0）	0
梁峰	2010-049	2010-273	2011-005F				3（0）	1（0）	0

续表

作者	索引编号					文献总数	英文文献	通讯作者
梁凤基	**2014-212**					1（1）	0（0）	0
梁凤娴	1980-020					1（0）	0（0）	0
梁凤珍	2013-436					1（0）	0（0）	0
梁刚	**2013-219**					1（1）	0（0）	0
梁光河	2009-208					1（0）	0（0）	0
梁光华	**2014-213**					1（1）	0（0）	0
梁桂金	1984-097	1985-123				2（0）	0（0）	0
梁国立	**1979-017**	1981-038	1982-031	1983-040	**1984-041**	1984-069		
	1984-070	1987-007	1988-091	**1991-048**	1991-095	1992-071		
	1993-069	1993-083	1994-012	**1995-055**	**1995-056**	1995-074	48（10）	1（0）	0
	1995-128	1996-087	1996-145	1997-014	1997-131	**1998-067**			
	1998-088	1998-089	1998-135	1999-141	2000-097	2001-009			
	2001-014	2001-015	2001-065	2002-120	**2003-077**	**2003-078**			
	2007-035	2007-036	2008-109	2009-045	2010-118	2011-056			
	2011-057	2014-611	1991-001F	1964-004P	1964-008P	**1973-017P**			
梁国荣	1985-089	**1990-054**				2（1）	0（0）	0
梁国正	2004-107（E）					1（0）	1（0）	0
梁海波	2012-075					1（0）	0（0）	0
梁汉东	2006-109					1（0）	0（0）	0
梁红艳	**2007-117**					1（1）	0（0）	0
梁宏刚	2008-196	2012-246				2（0）	0（0）	0
梁宏伟	2013-026					1（0）	0（0）	0
梁辉	2008-332					1（0）	0（0）	0
梁慧荣	**2006-113**	**2009-143**	**2010-152**			3（3）	0（0）	0
梁家标	2008-264					1（0）	0（0）	0
梁锦华	1995-027	1995-028				2（0）	0（0）	0
梁景程	**2007-118**					1（1）	0（0）	0
梁静	2003-113					1（0）	0（0）	0
Liang Jun	2011-016（E）					1（0）	1（0）	0
梁凯	2009-179					1（0）	0（0）	0
梁琨	2009-122	2010-009				2（0）	0（0）	0
梁磊	**2015-223**					1（1）	0（0）	0
梁亮	**2013-220**					1（1）	0（0）	0
梁柳青	**2012-191**					1（1）	0（0）	0
梁敏仪	2011-024	**2014-214**				2（1）	0（0）	0
梁木春	2014-250					1（0）	0（0）	0
梁鹏	**2015-224**					1（1）	0（0）	0
梁鹏山	**2000-047**	**2011-170**				2（2）	0（0）	0
梁倩	2004-101					1（0）	0（0）	0
梁强	1990-039					1（0）	0（0）	0
梁钦锋	2009-145	2012-037	2012-223			3（0）	0（0）	0
梁榕	**2015-225**					1（1）	0（0）	0
梁少华	**2003-079**					1（1）	0（0）	0

续表

作者	索引编号					文献总数	英文文献	通讯作者
梁生柱	**1979-018**					1（1）	0（0）	0
梁淑萍	2006-131					1（0）	0（0）	0
梁述廷	1992-148	**1996-068**	**1997-062**	**1998-068**	**2004-054**	2008-158	10（7）	0（0）	0
	2013-221	**2013-222**	2014-247	**2015-226**				
梁素荣	1979-018					1（0）	0（0）	0
梁伟德	1998-160	**2002-065**				2（1）	0（0）	0
梁炜	1996-030					1（0）	0（0）	0
梁卫国	2015-540					1（0）	0（0）	0
梁文	2006-277					1（0）	0（0）	0
梁文俊	2009-220					1（0）	0（0）	0
梁文艳	2012-467					1（0）	0（0）	0
梁宪军	2005-058					1（0）	0（0）	0
梁小红	2015-288					1（0）	0（0）	0
梁小丽	**2013-223**					1（1）	0（0）	0
梁晓峰	2015-204	2015-216				2（0）	0（0）	0
梁晓红	2014-576					1（0）	0（0）	0
梁晓辉	2012-375					1（0）	0（0）	0
梁晓鹏	2012-416					1（0）	0（0）	0
梁晓曦	2014-343					1（0）	0（0）	0
梁新义	*2012-215					1（0）	0（0）	1
梁新杰	**2015-227**					1（1）	0（0）	0
梁馨	**2014-215**					1（1）	0（0）	0
梁兴中	**1988-047**	**1993-070**	1998-119			3（2）	0（0）	0
梁学正	2009-033					1（0）	0（0）	0
梁亚平	**2015-228**					1（1）	0（0）	0
梁亚琴	2015-110					1（0）	0（0）	0
梁艳容	2006-229					1（0）	0（0）	0
梁以流	2011-360					1（0）	0（0）	0
梁亿	2005-041					1（0）	0（0）	0
梁英华	*2012-042	2012-043	2013-049	2015-118		4（0）	0（0）	1
梁颖	2015-365					1（0）	0（0）	0
梁永超	*2015-193					1（0）	0（0）	1
梁永明	2014-274					1（0）	0（0）	0
梁勇飞	2002-008	2003-015				2（0）	0（0）	0
梁钰	**1984-042**	**1984-043**	**1989-054**	**1989-055**	**1989-056**	**1990-055**	17（16）	0（0）	0
	1990-056	**1992-056**	**1993-071**	**1994-052**	**1994-053**	**1995-057**			
	1995-058	**1998-069**	**2000-048**	**2002-144**	**2007-010W**				
梁元	**2015-229**	2015-317				2（1）	0（0）	0
梁长海	2004-058					1（0）	0（0）	0
梁振华	**2010-153**					1（1）	0（0）	0
梁志福	2013-478					1（0）	0（0）	0
梁治国	2007-231					1（0）	0（0）	0
梁致荣	∵1982-040	1982-059	1982-060	1983-090	1983-091	1984-092	7（0）	0（0）	0

续表

作者	索引编号					文献总数	英文文献	通讯作者
	1985-113							
梁智红	**2009-144**	2011-171				2(2)	0(0)	0
Liang Zhiyu	**2010-154(E)**					1(1)	1(1)	0
梁竹健	1995-094	2000-040				2(0)	0(0)	0
梁宗存	**2001-054**					1(1)	0(0)	0
梁祖顺	2009-123	**2014-216**				2(1)	0(0)	0
梁作斌	2013-191					1(0)	0(0)	0
廖超	2008-060					1(0)	0(0)	0
廖赤武	**1993-072**					1(1)	0(0)	0
廖春生	1996-137	1997-044	1997-045(E)	1997-125		4(0)	1(0)	0
廖春霞	**2003-080**					1(0)	0(0)	0
廖翠萍	**2005-079**					1(1)	0(0)	0
廖芳瑜	**2012-192**					1(1)	0(0)	0
廖光煊	2012-261					1(0)	0(0)	0
廖广东	2008-191					1(0)	0(0)	0
廖海兵	2012-023	2013-008F				2(0)	1(0)	0
廖海平	2009-219	2011-265	**2011-172**	**2014-217**	**2014-218**	5(3)	0(0)	0
廖胡	**2009-145**					1(1)	0(0)	0
廖花妹	**2010-155**					1(1)	0(0)	0
廖辉伟	**2012-193**					1(1)	0(0)	0
廖家莉	*2015-161(E)					1(0)	1(0)	1
廖建国	∴2003-081					1(0)	0(0)	0
廖晶莹	2002-155					1(0)	0(0)	0
廖克俭	2012-177					1(0)	0(0)	0
廖磊华	2015-463					1(0)	0(0)	0
廖漓文	**2015-230**					1(1)	0(0)	0
廖丽平	**2006-114**					1(1)	0(0)	0
廖敏	2009-145					1(0)	0(0)	0
廖明佳	2008-060					1(0)	0(0)	0
廖其龙	1990-035					1(0)	0(0)	0
廖奇	**2012-194**					1(1)	0(0)	0
廖启林	2006-018					1(0)	0(0)	0
廖乾初	**1981-025**					1(1)	0(0)	0
廖清常	2009-190					1(0)	0(0)	0
廖尚宜	2005-096					1(0)	0(0)	0
廖天鹏	2013-210					1(0)	0(0)	0
廖薇	2010-240					1(0)	0(0)	0
廖文胜	2001-150(E)	2001-151	2005-004F			3(0)	2(0)	0
廖文忠	2002-104	2003-174				2(0)	0(0)	0
廖夏	**2012-195**					1(1)	0(0)	0
廖先杰	2015-274	2015-275	2015-276			3(0)	0(0)	0
廖祥文	2014-579					1(0)	0(0)	0
廖晓勇	2003-011(E)	2003-012				2(0)	1(0)	0

续表

作者	索引编号					文献总数	英文文献	通讯作者
廖学亮	2014-037	**2014-219**	**2014-220**			3(2)	0(0)	0
廖义兵	**2013-224**					1(1)	0(0)	0
廖永杰	2013-554					1(0)	0(0)	0
廖永民	2002-053	2008-049				2(0)	0(0)	0
廖玉超	**2014-221**	**2014-222**	**2015-231（E）**			3(3)	1(1)	0
廖震	2014-307					1(0)	0(0)	0
廖志海	2008-003	2009-002	2015-572			3(0)	0(0)	0
廖忠礼	2005-241					1(0)	0(0)	0
Liao Zhongli	2005-028（E）					1(0)	1(0)	0
廖舟	2015-257（E）					1(0)	1(0)	0
廖祝华	**1998-070**					1(1)	0(0)	0
林炳煌	2009-176					1(0)	0(0)	0
林才寿	**2012-196（E）**	2014-152				2(1)	1(1)	0
林灿生	1996-148	2002-170				2(0)	0(0)	0
林晨光	2006-219					1(0)	0(0)	0
林承毅	2001-007					1(0)	0(0)	0
林德海	**2012-197**					1(1)	0(0)	0
林迪	2009-015					1(0)	0(0)	0
林尔康	2003-202	2004-007（E）				2(0)	1(0)	0
林放	2015-335（E）					1(0)	1(0)	0
林飞	2008-362					1(0)	0(0)	0
林峰	2013-556	2013-592				2(0)	0(0)	0
林根	2013-453					1(0)	0(0)	0
林光君	2009-241	2009-259	2011-132			3(0)	0(0)	0
林国栋	1982-024	1989-047				2(0)	0(0)	0
林国强	2005-095					1(0)	0(0)	0
林国兴	**2012-198**					1(1)	0(0)	0
林国珍	1994-023	**1994-054**	**1998-071**			3(2)	0(0)	0
林国桢	**2010-156**	**2011-173**	**2012-199**			3(3)	0(0)	0
林海	**2004-055**	2013-256				2(1)	0(0)	0
林汉	1990-059	1990-086	1993-097	1994-058	1994-059（E）	8(0)	1(0)	0
	1997-097	1998-100			1994-076			
林宏健	2015-338					1(0)	0(0)	0
林洪运	2011-314					1(0)	0(0)	0
林洪征	2015-601					1(0)	0(0)	0
林辉	2005-113					1(0)	0(0)	0
林惠芳	**1999-060**					1(1)	0(0)	0
林佳志	2015-597					1(0)	0(0)	0
林建波	**2014-223**					1(1)	0(0)	0
林建新	2005-155	2006-220	2009-184	2009-185	2010-306	7(1)	0(0)	0
	2012-380				**2012-200**			
林建宇	**2014-224**					1(1)	0(0)	0
林剑	2015-324					1(0)	0(0)	0

续表

作者	索引编号					文献总数	英文文献	通讯作者
林健宸	2015-365					1（0）	0（0）	0
林金辉	2011-063	2012-046	2012-445			3（0）	0（0）	0
林金锌	**1986-041**	1986-074	1986-088	**1987-040**	1990-024	6（2）	0（0）	0
					1991-036			
林进钦	**1984-044**					1（1）	0（0）	0
林景仟	2005-154					1（0）	0（0）	0
林景祥	1984-072	1985-087				2（0）	0（0）	0
林景臻	**1985-051**					1（1）	0（0）	0
林九	**2011-174**					1（1）	0（0）	0
林菊香	1998-092					1（0）	0（0）	0
林娟	2006-175	2007-173	2007-174	**2008-138**		4（1）	0（0）	0
林军超	**2011-175**					1（1）	0（0）	0
林俊	2008-006	2009-006（E）	2009-007（E）	**2009-146（E）**	2009-147	9（3）	4（2）	0
	2010-049	2010-458	2013-263		2009-148（E）			
林骏	2015-002					1（0）	0（0）	0
林克湘	2002-118	2001-003F				2（0）	1（0）	0
林理忠	2002-133					1（0）	0（0）	0
林力	2003-177	2008-246	2008-335	2009-374	2009-375	6（0）	0（0）	0
					2011-434			
林丽华	**1999-061**					1（1）	0（0）	0
林丽芳	2010-332					1（0）	0（0）	0
林励吾	2001-028	2006-275	2008-263			3（0）	0（0）	0
林莉	2013-519	2015-131				2（0）	0（0）	0
林良栋	2014-362					1（0）	0（0）	0
林琳	2006-243（E）					1（0）	1（0）	0
林霖	2013-242					1（0）	0（0）	0
林玲	2001-023	**2001-055**	2004-025			3（1）	0（0）	0
林龙华	2009-310	2010-030	**2012-201**			3（1）	0（0）	0
林路	2014-435	2014-436	2015-440	2015-441	2015-442	5（0）	0（0）	0
林漫	2015-121					1（0）	0（0）	0
林玫	2011-307					1（0）	0（0）	0
林苗	*2013-374					1（0）	0（0）	1
林民	2009-423	2013-341	2012-400（E）			3（0）	1（0）	0
林木松	**2007-120**	**2013-225**				2（2）	0（0）	0
林盼盼	2011-227					1（0）	0（0）	0
林谦	**1993-073**					1（1）	0（0）	0
林清	**1995-059**					1（1）	0（0）	0
林庆梅	1997-039	1997-040				2（0）	0（0）	0
林庆文	2013-221	2013-222	2014-247	2015-226		4（0）	0（0）	0
林庆宇	**2008-139**					1（1）	0（0）	0
林群	2009-149（E）					1（0）	1（0）	0
林荣毅	2015-073					1（0）	0（0）	0
林瑞	2015-330					1（0）	0（0）	0
林森	2002-051					1（0）	0（0）	0
林森浩	1982-001	**1985-052**	1985-089			3（1）	0（0）	0

续表

作者	索引编号						文献总数	英文文献	通讯作者
林珊	**1994-055**						1(1)	0(0)	0
林施团	2013-125						1(0)	0(0)	0
林似兰	**1989-057**						1(1)	0(0)	0
林守麟	2002-109						1(0)	0(0)	0
林淑钦	1987-054	1992-073	1995-009				3(0)	0(0)	0
林淑芝	1999-135	2000-012					2(0)	0(0)	0
林树坤	1985-051						1(0)	0(0)	0
林素君	**2011-176**	**2012-202**					2(2)	0(0)	0
林涛	2012-492						1(0)	0(0)	0
林天亮	2012-375						1(0)	0(0)	0
林婷婷	2010-120						1(0)	0(0)	0
林婉珍	**2002-066**	2005-130	2005-131				3(1)	0(0)	0
林维宣	*2013-364						1(0)	0(0)	1
林伟信	2015-545						1(0)	0(0)	0
林文	1995-030	**1998-072**	1999-072				3(1)	0(0)	0
林文第	1999-094						1(0)	0(0)	0
林文庆	2012-218						1(0)	0(0)	0
林贤文	2015-222						1(0)	0(0)	0
林晓明	2009-171						1(0)	0(0)	0
林晓燕	2005-163	2007-025	2007-197	2008-042	2009-325	2010-260	14(0)	4(0)	0
	2011-164(E)	2011-292	2011-293	2013-208(E)	2013-231	2013-311			
	2008-004F	2008-005F							
林欣欣	2011-001						1(0)	0(0)	0
林馨思	1994-114						1(0)	0(0)	0
林星明	1994-149	1995-014					2(0)	0(0)	0
林性贻	2003-043	2003-044	2006-067	2007-298	2011-270	2012-284	6(0)	0(0)	0
林雄超	2013-373	2015-469					2(0)	0(0)	0
林修洲	**2013-226**						1(1)	0(0)	0
林秀华	2011-107						1(0)	0(0)	0
林秀清	1999-131						1(0)	0(0)	0
林学武	**2010-157**						1(1)	0(0)	0
林延畅	2001-023	2002-021	2002-052	**2002-067**	**2002-068**	2003-058	14(4)	0(0)	0
	2003-059	2004-025	2004-040	2004-145	2006-049	**2006-115**			
	2007-121	2010-391							
林彦杰	**2006-116**	**2011-177**					2(2)	0(0)	0
林怡	**2013-227**						1(1)	0(0)	0
林怡英	2008-249						1(0)	0(0)	0
林宜超	2003-200						1(0)	0(0)	0
林颖	2011-096						1(0)	0(0)	0
林映荷	2010-120						1(0)	0(0)	0
林玉斌	**1999-062**						1(1)	0(0)	0
林玉飞	1996-129						1(0)	0(0)	0
林玉石	2012-342						1(0)	0(0)	0

续表

作者	索引编号						文献总数	英文文献	通讯作者
林元华	2000-036						1（0）	0（0）	0
林源	1994-123						1（0）	0（0）	0
林泽健	2012-476						1（0）	0（0）	0
林振兴	2000-108	2001-136	2004-137	**2005-080**	2008-270	2012-339	8（1）	0（0）	0
	2012-340	2013-391							
林正金	2012-101						1（0）	0（0）	0
林正雄	**2009-149（E）**						1（1）	1（1）	0
林志丹	2011-018						1（0）	0（0）	0
林志海	2012-363						1（0）	0（0）	0
林志伟	2012-203						1（0）	0（0）	0
林志祥	2011-305						1（0）	0（0）	0
林志勇	2011-175						1（0）	0（0）	0
林治锋	**2010-158**						1（1）	0（0）	0
林忠	**2002-069**	**2003-082**	2008-099	**2012-203**	2014-055		5（3）	0（0）	0
林祖缠	1993-100						1（0）	0（0）	0
蔺广森	2013-051						1（0）	0（0）	0
蔺华林	**2013-228**						1（1）	0（0）	0
蔺启忠	**2010-159**						1（1）	0（0）	0
蔺旭红	2003-019						1（0）	0（0）	0
Lin Chengfang	2006-068（E）						1（0）	1（0）	0
Lin Huirong	**2013-009F**						1（1）	1（1）	0
Lin Jiawei	**2007-119（E）**						1（1）	1（1）	0
Lin Jinming	2013-148（E）						1（0）	1（0）	0
Lin Muxi	2014-263（E）						1（0）	1（0）	0
Lin S.	1993-009F						1（0）	1（0）	0
Lin X.	**2008-006F**						1（0）	1（0）	0
Lin Yiqing	2008-140（E）						1（1）	1（1）	0
玲	1984-045						1（0）	0（0）	0
铃木稔	1994-021	1996-093					2（0）	0（0）	0
铃木真夫	1965-001						1（0）	0（0）	0
凌爱军	2014-349						1（0）	0（0）	0
凌爱珍	1993-016						1（0）	0（0）	0
凌步平	2013-252						1（0）	0（0）	0
凌超豪	2015-266						1（0）	0（0）	0
凌晨	2013-029						1（0）	0（0）	0
凌凤香	2007-319	2008-243	2011-048	2012-062	2012-528	2012-529	9（0）	1（0）	0
	2014-585（E）	2015-013	2015-153						
凌烈祥	2006-295						1（0）	0（0）	0
凌倩慧	2013-386						1（0）	0（0）	0
凌钦才	**2014-225**						1（1）	0（0）	0
凌伟煊	2008-102						1（0）	0（0）	0
凌雪	2004-174	**2005-081**	**2006-117**	**2007-122**	**2008-141**	**2008-142**	8（5）	0（0）	0
	2011-152	2011-154							

续表

作者	索引编号					文献总数	英文文献	通讯作者
凌燕	**2009-150**	**2010-160**				2（2）	0（0）	0
凌永生	2014-140	2014-139（E）				2（0）	1（0）	0
凌媛	2010-335	**2014-226**				2（1）	0（0）	0
刘爱虹	2014-012	2014-013	2014-014			3（0）	0（0）	0
刘爱坤	2009-290					1（0）	0（0）	0
刘安	2015-082					1（0）	0（0）	0
刘安春	1998-021					1（0）	0（0）	0
刘安东	1998-121	2005-163				2（0）	0（0）	0
刘安娜	**2011-178**					1（1）	0（0）	0
刘白茹	2012-202					1（0）	0（0）	0
刘百宽	2012-102	2014-221	2014-466			3（0）	0（0）	0
刘百利	**2009-151**	2009-227	2010-236			3（1）	0（0）	0
刘邦杰	1998-140	1999-126	2003-082			3（0）	0（0）	0
刘宝	2014-336					1（0）	0（0）	0
刘宝林	2013-420					1（0）	0（0）	0
刘宝生	1997-015	1998-017				2（0）	0（0）	0
刘保顺	2012-404					1（0）	0（0）	0
刘贝	**2015-232**					1（1）	0（0）	0
刘本俶	1990-073					1（0）	0（0）	0
刘必荣	**1994-056**					1（1）	0（0）	0
刘彪	**2010-161**					1（1）	0（0）	0
刘彬	1982-015	**1984-046**	**1985-053**	**1985-054**	**1985-055**	**1986-042**	11（8）	0（0）	0
	1987-041	**1987-042**	1987-098	1988-001	**1992-006W**				
刘斌	**2004-056**	2012-045	2013-267	2013-266（E）	2015-422	5（1）	1（0）	0
刘冰	2007-108	2008-124				2（0）	0（0）	0
刘丙森	2015-218					1（0）	0（0）	0
刘波	2001-090	2001-091	2001-095	**2002-070**	2005-082	2011-169（E）	6（2）	1（0）	0
刘彩明	2007-211					1（0）	0（0）	0
刘灿	2013-376					1（0）	0（0）	0
刘常青	**2009-152**					1（1）	0（0）	0
刘常升	2012-354					1（0）	0（0）	0
刘昶时	**1989-058**	1990-106	**1991-049**	**1994-057**		4（3）	0（0）	0
刘超	2006-243（E）	2007-237	2010-086	2013-353		4（0）	1（0）	0
刘朝晖	2011-394					1（0）	0（0）	0
刘彻	**2000-049**					1（1）	0（0）	0
刘晨	2013-333					1（0）	0（0）	0
刘晨光	2014-575					1（0）	0（0）	0
刘成翠	2006-080					1（0）	0（0）	0
刘成林	**2007-123**	**2010-162**	**2012-204**	2009-005F		4（3）	1（0）	0
刘承斌	1980-028	1981-042	**1985-056**			3（1）	0（0）	0
刘池洋	2007-154	2011-255				2（0）	0（0）	0
刘崇民	2005-120					1（0）	0（0）	0
刘春	**2008-143**	**2009-153**				2（2）	0（0）	0

续表

作者	索引编号					文献总数	英文文献	通讯作者
刘春风	2010-274					1（0）	0（0）	0
刘春华	**2007-124**					1（1）	0（0）	0
刘春静	**2008-144**					1（1）	0（0）	0
刘春来	2010-146	2010-147				2（0）	0（0）	0
刘春立	*2015-501					1（0）	0（0）	1
刘春荣	**2010-163**	**2010-164**	2013-503			3（2）	0（0）	0
刘春茹	**2012-205**					1（1）	0（0）	0
刘春侠	2012-406					1（0）	0（0）	0
刘春霞	2015-192					1（0）	0（0）	0
刘春晓	2009-359					1（0）	0（0）	0
刘春燕	2010-069					1（0）	0（0）	0
刘春泽	2008-052					1（0）	0（0）	0
刘纯	**2010-165**					1（1）	0（0）	0
刘聪	1998-050					1（0）	0（0）	0
刘翠梅	2011-402					1（0）	0（0）	0
刘存琨	**2008-145**					1（1）	0（0）	0
刘存兄	2005-200（E）	2005-201	2008-091	2009-085		4（0）	1（0）	0
刘达根	∵1985-057					1（0）	0（0）	0
刘大鸣	1998-158					1（0）	0（0）	0
刘大文	2006-252					1（0）	0（0）	0
刘丹	**2006-118**					1（1）	0（0）	0
刘荡	1987-085					1（0）	0（0）	0
刘道丹	1998-011					1（0）	0（0）	0
刘道杰	1982-004	1986-075				2（0）	0（0）	0
刘德汉	1995-059					1（0）	0（0）	0
刘德慧	1986-038	**1988-048**	**1990-057**			3（2）	0（0）	0
刘德坤	**1988-049**					1（1）	0（0）	0
刘德丽	**2009-154**					1（1）	0（0）	0
刘德伦	2008-126					1（0）	0（0）	0
刘德祥	1993-098	1994-074（E）	1994-075	1995-067		4（0）	1（0）	0
刘德信	**1986-043**					1（1）	0（0）	0
刘邓	2014-069					1（0）	0（0）	0
刘迪	1998-027	1998-028				2（0）	0（0）	0
刘笛	1992-127　**1997-064**　2013-448	**1995-060**　1998-073	**1995-061**　2003-182	1995-142　2006-054	**1996-069**　**2006-119**	1997-063　2007-061	13（7）	0（0）	0
刘殿兵	2014-567					1（0）	0（0）	0
刘殿龙	2009-162	**2010-166**				2（1）	0（0）	0
刘东	2006-084	**2008-146**	2013-615	2014-361	2015-092	5（1）	0（0）	0
刘东博	2013-114					1（0）	0（0）	0
刘东风	2010-116	**2015-233**				2（1）	0（0）	0
刘东辉	2014-117					1（0）	0（0）	0
刘东亮	2014-061	**2014-229**	2015-056			3（1）	0（0）	0

续表

作者	索引编号						文献总数	英文文献	通讯作者
刘东娜	**2011-179**	**2015-234**	2015-556				3（2）	0（0）	0
刘东生	1991-121	2000-023	2005-033				3（0）	0（0）	0
刘东燕	2015-077						1（0）	0（0）	0
刘冬梅	2013-572	2014-289	**2015-236**	**2015-235**			4（2）	0（0）	0
刘冬明	2006-274						1（0）	0（0）	0
刘冬生	∵1974-001						1（0）	0（0）	0
刘冬雁	*2010-292						1（0）	0（0）	1
刘恩美	**1988-050**	1989-039	**1990-058**				3（2）	0（0）	0
刘方新	1995-009						1（0）	0（0）	0
刘芳	2000-009	2000-010	**2000-050**	**2000-051**	2011-305	2014-548	6（2）	0（0）	0
刘芳芳	**2006-120**	2007-139	**2012-206**	**2013-229**	**2013-230**		5（4）	0（0）	0
刘飞	2003-074	2009-258					2（0）	0（0）	0
刘飞鸣	**1996-070**						1（1）	0（0）	0
刘飞跃	1987-080						1（0）	0（0）	0
刘丰	2014-255						1（0）	0（0）	0
刘峰	1995-007	2004-046	2005-080	2012-164	2013-615	2014-216	7（0）	0（0）	0
	2014-373								
刘峰阳	2003-035						1（0）	0（0）	0
刘锋英	2014-152						1（0）	0（0）	0
刘凤翘	**1981-026**	**1985-058**					2（2）	0（0）	0
刘凤琴	1994-087						1（0）	0（0）	0
刘凤霞	**2014-230**						1（1）	0（0）	0
刘凤英	**1996-071**						1（1）	0（0）	0
刘福荣	2015-207						1（0）	0（0）	0
刘福生	2005-122	2008-075					2（0）	0（0）	0
刘复荣	2008-146						1（0）	0（0）	0
刘富顺	1995-075						1（0）	0（0）	0
刘刚	2005-074	2010-317					2（0）	0（0）	0
刘钢	2001-015	**2003-083**					2（1）	0（0）	0
刘功谭	1990-009						1（0）	0（0）	0
刘冠华	1988-088						1（0）	0（0）	0
刘光甫	**2015-237**						1（1）	0（0）	0
刘光荣	2012-258（E）						1（0）	1（0）	0
刘光蓉	**2015-238**						1（1）	0（0）	0
刘光煜	2001-084						1（0）	0（0）	0
刘广	2008-022						1（0）	0（0）	0
刘广华	2007-191						1（0）	0（0）	0
刘广宇	2007-326	**2012-207**	2012-208（E）				3（2）	1（1）	0
刘贵宾	**2015-239**						1（1）	0（0）	0
刘贵山	2015-428						1（0）	0（0）	0
刘贵镇	2010-238						1（0）	0（0）	0
刘桂芳	2011-463						1（0）	0（0）	0
刘桂建	2014-053	2014-192					2（0）	0（0）	0

续表

作者	索引编号						文献总数	英文文献	通讯作者
刘桂娇	2002-046（E）	2002-047	2002-094	2004-167	2005-125	2005-164	25（2）	9（1）	0
	2005-165（E）	2005-230（E）	2005-231	2006-192	2007-186（E）	2007-187			
	2007-321（E）	2007-322	2008-013	2008-014（E）	**2008-147（E）**	**2008-148**			
	2008-205	2008-355	2008-358	2008-356（E）	2008-357（E）	2010-247			
	2014-145								
刘桂林	1988-099						1（0）	0（0）	0
刘桂霞	2011-282						1（0）	0（0）	0
刘桂媛	2008-336						1（0）	0（0）	0
刘国安	2013-238	2014-035	2014-582				3（0）	0（0）	0
刘国栋	1985-112	1986-061	1986-099	**1990-059**	1990-086	1993-097	13（4）	1（1）	0
	1994-058	**1994-059（E）**	1994-076	**1995-062**	1997-097	1998-100			
	2008-049								
刘国红	2006-088						1（0）	0（0）	0
刘国华	1997-020	2009-412					2（0）	0（0）	0
刘国杰	1991-043						1（0）	0（0）	0
刘国军	**2012-209**						1（1）	0（0）	0
刘国岐	1987-025						1（0）	0（0）	0
刘国强	2015-584						1（0）	0（0）	0
刘国卿	2010-273						1（0）	0（0）	0
刘国生	2003-009						1（0）	0（0）	0
刘国威	2014-466						1（0）	0（0）	0
刘国文	2012-033	2012-321	2012-322	2013-370			4（0）	0（0）	0
刘海彬	2012-490						1（0）	0（0）	0
刘海波	2015-018	2015-019					2（0）	0（0）	0
刘海东	2011-095	2011-096	**2011-180**				3（1）	0（0）	0
刘海峰	**2011-181**	2013-421					2（1）	0（0）	0
刘海刚	**2014-231**						1（1）	0（0）	0
刘海浪	2014-499						1（0）	0（0）	0
刘海梅	2014-301						1（0）	0（0）	0
刘海鸥	2002-076	2009-178	2012-134	2015-362（E）			4（0）	1（0）	0
刘海萍	**2006-121（E）**	**2009-155**					2（2）	1（1）	0
刘汉彬	2009-072						1（0）	0（0）	0
刘汉范	**1963-002**						1（1）	0（0）	0
刘汉甫	2005-162						1（0）	0（0）	0
刘汉民	1979-025						1（0）	0（0）	0
刘汉桥	**2006-122**	**2007-125**					2（2）	0（0）	0
刘汉贤	**1989-007S**						1（1）	0（0）	0
刘汉珍	1994-066						1（0）	0（0）	0
刘翰晟	**1994-060**	**1995-063**					2（2）	0（0）	0
刘豪	2006-227						1（0）	0（0）	0
刘浩	2013-312						1（0）	0（0）	0
刘合凡	**2015-240**	**2015-241**	**2015-242**	2015-435			4（3）	0（0）	0
刘鹤	2000-080						1（0）	0（0）	0

续表

作者	索引编号					文献总数	英文文献	通讯作者
刘鹤贺	2011-292	**2013-231**	2013-311	2014-352		4（1）	0（0）	0
刘鹤武	1987-100					1（0）	0（0）	0
刘亨远	**1997-065**	1997-126				2（1）	0（0）	0
刘恒元	∵1986-044					1（0）	0（0）	0
刘红超	1994-033	1995-036	**1996-072**	2015-517（E）		4（1）	1（0）	0
刘红光	2011-276	2013-460				2（0）	0（0）	0
刘红辉	**2014-232**					1（1）	0（0）	0
刘红梅	2008-155					1（0）	0（0）	0
刘红妮	**2007-126**					1（1）	0（0）	0
刘红年	2006-069	2007-077				2（0）	0（0）	0
刘红玉	**2009-156**					1（0）	0（0）	0
刘宏	1997-081	2007-286（E）				2（0）	1（0）	0
刘宏海	2015-109	2015-360				2（0）	0（0）	0
刘宏科	**2013-232**					1（1）	0（0）	0
刘洪	**2008-149**	2009-015				2（1）	0（0）	0
刘洪波	2013-122					1（0）	0（0）	0
刘洪臣	1994-111					1（0）	0（0）	0
刘洪淼	2005-081	2006-117	2006-324			3（0）	0（0）	0
刘洪涛	2004-172	**2007-127**				2（1）	0（0）	0
刘鸿光	∵1985-068					1（0）	0（0）	0
刘鸿亮	2008-327					1（0）	0（0）	0
刘厚明	2014-579					1（0）	0（0）	0
刘华伟	2009-228	**2013-006F**				2（1）	1（1）	0
刘华珍	1999-158					1（0）	0（0）	0
刘华忠	2015-485					1（0）	0（0）	0
刘化峰	2008-110	2010-121				2（0）	0（0）	0
刘化锋	2010-122					1（0）	0（0）	0
刘化章	2010-215					1（0）	0（0）	0
刘怀丽	**2014-233**					1（1）	0（0）	0
刘怀梅	∵2000-052					1（0）	0（0）	0
刘怀祁	2001-015					1（0）	0（0）	0
刘怀全	1981-041					1（0）	0（0）	0
刘欢	2014-446					1（0）	0（0）	0
刘环	2008-048					1（0）	0（0）	0
刘焕荣	2014-475（E）					1（0）	1（0）	0
刘晃清	2006-222					1（0）	0（0）	0
刘辉	2008-162	2008-216	2010-239	2010-267		4（0）	0（0）	0
刘辉敏	**2007-128**					1（1）	0（0）	0
刘辉庭	2010-289					1（0）	0（0）	0
刘汇东	**2015-243**					1（1）	0（0）	0
刘会冲	2005-169					1（0）	0（0）	0
刘会梅	2007-256					1（0）	0（0）	0
刘惠玲	2007-192	*2008-012（E）	2009-016	2010-252（E）	2010-253	5（0）	2（0）	1

续表

作者	索引编号					文献总数	英文文献	通讯作者
刘惠英	1984-073					1（0）	0（0）	0
刘惠珍	1990-060（E）	1994-061				2（2）	1（1）	0
刘慧	2006-085（E）	2006-086	2011-182			3（1）	1（0）	0
刘慧芳	2015-211					1（0）	0（0）	0
刘慧兰	2003-205					1（0）	0（0）	0
刘慧丽	2011-183					1（1）	0（0）	0
刘慧英	1989-058					1（0）	0（0）	0
刘慧卓	2007-129	2007-130				2（2）	0（0）	0
刘吉波	2000-053	*2014-480				2（1）	0（0）	1
刘吉成	2009-365					1（0）	0（0）	0
刘吉延	2010-258					1（0）	0（0）	0
刘纪琳	∵1982-027					1（0）	0（0）	0
刘际时	1997-015	1998-017				2（0）	0（0）	0
刘季花	2010-085	*2012-108				2（0）	0（0）	1
刘继东	2000-089	2001-109				2（0）	0（0）	0
刘继平	2012-332					1（0）	0（0）	0
刘继延	*2014-030	*2015-023	*2015-617			3（0）	0（0）	3
刘继义	2012-490					1（0）	0（0）	0
刘霁欣	2013-290					1（0）	0（0）	0
刘家军	2010-051					1（0）	0（0）	0
刘家琴	2012-522					1（0）	0（0）	0
刘家祥	2006-123					1（1）	0（0）	0
刘嘉麒	2002-028	2015-507				2（0）	0（0）	0
刘建东	2013-094					1（0）	0（0）	0
刘建成	1973-013P					1（1）	0（0）	0
刘建峰	2008-150					1（1）	0（0）	0
刘建光	2013-354	2015-349	2015-411			3（0）	0（0）	0
刘建国	2005-083	2006-264	2011-211	2014-086	2015-078	5（1）	0（0）	0
刘建华	1992-057	2007-131	2007-132	2010-167	2011-488	5（4）	0（0）	0
刘建坤	2009-157	2009-158	2013-233	2013-591	2014-234	5（4）	0（0）	0
刘建立	2010-168					1（1）	0（0）	0
刘建平	2008-048					1（0）	0（0）	0
刘建文	2012-561					1（0）	0（0）	0
刘建新	2014-321					1（0）	0（0）	0
刘建英	2011-451					1（0）	0（0）	0
刘建忠	2006-320	2007-328	2007-329			3（0）	0（0）	0
刘剑	2000-003	2004-055	2009-377	2012-096		4（0）	0（0）	0
刘健	1983-043					1（1）	0（0）	0
刘键	2002-005F	2000-062				2（0）	1（0）	0
刘江	2010-110	2012-237	2013-269	2013-270	2013-465	5（0）	0（0）	0
刘江斌	2002-071　2002-072　2008-151　2009-159　2009-357　2010-169 2010-170　2011-184　2011-185　2011-222　2012-210　2012-211 2012-212　2012-213　2013-103　2013-234　2013-235　2013-483					24（18）	0（0）	0

续表

作者	索引编号						文献总数	英文文献	通讯作者
	2014-094	**2014-235**	2014-440	**2015-244**	**2015-245**	**2015-246**			
刘江峰	2004-143	2006-104	2007-107	**2007-133**	2009-131（E）	**2009-160**	16（3）	7（0）	0
	2010-140	2011-003	2015-004	**2015-247**	2004-003F	2006-005F			
	2006-006F	2006-010F	2007-003F	2009-003F					
刘江生	2011-099	2011-163					2（0）	0（0）	0
刘江卫	2014-538						1（0）	0（0）	0
刘姣	2011-002						1（0）	0（0）	0
刘杰	1992-157	**2014-236**	**2015-248**				3（2）	0（0）	0
刘洁	**2013-236**	2015-206					2（1）	0（0）	0
刘金	2011-013	2015-001F					2（0）	1（0）	0
刘金锋	2007-161						1（0）	0（0）	0
刘金河	**2006-124**						1（1）	0（0）	0
刘金祥	1997-128	2003-147					2（0）	0（0）	0
刘金钟	1998-177（E）	1998-178（E）	1998-179	1998-180	1998-181	1999-071	7（0）	3（0）	0
	1999-159（E）								
刘锦春	1988-013	1990-014					2（0）	0（0）	0
刘锦湘	1992-045						1（0）	0（0）	0
刘晋华	**2012-214**						1（1）	0（0）	0
刘京训	1998-021						1（0）	0（0）	0
刘晶	2012-532						1（0）	0（0）	0
刘晶晶	2015-243						1（0）	0（0）	0
刘晶芝	2002-130	2003-161					2（0）	0（0）	0
刘兢	2007-272						1（0）	0（0）	0
刘景和	2002-062	2004-113					2（0）	0（0）	0
刘景林	∵2006-125	∵2006-126	∵2008-152				3（0）	0（0）	0
刘景梅	2011-287						1（0）	0（0）	0
刘景帅	2012-289						1（0）	0（0）	0
刘景心	1996-110						1（0）	0（0）	0
刘景洋	2010-305	2012-439					2（0）	0（0）	0
刘敬松	2000-002						1（0）	0（0）	0
刘靖	2003-189	2006-245	2007-269	2008-352			4（0）	0（0）	0
刘静	**2012-215**	2012-483	2013-376	2014-091	2014-501	**2015-249**	6（2）	0（0）	0
刘静波	**2000-054**	**2002-073**					2（2）	0（0）	0
刘静宜	1981-041						1（0）	0（0）	0
刘静远	**2006-127**	**2007-134**	2007-311				3（2）	0（0）	0
刘炯天	2013-163						1（0）	0（0）	0
刘久臣	2011-380						1（0）	0（0）	0
刘娟	2003-061	**2010-171**	2012-209				3（1）	0（0）	0
刘军	2002-079						1（0）	0（0）	0
刘均海	2003-215	2004-161					2（0）	0（0）	0
刘君	**2013-237**						1（1）	0（0）	0
刘君峰	**2010-172**						1（1）	0（0）	0
刘君玉	2012-307						1（0）	0（0）	0

续表

作者	索引编号					文献总数	英文文献	通讯作者
刘钧泉	2010-186					1（0）	0（0）	0
刘俊	**2005-084**	2006-020	2013-112	**2013-238**	2014-520 2015-574	6（2）	0（0）	0
刘俊龙	2006-118					1（0）	0（0）	0
刘峻岭	2004-167					1（0）	0（0）	0
刘开风	1988-101					1（0）	0（0）	0
刘开平	2012-310	2013-367	2013-368			3（0）	0（0）	0
刘剀	**2015-250**					1（1）	0（0）	0
刘凯	**2001-056**	**2003-084**	**2012-216**			3（3）	0（0）	0
刘凯欣	2013-274（E）					1（0）	1（0）	0
刘恺	1995-097 **1999-063**	1996-112 1999-099	1996-113 2001-100	**1997-066**	**1998-074** **1998-075**	9（4）	0（0）	0
刘科财	2012-436					1（0）	0（0）	0
刘可	2013-263	2014-023				2（0）	0（0）	0
刘可可	2012-328					1（0）	0（0）	0
刘克丹	**2015-251**					1（1）	0（0）	0
刘克明	2002-105					1（0）	0（0）	0
刘昆仑	2006-294					1（0）	0（0）	0
刘琨	2007-045	**2007-135**	2007-284	2014-134	2015-565	5（1）	0（0）	0
刘兰英	2005-072					1（0）	0（0）	0
刘雷雷	2015-527	2015-602				2（0）	0（0）	0
刘磊	1982-065 **1987-043** 2003-036	1983-094 **1995-064** 2003-037	1983-095 **1996-073** 2006-176	1984-013 1996-085 2013-313	**1984-047** 1986-017 1998-120 2000-075 2015-194 **2015-252**	18（5）	0（0）	0
刘磊夫	**2008-153**	2009-380				2（1）	0（0）	0
刘力	**1999-064**	**2001-057**				2（2）	0（0）	0
刘力挽	**2015-253**					1（1）	0（0）	0
刘立	2014-240	2014-340				2（0）	0（0）	0
刘立坤	2009-072	**2012-217**				2（1）	0（0）	0
刘立坡	2015-435					1（0）	0（0）	0
刘立强	2006-228					1（0）	0（0）	0
刘立拓	2011-211					1（0）	0（0）	0
刘立湘	**2011-186**					1（1）	0（0）	0
刘丽	2005-071	2006-188	2008-084	2010-297		4（0）	0（0）	0
刘丽冰	1990-094					1（0）	0（0）	0
刘丽红	2013-523	2015-287				2（0）	0（0）	0
刘丽华	2007-065	2007-104	2007-319			3（0）	0（0）	0
刘丽娟	1989-047	**2009-161**				2（1）	0（0）	0
刘丽娜	2014-609					1（0）	0（0）	0
刘利	2012-043	2013-049	2015-118			3（0）	0（0）	0
刘利锋	2012-233					1（0）	0（0）	0
刘利平	2014-586					1（0）	0（0）	0
刘莉红	**2015-254**					1（1）	0（0）	0
刘连成	**2011-187**					1（1）	0（0）	0

续表

作者	索引编号						文献总数	英文文献	通讯作者
刘连文	2011-166						1(0)	0(0)	0
刘联惠	2009-149(E)						1(0)	1(0)	0
刘亮	2008-004	2014-142	**2014-237**				3(1)	0(0)	0
刘林	**2013-239**	2015-055					2(1)	0(0)	0
刘琳	**2012-218**						1(1)	0(0)	0
刘琳娟	**2010-173**						1(1)	0(0)	0
刘玲	2013-076	**2014-238**					2(1)	0(0)	0
刘玲静	2012-561						1(0)	0(0)	0
刘玲利	2012-316						1(0)	0(0)	0
刘留春	**1988-051**						1(1)	0(0)	0
刘柳红	2012-074						1(0)	0(0)	0
刘鲁川	2012-455	2012-456					2(0)	0(0)	0
刘路珍	**2014-239**						1(1)	0(0)	0
刘璐	2005-110	**2009-162**	2010-166				3(1)	0(0)	0
刘璐璐	2014-501						1(0)	0(0)	0
刘慢天	2010-380(E)						1(0)	1(0)	0
刘茂钱	2015-074						1(0)	0(0)	0
刘梅	2010-417	2011-456	**2013-240**				3(1)	0(0)	0
刘梅玲	1991-043						1(0)	0(0)	0
刘梅山	2001-137						1(0)	0(0)	0
刘美东	2013-549						1(0)	0(0)	0
刘美美	2010-335	2014-415					2(0)	0(0)	0
刘美义	2012-048	2012-498					2(0)	0(0)	0
刘妹	2010-026	2011-030	2011-031	2013-043			4(0)	0(0)	0
刘猛	2013-449						1(0)	0(0)	0
刘梦琪	2013-303	2014-303					2(0)	0(0)	0
刘勉	2015-192						1(0)	0(0)	0
刘苗	2013-594						1(0)	0(0)	0
刘民	2001-027	2002-027	**2004-057**	**2004-058**	**2005-085**	2006-053	13(3)	2(0)	0
	2008-050	2008-311	2008-328	2009-361	2011-277	2014-441(E)			
	2015-362(E)								
刘民武	2013-367						1(0)	0(0)	0
刘民壮	1988-064						1(0)	0(0)	0
刘敏	1992-148	**1993-074**	2011-470	2012-184	**2012-219**	**2012-220**	11(5)	0(0)	0
	2012-221	**2013-241**	2013-339	2013-472	2014-497				
刘名扬	2009-199						1(0)	0(0)	0
刘明	2008-047	**2009-163**	**2009-164**	2010-292	**2013-242**	2015-255	7(4)	0(0)	0
	2015-369								
刘明博	2007-301	2014-037	2014-220				3(0)	0(0)	0
刘明理	2014-601						1(0)	0(0)	0
刘明霞	2012-265	**2013-243**	2013-305				3(1)	0(0)	0
刘明兴	**2008-154**						1(1)	0(0)	0
刘明学	2013-298						1(0)	0(0)	0

续表

作者	索引编号						文献总数	英文文献	通讯作者
刘明哲	2012-185（E）	2012-186	2013-180	2013-214	2013-339	*2014-387（E）	7（0）	2（0）	2
	*2015-394								
刘鸣	1995-120						1（0）	0（0）	0
刘莫愁	2015-128（E）	2015-137	2015-162				3（0）	1（0）	0
刘牧	2006-248						1（0）	0（0）	0
刘睦清	2006-128						1（1）	0（0）	0
刘娜	2003-028	2003-085	2003-086	2014-340			4（2）	0（0）	0
刘娜娜	2014-240						1（1）	0（0）	0
刘乃涛	2007-136	2010-449	2015-492				3（1）	0（0）	0
刘年庆	1991-050（E）	1992-022	1992-058	1992-059	1992-060	1992-158（E）	26（12）	11（2）	0
	1993-019（E）	1993-026	1993-027（E）	1995-065	1997-067	1997-081			
	1998-076	1998-175	1999-065	2001-058（E）	2001-059	2001-060			
	2003-087	2004-111	2005-024（E）	2001-007F	2002-004F	2006-008F			
	2006-011F	2007-008F							
刘宁	2012-278	2012-455	2012-456	2013-298	2014-512	*2015-161（E）	6（0）	1（0）	1
刘宁强	2012-412						1（0）	0（0）	0
刘派	2015-113						1（0）	0（0）	0
刘培	2013-244						1（1）	0（0）	0
刘培钧	2013-479	2015-478					2（0）	0（0）	0
刘培桐	1990-137						1（0）	0（0）	0
刘沛国	2009-165						1（1）	0（0）	0
刘朋	2007-108						1（0）	0（0）	0
刘鹏	1996-074	1996-135	1998-076	1998-175	1999-065	2001-032	8（1）	1（0）	0
	2011-289	2013-208（E）							
刘鹏宇	2002-074						1（0）	0（0）	0
刘丕旺	1985-059	1988-052					2（2）	0（0）	0
刘平安	2013-568						1（0）	0（0）	0
刘平生	1985-001	1985-112	1986-061	1986-099	1987-063	1987-088	28（3）	3（0）	0
	1988-066	1990-086	1993-097	1993-098	1994-058	1994-059（E）			
	1994-062	1994-074（E）	1994-075	1994-076	1995-062	1995-066			
	1995-067	1998-076	1998-175	1999-065	2000-031（E）	2000-032			
	2001-032	2001-060	2003-041	2003-087					
刘萍	2007-021						1（0）	0（0）	0
刘璞	2012-507						1（0）	0（0）	0
刘璞生	2010-174	2010-420					2（1）	0（0）	0
刘期彦	2015-256						1（1）	0（0）	0
刘琪	2007-137	2007-138	2007-139				3（3）	0（0）	0
刘琦	2007-255	2012-167					2（0）	0（0）	0
刘启龙	2010-451						1（0）	0（0）	0
刘千钧	1995-072	1997-047	1997-068	1998-077			4（2）	0（0）	0
刘前	1998-128	1998-129	1998-130	1999-111	2000-087		5（0）	0（0）	0
刘茜	2009-336	2009-352	2010-153				3（0）	0（0）	0
刘倩倩	2014-241						1（1）	0（0）	0

续表

作者	索引编号					文献总数	英文文献	通讯作者
刘强	2011-431	2014-419				2(0)	0(0)	0
刘峤	2012-540	2013-010				2(0)	0(0)	0
刘巧明	2005-086					1(0)	0(0)	0
刘钦甫	1997-129	2011-364	2011-471	*2015-224	*2015-273	5(0)	0(0)	2
刘芹芹	**2007-140**					1(1)	0(0)	0
刘琴	2011-460					1(0)	0(0)	0
刘青桥	2002-010					1(0)	0(0)	0
刘青松	2006-207					1(0)	0(0)	0
刘清才	2010-359					1(0)	0(0)	0
刘清亮	2005-056					1(0)	0(0)	0
刘清前	1996-077	1996-078	1996-079	1998-082	1998-093	1999-067	8(0)	0(0)	0
	1999-081	1999-082						
刘庆惠	**1995-068**					1(1)	0(0)	0
刘庆廉	2007-289					1(0)	0(0)	0
刘琼	2008-191	2014-010				2(0)	0(0)	0
刘琼玉	*2014-355	*2015-361				2(0)	0(0)	2
刘全友	1981-016	1982-018	1984-018	**1985-060**	1989-038（E）	5(1)	1(0)	0
刘群	**2015-257（E）**					1(1)	1(1)	0
刘冉	**2014-242**	**2014-243**	2014-563	2014-564		4(2)	0(0)	0
刘仁平	**2007-141**	**2007-142**	2008-218			3(2)	0(0)	0
刘荣川	1984-014	1993-159				2(0)	0(0)	0
刘荣华	2014-076					1(0)	0(0)	0
刘嵘	2005-152					1(0)	0(0)	0
刘榕芳	*2005-141	2008-115				2(0)	0(0)	1
刘锐	2008-226	2010-202	2012-455	2012-456		4(0)	0(0)	0
刘瑞	2005-223	**2013-245**	2014-081			3(1)	0(0)	0
刘瑞芳	1982-034					1(0)	0(0)	0
刘瑞强	2013-243					1(0)	0(0)	0
刘润清	2014-391（E）					1(0)	1(0)	0
刘润藻	2014-358					1(0)	0(0)	0
刘飒	2013-253					1(0)	0(0)	0
刘莎莉	2010-310	2011-103				2(0)	0(0)	0
刘善宝	2008-111	2013-354	2015-349	2015-411		4(0)	0(0)	0
刘善桂	2007-181					1(0)	0(0)	0
刘尚华	**1998-078**	**1999-066**				2(2)	0(0)	0
刘韶华	**2015-258**					1(1)	0(0)	0
刘少民	*2005-056	*2006-078				2(0)	0(0)	2
刘少玉	**2012-222**	2012-301	**2013-246**	**2014-244**	2015-100	5(3)	0(0)	0
刘绍	∴1988-006					1(0)	0(0)	0
刘绍舜	2014-280					1(0)	0(0)	0
刘燊	2010-051					1(0)	0(0)	0
刘燊楠	**2011-188**					1(1)	0(0)	0

续表

作者	索引编号					文献总数	英文文献	通讯作者
刘慎业	2011-275					1（0）	0（0）	0
刘升发	2010-224					1（0）	0（0）	0
刘圣迁	**2005-086**					1（1）	0（0）	0
刘胜华	2000-076					1（0）	0（0）	0
刘胜军	**2013-247**	**2014-245**				2（2）	0（0）	0
刘盛林	2007-072	2008-182	2009-313	2014-252		4（0）	0（0）	0
刘盛余	2011-451	2012-452	2013-265			3（0）	0（0）	0
刘诗中	1997-089					1（0）	0（0）	0
刘石明	2009-077					1（0）	0（0）	0
刘时杰	1998-081					1（0）	0（0）	0
刘士杰	1992-118（E）					1（0）	1（0）	0
刘世岗	2013-208（E）					1（0）	1（0）	0
刘世杰	1994-062	1995-066	**1998-079**	2000-032	2001-032	5（1）	0（0）	0
刘世凯	2008-166	**2010-175**				2（1）	0（0）	0
刘世民	**2005-087**					1（1）	0（0）	0
刘世明	2002-162					1（0）	0（0）	0
刘世萍	1997-035	1998-034				2（0）	0（0）	0
刘世强	2004-078					1（0）	0（0）	0
刘世荣	1994-119	2011-480	2012-082			3（0）	0（0）	0
刘世蓉	1992-030（E）					1（0）	1（0）	0
刘世枢	2002-016					1（0）	0（0）	0
刘守平	**2007-143**	2007-254				2（1）	0（0）	0
刘守强	2013-297					1（0）	0（0）	0
刘寿长	*2010-389（E）	2012-305	2013-359	2013-360	2014-347	2015-351	7（0）	1（0）	1
	2015-352							
刘淑红	**2011-189**	2011-231				2（1）	0（0）	0
刘淑晶	2013-096					1（0）	0（0）	0
刘淑琴	2005-156	2007-230				2（0）	0（0）	0
刘淑珍	2003-017					1（0）	0（0）	0
刘曙	2013-401					1（0）	0（0）	0
刘树	**2013-248**					1（1）	0（0）	0
刘树田	1994-035	**1997-069**				2（1）	0（0）	0
刘树文	**1991-051**	**1992-061**	**1996-075**	**1998-080**	**2000-131**	**2003-088**	9（7）	0（0）	0
	2004-059	**2006-129**	2009-078					
刘帅	2012-483					1（0）	0（0）	0
刘爽	2008-129					1（0）	0（0）	0
刘顺琼	2013-370					1（0）	0（0）	0
刘顺振	2014-353					1（0）	0（0）	0
刘舜民	**2009-167**	**2009-166**	**2010-176**			3（3）	0（0）	0
刘舜强	**2014-246**					1（1）	0（0）	0
刘思林	**1998-081**					1（1）	0（0）	0
刘斯明	2014-342					1（0）	0（0）	0
刘松	2001-027	**2010-177**	**2011-190**	2013-061	2013-190	2013-457	7（3）	0（0）	0

续表

作者	索引编号					文献总数	英文文献	通讯作者
	2015-259							
刘松林	1983-055	**1984-048**	**1987-044**	**1994-063**	**1995-069**	5（4）	0（0）	0
刘松涛	2011-488					1（0）	0（0）	0
刘松秀	**2008-155**					1（1）	0（0）	0
刘颂禹	1998-107					1（0）	0（0）	0
刘素青	2012-133	2012-427				2（0）	0（0）	0
刘随心	2013-411					1（0）	0（0）	0
刘涛	2004-126	2004-151	2007-196（E）	2008-257	2009-269	2012-104	7（1）	1（0）	0
	2012-223							
刘涛涛	2012-525	2013-007F				2（0）	1（0）	0
刘天平	**1993-075**					1（1）	0（0）	0
刘天一	2012-328					1（0）	0（0）	0
刘琪	2013-221	2013-222	**2014-247**	**2014-248**	2015-226	5（2）	0（0）	0
刘铁兵	2000-104	**2001-061**	2001-134			3（1）	0（0）	0
刘廷良	**1996-076**					1（1）	0（0）	0
刘亭	2009-224					1（0）	0（0）	0
刘亭役	2014-135					1（0）	0（0）	0
刘庭	2012-216					1（0）	0（0）	0
刘婷	2014-430					1（0）	0（0）	0
刘婷婷	**2014-249**					1（1）	0（0）	0
刘万超	2014-419					1（0）	0（0）	0
刘万强	**2011-191**					1（1）	0（0）	0
刘伟	1995-011	2006-076	2009-290	2010-007	2011-006	**2011-192**	17（5）	0（0）	0
	2011-193	**2012-224**	2012-468	**2013-249**	2013-399	2014-227			
	2014-232	2014-576	2015-098	**2015-260**	2015-576				
刘伟成	1988-076					1（0）	0（0）	0
刘伟丰	2011-022					1（0）	0（0）	0
刘伟洪	2015-486					1（0）	0（0）	0
刘伟伟	2012-028	2012-029				2（0）	0（0）	0
刘伟霞	2013-304					1（0）	0（0）	0
刘炜	2010-358	2012-462	2013-178			3（0）	0（0）	0
刘卫	2008-006	2009-006（E）	2009-007（E）	2009-008	*2009-146（E）	*2009-147	15（0）	4（0）	3
	2009-148（E）	*2010-049	2010-328	2010-329	2011-003	2011-365			
	2012-402	2013-452	2014-015						
刘卫东	1994-127	**2009-168**				2（1）	0（0）	0
刘文	1984-097	1985-123				2（0）	0（0）	0
刘文彬	**1992-062**					1（1）	0（0）	0
刘文斌	2008-235	2015-341				2（0）	0（0）	0
刘文甫	2012-466					1（0）	0（0）	0
刘文华	**1992-063**	**2002-074**	**2011-194**	**2012-225**		4（4）	0（0）	0
刘文会	1985-032					1（0）	0（0）	0
刘文杰	2013-024					1（0）	0（0）	0
刘文俊	2013-563					1（0）	0（0）	0

续表

作者	索引编号						文献总数	英文文献	通讯作者
刘文丽	2010-254						1（0）	0（0）	0
刘文鹏	2011-073						1（0）	0（0）	0
刘文清	2011-211	2012-532	2014-086	2015-078			4（0）	0（0）	0
刘文武	2015-557						1（0）	0（0）	0
刘文霞	2011-431						1（0）	0（0）	0
刘文异	**2013-250**						1（1）	0（0）	0
刘文长	1991-120						1（0）	0（0）	0
刘文中	1998-044	2013-247	2014-245				3（0）	0（0）	0
刘雯	2015-054						1（0）	0（0）	0
刘武平	2000-053						1（0）	0（0）	0
刘希举	**1996-077**	**1996-078**	**1996-079**	**1998-082**	1998-093	**1999-067**	8（5）	0（0）	0
	1999-081	1999-082							
刘溪	2009-171						1（0）	0（0）	0
刘袭君	**1990-061**						1（1）	0（0）	0
刘玺尧	2014-356						1（0）	0（0）	0
刘喜会	2002-050						1（0）	0（0）	0
刘喜秀	2005-128	2005-219	2006-203	2007-318			4（0）	0（0）	0
刘喜业	2013-322						1（0）	0（0）	0
刘霞	2011-080	2012-223					2（0）	0（0）	0
刘先松	2010-225						1（0）	0（0）	0
刘贤萍	2014-079	2014-427					2（0）	0（0）	0
刘弦	2013-125						1（0）	0（0）	0
刘显凡	**2002-075**						1（1）	0（0）	0
刘现彬	2012-470						1（0）	0（0）	0
刘羡春	2010-344						1（0）	0（0）	0
刘献宇	2015-206						1（0）	0（0）	0
刘祥春	**2013-251**						1（1）	0（0）	0
刘祥军	2011-024	2014-214	**2014-250**				3（1）	0（0）	0
刘祥萱	2007-308						1（0）	0（0）	0
刘翔	2000-021						1（0）	0（0）	0
刘翔翔	2010-156	2012-199					2（0）	0（0）	0
刘向阳	**1997-070**	**2005-088**	**2013-252**				3（3）	0（0）	0
刘肖飞	**2011-196**						1（1）	0（0）	0
刘潇威	2011-035	2011-036					2（0）	0（0）	0
刘小兵	2015-263						1（0）	0（0）	0
刘小波	**2003-089**						1（1）	0（0）	0
刘小辰	**2014-251**						1（1）	0（0）	0
刘小东	2000-001	2007-301					2（0）	0（0）	0
刘小锋	2009-049						1（0）	0（0）	0
刘小汉	2003-020						1（0）	0（0）	0
刘小行	**2014-252**						1（1）	0（0）	0
刘小娟	2015-040						1（0）	0（0）	0
刘小丽	**2012-226**						1（1）	0（0）	0

续表

作者	索引编号					文献总数	英文文献	通讯作者
刘小林	2015-411					1(0)	0(0)	0
刘小玲	**2015-261**					1(1)	0(0)	0
刘小明	**2011-195(E)**					1(1)	1(1)	0
刘小平	2014-487					1(0)	0(0)	0
刘小骐	2013-079					1(0)	0(0)	0
刘小伟	**2005-089**	2007-006	2008-127	2008-321	2009-356(E)	5(1)	1(0)	0
刘小娅	2015-571					1(0)	0(0)	0
刘小珍	**1998-083**	**1998-084**	**1998-085**	**1999-068**	2001-063	5(4)	0(0)	0
刘晓	**2014-253**					1(1)	0(0)	0
刘晓波	2015-478					1(0)	0(0)	0
刘晓端	2011-380					1(0)	0(0)	0
刘晓飞	2011-242					1(0)	0(0)	0
刘晓光	2005-012	2006-023				2(0)	0(0)	0
刘晓红	2010-273	2014-364	2011-005F			3(0)	1(0)	0
刘晓华	2012-161					1(0)	0(0)	0
刘晓辉	2012-534	2012-554	2014-520			3(0)	0(0)	0
刘晓婧	2014-431					1(0)	0(0)	0
刘晓静	2015-110					1(0)	0(0)	0
刘晓丽	**2012-227**	**2012-228**	**2012-343**	**2013-177**	**2013-253**	**2013-254**	7(4)	0(0)	0
	2013-569							
刘晓亮	**2015-262**					1(1)	0(0)	0
刘晓琳	**2006-130**					1(1)	0(0)	0
刘晓玲	**2012-229**	2013-415				2(0)	0(0)	0
刘晓旻	**2010-178**					1(1)	0(0)	0
刘晓敏	2005-086					1(0)	0(0)	0
刘晓鹏	1996-094					1(0)	0(0)	0
刘晓勤	2007-175					1(0)	0(0)	0
刘晓清	**2013-255**					1(1)	0(0)	0
刘晓伟	2010-121	2012-159				2(0)	0(0)	0
刘晓文	**2014-254**					1(1)	0(0)	0
刘晓欣	2008-252					1(0)	0(0)	0
刘晓旭	2014-254					1(0)	0(0)	0
刘晓扬	1990-049					1(0)	0(0)	0
刘晓毅	2013-047					1(0)	0(0)	0
刘心同	*2009-426	*2010-454				2(0)	0(0)	2
刘心中	**2009-169(E)**					1(1)	1(1)	0
刘欣	2006-131					1(1)	0(0)	0
刘欣萍	2008-085					1(0)	0(0)	0
刘欣欣	2006-132					1(1)	0(0)	0
刘新	**2011-197**	2013-574	**2015-263**			3(2)	0(0)	0
刘新斌	**2003-090**	**2005-090**				2(2)	0(0)	0
刘新刚	2008-362					1(0)	0(0)	0
刘新华	2014-519					1(0)	0(0)	0

续表

作者	索引编号					文献总数	英文文献	通讯作者
刘新荣	2009-342	2010-374				2（0）	0（0）	0
刘新生	**1990-062**	**1991-052（E）**				2（2）	1（1）	0
刘鑫	2009-276	2012-283				2（0）	0（0）	0
刘信文	2001-145	2003-013				2（0）	0（0）	0
刘兴德	2002-075					1（0）	0（0）	0
刘兴江	2011-464					1（0）	0（0）	0
刘兴利	2011-280					1（0）	0（0）	0
刘兴培	2010-205					1（0）	0（0）	0
刘婷	2000-039					1（0）	0（0）	0
刘雄光	2005-059					1（0）	0（0）	0
刘秀娟	2010-369					1（0）	0（0）	0
刘秀兰	1981-011					1（0）	0（0）	0
刘秀梅	2005-085					1（0）	0（0）	0
刘秀明	1990-059					1（0）	0（0）	0
刘秀铭	2008-232	2008-233				2（0）	0（0）	0
刘秀萍	2008-025					1（0）	0（0）	0
刘秀玉	**2014-255**					1（1）	0（0）	0
刘秀之	1986-102					1（0）	0（0）	0
刘岫峰	2014-320					1（0）	0（0）	0
刘旭	2012-149	**2014-256**				2（1）	0（0）	0
刘学	2013-409					1（0）	0（0）	0
刘学东	1987-023	1989-030	2002-039			3（0）	0（0）	0
刘学公	1987-087	1988-088	1989-028	1990-028	1990-117	1993-038	6（0）	0（0）	0
刘学理	2006-171					1（0）	0（0）	0
刘学良	2006-039	2007-042	2008-058	**2008-156**	2009-054	**2011-198**	10（3）	1（1）	0
	2011-199（E）	2013-606	2014-147	2014-344				
刘学清	2015-023	2015-617				2（0）	0（0）	0
刘学武	**2002-076**	**2004-060**				2（2）	0（0）	0
刘雪珍	1990-040	**1991-053**				2（1）	0（0）	0
刘训初	1982-038					1（0）	0（0）	0
刘训健	**1990-063**					1（1）	0（0）	0
刘桠颖	**2009-170**					1（1）	0（0）	0
刘亚南	1988-055	1989-061	1990-066			3（0）	0（0）	0
刘亚平	1997-005					1（0）	0（0）	0
刘亚琪	**1996-080**					1（1）	0（0）	0
刘亚文	**1982-026**	1982-032	**1983-044**	1983-047	1983-086	**1984-049**	19（8）	0（0）	0
	1984-050	1985-020	1986-039	1987-014	1987-033	**1987-045**			
	1987-046	1988-042	**1988-053**	**1989-059**	1992-032	1992-112			
	1993-044								
刘亚雯	1988-044	1990-017	**1992-064**	**1992-065**	**1992-066**	**1993-076**	16（7）	0（0）	0
	1993-077	1994-101	1994-103	1995-116	1995-117	1996-092			
	1996-128	**1997-071**	**1998-086**	1998-096					
刘亚星	2014-286					1（0）	0（0）	0

作者	索引编号					文献总数	英文文献	通讯作者
刘娅	2013-048					1 (0)	0 (0)	0
刘嫣歆	2013-457					1 (0)	0 (0)	0
刘延常	2012-049					1 (0)	0 (0)	0
刘延霞	2015-026					1 (0)	0 (0)	0
刘言	**2014-257**					1 (1)	0 (0)	0
刘岩	2007-067	2011-035	2011-036			3 (0)	0 (0)	0
刘岩红	2011-009					1 (0)	0 (0)	0
刘研	2006-195					1 (0)	0 (0)	0
刘琰 1	**2006-133**	**2006-134**	**2006-135（E）**	**2007-144**		4 (4)	1 (1)	0
刘琰 2	2007-287	2012-355	2012-449	2012-525	2014-392	5 (0)	0 (0)	0
刘艳	**2011-200**	2011-369	**2014-258**			3 (2)	0 (0)	0
刘艳芳	**2011-201**	2011-435				2 (1)	0 (0)	0
刘艳飞	2012-042	2012-043				2 (0)	0 (0)	0
刘艳改	**2008-157**					1 (1)	0 (0)	0
刘艳利	2009-324					1 (0)	0 (0)	0
刘艳林	2013-464					1 (0)	0 (0)	0
刘艳松	**2014-259**					1 (1)	0 (0)	0
刘焱光	2007-215	2010-224	2010-378	2015-038	2015-570	2015-571	6 (0)	0 (0)	0
刘燕	1996-105	1997-123	1999-089	**2003-091**	2005-129	2010-206（E）	6 (1)	1 (1)	0
刘燕德	**2011-202**					1 (1)	0 (0)	0
刘阳	2006-221	2014-093	**2014-260**			3 (1)	0 (0)	0
刘阳生	*2013-052					1 (0)	0 (0)	1
刘杨军	**2006-136**					1 (1)	0 (0)	0
刘洋 1	1989-027	1989-108	**1990-064**	1990-123	1990-124	1992-139	12 (2)	0 (0)	0
	1995-070	1998-107	**1999-069**	2000-026	2004-088	2007-034			
刘洋 2	2010-183	2010-214	2013-614	2014-122	2015-225	2015-257（E）	6 (0)	1 (0)	0
刘养杰	**2009-171**					1 (1)	0 (0)	0
刘养勤	2010-230					1 (0)	0 (0)	0
刘耀诚	2000-060					1 (0)	0 (0)	0
刘耀炜	2012-065					1 (0)	0 (0)	0
刘业翔	2010-100					1 (0)	0 (0)	0
刘晔	**2007-145**					1 (1)	0 (0)	0
刘一杨	2011-458					1 (0)	0 (0)	0
刘以建	1991-009	1995-055	2009-045	2009-279		4 (0)	0 (0)	0
刘倚豆	**2010-179**					1 (1)	0 (0)	0
刘义保	2014-032					1 (0)	0 (0)	0
刘义博	2011-439	2013-136	2014-533	2015-205		4 (0)	0 (0)	0
刘义新	2005-014	2005-015	**2006-137（E）**			3 (1)	1 (1)	0
刘易	2013-410					1 (0)	0 (0)	0
刘益宽	1964-014P					1 (0)	0 (0)	0
刘益锋	**2013-256**					1 (1)	0 (0)	0
刘益民	2013-571					1 (0)	0 (0)	0
刘谊	**2006-138**					1 (1)	0 (0)	0

续表

作者	索引编号						文献总数	英文文献	通讯作者
刘毅	2015-304						1（0）	0（0）	0
刘毅慧	2001-028	2002-076					2（0）	0（0）	0
刘银	**2010-180**	**2014-261**					2（2）	0（0）	0
刘银河	2015-008						1（0）	0（0）	0
刘英	2005-192	2006-307	2011-432				3（0）	0（0）	0
刘英波	2013-095						1（0）	0（0）	0
刘英红	**2010-181**						1（1）	0（0）	0
刘英平	1996-110						1（0）	0（0）	0
刘迎新	2007-168	2014-007	2014-279				3（0）	0（0）	0
刘莹	2015-548						1（0）	0（0）	0
刘营	**2001-062**						1（1）	0（0）	0
刘颖	2007-281	2008-212	2011-215	2012-238			4（0）	0（0）	0
刘颖斌	2004-022	2005-006F					2（0）	1（0）	0
刘颖晓	2008-053	2010-197					2（0）	0（0）	0
刘应开	2013-285						1（0）	0（0）	0
刘永	2011-025						1（0）	0（0）	0
刘永安	2015-053						1（0）	0（0）	0
刘永丰	2014-128						1（0）	0（0）	0
刘永建	2009-011						1（0）	0（0）	0
刘永康	1994-119						1（0）	0（0）	0
刘永利	2012-499						1（0）	0（0）	0
刘永亮	**2014-262**						1（1）	0（0）	0
刘永林	2005-118						1（0）	0（0）	0
刘永明	**1996-081**						1（0）	0（0）	0
刘永清	2013-107						1（0）	0（0）	0
刘永胜	2006-138						1（0）	0（0）	0
刘永孝	1993-038						1（0）	0（0）	0
刘永星	**2012-230**						1（1）	0（0）	0
刘永志	2007-167						1（0）	0（0）	0
刘永忠	1992-054	1992-055	1998-123				3（0）	0（0）	0
刘勇	2003-098	2007-244	2011-383	2011-448	2012-090	**2012-231**	6（1）	0（0）	0
刘勇胜	2001-069（E）	**2003-092**	**2005-091**				3（2）	1（0）	0
刘有银	2015-312						1（0）	0（0）	0
刘渝珍	2009-252						1（0）	0（0）	0
刘瑜	2009-161						1（0）	0（0）	0
刘愚	**2013-257**						1（1）	0（0）	0
刘宇	**1997-072**	**1997-073**					2（2）	0（0）	0
刘宇兵	2015-286						1（0）	0（0）	0
刘宇浩	2014-239						1（0）	0（0）	0
刘玉	1994-064						1（0）	0（0）	0
刘玉兵	**1989-060**	**1999-070**	**2004-061**	**2005-092**	**2009-172**	2012-366	9（6）	0（0）	0
	2013-258	2014-327	2015-321						
刘玉纯	2004-054	**2008-158**	2013-221	2013-222	2014-247	2015-226	6（1）	0（0）	0

续表

作者	索引编号					文献总数	英文文献	通讯作者
刘玉红	2014-490					1（0）	0（0）	0
刘玉文	2009-055					1（0）	0（0）	0
刘昱	2013-079					1（0）	0（0）	0
刘昱恒	2012-448					1（0）	0（0）	0
刘煜	**2000-055**	**2005-093**				2（2）	0（0）	0
刘煜凯	**1985-061**					1（1）	0（0）	0
刘元俊	2015-331					1（0）	0（0）	0
刘元清	2015-055					1（0）	0（0）	0
刘元晴	2012-525					1（0）	0（0）	0
刘元琼	**2009-173**	2009-189				2（1）	0（0）	0
刘元元	2009-413					1（0）	0（0）	0
刘元正	2014-239					1（0）	0（0）	0
刘园圆	2015-128（E）	2015-137	2015-162			3（0）	1（0）	0
刘缘缘	2010-095	2010-096	2012-117			3（0）	0（0）	0
刘远兴	1989-017					1（0）	0（0）	0
刘院英	2008-348					1（0）	0（0）	0
刘月	**2004-062**	**2010-182**				2（2）	0（0）	0
刘云	**1988-054**	1989-101				2（1）	0（0）	0
刘云飞	2009-306					1（0）	0（0）	0
刘云岚	1989-008	1989-009				2（0）	0（0）	0
刘云派	**2001-063**					1（1）	0（0）	0
刘云义	2014-149					1（0）	0（0）	0
刘蕴恒	2009-192					1（0）	0（0）	0
刘在美	2008-335	2009-374				2（0）	0（0）	0
刘泽群	2012-201					1（0）	0（0）	0
刘占元	2012-550					1（0）	0（0）	0
刘战存	**2006-139**	2006-260				2（1）	0（0）	0
刘战庆	2015-349	*2015-411				2（0）	0（0）	1
刘章大	1999-006					1（0）	0（0）	0
刘长春	2012-468	**2014-227**				2（1）	0（0）	0
刘长厚	2003-206	*2005-193（E）	*2005-194			3（0）	1（0）	2
刘长华	**2006-140**					1（1）	0（0）	0
刘长江	**2009-174**					1（1）	0（0）	0
刘召贵	**1990-065**	2000-043				2（1）	0（0）	0
刘兆远	1991-105					1（0）	0（0）	0
刘振东	**2013-259**					1（1）	0（0）	0
刘振芳	1995-033					1（0）	0（0）	0
刘振伟	**2011-203**	**2014-264**				2（2）	0（0）	0
刘震	**2004-063**	2005-032	2014-276			3（1）	0（0）	0
刘正民	1991-105					1（0）	0（0）	0
刘正宁	**2010-183**	2010-214				2（1）	0（0）	0
刘正士	**1994-064**					1（1）	0（0）	0
刘珍荣	**1982-004P**	1981-004S				2（1）	0（0）	0

续表

作者	索引编号					文献总数	英文文献	通讯作者
刘志	2011-273	2012-296	2012-297	2012-378		4（0）	0（0）	0
刘志芳	**2004-064**					1（1）	0（0）	0
刘志飞	2011-466	2011-467（E）	*2012-103			3（0）	1（0）	1
刘志刚	2007-300	2015-131	2015-133			3（0）	0（0）	0
刘志国	2004-012	2004-013	2004-093	2005-134	2005-135	27（0）	4（0）	0
	2006-197	2007-023	2007-196（E）	2007-197	2008-038			
	2008-215	2008-216	2009-325	2010-267	2010-268			
	2011-027	2011-164（E）	2011-292	2011-293	2013-231			
	2013-311	2013-362（E）	2014-352	2014-494	2015-170			
	2008-004F	2009-013W						
刘志红	2006-188					1（0）	0（0）	0
刘志宏	2014-196					1（0）	0（0）	0
刘志杰	**1996-082**	**1997-074**				2（2）	0（0）	0
刘志民	2011-363	2014-438				2（0）	0（0）	0
刘志明	2008-079	*2013-447				2（0）	0（0）	1
刘志鹏	2012-363					1（0）	0（0）	0
刘志强	**2011-204**					1（1）	0（0）	0
刘志然	**2014-265**					1（1）	0（0）	0
刘志如	1983-064					1（0）	0（0）	0
刘志伟	2015-226					1（0）	0（0）	0
刘志新	**2002-077**	2003-191				2（1）	0（0）	0
刘志彦	**2014-266**					1（1）	0（0）	0
刘志勇	**2008-159（E）**	**2008-160**	**2009-175**			3（3）	1（1）	0
刘智鹏	**2013-260**					1（1）	0（0）	0
刘智勇	2014-196					1（0）	0（0）	0
刘稚	2003-017	2013-549				2（0）	0（0）	0
刘中会	1987-017					1（0）	0（0）	0
刘中民	2001-112	2001-113	2007-326	2008-292	*2012-207	9（0）	2（0）	5
	*2012-208（E）	*2013-153	*2013-154	*2015-517（E）				
刘中清	*2012-149					1（0）	0（0）	1
刘中侠	2015-144					1（0）	0（0）	0
刘中勇	2013-256					1（0）	0（0）	0
刘忠华	1997-096	**1994-065**				2（1）	0（0）	0
刘忠权	2010-162					1（0）	0（0）	0
刘仲能	2010-285					1（0）	0（0）	0
刘仲阳	2001-008					1（0）	0（0）	0
刘仲毅	2010-389（E）	*2012-305	*2013-359	*2013-360	*2014-347	7（0）	1（0）	4
	2015-351	2015-352						
刘重业	1982-015					1（0）	0（0）	0
刘柱华	1996-102					1（0）	0（0）	0
刘子阳	1990-062					1（0）	0（0）	0
刘子瑜	2003-102	2003-103	2007-312			3（0）	0（0）	0
刘紫燕	2015-550					1（0）	0（0）	0
刘宗宽	2013-244					1（0）	0（0）	0

续表

作者	索引编号					文献总数	英文文献	通讯作者
刘祖黎	2011-133					1(0)	0(0)	0
刘祖林	1997-116					1(0)	0(0)	0
刘作华	*2014-001					1(0)	0(0)	1
柳常青	1994-046	1997-133				2(0)	0(0)	0
柳成志	2014-283					1(0)	0(0)	0
柳春兰	2001-019					1(0)	0(0)	0
柳浩	2011-356					1(0)	0(0)	0
柳浩然	**2009-176**					1(1)	0(0)	0
柳建设	*2010-238					1(0)	0(0)	1
柳建新	**2011-205**					1(1)	0(0)	0
柳建勇	2012-140					1(0)	0(0)	0
柳剑英	2013-293	2013-294				2(0)	0(0)	0
柳丽芬	*2006-107	**2006-141**	**2008-161**			3(2)	0(0)	1
柳林	2008-068					1(0)	0(0)	0
柳明春	2002-083					1(0)	0(0)	0
柳天舒	2006-223					1(0)	0(0)	0
柳婷	2010-286					1(0)	0(0)	0
柳小明	2003-092	2007-145				2(0)	0(0)	0
柳亚玲	**2009-177**	**2015-264**				2(2)	0(0)	0
柳召刚	2015-547					1(0)	0(0)	0
Liu Chenglun	**2014-228(E)**					1(1)	1(1)	0
Liu Dasen	2013-006F					1(0)	1(0)	0
Liu Hongchang	2013-004F					1(0)	1(0)	0
Liu Jiarui	1989-063(E)					1(0)	1(0)	0
Liu Juanjuan	2008-341(E)					1(0)	1(0)	0
Liu Junli	2014-290(E)					1(0)	1(0)	0
Liu Quanru	2008-004F					1(0)	1(0)	0
Liu Shufeng	2008-341(E)					1(0)	1(0)	0
Liu Weiping	2004-146(E)					1(0)	1(0)	0
Liu Yanfeng	2013-044(E)					1(0)	1(0)	0
Liu Y.	**2007-005F**					1(1)	1(1)	0
Liu Y.W.	1993-003F					1(0)	1(0)	0
Liu Yi	2013-605(E)					1(0)	1(0)	0
Liu Yungchang	2010-006(E)					1(0)	1(0)	0
Liu Ze	**2014-263(E)**					1(1)	1(1)	0
Лобанов Ф.И.	**1982-027**					1(1)	0(0)	0
Lobel J.	2000-059					1(0)	0(0)	0
Lodding Linda	2007-064					1(0)	0(0)	0
Lodziak J.	1982-039					1(0)	0(0)	0
龙博	**2013-261**					1(1)	0(0)	0
龙昌玉	**2010-184**					1(1)	0(0)	0
龙楚	2009-257					1(0)	0(0)	0
龙飞	2014-212					1(0)	0(0)	0

续表

作者	索引编号					文献总数	英文文献	通讯作者
龙光明	2010-298	2011-338				2（0）	0（0）	0
龙海珍	**2013-262**					1（1）	0（0）	0
龙化云	**2009-178**					1（1）	0（0）	0
龙建	**2015-265**					1（1）	0（0）	0
龙建纲	2004-159	2006-310	2006-012F			3（0）	1（0）	0
龙江平	2010-336					1（0）	0（0）	0
龙进	**2015-266**					1（1）	0（0）	0
龙居富	1994-149					1（0）	0（0）	0
龙军	2007-313（E）	2013-341				2（0）	1（0）	0
龙来寿	**2009-179**					1（1）	0（0）	0
龙立华	*2014-496					1（0）	0（0）	1
龙丽洁	2015-077					1（0）	0（0）	0
Long Nanye	2003-003F					1（0）	1（0）	0
龙清	**2014-267**					1（1）	0（0）	0
龙盛如	2006-273					1（0）	0（0）	0
龙时磊	**2013-263**	2013-527（E）	2014-023			3（1）	1（0）	0
龙姝军	**1996-083**					1（1）	0（0）	0
龙思远	2015-489					1（0）	0（0）	0
龙婷婷	**2015-267**					1（1）	0（0）	0
龙文进	2015-207					1（0）	0（0）	0
龙先灌	2000-114	2009-087				2（0）	0（0）	0
龙翔	2015-425					1（0）	0（0）	0
龙秀容	2009-241	2009-259	2011-132			3（0）	0（0）	0
龙耀斌	**2010-185**					1（1）	0（0）	0
龙英才	*2005-234	*2006-022	*2006-047	*2008-040	2009-034	*2009-076	6（0）	0（0）	5
龙志奇	2001-062					1（0）	0（0）	0
娄豪月	2011-381					1（0）	0（0）	0
娄慧玲	1989-116					1（0）	0（0）	0
娄玉霞	2008-011	2009-013	2009-393（E）	2009-394	**2011-206**	5（1）	1（0）	0
娄长影	**2014-268**					1（1）	0（0）	0
楼白杨	2011-398					1（0）	0（0）	0
楼法生	2015-518					1（0）	0（0）	0
楼蔓藤	**2002-078**	**2002-079**				2（2）	0（0）	0
楼启正	**1997-075**					1（1）	0（0）	0
楼署红	**2013-264**					1（1）	0（0）	0
楼宗汉	1984-027					1（0）	0（0）	0
卢安民	2013-064	2014-269				2（0）	0（0）	0
卢斌	2002-098	2002-099	2002-101	2006-204	2006-206	5（0）	0（0）	0
卢兵	**2014-269**					1（1）	0（0）	0
卢成荣	1989-077（E）					1（0）	1（0）	0
卢春山	2015-093					1（0）	0（0）	0
卢殿通	1980-037	2001-161				2（0）	0（0）	0
卢飞	2013-041					1（0）	0（0）	0

续表

作者	索引编号						文献总数	英文文献	通讯作者
卢飞麟	**1996-084**						1（1）	0（0）	0
卢峰	2014-129	2015-196					2（0）	0（0）	0
卢昊	2015-300						1（0）	0（0）	0
卢红霞	**2007-146**	**2007-147**	2009-156	2013-476			4（2）	0（0）	0
卢宏	2000-115	2005-233					2（0）	0（0）	0
卢慧剑	2015-036						1（0）	0（0）	0
卢家烂	1998-177（E）	1998-178（E）	1998-179	1998-180	1998-181	1998-182	9（1）	4（0）	0
	1999-071	1999-159（E）	1999-160（E）						
卢杰	2015-300						1（0）	0（0）	0
卢洁	2011-405						1（0）	0（0）	0
卢景提	**1988-055**	**1989-061**	**1990-066**				3（3）	0（0）	0
卢敬智	**1985-062**	1991-111	1993-103				3（1）	0（0）	0
卢娟娟	2014-327						1（0）	0（0）	0
卢军	**2014-270**						1（1）	0（0）	0
卢妹雪	2013-599						1（0）	0（0）	0
卢女平	2010-001	2013-005					2（0）	0（0）	0
卢攀登	2014-495	2015-070					2（0）	0（0）	0
卢钦棠	1994-114	1994-113					2（0）	0（0）	0
卢泉	2010-155						1（0）	0（0）	0
卢圣才	2013-423						1（0）	0（0）	0
卢世璧	*2010-316						1（0）	0（0）	1
卢双豪	**2015-268**						1（1）	0（0）	0
卢思佳	2015-252						1（0）	0（0）	0
卢堂俊	2009-410						1（0）	0（0）	0
卢铁城	2009-350	2011-062					2（0）	0（0）	0
卢卫	1996-065	1997-056					2（0）	0（0）	0
卢文庆	2003-003						1（0）	0（0）	0
卢文喜	2008-312	2009-342	2010-374	2015-500			4（0）	0（0）	0
卢希龙	2011-421	2012-542	2013-111	2014-112	2014-122		5（0）	0（0）	0
卢喜瑞	**2011-207**	**2011-208**					2（2）	0（0）	0
卢香宇	2011-126						1（0）	0（0）	0
卢小海	2014-077						1（0）	0（0）	0
卢晓静	2011-142						1（0）	0（0）	0
卢新卫	*2011-328	2012-030	*2012-353	*2013-307	2013-403		5（0）	0（0）	3
卢新祥	2014-492						1（0）	0（0）	0
卢艳	**2012-232**						1（1）	0（0）	0
卢艳军	**2003-093**	**2003-094**					2（2）	0（0）	0
卢燕玲	2002-080	**2011-209**	**2011-210**	**2014-271**			4（3）	0（0）	0
卢亿	**2010-186**						1（1）	0（0）	0
卢义玉	2012-080	2015-123					2（0）	0（0）	0
卢远刚	2012-452	**2013-265**					2（0）	0（0）	0
卢云锦	**1979-019**	**1979-020**	**1964-001P**	**1964-005P**	**1964-006P**		5（5）	0（0）	0
卢泽湘	**2008-162**						1（1）	0（0）	0

续表

作者	索引编号						文献总数	英文文献	通讯作者
卢贞瑞	2015-399						1（0）	0（0）	0
卢志英	1991-130						1（0）	0（0）	0
卢忠新	2003-094						1（0）	0（0）	0
卢忠远	2013-504						1（0）	0（0）	0
芦飞	**2014-272**	**2014-273**	**2015-269**				3（3）	0（0）	0
芦红	1998-072	**1999-072**	2010-404				3（1）	0（0）	0
鲁安怀	2005-223	2007-168	2013-293	2013-294	2015-215	2015-294	6（0）	0（0）	0
鲁彬	**2007-148**						1（1）	0（0）	0
鲁翠萍	**2011-211**						1（1）	0（0）	0
鲁丹	**2015-270**						1（1）	0（0）	0
鲁道洪	2010-103						1（0）	0（0）	0
鲁方	2008-137						1（0）	0（0）	0
鲁锋	2009-224						1（0）	0（0）	0
鲁豪东	1989-070	1990-072	1991-060				3（0）	0（0）	0
鲁红斌	**1999-073**						1（1）	0（0）	0
鲁继青	2007-085（E）						1（0）	1（0）	0
鲁建	**2012-233**						1（1）	0（0）	0
鲁金明	2012-334						1（0）	0（0）	0
鲁锦富	**2004-065**						1（1）	0（0）	0
鲁静	2006-180						1（0）	0（0）	0
鲁聚林	2002-105						1（0）	0（0）	0
鲁鲲	2015-192						1（0）	0（0）	0
鲁立强	*2013-083						1（0）	0（0）	1
鲁瑞君	2012-375						1（0）	0（0）	0
鲁绍伟	**2010-187**						1（1）	0（0）	0
鲁仕梅	**2014-274**	**2014-275**					2（2）	0（0）	0
鲁晓珂	2004-162（E）	2004-165	2005-226	2006-172	2006-314（E）	2007-243	11（4）	3（1）	0
	2011-158	**2011-212**	**2011-213**	**2013-267**	**2013-266（E）**				
鲁新环	2012-471						1（0）	0（0）	0
鲁雄刚	2014-451						1（0）	0（0）	0
鲁旭	2015-516						1（0）	0（0）	0
鲁言波	**2009-180**	**2012-234**					2（2）	0（0）	0
鲁永芳	**2006-142**	2006-216	2006-217	**2007-149**	2007-212	2007-213	8（3）	0（0）	0
	2007-214	**2008-163**							
鲁钰	2009-116	**2009-181**					2（1）	0（0）	0
陆爱娜	1980-012	1981-020					2（0）	0（0）	0
陆安军	2015-347						1（0）	0（0）	0
陆安祥	**2010-188**	2011-245	2012-091	2015-171			4（1）	0（0）	0
陆岸青	2013-603						1（0）	0（0）	0
陆蓓莲	1987-059	1990-083					2（0）	0（0）	0
陆丹	∵1991-054	1992-090	1993-088				3（0）	0（0）	0
陆道礼	2015-014						1（0）	0（0）	0
陆丁荣	2007-210						1（0）	0（0）	0

续表

作者	索引编号					文献总数	英文文献	通讯作者
陆海峰	2015-250					1（0）	0（0）	0
陆海勤	*2013-599					1（0）	0（0）	1
陆佳锋	2014-031					1（0）	0（0）	0
陆佳佳	**2014-276**					1（1）	0（0）	0
陆建芳	2010-066					1（0）	0（0）	0
陆建民	1997-108					1（0）	0（0）	0
陆建培	2011-369					1（0）	0（0）	0
陆健	2010-323					1（0）	0（0）	0
陆金生	1989-101					1（0）	0（0）	0
陆静云	**2014-277**					1（1）	0（0）	0
陆坤	1995-064	1996-073	**1996-085**			3（1）	0（0）	0
陆磊	2003-073					1（0）	0（0）	0
陆丽光	2003-062					1（0）	0（0）	0
陆美玉	**2008-164**					1（1）	0（0）	0
陆明	2007-300					1（0）	0（0）	0
陆娜萍	2013-611					1（0）	0（0）	0
陆培培	2010-173					1（0）	0（0）	0
陆朴敏	1985-019					1（0）	0（0）	0
陆青松	2011-381					1（0）	0（0）	0
陆庆华	**2014-278**					1（1）	0（0）	0
陆荣荣	1993-026	**1993-078**	**1993-079**	1993-115	1993-162	1993-163		
	1994-100（E）	1996-019	2001-080	2001-081	2001-082（E）	2001-083		
	2002-088	2002-096	2004-052	2005-060	1993-005F	1993-007F	28（2）	14（0）	0
	1993-009F	1993-010F	1995-003F	1995-004F	1995-005F	1997-002F		
	1997-003F	1997-004F	2003-002F	2004-002F				
陆少兰	**1982-028**	**1984-051**	**1984-052**	1986-085	**1988-056**	1989-027		
	1989-062	1992-048	**1995-070**	1998-107	1999-092	2000-026	14（7）	0（0）	0
	2004-088	**1973-014P**						
陆太进	2012-526	2013-078	2013-279（E）	2014-561	2015-225		5（0）	1（0）	0
陆挺	2001-162	**2005-094**					2（1）	0（0）	0
陆婉珍	2006-026						1（0）	0（0）	0
陆巍	**1999-074**						1（1）	0（0）	0
陆巍巍	**2012-235**						1（1）	0（0）	0
陆伟红	1993-089	1993-090	1994-073	1996-097	1996-098		5（0）	0（0）	0
陆文宝	2009-168						1（0）	0（0）	0
陆文栋	**1993-080**	1993-089	1993-090	1994-073	**1997-076**		5（2）	0（0）	0
陆文举	2007-086						1（0）	0（0）	0
陆文娟	1990-063						1（0）	0（0）	0
陆文栋	1996-098						1（0）	0（0）	0
陆文忠	2005-216	2006-077	2006-308	2006-309	2007-285	2007-310	8（0）	1（0）	0
	2008-006	2009-006（E）						
陆现彩	*2010-218	*2014-446					2（0）	0（0）	2
陆小华	2010-034						1（0）	0（0）	0

续表

作者	索引编号					文献总数	英文文献	通讯作者
陆晓华	**1994-066**	2010-138				2（1）	0（0）	0
陆晓明	1991-075	**1995-071**	1996-047	**1997-077**	**2003-095**	2005-055	18（9）	3（0）	0
	2005-095	**2006-143**	2008-100	2008-165	**2009-182**	2012-130			
	2013-268	**2015-271**	2015-561	2012-005F	2013-001F	2013-002F			
陆晓颖	2012-315					1（0）	0（0）	0
陆筱彬	2015-075	2015-209	2015-210	**2015-272**		4（1）	0（0）	0
陆亚松	2002-096					1（0）	0（0）	0
陆阳	1993-089	1993-090	1994-073			3（0）	0（0）	0
陆耀辉	2012-240					1（0）	0（0）	0
陆银平	2014-166	**2015-273**				2（1）	0（0）	0
陆永琪	2002-169					1（0）	0（0）	0
陆玉芹	1988-058					1（0）	0（0）	0
陆昀乔	2014-446					1（0）	0（0）	0
陆肇权	1982-052					1（0）	0（0）	0
鹿化煜	1996-015					1（0）	0（0）	0
鹿青	2014-281	2014-282				2（0）	0（0）	0
鹿玉理	1999-105					1（0）	0（0）	0
逯克思	**2010-189**					1（1）	0（0）	0
逯义	1986-004	2003-192	**2012-236**			3（1）	0（0）	0
路婵	2009-044	2010-124（E）				2（0）	1（0）	0
路春美	2013-303	2014-303				2（0）	0（0）	0
路风辉	2011-024					1（0）	0（0）	0
路福秀	**2000-056**					1（1）	0（0）	0
路贵民	**1997-078**					1（1）	0（0）	0
路军兵	2012-160					1（0）	0（0）	0
路励真	**1976-006**					1（1）	0（0）	0
Lu Huahua	2008-341（E）					1（0）	1（0）	0
Lu J.X.	2001-002F					1（0）	1（0）	0
Lu Lingli	2009-006F	**2013-008F**				2（1）	2（1）	0
Lu Weipeng	2014-290（E）					1（0）	1（0）	0
Lu Xiaowan	1994-050（E）					1（0）	1（0）	0
Lu Xuchen	*2015-530（E）					1（0）	1（0）	1
栾和新	2010-110	**2012-237**	**2013-269**	**2013-270**		4（3）	0（0）	0
栾洁玉	2011-330					1（0）	0（0）	0
栾莉	2013-396	2013-397				2（0）	0（0）	0
栾琳	2013-464					1（0）	0（0）	0
栾天	**2006-144**					1（1）	0（0）	0
栾旭东	2015-514					1（0）	0（0）	0
栾友顺	**2004-066**					1（1）	0（0）	0
栾兆华	**1993-081**					1（1）	0（0）	0
Lubecki A.	1980-024					1（0）	0（0）	0
Lubov G. Smolyaninova	2006-002（E）					1（0）	1（0）	0

续表

作者	索引编号						文献总数	英文文献	通讯作者
伦云霞	**2007-150**						1（1）	0（0）	0
伦志红	**2013-277**						1（1）	0（0）	0
罗保民	**2008-166**						1（1）	0（0）	0
罗斌	**2013-271**	2013-272	2013-472	2013-491	2014-180	2015-323	6（1）	0（0）	0
罗秉钧	1980-022	**1982-029**					2（1）	0（0）	0
罗秉儒	1994-087						1（0）	0（0）	0
罗伯诚	2001-008						1（0）	0（0）	0
罗博	1996-102	2008-264					2（0）	0（0）	0
罗川	2012-339						1（0）	0（0）	0
罗春桃	2013-384	2013-385	2014-545				3（0）	0（0）	0
罗代洪	1988-091	1998-131					2（0）	0（0）	0
罗德礼	2006-082						1（0）	0（0）	0
罗恩剑	2013-271	**2013-272**	2013-491				3（1）	0（0）	0
罗凡	2015-254						1（0）	0（0）	0
罗峰	**2008-167**						1（1）	0（0）	0
罗桂诚	**1996-086**						1（1）	0（0）	0
罗汉金	*2013-327						1（0）	0（0）	1
罗豪甦	2002-015	2008-149	2009-015				3（0）	0（0）	0
罗红宇	**2005-096**	**2006-145**					2（2）	0（0）	0
罗宏	2009-022	2009-240					2（0）	0（0）	0
罗宏杰	2007-243	2009-294（E）	2011-158	2011-212	2011-213	2014-577	6（0）	1（0）	0
罗辉	2009-254						1（0）	0（0）	0
罗惠	2004-081						1（0）	0（0）	0
罗惠波	**2010-190**						1（1）	0（0）	0
罗惠君	2010-332						1（0）	0（0）	0
罗集鹏	**2001-064**						1（1）	0（0）	0
罗建慧	1992-115	1994-104	1997-117				3（0）	0（0）	0
罗建林	**2003-096**						1（1）	0（0）	0
罗建乔	2011-073						1（0）	0（0）	0
罗金华	**2013-273**	**2015-274**	**2015-275**	**2015-276**			4（4）	0（0）	0
罗津新	**1981-028**	**1982-030**	**1983-045**	**1984-053**	**1984-054**	**1985-063**	8（8）	0（0）	0
	1986-045	**1982-003P**							
罗晶	2014-115						1（0）	0（0）	0
罗驹华	2008-120						1（0）	0（0）	0
罗俊杰	2011-076						1（0）	0（0）	0
罗俊旋	**2011-214**						1（1）	0（0）	0
罗坤	**2011-215**						1（1）	0（0）	0
罗昆鹏	2013-019						1（0）	0（0）	0
罗澜	**1992-067**						1（1）	0（0）	0
罗磊	**2010-191**（E）	2010-411	2011-220	2012-476	2013-371	2015-429	6（1）	1（1）	0
罗立强	1989-065	**1991-055**	**1992-068**	1993-069	**1993-082**	**1993-083**	54（32）	13（11）	4
	1994-041	1995-056	1995-128	**1996-087**	**1996-088**（E）	1996-145			
	1997-079	**1997-080**	1997-131	1998-067	**1998-088**	**1998-089**			

续表

作者	索引编号						文献总数	英文文献	通讯作者
	1998-135	1999-026	**1999-075**	**1999-076**	2000-014	2000-097			
	2001-065	**2001-066**	*2001-097	2002-120	2003-187	**2004-067**			
	2005-097	2006-146	2006-147	2008-168	*2010-029	2011-384			
	*2011-385	**2012-238**	*2014-348	2014-507	1997-001F	1998-001F			
	1998-002F	**2000-001F**	**2001-001F**	**2002-001F**	**2006-004F**	**2006-014F**			
	2007-001F	**2007-002F**	2009-001F	2007-001F	2008-011W	2015-016W			
罗丽	1998-087						1（1）	0（0）	0
罗亮	2014-108						1（0）	0（0）	0
罗凌虹	2010-155						1（0）	0（0）	0
罗漫	2010-279						1（0）	0（0）	0
罗孟飞	*2007-085（E）						1（0）	1（0）	1
罗明标	2014-211						1（0）	0（0）	0
罗明贵	2010-109	2011-167	2011-168	2011-434	2012-321	2012-322	8（0）	0（0）	0
	2012-359	2013-370							
罗明洪	**2015-277**						1（1）	0（0）	0
罗明荣	**2001-067**	**2007-151**	**2012-239**				3（3）	0（0）	0
罗鸣坤	2009-206						1（0）	0（0）	0
罗乃兴	2010-366						1（0）	0（0）	0
罗宁	2010-139	**2011-216（E）**	**2013-274（E）**				3（2）	2（2）	0
罗培松	**2015-278**						1（1）	0（0）	0
罗平	1992-115	1994-104	1997-117				3（0）	0（0）	0
罗平安	1992-098（E）						1（0）	1（0）	0
罗萍	1998-121	**2001-068**	2002-026	2003-131	2008-215	2010-268	10（1）	0（0）	0
	2011-292	2011-293	2013-231	2013-311					
罗奇	2010-273						1（0）	0（0）	0
罗倩	**1986-046**						1（1）	0（0）	0
罗钦	2002-058						1（0）	0（0）	0
罗清泉	**2005-098（E）**						1（1）	1（1）	0
罗秋红	**1998-090**						1（1）	0（0）	0
罗群	2014-356						1（0）	0（0）	0
罗荣树	**2013-275**						1（1）	0（0）	0
罗善霞	2015-434						1（0）	0（0）	0
罗绍东	2013-186	**2013-276**					2（1）	0（0）	0
罗绍华	2003-118						1（0）	0（0）	0
罗时龙	2012-073						1（0）	0（0）	0
罗仕忠	2015-457（E）						1（0）	1（0）	0
罗书琼	2012-214	**2014-279**					2（1）	0（0）	0
罗顺忠	2015-161（E）						1（0）	1（0）	0
罗舜	2013-095						1（0）	0（0）	0
罗松	2015-558						1（0）	0（0）	0
罗泰义	2000-020	2004-024	2010-051	2011-480			4（0）	0（0）	0
罗婷	2009-295	2014-495	2015-070				3（0）	0（0）	0
罗宇	2015-368						1（0）	0（0）	0

续表

作者	索引编号						文献总数	英文文献	通讯作者
罗望	2010-142						1（0）	0（0）	0
罗蔚锋	2010-274						1（0）	0（0）	0
罗文艺	**2008-169**						1（1）	0（0）	0
罗武干	**2006-148**	**2007-152**	2008-176	2008-177	2008-178	**2009-183**	13（4）	0（0）	1
	2010-044	**2010-192**	2012-096	2013-033	2013-138	2013-595			
	*2015-065								
罗锡明	*2014-040						1（0）	0（0）	1
罗曦芸	**2006-149**	**2012-240**					2（2）	0（0）	0
罗喜清	2001-093						1（0）	0（0）	0
罗禧	2014-054						1（0）	0（0）	0
罗贤清	2006-015	**2006-150**	*2006-279	2008-316	2009-347	2010-381	6（1）	0（0）	1
罗贤武	**2014-280**						1（1）	0（0）	0
罗湘宁	**2003-097**	**2003-098**	**2004-068**				3（3）	0（0）	0
罗翔	2013-423						1（0）	0（0）	0
罗小军	**2009-184**	**2009-185**					2（2）	0（0）	0
罗小平	2007-236（E）						1（0）	1（0）	0
罗小亚	2015-430						1（0）	0（0）	0
罗旭东	**2015-279**						1（1）	0（0）	0
罗旭峰	**2008-170**						1（1）	0（0）	0
罗旭豪	2015-207						1（0）	0（0）	0
罗学刚	2014-454	2015-261					2（0）	0（0）	0
罗学辉	**2010-193**	**2011-217**	**2011-218**	**2012-001**	**2012-002**	**2014-281**	7（5）	0（0）	0
	2014-282								
罗亚男	**2008-171**						1（1）	0（0）	0
罗耀耀	2010-255	2011-229	2012-147	2012-148	2012-379	2012-405	20（0）	0（0）	0
	2013-086	2013-161	2013-467	2013-526	2013-551	2014-425			
	2014-513	2015-041	2015-141	2015-240	2015-241	2015-242			
	2015-399	2015-416							
罗一斌	2010-432	2010-433	2010-437	2015-528			4（0）	0（0）	0
罗祎	2010-126						1（0）	0（0）	0
罗仪文	2008-283	2011-144					2（0）	0（0）	0
罗羿超	2014-089						1（0）	0（0）	0
罗永安	2006-283	2007-296	2008-223	**2009-186**			4（1）	0（0）	0
罗永春	2005-213						1（0）	0（0）	0
罗佑文	**2011-219**						1（1）	0（0）	0
罗远芳	2012-336						1（0）	0（0）	0
罗云	2000-045						1（0）	0（0）	0
罗运柏	**1992-069**	2012-216	2014-131				3（1）	0（0）	0
罗长齐	2005-214						1（0）	0（0）	0
罗志文	2014-036						1（0）	0（0）	0
罗治定	2011-068						1（0）	0（0）	0
罗重庆	**1981-027**	1985-037	1986-009	1986-010	1986-052	**1987-047**	20（5）	0（0）	0
	1987-051	1992-021	**1994-067**	**1995-072**	**1995-073**	1995-141			

续表

作者	索引编号						文献总数	英文文献	通讯作者
	1997-047	1997-068	1998-022	1998-053	1998-077	1999-020			
	1999-052	2002-055							
罗祖民	1988-101						1（0）	0（0）	0
罗祖明	1987-064	1990-027	1990-126	**1991-056**			4（1）	0（0）	0
骆桂菱	1985-098						1（0）	0（0）	0
骆宏玉	2013-233	2014-234					2（0）	0（0）	0
骆明川	2014-541						1（0）	0（0）	0
骆念军	2012-486						1（0）	0（0）	0
骆倩	**2015-280**						1（1）	0（0）	0
骆强	**1990-067**						1（1）	0（0）	0
骆雯琴	2012-104						1（0）	0（0）	0
骆艳华	2009-026	2013-333	**2015-281**				3（1）	0（0）	0
骆兆军	**2000-057**						1（1）	0（0）	0
骆仲泱	2008-361						1（0）	0（0）	0
骆重梅	**2005-099**						1（1）	0（0）	0
雒昆利	2006-029						1（0）	0（0）	0
雒洋冰	2012-126						1（0）	0（0）	0
雒玉新	2009-312						1（0）	0（0）	0
Luo Hongwei	2014-006F						1（0）	1（0）	0
Luo Lei	2011-004F	**2014-001F**	2014-002F				3（1）	3（1）	0
Luo Qi	2011-005F						1（0）	1（0）	0
Luo Yan	**2001-069（E）**						1（1）	1（1）	0
吕爱玲	2011-396						1（0）	0（0）	0
吕超	2010-339	2009-004F					2（0）	1（0）	0
吕成龙	2013-168	2014-157					2（0）	0（0）	0
吕大伟	2005-039						1（0）	0（0）	0
吕待清	2011-396						1（0）	0（0）	0
Lü Dandan	2013-375（E）						1（0）	1（0）	0
吕菲	2009-283						1（0）	0（0）	0
吕功煊	2012-106						1（0）	0（0）	0
吕国志	2010-206（E）	2010-207	2011-079				3（0）	1（0）	0
吕海燕	∵1996-006	2005-033	2005-034				3（0）	0（0）	0
吕海鹰	1980-012						1（0）	0（0）	0
吕昊	2012-313						1（0）	0（0）	0
吕红	2009-340						1（0）	0（0）	0
吕红宁	2012-235						1（0）	0（0）	0
吕宏	2013-133						1（0）	0（0）	0
吕泓	1985-050						1（0）	0（0）	0
吕洪坤	2014-573						1（0）	0（0）	0
吕继涛	**2011-220**	2014-001F	**2014-002F**				3（2）	2（1）	0
吕建刚	2012-028	2012-029	2012-093	2013-438			4（0）	0（0）	0
吕剑	*2008-347	**2013-278**					2（1）	0（0）	1
吕金卯	1998-163						1（0）	0（0）	0

续表

作者	索引编号						文献总数	英文文献	通讯作者
吕俊芳	2000-112	2000-113					2(0)	0(0)	0
吕俊复	2015-499						1(0)	0(0)	0
吕立超	2014-606						1(0)	0(0)	0
吕丽琼	**2015-282**						1(1)	0(0)	0
吕良波	2013-082						1(0)	0(0)	0
吕梁波	2010-452						1(0)	0(0)	0
Lü Linsu	**2013-279(E)**						1(1)	1(1)	0
吕敏峰	2012-163(E)						1(0)	1(0)	0
吕鹏飞	**2005-100**	**2006-151**	2008-287				3(2)	0(0)	0
吕鹏佶	**2014-283**						1(1)	0(0)	0
吕平平	2008-003	2009-002	**2014-284**				3(1)	0(0)	0
吕清刚	2008-180	2008-181	2010-266				3(0)	0(0)	0
吕庆銮	2012-276						1(0)	0(0)	0
吕瑞典	2012-178						1(0)	0(0)	0
吕森林	**2006-152**	**2007-153**	**2012-241(E)**				3(3)	1(1)	0
吕善胜	2012-325	2013-256	2013-470	**2014-285**			4(1)	0(0)	0
吕少辉	2010-326						1(0)	0(0)	0
吕少昆	2015-084						1(0)	0(0)	0
吕淑玲	2014-110						1(0)	0(0)	0
吕淑珍	**2015-283**						1(1)	0(0)	0
吕述娇	2011-254						1(0)	0(0)	0
吕涛	2013-023						1(0)	0(0)	0
吕涛涛	2011-301						1(0)	0(0)	0
吕天峰	2013-087						1(0)	0(0)	0
吕薇	**2015-284**						1(1)	0(0)	0
吕为智	2013-440						1(0)	0(0)	0
吕位秀	1981-036	1981-037	1982-019	1986-068	1989-076	1994-145	9(0)	2(0)	0
	1994-146	1996-035(E)	1986-069(E)						
吕文	**2009-187**						1(1)	0(0)	0
吕文强	2012-374						1(0)	0(0)	0
吕文晏	2013-039						1(0)	0(0)	0
吕小婉	1992-053	2010-422					2(0)	0(0)	0
吕晓琬	1990-052						1(0)	0(0)	0
吕欣	1998-071						1(0)	0(0)	0
吕新明	**2013-280**						1(1)	0(0)	0
吕彦凤	**2006-153**	**2013-281**	**2013-282**				3(3)	0(0)	0
吕一波	**2014-286**						1(1)	0(0)	0
吕怡兵	2015-549						1(0)	0(0)	0
吕银忠	**1980-020**						1(1)	0(0)	0
吕英	**1985-064**						1(1)	0(0)	0
吕玉光	2015-341						1(0)	0(0)	0
吕元	2013-029	2014-034					2(0)	0(0)	0
吕泽娥	2012-033	2012-321					2(0)	0(0)	0

续表

作者	索引编号					文献总数	英文文献	通讯作者
吕钊	1998-049					1（0）	0（0）	0
吕振波	1999-133					1（0）	0（0）	0
吕振生	2007-294					1（0）	0（0）	0
吕志刚	2011-422	2013-106				2（0）	0（0）	0
吕志敏	2006-102					1（0）	0（0）	0
吕智荣	2004-009					1（0）	0（0）	0
M								
麻硕	2014-448					1（0）	0（0）	0
麻鑫	1998-117	1999-101				2（0）	0（0）	0
马斌	**2014-287**					1（1）	0（0）	0
马冰洁	**2010-194**					1（1）	0（0）	0
马波	1997-073	2003-022	2003-070	2006-043	2007-048	2007-316	17（0）	2（0）	1
	2008-061	2008-160	2009-062	2009-063（E）	2011-048	2011-145（E）			
	2012-529	2013-363	2014-163	2015-153	*2015-191				
马昌前	2005-198	2006-316	2006-317			3（0）	0（0）	0
马场佑治	**1986-047**					1（1）	0（0）	0
马超	2013-424					1（0）	0（0）	0
马朝龙	2012-283					1（0）	0（0）	0
马琛	2013-593					1（0）	0（0）	0
马陈艳	2009-065					1（0）	0（0）	0
马陈燕	2009-006（E）	2009-007（E）	2009-008	2009-146（E）	2013-263	2013-527（E）	7（0）	4（0）	0
	2014-023							
马晨菲	2015-002					1（0）	0（0）	0
马成俊	∵1984-065	1990-039	1993-049	1993-125（E）		4（0）	1（0）	0
马成良	2009-058					1（0）	0（0）	0
马呈德	1985-004					1（0）	0（0）	0
马承源	1997-010					1（0）	0（0）	0
马冲先	1992-113	**2006-154**	**2011-221**			3（2）	0（0）	0
马炊贤	1985-055					1（0）	0（0）	0
马春	2010-179					1（0）	0（0）	0
马春华	**2012-242**	2013-536				2（1）	0（0）	0
马春梅	2008-131	2008-133				2（0）	0（0）	0
马春燕	2011-028					1（0）	0（0）	0
马慈光	1981-016	1981-041	1983-063	1986-002	1986-034	1989-038（E）	10（3）	3（1）	0
	1989-063（E）	**1990-068**	**1991-076（E）**	**1992-070**				
马翠萍	1986-101					1（0）	0（0）	0
马德锡	**2012-243**	**2013-283**				2（2）	0（0）	0
马德毅	2012-108					1（0）	0（0）	0
马东星	**1997-081**	1998-076				2（1）	0（0）	0
马尔科维奇 A.A.	**1988-057**	**1989-064**				2（2）	0（0）	0
马发韶	2012-502					1（0）	0（0）	0
马放	*2008-192					1（0）	0（0）	1
马飞	**2010-195**					1（1）	0（0）	0

续表

作者	索引编号						文献总数	英文文献	通讯作者
马丰	2010-096	2014-556（E）					2（0）	1（0）	0
马富超	2013-262						1（0）	0（0）	0
马光弟	**1964-011P**						1（1）	0（0）	0
马光强	**2010-196**						1（1）	0（0）	0
马光伟	2014-467						1（0）	0（0）	0
马光祖	**1982-031**	**1983-046**	**1985-065**	1986-045	**1987-048**	**1987-049**	45（12）	5（1）	0
	1987-105（E）	**1989-065**	**1989-066**	1990-001	1992-068	**1992-071**			
	1993-083	1993-134	1993-135	1994-018	1994-041	**1994-068**			
	1994-126	1995-036	**1995-074**	1995-104	1996-072	1996-087			
	1996-088（E）	1997-079	1997-080	1998-067	1998-088	1998-089			
	1998-135	1999-075	1999-076	1999-140	1999-143	2000-116			
	2001-066	2002-120	1997-001F	1998-001F	1998-002F	**1964-002P**			
	1964-004P	1964-008P	1964-012P						
马广平	2005-111						1（0）	0（0）	0
马桂炎	**2014-288**						1（1）	0（0）	0
马国华	2011-181						1（0）	0（0）	0
马国立	1999-099	2001-100	**2005-101**				3（1）	0（0）	0
马国清	2014-137						1（0）	0（0）	0
马海东	2015-021	**2015-285**					2（1）	0（0）	0
马海华	2014-399						1（0）	0（0）	0
马海平	2014-492						1（0）	0（0）	0
马海霞	2013-329						1（0）	0（0）	0
马红安	2005-237	2009-133	2011-479（E）				3（0）	1（0）	0
马红超	2010-179						1（0）	0（0）	0
马红艳	2001-075	**2006-155**					2（1）	0（0）	0
马宏瑞	2013-074	*2014-089					2（0）	0（0）	1
马宏彦	2008-258	2009-286	2010-040	**2010-197**			4（1）	0（0）	0
马泓蛟	2010-447						1（0）	0（0）	0
马洪安	2011-191						1（0）	0（0）	0
马洪波	2012-018						1（0）	0（0）	0
马鸿文	2005-057	2015-147（E）					2（0）	1（0）	0
马怀军	2006-275	2015-342					2（0）	0（0）	0
马会凯	2014-197						1（0）	0（0）	0
马惠民	2009-210						1（0）	0（0）	0
马惠卿	1993-071						1（0）	0（0）	0
马慧俊	2005-202						1（0）	0（0）	0
马慧侠	2005-196	**2006-156**	**2008-172**	2008-329	2009-363	2010-002	15（5）	0（0）	0
	2011-428	2012-171	**2012-244**	**2012-245**	**2012-483**	**2013-284**			
	2014-295	2014-515	2015-249						
马济佩	2001-031	**2001-070**					2（1）	0（0）	0
马建平	2008-210						1（0）	0（0）	0
马建泰	2015-360						1（0）	0（0）	0
马建新	2012-536						1（0）	0（0）	0

续表

作者	索引编号					文献总数	英文文献	通讯作者
马建学	2009-243	2015-303				2（0）	0（0）	0
马健	**2014-289**	2015-236	2015-235			3（1）	0（0）	0
马蒋	**2013-285**					1（1）	0（0）	0
马洁梅	**1986-048**	**1986-049**				2（2）	0（0）	0
马金元	2011-026					1（0）	0（0）	0
马菁毓	2011-297	**2012-246**				2（1）	0（0）	0
马精德	2008-147（E）	2008-148	2012-120			3（0）	1（0）	0
马井阳	2011-444					1（0）	0（0）	0
马静萌	2008-263	2010-285				2（0）	0（0）	0
马静宜	**1996-089**					1（1）	0（0）	0
马静远	2009-435	2015-508（E）				2（0）	1（0）	0
马莒生	2014-488					1（0）	0（0）	0
马军	1998-038					1（0）	0（0）	0
马俊杰	**2015-286**					1（1）	0（0）	0
马磊	2005-204					1（0）	0（0）	0
马蕾	**2013-286**					1（1）	0（0）	0
马黎春	2015-365					1（0）	0（0）	0
马礼敦	**1986-050**	2011-156				2（1）	0（0）	0
马立群	2006-127	2007-074				2（0）	0（0）	0
马丽	**2009-188**					1（1）	0（0）	0
马丽方	2010-109	2011-167	2011-168			3（0）	0（0）	0
马丽丽	2005-002	2008-007				2（0）	0（0）	0
马丽媛	2008-208	2009-238				2（0）	0（0）	0
马利婵	2012-167					1（0）	0（0）	0
马莉	2007-115	2013-130				2（0）	0（0）	0
马连欣	2014-359					1（0）	0（0）	0
马联弟	2014-154					1（0）	0（0）	0
马林	2014-037					1（0）	0（0）	0
马林泽	*2013-068	2013-069	**2013-287**	2014-072		4（1）	0（0）	1
马琳燕	2013-114					1（0）	0（0）	0
马玲	2013-508	2014-248				2（0）	0（0）	0
马美玲	2009-030	2011-179				2（0）	0（0）	0
马密霞	2012-254	2013-292				2（0）	0（0）	0
马旻	2002-072	**2011-222**				2（1）	0（0）	0
马名杰	2015-217					1（0）	0（0）	0
马明志	2013-330					1（0）	0（0）	0
马配学	1999-152					1（0）	0（0）	0
马鹏	**2003-099**					1（1）	0（0）	0
马巧玉	2003-084					1（0）	0（0）	0
马青	2010-348					1（0）	0（0）	0
马青兰	2014-060					1（0）	0（0）	0
马清福	**1981-029**					1（1）	0（0）	0
马清林	**1999-077**	2000-011	**2002-080**	**2003-100（E）**	**2004-069**	2008-173	21（5）	1（1）	1

续表

作者	索引编号						文献总数	英文文献	通讯作者
	2008-201	2009-287	2009-400	2010-246	2010-271	2010-272			
	2012-441	2012-442	2013-156	2013-396	2013-397	2014-385			
	*2014-386	2015-398	2015-487						
马清祥	2005-076						1（0）	0（0）	0
马蕊英	2010-388						1（0）	0（0）	0
马瑞欣	**2010-198**						1（1）	0（0）	0
马睿	2014-106						1（0）	0（0）	0
马世杰	**2015-287**						1（1）	0（0）	0
马守涛	2014-375						1（0）	0（0）	0
马书启	2005-054						1（0）	0（0）	0
马淑花	2013-058						1（0）	0（0）	0
马淑杰	**1988-058**						1（1）	0（0）	0
马淑兰	1982-026	**1982-032**	1983-044	**1983-047**	1983-086	1984-050	7（2）	0（0）	0
	1987-033								
马树生	1990-086						1（0）	0（0）	0
马树侠	**2014-291**						1（1）	0（0）	0
马树勋	1991-105	1991-106	1992-131	1992-132（E）			4（0）	1（0）	0
马双成	2012-462	2012-463					2（0）	0（0）	0
马涛	2009-268	2010-290	2010-442	2011-345			4（0）	0（0）	0
马天	2010-148						1（0）	0（0）	0
马天芳	1998-012	2001-009	2009-045	**2011-223**	2014-611		5（1）	0（0）	0
马天龙	2011-138						1（0）	0（0）	0
马同奇	**2012-247**						1（1）	0（0）	0
马维林	2001-007	**2002-081**					2（1）	0（0）	0
马维新	1990-120						1（0）	0（0）	0
马伟芳	2005-227						1（0）	0（0）	0
马伟民	2012-392						1（0）	0（0）	0
马卫兴	2010-181						1（0）	0（0）	0
马文革	1992-100	1992-099					2（0）	0（0）	0
马文广	2015-219						1（0）	0（0）	0
马文会	2013-299						1（0）	0（0）	0
马文文	2014-349						1（0）	0（0）	0
马文漪	1998-011						1（0）	0（0）	0
马玺	2015-147（E）						1（0）	1（0）	0
马先锋	2012-135						1（0）	0（0）	0
马宪民	**2002-082**						1（1）	0（0）	0
马向阳	2003-180						1（0）	0（0）	0
马小军	2009-173	**2009-189**	2011-458				3（1）	0（0）	0
马小垒	2014-106						1（0）	0（0）	0
马小明	**2009-190**	**2011-224**					2（2）	0（0）	0
马小桃	1997-044	1997-045（E）	1997-125				3（0）	1（0）	0
马小娅	2014-022						1（0）	0（0）	0
马晓东	2002-061						1（0）	0（0）	0

续表

作者	索引编号					文献总数	英文文献	通讯作者
马晓国	2015-039					1（0）	0（0）	0
马晓磊	2014-268					1（0）	0（0）	0
马晓旻	2008-325					1（0）	0（0）	0
马晓瑜	2014-367					1（0）	0（0）	0
马晓云	**2009-191**	2011-040	**2011-225**			3（2）	0（0）	0
马笑山	**1985-066**	1992-152				2（1）	0（0）	0
马昕	2006-110					1（0）	0（0）	0
马新宾	2012-290	*2014-210（E）				2（0）	1（0）	1
马鑫培	1980-027	1980-028	**1981-030**	1981-042	1982-035	16（7）	0（0）	0
	1982-055	1985-056	**1985-067**	1985-079	**1986-051**			
	1990-069	**1991-057**	1992-110	**1993-084**				
马兴立	2008-060					1（0）	0（0）	0
马修卫	2015-217					1（0）	0（0）	0
马秀荣	2006-044					1（0）	0（0）	0
马秀艳	2005-175	**2008-174**	**2015-288**			3（2）	0（0）	0
马旭方	2013-614					1（0）	0（0）	0
马雪洋	**2014-292**					1（1）	0（0）	0
马雅静	**2012-248**					1（1）	0（0）	0
马亚军	**2010-199**					1（1）	0（0）	0
马琰	**2015-289**					1（1）	0（0）	0
马艳萍	**2007-154**					1（1）	0（0）	0
马燕	1995-031					1（0）	0（0）	0
马燕青	**2009-192**					1（1）	0（0）	0
马燕莹	**2015-290**					1（1）	0（0）	0
马宜洛	2006-324					1（0）	0（0）	0
马以瑾	1990-063					1（0）	0（0）	0
马懿星	2014-033	2014-390	2014-408			3（0）	0（0）	0
马英冲	2009-051					1（0）	0（0）	0
马英杰	1998-055	1999-021	2001-157	2002-113	2003-140	11（2）	0（0）	0
	2004-031	**2004-070**	**2004-071**	2006-247	2010-438			
马瑛	2015-225					1（0）	0（0）	0
马永德	2012-122	2012-123				2（0）	0（0）	0
马永非	2012-508					1（0）	0（0）	0
马永红	**2006-157**	**2007-155**				2（2）	0（0）	0
马永无	2013-297					1（0）	0（0）	0
马永旭	2006-295					1（0）	0（0）	0
马幼平	**2011-226**	**2012-249**				2（2）	0（0）	0
马幼骐	∵1979-021					1（0）	0（0）	0
马玉聪	∵1999-001					1（0）	0（0）	0
马玉龙	2014-202					1（0）	0（0）	0
马玉芹	2005-049					1（0）	0（0）	0
马玉天	2012-546					1（0）	0（0）	0
马跃	2010-418					1（0）	0（0）	0

续表

作者	索引编号						文献总数	英文文献	通讯作者
马跃龙	2009-096						1（0）	0（0）	0
马跃贤	1982-015	1985-033	1987-042	1987-098			4（0）	0（0）	0
马肇曾	1983-025						1（0）	0（0）	0
马振华	2013-255						1（0）	0（0）	0
马振珠	2002-159	2015-102					2（0）	0（0）	0
马志方	2003-160						1（0）	0（0）	0
马志刚	2010-201						1（0）	0（0）	0
马志娇	2014-202						1（0）	0（0）	0
马志军	2009-368	**2013-288**	**2014-293**				3（2）	0（0）	0
马志鸣	2014-129						1（0）	0（0）	0
马志荣	2000-067						1（0）	0（0）	0
马智宏	2012-091						1（0）	0（0）	0
马忠娟	**2011-227**						1（1）	0（0）	0
马忠林	**2004-072**						1（1）	0（0）	0
马壮	2013-076						1（0）	0（0）	0
Ma Ming	**2014-290（E）**						1（1）	1（1）	0
MacArthur J.D.	1990-069	1991-057	1993-084				3（0）	0（0）	0
Mahboubi A.	2013-296（E）						1（0）	1（0）	0
Mahdi Gharabaghi	2015-326（E）						1（0）	1（0）	0
麦振洪	1998-011						1（0）	0（0）	0
Majid Soleimani	**2015-291（E）**						1（1）	1（1）	0
Makeev A.B.	**2001-071（E）**						1（1）	1（1）	0
Makjanić J.	1988-060						1（0）	0（0）	0
Maksudur R.Khan	2014-119（E）						1（0）	1（0）	0
Malmqvist K.	1993-027（E）						1（0）	1（0）	0
满瑞林	**1986-052**	**1987-051**	1991-018	**1991-058**	**1992-072**	**1995-075**	7（6）	0（0）	0
	1997-082								
满雪	2010-200						1（0）	0（0）	0
满毅	2010-097						1（0）	0（0）	0
满在刚	2009-430						1（0）	0（0）	0
满征	2004-029						1（0）	0（0）	0
Manfred Schreiner	2009-287						1（0）	0（0）	0
Mantler Michael	2009-112						1（0）	0（0）	0
毛本将	**1994-069**	**1995-076**					2（2）	0（0）	0
毛成文	2011-391	2015-546（E）					2（0）	1（0）	0
毛承毅	2015-033						1（0）	0（0）	0
毛光周	2011-255						1（0）	0（0）	0
毛国强	**2009-193**						1（1）	0（0）	0
毛惠新	1992-127	1997-063					2（0）	0（0）	0
毛慧新	1997-064						1（0）	0（0）	0
毛佳君	**2011-228**						1（1）	0（0）	0

续表

作者	索引编号						文献总数	英文文献	通讯作者
毛荐	2008-058	2008-156	2011-023	2011-091	**2013-289**	2013-606	7（1）	0（0）	0
	2014-147								
毛景文	2006-009（E）						1（0）	1（0）	0
毛军	2014-104						1（0）	0（0）	0
毛莉	2012-196（E）						1（0）	1（0）	0
毛龙江	2010-239						1（0）	0（0）	0
毛庆云	**2002-083**	2005-145					2（1）	0（0）	0
毛日华	2010-228						1（0）	0（0）	0
毛树禄	2005-155						1（0）	0（0）	0
毛水和	∴1990-095						1（0）	0（0）	0
毛顺娟	1980-023						1（0）	0（0）	0
毛天成	**2010-201**						1（1）	0（0）	0
毛仙鹤	**2012-250**	2012-278					2（1）	0（0）	0
毛先军	1998-022	1999-020					2（0）	0（0）	0
毛晓芬	2014-538						1（0）	0（0）	0
毛孝田	**1982-033**	1984-091					2（1）	0（0）	0
毛雪飞	**2013-290**						1（1）	0（0）	0
毛雪英	2007-285						1（0）	0（0）	0
毛雪瑛	1992-054	1998-063	2005-042				3（0）	0（0）	0
毛一仙	**1982-035**	**1982-034**	1982-055	1985-032	1985-067		5（2）	0（0）	0
毛羽	1990-138（E）	1991-131	**1993-085**	1993-163			4（1）	1（0）	0
毛振伟	**1987-054**	**1987-052**	**1987-053**	1987-071	1987-099	∴1988-057	64（20）	3（1）	2
	∴1989-064	**1989-067**	**1989-068**	1989-069	1989-073	**1990-070**			
	1990-071	1990-090	**1991-059**	1991-078	1991-079	1992-039			
	1992-073	**1993-086**	**1994-070**	**1996-090**	1997-061	**1997-083**			
	1997-084	**1997-085**	1997-102	**1998-091**	1999-078	2001-072（E）			
	2002-171	2003-060（E）	*2003-075	2003-173	2003-213	2004-135			
	2004-155	2004-174	2005-068	2005-081	**2005-102**	2006-100			
	2006-117	2006-144	2006-322	2006-323	2006-324	2007-038			
	2007-232	2007-239	2007-302	2007-330	2008-101	2008-217			
	*2008-259	2008-340	2009-126	2009-298	2010-284	2010-333			
	2010-449	2010-450	2010-453	2007-010F					
毛志凌	2007-246						1（0）	0（0）	0
毛智慧	**2015-292**						1（1）	0（0）	0
茅祖兴	**1986-053**	**1986-054**	**1986-055**	**1986-056**	**1988-059**	**1989-070**	13（11）	0（0）	0
	1990-072	**1991-060**	**1994-071**	1995-026	**1995-077**	1995-109			
	1999-079								
冒国兵	2007-137	2007-138	2007-139				3（0）	0（0）	0
Mao Bing	2013-279（E）						1（0）	1（0）	0
Mao Y.	1993-007F	1993-005F					2（0）	2（0）	0
Mao Yu	1995-005F						1（0）	1（0）	0
Marija Popovic	2006-147						1（0）	0（0）	0
Marko Petäjäjärvi	**2013-291**						1（1）	0（0）	0

续表

作者	索引编号					文献总数	英文文献	通讯作者
Martin Al	2009-112					1(0)	0(0)	0
Martin W. Egge	**2012-251**					1(1)	0(0)	0
Masatoshi Endo	1993-101					1(0)	0(0)	0
Masliana M.	2009-197					1(0)	0(0)	0
Matthew Newville	2010-140					1(0)	0(0)	0
Mattsson Sören	1991-025(E)					1(0)	1(0)	0
McMillan J.W.	**1989-071**					1(1)	0(0)	0
McNeill F.E.	2001-037	2003-049(E)				2(0)	1(0)	0
Mcwhirt A.	2014-424(E)					1(0)	1(0)	0
Medraj M.	2014-008(E)					1(0)	1(0)	0
Mehdi Irannajad	*2013-004(E)					1(0)	1(0)	1
Mehta G.K.	1984-065					1(0)	0(0)	0
梅冰	**2006-158**					1(1)	0(0)	0
梅放	2013-293	2013-294	2015-294			3(0)	0(0)	0
梅光明	2014-378					1(0)	0(0)	0
梅加洛	2012-074					1(0)	0(0)	0
梅建军	2010-023	2013-101	2013-156	2013-215	2015-398	5(0)	0(0)	0
梅今	**1998-092**					1(1)	0(0)	0
梅静	**2012-252**					1(1)	0(0)	0
梅乐	*2015-177					1(0)	0(0)	1
梅天庆	2012-198					1(0)	0(0)	0
梅西	**2010-202**	**2014-294**				2(2)	0(0)	0
梅翔	**2012-253**					1(1)	0(0)	0
梅小平	2009-194					1(1)	0(0)	0
梅亚青	2006-109					1(0)	0(0)	0
梅燕	**2012-254**	**2013-292**				2(2)	0(0)	0
梅养英	2015-293					1(0)	0(0)	0
梅一飞	2015-102	2015-103				2(0)	0(0)	0
门春茂	1995-027	1995-028				2(0)	0(0)	0
门倩妮	2014-238					1(0)	0(0)	0
门秀杰	**2010-203**(E)	**2012-255**				2(2)	1(1)	0
门学虎	2005-074					1(0)	0(0)	0
蒙爱红	2010-414	2012-169				2(0)	0(0)	0
蒙海宁	**2012-256**					1(1)	0(0)	0
蒙宇飞	**2005-103**	2006-286				2(1)	0(0)	0
孟彬	**2007-156**					1(1)	0(0)	0
孟昌衷	2009-246					1(0)	0(0)	0
孟承伟	1985-088					1(0)	0(0)	0
孟德安	2012-245	**2014-295**				2(1)	0(0)	0
孟德川	**2009-195**	2015-450				2(1)	0(0)	0
孟东阳	2014-477					1(0)	0(0)	0
孟栋材	**2015-293**					1(1)	0(0)	0
孟凡巍	2006-101	**2007-157**	2013-379			3(1)	0(0)	0

续表

作者	索引编号					文献总数	英文文献	通讯作者
孟繁峰	2002-016					1（0）	0（0）	0
孟繁露	**2013-293**	**2013-294**	2015-215	**2015-294**		4（3）	0（0）	0
孟广莹	2014-389					1（0）	0（0）	0
孟赫	2010-050					1（0）	0（0）	0
孟惠民	2000-030					1（0）	0（0）	0
孟继德	1997-042	1998-045				2（0）	0（0）	0
孟建华	**2013-295**					1（1）	0（0）	0
孟健	*2012-163（E）					1（0）	1（0）	1
孟洁	2015-358					1（0）	0（0）	0
孟娟	2012-101					1（0）	0（0）	0
孟丽云	1995-120					1（0）	0（0）	0
孟玲	2015-204					1（0）	0（0）	0
孟令刚	2014-452					1（0）	0（0）	0
孟令花	2009-258					1（0）	0（0）	0
孟令晶	2013-064					1（0）	0（0）	0
孟明礼	1987-062					1（0）	0（0）	0
孟鹏	2014-115					1（0）	0（0）	0
孟庆芬	2009-276	2010-301				2（0）	0（0）	0
孟庆华	2009-422					1（0）	0（0）	0
孟庆勇	2006-264					1（0）	0（0）	0
孟瑞晋	2014-118					1（0）	0（0）	0
孟睿	2008-327					1（0）	0（0）	0
孟时贤	2015-295					1（0）	0（0）	0
孟淑媛	2005-169					1（0）	0（0）	0
孟霜鹤	2008-292					1（0）	0（0）	0
孟素丽	**2009-196**					1（1）	0（0）	0
孟宪林	2003-215					1（0）	0（0）	0
孟宪平	1993-037	**1994-072**				2（1）	0（0）	0
孟宪钰	1990-011	1993-009				2（0）	0（0）	0
孟祥才	2013-395					1（0）	0（0）	0
孟祥娥	2014-037					1（0）	0（0）	0
孟祥文	2012-494					1（0）	0（0）	0
孟翔峰	2015-536					1（0）	0（0）	0
孟小然	2012-469					1（0）	0（0）	0
孟胤宗	**1991-061**					1（1）	0（0）	0
孟永春	2009-081					1（0）	0（0）	0
孟长春	2000-076	2002-098				2（0）	0（0）	0
Meng Xiangbin	2013-044（E）					1（0）	1（0）	0
Meng Xiaojing	2012-428（E）					1（0）	1（0）	0
Meor Yusoff M.S.	**2009-197**					1（1）	0（0）	0
米戎	1991-011	1991-012				2（0）	0（0）	0
米铁	2014-083					1（0）	0（0）	0
米小建	2010-357					1（0）	0（0）	0

续表

作者	索引编号						文献总数	英文文献	通讯作者
米艳华	*2015-027	*2015-028					2（0）	0（0）	2
米耀辉	2013-467						1（0）	0（0）	0
米泽宇	*2010-012						1（0）	0（0）	1
米争峰	**2011-229**	2013-562					2（1）	0（0）	0
米争锋	2011-248	2011-445					2（0）	0（0）	0
宓泳	2001-031	2001-070	2001-090	2001-091	2001-095	2002-070	8（0）	0（0）	0
	2003-046	2005-171							
秘晓林	2011-182						1（0）	0（0）	0
Mi Y.	2002-002F						1（0）	1（0）	0
Miano T. M.	2012-477						1（0）	0（0）	0
苗斌	**2009-198**						1（1）	0（0）	0
苗放	1994-069						1（0）	0（0）	0
苗风东	**2010-204**						1（1）	0（0）	0
苗国厚	2009-081						1（0）	0（0）	0
苗国玉	**2000-058**	**2001-073**	**2001-074**	**2005-104**	**2006-159**		5（5）	0（0）	0
苗建民	**1995-078**	**1996-091**	**1997-086**	**1997-087**	**1999-080**	2008-109	26（5）	0（0）	0
	2009-111	2010-117	2010-118	2010-144	2010-426	2011-044			
	2011-056	2011-057	2012-058	2013-060	2013-066	2013-067			
	2013-166	2013-167	2013-168	2013-169	2014-062	2014-144			
	2014-157	2014-580							
苗静	**2011-230**						1（1）	0（0）	0
苗立峰	2007-320	2011-421					2（0）	0（0）	0
苗立锋	2014-016	**2014-296**					2（1）	0（0）	0
苗培贵	1998-013						1（0）	0（0）	0
苗瑞雪	1999-100	1999-102					2（0）	0（0）	0
苗升	2012-529						1（0）	0（0）	0
苗树红	**2010-205**						1（1）	0（0）	0
苗伟	2010-148						1（0）	0（0）	0
苗小培	**2012-257**						1（1）	0（0）	0
苗云海	2000-045						1（0）	0（0）	0
苗真勇	2014-330						1（0）	0（0）	0
Michaelson G.	2014-424（E）						1（0）	1（0）	0
Mike Li	2003-060（E）	2003-213					2（1）	1（0）	0
Malmqvist K. G.	1995-003F						1（0）	1（0）	0
McNeil F. E.	2007-002F						1（0）	1（0）	0
McNeill F. E.	2006-004F						1（0）	1（0）	0
Michael Feser	2012-003F						1（0）	1（0）	0
闵国华	2013-548	2013-550					2（0）	0（0）	0
闵红	2012-349	2013-374	2013-401	**2014-298**			4（1）	0（0）	0
闵剑梅	1998-107						1（0）	0（0）	0
闵乃本	1985-035						1（0）	0（0）	0
闵锐	**1990-073**						1（1）	0（0）	0
闵晓芳	**2015-295**						1（1）	0（0）	0

续表

作者	索引编号						文献总数	英文文献	通讯作者
明朝方	2015-065						1（0）	0（0）	0
明琪	2006-238						1（0）	0（0）	0
明庆忠	2011-448						1（0）	0（0）	0
明晓冉	2014-240						1（0）	0（0）	0
缪俊文	2007-262	2009-316					2（0）	0（0）	0
缪乐德	2012-130						1（0）	0（0）	0
缪协兴	2009-285						1（0）	0（0）	0
缪延杰	1984-077						1（0）	0（0）	0
缪一飞	1991-061						1（0）	0（0）	0
缪应菊	**2014-297**						1（1）	0（0）	0
缪云根	2015-390						1（0）	0（0）	0
缪长喜	**2003-101**	2009-235					2（1）	0（0）	0
莫道	2013-436						1（0）	0（0）	0
莫多闻	2010-239						1（0）	0（0）	0
莫非	2011-216（E）						1（0）	1（0）	0
莫慧旋	2013-082						1（0）	0（0）	0
莫建松	2011-280						1（0）	0（0）	0
莫立焕	**2015-296**						1（1）	0（0）	0
莫鹏君	**2014-299**						1（1）	0（0）	0
莫平英	2015-495						1（0）	0（0）	0
莫善湘	1982-003	1982-016	**1982-036**	1982-064	1983-004	1983-003	6（1）	0（0）	0
莫淑一	2014-212						1（0）	0（0）	0
莫素珍	1983-008						1（0）	0（0）	0
莫宣学	2005-241						1（0）	0（0）	0
莫泽	2015-333						1（0）	0（0）	0
默广	2013-466（E）						1（0）	1（0）	0
Mohamed ElTokhi	2013-358（E）						1（0）	1（0）	0
Mohammad Moniruzzaman	2015-325（E）						1（0）	1（0）	0
Mohd Haizal Mohd Husin	**2012-258（E）**						1（1）	1（1）	0
Mohd Ridzuan Nordin	*2012-258（E）						1（0）	1（0）	1
Molinarl Adrian	**1978-011**						1（1）	0（0）	0
Moon Young Hoon	2009-115（E）						1（0）	1（0）	0
Morgan Madhuku	2014-366（E）						1（0）	1（0）	0
Morii Issei	2008-222（E）						1（0）	1（0）	0
Moro R.	1993-141						1（0）	0（0）	0
Morris W.G.	1990-004（E）						1（0）	1（0）	0
Mortazavi M.	**2013-296（E）**						1（1）	1（1）	0
Mosavi M. R	*2012-260（E）						1（0）	1（0）	1
牟伯中	2014-341						1（0）	0（0）	0

续表

作者	索引编号						文献总数	英文文献	通讯作者
牟菲	2013-406						1（0）	0（0）	0
牟宏	2011-243						1（0）	0（0）	0
牟江	2005-122						1（0）	0（0）	0
牟林琳	*2013-007						1（0）	0（0）	1
牟凌	2012-120						1（0）	0（0）	0
牟明仁	2007-158	2008-175	2009-199	2013-297			4（4）	0（0）	0
牟书勇	1988-009						1（0）	0（0）	0
牟望重	2010-206（E）	2010-207	2011-079	2011-122			4（2）	1（1）	0
牟维兵	2006-202						1（0）	0（0）	0
牟新玉	2010-107						1（0）	0（0）	0
牟轩沁	2010-370						1（0）	0（0）	0
牟英华	2011-177	2014-300					2（1）	0（0）	0
牟中飞	2010-135						1（0）	0（0）	0
Moussavi-Harami R.	2013-296（E）						1（0）	1（0）	0
木村龙男	1991-062						1（1）	0（0）	0
木合塔尔·扎日	2012-525						1（0）	0（0）	0
木拉提	2010-208						1（1）	0（0）	0
木士春	2001-075	2006-155					2（1）	0（0）	0
慕纪录	1999-094						1（0）	0（0）	0
慕新元	2009-200	2010-365	2012-450（E）	2012-451（E）			4（1）	2（0）	0
慕旭宏	2010-433	2013-022					2（0）	0（0）	0
穆宝芬	1990-074	1991-063	1992-074	1996-077	1996-078	1996-079	12（7）	0（0）	0
	1998-082	1998-093	1998-094	1999-067	1999-081	1999-082			
穆红梅	2012-049						1（0）	0（0）	0
穆劲	*2013-200						1（0）	0（0）	1
穆克亮	2006-175	2006-204	2006-205	2006-206	2007-173	2007-174	13（0）	1（0）	0
	2007-266	2007-282	2008-138	2008-227（E）	2008-297	2009-141			
	2009-254								
穆林	2012-259						1（1）	0（0）	0
穆青	2013-033						1（0）	0（0）	0
Mueller L.	1985-044						1（0）	0（0）	0
Muhammad Arif	2014-366（E）						1（0）	1（0）	0
N									
那宝成	2014-301						1（1）	0（0）	0
那勃	2015-444						1（0）	0（0）	0
那博	2015-088						1（0）	0（0）	0
那欣	2001-042						1（0）	0（0）	0
那永洁	2015-560						1（0）	0（0）	0
Naef U.	1985-068						1（1）	0（0）	0
Nagj M.	1988-060						1（1）	0（0）	0
Nakamura T.	2011-113（E）						1（0）	1（0）	0
Nakhaei A.	2012-260（E）						1（0）	1（0）	0
Nakhaei F.	2012-260（E）						1（1）	1（1）	0

续表

作者	索引编号					文献总数	英文文献	通讯作者
南金	1997-013	1997-030				2（0）	0（0）	0
南京医学院附一院中医科	**1982-037**					1（1）	0（0）	0
南卡俄吾	2014-164					1（0）	0（0）	0
南普恒	**2008-176**	**2008-177**	**2008-178**	**2010-209**	**2010-210**	5（5）	0（0）	0
南洋	2011-196					1（0）	0（0）	0
南贞淑	**2011-231**					1（1）	0（0）	0
Narantsetseg Tserendash	2006-002（E）					1（0）	1（0）	0
Nathan W.	1987-001					1（0）	0（0）	0
Nawaz Zeeshan	**2010-211（E）**					1（1）	1（1）	0
Nayak A.K.	1984-065					1（0）	0（0）	0
Nazer K.I.	**1983-048**					1（1）	0（0）	0
Nelson C.	2014-424（E）					1（0）	1（0）	0
Nelson Malik	2009-059（E）					1（0）	1（0）	0
尼启良	2002-022	2002-023	2003-027	2005-029		4（0）	0（0）	0
倪邦发	2005-200（E）	2005-201	2008-091	2009-085	*2011-253	2014-143	6（0）	1（0）	1
倪德顺	1987-030	**1987-055**				2（1）	0（0）	0
倪冠韬	**2015-297**					1（1）	0（0）	0
倪海洪	2001-084	2002-155				2（0）	0（0）	0
倪红军	**2005-105**					1（1）	0（0）	0
倪华	2013-195					1（0）	0（0）	0
倪晋仁	*2010-080					1（0）	0（0）	1
倪军	2009-185	2010-306				2（0）	0（0）	0
倪俊琳	2012-315					1（0）	0（0）	0
倪亮	2010-390					1（0）	0（0）	0
倪明江	2008-361					1（0）	0（0）	0
倪旎	2015-079					1（0）	0（0）	0
倪朋勃	2014-042					1（0）	0（0）	0
倪师军	1999-120　2003-128　2008-016	2000-074　2005-110　2008-017	2001-098　2006-164　2008-018	2002-100　2007-012　2012-478	2003-120　2007-163	2003-127　2007-259	16（0）	0（0）	0
倪寿亮	**2014-302**					1（1）	0（0）	0
倪小敏	**2012-261**					1（1）	0（0）	0
倪新伯	2001-045	2001-102	2002-096			3（0）	0（0）	0
倪星元	2008-052					1（0）	0（0）	0
倪艳	**2008-179**					1（1）	0（0）	0
倪扬	2011-357					1（0）	0（0）	0
倪友明	**2011-232（E）**	**2011-233（E）**				2（2）	2（2）	0
倪紫威	2012-152					1（0）	0（0）	0
年季强	*2013-611	2014-595				2（0）	0（0）	1
聂富强	**2010-212**					1（1）	0（0）	0
聂国光	1988-058					1（0）	0（0）	0
聂汉卿	1980-037					1（0）	0（0）	0

续表

作者	索引编号					文献总数	英文文献	通讯作者
聂红	2015-529					1 (0)	0 (0)	0
Nie H.	2006-004F					1 (0)	1 (0)	0
Nie H.L.	2007-002F					1 (0)	1 (0)	0
Nie J.C.	2011-006F					1 (0)	1 (0)	0
Nie Linda H.	2014-073					1 (0)	0 (0)	0
聂敏	2012-194					1 (0)	0 (0)	0
聂鹏	2011-253					1 (0)	0 (0)	0
聂秋林	2015-052					1 (0)	0 (0)	0
聂全新	1992-148					1 (0)	0 (0)	0
聂蓉蓉	2015-536					1 (0)	0 (0)	0
聂素双	2011-176					1 (0)	0 (0)	0
聂小琴	**2013-298**					1 (1)	0 (0)	0
聂鑫	2013-252					1 (0)	0 (0)	0
聂英军	2013-514					1 (0)	0 (0)	0
Nie Zhenyuan	2013-004F					1 (0)	1 (0)	0
聂祚仁	2012-254	2013-292				2 (0)	0 (0)	0
Nieuweahwiger C.	1985-097					1 (0)	0 (0)	0
Nieuwerhuizen C.	**1985-069**					1 (1)	0 (0)	0
Никулин В.А.	**1990-075**					1 (1)	0 (0)	0
Nilsson Ulf	1991-025（E）					1 (0)	1 (0)	0
宁爱萍	1990-124					1 (0)	0 (0)	0
宁成云	2013-096					1 (0)	0 (0)	0
宁春利	2009-243					1 (0)	0 (0)	0
宁德亮	1990-131	**1991-064**	**1992-075**	**1995-079**	**1995-080**	1997-088	6 (5)	0 (0)	0
宁方敏	**2010-213**	**2011-234**				2 (2)	0 (0)	0
宁桂玲	2006-169					1 (0)	0 (0)	0
宁国东	2008-067					1 (0)	0 (0)	0
宁晖	2015-280					1 (0)	0 (0)	0
宁凯杰	**2011-235**					1 (1)	0 (0)	0
宁平	2014-033	2014-162	2014-390	2014-408		4 (0)	0 (0)	0
宁维坤	2007-065	2007-104				2 (0)	0 (0)	0
宁炜	2009-210					1 (0)	0 (0)	0
宁文生	2010-330					1 (0)	0 (0)	0
宁新宇	**2008-180**	**2008-181**				2 (2)	0 (0)	0
宁艳	2012-262					1 (1)	0 (0)	0
宁哲	**2013-299**					1 (1)	0 (0)	0
宁志超	**1999-083**					1 (1)	0 (0)	0
Niphadkar P.S.	2007-090（E）					1 (0)	1 (0)	0
Nisar Ahmad	**2013-300（E）**					1 (1)	1 (1)	0
Nisar Ali	2013-300（E）					1 (0)	1 (0)	0
牛昌安	**2015-298**	2015-491				2 (1)	0 (0)	0
牛东风	2015-358					1 (0)	0 (0)	0
牛盾	2012-354					1 (0)	0 (0)	0

续表

作者	索引编号					文献总数	英文文献	通讯作者
牛芳	**1984-055**					1（1）	0（0）	0
牛芳银	2007-166					1（0）	0（0）	0
牛飞	2011-204					1（0）	0（0）	0
牛凤兰	1989-093	**2001-076**				2（1）	0（0）	0
牛佳	2015-525					1（0）	0（0）	0
牛江平	1998-045					1（0）	0（0）	0
牛洁	2010-227					1（0）	0（0）	0
牛金叶	2006-258					1（0）	0（0）	0
牛丽川	**2015-299**					1（1）	0（0）	0
牛利	2015-422					1（0）	0（0）	0
牛联红	**2013-301**					1（1）	0（0）	0
牛强	**2013-302**					1（1）	0（0）	0
牛庆仁	2008-048					1（0）	0（0）	0
牛沈军	2009-283					1（0）	0（0）	0
牛胜利	**2013-303**	**2014-303**				2（2）	0（0）	0
牛胜元	2014-166					1（0）	0（0）	0
牛素琴	1997-034	**1999-084**	1999-112	**2003-102**	**2003-103**	2007-312	7（3）	0（0）	0
	2008-067							
牛伟凯	2012-345					1（0）	0（0）	0
牛晓露	**2011-236**	2012-179				2（1）	0（0）	0
牛雄雷	**2008-182**					1（1）	0（0）	0
牛艳红	2013-340					1（0）	0（0）	0
牛艳青	2010-183	**2010-214**				2（1）	0（0）	0
牛英才	2009-365					1（0）	0（0）	0
牛玉华	1994-046	1995-050	1997-133			3（0）	0（0）	0
牛玉梅	*2006-089	2007-097	2007-256			3（0）	0（0）	1
牛璋彬	**2006-160**					1（1）	0（0）	0
牛志刚	1998-130					1（0）	0（0）	0
Noh Tai-Min	2011-127（E）					1（0）	1（0）	0
Norrish K.	1987-056	1992-094	**1993-001F**	1998-004F		4（1）	2（1）	0
努尔阿迪力江·阿不力米提	**2013-304**	2015-301				2（1）	0（0）	0
努尔太·麦地娜	**2014-304**					1（1）	0（0）	0
Nuss S.	2014-424（E）					1（0）	1（0）	0
O								
Olga Hawas	2005-200（E）	2005-201				2（0）	1（0）	0
Olson Ken R.	**1989-072**					1（1）	0（0）	0
Orazio V. D.'	2012-477					1（0）	0（0）	0
O'Reilly S.Y.	1992-013	1992-014	1993-006（E）	**1993-087**		4（1）	1（0）	0
Orlić I.	1988-060					1（0）	0（0）	0
Osman Abdel Ghani	2013-358（E）					1（0）	1（0）	0
欧飞跃	2013-508					1（0）	0（0）	0
欧高雨	**2015-300**					1（1）	0（0）	0

续表

作者	索引编号				文献总数	英文文献	通讯作者
欧光南	2014-556（E）				1（0）	1（0）	0
欧光习	2002-024	2009-072			2（0）	0（0）	0
欧家强	2013-227				1（0）	0（0）	0
欧丽珍	2003-035				1（0）	0（0）	0
欧通桃	1979-033	1982-010	1985-030	1981-009	4（0）	0（0）	0
欧阳昌俊	2000-012				1（0）	0（0）	0
欧阳广瑛	**1990-076**				1（1）	0（0）	0
欧阳宏	2005-042				1（0）	0（0）	0
欧阳健明	**2006-161**	**2006-162**			2（2）	0（0）	0
欧阳杰	2008-131	2008-132	2008-133	2009-187	4（0）	0（0）	0
欧阳均	1979-026				1（0）	0（0）	0
欧阳良琦	2015-007				1（0）	0（0）	0
欧阳伦熬	**2005-106**				1（1）	0（0）	0
欧阳琴	2010-403				1（0）	0（0）	0
欧阳义华	2011-300				1（0）	0（0）	0
欧阳应根	**2001-077**				1（1）	0（0）	0
欧样宝	**1999-085**				1（1）	0（0）	0
P							
帕拉迪斯 P.	1991-034				1（0）	0（0）	0
帕拉提·阿布都卡迪尔	2006-009（E）				1（0）	1（0）	0
帕丽达·阿外勒江	**2015-301**				1（1）	0（0）	0
Paavo Hooli	2013-291				1（0）	0（0）	0
Packer T.W.	**1984-056**				1（1）	0（0）	0
Palmer G.R.	1990-069	1991-057			2（0）	0（0）	0
潘爱芳	2010-035				1（0）	0（0）	0
潘宝忠	2012-011				1（0）	0（0）	0
潘崇根	**2010-215**				1（1）	0（0）	0
潘传荣	2014-409				1（0）	0（0）	0
潘飞飞	**2007-159**				1（1）	0（0）	0
潘峰	2011-469	2015-281			2（0）	0（0）	0
潘钢	2013-179				1（0）	0（0）	0
潘根生	1984-043				1（0）	0（0）	0
潘桂棠	2005-028（E）	2005-241			2（0）	1（0）	0
潘国平	**2011-237**				1（1）	0（0）	0
潘海波	2008-081				1（0）	0（0）	0
潘含江	2011-032				1（0）	0（0）	0
潘浩鹏	2011-309				1（0）	0（0）	0
潘虹梅	2008-261				1（0）	0（0）	0
潘惠芳	2008-119				1（0）	0（0）	0
潘惠平	**2012-263**				1（1）	0（0）	0
潘家华	2000-086				1（0）	0（0）	0
潘建华	**2010-216**				1（1）	0（0）	0

续表

作者	索引编号						文献总数	英文文献	通讯作者
潘建明	2000-133	2003-106	2003-107	2004-169（E）			4（0）	1（0）	0
潘建烨	1985-088						1（0）	0（0）	0
潘剑灵	**2008-183**						1（1）	0（0）	0
潘洁	2015-263						1（0）	0（0）	0
潘景之	1986-043						1（0）	0（0）	0
潘巨祥	1994-104	1994-132	1994-133	**1995-081**	1996-001	1996-002（E）	18（2）	2（0）	0
	1996-003	**1996-092**	1996-094	1996-128	1996-150	1997-117			
	1997-118	1997-119	1998-136	1998-137	1998-138	1995-001F			
潘雷	2015-307						1（0）	0（0）	0
潘礼庆	1990-084（E）						1（0）	1（0）	0
潘力	2009-164						1（0）	0（0）	0
潘立刚	2010-188	2012-091					2（0）	0（0）	0
潘丽梅	2006-013	**2010-217**	**2011-238**				3（2）	0（0）	0
潘丽英	1988-001						1（0）	0（0）	0
潘莲辉	2012-192						1（0）	0（0）	0
潘良	2010-064						1（0）	0（0）	0
潘路	2010-023						1（0）	0（0）	0
潘敏	**2015-302**						1（1）	0（0）	0
潘佩聪	1991-130						1（0）	0（0）	0
潘齐	2008-208						1（0）	0（0）	0
潘清	2011-330						1（0）	0（0）	0
潘晴	**2009-201**	2015-412					2（1）	0（0）	0
潘秋丽	1999-122	2000-098	2003-162	2004-012	2004-013	2005-134	17（0）	0（0）	0
	2005-159	2007-023	2007-025	2008-038	2008-215	2010-268			
	2011-027	2011-292	2011-293	2013-311	2015-044				
潘世友	1998-121						1（0）	0（0）	0
潘术娟	2010-180	2014-261					2（0）	0（0）	0
潘水雀	**2014-305**						1（0）	0（0）	0
潘素瑛	1984-014						1（0）	0（0）	0
潘微平	**2008-184**						1（1）	0（0）	0
潘伟斌	2007-264	2011-318					2（0）	0（0）	0
潘伟雄	1998-033						1（0）	0（0）	0
潘炜娟	2010-105						1（0）	0（0）	0
潘卫	1998-033						1（0）	0（0）	0
潘文君	**2014-306**						1（1）	0（0）	0
潘文雅	**2015-303**						1（1）	0（0）	0
潘贤家	1990-081	1992-057					2（0）	0（0）	0
潘小川	2010-208	2010-299					2（0）	0（0）	0
潘晓兵	2005-074						1（0）	0（0）	0
潘晓东	2014-257	**2014-307**					2（1）	0（0）	0
潘晓娟	2007-300						1（0）	0（0）	0
潘晓林	2013-062	2014-063	**2014-308**	2015-509			4（1）	0（0）	0
潘晓通	∵2004-073						1（0）	0（0）	0

续表

作者	索引编号						文献总数	英文文献	通讯作者
潘晓文	1995-097						1（0）	0（0）	0
潘孝仁	1993-050						1（0）	0（0）	0
潘雅洁	2012-305	2013-359					2（0）	0（0）	0
潘雅妹	2012-193						1（0）	0（0）	0
潘琰	**2012-264**						1（1）	0（0）	0
潘艳	2008-015						1（0）	0（0）	0
潘宴山	1997-050	2001-048	2003-063	2004-153	2005-208	2007-305	9（0）	0（0）	0
	2008-342	2014-504	2015-513						
潘一群	2009-296						1（0）	0（0）	0
潘银华	**2010-218**						1（1）	0（0）	0
潘永智	2013-543						1（0）	0（0）	0
潘宇观	2014-304						1（0）	0（0）	0
潘郁生	**2006-163**						1（1）	0（0）	0
潘裕柏	2009-336						1（0）	0（0）	0
潘元胜	2003-048						1（0）	0（0）	0
潘长群	1983-060	1984-067					2（0）	0（0）	0
潘哲	2001-012						1（0）	0（0）	0
潘振华	2008-041（E）						1（0）	1（0）	0
潘正瑛	1989-088						1（0）	0（0）	0
潘志君	2014-316						1（0）	0（0）	0
潘志权	2014-141						1（0）	0（0）	0
潘志爽	2008-309	2009-340	**2010-219**	**2012-265**	**2013-305**		5（3）	0（0）	0
潘志云	**2007-160**	**2007-161**	2008-272				3（2）	0（0）	0
潘忠厚	2008-188	2015-309					2（0）	0（0）	0
攀守忠	2003-063						1（0）	0（0）	0
盘静	2013-596						1（0）	0（0）	0
盘思伟	**2013-306**	2013-582	**2014-309**				3（2）	0（0）	0
Pan Q.	2008-006F						1（0）	1（0）	0
庞德聪	2002-162						1（0）	0（0）	0
庞凤荣	**2012-266**						1（1）	0（0）	0
庞广昌	2012-215						1（0）	0（0）	0
庞洪福	2015-496						1（0）	0（0）	0
庞奖励	2006-059	2007-109	2007-110	2009-132（E）	2010-357	2011-236	8（0）	1（0）	0
	2012-179	2015-167							
庞科	2013-379						1（0）	0（0）	0
庞玲	2005-203	2006-240					2（0）	0（0）	0
庞龙	**2013-307**						1（1）	0（0）	0
庞敏	2007-248（E）						1（0）	1（0）	0
庞荣华	2010-263						1（0）	0（0）	0
庞叔薇	1991-093	1992-106					2（0）	0（0）	0
庞涛	2012-471						1（0）	0（0）	0
庞维强	**2013-308**						1（1）	0（0）	0
庞文琴	1993-037	1994-072					2（0）	0（0）	0

续表

作者	索引编号					文献总数	英文文献	通讯作者
庞小丽	2014-302					1（0）	0（0）	0
庞新梅	2007-195					1（0）	0（0）	0
庞绪贵	2015-587					1（0）	0（0）	0
庞亚恒	2013-373					1（0）	0（0）	0
Pang Zhihua	2014-310（E）					1（1）	1（1）	0
Pankhurst R.J.	1985-034					1（0）	0（0）	0
Park Heung Jai	2007-162（E）					1（1）	1（1）	0
Patil R.	2007-090（E）					1（0）	1（0）	0
Patrick Brown	2009-006F					1（0）	1（0）	0
Patterson John I.H.	2008-185					1（1）	0（0）	0
Pau J.C.	2001-111					1（0）	0（0）	0
Pearce E. I. F.	1996-052					1（0）	0（0）	0
裴斌	1989-104					1（0）	0（0）	0
裴大荣	1998-095					1（1）	0（0）	0
裴宏伟	2012-412					1（0）	0（0）	0
裴立文	1989-039	1990-058	1991-065	1992-095		4（1）	0（0）	0
裴鹏	2004-035					1（0）	0（0）	0
裴庆	2009-370					1（0）	0（0）	0
裴仁彦	2013-309					1（1）	0（0）	0
裴涛	2012-345					1（0）	0（0）	0
裴亚静	2014-110					1（0）	0（0）	0
裴依超	2013-041					1（0）	0（0）	0
裴玉汝	2012-198					1（0）	0（0）	0
Pella Peter A.	1985-070	1985-001F	1985-002F	1985-003F	1985-004F	1986-001F	6（4）	5（3）	0
Peng Anan	2013-004F					1（0）	1（0）	0
彭安忠	2014-311					1（1）	0（0）	0
彭宝瑶	2013-186					1（0）	0（0）	0
彭彬	2013-012					1（0）	0（0）	0
彭兵	2000-059	2001-078（E）	2003-104	2013-185（E）	2014-148	5（3）	2（1）	0
彭炳先	2010-220					1（1）	0（0）	0
彭勃	2009-202					1（1）	0（0）	0
彭渤	*2009-352	*2012-006	2014-437			3（0）	0（0）	2
彭程	2005-107					1（1）	0（0）	0
彭聪	2015-222					1（0）	0（0）	0
彭翠红	2009-179					1（0）	0（0）	0
彭帝永	2015-336					1（0）	0（0）	0
彭凤梅	2009-203					1（1）	0（0）	0
Peng F.T.	2009-004F					1（0）	1（0）	0
彭光明	2014-257					1（0）	0（0）	0
彭光宇	2015-304					1（1）	0（0）	0
彭光照	2010-032	2014-229				2（0）	0（0）	0
彭桂花	2010-153					1（0）	0（0）	0
彭国靖	1988-061	1990-077	1991-066			3（3）	0（0）	0

续表

作者	索引编号						文献总数	英文文献	通讯作者
彭国敏	**2015-305**						1（1）	0（0）	0
彭国瑞	**2004-074**	**2005-108**	**2011-239**				3（3）	0（0）	0
彭捍东	2008-257						1（0）	0（0）	0
彭虎	2015-157						1（0）	0（0）	0
彭华	2009-187	2015-363	2015-609（E）				3（0）	1（0）	0
彭桦	**2009-204**	**2009-205**	**2011-240**				3（3）	0（0）	0
彭会清	**2009-206**						1（1）	0（0）	0
彭惠娟	2011-482						1（0）	0（0）	0
彭惠清	**1995-082**						1（1）	0（0）	0
彭慧仙	**2015-306**						1（1）	0（0）	0
彭及	2000-059	2001-078（E）	2003-104				3（0）	1（0）	0
彭嘉培	2011-422						1（0）	0（0）	0
彭建玲	**2003-105**						1（1）	0（0）	0
彭建平	2010-355	2011-397	2015-580				3（0）	0（0）	0
彭建堂	*2009-260						1（0）	0（0）	1
彭江	2010-316						1（0）	0（0）	0
彭金辉	2013-108（E）	2015-187					2（0）	1（0）	0
彭军	2012-319						1（0）	0（0）	0
彭俊标	2015-039						1（0）	0（0）	0
彭骏	1997-084						1（0）	0（0）	0
彭坤	**2009-207**						1（1）	0（0）	0
彭岚	2006-077	2008-006					2（0）	0（0）	0
彭立	**2011-241**	2012-002F					2（1）	1（0）	0
彭良强	**1998-096**						1（1）	0（0）	0
彭明生	2005-096	2005-103	2006-145	2006-286			4（0）	0（0）	0
彭南兰	**2012-267**	**2013-310**					2（2）	0（0）	0
彭楠楠	2013-433						1（0）	0（0）	0
彭聂	**1992-076**	2000-103					2（1）	0（0）	0
彭宁	2013-185（E）						1（0）	1（0）	0
彭秋瑾	2014-469						1（0）	0（0）	0
彭然	2014-556（E）						1（0）	1（0）	0
彭荣飞	2010-156						1（0）	0（0）	0
彭荣华	2003-034						1（0）	0（0）	0
彭莎莎	2010-292						1（0）	0（0）	0
彭少梅	2004-140	2008-034					2（0）	0（0）	0
彭诗琪	2014-494						1（0）	0（0）	0
彭仕冕	2015-557						1（0）	0（0）	0
彭首创	2013-204						1（0）	0（0）	0
彭淑鸽	**2011-242**						1（1）	0（0）	0
彭松	2013-231	**2013-311**	2013-362（E）	2014-352	2015-170		5（1）	1（0）	0
彭苏萍	2001-038						1（0）	0（0）	0
彭同江	**1992-077**	1999-018	2005-122	2008-212	2011-118	2011-181	10（1）	0（0）	1
	2013-349	*2014-445	2015-105	2015-353					

续表

作者	索引编号						文献总数	英文文献	通讯作者
彭伟才	2013-609						1 (0)	0 (0)	0
彭文明	**2004-075**	**2005-109**	2005-114	2009-264	2014-587		5 (2)	0 (0)	0
彭文世	1980-013						1 (0)	0 (0)	0
彭晓东	*2012-545	2014-610					2 (0)	0 (0)	1
彭晓敏	**2012-268**						1 (1)	0 (0)	0
彭晓明	2012-417						1 (0)	0 (0)	0
彭晓彤	**2003-106**	**2003-107**	2004-169（E）				3 (2)	1 (0)	0
彭新凯	**2014-312**						1 (1)	0 (0)	0
彭秀红	**2005-110**	**2006-164**	**2007-163**	2014-415			4 (3)	0 (0)	0
彭学敏	2015-266						1 (0)	0 (0)	0
彭雪峰	**2012-269**						1 (1)	0 (0)	0
彭彦军	2011-017						1 (0)	0 (0)	0
彭彦昆	**2012-270**						1 (1)	0 (0)	0
彭杨伟	**2012-271**						1 (1)	0 (0)	0
Peng Yiru	2006-068（E）						1 (0)	1 (0)	0
彭莺	2014-010						1 (0)	0 (0)	0
彭瑛	2010-167						1 (0)	0 (0)	0
彭映林	2012-546						1 (0)	0 (0)	0
彭永烽	2008-121	2008-199	2008-266	2008-267			4 (0)	0 (0)	0
Peng Yongjun	2015-128（E）						1 (0)	1 (0)	0
彭宇	**2001-079**	2015-480					2 (1)	0 (0)	0
彭玉海	**2015-307**						1 (1)	0 (0)	0
彭玉林	2007-299						1 (0)	0 (0)	0
彭玉旋	2015-262						1 (0)	0 (0)	0
彭园珍	**2012-272**	2012-562					2 (1)	0 (0)	0
彭展	2015-249						1 (0)	0 (0)	0
彭智伟	2006-222						1 (0)	0 (0)	0
彭忠东	2006-033						1 (0)	0 (0)	0
彭周人	**1990-078**						1 (1)	0 (0)	0
彭竹葳	2014-569						1 (0)	0 (0)	0
彭卓伦	2013-170						1 (0)	0 (0)	0
彭子成	1994-092	1995-009	1996-090	**1996-093**	1997-043	1997-084	14 (8)	2 (2)	0
	1997-085	**1997-089**	**2004-076（E）**	**2006-165（E）**	**2006-166**	2007-164			
	2008-186	2008-187							
Peter Adeniyi Alaba	**2015-308（E）**						1 (1)	1 (1)	0
Peter Christie	2014-002F						1 (0)	1 (0)	0
Peter W.M.	1993-108						1 (0)	0 (0)	0
皮桂英	2010-240						1 (0)	0 (0)	0
片冈由行	2001-016						1 (0)	0 (0)	0
Ping C.L.	2014-424（E）						1 (0)	1 (0)	0
平连民	2012-493						1 (0)	0 (0)	0
平雅敏	**2012-273**						1 (1)	0 (0)	0
Plaza C.	2012-477						1 (0)	0 (0)	0

·911·

续表

作者	索引编号					文献总数	英文文献	通讯作者
Pollard A. M.	2007-010F					1（0）	1（0）	0
Popovic M.	2006-004F	2007-002F				2（0）	2（0）	0
Potts Philip J.	**1990-079**	1990-080				2（2）	0（0）	0
Prasad Mvr	2009-218（E）					1（0）	1（0）	0
Prazskǎ M.	1985-073					1（0）	0（0）	0
蒲洪	2011-302					1（0）	0（0）	0
蒲生达一	**1965-001**					1（1）	0（0）	0
蒲阳	2011-128					1（0）	0（0）	0
朴建华	1992-058	1992-059	1997-067			3（0）	0（0）	0
朴英华	**2007-165**					1（1）	0（0）	0
浦红	2001-034					1（0）	0（0）	0
浦娟	2010-005					1（0）	0（0）	0
浦世节	1994-061					1（0）	0（0）	0
浦一芬	**2006-167**					1（1）	0（0）	0
普传杰	2004-024					1（0）	0（0）	0
普旭力	**2008-188**	**2010-221**	**2010-222**	**2015-309**	*2015-504	5（4）	0（0）	1
Pu Wenhong	2013-454（E）					1（0）	1（0）	0
Pulsipher H.G.	**1980-021**					1（1）	0（0）	0
Q								
Qafoku Nikolla P.	2009-059（E）					1（0）	1（0）	0
戚宝凤	1994-022					1（0）	0（0）	0
戚霁	**2013-312**					1（1）	0（0）	0
戚建平	2014-383	2014-384				2（0）	0（0）	0
戚娟娟	2015-173					1（0）	0（0）	0
戚庆学	**2004-078**					1（1）	0（0）	0
戚水根	2009-168					1（0）	0（0）	0
戚维欣	2014-429					1（0）	0（0）	0
戚鑫	2014-403	2015-384（E）				2（0）	1（0）	0
戚雪勇	2015-014					1（0）	0（0）	0
戚迅	1995-130					1（0）	0（0）	0
漆小波	2011-458					1（0）	0（0）	0
亓高扬	2010-440					1（0）	0（0）	0
亓利剑	**2006-168**					1（1）	0（0）	0
亓萍	1993-116					1（0）	0（0）	0
齐兵	2004-165	2005-219				2（0）	0（0）	0
齐丹	2015-346					1（0）	0（0）	0
齐海君	**2015-310**					1（1）	0（0）	0
齐红莲	1994-115	1994-116	2000-101	2001-131	2003-169	2007-276	8（0）	0（0）	0
	2007-277	2010-360						
齐虹	2010-253					1（0）	0（0）	0
齐鸿浩	2015-043					1（0）	0（0）	0
齐惠敏	2000-097					1（0）	0（0）	0
齐济	**2006-169**					1（1）	0（0）	0

续表

作者	索引编号						文献总数	英文文献	通讯作者
齐进	2012-102	2014-222					2(0)	0(0)	0
齐进华	1997-108						1(0)	0(0)	0
齐蕾	2011-429	2012-045					2(0)	0(0)	0
齐连柱	**2012-274**						1(1)	0(0)	0
齐鲁石化总公司科研所二室物化组	1981-031						1(1)	0(0)	0
齐鲁石油化工研究院	1984-057						1(1)	0(0)	0
齐鹏飞	2006-122	2007-125					2(0)	0(0)	0
齐荣	2010-369						1(0)	0(0)	0
齐世锋	2009-096						1(0)	0(0)	0
齐维晓	2008-320						1(0)	0(0)	0
齐文启	**1986-057**	**1986-058**	1986-094	**1987-057**	**1987-058**	**1988-062**	12(11)	0(0)	0
	1988-063	**1989-073**	**1989-074**	**1991-067**	**2004-077**	**2006-170**			
齐欣	2009-024						1(0)	0(0)	0
齐扬	2009-268	2015-562					2(0)	0(0)	0
齐杨	2010-442						1(0)	0(0)	0
齐耀德	**2011-243**	2015-584					2(1)	0(0)	0
齐颖	2009-024						1(0)	0(0)	0
齐有强	2010-051						1(0)	0(0)	0
齐郁	**2002-084**	2005-084	**2005-111**				3(2)	0(0)	0
齐越	2013-153	2013-154					2(0)	0(0)	0
齐振东	2015-385						1(0)	0(0)	0
齐子云	2011-462						1(0)	0(0)	0
祁昌伟	2011-375						1(0)	0(0)	0
祁昌炜	**2013-313**						1(1)	0(0)	0
祁桂红	2009-284						1(0)	0(0)	0
祁兰英	**1991-068**						1(1)	0(0)	0
祁米香	2010-298	2011-338	2012-568	2012-569			4(0)	0(0)	0
祁民	**2009-208**						1(1)	0(0)	0
祁敏	2012-492						1(0)	0(0)	0
祁明信	1984-034						1(0)	0(0)	0
祁守仁	1989-040						1(0)	0(0)	0
祁先进	2013-210						1(0)	0(0)	0
祁新萍	2015-455						1(0)	0(0)	0
祁秀红	**2013-314**						1(1)	0(0)	0
祁旭丞	2001-101	*2009-398	2009-399				3(0)	0(0)	1
祁阳	2011-083						1(0)	0(0)	0
祁智	1998-072						1(0)	0(0)	0
千粉玲	**2011-244**						1(1)	0(0)	0
钱崇梁	1985-037	1986-010	1986-052	1987-051			4(0)	0(0)	0
钱春燕	**2009-209**						1(1)	0(0)	0
钱达兴	**2006-171**						1(1)	0(0)	0

续表

作者	索引编号						文献总数	英文文献	通讯作者
钱汉东	2013-135						1（0）	0（0）	0
钱和	**2009-210**						1（1）	0（0）	0
钱华	2008-027						1（0）	0（0）	0
钱辉	2014-472						1（0）	0（0）	0
钱惠芬	2003-183						1（0）	0（0）	0
钱家渝	2011-275	2011-317					2（0）	0（0）	0
钱建平	**2010-223**						1（1）	0（0）	0
钱觉时	2012-295						1（0）	0（0）	0
钱菁	**2009-211**	2009-366					2（1）	0（0）	0
钱俊龙	∵2003-108	**2008-189**	∵2008-190				3（1）	0（0）	0
钱利敏	**2013-315**						1（1）	0（0）	0
钱林生	1993-097	1994-058	1994-059（E）				3（0）	1（0）	0
钱鹏	**2013-316**						1（1）	0（0）	0
钱皮恩	**1976-007**						1（1）	0（0）	0
钱琴芳	1987-088	**1991-069**	**1996-094**	1996-135	1997-067	1998-175	7（2）	0（0）	0
	1999-065								
钱庆长	2014-453						1（0）	0（0）	0
钱让清	**2002-085**	**2002-086**					2（2）	0（0）	0
钱荣	2012-291	*2013-236					2（0）	0（0）	1
钱天伟	2003-019						1（0）	0（0）	0
钱庭宝	1993-013	1993-014					2（0）	0（0）	0
钱图利亚 V.A.	**2007-166**						1（1）	0（0）	0
钱伟吉	2012-315						1（0）	0（0）	0
钱湘兰	2001-110						1（0）	0（0）	0
钱晓耀	2013-571						1（0）	0（0）	0
钱鑫	2000-057						1（0）	0（0）	0
钱彦虎	**2004-079**	**2014-313**					2（2）	0（0）	0
钱乙余	2011-381						1（0）	0（0）	0
钱银娥	1987-095	1989-114（E）					2（0）	1（0）	0
钱永忠	2013-290						1（0）	0（0）	0
钱原铬	**2011-245**						1（1）	0（0）	0
钱志鑫	1982-012	∵1985-034	1982-001P				3（0）	0（0）	0
钱中坚	2008-010						1（0）	0（0）	0
潜学基	1998-103	1999-089					2（0）	0（0）	0
Qian Junchao	2006-008F						1（1）	1（0）	0
Qian Tingting	2014-006F						1（0）	1（0）	0
强小平	2001-014						1（0）	0（0）	0
乔传英	*2011-246	2011-247					2（0）	0（0）	1
乔桂波	2008-128						1（0）	0（0）	0
乔海潮	1994-025						1（0）	0（0）	0
乔洪波	2015-572						1（0）	0（0）	0
乔建军	2015-564						1（0）	0（0）	0
乔凯	2012-549						1（0）	0（0）	0

续表

作者	索引编号						文献总数	英文文献	通讯作者
乔梁	2000-060						1(1)	0(0)	0
乔琳	2011-246	2011-247					2(2)	0(0)	0
Qiao Peijun	2014-450(E)						1(0)	1(0)	0
乔鹏	2011-229	2011-248	2011-445	2013-562			4(1)	0(0)	0
乔琦	2010-305	2012-439					2(0)	0(0)	0
乔蓉	2013-317	2014-314					2(2)	0(0)	0
乔胜英	2010-036						1(0)	0(0)	0
乔世杰	2014-171						1(0)	0(0)	0
乔淑卿	2010-224						1(1)	0(0)	0
乔树谭	1979-022						1(1)	0(0)	0
乔涛	2014-315						1(1)	0(0)	0
乔婷	2015-011						1(0)	0(0)	0
乔旺忠	1990-096						1(0)	0(0)	0
乔小芳	2011-249						1(1)	0(0)	0
乔秀臣	2011-477	2011-478					2(0)	0(0)	0
乔学亮	2006-158						1(0)	0(0)	0
乔亚华	2012-275	2013-318					2(2)	0(0)	0
乔延江	1993-088	1994-034	1996-095				3(2)	0(0)	0
乔永莲	2013-424						1(0)	0(0)	0
乔玉梅	2007-167						1(1)	0(0)	0
乔在祥	2011-464						1(0)	0(0)	0
秦波	2011-048	2012-062	2013-363	2014-163	2015-153	2015-191	6(0)	0(0)	0
秦曾严	2004-084						1(0)	0(0)	0
秦大方	1979-018	1983-049	1995-124				3(1)	0(0)	0
秦大树	2012-040	2014-144					2(0)	0(0)	0
秦德昭	*2011-137						1(0)	0(0)	1
秦霏	2007-168						1(1)	0(0)	0
秦枫	2015-303						1(0)	0(0)	0
秦枫林	2011-320						1(0)	0(0)	0
秦广雍	1990-081						1(1)	0(0)	0
秦国斌	2002-105						1(0)	0(0)	0
秦国强	2005-087						1(0)	0(0)	0
秦海宏	2004-159						1(0)	0(0)	0
秦浩杰	2007-169						1(1)	0(0)	0
秦红艳	2013-310						1(0)	0(0)	0
秦华	2015-106						1(0)	0(0)	0
秦俭	2005-112						1(1)	0(0)	0
秦建良	2015-311						1(1)	0(0)	0
秦晋国	2008-005						1(0)	0(0)	0
秦俊法	1978-010	1979-002	1979-011	1979-012	1980-017	1981-052	28(13)	2(0)	0
	1982-013	1982-038	1983-008	1983-099(E)	1987-059	1988-064			
	1989-104	1990-082	1990-083	1993-080	1993-089	1993-090			
	1993-142(E)	1994-073	1994-085	1995-083	1996-096	1996-097			

续表

作者	索引编号						文献总数	英文文献	通讯作者
秦黎明	**1996-098**	1997-076	1999-043	**1999-086**			4 (0)	0 (0)	0
	2006-101	2012-519	2013-123	2014-127					
秦立邦	2014-122						1 (0)	0 (0)	0
秦丽红	2013-176						1 (0)	0 (0)	0
秦连杰	2003-215						1 (0)	0 (0)	0
秦玲玲	2003-205	**2004-080**	2005-160	2006-195	2006-244		5 (1)	0 (0)	0
秦路平	2000-118						1 (0)	0 (0)	0
秦琴	2008-371						1 (0)	0 (0)	0
秦庆伟	**2008-191**	2010-095	2012-117				3 (1)	0 (0)	0
秦善	2012-141						1 (0)	0 (0)	0
秦绍东	2012-290						1 (0)	0 (0)	0
秦书乐	**2004-081**						1 (1)	0 (0)	0
秦淑光	1984-088						1 (0)	0 (0)	0
秦树基	2005-221						1 (0)	0 (0)	0
秦松岩	**2008-192**						1 (1)	0 (0)	0
秦婷	**2013-319**						1 (1)	0 (0)	0
秦晓峰	2015-593						1 (0)	0 (0)	0
秦晓楠	**2012-276**						1 (1)	0 (0)	0
秦晓勇	2007-286（E）						1 (0)	1 (0)	0
秦星临	1992-156						1 (0)	0 (0)	0
秦旭磊	**2011-250**	**2011-251**	**2015-312**	**2015-313**			4 (4)	0 (0)	0
秦亚	**2011-252**						1 (1)	0 (0)	0
秦亚丽	**2011-253**						1 (1)	0 (0)	0
秦燕	2012-333						1 (0)	0 (0)	0
秦晔琼	2014-298						1 (0)	0 (0)	0
秦颖	2005-243	2006-148	2007-087	2007-088	2007-152	2007-239	31 (3)	0 (0)	4
	2008-101	2008-176	2008-177	*2008-178	2008-214	*2008-265			
	2009-107	2009-183	**2009-212**	*2009-298	2010-089	2010-136			
	2010-192	2010-209	2010-210	2010-333	*2010-410	2011-098			
	2011-099	2011-105	2011-352	2011-353	2011-393	**2012-277**			
	2013-320								
秦颖	1990-064	1990-123	1990-124	1992-139	2011-163	2013-027	6 (0)	0 (0)	0
秦宇珊	2015-341						1 (0)	0 (0)	0
秦裕琨	2010-060						1 (0)	0 (0)	0
秦兆鲁	**2015-314**						1 (1)	0 (0)	0
秦志桂	2012-250	**2012-278**					2 (1)	0 (0)	0
秦志鹏	2011-482						1 (0)	0 (0)	0
秦足足	2015-463						1 (0)	0 (0)	0
秦作路	2006-155						1 (0)	0 (0)	0
覃操	**2002-087**						1 (1)	0 (0)	0
覃丹柳	**1997-103**	**1998-112**	2010-217	**2013-321**			4 (3)	0 (0)	0
覃红丽	**2005-113**						1 (1)	0 (0)	0
覃建友	2013-436						1 (0)	0 (0)	0

续表

作者	索引编号						文献总数	英文文献	通讯作者
覃柳姣	**2014-316**						1（1）	0（0）	0
覃涛	2015-189（E）						1（0）	1（0）	0
覃由利	2011-323						1（0）	0（0）	0
覃有学	**2012-279**						1（1）	0（0）	0
覃祚明	**2009-213**						1（1）	0（0）	0
Qin Junfeng	2014-263（E）						1（0）	1（0）	0
青木谦一郎	**1984-058**						1（1）	0（0）	0
卿敏	2013-207						1（0）	0（0）	0
卿云花	**2014-317**						1（1）	0（0）	0
丘纪华	2007-051						1（0）	0（0）	0
丘泰	2013-557	2013-558	2014-550	2014-551	2014-552		5（0）	0（0）	0
丘维华	2009-305						1（0）	0（0）	0
邱成君	**2015-315**						1（1）	0（0）	0
邱关明	2003-073						1（0）	0（0）	0
邱贵江	2012-314						1（0）	0（0）	0
邱海鸥	2006-201	2008-220	2010-262	2012-318	2012-320	**2014-318**	6（1）	0（0）	0
邱骥	2010-258						1（0）	0（0）	0
邱建荣	**1987-060**	**1987-061**	**1988-065**	2006-227	2009-364		5（3）	0（0）	0
邱健斌	2002-166	2002-167					2（0）	0（0）	0
邱俊玲	2011-369						1（0）	0（0）	0
邱克辉	2013-273	2014-320					2（0）	0（0）	0
邱立明	2012-404						1（0）	0（0）	0
邱亮	2015-514						1（0）	0（0）	0
邱林友	**1991-070**	**1992-078**	**1992-079**	**1992-080**	**1992-081**	1992-155	40（21）	0（0）	1
	1993-091	**1993-092**	**1993-093**	1993-146	1993-147	1993-148			
	1993-149	1993-150	1993-151	1993-152	1993-153	1993-154			
	1994-134	1994-135	1994-136	1994-137	**1995-084**	**1995-085**			
	1995-086	*1995-111	1995-138	1995-137	**1996-099**	**1996-100**			
	1996-101	1996-152	**1997-090**	**1997-091**	**1997-092**	**1997-093**			
	1997-094	1997-095	1998-097	1999-019					
邱灵佳	**2015-316**						1（1）	0（0）	0
邱陆阳	2012-148						1（0）	0（0）	0
邱淼淼	**2011-254**						1（1）	0（0）	0
邱平	2014-194						1（0）	0（0）	0
邱瑞龙	2002-038						1（0）	0（0）	0
邱瑞球	1982-001						1（0）	0（0）	0
邱少花	**2014-319**						1（1）	0（0）	0
邱士星	**2010-225**						1（1）	0（0）	0
邱田民	2008-083	2011-373					2（0）	0（0）	0
邱玮玮	2002-167						1（0）	0（0）	0
邱霞	**2006-172**						1（1）	0（0）	0
邱小林	2006-158						1（0）	0（0）	0
邱欣卫	**2011-255**						1（1）	0（0）	0

续表

作者	索引编号						文献总数	英文文献	通讯作者
邱雪慧	1997-040						1（0）	0（0）	0
邱亚群	2013-037						1（0）	0（0）	0
邱衍卿	2014-170						1（0）	0（0）	0
邱艳丽	**2007-170**	**2007-171**					2（2）	0（0）	0
邱毅华	1994-022						1（0）	0（0）	0
邱羽	**2004-082**						1（1）	0（0）	0
邱彧冲	2013-273	**2014-320**					2（1）	0（0）	0
邱忠文	**2006-173**						1（1）	0（0）	0
邱钟仑	1994-092						1（0）	0（0）	0
邱竹贤	1997-078	2000-015					2（0）	0（0）	0
仇纲	1996-015						1（0）	0（0）	0
仇猛淋	2015-471						1（0）	0（0）	0
仇青	2001-015						1（0）	0（0）	0
仇荣亮	2015-064（E）						1（0）	1（0）	0
仇圣桑	2009-207						1（0）	0（0）	0
仇秀梅	2014-018						1（0）	0（0）	0
仇越秀	2015-227						1（0）	0（0）	0
仇振强	**1987-062**						1（1）	0（0）	0
仇志军	**2001-080**	**2001-081**	**2001-082（E）**	**2001-083**	**2001-102**	**2002-088**	6（5）	1（1）	0
裘惠源	1999-106	2000-081	2001-080	2001-081	2001-082（E）	2001-083	9（0）	1（0）	0
	2004-052	2004-112	2005-215						
裘世静	1995-135	1997-136	2000-091				3（0）	0（0）	0
裘乙琦	**1983-050**	**1986-059**	1991-100	1995-029	**2000-061**		5（3）	0（0）	0
裘元勋	**1990-084（E）**	1998-031					2（1）	1（1）	0
Qiu H.	2003-002F						1（0）	1（0）	0
Qiu Jingke	**2011-003F**						1（1）	1（1）	0
Qiu Z.	2003-002F						1（0）	1（0）	0
屈成锐	**2014-321**						1（1）	0（0）	0
屈国普	**2003-110**	2014-125	2015-364				3（1）	0（0）	0
屈华阳	2014-220	2015-229	**2015-317**				3（1）	0（0）	0
屈太原	**2012-280**						1（1）	0（0）	0
屈文	2008-208	2009-238					2（0）	0（0）	0
屈文俊	2013-206	2013-425	2013-426				3（0）	0（0）	0
屈小荣	**2013-322**						1（1）	0（0）	0
屈争辉	2014-203（E）	2014-204					2（0）	1（0）	0
屈竹瑄	**2015-318**						1（1）	0（0）	0
渠红亮	2015-529						1（0）	0（0）	0
瞿德业	**2009-215**						1（1）	0（0）	0
瞿吉祥	1993-156						1（0）	0（0）	0
瞿金辉	2009-430						1（0）	0（0）	0
瞿思思	2010-286						1（0）	0（0）	0
瞿晚星	2004-027						1（0）	0（0）	0
瞿晓刚	2011-239	**2011-261**					2（1）	0（0）	0

续表

作者	索引编号					文献总数	英文文献	通讯作者
曲成	2008-056					1（0）	0（0）	0
曲传刚	2012-049					1（0）	0（0）	0
曲传宇	2004-160					1（0）	0（0）	0
曲殿利	2015-279					1（0）	0（0）	0
曲立杰	2012-157					1（0）	0（0）	0
曲良龙	**1993-094**					1（1）	0（0）	0
曲强	2009-251					1（0）	0（0）	0
曲淑凡	2008-153					1（0）	0（0）	0
曲炜	2015-342					1（0）	0（0）	0
曲晓东	2015-591					1（0）	0（0）	0
曲晓明	2008-134					1（0）	0（0）	0
曲晓霞	2006-034					1（0）	0（0）	0
曲秀文	1997-057					1（0）	0（0）	0
曲雁	2006-202	2012-005				2（0）	0（0）	0
曲毅	2008-265					1（0）	0（0）	0
曲颖	**2011-256**					1（1）	0（0）	0
曲月华	2001-130	**2003-109**	**2006-174**	**2009-214**	**2010-226**	2010-307		
	2010-406	**2011-037**	**2011-257**	**2011-258**	**2011-259**	**2011-260**	15（10）	0（0）	0
	2011-343	**2013-323**	**2013-324**					
曲长菱	1990-036					1（0）	0（0）	0
曲志勇	2011-071					1（0）	0（0）	0
Qu Changqing	2008-296（E）					1（0）	1（0）	0
Qu Shoujiang	2011-016（E）					1（0）	1（0）	0
权奎山	2001-053	2002-014	2012-387	2001-006F		4（0）	1（0）	0
权养科	**1999-087**	2006-297	2008-076	2008-237	2012-309	2013-102	6（1）	0（0）	0
全桂英	**2011-262**					1（1）	0（0）	0
全美杰	2012-006					1（0）	0（0）	0
全葳	2015-554					1（0）	0（0）	0
全小盾	2013-319					1（0）	0（0）	0
全燮	2014-159					1（0）	0（0）	0
全跃龙	1994-065	**1997-096**				2（1）	0（0）	0
全正香	**2011-263**					1（1）	0（0）	0
阙端麟	2003-180					1（0）	0（0）	0
Que Zaiqing	**2015-319（E）**					1（1）	1（1）	0
R								
Rageh H.M.	2005-121（E）					1（0）	1（0）	0
Rageh N.M.	2005-121（E）					1（0）	1（0）	0
Rahmatollah Rahimi	**2014-322（E）**					1（1）	1（1）	0
Rajalakshmi A.	2009-218（E）					1（0）	1（0）	0
Rajashekhar C.	2009-218（E）					1（0）	1（0）	0
Rakibul Qadir	2015-325（E）					1（0）	1（0）	0
冉帆	**2014-323**					1（1）	0（0）	0
冉广芬	**2014-324**					1（1）	0（0）	0

续表

作者	索引编号						文献总数	英文文献	通讯作者
冉景	2014-325						1（1）	0（0）	0
Ranst Eric Van	2009-059（E）						1（0）	1（0）	0
饶瑞	1996-006						1（0）	0（0）	0
饶帅	2013-325						1（1）	0（0）	0
饶天曦	2015-469						1（0）	0（0）	0
饶湘	2009-216						1（1）	0（0）	0
饶馨	2013-379						1（0）	0（0）	0
饶秀勤	2009-217						1（1）	0（0）	0
Raschka H.	1982-039						1（1）	0（0）	0
Rautala P.	1985-071	1990-085					2（0）	0（0）	0
Ravi Yellepeddi	1998-098	2009-010	2011-264				3（2）	0（0）	0
Ravisankar R.	2009-218（E）						1（1）	1（1）	0
热伊莱·买买提	2014-001						1（0）	0（0）	0
热孜婉	2013-319						1（0）	0（0）	0
Reinert T.	2000-002F						1（0）	1（0）	0
任保林	2013-326						1（1）	0（0）	0
任保增	2014-347						1（0）	0（0）	0
任兵建	2012-295						1（0）	0（0）	0
任博	2011-339	2014-006					2（0）	0（0）	0
任常菲	2015-164						1（0）	0（0）	0
任炽刚	1980-027	1982-033	1984-059	1984-083	1988-087	1991-071（E）	28（7）	7（2）	0
	1991-072	1991-109	1992-082（E）	1992-102（E）	1992-101	1993-019（E）			
	1993-095	1993-096	1993-134	1993-135	1995-017	1995-065			
	1996-027	1998-134	1998-178（E）	1998-179	1998-180	1998-181			
	1998-182	1999-159（E）	1999-160（E）	1981-002W					
任春辉	2013-403						1（0）	0（0）	0
任春生	2008-193	2009-219	2011-172	2011-265	2014-217	2014-218	6（3）	0（0）	0
任翠涛	2013-152						1（0）	0（0）	0
任大鹏	2008-012W						1（0）	0（0）	0
任大忠	2013-159						1（0）	0（0）	0
任德贻	1990-115	2005-013	2005-183	2006-029	2006-030	2006-194	8（0）	1（0）	0
	2007-028	2007-029（E）							
任登义	1999-148						1（0）	0（0）	0
任定高	2010-227						1（1）	0（0）	0
任飞	2014-241						1（0）	0（0）	0
任福民	2005-240	2006-102					2（0）	0（0）	0
任光辉	1984-060						1（1）	0（0）	0
任国浩	2001-084	2010-228					2（2）	0（0）	0
任国仲	2005-237						1（0）	0（0）	0
任红星	1987-023	1989-030	1991-073	1991-116	1991-117	1992-146	10（1）	0（0）	0
	1992-147	1993-040	1993-041	2011-183					
任宏波	2007-258						1（0）	0（0）	0
任慧聪	2014-326						1（1）	0（0）	0

续表

作者	索引编号					文献总数	英文文献	通讯作者
任慧君	2012-533（E）					1（0）	1（0）	0
任慧珍	**2015-320**					1（1）	0（0）	0
任家富	1998-012	2001-023	2002-099	2003-126	2004-020	14（4）	0（0）	0
	2006-175	2006-204	2006-206	**2007-172**	**2007-173**			
	2007-174	2007-282	2008-138	2010-281				
任贾文	2011-420					1（0）	0（0）	0
任建兴	**2014-327**	**2015-321**				2（2）	0（0）	0
Ren Jingjing	2012-241（E）					1（0）	1（0）	0
任景涛	**2015-322**					1（1）	0（0）	0
任娟玲	2014-319					1（0）	0（0）	0
Ren Jun	2012-185（E）					1（0）	1（0）	0
任俊锋	2013-381					1（0）	0（0）	0
任克刚	2007-331					1（0）	0（0）	0
任丽萍	1998-141	2014-298				2（0）	0（0）	0
任丽新	1981-036	1981-037	1986-068	1986-069（E）	1989-076	6（0）	1（0）	0
	2001-124							
任琳珠	2013-163					1（0）	0（0）	0
任茂强	2015-241	**2015-323**				2（1）	0（0）	0
任孟眉	1990-068	1992-070				2（0）	0（0）	0
任闽秦	1992-022	1992-158（E）	1993-026	1993-027（E）	1993-008F	5（0）	3（0）	0
任鹏飞	2015-604					1（0）	0（0）	0
Ren Q.G.	2002-002F					1（0）	1（0）	0
任瑞合	2007-249					1（0）	0（0）	0
任淑霞	2007-249					1（0）	0（0）	0
任天斌	2010-075					1（0）	0（0）	0
任天令	**1998-099**					1（1）	0（0）	0
任维萍	2001-149	2013-399				2（0）	0（0）	0
任卫安	2014-215					1（0）	0（0）	0
任翔	**2009-220**	2010-362				2（1）	0（0）	0
任向前	2009-156					1（0）	0（0）	0
任向阳	2008-230					1（0）	0（0）	0
任小明	2015-148					1（0）	0（0）	0
任晓惠	**2013-327**					1（1）	0（0）	0
任晓宁	2008-331（E）					1（0）	1（0）	0
任晓乾	2008-010					1（0）	0（0）	0
任晓宇	2015-199	2015-198	2015-200			3（0）	0（0）	0
任校丹	**2006-176**	**2011-266**				2（2）	0（0）	0
任新民	1990-030					1（0）	0（0）	0
任雪红	2013-380					1（0）	0（0）	0
任雪梅	2006-262					1（0）	0（0）	0
任燕	1990-137					1（0）	0（0）	0
任耀剑	2010-320					1（0）	0（0）	0
任叶叶	**2015-324**					1（1）	0（0）	0
任英杰	**2009-221**					1（1）	0（0）	0

续表

作者	索引编号					文献总数	英文文献	通讯作者
任迎春	**2013-328**					1（1）	0（0）	0
任莹辉	**2013-329**					1（1）	0（0）	0
任玉赟	1986-099					1（0）	0（0）	0
任玉伟	**2009-222**					1（1）	0（0）	0
任远航	**2012-281（E）**					1（1）	1（1）	0
任耘	2009-348	2011-412				2（0）	0（0）	0
任振科	2003-007					1（0）	0（0）	0
任志强	**2014-328**					1（1）	0（0）	0
Rentzepis Peter M.	2007-196（E）					1（0）	1（0）	0
Rhodes J.R.	**1985-071**	**1990-085**				2（2）	0（0）	0
Richard Arimoto	1991-121					1（0）	0（0）	0
Richard W.	1992-001F					1（0）	1（0）	0
Rik Tjallingii	**2008-226**					1（1）	0（0）	0
Rivard Sébastien	2012-008					1（0）	0（0）	0
Rivers L.	1994-119					1（0）	0（0）	0
Robert F.Hill	**1982-040**					1（1）	0（0）	0
Rocco Mazzeo	1998-016					1（0）	0（0）	0
Rod Gayer	2006-180					1（0）	0（0）	0
Röhl Ursula	2008-226					1（0）	0（0）	0
Rollet Simona	**2012-282**					1（1）	0（0）	0
戎岩	2014-066					1（0）	0（0）	0
荣弟	**1977-002S**					1（1）	0（0）	0
荣丽梅	1998-002	1999-004	2000-002			3（0）	0（0）	0
荣龙	2013-376					1（0）	0（0）	0
荣廷文	1978-010	1979-002	1979-011	1979-012	1982-001	5（0）	0（0）	0
荣廷文	1982-013	1982-038				2（0）	0（0）	0
荣耀	2012-101					1（0）	0（0）	0
容波	2012-106	**2012-283**	2012-384	**2013-330**	2014-577	5（2）	0（0）	通讯
容丽春	2015-344					1（0）	0（0）	0
Rousseau R. M.	1985-002F	1985-004F				2（0）	2（0）	0
汝娟坚	2013-325					1（0）	0（0）	0
汝琼娜	1991-090					1（0）	0（0）	0
阮春晓	**2012-284**					1（1）	0（0）	0
阮东亮	2014-309					1（0）	0（0）	0
阮贵武	2012-321	2014-209				2（0）	0（0）	0
阮美玲	1993-100					1（0）	0（0）	0
阮乃埃	1979-026					1（0）	0（0）	0
阮潜潜	2012-072					1（0）	0（0）	0
阮书生	2007-203					1（0）	0（0）	0
阮小磊	2011-230					1（0）	0（0）	0
阮晓红	2013-474					1（0）	0（0）	0
阮毅	2014-430					1（0）	0（0）	0
芮国耀	2010-058（E）	2011-070				2（0）	1（0）	0

续表

作者	索引编号						文献总数	英文文献	通讯作者
芮静宜	1990-082	**1992-083**	1993-060（E）	1993-107	1994-085	1994-130	6（1）	1（0）	0
芮玉奎	**2008-194**	*2008-268	*2010-339	2009-004F			4（1）	1（0）	2
芮宗瑶	1993-135						1（0）	0（0）	0
瑞安	**1980-022**						1（1）	0（0）	0
Ryan C.G.	1993-087						1（0）	0（0）	0
S									0
萨嘎拉	2010-322						1（0）	0（0）	0
Sabriye Piskin	*2014-004（E）						1（0）	1（0）	1
Sadayo Yabuki	2008-315						1（0）	0（0）	0
赛青林	2013-406						1（0）	0（0）	0
Saied Maleki	2014-322（E）						1（0）	1（0）	0
Saifur Rahman Sarker	**2015-325（E）**						1（1）	1（1）	0
Saiga Suguru	2002-143	2007-167					2（0）	0（0）	0
Sam A	2012-260（E）						1（0）	1（0）	0
桑浩	2011-369						1（0）	0（0）	0
桑红山	**2014-329**						1（1）	0（0）	0
桑杰	1999-062						1（0）	0（0）	0
桑俊利	2010-287						1（0）	0（0）	0
桑老	2012-145	2012-146	2015-166				3（0）	0（0）	0
桑磊	2010-388						1（0）	0（0）	0
桑林	**2005-114**						1（1）	0（0）	0
桑瑞鹏	2007-327	2008-363	2009-414	2009-415	2010-434	2011-454	6（0）	0（0）	0
桑险峰	**2015-327**						1（1）	0（0）	0
Sang Im Yoo	2003-129						1（0）	0（0）	0
Sanina N.B.	**2006-177（E）**	**2006-178（E）**					2（2）	2（2）	0
Sanudin Hj Tahir	2008-001（E）						1（0）	1（0）	0
Sara Seyfi	**2015-326（E）**						1（1）	1（1）	0
Sarimah M.	2009-197						1（0）	0（0）	0
Saritas N.	2015-009（E）						1（0）	1（0）	0
Satoh Takahiro	2011-169（E）						1（0）	1（0）	0
Satpathy K.K.	2009-218（E）						1（0）	1（0）	0
Sberveglieri G.	2006-027（E）						1（0）	1（0）	0
Schneider H.J.	1981-001						1（0）	0（0）	0
Schnürer M.	2007-188（E）						1（0）	1（0）	0
Scott David A	2004-069						1（0）	0（0）	0
Sen N.	**1992-084**						1（1）	0（0）	0
森维	**2010-229**	**2011-267（E）**					2（2）	1（1）	0
Senff U.E.	1998-004F						1（0）	1（0）	0
Seyed Javad Ahmadi	2015-112（E）						1（0）	1（0）	0
沙春鹏	2013-424						1（0）	0（0）	0
沙娇	2015-196						1（0）	0（0）	0

作者	索引编号						文献总数	英文文献	通讯作者
沙杰	2014-270						1（0）	0（0）	0
沙鸥	2010-181						1（0）	0（0）	0
沙因	1985-001	1985-112	**1986-060**	**1986-061**	1986-099	**1987-063**	30（17）	3（1）	0
	1987-088	**1988-066**	**1990-086**	**1993-097**	**1993-098**	1994-058			
	1994-059（E）	**1994-074（E）**	**1994-075**	**1994-076**	1995-062	1995-067			
	1995-087	**1996-102**	**1996-103**	**1997-097**	**1998-100**	1999-054			
	1999-088	2000-062	2002-053	2004-008	2004-017	2001-006F			
沙振舜	2003-048						1（0）	0（0）	0
Shad Ali	**2015-328（E）**						1（1）	1（1）	0
Shahram Moradi Dehaghi	2015-112（E）						1（0）	1（0）	0
Shamshuddin Jusop	2009-059（E）						1（0）	1（0）	0
山广祺	2010-047	2014-050	2015-418				3（0）	0（0）	0
山红红	2011-354（E）	2011-355	2012-428（E）				3（0）	2（0）	0
山萍	**2012-285**	**2012-286**					2（2）	0（0）	0
山崎慎一	**1984-061**						1（1）	0（0）	0
山田康治郎	**1996-104**						1（1）	0（0）	0
山西日化所	1977-009						1（0）	0（0）	0
山祖慈	2004-112	2005-215	2005-216	2005-217	2006-077	2006-293	6（0）	0（0）	0
单宝田	2009-426						1（0）	0（0）	0
单高峰	2015-313	2015-346					2（0）	0（0）	0
单国霖	1997-010						1（0）	0（0）	0
单华珍	**2008-195**	2009-116					2（1）	0（0）	0
单佳慧	**2007-175**						1（1）	0（0）	0
单军	1989-092						1（0）	0（0）	0
单玲	1992-061						1（0）	0（0）	0
单卿	2014-140	2014-139（E）	2015-329				3（1）	1（0）	0
单齐梅	1973-003P						1（0）	0（0）	0
单枢正	2002-115						1（0）	0（0）	0
单思雄	2015-212						1（0）	0（0）	0
单松高	1989-094	1990-103（E）					2（0）	1（0）	0
单雅冰	2014-226						1（0）	0（0）	0
单云	2012-406						1（0）	0（0）	0
Shan H.Z.	**2008-001F**						1（1）	1（1）	0
Shan Xiaoquan	1989-038（E）						1（0）	1（0）	0
Shan Z.C.	2006-007F						1（0）	1（0）	0
商少明	2011-254						1（0）	0（0）	0
商义叶	2013-543						1（0）	0（0）	0
商英	2011-312	**2012-287**					2（1）	0（0）	0
商玉坤	2014-330						1（0）	0（0）	0
商云涛	2011-032						1（0）	0（0）	0
商照聪	2010-317						1（0）	0（0）	0

续表

作者	索引编号					文献总数	英文文献	通讯作者
上海市原子核研究所活化分析组	**1977-008**					1(1)	0(0)	0
上海新跃仪表厂	**1978-012**					1(1)	0(0)	0
上海原子核研究所	1982-037					1(0)	0(0)	0
尚凤军	**2000-063**	**2001-085**	**2003-111**	**2004-083**		4(4)	0(0)	0
尚福亮	**2012-288**					1(1)	0(0)	0
尚国栋	**2004-084**					1(1)	0(0)	0
尚丽民	2012-475	**2013-331**	2015-002F			3(1)	1(0)	0
尚潞君	2006-180					1(0)	0(0)	0
尚明丰	**2015-330**					1(1)	0(0)	0
尚青龙	2005-090					1(0)	0(0)	0
尚庆敏	2013-516					1(0)	0(0)	0
尚如湘	1995-002					1(0)	0(0)	0
尚帅	**2013-332**	2014-365				2(1)	0(0)	0
尚晓玲	**2014-330**					1(1)	0(0)	0
尚妍	2012-354					1(0)	0(0)	0
尚彦军	**2005-115**					1(1)	0(0)	0
尚颖	**2012-289**	2012-293				2(1)	0(0)	0
尚玉光	**2012-290**					1(1)	0(0)	0
尚媛	2008-129					1(0)	0(0)	0
邵安定	2013-101					1(0)	0(0)	0
邵冲云	2015-253					1(0)	0(0)	0
邵得奇	2015-601					1(0)	0(0)	0
邵芳	2010-078					1(0)	0(0)	0
邵光玓	1993-103	*1995-092	1996-109			3(0)	0(0)	1
邵光璐	1982-061					1(0)	0(0)	0
邵涵如	1993-020	1993-126	1996-074	1996-135	1998-076	1999-054	6(0)	0(0)	0
邵涵茹	1997-081					1(0)	0(0)	0
邵红	**2006-179**					1(1)	0(0)	0
邵红梅	2003-130					1(0)	0(0)	0
邵鸿飞	**2015-331**					1(1)	0(0)	0
邵济馨	**2001-086**					1(1)	0(0)	0
邵佳婧	2014-323					1(0)	0(0)	0
邵军	**2009-223**					1(1)	0(0)	0
邵龙义	2006-152	**2006-180**	2006-312	**2015-332**	2006-006F	2006-010F	6(2)	2(0)	0
邵明申	2015-188					1(0)	0(0)	0
Shao Ningning	2014-263（E）					1(0)	1(0)	0
邵培发	2002-155					1(0)	0(0)	0
邵玶	2015-591					1(0)	0(0)	0
邵其鋆	1989-110					1(0)	0(0)	0
邵琪伟	2008-103					1(0)	0(0)	0
邵荣松	2001-033					1(0)	0(0)	0

续表

作者	索引编号						文献总数	英文文献	通讯作者
邵少雄	2010-106	2015-554					2（0）	0（0）	0
邵书钧	2000-075						1（0）	0（0）	0
邵双运	2000-130						1（0）	0（0）	0
邵渭泉	2013-191						1（0）	0（0）	0
邵晓东	**2010-230**						1（1）	0（0）	0
邵晓蕾	**2011-268**						1（1）	0（0）	0
邵欣	2010-418						1（0）	0（0）	0
邵艳群	2014-268						1（0）	0（0）	0
邵一心	2011-092						1（0）	0（0）	0
邵拥军	2013-541						1（0）	0（0）	0
邵勇	2013-474						1（0）	0（0）	0
邵振东	2012-317						1（0）	0（0）	0
邵正中	2005-236	2006-071					2（0）	0（0）	0
邵志刚	2012-544						1（0）	0（0）	0
邵宗书	2003-215						1（0）	0（0）	0
佘国华	2013-314						1（0）	0（0）	0
佘利民	**1987-064**	1990-126	1991-056				3（1）	0（0）	0
佘玲珠	2009-212	**2015-333**					2（1）	0（0）	0
佘世杰	**2013-333**	2015-281					2（1）	0（0）	0
佘卫龙	1985-039						1（0）	0（0）	0
佘小芳	1998-062						1（0）	0（0）	0
佘育生	**2011-270**						1（1）	0（0）	0
佘振兵	2005-198	2006-317					2（0）	0（0）	0
折书群	**1998-101**	**2001-087**					2（2）	0（0）	0
折恕平	**2011-269**						1（1）	0（0）	0
申宝剑	*2010-340						1（0）	0（0）	1
申东明	2006-245						1（0）	0（0）	0
申凤君	**2011-271**						1（1）	0（0）	0
申国荣	2001-096						1（0）	0（0）	0
申红桃	2005-092						1（0）	0（0）	0
申建波	2008-194						1（0）	0（0）	0
申梅桂	2013-322						1（0）	0（0）	0
申琴芳	2005-090						1（0）	0（0）	0
申如香	2003-217	**2005-116**	2005-245	2007-062	2007-063	2008-195	14（2）	6（0）	0
	2012-291	2012-298	2006-001F	2006-002F	2006-003F	2006-015F			
	2008-001F	2011-001F							
申世放	2007-094						1（0）	0（0）	0
申顺喜	1996-053						1（0）	0（0）	0
申坦	**2007-176**						1（1）	0（0）	0
申卫龙	2013-262	**2013-334**					2（1）	0（0）	0
申兆铭	**1994-077**	1997-033	1998-064	**1998-102**			4（2）	0（0）	0
申正会	**2015-334**						1（1）	0（0）	0
深志军	2006-180						1（0）	0（0）	0

续表

作者	索引编号					文献总数	英文文献	通讯作者
沈本贤	2009-243					1（0）	0（0）	0
沈炳孚	2002-155					1（0）	0（0）	0
沈伯雄	**2009-224**					1（1）	0（0）	0
沈博	2008-005					1（0）	0（0）	0
沈承金	2014-505					1（0）	0（0）	0
沈大娲	**2008-196**					1（1）	0（0）	0
沈定予	1992-118（E）					1（0）	1（0）	0
沈定中	2001-084	2010-228				2（0）	0（0）	0
沈非	**2014-331**	2014-528				2（1）	0（0）	0
沈福元	1982-061					1（0）	0（0）	0
沈贵红	2012-493					1（0）	0（0）	0
沈国荣	2011-094					1（0）	0（0）	0
沈浩	**2005-117**	*2011-169（E）				2（1）	1（0）	0
沈浩元	1994-061	2006-259				2（0）	0（0）	0
沈皓	2001-031	2001-070	2001-090	2001-091	2001-095	2002-070	10（1）	1（1）	1
	2003-046	*2005-171	2013-409	**2002-002F**				
沈荷生	2004-033					1（0）	0（0）	0
沈恒培	2007-229					1（0）	0（0）	0
沈宏伟	2014-211					1（0）	0（0）	0
沈洪久	**2008-197**					1（1）	0（0）	0
沈华荣	2002-002	2013-111	2014-112			3（0）	0（0）	0
沈华悌	2001-007					1（0）	0（0）	0
沈华友	**2010-231**					1（1）	0（0）	0
沈华忠	1991-068					1（0）	0（0）	0
沈辉	2001-054	2009-082	2006-012F			3（0）	1（0）	0
沈慧	2004-159	2006-310				2（0）	0（0）	0
沈吉敏	2015-376					1（0）	0（0）	0
沈彐勇	1999-009					1（0）	0（0）	0
沈加林	*2015-475					1（0）	0（0）	1
沈佳妮	2013-597					1（0）	0（0）	0
沈健	2006-182					1（0）	0（0）	0
沈杰	2012-166					1（0）	0（0）	0
沈景兰	**1985-072**					1（1）	0（0）	0
沈静	1991-020					1（0）	0（0）	0
沈军	2008-052	2008-279	2008-306			3（0）	0（0）	0
沈军辉	1998-162					1（0）	0（0）	0
沈克	2000-021	2002-084				2（0）	0（0）	0
沈礼轩	1983-062					1（0）	0（0）	0
沈理忠	2008-075					1（0）	0（0）	0
沈立	**2006-181**	2007-220				2（1）	0（0）	0
沈联芳	∵1960-001					1（0）	0（0）	0
沈伦贵	**2013-335**					1（1）	0（0）	0
沈吕南	1985-089	1990-054				2（0）	0（0）	0

续表

作者	索引编号						文献总数	英文文献	通讯作者
沈美冬	2013-078						1(0)	0(0)	0
沈美芬	1982-045	1983-034	1987-031				3(0)	0(0)	0
沈美庆	**2015-335(E)**						1(1)	1(1)	0
沈明科	2014-319						1(0)	0(0)	0
沈能平	2009-260						1(0)	0(0)	0
沈平	1992-004	**2011-272**					2(1)	0(0)	0
沈其韩	1995-002						1(0)	0(0)	0
沈其昵	1985-089						1(0)	0(0)	0
沈其昀	1990-054						1(0)	0(0)	0
沈强	2013-400						1(0)	0(0)	0
沈青峰	**2012-292**						1(1)	0(0)	0
沈庆凡	2008-368						1(0)	0(0)	0
沈琼华	2013-167						1(0)	0(0)	0
沈汝美	1993-007						1(0)	0(0)	0
沈树宝	2012-423						1(0)	0(0)	0
沈树忠	2013-135						1(0)	0(0)	0
沈水发	2008-081						1(0)	0(0)	0
沈思聪	2014-054						1(0)	0(0)	0
沈天竹	1989-001						1(0)	0(0)	0
沈万斌	*2012-289	2012-293					2(1)	0(0)	1
沈维霞	2010-417						1(0)	0(0)	0
沈伟	*2015-303						1(0)	0(0)	1
沈炜	1993-161						1(0)	0(0)	0
沈卫国	2003-202						1(0)	0(0)	0
沈文馨	1990-135	**1996-105**	1997-123	1997-145	**1998-103**	**1999-089**	7(4)	0(0)	0
	2005-118								
沈舞婷	2014-317						1(0)	0(0)	0
沈显生	2001-044	**2001-088**	**2001-089**	**2002-089**	**2002-090(E)**	**2002-091**	14(7)	3(2)	0
	2002-092	2003-055	2003-056	2003-057	2004-092	2004-175			
	2001-005F	**2002-006F**							
沈晓冬	2006-127	2007-134	2007-311	*2014-529			4(0)	0(0)	1
沈晓丽	2009-208	2012-116					2(0)	0(0)	0
沈晓林	2008-248						1(0)	0(0)	0
沈晓明	**1995-088**	1998-035	1998-036				3(1)	0(0)	0
沈新尹	**1989-075**	1989-123	**1990-087**	1990-100	1990-136	1990-137	9(2)	0(0)	0
	1991-129	1993-160	1996-119						
沈学静	*2014-219	*2014-220	*2015-229				3(0)	0(0)	3
沈雪勇	1998-008	**1998-104**	2000-010				3(1)	0(0)	0
沈雅芳	1985-066	1992-152					2(0)	0(0)	0
沈亚婷	**2012-294**	**2014-332**	**2014-005F**				3(3)	1(1)	0
沈亚瑛	1986-066	1986-067					2(0)	0(0)	0
沈燕	**2012-295**						1(1)	0(0)	0
沈阳	2015-067						1(0)	0(0)	0

作者	索引编号					文献总数	英文文献	通讯作者
沈叶青	2014-362					1（0）	0（0）	0
沈轶	2008-027					1（0）	0（0）	0
沈永淼	**2006-182**					1（1）	0（0）	0
沈勇	**1997-098**					1（1）	0（0）	0
沈渝生	1990-110					1（0）	0（0）	0
沈瑜生	1993-140					1（0）	0（0）	0
沈远超	2001-061	2001-134	2004-164			3（0）	0（0）	0
沈岳明	2002-014	2004-174	2009-202	2013-167		4（0）	0（0）	0
沈振兴	**2006-183**（E）	2008-343（E）	2009-337	2010-295	2013-411	5（1）	2（1）	0
沈枝岭	1992-087					1（0）	0（0）	0
沈志虹	*2009-024					1（0）	0（0）	1
沈志农	2010-167					1（0）	0（0）	0
沈治家	1973-015P					1（0）	0（0）	0
沈致隆	**1992-085**					1（1）	0（0）	0
沈智奇	2012-528	*2012-529	2015-013			3（0）	0（0）	1
沈中和	1983-024					1（0）	0（0）	0
沈珠英	2006-182					1（0）	0（0）	0
沈宗洋	**2011-273**	2011-348	2011-349	**2012-296**	**2012-297**	2012-378	6（3）	0（0）	0
慎伟琦	1992-045					1（0）	0（0）	0
Shen Shiming	2007-313（E）					1（0）	1（0）	0
Shen Yueming	2001-006F					1（0）	1（0）	0
省德明	1985-022					1（0）	0（0）	0
盛昌栋	2008-127					1（0）	0（0）	0
盛成	2003-217	2005-116	**2005-119**	2005-245	2008-195	2012-291	10（2）	2（0）	0
	2012-298	2015-080	2008-001F	2011-001F					
盛广宏	2005-026	2005-078				2（0）	0（0）	0
盛国英	2007-153					1（0）	0（0）	0
盛红宇	2014-269					1（0）	0（0）	0
盛嘉伟	*2015-324					1（0）	0（0）	1
盛建新	**1993-099**					1（1）	0（0）	0
盛康龙	1978-010	1979-002	1979-011	1979-012	1980-005	1981-052	15（0）	4（0）	0
	1983-008	1983-099（E）	1990-060（E）	1990-106	1990-138（E）	1991-131			
	1993-060（E）	1993-107	1994-109	1995-003F					
盛克平	**2010-232**					1（1）	0（0）	0
盛兰英	2012-430					1（0）	0（0）	0
盛力	2012-057	2013-357	2014-102	2014-265	2015-467		5（0）	0（0）	0
盛立志	2015-053					1（0）	0（0）	0
盛丽萍	2011-007					1（0）	0（0）	0
盛良全	2005-056	2006-078				2（0）	0（0）	0
盛民	2012-053	**2012-299**				2（1）	0（0）	0
盛敏华	2000-025					1（0）	0（0）	0
盛世善	1993-081					1（0）	0（0）	0
盛伟志	1999-123					1（0）	0（0）	0

续表

作者	索引编号					文献总数	英文文献	通讯作者
盛向军	**2002-093**	2009-222	2012-479			3 (1)	0 (0)	0
盛新	**2009-225**	2010-195				2 (1)	0 (0)	0
盛兴土	1990-026	1992-028				2 (0)	0 (0)	0
盛毅	2002-061					1 (0)	0 (0)	0
盛政明	*2012-121					1 (0)	0 (0)	1
Sheng Guodong	2013-010F					1 (0)	1 (0)	0
Sheng Xiaoli	2011-388（E）	2012-060（E）	2012-061（E）	2014-146（E）		4 (0)	4 (0)	0
师进文	**2007-177**					1 (1)	0 (0)	0
师磊	**2009-226**					1 (1)	0 (0)	0
师全林	2000-124					1 (0)	0 (0)	0
师世龙	**2006-184**					1 (1)	0 (0)	0
施成营	**2007-178**	**2008-198**				2 (2)	0 (0)	0
施达仁	2007-123					1 (0)	0 (0)	0
施尔畏	1996-131					1 (0)	0 (0)	0
施逢年	**1987-065**	**1987-066**	**1988-067**			3 (3)	0 (0)	0
施刚	2002-098					1 (0)	0 (0)	0
施光海	2012-449	2015-518				2 (0)	0 (0)	0
施惠生	**2010-233**	2010-278				2 (1)	0 (0)	0
施积炎	2004-085	*2006-265（E）	*2014-602	**2004-004F**	**2011-002F**	8 (3)	6 (2)	2
	2013-009F	2015-001F		2013-007F				
施继龙	**2007-179**	2009-128	2010-078			3 (1)	0 (0)	0
施继晔	2015-370（E）					1 (0)	1 (0)	0
施剑林	**1993-100**					1 (1)	0 (0)	0
施剑秋	**2007-180**					1 (1)	0 (0)	0
施江焕	**2010-234**	**2011-274**				2 (2)	0 (0)	0
施金亮	2008-050					1 (0)	0 (0)	0
施军	**2011-275**	2011-316	2011-317	**2015-336**		4 (2)	0 (0)	0
施开文	2012-127					1 (0)	0 (0)	0
施立群	2012-437（E）	2012-485				2 (0)	1 (0)	0
施利毅	2006-251					1 (0)	0 (0)	0
施璐	**2013-336**	2013-471				2 (1)	0 (0)	0
施善林	**2015-337**					1 (1)	0 (0)	0
施少培	2008-283					1 (0)	0 (0)	0
施胜斌	2014-578	2015-579				2 (0)	0 (0)	0
施特丁克 K.	**1992-086**					1 (1)	0 (0)	0
施文潮	**1991-074**					1 (1)	0 (0)	0
施修龄	1998-121					1 (0)	0 (0)	0
施秀华	**2010-235**					1 (1)	0 (0)	0
施旭宁	2008-197					1 (0)	0 (0)	0
施耀	2015-036					1 (0)	0 (0)	0
施勇	2014-390	2014-408				2 (0)	0 (0)	0
施泽恩	1976-008P					1 (0)	0 (0)	0
施泽明	2013-410					1 (0)	0 (0)	0

续表

作者	索引编号					文献总数	英文文献	通讯作者
施志欧	**1987-067**	**1991-075**				2 (2)	0 (0)	0
石爱霞	2009-151	**2009-227**	**2010-236**			3 (2)	0 (0)	0
石宝友	2012-440	2014-502				2 (0)	0 (0)	0
石保莉	2008-319					1 (0)	0 (0)	0
石兵	**2004-086**	2009-308				2 (1)	0 (0)	0
石常省	2010-198					1 (0)	0 (0)	0
石朝毅	2014-064					1 (0)	0 (0)	0
石春红	2009-420					1 (0)	0 (0)	0
石春山	*1992-010					1 (0)	0 (0)	1
石芳	**2011-276**					1 (1)	0 (0)	0
石浩斌	2015-596					1 (0)	0 (0)	0
石慧	2014-415	**2015-338**				2 (1)	0 (0)	0
石慧霞	2010-070					1 (0)	0 (0)	0
石纪军	2010-155					1 (0)	0 (0)	0
石践	1995-087	1996-103				2 (0)	0 (0)	0
石金娥	2015-164					1 (0)	0 (0)	0
石金明	**2010-237**	**2013-337**				2 (2)	0 (0)	0
石井五郎	1965-001					1 (0)	0 (0)	0
石君军	2013-040					1 (0)	0 (0)	0
石隽隽	**2013-338**					1 (1)	0 (0)	0
石可明	**1996-106**					1 (1)	0 (0)	0
石磊	1998-091	2001-072（E）	2006-130	2006-221	2008-248	2009-384	6 (0)	1 (0)	0
石莲华	2015-545					1 (0)	0 (0)	0
石亮政	**2006-185**					1 (1)	0 (0)	0
石列中	1985-048	**1987-068**	1989-052			3 (1)	0 (0)	0
石名磊	2009-047					1 (0)	0 (0)	0
石庆国	2015-034					1 (0)	0 (0)	0
石庆红	1994-031					1 (0)	0 (0)	0
石琼	1987-032	1991-027	1992-038	1994-033	**1996-107**	5 (1)	0 (0)	0
石睿	2012-184	2012-219	2012-220	2013-213（E）	**2013-339**	2014-206	8 (1)	2 (0)	0
	2014-387（E）	2015-394						
石山大三	1999-108	2013-541				2 (0)	0 (0)	0
石仕平	2012-398					1 (0)	0 (0)	0
石四箴	2007-263					1 (0)	0 (0)	0
石松连	1987-103					1 (0)	0 (0)	0
石伟	**2012-300**					1 (1)	0 (0)	0
石文华	2005-126					1 (0)	0 (0)	0
石文静	**2012-301**					1 (1)	0 (0)	0
石文睿	**2012-302**					1 (1)	0 (0)	0
石文堂	2012-089					1 (0)	0 (0)	0
石贤峰	**2001-090**	**2001-091**	2001-095	2002-070		4 (2)	0 (0)	0
石新层	2014-476					1 (0)	0 (0)	0
石新发	2010-116	2015-233				2 (0)	0 (0)	0

续表

作者	索引编号					文献总数	英文文献	通讯作者
石新红	2007-009					1（0）	0（0）	0
石学法	2007-215	2008-341（E）	2009-280	*2010-085	2010-224	2010-378		
	2010-415	2012-108				8（0）	1（0）	1
石岩	2005-202	2006-082				2（0）	0（0）	0
石玉林	2010-330					1（0）	0（0）	0
石玉磐	2013-045					1（0）	0（0）	0
石毓霞	**1999-090**	2010-001	2012-144	2013-005		4（1）	0（0）	0
石元会	2012-302					1（0）	0（0）	0
石云	2009-336					1（0）	0（0）	0
石云龙	2004-042					1（0）	0（0）	0
石镇泰	**2013-340**					1（1）	0（0）	0
石忠宁	2014-334					1（0）	0（0）	0
时冰冰	2009-044					1（0）	0（0）	0
时超	2010-180					1（0）	0（0）	0
时国	2015-537					1（0）	0（0）	0
时杰丽	2011-005					1（0）	0（0）	0
时军波	1991-098	1993-116	**1998-105**	1999-062	**2000-064**	5（2）	0（0）	0
时启立	**2010-238**					1（1）	0（0）	0
时庆云	**1992-087**					1（1）	0（0）	0
时晓露	2014-248					1（0）	0（0）	0
时雪梅	**2011-277**					1（1）	0（0）	0
时永志	**2014-333**					1（1）	0（0）	0
史榜春	2000-025					1（0）	0（0）	0
史宝忠	2000-080					1（0）	0（0）	0
史本恒	2006-226	**2015-339**				2（1）	0（0）	0
史变青	1998-041	1999-046				2（0）	0（0）	0
史辰羲	**2010-239**					1（1）	0（0）	0
史成武	**2011-278（E）**					1（1）	1（1）	0
史春风	2009-423	**2013-341**				2（0）	0（0）	0
史德嘉	**2001-092**					1（1）	0（0）	0
史东丽	**2011-279**					1（1）	0（0）	0
史冬	**2014-334**					1（1）	0（0）	0
史菲菲	2015-534					1（0）	0（0）	0
史高杨	2011-278（E）					1（0）	1（0）	0
史国兵	1995-031					1（0）	0（0）	0
史厚义	2003-042	2005-043	**2013-342**			3（1）	0（0）	0
史慧	2011-121					1（0）	0（0）	0
史家伟	2011-386	2011-387				2（0）	0（0）	0
史锦珊	2008-063	2008-074	2008-078	2008-250		4（0）	0（0）	0
史君贤	2001-007					1（0）	0（0）	0
史梨花	**2013-343**	**2013-344**				2（2）	0（0）	0
史丽芳	2012-202					1（0）	0（0）	0
史凌云	2007-042					1（0）	0（0）	0

续表

作者	索引编号					文献总数	英文文献	通讯作者
史淼	2015-518					1（0）	0（0）	0
史强	2010-387					1（0）	0（0）	0
史青	1997-100					1（0）	0（0）	0
史双佶	2015-597					1（0）	0（0）	0
史同飞	2008-272					1（0）	0（0）	0
史晓君	**2014-335**					1（1）	0（0）	0
史亚丹	2014-175					1（0）	0（0）	0
史亚晓	2014-285					1（0）	0（0）	0
史谊峰	2013-210					1（0）	0（0）	0
史玉芳	**1997-099**	2009-099	**2010-240**			3（2）	0（0）	0
史玉奎	**2010-241**					1（1）	0（0）	0
史玉兰	1996-053					1（0）	0（0）	0
史长义	**2005-120**					1（1）	0（0）	0
史正涛	2011-448					1（0）	0（0）	0
史舟	2009-088	2009-217				2（0）	0（0）	0
史紫璇	1981-006	1982-008				2（0）	0（0）	0
世良耕一郎	1999-108					1（0）	0（0）	0
侍启禹	1986-087					1（0）	0（0）	0
Shi Rubin	2013-006F					1（0）	1（0）	0
Shi X.F.	2002-002F					1（0）	1（0）	0
Shi Yanchun	**2012-303（E）**	2012-324（E）				2（1）	2（1）	0
Shigeki Abe	**1993-101**					1（1）	0（0）	0
Shinji Kanayama	2008-315					1（0）	0（0）	0
Shishkina T.V.	1992-020					1（0）	0（0）	0
Shook K.	2014-424（E）					1（0）	1（0）	0
寿汉章	**1980-023**					1（1）	0（0）	0
寿红霞	1992-134					1（0）	0（0）	0
寿庆霞	2014-358					1（0）	0（0）	0
叔博	2015-088					1（0）	0（0）	0
舒朝滨	2006-299					1（0）	0（0）	0
舒欢忠	**2011-280**					1（1）	0（0）	0
舒军	2007-053					1（0）	0（0）	0
舒钧	**2001-093**					1（1）	0（0）	0
舒麟苏	1985-032					1（0）	0（0）	0
舒培桂	1985-047	1989-048				2（0）	0（0）	0
舒庆	**2014-336**					1（1）	0（0）	0
舒守荣	**1983-051**					1（1）	0（0）	0
舒伟恒	2015-039					1（0）	0（0）	0
舒小艳	2010-134	2011-207				2（0）	0（0）	0
舒欣	**2009-228**					1（1）	0（0）	0
舒兴田	2003-133	2005-067	2009-423	2010-432	2010-433	2012-400（E）	11（0）	1（0）	0
	2013-022	2013-351	2014-337	2014-338	2014-339				
树学峰	2013-496	2013-497				2（0）	0（0）	0

续表

作者	索引编号						文献总数	英文文献	通讯作者
帅德权	1995-051（E）						1（0）	1（0）	0
帅德全	1996-061						1（0）	0（0）	0
帅琴	2015-316						1（0）	0（0）	0
帅仁杰	1973-002						1（0）	0（0）	0
帅星	**2013-345**						1（1）	0（0）	0
税国洪	**1990-088**						1（1）	0（0）	0
Shukurov Nosir	2009-113（E）						1（0）	1（0）	0
朔知	2007-292	2011-337					2（0）	0（0）	0
司明明	**2015-340**						1（1）	0（0）	0
司锐	2015-508（E）						1（0）	1（0）	0
司甜	**2011-281**						1（1）	0（0）	0
司宇辰	2010-097						1（0）	0（0）	0
司玉锋	**2004-087**	**2006-186**					2（2）	0（0）	0
斯奈曼	**1975-004**						1（1）	0（0）	0
Sim Yee Chin	2014-119（E）						1（0）	1（0）	0
Sivalingam P.M.	**1984-062**						1（1）	0（0）	0
Small J. A.	1985-003F						1（0）	1（0）	0
Soltan M.E.	**2005-121（E）**						1（1）	1（1）	0
Soltan Waleed A.Ogila	2013-002（E）						1（0）	1（0）	0
Son Yong-Keun	2011-127（E）						1（0）	1（0）	0
松尾尚	2001-016						1（0）	0（0）	0
宋阿琳	2015-193						1（0）	0（0）	0
宋宝华	2012-197						1（0）	0（0）	0
宋保昌	2001-141						1（0）	0（0）	0
宋兵	2013-603						1（0）	0（0）	0
宋常明	2008-221						1（0）	0（0）	0
宋超	**2011-282**						1（1）	0（0）	0
宋晨曦	2011-121						1（0）	0（0）	0
宋池	2013-083						1（0）	0（0）	0
宋崇立	2000-119	2003-178					2（0）	0（0）	0
宋传伟	2004-078						1（0）	0（0）	0
宋春山	2008-050	2008-311	2008-328	2009-361	2011-277	2015-362（E）	6（0）	1（0）	0
宋丹	2005-099						1（0）	0（0）	0
宋丹路	2009-329						1（0）	0（0）	0
宋笛	**2015-341**						1（1）	0（0）	0
宋东光	1992-122						1（0）	0（0）	0
宋尔良	1987-007	1993-082					2（0）	0（0）	0
宋繁永	2014-255						1（0）	0（0）	0
宋飞	2013-550	2015-508（E）					2（0）	1（0）	0
宋飞龙	**2013-346**						1（1）	0（0）	0
宋福生	**2008-199**	2010-155	2014-296				3（1）	0（0）	0
宋福祥	2012-235						1（0）	0（0）	0
宋功保	1999-018	**2005-122**	*2010-134	2011-207			4（1）	0（0）	1

续表

作者	索引编号					文献总数	英文文献	通讯作者
宋国定	2011-108	2013-587	2015-179			3（0）	0（0）	0
宋海农	**2007-181**					1（1）	0（0）	0
宋海涛	2012-031					1（0）	0（0）	0
宋涵华	**2009-229**					1（1）	0（0）	0
宋浩威	1998-131					1（0）	0（0）	0
宋红见	2015-243					1（0）	0（0）	0
宋红元	2015-429					1（0）	0（0）	0
宋宏建	2014-505					1（0）	0（0）	0
宋洪霞	**2007-182**	**2008-200**	**2009-230**			3（3）	0（0）	0
宋鸿印	2011-225					1（0）	0（0）	0
宋焕玲	**2006-187**	2009-109	**2009-231**			3（2）	0（0）	0
宋辉	2015-263					1（0）	0（0）	0
宋慧瑾	**2009-232**					1（1）	0（0）	0
宋纪蓉	2013-329					1（0）	0（0）	0
宋吉人	**1973-015P**	**1973-020P**	**1980-003S**			3（3）	0（0）	0
宋家庆	2010-314					1（0）	0（0）	0
宋嘉宁	2012-325					1（0）	0（0）	0
宋建华	**2013-347**	**2013-348**				2（2）	0（0）	0
宋建勋	2010-229	2011-267（E）				2（0）	1（0）	0
宋江涛	**2011-283**	2015-024				2（1）	0（0）	0
宋江伟	2011-300					1（0）	0（0）	0
宋婕	**2015-342**					1（1）	0（0）	0
宋金玲	**2015-343**					1（1）	0（0）	0
宋晶	**2010-242**					1（1）	0（0）	0
宋晶晶	**2009-233**	**2009-234**				2（2）	0（0）	0
宋精灵	2008-171					1（0）	0（0）	0
宋静宜	2014-526					1（0）	0（0）	0
宋娟	2015-053					1（0）	0（0）	0
宋军	2010-110	2010-111	2013-465	2015-007	**2013-007F**	5（1）	1（1）	0
宋俊龙	2015-414					1（0）	0（0）	0
宋凯铭	1965-001					1（0）	0（0）	0
宋磊	2003-101	**2009-235**				2（1）	0（0）	0
宋鹂	1997-007					1（0）	0（0）	0
宋立伟	2004-015					1（0）	0（0）	0
宋丽贤	2013-504					1（0）	0（0）	0
宋莲军	2007-016					1（0）	0（0）	0
宋林	**2015-344**					1（1）	0（0）	0
宋刘斌	2015-453					1（0）	0（0）	0
宋龙波	2012-017					1（0）	0（0）	0
宋鹏程	**2013-349**	2014-445				2（1）	0（0）	0
宋鹏心	**2013-350**					1（1）	0（0）	0
宋蔷	2008-239					1（0）	0（0）	0
宋庆芳	2005-004					1（0）	0（0）	0

续表

作者	索引编号					文献总数	英文文献	通讯作者
宋三春	2013-158					1（0）	0（0）	0
宋少洁	**2012-304**	2015-183				2（1）	0（0）	0
宋绍峰	2011-226					1（0）	0（0）	0
宋胜东	2014-462					1（0）	0（0）	0
宋胜海	2014-336					1（0）	0（0）	0
宋世战	1996-140					1（0）	0（0）	0
宋收	2015-261					1（0）	0（0）	0
宋守强	2010-314	2011-078	**2013-351**	**2014-337**	**2014-338**	**2014-339**	6（4）	0（0）	0
宋书冬	2015-200					1（0）	0（0）	0
宋双喜	2015-024					1（0）	0（0）	0
宋爽	*2015-107					1（0）	0（0）	1
宋苏环	**1998-106**	**1999-091**				2（2）	0（0）	0
宋土顺	2014-240	**2014-340**				2（1）	0（0）	0
宋微娜	**2011-284**					1（1）	0（0）	0
宋为娟	2012-205					1（0）	0（0）	0
宋维君	**2014-341**					1（1）	0（0）	0
宋维玮	2010-439					1（0）	0（0）	0
宋伟龙	2013-037					1（0）	0（0）	0
宋卫杰	**2009-236**					1（1）	0（0）	0
宋卫良	1998-151					1（0）	0（0）	0
宋文杰	2013-274（E）					1（0）	1（0）	0
宋文娟	2012-427	2013-476				2（0）	0（0）	0
宋武昌	2015-174					1（0）	0（0）	0
宋武元	**2003-112**	**2003-113**	**2005-123**	**2006-188**	2010-392	2011-425	11（4）	0（0）	0
	2012-398	2013-529	*2014-535	2015-270	2016-017W				
宋锡周	1991-051					1（0）	0（0）	0
宋霞	2002-037	**2006-189**	**2009-237**	**2010-243**	**2011-285**	**2011-286**	6（5）	0（0）	0
宋贤良	2007-288					1（0）	0（0）	0
宋宪根	2014-034					1（0）	0（0）	0
宋向岗	2014-039					1（0）	0（0）	0
宋向宏	1996-110					1（0）	0（0）	0
宋肖阳	2010-419					1（0）	0（0）	0
宋晓	**2010-244**					1（1）	0（0）	0
宋晓锋	2013-365					1（0）	0（0）	0
宋晓军	2014-090					1（0）	0（0）	0
宋晓昆	2010-245					1（0）	0（0）	0
宋晓岚	1988-094	2000-065（E）				2（1）	1（1）	0
宋欣	2002-159	**2007-183**	**2010-245**	2010-404		4（2）	0（0）	0
宋兴飞	2013-008					1（0）	0（0）	0
宋兴福	2015-221					1（0）	0（0）	0
宋秀铎	**2006-190**	**2007-184**	2014-572			3（2）	0（0）	0
宋雪梅	2006-063					1（0）	0（0）	0
宋雅君	2011-165					1（0）	0（0）	0

续表

作者	索引编号						文献总数	英文文献	通讯作者
宋延静	2010-339	2009-004F					2（0）	1（0）	0
宋彦军	**2014-342**						1（1）	0（0）	0
宋燕	**2008-201**	**2010-246**	2013-156	2013-157			4（2）	0（0）	0
宋扬	**2008-202**						1（1）	0（0）	0
宋以斌	2009-154						1（0）	0（0）	0
宋义	2001-026	**2005-124**	**2006-191**	**2007-185**	2008-071	**2008-203**	10（5）	0（0）	0
	2011-082	2014-439	**2015-345**	2015-446					
宋永辉	2008-125						1（0）	0（0）	0
宋永吉	2013-152						1（0）	0（0）	0
宋永清	**1998-107**	**1999-092**	2000-026	**2004-088**	2015-511		5（3）	0（0）	0
宋勇鹏	**2008-204**						1（1）	0（0）	0
宋游	2002-046（E）	2002-047	**2002-094**	**2005-125**	2005-164	2005-165（E）	24（7）	9（1）	0
	2005-230（E）	2005-231	**2006-192**	**2007-186（E）**	2007-187	2007-321（E）			
	2007-322	2008-013	2008-014（E）	2008-147（E）	2008-148	**2008-205**			
	2008-355	2008-356（E）	2008-357（E）	2008-358	**2010-247**	2014-145			
宋玉刚	1997-006						1（0）	0（0）	0
宋玉坤	2013-109	2014-107					2（0）	0（0）	0
宋玉芝	1964-006P						1（0）	0（0）	0
宋渊	**2011-287**						1（1）	0（0）	0
宋云京	**2005-126**						1（1）	0（0）	0
宋云阔	**1990-089**						1（1）	0（0）	0
宋昭峥	2006-080						1（0）	0（0）	0
宋兆华	2002-125	**2004-089**	**2004-090**	2005-174	2005-175	2008-275	7（2）	0（0）	0
	2011-366								
宋正启	2014-418						1（0）	0（0）	0
宋知行	1988-043						1（0）	0（0）	0
宋忠华	2011-250	2011-251	2015-312	2015-313	**2015-346**		5（1）	0（0）	0
宋子台	1988-063	1989-074					2（0）	0（0）	0
宋子新	**2008-206**						1（1）	0（0）	0
宋祖峰	2001-043	2002-049F	2003-054	2004-038	**2005-127**	2010-107	6（1）	0（0）	0
Song Jian	2007-119（E）						1（0）	1（0）	0
Song Liyan	2013-160（E）						1（0）	1（0）	0
Song Wanli	**2013-352（E）**						1（1）	1（1）	0
Song Wenzhi	1991-076（E）						1（0）	1（0）	0
Southon J.	2000-023						1（0）	0（0）	0
Spemann D.	2000-002F	2000-003F					2（0）	2（0）	0
Spěvačková V.	**1985-073**						1（1）	0（0）	0
Spiro Baruch	2015-332						1（0）	0（0）	0
Srinivasakannan C.	2013-108（E）						1（0）	1（0）	0
Srinivasan K.	**2011-288（E）**						1（1）	1（1）	0
Stefab Aigner	2012-251						1（0）	0（0）	0
Stern W.B.	1985-068						1（0）	0（0）	0
Steve Sutton	2010-140						1（0）	0（0）	0

续表

作者	索引编号						文献总数	英文文献	通讯作者
Stiel H.	**2007-188（E）**						1（1）	1（1）	0
苏宝茹	2008-055	2009-050（E）					2（0）	1（0）	0
苏斌	2014-526						1（0）	0（0）	0
苏伯民	**1998-108**	1999-077	2008-043	2008-324	2010-031	2013-013	10（1）	0（0）	0
	2013-061	2013-190	2013-553	2015-259					
苏达根	**2006-193**	**2010-248**					2（2）	0（0）	0
苏丹丹	**2010-249**						1（1）	0（0）	0
苏德芳	1964-006P						1（0）	0（0）	0
苏德法	**2005-128**	**2007-189**					2（2）	0（0）	0
苏芳	**2003-114**						1（1）	0（0）	0
苏恒博	2010-358						1（0）	0（0）	0
苏红梅	**2010-250**	2014-532					2（1）	0（0）	0
苏宏峰	2014-588						1（0）	0（0）	0
苏华东	**2008-207**	**2011-289**					2（2）	0（0）	0
苏怀	2011-448						1（0）	0（0）	0
苏辉	**2007-190**						1（0）	0（0）	0
苏会芳	2013-353						1（0）	0（0）	0
苏惠超	**2007-191**						1（1）	0（0）	0
苏惠娴	1992-047						1（0）	0（0）	0
苏继新	1999-105	**2008-208**	**2009-238**				3（2）	0（0）	0
苏建芝	2014-281	2014-282					2（0）	0（0）	0
苏捷	2009-039	2009-208					2（0）	0（0）	0
苏荆衡	**1979-023**	**1982-041**					2（2）	0（0）	0
苏军	**2003-115**						1（1）	0（0）	0
苏克	1992-090	1993-088	1994-035	1996-095	1998-183	1998-184	7（0）	0（0）	0
	2007-065								
苏立民	1997-104						1（0）	0（0）	0
苏良碧	2009-336						1（0）	0（0）	0
苏琳	**2008-209**						1（1）	0（0）	0
苏龙能	1990-059						1（0）	0（0）	0
苏梦晓	**2015-347**						1（1）	0（0）	0
苏明	2015-480						1（0）	0（0）	0
苏明伟	2011-042						1（0）	0（0）	0
苏锵	**2001-094**						1（1）	0（0）	0
苏清兴	**2015-348**						1（1）	0（0）	0
苏庆德	2006-078						1（0）	0（0）	0
苏庆东	2015-327P						1（0）	0（0）	0
苏全	**1987-069**						1（1）	0（0）	0
苏荣	2014-343						1（0）	0（0）	0
苏瑞红	2015-434						1（0）	0（0）	0
苏胜	2010-237						1（0）	0（0）	0
苏维瀚	1991-015	**1991-076（E）**	1992-126				3（1）	1（1）	0
苏伟	2013-225	2014-131					2（0）	0（0）	0

续表

作者	索引编号					文献总数	英文文献	通讯作者
苏卫汉	2012-047					1（0）	0（0）	0
苏文	2012-337					1（0）	0（0）	0
苏小四	2012-513					1（0）	0（0）	0
苏晓鸣	1989-010	1999-060	**2004-091**			3（1）	0（0）	0
苏晓云	**2013-354**	**2015-349**				2（2）	0（0）	0
苏新	2002-081					1（0）	0（0）	0
苏雄	2010-270	2013-153	2013-154			3（0）	0（0）	0
苏循荣	**1986-062**					1（1）	0（0）	0
苏亚楠	2008-056					1（0）	0（0）	0
苏亚勤	2003-091	2005-118	**2005-129**			3（1）	0（0）	0
苏亚汝	1988-115					1（0）	0（0）	0
苏怡	2014-530					1（0）	0（0）	0
苏轶坤	**2013-355**					1（1）	0（0）	0
苏幼鎏	1986-038	**1988-068**				2（1）	0（0）	0
苏玉	**2013-356**	2015-316				2（1）	0（0）	0
苏玉萍	**2005-130**	**2005-131**				2（2）	0（0）	0
苏媛	2013-255					1（0）	0（0）	0
苏媛婷	2015-182					1（0）	0（0）	0
苏长虎	2015-190					1（0）	0（0）	0
苏振国	2015-113					1（0）	0（0）	0
苏峥	**2005-132**	**2008-210**				2（2）	0（0）	0
苏智强	2008-171					1（0）	0（0）	0
苏中华	2012-545					1（0）	0（0）	0
苏作为	**2008-211**					1（1）	0（0）	0
宿艳芳	**2003-116**					1（1）	0（0）	0
素琳	∵1992-088					1（0）	0（0）	0
粟本华	2008-147（E）	2008-148				2（0）	1（0）	0
Su Zhimin	2014-228（E）					1（0）	1（0）	0
睢娇	**2014-344**					1（1）	0（0）	0
睢松山	**1995-089**	**1995-090**	**1995-091**	**1997-100**		4（4）	0（0）	0
睢志松	2010-323					1（0）	0（0）	0
隋宏超	2012-004					1（0）	0（0）	0
隋建才	2005-089					1（0）	0（0）	0
隋莉莉	2009-129					1（0）	0（0）	0
隋铭皓	2012-057	**2013-357**	2014-102	2014-265	2015-467	5（1）	0（0）	0
隋学勇	2009-199					1（0）	0（0）	0
Sulaiman Alaabed	**2013-358（E）**					1（1）	1（1）	0
孙爱明	2011-232（E）	2011-233（E）				2（0）	2（0）	0
孙爱贞	1984-059	**1991-077**				2（1）	0（0）	0
孙柏年	2008-324					1（0）	0（0）	0
孙宝德	2005-105					1（0）	0（0）	0
孙宝莲	2013-155	2015-602				2（0）	0（0）	0
孙宝林	**2015-350**					1（1）	0（0）	0

续表

作者	索引编号						文献总数	英文文献	通讯作者
孙宝岐	∵1989-026						1（0）	0（0）	0
孙保安	**1985-074**						1（1）	0（0）	0
孙彬彬	2012-550						1（0）	0（0）	0
孙博	2012-511	2013-549					2（0）	0（0）	0
孙昌年	1986-064	**1989-076**					2（1）	0（0）	0
孙超	**2014-345**						1（1）	0（0）	0
孙超尚	2011-469						1（0）	0（0）	0
孙成	2004-055						1（0）	0（0）	0
孙成胜	**2014-346**						1（1）	0（0）	0
孙成文	**1997-101**						1（1）	0（0）	0
孙承林	2001-112	2003-018	2003-168	*2015-409			4（0）	0（0）	1
孙传琛	**1989-077**（E）	2002-070					2（1）	1（1）	0
孙传敏	1997-026	1997-144	2002-075	2010-063	2013-469		5（0）	0（0）	0
孙传智	2011-429						1（0）	0（0）	0
孙春宝	*2014-345						1（0）	0（0）	1
孙春丽	2009-286	2010-040	**2010-251**	2011-468			4（1）	0（0）	0
孙春青	2015-507						1（0）	0（0）	0
孙大泽	**1982-042**	1983-012	1986-016	1987-063	**1987-070**	1988-069	7（3）	0（0）	0
	2003-076								
孙德权	1998-102						1（0）	0（0）	0
孙德智	2006-133	2006-134	*2006-135（E）	2006-238	2007-144		5（0）	1（0）	1
孙德忠	2010-303						1（0）	0（0）	0
孙敦陆	2011-235						1（0）	0（0）	0
孙发民	2014-375						1（0）	0（0）	0
孙凡飞	2015-508（E）						1（0）	1（0）	0
孙访策	**2011-290**						1（1）	0（0）	0
孙丰波	**2011-291**						1（1）	0（0）	0
孙福民	2005-095						1（0）	0（0）	0
孙富涛	2012-466						1（0）	0（0）	0
孙官清	2001-008						1（0）	0（0）	0
孙广文	2007-265						1（0）	0（0）	0
孙贵勤	1985-112	1986-061	1986-099				3（0）	0（0）	0
孙桂春	2002-146						1（0）	0（0）	0
孙国君	2014-430						1（0）	0（0）	0
孙国匡	**1983-052**	1990-132					2（1）	0（0）	0
孙国良	2012-548						1（0）	0（0）	0
孙国勇	1993-063						1（0）	0（0）	0
孙国忠	2007-139						1（0）	0（0）	0
孙海健	**2007-192**	**2010-252**（E）	**2010-253**				3（3）	1（1）	0
孙海杰	2010-389（E）	**2012-305**	**2013-359**	**2013-360**	**2014-347**	**2015-351**	7（6）	1（0）	0
	2015-352								
孙海军	2015-076						1（0）	0（0）	0
孙浩	2012-499						1（0）	0（0）	0

续表

作者	索引编号						文献总数	英文文献	通讯作者
孙灏	2002-091	**2004-092**	2004-175	2009-432			4（1）	0（0）	0
孙红福	**2006-194**	**2007-193**					2（2）	0（0）	0
孙红娟	**2008-212**	2011-118	2011-181	2013-349	2014-445	2015-105	8（2）	0（0）	1
	*2015-110	**2015-353**							
孙红丽	2015-457（E）						1（0）	1（0）	0
孙红燕	2010-229	2011-267（E）					2（0）	1（0）	0
孙红哲	*2009-067						1（0）	0（0）	1
孙宏	∴1988-070						1（0）	0（0）	0
孙洪波	2008-042	2008-216	2008-004F				3（0）	0（0）	0
孙洪巍	1996-017	2006-085（E）	2006-086	2006-172	2007-095	2007-096（E）	13（0）	2（0）	0
	2007-224	2007-225	2009-040	2009-288	2010-168	2010-178			
	2014-182								
孙洪霞	2009-410						1（0）	0（0）	0
孙厚铁	2009-289						1（0）	0（0）	0
孙华敖	**2008-213**						1（1）	0（0）	0
孙化松	2009-406						1（0）	0（0）	0
孙会敏	*2013-464						1（0）	0（0）	1
孙会彦	**2006-195**						1（1）	0（0）	0
孙慧斌	2010-273	2014-364	2011-005F				3（0）	1（0）	0
孙慧芳	2014-502						1（0）	0（0）	0
Sun H.F.	2007-009F						1（0）	1（0）	0
孙慧颖	**2015-354**						1（1）	0（0）	0
孙继红	2014-006						1（0）	0（0）	0
孙继新	2013-224						1（0）	0（0）	0
孙加林	2011-244						1（0）	0（0）	0
孙佳	2013-602						1（0）	0（0）	0
孙家美	**1987-071**	**1990-090**	**1991-078**	**1991-079**	**1997-102**		5（5）	0（0）	0
孙建波	2014-155						1（0）	0（0）	0
孙建诚	1988-040						1（0）	0（0）	0
孙建国	1996-094						1（0）	0（0）	0
孙建伶	2012-238	**2014-348**					2（1）	0（0）	0
孙建民	**2005-133**						1（1）	0（0）	0
孙建兴	1995-010						1（0）	0（0）	0
孙建一	**1992-089**						1（1）	0（0）	0
孙健	2015-149						1（0）	0（0）	0
孙杰	2010-134						1（0）	0（0）	0
孙瑾	2006-035						1（0）	0（0）	0
孙晶	2002-062	2015-387					2（0）	0（0）	0
孙井梅	2005-227						1（0）	0（0）	0
孙景瑞	1996-120						1（0）	0（0）	0
孙景信	**1993-102**						1（1）	0（0）	0
孙敬亮	2005-049						1（0）	0（0）	0
孙静静	2012-505						1（0）	0（0）	0

续表

作者	索引编号						文献总数	英文文献	通讯作者
孙钧敏	1985-095	1986-066	1986-067				3（0）	0（0）	0
孙骏	**2012-306**	**2013-361**					2（2）	0（0）	0
Sun J.	2007-009F						1（0）	1（0）	0
孙可一	2007-245						1（0）	0（0）	0
孙克	2012-180						1（0）	0（0）	0
孙黎明	2008-106						1（0）	0（0）	0
孙礼明	2013-378						1（0）	0（0）	0
孙力	2009-106						1（0）	0（0）	0
孙立广	1992-102（E）	1992-101	1998-152	2001-044	2001-088	2001-089	19（0）	11（0）	1
	2002-090（E）	2002-092	2004-127	2005-010	2005-177（E）	2006-253（E）			
	2010-337（E）	*2013-605（E）	2001-005F	2003-003F	2006-009F	2006-013F			
	2008-003F								
孙立梅	2010-227						1（0）	0（0）	0
孙立民	2013-218						1（0）	0（0）	0
孙立敏	2013-353						1（0）	0（0）	0
孙立群	2006-280						1（0）	0（0）	0
孙立霞	1987-078						1（0）	0（0）	0
孙丽	**2006-196**						1（1）	0（0）	0
孙丽虹	**1996-108**						1（1）	0（0）	0
孙丽华	2014-326	**2014-349**					2（1）	0（0）	0
孙丽娟	2008-141	2014-602	2015-001F				3（0）	1（0）	0
孙丽欣	2007-260						1（0）	0（0）	0
孙连化	**1983-053**						1（1）	0（0）	0
孙连有	2000-075						1（0）	0（0）	0
孙林华	2011-015	2012-500					2（0）	0（0）	0
孙林平	2015-354						1（0）	0（0）	0
孙琳	**2007-194**						1（1）	0（0）	0
孙琳琳	**2014-350**	**2015-355**					2（2）	0（0）	0
孙伶	2006-179						1（0）	0（0）	0
孙玲	2005-185						1（0）	0（0）	0
孙龄高	1998-109						1（0）	0（0）	0
孙路石	2009-364	2010-237					2（0）	0（0）	0
孙梅	2001-104	2008-313					2（0）	0（0）	0
孙民德	2001-090	2001-091	**2001-095**	2002-070			4（1）	0（0）	0
孙敏	**2010-254**	2013-022					2（1）	0（0）	0
孙明星	**1993-103**	**1995-092**	**1996-109**				3（3）	0（0）	0
孙明永	1993-094						1（0）	0（0）	0
孙乃茹	1983-016	1983-017					2（0）	0（0）	0
孙妮妮	2012-339						1（0）	0（0）	0
孙宁	2012-182						1（0）	0（0）	0
孙培永	2014-161	2015-539					2（0）	0（0）	0
孙沛林	2006-098						1（0）	0（0）	0
孙朋	2014-173						1（0）	0（0）	0

续表

作者	索引编号					文献总数	英文文献	通讯作者
孙鹏	2015-104					1（0）	0（0）	0
孙鹏飞	**2015-356**					1（1）	0（0）	0
孙平	**1992-090**	1995-011				2（1）	0（0）	0
孙平慧	**1993-104**					1（1）	0（0）	0
孙平蕙	1985-008	1985-009	**1985-075**	**1985-076**	**1985-077**	10（8）	0（0）	0
	1989-078	**1990-091**	**1991-080**	**1992-091**	**1994-078**			
孙平顺	2005-092					1（0）	0（0）	0
孙普兵	2010-254					1（0）	0（0）	0
孙普男	2011-479（E）					1（0）	1（0）	0
孙其志	1996-149					1（0）	0（0）	0
孙奇娜	2007-131	2007-132	2009-055			3（0）	0（0）	0
孙琦	2012-290	2013-375（E）				2（0）	1（0）	0
孙青	**2000-066**	2010-335	2014-226			3（1）	0（0）	0
孙人杰	2011-278（E）					1（0）	1（0）	0
孙蓉	**2012-307**					1（1）	0（0）	0
孙茹秋	**2014-351**					1（1）	0（0）	0
孙汝东	2010-455					1（0）	0（0）	0
孙汝昆	2009-425					1（0）	0（0）	0
孙瑞昌	2015-552					1（0）	0（0）	0
孙瑞皎	2014-301					1（0）	0（0）	0
孙瑞琴	2009-188					1（0）	0（0）	0
孙瑞雪	2010-343					1（0）	0（0）	0
孙森	2013-238	2013-493	2014-582			3（0）	0（0）	0
孙升	**2008-214**	2010-089				2（1）	0（0）	0
孙胜利	1989-104					1（0）	0（0）	0
孙世清	**1992-092**	**1994-079**				2（2）	0（0）	0
孙书红	**2007-195**	2009-269	2013-544			3（1）	0（0）	0
孙书勤	1994-094	1995-107（E）				2（0）	1（0）	0
孙淑敏	1981-010	1982-014	1984-026	**1986-063**	1986-107	5（1）	0（0）	0
孙淑媛	**1998-109**					1（1）	0（0）	0
孙树立	1987-044					1（0）	0（0）	0
孙恕	2014-505					1（0）	0（0）	0
孙松	2013-057					1（0）	0（0）	0
孙涛	2008-314	2012-203				2（0）	0（0）	0
孙天希	2004-013	**2004-093**	**2005-134**	**2005-135**	2005-159	28（14）	8（3）	3
	2005-163	**2006-197**	**2007-196（E）**	**2007-197**	**2008-215**			
	2008-216	2010-260	2010-267	2010-268	**2011-164（E）**			
	2011-292	**2011-293**	**2013-208（E）**	*2013-231	*2013-311			
	2013-362（E）	**2014-352**	*2015-170	**2008-004F**	2008-005F			
	2008-006F	2008-007F	**2009-013W**					
孙铁	2012-111					1（0）	0（0）	0
孙婷婷	**2013-363**					1（1）	0（0）	0
孙万付	2009-178	*2014-163				2（0）	0（0）	1
孙伟	**2007-198**	2013-175	2013-243	2014-391（E）	2015-363	6（1）	2（0）	0
	2015-609（E）							

续表

作者	索引编号					文献总数	英文文献	通讯作者
孙伟华	2011-270					1（0）	0（0）	0
孙伟娜	**2015-357**					1（1）	0（0）	0
孙伟莹	**1998-110**	**1998-111**	1998-113	2000-068	1998-003F	5（2）	1（0）	0
孙卫	2011-130	2013-159				2（0）	0（0）	0
孙卫东	1996-093					1（0）	0（0）	0
孙蔚渊	2013-231	2013-362（E）	2014-352			3（0）	1（0）	0
孙锡丽	2002-141					1（0）	0（0）	0
孙霞	2001-044	2002-139	**2011-294**	2002-003F		4（1）	1（0）	0
孙显升	**1982-043**	**1983-054**	1984-071			3（2）	0（0）	0
孙小玉	2014-514					1（0）	0（0）	0
孙晓翠	2014-198					1（0）	0（0）	0
孙晓飞	2015-544					1（0）	0（0）	0
孙晓红	2010-428					1（0）	0（0）	0
孙晓林	2015-250					1（0）	0（0）	0
孙晓然	2013-176					1（0）	0（0）	0
孙晓霞	2013-521					1（0）	0（0）	0
孙晓燕	**2012-308**					1（1）	0（0）	0
孙新君	**2005-136**					1（1）	0（0）	0
孙新民	2002-171	2003-060（E）	2003-075	2003-173	2004-162（E）	23（0）	5（0）	0
	2004-165	2005-226	2006-085（E）	2006-086	2006-099			
	2006-172	2006-313	2006-314（E）	2006-324	2007-095			
	2007-096（E）	2007-224	2007-225	2009-040	2010-168			
	2010-347	2014-062	2014-182					
孙鑫	2008-250	**2014-353**	*2014-439	2015-345	2015-446	5（1）	0（0）	1
孙兴权	2008-175	2009-199	2013-297	**2013-364**		4（1）	0（0）	0
孙秀峰	1987-036	1988-045	1992-044	1995-041		4（0）	0（0）	0
孙秀娟	2007-140					1（0）	0（0）	0
孙秀敏	2014-126					1（0）	0（0）	0
孙秀萍	2011-237					1（0）	0（0）	0
孙秀芹	**2009-239**					1（1）	0（0）	0
孙旭东	2011-202					1（0）	0（0）	0
孙雪	2009-355	**2010-255**	2011-121			3（1）	0（0）	0
孙雪萍	**2010-256**					1（1）	0（0）	0
孙雪琴	**2006-198**					1（1）	0（0）	0
孙雪松	2005-043	2006-208				2（0）	0（0）	0
孙雪瑜	**1985-078**					1（1）	0（0）	0
孙彦民	2011-230	2014-389				2（0）	0（0）	0
孙艳波	2009-192					1（0）	0（0）	0
孙艳红	*2015-370（E）					1（0）	1（0）	1
孙燕	**2013-365**					1（1）	0（0）	0
孙燕翔	**2000-067**					1（1）	0（0）	0
孙遥	2013-469					1（0）	0（0）	0
孙耀东	1997-039					1（0）	0（0）	0
孙业凤	**2015-358**					1（1）	0（0）	0

续表

作者	索引编号					文献总数	英文文献	通讯作者
孙业军	2011-086					1 (0)	0 (0)	0
孙业长	1988-067					1 (0)	0 (0)	0
孙叶磊	2011-460					1 (0)	0 (0)	0
孙烨忱	2012-252					1 (0)	0 (0)	0
孙毅	2012-118					1 (0)	0 (0)	0
孙莹	**2008-217**					1 (1)	0 (0)	0
孙颖	**2001-096**	2003-168	2008-008	2009-341	**2010-257**	2014-354	6 (2)	0 (0)	0
孙永年	**1990-092（E）**	1990-104（E）				2 (1)	2 (1)	0
孙永生	2013-158					1 (0)	0 (0)	0
孙勇	2015-126					1 (0)	0 (0)	0
孙用均	**1985-079**	1992-110				2 (1)	0 (0)	0
孙友宝	2011-146					1 (0)	0 (0)	0
孙羽婕	2012-313					1 (0)	0 (0)	0
孙玉芳	1979-026					1 (0)	0 (0)	0
孙玉华	1982-052					1 (0)	0 (0)	0
孙玉静	2003-122	2004-051				2 (0)	0 (0)	0
孙玉友	2015-010	2015-011				2 (0)	0 (0)	0
孙玉壮	2007-315	**2015-359（E）**				2 (1)	1 (1)	0
孙育斌	2000-006					1 (0)	0 (0)	0
孙元洪	**1996-110**					1 (1)	0 (0)	0
孙元元	2009-156					1 (0)	0 (0)	0
孙跃	2007-156					1 (0)	0 (0)	0
孙云	2000-070	2006-120	2006-300	2007-139	2007-178	2008-198	12 (0)	2 (0)	0
	2008-295	2008-296（E）	2008-338（E）	2013-104	2013-105	2013-229			
Sun Y.	2011-006F					1 (0)	1 (0)	0
孙云志	2002-132					1 (0)	0 (0)	0
孙运兰	2008-367					1 (0)	0 (0)	0
孙在春	2006-124					1 (0)	0 (0)	0
孙在泾	1999-127					1 (0)	0 (0)	0
孙则	**1984-063**					1 (1)	0 (0)	0
孙兆美	1983-012					1 (0)	0 (0)	0
孙振海	**2011-295**					1 (1)	0 (0)	0
孙振华	**2013-366**					1 (1)	0 (0)	0
孙振路	2011-251					1 (0)	0 (0)	0
孙振文	**2012-309**	2015-010	2015-011			3 (1)	0 (0)	0
孙振亚	1994-119	**1999-093**				2 (1)	0 (0)	0
孙芝地	**1993-105**	1999-125				2 (1)	0 (0)	0
孙志翱	2007-142	**2008-218**				2 (1)	0 (0)	0
孙志国	**1996-111**	**2015-360**				2 (2)	0 (0)	0
孙志华	**2012-310**	**2013-367**	**2013-368**			3 (3)	0 (0)	0
孙志强	**2013-369**	2013-393				2 (1)	0 (0)	0
孙志蓉	*2013-024					1 (0)	0 (0)	1
孙志岩	2013-572					1 (0)	0 (0)	0

续表

作者	索引编号						文献总数	英文文献	通讯作者
孙治湖	2007-160	2007-161	2008-272				3（0）	0（0）	0
孙智	2010-320						1（0）	0（0）	0
孙忠	**1988-071**	**1989-079**	**1990-093**	2012-487	2012-488		5（3）	0（0）	0
孙忠铭	1996-028						1（0）	0（0）	0
孙仲田	1992-087						1（0）	0（0）	0
孙自伟	∴2007-204						1（0）	0（0）	0
孙宗光	2006-170						1（0）	0（0）	0
Sun Zuo	2002-006F						1（0）	1（0）	0
索红莉	2014-497						1（0）	0（0）	0
索郎	2015-166						1（0）	0（0）	0
索全伶	1998-128	1998-129	1998-130	1999-111	2000-087	2001-106	6（0）	0（0）	0
索相波	**2010-258**						1（1）	0（0）	0
索掌怀	2009-106						1（0）	0（0）	0
索忠恕	1995-027	1995-028					2（0）	0（0）	0
Susana Greiff	2012-066						1（0）	0（0）	0
Суварцко С.М.	1989-001						1（0）	0（0）	0
Sven A.E. Johansson	**1985-080**						1（1）	0（0）	0
Syed Mustansar Abbas	2013-300（E）						1（0）	1（0）	0
Syed Tajammul Hussain	2013-300（E）						1（0）	1（0）	0
T									0
Taher Yousefi	2015-112（E）						1（0）	1（0）	0
邰力	2006-143	2008-100					2（0）	0（0）	0
邰明松	1988-101	1990-126	1991-115	1992-100	1997-035	1992-093	5（0）	0（0）	0
邰仁忠	*2010-353						1（0）	0（0）	1
太井超	2013-028	2013-608	**2014-354**				3（1）	0（0）	0
太原化工厂	**1977-009**						1（1）	0（0）	0
泰俊法	1986-096						1（0）	0（0）	0
谈成龙	**2005-137**						1（1）	0（0）	0
谈春明	**2010-259**	**2011-296**	**2012-311**				3（3）	0（0）	0
谈国强	2012-533（E）						1（0）	1（0）	0
谈家祯	1990-092（E）						1（0）	1（0）	0
谈建安	2008-151	2013-483					2（0）	0（0）	0
谈金强	2015-296						1（0）	0（0）	0
谈静	**2014-355**	**2015-361**					2（2）	0（0）	0
谈明光	1981-052	1983-008	1983-099（E）	1988-109	2006-021	2006-293	13（1）	5（1）	0
	2007-285	2009-428	2013-527（E）	2014-015	**2006-007F**	2009-003F			
	2010-001F								
谈绍峰	**2012-312**						1（1）	0（0）	0
谈树苹	2015-058						1（0）	0（0）	0
谈耀麟	∴1985-081						1（0）	0（0）	0
谭秉和	**1987-072**	**1988-072**	**1994-080**	1995-092	∴1995-093	1996-109	15（7）	1（1）	1

续表

作者	索引编号						文献总数	英文文献	通讯作者
	*1998-029	1998-110	1998-111	**1998-113**	1998-164	**2000-068**			
	2000-069	2002-106	**1998-003F**						
谭炳尧	2012-345						1（0）	0（0）	0
谭朝鑫	2015-003						1（0）	0（0）	0
谭承君	**2014-356**						1（1）	0（0）	0
谭大力	2004-103						1（0）	0（0）	0
谭德睿	**1997-104**	2002-064					2（1）	0（0）	0
谭都平	2010-009						1（0）	0（0）	0
谭芳香	**2014-357**						1（1）	0（0）	0
谭富安	1976-006P						1（0）	0（0）	0
谭浩	2005-227						1（0）	0（0）	0
谭和平	**2008-219**	**2012-313**					2（2）	0（0）	0
谭厚章	2010-183	2010-214	2014-421				3（0）	0（0）	0
谭欢欢	2013-041						1（0）	0（0）	0
谭卉	2014-559						1（0）	0（0）	0
谭继廉	1994-084（E）	1995-097	1995-098	2002-107	2010-213		5（0）	1（0）	0
谭靖	2012-445						1（0）	0（0）	0
谭涓	2006-245	2007-269					2（0）	0（0）	0
谭军	2015-257（E）						1（0）	1（0）	0
谭蕾	2004-046						1（0）	0（0）	0
谭梦琦	2010-038						1（0）	0（0）	0
谭勉勉	2014-096（E）						1（0）	1（0）	0
谭强强	**2003-117**	2003-118	2004-094	2004-095	2004-096		5（5）	0（0）	0
谭钦文	2013-390						1（0）	0（0）	0
谭日鑫	**2000-070**						1（1）	0（0）	0
谭蓉	2010-297						1（0）	0（0）	0
谭瑞淀	**2007-199**						1（1）	0（0）	0
谭瑞琴	1998-046	1999-049					2（0）	0（0）	0
谭生龙	2014-359						1（0）	0（0）	0
谭寿萍	2010-425						1（0）	0（0）	0
谭铁铮	1993-018						1（0）	0（0）	0
谭伟	2014-441（E）	2015-362（E）					2（1）	2（1）	0
谭羡	2014-411						1（0）	0（0）	0
谭小宁	**2006-199**						1（1）	0（0）	0
谭小伟	2006-048（E）						1（0）	1（0）	0
谭亚军	**1991-081**	1998-049					2（1）	0（0）	0
谭艳	**2015-363**	2015-609（E）					2（1）	1（0）	0
谭业武	**1995-094**						1（1）	0（0）	0
谭玉娟	2005-012	2006-023					2（0）	0（0）	0
谭越	2013-568						1（0）	0（0）	0
谭长银	2012-006						1（0）	0（0）	0
谭钊勤	2009-257						1（0）	0（0）	0
谭桢干	**2015-364**						1（1）	0（0）	0

续表

作者	索引编号						文献总数	英文文献	通讯作者
谭争国	2015-619						1（0）	0（0）	0
谭植元	**2010-260**	2011-164（E）					2（1）	1（0）	0
谭忠	2010-439						1（0）	0（0）	0
檀素霞	2007-199						1（0）	0（0）	0
Tan Mingwei	2013-044（E）						1（0）	1（0）	0
汤彬	2011-370	*2015-160					2（0）	0（0）	1
汤常金	2012-045						1（0）	0（0）	0
汤驰	**2012-314**						1（1）	0（0）	0
汤达祯	2009-246						1（0）	0（0）	0
汤大纲	1988-027						1（0）	0（0）	0
汤道清	∵1985-018						1（0）	0（0）	0
汤德平	2005-113						1（0）	0（0）	0
汤福山	**1983-055**						1（1）	0（0）	0
汤光中	**2000-071**	2000-100					2（1）	0（0）	0
汤国魂	1980-027	1982-033	1984-059	1984-083	1989-076	1981-002W	6（0）	0（0）	0
汤红云	**2012-315**						1（1）	0（0）	0
汤鸿霄	1995-096						1（0）	0（0）	0
汤辉	2015-172						1（0）	0（0）	0
汤积仁	2015-123						1（0）	0（0）	0
汤家镛	1979-006	1979-007	1980-006	1984-059	**1986-064**	1990-118（E）	16（1）	3（0）	0
	1991-072	1991-109	1992-082（E）	1992-102（E）	1992-101	1993-095			
	1993-121	1996-024	1997-010	1998-031					
汤剑	2008-284	2008-285					2（0）	0（0）	0
汤皎宁	2010-064	*2011-214	2013-355				3（0）	0（0）	1
汤洁	2001-114						1（0）	0（0）	0
汤婕	2013-071						1（0）	0（0）	0
汤礼军	2010-172						1（0）	0（0）	0
汤凌志	**2006-200**						1（1）	0（0）	0
汤龙	2013-464						1（0）	0（0）	0
汤龙华	2013-582						1（0）	0（0）	0
汤敏	2015-618						1（0）	0（0）	0
汤奇峰	2011-380						1（0）	0（0）	0
汤琪	**2011-297**						1（1）	0（0）	0
汤庆峰	**2015-365**						1（1）	0（0）	0
汤瑞琼	∵1989-001						1（0）	0（0）	0
汤少杰	2010-370						1（0）	0（0）	0
汤淑芳	**2004-097**						1（1）	0（0）	0
汤亭亭	2001-150（E）	2001-151					1（0）	0（0）	0
汤文豪	2014-036						1（0）	0（0）	0
汤效平	2010-211（E）						1（0）	1（0）	0
汤旭贞	**2012-316**						1（0）	0（0）	0
汤毅珊	**2007-200**						1（1）	0（0）	0
汤永净	**2012-317**						1（1）	0（0）	0

续表

作者	索引编号						文献总数	英文文献	通讯作者
汤有正	2011-204						1（0）	0（0）	0
汤宇磊	2014-281						1（0）	0（0）	0
汤云	2009-348	2010-261（E）	2011-412				3（1）	1（1）	0
汤云晖	**2005-138**	**2005-142（E）**	**2007-201**				3（3）	1（1）	0
汤云辉	2015-495						1（0）	0（0）	0
汤云芝	2015-024						1（0）	0（0）	0
汤志勇	**2000-072**	**2006-201**	**2008-220**	**2010-262**	2011-148	**2012-318**	8（5）	0（0）	0
	2012-320	2014-318							
汤紫薇	**2011-298**						1（1）	0（0）	0
唐爱雄	**2010-263**						1（1）	0（0）	0
唐彬	2009-350	2011-062					2（0）	0（0）	0
唐斌	2009-114						1（0）	0（0）	0
唐诚	**2012-319**						1（1）	0（0）	0
唐春和	**2015-366**						1（1）	0（0）	0
唐春华	2004-066						1（0）	0（0）	0
唐代全	1998-039	1998-040	2002-040	2010-092			4（0）	0（0）	0
唐荻	2007-027	2007-304					2（0）	0（0）	0
唐电	2014-268						1（0）	0（0）	0
唐鄂生	1989-097	**1990-094**					2（1）	0（0）	0
唐芳	2009-152	2010-440					2（0）	0（0）	0
唐福军	1985-109						1（0）	0（0）	0
唐光华	**1981-032**	**1981-033**					2（2）	0（0）	0
唐海波	2010-201						1（0）	0（0）	0
唐好	2002-026						1（0）	0（0）	0
唐红	1994-069	1998-055	1999-055	**2005-139**			4（1）	0（0）	0
唐红梅	**2012-320**						1（1）	0（0）	0
唐红霞	**2011-299**						1（1）	0（0）	0
唐洪波	2010-194						1（0）	0（0）	0
唐洪明	2013-227						1（0）	0（0）	0
唐鸿珊	1990-028						1（0）	0（0）	0
唐华蓉	2011-008						1（0）	0（0）	0
唐辉明	2002-132						1（0）	0（0）	0
唐惠东	2011-146						1（0）	0（0）	0
唐慧	2011-401						1（0）	0（0）	0
唐慧勤	2015-125						1（0）	0（0）	0
唐建武	1998-120						1（0）	0（0）	0
唐杰	**2009-240**	2010-015	2012-396				3（1）	0（0）	0
唐进	1999-094						1（0）	0（0）	0
唐劲天	2013-140						1（0）	0（0）	0
唐静娟	1993-109	1997-104	1998-041				3（0）	0（0）	0
唐菊兴	**1999-094**	2011-482	*2015-414				3（1）	0（0）	1
唐军	2015-161（E）						1（0）	1（0）	0
唐俊	2013-604						1（0）	0（0）	0

续表

作者	索引编号					文献总数	英文文献	通讯作者
唐俊杰	2013-167	2014-580				2（0）	0（0）	0
唐凯	2011-399					1（0）	0（0）	0
唐楷	2012-436					1（0）	0（0）	0
唐磊	2013-418					1（0）	0（0）	0
唐力军	2005-156					1（0）	0（0）	0
唐力君	**2001-097**	2012-175	2012-238			3（1）	0（0）	0
唐立军	1990-060（E）					1（0）	1（0）	0
唐立平	2010-365	2012-450（E）	2012-451（E）			3（0）	2（0）	0
唐丽丽	**2009-241**	2009-259	2010-113	2011-132		4（1）	0（0）	0
唐莉	2014-519					1（0）	0（0）	0
唐莉纯	2007-211					1（0）	0（0）	0
唐梦奇	2012-033	**2012-321**	**2012-322**	**2013-370**	2014-209	5（3）	0（0）	0
唐明	2010-141	2012-521（E）				2（0）	1（0）	0
唐木智明	2009-004					1（0）	0（0）	0
唐培家	2004-131					1（0）	0（0）	0
唐卿	2013-379					1（0）	0（0）	0
唐清	2013-366					1（0）	0（0）	0
唐庆	2012-319					1（0）	0（0）	0
唐人成	2009-381					1（0）	0（0）	0
唐容喆	2011-043（E）					1（0）	1（0）	0
唐锐	2015-274	2015-275	2015-276			3（0）	0（0）	0
唐瑞鹏	**2010-264**					1（1）	0（0）	0
唐时荣	1990-006					1（0）	0（0）	0
唐述培	1994-064					1（0）	0（0）	0
唐涛	2003-048					1（0）	0（0）	0
唐桐永	1982-029					1（0）	0（0）	0
唐威	**2010-265**					1（1）	0（0）	0
唐唯	2013-226					1（0）	0（0）	0
唐维学	1994-067					1（0）	0（0）	0
唐文超	2015-330					1（0）	0（0）	0
唐文乔	2006-051	2013-559	*2015-092			3（0）	0（0）	1
唐文勇	2013-508					1（0）	0（0）	0
唐侠	**2009-242**	2010-400	2014-468	2015-298	**2015-367**	2015-491	6（2）	0（0）	0
唐先陆	2007-181					1（0）	0（0）	0
唐小刚	2012-381					1（0）	0（0）	0
唐小辉	**2014-358**					1（1）	0（0）	0
唐小平	**1994-081**					1（1）	0（0）	0
唐晓红	**2003-119**					1（1）	0（0）	0
唐晓慧	1995-021	**2005-140**				2（1）	0（0）	0
唐晓恋	**2005-141**					1（1）	0（0）	0
唐晓林	2014-003					1（0）	0（0）	0
唐晓明	1986-043					1（0）	0（0）	0
唐晓萍	**2014-359**					1（1）	0（0）	0

续表

作者	索引编号						文献总数	英文文献	通讯作者
唐晓燕	2009-352						1（0）	0（0）	0
唐孝炎	1985-001						1（0）	0（0）	0
唐鑫	2014-097						1（0）	0（0）	0
唐鑫萍	2012-364						1（0）	0（0）	0
唐信英	**2013-371**						1（1）	0（0）	0
唐兴玥	**2012-323**						1（1）	0（0）	0
唐修义	2001-038						1（0）	0（0）	0
唐学平	2012-011						1（0）	0（0）	0
唐亚	*2010-345						1（0）	0（0）	1
唐燕文	2012-404						1（0）	0（0）	0
唐毅	**2011-300**						1（1）	0（0）	0
唐永金	2012-125						1（0）	0（0）	0
唐勇	**2009-243**						1（1）	0（0）	0
唐有根	2009-049						1（0）	0（0）	0
唐予奇	1987-099						1（0）	0（0）	0
唐宇峰	2012-435						1（0）	0（0）	0
唐煜坤	**2013-372**						1（1）	0（0）	0
唐跃刚	2005-062	2006-084	2007-129	2007-130	2013-135	2013-196	7（0）	0（0）	0
	2014-113								
唐韵秋	2013-200						1（0）	0（0）	0
唐章奎	**2006-202**						1（0）	0（0）	0
唐镇忠	**2008-221**						1（1）	0（0）	0
唐志锟	2014-535						1（0）	0（0）	0
唐志雄	2007-288						1（0）	0（0）	0
唐竹兴	2014-462						1（0）	0（0）	0
唐子龙	2000-034	2000-035	2000-036	2003-117	2003-118	2004-095	6（0）	0（0）	0
Tang S. M.	**1990-095**						1（1）	0（0）	0
Tang Tingting	2005-004F						1（0）	1（0）	0
Tang Xiaohui	2013-005F						1（0）	1（0）	0
Tang Yuchao	2005-044（E）						1（0）	1（0）	0
Tang Y.H.	**2005-005F**						1（1）	1（1）	0
陶淳	1990-030						1（0）	0（0）	0
陶迪	**2014-360**	2015-368					2（2）	0（0）	0
陶光仪	1980-010（E）	1981-012	1981-018	**1981-034**	**1982-044**	**1982-045**	65（20）	16（4）	1
	1983-033	1983-034	1984-081	**1985-040**	**1986-065**	1987-031			
	1988-113	1989-039	1990-058	1991-027	1991-065	**1991-082**			
	1992-038	**1992-094**	**1992-095**	1994-033	**1994-082**	**1994-083**			
	1994-091	1995-036	**1995-095**	1996-072	1996-107	1997-077			
	1997-105	1997-148	*1998-078	**1998-114**	**1998-115**	1999-050			
	1999-066	**1999-095**	1999-146	1999-161	1999-162	**2000-073**			
	2001-040	2001-164	2003-217	**2005-143**	2006-010	2006-057			
	1985-001F	**1985-002F**	**1985-004F**	1986-001F	**1990-001F**	1993-001F			
	1996-001F	1996-002F	**1998-004F**	2003-001F	2003-005F	2005-001F			

续表

作者	索引编号						文献总数	英文文献	通讯作者
	2005-007F	2006-001F	2006-003F	2003-009W	2010-014W				
陶红	2013-365						1（0）	0（0）	0
陶鸿波	2011-204						1（0）	0（0）	0
陶辉	2010-299						1（0）	0（0）	0
陶建清	2008-095						1（0）	0（0）	0
陶金波	2014-469						1（0）	0（0）	0
陶俊	2010-295	*2012-476	*2012-558				3（0）	0（0）	2
陶克明	2008-076	2008-237	2012-309	2013-102			4（0）	0（0）	0
陶琳	2015-476						1（0）	0（0）	0
陶苗苗	2015-058						1（0）	0（0）	0
陶倩	**2007-202**						1（1）	0（0）	0
陶青英	2010-096						1（0）	0（0）	0
陶蕊	2004-080	2005-160	2005-219	**2006-203**	2006-244	2007-318	8（3）	0（0）	0
	2009-244	**2009-245**							
陶若愚	**1993-106**						1（1）	0（0）	0
陶世光	1998-040						1（0）	0（0）	0
陶树	**2009-246**	2012-161					2（1）	0（0）	0
陶顺龙	2015-250						1（0）	0（0）	0
陶文晶	**2007-203**						1（1）	0（0）	0
陶文亮	2015-311						1（0）	0（0）	0
陶锡珍	1997-140	1998-064					2（0）	0（0）	0
陶新永	2015-448	2015-449					2（0）	0（0）	0
陶亚刚	**2009-247**						1（1）	0（0）	0
陶琰	2000-020	2004-024					2（0）	0（0）	0
陶冶	1999-040						1（0）	0（0）	0
陶毅博	2011-103						1（0）	0（0）	0
陶瑛	1991-084						1（0）	0（0）	0
陶永莉	2002-099	2007-173	2007-282				3（0）	0（0）	0
陶涌	2006-137（E）						1（0）	1（0）	0
陶玉平	2010-425						1（0）	0（0）	0
陶长元	2014-001						1（0）	0（0）	0
陶甄	∵1985-082						1（0）	0（0）	0
陶专	2002-075						1（0）	0（0）	0
陶友增	1964-012P	**1973-005P**	**1976-006P**				3（2）	0（0）	0
Tazaki Kazue	**2008-222**（E）						1（1）	1（1）	0
腾惠洁	1993-106						1（0）	0（0）	0
腾荣厚	1998-081						1（0）	0（0）	0
滕恩江	**1999-096**	2001-111	2013-087	2015-549			4（1）	0（0）	0
滕飞	2012-059	2012-392					2（0）	0（0）	0
滕广清	**2009-248**	**2009-249**					2（2）	0（0）	0
滕海鹏	**2010-266**						1（1）	0（0）	0
滕海雨	2011-313						1（0）	0（0）	0
滕厚开	2011-230						1（0）	0（0）	0

续表

作者	索引编号					文献总数	英文文献	通讯作者
滕娟	2015-232					1（0）	0（0）	0
滕朴仁	**1997-106**					1（1）	0（0）	0
滕绍珠	1988-115					1（0）	0（0）	0
滕树昆	**1983-056**	**1983-057**	**1985-083**	∵1987-011	1990-079	∵1990-080	6（3）	0（0）	0
滕腾	2014-353					1（0）	0（0）	0
滕巍巍	**2008-223**					1（1）	0（0）	0
滕玮	2008-005					1（0）	0（0）	0
滕彦国	**2000-074**	**2001-098**	2002-100	**2003-120**	2003-127	2003-128	6（3）	0（0）	0
滕玥鹏	**2010-267**	**2010-268**				2（2）	0（0）	0
滕云	2010-428					1（0）	0（0）	0
滕云业	1991-095	1998-131	2000-086	1991-001F		4（0）	1（0）	0
滕召胜	2014-047					1（0）	0（0）	0
滕志强	2015-298					1（0）	0（0）	0
藤井弘之	2004-062					1（0）	0（0）	0
Terry Ann E.	2005-236					1（0）	0（0）	0
Thomas Eitinger	2014-004F					1（0）	1（0）	0
天水	**1988-073**					1（1）	0（0）	0
田宝珍	**1995-096**					1（1）	0（0）	0
田斌	**2013-373**					1（1）	0（0）	0
田波	*2013-383					1（0）	0（0）	1
田彩娟	2011-043（E）					1（0）	1（0）	0
田冲	**2011-301**					1（1）	0（0）	0
田传明	1992-086					1（0）	0（0）	0
田从学	**2011-302**					1（1）	0（0）	0
田登超	2015-073					1（0）	0（0）	0
田地	2013-458					1（0）	0（0）	0
田冬	**2010-269**	*2011-262				2（1）	0（0）	1
田冬青	2006-122	2007-125				2（0）	0（0）	0
田凡	1996-083					1（0）	0（0）	0
田凤鸣	2013-602					1（0）	0（0）	0
田刚	2013-191					1（0）	0（0）	0
田根林	2011-291					1（0）	0（0）	0
田桂芬	1995-023					1（0）	0（0）	0
田桂英	2007-005					1（0）	0（0）	0
田国峰	**2015-369**					1（1）	0（0）	0
田国靖	2011-476					1（0）	0（0）	0
田和明	2013-615	**2014-361**				2（1）	0（0）	0
田红	1994-132					1（0）	0（0）	0
田洪均	1990-008					1（0）	0（0）	0
田华阳	2001-116					1（0）	0（0）	0
田辉平	2007-313（E）	2009-096	2010-311	2010-312	2012-489	2012-530	8（0）	2（0）	0
	2014-527（E）	2014-593						
田辉银	1987-062	1997-035	1998-034			3（0）	0（0）	0

续表

作者	索引编号						文献总数	英文文献	通讯作者
田慧玲	2014-123						1(0)	0(0)	0
田记刚	2011-304						1(0)	0(0)	0
田继兵	1991-069						1(0)	0(0)	0
田建花	2009-183						1(0)	0(0)	0
田杰	2010-320						1(0)	0(0)	0
田金忠	1998-033						1(0)	0(0)	0
田景荣	2014-557						1(0)	0(0)	0
田景学	2012-402						1(0)	0(0)	0
田军	2007-184	2011-123					2(0)	0(0)	0
田俊杰	2015-515						1(0)	0(0)	0
田雷	2010-050						1(0)	0(0)	0
田亮光	2009-035						1(0)	0(0)	0
田琳	**2003-121**	2004-035	2013-140				3(1)	0(0)	0
田琳玮	2015-033						1(0)	0(0)	0
田伦富	**2014-362**						1(1)	0(0)	0
田蒙奎	2015-311						1(0)	0(0)	0
田旻洁	**2013-374**						1(1)	0(0)	0
田敏	2000-047						1(0)	0(0)	0
田明	1999-064						1(0)	0(0)	0
田乃媛	2013-173	2014-524(E)					2(0)	1(0)	0
田鹏	2007-326	2010-064	2012-207	2012-208(E)	2013-153	2013-154	7(0)	2(0)	1
	*2015-517(E)								
田平	2015-471						1(0)	0(0)	0
田萍	2008-207						1(0)	0(0)	0
田琦	2015-292						1(0)	0(0)	0
田庆华	2012-089						1(0)	0(0)	0
田琼	**2009-250**	**2009-251**	2009-305	**2012-325**	2013-256	2013-470	7(3)	0(0)	0
	2014-285								
田然	2013-383						1(0)	0(0)	0
田蕤	**2011-303**						1(1)	0(0)	0
田锐	2015-268						1(0)	0(0)	0
田上正敏	**2007-204**						1(1)	0(0)	0
田生科	2012-023	**2009-006F**	2013-008F				3(1)	2(1)	0
田胜海	2013-134						1(0)	0(0)	0
田蒔	**2003-122**	2004-051					2(1)	0(0)	0
田士兵	**2009-252**						1(1)	0(0)	0
田书磊	**2007-205**	**2008-224**					2(2)	0(0)	0
田淑贵	**1985-084**	1964-003P					2(1)	0(0)	0
田松柏	**2001-099**	2007-071					2(1)	0(0)	0
田甜	**2015-370(E)**						1(1)	1(1)	0
田维乾	**2013-376**						1(1)	0(0)	0
田伟之	1998-181	2005-200(E)	2005-201	2008-091	2009-085		5(0)	1(0)	0
田卫国	2007-143	2007-254					2(0)	0(0)	0

续表

作者	索引编号						文献总数	英文文献	通讯作者
田文辉	2006-267	**2008-225**	**2010-270**	2011-308			4 (2)	0 (0)	0
田熙科	2013-083						1 (0)	0 (0)	0
田翔宇	2013-360						1 (0)	0 (0)	0
田晓利	**2012-326**	2013-422					2 (1)	0 (0)	0
田晓明	2015-126						1 (0)	0 (0)	0
田兴玲	**2010-271**	2010-272	2012-441	2012-442	**2013-377**	2015-487	6 (3)	0 (0)	0
田秀玲	**1999-097**						1 (1)	0 (0)	0
田旭玲	**2015-371**						1 (1)	0 (0)	0
田雪北	2006-058						1 (0)	0 (0)	0
田野	*2014-106	2014-210 (E)	2015-099				3 (0)	1 (0)	1
田一光	1991-037	2002-110	2006-304	2009-382	*2011-186		5 (0)	0 (0)	1
田寅贞	2001-014	2003-007					2 (0)	0 (0)	0
田英良	2006-031						1 (0)	0 (0)	0
田永宏	2014-383	2014-384					2 (0)	0 (0)	0
田永康	**1999-098**						1 (1)	0 (0)	0
田宇纮	**1984-064**	**1994-084 (E)**	**1995-098**	**1996-112**	**1996-113**	1998-074	18 (9)	1 (1)	0
	1998-075	2011-234	2012-028	2012-029	2013-438	2013-509			
	1991-083	**1995-097**	**1999-099**	**2001-100**	**2002-107**	**2005-101**			
田雨	**2005-144**	**2005-145**	**2012-327**				3 (3)	0 (0)	0
田雨荷	2012-320						1 (0)	0 (0)	0
田玉仙	**2004-098**						1 (1)	0 (0)	0
田元江	2012-082						1 (0)	0 (0)	0
田云霞	**2011-304**						1 (1)	0 (0)	0
田增国	**2015-372**						1 (1)	0 (0)	0
田桢	**1988-074**						1 (1)	0 (0)	0
田志坚	2006-275	2008-263	2013-044 (E)	2015-342			4 (0)	1 (0)	0
田中青	2007-143	2007-254					2 (0)	0 (0)	0
田中武	**1983-058**						1 (1)	0 (0)	0
田忠良	*2010-100						1 (0)	0 (0)	1
Tian Fuping	*2012-303 (E)	2012-324 (E)					2 (1)	2 (1)	1
Tian Shuxun	**2013-375 (E)**						1 (1)	1 (1)	0
铁步荣	**1990-096**						1 (1)	0 (0)	0
铁道部科学研究院金化所	**1981-035**						1 (1)	0 (0)	0
铁军	1997-078						1 (0)	0 (0)	0
铁丽云	1995-006						1 (0)	0 (0)	0
铁生年	**1997-107**	**1997-108**	**1998-116**	**1998-117**	**1999-100**	**1999-101**	11 (10)	0 (0)	0
	1999-102	**2001-101**	**2003-123**	**2003-124**	2003-137				
Tim Jones	2006-180						1 (0)	0 (0)	0
Tirasoglu E.	2015-009 (E)						1 (1)	1 (1)	0
Tomić S.	1988-060						1 (0)	0 (0)	0
仝丽娟	**2014-363**						1 (1)	0 (0)	0
仝晓刚	2009-022						1 (0)	0 (0)	0
仝长水	2008-169						1 (0)	0 (0)	0

续表

作者	索引编号						文献总数	英文文献	通讯作者
仝道新	1973-002P	**1973-019P**					2(1)	0(0)	0
同道新	**1975-005**						1(1)	0(0)	0
佟明友	2012-177						1(0)	0(0)	0
佟佩华	2005-243						1(0)	0(0)	0
佟淑媛	1986-048	1986-049					2(0)	0(0)	0
佟亚军	2015-356						1(0)	0(0)	0
佟瑶彩	2002-121						1(0)	0(0)	0
童春临	2014-077						1(0)	0(0)	0
童纯菡	**1992-096**	1995-051(E)	1995-052	1996-061	**1998-118**	2000-074	8(2)	1(0)	0
	2001-098	2002-100							
童红武	2005-056	2006-078					2(0)	0(0)	0
童佳	2006-207						1(0)	0(0)	0
童坚	2000-092						1(0)	0(0)	0
童建民	2009-302						1(0)	0(0)	0
童建勇	2010-208						1(0)	0(0)	0
童蕾旭	2011-008	2011-041					2(0)	0(0)	0
童丽丽	2015-107						1(0)	0(0)	0
童玲欣	**2011-305**						1(1)	0(0)	0
童庆	2013-071	**2013-378**					2(1)	0(0)	0
童晓民	**2002-095**	2002-151	**2003-125**	**2004-099**	**2005-146**	2006-304	10(7)	0(0)	0
	2007-206	**2009-253**	2009-382	**2011-306**					
童永彭	1993-060(E)	**1993-107**	**1994-085**	1994-130	1995-135	2001-045	14(9)	3(2)	0
	2001-102	**2002-096**	2005-060	**2007-207**(E)	**2007-208**	**2010-273**			
	2014-364	**2011-005F**							
童永彰	1997-136						1(0)	0(0)	0
童运福	**2000-075**	2000-076	2000-077	2010-438			4(1)	0(0)	0
童振	1990-109						1(0)	0(0)	0
Tong Yajun	2013-003F						1(0)	1(0)	0
Tsuboi Motohiro	2013-417						1(0)	0(0)	0
图尔苏·麦尔旦	2014-304						1(0)	0(0)	0
图雅	2013-097						1(0)	0(0)	0
涂赣峰	2011-083	2014-308					2(0)	0(0)	0
涂公平	2015-195						1(0)	0(0)	0
涂国菊	2008-171						1(0)	0(0)	0
涂俊彪	**2014-365**						1(1)	0(0)	0
涂铭旌	2007-281	2010-013					2(0)	0(0)	0
涂娜	**2011-307**						1(1)	0(0)	0
涂胜辉	2015-125						1(0)	0(0)	0
涂书新	2014-133						1(0)	0(0)	0
涂夏明	2010-295						1(0)	0(0)	0
涂湘林	2009-352						1(0)	0(0)	0
涂象融	**1992-097**						1(1)	0(0)	0
涂新斌	2005-115						1(0)	0(0)	0

续表

作者	索引编号						文献总数	英文文献	通讯作者
涂学忠	1999-097						1（0）	0（0）	0
涂宗林	2013-109	2014-107					2（0）	0（0）	0
屠虹	2012-349						1（0）	0（0）	0
屠铁城	2001-102						1（0）	0（0）	0
屠毓敏	2009-412						1（0）	0（0）	0
屠振密	2007-004	2008-145	2009-406				3（0）	0（0）	0
庹先国	1991-024	1996-085	**1996-114**	**1998-119**	**1998-120**	1998-168	53（18）	4（1）	5
	2000-075	**2000-076**	**2000-077**	2000-082	2001-098	**2002-097**			
	2002-098	**2002-099**	**2002-100**	**2002-101**	2003-120	**2003-126**			
	2003-127	**2003-128**	2004-020	2006-175	**2006-204**	**2006-205**			
	2006-206	2007-172	2007-173	2007-174	2007-259	2007-266			
	2007-282	2008-138	**2008-227（E）**	2009-141	**2009-254**	2010-145			
	2010-146	*2010-147	2012-184	*2012-185（E）	*2012-186	2012-219			
	2012-220	2012-221	2012-368	2013-180	2013-212	*2013-213（E）			
	2013-214	2013-339	*2014-206	2014-387（E）	2015-394				
Turcanu Senica	2009-069（E）						1（0）	1（0）	0
Tusset Victor	**2007-209（E）**						1（1）	1（1）	0
U，V									
Uhlig S.	**1993-108**						1（1）	0（0）	0
Вайштейн Э.Е.	**1960-001**						1（1）	0（0）	0
Valković V.	1988-060						1（0）	0（0）	0
Varier K.M.	**1984-065**						1（1）	0（0）	0
Vijay Anand K.	2009-218（E）						1（0）	1（0）	0
Virpi Leinonen	2013-291						1（0）	0（0）	0
Vlad Ana-Maria	2009-069（E）						1（0）	1（0）	0
Vogg H.	**1980-024**						1（0）	0（0）	0
Vogt J.	2000-002F	2000-003F					2（0）	2（0）	0
Von Bohlen A.	2000-094	2000-096					2（0）	0（0）	0
Vornicu Nicoleta	2009-069（E）						1（0）	1（0）	0
Vrebas B.A.R.	**1994-086**						1（1）	0（0）	0
W									
Waheed Akram	**2014-366（E）**						1（1）	1（1）	0
宛寿康	1999-040						1（0）	0（0）	0
宛云杰	2014-502						1（0）	0（0）	0
万爱伏	2004-100						1（0）	0（0）	0
万爱福	2006-209	2006-210	2008-314				3（0）	0（0）	0
万斌	**2013-379**						1（1）	0（0）	0
万常斓	2011-202						1（0）	0（0）	0
万冬林	2010-251	2011-468					2（0）	0（0）	0
万飞	2009-322						1（0）	0（0）	0
万光权	1994-119						1（0）	0（0）	0
万桂馥	2000-016	2000-017					2（0）	0（0）	0
万浩章	2013-354	2015-349	2015-411				3（0）	0（0）	0

续表

作者	索引编号						文献总数	英文文献	通讯作者
万贺利	2010-229	2011-267（E）					2（0）	1（0）	0
万红	2006-031						1（0）	0（0）	0
万惠文	**2009-255**						1（1）	0（0）	0
万建美	**2010-274**						1（1）	0（0）	0
万金保	2009-086						1（0）	0（0）	0
万金玉	**2010-275**						1（1）	0（0）	0
万俊生	1986-013						1（0）	0（0）	0
万里	2014-499						1（0）	0（0）	0
万俐	**2009-256**	2012-063	2013-075（E）	2014-076			4（1）	1（0）	0
万朴	1999-018	2002-009	2005-122				3（0）	0（0）	0
万双	**2012-328**	**2014-367**					2（2）	0（0）	0
万天敏	2004-143	**2005-147**	2006-104	2007-133	2004-003F	2006-005F	8（1）	4（0）	0
	2006-006F	2006-010F							
万锡铮	2012-167						1（0）	0（0）	0
万小铭	2015-027	2015-028					2（0）	0（0）	0
万晓军	2009-289						1（0）	0（0）	0
万莹	2007-217						1（0）	0（0）	0
万尤宝	**2002-102**	**2003-129**	**2006-207**				3（3）	0（0）	0
万玉凤	2014-585（E）						1（0）	1（0）	0
万玉秋	*2015-267						1（0）	0（0）	1
万泽林	2015-117						1（0）	0（0）	0
万志华	2007-327	2008-363	2009-415	2010-434	2011-454		5（0）	0（0）	0
万志雄	2012-150						1（0）	0（0）	0
Wan Mohd Ashri Wan Daud	*2015-308（E）						1（0）	1（0）	1
Wan T.	2005-003F						1（0）	1（0）	0
汪爱媛	**2010-316**						1（1）	0（0）	0
汪安璞	**1981-041**	1983-014	**1983-063**	1986-002	1995-087	1996-103	6（2）	0（0）	0
汪帮耀	2014-190						1（0）	0（0）	0
汪冰	2011-182						1（0）	0（0）	0
汪秉康	1988-101	1990-126					2（0）	0（0）	0
汪波	2007-269						1（0）	0（0）	0
汪常明	2011-415						1（0）	0（0）	0
汪大海	2011-153						1（0）	0（0）	0
汪丹	**2010-317**						1（1）	0（0）	0
汪邓民	2004-155						1（0）	0（0）	0
汪渡	2011-469						1（0）	0（0）	0
汪敦喜	2002-136						1（0）	0（0）	0
汪鄂东	2001-003						1（0）	0（0）	0
汪芳林	1980-027	**1980-028**	**1981-042**	1982-035	1985-056		5（2）	0（0）	0
汪海斌	2012-470						1（0）	0（0）	0
汪海港	**2013-430**						1（1）	0（0）	0
汪浩	2006-063	2015-332					2（0）	0（0）	0
汪鹤鸣	2010-119						1（0）	0（0）	0

续表

作者	索引编号					文献总数	英文文献	通讯作者
汪厚基	1983-062					1（0）	0（0）	0
汪辉	2014-312					1（0）	0（0）	0
汪建	**2015-423**					1（1）	0（0）	0
汪建明	2004-152					1（0）	0（0）	0
汪建清	**1999-113**					1（1）	0（0）	0
汪瑾	2015-221					1（0）	0（0）	0
汪靖	2005-234	2006-022	2006-047	2008-040		4（0）	0（0）	0
汪镜亮	2002-051					1（0）	0（0）	0
汪君	2009-215					1（0）	0（0）	0
汪康康	1985-016	1991-086				2（0）	0（0）	0
汪立今	2006-009（E）	2012-269				2（0）	1（0）	0
汪丽	2012-467					1（0）	0（0）	0
汪丽华	2005-142（E）	2008-310	2009-252	2010-447	2013-098	2015-508（E）	6（0）	2（0）	0
汪灵	*2012-137	**2011-350**	**2012-381**			3（2）	0（0）	1
汪隆六	**1992-111**					1（1）	0（0）	0
汪敏强	2006-075	2012-310	2013-367	2013-368		4（0）	0（0）	0
汪南杰	2008-147（E）	2008-148				2（0）	1（0）	0
汪勤学	2008-083					1（0）	0（0）	0
汪清浩	2012-480					1（0）	0（0）	0
汪群慧	2007-205	2008-224	2010-428			3（0）	0（0）	0
汪饶饶	2007-263					1（0）	0（0）	0
汪人瑾	**1993-114**	**1994-097**				2（2）	0（0）	0
汪瑞俊	**2014-418**					1（1）	0（0）	0
汪少朋	2014-554					1（0）	0（0）	0
汪松柏	2000-115					1（0）	0（0）	0
汪万福	1998-108					1（0）	0（0）	0
汪潇	**2013-431**	**2014-419**				2（2）	0（0）	0
汪小涵	2013-614	**2015-424**				2（1）	0（0）	0
汪小林	2014-104					1（0）	0（0）	0
汪晓华	2013-503					1（0）	0（0）	0
汪燮卿	2010-203（E）	2012-255				2（0）	1（0）	0
汪新福	1989-075	1989-123	1990-087	**1990-100**	1990-136	1990-137	16（4）	0（0）	0
	1991-121	1991-129	1993-160	**1996-119**	1997-146	**1998-133**			
	2001-108	2001-161	2001-162	2005-094					
汪雄武	2011-482					1（0）	0（0）	0
汪秀秀	2014-334					1（0）	0（0）	0
汪绪刚	2000-078					1（0）	0（0）	0
汪学朋	1978-010	1979-002	1979-011	1979-012	1980-005	**1980-029**	19（5）	1（0）	0
	1981-006	1982-008	**1982-047**	**1982-048**	1982-052	1984-091			
	1985-088	**1985-089**	1986-096	1987-095	1988-109	1990-054			
	1993-142（E）								
汪雪梅	**2014-420**					1（1）	0（0）	0
汪训明	1990-092（E）					1（0）	1（0）	0

续表

作者	索引编号					文献总数	英文文献	通讯作者
汪艳	2015-002					1（0）	0（0）	0
汪燕	2005-134	**2005-159**	2006-197			3（1）	0（0）	0
汪燕青	2007-251					1（0）	0（0）	0
汪洋	**2010-318**	2015-310				2（1）	0（0）	0
汪瑶	2015-206					1（0）	0（0）	0
汪寅人	**1991-096**					1（1）	0（0）	0
汪营磊	2013-576					1（0）	0（0）	0
汪应红	**2012-382**					1（1）	0（0）	0
汪永进	2014-546	2014-567				2（0）	0（0）	0
汪永忠	**1981-043**	**1985-090**	**1987-077**			3（3）	0（0）	0
汪勇先	1986-096	1987-059	1990-083	1993-090	1993-142（E）	5（0）	1（0）	0
汪雨荻	2000-060					1（0）	0（0）	0
汪玉琴	1987-032	1989-039				2（0）	0（0）	0
汪月生	**1989-091**	**1989-092**				2（2）	0（0）	0
汪云华	**2015-425**					1（1）	0（0）	0
汪云亮	1995-051（E）	1995-052	1995-107（E）	2004-046		4（0）	2（0）	0
汪云松	1999-138					1（0）	0（0）	0
汪肇辉	2015-222					1（0）	0（0）	0
汪哲明	**2008-263**					1（1）	0（0）	0
汪志国	2004-077	2006-170				2（0）	0（0）	0
汪子涵	2012-345					1（0）	0（0）	0
王爱春	1986-043					1（0）	0（0）	0
王爱慈	2005-192					1（0）	0（0）	0
王爱玲	**2005-148**					1（1）	0（0）	0
王爱民	2012-393	2013-577	*2015-575			3（0）	0（0）	1
王爱勤	2008-019	2012-009	*2014-562			3（0）	0（0）	1
王安杰	2013-405					1（0）	0（0）	0
王安莲	∴1988-075					1（0）	0（0）	0
王安琪	**2015-373**					1（1）	0（0）	0
王安生	1994-044	1996-055				2（0）	0（0）	0
王柏华	*2013-428					1（0）	0（0）	1
王宝峰	**2000-078**					1（1）	0（0）	0
王宝杰	2015-360					1（0）	0（0）	0
王宝林	1984-037					1（0）	0（0）	0
王宝玲	2010-270	**2011-308**	2012-329	2014-319	**2014-368**	**2014-369**	6（4）	0（0）	0
王宝罗	**2008-228**	**2011-309**				2（2）	0（0）	0
王宝荣	**2011-310**	2013-520				2（1）	0（0）	0
王宝义	2008-036					1（0）	0（0）	0
王保国	1987-063					1（0）	0（0）	0
王保军	2008-320					1（0）	0（0）	0
王保伟	2012-290	2014-210（E）				2（0）	1（0）	0
王豹	2015-158	**2015-374（E）**				2（1）	1（1）	0
王蓓	**2007-210**					1（1）	0（0）	0

续表

作者	索引编号					文献总数	英文文献	通讯作者
王本辉	**2010-276**	***2011-087**	**2011-311**			3 (2)	0 (0)	1
王本伟	**2012-330**					1 (1)	0 (0)	0
王必山	**2006-208**					1 (1)	0 (0)	0
王飚	2009-207					1 (0)	0 (0)	0
王彬	**1999-103**	2005-182	**2013-380**			3 (2)	0 (0)	0
王彬彬	2012-129					1 (0)	0 (0)	0
王彬果	**2010-277**	**2011-312**	**2011-313**	2012-287		4 (3)	0 (0)	0
王斌	1995-114	2010-252（E）	2010-253	**2012-331**	**2012-332**	2012-344		
	2014-370	2015-145	**2015-375**			9 (4)	1 (0)	0
王斌远	**2015-376**					1 (1)	0 (0)	0
王兵	2012-445					1 (0)	0 (0)	0
王炳祥	2006-182					1 (0)	0 (0)	0
王波	2014-526	*2015-509				2 (0)	0 (0)	1
王伯涛	2013-427					1 (0)	0 (0)	0
王博	2008-280	2012-275	2013-587	2013-609		4 (0)	0 (0)	0
王博文	2009-372					1 (0)	0 (0)	0
王彩红	**2015-377**					1 (1)	0 (0)	0
王彩玲	**2014-371**					1 (1)	0 (0)	0
王彩云	2010-221					1 (0)	0 (0)	0
王灿	2014-325					1 (0)	0 (0)	0
王曾隽	1983-025					1 (0)	0 (0)	0
王昌东	2013-115					1 (0)	0 (0)	0
王昌良	2014-579					1 (0)	0 (0)	0
王昌燧	*1999-127	2002-171	2003-060（E）	2003-075	2003-173	2003-213		
	2004-120	2004-119（E）	*2004-135	2004-155	2005-068	2005-081		
	2005-102	2005-243	2006-117	2006-144	2006-148	2006-323		
	2006-324	2007-037	2007-038	2007-086	2007-087	2007-088		
	2007-152	2007-223	2007-239	2007-302	2007-330	2008-101	55 (0)	2 (0)	3
	2008-217	2008-265	2008-310	2008-340	2009-128	2009-183		
	2009-252	2009-379	2010-044	2010-192	2010-284	*2010-447		
	2010-450	2010-451	2011-108	2011-352	2011-353	2012-081		
	2012-096	2013-033	2013-138	2013-587	2013-595	2014-385		
	2014-386							
王超	1997-081	2001-162	2011-142	2015-116		4 (0)	0 (0)	0
王超刚	2014-460	2015-071				2 (0)	0 (0)	0
王朝斗	**2002-103**	**2004-100**	**2006-209**	**2006-210**	**2006-211**	2008-314	7 (5)	0 (0)	0
	2013-453							
王朝辉	**2006-212（E）**	2006-213				2 (2)	1 (1)	0
王辰	2012-041					1 (0)	0 (0)	0
王晨	2011-231					1 (0)	0 (0)	0
王晨晨	**2014-372**					1 (1)	0 (0)	0
王晨晔	2013-366	2015-035				2 (0)	0 (0)	0
王成	**2003-130**					1 (1)	0 (0)	0

续表

作者	索引编号					文献总数	英文文献	通讯作者
王成辉	2008-111	2012-333	*2013-354	2015-349	2015-411	5（0）	0（0）	1
王成学	**2008-229**					1（1）	0（0）	0
王成英	**2004-101**					1（1）	0（0）	0
王成云	**2002-104**	2003-174	2003-199	**2007-211**		4（2）	0（0）	0
王承遇	**1991-084**	2006-169				2（1）	0（0）	0
王承忠	2005-055					1（0）	0（0）	0
王程	**2010-278**	2011-418				2（1）	0（0）	0
王冲	**2013-381**					1（1）	0（0）	0
王茺	2012-458					1（0）	0（0）	0
王翀	2011-345	**2015-378**				2（1）	0（0）	0
王崇敬	2012-319					1（0）	0（0）	0
王川	**2014-373**					1（1）	0（0）	0
王传耀	**2006-214**					1（1）	0（0）	0
王春光	2009-386					1（0）	0（0）	0
王春婧	2008-198					1（0）	0（0）	0
王春龙	2012-532					1（0）	0（0）	0
王春梅	**1999-104**					1（1）	0（0）	0
王春明	1993-013	1993-014	1999-081			3（0）	0（0）	0
王春生	2011-217	2012-243	2013-283			3（0）	0（0）	0
王春书	1996-136	1997-124				2（0）	0（0）	0
王春喜	1990-094					1（0）	0（0）	0
王春燕	2013-330					1（0）	0（0）	0
王春义	1983-064					1（0）	0（0）	0
王聪	2014-113					1（0）	0（0）	0
王聪聪	2015-296					1（0）	0（0）	0
王翠林	2015-284					1（0）	0（0）	0
王翠艳	2006-174	2010-226	2011-258	2011-259	2011-260	2013-323	6（0）	0（0）	0
王存	1993-099					1（0）	0（0）	0
王存珍	1981-032	1981-033				2（0）	0（0）	0
王大椿	**1992-098（E）**	**1998-121**	2000-098	**2003-131**	2005-135	5（3）	1（1）	0
王大海	**1983-059**					1（1）	0（0）	0
王大辉	2005-213					1（0）	0（0）	0
王大明	2015-533					1（0）	0（0）	0
王丹丹	2012-494					1（0）	0（0）	0
王道贤	**2013-382**					1（1）	0（0）	0
王道轩	2003-009					1（0）	0（0）	0
王道梓	1964-008P					1（0）	0（0）	0
王德发	2008-117					1（0）	0（0）	0
王德锋	1997-113					1（0）	0（0）	0
王德福	**1994-087**					1（1）	0（0）	0
王德恭	**1964-009P**	1964-010P				2（1）	0（0）	0
王德建	2014-325					1（0）	0（0）	0
王德举	2010-285					1（0）	0（0）	0

续表

作者	索引编号					文献总数	英文文献	通讯作者
王德明	2001-159					1（0）	0（0）	0
王德全	1985-103	**1989-080**	2001-146	**2003-132**	**2006-215**	7（4）	0（0）	0
	2014-503							
王德武	1998-079					1（0）	0（0）	0
王德智	2010-157	**2011-314**				2（1）	0（0）	0
王登红	2008-111	**2012-333**	2013-354			3（1）	0（0）	0
王迪	2011-035	2011-036	2011-073			3（0）	0（0）	0
王迪勇	**2012-334**					1（1）	0（0）	0
王殿华	1996-080					1（0）	0（0）	0
王殿中	**2003-133**	2013-351	2014-338	2014-339		4（1）	0（0）	0
王定英	2012-430					1（0）	0（0）	0
王东	2013-280					1（0）	0（0）	0
王东辉	**2001-103**					1（1）	0（0）	0
王东杰	**2012-335**	**2015-379**				2（2）	0（0）	0
王东军	2009-282					1（0）	0（0）	0
王东青	**2014-375**	**2014-376**				2（2）	0（0）	0
王东升	2012-440	2014-502				2（0）	0（0）	0
王冬圻	**2013-383**					1（1）	0（0）	0
王冬艳	2005-154	2008-129				2（0）	0（0）	0
王栋	2010-219	2012-462	2013-178	2013-389	2013-427	**2015-380**	7（1）	0（0）	0
	2015-506							
王敦清	1997-053					1（0）	0（0）	0
王多禧	1994-034					1（0）	0（0）	0
王铎	2009-043	**2009-257**				2（1）	0（0）	0
王恩泽	2009-377					1（0）	0（0）	0
王法春	**2014-377**					1（1）	0（0）	0
王凡	2009-026					1（0）	0（0）	0
王范盛	**2014-378**					1（1）	0（0）	0
王芳	1998-141	2006-279	**2015-381**			3（1）	0（0）	0
王芳辉	*2014-541					1（0）	0（0）	1
王飞	**2010-279**	2014-390				2（1）	0（0）	0
王飞龙	2008-056	2008-083				2（0）	0（0）	0
王菲	**2014-379**					1（1）	0（0）	0
王芬	2003-212					1（0）	0（0）	0
王粉丽	2008-054					1（0）	0（0）	0
王丰	**2012-336**					1（1）	0（0）	0
王风丽	2005-221					1（0）	0（0）	0
王风琴	∵1989-081					1（0）	0（0）	0
王峰	**2009-258**	2011-244	2013-191	**2013-384**	**2013-385**	2013-464	7（3）	0（0）	0
	2015-555							
王烽	**2015-382**					1（1）	0（0）	0
王凤玉	2011-104					1（0）	0（0）	0
王芙云	**2008-230**	**2008-231**				2（2）	0（0）	0

续表

作者	索引编号						文献总数	英文文献	通讯作者
王孚	2014-383						1（0）	0（0）	0
王福俤	2004-159	2006-310					2（0）	0（0）	0
王福刚	2014-240						1（0）	0（0）	0
王福江	2006-295	2015-548					2（0）	0（0）	0
王福明	**2002-105**						1（1）	0（0）	0
王辅臣	2013-421						1（0）	0（0）	0
王富仲	2009-293						1（0）	0（0）	0
王改民	2009-133	2010-175					2（0）	0（0）	0
王改线	2012-133						1（0）	0（0）	0
王刚	**2003-134**	2004-098	2008-332	2011-155	2011-156	2011-160	9（1）	0（0）	1
	*2013-408	2014-232	2015-219						
王高娟	**2015-383**						1（1）	0（0）	0
王高亮	2014-403	**2015-384（E）**					2（1）	1（1）	0
王戈	**2012-337**						1（1）	0（0）	0
王革	2012-021						1（0）	0（0）	0
王庚辰	2001-124						1（0）	0（0）	0
王公慰	2001-112	2001-113					2（0）	0（0）	0
王观明	1996-102	1997-097					2（0）	0（0）	0
王冠	**2008-232**	**2008-233**					2（2）	0（0）	0
王光明	2007-191	**2011-315**					2（1）	0（0）	0
王光尧	2013-167	2014-062					2（0）	0（0）	0
王光中	**1989-082**	**1991-085**	**1991-086**				3（3）	0（0）	0
王广	2011-060						1（0）	0（0）	0
王广丰	2009-074						1（0）	0（0）	0
王广甫	**1994-088**	1997-146	**2000-079**	2000-138	2001-162	**2004-102**	24（10）	0（0）	6
	2005-242	2006-142	**2006-216**	**2006-217**	2007-149	**2007-212**			
	2007-213	**2007-214**	*2008-163	**2008-234**	2009-122	2010-028			
	*2010-384	*2010-385	*2012-038	*2013-203	**2014-380**	*2015-471			
王广华	2010-049						1（0）	0（0）	0
王广西	2007-121	2008-202	**2009-259**	2009-355	2009-397	2010-113	18（4）	0（0）	0
	2011-132	2011-205	2012-147	2012-148	2013-090	2013-100			
	2013-386	**2013-387**	**2013-388**	2013-526	2014-415	2015-169			
王贵	2010-280						1（1）	0（0）	0
王贵云	2003-204						1（0）	0（0）	0
王桂华	2000-069	**2002-106**	2002-169				3（1）	0（0）	0
王桂香	**2006-218**						1（1）	0（0）	0
王桂英	2003-035	2005-039					2（0）	0（0）	0
王桂志	**1989-083**						1（1）	0（0）	0
王国栋	2001-100	**2002-107**					2（1）	0（0）	0
王国峰	**2008-235**						1（1）	0（0）	0
王国华	**2010-281**	2014-190					2（0）	0（0）	0
王国军	2003-062						1（0）	0（0）	0
王国强	**2009-260**						1（1）	0（0）	0

续表

作者	索引编号					文献总数	英文文献	通讯作者
王国庆	**2007-215**					1（1）	0（0）	0
王国文	2004-064	**2013-389**				2（1）	0（0）	0
王国新	2014-194					1（0）	0（0）	0
王国增	1999-090	2003-105				2（0）	0（0）	0
王国政	2015-312	2015-313				2（0）	0（0）	0
王帼雄	∴1993-101					1（0）	0（0）	0
王果庭	1986-043					1（0）	0（0）	0
王海	2015-403					1（0）	0（0）	0
王海波	2015-407					1（0）	0（0）	0
王海东	2012-467					1（0）	0（0）	0
王海力	2012-059					1（0）	0（0）	0
王海龙	**2013-390**					1（1）	0（0）	0
王海宁	2006-123					1（0）	0（0）	0
王海平	2012-457					1（0）	0（0）	0
王海蓉	**2012-338**					1（1）	0（0）	0
王海圣	2007-243					1（0）	0（0）	0
王海涛	**1999-105**	2010-338	2010-388			3（1）	0（0）	0
王海霞	2000-063	2001-085	2003-111			3（0）	0（0）	0
王海鑫	2013-057					1（0）	0（0）	0
王海彦	2013-572	2014-289	2015-236	2015-235	**2015-385**	5（1）	0（0）	0
王海燕	2009-427	**2010-282**	**2014-381**			3（2）	0（0）	0
王海婴	2006-015	2006-150	2006-279	2008-316	2009-347	2010-381	6（0）	0（0）	0
王海芝	**2008-236**					1（1）	0（0）	0
王汉彬	2009-323	**2010-283**				2（1）	0（0）	0
王豪	2011-334	**2012-339**	**2012-340**	**2013-391**		4（3）	0（0）	0
王昊	2013-048					1（0）	0（0）	0
王浩	**2009-261**	2010-205	**2014-382**	2015-371		4（2）	0（0）	0
王浩明	2013-378					1（0）	0（0）	0
王皓	2006-255	2008-092（E）				2（0）	1（0）	0
王和飞	2002-098	2002-099	2002-101			3（0）	0（0）	0
王河锦	*2009-411	2011-114				2（0）	0（0）	1
王贺礼	2013-337					1（0）	0（0）	0
王赫男	1992-109	**1998-122**				2（1）	0（0）	0
王鹤	1995-118					1（0）	0（0）	0
王鹤岭	1985-015					1（0）	0（0）	0
王恒玉	2013-501					1（0）	0（0）	0
王红斌	**2000-080**					1（1）	0（0）	0
王红海	2014-070					1（0）	0（0）	0
王红蕾	2009-282					1（0）	0（0）	0
王红强	2010-153					1（0）	0（0）	0
王红卫	2014-067	2014-068				2（0）	0（0）	0
王红霞	2002-017	**2004-103**	2012-305	2013-359		4（1）	0（0）	0
王红艳	2015-365					1（0）	0（0）	0

续表

作者	索引编号					文献总数	英文文献	通讯作者
王红印	2013-423					1（0）	0（0）	0
王红宇	1998-129	1998-130				2（0）	0（0）	0
王红月	2004-139	2005-189（E）				2（0）	1（0）	0
王宏	1983-091	2011-485	**2014-383**	**2014-384**		4（2）	0（0）	0
王宏全	2014-115					1（0）	0（0）	0
王宏伟	**2012-341**					1（1）	0（0）	0
王虹	*2013-152					1（0）	0（0）	1
王洪彬	**2013-392**					1（1）	0（0）	0
王洪昌	2005-221					1（0）	0（0）	0
王洪飞	2005-042					1（0）	0（0）	0
王洪辉	2009-141	2009-254				2（0）	0（0）	0
王洪建	2011-275	**2011-316**	**2011-317**			3（2）	0（0）	0
王洪敏	2007-037	**2010-284**	**2011-318**			3（2）	0（0）	0
王洪升	1993-158					1（0）	0（0）	0
王洪水	2006-158					1（0）	0（0）	0
王洪涛	*2014-304					1（0）	0（0）	1
王洪祥	**2015-386**					1（1）	0（0）	0
王洪友	2015-227					1（0）	0（0）	0
王洪洲	2010-094（E）					1（0）	1（0）	0
王鸿道	**1988-076**					1（1）	0（0）	0
王鸿辉	2008-188	2010-221	2010-222	2015-309		4（0）	0（0）	0
王厚光	1982-020	1973-008P				2（0）	0（0）	0
王虎	2001-138	2015-586				2（0）	0（0）	0
王琥	**2008-237**	2010-068				2（1）	0（0）	0
王华	2009-319	2011-391	2011-482	**2012-342**	2013-210	2015-030	7（1）	1（0）	0
	2015-546（E）							
王华昌	2005-247					1（0）	0（0）	0
王化明	**2008-238**	**2009-262**				2（2）	0（0）	通讯
王怀军	2008-207					1（0）	0（0）	0
王怀照	2000-133	2003-208				2（0）	0（0）	0
王欢	2010-005	2011-012	**2013-393**			3（1）	0（0）	0
王欢欢	**2014-385**	**2014-386**				2（2）	0（0）	0
王环玲	2001-139					1（0）	0（0）	0
王缓	2008-047					1（0）	0（0）	0
王焕冰	**2002-108**					1（1）	0（0）	0
王焕芹	2009-312					1（0）	0（0）	0
王焕茹	2010-097					1（0）	0（0）	0
王焕顺	2008-245					1（0）	0（0）	0
王焕香	**2007-216**					1（1）	0（0）	0
王珲	**2008-239**					1（1）	0（0）	0
王晖	**1992-100**	**1992-099**	**1994-089**	**1995-099**	**2005-149**	5（5）	0（0）	0
王辉	**1989-084**	2004-167	**2010-285**	2011-469	2015-129	5（2）	0（0）	0
王辉涛	2015-030					1（0）	0（0）	0

作者	索引编号						文献总数	英文文献	通讯作者
王徽	2015-485						1（0）	0（0）	0
王会民	2002-016						1（0）	0（0）	0
王惠芳	1991-077						1（0）	0（0）	0
王惠芬	**1994-090**						1（1）	0（0）	0
王惠挺	2008-361						1（0）	0（0）	0
王慧芳	1984-059						1（0）	0（0）	0
王慧娟	1989-039						1（0）	0（0）	0
王慧玲	2014-549						1（0）	0（0）	0
王慧萍	1986-066						1（0）	0（0）	0
王火印	2015-196						1（0）	0（0）	0
王基庆	1999-034	1999-035（E）	1999-036	**1999-106**	**2000-081**	2001-007	12（2）	2（0）	0
	2001-045	2001-080	2001-082（E）	2001-083	2002-088	2004-052			
王基镕	1987-087	**1990-097**	**1991-087**				3（2）	0（0）	0
王吉怀	2013-430						1（0）	0（0）	0
王吉科	1983-012						1（0）	0（0）	0
王记莲	**2009-263**						1（1）	0（0）	0
王纪华	*2010-188	*2012-091	**2012-343**	*2015-171			4（1）	0（0）	3
王纪洁	2009-409						1（0）	0（0）	0
王继光	**1998-123**						1（1）	0（0）	0
王继文	2015-206						1（0）	0（0）	0
王继扬	2004-161	2005-021	2007-117	2007-286（E）	2009-035	2012-506（E）	6（0）	2（0）	0
王霁阳	2012-153						1（0）	0（0）	0
王冀艳	2015-192						1（0）	0（0）	0
王加连	2008-228						1（0）	0（0）	0
王佳	2015-016						1（0）	0（0）	0
王佳华	2013-416						1（0）	0（0）	0
王佳佳	2010-208						1（0）	0（0）	0
王佳丽	2009-322	2015-392	2015-515				3（0）	0（0）	0
王佳敏	2015-498						1（0）	0（0）	0
王佳音	2013-313						1（0）	0（0）	0
王佳媛	2010-345						1（0）	0（0）	0
王家宏	2013-074						1（0）	0（0）	0
王家君	**2006-219**						1（1）	0（0）	0
王家亮	**2004-104**						1（1）	0（0）	0
王家宁	**2011-319（E）**						1（1）	1（1）	0
王家瑜	2000-017						1（0）	0（0）	0
王嘉勇	**2007-217**	2014-514					2（1）	0（0）	0
王坚	**2000-082**						1（0）	0（0）	0
王建	1995-108						1（0）	0（0）	0
王建保	2012-172	2013-546					2（0）	0（0）	0
王建华	**2012-344**	2014-194					2（1）	0（0）	0
王建军	2015-174						1（0）	0（0）	0
王建梅	**2006-220**						1（1）	0（0）	0

续表

作者	索引编号					文献总数	英文文献	通讯作者
王建南	2012-430					1（0）	0（0）	0
王建平	2001-053	2003-010	**2004-105**			3（1）	0（0）	0
王建萍	2008-294	2010-235				2（0）	0（0）	0
王建强	**2011-321**	*2015-330	**2015-335（E）**	**2015-387**	2015-508（E）	5（2）	2（0）	1
王建万	2003-202					1（0）	0（0）	0
王建伟	2007-071					1（0）	0（0）	0
王建文	2013-217					1（0）	0（0）	0
王建业	2006-073					1（0）	0（0）	0
王建英	2015-310					1（0）	0（0）	0
王建中	2012-437（E）	2012-485				2（0）	1（0）	0
王剑	1998-006					1（0）	0（0）	0
王剑波	2014-257					1（0）	0（0）	0
王剑阳	2005-247					1（0）	0（0）	0
王剑云	**2013-394**	**2015-388**				2（2）	0（0）	0
王健1	2002-149	2013-206	2014-413			3（0）	0（0）	0
王健2	2000-001	**2011-320**	2012-099	2012-454	2012-479	2013-464	7（1）	0（0）	0
	2015-423							
王江	1992-118（E）	1995-053				2（0）	1（0）	0
王江宁	2007-184					1（0）	0（0）	0
王江雪	**2004-106**					1（1）	0（0）	0
王娇	2008-007					1（0）	0（0）	0
王劼	**2001-104**	2007-219				2（1）	0（0）	0
王杰	2001-141					1（0）	0（0）	0
王洁	**2005-150**	**2015-389**				2（2）	0（0）	0
王捷	**2015-390**					1（1）	0（0）	0
王金川	2012-455	2012-456				2（0）	0（0）	0
王金翠	2013-420					1（0）	0（0）	0
王金堆	2003-164					1（0）	0（0）	0
王金飞	**2012-345**					1（1）	0（0）	0
王金凤	2012-463	2015-613				2（0）	0（0）	0
王金钢	1999-104					1（0）	0（0）	0
王金华	2008-087					1（0）	0（0）	0
王金美	2007-290	**2009-264**				2（1）	0（0）	0
王金渠	2012-334					1（0）	0（0）	0
王金砖	2014-134	2015-565				2（0）	0（0）	0
王津义	2011-322					1（0）	0（0）	0
王锦荣	**2010-286**					1（1）	0（0）	0
王瑾	2012-165	2014-198	2014-601			3（0）	0（0）	0
王进	2006-270	2011-323	2013-502			3（0）	0（0）	0
王进贤	2011-282					1（0）	0（0）	0
王进玉	**1993-109**	**1995-100**	**1997-109**	**2000-083**	**2009-265**	5（5）	0（0）	0
王晋国	2015-461					1（0）	0（0）	0
王京刚	2008-120					1（0）	0（0）	0

续表

作者	索引编号					文献总数	英文文献	通讯作者
王经瑾	1990-065					1（0）	0（0）	0
王菁	**2015-391**					1（1）	0（0）	0
王晶	2015-304					1（0）	0（0）	0
王晶晶	2013-188					1（0）	0（0）	0
王兢	*2012-026（E）	**2015-392**				2（1）	1（0）	1
王景贺	2015-386					1（0）	0（0）	0
王景明	1985-032					1（0）	0（0）	0
王景云	1996-112	1999-099				2（0）	0（0）	0
王璟	**2003-135**	**2009-266**				2（2）	0（0）	0
王婧	**2012-346**					1（1）	0（0）	0
王婧娜	2008-088	2012-107				2（0）	0（0）	0
王敬东	2008-007					1（0）	0（0）	0
王敬群	2005-150					1（0）	0（0）	0
王敬尊	*2013-414					1（0）	0（0）	1
王静	**1994-091**	2004-175	2006-118	2006-189	2007-257	8（4）	0（0）	0
	2011-322	2013-395			**2010-287**			
王静静	**2012-347**	**2012-348**				2（2）	0（0）	0
王静宜	1989-104					1（0）	0（0）	0
王菊	2010-050					1（0）	0（0）	0
王菊琳	2011-297	2012-246	**2013-396**	**2013-397**		4（2）	0（0）	0
王巨安	2013-479	2015-478				2（0）	0（0）	0
王巨鹏	**2015-393**					1（1）	0（0）	0
王娟	**2007-218**	2011-470	2014-609	2015-332	2015-546（E）	5（1）	1（0）	0
王珏	2013-056					1（0）	0（0）	0
王军	2011-041	2012-155	2014-155	2014-395	2015-311	5（0）	0（0）	0
王军梅	**1986-066**	**1988-077**				2（2）	0（0）	0
王军霞	**2011-323**					1（1）	0（0）	0
王军学	**2008-240**	**2013-398**				2（2）	0（0）	0
王均涛	2010-399					1（0）	0（0）	0
王君	2006-079	2009-255				2（0）	0（0）	0
王君玲	2015-043	2015-044				2（0）	0（0）	0
王君祥	2012-166	2014-123				2（0）	0（0）	0
王钧婷	**2010-288**	**2011-324**				2（2）	0（0）	0
王俊	2012-221	2013-180	**2014-387（E）**	**2015-394**		4（2）	1（1）	0
王俊德	1993-112					1（0）	0（0）	0
王俊杰	**2014-388**					1（1）	0（0）	0
王俊鹏	2013-188	2013-446	2014-514			3（0）	0（0）	0
王俊新	1992-102（E）	1992-101	**1994-092**			3（1）	1（0）	0
王俊英	2002-130					1（0）	0（0）	0
王隽	1986-066					1（0）	0（0）	0
王珺	2009-290	2011-193	**2013-399**	**2015-395**		4（2）	0（0）	0
王僎	**1980-025**	**1986-067**	**1987-073**	1987-093		4（3）	0（0）	0
王开泰	**1989-085**					1（1）	0（0）	0

续表

作者	索引编号						文献总数	英文文献	通讯作者
王开燕	**2006-221**						1(1)	0(0)	0
王开宇	**2013-400**						1(1)	0(0)	0
王凯	**2012-349**	**2013-401**	2013-522	2013-564	2014-506	2014-568	8(4)	0(0)	0
	2015-396	**2015-397**							
王凯峰	2015-501						1(0)	0(0)	0
王锴	2014-494						1(0)	0(0)	0
王康	**2014-389**						1(1)	0(0)	0
王科	2011-378						1(0)	0(0)	0
王科范	2007-161						1(0)	0(0)	0
王可明	**1999-107**						1(1)	0(0)	0
王可勇	1993-042						1(0)	0(0)	0
王克孝	1997-061						1(0)	0(0)	0
王克勇	2011-330						1(0)	0(0)	0
王克玉	2009-026						1(0)	0(0)	0
王宽	2009-055						1(0)	0(0)	0
王奎	2010-133						1(0)	0(0)	0
王奎仁	1991-072	**1991-088**	1992-082（E）	**1992-102（E）**	**1992-101**	1993-096	10(3)	3(1)	0
	1998-152	1999-131	2002-038	2003-172（E）					
王魁元	**1984-066**						1(1)	0(0)	0
王夔	*1999-011	*1999-012（E）	*1999-013				3(0)	1(0)	3
王坤	2010-377	2014-289					2(0)	0(0)	0
王昆润	∵1994-093						1(0)	0(0)	0
王昆山	2010-224	2010-378	2010-415				3(0)	0(0)	0
王岚	1996-149	2014-282					2(0)	0(0)	0
王郎郎	**2014-390**	2014-408					2(1)	0(0)	0
王乐	2015-147（E）						1(0)	1(0)	0
王乐乐	2013-215	**2015-398**					2(1)	0(0)	0
王雷	2012-445	2015-041	2015-071	**2015-399**	2015-500		5(1)	0(0)	0
王磊	1999-062	2010-438	2011-092	**2011-325**	2012-186	**2012-350**	9(2)	0(0)	0
	2014-162	2014-573	2015-425						
王礼君	**2005-151**						1(1)	0(0)	0
王礼鹏	**2015-400**						1(1)	0(0)	0
王礼胜	2014-342						1(0)	0(0)	0
王里奥	2009-413						1(0)	0(0)	0
王里玉	**1995-101**	1998-050					2(1)	0(0)	0
王力	2006-028	2007-026	2010-113	**2013-402**			4(1)	0(0)	0
王力丹	2012-181						1(0)	0(0)	0
王力娟	2014-240						1(0)	0(0)	0
王力前	**2010-289**						1(1)	0(0)	0
王力强	2015-522						1(0)	0(0)	0
王立	1995-069	**2011-326**					2(1)	0(0)	0
王立成	2014-048	2014-049					2(0)	0(0)	0
王立春	2007-168						1(0)	0(0)	0

续表

作者	索引编号					文献总数	英文文献	通讯作者
王立久	2015-061					1（0）	0（0）	0
王立鹏	2009-071					1（0）	0（0）	0
王立前	**2012-351**					1（1）	0（0）	0
王立秋	2003-206	2005-193（E）	2005-194			3（0）	1（0）	0
王立全	2005-028（E）	2005-241				2（0）	1（0）	0
王立武	**2007-219**					1（1）	0（0）	0
王立新	2008-368					1（0）	0（0）	0
王立中	1991-014					1（0）	0（0）	0
王丽	2007-284	2012-093	2012-276	2013-438	**2014-391（E）**	5（1）	1（1）	0
王丽晖	2009-307	**2011-327**				2（1）	0（0）	0
王丽娟	2005-223	2011-236	2012-179			3（0）	0（0）	0
王丽丽	**2009-267**	2011-359	2011-440	2012-386	2012-388	8（1）	0（0）	0
	2012-389	2012-390	2015-170					
王丽敏	2015-265					1（0）	0（0）	0
王丽娜	**1997-110**	2012-507	2015-206			3（1）	0（0）	0
王丽平	1990-137					1（0）	0（0）	0
王丽萍	2013-331					1（0）	0（0）	0
王丽琴	**2000-084**	**2004-107（E）**	**2008-241**	2008-351	**2009-268**	14（5）	1（1）	4
	2010-290	*2010-352	2010-441	*2010-442	*2012-092			
	*2012-384	2013-181	2014-577	2015-562				
王丽青	1985-123					1（0）	0（0）	0
王丽秋	2015-035					1（0）	0（0）	0
王丽熙	2010-094（E）					1（0）	1（0）	0
王利杰	**2012-352**					1（1）	0（0）	0
王利军	2006-059	2007-109	2007-110	**2011-328**	**2012-353**	6（3）	0（0）	0
	2013-403							
王利勇	2012-423					1（0）	0（0）	0
王荔	**2002-109**					1（1）	0（0）	0
王莉	2007-195	**2010-291**				2（1）	0（0）	0
王莉娟	**1998-124**	**1999-108**				2（2）	0（0）	0
王莉君	1994-044	1996-055				2（0）	0（0）	0
王莉莉	1993-108	**1988-078**				2（1）	0（0）	0
王莉英	1999-080					1（0）	0（0）	0
王连生	2003-182					1（0）	0（0）	0
王莲芳	1992-012					1（0）	0（0）	0
王联强	**2003-136**					1（1）	0（0）	0
王良根	2015-620					1（0）	0（0）	0
王亮	2010-414	2012-106	2012-169	2012-516	2013-554	6（1）	0（0）	0
	2013-404							
王嘹亮	2010-346					1（0）	0（0）	0
王林	**2009-269**	2014-498				2（1）	0（0）	0
王林江	2009-075					1（0）	0（0）	0
王林山	**2012-354**					1（1）	0（0）	0
王林英	**2013-405**	2015-517（E）				2（1）	1（0）	0
王琳	**2007-220**	2012-343				2（1）	0（0）	0

续表

作者	索引编号						文献总数	英文文献	通讯作者
王琳琳	2009-310	2010-030					2 (0)	0 (0)	0
王灵玺	2015-568						1 (0)	0 (0)	0
王玲	**2010-292**						1 (1)	0 (0)	0
王玲玲	**2006-222**	2013-280					2 (1)	0 (0)	0
王留芳	2013-407						1 (0)	0 (0)	0
王流芳	1990-078						1 (0)	0 (0)	0
王龙	1996-056	1997-051	2014-213				3 (0)	0 (0)	0
王龙安	1983-058	∵1986-047					2 (0)	0 (0)	0
王龙山	2007-255						1 (0)	0 (0)	0
王龙正	2009-064	2010-447					2 (0)	0 (0)	0
王陆军	**2008-242**						1 (1)	0 (0)	0
王陆新	2014-395						1 (0)	0 (0)	0
王路兵	2007-304						1 (0)	0 (0)	0
王路闯	**2015-401**						1 (1)	0 (0)	0
王璐璐	**2013-406**						1 (1)	0 (0)	0
王曼娟	**2012-355**	**2014-392**	2014-472				3 (2)	0 (0)	0
王曼霖	1990-127						1 (0)	0 (0)	0
王曼艳	**2015-402**						1 (1)	0 (0)	0
王梅	**2012-356**						1 (1)	0 (0)	0
王梅玲	**2014-393**	**2014-394**	**2015-403**				3 (3)	0 (0)	0
王梅英	**2013-407**	2015-192					2 (1)	0 (0)	0
王美蓉	1985-001						1 (0)	0 (0)	0
王蒙光	2009-176						1 (0)	0 (0)	0
王猛	**2011-329**						1 (1)	0 (0)	0
王梦飞	2010-159						1 (0)	0 (0)	0
王苗捷	2015-391						1 (0)	0 (0)	0
王淼	**2007-221**（E）	**2013-408**					2 (2)	1 (1)	0
王渺	2015-404						1 (0)	0 (0)	0
王玟珉	**1991-089**（E）	1993-078					2 (1)	1 (1)	0
王岷	∵1987-021						1 (0)	0 (0)	0
王敏	1991-050（E）	1992-060	∵1995-102	2003-068	2007-309	**2008-243**	12 (3)	1 (0)	0
	2012-429	2012-543	2013-276	2013-290	**2013-409**	**2013-410**			
王明	**2011-330**						1 (1)	0 (0)	0
王明贵	**1989-086**						1 (1)	0 (0)	0
王明华	**2015-404**						1 (1)	0 (0)	0
王明慧	2003-084						1 (0)	0 (0)	0
王明凯	2001-058（E）	2001-059	2001-007F				3 (0)	2 (0)	0
王明明	2013-389						1 (0)	0 (0)	0
王明秋	2010-375						1 (0)	0 (0)	0
王明伟	1999-135						1 (0)	0 (0)	0
王明文	1996-137	1997-125					2 (0)	0 (0)	0
王明星	**1981-036**	**1981-037**	1982-019	**1986-068**	**1986-069**（E）	1989-076	10 (4)	2 (1)	0
	2000-125	2001-147	2002-152	2002-153（E）					

续表

作者	索引编号						文献总数	英文文献	通讯作者
王明振	**2014-395**						1 (1)	0 (0)	0
王鸣	2013-120						1 (0)	0 (0)	0
王沫	*2010-087						1 (0)	0 (0)	1
王娜	**2002-110**	2013-528	2015-205	2014-004F			4 (1)	1 (0)	0
王娜娜	**2015-405**						1 (1)	0 (0)	0
王南平	1998-038						1 (0)	0 (0)	0
王楠	1985-004	**2015-406**					2 (1)	0 (0)	0
王能明	1982-049	1986-011	**1986-070**	1987-064	1988-101	1990-027	11 (2)	0 (0)	0
	1990-126	1991-056	1991-115	1993-054	**1996-115**				
王念俊	2003-052	2005-168					2 (0)	0 (0)	0
王宁	2005-084	2012-081	*2012-082	2014-226	2015-179		5 (0)	0 (0)	1
王宁芳	**2003-137**						1 (1)	0 (0)	0
王宁生	2007-200						1 (0)	0 (0)	0
王宁伟	**2006-223**						1 (1)	0 (0)	0
王宁远	2013-553						1 (0)	0 (0)	0
王培	**2008-244**	**2009-270**					2 (2)	0 (0)	0
王培娟	2012-461						1 (0)	0 (0)	0
王培铭	2003-008	2009-070	**2011-331**	2014-079	2015-611（E）		5 (1)	1 (0)	0
王沛钊	2013-040						1 (0)	0 (0)	0
王佩玲	2006-055	2006-056	2006-057	2007-062	2007-063	2005-001F	11 (0)	6 (0)	0
	2005-007F	2006-001F	2006-002F	2006-003F	2006-015F				
王朋岭	2004-041	2015-266					2 (0)	0 (0)	0
王鹏	1998-039	**2002-111**	2005-202	2009-087	2009-247	2010-092	11 (3)	0 (0)	1
	2010-101	2011-021	**2011-332**	**2012-357**	*2015-405				
王鹏程	2012-052						1 (0)	0 (0)	0
王鹏飞	2011-396						1 (0)	0 (0)	0
王鹏辉	**2012-358**	**2014-396**					2 (2)	0 (0)	0
王鹏鹏	2010-225						1 (0)	0 (0)	0
王平	**2006-224**	**2006-225**	**2008-245**	**2010-293**	**2010-294**	2013-093	10 (6)	0 (0)	0
	2013-411	2014-100	2014-408	2015-157					
王平生	2005-200（E）	2005-201	2008-091	2009-085	2011-253	2014-143	6 (0)	1 (0)	0
王平英	**2014-397**						1 (1)	0 (0)	0
王萍	2006-302	2009-373	2010-340	2014-600			4 (0)	0 (0)	0
王其武	**1987-074**						1 (1)	0 (0)	0
王奇志	2013-120						1 (0)	0 (0)	0
王琪	2005-050	2007-205	2008-224				3 (0)	0 (0)	0
王祺	2008-229						1 (0)	0 (0)	0
王旗	2010-347						1 (0)	0 (0)	0
王启国	1997-029						1 (0)	0 (0)	0
王启民	2003-069						1 (0)	0 (0)	0
王启元	**2010-295**	2013-371	2013-411				3 (1)	0 (0)	0
王启增	2009-334						1 (0)	0 (0)	0
王谦	2004-138	2005-005	2005-190	2006-280	**2008-246**	**2008-247**	15 (7)	0 (0)	0

续表

作者	索引编号						文献总数	英文文献	通讯作者
	2008-270	2008-335	**2011-333**	**2011-334**	2011-434	2012-340			
	2012-359	**2015-407**	**2015-408**						
王潜智	**1989-087**						1（1）	0（0）	0
王倩	2011-294						1（0）	0（0）	0
王倩倩	**2013-412**						1（1）	0（0）	0
王强	2005-170	2010-327（E）	2011-228	2011-362	2013-332		5（0）	1（0）	0
王强兵	**2010-296**	**2011-335**					2（2）	0（0）	0
王强强	2013-037						1（0）	0（0）	0
王巧环	2013-084						1（0）	0（0）	0
王巧玲	**2007-222**	2008-067					2（1）	0（0）	0
王钦建	**2009-271**						1（1）	0（0）	0
王琴	**1991-090**						1（1）	0（0）	0
王勤燕	**2005-152**						1（1）	0（0）	0
王青	2005-243	**2006-226**					2（1）	0（0）	0
王青宁	2011-143						1（0）	0（0）	0
王青松	2011-088						1（0）	0（0）	0
王卿	2004-141	2013-457					2（0）	0（0）	0
王清海	**2005-154**						1（1）	0（0）	0
王清遐	2007-072						1（0）	0（0）	0
王庆	1994-032	**1995-103**					2（1）	0（0）	0
王庆光	2003-147						1（0）	0（0）	0
王庆广	1981-016	1981-041	1982-018	1983-030	1984-018	1984-035	20（3）	0（0）	0
	1985-013	1986-033	1988-036	1989-122	1990-036	**1991-091**			
	1992-103	1994-018	1994-041	1994-054	1995-036	**1995-104**			
	1995-144	1996-072							
王庆基	2007-279						1（0）	0（0）	0
王庆路	**2005-153**						1（1）	0（0）	0
王琼	1988-102						1（0）	0（0）	0
王琼生	2013-450						1（0）	0（0）	0
王秋	1991-084						1（0）	0（0）	0
王秋生	1985-094						1（0）	0（0）	0
王秋艳	2013-364						1（0）	0（0）	0
王秋玉	1991-089（E）						1（0）	1（0）	0
王权	2014-567						1（0）	0（0）	0
王全宏	2013-563						1（0）	0（0）	0
王全涛	2007-163						1（0）	0（0）	0
王全义	2003-168						1（0）	0（0）	0
王泉海	**2006-227**						1（1）	0（0）	0
王泉生	1990-006						1（0）	0（0）	0
王群	2013-207						1（0）	0（0）	0
王群威	2008-247	2011-334					2（0）	0（0）	0
王群英	2012-382						1（0）	0（0）	0
王然	2005-107	2008-131	2008-132	2010-129	2010-130	**2011-336**	6（1）	0（0）	0

续表

作者	索引编号						文献总数	英文文献	通讯作者
王仁波	**2001-105**	**2002-112**	**2002-113**				3（3）	0（0）	0
王仁芳	**1993-110**	**1997-111**					2（2）	0（0）	0
王仁瞿	2011-370						1（0）	0（0）	0
王日杰	2014-195						1（0）	0（0）	0
王荣	**2007-223**	**2011-337**					2（2）	0（0）	0
王荣成	2008-097						1（0）	0（0）	0
王荣社	2013-260						1（0）	0（0）	0
王蓉	2012-302						1（0）	0（0）	0
王榕	**2005-155**	2006-220	2009-184	*2009-185	2010-306	2012-200	7（1）	0（0）	1
	2012-380								
王榕海	1991-041	1992-042					2（0）	0（0）	0
王榕树	1999-128						1（0）	0（0）	0
王如意	**2008-248**						1（1）	0（0）	0
王汝建	2012-252	2015-445					2（0）	0（0）	0
王汝敏	2006-239						1（0）	0（0）	0
王锐兵	1996-002（E）	1996-003	1996-124	1997-115（E）			4（0）	2（0）	0
王瑞光	1995-097	1995-098	1996-112	1996-113	1997-066		5（0）	0（0）	0
王瑞珺	**2004-108**						1（1）	0（0）	0
王瑞林	2007-272						1（0）	0（0）	0
王瑞敏	2006-281	2010-053					2（0）	0（0）	0
王瑞萍	2014-200						1（0）	0（0）	0
王瑞璞	2006-278						1（0）	0（0）	0
王润沛	2010-017						1（0）	0（0）	0
王森	**2015-409**						1（1）	0（0）	0
王珊	1986-016						1（0）	0（0）	0
王上海	2011-027						1（0）	0（0）	0
王少军	2011-048	2012-062	2015-013				3（0）	0（0）	0
王少君	2005-185	2009-051					2（0）	0（0）	0
王少林	1982-054	1983-001	1983-002	1983-014	1984-016	**1999-109**	7（1）	0（0）	0
	2006-096								
王绍华	2001-084						1（0）	0（0）	0
王绍清	2013-135						1（0）	0（0）	0
王升	2007-096（E）	**2007-224**	**2007-225**	2009-098			4（2）	1（0）	0
王升忠	∵2012-477						1（0）	0（0）	0
王胜	2008-062						1（0）	0（0）	0
王胜春	2015-289						1（0）	0（0）	0
王胜杰	2012-431						1（0）	0（0）	0
王胜民	2008-084	2008-360	**2010-297**				3（1）	0（0）	0
王诗恩	2015-533						1（0）	0（0）	0
王诗然	**2015-410**						1（1）	0（0）	0
王蓍茜	2007-312						1（0）	0（0）	0
王时礼	2014-553						1（0）	0（0）	0
王时麒	2014-326						1（0）	0（0）	0

续表

作者	索引编号					文献总数	英文文献	通讯作者
王世铭	2013-450					1（0）	0（0）	0
王世荣	2006-219					1（0）	0（0）	0
王世武	1999-017	2001-056				2（0）	0（0）	0
王世真	1985-112	1986-061	1986-099	1992-036		4（0）	0（0）	0
王仕木	2013-271	2013-491				2（0）	0（0）	0
王式功	2010-347					1（0）	0（0）	0
王守功	2015-047					1（0）	0（0）	0
王守军	2014-379					1（0）	0（0）	0
王守绪	2005-002					1（0）	0（0）	0
王首都	**2012-360**					1（1）	0（0）	0
王书芹	2015-516					1（0）	0（0）	0
王淑峰	**2006-228**					1（1）	0（0）	0
王淑慧	1986-102					1（0）	0（0）	0
王淑丽	**1983-060**	**1984-067**				2（2）	0（0）	0
王淑秋	**1995-105**					1（1）	0（0）	0
王淑荣	1984-063	**2012-361（E）**				2（1）	1（1）	0
王淑贤	2012-238					1（0）	0（0）	0
王淑珍	∵1979-024					1（0）	0（0）	0
王舒娅	**2010-298**	**2011-338**	2012-568	2012-569		4（2）	0（0）	0
王曙光	2004-129					1（0）	0（0）	0
王述新	1984-014					1（0）	0（0）	0
王树	2011-055					1（0）	0（0）	0
王树安	2009-002					1（0）	0（0）	0
王树东	2008-062	*2015-477				2（0）	0（0）	1
王树功	*2011-430					1（0）	0（0）	1
王树金	1990-039					1（0）	0（0）	0
王树笃	1987-017					1（0）	0（0）	0
王树轩	2012-568	2012-569				2（0）	0（0）	0
王树勋	2012-461	**2014-398**	**2014-399**			3（2）	0（0）	0
王树镛	**1984-068**					1（1）	0（0）	0
王帅	**2009-272**	**2012-362**	2014-151			3（2）	0（0）	0
王双飞	2007-181					1（0）	0（0）	0
王顺生	2003-069					1（0）	0（0）	0
王朔	**2014-400**					1（1）	0（0）	0
王思德	2007-280	2009-332				2（0）	0（0）	0
王思宏	2002-140					1（0）	0（0）	0
王思敬	2005-115					1（0）	0（0）	0
王斯晗	**1999-110**					1（1）	0（0）	0
王四亭	1985-066	1991-130				2（0）	0（0）	0
王松	2015-199	2015-198	2015-200			3（0）	0（0）	0
王松才	2009-082	2010-086	2011-101	2013-353	2013-437	2015-222	6（0）	0（0）	0
王松君	1996-095					1（0）	0（0）	0
王松青	1988-078	**1993-111**	**1996-116**	2002-141	2003-175	2008-247	7（2）	0（0）	0

续表

作者	索引编号					文献总数	英文文献	通讯作者
	2008-270							
王苏明	2006-012	2006-019	2009-029			3 (0)	0 (0)	0
王苏勤	2006-249					1 (0)	0 (0)	0
王素华	**1990-098**					1 (1)	0 (0)	0
王素梅	2015-379					1 (0)	0 (0)	0
王素文	∴1989-124					1 (0)	0 (0)	0
王涛	2009-345	2011-266	2013-029	**2013-413**	2013-595	5 (1)	0 (0)	0
王桃珍	1982-020					1 (0)	0 (0)	0
王天雕	**1995-106**					1 (1)	0 (0)	0
王天民	2008-036					1 (0)	0 (0)	0
王铁	2011-259	2011-343				2 (0)	0 (0)	0
王铁矛	**2014-401**					1 (1)	0 (0)	0
王铁山	**2003-138**					1 (1)	0 (0)	0
王廷海	2008-291					1 (0)	0 (0)	0
王亭杰	2002-087					1 (0)	0 (0)	0
王婷	2006-137（E）					1 (0)	1 (0)	0
王霆	**2013-414**					1 (1)	0 (0)	0
王同华	*2007-199					1 (0)	0 (0)	1
王图强	**1998-125**					1 (1)	0 (0)	0
王皖虹	1991-129					1 (0)	0 (0)	0
王旺章	**1994-094**	**1995-107（E）**				2 (2)	1 (1)	0
王威	2008-278					1 (0)	0 (0)	0
王威娜	2005-077					1 (0)	0 (0)	0
王巍	**2010-299**					1 (1)	0 (0)	0
王为	2012-195	**2012-363**				2 (1)	0 (0)	0
王为杰	2014-221					1 (0)	0 (0)	0
王为民	2008-092（E）					1 (0)	1 (0)	0
王为太	1993-038					1 (0)	0 (0)	0
王维达	1997-010	2008-276				2 (0)	0 (0)	0
王维钦	1988-055	1989-061	1990-066			3 (0)	0 (0)	0
王伟	2006-021	2008-295	2009-110	**2009-273**	2012-360	2013-081	9 (1)	0 (0)	0
	2015-309	2015-504	2015-572					
王伟锋	2014-538					1 (0)	0 (0)	0
王伟民	2012-121					1 (0)	0 (0)	0
王伟伟	2007-236（E）	2007-237	**2008-249**			3 (1)	1 (0)	0
王伟众	2011-156					1 (0)	0 (0)	0
王炜	2012-222	2013-016				2 (0)	0 (0)	0
王卫杰	2002-036	**2003-139**	**2004-109**			3 (2)	0 (0)	0
王卫明	2010-054					1 (0)	0 (0)	0
王卫强	2006-209	2006-211				2 (0)	0 (0)	0
王文波	2012-009	2014-562				2 (0)	0 (0)	0
王文芳	2012-003					1 (0)	0 (0)	0
王文杰	**2014-402**					1 (1)	0 (0)	0

续表

作者	索引编号					文献总数	英文文献	通讯作者
王文静	2006-050	**2007-226**	**2007-227**	2008-073	**2008-250**	2008-333	11 (4)	1 (0)	0
	2008-334	2010-072	2012-512	**2014-403**	2015-384（E）				
王文娟	2015-267						1 (0)	0 (0)	0
王文潜	**1996-117**	2000-057					2 (1)	0 (0)	0
王文生	2000-018	2002-019					2 (0)	0 (0)	0
王文爽	1979-033	1982-054	1983-002	1985-105	1987-020		5 (0)	0 (0)	0
王文武	2013-139	2013-586	2014-420				3 (0)	0 (0)	0
王文祥	2009-334						1 (0)	0 (0)	0
王文星	2003-025						1 (0)	0 (0)	0
王文烨	2010-172						1 (0)	0 (0)	0
王文勇	**2012-364**						1 (1)	0 (0)	0
王文正	1990-026						1 (0)	0 (0)	0
王雯	**2010-300**	**2012-365**					2 (2)	0 (0)	0
王五一	**1992-104**						1 (1)	0 (0)	0
王务刚	**2013-415**						1 (1)	0 (0)	0
王夕	**1986-071**						1 (1)	0 (0)	0
王西勃	2007-028	2007-029（E）	2011-119	2012-126	2013-135		5 (0)	1 (0)	0
王西能	**2009-274**						1 (1)	0 (0)	0
王锡銮	**1980-026**	**1983-061**	**1973-010P**				3 (3)	0 (0)	0
王樨德	**1980-027**	1984-059	1984-083	1989-076	**1989-088**	1993-095	6 (2)	0 (0)	0
王玺	2001-020						1 (0)	0 (0)	0
王喜红	1983-013						1 (0)	0 (0)	0
王先彬	2001-049						1 (0)	0 (0)	0
王先福	2010-089	2011-099					2 (0)	0 (0)	0
王先广	**2015-411**						1 (1)	0 (0)	0
王先龙	2004-055						1 (0)	0 (0)	0
王贤华	2012-514	2014-083					2 (0)	0 (0)	0
王贤觉	1999-131						1 (0)	0 (0)	0
王贤义	2003-138						1 (0)	0 (0)	0
王娴娴	**2013-416**						1 (1)	0 (0)	0
王香港	2008-005						1 (0)	0 (0)	0
王湘敏	2013-509						1 (0)	0 (0)	0
王湘云	**1995-108**						1 (1)	0 (0)	0
王祥生	2001-027	2001-028	2002-027	2002-076	2003-028	2003-085	24 (0)	0 (0)	1
	2003-086	2003-189	2003-194	2003-195	2004-057	2004-058			
	*2004-060	2005-054	2005-085	2005-205	2005-206	2006-053			
	2006-301	2006-302	2007-194	2009-178	2010-069	2011-329			
王翔	2008-204						1 (0)	0 (0)	0
王向东	2007-270						1 (0)	0 (0)	0
王向华	2015-126						1 (0)	0 (0)	0
王向宇	2008-012（E）	2009-016	2013-449				3 (0)	1 (0)	0
王小兵	1990-071						1 (0)	0 (0)	0
王小红	2010-139	2010-359	2012-431	2012-432			4 (0)	0 (0)	0

续表

作者	索引编号					文献总数	英文文献	通讯作者
王小华	2015-452					1（0）	0（0）	0
王小欢	**2009-275**	**2009-276**	**2010-301**	*2014-458		4（3）	0（0）	1
王小萌	2015-617					1（0）	0（0）	0
王小平	1990-063	**2013-417**				2（1）	0（0）	0
王小琴	**2002-114**	**2003-140**				2（2）	0（0）	0
王小武	**2006-229**					1（1）	0（0）	0
王晓	2012-015	2012-194				2（0）	0（0）	0
王晓川	2010-168	2010-178	2012-438			3（0）	0（0）	0
王晓春	2011-336					1（0）	0（0）	0
王晓纯	**2011-339**					1（1）	0（0）	0
王晓翠	2015-363					1（0）	0（0）	0
王晓地	2002-075					1（0）	0（0）	0
王晓冬	**2003-141**					1（1）	0（0）	0
王晓栋	2003-182					1（0）	0（0）	0
王晓芳	2012-238					1（0）	0（0）	0
王晓飞	2014-343					1（0）	0（0）	0
王晓峰	**2010-302**	2012-465				2（1）	0（0）	0
王晓红	1996-118（E）	1997-009	**1997-112**	1998-057	1998-131	21（9）	2（1）	0
	2000-085	**2000-086**	2000-088	**2003-142**	2003-145			
	2005-156	**2006-230**	2007-229	2007-230	2009-280			
	2009-281	**2010-303**	2013-338	2014-172	**2004-001F**			
	2002-008S							
王晓华	2012-204					1（0）	0（0）	0
王晓慧	**1994-095**	1998-099				2（1）	0（0）	0
王晓江	2011-356					1（0）	0（0）	0
王晓静	**2013-418**					1（1）	0（0）	0
王晓钧	2009-103	**2011-340（E）**				2（1）	1（1）	0
王晓丽	2009-203					1（0）	0（0）	0
王晓龙	2005-074					1（0）	0（0）	0
王晓宁	**2010-304**					1（1）	0（0）	0
王晓琪	2004-107（E）					1（0）	1（0）	0
王晓庆	2011-013					1（0）	0（0）	0
王晓书	2001-127					1（0）	0（0）	0
王晓雯	**2004-110**					1（1）	0（0）	0
王晓武	2013-210					1（0）	0（0）	0
王晓艳	2014-328					1（0）	0（0）	0
王晓阳	2011-373	**2013-419**	**2014-404**			3（2）	0（0）	0
王晓莺	2010-382					1（0）	0（0）	0
王晓勇	2013-064					1（0）	0（0）	0
王晓云	2006-050	2008-078				2（0）	0（0）	0
王孝海	2013-531					1（0）	0（0）	0
王笑笑	**2006-231**	2007-210	2009-403	**2011-341**	2014-360	5（2）	0（0）	0
王效军	2010-246					1（0）	0（0）	0
王效瑞	**1983-062**					1（1）	0（0）	0

续表

作者	索引编号					文献总数	英文文献	通讯作者
王效英	1996-148					1（0）	0（0）	0
王谢	1989-040					1（0）	0（0）	0
王心磊	1989-029					1（0）	0（0）	0
王昕	1996-102	1997-097	1998-100	2000-062	2010-137	5（0）	0（0）	0
王欣	2012-253	**2013-420**				2（1）	0（0）	0
王欣玫	2009-200					1（0）	0（0）	0
王新	2008-144	2009-318				2（0）	0（0）	0
王新海	2000-021	2003-166				2（0）	0（0）	0
王新华	2006-044	2013-251				2（0）	0（0）	0
王新杰	**2010-305**					1（1）	0（0）	0
王新亮	2002-168	2015-537				2（0）	0（0）	0
王新明	2005-010					1（0）	0（0）	0
王新频	**2012-366**					1（1）	0（0）	0
王新平	2012-027	1992-105				2（0）	0（0）	0
王新萍	**2003-143**					1（1）	0（0）	0
王新为	2013-120					1（0）	0（0）	0
王新跃	1996-046					1（0）	0（0）	0
王新中	**2014-405**	**2014-406**				2（2）	0（0）	0
王鑫	2013-302					1（0）	0（0）	0
王信虎	1990-050					1（0）	0（0）	0
王星	2011-142					1（0）	0（0）	0
王醒谦	**1991-092**	1991-106	1992-131	1992-132（E）		4（1）	1（0）	0
王兴华	2014-143					1（0）	0（0）	0
王兴建	**2008-251**					1（1）	0（0）	0
王兴军	**2013-421**					1（1）	0（0）	0
王兴阳	2015-421					1（0）	0（0）	0
王杏娟	2015-563					1（0）	0（0）	0
王修德	**1991-093**	**1992-106**	**1997-113**			3（3）	0（0）	0
王修慧	2015-113					1（0）	0（0）	0
王秀萍	2002-121	2006-318	2009-289			3（0）	0（0）	0
王秀颖	2015-146					1（0）	0（0）	0
王秀云	**2010-306**					1（1）	0（0）	0
王旭	2000-067					1（0）	0（0）	0
王旭东	2012-044	2012-524				2（0）	0（0）	0
王旭辉	2013-277					1（0）	0（0）	0
王旭金	2012-229					1（0）	0（0）	0
王绪绪	2004-132					1（0）	0（0）	0
王续宁	**2013-422**					1（1）	0（0）	0
王煊军	2007-308					1（0）	0（0）	0
王学斌	2010-183	2010-214	2014-421			3（0）	0（0）	0
王学海	2013-165	**2014-407**				2（1）	0（0）	0
王学谦	2014-390	**2014-408**				2（1）	0（0）	0
王学求	**2012-367**					1（1）	0（0）	0

续表

作者	索引编号					文献总数	英文文献	通讯作者
王学松	1993-138					1（0）	0（0）	0
王学涛	2004-158	**2005-157**	2014-321			3（1）	0（0）	0
王学田	**2015-412**					1（1）	0（0）	0
王学伟	2012-267					1（0）	0（0）	0
王学云	2001-073	2011-468	2013-588	2014-260		4（0）	0（0）	0
王学钊	**1997-114**	**1998-126**	**1998-127**			3（3）	0（0）	0
王雪	1997-017	**2013-423**				2（1）	0（0）	0
王雪飞	**2004-111**	2002-004F				2（1）	1（0）	0
王雪静	**2006-232**	**2006-233**	**2006-234**	**2007-228**		4（4）	0（0）	0
王雪梅	**1993-112**	2006-130	*2006-221			3（1）	0（0）	1
王雪香	**2008-252**					1（1）	0（0）	0
王勋来	**2012-368**					1（1）	0（0）	0
王雅丽	2012-338					1（0）	0（0）	0
王亚红	2002-044	2008-309	2009-340	2010-219	2012-265	2013-243	8（0）	0（0）	0
	2013-305	2014-485						
王亚静	2009-127					1（0）	0（0）	0
王亚军	**1998-128**	**1998-129**	**1998-130**	**1999-111**	**2000-087**	**2001-106**	8（7）	0（0）	0
	2010-218	**2014-409**						
王亚利	2010-358					1（0）	0（0）	0
王亚林	2000-001					1（0）	0（0）	0
王亚龙	1995-045					1（0）	0（0）	0
王亚旻	2015-409					1（0）	0（0）	0
王亚平	2006-019	2009-029				2（0）	0（0）	0
王亚萍	2014-086	2015-078				2（0）	0（0）	0
王亚伟	2007-004	**2013-424**				2（1）	0（0）	0
王亚文	**2014-410**					1（1）	0（0）	0
王亚贤	2009-289					1（0）	0（0）	0
王延昭	**2006-235**					1（1）	0（0）	0
王岩	2011-221	2015-288				2（0）	0（0）	0
王颜红	1992-005					1（0）	0（0）	0
王衍琛	2013-216					1（0）	0（0）	0
王彦芳	2006-085（E）	2006-086	2007-096（E）			3（0）	2（0）	0
王彦峰	1992-049					1（0）	0（0）	0
王彦丽	2005-059					1（0）	0（0）	0
王彦强	2009-110					1（0）	0（0）	0
王艳	2012-229	2012-369	2013-415			3（0）	0（0）	0
王艳芳	2008-007					1（0）	0（0）	0
王艳飞	2014-501					1（0）	0（0）	0
王艳华	**2009-277**					1（1）	0（0）	0
王艳君	2012-203	**2012-369**	2015-146			3（1）	0（0）	0
王艳丽	2015-616					1（0）	0（0）	0
王艳莉	2008-258					1（0）	0（0）	0
王艳玲	2013-227					1（0）	0（0）	0

续表

作者	索引编号					文献总数	英文文献	通讯作者
王艳蓉	**2014-411**	2015-596				2(1)	0(0)	0
王焰新	2012-114					1(0)	0(0)	0
王燕	2010-376	2011-407	**2012-370**	2013-505	2013-506	2013-579		
						6(1)	0(0)	0
王燕海	2012-201					1(0)	0(0)	0
王阳恩	**2009-278**					1(1)	0(0)	0
王洋	2006-160					1(0)	0(0)	0
王瑶	2013-405	**2015-413**				2(1)	0(0)	0
王耀	1994-077					1(0)	0(0)	0
王耀东	2008-002F	2015-464				2(0)	1(0)	0
王耀武	2010-355	2010-356(E)	2011-397	2014-269	2015-580	5(0)	1(0)	0
王野	2012-289	2012-293				2(0)	0(0)	0
王业春	**2012-371**					1(1)	0(0)	0
王业华	1992-035					1(0)	0(0)	0
王业耀	2015-286	*2015-549				2(0)	0(0)	1
王叶	2011-405					1(0)	0(0)	0
王晔	**2014-412**					1(1)	0(0)	0
王烨	**2003-144**	2006-012	**2011-342**	2012-509		4(2)	0(0)	0
王烨江	2009-052					1(0)	0(0)	0
王一	2012-345					1(0)	0(0)	0
王一凌	2009-214	2010-226	**2010-307**	2010-406	2011-037	2011-257		
	2011-258	2011-259	2011-260	**2011-343**	**2012-372**	2013-055	14(3)	0(0)	0
	2013-323	2013-324						
王一萌	*2013-017(E)					1(0)	1(0)	1
王一先	1982-012	**1982-001P**				2(1)	0(0)	0
王伊琴	2004-121					1(0)	0(0)	0
王祎亚	**2009-279**	2009-362	**2010-308**	2011-038	**2011-344**	2013-425	9(7)	0(0)	0
	2013-426	**2014-413**	**2014-414**					
王怡凡	2015-206					1(0)	0(0)	0
王怡林	**2008-253**	2008-304	2008-302	2008-303		4(1)	0(0)	0
王怡梦	2015-460					1(0)	0(0)	0
王以群	2006-039	2009-317	2011-023	2011-091	2015-315	5(0)	0(0)	0
王义善	2015-418					1(0)	0(0)	0
王艺云	**2015-414**					1(1)	0(0)	0
王益	2015-167					1(0)	0(0)	0
王益亨	**2015-415**					1(1)	0(0)	0
王益民	**1993-113**	2007-301				2(1)	0(0)	0
王益群	**2013-427**					1(1)	0(0)	0
王翌冬	2005-167					1(0)	0(0)	0
王毅民	**1981-038**	1984-041	**1984-069**	**1984-070**	**1985-085**	**1986-072**			
	1986-073	**1987-075**	1988-068	**1988-079**	**1989-089**	**1989-090**			
	1990-099	**1991-094**	**1991-095**	1991-132	**1992-108**	**1992-107**	53(29)	8(3)	4
	1993-164	**1994-096**	1995-026	**1995-109**	**1996-118**(E)	1997-009			
	1997-112	1998-057	**1998-131**	2000-085	2000-086	**2000-088**			

续表

作者	索引编号						文献总数	英文文献	通讯作者
	*2001-086	2002-119	2003-142	**2003-145**	2005-156	*2006-230			
	2007-229	**2007-230**	**2008-254**	**2009-280**	**2009-281**	2010-303			
	*2011-038	*2013-425	**1991-001F**	1993-002F	1993-006F	1993-007F			
	1995-003F	2004-001F	**1989-005W**	**1994-007W(E)**	2002-008S				
王荫淞	2001-150（E）	2001-151	2003-202	**2004-112**	2004-159	2005-063	17（3）	5（1）	0
	2005-216	2005-217	**2006-236（E）**	**2006-237**	2006-293	2006-308			
	2006-310	2007-310	2005-004F	2006-007F	2007-006F				
王银海	2010-135						1（0）	0（0）	0
王尹圣	2015-141	**2015-416**					2（1）	0（0）	0
王英	2006-258	**2007-231**					2（1）	0（0）	0
王英均	2010-201						1（0）	0（0）	0
王英伟	**2004-113**						1（1）	0（0）	0
王瑛	2015-269						1（0）	0（0）	0
王莹	2009-240	2015-164					2（0）	0（0）	0
王莹利	2008-292						1（0）	0（0）	0
王颖	2002-097	**2003-146**	**2004-114**				3（2）	0（0）	0
王应	2012-295						1（0）	0（0）	0
王永奉	2002-008S						1（0）	0（0）	0
王永刚	2008-291	2013-373	2015-469				3（0）	0（0）	0
王永海	2015-337						1（0）	0（0）	0
王永红	2010-417	2011-456					2（0）	0（0）	0
王永辉	2013-016						1（0）	0（0）	0
王永进	**2011-345**	2015-378					2（1）	0（0）	0
王永磊	2011-473						1（0）	0（0）	0
王永明	2008-144						1（0）	0（0）	0
王永其	2003-184	2004-052	2004-142				3（0）	0（0）	0
王永强	**2006-238**	2012-362	**2014-415**				3（2）	0（0）	0
王永青	1997-021	2001-122					2（0）	0（0）	0
王永睿	2013-022						1（0）	0（0）	0
王永胜	2011-176	**2013-428**					2（1）	0（0）	0
王永亚	**2011-346**	**2012-373**					2（2）	0（0）	0
王永在	2006-258						1（0）	0（0）	0
王勇	2004-018	2004-176	2006-048（E）	2013-239	2014-307		5（0）	1（0）	0
王勇德	1997-138						1（0）	0（0）	0
王勇刚	2012-168						1（0）	0（0）	0
王友法	**2005-158（E）**						1（1）	1（1）	0
王有增	2001-014						1（0）	0（0）	0
王又兰	∵1981-039						1（0）	0（0）	0
王瑜	**2003-147**	2011-361	2012-512				3（1）	0（0）	0
王宇	2015-508（E）						1（0）	1（0）	0
王宇亮	2015-473						1（0）	0（0）	0
王禹	1992-022	1992-158（E）	1993-026	1993-027（E）			4（0）	2（0）	0
王玉	1995-025						1（0）	0（0）	0

续表

作者	索引编号						文献总数	英文文献	通讯作者
王玉成	2008-092（E）						1（0）	1（0）	0
王玉功	2015-246						1（0）	0（0）	0
王玉和	2005-075						1（0）	0（0）	0
王玉红	**2008-255**						1（1）	0（0）	0
王玉杰	2011-174						1（0）	0（0）	0
王玉洁	**2008-256**	**2013-429**	2014-340				3（2）	0（0）	0
王玉军	2013-070	*2015-051					2（0）	0（0）	1
王玉兰	2014-108						1（0）	0（0）	0
王玉莲	**2010-309**						1（1）	0（0）	0
王玉梅	2007-075						1（0）	0（0）	0
王玉琦	1993-102						1（0）	0（0）	0
王玉琴	2006-136						1（0）	0（0）	0
王玉往	1999-108						1（0）	0（0）	0
王玉霞	2008-231						1（0）	0（0）	0
王玉香	**1992-109**						1（1）	0（0）	0
王聿锟	1993-098	1994-074（E）	1994-075	1995-067			4（0）	1（0）	0
王育红	2012-354						1（0）	0（0）	0
王钰蓉	**2015-417**						1（1）	0（0）	0
王裕政	1986-041	**1986-074**	1987-040	1991-036			4（1）	0（0）	0
王远亮	*2001-006	2005-030					2（0）	0（0）	1
王远群	2014-277						1（0）	0（0）	0
王月辉	**2009-282**						1（1）	0（0）	0
王月娇	2013-058						1（0）	0（0）	0
王月奇	2009-408						1（0）	0（0）	0
王玥	2007-044						3（1）	0（0）	0
王岳	2010-047	2010-122	**2015-418**				1（1）	0（0）	0
王岳松	**2014-416**						1（1）	0（0）	0
王岳赞	2011-148						1（0）	0（0）	0
王悦	2015-183						1（0）	0（0）	0
王跃思	2000-125						1（0）	0（0）	0
王越	2015-203						1（0）	0（0）	0
王云	2005-054						1（0）	0（0）	0
王云彪	**2009-283**						1（1）	0（0）	0
王云芳	**2006-239**						1（1）	0（0）	0
王云刚	2015-021	2015-285					2（0）	0（0）	0
王云昆	2009-204						1（0）	0（0）	0
王云霞	2005-203	**2006-240**					2（1）	0（0）	0
王云英	2011-360						1（0）	0（0）	0
王芸	2011-068						1（0）	0（0）	0
王运军	2009-196						1（0）	0（0）	0
王运调	1991-077						1（0）	0（0）	0
王再田	**1995-110**	1997-034	**1998-132**	**1999-112**	1999-151	2002-030	7（3）	0（0）	1
	*2008-067								

续表

作者	索引编号					文献总数	英文文献	通讯作者
王增辉	2015-587					1 (0)	0 (0)	0
王占彬	2014-251					1 (0)	0 (0)	0
王占明	2015-572					1 (0)	0 (0)	0
王占琴	**2009-284**					1 (1)	0 (0)	0
王占山	2005-221					1 (0)	0 (0)	0
王长发	2013-445					1 (0)	0 (0)	0
王长根	2014-606					1 (0)	0 (0)	0
王长华	1995-108					1 (0)	0 (0)	0
王长庆	1992-063					1 (0)	0 (0)	0
王长秋	*2013-293	2013-294	2015-215	2015-294		4 (0)	0 (0)	1
王长申	**2009-285**					1 (1)	0 (0)	0
王长生	1982-053					1 (0)	0 (0)	0
王钊	**2010-310**	2011-103	2015-473	2015-474		4 (1)	0 (0)	0
王昭	**2012-374**					1 (1)	0 (0)	0
王召兵	**2008-257**					1 (1)	0 (0)	0
王兆岚	2002-022					1 (0)	0 (0)	0
王兆利	2008-053	**2008-258**	**2009-286**	2010-040	2010-197	2010-251	6 (2)	0 (0)	0
王兆文	2014-334					1 (0)	0 (0)	0
王珍	2011-115					1 (0)	0 (0)	0
王桢枢	**1981-040**	**1982-046**				2 (2)	0 (0)	0
王臻臻	2015-352					1 (0)	0 (0)	0
王振波	**2010-311**	**2010-312**	**2014-417**			3 (3)	0 (0)	0
王振华	*1997-011	*1997-012	2009-392（E）	2013-571		4 (0)	1 (0)	2
王振亮	**2010-313**	**2012-375**				2 (2)	0 (0)	0
王振全	2010-347					1 (0)	0 (0)	0
王振涛	2011-296					1 (0)	0 (0)	0
王振廷	2013-219					1 (0)	0 (0)	0
王振莹	1984-051	1989-062				2 (0)	0 (0)	0
王振宇	2007-229	2009-280	2009-412			3 (0)	0 (0)	0
王震	2008-174					1 (0)	0 (0)	0
王征	**1986-075**					1 (1)	0 (0)	0
王正东	**2007-232**	**2008-259**				2 (2)	0 (0)	0
王正国	2005-136					1 (0)	0 (0)	0
王正华	1998-175	1999-065	2001-060			3 (0)	0 (0)	0
王正梅	2005-019					1 (0)	0 (0)	0
王正平	2005-021	2007-117				2 (0)	0 (0)	0
王政	2011-034	2013-026				2 (0)	0 (0)	0
王之珍	1986-016					1 (0)	0 (0)	0
王志博	**2015-419**					1 (1)	0 (0)	0
王志登	2010-455					1 (0)	0 (0)	0
王志芳	1991-036					1 (0)	0 (0)	0
王志刚	2006-241	2006-242	2007-233	2008-260	2008-261	2012-376	7 (7)	0 (0)	0
	2012-377							

续表

作者	索引编号					文献总数	英文文献	通讯作者
王志光	**2010-314**					1（1）	0（0）	0
王志国	1994-084（E）	1996-113	2001-052	2013-588	2014-052	5（0）	1（0）	0
王志海	1996-141					1（0）	0（0）	0
王志浩	**2015-420**					1（1）	0（0）	0
王志红	1998-002	1999-003	1999-004	2000-002		4（0）	0（0）	0
王志华	2013-245					1（0）	0（0）	0
王志杰	2013-539					1（0）	0（0）	0
王志兰	**1992-110**					1（1）	0（0）	0
王志励	2014-277					1（0）	0（0）	0
王志麟	**1979-025**					1（1）	0（0）	0
王志楼	2010-238					1（0）	0（0）	0
王志强	**2001-107**					1（1）	0（0）	0
王志山	1993-085					1（0）	0（0）	0
王志远	**2008-262**					1（1）	0（0）	0
王志增	2015-534					1（0）	0（0）	0
王志战	2013-123					1（0）	0（0）	0
王志宙	2008-063	2009-071	2010-067	2010-072	2010-456	**2011-347**	6（1）	0（0）	0
王治红	2005-134					1（0）	0（0）	0
王治涛	2014-385	2014-386				2（0）	0（0）	0
王智峰	2012-265	2013-305	2014-485			3（0）	0（0）	0
王智慧	**2015-421**	**2015-422**				2（2）	0（0）	0
王智民	2000-054	2002-073				2（0）	0（0）	0
王智兴	**1988-080**	2000-128				2（1）	0（0）	0
王智勇	2015-117					1（0）	0（0）	0
王中刚	**1985-086**					1（1）	0（0）	0
王中岐	2008-225					1（0）	0（0）	0
王中央	1984-055					1（0）	0（0）	0
王中原	2012-197					1（0）	0（0）	0
王忠	2013-523					1（0）	0（0）	0
王忠纯	2010-162					1（0）	0（0）	0
王忠庶	1982-043	1983-054	**1984-071**			3（1）	0（0）	0
王忠文	2011-017					1（0）	0（0）	0
王重海	2013-400					1（0）	0（0）	0
王重华	**1995-111**	1996-101	2014-162			3（1）	0（0）	0
王重庆	2015-257（E）					1（0）	1（0）	0
王竹	2014-233					1（0）	0（0）	0
王竹梅	2011-273	**2011-348**	**2011-349**	2012-104	2012-296	2012-297	7（3）	0（0）	0
	2012-378							
王柱命	2012-310	2013-368				2（0）	0（0）	0
王祝	2012-401	2014-170				2（0）	0（0）	0
王祝文	**1995-112**	1997-038				2（1）	0（0）	0
王卓	2011-182	2012-346	**2012-379**	2012-480	2013-086	2013-271	8（1）	0（0）	0
	2014-180	2015-230						

·986·

续表

作者	索引编号					文献总数	英文文献	通讯作者
王卓亚	2012-438					1（0）	0（0）	0
王子忱	1994-095					1（0）	0（0）	0
王子军	2010-203（E）	2012-255				2（0）	1（0）	0
王子明	2012-041					1（0）	0（0）	0
王子祥	1980-023					1（0）	0（0）	0
王子尧	**1984-072**	**1985-087**	1991-116	1991-117	1964-006P	5（2）	0（0）	0
王子箴	**1987-076**	1988-119				2（1）	0（0）	0
王紫千	2010-355	2011-397				2（0）	0（0）	0
王自庆	2012-200	**2012-380**				2（1）	0（0）	0
王自运	**2010-315**	2010-326	2011-473			3（1）	0（0）	0
王宗良	2013-048					1（0）	0（0）	0
王宗贤	2009-390					1（0）	0（0）	0
王祖陶	**1978-013**					1（1）	0（0）	0
王祖荫	1988-091					1（0）	0（0）	0
旺堆	2014-170					1（0）	0（0）	0
望秀丽	2015-079					1（0）	0（0）	0
Wang Bingchun	2013-044（E）					1（0）	1（0）	0
Wang Dongmin	2014-263（E）					1（0）	1（0）	0
Wang Fudi	2012-004F					1（0）	1（0）	0
Wang Hailin	*2014-511（E）					1（0）	1（0）	1
Wang J.	2000-002F	**2000-004F**	2003-002F			3（1）	3（1）	0
Wang J.Q.	2000-005F					1（0）	1（0）	0
Wang J.X.	**2007-009F**					1（1）	1（1）	0
Wang JieQing	**2000-003F**					1（1）	1（1）	0
Wang Jinxi	2015-359（E）					1（0）	1（0）	0
Wang Jun	2007-084（E）					1（0）	1（0）	0
Wang Lihua	**2012-005F**	**2013-001F**	**2013-002F**			3（3）	3（3）	0
Wang Qingyue	2012-241（E）					1（0）	1（0）	0
Wang Shunbing	2014-511（E）					1（0）	1（0）	0
Wang Tizhuang	2015-530（E）					1（0）	1（0）	0
Wang W.	**1993-009F**	1993-005F				2（1）	2（1）	0
Wang Xinchao	2015-231（E）					1（0）	1（0）	0
Wang Xuxia	**2006-008F**					1（1）	1（1）	0
Wang Xuekai	2003-004F					1（0）	1（0）	0
Wang Xuepeng	1989-114（E）					1（0）	1（0）	0
Wang Yaqiang	2006-183（E）					1（0）	1（0）	0
Wang Yiren	2014-441（E）					1（0）	1（0）	0
Wang Yu	2014-004F					1（0）	1（0）	0
Wang Yuan	2014-228（E）					1（0）	1（0）	0
Wang Yuhong	2013-605（E）					1（0）	1（0）	0
Wang Yuru	**2013-432（E）**					1（1）	1（1）	0
Wang Y.D.	**1990-002F**					1（1）	1（1）	0
Wang Zhen	2014-263（E）					1（0）	1（0）	0

续表

作者	索引编号					文献总数	英文文献	通讯作者
Wang Zhenxing	2014-310（E）					1（0）	1（0）	0
Wang Zhili	2012-003F					1（0）	1（0）	0
Wang ZhiShan	1995-005F					1（0）	1（0）	0
Wang Z.	2008-006F					1（0）	1（0）	0
Wang Z.G.	2001-002F					1（0）	1（0）	0
Ward F.N.	**1982-050**					1（1）	0（0）	0
Watson John S.	1990-080					1（0）	0（0）	0
Webb Peter C.	1990-080					1（0）	0（0）	0
韦成贵	1998-117					1（0）	0（0）	0
韦丛中	2012-054					1（0）	0（0）	0
韦德昌	1989-110					1（0）	0（0）	0
韦锋	2009-318					1（0）	0（0）	0
韦国顺	**2002-115**					1（1）	0（0）	0
韦立宁	2013-220	**2013-433**				2（1）	0（0）	0
韦亮光	**2008-264**					1（1）	0（0）	0
韦龙明	*2015-603					1（0）	0（0）	1
韦嫚嫚	**2015-426**					1（1）	0（0）	0
韦孟伏	**1994-098**	**1995-113**	**2000-089**	**2001-109**		4（4）	0（0）	0
韦平	**2007-234**	**2007-235**				2（2）	0（0）	0
韦日生	**2002-116**	**2004-115**				2（2）	0（0）	0
韦世强	2004-126	*2007-160	2007-161	2007-196（E）	2007-197	*2008-272	6（0）	1（0）	2
韦新红	2011-167	2012-322	2014-209			3（0）	0（0）	0
韦燕飞	2014-426					1（0）	0（0）	0
韦永德	**1983-064**					1（1）	0（0）	0
韦宇洪	2015-157					1（0）	0（0）	0
韦月艳	2012-054					1（0）	0（0）	0
韦正	2007-197					1（0）	0（0）	0
韦正乐	*2013-306	2013-582	2014-309			3（0）	0（0）	1
韦志仁	**2006-243（E）**	**2007-236（E）**	**2007-237**			3（3）	2（2）	0
韦仲华	2015-157					1（0）	0（0）	0
卫保全	1981-003					1（0）	0（0）	0
卫碧文	2007-262	2009-316	2013-519	2015-079		4（0）	0（0）	0
卫皇曌	2015-409					1（0）	0（0）	0
卫巍	**2007-238**					1（1）	0（0）	0
卫晓峰	2009-310					1（0）	0（0）	0
卫晓锋	2010-030					1（0）	0（0）	0
卫新年	2005-041					1（0）	0（0）	0
卫智毅	2014-531					1（0）	0（0）	0
未寿康	**1990-101**					1（1）	0（0）	0
位楠楠	2010-049					1（0）	0（0）	0
尉刚	2013-384					1（0）	0（0）	0
尉继英	**2010-319**					1（1）	0（0）	0
尉军	**1999-114**					1（1）	0（0）	0

续表

作者	索引编号						文献总数	英文文献	通讯作者
蔚红建	2013-308						1 (0)	0 (0)	0
魏宝文	2001-049						1 (0)	0 (0)	0
魏保范	**1994-099**	1996-120					2 (2)	0 (0)	0
魏本军	**2015-427**						1 (1)	0 (0)	0
魏冰新	2011-336						1 (0)	0 (0)	0
魏博	**2014-421**						1 (1)	0 (0)	0
魏博伦	2015-036						1 (0)	0 (0)	0
魏超	2001-124	**2010-320**					2 (1)	0 (0)	0
魏成连	1986-039	1988-044	1990-017	1992-064	1992-065	1992-066	14 (1)	0 (0)	0
	1992-112	1993-044	1993-077	1994-103	1995-116	1995-117			
	1997-071	1998-096							
魏存弟	**2001-110**						1 (1)	0 (0)	0
魏丹	2012-518						1 (0)	0 (0)	0
魏德洲	2008-004						1 (0)	0 (0)	0
魏东	2002-104						1 (0)	0 (0)	0
魏东岚	**2014-422**						1 (1)	0 (0)	0
魏飞	2010-211（E）						1 (0)	1 (0)	0
魏芬绒	**2011-351**						1 (1)	0 (0)	0
魏复盛	1999-096	**2001-111**	2004-032				3 (1)	0 (0)	0
魏富忠	1998-121	1999-122	2000-098				3 (0)	0 (0)	0
魏光普	**1964-001**	**1965-002**					2 (2)	0 (0)	0
魏光曦	2015-335（E）						1 (0)	1 (0)	0
魏国兵	2014-610						1 (0)	0 (0)	0
魏国锋	**2007-239**	2008-265	2011-108	**2011-352**	**2011-353**		5 (4)	0 (0)	0
魏国有	1985-096						1 (0)	0 (0)	0
魏海萍	2006-309	2009-092					2 (0)	0 (0)	0
魏海青	2011-410						1 (0)	0 (0)	0
魏海涛	2008-232	2008-233					2 (0)	0 (0)	0
魏海玉	2004-080	**2005-160**	2006-195	**2006-244**			4 (2)	0 (0)	0
魏浩	2012-201						1 (0)	0 (0)	0
魏恒勇	2008-121	2008-199	2008-266	2008-267			4 (0)	0 (0)	0
魏红兵	**2008-266**	**2008-267**					2 (2)	0 (0)	0
魏洪培	**2013-434**						1 (1)	0 (0)	0
魏华玲	2012-550						1 (0)	0 (0)	0
魏建朋	2015-243						1 (0)	0 (0)	0
魏建平	2015-054						1 (0)	0 (0)	0
魏江生	2007-001						1 (0)	0 (0)	0
魏军	1995-089	1995-090	1995-091	1997-100			4 (0)	0 (0)	0
魏军凤	2011-160						1 (0)	0 (0)	0
魏可镁	2003-043	2003-044	2005-155	2006-067	2006-220	2007-080	17 (0)	1 (0)	1
	2009-101	2009-184	2009-185	2010-306	2010-334	*2011-474（E）			
	2012-122	2012-123	2012-200	2012-380	2013-125				
魏奎先	2013-299						1 (0)	0 (0)	0

续表

作者	索引编号					文献总数	英文文献	通讯作者
魏立新	*2011-263	*2012-145	*2012-146	*2015-166	*2015-488	5（0）	0（0）	5
魏立勇	2007-040					1（0）	0（0）	0
魏丽芳	2006-311					1（0）	0（0）	0
魏丽娟	2015-428					1（1）	0（0）	0
魏丽乔	2013-030					1（0）	0（0）	0
魏丽英	2010-221					1（0）	0（0）	0
魏琳	2012-383					1（1）	0（0）	0
魏灵巧	2015-429					1（1）	0（0）	0
魏龙	2008-036					1（0）	0（0）	0
魏璐	2012-384					1（1）	0（0）	0
魏仑	2004-112					1（0）	0（0）	0
魏梅红	2007-021					1（0）	0（0）	0
魏民	2013-572	2014-289	2015-385			3（0）	0（0）	0
魏敏	2008-015					1（0）	0（0）	0
魏明宝	2006-311					1（0）	0（0）	0
魏明贺	2014-423					1（1）	0（0）	0
魏明秀	1978-014	1983-065	1983-066			3（3）	0（0）	0
魏宁	2007-280	2009-332				2（0）	0（0）	0
魏女	2008-141	2008-142				2（0）	0（0）	0
魏培德	2002-117					1（1）	0（0）	0
魏澎	1988-004					1（0）	0（0）	0
魏启荣	2003-114					1（0）	0（0）	0
魏启宗	1986-076	1990-102				2（2）	0（0）	0
魏强	2014-113					1（0）	0（0）	0
魏强林	2015-435					1（0）	0（0）	0
魏庆玲	2006-245					1（1）	0（0）	0
魏庆珣	1988-026	1989-093				2（1）	0（0）	0
魏诠	1990-025					1（0）	0（0）	0
魏群义	2012-545					1（0）	0（0）	0
魏汝飞	2015-581					1（0）	0（0）	0
魏入朝	2011-354（E）	2011-355				2（2）	1（1）	0
魏书亚	2009-287					1（1）	0（0）	0
魏松全	1993-054					1（0）	0（0）	0
魏炜	2015-365					1（0）	0（0）	0
魏文洁	2011-351					1（0）	0（0）	0
魏文君	2015-617					1（0）	0（0）	0
魏文芹	1993-042					1（0）	0（0）	0
魏武	2006-150					1（0）	0（0）	0
魏玺	2015-284					1（0）	0（0）	0
魏向军	2006-246	2009-061	2009-435	2015-508（E）	2015-615	2008-004F	8（2）	5（1）	0
	2008-005F	2012-005F	2013-010F					
魏晓椿	2010-218					1（0）	0（0）	0
魏晓聪	2013-435					1（1）	0（0）	0

续表

作者	索引编号					文献总数	英文文献	通讯作者
魏晓卿	2006-211					1（0）	0（0）	0
魏欣欣	2011-394					1（0）	0（0）	0
魏雪	**2010-321**					1（1）	0（0）	0
魏雅娟	**2013-436**					1（1）	0（0）	0
魏亚娟	2012-322					1（0）	0（0）	0
魏岩	2015-365					1（0）	0（0）	0
魏艳	2013-439					1（0）	0（0）	0
魏业和	2009-296					1（0）	0（0）	0
魏迎旭	2008-292	**2001-112**	**2001-113**	2013-153		4（2）	0（0）	0
魏永明	2010-159					1（0）	0（0）	0
魏於娣	2014-518					1（0）	0（0）	0
魏雨	2007-148	2008-144				2（0）	0（0）	0
魏元柏	**1993-115**	1994-011	**1994-100（E）**	**1998-134**		4（3）	1（1）	0
魏月娟	1990-105					1（0）	0（0）	0
魏增福	**2005-161**					1（1）	0（0）	0
魏昭成	2010-340					1（0）	0（0）	0
魏振林	**2008-268**	2013-151				2（1）	0（0）	0
魏正贵	1999-040					1（0）	0（0）	0
魏子栋	*2008-060					1（0）	0（0）	1
Wei C.L.	1993-003F					1（0）	1（0）	0
Wei Li	2006-008F					1（0）	1（0）	0
Wei Song	2014-263（E）					1（0）	1（0）	0
Wei X.	**2008-007F**					1（1）	1（1）	0
Weindorf D.C.	**2014-424（E）**					1（1）	1（1）	0
Weisskopf Marc G.	2014-073					1（0）	0（0）	0
温斌	2010-419					1（0）	0（0）	0
温昶	2008-321	**2009-288**	2009-356（E）	2009-417	2010-178	5（1）	1（0）	0
温琛林	2001-162					1（0）	0（0）	0
温存	2006-227					1（0）	0（0）	0
温冬梅	**2009-289**					1（1）	0（0）	0
温桂炎	**2015-432**					1（1）	0（0）	0
温宏利	2010-303	2010-308	2013-147	2015-527		4（0）	0（0）	0
温辉梁	2000-094	2000-095	2000-096			3（0）	0（0）	0
温锦锋	2010-086	2011-101	**2013-437**	2015-222		4（1）	0（0）	0
温良弼	**1982-049**	**1996-121**				2（2）	0（0）	0
温纳克 H.	1992-086					1（0）	0（0）	0
温鹏宇	2013-385	2015-555				2（0）	0（0）	0
温切斯特 J.W.	1981-037	1982-019				2（0）	0（0）	0
温庆平	2007-327	2008-363	2009-414	2009-415	2010-434	5（0）	0（0）	0
温铁丽	2007-312					1（0）	0（0）	0
温小浩	2015-358					1（0）	0（0）	0
温晓光	2015-601					1（0）	0（0）	0
温孝恒	1990-086	1994-076	1995-062	1997-097	1998-100	5（0）	0（0）	0

作者	索引编号					文献总数	英文文献	通讯作者
温贻强	2013-449					1 (0)	0 (0)	0
温玉璞	1991-015	1992-126	**2001-114**			3 (1)	0 (0)	0
温遇卿	2009-004					1 (0)	0 (0)	0
温自强	2013-092	**2014-425**				2 (1)	0 (0)	0
文斌	2009-300					1 (0)	0 (0)	0
文波	1984-005					1 (0)	0 (0)	0
文博学院	1996-025					1 (0)	0 (0)	0
文春华	**2015-430**					1 (1)	0 (0)	0
文凤	2003-111					1 (0)	0 (0)	0
文国良	**1986-077**					1 (1)	0 (0)	0
文颉	1998-022	1999-020				2 (0)	0 (0)	0
文科军	2014-434					1 (0)	0 (0)	0
文玲	2003-088					1 (0)	0 (0)	0
文龙	**2011-356**					1 (1)	0 (0)	0
文孟喜	2015-544					1 (0)	0 (0)	0
文敏	2004-176					1 (0)	0 (0)	0
文青	2009-418					1 (0)	0 (0)	0
文铁桥	2007-153					1 (0)	0 (0)	0
文同丰	**2001-115**					1 (1)	0 (0)	0
文闻	2012-437（E）	2012-485				2 (0)	1 (0)	0
文物鉴定与鉴赏编辑部	**2015-431**					1 (1)	0 (0)	0
文霞臣	1994-007					1 (0)	0 (0)	0
文晓刚	*2014-215					1 (0)	0 (0)	1
文永鹏	2013-556					1 (0)	0 (0)	0
文仲强	**1996-122**					1 (1)	0 (0)	0
闻春国	1999-115					1 (0)	0 (0)	0
闻达	2015-564					1 (0)	0 (0)	0
闻荻江	**1987-078**	**1988-081**	**1989-094**	**1990-103（E）**	1991-013　*2008-374	6 (4)	1 (1)	1
闻伟刚	2009-335	2010-366				2 (0)	0 (0)	0
闻向东	2009-300	2009-315	2013-498			3 (0)	0 (0)	0
闻萱梅	1982-054	1985-105				2 (0)	0 (0)	0
闻莺	1992-066	**1994-101**	1994-103	**1999-116**		4 (2)	0 (0)	0
Wen R.	**2007-010F**					1 (1)	1 (1)	0
翁端	1998-046					1 (0)	0 (0)	0
翁焕新	2003-106	2003-107				2 (0)	0 (0)	0
翁杰	2012-013	2013-009				2 (0)	0 (0)	0
翁蕾	2012-529					1 (0)	0 (0)	0
翁琼	2013-355					1 (0)	0 (0)	0
翁仁贵	2009-169（E）	2012-424				2 (0)	1 (0)	0
翁秀兰	**2005-162**	**2008-269**	2010-154（E）			3 (2)	1 (0)	0
翁展	2015-322					1 (0)	0 (0)	0
Wilson M.J.	1999-150					1 (0)	0 (0)	0
Wilson W.E.	2001-111					1 (0)	0 (0)	0

续表

作者	索引编号					文献总数	英文文献	通讯作者
Winchester J.W.	1981-036	1985-001				2（0）	0（0）	0
Witska Rich	1992-024					1（0）	0（0）	0
乌洪杰	2013-584					1（0）	0（0）	0
乌静	**2009-290**					1（1）	0（0）	0
乌力吉扎日嘎拉	**2010-322**					1（1）	0（0）	0
乌利希 S.	**1999-117**					1（1）	0（0）	0
乌如恭桑	**2001-116**					1（1）	0（0）	0
乌晓江	2014-058	2014-059				2（0）	0（0）	0
邬蓓蕾	**2004-116**	2008-247	**2008-270**	2011-334	2012-339	2012-340	7（2）	0（0）	0
	2013-391							
邬春学	2002-134	**2002-118**	2003-079	**2007-247（E）**	2009-278	5（2）	1（1）	0
邬黛黛	2006-054	2007-061	**2007-240**			3（1）	0（0）	0
邬国栋	2014-170					1（0）	0（0）	0
邬景荣	2013-436					1（0）	0（0）	0
邬莉萍	2006-225					1（0）	0（0）	0
邬鹏举	**2005-163**					1（1）	0（0）	0
邬琦琦	2015-161（E）					1（0）	1（0）	0
邬时海	1997-122					1（0）	0（0）	0
邬显康	1996-134					1（0）	0（0）	0
邬显慷	1989-110	1990-092（E）	**1990-104（E）**	**1994-102（E）**	1994-132	1995-051（E）	14（2）	6（2）	0
	1995-052	1996-019	1996-020（E）	1996-021（E）	1996-022	1996-060			
	1996-061	1997-134							
邬祥林	2008-368					1（0）	0（0）	0
邬旭然	1998-074	1998-075	1999-063	1999-099	2011-234	*2012-028	12（1）	0（0）	5
	*2012-029	*2012-093	*2012-461	**2013-438**	*2013-509	2013-518			
巫侯琴	**2014-426**					1（1）	0（0）	0
巫翔	2012-141					1（0）	0（0）	0
巫远招	2009-335					1（0）	0（0）	0
毋玉芬	2012-233					1（0）	0（0）	0
吴柏林	2011-255					1（0）	0（0）	0
吴宝杰	2007-289					1（0）	0（0）	0
吴蓓娟	2014-437	2014-481				2（0）	0（0）	0
吴本介	1996-150					1（0）	0（0）	0
吴本玠	1994-132					1（0）	0（0）	0
吴彬	2008-004					1（0）	0（0）	0
吴冰	2010-392	2011-425	2013-529			3（0）	0（0）	0
吴冰冰	2014-380					1（0）	0（0）	0
吴兵龙	2010-017					1（0）	0（0）	0
吴波	1993-114					1（0）	0（0）	0
吴勃然	**1996-123**					1（1）	0（0）	0
吴超	2012-023					1（0）	0（0）	0
吴朝东	2014-395					1（0）	0（0）	0
吴诚	**1988-082**	**1992-113**				2（2）	0（0）	0

续表

作者	索引编号					文献总数	英文文献	通讯作者
吴澄宇	1996-002（E）	1996-003	**1996-124**	**1997-115（E）**		4（2）	2（1）	0
吴传智	1974-002	1975-006	1973-007P	1973-009P	1973-011P	1976-002P	7（0）	0（0）	0
	1976-003P							
吴创之	2005-079	2010-150	2015-012	2015-357		4（0）	0（0）	0
吴春蓉	2005-166	**2007-241**				2（1）	0（0）	0
吴代赦	*2010-220					1（0）	0（0）	1
吴丹丹	2013-390					1（0）	0（0）	0
吴丹琳	**2014-427**					1（1）	0（0）	0
吴道新	2015-453					1（0）	0（0）	0
吴德超	1997-144					1（0）	0（0）	0
吴德武	**2009-291**					1（1）	0（0）	0
吴典	**2014-428**					1（1）	0（0）	0
吴盾	2014-053					1（0）	0（0）	0
吴铎	2015-559					1（0）	0（0）	0
吴恩辉	2015-275	2015-276				2（0）	0（0）	0
吴芳芳	2013-164					1（0）	0（0）	0
吴非	1998-141					1（0）	0（0）	0
吴芬	2011-273	2012-183	2012-296	2012-297	2012-378	5（0）	0（0）	0
吴枫	2010-294					1（0）	0（0）	0
吴峰	1995-102					1（0）	0（0）	0
吴锋	**2015-433**					1（1）	0（0）	0
吴逢春	1999-018					1（0）	0（0）	0
吴凤清	1994-095					1（0）	0（0）	0
吴凤梧	1994-022					1（0）	0（0）	0
吴福飞	2015-062					1（0）	0（0）	0
吴傅智	1979-028					1（0）	0（0）	0
吴富贤	∴1988-083					1（0）	0（0）	0
吴刚	2014-356					1（0）	0（0）	0
吴钢	2001-058（E）	2001-059	2001-007F			3（0）	2（0）	0
吴高安	2002-007					1（0）	0（0）	0
吴高海	2010-223					1（0）	0（0）	0
吴根生	**2009-292**					1（1）	0（0）	0
吴庚林	**2015-434**					1（1）	0（0）	0
吴光学	2015-302					1（0）	0（0）	0
吴光照	1992-152					1（0）	0（0）	0
吴广明	2008-279	2008-306				2（0）	0（0）	0
吴广新	2014-451					1（0）	0（0）	0
吴桂彬	**2004-117**					1（1）	0（0）	0
吴国坚	2007-210					1（0）	0（0）	0
吴国立	2000-130					1（0）	0（0）	0
吴国良	1995-102					1（0）	0（0）	0
吴国平	1999-096	2001-111	**2001-117**			3（1）	0（0）	0
吴国庭	2001-041					1（0）	0（0）	0

续表

作者	索引编号						文献总数	英文文献	通讯作者
吴国玺	2010-151						1（0）	0（0）	0
吴海林	**1996-125**						1（1）	0（0）	0
吴晗	2015-372						1（0）	0（0）	0
吴汉军	2014-141						1（0）	0（0）	0
吴浩	**2013-439**						1（1）	0（0）	0
吴浩怡	2010-135						1（0）	0（0）	0
吴和喜	2014-449	2015-186	**2015-435**				3（1）	0（0）	0
吴红	2011-125	2011-126					2（0）	0（0）	0
吴红梅	2015-097						1（0）	0（0）	0
吴红旗	**2000-090**	**2003-148**					2（2）	0（0）	0
吴宏海	2008-249						1（0）	0（0）	0
吴华峰	2014-456						1（0）	0（0）	0
吴辉	2006-227						1（0）	0（0）	0
吴会军	**2003-149**						1（1）	0（0）	0
吴会敏	**2014-429**						1（1）	0（0）	0
吴惠仙	2013-522	*2014-506					2（0）	0（0）	1
吴惠英	**2010-323**						1（1）	0（0）	0
吴慧芳	2007-093						1（0）	0（0）	0
吴基球	2010-074						1（0）	0（0）	0
吴继勋	2000-030						1（0）	0（0）	0
	2004-167	**2005-164**	**2005-165（E）**	2007-186（E）	2007-187	2007-321（E）			
吴继宗	2007-322	2008-205	2008-355	2008-358	2008-356（E）	2008-357（E）	17（2）	5（1）	0
	2010-106	2010-247	2014-145	2015-058	2015-554				
吴嘉敏	2013-559	2015-092					2（0）	0（0）	0
吴嘉旋	2011-311						1（0）	0（0）	0
吴俭俭	**2014-430**						1（1）	0（0）	0
吴建锋	**2011-357**						1（1）	0（0）	0
	1981-006	1982-008	**1988-084**	1989-084	**1991-097**	1995-044			
吴建平	**1995-114**	**1996-126**	**2001-118**	**2005-166**	**2005-167**	2007-241	17（8）	0（0）	0
	2008-213	**2008-271**	2008-372	2008-373	2009-436				
吴建群	**2013-440**	2015-438	2015-523				3（1）	0（0）	0
吴建之	2001-154						1（0）	0（0）	0
吴剑波	2007-286（E）						1（0）	1（0）	0
吴健	2014-321						1（0）	0（0）	0
吴健玲	1999-048						1（0）	0（0）	0
吴江滢	2014-546						1（0）	0（0）	0
吴金杰	2015-015	2015-016					2（0）	0（0）	0
吴金仙	**1995-115**						1（1）	0（0）	0
吴津津	2013-134						1（0）	0（0）	0
吴锦	1986-002						1（0）	0（0）	0
吴瑾光	*2001-096						1（0）	0（0）	1
吴晋沪	2013-609						1（0）	0（0）	0
吴晶玲	**1997-116**						1（1）	0（0）	0

续表

作者	索引编号						文献总数	英文文献	通讯作者
吴婧玮	2010-341	**2012-385**	2015-087				3（1）	0（0）	0
吴敬兵	**2007-242**						1（1）	0（0）	0
吴静	**2009-293**						1（1）	0（0）	0
吴菊萍	**2004-118**						1（1）	0（0）	0
吴军龙	2005-166						1（0）	0（0）	0
吴军民	2015-439						1（0）	0（0）	0
吴军明	2007-243	2007-320	2009-294（E）	**2009-295**	**2009-296**	2009-379	32（10）	1（0）	1
	2010-127	**2010-324**	**2010-325**	2011-044	2011-064	2011-116			
	2011-358	**2011-359**	2011-440	2011-441	2012-124	**2012-386**			
	2012-387	2012-388	2012-389	2012-390	2012-391	2012-504			
	2013-441	2013-442	2013-443	2013-444	2013-546	**2014-431**			
	2015-436	*2015-437							
吴俊升	2012-518						1（0）	0（0）	0
吴隽	2004-047	**2004-120**	2004-119（E）	2004-155	**2007-243**	2007-320	33（13）	2（2）	0
	2009-294（E）	2009-295	2009-296	2009-379	2010-127	2010-324			
	2010-325	2011-064	2011-116	2011-358	2011-359	2011-440			
	2011-441	2012-386	2012-387	**2012-388**	**2012-389**	**2012-390**			
	2012-391	2013-441	**2013-442**	**2013-443**	**2013-444**	2014-431			
	2015-436	**2015-437**	2015-439						
吴凯	2010-233						1（0）	0（0）	0
吴克平	1997-012						1（0）	0（0）	0
吴奎霖	2015-187						1（0）	0（0）	0
吴坤堂	1982-020						1（0）	0（0）	0
吴琨	2009-191	2011-040					2（0）	0（0）	0
吴来明	1997-104	2006-149	2012-049	2012-240			4（0）	0（0）	0
吴兰	2006-306						1（0）	0（0）	0
吴兰生	1998-011						1（0）	0（0）	0
吴乐	**2015-438**						1（1）	0（0）	0
吴乐乐	**2014-432**	**2014-433**					2（2）	0（0）	0
吴磊	2013-136	2013-528					2（0）	0（0）	0
吴立	2015-363	2015-609（E）					2（0）	1（0）	0
吴丽萍	1990-061	2000-114	2001-143	2002-008	2003-015	2004-098	10（1）	0（0）	0
	2006-298	2011-405	2014-323	**2014-434**					
吴丽荣	2010-103	**2010-326**					2（1）	0（0）	0
吴丽威	**2013-445**						1（1）	0（0）	0
吴莉宇	2001-063						1（0）	0（0）	0
吴连成	2008-048						1（0）	0（0）	0
吴连凤	2015-404						1（0）	0（0）	0
吴良英	2013-136	2015-522					2（0）	0（0）	0
吴列平	1998-047						1（0）	0（0）	0
吴林松	2012-431						1（0）	0（0）	0
吴琳	2012-124	2012-388	2012-389	**2015-439**			4（1）	0（0）	0
吴粦华	2009-291						1（0）	0（0）	0

续表

作者	索引编号					文献总数	英文文献	通讯作者
吴凌云	2014-548					1（0）	0（0）	0
吴六顺	2013-056					1（0）	0（0）	0
吴龙	2011-272					1（0）	0（0）	0
吴珑	1988-038					1（0）	0（0）	0
吴伦强	**2007-244**	2008-300	2009-330	2010-360	2010-361	2012-274	7（1）	0（0）	0
	2012-447							
吴茂华	**2005-168**					1（1）	0（0）	0
吴梅梅	1991-027	1992-038	1992-067	**1992-114**		4（1）	0（0）	0
吴敏	2012-168	**2013-446**	2015-538			3（1）	0（0）	0
吴名剑	1994-139					1（0）	0（0）	0
吴明放	2015-489					1（0）	0（0）	0
吴明和	2008-089	2008-090				2（0）	0（0）	0
吴明红	2006-152	2007-153	2012-241（E）			3（0）	1（0）	0
吴明嘉	**1987-079**					1（1）	0（0）	0
吴明清	**1983-067**					1（1）	0（0）	0
吴鸣	2003-018					1（0）	0（0）	0
吴慕媛	**1990-105**					1（1）	0（0）	0
吴南	**2012-392**					1（1）	0（0）	0
吴楠	2015-473					1（0）	0（0）	0
吴宁馨	2013-117					1（0）	0（0）	0
吴培亨	1995-142					1（0）	0（0）	0
吴培慧	2014-418					1（0）	0（0）	0
吴鹏	**2013-447**	2014-465				2（1）	0（0）	0
吴鹏乐	2012-048	2012-498				2（0）	0（0）	0
吴平霄	*2011-443					1（0）	0（0）	1
吴平易	2008-162	2011-117				2（0）	0（0）	0
吴萍	2009-207					1（0）	0（0）	0
吴齐伟	2010-376	2011-407	2012-370	2013-505	2013-506	5（0）	0（0）	0
吴其胜	2008-120					1（0）	0（0）	0
吴奇	2015-293					1（0）	0（0）	0
吴启帆	**2014-435**	**2014-436**	**2015-440**	**2015-441**	**2015-442**	5（5）	0（0）	0
吴强	1992-066	**1994-103**	**1995-116**	**1995-117**	1996-092	1996-128	7（3）	0（0）	0
	1998-096							
吴亲娟	2006-187					1（0）	0（0）	0
吴清良	**2011-360**					1（1）	0（0）	0
吴庆昌	**1991-098**	**1993-116**				2（2）	0（0）	0
吴庆荣	1984-006	1985-003				2（0）	0（0）	0
吴琼	1999-104	2011-466	2011-467（E）			3（0）	1（0）	0
吴秋华	2004-128					1（0）	0（0）	0
吴群英	2009-075					1（0）	0（0）	0
吴任平	2007-020					1（0）	0（0）	0
吴荣庆	1989-095					1（0）	0（0）	0
吴瑞霞	2006-167					1（0）	0（0）	0

续表

作者	索引编号					文献总数	英文文献	通讯作者
吴山	2002-075					1(0)	0(0)	0
吴绍云	∵1995-020					1(0)	0(0)	0
吴绍祖	2010-080					1(0)	0(0)	0
吴圣楷	1998-035	1998-036				2(0)	0(0)	0
吴师金	2015-518					1(0)	0(0)	0
吴诗勇	2012-273					1(0)	0(0)	0
吴士明	1986-096	1987-059	**1990-106**	1993-142(E)		4(1)	1(0)	0
吴士玉	2013-274(E)					1(0)	1(0)	0
吴世华	*2011-183					1(0)	0(0)	1
吴世清	**2015-443**					1(1)	0(0)	0
吴守国	**1986-078**					1(1)	0(0)	0
吴双成	2015-006	2015-333				2(0)	0(0)	0
吴水存	1997-089					1(0)	0(0)	0
吴水清	**1991-099**					1(1)	0(0)	0
吴舜田	**1999-118**					1(1)	0(0)	0
吴思本	1990-099					1(0)	0(0)	0
吴思明	2015-036					1(0)	0(0)	0
吴松	**2012-393**					1(1)	0(0)	0
吴松良	**2009-297**	2009-433				2(1)	0(0)	0
吴松平	**2005-169**					1(1)	0(0)	0
吴松坪	2006-074					1(0)	0(0)	0
吴嵩	**2012-394**					1(1)	0(0)	0
吴锁贞	2006-119	**2013-448**				2(1)	0(0)	0
吴太白	2004-064					1(0)	0(0)	0
吴涛	2007-199					1(0)	0(0)	0
吴涛涛	2013-443					1(0)	0(0)	0
吴婷	**2013-449**					1(1)	0(0)	0
吴万春	1981-015					1(0)	0(0)	0
吴万侯	1995-134	1984-037				2(0)	0(0)	0
吴维青	2009-031					1(0)	0(0)	0
吴伟	**2007-245**	**2011-361**	2012-512	2014-403	2014-429	2015-384(E)	6(2)	1(0)	0
吴伟东	**2007-246**					1(1)	0(0)	0
吴伟明	2011-253					1(0)	0(0)	0
吴伟伟	2009-147	2010-049				2(0)	0(0)	0
吴卫芳	1992-058					1(0)	0(0)	0
吴卫国	2003-048					1(0)	0(0)	0
吴文娟	2005-221					1(0)	0(0)	0
吴文宽	2010-196					1(0)	0(0)	0
吴文琪	1991-047	**2005-170**	**2010-327(E)**	**2011-362**	2012-248	2012-515	6(3)	1(1)	0
吴文清	**2008-272**					1(1)	0(0)	0
吴文艳	2002-013					1(0)	0(0)	0
吴闻迪	2008-257					1(0)	0(0)	0
吴细斌	2011-024					1(0)	0(0)	0

续表

作者	索引编号					文献总数	英文文献	通讯作者
吴细平	2005-233					1（0）	0（0）	0
吴香尧	1998-118					1（0）	0（0）	0
吴逍	2015-105	2015-353				2（0）	0（0）	0
吴小凤	1988-107	**1989-096**				2（1）	0（0）	0
吴小红	**2008-273**					1（1）	0（0）	0
吴小候	**1986-079**					1（1）	0（0）	0
吴小岭	2011-232（E）	2011-233（E）				2（0）	2（0）	0
吴小平	**2013-450**					1（1）	0（0）	0
吴小涛	1995-135	1997-136	**2000-091**			3（1）	0（0）	0
吴小勇	**2002-119**					1（1）	0（0）	0
吴晓丹	**2001-119**					1（1）	0（0）	0
吴晓宏	2007-066					1（0）	0（0）	0
吴晓辉	2004-053					1（0）	0（0）	0
吴晓军	1995-128	**1996-127**	1996-145	1997-131	**1998-135**	1999-026	16（3）	1（0）	0
	2000-014	2001-016	2001-065	**2002-120**	2003-077	2003-078			
	2007-034	2007-035	2007-036	2001-001F					
吴晓松	2010-284					1（0）	0（0）	0
吴孝兵	*2009-432					1（0）	0（0）	1
吴笑梅	2008-102					1（0）	0（0）	0
吴效林	1983-006S					1（0）	0（0）	0
吴辛友	**2000-092**					1（1）	0（0）	0
吴欣然	1996-043					1（0）	0（0）	0
吴新刚	2012-375					1（0）	0（0）	0
吴新胜	2007-168					1（0）	0（0）	0
吴星宇	2015-489					1（0）	0（0）	0
吴兴惠	2007-270					1（0）	0（0）	0
吴秀兰	**2004-121**					1（1）	0（0）	0
吴秀章	2010-330					1（0）	0（0）	0
吴秀珍	**2002-121**					1（1）	0（0）	0
吴旭	**2012-395**					1（1）	0（0）	0
吴旭东	2012-204					1（0）	0（0）	0
吴雪莲	2012-149					1（0）	0（0）	0
吴雪梅	2012-184					1（0）	0（0）	0
吴雅霁	**2014-437**	2014-481				2（1）	0（0）	0
吴雅梅	2000-103					1（0）	0（0）	0
吴亚全	2008-188					1（0）	0（0）	0
吴延萍	**2005-171**					1（1）	0（0）	0
吴言沛	2009-392（E）					1（0）	1（0）	0
吴岩青	**2003-150**	**2005-172**				2（2）	0（0）	0
吴彦峰	2003-126					1（0）	0（0）	0
吴彦涛	2011-161	2012-176				2（0）	0（0）	0
吴艳芳	*2013-443	2013-444				2（0）	0（0）	1
吴艳凤	2015-568					1（0）	0（0）	0

续表

作者	索引编号						文献总数	英文文献	通讯作者
吴燕婕	2006-219						1(0)	0(0)	0
吴扬	1998-014						1(0)	0(0)	0
吴也凡	2010-155						1(0)	0(0)	0
吴烨	2012-304	*2015-183					2(0)	0(0)	0
吴轶欧	**2015-444**						1(1)	0(0)	0
吴奕阳	1999-022	**2000-093**	**2003-151**	2004-056	2009-017	2009-383	7(2)	0(0)	0
	2014-124								
吴英爽	2014-276						1(0)	0(0)	0
吴莹莹	1985-023						1(0)	0(0)	0
吴应荣	1990-001	1990-009	1990-094	1991-001	1991-069	1992-002	37(10)	3(0)	0
	1992-115	1993-001	1993-002	1993-043	1993-117	**1994-104**			
	1994-141	1995-081	1996-001	1996-002（E）	1996-003	1996-074			
	1996-092	1996-094	**1996-128**	1996-071	**1997-117**	**1997-118**			
	1997-119	1998-076	**1998-136**	**1998-137**	**1998-138**	1998-165			
	1998-166	**1999-119**	2000-038	2000-041	2000-116	1995-001F			
	2001-004F								
吴永斌	2008-158						1(0)	0(0)	0
吴永红	2010-091						1(0)	0(0)	0
吴永鹏	2002-052	2003-058	2003-059	**2003-152**	2004-040		5(1)	0(0)	0
吴友忠	**1984-073**						1(1)	0(0)	0
吴幼青	2012-273						1(0)	0(0)	0
吴瑜	2012-064	2015-423					2(0)	0(0)	0
吴瑜光	1989-123	1990-100	1990-137				3(0)	0(0)	0
吴宇	2015-343						1(0)	0(0)	0
吴宇容	2002-102	2006-207					2(0)	0(0)	0
吴玉庆	1993-034	1995-030					2(0)	0(0)	0
吴玉霞	2013-448						1(0)	0(0)	0
吴玉新	2015-499						1(0)	0(0)	0
吴毓琴	1985-029						1(0)	0(0)	0
吴玥	2015-562						1(0)	0(0)	0
吴越	1993-098	1994-074（E）	1994-075	1995-067	**2008-274**	2009-041	6(1)	1(0)	0
吴越华	2008-052						1(0)	0(0)	0
吴允平	**2001-120**	**2001-121**	2003-140	**2006-247**			4(3)	0(0)	0
吴赞	2009-209						1(0)	0(0)	0
吴早平	2011-373						1(0)	0(0)	0
吴增升	**2011-363**	**2014-438**					2(2)	0(0)	0
吴占松	2010-383						1(0)	0(0)	0
吴战鹏	2015-134						1(0)	0(0)	0
吴章海	**2013-451**						1(1)	0(0)	0
吴长存	1981-045	1983-002	1983-013	**1983-068**	**1983-069**	1984-074	11(4)	0(0)	0
	1985-031	**1985-091**	1985-105	1986-085	1987-020				
吴照金	2013-510	*2015-401					2(0)	0(0)	1
吴振	2014-472						1(0)	0(0)	0

续表

作者	索引编号					文献总数	英文文献	通讯作者
吴振兴	2010-064					1（0）	0（0）	0
吴志芳	2011-296					1（0）	0（0）	0
吴志鸿	1985-009	1986-083				2（0）	0（0）	0
吴志华	2003-097	2004-068	2011-207			3（0）	0（0）	0
吴志杰	2015-120					1（0）	0（0）	0
吴志勤	1991-133					1（0）	0（0）	0
吴志远	2012-214					1（0）	0（0）	0
吴志芸	1990-025					1（0）	0（0）	0
吴忠	2001-064					1（0）	0（0）	0
吴忠华	2005-029	*2013-466（E）				2（0）	1（0）	1
吴自德	1986-087					1（0）	0（0）	0
吴自勤	2001-044	2001-088	2001-089	2002-089	2002-090（E）	2002-091	14（0）	5（0）	0
	2002-092	2002-139	2003-056	2003-057	2001-005F	2002-003F			
	2002-006F	2003-003F							
吴自玉	2004-034	2012-003F				2（0）	1（0）	0
伍利兵	2013-012					1（0）	0（0）	0
伍乾永	**2012-396**	2013-489				2（1）	0（0）	0
伍斯静	2013-436					1（0）	0（0）	0
伍婉仪	2015-081					1（0）	0（0）	0
伍小成	2014-085					1（0）	0（0）	0
伍星	1989-062					1（0）	0（0）	0
伍艳	**2012-397**					1（1）	0（0）	0
伍岳	1993-144	**1996-129**	**1996-130**			3（2）	0（0）	0
伍泽广	**2011-364**	2011-471				2（1）	0（0）	0
伍智	2005-186	2006-287	2006-288	2014-029		4（0）	0（0）	0
仵春祺	**2002-122**	2005-011	2008-039	2011-197		4（1）	0（0）	0
仵利萍	**2010-328**	**2010-329**	**2011-365**	**2013-452**		4（4）	0（0）	0
仵亚婷	2011-039					1（0）	0（0）	0
武贝	2004-085	2006-265（E）				2（0）	1（0）	0
武斌	2011-076	2012-337				2（0）	0（0）	0
武秉哲	**1992-116**					1（1）	0（0）	0
武朝晖	1990-107	**1994-105**	**1995-118**	2002-024	2009-072	5（2）	0（0）	0
武朝辉	2006-248					1（0）	0（0）	0
武丹	2010-339	2009-004F				2（0）	1（0）	0
武德勇	2012-374					1（0）	0（0）	0
武光	2011-361	2012-512	2014-403			3（0）	0（0）	0
武光海	2014-417					1（0）	0（0）	0
武贵斌	2003-019					1（0）	0（0）	0
武国琴	2005-170					1（0）	0（0）	0
武浩翔	2011-356					1（0）	0（0）	0
武华东	**2005-173**					1（1）	0（0）	0
武会宾	2007-304					1（0）	0（0）	0
武吉伟	2015-568					1（0）	0（0）	0

续表

作者	索引编号					文献总数	英文文献	通讯作者
武家杨	1996-074					1（0）	0（0）	0
武建军	2014-330					1（0）	0（0）	0
武军	1989-104					1（0）	0（0）	0
武力	**2015-445**					1（1）	0（0）	0
武丽艳	2009-170					1（0）	0（0）	0
武莉莉	2009-232	2009-327	2010-081	2010-082	2011-043（E）	2011-368	9（0）	1（0）	1
	2013-139	*2013-586	2014-420						
武梅	2015-248					1（0）	0（0）	0
武鹏	**2010-330**					1（1）	0（0）	0
武清富	1981-045					1（0）	0（0）	0
武书彬	2010-150					1（0）	0（0）	0
武淑兰	1987-087	1988-088				2（0）	0（0）	0
武爽	2010-339	2009-004F				2（0）	1（0）	0
武素茹	**2014-439**	2015-345	**2015-446**			3（2）	0（0）	0
武藤博	1986-047					1（0）	0（0）	0
武挺	2014-091					1（0）	0（0）	0
武伟	2015-184					1（0）	0（0）	0
武卫林	**2013-453**					1（1）	0（0）	0
武霞	2014-006					1（0）	0（0）	0
武小雷	2010-356（E）					1（0）	1（0）	0
武小玲	1989-078					1（0）	0（0）	0
武晓波	2011-394					1（0）	0（0）	0
武晓梅	2015-116					1（0）	0（0）	0
武晓巍	**2010-331**					1（1）	0（0）	0
武心尧	1992-028	1993-036				2（0）	0（0）	0
武新颖	2009-174					1（0）	0（0）	0
武杏荣	2013-510					1（0）	0（0）	0
武学端	2015-230					1（0）	0（0）	0
武洋	2013-064	2014-269				2（0）	0（0）	0
武盈玉	1992-049					1（0）	0（0）	0
武映梅	2004-089	2004-090	**2005-174**	2008-174	**2008-275**	2010-332	8（5）	0（0）	0
	2011-366	**2012-398**							
武永超	2010-242					1（0）	0（0）	0
武永涛	2015-415					1（0）	0（0）	0
武永芝	2011-184	2012-211	2012-212	2013-235	**2014-440**	5（1）	0（0）	0
武予宁	2013-476					1（0）	0（0）	0
武昭妤	2015-274	2015-275	2015-276			3（0）	0（0）	0
武志富	**2011-367**					1（1）	0（0）	0
武志明	2014-024					1（0）	0（0）	0
Wu Aimin	2012-004F					1（0）	1（0）	0
Wu Bei	2011-002F					1（0）	1（0）	0
Wu Hongyu	**2014-441（E）**					1（1）	1（1）	0
Wu Junfeng	**2013-454（E）**					1（1）	1（1）	0

续表

作者	索引编号					文献总数	英文文献	通讯作者
Wu Nianzu	2003-004F					1（0）	1（0）	0
Wu W.D.	2010-002F					1（0）	1（0）	0
Wu X.	1993-004F					1（0）	1（0）	0
Wu Xiankang	**1995-004F**	1997-002F	1997-003F	1997-004F		4（1）	4（1）	0
Wu Zhiguo	2010-203（E）					1（0）	1（0）	0
X								
西藏自治区卫生防疫站	1983-021					1（0）	0（0）	0
郗庚民	**1992-117**	**1998-139**				2（2）	0（0）	0
郗秀荣	**1973-002**					1（1）	0（0）	0
奚大顺	1996-073	1996-085				2（0）	0（0）	0
奚建华	1990-122	1991-110	2008-283			3（0）	0（0）	0
奚居柏	**2012-399**	2013-110	2013-342			3（1）	0（0）	0
奚务俭	**2013-455**					1（1）	0（0）	0
奚长生	2009-179					1（0）	0（0）	0
膝彦国	**1999-120**					1（1）	0（0）	0
习豆	**2015-447**					1（1）	0（0）	0
席北斗	2005-050	2008-327				2（0）	0（0）	0
席奇峰	2013-027	2013-320				2（0）	0（0）	0
席树雄	2012-432					1（0）	0（0）	0
席涛	2001-148					1（0）	0（0）	0
席文昌	2014-232					1（0）	0（0）	0
席细平	2013-337					1（0）	0（0）	0
席孝义	2015-557					1（0）	0（0）	0
席周宽	2004-107（E）					1（0）	1（0）	0
喜春凯	1992-050					1（0）	0（0）	0
夏阿林	2012-454					1（0）	0（0）	0
夏傲	2012-533（E）					1（0）	1（0）	0
夏冰	2015-317					1（0）	0（0）	0
Xia Changjiu	**2012-400（E）**					1（1）	1（1）	0
夏晨光	**2006-248**	2009-072				2（1）	0（0）	0
夏传义	2005-086					1（0）	0（0）	0
夏春谷	*2009-200	2010-365	2012-450（E）	2012-451（E）		4（0）	1（0）	1
夏琼璜	**1992-118（E）**					1（1）	1（1）	0
夏德强	2014-563	2014-564				2（0）	0（0）	0
夏迪祥	**1985-092**					1（1）	0（0）	0
夏冬青	**2009-298**	**2010-333**				2（2）	0（0）	0
夏敦胜	2008-232	2008-233				2（0）	0（0）	0
夏庚培	2010-081	2010-082	**2011-368**			3（1）	0（0）	0
夏光华	**2013-456**					1（1）	0（0）	0
夏国富	2011-294					1（0）	0（0）	0
夏国中	**1985-093**	**1985-094**	**1985-095**	1994-008		4（3）	0（0）	0
夏浩孚	2014-115					1（0）	0（0）	0
夏红卫	1995-073					1（0）	0（0）	0

续表

作者	索引编号						文献总数	英文文献	通讯作者
夏洪刚	2013-478						1（0）	0（0）	0
夏辉	2012-055						1（0）	0（0）	0
夏建明	**2009-299**	2009-381					2（1）	0（0）	0
夏劼清	2012-464	2013-513					2（0）	0（0）	0
Xia Jinlan	**2013-004F**						1（1）	1（1）	0
夏京亮	2011-120						1（0）	0（0）	0
夏君定	**2008-276**	2010-341	2012-385	2015-087			4（1）	0（0）	0
夏筠	2000-128						1（0）	0（0）	0
夏克坚	2015-277						1（0）	0（0）	0
夏立伟	2014-603						1（0）	0（0）	0
夏立志	**2014-442**						1（1）	0（0）	0
夏梅	2011-278（E）						1（0）	1（0）	0
夏梦阁	2015-415						1（0）	0（0）	0
夏念平	**2009-300**						1（1）	0（0）	0
夏宁	2008-288						1（0）	0（0）	0
夏鹏	2013-413						1（0）	0（0）	0
夏鹏超	**2012-401**						1（1）	0（0）	0
Xia Qinhua	2012-208（E）						1（0）	1（0）	0
夏清华	2012-471						1（0）	0（0）	0
夏庆霖	**2009-301**	**2011-369**					2（2）	0（0）	0
夏荣	1989-088						1（0）	0（0）	0
夏蕊娟	1981-006	1982-008					2（0）	0（0）	0
夏尚铭	**2008-277**	2009-241	2011-132				3（1）	0（0）	0
夏树屏	2002-045						1（0）	0（0）	0
夏四清	2005-240						1（0）	0（0）	0
Xia Xiangao	2002-153（E）						1（0）	1（0）	0
夏湘	**1999-121**						1（1）	0（0）	0
夏晓伟	**2013-457**						1（1）	0（0）	0
夏扬	2013-133						1（0）	0（0）	0
夏阳	**2015-448**	**2015-449**					2（2）	0（0）	0
夏一丁	2008-010						1（0）	0（0）	0
夏一恺	**2006-249**						1（1）	0（0）	0
夏寅	**2004-122**	2012-066	2012-106	2012-384	2014-538	2015-562	6（1）	0（0）	0
夏永红	2013-593						1（0）	0（0）	0
夏毓超	2015-077						1（0）	0（0）	0
夏元初	1994-022						1（0）	0（0）	0
夏元复	1984-014	1993-159					2（0）	0（0）	0
夏源贤	1990-005						1（0）	0（0）	0
夏月莲	2010-303						1（0）	0（0）	0
夏云腾	2014-270						1（0）	0（0）	0
夏长泰	**1996-131**	2013-406					2（1）	0（0）	0
夏珍珠	2003-021						1（0）	0（0）	0
夏振江	2012-146						1（0）	0（0）	0

续表

作者	索引编号					文献总数	英文文献	通讯作者
夏至	2012-109					1（0）	0（0）	0
伭云	**2014-443**	**2014-444**	2015-140			3（2）	0（0）	0
鲜海洋	2013-349	**2014-445**				2（1）	0（0）	0
鲜晓斌	2000-089	2001-109				2（0）	0（0）	0
鲜学福	2005-098（E）	2012-080				2（0）	1（0）	0
闲岁浩平	**1995-119**					1（1）	0（0）	0
冼鼎昌	**1989-097**	1990-094	1993-064	1997-139	2000-038	2001-044	9（1）	1（0）	0
	2002-139	2006-046	2002-003F					
冼啸林	2011-161					1（0）	0（0）	0
线恒泽	2006-089	2007-066				2（0）	0（0）	0
相坤山	1991-092					1（0）	0（0）	0
湘京钢铁学院《中国冶金史》编写组	1979-008					1（0）	0（0）	0
向德磊	1995-075	1998-022	1999-020			3（0）	0（0）	0
向尔军	1979-025					1（0）	0（0）	0
向峰	2012-351					1（0）	0（0）	0
向国进	**2009-302**					1（1）	0（0）	0
向浩	**2001-122**	**2013-458**				2（2）	0（0）	0
向军	2009-364	2010-237				2（0）	0（0）	0
向兰	2003-149					1（0）	0（0）	0
向铭	2008-274					1（0）	0（0）	0
向清德	**2006-250**					1（1）	0（0）	0
向婉丽	**2014-446**					1（1）	0（0）	0
向维华	2006-020					1（0）	0（0）	0
向雄志	*2011-204					1（0）	0（0）	1
向燕群	2014-085					1（0）	0（0）	0
向运荣	1996-149					1（0）	0（0）	0
项生昌	2002-166					1（0）	0（0）	0
项小龙	2008-082					1（0）	0（0）	0
项秀智	2006-114					1（0）	0（0）	0
项亚威	2014-121	**2015-450**				2（1）	0（0）	0
项燕飞	**2013-459**					1（1）	0（0）	0
项长祥	2002-105					1（0）	0（0）	0
项志遴	1994-114					1（0）	0（0）	0
项志清	2002-125					1（0）	0（0）	0
Xiang LeiWen	2013-148（E）					1（0）	1（0）	0
肖波	*2009-077					1（0）	0（0）	1
肖才锦	2005-073	2008-091	2009-085	2014-143		4（0）	0（0）	0
肖春生	2011-394					1（0）	0（0）	0
肖德明	**1983-070**	1985-023	**1985-096**	1986-025	**1986-080**	1986-092	15（8）	0（0）	0
	1987-017	**1987-080**	**1987-081**	1988-021	1988-060	**1990-107**			
	1992-119	**1992-120**	1994-105					
肖德元	2009-207					1（0）	0（0）	0

续表

作者	索引编号					文献总数	英文文献	通讯作者
肖度元	1995-102					1(0)	0(0)	0
肖斐	2012-459					1(0)	0(0)	0
肖凤娟	**2007-248(E)**	**2007-249**	**2009-303(E)**			3(3)	2(2)	0
肖刚	2013-574	2014-590				2(0)	0(0)	0
肖刚毅	2002-052	**2002-123**	2003-058	2003-059	2004-040	5(1)	0(0)	0
肖革胜	2013-496	2013-497				2(0)	0(0)	0
肖国青	2003-138					1(0)	0(0)	0
肖国拾	1994-035	1998-183	1998-184	2008-256	**2008-278**	5(1)	0(0)	0
肖海斌	2012-523					1(0)	0(0)	0
肖海清	2005-024(E)	2006-011F	2007-008F			3(0)	3(0)	0
肖寒	**2013-460**					1(1)	0(0)	0
肖红艳	2010-240					1(0)	0(0)	0
肖宏	2014-358	2014-457				2(0)	0(0)	0
肖洪	2014-456					1(0)	0(0)	0
肖洪训	**2001-123**	2002-010	**2002-124**			3(2)	0(0)	0
肖辉	1997-071	1998-086				2(0)	0(0)	0
肖惠祥	1993-030					1(0)	0(0)	0
肖建平	2006-300	2007-178				2(0)	0(0)	0
肖杰	2011-126					1(0)	0(0)	0
肖晶晶	**2011-370**					1(1)	0(0)	0
肖俊勇	2006-020					1(0)	0(0)	0
肖葵	2012-518					1(0)	0(0)	0
肖坤	2015-284					1(0)	0(0)	0
肖立柏	2014-172					1(0)	0(0)	0
肖丽梅	**2015-451**					1(1)	0(0)	0
肖荔人	2008-085					1(0)	0(0)	0
肖联新	1995-126					1(0)	0(0)	0
肖林飞	2012-512	2014-429				2(0)	0(0)	0
肖灵	2013-119					1(0)	0(0)	0
肖伦	**1984-075**					1(1)	0(0)	0
肖明	2011-134					1(0)	0(0)	0
肖木	**1988-085**	**1989-098**				2(2)	0(0)	0
肖培林	1994-087					1(0)	0(0)	0
肖佩林	1994-054	1998-071				2(0)	0(0)	0
肖朋飞	**2011-371**					1(1)	0(0)	0
肖鹏程	2010-102					1(0)	0(0)	0
肖前	2005-123	2006-188				2(0)	0(0)	0
肖清泉	2009-353					1(0)	0(0)	0
肖群	2010-275					1(0)	0(0)	0
肖赛金	2012-559					1(0)	0(0)	0
肖沙里	2011-275	2011-316	2011-317	2012-233	2015-336	5(0)	0(0)	0
肖山	1991-080					1(0)	0(0)	0
肖珊	**2013-461**					1(1)	0(0)	0

续表

作者	索引编号					文献总数	英文文献	通讯作者
肖尚斌	2007-079					1（0）	0（0）	0
肖淑芳	2008-052	**2008-279**	2008-306			3（1）	0（0）	0
肖淑秀	1979-026					1（0）	0（0）	0
肖爽	2009-372					1（0）	0（0）	0
肖体乔	2012-081	2015-356	2013-003F			3（0）	1（0）	0
肖天存	1999-105					1（0）	0（0）	0
肖万生	1994-011					1（0）	0（0）	0
肖伟	2001-068					1（0）	0（0）	0
肖文	2011-369					1（0）	0（0）	0
肖文德	2010-279	2015-419				2（0）	0（0）	0
肖文交	2003-020					1（0）	0（0）	0
肖文申	2015-445					1（0）	0（0）	0
肖星	2014-559					1（0）	0（0）	0
肖秀峰	2005-141	2008-115				2（0）	0（0）	0
肖绪瑞	**1989-099**					1（1）	0（0）	0
肖延安	1992-054 1992-055 1992-115 **1992-121** 1993-002 1993-043 **1993-117** 1994-046 1994-104 1994-132 1994-133 1994-141 1995-081 1996-092 1996-128 1996-150 1997-118 1997-117 1997-133 1995-001F					20（2）	1（0）	0
肖益鸿	**2010-334**	2011-474（E）				2（1）	1（0）	0
肖永明	2013-595					1（0）	0（0）	0
肖愉	2007-045					1（0）	0（0）	0
肖雨亭	2015-553					1（0）	0（0）	0
肖元芳	**2015-452**					1（1）	0（0）	0
肖园芳	2014-517					1（0）	0（0）	0
肖园国	2014-464					1（0）	0（0）	0
肖蕴英	**2003-153**					1（1）	0（0）	0
肖占敏	2015-002					1（0）	0（0）	0
肖正刚	**2007-250**					1（1）	0（0）	0
肖志宏	**1989-100**					1（1）	0（0）	0
肖忠良	**2015-453**					1（0）	0（0）	0
肖竹平	2015-300					1（0）	0（0）	0
萧达辉	2014-535	2015-270				2（0）	0（0）	0
萧民强	2005-174	**2005-175**				2（1）	0（0）	0
小林宽	1995-032					1（0）	0（0）	0
小田木治太郎	2015-420					1（0）	0（0）	0
解光武	2007-216					1（0）	0（0）	0
解佳佳	2008-089	2008-090				2（0）	0（0）	0
解立峰	2015-380					1（0）	0（0）	0
解淑霞	**2010-338**					1（1）	0（0）	0
解廷藩	1998-041	1999-046				2（0）	0（0）	0
解廷凡	1998-059					1（0）	0（0）	0
解学文	**1979-027**					1（1）	0（0）	0

续表

作者	索引编号						文献总数	英文文献	通讯作者
解玉林	2002-128						1（0）	0（0）	0
解韫青	**1994-106**	**1996-133**					2（2）	0（0）	0
谢安惠	**1991-100**						1（1）	0（0）	0
谢安云	1998-011						1（0）	0（0）	0
谢必正	1982-049						1（0）	0（0）	0
谢秉慧	**1987-082**	1989-123					2（1）	0（0）	0
谢波平	1991-134						1（0）	0（0）	0
谢超辉	2005-233						1（0）	0（0）	0
谢呈德	*2007-108	2008-124					2（0）	0（0）	1
谢承卫	2008-367						1（0）	0（0）	0
谢冲明	2008-307						1（0）	0（0）	0
谢达兰	**2015-454**						1（1）	0（0）	0
谢德民	**1979-026**						1（1）	0（0）	0
谢东	**1990-108**	**1992-122**	**1992-123**	**1995-120**	1997-065	1997-126	7（4）	0（0）	0
	1999-130								
谢东华	2009-335	2010-366					2（0）	0（0）	0
谢峰	2006-220						1（0）	0（0）	0
谢甫绨	2007-167						1（0）	0（0）	0
谢冠群	2007-085（E）						1（0）	1（0）	0
谢光国	1991-091	1994-054	1995-104				3（0）	0（0）	0
谢桂龙	**2002-125**	2004-089	2004-090				3（1）	0（0）	0
谢桂荣	1983-039	**1983-071**	**1983-072**				3（2）	0（0）	0
谢国庆	2014-225						1（0）	0（0）	0
谢国喜	**2007-251**	2010-125	2010-349（E）	2010-446			4（1）	1（0）	0
谢海东	2013-172						1（0）	0（0）	0
谢红	2014-585（E）						1（0）	1（0）	0
谢虎	2015-484（E）						1（0）	1（0）	0
谢华	2003-011（E）	2003-012					2（0）	1（0）	0
谢华林	**2004-123**						1（1）	0（0）	0
谢骅	**2001-124**						1（1）	0（0）	0
谢欢	**2013-462**						1（1）	0（0）	0
谢建军	2002-155						1（0）	0（0）	0
谢建忠	2004-162（E）	2004-165	2005-226	2006-172	2006-313	2006-314（E）	15（0）	3（0）	0
	2007-095	2007-096（E）	2007-225	2009-040	2009-288	2010-168			
	2010-178	2010-354	2014-182						
谢鉴标	1990-120						1（0）	0（0）	0
谢金平	2015-106						1（0）	0（0）	0
谢晋东	**1999-122**	2000-098					2（1）	0（0）	0
谢晶晶	2014-175	2015-302					2（0）	0（0）	0
谢敬桃	2010-103						1（0）	0（0）	0
谢静思	**2013-463**						1（1）	0（0）	0
谢军	2002-012						1（0）	0（0）	0
谢俊	2012-183						1（0）	0（0）	0

续表

作者	索引编号						文献总数	英文文献	通讯作者
谢俊彪	**2015-455**						1（1）	0（0）	0
谢侃	**1978-015**						1（1）	0（0）	0
谢康	**2009-304**						1（1）	0（0）	0
谢克昌	2013-046（E）						1（0）	1（0）	0
谢克强	2013-299						1（0）	0（0）	0
谢克勤	**1990-109**						1（1）	0（0）	0
谢克文	2012-534	2012-554					2（0）	0（0）	0
谢兰桂	**2013-464**						1（1）	0（0）	0
谢立志	2011-187						1（0）	0（0）	0
谢丽	2009-272						1（0）	0（0）	0
谢利平	2011-442						1（0）	0（0）	0
谢亮	2015-157						1（0）	0（0）	0
谢伦嘉	2009-110						1（0）	0（0）	0
谢绿武	∵2012-477						1（0）	0（0）	0
谢曼曼	**2010-335**	2014-226					2（1）	0（0）	0
谢敏	**2009-305**	**2013-465**	2014-236				3（2）	0（0）	0
谢名臣	2011-076						1（0）	0（0）	0
谢明勇	**2000-094**	**2000-095**	**2000-096**				3（3）	0（0）	0
谢鹏	2001-113	**2014-448**					2（1）	0（0）	0
谢平	2014-042						1（0）	0（0）	0
谢启耀	2000-093	2009-017					2（0）	0（0）	0
谢巧勤	2014-175						1（0）	0（0）	0
谢青	2011-241	**2012-002F**					2（1）	1（1）	0
谢琼心	**1997-120**						1（1）	0（0）	0
谢泉	*2009-353						1（0）	0（0）	1
谢荣厚	**1980-030**	**1982-051**	1982-058	**1983-073**	**1983-074**	**1983-075**	30（18）	0（0）	0
	1984-076	1985-011	1985-028	1985-069	∵1985-070	**1985-097**			
	1986-035	**1986-081**	**1986-082**	1987-008	1987-009	**1987-083**			
	1988-054	**1988-086**	**1989-101**	**1996-132**	**1997-121**	**1997-122**			
	1999-037	**1999-123**	2001-030	**2002-126**	2002-150	**2004-124**			
谢绍雷	2015-424						1（0）	0（0）	0
谢淑容	2009-352						1（0）	0（0）	0
谢淑娴	1993-067						1（0）	0（0）	0
谢淑云	2010-036	2012-412					2（0）	0（0）	0
谢树军	2010-227						1（0）	0（0）	0
谢素娟	2007-072	2008-182	2009-313	2014-252			4（0）	0（0）	0
谢涛	1998-106	1999-091	2009-407				3（0）	0（0）	0
谢田	2014-093						1（0）	0（0）	0
谢庭周	1982-059	1982-060	1983-090	1983-091	1984-092	1985-113	30（0）	1（0）	0
	1985-114	1985-115	1986-100	1987-097	1988-114	1988-115			
	1989-117	1989-118	1990-129	1990-130	1990-133	1990-134			
	1991-127	1991-128	1992-159（E）	1992-160	1994-028	1995-027			
	1996-039	1996-157	1997-027	1997-028	1997-029	1984-093			

续表

作者	索引编号						文献总数	英文文献	通讯作者
谢维斌	2014-430						1（0）	0（0）	0
谢伟宏	2013-020						1（0）	0（0）	0
谢卫东	2014-610						1（0）	0（0）	0
谢文清	2007-020						1（0）	0（0）	0
谢希成	2011-201	**2014-449**	2015-242				3（1）	0（0）	0
谢先德	2013-185（E）						1（0）	1（0）	0
谢晓峰	**2006-251**						1（1）	0（0）	0
谢晓华	**2008-280**						1（1）	0（0）	0
谢昕	2008-305	2010-202	2011-123	2011-128	2011-466	2011-467（E）	9（1）	2（1）	0
	2012-103	2013-603	**2014-450（E）**						
谢新侃	2015-584						1（0）	0（0）	0
谢学俭	2005-020						1（0）	0（0）	0
谢学锦	**2006-252**	2011-032					2（1）	0（0）	0
谢雅典	**2012-402**						1（1）	0（0）	0
谢亚宁	2004-112	2004-126	2004-151	2005-022	2006-236（E）	2006-237	8（0）	2（0）	0
	2007-196（E）	2009-252							
谢琰君	2015-227						1（0）	0（0）	0
谢燕红	2015-089						1（0）	0（0）	0
谢杨	2014-415						1（0）	0（0）	0
谢尧亭	2008-178	2008-214	2012-081				3（0）	0（0）	0
谢一飞	**2012-403**						1（1）	0（0）	0
谢亿	2010-165						1（0）	0（0）	0
谢意红	**2002-127**	**2004-125**					2（2）	0（0）	0
谢毅	2006-010						1（0）	0（0）	0
谢鹰	2012-135						1（0）	0（0）	0
谢拥群	**2005-176**						1（1）	0（0）	0
谢永杰	2007-101（E）	2010-350	2012-433	2012-434			4（0）	1（0）	0
谢永清	**2010-336**						1（1）	0（0）	0
谢羽佳	2013-390						1（0）	0（0）	0
谢玉玲	**2009-306**	**2012-404**					2（2）	0（0）	0
谢毓群	**2011-372**	2013-370					2（1）	0（0）	0
谢元安	2008-101	2009-108					2（0）	0（0）	0
谢元锋	2013-133						1（0）	0（0）	0
谢元军	**2011-373**						1（1）	0（0）	0
谢云峰	2009-128						1（0）	0（0）	0
谢运生	2013-337						1（0）	0（0）	0
谢泽君	2000-076						1（0）	0（0）	0
谢占领	2014-133						1（0）	0（0）	0
谢长航	**2014-447**						1（1）	0（0）	0
谢志鹏	2011-244	2015-279					2（0）	0（0）	0
谢治	**2004-126**	2007-160	2013-382	2013-430			4（1）	0（0）	0
谢忠雷	2003-141						1（0）	0（0）	0
谢忠信	**1965-003**	**1964-003P**	1964-013P	1964-014P	**1982-003W**		5（3）	0（0）	0

续表

作者	索引编号						文献总数	英文文献	通讯作者
谢周清	**2004-127**	2005-010	**2005-177（E）**	**2006-253（E）**	2007-257	**2010-337（E）**	10（8）	7（7）	0
	2003-003F	**2006-009F**	**2006-013F**	**2008-003F**					
谢卓君	2010-387						1（0）	0（0）	0
Xie Honglan	2013-003F						1（0）	1（0）	0
Xie Taiping	2014-228（E）						1（0）	1（0）	0
Xie Youchang	2003-004F						1（0）	1（0）	0
辛标	1998-049						1（0）	0（0）	0
辛彩萍	2014-435	2014-436	2015-441	2015-442			4（0）	0（0）	0
辛岗	**2000-097**						1（1）	0（0）	0
辛烘彬	1993-062						1（0）	0（0）	0
辛宏彬	1993-063						1（0）	0（0）	0
辛娟	2005-030						1（0）	0（0）	0
辛美玲	2014-381						1（0）	0（0）	0
辛首臻	**2015-456**						1（1）	0（0）	0
辛术贞	**2010-339**	2009-004F					2（2）	1（1）	0
辛欣	2008-312	2009-342	2010-374				3（0）	0（0）	0
辛学武	2005-199						1（0）	0（0）	0
辛永磊	2010-399						1（0）	0（0）	0
辛宇	2015-176						1（0）	0（0）	0
辛云岭	2013-042						1（0）	0（0）	0
忻新泉	1989-031						1（0）	0（0）	0
忻旭峰	1982-033						1（0）	0（0）	0
新井智也	1995-119						1（0）	0（0）	0
新屋	1986-082						1（0）	0（0）	0
信欣	2011-451						1（0）	0（0）	0
刑智伟	2010-264						1（0）	0（0）	0
邢爱华	**2011-374**						1（1）	0（0）	0
邢春会	**2009-307**	2011-327					2（1）	0（0）	0
邢丹敏	2012-544						1（0）	0（0）	0
邢方圆	**2014-451**						1（1）	0（0）	0
邢锋	2009-129						1（0）	0（0）	0
邢桂来	2011-296						1（0）	0（0）	0
邢华宝	2001-034	2003-042	2005-043				3（0）	0（0）	0
邢建东	**2015-457（E）**						1（1）	1（1）	0
邢建良	2004-079						1（0）	0（0）	0
邢丽	2006-036						1（0）	0（0）	0
邢娜	**2007-252**						1（1）	0（0）	0
邢鹏飞	2011-083						1（0）	0（0）	0
邢谦	2013-172						1（0）	0（0）	0
邢清源	**2014-452**						1（1）	0（0）	0
邢若葵	2015-222						1（0）	0（0）	0
邢闪	2011-462						1（0）	0（0）	0
邢旺娟	**2015-458**	2015-459					2（2）	0（0）	0

续表

作者	索引编号						文献总数	英文文献	通讯作者
邢为飞	2015-014						1（0）	0（0）	0
邢文青	2008-174						1（0）	0（0）	0
邢相栋	2008-125						1（0）	0（0）	0
邢雪青	**2013-466（E）**						1（1）	1（1）	0
邢玉富	1994-048	**1994-107**	**1994-108**				3（2）	0（0）	0
邢玥	2015-422						1（0）	0（0）	0
邢云秋	2003-146						1（0）	0（0）	0
熊柏青	2006-219						1（0）	0（0）	0
熊采华	1985-016						1（0）	0（0）	0
熊超	**2012-405**	2013-086	**2013-467**	2014-070	2015-122		5（2）	0（0）	0
熊朝东	1996-105	**1997-123**	1997-145	1999-089	2003-091	2005-129	6（1）	0（0）	0
熊传辉	2005-247						1（0）	0（0）	0
熊春华	2002-002						1（0）	0（0）	0
Xiong C.M.	2011-006F						1（0）	1（0）	0
熊德强	2013-211						1（0）	0（0）	0
熊辅臣	**1995-121**						1（1）	0（0）	0
熊光平	**1992-124**	1994-010	**1995-122**				3（2）	0（0）	0
熊国林	**1999-124**	**1999-125**					2（2）	0（0）	0
熊家炯	1998-099						1（0）	0（0）	0
熊建国	2014-573						1（0）	0（0）	0
熊杰	2011-133						1（0）	0（0）	0
熊金钰	2015-176	2015-177					2（0）	0（0）	0
熊京远	2011-398						1（0）	0（0）	0
熊腊森	2006-074						1（0）	0（0）	0
熊露	2012-124	2012-388	2015-439				3（0）	0（0）	0
熊苗	2010-126						1（0）	0（0）	0
熊敏	**2006-254**	**2012-406**					2（2）	0（0）	0
熊强	**2010-340**						1（1）	0（0）	0
熊全军	2006-227						1（0）	0（0）	0
熊少华	**2014-453**						1（1）	0（0）	0
熊盛青	2012-478	2013-093	2013-484	2013-485	2013-486	2014-100	7（0）	0（0）	0
	2014-474								
熊守美	2008-157						1（0）	0（0）	0
熊婷	**2012-407**						1（1）	0（0）	0
熊伟	2013-113	**2013-468**					2（1）	0（0）	0
熊文名	2013-096						1（0）	0（0）	0
熊文强	2015-307						1（0）	0（0）	0
熊贤锋	2012-107						1（0）	0（0）	0
熊小莉	**2014-454**						1（1）	0（0）	0
熊小青	1997-053						1（0）	0（0）	0
熊晓春	2000-137						1（0）	0（0）	0
熊信柏	2014-054						1（0）	0（0）	0
熊绪茂	2009-200	2010-365	2012-450（E）	2012-451（E）			4（0）	2（0）	0

续表

作者	索引编号						文献总数	英文文献	通讯作者
熊焰	**2006-255**						1（1）	0（0）	0
熊燕	**2015-460**						1（1）	0（0）	0
熊义富	2006-082						1（0）	0（0）	0
熊英健	2002-079						1（0）	0（0）	0
熊樱菲	2001-163	2002-031	2002-032	2002-033	2002-034	**2002-128**	18（7）	0（0）	0
	2003-033	**2004-128**	2005-036	**2005-178**	**2006-256**	**2008-281**			
	2009-168	**2010-341**	**2012-408**	**2014-455**	2015-087	2000-029			
熊鹰	2011-066						1（0）	0（0）	0
熊永红	2009-119	2011-133					2（0）	0（0）	0
熊志方	**2006-257**						1（1）	0（0）	0
熊志涛	2012-135						1（0）	0（0）	0
熊志英	1997-103	1998-112					2（0）	0（0）	0
修博	2008-274						1（0）	0（0）	0
Xiu Decheng	1994-084（E）						1（0）	1（0）	0
修光利	2008-027						1（0）	0（0）	0
修景海	2002-027						1（0）	0（0）	0
修连存	2013-233	2014-234					2（0）	0（0）	0
朽津信明	1998-108						1（0）	0（0）	0
须沁华	2002-006	2009-188					2（0）	0（0）	0
胥成民	**1998-140**	**1998-141**	**1999-126**				3（3）	0（0）	0
胥会祥	**2007-253**	**2008-282**	2013-308				3（2）	0（0）	0
胥建民	2003-082						1（0）	0（0）	0
胥涛	**2001-125**						1（1）	0（0）	0
胥真奇	**2012-409**						1（1）	0（0）	0
顼兆钧	**1998-142**						1（1）	0（0）	0
徐安军	2013-173	2014-524（E）					2（0）	1（0）	0
徐安莲	2007-143	**2007-254**					2（1）	0（0）	0
徐安武	1998-025	**1999-127**					2（1）	0（0）	0
徐柏庆	2005-075	*2005-211	2005-212	*2006-278			4（0）	0（0）	2
徐邦运	1998-107						1（0）	0（0）	0
徐宝玲	1989-109	1992-140					2（0）	0（0）	0
徐宝强	**2005-179**	2010-229	2011-267（E）				3（1）	1（0）	0
徐本平	**2009-308**						1（1）	0（0）	0
徐彬	2009-043						1（0）	0（0）	0
徐斌	2011-398	2014-321					2（0）	0（0）	0
徐秉玖	2003-201						1（0）	0（0）	0
徐炳超	2003-215						1（0）	0（0）	0
徐炳臣	1984-055						1（0）	0（0）	0
徐超	**2011-375**						1（1）	0（0）	0
徐朝芬	2010-237						1（0）	0（0）	0
徐彻	**2008-283**	2011-144					2（1）	0（0）	0
徐承泰	2011-151	2011-152	2011-153	2012-170	**2012-410**		5（1）	0（0）	0
徐传明	2006-300	2008-295	2008-296（E）	2008-338（E）			4（0）	2（0）	0

续表

作者	索引编号						文献总数	英文文献	通讯作者
徐春龙	**2015-461**						1(1)	0(0)	0
徐翠玲	**2012-411**						1(1)	0(0)	0
徐存英	2013-325						1(0)	0(0)	0
徐大刚	**2004-129**						1(1)	0(0)	0
徐大华	**1992-125**						1(1)	0(0)	0
徐丹丹	2011-006	2013-249					2(0)	0(0)	0
徐德龙	2012-118						1(0)	0(0)	0
徐德义	**2012-412**	2012-474					2(1)	0(0)	0
徐法强	*2007-219	2015-220					2(0)	0(0)	1
徐飞	2009-256						1(0)	0(0)	0
徐飞高	**2008-284**	**2008-285**					2(2)	0(0)	0
徐汾兰	2010-014						1(0)	0(0)	0
徐锋	2014-054						1(0)	0(0)	0
徐奉学	2013-088						1(0)	0(0)	0
徐伏秋	2012-020						1(0)	0(0)	0
徐福	2009-327						1(0)	0(0)	0
徐复铭	2007-250						1(0)	0(0)	0
徐刚	**2014-456**						1(1)	0(0)	0
徐冠立	**2013-469**						1(1)	0(0)	0
徐光宪	2001-096	1996-137					2(0)	0(0)	0
徐光瑜	2008-216						1(0)	0(0)	0
徐广辉	2007-300						1(0)	0(0)	0
徐广通	**2011-376**	2012-566					2(1)	0(0)	0
徐国栋	**2010-342**	**2011-377**					2(2)	0(0)	0
徐国华	**2015-462**						1(1)	0(0)	0
徐国令	2003-064						1(0)	0(0)	0
徐国平	2014-132	2014-435	2014-436	2015-440	2015-441	2015-442	6(0)	0(0)	0
徐国跃	2005-235						1(0)	0(0)	0
徐海	**1998-143**	2004-130	2005-172	**2007-255**			4(3)	0(0)	0
徐海峰	**2009-309**						1(1)	0(0)	0
徐海连	2009-199						1(0)	0(0)	0
徐海清	2002-015	**2015-463**	**2015-464**				3(2)	0(0)	0
徐浩	**2012-413**						1(1)	0(0)	0
徐恒泳	*2004-066						1(0)	0(0)	1
徐洪杰	**1988-087**	**1994-109**	2001-150(E)	2001-151	2002-041(E)	2002-042	13(2)	4(0)	0
	2006-032	2007-031(E)	2007-032	2007-033	2009-435	2015-508(E)			
	2008-005F								
徐洪山	1991-014						1(0)	0(0)	0
徐鸿英	2009-198						1(0)	0(0)	0
徐鸿志	**2006-258**						1(1)	0(0)	0
徐厚玲	2008-158						1(0)	0(0)	0
徐胡华	2011-094						1(0)	0(0)	0
徐华龙	2015-303						1(0)	0(0)	0

续表

作者	索引编号					文献总数	英文文献	通讯作者
徐华蕊	**2001-126**	2008-104				2 (1)	0 (0)	0
徐华胜	1993-050	2011-396				2 (0)	0 (0)	0
徐华伟	2001-031	2001-091	2003-046			3 (0)	0 (0)	0
徐辉碧	1990-011	1993-009				2 (0)	0 (0)	0
徐会有	**2005-180**					1 (1)	0 (0)	0
徐荟	**2011-378**					1 (1)	0 (0)	0
徐惠	2012-009					1 (0)	0 (0)	0
徐惠芳	2003-009					1 (0)	0 (0)	0
徐惠康	2008-136					1 (0)	0 (0)	0
徐惠忠	2010-213	2011-234				2 (0)	0 (0)	0
徐慧超	**2006-259**	**2012-414**				2 (2)	0 (0)	0
徐积荣	**1986-083**					1 (1)	0 (0)	0
徐济安	**2012-415**					1 (1)	0 (0)	0
徐家骥	**2008-286**					1 (1)	0 (0)	0
徐家跃	2009-168					1 (0)	0 (0)	0
徐家云	2010-375					1 (0)	0 (0)	0
徐家珍	1996-037					1 (0)	0 (0)	0
徐甲强	**1990-110**					1 (1)	0 (0)	0
徐建	1989-091	1989-092				2 (0)	0 (0)	0
徐建波	1993-085					1 (0)	0 (0)	0
徐建平	**2015-465**					1 (1)	0 (0)	0
徐建强	2005-020					1 (0)	0 (0)	0
徐建荣	∵1994-086					1 (0)	0 (0)	0
徐建元	2010-213					1 (0)	0 (0)	0
徐建中	2011-420					1 (0)	0 (0)	0
徐江云	1984-091					1 (0)	0 (0)	0
徐金宝	2003-067					1 (0)	0 (0)	0
徐金光	2005-206					1 (0)	0 (0)	0
徐金华	1992-072					1 (0)	0 (0)	0
徐金龙	**2013-470**	*2014-285				2 (1)	0 (0)	1
徐金瑞	**1998-144**					1 (1)	0 (0)	0
徐金沙	2011-104					1 (0)	0 (0)	0
徐劲松	2010-136	2011-105				2 (0)	0 (0)	0
徐晶	**2012-416**					1 (1)	0 (0)	0
徐晶晶	**2011-379**					1 (1)	0 (0)	0
徐景达	1992-090					1 (0)	0 (0)	0
徐婧喆	2012-006					1 (0)	0 (0)	0
徐靖	2003-154	**2003-155**	2007-292	2007-330	2008-217	2009-379	9 (2)	0 (0)	0
	2011-312	2011-313	2012-287						
徐九华	**2009-310**	2010-030	2012-201			3 (1)	0 (0)	0
徐久磊	2013-336	**2013-471**				2 (1)	0 (0)	0
徐娟	2014-065					1 (0)	0 (0)	0
徐军	1992-152	2007-007	*2009-336			3 (0)	0 (0)	1

续表

作者	索引编号					文献总数	英文文献	通讯作者
徐君	2012-109	2012-229				2（0）	0（0）	0
徐君铎	**1980-031**					1（1）	0（0）	0
徐君权	**1978-016**	1982-022	1985-106	**1986-084**	1986-088	**1990-112**	9（4）	0（0）	0
	1990-111	1991-036	1981-001W					
徐俊虎	2013-007					1（0）	0（0）	0
徐俊杰	**2007-256**					1（1）	0（0）	0
徐峻	2015-296					1（0）	0（0）	0
徐凯	2013-593	**2014-457**				2（1）	0（0）	0
徐抗震	2013-329					1（0）	0（0）	0
徐克耀	**2006-260**					1（1）	0（0）	0
徐克尊	1987-087	**1988-088**	1989-017	1989-028	1990-028	1990-117	8（1）	0（0）	0
	1993-038	1994-114						
徐磊	**2010-343**					1（1）	0（0）	0
徐礼芳	**2015-466**					1（1）	0（0）	0
徐力平	1982-042	1983-012	1986-016	1987-063	1987-070	1988-069	6（0）	0（0）	0
徐立鹏	2012-221	2012-346	2012-379	2013-467	**2013-472**		5（1）	0（0）	0
徐丽云	2000-045					1（0）	0（0）	0
徐利华	2008-047					1（0）	0（0）	0
徐莉	2005-025					1（0）	0（0）	0
徐莉莉	2010-060					1（0）	0（0）	0
徐亮	2006-223					1（0）	0（0）	0
徐冽	2013-083					1（0）	0（0）	0
徐林荣	2014-028					1（0）	0（0）	0
徐琳	2009-164					1（0）	0（0）	0
徐玲琳	2011-331					1（0）	0（0）	0
徐龙华	2014-426					1（0）	0（0）	0
徐龙伢	2007-072	2008-182	2009-313	2014-252			4（0）	0（0）	0
徐路芸	2000-100					1（0）	0（0）	0
徐梦梦	2014-265	**2015-467**				2（1）	0（0）	0
徐敏	2014-423					1（0）	0（0）	0
徐敏秀	2013-503					1（0）	0（0）	0
徐明	1998-049					1（0）	0（0）	0
徐明冬	**2003-156**					1（1）	0（0）	0
徐明高	2006-308					1（0）	0（0）	0
徐明厚	2005-089	2007-006	2008-127	2008-321	*2009-356（E）	2009-417	9（0）	1（0）	1
	2013-440	2015-438	2015-523						
徐铭玉	1996-008					1（0）	0（0）	0
徐培苍	1996-141					1（0）	0（0）	0
徐彭寿	2007-161	2008-272				2（0）	0（0）	0
徐鹏	2008-082					1（0）	0（0）	0
徐平	1996-019	1996-020（E）	1996-021（E）	1996-022	**1996-134**	1997-134	7（1）	2（0）	0
	2007-246							
徐崎	2009-428					1（0）	0（0）	0

续表

作者	索引编号						文献总数	英文文献	通讯作者
徐茜	2013-422						1（0）	0（0）	0
徐强	**2008-287**	2013-245					2（1）	0（0）	0
徐巧	**2012-417**						1（1）	0（0）	0
徐琴	**2015-468**						1（1）	0（0）	0
徐青	1993-020	1993-126	1996-074	**1996-135**	1998-076	1998-175	21（3）	5（0）	0
	1999-065	2002-014	2002-016	2002-053	2004-009	2004-017			
	2006-246	2009-325	**2010-344**	2011-145（E）	**2011-380**	2001-006F			
	2002-004F	2008-004F	2008-005F						
徐庆丰	1997-076						1（0）	0（0）	0
徐庆虎	2008-119	2012-229					2（0）	0（0）	0
徐群	**2012-419**	**2012-418**					2（2）	0（0）	0
徐仁奎	1985-094						1（0）	0（0）	0
徐荣华	**2011-381**						1（1）	0（0）	0
徐荣声	**2015-469**						1（1）	0（0）	0
徐融	2011-309						1（0）	0（0）	0
徐如人	1990-049	1990-062					2（0）	0（0）	0
徐锐	**2009-311（E）**						1（1）	1（1）	0
徐瑞东	2014-475（E）						1（0）	1（0）	0
徐森民	**2012-421**	**2012-420**					2（2）	0（0）	0
徐善法	**2003-157**	2005-181					2（2）	0（0）	0
徐少一	2003-110						1（0）	0（0）	0
徐绍平	2005-214						1（0）	0（0）	0
徐世文	1994-132	1994-133					2（0）	0（0）	0
徐适生	1982-042	1983-012	1986-016	1987-063	1987-070	1988-069	6（0）	0（0）	0
徐淑华	2012-093						1（0）	0（0）	0
徐舒涛	2013-154	2015-517（E）					2（0）	1（0）	0
徐曙光	**2003-158**						1（1）	0（0）	0
徐司雨	2008-331（E）	2009-369（E）	2013-538	2013-575	2013-576	2014-172	6（0）	2（0）	0
徐思琦	2005-010	**2007-257**	2010-337（E）	2006-013F	2008-003F		5（1）	3（0）	0
徐四川	*2010-387	*2011-055					2（0）	0（0）	2
徐涛	1994-066						1（0）	0（0）	0
徐恬	**2015-470**						1（1）	0（0）	0
徐铁民	2009-130	2011-439	2012-176	2014-533	2015-205	2015-521	6（0）	0（0）	0
徐廷婧	2009-411						1（0）	0（0）	0
徐婷	2012-056						1（0）	0（0）	0
徐婷婷	**2007-258**	**2008-288**					2（2）	0（0）	0
徐通模	2010-183	2010-214	2014-421				3（0）	0（0）	0
徐万里	2015-022						1（0）	0（0）	0
徐微	2014-120	2014-372	2014-549				3（0）	0（0）	0
徐巍	2010-118						1（0）	0（0）	0
徐伟	2008-310	2010-339	2010-349（E）	2012-141	2012-201	2013-098	9（0）	3（0）	0
	2014-226	2009-004F	2013-009F						
徐伟钧	2014-277						1（0）	0（0）	0

续表

作者	索引编号						文献总数	英文文献	通讯作者
徐文娟	**2008-289**	2009-019	2012-240	**2012-422**			4（2）	0（0）	0
徐文青	2012-138						1（0）	0（0）	0
徐文荣	2001-137	**2002-129**					2（1）	0（0）	0
徐文松	2006-114	**2013-473**	**2014-458**				3（2）	0（0）	0
徐文轩	1990-094						1（0）	0（0）	0
徐文艺	2008-134						1（0）	0（0）	0
徐先宇	1984-027						1（0）	0（0）	0
徐现刚	2004-161						1（0）	0（0）	0
徐相成	**1989-102**	**1990-116**	2005-167				3（2）	0（0）	0
徐祥	2002-038						1（0）	0（0）	0
徐祥斌	2010-002						1（0）	0（0）	0
徐向东	**1998-145**						1（1）	0（0）	0
徐小晗	2015-212						1（0）	0（0）	0
徐晓斌	**1992-126**	2001-114					2（1）	0（0）	0
徐晓晨	2013-389						1（0）	0（0）	0
徐晓虹	2011-357						1（0）	0（0）	0
徐晓辉	**2003-159**						1（1）	0（0）	0
徐晓杰	1987-032						1（0）	0（0）	0
徐晓涛	2015-531						1（0）	0（0）	0
徐晓瑛	2014-434						1（0）	0（0）	0
徐晓莹	2011-311						1（0）	0（0）	0
徐筱芸	2002-136						1（0）	0（0）	0
徐新冕	1994-098	1995-113					2（0）	0（0）	0
徐新民	2013-040						1（0）	0（0）	0
徐信慧	∵1983-076						1（0）	0（0）	0
徐信棠	**1985-098**						1（1）	0（0）	0
徐兴国	1999-156						1（0）	0（0）	0
徐秀东	2010-439						1（0）	0（0）	0
徐璇	**2011-382**						1（1）	0（0）	0
徐亚	**2015-471**						1（1）	0（0）	0
徐岩	1983-056	1983-057					2（0）	0（0）	0
徐彦红	2014-381						1（0）	0（0）	0
徐杨	**2013-474**						1（1）	0（0）	0
徐耀良	1981-006	1982-048	1987-059	1988-064	1989-058	1989-104	12（0）	1（0）	0
	1990-082	1991-049	1993-060（E）	1993-107	1994-085	1994-130			
徐义仁	2012-523						1（0）	0（0）	0
徐奕德	2004-103						1（0）	0（0）	0
徐引行	1998-102						1（0）	0（0）	0
徐英	∵1983-077						1（0）	0（0）	0
徐应军	**2006-261**	2009-118					2（1）	0（0）	0
徐应明	**1999-128**						1（1）	0（0）	0
徐永昌	1982-035	1982-034	1982-055	**1983-078**	1985-032	1985-067	6（1）	0（0）	0
徐永东	2006-138						1（0）	0（0）	0

续表

作者	索引编号					文献总数	英文文献	通讯作者
徐永福	2002-152	2003-196（E）	2004-154（E）			3（0）	2（0）	0
徐永宏	*2008-273	2010-157				2（0）	0（0）	1
徐永辉	**2006-262**					1（1）	0（0）	0
徐永林	**2015-472**					1（1）	0（0）	0
徐永生	2009-039	2009-208				2（0）	0（0）	0
徐游	2011-214					1（0）	0（0）	0
徐玉恒	2005-082					1（0）	0（0）	0
徐玉茹	1985-083	1990-079				2（0）	0（0）	0
徐元剑	**1984-077**					1（1）	0（0）	0
徐源	**2012-423**					1（1）	0（0）	0
徐岳	1980-015					1（0）	0（0）	0
徐跃	2006-212（E）	2006-213				2（0）	1（0）	0
徐云鹏	2006-275	2009-051				2（0）	0（0）	0
徐泽	2013-012					1（0）	0（0）	0
徐泽人	2010-387					1（0）	0（0）	0
徐增芹	2003-004	2005-229	2007-054	2008-353		4（0）	0（0）	0
徐翟良	1985-089					1（0）	0（0）	0
徐长林	2015-206					1（0）	0（0）	0
徐长明	2010-263	**2011-383**	2012-231			3（1）	0（0）	0
徐兆锋	2013-549					1（0）	0（0）	0
徐兆凯	**2006-263（E）**	2006-264				2（2）	1（1）	0
徐贞元	**1991-101**	**1991-102**				2（2）	0（0）	0
徐争启	2002-098	2002-101	2003-127	2003-128	2006-205	**2007-259**	6（1）	0（0）	0
徐正华	2015-145					1（0）	0（0）	0
徐正坦	**2012-424**	**2014-459**				2（2）	0（0）	0
徐植灵	1999-043					1（0）	0（0）	0
徐志	**2009-312**	2014-236	2015-029			3（1）	0（0）	0
徐志彬	2010-142	**2014-460**	**2015-473**	**2015-474**		4（3）	0（0）	0
徐志坚	2015-515					1（0）	0（0）	0
徐志康	*2015-604					1（0）	0（0）	1
徐志强	2008-054					1（0）	0（0）	0
徐志伟	1979-006	1979-007	1980-006			3（0）	0（0）	0
徐中慧	2013-390					1（0）	0（0）	0
徐舟波	2003-194					1（0）	0（0）	0
徐竹生	2006-275					1（0）	0（0）	0
徐子优	2011-114					1（0）	0（0）	0
徐子培	1964-007P					1（0）	0（0）	0
徐自力	2003-141					1（0）	0（0）	0
徐作芳	2015-135					1（0）	0（0）	0
许爱兰	1982-052					1（0）	0（0）	0
许宝田	2013-474					1（0）	0（0）	0
许彩芸	2013-012					1（0）	0（0）	0
许超	1984-014					1（0）	0（0）	0

续表

作者	索引编号						文献总数	英文文献	通讯作者
许春才	**1988-089**	1988-119					2（1）	0（0）	0
许春凤	2013-508						1（0）	0（0）	0
许春华	*2013-338						1（0）	0（0）	1
许春晖	1994-080						1（0）	0（0）	0
许春林	**1993-118**						1（1）	0（0）	0
许春雪	2006-019	2009-029					2（0）	0（0）	0
许德富	2010-190						1（0）	0（0）	0
许德金	**1982-052**						1（1）	0（0）	0
许德娟	**2013-475**						1（0）	0（0）	0
许德平	2013-373	2015-469					2（0）	0（0）	0
许东升	2012-113	**2012-425**	**2012-426**				3（2）	0（0）	0
许东禹	1996-111						1（0）	0（0）	0
许冬	2015-570	2015-571					2（0）	0（0）	0
许飞	2013-057						1（0）	0（0）	0
许光文	2014-149						1（0）	0（0）	0
许国梁	**2009-313**						1（1）	0（0）	0
许国祺	1982-048						1（0）	0（0）	0
许国仁	**2007-260**	**2008-290**					2（2）	0（0）	0
许海娥	2009-123						1（0）	0（0）	0
许汉卿	1985-117						1（0）	0（0）	0
许红亮	2012-133	**2012-427**	**2013-476**				3（2）	0（0）	0
许洪水	**2014-461**						1（1）	0（0）	0
许鸿雁	**2008-291**						1（1）	0（0）	0
许鸿英	**2009-314**						1（1）	0（0）	0
许厚国	1988-061	1990-077	**2007-261**	**2009-315**			4（2）	0（0）	0
许华	2014-259						1（0）	0（0）	0
许骅	**2007-262**	**2009-316**					2（2）	0（0）	0
许冀泉	1983-083						1（0）	0（0）	0
许建富	2002-058						1（0）	0（0）	0
许杰	∵1988-095						1（0）	0（0）	0
许锦康	**1998-146**						1（1）	0（0）	0
许俊玉	2013-425	2013-426					2（0）	0（0）	0
许开立	*2015-503						1（0）	0（0）	1
许凯	2010-237						1（0）	0（0）	0
许珂洲	**2014-462**						1（1）	0（0）	0
许磊	2001-112	2001-113	**2008-292**				3（1）	0（0）	0
许力	1987-035	1988-011	**1988-090**	1989-034	1989-049	**1989-103**	7（1）	0（0）	0
	1989-115								
许立坤	2010-399						1（0）	0（0）	0
许丽清	1982-052						1（0）	0（0）	0
许利军	**2001-127**						1（1）	0（0）	0
许璐	2013-443	2013-444					2（0）	0（0）	0
许明德	2014-593						1（0）	0（0）	0

续表

作者	索引编号						文献总数	英文文献	通讯作者
许乃岑	**2015-475**						1（1）	0（0）	0
许佩珍	1981-045	1983-069	1984-052	1985-091	**1985-099**	1985-105	14（4）	0（0）	0
	1986-085	1987-020	1988-034	1988-056	1989-027	**1990-113**			
	1990-114	1995-070							
许平芳	1994-065	1997-096					2（0）	0（0）	0
许萍	2012-475						1（0）	0（0）	0
许琪	**1990-115**						1（1）	0（0）	0
许启鲁	2015-232						1（0）	0（0）	0
许强	**2007-263**						1（1）	0（0）	0
许人军	2015-082						1（0）	0（0）	0
许绍俊	2009-425						1（0）	0（0）	0
许孙曲	1992-084	1998-156					2（0）	0（0）	0
许涛	1998-014	2010-327（E）	2011-362	**2011-384**	**2011-385**	2012-238	9（2）	1（0）	0
	2012-248	2012-335	2015-379						
许天宏	**1989-104**						1（1）	0（0）	0
许铁峰	2000-118						1（0）	0（0）	0
许魏	2009-119						1（0）	0（0）	0
许伟	1983-055	1984-048					2（0）	0（0）	0
许文	**1994-110**						1（1）	0（0）	0
许文华	2008-082						1（0）	0（0）	0
许文静	2010-316						1（0）	0（0）	0
许文良	2005-154						1（0）	0（0）	0
许文渊	1993-104						1（0）	0（0）	0
许霞	**2008-293**						1（1）	0（0）	0
许小丽	2015-407	2015-408					2（0）	0（0）	0
许小明	2004-037	**2004-131**					2（1）	0（0）	0
许晓龙	2015-093						1（0）	0（0）	0
许晓云	2014-603						1（0）	0（0）	0
许雅	2012-394	2013-137	2014-124				3（0）	0（0）	0
许延辉	2005-170						1（0）	0（0）	0
许妍霞	2015-221						1（0）	0（0）	0
许艳霞	2014-046						1（0）	0（0）	0
许燕	2014-033						1（0）	0（0）	0
许以平	1985-089	1990-054					2（0）	0（0）	0
许益民	**1992-127**						1（1）	0（0）	0
许英梅	**2011-386**	**2011-387**					2（2）	0（0）	0
许莹	2014-428	**2014-463**					2（1）	0（0）	0
许应媛	2013-320						1（0）	0（0）	0
许友泽	2013-037						1（0）	0（0）	0
许宇慧	**2010-345**						1（1）	0（0）	0
许玉宇	2014-194						1（0）	0（0）	0
许元军	**2013-477**						1（1）	0（0）	0
许云波	**2005-182**						1（1）	0（0）	0

续表

作者	索引编号					文献总数	英文文献	通讯作者
许增平	2009-293					1（0）	0（0）	0
许兆义	2005-240					1（0）	0（0）	0
许哲峰	2005-087					1（0）	0（0）	0
许志正	1993-109	1998-031	1998-041			3（0）	0（0）	0
许中杰	**2010-346**					1（1）	0（0）	0
许忠扬	2009-147	2009-148（E）				2（0）	1（0）	0
许自然	1995-142					1（0）	0（0）	0
许宗	2011-422					1（0）	0（0）	0
许宗宪	2003-061					1（0）	0（0）	0
许祖银	2010-308					1（0）	0（0）	0
Xu Chuang	2014-001F					1（0）	1（0）	0
Xu Congqiao	2014-004F					1（0）	1（0）	0
Xu Longjun	2014-228（E）					1（0）	1（0）	0
Xu Shaojun	**2012-428（E）**					1（1）	1（1）	0
Xu Xianghua	**2006-265（E）**					1（1）	1（1）	0
Xu Xin	2007-084（E）					1（0）	1（0）	0
Xu Yun	2014-527（E）					1（0）	1（0）	0
薛柏生	1996-008	2000-004				2（0）	0（0）	0
薛冰	**2007-264**					1（1）	0（0）	0
薛晨芳	1990-063					1（0）	0（0）	0
薛崇勃	2012-326					1（0）	0（0）	0
薛德钧	1994-119					1（0）	0（0）	0
薛殿鹏	2014-043					1（0）	0（0）	0
薛冬	2012-019	2012-020				2（0）	0（0）	0
薛飞	2014-034					1（0）	0（0）	0
薛凤娟	**2014-464**					1（1）	0（0）	0
薛改凤	2012-507					1（0）	0（0）	0
薛光	2013-438					1（0）	0（0）	0
薛红艳	**2014-465**					1（1）	0（0）	0
薛怀友	2013-094					1（0）	0（0）	0
薛慧峰	2005-224					1（0）	0（0）	0
薛建国	2007-191					1（0）	0（0）	0
薛江丽	**2010-347**					1（1）	0（0）	0
薛洁	2013-085					1（0）	0（0）	0
薛军	1992-150	1993-123				2（0）	0（0）	0
薛俊增	2013-522	2014-506				2（0）	0（0）	0
薛蕾	**2009-317**					1（1）	0（0）	0
薛丽群	2005-130	2005-131				2（0）	0（0）	0
薛利红	2014-082	2015-076				2（0）	0（0）	0
薛荔栋	2013-087	2015-549				2（0）	0（0）	0
薛林福	2015-387					1（0）	0（0）	0
薛美娜	1986-067	1987-073	1987-093			3（0）	0（0）	0
薛鹏飞	2014-353					1（0）	0（0）	0

续表

作者	索引编号					文献总数	英文文献	通讯作者
薛屺	2010-359					1（0）	0（0）	0
薛秦芳	**1999-129**					1（1）	0（0）	0
薛庆波	**2009-318**					1（1）	0（0）	0
薛秋红	2006-110	2009-426	2010-454	**2010-348**	**2015-476**	5（2）	0（0）	0
薛群虎	2012-326	2013-422				2（0）	0（0）	0
薛茹君	**2011-389**					1（1）	0（0）	0
薛胜吉	1991-103					1（0）	0（0）	0
薛守洪	2013-478					1（0）	0（0）	0
薛松	2009-061					1（0）	0（0）	0
薛铁宁	2008-087					1（0）	0（0）	0
薛伟辰	2013-081					1（0）	0（0）	0
薛文平	2010-179					1（0）	0（0）	0
薛向明	**2012-429**					1（1）	0（0）	0
薛向欣	2007-114	2008-128	2008-323	2009-351	2015-163	5（0）	0（0）	0
薛晓康	2010-317					1（0）	0（0）	0
薛孝民	2003-125					1（0）	0（0）	0
薛歆	2015-422					1（0）	0（0）	0
薛旭金	**2008-294**					1（1）	0（0）	0
薛燕妮	2005-110					1（0）	0（0）	0
薛莹	2006-006					1（0）	0（0）	0
薛雍	2014-302					1（0）	0（0）	0
薛勇	2015-254					1（0）	0（0）	0
薛瑜	2009-269					1（0）	0（0）	0
薛玉明	2006-300	**2008-295**	**2008-296（E）**	2008-338（E）	2012-345	2013-104	7（2）	2（1）	0
	2013-105							
薛源	2015-327					1（0）	0（0）	0
薛月霞	**2003-160**	2006-011	**2011-390**			3（2）	0（0）	0
薛云鹏	2011-374	2015-094				2（0）	0（0）	0
薛昭南	1998-093	1998-094				2（0）	0（0）	0
薛召南	1990-074	1991-119	1992-074	1993-013	1993-014	1996-077	12（0）	0（0）	0
	1996-078	1996-079	1998-082	1999-067	1999-081	1999-082			
薛兆民	2015-217					1（0）	0（0）	0
薛正旸	**2001-128**					1（1）	0（0）	0
薛重生	1997-022					1（0）	0（0）	0
雪微	1988-009					1（0）	0（0）	0
Xue Mengwei	**2011-388（E）**	2012-060（E）				2（1）	2（1）	0
Xue Shengguo	2006-265（E）					1（0）	1（0）	0
巽淳一郎	2007-083					1（0）	0（0）	0
Y								
Yahaya Muhammad Sani	2015-308（E）					1（0）	1（0）	0
Yajid M.A.M.	2014-008（E）					1（0）	1（0）	0
焉伶娜	1991-050（E）	1992-058	1992-059	1992-060	1992-158（E）	1993-026	6（0）	2（0）	0
鄢浩	2009-076					1（0）	0（0）	0

续表

作者	索引编号					文献总数	英文文献	通讯作者
鄢景森	2015-385					1（0）	0（0）	0
鄢明才	**1996-136**	**1997-124**	1998-015	2002-163	2005-120 2010-026	6（2）	0（0）	0
鄢卫东	2005-120	2010-026	2011-030	2013-043		4（0）	0（0）	0
延卫	2005-182	*2011-067	2012-413			3（0）	0（0）	1
闫呈龙	2015-254					1（0）	0（0）	0
闫春迪	**2015-477**					1（1）	0（0）	0
闫德宇	2015-232					1（0）	0（0）	0
闫芬	**2009-319**	2010-273	**2011-391**	2011-003F	2011-005F	5（2）	2（0）	0
闫峰	2013-019					1（0）	0（0）	0
闫福栓	1998-023	1998-159	**2001-129**			3（1）	0（0）	0
闫光辉	**2014-466**					1（1）	0（0）	0
闫国孟	2014-148					1（0）	0（0）	0
闫昊天	2009-372					1（0）	0（0）	0
闫红霞	**2012-430**					1（1）	0（0）	0
闫鸿浩	2010-139	**2012-431**	2012-432			3（2）	0（0）	0
闫华成	**2011-392**					1（1）	0（0）	0
闫缓	2013-185（E）					1（0）	1（0）	0
闫慧	2010-151	2014-508				2（0）	0（0）	0
闫剑锋	2010-100					1（0）	0（0）	0
闫军	**2002-130**	**2003-161**	**2013-478**			3（3）	0（0）	0
闫军琴	**2007-265**					1（1）	0（0）	0
闫来伟	2014-467					1（0）	0（0）	0
闫礼	2011-464					1（0）	0（0）	0
闫立峰	2013-430					1（0）	0（0）	0
闫立娜	2012-457					1（0）	0（0）	0
闫灵通	2010-125	**2010-349（E）**	2010-446	2011-145（E）		4（1）	2（1）	0
闫龙	2010-199					1（0）	0（0）	0
闫萍	2015-372					1（0）	0（0）	0
闫青	**2014-467**					1（1）	0（0）	0
闫秋实	2015-537					1（0）	0（0）	0
闫冉	2012-366	2013-258	2014-327	2015-321		4（0）	0（0）	0
闫汝煦	2005-213					1（0）	0（0）	0
闫绍腾	2010-094（E）					1（0）	1（0）	0
闫帅	2011-391	2015-546（E）				2（0）	1（0）	0
闫肃	2007-203					1（0）	0（0）	0
闫文盛	2004-126	2007-160	2007-161	2007-219	2008-272	5（0）	0（0）	0
闫晓辉	**2002-131**	2007-123	2009-005F			3（2）	1（1）	0
闫秀芬	2009-242	**2014-468**	2015-491			3（1）	0（0）	0
闫旭	2000-045					1（0）	0（0）	0
闫学会	2014-510					1（0）	0（0）	0
闫学义	1973-001P	1974-008P	1976-008P			3（0）	0（0）	0
闫学欣	2011-076					1（0）	0（0）	0
闫妍	2011-142					1（0）	0（0）	0

作者	索引编号					文献总数	英文文献	通讯作者
闫研	2008-139					1（0）	0（0）	0
闫永萍	**2006-266**					1（1）	0（0）	0
闫玉梅	**2003-162**					1（1）	0（0）	0
闫玉生	2006-205	**2007-266**	**2008-297**			3（2）	0（0）	0
闫长青	2012-493					1（0）	0（0）	0
严彪	**1992-128**					1（1）	0（0）	0
严伯初	∵1987-084					1（0）	0（0）	0
严川	2015-186					1（0）	0（0）	0
严川伟	2003-192					1（0）	0（0）	0
严春杰	2001-139	**2002-132**				2（1）	0（0）	0
严纯华	**1996-137**	*1997-044	*1997-045（E）	1997-125		4（2）	1（0）	2
严东生	1993-100					1（0）	0（0）	0
严方	1996-075	1998-080	2003-088	**2010-350**	**2012-433**	**2012-434**	6（3）	0（0）	0
严海	2014-072					1（0）	0（0）	0
严好	**2003-163**					1（1）	0（0）	0
严辉	2006-063	2011-315				2（0）	0（0）	0
严回	2014-544					1（0）	0（0）	0
严纪良	1995-075	1998-022	1999-020			3（0）	0（0）	0
严济军	**2010-351**					1（1）	0（0）	0
严家庆	**2009-320**	**2012-435**				2（2）	0（0）	0
严婕	2003-068					1（0）	0（0）	0
严静	2009-268	2010-290	**2010-352**	2015-129	2015-378	5（1）	0（0）	0
严俊	**2013-479**	2014-180	**2014-469**	2014-603	2015-324	**2015-478**	6（3）	0（0）	0
严李	2015-311					1（0）	0（0）	0
严立安	2010-439					1（0）	0（0）	0
严泉才	1983-059	**1987-085**				2（1）	0（0）	0
严仁	2012-430					1（0）	0（0）	0
严蕊	2012-107					1（0）	0（0）	0
严寿民	**1994-111**					1（1）	0（0）	0
严伟	2012-253					1（0）	0（0）	0
严文福	1999-101	1999-102				2（0）	0（0）	0
严文伟	1985-032					1（0）	0（0）	0
严文勋	**2015-479**					1（1）	0（0）	0
严雪俊	2013-479	2014-603				2（0）	0（0）	0
严盈富	2014-278					1（0）	0（0）	0
严玉霞	1984-027					1（0）	0（0）	0
严云	2011-400					1（0）	0（0）	0
严振庄	1990-108	1992-123	1997-065	**1997-126**	**1999-130**	5（2）	0（0）	0
严志亮	2009-129					1（0）	0（0）	0
严志远	1985-101	1985-102	2001-015	2006-199	2006-281	5（0）	0（0）	0
岩田嘉一	**1993-119**					1（1）	0（0）	0
阎爱侠	2003-100（E）					1（0）	1（0）	0
阎广文	**1987-087**	1988-088	1989-028	1990-028	1990-117	1993-038	6（1）	0（0）	0

续表

作者	索引编号						文献总数	英文文献	通讯作者
阎建民	2015-419						1（0）	0（0）	0
阎军	**1991-103**	**1995-123**					2（2）	0（0）	0
阎立峰	**2007-267**						1（1）	0（0）	0
阎立军	2013-044（E）	2015-342					2（0）	1（0）	0
阎敏	2011-345	2015-378					2（0）	0（0）	0
阎萍	1991-090						1（0）	0（0）	0
阎石	1995-108						1（0）	0（0）	0
阎淑珍	1987-087						1（0）	0（0）	0
阎学欣	1983-012						1（0）	0（0）	0
阎焰	2008-310						1（0）	0（0）	0
阎长虹	2013-474						1（0）	0（0）	0
颜蓓华	1982-026						1（0）	0（0）	0
颜崇淮	1998-035	1998-036	2010-156				3（0）	0（0）	0
颜斐进	**2013-480**						1（1）	0（0）	0
颜桂炀	**2003-164**	**2004-132**	*2005-162	*2008-025	2008-085	2008-269	8（2）	1（0）	2
	2010-154（E）	2014-181							
颜华	2013-314						1（0）	0（0）	0
颜杰	**2012-436**						1（1）	0（0）	0
颜菊英	1988-082						1（0）	0（0）	0
颜丽梅	2006-044						1（0）	0（0）	0
颜烈宝	1987-059						1（0）	0（0）	0
颜茂弘	**1988-091**						1（1）	0（0）	0
颜美凤	2009-179						1（0）	0（0）	0
颜其洁	1998-038	2001-127					2（0）	0（0）	0
颜声辉	1991-130						1（0）	0（0）	0
颜蜀隽	2013-385						1（0）	0（0）	0
颜涛	2012-506（E）						1（0）	1（0）	0
颜文斌	*2014-470						1（0）	0（0）	1
颜小莉	2011-011						1（0）	0（0）	0
颜晓华	**2015-480**						1（1）	0（0）	0
颜一鸣	**1991-104**	**1994-112**	1995-094	1996-030	1997-016	1998-121	13（4）	0（0）	0
	1999-122	2000-040	**2000-098**	**2003-165**	2004-012	2004-013			
	2003-131								
颜涌捷	2005-079						1（0）	0（0）	0
颜玉美	2013-501						1（0）	0（0）	0
颜芝	2003-144						1（0）	0（0）	0
彦卿	1987-086						1（0）	0（0）	0
晏德付	**2011-393**						1（1）	0（0）	0
晏恒	2010-429	2011-301	**2013-481（E）**				3（1）	1（1）	0
燕娜	**2015-481**						1（1）	0（0）	0
燕生东	2005-243	2015-047					2（0）	0（0）	0
燕守勋	**2011-394**						1（1）	0（0）	0
燕卫田	2006-297						1（0）	0（0）	0

续表

作者	索引编号						文献总数	英文文献	通讯作者
Yan Guang	**2012-004F**						1 (1)	1 (1)	0
Yan Mengyue	2014-310 (E)						1 (0)	1 (0)	0
Yan Xianghua	2012-004F						1 (0)	1 (0)	0
Yan Xuepin	2001-007F						1 (0)	1 (0)	0
羊绍松	2010-367	2011-403	**2015-482**				3 (1)	0 (0)	0
羊铁铮	1983-023						1 (0)	0 (0)	0
阳杰华	2009-260						1 (0)	0 (0)	0
阳军	1989-121						1 (0)	0 (0)	0
阳庆国	2012-233						1 (0)	0 (0)	0
阳珊	2013-222						1 (0)	0 (0)	0
阳亚玲	**2014-470**						1 (1)	0 (0)	0
阳亚平	2014-292						1 (0)	0 (0)	0
阳益军	**2008-298**						1 (1)	0 (0)	0
阳永福	2012-020						1 (0)	0 (0)	0
杨阿敏	2015-404						1 (0)	0 (0)	0
杨爱明	**1996-138**	**2002-133**					2 (2)	0 (0)	0
杨百瑞	2010-426						1 (0)	0 (0)	0
杨邦	**2014-471**						1 (1)	0 (0)	0
杨宝泉	1993-157						1 (0)	0 (0)	0
杨宝荣	2014-164						1 (0)	0 (0)	0
杨保和	2008-295	2008-296 (E)					2 (0)	1 (0)	0
杨葆真	1986-016						1 (0)	0 (0)	0
杨梘	2015-076						1 (0)	0 (0)	0
杨本华	**2014-472**						1 (1)	0 (0)	0
杨本勇	2007-002						1 (0)	0 (0)	0
杨彪	2013-085						1 (0)	0 (0)	0
杨彬	**2015-483**						1 (1)	0 (0)	0
杨彬彬	2015-478						1 (0)	0 (0)	0
杨斌	2005-179	*2010-229	2011-267 (E)				3 (0)	1 (0)	1
杨兵	1993-097	1994-058	1994-059 (E)				3 (0)	1 (0)	0
杨炳忻	**1990-117**	**1994-114**	**1994-113**				3 (3)	0 (0)	0
杨波	*2011-104	2013-023	2014-032	2015-435			4 (0)	0 (0)	1
杨波涌	**2011-395 (E)**						1 (1)	1 (1)	0
杨博	2015-378						1 (0)	0 (0)	0
杨灿	2012-115						1 (0)	0 (0)	0
杨超	2013-083	2015-414					2 (0)	0 (0)	0
杨长义	1990-138 (E)	1991-131	1993-026	1993-027 (E)	1993-162	1994-096	11 (0)	7 (0)	0
	1991-002F	1993-005F	1993-007F	1993-008F	1995-003F				
杨朝合	2011-354 (E)	2011-355	2012-428 (E)	2013-115			4 (0)	2 (0)	0
杨晨芸	2010-459						1 (0)	0 (0)	0
杨成全	2004-042						1 (0)	0 (0)	0
杨成晓	2007-178						1 (0)	0 (0)	0
杨成选	**1998-147**						1 (1)	0 (0)	0

续表

作者	索引编号					文献总数	英文文献	通讯作者
杨冲	2015-550					1 (0)	0 (0)	0
杨崇礼	1985-032					1 (0)	0 (0)	0
杨传俊	2006-309	2007-309	2007-310	**2010-353**		4 (1)	0 (0)	0
杨春	2002-118	**2002-134**				2 (1)	0 (0)	0
杨春光	2008-175					1 (0)	0 (0)	0
杨春晖	*2011-138	2011-139				2 (0)	0 (0)	1
杨春雁	2012-062					1 (0)	0 (0)	0
杨春元	2014-205					1 (0)	0 (0)	0
杨达源	2001-144	2006-262				2 (0)	0 (0)	0
杨大兵	**2009-321**					1 (1)	0 (0)	0
杨大军	2014-483					1 (0)	0 (0)	0
杨大伟	2009-098	2009-167	2010-176	2010-178	**2010-354**	2012-172	11 (2)	0 (0)	0
	2012-438	2013-193	2014-182	2015-197	2015-372				
杨丹	2008-134	2015-214				2 (0)	0 (0)	0
杨丹丹	2015-544					1 (0)	0 (0)	0
杨丹妮	2012-561					1 (0)	0 (0)	0
杨德才	**1980-032**					1 (1)	0 (0)	0
杨德辉	1994-140	**1995-124**	**1996-139**	**1997-127**	**1998-148**	1998-170	7 (4)	0 (0)	0
	2000-019								
杨德钧	2000-030					1 (0)	0 (0)	0
杨德仁	2003-180					1 (0)	0 (0)	0
杨德兴	**2011-396**					1 (1)	0 (0)	0
杨登	2012-135					1 (0)	0 (0)	0
杨登峰	**2006-267**					1 (1)	0 (0)	0
杨登辉	2015-484（E）					1 (1)	1 (1)	0
杨东梅	**2012-439**					1 (1)	0 (0)	0
杨东美	2010-376	2011-407	2012-370	**2013-482**	2013-505	2013-506	6 (1)	0 (0)	0
杨东明	1998-069	**2000-099**				2 (1)	0 (0)	0
杨东贞	1992-126					1 (0)	0 (0)	0
杨冬雷	2012-261					1 (0)	0 (0)	0
杨栋	**2010-355**	**2010-356（E）**	**2011-397**			3 (3)	1 (1)	0
杨恩波	1996-148					1 (0)	0 (0)	0
杨发景	**1992-129**	2000-071	**2000-100**			3 (2)	0 (0)	0
杨发旺	**2013-483**					1 (1)	0 (0)	0
杨发文	2014-072					1 (0)	0 (0)	0
杨帆	**2012-440**	2014-542	**2015-485**			3 (2)	0 (0)	0
杨芳芳	2013-373					1 (0)	0 (0)	0
杨斐	2015-616					1 (0)	0 (0)	0
杨斐芃	2013-368					1 (0)	0 (0)	0
杨峰	**2002-135**	**2015-486**				2 (2)	0 (0)	0
杨烽	**2002-136**					1 (1)	0 (0)	0
杨凤华	**2007-268**					1 (1)	0 (0)	0
杨凤娇	**2014-473**					1 (1)	0 (0)	0

续表

作者	索引编号						文献总数	英文文献	通讯作者
杨凤林	2006-107	2006-141	2008-161	*2013-389			4（0）	0（0）	1
杨凤玲	2015-391						1（0）	0（0）	0
杨福家	1979-006	1979-007	1980-006	**1980-033**	**1983-079**	**1984-078**	39（9）	10（1）	0
	1985-100	1988-100	1989-077（E）	**1989-105**	1990-092（E）	**1990-118（E）**			
	1991-010	1991-072	1992-082（E）	1992-102（E）	1992-101	**1992-130**			
	1993-120	**1993-121**	1994-102（E）	1996-024	1996-025	1996-027			
	1997-010	1997-036	1998-013	1998-031	1998-037	1999-008			
	1999-009	1999-010	1999-039	2001-163	1991-071（E）	1991-109			
	1990-084（E）	1990-104（E）	1995-004F						
杨富贵	2008-313						1（0）	0（0）	0
杨刚宾	2012-019						1（0）	0（0）	0
杨戈	1997-145	1999-089	2009-266				3（0）	0（0）	0
杨耕东	1992-149						1（0）	0（0）	0
杨冠富	2004-128						1（0）	0（0）	0
杨光	2012-030						1（0）	0（0）	0
杨光文	2007-244	2007-277	2010-360	2010-361	2012-447		5（0）	0（0）	0
杨广	2009-352						1（0）	0（0）	0
杨广夫	1994-044						1（0）	0（0）	0
杨广福	1996-055						1（0）	0（0）	0
杨广全	2003-074						1（0）	0（0）	0
杨桂莲	1997-034	1999-084					2（0）	0（0）	0
杨国华	1990-060（E）						1（0）	1（0）	0
杨国辉	2015-474						1（0）	0（0）	0
杨国周	**1995-125**						1（1）	0（0）	0
杨海	**2013-484**	**2013-485**	**2013-486**	2014-087	2014-100	**2014-474**	6（4）	0（0）	0
杨海岸	2013-095	**2013-487**					2（1）	0（0）	0
杨海滨	2008-166	2010-175					2（0）	0（0）	0
杨海军	2012-015						1（0）	0（0）	0
杨海平	2014-083						1（0）	0（0）	0
杨海涛	2012-288	**2014-475（E）**					2（1）	1（1）	0
杨海滢	2009-282						1（0）	0（0）	0
杨汉水	2015-031						1（0）	0（0）	0
杨浩	**2007-269**						1（1）	0（0）	0
杨合	2015-163						1（0）	0（0）	0
杨贺	2011-231						1（0）	0（0）	0
杨贺亭	2007-104						1（0）	0（0）	0
杨恒	**2012-441**	2012-442	2013-377	**2015-487**			4（3）	0（0）	0
杨恒书	**2008-299**						1（1）	0（0）	0
杨红	**2003-166**						1（1）	0（0）	0
杨红芬	2006-238						1（0）	0（0）	0
杨红刚	2014-133						1（0）	0（0）	0
杨红瑾	**2010-357**						1（1）	0（0）	0
杨红梅	**2007-270**						1（1）	0（0）	0

续表

作者	索引编号					文献总数	英文文献	通讯作者
杨红曦	**1995-126**					1(1)	0(0)	0
杨红霞	2011-263	2015-166	**2015-488**			3(1)	0(0)	0
杨洪春	2010-367					1(0)	0(0)	0
杨洪硕	2014-452					1(0)	0(0)	0
杨洪星	2009-283	2010-242				2(0)	0(0)	0
杨洪永	2013-615					1(0)	0(0)	0
杨鸿昌	**1998-149**					1(1)	0(0)	0
杨虎	**2007-271**					1(1)	0(0)	0
杨华	1992-098（E）	**2003-167**				2(1)	1(0)	0
杨化中	**1996-140**					1(1)	0(0)	0
杨桦	2014-201					1(0)	0(0)	0
杨怀德	**2015-489**					1(1)	0(0)	0
杨怀金	2015-497					1(0)	0(0)	0
杨淮强	**2004-133**					1(1)	0(0)	0
杨晖	**2013-488**					1(1)	0(0)	0
杨辉	2006-207					1(0)	0(0)	0
杨慧	2013-545					1(0)	0(0)	0
杨吉富	1996-121					1(0)	0(0)	0
杨吉军	2015-161（E）					1(0)	1(0)	0
杨家宽	2009-084	*2012-561	*2013-431			3(0)	0(0)	2
杨家敏	2007-050	2009-065				2(0)	0(0)	0
杨家镛	1990-084（E）					1(0)	1(0)	0
杨建成	**1997-128**					1(1)	0(0)	0
杨建国	2009-033	*2011-276	2013-460			3(0)	0(0)	1
杨建虹	**2007-272**					1(1)	0(0)	0
杨建华	*2012-334					1(0)	0(0)	1
杨建军	2014-602					1(0)	0(0)	0
杨建明	2008-347					1(0)	0(0)	0
杨建瑞	2014-265	2015-467				2(0)	0(0)	0
杨建三	2010-035					1(0)	0(0)	0
杨建生	**2006-268**					1(1)	0(0)	0
杨建松	2003-180					1(0)	0(0)	0
杨建业	**2005-183**	**2006-269**	**2007-273**			3(3)	0(0)	0
杨剑	**2009-322**					1(1)	0(0)	0
杨剑波	2009-254	2010-145	2010-146	2010-147	2012-185（E）	2012-186	7(0)	1(0)	0
	2013-212							
杨健	2009-236	**2009-323**	2010-063	2010-283		4(1)	0(0)	0
杨江海	2007-311	2010-101				2(0)	0(0)	0
杨杰	2006-273	2014-134	**2015-490**			3(1)	0(0)	0
杨洁	2014-077					1(0)	0(0)	0
杨玠	2012-412					1(0)	0(0)	0
杨金	2015-159					1(0)	0(0)	0
杨金芳	2014-362					1(0)	0(0)	0

续表

作者	索引编号						文献总数	英文文献	通讯作者
杨金富	2015-196						1（0）	0（0）	0
杨金龙	**2010-358**	2015-113					2（1）	0（0）	0
杨金巧	1993-145						1（0）	0（0）	0
杨金胜	2013-151						1（0）	0（0）	0
杨金中	2000-139						1（0）	0（0）	0
杨锦发	**2007-274**						1（1）	0（0）	0
杨进	1993-039	2012-243	2013-283				3（0）	0（0）	0
杨京	**2011-398**						1（1）	0（0）	0
杨京春	**1984-079**						1（1）	0（0）	0
杨晶	1996-155						1（0）	0（0）	0
杨晶元	2009-103						1（0）	0（0）	0
杨景茹	2007-131	2007-132					2（0）	0（0）	0
杨敬军	2006-011						1（0）	0（0）	0
杨靖华	1999-138						1（0）	0（0）	0
杨静	2005-057	2015-147（E）	**2015-491**				3（1）	1（0）	0
杨静波	2014-358	2014-456	2014-457				3（0）	0（0）	0
杨静凯	**2009-324**						1（1）	0（0）	0
杨静娴	1993-106						1（0）	0（0）	0
杨菊	**2012-443**	**2012-444**	**2015-492**				3（3）	0（0）	0
杨菊蕾	2013-580						1（0）	0（0）	0
杨娟	2007-140	2014-149	2015-054				3（0）	0（0）	0
杨军	1998-045	**2006-270**	2013-291	2015-159			4（1）	0（0）	0
杨军昌	∵1998-016	2003-211	2013-101	2015-339	2015-378		5（0）	0（0）	0
杨军锋	2009-046						1（0）	0（0）	0
杨军红	**2014-476**	2015-202					2（1）	0（0）	0
杨军凯	2015-339						1（0）	0（0）	0
杨军涛	2000-019						1（0）	0（0）	0
杨君	2007-025	2007-197	**2009-325**	**2009-326**			4（2）	0（0）	0
杨君豪	∵1976-001	∵1976-007	∵1978-009				3（0）	0（0）	0
杨俊明	2010-128	2013-187					2（0）	0（0）	0
杨俊睿	1992-016						1（0）	0（0）	0
杨俊英	2015-227						1（0）	0（0）	0
杨凯	**2009-327**	**2011-399**	2011-419	2015-286	2012-002F		5（2）	1（0）	0
杨凯云	2015-033						1（0）	0（0）	0
杨康	2012-118	2015-433					2（0）	0（0）	0
杨科	2009-319	2010-140	2010-267	2010-273	2010-335	2011-220	14（0）	4（0）	0
	2011-241	2011-293	2011-391	2011-482	2015-546（E）	2011-004F			
	2011-005F	2014-002F							
杨克苏	2009-352						1（0）	0（0）	0
杨奎	2014-520						1（0）	0（0）	0
杨坤山	**1991-105**	**1991-106**	**1992-131**	**1992-132（E）**			4（4）	1（1）	0
杨堃	2012-153						1（0）	0（0）	0

续表

作者	索引编号						文献总数	英文文献	通讯作者
杨腊虎	2008-074	2008-078	2009-071				3（0）	0（0）	0
杨朗	2013-455						1（0）	0（0）	0
杨乐山	**1974-002**	**1975-006**	**1979-028**	**1985-101**	**1985-102**	**1987-048**	13（10）	0（0）	0
	1990-035	2006-281	**1973-007P**	**1973-009P**	**1973-011P**	**1976-002P**			
	1976-003P								
杨磊	2005-150	2002-004F					2（0）	1（0）	0
杨李锋	**2005-184**						1（1）	0（0）	0
杨理勤	2013-003	2014-282					2（0）	0（0）	0
杨立	2004-055						1（0）	0（0）	0
杨立国	2009-196						1（0）	0（0）	0
杨立辉	2008-315						1（0）	0（0）	0
杨立荣	2015-133						1（0）	0（0）	0
杨丽峰	2009-130	**2009-328**					2（1）	0（0）	0
杨丽萍	**2002-137**	2008-232	2008-233				3（1）	0（0）	0
杨丽荣	**2001-130**	2011-343					2（1）	0（0）	0
杨利红	2004-078						1（0）	0（0）	0
杨利平	2013-330						1（0）	0（0）	0
杨利群	1984-027						1（0）	0（0）	0
杨连菊	1996-097	1999-043					2（0）	0（0）	0
杨林	**2004-134**	2007-281	**2011-400**	**2012-445**			4（3）	0（0）	0
杨林章	*2014-082	*2015-076					2（0）	0（0）	2
杨琳娜	2013-403						1（0）	0（0）	0
杨霖	2009-320						1（0）	0（0）	0
杨玲	2014-117						1（0）	0（0）	0
杨玲玲	**2009-329**						1（1）	0（0）	0
杨凌	2012-489	2012-530					2（0）	0（0）	0
杨留栓	2013-431	2014-419					2（0）	0（0）	0
杨柳	2001-017	**2006-271**	2012-304	**2014-477**			4（2）	0（0）	0
杨鲁闽	1985-123						1（0）	0（0）	0
杨璐	2009-268						1（0）	0（0）	0
杨眉	**2010-359**						1（1）	0（0）	0
杨梅	2013-492						1（0）	0（0）	0
杨淼	2015-517（E）						1（0）	1（0）	0
杨民	**2003-168**						1（1）	0（0）	0
杨敏军	2008-320						1（0）	0（0）	0
杨明	2015-365						1（0）	0（0）	0
杨明坤	2010-222	**2015-493**					2（1）	0（0）	0
杨明太	1994-115	1994-116	2000-101	2001-131	2001-132	2002-138	21（19）	0（0）	0
	2003-169	2006-272	2007-244	2007-275	2007-276	2007-277			
	2008-300	2008-301	2009-330	2010-360	2010-361	2011-401			
	2012-274	2012-446	2008-012W						
杨明英	2015-390						1（0）	0（0）	0

续表

作者	索引编号					文献总数	英文文献	通讯作者
杨明仲	1994-089	1995-099				2（0）	0（0）	0
杨年	2010-076	2011-445				2（0）	0（0）	0
杨培纲	1994-020	∵1995-022				2（0）	0（0）	0
杨培全	2014-331					1（0）	0（0）	0
杨朋飞	2015-084					1（0）	0（0）	0
杨鹏飞	2012-524					1（0）	0（0）	0
杨平先	2012-396	**2013-489**				2（1）	0（0）	0
杨萍	2012-250					1（0）	0（0）	0
杨琦	2015-286					1（0）	0（0）	0
杨旗风	2000-044	2001-018	**2003-170**			3（1）	0（0）	0
杨起	2001-038					1（0）	0（0）	0
杨钱华	2010-238					1（0）	0（0）	0
杨强	2006-065	2006-066	2009-089	**2009-331**	2010-065	2010-091	11（2）	0（0）	0
	2010-362	2011-271	2013-090	2013-272	2013-551				
杨秦霞	2014-133					1（0）	0（0）	0
杨青云	**1993-122**					1（1）	0（0）	0
杨清海	2008-059					1（0）	0（0）	0
杨清河	2015-520					1（0）	0（0）	0
杨清花	**2003-171**	2007-217	**2007-278**			3（2）	0（0）	0
杨清玲	2005-098（E）					1（0）	1（0）	0
杨庆江	2015-358					1（0）	0（0）	0
杨秋红	2015-253					1（0）	0（0）	0
杨秋景	2003-141					1（0）	0（0）	0
杨全文	2011-291					1（0）	0（0）	0
杨群	2008-253	**2008-304**	**2008-302**	**2008-303**	2015-356	2011-003F	7（3）	2（0）	0
	2013-003F								
杨任游	2014-200					1（0）	0（0）	0
杨荣国	**2014-478**	**2015-494**				2（2）	0（0）	0
杨荣杰	2015-314					1（0）	0（0）	0
杨荣静	2013-519					1（0）	0（0）	0
杨榕	2011-032					1（0）	0（0）	0
杨茹	2009-122					1（0）	0（0）	0
杨蕊	2015-206					1（0）	0（0）	0
杨锐	2009-425	2013-464				2（0）	0（0）	0
杨瑞琴	2015-010	2015-011				2（0）	0（0）	0
杨瑞霞	2009-211					1（0）	0（0）	0
杨瑞瑛	**1994-117**	**1994-118**	**2001-133**	**2007-279**		4（4）	0（0）	0
杨润泉	**2010-363**					1（0）	0（0）	0
杨三明	2012-371					1（0）	0（0）	0
杨森	1982-003					1（0）	0（0）	0
杨森林	**1995-127**	**1998-150**				2（2）	0（0）	0
杨森祖	1995-142					1（0）	0（0）	0
杨绍晋	**1987-088**	1998-020				2（1）	0（0）	0

续表

作者	索引编号					文献总数	英文文献	通讯作者
杨绍利	2015-275	2015-276				2(0)	0(0)	0
杨社锋	**2007-280**	**2009-332**				2(2)	0(0)	0
杨胜雄	2011-089					1(0)	0(0)	0
杨盛	2010-380(E)					1(0)	1(0)	0
杨世芳	**2006-273**					1(1)	0(0)	0
杨世忠	2014-341					1(0)	0(0)	0
杨受业	1982-053					1(0)	0(0)	0
杨书娟	**2014-479**					1(1)	0(0)	0
杨淑兰	1981-041	1983-063	1995-087	1996-103		4(0)	0(0)	0
杨淑贤	**2011-402**					1(1)	0(0)	0
杨淑珍	1995-006					1(0)	0(0)	0
杨树洁	2013-256					1(0)	0(0)	0
杨树泉	**2015-495**	**2015-496**				2(2)	0(0)	0
杨双花	2011-285					1(0)	0(0)	0
杨思学	1988-118					1(0)	0(0)	0
杨松	**2015-497**					1(1)	0(0)	0
杨素莲	2008-034					1(0)	0(0)	0
杨素琴	1996-105	1997-123				2(0)	0(0)	0
杨素霞	2013-411					1(0)	0(0)	0
杨鹏	2001-103					1(0)	0(0)	0
杨锁龙	**2012-447**					1(1)	0(0)	0
杨涛	**2014-480**					1(1)	0(0)	0
杨天邦	2015-195					1(0)	0(0)	0
杨天畅	2012-526	2014-561				2(0)	0(0)	0
杨天足	2012-039(E)					1(0)	1(0)	0
杨甜甜	**2015-498**					1(1)	0(0)	0
杨铁莹	2012-437(E)	2012-485				2(0)	1(0)	0
杨婷	2009-322					1(0)	0(0)	0
杨婉	**2005-185**					1(1)	0(0)	通讯
杨伟清	2010-245	**2010-364**				2(1)	0(0)	0
杨伟涛	2006-181					1(0)	0(0)	0
杨卫	**1998-151**					1(1)	0(0)	0
杨卫华	2011-080					1(0)	0(0)	0
杨卫亚	2014-585(E)	2015-013				2(0)	1(0)	0
杨卫英	**2005-186**	2006-287	2006-288	2014-029		4(1)	0(0)	0
杨蔚	**2013-490**					1(1)	0(0)	0
杨文斌	2006-214					1(0)	0(0)	0
杨文兵	2012-338					1(0)	0(0)	0
杨文波	2008-059					1(0)	0(0)	0
杨文潮	2010-105					1(0)	0(0)	0
杨文锋	**2007-281**					1(1)	0(0)	0
杨文光	**2008-305**					1(1)	0(0)	0
杨文佳	2013-271	2013-272	**2013-491**	2014-582		4(1)	0(0)	0

续表

作者	索引编号						文献总数	英文文献	通讯作者
杨文建	2014-389						1（0）	0（0）	0
杨文杰	2012-155						1（0）	0（0）	0
杨文静	2010-300						1（0）	0（0）	0
杨文龙	2014-072						1（0）	0（0）	0
杨文申	2015-357						1（0）	0（0）	0
杨文涛	2007-123						1（0）	0（0）	0
杨文宗	**2009-333**						1（1）	0（0）	0
杨武	2011-033						1（0）	0（0）	0
杨武洋	**2009-334**						1（1）	0（0）	0
杨西平	∵1983-080						1（0）	0（0）	0
杨曦光	2015-569						1（0）	0（0）	0
杨喜平	2009-326						1（0）	0（0）	0
杨霞	2014-437	**2014-481**					2（1）	0（0）	0
杨先锋	2008-259						1（0）	0（0）	0
杨先华	**1980-034**	**1980-035**	**1981-044**	∵**1982-017**	**1983-081**	**1984-080**	6（5）	0（0）	0
杨先伟	2010-017						1（0）	0（0）	0
杨乡珍	**1988-092**						1（1）	0（0）	0
杨祥	2000-072						1（0）	0（0）	0
杨祥良	1993-009						1（0）	0（0）	0
杨小刚	2011-351						1（0）	0（0）	0
杨小康	2013-614						1（0）	0（0）	0
杨小丽	**2012-448**	**2013-492**					2（2）	0（0）	0
杨小平	2010-141						1（0）	0（0）	0
杨小勇	1999-127						1（0）	0（0）	0
杨小云	2008-279	**2008-306**					2（1）	0（0）	0
杨晓丹	**2012-449**						1（1）	0（0）	0
杨晓辉	1987-018	1988-022	1989-021	1991-016	1991-017	1992-150	8（1）	0（0）	0
	1993-123	2003-023							
杨晓慧	1989-014	1990-033					2（0）	0（0）	0
杨晓杰	**1997-129**	**2006-274**					2（2）	0（0）	0
杨晓龙	2009-200	**2010-365**	**2012-450**（E）	**2012-451**（E）			4（3）	2（2）	0
杨晓梅	**2006-275**						1（1）	0（0）	0
杨晓霞	2014-195						1（0）	0（0）	0
杨晓彦	2015-002						1（0）	0（0）	0
杨晓勇	**1998-152**	1999-131	2002-085	2002-086	**2003-172**（E）	2012-140	6（2）	1（1）	0
杨笑凡	**2013-493**						1（1）	0（0）	0
杨啸涛	2004-147						1（0）	0（0）	0
杨飑	2014-151	**2014-482**					2（1）	0（0）	0
杨欣	**2009-335**	**2010-366**					2（2）	0（0）	0
杨新波	**2009-336**						1（1）	0（0）	0
杨新能	**2008-307**	**2010-367**	**2011-403**	**2014-483**			4（4）	0（0）	0
杨新萍	**2010-368**						1（1）	0（0）	0
杨新兴	∵1983-048						1（0）	0（0）	0

续表

作者	索引编号						文献总数	英文文献	通讯作者
杨新雨	**2011-404**	2012-350	2012-417				3（1）	0（0）	0
杨醒	2012-345						1（0）	0（0）	0
杨兴繁	**1998-153**						1（1）	0（0）	0
杨兴琴	2013-494						1（0）	0（0）	0
杨秀玖	2015-486						1（0）	0（0）	0
杨秀全	2014-473						1（0）	0（0）	0
杨秀珍	1989-017						1（0）	0（0）	0
杨旭	2008-283	2012-253	**2013-495**	2015-409			4（1）	0（0）	0
杨续来	2014-256						1（0）	0（0）	0
杨选辉	2012-065						1（0）	0（0）	0
杨学东	**1990-119**	**1991-107**	2005-032				3（2）	0（0）	0
杨学军	2015-568						1（0）	0（0）	0
杨学明	1998-152	**1999-131**					2（1）	0（0）	0
杨学平	2001-059	2001-058（E）					1（0）	0（0）	0
杨雪梅	2007-266	**2007-282**	2008-297	**2008-308**	2011-437		5（2）	0（0）	0
杨雪萍	2015-395						1（0）	0（0）	0
杨雪霞	**2013-496**	**2013-497**					2（2）	0（0）	0
杨雪颖	2013-298						1（0）	0（0）	0
杨雅兰	2014-250						1（0）	0（0）	0
杨雅媚	**2009-337**						1（1）	0（0）	0
杨亚新	**2000-103**						1（1）	0（0）	0
杨岩凯	2011-208						1（0）	0（0）	0
杨艳	**2007-283**	2009-315	**2009-338**	**2013-498**	2013-585	**2014-484**	6（4）	0（0）	0
杨艳霞	2007-045	2007-135	**2007-284**				3（1）	0（0）	0
杨雁泽	2002-109						1（0）	0（0）	0
杨燕	2007-017	2008-031	**2009-339**				3（1）	0（0）	0
杨燕梅	**2015-499**						1（1）	0（0）	0
杨扬	2013-299	2015-015					2（0）	0（0）	0
杨阳	2009-101	**2011-405**	2012-122	2012-123	2012-275	2013-473	7（1）	0（0）	0
	2015-013								
杨洋	2013-253						1（0）	0（0）	0
杨一青	**2008-309**	**2009-340**	2010-219	2012-265	2013-305	**2014-485**	6（3）	0（0）	0
杨宜珍	**1988-093**						1（1）	0（0）	0
杨亦男	1987-088						1（0）	0（0）	0
杨奕	**2010-369**						1（1）	0（0）	0
杨益民	2002-171	2003-060（E）	2003-075	**2003-173**	**2004-135**	2007-038	14（3）	1（0）	0
	2008-310	2009-128	2010-209	2012-081	2013-098	2013-587			
	2014-208	2015-047							
杨毅	2008-041（E）						1（0）	1（0）	0
杨英	**2011-406**						1（1）	0（0）	0
杨迎春	**2012-452**	*2013-265					2（1）	0（0）	1
杨迎花	2002-083						1（0）	0（0）	0
杨莹	**2010-370**						1（1）	0（0）	0

续表

作者	索引编号					文献总数	英文文献	通讯作者
杨颖	1989-013	2011-302	2015-057			3（0）	0（0）	0
杨颖东	**2014-486**					1（1）	0（0）	0
杨永才	2006-101					1（0）	0（0）	0
杨永顺	1985-035					1（0）	0（0）	0
杨永涛	2010-016					1（0）	0（0）	0
杨永兴	**2007-285**	**2013-499**				2（2）	0（0）	0
杨勇	2009-040	2012-099				2（0）	0（0）	0
杨幼明	**2014-487**					1（1）	0（0）	0
杨舰	2007-005	**2009-341**	2010-257	2013-608		4（1）	0（0）	0
杨宇	**2010-373**	2012-458	2014-132	**2014-488**		4（2）	0（0）	0
杨宇涛	2010-064					1（0）	0（0）	0
杨雨忻	1989-017					1（0）	0（0）	0
杨玉飞	2011-028					1（0）	0（0）	0
杨玉华	**1991-108**					1（1）	0（0）	0
杨玉辉	**2008-311**					1（1）	0（0）	0
杨玉兰	1999-154					1（0）	0（0）	0
杨玉明	2012-453					1（0）	0（0）	0
杨玉颖	2003-207					1（0）	0（0）	0
杨玉璋	**2010-371**	**2010-372**	*2011-014			3（2）	0（0）	1
杨远	2015-295					1（0）	0（0）	0
杨远友	2015-161（E）					1（0）	1（0）	0
杨月	2014-262					1（0）	0（0）	0
杨岳衡	**2000-104**	**2001-134**				2（2）	0（0）	0
杨跃涛	1999-040					1（0）	0（0）	0
杨云和	1999-064					1（0）	0（0）	0
杨运琼	2010-181					1（0）	0（0）	0
杨韵屏	2003-098					1（0）	0（0）	0
杨载明	**2013-500**					1（1）	0（0）	0
杨增良	2010-286					1（0）	0（0）	0
杨增玉	2014-489					1（0）	0（0）	0
杨展澜	2001-096					1（0）	0（0）	0
杨占寿	2010-298	2011-338	2012-568	2012-569		4（0）	0（0）	0
杨肇清	1997-043					1（0）	0（0）	0
杨振国	2007-170	2007-171				2（0）	0（0）	0
杨振海	2000-015					1（0）	0（0）	0
杨振华	**2013-501**	**2014-489**				2（2）	0（0）	0
杨振军	1993-098	1994-074（E）	1994-075	1995-067	1996-102	5（0）	1（0）	0
杨之昌	1989-087					1（0）	0（0）	0
杨植震	1996-024	1996-025	2003-181			3（0）	0（0）	0
杨志	2014-103					1（0）	0（0）	0
杨志刚	2009-162	2010-166	2014-393	2014-394	2015-403	5（0）	0（0）	0
杨志红	1999-137					1（0）	0（0）	0
杨志民	2015-557					1（0）	0（0）	0

续表

作者	索引编号					文献总数	英文文献	通讯作者
杨志强	2012-352	2013-350				2(0)	0(0)	0
杨智华	**2014-490**					1(1)	0(0)	0
杨中建	2013-388	2014-020	2014-306			3(0)	0(0)	0
杨忠梅	2013-176					1(0)	0(0)	0
杨忠平	**2008-312**	**2009-342**	**2010-374**	**2015-500**		4(4)	0(0)	0
杨钟堂	**1996-141**					1(1)	0(0)	0
杨仲平	1992-091	1993-012	**1998-154**	**1999-132**	**2006-276**	5(3)	0(0)	0
杨重庆	2015-215					1(0)	0(0)	0
杨周侠	2014-485					1(0)	0(0)	0
杨竹森	2000-020					1(0)	0(0)	0
杨祝红	2010-034					1(0)	0(0)	0
杨颛维	**2015-501**					1(1)	0(0)	0
杨子旭	2012-514					1(0)	0(0)	0
杨自然	**2015-502**					1(1)	0(0)	0
杨宗强	**2006-277**					1(1)	0(0)	0
杨钻云	2010-103					1(0)	0(0)	0
杨尊勇	2010-375					1(0)	0(0)	0
杨左军	2002-104	**2003-174**				2(1)	0(0)	0
杨作升	1992-028	2013-521				2(0)	0(0)	0
仰丽琴	2014-031					1(0)	0(0)	0
Yang Changzhu	*2013-454（E）					1(0)	1(0)	1
Yang Chen	**2012-437（E）**					1(1)	1(1)	0
Yang Jae Kyu	2007-162（E）					1(0)	1(0)	0
Yang Jianhong	2007-007F					1(0)	1(0)	0
Yang Jianjun	**2015-001F**					1(1)	1(1)	0
Yang J.Y.	**2011-006F**					1(1)	1(1)	0
Yang Maojun	2014-004F					1(0)	1(0)	0
Yang Qixing	2013-173	2014-524（E）				2(0)	1(0)	0
Yang Shaojin	**2000-102（E）**					1(1)	1(1)	0
Yang Shijian	2007-084（E）					1(0)	1(0)	0
Yang Shushen	2006-006F	2006-010F				2(0)	2(0)	0
Yang Xiaoe	2009-006F	2013-008F				2(0)	2(0)	0
Yang Xiaojian	2012-303（E）	2012-324（E）				2(0)	2(0)	0
Yang Y.Q.	2013-007F					1(0)	1(0)	0
Yang Yun	2013-004F					1(0)	1(0)	0
尧巍华	2003-117					1(0)	0(0)	0
姚安兵	1997-029					1(0)	0(0)	0
姚斌	2015-400					1(0)	0(0)	0
姚德	1996-111	**2008-313**				2(1)	0(0)	0
姚迪民	1994-080					1(0)	0(0)	0
姚敦瑶	**2013-502**					1(1)	0(0)	0
姚飞	2012-553					1(0)	0(0)	0
姚凤花	**2013-503**					1(1)	0(0)	0

续表

作者	索引编号						文献总数	英文文献	通讯作者
姚高尚	2006-074						1（0）	0（0）	0
姚光辉	1992-033						1（0）	0（0）	0
姚桂菊	2011-486						1（0）	0（0）	0
姚桂莲	2008-255						1（0）	0（0）	0
姚洪	2007-006	2008-127	2008-321	2009-356（E）	2009-417	2013-209	7（0）	1（0）	0
	2015-438								
姚虎卿	2007-175						1（0）	0（0）	0
姚会强	2014-555						1（0）	0（0）	0
姚惠英	1980-027	1982-033	1984-059	1985-065	**1985-103**	1986-008	27（3）	2（0）	0
	1986-090	1988-080	1989-080	1989-110	**1991-109**	**1993-124**			
	1994-132	1994-133	1996-150	1997-010	1999-011	1999-012（E）			
	1999-013	2001-020	2001-031	2001-070	2001-090	2001-091			
	2003-046	2002-002F	1981-002W						
姚蕙英	1991-124						1（0）	0（0）	0
姚剑	2010-049						1（0）	0（0）	0
姚杰	2014-536						1（0）	0（0）	0
姚金萍	1994-138						1（0）	0（0）	0
姚锦冰	**2012-453**						1（1）	0（0）	0
姚玖瑜	2015-576						1（0）	0（0）	0
姚军	2006-298						1（0）	0（0）	0
姚焜	2001-044	**2002-139**	2002-003F				3（1）	1（0）	0
姚立斌	2012-491						1（0）	0（0）	0
姚丽珠	**1999-133**						1（1）	0（0）	0
姚利鹏	2014-325						1（0）	0（0）	0
姚林杰	**1990-120**						1（1）	0（0）	0
姚凌青	2013-524						1（0）	0（0）	0
姚龙奎	2005-225						1（0）	0（0）	0
姚茂莹	**2010-375**						1（1）	0（0）	0
姚妮娜	**2013-504**						1（1）	0（0）	0
姚宁	**1988-094**						1（1）	0（0）	0
姚朋军	2012-026（E）						1（0）	1（0）	0
姚强	2006-312	2008-239	**2010-376**	**2011-407**	2012-370	2013-482	8（4）	0（0）	0
	2013-505	**2013-506**							
姚荣奎	1985-001						1（0）	0（0）	0
姚胜兴	**2000-106**						1（1）	0（0）	0
姚书文	2013-587						1（0）	0（0）	0
姚淑德	**2010-377**	*2012-263					2（1）	0（0）	1
姚淑华	**2007-286**（E）						1（1）	1（1）	0
姚树玉	2006-228						1（0）	0（0）	0
姚思德	2001-102						1（0）	0（0）	0
姚通	2014-158						1（0）	0（0）	0
姚唯亮	2013-416						1（0）	0（0）	0
姚卫国	2014-379						1（0）	0（0）	0

续表

作者	索引编号						文献总数	英文文献	通讯作者
姚文贵	2013-336						1（0）	0（0）	0
姚文清	**2011-408**						1（1）	0（0）	0
姚文生	2011-060						1（0）	0（0）	0
姚文涛	**2009-343**	**2009-344**					2（2）	0（0）	0
姚锡文	**2015-503**						1（1）	0（0）	0
姚熹	2006-075						1（0）	0（0）	0
姚向东	**1998-155**	2000-005					2（1）	0（0）	0
姚小江	2012-045						1（0）	0（0）	0
姚晓雪	2013-555						1（0）	0（0）	0
姚旭莹	2015-570	2015-571					2（0）	0（0）	0
姚艳红	**2002-140**						1（1）	0（0）	0
姚燕群	**2011-409**	**2011-410**					2（2）	0（0）	0
姚瑶	2011-428						1（0）	0（0）	0
姚英	1998-079						1（0）	0（0）	0
姚瑛	1994-062	1995-066					2（0）	0（0）	0
姚颖	2015-424						1（0）	0（0）	0
姚永刚	2014-143						1（0）	0（0）	0
姚振强	2010-375						1（0）	0（0）	0
姚政	2014-428						1（0）	0（0）	0
姚政权	2007-330	2008-101	2008-141	2008-142	2008-217	2009-126	19（1）	0（0）	0
	2009-379	2010-129	2010-130	**2010-378**	2011-151	2011-152			
	2011-153	2011-154	2011-353	2011-415	2013-554	2014-208			
	2015-038								
姚志刚	2009-012						1（0）	0（0）	0
姚志龙	*2014-161	2015-539					2（0）	0（0）	1
姚志亨	1990-081						1（0）	0（0）	0
姚智辉	**2014-491**						1（1）	0（0）	0
姚中栋	**1990-121**	**1990-122**	**1991-110**				3（3）	0（0）	0
姚忠平	2007-066						1（0）	0（0）	0
要华	**2000-105**	2001-011					2（1）	0（0）	0
Yao H.	**1993-004F**						1（1）	1（1）	0
Yao Zhenkun	2012-241（E）						1（0）	1（0）	0
Yasar Kocaefe	2012-402						1（0）	0（0）	0
耶伯 C.T.	**1988-095**						1（1）	0（0）	0
冶金部矿冶研究所分析室X光组	1975-007						1（1）	0（0）	0
冶金部洛阳耐火材料研究所物化室X荧光组	1979-029						1（1）	0（0）	0
冶金工业部有色金属研究院	1977-009						1（0）	0（0）	0
叶彬	2008-314						1（1）	0（0）	0
叶斌	1999-134	2007-287					2（2）	0（0）	0

续表

作者	索引编号					文献总数	英文文献	通讯作者
叶炳火	2009-101					1 (0)	0 (0)	0
叶伯明	2002-035					1 (0)	0 (0)	0
叶成刚	2009-189					1 (0)	0 (0)	0
叶传贤	∵1982-002	**1988-096**				2 (1)	0 (0)	0
叶春葆	∵1996-142					1 (0)	0 (0)	0
叶道阳	2014-411					1 (0)	0 (0)	0
叶堤	2006-292	2007-297				2 (0)	0 (0)	0
叶福媛	1991-077					1 (0)	0 (0)	0
叶富建	2015-569					1 (0)	0 (0)	0
叶国英	2006-249					1 (0)	0 (0)	0
叶罕章	2009-057	**2009-345**	**2010-379**	2011-240	2013-542	5 (2)	0 (0)	0
叶宏光	2008-154					1 (0)	0 (0)	0
叶鸿	**2013-507**					1 (1)	0 (0)	0
叶华俊	**2012-454**					1 (1)	0 (0)	0
叶华香	2009-386	2009-387	2009-388			3 (0)	0 (0)	0
叶会寿	2006-009（E）					1 (0)	1 (0)	0
叶建红	2005-247					1 (0)	0 (0)	0
叶建宏	**2013-508**					1 (1)	0 (0)	0
叶建圣	2012-488					1 (0)	0 (0)	0
叶俊英	2014-250					1 (0)	0 (0)	0
叶克江	**1996-143**					1 (1)	0 (0)	0
叶黎明	2015-570	2015-571				2 (0)	0 (0)	0
叶丽君	**2012-455**	**2012-456**				2 (2)	0 (0)	0
叶丽琴	2015-203					1 (0)	0 (0)	0
叶沥	**2010-380（E）**					1 (1)	1 (1)	0
叶梅	2012-181					1 (0)	0 (0)	0
叶娜	2007-194					1 (0)	0 (0)	0
叶谦辉	2002-026					1 (0)	0 (0)	0
叶巧明	1990-035					1 (0)	0 (0)	0
叶青	**2006-278**	**2012-457**	2012-516			3 (2)	0 (0)	0
叶秋红	1990-063					1 (0)	0 (0)	0
叶汝求	1991-102					1 (0)	0 (0)	0
叶森钢	**2014-492**					1 (1)	0 (0)	0
叶盛英	**2007-288**					1 (1)	0 (0)	0
叶诗瑛	**2014-493**					1 (1)	0 (0)	0
叶淑爱	2010-221	2010-222	**2015-504**			3 (1)	0 (0)	0
叶树峰	2014-222					1 (0)	0 (0)	0
叶树民	2003-157					1 (0)	0 (0)	0
叶水驰	**1997-130**					1 (1)	0 (0)	0
叶舜华	2001-102	2003-159				2 (0)	0 (0)	0
叶涛	2007-242					1 (0)	0 (0)	0
叶廷审	2015-130					1 (0)	0 (0)	0
叶玮	2008-112	**2008-315**	*2010-123	2015-254		4 (1)	0 (0)	1

续表

作者	索引编号						文献总数	英文文献	通讯作者
叶文静	2012-436						1（0）	0（0）	0
叶文玲	2013-071						1（0）	0（0）	0
叶先贤	**1994-119**						1（1）	0（0）	0
叶小娟	**2007-289**						1（1）	0（0）	0
叶小松	**2012-458**						1（1）	0（0）	0
叶晓珉	2000-093	2003-151	2009-383				3（0）	0（0）	0
叶晓通	**2012-459**						1（1）	0（0）	0
叶衍庆	1988-080						1（0）	0（0）	0
叶晔捷	2012-423						1（0）	0（0）	0
叶瑛	2003-208	2003-209	2004-166（E）	2006-054	*2007-061	2007-240	6（0）	1（0）	1
叶勇	2009-103	2010-032	2014-061	2015-056			4（0）	0（0）	0
叶宇轩	∵2012-460						1（0）	0（0）	0
叶玉莉	2009-149（E）						1（0）	1（0）	0
叶章程	1980-028	1981-042	1985-056				3（0）	0（0）	0
叶珍久	1986-056	**1991-111**					2（1）	0（0）	0
叶正隆	2011-359	2012-124	*2012-390	2014-112			4（0）	0（0）	1
叶芝祥	2012-314	2012-452	2013-265	2015-497			4（0）	0（0）	0
伊继光	2010-100						1（0）	0（0）	0
伊继雪	2008-112	2010-123					2（0）	0（0）	0
伊丽莹	**1992-133**						1（1）	0（0）	0
伊万年柯·伏	∵1995-102						1（0）	0（0）	0
伊志宏	**2000-107**	**2001-135**					2（2）	0（0）	0
衣宝廉	2012-544						1（0）	0（0）	0
衣伟虹	2011-088						1（0）	0（0）	0
衣秀娟	**2012-461**	**2013-509**					2（2）	0（0）	0
仪建华	2008-331（E）	2009-369（E）	2013-329	2013-538	2013-575	2013-576	7（0）	2（0）	0
	2014-172								
矣应荣	1995-050						1（0）	0（0）	0
易碧华	2015-145						1（0）	0（0）	0
易达	2015-429						1（0）	0（0）	0
易建春	2013-179						1（0）	0（0）	0
易娟	2009-012						1（0）	0（0）	0
易龙涛	**2014-494**	2015-170					2（1）	0（0）	0
易荣清	2007-050	2009-065					2（0）	0（0）	0
易同斌	2005-220						1（0）	0（0）	0
易惟熙	1978-010	**1982-053**					2（1）	0（0）	0
易伟松	2006-015	2006-150	**2006-279**	**2008-316**	2009-100	**2009-346**	8（5）	0（0）	0
	2009-347	2010-381							
易西兵	2010-453						1（0）	0（0）	0
易晓明	2003-191						1（0）	0（0）	0
易欣	2013-100						1（0）	0（0）	0
易阳	∵1985-043						1（0）	0（0）	0
Yi Fei	2012-241（E）						1（0）	1（0）	0

续表

作者	索引编号					文献总数	英文文献	通讯作者
Yim Hong Sup	2009-115（E）					1（0）	1（0）	0
阴沛军	2006-160					1（0）	0（0）	0
阴秀丽	2010-150	2015-012	2015-357			3（0）	0（0）	0
殷爱华	1985-064					1（0）	0（0）	0
殷兵	2008-082					1（0）	0（0）	0
殷德宏	2012-334					1（0）	0（0）	0
殷德强	2012-381					1（0）	0（0）	0
殷芳	2008-033					1（0）	0（0）	0
殷飞	2013-178					1（0）	0（0）	0
殷凤艳	1994-026					1（0）	0（0）	0
殷高方	2014-064	2014-086	2015-078			3（0）	0（0）	0
殷国华	1986-087					1（0）	0（0）	0
殷汉琴	**2010-382**					1（1）	0（0）	0
殷好勇	2015-052					1（0）	0（0）	0
殷宏	**2007-290**	2009-264				2（1）	0（0）	0
殷惠民	1991-042					1（0）	0（0）	0
殷建军	2012-342					1（0）	0（0）	0
殷经鹏	2009-236					1（0）	0（0）	0
殷晶	2008-208	2009-238				2（0）	0（0）	0
殷娟	2009-289					1（0）	0（0）	0
殷科	2006-168	2014-069				2（0）	0（0）	0
殷坤龙	2005-198					1（0）	0（0）	0
殷立宝	**2013-511**	2015-084				2（1）	0（0）	0
殷铭宏	**2013-512**					1（1）	0（0）	0
殷萍君	1998-056	1998-058	1998-163			3（0）	0（0）	0
殷庆纵	**2012-464**	**2013-513**	**2015-506**			3（3）	0（0）	0
殷求义	**2012-465**					1（1）	0（0）	0
殷绍泉	2010-308	2014-611				2（0）	0（0）	0
殷绍唐	2011-073	2011-235				2（0）	0（0）	0
殷桃刚	2015-244	2015-245	2015-246			3（0）	0（0）	0
殷文荣	2010-196	2014-519				2（0）	0（0）	0
殷晓	2012-032					1（0）	0（0）	0
殷秀文	**1996-144**	1997-025				2（1）	0（0）	0
殷学博	2006-140					1（0）	0（0）	0
殷雪霞	2003-105					1（0）	0（0）	0
殷茵	2014-069					1（0）	0（0）	0
殷勇	**2008-317**					1（1）	0（0）	0
殷钰	**2008-318**	**2008-319**	2009-239	**2009-349**		4（3）	0（0）	0
殷正芳	1985-093					1（0）	0（0）	0
殷政芳	1986-066	1986-067				2（0）	0（0）	0
殷政芬	1985-094					1（0）	0（0）	0
殷之文	1999-161	1999-162	2001-084	2001-164	2002-155	5（0）	0（0）	0
银跃德	1992-157					1（0）	0（0）	0

续表

作者	索引编号					文献总数	英文文献	通讯作者
尹宝华	**2011-411**					1（1）	0（0）	0
尹本林	2015-027	2015-028				2（0）	0（0）	0
尹冰	2009-170					1（0）	0（0）	0
尹传烈	2011-280					1（0）	0（0）	0
尹春艳	2009-352					1（0）	0（0）	0
尹根有	**2014-495**	2015-070				2（1）	0（0）	0
尹桂全	2007-191					1（0）	0（0）	0
尹海涛	**2013-510**					1（1）	0（0）	0
尹洪超	2012-259					1（0）	0（0）	0
尹洪峰	**2009-348**	**2011-412**	2014-466			3（2）	0（0）	0
尹洪基	∵2011-413					1（0）	0（0）	0
尹建军	2010-420	2014-562				2（0）	0（0）	0
尹健生	∵1989-106					1（0）	0（0）	0
尹静	**2011-414**					1（1）	0（0）	0
尹柯	2012-155					1（0）	0（0）	0
尹利辉	*2012-165	**2012-462**	**2012-463**	2013-178	*2014-198	*2014-601	7（2）	0（0）	4
	*2015-613							
尹领弟	**2015-505**					1（1）	0（0）	0
尹民	*2011-339					1（0）	0（0）	1
尹明香	2010-205					1（0）	0（0）	0
尹平	*2003-045					1（0）	0（0）	1
尹琪	2015-120					1（0）	0（0）	0
尹起范	2002-140					1（0）	0（0）	0
尹庆顺	**2004-136**					1（1）	0（0）	0
尹若春	**2011-415**					1（1）	0（0）	0
尹森	2004-134					1（0）	0（0）	0
尹文胜	**2014-496**					1（1）	0（0）	0
尹显东	∵2005-187					1（0）	0（0）	0
尹香莲	1992-039					1（0）	0（0）	0
尹小文	**2014-497**					1（1）	0（0）	0
尹旭东	2015-128（E）	2015-137	2015-162			3（0）	1（0）	0
尹雪斌	2001-088	2001-089	2002-090（E）	2002-092		4（0）	1（0）	0
尹应锋	2005-173					1（0）	0（0）	0
尹应武	2015-348					1（0）	0（0）	0
尹在继	1986-008					1（0）	0（0）	0
尹兆余	2013-516	2015-601				2（0）	0（0）	0
尹中林	1987-085					1（0）	0（0）	0
尹仲礼	∵1985-080	1990-039	1993-049	**1993-125（E）**		4（1）	1（1）	0
尹周澜	2000-053	2000-134（E）	2009-152	2015-257（E）		4（0）	2（0）	0
尹斫	2002-026					1（0）	0（0）	0
印红玲	2012-543					1（0）	0（0）	0
印佳敏	**2010-383**					1（1）	0（0）	0
印建华	1987-095					1（0）	0（0）	0

续表

作者	索引编号					文献总数	英文文献	通讯作者
印仁和	2007-009					1（0）	0（0）	0
Yin Qianqian	2012-361（E）					1（0）	1（0）	0
Yin Xuebin	2001-005F					1（0）	1（0）	0
应海松	**2002-141**	**2003-175**	2008-193	2014-128	2015-127	5（2）	0（0）	0
应华军	2012-419	2012-418				2（0）	0（0）	0
Ying Jianhua	1989-114（E）					1（0）	1（0）	0
应乐斌	**2011-416**					1（1）	0（0）	0
应立娟	2008-111					1（0）	0（0）	0
应林初	1999-051	2000-109	2004-116			3（0）	0（0）	0
应美蓉	2015-280					1（0）	0（0）	0
应明良	2014-573					1（0）	0（0）	0
应三九	2007-250					1（0）	0（0）	0
应松	2010-393					1（0）	0（0）	0
应腾远	**2012-466**					1（1）	0（0）	0
应晓浒	1996-116	**2000-108**	**2000-109**	**2000-110**	**2001-136**	2002-141	23（11）	0（0）	0
	2002-142	2003-175	**2003-176**	**2003-177**	2004-116	**2004-137**			
	2004-138	2005-005	2005-080	**2005-188**	**2006-280**	2008-246			
	2009-239	2011-071	2011-333	2011-334	2014-194				
应义斌	*2009-217					1（0）	0（0）	1
应育浦	1993-020	**1993-126**				2（1）	0（0）	0
应志春	1988-091	1991-055	**1995-128**	1996-127	**1996-145**	**1997-131**	9（3）	0（0）	0
	2007-034	2007-035	2007-036						
雍伏曾	2015-295					1（0）	0（0）	0
雍国平	2005-056	2006-078				2（0）	0（0）	0
雍晓静	2012-510	2013-384	2013-385	**2014-498**	2014-545	2015-555	6（1）	0（0）	0
Yoshihiko Ninomiya	2006-091（E）	2006-092（E）				2（0）	2（0）	0
尤宏	**2008-320**					1（1）	0（0）	0
尤建梅	2009-204	2009-205				2（0）	0（0）	0
尤晶	2007-073					1（0）	0（0）	0
尤静林	2014-458					1（0）	0（0）	0
尤利格 S.	**1998-156F**					1（1）	0（0）	0
尤文卿	2012-178					1（0）	0（0）	0
尤雅婷	2015-479					1（0）	0（0）	0
游波	2007-180					1（0）	0（0）	0
游草风	**2009-350**	2011-062				2（1）	0（0）	0
游传挺	1991-100					1（0）	0（0）	0
游革新	2010-186					1（0）	0（0）	0
游国强	2012-090					1（0）	0（0）	0
游海涛	**2015-507**					1（1）	0（0）	0
游华	**2001-137**					1（1）	0（0）	0
游俊富	**2001-138**					1（1）	0（0）	0
游良俭	2004-061					1（0）	0（0）	0
游文银	**1979-030**	1997-033	1998-064	1998-102		4（1）	0（0）	0

续表

作者	索引编号						文献总数	英文文献	通讯作者
游宇	**2013-514**						1（1）	0（0）	0
游志朴	1989-121						1（0）	0（0）	0
于爱华	2015-586						1（0）	0（0）	0
于炳松	2010-027						1（0）	0（0）	0
于波	**2003-178**	**2006-281**					2（2）	0（0）	0
于彩虹	2011-394						1（0）	0（0）	0
于彩霞	**2011-417**						1（1）	0（0）	0
于宸	**1994-120**						1（1）	0（0）	0
于春梅	2014-376						1（0）	0（0）	0
于春英	2004-066						1（0）	0（0）	0
于敦喜	2005-089 2015-523	**2008-321**	2009-356（E）	2009-417	2013-440	2015-438	7（2）	1（1）	0
于方	2014-326	2014-349					2（0）	0（0）	0
于方俊	1991-020						1（0）	0（0）	0
于丰亮	2000-130						1（0）	0（0）	0
于福生	**2004-139**	**2005-189（E）**	**2006-282**				3（3）	1（1）	0
于光认	2009-174						1（0）	0（0）	0
于广辉	2014-405	2014-406					2（0）	0（0）	0
于广锁	2009-145	2012-037	2013-421				3（0）	0（0）	0
于桂芬	1994-132	1996-150					2（0）	0（0）	0
于桂萍	**2008-322**	2013-565					2（1）	0（0）	0
于桂英	2009-195	2013-097	2014-099	2014-121	2015-450		5（0）	0（0）	0
于海斌	*2011-230	2011-276	2011-446	2013-309	2013-460	2014-389	6（0）	0（0）	1
于海华	**2014-499**						1（1）	0（0）	0
于海莲	**2013-515**	**2014-500**					2（2）	0（0）	0
于海明	**2013-516**						1（1）	0（0）	0
于海生	**2015-508（E）**	2015-615					2（1）	1（1）	0
于海燕	2013-062	2014-063	2014-308	**2015-509**			4（1）	0（0）	0
于海洋	**2014-501**	2015-319（E）					2（1）	1（0）	0
于航波	2009-354						1（0）	0（0）	0
于浩	2015-601						1（0）	0（0）	0
于浩海	2007-117						1（0）	0（0）	0
于赫薇	**2013-517**						1（1）	0（0）	0
于红梅	2009-151	2012-377					2（0）	0（0）	0
于泓锦	2012-097						1（0）	0（0）	0
于洪浩	**2008-323**	**2009-351**					2（2）	0（0）	0
于洪涛	2014-159						1（0）	0（0）	0
于鸿雁	2010-194						1（0）	0（0）	0
于惠春	**2013-518**						1（1）	0（0）	0
于建	1982-059	1982-060	1983-091	**2012-467**			4（1）	0（0）	0
于建国	2011-093	2011-477	2011-478	2015-221			4（0）	0（0）	0
于杰	1997-130	**2012-468**					2（1）	0（0）	0
于今达	2010-028						1（0）	0（0）	0

续表

作者	索引编号					文献总数	英文文献	通讯作者
于敬贤	1989-041	1990-015				2（0）	0（0）	0
于静	2011-155					1（0）	0（0）	0
于开宁	**2011-418**					1（1）	0（0）	0
于克孝	2013-258					1（0）	0（0）	0
于兰英	**2015-510**					1（1）	0（0）	0
于雷	2014-046	2014-219				2（0）	0（0）	0
于磊	**2015-511**					1（1）	0（0）	0
于立洋	2015-552					1（0）	0（0）	0
于丽丽	2008-221					1（0）	0（0）	0
于琳可	**2014-502**					1（1）	0（0）	0
于玲	**1999-135**					1（1）	0（0）	0
于令达	**2010-384**	**2010-385**	2012-038	2013-203	2014-380	5（2）	0（0）	0
于淼	2014-340					1（0）	0（0）	0
于娜	2013-245					1（0）	0（0）	0
于萍	2012-216	2014-131				2（0）	0（0）	0
于璞	2012-443	2012-444				2（0）	0（0）	0
于启	2015-215					1（0）	0（0）	0
于青	2014-374	**2014-503**				2（1）	0（0）	0
于清池	1990-089					1（0）	0（0）	0
于庆凯	2010-143					1（0）	0（0）	0
于庆同	2005-117					1（0）	0（0）	0
于泉根	1991-118					1（0）	0（0）	0
于如军	2015-104					1（0）	0（0）	0
于姗姗	2008-277	2009-114	2009-241	2009-259	2009-331	2011-132	6（0）	0（0）	0
于双弟	1993-072					1（0）	0（0）	0
于思俭	1981-032	1981-033				2（0）	0（0）	0
于涛	2012-263					1（0）	0（0）	0
于万里	**2006-283**	2007-296	2008-223			3（1）	0（0）	0
于旺	2012-493					1（0）	0（0）	0
于薇	1982-048	1982-052				2（0）	0（0）	0
于伟	∵1986-001					1（0）	0（0）	0
于文佳	**2013-519**					1（1）	0（0）	0
于先进	2011-453	2012-520	2013-555	2013-560（E）		4（0）	1（0）	0
于想琼	2000-107	2001-135				2（0）	0（0）	0
于小磊	2013-196					1（0）	0（0）	0
于小征	2015-379					1（0）	0（0）	0
于晓果	2015-570	2015-571				2（0）	0（0）	0
于晓林	**2003-179**					1（1）	0（0）	0
于晓燕	**2015-512**					1（1）	0（0）	0
于新华	2009-028	2009-220	2009-331	2009-397		4（0）	0（0）	0
于秀娟	*2006-238	2014-376				2（0）	0（0）	1
于艳军	2011-455					1（0）	0（0）	0
于艳科	**2012-469**					1（1）	0（0）	0

续表

作者	索引编号					文献总数	英文文献	通讯作者
于杨	2015-409					1（0）	0（0）	0
于英俊	2013-175					1（0）	0（0）	0
于英鹏	**2012-470**					1（1）	0（0）	0
于永贵	2007-117					1（0）	0（0）	0
于永军	2015-540					1（0）	0（0）	0
于永良	2002-146					1（0）	0（0）	0
于永生	2011-456					1（0）	0（0）	0
于元春	2007-008					1（0）	0（0）	0
于元章	2003-068					1（0）	0（0）	0
于岳志	2007-203					1（0）	0（0）	0
于战海	**2013-520**					1（1）	0（0）	0
于兆水	*2013-547	2014-188	2014-189	**2014-504**	**2015-513**	6（2）	0（0）	1
于政锡	2008-292					1（0）	0（0）	0
于志伟	2006-108	2007-111				2（0）	0（0）	0
于卓	**2002-143**					1（1）	0（0）	0
于子绚	2011-291					1（0）	0（0）	0
于宗仁	**2008-324**	2013-013	2013-553			3（1）	0（0）	0
余安安	**2012-471**					1（1）	0（0）	0
余宝根	1984-091					1（0）	0（0）	0
余宝元	∵1989-124					1（0）	0（0）	0
余斌	1996-028					1（0）	0（0）	0
余波	2009-206					1（0）	0（0）	0
余昌训	**2009-352**					1（1）	0（0）	0
余超	2015-019					1（0）	0（0）	0
余春荣	2010-361	2012-365	2012-447	**2012-472**		4（1）	0（0）	0
余丹凤	**2007-291**					1（1）	0（0）	0
余光明	**2011-420**					1（1）	0（0）	0
余国贤	2008-066					1（0）	0（0）	0
余宏明	**2001-139**					1（1）	0（0）	0
余厚军	2010-370					1（0）	0（0）	0
余华明	2001-104					1（0）	0（0）	0
余辉	2014-370					1（0）	0（0）	0
余会成	1999-020					1（0）	0（0）	0
余慧	**2000-111**					1（1）	0（0）	0
余慧茹	2010-401					1（0）	0（0）	0
余济美	2006-141					1（0）	0（0）	0
余加祐	2009-051					1（0）	0（0）	0
余家燕	2012-115					1（0）	0（0）	0
余家宣	∵1983-082					1（0）	0（0）	0
余建二	1995-144					1（0）	0（0）	0
余建民	*2015-196					1（0）	0（0）	1
余建新	*2015-374（E）					1（0）	1（0）	1
余剑	2014-149					1（0）	0（0）	0

续表

作者	索引编号						文献总数	英文文献	通讯作者
余金保	**1996-146**						1（1）	0（0）	0
余静	2012-452						1（0）	0（0）	0
余军霞	2013-045						1（0）	0（0）	0
余君岳	1995-078	1996-091	1997-086	1997-087	2006-166	2007-164	8（0）	0（0）	0
	2008-186	2008-187							
余俊清	2010-022	2011-025	*2013-035	2015-456			4（0）	0（0）	1
余磊	2015-074						1（0）	0（0）	0
余龙江	2007-069						1（0）	0（0）	0
余美祥	**1996-147**						1（1）	0（0）	0
余敏	1999-048						1（0）	0（0）	0
余启超	2011-224						1（0）	0（0）	0
余清	2011-172						1（0）	0（0）	0
余群英	1995-057	1995-058	1998-069	**1998-157**	2000-048	**2002-144**	6（2）	0（0）	0
余荣台	2006-094	**2006-284**	2007-112	**2011-421**			4（2）	0（0）	0
余水莲	2012-214						1（0）	0（0）	0
余松华	1982-053						1（0）	0（0）	0
余涛	2015-216						1（0）	0（0）	0
余韬	2015-116						1（0）	0（0）	0
余卫华	2009-300	2009-338					2（0）	0（0）	0
余西云	2011-154						1（0）	0（0）	0
余小芳	**2004-140**						1（1）	0（0）	0
余晓军	2015-448	2015-449					2（0）	0（0）	0
余晓娅	2013-552	2014-064					2（0）	0（0）	0
余晓毅	2010-148						1（0）	0（0）	0
余笑寒	2004-143	2006-032	2007-031（E）	2007-032	2007-033	2009-061	26（0）	12（0）	2
	2009-148（E）	2009-319	2010-273	2010-413	2011-182	2011-241			
	*2011-391	2011-470	2014-223	*2014-525	2015-508（E）	2004-003F			
	2006-006F	2006-010F	2008-005F	2010-002F	2011-003F	2011-005F			
	2013-007F	2013-009F							
余雄威	2011-364						1（0）	0（0）	0
余学功	**2003-180**						1（1）	0（0）	0
余亚东	2014-492						1（0）	0（0）	0
余洋	**2014-505**	**2011-004F**					2（2）	1（1）	0
余颖龙	2010-174	2015-002					2（0）	0（0）	0
余悠	2014-150	**2014-004F**					2（1）	1（1）	0
余宇	2008-151	2009-159	2009-357	2010-170	2014-235	2012-004F	6（0）	1（0）	0
余煜玺	2009-073						1（0）	0（0）	0
余岳仲	2003-202						1（0）	0（0）	0
余泽宇	**1994-121**						1（1）	0（0）	0
余长林	**2011-419**						1（1）	0（0）	0
余镇危	2002-118						1（0）	0（0）	0
余正东	2015-538						1（0）	0（0）	0
余芝华	**2013-521**						1（1）	0（0）	0

续表

作者	索引编号					文献总数	英文文献	通讯作者
余志	2010-452	2011-485				2 (0)	0 (0)	0
余志峰	2013-483					1 (0)	0 (0)	0
余志强	**2009-353**					1 (1)	0 (0)	0
余祖发	2006-094	2006-284	2007-112			3 (0)	0 (0)	0
俞冰	2003-112					1 (0)	0 (0)	0
俞斐	2007-223					1 (0)	0 (0)	0
俞国荣	2015-130					1 (0)	0 (0)	0
俞浩	2002-013					1 (0)	0 (0)	0
俞红梅	2012-544					1 (0)	0 (0)	0
俞辉	2012-462	2012-463	2013-178			3 (0)	0 (0)	0
俞慧丽	2009-408					1 (0)	0 (0)	0
俞蕙	**2003-181**					1 (1)	0 (0)	0
俞佳锋	**2013-522**	**2014-506**				2 (2)	0 (0)	0
俞建国	2012-342					1 (0)	0 (0)	0
俞洁莲	**1980-036**	1981-017				2 (1)	0 (0)	0
俞锦标	2004-041	2009-187	2010-395			3 (0)	0 (0)	0
俞缙	**2009-354**					1 (1)	0 (0)	0
俞径保	1998-117					1 (0)	0 (0)	0
俞良军	2003-020					1 (0)	0 (0)	0
俞梁敏	**2015-514**					1 (1)	0 (0)	0
俞淑莺	**1987-089**					1 (1)	0 (0)	0
俞树荣	2011-143					1 (0)	0 (0)	0
俞嗣皎	**1980-037**	1985-004				2 (1)	0 (0)	0
俞翔	2013-530					1 (0)	0 (0)	0
俞雄飞	2005-190					1 (0)	0 (0)	0
俞秀金	2005-155	2006-220				2 (0)	0 (0)	0
俞彦龙	2013-038					1 (0)	0 (0)	0
俞鹰浩	2011-206					1 (0)	0 (0)	0
俞映倞	2014-082					1 (0)	0 (0)	0
俞誉福	∵1981-022	∵1985-073				2 (0)	0 (0)	0
俞元挺	2005-225					1 (0)	0 (0)	0
俞云	2005-089					1 (0)	0 (0)	0
虞虹	1990-063					1 (0)	0 (0)	0
虞澎澎	2014-296					1 (0)	0 (0)	0
虞孝麒	1994-114					1 (0)	0 (0)	0
虞星炬	2004-160	2008-106				2 (0)	0 (0)	0
虞杏英	**1992-134**					1 (1)	0 (0)	0
郁明芳	2004-138					1 (0)	0 (0)	0
郁伟峰	1990-006					1 (0)	0 (0)	0
郁亚娟	**2003-182**					1 (1)	0 (0)	0
郁永彬	2010-127	2011-064	2011-116			3 (0)	0 (0)	0
喻德科	**1991-112**	**1991-113**	**1992-135**	**1992-136**	**1992-137**	**1992-138**	10 (10)	0 (0)	0
	1993-127	1993-128	1993-129	1994-122				

续表

作者	索引编号						文献总数	英文文献	通讯作者
喻东	**2009-355**	2010-091	2010-113				3(1)	0(0)	0
喻宏伟	2006-036						1(0)	0(0)	0
喻磊	2015-457(E)						1(0)	1(0)	0
喻林	2007-154						1(0)	0(0)	0
喻娴武	1985-032						1(0)	0(0)	0
喻小春	2011-174						1(0)	0(0)	0
喻旋	2013-132						1(0)	0(0)	0
喻一萍	2014-569						1(0)	0(0)	0
Yu Hanqing	2005-044(E)	2014-006F					2(0)	2(0)	0
Yu Haisheng	2013-010F						1(0)	1(0)	0
Yu H.W.	2007-009F						1(0)	1(0)	0
Yu Jihong	1991-052(E)						1(0)	1(0)	0
Yu Junlei	2012-004F						1(0)	1(0)	0
Yu Peter	2006-165(E)						1(0)	1(0)	0
袁爱娜	1986-090						1(0)	0(0)	0
袁波	2002-133	2007-270	**2010-387**	2011-055			4(1)	0(0)	0
袁朝良	**1983-083**						1(1)	0(0)	0
袁程远	2015-108	2015-109	2015-619				3(0)	0(0)	0
袁传勋	**2007-292**	2007-330	2008-217	2009-379			4(1)	0(0)	0
袁翠菊	2008-230	2008-231					2(0)	0(0)	0
袁道生	1989-077(E)						1(0)	1(0)	0
袁道先	2007-069						1(0)	0(0)	0
袁东	2003-159						1(0)	0(0)	0
袁东星	*2012-272	2012-562					2(0)	0(0)	1
袁光祥	2013-579						1(0)	0(0)	0
袁桂梅	**2010-388**						1(1)	0(0)	0
袁国军	2014-143						1(0)	0(0)	0
袁国伟	2003-034						1(0)	0(0)	0
袁国英	2000-093						1(0)	0(0)	0
袁国政	2013-497						1(0)	0(0)	0
袁汉章	**1981-045**	**1982-054**	**1983-084**	**1985-104**	**1985-105**	1986-085	24(14)	0(0)	0
	1986-086	1986-087	1987-049	**1988-097**	1989-066	**1989-107**			
	1989-108	1990-064	**1990-123**	**1990-124**	1992-066	**1992-139**			
	1994-101	1994-103	1995-117	1964-001P	**1973-008P**	1973-017P			
袁灏	2011-292	2011-293					2(0)	0(0)	0
袁红	**1997-132**						1(1)	0(0)	0
袁红明	2005-034						1(0)	0(0)	0
袁洪福	2006-026						1(0)	0(0)	0
袁洪林	2007-145						1(0)	0(0)	0
袁洪友	2010-150						1(0)	0(0)	0
袁华兵	2009-012						1(0)	0(0)	0
袁焕明	2013-370	2014-209					2(0)	0(0)	0
袁慧	1994-036	1995-038	1995-039	**1995-129**	1996-048	1996-049	12(4)	0(0)	0

续表

作者	索引编号						文献总数	英文文献	通讯作者
	1998-050	1999-113	**1999-136**	**1999-137**	2001-077	**2001-140**			
袁纪文	1987-088						1（0）	0（0）	0
袁继海	2011-060	2011-344	2013-147				3（0）	0（0）	0
袁家义	**2003-183**	**2004-141**	**2006-285**	**2007-293**	**2007-294**		5（5）	0（0）	0
袁建路	2008-157						1（0）	0（0）	0
袁瑾	**1999-138**	**2002-145**	**2002-146**				3（3）	0（0）	0
袁静	**2014-507**						1（1）	0（0）	0
袁凯铮	2014-246						1（0）	0（0）	0
袁丽凤	**2005-190**						1（1）	0（0）	0
袁丽珍	1997-119	1998-165	1998-166	2001-004F			4（0）	1（0）	0
袁莉	2012-446						1（0）	0（0）	0
袁良经	2014-046	2014-312					2（0）	0（0）	0
袁琳	2006-250						1（0）	0（0）	0
袁懋	2013-087						1（0）	0（0）	0
袁梅	**2000-112**	**2000-113**					2（2）	0（0）	0
袁敏	**2013-523**						1（1）	0（0）	0
袁明年	2008-215						1（0）	0（0）	0
袁宁儿	1981-018	1983-034	**1984-081**	1987-031	**1988-098**	**1989-109**	8（4）	0（0）	0
	1990-037	**1992-140**							
袁鹏	**2010-389**（E）	2014-232					2（1）	1（1）	0
袁强	**2010-390**						1（1）	0（0）	0
袁琼	2015-603						1（0）	0（0）	0
袁胜元	**2014-508**						1（1）	0（0）	0
袁万明	2004-139	2005-142（E）					2（0）	1（0）	0
袁威	2014-249						1（0）	0（0）	0
袁伟哲	2015-392	**2015-515**					2（1）	0（0）	0
袁文瓒	2009-296	2010-127	2010-325	2012-064	2015-172		5（0）	0（0）	0
袁锡英	1983-045	**1984-082**					2（1）	0（0）	0
袁霞	2012-004						1（0）	0（0）	0
袁祥林	**1990-125**						1（1）	0（0）	0
袁小凤	2004-085	2011-002F	2013-007F				3（0）	2（0）	0
袁小燕	2013-260						1（0）	0（0）	0
袁晓亮	**2015-516**						1（1）	0（0）	0
袁晓宁	2012-250						1（0）	0（0）	0
袁筱清	2010-052						1（0）	0（0）	0
袁欣艺	**1999-139**						1（1）	0（0）	0
袁秀茹	2009-357						1（1）	0（0）	0
袁秀顺	1989-045	1989-046	1990-046	1990-047	1990-048	1992-043	6（0）	0（0）	0
袁秀霞	2006-193						1（0）	0（0）	0
袁学东	**2000-114**						1（1）	0（0）	0
袁训来	2007-157						1（0）	0（0）	0
袁扬扬	2013-153	**2015-517**（E）					2（1）	1（1）	0
袁野	**2015-518**						1（1）	0（0）	0

续表

作者	索引编号					文献总数	英文文献	通讯作者
袁艺	**2014-509**					1（1）	0（0）	0
袁奕秋	**2009-358**	2010-402	**2014-510**			3（2）	0（0）	0
袁颖	2007-073					1（0）	0（0）	0
袁永兵	**2011-422**					1（1）	0（0）	0
袁永朝	2014-243					1（0）	0（0）	0
袁永春	**2011-423**					1（1）	0（0）	0
袁月琴	**2008-325**					1（1）	0（0）	0
袁蕴璞	**2000-115**					1（1）	0（0）	0
袁长生	2013-343	2013-344				2（0）	0（0）	0
袁钊	2015-497					1（0）	0（0）	0
袁兆宪	2011-369	2012-412	**2012-473**	**2012-474**	**2013-524**	**2013-525**	6（4）	0（0）	0
袁志华	2015-165					1（0）	0（0）	0
袁志敏	2015-506					1（0）	0（0）	0
袁志伟	2015-027	2015-028				2（0）	0（0）	0
袁中山	2008-062					1（0）	0（0）	0
袁忠信	1996-124	1997-115（E）				2（0）	1（0）	0
原怀保	**2007-295**					1（1）	0（0）	0
原慧卿	2009-106					1（0）	0（0）	0
原思训	2000-055					1（0）	0（0）	0
原雯	**2010-386**					1（1）	0（0）	0
苑红霞	2006-139	2006-260				2（0）	0（0）	0
苑丽质	2015-474					1（0）	0（0）	0
苑执中	2005-103	**2006-286**				2（1）	0（0）	0
院文清	2007-152					1（0）	0（0）	0
Yuan Jinsha	2014-263（E）					1（0）	1（0）	0
Yuan N.	1980-010（E）					1（0）	1（0）	0
Yuan Qingxi	**2012-003F**					1（1）	1（1）	0
乐安全	1978-016	1980-043	**1982-022**	**1985-106**	1986-041	1986-084	22（8）	1（0）	0
	1986-088	1986-106	1987-040	1990-023	1990-024	**1990-041**			
	1990-042	**1991-035**	**1991-036**	1993-078	**1993-130**	1993-162			
	1993-163	1999-034	1999-035（E）	1999-036					
乐珺	2015-490					1（0）	0（0）	0
乐群	1986-083	**1991-114**				2（1）	0（0）	0
乐仁昌	2001-121	2002-113	2006-247			3（0）	0（0）	0
乐英红	2009-221					1（0）	0（0）	0
乐英杰	2008-193					1（0）	0（0）	0
乐孜纯	2014-388					1（0）	0（0）	0
岳斌	*2012-281（E）					1（0）	1（0）	1
岳春雷	2006-034	2014-080	2015-552			3（0）	0（0）	0
岳大磊	2014-535					1（0）	0（0）	0
岳峰	**2015-519**					1（1）	0（0）	0
岳冠华	**2012-475**	2013-331				2（1）	0（0）	0
岳海军	2009-058					1（0）	0（0）	0

作者	索引编号						文献总数	英文文献	通讯作者
岳洪彬	2008-116	2013-573					2（0）	0（0）	0
岳建华	**2012-476**						1（1）	0（0）	0
岳军	2007-175						1（0）	0（0）	0
岳丽华	2013-158						1（0）	0（0）	0
岳梅	2006-194						1（0）	0（0）	0
岳明	2014-497						1（0）	0（0）	0
岳明新	2010-423	2013-574	2013-598	2014-571	2014-590		5（0）	0（0）	0
岳书仓	2003-009						1（0）	0（0）	0
岳涛	2002-045						1（0）	0（0）	0
岳伟生	2003-184	**2004-142**	**2004-143**	2005-147	2006-104	2006-293	16（8）	8（5）	0
	2007-107	2007-133	**2004-003F**	**2005-003F**	**2006-005F**	**2006-006F**			
	2006-007F	**2006-010F**	**2007-003F**	2007-004F					
岳文瑞	**2014-512**						1（1）	0（0）	0
岳永平	1992-144	2002-017					2（0）	0（0）	0
岳占伟	2008-116	2013-573					2（0）	0（0）	0
岳正波	2013-502						1（0）	0（0）	0
岳中琦	2005-115						1（0）	0（0）	0
越智宽友	**2004-144**	**2005-191**					2（2）	0（0）	0
Yue Lin	**2014-511（E）**						1（1）	1（1）	0
Yun Wenbing	2012-003F						1（0）	1（0）	0
云立江	2009-303（E）						1（0）	1（0）	0
云秦川	1990-096						1（0）	0（0）	0
云彦青	1999-102						1（0）	0（0）	0
贠海洲	2005-224						1（0）	0（0）	0
贠蒲军	2015-541						1（0）	0（0）	0
贠小银	2008-181						1（0）	0（0）	0
Z									
Zaccone C.	**2012-477**						1（1）	0（0）	0
Zahangir Alam	2015-325（E）						1（0）	1（0）	0
Zahra Hassanzadeh Siahpoosh	2015-291（E）						1（0）	1（0）	0
昝望	2014-403	2015-384（E）					2（0）	1（0）	0
昝义	2010-371	2010-372					2（0）	0（0）	0
臧传义	2005-237						1（0）	0（0）	0
臧高山	2013-413						1（0）	0（0）	0
臧慕文	**2005-192**	**2009-359**					2（2）	0（0）	0
臧树良	2002-095						1（0）	0（0）	0
臧秀荣	1982-034	**1982-055**	1985-032	1985-067	1985-079		5（1）	0（0）	0
早川光太郎	2007-204						1（0）	0（0）	0
Zeimetz Eva	2007-209（E）						1（0）	1（0）	0
曾兵	2006-115	2007-121	2012-154				3（0）	0（0）	0
曾道明	2012-550						1（0）	0（0）	0
曾丁才	2008-249						1（0）	0（0）	0

续表

作者	索引编号						文献总数	英文文献	通讯作者
曾定	1997-039						1（0）	0（0）	0
曾定平	2008-373						1（0）	0（0）	0
曾丰	**2015-520**	2015-588（E）					2（1）	1（0）	0
曾光国	1981-032	1981-033					2（0）	0（0）	0
曾广根	2013-139	2013-586					2（0）	0（0）	0
曾国坪	2005-113						1（0）	0（0）	0
曾国强	**2004-145**	2008-251	2010-063	**2010-391**	2011-134	**2012-478**	16（5）	0（0）	0
	2013-090	2013-092	**2013-526**	2013-551	2014-116	2014-356			
	2014-513	2015-041	2015-141	2015-416					
曾汉才	1994-066						1（0）	0（0）	0
曾浩峰	2003-156						1（0）	0（0）	0
曾虹	1990-126						1（0）	0（0）	0
曾骥良	1993-104						1（0）	0（0）	0
曾家玉	1987-037						1（0）	0（0）	0
曾建极	**1995-130**						1（1）	0（0）	0
曾建敏	2008-249						1（0）	0（0）	0
曾建平	**2008-326**						1（1）	0（0）	0
曾建荣	2013-263	2014-023					2（0）	0（0）	0
Zeng Jianrong	**2013-527**（E）						1（1）	1（1）	0
曾剑鑫	2012-319						1（0）	0（0）	0
曾江宁	2001-154	2005-225					2（0）	0（0）	0
曾江萍	2012-176	**2013-528**	2014-534	2015-205	**2015-521**	**2015-522**	6（3）	0（0）	0
曾杰凯	2013-125						1（0）	0（0）	0
曾精华	2014-606						1（0）	0（0）	0
曾静	2011-200						1（0）	0（0）	0
曾俊	2015-469						1（0）	0（0）	0
曾乐勇	2015-546（E）						1（0）	1（0）	0
曾力	**1993-131**						1（1）	0（0）	0
曾丽萍	2012-235						1（0）	0（0）	0
曾令民	**1992-141**						1（1）	0（0）	0
曾敏	2005-186	**2006-287**	**2006-288**				3（2）	0（0）	0
曾蓬	2014-252						1（0）	0（0）	0
曾庆栋	2001-061						1（0）	0（0）	0
曾庆光	2013-568						1（0）	0（0）	0
曾荣杰	**2003-185**	2008-350	2009-124				3（1）	0（0）	0
曾润颖	1997-039						1（0）	0（0）	0
曾珊	2010-425						1（0）	0（0）	0
曾双亲	2015-520						1（0）	0（0）	0
曾思襄	1997-053						1（0）	0（0）	0
曾维	2014-133						1（0）	0（0）	0
曾伟华	2011-214						1（0）	0（0）	0
曾伟能	2010-286						1（0）	0（0）	0
曾卫华	2011-459	2011-481					2（0）	0（0）	0

续表

作者	索引编号						文献总数	英文文献	通讯作者
曾文炳	2001-049						1（0）	0（0）	0
曾文法	2013-187						1（0）	0（0）	0
曾妩	1991-007						1（0）	0（0）	0
曾先周	1994-102（E）						1（0）	1（0）	0
曾贤君	2011-230						1（0）	0（0）	0
曾宪鹏	2013-440	**2015-523**					2（1）	0（0）	0
曾宪舜	**1980-038**	1981-005					2（1）	0（0）	0
曾宪修	1999-098						1（0）	0（0）	0
曾宪英	1991-015						1（0）	0（0）	0
曾宪跃	**2015-524**						1（1）	0（0）	0
曾宪周	1982-033	1984-078	**1984-083**	1985-100	1985-103	1986-068	19（6）	3（0）	0
	1986-069（E）	**1986-089**	1986-090	1987-039	1988-080	**1988-099**			
	1988-100	1989-076	**1989-110**	1990-092（E）	1990-104（E）	1991-124			
	1993-124								
曾祥政	2003-074						1（0）	0（0）	0
曾小平	**2010-392**	**2011-424**	**2011-425**	**2013-529**			4（4）	0（0）	0
曾晓敏	2015-179						1（0）	0（0）	0
曾燮榕	2014-054						1（0）	0（0）	0
曾信谦	2014-122						1（0）	0（0）	0
Zeng Xiuqiong	**2004-146（E）**						1（1）	1（1）	0
曾学志	2014-519						1（0）	0（0）	0
Zeng X.	1993-004F						1（0）	1（0）	0
曾扬	2001-129						1（0）	0（0）	0
曾贻善	2000-066						1（0）	0（0）	0
曾旖	2006-204	2006-206	2007-282				3（0）	0（0）	0
曾毅	2007-197						1（0）	0（0）	0
曾英	2012-368						1（0）	0（0）	0
曾勇	2011-122						1（0）	0（0）	0
曾宇斌	**2011-426**						1（1）	0（0）	0
曾云	2013-355						1（0）	0（0）	0
曾云南	2010-054						1（0）	0（0）	0
曾泽	**2012-479**	2013-364					2（1）	0（0）	0
曾泽新	1995-131						1（0）	0（0）	0
曾长育	**2015-525**						1（1）	0（0）	0
曾昭发	**1994-123**						1（1）	0（0）	0
曾昭法	2014-078						1（0）	0（0）	0
曾振欧	2003-034	2015-106					2（0）	0（0）	0
曾志刚	2006-140						1（0）	0（0）	0
曾尊五	2000-021						1（0）	0（0）	0
查道平	**2014-514**						1（1）	0（0）	0
查立新	2014-248						1（0）	0（0）	0
查寿才	2003-126						1（0）	0（0）	0
查小春	2011-236	2012-179					2（0）	0（0）	0

续表

作者	索引编号						文献总数	英文文献	通讯作者
查道平	2015-538						1(0)	0(0)	0
翟航	2015-500						1(0)	0(0)	0
翟华嶂	**2002-147**						1(1)	0(0)	0
翟建平	2005-026	2005-078					2(0)	0(0)	0
翟剑庞	**2009-360**						1(1)	0(0)	0
翟娟	**2012-480**	2013-192	2013-388	2014-415	2015-017	2015-160	7(1)	0(0)	0
	2015-169								
翟俊霞	2008-369						1(0)	0(0)	0
翟磊	**2015-526**	**2015-527**					2(2)	0(0)	0
翟丽华	**2008-327**						1(1)	0(0)	0
翟丽莉	2011-115						1(0)	0(0)	0
翟林智	**2013-530**						1(1)	0(0)	0
翟玲娟	**2008-328**	**2009-361**					2(2)	0(0)	0
翟明普	2010-187						1(0)	0(0)	0
翟丕沐	**2005-193（E）**	**2005-194**					2(2)	1(1)	0
翟倩倩	**2013-531**						1(1)	0(0)	0
翟青波	1985-095	1986-067	1987-073				3(0)	0(0)	0
翟清波	1986-066	1987-093					2(0)	0(0)	0
翟庆洲	1989-093						1(0)	0(0)	0
翟秋福	**1981-046**	**1987-090**	**1989-111**	1976-004P			4(4)	0(0)	0
翟通德	2015-202						1(0)	0(0)	0
翟亚涛	**2012-481**						1(1)	0(0)	0
翟颖	2012-293						1(0)	0(0)	0
翟永功	**2002-148**						1(1)	0(0)	0
翟永亮	1999-140						1(0)	0(0)	0
翟雨翔	2011-328						1(0)	0(0)	0
翟玉春	2009-273	2015-236	2015-235	2015-404			4(0)	0(0)	0
翟云平	**2015-528**						1(1)	0(0)	0
翟智卫	2011-285						1(0)	0(0)	0
詹捷	2005-197						1(0)	0(0)	0
詹姆斯	**1978-017**						1(1)	0(0)	0
詹婷	2014-437						1(0)	0(0)	0
詹秀春	1990-009	1991-001	1992-002	1993-001	1993-002	1994-013	47(13)	4(3)	4
	∵1995-119	1998-089	1998-135	**1999-140**	**1999-141**	**2000-116**			
	2001-009	2001-016	2001-086	2002-126	**2002-149**	**2002-150**			
	2003-186	**2003-187**	**2003-219**	2004-016	2004-091	2004-124			
	2004-147	2005-156	2007-041	2007-172	2008-168	2009-279			
	2009-362	2010-308	*2011-060	2011-129	2011-344	*2013-146			
	*2013-147	2013-426	2014-414	2015-526	*2015-527	1995-001F			
	1995-002F	**2005-002F**	**2007-001F**	2008-010W	2015-016W				
詹叶花	**1993-132**						1(1)	0(0)	0
詹瑛瑛	2011-270	2012-284					2(0)	0(0)	0
詹长法	∵1998-016						1(0)	0(0)	0

续表

作者	索引编号						文献总数	英文文献	通讯作者
占堆	2015-166						1（0）	0（0）	0
占蓉	**2012-482**						1（1）	0（0）	0
占文峰	2006-103						1（0）	0（0）	0
占小龙	1998-090						1（0）	0（0）	0
占长林	2013-411						1（0）	0（0）	0
战金成	2015-587						1（0）	0（0）	0
战学仕	**1992-142**						1（1）	0（0）	0
战友	2014-465						1（0）	0（0）	0
湛方栋	2015-158						1（0）	0（0）	0
湛贤星	1994-032						1（0）	0（0）	0
Zhan Shuhong	2010-203（E）						1（0）	1（0）	0
Zhan Z.L.	**2006-289（E）**						1（1）	1（1）	0
张阿根	1988-107	1989-096					2（0）	0（0）	0
张爱滨	2009-164	2013-521					2（0）	0（0）	0
张爱芬	2006-156	**2005-195**	**2005-196**	**2006-290**	2008-172	**2008-329**	14（10）	0（0）	0
	2009-363	2010-002	**2011-427**	**2011-428**	2012-171	**2012-483**			
	2013-532	2014-515							
张爱华	**2005-197**						1（1）	0（0）	0
张爱民	2000-075	2002-006					2（0）	0（0）	0
张爱平	2002-130						1（0）	0（0）	0
张爱萍	2014-530						1（0）	0（0）	0
张爱武	**2012-484**	2013-250					2（1）	0（0）	0
张爱芸	2008-344						1（0）	0（0）	0
张爱珍	2008-193	2011-172					2（0）	0（0）	0
张安超	**2009-364**						1（1）	0（0）	0
张安平	**1984-084**						1（1）	0（0）	0
张安中	2000-046						1（0）	0（0）	0
张佰峰	**2007-296**						1（1）	0（0）	0
张邦	2009-323						1（0）	0（0）	0
张邦祥	1993-086						1（0）	0（0）	0
张帮	**2008-330**	2009-236	2010-024				3（1）	0（0）	0
张宝良	**1983-085**						1（1）	0（0）	0
张宝林	**2001-141**	2009-039	2009-208	2012-116			4（1）	0（0）	0
张宝平	2012-383						1（0）	0（0）	0
张蓓菁	**1994-124**						1（1）	0（0）	0
张蓓莉	**1999-142**						1（1）	0（0）	0
张必敏	2012-550						1（0）	0（0）	0
张彪	2000-117						1（0）	0（0）	0
张飙飞	**2003-188**						1（1）	0（0）	0
张彬	2012-065						1（0）	0（0）	0
张斌	2003-022	2003-070	2003-071	2004-162（E）	2004-165	2005-065	15（2）	4（0）	1
	2005-226	2006-313	2006-314（E）	2007-094	2007-119（E）	*2012-437（E）			
	2012-485	2013-047	**2014-516**						

续表

作者	索引编号					文献总数	英文文献	通讯作者
张斌康	1985-115					1（0）	0（0）	0
张斌生	2010-408					1（0）	0（0）	0
张兵	2006-187	**2011-429**	2014-260			3（1）	0（0）	0
张秉旺	1997-110					1（0）	0（0）	0
张波	2002-147	2007-258	2008-288			3（0）	0（0）	0
张波萍	2007-011					1（0）	0（0）	0
张博	**2012-486**					1（1）	0（0）	0
张博闻	2015-212					1（0）	0（0）	0
张博仪	1982-039	1990-040	1988-039	1989-043	**1973-013P**	5（1）	0（0）	0
张补厚	1994-125					1（0）	0（0）	0
张彩军	2015-073					1（0）	0（0）	0
张彩霞	1996-102	**2012-487**	**2012-488**			3（2）	0（0）	0
张灿	2013-610	2015-559				2（0）	0（0）	0
张昌龙	1993-104					1（0）	0（0）	0
张昌颖	1992-030（E）					1（0）	1（0）	0
张超	**2005-198**	2010-275	2013-022	2014-249	**2015-529**	5（2）	0（0）	0
张朝生	2010-345					1（0）	0（0）	0
张朝云	2014-400					1（0）	0（0）	0
张晨松	**2014-517**					1（1）	0（0）	0
张成江	1995-051（E）	1995-052	1996-061	1999-120	2000-074	2001-098	17（0）	1（0）	0
	2002-100	2003-120	2003-127	2003-128	2005-110	2007-012			
	2007-163	2007-259	2008-016	2008-017	2008-018				
张成君	2002-137	2015-377				2（0）	0（0）	0
张成伟	2006-129					1（0）	0（0）	0
张诚	2013-354					1（0）	0（0）	0
张程	2014-588					1（0）	0（0）	0
张程娇	2011-216（E）					1（0）	1（0）	0
张弛	2009-162	2010-166	**2011-430**	2014-393	2014-394	2015-403	6（1）	0（0）	0
张赤斌	2006-303					1（0）	0（0）	0
张崇海	**1996-148**	**1998-158**				2（2）	0（0）	0
张传彩	**2013-533**					1（1）	0（0）	0
张传福	2000-059	2001-078（E）				2（0）	1（0）	0
张传正	2006-210					1（0）	0（0）	0
张传政	2008-314					1（0）	0（0）	0
张春	**2009-365**					1（1）	0（0）	0
张春雷	2009-243					1（0）	0（0）	0
张春启	**1992-143**					1（1）	0（0）	0
张春晓	2014-406					1（0）	0（0）	0
张春勇	**2003-189**	**2006-291**				2（2）	0（0）	0
张纯希	2008-062					1（0）	0（0）	0
张翠兰	2005-224					1（0）	0（0）	0
张翠玲	**2011-431**	**2014-518**				2（2）	0（0）	0
张存旺	**1993-133**					1（1）	0（0）	0

续表

作者	索引编号					文献总数	英文文献	通讯作者
张达明	1978-016					1(0)	0(0)	0
张大华	2015-089					1(0)	0(0)	0
张大庆	2013-413					1(0)	0(0)	0
张大省	2015-582					1(0)	0(0)	0
张大忠	1982-049	1986-011	1986-070	1987-064	**1988-101**	1990-027	12(3)	0(0)	0
	1990-126	1991-056	**1991-115**	1992-093	1993-054	2001-008			
张大仲	1992-100					1(0)	0(0)	0
张代	2009-138					1(0)	0(0)	0
张代华	2013-297					1(0)	0(0)	0
张代云	2011-300	2013-217				2(0)	0(0)	0
张丹	**2006-292**	**2007-297**	2013-610			3(2)	0(0)	0
张得明	1994-110					1(0)	0(0)	0
张德	2003-126					1(0)	0(0)	0
张德贵	**2013-534**	**2013-535**				2(2)	0(0)	0
张德会	2011-325					1(0)	0(0)	0
张德康	1993-098	1994-074(E)	1994-075	1995-067		4(0)	1(0)	0
张德林	2006-219					1(0)	0(0)	0
张德明	1998-023	**1998-159**				2(1)	0(0)	0
张德雄	∵1980-021					1(0)	0(0)	0
张德玉	2015-570					1(0)	0(0)	0
张迪	2015-066					1(0)	0(0)	0
张地大	2010-375					1(0)	0(0)	0
张殿英	**2005-199**	**2009-366**				2(2)	0(0)	0
张丁非	2012-242	**2013-536**				2(1)	0(0)	0
张东	2011-207	2011-208	2015-161(E)			3(0)	1(0)	0
张东红	**2003-190**					1(1)	0(0)	0
张东亮	2009-260					1(0)	0(0)	0
张东瑞	1990-007					1(0)	0(0)	0
张东生	2012-352	2013-350				2(0)	0(0)	0
张东云	2009-205					1(0)	0(0)	0
张冬梅	2015-176					1(0)	0(0)	0
张冬明	2012-204					1(0)	0(0)	0
张二平	**2013-537**	2014-191				2(1)	0(0)	0
张发捷	**2015-531**					1(1)	0(0)	0
张发莲	2013-322					1(0)	0(0)	0
张帆	2009-004	2010-171	**2015-532**	**2015-533**	2012-004F	5(2)	1(0)	0
张矾	**1992-144**	1993-025				2(1)	0(0)	0
张方英	2012-564					1(0)	0(0)	0
张芳	1987-087	1988-088	1989-017	1989-028	1990-028	1990-117	8(1)	1(1)	0
	1993-038	**2002-004F**							
张芳莉	1990-124					1(0)	0(0)	0
张芳蓉	2006-023					1(0)	0(0)	0
张飞	2011-450					1(0)	0(0)	0

续表

作者	索引编号					文献总数	英文文献	通讯作者
张飞跃	2014-412					1（0）	0（0）	0
张芬楼	2000-044	2001-018				2（0）	0（0）	0
张枫	2000-036					1（0）	0（0）	0
张锋	2014-009					1（0）	0（0）	0
张逢来	**2012-489**					1（1）	0（0）	0
张凤阁	1982-035	1982-034				2（0）	0（0）	0
张凤利	**2007-298**	**2010-393**				2（2）	0（0）	0
张凤美	2005-067	2006-271	2013-351	2014-337	2014-338	2014-339	6（0）	0（0）	0
张凤鸣	2000-025					1（0）	0（0）	0
张凤霞	**2012-490**					1（1）	0（0）	0
张凤云	2002-116					1（0）	0（0）	0
张凤章	1997-039	1997-040				2（0）	0（0）	0
张福锁	*2008-194					1（0）	0（0）	1
张福元	**2012-491**	2015-305				2（1）	0（0）	0
张复新	2007-154					1（0）	0（0）	0
张富生	2001-007					1（0）	0（0）	0
张富元	2015-570					1（0）	0（0）	0
张钢茜	**2010-394**					1（1）	0（0）	0
张皋	2005-041	2008-088				2（0）	0（0）	0
张弓	2010-110	2010-111	*2010-373	2013-269	2013-270	2014-488	6（0）	0（0）	1
张固成	2010-369					1（0）	0（0）	0
张关录	1998-081					1（0）	0（0）	0
张光华	**1986-091**	**1987-091**				2（2）	0（0）	0
张光明	2005-093	**1987-092**				2（1）	0（0）	0
张光爽	**2009-367**					1（1）	0（0）	0
张光宇	1991-121					1（0）	0（0）	0
张广军	2012-427					1（0）	0（0）	0
张广胜	2008-131	2008-132	2008-133	2009-187	**2010-395**		5（1）	0（0）	0
张广伟	2014-363					1（0）	0（0）	0
张贵泉	**2012-492**					1（1）	0（0）	0
张贵山	**1985-107**					1（1）	0（0）	0
张贵英	**2005-200**（E）	**2005-201**	2008-091	2009-085	2011-253	2014-143	6（2）	1（1）	0
张桂芬	2004-063					1（0）	0（0）	0
张桂凤	2015-434					1（0）	0（0）	0
张桂华	2000-018	2002-019				2（0）	0（0）	0
张桂林	1994-109	2000-128	2001-045	2001-102	**2001-142**	2001-150（E）	61（2）	18（0）	1
	2001-151	2002-096	2003-184	2003-202	2004-052	2004-112			
	2004-142	2004-143	2004-159	*2005-060	2005-063	2005-147			
	2005-215	2005-216	2005-217	2006-021	2006-077	2006-104			
	2006-236（E）	2006-237	**2006-293**	2006-308	2006-309	2006-310			
	2007-107	2007-133	2007-159	2007-285	2007-309	2007-310			
	2008-006	2008-011	2009-006（E）	2009-007（E）	2009-013	2009-131（E）			
	2009-393（E）	2009-394	2009-395	2010-140	2010-353	2011-003			

续表

作者	索引编号						文献总数	英文文献	通讯作者
	2013-527（E）	2014-015	2005-004F	2006-005F	2006-007F	2007-006F			
	2006-006F	2006-010F	2006-012F	2007-003F	2009-002F	2009-003F			
	2010-001F								
张桂芹	1989-048						1（0）	0（0）	0
张桂琴	1985-047						1（0）	0（0）	0
张桂如	1993-080						1（0）	0（0）	0
张国斌	*2008-272						1（0）	0（0）	1
张国成	2001-062						1（0）	0（0）	0
张国范	2007-045	2007-135					2（0）	0（0）	0
张国防	2011-331	*2015-611（E）					2（0）	1（0）	1
张国福	1993-054						1（0）	0（0）	0
张国辉	2011-276						1（0）	0（0）	0
张国见	**2010-396**						1（1）	0（0）	0
张国龙	2008-056	**2012-493**					2（0）	0（0）	0
张国庆	2012-493	2001-007F					2（0）	1（0）	0
张国田	**2012-494**	**2014-519**					2（2）	0（0）	0
张国亚	**2014-520**						1（1）	0（0）	0
张国宇	**2005-202**						1（1）	0（0）	0
张海	**2011-432**	2011-452	2014-041	2015-499			4（1）	0（0）	0
张海滨	2015-263						1（0）	0（0）	0
张海迪	2014-261						1（0）	0（0）	0
张海军	2005-058						1（0）	0（0）	0
张海龙	2007-011						1（0）	0（0）	0
张海青	2011-253						1（0）	0（0）	0
张海瑞	**2009-368**						1（1）	0（0）	0
张海生	**2004-148**						1（1）	0（0）	0
张海涛	2013-243	2014-485					2（0）	0（0）	0
张海霞	2015-560						1（0）	0（0）	0
张海岩	2014-090	2014-091					2（0）	0（0）	0
张海燕	1995-111	**2015-534**					2（1）	0（0）	0
张寒	2006-215						1（0）	0（0）	0
张汉诚	2003-157						1（0）	0（0）	0
张汉辉	2007-298	2010-393					2（0）	0（0）	0
张汉明	1997-018	1998-018	**2000-118**				3（1）	0（0）	0
张汉沛	**2014-521**						1（1）	0（0）	0
张行行	2013-471						1（0）	0（0）	0
张航	2014-242	2014-243	2014-563	2014-564			4（0）	0（0）	0
张浩	2008-022	2015-182					2（0）	0（0）	0
张浩华	2010-057						1（0）	0（0）	0
张和贵	2009-296	2010-127	2015-423				3（0）	0（0）	0
张贺	**2015-535**						1（1）	0（0）	0
张鹤	2009-019						1（0）	0（0）	0
张亨山	1997-081						1（0）	0（0）	0

续表

作者	索引编号						文献总数	英文文献	通讯作者
张恒	2013-285						1(0)	0(0)	0
张衡	**2008-331（E）**	**2009-369（E）**	**2009-370**	**2013-538**	2013-575	2013-576	7(4)	2(2)	0
	2014-572								
张红	1996-138	2007-258	**2015-536**				3(1)	0(0)	0
张红波	**2008-332**						1(1)	0(0)	0
张红菊	2012-242	2013-536					2(0)	0(0)	0
张红岭	2013-104						1(0)	0(0)	0
张红梅	2007-227	**2008-333**	**2008-334**	**2010-397**			4(3)	0(0)	0
张红燕	2008-087	**2010-398**					2(1)	0(0)	0
张宏刚	2006-109						1(0)	0(0)	0
张宏鹤	2007-171						1(0)	0(0)	0
张宏亮	2007-120	2013-225	2014-131				3(0)	0(0)	0
张宏勋	1997-017						1(0)	0(0)	0
张宏远	2014-277						1(0)	0(0)	0
张洪	2002-097						1(0)	0(0)	0
张洪建	**2006-294**						1(1)	0(0)	0
张洪志	**2004-149**						1(1)	0(0)	0
张鸿	**1998-160**	2002-065	2010-273				3(1)	0(0)	0
张鸿波	**2013-539**	2015-190					2(1)	0(0)	0
张鸿才	1995-142						1(0)	0(0)	0
张鸿涛	2006-296						1(0)	0(0)	0
张鸿文	**1980-039**	**1980-040**	1983-007	1983-070	∵1984-023	**1984-085**	10(5)	0(0)	0
	1985-024	1985-096	**1985-108**	**1986-092**					
张厚绍	1982-038						1(0)	0(0)	0
张虎才	*2011-128	2011-448	*2013-149				3(0)	0(0)	2
张虎勤	∵1998-016						1(0)	0(0)	0
张虎云	1981-045	1982-054	1985-105				3(0)	0(0)	0
张沪生	1988-080						1(0)	0(0)	0
张华	**1995-132**	2005-066	2005-083	2006-294	2008-094	**2009-371**	12(2)	1(0)	0
	2010-401	2012-332	2012-337	2012-563	2014-542	2015-002F			
张华钢	2008-218						1(0)	0(0)	0
张华丽	2014-141						1(0)	0(0)	0
张华伟	2006-243（E）						1(0)	1(0)	0
张怀德	2006-130	2009-384					2(0)	0(0)	0
张怀金	2004-161	*2005-021	2007-117	2007-286（E）	2009-035		5(0)	1(0)	1
张怀礼	1999-136						1(0)	0(0)	0
张欢	**2012-495**	**2013-540**	2015-457（E）				3(2)	1(0)	0
张环	2008-060						1(0)	0(0)	0
张环月	2014-468	**2014-522**	**2014-523**				3(2)	0(0)	0
张辉	**2011-433**	**2015-537**	**2015-538**				3(3)	0(0)	0
张辉明	2013-301						1(0)	0(0)	0
张荟星	2004-102						1(0)	0(0)	0
张惠	**2010-399**						1(1)	0(0)	0

续表

作者	索引编号					文献总数	英文文献	通讯作者
张惠秦	2003-030					1（0）	0（0）	0
张慧娟	2010-039	2010-131	2011-157			3（0）	0（0）	0
张慧颖	**2007-299**					1（1）	0（0）	0
张激光	2010-053					1（0）	0（0）	0
张吉清	**2009-372**					1（1）	0（0）	0
张济南	2002-079					1（0）	0（0）	0
张继超	2011-391	2011-470	2011-482	**2014-525**	2015-370（E）	5（1）	1（0）	0
张继来	**2014-526**					1（1）	0（0）	0
张继丽	2009-314					1（0）	0（0）	0
张继民	**2010-400**					1（1）	0（0）	0
张继荣	**2000-119**	2015-194				2（1）	0（0）	0
张继武	1993-036					1（0）	0（0）	0
张继彦	2007-050	2009-065				2（0）	0（0）	0
张家骅	1990-106	**1981-001W**				2（1）	0（0）	0
张家琳	**1984-086**					1（1）	0（0）	0
张家伦	**1992-145**					1（1）	0（0）	0
张家萍	1992-030（E）					1（0）	1（0）	0
张家铨	1994-046	**1997-133**				2（1）	0（0）	0
张家武	2014-292					1（0）	0（0）	0
张嘉霖	**2015-539**					1（1）	0（0）	0
张嘉璇	2009-373					1（1）	0（0）	0
张甲敏	2007-228					1（0）	0（0）	0
张甲生	∴1991-034	1992-090	1995-011			3（0）	0（0）	0
张俭	*2014-469	2015-324				2（0）	0（0）	1
张建	2003-197					1（0）	0（0）	0
张建波	2008-247	**2008-335**	**2009-374**	**2009-375**	2011-333	2011-334	11（4）	0（0）	0
	2011-434	2012-359	2014-217	2014-218	2015-127				
张建超	2015-194					1（0）	0（0）	0
张建东	**2013-541**					1（1）	0（0）	0
张建功	**2015-540**					1（1）	0（0）	0
张建国	1988-043	**1988-102**				2（1）	0（0）	0
张建华	2005-004	2011-144	2013-364	2015-290		4（0）	0（0）	0
张建军1	**1993-134**	**1993-135**	**1994-126**	**1999-143**		4（4）	0（0）	0
张建军2	1987-065	1987-066	2005-042	2013-195		4（0）	0（0）	0
张建平	2015-165					1（0）	0（0）	0
张建强	2010-305	2012-439				2（0）	0（0）	0
张建伟	2015-387					1（0）	0（0）	0
张建伍	**2009-376**					1（1）	0（0）	0
张剑	2014-487	2015-479				2（0）	0（0）	0
张剑鸣	2009-320					1（0）	0（0）	0
张剑平	2006-251					1（0）	0（0）	0
张健	**2005-203**	2006-240	2009-145	*2011-094	2012-352	2013-039	9（2）	0（0）	1
	2013-040	2013-350	**2015-541**						

续表

作者	索引编号					文献总数	英文文献	通讯作者
张江锋	2015-375					1（0）	0（0）	0
张江坤	2009-345	**2010-401**	2013-542			3（2）	0（0）	0
张江平	2000-113					1（0）	0（0）	0
张江云	2011-201	**2011-435**				2（1）	0（0）	0
张教晤	**1986-093**					1（1）	0（0）	0
张教赟	**2012-496**					1（1）	0（0）	0
张杰	2004-111	2013-507	2014-114	2015-161（E）		4（0）	1（0）	0
张杰潇	**2014-527（E）**	2014-593				2（1）	1（1）	0
张洁	**2012-497**	2013-032	2014-037	2013-008F		4（1）	1（0）	0
张捷	2008-060					1（0）	0（0）	0
张介棠	2015-525					1（0）	0（0）	0
张金超	*2012-268					1（0）	0（0）	1
张金平	**2006-295**					1（1）	0（0）	0
张金山	2009-358	**2010-402**				2（1）	0（0）	0
张金秀	1985-032					1（0）	0（0）	0
张金咏	2008-092（E）					1（0）	1（0）	0
张金钊	2012-220	2013-214				2（0）	0（0）	0
张金洲	2006-259					1（0）	0（0）	0
张锦华	2009-231					1（0）	0（0）	0
张锦秋	2008-002	**2008-336**				2（1）	0（0）	0
张锦耘	∴1988-007					1（0）	0（0）	0
张瑾	**2005-204**					1（1）	0（0）	0
张进棠	**1989-112**					1（1）	0（0）	0
张劲勇	2014-465					1（0）	0（0）	0
张晋英	1992-100	1992-099				2（0）	0（0）	0
张晋元	2011-373					1（0）	0（0）	0
张晋远	2001-019					1（0）	0（0）	0
张京	2002-116					1（0）	0（0）	0
张晶	1994-016	**2013-543**	2014-002F			3（1）	1（0）	0
张晶卫	2014-289					1（0）	0（0）	0
张景超	**2012-498**					1（0）	0（0）	0
张景靓	2012-407					1（0）	0（0）	0
张景双	2007-008					1（0）	0（0）	0
张竞菲	2010-158					1（0）	0（0）	0
张敬国	1995-009					1（0）	0（0）	0
张靖峰	2013-158					1（0）	0（0）	0
张静	2004-112	**2004-150**	**2004-151**	2005-022	**2006-296**	2010-094（E）	9（3）	1（0）	0
	2013-098	2015-057	2015-475					
张静全	2009-327	2010-081	2010-082	2011-043（E）	2013-139	2013-586	7（0）	1（0）	0
	2014-420							
张居光	**2014-528**					1（1）	0（0）	0
张居中	2005-102	2010-371	2010-372	2011-014		4（0）	0（0）	0
张菊香	**2015-542**					1（1）	0（0）	0

续表

作者	索引编号					文献总数	英文文献	通讯作者
张巨生	**2007-300**					1（1）	0（0）	0
张军	2011-286	2011-426	2014-473	**2012-499**		4（1）	0（0）	0
张军利	2002-157					1（0）	0（0）	0
张军营	2007-051	2009-121	2010-429	2011-301	*2013-481（E）	2013-585	7（0）	1（0）	1
	2015-400							
张军战	2009-348	2011-412				2（0）	0（0）	0
张君君	**2014-529**					1（1）	0（0）	0
张君丽	1990-054					1（0）	0（0）	0
张钧	**2003-191**					1（1）	0（0）	0
张俊	2002-040	2006-109	**2010-403**	**2012-500**	2015-448	2015-449	6（2）	0（0）	0
张俊峰	2010-397	**2011-436**				2（1）	0（0）	0
张俊婧	**2006-297**	2008-076				2（1）	0（0）	0
张俊萍	**2008-337**					1（1）	0（0）	0
张俊晟	2014-383	2014-384				2（0）	0（0）	0
张骏	1998-040					1（0）	0（0）	0
张开春	**2001-143**	**2006-298**				2（2）	0（0）	0
张凯	**1996-149**	2009-121	2014-133	**2015-543**	2012-003F		5（2）	1（0）	0
张凯锋	2009-414					1（0）	0（0）	0
张珂	2005-022	2013-372				2（0）	0（0）	0
张科	2011-350	2012-381				2（0）	0（0）	0
张克勤	**2011-437**					1（1）	0（0）	0
张克松	2010-338					1（0）	0（0）	0
张孔远	1999-105					1（0）	0（0）	0
张坤	2010-054	**2011-438**	2014-437	2014-481		4（1）	0（0）	0
张堃	2014-498	2014-545	2015-555			3（0）	0（0）	0
张兰	1998-106	1999-091				2（0）	0（0）	0
张兰兰	2012-510	2013-415				2（0）	0（0）	0
张岚	2011-472	**2012-501**				2（1）	0（0）	0
张乐	2013-216	**2013-544**	**2014-530**			3（2）	0（0）	0
张乐号	2014-501					1（0）	0（0）	0
张雷蕾	2012-270					1（0）	0（0）	0
张磊	**2007-301**	2010-245	2010-364	**2010-404**	2011-012	2011-138	13（2）	0（0）	0
	2011-139	2011-219	2012-065	2013-244	2014-350	2014-359			
	2015-355							
张磊磊	**2012-502**					1（1）	0（0）	0
张蕾	**2003-192**	2006-303	**2006-299**			3（2）	0（0）	0
张漓杉	2014-588					1（0）	0（0）	0
张黎	2012-459					1（0）	0（0）	0
张黎文	2001-059	2001-058（E）				1（0）	0（0）	0
张礼庆	2010-057					1（0）	0（0）	0
张李斌	2013-068	2013-069				2（0）	0（0）	0
张力	**2006-300**	2007-178	2008-198	2008-295	2008-296（E）	**2008-338**（E）	11（2）	5（1）	1
	2012-206	*2013-230	2001-005F	2003-003F	2014-004F				

续表

作者	索引编号						文献总数	英文文献	通讯作者
张立麒	2009-121						1（0）	0（0）	0
张立群	1999-064	2001-057					2（0）	0（0）	0
张立生	**2009-377**						1（1）	0（0）	0
张立同	2006-138						1（0）	0（0）	0
张立祥	2014-420						1（0）	0（0）	0
张立新	2005-210	**2015-544**					2（1）	0（0）	0
张丽	2005-192	2009-306	**2015-545**				3（1）	0（0）	0
张丽华	**1994-127**	2001-140	2005-164	2005-165（E）			4（1）	1（0）	0
张丽娟	2009-387	2009-388					2（0）	0（0）	0
张丽丽	**2014-531**	**2015-546（E）**					2（2）	1（1）	0
张丽莉	2011-119						1（0）	0（0）	0
张丽娜	**2015-547**						1（1）	0（0）	0
张丽鹏	2011-453						1（0）	0（0）	0
张丽萍	**2001-144**	**2003-193**	2010-425	2015-197			4（2）	0（0）	0
张丽莎	2010-022	2011-025	2013-035	2015-456			4（0）	0（0）	0
张丽伟	**2012-503**						1（1）	0（0）	0
张丽颖	2013-464						1（0）	0（0）	0
张利波	2013-108（E）	2015-187					2（0）	1（0）	0
张利娟	2009-080						1（0）	0（0）	0
张利孟	2014-421						1（0）	0（0）	0
张莉	1998-041	2001-088	2001-089	2004-127	2008-345	2009-318	11（2）	0（0）	0
	2010-316	2010-346	**2014-532**	2015-360	**2015-548**				
张莉娟	**2011-439**	2012-176	2013-528	**2014-533**	**2014-534**	2015-205	8（3）	0（0）	0
	2015-521	2015-522							
张莉霞	2013-151						1（0）	0（0）	0
张连昌	2001-134						1（0）	0（0）	0
张连凯	**2013-545**						1（1）	0（0）	0
张连连	2013-105						1（0）	0（0）	0
张连平	1996-078	1996-079	1998-082	1999-067	2002-138	2007-244	8（0）	0（0）	0
	2008-300	2008-301							
张良芬	2014-595						1（0）	0（0）	0
张亮	2002-062						1（0）	0（0）	0
张林	2009-355	2009-397	**2010-405**	2011-458			4（1）	0（0）	0
张林彬	2008-229						1（0）	0（0）	0
张林平	2014-472						1（0）	0（0）	0
张林艳	**2008-339**	**2009-378**	2010-445				3（2）	0（0）	0
张琳	2013-154						1（0）	0（0）	0
张霖琳	2013-087	**2015-549**					2（1）	0（0）	0
张灵灵	2009-277						1（0）	0（0）	0
张玲	**2001-145**	2012-312	2015-546（E）				3（1）	1（0）	0
张玲金	2011-380						1（0）	0（0）	0
张玲芝	2013-588						1（0）	0（0）	0
张凌云	2005-004						1（0）	0（0）	0

续表

作者	索引编号						文献总数	英文文献	通讯作者
张留明	2012-200						1（0）	0（0）	0
张龙强	2011-435						1（0）	0（0）	0
张龙生	**1998-161**	2001-138					2（1）	0（0）	0
张龙兴	1988-107	1989-096					2（0）	0（0）	0
张璐	**2000-120**	2004-104					2（1）	0（0）	0
张璐璐	2014-275						1（0）	0（0）	0
张满满	2010-017						1（0）	0（0）	0
张曼	2013-251						1（0）	0（0）	0
张茂林	**2007-302**	**2008-340**	2009-252	2009-295	2009-296	**2009-379**	32（7）	0（0）	0
	2010-127	2010-324	2010-325	2011-116	2011-358	2011-359			
	2011-440	**2011-441**	2012-124	2012-172	2012-386	2012-387			
	2012-388	2012-389	2012-390	2012-391	**2012-504**	2013-441			
	2013-442	2013-443	2013-444	**2013-546**	2014-431	2015-436			
	2015-437	2015-439							
张茂润	**2012-505**	**2015-550**					2（2）	0（0）	0
张枚	2006-022						1（0）	0（0）	0
张梅	**2004-152**	2013-119	2014-501	2015-319（E）			4（1）	1（0）	0
张美菊	2012-255						1（0）	0（0）	0
张美荣	2008-215						1（0）	0（0）	0
张美云	**1985-109**	**1988-103**	**1988-104**	**1988-105**	**1993-136**	1994-128	6（5）	0（0）	0
张萌萌	**2011-442**						1（1）	0（0）	0
张猛	2005-136						1（0）	0（0）	0
张孟群	2006-054	2007-061					2（0）	0（0）	0
张孟星	2008-153	**2009-380**	2012-547				3（1）	0（0）	0
张梦莹	2013-332						1（0）	0（0）	0
张密林	2006-079						1（0）	0（0）	0
张民	2015-208						1（0）	0（0）	0
张敏	2008-225	2009-360	2012-193	2014-194	2015-593	**2015-551**	7（1）	1（0）	0
	2007-007F								
张名泉	2015-332						1（0）	0（0）	0
张明	*2003-073	2014-573	2015-166				3（0）	0（0）	1
张明峰	2015-455						1（0）	0（0）	0
张明皓	**2007-303**						1（1）	0（0）	0
张明杰	2011-341						1（0）	0（0）	0
张明森	2011-450						1（0）	0（0）	0
张明伟	2006-028						1（0）	0（0）	0
张明炜	2015-026	2015-192					2（0）	0（0）	0
张明旭	2006-091（E）	2006-092（E）					2（0）	2（0）	0
张明学	2002-110						1（0）	0（0）	0
张明云	2008-235						1（0）	0（0）	0
张铭	2011-315						1（0）	0（0）	0
张铭诚	**1985-110**						1（1）	0（0）	0
张娜	2009-161	2012-075	2014-130				3（0）	0（0）	0

续表

作者	索引编号					文献总数	英文文献	通讯作者
张娜娜	**2012-506（E）**					1（1）	1（1）	0
张乃明	2002-012					1（0）	0（0）	0
张乃旭	2014-286					1（0）	0（0）	0
张楠	2011-439	**2012-507**	2015-521	2015-522		4（1）	0（0）	0
张宁	2007-244	2010-016	2012-502			3（0）	0（0）	0
张农	2014-410					1（0）	0（0）	0
张培青	**2003-194**	**2003-195**	**2005-205**	**2005-206**	**2006-301**	**2006-302**	6（6）	0（0）	0
张培新	2013-119					1（0）	0（0）	0
张佩聪	2013-273	2014-320				2（0）	0（0）	0
张佩桦	**1984-087**					1（1）	0（0）	0
张佩环	1973-016P					1（0）	0（0）	0
张鹏	2007-053	2009-242	**2009-381**	2010-226	**2010-406**	2011-431	10（3）	1（0）	0
	2012-508	2014-078	2015-298	2002-005F					
张鹏程	2007-027	**2007-304**				2（1）	0（0）	0
张鹏飞	2006-180	2013-057	2008-003F			3（0）	1（0）	0
张鹏远	2015-322					1（0）	0（0）	0
张平	2003-022	2005-069	**2006-303**	2013-504		4（1）	0（0）	0
张平安	2013-209					1（0）	0（0）	0
张平建	**2000-121**	**2001-146**	2003-132	2006-215		4（2）	0（0）	0
张平民	2000-053	2000-134（E）	2009-152	2015-257（E）		4（0）	2（0）	0
张萍	2009-103	**2010-407**				2（1）	0（0）	0
张其土	2010-094（E）					1（0）	1（0）	0
张其勋	1981-040	1982-046				2（0）	0（0）	0
张琪	2010-173	**2014-535**				2（1）	0（0）	0
张旗	1996-019	1996-020（E）	1996-021（E）	1996-022	1996-134	**1997-134**	6（1）	2（0）	0
张启超	1991-073	**1991-116**	**1991-117**	**1992-146**	**1992-147**		5（4）	0（0）	0
张启海	1996-108					1（0）	0（0）	0
张钱	**2011-443**					1（1）	0（0）	0
张茜	2005-153					1（0）	0（0）	0
张茜芸	**2014-536**					1（1）	0（0）	0
张倩	2015-261					1（0）	0（0）	0
张强	2012-428（E）	2015-042	2015-531			3（0）	1（0）	0
张乔	1991-037	**1991-118**	1994-129	2002-095	**2002-151**	2006-304	7（5）	0（0）	0
	2009-382								
张巧芬	2013-175					1（0）	0（0）	0
张钦辉	2009-015	*2011-093				2（0）	0（0）	1
张琴	1990-036	1992-103				2（0）	0（0）	0
张琴琴	2013-162					1（0）	0（0）	0
张勤	2002-149	**2004-153**	**2005-207**	**2005-208**	2006-038	**2007-305**	18（8）	1（0）	1
	2008-342	2010-184	**2010-408**	2011-031	**2012-509**	2013-202			
	2013-547	*2014-188	2014-189	2014-504	**2015-513**	2004-001F			
张勤龙	**1982-056**	1985-074	**1985-111**			3（2）	0（0）	0
张青	2011-034	2013-222				2（0）	0（0）	0

续表

作者	索引编号					文献总数	英文文献	通讯作者
张卿	2007-298	2012-109	**2012-510**	2013-385	2015-120	5(1)	0(0)	0
张清超	**2011-444**					1(1)	0(0)	0
张清杰	2008-092(E)					1(0)	1(0)	0
张晴	**2009-383**					1(1)	0(0)	0
张庆	2014-433					1(0)	0(0)	0
张庆波	2005-071					1(0)	0(0)	0
张庆丰	2000-075					1(0)	0(0)	0
张庆建	**2012-511**	2013-099	**2013-548**	**2013-549**	**2013-550**	*2014-080	7(5)	0(0)	1
	2015-552							
张庆礼	2011-073	2011-235				2(0)	0(0)	0
张庆贤	2007-121	2008-044	2009-220	2009-309	2011-205	2011-229	27(2)	0(0)	2
	2011-248	2011-271	**2011-445**	2012-150	2012-346	2012-379			
	2013-090	2013-161	2013-472	2013-484	2013-485	2013-486			
	2013-526	**2013-551**	2014-180	2014-474	2014-513	2015-031			
	*2015-041	2015-323	*2015-399						
张茕莺	**2006-305**					1(1)	0(0)	0
张秋芳	1997-056					1(0)	0(0)	0
张秋芬	2012-020					1(0)	0(0)	0
张秋会	2009-307					1(0)	0(0)	0
张秋民	2011-386	2011-387				2(0)	0(0)	0
张圈世	**1993-137**	1995-045	**2000-122**	**2000-123**	**2000-124**	5(4)	0(0)	0
张全超	2007-232					1(0)	0(0)	0
张泉	2013-574	2014-590	1998-107			3(0)	0(0)	0
张悫	2011-260	2013-323				2(0)	0(0)	0
张群	2014-055					1(0)	0(0)	0
张然	2014-565					1(0)	0(0)	0
张仁健	**2000-125**	**2001-147**	**2002-152**	2002-153(E)	2003-196(E)	2004-154(E)	18(10)	6(6)	1
	2005-242	*2006-130	2006-221	2008-343(E)	2009-267	**2009-384**			
	2009-385(E)	2010-384	**2010-409**(E)	2011-295	2012-558	2015-471			
张仁陟	2014-346					1(0)	0(0)	0
张日清	**1990-127**					1(1)	0(0)	0
张荣	2012-532	**2013-552**				2(1)	0(0)	0
张蓉	**2005-209**	**2006-306**				2(2)	0(0)	0
张榕	**2014-537**					1(1)	0(0)	0
张如意	**2008-344**					1(1)	0(0)	0
张汝源	**1991-119**					1(1)	0(0)	0
张蕊	2014-446					1(0)	0(0)	0
张蕊娥	2006-190					1(0)	0(0)	0
张锐	2007-147	2009-156	2013-178	2013-476		4(0)	0(0)	0
张瑞	2011-361	**2012-512**	2014-429			3(1)	0(0)	0
张瑞军	2007-131	2007-132				2(0)	0(0)	0
张瑞霖	2013-399					1(0)	0(0)	0
张润铎	*2014-512					1(0)	0(0)	1

续表

作者	索引编号					文献总数	英文文献	通讯作者
张润华	1985-112	1986-061	1986-099	1988-066		4（0）	0（0）	0
张善琦	2008-264					1（0）	0（0）	0
张尚欣	2010-451	2012-106	**2014-538**			3（1）	0（0）	0
张韶君	2009-203					1（0）	0（0）	0
张少龙	2013-121	2013-415				2（0）	0（0）	0
张少民	2014-242	2014-243	2014-563	2014-564		4（0）	0（0）	0
张少明	2008-022					1（0）	0（0）	0
张少文	*2011-286					1（0）	0（0）	1
张少昀	2008-214	**2010-410**				2（1）	0（0）	0
张绍先	1982-042	1983-012	1986-016	1987-063	1987-070	1988-069	6（0）	0（0）	0
张社英	2012-166					1（0）	0（0）	0
张莘	**2010-411**					1（1）	0（0）	0
张慎平	2009-238					1（0）	0（0）	0
张胜红	2014-161	*2015-539				2（0）	0（0）	1
张胜涛	2003-074					1（0）	0（0）	0
张晟	*2012-371					1（0）	0（0）	1
张晟瑪	**2012-513**					1（1）	0（0）	0
张石新	**1986-094**					1（1）	0（0）	0
张世国	∵2014-539					1（0）	0（0）	0
张世红	*2014-083	**2012-514**				2（1）	0（0）	1
张世欢	2015-288					1（0）	0（0）	0
张世君	1985-084					1（0）	0（0）	0
张世远	1995-142					1（0）	0（0）	0
张仕定	1988-050	1989-039	1990-058	**1991-120**	**1992-148**	**1993-138**	10（4）	0（0）	0
	2004-155	2005-102	2006-322	2006-323				
张守臣	2003-206	2005-193（E）				2（0）	1（0）	0
张守林	2012-417					1（0）	0（0）	0
张寿庭	2010-313	2012-025	2012-375	2012-508	2014-078	**1992-149**	7（2）	0（0）	0
	1998-162							
张书红	2012-255					1（0）	0（0）	0
张书琴	1990-061					1（0）	0（0）	0
张抒洁	2000-030					1（0）	0（0）	0
张淑华	**2003-197**					1（1）	0（0）	0
张淑杰	2010-327（E）	2011-362				2（0）	1（0）	0
张淑兰	∵1993-119					1（0）	0（0）	0
张淑梅	2012-549					1（0）	0（0）	0
张淑霞	2002-147					1（0）	0（0）	0
张淑英	1999-005	2000-085	**2000-126**	**2003-198**	**2006-307**	2010-167	6（3）	0（0）	0
张淑贞	*2010-191（E）	*2011-220	2011-004F	2014-001F	2014-002F		5（0）	4（0）	2
张淑珍	1999-104					1（0）	0（0）	0
张术杰	**2012-515**					1（1）	0（0）	0
张述林	2010-126					1（0）	0（0）	0
张树朝	**2004-156**					1（1）	0（0）	0

续表

作者	索引编号					文献总数	英文文献	通讯作者
张树德	2015-411					1（0）	0（0）	0
张树国	2010-098					1（0）	0（0）	0
张树江	2005-074					1（0）	0（0）	0
张树民	1990-039	1993-049				2（0）	0（0）	0
张树蔚	**1992-150**	1993-123	2003-023			3（1）	0（0）	0
张树志	2010-418					1（0）	0（0）	0
张帅	2014-245					1（0）	0（0）	0
张爽	2013-062					1（0）	0（0）	0
张顺鹏	**2014-540**					1（1）	0（0）	0
张硕	2015-508（E）	**2014-541**	2013-010F			3（1）	2（0）	0
张思冲	**2009-386**	**2009-387**	**2009-388**			3（3）	0（0）	0
张松	∵1993-139					1（0）	0（0）	0
张松宝	2009-350	2011-062				2（0）	0（0）	0
张松林	2002-053	2008-049				2（0）	0（0）	0
张苏敏	2008-219					1（0）	0（0）	0
张苏展	2002-004					1（0）	0（0）	0
张素居	∵1984-061					1（0）	0（0）	0
张素荣	**2014-542**					1（1）	0（0）	0
张穗	2003-032					1（0）	0（0）	0
张穗忠	2007-283	2009-315	2009-338			3（0）	0（0）	0
张孙曦	2001-020	2002-116	2004-115			3（0）	0（0）	0
张覃	2007-166					1（0）	0（0）	0
张涛	2012-253	2014-255	2015-200	2015-569	**2015-553**	5（1）	0（0）	0
张天保	1998-096					1（0）	0（0）	0
张天福	2009-027					1（0）	0（0）	0
张天壤	**2011-446**					1（1）	0（0）	0
张天舒	**1993-140**					1（1）	0（0）	0
张天阳	2010-108					1（0）	0（0）	0
张天佑	1995-048	1998-056	1998-058	**1998-163**	2001-122	5（1）	0（0）	0
张廷安	2010-206（E）	2010-207	2011-079	2011-122		4（0）	1（0）	0
张廷山	2003-068					1（0）	0（0）	0
张廷彦	2012-243	2013-283				2（0）	0（0）	0
张婷	1985-115	2009-171	2009-337	2012-037	2012-107	2013-411	6（0）	0（0）	0
张婷婷	2015-061					1（0）	0（0）	0
张同存	2000-041	2001-004F				2（0）	1（0）	0
张彤	**2014-543**	**2015-554**				2（2）	0（0）	0
张万宝	1985-109	1988-103	1988-104	**1988-105**	1993-136	5（1）	0（0）	0
张万平	**2001-148**	**2009-389**				2（2）	0（0）	0
张万胜	1992-024					1（0）	0（0）	0
张万友	2005-161					1（0）	0（0）	0
张万有	**1981-047**	**1989-113**				2（2）	0（0）	0
张旺强	*2010-170					1（0）	0（0）	1
张望	**2014-544**					1（1）	0（0）	0

续表

作者	索引编号						文献总数	英文文献	通讯作者
张巍	2014-221	2014-222	2015-231（E）				3（0）	1（0）	0
张为	**2001-149**						1（1）	0（0）	0
张维	1985-004						1（0）	0（0）	0
张维成	1984-055	**1984-088**					2（1）	0（0）	0
张维萍	2001-028						1（0）	0（0）	0
张维睿	2006-054	2007-061	2007-240				3（0）	0（0）	0
张伟	2007-147	2013-026	2013-298	2013-308	2013-516	**2014-545**	8（2）	0（0）	0
	2015-555	2015-601							
张伟才	2010-242						1（0）	0（0）	0
张伟超	**1999-144**	**1999-145**					2（2）	0（0）	0
张伟光	2010-206（E）	2011-100					2（0）	1（0）	0
张伟宏	**2014-546**						1（1）	0（0）	0
张伟民	2007-206	2009-253	2011-306				3（0）	0（0）	0
张伟亚	2002-104	2003-174	**2003-199**				3（1）	0（0）	0
张玮	2011-158						1（0）	0（0）	0
张卫	2004-160	2008-106					2（0）	0（0）	0
张卫纯	**2011-447**						1（1）	0（0）	0
张卫东	2006-292	2007-297					2（0）	0（0）	0
张卫国	1992-151						1（0）	0（0）	0
张卫民	**1986-095**						1（1）	0（0）	0
张卫星	2000-110	2002-142					2（0）	0（0）	0
张文	2000-125	**2015-556**					2（1）	0（0）	0
张文成	1980-037						1（0）	0（0）	0
张文德	**2010-412**						1（1）	0（0）	0
张文芳	1994-140	1995-035	1995-124	1996-064	1996-139	1997-041	16（1）	0（0）	0
	1997-058	1997-142	1997-143	1998-042	1998-169	1998-170			
	2002-161	2002-164	2002-165	**2003-200**					
张文锋	2011-381						1（0）	0（0）	0
张文海	1991-068						1（0）	0（0）	0
张文华	2007-219						1（0）	0（0）	0
张文江	2004-008						1（0）	0（0）	0
张文魁	2015-448	2015-449					2（0）	0（0）	0
张文磊	**2014-547**						1（1）	0（0）	0
张文良	1998-049	2004-131					2（0）	0（0）	0
张文林	**2015-557**						1（1）	0（0）	0
张文玲	2003-183						1（0）	0（0）	0
张文龙	1981-009						1（0）	0（0）	0
张文美	1994-043						1（0）	0（0）	0
张文明	**1984-089**						1（1）	0（0）	0
张文清	2012-240						1（0）	0（0）	0
张文生	2013-380						1（0）	0（0）	0
张文昔	2009-305	2012-325					2（0）	0（0）	0
张文翔	2011-128	**2011-448**					2（1）	0（0）	0

续表

作者	索引编号						文献总数	英文文献	通讯作者
张文艺	**2014-548**						1（1）	0（0）	0
张文元	2008-043	2010-031	2010-427	**2013-553**			4（1）	0（0）	0
张文泽	1989-005	1990-007					2（0）	0（0）	0
张喜成	**1988-106**						1（1）	0（0）	0
张喜林	2012-516	**2013-554**					2（1）	0（0）	0
张喜生	2007-098						1（0）	0（0）	0
张喜文	2007-319	2013-363	2014-163	2015-191			4（0）	0（0）	0
张霞	2008-257	2013-197					2（0）	0（0）	0
张鲜波	2013-329						1（0）	0（0）	0
张弦	2015-040						1（0）	0（0）	0
张现荣	**2012-516**						1（1）	0（0）	0
张现珍	**2013-555**						1（1）	0（0）	0
张宪辉	1995-037						1（0）	0（0）	0
张香荣	1994-080	**1998-164**	**2002-154**	**2005-210**			4（3）	0（0）	0
张祥国	2015-595						1（0）	0（0）	0
张祥志	2010-353						1（0）	0（0）	0
张翔宇	*2015-461						1（0）	0（0）	1
张向军	2007-017						1（0）	0（0）	0
张小凤	**2014-549**						1（1）	0（0）	0
张小华	*2015-189（E）						1（0）	1（0）	1
张小林	2014-487						1（0）	0（0）	0
张小敏	**2013-556**	**2013-557**	**2013-558**	**2014-550**	**2014-551**	**2014-552**	6（6）	0（0）	0
张小平	2006-227	**1992-151**					2（1）	0（0）	0
张小婷	2009-082	2010-086	2011-101	2013-353	2013-437		5（0）	0（0）	0
张小曳	**1991-121**	1994-145	1994-146	2000-080	2006-183（E）		5（1）	1（0）	0
张晓春	2001-114						1（0）	0（0）	0
张晓东	**2015-558**						1（1）	0（0）	0
张晓芬	2013-437						1（0）	0（0）	0
张晓峰	1991-050（E）	1992-058	1992-059	1992-060	1992-158（E）	2013-105	6（0）	2（0）	0
张晓宏	2008-331（E）	2009-200	2009-369（E）	2009-370	2013-538	2013-576	7（0）	2（0）	0
	2014-572								
张晓健	2006-160						1（0）	0（0）	0
张晓君	2015-039						1（0）	0（0）	0
张晓梅	2000-055	2009-409	2012-004				3（0）	0（0）	0
张晓敏	2013-024						1（0）	0（0）	0
张晓楠	**2003-201**	**2015-559**					2（2）	0（0）	0
张晓平	2010-115	**2011-449**					2（1）	0（0）	0
张晓蒲	2006-267						1（0）	0（0）	0
张晓勤	2002-066	2002-167					2（0）	0（0）	0
张晓彤	2013-215						1（0）	0（0）	0
张晓伟	2009-410						1（0）	0（0）	0
张晓萱	2005-050						1（0）	0（0）	0
张晓羽	**2015-560**						1（1）	0（0）	0

续表

作者	索引编号					文献总数	英文文献	通讯作者
张孝征	1996-121					1（0）	0（0）	0
张笑盈	2015-425					1（0）	0（0）	0
张昕	**2002-155**	2007-071	*2012-492			3（1）	0（0）	1
张欣欣	2012-404	**2012-517**				2（1）	0（0）	0
张欣宇	**2014-553**					1（1）	0（0）	0
张新	1986-066	1986-067	**1987-093**	**2007-306**	**2012-518**	5（3）	0（0）	0
张新华	2013-123	2014-127	**2012-519**			3（1）	0（0）	0
张新磊	2015-329					1（0）	0（0）	0
张新民	**1992-152**					1（0）	0（0）	0
张新夷	2007-123	2012-204	2009-005F	2013-004F		4（0）	2（0）	0
张新元	**2011-450**					1（1）	0（0）	0
张新志	2008-292					1（0）	0（0）	0
张鑫	**2005-211**	**2005-212**	2010-347	2014-345		4（2）	0（0）	0
张信钰	1973-002					1（0）	0（0）	0
张星	2009-367					1（0）	0（0）	0
张兴	2015-545					1（0）	0（0）	0
张兴国	2014-208	2014-452				2（0）	0（0）	0
张兴康	2010-387	2011-055				2（0）	0（0）	0
张兴文	2006-107					1（0）	0（0）	0
张兴香	2013-382					1（0）	0（0）	0
张雄	2014-083					1（0）	0（0）	0
张雄福	*2012-134					1（0）	0（0）	1
张雄杰	2009-430					1（0）	0（0）	0
张宿义	2010-190					1（0）	0（0）	0
张秀	2015-479					1（0）	0（0）	0
张秀芳	**2015-561**					1（1）	0（0）	0
张秀凤	1985-004					1（0）	0（0）	0
张秀菊	2011-018					1（0）	0（0）	0
张秀莲	**1982-057**	**1983-086**	1984-050	**1984-090**	**1987-094**	5（4）	0（0）	0
张秀羽	1983-016					1（0）	0（0）	0
张旭	2005-232	*2006-296	2007-325	2011-136		4（0）	0（0）	1
张旭光	2013-559	2015-092				2（0）	0（0）	0
张旭龙	2013-319					1（0）	0（0）	0
张旭盈	2014-262					1（0）	0（0）	0
张绪玉	**2005-213**					1（1）	0（0）	0
张学斌	2015-117	**2014-554**				2（1）	0（0）	0
张学博	2012-165	2013-178				2（0）	0（0）	0
张学东	1997-017					1（0）	0（0）	0
张学华	**1999-146**	2007-230	2013-189	2014-177	2014-178	**2014-555**	6（2）	0（0）	0
张学军	**2004-157**（E）	*2005-112	**2009-390**			3（2）	1（1）	1
张雪	2009-027					1（0）	0（0）	0
张雪峰	2008-130	*2015-310				2（0）	0（0）	1
张雪梅	2011-135	2011-446	2014-574	2015-513		4（0）	0（0）	0

续表

作者	索引编号						文献总数	英文文献	通讯作者
张雪乔	**2011-451**						1（1）	0（0）	0
张雪馨	1985-050						1（0）	0（0）	0
张勋高	*2011-432	**2011-452**					2（1）	0（0）	1
张训彪	**1995-133**						1（1）	0（0）	0
张训华	2010-202	*2014-294					2（0）	0（0）	1
张巽	1994-092	1996-090	1997-084	1997-085			4（0）	0（0）	0
张亚	**2013-559**	2015-092					2（1）	0（0）	0
张亚飞	2012-229	2015-120					2（0）	0（0）	0
张亚莉	**2011-453**	**2012-520**	**2013-560**（E）				3（3）	1（1）	0
张亚平	2013-091	**2014-556**（E）					2（1）	1（1）	0
张亚群	**2014-557**						1（1）	0（0）	0
张亚文	1982-012	1989-019	1993-114	1990-019（E）			4（0）	1（0）	0
张亚旭	**2015-562**						1（1）	0（0）	0
张亚珍	2012-366						1（0）	0（0）	0
张延乐	**2010-413**						1（1）	0（0）	0
张延玲	2011-351	2014-457					2（0）	0（0）	0
张延帅	**2011-454**						1（1）	0（0）	0
张妍	2015-167						1（0）	0（0）	0
张妍萍	2011-476						1（0）	0（0）	0
张颜庭	2011-272						1（0）	0（0）	0
张衍国	**2010-414**	2012-169					2（1）	0（0）	0
张砚博	2010-370						1（0）	0（0）	0
张彦芳	**2002-156**						1（1）	0（0）	0
张彦甫	2014-056	2015-045	2015-146				3（0）	0（0）	0
张彦辉	2009-072						1（0）	0（0）	0
张彦荣	2013-535						1（0）	0（0）	0
张彦伟	**2002-157**						1（1）	0（0）	0
张艳	2012-334						1（0）	0（0）	0
张艳春	2006-023						1（0）	0（0）	0
张艳华	2005-076						1（0）	0（0）	0
张艳惠	2009-269	2014-530					2（0）	0（0）	0
张艳玲	**2014-558**						1（1）	0（0）	0
张艳萍	2009-314	**2009-391**	2015-616				3（1）	0（0）	0
张艳秋	1988-026	1990-049	1990-062	**2012-521**（E）			4（1）	1（1）	0
张焱	1998-028	2004-099	2014-111	*2014-140	*2014-139（E）	2015-329	6（0）	1（0）	2
张燕	∵2007-307	2008-231	2009-075	**2012-522**	2013-109	2014-092	7（1）	0（0）	0
	2014-107								
张燕杰	2012-284						1（0）	0（0）	0
张燕军	*2010-187						1（0）	0（0）	1
张燕平	2008-169	**2015-563**					2（1）	0（0）	0
张耀君	2005-182	2006-113	**2008-345**	2009-392（E）			4（2）	1（1）	0
张耀奎	**2012-523**						1（1）	0（0）	0
张耀日	2013-309						1（0）	0（0）	0

续表

作者	索引编号					文献总数	英文文献	通讯作者
张业惠	**1995-134**					1（1）	0（0）	0
张叶方	1999-153					1（0）	0（0）	0
张叶华	2012-076					1（0）	0（0）	0
张一昕	2014-330					1（0）	0（0）	0
张一云	1990-061	*2002-008	2003-015			3（0）	0（0）	1
张怡	2012-253					1（0）	0（0）	0
张以军	2012-044	**2012-524**				2（1）	0（0）	0
张义丞	2014-183					1（0）	0（0）	0
张艺馨	2015-434					1（0）	0（0）	0
张忆	**2010-415**					1（1）	0（0）	0
张益	**2014-559**					1（1）	0（0）	0
张益珍	1990-061					1（0）	0（0）	0
张谊理	1992-061					1（0）	0（0）	0
张意颖	1989-091	1989-092				2（0）	0（0）	0
张毅	2012-263	2015-104				2（0）	0（0）	0
张翼明	2015-379					1（0）	0（0）	0
张银光	2009-284					1（0）	0（0）	0
张引娥	**2013-561**					1（1）	0（0）	0
张印民	2011-364	2011-471				2（0）	0（0）	0
张瑛	2015-120					1（0）	0（0）	0
张樱	2012-340					1（0）	0（0）	0
张樱山	2013-120					1（0）	0（0）	0
张盈珍	1993-081					1（0）	0（0）	0
张莹	2012-513	2013-285				2（0）	0（0）	0
张营	2013-251					1（0）	0（0）	0
张颖	2002-014	2002-016	2002-053	2009-073	2009-303（E）	11（1）	2（0）	2
	*2010-045	*2010-046	**2011-455**	2013-408	2014-462			
	2001-006F							
张颖超	2010-045	2010-046	2013-074			3（0）	0（0）	0
张颖慧	2013-071					1（0）	0（0）	0
张庸	2015-367					1（0）	0（0）	0
张永	1988-043					1（0）	0（0）	0
张永春	*2010-302	2012-027	2012-465	2014-475（E）		4（0）	1（0）	1
张永丰	**2014-560**					1（1）	0（0）	0
张永恒	2011-205	**2013-562**				2（1）	0（0）	0
张永立	2012-414					1（0）	0（0）	0
张永丽	2015-057					1（0）	0（0）	0
张永萍	1990-068					1（0）	0（0）	0
张永青	**1999-147**					1（1）	0（0）	0
张永涛	**2010-416**	2011-084				2（1）	0（0）	0
张永旺	**2012-525**					1（1）	0（0）	0
张永文	**2013-563**	**2013-564**	2014-568			3（2）	0（0）	0
张永夏	2010-273					1（0）	0（0）	0
张永中	2012-328					1（0）	0（0）	0

续表

作者	索引编号						文献总数	英文文献	通讯作者
张勇	2007-142	2009-199	2011-015	2011-217	2011-218	2012-516	10（2）	1（0）	0
	2012-526	2013-078	2013-279（E）	**2014-561**					
张勇平	1989-063（E）	1992-083	1993-060（E）	1993-107	1994-085	**1994-130**	9（1）	2（0）	0
	1995-135	1997-136	2000-091						
张攸沙	**2000-127**						1（1）	0（0）	0
张友德	2011-109						1（0）	0（0）	0
张有为	**2015-564**						1（1）	0（0）	0
张有智	**2007-308**						1（1）	0（0）	0
张佑全	**2004-158**						1（1）	0（0）	0
张瑜	2015-253						1（0）	0（0）	0
张予燕	2006-069	2007-077					2（0）	0（0）	0
张宇	2005-136	**2010-418**	**2010-419**				3（2）	0（0）	0
张宇帅	**2013-565**						1（1）	0（0）	0
张玉冰	2002-146						1（0）	0（0）	0
张玉斌	1973-004P	**1976-001P**	1982-003W				3（1）	0（0）	0
张玉芬	2013-211						1（0）	0（0）	0
张玉凤	2012-202						1（0）	0（0）	0
张玉广	2011-080						1（0）	0（0）	0
张玉红	2008-231						1（0）	0（0）	0
张玉环	2000-136						1（0）	0（0）	0
张玉洁	**2015-565**						1（1）	0（0）	0
张玉钧	2011-211	*2012-531	2012-532	*2013-552	2014-064	*2014-086	7（0）	0（0）	4
	*2015-078								
张玉兰	2012-313						1（0）	0（0）	0
张玉良	1999-131						1（0）	0（0）	0
张玉玲	2008-229	2012-513					2（0）	0（0）	0
张玉梅	**2010-417**	**2011-456**					2（2）	0（0）	0
张玉明	2015-305						1（0）	0（0）	0
张玉平	**2011-457**	2014-090	2014-091				3（1）	0（0）	0
张玉清	**1990-128**	1991-019	2015-165				3（1）	0（0）	0
张玉婷	2011-276						1（0）	0（0）	0
张玉秀	2015-563						1（0）	0（0）	0
张玉盈	**1994-131**						1（1）	0（0）	0
张玉珍	1979-018						1（0）	0（0）	0
张玉枝	2014-292	2014-422					2（0）	0（0）	0
张聿照	1994-051						1（0）	0（0）	0
张郁辉	1997-066						1（0）	0（0）	0
张钰	**2005-214**						1（1）	0（0）	0
张钰蓉	**1988-107**	1989-096					2（1）	0（0）	0
张愈洁	2011-071						1（0）	0（0）	0
张毓敏	1985-004						1（0）	0（0）	0
张豫海	2009-399						1（0）	0（0）	0
张元彬	**1999-148**						1（1）	0（0）	0

续表

作者	索引编号					文献总数	英文文献	通讯作者
张元福	1981-046	1976-004P				2（0）	0（0）	0
张元礼	2005-194					1（0）	0（0）	0
张元茂	2004-112	**2005-215**	2005-216	2005-217	2006-077	2006-293	9（1）	0（0）	0
	2006-309	2007-159	2009-092					
张元朔	2011-469					1（0）	0（0）	0
张元馨	2013-360	2014-347				2（0）	0（0）	0
张元勋	**1983-087**	**1984-091**	1985-089	**1986-096**	**1987-095**	**1988-108**	55（31）	13（8）	1
	1988-109	**1989-114（E）**	1990-054	**1993-141**	**1993-142（E）**	**1995-135**			
	1996-151（E）	**1997-135**	1997-136	2000-091	**2000-128**	2001-102			
	2001-150（E）	**2001-151**	**2003-202**	2004-112	**2004-159**	2005-060			
	2005-063	**2005-215**	**2005-216**	**2005-217**	**2006-236（E）**	2006-237			
	2006-293	**2006-308**	**2006-309**	**2006-310**	2007-159	**2007-309**			
	2007-310	2008-006	2008-011	2008-091	**2009-007（E）**	2009-008			
	*2009-013	2009-085	**2009-393（E）**	**2009-394**	**2009-395**	2011-003			
	2011-206	2001-002F	**2005-004F**	**2006-007F**	**2006-012F**	**2007-006F**			
	2009-003F								
张媛	**2014-562**					1（1）	0（0）	0
张远欣	**2014-563**	**2014-564**				2（2）	0（0）	0
张月芬	1988-071	1989-079	1990-093			3（0）	0（0）	0
张月玲	**2014-565**					1（1）	0（0）	0
张月平	**2001-152**	**2002-158**	**2003-203**	**2003-204**	**2005-218**	5（5）	0（0）	0
张悦	2014-365					1（0）	0（0）	0
张越嫦	2015-207					1（0）	0（0）	0
张云春	2014-535					1（0）	0（0）	0
张云红	**2009-396**	2014-586				2（1）	0（0）	0
张云晖	2014-105	**2014-566**				2（1）	0（0）	0
张云升	2012-152					1（0）	0（0）	0
张云淑	2007-299					1（0）	0（0）	0
张芸	2007-011					1（0）	0（0）	0
张允成	**1982-058**	1983-075	1984-076			3（1）	0（0）	0
张运波	**2003-205**	2004-165	2005-128	**2005-219**	2006-203	2007-092	6（2）	0（0）	0
张运国	1987-035	1989-103	**1989-115**			3（1）	0（0）	0
张运强	2009-133					1（0）	0（0）	0
张蕴惠	1992-100	1992-099	1994-089	1995-099		4（0）	0（0）	0
张在权	1982-053					1（0）	0（0）	0
张泽明	2005-091					1（0）	0（0）	0
张泽廷	2011-117					1（0）	0（0）	0
张泽夏	**1989-116**					1（1）	0（0）	0
张泽湘	**1986-097**					1（1）	0（0）	0
张占文	**2011-458**					1（1）	0（0）	0
张章堂	2013-365					1（0）	0（0）	0
张长庚	**1986-098**	**1987-096**	**1988-110**	**1988-111**	**1991-122**	**1991-123**	7（7）	0（0）	0
	1992-153							

续表

作者	索引编号						文献总数	英文文献	通讯作者
张长明	1990-128	2001-031	2001-070				3（0）	0（0）	0
张招崇	*2006-009（E）						1（0）	1（0）	1
张招贤	2015-463	2015-464					2（0）	0（0）	0
张昭林	**2005-220**						1（1）	0（0）	0
张兆霞	2014-208						1（0）	0（0）	0
张肇淦	2011-395（E）						1（0）	1（0）	0
张哲民	2011-376						1（0）	0（0）	0
张贞柯	1985-051						1（0）	0（0）	0
张桢干	2008-256						1（0）	0（0）	0
张振飞	2009-301						1（0）	0（0）	0
张振宏	2012-427						1（0）	0（0）	0
张振华	2011-279	**2012-527**	**2013-566**	**2013-567**			4（3）	0（0）	0
张振球	**2014-567**						1（1）	0（0）	0
张振儒	**1988-112**	∵1988-118					2（1）	0（0）	0
张振馨	**1985-112**	**1986-099**	1986-061				3（2）	0（0）	0
张振英	2014-410						1（0）	0（0）	0
张振中	2010-319						1（0）	0（0）	0
张振忠	2006-127	2007-074	2007-134	**2007-311**	2008-022	**2008-346**	19（2）	0（0）	2
	2010-101	2010-171	2011-021	2011-332	2012-256	2012-357			
	2013-556	2013-557	2013-558	2013-592	*2014-550	2014-551			
	*2014-552								
张震	2009-028	2009-331	**2009-397**				3（1）	0（0）	0
张争京	2013-563	**2014-568**					2（1）	0（0）	0
张征	2000-021						1（0）	0（0）	0
张征宇	2013-223						1（0）	0（0）	0
张正富	2013-108（E）						1（0）	1（0）	0
张正权	2001-011	2004-007（E）	2007-119（E）				3（0）	2（0）	0
张正荣	2008-325						1（0）	0（0）	0
张政军	2010-148						1（0）	0（0）	0
张枝焕	2006-101						1（0）	0（0）	0
张志诚	*2014-036						1（0）	0（0）	1
张志芳	2012-188						1（0）	0（0）	0
张志峰	2004-121	**2007-312**					2（1）	0（0）	0
张志刚	1997-108	2003-123	2003-124	2009-135	**2009-398**	2010-424	7（2）	0（0）	0
	2009-399								
张志国	2010-219						1（0）	0（0）	0
张志恒	2010-115						1（0）	0（0）	0
张志华	2004-157（E）	2008-279	2009-390				3（0）	1（0）	0
张志坚	**2015-566**	**2015-567**					2（2）	0（0）	0
张志杰	**2013-568**						1（1）	0（0）	0
张志军	2004-122						1（0）	0（0）	0
张志亮	2011-471						1（0）	0（0）	0
张志琳	2010-274						1（0）	0（0）	0

续表

作者	索引编号					文献总数	英文文献	通讯作者
张志民	**2012-528**	**2012-529**	**2012-530**			3（3）	0（0）	0
张志鹏	2015-107					1（0）	0（0）	0
张志谦	2005-086					1（0）	0（0）	0
张志强	1998-046					1（0）	0（0）	0
张志全	1999-156	2000-135				2（0）	0（0）	0
张志伟	1989-099	2005-173				2（0）	0（0）	0
张志武	2014-336					1（0）	0（0）	0
张志颖	2003-095					1（0）	0（0）	0
张志勇	2011-481	**2011-459**	2013-478			3（1）	0（0）	0
张志远	2015-073					1（0）	0（0）	0
张志众	2010-142					1（0）	0（0）	0
张治国	2008-117	2008-173	**2009-400**	2013-377	2013-396	2013-397	6（1）	0（0）	0
张智	1999-064	**2014-569**	2015-266			3（1）	0（0）	0
张智力	**2015-568**					1（1）	0（0）	0
张智胜	2015-211					1（0）	0（0）	0
张智勇	2004-111	*2005-024（E）	2007-279	2013-254	**2013-569**	2006-008F	8（1）	4（0）	1
	2006-011F	2007-008F						
张中	**2002-159**					1（1）	0（0）	0
张中俭	2015-188	**2015-569**				2（1）	0（0）	0
张中太	2000-034	2000-035	2000-036	2003-117	2003-118	2004-095	7（0）	0（0）	0
	2004-096							
张中义	1986-065	1987-031	**1988-113**	1994-083		4（1）	0（0）	0
张中云	2011-393					1（0）	0（0）	0
张忠东	2008-309	2010-174	**2010-420**	2013-243		4（1）	0（0）	0
张忠和	2012-496					1（0）	0（0）	0
张忠健	2012-288					1（0）	0（0）	0
张忠爽	2015-203					1（0）	0（0）	0
张忠孝	2014-058	2014-059				2（0）	0（0）	0
张衷维	2012-345					1（0）	0（0）	0
张仲健	**2011-460**					1（1）	0（0）	0
张众	2011-076	**2005-221**				2（1）	0（0）	0
张朱武	**2009-401**	2009-405	**2010-421**			3（2）	0（0）	0
张珠福	2010-108	2015-225				2（0）	0（0）	0
张筑凤	1994-094	1995-107（E）				2（0）	1（0）	0
张子利	2012-540	2013-010				2（0）	0（0）	0
张子龙	2013-327					1（0）	0（0）	0
张子潇	**2014-570**					1（1）	0（0）	0
张宗涛	1996-082	1997-074	1997-098			3（0）	0（0）	0
张祖暄	**1983-088**					1（1）	0（0）	0
张遵遵	2010-263					1（0）	0（0）	0
张作政	2004-100					1（0）	0（0）	0
章邦桐	1995-108					1（0）	0（0）	0
章伯垠	1990-101					1（0）	0（0）	0

续表

作者	索引编号						文献总数	英文文献	通讯作者
章跟宁	1992-028						1 (0)	0 (0)	0
章海军	**1999-149**						1 (1)	0 (0)	0
章家鼎	1982-001	1989-104					2 (0)	0 (0)	0
章净霞	1985-103	1989-080	**1991-124**	**1994-132**	**1994-133**	**1996-150**	7 (4)	0 (0)	0
	2001-020								
章连香	**2013-570**						1 (1)	0 (0)	0
章名耀	2008-218						1 (0)	0 (0)	0
章明奎	**1999-150**	**2000-129**					2 (2)	0 (0)	0
章培标	2013-048						1 (0)	0 (0)	0
章佩群	1993-098	1994-074（E）	1994-075	1994-076	1995-067	1995-087	16 (0)	2 (0)	0
	1996-094	1996-103	1997-097	1998-100	2000-007（E）	2000-008			
	2000-062	2003-006	2003-026	2004-023					
章茜	1994-132						1 (0)	0 (0)	0
章腾	2009-119						1 (0)	0 (0)	0
章薇	**2012-533（E）**						1 (1)	1 (1)	0
章伟艳	2002-081	**2015-570**	**2015-571**				3 (2)	0 (0)	0
章炜	2013-552	**2012-531**	**2012-532**				3 (2)	0 (0)	0
章小林	**2010-422**						1 (1)	0 (0)	0
章晓剑	1996-102	1997-097					2 (0)	0 (0)	0
章新喜	2010-198						1 (0)	0 (0)	0
章雪生	**2013-571**						1 (1)	0 (0)	0
章晔	**1981-048**	**1981-049**	**1982-059**	**1982-060**	**1983-089**	**1983-090**	42 (25)	0 (0)	0
	1983-091	1983-097	**1984-092**	**1984-093**	**1985-113**	**1985-114**			
	1985-115	1985-120	**1986-100**	**1987-097**	**1988-114**	**1988-115**			
	1989-024	**1989-117**	**1989-118**	1990-021	**1990-129**	**1990-130**			
	1990-133	1990-134	1991-128	**1992-154**	**1993-143**	**1993-144**			
	1994-028	1995-112	1996-039	1996-130	1996-157	1997-027			
	1997-028	1997-029	1997-038	1997-137	1999-041	**1984-004W**			
章应	2005-213						1 (0)	0 (0)	0
章勇	2006-018	2007-018					2 (0)	0 (0)	0
章正	**1988-116**						1 (1)	0 (0)	0
章执中	1995-075	1998-022	1999-020				3 (0)	0 (0)	0
仉小猛	2008-047						1 (0)	0 (0)	0
掌继锋	2007-300						1 (0)	0 (0)	0
Zhang Anfeng	2014-441（E）						1 (0)	1 (0)	0
Zhang Benren	1996-036（E）						1 (0)	1 (0)	0
Zhang Bing	2014-290（E）						1 (0)	1 (0)	0
Zhang Chen	**2015-530（E）**						1 (1)	1 (1)	0
Zhang F.S.	2009-004F						1 (0)	1 (0)	0
Zhang G.	2003-002F	2005-003F	2007-004F	2004-002F	2004-003F		5 (0)	5 (0)	0
Zhang Hailong	2015-600（E）						1 (0)	1 (0)	0
Zhang Hui	2013-075（E）						1 (0)	1 (0)	0
Zhang Huining	**2014-524（E）**						1 (1)	1 (1)	0

续表

作者	索引编号						文献总数	英文文献	通讯作者
Zhang J.	1993-004F	2001-111	2002-002F				3（0）	3（0）	0
Zhang Jingdong	2013-454（E）						1（0）	1（0）	0
Zhang Li	2014-228（E）						1（0）	1（0）	0
Zhang L. X.	**1984-001F**						1（1）	1（1）	0
Zhang Man	2013-454（E）						1（0）	1（0）	0
Zhang Meigen	2009-385（E）						1（0）	1（0）	0
Zhang Peiping	**2008-341（E）**						1（1）	1（1）	0
Zhang Qi	1997-003F						1（0）	1（0）	0
Zhang Rui	2012-241（E）						1（0）	1（0）	0
Zhang Weilin	**2007-313（E）**						1（1）	1（1）	0
Zhang Yan	2007-084（E）						1（0）	1（0）	0
Zhang Yang	2013-005F						1（0）	1（0）	0
Zhang Y.M.	2006-007F						1（0）	1（0）	0
Zhang Yiwei	2011-388（E）	2012-060（E）	2012-061（E）				3（0）	3（0）	0
Zhang Yongping	2006-012F	2007-006F					2（0）	2（0）	0
Zhang Yuchao	2012-004F						1（0）	1（0）	0
Zhang Zewu	2012-061（E）	2014-146（E）					2（0）	2（0）	0
Zhang Z.Y.	1990-001F						1（0）	1（0）	0
Zhang Zhuzhen	2012-004F						1（0）	1（0）	0
赵爱华	**2001-153**						1（1）	0（0）	0
赵爱娟	2014-429	2015-352					2（0）	0（0）	0
赵爱林	2012-032						1（0）	0（0）	0
赵宝山	**2002-160**						1（1）	0（0）	0
赵宝升	2015-053						1（0）	0（0）	0
赵保路	2004-111						1（0）	0（0）	0
赵北君	2015-484（E）	**2000-130**					2（1）	1（0）	0
赵本琪	2010-054						1（0）	0（0）	0
赵斌	*1996-082	*1997-074	1997-098	**2005-222**	2010-316	2012-333	7（1）	1（0）	2
	2015-588（E）								
赵岑	**2013-572**						1（1）	0（0）	0
赵昌裕	1981-015						1（0）	0（0）	0
赵超	2015-473	2015-474					2（0）	0（0）	0
赵朝成	2012-362						1（0）	0（0）	0
赵晨	**2007-314**						1（1）	0（0）	0
赵成林	1985-055	1987-042	**1987-098**				3（1）	0（0）	0
赵呈裕	**1993-145**						1（1）	0（0）	0
赵传文	**2009-402**						1（1）	0（0）	0
赵春江	2011-245	2012-554	**2012-534**				3（1）	0（0）	0
赵春燕	**2013-573**						1（1）	0（0）	0
赵纯	1994-095						1（0）	0（0）	0
赵存良	**2007-315**	2015-359（E）					2（1）	1（0）	0
赵存友	2008-289						1（0）	0（0）	0
赵丹	**2003-206**	2007-030					2（1）	0（0）	0

续表

作者	索引编号					文献总数	英文文献	通讯作者
赵德明	2008-362					1（0）	0（0）	0
赵德山	1988-027					1（0）	0（0）	0
赵德荀	2013-285					1（0）	0（0）	0
赵登华	2005-002					1（0）	0（0）	0
赵东军	**2005-223**					1（1）	0（0）	0
赵冬梅	2012-073					1（0）	0（0）	0
赵栋	2014-184（E）					1（0）	1（0）	0
赵敦初	**1988-117**					1（1）	0（0）	0
赵恩好	**2010-423**	**2013-574**	2013-598	**2014-571**	2014-590		5（3）	0（0）	0
赵尔燕	1992-079 1993-093 1993-151 1994-136	*1992-080 **1993-146** **1993-152** 1994-137	1992-081 **1993-147** **1993-153** 1995-138	**1992-155** **1993-148** **1993-154** 1995-137	1993-091 **1993-149** 1994-134 1996-152	1993-092 **1993-150** 1994-135	23（17）	0（0）	1
赵芳霞	2007-311 2012-256 2014-552	2008-346 2012-357	2010-101 2013-557	2010-171 2013-558	2011-021 2013-592	2011-332 2014-551	13（0）	0（0）	0
赵飞	**2002-161**	2005-214					2（1）	0（0）	0
赵丰	2013-261						1（0）	0（0）	0
赵峰	2008-151	*2009-357	2010-170	2012-534	2012-554	**2015-572**	6（1）	0（0）	1
赵峰华	*2006-194	2007-130	2007-193	2015-556			4（0）	0（0）	1
赵锋伟	2008-347						1（1）	0（0）	0
赵凤起	2006-190 2009-370 **2014-572**	2007-184 2013-329	2007-253 2013-538	2008-282 2013-575	*2008-331（E） **2013-576**	*2009-369（E） 2014-172	13（3）	2（0）	2
赵凤燕	2013-077	2014-025	**2015-573**	**2015-574**			4（2）	0（0）	0
赵奉奎	**2013-577**	**2015-575**					2（2）	0（0）	0
赵刚	**2012-535**	**2013-578**	**2014-573**				3（3）	0（0）	0
赵高举	2003-126						1（0）	0（0）	0
赵光强	2012-153	2015-033					2（0）	0（0）	0
赵广翠	2013-231	2013-311	2014-352	2014-494	2015-170		5（0）	0（0）	0
赵广军	*2007-007	2009-011					2（0）	0（0）	1
赵广涛	1990-026	2012-411					2（0）	0（0）	0
赵广田	2000-011						1（0）	0（0）	0
赵贵文	**1987-099**	1992-039	1999-040				3（1）	0（0）	0
赵贵喜	**2005-224**						1（1）	0（0）	0
赵桂兰	1998-116	2010-216	**2010-424**				3（1）	0（0）	0
赵桂萍	**2000-131**						1（1）	0（0）	0
赵国刚	2013-219						1（0）	0（0）	0
赵国光	2014-283						1（0）	0（0）	0
赵国华	**1997-138**						1（1）	0（0）	0
赵国强	2013-031						1（0）	0（0）	0
赵国庆	1979-006	1979-007	1980-006	1988-100	1990-084（E）		5（0）	1（0）	0
赵国升	**2015-576**						1（1）	0（0）	0

续表

作者	索引编号					文献总数	英文文献	通讯作者
赵国涛	2014-227					1（0）	0（0）	0
赵国文	**2010-425**					1（1）	0（0）	0
赵国新	2007-203					1（0）	0（0）	0
赵国兴	2007-269					1（0）	0（0）	0
赵国燕	**2008-348**					1（1）	0（0）	0
赵国镇	1992-070					1（0）	0（0）	0
赵海兵	2011-174					1（0）	0（0）	0
赵海歌	2010-273					1（0）	0（0）	0
赵海君	**2013-579**					1（1）	0（0）	0
赵海平	**2014-574**					1（1）	0（0）	0
赵海山	2001-138					1（0）	0（0）	0
赵海英	2007-055	2008-063				2（0）	0（0）	0
赵合琴	**2006-311**					1（1）	0（0）	0
赵红	2003-008	**2003-207**				2（1）	0（0）	0
赵红梅	2010-379	2011-240	2011-371			3（0）	0（0）	0
赵红挺	2015-052					1（0）	0（0）	0
赵红艳	*2012-477	2012-519				2（0）	0（0）	0
赵红燕	2015-165					1（0）	0（0）	0
赵红颖	2003-027					1（0）	0（0）	0
赵宏风	2004-099	2005-146	2007-206	2009-253	2011-306	5（0）	0（0）	0
赵宏樵	2007-230					1（0）	0（0）	0
赵宏明	2014-519					1（0）	0（0）	0
赵宏樵	**2001-154**	**2005-225**	**2008-349**	**2009-403**		4（4）	0（0）	0
赵虹霞	**2007-316** **2007-317** 2008-061 **2009-404** **2009-405** 2010-058（E） 2010-059 2011-045 2011-070 2011-149 *2011-290 **2011-461**（E） 2012-409 2012-443 2012-444 2014-084 2015-396 2015-397 2015-437					19（5）	2（1）	1
赵洪力	2009-324					1（0）	0（0）	0
赵鸿金	2006-212（E）	2006-213				2（0）	1（0）	0
赵厚银	**2006-312**					1（1）	0（0）	0
赵虎	2012-059					1（0）	0（0）	0
赵化章	1992-039					1（0）	0（0）	0
赵欢娟	2015-082					1（0）	0（0）	0
赵焕新	2014-159					1（0）	0（0）	0
赵辉	2013-115	2013-493	2014-582	2014-610	2015-148	5（0）	0（0）	0
赵会峰	2015-067	2015-612				2（0）	0（0）	0
赵会吉	**2014-575**					1（1）	0（0）	0
赵会芹	2005-072					1（0）	0（0）	0
赵会仙	2009-288					1（0）	0（0）	0
赵惠君	1998-052					1（0）	0（0）	0
赵惠扬	1986-090					1（0）	0（0）	0
赵慧涛	2015-547					1（0）	0（0）	0
赵辑佩	1989-079	1990-093	1988-071			3（0）	0（0）	0

续表

作者	索引编号					文献总数	英文文献	通讯作者
赵家英	2007-113					1（0）	0（0）	0
赵甲亭	2015-212	**2015-577**				2（1）	0（0）	0
赵建军	**1993-155**	**2008-350**	2014-174	2015-268	2015-410	5（2）	0（0）	0
赵建为	2014-105	2015-292				2（0）	0（0）	0
赵剑剑	2015-500					1（0）	0（0）	0
赵剑坤	2015-241					1（0）	0（0）	0
赵剑锟	2014-180	2015-031	2015-041	2015-240	2015-242	2015-399	6（0）	0（0）	0
赵健	**2012-536**					1（1）	0（0）	0
赵江滨	**2015-578**					1（1）	0（0）	0
赵江宁	2014-082					1（0）	0（0）	0
赵蛟	2009-022					1（0）	0（0）	0
赵杰	2013-096					1（0）	0（0）	0
赵金铎	1989-086					1（0）	0（0）	0
赵金坦	1998-076					1（0）	0（0）	0
赵金垣	1997-081	2003-087				2（0）	0（0）	0
赵珺	**2013-580**	**2014-576**				2（2）	0（0）	0
赵瑾	2013-113					1（0）	0（0）	0
赵景波	**2011-462**					1（1）	0（0）	0
赵景德	**1988-118**					1（1）	0（0）	0
赵景红	2007-158	2008-175	2012-479	2013-364		4（0）	0（0）	0
赵景武	**1993-156**					1（1）	0（0）	0
赵靖	2010-001	2011-312	2011-313	2012-287	2013-005	5（0）	0（0）	0
赵静	2008-241	**2008-351**	2013-330	**2014-577**		4（2）	0（0）	0
赵九成	2008-198					1（0）	0（0）	0
赵九江	2003-026					1（0）	0（0）	0
赵军	1997-013					1（0）	0（0）	0
赵军峰	2014-194					1（0）	0（0）	0
赵俊峰	2007-154					1（0）	0（0）	0
赵俊琳	1990-137					1（0）	0（0）	0
赵俊琦	**2014-578**	**2015-579**				2（2）	0（0）	0
赵开乐	**2014-579**					1（1）	0（0）	0
赵开楼	2015-063					1（0）	0（0）	0
赵康	2012-250	2012-278				2（0）	0（0）	0
赵珂杰	2009-353					1（0）	0（0）	0
赵克夫	**1993-157**					1（1）	0（0）	0
赵坤	**2009-406**	**2015-580**				2（2）	0（0）	0
赵兰	**2010-426**	2013-169	**2014-580**			3（2）	0（0）	0
赵兰芳	2012-036	2012-299	**2012-537**			3（1）	0（0）	0
赵乐平	2003-194	2003-195				2（0）	0（0）	0
赵雷	2010-289					1（0）	0（0）	0
赵蕾	2005-013	2005-183	2007-028	2007-029（E）	2011-119	5（0）	1（0）	0
赵黎	2014-239					1（0）	0（0）	0
赵立华	**2015-581**					1（1）	0（0）	0

续表

作者	索引编号						文献总数	英文文献	通讯作者
赵立敏	2000-041						1（0）	0（0）	0
赵丽	2004-030						1（0）	0（0）	0
赵丽芬	2011-304						1（0）	0（0）	0
赵利敏	1997-118	1997-119	**1997-139**	1998-138	**1998-165**	**1998-166**	8（3）	2（0）	0
	2001-002F	2001-004F							
赵莉	1994-110	1998-023	1998-159	**2015-582**			4（1）	0（0）	0
赵良	2011-166						1（0）	0（0）	0
赵良久	2004-087						1（0）	0（0）	0
赵亮	2012-259						1（0）	0（0）	0
赵林盛	2014-270						1（0）	0（0）	0
赵林毅	**2010-427**						1（1）	0（0）	0
赵柳依	2014-231						1（0）	0（0）	0
赵曼曲	2006-081						1（0）	0（0）	0
赵毛毛	2006-105						1（0）	0（0）	0
赵眉	**1984-094**						1（1）	0（0）	0
赵美凤	2015-280						1（0）	0（0）	0
赵蒙	**2013-581**						1（1）	0（0）	0
赵敏	2013-254	2013-468					2（0）	0（0）	0
赵明	2010-357	2011-451	2015-007				3（0）	0（0）	0
赵明军	2014-252						1（0）	0（0）	0
赵慕愚	1994-095						1（0）	0（0）	0
赵娜如	2009-081						1（0）	0（0）	0
赵南京	2011-211	2012-532	2014-086	2015-078			4（0）	0（0）	0
赵宁	2013-306	**2013-582**	**2015-620**				3（2）	0（0）	0
赵宁博	2015-543						1（0）	0（0）	0
赵攀峰	2003-090						1（0）	0（0）	0
赵培庆	2009-231						1（0）	0（0）	0
赵培侠	**2008-352**						1（1）	0（0）	0
赵佩珩	1982-029						1（0）	0（0）	0
赵鹏	2013-067	2014-514					2（0）	0（0）	0
赵鹏大	2004-148	2009-301					2（0）	0（0）	0
赵鹏飞	**2012-538**						1（1）	0（0）	0
赵丕琪	2014-427						1（0）	0（0）	0
赵平亚	1988-076						1（0）	0（0）	0
赵萍	2012-125						1（0）	0（0）	0
赵普琇	**2012-539**						1（1）	0（0）	0
赵琦	1998-171	1999-157	**2000-132**	2000-135	2006-292	2007-297	6（1）	0（0）	0
赵启仁	**1979-031**	1980-028	1981-042	∵1981-050	∵1983-092	1985-056	7（1）	0（0）	0
	1990-059								
赵倩蕾	2015-077						1（0）	0（0）	0
赵强	2003-129						1（0）	0（0）	0
赵钦新	2015-021	2015-285					2（0）	0（0）	0
赵沁	2011-326						1（0）	0（0）	0

续表

作者	索引编号						文献总数	英文文献	通讯作者
赵青云	2006-085（E）	2006-086	2006-099	2006-172	2007-095	2007-096（E）	11（0）	2（0）	0
	2007-224	2007-225	2009-040	2010-168	2014-182				
赵清良	**2012-540**	2013-010					2（1）	0（0）	0
赵庆昌	1990-061						1（0）	0（0）	0
赵庆令	*2011-283	2014-179	*2015-024				3（0）	0（0）	2
赵秋颖	2014-065	2015-421					2（0）	0（0）	0
赵权	2009-283						1（0）	0（0）	0
赵权宇	**2004-160**	2008-106					2（1）	0（0）	0
赵泉	2015-270						1（0）	0（0）	0
赵瑞廷	2010-044	2010-078	**2013-583**	2014-110	**2014-581**	**2015-583**	6（3）	0（0）	0
赵飒	2013-445						1（0）	0（0）	0
赵三平	2006-253（E）						1（0）	1（0）	0
赵珊红	2014-430						1（0）	0（0）	0
赵生国	2015-481						1（0）	0（0）	0
赵省向	2014-371						1（0）	0（0）	0
赵盛红	1990-001						1（0）	0（0）	0
赵士贵	2013-531						1（0）	0（0）	0
赵世超	2013-602						1（0）	0（0）	0
赵世泉	1999-018						1（0）	0（0）	0
赵守库	1983-085						1（0）	0（0）	0
赵守仁	**2004-161**						1（1）	0（0）	0
赵寿驹	1988-034	1989-033					2（0）	0（0）	0
赵书林	1994-129						1（0）	0（0）	0
赵淑兰	2011-243	**2015-584**					2（1）	0（0）	0
赵淑权	**2002-162**						1（1）	0（0）	0
赵淑云	1990-127						1（0）	0（0）	0
赵淑忠	2012-064						1（0）	0（0）	0
赵树雷	**2011-463**						1（1）	0（0）	0
赵舜英	1992-058	1992-059	1997-067				3（0）	0（0）	0
赵朔	2013-566	2013-567					2（0）	0（0）	0
赵思传	2012-142						1（0）	0（0）	0
赵思佳	2012-039（E）						1（0）	1（0）	0
赵思源	2009-110						1（0）	0（0）	0
赵四海	2006-295						1（0）	0（0）	0
赵素	1992-049						1（0）	0（0）	0
赵素粉	2015-063						1（0）	0（0）	0
赵素英	2006-025						1（0）	0（0）	0
赵所琛	**1982-061**						1（1）	0（0）	0
赵锁奇	2007-289						1（0）	0（0）	0
赵天宝	**1994-138**	1998-066					2（1）	0（0）	0
赵天波	2004-072						1（0）	0（0）	0
赵天天	2015-330						1（0）	0（0）	0
赵铁军	2014-129						1（0）	0（0）	0

续表

作者	索引编号						文献总数	英文文献	通讯作者
赵廷才	**1980-041**	**1982-062**					2（2）	0（0）	0
赵彤彤	2013-297						1（0）	0（0）	0
赵为刚	2013-231	2013-311	2014-352	2014-494			4（0）	0（0）	0
赵维娟	**2004-162（E）**	**2005-226**	**2006-085（E）**	2006-099	2006-172	**2006-313**	22（5）	4（2）	0
	2007-095	**2007-096（E）**	2007-224	2007-225	2008-049	2009-040			
	2009-288	2010-168	2010-178	2010-354	2011-371	2012-010			
	2014-182	**2004-163**	2006-086	**2006-314（E）**					
赵伟	2003-105	2009-031	**2015-585**				3（1）	0（0）	0
赵伟刚	2015-170						1（0）	0（0）	0
赵伟光	**2012-541**						1（1）	0（0）	0
赵伟华	2014-235						1（0）	0（0）	0
赵伟洁	2015-534						1（0）	0（0）	0
赵玮	2013-322						1（0）	0（0）	0
赵炜	**2015-586**						1（1）	0（0）	0
赵文江	2003-189						1（0）	0（0）	0
赵文军	2006-085（E）	2006-086	2006-099	2006-172	2007-095	2007-096（E）	16（1）	2（0）	0
	2007-224	2007-225	2009-040	2010-168	**2010-428**	2011-371			
	2012-010	2012-438	2014-182	2015-372					
赵文睿	2012-493						1（0）	0（0）	0
赵文俞	1999-093						1（0）	0（0）	0
赵西晨	2013-013						1（0）	0（0）	0
赵西强	**2015-587**						1（1）	0（0）	0
赵熹	**2009-407**						1（1）	0（0）	0
赵霞	2008-084	2012-463	2013-464	2015-278			4（0）	0（0）	0
赵显武	2006-153						1（0）	0（0）	0
赵祥永	2008-149						1（0）	0（0）	0
赵翔	2010-283	2010-315					2（0）	0（0）	0
赵向荣	1996-038						1（0）	0（0）	0
赵小春	2010-426						1（0）	0（0）	0
赵小龙	2015-481						1（0）	0（0）	0
赵小明	**2004-164**						1（1）	0（0）	0
赵小平	2006-090						1（0）	0（0）	0
赵小元	2011-085	2014-559					2（0）	0（0）	0
赵晓东	**2013-584**						1（1）	0（0）	0
赵晓刚	2015-331						1（0）	0（0）	0
赵晓光	2012-503						1（0）	0（0）	0
赵晓辉	2007-328	2007-329					2（0）	0（0）	0
赵晓军	2008-084	2010-297					2（0）	0（0）	0
赵孝壁	**1986-101**						1（1）	0（0）	0
赵欣欣	2009-004						1（0）	0（0）	0
赵新华	**2005-227**						1（1）	0（0）	0
赵新那	**1980-042**	1981-027	1984-033	1985-037	1986-009	1986-010	15（1）	0（0）	0
	1986-052	1987-051	1988-025	1991-018	1991-058	1992-072			

续表

作者	索引编号						文献总数	英文文献	通讯作者
	1993-110	1997-082	1997-111						
赵鑫	**2009-408**	**2014-582**					2（2）	0（0）	0
赵鑫桂	2013-255						1（0）	0（0）	0
赵雄伟	2014-074	2014-075					2（0）	0（0）	0
赵修波	2004-168						1（0）	0（0）	0
赵修建	2013-059						1（0）	0（0）	0
赵秀慧	1997-033	**1997-140**	1998-064	**1998-167**			4（2）	0（0）	0
赵秀娟	**2012-542**						1（1）	0（0）	0
赵学峰	2013-033						1（0）	0（0）	0
赵学锋	2015-197						1（0）	0（0）	0
赵雪荣	2008-175						1（0）	0（0）	0
赵雪蓉	2007-158	2009-199	2013-297				3（0）	0（0）	0
赵雪松	2013-088						1（0）	0（0）	0
赵训志	2011-276						1（0）	0（0）	0
赵雅卿	**2015-589**						1（1）	0（0）	0
赵亚芳	**2012-543**						1（1）	0（0）	0
赵亚男	2013-065						1（0）	0（0）	0
赵亚楠	2012-521（E）						1（0）	1（0）	0
赵岩	1990-117						1（0）	0（0）	0
赵研	2013-130						1（0）	0（0）	0
赵砚卿	1985-079	1992-110					2（0）	0（0）	0
赵彦民	**2011-464**						1（1）	0（0）	0
赵艳兵	2013-580						1（0）	0（0）	0
赵艳娟	**2004-165**	**2007-318**					2（2）	0（0）	0
赵艳梅	2015-286						1（0）	0（0）	0
赵艳秋	2003-061						1（0）	0（0）	0
赵艳霞	2010-175						1（0）	0（0）	0
赵燕	2009-012						1（0）	0（0）	0
赵燕群	2013-450						1（0）	0（0）	0
赵阳	2007-050	2009-065					2（0）	0（0）	0
赵炀	1998-033						1（0）	0（0）	0
赵耀	1998-132	**1999-151**	**2001-155**				3（2）	0（0）	0
赵晔	2013-261	2013-553					2（0）	0（0）	0
赵一波	2005-146						1（0）	0（0）	0
赵一阳	**2002-163**						1（1）	0（0）	0
赵屹东	2005-029	2007-050	2009-006（E）	2009-007（E）	2009-008	2009-013	10（0）	4（0）	0
	2009-065	2009-146（E）	2009-395	2013-527（E）					
赵翼平	2014-569						1（0）	0（0）	0
赵胤	2007-203	2007-269					2（0）	0（0）	0
赵英	2013-031						1（0）	0（0）	0
赵英环	1992-074						1（0）	0（0）	0
赵瑛瑛	2007-102						1（0）	0（0）	0
赵鹰立	1999-070	2004-061	2005-092	2009-172	2012-366	2013-258	7（0）	0（0）	0

续表

作者	索引编号						文献总数	英文文献	通讯作者
	2014-327								
赵迎秋	**2014-583**						1（1）	0（0）	0
赵莹	**1990-131**	1991-064	1992-075	1995-079	1995-080	1997-088	6（1）	0（0）	0
赵颖	2013-195						1（0）	0（0）	0
赵永椿	2007-051	2009-121	**2010-429**	2011-301	2013-481（E）	**2013-585**	7（2）	1（0）	0
	2015-400								
赵永宏	2010-270	**2010-430**	**2011-465**				3（2）	0（0）	0
赵永林	2012-139	**2014-584**	**2015-590**				3（2）	0（0）	0
赵永儒	2005-150						1（0）	0（0）	0
赵勇	2010-248						1（0）	0（0）	0
赵由才	2014-093						1（0）	0（0）	0
赵友清	1995-027	1995-028	1995-044	1996-157	1999-120	2000-074	8（0）	0（0）	0
	2000-136	2001-159							
赵宇	**2013-586**	2014-174	2015-268	2015-410			4（1）	0（0）	0
赵宇亮	2005-024（E）	2009-137	2007-009F	2006-011F	2007-008F	2014-003F	6（0）	5（0）	0
赵宇平	1983-052	**1990-132**					2（1）	0（0）	0
赵玉成	2001-114						1（0）	0（0）	0
赵玉龙	**2011-466**	**2011-467（E）**					2（2）	1（1）	0
赵玉芝	1983-012						1（0）	0（0）	0
赵育榕	2010-009						1（0）	0（0）	0
赵岳	2012-558						1（0）	0（0）	0
赵跃民	2006-294	2013-057					2（0）	0（0）	0
赵越	2014-125	**2015-591**					2（1）	0（0）	0
赵云	**2012-544**						1（1）	0（0）	0
赵云良	2009-372						1（0）	0（0）	0
赵蕴智	2003-166						1（0）	0（0）	0
赵增祺	2005-170						1（0）	0（0）	0
赵占仑	2015-358						1（0）	0（0）	0
赵长河	**1995-136**						1（1）	0（0）	0
赵长明	2009-111	2010-117					2（0）	0（0）	0
赵长遂	2009-402						1（0）	0（0）	0
赵长玉	2010-327（E）	2011-362	2012-515				3（0）	1（0）	0
赵长志	**2007-319**						1（1）	0（0）	0
赵熙	2011-357						1（0）	0（0）	0
赵珍谊	2010-128						1（0）	0（0）	0
赵振纲	2014-460						1（0）	0（0）	0
赵振华	1982-012	1982-001P					2（0）	0（0）	0
赵振杰	2014-316						1（0）	0（0）	0
赵振明	2010-180						1（0）	0（0）	0
赵征宇	2014-072						1（0）	0（0）	0
赵志丹	1996-036（E）	2005-241					2（0）	1（0）	0
赵志根	2001-038						1（0）	0（0）	0
赵志军	2005-093						1（0）	0（0）	0

续表

作者	索引编号						文献总数	英文文献	通讯作者
赵志强	**2005-228**						1(1)	0(0)	0
赵志文	2009-098						1(0)	0(0)	0
赵志英	1998-175	1999-065	2001-060				3(0)	0(0)	0
赵志远	2009-231						1(0)	0(0)	0
赵质良	**2010-431**						1(1)	0(0)	0
赵忠刚	2012-274	2012-365	2012-472				3(0)	0(0)	0
赵忠霞	2015-284						1(0)	0(0)	0
赵仲鹤	2011-026						1(0)	0(0)	0
赵卓	2014-075						1(0)	0(0)	0
赵梓臣	2015-074						1(0)	0(0)	0
赵宗玲	1982-031	**1964-004P**	1982-004P	1982-003W	**1981-004S**		5(2)	0(0)	0
赵宗铃	1986-013						1(0)	0(0)	0
赵租亮	2014-080						1(0)	0(0)	0
赵作勇	**2009-409**						1(1)	0(0)	0
照日格图	2010-322						1(0)	0(0)	0
Zhao J.	2002-005F						1(0)	1(0)	0
Zhao Jiating	**2014-003F**						1(1)	1(1)	0
Zhao Kai	2013-005F						1(0)	1(0)	0
Zhao Liyan	**2003-004F**						1(1)	1(1)	0
Zhao Tongyu	2012-428（E）						1(0)	1(0)	0
Zhao X.	1990-002F						1(0)	1(0)	0
Zhao Xuebin	**2015-588（E）**						1(1)	1(1)	0
Zhao Xueqin	2002-004F						1(0)	1(0)	0
Zhao Zhen	*2013-044（E）						1(0)	1(0)	1
浙江省地质局实验室	**1976-007P**						1(1)	0(0)	0
甄洪香	2007-054	**2005-229**	2008-353				3(2)	0(0)	0
甄建平	1994-144						1(0)	0(0)	0
甄立玲	2014-452						1(0)	0(0)	0
甄攀	2010-190						1(0)	0(0)	0
甄强	2010-390						1(0)	0(0)	0
Zhen Xiangjun	2013-004F						1(0)	1(0)	0
郑柏存	1996-040						1(0)	0(0)	0
郑步梅	**2014-585（E）**						1(1)	1(1)	0
郑常青	2013-336	2013-471					2(0)	0(0)	0
郑朝贵	2008-368						1(0)	0(0)	0
郑朝晖	2012-004						1(0)	0(0)	0
郑朝伟	2014-205						1(0)	0(0)	0
郑晨龙	2015-471						1(0)	0(0)	0
郑楚光	2009-121	2010-429	2011-301	2012-538	2013-481（E）	2013-585	7(0)	1(0)	0
	2015-400								
郑春萍	2000-054						1(0)	0(0)	0
郑纯智	2006-291						1(0)	0(0)	0
Zheng Cuiqing	2015-001F						1(0)	1(0)	0

续表

作者	索引编号						文献总数	英文文献	通讯作者
郑存江	2006-231	2009-403	2011-341				3（0）	0（0）	0
郑达贤	2005-130	2005-131					2（0）	0（0）	0
郑得洲	2015-145						1（0）	0（0）	0
郑德娟	1978-015	1982-010					2（0）	0（0）	0
郑德清	1980-027						1（0）	0（0）	0
Zheng Feng	2015-319（E）						1（0）	1（0）	0
郑砝	2015-557						1（0）	0（0）	0
郑国灿	2015-304						1（0）	0（0）	0
郑国河	**2009-410**						1（1）	0（0）	0
郑国经	**2015-592**						1（1）	0（0）	0
郑海飞	**1999-152**						1（1）	0（0）	0
郑浩	2001-129						1（0）	0（0）	0
郑红文	2015-481						1（0）	0（0）	0
郑宏	2010-426						1（0）	0（0）	0
郑洪波	2008-305	2010-202	*2014-038	2014-450（E）			4（0）	1（0）	1
郑洪涛	2006-201	2008-220	2010-262	2011-148	2012-318	2012-320	7（0）	0（0）	0
	2014-318								
郑洪星	2011-082						1（0）	0（0）	0
郑厚琳	**1985-116**	**1987-100**	**1989-119**	**1992-156**	**1994-139**	**1997-141**	7（6）	0（0）	0
	1982-005P								
郑环	2012-402						1（0）	0（0）	0
郑会平	**2013-587**						1（1）	0（0）	0
郑会清	2009-080	2014-410					2（0）	0（0）	0
郑继成	2014-325						1（0）	0（0）	0
郑家贵	2009-232	2010-081	2010-082				3（0）	0（0）	0
郑家琪	1992-045						1（0）	0（0）	0
郑家容	2010-273						1（0）	0（0）	0
郑坚敏	2007-191						1（0）	0（0）	0
郑建安	1998-119	**1998-168**					2（1）	0（0）	0
郑建道	2009-286	2010-040	2010-251	2011-052	**2011-468**	**2013-588**	6（2）	0（0）	0
郑建国	2003-112	2003-113	2005-123	2006-188			4（0）	0（0）	0
郑建明	2011-417	2014-516	2015-479				3（0）	0（0）	0
郑建勇	2010-435						1（0）	0（0）	0
郑剑	2006-121（E）						1（0）	1（0）	0
郑江	2003-082	2007-158	2009-199	2009-222			4（0）	0（0）	0
郑江宁	*2010-440						1（0）	0（0）	1
郑金标	2009-001						1（0）	0（0）	0
郑金山	**1992-157**						1（1）	0（0）	0
郑金玉	**2010-432**	**2010-433**					2（2）	0（0）	0
郑炯鑫	2009-167	2010-176					2（0）	0（0）	0
郑军	2007-327	2008-363	2009-414	2009-415	**2010-434**	2011-454	6（1）	0（0）	0
郑钧元	2010-141						1（0）	0（0）	0
郑俊	**2011-469**						1（1）	0（0）	0

续表

作者	索引编号						文献总数	英文文献	通讯作者
郑俊义	**2011-470**						1（1）	0（0）	0
郑凯泓	2007-073						1（0）	0（0）	0
郑雷	2009-065						1（0）	0（0）	0
郑丽波	2000-133	**2003-208**	**2003-209**	**2004-166（E）**			4（3）	1（1）	0
郑利红	2011-197						1（0）	0（0）	0
郑利平	2000-084						1（0）	0（0）	0
郑连杰	**2015-593**						1（1）	0（0）	0
郑柳萍	2003-164	**2006-315**	2008-269	2010-154（E）			4（1）	1（0）	0
郑禄彬	1993-081						1（0）	0（0）	0
郑茂盛	2014-085						1（0）	0（0）	0
郑妙子	1994-013	2002-149	2003-186	2005-009	2007-172	2009-029	6（0）	0（0）	0
郑民	1992-032	1992-058					2（0）	0（0）	0
郑明	2009-031						1（0）	0（0）	0
郑明雄	**2013-589**	**2013-590**					2（2）	0（0）	0
郑茗天	2010-272						1（0）	0（0）	0
郑乃章	2002-002	2010-324	2011-158	**2007-320**			4（1）	0（0）	0
郑南	**2009-411**	2011-114					2（1）	0（0）	0
郑培凯	2006-166	2008-186	2008-187				3（0）	0（0）	0
郑启明	2011-364	**2011-471**					2（1）	0（0）	0
郑起	2003-043	2003-044	2006-067	*2007-298	*2010-393	*2011-270	7（0）	0（0）	4
	*2012-284								
郑清林	**2008-354**						1（1）	0（0）	0
郑庆瑜	2005-018	2009-048	2011-049	2011-050			4（0）	0（0）	0
郑琼彬	2015-558						1（0）	0（0）	0
郑荣华	**1994-140**	1995-035	1995-124	**1995-139**	1996-064	1996-065	22（10）	0（0）	0
	1996-139	**1996-153**	1997-041	1997-058	**1997-142**	**1997-143**			
	1998-042	**1998-169**	**1998-170**	**2002-164**	**2002-165**	2009-157			
	2009-158	2013-233	**2013-591**	2014-234					
郑蓉	2013-504						1（0）	0（0）	0
郑蓉芬	2006-009（E）						1（0）	1（0）	0
郑若锋	2012-151						1（0）	0（0）	0
郑绍宽	1999-105						1（0）	0（0）	0
郑胜男	1985-032						1（0）	0（0）	0
郑诗礼	2013-058						1（0）	0（0）	0
郑寿荣	2015-267						1（0）	0（0）	0
郑书勤	1996-094						1（0）	0（0）	0
郑淑华	2011-426						1（0）	0（0）	0
郑曙	2010-240						1（0）	0（0）	0
郑树	**1994-141**	2002-004					2（1）	0（0）	0
郑双清	2013-511	2015-084					2（0）	0（0）	0
郑思宁	2002-066						1（0）	0（0）	0
郑思瑞	**1993-158**						1（1）	0（0）	0
郑素华	1995-097	1996-112	1996-113	1997-066	1998-074	1998-075	9（0）	0（0）	0

续表

作者	索引编号					文献总数	英文文献	通讯作者
	1999-063	1999-099	2001-100					
Zheng S.	1995-002F					1 (0)	1 (0)	0
郑同峰	2014-194					1 (0)	0 (0)	0
郑彤	2015-405					1 (0)	0 (0)	0
郑万国	2012-128	2010-002F				2 (0)	1 (0)	0
郑威	2012-357	**2013-592**				2 (1)	0 (0)	0
郑巍	**2011-472**					1 (1)	0 (0)	0
郑维明	2001-077	2002-046（E）	2002-047	2002-094	**2004-167**	2005-125	29 (9)	9 (4)	0
	2005-164	2005-165（E）	**2005-230（E）**	**2005-231**	2006-192	**2007-186（E）**			
	2007-187	**2007-321（E）**	**2007-322**	2008-013	**2008-014（E）**	**2008-147（E）**			
	2008-148	2008-205	**2008-355**	**2008-358**	**2008-356（E）**	**2008-357（E）**			
	2010-106	2010-247	2012-275	2014-145	2015-554				
郑伟	2007-184					1 (0)	0 (0)	0
郑卫红	2013-321					1 (0)	0 (0)	0
郑文宝	2015-414					1 (0)	0 (0)	0
郑文莉	1996-074					1 (0)	0 (0)	0
郑喜坤	2005-223					1 (0)	0 (0)	0
郑先君	2006-311					1 (0)	0 (0)	0
郑献章	2008-368					1 (0)	0 (0)	0
郑祥民	2013-316					1 (0)	0 (0)	0
郑祥身	**1996-154**					1 (1)	0 (0)	0
郑晓东	2006-202					1 (0)	0 (0)	0
郑晓庆	**2015-594**	**2015-595**				2 (2)	0 (0)	0
郑笑芳	**2012-545**					1 (1)	0 (0)	0
郑效东	2014-273					1 (0)	0 (0)	0
郑新卫	2012-494					1 (0)	0 (0)	0
郑新烟	2007-020					1 (0)	0 (0)	0
郑兴国	**2011-473**					1 (1)	0 (0)	0
郑兴平	2006-305					1 (0)	0 (0)	0
郑秀红	2014-020	2014-035				2 (0)	0 (0)	0
郑轩	2015-183					1 (0)	0 (0)	0
郑学斌	**1999-153**					1 (1)	0 (0)	0
郑雅杰	**2012-546**					1 (1)	0 (0)	0
郑亚森	2013-531					1 (0)	0 (0)	0
郑燕玲	2007-104					1 (0)	0 (0)	0
郑叶飞	2005-215	2005-216	2005-217	2006-309	2007-159	5 (0)	0 (0)	0
郑一博	2006-243（E）					1 (0)	1 (0)	0
郑怡	2011-169（E）	2015-546（E）				2 (0)	2 (0)	0
郑益凡	2011-183					1 (0)	0 (0)	0
郑翊	2007-262	2009-316	2013-519			3 (0)	0 (0)	0
郑瑛	2010-334	**2002-166**	**2002-167**			3 (2)	0 (0)	0
郑颖	**2012-547**	2014-411	**2015-596**			3 (2)	0 (0)	0
郑永春	*2014-009	**2007-323**				2 (1)	0 (0)	1

续表

作者	索引编号					文献总数	英文文献	通讯作者
郑勇	2011-474（E）					1（0）	1（0）	0
郑有飞	2005-019	2005-020				2（0）	0（0）	0
郑有清	**2007-324**					1（1）	0（0）	0
郑有业	2011-076					1（0）	0（0）	0
郑雨寿	1990-115					1（0）	0（0）	0
郑毓峰	2003-067					1（0）	0（0）	0
郑允弘	1996-122	1997-037				2（0）	0（0）	0
郑贞宝	**2009-412**					1（1）	0（0）	0
郑振	2010-161					1（0）	0（0）	0
郑直	2012-128					1（0）	0（0）	0
郑志宏	2014-502					1（0）	0（0）	0
郑志杰	**2013-593**					1（1）	0（0）	0
郑志学	1987-059	1994-073				2（0）	0（0）	0
郑智英	2002-133					1（0）	0（0）	0
支河	2012-523					1（0）	0（0）	0
支俊秉	**2005-232**	**2007-325**				2（2）	0（0）	0
支敏	1987-095	2003-202				2（0）	0（0）	0
支霞臣	**1989-120**	**1995-140**	**1996-155**			3（3）	0（0）	0
只秉文	**2003-210**					1（1）	0（0）	0
志敏	1992-050					1（0）	0（0）	0
质子X荧光分析小组	1983-024					1（0）	0（0）	0
智顺	2009-396	**2014-586**				2（1）	0（0）	0
中国分析测试协会咨询委员会分析技术及仪器评委会	**1991-125**					1（1）	0（0）	0
中国科学院上海原子核研究所活化分析组	1979-008					1（0）	0（0）	0
中国科学院土壤背景值协作组	**1979-032**					1（1）	0（0）	0
钟安建	2008-264					1（0）	0（0）	0
钟澄	2009-261	*2011-039				2（0）	0（0）	1
钟春龙	*2009-291					1（0）	0（0）	1
钟代果	**2008-359**					1（1）	0（0）	0
钟道国	**1988-119**					1（1）	0（0）	0
钟丁平	2007-120					1（0）	0（0）	0
钟福平	**2008-360**					1（1）	0（0）	0
钟富兰	**2011-474（E）**					1（1）	1（1）	0
钟官寿	1998-040					1（0）	0（0）	0
钟国清	2011-074					1（0）	0（0）	0
钟海军	2011-117					1（0）	0（0）	0
钟红海	**1985-117**	**1987-101**				2（2）	0（0）	0
钟红梅	2009-141					1（0）	0（0）	0

续表

作者	索引编号						文献总数	英文文献	通讯作者
钟洪海	1988-093						1（0）	0（0）	0
钟华	2008-259	2009-308					2（0）	0（0）	0
钟惠民	1999-138	2002-146					2（0）	0（0）	0
钟慧琴	**2013-594**						1（1）	0（0）	0
钟婕	2009-012						1（0）	0（0）	0
钟静	2004-075	2005-109	2010-041	**2014-587**			4（1）	0（0）	0
钟俊	2010-339	2013-511	2009-004F				3（0）	1（0）	0
钟康华	2015-375						1（0）	0（0）	0
钟琅乐	**1986-102**						1（1）	0（0）	0
钟黎	**2013-595**						1（1）	0（0）	0
钟铃	2005-171						1（0）	0（0）	0
钟梅英	2013-321						1（0）	0（0）	0
钟明峰	2013-568						1（0）	0（0）	0
钟明强	**2010-435**						1（1）	0（0）	0
钟溟	1985-001	1985-117	1987-088	1987-101	1988-018	1991-050（E）	15（1）	5（1）	0
	1992-022	1992-030（E）	1992-058	1992-059	1992-060	**1992-158（E）**			
	1993-026	1993-027（E）	1993-008F						
钟沛余	2003-113						1（0）	0（0）	0
钟秦	2013-530	2015-586					2（0）	0（0）	0
钟山	**2009-413**	**2013-596**	**2014-588**				3（3）	0（0）	0
钟声扬	2007-211						1（0）	0（0）	0
钟威	2012-262						1（0）	0（0）	0
钟伟	**2005-233**						1（1）	0（0）	0
钟伟健	2009-082						1（0）	0（0）	0
钟武波	2008-130						1（0）	0（0）	0
钟喜春	2014-553						1（0）	0（0）	0
钟小平	2009-102						1（0）	0（0）	0
钟兴荣	2011-350						1（0）	0（0）	0
钟秀虹	**2015-597**						1（1）	0（0）	0
钟艳	2007-169	2013-240					2（0）	0（0）	0
钟毅	**2008-361**						1（1）	0（0）	0
钟银兰	1989-111	1997-010					2（0）	0（0）	0
钟阴庭	1973-003P						1（0）	0（0）	0
钟英杰	2011-135						1（0）	0（0）	0
钟鹰	**2005-234**	2006-022					2（1）	0（0）	0
钟永安	**1988-120**						1（1）	0（0）	0
钟永超	**2012-548**						1（1）	0（0）	0
钟宇红	2010-050						1（0）	0（0）	0
钟玉芳	**2006-316**	**2006-317**					2（2）	0（0）	0
钟玉荣	2008-036						1（0）	0（0）	0
钟喻娇	2011-474（E）						1（0）	1（0）	0
钟长江	1996-056	1997-051					2（0）	0（0）	0
钟志光	2009-250	2009-251					2（0）	0（0）	0

续表

作者	索引编号					文献总数	英文文献	通讯作者
仲崇明	1973-015P					1(0)	0(0)	0
仲崇祺	1979-026					1(0)	0(0)	0
仲吉伟	2008-175	2012-369				2(0)	0(0)	0
仲平	1987-035					1(0)	0(0)	0
仲维卓	1996-131					1(0)	0(0)	0
仲亚	2014-529					1(0)	0(0)	0
仲召兵	2013-261					1(0)	0(0)	0
仲兆平	2003-050	2003-051	2005-157	2007-141	2007-142	2008-369	9(0)	0(0)	0
	2009-424	2012-555	2014-536					
周阿红	2015-032					1(0)	0(0)	0
周爱锋	2015-559					1(0)	0(0)	0
周安朝	2011-179	2015-234				2(0)	0(0)	0
周保平	2014-384					1(0)	0(0)	0
周本富	1984-094					1(0)	0(0)	0
周彬	2006-262					1(0)	0(0)	0
周斌	**2005-235**	*2008-052	2008-279	2008-305	2008-306	5(1)	0(0)	1
Zhou Bin	2015-600(E)					1(0)	1(0)	0
周炳炎	2012-097					1(0)	0(0)	0
周波	1994-049	2009-195				2(0)	0(0)	0
周超	**2011-475**	2014-219	2014-360			3(1)	0(0)	0
周朝宪	2011-394					1(0)	0(0)	0
周成洪	2012-230	**2015-599**	**2015-598**			3(2)	0(0)	0
周川杰	**2013-597**					1(1)	0(0)	0
周传明	2007-157	2013-379				2(0)	0(0)	0
周传农	1995-065					1(0)	0(0)	0
周传祎	2009-246					1(0)	0(0)	0
周春宏	2006-018					1(0)	0(0)	0
周春丽	**2011-476**					1(1)	0(0)	0
周丹	2010-225	2012-471				2(0)	0(0)	0
周道玉	1996-033	1996-073	1996-085			3(0)	0(0)	0
周德君	2014-287	**2014-589**				2(1)	0(0)	0
周德云	2000-021	2003-166				2(0)	0(0)	0
周迪	2010-310					1(0)	0(0)	0
周迪平	**1987-102**					1(1)	0(0)	0
周殿忠	2006-202					1(0)	0(0)	0
周东美	*2013-070	2015-051				2(0)	0(0)	1
周帆	**2007-326**	2015-353				2(1)	0(0)	0
周分廷	1999-010					1(0)	0(0)	0
周峰	**2012-549**	2013-405				2(1)	0(0)	0
周凤歧	1994-072					1(0)	0(0)	0
周福龙	1988-081					1(0)	0(0)	0
周官山	2015-390					1(0)	0(0)	0
周光华	2015-277					1(0)	0(0)	0

续表

作者	索引编号					文献总数	英文文献	通讯作者
周光忠	2014-566					1（0）	0（0）	0
周广东	2015-064（E）					1（0）	1（0）	0
周广林	**1999-154**					1（1）	0（0）	0
周广明	2003-213	2006-323				2（0）	0（0）	0
周广柱	2001-012					1（0）	0（0）	0
周贵恩	1998-091	2001-072（E）				2（0）	1（0）	0
周桂荣	**2001-156**					1（1）	0（0）	0
周桂芝	1983-023					1（0）	0（0）	0
周国彪	2015-353					1（0）	0（0）	0
周国华	**2012-550**					1（1）	0（0）	0
周国江	**2010-436**	2011-284				2（1）	0（0）	0
周国莉	2014-330					1（0）	0（0）	0
周国庆	2011-119	2012-126	**2012-551**			3（1）	0（0）	0
周国清	1980-003S					1（0）	0（0）	0
周国兴	1986-004	2013-574	**2013-598**	2014-571	**2014-590**	5（2）	0（0）	0
周海明	2013-374	2014-298				2（0）	0（0）	0
周涵	2012-503					1（0）	0（0）	0
周汉文	2010-286					1（0）	0（0）	0
周航慈	2005-197					1（0）	0（0）	0
周昊	**2013-599**	**2014-591**				2（2）	0（0）	0
周浩	2013-558					1（0）	0（0）	0
Zhou Hao	**2015-600（E）**					1（1）	1（1）	0
周浩然	**2008-362**					1（1）	0（0）	0
周和平	2000-060	2007-331				2（0）	0（0）	0
周衡刚	**2012-552**					1（1）	0（0）	0
周红	2014-141					1（0）	0（0）	0
周红军	**2004-168**					1（1）	0（0）	0
周宏	2001-068					1（0）	0（0）	0
周宏仓	2003-051					1（0）	0（0）	0
周宏余	2001-161	2001-162	2005-094			3（0）	0（0）	0
周虹志	2005-069					1（0）	0（0）	0
周洪	2015-211					1（0）	0（0）	0
周洪军	2013-516	**2015-601**				2（1）	0（0）	0
周洪涛	2014-350	2015-355				2（0）	0（0）	0
周后通	2008-262					1（0）	0（0）	0
周厚全	2000-114	2001-143				2（0）	0（0）	0
周华	2015-569					1（0）	0（0）	0
周华梅	**2011-477**	**2011-478**				2（2）	0（0）	0
周怀阳	**2000-133**	2003-106	2003-107	2003-208	2003-209	2004-166（E）	7（2）	2（1）	0
	2004-169（E）							
周环	*2013-020					1（0）	0（0）	1
周晖	**2007-327**	**2008-363**	**2009-414**	**2009-415**	2010-434	2011-454	6（4）	0（0）	0
周辉	2003-020					1（0）	0（0）	0

作者	索引编号					文献总数	英文文献	通讯作者
周慧成	2012-044	2012-524				2（0）	0（0）	0
周济元	2013-593					1（0）	0（0）	0
周继红	**1994-142**	1995-072	**1995-141**	**1996-156**	**2000-134（E）**	10（5）	1（1）	0
	2006-232	2006-233	2006-234	**2010-437**				
					2005-136			
周继明	**1989-121**					1（1）	0（0）	0
周继伟	2008-332					1（0）	0（0）	0
周家泉	**1979-033**	1964-001P	1973-008P			3（1）	0（0）	0
周家喜	*2013-495					1（0）	0（0）	1
周骞	2015-206					1（0）	0（0）	0
周建	2015-103					1（0）	0（0）	0
周建斌	1999-021	2000-075	2000-076	2000-077	2002-098	15（1）	1（0）	1
	2006-175	2008-271	**2010-438**	2012-186	2013-213（E）			
	*2013-410	2013-423	2015-605					
					2002-099			
					2013-214			
周建锋	1984-006	1985-003				2（0）	0（0）	0
周建辉	**2009-416**					1（1）	0（0）	0
周建龙	2012-518					1（0）	0（0）	0
周建平	1993-115	1994-011	1994-100（E）	2008-063		4（0）	1（0）	0
周剑	2012-504					1（0）	0（0）	0
周剑曙	2011-045					1（0）	0（0）	0
周剑雄	2011-129					1（0）	0（0）	0
周剑英	2012-414					1（0）	0（0）	0
周健儿	2001-041					1（0）	0（0）	0
周舰	2013-014					1（0）	0（0）	0
周杰	2002-017					1（0）	0（0）	0
周洁	2013-131					1（0）	0（0）	0
周金池	*2015-498					1（0）	0（0）	1
周锦帆	**1982-063**	**1983-093**	**1985-118**			3（3）	0（0）	0
周进	2014-455					1（0）	0（0）	0
周井炎	1997-024					1（0）	0（0）	0
周静	2007-164	2012-118				2（0）	0（0）	0
周拒非	1981-013	1981-019	1982-003	1982-036	**1982-064**	8（1）	0（0）	0
	1996-012	1996-013						
					1983-026			
周军	**1995-142**	1997-064	2008-332	2015-194		4（1）	0（0）	0
周军成	2003-028					1（0）	0（0）	0
周俊	2000-127					1（0）	0（0）	0
周俊虎	2006-320	**2007-328**	**2007-329**			3（2）	0（0）	0
周俊武	2008-350	2009-124				2（0）	0（0）	0
周开雄	2004-068					1（0）	0（0）	0
周凯	2012-345					2（0）	0（0）	0
周恺	2013-155	**2015-602**				2（1）	0（0）	0
周科	**2002-168**	2008-321	2009-356（E）	**2009-417**		4（2）	1（0）	0
周克昌	1990-109					1（0）	0（0）	0
周克华	∵1986-103					1（0）	0（0）	0

续表

作者	索引编号					文献总数	英文文献	通讯作者
周磊	**2013-600**					1（1）	0（0）	0
周立波	2001-147					1（0）	0（0）	0
周立旻	2013-316					1（0）	0（0）	0
周立祥	*2010-368					1（0）	0（0）	1
周丽	**2005-236**	2009-365				2（1）	0（0）	0
周丽华	**1994-143**					1（1）	0（0）	0
周丽丽	2013-387					1（0）	0（0）	0
周丽萍	2002-063	2007-313（E）				2（0）	1（0）	0
周利海	2008-264					1（0）	0（0）	0
周利军	2012-040					1（0）	0（0）	0
周利英	2014-609					1（0）	0（0）	0
周炼清	*2009-088	2009-217				2（0）	0（0）	1
周良平	2011-201	2012-162	**2012-553**			3（1）	0（0）	0
周良芹	**2013-601**					1（1）	0（0）	0
周亮	2014-478	2015-494				2（0）	0（0）	0
周林	**2005-237**	2009-133	**2011-479（E）**	**2013-602**	2014-311	5（3）	1（1）	0
周灵萍	2012-489	2012-530				2（0）	0（0）	0
周玲棣	1994-119					1（0）	0（0）	0
周龙萍	2013-220					1（0）	0（0）	0
周律	*2012-015					1（0）	0（0）	1
周茂贤	2007-181					1（0）	0（0）	0
周梅	2007-001					1（0）	0（0）	0
周旻	2006-095					1（0）	0（0）	0
周旻玥	**2015-603**					1（1）	0（0）	0
周明辉	2006-188					1（0）	0（0）	0
周明凯	2007-150	2011-399				2（0）	0（0）	0
周明忠	**2011-480**					1（1）	0（0）	0
周铭	2009-308					1（0）	0（0）	0
Zhou Mingze	2014-004F					1（0）	1（0）	0
周萘	2007-010					1（0）	0（0）	0
周南	**2005-238**	**2009-418**				2（2）	0（0）	0
周鹏	2011-442	2015-057				2（0）	0（0）	0
周平	2010-116					1（0）	0（0）	0
周萍	2009-266					1（0）	0（0）	0
周奇龙	**2010-439**					1（1）	0（0）	0
周琪	2009-272					1（0）	0（0）	0
周启明	1998-093	1998-094	1999-081	1999-082		4（0）	0（0）	0
周倩	2014-462					1（0）	0（0）	0
周强	2013-611					1（0）	0（0）	0
周秦岭	2015-253					1（0）	0（0）	0
周青山	∵1995-143					1（0）	0（0）	0
周庆来	**1987-103**					1（1）	0（0）	0
周庆伟	**2005-239**					1（1）	0（0）	0

续表

作者	索引编号						文献总数	英文文献	通讯作者
周全	2013-616	2013-617	2014-608				3（0）	0（0）	0
周群	2012-051						1（0）	0（0）	0
周日良	2009-187						1（0）	0（0）	0
周蓉	**2015-604**						1（1）	0（0）	0
周蓉生	**1982-065**	**1983-094**	**1983-095**	1994-069	1995-076	1998-054	24（4）	0（0）	0
	1998-055	1998-153	1999-021	1999-055	1999-163	2000-063			
	2001-085	2001-121	**2001-157**	2002-112	2002-113	2002-114			
	2003-111	2004-011	2004-031	2004-070	2004-071	2006-247			
周锐	**2013-603**						1（1）	0（0）	0
周瑞英	1985-064						1（0）	0（0）	0
周尚哲	2012-363						1（0）	0（0）	0
周少华	**2008-364（E）**	**2008-365**	**2008-366**	2009-202			4（3）	1（1）	0
周士仁	1997-130						1（0）	0（0）	0
周世光	1998-131						1（0）	0（0）	0
周世俊	1991-071（E）	1991-072	1991-109	1992-082（E）	1992-102（E）	1992-101	16（1）	3（0）	0
	1993-095	1993-096	1993-134	1993-135	1995-065	1998-134			
	1999-143	**1999-155**	2001-090	2002-038					
周世平	**2013-604**						1（1）	0（0）	0
周世荣	2008-217						1（0）	0（0）	0
周誓红	1990-025						1（0）	0（0）	0
Zhou Shijian	2012-061（E）	2014-146（E）					2（0）	2（0）	0
周叔良	∵1983-096						1（0）	0（0）	0
周淑琴	**1995-144**						1（1）	0（0）	0
周淑义	2012-249						1（0）	0（0）	0
周述权	**1986-104**						1（1）	0（0）	0
周树侠	2002-121	**2006-318**					2（1）	0（0）	0
周树轩	∵1981-051						1（0）	0（0）	0
周树学	2007-180						1（0）	0（0）	0
周帅	2015-252						1（0）	0（0）	0
周顺钧	**1985-119**	**1986-105**					2（2）	0（0）	0
周顺庆	**1984-095**						1（1）	0（0）	0
周舜铭	2011-459	**2011-481**					2（1）	0（0）	0
周四春	1983-091	**1983-097**	1984-092	1984-093	1985-113	1985-114	58（19）	1（1）	1
	1985-115	**1985-120**	1986-100	1987-097	1988-114	1988-115			
	1989-117	1989-118	1990-129	1990-130	**1990-133**	**1990-134**			
	1991-126	**1991-127**	**1991-128**	**1992-159（E）**	**1992-160**	1994-028			
	1995-027	1996-039	**1996-157**	1997-027	1997-028	1997-029			
	1997-144	1998-171	1999-156	**1999-157**	**2000-135**	**2000-136**			
	2001-023	**2001-158**	2001-159	2002-021	2002-052	2002-068			
	2004-046	2005-073	2006-181	2009-023	2009-117	2010-315			
	2010-326	2010-396	2011-473	2012-534	**2012-554**	2013-238			
	2013-493	*2014-520	2014-582	2015-016					
周松	2007-246						1（0）	0（0）	0

续表

作者	索引编号					文献总数	英文文献	通讯作者
周素莲	**2001-160**	2007-081	2007-082	**2009-419**		4（2）	0（0）	0
周速	2013-107					1（0）	0（0）	0
周涛	2004-052	2015-063				2（0）	0（0）	0
周天龙	**2010-440**					1（1）	0（0）	0
周天顺	2008-083					1（0）	0（0）	0
周铁	2004-122	2012-106	2012-384	2014-577		4（0）	0（0）	0
周彤	2015-331					1（0）	0（0）	0
周万里	2000-067					1（0）	0（0）	0
周维娜	2014-211					1（0）	0（0）	0
周维仁	1990-006					1（0）	0（0）	0
周伟1	2003-186	2009-279	2013-206			3（0）	0（0）	0
周伟2	2012-536	2013-410	2013-423	2015-229	**2015-605**	5（1）	0（0）	0
周伟江	2010-431					1（0）	0（0）	0
周伟强	2013-157	**2003-211**				2（1）	0（0）	0
周伟正	2006-047					1（0）	0（0）	0
周卫健	1984-004					1（0）	0（0）	0
周卫荣	2010-044					1（0）	0（0）	0
周卫威	2014-135					1（0）	0（0）	0
周文晖	2008-351	2009-268	**2010-441**	**2010-442**		4（2）	0（0）	0
周文科	2012-546					1（0）	0（0）	0
周文韬	2015-292					1（0）	0（0）	0
周文雅	2002-085	2002-086				2（0）	0（0）	0
周文勇	2012-086					1（0）	0（0）	0
周西林	**2014-592**					1（1）	0（0）	0
周锡杰	1973-008P					1（0）	0（0）	0
周霞	2012-455	2012-456				2（0）	0（0）	0
周祥	2008-135	2008-136	2012-190			3（0）	0（0）	0
周霄	2010-271					1（0）	0（0）	0
周小莉	2015-352					1（0）	0（0）	0
周小霞	1982-053					1（0）	0（0）	0
周小勇	2011-373					1（0）	0（0）	0
周晓聪	2009-386	2009-387	2009-388			3（0）	0（0）	0
周晓钢	**1998-172**					1（1）	0（0）	0
周晓龙	2008-066					1（0）	0（0）	0
周孝思	2001-096					1（0）	0（0）	0
周效信	1996-084					1（0）	0（0）	0
周新杰	**2015-606**					1（1）	0（0）	0
周新华	**1976-008P**					1（1）	0（0）	0
周馨维	2012-035					1（0）	0（0）	0
Zhou Xin	2013-605（E）					1（1）	1（1）	0
周信达	2012-128					1（0）	0（0）	0
周秀丽	**2015-607**					1（1）	0（0）	0
周旭	**2013-606**					1（1）	0（0）	0

续表

作者	索引编号					文献总数	英文文献	通讯作者
周学军	**1989-122**					1（1）	0（0）	0
周学林	1995-010	1996-017	1996-018			3（0）	0（0）	0
周雪松	**2010-443**					1（1）	0（0）	0
周亚静	2011-361					1（0）	0（0）	0
周延坤	∵1990-075					1（0）	0（0）	0
周岩	2012-489	2014-527（E）	**2014-593**			3（1）	1（0）	0
周艳红	2015-099					1（0）	0（0）	0
周雁楠	2015-053					1（0）	0（0）	0
周燕	**2009-420**					1（1）	0（0）	0
周旸	2013-261					1（0）	0（0）	0
周耀	2013-211					1（0）	0（0）	0
周怡君	2009-378	**2010-444**	**2010-445**			3（2）	0（0）	0
周义平	2007-028	2007-029（E）	2015-332			3（0）	1（0）	0
周轶	2011-419					1（0）	0（0）	0
周昳	2011-254					1（0）	0（0）	0
Zhou Yi	2012-004F					1（0）	1（0）	0
周益奇	2013-084					1（0）	0（0）	0
周英杰	2009-242					1（0）	0（0）	0
周迎新	2012-178					1（0）	0（0）	0
周颖驰	**2013-607**					1（1）	0（0）	0
周永安	2006-202					1（0）	0（0）	0
周永春	2012-153	2015-033				2（0）	0（0）	0
周永豪	2014-260					1（0）	0（0）	0
周永红	∵2009-421					1（0）	0（0）	0
周永利	2007-118	2012-419	2012-418			3（0）	0（0）	0
周永言	2005-161	2006-040				2（0）	0（0）	0
周永益	∵1992-161					1（0）	0（0）	0
周永章	2015-525					1（0）	0（0）	0
周勇	2001-096	2012-035	2013-165	2014-407		4（0）	0（0）	0
周勇敏	2012-548					1（0）	0（0）	0
周友斌	2000-076					1（0）	0（0）	0
周友飞	2014-102					1（0）	0（0）	0
周友勤	1992-082（E）					1（0）	1（0）	0
周有平	2015-020					1（0）	0（0）	0
周有勤	1991-072	1991-088	1992-102（E）	1992-101	1993-096	5（0）	1（0）	0
周宇翔	2012-253					1（0）	0（0）	0
周玉泉	**1994-144**					1（1）	0（0）	0
周玉松	2006-102	**2005-240**				2（1）	0（0）	0
周昱	2003-174					1（0）	0（0）	0
Zhou Yuming	2011-388（E）	2012-060（E）	*2012-061（E）	2014-146（E）		4（0）	4（0）	0
周元	**1993-159**					1（1）	0（0）	0
周元超	2009-156					1（0）	0（0）	0
周元林	2009-377	2011-066				2（0）	0（0）	0

续表

作者	索引编号					文献总数	英文文献	通讯作者
周垣	**2013-608**					1 (1)	0 (0)	0
周媛	2014-473					1 (0)	0 (0)	0
周远	2012-193					1 (0)	0 (0)	0
周远福	2013-151					1 (0)	0 (0)	0
周远洋	2013-564	2014-238				2 (0)	0 (0)	0
周岳	1989-071					1 (0)	0 (0)	0
周跃飞	2013-502					1 (0)	0 (0)	0
周云	**2011-482**	2014-594				2 (2)	0 (0)	0
周云龙	2001-162					1 (0)	0 (0)	0
周云泷	**2015-608**					1 (1)	0 (0)	0
周云满	2009-301					1 (0)	0 (0)	0
周长才	2015-343					1 (0)	0 (0)	0
周长春	2008-004					1 (0)	0 (0)	0
周长祥	2004-141					1 (0)	0 (0)	0
周肇秋	2010-150					1 (0)	0 (0)	0
周振垒	**2013-609**					1 (1)	0 (0)	0
周正	2015-421					1 (0)	0 (0)	0
周正林	**2006-319**					1 (1)	0 (0)	0
周志才	2015-233					1 (0)	0 (0)	0
周志恩	**2013-610**					1 (1)	0 (0)	0
周志军	**2006-320**					1 (1)	0 (0)	0
周志明	2015-296					1 (0)	0 (0)	0
周志强	2006-120	2007-139	2008-198			3 (0)	0 (0)	0
周志清	2014-486					1 (0)	0 (0)	0
周志武	**2009-422**					1 (1)	0 (0)	0
周秩耿	2014-559					1 (0)	0 (0)	0
周智芳	2011-143					1 (0)	0 (0)	0
周智桂	**1984-096**					1 (1)	0 (0)	0
周智明	2015-040					1 (0)	0 (0)	0
周智勇	2013-508					1 (0)	0 (0)	0
周中平	**2002-169**					1 (1)	0 (0)	0
周忠泽	2003-057					1 (0)	0 (0)	0
周舟	1988-027					1 (0)	0 (0)	0
周筑颖	1979-006	1979-007	1980-006	1990-084（E）		4 (0)	1 (0)	0
周子安	2010-281					1 (0)	0 (0)	0
Zhou Z.	1991-003F					1 (0)	1 (0)	0
朱爱美	2010-224	2012-108				2 (0)	0 (0)	0
朱邦阳	2013-010					1 (0)	0 (0)	0
朱宝忠	**2008-367**					1 (1)	0 (0)	0
朱本温	2015-386					1 (0)	0 (0)	0
朱碧如	**1990-135**	1996-105	1997-123	**1997-145**	1999-089	5 (2)	0 (0)	0
朱斌	2013-341	**2009-423**	2012-400（E）			3 (1)	1 (0)	0
朱炳泉	2013-430					1 (0)	0 (0)	0

续表

作者	索引编号					文献总数	英文文献	通讯作者
朱成新	**1983-098**	**1985-121**				2（2）	0（0）	0
朱诚	2006-070	2008-131	2008-132	2008-133	**2008-368**	2009-187	10（2）	1（1）	1
	2010-151	2010-395	*2015-363	**2015-609**（E）				
朱承飞	*2014-136（E）					1（0）	1（0）	1
朱承驻	2015-019					1（0）	0（0）	0
朱崇兵	**2008-369**	**2009-424**	**2012-555**			3（3）	0（0）	0
朱创业	1992-149	1998-162	**2000-137**			3（1）	0（0）	0
朱春笙	∵1991-062	**1992-162**				2（1）	0（0）	0
朱春要	**2013-611**	**2014-595**				2（2）	0（0）	0
朱大奎	2001-144					1（0）	0（0）	0
朱丹	**2002-170**	2007-119（E）				2（1）	1（0）	0
朱丹玲	2015-131					1（0）	0（0）	0
朱德彰	1990-060（E）	1994-061	1994-109			3（0）	1（0）	0
朱登峻	2006-223					1（0）	0（0）	0
朱迪琦	2011-265					1（0）	0（0）	0
朱弟成	**2005-241**					1（1）	0（0）	0
朱冬生	2003-149					1（0）	0（0）	0
朱栋	**2011-483**					1（1）	0（0）	0
朱恩静	1988-112					1（0）	0（0）	0
朱二旷	2009-071					1（0）	0（0）	0
朱福英	1990-060（E）	1994-061				2（0）	1（0）	0
朱根庆	**2008-370**	**2009-425**	**2011-484**	**2012-556**		4（4）	0（0）	0
朱光	2003-009					1（0）	0（0）	0
朱光华	**1985-122**	**1987-104**	1988-099	1989-075	**1989-123**	1990-087	36（18）	2（1）	0
	1990-100	**1990-136**	**1990-137**	1991-121	**1991-129**	**1993-160**			
	1994-145	**1994-146**	1996-119	**1996-158**	**1997-146**	**1998-173**			
	1998-174（E）	2000-125	**2000-138**	2001-108	2001-147	**2001-161**			
	2001-162	2005-094	**2005-242**	2006-216	2006-217	**2006-321**			
	2007-214	2007-213	2008-216	2010-384	2010-385	2008-004F			
朱光耀	2009-187					1（0）	0（0）	0
朱归胜	2008-104					1（0）	0（0）	0
朱桂容	2010-221					1（0）	0（0）	0
朱海滨	2006-207					1（0）	0（0）	0
朱海信	1999-008	1999-032	1999-033	**2001-163**		4（1）	0（0）	0
朱浩	2014-131					1（0）	0（0）	0
朱何俊	2013-029					1（0）	0（0）	0
朱红	2014-541					1（0）	0（0）	0
朱红波	2015-187					1（0）	0（0）	0
朱红盛	1985-042					1（0）	0（0）	0
朱红伟	2014-051	**2014-596**	**2014-597**	**2014-598**	**2014-599**	**2014-600**	7（6）	0（0）	0
	2015-610							
朱红艳	2012-392					1（0）	0（0）	0
朱虹	2009-422					1（0）	0（0）	0

续表

作者	索引编号						文献总数	英文文献	通讯作者
朱洪滨	**1991-130**						1（1）	0（0）	0
朱华	2015-448	2015-449					2（0）	0（0）	0
朱华兴	2011-148						1（0）	0（0）	0
朱化凤	2006-046						1（0）	0（0）	0
朱惠民	1993-102						1（0）	0（0）	0
朱纪夏	**2004-170**	**2004-171**	**2004-172**	2007-035	**2012-557**		5（4）	0（0）	0
朱继浩	2007-251	2010-125	**2010-446**				3（1）	0（0）	0
朱继平	**2005-243**	2006-226					2（1）	0（0）	0
朱继英	2015-104						1（0）	0（0）	0
朱家栋	2012-117						1（0）	0（0）	0
朱嘉麟	1998-099						1（0）	0（0）	0
朱见英	**1992-163**	**1993-161**	**1994-147**				3（3）	0（0）	0
朱建峰	2009-130						1（0）	0（0）	0
朱建锋	**2003-212**						1（1）	0（0）	0
朱建华	2008-252	2015-049					2（0）	0（0）	0
朱建新	1988-001						1（0）	0（0）	0
朱剑	**2002-171**	2003-060（E）	2003-075	**2003-213**	2004-135	2004-155	16（5）	1（0）	0
	2004-174	**2006-322**	**2006-323**	2008-310	**2010-447**	2013-098			
	2014-208	2014-378	2014-520	2015-065					
朱节清	1978-016	**1980-043**	1982-022	1985-106	1986-084	**1986-106**	86（19）	31（7）	0
	1990-023	1990-099	**1990-138（E）**	1991-036	**1991-131**	**1991-132**			
	1992-025	**1992-164**	1993-026	1993-027（E）	1993-078	1993-079			
	1993-115	1993-130	**1993-162**	**1993-163**	**1993-164**	1994-011			
	1994-096	1994-100（E）	1994-132	1994-133	**1994-148**	1995-051（E）			
	1995-052	1995-087	1996-019	1996-020（E）	1996-021（E）	1996-022			
	1996-058	1996-059	1996-060	1996-061	1996-103	1996-134			
	1996-159	1997-009	1997-134	1997-135	**1997-147**	1999-034			
	1999-035（E）	1999-036	1999-106	2000-081	2001-080	2001-082（E）			
	2001-083	2002-041（E）	2002-042	2002-088	2004-052	**2004-173**			
	2005-060	2006-073	2007-279	**1991-002F**	1991-003F	**1993-002F**			
	1993-004F	**1993-005F**	**1993-006F**	**1993-007F**	1993-008F	1993-009F			
	1993-010F	**1995-003F**	1995-004F	1995-005F	1997-002F	1997-003F			
	1997-004F	2000-002F	2000-003F	2000-004F	2000-005F	2003-002F			
	2005-007F	1981-001W							
朱杰勇	2013-313						1（0）	0（0）	0
朱金刚	**2013-612**						1（1）	0（0）	0
朱金剑	2012-177						1（0）	0（0）	0
朱金连	2006-223						1（0）	0（0）	0
朱金玲	2011-156						1（0）	0（0）	0
朱金明	2011-196						1（0）	0（0）	0
朱静东	2003-018						1（0）	0（0）	0
朱君秋	2014-268						1（0）	0（0）	0
朱俊彪	2001-058（E）	2001-059	**2001-007F**				3（1）	1（1）	0

续表

作者	索引编号					文献总数	英文文献	通讯作者
朱凯	2005-244					1（0）	0（0）	0
朱凯亮	2014-451					1（0）	0（0）	0
朱坤磊	2006-080					1（0）	0（0）	0
朱李华	2012-476	**2012-558**				2（1）	0（0）	0
朱力	2015-323					1（0）	0（0）	0
朱立	**1998-175**	1999-065	2001-060			3（1）	0（0）	0
朱立光	2015-563					1（0）	0（0）	0
朱丽东	2008-112	2008-315	2010-123	*2012-059		4（0）	0（0）	1
朱丽辉	2003-177	2008-246	2009-375			3（0）	0（0）	0
朱丽萍	2014-442					1（0）	0（0）	0
朱利方	2015-067	**2015-612**				2（1）	0（0）	0
朱俐	2014-198	**2014-601**	2015-613			3（2）	0（0）	0
朱莉	2005-055					1（0）	0（0）	0
朱莲珍	1992-058	1992-059	1997-067			3（0）	0（0）	0
朱良均	2015-390					1（0）	0（0）	0
朱林	2014-536					1（0）	0（0）	0
朱林霞	1999-136					1（0）	0（0）	0
朱凌云	2006-130	2009-384	2009-385（E）			3（0）	1（0）	0
朱留佳	2013-338					1（0）	0（0）	0
朱露	2008-191					1（0）	0（0）	0
朱律均	2007-009					1（0）	0（0）	0
朱满康	**1998-176**	*2006-063				2（1）	0（0）	1
朱美芳	2015-415					1（0）	0（0）	0
朱孟江	2011-269					1（0）	0（0）	0
朱孟钦	2008-066					1（0）	0（0）	0
朱梦	2015-453					1（0）	0（0）	0
朱玫	**1981-052**	1983-099（E）				2（2）	1（1）	0
朱敏	2007-069					1（0）	0（0）	0
朱敏杰	2014-492					1（0）	0（0）	0
朱明达	2004-121	2008-067				2（0）	0（0）	0
朱明亮	**2003-214**					1（1）	0（0）	0
朱明敏	2010-453					1（0）	0（0）	0
朱娜丽	2015-577					1（0）	0（0）	0
朱宁	1989-020	1995-118				2（0）	0（0）	0
朱沛然	1989-063（E）	1990-068	1992-070	1999-140		4（0）	1（0）	0
朱佩芳	2005-136					1（0）	0（0）	0
朱佩平	2006-046	2012-003F				2（0）	1（0）	0
朱佩思	2013-475					1（0）	0（0）	0
朱鹏翔	2000-036					1（0）	0（0）	0
朱起明	*1998-033					1（0）	0（0）	1
朱青	2008-133	2009-187				2（0）	0（0）	0
朱清玮	2006-219					1（0）	0（0）	0
朱庆虹	**2010-448**					1（1）	0（0）	0

续表

作者	索引编号						文献总数	英文文献	通讯作者
朱庆增	2014-226						1（0）	0（0）	0
朱荣保	1998-049	**1990-139**					2（1）	0（0）	0
朱如凯	2012-074						1（0）	0（0）	0
朱汝德	1985-066						1（0）	0（0）	0
朱锐	**1984-097**	**1985-123**					2（2）	0（0）	0
朱瑞珍	2001-019						1（0）	0（0）	0
朱善斌	**2015-614**						1（1）	0（0）	0
朱少春	2015-335（E）						1（0）	1（0）	0
朱少飞	2013-008						1（0）	0（0）	0
朱神海	**2014-602**	2013-009F	2015-001F	2013-007F			4（1）	3（0）	0
朱生善	2013-038						1（0）	0（0）	0
朱世富	1987-037	2000-130	2015-484（E）				3（0）	1（0）	0
朱守梅	**2004-174**						1（1）	0（0）	0
朱书景	2006-095	2007-101（E）					2（0）	1（0）	0
朱舜奇	**1978-018**	**1981-053**	**1982-066**				3（3）	0（0）	0
朱腾	1992-066	1994-101	1994-103				3（0）	0（0）	0
朱腾高	**2012-559**						1（1）	0（0）	0
朱天容	2012-216						1（0）	0（0）	0
朱天舒	**1973-003**						1（1）	0（0）	0
朱铁民	∴1980-024	∴1981-001					2（0）	0（0）	0
朱铁权	2003-173	**2006-324**	2007-087	2007-264	2007-302	**2007-330**	19（8）	0（0）	1
	2008-340	2010-284	**2010-449**	**2010-450**	**2010-451**	**2010-452**			
	2010-453	*2011-237	2011-318	**2011-485**	2014-411	2015-201			
	2015-596								
朱廷钰	2012-138						1（0）	0（0）	0
朱同新	2015-609（E）						1（0）	1（0）	0
朱万燕	**2009-426**	**2010-454**					2（2）	0（0）	0
朱伟平	2011-374	2015-094					2（0）	0（0）	0
朱卫华	1993-085						1（0）	0（0）	0
朱文翅	1985-101	1985-102					2（0）	0（0）	0
朱文良	2003-195						1（0）	0（0）	0
朱锡锋	2011-131						1（0）	0（0）	0
朱显梅	2005-049						1（0）	0（0）	0
朱祥剑	2015-163						1（0）	0（0）	0
朱向学	2009-313						1（0）	0（0）	0
朱小立	2014-381						1（0）	0（0）	0
朱小亮	**2010-455**						1（1）	0（0）	0
朱小平	**2012-560**						1（1）	0（0）	0
朱小英	1985-012						1（0）	0（0）	0
朱晓	2014-175						1（0）	0（0）	0
朱晓娟	2012-289	2012-293					2（0）	0（0）	0
朱晓明	2004-015						1（0）	0（0）	0
朱晓燕	2007-069						1（0）	0（0）	0

续表

作者	索引编号						文献总数	英文文献	通讯作者
朱心明	2014-033						1(0)	0(0)	0
朱新宝	**2005-244**						1(1)	0(0)	0
朱新芳	1997-135						1(0)	0(0)	0
朱新峰	2013-431						1(0)	0(0)	0
朱新锋	**2012-561**						1(1)	0(0)	0
朱新萍	2015-062						1(0)	0(0)	0
朱星	2013-410						1(0)	0(0)	0
朱兴华	2000-130						1(0)	0(0)	0
朱秀慧	2004-015						1(0)	0(0)	0
朱旭旭	2015-297						1(0)	0(0)	0
朱选民	**2014-603**						1(1)	0(0)	0
朱学忠	**2014-604**						1(1)	0(0)	0
朱鸭梅	**2009-427**						1(1)	0(0)	0
朱延宁	1989-099						1(0)	0(0)	0
朱艳彬	2010-238						1(0)	0(0)	0
朱艳英	2007-055	2007-226	2008-073	2008-074	2008-250	2010-067	12(1)	0(0)	1
	2010-071	2010-072	**2010-456**	2011-347	2012-048	*2012-498			
朱燕	**2009-428**	2010-001F					2(1)	1(0)	0
朱一钧	1981-010	1982-014	1983-073	1984-026	**1986-107**	1988-024	7(1)	0(0)	0
	1988-086								
朱轶军	2009-427						1(0)	0(0)	0
朱银华	2010-034						1(0)	0(0)	0
朱英	2014-255						1(0)	0(0)	0
朱缨	2013-498	2014-484					2(0)	0(0)	0
朱永超	2014-009						1(0)	0(0)	0
朱永法	*2011-408						1(0)	0(0)	1
朱永奉	1995-048	1998-056	1998-163				3(0)	0(0)	0
朱永官	2010-411						1(0)	0(0)	0
朱永国	2007-198						1(0)	0(0)	0
朱永清	1987-012	1989-082	**1988-121**				3(1)	0(0)	0
朱勇	**2012-562**						1(1)	0(0)	0
朱宇宏	2010-376	2011-407	2012-370	2013-505	2013-506		5(0)	0(0)	0
朱玉霞	2007-313(E)	2010-437	2012-031	2014-241			4(0)	1(0)	0
朱育丹	2010-034						1(0)	0(0)	0
朱育新	1992-039						1(0)	0(0)	0
朱昱	2005-105						1(0)	0(0)	0
朱裕贞	1997-098						1(0)	0(0)	0
朱元昌	**1991-133**						1(1)	0(0)	0
朱远辉	2011-430						1(0)	0(0)	0
朱跃进	**2014-605**						1(1)	0(0)	0
朱芸	2011-128	2013-149					2(0)	0(0)	0
朱泽民	2009-053	**2010-457**	*2011-054	**2011-486**	**2012-563**		5(3)	0(0)	1
朱长飞	2011-022						1(0)	0(0)	0

续表

作者	索引编号						文献总数	英文文献	通讯作者
朱长生	**2009-429**						1（1）	0（0）	0
朱振忠	2014-077						1（0）	0（0）	0
朱志甫	**2009-430**						1（1）	0（0）	0
朱志华	2012-407						1（0）	0（0）	0
朱志良	**2008-371**						1（1）	0（0）	0
朱志秀	**2009-431**	2013-401	2014-298				3（1）	0（0）	0
朱智	2003-125						1（0）	0（0）	0
朱忠平	**2013-613**	**2014-606**					2（2）	0（0）	0
朱周侠	2012-414						1（0）	0（0）	0
朱宗元	**1999-158**						1（1）	0（0）	0
诸立新	**2004-175**	**2009-432**					2（2）	0（0）	0
诸颖	2010-458	2015-370（E）					2（1）	1（0）	0
祝大军	2006-298						1（0）	0（0）	0
祝甫生	**1979-034**	1985-063	1986-045	1982-003P			4（1）	0（0）	0
祝洪杰	2006-302						1（0）	0（0）	0
祝建国	2009-159	2011-185	2012-210	2012-213	2013-103	2014-094	9（0）	0（0）	0
	2014-440	2015-245	2015-246						
祝建清	2009-297	**2009-433**					2（1）	0（0）	0
祝捷	2012-360						1（0）	0（0）	0
祝俊刚	2012-345						1（0）	0（0）	0
祝俐	**2003-215**						1（1）	0（0）	0
祝亮	1995-039	1995-129	1996-049	1998-050	1999-113		5（0）	0（0）	0
祝琳华	2011-081	2011-281	*2014-117				3（0）	0（0）	1
祝美英	2015-608						1（0）	0（0）	0
祝培明	2014-050						1（0）	0（0）	0
祝清兰	**2011-487**	2013-513					2（1）	0（0）	0
祝社民	2012-423						1（0）	0（0）	0
祝威	2005-185						1（0）	0（0）	0
祝星	2013-210						1（0）	0（0）	0
祝渊	**2007-331**						1（1）	0（0）	0
祝云军	2013-392						1（0）	0（0）	0
Zhu Huimei	**2015-611（E）**						1（1）	1（1）	0
Zhu JianLe	1995-005F						1（0）	1（0）	0
Zhu Y.	2014-424（E）						1（0）	1（0）	0
Zhu Yumin	**2015-002F**						1（1）	1（1）	0
庄昌凌	**2011-488**						1（1）	0（0）	0
庄春瑜	2015-003						1（0）	0（0）	0
庄大明	2010-110	2010-111	2010-373	2012-237	2013-269	2013-270	8（0）	0（0）	0
	2013-465	2015-007							
庄峰	**2012-564**						1（1）	0（0）	0
庄圭荪	2000-128						1（0）	0（0）	0
庄汉平	**1998-177（E）**	**1998-178（E）**	1998-179	1998-180	1998-181	1998-182	9（8）	4（4）	0
	1999-071	1999-159（E）	1999-160（E）						

续表

作者	索引编号						文献总数	英文文献	通讯作者
庄惠生	2013-150						1（0）	0（0）	0
庄稼	1999-018	2005-001					2（0）	0（0）	0
庄建勤	2002-076						1（0）	0（0）	0
庄骏	**2013-614**						1（1）	0（0）	0
庄马展	**2007-332**						1（1）	0（0）	0
庄乃锋	2005-222						1（0）	0（0）	0
庄衢彬	2015-311						1（0）	0（0）	0
庄胜利	2014-006						1（0）	0（0）	0
庄思永	*1990-030	**1991-134**					2（1）	0（0）	1
庄向平	1992-134						1（0）	0（0）	0
庄学甫	1998-014						1（0）	0（0）	0
庄亚辉	1989-122	1994-023					2（0）	0（0）	0
庄岩	2015-303						1（0）	0（0）	0
庄以亮	1988-102						1（0）	0（0）	0
庄奕琪	2009-027						1（0）	0（0）	0
庄永成	2011-394						1（0）	0（0）	0
庄园	2013-032						1（0）	0（0）	0
庄源益	2009-161						1（0）	0（0）	0
庄展郎	1984-097	1985-123					2（0）	0（0）	0
庄振业	2005-033	2005-034					2（0）	0（0）	0
庄志红	2012-307						1（0）	0（0）	0
庄志强	2005-169						1（0）	0（0）	0
庄宗杰	1982-013						1（0）	0（0）	0
卓明	2014-046	2014-219					2（0）	0（0）	0
卓尚军	1994-091	**1997-148**	1998-114	1998-115	1999-050	1999-095	47（16）	10（3）	10
	1999-146	**1999-161**	**1999-162**	2001-039	2001-040	**2001-164**			
	2003-216	**2003-217**	2005-116	2005-119	**2005-245**	*2006-055			
	*2006-056	*2006-057	2006-325	*2007-062	*2007-063	**2007-333**			
	*2008-195	*2009-116	*2009-181	**2009-434**	2012-291	2012-298			
	2013-236	**2014-607**	2015-080	1998-004F	**2003-001F**	**2003-005F**			
	2005-001F	*2006-001F	*2006-002F	2006-003F	2006-015F	2008-001F			
	2011-001F	2003-009W	**2010-014W**	2011-015W	2002-008S				
卓晓丹	**2012-565**						1（1）	0（0）	0
禚振西	2002-053	2010-354					2（0）	0（0）	0
Zhuravleva E.L.	1992-020						1（0）	0（0）	0
资明	**2015-615**						1（1）	0（0）	0
訾言勤	1986-078						1（0）	0（0）	0
子彦	*1989-106						1（0）	0（0）	0
Эолотов Ю.А.	**1989-124**						1（1）	0（0）	0
宗保宁	2004-072	2010-432					2（0）	0（0）	0
宗国宪	**2003-218**						1（1）	0（0）	0
宗克清	2005-091						1（0）	0（0）	0
宗普和	1978-010	1980-005	1982-053				3（0）	0（0）	0

续表

作者	索引编号					文献总数	英文文献	通讯作者
宗瑞隆	2011-408					1（0）	0（0）	0
宗艳花	2007-007					1（0）	0（0）	0
邹百魁	1987-081					1（0）	0（0）	0
邹炳锁	2006-222					1（0）	0（0）	0
Zou Changwei	2007-076（E）					1（0）	1（0）	0
邹昶	**2005-246**					1（1）	0（0）	0
邹丹	2012-035					1（0）	0（0）	0
邹德刚	1998-178（E）	1998-179	1998-180	1998-181	1998-182	7（0）	3（0）	0
	1999-159（E）	1999-160（E）						
邹德慧	2007-030	2008-045				2（0）	0（0）	0
邹德霜	2014-362					1（0）	0（0）	0
邹恩滕	∵1974-003	**1979-035**	**1980-044**	**1981-054**	1984-011	14（7）	0（0）	0
	1984-012	**1984-098**	**1986-108**	**1990-140**	**1994-149**			
	1995-014	1996-028	∵1977-004	∵1978-011				
邹公伟	2000-003					1（0）	0（0）	0
邹桂娟	2005-186	2006-288				2（0）	0（0）	0
邹海峰	1992-090	1993-088	1994-034	**1998-183**	**1998-184**	5（2）	0（0）	0
邹捍	2001-147					1（0）	0（0）	0
邹灏	2012-508	2014-078				2（0）	0（0）	0
邹红云	2012-475					1（0）	0（0）	0
邹华盈	2006-250					1（0）	0（0）	0
邹辉	1999-020	**2001-165**				2（1）	0（0）	0
邹佳	**2015-616**					1（1）	0（0）	0
邹建	**2004-176**					1（1）	0（0）	0
邹建芳	**2010-459**					1（1）	0（0）	0
邹建华	**2013-615**	2014-361				2（1）	0（0）	0
邹建龙	2010-222					1（0）	0（0）	0
邹建明	2011-430					1（0）	0（0）	0
邹健	2006-048（E）					1（0）	1（0）	0
邹金龙	2007-260	2008-290				2（0）	0（0）	0
邹金生	**1983-100**					1（1）	0（0）	0
邹隽	**2005-247**					1（1）	0（0）	0
邹亢	2011-376	**2012-566**				2（1）	0（0）	0
邹克元	2011-484					1（0）	0（0）	0
邹立勇	2015-023	**2015-617**				2（1）	0（0）	0
邹联宁	**2012-567**					1（1）	0（0）	0
邹龙江	2003-028	**2013-616**	**2013-617**	**2014-608**	**2015-618**	5（4）	0（0）	0
邹美娟	2001-043	2002-049	2014-472			3（0）	0（0）	0
邹苗章	2007-306	2008-046				2（0）	0（0）	0
邹明强	1988-026					1（0）	0（0）	0
邹朋辉	2006-079					1（0）	0（0）	0
邹品德	1990-063					1（0）	0（0）	0
邹世荣	**1997-149**					1（1）	0（0）	0

续表

作者	索引编号					文献总数	英文文献	通讯作者
邹思劼	2011-002					1（0）	0（0）	0
邹为雷	**2000-139**					1（1）	0（0）	0
邹卫东	2007-073					1（0）	0（0）	0
邹显慷	1994-133					1（0）	0（0）	0
邹小冷	2015-158					1（0）	0（0）	0
邹筱春	2012-482	2012-519				2（0）	0（0）	0
邹星	2002-148					1（0）	0（0）	0
邹兴武	2011-338	**2012-568**	**2012-569**			3（2）	0（0）	0
邹旭彪	*2007-169					1（0）	0（0）	1
邹雪华	2015-019					1（0）	0（0）	0
邹杨	2015-508（E）	**2009-435**	2008-005F	2013-010F		4（1）	3（0）	0
邹永廖	2014-009					1（0）	0（0）	0
邹永祥	2007-241	2008-271	**2008-372**	**2008-373**	**2009-436**	5（3）	0（0）	0
邹元龙	2012-467					1（0）	0（0）	0
邹长武	2015-211					1（0）	0（0）	0
邹正光	2014-212					1（0）	0（0）	0
邹志明	**2008-374**					1（1）	0（0）	0
祖恩东	2014-183					1（0）	0（0）	0
祖丽华	**2007-334**					1（1）	0（0）	0
祖向阳	2009-103					1（0）	0（0）	0
祖小涛	2012-128					1（0）	0（0）	0
祖秀兰	**1999-163**					1（1）	0（0）	0
祖艳群	2015-158					1（0）	0（0）	0
祖志楠	2012-383	2013-602				2（0）	0（0）	0
Zulfqar Ali	2013-300（E）					1（0）	1（0）	0
Zuo Aijun	2002-004F					1（0）	1（0）	0
左芳	2008-130					1（0）	0（0）	0
左慧英	1996-110					1（0）	0（0）	0
左建林	2011-349					1（0）	0（0）	0
左骏	2010-066					1（0）	0（0）	0
左鹏飞	**2014-609**					1（1）	0（0）	0
左平	2012-154					1（0）	0（0）	0
左仁广	2013-525					1（0）	0（0）	0
左珅	2014-028					1（0）	0（0）	0
左天明	2012-523					1（0）	0（0）	0
左文华	**2015-619**					1（1）	0（0）	0
左小军	**2014-610**					1（1）	0（0）	0
左新建	2013-014					1（0）	0（0）	0
左由兵	2009-240					1（0）	0（0）	0
左志军	2011-165					1（0）	0（0）	0
佐濑裕之	1996-076					1（0）	0（0）	0
佐藤比奈子	1999-108					1（0）	0（0）	0

7 文献分布的计量统计

7.1 文献的年度分布

表 7.1 列出了 1960~2015 年期间在国内外期刊发表的共计 8680 篇文献的年度分布。

表 7.1 8680 篇文献的年度分布

年度	文献数	英文文献	年度	文献数	英文文献	年度	文献数	英文文献
1960	1	0	1965	3	0	1970	0	0
1961	0	0	1966	0	0	1971	0	0
1962	0	0	1967	0	0	1972	0	0
1963	2	0	1968	0	0	1973	4	0
1964	1	0	1969	0	0	1974	4	0
Σ	4	0	Σ	3	0	Σ	8	0
ΣΣ	4	0	ΣΣ	7	0	ΣΣ	15	0
年度	文献数	英文文献	年度	文献数	英文文献	年度	文献数	英文文献
1975	7	0	1980	44	1	1985	127	4
1976	7	0	1981	55	1	1986	109	2
1977	9	0	1982	66	0	1987	105	0
1978	18	0	1983	100	1	1988	123	1
1979	35	0	1984	99	1	1989	124	5
Σ	76	0	Σ	364	4	Σ	588	12
ΣΣ	91	0	ΣΣ	455	4	ΣΣ	1043	16
年度	文献数	英文文献	年度	文献数	英文文献	年度	文献数	英文文献
1990	142	11	1995	149	7	2000	144	10
1991	138	10	1996	161	10	2001	172	14
1992	165	10	1997	153	6	2002	177	10
1993	175	17	1998	188	7	2003	224	11
1994	149	6	1999	163	4	2004	180	14
Σ	769	54	Σ	814	34	Σ	897	59
ΣΣ	1812	70	ΣΣ	2626	104	ΣΣ	3523	163
年度	文献数	英文文献	年度	文献数	英文文献	年度	文献数	英文文献
2005	255	22	2010	461	20	2015	622	35
2006	340	40	2011	494	30	—	—	—
2007	344	33	2012	574	30	—	—	—
2008	381	25	2013	627	40	—	—	—
2009	442	28	2014	617	34	—	—	—
Σ	1762	148	Σ	2773	154	Σ	622	35
ΣΣ	5285	311	ΣΣ	8058	465	ΣΣ	8680	500

注：Σ 为年度文献量的加和，ΣΣ 为文献数的累加。

7.2 文献的专题及其年代分布

表 7.2 给出了 1960~2015 年在国内期刊发表的 8535 篇文献的 9 个专题的年代分布。

表 7.2 9 个专题文献的年代分布

文献专题		1960~1969	1970~1979	1980~1989	1990~1999	2000~2009	2010~2015	文献总数
评述类论文	综述	1	3	7(1)	3	3	2	19(1)
	年度评述	0	0	2	5	5	0	12
	专题评述	0	1	6	18	10	16	51
仪器设备		1	16	76(1)	95	178(5)	105(3)	471(9)
分析方法		2	9	202(1)	236(5)	142(8)	206(4)	797(18)
小型仪器		0	18	50	61(1)	20(1)	65(3)	214(5)
微 XRF,全反射 XRF		0	2	2	44(3)	10(1)	25(1)	83(5)
质子探针和质子激发的 X 射线发射(SPM,PIXE)		0	8	58(3)	142(27)	47(6)	15(2)	270(38)
同步辐射 XRF(SRXRF)		0	0	8	47(1)	80(13)	35(8)	170(22)
各应用领域	冶金、有色金属	2	5	81	193(2)	283(6)	318(13)	882(21)
	地质、建材、核材料	0	12	153	183(5)	402(15)	607(19)	1357(39)
	环境(水土气)与健康	0	3	148(1)	223(7)	325(29)	351(10)	1050(47)
	人文科技	0	1	11	88(1)	231(14)	342(7)	673(22)
	石油化工	0	1	19	14(1)	262(7)	184(20)	480(28)
	材料	0	5	82(1)	185(2)	548(28)	1058(67)	1878(98)
讲座、知识介绍、信息报道		1	0	39	13	40(1)	35(1)	128(2)

注:括号内数字为英文文献数。

7.3 文献的作者统计

表 7.3 给出了 1960~2015 年期间作者文献量的总体分布,表 7.4~表 7.6 给出了不同时期具有较多文献作者的文献年度统计,表 7.7 给出了作者文献大于 40 篇的专题分布。

表 7.3 1960~2015 年作者文献量的总体分布

期刊文献								
文献数	1~4	5~10	11~15	16~20	21~25	26~30	31~35	36~40
作者数	15191	751	127	60	35	22	8	7
文献数	41~45	46~50	51~55	56~60	61~65	66~70	71~75	76~80
作者数	2	4	5	2	3	3	0	1
文献数	81~85	86~90	91~95	96~110	111~115	116~135	136~140	
作者数	1	1	1	0	1	0	1	
第一作者文献	1~4	5~10	11~15	16~20	21~25	26~30	31~35	31~35
第一作者数	5567	167	26	14	8	2	2	2
英文文献								
文献数	1~4	5~10	11~15	16~20	21~25	26~30	31~35	36~40
作者数	1657	50	8	2	2	0	1	1
文献数	41~45	46~50	51~55	56~60				
作者数	0	0	0	1				

续表

英文文献			
第一作者文献	1~4	5~10	11~15
第一作者数	370	7	1

摘、编及译文献				
文献数	1	2	3	4
作者数	137	7	5	1

注：第一作者数含通讯作者数

表 7.4　1960~1989 年文献总数达 10 篇的作者（第一作者 5 篇及以上）的文献分布

年份	作者									
	陈远盘	陈志祥	范钦敏	丰梁垣	甘璇玑	高新华	华佑南	黄衍初	吉昂	李民乾
1960~1969	—	—	—	2（1）	—	—	—	—	—	—
1970~1979	1（1）	4（1）	—	1（1）	—	2（1）	—	—	—	4（3）
1980~1989	22（15）	16（6）	12（5）	10（9）	13（7）	9（5）	15（10）	18（8）	21（12）	11（3）
文献总数	23（16）	20（7）	12（5）	13（11）	13（7）	11（6）	15（10）	18（8）	21（12）	15（6）
	刘彬	刘亚文	马光祖	毛振伟	陶光仪	汪学朋	王毅民	肖德明	谢荣厚	杨福家
1960~1969	—	4（1）	—	—	—	—	—	—	—	—
1970~1979	—	—	—	—	—	4	—	—	—	2
1980~1989	10（7）	16（8）	9（8）	11（6）	18（6）	13（5）	13（11）	11（5）	21（12）	8（5）
文献总数	10（7）	16（8）	13（9）	11（6）	18（6）	17（5）	13（11）	11（5）	21（12）	10（5）
	杨乐山	袁汉章	曾宪周	张鸿文	章晔	邹恩滕				
1960~1969	—	1	—	—	—	—				
1970~1979	8（8）	2（1）	—	—	4（1）	—				
1980~1989	3（2）	13（10）	15（6）	10（5）	22（19）	6（4）				
文献总数	11（10）	16（11）	15（6）	10（5）	22（19）	10（5）				

注：作者排列以姓氏汉语拼音字母为序。下同。
　　表格中的统计结果为相关作者在国内外期刊发表的文献数。括号内为第一作者或通讯作者之和。下同。

表 7.5　1960~1999 年文献总数达 20 篇的作者（第一作者 10 篇及以上）的文献分布

年份	作者									
	陈远盘	承焕生	高新华	葛良全	华佑南	吉昂	李国会	罗立强	马光祖	毛振伟
1960~1969	—	—	—	—	—	—	—	—	4（1）	—
1970~1979	1（1）	2（2）	2（1）	—	—	—	—	—	—	—
1980~1989	22（15）	3（1）	9（5）	6（1）	15（10）	21（12）	9（7）	1	9（8）	11（6）
1990~1999	15（7）	20（9）	12（4）	24（9）	6（4）	47（9）	24（21）	24（15）	29（3）	18（12）
文献总数	38（23）	25（12）	23（10）	30（10）	21（14）	68（21）	33（28）	25（15）	42（12）	29（18）
	秦俊法	邱林友	沙因	陶光仪	王毅民	吴应荣	谢荣厚	袁汉章	章晔	赵尔燕
1960~1969	—	—	—	—	—	—	—	1	—	—
1970~1979	4	—	—	—	—	—	—	2（1）	—	—
1980~1989	9（3）	—	8（4）	18（6）	13（11）	—	21（12）	13（10）	22（19）	—
1990~1999	15（10）	40（22）	17（12）	32（13）	21（11）	32（10）	5（4）	8（3）	20（6）	23（18）
文献总数	28（13）	40（22）	25（16）	50（19）	34（22）	32（10）	26（16）	24（14）	42（24）	23（18）
	周四春	朱节清								
1960~1979	—	1								
1980~1989	14（2）	6（2）								
1990~1999	20（12）	61（16）								
文献总数	34（14）	68（18）								

表 7.6 1960~2015 年文献总数达 30 篇（第一作者 10 篇及以上）的作者的文献分布

年份	作者									
	陈远盘	承焕生	邓赛文	干福熹	高新华	葛良全	吉昂	李国会	李小莉	李晓林
1960~1969	—	—	—	—	—	—	—	—	—	—
1970~1979	1（1）	2（2）	—	—	2（1）	—	—	—	—	—
1980~1989	22（15）	3（1）	—	—	9（5）	6（1）	21（12）	9（7）	—	—
1990~1999	15（7）	20（9）	13（1）	—	12（4）	24（9）	47（9）	24（21）	—	13（9）
2000~2009	—	42（2）	13（8）	26（7）	10（2）	29（4）	22（4）	17（7）	8（3）	37（11）
2010~2015	—	18	6（2）	22（5）	1（1）	55（10）	5（2）	17（4）	30（12）	7（1）
文献总数	38（23）	85（14）	32（11）	48（12）	34（13）	114（24）	95（27）	67（39）	38（15）	57（21）
	李燕	梁国立	罗立强	马光祖	毛振伟	邱林友	沙因	陶光仪	庹先国	王毅民
1960~1969	—	2	—	4（1）	—	—	—	—	—	—
1970~1979	2（1）	2（2）	—	—	—	—	—	—	—	—
1980~1989	2（2）	8（1）	1	9（8）	11（6）	—	8（8）	18（6）	—	13（11）
1990~1999	2（1）	20（5）	24（15）	29（3）	18（12）	40（22）	17（12）	32（13）	6（3）	21（11）
2000~2009	47（8）	12（2）	22（16）	3	30（4）	—	5（2）	14（2）	29（15）	16（9）
2010~2015	11（1）	4	7（5）	—	5	—	—	1	18（5）	3（2）
文献总数	64（13）	48（10）	54（36）	45（12）	64（22）	40（22）	30（17）	65（21）	53（23）	53（33）
	吴军明	吴隽	吴应荣	谢荣厚	詹秀春	张元勋	章晔	周四春	朱光华	朱节清
1960~1979	—	—	—	—	—	—	—	—	—	1
1980~1989	—	—	21（12）	—	8（7）	22（19）	14（6）	5（3）	6（2）	—
1990~1999	—	—	32（10）	5（4）	13（3）	7（6）	20（6）	20（12）	14（10）	61（16）
2000~2009	6（2）	10（4）	5	4（2）	23（10）	38（19）	—	13（4）	15（5）	18（1）
2010~2015	26（9）	23（9）	—	—	11（4）	2	—	11（4）	2	—
文献总数	32（11）	33（13）	37（10）	30（18）	47（17）	55（32）	42（25）	58（20）	36（18）	86（19）
	卓尚军									
1960~1999	10（3）									
2000~2009	29（20）									
2010~2015	8（3）									
文献总数	47（26）									

表 7.7 较多（40 篇，第一作者 15 篇及以上）论文作者文献的专题分布

承焕生	文献数	英文文献数	葛良全	文献数	英文文献数
评述论文	—	—	评述论文	1(1)	—
仪器设备	—	—	仪器设备	23(3)	—
分析方法	1(1)	—	分析方法	32(5)	—
小型仪器	—	—	小型仪器	22(8)	1
微 XRF,全反射 XRF	3(3)	—	微 XRF,全反射 XRF	—	—
质子探针和质子激发的 X 射线发射(SPM,PIXE)	17(7)	4(2)	质子探针和质子激发的 X 射线发射(SPM,PIXE)	—	—
同步辐射 XRF(SRXRF)	2	1	同步辐射 XRF(SRXRF)	—	—
冶金、有色金属	1	—	冶金、有色金属	5	—
地质、建材、核材料	2	—	地质、建材、核材料	15(2)	—

续表

承焕生	文献数	英文文献数	葛良全	文献数	英文文献数
环境(水土气)与健康	9	—	环境(水土气)与健康	7(1)	—
人文科技	45(3)	7	人文科技	3(1)	—
石油化工	—	—	石油化工	—	—
材料	2	—	材料	3(2)	—
讲座、知识介绍、信息报道	2(1)	—	讲座、知识介绍、信息报道	3(1)	—
外文版补充文献	—	—	外文版补充文献	—	—
文集文献	—	—	文集文献	—	—
专（译）著	1	—	专（译）著	—	—
总	85(15)	12(2)	总	114(24)	1

吉昂	文献数	英文文献数	李国会	文献数	英文文献数
评述论文	10(6)	—	评述论文	1	—
仪器设备	1	—	仪器设备	5(3)	—
分析方法	35(10)	1(1)	分析方法	11(7)	—
小型仪器	2(1)	—	小型仪器	2(1)	—
微XRF,全反射XRF	—	—	微XRF,全反射XRF	4(4)	—
质子探针和质子激发的X射线发射(SPM,PIXE)	—	—	质子探针和质子激发的X射线发射(SPM,PIXE)	—	—
同步辐射XRF(SRXRF)	—	—	同步辐射XRF(SRXRF)	1(1)	—
冶金、有色金属	3(2)	—	冶金、有色金属	6(4)	—
地质、建材、核材料	7(1)	1	地质、建材、核材料	18(11)	—
环境(水土气)与健康	7(1)	—	环境(水土气)与健康	13(7)	—
人文科技	1	—	人文科技	—	—
石油化工	—	—	石油化工	—	—
材料	13(5)	—	材料	2(1)	—
讲座、知识介绍、信息报道	1	—	讲座、知识介绍、信息报道	—	—
外文版补充文献	13	13	外文版补充文献	1	1
文集文献	—	—	文集文献	—	—
专（译）著	2(2)	—	专（译）著	3	—
总	95(28)	15(1)	总	67(39)	1

李晓林	文献数	英文文献数	罗立强	文献数	英文文献数
评述论文	1(1)	—	评述论文	4(4)	—
仪器设备	—	—	仪器设备	2	—
分析方法	1	—	分析方法	18(11)	—
小型仪器	—	—	小型仪器	—	—
微XRF,全反射XRF	1	1	微XRF,全反射XRF	—	—
质子探针和质子激发的X射线发射(SPM,PIXE)	14(5)	2(1)	质子探针和质子激发的X射线发射(SPM,PIXE)	—	—
同步辐射XRF(SRXRF)	5(3)	2(1)	同步辐射XRF(SRXRF)	2(1)	—
冶金、有色金属	—	—	冶金、有色金属	1(1)	—
地质、建材、核材料	2(1)	—	地质、建材、核材料	6(2)	1(1)
环境(水土气)与健康	14(4)	—	环境(水土气)与健康	3(1)	—
人文科技	—	—	人文科技	1(1)	—

续表

李晓林	文献数	英文文献数	罗立强	文献数	英文文献数
石油化工	—	—	石油化工	—	—
材料	—	—	材料	—	—
讲座、知识介绍、信息报道	—	—	讲座、知识介绍、信息报道	3(3)	—
外文版补充文献	19(7)	19(7)	外文版补充文献	12(10)	12(10)
文集文献	—	—	文集文献	—	—
专（译）著	—	—	专（译）著	2(2)	—
总	**57(21)**	**24(9)**	总	**54(36)**	**13(11)**

毛振伟	文献数	英文文献数	陶光仪	文献数	英文文献数
评述论文	—	—	评述论文	2(2)	—
仪器设备	1(1)	—	仪器设备	1	—
分析方法	3(2)	1	分析方法	27(12)	1
小型仪器	—	—	小型仪器	2	—
微XRF,全反射XRF	—	—	微XRF,全反射XRF	—	—
质子探针和质子激发的X射线发射(SPM,PIXE)	—	—	质子探针和质子激发的X射线发射(SPM,PIXE)	—	—
同步辐射XRF(SRXRF)	3	—	同步辐射XRF(SRXRF)	—	—
冶金、有色金属	3(2)	—	冶金、有色金属	2	—
地质、建材、核材料	6(3)	—	地质、建材、核材料	4(1)	—
环境(水土气)与健康	10(3)	—	环境(水土气)与健康	1	—
人文科技	34(10)	—	人文科技	1(1)	—
石油化工	—	—	石油化工	—	—
材料	1(1)	1(1)	材料	7	—
讲座、知识介绍、信息报道	2	—	讲座、知识介绍、信息报道	1(1)	—
外文版补充文献	1	1	外文版补充文献	15(4)	15(4)
文集文献	—	—	文集文献	—	—
专（译）著	—	—	专（译）著	2	—
总	**64(22)**	**3(1)**	总	**65(21)**	**16(4)**

庹先国	文献数	英文文献数	王毅民	文献数	英文文献数
评述论文	—	—	评述论文	4(3)	—
仪器设备	9(5)	1(1)	仪器设备	—	—
分析方法	17(6)	2(1)	分析方法	9(8)	—
小型仪器	1	—	小型仪器	2(1)	—
微XRF,全反射XRF	—	—	微XRF,全反射XRF	1	—
质子探针和质子激发的X射线发射(SPM,PIXE)	—	—	质子探针和质子激发的X射线发射(SPM,PIXE)	7(3)	1(1)
同步辐射XRF(SRXRF)	—	—	同步辐射XRF(SRXRF)	1(1)	—
冶金、有色金属	10(5)	1(1)	冶金、有色金属	—	—
地质、建材、核材料	7(3)	—	地质、建材、核材料	15(10)	—
环境(水土气)与健康	4(2)	—	环境(水土气)与健康	2(1)	—
人文科技	2(1)	—	人文科技	—	—
石油化工	2(1)	—	石油化工	—	—
材料	1	—	材料	—	—

续表

庹先国	文献数	英文文献数	王毅民	文献数	英文文献数
讲座、知识介绍、信息报道	—	—	讲座、知识介绍、信息报道	3(3)	—
外文版补充文献	—	—	外文版补充文献	6(1)	6(1)
文集文献	—	—	文集文献	—	—
专（译）著	—	—	专（译）著	3(2)	1(1)
总	53(23)	4(3)	总	53(33)	8(3)

詹秀春	文献数	英文文献数	张元勋	文献数	英文文献数
评述论文	1(1)	—	评述论文	—	—
仪器设备	2(1)	—	仪器设备	—	—
分析方法	7	—	分析方法	6(4)	1(1)
小型仪器	2	—	小型仪器	—	—
微 XRF,全反射 XRF	—	—	微 XRF,全反射 XRF	—	—
质子探针和质子激发的 X 射线发射(SPM,PIXE)	1(1)	—	质子探针和质子激发的 X 射线发射(SPM,PIXE)	9(8)	3(2)
同步辐射 XRF(SRXRF)	4	—	同步辐射 XRF(SRXRF)	11(9)	2(2)
冶金、有色金属	3(1)	—	冶金、有色金属	—	—
地质、建材、核材料	16(9)	—	地质、建材、核材料	1	—
环境(水土气)与健康	3(1)	—	环境(水土气)与健康	22(8)	1
人文科技	—	—	人文科技	—	—
石油化工	1	—	石油化工	—	—
材料	—	—	材料	—	—
讲座、知识介绍、信息报道	1	—	讲座、知识介绍、信息报道	—	—
外文版补充文献	4(3)	4(3)	外文版补充文献	6(3)	6(3)
文集文献	—	—	文集文献	—	—
专（译）著	2	—	专（译）著	—	—
总	47(17)	4(3)	总	55(32)	13(8)

章晔	文献数	英文文献数	周四春	文献数	英文文献数
评述论文	—	—	评述论文	—	—
仪器设备	3(1)	—	仪器设备	6	—
分析方法	8(1)	—	分析方法	8(6)	—
小型仪器	19(12)	—	小型仪器	21(9)	1(1)
微 XRF,全反射 XRF	—	—	微 XRF,全反射 XRF	—	—
质子探针和质子激发的 X 射线发射(SPM,PIXE)	—	—	质子探针和质子激发的 X 射线发射(SPM,PIXE)	—	—
同步辐射 XRF(SRXRF)	—	—	同步辐射 XRF(SRXRF)	—	—
冶金、有色金属	2(1)	—	冶金、有色金属	—	—
地质、建材、核材料	9(9)	—	地质、建材、核材料	20(4)	—
环境(水土气)与健康	—	—	环境(水土气)与健康	1	—
人文科技	—	—	人文科技	1(1)	—
石油化工	—	—	石油化工	—	—
材料	—	—	材料	—	—
讲座、知识介绍、信息报道	—	—	讲座、知识介绍、信息报道	1	—
外文版补充文献	—	—	外文版补充文献	—	—
文集文献	—	—	文集文献	—	—

续表

章晔	文献数	英文文献数	周四春	文献数	英文文献数
专（译）著	1(1)	—	专（译）著	—	—
总	**42(25)**	—	总	**58(20)**	1(1)

朱节清	文献数	英文文献数	卓尚军	文献数	英文文献数
评述论文	2(1)	—	评述论文	5(4)	—
仪器设备	5(1)	—	仪器设备	—	—
分析方法	5(1)	1	分析方法	10(5)	—
小型仪器	2(1)	—	小型仪器	1	—
微XRF,全反射XRF	4(1)	1	微XRF,全反射XRF	—	—
质子探针和质子激发的X射线发射(SPM,PIXE)	33(8)	6(1)	质子探针和质子激发的X射线发射(SPM,PIXE)	—	—
同步辐射XRF(SRXRF)	—	—	同步辐射XRF(SRXRF)	—	—
冶金、有色金属	1	—	冶金、有色金属	1	—
地质、建材、核材料	2	—	地质、建材、核材料	2(1)	—
环境(水土气)与健康	7	1	环境(水土气)与健康	—	—
人文科技	—	—	人文科技	1	—
石油化工	—	—	石油化工	—	—
材料	1	—	材料	12(8)	—
讲座、知识介绍、信息报道	1	—	讲座、知识介绍、信息报道	1(1)	—
外文版补充文献	22(6)	22(6)	外文版补充文献	10(5)	10(5)
文集文献	—	—	文集文献	—	—
专（译）著	1	—	专（译）著	4(2)	—
总	**86(19)**	**31(7)**	总	**47(26)**	**10(5)**

注：括号内数字为第一作者与通讯作者文献数之和。

7.4 文献的期刊分布

1960～2015年期间在国内外期刊发表的共计8680篇文献，主要发表在1458种不同的刊物或学报上，供读者学习和参考。由于时间跨度大，有些刊物已经停刊或改版。为方便读者参考，表7.8列出了文献发表刊物的总体分布。表7.9只列出刊物发表20篇及以上的刊物名称和文献数量。2010年以后未刊登相关文献的刊物未在表中列出。

表7.8 文献的期刊总体分布

文献量	1～5	6～10	11～20	21～30	31～50	51～100	101～200	201～300	>300
期刊数	1133	138	82	37	16	6	5	3	2

表7.9 发表20篇及以上文献的期刊统计

序号	刊物名称	文献数量	序号	刊物名称	文献数量	序号	刊物名称	文献数量
1	核技术 Nuclear Science and Techniques	316 39	5	理化检验	201	9	分析化学	113
2	光谱学与光谱分析	335	6	光谱实验室	188	10	文物保护与考古科学	108
3	冶金分析	271	7	分析试验室	159	11	原子能科学技术	66
4	岩矿测试	262	8	核电子学与探测技术	148	12	催化学报	61

续表

序号	刊物名称	文献数量	序号	刊物名称	文献数量	序号	刊物名称	文献数量
13	分析仪器	60	34	工业催化	30	55	稀土	25
14	科学通报 Chinese Science Bulletin	36 20	35	广东微量元素科学	30	56	核化学与放射化学	24
15	环境科学 Journal of Environmental Sciences	31 21	36	物理化学学报	29	57	化工学报	24
16	宝石和宝石学杂志	52	37	分析测试技术与仪器	28	58	录井工程	24
17	硅酸盐学报	49	38	燃料化学学报	28	59	石油炼制与化工	24
18	水泥	48	39	无机材料学报	28	60	物探化探计算技术	24
19	有色金属	48	40	岩石矿物学杂志	28	61	材料导报	22
20	中国陶瓷	48	41	中国科学	28	62	甘肃冶金	22
21	石油学报	42	42	中国无机分析化学	28	63	物理	22
22	稀有金属材料与工程	42	43	地质与勘探	28	64	微量元素与健康研究	22
23	人工晶体学报	39	44	Nuclear Instruments and Methods	27	65	地质科技	22
24	福建分析测试	37	45	天津冶金	27	66	中国环境监测	22
25	矿物学报	37	46	物理学报	27	67	科学技术与工程	21
26	金属矿山	35	47	稀有金属	27	68	矿物岩石地球化学通报	21
27	化学分析计量	34	48	石油化工	26	69	中国稀土学报	21
28	现代仪器	34	49	功能材料	26	70	湖南有色金属	20
29	物探与化探	33	50	无机化学学报	26	71	环境科学学报	20
30	环境化学	32	51	北京师范大学学报	25	72	陶瓷学报	20
31	广东化工	31	52	高等学校化学学报	25	73	X-Ray Spectrometry	20
32	现代科学仪器	31	53	化学学报	25			
33	分析测试学报	30	54	国外医学	25			

7.5 专（译）著的出版者分布

专（译）著 26 部的分类及出版者分布列于表 7.10。

表 7.10 专（译）著的出版者分布

	专（译）	作者	出版者	出版年份
专 著	放射性同位素 X 射线荧光分析	张家骅，徐君权，朱节清	原子能出版社	1981
	质子 X 荧光分析和质子显微镜	任炽刚，承唤生，汤国魂，陈建新，姚惠英	原子能出版社	1981
	X 射线光谱分析	谢忠信，赵宗玲，张玉斌，陈远盘，丰梁垣	科学出版社	1982
	X 射线荧光探矿技术	章晔	地质出版社	1984
	实用 X 射线谱线图表	王毅民	原子能出版社	1989
	环境样品 X 射线荧光光谱分析	刘彬，黄衍初，贺晓华	新疆大学出版社	1992
	Practical X-Ray Spectral Line Charts and Tables	Wang Yimin, Gao Yushu	Geological Publishing House	1994
	能量色散 X 射线荧光方法	曹利国	成都科技大学出版社	1998

续表

	专（译）	作者	出版者	出版年份
专著	X射线荧光光谱分析	吉昂，陶光仪，卓尚军，罗立强	科学出版社	2003
	X射线荧光光谱分析基础	梁钰	科学出版社	2007
	X射线荧光光谱仪	罗立强，詹秀春，李国会	化学工业出版社	2008
	实用X射线光谱分析	杨明太，任大鹏	原子能出版社	2008
	毛细管X射线光学器件的性能和应用	孙天希，刘志国，丁训良	冶金工业出版社	2009
	X射线荧光光谱的基本参数法	卓尚军，陶光仪，韩小元	上海科学技术出版社	2010
	能量色散X射线荧光光谱	吉昂，卓尚军，李国会	科学出版社	2011
	X射线荧光光谱技术分析（第二版）	罗立强，詹秀春，李国会	化学工业出版社	2015
	实用X射线光谱分析	高新华，宋武元，邓赛文，胡坚	化学工业出版社	2016
译著	X射线光谱分析	Birks L. S.，高新华 译	冶金工业出版社	1973
	同位素源X射线荧光分析仪	罗兹 J. R.，荣弟 译	原子能出版社	1977
	岩石矿物的X射线荧光光谱分析	Афонин В. П.，Гфуничева Т. Н.，宋吉人，周国清 译	地质出版社	1980
	X射线荧光分析译文集——数学校正法及新技术的应用	Jenkine R., Plesch R.,et al. 赵宗玲,刘珍荣,刁桂年 等译	地质出版社	1981
	X射线光谱分析导论(1970)	Bertin E. P.，高新华 译	地质出版社	1981
	X射线光谱分析的原理和应用(1975)	Bertin E. P.，李瑞诚，鲍永夫，吴效林 译	国防工业出版社	1983
	X射线分析工作实例	Jenkins R., de Vries J. L.，刘汉贤，邓玉珠 译	湖南大学出版社	1989
	全反射X射线荧光分析(1997)	Reinhold Klockenkämper (德)．王晓红，王毅民，王永奉 译	原子能出版社	2002
	硼酸盐熔融的物理与化学——献给X射线荧光光谱学工作者(2004)	Claisse F., Blanchette J. S．卓尚军 译	华东理工大学出版社	2006

附录　国家标准文件

1981-001B　GB/T 2590.9—1981 (YS/T 568.9—2006) 氧化铪中氧化锆量的测定(X 射线荧光光谱法)
1987-002B　GB 8154.11—1987\ISO 5938-1979 (YS/T 273.11-1994) 天然和人造冰晶石中硫量的测定 X 射线荧光光谱分析法
1990-003B　GB/T 12690.7—1990(已作废) 稀土金属及其氧化物化学分析方法 X 射线荧光光谱法测定金属钕和氧化钕中氧化镧,氧化铈,氧化镨,氧化钐和氧化钇量
1993-004B　GB/T 14506.28—1993(2010) 硅酸盐岩石化学分析方法 X 射线荧光光谱法测定主、次元素量
1996-005B　GB/T 16597—1996 冶金产品分析方法 X 射线荧光光谱法通则
1998-006B　GB/T 17606—1998 (2009) 原油中硫含量的测定 能量色散 X 射线荧光光谱法
1997-007B　GB/T 16921—1997(GB/T 16921—2005\ISO3497:2000) 金属覆盖层厚度测量 X 射线光谱方法
1999-008B　GB/T 17416.2—1998(2010) 锆矿石化学分析方法—X 射线荧光光谱法测定锆量和铪量
2002-009B　GB/T 18882.2—2002 离子型稀土矿混合稀土氧化物化学分析方法 X 射线荧光光谱法测定十五个稀土元素氧化物的配分量
2003-010B　GB/T 19140—2003(GB/T 176—2008) 水泥 X 射线荧光分析通则
2005-011B　GB/T 6730.62—2005 铁矿石钙、硅、镁、钛、磷、锰、铝和钡含量的测定 波长色散 X 射线荧光光谱法
2007-012B　GB/T 223.79—2007 钢铁 多元素含量的测定 X 射线荧光光谱法(常规法)
2007-013B　GB/T 21114—2007 耐火材料 X 射线荧光光谱化学分析—熔铸玻璃片法
2007-014B　GB/Z 21277—2007 电子电气产品中限用物质铅、汞、铬、镉和溴的快速筛选 X 射线荧光光谱法
2008-015B　GB/T 18043—2008(2013) 贵金属含量的测定 X 射线荧光光谱法
2008-016B　GB/T 11140—2008 石油产品硫含量的测定 波长色散 X 射线荧光光谱法
2008-017B　GB/T 17040—2008 石油和石油产品硫含量的测定 能量色散 X 射线荧光光谱法
2009-018B　GB/T 6609.30—2009 氧化铝化学分析方法和物理性能测定方法
　　　　　　30 部分：X 射线荧光光谱法测定微量元素含量 (英文版)
2009-019B　GB/T 24519—2009 锰矿石 镁、铝、硅、磷、硫、钾、钙、钛、锰、铁、镍、铜、锌、钡和铅含量的测定 波长色散 X 射线荧光光谱法
2009-020B　GB/T 24231—2009 铬矿石 镁、铝、硅、钙、钛、钒、铬、锰、铁和镍含量的测定 波长色散 X 射线荧光光谱法
2009-021B　GB/T 24198—2009 镍铁 镍、硅、磷、锰、钴、铬和铜含量的测定 波长色散 X 射线荧光光谱法(常规法)
2010-022B　GB/T 26050—2010 硬质合金 X 射线荧光测定金属元素含量 熔融法
2011-023B　GB/T 800—2011 饰品有害元素的测定 X 射线荧光光谱法
2013-024B　GB/T 29513—2013 含铁尘泥 X 射线荧光光谱化学分析 熔铸玻璃片法
2014-025B　GB/T 30701—2014 表面化学分析 硅片工作标准样品表面元素的化学收集方法和全反射 X 射线荧光光谱法(TXRF)测定
2014-026B　GB/T 30905—2014 无机化工产品 元素含量的测定 X 射线荧光光谱法
2014-027B　GB/T 14849.5—2014 工业硅化学分析方法 第 5 部分：杂质元素含量的测定 X 射线荧光光谱法
2015-028B　GB/T 31364-2015 能量色散 X 射线荧光光谱仪主要性能测试方法